中國歷代

# 海路針經

《2011—2020年國家古籍整理出版規劃》項目

陳佳榮 朱鑒秋 執行主編

上冊

國家出版基金項目
NATIONAL PUBLICATION FOUNDATION

廣東省原創精品出版資金扶持項目
GUANGDONG PUBLICATION FUNDS

SPM 南方出版傳媒
廣東科技出版社｜全國優秀出版社
·廣州·

## 圖書在版編目(CIP)數據

**中國歷代海路針經：全 2 冊／陳佳榮、朱鑒秋執行主編．—廣州：廣東科技出版社，2016.2**

**ISBN 978-7-5359-6379-6**

Ⅰ. ①中…　Ⅱ. ①陳…②朱…　Ⅲ. ①航海航線—航路指南—中國—古代—圖集

Ⅳ. ① U675.83-64

中國版本圖書館 CIP 數據核字（2015）第 181724 號



## 鳴　謝

本套書在編纂過程中，得到了廣東海上絲綢之路博物館及劉南威、劉迎勝、司徒尚紀、張賢明、潘安定、劉福曾先生和許樺淳女士的大力支持，特此鳴謝。


# 中國歷代海路針經

A Collection of Maritime Routes and Rutters of Imperial China


項目統籌：陳　兵　丁春玲

責任編輯：姚　芸

項目支持：鍾潔玲

視覺設計：李　樹　李揚力

責任印製：彭海波

出版發行：廣東科技出版社

地　　址：廣州市環市東路水蔭路 11 號

郵政編碼：510075

http//www.gdstp.com.cn

E-mail：gdkjyxb@gdstp.com.cn（營銷中心）

E-mail：gdkjzbb@gdstp.com.cn（總編辦）

排　　版：廣州市友間文化傳播有限公司

經　　銷：廣東新華發行集團股份有限公司

印　　刷：廣州市嶺美彩印有限公司

（廣州市荔灣區花地大道南海南工商貿易區 A 幢　郵政編碼：510385）

規　　格：889mm×1 194mm　1/16

印　　張：80.5　字數 1800 千

版　　次：2016 年 2 月第 1 版

2016 年 2 月第 1 次印刷

定　　價：680.00 元（全 2 冊）

# 參與本書編纂的海峽两岸及香港研究人員

**策　劃**

[泉州] 丁毓玲、王連茂

[香港] 譚廣濂、錢江、陳佳榮

[廣州] 樓鋼、崔策

**編輯委員會**

[香港] 陳佳榮、譚廣濂、錢江

[泉州] 王連茂、丁毓玲、王亦錚

[廈門] 連心豪、周運中

[廣州] 楊式挺、崔策、樓鋼

[海南] 朱磊

[上海] 朱鑒秋、謝方、周茹燕

[北京] 汪前進

[臺灣] 張廣達、張素玢（臺北），陳信雄（臺南）

**執行主編**

陳佳榮、朱鑒秋

舟師識地理，夜則觀星，晝則觀日，

陰晦觀指南針。

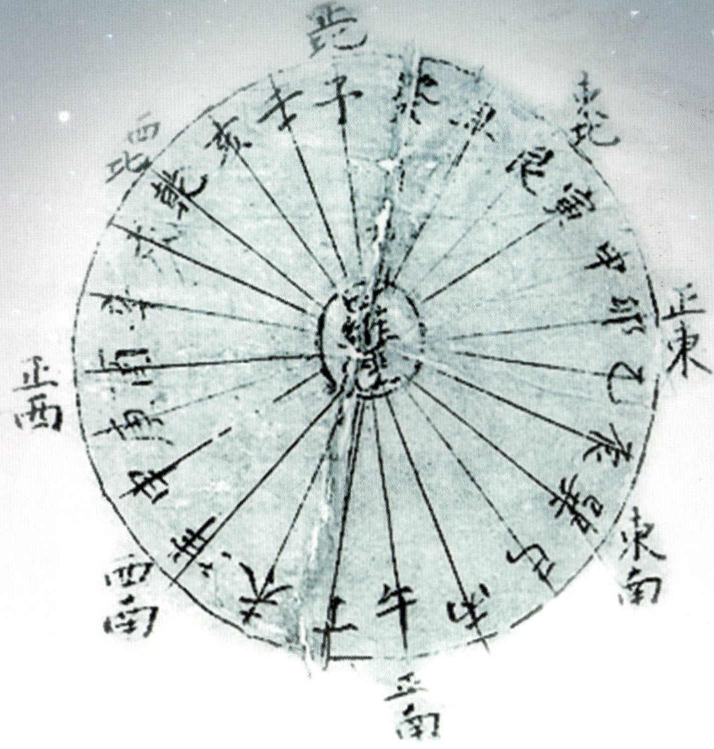

# 前言 PREFACE

中國是陸土、海疆兼備並重的東亞大國，不僅有平原、高原、草原、沙漠、山脈、河流、湖泊，而且有綿長的海岸線、眾多島嶼及廣闊的海域。

早在8000年前，中國已出現造船航海的活動。2000多年前秦漢時期的東海、南海，漢文史籍已有明確的海外航行記載，包括通往印度的遠洋海路航線。中國更發明指南針並將其應用於航海導航，極富突破性之貢獻。在北宋已有使用羅盤航行的多種記載，元代出現最早用干支表示航向、指引航海的文獻。及至明、清時代，更產生大量用羅盤導向的水路簿、更路簿。這些海路針經，既是無數舟子船工長期航行經驗的積累，也是中國古代航海技术、海外交通及貿易成就的概括。

撰輯、整理所有這些海路、海圖、針經集，既可展現古老的中華海洋文明，表彰先民發現、經營東海南海諸島的成就，而且能留存並傳播中國自古以來對外航海、交流的海上絲綢之路精神，達到古為今用的目標。

為了推動中國古代航海技术、海外交通、海洋開拓事業的研究，香港海外交通史學會、中國南海研究協同創新中心、泉州海外交通史博物館、廈門大學歷史系、廣東省立中山圖書館和上海、北京、廣州、海南及臺灣的專家，攜手通力合作，編纂了這套《中國歷代海路針經》，並由廣東科技出版社出版。

本套書從先秦中國海路開拓，到宋代出現航海羅盤，以至元明清針經導航，力圖齊集無遺，便於中外學者對中國先秦至清代對外航海交通技術、歷史及“海上絲綢之路”作通盤之研究。

全書既有古代漢籍的編輯整理，又有一些最新搜集的資料，如泉州、漳州、廈門、廣東、海南海域針經的披露，是歷代資料與最新發現的“海上絲綢之路”資料的全面融合。

書中包含中國南海、東海沿岸及諸島由先秦至清代的詳盡記錄，反映中國人對祖國海疆的發現、開拓和經營，資料翔實而不誇張，可作為中國海疆合乎歷史真相的較佳佐證，去除不利外交來往的失實闡述。

本套書齊集中國海峽兩岸及香港著名專家，對全部相關古文資料不辭辛勞地予以重新點校，尤其對地名等均加了專名號，做了極其細緻又有價值的工作，以使文化遺產能世代流傳，促進對外文化交流。

本套書榮幸入選《2016年國家出版基金項目》《2011—2020年國家古籍整理出版規劃》項目，並得到“廣東省原創精品出版資金扶持項目”的大力支持。

**[東漢]廣州陶船模型**

廣州陶船模型1954年在廣州東漢（公元25—220）墓出土。全長54釐米，寬11.5釐米，通高16釐米。船首懸一碇，船尾有舵，是迄今發現年代最早的船尾舵實物資料，具有重大價值。

據《漢書・地理志》所載，大約與張騫由陸道通西域同時，西漢已有遠行船舶自日南（今越南中部）或廣東徐聞廣西合浦出發，經東南亞的都元邑盧沒諶離夫甘都盧，抵達南亞的黄支國（應為今印度東南岸的康契普臘姆Kanchipuram），回程經已程不國（今斯里蘭卡）。越地舟船駛往印度洋，可謂開通遠洋航線的“海上絲綢之路”創舉。

# 凡例

## NOTES

1. 全書內容所集分秦至宋、元明、清代三篇，每篇開首均有介紹性前言。1912年後作品一般不收，但其提要酌情收入附录一。

2. 因篇幅較多分上下兩册，以中國史學界劃分古代、近代的1840年為分界線，令上下册份量大致相當。

3. 諸書選取內容限於海路、針經及與航行密切相關的部分，原書有附圖的也盡量予以收錄。

4. 全部引文用正體（繁體）排版，只標點（包括專名號），不注釋。每一專有資料附[引書舉要]或[按語]，列出作者、書名卷數、引用版本或版權所屬。

5. 凡原書或原編者所附文字，用（　）號表示；本次編訂或說明則用[　]號表示。□表示原書缺字。

6. 本書採用的資料，有的是標點本、校注本，但錄用時對原來的標點不是照搬，特別對原來針路的標點，改動較多。

7. 附錄包括“古代針路往來港口地名表”“南海諸島中、外及民間名稱對照表”“中國古代海路交通大事表（前6000—公元1912）”，最後是“參考文獻”。

**水羅盤（複製品）**

古代航海主要使用的指南工具是水羅盤，未有實物傳下來，現在中國國家博物館展出有“水羅盤（複製品）”，是該博物館文物科技保護部複製的，得到學術界的普遍認同。

**[南宋]持羅盤陶俑**

1985年，江西省臨川縣南宋朱濟南墓出土1件“張仙人”陶俑，俑之右手持羅盤，說明南宋時已經存在了有固定支點的旱羅盤。

東京
大泥
亥
乾

# 目錄

CONTENTS

## 上篇

THE FIRST CHAPTER

# 中篇 THE SECOND CHAPTER

## 下篇 THE LAST CHAPTER

# 上篇

## THE FIRST CHAPTER

## 從秦漢的海路開闢至兩宋的針盤導航

**海上絲綢之路奠基人、見證者法顯嶗山登陸紀念雕像**

自兩漢之際佛教傳入，高僧來華播教及西行求法之舉漸多。魏晉間，朱士行早已西遊，但只到于闐，未出中國之境。後秦弘始元年（東晉隆興三年，399），法顯由長安出發西遊求經，歷盡千辛萬險，遍遊五天竺。本來有同伴十一人，最後唯獨法顯一人攜經東歸，由海路經師子國（今斯里蘭卡）耶婆提（在今印度尼西亞），於東晉義熙八年（412）返回中土，漂泊至青島嶗山（古青州長廣郡牢山）附近登陸。

法顯在外十三四年，經陸海路，歸著《佛國記》，是為中國高僧至印度並留有完整行紀的第一人。

**獨木舟[西漢]**

我國是發明舟船很早的國家。該獨木舟1973年在福建省連江縣出土。長7.1米，首寬1.2米，尾寬1.6米，樟木挖製，屬西漢（前206—公元8）早期的遺物。

**日本徐福公園的徐福像**

徐福為秦代方士，始皇廿八（前219）年及卅七（前210）年先後兩次奉派渡海，求蓬萊瀛洲等仙山的長生不老藥，後得“平原廣澤，止王不來”。其地有謂為亶洲，或考在日本。日本有蓬萊山名，存徐福墓祠。無論史事考訂如何，“徐福東渡”已成為中國古代對外航海交通歷史的肇始。

**木槳[新石器時代]**

浙江省餘姚縣河姆渡遺址出土，距今7000餘年。

中國素稱地大物博人眾，不僅有廣袤的平原、山地、草原、沙漠、江湖，而且由北至南有綿長的海岸線，航海歷史悠長久遠並富有創造業績。

考古發現距今約8000年前，浙江蕭山跨湖橋一帶已有新石器時代的獨木舟。傳周文王《易·繫辭下》已載伏羲至黃帝時“刳木爲舟，剡木爲楫，舟楫之利，以濟不通，致遠以利天下”，另明代羅頎《物原·器原》亦有云“燧人以匏濟水，伏羲始乘桴，軒轅作舟楫”。大約公元前21世紀，據《竹書紀年》云夏代人已乘舟“東狩於海，獲大魚”。後商代甲骨文已含“帆”（凡）“舟”等字，另有殷人東渡航海傳說。周成王時則有越裳獻雉倭人貢暢于越獻舟諸說。及至春秋戰國時期，鄒衍提出“大瀛海”及海外“大九州”說；同時，東西南北“四海”等名，也陸續出現。

這些考古文物或傳說記錄說明，中國人早已學會造舟航行於滄海之中。不過，形成海外航線並見諸歷史文獻的，則在秦漢之際。司馬遷《史記》記及秦代徐福東渡航海之事，所赴何處雖無明載，但一些人考為日本（彼處也有傳說及紀念物），另有濟州島等多種說法。《漢書·地理志》首載西漢赴黃支國等地的遠洋航線則更為具體，所至“黃支”一般考在印度東南岸，而“已程不”則在今斯里蘭卡。

由東漢至南北朝，海路開闢進一步增多，國人對周邊海域及海外地理日益熟悉，例如：《後漢書》《三國志》記及東海航線；東漢時倭國（日本）、大秦（羅馬）與中國的交通往來；《魏略》等有東漢與大秦交通的路程記載；漢末至三國有關“漲海”及“夷洲”情形的史料，涉及今東海、南海諸島乃至大秦西海；吳時康泰朱應出使扶南（柬埔寨一帶）；後秦—東晉高僧法顯由天竺（印度）、師子國（斯里蘭卡），經耶婆提（在今印度尼西亞）東航歸國；《太清金液神丹經》記載了南海至天竺大秦交通的狀況；慧深由扶桑國（有日本、墨西哥諸說）來華。

隋唐時期，中國的對外航海交通事業益形發達。據《隋書》所載，隋代有朱寬陳稜入海探流求，以及常駿王君政出

**法顯刻像與《法顯傳》宋刻本書影**

**[三國東吳]康泰所著《外國傳》現代版本書影**

距今1760多年前，三國東吳的孫權曾派專使康泰朱應出使扶南。扶南是以今柬埔寨為中心的古代南海大國，康朱等人在該國還會見了天竺使者，瞭解印度乃至西亞的國情，歸著《外國傳》《扶南異物志》。這是史書明確記載中國首次派遣專使交通南海諸國的大事，其意義實不亞於張騫班超之通西域。

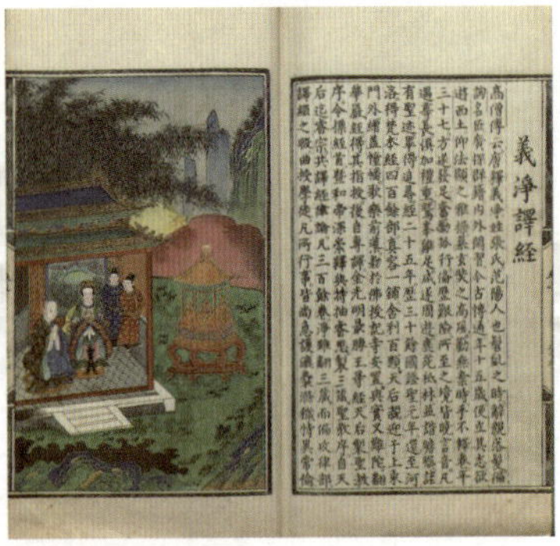

**義淨譯經的書影**

唐高宗咸亨二年（671）至武周證聖元年（695），高僧義淨經由南海至印度，並長期在[室利]佛逝（以今蘇門答臘為中心的古代南海大國）譯述，著《大唐西域求法高僧傳》《南海寄歸內法傳》，晚年於洛陽翻譯佛典。以西游行程論，玄奘是陸去陸回，義淨則屬海往海返。其成就比起法顯玄奘，實不遑多讓。

**[唐]鑒眞東渡**

法顯玄奘義淨為西遊取經的高僧，鑒真則屬東渡播教的代表。鑒真原為揚州龍興寺大明寺的授戒大師，應日僧之邀決意東向傳法。從唐玄宗天寶二年（743）至十二載（753），他在十年中先後五次渡海均失敗，最後至雙目失明才於第六次成功，終達夙願。鑒真被日本尊為“大和上（尚）”，曾親為天皇及王公大臣授戒，又為東國帶去大量先進的文化物品。日本著作《唐大和上（尚）東征傳》歌頌鑒真“如一燈燃百千燈，瞑者皆明明不絕”。

使赤土（在馬來半島）的航海路線。盛唐的海外交往頻繁而豐富，諸如義淨《南海寄歸內法傳》《大唐西域求法高僧傳》中的高僧泛舶西航事跡，鑒真大和尚屢屢東渡並終抵日本，日僧圓仁則東航來華，杜環《經行記》、達奚弘通《西南諸蕃行記》所親歷西亞的情形。而《新唐書》所記載的賈耽《廣州通海夷道》則尤為重要，當時諸國船舶由廣州出發，輾轉航行而遠赴今西亞的縛達（巴格達）等波斯灣及印度洋地區，是為中國航海史的一項重要紀錄。

進入兩宋時期，中國對外海路交通臻於繁盛，東海有北宋徐兢記錄出使高麗的航道、《宋史》所記日僧奝然西渡抵華，西面則有《宋史》載及的印度施護娑里三文來華的航海路線。南宋載籍周去非《嶺外代答》、趙汝适《諸蕃志》及吳自牧《夢粱錄》，更是廣州、泉州、明州、杭州等交通海外的重要實錄。在南宋，已以泉州為本位出現“北洋”“南洋”“東洋”等詞，見於真德秀《西山先生真文忠公文集》。在風帆時代，航行多靠季候風或觀看星象而行，晉《法顯傳》已知利用“信風”及日月星辰導航之事，至兩宋又不斷總結經驗，如泉州有九日山祈風之舉，王十朋的《提舶生日詩》更概括為“北風航海南風回，遠物來輸商賈樂”。

在宋代乃至當時全球航海史上，最值得大書特書的一件要事，就是中國四大發明之一的羅盤用於導航。北宋時，曾公亮、丁度、楊惟德《武經總要》及沈括《夢溪筆談》已詳載“指南魚”等各種指南針的不同製造方法，楊惟德《塋原總錄》及《夢溪筆談》還在前人基礎上先後提出指南針存在“地磁偏角”問題，比起哥倫布來要早400多年。至於導航羅盤，據朱彧《萍洲可談》，中國於1103年前已見用於廣州海港。而西方在1281年，才有白拉克·基勃傑基（Bailak Kibdjaki）《通商寶鑒》（*Merchant's Treasure*）提及埃及至印度洋的水手採用航海羅盤。關於羅盤導航的記錄，在兩宋史書中可謂屢見不鮮，如朱彧《萍洲可談》（廣州），徐兢《宣和奉使高麗圖經》（明州），趙汝适《諸蕃志》（泉州），吳自牧《夢粱錄》（杭州），以及朱繼芳《靜佳乙稿》中的航海詩。尤其是《宣和奉使高麗圖經》，更成為中國有明確海路的遠洋航船以羅盤導航成功來回的最早記錄。宋代以後，中國航海事業又持續發展，迎來了以專用海道針經指導而屢下西洋的輝煌歲月。

**[北宋]浮水磁針模型**

早在2000多年前的戰國時期，中國人已發明了一種稱為“司南”的磁鐵指南儀器。經過長時間的摸索和實驗，又發明了人工磁化方法，製造出指南針這一指向儀器。北宋末期，指南針作為導航儀器，開始應用於航海中，從而開啟了人類航海事業的新紀元。當時的指南針裝置普遍使用水浮法，即把磁化了的鐵針穿過燈心草，浮在水上成為浮水磁針，後又與方位盤結合在一起，即成為水羅盤。

**日本仿製的遣唐使船模型**

唐代既不乏西遊印度取經東渡日本授法者，也有大量日本學問僧西遊入唐學法。其中之佼佼者，為留有《入唐求法巡禮行記》的圓仁。他在日本承和五年（唐文宗開成三年，838）隨遣唐使船入華，在十年間足跡遍及今江蘇安徽山東河北山西陝西河南諸省，最後於承和十五年（唐宣宗大中二年，848）歸國。其行記彌足珍貴，更因身歷親記“武宗滅佛”而成中國佛教史不可多得的史料。

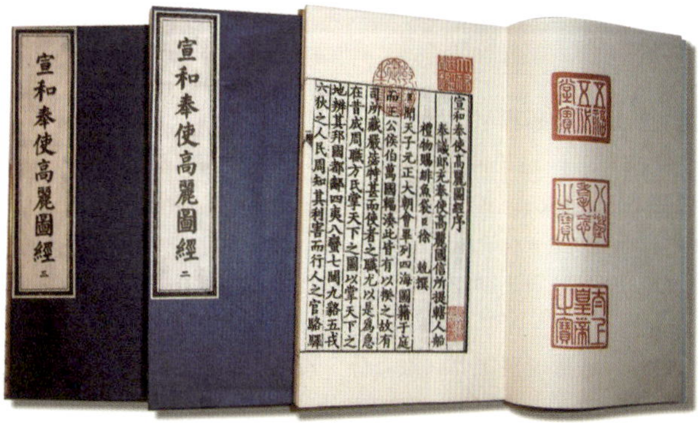


**《宣和奉使高麗圖經》書影**

指南針（或羅盤）是中國的四大發明之一，最早以其導航，應在12世紀初年的北宋，見朱彧的《萍洲可談》一書："舟師識地理，夜則觀星，晝則觀日，陰晦觀指南針。"南宋趙汝适《諸蕃志》、吳自牧《夢粱錄》也有相關的記載，又作"針盤"。北宋宣和五年至六年（1123—1124），朝廷派路允迪出使今朝鮮半島的高麗國。其隨員徐兢歸國後著《宣和奉使高麗圖經》。該書載海船由明州（今寧波）出發，航行中用"指南浮針"，是為用羅盤導航的最早完整的航線記錄。另書中提及海中遇險而賴海神祐護諸事，也是後來媽祖被賜封的原由。

**泉州灣後渚港出土沉船殘體**

唐代泉州造船業的發展和航海技術的進步已開始步入世界先進行列，至宋元更臻於鼎盛。

圖為 1974年在泉州灣後渚港發掘的一艘南宋末年的沉船，殘長24.2米，殘寬9.15米。從船體結構和船上出土物可以判斷，這是一艘泉州製造、由東南亞回航的貿易船。

**[南宋]香料藥物**

泉州灣南宋沉船上出土了未經脫水的香料藥物2300多公斤，主要有絳真、沉香、檀香和胡椒、檳榔、乳香、龍涎、硃砂、水銀、玳瑁等。

**[南宋]量天尺**

泉州灣南宋沉船上發現一支刻有度數的竹尺，專家認定為古代航海用的量天尺。

祥應廟記

**[南宋]莆田《祥應廟記》碑**

碑文記載了南宋紹興初年泉州綱首朱紡的商船到蘇門答臘島的三佛齊貿易，往返一年，獲利百倍。

**九日山祈風石刻**

宋代泉州官府每年於西南季風與東北季風來臨之際，都要在西郊九日山延福寺舉行祈風彝典，向海神通遠王祈求順風，保佑往返商船平安抵達。儀式結束後，即在摩崖上刻石記事。

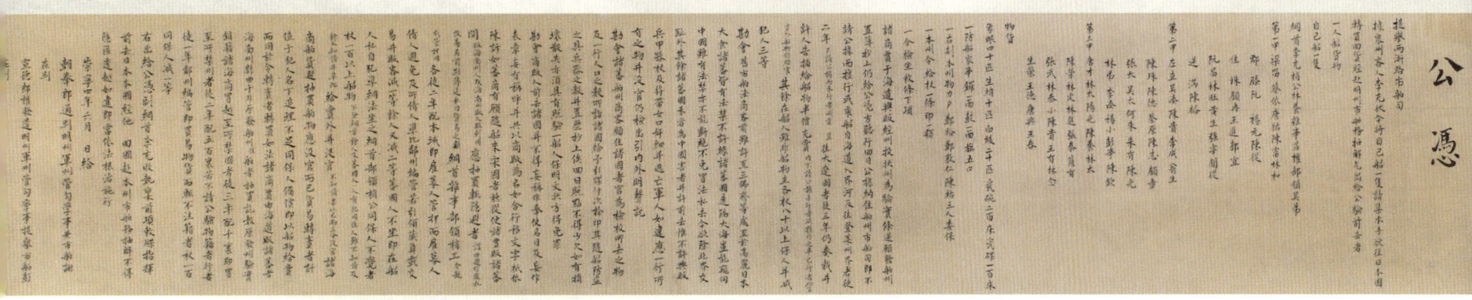


**泉州綱首李充赴日貿易《公憑》**

北宋崇寧四年（1105）明州市舶司發給泉州綱首李充赴日貿易的憑證。《公憑》詳細登載船上所有人員的姓名、貨物名稱和數量，以及朝廷關於海道興販的各項政策規定。這是保存於日本太宰府的《公憑》原件的抄本。

**泉州港航標塔——六勝塔**

六勝塔又名萬壽塔，俗稱石湖塔，建於北宋政和年間（1111—1118），原已廢存，後於元順帝至元二年（1336）由錦江人淩恢甫重建，是船隻進入泉州港的航標。

泉州港古稱刺桐港，是中國東南海岸的重要港口，是海上絲綢之路重要的起點港。以設立市舶司而言，泉州港歷來和廣州港、明州（今寧波）港鼎足而三。宋元時期，泉州對外交通、貿易地位大增，馬可・波羅、伊本・巴圖他等旅行家都航行至此，稱之為刺桐港，讚頌為世界最大的兩大海港之一。

**[南宋]福州黃昇墓出土的絲綢服飾**

中國絲綢與陶瓷器是東西方海上貿易最具代表性的商品。這件薄如蟬翼的褐色羅印花褶裥裙，於1975年在福州南宋黃昇墓中出土。

**[南宋]"華光礁1號"沉船上的青白釉刻劃花紋執壺**

2007年，由中國博物館和海南省文體廳組建的西沙群島考古隊，對深埋海底的“華光礁1號”古沉船遺址進行發掘，共出水瓷器達萬件。

**廣東船的風帆**

廣船有碩大的風帆，而福（建）船是一種平衡式梯形斜帆。

**廣州港航標——懷聖寺光塔**

廣州是中國最早且始終長盛不衰的南方大港。公元前西漢時其所轄地區已開闢了對印度的遠洋航線。唐代率先在廣州設立了市舶使。及至清代，廣州更成為對外通商五口之首。其懷聖寺光塔約建於唐宋之際，長期成為海舶的望標。

**"南海I號"沉船上的銅錢**

大錢外直徑3～3.2釐米，小錢外直徑2.2～2.8釐米，青銅材質，以宋年號錢為主，是貿易中的流通貨幣。

**"南海I號"沉船上的外銷瓷器**

——景德鎮窯青白釉刻花出筋菊瓣斗笠碗

"南海I號"為南宋木質古沉船，1987年發現於廣東陽江市東平港以南約20海浬（37.04千米）處。船上貨品以瓷器為主，並有各種金屬類文物。

"南海I號"是"海上絲綢之路"主航道上的珍貴文化遺產，被喻為"海上敦煌"，其所載文物反映了我國宋代先進的科學技術、物質生產、社會生活、文化藝術，為研究古代造船技術、航海技術及我國古代的"來樣加工"等提供了極好的素材，對研究"海上絲綢之路"歷史、造船史、航海史、對外貿易史和陶瓷史等都有極為重要的科學價值，成為世界考古界和探險界關注的焦點。

**"南海I號"沉船上的外銷瓷器**

——泉州磁州窯綠釉印花碟

**"南海I號"沉船上的鐵釘**

長20釐米，鐵質品，是"南海I號"沉船上的貿易商品。

**"南海Ⅰ號"沉船上的鎏金腰帶**

**"南海Ⅰ號"沉船上的外銷瓷器**

——浙江龍泉窯青釉刻劃花紋碗

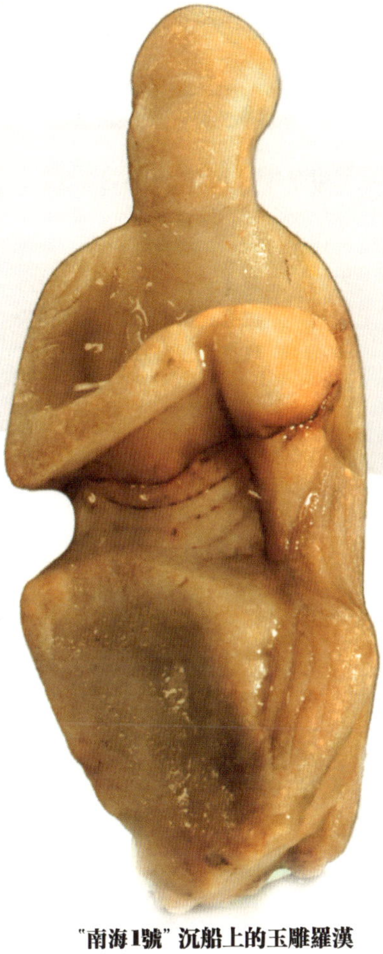

**"南海Ⅰ號"沉船上的玉雕羅漢**

長4釐米，寬1.8釐米，厚1.1釐米，和田玉、羅漢造型傳神，雕刻精美，是"南海Ⅰ号"沉船上發現的玉飾品。

**"南海Ⅰ號"沉船上的鐵鍋**

口徑35釐米，高20釐米，鐵質品，雙耳，口沿外撇，內有弦紋，深腹，圓底，是"南海Ⅰ號"沉船上的貿易商品。

**"南海I號" 沉船上的虬龍紋金手**

外直徑11釐米，厚1.4釐米。質地金，該環兩頭飾虬龍頭，可見龍眼、龍鬚、龍角一對，兩龍頭對接處留出空隙，圓環截面有圓柱狀凸出物，龍身由三條陰刻線分成五段，五段有兩條平行陰刻線連接。龍身飾珍珠地紋，平行線兩側為山形和水形紋飾，是“南海I號”沉船出水的金飾品。

**南海 I 號" 沉船上的金戒指**

指環口徑2.4釐米，鑲嵌寶米和2.7釐米。質地金。前端為鑲嵌寶石的菱形口，有四個枝杈來固定寶石，是“南海 I 號”沉船出水的金飾品。

**"南海 I 號" 沉船上的金戒指**

指環口徑2.2釐米。質地金。上下環邊撚呈繩索狀，環面分兩層，上層雕五瓣花卉，花卉間隔位置鏤空，鑲嵌寶石。是“南海I號”沉船出水的金飾品。

**"南海 1號"沉船上的玉雕觀音**

長3.8釐米，寬1.9釐米，厚1.0釐米，和田玉，正身正面，趺跏趺坐於平臺，平臺中鏤空。背面平整，是"南海I號"沉船上發現的玉飾品。

**"南海I號"沉船上的石硯**

長17.1釐米，寬10釐米，高2.1釐米，保存完整，石質，呈成長方體。正面有雞冠花瓶紋樣凹陷，其餘部位平整，是"南海I號"沉船出水的文房用品。

**南海I號”沉船上的銅環**

圓環外直徑8.4釐米，青銅材質，是“南海I號”沉船上的貿易商品。

**“南海I號”沉船上的銅鏡**

長16釐米，鏡面寬8.5釐米，有柄，背面有雲龍紋，造型呈葵花型。出水數量較多，是“南海I號”沉船上的貿易商品。

**“南海I號”沉船上的方棱金**

圓環外徑5.2釐米。質地金。方棱，圓環狀，但未完全對接，留有空隙，是“南海I號”沉船出水的金飾品。

# 《史記》所載秦代徐福東渡

[始皇帝]二十八年[前219]，始皇東行郡縣……作琅邪臺，立石刻，頌秦德，明得意……既已，齊人徐市等上書，言海中有三神山，名曰蓬萊、方丈、瀛洲，仙人居之。請得齋戒，與童男女求之。於是遣徐市發童男女數千人，入海求仙人。

——《史記·卷六·秦始皇本紀·第六》

[始皇帝]三十七年[前210]十月癸丑，始皇出遊……還過吳，從江乘渡，並海上，北至琅邪。方士徐市等入海求神藥，數歲不得，費多，恐譴，乃詐曰："蓬萊藥可得，然常為大鮫魚所苦，故不得至，願請善射與俱，見則以連弩射之。"

——《史記·卷六·秦始皇本紀·第六》

[淮南]王坐東宮，召伍被與謀……被曰："……昔秦絕聖人之道，殺術士，燔《詩》《書》，棄禮義，尚詐力，任刑罰……又使徐福入海求神異物，還為偽辭曰：'臣見海中大神，言曰："汝西皇之使邪？"臣答曰："然。""汝何求？"曰："願請延年益壽藥。"神曰："汝秦王之禮薄，得觀而不得取。"即從臣東南至蓬萊山，見芝成宮闕，有使者銅色而龍形，光上照天。於是臣再拜問曰："宜何資以獻？"海神曰："以令名男子若振女與百工之事，即得之矣。"'秦始皇大說[悅]，遣振男女三千人，資之五穀種種百工而行。徐福得平原廣澤，止王不來……"

——《史記·卷一百一十八·淮南衡山列傳·第五十八》

[黃龍二年，230]遣將軍衛溫、諸葛直將甲士萬人，浮海求夷洲及亶洲。亶洲在海中，長老傳言秦始皇帝遣方士徐福將童男童女數千人入海，求蓬萊神山及仙藥，止此洲不還。

——《三國志·卷四十七·吳書·二·吳主孫權傳》

**【引書舉要】**

[西漢]司馬遷（約前145—約前86）《史記》，完成於昭帝始元元年（前86）之前。本節引用資料據北京：中華書局1959年《史記》標點本，1959年《三國志》標點本，1965年《後漢書》標點本。

秦代徐福(市)東渡，是中國正史所記國家船隊最早的對外航行，但其所止洲地衆說不一，有日本、朝鮮濟州島等處。

又有夷洲及澶洲，傳言秦始皇遣方士徐福，將童男女數千人入海，求蓬萊神仙不得，徐福畏誅，不敢還，遂止此洲，世世相承。

——《後漢書·卷八十五·東夷傳·第七十五·東夷》

# 《漢書》記西漢赴黃支等遠洋航線

自日南障塞、徐聞、合浦船行可五月，有都元國；又船行可四月，有邑盧沒國；又船行可二十餘日，有諶離國；步行可十餘日，有夫甘都盧國。自夫甘都盧國船行可二月餘，有黃支國，民俗略與珠崖相類。其州廣大，戶口多，多異物，自武帝以來，皆獻見。有譯長，屬黃門，與應募者俱入海，市明珠、璧流離、奇石異物，齎黃金、雜繒而往。所至國皆稟食為耦，蠻夷賈船，轉送致之，亦利交易，剽殺人。又苦逢風波溺死，不者數年來還。大珠至圍二寸以下。平帝 元始中，王莽輔政，欲燿威德，厚遺黃支王，令遣使獻生犀牛。自黃支船行可八月，到皮宗；船行可二[八]月，到日南 象林界云。黃支之南，有已程不國，漢之譯使自此還矣。

——《漢書·卷二十八下·地理志·第八下·粵地》

**【引書舉要】**

[東漢]班固（公元32—92）《漢書》，完成於章帝建初八年（83）。本書引用資料據北京：中華書局1962年標點本。

《漢書·地理志》所載，是中國正史所記國家船隊最早的向西遠洋航線。日南在今越南中部，與徐聞、合浦均爲漢代的出航港口。黃支國，一般認爲即今印度東南岸之康契普臘姆（Kanchipuram），由黃支南下所至的已程不國在今之斯里蘭卡（Sri Lanka）。

元始……二年[公元2]春，黃支國獻犀牛。

——《漢書·卷十二·平帝紀·第十二》

莽既致太平，北化匈奴，東致海外，南懷黃支，唯西方未有加……莽復奏曰："太后秉統數年，恩澤洋溢，和氣四塞，絕域殊俗，靡不慕義。越裳氏重譯獻白雉，黃支自三萬里貢生犀，東夷王度大海奉國珍……"

——《漢書·卷九十九上·王莽傳·第六十九上》

# 《後漢書》《三國志》記交通朝韓、倭奴及東海航線

**【引書舉要】**

[西晉]陳壽（233—297）《三國志》，約成於武帝太康十年（289），本書引用據北京：中華書局1959年標點本。

[南朝宋]范曄（398—446）《後漢書》，完成於文帝元嘉廿二年（445），本書引用據北京：中華書局1965年標點本。

漢時朝鮮半島北部爲衛氏朝鮮（約前194—108）所治，南部韓國包括三韓（馬韓、辰韓、弁韓）。其東的倭國爲日本的古稱。南下的朱儒、裸國、黑齒國，在東海地區，由臺灣至菲律賓群島，今地所考不一。





濊南與辰韓，北與高句麗、沃沮接，東窮大海。今朝鮮之東皆其地也。……韓在帶方之南，東西以海為限，南與倭接。方可四千里。有三種：一曰馬韓，二曰辰韓，三曰弁韓。辰韓者，古之辰國也。馬韓在西……有爰襄國、牟水國、桑外國、小石索國、優休牟涿國、臣濆沽國、伯濟國、速盧不斯國、日華國、古誕者國、古離國、怒藍國、月支國、咨離牟盧國、素謂乾國、古爰國、莫盧國、卑離國、占離卑國、臣釁國、支侵國、狗盧國、卑彌國、監奚卑離國、古蒲國、致利鞠國、冉路國、兒林國、駟盧國、內卑離國、感奚國、萬盧國、辟卑離國、臼斯烏旦國、一離國、不彌國、支半國、狗素國、捷盧國、牟盧卑離國、臣蘇塗國、[莫盧國]、古臘國、臨素半國、臣雲新國、如來卑離國、楚山塗卑離國、一難國、狗奚國、不雲國、不斯濆邪國、爰池國、乾馬國、楚離國，凡五十餘國。大國萬餘家，小國數千家，總十餘萬戶。辰王治月支國。……漢時屬樂浪郡，四時朝謁……辰韓在馬韓之東……始有六國，稍分為十二國。弁辰[韓]亦十二國，又有諸小別邑，各有渠帥……。有已柢國、不斯國、弁辰彌離彌凍國、弁辰接塗國、勤耆國、難彌離彌凍國、弁辰古資彌凍國、弁辰古淳是國、冉奚國、弁辰半路國、弁[辰]樂奴國、軍彌國[ 弁軍彌國 ]、弁辰彌烏邪馬國、如湛國、弁辰甘路國、戶路國、州鮮國、馬延國、弁辰狗邪國、弁辰走漕馬國、弁辰安邪國[馬延國]、弁辰瀆盧國、斯盧國、優中國。弁 辰韓合二十四國。大國四五千家，小國六七百家，總四五萬戶……其瀆盧國與倭接界。

——《三國志·卷三十·魏書·三十·烏丸鮮卑東夷傳》

陳涉起兵，天下崩潰，燕人衛滿避地朝鮮，因王其國，百有餘歲。武帝滅之，於是東夷始通……濊，北與高

句驪、沃沮，南與辰韓接，東窮大海，西至樂浪……韓有三種：一曰馬韓，二曰辰韓，三曰弁辰。馬韓在西，有五十四國，其北與樂浪、南與倭接；辰韓在東，十有二國，其北與濊貊接；弁韓在辰韓之南，亦十有二國，其南亦與倭接。凡七十八國，伯濟是其一國焉……初朝鮮王[箕]準為衛滿所破，乃將其餘眾數千人走入海，攻馬韓破之，自立為韓王。準後滅絕，馬韓人復自立為辰王。建武二十年[44]，韓人廉斯人蘇馬諟等詣樂浪貢獻。光武封蘇馬諟為漢 廉斯邑君，使屬樂浪郡，四時朝謁。

——《後漢書・卷八十五・東夷傳・第七十五》



倭人在帶方東南大海之中，依山島為國邑。舊百餘國，漢時有朝見者，今使譯所通三十國。從郡至倭，循海岸水行，歷韓國，乍南乍東，到其北岸狗邪韓國，七千餘里，始度[渡]一海，千餘里至對馬國……又南渡一海千餘里，名曰瀚海，至一大國……又渡一海千餘里，至末盧國……東南陸行五百里，到伊都國……世有王，皆統屬女王國，郡使往來常所駐。東南至奴國百里……東行至不彌國百里……南至投馬國，水行二十日……南至邪馬壹[臺]國，女王之所都，水行十日、陸行一月……自女王國以北，其戶數、道里可得略載，其餘旁國遠絕，不可得詳。次有斯馬國，次有已百支國，次有伊邪國，次有都支國，次有彌奴國，次有好古都國，次有不呼國，次有姐奴國，次有對蘇國，次有蘇奴國，次有呼邑國，次有華奴蘇奴國，次有鬼國，次有為吾國，次有鬼奴國，次有邪馬國，次有躬臣國，次有巴利國，次有支惟國，次有烏奴國，次有奴國，此女王境界所盡。其南有狗奴國，男子為王，其官有狗古智卑狗，不屬女王。自郡至女王國，萬二千餘里……女子為王，名曰"卑彌呼"……女王國東渡海千餘里，復有國，皆倭種。又有侏儒國在其南，人長三四尺，去女王四千餘里。又有裸國、黑齒國，復在其東南，船行一年可至。參問倭地，絕在海中洲島之上，或絕或連，周旋可五千餘里。

——《三國志・卷三十・魏書・卷三十・烏丸鮮卑東夷傳》



倭在韓東南大海中，依山島為居，凡百餘國。自武帝滅朝鮮，使驛通於漢者三十許國。國皆稱王，世世傳統。其大倭王居邪馬臺國。樂浪郡徼去其國萬二千里，去其西北界拘邪韓國七千餘里。其地大較在會稽 東冶之東……。建武 中元二年[57]，倭奴國奉貢朝賀，使人自稱大夫，倭國之極南界也。光武賜以印綬。安帝 永初元年[107]，倭國王帥升等獻生口百六十人，願請見。桓、靈間，倭國大亂，更相攻伐，歷年無主。有一女子，名曰卑彌呼，年長不嫁，事鬼神道，能以妖惑眾，於是共立為王……自女王國東度海千餘里，至拘奴國，雖皆倭種，而不屬女王。自女王國南四千餘里，至朱儒國，人長三四尺。自朱儒東南行船一年，至裸國、黑齒國，使驛所傳，極於此矣。會稽海外有東鯷人，分為二十餘國。又有夷洲及澶洲，傳言秦始皇遣方士徐福，將童男女數千人入海，求蓬萊神仙不得，徐福畏誅，不敢還，遂止此洲，世世相承。有數萬家，人民時至會稽市。會稽 東冶縣人有入海行，遭風流移至澶洲者，所在絕遠，不可往來。

——《後漢書·卷八十五·東夷傳·第七十五·東夷》



# 《後漢書》《魏略》記東漢與大秦通交及路程



和帝 永元元年[89]，大將軍竇憲大破匈奴……三年，班超遂定西域，因以超為都護，居龜茲……其條支、安息諸國，至於海瀕四萬里外，皆重譯貢獻。九年[97]，班超遣掾甘英，窮臨西海而還。皆前世所不至，《山經》所未詳，莫不備其風土，傳其珍怪焉。於是遠國蒙奇、兜勒皆來歸服，遣使貢獻……

自皮山西南經烏秅，涉懸度，歷罽賓，六十餘日行至烏弋山離國，地方數千里……復西南馬行百餘日至條支。條支國，城在山上，周迴四十餘里。臨西海，海水曲環其南及東北，三面路絕，唯西北隅通陸道……轉北而東，復馬行六十餘日至安息。後役屬條支，為置大將，監領諸小城焉。安息國居和櫝城，去洛陽二萬五千里。北與康居接，南與烏弋山離接……其東界木鹿城，號為小安息，去洛陽二萬里……和帝 永元九年[97]，都護班超遣甘英使大秦，抵條支。臨大海欲度，而安息西界船人謂英曰："海水廣大，往來者逢善風三月乃得度，若遇遲風，亦有二歲者，故入海人皆齎三歲糧。海中善使人思土戀慕，數有死亡者。"英聞之乃止。十三年，安息王滿屈復獻師子及條支大鳥，時謂之安息雀。

自安息西行三千四百里至阿蠻國。從阿蠻西行三千六百里至斯賓國。從斯賓南行度[渡]河，又西南至于羅國九百六十里，安息西界極矣。自此南乘海，乃通大秦。其土多海西珍奇異物焉……

論曰：西域風土之載，前古未聞也。漢世張騫懷致遠之略，班超奮封侯之志，終能立功西遐，羈服外域。自兵威之所肅服，財賂之所懷誘，莫不獻方奇，納愛質，露頂肘行，東向而朝天子。故設戊己之官，分任其事；建都護之帥，總領其權。先馴則賞籯金而賜龜綬，後服則繫頭顙而釁北闕。立屯田於膏腴之野，列郵置於要害之路。馳命走驛，不絕於時月；商胡販客，日款於塞下。其後甘英乃抵條支而歷安息，臨西海以望大秦，拒玉門、陽關者四萬餘里，靡不周盡焉。

——錄自《後漢書·卷八十八·西域傳·第七十八》

[延熹九年（166）]九月……大秦國王遣使奉獻。

——《後漢書·卷七·桓帝紀·第七》

大秦國一名犁鞬，以在海西，亦云海西國。地方數千里，有四百餘城，小國役屬者數十……土多金銀奇寶，有夜光璧、明月珠、駭雞犀、珊瑚、琥魄、琉璃、琅玕、朱丹、青碧……以金銀為錢，銀錢十當金錢一。與安息、天竺交市於海中，利有十倍……其王常欲通使於漢，而安息欲以漢繒綵與之交市，故遮閡不得自達。至桓帝 延熹九年，大秦王安敦遣使自日南徼外獻象牙、犀角、瑇瑁，始乃一通焉。其所表貢，並無珍異，疑傳者過焉。或云其國西有弱水、流沙，近西王母所居處，幾於日所入也。《漢書》云"從條支西行二百餘日，近日所入"，則與今書異矣。前世漢使皆自烏弋以還，莫有至條支者也……

——《後漢書·卷八十八·西域傳·第七十八·西域》

……前世謬以為條支在大秦西，今其實在東。前世又謬以為彊於安息，今更役屬之，號為安息西界。前世又謬以為弱水在條支西，今弱水在大秦西。前世又謬以為從條支西行二百餘日，近日所入，今從大秦西近日所入。大秦國一號犁靬，在安息、條支西大海之西，從安息界安谷城乘船，直截海西，遇風利二月到，風遲或一歲，無風或三歲。其國在海西，故俗謂之海西。有河出其國，西又有大海。海西有遲散城，從國下直北至烏丹城，西南又渡一河，乘船一日乃過。西南又渡一河，一日乃過。凡有大都三，卻從安谷城陸道直北行之海北，復直西行之海西，復直南行經之烏遲散城，渡一河，乘船一日乃過。周迴繞海，凡當渡大海六日乃到其國……其別枝封小國，曰澤散王，曰驢分王，曰且蘭王，曰賢督王，曰汜復王，曰于羅王，其餘小王國甚多，不能一一詳之也……

大秦道既從海北陸通，又循海而南，與交趾七郡外夷，比[北]又有水道通益州、永昌，故永昌出異物。前世

**【引書舉要】**

《後漢書》《三國志》版本已見前述。注《三國志》之裴松之（372—451）爲南朝宋人，其所引《魏略》乃魏國魚豢所撰。本節後引《梁書》，據北京：中華書局1973年標點本。

關於大秦等西域諸地的考證頗爲紛繁，茲舉馮承鈞原編、陸峻嶺增訂《西域地名》（北京：中華書局1980年增訂本），陳佳榮、謝方、陸峻嶺《古代南海地名匯釋》（北京中華書局1986年版，另參見南溟網所載：http：//www.world10k.com/blog/？p=1916）略加解釋（下文凡引自此兩書的，一般不另注出）。天竺爲印度古譯稱。大秦或謂泛指古代羅馬帝國；或指古代東羅馬帝國，包括今地中海東岸土耳其、敘利亞至埃及一帶。安息指帕提亞（Parthia），爲波斯帝國一行省，在伊朗東北部，或爲公元3世紀中葉後阿薩息斯（Arsaces）王朝的簡稱。阿蠻或謂即今亞美尼亞（Armenia），或謂即今伊朗的哈馬丹（Hamadan）。斯賓即古代安息都城克泰斯封（Ktesiphon），在今伊拉克底格里斯河東岸。于羅即今伊拉克巴比倫城遺址南面納傑夫（Najaf）東南的希拉（Hira）城遺址。條枝在安息之西，屬古波斯國，即今伊拉克（Irak）一帶。烏弋、烏弋山離，或謂即亞歷山大城（Alexandria）。

但論有水道，不知有陸道。今其略如此，其人民戶數不能備詳也。自蔥嶺西，此國最大，置諸小王甚多，故錄其屬大者矣。澤散王屬大秦，其治在海中央，北至驢分，水行半歲，風疾時一月到，最與安息 安谷城相近，西南詣大秦都不知里數。驢分王屬大秦，其治去大秦都二千里，從驢分城西之大秦渡海，飛橋長二百三十里，渡海道西南行，繞海直西行。且蘭王屬大秦，從思陶國直南渡河，乃直西行之且蘭三千里。道出河南，乃西行，從且蘭復直西行之汜復國六百里。南道會汜復，乃西南之賢督國。且蘭、汜復直南乃有積石，積石南乃有大海，出珊瑚、真珠。且蘭、汜復、斯賓、阿蠻北有一山，東西行，大秦海西東各有一山，皆南北行。賢督王屬大秦，其治東北去汜復六百里。汜復王屬大秦，其治東北去于羅三百四十里渡海也。于羅屬大秦，其治在汜復東北，渡河，從于羅東北又渡河，斯羅東北又渡河。斯羅國屬安息，與大秦接也。大秦西有海水，海水西有河水。河水西南北行有大山，西有赤水，赤水西有白玉山。白玉山有西王母。西王母西有脩流沙。流沙西有大夏國、堅沙國、屬繇國、月氏國。四國西有黑水，所傳聞西之極矣。

——《魏略·西戎傳》，《三國志·卷三十·烏丸鮮卑東夷傳》裴松之注引。

漢桓帝 延熹九年[166]，大秦王安敦遣使自日南徼外來獻，漢世唯一通焉。其國人行賈，往往至扶南、日南、交趾，其南徼諸國人少有到大秦者。孫權 黃武五年[226]，有大秦賈人秦論來到交趾。交趾太守吳邈遣送詣權，權問方土謠俗，論具以事對。時諸葛恪討丹陽，獲黝 歙短人，論見之曰："大秦希見此人。"權以男女各十人，差吏會稽 劉咸送論。咸於道物故，論乃徑還本國。

——《梁書·卷五十四·列傳·第四十八·諸夷·海南諸國》



# 《臨海水土志》《三國志》等載及夷洲

[黃龍]二年[230]春正月，魏作合肥新城。詔立都講祭酒，以教學諸子。遣將軍衛溫、諸葛直將甲士萬人浮海求夷洲及亶洲。亶洲在海中，長老傳言秦始皇帝遣方士徐福將童男童女數千人入海，求蓬萊神山及仙藥，止此洲不還。世相承有數萬家，其上人民，時有至會稽貨布，會稽 東

縣人海行，亦有遭風流移至亶洲者。所在絕遠，卒不可得至，但得夷洲數千人還。

——《三國志·卷四十七·吳書·二·吳主孫權傳》

會稽海外有東鯷人，分為二十餘國。又有夷洲及澶洲。傳言秦始皇遣方士徐福，將童男女數千人入海，求蓬萊神仙不得，徐福畏誅，不敢還，遂止此洲，世世相承，有數萬家。人民時至會稽市。會稽 東冶縣人有入海行遭風，流移至澶洲者。所在絕遠，不可往來。

——《後漢書·卷八十五·東夷傳·第七十五·東夷》

《臨海水土志》曰：夷州在臨海東南，去郡二千里。土地無雪霜，草木不死。四面是山，眾山夷所居。山頂有越王射的，正白，乃是石也。此夷各號為王，分畫土地、人民各自別異。人皆髡頭穿耳，女人不穿耳。作室居，種荊為蕃鄣。土地饒沃，既生五穀，又多魚肉。舅姑子歸男女，臥息共一大床。交會之時，各不相避。能作細布，亦作班文布，刻畫其內，有文章，以為飾好也。其地亦出銅、鐵，惟用鹿矛以戰鬥耳。磨礪青石，以作矢鏃、刃斧，環貫珠璫。飲食不潔。取生魚肉，雜貯大器中，以鹵之，歷日月乃啖食之，以為上肴。呼民人為“彌麟”，如有所召，取大空材，材十餘丈，以著中庭。又以大杵旁舂之，聞四五里，如鼓，民人聞之，皆往馳赴會。飲食皆踞相對。鑿木作器，如豬槽狀，以魚肉腥臊安中，十十五五共食之。以粟為酒，木槽貯之，用大竹筒長七寸許飲之。歌似犬嗥，以相娛樂。得人頭，斫去腦，駁其面肉，留置骨，取大毛染之，以作鬚眉髮編，具齒以作口，自臨戰鬥時用之，如假面狀。此是夷王所服。戰得頭，著首。還，於中庭建一大材，高十餘丈，以所得頭差次掛之。歷年不下，彰示其功。又甲家有女，乙家有男，仍委父母往就之居，與作夫妻，同牢而食。女以嫁，皆缺去前上一齒。

又曰：安家之民，悉依深山，架立屋舍於棧格上，似

**【引書舉要】**

《三國志》《後漢書》版本已如前述。

[吳]沈瑩《臨海水土志》之文，引自[北宋]李昉等《太平御覽》，北京：中華書局1960年版。

《臨海水土志》等關於夷洲的記錄，確有若干臺灣或琉球之特徵，其地或爲臺灣、或爲琉球、或爲他地，當時大陸人未必到過此等區域，而此等文獻則記錄了古人對於東方海域的理解。

樓狀。居處飲食，衣服被飾，與夷州民相似。父母死亡，殺犬祭之，作四方丞以盛屍。飲酒歌舞畢，仍懸著高山巖石之間，不埋土中作冢槨也。男女悉無履。今安陽 羅江縣民，是其子孫也。皆好猴頭羹，以菜和中，以醒酒；雜五肉，臛不及之。其俗言："寧自負人千石之粟，不願負人猴頭羹臛。"

——《太平御覽·卷七百八十·四夷部·一·東夷·一》





# 《外國傳》《梁書》所載漲海及吳康泰、朱應出使扶南

**【引書舉要】**

《外國傳》係[吳]康泰、朱應出使（約245—251）扶南（今柬埔寨一帶）返國後所作，有《外國雜傳》《吳時外國傳》《扶南土俗》《扶南異物志》等不同名稱。康泰等出使扶南，是中國首次派遣專使交通南海諸國的要事。

《南州異物志》爲[東漢末至吳]萬震所作。它和《外國傳》所載"漲海"，既道出古代南海諸島的地貌；但其含意還包括有廣義，即大秦西的遼闊海洋。

其他資料版本如下：

[南朝宋]劉義慶撰、[南朝梁]劉孝標注《世說新語》，《四部叢刊》影印明嘉靖嘉趣堂刊本。

[唐]歐陽詢《藝文類聚》，北京：中華書局1965年版。

[唐]姚思廉等《梁書》，北京：中華書局1973年標點本。

[唐]徐堅等《初學記》，北京：中華書局1962年版。

[北宋]李昉《太平御覽》，北京：中華書局1960年版。

《吳時外國傳》曰："扶南東有漲海。海中有洲，出五色鸚鵡，其白者如母雞。"

——《藝文類聚·卷九十一·鳥部·中·鸚鵡》

《外國雜傳》云："大秦西南漲海中，可七八百里，到珊瑚洲，洲底大盤石，珊瑚生其上，人以鐵網取之。"

——《初學記·卷六·地部·海·第二》

《南州異物志》曰："珊瑚生大秦國，有洲在漲海中，距其國七八百里，名珊瑚樹洲。底有盤石，水深二十餘丈，珊瑚生於石上。初生白，軟弱似菌。國人乘大船，載鐵網，先沒在水下，一年便生網目中，其色尚黃，枝柯交錯，高三四尺，大者圍尺餘。三年色赤，便以鐵鈔發其根，繫鐵網於船，絞車舉網，還裁鑿，恣意所作。若過時不鑿，便枯索蟲蠹。其大者輸之王府，細者賣之。"

——《世說新語·卷下·汰侈篇·第三十》劉孝標註引

[赤烏六年（243）]十二月，扶南王范旃遣使獻樂人及方物。

——《三國志·卷四十七·吳書·二·吳主孫權傳》

岱既定交州，復進討九真，斬獲以萬數。又遣從事南宣國化，暨徼外扶南、林邑、堂明諸王，各遣使奉貢。

——《三國志・卷六十・吳書・十五・呂岱傳》

海南諸國，大抵在交州南及西南大海洲上……及吳 孫權時，遣宣化從事朱應、中郎康泰通焉。其所經及傳聞，則有百數十國，因立記傳。

……扶南國……[范]蔓遇疾，遣太子金生代行。蔓姐子旃，時為二千人將，因篡蔓自立，遣人詐金生而殺之。蔓死時，有乳下兒名長，在民間，至年二十，乃結國中壯士襲殺旃，旃大將范尋又殺長而自立……吳時，遣中郎康泰、宣化從事朱應使於尋國，國人猶裸，唯婦女著貫頭。泰、應謂曰："國中實佳，但人褻露可怪耳。"尋始令國內男子著橫幅。橫幅，今干漫也。大家乃截錦為之，貧者乃用布。晉武帝 太康中，尋始遣使貢獻……吳時扶南王范旃遣親人蘇物使[天竺]其國，從扶南發投拘利口，循海大灣中正西北入，歷灣邊數國，可一年餘到天竺江口，逆水行七千里乃至焉。天竺王驚曰："海濱極遠，猶有此人！"即呼令觀視國內，仍差陳、宋等二人以月支馬四匹報旃，遣物等還，積四年方至。其時吳遣中郎康泰使扶南，及見陳、宋等，具問天竺土俗。

——《梁書・卷五十四・列傳・第四十八・諸夷・海南諸國》

吳時，康泰為中郎，表上《扶南土俗》。

——康泰《扶南土俗》，引自《太平御覽・卷七百八十七・四夷部・八・蒲羅中國》。



## 《法顯傳》載晉代由天竺東航歸國路程

法顯昔在長安，慨律藏殘缺，於是遂以弘始元年[399]，歲在己亥，與慧景、道整、慧應、慧嵬等同契，至天竺尋求戒律……法顯本求戒律，而北天竺諸國，皆師師口傳，無本可寫，是以遠步乃至中天竺。

……順恒水東下十八由延，其南岸有瞻波大國……從此東行近五十由延，到多摩梨帝國，即是海口……法顯住此二年，寫經及畫像。於是載商人大舶，汎海西南行，得冬初信風，晝夜十四日，到師子國。彼國人云，相去可七百由延。其國本在洲上……王城北跡上起大塔，高四十丈，金銀莊校，眾寶合成。塔邊復起一僧伽藍，名無畏山……

法顯去漢地積年，所與交接悉異域人，山川草木，舉目無舊，又同行分披，或留或亡，顧影唯己，心常懷悲。忽於此玉像邊見商人以晉地一白絹扇供養，不覺悽然，淚下滿目……無畏精舍東四十里有一山。山中有精舍，名跋提……城南七里有一精舍，名摩訶毗訶羅……

法顯住此國二年……得此梵本已，即載商人大船，上可有二百餘人，後繫一小船，海行艱嶮，以備大船毀壞。得好信風，東下二日，便值大風。船漏水入……如是大風晝夜十三日，到一島邊。潮退之後，見船漏處，即補塞之。於是復前。海中多有抄賊，遇輒無全。大海彌漫無邊，不識東西，唯望日月星宿而進。若陰雨時，為逐風去，亦無準……如是九十日[或作九、十日]許，乃到一國，名耶婆提。其國外道，婆羅門興盛，佛法不足言。停此國五月日。復隨他商人大船，上亦二百許人，賫五十日糧，以四月十六日發。法顯於船上安居。東北行，趣廣州。一月餘日，夜鼓二時，遇黑風暴雨……於時天多連陰，海師相望僻誤，遂經七十餘日，糧食、水漿欲盡，取海鹹水作食。分好水，人可得二升，遂便欲盡。商人議言："常行時正可五十日便到廣州，爾今已過期多日，將無僻耶？"即便西北行求岸。晝夜十二日，到長廣郡界牢山南岸，便得好水、菜。但經涉險難，憂懼積日，忽得至此岸，見藜藿依然，知是漢地……

法顯發長安，六年到中國[中印]，停六年，還三年達青州。凡所遊歷，減三十國。沙河已西，迄於天竺，眾僧威儀法化之美，不可詳說。竊惟諸師來得備聞，是以不顧微命，浮海而還，艱難具更，幸蒙三尊威靈，危而得濟，故竹帛疏所經歷，欲令賢者同其聞見。是歲甲寅[義熙十年（414）]。

——《法顯傳》[又作《佛國記》]

**【引書舉要】**

[後秦—東晉]法顯（約337—約422）《佛國記》（又作《法顯傳》），成於安帝義熙十年（414）。本書所引，據上海古籍出版社1985年章巽校注本。

[南朝梁]釋僧祐《出三藏記集》，據大正大藏經本。

法顯是中國西遊取經、陸去海回並留下行記的第一人，誠如唐義淨精彩的評論："顯法師則創闢荒途，奘法師則中開正路。"

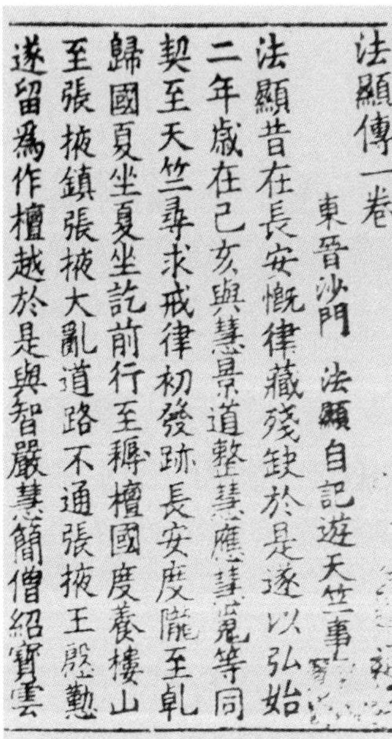

法顯傳一卷

東晉沙門 法顯自記遊天竺事

法顯昔在長安慨律藏殘缺於是遂以弘始二年歲在己亥與慧景道整慧應慧嵬等同契至天竺尋求戒律初發跡長安度隴至乾歸國夏坐夏坐訖前行至耨檀國度養樓山至張掖鎮張掖大亂道路不通張掖王殷懃遂留為作檀越於是與智嚴慧簡僧紹寶雲

[東晉]法顯《法顯傳》書影

晉 義熙十二年[416]，歲在壽星，夏安居末，慧遠迎法顯道人。既至，留共冬齋。因講集之際，重問遊歷。其人恭順，言輒依實。由是先所略者，勸令詳載。顯復具敘始末，自云："顧尋所經，不覺心動汗流。所以乘危履嶮，不惜此形者，蓋是志有所存，專其愚直，故投命於不必全之地，以達萬一之冀。"於是感歎斯人，以為古今罕有。自大教東流，未有忘身求法如顯之比。然後知誠之所感，無窮否而不通；志之所獎，無功業而不成。成夫功業者，豈不由忘夫所重，重夫所忘者哉！

——《法顯傳・跋》

釋法顯本姓龔，平陽 武陽人也……常慨經律舛闕，誓志尋求。以晉 隆安三年[399]與同學慧景、道整、慧應、慧嵬等發自長安。西度沙河，上無飛鳥，下無走獸，四顧茫茫，莫測所之，唯視日以準東西，人骨以標行路耳。屢有熱風、惡鬼，遇之必死。顯任緣委命，直過險難。有頃，至葱嶺，嶺冬夏積雪，有惡龍吐毒風，雨沙礫。山路艱危，壁立千仞。昔有人鑿石通路，傍施梯道，凡度七百餘梯，又躡懸絙過河數十餘處……後至中天竺，於摩竭提 巴連弗邑 阿育王塔 南天王寺，得《摩訶僧祇律》，又得《薩婆多律抄》《雜阿毗曇心》《綖經》《方等泥洹》等經。顯留三年，學梵書梵語，躬自書寫。於是持經像寄附商客，到師子國。顯同旅十餘，或留或亡，顧影唯己，常懷悲慨，忽於玉像前見商人以晉地一白團扇供養，不覺悽然下淚。停二年，復得《彌沙塞律》《長阿含》《雜阿含》及《雜藏》本，並漢土所無。既而附商人大舶還東，舶有二百許人。值大暴風，舶壞水入，眾人惶怖，即取雜物棄之。顯恐商人棄其經像，唯一心念觀世音及歸命漢土眾僧。大風晝夜十三日，吹舶至島下，治舶竟前，時陰雨晦冥，不知何之，唯任風而已。若值伏石及賊，萬無一全。行九十日[或作九、十日]，達耶婆提國。停五月日，復隨他商侶東趣廣州。舉帆月餘日，中夜忽遇大風，舉舶震懼。眾共議曰："坐載此沙門，使我等狼狽，不可以一人故令一眾俱亡。"欲推棄之。法顯檀越厲聲呵商人曰："汝若下此沙門，亦應下我；不爾，便當見殺！漢地帝王奉佛敬僧，我至彼告王，必當罪汝！"商人相視失色，僶俛而止。既水盡糧竭，唯任風隨流。忽至岸，見藜藿菜依然，知是漢地，但未測何方。即乘小舶入浦尋村，遇獵者二人，顯問："此何地耶？"獵人曰："是青州 長廣郡 牢山南岸。"……遂南造京師，就外國禪師佛馱跋陀，於道場寺譯出六卷《泥洹》《摩訶僧祇律》《方等泥洹經》《綖經》《雜阿毗曇心》，未及譯者，垂有百萬言……揚州共傳，咸稱神妙。後到荊州，卒於新寺，春秋八十有二，眾咸慟惜。其所聞見風俗，別有傳記。

——《法顯法師傳》，載《出三藏記集・卷十五》。

# 《太清金液神丹經》記晉代南海至天竺、大秦交通

**【引書舉要】**

傳[東晉]葛洪（284—約364）等撰《太清金液神丹經》，本書所引據正統《道藏（洞神部衆術類）》本。





自扶南、頓遜，逮於林邑、杜[社]薄、無倫五國之中，朱砂、琉黃、曾青、石精之所出……行邁靡靡，汎舟洪川。發自象林，迎箕背辰。乘風因流，電邁星奔。宵明莫停，積日倍旬。乃及扶南，有王有君。厥國悠悠，萬里為垠。北欽林邑，南函典遜。左牽杜薄，右接無倫……乃說邦國，厥數無倫。句稚 歌營，林楊 加陳。師漢 扈犁，斯調 大秦。古奴 察牢，葉波 罽賓。天竺 月支，安息 優錢。大方累萬，小規數千。過此以往，莫識其根。

象林，今日南縣也。昔馬援為漢開南境，立象林縣，過日南四五百里，立兩銅柱，為漢南界。後漢衰微，外夷內侵，沒取象林國。銅柱所在海邊，在林邑南可三里，今則別為西圖國。至多丹砂如土。出日南 壽靈浦，由海正南行，故背辰星而向箕星也，晝夜不住，十餘日乃到扶南。

扶南在林邑西南三千餘里……從扶南北至林邑三千里，其地豐饒，多朱丹、硫黃。

典遜在扶南南去五千里，本別為國。扶南先王范曼有勇略，討服之。今屬扶南。其地出鐵。其南又有都昆、比嵩、句稚諸國。……典遜去日南二萬里。扶南去林邑似不過三千七八百里也，何以知之？舶船發壽靈浦口，調風晝夜不解帆，十五日乃到典遜，一日一夕帆行二千里……

杜[社]薄，闍婆國名也。在扶南東漲海中洲。從扶南船行，直截海度，可數十日，乃到……

無倫國，在扶南西二千餘里……

句稚國，去典遜八百里。有江日[口]，西南向，東北入，正東北行，大崎頭出漲海中，水淺而多慈石。外徼人乘舶船皆鐵葉，至此崎頭，閡慈石不得過，皆止句稚，貨易而還也。

歌營國，在句稚南，可一月行乃到其國。又灣中有大山林，迄海邊，名曰蒲羅，中有殊民，尾長六寸，而好啖

人……末黑如漆，齒正白（銀），眼正赤。男女裸形無衣服，父子兄弟姊妹，露身對面同臥，此是歌營國夷人耳，別自有佳人也。

林楊在扶南西二千餘里……

加陳國，在歌營西南海邊國……

師漢國，在句稚西南。從句稚去，船行可十四五日乃到其國……

扈犁國，古奴斯調西南，入大灣中七八百里，有大江，源出崑崙，西北流，東南注大海。自江口西行，距大秦國萬餘里，乘大舶載五六百人，張七帆，時風一月乃到大秦國，大道以中。

斯調國，海中洲名也。在歌營國東南可三千里……斯調洲土東南望，夜視常見有火光照天，如作大冶，冥夜望其火光之照也，云是炎洲所在也。有火山，冬夏有火光。

隱章國，去斯調當三四萬里，希有至其處者。數十年中，炎洲人時乘舶船往斯調耳，云火珠是此國之所賣有也，故斯調人買得之耳……

大秦國在古奴斯調西可四萬餘里，地方三萬里，最大國也……從海濟入大江，七千餘里乃到其國……昔中國人往扶南，復從扶南乘船，船入海，欲至古奴國，而風轉不得達，乃他去，晝夜帆行不得息，經六十日乃到岸邊，不知何處也。上岸索人而問之，云是大秦國……

古奴斯調國，去歌營可萬許里，土地人民有萬餘家……

察牢國，在安息、大秦中間，大國也。去天竺五千餘里……

葉波國去天竺三千里……

罽賓國在月支西北，大國也……

月支在天竺北可七千里……

安息在月支西八千里……

優錢在天竺東南七千里……

如此乃知天地廣大，不可意度。但人莫知其限崖耳。其大秦、月支，欲接崑崙，在日南海行之西南也，最是所聞見大國也。

眾香雜類，各自有原。木之沉浮，出於日南。都梁、青靈，出於典遜。雞舌、芬蘿，生於杜薄。幽蘭、茹來，出於無倫。青木天竺，鬱金罽賓。蘇合安息，薰陸大秦。咸自草木，各自所珍。或華或膠，或心或枝。唯夫甲香，螺蚌之倫，生於歌營、句稚之淵。萎蕤月支，琉黃都昆。白附師漢，光鼻加陳。蘭艾斯調，幽穆優錢。餘各妙氣，無及震檀也。

——《太清金液神丹經·卷下》

# 《梁書》記慧深所述扶桑國行程及其風情



**【引書舉要】**

扶桑今地有日本、墨西哥諸說，迄無定論。後說更成爲中國早就與美洲有所交往的先聲。

本書所引據[唐]姚思廉等《梁書》，北京：中華書局1973年標點本。

文身國，在倭東北七千餘里。人體有文如獸……大漢國，在文身國東五千餘里。無兵戈，不攻戰，風俗並與文身國同，而言語異。扶桑國者，齊 永元元年[499]，其國有沙門慧深來至荊州，說云："扶桑在大漢國東二萬餘里，地在中國之東。其土多扶桑木，故以為名。扶桑葉似桐，而初生如筍，國人食之。實如梨而赤，績其皮為布，以為衣，亦以為綿。作板屋，無城郭。有文字，以扶桑皮為紙。無兵甲，不攻戰。其國法有南北獄，若犯輕者入南獄，重罪者入北獄。有赦則赦南獄，不赦北獄。在北獄者，男女相配，生男八歲為奴，生女九歲為婢。犯罪之身，至死不出。貴人有罪，國乃大會，坐罪人於坑，對之宴飲，分訣若死別焉。以灰繞之，其一重則一身屏退，二重則及子孫，三重則及七世。名國王為乙祁。貴人，第一者為大對盧，第二者為小對盧，第三者為納咄沙。國王行，有鼓角導從。其衣色隨年改易，甲乙年青，丙丁年赤，戊己年黃，庚辛年白，壬癸年黑。有牛，角甚長，以角載物，至勝二十斛。車有馬車、牛車、鹿車。國人養鹿，如中國畜牛，以乳為酪。有桑梨，經年不壞。多蒲桃。其地無鐵，有銅，不貴金銀。市無租估。其婚姻，婿往女家門外作屋，晨夕灑掃。經年而女不悅，即驅之；相悅，乃成婚。婚禮大抵與中國同。親喪，七日不食；祖父母喪，五日不食；兄弟、伯叔、姑姊妹，三日不食。設靈為神像，朝夕拜奠。不制衰絰。嗣王立，三年不視國事。其俗舊無佛法，宋 大明二年[458]，罽賓國嘗有比丘五人，行至其國，流通佛法經像，教令出家，風俗遂改。"慧深又云："扶桑東千餘里有女國……"天監六年[507]，有晉安人渡海，為風所飄，至一島登岸，有人居止。女則如中國，而言語不可曉；男則人身而狗頭，其聲如吠。其食有小豆，其衣如布，築土為牆，其形圓，其戶如竇云。

——《梁書·卷五十四·列傳·第四十八·諸夷·東夷》

# 《隋書》載倭國與隋使節往還

倭國，在百濟、新羅東南，水陸三千里，於大海之中，依山島而居。魏時譯通中國。三十餘國，皆自稱王。夷人不知里數，但計以日。其國境東西五月行，南北三月行，各至於海。其地勢東高西下，都於邪靡堆，則《魏志》所謂邪馬臺者也……自魏至於齊、梁，代與中國相通。開皇二十年[600]，倭王姓阿每，字多利思比孤，號阿輩雞彌，遣使詣闕。上令所司訪其風俗……大業三年[607]，其王多利思比孤遣使朝貢。使者曰："聞海西菩薩天子重興佛法，故遣朝拜，兼沙門數十人來學佛法。"其國書曰"日出處天子致書日沒處天子無恙"云云……明年，上遣文林郎裴[世]清使於倭國。度百濟，行至竹島，南望躭羅國，經都斯麻國，迴在大海中。又東至一支國，又至竹斯國，又東至秦王國，其人同於華夏，以為夷洲，疑不能明也。又經十餘國，達於海岸。自竹斯國以東，皆附庸於倭。倭王遣小德阿輩臺，從數百人，設儀仗，鳴鼓角來迎。後十日，又遣大禮哥多毗，從二百餘騎郊勞。既至彼都，其王與清相見，大悅，曰："我聞海西有大隋，禮義之國，故遣朝貢……"既而引清就館。其後清遣人謂其王曰："朝命既達，請即戒塗。"於是設宴享以遣清，復令使者隨清來貢方物。

——《隋書·卷八十一·列傳·第四十六·東夷·倭國》

**【引書舉要】**

[唐]魏徵等《隋書》，據北京：中華書局1973年標點本。



# 《隋書》載朱寬、陳稜入海探流求

流求國，居海島之中，當建安郡東，水行五日而至。土多山洞。其王姓歡斯氏，名渴剌兜，不知其由來有國代數也。彼土人呼之為“可老羊”，妻曰“多拔荼”。所居曰波羅檀洞，塹柵三重，環以流水，樹棘為藩，王所居舍……大業元年[605]，海師何蠻等，每春秋二時天清風靜，東望依希似有煙霧之氣，亦不知幾千里。三年，煬帝令羽騎尉朱寬入海求訪異俗，何蠻言之，遂與蠻俱往，因到流求國。言不相通，掠一人而返。明年，帝復令寬慰撫之，流求不從。寬取其布甲而還。時倭國使來朝，見之曰：“此夷邪久國人所用也。”帝遣武賁郎將陳稜、朝請大夫張鎮州，率兵自義安浮海擊之。至高華嶼，又東行二日至𪚰鼊嶼，又一日便至流求。初，稜將南方諸國人從軍，有崑崙人頗解其語，遣人慰諭之。流求不從，拒逆官軍。稜擊走之，進至其都，頻戰皆敗，焚其宮室，虜其男女數千人，載軍實而還，自爾遂絕。

——《隋書·卷八十一·列傳·第四十六·東夷·流求國》

陳稜，字長威，盧江 襄安人也……大業三年[607]，拜武賁郎將，後三歲與朝請大夫張鎮周發東陽兵萬餘人，自義安汎海，擊流求國，月餘而至。流求人初見船艦，以為商旅，往往詣軍中貿易。稜率眾登岸，遣鎮周為先鋒。其主歡斯渴剌兜遣兵拒戰，鎮周頻擊破之。稜進至低沒檀洞，其小王歡斯老模率兵拒戰。稜擊敗之，斬老模。其日霧雨晦冥，將士皆懼，稜刑白馬以祭海神，既而開霽，分為五軍，趣其都邑。渴剌兜率眾數千逆拒，稜遣鎮周又先鋒，擊走之。稜乘勝逐北，至其柵，渴剌兜背柵而陣，稜盡銳擊之。從辰至未，苦鬥不息。渴剌兜自以軍疲，引入柵。稜遂填塹，攻破其柵，斬渴剌兜，獲其子島槌，虜男女數千而歸。

——《隋書·卷六十四·列傳·第二十九·陳稜》



**【引書舉要】**

本書所引［唐］魏徵等《隋書》，據北京：中華書局1973年標點本。

隋代流求的今地，也是衆說紛紜、莫衷一是。不過，《隋書》確實著錄了臺灣或琉球一帶的風土民情，雖然不無傳說之渲染，卻表達了時人對東方海島的傳聞與認識，也反映中國官民很早就在東海的辛苦經營。

# 《隋書》記常駿、王君政出使赤土路線

赤土國，扶南之別種也。在南海中，水行百餘日而達所都。土色多赤，因以為號。東波羅剌國，西婆羅娑國，南訶羅旦國，北拒大海，地方數千里。其王姓瞿曇氏，名利富多塞……居僧祇城……煬帝即位，募能通絕域者。大業三年[607]，屯田主事常駿、虞部主事王君政等請使赤土。帝大悅，賜駿等帛各百匹，時服一襲而遣。賚物五千段，以賜赤土王。其年十月，駿等自南海郡乘舟，晝夜二旬，每值便風。至焦石山而過，東南泊陵伽鉢拔多洲，西與林邑相對，上有神祠焉。又南行，至師子石，自是島嶼連接。又行二三日，西望見狼牙須國之山，於是南達雞籠島，至於赤土之界。其王遣婆羅門鳩摩羅以舶三十艘來迎，吹蠡擊鼓，以樂隋使，進金鎖以纜駿船。月餘，至其都，王遣其子那邪迦請與駿等禮見……其日未時，那邪迦又將象二頭，持孔雀蓋以迎使人，並致金花、金盤以藉詔函。男女百人奏蠡鼓，婆羅門二人導路，至王宮。駿等奉詔書上閣，王以下皆坐。宣詔訖，引駿等坐，奏天竺樂。事畢，駿等還館……後數日，請駿等入宴……禮遺甚厚。尋遣那邪迦隨駿貢方物，並獻金芙蓉冠、龍腦香。以鑄金為多羅葉，隱起成文以為表，金函封之，令婆羅門以香花奏蠡鼓而送之。既入海，見綠魚群飛水上。浮海十餘日，至林邑東南，並山而行……循海北岸，達於交阯。駿以六年[610]春與那邪迦於弘農謁，帝大悅，賜駿等物二百段，俱授秉義尉，那邪迦等官賞各有差。

——《隋書・卷八十二・列傳・第四十七・南蠻・赤土》

**【引書舉要】**

赤土今地有各種不同見解，或應在今馬來半島東北岸一帶。本書所引[唐]魏徵等《隋書》，據北京：中華書局1973年標點本。

常駿等出使赤土，是繼康泰後中國交通南海諸國的另一要事，其具體而準確的航程更彌足珍貴。

# 《南海寄歸內法傳》《大唐西域求法高僧傳》中的泛舶南海、西海

**【引書舉要】**

[唐]義淨（635—713）《西域求法高僧傳》（四卷）、《大唐西域求法高僧傳》（兩卷）作於天授二年（691）前，本書所引據大正大藏經本。

義淨謳歌法顯、玄奘，其本人更是數度往返南海、西海間的成功範例及航線記錄者。

諸部流派，生起不同，西國相承，大綱唯四……其間離分出沒，部別名字，事非一致，如余所論，此不繁述。故五天之地及南海諸洲，皆云四種尼迦耶。然其所欽，處有多少。摩揭陁則四部通習，有部最盛。羅荼、信度（西印度國名）則少兼三部，乃至正量尤多。北方皆全有部，時逢大眾。南面則咸遵上座，餘部少存。東裔諸國，雜行四部（從那爛陁東行五百驛，皆名東裔，乃至盡窮。有大黑山，計當土蕃南畔，傳云是蜀川西南，行可一月餘便達斯嶺。次此南畔，逼近海涯，有室利察呾羅國，次東南有郎迦戍國，次東有社和鉢底國，次東極至臨邑國。並悉極遵三寶，多有持戒之人。乞食杜多，是其國法。西方見有，實異常倫）。師子洲並皆上座，而大眾斥焉。然南海諸洲有十餘國，純唯根本有部，正量時欽，近日已來，少兼餘二（從西數之，有婆魯師洲；末羅遊洲，即今尸利佛逝國是；莫訶信洲；訶陵洲；呾呾洲；盆盆洲；婆利洲；掘倫洲；佛逝補羅洲；阿善洲；末迦漫洲。又有小洲，不能具錄）。斯乃咸遵佛法，多是小乘，唯末羅遊少有大乘耳。諸國周圍，或可百里，或數百里，或可百驛。大海雖難計里，商舶慣者準知。良為掘倫，初至交 廣，遂使揔喚崑崙國焉。唯此崑崙，頭捲體黑。自餘諸國，與神州不殊。赤腳敢曼，總是其式。廣如《南海錄》中具述。驩州正南步行可餘半月，若乘船纔五六潮，即到匕景。南至占波，即是臨邑，此國多是正量，少兼有部。西南一月至跋南國，舊云扶南，先是裸國，人多事天，後乃佛法盛流。惡王今並除滅，迥無僧眾，外道雜居。其即贍部南隅，非海洲也……

其出家法侶，講說軌儀，徒眾儼然，欽承極旨。自有屏居幽谷，脫屣樊籠，漱巖流以遐想，坐林薄而棲志。六

時行道，能報淨信之恩；兩期入定，合受人天之重。此則善符經律，何有過焉？然由傳受訛謬，軌則參差，積習生常，有乖綱致者。謹依聖教及現行要法，揔有四十章，分為四卷，名《南海寄歸內法傳》，又《大唐西域高僧傳》二卷，並雜經論等十卷，並錄附歸。願諸大德興弘法心，無懷彼我，善可量度，順佛教行，勿以輕人，便非重法。

——[唐]義淨《南海寄歸內法傳·卷一》

即如贍部洲中及諸邊海，人物衣服可略言之。且從莫訶菩提，東至臨邑，有二十餘國，正當驩州南界也。西南至海，北齊羯濕彌羅，並南海中有十餘國，及師子洲，並著二敢曼矣。既無腰帶，亦不裁縫，直是闊布兩尋，繞腰下抹。西天之外，大海邊隅，有波剌斯及多氏國，並著衫袴。裸國則迴無衣服，男女咸皆赤體。從羯濕彌羅已去，及速利諸胡、土蕃、突厥，大途相似，不著敢曼，氈裘是務，少有劫貝。時存著者，以其寒地，衫袴是常。即此諸國之中，唯波剌斯及躶國、土蕃、突厥，元無佛法，餘皆遵奉。而於衫袴之鄉，咸不洗淨。由是五天之地自恃清高也……

——[唐]義淨《南海寄歸內法傳·卷二》

又復騰蘭乃震芳聲於東洛；真諦則駕逸響於南溟。大德羅什，致德匠於他土；法師玄奘，演師功於自邦。然今古諸師，並光傳佛日。有空齊致，習三藏以為師；定慧雙修，指七覺而為匠。其西方現在，則羝羅荼寺有智月法師，那爛陁中則寶師子大德。東方即有地婆羯囉蜜呾囉，南 [裒]有呾他揭多揭婆，南海 佛誓國則有釋迦雞栗底（今現在佛誓國。歷五天而廣學矣）。斯並比秀前賢，追蹤往哲。曉因明論，則思擬陳那；味瑜伽宗，實罄懷無著。談空則巧符龍猛，論有則妙體僧賢。此諸法師，淨並親狎筵機，飡受微言。慶新知於未聞，溫舊解於曾得。想傳燈之 望，實喜朝聞；冀蕩塵之百疑，則分隨昏滅。尚乃拾遺珠於鷲嶺，時得其真；擇散寶於龍河，頗逢其妙。仰蒙三寶之遠被，賴皇澤之遐霑，遂得旋踵東歸，鼓帆南海，從耽摩立底國，已達室利佛誓，停住已經四年，留連未及歸國矣。

——[唐]義淨《南海寄歸內法傳·卷四》

淨以咸亨元年[670]在西京尋聽，於時與并部 處一法師、萊州 弘褘論師，更有三二諸德，同契鷲峰，標心覺樹。然而一公屬母親之年老，遂懷戀於并川；褘師遇玄贍於江寧，乃敦情於安養。玄逵既到廣府，復阻先心。唯與晉州小僧善行同去。神州故友，索爾分飛；印度新知，冥焉未會。此時躑躅，難以為懷，戲擬《四愁》，聊題兩絕而已。

## 五　言

我行之數萬，愁緒百重思；

那教六尺影，獨步五天陲。

## 五言（重自解憂曰）

上將可陵師，匹士志難移。

如論惜短命，何得滿長祇！





於時咸亨二年[671]，坐夏揚府。初秋，忽遇龔州使君馮孝詮，隨至廣府，與波斯舶主期會南行。復蒙使君令往崗州，重為檀主。及弟孝誕使君、孝軫使君，郡君寧氏、郡君彭氏等合門眷屬，咸見資贈，爭抽上賄，各舍奇飡。庶無乏於海途，恐有勞於險地。篤如親之惠，順給孤之心。共作歸依，同緣勝境。所以得成禮謁者，蓋馮家之力也。又嶺南法俗，共鯁去留之心；北土英儒，俱懷生別之恨。至十一月，遂乃面翼軫，背番禺，指鹿園而遐想，望雞峰而太息。於時廣莫初飆，向朱方而百丈雙掛；離箕創節，棄玄朔而五兩單飛。長截洪溟，似山之濤橫海；斜通巨壑，如雲之浪滔天。未隔兩旬，果之佛逝。經停六月，漸學聲明。王贈支持，送往末羅瑜國（今改為室利佛逝也）。復停兩月，轉向羯荼。至十二月，舉帆還乘王舶，漸向東天矣。從羯荼北行十日餘，至裸人國。向東望岸，可一二里許，但見椰子樹、檳榔林森然可愛。彼見舶至，爭乘小艇，有盈百數，皆將椰子、芭蕉及藤竹器來求市易。其所愛者，但唯鐵焉，大如兩指，得椰子或五或十。丈夫悉皆露體，婦女以片葉遮形，商人戲授其衣，即便搖手不用。傳聞斯國當蜀川西南界矣。此國既不出鐵，亦寡金銀，但食椰子藷根，無多稻穀，是以盧呵最為珍貴（此國名鐵為盧呵）。其人容色不黑，量等中形，巧織團藤箱，餘處莫能及。若不共交易，便放毒箭，一中之者，無復再生。

從茲更半月許，望西北行，遂達耽摩立底國，即東印度之南界也，去莫訶菩提及那爛陀可六十餘驛。於此創與大乘燈師相見，留住一載，學梵語，習《聲論》，遂與燈師同行，取正西路，商人數百，詣中天矣。去莫訶菩提有十日在，過大山澤，路險難通，要藉多人，必無孤進。於時淨染時患，身體疲羸，求趁商徒，旋困不能及，雖可勵己求進，五里終須百息。其時有那爛陀寺二十許僧，並燈上人並皆前去，唯余單己，孤步險隘。日晚晡時，山賊便至，援弓大喚，來見相陵。先撮上衣，次抽下服，空有絛帶，亦並奪將。當是時也，實謂長辭人代，無諧禮謁之心；體散鋒端，不遂本求之望。又彼國相傳，若得白色之人，殺充天祭。既思此說，更軫於懷，乃入泥坑，遍塗形體，以葉遮蔽。扶杖徐行，日云暮矣，營處尚遠。至夜兩更，方及徒侶，聞燈上人村外長叫。既其相見，令授一衣，池內洗身，方入村矣。從此北行數日。先到那爛陀，敬根本塔；次上耆闍崛，見疊衣處；後往大覺寺，禮真容像。山東道俗所贈紽絹，持作如來等量袈裟，親奉披服。濮州 玄律師附羅蓋數萬，為持奉上。曹州 安道禪師寄拜禮菩提像，亦為禮訖。於時五體布地，一想虔誠。先為東夏四恩，普及法界含識。願龍花揔會，遇慈氏尊，並契真宗，獲無生智。次乃遍禮聖跡，過方丈而屆拘尸；所在欽誠，入鹿園而跨雞嶺。住那爛陀寺，十載求經，方始旋踵言歸，還耽摩立底。未至之間，遭大劫賊，僅免剚刃之禍，得存朝夕之命。於此昇舶，過羯荼國。所將梵本三藏五十萬餘頌，唐譯可成千卷，擲居佛逝矣。

——[唐]義淨《大唐西域求法高僧傳·卷下》





觀夫自古神州之地，輕生徇法之賓，顯法師則創闢荒途，奘法師乃中開正路。其間或西越紫塞而孤征，或南渡滄溟以單逝。莫不咸思聖跡，罄五體而歸禮；俱懷旋踵，報四恩以流望。然而勝途多難，寶處彌長，苗秀盈十而蓋多，結實罕一而全少。寔由茫茫象磧，長川吐赫日之光；浩浩鯨波，巨壑起滔天之浪。獨步鐵門之外，亘萬嶺而投身；孤漂銅柱之前，跨千江而遣命（跋南國有千江口）。或亡飡幾日，輟飲數晨，可謂思慮銷精神，憂勞排正色。致使去者數盈半百，留者僅有幾人。設令得到西國者，以大唐無寺，飄寄棲然，為客遑遑，停託無所，遂使流離萍轉，罕居一處。身既不安，道寧隆矣！嗚呼！實可嘉其美誠，冀傳芳於來葉。粗據聞見，撰行狀云爾。其中次第，多以去時年代近遠存亡而比先後……

常慜禪師者，并州人也。自落髮投簪……冀得遠詣西方，禮如來所行聖跡……要心既滿，遂至海濱，附舶南征，往訶陵國。從此附舶，往末羅瑜國。復從此國欲詣中天。然所附商舶載物既重，解纜未遠，忽起滄波，不經半日……舶沉身沒，聲盡而終，春秋五十餘矣。有弟子一人，不知何許人也。號咷悲泣，亦念西方，與之俱沒。其得濟之人具陳斯事耳……

大乘燈禪師者，愛州人也。梵名莫訶夜那鉢地已波（唐云大乘燈）。幼隨父母泛舶往杜和羅鉢底國，方始出家。後隨唐使郯緒相逐入京，於大慈恩寺 三藏法師 玄奘處進受具戒。居京數載，頗覽經書。而思禮聖跡，情契西極……遂持佛像，攜經論，既越南溟，到師子國觀禮佛牙，備盡靈異。過南印度，復屆東天，往耽摩立底國。既入江口，遭賊破舶，唯身得存。淹停斯國，十有二歲。頗閑梵語，誦《緣生》等經，兼循修福業。因遇商侶，與淨相隨詣中印度。先到那爛陀，次向金剛座，旋過薜舍離，後到俱尸國。與無行禪師同遊此地，燈師每歎曰："本意弘法，重之東夏，寧志不我遂，奄爾衰年，今日雖不契懷，來生願畢斯志。"然常為覩史多天業，冀會慈氏，日晝龍花一兩枝，用標心至。燈公因道行之次，過道希法師所住舊房。當於時也，其人已亡。漢本尚存，梵夾猶列，覩之潸然流涕而歎："昔在長安，同遊法席，今於他國，但遇空筵。"

——[唐]義淨《大唐西域求法高僧傳·卷上》

道琳法師者，荊州 江陵人也。梵名尸羅鉢頗（唐云戒光）。弱冠之年，披緇離俗，成人之歲，訪友尋真……遂欲尋流討源，遠遊西國。乃杖錫遐逝，鼓舶南溟。越銅柱而屆郎迦，歷訶陵而經裸國。所在國王，禮待極致殷厚。經乎數載，至東印度 耽摩立底國。住經三年，學梵語……後乃觀化中天，頂禮金剛御座、菩提聖儀。復至那爛陀寺，搜覽大乘經論，注情《俱舍》，經於數年。至於鷲嶺、杖林、山園、鵠樹，備盡翹仰，並展精誠。乃遊南天竺國，搜訪玄謨。向西印度，於羅荼國住經年稔……在西印度，經十二年，專心持呪，遂便感應……道琳遂從西境轉向北天，觀化羯濕彌羅，便入烏長那國，詢訪定門，搜求《般若》。次往迦畢試國，禮烏率膩沙（佛頂骨也）。自爾之後，不委何託。淨迴至南海 羯荼國，有北方胡至，云有兩僧胡國逢見，說其狀跡，應是其人。與智弘相隨，擬歸故國，聞為途賊斯擁，還乃復向北天，年應五十餘矣……

無行禪師者，荊州 江陵人也。梵名般若提婆（唐云慧天）……求善知識，即其志也。或擕定門而北上，獵智者禪匠之精微；麾戒獻而東歸，究道宣律師之淳粹。聽新舊經論，討古今儀則。洋洋焉波瀾萬頃，嶷嶷也崖岸千尋。與智弘為伴，東風泛舶，一月到室利佛逝國……後乘王舶，經十五日，達末羅瑜洲。又十五日到羯荼國。至冬末轉舶西行，經三十日，到那伽鉢亶那。從此泛海二日，到師子洲，觀禮佛牙。從師子洲復東北泛舶一月，到訶利雞羅國。此國乃是東天之東界也，即贍部洲之地也。停住一年，漸之東印度，恒與智弘相隨。此去那爛陀途有百驛。既停息已，便之大覺……復往羝羅荼寺，去斯兩驛，彼有法匠，善解因明。屢在芳筵，習陳那、法稱之作……曾因閒隙，譯出《阿笈摩經》述如來涅槃之事，略為三卷，已附歸唐……行禪師既言欲居西國，復道有意神州，擬取北天歸乎故里。淨來日從那爛陀相送，東行六驛，各懷生別之恨，俱希重會之心，業也茫茫，流泗交袂矣。春秋五十六……

法振禪師者，荊州人也……思禮聖跡，有意西遄。遂共同州僧乘悟禪師，梁州僧乘如律師，學窮內外，智思鉤深，其德不孤，結契遊踐。於是擕二友，出三江，整帆匕景之前，鼓浪訶陵之北，巡歷諸島，漸至羯荼。未久之間，法振遇疾而殞，年可三十五六。既而一人斯委，彼二情疑，遂附舶東歸，有望交阯。復至瞻波（即林邑國也），乘悟又卒。瞻波人至，傳說如此，而未的委。獨有乘如言歸故里。雖不結實，仍嘉令秀佘，獨何為三無一就耳！

大津法師者，澧州人也……希禮聖蹤，啟望王城……遂以永淳二年[683]振錫南海。爰初結旅，頗有多人，及其角立，唯斯一進。乃賚經像，與唐使相逐，泛舶月餘，達尸利佛逝洲。停斯多載，解崑崙語，頗習梵書，潔行齋心，更受圓具。淨於此見，遂遣歸唐，望請天恩於西方造寺。既覩利益之弘廣，乃輕命而復滄溟。遂以天授二年[691]五月十五日附舶而向長安矣。今附新譯雜經論十卷、《南海寄歸內法傳》四卷、《西域求法高僧傳》兩卷……

又《重歸南海傳》有師資四人。苾芻貞固律師者，梵名娑羅笈多（譯為貞固），即鄭地滎川人也……淨於佛逝江口昇舶，附書憑信廣州，見求墨紙，抄寫梵經，並雇手直。於時商人風便，舉帆高張。遂被載來，求住無路。是知業能裝飾，非人所圖。遂以永昌元年[689]七月二十日達於廣府，與諸法俗重得相見……固乃啟封暫觀，即有同行之念……即以其年十一月一日附商舶，去番禺。望占波而陵帆，指佛逝以長驅。作含生之梯隥，為欲海之舟艫。慶有懷於從志，庶無廢於長途。固師年四十矣……

又貞固弟子一人，俗姓孟，名懷業，梵號僧伽提婆……見師主懷弘法之念，即有隨行之心。割愛抽悲，投命溟渤，至佛逝國。解骨侖語，頗學梵書，誦《俱舍論》偈。雖事憑於一獵，冀有望於千途。儻能勤於熟思，希比跡於生芻。且為侍者，現供翻譯，年十七耳。

苾芻道宏者，梵名佛陀提婆（唐云覺天），汴州 雍丘人也……與貞固師同歸府下，於是乎畢志南海，共赴金洲……既至佛逝，敦心律藏；隨譯隨寫，傳燈是望。重瑩戒珠，極所欽尚。求寂滅之圓成，棄生津之重障。畢我大業，由斯小匠。慶佘拔擢於有流，庶福資於無量。年二十二矣。

苾芻法朗者，梵名達磨提婆（唐云法天），襄州 襄陽人也……淨至番禺，報知行李。雖復學悟非遠，而實希尚情深。意喜相隨同越滄海。經餘一月，屆乎佛逝。亦既至此，業行是修……

其僧貞固等四人，既而附舶俱至佛逝，學經三載，梵 漢漸通。法朗頃往訶陵國，在彼經夏，遇疾而卒。懷業戀居佛逝，不返番禺，唯有貞固、道宏相隨俱還廣府，各並淹留且住，更待後追。貞固遂於三藏道場敷揚律教，未終三載，染患身亡。道宏獨在嶺南，爾來迴絕消息。雖每顧問，音信不通。嗟乎四子，俱泛滄海，竭力盡誠，思然法炬。誰知業有長短，各阻去留。每一念來，傷歎無極。是知麟喻難就，危命易虧。所有福田，共相資濟。龍花初會，俱出塵勞耳！

——[唐]義淨《大唐西域求法高僧傳・卷下》

# 《唐大和上東征傳》等所載鑒真東渡日本

**【引書舉要】**

［日本］眞人元開（即淡海三船，722—785）《唐大和上東征傳》又名《唐大和尚東征傳》《過海大師東征傳》《鑒眞和尚東征傳》等，作於寶龜十年（唐代宗大曆十四年，779）。本書引用據北京：中華書局1979年汪向榮校注本。

鑒眞經五度失敗，最終以失明之殘軀而完成東渡播法之夙願，在中國佛教傳播史上堪與法顯、玄奘、義淨並稱爲“四大法師”。

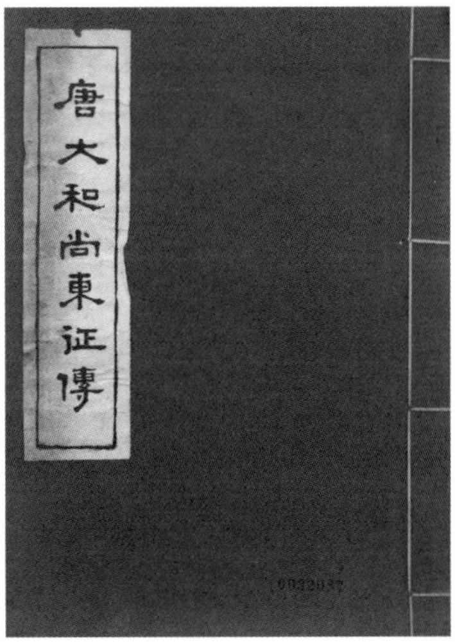


**［唐］日本眞人元開《唐大和尚東征傳》書影一**

釋鑒真，揚州 江陽縣人也。俗姓淳于氏，即齊朝 淳于髡大夫後也。十六出家，十有八歲受菩薩戒……唐 天寶元載［年］，歲次辛巳，各至年十月，有西京 安國寺僧道杭、僧澄觀，東京僧德清受日本國僧榮叡、普照等請，向海東傳授戒法。兼高麗國僧如海及日本國 玄朗、玄海，備弁供具，下至揚州……船車難造，傳戒人無。榮叡乃向大明寺頂禮和上［尚］足下，具論心事……和上乃自許僧叡、照等之日本國。當時乃有祥彥更云，和上若去，彥亦隨去。復有僧道興、道杭、神頂、崇忍、靈際、明烈、道默、道因、法藏、志靜、道翼、出巖、如海、證觀、德清、思託等二十人，同心陪從大和上往日本國……

勝寶六載［唐 天寶十三載（754）］甲午二月一日，至難波驛國師鄉，僧崇道及大僧正行基弟子法義等，設供共敘寒暄。三日至河內國守藤原魚名廳，大納言仲丸故遣賀簡光順慰勞眾僧；復有律師道璿令弟子二僧來問許，兼令二近事來躬承。同日復有布衣高行僧志忠、賢璟、曉貴等卌餘人行道讚歎。明發，取大和國 平涼驛宿。在道，勅使催令入京，至平涼驛略歇息，少時入京。勅使遣安宿王正四品於南閭門慰勞眾僧；勅令請住於東大寺安置。有京城僧徒及官僚文者等於南閭門，相迎同送引，和東大寺 良辨僧都引至大佛前禮拜。良辨云，此是大帝太上天皇引天下人共結良緣，鑄此金銅像，坐高笏尺五十尺。又問唐中頗有如此大像？遣延慶譯語云，無。更禮拜供養，讚歎。行道竟，相引至客堂住。勅使安慰。明旦，即有大唐律師道璿來相問訊；後有婆羅門僧正菩提亦來參問，云某甲在唐 崇福寺住，經三日閣敎在彼講律，敎識否？和上云憶得也。復有內道場僧五十人令來相看。良辨僧都云，一時禮拜。光祿大夫、右僕射藤原豐成來相參。復有光祿大夫、大納言藤原仲麿來相參，金紫光祿大夫、式部卿藤原永手參禮。（又移入）官倉院。三月勅使朝（臣）真備參東大寺，安慰眾僧：“大德遠涉滄波，來至此國；朕先造東大寺，經十餘年，於大佛西欲立戒壇。自有此心，日夜不忘。今諸大德遠來，冥契朕心，乃是朕之有感。自今已後授戒傳律，一任大德。”又勅令良辨，問和上在唐相共臨壇僧名，此間有幾律師。和上仍令僧法進付口錄出：唐中常共化法僧，即法進、普照、星靜、思祐、義靜等。後經半月，使良辨僧都及檢（唐朝）大德位名：和（上位）勅特贈，即大和上；法進，學生普照、延慶、星靜、法顯、思祐、義靜。又令（佐）伯今毛人出贈位絹廿匹、絁廿匹、大布卅端、細布一百屯用施和上，餘僧各減半，從仁幹已下與半位，物又減半。和上眾僧並合掌，頻勞主上憂。當客人時有大安寺 唐律師道璿問得來由，乃作讚詞，慶賀大和上。其年四月初，勅於盧舍那佛前立壇，為沙彌證修等四百卅餘人受戒。後有內道場興行僧神榮、行潛等五十五人，重受大小乘戒。至勝寶七歲，於盧舍那佛前為沙彌受戒，後有實行僧（志）忠、靈福、賢璟、善頂、道緣等八十餘人遠起臥具，進隆和光之族類者，來云受具足戒。

——[唐]僧思託《大唐傳戒師僧名記大和上鑒真傳》，

節錄自汪向榮《唐大和上東征傳》校注本附錄所輯該傳逸文。

大和上[尚]諱鑒真，揚州 江陽縣人也，俗姓淳于，齊大夫髡之後。其父先就揚州大雲寺 智滿禪師受戒，學禪門。大和上年十四，隨父入寺，見佛像感動心，因請父求出家。父奇其志，許焉。是時，大周 則天 長安元年[701]有詔於天下諸州度僧，便就智滿禪師出家為沙彌，配住大雲寺（後改為龍興寺）……日本 天平五年，歲次癸酉，沙門榮叡、普照等隨遣唐大使丹墀真人廣成至唐國留學，是年唐 開元二十一年[733]也……榮叡、普照留學唐國已經十載，雖不待使，而欲早歸……與日本國同學僧玄朗、玄法二人俱下至揚州。是歲唐 天寶元載[年（742）]冬十月。

時大和上在揚州 大明寺為眾講律。榮叡、普照至大明寺，頂禮大和上足下，具述本意曰：“佛法東流至日本國，雖有其法，而無傳法人……願和上東遊興化。”……和上曰：“是為法事也，何惜身命？諸人不去，我即去耳。”……要約已畢，始於東河造船……僧祥彥、道興、德清、榮叡、普照、思託等一十七人，玉作人、畫師、彫佛、刻鏤、鑄寫、繡師、修文、鐫碑等工手都有八十五人，同駕一隻舟。天寶二載[年]十二月，舉帆東下，至狼溝浦，被惡風漂浪擊，舟破，人總上岸。潮來，水至人腰。和上在烏蓲草上，餘人並在水中。冬寒，風急，甚太辛苦。更修理舟，下至大板山，泊舟不得，即至下嶼山。住一月，待好風發，欲到桑石山。風急浪高，舟無着岸，無計可量，纔離險岸，還落石上，舟破，人並上岸。水米俱盡，饑渴三日，風停浪靜，有白水郎將水、米來相救。又經五日，有邏海官來問消息，申諜明州太守處分，安置鄮縣山阿育王

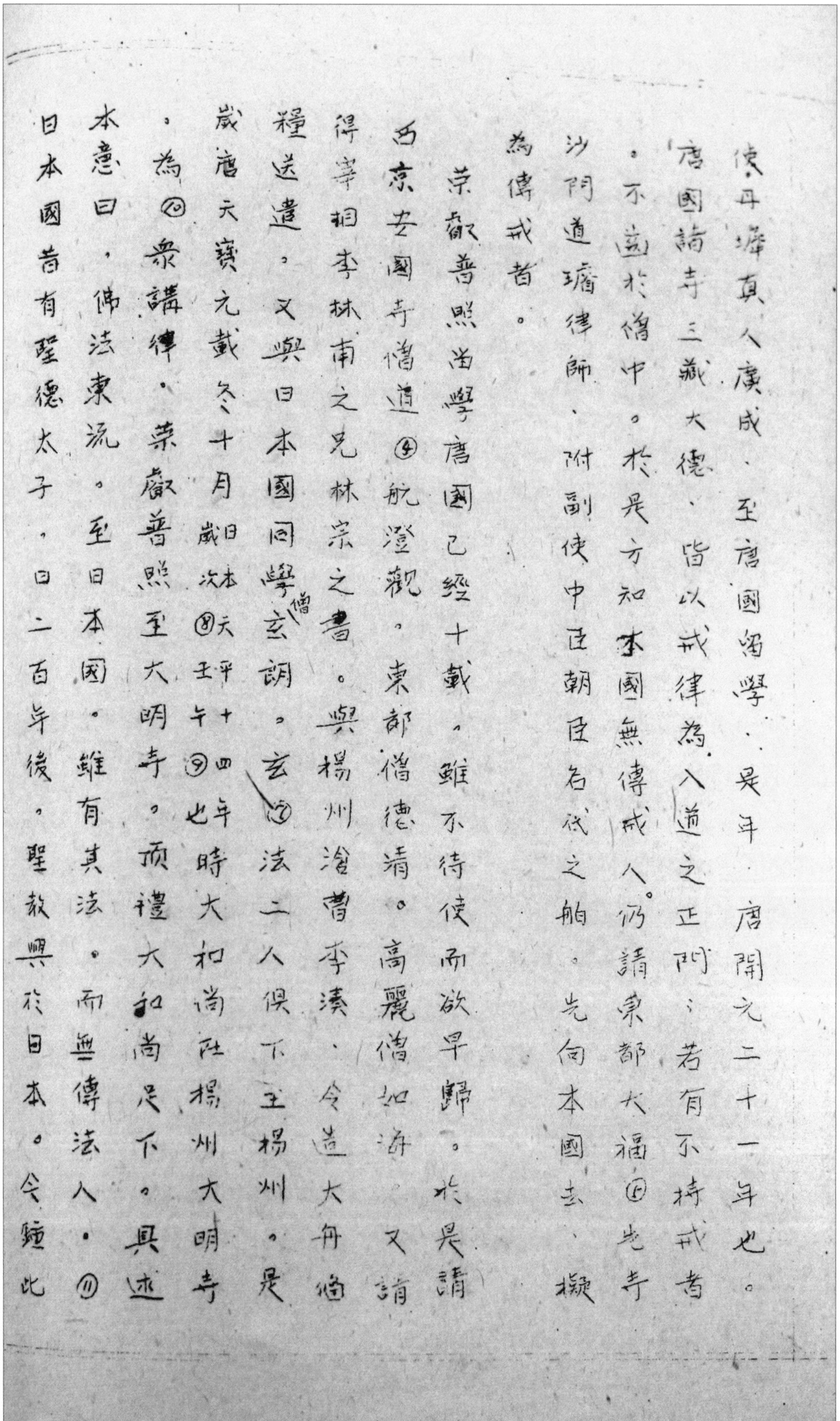
使丹墀真人廣成、至唐國留學。是年，唐開元二十一年也。唐國諸寺三藏大德，皆以戒律為入道之正門；若有不持戒者，不齒於僧中。於是方知本國無傳戒人。仍請東都大福⑤先寺沙門道璿律師，附副使中臣朝臣名代之舶，先向本國去，擬為傳戒者。

榮叡、普照留學唐國已經十載，雖不待使而欲早歸。於是請西京安國寺僧道④航、澄觀，東都僧德清，高麗僧如海，又請得宰相李林甫之兄林宗之書。與揚州倉曹李湊，令造大舟備糧送遣。又與日本國同學僧玄朗、玄⑦法二人俱下至揚州。是歲唐天寶元載冬十月（日本天平十四年歲次⑧壬午⑨也）時大和尚在揚州大明寺，為⑩衆講律。榮叡、普照至大明寺，頂禮大和尚足下，具述本意曰：佛法東流，至日本國，雖有其法，而無傳法人。⑪日本國昔有聖德太子，曰：二百年後，聖教興於日本。今鍾此

［唐］日本眞人元開《唐大和尚東征傳》書影三

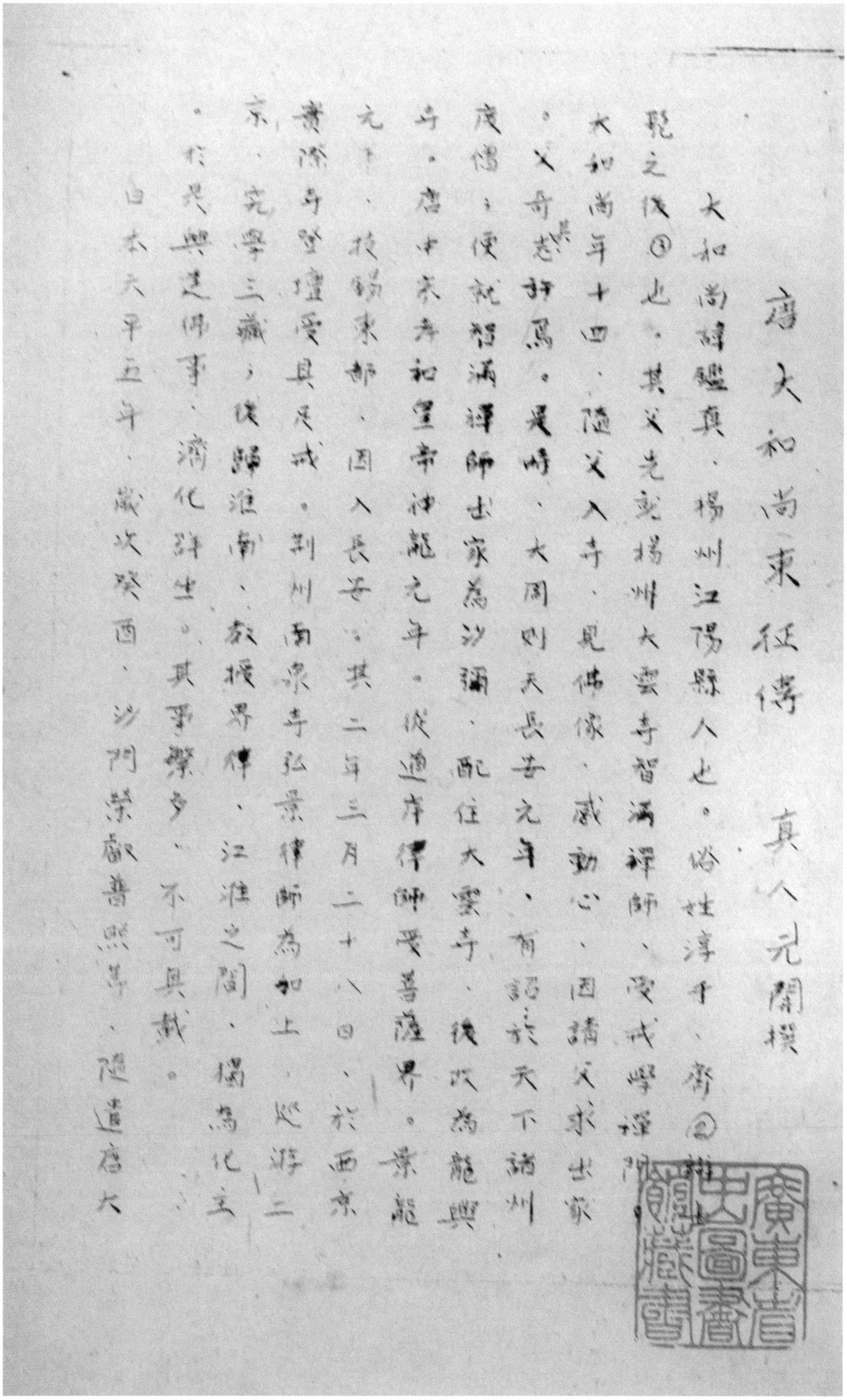
唐大和尚東征傳　真人元開撰

大和尚諱鑑真，揚州江陽縣人也。俗姓淳于，齊(2)辯士髡之後(3)也。其父先就揚州大雲寺智滿禪師，受戒學禪門。大和尚年十四，隨父入寺，見佛像，感動心，因請父求出家。父奇其志許焉。是時，大周則天長安元年，有詔於天下諸州度僧，便就智滿禪師出家為沙彌，配住大雲寺，後改為龍興寺。唐中宗孝和皇帝神龍元年，從道岸律師受菩薩戒。景龍元年，杖錫東都，因入長安。其二年三月二十八日，於西京實際寺登壇受具足戒。荊州南泉寺弘景律師為和上。巡游二京，究學三藏，後歸淮南，教授戒律，江淮之間，獨為化主。於是興建佛事，濟化群生。其事繁多，不可具載。

日本天平五年，歲次癸酉，沙門榮叡、普照等，隨遣唐大

[唐]日本眞人元開《唐大和尚東征傳》書影二

寺……

天寶七載[748]春，榮叡、普照師從同安郡來，下至揚州 崇福寺 大和上住處。和上更與二師作方便，造舟、買香藥，辦備百物，一如天寶二載[年]所備。同行人僧祥彥、神侖、光演、頓悟、道祖、如高、德清、日悟、榮叡、普照、思託等道俗一十四人，及化得水手一十八人，及餘樂相隨者，合有三十五人。六月廿七日，發自崇福寺。至揚州 新河，乘舟下至常州界狼山。風急浪高，旋轉三山。明日得風，至越州界三塔山。停住一月，得好風，發至署風山，停住一月。十月十六日晨朝……少時風起，指頂岸山發，東南見山，至日中，其山滅，知是蜃氣也。去岸漸遠，風急波峻，水黑如墨。沸浪一透，如上高山。怒濤再至，似入深谷。人皆荒醉……三日過虵海，其虵長者一丈餘，小者五尺餘，色皆斑斑，滿泛海上。三日過飛魚海，白色飛魚，翳滿空中，長一尺許。一日經飛鳥海，鳥大如人，飛集舟上，舟重欲沒，人以手推，鳥即銜手。其後二日無物，唯有急風高浪，眾僧惱臥。但普照師每日食時，行生米少許，與眾僧以充中食。舟上無水，嚼米，喉乾，咽不入，吐不出；飲鹹水，腹即漲。一生辛苦，何劇於此……明旦，風息，見山。人渴水……明日，未時，西南空中雲起來，覆舟上，注雨，人人把碗承飲。第二日亦雨，至人皆飽足。明日，近岸，有四白魚來，引舟直至泊舟浦。舟人把碗，競上岸頭覓水。過一小崗，便遇池水，清涼甘美，眾人爭飲，各得飽滿……

是時冬十一日[月]，華蕊開敷，樹實竹筍，不辨於夏。凡在海中經十四日，方得着岸。遣人求浦，乃有四經紀人便引道去。四人口云："和上大果報，遇於弟子，不然合死。此間人物吃人，火急去來。"便引舟去，入浦。晚見一人披髮帶刀，諸人大怖，與食便去。夜發，經三日乃到振州江口泊舟。其經紀人往報郡。其別駕馮崇債遣兵四百餘人來迎……仍入州大雲寺安置。其寺佛殿壞廢，眾僧各捨衣物造佛殿，住一年造了。別駕馮崇債自備甲兵八百餘人送，經四十餘日，至萬安州。州大首領馮若芳請住其家，三日供養。若芳每年常劫取波斯舶二三艘，取物為己貨，掠人為奴婢……行到崖州界，無賊，別駕乃迴去。榮叡、普照師從海路經四十餘日到崖州，州遊奕大使張雲出迎，拜謁，引入。令住開元寺。官寮參省設齋，施物盈滿一屋……別大使去，仍差澄邁縣令，着送上船。三日三夜，便達雷州。羅州、辨州、象州、白州、傭州、藤州、梧州、桂州等官人、僧道、父老迎送禮拜，供養承事，其事無量，不可言記。始安郡都督上黨公馮古璞等步出城外，五體投地，接足而禮，引入開元寺……和上留住一年。

時南海郡大都督、五府經略、採訪大使、攝御史中丞、廣州太守盧奐牒下諸州，迎和上向廣府……下桂江，七日至梧州，次至端州 龍興寺。榮叡師奄然遷化，大和上哀慟悲切，送喪而去。端州太守迎引送至廣州，盧都督率諸俗出迎城外……引入大雲寺……勅留開元寺供養，七寶莊嚴，不可思議。又有婆羅門寺三所，並梵僧居住。池有青蓮花，花葉莖根並分馥奇異。江中有婆羅門、波斯、崑崙等舶，不知其數；並載香藥、珍寶，積載如山。其舶深六七丈。師子國、大石國、骨唐國、白蠻、赤蠻等往來居住，種類極多。州城三重，都督執六纛，一纛一軍，威嚴不異天子；紫緋滿城，邑居逼側。大和上住此一春，發向韶州，傾城遠送；乘江七百餘里，至韶州 禪居寺，留住三日。韶州官人又迎引入法泉寺，乃是則天為慧能禪師造寺也，禪師影像今見在。後移開元寺，普照師從此辭和上，向嶺北去，至明州 阿育王寺。是歲天寶九載[750]也。時，和上執普照師手悲泣而曰："為傳戒律，發願過海，遂不至日本國，本願不遂。"於是分手，感念無喻。時和上頻經炎熱，眼光暗昧，爰有胡人言能治目，遂加療治，眼遂失明。後巡遊靈鷲寺、廣果寺，登壇授戒。至湞昌縣，過大庾嶺，至虔州 開元寺……次至吉州……從此向江州，至廬山 東林寺……即向潯陽 龍泉寺……從此七日至潤州 江寧縣，入瓦官寺登寶閣……即引還棲霞寺，住三日。卻下攝山，歸揚府。過江至新河岸，即入揚子，停既濟寺。江都道俗，奔填道路，江中迎舟，舳艫連接。遂入城，住本□龍興寺也……

天寶十二載[753]，歲次癸巳，十月十五日壬午，日本國使大使特進藤原朝臣清河，副使銀青光祿大夫、光祿卿大伴宿禰胡麿，副使銀青光祿大夫、秘書監吉備朝臣真備，衛尉卿安倍朝臣朝衡等，來至延光寺，白和上云："弟子等早知和上五遍渡海向日本國，將欲傳教，故今親奉顏色，頂禮歡喜。弟子等先錄和上尊名，並持律弟子五僧，已奏聞主上，向日本傳戒……弟子等自有載國信物船四舶，行裝具足，去亦無難。"時和上許諾已竟。時揚州道俗皆云，大和上欲向日本國。由是龍興寺防護甚固，無由進發。時有仁幹禪師從婺州來，密知和上欲出，備具船舫於江頭相待。

和上於天寶十二載十月十九日戌時，從龍興寺出，至江頭乘船……相隨弟子：揚州 白塔寺僧法進、泉州 超功寺僧曇靜、台州 開元寺僧思託、揚州 興雲寺僧義靜、衢州 靈耀寺僧法載、竇州 開元寺僧法成等一十四人，藤州 通善寺尼智首等三人，揚州優婆塞潘仙童，胡國人安如寶，崑崙國人軍法力，瞻波國人善聽，都二十四人……[十一月]十三日，普照師從越 餘姚郡來，乘吉備副使舟。十五日壬子，四舟同發。有一雉飛第一舟前，仍下矴留。十六日發，廿一日戊午，第一、第二兩舟同到阿兒奈波島，在多禰島西南，第三舟昨夜已泊同處。十二月六日，南風起，第一舟著石不動，第二舟發向多禰去。七日，至益救島。十八日，自益救發。十九日，風雨大發，不知四方。午時，浪上見山頂。廿日乙酉午時，第二舟著薩摩國 阿多郡 秋妻屋浦。廿六日辛卯，延慶師引和上入太宰府。天平勝寶六年[唐玄宗 天寶十三載（754）]甲午，正月十三日丁未，副使從四位上大伴宿禰胡麿奏：大和上到筑志太宰府。二月一日到難波，唐僧崇道等迎慰供養……四日入京，敕遣正四位下安宿王於羅城門外迎慰拜勞，引入東大寺安置。五日，唐道璿律師、婆羅門 菩提僧正來慰問，宰相、右大臣、大納言已下官人百餘人來禮拜問訊。後敕使正四位下吉備朝臣真備來，宣詔曰："大德和上，遠涉滄波，來投此國，誠副朕意，喜慰無喻。朕造此東大寺，經十餘年，欲立戒壇，傳受戒律，自有此心，日夜不忘。今諸大德，遠來傳戒，冥契朕心。自今以後，授戒傳律，一任和上。"又敕僧都良辨，令錄諸臨壇大德名進內。不經日，敕授傳燈大法師位。

其年四月初，於盧舍那殿前立戒壇，天皇初登壇受菩薩戒，次皇后、皇太子亦竇壇受戒。尋為沙彌澄修等四百四十餘人授戒。又舊大僧靈福、賢璟、志忠、善項、道緣、平德、忍基、善謝、行潛、行忍等八十餘人僧，捨舊戒，重受和上所授之戒。後於大佛殿西，別作戒壇院，即移天皇受戒壇土築作之。

大和上從天寶二載[年]始為傳戒，五度裝束，渡海艱辛，雖被漂迴，本願不退。至第六度，過日本卅六人，總無常去退心。道俗二百餘人，唯有大和上，學問僧普照、天台僧思託始終六度，經逾十二年，遂果本願，來傳聖戒，方知濟物慈悲，宿因深厚，不惜身命，所度極多……所立寺者，今唐招提是……從此以來，日本律儀，漸漸嚴整，師師相傳，遍於寰宇。如佛所言，我諸弟子展轉行之，即為如來常在不滅；亦如一燈燃百千燈，暝者皆明明不絕。寶字七年[763]癸卯春，弟子僧忍基夢見講堂棟樑摧折，寤而驚懼，知大和上遷化之相也。仍率諸弟子模大和上之影。是歲五月六日，結跏趺座，面西化，春秋七十六……（寶龜十年[779]歲次己未二月八日己卯撰）。

——[唐]日本眞人元開《唐大和上東征傳》

# 日僧圓仁入唐求法及返國航程

**【引書舉要】**

[日本]圓仁（794—864）《入唐求法巡禮行記》，完成於847年後。本書所據爲上海古籍出版社1986年顧承甫、何泉達點校本。

承和五年[唐文宗 開成三年（838）]六月十三日午時，第一、第四兩舶諸使駕舶，緣無順風，停宿三箇日。十七日夜半，得嵐風，上帆搖艫行。巳時到志賀島東海。為無信風，五箇日停宿矣……廿三日巳時，到有救島……廿八日早朝，鷺鳥指西北雙飛。風猶不變，側帆指坤。巳時至白水，其色黃泥。人眾咸云："若是揚州 大江流水。"……

[七月]二日，早朝潮生，進去數百町許，西方見島，

其貌如兩船雙居。須臾進去，即知陸地……錄事一人、知乘船事二人、學問僧圓載等已下廿七人，同遷乘之，指陸發去。午時到江口。未時到揚州 海陵縣 白潮鎮 桑田鄉 東梁豐村。日本國 承和五年七月二日，即大唐 開成三年七月二日，雖年號殊，而月日共同……未時，泛艇從海邊行，漸覓江口。終到大江口……即問國鄉，答云："此是大唐 揚州 海陵縣 淮南鎮 大江口。"即召其商人兩人上船，向淮南鎮……三日丑時，潮生。知路之船引前而赴掘港庭。巳時，到白湖口……自海陵縣去宜陵館五十里餘，去州六十五里。[廿五日]巳時到仙宮觀，直行不休，未時到禪智橋東側停留。橋北頭有禪智寺……自橋西行三里，有揚州府……

——[唐]日僧圓仁《入唐求法巡禮行記·卷一》



會昌七年歲次丁卯，正月中，改為大中元年[847]。張大使從去冬造船，至今年二月功畢。專擬載圓仁等，發送歸國。

閏三月十日……商量往明州，趁本國神御井等船歸國。緣目下無船往南，將十七端布雇新羅人鄭客車，載衣物，傍海望密州界去。閏三月[十]二日出行。主人張大使二十里相送始別。十七日朝，到密州 諸城縣界大朱山 駐馬浦，遇新羅人陳忠船，載炭欲往楚州，商量船腳價絹五匹定。

五月五日，上船候風。九日，發。緣風變東南，去大朱山不遠，於瑯琊臺與齋堂與島中間拋石住，經四宿……十四日，黃昏，到海州界東海山 田灣浦，泊船候風……

六月一日，風波稍靜，趁潮漸入。五日，得到楚州 新羅坊，摠管劉慎言專使迎接……十日，便船往嶂山……十八日晚際，乘楚州 新羅坊 王可昌船……

[七月]廿日，到乳山 長淮浦，得見金珍等船，便載人物，上船便發。廿一日，到登州界泊船。勾當新羅使同軍將張詠來船上相看。船上眾人，於此糴糧，擬從此渡海。

八月九日，得張大使送路信物數在別。十五日，剃頭，再披緇服。廿四日，祭神。

九月二日午時，從赤浦渡海，出赤山 莫琊口，向正東行一日一夜，至三日平明，向東望見新羅國西面之山。風變正北，側帆向東南行一日一夜，至四日曉，向東見山島段段而接連。問梢工等，乃云"是新羅國 西熊州西界。本是百濟國之地"。終日向東南行，東西山島聯翩。欲二更，到高移島泊船，屬武州西南界。島之西北，去百里許，有黑山，山體東西漸長，見說百濟第三王子逃入避難之地。今有三四百家在山中住……六日卯時，到武州南界黃茅島 泥浦泊船，亦名丘草島……從高移島到丘草島，山島相連，向東南遙見耽羅島。此丘草島去新羅陸地，好風一日得到……八日，聞惡消息，異常驚怕。無風，發不得……至五更，雖無風，而發去。纔出浦口，西風忽至，便上帆向東行……從山島裏行，南北兩面，山島重重而參然。日欲巳時，到雁島暫歇，是新羅南界、內家放馬之山。近東有黃龍寺莊，往往有人家二三所。向西南望見耽羅島。午後，風信更好，發船從山島裏行，到新羅國東南，出到大海，望東南行。十日平明，向東遙見對馬島。午時，前路見本國山，從東至西南，相連而分明。至初夜，到肥前國 松浦郡北界鹿島泊船。十一日平旦，筑前國 丹判官家人大和、武藏共島長來相見，粗知國中事宜。十五日，到橘浦。十七日，到博太西南能舉島下泊船。十八日，到鴻臚館前。……



十月……十九日，太政官符來太宰府：圓仁五人，速令入京。唐人金珍等卌四人，仰太宰府量加支給者。官符在別……

十一月七日，叡山上座仲曉師、僧慈叡、僧玄皎到來，云："特來迎接。"十四日，得太政官十月十三日符，有優給唐客金珍等事。廿五日，小野少貳入京，便上道訖。於大納言宅奉啟，伴右中辨、小野宰相宅皆有狀，並付小野少貳訖。二十八日，於大山寺，始入唐時所祈《金剛般若》五千卷，皆先馳使，奉送綵帛。同日，早朝，一時發遣綵帛使訖，便轉經。同日為竈門大神轉一千卷。廿九日，午前為住吉大神轉五百卷，午後為香稚名神轉五百卷。

十二月一日，午前為筑前名神轉五百卷，午後為松浦少貳靈轉五百卷。二日，為香春名神轉一千卷。三日，為八幡菩薩轉一千卷。觀音寺講師，每事相助。轉經僧佈施白綿貳百屯。十四日，午後，南忠闍梨到來。

——[唐]日僧圓仁《入唐求法巡禮行記・卷四》



# 《經行記》《西南諸蕃行記》等所載西海交通

族子[杜]環，隨鎮西節度使高仙芝西征。天寶十載[751]至西海。寶應初[762]，因賈商船舶自廣州而回，著《經行記》。

——[唐]杜佑《通典・卷一百九十一・邊防典・七・西戎・三・西戎總序》

杜環《經行記》云："拔汗那國，在怛邏斯南千里。東隔山，去疎勒二千餘里，西去本[石]國千餘里。城有數十，兵有數萬。大唐 天寶十[三]年[載]，嫁和義公主於此。國主[土]有波羅林，林下有毬場。又有野鼠，遍於山谷。土宜葡萄、䕷羅果、香棗、桃、李。從此國至西海，盡居土室，衣羊皮疊布，男子婦人皆著靴，婦人不飾鉛粉，以青黛塗眼而已。”

——[唐]杜佑《通典·卷一百九十二·邊防典·八·西戎·四·疎勒》

杜環《經行記》云：“康國，在米國西南三百餘里，一名薩末建。土沃，人富，國小。有神祠名拔[袄]，詣[諸]國事者，本出於此。”

杜環《[經行]記》云：“師子國，亦曰新檀，又曰婆羅門，即南天竺也。國之北，人盡胡貌，秋夏炎旱；國之南，人盡獠面，四時霖雨。從此始有佛法寺舍，人皆儋耳，布裹腰。”

杜環《經行記》云：“佛菻國，有[在]苫國西，隔山數千里，亦曰大秦。其人顏色紅白，男子悉著素衣，婦人皆服珠錦。好飲酒，尚乾餅。多淫巧，善織絡。或有俘在諸國，守死不改鄉風。琉璃妙者，天下莫比。王城方八十里，四面境土，各數千里。勝兵約有百萬，常與大食相禦。西枕西海，南枕南海，北接可薩突厥。西海中有市，客主同和，我往則彼去，彼起則我歸。賣者陳之於前，買者酬之於後，皆以其直置諸物旁，待領直，然後收物，名曰‘鬼市’。又聞西有女國，感水而生。又去摩鄰國，在秋[勃]薩羅國西南。渡大磧，行二千里至其國。其人黑，其俗獷。少米麥，無草木，馬食乾魚，人食鶻莽。鶻莽，即波斯棗也。瘴癘特甚。

“諸國陸行之所經也，胡則一種，法有數般。有大食法，有大秦法，有尋尋法。其尋尋蒸報，於諸夷中最甚，當食不語。其大食法者，以弟子親戚而作判典，縱有微過，不至相累。不食豬狗驢馬等肉，不拜國王、父母之尊，不信鬼神，祀天而已。其俗每七日一假，不買賣，不出納，惟飲酒謔浪終日。其大秦，善醫眼及痢，或未病先見，或開腦出蟲。”

杜環《[經行]記》云：“[波斯]自被大食滅，至天寶末已百餘年矣。”

**【引書舉要】**

[唐]杜環是《通典》作者杜佑（735—812）族子，於天寶十載（751）唐與大食的怛邏斯（Talas）戰役中被俘，在西亞生活了十一二年，後搭商船歸國，著《經行記》。其部分內容載《通典》，本書所據爲商務印書館1935年版。

杜環因怛邏斯之敗而羈留西海，卻機緣巧合成爲目擊大食、最早記錄伊斯蘭教的華人先驅者。

[唐]達奚弘通於上元中（674—676）奉使自赤土（在馬來半島）至虔那（在阿拉伯半島），凡經三十六國，歸著書述事。本書所引[宋]王應麟《玉海》，據元至元六年[1269]刻元明遞修本。

其他引書版本有[北宋]王溥《唐會要》，北京：中華書局1955年版；[北宋]歐陽修等《新唐書》，北京：中華書局1975年標點本。

杜環《經行記》云："[石國]其國城一名赭支，一名大宛。天寶中，鎮西節度使高仙芝擒其王及妻子歸京師。國中有二水，一名真珠河，一名質河，並西北流。土地平敞，多果實，出好犬、良馬。"

又云："碎葉國，從安西西北千餘里，有勃達嶺。嶺南是大唐北界，嶺北是突騎施南界。西南至蔥嶺二千餘里。其水，嶺南流者，盡過中國而歸東海；嶺北流者，盡經胡境而入北海。又北行數日，度[渡]雪海。其海在山中，春夏常雨雪，故曰雪海。中有細道，道傍往往有水孔，嵌空萬仞，轉墮者莫知所在。勃達嶺北行千餘里，至碎葉川。其川東頭有熱海，茲地寒而不凍，故曰熱海。又有碎葉城，天寶七年[載]北庭節度使王正見薄伐，城壁摧毀，邑居零落。昔交河公主所居止之處，建大雲寺猶存。其川西接石國，約長千餘里。川中有異姓部落，有異姓突厥，各有兵馬數萬。城堡間雜，日尋干戈，凡是農人，皆擐甲冑，專相虜掠，以為奴婢。其川西頭有城名曰怛羅斯，石國大鎮，即天寶十年[載]高仙芝軍敗之地。從此至西海以東，自三月至九月，天無雲雨，皆以雪水種田，宜大麥、小麥、稻米、豌豆、畢豆，飲葡萄酒、糜酒、醋乳。"

杜環《經行記》云："[大食]一名亞俱羅。其大食王號'暮門'，都此處。其士女瓌偉長大，衣裳鮮潔，容止媚麗。女子出門，必擁蔽其面。無問貴賤，一日五時禮天，食肉作齋，以殺生為功德。繫銀帶，佩銀刀，斷飲酒，禁音樂。人相爭者，不至毆擊。又有禮堂，容數萬人。每七日，王出禮拜，登高坐為眾說法曰：'人生甚難，天道不易。奸非劫竊、細行謾言、安己危人、欺貧虐賤，有一於此，罪莫大焉。凡有征戰，為敵所戮，必得生天，殺其敵人，獲福無量。'率土稟化，從之如流。法惟從寬，葬惟從儉，郛廓之內，里閈之中，土地所生，無物不有。四方輻湊，萬貨豐賤，錦繡珠具，滿於市肆。駝馬驢騾，充於街巷。刻石蜜為廬舍，有似中國寶轝[轝]。每至節日，將獻貴人，琉璃器皿，鍮石瓶鉢，蓋不可數算。粳米白麵，不異中華。其果有編桃，又千年棗。其蔓菁根大如斗而圓，味甚美，餘菜亦與諸國同。葡萄大者如雞子。香油貴者有二：一名耶塞漫，一名沒匝師。香草貴者有二：一名查塞搼，一名葜蘆茇。綾絹機杼，金銀匠、畫匠，漢匠起作畫者，京兆人樊淑、劉泚；織絡者，河東人樂隈、呂禮。又以橐駝駕車。其馬，俗云西海濱龍與馬交所產也，腹肚小，腳腕長，善者日走千里。其駝小而緊，背有孤峰，良者日馳千里。又有駝鳥，高四尺以上，腳似駝蹄，頸項勝得人騎，行五六里，其卵大如三升。又有薺樹，實如夏棗，堪作油，食除瘴。其氣候溫，土地無冰雪，人多瘧痢，一年之內，十中五死。今吞滅四五十國，皆為所役屬，多分其兵鎮守。其境盡於西海焉。"

又云："朱[末]祿國，在亞梅國西南七百餘里。胡姓朱 [末]者，茲上[土]人也。其城方十五里，用鐵為城門，城中有鹽池，又有兩所佛寺。其境東西百四十里，南北百八十里，村柵連接，樹木交映，四面合匝，總是流沙。南有大河流入其境，分渠數百，灌溉一州。其土沃饒，其人淨潔，牆宇高厚，市鄽平正，木既雕刻，土亦繪畫。又有細軟疊布，羔羊皮裘，估其上者，值銀錢數百。果有紅桃、白㮈、遏白、黃李，瓜大者名尋支，十餘人飡一顆輒足。越瓜長四尺以上。菜有蔓菁、蘿蔔、長葱、顆葱、蕓薹、胡荽、葛蘭、軍達、茴香、英薤、瓠蘆，尤多葡萄。又有黃牛、野馬、水鴨、石雞。其俗以五月為歲首，每歲以畫缸相獻。有打毬節、鞦韆節。其大食東道使鎮於此。從此至西海以來，大食、波斯參雜居止。其俗禮天，不食自死肉及宿肉，以香油塗髮。”

又云：“苫國，在大食西界，周迴數千里。造屋兼瓦，壘石為壁，米穀殊賤。有大川東流入亞俱羅。商客糴此糶彼，往來相繼。人多魁梧，衣裳寬大，有似儒服。其苫國有五節度，有兵馬一萬以上。北接可薩突厥，可薩北又有突厥。足似牛蹄，好啖人肉。”

——[唐]杜佑《通典・卷一百九十三・邊防典・九・西戎・五・附註》

[中興館閣]《書目》云：《西南諸蕃行記》，一卷，唐 上元中唐州刺史達奚弘通撰。弘通以大理司直使海外，自赤土至虔那，凡經三十六國，略載其事。

——[南宋]王應麟《玉海・卷十六・地理・異域圖書・唐西域記》，引自《中興書目》。

天寶二年[743]四月二十五日，上因問諸蕃諸國遠近，鴻臚卿王忠嗣上言曰，臣謹按《西域圖》：陀拔恩[思]單國在疎勒西南二萬五千里，東至渤達國一月程，西至沮滿國一月程，南至羅剎支國十五日程，北至海兩月程。

羅剎支國，東至都盤國十五日程，西至沙蘭國二十日程，南至大食國二十日程，北至陀拔國十五日程。

都盤國，東至大食國十五日程，西至羅剎國十五日程，南至大食國二十五日程，北至渤達國一月程。

渤達國，東至大食國兩月程，西北至岐蘭國二十日程，南至都盤國一月程，北至大食國一月程。

河沒國，東南至陀拔國十五日程，西北至岐蘭國二十日程，從南至沙蘭國一月程，從北至海兩月程。

岐蘭國，東南至河沒國二十日程，西至大食國兩月程，南至沮滿國二十日程，北至海五日程。

涅[沮]滿國，東至陀拔國一月程，西至大食國兩月程，南至大食國一月程，北至岐蘭國十日程。

沙蘭國，東至羅剎支國二十五日程，南至大食國二十五日程，北至涅[沮]滿國二十五日程。

石國，東至拔汗那國一百里，西南至東米國五百里。

罽賓國，在疎勒西南四千里，東至俱蘭陀國七百里，西至大食國一千里，南至婆羅門國五百里，北至吐火羅國二百里。

東米國，在安國西北二千里，東至碎葉國五千里，西南至石國一千五百里，南至拔汗那國一千五百里。

史國，在疎勒西四千里，東至俱蜜國一千里，西至大食國二千里，南至吐火羅國一百里，西北至康國七百里。



——[北宋]王溥《唐會要·卷一百·雜錄》

西域有陀拔思單國，在疏勒西南二萬五千里，東距勃達國，西至涅滿國，皆一月行，南至羅刹支國半日行，北至海兩月行。

羅刹支國東至都槃國半月行，西至沙蘭國，南至大食國，皆二十日行。

都槃國東至大食國半月行，南至大食國二十五日行，北至勃達國一月行。

勃達國東至大食國兩月行，西北至岐蘭國二十日行，北至大食國一月行。

河沒國東南至陀拔國半月行，西北至岐蘭國二十日行，南至沙蘭國一月行，北至海兩月行。

岐蘭國西至大食國兩月行，南至涅滿國二十日行，北至海五日行。

涅滿國西至大食國兩月行，南至大食國一月行，北至岐蘭國二十日行。

沙蘭國南至大食國二十五日行，北至涅滿國二十五日行。

石國東至拔汗那國百里，西南至東米國五百里。

罽賓國在疏勒西南四千里，東至俱蘭城國七百里，西至大食國千里，南至婆羅門國五百里，北至吐火羅國二百里。

東米國在安國西北二千里，東至碎葉國五千里，西南至石國千五百里，南至拔汗那國千五百里。

史國在疏勒西二千里，東至俱蜜國千里，西至大食國二千里，南至吐火羅國二百里，西北至康國七百里。

——《新唐書·卷四十三下·志·第三十三下·地理·七下》

自大食西十五日行，得都盤，西距羅利支十五日行；南即大食，二十五日行；北勃達，一月行。

勃達之東距大食二月行；西抵岐蘭二十日行；南都盤，北大食，皆一月行。

岐蘭之東南二十日行，得阿沒，或曰阿昧；東南距陀拔斯十五日行；南沙蘭，一月行；北距海二日行。居你訶溫多城，宜馬羊，俗柔寬，故大食常遊牧於此。

沙蘭東距羅利支，北怛滿，皆二十日行；西即大食，二十五日行。

羅利支東距都盤，北陀拔斯，皆十五日行；西沙蘭，二十日行；南大食，二十五日行。

怛滿，或曰怛沒，東陀拔斯，南大食，皆一月行；北岐蘭，二十日行；西即大食，一月行。居烏滸河北平川中。獸多師子。西北與史接，以鐵關為限。

——《新唐書・卷二百二十一下・列傳・第一百四十六下・西域・下・大食》





# 《新唐書》所引賈耽記述的東海、南海、西海航程

唐置羈縻諸州，皆傍塞外，或寓名於夷落。而四夷之與中國通者甚眾，若將臣之所征討，敕使之所慰賜，宜有以記其所從出。天寶中，玄宗問諸蕃國遠近，鴻臚卿王忠嗣以《西域圖》對，才十數國。其後貞元宰相賈耽考方域道里之數最詳，從邊州入四夷，通譯於鴻臚者，莫不畢紀。其入四夷之路與關戍走集最要者七：一曰營州入安東道；二曰登州海行入高麗、渤海道；三曰夏州塞外通大同、雲中道；四曰中受降城入回鶻道；五曰安西入西域道；六曰安南通天竺道；七曰廣州通海夷道。其山川聚落，封略遠近，皆概舉其目。州、縣有名而前所不錄者，或夷狄所自名云。

…………

登州東北海行，過大謝島、龜歆島、末島、烏湖島三百里。北渡烏湖海，至馬石山東之都里鎮二百里。東傍海壖，過青泥浦、桃花浦、杏花浦、石人汪、橐駝灣、烏骨[城、鴨淥]江八百里。乃南滂[傍]海壖，過烏牧島、貝江口、椒島，得新羅西北之長口鎮 。又過秦王石橋 、麻田島、古寺島、得物島，千里至鴨淥江 唐恩浦口。乃東南陸

**【引書舉要】**

[唐]賈耽（730—805）所記航路載於《古今郡國縣道四夷述》，完成於德宗貞元十七年（801），收於《新唐書》。

[北宋]歐陽修等《新唐書》，北京：中華書局1975年標點本。

唐代四海通航，而賈耽卻成諸多行程的不朽記錄者。中國通往西亞、東非的最早完整航線，實賴之而保存迄今。

[北宋]歐陽修等《新唐書》書影

行，七百里至新羅王城。自鴨淥江口舟行百餘里，乃小舫泝流東北三十里至泊汋口，得渤海之境。又泝流五百里，至丸都縣城，故高麗王都。又東北泝流二百里，至神州。又陸行四百里，至顯州，天寶中王所都。又正北如東六百里，至渤海王城。

…………

安南經交趾 太平，百餘里至峰州。又經南田，百三十里至恩樓縣，乃水行四十里至忠城州。又二百里至多利州，又三百里至朱貴州，又四百里至丹棠州，皆生獠也。又四百五十里至古湧步，水路距安南凡千五百五十里。又百八十里經浮動山、天井山，山上夾道皆天井，間不容跬者三十里。二日行，至湯泉州。又五十里至祿索州，又十五里至龍武州，皆爨蠻 安南境也。又八十三里至儻遲頓，又經八平城，八十里至洞澡水，又經南亭，百六十里至曲江，劍南地也。又經通海鎮，百六十里渡海河、利水至絳縣。又八十里至晉寧驛，戎州地也。又八十里至柘東城，又八十里至安寧故城，又四百八十里至雲南城，又八十里至白崖城，又七十里至蒙舍城，又八十里至龍尾城，又十里至太和城，又二十五里至羊苴咩城。

自羊苴咩城西至永昌故郡三百里。又西渡怒江，至諸葛亮城二百里。又南至樂城二百里。又入驃國境，經萬公等八部落，至悉利城七百里。又經突旻城至驃國千里。又自驃國西度黑山，至東天竺 迦摩波國千六百里。又西北渡迦羅都河至奔那伐檀那國六百里。又西南至中天竺國東境恒河南岸羯朱嗢羅國四百里。又西至摩羯陀國六百里。

一路自諸葛亮城西去騰充城二百里。又西至彌城百里。又西過山，二百里至麗水城。乃西渡麗水、龍泉水，二百里至安西城。乃西渡彌諾江水，千里至大秦 婆羅門國。又西渡大嶺，三百里至東天竺北界箇沒廬國。又西南千二百里，至中天竺國東北境之奔那伐檀那國，與驃國往婆羅門路合。

一路自驩州東二日行，至唐林州 安遠縣，南行經古羅江，二日行至環王國之檀洞江。又四日至朱崖，又經單補鎮，二日至環王國城，故漢 日南郡地也。

自驩州西南三日行，度霧溫嶺，又二日行至棠州 日落縣，又經羅倫江及古朗洞之石蜜山，三日行至棠州 文陽縣。又經漦漦澗，四日行至文單國之算臺縣，又三日行至文單外城，又一日行至內城，一曰陸真臘，其南水真臘。又南至小海，其南羅越國，又南至大海。

廣州東南海行，二百里至屯門山，乃帆風西行，二日至九州石。又南二日至象石。又西南三日行，至占不勞山，山在環王國東二百里海中。又南二日行，至陵山。又一日行，至門毒國。又一日行，至古笪國。又半日行，至奔陀浪洲。又兩日行，到軍突弄山。又五日行至海硤，蕃人謂之“質”，南北百里，北岸則羅越國，南岸則佛逝國。佛逝國東水行四五日，至訶陵國，南中洲之最大者。又西出硤，三日至葛葛僧祇國，在佛逝西北隅之別島，國人多鈔暴，乘舶者畏憚之。其北岸則箇羅國。箇羅西則哥谷羅國。又從葛葛僧祇四五日行，至勝鄧洲。又西五日行，至婆露國。又六日行，至婆國伽藍洲。又北四日行，至師子國，其北海岸距南天竺大岸百里。又西四日行，經沒來國，南天竺之最南境。又西北經十餘小國，至婆羅門西境。又西北二日行，至拔颶國。又十日行，經天竺西境小國五，至提颶國，其國有彌蘭太河，一曰新頭河，自北渤崑國來，西流至提颶國北，入於海。又自提颶國西二十日行，經小國二十餘，至提羅盧和國，一曰羅和異國，國人於海中立華表，夜則置炬其上，使舶人夜行不迷。又西一日行，至烏剌國，乃大食國之弗利剌河，南入於海。小舟泝流，二日至末羅國，大食重鎮也。又西北陸行千里，至茂門王所都縛達城。

自婆羅門南境，從沒來國至烏剌國，皆緣海東岸行；其西岸之西，皆大食國，其西最南謂之三蘭國。自三蘭國正北二十日行，經小國十餘，至設國。又十日行，經小國六七，至薩伊瞿和竭國，當海西岸。又西六七日行，經小國六七，至沒巽國。又西北十日行，經小國十餘，至拔離謌磨難國。又一日行，至烏剌國，與東岸路合。

——《新唐書・卷四十三下・志・第三十三下・地理・七下》





## 唐、宋史料中的南海諸國往來行程

自林邑以南，皆卷髮黑身，通號為崑崙。婆利國，在林邑東南海中洲上。其地延袤數千里。自交州南渡海，經林邑、扶南、赤土、丹丹數國乃至焉。其人皆黑色，穿耳附璫……陁洹國，在林邑西南大海中，東南與墮和羅接，去交阯三月餘日行，賓服於墮和羅……訶陵國，在南方海中洲上居，東與婆利、西與墮婆登、北與真臘接，南臨大海……貞觀十四年[640]，遣使來朝。大曆三年[768]、四年皆遣使朝貢。元和十年[815]，遣使獻僧祇僮五人……十三年[818]，遣使進僧祇女二人……。墮婆登國，在林邑南，海行二月，東與訶陵、西與迷黎車接，北界大海，風俗與訶陵略同。

——《舊唐書・卷一百九十七・列傳・第一百四十七・南蠻西南蠻》

**【引書舉要】**

本書所引資料出處：

[後晉]劉昫等《舊唐書》，北京：中華書局1975年標點本。

[北宋]歐陽修等《新唐書》，北京：中華書局1975年標點本。

[北宋]王溥《唐會要》，北京：中華書局1955年版。

[北宋]樂史《太平寰宇記》，乾隆五十八年[1793]刻本。

婆利者，直環王東南，自交州汎海，歷赤土、丹丹諸國，乃至。地大洲，多馬，亦號馬禮，袤長數千里……其東即羅刹也，與婆利同俗。隋煬帝遣常駿使赤土，遂通中國。赤土西南入海，得婆羅。總章二年[669]，其王旃達鉢遣使者與環王使者偕朝。環王南有殊奈者，汎交阯海三月乃至，與婆羅同俗。貞觀二年[628]，使者上方物。九年[635]，甘棠使者入朝，國居海南……東南有拘蔞蜜，海行一月至。南距婆利，行十日至。東距不述，行五日至。西北距文單，行六日至。與赤土、墮和羅同俗。

——《新唐書·卷二百二十二下·列傳·第一百四十七下·南蠻·下》





訶陵，亦曰社婆，曰闍婆，在南海中。東距婆利，西墮婆登，南瀕海，北真臘……王居闍婆城，其祖吉延東遷於婆露伽斯城，旁小國二十八莫不臣服……元和八年[813]，獻僧祇奴四……墮婆登，在環王南，行二月乃至。東訶陵，西迷黎車，北屬海，俗與訶陵同……瞻博，或曰瞻婆，北距兢伽河，多野象群行。顯慶中，與婆岸、千[干]支弗、舍跋若、磨臘四國，並遣使入朝。千支在西南海中，本南天竺屬國，亦曰半支跋，若唐言“五山”也。北距多摩萇。又有哥羅舍分、脩羅分、甘畢三國貢方物。甘畢在南海上，東距環王，王名旃陀越摩，有勝兵五千。哥羅舍分者，在南海南，東墮和羅。脩羅分者，在海北，東距真臘，其風俗大略相類……又有多摩萇，東距婆鳳，西多隆，南千支弗，北訶陵，地東西一月行、南北二十五日行……其國經薩盧、都訶盧、君那盧、林邑諸國，乃得交州，顯慶中貢方物。室利佛逝，一曰尸利佛誓，過軍徒弄山二千里，地東西千里，南北四千里而遠。有城十四，以二國分總，西曰郎婆露斯……咸亨至開元間……獻侏儒、僧祇女各二……名蔑，東接真陀桓，西但游，南屬海，北波刺。其地一月行，有州三十……單單在振州東南，多羅磨之西……羅越者，北距海五千里，西南哥谷羅，商賈往來所湊集，俗與墮羅鉢底同。歲乘舶至廣州，州必以聞。

——《新唐書·卷二百二十二下·列傳·第一百四十七下·南蠻·下》

訶陵在真臘之南海中洲……婆登在林邑之南，海行二月。東與訶陵、西與迷黎連[車]接，北鄰大海。風俗與訶陵國同……金[舍]利毗迦[逝]，在京師西南四萬餘里。行經日亘[旦旦]國、訶陵國、摩訶[國]新國、多薩國、者埋國、婆婁國、多郎婆黃國、摩羅遊國、真臘國、林邑國，乃至廣州。東去至物國二千里，西去赤土國一千五百里，南距婆庭舍……多摩萇居南海島中……哥羅舍分，在南海之南，接墮和羅國……多蔑，居大海之北，週迴可兩月行。南至海，西俱遊國，北波刺國，東真洹陀國……拘蔞蜜，在林邑之西，陸路三月行。山居饒象，並養之以供用。顯慶元年[656]閏正月，來朝貢。在盤盤、致物國東南，海路一月行。南距婆利國十日行，東去不述國五日行，西北去文單國六日行。風俗物產與赤土國、墮和羅國略同。永徽六年[655]八月，遣使獻五色鸚鵡。

——[北宋]王溥《唐會要·卷一百》

金[舍]利毗逝國，在京西南四萬餘里，行經丹丹國、摩訶新國、多隆國、者埋國、婆樓國、多郎婆黃國、摩羅逝[遊]國、真臘、林邑國，乃至廣州。東去致物國二千里，西去赤土國千五百里，南去波利國三千里，北去柳衢國三千里。其國有城邑庭舍，衣朝霞白疊，每食先泥上鋪席而後坐。國王名本多揚牙，前有隊仗甲鍪，甲用貝多樹皮。其風俗、物產與真臘同。

——[北宋]樂史《太平寰宇記·卷一百七十七》



# 《宋史》所記日僧奝然西渡抵華行程

雍熙元年[984]，日本國僧奝然與其徒五六人，浮海而至，獻銅器十餘事，並本國《職員今》《王年代紀》各一卷。奝然衣綠，自云姓藤原氏，父為真連。真連，其國五品官也。奝然善隸書，而不通華言。問其風土，但書以對云："國中有'五經'書及佛經、《白居易集》七十卷，並得自中國……樂有中國、高麗二部。四時寒暑，大類中國。國之東境接海島，夷人所居，身面皆有毛。東奧州產黃金，西別島出白銀，以為貢賦。國王以王為姓，傳襲至今王六十四世。文武僚吏皆世官。"

其《年代紀》所記云：初主號天御中主，次曰天村雲尊，其後皆以"尊"為號。次天八重雲尊……次彥瀲尊，凡二十三世，並都於筑紫 日向宮。彥瀲第四子號神武天皇，自筑紫宮入居太和州 橿原宮，即位元年甲寅，當周僖王時也……次孝德天皇，白雉四年，律師道照求法至中國，從三藏僧玄奘受經、律、論，當此土唐 永徽四年[653]也……次冷泉天皇，今為太上天皇。次守平天皇，即今王也，凡六十四世。畿內有山城、大和、河內、和泉、攝津

**【引書舉要】**

[元]脫脫等《宋史》，所引據北京：中華書局1977年標點本。

凡五州，共統五十三郡；東海道有伊賀、伊勢、志摩、尾張、叁河、遠江、駿河、伊豆、甲斐、相模、武藏、安房、上總、常陸凡十四州，共統一百一十六郡；東山道有通江、美濃、飛驒、信濃、上野、下野、陸奧、出羽凡八州，共統一百二十二郡；北陸道有若狹、越前、加賀、能登、越中、越後、佐渡凡七州，共統三十郡；山陰道有丹波、丹彼、徂馬、因幡、伯耆、出雲、石見、隱伎凡八州，共統五十二郡；小陽道有播麼、美作、備前、備中、備後、安藝、周防、長門凡八州，共統六十九郡；南海道有伊紀、淡路、河波、讚耆、伊豫、土佐凡六州，共統四十八郡；西海道有筑前、筑後、豐前、豐後、肥前、肥後、日向、大隅、薩摩凡九州，共統九十三郡；又有壹伎、對馬、多褹凡三島，各統二郡。是謂五畿七道三島，凡三千七百七十二都，四百一十四驛，八十八萬三千三百二十九課丁。課丁之外，不可詳見。皆奝然所記云……

太宗召見奝然，存撫之甚厚，賜紫衣，館於太平興國寺……其國多有中國典籍，奝然之來，復得《孝經》一卷、越王《孝經新義》（第十五）一卷……奝然復求詣五臺，許之，令所過續食；又求印本《大藏經》，詔亦給之。二年，隨台州 寧海縣商人鄭仁德船歸其國。後數年，仁德還，奝然遣其弟子喜因奉表來謝……

——《宋史·卷四百九十一·列傳·第二百五十·外國·七·日本國》



# 《宋史》載印度施護、娑里三文來華航程

**【引書舉要】**

[元]脫脫等《宋史》，所引據北京：中華書局1977年標點本。

太平興國七年[982]，益州僧光遠至自天竺，以其王沒徙曩表來上。上令天竺僧施護譯，云："近聞支那國內有大明王……今以釋迦舍利附光遠上進。"又譯其國僧統表，詞意亦與沒徙曩同。

施護者，烏填曩國人。其國屬北印度。西行十二日，至乾陀羅國。又西行二十日，至曩誐囉賀囉國。又西行十日，至嵐婆國。又西行十二日，至誐惹曩國。又西行至波斯國，得西海。自北印度行百二十日，至中印度。中印度西行三程，至阿囉尾國。又西行十二日，至末曩囉國。又西行十二日，至鉢賴野迦國。又西行六十日，至迦囉拏俱惹國。又西行二十日，至摩囉尾國。又西行二十日，至烏

然泥國。又西行二十五日，至囉囉國。又西行四十日，至蘇囉荼國。又西行十一日，至西海。自中印度行六月程，至南印度。又西行九十日，至供迦拏國。又西行一月至海。自南印度南行六月程，得南海。皆施護之所述云。

八年，僧法遇自天竺取經回，至三佛齊，遇天竺僧彌摩羅失黎語不多令，附表願至中國譯經。上優詔召之。法遇後募緣，制龍寶蓋袈裟，將復往天竺，表乞給所經諸國勑書。遂賜三佛齊國王遐至葛、古羅國主司馬佶芒、柯蘭國主讚怛羅、西天王子謨馱仙書以遣之。雍熙中，衛州僧辭澣自西域還，與胡僧密坦羅奉北印度王及金剛坐[座]王那爛陀書來，又有婆羅門僧永世與波斯外道阿里煙同至京師。永世自云："本國名利得，國王姓牙羅五得，名阿喏你縛……。其國東行，經六月至大食國。又二月至西州。又三月至夏州。"阿里煙自云："本國王號黑衣，姓張，名哩沒……其國東行，經六月至婆羅門。"

——《宋史・卷四百九十・列傳・第二百四十九・外國・六・天竺》

注輦國，東距海五里，西至天竺千五百里，南至羅蘭二千五百里，北至頓田三千里。自古不通中國，水行至廣州約四十一萬一千四百里。其國有城七重，高七尺，南北十二里，東西七里。每城相去百步。凡四城用塼，二城用土，最中城以木為之，皆植花果雜木。其第一至第三皆民居，環以小河；第四城，四侍郎居之；第五城，主之四子居之；第六城，為佛寺，百僧居之；第七城，即主之所居，室四百餘區。所統有三十一[二]部落。其西十二曰：只都尼，施亞盧尼，羅琶離鰲琶移，布林琶布尼，古檀布林蒲登，故里，娑輪岑，本蹄揭蹄，閹黎池離，那部尼，遮古林，亞里者林；其南八曰：無雅加黎麻藍，眉古黎苦低，舍里尼，密多羅摩伽藍，蒲登，蒙伽林伽藍，琶里琶離遊，亞林池蒙伽藍；其北十二曰：撥囉耶，無沒離，注林，加里蒙伽藍，漆結麻藍，握折蒙伽藍，皮林伽藍，蒲稜和藍，堡琶來，田注離，盧婆囉，迷蒙伽藍。今國主相傳三世矣……國東南約二千五百里，有悉蘭池國，或相侵伐……自昔未嘗朝貢。大中祥符八年[1015]九月，其國主羅茶羅乍遣進奉使侍郎娑里三文、副使蒲恕、判官翁勿、防援官亞勒加等奉表來貢。三文等以盤奉真珠、碧玻璃升殿，佈於御坐前，降殿再拜，譯者導其言曰："願以表遠人慕化之誠。"其國主表曰："臣羅荼羅乍言，昨遇舶船商人到本國，告稱鉅宋之有天下也……謹遣專使等五十二人，奉土物來貢，凡真珠衫帽各一，真珠二萬一千一百兩，象牙六十株，乳香六十斤。"三文等又獻珠六千六百兩，香藥三千三百斤。初羅荼羅乍既聞商船言，且曰：十年來海無風濤，古老傳云，如此則中國有聖人，故遣三文等入貢。

三文離本國，舟行七十七晝夜，歷郍勿丹山、娑里西蘭山，至占賓國。又行六十一晝夜，歷伊麻羅里山，至古羅國。國有古羅山，因名焉。又行七十一晝夜，歷加八山、占不牢山、舟寶龍山，至三佛齊國。又行十八晝夜，度蠻山水口，歷天竺山，至賓頭狼山，望東西王母塚距舟所將百里。又行二十晝夜，度羊山、九星山，至廣州之琵琶洲。離本國凡千一百五十日至廣州焉。詔閤門祗候史祐之館伴，凡宴賜恩例同龜茲使。其年承天節，三文等請於啟聖禪院會僧以祝聖壽。明年，使回，降詔羅茶羅乍，賜物甚厚。

——《宋史·卷四百八十九·列傳·第二百四十八·外國·五·注輦》



# 兩宋載籍記指南針製造及羅盤始用於導航

客主的取，宜匡四正以無差，當取丙午針，於其止處，中而格之，取方直之正也。蓋陽生於子，自子至丙為之順；陰生於午，自午至壬為之逆。故取丙午壬子之間是天地中，得南北之正也。此丙午針約而取於大概，若究詳密，宜曲表垂繩，下以重物墜之，照重物之心，圓而為圖，一如日月之暈，繩以占號，號晷漸移，逢暈致椠，自辰巳至於未申，紙案兩旁，真東西也，半拆之，望墜物之下，則知南北之中正也。

——[北宋]楊惟德《塋原總錄卷一·主山論篇·第八》

若遇天景曀霾，夜色暝黑，又不能辨方向，則當縱老馬前行，令識道路。或出指南車及指南魚，以辨所向。指南車法世不傳。魚法：用薄鐵葉剪裁，長二寸，闊五分，首尾銳如魚形，置炭中，火燒之，候通赤，以鐵鈐鈐魚首，出火，以尾正對子位，蘸

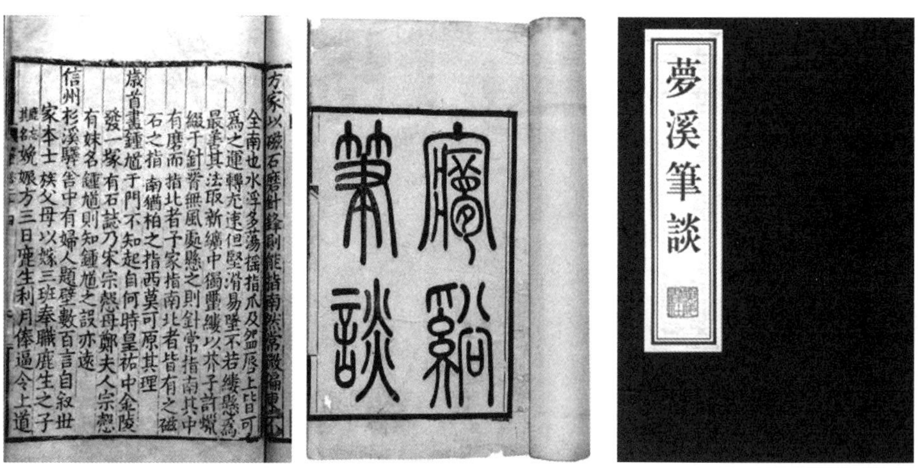


[北宋]沈括《夢溪筆談》書影

水盆中，沒尾數分則止，以密器收之。用時置水碗於無風處，平放魚在水面，令浮，其首常南向午也。

——[北宋]曾公亮、丁度、楊惟德《武經總要·前集·卷十五·鄉導》

方家以磁石磨針鋒，則能指南，然常微偏東，不全南也。水浮多蕩搖，指爪及碗唇上皆可為之，運轉尤速，但堅滑易墜，不若縷懸為最善。其法取新纊中獨繭縷，以芥子許蠟，綴於針腰，無風處懸之，則針常指南。其中有磨而指北者。余家指南北者皆有之。磁石之指南，猶柏之指西，莫可原其理。

——[北宋]沈括《夢溪筆談·卷二十四》

以磁石磨針鋒，則銳處常指南，亦有指北者，恐石性亦不同。

——[北宋]沈括《夢溪筆談·補筆談·卷三》

舟師識地理，夜則觀星，晝則觀日，陰晦觀指南針。或以十丈繩鉤取海底泥嗅之，便知所至。海中無雨，凡有雨則近山矣。商人言，舶船遇無風時，海水如鑒。

——[北宋]朱彧《萍洲可談·卷二》

[宣和五年（1123）夏五月二十八日]是夜，洋中不可住維，視星斗前邁。若晦冥，則用指南浮針，以揆南北。

——[北宋]徐兢《宣和奉使高麗圖經·卷三十四》

海南……南對占城，西望真臘，東則千里長沙、萬里石床，渺茫無際，天水一色。舟舶來往，惟以指南針為則，晝夜守視惟謹，毫釐之差，生死繫焉。

——[南宋]趙汝适《諸蕃志·卷下·志物·海南》

風雨冥晦時，唯憑針盤而行，乃火長掌之，毫釐不敢

**【引書舉要】**

本書引用資料所據版本：

[北宋]楊惟德《塋原總錄》，北京圖書館藏元刻本殘本。

[北宋]曾公亮、丁度、楊惟德《武經總要》，北京：中華書局1959年版。

[北宋]沈括《夢溪筆談》，北京：中華書局1957年胡道靜新校正版。

[北宋]朱彧《萍洲可談》，《四庫全書》本。

[北宋]徐兢《宣和奉使高麗圖經》，故宮博物院1932年編印本。

[南宋]趙汝适《諸蕃志》，香港大學亞洲研究中心2000年韓振華注補本（《韓振華選集》之二）。

[南宋]吳自牧《夢粱錄》，浙江人民出版社1980年版。

[南宋]朱繼芳《靜佳乙稿》，《四庫全書》本。

早在11世紀之初，《塋原總錄》及稍後的《夢溪筆談》已於世上較早記及地磁偏角。但中國羅盤除堪輿外而用於海上導航，最早則出現在十一、二世紀之交的廣州，即《萍洲可談》作者父親辭任廣州知州兼市舶官(1102)之前，隨後在明州、泉州、海南也先後見有相關之記錄。

差誤，蓋一舟人命所繫也……但海洋近山礁則水淺，撞礁必壞船。全憑南針，或有少差，即葬魚腹。

——[南宋]吳自牧《夢粱錄·卷十二·江海船艦》

地角與開倪，茫茫何處期。星回析木次，日掛扶桑枝。

沉石尋孤嶼，浮針辨四維。飄然一桴意，持此欲安之。

——[南宋]朱繼芳《靜佳乙稿·航海》





# 《武經總要》所載赴交阯途程

**【引書舉要】**

[北宋]曾公亮、丁度、楊惟德《武經總要》，據北京：中華書局1959年版。

《武經總要》所載的九乳螺州，及後來《諸蕃志》等提及的千里長沙、萬里石床[塘]等，都是宋代記載南海諸島的重要資料。

廣州南海郡，古百粵也，皆蠻、蜑所居。自漢以後入為郡縣，唐為清海軍節度。本朝平劉鋹，復建方鎮，為一都會，提舉十六州兵甲盜賊，控外海諸國，有市舶之利，蕃漢雜處。命王師出戍，置巡海水師營壘，在海東西二口，闊二百八十丈，至屯門山二百里，治舠魚入海戰艦。其地東南至大海四十里，東至惠州四百二十里，西至端州二百四十里，南至恩州七百五十里，北至韶州二百五十里。東南海路，四百里至屯門山，二十里背水淺日可行五十里，計二百里。從屯門山用東風西南行，七日至九乳螺州。又三日至不勞山（在環州國界）。又南三日至陵山東（有甜水）。其西南至大食、佛[菻]、師子、天竺諸國，不可計程。太平興國中，朝廷遣三將兵伐交州，由此州水路進師。今置廣南東路兵馬鈐轄，以州為始所。

——[北宋]曾公亮、丁度、楊惟德《武經總要·前集·卷二十·廣南東路》

交趾路，自州西南陸行，取馬援路，至瀼州二百七十里。又二百四十里，至祿州。又二百里，至交州。天寶以前，陸行凡二十驛。一說南渡鬱江西南行，經羈縻五州至交州，約六百里。安南城西至爱州界小黄江口四百十六里，南至長州界靖江鎮百五十里，西北至峰州界論江口水路百五十里，東至朱鳶界小黄江口五百五十里，北至武定江二百五十里。太平興國中伐交州，命蘭州團練使孫全興帥三將，兵由邕州路進師。

——[南宋]《武經總要·前集·卷二十·廣南西路》

# 《宣和奉使高麗圖經》中的航程



高麗，本曰高句驪。禹別九州，屬冀州之地。周為箕子之國，漢之玄菟郡也。在遼東，蓋扶餘之別種，以平壤城為國邑…… [淳化]四年[993]正月，[其王王]治遣使白思柔貢方物，並謝賜經及御製。二月，遣秘書丞直史館陳靖、秘書丞劉式為使，加治檢校太師，仍降詔存問軍吏耆老。靖等自東牟，趣八角海口，得思柔所乘海船及高麗水工，即登舟。自芝岡島，順風泛大海，再宿抵甕津口登陸，行百六十里，抵高麗之境，曰海州。又百里，至閻州。又四十里，至白州。又四十里，至其國。治迎使於郊，盡藩臣禮，延留靖等七十餘日而還……元豐元年[1078]，始遣安燾假左諫議大夫、陳睦假起居舍人往聘。造兩艦於明州，一曰淩虛致遠安濟，次曰靈飛順濟，皆名為“神舟”。自定海絕洋而東，既至，國人歡呼出迎。[其王]徽具袍笏玉帶，拜受詔，與燾、睦尤禮，館之別宮，標曰順天館……

宣和四年[1122]，[其王]俁卒。初高麗俗，兄終弟及，至是諸弟爭立。其相李資深立俁子楷，來告哀。詔給事中路允迪、中書舍人傅墨卿奠慰……昔高麗入使，率由登 萊，山河之限甚遠。今直趨四明。四明距行都，限一浙水耳。由海道奉使高麗，瀰漫汪洋，洲嶼險阻。遇黑風，舟觸嶕，輒敗。出急水門至群山島，始謂平達，非數十日不至也。舟南北行，遇順風則歷險如夷，至不數日。其國

**【引書舉要】**

[北宋]徐兢（1091—1153）《宣和奉使高麗圖經》，著於徽宗宣和五年（1123）後，本書所引據故宮博物院1932年印本。

[元]脫脫等《宋史》，所引據北京：中華書局1977年標點本。

徐兢此書最早表明在專一對外航道上使用指南浮針導航，而在是次航行後海神媽祖則開始受朝廷之褒揚。

[北宋]徐兢《宣和奉使高麗圖經》書影一

東西二千里，南北五百里。西北接契丹，恃鴨綠江以為固。江廣三百步，其東所臨海水清澈，下視十丈。東南望明州，水皆碧。王居開州 蜀莫郡，曰開成府。依大山置宮室、立城壘，名其山曰神嵩……以新羅為東州 樂浪府，號東京；百濟為金州 金馬郡，號南京；平壤為鎮州，號西京。西京最盛。總之，凡三京四府八牧，郡百有十八，縣鎮三百九十，洲島三千七百。郡邑之小者，或只百家。男女二百十萬口，兵、民、僧各居其一……自明州 定海，遇便風，三日入洋，又五日抵墨山，入其境。自墨山過島嶼，詰曲嶕石間，舟行甚駛，七日至禮成江。江居兩山間，束以石峽，湍激而下，所謂急水門，最為險惡。又三日抵岸，有館曰碧瀾亭。使人由此登陸，崎嶇山谷，四十餘里，乃其國都云。

——《宋史·卷四百八十七·列傳·第二百四十六·外國·三·高麗》

高麗……其國在京師之東北。自燕山道陸走，渡遼而東之其境，凡三千七百九十里。若海道，則河北、京東、淮南、兩浙、廣南、福建皆可往。今所建國，正與登 萊濱隸相望。自元豐以後，每朝廷遣使，皆由明州 定海放洋，絕海而北。舟行皆乘夏至後南風，風便不過五日即抵岸焉。

——[北宋]徐兢《宣和奉使高麗圖經·卷第三》

神舟：臣側聞神宗皇帝遣使高麗，嘗詔有司造巨艦二，一曰淩虛致遠安濟神舟，二曰靈飛順濟神舟，規模甚雄。皇帝嗣服，羹牆孝思，其所以加惠麗人，實推廣熙 豐之績。爰自崇寧以迄於今，薦使綏撫，恩隆禮厚，仍詔有司，更造二舟，大其制而增其名：一曰鼎新利涉懷遠康濟神舟，二曰循流安逸通濟神舟。巍如山獄，浮動波上，錦帆鷁首，屈服蛟螭。所以暉赫皇華，震懾夷狄，超冠今古，是宜麗人迎詔之日，傾國聳觀而歡呼嘉歎也。

客舟：舊例，每因朝廷遣使，先期委福建、兩浙監司，顧募客舟。復令明州裝飾，略如神舟，具體而微。其長十餘丈，深三丈，闊二丈五尺，可載二千斛粟……若夫神舟之長闊高大、什物器用人數，皆三倍於客舟也。

昭寶山：宣和四年[1122]壬寅，春三月，詔遣給事中路允迪、中書舍人傅墨卿，充國信使、副往高麗。秋九月，以國王俁薨，被旨兼祭奠弔慰而行，遵元豐故事也。五年癸卯，春二月十八日壬寅，促裝治舟。二十四日戊申，詔赴睿謨殿，宣示禮物。三月十一日甲子，赴同文館聽誡諭。十三日丙寅，皇帝御崇政殿，臨軒親遣，傳旨宣諭。十四日丁卯，錫[賜]宴於永寧寺。是日解舟出汴。夏五月三日乙卯，舟次四明。先是得旨，以二神舟、六客舟兼行。十三日乙丑，奉禮物入八舟。十四日丙寅，遣供衛大夫、

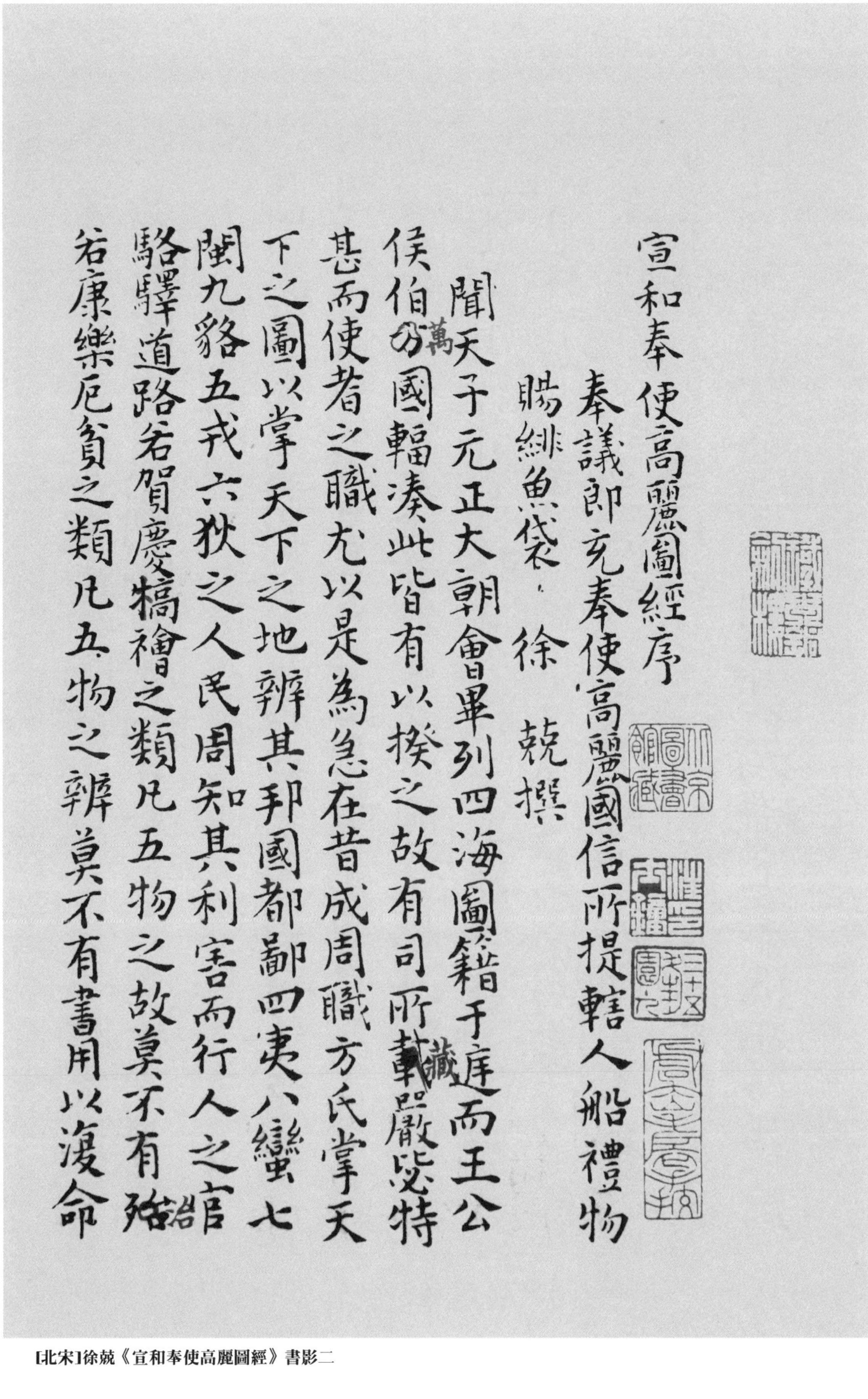
宣和奉使高麗圖經序

奉議郎充奉使高麗國信所提轄人船禮物

賜緋魚袋 徐 兢撰

聞天子元正大朝會畢列四海圖籍于庭而王公侯伯萬國輻湊此皆有以揆之故有司所藏嚴毖特甚而使者之職尤以是為急在昔成周職方氏掌天下之圖以掌天下之地辨其邦國都鄙四夷八蠻七閩九貉五戎六狄之人民周知其利害而行人之官駱驛道路若賀慶犒禬之類凡五物之故莫不有治若康樂厄貧之類凡五物之辨莫不有書用以復命

【北宋】徐兢《宣和奉使高麗圖經》書影二

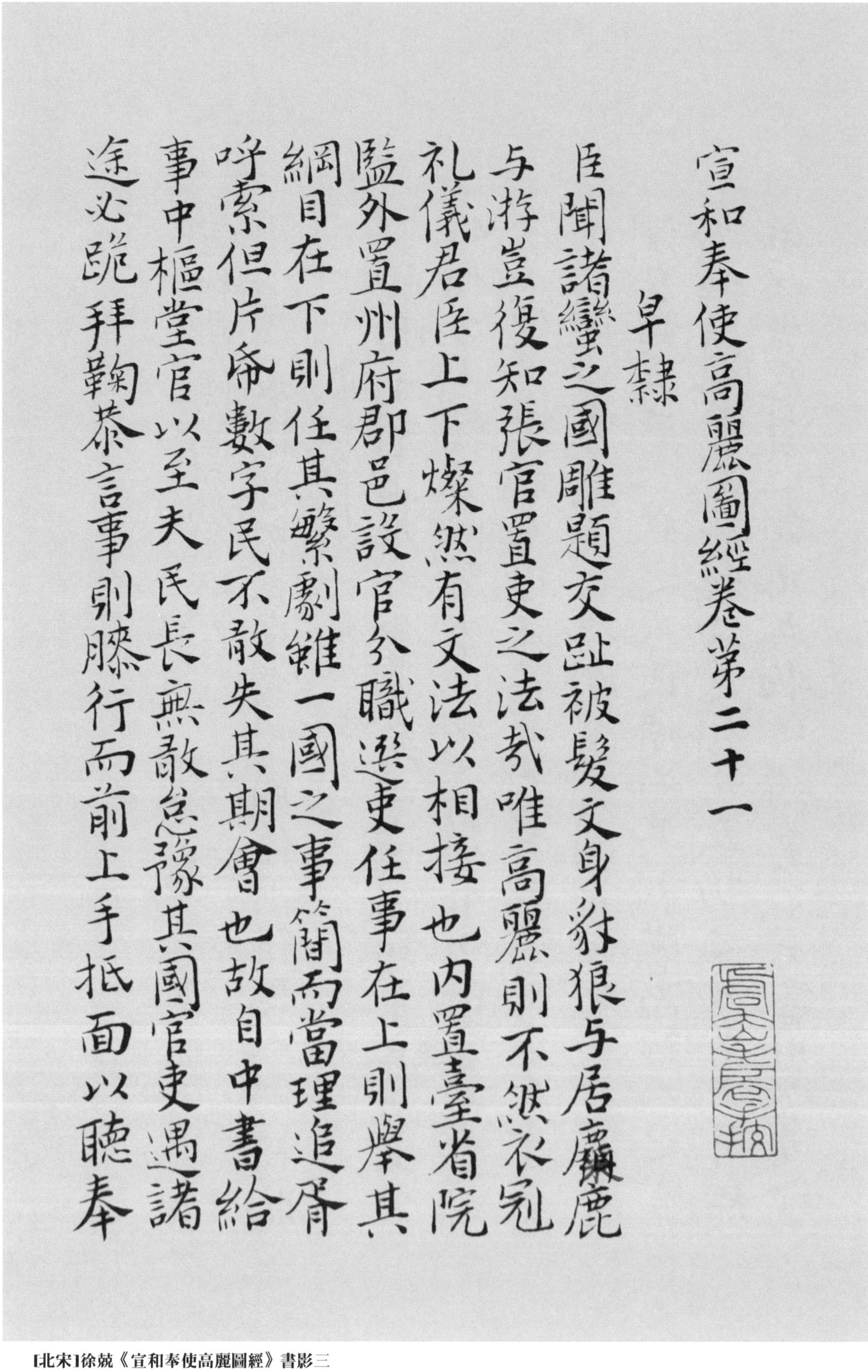

宣和奉使高麗圖經卷第二十一

皁隸

臣聞諸蠻之國雕題交趾被髮文身豺狼与居麋鹿与游豈復知張官置吏之法哉唯高麗則不然衣冠礼儀君臣上下燦然有文法以相接也內置臺省院監外置州府郡邑設官分職選吏任事在上則舉其綱目在下則任其繁劇雖一國之事簡而當理追胥呼索但片紙數字民不敢失其期會也故自中書給事中樞堂官以至夫民長無敢怠豫其國官吏遇諸塗必跪拜鞠躬言事則膝行而前上手抵面以聽奉

【北宋】徐兢《宣和奉使高麗圖經》書影三

相州觀察使、直睿思殿關弼，口宣詔旨，賜宴於明州之廳事。十六日戊辰，神舟發明州。十九日辛未，達定海縣。先期遣中使武功大夫容彭年，建道場於總持院七晝夜，仍降御香，宣祝於顯仁助順淵聖廣德王祠。神物出現，狀如蜥蜴，實東海龍君也。廟前十餘步，當鄞江窮處，一山巍然出於海中，上有小浮屠。舊傳海舶望是山，則知其為定海也，故以招寶名之。自此方謂之出海口。二十四日丙子，八舟鳴金鼓、張旗幟，以次解發。中使關弼登招寶山焚御香，望洋再拜。是日，天氣晴快，巳刻，乘東南風，張篷鳴艣，水勢湍急，委蛇而行，過虎頭山、水洓港口、七里山。虎頭山，以其形似名之。度其地，已距定海二十里矣，水色與鄞江不異，但味差鹹耳。蓋百川百會至此，尤未澄澈也。

虎頭山：過虎頭山，行數十里即至蛟門。大抵海中有山對峙，其間有水道可以通舟者，皆謂之門。蛟門云蛟蜃所宅，亦謂之三交門。其日申未刻，遠望大 小二謝山，歷松柏灣，抵蘆浦抛矴，八舟同泊。

沈家門：二十五日丁丑辰刻，四山霧合，西風作，張篷委虵曲折，隨風之勢，其行甚遲，舟人謂之拒風。巳刻霧散，出浮稀頭、白峰、窄額門、石師顔，而後至沈家門抛泊。其門山與蛟門相類，而四山環擁，對開兩門，其勢連亙，尚屬昌國縣……

梅岑：二十六日戊寅，西北風勁甚，使者率三節人以小舟登岸入梅岑。舊云梅子真棲隱之地，故得此名……二十七日己卯，舟人以風勢未定，尚候其孰。海上以風轉至次日，不改者謂之孰；不爾至洋中卒爾風回，則茫然不知所向矣。自此即出洋，故審視風雲天時，而後進也。申刻，使、副與三節人，俱還八舟。至是，水色稍澂，而波面微蕩，舟中已覺颭𩗗矣。

海驢焦：二十八日庚辰，天日清晏。卯刻，八舟同發。使、副具朝服，與二道官，望闕再拜……

蓬萊山：蓬萊山，望之甚遠，前高後下，峭拔可愛。其島尚屬昌國封境。其上極廣，可以種蒔，島人居之……

半洋焦：舟行過蓬萊山之後，水深碧色如玻璃，浪勢益大。洋中有石，曰半洋焦，舟觸焦則覆溺，故篙師最畏之。是日午後，南風益急，加野狐䬇。制䬇之意，以浪來迎，舟恐不能勝其勢，故加小䬇於大䬇之上，使之提挈而行。是夜，洋中不可住維，視星斗前邁。若晦冥，則用指南浮針，以揆南北。入夜舉火，八舟皆應。夜分風轉西北，其勢甚亟，雖已落篷而颭動䫻搖，瓶盎皆傾，一舟之人，震恐膽落。黎明稍緩，人心向寧，依前張䬇而進。

白水洋：二十九日辛巳，天色陰翳，風勢未定。辰刻，風微且順，復加野狐䬇，舟行甚鈍。申行風轉，酉刻雲合雨作，入夜乃止。復作南風，入白水洋，其源出靺鞨，故作白色。是夜舉火，三舟相應矣。

黃水洋：黃水洋即沙尾也。其水渾濁且淺。舟人云：其沙自西南而來，橫於洋中千餘里，即黃河入海之處。舟行至此，則以雞黍祀沙，蓋前後行舟過沙，多有被害者，故祭其溺死之魂云。自中國適句麗，唯明州道則經此。若自登州 板橋以濟，則可以避之。比使者回程至此，第一舟幾遇淺，第二舟午後三柂並折，賴宗社威靈，得以生還。故舟人每以過沙尾為難，當數用鉛硾時其深淺，不可不謹也。

黑水洋：黑水洋即北海洋也。其色黯湛淵淪，正黑如墨，猝然視之，心膽俱喪。怒濤噴薄，屹如萬山。遇夜，則波間熠熠，其明如火。方其舟之升在波上也，不覺有海，唯見天日明快。及降在窪中，仰望前後水勢，其高蔽空，腸胃騰倒，喘息僅存，顛仆吐嘔，粒食不下嚥。其困臥於茵褥上者，必使四維隆起，當中如槽，不爾則傾側輥轉，傷敗形體。當是時，求脫身於萬死之中，可謂危矣。

——[北宋]徐兢《宣和奉使高麗圖經·卷第三十四》



夾界山：六月一日壬午，黎明霧昏，乘東南風。巳刻稍霽，風轉西南，益張野狐颿。午正風厲，第一舟大檣，砉然有聲，勢曲欲折，亟以大木附之，獲全。未後，東北望天際，隱隱如雲，人指以為半托伽山，不甚可辨。入夜風微，舟行甚緩。二日癸未，早霧昏曀，西南風作。未後澂霽，正東望一山如屏，即夾界山也。華夷以此為界限。初望隱然，酉後逼近，前有二峰，謂之雙髻山。後有小焦數十，如奔馬狀，雪浪噴激，遇山濺瀑尤高。丙夜風急雨作，落帆撤篷，以緩其勢。

五嶼：五嶼在處有之，而以近夾界者為正。定海之東北蘇州洋內，群山、馬島皆有五嶼。大抵篙工指海山上小山為嶼，所以數處五山相近，皆謂之“五嶼”矣。三日甲申，宿雨未霽，東南風作。午後過是嶼，風濤噴激，久之嶇崒巉巖，亦甚可愛。

排島：是日巳刻，雲散雨止，四顧澂霽。遠望三山並列，中一山如堵，舟人指以為排島，亦曰排垛山。以其如射垛之形耳。

白山：是日午後，東北望一山極大，連亙如城。日色射處，其白如玉。未後風作，舟行甚快。

黑山：黑山在白山之東南，相望甚邇。初望極高峻，逼近，見山勢重複，前一小峰中空如洞，兩間有澳，可以藏舟。昔海程云：是使舟頓宿之地，館舍猶存。今取道更不拋泊……

月嶼：月嶼二，距黑山甚遠，前曰大月嶼，回抱如月，舊傳上有養源寺；後曰小月嶼，對峙如門，可以通小舟行。

闌山島：闌山島又曰天仙島。其山高峻，遠望壁立，前二小焦，如龜鱉之狀。

白衣島：白衣島三山相連，前有小焦附之，偃檜積蘇，蒼潤可愛，亦曰白甲苫。

跪苫：跪苫在白衣島之東北。其山特大於眾苫，數山相連，碎焦環遶，不可勝數。夜朝衝激，雪濤奔薄，月落夜昏，而濺沫之明如火熾也。

——[北宋]徐兢《宣和奉使高麗圖經·卷第三十五》

春草苫：春草苫又在跪苫之外，舟人呼為外嶼。其上皆松檜之屬，望之鬱然，夜分風靜，舟行益鈍。

檳榔焦：檳榔焦以形似得名。大抵海中之焦遠望多作此狀，唯春草苫相近者，舟人謂之檳榔焦……

菩薩苫：是[四]日午後，過菩薩苫。麗人謂其上曾有顯異，因以名之。申後風靜，隨潮而進。

竹島：是日酉後，舟至島拋泊。其山數重，林木翠茂。其上亦有居民……

苦苫苫：五日丙戌，晴明，過苦苫苫，距竹島不遠……

群山島：六日丁亥，乘早潮行。辰刻，至群山島拋泊。其山十二峰相連，環遶如城。六舟來迓……

橫嶼：橫嶼在群山島之南。一山特大，亦謂之案苫……

——[北宋]徐兢《宣和奉使高麗圖經·卷第三十六》

紫雲苫：七日戊子，天日晴快。早，全州守臣，致書備酒禮，曲留使者。使者以書固辭乃已……午刻解舟，宿橫嶼。八日己丑，早發。南望一山，謂之紫雲苫，橫巘差疊，其後二山尤遠，宛如雙眉凝翠焉。

富用山：是日午後過富用倉山，即舟人所謂芙蓉山也。其山在洪州境內，上有倉廩，積穀且多，云以備邊鄙非常之用，故以富用名之。

洪州山：洪州山又在紫雲苫之東南數百里……是日申刻舟過。

鵶子苫：鵶子苫亦名軋子苫。麗人謂笠為軋，其山形似之，因以得名。是日酉刻舟過。

馬島：是日酉後，風勢極大，舟行如飛。自軋子苫一瞬之間，即泊馬島，蓋清州境也……

九頭山：九日庚寅，天氣清明，南風甚勁。辰發馬島，巳刻過九頭山。其山云有九峰，遠望不甚詳，然而林木叢茂，清潤可喜。

——[北宋]徐兢《宣和奉使高麗圖經·卷第三十七》

唐人島：唐人島，未詳其名。山與九頭山相近。是日午刻，舟過島下。

雙女焦：雙女焦，其山甚大，不異島嶼……是日巳刻，舟自唐人島，繼過此焦，風勢愈亟，舟行益速。

大青嶼：大青嶼，以其遠望鬱然如凝黛，故麗人作此名。是日午刻舟過。

和尚島：和尚島，山勢重疊，林壑深茂，山中多虎狼，昔常有學佛者居之，獸不敢近。今葉老寺，乃其遺跡也。故麗人謂之和尚島。是日未刻，舟過其下。

牛心嶼：牛心嶼，在小洋中。一峰特起，狀類覆盂，而中稍鋭。麗人謂之牛心。它處皆見之，形肖此山而差小者，亦謂之雞心嶼。是日未正，舟過此嶼，南風小雨。



聶公嶼：聶公嶼，以姓得名。是日未末，舟過其下。

——[北宋]徐兢《宣和奉使高麗圖經·卷第三十八》



小青嶼：小青嶼如大青嶼之形，但其山差小，而周圍多焦石。申初舟過，雨勢稍密。

紫燕島：是日申正，舟次紫燕島，即廣州也。倚山為館，榜曰慶源亭。亭之側，為幕屋數十間，居民草舍亦眾。其山之東一嶼，多飛燕，故以名之。接伴尹彥植、知廣州 陳淑，遣介紹與譯官卓安，持書來迎，兵仗儀禮加厚……

急水門：是日未刻，到急水門。其門不類海島，宛如巫峽，江路山圍屈曲，前後交鎖，兩間即水道也……至此已不可張篷，惟以櫓棹，隨潮而進。

蛤窟：申後抵蛤窟拋泊。其山不甚高大，民居亦眾。山之脊有龍祠，舟人往還必祀之。海水至此，比之急水門，變黄白色矣。

分水嶺：分水嶺，即二山相對，小海自此分流之地。水色復渾，如梅岑時。十一日壬辰，早，雨作。午刻潮落，雨益甚。國王遣劉文志持先書，使者以禮受之。酉刻前進，至龍骨拋泊。

禮成港：十二日癸巳，早，雨止，隨潮至禮成港。使、副還入神舟。午刻，使、副率都轄提轄官，奉詔書於采舟。麗人以兵仗甲馬、旂幟儀物共萬計，列於岸次，觀者如堵牆。采舟及岸，都轄、提轄奉詔書，入於采輿，下節前導，使、副後從，上中節以次隨之。入於碧瀾亭，奉安詔書訖，分位少愒。次日，遵陸入於王城。

臣竊惟海道之難甚矣。以一葉之舟，泛重溟之險，惟恃宗社之福，當使波神效順以濟。不然，則豈人力所能至哉。方其在洋也，以風飄為適從，若或暴橫，轉至他國，生死瞬息。又惡三種險：曰癡風，曰黑風，曰海動。癡風之作，連日怒號不已，四方莫辨；黑風則飈怒不時，天色晦冥，不分晝夜；海動則徹底沸騰，如烈火煮湯，洋中遇此，鮮有免者。且一浪送舟，輒數十餘里，而以數丈之舟，浮波濤間，不啻毫末之在馬體。故涉海者，不以舟之大小為急，而以操心履行為先。若遇危險，則發於至誠，虔祈哀懇，無不感應者。比者，使事之行，第二舟至黃水洋中，三柂並折。而臣適在其中，與同舟之人，斷髮哀懇，祥光示現。然福州 演嶼神，亦前期顯異。故是日舟雖危，猶能易他柂；既易，復傾搖如故。又五晝夜，方達明州 定海。比至登岸，舉舟臞顇，幾無人色，其憂懼可料而知也。今敘此以為後來者之勸……

比者，使人之行，去日以南風，歸日以北風。初發明州，以其年五月二十八日，放洋得順風。至六月六日，即達群山島。及回程，以七月十三日甲子，發順天館。十五日丙寅，復登大舟。十六日丁卯，至蛤窟。十七日戊辰，至紫燕島。二十二日癸酉，過小青嶼、和尚島、大青嶼、雙女焦、唐人島、九頭山。是日泊馬島。二十三日甲戌，發馬島，過軋子苫，望洪州山。二十四日乙亥，過橫嶼，入群山門，泊島下。至八月八日戊子，凡十四日，風阻不行。申後，東北風作，乘潮出洋，過苦苫苫，入夜不住。九日己丑，早過竹島。辰巳，望見黑山。忽東南風暴，復遇海動，舟側欲傾，人大恐懼，即鳴鼓招衆舟復還。十日庚寅，風勢益猛，午刻復還群山島。至十六日丙申，又六日矣，申後風正，即發洋，夜泊竹島。又二日，風阻不行。至十九日己亥午後，發竹島，夜過月嶼。二十日庚子，早過黑山，次過白山，次過五嶼、夾界山，北風大作，低篷以殺其勢。二十一日辛丑，過沙尾。午間，第二舟三副柂折，夜漏下四刻，正柂亦折，而使舟與他舟，皆遇險不一。二十三日壬寅，望見中華 秀州山。二十四日癸卯，過東 西胥山。二十五日甲辰，入浪港山，過潭頭。二十六日乙巳，早過蘇州洋，夜泊栗港。二十七日丙午，過蛟門，望招寶山。午刻到定海縣。自離高麗到明州界，凡海道四十二日云。

——[北宋]徐兢《宣和奉使高麗圖經·卷第三十九》





# 《嶺外代答》所記海夷及航行交通

百粵故地：自秦皇帝併天下，伐山通道，略定揚粵，為南海、桂林、象郡。今之西廣，秦 桂林是也；東廣，南海也；交阯，象郡也。漢武帝平南海；離秦 桂林為二郡，曰鬱林、蒼梧；離象郡為三，曰交阯、九真、日南；又稍割南海、象郡之餘壤，為合浦郡；乃自徐聞渡海，略取海南，為朱崖、儋耳二郡。置刺史於交州。漢分九郡，視秦苦多，其統之則一交州刺史耳。至吳始分為二，於是交、廣之名立焉。時交治龍編，廣治番禺。唐太宗分天下為十道，合交、廣為一，置採訪使於番禺，其規模猶漢時，唯帥府易地也。高宗始置安南都護府於交州。本朝皇祐中，置安撫經略使於桂州，西道帥府始於此。至今八桂、番禺、龍編，鼎峙而立，復秦之故云……

三合流：海南四郡之西南，其大海曰交阯洋。中有三合流，波頭濆湧而分流為三：其一南流，通道於諸蕃國之海也；其一北流，廣東、福建、江浙之海也；其一東流，入於無際，所謂東大洋海也。南舶往來，必沖三流之中，得風一息，可濟。苟入險無風，舟不可出，必瓦解於三流之中。傳聞東大洋海，有長砂、石塘數萬里，尾閭所洩，淪入九幽。昔嘗有舶舟，為大西風所引，至於東大海，尾閭之聲，震洶無地。俄得大東風以免。

——[南宋]周去非《嶺外代答·卷一·地理門》

**【引書舉要】**

[南宋]周去非《嶺外代答》成於孝宗淳熙八年（1181）後，書所引據北京：中華書局1999年楊武泉校注本。

作爲海域名稱的洋名約起於宋代，而在《嶺外代答》中已比比皆是，諸如交阯洋、東大洋海、南大洋海、東大食海、西大食海等。

海外諸蕃國：諸蕃國大抵海為界限，各為方隅而立國。國有物宜，各從都會以阜通。正南諸國，三佛齊其都會也；東南諸國，闍婆其都會也；西南諸國，浩乎不可窮，近則占城、真臘為窊裹諸國之都會；遠則大秦為西天竺諸國之都會；又其遠則麻離拔國為大食諸國之都會；又

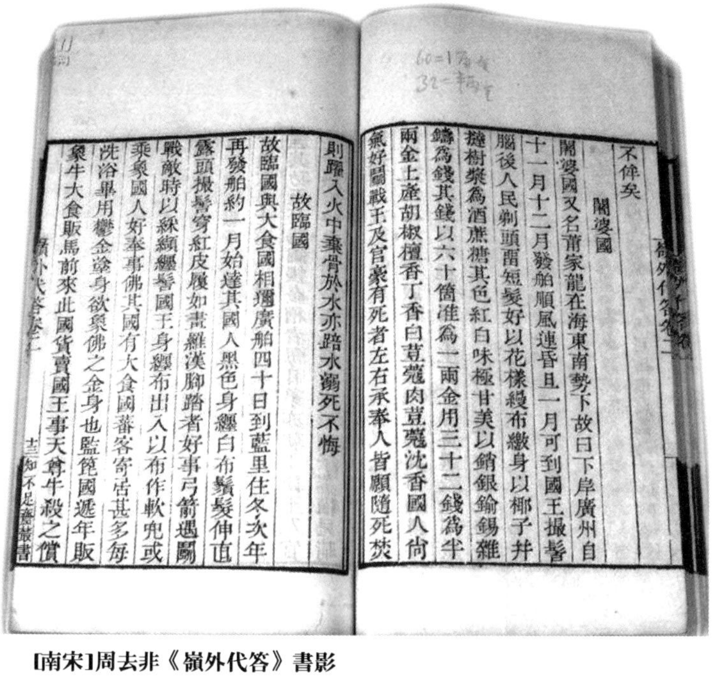

[南宋]周去非《嶺外代答》書影

其外則木蘭皮國為極西諸國之都會。三佛齊之南，南大洋海也。海中有嶼萬餘，人莫居之。愈南不可通矣。闍婆之東，東大洋海也，水勢漸低，女人國在焉。愈東則尾閭之所泄，非復人世。稍東北向，則高麗、百濟耳。

西南海上諸國：不可勝計，其大略亦可考。姑以交阯定其方隅：直交阯之南，則占城、真臘、佛羅安也；交阯之西北，則大理、黑水、吐蕃也。於是西有大海隔之，是海也，名曰細蘭。細蘭海中有一大洲，名細蘭國。渡之而西，復有諸國。其南為故臨國，其北為大秦國、王舍城、天竺國。又其西有海，曰東大食海。渡之而西，則大食諸國也。大食之地甚廣，其國甚多，不可悉載。又其西有海，名西大食海。渡之而西，則木蘭皮諸國，凡千餘。更西，則日之所入，不得而聞也。

——[南宋]周去非《嶺外代答・卷二・外國門・上》





西天諸國：西方諸國，大率冠以“西天”之名，凡數百國。最著名者王舍城、天竺國、中印度。蓋佛氏所生，故其名重也。傳聞其地之東，有黑水、淤河、大海；越之而東，則西域、吐蕃、大理、交阯之境也。其地之西，有東大食海；越之而西，則大食諸國也。其地之南，有洲名曰細蘭國，其海亦曰細蘭海。昔張騫使大夏，聞身毒國在大夏東南一千里。余聞自大理國至王舍城，亦不過四十程。案：賈耽《皇華四達記》云“自安南通天竺”，又達摩之來，浮海至番禺，此海道可通之明驗也……

航海外夷：今天下沿海州郡，自東北而西南，其行至欽州止矣。沿海州郡，類有市舶。國家綏懷外夷，於泉、廣二州置提舉市舶司，故凡蕃商急難之欲赴愬者，必提舉司也。歲十月，提舉司大設蕃商而遣之。其來也，當夏至之後，提舉司徵其商而復護焉。諸蕃國之富盛多寶貨者，莫如大食國，其次闍婆國，其次三佛齊國，其次乃諸國耳。三佛齊者，諸國海道往來之要衝也。三佛齊之來也，正北行，舟歷上下竺與交洋，乃至中國之境。其欲至廣者，入自屯門；欲至泉州者，入自甲子門。闍婆之來也，稍西北行，舟過十二子石，而與三佛齊海道合於竺嶼之下。大食國之來也，以小舟運而南行，至故臨國易大舟而東行，至三佛齊國乃復如三佛齊之入中國。其他占城、真臘之屬，皆近在交阯洋之南，遠不及三佛齊國、闍婆之半，而三佛齊、闍婆又不及大食國之半也。諸蕃國之入中國，一歲可以往返，唯大食必二年而後可。大抵蕃舶風便而行，一日千里，一遇朔風，為禍不測。幸泊於吾境，猶有保甲之法；苟泊外國，則人貨俱沒。若夫默伽國、勿斯里等國，其遠也，不知其幾萬里矣。

——[南宋]周去非《嶺外代答・卷三・外國門・下》

安南國：交阯本秦象郡，漢唐分置，已見於《百粵故地》首篇。境內偽置四府十三州三寨。府曰都護、大通、清化、富良；州曰永安、永泰、萬春、豐道、太平、清化、乂安、遮風、茶盧、安豐、蘇州、茂州、諒州；寨曰和寧、大盤、新安。大抵清化、遮風、乂安、永安皆遵海，而永安與欽州為境，茶盧與占城為境，蘇州、茂州皆與邕管為境。其國東西皆大海，東有小江，過海至欽 廉；西有陸路，通白衣蠻；南抵占城；北抵邕管。自欽西南舟行一日，至其永安州，由玉山 大盤寨過永泰、萬春，即至其國都，不過五日。自邕州 左江 永平寨，南行入其境機榔縣，過烏皮、桃花二小江，至滴定江亦名富良江，凡四日至其國都，乃郭逵師所出也。又自太平寨東南行，過丹特羅江，入其諒州，六日至其國都。若自右江 溫潤寨入其國則迂矣。交人自謂至其國都曰入峒，謂[至]吾民[都]曰上京……





占城國：占城，漢 林邑也。境上有馬援銅柱。在唐曰環王，王所居曰占城，以名其國……其屬有賓朣朧國、賓陁陵國。目連舍基在賓陁陵，或云即王舍城……

真臘國：真臘國遠於占城，而近於諸蕃。其旁有窊裏國、西棚國、三泊國、麻蘭國、登流眉國、第辣撻國，真臘為之都會。北抵占城……

蒲甘國：蒲甘國，自大理國五程至其國，自窊裏國六十程至之。隔黑水、淤泥河，則西天諸國不可通矣……

三佛齊國：三佛齊國，在南海之中，諸蕃水道之要衝也。東自闍婆諸國，西自大食、故臨諸國，無不由其境而入中國者。……其屬有佛羅安國，國主自三佛齊選差。地亦產香，氣味腥烈，較之"下岸"諸國，此為差勝……

闍婆國：闍婆國，又名莆家龍，在海東南，勢下，故曰"下岸"。廣州自十一月十二日發舶，順風連昏旦，一月可到……

故臨國：故臨國與大食國相通，廣舶四十日到藍里住冬，次年再發舶，約一月始達……監篦國遞年販象、牛，大食販馬，前來此國貨賣。國王事天尊牛，殺之償死。中國舶商欲往大食，必自故臨易小舟而往，雖以一月南風至之，然往返經二年矣。

注輦國：注輦國是西天 南印度也。欲往其國，當自故臨國易舟而行，或云蒲甘國亦可往……

——[南宋]周去非《嶺外代答·卷二·外國門·上》

大秦國：大秦國者，西天諸國之都會，大食蕃商所萃之地也。其王號"麻羅弗"……遞年，大食國王號"素丹"遣人進貢……天竺國，其屬也……

大食諸國：大食者，諸國之總名也。有國千餘，所知名者，特數國耳。有麻離拔國，廣州自中冬以後，發船乘北風行，約四十日到地名藍里，博買蘇木、白錫、長白藤。住至次冬，再乘東北風六十日順風方到……有麻嘉國，自麻離拔國西去，陸行八十餘程乃到。此是佛 麻霞勿出世之處……有白達國，係大食諸國之京師也。其國王則佛麻霞勿之子孫也……有吉慈尼國……有眉路骨惇國……有勿斯離國……

木蘭皮國：大食國西有巨海。海之西，有國不可勝計。大食國巨艦所可至者，木蘭皮國耳。蓋自大食之陁盤地國發舟，正西涉海一百日而至之……

西天 南尼華囉國：西天 南尼華囉國，城有三重……道通西域……

東南海上諸雜國：東南海上有沙華公國。其人多出大海劫奪，得人縛而賣之闍婆。又東南有近佛國，多野島，蠻賊居之，號"麻囉奴"……又東南有女人國……

崑崙層期國：西南海上，有崑崙層期國，連接大海島……又海島多野人，身如黑漆，拳髮。誘以食而擒之，動以千萬，賣為蕃奴。

波斯國：西南海上波斯國，其人肌理甚黑，鬢髮皆拳……

——[南宋]周去非《嶺外代答·卷三·外國門·下》

浮南海而南，舟如巨室，帆若垂天之雲，柂長數丈。一舟數百人，中積一年糧，豢豕釀酒其中，置死生於度外。徑入阻碧，非復人世，人在其中，日擊牲酣飲，迭為賓主，以忘其危。舟師以海上隱隱有山，辨諸蕃國皆在空端。若曰往某國，順風幾日望某山，舟當轉行某方。或遇急風，雖未足日，已見某山，亦當改方。苟舟行太過，無方可返，飄至淺處而遇暗石，則當瓦解矣。蓋其舟大載重，不憂巨浪而憂淺水也。又大食國更越西海，至木蘭皮國，則其舟又加大矣。一舟容千人，舟上有機杼市井，或不遇便風，則數年而後達，非甚巨舟，不可至也。今世所謂木蘭舟，未必不以至大言也。

——[南宋]周去非《嶺外代答·卷六·木蘭舟》

沉香來自諸蕃國者，真臘為上，占城次之。真臘種類固多，以登流眉所產香，氣味馨鬱，勝於諸蕃。若三佛齊等國所產，則為"下岸"香矣，以婆羅蠻香為差勝。"下岸"香味皆腥烈，不甚貴重。沉水者，但可入藥餌。交阯與占城鄰境，凡交阯沉香至欽，皆占城也……中州但用廣州舶上蕃香耳。唯登流眉者，可相頡頏。

——[南宋]周去非《嶺外代答·卷七·香門·沉水香》

# 《諸蕃志》等記海外諸蕃國、彭湖、海南及往來交通

交趾，古交州。東南薄海，接占城，西通白衣蠻，北抵欽州……舟行約十餘程，抵占城國。

占城，東海路通廣州，西接雲南，南至真臘，北抵交趾，通邕州。自泉州至本國，順風舟行二十餘程。其地東西七百里，南北三千里。國都號新州……舊州、烏麗、日麗、越里、微芮、賓瞳龍、烏馬拔、弄容、蒲羅甘兀、亮寶、毗齊，皆其屬國也。……國南五七日程，至真臘國……

真臘，接占城之南，東至海，西至蒲甘，南至加羅希。自泉州舟行，順風月餘日可到。其地約方七千餘里，國都號祿兀……登流眉、波斯蘭、羅斛、三濼、真里富、麻羅問、綠洋、吞里富、蒲甘、窊裏、西棚、杜懷、潯番，皆其屬國也……其國南接三佛齊屬國之加羅希……

三佛齊，間於真臘、闍婆之間，管州十有五。在泉之正南，冬月順風，月餘方至凌牙門，經商三分之一始入其國。國人多姓蒲……其國在海中，扼諸番舟車往來咽喉……蓬豐、登牙儂、凌牙斯加、吉蘭丹、佛羅安、日囉亭、潛邁、拔沓、單馬令、加囉希、巴林馮、新拖、監篦、藍無里、細蘭，皆其屬國也……其國東接戎牙路（或作重迦廬）……

凌牙斯[加]國，自單馬令風帆六晝夜可到，亦有陸程……歲貢三佛齊國。

佛囉安國，自凌牙斯加四日可到，亦可遵陸……歲貢三佛齊。其鄰蓬豐、登牙儂、[凌牙斯]加、吉蘭丹類此……

監篦國，其國當路口，舶船多泊此。從三佛齊國，風帆半月可到……五日水程到藍無里國。

藍無里國，……北風二十餘日，到南毗管下細蘭國……有山名細輪疊……歲進貢於三佛齊。

**【引書舉要】**

[南宋]趙汝适（1170—1231）《諸蕃志》作於理宗寶慶元年（1225）。本書所引據香港大學亞洲研究中心2000年韓振華注補本（《韓振華選集》之二）。

[南宋]樓鑰《攻媿集》，引自《四部叢刊》本。

[南宋]周必大《敷文閣學士宣奉大夫仕贈特進汪公大猷神道碑》，載氏著《文忠集》卷六十七，北京圖書館藏有明祁氏澹生堂抄本。

“平湖”，《諸蕃志》作“彭湖”，均爲今澎湖列島的古稱。

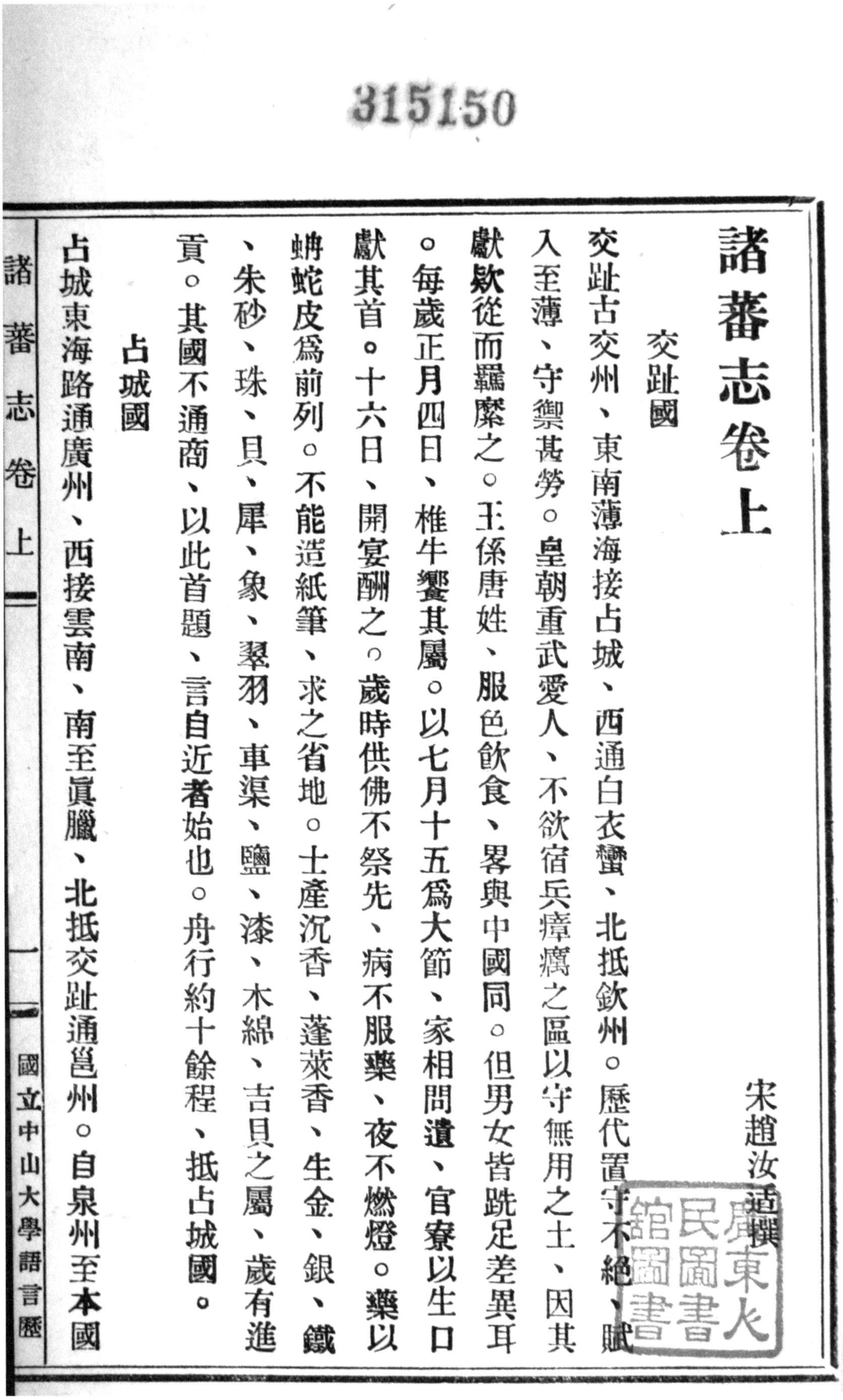



# 諸蕃志卷上

宋趙汝适撰

交趾國

交趾古交州、東南薄海接占城、西通白衣蠻、北抵欽州。歷代置守不絕、賦入至薄、守禦甚勞。皇朝重武愛人、不欲宿兵瘴癘之區以守無用之土、因其獻款從而羈縻之。王係唐姓、服色飲食、略與中國同。但男女皆跣足差異耳。每歲正月四日、椎牛饗其屬。以七月十五爲大節、家相問遺、官寮以生口獻其首。十六日、開宴酬之。歲時供佛不祭先、病不服藥、夜不燃燈。樂以蚺蛇皮爲前列。不能造紙筆、求之省地。土產沉香、蓬萊香、生金、銀、鐵、朱砂、珠、貝、犀、象、翠羽、車渠、鹽、漆、木綿、吉貝之屬、歲有進貢。其國不通商、以此首題、言自近者始也。舟行約十餘程、抵占城國。

占城國

占城東海路通廣州、西接雲南、南至眞臘、北抵交趾通邕州。自泉州至本國



諸蕃志卷上 一



[南宋]趙汝适《諸蕃志》書影一

闍婆國，又名莆家龍。於泉州為丙巳方，率以冬月發船，蓋藉北風之便，順風晝夜月餘可到。東至海，水勢漸低，女人國在焉。愈東則尾閭之所洩，非復人世。泛海半月，至崑崙國。南至海三日程，泛海五日至大食國。西至海四十五日程。北至海四日程。西北泛海十五日至渤泥國。又十日至三佛齊國，又七日至古邏國，又七日至柴歷亭，抵交趾，達廣州……

蘇吉丹，即闍婆之支國。西接新拖，東連打板。有山峻極，名保老岸。番舶未到，先見此山，頂聳五峰，時有雲覆其上……其地連百花園、麻東、打板、禧寧、戎牙路、東峙、打綱、黃麻駐、麻籬、牛論、丹戎武囉、底勿、平牙夷、勿奴孤，皆闍婆之屬國也。打板國東連大闍婆，號戎牙路（或作重迦盧）……番官勇猛，與東邊賊國為姻……（賊國，丹戎布囉、琶離、孫他、故論是也）。打綱、黃麻駐、麻籬、牛論、丹戎武囉、底勿、平牙夷、勿奴孤等國，在海島中，各有地主，用船往來……

南毗國，在西南之極。自三佛齊便風月餘可到，國都號蔑阿抹，唐語曰“禮司”……故臨、胡茶辣、甘琶逸、弼離沙、麻囉華、馮牙囉、麻哩抹、都奴何、啞哩喏、嗷囉囉哩皆其屬國也。其國最遠，番舶罕到。時羅巴智力干父子，其種類也，今居泉之城南。土產之物，本國運至吉囉達弄、三佛齊，用荷池、纈絹、瓷器、樟腦、大黃、黃連、丁香、腦子、檀香、荳蔻、沉香為貨，商人就博易焉。

故臨國，自南毗舟行，順風五日可到。泉舶四十餘日到藍里住冬，至次年再發，一月始達。土俗大率與南毗無異……每歲自三佛齊、監篦、吉陀等國發船，博易用貨亦與南毗同。大食人多寓其國中……

注輦國，西天 南印度也，東距海五里，西至西天竺千五百里，南至羅蘭二千五百里，北到頓田三千里。自古不通商。水行至泉州約四十一萬一千四百餘里。欲往其國，當自故臨易舟而行，或云蒲甘國亦可往。其國有城七重，高七尺，南北十二里，東西七里。每城相去百步，四城用磚，二城用土，最中城以木為之。皆植花菓雜木。第一、第二城皆民居，環以小濠；第三、第四城侍郎居之；第五城，王之四子居之；第六城為佛寺，百僧居之；第七城即王之所居，屋四百餘區。所統有三十一[二]部落：其西十二，曰只都尼、施亞盧尼、羅琶離鼈琶移、布林琶布尼、古檀布林蒲登、故里、婆輪岑、本蹄揭蹄、閻黎池離、那部尼、遮古林、亞里者林；其南八，曰無雅加黎麻藍、眉古黎苦低、舍里尼、密多羅摩伽藍 、蒲登、蒙伽林伽藍、琶里琶離遊、亞林池蒙伽藍；其北十二，曰撥羅耶、無沒離江、注林、加里蒙伽藍、漆結麻藍、握折蒙伽藍、皮林伽藍、蒲稜和藍、堡琶來、田注離、盧娑囉、迷蒙伽藍。

……其餘南尼華囉等國，不啻百餘，悉冠以西天之名。又有所謂王舍城者，俗傳自交趾之北至大理，大理西至王舍城不過四十程。按賈耽《皇華四達記》云“自安南通天竺”，是有陸可通其國。然達摩之來，浮海至番禺，豈陸程迂迴，不如海道之迅便歟！

西天 鵬茄囉國，都號茶那咭，城圍一百二十里……或謂佛教始於北，唐三藏玄奘取經曾到……

大秦國（一名黎軒），西天諸國之大都會，大食番商所萃之地也。其王號麻囉弗，理安都城……

天竺國，隸大秦國，所立國主悉由大秦選擇……雍熙間，有僧囉護哪航海而至，自言天竺國人，番商以其胡僧，競持金繒珍寶以施，僧一不有，買隙地建佛剎于泉之南，今寶林院是也。

大食，在泉之西北，去泉州最遠，番舶艱於直達。自泉發船，四十餘日至藍里，博易過冬。次年再發，順風六十餘日方至其國……國都號蜜徐籬（或作麻囉拔），據諸蕃衝要……番商興販，係就三佛齊、佛囉安等國轉易。麻囉抹、施曷、奴發、啞四包閑、囉施美、木俱蘭、伽力吉、毗喏耶、伊祿、白達、思蓮、白蓮、積吉、甘眉、蒲花羅、層拔、弼琶囉、勿拔、甕籬、記施、麻嘉、弼斯羅、吉甆尼、勿斯離，皆其屬國也。其國本波斯之別種。隋 大業中，有波斯之桀黠者，探穴得文石以為瑞，乃糾合其眾，剽略資貨，聚徒浸盛，遂自立為王，據有波斯國之西境。唐 永徽以後，屢來朝貢。其王盆尼末換之前，謂之白衣大食。阿婆羅拔之後，謂之黑衣大食。皇朝乾德四年，僧行勤遊西域，因賜其王書以招懷之……舊傳廣州言大食國人無西忽盧華，百三千[十]歲，耳有重輪，貌甚偉異，自言遠慕皇化，附古邏國舶船而來，詔賜錦袍銀帶，加束帛。元祐、開禧間各遣使入貢。有番商曰施那幃，大食人也。蹻寓泉南，輕財樂施，有西土氣習，作叢塚於城外之東南隅，以掩胡賈之遺骸。提舶林之奇記其實。

麻嘉國，自麻囉拔國西去，陸行八十餘程方到，乃佛 麻霞勿所生之處……

層拔國，在胡茶辣國南海島中，西接大山。其人民皆大食種落，遵大食教度……

弼琶囉國，有四州，餘皆村落……

勿拔國，邊海有陸道可到大食。王紫棠色，纏頭衣衫，遵大食教度為事。

中理國……有山與弼琶囉國隔界，周圍四千里，大半無人煙……

甕蠻國，人物如勿拔國……

記施國，在海嶼中，望見大食，半日可到……

白達國，係大食諸國之一都會。自麻囉拔國約陸行一百三十餘程，過五十餘州乃到。國極強大，軍馬器甲甚眾。王乃佛 麻霞勿直下子孫，相襲傳位，至今二十九代，經六七百年……

吉慈尼國，自麻囉拔國約一百二十程可到，地近西北，極寒，冬雪至春不消……

蘆眉國，自麻囉拔西陸行三百餘程始到，亦名眉路骨國……

木蘭皮國，大食國西有巨海，海之西有國不可勝數。大食巨艦所可至者，木蘭皮國爾。自大食之陁盤地國發舟，正西涉海百餘日方至其國……

勿斯里國，屬白達國節制……

遏根陀國，勿斯里之屬也……

海上雜國：晏陀蠻國，自藍無里去細蘭國，如風不順，飄至一所，地名晏陀蠻。海中有一大嶼，內有兩山，一大一小…… 崑崙層期國，在西南海上，連接大海島……沙華公國，其人多出大海劫奪，得人縛而賣之闍婆。又東有野島，蠻賊居之，號麻囉奴……又東南有女人國，水常東流……波斯國，在西南海上……茶弼沙國，城方一千餘里……其國光明，係太陽沒入之地……斯加里野國，近蘆眉國界，海嶼闊一千里。衣服、風俗、語言與蘆眉同。本國有山穴至深，四季出火……默伽獵國，王逐日誦經拜天，打纏頭……

渤泥，在泉之東南，去闍婆四十五日程，去三佛齊四十日程，去占城與麻逸各三十日程，皆以順風為則……其國鄰於底門國……西龍宮、什廟、日麗、胡蘆漫頭、蘇勿里、馬膽逾、馬喏居海島中，用小船來往，服色、飲食與渤泥同……

麻逸國，在渤泥之北。團聚千餘家，夾溪而居……三嶼、白蒲延、蒲里嚕、里銀、東流、新里漢等，皆其屬也……

三嶼，乃麻逸之屬，曰加麻延、巴姥酉、巴吉弄，各有種落，散居島嶼，舶舟至則出而貿易，總謂之三嶼。其風俗大略與麻逸同……窮谷別有種落，號海膽……蒲哩嚕與三嶼聯屬，聚落差盛……風俗博易，與三嶼同。

流求國，當泉州之東，舟行約五六日程。王姓歡斯，土人呼為“可老”。王所居曰波羅檀洞……旁有毗舍耶、談馬顏等國。

毗舍耶，語言不通，商販不及，袒裸盱睢，殆畜類也。泉有海島曰彭湖，隸晉江縣，與其國密邇，煙火相望，時至寇掠……

——[南宋]趙汝适《諸蕃志・卷上・志國》

[汪大猷，乾道七年（1171）]四月起知泉州，到郡遇事風生，不勞而辦。郡實瀕海，中有沙洲數萬畝，號平湖，忽為島夷號毗舍邪者奄至，盡刈所種。他日又登海岸殺略，禽四百餘人，殲其渠魁，餘分配諸郡。初則每遇南風，遣戍為備，更迭勞擾，公即其地，造屋二百間，遣將分屯，軍民皆以為便，不敢犯境……

——[南宋]樓鑰《攻媿集・卷八十八・敷文閣學士宣奉大夫致仕贈特進汪公行狀》

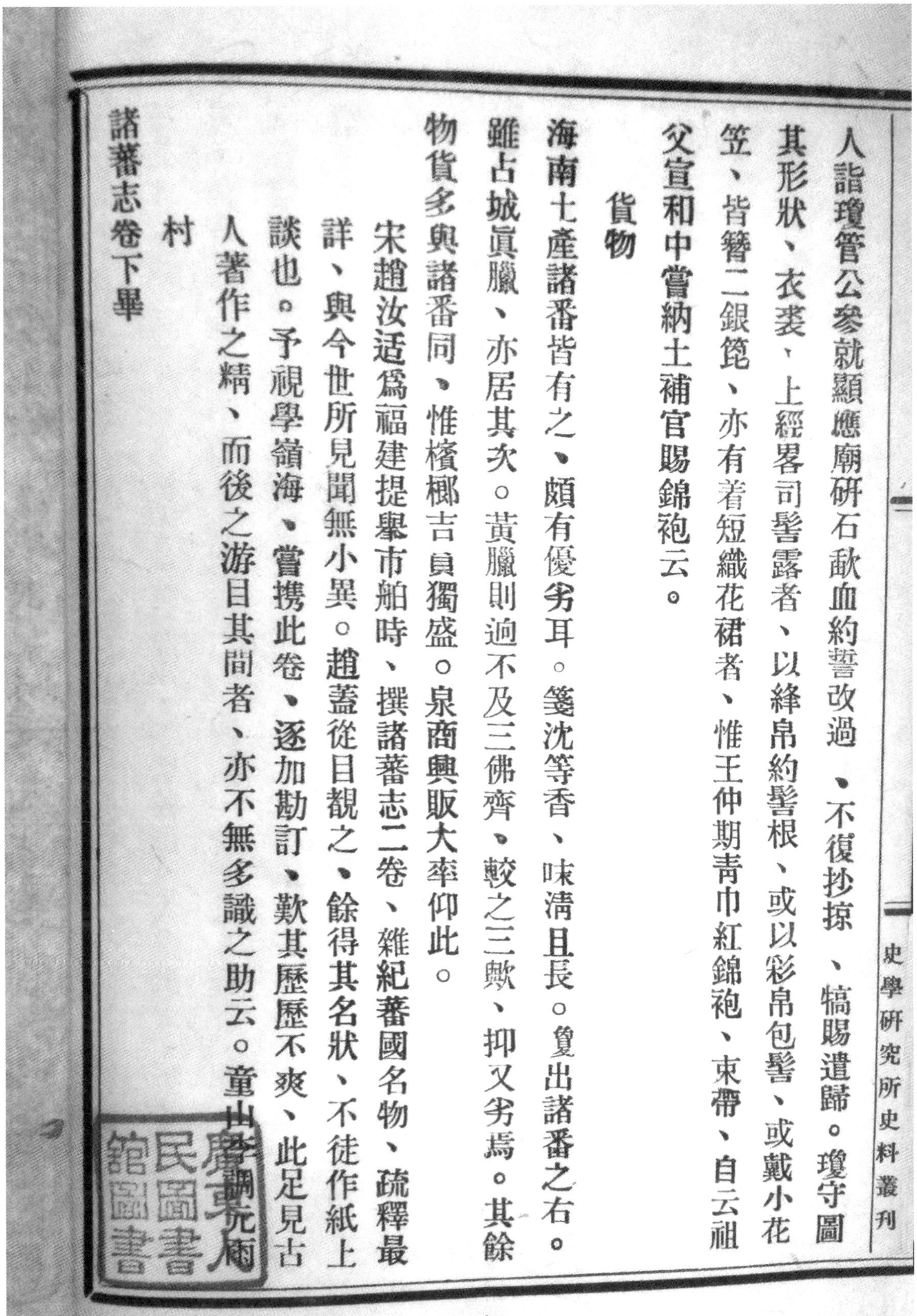


[南宋]趙汝适《諸蕃志》書影二

[汪大猷，乾道七年（1171）]四月起知泉州。海中大洲號平湖，邦人就植粟、麥、麻。有毗舍耶蠻揚颿奄至，肌體漆黑，語言不通，種植皆為所獲。調兵逐捕，則入水，持其舟而已。俘民為鄉導，劫掠近城赤嶼洲。於是春夏遣戍，秋暮始歸，勞費不貲。公即其地造屋二百區，留屯水軍，蠻不復來……

——[南宋]周必大《敷文閣學士宣奉大夫仕贈特進汪公大猷神道碑》

海南，漢 朱崖、儋耳也。武帝平南粵，遣使自徐聞（今雷州 徐聞縣）渡海，略地，置朱崖、儋耳二郡。昭帝省儋耳，併為朱崖郡。元帝從賈捐之議，罷朱崖。至梁、隋復置。唐 貞觀元年[627]，析為崖、儋、振三州，隸嶺南道。五年，分崖之瓊山置郡，陞萬安縣為州，今萬安軍是也，儋、振則今之吉陽、昌化軍是也。貞元五年[189]以瓊為督府，今因之。徐聞有遞角場，與瓊對峙，相去約三百六十餘里，順風半日可濟，中流號三合溜，涉此無風濤，則舟人舉手相賀。至吉陽，迺海之極，亡復陸塗。外有洲曰烏里、曰蘇密、曰吉浪，南對占城，西望眞臘，東則千里長沙、萬里石床，渺茫無際，天水一色，舟舶來往，惟以指南針為則，晝夜守視唯謹，毫釐之差，生死繫焉。四郡凡十一縣，悉隸廣南西路，環拱黎母山，黎僚蟠踞其中，有生黎、熟黎之別。地多荒田，所種秔稌，不足於食，乃以藷（時諸切）、芋、雜米作粥糜以取飽，故俗以貿香為業。土產沉香、蓬萊香、鷓鴣斑香、箋香、生香、丁香、檳榔、椰子、吉貝、苧麻、楮皮、赤白藤、花縵、黎幙、青桂木、花梨木、海梅脂、瓊枝菜、海漆、蓽撥、高良薑、魚鰾、黃蠟、石蟹之屬，其貨多出於黎峒。省民以鹽、鐵、魚、米轉博，與商賈貿易。泉舶以酒、米、麵粉、紗絹、漆器、瓷器等為貨，歲杪或正月發舟，五六月間回舶。若載鮮檳榔攙先，則四月至……島有黎母山……山有水泉湧流，派而為五：一入昌化；一入吉陽；一入萬安；一入瓊州；一流為大溪，有灘三十六，至長寮村，屬澄邁縣。一流為小溪，有灘二十四，至硃運村，屬樂會縣。二水合流為三合水，屬瓊山縣。去省地遠者為生黎，近者為熟黎，各以所邇隸於四軍州……土產沉水、蓬萊諸香，為香譜第一。漫山悉檳榔、椰子樹、小馬、翠羽、黃蠟之屬……

海南土產，諸番皆有之，顧有優劣耳。箋、沉等香，味清且長，敻出諸番之右，雖占城、眞臘亦居其次。黃蠟則迥不及三佛齊，較之三嶼，抑又劣焉。其餘物貨多與諸番同，惟檳榔、吉貝獨盛，泉商興販，大率仰此。

——[南宋]趙汝适《諸蕃志・卷下・志物・海南》

# 《夢粱錄》等所記泉州對外交通及宋代南、北、東洋

今謂海之中心為洋，亦水之眾多處。

——[南宋]趙德麟《侯鯖錄·卷三》

今天下沿海州郡，自東北而西南，其行至欽州止矣。沿海州郡，類有市舶。國家綏懷外夷，於泉、廣二州置提舉市舶司，故凡蕃商急難之欲赴愬者，必提舉司也。歲十月，提舉司大設蕃商而遣之。其來也，當夏至之後，提舉司徵其商而復護焉。諸蕃國之富盛多寶貨者，莫如大食國，其次闍婆國，其次三佛齊國，其次乃諸國耳。三佛齊者，諸國海道往來之要衝也。三佛齊之來也，正北行，舟歷上 下竺與交洋，乃到中國之境。其欲至廣者，入自屯門；欲至泉州者，入自甲子門。闍婆之來也，稍西北行，舟過十二子石而與三佛齊海道合於竺嶼之下。

——[南宋]周去非《嶺外代答·卷三·外國門·下·航海外夷》

《禹貢》載："島夷卉服，厥篚織貝。"蠻夷通財於中國古矣，繇漢而後，貢珍不絕。至唐市舶有使招徠，懋遷之道自是益廣。國朝列聖相傳，以仁儉為寶，聲教所暨，累譯奉琛，於是置官於泉 廣，以司互市，蓋欲寬民力而助國朝，其與貴異物窮侈心者烏可同日而語。汝适被命此來，暇日閱諸蕃圖，有所謂石牀、長沙之險，交洋、竺嶼之限，問其志無有焉。迺詢諸賈胡，俾列其國名，道其風土，與夫道里之聯屬，山澤之蓄產，譯以華言，刪其穢渫，存其事實，名曰《諸蕃志》。海外環水而國者以萬數，南金象犀珠香瑇瑁珍異之產，市於中國者，大略見於此矣。噫！《山海》有經，《博物》有志，一物不知，君子所恥，是志之作，良有以夫。寶慶元年[1226]九月日。朝散大夫提舉福建路市舶趙汝适序。

——[南宋]趙汝适《諸蕃志·序》

**【引書舉要】**

[南宋]趙德麟（令畤）《侯鯖錄》，據《歷代史料筆記叢刊》本。

[南宋]周去非《嶺外代答》，北京：中華書局1999年楊武泉校注本。

[南宋]趙汝适《諸蕃志》，香港大學亞洲研究中心2000年韓振華注補本。

[南宋]眞德秀《西山先生眞文忠公文集》，據《四部叢刊初編》本。

[南宋]吳自牧《夢粱錄》，浙江人民出版社1980年版。

宋代已出現南洋、北洋、東洋等名，但係以泉州爲本位。《夢粱錄》中，則最早記載了掌控導航羅盤的技師——"火長"一詞。

永寧寨……其地闞臨大海，直望東洋，一日一夜可至彭湖……自南洋海道入州界，烈嶼首為控扼之所，圍頭次之……圍頭去州一百二十餘里，正闞大海，南 北洋舟船往來必泊之地……圍頭……尋常客船、賊船自南 北洋經過者，無不於此梢泊……巡綽海道，合令諸寨分認地界：自岱嶼以北，石湖、小兜主之，每巡至興化軍寨（擊）蓼寨止；自水澳以南，永寧、圍頭主之，每巡至漳州 中柵寨止；自岱嶼門內外直至東洋，法石主之，每巡至永寧止。

——[南宋]眞德秀《申樞密院措置沿海事宜狀》，

《西山先生眞文忠公文集·卷八》。

浙江乃通江渡海之津道，且如海商之艦，大小不等：大者五千料，可載五六百人；中等二千料至一千料，亦可載二三百人；餘者謂之“鑽風”，大小八櫓或六櫓，每船可載百餘人。此網魚買賣，亦有名“三板船”。不論此等船，且論舶商之船。

自入海門，便是海洋，茫無畔岸，其勢誠險。蓋神龍怪蜃之所宅。風雨晦冥時，惟憑針盤而行，乃“火長”掌之，毫釐不敢差誤，蓋一舟人命所繫也。愚屢見大商賈人，言此甚詳悉。若欲船泛外國買賣，則是泉州便可出洋，迤邐過七洲洋，舟中測水，約有七十餘丈。若經崑崙、沙漠、蛇龍、烏豬等洋，神物多於此中行雨，上略起朵雲，便見龍現全身，目光如電，爪角宛然，獨不見尾耳。頃刻大雨如注，風浪掀天，可畏尤甚。但海洋近山礁則水淺，撞礁必壞船。全憑南針，或有少差，即葬魚腹。自古舟人云："去怕七洲，回怕崑崙。"亦深五十餘丈。又論舟師觀海洋中日出日入，則知陰陽；驗雲氣則知風色順逆，毫髮無差；遠見浪花，則知風自彼來；見巨濤拍岸，則知次日當起南風；見電光則云夏風對閃。如此之類，略無少差。相水之清渾，便知山之近遠。大洋之水，碧黑如澱；有山之水，碧而綠；傍山之水，渾而白矣。有魚所聚，必多礁石，蓋石中多藻苔，則魚所依耳。每月十四、二十八日，謂之"大等日分"，此兩日若風雨不當，則知一旬之內，多有風雨。凡測水之時，必視其底，知是何等沙泥，所以知近山有港。若商賈止到台、溫、泉、福買賣，未嘗過七洲、崑崙等大洋。若有出洋，即從泉州港口至岱嶼門，便可放洋過海，泛往外國也。其浙江船隻，雖海艦多有往來，則嚴、婺、衢、徽等船，多嘗通津買賣往來，謂之"長船等隻"，如杭城紫炭、木植、柑橘、乾濕果子等物，多產於此數州耳。明、越、溫、台海鮮魚蟹鯗臘等貨，亦上潬通於江、浙。但往來嚴、婺、衢、徽州諸船，下則易，上則難，蓋灘高水逆故也。江岸之船甚夥，初非一色：海舶、大艦、網艇、大小船隻、公私浙江漁浦等渡船、買賣客船，皆泊於江岸。蓋杭城衆大之區，客販最多，兼仕宦往來，皆聚於此耳。

——[南宋]吳自牧《夢粱錄·卷十二·江海船艦》

# 中篇

## THE SECOND CHAPTER

## 從元代的針路記載至明代的海道針經

**鄭和塑像**

明初，三寶太監鄭和率船隊下西洋，是中國古代航海史上的大事。從永樂三年（1405）至宣德八年（1433），鄭和船隊先後七次航向西洋（從南海西部至今印度洋），一般認為遠至東非沿岸。其船隊規模，以首次下西洋為例，即有大舶六十二士卒二萬七千八百多人。據《自寶船廠開船從龍江關出水直抵外國諸番圖》（一般稱作《鄭和航海圖》），其所錄地名五百餘，外國佔三百多。如聯繫到明洪武廿二年（1389）繪成的《大明混一圖》已畫出非洲南部的大三角，則當時中國人的航海已處領先的水準。

圖為陳列在泉州海外交通史博物館的鄭和塑像和鄭和船隊模型。

**[元]汪大淵始發港剌桐港今貌**

除了西方航海家外，元代本土外遊的旅行家也不乏其人。其中遠航世界的重要史事，首推汪大淵及其《島夷誌略》。汪氏約於元至順元年（1330）由泉州港（古稱剌桐港）第一次浮海，數年後返回；順帝至元三年（1337）左右再次浮海出國，歸來後於至正九年（1349）撰其遊記。《島夷誌略》的特點有二：親歷，廣泛。其條目所標的域外地名已九十有六，全書更多達二百二十多，為宋元以來的海外交通史華僑史提供了許多第一手的資料。

圖中的泉州東西塔建於宋代。

中國航海事業在元、明兩代，達到一個新的創造時期。建立元朝的蒙古人曾三度西征，初多循陸路、以馬代步；後來也漸重視海外開拓，並有不少記載。元軍因由海路征伐日本、占城、爪哇，而留下王惲《汎海小錄》所刊征日本路線，《元史》所載征占城、爪哇行程。

在元朝，古代東、西洋的的概念已正式形成，並沿用至明末。當時因應地貌、洋流、風向，由南至北以廣州-加里曼丹西岸-帝汶為線而劃分東洋航路與西洋航路。清濬《廣輪疆里圖》及《元史》已記泉州通爪哇、馬八兒忽魯沒思行程。亦黑迷失、楊庭璧、楊樞奉使西洋的經歷值得留意，而汪大淵兩度附舶東西洋留下的《島夷誌略》，更是中外海路交通的不朽名著。

元代因重視漕運而令南北沿岸航線進一步開展，《大元海運記》和元明之際的《海道經》都是相關的實錄。而最可珍貴的，卻是元代已出現用針經來記載對航海行程的指導。當時周達觀《真臘風土記》（1297）首載由溫州通南海的航道針經，是為世界上第一部用羅盤干支法標示的針路記錄，成為明清大量海道針經的先驅。而在歐洲1455-1456年也由威尼斯出版了最早印刷的水路簿[*Voyages en Afrique noire d'Alvise Ca' da Mosto*記錄的意大利口岸簿(*Portolano*)]，較元周達觀所記針路、明鄭和航海的針圖為晚。

**鄭和下西洋"寶船"現代模型**

1405—1433 年間，三寶太監鄭和奉命率龐大船隊七下西洋，訪問了30多個亞非國家和地區，一般認為遠抵東非海岸。寶船是船隊中最大型的船，是鄭和的座船，也是船隊的旗艦。其長度，或云有44丈合今140米，但也有認為是誤載，諸說紛紜。

進至明代，中國出現了古代的大航海時期。首先應提到的是洪武年間成圖的《大明混一圖》，比狄亞士（Bartolomeu Dias）發現好望角早一百年就繪出了非洲南端的大三角。另在東洋航路，《（洪武）三十六姓所傳針本》首記經釣魚臺至琉球航路（收於程順則《指南廣義》）。往返琉球的航路，後來一直被明、清使者所祖承，如明代陳侃《使琉球錄》，郭汝霖李際春《使琉球錄》，蕭崇業謝杰《使琉球錄》，夏子陽王士楨《使琉球錄》。

在西洋航線，規模最為浩大者，自非1405-1433年鄭和艦隊的七下西洋莫屬。在自東至西一式展開的《鄭和航海圖》（原名實應為《自寶船廠開船從龍江關出水直抵外國諸番圖》）上，圖文並茂

[明]長樂《天妃靈應之記》碑

碑文詳細記載了鄭和七次下西洋的時間和訪問的亞非國家

**五桅沙船**

沙船是中國的三大船型之一，發源于長江口及崇明一帶，其主要特徵為方頭、方梢、平底及多桅多帆。

地記載了下西洋的航海針路及過洋牽星圖。這支大型艦隊在波濤洶湧的大海洋中，由東方中國七度往返於非洲東南岸，且次次平安無虞，與其說是東方海神媽祖的護佑，毋寧說展現了中國以羅盤導航及造船、航海等技術的高超。有關下西洋碑文及親歷者馬歡《瀛涯勝覽》、費信《星槎勝覽》及鞏珍《西洋番國志》，都是這一方面的寶貴實錄。後來祝允明《前聞記》的“下西洋”航程，黃省曾《西洋朝貢典錄》的〈針位篇〉及黃衷《海語》所記的南海交通航線，也都受到其很大影響。

**船上用測量水深（打水）的工具——水砣（即鉛錘）**

水砣又寫作掏、鉤、繩駝、鉛錘等，是船員測量水深的工具。它用鉛或鐵鑄成錘狀，錘底塗以牛油，係長繩墜入海底，提上來便知水深多少，並從錘底的粘帶物，可知探處底質屬泥地、沙地、殼沙地或石地等。

明代另有一事，影響了海外交通及海防建設，即抵禦倭寇和援朝抗日戰爭。明中期的諸多文獻資料，均圍繞此主題而作。最有名的是鄭若曾的《鄭開陽雜著》《籌海圖編》，羅洪先增纂元朱思本《輿地圖》而編繪的《廣輿圖》，鄧鍾的《籌海重編》，王在晉的《海防纂要》，鄭舜功《日本一鑑.桴海圖經》，及李言恭郝傑《日本考》等。嚴從簡《殊域周咨錄》、王宗載《四夷館考》等雖旁及邊疆四至，但東方對日關係始終受到重視。至於陳第的《東番記》，則是較早記述臺灣歷史、地理、民族的實錄。

**泉州靈山聖墓《鄭和行香碑》**

明永樂十五年（1417）鄭和第五次下西洋之前，特地前往泉州靈山聖墓，在兩位穆斯林先賢的墳前行香，祈求保佑。此次下西洋的目的地是波斯灣的忽魯謨廝（Hormuz）和阿拉伯國家，泉州鎮撫蒲和日為之立碑紀念。對該墓、碑的真實性，學界仍在討論中。

**南澳島今貌**

位於潮州韓江口外的南澳島，係古代中西海路交通航線的一個重要中轉站和海寇、蕃舶的避風港。

明中葉之後，該島與福建漳州月港，在中國對外私人海上貿易活動中，佔有舉足輕重的重要地位。



明代時期，由於執行海禁政策，國家對外貿易也大受規限，而閩南、粵東等處的海盜或私人海上通商則片面發展起來。在已開拓的原有東西洋航線上，以漳州、南澳為中心的南洋—中國東南—日本三角貿易頗為盛行。這就促進了私人船工“海道針經”的撰寫、改編和傳抄。漳州詔安人吳朴《渡海方程》就是首部私人編著及出版的海道針經專著。其《龍飛紀略》也含有大量陸海對外交通的資料。後來佚名《順風相送》、慎懋賞《四夷廣記》、張燮《東西洋考》中的針路材料，均與之一脈相承。至若近年發現牛津大學鮑德里氏圖書館藏《明代東西洋航海圖》（*The Selden Map of China*），也是以漳州一帶為出海口，將指引航路的針經文字直書於地圖的往來虛線上。

有明一代，中國本已出現了資本主義的萌芽。然因固有的專制傳統之濃厚，正當西方地理大發現揭開近代嶄新一頁之際，中國卻依然故我，令原來略為領先的航海文明成就消磨殆盡，使鄭和下西洋由堪稱世界地理大探險第一環，而轉成中國古代文明的夕陽。

**[明清]封舟圖**

封舟即明清兩代中國朝廷派往琉球王國的冊封使乘坐的船，均在福建製造。

**[明]"南澳1號"沉船上的青花瓷器**

2007年在廣東南澳島東南海域發現一艘滿載瓷器的沉船，初步判定該沉船的年代為明萬曆年間（1573—1620）。

# 《汎海小錄》等刊元征日本路線

**【引書舉要】**

本書所引資料據：

[元]王惲《秋澗集》，《四庫全書》本。

[明]宋濂等《元史》，北京：中華書局1976年標點本。





日本，蓋倭之別種也，惡其名不雅，乃改今號。其國在洋海之東，所屬州六十有八。居近日出，故曰日本……大元 至元九年[1272]，上遣秘監趙良弼通好其國，次對馬島，拒而不納。十七年[1280]己卯[庚辰]冬十一月，我師東伐。明年夏四月，次合浦縣西岸，入海東行，約二百里過拒濟島。又千三三里至吐剌忽苫，倭俗呼島為苫。又二千七里抵對馬島。又六百里踰一歧島。又四百里入容甫口西。又二百七十里至三神山。其山峻削，峰環饒[繞]海心，望之鬱然……其俗多徐姓者，自云皆君房之後（君房，徐福字）。海中諸嶼，此最秀麗方廣……數日又東行二百里，艤志賀島下。與日本兵遇。彼大勢結陣不動，旋出千人，逆戰數十合者，凡兩月。我師既捷，轉戰而前，呼聲勇氣海山震蕩，所殺獲十餘萬人，擒太宰藤原少卿弟宗資……自志賀東岸前去太宰府三百里，捷則一舍而近，自此皆陸地，無事舟楫，若大兵長驅，足成破竹之舉。惜哉，志賀西岸不百里，有島曰毗蘭，俗呼為髑髏，即我大軍連泊遇風處也。時大小船艦多為波浪揃觸而碎，惟勾麗船堅得全。遂班師西還，是年八月五日也。往返凡十月……隋、唐以來，出師之盛未之見也。

——[元]王惲《汎海小錄》，載《秋澗集·卷四十》。

[世祖 至元十一年（1274）]三月……庚寅，敕鳳州經略使忻都、高麗軍民總管洪茶丘等，將屯田軍及女直軍並水軍，合萬五千人，戰船大小合九百艘，征日本……[十一月癸巳]召征日本 忽敦、忽察、劉復亨、三沒合等赴闕。

——《元史·卷八·本紀·第八·世祖·五》

[世祖 至元十七年（1280）]冬十月……癸酉，加高麗國王王睶[賰]開府儀同三司、中書左丞相、行中書省

事。甲戌，遣使括開元等路軍三千征日本……戊寅，發兵十萬，命范文虎將之。賜右丞洪茶丘所將征日本新附軍鈔及甲……十八年[1281]春正月……辛丑，召阿剌罕、范文虎、囊加帶同赴闕受訓諭，以拔都、張珪[禧]、李庭留後。命忻都、洪茶丘軍陸行抵日本，兵甲則舟運之，所過州縣給其糧食。用范文虎言，益以漢軍萬人。文虎又請馬二千給禿失忽思軍及回回砲匠。帝曰："戰船安用此。"皆不從……壬子，高麗王王睶[賰]遣使言日本犯其邊境，乞兵追之。詔以戍金州隘口軍五百付之……[癸亥]賞忻都等戰功，賜征日本諸軍鈔。二月戊辰……賜征日本善射軍及高麗火長、水軍鈔四千錠……乙亥，敕以耽羅新造船付洪茶丘出征。詔以刑徒減死者付忻都為軍……詔諭范文虎等以征日本之意，仍申嚴軍律……丙戌，征日本國軍啟行……[己丑]給征日本軍衣甲、弓矢、海青符……福建省左丞蒲壽庚言："詔造海船二百艘，今成者五十，民實艱苦。"詔止之……[夏四月甲午]賜征日本 河西軍等鈔……[六月]壬午，命耽羅戍力田以自給。日本行省臣遣使來言："大軍駐巨濟島，至對馬島，獲島人，言太宰府西六十里舊有戍軍，已調出戰，宜乘虛擣之。"詔曰："軍事卿等當自權衡之。"……庚寅，以阿剌罕有疾，詔阿塔海統率軍馬征日本……[八月]庚寅，以阿剌罕既卒，命阿塔海等分戍三海口。令阿塔海就招海中餘寇……[壬辰]詔征日本軍回，所在官為給糧。忻都、洪茶丘、范文虎、李庭、金方慶諸軍，船為風濤所激，大失利，餘軍回至高麗境，十存一二……[九月壬辰]賜怯憐口及四斡耳朵下與范文虎所部將士羊馬、衣服、幣帛有差。冬十月……壬寅，賜征日本將校衣裝、幣帛、靴帽等物有差……[辛酉]給征日本回侍衛新附軍冬衣……十一月……己巳，敕軍器監給兵仗付高麗沿海等郡……高麗國 金州等處置鎮邊萬戶府，以控制日本……高麗國王請完濱海城，防日本。不允……[丙戌]敕征日本回軍後至者分戍沿海……[十二月己亥]罷日本行中書省。

《元史・卷十一・本紀・第十一・世祖・八》

元世祖之至元二年[1265]，以高麗人趙彝等言日本國可通，擇可奉使者。三年八月，命兵部侍郎黑的，給虎符，充國信使，禮部侍郎殷弘，給金符，充國信副使，持國書使日本……不至而還……五年九月，命黑的、弘復持書往，至對馬島，日本人拒而不納，執其塔二郎、彌二郎二人而還……十年六月，趙良弼復使日本，至太宰府而還。十一年[1274]三月，命鳳州經略使忻都、高麗軍民總管洪茶丘，以千料舟、拔都魯輕疾舟、汲水小舟各三百，共九百艘，載士卒一萬五千，期以七月征日本。冬十月，入其國，敗之。而官軍不整，又矢盡，惟虜掠四境而歸……十七年二月，日本殺國使杜世忠等。征東元帥忻都、洪茶丘請自率兵往討，廷議姑少緩之。五月，召范文虎，議征日本。八月，詔募征日本士卒。

十八年[1281]正月，命日本行省右丞相阿剌罕、右丞范文虎及忻都、洪茶丘等，率十萬人征日本。二月，諸將陛辭。帝敕曰：“始因彼國使來，故朝廷亦遣使往，彼遂留我使不還，故使卿輩為此行。朕聞漢人言：取人家國，欲得百姓、土地；若盡殺百姓，徒得地何用。又有一事，朕實憂之，恐卿輩不和耳。假若彼國人至，與卿輩有所議，當同心協謀，如出一口答之。”五月，日本行省參議裴國佐等言：“本省右丞相阿剌罕、范右丞、李左丞，先與忻都、茶丘入朝時，同院官議定，領舟師至高麗 金州，與忻都、茶丘軍會，然後入征日本。又為風水不便，再議定會於一岐島。今年三月，有日本船為風水漂至者，令其水工畫地圖，因見近太宰府西有平戶島者，周圍皆水，可屯軍船。此島非其所防，若徑往據此島，使人乘船往一歧，呼忻都、茶丘來會進討為利。”帝曰：“此間不悉彼中事宜，阿剌罕輩必知，令其自處之。”六月，阿剌罕以病不能行，令阿塔海代總軍事。八月，諸將未見敵，喪全師以還，乃言：“至日本，欲攻太宰府，暴風破舟，猶欲議戰，萬戶厲德彪、招討王國佐、水手總管陸文政等，不聽節制，輒逃去。本省載餘軍至合浦，散遣還鄉里。”未幾，敗卒于閶脫歸，言：“官軍六月入海，七月至平壺島，移五龍山。八月一日，風破舟。五日，文虎等諸將各自擇堅好船乘之，棄士卒十餘萬於山下。眾議推張百戶者為主帥，號之曰張總管，聽其約束。方伐木作舟欲還。七日，日本人來戰，盡死，餘二三萬為其虜去。九日，至八角島，盡殺蒙古、高麗、漢人，謂新附軍為唐人，不殺而奴之，閶輩是也。”蓋行省官議事不相下，故皆棄軍歸。久之，莫青與吳萬五者亦逃還。十萬之眾，得還者三人耳。

——《元史・卷二百零八・列傳・第九十五・外夷・一・日本》



# 《元史》載元征占城情形

**【引書舉要】**

[明]宋濂等《元史》，北京：中華書局1976年標點本。

占城近瓊州，順風舟行一日可抵其國。世祖 至元間，廣南西道宣慰使馬成旺嘗請兵三千人、馬三百匹征之。十五年[1278]，左丞唆都以宋平遣人至占城，還言其王失里咱牙信合八剌[麻]哈迭瓦有內附意，詔降虎符，授榮祿大夫，封占城郡王……十九年[1282]十月，朝廷以占城國王孛由補剌者吾曩歲遣使來朝，稱臣內屬，遂命右丞唆都等即其地立省，以撫安之。既而其子補的專國，負固弗服。萬戶何子志、千戶皇甫傑使暹國，宣慰使尤永賢、亞闌等使馬八兒國，舟經占城，皆被執，故遣兵征之……十一月，占城行省官率兵自廣州航海至占城港。港口北連海，海旁有小港五，通其國大州，東南止山，西旁木城。官軍依海岸屯駐。占城兵治木城，四面約二十餘里，起樓棚，立回回三梢礮百餘座。又木城西十里，建行宮，孛由補剌者吾親率重兵屯守應援。行省遣都鎮撫李天祐、總把賈甫招之，七往，終不服。十二月，招真臘國使速魯蠻請往招諭，復與天祐、甫偕行，得其回書云"已修木城、備甲兵，刻期請戰"。二十年[1283]正月，行省傳令軍中，以十五日夜半發船攻城。至期，分遣瓊州安撫使陳仲達、總管劉金、總把栗全以兵千六百人，由水路攻木城北面。總把張斌、百戶趙達以三百人攻東面沙觜。省官三千人，分三道攻南面。舟行至天明泊岸，為風濤所碎者十七八。賊開木城南門，建旗鼓，出萬餘人，乘象者數十，亦分三隊迎敵，矢石交下。自卯至午，賊敗北，官軍入木城，復與東、北二軍合擊之，殺溺死者數千人。守城供餉餽者數萬人悉潰散。國主棄行宮，燒倉廩，殺永賢、亞闌等，與其臣逃入山。十七日，整兵攻大州。十九日，國主使報答者來求降。二十日，兵至大州東南，遣報答者回，許其降，免罪。二十一日，入大州，又遣博思兀魯班者來言"奉王命來降，國主、太子後當自來"。行省傳檄召之。官軍復駐城外。二十三日，遣其舅寶脫禿花等三十餘人，奉國王信物、雜布二百匹、大銀三錠、小銀五十七錠、碎銀一甕為質，來歸款。又獻金葉九節標槍曰："國主欲來，病未能進，先使持其槍來，以見誠意。長子補的期三日請見。"省官卻其物，寶脫禿花曰："不受，是薄之也。"行省度不可卻，姑令收置，乃以上聞……[二月]十三日，居占城 唐人曾延等來言："國主逃於大州西北鴉候山，聚兵三千餘，並招集他郡兵未至，不日將與官軍交戰，懼唐人泄其事，將盡殺之，延等覺而逃來。"……官軍獲諜者曰："國主實在鴉候山立寨，聚兵約二萬餘，遣使交趾、真臘、闍婆等國借兵，及徵賓多龍、舊州等軍未至。"十六日，遣萬戶張顒等領兵，赴國主所棲之境。十九日，顒兵近木城二十里，賊浚濠塹，拒以大木。官軍斬刈超距奮擊，破其二千餘眾，轉戰至木城下，山林阻隘，不能進。賊旁出截歸路，軍皆殊死戰，遂得解，還營。行省遂整軍聚糧，創木城。遣總管劉金，千戶劉涓、岳榮守禦。二十一年[1284]三月六日，唆都領軍回。十五日，江淮省所遣助唆都軍萬戶忽都虎等，至占城 唆都舊置行省舒眉蓮港，見營舍燒盡，始知官兵已回。二十日，忽都虎令百戶陳奎招其國主來降。二十七日，占城主遣王通事者來稱納降。忽都虎等諭令其父子奉表進獻。國主遣文勞邛大巴南等來稱，唆都除蕩其國，貧無以獻，來年當備禮物，令嫡子入朝。四月十二日，國主令其孫濟目理勒蟄、文勞邛大巴南等奉表歸款。是年，命平章政事阿里海牙奉鎮南王 脫歡發兵，假道交趾伐占城，不果行。

——《元史·卷二百一十·列傳·第九十七·外夷·三·占城》

# 元軍征爪哇之役及往來行程

**【引書舉要】**

[明]宋濂等《元史》，北京：中華書局1976年標點本。

爪哇在海外，視占城益遠。自泉南登舟海行者，先至占城而後至其國。其風俗土產不可考……世祖撫有四夷，其出師海外諸蕃者，惟爪哇之役為大。至元二十九年[1292]二月，詔福建行省除史弼、亦黑迷失、高興平章政事，征爪哇，會福建、江西、湖廣三行省兵凡二萬，設左右軍都元帥府二、征行上萬戶四，發舟千艘，給糧一年、鈔四萬錠，降虎符十、金符四十、銀符百、金衣段百端，用備功賞。亦黑迷失等陛辭。帝曰："卿等至爪哇，明告其國軍民，朝廷初與爪哇通使往來交好，後刺詔使孟右丞之面，以此進討。"九月，軍會慶元。弼、亦黑迷失領省事，赴泉州；興率輜重自慶元登舟涉海。十一月，福建、江西、湖廣三省軍會泉州。十二月，自後渚啟行。三十年正月，至構欄山議方略。二月，亦黑迷失、孫參政先領本省幕官並招諭爪哇等處宣慰司官曲出海牙、楊梓、全忠祖，萬戶張塔剌赤等五百餘人，船十艘，先往招諭之。大軍繼進於吉利門。弼、興進至爪哇之杜並足，與亦黑迷失等議，分軍下岸，水陸並進。弼 興[與]孫參政帥都元帥那海、萬戶甯居仁等水軍，自杜並足由戎牙路港口至八節澗。興與亦黑迷失帥都元帥鄭鎮國、萬戶脫歡等馬步軍，自杜並足陸行。以萬戶申元為前鋒，遣副元帥土虎登哥，萬戶褚懷遠、李忠等乘鑽鋒船，由戎牙路，於麻喏巴歇浮梁前進，赴八節澗期會。招諭爪哇宣撫司官言：爪哇主壻土罕必闍耶舉國納降。土罕必闍耶不能離軍，先令楊梓、甘州不花、全忠祖引其宰相昔剌難答吒耶等五十餘人來迎。三月一日，會軍八節澗。澗上接杜馬班王府，下通莆奔大海，乃爪哇咽喉必爭之地。又其謀臣希寧官沿河泊舟，觀望成敗，再三招諭不降。行省於澗邊設偃月營，留萬戶王天祥守河津，土虎登哥、李忠等領水軍，鄭鎮國、省都鎮撫倫信等領馬步軍水陸並進。希寧官懼，棄船宵遁，獲鬼頭大船百餘艘。令都元帥那海，萬戶甯居仁、鄭珪、高德誠、張受等鎮八節澗海口。大軍方進，土罕必闍耶遣使來告，葛郎王追殺至麻喏巴歇，請官軍救之。亦黑迷失、張參政先往安慰土罕必闍耶，鄭鎮國引軍赴章孤接援。興進至麻喏巴歇，卻稱葛郎兵未知遠近，興回八節澗。亦黑迷失尋報賊兵今夜當至，召興赴麻喏巴歇。七日，葛郎兵三路攻土罕必闍耶。八日黎明，亦黑迷失、孫參政率萬戶李明迎賊於西南，不遇。興與脫歡由東南路與賊戰，殺數百人，餘奔潰山谷。日中，西南路賊又至，興再戰至晡，又敗之。十五日，分軍為三道伐葛郎，期十九日會答哈，聽礮聲接戰。土虎登哥等水軍泝流而上，亦黑迷失等由西道，興等由東道進，土罕必闍耶軍繼其後。十九日，至答哈。葛郎國主以兵十餘萬交戰。自卯至未連三戰，賊敗奔潰，擁入河，死者數萬人，殺五千餘人。國主入內城拒守，官軍圍之，且招其降。是夕，國王哈只葛當出降，撫諭令還。四月二日，遣土罕必闍耶還其地，具入貢禮，以萬戶捏只不丁、甘州不花率兵二百護送。十九日，土罕必闍耶背叛逃去，留軍拒戰。捏只不丁、甘州不花、省掾馮祥皆遇害。二十四日，軍還。得哈只葛當妻子、官屬百餘人，及地圖、戶籍、所上金字表以還。事見史弼、高興傳。

——《元史・卷二百一十・列傳・第九十七・外夷・三・爪哇》

史弼，字君佐，一名塔剌渾，蠡州 博野人……時世祖欲征爪哇，謂弼曰："諸臣為吾腹心者少，欲以爪哇事付汝。"對曰："陛下命臣，臣何敢自愛！"二十七年[1290]，遙授尚書省左丞，行浙東宣慰使，平處州盜。二十九年，拜榮祿大夫、福建等處行中書省平章政事，往征爪哇。以亦黑迷失、高興副之。付金符百五十、幣帛各二百，以待有功。十二月，弼以五千人合諸軍，發泉州，風急濤湧，舟掀簸，士卒皆數日不能食。過七洲洋、萬里石塘，歷交趾、占城界。明年正月，至東董 西董山、牛崎嶼，入混沌大洋 橄欖嶼，假里馬答、勾闌等山，駐兵伐木，造小舟以入。時爪哇與鄰國葛郎構怨，爪哇主哈只葛達那加剌已為葛郎主哈只葛當所殺，其婿土罕必闍耶攻哈只葛當，不勝，退保麻喏八歇。聞弼等至，遣使以其國山川、戶口及葛郎國地圖迎降，求救。弼與諸將進擊葛郎兵，大破之。哈只葛當走歸國。高興言："爪哇雖降，倘中變，與葛郎合，則孤軍懸絕，事不可測。"弼遂分兵三道，與興及亦黑迷失各將一道，攻葛郎。至答哈城，葛郎兵十餘萬迎敵，自旦至午，葛郎兵敗，入城自守。遂圍之。哈只葛當出降，併取其妻子官屬以歸。土罕必闍耶乞歸易降表，及所珍寶入朝，弼與亦黑迷失許之，遣萬戶担[捏]只不丁、甘州不花，以兵二百人護之還國。土罕必闍耶於道殺二人以叛，乘軍還，夾路攘奪。弼自斷後，且戰且行。行三百里，得登舟，行六十八日夜，達泉州，士卒死者三千餘人。

——《元史・卷一百六十二・列傳・第四十九・史弼》

高興，字功起，蔡州人也……[至元]二十九年[1292]，復立福建行省，拜右丞。爪哇黥使者孟琪，詔興為平章政事，與史弼、亦黑迷失帥師征之，賜玉帶、錦衣、甲胄、弓矢、大都良田千畝。三十年春，浮海抵爪哇。亦黑迷失將水軍，興將步軍，會八節澗。爪哇主婿土罕必闍耶降。進攻葛郎國，降其主哈只葛當。事見弼傳。又諭降諸小國。哈只葛當子昔剌八的、昔剌丹不合逃入山谷。興獨帥千人深入，虜昔剌丹不合，還至答哈城。史弼、亦黑迷失已遣使護土罕必闍耶歸國，具入貢禮。興深言其失計。土罕必闍耶果殺使者以叛，合眾來攻。興等力戰，卻之，遂誅哈只葛當父子以歸。詔治縱爪哇者，弼與亦黑迷失皆獲罪，興獨以不預議，且功多，賜金五十兩。



——《元史·卷一百六十二·列傳·第四十九·高興》



亦黑迷失，畏吾兒人也……[至元]二十九年[1292]，召入朝，盡獻其所有珍異之物。時方議征爪哇，立福建行省。亦黑迷失與史弼、高興並為平章，詔軍事付弼，海道事付亦黑迷失，仍諭之曰："汝等至爪哇，當遣使來報。汝等留彼，其餘小國即當自服，可遣招徠之。彼若納款，皆汝等之力也。"軍次占城，先遣郝成、劉淵諭降南巫里、速木都剌、不魯不都、八剌剌諸小國。三十年，攻葛郎國，降其主合[哈]只葛當。又遣鄭珪招諭木來由諸小國，皆遣其子弟來降。爪哇主婿土罕必闍耶既降，歸國復叛事，並見弼傳。諸將議班師，亦黑迷失欲如帝旨，先遣使入奏。弼與興不從，遂引兵還。

——《元史·卷一百三十一·列傳·第十八·亦黑迷失》

# 亦黑迷失、楊庭璧、楊樞出使西洋及清濬《廣輪疆里圖》的海程

亦黑迷失，畏吾兒人也。至元二年[1265]，入備宿衛。九年[1272]奉世祖命，使海外八羅孛國。十一年，偕其國人以珍寶奉表來朝。帝嘉之，賜金虎符。十二年，再使其國，與其國師以名藥來獻，賞賜甚厚。十四年，授兵部侍郎。十八年，拜荊湖 占城等處行中書參知政事，招諭占城。二十一年，召還。復命使海外僧迦剌國，觀佛鉢舍利，賜以玉帶、衣服、鞍轡。二十二年，自海上還，以參知政事管領鎮南王府事，復賜玉

帶。與平章阿里海牙、右丞唆都征占城。戰失利，唆都死焉。亦黑迷失言於鎮南王，請屯兵大浪湖，觀釁而後動。王以聞，詔從之，竟全軍而歸。二十四年[1287]，使馬八兒國，取佛鉢舍利，浮海阻風，行一年乃至。得其良醫善藥，遂與其國人來貢方物。又以私錢購紫檀木殿材，並獻之。嘗侍帝於浴室，問曰："汝踰海者凡幾？"對曰："臣四踰海矣。"帝憫其勞，又賜玉帶，改資德大夫，遙授江淮行尚書省左丞，行泉府太卿。二十九年，召入朝，盡獻其所有珍異之物。時方議征爪哇，立福建行省。亦黑迷失與史弼、高興並為平章。詔軍事付弼，海道事付亦黑迷失……軍次占城，先遣郝成、劉淵諭降南巫里、速木都剌、不魯不都、八剌剌諸小國。三十年，攻葛郎國，降其主合[哈]只葛當，又遣鄭珪招諭木來由諸小國，皆遣其子弟來降……諸將議班師，亦黑迷失欲如帝旨，先遣使入奏。弼與興不從，遂引兵還，以所俘及諸小國降人入見。帝罪其與弼縱土罕必闍耶，沒家貲三之一。尋復還之，以榮祿大夫、平章政事為集賢院使，兼會同館事，告老家居。仁宗念其屢使絕域，詔封吳國公，卒。

——《元史·卷一百三十一·列傳·第十八·亦黑迷失》

**【引書舉要】**

本書所引資料出處：

[元]黃溍《金華黃先生文集》，《叢書集成初編》本。

[元]清濬《廣輪疆里圖》，載[明]葉盛《水東日記》，弘治刻本。

[明]宋濂等《元史》，北京：中華書局1976年標點本。

[至元十九年，（1282）九月辛酉]，招討使楊庭堅[璧]招撫海外，南番皆遣使來貢。俱藍國主遣使奉表，進寶貨、黑猿一。那旺國主忙昂，以其國無識字者，遣使四人，不奉表。蘇木都速[剌]國主土漢八的亦遣使二人。蘇木達國相臣那里八合剌攤赤，因事在俱藍國，聞詔代其主打古兒遣使奉表，進指環、印花綺段及錦衾二十合。寓俱藍國也里可溫主兀咱兒撇里馬亦遣使奉表，進七寶項牌一、藥物二瓶。又管領木速蠻馬合馬亦遣使奉表，同日赴闕……[十一月戊寅]馬八兒國遣使以金葉書及土物來貢……二十年春正月……丁丑，以招討楊廷璧[璧]為宣慰使，賜弓矢鞍勒，使諭俱藍等國……[二月戊子]賜俱藍國王瓦你金符。



——《元史・卷十二・本紀・第十二・世祖・九》

至元二十三年[1286]春正月……庚辰，馬八國遣使進銅盾……九月乙丑朔，馬八兒、須門那、僧急里、南無力、馬蘭丹、那旺、丁呵兒、來來、急闌亦帶、蘇木都剌十國，各遣弟子上表來覲，仍貢方物。

——《元史・卷十四・本紀・第十四・世祖・十一》



海外諸番國，惟馬八兒與俱藍足以綱領諸國，而俱藍又為馬八兒後障，自泉州至其國約十萬里。其國至阿不合大王城，水路得便風，約十五日可到，比餘國最大。世祖 至元間，行中書省左丞唆都等，奉璽書十通，招諭諸番。未幾，占城、馬八兒國俱奉表稱藩，餘俱藍諸國未下。行省議遣使十五人往諭之。帝曰："非唆都等所可專也，若無朕命，不得擅遣使。"[至元]十六年[1279]十二月，遣廣東招討司達魯花赤楊庭璧招俱藍。十七年三月，至其國。國主必納的令其弟肯那卻不剌木省書回回字降表，附庭璧以進，言來歲遣使入貢。十月，授哈撒兒海牙 俱藍國宣慰使，偕庭璧再往招諭。十八年正月，自泉州入海，行三月，抵僧伽耶山。舟人鄭震等以阻風乏糧，勸往馬八兒國，或可假陸路以達俱藍國，從之。四月，至馬八兒國 新村馬頭，登岸……時哈撒兒海牙與庭璧以阻風不至俱藍，遂還。哈撒兒海牙入朝計事，期以十一月俟北風再舉。至期，朝廷遣使，令庭璧獨往。十九年二月，抵俱藍國。國主及其相馬合麻等迎拜璽書。三月，遣其臣祝阿里沙忙里八的入貢。時也里可溫兀咱兒撒里馬及木速蠻主馬合麻等亦在其國，聞詔使至，皆相率來告，願納歲幣，遣使入覲。會蘇木達國亦遣人因俱藍主乞降，庭璧皆從其請。四月，還至那旺國，廷璧復說下其主忙昂比。至蘇木都剌國，國主土漢八的迎使者。庭璧因喻以大意，土漢八的即日納款稱藩，遣其臣哈散、速里蠻二人入朝。二十年，馬八兒國遣僧撮及班入朝；五月，將至上京，帝即遣使迓諸途。二十三年，海外諸蕃國以楊庭璧奉詔招諭，至是皆來降。諸國凡十：曰馬八兒，曰須門那，曰

【元】清濬《廣輪疆里圖》（載［明］葉盛《水東日記》，嘉靖刻本。）

**[元]清濬《廣輪疆里圖》**（載[明]葉盛《水東日記》，四库本。）

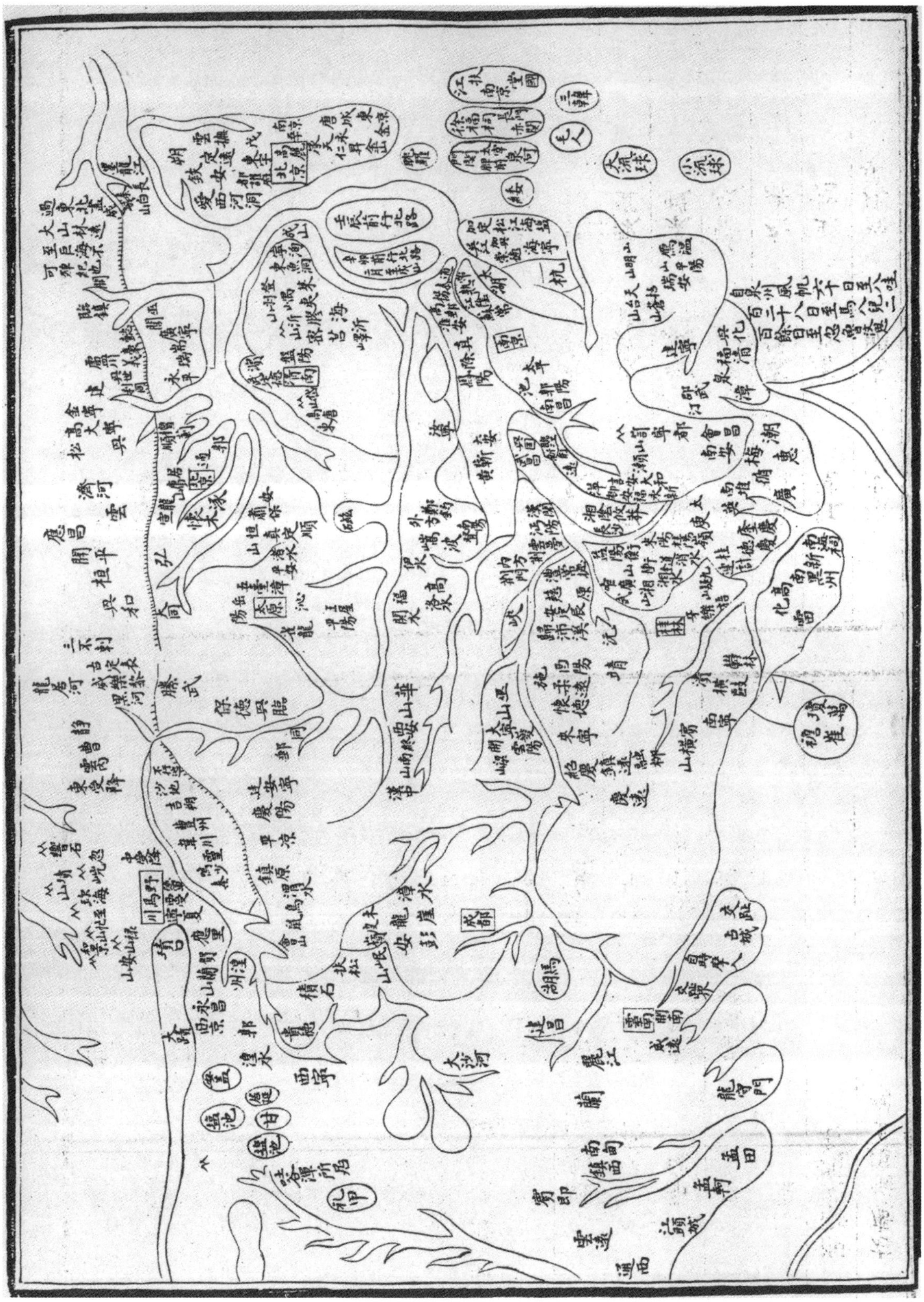

僧急里，曰南無力，曰馬蘭丹，曰那旺，曰丁呵兒，曰來來，曰急闌亦斛，曰蘇木都剌，皆遣使貢方物。

——《元史·卷二百一十·列傳·第九十七·外夷·三·馬八兒等國》

嘉興人 [楊]君諱樞，字伯機……大德五年[1301]，君年甫十九，致用院俾以官本船浮海至西洋，遇親王合贊所遣使臣那懷等如京師，遂載之以來。那懷等朝貢事畢，請仍以君護送西還。丞相哈剌哈孫答剌罕如其請，奏授君忠顯校尉海運副千戶，佩金符與俱行。以八年[1304]發京師，十一年[1307]乃至其登陸處，曰忽魯模思云。是役也，君往來長風巨浪中，歷五星霜，凡舟楫糗糧物器之須，一出於君，不以煩有司。既又用私錢市其土物白馬、黑犬、琥珀、蒲萄酒、蕃鹽之屬以進。

——《松江嘉定等處海運千户楊君墓誌銘》，

載於[元]黃溍《金華黃先生文集·卷三十五》。

自泉州風帆，六十日至爪哇，百二十八日至馬八兒，二百餘日至忽魯沒思。

——載於[元]清濬 《廣輪疆里圖》，引自[明]葉盛《水東日記·卷十七》。





# 周達觀《真臘風土記》首載通南海的針經記錄

**【引書舉要】**

[元]周達觀《眞臘風土記》，約作於成宗大德元年（1297）至仁宗皇慶元年（1312）間。本書所引據北京：中華書局1981年夏鼐校注本。

宋代雖已用羅盤針導航，但未見有以天干、地支相配作爲方向指標的針路記錄，元代《眞臘風土記》則成保存至今最早的相關圖書。該書還是現存同時代人所敘柬埔寨吳哥文化的唯一記錄，對後來吳哥遺跡的發掘貢獻極大。

真臘國或稱占臘，其國自稱曰甘孛智。今聖朝按《西番經》，名其國曰澉浦只，蓋亦甘孛智之近音也。自溫州開洋，行丁未針。歷閩、廣海外諸州港口，過七洲洋，經交趾洋到占城。又自占城順風可半月，到真蒲，乃其境也。又自真蒲行坤申針，過崑崙洋，入港。港凡數十，惟第四港可入，其餘悉以沙淺故不通巨舟。然而彌望皆修藤古木，黃沙白葦，倉卒未易辨認，故舟人以尋港為難事。自港口北行，順水可半月，抵其地曰查南，乃其屬郡也。又自查南換小舟，順水可十餘日，過半路村、佛村，渡淡洋，可抵其地曰干傍，取城五十里。

按《諸蕃志》稱其地廣七千里。其國北抵占城半月路，西南距暹羅半月程，南距番禺十日程，其東則大海也。舊為通商來往之國。

聖朝誕膺天命，奄有四海。唆都元帥之置省占城也，嘗遣一虎符萬戶、一金牌千戶，同到本國，竟為拘執不返。元貞之乙未[元年（1295）]六月，聖天子遣使招諭，俾余從行。以次年丙申二月離明州，二十日自溫州港口開洋，三月十五日抵占城。中途逆風不利，秋七月始至，遂得臣服。至大德丁酉[元年（1297）]六月回舟，八月十二日抵四明泊岸。其風土國事之詳，雖不能盡知，然其大略亦可見矣。

州城周圍可二十里，有五門，門各兩重。惟東向開二門，餘向皆一門。城之外皆巨濠，濠之上皆通衢大橋。橋之兩傍，共有石神五十四枚，如石將軍之狀，甚巨而獰，五門皆相似。橋之闌皆石為之，鑿為蛇形，蛇皆九頭。五十四神皆以手拔蛇，有不容其走逸之勢。城門之上有大石佛頭五，面向四方。中置其一，飾之以金。門之兩旁，鑿石為象形。城皆疊石為之，高可二丈。石甚周密堅固，且不生繁草，卻無女牆。城之上，間或種桄榔木，比比皆空屋。其內向如坡子，厚可十餘丈。坡上皆有大門，夜閉早開，



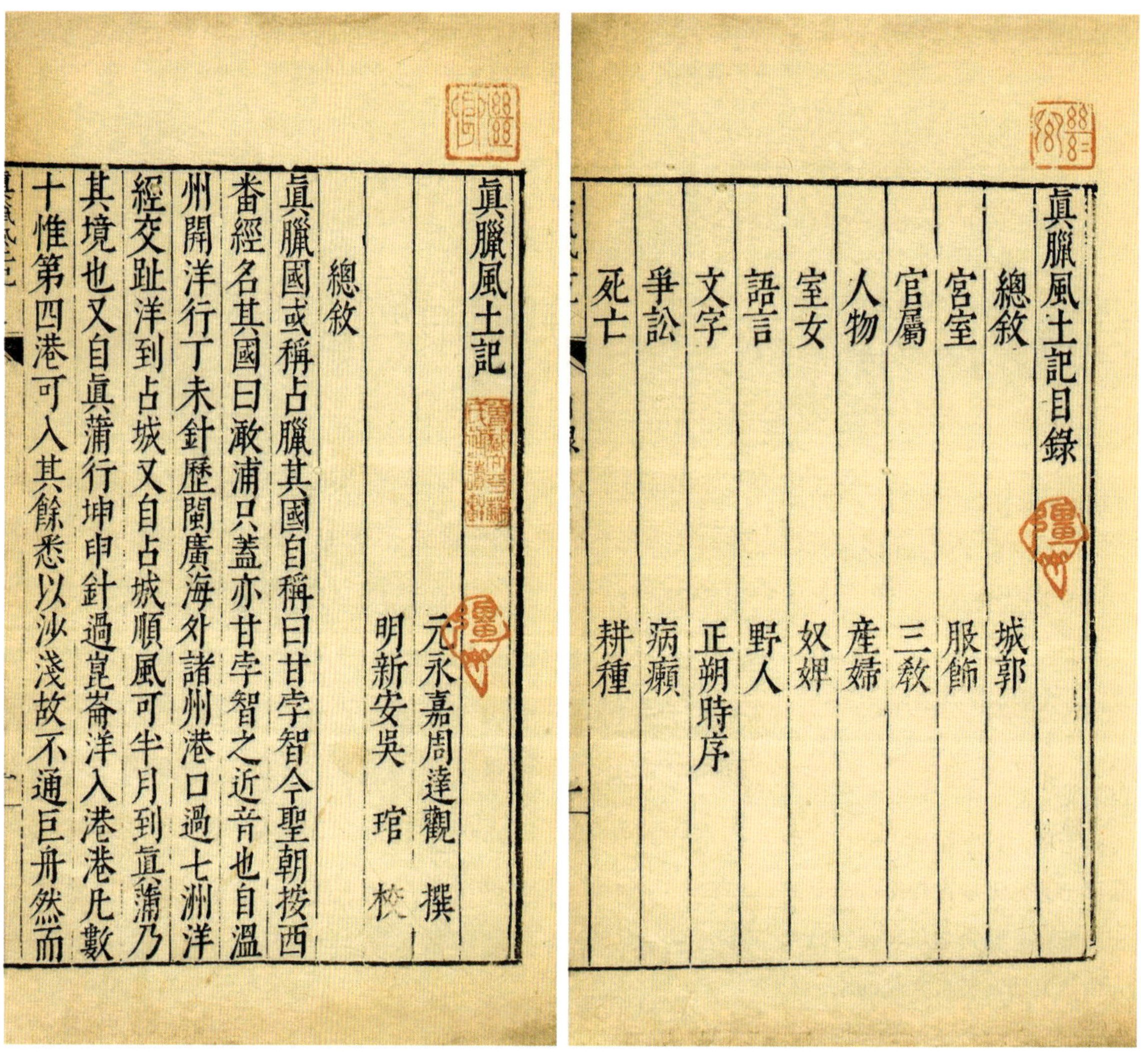
眞臘風土記目錄
總敘 城郭
宮室 服飾
官屬 三教
人物 產婦
室女 奴婢
語言 野人
文字 正朔時序
爭訟 病癩
死亡 耕種

眞臘風土記
元永嘉周達觀 撰
明新安吳 琯 校
總敘
眞臘國或稱占臘其國自稱曰甘孛智今聖朝按西番經名其國曰澉浦只蓋亦甘孛智之近音也自溫州開洋行丁未針歷閩廣海外諸州港口過七洲洋經交趾洋到占城又自占城順風可半月到眞蒲乃其境也又自眞蒲行坤申針過崑崙洋入港港凡數十惟第四港可入其餘悉以沙淺故不通巨舟然而

[元]周達觀《眞臘風土記》書影

亦有監門者，惟狗不許入門。其城甚方整，四方各有石塔一座。曾受斬趾刑人亦不許入門。

當國之中有金塔一座，傍有石塔二十餘座。石屋百餘間。東向有金橋一所。金獅子二枚，列於橋之左右。金佛八身，列於石屋之下。金塔之北可一里許，有銅塔一座，比金塔更高，望之鬱然。其下亦有石屋數十間。又其北一里許，則國主之廬也。其寢室又有金塔一座焉。所以舶商自來有“富貴真臘”之褒者，想為此也。石塔山在南門外半里餘，俗傳魯般一夜造成。魯般墓在南門外一里許，周圍可十里，石屋數百間。東池在城東十里，周圍可百里，中有石塔、石屋。塔之中有臥銅佛一身，臍中常有水流出，味如中國酒，易醉人。北池在城北五里，中有金方塔一座，石屋數十間。金獅子、金佛、銅象、銅牛、銅馬之屬，皆有之……

自國主以下，男女皆椎髻袒裼，止以布圍腰。出入則加以大布一條，纏於小布之上。布甚有等級，國主所打之布，有直金三四兩者，極其華麗精美。其國中雖自織布，暹羅及占城皆有來者，往往以來自西洋者為上，以其精巧而美故也。……

自入真蒲以來，率多平林叢木，長江巨港，綿亙數百里。古樹修籐，森陰蒙翳，禽獸之聲，雜遝於其間。至半港而始見有曠田，絕無寸木，彌望芃芃禾黍而已。野牛以千百成群，聚於其地。又有竹坡，亦綿亙數百里。其竹節間生刺，筍味至苦。田畔皆有高山……

屬郡九十餘，曰真蒲，曰查南，曰巴澗，曰莫良，曰八薛，曰蒲買，曰雉棍，曰木津波，曰賴敢坑，曰八廝里。其餘不能悉記。各置官屬，皆以木排柵為城。

——[元]周達觀《真臘風土記》

《真臘風土記》一卷，元 周達觀撰。達觀，溫州人。真臘本南海中小國，為扶南之屬，其後漸以強盛。自《隋書》始見於外國傳，唐、宋二史並皆記錄，而朝貢不常至。故所載風土方物，往往疏略不備。元成宗 元貞元年乙未，遣使招諭其國，達觀隨行，至大德元年[1297]丁酉乃歸。首尾三年，諳悉其俗，因記所聞見為此書，凡四十則。文義頗為賅贍，惟第三十六則內記瀆倫神譴一事，不以為天道之常，而歸功於佛，則所見殊陋。然《元史》不立真臘傳，得此而本末詳具，猶可以補其佚闕。是固宜存備參訂，作職方之外紀者矣。達觀作是書成，以示吾邱衍。衍為題詩，推挹甚至。見衍所作《竹素山房詩集》中，蓋衍亦服其敘述之工云。

——《四庫全書總目提要·卷七十一》

# 《（大德）南海志》等所載大小東洋和大小西洋

至元二十三[六（1289）]年三月日，安南國世子陳日烜狀：……一西洋國黄毛段子二疋，一五色細絹五十疋，一五色綾一百疋，一鑾錦一百疋，一闍婆國白布二十斤，一闍婆國間色布十斤……

——[元]徐明善《天南行記》





**【引書舉要】**

[元]徐明善《天南行紀》，據《説郛》宛委山堂本。

[元]陳大震、吕桂孫《南海志》，作於成宗大德八年（1304），本書所引據元大德刻本。

開啓明代東洋、西洋劃分之先的圖籍，比較完整的首現於元代，而《（大德）南海志》所載大小東洋和大小西洋堪稱此中之代表。該書以廣州爲本位，所載南海諸國地名，大率以航線先後而排列，顯得嚴整而有序。

## 舶貨 諸番國附

### 諸番國

**交趾國管**

團山　吉柴

**占城國管**

坭越　烏里　舊州　新州　古望　民瞳矓　賓瞳矓

**真臘國管**

真里富　登流眉　蒲甘　茸里

**羅斛國**

**暹國管**

上水　速孤底

**單馬令國管小西洋**

日囉亭　達剌希　崧古囉　凌牙蘇家　沙里

佛囉安　吉蘭丹　晏頭　丁伽蘆　迫嘉　朋亨　口蘭丹

**三佛齊國管小西洋**

龍牙山　龍牙門　便塾　欖邦　棚加　不理東　監篦

啞魯　亭停　不剌　無思忻　深沒陀囉　南無里

不斯麻　細蘭　沒里琶都　賓撮

**東洋 佛坭國管小東洋**

麻里蘆　麻葉　美昆　蒲端　蘇錄　沙胡重　啞陳

麻拿囉奴　文杜陵

**單重布囉國管大東洋**

論杜　三啞思　沙囉溝　塔不辛地　沙棚溝　塗離

遍奴忻　勿里心　王琶華　都蘆辛　囉幃　西夷塗　質黎　故梅　訖丁銀

呼蘆漫頭　琶設　故提　頻底賢　孟嘉失　烏譚麻　蘇華公　文魯古　盟崖　盤檀

**闍婆國管大東洋**

孫條　陀雜　白花灣　淡墨　熙寧　囉心　重伽蘆　不直干　陀達　蒲盤　布提

不者囉干　打工　琶離　故鸞　火山　地漫

**南毗 馬八兒國**

細藍　伽一　勿里法丹　差里野括　撥的侄　古打林

大故藍國　差里也國　政期離國　胡茶辣國　禧里弗丹　賓陀蘭納　迫加魯

盟哥魯　條培　靼拿　闊里抹思　加剌都　拔肥離　塗拂　吡沙弗丹　啞靼

鵬茄囉　記施　麻囉華　弼施囉　麻加里　白達　層拔　贍思　弼琶囉

勿斯離　勿拔　蘆眉　甕蠻　弗藍　黑加魯　默茄　茶弼沙　吉慈尼

——[元]陳大震、呂桂孫《南海志·卷七》，另載於

《永樂大典·卷一万一千九百零七·廣州府·土產·土貢》。

# 《島夷誌略》著錄汪大淵附舶東西洋

[元]汪大淵《島夷志略》書影一

## 《島夷誌略》所收諸國名目

彭湖　琉球　三島　麻逸　無枝拔　龍涎嶼　交趾　占城　民多朗　賓童龍　真臘　丹馬令　日麗　麻里魯　遐來勿　彭坑　吉蘭丹　丁家盧　戎　羅衛　羅斛　東沖古剌　蘇洛鬲　針路　八都馬　淡邈　尖山　八節那間　三佛齊　嘯噴　浡泥　明家羅　暹　爪哇　重迦羅　都督岸　文誕　蘇祿　龍牙犀角　蘇門傍　舊港　龍牙菩提　毗舍耶　班卒　蒲奔　假里馬打　文老古　古里地悶　龍牙門　崑崙　靈山　東 西竺　急水灣　花面　淡洋　須文答剌　僧加剌　勾欄山　特番里　班達里　曼陀郎　喃哑哩　北溜　下里　高郎步　沙里八丹　金塔　東淡邈　大八丹　加里那　土塔　第三港　華羅　麻那里　加將門里　波斯離　撻吉那　千里馬　大佛山　須文那　萬里石塘　小唄喃　古里佛　朋加剌　巴南巴西　放拜　大

**【引書舉要】**

[元]汪大淵（約1311—約1350）《島夷誌略》，撰於順帝至正九年（1349）。本書所引據北京：中華書局1981年蘇繼廎校釋本。

以一人之精力和經歷，兩度泛舶東、西兩洋，既平安歸來又留下可貴載籍者，在清代以前汪大淵堪稱中華第一人。

烏爹 萬年港 馬八兒嶼 阿思里 哩伽塔 天堂 天竺 層搖羅 馬魯澗 甘埋里 麻呵斯離 羅婆斯 烏爹 異聞類聚

彭湖：島分三十有六，巨細相間，坡隴相望，乃有七澳居其間，各得其名。自泉州順風二晝夜可至……地隸泉州晉江縣。至元間立巡檢司，以週歲額辦鹽課中統錢鈔一十錠二十五兩，別無科差。

琉球：地勢盤穹，林木合抱。山曰翠麓，曰重曼，曰斧頭，曰大崎。其峙山極高峻，自彭湖望之甚近。余登此山則觀海潮之消長，夜半則望暘谷之日出，紅光燭天，山頂為之俱明。土潤田沃，宜稼穡。氣候漸暖，俗與彭湖差異。水無舟楫，以筏濟之。男子婦人拳髮，以花布為衫……海外諸國蓋由此始。

三島：居大崎山之東，嶼分鼎峙，有疊山層巒，民傍緣居之……次曰答陪，曰海膽，曰巴弄吉，曰蒲里咾，曰東流里。無甚異產，故附此耳。

麻逸：山勢平寬，夾溪聚居……

無枝拔：在闍麻羅華之東南……貿易之貨，用西洋布、青白處州磁器、瓦壜、鐵鼎之屬……

賓童龍：賓童龍隸占城，土骨與占城相連，有雙溪以間之，佛書所稱王舍城是也。或云目連屋基猶存……其屍頭蠻女子害人甚於占城，故民多廟事而血祭之……地產茄藍木、象牙。貨用銀、印花布。次曰胡麻、沙曼、頭羅、沙犆、寶毗齊，新故、越州諸番，無所產，舶亦不至……

羅斛：山形如城郭，白石峭厲。其田平衍而多稼，暹人仰之……此地產羅斛香，味極清遠，亞於沉香。次蘇木、犀角、象牙、翠羽、黃蠟。貨用青器、花印布、金、錫、海南檳榔□、㪺子。次曰彌勒佛，曰忽南圭，曰善司坂，曰蘇剌司坪，曰吉頓力。地無所產，用附於此……

尖山：自有宇宙，茲山盤據於小東洋，卓然如文筆插霄漢，雖懸隔數百里，望之儼然。田地少，多種薯，炊以代飯。氣候熕熱，風俗纖嗇。男女斷髮，以紅絹纏頭，以佛南圭布纏身……

爪哇：爪哇即古闍婆國。門遮把逸山係官場所居，宮室壯麗，地廣人稠，實甲東洋諸番……大德 [至元]年間，亦黑迷失、平章史弼、高興曾往其地，令臣屬納貢稅，立衙門，振綱紀，設鋪兵，以遞文書……

重迦羅：杜瓶之東曰重迦羅，與爪哇界相接……次曰諸番，相去約數日水程：曰孫陀，曰琵琶，曰丹重，曰員嶠，曰彭里。不事耕種，專尚寇掠。與吉陀、亞崎諸國相通交易，舶人所不及也……

舊港：自淡港入彭家門，民以竹代舟……後西洋人聞其田美，每乘舟來……

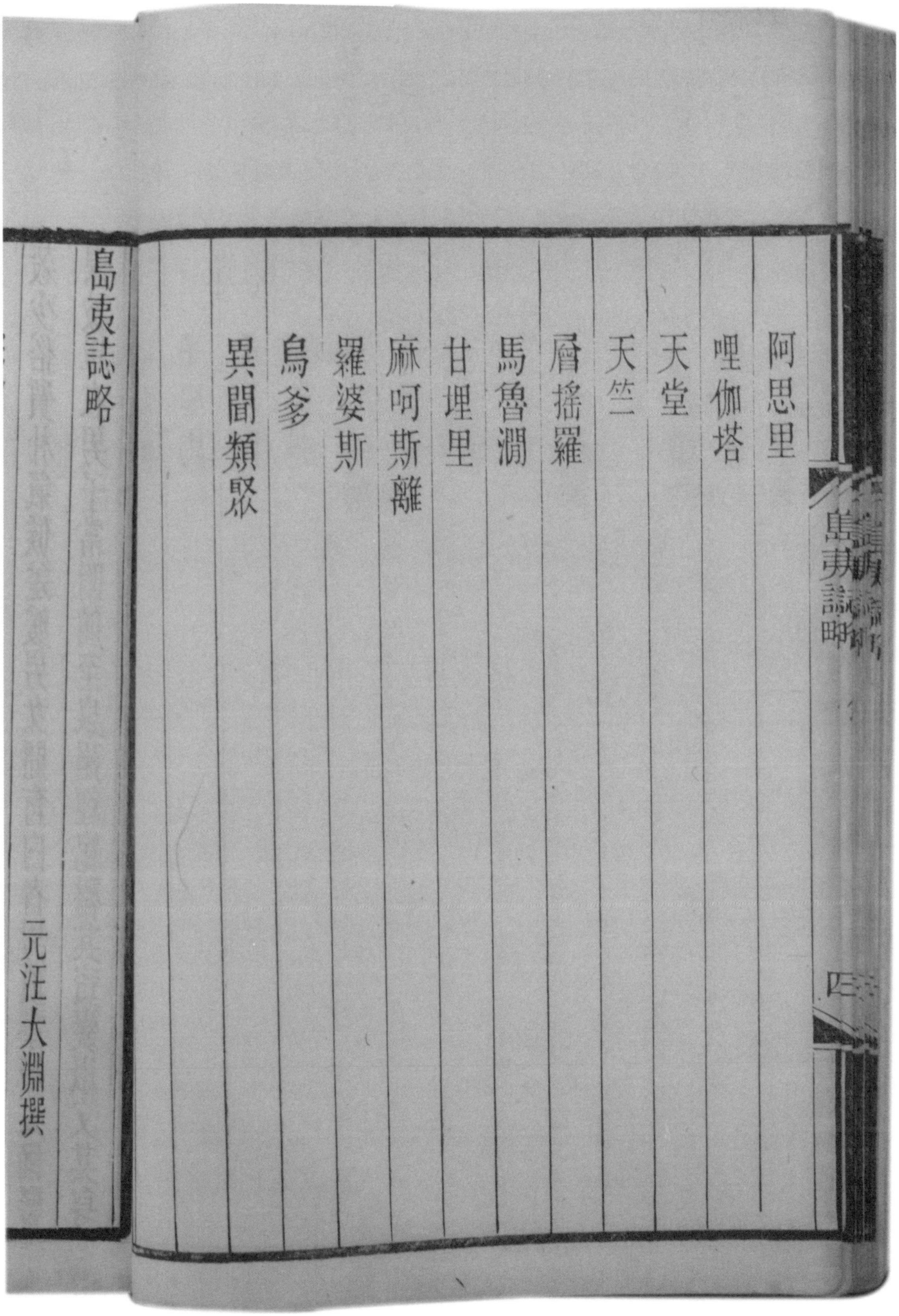

阿思里
哩伽塔
天堂
天竺
層搖羅
馬魯澗
甘埋里
麻呵斯離
羅婆斯
烏爹
異聞類聚

島夷誌略　　元汪大淵撰

[元]汪大淵《島夷誌略》書影二

毗舍耶：僻居海東之一隅，山平曠，田地少，不多種植。氣候倍熱。俗尚虜掠……故東洋人聞毗舍耶之名，皆畏避之也……

龍牙門：門以單馬錫番兩山相交若龍牙狀，中有水道以間之。田瘠稻少。天氣候熱，四五月多淫雨。俗好劫掠……以通泉州之貨易，皆剽竊之物也。舶往西洋，本番置之不問。回船之際，至吉利門，舶人須駕箭棚，張布幕，利器械以防之。賊舟二三百隻必然來迎，敵數日。若僥倖順風，或不遇之。否則人為所戮，貨為所有，則人死繫乎頃刻之間也。

崑崙：古者崑崙山，又名軍屯山。山高而方，根盤幾百里，截然乎瀛海之中，與占城、東 西竺鼎峙而相望。下有崑崙洋，因是名也。舶泛西洋者，必掠之。順風七晝夜可渡。諺云："上有七州，下有崑崙，針迷舵失，人船孰存。"……

北溜：地勢居下，千嶼萬島。舶往西洋，過僧伽剌傍，潮流迅急，更值風逆，輒漂此國。候次年夏東南風，舶仍上溜之北。水中有石槎中牙，利如鋒刃，蓋已不完舟矣。地產椰子索、貝八子、魚乾、大手巾布。海商每將一舶貝八子下烏爹、朋加剌，必互易米一船有餘。蓋彼番以貝八子權錢用，亦久遠之食法也……

第三港：古號馬淵，今名新港，口岸分南北，民結屋而居。田土、氣候、風俗、男女與八丹同。去此港八十餘里，洋名大朗，蚌珠海內為最富……

大佛山：大佛山界於迓里、高郎步之間。至順庚午[元年（1330）]冬十月十有二日，因卸帆於山下，是夜月明如晝，海波不興，水清徹底，起而徘徊，俯窺水國，有樹婆娑。余指舟人而問："此非青琅玕、珊瑚珠者耶？"曰："非也。""此非月中娑羅樹者耶？"曰："亦非也。"乃命童子入水採之，則柔滑，拔之出水，則堅如鐵。把而翫之，高僅盈尺，則其樹槎牙盤結奇怪，枝有一花一草，紅色天然。既開者仿佛牡丹，半吐者類乎菡萏。舟人秉燭環堵而觀之，眾乃雀躍而咲[笑]曰："此瓊樹開花也，誠海中之稀有，亦中國之異聞。余歷此四十餘年，未嘗僾於此，君今得之，茲非千載而一遇者乎？" 余次日作古體詩百首，以記其實。袖之以歸。豫章 邵庵虞先生見而賦詩，迨今留於君子堂以傳翫焉……

萬里石塘：石塘之骨，由潮州而生，迤邐如長蛇，橫亙海中，越海諸國，俗云萬里石塘。以余推之，豈止萬里而已哉！舶由岱嶼門，掛四帆，乘風破浪，海上若飛。至西洋或百日之外。以一日一夜行百里計之，萬里曾不足，故源其地脈歷歷可考。一脈至爪哇，一脈至勃泥及古里地悶，一脈至西洋 遐崑崙之地。蓋紫陽 朱子謂海外之地，與中原地脈相連者，其以是歟！觀夫海洋泛無涯涘，中匿石塘，孰得而明之？避之則吉，遇之則凶，故子午針人之命脈所繫。苟非舟子之精明，能不覆且溺乎！吁！得意之地勿再往，豈可以風濤為徑路也哉！……

古里佛：當巨海之要衝，去僧加剌密邇，亦西洋諸番之馬頭也。山橫而田瘠，宜

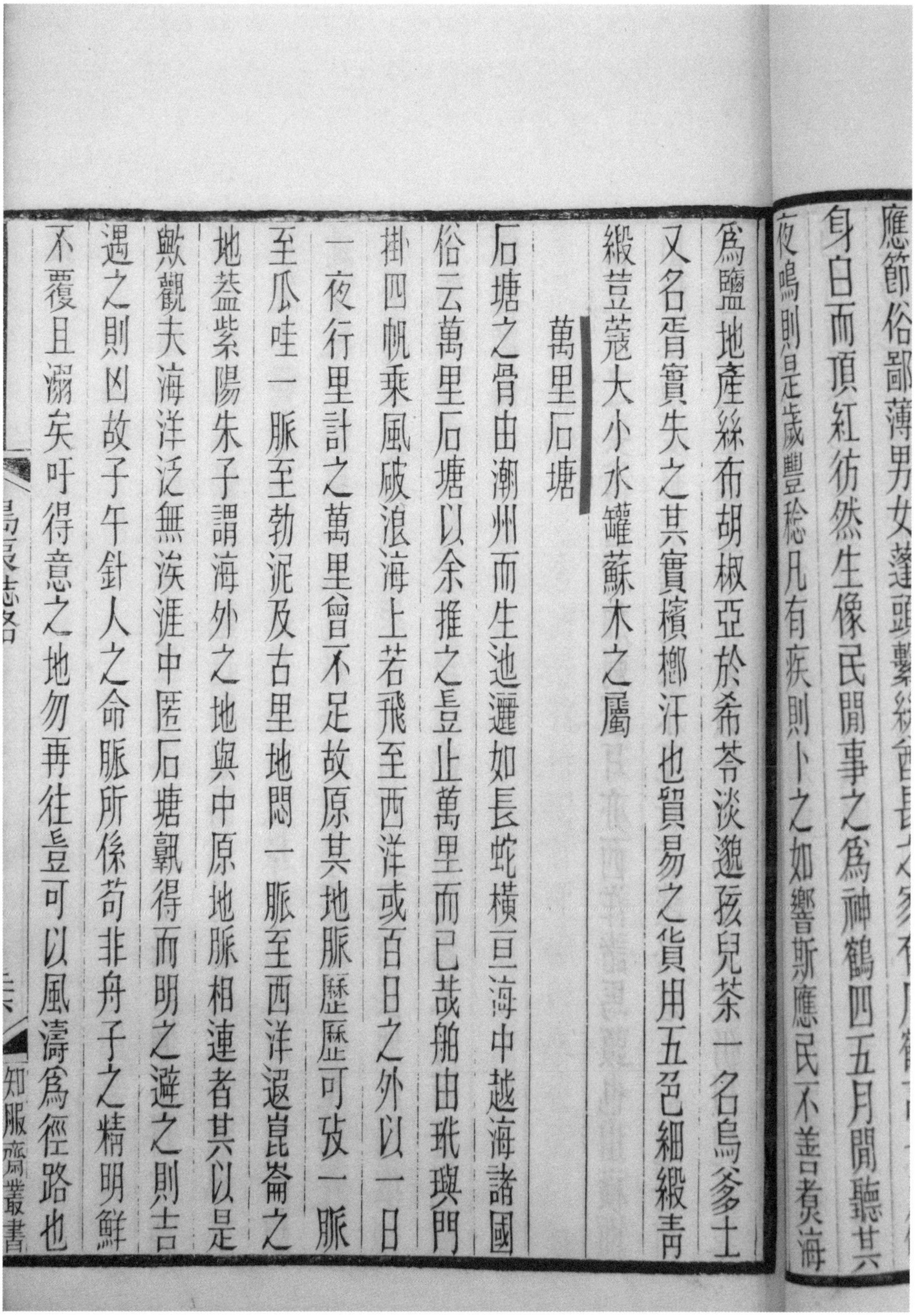

應節俗鄙薄男女蓬頭繫絲酋長之家
身白而頂紅彷然生像民間事之爲神鶴四五月間聽其
夜鳴則是歲豐稔凡有疾則卜之如響斯應民不善者煑海
爲鹽地產絲布胡椒亞於希苓淡邈孩兒茶一名烏爹土
又名胥實失之其實檳榔汗也貿易之貨用五色細緞青
緞荳蔻大小水罐蘇木之屬

萬里石塘

石塘之骨由潮州而生迤邐如長蛇橫亘海中越海諸國
俗云萬里石塘以余推之豈止萬里而已哉舶由玳瑁門
掛四帆乘風破浪海上若飛至西洋或百日之外以一日
一夜行里計之萬里曾不足故原其地脈歷歷可考一脈
至爪哇一脈至勃泥及古里地悶一脈至西洋遐崑崙之
地蓋紫陽朱子謂海外之地與中原地脈相連者其以是
歟觀夫海洋泛無涘涯中匿石塘孰得而明之避之則吉
遇之則凶故子午針人之命脈所係苟非舟子之精明鮮
不覆且溺矣吁得意之地勿再往豈可以風濤爲徑路也

島夷誌略　知服齋叢書

【元】汪大淵《島夷誌略》書影三

種麥。每歲藉烏爹米至……地產胡椒，亞於下里，人間俱有倉廩貯之……

天堂：地多曠漠，即古筠沖之地，又名為西域。風景融和，四時之春也。田沃稻饒，居民樂業。雲南有路可通，一年之上可至其地。西洋亦有路通。名為天堂，有回回曆，與中國授時曆前後只爭三日，其選日永無差異……

層搖羅：國居大食之西南，崖無林，地多淳，田瘠穀少，故多種薯以代糧食……

——[元]汪大淵《島夷誌略》

皇元混一聲教，無遠弗屆，區宇之廣，曠古所未聞。海外島夷無慮數千國，莫不執玉貢琛，以修民職；梯山航海，以通互市。中國之往復商販於殊庭異域之中者，如東西州焉。

大淵少年嘗附舶以浮於海。所過之地，竊嘗賦詩以記其山川、土俗、風景、物產之詭異，與夫可怪可愕可鄙可笑之事，皆身所遊覽，耳目所親見。傳說之事，則不載焉。

至正己丑[九年（1349）]冬，大淵過泉南，適監郡偰侯命三山 吳鑒 明之續《清源郡志》，顧以清源舶司所在，諸蕃輻輳之所，宜記錄不鄙。謂余方知外事，屬《島夷誌》附於郡志之後，非徒以廣士大夫之異聞，蓋以表國朝威德如是之大且遠也。

——[元]汪大淵《島夷誌略·自序》

中國之外，四海維之。海外夷國以萬計，唯北海以風惡不可入，東西南數千萬里，皆得梯航以達其道路，象胥以譯其語言。惟有聖人在乎位，則相率而效朝貢互市。雖天際窮髮不毛之地，無不可通之理焉。世祖皇帝既平宋氏，始命正奉大夫工部尚書海外諸蕃宣慰使蒲師文，與其副孫勝夫、尤永賢等通道外國，撫宣諸夷。獨爪哇負固不服，遂命平章高興、史弼等帥舟師以討定之。自時厥後，唐人之商販者，外蕃率待以命使臣之禮，故其國俗、土產、人物、奇怪之事，中土皆得而知。奇珍異寶，流布中外為不少矣。然欲考求其故實，則執事者多秘其說，鑿空者又不得其詳。唯豫章 汪君煥章，少負奇氣，為司馬子長之遊，足跡幾半天下矣。顧以海外之風土，國史未盡其蘊，因附舶以浮於海者數年然後歸。其目所及，皆為書以記之。校之[至正]五年[1345]舊志，大有逕庭矣。以君傳者其言必可信，故附《清源續志》之後。不惟使後之圖《王會》者有足徵，亦以見國家之懷柔百蠻，蓋此道也。至正己丑[九年（1349）]冬十有二月望日三山 吳鑒序。

——[元]吳鑒《島夷誌略·序》

《島夷誌略》一卷（浙江 范懋柱家天一閣藏本），元 汪大淵撰。大淵字煥章，南昌人，至正中，嘗附賈舶浮海，越數十國，紀所聞見，成此書。今以明 馬觀[歡]《瀛涯勝覽》互勘，如觀[歡]所稱“占城之人，頂三山金花冠，衣皆縈綵帨，產伽南香、觀音竹、降真香之屬。爪哇之廝村、沽灘、新村、蘇馬魯[魯馬]隘港口諸處，風俗各異。又其國人有三等，其土產有白芝麻、綠豆、蘇木、金剛子、白檀、肉荳蔻、龜筒、玳瑁、紅綠鸚鵡之屬，舊港有火雞、神鹿之屬”，皆為此書所不載。又所載真臘物產，較元周達觀《真臘風土記》亦僅十之四五。蓋殊方絕域，偶一維舟，斷不能固覽無遺，所見各殊，則所記各別，不足異也。至云爪哇即古闍婆，考《明史》明太祖時爪哇、闍婆二國並來貢，其二國國王之名亦不同，大淵併而為一，則傳聞之誤矣。然諸史外國列傳秉筆之人，皆未嘗身歷其地，即趙汝适《諸蕃志》之類亦多得於市舶之口傳。大淵此書則皆親歷而手記之，究非空談無徵者比。故所記羅衛、羅斛、針路諸國，大半為史所不載。又於諸國山川、險要、方域、疆里，一一記述，即載於史者亦不及所言之詳，錄之亦足資考證也。考黃虞稷《千頃堂書目》及焦竑《國史經籍志》皆不載是書，惟錢曾《讀書敏求記》記載之，稱為元人舊鈔本，則此書久無刊版，傳播殊稀。又稱至正年間河東 張翥、三山 吳鑒為之序，今考此本二人之序俱存。然吳鑒序乃有二篇，前一篇題至正己丑[九年（1349）]，乃此書原序；後一篇題至正十一年[1351]，在前序後二年，乃所作《清源續志》之序，誤入此書。蓋吳鑒修志之時，以泉州為海道所通，賈船所聚，因附刊此書於志末，摘錄者併志序鈔之也。又有嘉靖戊申[廿七年（1548）]袁袠跋，頗議其漏載日本，蓋未悉大淵此書，非[惟]記所見，非海國全志云。

——《四庫全書總目提要·卷七十一·史部·地理類·四》

九州環大瀛海，而中國曰赤縣神州。其外為州者復九，有裨海環之。人民禽獸，莫能相通。如一區中者乃為一州，此騶氏[鄒衍]之言也。人多言其荒唐誕誇，況當時外徼未通於中國，將何以徵驗其言哉！漢 唐而後，於諸島夷力所可到，利所可到，班班史傳，固有其名矣。然考於見聞，多襲舊書，未有身遊目識而能詳其實者，猶未盡之徵也。西江 汪君煥章，當冠年，嘗兩附舶東 西洋，所過輒採錄其山川、風土、物產之詭異，居室、飲食、衣服之好尚，與夫貿易賫用之所宜，非其親見不書，則信乎其可徵也。與予言，海中自多鉅魚，若蛟龍鯨鯢之屬，群出游，鼓濤拒風，莫可名數。舟人燔雞毛以觸之，則遠游而沒。一島嶼間或廣袤數千里，島人浩穰。其君長所居，多明珠、麗玉、犀角、象牙、香木為飾。橋梁或甃以金銀，若珊瑚、琅玕、玳瑁，人不以為奇也。所言尤有可觀，則騶衍皆不誕，焉知是志之外，煥章之所未歷，不有瑰怪廣大又逾此為國者歟！大抵一元之氣，充溢乎天地，其所能融結為人為物。惟中國文明，則得其正氣。環海於外，氣偏於物，而寒燠殊候，材質異賦，固其理也。今乃以耳目弗逮而盡

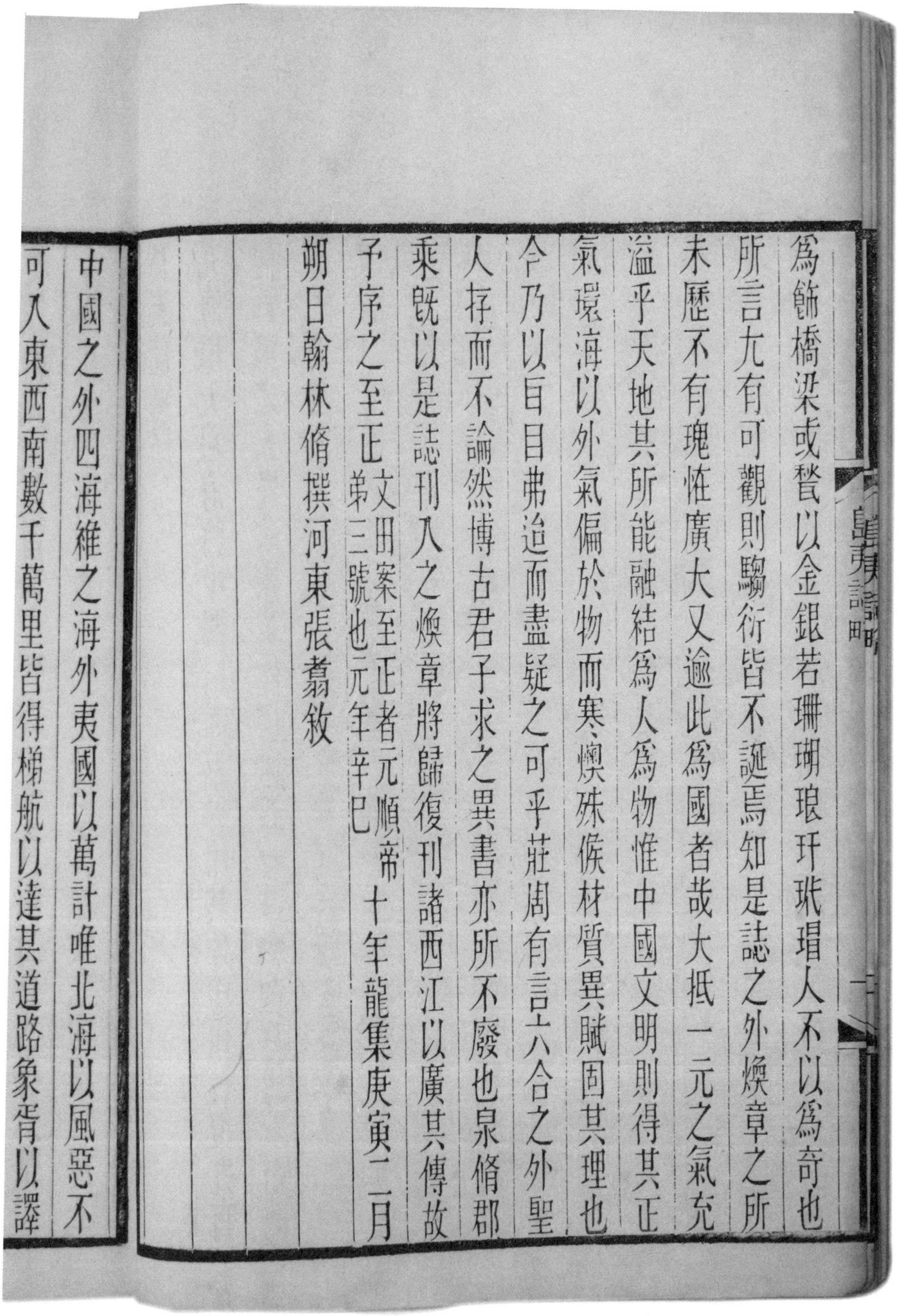

島夷誌畧 二

爲飾橋梁或甃以金銀若珊瑚琅玕玳瑁人不以爲奇也
所言尤有可觀則騶衍皆不誕焉知是誌之外煥章之所
未歷不有瑰怪廣大又逾此爲國者哉大抵一元之氣充
溢乎天地其所能融結爲人爲物惟中國文明則得其正
氣環海以外氣偏於物而寒燠殊候材質異賦固其理也
今乃以耳目弗逮而盡疑之可乎莊周有言六合之外聖
人存而不論然博古君子求之異書亦所不廢也泉脩郡
乘既以是誌刊入之煥章將歸復刊諸西江以廣其傳故
予序之至正（文田案至正者元順帝第三號也元年辛巳）十年龍集庚寅二月
朔日翰林脩撰河東張翥敘

中國之外四海維之海外夷國以萬計唯北海以風惡不
可入東西南數千萬里皆得梯航以達其道路象胥以譯

[元]汪大淵《島夷誌略》書影五

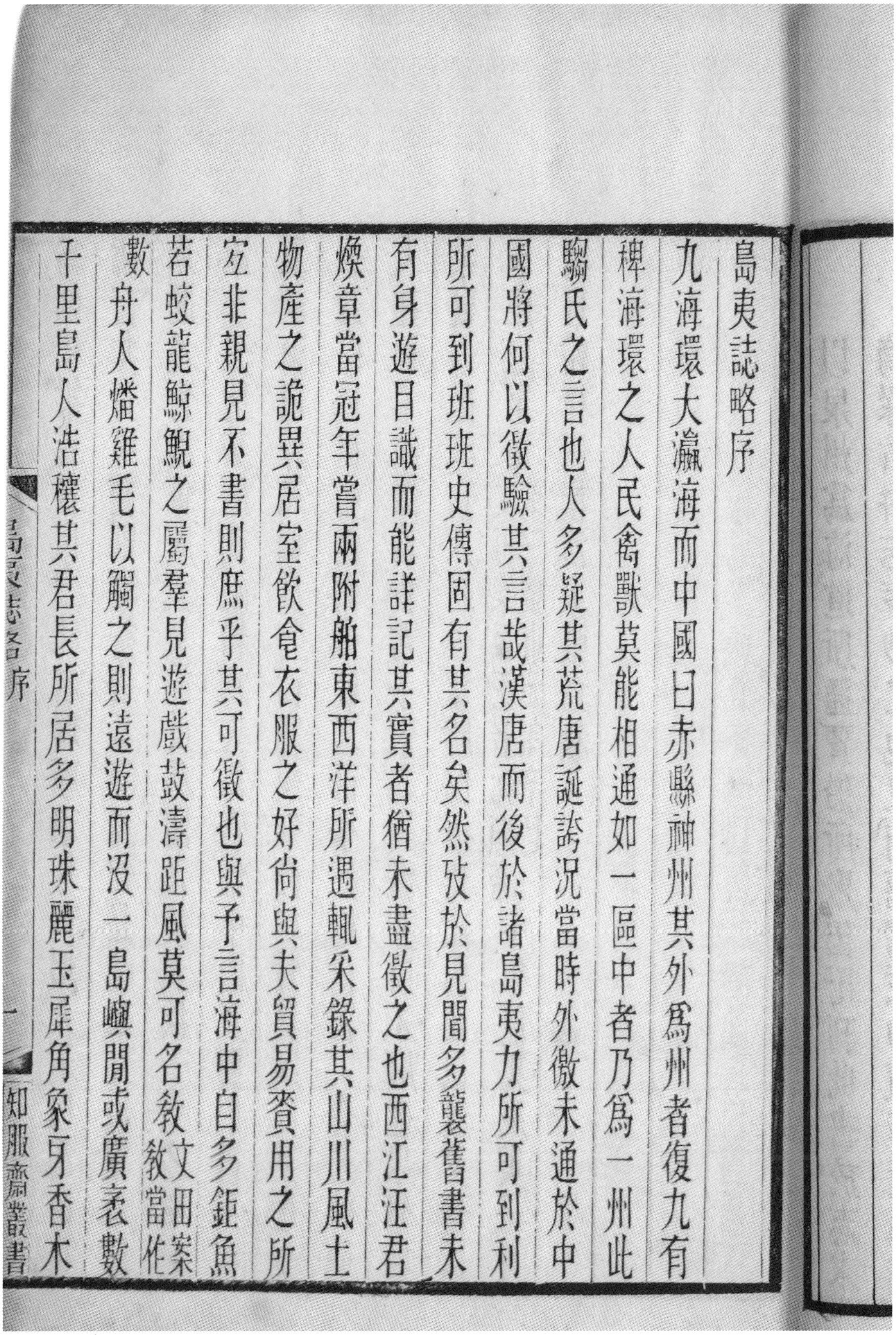

島夷誌略序

九海環大瀛海而中國曰赤縣神州其外爲州者復九有稗海環之人民禽獸莫能相通如一區中者乃爲一州此騶氏之言也人多疑其荒唐誕誇況當時外徼未通於中國將何以徵驗其言哉漢唐而後於諸島夷力所可到利所可到班班史傳固有其名矣然攷於見聞多襲舊書未有身遊目識而能詳記其實者猶未盡徵之也西江汪君煥章當冠年嘗兩附舶東西洋所過輒采錄其山川風土物產之詭異居室飲食衣服之好尚與夫貿易賫用之所宜非親見不書則庶乎其可徵也與予言海中自多鉅魚若蛟龍鯨鯢之屬羣見遊戲鼓濤距風莫可名敎文田案敎當作數舟人燔雞毛以觸之則遠遊而沒一島嶼間或廣袤數千里島人浩穰其君長所居多明珠麗玉犀角象牙香木

島夷誌略序 一 知服齋叢書

[元]汪大淵《島夷誌略》書影四

疑之，可乎？莊周有言："六合之外，聖人存而不論。"然博古君子，求之異書，亦所不廢也。泉修郡乘，既以是志刊入。煥章將歸，復刊諸西江，以廣其傳，故予序之。至正十年[1350]，龍集庚寅二月朔日，翰林修撰河東 張翥序。

——[元]張翥《島夷誌略·序》

# 《大元海運記》及《海道經》所記漕運水程





**【引書舉要】**

[元]佚名《大元海運記》，所引資料據《史料四種》本。

[明]□璠《海道經》（原著撰者未詳），所引資料依《叢書集成初編》據《借月山房彙鈔》重排本。

中國將糧物解往京師的漕運起源很早，或陸運、或水陸遞運、或海運。元代起定都今北京，海運大興，而《大元海運記》及明初《海道經》則是重要的實錄。

## 漕運水程

至元十九年[1282]，創開海運。每歲糧船於平江路 劉家港等處聚綜，經由揚州路 通州 海門縣 黄連沙頭、萬里長灘開洋，沿山捉嶼，使於淮安路 鹽城縣歷西海州、海寧府 東海縣、密州、膠州界，放靈山洋，投東北，取成山路，多有淺沙，行月餘才抵成山。羅璧、朱清、張瑄講究水程，自上海等處開洋，至揚州村馬頭下卸處，經過地名山川經直多少迂迴，計一萬三千三百五十里。至元二十九年[1292]，朱清等建言此路險惡，踏開生路，自劉家港開洋，遇東南水疾一日可至撐腳沙，彼有淺沙，日行夜泊，守伺西南便風，轉過沙嘴，一日到於三沙 洋子江，再遇西南風色，一日至匾擔沙大洪抛泊，來朝探洪行駕一日，可過萬里長灘，透深才方開放大洋。先得西南順風，一晝夜約行一千餘里，到青水洋，得值東南風，三晝夜過黑水洋，望見沿津島大山。再得東南風，一日夜可至成山。一日夜至劉島。又一日夜至芝罘島。再一日夜至沙門島。守得東南便風，可放萊州大洋。三日三夜方到界河口。前後俱係便風經直，水程約半月可達。如風水不便，迂迴盤摺，或至一月四十日之上，方能到彼。倘值非常風阻難度程限，明年又以糧船，自劉家港開洋，過黄連沙，轉西行使至膠西，投東北，取成山，亦為不便。繼委千戶殷明略踏開生路，自劉家港開洋，至崇明州 三沙放洋，望東行，使入黑水大洋，取成山，轉西至劉家島聚綜，取薪水畢，

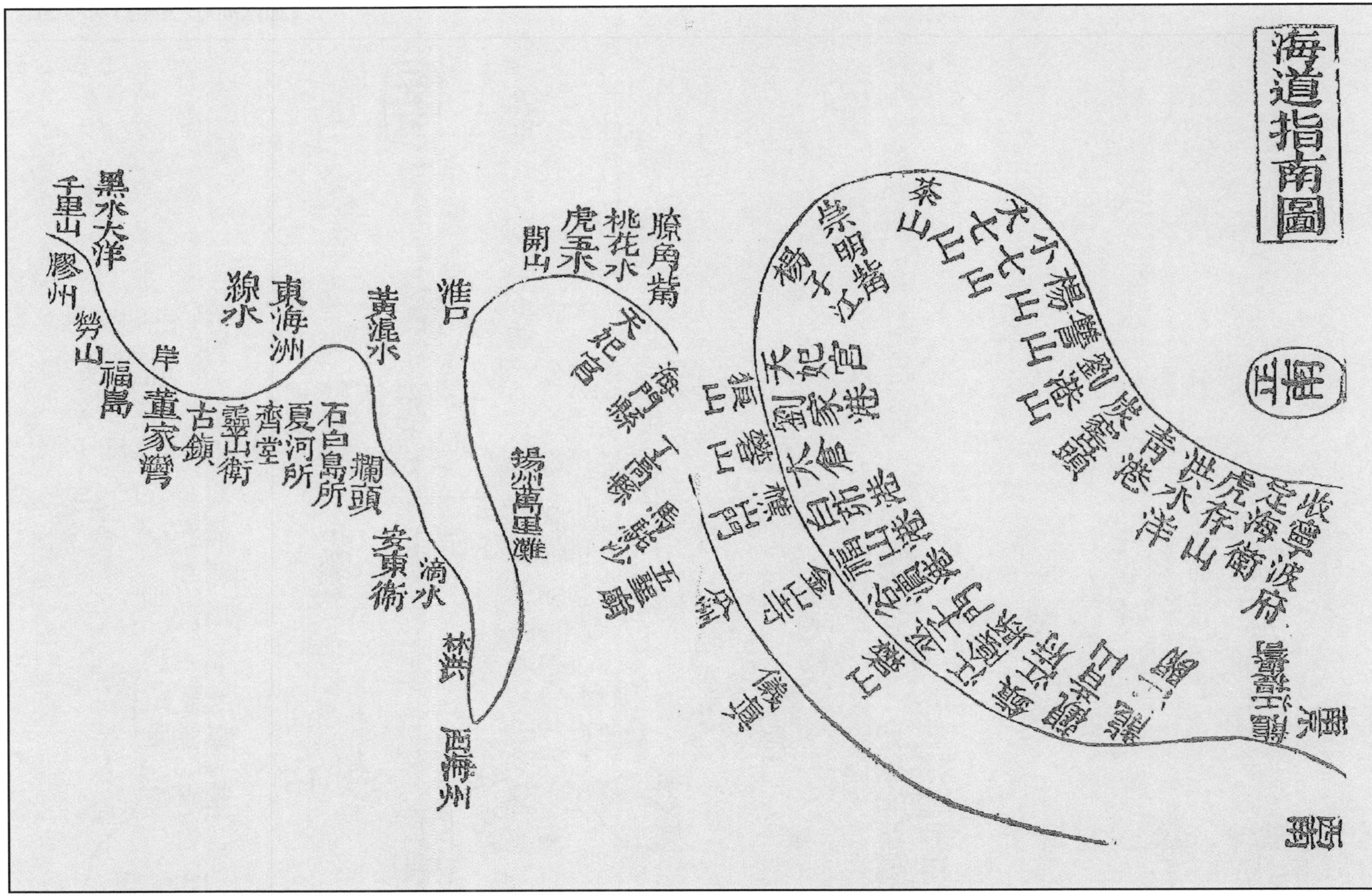


明□□琉《海道經．海道指南圖》一

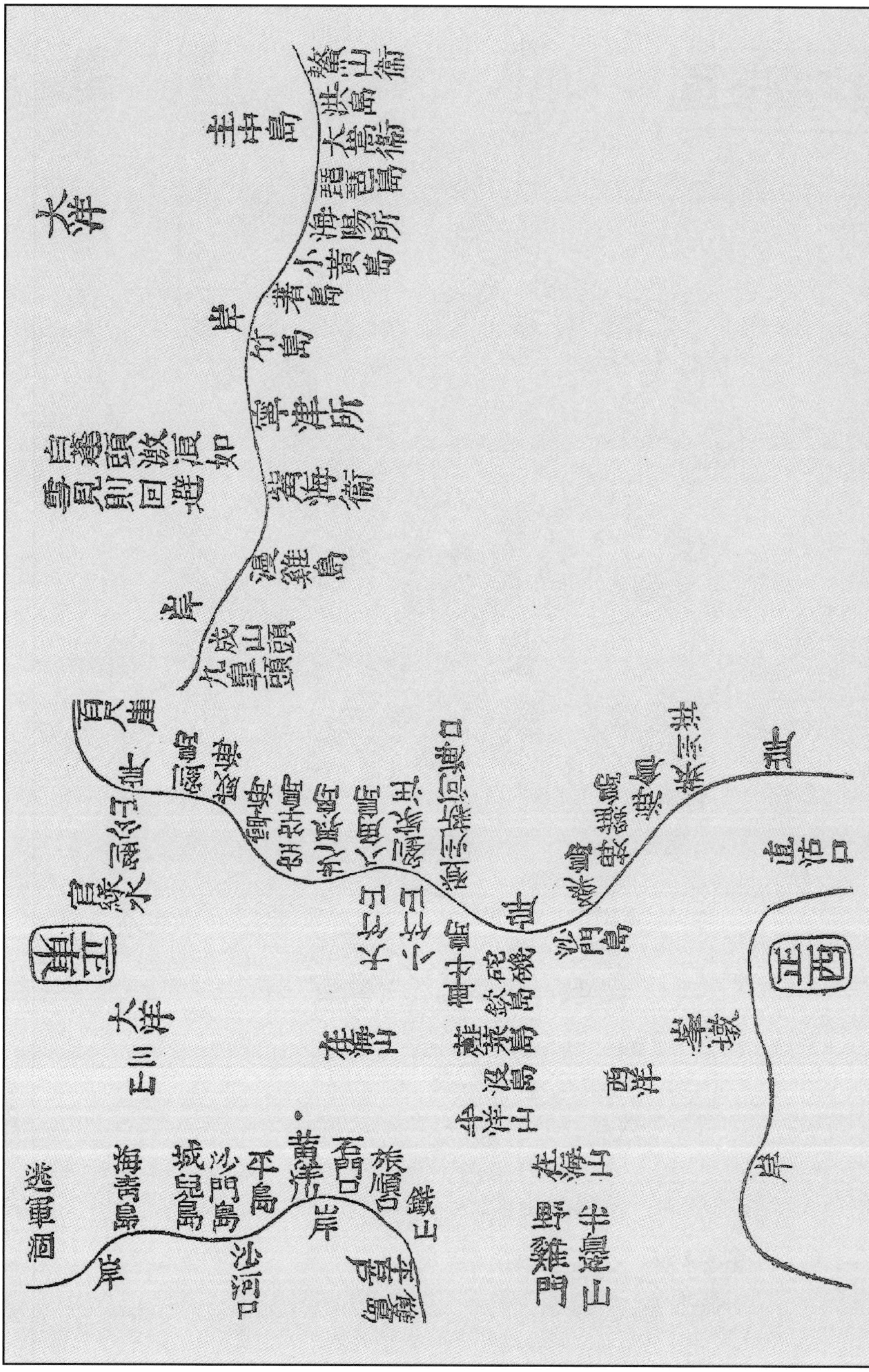

明□琦《海道經·海道指南圖》二

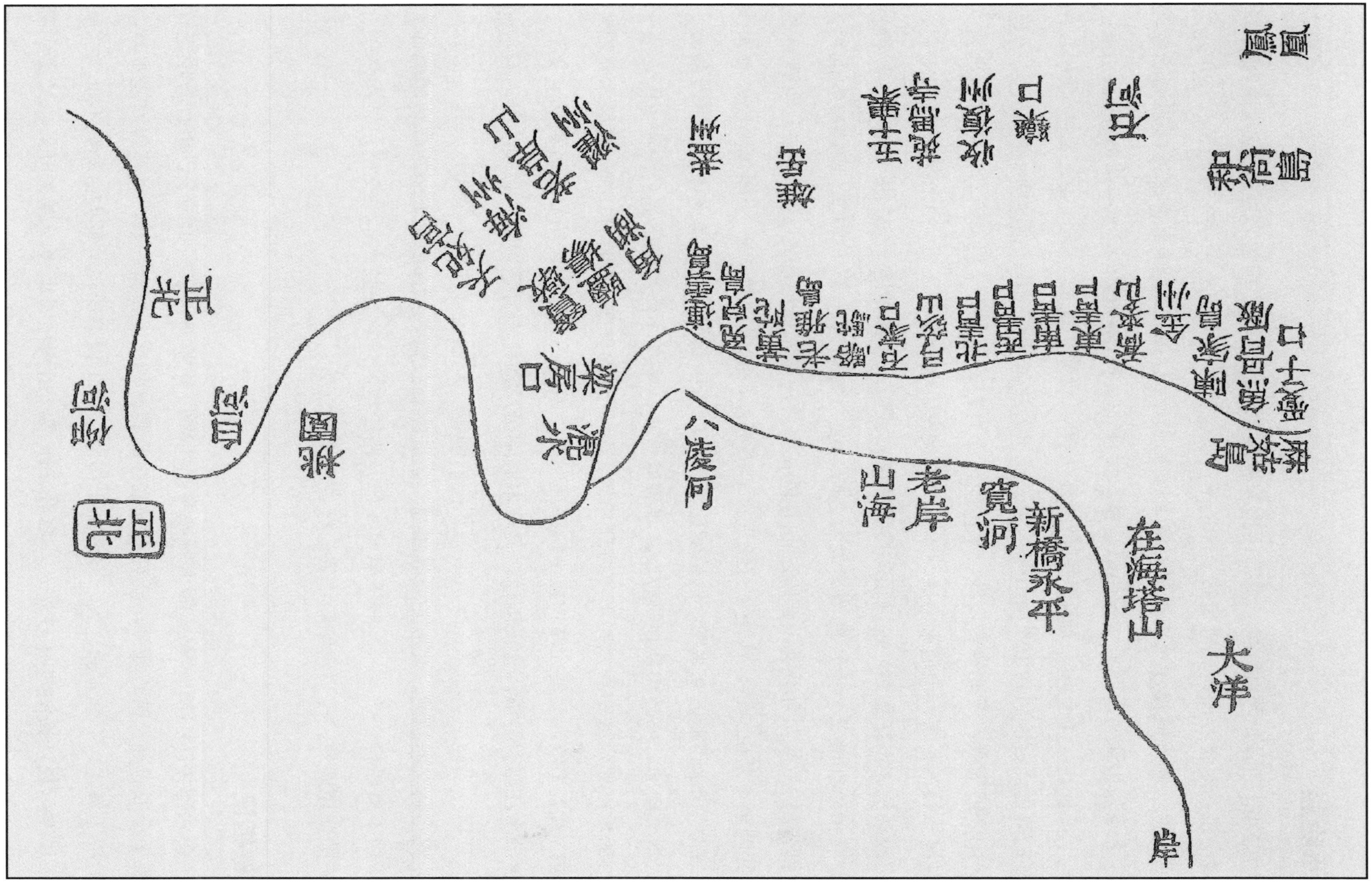


[明]□璠《海道經·海道指南圖》三

到登州沙門島，於萊州大洋入界河，至今為便，皆行北道。

## 風水險惡

至元十九年[1282]為始，年例，糧船聚於劉家港入海，由黃大郎觜白茆撐腳唐浦等處一帶，率皆沙淺，其洪道闊，卻無千丈長之潮，兩向俱有白水，潮退皆露沙地，候得西南風，順過匾擔沙東南大洪，過萬里長灘透深，開放大洋至青水洋內，經陸家等沙，下接長山並西南鹽城一帶趙鐵沙觜及半洋沙，嚮沙匾擔等沙淺，及至蘚[蘇]州洋，又有三沽洋山、下八山，補陀山到於黑水大洋，過成山北面一帶，並芝罘島登州一路木極島等處，近沙門島山或鐵山嘴，開放萊州大洋。又有三山、茅頭觜、大姑河、小姑河、兩頭河等灘，及北有曹婆沙、梁河沙，南有劉姑蒲灘，至界河海口，復有灘淺狹洪沙硬潮汛長落不常。但遇東南風，本處船聚稠密，則有妨礙之虞。上項所由各各險惡，去處設遇風濤不甚猛惡，可以預為轉調躲閃，或收入山島藏避，守伺風平浪少，然後行使。若值不測驟風急雨巨颶湧浪危險之時，或白晝迷霧、昏夜昏黑，皆賴聖朝洪福天地神明護祐，非人力所及。延祐三年[1316]正月，海道都府據慶元紹興所申，紹興路三江陡門至下蓋山一帶，沙淺一百餘里，名鐵板沙，潮汛猛惡。溫台船隻尖底，食水深淺，船戶稍水不識三江水脈，避怕險惡，直至四月中旬尚於烈港等處停泊，不敢前來。差人搜究斷罪，催趕顧覓剝船般剝，緣剝船數少，卒急不能尋顧，尚於海岸屯貯，委實靠損船戶不便，據紹與六路下年海運糧斛，如蒙照依皇慶二年[1313]例，就用本路船料裝發，若有不敷，於慶元路標撥小料海運貼裝。其溫、台、福建船隻起發劉家港交割，依舊於平江路倉裝糧，官民兩便。又準本府副萬戶抄兒赤目擊艱難，必須改擬，若台州有裝官糧，先儘本路船隻，不敷於溫州船內貼撥。紹興路糧亦用本路船隻裝發，不敷用慶元路小料海船貼裝。其慶元府港深闊，臨近路倉，腳夫徑直擔米上船，就將舶船並溫台所用不盡船料支裝。倘有剩下船料及慶元路船隻，差官押發劉家港交割，裝糧兩便。已經准擬標撥外，據福建舶船，依已行於慶元路支裝。

## 記標指淺

至大四年[1311]十二月，海道府據常熟州船戶蘇顯陳言立標指淺事，再行會集老僧運糧千戶殷忠顯、黃忠翊等，講究得每歲糧船到於劉家港聚齊起發，甘草等沙淺水暗，素於糧船為害，不知水脈之人，多於此上揍閣，排年損壞船糧渰死人命為數不少。今蘇顯備己船二隻，拋泊西暗沙觜，二處豎立旗纓，指領糧船出淺，誠為可采。又畫到圖本，備榜太倉周涇橋路漕宮前聚船處所，曉諭運糧船戶起發糧船，務要於暗沙東，蘇顯魚船偏南正西行使，於所立號船西邊經過，往北轉東落水行使，至黃連沙觜拋泊，候風開洋。如是潮退，號上桅上不立旗纓，糧船只許拋住，不許行使。若有不依指約，因而湊淺損失官糧之人船，主判院痛行斷罪，所陷官糧臨事斟酌，著落賠還。以蘇顯所言於官有益，於民有便，例應陞擢，申奉省府出給劄付，令蘇顯衹受充指淺提領依上施行。延祐元年[1314]七月，據常熟 江陰千戶所申，為江陰州界揚子江內巫子門等處沙淺，損壞糧船，喚到本處住坐船戶袁源、湯嶼，講究得江陰州管下夏港至君山直開沙淺，至馬馱沙南一帶，至彭公山、石牌山、浮山、巫子門、鎮山、石頭港、雷溝、陳溝九處，約有一百餘里，俱有沙淺暗焦，江潮沖流陰惡，潮長則一概俱沒，潮落微露沙脊。遞年支裝上江 甯國等處糧船，為不知淺沙暗焦，中間多有損壞，宜從官司差撥附近小料船隻，設立諳知水勢之人，於每歲裝糧之際，駕船於沙淺處立標，常川在彼指引糧船過淺，不致疎虞為是。江東各路船戶顧文寬、林德明等糧船，俱於巫子門等著落淺滲沒，其餘不及枚數。據袁源等所言實為官民便益，申奉省府給降劄付，令袁源等充指淺提領，照依議到事理預備船隻旗纓，依上指淺施行。延祐四年[1317]十二月，海道府承奉江浙行省劄付，准中書省諮送戶部呈奉省判御史臺備監察御史呈，每年春夏二次海運糧儲，萬里海程渺無邊際，皆以成山為標準，俱各定北行使，得至成山轉放沙門島、萊州等洋，約量可到直沽海口，為無卓望，不能入河，多有沙湧淤泥去處損壞船隻，合准所言，設立標望於龍山廟前，高築土堆，四傍石砌，以布為旛。每年四月十五日為始，有司差夫添力豎起，日間於上懸掛布旛，夜則懸點火燈，庶幾運糧海船得以瞻望。部議合准監察御史所言，令江浙行省計料成造旛竿、繩索、布旛、燈籠、蠟燭，趁迭來春運糧時，月發付海道萬戶府，順帶至直沽，交付有司收管，於海門 龍山廟前豎立，晝則懸旛，夜則掛燈。伺候春夏二運糧船齊足，方許倒卸，責付看廟僧人如法收掌。次年趁時復立，依上懸點，如有損壞多少，預為申案。相應都省，准擬咨請，依上施行。

——[元]佚名《大元海運記·卷下》

前元 至元二十年[1283]，克取江南。至元二十一年，起運海糧擢用朱清、張暄萬戶之職，押運糧船三萬五千石，賜立海道萬戶府、千戶所、百戶所，領虎符金牌、素銀牌面，各領品職，成造船隻，大者年過一千糧，小者三百石。自劉家港開船，出揚子江，盤轉黃連沙嘴，望西北沿沙行使。潮長行船，潮落拋泊。約半月或一月餘，始至淮口。經過膠州、海門、浮山、牢山、福島等處，沿山一路，東至延真島，望北行使，轉過成山，望西行使。到九皐島、劉公島、諸高山、劉家窪、登州 沙門島，開放萊州大洋，收進界河。兩箇月餘，纔抵直沽。委實水路艱難，深為繁重。至元二十六年[1289]，增益糧米八十萬石。是歲正月，裝糧在船。二月，開洋。四月，到於直沽交卸。五月，回還。復運夏糧，至八月又回本港，一歲兩運。是時船隻鮮少，人民恐懼，至元二十七年，朱萬戶躬請長興 李福四朝奉，押運指引。自揚子江開洋，落潮往東北行使，出離長灘，至白水、綠水，徑至黑水大洋。望北尋望延真島，使轉成山，正西行，便收入沙門島，開放萊州大洋，收進界河。遠不過一月之程，順不過半月之限，俱至直沽，以致漕運利便。是歲加封朱萬戶為浙江省參政，張萬戶為浙江鹽運司都運之職，每歲專從此道，駕使船糧赴北京，將及二十餘年。至大德七年[1303]，當蒙官司招顧兩浙上戶，造船運糧，腳價一十一兩五錢，分撥春夏二運。延祐以來，合造海船，大者八九千糧，小者二千餘石，是以海道富盛，歲運三百六十萬石，供給京師，甚為便易。迤南番海船皆從此道貢獻，倣效其路矣。自南至天津衛各有天妃廟，萬戶馬合法忽魯循，萬戶八十嘉，議奏封福惠天妃聖號，勅賜太牢。今我皇明臣服四夷，藩鎮奉朔，大遼歲給餽餉，迨遼海之平，欽封昭孝德正靈應孚濟聖妃娘娘，聖號留芳于萬萬年矣。





璚聞揚子江者，實海運之患也，必當擇取小訊大訊艅開洋，鮮有危險。如大訊行船，倘值東風勢急，惡水急緊，船艅稠密，一船退下，紐二連三，繳碇交纏，頭梢相擊，風雨相攻，人無措手，直至沙灘，必有損壞，宜深慎之。海道水程，至元一十七年[1280]始。

## 準備緩急

如遇順風使帆之時，勢顛猛，便減帆幔，投奔港汊稍泊，不得貪程，恐風勢不止。天色昏暮，迤邐前行，不知宿泊，多有疎失，不可不知。遇順風，正使帆，其間忽轉打頭風，便當使回風尋港汊為穩，勿得當江抵捱，指望風息，恐致雨細。如緩急猝暴風，奔港灘不及之時，急搶上風，多抛鐵貓，牢繫繩纜。如重載船，則頻頻點看水倉，怕有客水侵入，隨處剳艙。如小船則看風色如何，別尋泊處。如春夏間於港汊內泊船，須要多用壯繩，深打樁橛，不以早晚，恐有山水廢洪衝突之患。

## 海道

一自南京開洋，出龍江關，靠東邊行使，到觀音山，中洪一路好行。至 礬山北，有淺灘，中洪可行。望方山東邊，中洪一路淺灘，直過靳龍廟止，至鰣魚廠。東路至龍潭驛，一路水緊，北邊中洪可過。徑到儀真，中洪北到金山寺西首十餘里，水緊不可抛貓。寺北中洪都好行。到礁山門，仔細戳水行，西南嘴有淺灘，喚做姜婆沙。西北下戳水，中洪好行，南有淺灘。過山，中洪一路好行，轉往南有水，是洪，至丹徒縣南，有隔壁沙灘，中洪行使。到五聖廟，中洪好行。圌山西南嘴，一路淺灘，中洪到孟子河西南好行。東北中間淺灘沙嘴占多，是洪，有蘆青嘴。東南沖出有三四里，轉過南，中洪戳水行使，便是黃山。東北淺灘，沖出大江，中洪行使，望西邊緊水洪過。東有馬馱沙，西南嘴沖出沙帶一條，東南也有沙帶，一路中洪可行。南有江陰縣地方拋船，江陰縣西邊是夏港。過江陰縣，中洪到巫子門，淺塞，打外洪過，喚做寶船洪。望見西北蝦蟆山，可轉中洪到蝦蟆山，西有淺，北好行。南是谷瀆港，中洪有淺，占南有洪，照黃泗浦占南岸行使，到奚浦港。南有淺灘，北邊是洪。到福山港，中洪到白茆港，北有狼山，望東北戳水，中有淺，北有洪，徑到瞭角嘴，南路於劉家港拋泊。

一劉家港開船，出揚子江，靠南岸徑使，候潮長，□[沿]西岸行使，好風半日到白茆港，在江待之。潮平，帶蓬櫓搖，過撐腳沙尖，轉過崇明沙嘴，挑不了水，望正東行使，無礙。南有未入沙、婆婆沙、三腳沙，可須避之。揚子江內，北有雙塔，開南有范家港沙灘，東南有張家沙灘，江口有陸家沙腳，可避。口外有暗沙一帶連至崇明洲沙，亦可避之。江北有瞭角嘴。瞭角嘴開洋，或正西、西南、西北風往，潮落往正東，或帶北一字行使。戳水約半日，可過長灘，便是白水洋。望東北行使，見官綠水，一日便見黑綠水。循黑綠水望正北行使，好風兩日一夜到黑水洋。好風一日一夜，或兩日夜，便見北洋綠水。好風一日一夜，依針正北望，便是顯神山。好風半日，便見成山。自轉瞭角嘴，未過長灘，依針正北行使，早靠桃花班水過，北有長灘沙、鐖沙、半洋沙、陰沙、冥沙，切可避之。如在黑水洋內，正北帶東一字行使，料量風帆日期，不見成山，見黑水多，必是低了，可見升羅嶼海中島。西邊有不等礠，如筆架山様，即便復回，望北帶西一字行使，好風一日一夜，便見成山。若過黑水洋，見北洋 官綠水色，或朧，必見延真島。望西北見箇山尖，便是九峰山。向北一帶連去，有赤山、牢山二處，皆有島嶼，可以拋泊。若牢山北望，有北茶山 白蓬頭石礁，一路橫開百餘里，激浪如雲[雪]，即便開使，或復回望東北行使，北有馬鞍山 竹山島，南可入拋泊。北是旱門，亦有漫灘，也可拋泊。但東南風大，不可拋繫。北向便是成山。如在北洋 官綠水內，好風一日一夜，正北望見山，便是顯神山。若挑西　字多，必是高了，但見赤山、九峰山、西南洋，有北茶山 白蓬頭，即便復回。望東北行使，好風半日，便見成山。

一轉過成山，望正西行使，前有雞鳴嶼，中有浮礁一片，可以避之。往西有夫人嶼，不可在內使船，收到劉島西小門，也可進廟前拋泊。劉島開洋，正西行使，好風一日到芝界[罘]島，東北有門可入。西北離有一百餘里，有黑礁一片，三四畝大，避之。收到八角島東南，有門可入。自芝界島有好風，半日使過抹直曰[口]，有金嘴石沖出洋內，潮落可見，避之。至新河海口，到沙門島，東南有淺，可挨深行使。南門可入，東邊有門，有暗礁二塊，日間可行。西北有門，可入廟前拋泊。沙門島開洋，望北徑過砣磯山、欽島、沒島、南半洋、北半洋，到鐵山洋，往東，收旅順口。東收黃洋川，西南嘴有礁石。一路山東進口，過黃洋川，東收平島口，外有五箇饅頭山，進口內拋泊。南邊一路老岸，外洋有一孤[山]，望城兒嶺。盡頭東望，有三山，正中進入內，有南北沙帶一條相連。陡岸深水，可以抛泊。三山西有南山，收進青泥窪。西有松樹島，北有孤山，東北望看鳳凰山，便是和尚島烽墩下。占西有礁石，西北有倉廟，外有淺灘亂礁，避之。三山北看青島，一路山望海駝，收黄島、使島。若鐵山往西，收羊頭窪 雙島，有半邊山、艾子口、望塔山，看連雲島，東北看蓋州一路山，看鹽場，西看寶塔臺，便是梁房口。進入三叉河，收牛莊 馬頭抛泊。

直沽開洋，望東挑南一字行使，一日一夜見半邊山，便有沙門島。若挑南字多了，必見萊州 三山。便挑東北行使，半日便見沙門島。若挑北字多，必見硊磯山。往南收登州衛北沙門島。開船，東南山嘴有淺，可挨中望東行使。好風一日一夜到劉島，收入宫前。劉島開洋，望東挑北一字，轉成山嘴。望正南行使，好風一日一夜見綠水。好風一日一夜見黑水。好風一日一夜便見南洋 綠水。好風兩日一夜見白水。望南挑西一字行使，好風一日，點竿累戳二丈，漸漸減作一丈五尺。水下有亂泥，約一二尺深，便是長灘。漸漸挑西，收洪，如水竿戳著硬沙，不是長沙地面，即便復回。望大東行使，見綠水，望東行使，到白水，尋長沙，收三沙洪。如收不著洪，即望東南行使，日間看水黄綠色，浪花如茶未[末]水，夜間看浪潑如大星多，即是茶山。若船稍坐茶山往西南一字，好風半潮，北見崇明沙，南見清浦墩，沿岸劉家港。如在黑水洋，正南挑西字多，必是高了。前有陰沙、半洋沙、嚮沙、攔頭沙，即是瞭角嘴北，便復回。往正東行使，看水色風汛，收三沙洪。如風不便，收不得洪，即挑東南行使，看水色，收寶山。如在黑水大洋，挑東多，必是低了，可見隔界大山一座，便望正西挑南一字行使，好風一日一夜，便見茶山。如不見隔界山，又不見茶山，見黑綠水多，便望正西行使，必見石龍山、孤礁山。復回望西南行使，見茶山。收洪後，住盡回帆程限。

一遼河口開洋，順風一日一夜，徑至鐵山南面。山前帶東[鐵]二字，望南行使，徑至成山，收入南洋。望正南行使，三日三夜徑至桃花班水邊。望東行使，見白水帶西二字，勤戳點竿，尋投長灘一丈八尺，漸漸減至一丈五尺。望西行，戳揚子江洪。如尋不見洪内，望下使必見茶山。至茶山後，水弱，船稍南面，坐茶山望西行使，半潮便見崇明洲。如若順風，一潮送至劉家港口内抛泊。若船去回，須記桃花班水，北有半洋沙、嚮沙、陰沙，在洋内須要提防。凡空回還，不可料程，早早可使船，小料亦如此即[提]防無礙。

一福建布政司 水波門 長樂港 船廠門[開]船，水程地頭，預要水手船隻護送。沿港海島，其神仙壁 碧水屋山島去處，古有賊船，以備良便船開洋，送至三岔河口。如過一日二日至古山寺，登山送香燭，防東南颶作潮大。過日平息，送至望琪港 娘娘廟前抛泊。過日，至長樂港口。過一日，至民遠鎮巡檢司。過一日，至總埠頭港。過一日，至福州左等衛，告要水手船送。過一日，至五虎廟，燒總福。過一日，至五虎門開洋，望東北行使，正東便是裏衣山。正北便是定海千戶所。東南便是福清縣鹽場。過一日，至王家峪海島拋泊。過一日，至北高山巡檢司 西洋山口，好拋泊。過一日，至福寧縣，晚收風火幫 娘娘廟前拋泊。過一日，至滿門千戶所，防有天霧，晚收艎艚巡檢司海口。過一日，至金鄉衛，告要水手船隻引送。過一日，至松門衛。過一日，至溫州 平陽縣 平陽巡檢司海口，至鳳凰山、銅盆山，防東南颶作，晚收中界山拋泊。過一日，至盤石衛，但見天霧，在中界山正北島拋泊。過日，南風行使，至晚收北門千戶所，要尋捕魚小列船送。過日，南風往北行使，過利洋 雞籠山，等潮可行，至松門港 松門衛 東港拋泊，見捕魚船十五六隻，便是港口。過一日，等潮開船，至台州 海門衛 東洋山，晚收拋泊。過日離溫州，望北行使，晚到桃青千戶所 聖門口拋泊。過日開洋，至大佛頭山、屏風山，至建跳千戶所 長亭巡檢司，要水手魚船。過日至羅漢堂山，到石浦千戶所東門拋泊，要水手送。過日至定海衛，放回金鄉衛、盤石衛，要梢水手。離石浦港後門出，過銅瓦山、後沙洋、半邊山 黨公爵溪千戶所，望北行使，至青門山 亂石礁洋，至前倉千戶所 雙臍港騎頭巡檢司前拋[泊]，過[至]大嵩千戶所，過家門山、招寶山，進定海港。定海衛南門拋，要梢水船送燒總福，娘娘廟祭奠。開洋，望北行使，至遮口山 黃公洋，至烈港千戶所。海甯衛東三姑山，望北行使，若至茶山低了，至金山衛東海灘，松江府 上海縣，海套水淺。望東南行使，過晚拋船等潮，過羊山、大七山、小七山，過太倉寶塔，望東北行使，兩日兩夜，見黑水洋。南風使船，一日見綠水，瞭見海內懸山一座，便是延真島。至靖海衛口淺灘，可預避之。

——[明]□璠《海道經》

## 【附：(元)貢師泰《海歌八首》】

黑面小郎棹三板，載取官人來大船。日正中時先轉柁，一時舉手拜神天。

出得蛟門才是海，虎蹲山下待平潮。敲帆轉舶齊著力，不見前船正過焦。

大星煌煌天欲明，黃旗上寫總漕名。願得順風三四日，早催春運到燕京。

只嶼山前放大洋，霧氣昏昏海上黃。聽得柁樓人笑道，半天紅日掛帆檣。

四山合處一門開，雪浪掀天不盡來。船過此間都賀喜，明朝便可到南台。

千戶火長好家主，事事辛苦不辭難。明年載糧直沽去，便著綠袍歸作官。

大工駕柁如駕馬，數人左右拽長牽。萬鈞氣力在我手，任渠雪浪來滔天。

碇手在船功最多，一人唱聲百人和。何事淺深偏記得，慣曾海上看風波。

——《海歌八首》應貢師泰(1298–1362)在至正十四年(1354)到二十年(1360)間於浙、閩督辦漕糧時所作。原刊於貢師泰《玩齋拾遺》，後收入清顧嗣立《元詩選》二集戊集。

# 洪武間《大明混一圖》已繪出非洲南端大三角

## 《大明混一圖》與《廣輿圖》非洲部分地名比較

| **大明混一圖**（佚名） | **廣輿圖**（羅洪先增纂） |
| --- | --- |
| 這不魯哈麻 | 這不魯麻 |
| 桑骨八 | 桑骨八 |
| 法那伊斯哇 | 哈納亦思津 |
| 娣八奴 | 桑骨雙 |
| 庫六 | 庫六 |
| 喝卒 | 喝竭 |
| 失爾剌禿里那 | 失阿剌禿里赤 |
| 冒西哈必那 | 冒西哈必剌 |
| 顆細打窅眉 | 顆細打賓 |
| 黑八阿乞輕 | 黑八阿乞輕 |
| 法發 | |
| | 哇阿哇 |

——佚名《大明混一圖》，資料引自《中國古代地圖集[明代]》。

[明]佚名《大明混一圖》

若夫漲海之東南，沙漠之西北，諸番異域，雖朝貢時至，而遼絕罕稽。言之者既不能詳，詳者又未必可信，故於斯類，姑用闕如。

——[元]朱思本《輿地圖·自序》，《貞元齋詩文稿》。

天下至廣也，內自中國，外薄四海，不知其幾千萬里也。約而圖之於數尺之幅，其致詳難矣，故為圖者率皆疎略。惟吳門李澤民《聲教廣被圖》，頗為詳備；而歷代帝王國都沿革，則天台僧清濬《混一疆理圖》備載焉。建文四年[1402]夏，左政丞上洛金公[士衡]，右政丞丹陽李公[茂]燮理之暇，參究是圖，命檢詳李薈，更加詳校，合為一圖。其遼水以東，及本國疆域，澤民之圖，亦多闕略。今特增廣本國地圖，而附以日本，勒成新圖，井然可觀，誠可以不出戶而知天下也。夫觀圖籍而知地域之遐邇，亦為治之一助也。二公所以拳拳於此圖者，其規模局量之大可知矣。近以不才，承乏參贊，以從二公之後，樂觀此圖之成而深幸之。既償吾平日講求方冊而會觀之志，又喜吾他日退處環堵之中，而得遂其臥遊之志也，故書此于圖之下云。是年秋八月，陽村權近誌。

——[朝鮮]權近《混一疆理歷代國都之圖·題跋》

予近見《廣輿[輪]疆里》一圖，其方周尺僅二尺許。東自黑龍江、西海祠[西河洞]，南自雷、廉、特磨道站，至歹灘、通西，皆界為方格，大約南北九十餘格，東西差少。其陰則清濬等二詩、嚴節一跋，因悉錄之："萬里山川咫尺中，江河迢遞總朝東。當時漢帝曾披此，鄧禹因之立大功。"（沙門清濬）"夷夏都歸掌握中，眼空南北與西東。此圖畫就非容易，為問沙彌幾日功。"（武林王逵）"此圖乃元至正庚子[1360][天]台僧清濬所畫。中界方格，限地百里，大率廣袤萬餘。其間省、路、府、州，別以朱墨，仍書名山大川水陸限界。予喜其詳備，但與今制頗異。暇日因摹一本，悉更正之。黃圈為京，朱圈為

**【引書舉要】**

在明代前期，先後繪出南非大三角的有《大明混一圖》《混一疆里歷代國都之圖》及《廣輿圖》。據朱思本自序，他並未繪及異域。而朝鮮權近題跋則云，其圖源自李澤民、清濬之圖。目前，李澤民之圖早佚，清濬則未涉及諸番異域，因此《大明混一圖》等之繪畫南非圖形，比較可能是來自李澤民《聲教廣被圖》，也不排除吸收阿拉伯地圖學之成就。至於羅洪先《廣輿圖》的域外部分，肯定採用了《大明混一圖》的資料。

本書引用資料所據：

［元］朱思本《貞一齋詩文稿》，宛委別藏錄叢書堂鈔本。

佚名《大明混一圖》，原圖藏中國第一歷史檔案館（上海中國航海博物館等處有複製品），引自汪前進、胡啓松、劉若芳《絹本彩繪大明混一圖研究》，載曹婉如、鄭錫煌、黃盛璋、鈕仲勳、任金城、秦國經、胡邦波編《中國古代地圖集（明代）》，文物出版社1994年版。

［朝鮮］金士衡、李茂、李薈、權近《混一疆里歷代國都之圖》，見織田武雄、室賀信夫、海野一隆《日本古地図大成•世界図編》，講談社1972年版。

［明］葉盛《水東日記》，明弘治刻本。

在迪亞士1488年發現好望角之前整整100年，比鄭和首下西洋早出十六七載，《大明混一圖》已繪出非洲南端的大三角，並記下衆多歐、非地名，成爲朝鮮《混一疆里歷代國都之圖》的藍本，是爲明代航海大業領先之前奏。

藩，朱豎為府，朱點為州，縣繁而不盡列。若海島沙漠，道里遼絕，莫可稽考者，略敘其概焉。時景泰壬申[三年（1452）]正月，嘉禾 嚴節 貴中謹識（郡邑間有仍舊名者，既不盡刻，不復改也）。”

——[明]葉盛《水東日記·卷十七》





# 《（洪武）三十六姓所傳針本》首記經釣魚臺至琉球航路

**【引書舉要】**

“三十六姓”係明太祖洪武廿五年（1392）賜給琉球的福建船工，其航海針本應起於14世紀末，至成化廿一年（1485）仍續有增補，後被抄錄於程順則《指南廣義》之中。

本書所引（琉球）程順則（1663—1734）《指南廣義》，出版於康熙四十七年（1708），現藏琉球大學志嘉屋図書館，臺灣大學圖書館另有鈔本。其標點本可見南溟網：http://www.world10k.com/blog.?P=1608。

東海的釣魚臺諸島，無論發現或記載均由華人船工領先而爲，琉球人著作所載的《(洪武)三十六姓所傳針本》就是不容辯駁的明證。

## 琉球往福州

二月，古米山開洋，（用辛戌並辛酉針）四十五更（取）東湧山為妙。

又三月，古米山開洋，（用辛酉針）二十七、八更（看墨魚骨成陣流）係是洋心，（用單酉針）一日就見山。如不見山，海水變綠色，又見白色。夜間可防近山。使開針，候至天明觀是什麼山，真無差也。

又三月，古米山開洋，（用辛酉針）十五更，（又用單酉）二十更（見）釣魚臺，（又單酉針）七更（取）彭家山，（又用辛酉針取）官塘。

又成化二十一年[1485]九月二十四日午時，古米山開洋，（用庚酉針）四更、（又乾亥針）三更、（又單乾針）四更、（又辛戌針）三更、（又單戌針）四更、（又辛酉針）十九更（見）台山。

又古米山開舟，東北風（用單戌針）十更、（又辛戌針）五更、（又單辛針）五更、（又單酉針）十更（見水色渾白，遠看有山），又用（庚酉針）認是南杞。

又十月，古米山開洋，（用乾戌針）十更、（又用辛酉）五更、（又用單酉）十更、（又用辛戌）五更、（又用單酉）五更，（見）台山。

## 福州回琉球

梅花及東沙開船，若正南風（用乙辰針）十更（取）小琉球頭，便是雞籠山圓尖，（又用乙辰）五更花瓶嶼（並）彭家山，（又用單乙）七更（取）釣魚臺，（離開流水甚緊，北過，用乙卯並單卯針）四更烏嶼，（前面）黃毛嶼，（北過用單卯針）十更（取）赤嶼，（北過用卯[單]卯針）十五更（取）古米山，（北過用單卯針）三更（取）馬齒山，（用甲卯並甲寅）三更收入那霸港大吉。

又東墻山開船，南風（用乙辰針直取）小琉球頭，（用乙卯針）五更（取）花瓶嶼（並）彭家山，（用乙辰取）北木山（即八重山島）。

又東湧山開船，北風（甲卯針取）彭家山，若南風（用甲卯並乙卯針取）釣魚臺，北風（用甲卯並乙辰針取）太平山（即宮古島）。

又釣魚臺開船，北風（辰巽針取）北木山尾 小琉球頭，（又用乙辰針取）沙洲門，（又用乙卯針取）太平山。太平山開船，（用艮寅針直取）那霸港口大吉。

以上十條《三十六姓所傳針本》抄。

——引自琉球程順則《指南廣義》

# 鄭和下西洋碑記及《瀛涯》《星槎》《西洋志》諸書

鄭和，雲南人，世所謂三保太監者也。初事燕王於藩邸，從起兵有功，累擢太監。成祖疑惠帝亡海外，欲蹤跡之，且欲耀兵異域，示中國富強。永樂三年[1405]六月，命和及其儕王景弘等通使西洋。將士卒二萬七千八百餘人，多齎金幣。造大舶，修四十四丈、廣十八丈者六十二。自蘇州 劉家河，泛海至福建，復自福建 五虎門揚帆。首達占城，以次偏歷諸番國，宣天子詔，因給賜其君長，不服則以武慴之……

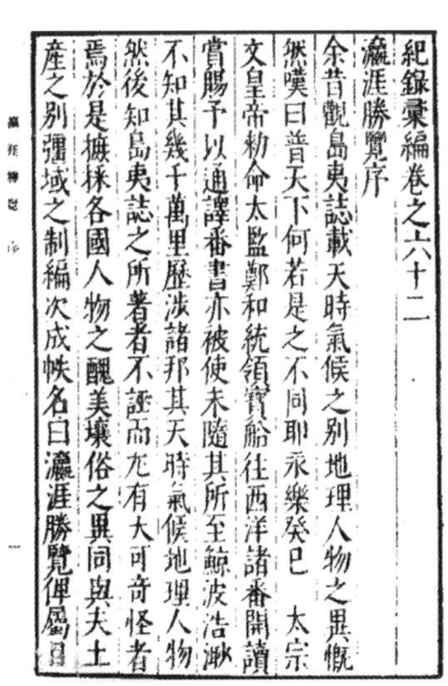
紀錄彙編卷之六十二
瀛涯勝覽序
余昔觀島夷誌載天時氣候之別地理人物之異慨然嘆曰普天下何若是之不同耶永樂癸巳 太宗文皇帝勑命太監鄭和統領寶船往西洋諸番開讀賞賜予以通譯番書亦被使末隨其所至鯨波浩渺不知其幾千萬里歷涉諸邦其天時氣候地理人物然後知島夷誌之所著者不誣而尤有大可奇怪者焉於是撫採各國人物之醜美壤俗之異同與夫土産之別疆域之制編次成帙名曰瀛涯勝覽俾屬目

[明]馬歡《瀛涯勝覽》書影

和經事三朝，先後七奉使，所歷占城、爪哇、真臘、舊港、暹羅、古里、滿剌加、渤泥、蘇門答剌、阿魯、柯枝、大葛蘭、小葛蘭、西洋瑣里、瑣里、加異勒、阿撥把丹、南巫里、甘把里、錫蘭山、喃渤利、彭亨、急蘭

【引書舉要】

1405—1433年鄭和（1371—1433）船隊的七下西洋，是中國乃至世界航海史的重大事件。據《明史》所載，所至卅餘國家和地區，一般認爲遠至非洲東岸。其重要史料有各種碑銘，尤其是婁東劉家港《天妃宮石刻通番事蹟記》、長樂南山寺的《天妃之神靈應記》，以及在斯里蘭卡所立的碑記。

[明] 鄭和於錫蘭所立碑，中國學界多稱“鄭和禮佛碑”，但斯里蘭卡及海外則常稱“三文碑”，因該碑有漢文、塔米爾文和波斯文三種文字，分別歌頌三種宗教。此碑出土於錫蘭西南角的加勒（Galle），現收藏並展示於斯里蘭卡科倫坡博物館。

當時隨行者的記錄，也是珍貴的第一手史料，包括：馬歡的《瀛涯勝覽》（本書所引據北京：海洋出版社2005年萬明校注本）；費信的《星槎勝覽》（本書所引據北京：中華書局1954年馮承鈞校注本）；鞏珍的《西洋番國志》（本書所引據北京：中華書局1961年向達校注本）。



丹、忽魯謨斯、比剌、溜山、孫剌、木骨都束、麻林、剌撒、祖法兒、沙里灣泥、竹步、榜葛剌、天方、黎伐、那孤兒，凡三十餘國。所取無名寶物不可勝計，而中國耗廢亦不貲。自宣德以還，遠方時有至者，要不如永樂時，而和亦老且死。自和後，凡將命海表者，莫不盛稱和以夸外番，故俗傳三保太監下西洋，為明初盛事云。

——《明史·卷三百零四·列傳·一百九十二·宦官·一·鄭和》

## 故馬公墓誌銘

公字哈只，姓馬氏，世為雲南 昆陽州人。祖拜顏，妣馬氏。父哈只，母溫氏。公生而魁岸奇偉，風裁凜凜可畏，不肯枉己附人。人有過，輒面斥無隱。性尤好善，遇貧困及鰥寡無依者恒保護賙給，未嘗有倦容，以故鄉黨靡不稱公為長者。娶溫氏，有婦德。子男二人，長文銘，次和，女四人。和自幼有材志，事今天子，賜姓鄭，為內官監太監。公勤明敏，謙恭謹密，不避勞勩，縉紳咸稱譽焉。嗚呼，觀其子而公之積累於平日，與義方之訓可見矣。公生於甲申年[至正四年（1344）]十二月初九日，卒於洪武壬戌[十五年（1382）]七月初三日，享年三十九歲。長子文銘奉柩安厝於寶山鄉 和代村之原，禮也。

銘曰：“身處乎邊陲而服禮義之習，分安乎庶民而存惠澤之施，宜其餘慶深長，而有子光顯於當時也！”

時永樂三年端陽日資善大夫禮部尚書兼左春坊大學士李至剛撰。

## 附：碑陰鄭和題記

馬氏第二子太監鄭和，奉命於永樂九年[1411]十一月二十二日到於祖宗墳塋，祭掃追薦。至閏十二月吉日迴還記耳。

——[明]李至剛《鄭和父馬哈只墓誌銘》，原石存雲南昆陽城外。

大明皇帝遣太監鄭和、王貴通等昭告於佛 世尊曰：

仰惟慈尊，圓明廣大，道臻玄妙，法濟群倫。歷劫河沙，悉歸弘化，能仁慧力，妙應無方。惟錫蘭山介乎海南，言言梵刹，靈感翕彰。比者遣使詔諭諸番，海道之開，深賴慈佑，人舟安利，來往無虞，永惟大德，禮用報施。謹以金銀織金紵絲寶旛、香爐、花瓶、紵絲表裏、燈燭等物，布施佛寺，以充供養。惟世尊覽之。總計布施錫蘭山立佛等寺供養：金壹仟錢、銀伍仟錢，各色紵絲伍拾疋、各色絹伍拾疋、織金紵絲寶旛肆對內紅貳對黃壹對青壹對、古銅香爐伍對、戧金座全古銅花瓶伍對、戧金座全黃銅燭臺伍對、戧金座全黃銅燈盞伍個、戧金座全硃紅漆戧金香盒伍個、金蓮花陸對、香油貳仟伍佰觔、蠟燭壹拾對、檀香壹拾炷。

時永樂七年[1409]歲次己丑二月甲戌朔日謹施。

——[明]鄭和於錫蘭所立碑，原石藏斯里蘭卡科倫坡博物館。

欽差總兵太監鄭和前往西洋 忽魯謨廝等國公幹，永樂十五年[1417]五月十六日於此行香，望靈聖庇祐。鎮撫蒲和日記立。

——[明]鄭和於泉州回教先賢塚行香石刻，原石存泉州。

## 婁東 劉家港 天妃宮石刻通番事蹟記

明 宣德六年[1431]歲次辛亥春朔，正使太監鄭和、王景弘，副使太監朱良、周福、洪保、楊真，左少監張達等立。其辭曰：

"勅封護國庇民妙靈昭應弘仁普濟天妃之神，威靈布於鉅海，功德著於太常，尚矣。和等自永樂初奉使諸番，今經七次，每統領官兵數萬人，海船百餘艘。自太倉開洋，由占城國、暹羅國、爪哇國、柯枝國、古里國，抵於西域忽嚕謨斯等三千[十]餘國，涉滄溟十萬餘里。觀夫鯨波接天，浩浩無涯，或煙霧之溟濛，或風浪之崔嵬。海洋之狀，變態無時，而我之雲帆高張，晝夜星馳，非仗神功，曷能康濟。值有險阻，一稱神號，感應如響，即有神燈燭於帆檣。靈光一臨，則變險為夷，舟師恬然，咸保無虞。此神功之大概也。及臨外邦，其蠻王之梗化不恭者生擒之，寇兵之肆暴掠者殄滅之，海道由而清寧，番人賴之以安業，皆神之助也。

"神之功績，昔嘗奏請於朝廷，宮於南京 龍江之上，永傳祀事，欽承御製記文，以彰靈貺，褒美至矣，然神之靈無往不在。若劉家港之行宮，創造有年，每至于斯，即為葺理。宣德五年[1430]冬，復奉使諸番國，艤舟祠下，官軍人等瞻禮勤誠，祀享絡繹。神之殿堂益加修飭，弘勝舊規。復重建岨山小姐之神祠於宮之後，殿堂神像，燦然一新。官校軍民咸樂趨事，自有不容已者。非神之功德感於人心而致乎！是用勒文於石，並記諸番往回之歲月，昭示永久焉。

"永樂三年[1405]統領舟師往古里等國。時海寇陳祖義等聚眾於三佛齊國抄掠番商，生擒厥魁。至五年回還。

"永樂五年[1407]統領舟師往爪哇、古里、柯枝、暹羅等國，其國王各以方物珍禽獸貢獻。至七年回還。

"永樂七年[1409]統領舟師往前各國，道經錫蘭山國，其王亞列若[苦]奈兒負固不恭，謀害舟師，賴神靈顯應知覺，遂擒其王，至九年歸獻，尋蒙恩宥，俾復歸國。

"永樂十二年[1414]統領舟師往忽嚕謨斯等國。其蘇門答剌國偽王蘇幹剌寇侵本國，其王遣使赴闕陳訴請救，就率官兵勦捕，神功默助，遂生擒偽王，至十三年歸獻。是年滿剌加國王親[率]妻子朝貢。

"永樂十五年[1417]統領舟師往西域。其忽嚕謨斯國進獅子、金錢豹、西馬；阿丹國進麒麟，番名祖剌法，並長角馬哈獸；木骨都束國進花福鹿並獅子；卜剌哇國進千里駱駝並駝雞；爪哇國、古里國進麋里羔獸。各進方物，皆古所未聞者。及遣王男王弟捧金葉表文朝貢。

"永樂十九年[1421]統領舟師遣忽嚕謨斯等各國使臣久侍京師者，悉還本國。其各國王貢獻方物，視前益加。

"宣德五年[1430]，仍往諸番開詔，舟師泊於祠下。思昔數次皆仗神明護助之功，於是勒文于石。"

——《婁東劉家港天妃宮石刻通番事蹟記》，原石佚，

文見錢穀《吳都文粹續集·卷廿八》。



## 天妃之神靈應記

皇明混一海宇，超三代而軼漢 唐，際天極地，罔不臣妾。其西域之西，迤北之國，固遠矣，而程途可計，若海外諸番，實為遐壤，皆捧珍執贄，重譯來朝。皇上嘉其忠誠，命和等統率官校旗軍數萬人，乘巨舶百餘艘，齎幣往賚之；所以宣德化而柔遠人也。自永樂三年奉使西洋，迨今七次，所歷番國：由占城國、爪哇國、三佛齊國、暹羅國，直踰南天竺 錫蘭山國、古里國、柯枝國，抵於西域忽魯謨斯國、阿丹國、木骨都束國，大小凡三十餘國，涉滄溟十萬餘里。觀夫海洋洪濤接天，巨浪如山，視諸夷域，迥隔於煙霧縹緲之間。而我之雲帆高張，晝夜星馳，涉彼狂瀾，若履通衢者，誠荷朝廷威福之致，尤賴天妃之神護祐之德也。神之靈固嘗著於昔時，而盛顯於當代。溟渤之間，或遇風濤，既有神燈燭於帆檣，靈光一臨，則變險為夷，雖在顛連，亦保無虞。及臨外邦，番王之不恭者生擒之，蠻寇之侵略者勦滅之。由是海道清寧，番人仰賴者，皆神之賜也。

神之感應未易殫舉。昔嘗奏請於朝，紀德太常，建宮於南京 龍江之上，永傳祀

典，欽蒙御製記文以彰靈貺，褒美至矣，然神之靈無往不在。若長樂南山之行宮，余由舟師屢駐於斯，伺風開洋。乃於永樂十年[1412]奏建以為官軍祈報之所，既嚴且整。右有南山塔寺，歷歲久深，荒涼頽圮，每就修葺，數載之間，殿堂禪室，弘勝舊規。今年春仍往諸番，蟻[艤]舟茲港，復修佛宇神宮，益加華美。而又發心施財，鼎建三清寶殿一所於宮之左，雕妝聖像，粲然一新，鐘皷供儀，靡不俱備。僉謂如是，庶足以盡恭事天地神明之心。眾願如斯，感樂趨事，殿廡宏麗，不日成之，畫棟連雲，如翬如翼。且有青松翠竹，掩映左右，神安人悅，誠勝境也。斯土斯民，豈不咸臻福利哉！人能竭忠以事君，則事無不立；盡誠以事神，則禱無不應。和等上荷聖君寵命之隆，下致遠夷敬信之厚，統舟師之眾，掌錢帛之多，夙夜拳拳，唯恐弗逮，敢不竭忠於國事，盡誠於神明乎！師旅之安寧，往迴之康濟者，烏可不知所自乎？是用著神之德於石，並記諸番往迴之歲月，以貽永久焉。

一　永樂三年統領舟師至古里等國。時海寇陳祖義聚眾三佛齊國，劫掠番商，亦來犯我舟師，即有神兵陰助，一鼓而殄滅之。至五年迴。

一　永樂五年統領舟師往爪哇、古里、柯枝、暹羅等國，番王各以珍寶珍禽異獸貢獻。至七年迴還。

一　永樂七年統領舟師往前各國，道經錫蘭山國，其王亞烈苦奈兒負固不恭，謀害舟師，賴神顯應知覺，遂生擒其王，至九年歸獻。尋蒙恩宥，俾歸本國。

一　永樂十一年統領舟師往忽魯謨斯等國。其蘇門答剌國有偽王蘇斡[幹]剌寇侵本國，其王宰奴里阿比丁遣使赴闕陳訴，就率官兵勦捕。賴神默助，生擒偽王，至十三年迴獻。是年滿剌加國王親率妻子朝貢。

一　永樂十五年統領舟師往西域。其忽魯謨斯國進獅子、金錢豹、大西馬。阿丹國進麒麟，番名祖剌法，並長角馬哈獸。木骨都束國進花福鹿並獅子。卜剌哇國進千里駱駝並駝雞。爪哇、古里國進縻里羔獸。若乃藏山隱海之靈物，沉沙棲陸之偉寶，莫不爭先呈獻。或遣王男，或遣王叔王弟，齎捧金葉表文朝貢。

一　永樂十九年統領舟師遣忽魯謨斯等國使臣久侍京師者悉還本國。其各國王益修職貢，視前有加。

一　宣德六年仍統舟師往諸番國，開讀賞賜，駐舶茲港，等候朔風開洋。思昔數次皆仗神明助祐之功，如是勒記於石。

宣德六年歲次辛亥仲冬吉日正使太監鄭和、王景弘，副使太監李興、朱良、周滿，洪保、楊真、張達、吳忠，指揮朱真、王衡等立。正一住持楊一初稽首請立石。

——《長樂南山寺天妃之神靈應記》，原石發現於福建長樂。

## 馬歡《瀛涯勝覽·序》

余昔觀《島夷志》，載天時、氣候之別，地理、人物之異，慨然歎：普天之下何若是之不同耶？永樂十一年[1413]癸巳，太宗文皇帝敕命正使太監鄭和等統領寶船，往西洋諸番開讀賞賜，余以通譯番書，忝備使末。隨其所至，鯨波浩渺，不知其幾千萬里。歷涉諸邦，其天時、氣候、地理、人物，目擊而身履之，然後知《島夷志》之所著不誣，而尤有大可奇詫者焉。於是採摭諸國人物之妍媸，壤俗之同異，與夫土產之別、疆域之制，編次成帙，名曰《瀛涯勝覽》。俾屬目者一顧之頃，諸番事實悉得其要，而尤見夫聖化所及非前代之比。弟愧愚昧，一介微氓，叨陪使節，與斯勝覽，誠千載之奇遇也。是帙也，措意遣詞不能文飾，但直書其事而已，覽者毋以膚淺誚焉。是為序。

永樂十四年[1416]歲次丙申黃鐘月吉旦會稽山樵馬歡述





## 《瀛涯勝覽》紀行詩

皇華使者承天敕，宣佈綸音往夷域。鯨舟吼浪泛滄溟，經涉洪濤渺無極。
洪濤浩浩湧瓊波，群山隱隱浮青螺。占城港口暫停憩，揚帆迅速來闍婆。
闍婆遠隔中華地，天氣炎蒸人物異。科頭裸足語侏儚，不習衣冠禮義疏。
天書到處騰歡聲，蠻魁酋長爭相迎。南金異寶遠馳貢，懷恩慕義攄忠誠。
闍婆又往西洋去，三佛齊過臨五嶼。蘇門答剌峙中流，海舶番商經此聚。
自此分䑸往錫蘭，柯枝 古里連諸番。弱水南濱溜山谷，去路茫茫更險艱。
欲投西域遙凝目，但見波光接天綠。舟人矯首混西東，惟指星辰定南北。
忽魯謨廝近海傍，大宛 米息通行商。曾聞博望使絕域，如何當代覃恩光。
書生從役忘卑賤，使節三陪遊覽遍。高山巨浪豈曾觀，異寶珍奇今始見。
俯仰堪輿無有垠，際天極地皆王臣。聖朝一統混華夏，於曠古今孰可論。
使節勤勞恐遲暮，時值南風指歸路。舟行巨海若游龍，回首遐荒隔煙霧。
歸到京華覲紫宸，龍墀拜納皆奇珍。重瞳一顧天顏喜，爵祿均頒雨露新。

## 諸番國名

占城國　爪哇國　舊港國　暹羅國　滿剌加國　啞魯國　蘇門答剌國　那孤兒（小國）　黎代國（小國）　南浡里國　溜山國　榜葛剌國　錫蘭國　小葛蘭國　柯枝國　古里國　祖法兒國　忽魯謨廝國　阿丹國　天方國

## 寶船與人員

寶船六十三隻：

大者長四十四丈四尺，闊一十八丈。

中者長三十七丈，闊一十五丈。

計下西洋官校、旗軍、勇士、力士、通士、民梢、買辦、書手，通共計二萬七千六百七十員名：

官八百六十八員、軍二萬六千八百二名。

正使太監七員、少監十員、臨丞五員。

內官內使五十三員、戶部郎中一員、都指揮二員。

指揮九十三員、千戶一百四十員、百戶四百三員。

教諭一員、陰陽官一員、舍人二名、余丁一名。

醫官、醫士一百八十名。

——[明]馬歡《瀛涯勝覽》

占城國：其國即釋典所言王舍城，在廣南大海之南。自福建 福州府 長樂縣 五虎門開船，往西南行，好風十日可到。其國南連真臘國，西接交趾界，東北俱臨大海。國之東北百里有一海口，名新州港。港岸有一石塔為記，諸處船隻到此艤泊登岸。岸有一寨，番名設比奈，二頭目為主，番人五、六十家，內居以守港口。去西南百里到王居之城，番名曰佔。其城以石壘，開四門，令人守把……

爪哇國：爪哇國，古者名闍婆國也。其國有四處，皆有城廓。其他國船來，先至一處名杜板；次至一處名廝村；又至一處蘇魯馬益；再至一處名曰滿者伯夷，國王居之……中國歷代銅錢通行使用。杜板者，番名賭班，地名也。此處約有千餘家，以二頭目為主，其間多有中國廣東、漳州人居流此地。雞、羊、魚、菜甚賤。海灘有一小池，甘淡可飲，傳云是聖水。傳言[大]元時命將史弼、高興征伐闍婆，經月不得登岸，船中乏水，軍士失措。其史弼、高興二人拜天祝曰："奉命征蠻，天若與之則泉生，不與則泉無。"禱畢，奮力插槍海灘，泉水隨槍插處湧出，水味甘淡，眾飲而得全。此殆天賜也，至今存焉。於杜板投東行半日許，至廝村，番名曰革兒昔。原係沽灘之地，蓋因中國之人來此創居，遂名新村。至今村主廣東人也，約有千餘家。其各處番船多到此處買賣，其金子、諸般寶石、一應番貨多有賣者，民甚殷富。自二村投南，船行半日許，則到蘇魯馬益港口。其港口流出淡水，沙淺，大船難進，止用小船。行二十餘里到蘇魯馬益，番名蘇兒把牙，亦有村主掌管，番人千餘家。其間有中國人……自蘇兒把牙，小船行七八十里到埠頭名漳沽。登岸往西南行日半，到滿者伯夷，即王居之處也。其處有番人二百家，頭目七八人輔助其王……國有三等人。一等回回人，皆是西番各為商流落此地，衣食諸般皆精緻。一等唐人，皆廣東、漳、泉等處人竄居此地，日用美潔，多有皈從回回教門受戒持齋者。一等土人，形貌甚醜黑，猱頭赤腳，崇信鬼教。佛典言鬼國其中，即此地也……

舊港國：舊港國，即古名三佛齊國是也。番名浡淋邦，屬爪哇國所轄。東接爪哇界，西抵滿剌加國界，南接大山，北臨大海。諸處船來，先至淡港，入彭家門裏繫船。岸多磚塔，用小船入港，則至其國……

暹羅國：自占城國向西南，船行七晝夜，順風至新門臺海口入港，才到其國。地周千里，外山崎嶇，內地潮濕，土瘠少堪耕種。氣候不正，或寒或熱。王居之屋，華麗整潔……



滿剌加國：自占城向正南，好風船行八日到龍牙門，入門往西南行二日可到。此處舊不稱國，因海有五嶼之名。國無王，止有頭目掌管諸事。此地屬暹羅所轄，歲輸金四十兩，否則差人征伐。永樂七年[1409]己丑，上命正使太監鄭和等齎詔敕賜頭目雙臺銀印、冠帶袍服，建碑封城，遂名滿剌加國。是後暹羅國莫敢侵擾。其頭目蒙恩為主，攜子挈妻赴京朝謝，進貢方物，朝廷又賜與海船回國守土……



啞魯國（小國也）：自滿剌加國開船，好風行四晝夜可到。有淡水一條，入港到此國。其國南是大山，北是大海，西連蘇門答剌國界，東有平地，堪種旱稻。米粒細小，糧食頗有。民以耕漁為業，風俗淳樸。國內婚喪等事皆與爪哇、滿剌加國相同……其國王、國人皆是回回人。

蘇門答剌國……：蘇門答剌國，即古之須文達那國是也，其處乃西洋之總頭路。寶船自滿剌加國向西南，好風行五晝夜，先到一村濱海去處，地名答魯蠻繫船，往東南十餘里即至。其國無城郭，有一大溪水流入於海，一日二次潮水長落。其海口浪大，常有船隻沉沒。其國南去有百里之遠大深山，北是大海，東亦大山，至啞魯國界，正西邊海山連小國二處：先至那孤兒王界，又至黎代王界。

那孤兒國（小國）：那孤兒王，又名花面王。在蘇門答剌國西，地相連，止是一大山村，但其所管人民皆於面上刺字三尖青花為號，所以稱為花面王……

黎代國（小國）：黎代亦一小國也，在那孤兒王地界之西北處。南是大山，北臨大海，西連南浡里國為界。國人一、二千餘家，自推一人為王，以主國事，屬蘇門答剌國之管。土無所出，言語行用與蘇門答剌國相同。山有野犀牛甚多，王亦差人捕捉，隨同蘇門答剌國進貢朝廷。

南浡里國：自蘇門答剌國往正西，連山，好風船行三晝夜可到。其國邊海，人家止有千餘家，皆是回回人，甚是樸實。地方東接黎代王界，西北皆臨大海，南去是山，山之南又是大海。國王亦是回回人……國之西北海內有一大平頂峻山，半日可到，名帽山。山之西大海，正是西洋也，番名那沒黎洋。西來過洋船隻俱投此山為準……其地屬南浡里國所轄，其南浡里國王常自跟同寶船將降真香等物貢於朝廷。

錫蘭國、裸形國：自帽山南放洋，好東風船行三日，見翠藍山在海中。其山三、四座，惟一山最高大，番名按篤蠻山。彼處之人巢穴居處，男女赤體，皆無寸絲，如獸畜之形。土不出米，惟食山芋並芭蕉子、波羅蜜之類，或入海捕魚蝦等物而食。人傳云：若有寸布在身，即生爛瘡。昔釋迦佛過海於此處登岸，脫衣入水漾，俗言赤卯[卵]塢，即此地也。

小葛蘭國：自錫蘭國馬頭別羅里開船往西北，好風行六晝夜，到小葛蘭國。其國邊海，東連大山，西是大海，南北地狹臨海。王國人皆鎖俚人氏，崇信釋迦 佛教，尊敬象、牛。婚姻等事皆與錫蘭相同。

柯枝國：自小葛蘭國開船，沿山投西北，好風行一晝夜，到其國港口泊船。此國東是大山，西臨大海，南北邊海有路可往鄰國。其王亦鎖俚人氏……國人有五等：一等名南毗，與王同類，內有剃頭掛線在頸者，最為貴族；二等回回人；三等名“哲地”，皆是有錢財主；四等人名“革令”，專與人為牙作保；五等人名“木瓜”。木瓜者，至低賤之人也……

古里國：古里國乃西洋大國也。從柯枝國港口開船，往西北行三日可到。其國邊海，出遠東有五、七百里，遠通坎巴夷國。西臨大海，南連柯枝國界，北邊相接狠奴兒國地面，西洋大國正此地也。永樂五年[1407]，朝廷命正使太監鄭和齎詔敕賜其國王誥命銀印，及升賞各頭目品級冠帶。寶船到彼，起建碑亭，立石云：“去中國十萬餘里，民物咸若，熙皞同風，刻石於茲，永示萬世。”國王係南毗人氏，崇信釋教，欽敬象、牛。國人止有五等：有回回，誓定我不食牛，爾不食豬；南毗；哲地；革令；木瓜。王乃南毗人，不食牛肉；大頭目是回回人，不食豬肉。互相禁忌，至今尚然……王有大頭目掌管國事，俱是回回人。國人皆奉回回教門，禮拜寺有二、三十處，七日一次禮拜。至日，舉家齋沐，諸事不理。巳午時，大小男子到禮拜寺拜佛，至未時方教回家，才做買賣交易等事。人甚誠信……西洋布，本國名曰“撦黎布”，出於鄰境坎巴夷等處。每匹闊四尺五寸，長二丈五尺，賣彼處金錢八個或十個……

溜山國：自蘇門答剌國開船，過小帽山投西南行，好風行十日到其國，番名牒幹。無城郭，倚山居住，四圍皆海，如洲渚一般，地方不廣。國之西去程途不等，海天生石門如城闕樣，有八大處。各有其名：曰沙溜、人不知溜、起來溜、麻里奇溜、加半年溜、加加溜、安都里溜、官嶼溜。此處皆有所至而通商船。再有小窄之溜，傳云三千有餘，所謂弱水三千，正此處也……

祖法兒國：自古里國開船，好風投西北，行十晝夜可到。其國邊海倚山，無城郭。東南大海，西北重山。國王、國人皆奉回回教門，人物長大，體貌豐偉，語言樸寶……

阿丹國：自古里國開船，投正西兌位，行一月可到。其國邊海山遠，國民富饒。國王、國人皆奉回回教門，說阿剌壁言語。人性強硬，有馬步銳兵七、八千，所以國勢強盛，鄰邦畏之。永樂十九年[1421]，欽命正使太監李[興]等齎詔敕冠衣賜其王酋，到蘇門答剌國，分䑸內官周[滿]等駕寶船三隻往彼……

榜葛剌國：自蘇門答剌國開船，取帽山並翠藍島投西北上，好風行二十日，先到淛地港泊船。用小船入港五百餘里，到地名鎖納兒港登岸，西南行三十五站到國。其國有城郭，其國王並應有大小衙門皆在城內。其國地方廣闊，物穰人稠，舉國皆是回回人……

忽魯謨廝國：自古里國開船投西北，好風行二十五日可到。其國邊海倚山，各處番船並旱番客商都到此處趕集買賣，所以國人殷富。其國王、國人皆奉回回教門，尊敬誠信，每日五次禮拜，沐浴齋戒，必盡其誠……

天方國：即默伽國也。自古里國開船投西南申位，船行三個月到本國馬頭，番名秩達，有大頭目主守。自秩達往西行一月，可到王居之城，名默加國。其回回祖師始於此國闡揚教法，至今國人悉遵教規行事，不敢有違。其國中人物魁偉，體貌紫膛色。男子纏頭，穿長衣，足着皮鞋。婦人俱戴蓋頭，不見其面。說阿剌畢言語……再行大半日之程，到天堂禮拜寺，其堂番名“愷阿白”。外周垣有城，有四百六十六門，門之兩傍皆用白玉石為柱，共有四百六十七個。前計九十九個，後計一百一個，左計一百三十二個，右計一百三十五個。其堂以五色石壘砌，四方平頂樣。內用沉香木五條為梁，採以黃金為閣，滿堂內牆壁皆是薔薇露、龍涎香和土為之，馨香不絕。上用皂紵絲為罩之，畜二黑獅守其堂門。每年十二月十日，各番回回人一、二年遠路的，也到堂內禮拜，皆將所罩紵紵絲割取一塊為記，念念而去。剜割既盡，其國王預織其罩復罩之，年年不絕。

——[明]馬歡《瀛涯勝覽》

## 費信《星槎勝覽·序》

夫萬物無不覆載者，天地之統也；萬邦無不歸順者，聖人之統也。天地聖人，一而二、二而一者也。試嘗觀之，天位乎上，地位乎下，二氣周流，四時更化，果何以見其統哉。吁！大哉乾元，萬物資始；至哉坤元，萬物資生。則凡物之在於兩間者，無不聞之也。聖人以一人之身，處乎九重之上，輿圖之廣，生齒之繁，亦何以見其統哉。噫！本乎聖人己德之修也耳。稟聖神文武之德，蘊睿知聰明之資，首出庶物，卓冠群倫。所守者至簡而能御繁，所處者至靜而能制動，所務者至寡而能服眾。是以際天所覆，極地所載，莫不咸歸於德化之中；普天之下，率土之濱，罔不悉歸於涵養之內。洪惟我太祖高皇帝龍飛淮甸，鼎定金陵，掃胡元之弊習，正華夏之彝倫，振綱常以布中外，敷文德以及四方。太宗文皇帝德澤洋溢乎天下，施及蠻夷，舟車所至，人力所通，莫不尊親；執圭捧帛而來朝，梯山航海而進貢，禮樂明備，禎祥畢集。仁宗昭皇帝法祖憲天，行二帝三王之道。宣宗章皇帝守成繼統，體二帝三王之心，迨至皇上仁智天錫，聖道日新，任師傅者皆伊 召之德；居廊廟者，盡稷 卨 之賢。聖聖相承，紹繼大統，豈不謂天地聖人同其致焉。愚生費信，祖氏吳郡 崑山民也。洪武三十一年[1398]，先兄籍太倉衛，不幾而蚤世。信年始十四，代兄當軍。且家貧而陋室，志篤而好學，日就月將，偷時借書而習讀。年至二十二，永樂至宣德間，選往西洋，四次隨征正使太監鄭和等至諸海外，歷覽諸番人物風土所產，集成二帙，曰《星槎勝覽》。前集者，親覽目識之所至也；後集者，採輯傳譯之所實也。然不能效編摩之體，為文為詩，誠不敢負聖恩，往賜璽書禮幣，至仁至德，化及蠻夷，萬邦臣服，貢獻之盛歟。書既成，藁未獲刪正。儻遇明師碩儒，筆則筆，削則削，愚信効勤之誠，鄙陋之至，可得所伸矣。欽哉皇圖廣運，大明麗天，實駕唐、虞而超越三代矣。可知海域蠻方風俗之美惡，山川之險易。物產雖殊異，無為之用；人類之醜賤，何足可觀。儻蒙明賢閱之，盡在心目，克忽遠涉之勞，永固天朝之祚。信學識疏淺，懇切不勝之至情也。

正統元年[1436]龍集丙辰春正月朔日玉峰 松岩生 費信公曉謹序

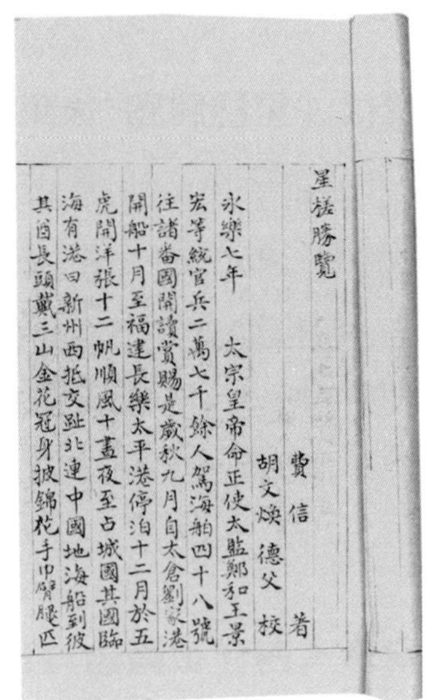
星槎勝覽
費信 著
胡文煥 德父 校
永樂七年 太宗皇帝命正使太監鄭和王景
宏等統官兵二萬七千餘人駕海舶四十八號
往諸番國開讀賞賜是歲秋九月自太倉劉家港
開船十月至福建長樂太平港停泊十二月於五
虎開洋張十二帆順風十晝夜至占城國其國臨
海有港曰新州西抵交趾北連中國地海船到彼
其酋長頭戴三山金花冠身披錦花手巾臂腿匹

[明]費信《星槎勝覽》書影

## 費信《星槎勝覽·前集》目錄

一　於永樂七年[1409]，隨正使太監鄭和等往占城、爪哇、滿剌加、蘇門答剌、錫蘭山、小唄喃、柯枝、古里等國，開讀賞賜，至永樂九年回京。

一　於永樂十年[1412]隨奉使少監楊敕等往榜葛剌等

國，開讀賞賜，至永樂十二年回京。

一　於永樂十三年[1415]，隨正使太監鄭和等往榜葛剌諸番，直抵忽魯謨斯等國，開讀賞賜，至永樂十四年回京。

一　於宣德六年[1431]，隨正使太監鄭和等往諸番，直抵忽魯謨斯等國，開讀賞賜，至宣德八年回京。

通計歷覽西洋諸番之國，風土人物之異，逐國分序，詠其詩篇：

占城國　賓童龍國　靈山　崑崙山　交欄山　暹羅國　爪哇國　舊港　滿剌加國　九洲山　蘇門答剌國　花面王國　龍牙犀角　龍涎嶼　翠藍嶼　錫蘭山國　小唄喃國　柯枝國　古里國　忽魯謨斯國　剌撒國　榜葛剌國





## 費信《星槎勝覽·後集·目錄》

自永樂七年己丑，至宣德八年癸丑止，累從欽差正使太監鄭和等往西洋各國，開讀賞賜。凡在公餘之暇，採輯諸番風俗、人物、土產之異，集成事序，詠其詩篇：

真臘國　東 西竺　淡洋　龍牙門　龍牙善[菩]提　吉里地悶　彭坑　琉球國　三島國　麻逸國　假里馬丁國　重迦邏　渤泥國　蘇祿國　大唄喃國　阿丹國　佐法兒國　竹步國　木骨都束國　溜洋國　卜剌哇國　天方國

——[明]費信《星槎勝覽》

## 鞏珍《西洋番國志·自序》

伏以皇天開泰運，聖祖御明時，創業建基，垂法萬世。成功儷美於唐 虞，茂德丕隆於湯 武。欽惟太宗文皇帝繼聖守成，代天理物。聲教洋溢乎四海，仁化溥洽於萬方。制作謀謨，騰今邁古。永樂之初，勑遣中外重臣，循西海諸國昭示恩威。擴往聖之鴻規，著當代之盛典。輿圖開拓，萬善咸臻，未有至於此也。宣宗章皇帝嗣登大寶，普賚天下。乃命正使太監鄭和、王景弘等兼督武臣，統率官兵數萬，乘駕寶舟百艘，前往海外，開詔頒賞，徧諭諸番。時愚年甫出幼，備數部伍，拔擢從事於總制之幕。往還三年，經濟大海，綿邈瀰茫，水天連接。四望迥然，絕無纖翳之隱蔽。惟觀日月升墜，以辨西東，星斗高低，度量遠近。皆斲木為盤，書刻干支之字，浮針於水，指向行舟。經月累旬，晝夜不止。海中之山嶼形狀非一，但見於前，或在左右，視為準則，轉向而往。要在更數起止，記算無差，必達其所。始則預行福建、廣、浙，選取駕船民梢中有經慣下海者稱為火長，用作船師。乃以針經圖式付與領執，專一料理，事大責重，豈容怠忽。其所乘之寶舟，體勢巍然，巨無與敵，蓬帆錨舵，非二三百人莫能舉動。趨事人眾，紛匝往來，豈暇停憩。缺其食飲，則勞困弗勝。況海水鹵鹹，不可入口，皆於附近川澤及濱海港汊，汲取淡水。水船載運，積貯倉儲，以備用度，斯乃至急之務，不可暫弛。至於當洋正行之際，烈風陡起，怒濤如山，危險至極。舟人驚駭，倉忙無措，仰賴神靈顯然臨庇，寧帖無虞。所至番邦二十餘處，人物妍媸不同，居止潔穢等別。氣候常如春夏，秋霜冬雪皆無。土產風俗，各不相類。其所賫恩頒諭賜之物至，則番王酋長相率拜迎，奉領而去。舉國之人奔趨欣躍，不勝感戴。事竣，各具方物及異獸珍禽等件，遣使領賫，附隨寶舟赴京朝貢。是皆皇恩霶霈，德化溥敷，致遠人之歸服也。顧愚菲陋庸材，叨從使節，涉歷遐方，覩斯勝槩，誠為千載之奇遇。凡所紀各國之事蹟，或目及耳聞，或在處詢訪，漢言番語，悉憑通事轉譯而得，記錄無遺。中有往古流俗，希詫變態，詭怪異端而可疑，或傳譯舛訛而未的者，莫能詳究。其注意措辭，直俗之語，不別更飾，惟依原記錄者序集成編，存傳於後。尚覬將來出使之曉達者，增損而正之。

時大明宣德九年[1434]歲在甲寅孟春之月吉旦，養素生金陵鞏珍寓金臺之館舍謹誌。

### 鞏珍《西洋番國志》目錄

#### 諸番國名

占城國　爪哇國　舊港國　暹羅國　滿剌加國　啞魯國　蘇門答剌國　那孤兒（小邦）黎代（小邦）　南浡里國　錫蘭國　小葛蘭國　柯枝國　古里國　溜山國　祖法兒國　阿丹國　榜葛剌國　忽魯謨廝國　天方國

——[明]鞏珍《西洋番國志》

## 鄭和下西洋行程及《鄭和航海圖》針經

### 下西洋

永樂中，遣官軍下西洋者屢。當時使人有著《瀛涯一[勝]覽》《星槎勝覽》二書，以記異聞矣。今得宣德中一事，漫記其槩。

#### 題本

（文多不錄）

## 人數

官校、旗軍、火長、舵工、班碇手、通事、辦事、書筭手、醫士、鐵錨木艌搭材等匠、水手、民梢人等，共二萬七千五百五十員名。

## 里程

宣德五年[1430]閏十二月六日龍灣開舡，十日到徐山（打圍），二十日出附子門，二十一日到劉家港。

六年二月二十六日到長樂港；十一月十二日到福斗山；十二月九日出五虎門（行十六日），二十四日到占城。

七年正月十一日開舡（行二十五日）；二月六日到爪哇（斯魯馬益）；六月十六日開舡（行十一日），二十七日到舊港；七月一日開舡（行七日），八日到滿剌加；八月八日開舡（行十日），十八日到蘇門答剌；十月十日開舡（行三十六日）；十一月六日到錫蘭山（別羅里），十日開舡（行九日），十八日到古里國，二十二日開船（行三十五日）；十二月二十六日到忽魯謨斯。

八年二月十八日開船回洋（行二十三日）；三月十一日到古里，二十日大腙船回洋（行十七日）；四月六日到蘇門答剌，十二日開舡（行九日），二十日到滿剌加；五月十日回到崑崙洋，二十三日到赤坎，二十六日到占城；六月一日開舡（行二日），三日到外羅山，九日見南澳山，十日晚望見望郎回山，十四日到崎頭洋，十五日到碗碟嶼，二十日過大 小赤，二十一日進太倉（後程不錄）；七月六日到京，十一日關賜獎衣寶鈔。

## 船號

如清和、惠康、長寧、安濟、清遠之類，又有數序一二等號。

【引書舉要】

[明] 祝允明（1460—1527）《前聞記》所載“下西洋”行程，指鄭和艦隊第七次下西洋（1431—1433）航行日程；本書所引據《紀錄彙編》本。祝允明《懷星堂集》卷七近體詩，引自《影印文淵閣四庫全書》第一千二百六十1260冊，第四百五十五頁，爲周運中提供。

[明] 佚名《自寶船廠開船從龍江關出水直抵外國諸番圖》出自茅元儀《武備志》，被部分學者考爲鄭和艦隊在第六、七次下西洋間所繪，稱之爲“鄭和航海圖”，但有不同意見。本書所引文字及圖影均據北京：中華書局1961年向達整理的《鄭和航海圖》本。但我國則據北京出版社1997年版《四庫禁燬叢刊》子部第二十六冊所載的《武備志》。

《鄭和航海圖》是現存首次將針經標於地圖上的圖書，含有文字針經[包括到古里(南亞)、忽魯謨斯(西亞)、木骨都東(東非)等]及四幅《牽星過洋圖》，可見航行時混合使用中國的傳統針經及測星定位(尤其在橫渡印度洋時)兩種導航技術。至於掌控導航的技術員，除原有的“火長”外，自第一次下西洋起就屢屢聘用有外籍的“番火長”，其地位還常在“火長”之上。

## 船名

大八櫓、二八櫓之類。

——[明]祝允明《前聞記·下西洋》

日邊來處幾何時，聞說占申復到寅。[原注見下]

遥仰北辰趨帝座，卻經南甸駐行麾。

詩名愧動雞林客，禪諦欣參鷲嶺師。

回首山川渾渺邈，只看明月慰相思。

[原注：海舶行憑指南鍼。日本，本在寅，由南折西，指申，卻迴還，近寅，乃中國濱。寅讀若夷。]

——[明]祝允明《懷星堂集·卷七·近體·答日本使[姓橘名省佐，相國寺僧]》詩





## [鄭和下西洋時的“火長”與“番火長”]

永樂五年[1407]九月……己卯[廿九日]，賞使西洋官軍舊港擒賊有功者：指揮鈔一百錠、彩幣四表裏；千戶鈔八十錠、彩幣三表裏；百戶所鎮撫鈔六十錠、彩幣二表裏；醫士、“番火長”鈔五十錠、彩幣一表裏；校尉鈔五十錠、綿布三疋；旗軍、通事、軍伴以下，鈔布有差。

——《明太宗實錄·卷七十一》，據《明太宗實錄》二百七十四卷本：http://ctext.org/wiki.pl?if=gb&chapter=877326。另《明成祖實錄》一百三十卷本爲卷五十二，文同。

永樂九年[1411]八月……甲寅[卄五日]，禮部、兵部奏議下西洋官軍錫蘭山戰功升賞例：

凡官軍奇功升二級，頭功升一級。指揮、千戶、百戶存者遞增其秩，亡歿者與其子。總旗奇功存者升實授百戶，亡歿者子升試百戶；頭功存者升試百戶，亡歿者子孫實授總旗。總甲奇功存歿俱升試百戶，頭功存歿俱升實授總旗。小旗奇功存者升試百戶，亡歿者子升總旗；頭功存者升總旗，亡歿者子升實授小旗。小甲奇功存歿俱升總旗，頭功存歿俱升實授小旗。校尉、力士、軍人、“火長”、帶管、舵工、梢水、班碇手、軍人，奇功不問存亡俱升總旗，頭功俱升小旗。舍人、餘丁、老軍、養馬、小廝，奇功頭功悉如校尉、軍人之例，不願升者加倍給賞。

奇功：指揮每員賞鈔二百錠、彩幣六表裏；千戶衛鎮撫鈔百六十錠、彩幣四表裏。百戶所鎮撫鈔百二十錠、彩幣三表裏。御醫並“番火長”鈔百錠、彩幣一表裏、綿

布二疋。校尉鈔九十錠、綿布五疋。旗甲、軍民、通事、“火長”、小廝、軍匠、軍行人，鈔七十錠、綿布五疋。民醫、匠人、廚役、行人、梢水並家人，鈔三十錠、綿布二疋。

奇功次等：指揮鈔百六十錠、彩幣五表裏。千戶衛鎮撫鈔百三十錠、彩幣三表裏、絹三疋。百戶所鎮撫鈔百錠、彩幣二表裏、絹二疋。御醫並“番火長”鈔八十錠、彩幣一表裏、綿布一疋。校尉鈔七十錠、綿布四疋。旗甲、軍民、通事、“火長”、小廝、軍匠、軍行人，鈔六十錠、綿布四疋。民醫、匠人、廚役、行人、梢水並家人，鈔四十五錠、綿布三疋。

頭功：例與奇功次等同。



頭功次等：指揮鈔百五十錠、彩幣四表裏、絹三疋。千戶衛鎮撫鈔百二十錠、彩幣三表裏、絹二疋。百戶所鎮撫鈔九十錠、彩幣二表裏、絹一疋。御醫並“番火長”鈔七十錠、彩幣一表裏、綿布一疋。校尉鈔六十五錠、綿布四疋。旗甲、軍民、通事、“火長”、小廝、軍匠、軍行人，鈔五十二錠、綿布四疋。民醫、匠人、廚役、行人、梢水並家人，鈔四十錠、綿布三疋。



陣亡者循前例賞外，再加賞：指揮鈔六十錠、彩幣二表裏。千戶衛鎮撫鈔五十錠、彩幣一表裏。百戶所鎮撫鈔四十錠、彩幣一表裏。御醫並“番火長”鈔三十錠、綿布二疋。校尉鈔二十五錠、綿布二疋。旗甲、軍民、通事、“火長”、小廝、軍匠、軍行人，鈔十六錠、綿布二疋。民醫、匠人、廚役、行人、梢水並家人，鈔十二錠、綿布二疋。

從之。

——《明太宗實録·卷一百一十八》，據《明太宗實録》二百七十四卷本：

http://ctext.org/wiki.pl?if=gb&chapter=645790。

另《明成祖實録》一百三十卷本爲卷七十八，其文大同。

永樂十五年[1417]六月……己亥[十五日]，遣人齎敕往金鄉，勞使西洋諸番內官張謙及指揮、千百戶、旗軍人等。初，謙等奉命使西洋諸番還，至浙江 金鄉衛海上，猝遇倭寇，時官軍在船者才百六十餘人，賊可四千。鏖戰二十餘合，大敗賊徒，殺死無算，餘眾遁去。上聞而嘉之，賜敕獎勞官軍，升賞有差：指揮、千百戶衛所鎮撫、旗軍校尉人等，俱升一級。指揮賞鈔二百錠、彩幣五表裏。千戶衛鎮撫鈔百錠，百戶所鎮撫八十錠，彩幣俱三表裏。御醫、“番火長”鈔六十錠、彩幣一表裏。校尉鈔六十錠、綿布四疋。旗軍、通事、“火長”、軍匠，鈔五十錠、綿布三疋。民醫、匠人、廚役、梢水，鈔四十錠、綿布二疋。傷故者，本賞外加賞：指揮鈔百錠、彩幣二表裏。千戶衛鎮撫鈔八十錠，百戶所鎮撫六十錠，彩幣俱一表裏。御醫、“番火長”鈔四十錠。校尉三十錠。旗軍、通事、“火長”、軍匠二十錠。民醫、匠人、廚役、梢水十五錠。自御醫以下綿布俱二疋。

——《明太宗實錄·卷一百九十》，據《明太宗實錄》二百七十四卷本：

http://ctext.org/wiki.pl?if=gb&chapter=533103。

另《明成祖實錄》一百三十卷本爲卷一百零六，其文大同。

始則預行福建、廣、浙，選取駕船民梢中有經慣下海者，稱為“火長”，用作船師。乃以針經圖式付與領執，專一料理，事大責重，豈容怠忽。

——鞏珍《西洋番國志·自序》



永樂中，遣官軍下西洋者屢……今得宣德中一事，漫記其槩……

人數：官校、旗軍、“火長”、舵工、班碇手、通事、辨事、書筭手、醫士、鐵錨木艌搭材等匠、水手、民稍人等，共二萬七千五百五十員名。

——祝允明《前聞記·下西洋》



## [《鄭和航海圖》所載航海針路]

### [太倉往五虎山]

太倉港口開船，用丹乙針一更船，平吳淞江。用乙卯針一更船，到南匯嘴，平招寶。用乙辰針三更船，出洪。打水丈六七，正路，見茶山在東北邊過。用巽巳針四更船，見大、小 七[山]，打水六七托。用坤申及丁未針，三更船，取灘山。用丹午針三更船，取霍山。用丹午針，入西後門。用巽巳針三更船，取大磨山。用乙辰針一更船，取小磨山，轉崎頭、升羅嶼。用丁未針 更船，出雙嶼港。用丙午針一更船，取孝順洋。一路打水九托，平九山。對九山西南邊過，有一沉礁，打浪出水，行船仔細。用辛午[丁午]針二更船，平檀頭山。東邊有江片礁，西邊見大佛頭山，平東、西崎山。用丁午針五更船，平羊琪及大陳、三母黄礁，前見直谷山。用丁未針二更船，平石塘山。用丁未針三更船，平狹山，外過。用坤未針二更船，取黄山，打水十七八托，平中界山。用坤未針一更船，取東洛山。用坤未針一更船，取南己山外過船。用丹坤及坤未針，三更船，取台山，打水二十托。用坤未針三更船，取東、西桑山。用坤未針二更船，取芙蓉山，外過，平洪山。用坤申及丹坤針，二更船，取北交。

### [内線]

東洛山門内過，用庚申及坤申針，一更船，平鳳凰山，過南己山，打水十三托。

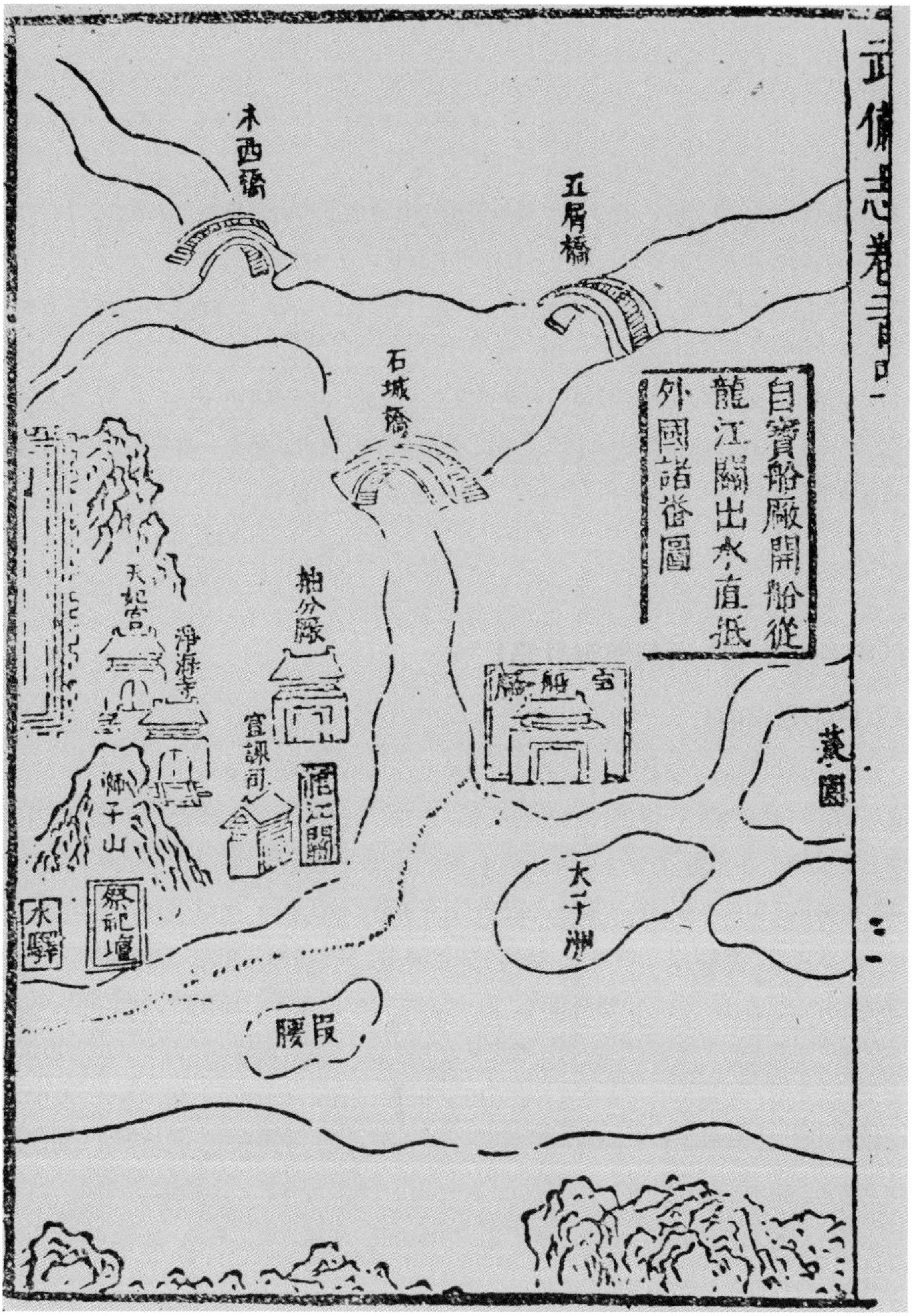


【明】佚名《鄭和航海圖》二

之外將萬里明起于東故文皇帝航海之使不知其幾十萬里天實啓之不可强也當是時臣爲內豎鄭和亦不辱命焉其圖列道里國土詳而不誣載以昭來世志武功也

[明] 佚名《鄭和航海圖》一

[明] 佚名《鄭和航海圖》三（左半部）

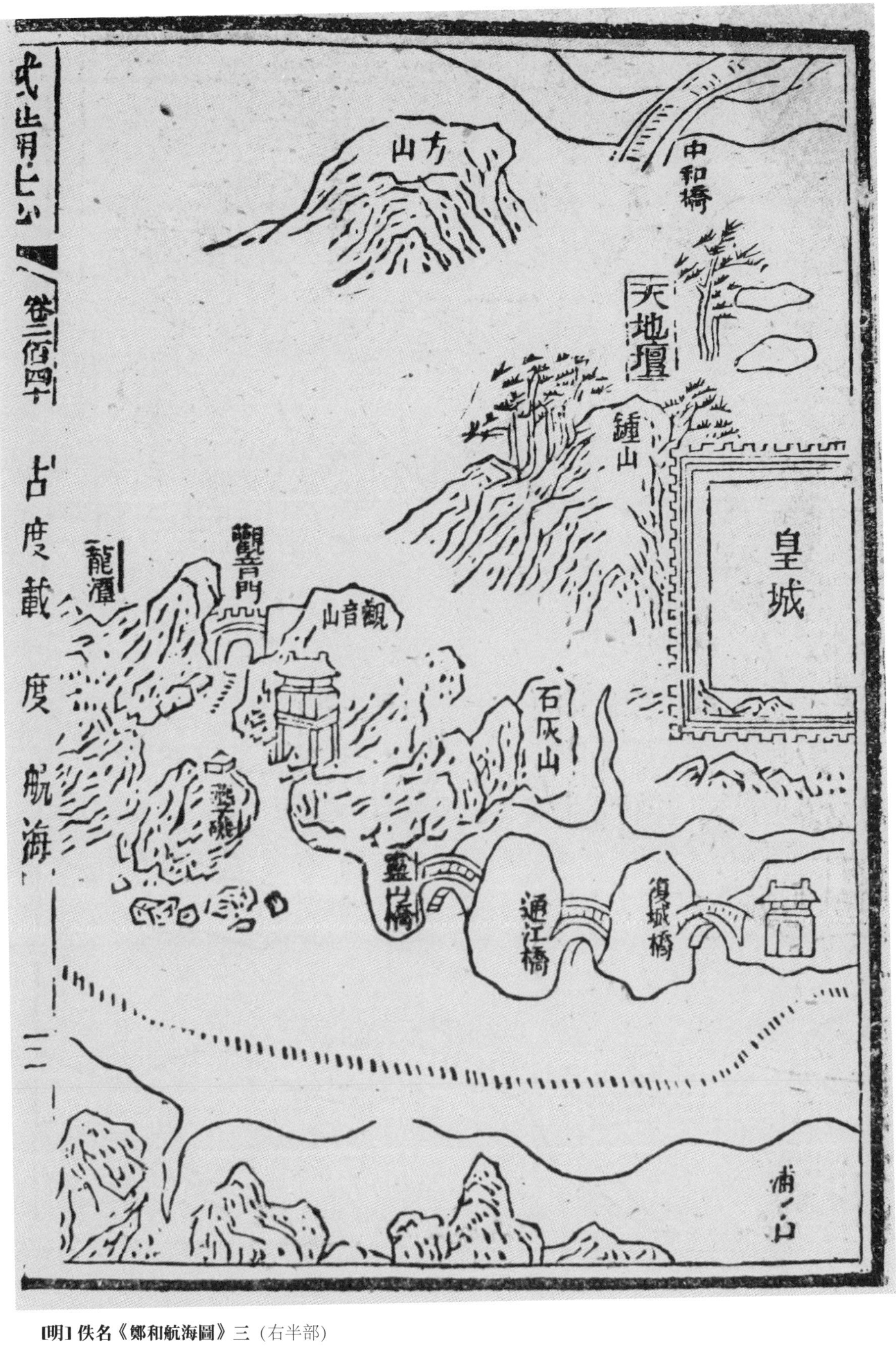


[明] 佚名《鄭和航海圖》三（右半部）

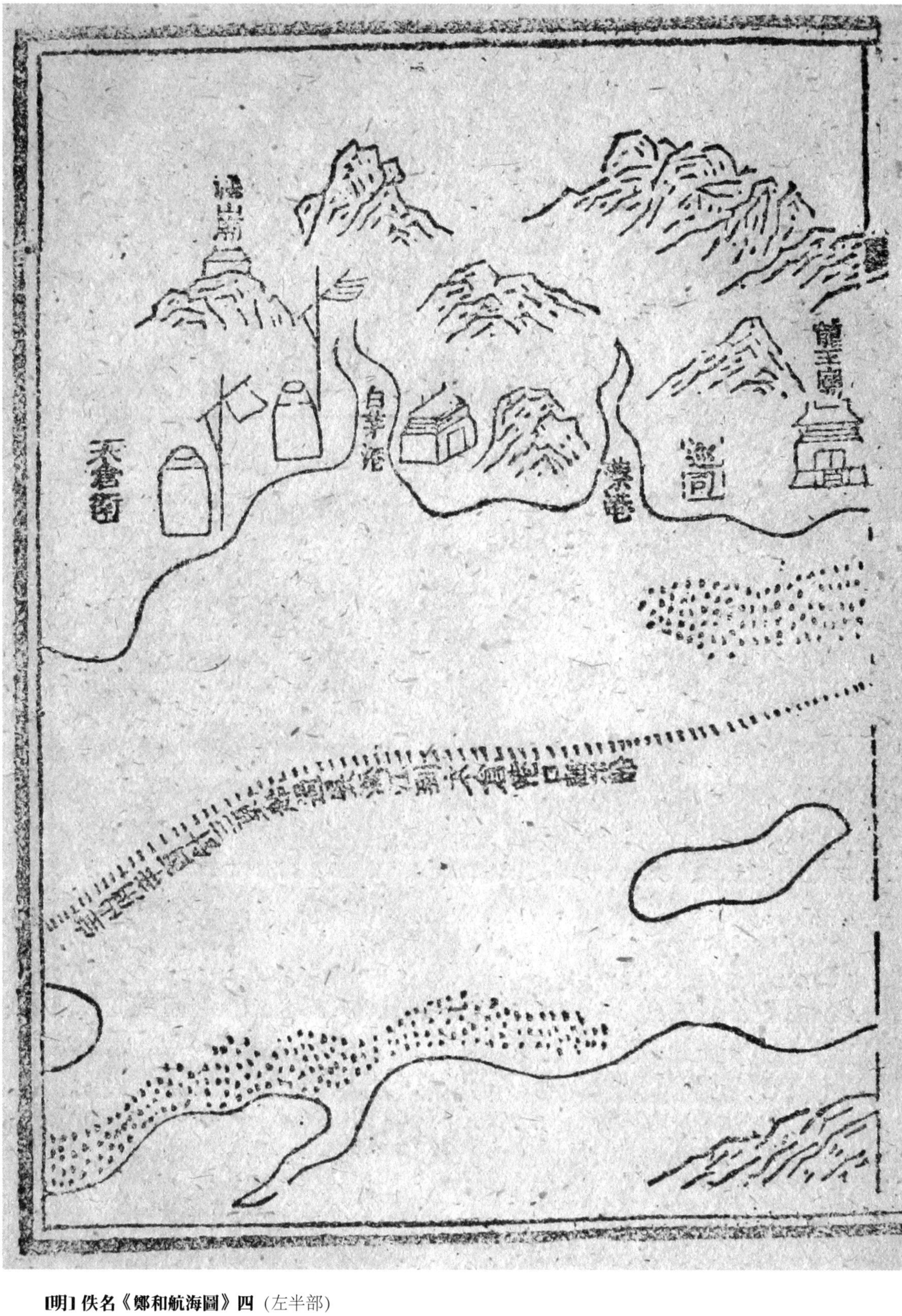


[明] 佚名《鄭和航海圖》四（左半部）

[明] 佚名《鄭和航海圖》四（右半部）

［明］佚名《鄭和航海圖》五（左半部）

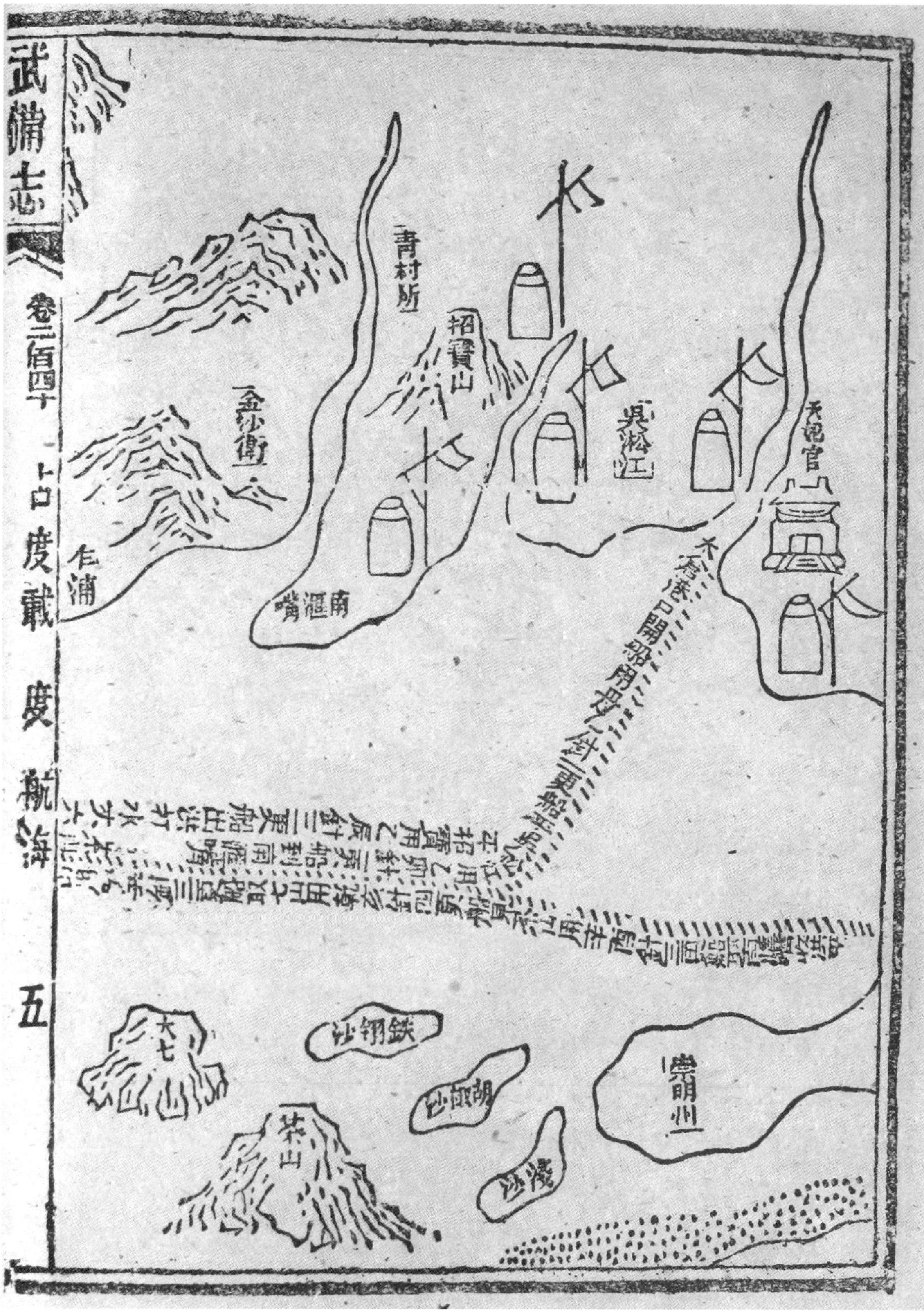


[明] 佚名《鄭和航海圖》五（右半部）

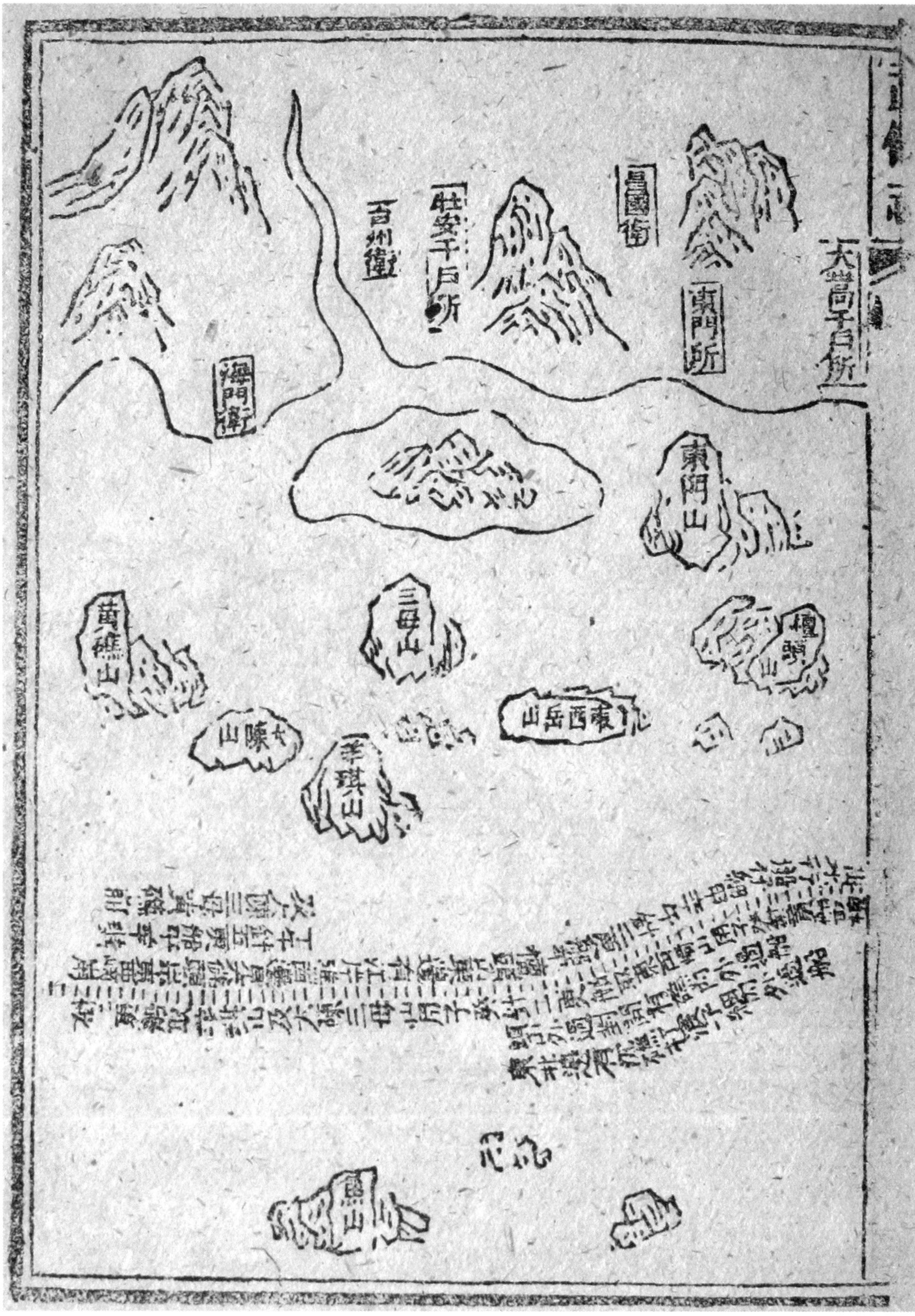


[明] 佚名《鄭和航海圖》六（左半部）

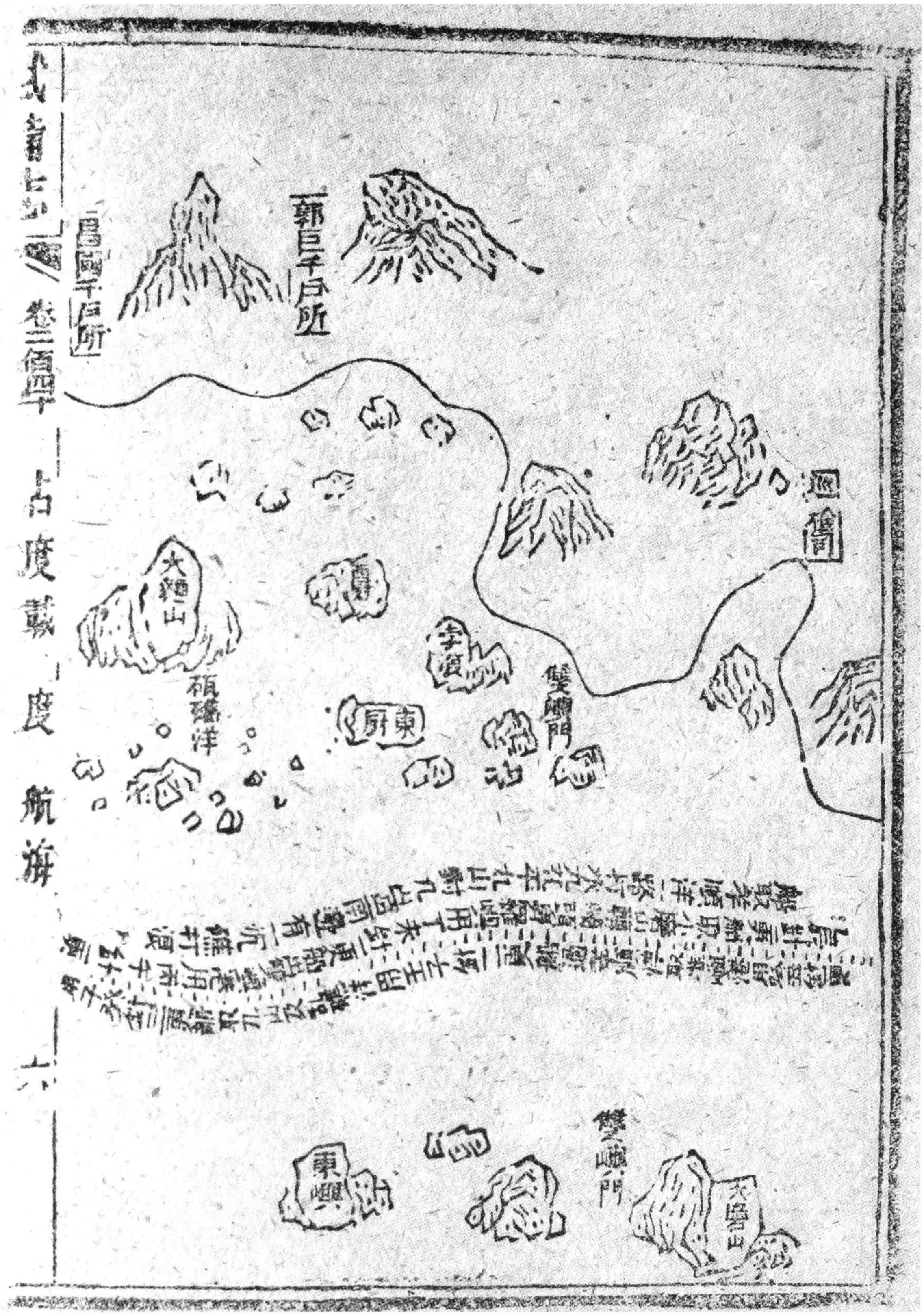


[明] 佚名《鄭和航海圖》六（右半部）

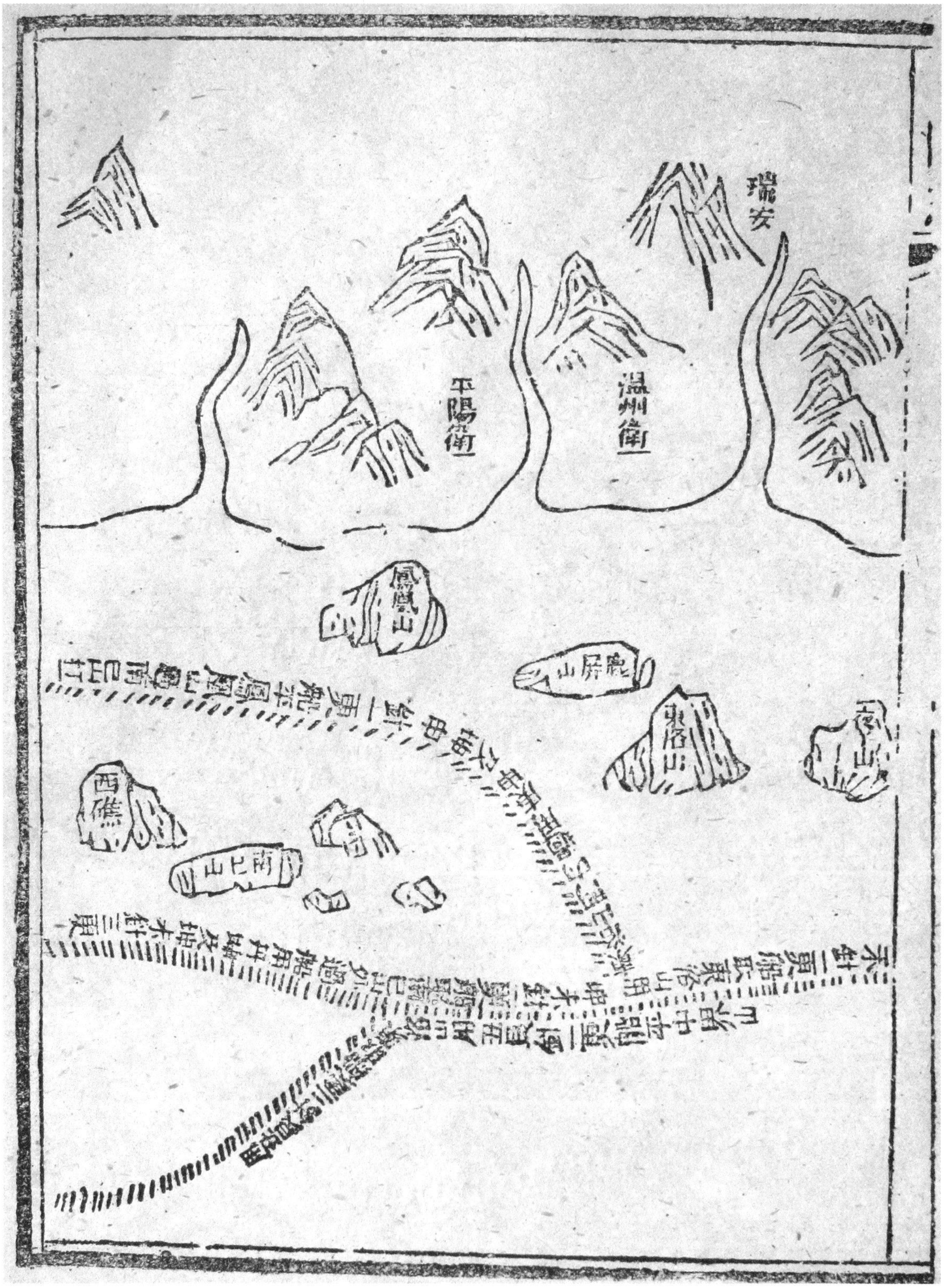


**[明] 佚名《鄭和航海圖》七**（左半部）

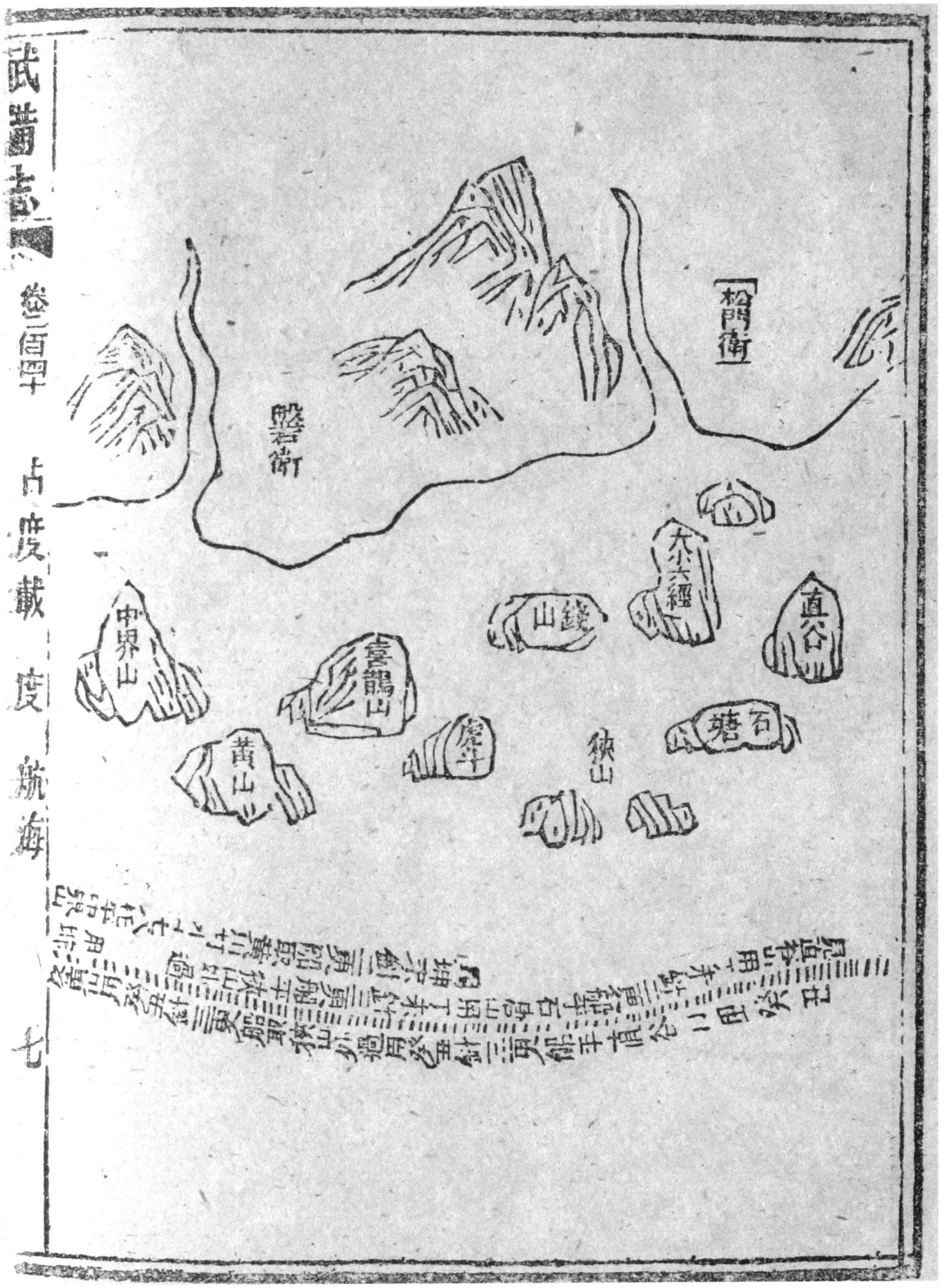


[明] 佚名《鄭和航海圖》七（右半部）

[明] 佚名《鄭和航海圖》八（左半部）

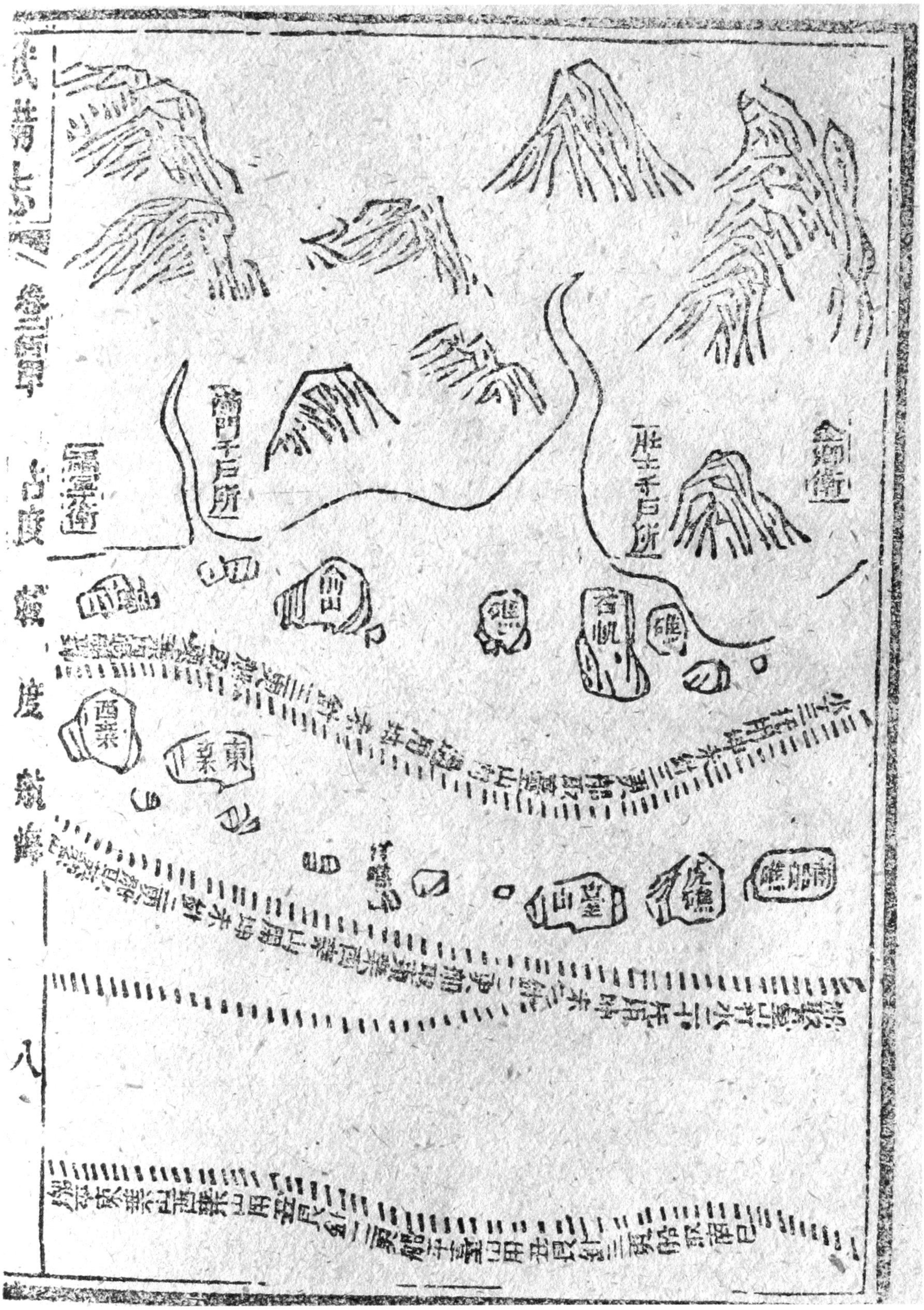

［明］佚名《鄭和航海圖》八（右半部）

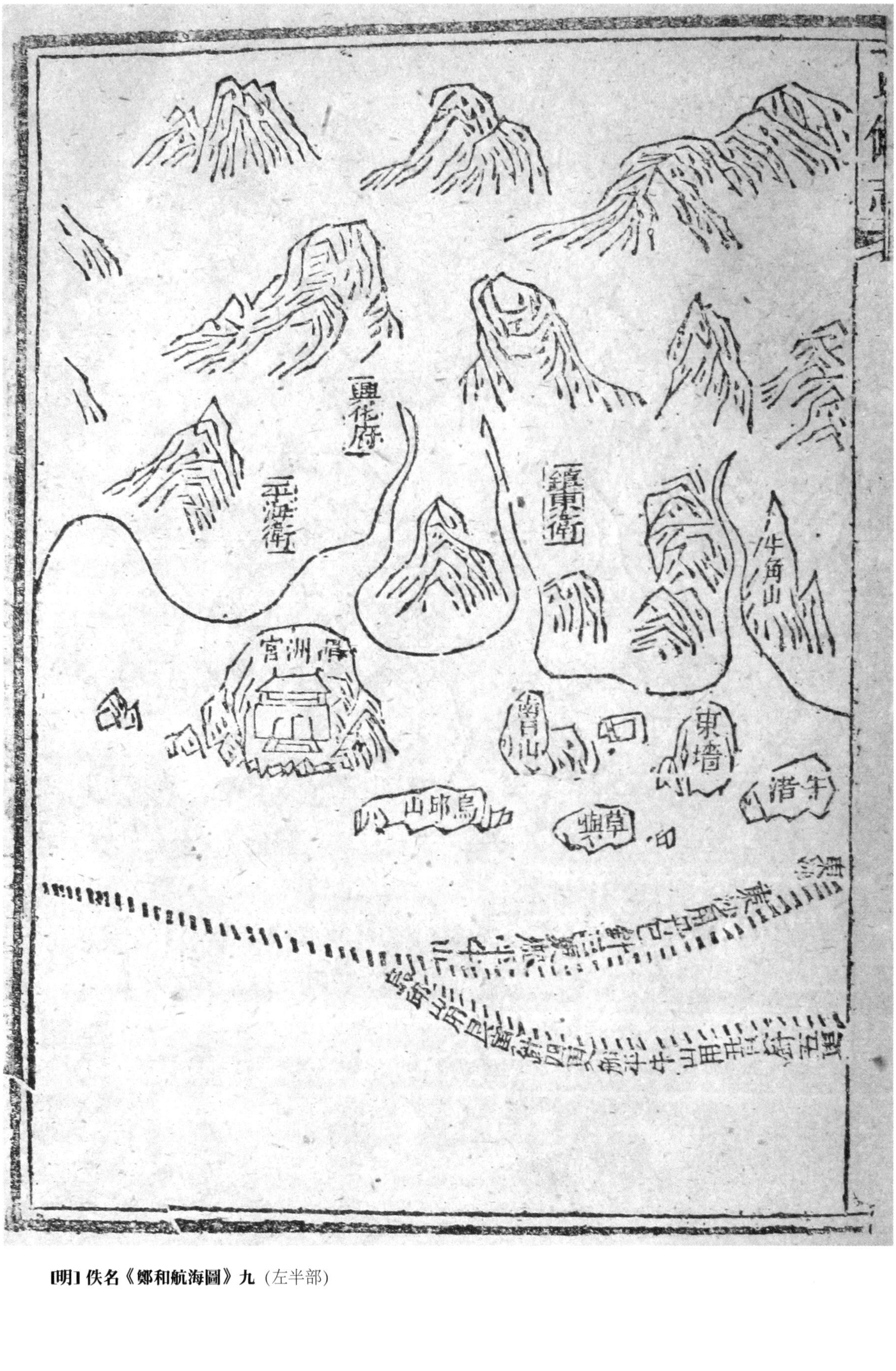


[明] 佚名《鄭和航海圖》九（左半部）

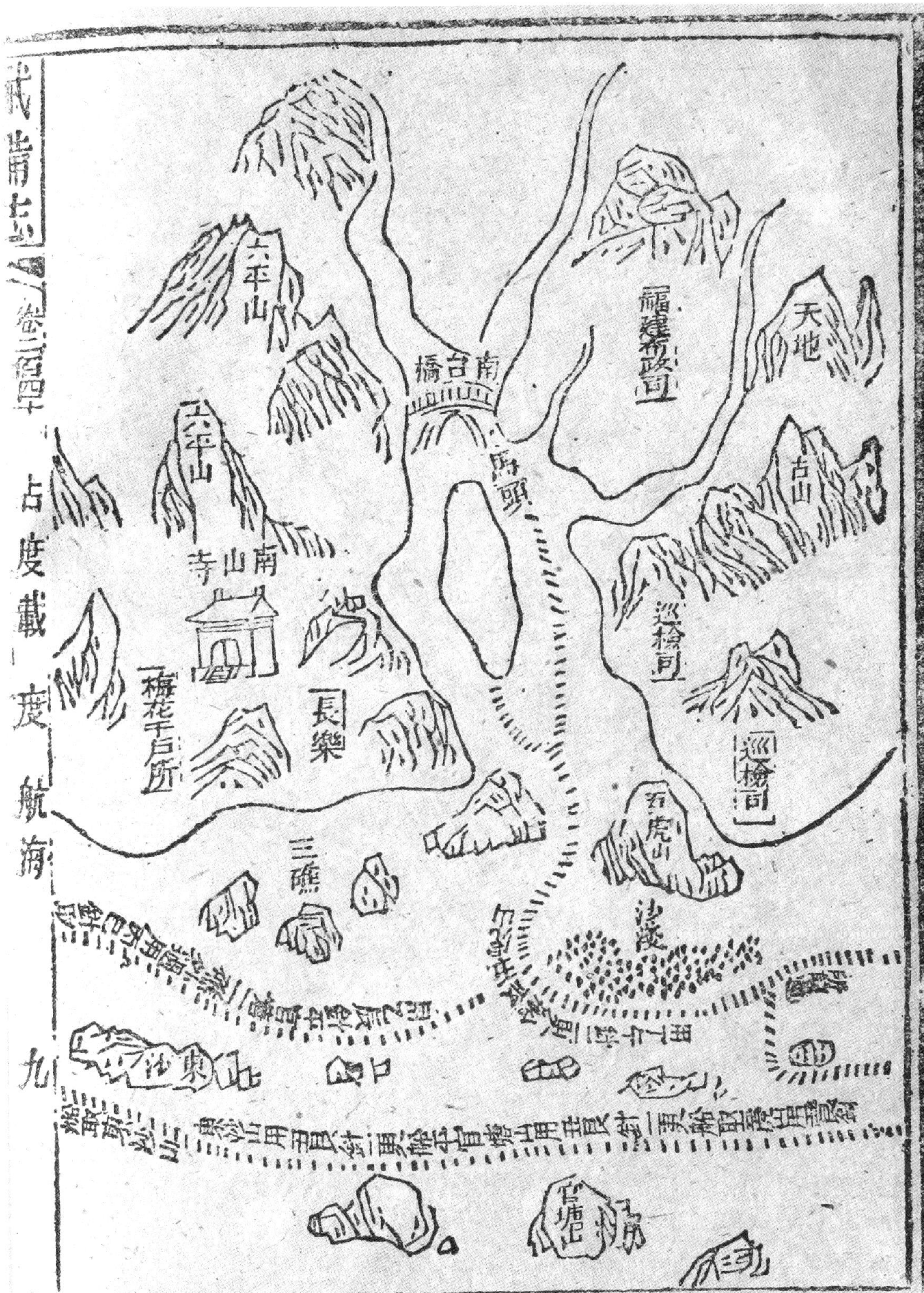


[明] 佚名《鄭和航海圖》九（右半部）

【明】佚名《鄭和航海圖》十（左半部）

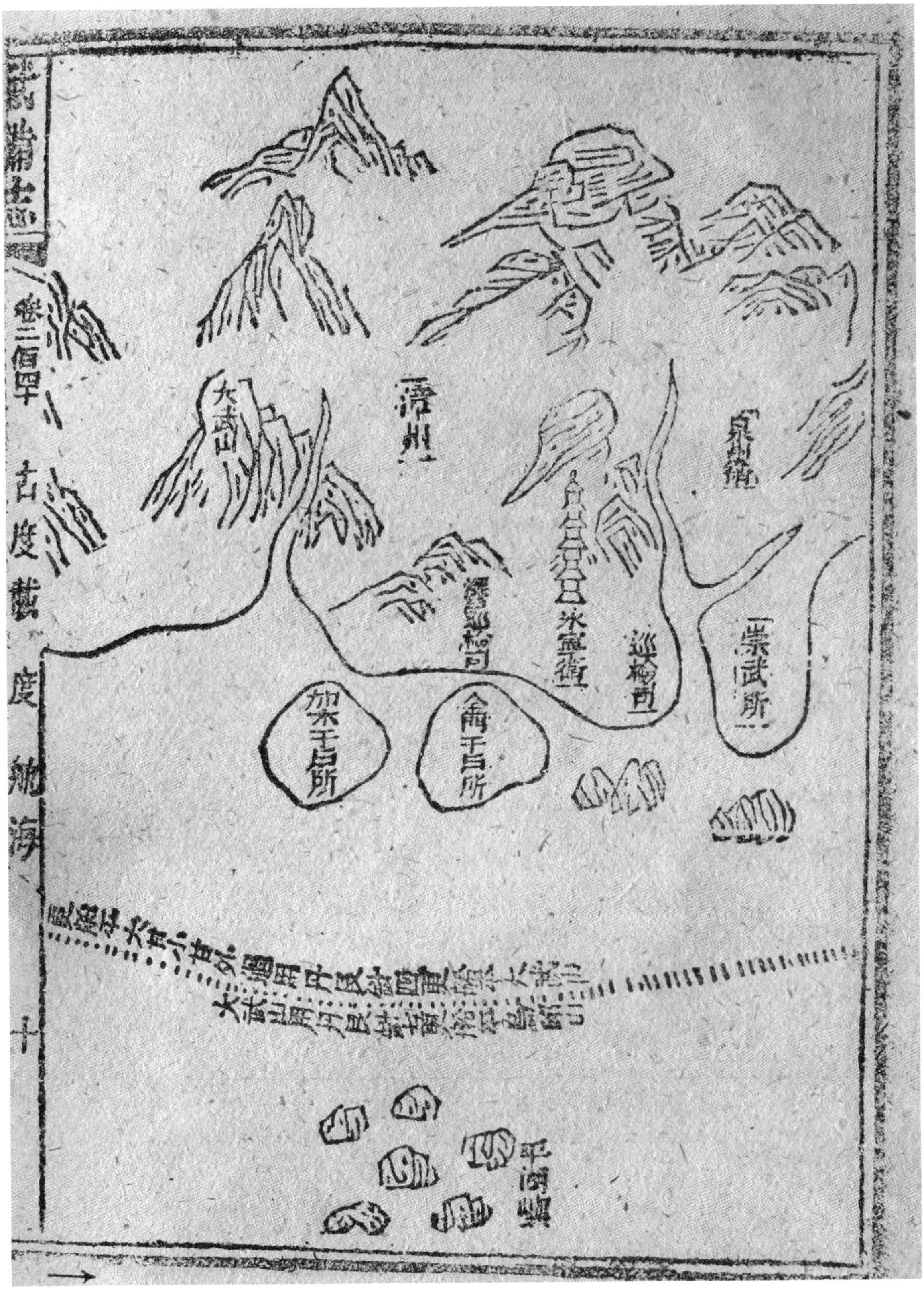


**[明] 佚名《鄭和航海圖》十**（右半部）

[明] 佚名《鄭和航海圖》十一（左半部）

[明] 佚名《鄭和航海圖》十一（右半部）

[明] 佚名《鄭和航海圖》十二（左半部）

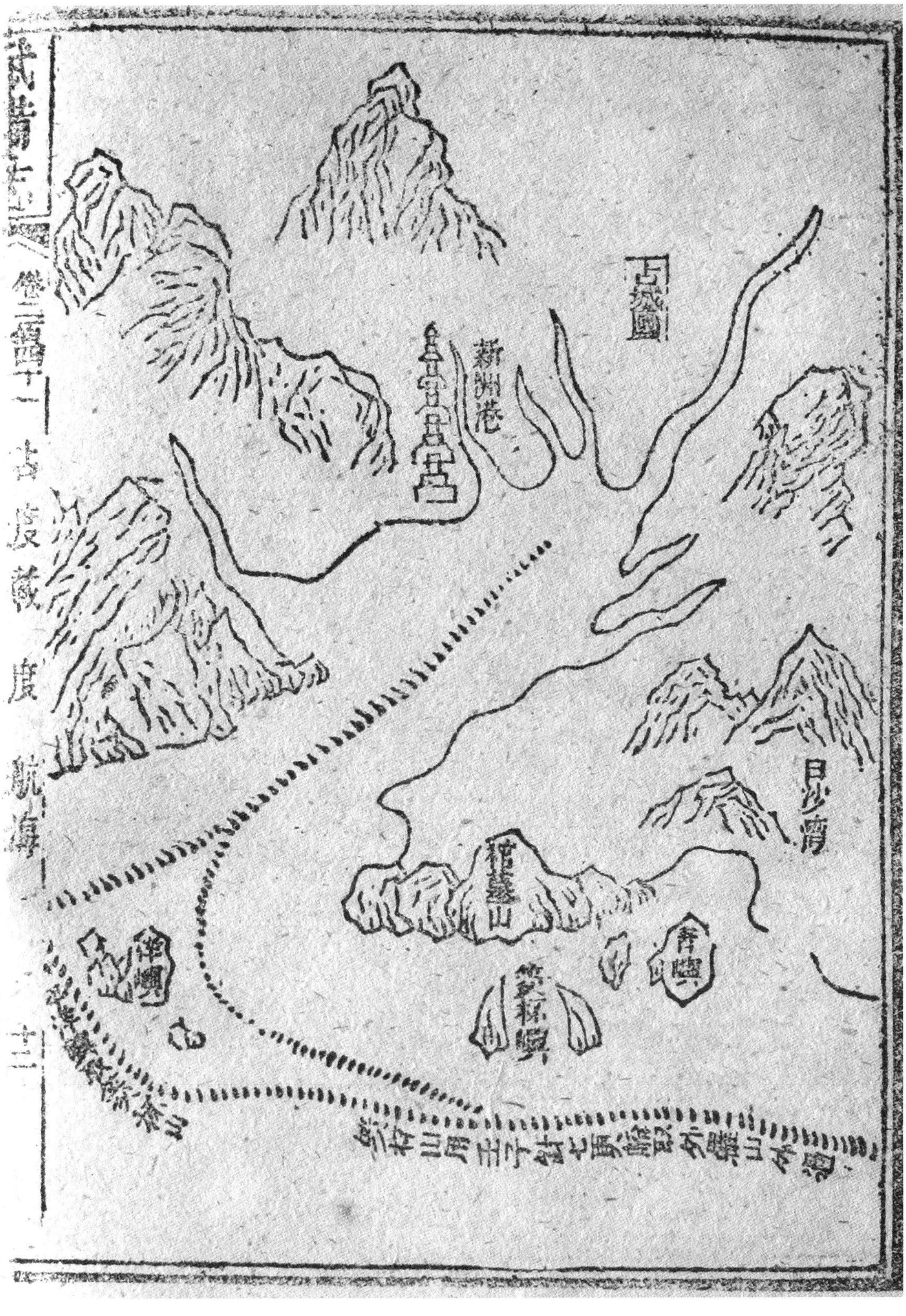


[明] 佚名《鄭和航海圖》十二（右半部）

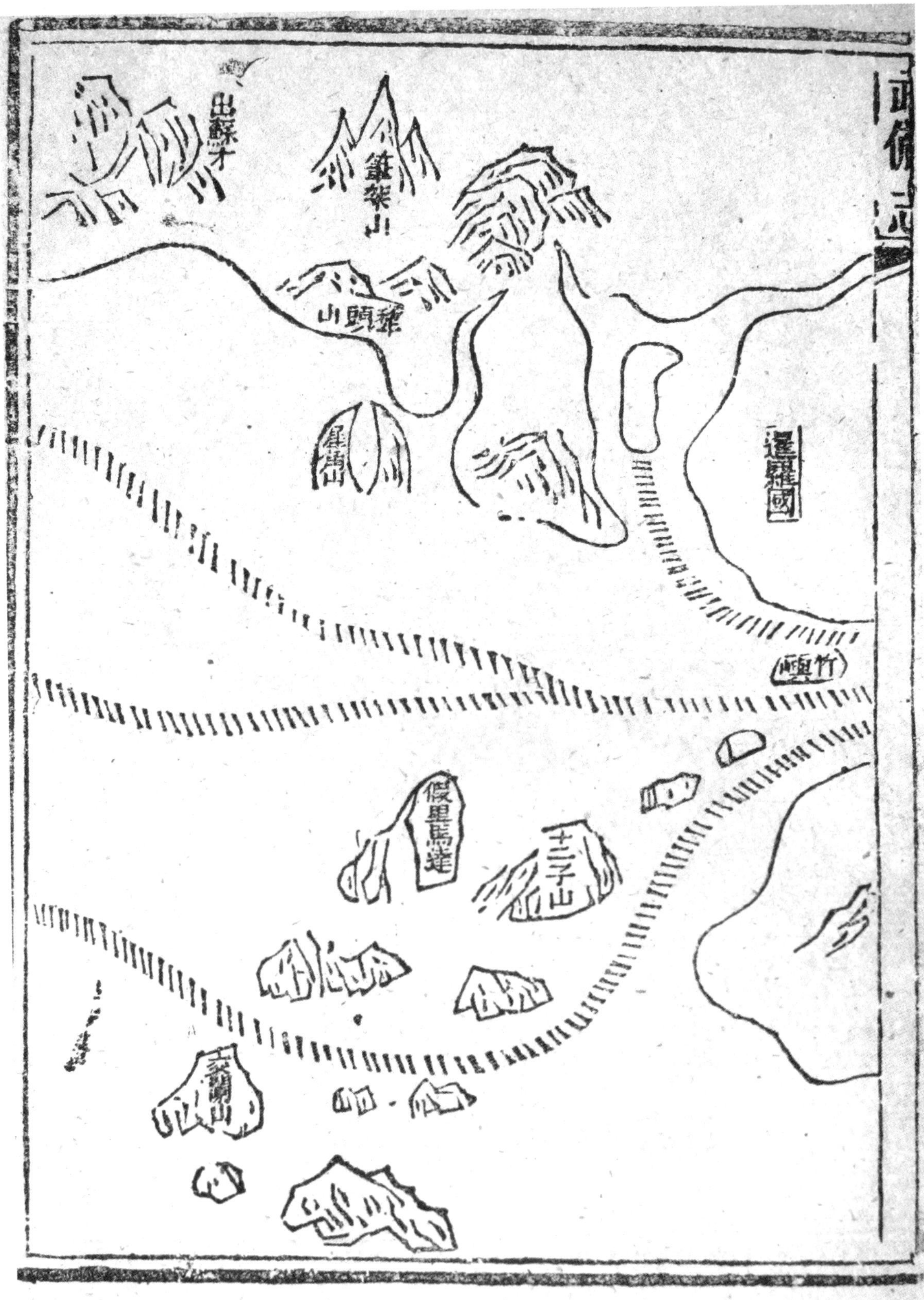


[明] 佚名《鄭和航海圖》十三（左半部）

[明] 佚名《鄭和航海圖》十三（右半部）

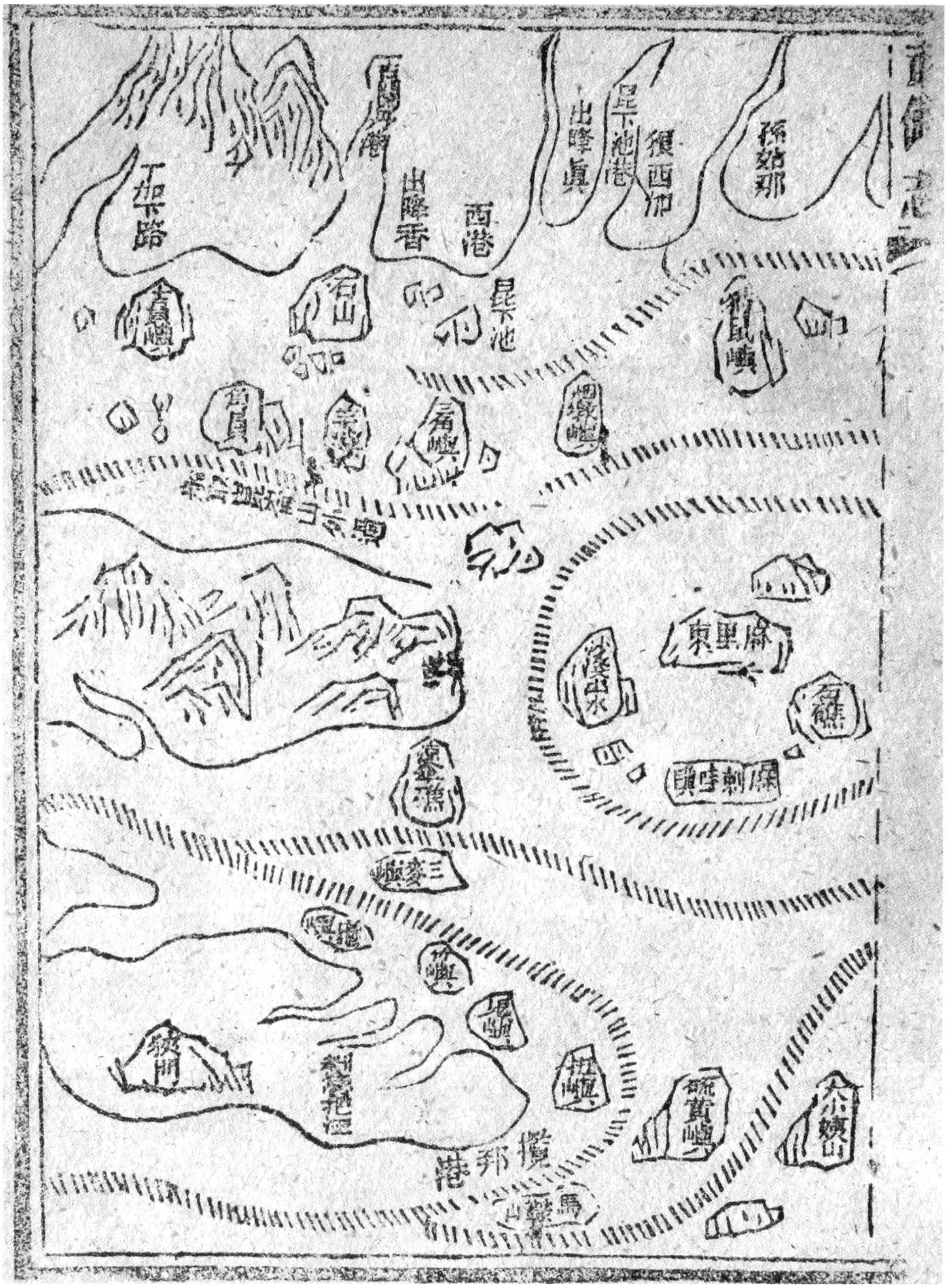


[明] 佚名《鄭和航海圖》十四（左半部）

[明] 佚名《鄭和航海圖》十四（右半部）

[明] 佚名《鄭和航海圖》十五（左半部）

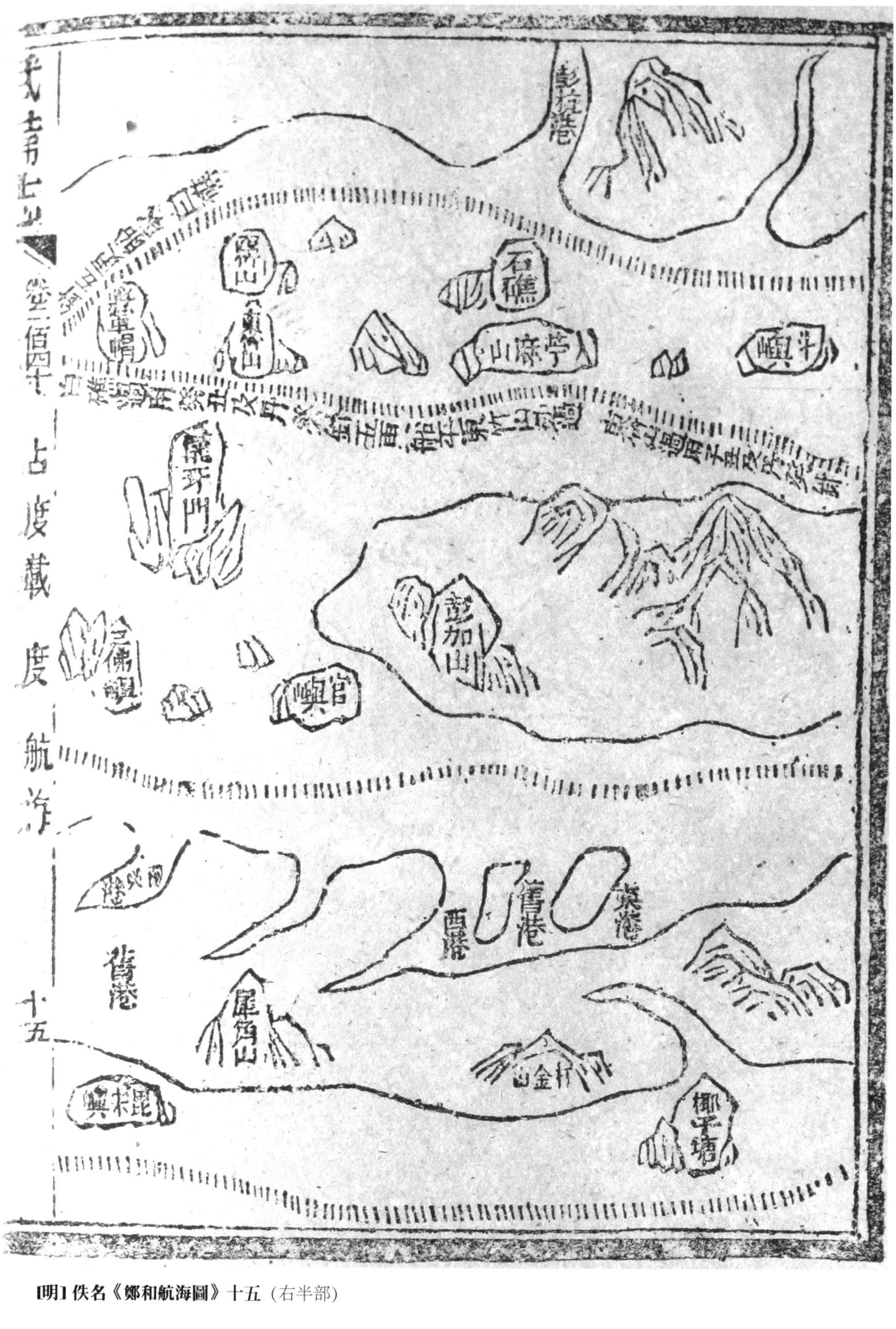


[明] 佚名《鄭和航海圖》十五（右半部）

**[明] 佚名《鄭和航海圖》十六**（左半部）

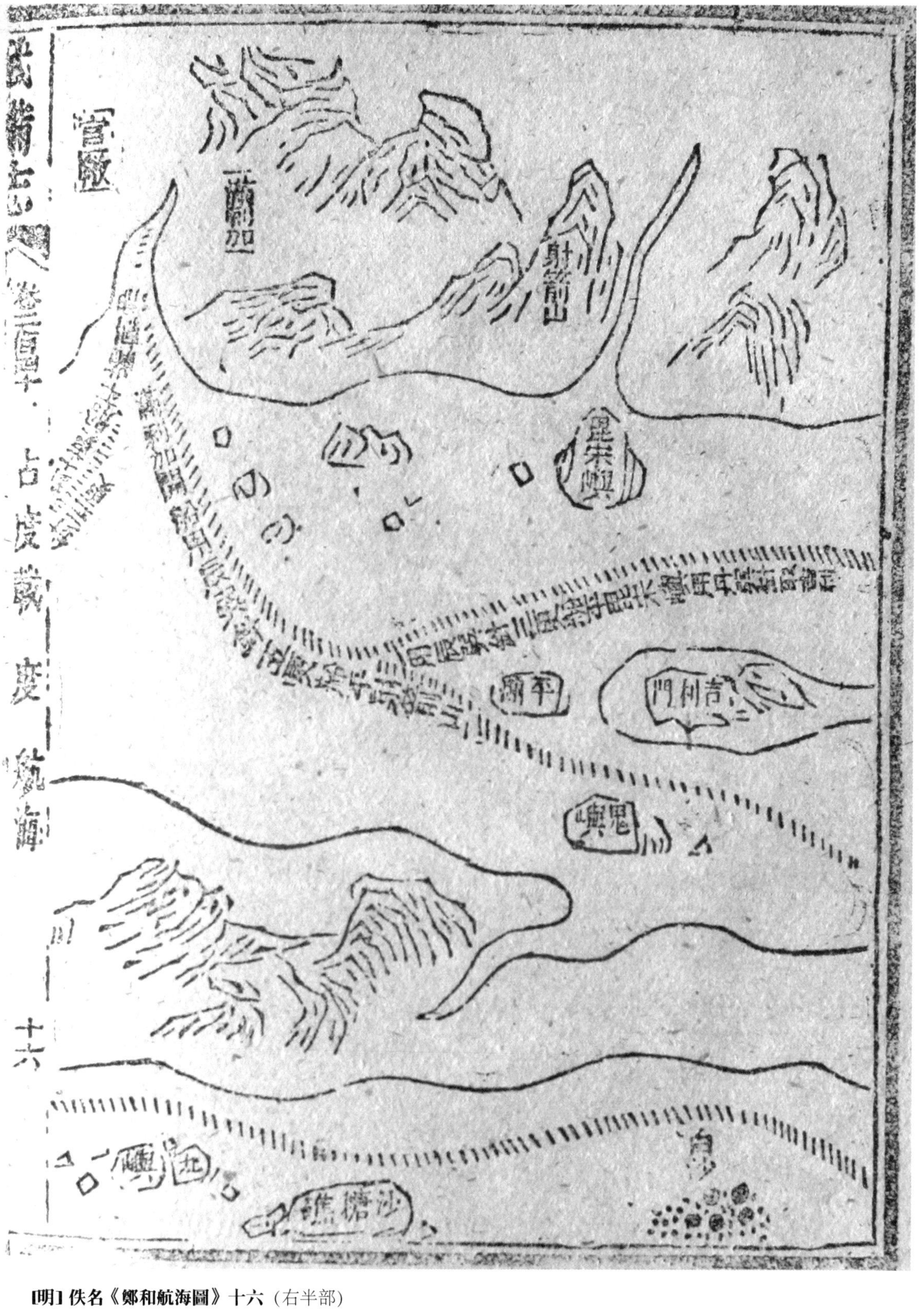


**[明] 佚名《鄭和航海圖》十六**（右半部）

[明] 佚名《鄭和航海圖》十七（左半部）

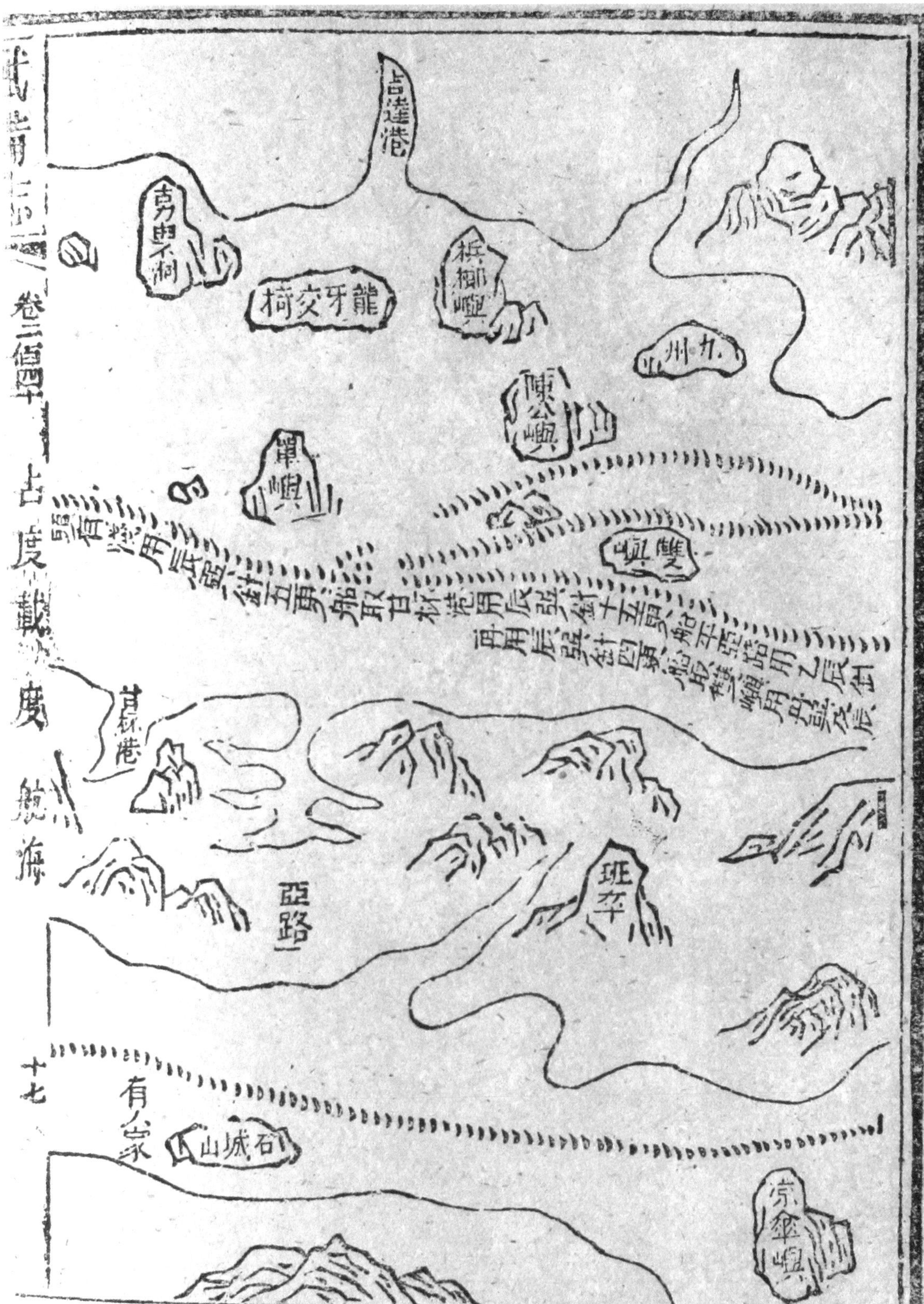


【明】佚名《鄭和航海圖》十七（右半部）

[明] 佚名《鄭和航海圖》十八（左半部）

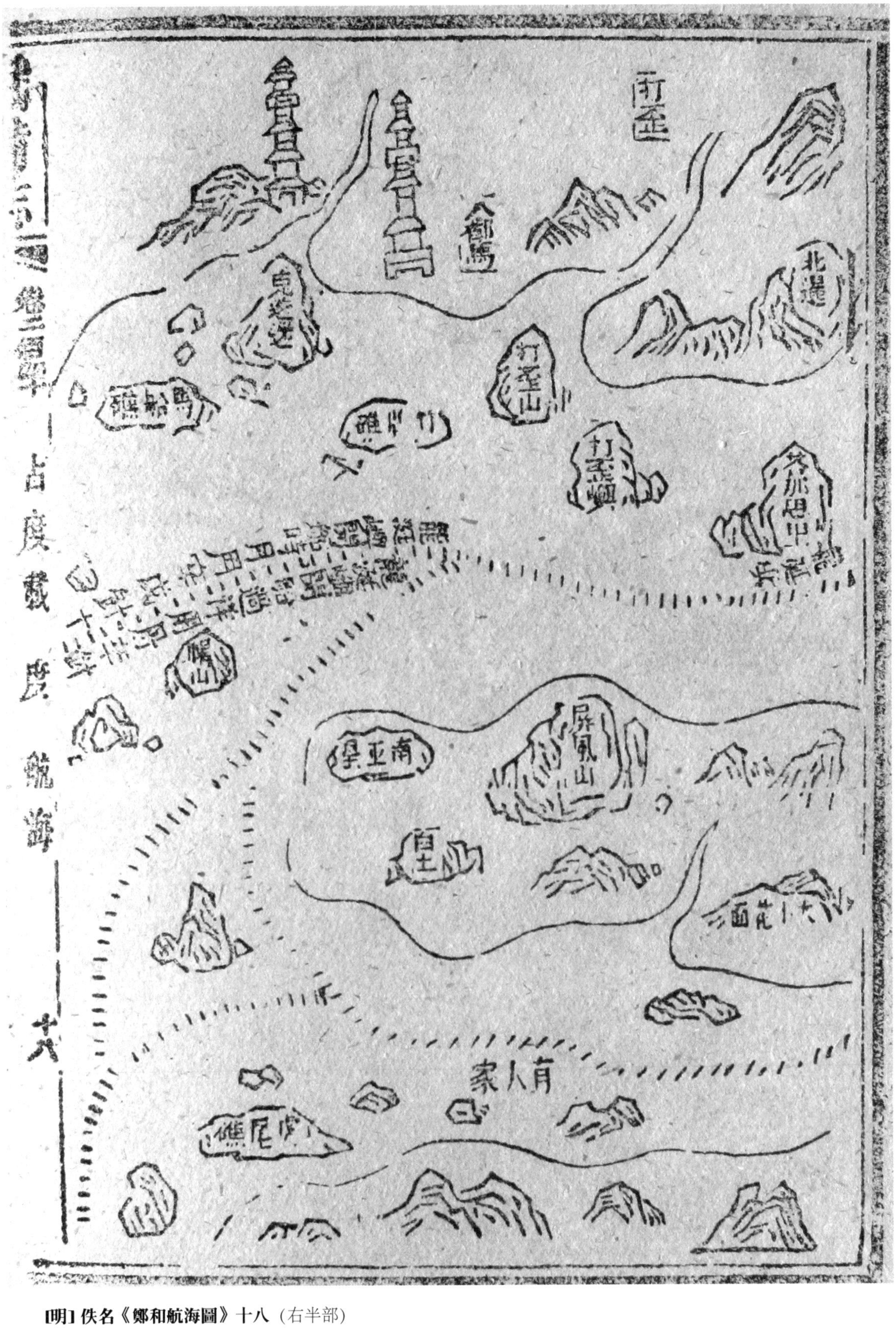




[明] 佚名《鄭和航海圖》十八（右半部）

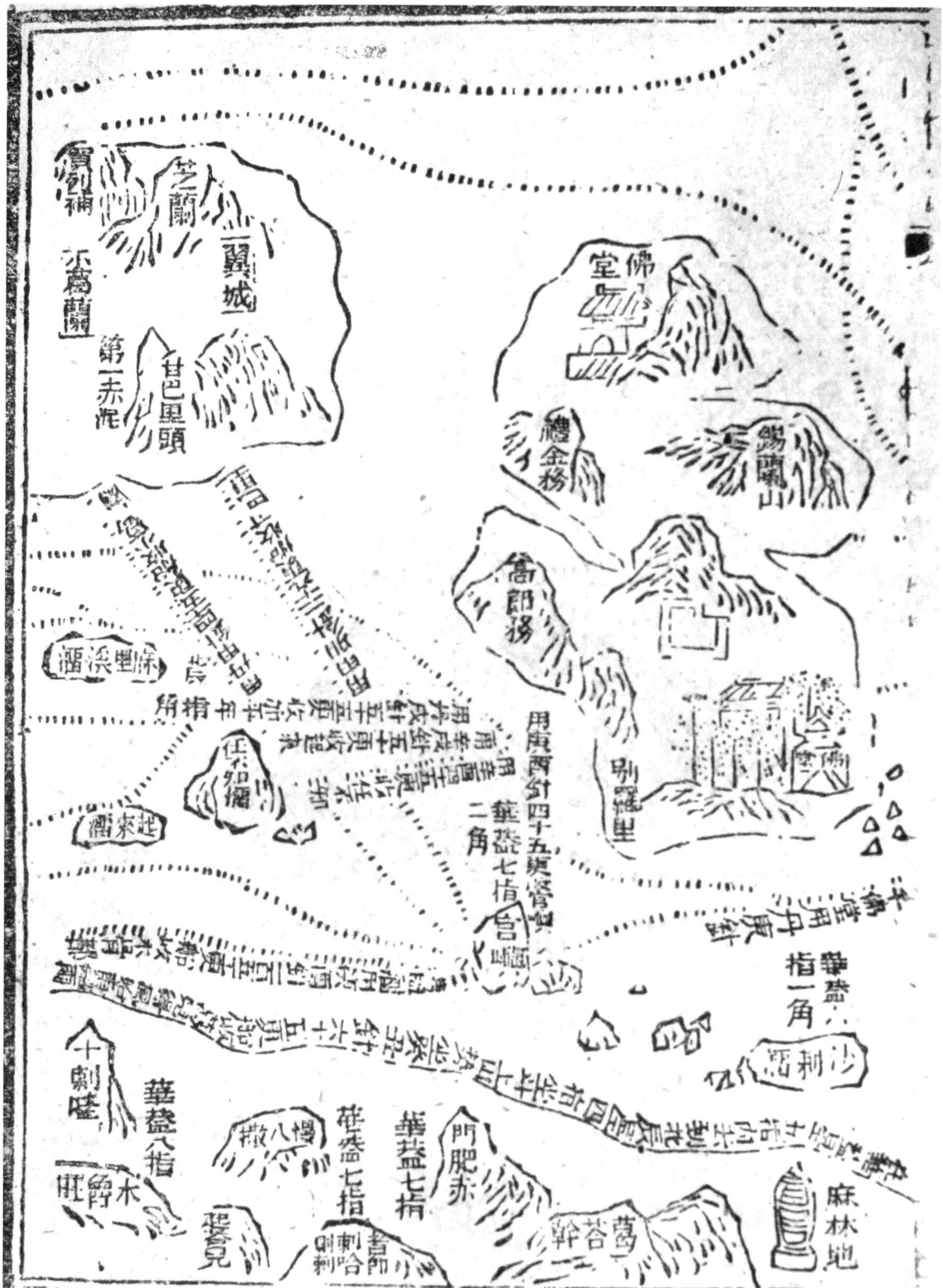


【明】佚名《鄭和航海圖》十九（左半部）

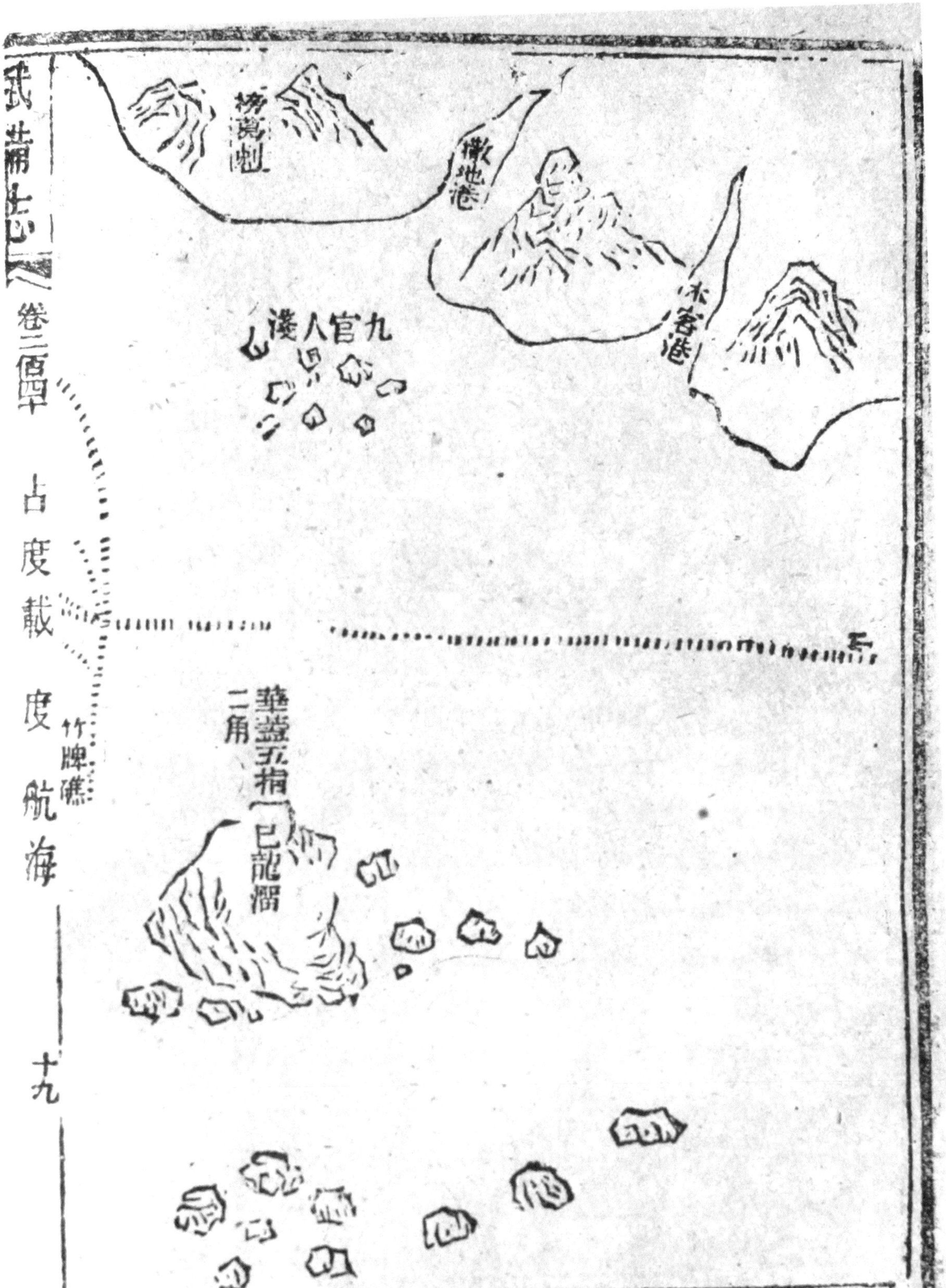


[明] 佚名《鄭和航海圖》十九（右半部）

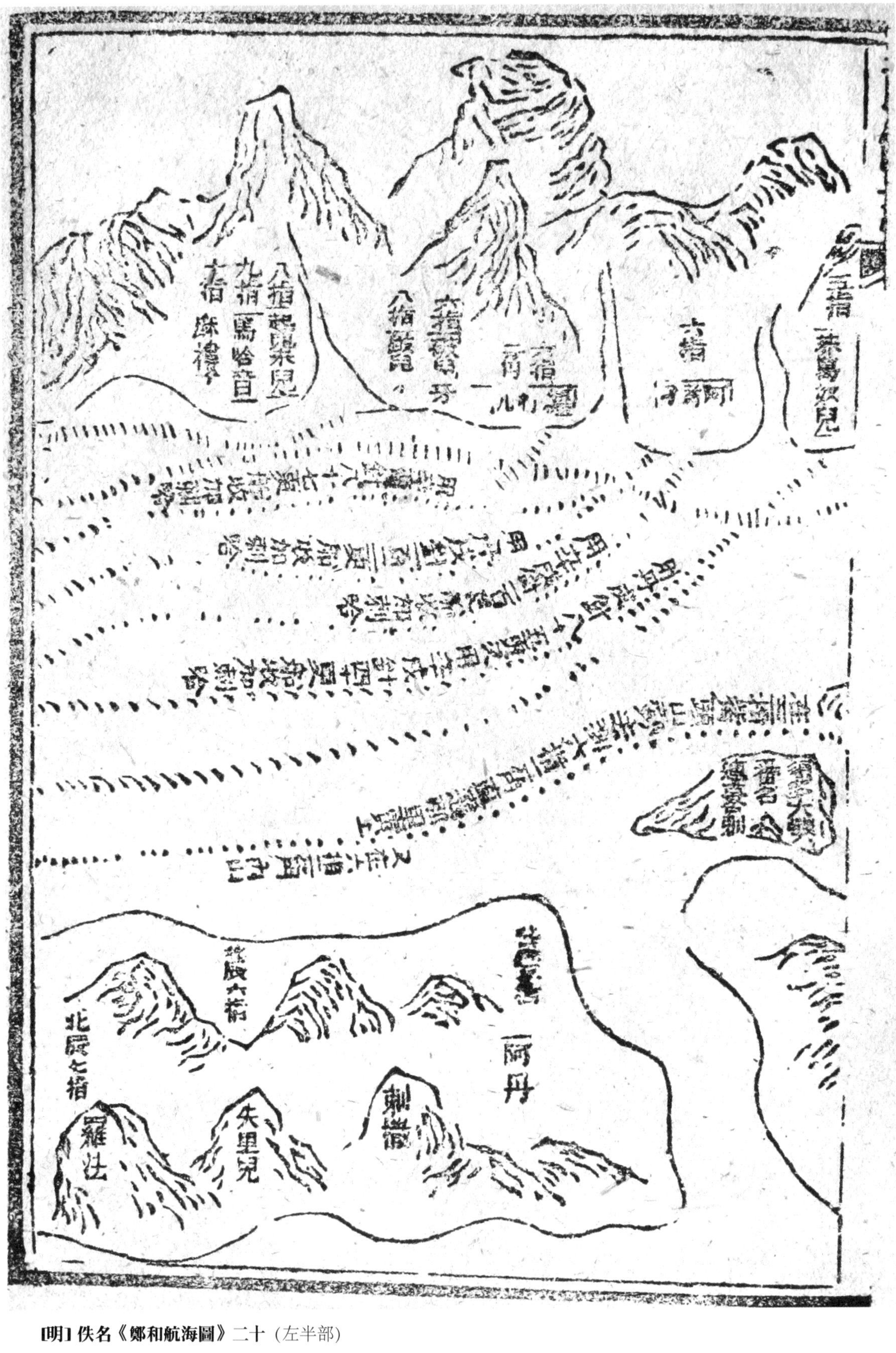


[明] 佚名《鄭和航海圖》二十（左半部）

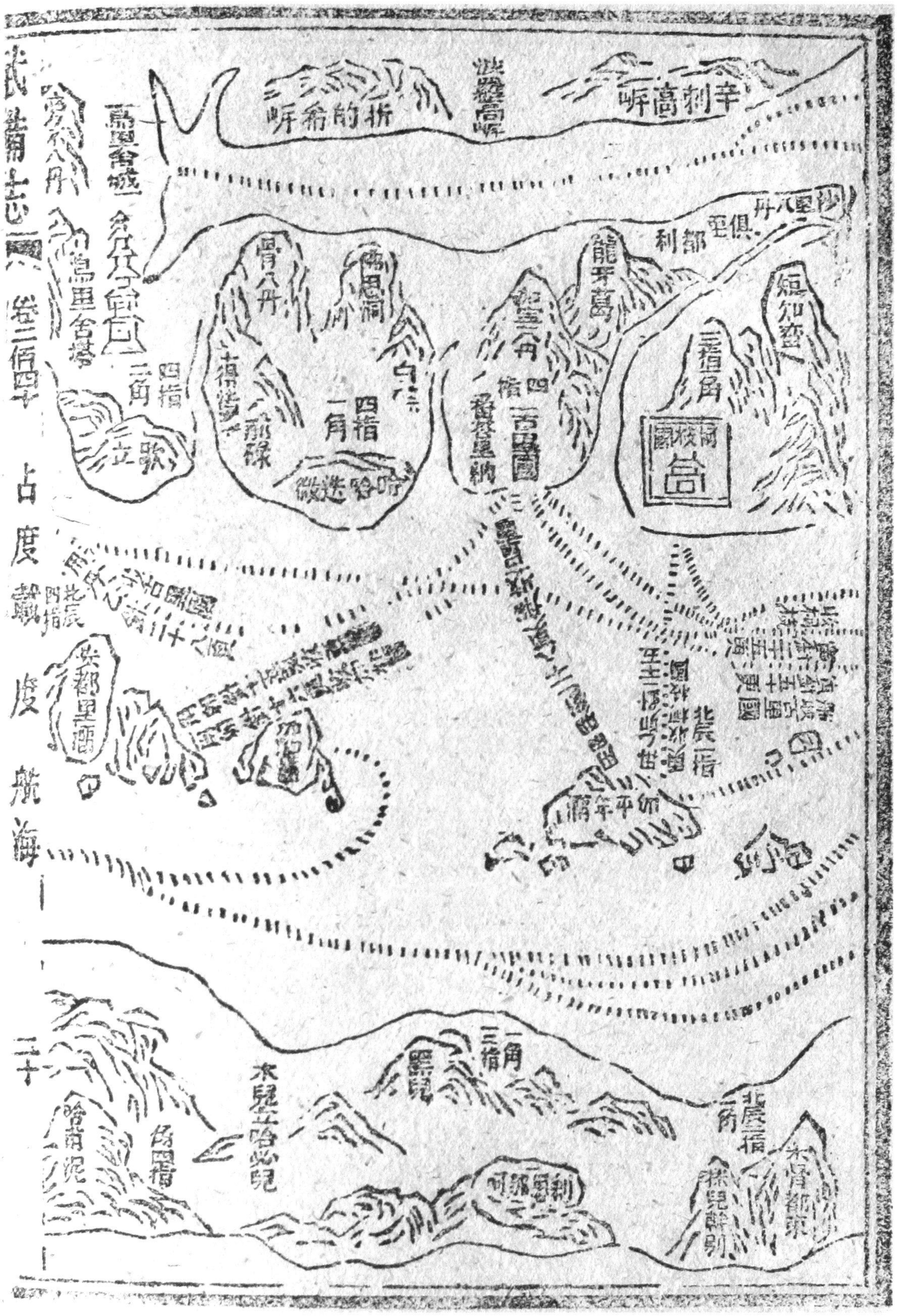


[明] 佚名《鄭和航海圖》二十（右半部）

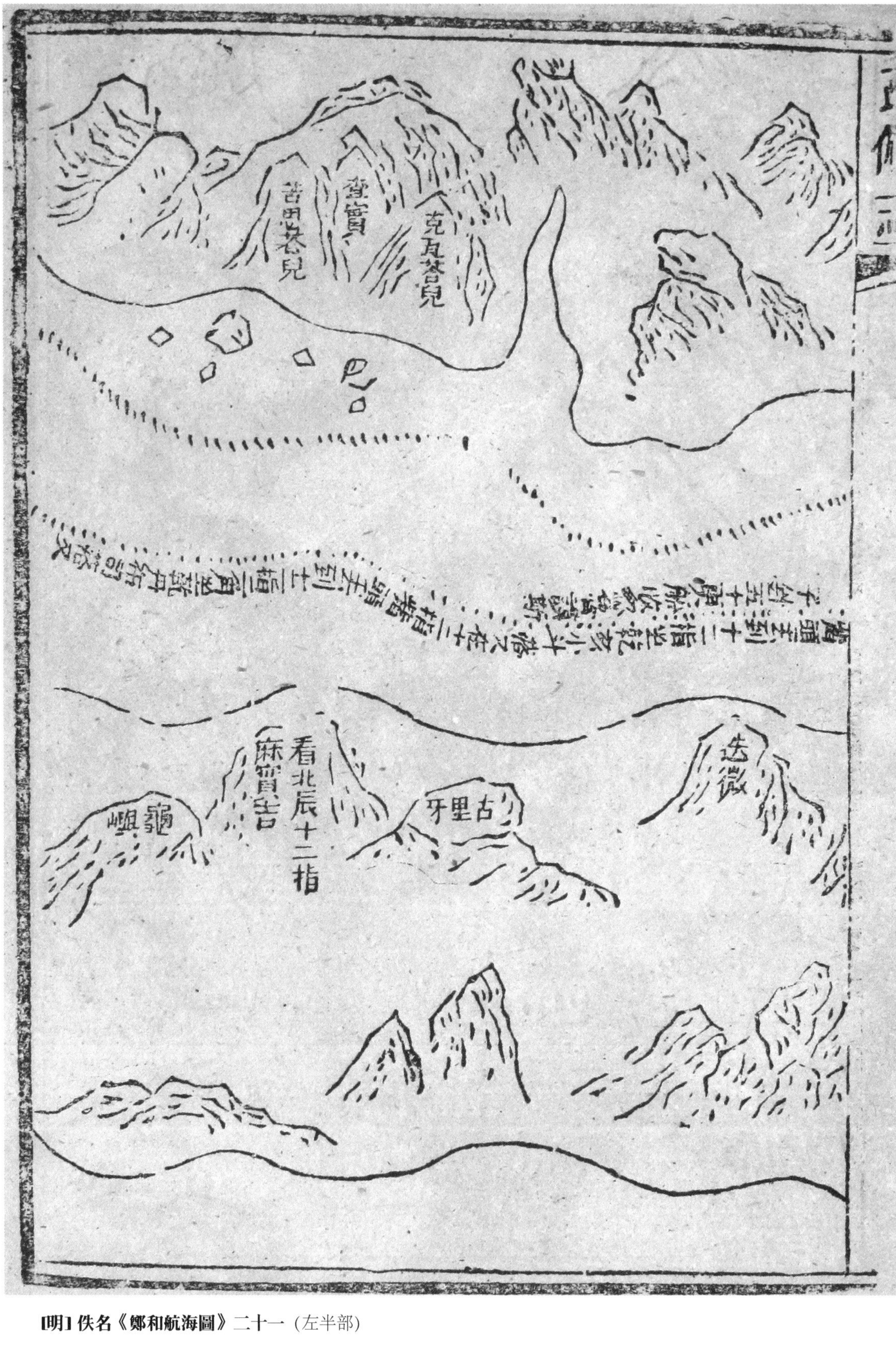


［明］佚名《鄭和航海圖》二十一（左半部）

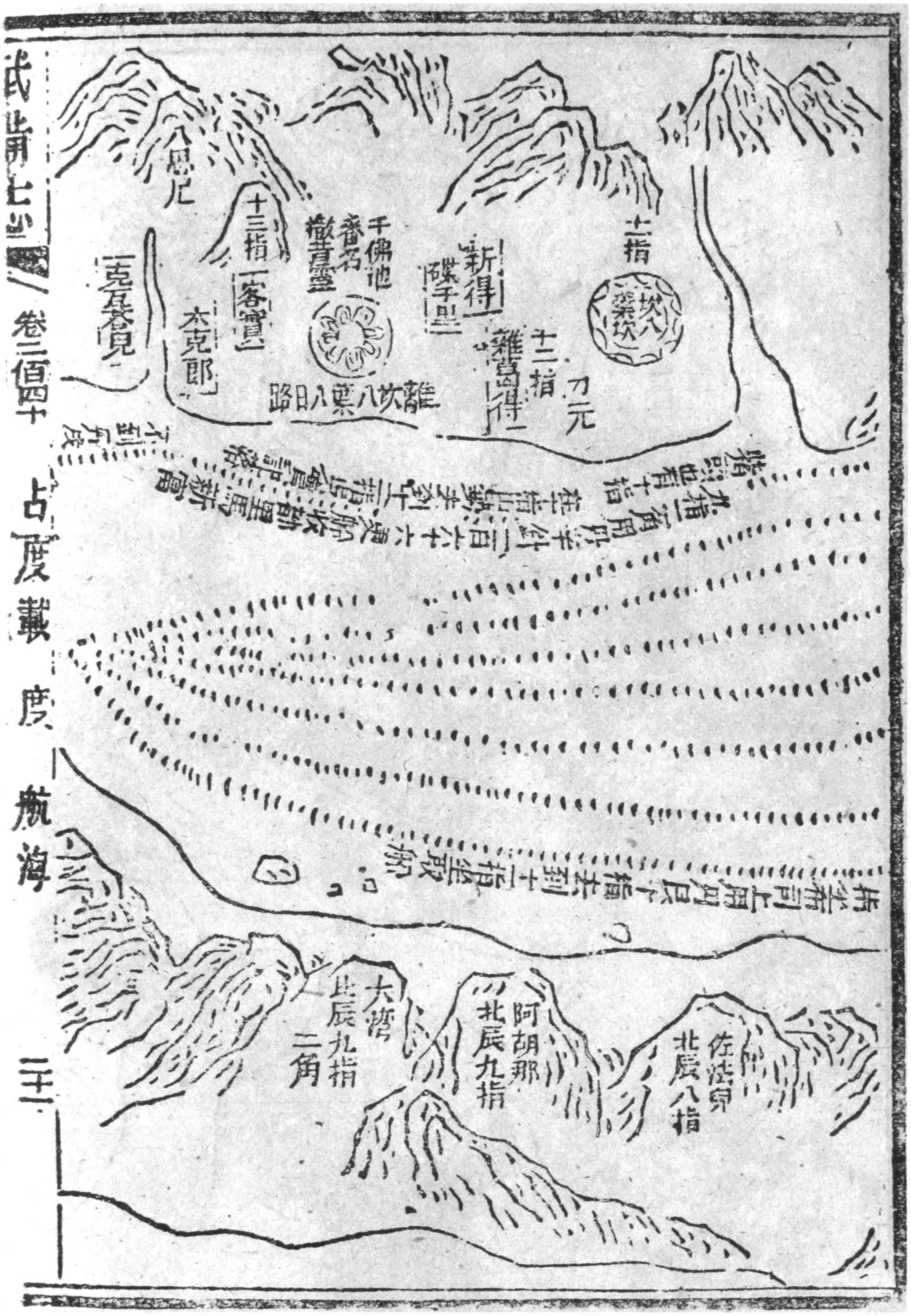


[明] 佚名《鄭和航海圖》二十一（右半部）

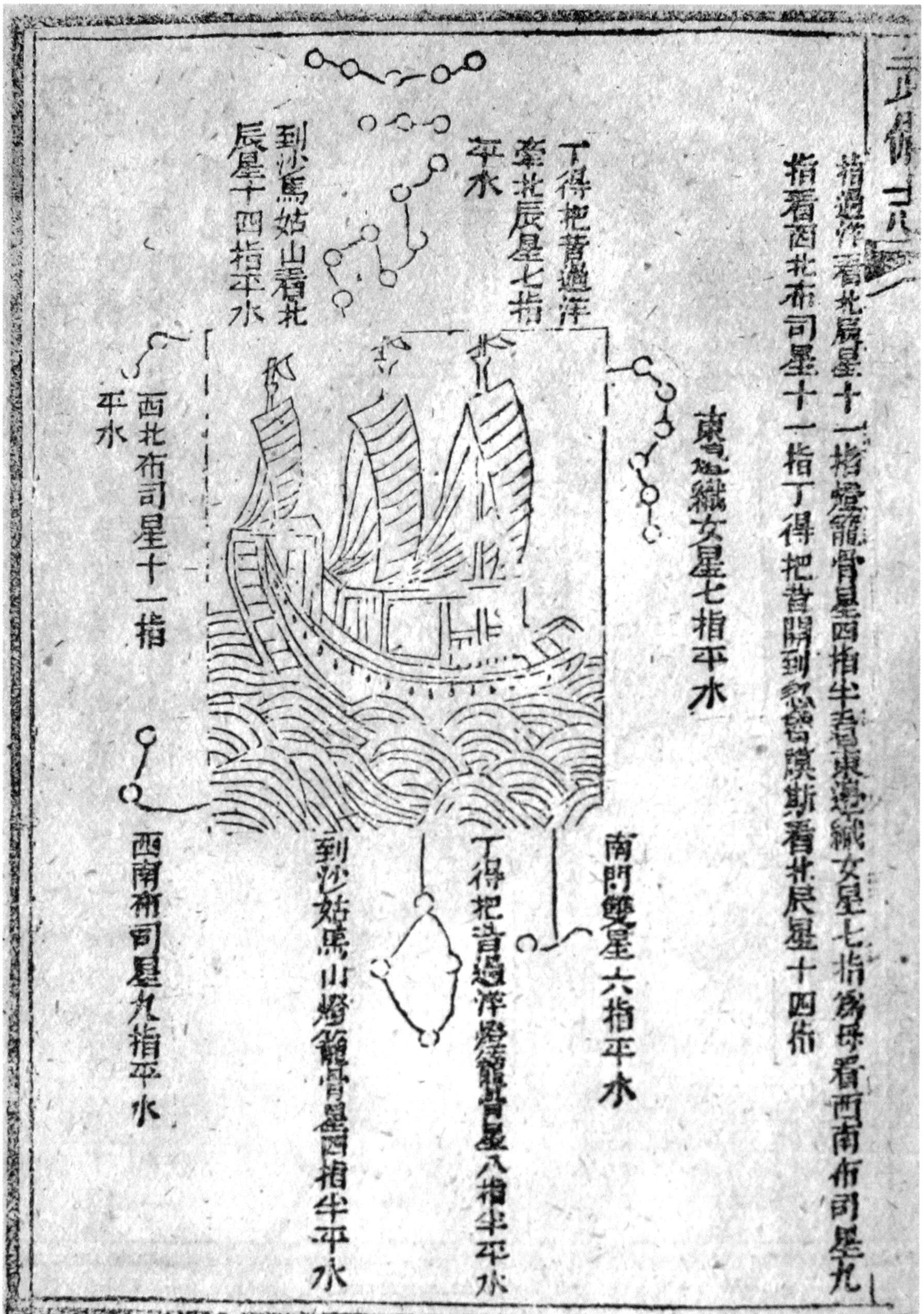


[明] 佚名《鄭和航海圖》二十二（左半部）

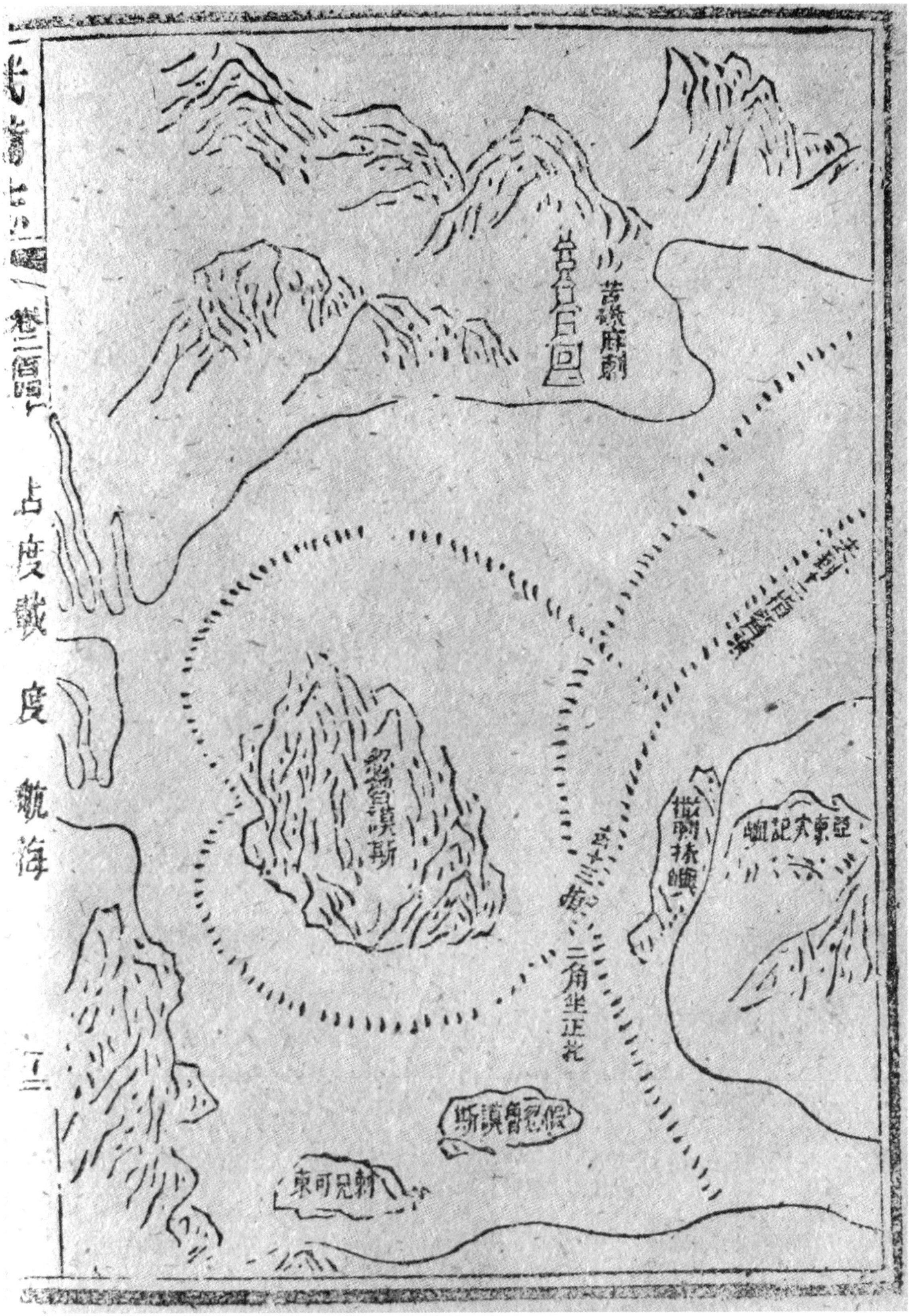


[明] 佚名《鄭和航海圖》二十二（右半部）

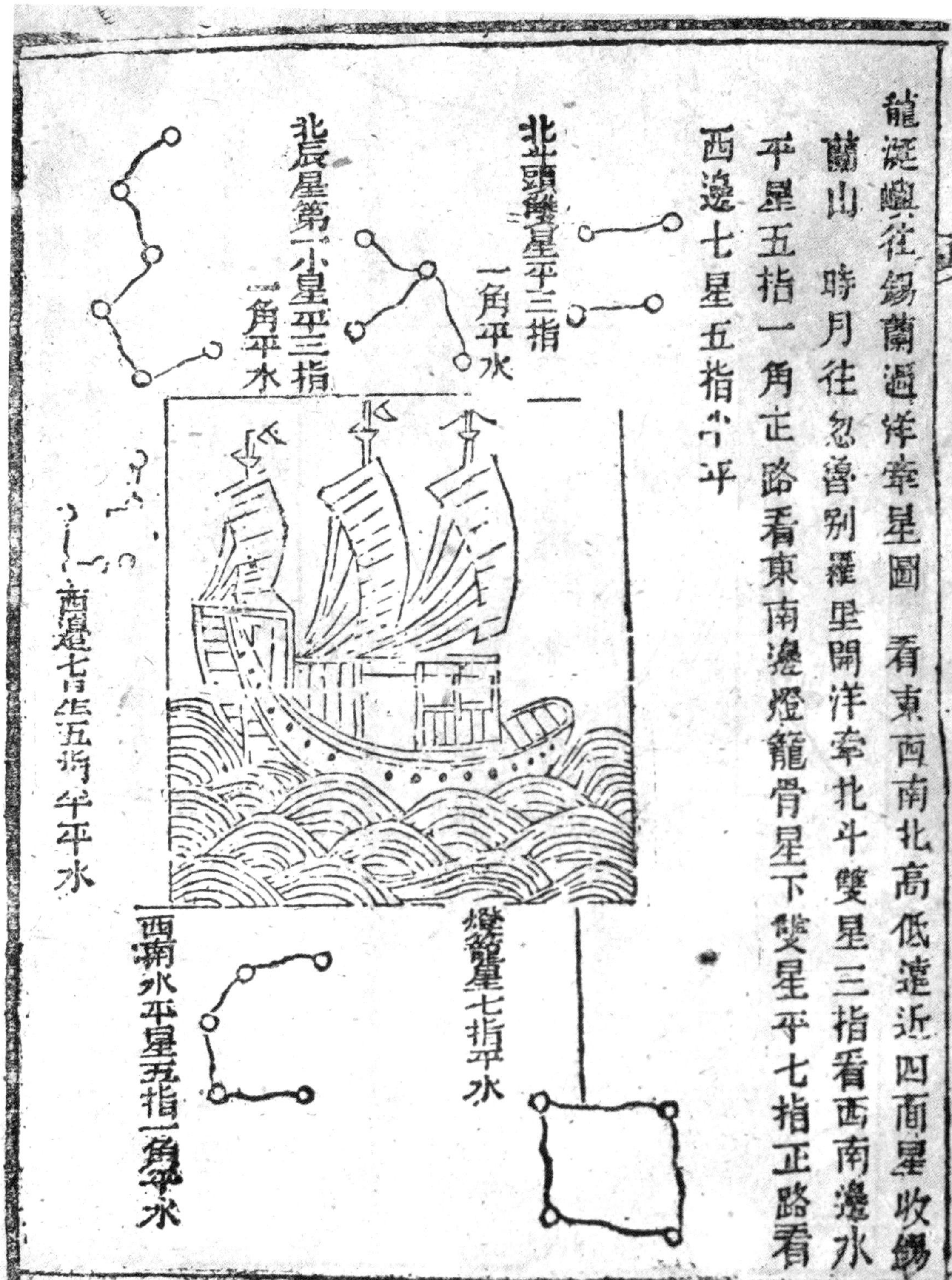


[明] 佚名《鄭和航海圖》二十三（左半部）

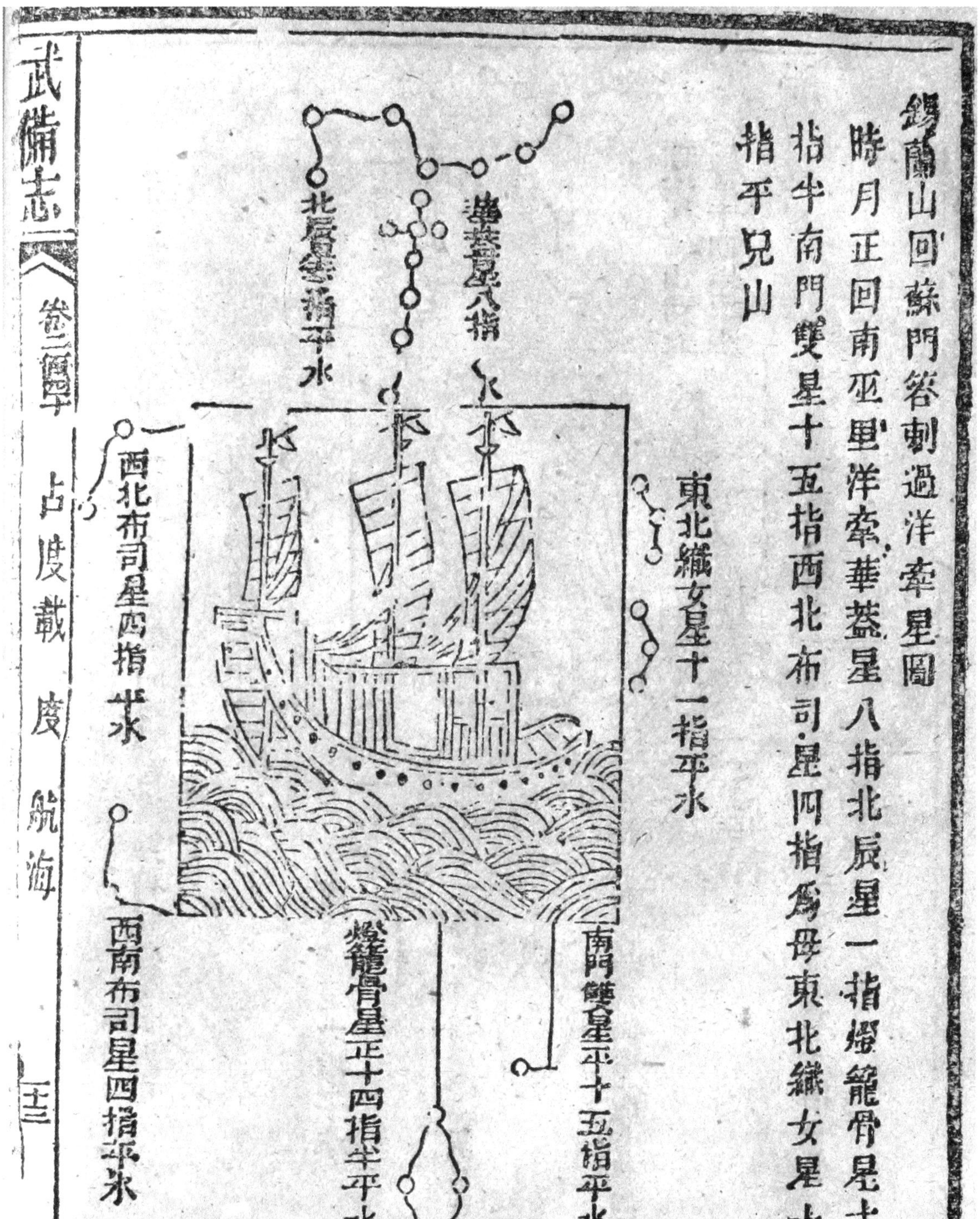

錫蘭山回蘇門答剌過洋牽星圖

時月正回南巫里洋牽華蓋星八指北辰星一指燈籠骨星十四指半南門雙星十五指西北布司星四指為母東北織女星十一指平兒山



[明] 佚名《鄭和航海圖》二十三（右半部）

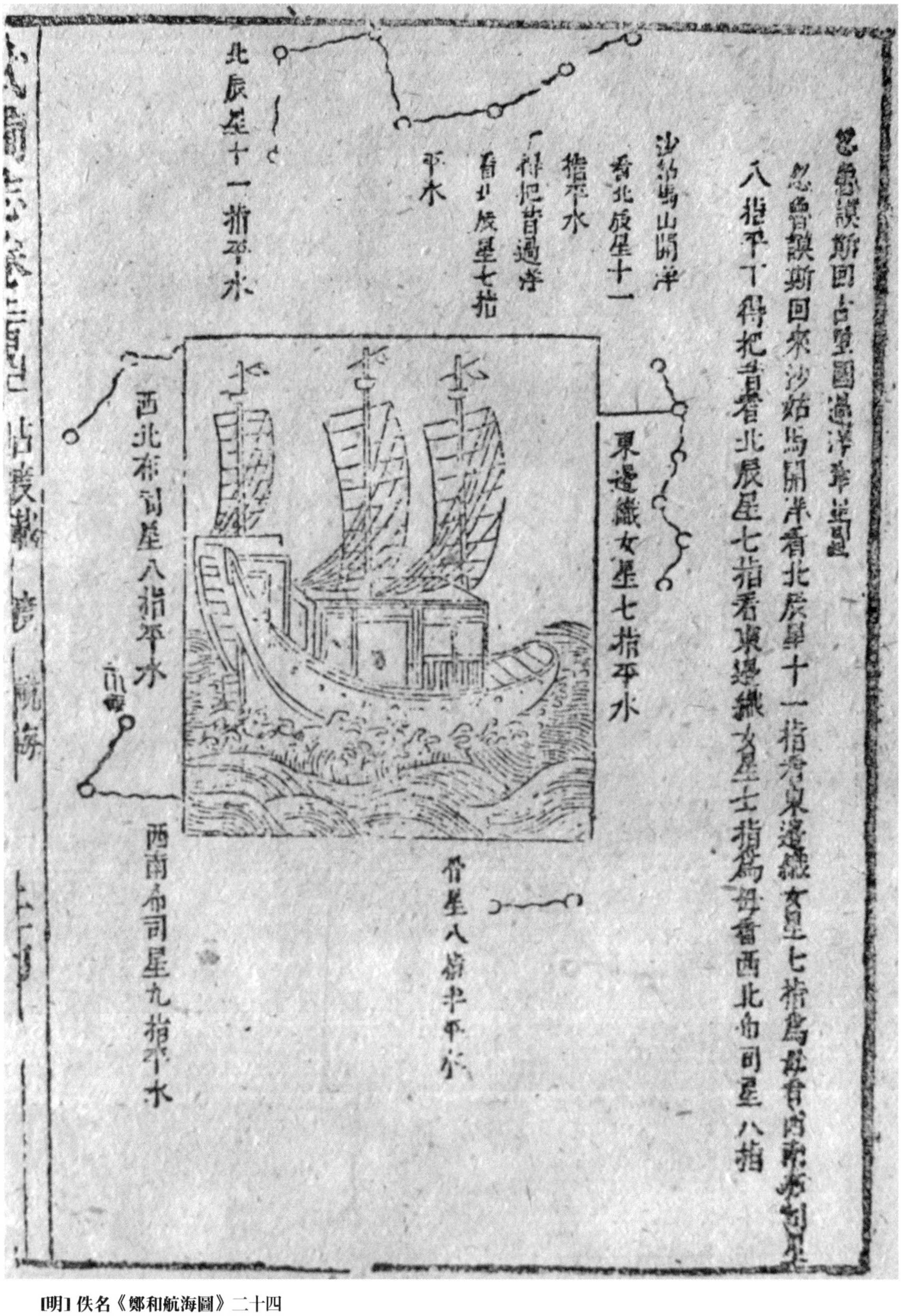


【明】佚名《鄭和航海圖》二十四

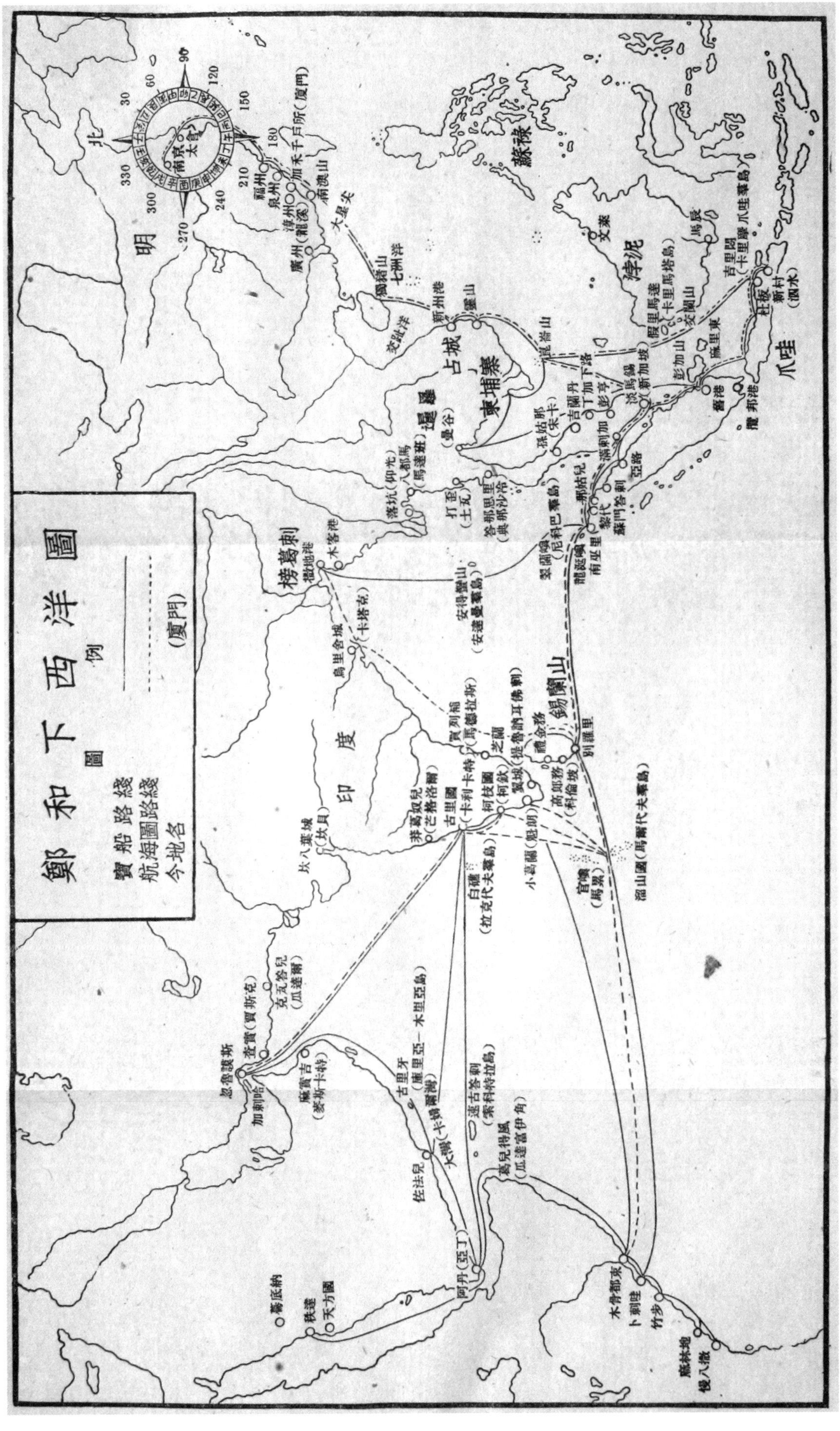


**《鄭和下西洋圖》**[向達校注《鄭和航海圖》一書索引後插圖]

用坤未針三更船，取台山，內過。用坤未針三更船，取東桑，內過。用坤未針二更船，取芙蓉山，內過。用丁未針一更船，過小西洋山。用丁午針一更船，取北交頭門內過。沿山，取定海所前過。用丁午針二更船，取五虎山。

**【五虎山返太倉】**

用丑艮針二更船，取龜嶼。用丑艮針一更船，取東湧山，外過。東湧山用丑艮針二更船，平東桑山、西桑山。用丑艮針二更船，平台山。用丑艮針三更船，取南己。用丑艮針二更船，取東洛山。用丑艮針一更船，平中界山及黃山。用癸丑針三更船，取狹山，外過。用癸丑針三更船，平直谷山。用癸丑針二更船，取羊琪山及大陳、三母山。用子癸針二更船，取東、西崎山。用子癸針三更船，取檀頭山，外過。對開有礁，內外過船。東北過有沉礁，打浪，子細內外過船。用子癸針三更船，取九山及亂礁洋。用壬子針二更船，過孝順洋，取雙嶼港。用癸丑針一更船，取升羅嶼，廟州門內過，轉崎頭。用辛戌針一更船，取大唐[磨]山。用乾亥針二更船，出西後門。用丹子針，取霍山。用丹子針及子癸針，三更船，取灘山。用癸丑針三更船，取七山。用乾亥針四更船，見茶山。用辛酉針三更船，取南匯嘴，收洪，平寶山。用辛酉針三更船，過吳淞江，到太倉港口繫船。



**【五虎山往占城】**

[五虎山]用乙辰針平官嶼，二[三]礁外過。用丙巳針取東沙。東沙用單巳針三更船，平牛山。

**【占城返五虎山】**

筊杯山用壬子針七更船，取外羅山外過。外羅山內過，癸丑及單癸針，二十一更船，平獨豬山。獨豬山丹艮針五更船，用艮寅十更船，平大星尖外過。大星尖用丹艮針十五更船，平南澳山、外平山外過。用艮寅針三更船，平大甘、小甘外過。用丹艮針四更船，平大武山。大武山用丹艮針七更船，平烏丘山。烏丘山用艮寅針四更船，平牛山。用丑艮針五更船，取東沙山。東沙山用丑艮針一更船，平官塘山。用丑艮針一專船，取五虎山。

**【滿剌加返占城】**

滿剌加開船，用辰巽針五更船，平射箭山。用辰巽針三更船，平毗宋嶼。用丹巽針取吉利門。吉利門五更船，用乙辰及丹辰針，取長腰嶼出龍牙門。龍牙門用甲卯針五更船，取白礁。白礁過，用癸丑及單癸針，五更船，平東竹山外過。東竹山過，用子丑[子癸]及單癸針，[四十五更]船，取崑崙山外過。

崑崙山外過，用癸丑針十五更，取赤坎山。用丑艮及單艮……靈山。用壬子及丹壬針，五更船，平洋嶼及筊杯山。

## [蘇門答剌返滿剌加]

蘇門答剌開船，用丑艮及乙辰針，五更船，平急水灣、巴碌頭，有淺。又五更巴碌頭。辰巽針五更船，取甘杯嶼。辰巽針十五更船，平亞路。用乙辰針五更船，取單嶼。再用辰巽針四更船，取雙嶼。用丹巽及辰巽針，十五更船，取雞骨礁。用丹辰及辰乙針，三更船，平綿花淺。用乙辰及丹辰針，三更船，平綿花淺[棉花嶼]。用辰巽針十更船，平滿剌加。

## [蘇門答剌往錫蘭山]

蘇門答剌開船，用乾戌針十二更船，平龍涎嶼。龍涎嶼開船時月，用辛戌針十更船，見翠蘭嶼。用丹辛針三十更船，用辛酉針五十更船，見錫蘭山。

龍涎嶼開船過洋，用丹辛針四十更船，又用辛酉針五十更船，見錫蘭山。

## [錫蘭山往溜山國]

千佛堂用丹庚針收官嶼。

[別羅里]用庚酉針四十五更，收官嶼。

[別羅里]用辛酉四十五更，收任不知溜。

[別羅里]用辛戌針五十更，收起來溜。

[別羅里]用丹戌針五十五更，收加平年溜。·

## [溜山國至印度]

[官嶼]用甲卯針二十九更船，收甘巴里。

[官嶼]用丹甲針四十五更船，收小葛蘭。

[麻里溪溜]用寅針二十五更船，收柯枝。

[麻里溪溜]用寅針五十更船，收古里國。

[加平年溜]用乙卯針二十五更船，收柯枝國。

[加平年溜]用甲卯針二十八更船，收古里國。

[安都里溜]用卯針十五更，收古里。

## [溜山往木骨都束]

官嶼溜用庚酉針一百五十更，取木骨都束。

## [非洲東海岸及阿拉伯海沿岸]

[麻林地]在華盍星五指內，去到北辰星四指，坐斗上山勢，坐丑癸針六十五更船，收葛兒得風、哈甫兒。

[黑兒]在三指觜頭山勢，去到六指二角，直達那里寅上。

[那里寅上]又在六指二角內山，指坐布司上，用丹艮，十指去到十一指坐取船。

觜頭去到十二指。坐乾亥，小斗落，又在十二指觜頭去到十二指二角，坐乾丹布司落。又去到十二指觜頭……

## [印度往阿拉伯海沿岸]

[莽葛奴兒]用單戌針八十五更，又用辛戌針四十更船，收加剌哈。

[阿者刁]用辛戌針一百更船，收加剌哈。

[阿者刁]用丹戌針一二百更船，收加剌哈。

[馬哈音]九指二角，用丹辛針一百六十六更船，收都里馬新富。

觜頭也有十指，在十指山勢，去到十二指吳實記落。不到丹戌，子針五十更船，收忽魯謨斯。

## [纏打兀兒回古里]

纏打兀兒用丹乙針二十八更，收古里國。

## [丁得把昔到忽魯謨斯]過洋牽星圖

□指，過洋看北辰星十一指，燈籠骨星四指半，看東邊織女星七指為母，看西南布司星九指，看西北布司星十一指，丁得把昔開到忽魯謨斯看北辰星十四指。

東邊織女星七指平水

南門雙星六指平水

丁得把昔過洋牽北辰星七指平水

丁得把昔過洋燈籠骨星八指半平水

到沙馬姑山看北辰星十四指平水

到沙馬姑山 燈籠骨星四指半平水

西北布司星十一指平水

西南布司星九指平水

## 錫蘭山回蘇門答剌過洋牽星圖

時月正回南巫里洋，牽華蓋星八指，北辰星一指，燈籠骨星十四指半，南門雙星十五指，西北布司星四指為母，東北織女星十一指平兒山。

東北織女星十一指平水

華蓋星八指

南門雙星平十五指平水

北辰星一指平水

燈籠骨星正十四指半平水

西北布司星四指平水

西南布司星四指平水

## 龍涎嶼往錫蘭山過洋牽星圖

看東西南北高低遠近四面星，收錫蘭山。時月往忽魯[謨斯]，別羅里開洋，牽北斗雙星三指，看西南邊水平星五指一角，正路看東南邊燈籠骨星下雙星七指，正路看西邊七星五指半平。

北斗頭雙星平三指一角平水

燈籠星七指平水

北辰星第一小星平三指一角平水

西南水平星五指一角平水

西邊七星五指半平水

## 忽魯謨斯回古里國過洋牽星圖

忽魯謨斯回來，沙姑馬開洋，看北辰星十一指，看東織女星七指為母，看西南布司星八指平丁得把昔，看北辰星七指，看東邊織女星七指為母，看西北布司星八指沙姑馬開洋，看北辰星十一指平水。

東邊織女星七指平水

骨星八指半平水

丁得把昔過洋，看北辰星七指平水

北辰星十一指平水

西北布司星八指平水

西南布司星九指平水

——[明]茅元儀《武備志·卷二百四十·自實船廠開船從龍江關出水直抵外國諸番圖》





# 吳惠等出使占城的航程

**【引書舉要】**

占城在今越南南部，明代遣使至其國約30次。本書所載係英宗正統六年（1441）給事中舒瞳、行人吳惠出訪所記。所引史料散見於：《明實錄》（據武漢出版社1991年《明實錄類纂（涉外史料卷）》；[明]嚴從簡《殊域周咨錄》（據北京：中華書局1993年余思黎點校本）；[明]慎懋賞《四夷廣記》（據《玄覽堂叢書續集》本）；[清]張廷玉等《明史》（據北京：中華書局1974年標點本）。

[正統六年（1441）六月]己卯，占城國王占巴的賴薨，其孫摩訶賁該以王遺令，遣王孫述提昆等來朝貢方物，並乞恩嗣位……[庚辰]賜占城國王孫述提昆等襲衣、靴襪、綵幣、鈔、絹有差。

——《明實錄·英宗實錄·卷八十》

[正統六年秋七月]丙午，詔占城國曰："……故占城國王占巴的賴爰自先朝以迄今日，恭事朝廷，勤修職貢，逾久逾篤，始終一誠，聿茲云亡，宜有繼續。其孫摩訶賁該敦厚慎恭，賢類其祖，上能事大，下能保民。今特遣正使給事中舒瞳、副使行人吳惠賚敕，封摩訶賁該為占城國王，以主國事，爾大小頭目人等其欽遵朕命，盡心輔翼，惇行善道，俾凡國人咸蒙太平之福，庶幾副朕仁覆一統生民之意。"遂命其來使述提昆 逋沙賚敕，諭摩訶賁該敬效臣職，恭修朝貢，善撫國人，和睦鄰境，並以織金紵絲紗羅賜王又其妃。

——《明實錄·英宗實錄·卷八十一》

[正統]六年[1441]，王占巴的賴卒。其孫摩訶賁該以遺命，遣王孫述提昆來朝貢，且乞嗣位。乃遣給事中管[舒]瞳、行人吳惠齎詔封為王。新王及妃並有賜。

——《明史・卷三百二十四・列傳・第二百一十二・外國・五・占城》

正統六年[1441]，國王卒，嗣子摩訶貴由請襲爵。上賜勑詔，遣給事中舒某（失其名）為正使，及副使行人吳惠往封之。

是冬十二月廿三日，發東莞。次日過烏豬洋。又次日過七州洋，瞭見銅鼓山。次日至獨豬山，瞭見大周山。次日至交趾界。有巨洲橫絕海中，怪石廉利，風橫，舟觸之即靡碎，舟人甚恐。須臾風急過之。次日至占城 外羅洋 校杯墅中。廿九日，王遣頭目迎詔，寶船象駕，鼓吹填咽，旌旄晻靄，氈衣椎髻，前後奔馳，至行宮設宴。王乘象迓於國門，戴金花冠，纏瓔珞，環帳列戈戟，以群象為衛。既宣詔，王稽首受命。是時臘月，其國猶暑，民多裸袒，士著苧衣，南阡稻熟，北秧猶青。七年[1442]正月上元夜，王請賞煙火，爇沉檀，燃火樹，盛陳樂舞，每夜鼓以八更為節。五月六日還，至七洲洋，大風，舟幾覆。正使舒某憂泣，不知所為。惠為文以祭祝融與天妃之神。俄而開霽，瞭見廣海諸山。十五日遂收廣海，復抵東莞。

按：吳惠字孟仁，東吳人。年二十，以糧役管運至京，途中日歌古詩。或言於縣令，令奇之，名為弟子員，舉永樂甲辰[廿二年（1424）]進士。洞庭有進士自惠始。授行人，喜言事。使占城還，陞桂林守，義寧峒蠻楊氏結苗人為亂，藩臬議進兵征之。惠止之曰："義寧吾屬，吾往撫之；不從，用兵未晚。"乃肩輿從十餘人，入其峒，山石攢峭如劍戟。猺人騰躍如飛，聞太守至，奔告於其酋出迓。惠諭之曰："吾若屬父母也，宜聽吾語。"眾唯唯。惠因為陳逆順禍福，楊氏諸蠻感泣，留數日，歷觀諸屯形勢，以數千人衛出境，歸報罷兵。明年，武岡州盜起，宣言推義寧峒主為帥。藩臬咸尤惠。惠曰："吾當任其咎。"乃遣人至義寧，群猺從山巔望見惠使，即遙拜，言不敢反狀，且求雪武岡之誣，盜計遂阻。迄惠在郡，無敢騷竊者。後陞廣東右參政，支正三品俸卒。

愚謂航海颶濤，非人力所及，而惠蹈險如常，不為舒某之駭亂。噫！雷雨弗迷，大舜所以為聖；遭風存敬，程子所以為賢。惠之度量，於此可見。其後峒夷之反覆難信，猶之海波不測也，惠處之坦然，皆自此度量推之耳，惠豈無所本哉！觀其日歌古詩，悠優諷詠，涵養性靈，中有素定者，故夷險一致，克定大事若是。語曰：誦詩三百，不能專對，授之以政不達，雖多亦奚為！今惠不惟專對於遠，又能達政於蠻，則其所歌，固可謂有用之文章，而縣令乃能識之於吟誦之間，亦異鑒也哉！抑因是知古人奉使列國，宴享之際，賦詩見志，占其所就，後竟不爽，諒有以夫！

又按：詔使之往占城者，其人不一，而獨鄭和之舟跡載於《星槎勝覽》，吳惠之舟跡載於惠之日記，故特著之以見其道里所經，日月所歷，俾後使可據而行耳。且和由新州而入，惠由校杯而入，豈二路皆可通而隨風所泊，故異耶？

——[明]吳惠《出使占城日記》，原文及按語引自[明]嚴從簡《殊域周咨錄·卷七·南蠻·占城》。

正統六年[1441]，給事中舒某、行人吳惠於十二月二十三日發東莞縣；二十四日過烏豬洋；二十五日過七洲洋，瞭見銅鼓山；二十六日到獨豬山，瞭見大周山；二十七日至交趾界，有巨洲橫截海中，怪石廉利，風橫，舟觸即靡碎，舟人甚恐，須臾風急過人；二十八日至占城 外羅洋 校杯墅中。至七年五月十五日歸東管[莞]。按，詔使往占城者，惟鄭、吳舟跡可考，然和由新州入，惠由校杯入，豈二路皆可通，而隨風所泊故異耳。

——[明]吳惠《出使占城日記》，引自[明]慎懋賞《四夷廣記·海國廣記》。



## 朝鮮崔溥所記漂流中國的航程

喪人臣崔溥，自濟州漂流，泊甌東，過越南，經燕北，以今[弘治元年（1488）]六月十四日到青坡驛。敬奉傳旨，一行日錄撰集以進。

成化二十三年[1487]丁未秋九月十七日，臣以濟州三邑推刷敬差官陛辭而行，至全羅道，率監司依事目所差光州牧吏程保、和順縣吏金重及承仕郎李楨、羅州隨陪吏孫孝子、青岩驛吏崔巨伊山、戶奴萬山等六人及司僕寺安驥、崔根等，歸海南縣候風。十一月十一日朝，與濟州新牧使許熙同乘舟於館頭梁。十二日夕，到泊濟州 朝天館。

弘治元年戊申正月三十日陰。晡時，臣之奴莫金自羅州到濟州，賫喪服來告臣父之喪。閏正月初一日，雨。牧使晨夕來吊，乃以水精寺僧智慈之船牢固疾行，官船所不及，命兵房鎮撫高益堅、吳純等回泊於別刀浦，以為臣渡海之備。判官鄭銓遣軍官邊石山以吊。初二日陰。侵晨，臣詣別刀浦 候風館……[初三日]臣遂告別登船……從風所指，過愁德島而西。海氣晦冥，風弱雨作。將近楸子島藏船處，汐勢甚急……風浪交惡，隨濤上下，莫知所適。初四日，漂入大洋中。是日雨雹，大風。驚濤畏浪，掀天鼓海，帆席盡破……遂點檢同舟人，則從者程保、金重、李楨、孫孝子、崔巨伊山、莫金、萬山及濟州牧使所定送鎮撫安義，記官李孝枝，總牌許尚理，領船權山，梢工金高面……合自身，凡四十三人……[初五至十一日]漂大洋中。十二日，遇賊於寧波府界……[十三日至十五日]復漂大洋中……十六日，到泊於[台州]牛頭外洋。是日陰。海色赤黑中全濁。西望連峰疊嶂，撐天包海，意有人煙。駕東風而至，則見山上多有烽燧台列峙，喜復到中國地界……

臣於此行所歷滄波，雖若一海，水性水色隨處有異。濟州之海，色深青，性暴急，雖少風，濤上駕濤，激洑瀺湖，無甚於此。至黑山島之西猶然。行過四晝夜，海色白；越二晝夜，愈白；又一晝夜，還青；又二晝夜，還白；又三晝夜，赤而濁；又一晝夜，赤黑中全濁。臣之行舟，視風從卻，東西南北，萍漂無定，其間所見海色大概如此。自白而還青以後，風力雖勁，濤不甚高。至還白以後，始有島嶼……

十七日，捨舟登陸……十八日，遇千戶許清於路上……十九日，到桃渚所……[二十至二十二日]在桃渚所。……台州，古東甌國之地，在閩之東，越之南。而牛頭外洋等處，轄臨海縣地，又在台州東南絕徼……

二月初一日，過慈溪縣……初二日，過餘姚縣……初三日，過上虞縣……初四日，到紹興府……其闤闠之繁、人物之盛，三倍於寧波府矣。

——朝鮮崔溥《漂海錄·卷一》

初五日，至西興驛……初六日，到杭州……十五日，過嘉興府……十六日，過吳江縣至蘇州府……十九日，至常州府……二十日，過呂城驛至鎮江府……二十一日，至揚子江……二十三日，過揚州府……二十七日，過淮安府……

三月初一日，過邳州……初三日，過徐州……初七日……至兗州府……十八日，過德州……二十一日，過滄州。……二十四日，過天津衛……

——朝鮮崔溥《漂海錄·卷二》

**【引書舉要】**

《漂海錄》是明代朝鮮人崔溥用漢文寫成的行紀之一。它與另一朝鮮人慧超所撰的《往五天竺國傳》，日本人眞人元開的《唐大和上東征傳》、圓仁的《入唐求法巡禮行記》，以及越南人黎崱的《安南志略》，均屬古代重要的“域外行紀漢籍”。

崔溥（1454—1504），於成化廿三年（1487）九月以“推刷敬差官”而至濟州赴任。弘治元年（1488）正月底父喪，乃於閏正月初三渡海返里奔喪，孰料船舶遭風而在海洋中漂流多日，才於中國台州府臨海縣登陸。後來被轉送至北京，並於六月初渡鴨綠江返回故國。

本書所引據線裝書局2002年10月《漂海錄》葛振家評注本。

[三月二十六日]自天津衛以北……二十八日，至北京 玉河館……京師乃四夷所朝貢之地，會同本館之外又建別館，謂之會同館。臣等所寓之館在玉河之南，故亦號為玉河館……

四月……二十四日，自會同館發程……

五月……二十三日，至遼陽驛……二十九日，自遼東登程……

六月……初四日，渡鴨綠江。是日晴。清晨，過湯山站……名不記二小河……至九連城……

臣所經自牛頭外洋至桃渚所，至杭州，至北京 會同館，大概共六千有餘里。自會同館……至遼東城……共千七百有餘里……自遼東……至鴨綠江，又三百有餘里……自北京以至鴨綠江，其間名為河者，都是小川，皆雨漲旱乾，唯灤河、三汊河為大，其次若白河、大 小凌河、泰子、八渡等河也……其他，若山川形勝、臺榭古跡，有膾炙人口者，雖禿盡毛穎不能悉記。而臣之歷覽千載難之，然在衰絰之中，不敢觀望遊賞、採取勝概，只令陪吏四人逐日觀標，旁問地方，掛一漏萬，記其大略耳。

——朝鮮崔溥《漂海錄·卷三》



# 《野記》等所載巴喇西國使來華行程

**【引書舉要】**

巴喇西即Parsi的譯音，指波斯（今伊朗）。或謂波斯語之波斯國名原作Parsa，閩、粵語“西”爲“sai”，Parsa就轉成了“巴喇西”或“吧兒西”。

本書所引[明]祝允明（1460—1527）《野記》，據《國朝典故》本。[清]張廷玉等《明史》，據北京：中華書局1974年標點本。

正德辛未歲[六年（1511）]，巴喇西國遣使臣沙地白入貢，言其國在南海，甚遠。始領其王命，在洋舶行凡四年半，被風飄至西瀾海面，舶壞，唯存一腳艇。又在洋飄風八日，至得吉零國，住十一箇月。又往地名祕得住八箇月，乃遵路行二十六日至暹羅國。以情白王，王賜日給，又與婦女四人，住彼又四年。至今年五月，纔附番人奈林船入廣。其所貢木匣六枚，內金葉表文、祖母綠一塊、珊瑚樹四株、玻瓈瓶四把、玻瓈皾四箇，及瑪瑙珠、胡里丹。

——[明]祝允明《野記·卷四》

巴喇西，去中國絕遠。正德六年，遣使臣沙地白入貢，言其國在南海，始奉王命來朝，舟行四年半，遭風飄至西瀾海，舟壞，止存一小艇。又飄流八日，至得吉零國，居一年。至祕得，居八月。乃遵陸行，閱二十六日抵暹羅，以情告王，獲賜日給，且賜婦女四人，居四年。迄今年五月始附番舶入廣東，得達闕下。進金葉表，貢祖母綠一，珊瑚樹、琉璃瓶、玻璃盞各四，及瑪瑙珠、胡黑丹諸物。帝嘉其遠來，賜賚有加。

——《明史・卷三百二十五・列傳・第二百一十三・外國・六・巴喇西》





# 《西洋朝貢典錄》的針路記錄

西洋之跡，著自鄭和。鄭和，永樂初為內侍。是時太宗皇帝入纘丕緒，將長馭遠駕，通道於乖蠻革夷。乃大賚西洋，貿採琛異。命和為使，貳以侯顯，妙擇譯人馬歡輩從之行，總率巨艅百艘，發自福州 五虎門，維艄掛席，際天而行。自是雷波嶽濤，奔檣踔楫，掣掣洩洩，浮歷數萬里，往復幾三十年，而身所至者，僅二十餘國云。

自占城西南，通國以十數，蘇門最遠；自蘇門而往，通國以六七數，柯枝最遠；自柯枝而往，通國以六七數，天方最遠，蓋去中國數萬餘里矣。故惟天方至宣德始通焉。由是明月之珠，鴉鶻之石，沉南龍速之香，麟獅孔翠之奇，梅腦薇露之珍，珊瑚瑤琨之美，皆充舶而歸。凡窮島日[絕]域，紛如來賓，而天堂、印度之國，亦得附於職方。雖曰天子威靈致然，而二三中臣，捧數行之詔，蹈邈絕之境，百尺所至，靡不柔懾，東向而稽首，其殆不辱君命而善於懷誘者，亦賢矣哉！

愚嘗讀秦 漢以來冊記，諸國見者頗鮮。至前元號為廣拓，而占城、爪哇亦稱密邇，迺堅不一屈內款，至勤兵越鬥者數年，竟不得其要領，至今遺笑於海上。入我聖代，聯數十國，翕然而歸拱，可謂盛矣。不有記述，恐其事湮墜，後來無聞焉。余乃摭拾譯人之言，若《星槎》《瀛涯》《鍼位》諸編，一約之典要，文之法言，徵之父

**【引書舉要】**

[明]黃省曾（約1496—約1546）《西洋朝貢典錄》，序於武宗正統十五年（1520)。是書大致依《瀛涯勝覽》《西洋番國志》而列目，除記出使、朝貢諸事，又兼採《鍼位》等書，注明海外交通的針路里程。本書所引據北京：中華書局1982年謝方校注本。

該書作於末次下西洋結束近百年後，既閱過相關圖、書，又參考過民間針經，故詳記航海更、托，兼及部分鍼位乃至牽星定位之法，是中國航海針路記載的承前啓後之作。

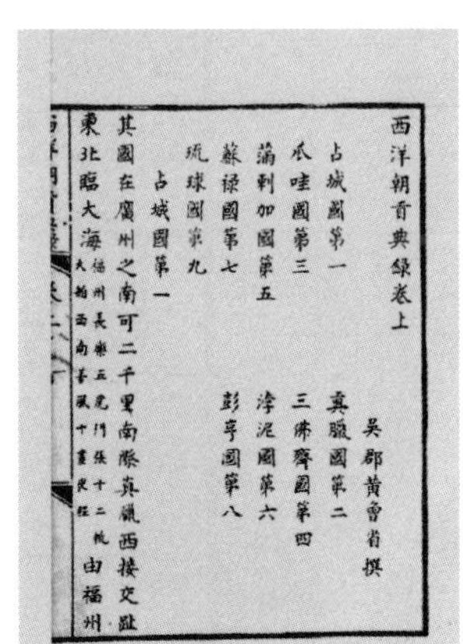

西洋朝貢典錄卷上
吳郡黃省曾撰
占城國第一　真臘國第二
爪哇國第三　三佛齊國第四
滿剌加國第五　浡泥國第六
蘇祿國第七　彭亨國第八
琉球國第九
占城國第一
其國在廣州之南可二千里南際真臘西接交趾
東北臨大海由福州

[明]黃省曾《西洋朝貢典錄》書影一

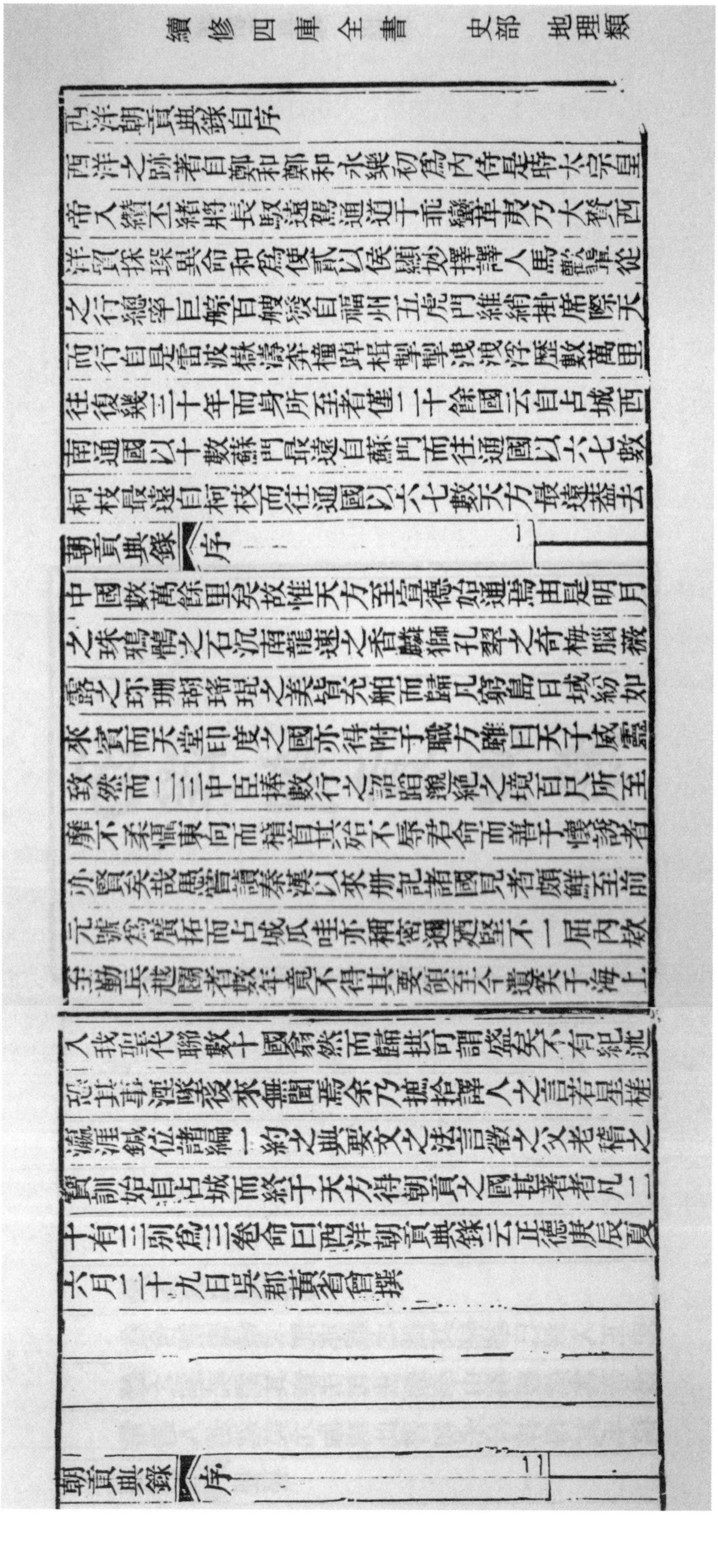

續修四庫全書　史部　地理類

西洋朝貢典錄自序

西洋之跡著自鄭和鄭和永樂初爲內侍是時太宗皇
帝入纘丕緒將長馭遠駕道迩于乖蠻革夷乃大賚西
洋貿采琛異命和爲使貳以侯顯灼擇譯人馬歡輩從
之行總率巨𦨴百艘發自福州五虎門維綃挂席際天
而行自是雷波嶽濤奔檣踔相擊洩洩泝歷數萬里
往復幾三十年而身所至者僅二十餘國云自占城西
南通國以十數蘇門最遠自蘇門而往通國以六七數
柯枝最遠自柯枝而往通國以六七數天方最遠蓋去

朝貢典錄　序　一

中國數萬餘里矣故惟天方至宣德始通焉由是明月
之珠鴉鶻之石沉南龍速之香麟獅孔翠之奇梅腦薇
露之珍珊瑚瑤琨之美皆充舶而歸凡窮島曰域紛如
來賓而天堂印度之國亦得附于職方雖曰天子威靈
致然而二三中臣捧敷行之詔貽遐絕之境而凡所至
靡不柔懾東向而稽首其殆不辱君命而善于懷諭者
亦賢矣哉愚嘗讀秦漢以來冊記諸國見者頗鮮至前
元號爲廣拓而占城爪哇亦稱密邇猶遲不一届內故
受勤兵抵闘者數年竟不得其要領至今遺笑于海上
入我聖代聯數十國翕然而歸拱可謂盛矣不有紀述
恐其事湮隱遂後來無聞焉余乃摭拾譯人之言若星槎
瀛涯鍼位諸編一約之典要文之法言徵之父老稽之
寶訓始自占城而終于天方得朝貢之國甚著者凡二
十有三別爲三卷命曰西洋朝貢典錄云正德庚辰夏
六月二十九日吳郡黃省曾撰

朝貢典錄　序　二

[明]黃省曾《西洋朝貢典錄》書影二

老，稽之寶訓。始自占城，而終於天方，得朝貢之國甚著者，凡二十有三，別為三卷，命曰《西洋朝貢典錄》云。

正德庚辰[十五年（1520）]夏六月二十九日，吳郡 黃省曾撰。

——[明]黃省曾《西洋朝貢典錄·自序》

## 《西洋朝貢典錄》目錄

### 卷上

占城國第一　真臘國第二　爪哇國第三
三佛齊國第四　滿剌加國第五　浡泥國第六
蘇祿國第七　彭亨國第八　琉球國第九

### 卷中

暹羅國第十　阿魯國第十一　蘇門答剌國第十二
南浡里國第十三　溜山國第十四　錫蘭山國第十五
榜葛剌國第十六

### 卷下

小葛蘭國第十七　柯枝國第十八　古里國第十九
祖法兒國第二十　忽魯謨斯國第二十一　阿丹國第二十二
天方國第二十三

占城國第一：其國在廣州之南可二千里。南際真臘，西接交趾，東北臨大海（福州 長樂 五虎門張十二帆大舶，西南善風十晝夜程）。由福州而往，鍼位：取官塘之山。又五更取東沙之山，過東甲之嶼。又五更平南澳。又四十更平獨豬之山。又十更見通草之嶼，取外羅之山。又七更收羊嶼（海行之法，六十里為一更，以托避礁淺，以鍼位取海道）。國東北百里巨口曰新洲港。港之滸標以石塔。其寨曰設比奈，二夷長主之。戶五六十餘。港西南陸行百里為王之都城，其名曰占城，壘石為之。四方有門，門有防衛……其國之隸有賓童龍國，山地與占城相接。其國有雙溪之澗，水極澄澈。有目連遺址……有山焉，峻嶺而方，曰靈山……其與占城鼎峙而望者有崑崙之山，盤礴千里。其北有弓鞋之嶼。山之下曰崑崙洋，其水不見山二十五托，溝內可五十托，過溝可三十五托。舶之往西洋者，善風七晝夜始盡此山。其民漁採而食，巢穴而處，其狀怪而黑（諺曰“上怕七洲，下怕崑崙，針迷舵失，人船莫存”）。又有東 西竺之山。東竺

[明]黄省曾《西洋朝貢典錄》書影三

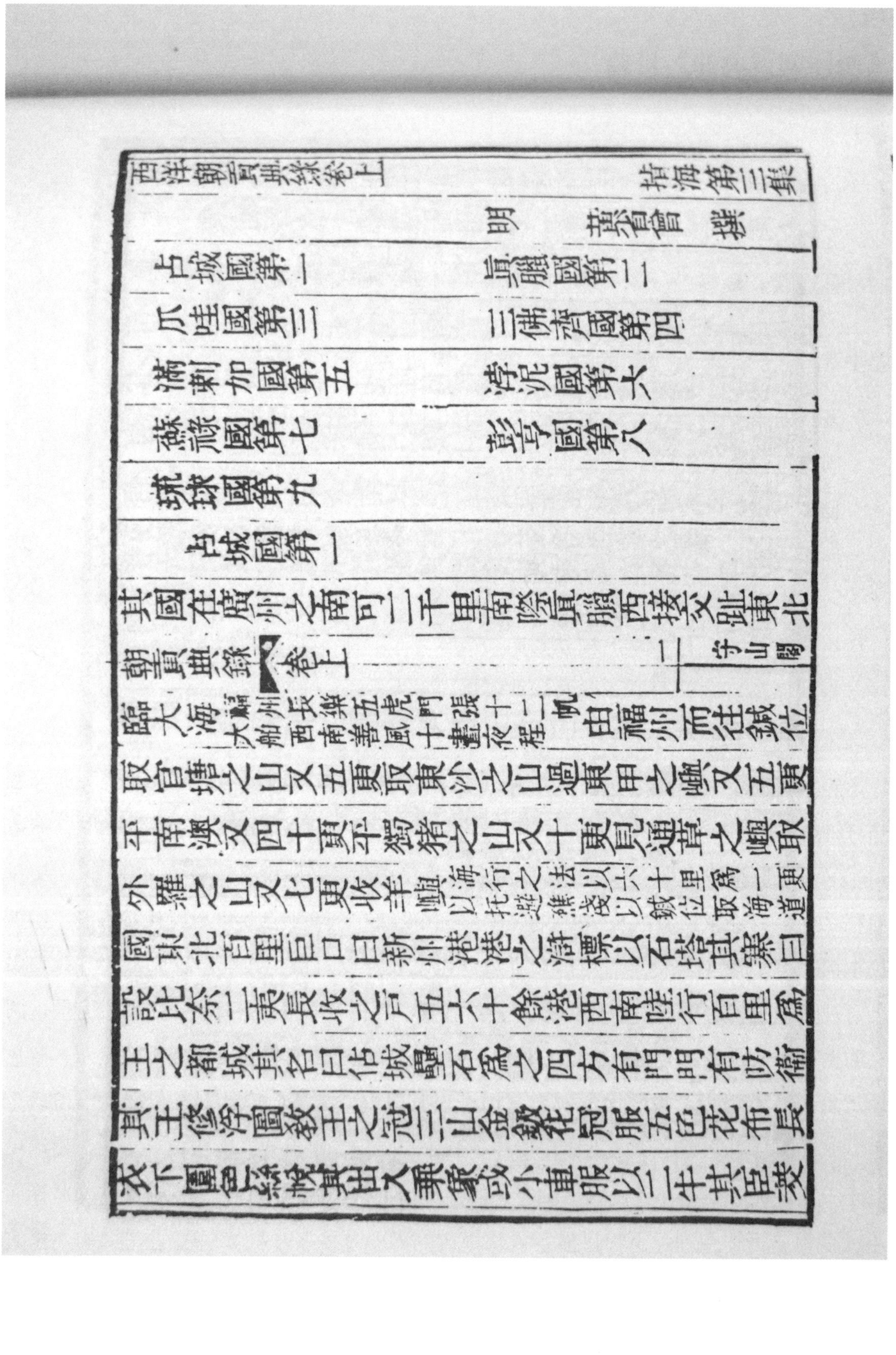

西洋朝貢典錄卷上　　指海第三集

明　吳郡黄省曾　撰

占城國第一　真臘國第二

爪哇國第三　三佛齊國第四

滿剌加國第五　浡泥國第六

蘇祿國第七　彭亨國第八

琉球國第九

占城國第一

其國在廣州之南可二千里南際真臘西接交阯東北

朝貢典錄　卷上　一　守山閣

臨大海（福州長樂五虎門張十二帆大舶西南善風十晝夜程）由福州而往鍼位

取官塘之山又五更取東沙之山過東甲之嶼又五更

平南澳又四十更平獨豬之山又十更見通草之嶼取

外羅之山又七更收羊嶼（海行之法以六十里為一更以托避礁淺以鍼位取海道）

國其北百里巨口曰新州港港之游標以石塔其寨曰

設比奈一員長收之戶五六十餘港西南陸行百里為

王之都城其名曰佔城壘石為之四方有門門有防衛

其王修浮圖教王之冠三山金鈒花冠服五色花布長

衣下圍色絲縵其出入乘象或小車服以二牛其臣裳

一案而兩嶼，西竺亦一案，而門內之水可三十托，外之水可三十五托。巃嵸對峙，人有蓬萊、方丈之稱焉。土不宜穀，資於淡洋。男女斷髮，繫占城之布……

真臘國第二（按《宋史》，西接蒲甘，南抵加羅希國，所部有六十餘聚落）：其國在占城之南，東臨於海，乃海南都會之所。王居之城方七十餘里。……其土物多黃蠟、孔雀、翠羽，多速暫香、沉香。其沉香之品有三：綠洋為上，三濼次之，勃[婆]羅又次之……

爪哇國第三（按國朝志，本古闍婆國，《元史·爪哇國傳》：自泉南登舟，行者先至占城，而後至其國）：其國在占城南可一千里。由占城而往， 鍼位取靈山，靈山之水可六十托。又五十更曰蜈蜞之嶼。由嶼尾礁而西，五更平冒山。又十更望東蛇龍之山。貫圓嶼、雙嶼之中。經羅幃之山，山之水十有八托。又五更取竹嶼。又四更取雞籠之嶼。又十更至勾攔之山，可以治薪、水。又三十更平吉里門之山。又五更平胡椒之山。又三更平那參之山，由是而至杜板。又五更而至爪哇之新村。其都曰滿者伯夷（滿者伯夷，地名。番舶來會，先至杜板，而新村，次蘇魯馬益，然後至王治所。按《元史·爪哇國傳》，八節澗上接杜馬班王府，其譯人訛為杜板耶）……其番人居杜板者戶千餘。杜板之水曰聖水（杜板，番名賭班，《元史》曰杜馬班，夷長主之，其間多廣東、漳州流戶。海濱一池，國人傳云：元將史弼、高興征闍婆，經月不得登岸，絕水。高、史祝天，甘泉湧出，故名聖水）。居新村者戶千餘，一曰革兒昔（杜板東行半日至革兒昔，原初亦古灘，以國人刱居，遂名新村。村主廣東人。番舶咸聚，貨寶俱備。村之人甚富，編茭葦葉覆屋，舗肆聯次為市）。居蘇魯馬益者戶千餘，一曰蘇兒把牙（新村南行一日，抵淺港，小舟行二十餘里始至）……居滿者伯夷者戶三百餘（蘇兒把牙小舟行七八十里，至一埠，番名漳沽，登岸西南行半日至國）……其國人惟三等：回回人、唐人、土人……有山焉，峻而廣，內多熊豹，其名曰交欄之山，人以射獵為業（相傳高、史征爪哇時登此造船，留病卒百餘而蕃育者也）。其與爪哇相接者曰重迦羅，高山秀石，下有石洞，前後三門，是容萬人……其山下水程有五：一曰孫陀羅，二曰琵琶施，三曰丹重，四曰圓嶠，五曰彭里（其人以寇鈔為業，與吉陀、亞崎諸國相通，商舶少能至也）……

三佛齊國第四（番名浡淋邦）：其國在占城南可一千里，東屬爪哇，西抵滿剌加，南倚大山，北臨大海，是為舊港。由爪哇 新村而往，鍼位五更至杜板。又五更平那參之山。又四更平胡椒之山。又四更至吉里門之山。又三十五更至三麥之嶼。又五更至夾門大山。又五更至舊港。其淡港潮汐咸二。港之兩涯是多磚塔，自港而入為彭家門，由是至國……

滿剌加國第五：其地在占城南可二千里，大海在其東南，老岸連山在其西北。由舊港而往，鍼位：十更過官嶼之左，又五更至長腰之嶼，見三佛之嶼、鰲魚之嶼。又五更至甘巴門之水。其溜迅急，右曰仁義之礁，左曰牛尾之礁，前曰鬼嶼。又五更平披宋之嶼。又五更取射箭之山。又五更至五嶼。循山而至其國。或曰入由龍牙山門，門之狀如龍角，是多寇鈔。以國有五嶼也，舊名五嶼。嘗羈事暹羅，而歲輸黃金焉（永樂初，詔賜頭目雙臺銀印冠帶袍服，名滿剌加國。暹羅遂不復擾云）。

浡泥國第六：其國在占城西南可六千里。其所統十有四洲。其俗修浮圖教，像而禮之，善持齋戒……

蘇祿國第七：其國在東海之洋，其鎮曰石崎之山……其朝貢無常（永樂十五年，其國東王巴都葛叭答剌、西王巴都葛叭蘇里、峒王叭都葛巴剌卜各率妻子頭目來朝貢。十九年遣使者來貢）……

彭亨國第八：其國在廣大海之南，石崖環之如城……其稱同居海中者，有浡泥國，有三佛齊國，有百花國。

琉球國第九：其國在泉州之東。其地三分而多爭：一曰中山王，二曰南山王，三曰北山王……其山多抱合而峙：一曰翠麓之山，二曰大崎之山，三曰斧頭之山，四曰重曼之山。皆峻極，不可以上。有鼊鼊島、高華嶼、澎湖島……其鼎峙大崎之山之東，曰三島之國，羈事琉球……

——[明]黃省曾《西洋朝貢典錄·卷上》

暹羅國第十：其國在占城西可一千五百里。由漳州而往，鍼位：見南澳，取東董之山，山之狀如唐冠。又取銅鼓之山。又經獨豬之山。又取外羅之山。又過校杯之嶼，嶼之水十有八托。又過洋嶼。又過靈山，過伽喃模之嶼，位在乙卯，其出水之礁有三。又過羅灣，見赤坎之山。又取崑崙之山。又七更過真王之嶼，嶼之水十有七托。又過大橫之山、小橫之山。又過筆架之山。又過竹嶼，由大峰之山而入港。由占城而往者入由新門臺……其王鎖俚之人，修浮圖教。是多僧尼，有寺刹而持齋戒。好習水戰，常用師於鄰國。……國之西北可二百里，有市曰上水，居者五百餘戶，百貨咸集，可通雲南之後……

阿魯國第十一：其國在滿剌加西南可八百里（善風四晝夜程，由淡水港入國）。其地西接蘇門答剌，南環大山，北臨大海。其婚喪諸俗與爪哇同……論曰：西洋諸國，永樂間初來朝貢者四十有二。其阿魯雖瑣細島夷，因中使臨顧其地，故得牽聯而載之。若娑羅至日落等二十九國，皆未嘗至焉，不得誣而書也。

蘇門答剌國第十二：其國在滿剌加西南可一千里。由滿剌加而往，五更至假五之嶼。嶼之水三十托。又五更過吉貝之嶼之淺。又四更平雞骨之嶼。又八更至雙嶼。又四更過單嶼之左。又五更至阿魯國之港。又十更至淡洋。又五更至大魚之港。又五更至巴剌之嶼。又五更至急水之灣，有泥礁而鼓浪焉。又五更至國（國人稱為古須文達那國，乃西洋轄路。滿剌加西南行五晝夜至濱海一村，番名答魯蠻繫舶。又東南行十餘里至國）。其地南環大山，北臨大海，東抵阿魯國，西連那孤兒、黎代國。有溪入於海，是達潮汐……其國之西曰那孤兒，戶千餘。……又西曰黎代，戶二千餘。其都倚山臨海，多野犀牛。二國皆羈事於蘇門……

南浡里國第十三：其國在蘇門西可六百里，一曰南巫里國。由沙里八丹而入，鍼位：十晝夜見覬延之嶼，又平中央之嶼，又巡牛嶺之山，以至其國（蘇門西行，善風三晝夜到國）其地東接黎代，西北臨大海，南繞大山。其王與民咸回回人……其西北海內有山焉，巃嵸平頂，名曰帽山。山之西有大海，是曰西洋，一曰那沒嚟洋（西來海舶，向山為準。山民戶二三十餘，皆稱為王。問其姓，答曰：阿孤喇楂）。

溜山國第十四：其國在小帽西南可二千里。由彭加剌而往，取北辰四指有半；又取北辰三指有半；又取北辰二指一腳之半；又取北辰二指半腳；又取北辰一指三腳之半；又取北辰一指三腳。又過鸚鵡嘴之山。又五更見鐵砧之嶼。又七更見佛舍座之山。又五更見牙里之大山。由是至溜官之嶼而及其國其地四面濱海，倚山為都。其都曰牒幹。其上下皆回回人，婚喪一如其教……國之西海有石門，狀如城闕者三。有溜山焉凡八：一曰沙溜，二曰官嶼溜，三曰人不知溜，四曰起來溜，五曰麻里奇溜，六曰加半年溜，七曰加加溜，八曰安都里溜。皆可通海舶，皆有聚落。其通也，有主焉。又西有小窄溜，是有三千，是皆弱水，即所謂“弱水三千”者焉。一曰有三萬八千餘溜，舟風而傾舵也，則墜於溜，水漸無力以沒。其小窄溜之民，巢穴而處，魚而食，草木而衣……

錫蘭山國第十五：其國在南帽山西可三千里。由蘇門答剌而往，鍼位：十二更見南帽之山。又四更半歷龍涎之嶼。又十更過翠藍之嶼，嶼之水三十托。一曰桉篤蠻山，山有七門，四疊而一峻山。人之出也則乘獨木之舟。夏為巢居，冬為穴處。其體裸，不可以布帛……又九十更見鸚鵡嘴之山。又至佛堂之山。又五更平牙里，其下有沉牛之礁鼓浪焉。外過之水三十托。又十更至別羅里，是為錫蘭國之港。又北行五十里而至國……

榜葛剌國第十六：其國在翠藍嶼西北可七千里。一曰東印度之國，地方千里。由蘇門答剌而往也，取帽山、翠藍，西北而行，善風二十日至浙地之港，一曰[泊]察地。小舟以入，五百里至鎖納兒之港，港有城池街市。又行二十站，及坂獨哇而至國……

——[明]黃省曾《西洋朝貢典錄·卷中》

小葛蘭國第十七：其國在別羅里西北可一千二百里。由是而歸南巫里也，鍼位：第一之日丁未、丁午，第二之日丙午，第三之日丙□，第四之日丙巳，第五之日巽巳，第六之日辰巽，第七之日乙辰、乙卯，以求南巫里焉。

柯枝國第十八：其國在小葛蘭西可二百里。柯枝之港水可四托。其地東倚大山，西、南、北濱海。其王纏首以黃白布，上無衣，下圍紵絲帨，壓腰以色紵絲……其為人五種：一曰南毘，是為王族；二曰回回，是為仕族；三曰哲地，是為富族；四曰革令，是為庸保；五曰木瓜，是為賤類……其王修浮圖教，敬象暨牛……

古里國第十九：其國在柯枝西北可六百里，東至坎巴夷替國，西臨大海，南連柯枝國，北接狠奴兒國，地方千里。其王修浮圖教，殿而事之……其為人五種：南毘、回回、哲地、革令、木瓜……



祖法兒國第二十：其國在古里西北可二千里，西北倚山，東南臨海。以石為城為屋，層起如浮圖……

忽魯謨斯國第二十一：其國在古里西北可五千里。其地倚山臨海。其國富，以石為城。是多番商。其王修回回教。有禮拜寺，日五度而禮拜，恒齋沐……

阿丹國第二十二：其國在古里西可六千里。其國濱海，以石為城。其民庶而勇，騎步兵可二萬，威振鄰國。其上下修回回教，其語似阿剌畢，其王尚禮……

天方國第二十三：其國在古里西南可二萬里（古里西南申位行，善風三月至鎮，番名秩滔，守以頭目。秩滔西行一日至王城，本名默伽國，而又謂之天方）。其王修回回教，其俗和美而富。見月之初生也，上下皆稽首而禮天。其容貌偉正紫色。男纏首長衣，足有皮鞋。女蓋首，面不露。其語用阿剌畢……其國西行百里，曰驀底納城。城之東曰謨罕驀德神人之墓。墓頂有五色光，旦夕輝煌不絕。墓後有泉，其名"阿必糁糁"。其味甘美，其泉能息波濤，泛海者必汲藏於舟，遇颶風而灑之也，波濤隨息……

——[明]黃省曾《西洋朝貢典錄・卷下》



# 陳侃《使琉球錄》記釣魚嶼至琉球行程

……[嘉靖十三年（1534）]五月朔，予等至六石，大舟亦始至。二日，祭海登舟，巡守諸君設宴為餞。是日，北風大作，晝昏如夕，舟人皆疑，予等亦有懼心。有愛之者，勸遲遲其行。遲而得已于行，姑少待焉可也。終不能已，遲之何益!今人既集矣，渙之恐難卒萃。舟不速行，器具易窳，有司費也侈，緩則更倍之。遂別諸君，慨然登舟。連日風逆，五日始發舟，不越數舍而止，海角尚淺。至八日，出海口，方一望汪洋矣。風順而波濤亦不洶湧，舟不動而夷[移]，與夷舟相為先後。出艙觀之，四顧廓然，茫無山際，惟天光與水光相接耳。雲物變幻無窮，日月出沒可駭，誠一奇觀也。雖若可樂，終不能釋然於懷。九日，隱隱見一小山，乃小琉球也。十日，南風甚迅，舟行如飛；然順流而下，亦不甚動。過平嘉山，過釣魚嶼，過黃毛嶼，過赤嶼，目不暇接，一晝夜兼三日之路。夷舟帆小，不能及，相失在後。十一日夕，見古米山，乃屬琉球者。夷人鼓舞於舟，喜達於家。夜行徹曉，風轉而東，進寸退尺，失其故處。又竟一日，始至其山。有夷人駕船來問，夷通事與之語而去。十三日，風少助順，即抵其國。奈何又轉而北，逆不可行，欲泊於山麓，險石亂伏，與下謹護避之速，不敢近。舟蕩不寧，長年執舵甚堅，與風為敵，不能進亦不能退，上下於此山之側。然風不甚厲，浪亦未及於舟中，尚未懼。相持至十四日夕，舟刺刺有聲，若有分崩之勢。大桅原非一木，以五小木攢之，束以鐵環，孤高沖風，搖撼不可當，環斷其一。眾恐其遂折也，驚駭叫囂。亟以釘鉗之，聲少息。原舟用釘不足、艌麻不密、板聯不固，罅縫皆開。以數十人轆轤引水，水不能止。眾曰不可支矣!齊呼天妃而號，剪髮以設誓，予等不能禁。徹夜不寐，坐以待

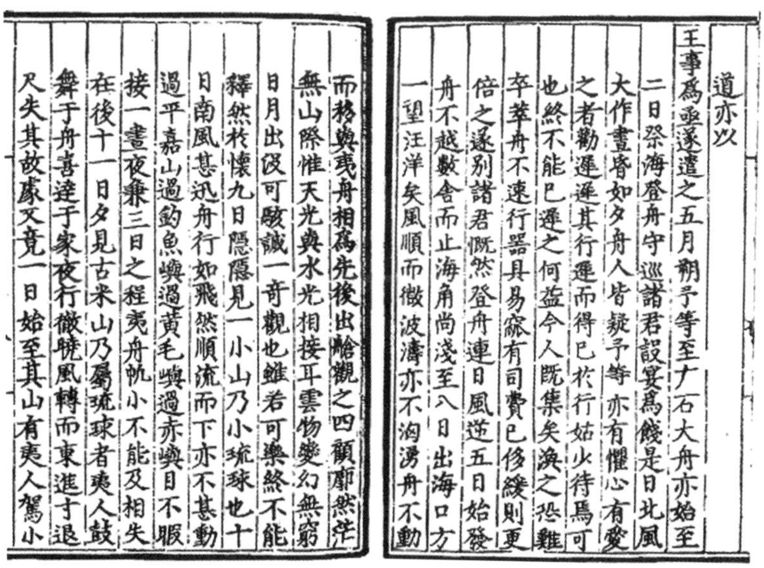

道亦以
王事爲亟遂遣之五月朔予等至广石大舟亦始至
二日祭海登舟守巡諸君設宴爲餞是日北風
大作晝昏如夕舟人皆疑予等亦有懼心有愛
之者勸遲遲其行遲而得已於行姑少待焉可
也終不能已遲之何益今人既集矣渙之恐難
卒萃舟不速行器具易窳有司費已侈幾則更
倍之遂別諸君慨然登舟連日風逆五日始發
舟不越數舍而止海角尚淺至八日出海口方
一望汪洋矣風順而微波濤亦不洶湧舟不動
而移與夷舟相爲先後出艙觀之四顧廓然茫
無山際惟天光與水光相接耳雲物變幻無窮
日月出沒可駭誠一奇觀也雖若可樂終不能
釋然於懷九日隱隱見一小山乃小琉球也十
日南風甚迅舟行如飛然順流而下亦不甚動
過平嘉山過釣魚嶼過黃毛嶼過赤嶼目不暇
接一晝夜兼三日之程夷舟帆小不能及相失
在後十一日夕見古米山乃屬琉球者夷人鼓
舞于舟喜達于家夜行徹曉風轉而東進寸退
尺失其故處又竟一日始至其山有夷人駕小

[明]陳侃《使琉球錄》書影

**【引書舉要】**

《使琉球錄》是中國明清時出使琉球的官員的行程報告，現存最早留傳下來的即[明]陳侃所撰。明世宗嘉靖十一年（1532），遣正使吏科左給事中陳侃、副使行人司行人高澄出使琉球。實際成行在嘉靖十三年（1534），五月由長樂六石（一作廣石，今文石）出海，同月抵那霸（Nana），九月登舟返回，十月初一入定海所。次年，陳侃獻進《使琉球錄》。

本書所據爲《國家圖書館藏琉球資料彙編》影印《紀錄彙編》本（北京圖書館出版社2000年版）。

陳侃書是保存至今首記經釣魚島赴琉球的使者實錄，該書在渡過釣魚列嶼後記曰“見古米山，乃屬琉球者”，對探究當時中外海界意義重大。

旦。忽一家人匍匐入艙抱予足，口噤不能言，良久方云：“速求神佑，船已壞矣！”予等聞此，心戰神怖，無可奈何。歎曰：“各抱詔敕以終吾事，餘非所計也。於此將焉求之，而又將焉逃之！”是時惟長年數人，色不少動，但云：“風不足懼，速求罅縫而塞之，可保無虞!”眾亦知其然。舟蕩甚，足不能立，心悸目眩，何罅之求！於是有倡議者曰：“風逆則蕩，順則安。曷回以從順！人心少寧，衣袽有備，尚可圖也!”有一人執舵而云：“海以山為路，一失此山，將無所歸。漂于他國，未可知也。漂于落漈，未可知也。守此，尚可以生；失此，恐無以救。”夷通事從旁贊之。予等亦知其言有據，但眾股栗，啼號不止，姑從眾以紓其懼，彼亦勉強從之。旋轉之後，舟果不蕩。執燭尋罅，皆塞之固，水不能入，眾心遂定。翼午，風自南來，舟不可往，又從而北，始悔不少待也。計十六日旦，當見古米山。至期，四望惟水，杳無所見。執舵者曰：“今將何歸！”眾始服其先見。旁徨躑躅，無如之何。予等亦憂之，亟令人上桅以覘，去遠見一山巔微露，若有小山伏於其旁。詢之夷人，乃曰：“此熱壁山也，亦本國所屬。但過本國三百里。至此，可以無憂。若更從而東，即日本矣。”申刻，果至其地，泊焉。十八日，世子遣法司官一員來，具牛、羊、酒、米、瓜、菜之物為從者犒，亦有酒、果奉予等。通事致詞曰：“天使遠臨，世子不勝欣踴！聞風伯為從者驚，世子益不自安，欲躬自遠。國事不能暫離，謹遣小臣具菜、果，將問安之敬！”予等愛其詞雅，受之。時予之舟已過王所之東，欲得東風為順，夏日誠不易得。世子復遣夷眾四千人駕小舟四十艘，欲以大纜引予之舟。通事乃曰：“海中變出不測，豈宜久淹從者！世子不遑寢食，謹遣眾役挽舟以行。敢告。”船分左右，各維一纜，迤邐而行，若常山蛇勢，亦一奇觀也。一晝夜，亦行百餘里。十九日，風逆甚，不可以人力勝，遂泊於移山之澳。法司官率夷眾環舟而宿，未嘗敢離左右。泊至五日，予眾苦之。在舟日久，鬱隆成疾，求登岸以避之而不可得，泣訴於予。予曰：“乘桴浮海，子路喜之，未知浮海之險若此也！人至四千，力亦眾矣，不能挽一舟以行。虎賁三千，猶足以成武功，孰謂浮海為易耶！”二十三日，世子復遣王親一員，益以數舟而來，風亦微息，始克行。法司官左右巡督，鼓以作氣。自夕達旦，夷眾亦勇於用力，無少懈。至二十四日，猶未克到，世子復遣長史來曰：“世子聞至移山，刻期拱候。六日不詹，中心孔棘。恐為從者憂，謹遣小臣奉慰。”予等謝之。二十五日，方達泊舟之所，名曰那霸港。計六石登舟，至此幾一月矣。

…………

[九月]十二日，登舟，官民送者如蟻，皆以漢宮威儀不可復睹，至有泣下而不忍去者。亦足以見夷人天性之良，莫不羨衣冠文物之美，拘於法而不得入，是可哀也！泊舟之港，出海僅一里。中有九曲，夾岸皆石，惟滅風而後可行。坐守六日，王日使人侍於

其側，且致慰詞，仍遣看針通事一員、夷梢數人護送。又遣王親、長史等官駕昔日所假之舟進表謝恩。十八日，風少息，挽舟而出，亦斜倚於岸。眾恐其傷于石，大驚。幸前月親督修艌，不為所傷，復止。二十日，始克開洋，夷舟同行。二十一日夜，颶風陡作，舟蕩不息。大桅原以五木攢者，竟折去。須臾，舵葉亦壞。幸以鐵梨木為柄，得獨存。舟之所恃以為命者，桅與舵也。當此時，舟人哭聲震天。予輩亦自知決無生理，相顧歎曰："天命果如此，以計免者得之矣！狐死尚正首丘，嗚呼！狐之不能若也！"舟人無所庸力，但大呼天妃求救。予等為軍民請命，亦叩首無已。果有紅光燭舟，舟人相報曰："天妃至矣！吾輩可以生矣！"舟果少寧。翼日，風如故，尚不敢易舵。眾皆廢寢食以待斃，不復生船艙止水。同行夷舟遂相失，不知所往。二十三日，黑雲蔽天，風又將作。有欲易舵者，曰："舵無尾，不能運舟。風弱猶可以持，烈則不可救！"有不欲易者，曰："當此風濤，去其舊而不得安其新，將奈何！"眾不能決，請命於予等。予等曰："風濤中易舵，靜則可以生，動則可以死。"中心惶惑，亦不能決。令其請珓於天妃，乃得吉兆，眾遂躍然起舵。舵柄甚重，約有二千餘斤；平時百人舉之而不足，是時數十人舉之而有餘。兼之風恬浪止，倏忽而定。定後，風浪復厲。神明之助，不可誣也。舵既易，眾始有喜色。二十六日，忽有一蝶飛繞於舟。僉曰："山將近矣！"有疑者曰："蝶質甚微，在樊圃中飛不過百步，安能遠涉滄溟！此殆非蝶也，神也。或將有變，速令舟人備之！"復有一黃雀立於桅上。雀亦蝶之類也，令以米飼之，馴馴啄盡而去。是夕，果疾風迅發，白浪拍天，巨艦如山，漂蕩僅如一葦。梢後距水不下數丈，而水竟過之。長年持舵者衣盡濕，則艙中受水又可知也。風聲如雷，而水聲助之，真不忍聞。舟一斜側，流汗如雨。予等懼甚，衣服冠而坐，欲求速溺以紓其懼。又相與歎曰："聖天子威德被海內外，百神皆為之效職。天妃獨不救我輩乎！當此風濤中而能保我數百民命，真為奇功矣；當為之立碑，當為之奏聞於上！"言訖，風若少緩，舟行如飛。徹曉，已見閩之山矣。舟人皆踴躍鼓舞，以為再生，稽首於天妃之前者，若崩厥角也。二十八日，至定海所。十月初二日，入城……

——[明]陳侃《使琉球錄》



# [ 附：《海槎餘錄》所記之南海島嶼 ]

儋耳孤懸海島，非宦遊者不能涉，涉必有鯨波之險，瘴厲之毒……余自嘉靖龍飛[應為元年（1522）]承之[乏]是郡，迄於丁亥[六年（1527）]，迺有南安之命。山川要害、土俗民風，下至鳥獸蟲魚、奇怪之物，耳目所及，無不記載。共幾百餘則，藏之篋笥，將謂他日南歸，客有詢及茲郡之略，即舉以對。既而水陸跋涉，頗多散失，遂至湮滅無遺矣。今懸車去郡，倏有數載，不敢因久而能終，但郡事蹟班班尚能追憶，掇拾數事，恍然猶在滄溟杳渺之中。因懲吹訏之失，用梓以傳，名《海槎餘錄》云。嘉靖庚子[十九年（1540）]，吴郡 匯堂 顧岕識。

…………

儋耳與瓊、崖、萬三處鼎峙為郡，因參以十縣十一守禦所。其孤懸海島，平曠可耕之地多在周遭，深入則山愈廣厚，黎婺嶺居其中，以為鎮。自漢武迄今幾千年，外華內夷，卒不可變者，以創置州衛縣所必因平原廣陌，故週遭近治之民漸被日深，風移俗易。然其中高山大嶺，千層萬疊，可耕之地少，黎人散則不多，聚則不少，且水土極惡，外人輕入，便染瘴癘，即其地險惡之勢，以長黎人奔竄逃匿之習，兵吏烏能制之？此外華內夷之判隔，非人自為之，地勢使之然也。

…………

文昌海面當五月有失風飄至船隻，不知何國人，內載有金絲鸚鵡、墨女、金條等件，地方分金坑女，止將鸚鵡送縣申呈。鎮、巡衙門公文駁行，鎮守府仍差人督責，原地方畏避，相率欲飄海，主其事者莫之為謀。余適抵[郡]，羣咸來問計，余隨請原文讀之，將飄來船作覆來船改申，一塞而止，眾咸稱快。

…………

千里石塘在崖州海面之七百里外，相傳此石比海水特下八九尺，海舶必遠避而行，一隨[墮]既[即]不能出矣。萬里長堤出其南，波流甚急，舟入迴溜中，未有能脫者。番舶久慣，自能避，雖風汛亦無虞。又有鬼哭灘[應在南沙群島，漁民謂為“鬼喊線”（粵語，哭讀若喊）]，極怪異，舟至則沒頭、隻手、獨足、短秃鬼百十爭互為羣來趕，舟人以米飯頻頻投之即止，未聞有害人者。

**[按語]**

中國在明洪武間已記及東海釣魚嶼等名，但有關南海諸島的史籍則更早。且不說東漢、三國間《[南州]異物志》《外國傳》等描繪的“漲海”地貌，由宋至元的千里長沙、萬里石塘等，即明指西沙、南沙群島。而在明代，無論文人圖籍或民間針經已多載及具體的南海島嶼，其中顧岕所撰《海槎餘錄》頗值重視。岕嘉靖初官於儋州，丁亥[嘉靖六年（1527）]後調任南安知府，並於庚子歲[嘉靖十九年（1540）]追集在海南的見聞，撰成《海槎餘錄》（一卷）並作序。該書舊有明萬曆丁巳[四十五年（1617）]江西巡按陳于庭刊本，下面摘錄取自《國朝典故 · 卷一百五十》。

# 吳朴《渡海方程》《龍飛紀略》所載的海道針經

余於癸丑歲[嘉靖三十二年（1553）]，見有《渡海方程》，嘉靖十六年[1537]福建漳州府 詔安縣人吳朴者所著也。其書上卷述海中諸國道里之數，南自太倉 劉家河開洋，至某山若干里，皆以山為標準。海中山甚多，皆有名，並圖其形。山下可泊舟，或不可泊，皆詳備。每至一國，則云此國與中國某地方相對，可於此置都護府以制之。直至雲南之外，忽魯謨斯國而止，凡四萬餘里。且云至某國，回視北斗，離地止有幾指。又至某國，視牽牛星，離地則二指半矣。北亦從劉家河開洋，亦以山紀之。所對之國，亦設都護府以制之。直至朵顏三衛，鴨綠江盡處而止，亦約四萬餘里云。

下卷言二事：其一，言蠻夷之情，與之交則喜悅，拒之嚴反怨怒。請於靈山、成山二處，各開市舶司以通有無，中國之利也。其二，言自山東抵北直隸，瀕海數千里皆沮洳膏腴之地，今皆棄於無用。合於其間，特置一戶部衙門，專管屯田之務，募民耕之。臣頗諳區田之法，又傳得外國金稷米種見在，每種一畝可比十畝。如是數年，得穀不可勝計，則江南漕運可免。

其言如此，雖未知可用與否，亦有志之士也。據其所言，則至忽魯謨斯國，當別有一天星斗矣。永樂中，太史奏南極老人星現，廷臣稱賀。南極入地三十六度，不可見，豈即其地歟？則所言牽牛止有二指，又何疑哉！南極乃遠而不可見，非入人地也。《程氏遺書》言，天地升降在八萬里中。豈亦自星而驗之歟？

——[明]董穀《碧里雜存·渡海方程》，據《鹽邑志林·第十七冊》所刊該書卷下。

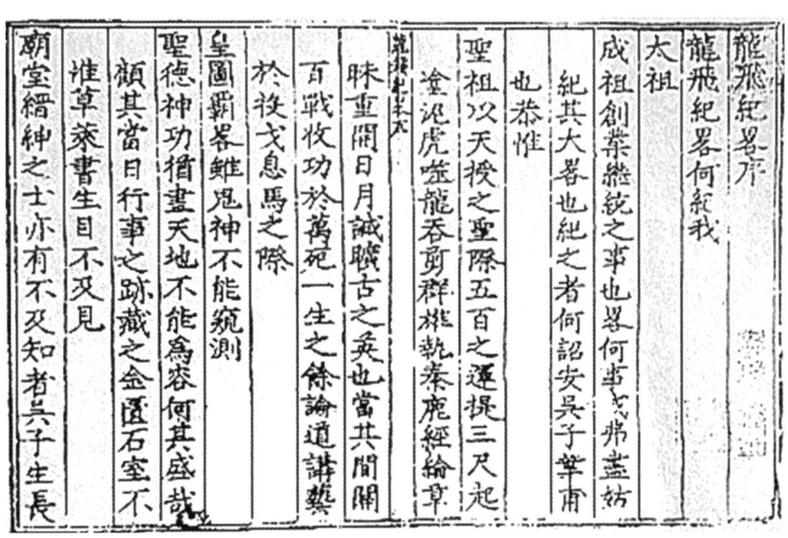

龍飛紀畧序

龍飛紀畧何紀我

太祖

成祖創業繼統之事也畧何患弗盡紀

紀其大畧也紀之者何詔安吳子華甫

也恭惟

聖祖以天授之聖際五百之運提三尺起

塗泥虎噬龍吞剪群雄執秦鹿經綸草

昧重開日月誠曠古之奕也當其間關

百戰收功於萬死一生之餘論道講藝

於投戈息馬之際

皇圖霸畧雖鬼神不能窺測

聖德神功猶盡天地不能爲容何其盛哉

顧其當日行事之跡藏之金匱石室不

惟草萊書生目不及見

廟堂縉紳之士亦有不及知者吳子生長

[明]吳朴《龍飛紀略》書影

【引書舉要】

[明]吳朴（約1500—1570）是中國首部刻印海道針經《渡海方程》的作者。該書作於嘉靖十六年（1537），但全帙已佚，賴[明]董穀《碧里雜存》（1553）而見其梗概，另後來鄭若曾的《鄭開陽雜著》《籌海圖編》也引有其書，並著錄"太倉使往日本針路""福建使往日本針路"等片斷。吳朴另一書《龍飛紀略》也撰有不少陸海邊疆資料，可供參考。

本書所引《碧里雜存》據樊維城輯《鹽邑志林》第十七冊所刊該書卷下，有上海商務印書館1937年印本。《龍飛紀略》則據北京圖書館藏明嘉靖二十三年吳天祿等刻本，載於《四庫全書存目叢書》，台南莊嚴文化事業有限公司1996年8月影印版（史部第九冊），另可參考濟南齊魯書社1995—1997年版。2013年6月，上海中西書局出版有陳佳榮、朱鑒秋《渡海方程輯注》，可以參閱。

《渡海方程》因是最早刊印的完整針書，故後世《順風相送》《指南正法》均由此一脈相承。其所記針路內容、格式，從下面的《籌海圖編》等所載仍可見其大概。

《龍飛紀略》何？紀我太祖、成祖創業繼統之事也。略何？事或弗盡，姑紀其大略也。紀之者何？詔安吳子華甫也。恭惟聖祖以天授之聖，際五百之運，提三尺，起塗泥，虎噬龍吞，剪群雄，執秦鹿，經綸草昧，重開日月，誠曠古之英也。當其間關百戰收功於萬死一生之餘，論道講藝於投戈息馬之際。皇圖霸略，雖鬼神不能窺測，聖德神功，猶盡天地不能為容，何其盛哉！顧其當日行事之跡，藏之金匱石室，不惟草萊書生目不及見，廟堂縉紳之士亦有不及知者。吳子生長遐荒，糟糠不厭，乃能旁搜窮討為是《紀》，良亦難矣，不亦賢乎!初名《聖朝征伐禮樂書》，予弗善也，為易今名，因為之序。

《紀》凡八卷，當代名人，若顧秋山、洪覺山、李中溪、錢月川、江午坡、田豫陽、夏月川諸公，咸尊信傳錄。諸生吳天祿，義民陳顯、林濱輩，共捐資刻之。華甫名朴，性善記，書過目輒不忘，於天文地理、古今事變、四夷山川、道路遠近險易，無不在其胸中。所著有《醫齒問難》《樂器》《渡海方程》《九邊圖本》諸書，又校補《三國志》。當道見之，無不珍愛，迺不能推轂使流落不偶。予甚憐焉，故嘗方之"史"遷云："噫！若吳子者，其將不遇也耶！"

嘉靖甲辰[廿三年（1544）]季秋之朔武夷散人林希元書於鳳山之退脩堂

——[明]林希元《龍飛紀略·序》，載[明]吳朴撰《龍飛紀略》，北京圖書館藏明嘉靖二十三年吳天祿等刻本，《四庫全書存目叢書·史部·第九冊》第四一二至四一三頁。

一　《紀略》之集，自壬辰[元順帝至正十二年（1352）]至壬午[明惠帝建文四年（1402）]，共五十一年。採事本《元史》及我國初武冑貼黃列傳則例記載，而征伐禮樂備焉。臣旁搜博采，遠求近取，勞心十七寒[暑]，蓋求其真而不恤其異，但取其當而不必其同，不異原於事真，大同由於理當。臣為《紀略》，心有在矣……

聖祖起兵濠州……因馳檄海南、海北、九真、日南三十餘城，皆納印請吏……而安南、朝鮮、南海、西域等九十國，皆奉表入貢，而一統之業成焉……

一大統未集，則以收復省府為先，及其平定，則尤以撫綏荒夷為要。間有險處，關係內外輕重者，必詳沿革維繫之由，古今經措之略。其京東、塞北、黃河、大河所經，舊有荒屯廢縣，則遡其委原，詳其分併，期成屯田，以需饒足。海外如南海傍海諸國，磧外如西域大小部落，塞外如遼東、興和、大寧、東勝極徼國邑，海陸道程遠邇逆順，亦悉加考實，庶幾不出戶庭可知天下，間又詳其土產，論其有無，則尤體國家建立市舶之意，推廣先大夫丘濬欲聽民貿遷之議也。海表曠塞，列壤稱君，無慮數十百國，絕不言兵而許通互市，斯遠邇畢至、物貨叢集，因而起例抽分，國計日裕，上可以充六軍之費，下可以寬民力之徵。斯邊鄙岬野，海道肅清，邊軍坐嘯，穡人成功矣。若大寧、東勝、降城、瓜、沙、玉門六處邊塞繫漠，唐所恃以威北虜、西戎，而冀幽、并、雍、涼者，六處雖久淪沒，其險阻關要，恢復機宜，亦必略舉其概而徵發其端，亦不忘聖祖一匡之勳，先臣宣佈之力也。

——[明]吳朴《龍飛紀略目錄通例》，

《四庫全書存目叢書·史部·第九冊》第四一三頁、四一五至四一六頁。

蓋聞班固居鄉里，繼成《漢書》；陳壽處私家，專精《[三]國志》；先大夫范常、劉辰勤採滁 和遺事，我太祖高皇帝大見欣納。臣於《征伐禮樂》采而輯之，非敢比夫四子也，直欲揄揚其盛，以靳寡過耳。久藏巾笥，以議處安南，為與議者聞於當道，流遁致遠。提學副使田[豫陽]亦行文取覽，直名為《國朝綱目》。臣思"綱目"乃朱子仿《春秋》而兼"左史"所作，君子稱為"史經"，後人何可比擬？先是銀同 林次崖見臣前集，號為《龍飛紀略》。取太祖飛龍在天、咸寧萬國之義。覗惟造創惟艱，繩守不易，昭代功烈。觀此五十一年行事，便見度越千古。我聖天子聿求法祖，振作事功。臣悉稽合初終、務協文質，然不識野人食芹，果可思嘗九重否乎！

旹嘉靖壬寅[廿一年（1542）]冬十月丙申[二十日]漳州府 詔安縣臣吳朴識。

——[明]吳朴《龍飛紀略敘》，《四庫全書存目叢書·史部·第九冊》第六八三頁。

己亥[元 至正十九年（1359）]

冬十月……元徵海運于張士誠。

中原既亂，江南漕運久不通，京師大窘。及是河南稍平，乃遣兵部尚書伯顏帖木兒等，以御酒龍衣賜張士誠，徵海運糧。帖木兒等至杭州，傳命詔士誠輸粟、[方]谷珍具舟，丞相達識帖睦邇總督之。既而士誠慮谷珍載粟不入京師，谷珍又恐士誠制其舟、乘虛襲己，互相猜疑。帖睦邇往來開諭，乃運粟一十一萬石至京師。

臣聞：胡元盛時，歲運東南米五百萬石至京師之直沽。王懋德詩曰："極目滄溟浸碧天，蓬萊樓閣遠相連。東吳轉海輸秔稻，一汐潮回集萬船。"今因盜賊之梗，假於士誠，其所得止如此。我國家定鼎元都，軍國之費全仰東南民之轉輸，悉憑河運。然臣聞黃河遷變而水道不常，山東水源固多，但遇亢旱亦淺。然則海運之議在今日亦不可已者乎!

吾嘗備考海道，當自太倉、崇明、海門、劉家港、三沙、黑水、成山、沙門諸島，西傍海壖，直抵直沽。比之河運經四十有三驛者，難易久速判矣。惟海運船舶數多，海中沙門、大謝、鼉歆、烏湖諸島港汊窄狹，不可泊處，恐轉動衝激，損壞必多。法當晝夜兼行，不容停止。儻遇颶風狂發，即宜轉柁卸蓬，旁施鐵錨安船，任其所適。俟其平順，乃可啟行，記更程之遠近，索前途以再往，亦惟艱矣。閩、浙水商，操舟如神，則不憚此。且南北風勢，各有信期。若以四月發運，則六月初可至直沽。十月廻船·，則十二月初復還故處。用此六箇之月，乘其風信之便，天心助佑，人謀與能。況湖廣、江西、兩浙、應天、蘇松、淮揚等府本色糧米，尚該二百八十三萬五千三百餘石，計用河船八千六百隻，俱該過淮由洪入閘之數，阻於水淺而不可舉移。京軍待餔而以日為歲，果行海運止得用船五千，其餘三千六百不用者可以紓吾民也。前米二百八十三萬五千三百餘石，每石各加耗米七斗，海運行每石止用三斗，積剩耗米一百一十三萬四千一百二十石。海運軍可用九萬人，比之河運殆減其半，與夫四十三驛協運軍夫、管閘人役，殆不止十餘萬，又可以紓吾民也。海運軍卒人一當三，所造船器最利陸用，其攝海寇、服朝鮮，威伸日本、百濟、新羅，與夫福余、渤海，又不必言也。惟悉下之情、審時之宜，足以袪凡見而休浮議者，則別著于篇以備參考云。

——[明]吳朴《龍飛紀略》，《四庫全書存目叢書·史部·第九册》第四五七至四五八頁。

癸卯[元至正二十三年（1363）]

夏四月，元守漳州右丞羅良遣其將運糧，由海道給行在軍，詔進良為光祿大夫，賜爵晉國公，遂設南詔屯田萬戶府。

……臣按：南詔一方，西北連山，東南瀕海。海出鹽魚，而山則多出穀粟，彼此相資，古今一也。海闊山隆，可方天下……

又按：漳州雖曰僻郡，去京師八千里，然其為郡也，上自龍溪，中經漳浦，下抵詔安。海行一日有半，陸行三日有半。由海南行，自太武經大小柑嶼、彭山、大星、東姜、烏豬、七洲、獨豬、外羅、交杯、羊嶼、大佛靈山，前後歷漳（潮、惠）廣、瓊、萬、順化、占城諸處。自太武而北，經烏坵、牛嶼、東沙、三礁、官塘、五虎門，與夫南己、東落、黄裙、岐山、真谷、箕山、東 西雞、壇頭、沉礁、九山、亂礁、孝順、雙嶼、崎頭、升羅、廟洲、灘山、姑山、大 小七山、茶山、洪港、寶山，東出海門、劉家港、黑水、沙門，直抵成山，前後所歷泉州、興化、福州、福寧、溫州、台州、寧波、太倉、海州、青州、萊州、登州、寧海、文登，東至成山。

從實討之，靈、成二山當南北之衝；漳州中立，實華夷之要。吾自今追惜羅晉公忠貞濟蹇而謀慮亦疏。夫良既守漳州，又兼宣慰廣東，恩足以結眾志，威足以行其慮。外國番舶素慕政化，其廣西平章也兒吉尼亦得民和，且境內無盜。良若檄吉尼，以廣西之粟運致肇、廣，又益廣東之粟運致漳州。仍招南海、天竺、西域番舶，貿易有無，湊成富庶之邦，運濟京師之急。航海而北，溫、台 谷珍，蘇州 士誠俱為吾絡。再推其餘以給青、萊，外全山東新復之邦，內制溫、淮出沒之寇。縱未能為元祈天永命，亦可為閩、廣生民併懞。顧不為希世之奇功邪，計不出此而一行，海運遂止，此所以令人致慟也歟！《海圖方程》[应即《渡海方程》]另別有集。

——[明]吳朴《龍飛紀略·卷二》，

《四庫全書存目叢書·史部·第九冊》第四七三至四七五頁。

己酉[洪武二年（1369）]

六月……封占城國王及遣使祭高麗山川。

……臣按：高麗之於渤海，發自成山，同一海道。若自定海 補佗落迦山鎮，航歷海門、劉家港、三沙、黑水、琅邪、沙門、成山，前後經沿海府州，如蘇州、海州、青州、萊州、登州、寧海州、文登縣，已四府二州一縣矣。自成山東北濟海，歷大謝、龜歆、末島、烏湖，水程共三百里。自烏湖至馬石山 都里鎮，水程二百里。起都里鎮，歷桃花浦、杏花浦、石人注、槖駞灣、烏骨江，水程八百里。自烏骨江過烏牧、北江、椒島、長口鎮。自長口鎮，歷秦王石橋、麻田、古寺、得物四島，水程千里，乃抵鴨綠江唐恩浦口。東南陸行七百里，直至新羅。若自鴨綠江，綠[緣]積利、畏列、海谷、新城、扶餘、南蘇、木底、倉岩、大行、辱夷，凡十處城，乃至高麗國。渤海之地，古有五京：穢貊為東京龍原府，又曰柵城府，領慶、鹽、穆、賀四州；沃沮為南京南海府，領沃、晴、踿三州；女直、野人、肅慎為上京龍泉府，領龍、湖、渤三州；顯德城為中京顯德府，領盧、顯、鐵、湯、榮、興六州；高麗則在四京之西，故號為西京鴨綠府，舊領神、桓、曹、正四州五部四十二縣一百七十六城。高麗既作吾之東藩，而凡鄰壤之區，如扶餘府領扶、仙二州，長嶺府領瑕、河二州，鄚頡府領勛、高二州，定理府領定、瀋二州，定邊府領安、瓊二州，[率]賓府領華、益、建三州，東平府領伊、蒙、沱、黑、比五州，鐵利府領廣、汾、蒲、海、義、歸六州，懷遠府領達、紀、富、美、福、邪、芝七州，安遠府領寧、鄌、慕、常四州，其鄰銅、涑、之三州，計六十餘州夷民，皆不能外矣……

——[明]吳朴《龍飛紀略·卷四》，

《四庫全書存目叢書·史部·第九冊》第五四一至五四二頁。

癸丑[洪武六年（1373）]

十有二月，楊璟討羅已終，於欽州得安南報乃還。

……臣按：雲屯海鎮在交阯 新安府 雲屯縣之雲屯山，在大海中，番賈舟舶多萃于此。永樂中亦置一市舶所，其山摩空直聳，兩山對峙，一水中通。自海南 黎母山發船西行，水程九百里至海寶山。自海寶北行，水程三百里取雞唱門，入雲屯鎮。就此鎮轉入新安府，或往安邦州。臣聞安邦州有安邦山，其山岩穴重重，面則枕海，淤泥卑濕，人馬難到。小舟或可以行，大舟則行不得。海潮漲時，直抵山址，及潮漸退，遠在山外將數百里，其中平曠，可以剏立宮宇、儲積兵穀。又有富良江，發源自宣江、洮江、沱江，過白鶴江三帶州，珥河、黃江、盂口、寧口、悶江、龍王海門，分出天符海門，又分流出海潮、小黃江，乃過一江，抵略沛，會流入大全，又入永江、望瀛、大 小安海門、福城山、水江，經大王口，抵安謨，仍自南平、桂江、月江會為平灘。歷傑時、清涼、禁門、南超、小 大白藤江，以至蒙江，及多魚、巴盧二海門。其分流則自度魯江，至但江、太平海門，併入大海。然富良江水之經交州府之利仁州也，州有天健山，其山四面石壁巉岩，中有平地，廣數百頃。其分流入建平府之長安州也，則有草廬洞。其洞群山峭崒，林木茂蒼，巨川繞其前，中有小河穿其內，以至羽林山，四面周迴數百里，木石蓊塞，遼繞迴旋，內有小河。自安謨海門過大王江口，水至山下，岩穴深重，亦能穿透入洞，山下之岩潮退，可容小舟。潮平之際，並洞之穴不見，往尋無路，欲問無人，真天下之重險也。安南之陳氏僭據，元人肆伐，其躲避元兵，多剏宮宇兵庫於安邦、天健、羽林、草廬四處。元兵入境，久處甚難，難久疾作，勢必旋師。然後併出四處兵眾，散擊尾追。此元人所以大敗，後人所以不可不鑒也。

——[明]吳朴龍飛紀略·卷五》，

《四庫全書存目叢書·史部·第九冊》第五八四至五八五頁。

庚申[洪武十三年（1380）]

秋八月，占城遣使來賀聖壽。

占城使至，復言安南以兵攻其國，因上賀聖壽表備訴其事。降勑慰諭之。

……夫南海、西域番戎奉表入貢者，如安南、占城、真臘、暹羅、爪哇、瑣里、西洋瑣里、三佛齊、古里、滿剌加、小葛蘭、榜葛剌、錫蘭山、古里班卒、柯枝、呂宋、合貓里、碟里、蘇祿、忽魯謨斯、忽魯母恩、甘把里、麻林、古剌麻、沼納撲兒、加異勒、祖法兒、溜山、阿哇、白葛達、天方、默德那、南巫里、急蘭丹、奇剌尼、夏剌比、窟察尼、烏涉剌踢、阿丹、魯密、彭加那、捨剌齊、八可意、坎巴夷替、左法兒、黑葛達、八答黑商、打回、日落、日羅夏治、拂菻、婆羅門、浡泥、百花、彭亨、覽邦、淡巴、須文達那、蘇門答剌，凡五十九國。而我閩、廣散入諸番者數千餘人。

臣聞占城為安南所逼，自新州遷都鶴頂山。安南以莫氏、阮氏、陳氏、鄭氏首為禍亂，各據土疆。其占城舊都，若新州以西、靈山以南，田土肥美，魚鹽充裕。羊嶼、新州、伽倆貌三處，灣港迴完之處可以泊舟，山原之陽可以築邑。二國各自有事，其地久棄不理。若允占城修貢載行，錫以真封，嚴勅諸國，凡有閩、廣水商久沒該國者，盡空起赴新州，分由立宅，就其中之豪，授以千百夫長之號。內以都護占城，外則大通諸國，運致土產，轉相貿易。不出數年，番舶畢集，吳、浙、閩、廣水商亦許徑至。若遣官往理，起例抽分，足國裕民姑且未論，而威伸南海，交阯怵服。仍以中國之化施之炎嶠，則慕我聲名、樂我德教，日漸月化，其民可臣服矣。縱有奸雄倔起，吾以新州步騎西北入橫山、河華、日南，以新州舟師東南略廣南、順化、新安，則交阯腹背受敵，尤可以取全勝也。交阯民田畝稅三升，稍加增益，民必為變。其為府十七、州四十四、縣一百五十七，若更置三司及軍衛，有司計其歲入，不足以給，況望其上供以益國哉。

…………

臣觀南海、西域諸國番胡屢至占城，乃進交、廣，其土產物貨，若椒蠟、香木、犀角、象牙、鶴頂、寶石、玳瑁、珠殼、腦麩、珊瑚、白磁之屬，與渤海、朝鮮、百濟、新羅、日本所出銅寶金銀，及大白山之菟、南海昆布、柵城之鼓、扶餘之鹿、郘鄚之豕、沃州之綿、龍州之紬、位城之鐵、肅慎之鏃、率賓之馬、盧城之稻、湄沱之鯽，與夫貂皮仁心，在在咸有。及我中國所出，川 廣藥材、銅鍋、鼎銚、紗羅、段綵、蕉葛，皆番夷素所願易，而欲以相資濟者也。縱其互市，而起例抽分，始終無偽，惟和惟一，斯近悅遠來，利盡四海，孔明區區南中不足言矣。是故在西南則有新州、靈山，而北通海南、廣州；在東北則有文登、成山，而南通太倉、定海。是乃天建地設，而資我以綏四夷，而收其舶利者也。蓋聞西南諸番耐暑不耐寒，東北諸夷耐寒不耐暑。西南諸番若過七洲、獨珠，則天氣必寒。東北諸夷若來黑水、成山，則天氣必熱。寒熱之交侵，番夷所以欲速交易，不樂久居中國，而為沿海邊民之害者矣……

——[明]吳朴《龍飛紀略・卷六》，

《四庫全書存目叢書・史部・第九冊》第六零五至六零七頁。

丁丑[洪武三十年（1397）]

二月……遣陳誠、呂讓如安南，議疆事。

……臣聞[林]希元在欽州開通互市。其東都、山南、海陽、安邦、海東、萬寧、永安一迤民夷，各裒土產，俱集彭城港。歲時抽分，足給司府不常支用。若用心撫懷，傾國必赴，歲稅所得或有侔於雷、廉常賦矣。臣竊欲廣希元之餘意，推其政於邊方。若龍[州]、憑[祥]憑鎮南、南交兩關，太平海口，雲南 臨安府之蒙自、寧遠州之龍門、教化長官司之宣光，與夫車里、老撾及占城之新州，召商聚貨，任其互市，一如希元在欽州之故，綢繆經理，始終無偽，吾見忠心孚於蠻夷，番商不遠自至。是故鎮南、南交兩關之商通，而諒山七州十二縣、北江三州十二縣及左右前後州縣之邇於諒山、北江者皆會矣。太平海口之商通，而桄榔等縣、白藤沿江等州水陸咸會太平矣。互市開於蒙自，則歸化州 石康關，安丘、文盤、文振、水尾四縣，嘉興州 龍蒙、四忙三縣咸出蒙自矣。教化長官司之商通，則宣化府 曠縣、當道、文安、平原、底江、收物、太蠻、楊縣、乙縣，及白鶴、海潮、扶了、快州諸處州鎮咸赴教化矣。車里、老撾設互市，則安南之廣威等州、鎮寧等府民夷致貨輻輳也。占城、新州置市舶，西域、南海五十九國水商沓至。吾且未諭而南出橫山入河華，則乂安、清化兩府，日南、驩、愛、九真、清化等州，支羅、安寧、河華、東岸、安老、俄樂等三十四縣，金銀、犀象、椒桂、香蠟皆北踰橫山，直來新州矣。由新州循海而東，歷廣南、升華、順化、新平四府，直至俄山，則升華、思義、順化、南亜、布政等州，黎江、萬安、開平、義純、和調、蒲浪、福康、古鄧、左平等十三縣，南風起時我可以往，北風起時彼偕我來，其物產、土貲、山藏、海錯，吾皆得而兼有也。且吾豈專為市舶之利而然也，慨念交阯一方，自梁 貞明間專於土豪曲承美，前後篡據，窮兵凶於勝負，盡人命於鋒鏑，民無所愬久矣。吾欲多置務易，不惟取其土產，將以鉤彼虛實機會，有啟挈其板圖，如未可乘，夏夷亦利此易。師貞而吉，伏險於大順，藏不測於至靜者也。苟不審時勢，直欲搆兵，吾恐交阯未動我先弊，怨結先成功未成。無妄之藥不可試也已！

——[明]吳朴《龍飛紀略・卷八》，

《四庫全書存目叢書・史部・第九冊》第六六三至六六六頁。

# 羅洪先《廣輿圖》所記的東南、西南海夷及海道

予幼讀書，知九州山川。及觀史，司馬氏周遊天下，慨然慕焉。後登會稽，泛洞庭，縱游荊、襄，流覽淮、泗，歷韓、魏、齊、魯之郊，結轍燕、趙而京都實在焉。繇是奉天子命，祠嵩高，南至於桐栢，又南至於祝融，至於海。往往訊遺黎、尋故跡，考郡邑之因革，覈河山之名實，驗諸滏陽 安陸石刻《禹跡圖》，樵川《混一六合郡邑圖》，乃知前人所作，殊為乖繆，思構為圖以正之。閱魏酈道元 註《水經》，唐《通典》《元和郡縣志》，宋《元豐九域志》，皇元《一統志》，參考古今，量校遠近，既得其說而未敢自是也。中朝士夫使于四方，遐邇攸同，冠蓋相望，則每囑以質諸藩府，博采群言，隨地為圖，乃合而為一。自至大辛亥[四年（1311）]，迄延祐庚申[七年（1320）]，而功始成。其間河山繡錯，城連徑屬，旁通正出，佈置曲折，靡不精到。若夫漲海之東、南，沙漠之西、北，諸番異域，雖朝貢時至，而遼絕罕稽。言之者既不能詳，詳者又未必可信，故於斯類，姑用闕如。嗟乎！

**【引書舉要】**

由[元]朱思本原繪（《輿地圖》）、[明]羅洪先（1504—1564）增纂的《廣輿圖》，是保存迄今中國最早的一部綜合性地圖集。約完成於嘉靖二十年（1541）。該圖集初刻於嘉靖卅四年（1555）。本書所引依國際文化出版公司1997年據首都圖書館藏明萬曆七年（1579）刊本的影印版：朱思本繪、羅洪先增纂《廣輿圖全書》。

《廣輿圖》的東、西南海夷圖載有不少歐、非地名，但位置雜放。其所記入交路及入倭道則頗值重視。



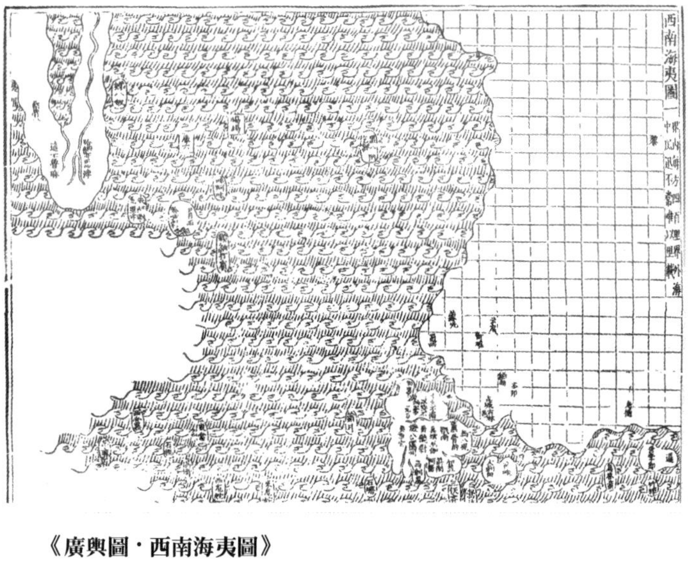


《廣輿圖·西南海夷圖》

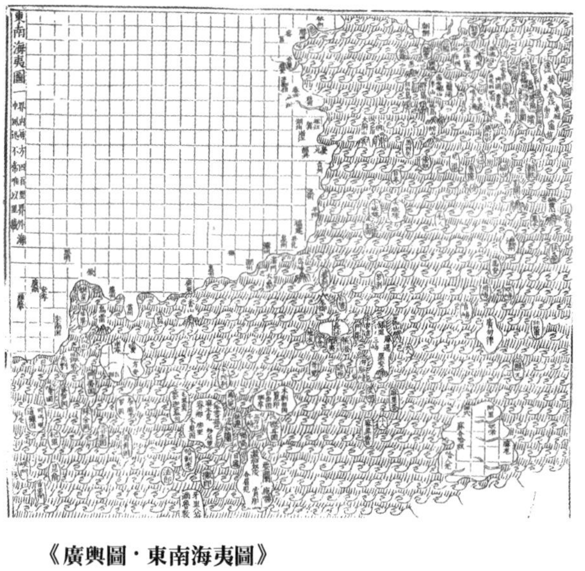


《廣輿圖·東南海夷圖》

予自總角志於四方，及今二毛討論殆遍，茲圖蓋其平生之志，而十年之力也！後之覽者，庶知其非苟云。是歲日南至，臨川 朱思本 本初父自敘。

——[元]朱思本《輿地圖·自序》，《貞一齋詩文稿》。

另參見朱思本繪、羅洪先增纂《廣輿圖全書》。

予少苦羸病，觀《素》《難》諸書，頗慕養生。嘗嘿坐一室，節縮食飲，不旬日而羸更甚，始謀之醫。醫曰：病在結聚，非藥餌鍼灸緩不及事也。為取“明堂圖”，指任督奇經及諸手足陰陽所屬，按冗而焫，繼之湯液，輔以粱肉，數月乃愈。因謝醫曰：“標本緩急之論，豈可誣哉！”其後往來京師，從友人聞天下緩急大勢，始知考次古今名人經略之跡。獨恨於山川、險夷、郡邑聯絡，有不得盡聞者。則既無以即其形實，以究其當時趍避取舍之所在，況得校論其失得哉！

嘗徧觀天下圖籍，雖極詳盡，其踈密失準、遠近錯誤，百篇而一，莫之能易也。訪求三年，偶得元人朱思本圖。其圖有計里畫方之法，而形實自是可據，從而分合，東西相侔，不致背舛。於是悉所見聞，增其未備，因廣其圖至于數十。其諸沿革統馭不可盡載者，咸具副紙。山中無力傭書，積十餘寒暑而後成。夫一人之身，雖經絡升降、腑臟表裏、關竅隱注，殊名異稱不可揣契，然庸醫投以艾石，無不中其會而動其機者，豈非圖之尺寸有據哉，朱之畫方似已。朱為撫之臨川人，博學多聞，蹤跡徧海內，自敘此圖乃其十年之力。苟非足目所及，未敢遽書，可謂用心之勤。至其所為畫方之法，則巧思者不逮也。然考郡史不載姓名，其圖亦不多見，豈所謂本之則無矣乎？嗚呼！又安知吾之諸圖之不為長物也？於是久而後悔之。蓋身既衰病，誤用其心，失緩急矣，序而藏之，用以自咎。

按朱圖長廣七尺，不便卷舒。今據畫方，易以編簡。仰惟大明麗天聲教，無外遠軼，古今可以觀德，作《輿地總圖》一；內畿外邦，域民建守，小大相承，動無遺法，作兩直隸、十三布政司圖十六；王公設險，安不忘危，中外大防，嚴在疆圉，作九邊圖十一；山谷藏疾，時作弗靖，虺兕竄伏，功在刊滌，作洮河、松、潘、虔鎮、麻陽諸邊圖五；壺口既治，宣房載歌，沉玉負薪，群策畢効，作黃河圖三；水陸縈紆，漕卒歲疲，儲峙孔艱，國用攸賴，作漕河圖三；四海會同，溟渤遠輸，髣髴往蹤，用備不虞，作海運圖二；四夷來王，兵革不試，治之極也，作朝鮮、朔漠、安南、西域圖四，終焉。凡沿革附麗，統馭更互，難以旁綴者，各為副圖六十八。山川、城邑名狀交錯，書不盡言，易以省文二十有四，正誤補遺是在觀者……

——[明]羅洪先《廣輿圖·序》，引自[元]朱思本繪、[明]羅洪先增纂《廣輿圖全書》。

朝鮮圖：……國朝洪武初，其主王顓表賀即位，始封高麗國王，改號朝鮮。其國偽分八道：中曰京畿；東曰江原，本穢貊地；西曰黃海，古朝鮮 馬韓舊地；南曰全羅，本卞韓地；東南曰慶尚，乃辰韓地；西南曰忠清，皆古馬韓域；東北曰咸鏡，本高句麗地；西北曰平安，本朝鮮故地。分統郡、府、州、縣……東、西、南瀕海，北鄰女直，西北抵鴨綠江。東西二千里，南北四千里……

東南海夷總圖：朝鮮 新羅 三韓 耽羅 扶餘 黑山 口山島 群山島 四城 藺浦 南安錦山 平山 鵝州 溟珍松島 巨州 大昫山 小昫山 珍島 蛇山 扶桑 倭奴 日本 馬四矢 孤池 平崎 鳴子浦 宗家景 太宰莊 門關 東何大陽 豐前 豐後 肥前 肥後 家揮 迎江 長門 徐福國 修前 修後 同長 讃 赤關 遠江 扶武 美 尾張 東廂 堂 南京 國信 大漢 黑齒 七人 毛人 蝦夷 泥渠 紹影 婦山 軫軼 野蘭山 硫黃山 鬼仝 大琉球 小琉球 彭湖 瀛洲 馬安 丹嶼 官嶼 雙嶼 廣勿律 注輦 蘇元 阿里 奴啱 麻龍 西穴 麻合哈叔 哈人无 羅利 羅伽山 大人 銀里 麻逸 三嶼 黑安 麻里答 小人 麻黑[里]魯 孛羅吉 靈明 海貼嶼 門彫 佚登 邊升 婆利 龍御 哥羅 分舍 地衣 水剌貝國 覽邦 白面國 班卒 嫩耳國 三萬六十[千]嶼 邀加奴戍 要蘭 施嚇 賞那 合眉兒 于[干]陀利 馬八兒 生連 啝啝 目密 如蘭 八哈益書巴 麻水克 多兔羅 賽那 那里 木里國 毛里蠻 婆迦藍州 哈剌禿 撒郎 牙里八蘇 滿魯敦他 法郎 黑八阿乞輕 丹丹國 多摩羅國 赤土國 門善國 殊奈國 撒哈禿剌 甘畢 陵山 安南國 廣南 維摩 婆羅國 唵國 河蘇里 造撒國 把里昆侖 吉里門 峽門

西南海夷總圖：老撾 占城（古林邑） 木那[邦] 緬甸 暹 丹孛郎 竹牌 玳瑁 三邈 牛角 大小慮 烏答蠻 浡泥 滿剌加 大身 爪哇 大剌田 勃楚 三伏齊 闍婆 蘇目岡 渤泥 平高崙 蒲甘 馬八兒 沙黑骨的 韈南 干支不南 沒特不 烏爹 那里乞 光歹 真垓厄伽 丹饒尉 癡八蘭州 美那它 伽盆 俱南 阿留 馬剌里 知悶 馬安 東龍蛇 西龍蛇 吳哥[奇]石帆 東黨 西黨 苧麻 哇阿哇 這不魯麻 桑骨八 桑骨奴 哈納亦思津 庫六 喝竭 失阿剌禿里赤昌[冒]西 哈必剌 顆細打賓 黑八阿乞輕

…………

安南圖：……永樂四年[1406]，遣兵平之，建交趾布政司，領府十七，州五，屬州四十一，縣一百五十七。宣德二年[1427]，黎利復叛，遣兵討之。利懼，奉表乞立陳氏後，朝廷許之，因罷郡縣。已而利篡陳自立。嘉靖六年[1527]，其參督莫登庸乘黎之亂，弒黎廣自立，僭國號曰大越……

入交道三：一由廣西，一由廣東，一由雲南。由廣東則用水軍，伏波以來皆行之；廣西道，宋行之；雲南道，元及我朝始開。

廣西道亦分為三：從憑祥州入者，由州南關隘一日至交之文淵州 坡壘驛，復經脫朗州北一日至諒山衙，又一日至溫州之北險徑、半日至鬼門關，又一日經溫州之南新麗村，經（二十）[諒]江一日至保祿縣，半日渡昌江，又一日至安越縣 南市橋江下流北岸；一道由思明府入，過摩天嶺，一日至鬼陵州，過辨強隘，一日至祿平州，州西又路，一日半至諒山府。若從東南行過車里江（此江，永樂中黎季犛堰之，以拒王師，後偵知其堰處，乃決之以濟師），一日半至安博州，又一日半過耗軍峒，山路險惡，又一日至鳳眼縣。又分二道，一道一日至保祿縣，亦渡昌江。一道入諒江府，亦一日至安越縣之南市橋江北岸，各與前道會；其自龍州入者，一日至平而隘，又一日至七源州，二日至文蘭 平茄社。又分為二道，一道從文蘭州，一日經右隴縣北山徑，出鬼門關平[地]四十里，渡昌江上源，經右隴之南，沿江南岸而下，一日至世安縣平地，至安勇縣，又一日亦至安越縣之中市橋江北岸。一道從平茄社西，一日半經武崖州山徑，二日至司農縣平地，又一日半亦進至安越縣之北市橋江上流北岸（市橋江在安越縣境中昌江之南，諸路總會之處，隨處可濟師），一日至慈山府，又至東岸嘉林等縣，渡富良江以入交州。

雲南亦有二道：其一道由蒙自縣經蓮花灘入交州之石隴關下程瀾峒，循洮江源右岸，四日至水尾州，又八日至文盤州，又五日至鎮安縣，又五日至夏華縣，又三日至清波縣，又三日至臨洮府（洮水即富良江上流，其北為宣光江，南為沱江，所謂“三江”者也），臨洮二日至山圍縣，又二日至興化府，即古多邦城，自興化一日至白鶴神廟三歧江，又四日至白鶴縣，渡富良江；其一道自河陽隘，循洮江左岸，十日至平源州，又五日至福安縣，又一日至宣江府，又二日至端雄府，又五日至白鶴三歧江，然皆山徑，攲側難行。其循洮江右岸入者，地勢平夷，乃大道也。

若廣東海道，自廉州 烏雷山發舟，北風順利一二日可抵交之海東府。若沿海岸以行，則烏雷山一日至永安州 白龍尾。白龍尾二日至玉山門，又一日至萬寧州。萬寧一日至廟山。廟山一日至屯卒巡司，又二日至海東府。海東二日至經熟社（又[有]石堤，陳氏所築以禦元兵者），又一日至白藤海口，過天遼巡司南至安陽海口，又南至塗山海口，又南至多漁海口，各有支港以入交州：自白藤而入，則經小棠、東潮二縣至海陽府，復經至靈縣過黃徑、平灘等江；其自安陽海口而入，則經安陽縣至荊門府，亦至黃徑等江，由南策、上洪之北境以入；其自塗山而入，則取古齋，又取宜陽縣，經安老縣之北平河縣，經南策、上洪之南境以入；其自多漁海口而入，則由安老、新明二縣至四岐，遡洪江至快州，經鹹子關以入；多漁南為太平海口，其路由太平、新興二府，亦經快州 鹹子關口，由富良江以入。此海道之大略也。

交州之東有海陽、荊門、南策、上洪、下洪、順安、快府等府，去海頗遠，各有支港穿達，迤邐數百里，大艦不能入，故交人多平底淺舟，以便入港云。

…… ……

日本圖：日本即倭奴國，在東南大海中，依倚山谷。高麗在其北，新羅、百濟在其西北。地勢東高西下，於閩、浙為東北隅。王以王為姓，文武僚吏皆世其官。有五畿、七道，各有所屬州，州以統郡。其附庸國，凡百餘：自北岸去拘邪韓國七千里，曰對海國。又南渡一海千餘里，曰瀚海國。又渡一海千餘里，曰末羅國。東南陸行五百里，曰伊都國。又東南百里，曰奴國。又東百里，曰不彌國。又南水行二十日，曰投馬國。又南水行十日、陸行一月，曰邪馬一國。其次曰斯焉國，曰已百支國，曰伊邪國，曰郡支國，曰彌奴國，曰好古都國，曰不呼國，曰姐奴國，曰對蘇國，曰蘇奴國，曰呼邑國，曰華奴蘇奴國，曰鬼國，曰為吾國，曰鬼奴國，曰邪馬國，曰躬臣國，曰巴利國，曰支惟國，曰烏奴國，皆附倭境。其國小者百里，大不過五百里，戶少者千餘，多不過一二萬……

始倭之通中國也，實自遼東。由六朝及今，乃從南道浮海，率自溫州、寧波以入。風東北迅，自彼來此，約可四五日程；而西風迅，自此之彼，約亦四五日程。蓋其去遼甚遠，而去閩、浙甚邇。若盡其國界，則東西也長，行可四五月；南北也短，行三月。而皆極於海。其西北至高麗也，必由對馬島開洋，順風僅一日、二日。南至琉球也，必由薩摩州開洋，順風七日。其貢使之來，必由博多開洋，歷五島而入中國，以造舟水手俱在博多故也。貢舶回，則徑收長門，抽分司官在焉故也。

若其入寇，則隨風所之。東北風猛，則由薩摩或五島至大 小琉球，而仍視風之變遷：北多則犯廣東；東多則犯福建（彭湖島分船，或之泉州等處，或之梅花所 長樂縣等處）。若正東風猛，則必由五島歷天堂、官渡水，而視風之變遷：東北多則至烏沙門分䑸，或過韭山 海閘門而犯溫州，或由舟山之南而犯定海（經大苗洋入金塘 蛟門），犯象山、奉化（由東西廚入湖頭渡），犯昌國（入石浦關），犯台州（入桃渚、海門、松門諸港）；正東多則至李西嶴、壁下、陳錢分䑸，或由洋山之南而犯臨觀（過漁山、兩頭洞、三姑山入蛭浦，則由盧之臨山、三山過霍山洋、五嶼、龍溪洞，直犯寧波之龍山、觀海），犯錢塘（過大 小衢、徐公，入鱉子門、諸[赭] 山，薄省城），或由洋山之北，而犯青村、南匯（過馬蹟潭而西），犯太倉（過馬蹟潭而西北），或過南沙而入大江（過茶山，入瞭角、觜步谷、接山而犯瓜 儀 常 鎮）。在大洋而風欻東南也，則犯淮、揚、登、萊（過步州洋 亂沙入鹽城口，則犯淮安；入廟灣港則犯揚州 兩越；而北則犯登 萊）。若在五島開洋，而南風方猛，則趨遼陽，趨天津。

大抵倭舶之來，恒在清明之後。前乎此，風候不常，難準定。清明後，方多東北風，且積久不變。過五月，風自南來，不利於行矣。重陽後，風亦有東北者。過十月，風自西北來，亦非所利。故海防者，以三、四、五月為大汛，九、十月為小汛。其停橈之處、焚劫之權，雖曰在倭；而其帆檣所向，一視乎風，實有天意，有備者率勝。前此入寇者，多薩摩、肥後、長門三州之人，其次則大隅、竺前、竺後、博多、日向、攝摩、津州、紀䄄、種島，而豐前、豐後、和泉之人亦間有之……

沿海之中，上等安嶴可避四面颶風者，凡三十三處：曰馬蹟，曰兩頭洞，曰長塗，曰高丁港，曰沈家門，曰舟山前港，曰㵸江，曰烈港，曰定海港，曰黄岐港，曰梅港，曰潮頭渡，曰石浦港，曰豬頭嶴，曰海門港，曰松門港，曰蒼山嶴，曰玉環山、梁嶴等嶴，曰楚門港，曰黄華水寨，曰江口水寨，曰大嶴，曰女兒嶴。中等安嶴可避兩面颶風者，凡一十八處：曰馬木港 ，曰長白港，曰蒲門，曰觀門，曰竹齊港，曰石牛港，曰烏沙門，曰桃花門，曰海閘門，曰九山，曰爵溪嶴，曰牛欄磯，曰旦門，曰大陳山，曰大床頭，曰鳳皇山，曰南麂山，曰霓嶴。其餘下等安嶴，只可避一面颶風，如三姑山、衢山之類，不可勝數。必不得已寄泊一宵，若停久恐風反别迅不能支矣。又潭岸山、灘山、許山之類，皆團生無嶴，一面之風亦所難避，可不慎乎！……

## 華夷總圖（華夷建置名目）

東夷：朝鮮 日本

東南夷：大琉球

南夷：安南 占城 三佛齊 真臘 爪哇 滿剌加 暹羅

西南夷：浡泥 蘇門答剌 古麻剌 蒲甘 古里 瑣里 西洋鎖里 彭亨 蘇祿 百花覽邦 淡巴 婆羅 古剌麻 阿魯 小葛蘭 須文達郡[那] 阿哇 窟察泥 忽魯謨斯 八可意 烏涉剌踢 碟里 忽蘭丹 阿丹 合貓里 墨[黑]葛達 魯密 呂宋 彭加那 忽魯日思息 坎巴夷替 古理班卒 阿文 日羅夏治 南巫里 祖法兒 打回 左法兒 麻林 甘把里 八達黑裔[商] 加異勒 白葛達 溜山 奇剌泥 捨剌齊 夏剌比 錫蘭山

西夷：西番……

西域諸國：西天 泥八剌 撒立畏兀兒 沙州 撒來 撒馬兒罕…… 于闐 天方 榜葛剌 招納撲兒 拂菻 默德那

西北夷：赤斤蒙古 罕東曲先 安定阿端 哈密 火州 亦力把力 撒馬兒罕 哈烈 哈三 哈撒兒沙 的鑾 哈失哈兒 哈的蘭 賽蘭 掃蘭 乜克力 把丹砂 把力黑 俺力麻 脱忽麻 察力失 斡失 十[卜]哈剌 怕剌 失剌思 你沙兀兒 克失迷兒 帖必力思 果撒思 火壇 火占 苫先 沙六海牙 牙昔 牙兒于 戎 兀倫 阿迷 邪思城 坤城 拾墨 擺音 克癿 元方 日落

——[元]朱思本繪、[明]羅洪先增纂《廣輿圖全書》。

# 《海語》所記的南海交通航線

暹羅國在南海中。自東筦之南亭門放洋，南至烏豬、獨豬、七洲（三洋名），星盤坤未針（海天無際，舶行莫知方位，惟以星盤針定子午而赴之），至外羅。坤申針四十五程至占城（本古越裳氏之界）舊港，經大佛靈山，其上烽墩則交趾（即安南）屬也。又未針至崑屯山，又坤未針至玳瑁洲、玳瑁額[鴨]，及於龜山，酉針入暹羅港……

滿剌加在南海中，始為暹羅屬域，厥後守土酋長判[叛]其主而自立，開國無可考矣。自東筦縣 南亭門放洋，星盤與暹羅同道，至崑屯洋，直子午收龍牙門港，二日程至其國。

——[明]黄衷《海語·卷上》

**【引書舉要】**

[明]黄衷（1474—1553）《海語》共三卷，完成於1553年前。本書所引據上海古籍出版社1989年版。



# 郭汝霖、李際春《使琉球錄》中的針路

嘉靖四十年[1561]，欽差正使吏科左給事中郭汝霖（江西 永豐人）、副使行人李際春（河南 杞縣人）敕封國王尚元。

嘉靖四十年……五月十九日，船至長樂取水。余與李君二十五日起行，撫、按、三司餞于南臺，府、縣別於新港。二十六日辰刻，至長樂。時自二十三日起，連有南風，遂決而行。二十七日，至广石。二十八日，祭海頓舟，別三司諸君。二十九日，至梅花，開洋。幸值西南風大旺，瞬目千里，長史梁炫舟在後，不能及，過東湧、小琉球。三十日，過黄茅。閏五月初一日，過釣魚嶼。初三

**【引書舉要】**

[明]郭汝霖、李際春《（重編）使琉球錄》，乃據陳侃《使琉球錄》增補重編。該書應在嘉靖四十年（1561）十一月回國後起編，或次年（1562）獻進。本書所引據北京圖書館出版社2002年《國家圖書館藏琉球資料續編》影印的清抄本。

繼陳侃之後，本書亦云“赤嶼者，界琉球地方山也”，對明代中外海界之斷分，實有不小助益。

日，至赤嶼焉。赤嶼者，界琉球地方山也。再一日之風，即可望古米山矣。奈何屏翳絕驅，纖塵不動，潮平浪靜。海洋大觀，真奇絕也。舟不能行，住三日。初六日午刻，得風乃行，見土納已山。時東南風旺，用舵者欲力駕而東。至申刻，乃見小古米山，夷人望見船來，即駕小艕來迎。有二頭目，熟知水路，且曰："既不能從大古米山入，何可傍土納已山而入！其中多礁。"余等聞之駭。二頭目一面令夷船入報，渠遂躬在余船道駕，從小古米山而入，且云："得一日一夜之力，即未遽登岸，可保不下葉壁山矣。"余等厚賞賜之，晝夜趕行。初七日未刻，望見王城哪霸港焉。然東風為多，相隔僅五十里，不能輒近。世子遣法司官來迓。夷船凡五十餘，輳集封舟前後；欲用先年挽入故事，然竟弗能行。至初八日午刻，有沖風暴雨。余曰"可整舟"，挽而行。初九日辰刻，遂達岸焉。

既抵岸，三日後，有傳賊船從其境上過者，蓋篷力小，大洋中自不相及。擇六月初九日祭王，二十九日封王。禮畢，守候風汛回國。往者，九月終交初冬，則東北風旺；是年九月內風氣不定，日東、日南。守之至十月初，颶風大作，火長等皆以颶風既過，可以遂行。十月初九日，登舟。及登舟之後，方圖舉帆，而風雨驟至，阻於哪霸港口。蓋港口險隘，僅容一舟，稍有偏側，船輒不保。船之泊港口也，兩旁繫以大纜；至十五夜，右纜忽斷。陳孔成忙吹號舉炮，夷人二千餘來牽轉，再加新纜。至十八夜，天忽朗霽，月光如晝。四更時，諸人與夷官、夷梢乃導而出。出港後，東北風旺，舟行如飛。二十日午後，忽有黑雲接日，冥霧四塞。舟人懼曰："此颶徵也！"頃刻，果颶徵旋至，舟人守之益慎。至夜二鼓，劈烈一聲，舵已去矣。余一家人跑入窗傳報，舉舟哭聲振天。時陳孔成傳將各艙所載重者一面丟拋，一面令吳宗達等倡言："舵雖折，尚有邊舵，決保無虞！"余諗之曰："靜以御變，極是！但舵何時可換？"達等曰："天明可換。吾不舉大篷，但張二篷、三篷，任其漂流。至後，可補針也。"陳大韶、曾宏俱從陳[侃]、高[澄]過洋者，亦來，大言曰："往年亦如此。然往年船不固，今此船固；往年船發漏，今不發漏；往年無邊舵，今有邊舵；往年折舵並折桅，今舵雖折而桅尚存。"余聞其言，心亦頗定。然播蕩反側，無頃刻寧。風濤之勢，與天上下，舟亦虢虢如裂屋響。呼吸存亡，茫然不知何所在也！至次日，風又不息，余乃口為文，令吏陳佩床前書之，以檄天妃。適一晨刻風稍定，始得換舵。舵既定，諸人頗有生望。但牽舵大纜兜之自尾至船首者，又忽中斷；則海水咸厲，繩纜不能久。舵工等又懼舵不能穩，稍擺動金口，船分兩片矣，此尤危也。乃用銀重賞一夷人，繫其腰，令下海接之，竟不能接。吳宗達來稟，欲穿二艙、三艙透繩繫舵，而不能決。余聞，即慨然是之。乃鑿而度繩，舵始得安，行之。至二十六，許嚴等來報曰："漸有清水，中國山將可望乎！"二十七日，果見寧波山。歷溫、歷台，閩人未能盡曉浙中山嶼，疑迷莫測，仍懷憂思。

至二十九日，忽至福寧，見定海、臺山，心始安焉。從五虎門入。十一月初二日，入省城。追想前跡，為之惻然！凡士夫相會，真同再世。

郭汝霖記。

——[明]郭汝霖、李際春《（重編）使琉球錄》





# 《鄭開陽雜著》《籌海圖編》等記及通琉球、日本的海道針經和近代“南洋”的概念

## 福建使往大琉球鍼路

梅花東外山開船，用單辰針、乙辰針或辰巽針，十更船小琉球。

小琉球套北過船，見雞籠嶼及花瓶嶼、彭嘉山。

彭嘉山北邊過船，遇正南風用乙卯鍼、或用單卯鍼、或用單乙鍼；西南風用單卯鍼；東南風用乙卯鍼，十更船，取釣魚嶼。

釣魚嶼北邊過，十更船。南風用單卯鍼；東南風用單卯鍼，或用乙卯鍼，四更船，至黃麻嶼。

黃麻嶼北邊過船，便是赤嶼，五更船。南風用甲卯鍼，東南風用單卯鍼，西南風用丹甲鍼或單乙針，十更船至赤坎嶼。

赤坎嶼北邊過船，南風用單卯針及甲寅針，西南風用艮寅針，東南風用甲卯針，十五更至古米山。

古米山北邊過船，有礁，宜知避。南風用單卯針及甲寅針，五更船，至馬㠗山。

馬㠗山，南風用甲卯針或甲寅針，五更船至大琉球，那霸港泊船（土官把守港口，船至此用單卯針及甲寅針，行二更進那霸內港，以入琉球國中）。

——[明]鄭若曾《鄭開陽雜著·琉球圖說》

【引書舉要】

[明]鄭若曾（號開陽，1503—1570）的《籌海圖編》乃抗倭時在胡宗憲幕府所作，其《刻〈籌海圖編〉引》誌於辛酉冬十二月，即嘉靖四十年十二月（已入1562），嘉靖四十一年（1562）由胡宗憲主持首刻。該書凡例的“參過圖籍”引有136種書目，其中包括《渡海方程》《海道針經》，即前述吳朴等著，並因而保存了吳朴撰寫的赴琉球、日本針路，彌足珍貴。本書所引據北京解放軍出版社、瀋陽遼瀋書社1990年《中國兵書集成》15—16冊的明嘉靖刻本影印本。

《鄭開陽雜著》是鄭若曾的著作彙編，本書所引據南京國學圖書館1932年的康熙刻本影印本。

鄭若曾《籌海圖編》等的意義，首在於抗倭名著。其所記包括河防、海防、海運乃至朝鮮、日本、琉球、安南的圖說。其書不僅保存了首部針經《渡海方程》的部分內容，還最早記錄了近代概念的“南洋”一詞之源由。

## 太倉使往日本針路

（見《渡海方程》及《海道針經》。）

太倉港口開船，用單乙針一更船，平[吴淞江]（更者，每一晝夜分為十更，以焚香枝數為度，以木片投海中，人從船面行，驗風迅緩，定更多寡，可知船至某山洋界）。

吴淞江用單乙針及乙卯針，一更，平[寶山]。

寶山到南匯嘴，用乙辰針出港口，打水六七丈，沙泥地，是正路。三更，見茶山（茶山水深十八托，一云行一百六十里，正與此合）。



自此用坤申及丁未針，行三更船，直至大 小七山，灘山在東北邊。灘山下水深七八托。用單丁針及丁午針，三更船，至霍山。



霍山用單午針，至西後門。

西後門用巽巳針，三更船，至茅山。

茅山用辰巳針取廟州門，船從門下行過，取升羅嶼（廟州門水深急流）。

升羅嶼用丁未針，經崎頭山，出雙嶼港（升羅、崎頭俱可泊船，崎頭水深九托）。

雙嶼港用丙午針，三更船，至孝順洋及亂礁洋（雙嶼港口水流急，孝順洋水深十三托，泥地）。

亂礁洋水深八九托，取九山以行（九山西邊有礁，打水、行船宜仔細。一云亂礁洋水深六托，泥地）。

九山用單卯針，二十七更，過洋至日本港口（打水七八托，泥地，南邊泊船）。

又有從烏沙門開洋，七日即到日本。

若陳錢山至日本，用艮針。

## 福建使往日本針路

梅花東外山開船，用單辰針、乙辰針，或用辰巽針，十更船，取小琉球。

小琉球套北過船，見雞籠嶼及梅花瓶、彭嘉山。

彭嘉山北邊過船，遇正南風用乙卯針、或用單卯針、或用單乙針，西南風用單卯針，東南風用乙卯針，十更船，取釣魚嶼。

釣魚嶼北邊過，十更船。南風用單卯針，東南風用單卯針、或用乙卯針，四更船，至黄麻嶼。

黄麻嶼北邊過船，便是赤嶼。五更船。南風用甲卯針，東南風用單卯針，西南風用單甲針、或用單乙針，十更船，至赤坎嶼。

赤坎嶼北邊過船，南風用單卯及甲寅針，西南風用艮寅針，東南風用甲卯針，十五更，至古米山。

古米山北邊過船，有礁，宜知避。南風用單卯及甲寅針，五更船，至馬岛山。

馬岛山，南風用甲卯針或甲寅針，五更船至大琉球。

大琉球 那霸港泊船（土官把守港口，船至此用單卯及甲寅針，行二更進那霸內港，以入琉球國中）。

那霸港外開船，用單子針四更船，取離倚嶼，外過船。南風用單癸針，三更船，取熱壁山以行。

熱壁山南風用單癸針，四更船，取硫黃山。

硫黃山南風用丑癸針，五更船，取田嘉山。又南風用丑癸針，三更半船，取夢加剌山。南風用單癸針及丑癸針，三更船，取大羅山。

大羅山用單癸針，二更半船，取萬者通七島山，西邊過船。

萬者通七島山用單寅針，五更船，取野顧七山，島內各[名]呌兵之妙是麻山嶼。

野顧山用巽寅針，二更半船，取但午山。用艮寅針，四更船，取亞甫山（一云野顧山，對面行六十里，有小礁四五箇，最宜避。在北邊過船，用艮寅方[行]一百五十里，至旦午山，用艮寅方行二百四十里，至亞甫山）。

亞甫山平港口，其水望東流，甚急。離此山用艮寅針，十更船，取亞慈理美妙。若不見此山，用單艮針二更船，又艮寅針五更船，取沿灣伮（一云沿渡伮）烏佳眉山。

沿灣伮烏佳眉山用單癸針三更船，若船開時，用單子針一更船，至而是麻山。

而是麻山南邊有沉礁，名套礁（一云名佐[做]沉長礁），東北邊過船，用單丑針一更船，是正路。卻用單子針四更船，取大門山中。

大門山傍西邊門過船，用單丑針三更船，取兵褲山港。

兵褲港，循本港直入日本國都。

（若曾按：以上針路乃歷代以來及本朝國初中國使臣入番之故道也。頻年倭寇之入，往往取間道突至，便利特甚。予已稍從入寇圖中指畫，然不欲條書之者，恐傳者或貽奸孽以倖釁也。有志於經世者，必須以意會之，而得予之所以不詳書焉，斯善矣！）

——[明]鄭若曾《鄭開陽雜著·日本圖纂》

## 太倉使往日本針路

（見《渡海方程》及《海道針經》。）

太倉港口開船，用單乙針一更船，平[吳淞口]（更者，每一晝夜分為十更，以焚香枝數為度，以木片投海中，人從船面行，驗風迅緩，定更多寡，可知船至某山洋界）。

吳淞江用單乙針及乙卯針，一更，平[寶山]。寶山到南匯嘴，用乙辰針出港口，打水六七丈，沙泥地，是正路。三更，見茶山（茶山水深十八托，一云行一百六十里，正與此合）。自此用坤申及丁未針，行三更船，直至大 小十[七]山，灘山在東北邊。灘山下水深七八托，用單丁針及丁午針，三更船，至霍山。霍山用單午針至西後門。西後門用巽巳針，三更船，至茅山。茅山用辰巳針，取廟州門。船從門下行過，取升羅嶼（廟州門水深急流）。升羅嶼用丁未針，經崎頭山，出雙嶼港（升羅、崎頭俱可泊船，崎頭水深九托）。雙嶼港用丙午針，三更船，至孝順洋及亂礁洋（雙嶼港口水流急，孝順洋水深十三托，泥地）。亂礁洋水深八九托，取九山以行（九山西邊有礁，打水、行船宜仔細。一云亂礁洋水深六托，泥地）。九山用單卯針，二十七更過洋，至日本港口（打水七八托，泥地，南邊泊船）。又有從烏沙門開洋，七日即到日本。若陳錢山至日本，用艮針。





## 福建使往日本針路

梅花東外山開船，用單辰針、乙辰針，或用辰巽針，十更船，取小琉球。小琉球套北過船，見雞籠嶼及梅花瓶、彭嘉山。彭嘉山北邊過船，遇正南風用乙卯針、或用單卯針、或用單乙針，西南風用單卯針，東南風用乙卯針，十更，船取釣魚嶼。釣魚嶼北邊過，十更船，南風用單卯針，東南風用單卯針、或用乙卯針，四更船，至黄麻嶼。黄麻嶼北邊（過船），便是赤嶼，五更船。南風用甲卯針，東南風用單卯針，西南風用單甲針、或用單乙針，十更船，至赤坎嶼。赤坎嶼北邊過船，南風用單卯及甲寅針，西南風用艮寅針，東南風用甲卯針，十五更船，至古米山。古米山北邊過船，有礁，宜知畏避。南風用單卯及甲寅針，五更船至馬邑山。馬邑山南風用甲卯或甲寅針，五更船，至大琉球。大琉球 那霸港泊船（土官把守港口，船至此用單卯及甲寅針，行二更進那霸內港，以入琉球國中）。那霸港外開船……直入日本國都。[後面文字與上引《鄭開陽雜著·日本圖纂》同，茲從略。]

——鄭若曾《籌海圖編·使倭針經圖說》

籌海圖編卷之二 六

者又兩閱月遣方大忠反覆説之又擒其黨與始
入見軍門於寧波而生致之斬之巾曹傳首
京師自此海上少戢矣後御史趙孔昭以洲專命往使不
達其王詔爲直黨惡奏繫詔獄論死巡視軍情郎中
唐順之謂不赦洲將來者必以使絕
域爲諱而阻宣力報効之心復奏釋之

大倉使往日本針路 見渡海方程及海道針經

大倉港口開船用單乙針一更船平 更者每一晝夜分爲十更以焚香枝數爲度以木片投海中人從船面行驗風迅緩定更多寡可知船至某山洋界

吳淞江用單乙針及乙卯針一更平

寶山到南匯嘴用乙辰針出港口打水六七丈

沙泥地是正路三更見茶山 茶山水深十八托一云行一百六十里正與此合

自此用坤申及丁未針行三更船直至大小七

山灘山在東北邊

[明]鄭若曾《籌海圖編·使倭針經圖說》一

九山用单卯針二十七更過洋至日本港口打水七八托泥地南邊泊船

又有從烏沙門開洋七日即到日本

若陳錢山至日本用艮針

福建使往日本針路

梅花東外山開船用单辰針乙辰針或用辰巽針十更船取小琉球

小琉球奔北過船見鷄籠嶼及梅花瓶彭嘉山

彭嘉山北邊過船遇正南風用乙卯針或用单卯針或用单乙針西南風用单卯針東南風用乙卯針十更船取釣魚嶼

釣魚嶼北邊過十更船南風用单卯針東南風



[明]鄭若曾《籌海圖編・使倭針經圖說》三

灘山下水深七八托用单丁針及丁午針三更
船至霍山
霍山用单午針至西後門
西後門用巽巳針三更船至茅山
茅山用辰巳針取廟州門船從門下行過取升
羅嶼廟州門水深急流
升羅嶼用丁未針經崎頭山出雙嶼港升羅崎頭俱可
泊船崎頭
水深九托
雙嶼港用丙午針三更船至孝順洋及亂礁洋
雙嶼港口水流急孝順
洋水深十二托泥地
亂礁洋水深八九托取九山以行九山西邊有礁打水行船
宜仔細一云亂礁
洋水深六托泥地

[明]鄭若曾《籌海圖編·使倭針經圖說》二

那覇港外開船用单子針四更船取離倚嶼外

那覇內港以入琉球國中

過船南風用单癸針三更船取熱壁山以行

熱壁山南風用单癸針四更船取硫黃山

硫黃山南風用丑癸針五更船取田嘉山又南風用丑癸三更半船取夌加剌山南風用单癸針及丑癸針三更船取大羅山

大羅山用单癸針二更半船取萬者通七島山西邊過船

萬者通七島山用单寅針五更船取野顧七山島內各呼兵之妙是麻山嶼野顧山用巽寅針二更半船旦午山用艮寅針四更船取亞甫山

[明]鄭若曾《籌海圖編·使倭針經圖說》五

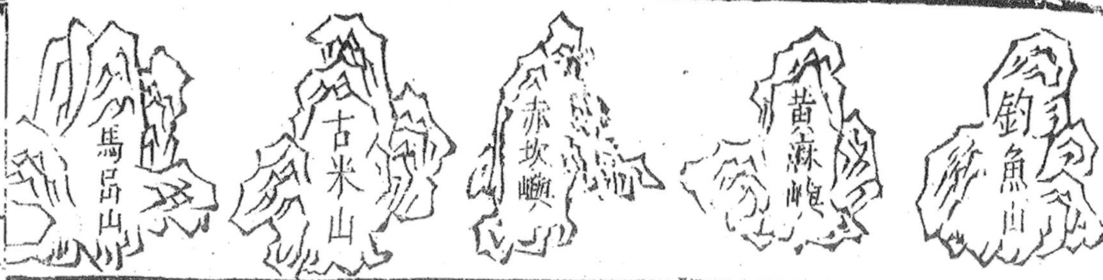


用单卯針或川乙卯針四更船至黃麻嶼

黃麻嶼北邊過船便是赤嶼五更船南風用甲卯針東南風用单卯針西南風用单甲針或用单乙針十更船至赤坎嶼

赤坎嶼北邊過船南風用单卯及甲寅針西南風用艮寅針東南風用甲卯針十五更船至古米山

古米山北邊過船有礁宜知畏避南風用单卯針及甲寅針五更船至馬岳山

馬岳山南風用甲卯或甲寅針五更船至大琉球

大琉球那霸港泊船土官把守港口船至此用单卯及甲寅針行二更進

兵穠港循本港直入日本國都

按已上針路乃歷代以來及本

朝國初中國使臣入番之故道也頻年倭寇之入往往取間道突至便利特甚于已稍從入寇圖中指畫然不欲條書之者恐傳者或貽奸孽以倖釁也有志于經世者須以意會之而得于之所以不詳書焉斯善矣

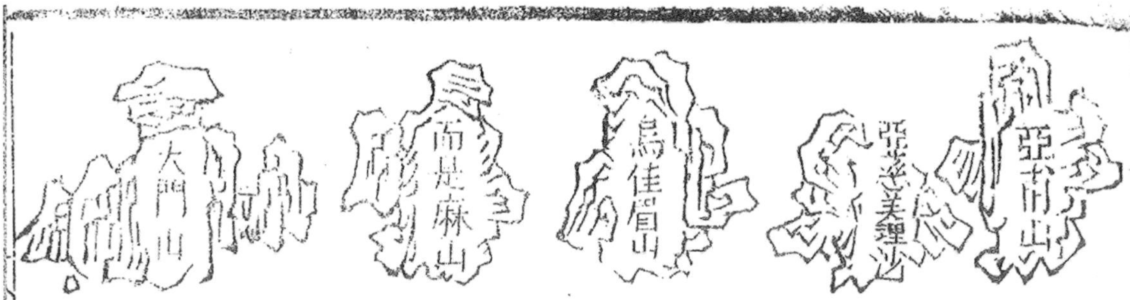


一云野顧山對面行六十里有小礁四五箇最宜艮避在北邊過船用艮寅方行一百五十里至丑午山用艮寅方行二百四十里至亞甫山

亞甫山平港口其水望東流甚急離此山用艮寅針十更船取亞慈理美妙若不見此山用单艮針二更船又艮寅針五更船取沿灣奴一云沿渡奴烏佳眉山沿渡奴烏佳眉山用单癸針三更船若船開時用单子針一更船至而是麻山

而是麻山南邊有沉礁名套礁一云名佐沉長礁東北邊過船用单丑針一更船是正路却用单子針四更船取大門山中

大門山傍西邊門過船用单丑針三更船取兵褲山港

［明］鄭若曾《籌海圖編・使倭針經圖說》六

**[近代“南洋”概念出於明中葉鄭若曾所載]**

然聞南洋通番海舶專在琉球、大食諸國往來，而邊海郡邑，魚鹽貿易公私跋涉無日無之，未聞有覆溺之虞。況東洋有山可依，有港可泊，非若南洋、西洋一望無際，舟行遇風不可止也。

——[明]鄭若曾《鄭開陽雜著·海運圖説》

太倉生員毛希秉云，……然聞南洋通番海舶，專在琉球、大食諸國往來，而海島州縣常年渡海未見有覆溺之患……他如南洋、西洋諸國，其隔閩、廣也，近則數千里，遠則數萬里，通番海舶無歲無之，使其下海必遭漂沒，人亦何苦捨生而求死哉。況東洋有山可依，有港可泊，南北不過三千里，往來不過二十日；非若南洋、西洋一望無際，舟行而再不可止也。

——[明]鄭若曾《籌海圖編·卷七·山東事宜·附錄》。另[明]茅元儀《武備志·卷二百一十七·海防·九·山東事宜》也錄有《籌海圖編》所載毛希秉言論。





# 《日本一鑑》《日本考》等的針譜及海道

## 《萬里長歌》[詩篇並注文]

欽奉宣諭日本國，驅馳嶺海乘槎出。

（當是時也，中國姦宄勾引倭寇，出沒淮 揚 吳 越 閩海之上，海隅蒼生塗炭極矣。功因軫自生民，又念先世忠義，輒奮狂愚，奏行開諭，取道嶺海而往焉。嶺海者，廣東別號也）。

五羊歌鼓渡三洲，先取虎頭出幞頭。

（五羊，廣省驛名。三洲，水中之地，約去五羊廿餘里，而我取道其上。虎頭，海山，在東莞之東，約去三洲百餘里，二山對峙如虎把門，故曰虎頭門。幞頭，亦海山也，在東莞東北，約去虎頭百餘里，二山對峙，形如幞頭，故曰幞頭門。我俱正出其間）。

大鵬飛鳴平海札，看看碣石定鐵甲。

（大鵬，所名，約去幞頭六十里。平海，所名，約去大鵬六十里。而我皆道其右。碣石，衛名，約去平海二百五十里。鐵甲，山名，約去碣石六十里。皆惠海地方，我俱取道其右）。

靖海東頭馬耳還，大家井里傍牛田。

（靖海，所名，約去鐵甲百里。馬耳，海山澳名，毗連牛田，約去靖海百十里，昔因風沮，曾泊澳之石牌村。大家井，地名，約去馬耳二十里，牛田曲傍其隈。皆潮海地方，而我俱道其右）。

天道南陽 王莽滅，詔安 走馬心旌節。

（南陽，地名，約去大家井五十里。王莽，地名，約去南陽九十里，皆潮海地方。詔安，縣名，約去王莽六十里。走馬，澳名，約去詔安八十里。皆漳海地方，而我俱道其右）。

鎮海先須定六鰲，下門平靜金門高。

（鎮海，衛名，約去六鰲六十里。六鰲，所名，約去走馬百六十里。若往走馬至鎮海，必須先過六鰲。下門，寨名，在月港東，約去鎮海四十里。皆漳海地方。金門，所名，泉海地方，約去下門五十里，而我俱道其右）。

永寧東覓烏邱側，有馬行之是準則。

（永寧，衛名，約去金門廿餘里。烏邱，山名，在興化海中，約去永寧百十里。《海航秘訣》：乃於烏邱取道日本 挨里馬，即有焉[馬]島，寄音押利邁，若西南風用艮寅縫鍼，東南風甲卯縫鍼，西北風正丑鍼，西風正艮鍼，徑取有馬。此蓋行彼上海。夫鍼之論更次，凡一更者鍼着經盤之底，又更換也，每一更鍼若值順風約行六十里，凡一晝夜燒香為度，鍼約十更，程計六百里，驗風遲疾，可

**【引書舉要】**

[明]鄭舜功的《日本一鑑》（共分《桴海圖經》《隠島新編》《窮河話海》三部分），約成書於嘉靖四十五年（1566）或隆慶元年（1567）。本書所引乃其第一部分《桴海圖經》，據上海商務印書館1939年影印舊鈔本。

[明]李言恭、郝傑《日本考》，所引據北京：中華書局1983年汪向榮、嚴大中校注本。

鄭舜功《日本一鑑》不僅於記載赴日航道細緻入微，在正字的單[丹]鍼[針]外每每採用其間的縫鍼之詞；而且引錄多種“鍼譜”，如《海道經書》《渡海方程》《四海指南》《海航秘訣》《航海全書》，可供航海針經導航研究之參考。該書所記的“釣魚嶼，小東[指臺灣]小嶼也”，以及“按《四海指南》所載：三寶太監出使日本，自太倉劉家河津發……次韭山往焉”，也頗具歷史探討的史料價值。

約計鍼更數。又按驗風遲疾之法，先取小薪之於船頭，即於波上，疾行船尾，按薪先後則知遲疾，而約計鍼更數矣）。

一自回頭定小東，前望七島 白雲峰。

（回頭，地名，泉海地方，約去金門四十里，下去永寧八十里。或自回頭徑取小東島，島即小琉球，彼云大惠國。按此海島，自泉 永寧衛開抽一脈渡海，乃結彭湖等島，再渡諸海，乃結小東之島。自島一脈之渡西南，乃結門雷等島。一脈之渡東北乃結大琉球、日本等島。 夫小東之域，有雞籠之山。山乃石峰，特高於眾，中有淡水出焉。而我取道雞籠等山之上，徑取七島。七島之間為琉球、日本之界。夫七島也，七山交錯，島峽水緊，宜慎避趨，盡島用正寅鍼約至五更取野顧，即屋久島，寄音耀固世邁，島有白氣尋浮，故人目曰白雲島。此昔我之使程也。《海航秘訣》：一自回頭用艮寅縫鍼，徑取日本凡七八日）。





或自梅花 東山麓，雞籠上開釣魚目。

（梅花，所名，約去永寧八十里，自所東山外用乙辰縫鍼或辰巽縫鍼約至十更，取小東島之雞籠山。自山南風用卯乙縫鍼，西南風正卯鍼或正乙鍼，約至十更取釣魚嶼。自嶼遠近多巨鮫，長約十數尺，見風帆影逐於波上，夜則躍而有光。按海鮫，魚族，類頗多。因訪魚漁，略言知者曰珠鮫，曰鋸鮫，曰刺鮫，曰虎鮫，曰青鮫，曰丫髻鮫，曰犁頭鮫，曰狗頭鮫，曰和尚鮫，曰白蒲鮫，曰吹鮫螺。吹鮫螺者，鳴則風雨大作，嘗食魚害人。又虎鮫者，有化為虎啖島人畜。其餘不盡聞也，而小東巨鮫審類白蒲，向不知名誰某。自梅花渡彭湖之小東至琉球到日本，為昔陳[侃]給事出使琉球時，從其從人得此“方程”也。一自彭湖，次高華，次黿鼊，次大琉球，亦使程也。而彭湖島在泉海中，相去回頭百六十里。釣魚嶼，小東小嶼也，盡嶼南風用正卯鍼，東南風卯乙縫鍼，約至四更，取黃麻嶼）。

黃麻 赤坎 古米頗，馬齒 琉球 逕迤先。

（黃麻、赤坎、古米、馬齒、琉球、逕迤，皆海山也。盡黃麻嶼，南風用甲卯縫鍼，西南風正甲鍼，東南風正卯鍼，約至十更取赤坎嶼。盡嶼南風用正卯鍼或寅甲縫鍼，西南風艮寅縫鍼，東南風甲卯縫鍼，約十五更取古米山。盡山若西南風用寅甲縫鍼，南風正卯鍼，約十五更取馬齒山。山北多礁，盡山南風用正卯鍼或正寅鍼，徑取華山即高華山，次取七島。否，盡古米南風用寅甲縫鍼或正卯鍼，約至五更取馬齒山。盡山南風用甲卯縫鍼或寅甲縫鍼，約至五更取大琉球。若使大琉球，用正卯鍼或寅甲縫鍼，入哪霸港。否，自港外用正子鍼，約至四更取運迤嶼。盡嶼之外南風用正癸鍼，約至三更取熱壁山）。

熱壁行行夢家刺，大羅前渡七島峽。

（熱壁、夢家、大羅，俱海山名，皆在琉球洋中。盡熱壁山，南風正癸鍼，約至四更取硫黃山。山產硫黃，在於本山河蘭埠。按硫黃之山，非特一處，小東、日本皆有之。夫此山島，日則障煙迷目，夜如野燒燭天，山麓則有湯泉，泉水可愈瘡疥。盡山南風用癸丑縫鍼，約至五更取田嘉山。自山左右海洋，聞有種鯿魚，形不滿尺，翼不過尾，飛約數尋。盡山南風用癸丑縫鍼，約至三更半取夢家刺。盡夢家刺，南風用正癸鍼或癸丑縫鍼，約至三更取大羅山。盡山用正癸鍼，約二更半取七島。此七島者在日本南，為琉球、日本之界。又《考略》圖，日本東海有七島，於我未詳。盡南七島用正寅鍼，約至五更取屋久島）。

屋久 棒津我道中，槎浮影動擊飛翀。

（屋久，島名，為日本古大隅國四郡地方。自屋久、硫黃、白不、高島等島海洋間，有鯿魚，寄音大沸易阿夫，寄音之字“大”音舵，“阿”音窩，“荷”音賀，“刺”音辣，他字如字。此鯿魚，形類鱸，長尺許，雙翼越尾，凡寸餘，見風帆影飛翀無算，颯颯有聲。凡出使船，若見鯿魚，須定屋久，然後放彼山城國都。本夷云，日本島上若乘西南風開洋而行，去東北約六十五更，至堺江，先經椿泊歷奴島上，越五小山，曰大門島，寄音大慕佳世邁，望見淡路島，彼一曰國，又謂大門山。我自山右過東島，抵堺江，用平底舟遴進山城國都矣。一自屋久，用艮寅縫鍼，約至四更取亞甫山，即押付腮，夷曰大島，一曰乞島，寄音課射氣行平，本島港口水東流急，島西六十里有礁，四五人指馬蹄。我自礁上開行，用艮寅縫鍼，約至十更取敦理宮，寄音押茲利密耀。若不見此，則用正艮鍼二更，艮寅縫鍼五更，取江輪野，寄音耶歪懦，一名江門野岳觀，寄音耶大懦阿佳密。次用正子鍼一更，正癸鍼二更，取野島礒關，寄音懦世邁易梭射氣，島南沉礁。我道島上，次用正丑鍼一更，正子鍼四更，取淡路島，寄音押法致世邁，一名大門山，寄音大目佳耀邁。我道山上，次用正丑鍼，三更抵兵庫港，用平底舟遴進山城國都。棒津，其古筑紫島地方，島列九國，而棒津屬大隅國。棒津島間為本島之首，懸對屋久之北，而我取道其中。本夷去自棒津至種島程計三百六十里。棒津至琉球程計三千七百里）。

或取種島定延歷，或渡棒津沿山入。

（種島，古大隅四郡地方，在屋久北二百六十里。延歷，古寺名，在山城國都比睿山，乃夷王桓武與僧傳激所開，山迴十六灣，寺中三千許。夫延歷也，其為戒壇，通國度僧牒文俱出本寺，俗謂歷度牒。日本夷云，若於種島得西南風，用艮寅縫鍼，約六十一更半，徑取椿泊歷奴島之上，過東島，到堺江，用平底舟乃進山城國都。否，則種島乘南風，用艮寅縫鍼，約至六更渡棒津。若或道彼上海而入山城王都，則挨棒津之上，沿山而行，可堪歇泊之處，自棒津，次京泊津，次阿久根次天草，次江坂浦，次河島，次瀨戶，次平戶，次博多津，次足屋，次赤坎關，次拄坐，次上闕路，次宮島，次釜雁，次竹原，次戶摩，次志和久，次牛窗，次室，次兵庫港。港用平底舟，次西宮，次杉田，次山崎，次下鳥羽，用小舟次日本王居。夫海航里數及陸路程，詳後紀程之下。我之使程先取屋久，次種島而行，若或道彼右海，沿諸海山而入山城國者，則挨棒津之右次山河矣）。

棒津 山河大泊開，千湊 戶浦耳之隈。

細島 赤水遠海接，竹島 釜江記週折。

（當是時也，道經種島欲繩彼都，颶風款作，延蕩釜江，漂入海濱，故曰釜江週折云）。

柏島 駒妻 清水湄，津龍 洲崎 浦戶垂。

東津 上浦又椿泊，奴島 堺江 山城郭。

（航海里數亦詳於後紀程）。

日本古來向中天，新羅 樂浪經朝鮮。

（新羅、樂浪，皆東海諸夷島國，而新羅在日本西北，樂浪在朝鮮之東，今皆朝鮮之屬。夫日本也，自漢 光武中元始入中國，路經新羅、樂浪、朝鮮或經百濟，凡幾重譯得入朝焉。按百濟在朝鮮之西，亦是東夷之島，初焉百家濟故名，今屬朝鮮矣爾。按《漢書》，自樂浪郡徼去其國萬二千里，去其西北拘邪韓國七千餘里。其地大較在會稽 東冶之東，與朱崖、耽耳相近，故其俗法多同。自倭 女王國東渡海千餘里至狗奴國，雖皆倭種，不屬女王，南四千里至侏儒國，人長三四尺。自侏儒東南行船，一年至裸國、黑齒國，使驛所傳極於此矣。會稽海外有東鯷人，分為三十餘國，又有夷洲、澶洲，傳言秦始皇遣方士徐福，將童男女數千人，入海求蓬萊仙不得，畏誅不敢還，遂止此洲，世世相承，有數萬家人民，時至會稽市。會稽 東冶縣人有入海行，遭風流移至澶洲者，所在絕遠，不可往來。《魏志》：使從帶方郡至倭，循海岸水行，歷韓國乍南乍東七千餘里，到拘邪韓國北岸對海國，居絕島，方可四百餘里，土地山險多深林，道路如禽鹿徑，有千餘戶，無良田，食海物自活，乘船南北市糴。又南渡一海千餘里瀚海國，方可三百里，多竹木叢林，有三千詩[許]家，差有田地，耕猶不足，食亦南北市糴。又渡一海中[千]餘里，至末盧國，有四千餘戶，濱山海居，草木茂盛，行不見前人，好餔魚腹，水無深淺皆沉沒取之。東南陸行五百里到伊都國，有千餘戶，世有王，皆統屬女王國，郡使往來常所駐。東南百里至奴國，有二萬餘戶。東行百里至不彌國，可五萬餘戶。又南行十日，陸行一月至邪馬臺國，即邪摩維國，女王所都，可七萬餘戶。自女王國以北，其戶數道里可得略載。其餘旁國，遠絕不可得詳。次斯焉國，次巳丙支國，次伊邪國，次郡支國，次彌奴國，次好古都國，次不呼國，次姐奴國，次對蘇國，次蘇奴國，次呼邑國，次華如蘇奴國，次鬼國，次為吾國，次鬼奴國，次邪焉國，次躬臣國，次巴利國，次支維國，次烏奴國，次奴國。此女王境界所盡。其南有狗奴國，男子為王，不屬女王。自郡至女王國萬二千里。《隋志》：使渡百濟國，行至竹島，南望耽羅，經都斯麻國，迴在大海中。又東至一支國，又至竹斯國。又東至秦王國，其人同於華夏，以為洲，疑不能明也。自竹斯國以東，皆附庸於倭。《唐書》：貞觀遣使，未見其程。光啟初，其東海嶼中有邪古、波邪、多尼三小王，北距新羅，西北百濟，東南直越州，有絲絮怪珍云。《元史》：至元間，兵部待郎黑的三使日本，至對馬島而還。又使趙良弼，至太宰府而還。《考略》云，國初使僧祖闡等，自翁州揚帆，五日至其國，又踰月入其都。永樂時，三寶太監使其國，雖有路經，惟彼境西之野顧境內無聞焉）。

後來舟自肥前發，壹岐 對馬 朝鮮落。

（《夷國圖書》：肥前、松本等處地方，可直壹岐、對馬之至朝鮮。壹岐、對馬者，皆日本海曲山島，今彼俱言曰國，屬西海道）。

四百八十一山名，三渡三紀路三停。

（自肥前之壹岐渡對馬到朝鮮，凡歷三渡，每渡四百八十里。自對馬島麓沿轉津津崎放洋，乃濟朝鮮之對門，或云對門在朝鮮 金州海口，為古樂浪之地，海口之東渡新羅，次百濟，延至鴨綠江）。

望望遼陽渡鴨綠，載遵周道朝王屋。

（使渡鴨綠江，乃至遼陽，載道周道入朝焉）。

後改貢道入明州，故彼大隅始發舟。

（唐 天寶間，新羅使道始由明、越入焉。按:明州，今寧波府。越州，古會稽，今紹興府也。又按:大隅迤西地名，棒津為日本之首，沿寧波之邊，故於彼中津發，初用酉辛縫鍼一二日，次酉鍼二三日，至我北山入沈家門或烏沙門，乃至明州矣。又按《四海指南》所載:三寶太監出使日本，自太倉 劉家河津發，用正乙鍼，約僅一更平吳松江。用卯乙縫鍼，約一更平寶山，至南匯嘴，用乙辰縫鍼出港，打水六七丈，見沙泥底。鍼約三更見茶山，打水三四丈。用丁未縫鍼，次坤申縫鍼，共約三更過大七山、小七山，至灘山東北，打水三四丈。用正丁鍼或午丁縫鍼，約三更至霍山。用正午鍼取西後門。用巽巳縫鍼，約三更至茅山。用巽巳縫鍼，取廟州門，水深流急。我從門右而行，至升羅嶼。用丁未縫鍼取崎頭山，山湄水急，打水四丈餘。過雙嶼港，港水亦急。用丙午縫鍼，約三更至孝順洋，打水五六丈。次亂礁洋，打水三四丈，見泥底。次韭山，山西有礁。用正卯鍼，約三十更至日本港口野顧山，即屋久島，打水三四丈，見泥底。一自灘山次大帽山，次筲箕灣，次鑾江，次糧長澳，次雙嶼港，次孝順、亂礁等洋，至於韭山而去之彼。一自灘山次許山，次羊山，次淡水門，次蝦蟆礁，次火焰頭，次汪洋港，即兩頭洞，次崎頭洋，次雙嶼港，次亂礁洋，次韭山往焉。《航海秘訣》：若於韭山得好淳風，凡一晝夜見彼硫黃島，然則是島固為彼之極西也。一自烏沙門，用寅甲縫鍼至彼，凡六七日。一自沈家門，用寅甲縫鍼至彼，凡六七日。一自陳錢山，用艮寅縫鍼至彼，凡五六日。一自廣海，用艮寅縫鍼至彼，凡十二三日。一自南澳，用艮寅縫鍼至彼，凡十餘日。昔自馬耳澳放洋往彼，凡十日，見彼諸山。十日之中況有逆風雨日也，又三日過彼屋久、種島）。

肥前 大隅俱海澤，入唐道名見書冊。

（《夷國圖書》：肥前、松本、大隅、棒津，為古今之入唐道。夫日本自入聖朝，具載職方。又《圖書》云，本朝三種神璽，二為漢、魏之給，一我成祖所給。按朝魏之使，賜之銀章，今存夷臣石上家。石上者，即石野守也。自漢迄魏逮皇祖宗給與夷國長君勘合金章，皆藏之于日本王宮。朝貢之期、人船之限、方物之數，皆有定例。凡入貢夷必以勘合表章咨文為憑，否則為偽貢，不納矣。夫彼夷也，固知尊王之義，感財貨之恩，然非貢卒不得市，故彼西南海道之夷，無不謀請奉使。凡將貢期必先以錢一千貫，價值白金二百鎰，上之於日本王宮，其諸關節費餘萬金，乃得請給原賜勘合，奉金印鈐蓋表咨各一道，然後具方物，繕舟檝齎帶入朝。既受朝廷之賞賜，又市財貨以往，無不百倍其利。但貢有恆期，物無濫至而恒不給，故夷望貢猶農望歲，尊王之誠自誠矣。廿年以來，姦商私市於□[原缺字]，十年已往，姦賊從逆於中。中國逋逃輒以招亡不信，納叛無徵，偷生夷島，顛倒錯亂，朝貢愆期矣。夫彼之貢若或周防、豐後等國，請得勘合表咨入貢，雖於各港造舟，必於博多合艅津發。夫博多也，乃筑前之地；而筑前者，乃大內京兆大夫與大友修理大夫之均轄也。故舟博多津發焉，次經五島，或歷硫黃島。必待清明之後，淳風放洋而入中國。若或大隅、薩摩等國，請得勘合表咨入貢，雖於各港造舟，亦必棒津合艅津發，次經天堂。天堂者，彼曰官渡，蓋謂入唐之義。或歷硫黃島，亦必以待淳風放洋入朝。若或和泉、攝津、幡摩等國，得請遣使，雖於各港造舟，亦必經過博多也。如或土佐、伊豫、日向等國，得請遣使，雖於各港造舟，亦必經過棒津也。按日本夷，自漢以來既通中國，其入貢道不曰漢而云曰唐，何也？《日本記》云：日本之號始唐，則天皇帝之所封，原彼夷之初，鮮知華文，自唐 開元以來請授中國之學，是以彼夷漸曉中國之義，不忘唐氏之恩。按其入朝凡十餘度，來王之誠如此，故曰入唐道云。夫日本戴唐德澤之深，至今不忘其號，其風化之美可見矣。今國家其來入朝三，德澤其國，固不淺於唐也。抑今禍亂不已者，但國忠信之不行，以致姦宄之隱，誘其向樂生而化乎！）

十年一度使來庭，不遠風濤萬里程。

（自成祖 文皇帝朝制，定其國十年一貢，自彼山城國都至北京程計一萬一千一百里，乃得一朝貢焉）。

鳥羽 天堂覓鄞邑，上京三紀三千七。

（鳥羽，地名，在山城。天堂，山名，在彼西海之中。夷云天堂“官渡”，蓋緣入朝故名。自鳥羽過長門至天堂，天堂至鄞邑，鄞邑至北京，一各三千七百里）。

奉使出入韭山前，方位不易“指南”篇。

（韭山在寧波海中，凡使出入多主是，惟趙宋時使人臨海，必以“主山”為準。按“主山”在台海中，自海門衛東去半潮水。《廣輿圖》云：六朝以來，其使有入溫州者，此則必主南凡[几]山。按彼有橘名溫州，原自入朝移種也。又菜實名福州者，原自福州移種也。未審何時至此耶。指南之義，始自周室，有荒夷裔曰越裳國，即老撾國，凡三重譯來朝，將遣還，迷失故道，周公乃作指南之車以贈之，使始得還。逮昔隋 唐遣使海外，亦莫不本指南之義矣。今使海外者，若非此者又何以定向方之準。夫此書也，一曰《海道經書》，一曰《渡海方程》，一曰《四海指南》，一曰《海航秘訣》，一曰《航海全書》，而俗謂之“鍼譜”。凡此書者，其名雖異，而事則同也）。

姦宄亂生來昔夙，敢要太利通支竺。

（支竺，倭之別名。夷俗敬佛重僧，以佛生於天竺，是故名支，曰黑齒，曰大和，曰山跡又云山止，曰敷島或即大和 磯城島，曰野島臺又云耶馬臺即耶維摩，曰秋津島又云秋津洲，曰磤馭慮島又云自凝島，曰葦原又云豐葦原，曰小扶桑。按：考扶桑乃東海遠隰之島，島懸日本之東，相去二萬餘里。其國好佛而惡殺。日本之夷思慕之，故有小扶桑之名。昔閱日本之書，扶桑之夷面有五色，爪類猿爪，身體多毛，腰佩刀劍，手持數珠，時常念佛。日本之夷輒效之，昔問之曰扶桑。日本人既好佛，大[夫]何佩刀，乃曰好念佛、本善心，好佩刀、誅盜賊，故我佩刀逢善不殺。我本好佛，若遇賊寇寧以慈悲馭之乎？不。按金剛揭帝雕像，其皆佩刀矣。又聞扶桑之樹，長大無比，蠶自生於其上作繭，云長三尺許，而帛經緯則人為之。凡諸機織則付草蟲。草蟲狀類促織，吳人謂之曰絡緯，而俗謂之紡績孃，其大如人而機織焉。又其地產聖水，若人斷手足，即以聖水可續之；若腰頸，則元氣散而不可接矣。又多產羊，剖腹取脂而食。愚見夷國之書，於我漠然無所考，事難憑信也。夫曰日本，謂唐 則天所封；曰壽安鎮國山，乃成祖 文皇帝之詔）。

獲罪於天竟不歸，搆倭殘破我藩籬。
邊氓無數受荼毒，江湖廊廟憂心腹。
念言治亂如用醫，若還忌諱苦瘡痍。
封書北上黃金闕，廟廊俯憫蒭蕘拙。
自持忠信代戈兵，良知文德聖神靈。
但將仁義作舟檝，大弓遠定扶桑穴。

（大弓二言合為夷字）。

道廣飄飄入澳濱，策馬往見豐後君。

（然當是時，吳 越闕海皆事殷，而我取道於廣往諭日本王，行彼域中，颶風乃作，漂入澳濱。澳濱者，乃彼豐後之地，在釜江之西南。豐後，為日本分封之國。其若“姓名源義”，鎮為日本國王宗族，其轄豐後、筑後、肥後、肥前、筑前等國，又日向國犬牙屬之，彼謂六國，津港尚多姦宄，且眾偷偷而來者，彼之國君不知也）。

因彼部曲藏姦慝，用言忠信宣文德。
叶一之禁在夷王，遣使間關苦海航。

（按：考日本列國六十有八，向者各相吞併，雖弱敵者恥告夷王，多剖腹而死。

夫戰勝者或據其地，設有部民不服者，告於夷王，則必選人以守之。既得彼情，用是遣使於山城，開諭日本長君，則其列國六十八區，乃得叶一禁止。若豐後之諭，但能禁止六國，其諸列國止可移書，由其禁否而已。是以從事願甘艱險迂曲其途，開諭日本長君，以作交安之區，計區居貢，其成功亦未可以歲月計也。又按：日本長君姓名源知仁，歷世相傳，迄今不易）。

我居豐後究夷俗，得其要領思歸復。

偕使來歸速治安，遡風飄忽馬蹄煩。

（馬蹄，礁名，在乞島西六十里，北近五島，東南懸對屋久，四更鍼。自島之西有礁四五，纖如馬蹄，故人目曰馬蹄礁。船觸即破，彼夷至惡之，乃曰課射氣。課射氣者，寄音也，翻譯華文則曰乞礁，夷以是礁惡之，猶乞丐爾）。

延迴大 小琉球曲，神光導引歸盤谷。

（況既風汛非時，難繩鍼路，歷諸險阻，延迴大琉球。抵一小島，夷音耶剌付，島夷尚知王化也。續漂小琉球，此島夷不遠於禽獸爾。於是時，狂風折舵，而船欲覆。祈禱於神，有光類火，其大如升，降於船。又異香襲人，風稍恬，乃以備舵易之而行。於時雪浪滔天，惟舵着水，夜甚昏黑，無所見。眾又祈禱於神，復有火光，如纜拽船，迤邐至廣。篙師云，斯神者，乃宋 靈惠夫人 林氏也。三月廿三日為其誕辰，邊腹之民多祀之，航海之舟多奉之。按永樂己丑[七年（1409）]使海外，國乃以斯神在海著靈，遂於京師 儀鳳門營造神宮，詔封斯神為護國庇民妙靈昭應弘仁普濟天妃，廟額曰弘仁普濟天妃之宮。歲以正月十五日及三月廿三日遣官致祭，著以為令。夫此神也，既受明祀護國庇民有如此，而我羹藜含糗之人又豈不愛國家乎！士民一揆，宜深念之。夫廣島嶼，猶如亂麻，谷口甚多，人不易識，況非汎月，不期之至於斯也）。

四旬始定海珠山，豈非有數存其間。

（槎還之際，正東北風，擬入浙海，僅五六日程，不意深流至于四旬之久，復見海珠，豈非有數存乎其間耶？海珠，寺名，在五羊驛之西南）。

歸來眾楚咻齊說，耿耿孤忠繫縲絏。

從事功成世數奇，身亡嶺海爾為誰。

（當使日本，館於豐後，故遣從事沈孟綱、胡福寧齎書往諭日本王，獲其聽信既行禁令，與之回書。歸經豐後，來至嶺海，痛被姦宄要功，比白有司而不之信。下之於讞信，報鄭遵、程文元告語軍門，又不之信。比以從事鮑仲獻往伸救之，既至彼中而效役者已陷殺於其間矣。痛此使者，遠涉鯨波，深入羊腸，襟諸虎穴，歸復天朝，歷盡艱險，竟遭陷害。雖庸人孺子使之聞之，寧不爽傷也夫！）

痛為華夷民作福，厄運未窮遭僇辱。

那更身無為罪囚，坐視航海苦不休。

悉怛謀兮重可惜，楊完者兮名不一。

曲徙之言信不誣，燋爛頭顱苦奏敷。

初言不忍驗今日，世道爽傷殊曩昔。

不計庚辛壬癸言，不計甲乙丙時年。

丁戊計年不計月，伐取柯梅那見葉。

（柯梅，舟山地名）。

明年潮海鬧元宵，室廬掃盡放燈燒。

月港 洪塘隨火熱，三爿 五嶼飛蝴蝶。

（月港，漳海地方。洪塘，福省地方。三爿，蘇海地方。五嶼，漳海地方）。

去年嶺表飛煙灰，閩下浙東良可悲。

（嶺表者，廣東也）。

今年梅嶺兵大惡，浙海漁歌痛殘削。

（梅嶺，漳海地方，人多航海。番商云，無漳不行洋，故通番輩歲久忘歸，勾引夷寇為害父母之邦云爾）。

閩 浙浪過打江西，泉海湧湧漲安溪。

（安溪，縣名。）

雲蓋十年聯絡繹，循海潮聲殊惡逆。

（雲蓋，宋僧寺名，址在南澳之陽。循海者，惠海也）。

羅源滋蔓苦黔物，撥亂反治聞何遲。

（羅源，縣名）。

蒭蕘自愛葵心赤，葵藿不堪憂肉食。

肉食憂時早伐謀，伐謀早紓宵肝憂。

嗟彼狂愚鄭國客，況無官守無言責。

（“國客”之名，蓋因奉使之際，遵蒙本部尚書楊令言，但以中國百有年來，未嘗遣使日本國，是故不敢承領文移取辱使命，以“國客”之名先之，以忠信之言曉之，以仁義之道要之，以文德之教使蠻貊之民樂生於化日之下，自謂用夏變夷一端爾）。

萬里飄然一羽輕，寧能東海作長城。





## 《萬里長歌》[詩篇正文連綴]

欽奉宣諭日本國，驅馳嶺海乘槎出。

五羊歌鼓渡三洲，先取虎頭出幞頭。

大鵬飛鳴平海札，看看碣石定鐵甲。

靖海東頭馬耳還，大家井里傍牛田。

天道南陽 王莽滅，詔安 走馬心旌節。

鎮海先須定六鰲，下門平靜金門高。

永寧東覓烏邱側，有馬行之是準則。

一自回頭定小東，前望七島 白雲峰。

或自梅花 東山麓，雞籠上開釣魚目。

黃麻 赤坎 古米顛，馬齒 琉球 逞迤先。

熱壁行行夢家刺，大羅前渡七島峽。

屋久 棒津我道中，槎浮影動擊飛翀。

或取種島定延歷，或渡棒津沿山入。

棒津 山河大泊開，千湊 戶浦耳之隈。

細島 赤水遠海接，竹島 釜江記週折。

柏島 駒妻 清水湄，津龍 洲崎 浦戶垂。

東津 上浦又椿泊，奴島 堺江 山城郭。

日本古來向中天，新羅 樂浪經朝鮮。

後來舟自肥前發，壹岐 對馬 朝鮮落。

四百八十一山名，三渡三紀路三停。

望望遼陽渡鴨綠，載遵周道朝王屋。

後改貢道入明州，故彼大隅始發舟。

肥前 大隅俱海澤，入唐道名見書冊。
十年一度使來庭，不遠風濤萬里程。
鳥羽 天堂覔鄞邑，上京三紀三千七。
奉使出入韭山前，方位不易指南篇。
姦宄亂生來昔夙，敢要太利通支竺。
獲罪於天竟不歸，搆倭殘破我藩籬。
邊氓無數受荼毒，江湖廊廟憂心腹。
念言治亂如用醫，若還忌諱苦瘡痍。
封書北上黄金闕，廟廊俯憫蒭蕘拙。
自持忠信代戈兵，良知文德聖神靈。
但將仁義作舟檝，大弓遠定扶桑穴。
道廣飄飄入澳濱，策馬往見豐後君。
因彼部曲藏姦慝，用言忠信宣文德。
叶一之禁在夷王，遣使間關苦海航。
我居豐後究夷俗，得其要領思歸復。
偕使來歸速治安，遡風飄忽馬蹄煩。
延迴大 小琉球曲，神光導引歸盤谷。
四旬始定海珠山，豈非有數存其間。
歸來眾楚咻齊說，耿耿孤忠縶縲絏。
從事功成世數奇，身亡嶺海爾為誰。
痛為華夷民作福，厄運未窮遭僇辱。
那更身無為罪囚，坐視航海苦不休。
悉怛謀兮重可惜，楊完者兮名不一。
曲徙之言信不誣，燋爛頭顱苦奏敷。
初言不忍驗今日，世道奭傷殊曩昔。
不計庚辛壬癸言，不計甲乙丙時年。
丁戊計年不計月，伐取柯梅那見葉。
明年潮海鬧元宵，室廬掃盡放燈燒。
月港 洪塘隨火熱，三爿 五嶼飛蝴蝶。
去年嶺表飛煙灰，閩下浙東良可悲。
今年梅嶺兵大惡，浙海漁歌痛殘削。
閩 浙浪過打江西，泉海湧湧漲安溪。

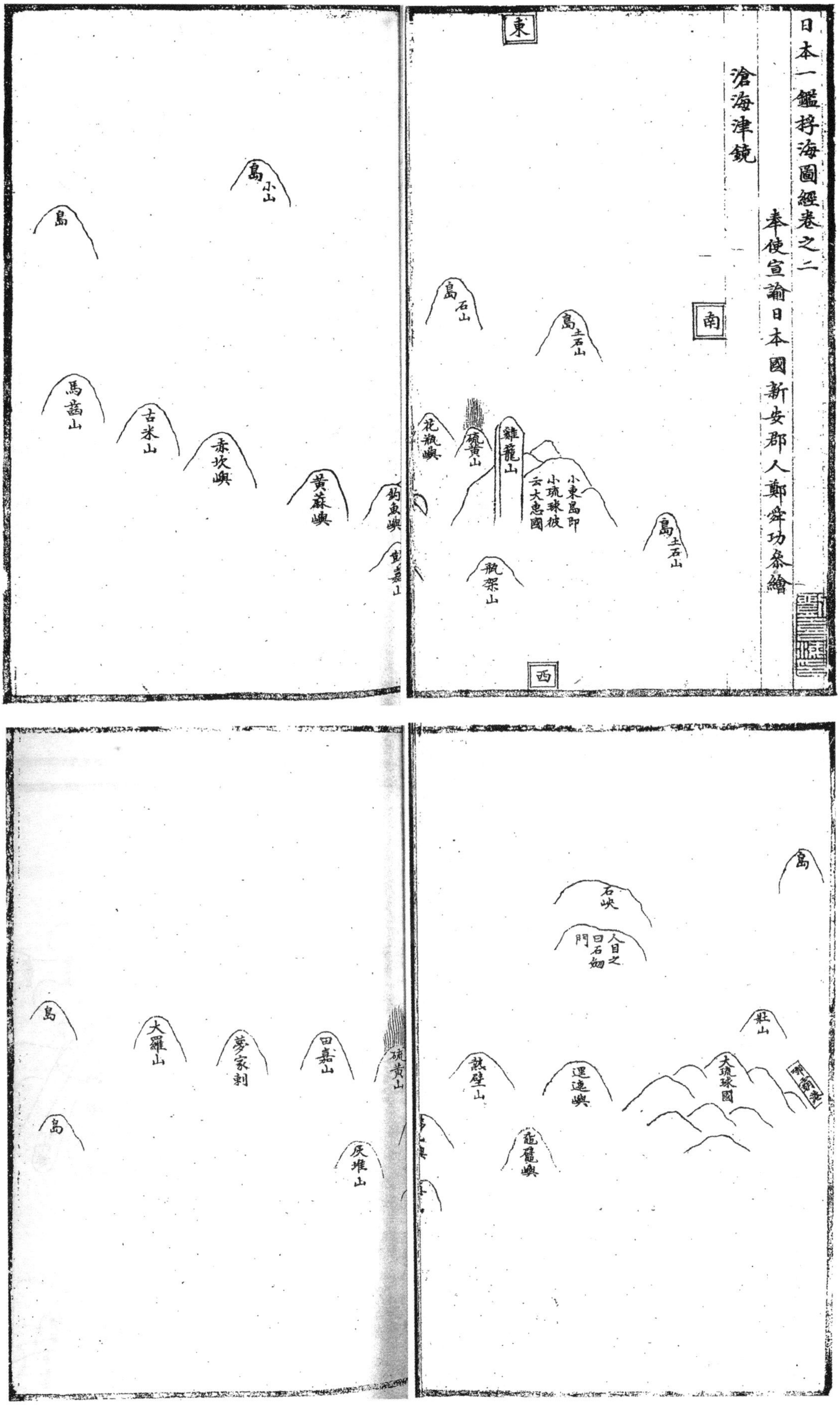


**[明]鄭舜功《日本一鑑》附圖一至四**（從上到下，從右到左）

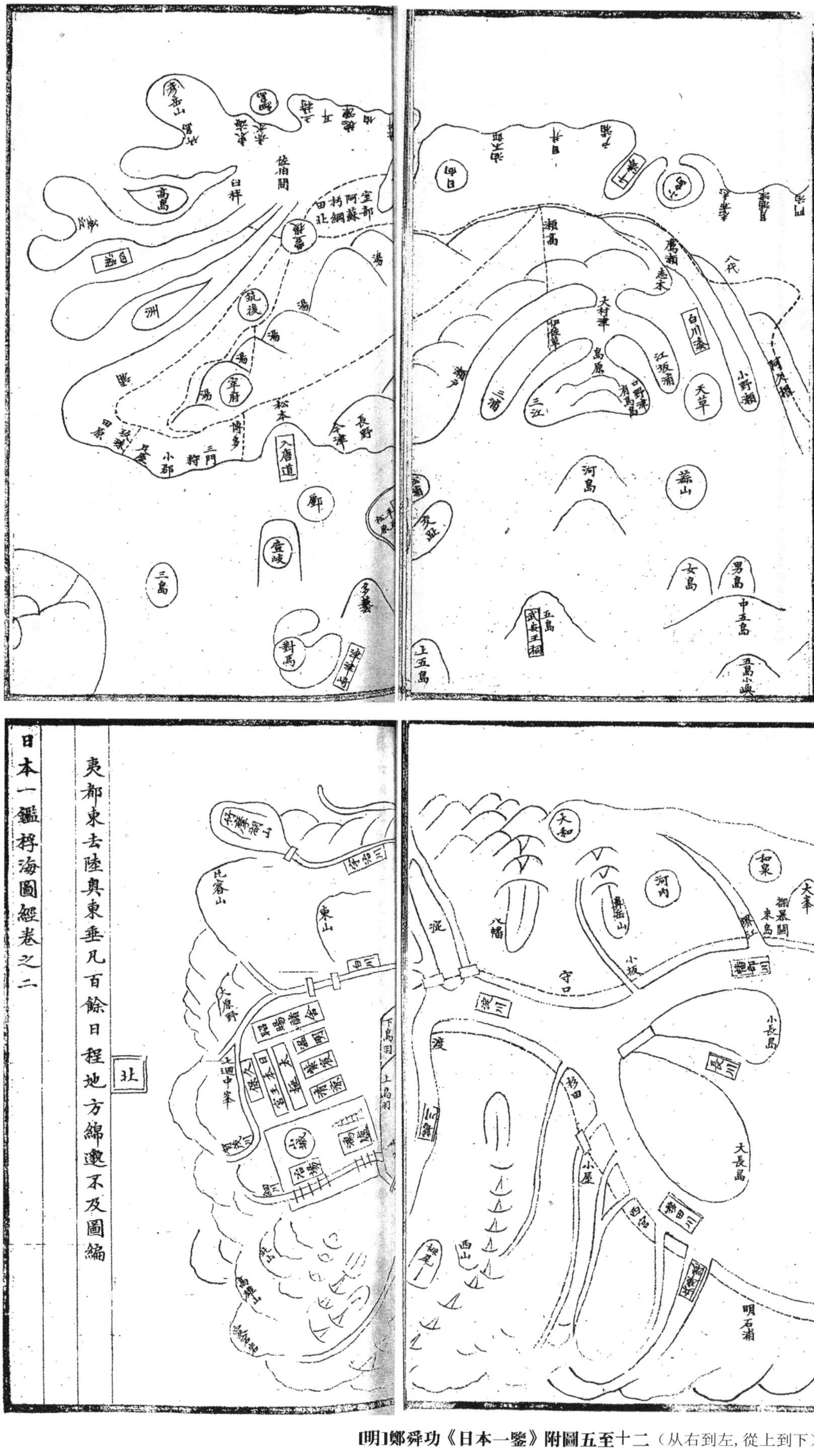


［明］鄭舜功《日本一鑒》附圖五至十二（从右到左，從上到下）

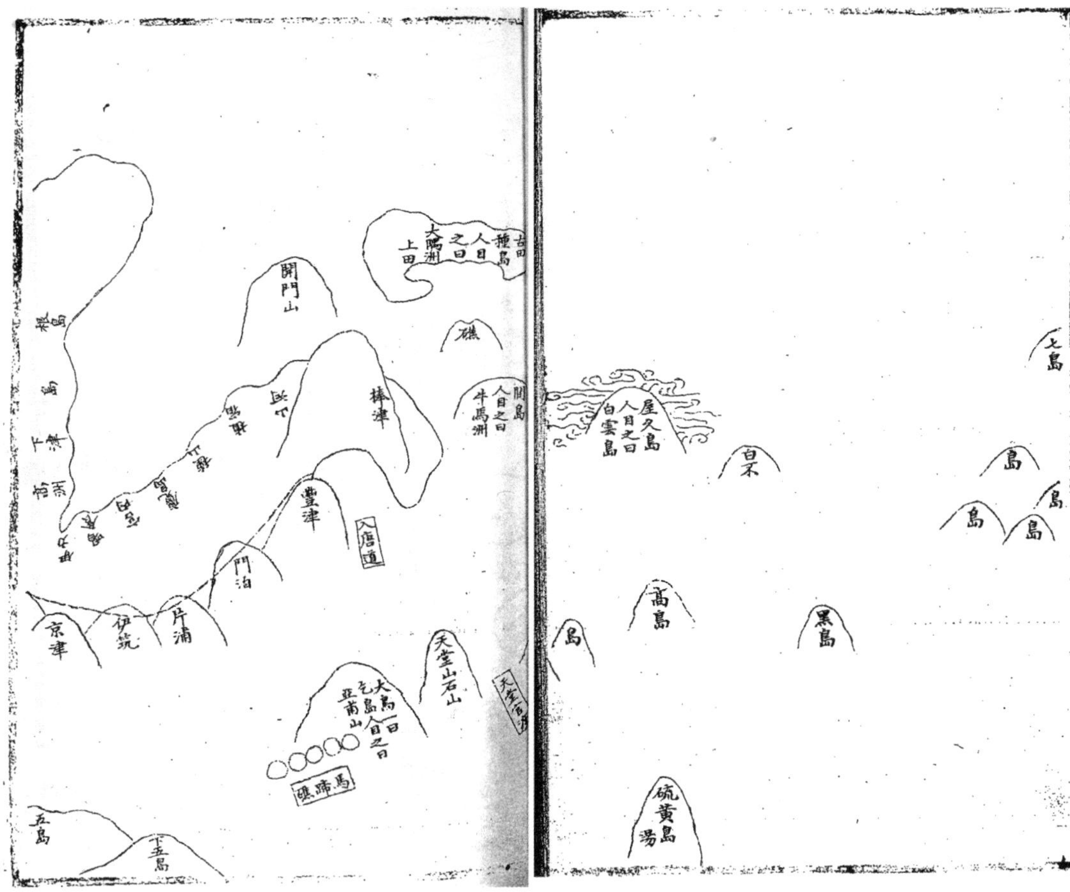
開門山
棒津
豐津
入唐道
門泊
京津
片浦
天堂山右山
馬蹄礁
五島
屋久島
七島
高島
黑島
硫黃島

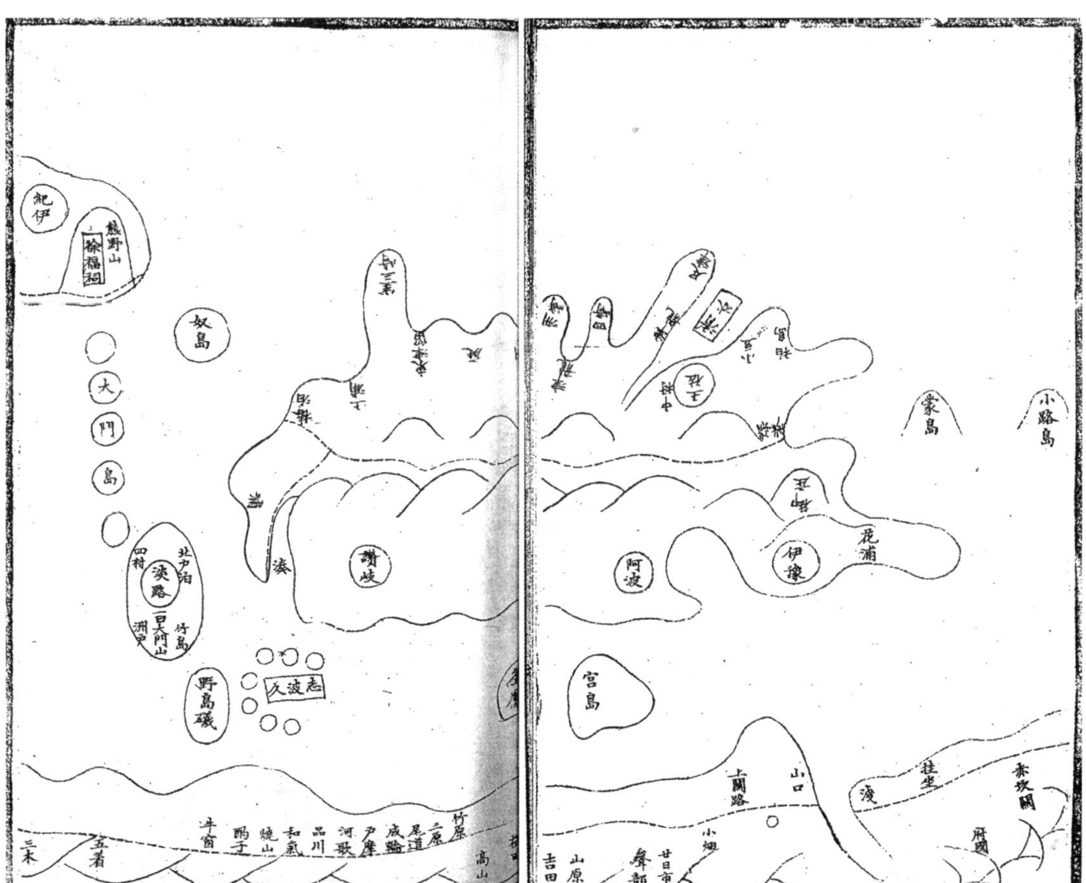
紀伊
熊野山
徐福祠
奴島
大門島
淡路
讃岐
阿波
伊豫
花浦
宮島
小路島
山口
赤坎關

雲蓋十年聯絡繹，循海潮聲殊惡逆。
羅源滋蔓苦黔物，撥亂反治聞何遲。
葑蕘自愛葵心赤，葵藿不堪憂肉食。
肉食憂時早伐謀，伐謀早紓宵肝憂。
嗟彼狂愚鄭國客，況無官守無言責。
萬里飄然一羽輕，寧能東海作長城。

——[明]鄭舜功《日本一鑒·桴海圖經·卷一》





倭國事略：日本，古倭奴國，依山島為城邑，在百濟、新羅東南，地形類琵琶，東高西下，東西數千里，南北數百里。九州居西為首（肥前、肥後、豐前、豐後、筑前、筑後、日向、大隅、薩摩），陸嶴居東為尾（至山城旱程七十五日。舊云陸嶴為頭，薩摩、大隅為尾者，非）。山城居中，乃國都也。國君以王為姓，以尊為號，後改稱皇。初居日向 筑紫宮，後徙山城……山城以東，地方廣邈，雖倭奴遠服賈者，不能閱歷，況華人乎？故其島之數可考（按舊圖，山城以東：中為近江、伊賀、尾張、三河、美濃、飛彈、信濃、上野、陸嶴；北邊海為但馬、丹後、若佐、加賀、越前、越中、越後、出羽、甲裴、常陸；南邊海為攝摩、攝津、太和、河內、遠江、駿河、伊豆、相摩、武藏、下野；東北懸海則為佐渡；在南懸海則為志摩七島、上總、下總、安房）。其間廣狹至有不能考者，今姑據所聞者述之。

山城之南為和泉（其南海嶴泊舟者為阿賣介撒几，為歪打阿波，為千撒几，為天王者，為沙界衣），又南為沙界（其地方甚小）。沙界之東南為紀伊（東為三河，出海之口為濱大海，其島為康大，為科什麼，為奴智）。紀伊之西為伊勢（北為三河，其嶴為腰大，為阿乃奴子）。

山城之西為丹渡 ，左為攝津（其嶴為飄舡谷，為阿家世奴乎辣，為素埋，為男女懷。東南懸海為安防州），左之西為攝摩（其嶴為那敗，為舍個世，為抗茄，為我這古，為磨羅）；右為但馬，右之西為因幡。

丹渡西為美作，左為備前（其嶴為兀什麼舵，為茄賣茄里，為多大），左之西為備中（出鐵。其嶴為山子加，為官奴乎嗹，為那什摩。其南為連島，懸海三十里）；右為因幡，右之西為伯耆（沿海俱白沙，無嶴可泊。其鎮為阿家殺紀，為倭子介，為他奴賀知。其北為竹島，懸海三十里）。

美作之西為備後之北境（其嶴為一子該一知，為于奴鼻，為和奴密知，為拿敗，為赦東大），出雲之南境（其嶴為番你，為山子介，為欽子溪，為戶流，為飛賴打，為失喇哈打，為也生忌，為密和奴失記。其北為隱岐，懸海三百五十里）。

備後之西為安藝（其嶴為翁家搭白昆敗，為法子加一知，為窟撒子，為谷也，為他加歪喇，其南為宮島，懸海三十里）。出雲之西為石見（出銀與銅。其嶴為南高番馬，為番馬搭哥，為撮奴市，為有奴子，北至海三十里）。

安藝、石見之西為山口谷國，即古之周防州也（橫直二百四十里，其南邊海之嶴為翁哥里，為密大逝里，為東大，為陀奴迷，為哈迷奴失記，為奴羅市米；其北邊海之嶴為斯殺，為賣抵哈扣，為夜市，為高奴烏喇；北至三島海面三百五十里）。山口之西為長門（橫直皆二日程，為花浦，為薰州，為番記，為倭委；北至三島懸海三百五十里），關渡在焉（其西旱關為阿介馬失記，抽分司設於此）。

渡此而西為豐前（橫五百里，直四百里，其嶴為可苦喇馬嘫介襪次，為大義地，為野慢茄，為阿世夜，為暮治，為一賣）。其南為豐後（橫直皆六百里，其嶴為福乃，為倭几奴法賣，為鎖孤舟，為由奴烏喇，為撒一基，為烏四基）。又其南為日向（橫直皆三百六十里，其嶴為多故奴甫治）。

豐前之西北為筑前（橫六百五十里，直四百里，其嶴為右勢，為加菩里，為加打也馬，為多賣里，為一萬字，為奴打，為世加，為經字里，為多罷，為密那多，為法哈嗟即博多之别名也，其北離伊岐島海面五百里），西南為筑後（橫直皆二百五十里）。

筑後之南為大隅（其南須[濱]海之嶴為什麼烏思迷，今之人訛傳為懸海，懸海乃大漁州也。大隅與日向、薩摩連壤，名為九州）。大隅之西為薩摩（橫直皆三百六十里，其嶴為暗孛喇，為起麻子記，為羊理南，為康國什麼，為罷里，為拖馬里，為強頭馬里，為鸝哥里，為年市米，為仙臺，為審孛署）。

豐後東南懸海為土佐，為伊豫，為阿波。阿波相近懸海為炎路。土佐、豐後之間為佐加關（土佐至佐加關海面一百八十里，佐加關至豐後海面七十里）。

薩摩之北為肥後（橫直皆五百里，其嶴為牙子世六，為阿麻國撒，為昏，為一國撒介烏喇，為開懷世利，為嗟加什，為什嗟加）。又其北為肥前（橫直皆五百里，其嶴為鐵來，為言奴氣子，為法司奴一計，為客舍。其內沿河泊舟交易之處為倭磨喇，為知十歪，為法一溪，為夜間迷，為坐迷子，為迷坐胥知，為一掃拂，為愛奴乎喇，為世子，為迷古里，為失撒，為喃哥呀，為雄婆哥，為松本，一名馬子喇，為法麻撒几）。

肥前西懸海為平戶（東西海面十里，西北至博多海面四百五十里）。平戶之西為五島（丘山相錯，懸海而生，其中有嶴可泊，乃日本西境之盡處也。過此西行越五六日，四望無山，直抵陳錢壁下。此島與薩摩相去一千五百里，與肥前相去四百三十里，與平戶相去二千五十里。五島至山日必由平戶經過，其嶴為乃路，為倭齊家，為衣屋奴密，為通記，為達奴烏喇，為烏苦，為話哈達）。

北為多藝，為伊岐（橫直皆七十里，至對馬海面五百里），為對馬島（橫三百里，其南嶴為哥，為甘大哈；東南為拂乃哥世；西北為堆沙几，為山谷，為撒思乃，為知六磨，為你打；北為倭奴烏喇）。其西北至高麗也，必由對馬島開洋（各島之人俱至堆沙几、撒思乃、山谷三嶴開洋，至高麗之則失多，順風一日約五百里）。

南至琉球也，必由薩摩州開洋，順風七日。其貢使之來，必由博多開洋，歷五島而入中國，因造舟水手俱在博多故也。貢船回則徑收長門，因抽分司官在焉故也。



若其入寇，則隨風所之。東北風猛，則由薩摩或由五島至大 小琉球而視風之變遷：北多則犯廣東；東多則犯福建（彭湖島分䑸，或之泉州等處，或之梅花所、長樂縣等處）。若正東風猛，則必由五島歷天堂 官渡水，而視風之變遷。東北多則至烏沙門分䑸，或過韭山、海閘門而犯溫州；或由舟山之南而犯定海（經大貓洋入金塘、蛟門），犯象山、奉化（由東西廚入湖頭渡），犯昌國（入石浦關），犯台州（入桃渚、海門、松門諸港）。正東風多則至李西嶴壁下、陳錢分䑸，或由洋山之南而犯臨觀（過漁山、兩頭洞、三姑山入蠷浦，則犯紹興之臨山、三山。過霍山洋、五嶼、烈表、平石，則犯寧波之龍山、觀海），犯錢塘（過大小衢、徐公，入鼈子門、赭山，則薄省城也）；或由洋山之北而犯青南（過馬蹟潭而西），犯太倉（過馬蹟潭而西北）；或過南沙而入大江（過茶山入瞭角嘴，涉谷積、狼、福山而瓜、儀、常、鎮）。若在大洋而風欵東南也，則犯淮 揚，犯登 萊（過步州洋 亂沙，入鹽城口，則犯淮安；入廟灣港則犯揚州；再越而北則犯登 萊）。若在五島開洋而南風方猛，則趨遼湯[陽]，趨天津。

大抵倭舶之來，恒在清明之後，前乎此風候不常，屆期方有東北風，多日不變也。過五月，風自南來，倭不利於行矣。重陽後風亦有東北者；過十月，風自西北來，亦非倭所利矣。故防春者以三、四、五月為大汛，九、十月為小汛，其停橈之處，焚劫之權，若倭得而主之，而其帆檣所向，一視乎風，實有天意存乎其間，倭不得而主之。

向之入寇者，薩摩、肥後、長門三州之人居多，其次則大隅、筑前、筑後、博多、日向、攝摩、津州、紀伊、種島，而豐前、豐後、和泉之人亦間有之，乃因商於薩摩而附行者也……

屬國：拘那韓國方可五百里，在新羅、百濟東南。渡一海，約千餘里，名曰對海國，居絕島，方可四百餘里，山險多深林，禽鹿千餘成群，戶無良田，食海物自活，乘船南北市糴。又南渡一海，約千餘里，名曰瀚海國，方可三百餘里，多竹木叢林，戶三千餘，差有良田，食不給，亦南北市糴。又渡一海，曰末盧國，約千餘里，戶四千餘，濱山海居，草木茂盛，行不見前人，好食魚鰒，水無深淺，皆沉沒取之。東南陸行五百里曰尹都國，戶有千餘。又東南百里曰奴國，戶二萬餘。又東行百里曰不彌國，戶千有餘。又南水行二十日曰投馬國，戶五萬餘。又南水行十日，陸行一月曰邪馬一國，即邪摩維國，大倭王所都。自是而東而南，曰斯焉國，曰已百支國，曰伊邪國，曰郡支國，曰彌奴國，曰好古都國，曰不呼國，曰姐奴國，曰對蘇國，曰蘇奴國，曰呼邑國，曰華奴蘇奴國，曰鬼國，曰為吾國，曰鬼奴國，曰邪焉國，曰躬臣國，曰巴利國，曰支維國，曰烏奴國，曰竹斯國，曰秦王國，凡百有餘國，小者百餘里，大不過五百里，皆為大倭王所屬。其新羅、百濟等國雖非所屬，皆以倭為大國，多珍物，並仰之，通史[使]往來。

貢船開泊：本國七道，三道額定造船朝貢。南海道應貢，土佐州造船，至秩子塢開洋。山陽道應貢，於周防州造船，花旭塔開洋。西海道應貢，豐後州造船，五島開洋。但海外有秧子塢、養久山塢、葉落埠三島，乃海之咽喉，琉球及南海道貢船，必由此而分行：南行係琉球，西行至大唐。惟西海道 五島開洋。此島又為秧子塢三島之總喉，西行至中華，北行至高麗。由此島至中國普陀山，隔海四千里，如得東北順風，五日五夜至普陀山。如風靜寧息，程途有限。如值逆風，卸御篷帆，任其蕩行，力不可挽。倘不幸遭暴風壞之，復回本國，造船再行；如不壞船，縱風不便，不過半月有餘，已到中國。來貢之舟，每泊台州、定海，請驗勘合，令其收拾兵器貯庫，移至寧波佳賓堂，給贍住候朝命。詔至，留從伴一半守船，一半入京朝見。寧波市貨彼國缺者，肯重價買之，故此地若貢使至得其利。朝罷與各同返，燕賞之物與守船者均之。

商船所聚：國有三津，皆通海之江，集聚商船貨物。西海道有坊津地方，有江通海，薩摩州所屬。花旭塔津有江通海，筑前州所屬。東[海]道有洞津，本國鄉音曰阿乃次，以津呼次是也；有江通海，係伊勢州所屬。三津乃人煙輳集之地，皆集各處通番商貨。我國海商聚住花旭塔津者多。此地有松林，方長十里，即我國百里之狀，名曰十里松，土名法哥煞機，乃廂先是也。有一街名大唐街，而有唐人留戀於彼，生男育女者有之，昔雖唐人，今為倭也。三津惟坊津為總路，客船往返，必由此地而過。花旭塔為中津，地方廣闊，人煙湊集，商賈等項，無物不備。洞津為末津，地方又遠，與山城京都相近，貨物或備或缺不一。

——[明]李言恭、郝傑《日本考》

# 蕭崇業、謝杰《使琉球錄》中的針路

梅花頭，正南風，東沙山用單辰針六更船，又用辰巽針二更，取小琉球頭。乙卯針四更船，[取]彭佳山。單卯針十更船，取釣魚嶼。又用乙卯針四更船，取黄尾嶼。又用卯針五更船，取赤嶼。用單卯針伍更船，取粘米山。又乙卯針六更船，取馬齒山，直到琉球，大吉。

——[明]蕭崇業、謝杰《使琉球錄·琉球過海圖》





**【引書舉要】**

[明]蕭崇業、謝杰出使琉球，於萬曆四年（丙子，1576）奉詔，使團於萬曆七年（己卯，1579）五月方自福建梅花所開洋，六月抵那霸港口。回程於十月底離開琉球，十一月初入閩城。旋撰《使琉球錄》。本文所引據《續修四庫全書》本，上海古籍出版社2002年版。本書所載《琉球過海圖》，較早以地圖形式載明釣魚嶼諸名，彌足珍貴。

萬曆七年[1579]，欽差正使戶科左給事中蕭崇業（雲南 臨安衛籍，應天府 上元縣人）、副使行人謝杰（福建長樂縣人）敕封國王尚永。

……卜以己卯年[萬曆七年（1579）五月初六日，封舟先發旺崎。余等初十日啟行，撫、按三司祖道南台，重王命也。次日，抵長樂。十五日，广石廟行諭祭禮，守、巡亦在焉。忽傳封舟出閩安鎮，引港民船有司弗夙戒，乃迷道閣淺發漏。人言嘖嘖甚危。撫、按風聞，輒夜走使留督造官爭出長策為處。已而裂者復合，稍稍修葺，無大損毀。故又銳然有行志。

二十二日，從梅花所開洋。海似鏡面，漁舟數點可黑豆大。自此睇望，汪汪萬頃矣。余於是而知江河之惡沱也。二十三日，風少東，舟折而南下。二十四日，東風益劇，水與舟相吞搏，有噌吰鏜鞳之聲；而欹側簸揚，舟中瓶甆、門椅皆仆，人人惴恐。於是有食而嘔者、步而蹶者、暈而臥者；問之，舌舉而不下者；答之，口呿而不合者。顧獨漳人，則夷夷弗為動耳。風既相左，針路遂舛誤，倀倀莫知所之。連行七餘日，而窾闊窅無山嶼；但唯孤燕飛繞於前後，一細蜻蜓入神舍不去：眾咸異焉。陳孔成等懣然悒熱，乃令艦匠作彩船以禳。又聽習于巫者諠金鼓降箕，已又俯伏神前求珓。窮祈祝事，一無所吝。當是時，舟人望山之切，真不啻朝饑之忙粱穀，又如弱孺恩慈媼而弗得親也。三十日，余令夷梢上桅以覘。輒欣然白曰："雲間隆隆起者，非古米，即葉壁山也。去此可五、六百里許，當無慮已!"於是舟中人無不拍手大歡，各排愁破慮，舉觴相慰勞，稱"見山酒" 云。余二人望之，亦舞於眉端。萬水中高嶺獨出，何止中流砥柱耶！躊躇四顧，輒見三龍並起於海，其起處水乃轉湧，旋騰滾滾。上天有聲，聽如獅吼、如千乘車過，又如殷雷軒鼓轟轟徹地。碧氣三道，磔入雲霧內，長百丈有餘，峙猶鼎足。然舟中人畏栗，不敢迫"。則凌雲而奮鱗，樂時也，豈有據耶！即是觀之，則海上光傀可駭之事，固人世所未睹哉！

六月初一日，過葉壁山前，有小舠駕八九人，破巨浪來。遠睨封舟婆娑，胡膚笑。至則持二螺獻，少賞之。於是隨舟夷總管附去，薄山下，先騎報世子。由此陸路入國，猶兩日程也。余二人倚艕而觀，一篙工謂有魚數頭逐舟游。夷梢熟海者，往來常具釣餌行。於是垂六物取之，輒獲鮮鱗二。頷下中數創，尚跳躍不即僵。顧其色青綠，閃爍有光耀，較中國恒魚異。余欲生之。選間，僵不可放矣。庖人強烹之，味果佳，第終詑，不欲多食也。初三日，世子始遣法司官具牛、酒以勞從者；亦如例分左右維一纜以挽舟，逡巡至。初五日而後，泊哪霸港口。詢之，國人梁燦等尚未寧家。然彼十八日先余舟開洋，今何故後耶？居有頃，報舟漂北山；又十二日，得抵國，隔封舟浹一旬矣。

…………

旋國時，卜以十月十三日。因旬內雨頻，風又東西忽易，無可準。守候至二十四日，始出港口，頃刻數里。回盼琉球，若有、若無，而葉壁、馬齒等山，眇猶覆盂。時雖冬乎，然氣候朗肅，都無纖翳；望之霽宇澄澈，塊噫潛噓，天吳遁跡，陽侯屏怡。彼一時也，歊暑溽蒸，情悰甚惡；此一時也，涼飈嫋瑟，景況頗佳。上下巨浸，宛如圖畫中人。第媿無河 朔量，少酬之耳。且四圍俱碧、水天一色，輒欲罄所，指顧亦復渾浩荒邈、渙無津涯。時時出樓舫外，肆目奇詭瑰異之覽，應接不暇。有平平者、突突者、鷗狎波者、鱗鼓鬣者、鰍呼風者、蜃作霧者、邐若嶺者、纖若縠者、濴瀠若沸羹者、綿邐若疋練者、蹲若伏虎者、奔若飛鼺者、步驟而來若喜者、驚號而至若怒者。恢張點綴，即神工鬼筆無可名狀。然寧惟是哉，乃至闌夕淒清之際，月舍參 井間，空明虛白，可別淄素。靈下天高，尤非塵境。星 漢流光，雲霞隱曜。微風細浪交激成聲，其鳴乍急、乍徐、乍大、乍小，居然有笙簧金石之韻，正昔人所謂"如天上坐"也。優而遊之，曠襟爽骨，飄飄便欲仙去，更不知人世復有娛心極意之事矣。海之壯觀，一至是乎！二十六日，風益助順，令楫師五帆並張，搖揚披拂，獵獵不可禦，蓋與歸心飛相送也。但抵暮，陰雲四塞，乃大雨。於是西風為梗，終食弗進尋丈。幸一日夜，輒轉而北矣。然北又多暴，舟迅而蕩甚，欹側簸揚，時戛軋為裂帛響，頹然若屋宇將傾之狀。人如磨上行，四方易位，頭目眩迷。顛躓嘔暈，避匿艙內不出、咄咄自嗟者，前十人而

[明]蕭崇業、謝杰《使琉球錄·琉球過海圖》一

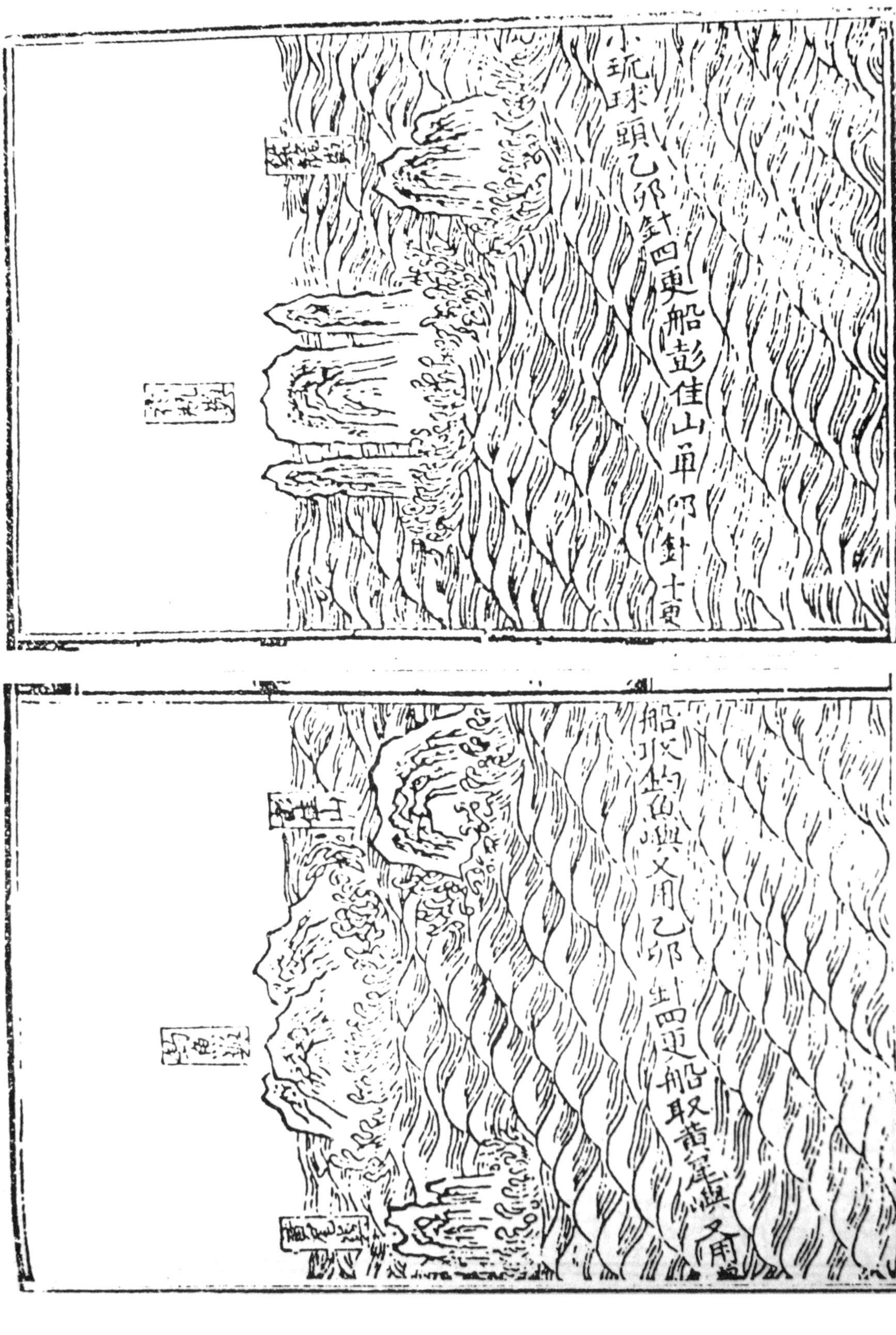


[明]蕭崇業、謝杰《使琉球錄·琉球過海圖》二

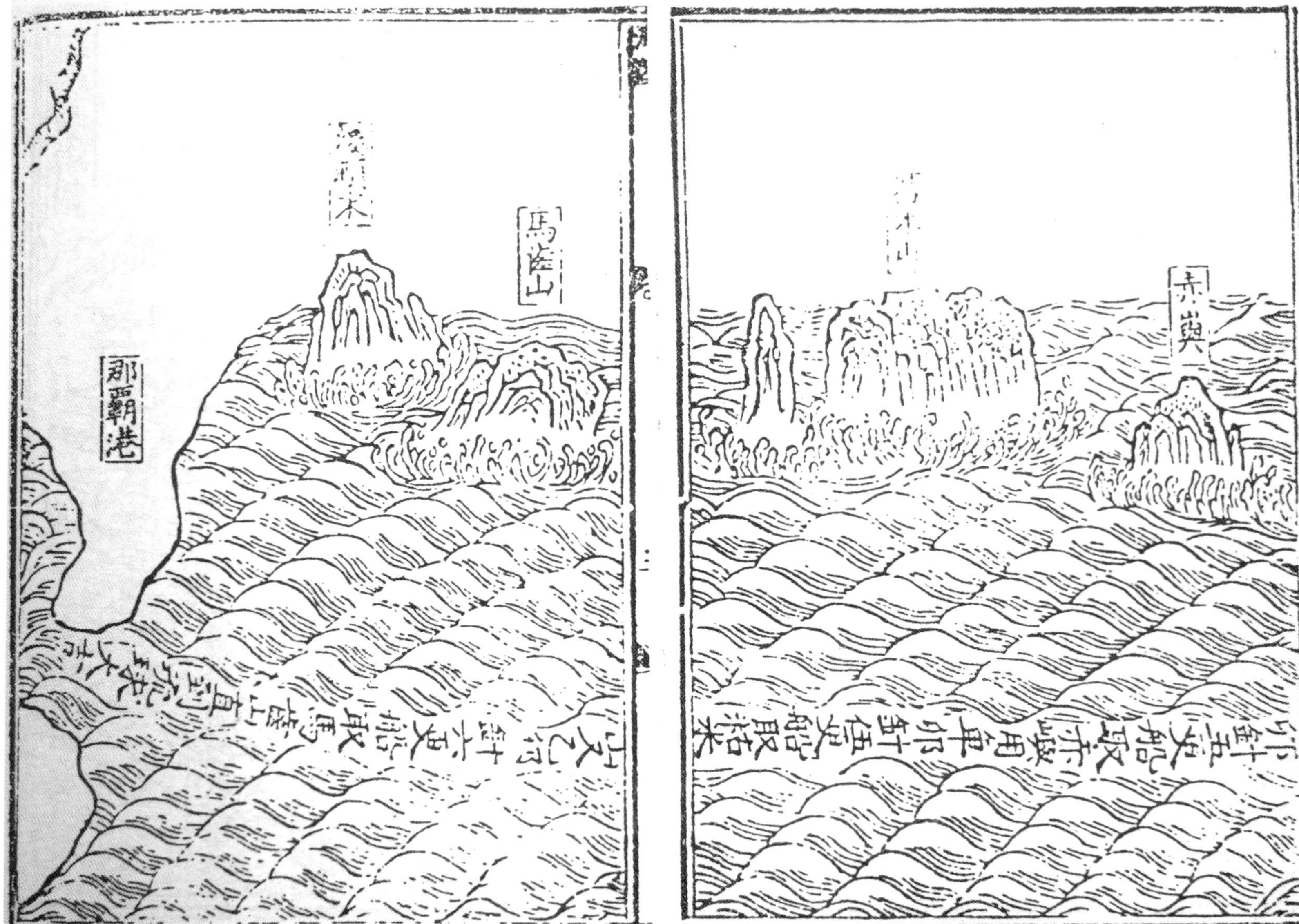


【明】蕭崇業、謝杰《使琉球錄·琉球過海圖》三

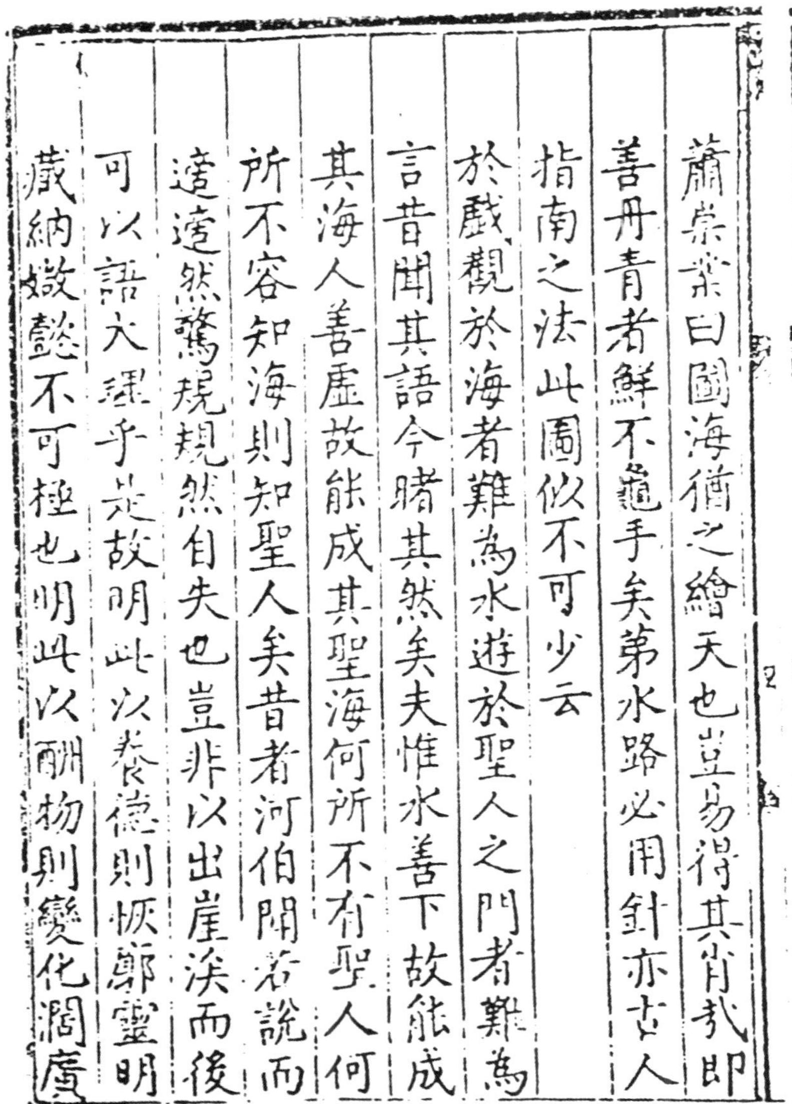
蕭崇業曰圖海猶之繪天也豈易得其肖哉即
善丹青者鮮不罷手矣第水路必用針亦古人
指南之法此圖似不可少云
於戲觀於海者難為水遊於聖人之門者難為
言昔聞其語今睹其然矣夫惟水善下故能成
其海人善虛故能成其聖海何所不有聖人何
所不容知海則知聖人矣昔者河伯聞若說而
遠遠然驚規規然自失也豈非以出崖涘而後
可以語大理乎是故明此以養德則恢廓靈明
藏納斂懿不可極也明此以酬物則變化濶廣

[明]蕭崇業、謝杰《使琉球錄・琉球過海圖》四

五，今十人而九已。此皆孱夫不習水，且漫不知降伏其心，故稍涉驚危可愕之事，神竟為所奪耳。漳州長年極力捩柁，堅與風為敵。棍牙數數折傷，柁葉亦為巨濤擊去，獨柁以鐵力木得存，更再易之，人人愈益惴恐。二十九日晚，見台州山；於是無不嘩呼舞蹈，哄然色笑焉。當是時，即臞儒之取一第、窶子之拾千金，猶未喻其喜也。

三十日，由台歷溫，溯官澳，望晴嶼。十一月朔日，經臺、奎二山，福寧在其北。夜無風，舟不能行。初二日午，薄黃崎，進定海所。顧其地漸近，其境漸逼；而洋中奇詭瑰異之覽，無復陳於前矣。譬之適都邑者，一旦返乎故廬，雖其桑梓在念，時時欣悅，而轉憶聲名文物之盛，又未始不縈結於懷也。



——[明]蕭崇業、謝杰《使琉球錄》



# 謝杰《虔臺倭纂》中的倭經

倭，日本也，古名倭奴國……《隋書》云，倭在新羅、百濟東南三千里，新羅、百濟、朝鮮左近之國。地形類琵琶，東高西下。肥前居西，六[陸]奧居東。其居中者曰山城，國分五畿七道，以道統州，以州統郡：曰山城，曰太和，曰河內，曰河泉，曰攝津，此五州為五畿，如中國之直隸也。地在山城之東南，曰東海，曰東山，曰北陸，曰山陰，曰山陽，曰南海，曰西海，是為七道，如中國之十三省也。州六十一：曰伊賀、伊勢、尾張、甲裴、三河、遠江、駿河、伊豆、相摩、上総、下総、志摩、安房、常陸、武藏，則東海道所統之州，地在山城之東而少偏南；曰近江、美濃、飛彈、信濃、上野、下野、出羽、陸奧，則東山道所統之州，地在山城之東而少偏北；曰若佐、越前、越中、越後、加賀、能登、佐渡，則北陸道所統之州，地在山城之東北；而陸奧其正東極東者，曰丹後、丹渡、但馬、因幡、伯歧、出雲、石見、隱歧，則山陰道所統之州，地在山城之北；曰攝摩、美作、備前、備中、備後、安藝、周防、長門，則山陽道所統之州，地在山城之中而偏南；曰紀伊、炎路、阿波、伊豫、土佐、讚者，則南海道所統之州，地在山城之極南而偏西；曰竺[筑]前、竺後、豐前、豐後、肥前、肥後、日向、大隅、薩摩，則西海道所統之州，地在山城之西。而肥前其正西極西者，是則如中國之各府也。島之大者，曰伊歧、對馬、多藝；其次曰平戶、七島、五島、男島、女島、種島；其微者曰有馬焉；苦小島、連島、官島三島，附于各道，則如中國之州也。郡凡五百七十有三，不可勝書，則如中國之縣也。伊歧、對馬、多藝各統二郡，則如中國縣之屬州也。關二，曰佐加、井闌：佐加關近西南，在炎路、日向之間；井闌關近西，在長門、豐前之間。驛凡四百一十四，戶凡七萬有奇，課凡八十八萬三千三百二十九。

……地有曰博多者，不見於州部，而極其要害繁華，則如中國之大市鎮耳。國都初居日向之筑紫宮，後徙山城。日向偏西南，山城則其國之適中處。都日向者，取其要。都山城者，取其均也。大都倭之地，東曠而西稠；倭之法，西詳而東略。故山城以東之地，雖倭奴遠服賈者，不能偏歷，況華人乎？其所考率出譯者之口而已。東西長約可六七千里，南北短約可二三千里。東北近毛人國界。東南近東女國界。北近月氏國界。南近琉球國界。西北近朝鮮界。西近淮 揚界。西南近浙江、福建界。四至皆極于海……

[國朝]通番之禁甚嚴，沿海之防甚密，皆為倭而設者。前此入寇多薩摩、肥後、長門三州之人，厥後大隅、筑前、筑後、博多、日向、攝摩、攝津、紀伊、種島，而豐前、豐後、和泉之人亦間有之。蓋因商於薩摩而附行者。

其路往高麗，必由對馬島開洋，順風僅一、二日可至。往琉球，必由薩摩洲開洋，順風七日可至。貢使之來，必由博多開洋，歷五島而入中國，以造舟水手俱在博多故也。貢舶回，則徑收長門，以抽分司官在長門故也。

其入犯寇，則隨風所之。東北風猛，則由薩摩或五島至大 小琉球，而仍視風之變遷：北多則犯廣東；東多則犯福建。若正東風猛，則必由五島歷天堂、官渡水，而視風之變遷：東北多則至烏沙門分艅，或過韭山 海閘門而犯溫州，或由舟山之南而犯定海、象山、奉化、昌國、台州；正東風多，則至李西嶴、壁下、陳錢分艅，或由洋山之南而犯臨觀及錢塘，或由洋山之北，而犯青村、南匯、太倉，或過南沙而入大江。若在大洋而風欻欠東南也，則犯淮、揚、登、萊。若在五島開洋，而南風方猛，則趨遼

**【引書舉要】**

[明]謝杰，萬曆二年（1574）進士，授行人一職。七年（1579），充冊封副使，隨蕭崇業至琉球。除了合著《使琉球錄》外，他另著有《虔臺倭纂》。該書有萬曆二十三年（1595）自刻本，唯有關日本地理及針路，多採自《籌海圖編》及上述《日本一鑒》《日本考》等。不過，其關於夥(火)長司針情景之描述，仍有獨特之處。

《虔臺倭纂》有《玄覽堂叢書續集》第十七冊所刊的萬曆二十三年刻本（中央圖書館1947年刊）。書目文獻出版社（《出版說明》繫於1988年2月）的《北京圖書館古籍珍本叢刊》10（史部・雜史），也有其影印重刊本，本書所引資料即據後者。

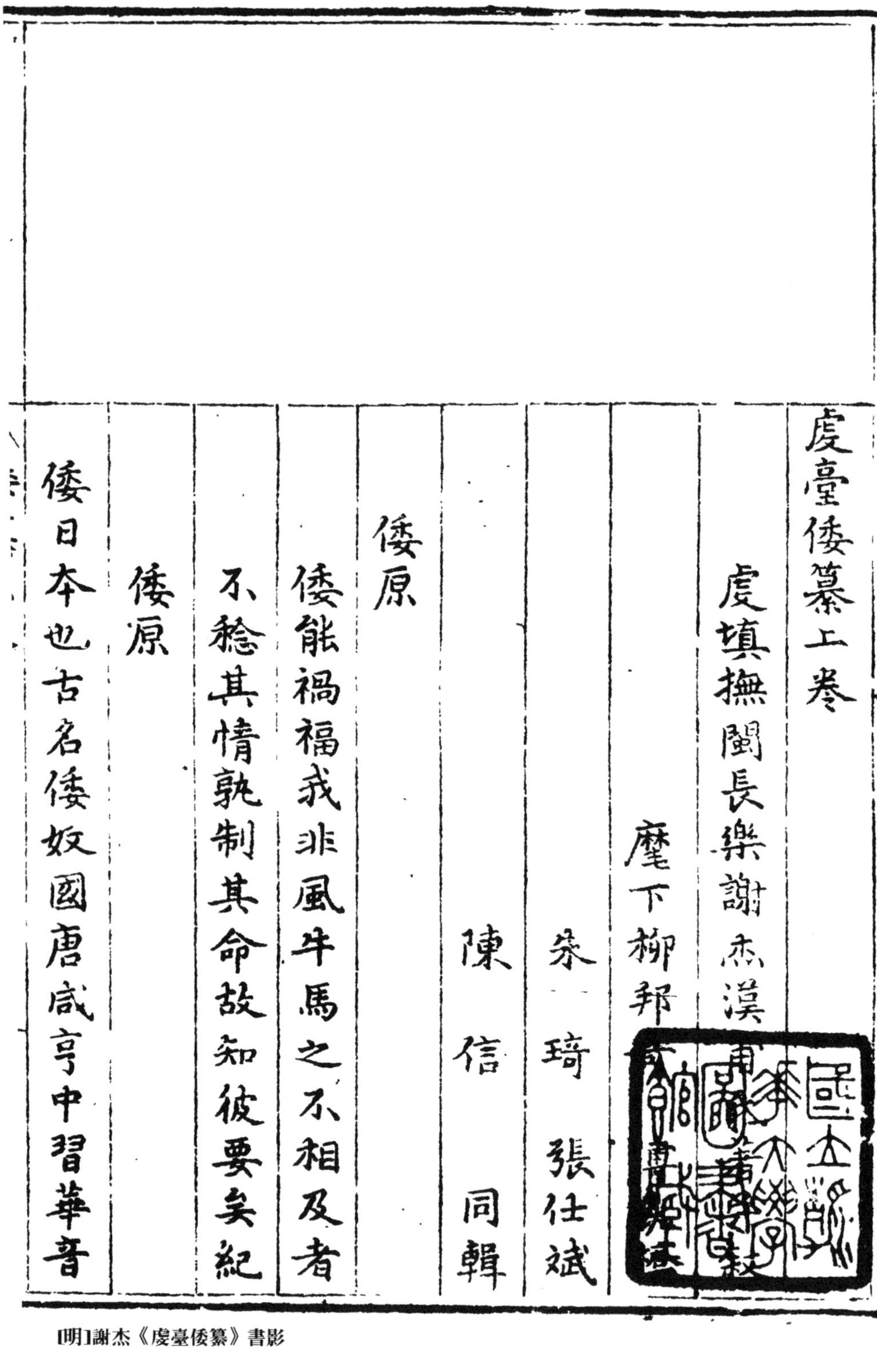
虔臺倭纂上卷

虔填撫閩長樂謝杰漢甫著

麾下柳邦

叅琦　張仕斌

陳信　同輯

倭原

倭能禍福我非風牛馬之不相及者

不稔其情孰制其命故知彼要矣紀

倭原

倭日本也古名倭奴國唐咸亨中習華音

[明]謝杰《虔臺倭纂》書影

陽、天津。

大抵倭船之來，恒在清明之後。前乎，此風候不常。清明後，東北風方多，而且積久不變。過五月，風自南來，不利於行矣。重陽後，風亦有東北者。過十月，風自西北來，亦非所利。故防海者，以三、四、五月為大汛，九月為小汛。其停橈焚劫，雖曰在倭；而其帆檣所向，一視乎風，實有天意存焉；在人者，有備無患而已……

——[明]謝杰《虔臺倭纂·上卷·倭原》

針者，倭之利，有攸往者也，故附《[倭]利》之後。

太倉港口開船，用單乙針，一更舡，平吳淞江。用單乙針及乙卯針，一更，平寶山，到南匯嘴。用乙辰針出港口，打水六七丈，沙泥地，是正路。三更，見茶山。自此用坤申及丁未針，行三更舡，直至大 小七山，灘山在東北邊。灘山下，水深七八托。用單丁針及丁午針，三更舡，至霍山。霍山用單午針，至西後門。西後門用巽巳針，三更舡，至茅山。茅山用辰巳針，取廟州門，舡從門下行過，取升羅嶼。升羅嶼用丁未針，經崎頭山，出雙嶼港。雙嶼港用丙午針，三更舡，至孝順洋及亂礁洋。亂礁洋水深八九托，取九山以行。九山用單卯針，二十七更過洋，至日本港口。又有從烏沙門開洋，七日即到日本。若陳錢山至日本，用艮針。（此吳、浙 日本針路也。）

福建往者，梅花東外山開舡，用單辰針、乙辰針，或用辰巽針，十更舡，取小琉球。套北過船，見雞籠嶼及梅花瓶、彭嘉山。由彭嘉北邊過舡，遇正南風用乙卯針、或用單卯針、或用單乙針，西南風用單卯針，東南風用乙卯針，十更舡，取釣魚嶼。北邊過，十更舡，南風用單卯針，東南風用單卯針、或用乙卯針，四更舡，至黄麻嶼。北邊過舡，便是赤嶼。五更舡，南風用甲卯針，東南風用單卯針，西南風用單甲針、或用單乙針，十更舡，至赤坎嶼。赤坎嶼，北邊過舡，南風用單卯及甲寅針，西南風用艮寅針，東南風用甲卯針，十五更舡，至古米山。北邊過舡，有礁，宜避。南風用單卯及甲寅針，五更舡，至馬茁山。南風用甲卯或甲寅針，五更舡，至大琉球 那霸港泊舡。

郍霸港外開舡，用單子針，四更舡，取離倚嶼，外過舡。南風用單癸針，三更船，取熱壁山。南風用單癸針，四更舡，取硫黄山。南風用丑癸針，五更舡，取田嘉山。又南風用丑癸針，三更半舡，取夢加刺山。南風用單癸針及丑癸針，三更舡，取大羅山。大羅山用單癸針，二更半舡，取萬者通七島山，西邊過舡。萬者通七島山用單寅針，五更舡，取野顧七山島。野顧山用巽寅針，二更半舡船，但尔山。用艮寅針，四更舡，取亞甫山。亞甫山平港口，其水望東流，甚急。離此山，用艮寅針，十更舡，取亞慈理美妙山。若不見此山，用單艮針二更舡，又過艮寅針五更舡，取烏佳眉山。烏佳眉山用單癸針三更舡，若舡開時用單子針一更舡，至而是麻山。而是麻山南邊有沉礁，名套礁（一名佐[倣]沉長礁）。東北邊過舡，用單丑針，一更船，是正路。卻用單子針，四更船，取大門山中。大門山傍西邊門過舡，用單丑針，三更舡，取兵褲山港。循本港，直入日本國都。（此福建入日本針路也。）

按：針者，水羅經子午針也。針舵相仍，針之所向則舵隨之。司針者，名夥[火]長。司舵者，名舵工。余使琉球，用夥長八人、舵工十六人。夥長二人一班，舵工四人一班，晝夜番休，無少間。上班者管事，下班者歇息。司針之處甚幽密，外物一無所睹，惟開小牖，與舵門相向，欲其專也。針艙內燃長明燈，不分晝夜。夜五更，晝五更，故舡行十二時辰為十更。梅花東外山起，至那霸港止，則余使琉球之路也。但封舡制大，食水深寂，忌礁石。如所云小琉球、雞籠嶼、彭嘉山、釣魚嶼，並未之睹，惟古米山見熹微而琉球至矣。蓋漳人針法熟，專取單卯、甲卯、乙卯而行，亦並不聞艮寅等針。所云截流飛渡、不循舊章者，開舡八日乃見熱壁，據法已過琉球七更，亦飛渡之病也。又五晝夜方得入港，時則順風反為逆風，以五十更為七更方得收港耳。嗚呼，危矣哉！執筆至此，追惟往事，不覺黯然魂銷。歸之日，亦止用三針，曰單酉、庚酉、辛酉。

——[明]謝杰《虔臺倭纂·上卷·倭針》



# 王宗載《四夷館考》所記南海交通路線

**【引書舉要】**

[明]王宗載《四夷館考》所記通往暹羅的途程乃至明時泰國的行政地理，頗爲重要，因明末以漳州—南澳爲中心的暹羅—粵東、閩南—長崎的三角貿易相當興盛。明、清時代，朝廷曾設立四夷館或四譯館，作爲翻譯邊疆民族及鄰國語言文字的專門機構。其中暹羅館乃萬曆七年（1579）增設。

[萬曆]六年[1578]十月，該內閣大學士張等題據提督少卿蕭廩呈請於本館添設暹羅一館，考選世業子弟馬應坤等十名，送館教習。時宗載承乏提督，課業之暇，因令通事握文源且述彼國之土風物產如左：

其國東連大泥，南臨東牛，西接蘭場，北界大海。由廣東 香山縣登舟，用北風下指南針向午行，出大海名七洲洋，十晝夜可抵安南海次。中有一山名外羅山，八晝夜可抵占城海次。十二晝夜可抵大崑崙山。又用東北風轉舟向未兼申三分，五晝夜可抵大真樹港。五晝夜可抵暹羅港，入港遠二百里即淡水。又五日抵暹羅城。此皆以順風計，約四十日可至其國。若遇東風，飄舟西行，即舟壞猶可登山。西風飄入東海中，有山名萬里石塘，起自東海 琉球國，直至南海 龍牙山，潮至則沒，潮退方見，飄舟至此，少有存者。彼國來貢必用五六月南[風]、還則十一二月北風，過此不敢行矣。

其境內有大庫司九：曰暹羅，曰可剌細馬，曰疋曹本，曰皮細祿，曰東骨胎，曰果平疋，曰倒腦細，曰討歪，曰六昆。大庫司猶華言布政司也。府十四：曰來[采]納，曰老無，曰比采，曰東板普，曰辣皮，曰疋皮里，曰采野，曰多鐃，曰千無里，曰細辭滑，曰采欲，曰款細灣，曰沾奔，曰魁山。縣七十二，俱分隸各府。

——[明]王宗載《四夷館考·卷下》

《四夷館考》一書，羅振玉曾據鈔本點勘出版，即東方學會1924年本。因其本殘缺，無目錄、序跋等，初以爲是清汪俊所撰。後發現别本有王宗載萬曆八年（1580）序，才知爲明代後期之作。本書引文所據爲《中國少數民族古籍集成（漢文版）》影印東方學會本。



# 鄧鍾《安南圖志》《籌海重編》及王在晉《海防纂要》所記針路

【引書舉要】

[明]鄧鍾《安南圖志》《籌海重編》，多據《鄭開陽雜著》《籌海圖編》而重編，約作於萬曆二十年（1592）後。本書所引《安南圖志》據“國立北平圖書館善本叢書”第一集（商務印書館1937年版）。

《籌海重編》引文係據[明]王在晉《海防纂要》卷二所引，該書刊刻於萬曆四十一年（1613）。本書所引據北京出版社1997年《四庫禁燬叢刊》（據北京圖書館藏萬曆四十一年自刻本影印）。然不論《海防纂要》《籌海重編》乃至《籌海圖編》，所載赴日本針路均出自於吳朴的《渡海方程》。至於該書卷二的往返大琉球針路，則撮錄自《鄭開陽雜著·琉球圖說》的“福建使往大琉球針路”及“回針”。

## 福建往安南國針路

福州 五虎門開船，用乙辰針取竿塘山，行三礁東西邊。用丙午針，取東沙山西邊過船，打水六七托，用單巳針三更船，取片嶼。用丁午針一更船，用坤未針二更船，用坤申一更船，平烏坵山。用坤申七更船，平太武山。用坤申七更船，平南澳 外平山。用坤申十五更船，平大星尖。用坤未針七更船，取東姜山。用坤未五更船，平烏豬山。用單申針十五更船，取七洲洋。用單申針，平海南 黎母山。用庚酉針十五更船，取海堂。正路用單亥針及乾亥針，十五更船取雞唱門，即是雲屯州海門也（此福建往安南針路也。若廣東開船，則自東姜山算起，只五十更船到雲屯州。若海南開船，則自黎母山算起，只三十更船到雲屯州。十更船為一晝夜。五十更行五日，三十更行三日，蓋放洋法也。錄之以備乘風破浪者採焉）。

——[明]鄧鍾《安南圖志》

## 太倉使往日本針路

太倉港口開船，用單乙針，一更船，平[吳淞口]（更者，每一晝夜分為十更，以焚香枝數為度，以木片投海中，人從船面行，驗風迅緩，定更多寡，可知船至某山洋界。）吳淞江用單乙針及乙卯針，一更，平[寶山]。寶山到南匯嘴，用乙辰針出港口，打水六七丈，沙坭地，是正路。三更，見茶山（茶山水深十八托，一云行一百六十里，正與此合）。自此用坤申及丁未針，行三更船，直至大 小十[七]山，灘山在東北邊。灘山下水深七八托。用單丁針及丁午針，三更船，至霍山。霍山用單午針至西後門。西後門用巽巳針，三更船，至茅山。茅山用辰巳針取廟州門，船從門下行過，取升羅嶼（廟州門水深急流）。升羅嶼用丁未針，經崎頭山，出雙嶼港（升羅、崎頭俱可泊船，崎頭水深九托）。雙嶼港用丙午針，三更船，至孝順洋及亂礁洋（雙嶼港口水流急，孝順洋水深三十[十三]托，泥地）。亂礁洋水深八九托，取九山以行（九山西邊有礁，打山[水]，行船宜仔細。一云亂礁洋水深六托，泥地）。九山用單卯針，二十七更過洋，至日本港口（打水七八托，泥地，南邊泊船）。又有從烏沙門開洋，七日即到日本。若陳錢山至日本，用艮針。

[明]鄧鍾《安南圖誌》書影

## 福建使往日本針路

梅花東外山開船，用單辰針、乙辰針，或用辰巽針，十更船，取小琉球。小琉球套北過船，見雞籠嶼及梅花瓶、彭嘉山。彭嘉山北邊過船，遇正南風用乙卯針、或用單卯針、或用單乙針，西南風用單卯針，東南風用乙卯針，十更，船取釣魚嶼。釣魚嶼北邊過，十更船，南風用單卯針，東南風用單卯針、或用乙卯針，四更船，至黃麻嶼。黃麻嶼北邊過船，便是赤嶼。五更船，南風用甲卯針，東南風用單卯針，西南風用單甲針、或用單乙針，十更船，至赤坎嶼。赤坎嶼北邊過船，南風用單卯及甲寅針，西南風用艮寅針，東南風用甲卯針，十五更船，至古米山。古米山北邊過船，有礁，宜知畏避。南風用單卯針及甲寅針，五更船至馬㠣山。馬㠣山南風用甲卯或甲寅針，五更船，至大琉球。大琉球 那霸港泊船（土官把守港口，船至此用單卯及甲寅針，行二更進那霸內港，以入琉球國中）。

那霸港外開船，用單子針四更船，取離倚嶼，外過船。南風用單癸針，三更船，取熱壁山以行。熱壁山南風用單癸針，四更船，取硫黃山。硫黃山南風用丑癸針，五更船，取田嘉山。又南風用丑癸針，三更半船，取夢加剌山。南風用單癸針及丑癸針，三更船，取大羅山。大羅山用單癸針，二更半船，取萬者通七島山，西邊過船。萬者通七島山用單寅針，五更船，取野顧七山，島內名叫兵之妙是麻山嶼。野顧山用巽寅針，二更半船，取但爾山。用艮寅針四更船，取亞甫山（一云野顧山對面行六十里，有小礁四五箇，最宜畏避。在北邊過船，用艮寅方行一百五十里，至旦午山，用艮寅方行二[一]百四十里，至亞甫山）。亞甫山平港口，其水望東流，甚急。離此山，用艮寅針十更船，取亞慈理美妙。若不見此山，用單艮針二更船，又單寅針五更船，取沿灣奴（一云沿渡奴）烏佳眉山。沿渡奴烏佳眉山用單癸針三更船，若船開時用單子針一更船，至而是麻山。而是麻山南邊有沉礁，名套礁（一云名佐[做]沉長礁）。東北邊過船，用單丑針一更船，是正路。卻用單子針四更船，取大門山中。大門山傍西邊門過船，用單丑針三更船，取兵褲山港。兵褲港循本港，直入日本國都。

——[明]鄧鍾《籌海圖編》，引自[明]王在晉《海防纂要·卷二》。

## 福州往大琉球針

東沙開船，用單辰十更，取雞籠山，北邊過，見梅花瓶嶼並棉花嶼、彭家山。乙卯並單卯十更，取釣魚嶼，北邊過，前面是黃麻嶼。單卯四更，取黃尾嶼，北邊過。甲寅一[十]更，取赤尾嶼。乙卯六更，取姑美山，北邊過，仔細。用單卯，取馬奇山，北邊過。甲卯並甲寅，收入琉球港。

## 回針

出港，用單申放洋。辛酉一更半，見姑美山並麻山。用辛酉四更，辛戌十一更，乾戌四更，單辛、戌五更，辛酉十六更，見南紀山。坤未三更，取台山，水[深]二十托，西邊過。取有横礁，出水。用丁未三更，取黑麻桑山。單辛三更，取官塘山，入千戶所 五虎門。

——[明]王在晉《海防纂要·卷二》

# 明佚名《順風相送》的海道針經



**【引書舉要】**

[明]佚名《順風相送》原藏牛津大學鮑德里氏圖書館（Bodleian Library），1935年由向達抄錄，後於1961年在北京與[清]佚名《指南正法》合刊爲《兩種海道針經》。其成書年代，向達主張在16世紀，另有約1593年前等說（見陳佳榮《〈順風相送〉作者及完成年代新說》，參見http://www.world1ok.com/blog/?p=2028）。

本書所引據向達校注《兩種海道針經》，中華書局1961年版1982年北京第二次印刷本；另以牛津藏原書照相版(2014年3—6月在香港海事博物館展覽)複校；此外，也參考了何毓衡1966年排印本（臺北：中國文化學院海洋研究所編印《海洋彙刊》第一輯，第131~166頁），及張榮、劉義傑《〈順風相送〉校勘及編成年代小考》一文[刊《國家航海》第三輯（2012年第2期），78~96頁]。

《順風相送》是至今發現中國現存最早、最完整的海道針經抄本。它與明中期《渡海方程》(已殘缺)、清初《指南正法》，應有承前啓後之關聯。

昔者周公設造指南之法，通自古今，流行久遠。中有山形水勢，抄描圖寫終悞，或更數增減無有之，或籌頭差別無有之。其古本年深破壞，有無難以比對。後人若抄寫從真本惟恐悞事。予因暇日，將更籌比對稽攷通行較日，於天朝南京 直隸至太倉並夷邦[南]巫里洋等處更數針路、山形水勢、澳嶼淺深，攢寫於後，以此傳好遊者云爾。

昔者上古先賢通行海道，全在地羅經上二十四位，變通使用。或往或回，須記時日早晚。海島山看風汛，東西南北起風落一位平位，水流緩急順逆如何，全用水掏探知水色深淺，山勢遠近。但凡水勢上下，仔細詳察，不可貪睡。儻差之毫釐，失之千里，悔何及焉。若是東西南北起風籌頭落一位，觀此者務宜臨時機變。若是弔戧，務要專上位，更數多寡，順風之時，使補前數。其正路若七州洋中，上不離艮下不離坤，或過南巫[巫]里洋及急[忽]魯謀斯，牽星高低為準，各宜深曉。

行路難者有徑可尋，有人可問。苦行船難者，則海水連接於天，雖有山嶼，莫能識認。其正路全憑周公之法，“羅經針簿”為準。儻遇風波，或逢礁淺，其可忌之皆在“地羅經”中取之。其主掌人觀看針路，船行高低，風汛急緩，流水順急，機變增減。或更數針位，或山嶼遠近，水色淺深，的實無差。又以牽星為準，保得寶舟安穩。

永樂元年[1403]奉差前往西洋等國開詔，累次較正針路，牽星圖樣，海嶼水勢山形，圖畫一本山為微簿。務要取選能諳針深淺更籌、能觀牽星山嶼，探打水色淺深之人在船。深要宜用心，反覆仔細推詳，莫作泛常，必不悞也。

——[明]佚名《順風相送·序》

## 行船更數法

凡行船先看風汛急慢，流水順逆，可明其法。則將片柴從船頭丟下，與人齊到船尾，可準更數。每一更二點半約有一站，每站者計六十里。如遇風船走潮水卻向潮頭漲來，此係是逆流。柴片雖丟順水流向，後來必緊，不可使作船走議論。古云先看風汛急慢，流水順逆。不可不明其法。

## 取水法

取水下針，務要陽水，不取陰水。何為陰陽水？蓋陽水者，風上危也；陰水者，風下厄也。



## 下針法

安羅經，下指南，須從乾宮下。蓋乾宮者，乃二十四向之首。夫乾者，天之性情，故下針必以是為先。庶針定向，不至浮沉。



## 逐月惡風法

春夏二季必有大風，若天色溫熱，其午後或雲起，或雷聲，必有暴風，風急，宜避之。秋冬雖無暴風，每日行船，先觀四方天色明淨，五更初解覽[纜]，至辰時以來，天色不變。若有微風，不問順不順，行船不妨。雲從東起必有東風，從西起必有西風，南北亦然。雲片片相逐圍繞日光，主有風。雲行急主大風，日月暈[暈]主大風。雲腳日色已赤；太白晝見，三星搖動，主大風。每遇日入，夜觀於四方之上，若有星搖動，主有大風。人頭頰熱，燈火焰明，禽鳥翻飛，鳶飛衝天，俱主大風。正月初十、廿一日，乃大將軍降日逢大殺，午時後有風，無風則大雨。二月初九、十二、廿四日，酉時有大風雨。三月初三、十七、廿七日，午時後有大風雨。四月初八、十九、廿三日，午時分有大風雨。五月初五，十一、十九日，申酉時有大風雨。六月十九、二十日，卯申時主有大風。七月初七、初九日神殺交會，十五、十七日午時大風。八月初三、初八日童神大會，十七、廿七日午時大風。九月十一、十五、十七、十九日，主有大風雨。十月十五、十八、十九、廿七日，得府君朝上界，卯時有大風雨。十一月初一、初三日，主大風雨。十二月初二、初五、初六、初八、廿八日，主大狂風，雲則無差矣。

## 定潮水消長時候

初一、初二、十六、十七日子午時長。初三、初四、十八、十九日丑未時長。初五、初六、二十、廿一日寅申時長。初七、初八、廿二、廿三日卯酉時長。初九、初十、廿四、廿五日辰戌時長。十一、十二、廿六、廿七日巳亥時長。十三、十四、廿八、廿九日巳亥時長。十五、十六、三十日子午時長。

每月三十並初一、初二、初三、初四、初五、初六、初七日水平。交十五日水又醒。至十六、十七、十八、十九、二十日水俱醒。廿一日水又平似前日。水醒流緊，其勢但凡船到七州洋及外羅等處，遇此數日水醒，看風斟酌。船身不可偏東，東則無水扯過西。自初八、初九、初十、十一、十二、十三、十四日止，水退流東。廿二、廿三、廿四、廿五、廿六、廿七、廿八、廿九日止水俱退東。船到七州洋及外羅等處，可筭此數日流水緊慢、水漲水退，亦要審看風汛，東西南北，可以仔細斟酌，可筭無悮。船身不可偏西，則無水扯過東。船身若貪東則海水黑青，並鴨頭鳥多。船身若貪西則海水澄清，有朽木漂流，多見拜風魚。船行正路，見鳥尾帶箭是正路。船若近外羅，對開貪東七更船便是萬里石塘，內有紅石嶼不高，如是看見船身，便是低了，若見石頭可妨[防]。若船七州洋落去貪東七更船，見萬里石塘似船帆樣，近看似二三箇船帆樣，可妨[防]牽船，使一日見外羅山，千萬記心耳。其船若在靈山大佛前，四、五、六、七、八月，流水往西南，水甚緊甚緊。東北時往正南甚緊，船可近山甚妙。船若回唐，貪東，海水白赤，見百樣禽鳥，乃是萬里長沙，可防可防。多蘆荻柴多流界，船若貪西，則見海南山，不可近。行青廉頭生開，恐犯難得出，船身低了用甲寅針使開至緊。若遇七州洋見流界七條，乃近南亭門。船若出唐，到交趾洋貪西水色清白，拜風魚多，船可行開。怕落占筆羅內難出。船見蘆荻柴成流界，乃貪東可行，用坤申針，使一日一夜見靈山大佛。若見白鳥尾帶箭，便是正路，即是外羅也。

…………

## 各處州府山形水勢深淺泥沙地礁石之圖

福州 五虎門：打水一丈八尺，過淺取官塘行船，三礁外正路。

東沙山：西邊近山，打水六七托，好拋船，最妙也。

牛嶼：內過打水二十五托，外過打水二十五托。

烏坵山：門內過打水二十托，洋中打水三十五托。

湄州山：係天妃娘媽出身祖廟，往來宜獻紙祭祀。

泉州港口玳瑁門：有望郎回山上姑嫂塔門，洋中三十托水。

太武山內浯嶼：係漳州港外，二十托水。

大 小柑山：內過打水十五托，外過打水廿五托。

南澳大山：有嶼仔。

惠州山門：洋打水三十五托。

大星尖：洋中有大星尖，內過打水二十五托，外過打水四十五托。

東姜山：對開打水四十五托。廣東前船澳港口有南亭門，打水十九托，沙泥地。

弓鞋山：似弓鞋樣，對開四十九托水，北低一角，七箇高山合做一箇山，南邊高近大山，內十九托水，泥地。

南亭門：對開打水四十托，廣東港口，在弓鞋山，可請都公。

烏豬山：洋中打水八十托，請都公上船往回放彩船送者，上川、下川在內，交景、交蘭在外。

七州山：山有七箇，東上三箇個一箇大，西下四箇平大。

七州洋：一百二十托水。往回三牲酒醴粥祭孤。貪東鳥多，貪西魚多。

獨豬山：打水六十托。往來祭海寧伯廟。係海南 萬州山地方。頭長若見庚山，船身低了。

交趾洋：低西有草嶼，流水緊，有蘆荻柴多。貪東有飛魚，貪西有拜風魚。打水四十五托。貪東七更船有萬里石塘。

尖筆羅：打水五十托。山上柴水藤多，有蘆竹葉多流水界，西南都是山仔，如筆羅樣者多。

外羅山：遠看成三箇門，近看東高西低，北有椰子塘，西有老古石。行船近西過，四十五托水。往回可近西，東恐犯石欄。

馬陵橋：二十五托水，內外俱可過船。南邊有礁石出水。

羊嶼：內打水六托，外三十托，是新州港口。南有礁，生開不可近。中有沉礁在港口，不可近。

校杯嶼：俱係港口，有石塔仔，好拋船。內過打水十八托，外三十五托。取占城妙。

靈山大佛：開，打水六十托。山有香爐礁，往回放彩船。山上高有火石煙洞。大石相連，好取柴水。

釣魚臺：澳口好取柴水。開，打水十五托。

伽俑貌：港口有三礁出水。打水十五托。

羅灣頭：五十托水，有小嶼看成港門，外洋有玳瑁州。

赤坎山：近山打水二十托，洋中打水四十托。船籠過[玳瑁]鴨，開恐犯玳瑁州。北頭有一高礁，嶼平，有樹木。南邊有老古拖尾，遠見玳瑁州。用單坤針取崑崙。下防淺，名叫林郎淺。

崑崙山：內過打水十八托，有弓鞋嶼，東南山面是斗嶼，東北二十五托，有檳榔嶼，生開南一箇大小嶼，港內四十五托。近南邊單子針，使籠便是占臘泥尾。

小崑崙：西有礁出水，用八更取真嵫頭，有小樹木。在內過，打水十四托，小港，俱是鐵板地。

真嶼山：成三箇山，有三門開船可過，十四托，泥地。遠看似馬鞍山。東邊三箇小嶼內過，打水十五托。

假嶼山：北面成三箇小山，東南有一箇小山，北邊拖尾低，水十三四托，泥地。西北過遠打水三十四五托，外過。近坤辛外有一箇嶼，西邊有樹，至嶼相連，不是正路。單戌針，取大橫，見占臘泥尾，坤身遠看一箇，近看二箇。灣內不是正路。打水三十五托，近打水十三托，泥地。

大橫山：正路打水十六托，外打水三五托。遠看似椀頭様，南高北下。

小橫山：門中有礁，北邊十四托水。遠成三箇山，東北低西高，有樹木有嶼，不宜過船。此西水淺，五托，不是正路。



筆架山：遠看似筆架様，近山看坤身。山下打水十三托，開打水二十五托。

龜山：東邊好抛船，十二三托水，泥地。有澳向東南，有人村可取柴水，有大澳在北邊。



黎頭山：西邊坐高大員，東低尾內面有嶼，外無。北邊有一瓜[派]石碑。取山放在船尾，尾對單乾，收在暹羅港口。東面無山，都是坤身樹木，仔細行船，莫太過西，恐遇程真港。

（右邊西去山二號。）

苧盤山：外打水三十托，內二十四托。南頭二角尖，有一箇小嶼西頭低。

東竹山：遠看南鞍様。東邊過船，三十托水。遠看東高西下拖尾，下嶼在西邊。

西竹山：遠看南鞍様，門中三十托水，見將軍帽。

將軍帽：遠看頭盔様，山邊有小嶼，南有帽帶是火燒嶼山及海山。

火燒山：打水二十托。遠看尖，近看平，小淺，內過七八托水。豬母山相連。

馬鞍山：探山入門東邊，東北有尖山，近看平坤身。有魚食釣。西有小嶼。

達羅漢嶼：有坤身，近門可過。北坤身上淺，四托水，外過。夜間不可行船，防礁，水緊不得行。

白礁：正近港打水三五托，礁與水相對，離淺有三十托水。若過淺，仔細，草嶼外過，三十托水，見長腰嶼，內過淡馬錫門。又礁與港平，對換一邊，船對白礁進，或礁在帆鋪邊。

淡馬錫門：打水三十托，夜不可行船。

長腰嶼：打水三十托，龍牙門防南邊涼傘礁，是北邊正路，二十托。又有一沙將北嶼瀉，有龍牙門。

龍牙門：中央有三十托，見長沙淺，北邊二十托，南邊八九路[托]。石礁多，流水緊，夜間切記不可行船。

牛屎礁：仔細入門見長腰嶼，二十餘托水，防南邊。

涼傘礁：北邊正路，打水廿九托。

吉里門：打水二十托，正路見大小尖山八九個，西邊有淺。

崑宋嶼：西邊坤身有淺，南邊三四托，正路有三四箇小嶼。仔細行船，外有高下泥地。

滿喇咖。

假五嶼：打水三十五托，是老古石岸所山嘴。

文魯古：灣內淺可防，打水三十托，正路。

綿花嶼：第三灣正好過，七八托水，是老古岸，山嘴吉哪五嶼，有泥淺，十八托水，外二十托水。

雞骨嶼：對開六十六托水，遠看有老古岸淺，船宜遠過。

雙嶼：對開三十五托水，門中十七托水，正路。

單嶼：內十六托水，外四十托水。

陳公嶼：十四托水，邊有九州山是也。

啞路：坤身有三托水，外十四托水。

淡銘嶼：開過二十三托水，去是甘盃 大莫尾。

巴碌頭：十四托水，邊有九州山是也。

急水灣所：西邊有灣，有沉礁打浪，開有二十托水。

蘇文噠喇：椰樹對開，有老古石岸。開過二十六托水，好抛船。

南巫里洋：洋中有□年嶼泥淺，平半洋嶼。

伽倆貌：坐乙卯上來，南見屏風嶼。

龍涎嶼：時日早北邊過洋，時日遲南邊過洋。

翠蘭嶼：三十五托水。

南巫里洋：往回牽星為準。

錫蘭山：坐在辛酉上，船身過北，都是坤身，有老古淺。外三十五托水。

淡水馬：對開石城礁，外是正路可行。

鐵鈷嶼：對開是竹排礁，內過十八托水，外過三十托水。

大佛堂：四十托水，對開有老古石，淺不可近，流急。

麻里坎：二十五托，好抛船。

牙里嶼：打水十八托，開，有沉礁打浪，近老古石。

別羅里：打水二十托，開，有嶼，上有椰子樹。

高郎務：灣頭平過洋，礁蘭山三托水入門，四托住船。

甘巴里頭：對開，沉礁，門中三托，前去二個山，赤泥。

小俱南：打水三十五托，西頭有老古石岸，淺。

柯枝港口：打水三四托。

古里國：有三五托水，是泥地。

大巴南：白礁出水，外十八托。

丁得把音[昔]：對開，打水四十托，是泥地，花蛇多，十六托水。

忽魯謨斯：往回牽星為準。

美之刺山：四十托水，見山遠。

沙姑山：近山十五托，開去水深。



麻定里：四十托水，門中深。

龜嶼：二十托水，是老古石地。

沙廟林：近山四十五托，遠三十托水。

亞賓記：十八托，是泥地。



## 靈山往爪蛙山形水勢法圖

東蜈蜞山：遠看坤身，近看北高拖尾，近山西過，打水五托。南有帽所門。

殺蛇龍：遠看平北有一個小嶼，四十托水。東銅鼓，西南有沙湖皮嶼，有淺，正路。

銅鼓山：正路打水十八托，一路相連，嶼港羅錐山有十五托，南邊十六托，正路。對開西洋，有老古淺。

雞籠嶼：打水內有丙午針十更船，此有誤。

交蘭嶼山：中門過打水十八托，南好拋船，有柴木，西過二十托水，開沙麻洋。

吉里悶山：山勢似大船牽杉板樣，有三個嶼，西邊坤[身]，開，打水五托。

杜板山：內有五托水，好拋船。

新村佛嶼：港口東邊正路，過淺。外洋北有涼傘礁。前去鼓[彭]家山 鐵山所，洋中二三托，東邊麻[里]東山是。

彭家山：東邊正路七八托水，西邊四托水，前去三麥山。

舊港口：東港口放開有泥淺三托水，是彭家山對開，洋中有三十托水，沉礁，宜仔細，用心仔細。

## 爪蛙回靈山來路

東董山：遠似紗帽樣，山頭拖尾，西邊有礁，西邊正路。

西董山：遠看似石礁樣，西正路。

馬鞍山：遠看似馬鞍，邊有老古石，西邊正路。

塔林嶼：遠看山尖，有老古，生開，西邊正路。

西蜈蜞：東邊有老古石，西邊正路，單丙取十二子山。

十二子山：遠看高，東邊二個小嶼似蛇様相連，西邊二個嶼，南有兩個礁，東正路。

真里馬：遠看帽様，西邊有一嶼。用單丙取假里馬，打水，硬地。

假里馬：看有大嶼六個，高多，中央門西邊看，中有塊大。用單午針，去取交蘭山。

交蘭山：東邊二高塊，尾大，西邊拖長。門中有嶼，西邊正路，莫過東邊，有淺，西好拋船。

吉里悶：遠看似大船牽杉板，東邊對西邊小嶼四個，有老古石淺。用辰巽針，取麻里東山及杜板也。

蘇魯馬：中央有石排礁出水，打水十托，泥地。港中新村拋船，打水十二托，泥地。

佛嶼：內有十四托水，有泥，港口十九托，泥地。杜板有三四托水，都麻好拋船，四五托水，泥地，外二十托水。

須奴盆：十二托水，邊有個雞魚礁，近邊有礁，水大不出，落帆。

新村前：有三十托水，泥地，好拋船。

佛嶼：內有三十托水，平，港口有淺，三四托水，泥地。

平洋嶼：東邊有二十托水，七更取麻里東山。

麻里東山：遠看北來，嶼平，十四托水，行船六托水。有杉板嶼，見坤身。

杉板嶼：船從東邊過，九托水，南邊五托，近嶼有一半水，近嶼南有淺，泥地，七托水。

沉礁山：對開九托水，第三鼻頭中央行船，平彭家山，是舊港口，七八托水，好拋船。

官嶼：有七八托水，泥地，近三十托。門中有一礁出在北邊，正路，打水十三托。前是平嶼。

平嶼：西邊出礁，打水十七八托，泥地。

三佛嶼：遠看三個嶼，八九托水，泥地。用壬寅及單寅針，三更船平坤身，打水十四托。

鰲魚嶼：遠看甘巴門口北邊二嶼頭，九托水，泥地，西邊有仁義嶼。中央行船宜十分仔細，莫去到仁義礁，出中央門。

甘巴門港口：船身平牛尾排礁有三四個，莫過，中央行船甚妙。

鬼嶼：東邊淺近出有員礁生開，打水四十五托。東邊正路，八托水，行船仔細。

## 新村 爪蛙至瞞喇咖山形水勢之圖

佛嶼：嶼生得平樣，杜板在灣中，有門。

紫嶼：蓉所、坤邊、嘴哪三地方。

胡椒山：東低南高，有員嶼，邊正。洋中打水三十托。

吉里悶：東高西低，有小嶼四五個。西老古石淺，東正路。

半洋嶼：在洋中打水三十六托。

麻里東山：不是正路，帆風西使不得。

鐵山：頭山梓[指]彭家山。



三麥門：嶼生洋中，看不是坤身，東進打水九托，西四五托。

舊港口：坤山[身]無山，港口有州，在馬戶邊。

彭家山：高山山嘴第三鼻對開有沙礁，船身貪坤身，行船妙也。

長腰嶼 官澳 仁義礁 甘巴門 金魚礁 牛屎礁（俱見上）。

射箭山 麼六甲 五嶼（在外拋船妙也）。



## [彭]坑山形水勢之圖

斗嶼：船身東邊過五更船，是彭坊港口也。

鐵鉆嶼：斗嶼相望。

打造船山：鐵鉆嶼對此山是大形尖長高，不當對開。北邊有斷嶼，仔細。南邊連大山，下嶼有樹木，邊看似船帆，連生坤身拖尾。

坤身：船連尋坤身，坤身上有多南尾去遠看亦似沙處，是彭坊港口，亦是大小船出入。

彭亨港口：東邊有沙，惟港口淺，過南正路二十半托，東南邊處是苧盤山，打水四托，拋船妙。

## 歌

靈山大佛常掛雲，打羅[鑼]打鼓放彩船。使到赤坎轉針位，前去見山是崑崙。

崑崙山頭是實高，好風使去亦是過。彭亨港口我不宿，開去見山是苧盤。

苧盤山頭是實光，東西二竹都齊全。羅漢二嶼有一淺，白礁過了龍牙門。

郎去南番及西洋，娘仔後頭燒好香。娘仔燒香下頭拜，好風願送到西洋。

郎去南番及彭亨，販卜玳瑁及龜筒。好個開梳乞娘插，怯個開梳賣別人。

新做寶舟新又新，新打椗綀如龍根。新做椗齒如龍爪，拋在澳港值千金。

…………

## 福建往交趾針路

五虎門開船，用乙辰針，取官塘山。船行，有三礁在東邊，用丙午針，取東沙山。西邊過，打水六七托，用單乙針三更船，取浯嶼。用丁午針一更、坤未針，取烏坵山。坤申七更船，平太武山。用坤申及單申，七更船，平南澳山。用坤申針十五更，平大星尖。用坤未針七更，平東姜山。坤未針五更，平烏豬山。用單坤針十三更，平七州山。單申針七更，平海南 黎母山，即是青南頭。用庚申針十五更，取海寶山，正路。用單亥及乾亥針，五更，取雞唱門，即是安南國 雲氏[屯]州 海門也。

## 回針

雞唱門外開船，用辰巽針五更船，取寶山。過洋十五更船，取黎母山。用單艮針二十更船，取平獨豬山。單艮針五更、艮寅十五更船，平大星尖。單寅針十五更船，平南澳 彭山，外過。艮寅針三更船，平大 小柑山，過外[外過]。單寅四更船，平太武山。單艮針七更，船平烏坵山，內過。艮寅針四更船，平牛嶼。艮丑針[更？]更船，取東沙，外過，官塘山 五虎門也。

## 往柬埔寨針路

浯嶼開船，用丁未及單未，七更船，平[南]澳 彭山，外過。用坤申十更船，用單坤五十更船，用單未七更船，取外羅山，外過。用丙午針十更船，取羊嶼。用丁未及單丁針，十更船，見伽倆貌。用坤未針五更船，取羅灣頭。用坤申五更船，取赤坎山。用單申四更船，取鶴頂山。用庚申二更，取真嶼。用庚申二更船，取嘴貼頭山，拋船妙也。有瓜石蘭，生開，不出水，去入港，船到使出山頭。用坤未針及坤申針，單申及庚申、辛酉針，入港為妙也。

## 回針

用甲卯針四更船，用單甲三更船，用甲寅針四更船，取鶴頂山、赤坎山。用艮寅五更，取羅灣頭。用單艮針五更船，取伽倆貌山。單丑三更，取靈山大佛。子癸針及單子針，五更船，取羊嶼。用壬子針七更船，取外羅山，外過。用單丑十更船，用丑艮針二十五更，用單艮針十更船，取弓鞋山。用艮寅針七更船，取大星尖。用艮寅十五更船，取南澳山，外過。用丑癸針十更船，取浯嶼為妙。用心看風汛使船，若風東風西，臨時機變。

## 福建往暹羅針路

五虎門開船，用乙辰針取官塘山。船行三礁外過，東北邊使用巽巳針，取東沙山。西邊打水六七托，用單巳針三更船，平牛嶼。用丁午針一更、坤未二更、坤申一更，平烏坵山。用坤申針七更船，平太武山，遠過用單申針四更船，取大 小甘山，外過。用坤申針三更船，取南澳山，外過。用坤申十五更船，取大星尖。用坤針七更船，取東姜山。[單]坤七更船，取獨豬山。單坤及坤未，二十更船，取外羅山，外過。用丙午針七更船，取校杯嶼及羊嶼，外過。用丁午針五更船，取靈山大佛，往回放彩船。用坤未針三更船，取伽倆貌。用坤未五更船，取羅灣頭。用坤未五更船，取赤坎山及鶴頂山。洋中有玳瑁州，大山邊有老古石，名曰林郎淺。用坤未及單未針，十五更，取崑崙，高大，在帆鋪邊來：內過，打水十七八托，爛泥地；外過，硬沙地。用單庚及庚酉針，三更船，取小崑崙山。西邊有礁出水，內過。用庚酉及單酉針，八更，取真嶼山：內過，打水十四五托，泥地；外過打水十四托，沙地。遠過只有七八托，便是假嶼。山北面水淺，不可行船，恐風不順難以出船，至此十分低了又不是正路，只從真嶼東北邊出水，礁南邊過船為正路。用辛戌針五更，取大橫山，外過，南邊打水二十五托為正路。近北邊水淺，只有五托水。船身在南邊，見小橫山或三個，各山皆是樹木。用辛戌針十更船，單戌針十更船，用乾戌十更船，取筆架山，在帆鋪邊。用壬亥針五更船，取陳公嶼及黎頭山。用壬子針取烏泥淺，打水四五托。用單乾針三更船，取竹嶼。用單子針五更船，到淺，打水四五托。用壬子及乾亥針，沿山坤身尾便是暹羅港口也。用子癸針，船尾坐竹嶼入港正路。

## 回針

港口開船，用巽巳針取烏泥淺尾。用單巳針，取陳公嶼。用丙午針五更船，取筆架山。開洋，用單巳及巽巳針，三十五更，取大橫山。若見是小橫山，門中有礁，南邊過船。遠看小橫或三個山，俱是樹木。用乙辰針十更船，取真嶼。東風見假嶼，或二個山，東南邊一個小山，東北尾低西邊高，此小樹木便假嶼山。看見占臘泥尾，都是坤身，西北邊過船。用單未針三更船，取真嶼山。遠過看真嶼或三個山，有門開東北邊，有礁出水。外過用甲寅針，內過用甲卯針，二十更船，取崑崙頭。有礁，山頭赤色。用癸丑十五更船，取赤坎山。船身高，恐犯玳瑁州；籠，恐犯玳瑁鴨。用單丑針五更船，取羅灣頭，外有玳瑁州，仔細行船。用丑癸針五更船，取伽倆貌。用子癸針三更船，取靈山大佛，放彩船。用子針五更船，取新州港口。用壬子針七更船，取外羅山。用丑癸針二十更船，平獨豬山。用單丑、癸丑針，五更船，取銅鼓山。用丑艮針二十更船，取弓鞋及東姜山並南亭門。用艮寅二十更船，取南澳 坪山，外過。用艮寅針三更船，取

大 小甘山，外過。用艮寅針四更船，取太武山。用單艮針七更船，取烏坵山。用艮寅針三更船，取牛嶼。用艮寅五更，取東湧山。外過，取東沙山，入閩安鎮，內是福州。

## 浯嶼往大泥 吉蘭丹

浯嶼開船，舵內過。用丁未及單丁針，七更船，平南澳 坪山，外過。用坤申針十五更船，平大星尖。用坤申針七更船，取南亭門。用單坤五更，取烏豬山。用單坤及坤未針，十三更船，平七州洋。用坤未七更，平獨豬山。用坤未針二十更船，取外羅山，外過。用丙午針七更，取校杯嶼及羊嶼。用丙午針五更船，取靈山大佛。用單午針三更船，取伽俑貌山。用丁午針五更，取羅灣頭。用單坤及坤未針，五更船，取赤坎。用坤未針十五更船，取崑崙山，外過。用坤申及庚酉針，三十更船，取吉蘭丹港口，是泥地，拋船。用單申針七更船，[取]六坤。坤身尾有淺，過西邊入港，是大泥。





## 大泥回針

大泥離淺用甲寅針，開山用甲卯針及單卯針，十更船，用甲寅針二十更船，取崑崙山，外過。用丑癸針，或內用單丑針及丑艮針，十五更船，取赤坎山。用丑艮針五更船，取羅灣頭山。用丑癸針五更船，取伽俑貌山。用子癸三更船，取靈山大佛山。用壬子及壬針，五更船，取校杯及羊嶼。用子壬針七更船，取外羅山，外過。用單丑六更船、二十更船，取獨豬山。用單艮針五更船，取銅鼓山。用丑艮及丑癸針，二十更船，取東姜山及南亭門。用艮寅針七更船，到大星尖。用艮寅針十五更船，到南澳。七更船見浯嶼。

外羅開船，或直使，用單丑針十更，用丑艮針三十二更，取南亭門。或照古使用丑癸針二十更船，平獨豬山。用丑艮二十更船，平弓鞋嶼。用艮寅針二十二更船，平南澳外坪山。用艮寅七更船，平太武為妙。

## 太武往彭坊針路

丁針四更船，平州山。開用未針三更，取南澳。用坤申針十五更，取大星[尖]。用坤未七更，取東姜山。用單坤五更船，取烏豬山。用單坤十五更，取七州洋。用單坤針七更，取獨豬山。用坤未針二十更，取外羅山，外過。用丙午針七更船，取校杯嶼及羊嶼。用丙午針七更船，取靈山大佛。用單午針三更，取伽俑貌。用丁午針五更船，取羅灣頭。用坤未針五更船，取赤坎。身開，恐犯玳瑁州；籠，恐犯玳瑁礁及玳瑁鴨。在山兜用單未十五更船，取崑崙山。用坤未四十更船，取彭坊港口為妙。

## 回針

彭坊港口回澳，用艮寅六更船，取綿花嶼。用單艮針七更，又用艮並丑艮針六更船，用單丑及丑癸二十更船，取崑崙山，外過。用丑癸十五更，取赤坎。用丑艮五更船，取羅灣頭。用丑癸五更船，取伽俑貌。用子癸三更船，取靈山大佛。用壬子、單壬針，五更船，取校杯嶼及羊嶼。用壬子針七更船，取外羅山，外過。用丑癸及單丑，二十更船，取獨豬山。用單艮五更船，取銅鼓山。用艮寅針十三更，取東姜。用艮寅針七更船，取大星尖。用單寅針十五更船，取南澳。用艮寅二更，取甘山。用艮寅三更，取太武妙。



## 廣東往磨六甲針路

南亭門放洋，用坤未針五更船，取烏豬山。用單坤十三更，取七州洋。坤未針七更船，平獨豬山。單未針二十更，取外羅山，外過。丙午針七更船，平校杯及羊嶼，內、外可過船。沿山使，前是占城 新州港口。嶼外過船，用丙午針五更，是靈山大佛，放彩船。丙午針三更，取伽俑貌。用丁午針五更船，取羅灣頭，用坤未針五更船，取赤坎山。船身開，恐犯玳瑁州；籠，恐犯玳瑁礁。用坤未十五更船，取崑崙山，外過。用丁未二十更船，用單未二十五更船，取苧盤山及東 西竹、將軍帽，遠看見將軍帽內及火燒山。丁未針十五更船，取白礁北及南鞍並羅漢嶼。白礁在帆鋪邊過船。用單酉針五更船，取龍牙門。夜不可行船，防南邊有牛屎礁。過門平長腰嶼，防南邊沙淺及涼傘礁。用辛戌針三更船，取吉里悶山。乾亥針五更船，平崑宋嶼，單亥針五更船，取前嶼。乾針五更，取五嶼。沿山使，取磨六甲妙。



## 滿喇咖回廣東針路

浯[五]嶼門放洋，用辰巽五更船，平射箭山，打水十九托。用辰巽五更船，取崑宋嶼，打水十二托。對門南有泥淺，北邊坤身尾有老古石淺。單巽針三更，取吉里悶山，沿山使，北邊坤身尾，謹防。單辰並乙辰，二更，取長腰嶼。不可行南，恐犯涼傘礁及沙塘淺。出龍牙門，夜間不可行船。單卯針，取官嶼，防北邊牛屎礁。甲卯針五更船，取白礁，北邊過行船，打水十五托正路。防北邊羅漢嶼，有礁，打水六七托正路。要防礁淺，方出門離白礁遠。用丑癸十更船，平苧盤山，外[過]。東 西竹在東邊，內過。用子癸針及單癸，四十五更船，取崑崙山，照前取浯嶼[南亭門]為妙。

## 苧盤往舊港並順塔針路

苧盤山南邊生角尖有山嶼。西頭低，用丙午針，過東 西竹山。用丙午針十更，取長嶼。用丁午針十更，取龍牙門山，在馬戶邊來過山。用單午針三更，取饅頭嶼。用單丁三更船，取七嶼。在帆鋪邊第二山有沉礁。用坤申針，取舊港，正路。用辰巽針十更船，取[進]峽門。用丙巳針，南邊打水四五托，北邊打水八九托。用單申針三更船，打水十托，沙泥港地，連坤身使。單丁針及丁午針五更船，丁未針五更船，都取[取都]麻橫港口。單午針，收林麻塔，有淺不可近，嶼身外打水有九托。離了嶼，用乙辰三更船，見奴沙喇，在帆鋪邊來，打水十四托。離了用丁午針三更船，遠望見類旦大[山]。單午針五更船，取石旦港口。有五嶼在馬戶邊，二嶼在帆鋪邊。正門打水四五托，抛椗平安。前來南邊六更船，使是順塔，進入為妙。



## 順塔往舊港及苧盤針路

港口放洋，前去西北六更船，取石旦。甲寅針，取交剌。單丑針十更船，打水二十五托是正路。用單子十更，一路打水十二托，用壬子針十更船，打水七八托，是三麥嶼。左邊淺有淺，右邊深可過船，打水四五托。沿坤身使十更船，打水五六托，見帆鋪邊有港口，有一州在馬戶邊來，便是舊港。



## 福建往爪蛙針路

浯嶼開船，照前使取外羅山，外過。用丙午針七更船，取羊嶼。用丙午針五更船，平大佛山。用丙午針十三更船，取東 西董山。用丙午十五更，用單午三十更，取東蛇龍山。遠過打水四十托，低不見蛇龍山，只是蜈蜞嶼生得平平，近看坤身相連蜈蜞嶼。若見門向東南都是坤身，相連若見。用單巳針四更船，使過東蛇龍山，北邊有三個小嶼，內有大山，一個是大龜山，東南大山是銅鼓山。入門打水十五托，近看是坤身，門中二邊都是小嶼平平，號名沙湖嶼，使往東邊過。用單丁七更船，平大山尾。有一大嶼，有一箇小嶼，生門在外，過西邊正路。用丁午四更船，平雞籠嶼，四邊低長，北邊拖尾，門中有小嶼一個，西邊正路。丁午針十更，平交蘭山，見東邊高大，北邊有一個小嶼，西邊過船是正路。出門莫得東邊有淺。用單午針三十更，取吉里悶。用單午針五更，取胡椒山。沿山使，用丙午及巽巳針，十更船，取杜板山，即是爪蛙也。

## 回針

爪蛙放洋，用壬亥針十更船，取吉里悶山。遠看似大船牽杉板，近看東頭高，成九個大山，西邊有坤身尾老古離山遠是。西南風用壬子針，若東南風用單子針，十五更船，打水十七八托，硬地，是正路。壬子針十更，見交蘭山，東邊山高大，北邊有二個嶼似雞籠樣，西邊低長，北邊拖尾。門中有一個嶼。離山用單壬及壬子針，十更船，見假馬山，遠看似帽樣。西南邊有一嶼，打水十五托。用單壬針，使三更，見十二子山。

遠看三個大山漸近，近看六七個，遠看四五個大嶼，東頭高西頭低，有小嶼有老古。南邊有門好行船，北邊有一礁相似船帆樣，號名屎柕白泥山為准。離山，單壬針十五更，見蜈蜞嶼，遠看蜈蜞樣，近看似橄欖樣。西北正路，打水十五六托。用單壬針五更船，取塔林嶼，遠看尖，西北正路。用壬子針五更船，取馬鞍嶼，遠看是南鞍，近打水四十六托。近去，防南邊有礁出水，名做帽頭礁。離山放洋，用壬子針及壬亥針，四十五更，取赤坎山。用單丑針五更，取羅灣頭。照前取浯嶼妙。

## 赤坎往東埔寨針



赤坎開船，用坤申四更，取鶴頂山。沿山使船，打水七八托。用庚酉針二更，取員嶼。用單庚二更，沿山打水七八托，硬沙地，平小山嘴。貼山有一派石欄不出水，行船仔細。用坤申一更船，遠看有一條水色黃，打水四五托，沙地。過此貼補山嘴，用庚酉針一更，平員嶼山嘴，名曰佛山，此前面並崑崒上無山嶼，看見前面有一小平洲在灣內，船在山嘴可收帆，打水四托，正路。取崑崒打水四五托，泥地。沿山使至平半洲，放船尾來船頭向港，近馬戶邊沙壩莫妄過船，船放帆鋪邊進沙壩內無礙。進去二十三灣，有大人家在馬戶邊為妙也。



## 東埔寨 毛蟹洲出淺

毛蟹洲對南出淺，上水漲四托，一路打水三托半，看見毛蟹洲對港口北邊崑崒腰，正路。出淺用甲卯針四更，用單寅四更取鶴頂山及赤坎山。其餘照前針。

## 赤坎往彭亨針

赤坎開船，用坤未十更，取崑崙，在西邊過。若在東邊過，用坤未並單未三十更，取斗嶼。用丁午針五更，入港妙。

## 回針

港口開船，用艮寅六更，取斗嶼及綿花嶼。用艮寅七更、用丑艮六更、單丑二十更，取崑崙山，外過。丑艮並丑癸十五更，取赤坎。

## 東埔寨往大泥

港口開船離淺，打水七八托。用丁午針三更、單申五更、單坤四更，見真糍。單坤十更、單申五更、庚申十更，見寨里大山。用辛戌四更沿崑崒使，沿山使打水十六七托。前去崑崒尾是六坤下池，有淺。過西邊，巡山入大[泥]港也。

## 回針

大泥開船，用單甲針八更，取石碑樵。西南用甲寅二十二更，取真糍山。用艮寅八更、用甲寅七更船，船尾坐崑崙仔，取東埔寨 南港。

## 暹羅往大泥 彭亨 磨六甲

暹羅出淺，用丙午針十更，取筆架山，打水十五托，外過，有小嶼。用單丙五更，取龜山，打水十二托外過，打水十八托，外有小嶼。用丙午三更，取碗碟嶼，打水三四托。用單午針五更，取穿心山，打水廿四托。用丙午針五更，取佛嶼，打水廿五托，泥地。用丙午針三更，取欄山，打水廿七托。用丙午五更，取塘山，打水廿四托。對門蘇梅山在帆鋪邊，打水二十托。丙午五更，取小蘇梅山，在帆鋪邊，打水二十托。用丙午針五更，取大蘇梅山，內外三門俱可過船。崑崒邊有一個山，名曰葫蘆山，馬戶邊小嶼多。用單午針五更，取錫山，平港口，打水十二托。丙巳三更，取公婆山，都是崑崒，打水十六托。單午五更，取崑崒大山，打水十四托。丙午針五更，取六坤港口，打水九托。崑崒外有一嶼，名玳瑁州，打水十五托。丙午三更，取六坤，仔細行船，打水六七托。用丙午針，取角奴貓山，孫姑那港口，即堀頭隴，打水十二托。內過，打水五六托。丙巳三更，取角奴山，打水十二托。丙巳七更，取六坤下池。沿崑崒使西邊，巡山入大泥港。中路有淺不可進，記之。大泥港口沿山使，七更船，取吉蘭丹港口。丙午四更，取三角嶼，內門有大山當頭來，名角員山，內外可過。單午三更，取綿花嶼。單午五更，取斗嶼。單午五更，取彭亨港口。單午五更，取苧盤山。小船可從內過，大船在外過。前去見東 西竹及將軍帽、火燒山、豬母山俱在外。丙午七更，取羅漢嶼，有淺，仔細。淺上打水八九托，往來須尋白礁為準，打水十五托。礁在帆鋪邊，馬戶邊，亦不可近嶼，防淺，打水八九托，正路。用庚酉五更，入龍牙門，流水急，夜不可行。出門了又過淡馬錫門，用庚酉並辛戌針三更，取吉里悶山。乾亥三更，取崑宋嶼，打水廿五托。單乾五更，取射箭山。乾戌五更，取五嶼，打水廿五托。前去崑崒，一更，即磨六甲港口也。

## 磨六甲回暹羅

五嶼放洋，巽巳針五更船，取射箭山。單巽五更，取崑宋嶼，南邊有淺。用辰巽五更，取吉里悶山。沿崑崒使北邊，用乙辰三更，取淡馬錫門及長腰嶼，防南邊涼傘礁並沙塘淺。出龍牙門南邊有牛屎礁，夜間不可行船。用乙辰五更，取羅漢嶼。嶼邊有白礁，門中可過，防北崑崒尾淺，打水八九托，正路。子癸並單癸三更，取火燒山、將軍帽，見東 西竹，前去苧盤山。用單子五更取彭亨港口。單子五更，取綿花嶼，西南邊

297

中篇 從元代的針路記載至明代的海道針經

有沉礁。單子三更，取三角嶼並吉蘭丹港口。單子七更，取六坤下池，是大泥港口。壬子五更，取孫姑那港口，是即堀頭壠。壬子十更，取玳瑁州，內過。單子十五更，取大小蘇梅山，門中過。壬子十更，取佛嶼。壬子十更，取龜山。壬子五更，取筆架山。單子五更，取陳公嶼。子癸五更，取竹嶼，崑宰，船尾坐竹嶼，進去是港。

## 羅灣頭往六甲針

羅灣頭用坤未針，取赤坎，看不見[玳瑁]州、[玳瑁]鴨。用坤未八更、坤申七更，取崑崙，北邊過。用庚酉八更，取真糍。單酉十更、辛酉二十三更，取玳瑁州仔內。[過]。船尾坐玳瑁州，船頭對鶴頂山，又要對船頭，對庚酉針坐正，方可進港。防南邊中央淺，生開遠，記之。

## 回針

淺口開，用甲卯五更，取玳瑁州仔，內過。用乙卯二十更、單乙及乙辰二十更，取真糍。用甲寅十更，取崑崙。丑癸五更、單癸一更，取鶴頂及赤坎山。用單寅五更，取羅灣頭。

## 苧盤往丁機宜針

苧盤開船，丙午五更，過東 西竹、將軍帽，有帽帶礁，仔細。丙午四更，見緬丹山及過長腰嶼。用坤未及單坤，入長腰第二嶼齊，用單坤入門妙。出豬母頭，用庚酉、庚申二更，見崑宰，使沿崑宰去，見港頭認是也。

## 回針

出獨石門，用單卯五更見後面山。用用寅並單艮，又用丑癸及子癸，五更，取長腰嶼。用壬子及單壬，十更，取失力 馬鞍嶼山。用壬子、壬亥，二更，取東 西竹，前去苧盤是也。

## 赤坎往舊港 順塔

赤坎開洋，用坤未十五更，取崑崙山，外過。丁未四十五更，取苧盤。丙巳針，過東 西竹。丙午十更，取長腰嶼。用丁未三更，取龍雅大山。單午三更，取饅頭嶼。單丁三更，取七嶼，在帆鋪邊。丁未七更，取彭家山。牛腿琴在帆鋪邊東南邊第二山頭，對開有沉礁。用坤申針，船尾坐牛腿琴山，收入舊港。崑宰有三港，中港正路，內有小嶼是也。若不入舊港，用辰巽十更，出峽門，用丙巳，南邊打水四五托，北邊打水七八托，正路可過。三麥嶼在馬戶邊，左邊打水八九托，右打水四五托，硬地。用坤申三更，打水四五托，沙泥地，沿崑崒行船。單丁、單午，取都横港口。單丁、單行[午]，林麻塔港口，有淺，船不可離坤身，看不真，亦不可太近坤身淺。若看不真是正路，打水六七托，高下地。用單丙及丙午十更，見高大覽邦港口。外有二個小嶼，名曰奴沙牙。若近嶼外，打水八九托。離嶼用乙辰、丁午三更，見奴沙剌在帆鋪邊，打水十四托。離了用丁午三更，遠看見類旦港口大山。單午五更，取石旦港口，有四五個嶼在馬戶邊，二個在帆鋪邊，船在門打水四五托，住船妙。前去東南七更，是順塔港。



## 回針

順塔港口，前去西北邊使六更，取石旦港口。用甲寅針，取奴沙剌山。單丑十更取打水廿四托，正路。單子十更，一路打水十二托。壬子十更，打水七八托，取三麥嶼，左右有門可過。左邊有淺，右邊深，打水四五托，船尾坐三麥嶼。用乾亥，收對內峽港口。沿西邊崑崒，打水四五托。行至峽中，見牛腿琴山，崑崒在帆鋪邊，中有一州，即舊港港口。不入舊港，用壬子針，第二山頭防有碎礁生開。離牛腿琴山頭，用單癸七更，取七嶼。單癸三更，取饅頭嶼。單癸三更，取龍雅大山門。壬子五更，取長腰嶼。單子十更，取東 西竹及地盤山。用丑癸針四十五更，取崑崙山，外過。用丑癸十五更，取赤坎。洋中有沙，可防[玳瑁]礁、[玳瑁]鴨。

## 順塔外峽

浮呂開船，壬子六更，又用單辰，取奴沙剌山，中有一條大沙線。西南風用單丑十更，用丑艮十更。恐東南風，用艮寅針，取忙甲山皮，大山頭脫落山尾第一門。用單子三更，出門了。前面有一大山似筆架樣，西口有二個白嶼仔，西北邊有二個白礁，西邊個水漲不見，不可近。用單壬二十更，用壬亥二十更，見東 西竹及苧盤。

## 萬丹往池汶精妙針路

萬丹出嶼外，用乙卯、單卯、甲卯，沿茭綠巴、茭荖园頭、遮里問、巴哪大山及胡椒山，對開是吉里問山，西邊有嶼四五個。乙卯八更，取雙印嶼，遠看見是印樣，此嶼在隴。甲卯十更，取勿流哪山，山頭內是饒潼、吉力石暨雙艮塔門在內，亦可過。巡山使，盡生得平平長長，山尾有門三個，頭門尾有老古淺，二門正路，三門有礁可防。用丙午三更，取本仔女干山，遠看似香爐樣。用乙辰三更，取麻離大山。用乙卯三更，取郎木山。乙卯八更，灣內是三巴哇大山，不可入灣。灣尾盡，見有崑崒平嶼二個，嶼頭有老古淺，石坪看頭仔細。用乙卯針三更，見一員嶼，取高螺大山東頭，山尾有三個饅頭嶼，一大二小似饅頭樣。內有灣，遠看成門，輿麻離大山相對連。用辰巽五更，取火山門過。門右邊山尾，近看似山寨嘴頭，有老古淺，東邊是火山二尖，東邊山尖高，西邊山尖出火，船近火山進門妙。過門右邊有灣好泊船，待流水過急水門，祭獻。單巽更半，取急水門，右邊是色力礁牌港。門中有嶼，一列四五個，不可近。東北邊有老古坪，對中央流勢是。丙午更半，取單戎武岩，山頭邊看是鵝角樣嘴頭，開有嶼，流水甚急。出門外，用乙辰三更，取髻仔山，山尖似髻樣。對開南邊有見巡巴山港口，亦出香。前去見雲螺二大、小山。用乙卯針八更，見蘇律，乃是佛郎所住之處，在左邊。右邊是池汶山，用甲卯五更收山，不可高低。大山尖下是居邦，欲收北面港口，是息里尖。對開有一嶼，使進是老虎。使過是美誉港，此是王居之地，出香甚多。過是啞森，前有一石頭白，過是吧哪吉知，過是六圭，又過是匏笨出蚋之處。欲收南山之門，從居邦面前對南山門出，見一白石頭，是吧哪匏滴。過是脩脩，過是啞嗎魯班，此處出香多。過是柯東央，過是匏洛，過是西寧，俱是一灣頭，內即是港門。但欲收南山，流水甚急，俱是挨洋東南，起早難拋船。此一針路詳考無差。美誉港門亦有淡水，港頭隴是灣，兩邊是老古，佛郎亦居此港。對面是魚油山、麻力汝沙山暨一連是食人山，天色明亮見之。

## 順塔往遮里問 淡目

港口開船，用乙卯三更，取茭祿巴山。用乙辰三更，又辰巽，沿山使，巡崑峷使四更，用乙辰三更，平崑峷尾。用乙辰及丁午，沿使四更，取遮里問。前面有出煙大山名特結。用辰巽三更、乙辰三更，取五角嶼。用卯三更，見崑峷，淡目港口，打水十托，正路，防淺。

## 回針

淡目開船，用辛酉三更，取五角嶼。辛戌三更、乾戌，沿崑峷使六更，見出煙大山，遮里問大山對開。一更有三角嶼一個，可防。若船在遮里問港內，開船用子癸。離嶼用辛戌四更，平崑峷尾。用辛戌三更、乾戌四更又辛戌四更，取茭祿巴大山。單酉及辛酉，近隴嶼淺。三更，取順塔，崑峷開嶼南邊，有淺沙壇，防之，使一更收入妙。

## 萬丹往馬神

港口開船，用乙卯、乙辰針，沿崑峷使，十七更，取遮里問，見出煙大山。用乙卯、單卯十更，取吧哪大山，開是吉里問山。放洋，用艮寅三十更，取三密港口。沿崑峷用乙卯二更，至龜嶼。開勢有石大小六七塊，名貓着萬里淺，生帶嶼，遠看似船帆樣，赤色，坐北邊。若見石，夜間使船防，東南崑崒甚長。用單巳三更，取單戎占萬丹。有淺，打水三托不可行，五托正路，看崑崒不見。用單巳及巽巳，四更，用辰巽收隴，取美啞柔港口。前面有大山，中是馬神港口。船入港不可貪西，東邊打水四五托，正路。

## 回針

港口開船，用單坤三十更，取吉里問，沿山使至萬丹入港。



## 舊港往杜蠻

開洋，用乙卯沿山使十更，取山尾，見三麥嶼門。用巽巳三更，取三麥東門過，打水八九托，正路。西門打水四五托，硬沙地，邊有老古淺，可防。用乙辰十更、辰巽二十更，見香爐嶼並大高山在西邊。用乙辰五更，見吉里問山在船頭。用單辰三更，取胡椒山及那參、杜蠻、饒潼是也。



## 回針

饒潼開船，用壬子，離山遠了用單亥，五更，取吉里問山，東邊過。用單亥五更、乾戌三十更，取三麥嶼，東邊過，打水七八托，正路。切不可近嶼。進西門打水四五托，用壬子進門內。使三更，取彭家山港口。在馬戶邊及有一嶼，名郎家嶼，不可近，有老古淺。生開，對帆鋪邊崑崒尾嘴生去有淺，不可近。用乾戌十更，收舊港，正路，中有一州，左右看有人家是也。

## 大泥往池汶針路

港口開船，丙午取三角嶼，內過。單午五更，取綿花嶼。丙巳五更，取斗嶼。單午五更，取地盤山。乙辰十更，取七嶼。單辰廿五更，取吉寧馬踏，在帆鋪邊大山便是。單午三十更，取吉里問山，在頭前正手邊，對倚吧哪大山。用乙辰五更，取吉力石港，打水八九托。乙辰八更，取雙艮塔。丁午五更，取貓里大山。單乙三更，取郎木大山。山下便是三巴哇大山，有二個平嶼，嶼頭有老古淺、老古坪，當看頭。單卯五更，取高麗大山。單卯五更，取火山門。丙午五更，取雙排，即急水門。出門齊五更船遠，南邊見巡巴尋山，乙辰十五更便是池汶，或是崑崒平。若要南，四五更，看見池汶大山。若要北，單卯及甲卯池汶大山右邊見。若左邊見，便是蘇律大山，不可進左，收山不可高低，盡是池汶界也。

## 浯嶼往杜蠻 饒潼

太武、浯嶼照前原針順行，取靈山大佛。用丙午十三更，取東 西董。用丙午十五更、單午三十更，見龍蛇山，東西邊有大小山是銅鼓山，入門打水十五托，近看都是崑崒，門中有一小嶼，名沙湖皮，東邊過船，正路。用丁午四更，取雞籠嶼。單午十四更，取色蘭山。東邊高大，北邊看一小嶼，是雞籠樣。西邊低長，北邊拖尾，門中有小嶼，東邊有淺，西邊過船正路。用丙午三十更，取吉里問山。單午及丙午，五更，取胡椒山。丁巳及丙巳，十更，取豬蠻。饒潼地與豬蠻相連。吧哪即吉里問山對籠。



## 回針

饒潼開船，壬子十五更，取吉里問山。遠看似大船牽杉板樣，近看東頭高大成一行大山。西邊崑崒尾有老古。離山，若是南風用壬子針，若是東南用單子，十更，打水十七八托，硬地。用壬子十更，取色蘭山。用子癸及單癸，十更，取假里馬。單子十五更，取蜈蜞嶼。單壬五更，取塔林嶼。壬子五更，取馬鞍嶼。壬子及單亥，四十更，取赤坎。照前針收入浯嶼。



## 豬蠻 饒潼回針再詳

至色蘭山，離了用單壬及壬子，十五更，取假里馬。遠看似帽樣，西南有二小嶼，打水十五托。用單壬五更，見十二子山，遠看二三個，近看六七個，看相似。有大山東高西低，又一嶼有老古石，南邊過，北邊有礁似帆樣，鳥屎污白頂山為準。離了用單壬放洋。用壬子及壬亥，四十五更，取赤坎。

## 浯嶼取諸葛擔籃

太武開船，用前針順取苧盤及東 西竹。用乙辰四更，用乙辰、單乙四更，又單乙及乙卯四更，見是獨嶼，名巳養顏。遠看北邊高南邊低小，略似弓鞋樣。南風，船在嶼北過，見外面獨嶼四個平長。內面是淡勿蘭州府，前去見外嶼一列四五個，又見頭嶼仔大小二個在馬戶邊，俱在嶼內過，俱是北風。又見前頭嶼生開，用單午使開，恐西南風，內面灣裏嶼多，是三嗟氏州府。恐無風船身挨開，看崑崒內獨嶼，南頭高員拖尾。又見前頭大小嶼生在馬戶邊來，是吉寧馬哪。丙午收第二門過，又在竹嶼邊過，用單甲收諸葛擔籃是也。

## 回針

出港，用辛酉針，取竹嶼 吉寧馬哪山門。離了用乾戌五更，若遇西風大在繚，使二更，用乾戌三更，前去見然丹山。用辛戌三更，又用辛戌，取將軍帽。用壬子，取苧盤。照原針取浯嶼。

## 浯嶼往荖維

太武、浯嶼開船，照原針取苧盤。放洋，單乙五更見偏舵嶼。乙辰十更，取仙丹山，在正手邊。單辰七更，取旗嶼，東邊有尖山四個，甚尖。單午五更見崑崒，便是荖維港口。開勢有二[一]個大山，名隴膠山，打水八九托。隴膠山門打水二十三托，流水甚緊。乙辰三更，荖維港口有淺，甚遠，水二三托，入港用丙巳甚妙。

## 馬神往高兜令銀

港口開船，見崑崒稍現。單酉、辛酉五更，取單戎占萬丹，有淺，開過三更崑崒尾，三更見石，名貓着萬里，在龜嶼對開。有大小六七塊沙淺，共嶼相連，在北邊，遠赤[看]似船帆樣，可防。二更見三蜜港口，有淺，開勢過船。四更見芒芒港口，有淺名鱷魚淺。開過，用單酉四更，取單戎旁朮。一更見單戎母丁，生甚長，開克西南仔細。用單酉或庚酉，一更盡崑崒尾，打水十外托，急。用壬子一更，癸丑、單丑三更，過灣，灣內不見崑崒。灣口有白沙，水退出水，不可見，或見不可近。船頭見崑崒，頭雙交磨交見崑崒，船頭不可貪東，有沉淺。沿崑崒入港，不可貪開，有淺，過淺方妙。

## 阿齊回萬丹

阿齊開船，港口出淺，一更到山尾，名鑾突。有一小嶼出椰子，嶼上有聖人。出急水門，有嶼四個在西邊，不可近，不可拋出額頭，巡山邊開勢流水急。單午四更，取匏呂你沙，有人家，可拋船，打水二十托。丙午四更，匏呂你沙開，有嶼可拋，內可過，打水十托。沿崑崒在北邊大山。單巳二更、巽巳三更，取單戎十馬厭，打水十托，可拋。單巽四更，沿崑崒打水十托，單巽三更是泥地。辰巽二更，打水三十五托，到大山，沿山行。辰巽四更、巽巳二更，到蘆木澳，有小人家，可拋。巽巳四更，到浮呂勈，內有老古石，打水二十托，是泥地。丙午三更沿崑崒，有死樹高高看見，有港口，開有老古淺，打水四托。仔細內過，不可開西邊。對開有尖山三個，崑崒尾近東北行，有小嶼三個。辰巽四更巡崑崒，收入貓律港。港口前面有老古石，後面可拋開，有大山，出泉在半山，白色流落。須認此山為記。

## 貓律回加里仔蠻

港口開船，丙午七更，巡崑崒到浮呂武郎員[灣]，員內過，可拋。巡大山，單午六更，打水二十托，西邊有崑崒一條，不可開使，內有大尖山一個。丙巳六更，到掘心蠻港口，有人家。丙巳三更，到池渠面有小嶼三個，中嶼可拋。辰巽三更，到加里仔蠻山，似筆架樣。港口有老古石線二條，開有小嶼三個，頭嶼可拋。嶼上有井不可取水，有聖人在焉。

## 加里仔蠻回萬丹

加里仔蠻開船，丙午四更，到浮呂，有小嶼四個。丙巳七更，到雞里蠻。丙午五更，到崑崒，打水十五托，沙地。巽巳九更，到大山，下是浮呂螺�，外有浮呂居靜、浮呂池掘二嶼，內行，十六托水。單巳四更、巽巳五更，到大山尾，看山行船，不可開，流水拖開甚緊，到息里巫洋。辰巽七更，取大山尾。巽巳三更，到雞里蠻嶼，內過，打水二十托，近嶼行，不可貪灣。單卯五更，到浮呂勿系，可拋。單卯三更，到浮呂上香，順覽旁邊仔盡了，須看風汛，可緊過門，門中流水甚緊，拋南。單卯四更，取師公大山，巡山行，入班讓進港。

## 磨六甲往阿齊

五嶼開船，單乾並乾戌五更，取假五嶼。單乾五更，取綿花嶼。辛戌過洋，四更過淺，取雞骨嶼。乾戌十更，取雙嶼。乾戌並辛戌，四更，取單嶼。辛戌十更，取亞嶼港口，防沙淺。壬亥、乾亥，離山遠了。乾戌十五更，取巴鹿頭。單亥並乾亥，五更，取急水灣頭，水八九托，有礁淺，仔細，遠過妙。辛酉五更，取蘇門噠喇為妙。

## 回針

開船，艮寅離山。乙辰，取急水灣，頭內有礁淺，船隴行妙。辰巽沿山五更，又五更取巴鹿頭。辰巽十五更，取亞路港口。辰巽五更，取單嶼，內過。單辰、辰巽，四更，取雙嶼。又單辰、辰巽，拾五更，取雞骨嶼。乙辰三更，取綿花嶼，水廿四托，正路。辰巽五更，取假五嶼，進入妙也。

## 阿齊往羅里

開船，單子離山遠。乾戌十二更，取伽倆貎，龍涎嶼北邊，時月早過洋。辛戌、單辛，十更，取翠蘭嶼山。單亥十更、辛戌五十更，取色蘭山，番名僧伽那。若船身高有鶯歌嘴，恐犯石城礁，開過妙。沿山二十更，取竹牌、鐵鉆嶼。單酉、庚酉，八更，取大佛堂。辛酉五更，取牙里坎，有礁打浪，開妙。壬亥十更，取羅里山進港，妙。

## 回針

開船，丙午十更，取牙里坎。放洋，乙卯五更，取大佛堂。單卯八更，取鐵鈷山並竹牌礁。若看見鶯歌嘴，放開使。若船身高見色蘭山，用乙辰五十更、單巳三十更，取翠蘭山。乙辰針時月早過洋，取龍涎並伽倆貌。辰巽十二更沿山使，單午取阿齊。

## 阿齊往傍伽喇

開船，單子離山遠。乾戌十二更，取伽倆貌山邊。單乾、乾亥，四十五更，取安德蠻南頭山。單壬及子十二更，取平中尖大小山。單亥五十更，取赤塗山，水十托。單亥五更，見瀼列當頭來，水六七托，尋撩地港口入門，是傍伽喇矣。

## 回針

離淺，單坤六更，水廿五托。單坤五更，單巳六十更，取佛心米山。若緊見山，單丙、丙巳五更，取竹牌礁。若淺戧起，用辛戌，水四十托。北頭正路，水四托，過淺用巽巳七更，平渤住連山。單巳，平九嶼各門，速過船。單午二十更，取呵[阿]齊、蘇文噠喇是也。

## 阿齊往古里

開船，用乾戌，沿山十五更，取伽倆貌山。庚針離華蓋雙星八指，辛酉二十更、辛戌五十更、乾亥五更，看華蓋雙星七指叁角，取[色]蘭山 。壬亥五更、壬子十五更、單子十五更、壬子十五更，取甘巴里山頭。壬子十更，取小葛蘭山。單子、壬子，十五更，取柯枝。子癸針沿山使，收古里也。

## 回針

離山，單午並丙午，取柯枝。丙午十五更，取小葛蘭山。丙午十更，取甘巴里山頭。開洋，用單午十更、丙午十五更、丙巳五更，取色蘭山。離華蓋雙星八指，甲卯七十更，取伽倆貌山。沿山使，落用辰巽五更，取蘇文噠喇也。

## 古里往忽魯謨斯

開船，乾亥離石欄，水十五托，看北辰星四指、燈籠星正十一指半，單亥五更，取白礁。沿山使，用壬亥四十五更，取丁得巴昔。看北辰星七指，看燈籠骨七指半，好風過洋。乾戌、單戌，一百更，姑馬山。若戧風，用單戌八十五更，見山遠的打水五托，船身低了見美之那山。見看[看見]北辰星四指半，沿山使，用辛酉五更，取伽里塔馬山頭。壬亥、單亥三更，取迭微，討水。乾亥五更，取麻里實吉。辛戌，取龜山，門中過船，水十一托，是老古地。單亥及乾亥，四更，討亞剌食機山南邊，看山平成三個。乾亥廿五更，取沙剌抹山，看東西二處都是山。用單子五更，取忽魯謨斯，看北辰星十四指，燈籠星一指半是也。

## 回針

開船，取嘴頭，水四托。單午五更，取沙[剌]抹山。單丙十更、單巳五更、巽巳十更，取亞喇食機山，外過。巽巳五更，取迭微山，討水。取伽里塔馬山頭並龜山，外過。巽巳十更，內是麻里實吉。沿山五更，取沙姑馬山，看北辰及華蓋雙星各十二[指]，看燈籠星四指半。開洋，單巽、巽巳五十更，水五十托，泥地，見山及見花蛇。若不見山，乙辰、辰巽、單辰，三十更，看北辰四指、燈籠星十一指，取古里山，過白礁，水十三四托。夜間不可行，怕流水急，沿山使乙辰三更也。

## 古里往阿丹

開洋，乾亥離石欄外，[水]十五托，看北斗星四指，看燈籠星十一指半。單亥五更，取白礁，外過。乾戌五更，平希星嶼。用乾亥二十更，看北斗辰五指三角，看燈籠星正十指三角，平莽角雙兒。過礁開洋，用辛酉一百二十五更，平直蕉塔那山。看北斗辰五指、燈籠星十指，取塔巴里付山。沿山一更，取小赤塔密兒，取水。巡山使，單坤二十更，取阿丹馬頭。看北斗五指、燈籠星十指半，水六七托，沙泥地，是阿丹港矣。

## 回針

開船，用艮寅沿山使，三十更，平乃加泥。甲寅三十更，平法塔喇山嘴。看北斗五指半、燈籠星十指，單卯廿五更，平莽角雙兒，水四十托。乙辰、辰巽，十五更，平希星嶼。巽巳五更，取白礁。單巳五更，取古里也。

## 古里往祛[祖]法兒

開船，乾戌離石欄外，水十五托。單亥五更，取白礁，外過。乾亥五更，平希星山。單乾二十更，看北辰五指一角，燈籠十指一角，平莽角雙兒。過礁頭開洋，辛戌五十更，看北辰六指三角、燈籠星八指三角；單辛七十更，看北斗七指三角、燈籠星七指三角，取法祖[祖法]兒馬頭，水六托，泊船是也。

## 回針

開船，乙辰五更離山，遠看北辰七指半、燈籠八指，單乙五十更、乙卯四十更，取礁頭。看北辰五指半、燈籠十指，單乙、乙卯，廿五更，取莽角雙兒，水四十托。乙辰、辰巽，二十更，平希星嶼。巽巳五更，取白礁。巽巳五更，取古里國是也。

## 東埔寨 南港往筆架並彭坊西

港口用乙辰，看北勢上崑崒尾齊，宜貪東，打水三托，泥沙地，正路。離淺了，用坤申十三更，取真嵫山。用單戌十更，取大橫山。用辛戌五更，取小橫山。用辛戌二十更，取筆架山。用壬子五更，取陳公嶼及黎頭嶼。用壬子五更，取烏泥淺，沿崑崒約二更，見內山有塔，是淺，乃彭坊西也。

## 回針

筆架開船，用單巳及巽巳二十更，用巽巳五更，取大橫山。若外過用乙辰，若內過用辰巽，十更，取真嵫山。內過，用單寅十三更，進南港是也。

## 東埔寨往烏丁礁林

宜貪東，用乙辰，看崑崒尾齊出淺。用單丁三更，離小崑崙山。用丁未十一更、用單未十五更、用坤未十八更，取苧盤山，在帆鋪邊。用單坤，收入將軍帽。帽內有帽帶生開，仔細。用單丁沿崑崒使，至羅漢嶼收入，防淺，不可遠不可近，量看使船。港口邊有淺礁出水，水大看不見，頭灣北邊有淺，又轉灣北有礁。船使至半路，收入烏丁礁林，在北邊為是也。

## 回針

出港用乙辰，使出羅漢嶼北邊。用單癸及癸丑，十一更，取苧盤山，內外俱可過。用單癸五更，取斗嶼。用單癸二十更、用子癸三十更、用丑癸五更，取真嵫山。沿崑崒使，打水三四托，正路。用甲寅十二更，到港口，淺上二托水。過西北些兒，莫貪東，恐犯呂宋淺。船尾坐崑崙，收入港下。崎頭內有一假港，使至中州，須南邊行船，讓風頭使至赤面港仔，不從北面，欲從南入。使至撻浪港仔口有山，船尾坐山，從東邊入港是也。

## 東埔寨往暹羅

出淺開船，用坤未五更、用單坤八更，見真嵫山。用乾亥四更，見假真嵫山。用單辛戌十更，取大橫。用乾戌三十五更，取筆架山。用子癸，取暹羅港是也。

## 回針

出港開船，用丙午五更，取烏頭山。用單午五更，取筆架山。放洋，用單巳及巽巳三十更，取大橫，若不見恐見內山。用單巳及丙巳，十二更，取真嵫。恐南風見假嵫，用單巳四更見真嵫。用甲寅及單寅，取南港口，貪隴不可犯淺，仔細入港。

## 暹羅往馬軍



離淺，用單午十更，取筆架山。丙巳五更，取大橫山。辰巽八十更，取赤土白面山，打水三十二托。丑艮十五更，取淡水港。丑艮十更，取長腰嶼，此是索羅港口。在馬戶邊，有一崑崒，東北邊有一小嶼。丑艮五更，取崑崙山，遠看三個尖山，內過。丑艮十更，取聖山 五嶼，在帆鋪邊。艮寅五更，取犀角山。子癸五更，取蘿蔔山。門中有青嶼在馬戶邊，帆鋪邊有香爐礁，大小四個。辰巽及巽巳，取羅婆畔。甲卯、乙卯三十更，取馬鞍山。丑艮十更，取巴里山。巡山使，丑艮十更，取陀羅山，望見馬軍山婆婆門，進港是也。



## 回針

離淺，辛酉五更，取陀羅山。丁未十更，取巴里山尾。單酉十更、庚酉十更，見北邊沙塘淺，有礁出水。單酉十更，見沖山，有一大山是七峰山，山尾有處長崑崒在山邊。單酉五更，見一小嶼，三牙嶼相對。小嶼不可抛船，水十七八托。庚酉三更，見白嶼在帆鋪邊，入門是蘿蔔山。單午及丁午，十更，取五嶼，取聖山。庚酉十更，取真崑崙山，內過。單未五更，取長腰嶼。單未十更，取淡水港口。東風用辛酉，北風用單坤，四十更，取東蛇龍。若在赤土白面上放洋，用辛戌、單亥五十更，單乾四十五更，取筆架山邊。用丑艮，取竹嶼，子癸取淺，是港也。

## 苧盤往文萊

在苧盤開，用乙卯十五更，取林哪喏山，在帆鋪邊。乙卯二十五更，見東邊有大山，即是東 西蛇龍山，番名叫單戎獨山，並有小嶼。用單寅二十更，取單戎嘮梅山，番名叫單絨絲立山。小平是崑崒，並有淺，打水三托。用單寅十一更，取赤土白面山，遠看山上有石壁似帆樣。沿山使十更，取淡水港口，亦有淺，打水三四托，船不可開。甲寅並單寅十更，取文萊港口。有二個小嶼是石，東邊有大山，北是長腰嶼，港口取毛花蠟，住船為是。

## 回針

文萊港口開船，二嶼是石。單辛並庚十更，取淡水港口，船不可開，打水三托，有淺，便是港口。沿山使，十更，取赤土白面，遠看山上有石壁似船帆樣。單庚十更，取單戎嘮梅山，一小平生是崑宰，對開有淺，打水三托。單申二十更，取西蛇龍山。辛酉二十五更，取林嘮喏山，在馬戶邊。辛酉十五更，取苧盤，是也。

## 瞞喇咖往舊港

開船，用辰巽五更，取射箭山，打水二十托。辰巽三更，取崑宋嶼，西邊有淺，打水四五托。巽巳、單巳，五更，取吉里問山，夜不可行。丙巳、單巳，四更，取鬼嶼，東南過，西南恐犯牛屎礁，水漲不見。對過是甘巴港口，有仁義礁。單巽四更，取甘巴門過。單丙及丙巳，十更，取鱺魚嶼。單巳四更，取佛寺嶼，西邊過。單巳四更，取單嶼。單巳及丙巳，五更，沿山打水六七托，使五更取舊港口，中有一州是正路，須認真為是。

## 回針

開船，壬亥三更，取彭家山尾，中間有沉礁，沙淺可過。帆鋪邊沿崑宰使，打水六七托。壬癸、單癸，十更，取單嶼。單壬四更，取佛堂嶼。單亥四更，取鱺魚嶼。壬亥、單壬，十更，取[甘]巴門。單乾四更，取仁義礁。對甘巴門港口，可防。恐犯牛屎礁，水漲不見，近北邊中央行妙。單壬及壬癸，取鬼嶼，東邊過。單壬四更，取吉里問山。單亥四更，取崑宋嶼過，西邊有淺，打水四五托。單亥、乾亥，取大 小射箭山。單乾五更，取五嶼，內是瞞咖喇[喇咖]。

## [占城往柬埔寨]

若船往柬埔寨，至靈山大佛，單丙三更取伽俑貌。丁未五更，取羅灣頭。坤未五更，取赤坎。坤申三更，取鶴頂山。坤申四更，收外任山落舵。看水漲，船頭對南，船尾坐外任山。使一二更之久，便見西南有毛蟹州。欲入港，船頭對毛蟹州，船尾坐甲卯，使至淺，打水四托乃正路。船當近毛蟹州北邊邊過，內崑身腰見港口。入港內，船沿北邊崑宰使甚妙，不可偏南。使四五日至外崑廊。

## [回針]

若船柬埔寨出港口，離坤身，船頭對毛蟹州，尾去近毛蟹州，可轉北邊出淺。船頭對東，近看見州近，或泥或沙，無防。當用甲卯離毛蟹州崑身，至淺上打水只有三四托，乃是正路。用甲卯四更，取鶴頂山。餘依前法而行為妙也。

### 往彭湖

南風時東墻 萊嶼往彭湖。萊嶼開船，乙辰十更，見西嶼頭，入門內庵前拋船為妙。

### 回萊嶼

開船，用辛戌、單亥，十更，取萊嶼為妙。





### 又

北風時，萊嶼往彭湖，前沙開船，辰巽及單巽，七更，取西嶼及門內庵前為妙，拋船。

### 回前沙

用壬亥及單亥七更，取前沙為妙。

### 南澳往彭湖

用乙卯十五更，取西嶼頭，若船身南邊打水十六七托，硬地，入門住船為妙。

### 回

用單酉及庚酉十更，取彭湖山，收南澳為妙。

### 太武往呂宋

太武開船，辰巽七更，取彭湖山。巳丙五更，見虎仔山。單丙及巳丙，六更，取沙馬枝頭。單丙二十更，取筆架山，與大港口相對及紅荳嶼。丙午七更，取射崑美山。丙午及單巳，十更，取月投門。單丙三更、坤未三更，取麻里荖表山，平長，遇夜不可貪睡，可防。丙午及單午，五更，取里艮大山，二港相連開勢沙表，表生在洋中，可防表尾，記之極仔細。巳丙五更，取頭巾礁。單午五更，取呂宋港口，雞嶼內外俱可過船，無沉礁，有流水。其船可從東北山邊入港為妙。

### 回針（往回或遇春冬宜加節衷）

雞嶼出洋，壬子、單亥十更，壬亥、單亥七更，取麻里荖，見表放洋。壬子、單子，二十五更，往回取彩船祭獻。此處流界甚多，則是浯嶼洋。壬子、壬亥二十更，單亥五更，取太武。

## 表上放洋

若表上放洋，壬子二十更，取射崑美大山。單子三更，取紅荳嶼。丑癸十更，是浯嶼洋。丑癸八更，取沙馬歧頭。癸十一更，取彭湖。壬亥七更，取太武入浯嶼。

## 呂宋往文萊

雞嶼開船，用巳丙及乙辰，十更，沙塘石開船，到呂蓬港口。若是呂蓬山外過，討麻里呂。坤未五更，取芒煙山。丁未及午丁，十更，取麻干洋了，討鬱山，無風，搖櫓二日三夜。單午及丁未，取小煙山前密。丁未五更，取三牙七峯山。單丁五更，取芭荖員。丁未五更，取蘿蔔山，文滴[又過]古幞山頭，高大有雲，犀角山。單未、單丁，見聖山。單未、坤未，取崑崙山，外有老古石過門去。坤未、坤申使，見長腰嶼。丁未，討鯉塘嶼。丁未，便是文萊 勃泥港也。

## 文萊回呂宋

港口開船，出鯉塘嶼。單癸五更，取長腰嶼，門中通。丑艮三更，取崑崙。遠看見成三個嶼，是崑崙。丑癸五更，取望煙山，高大有雲，往回放彩船祭獻。丑艮三更，取五崙。丑艮八更，取幞山，對開有老古石，行船極仔細。癸五更，取淺馬頭。丑癸五更，取芭荖員。丑癸五更，取七峯山。丑癸五更，取赤葉，水色清淥，打水六十托。丑艮十更，取呂蓬山，外過。丑癸五更，取藤綁大山，是呂宋港，口中一雞嶼。北邊是覆鼎安大山，南邊豬黎尾入妙。

## 松浦往呂宋

柯子門開船，丙、丁午及丁未，十更，見五島山。過去遠用坤申放洋，五十四更，若不見山，用丁未二更，見小琉球 雞籠頭山。巡山使上用丙午六更，見北港 沙馬頭大灣山。丙午三十五更，取射昆美山。丙午、單巳，十更，取月投門。丙午三更、坤未三更，取麻里荖表，崎尾表平。遇夜不可睡，仔細。單巳五更，取東樓山。丙午五更，取里艮山。壬丙五更，取里安山。丙巳五更，取覆鼎安山。上是大 小藤綁山，下是呂宋港，有雞嶼，內外俱可過船，無沉礁，有流水，進從東北邊妙。南邊是佳逸，拋佛郎船，丑艮取“銃城”，妙矣。

## 呂宋回松浦

雞嶼開船離洋，巳亥及壬子，五更，取里安山。丑癸五更，取里仁大山。單癸五更，取東樓山。壬亥、單亥，五更，取麻里荖表。俱是平平崑崒，遇夜不可睡。用壬子放洋，二十五更，取浯嶼洋，放彩船。單癸、子癸，十更，取沙馬頭大灣內山。巡山使子癸六更，見雞籠頭山為準。離山有四五更放洋，艮寅五十六更，見山。船身在南，見野故山，在北有雲貳山、天堂。欲至松浦，船過天堂，用壬亥、壬子，十更，收入柯子門。松浦即平戶津，土名魚鱗島。港內水急，中有一小員嶼，須當水平進。欲往護屋，平戶出港用艮寅三更，收入護屋，即隴車仔也。若去西北風大，或從雞籠後過之，若來西南風大，或雞籠後過有之，須當仔細。





## 泉州往勃泥即文萊

長枝頭開船，單丙一夜一日，丙午針好風五日，看見小呂蓬山。丙午一日一夜，見芒煙大山，北邊是呂蓬大山，見門內從邊落去。丁未見有一門，不可入。沿山邊落，用單丁，見三牙七峯。洋中有淩礁，礁行船仔細。又使二日一夜，見沙奇頭，有淺，船使竹山邊過，見一列老古，船身半奇頭。單午一夜一日，出見大 小羅模山，見古幞山，又見聖山，對開來高大有雲，犀角山尖。坤未，取崑崙山，外有老古淺，平使船門。坤未、單未沿崑崒使，取長腰嶼，有門。丁午，取鯉魚嶼，收毛花蠟，是勃泥也，即文萊。

## 浯嶼往麻里呂

太武開船，單巳廿五更，取浯嶼洋，往來放彩船祭獻。丙巳取射崑美山。沿山使三更，取白土山並萬安旦港口及玳瑁港，討蘇安。單丙四更，取麻里荖斷嶼。過表，是里艮並陳公大山。尾見里安大山。看見八個安山開洋，中是呂蓬山，平沿山使，取呂宋港口，有雞嶼，下是居民港，看見豬來尾山。貓荖英開，山是呂里山，上有白處是麻里呂也。

## 回針

貓里呂開船，丑癸、單丑，四十更，取里艮山並麻里荖表，平平長。壬子、壬癸廿五更，取浯嶼洋中。用壬子廿五更，取浯嶼入太武也。

## 泉州往彭家施闌

長枝開船，丙巳七更，取彭湖。丙午七更，取虎尾山。沿山五更，取沙馬頭往船，二邊有雞籠嶼。辰巽十更，取毛架及五嶼，遠看見是紅荳嶼並東浮甲，在東邊及甘里，輕取大港。若風東，用辰巽取小港出港。辛酉七更，取射崑美。若見紅荳嶼，如不收入大港，當用丙午沿山使一二更，取哪哦山尾見白土山，沿山使，好風使一日一夜，收三嶼 密雁港口，便是幞頭門，即殺牛坑。丙午、單午，十一更，取十六兒[兒]山，下是四嶼。單巳五更，取郎梅嶼下住船。單午，取麻里荖斷嶼。丁午五更，取蘇安港。沿山使是玳瑁港，過東是傍家施蘭港。

## 泉州往杉木

長枝頭開船，丙午七更，取彭湖。丙午三十更、丙巳，取三嶼。沿山使，丙午收表。丙巳見里安、里艮大山。辰巽，入呂宋。單巽，取芒煙大山，沿山使。用巽巳，取平嶼過洋。單辰五更，取高西山。右邊離山，辰巽，取里沙大山，沿山落。丙巳，取大山尾。丙巳好風二十更，單巳，取麻安大山。單午，見雙里山，船在山西邊過。丙午十五更，取蘇祿。單酉並坤申出崑宰門，庚酉並辛酉，三十更，取麻里犇山。在北邊離山，巽巳十更，入崑宰尾在右邊來。單巳，取筆架山入港，東加蠟抛船，是杉木。

## 杉木回浯嶼

東加蠟開船，見麻里犇山。離崑宰尾用乾亥，取麻里奔山。若見半洋小嶼，在東邊過船。乾亥，取麻里奔山，離山尾壁頭起身。子癸十更，取半洋離崑宰。子癸十更、壬子並壬癸，取三牙七峯。沿山使，見南頭高。單酉，取糞箕嶼。單亥，取蘇祿。出門過洋，乾亥五更、單亥，離巴漢頭山。十更單子，取里艮山，並麻里荖表。壬子廿五更，取浯嶼洋中。壬子廿五更，取浯嶼也。

## 福建往琉球

太武放洋，用甲寅針七更船，取烏坵。用甲寅並甲卯針，正南東墻開洋。用乙辰，取小琉球頭。又用乙辰，取木山。北風東湧開洋，用甲卯，取彭家山。用甲卯及單卯，取釣魚嶼。南風東湧放洋，用乙辰針，取小琉球頭，至彭家，花瓶嶼在內。正南風梅花開洋，用乙辰，取小琉球。用單乙，取釣魚嶼南邊。用卯針，取赤坎嶼。用艮針，取枯美山。南風用單辰四更，看好風單甲十一更，取古巴山，即馬齒山，是麻山，赤嶼。用甲卯針，取琉球國為妙。

不入港欲往日本，對琉球山 豪霸港可開洋。琉球放洋，用單丁針四更船，取椅山，外過。單癸針二更半，是葉壁山。離椅山了，單癸四更，取流橫山。又用丑癸五更，取田家地。用丑癸三更半，取萬者通七島山邊。用單寅針五更，取野故山，內過船。離野故山，用艮針二更半船，取但尔山。又單艮四更，取酉甫山，平港口。其水望東流，十分緊。單寅十更船，取啞慈子里美山。其山用單艮二更、單寅三更，[取]沿度奴烏佳眉山。用癸針三更船，若是船開，單子一更，取是麻山邊。南邊有沉礁，名儆[做]長礁，東邊過船。單丑一更船，是正路。用子針四更船，取大山門中，傍西邊門過船。用單丑，是兵庫港為妙。

## 琉球往日本針路



計山對四個椅山，共五十七更船。豪霸港口開船，單子四更，取椅山，外過。用癸針二更半，取葉壁。單癸四更，取流橫山。用丑癸五更，取田家地山。用丑癸三更半，取夢加利山。單癸三更，取大羅山。單癸二更半，取萬者通七坵山，[西]邊過。單寅五更，取野故山，內過。艮針二更半，取但尔山。又艮針四更，取野角利山，平港口，流水望東十分急。離野里山，單寅十更，取啞慈子里美山妙[妙山]，佳眉山。單癸三更，若是船開，單子一更，取而麻山，邊一個沉礁名做長礁，東邊過船。單丑十更船，是正路。子針三更，取大山門中，傍西邊門過船。單丑三更，取兵庫港為妙。

## 兵庫港回琉球針路

港口開船，單未三更、單午四更，取大門山中，傍西邊門過。用午四更，取麻山。單丁三更，取沿渡奴烏佳眉山。單辛針，取啞慈子里美山。其山用辛針十一更，取啞甫利山。單坤六更，取但尔山。坤申四更，取野故山。坤申五更，取萬者通七島山，內過，山名曰坵奴名山，共野山對面一更船有小礁。五更船，千萬仔細使船，在北邊過。單丁三更，取大羅山。丁未三更，取夢加利山。用丁未五更，取葉壁山，外過。單丁三更，取馬蹄山。單午四更，取琉球港口為妙。

## 琉球回福建

港口用坤申一更半，平古巴山 是麻山。用辛酉四更半，用辰戌十二更、單乾四更、單辛五更、辛酉十六更，認是東路山，望下勢便是南犯[杞]山。坤未三更半，臺山。坤未三更，是烏麻山。坤針，見官塘。五更，平官塘，取定海千戶所前拋為妙。

## 日本港山形水勢

船見雲貳山，直隴是久志澳，下是秋日澳（俗名即阿根美）。

船見烏嶼，直隴是山川（俗名即夜名高及彌志）。

## 女澳內浦港（俗名即里之微）

船見天堂頭，是片浦港（名曰加刀里）。天堂內是阿久根（即是紅車里）。下處是京泊津（即腔挑馬里）。

船見天堂北，隴是天草，即野馬堀沙。用艮丑針，取志歧。在東南邊進入去即口津，在北邊名曰屈津澳子，即[及]有馬大山，即里馬國。

船見日嶼即五島頭 美甚焉。直隴用單寅，收入長岐港，即籠仔沙機，有佛郎番在此。

船見天堂，用壬子、壬亥，取松浦港。

船見五島頭，用艮寅取髻仔山，進柯子，入去即平戶津，名魚鱗島。

船見對馬島，用乙辰、乙卯，取松浦為妙也。

或船使高有收上銀山港門，經紀更妙。

——[明]佚名《順風相送》





# 慎懋賞《四夷廣記》的針位、針路

## 《四夷廣記·東夷廣記》

### 隋 裴清至日本路程

隋煬帝 大業三年，遣裴清渡百濟，行至竹島，南望耽羅國，經都師麻國，迥在大海中。又東至一支國，又至竹斯國。又東至秦王國，其人同于華夏，以爲夷洲，疑不能明也。又經十餘國，達於海岸。自竹斯國以來，皆附庸於倭。

### 太倉往日本針路更數

稱更者，每一晝夜分為十更，以焚香支數為度。以木片投海中，人從船面行，驗風迅緩，定更多寡，可知船至某山洋界。

自南直隸 蘇州府 太倉州港口開船，用單乙針壹更船，平吳淞江。用單乙針及乙卯針，壹更，平寶山。到南匯嘴。用乙辰針出港口，打水六七丈，沙泥地，是正路。三更，見茶山。茶山水深七八丈。一云行一百六十里，正與此合。自此用坤申及丁未針，行三更船，直至大 小七山，灘山在東北邊。灘山下水七八托，用單丁針、用單丁針及丁午針，三更船，平霍山。霍山用單午針，至西後門。西後門用巽巳針三更船，至茅山。茅山用辰巳針，取廟州門。船從門下行過，取升羅嶼。廟州門水深流急。升羅嶼用丁未針，經崎頭山，出雙嶼港。升羅、崎頭俱可泊船。崎套[頭]水深九托。雙嶼港用丙午針三更船，至孝順洋及亂礁洋。雙嶼港口水流急，孝順洋水深十二托，泥地。亂礁洋水深八九托，取九山以行。九山西邊有礁，打水，行船宜仔細。一云亂礁洋水深六托，泥地。九山用單卯針，二十七更過洋，至日本港口，打水七八托，泥地，南邊泊船。



**【引書舉要】**

《四夷廣記》是嘉靖至萬曆間"明吳人慎懋賞輯"，載於鄭振鐸所輯《玄覽堂叢書續集》第八十七至一百零二冊，包括《東夷廣記》《北狄廣記》《西夷廣記》《海國廣記》。該書應作於萬曆二十年至廿六年（1592—1598）或其後。

本書所引據中央圖書館1947年鄭振鐸輯《玄覽堂叢書續集》本，另參見陳佳榮"南溟網" http://www.world1ok.com/blog/?p=1607[明]慎懋賞《四夷廣記》航海針路點校版。

《四夷廣記》的海路記載，是《渡海方程》後另一部由文人整理的針經資料，雖係集錄前人尤其是民間的相關成果，且有不少錯訛之處，但仍有其參考價值。



## 寧波至日本路程

浙江 寧波府由烏沙門開洋，七日即到日本。若由陳錢山，用艮寅針，海程四十八更，船至日本。

## 福建往日本針路更數

長樂縣 梅花東外山開船，用單辰針、乙辰針或用辰巽針，十更船，取小琉球。小琉球套北過船，見雞籠嶼及花瓶嶼、彭嘉山。彭嘉山北邊過船，用乙卯針，或用單卯針，或用單乙針，十更船，取釣魚嶼。釣魚嶼北邊過，十更船，用單卯針，或用乙卯針，四更船，至黄麻嶼。黄麻嶼北邊船，便是赤嶼。五更，船用單卯針，或用單甲針，或用單乙針，十更船，至赤坎嶼。赤坎嶼北邊過船，用單卯及甲寅針，或用艮寅針，或用單卯針，十五更船，至古米山。古米山北邊過船，有礁，宜知畏避。用單卯針及甲寅針，五更船，至馬㠋山。馬㠋山用甲寅針五更船，至大琉球。大琉球 那霸港泊船（土官把守港口，船至此，用單卯及甲寅針，行二更，進那霸內港，以入琉球國中）。

那霸港外開船，用單子針四更船，取離倚嶼，外過船。用單癸針三更船，取熱壁山以行。熱壁山用單癸針四更船，取硫黃山。硫黃山用丑癸針五更船，取田嘉山。又丑癸三更半船，取夢加剌山。用單癸針三更船，取大羅山。大羅山用單癸針二更半船，取萬者通七島山，西邊過船。萬者通七島山用單寅針五更船，取野顧七山，島內是

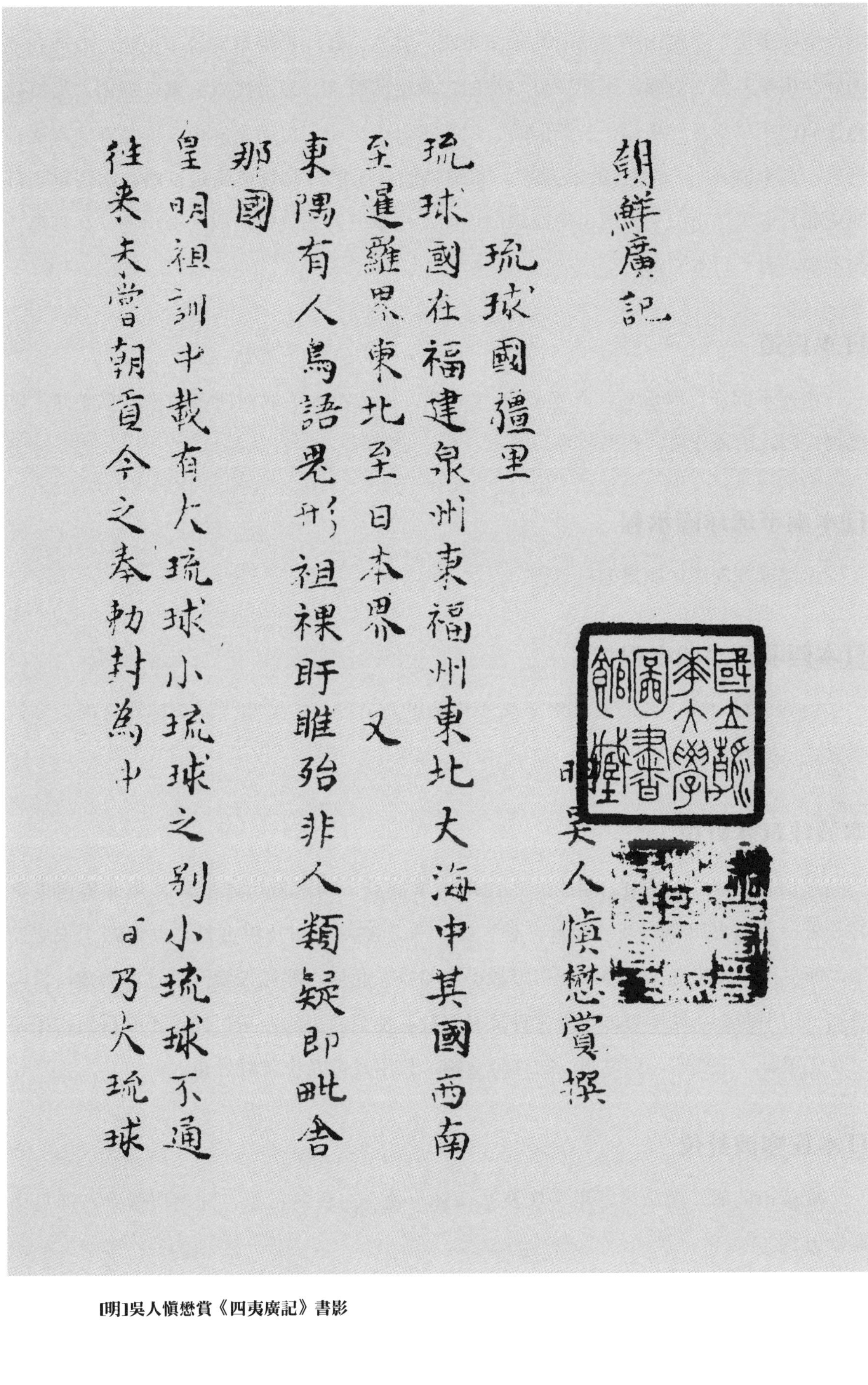
朝鮮廣記
明 吳人慎懋賞撰
琉球國疆里
琉球國在福建泉州東福州東北大海中其國西南
至暹羅界東北至日本界 又
東隅有人鳥語鬼形祖裸盱睢殆非人類疑即毗舍
那國
皇明祖訓中載有大琉球小琉球之別小琉球不通
往來未嘗朝貢今之奉勅封為中 日乃大琉球

〔明〕吳人慎懋賞《四夷廣記》書影

麻山嶼。野顧山巽寅針四更船，取亞甫山。一云野顧山對面行六十里，有小礁四五個，最宜畏避。在北邊過船。用艮寅方，行一百五十里，至旦午山。用艮寅方，行二百四十里，至亞甫山。亞甫山平港口，其水望東流，甚急。離此山用單寅針十更船，取亞慈理美妙。用單艮針二更船，又單寅針三更船，取沿灣奴（一云沿渡奴）烏佳眉山。沿渡奴烏佳眉山用單癸針三更船，若船開時，用單子針一更船，至而是麻山。而是麻山南邊有沉礁，名套礁（一云名佐[做]長礁），東邊過船。用單丑針壹更船是正路。卻用單子針四更船，取大門山中。大門山傍西邊門過船，用單丑針三更船，取兵褲山港。兵褲港，循本港，直入日本國都。





## 日本貢道

由博多開洋，歷五島，入寧波府 定海關，因造舟水手俱在博多故也。貢舶回，則徑收長門，因抽分司官在焉故也。

## 日本南至琉球國水程

由薩摩州開洋，順風七日可到。

## 日本西北至高麗水程

由對馬島開洋，各島之人俱至堆沙儿撒思乃山谷。三嶴開洋，至高麗之則失多，順風壹日約五百里。

## 寧波往日本針位

寧波往日本，普它[陀]開船。正南風用單辰針，西南風用乙辰針，俱北風用艮寅針，若一色南風用單辰及乙卯針，使二日二夜，隨返甲卯及甲寅針，共筭四十五更船了，即見山。或船身在南邊，即見野故山。船身在北倚，即見天堂。欲往四布至，日向豐州，用甲卯針，見至布志。用艮寅及丑癸針，使至六更船，平日向。不收日向，用丑癸及壬子針，十更船，到豐州。欲往野交踏，只用艮寅及申寅針妙也。

## 日本往寧波針位

硫黃山開船，離山了，用辛戌及辛酉針，使至三夜二日了，隨還庚酉針，即見山為妙也。

## 松浦出港

用坤未針，使至五更，船用坤申針。硫黃山開，用坤申為妙也。

## 漳州往琉球並日本針位

太武山開洋，用單艮針七更船，取烏坵山。用艮寅針四更船，取牛嶼。用艮寅針五更船，取東湧山。用單辰針，西南風用乙辰針，東南風用辰巽針，八九更舡，取小琉球並[雞]籠嶼外，平彭佳山。南風用單卯針，東南風用乙卯針，十更舡，取釣魚嶼邊過船。南風用單卯，東南用丹卯針，四更船，取黃麻嶼北邊過。南風用單卯及甲寅針，西南風用艮寅針，東南風用甲卯針，十五更舡，取粘米山，北邊過舡，有礁，行舡子細。南風用單卯及甲卯針，十五更舡，取馬齒山。用甲卯及甲寅針，使二更舡，取琉球港口。進港大吉，妙也。

開洋，用單子針四更船，取椅山。用單癸三更舡，取葉礁山。用單癸四更舡，取硫磺山。用丑癸五更舡，取田佳地山。用丑癸三更半舡，取度加剌山。用單癸及丑癸三更舡，取大羅山。用單癸針三更半舡，取萬者通七島山，兩[西]邊過舡。單寅針五更舡，取野故山，內過。用艮寅針二更半舡，取旦尔山。用艮寅四更船，取亞甫山，平港口。其水東流，十分緊。用單寅十更船，取亞慈子里美，美哉其山。或不見山，用單癸針三更船。若船身開，用單子針一更船，取而是麻山。南邊有一沉礁，名佐[做]長礁。東北邊過船，用單丑一更是正路。用單丑四更船，平兵庫港，為妙也。

## 兵庫港回琉球並漳州針位

兵庫開船，用單未針四更舡，用單午針四更船，取[大]山門，傍西門過。用單午針四更船，取而是麻山。用單丁針三史船，取沿渡奴烏佳眉山。用單申針五六更，取亞慈子里美[妙其]山。用單申針十更船，取亞甫山。用單坤六更船，取亘爾山。用坤申針二更半，取野故山。用坤申針五更船，取七島內，名叫兵之奴是爾麻山，共野故對面。一更船，有小礁十四五個，千萬子細，在北邊過船。用單丁三更半船，取大羅山。用單丁針三更舡，取度加剌山。用丁未針三更半，葉璧山，船取田佳地山。用丁未針五更船，取硫磺山。用單丁針四更船，取葉璧山，外過給[船]。用單丁針三更船，取椅山。用單午針四更船，取琉球港口。

用坤申針，取溪剌麻，山尾雙連平平。用坤申及單申針一更半船，取平郡邑 是麻山。用辛酉針三更船，取粘米山。開洋，南邊過船，用乾戌四更船，單乾針六更舡，赤嶼。用單庚及單酉十更船，黃麻山。用單酉針四更船，取釣魚嶼。用單[酉]針十更船，取彭佳山。用單卯針一更船，取雞籠嶼。用單戌針八更船，取東湧山。用單申針，取生嶼。用坤申針四更船，取烏坵山。用單坤針七更船，取大[太]武山，是漳州為妙也。

## 朝鮮 釜山往日本路程地里

六月十六日，自釜山舟出大洋，渡海面凡五百餘里，晚至推薩矶。其地惟樵舍數十家。又一日，放舟，傍山，東北行三百餘里，薄暮抵對馬島，即福州島。四圍皆高山，山有營民屋千餘人，可萬計。有迎天使館，館後為國分寺，景最優雅。自對馬島，傍山東南行四百八十餘里，晚至益祁島，館建小山上，居民數百，家家業漁。益祁島屬飛鸞島，即先年汪直為寇者。自益祁島，依山西南行二百餘里，昏抵南柯崖，即名護屋，山上新建小城，山有五層，登眺大海，天使館亦在其中。中多倭將房屋，"關白"寇朝鮮來此所建。兵計萬餘，居屋數百餘。華番商舶亦有至者。循小島，東北行二百六十餘里，晚至耶奴世馬，傳舍俱新建。其地無民居，館東北數武有仙岩，狀若石樑。自耶奴世馬傍山，東北行三百餘里，昏抵長門，倭言加末世矶。此地上控倭京，下環大海，實一關隘也。向島各為主，防禦最嚴。今"關白"蕩平諸島，彼此通行無禁。民居三百餘，兵可千計，倉廪所積。天使館即倭將營房也。館東北有山寺。自長門東行，左依山麓，右望大海，間見遠山，日夜行三百五十餘里，始達看馬世矶。看馬世矶東北行三百餘里，始抵通門，倭言恰馬甲里。自恰馬甲里東北行三百餘里，至鞆浦，倭言土木，屬備後州。居民頗稠，最重中元節，皆張燈祀先、供佛。館新建，館東南有福禪寺。向東北行二百餘里，抵牛萬都，倭言烏世慢多。居民四百餘家。傳云此島始焉民居千餘，多劫掠洋海，最為惡俗，"關白"殲其渠魁，徙其遺眾，始得安。東北行二百三十里，抵木羅，即攝津，居民四五百家。向東行二百餘里，沿海之地，萬山聯絡，尤多平曠，農居連屬，禾黍盈疇。晚抵兵庫，民居亦稠。行一百五十餘里，抵和泉州 沙界，無城廊，民居寸地如金，周圍凡十餘里。其地街巷風景、交易製作，宛類中華，而華物番貨無所不有，第其值稍昂耳。人煙輻輳，甲於通國云。此地素不懼兵燹，一遇攻敵，則輸"餉"（食強）求降。富者居積貨殖，有至百萬，儼一都會也。

——以上載《玄覽堂叢書續集·第九十二冊》

## 福建往琉球鍼路更數

自福建 福州府 長樂縣 广石 梅花所開洋，正南風，東沙山。用單辰針六更船，又用辰巽針二更船，小琉球頭。乙卯針四更船，彭佳山。單卯針十更船，取釣魚嶼。又用乙卯針四更船，取黄尾嶼。又用單卯針五更船，取赤嶼。用單卯針五更船，取古米山。又乙卯針六更船，取馬齒山，直到琉球 那霸港。土官把守港口。船至此，用單卯及甲寅針，行二更，進那霸內港，五里至天使館，二十五里中山坊，五里歡會門。西南諸國，行二三日即有小港以避風。琉球去閩萬里，殊無停泊之處，且多橫風浪。

## 大明往琉球針位

正南風用單卯針，西南風用單卯針，東南風用乙卯針，十更船，取釣魚嶼，北邊過船。南風用單卯針，東南風用單卯針及乙卯針，四更船，取黃尾嶼。南風用申卯針，東南風用單卯針，西南風用單申針，十更船，取赤嶼，北邊過船。南風用單卯及甲寅針，西南風用艮寅針，東南風用甲卯針，十五更船，取粘[粘]米山，北邊過船，十分子細，妙也。南風用單卯及甲卯，四更船，取馬齒山。南風用甲卯及甲寅針，二更船，取琉球，進港妙也。

港口開船，用單子四更船，取掎山。用單癸四更船，取硫磺山。用單癸五更船，取田佳地山。用癸丑三更半船，取度加剌山。用單癸及丑癸三更船，取大羅山。用丑癸三更船，取七島山，兩邊過船。用艮寅五更船，取野故大山，內邊過船。用艮寅二更半船，取旦爾山。

## 琉球國船往暹羅針路

崑崙山，用庚酉針及單酉針十更船，真嶼，打水十七托，正路。若十五六托亦妙，在真嶼內過。用壬亥針五更船，取假嶼內通過，近山使，打水十七八托。用壬亥針五更船，取籠嶼，即角生，打水五六托為妙。就大橫，在外洋，坐酉上。又用壬亥及單亥針五更船，平都崑大高山。近前，用壬亥針，上有兩山，便討柴水。此處正平涼山嶼、大 小角巑巑二山。船身高，在酉上。船身正平涼山嶼。用乾亥針三更船。用壬亥針及單壬針一更船，見赤龜礁出在海中心，在亥上。若夜晚，平涼山嶼，用乾亥針必逢赤龜礁。若打水二十一托，用單亥針，正逢礁。打水十八九托、二十一托，止路。船身在赤龜礁內過，是正路。赤龜正平角龍。赤龜礁出水，赤白色，船身在內過。用單亥針及乾亥針，好風三更船，平嘣格刷，回頭望赤龜礁在酉上。望見前一山出，橫在甲壬亥上，就時打水二十三四托，近見方認得是野豬嶼，即角公。此處拋碇，有松魚多。野豬嶼好風，用乾亥針及單亥針四更船，取仙髻山，即角麥，角骨相連象次，打水二十、打水二十一二托，是正路。船身平仙髻山相連。用乾亥針五更船，取三山長沙，打水十九托、二十托是正路。若平仙髻山，打水十八九托，好落碇，十分小魚食。船平三山尾，有斷嶼，生開，並有個出水小礁，亦生開在嶼邊。夜間行船，避防子細。沿坤申岸，打水十六七托，勒打水沿打水。沿山使用辛酉針，取海潮門妙也。

——以上載《玄覽堂叢書續集·第九十四冊》

# 《四夷廣記·海國廣記》

## 廣西入安南凡三路

廣西至安南陸路，宋朝多行此道，今奉使者亦由憑祥州 鎮南關入。廣西入安南凡三路：

一路從憑祥州入者，由州南關隘，一日至安南之文淵州 坡壘驛。復經脱朗州北，一日至諒山衛。又一日至溫州之北險徑，半日至鬼門關。又一日經溫州之南新麗村，經二十[諒]江，一日至保祿縣。半日渡昌江，又一日至安越縣南市橋江下流北岸。

一路由思明州入者，過摩天嶺，一日至鬼陵州，過[辦]辨強隘。一日至祿平州，州西又路，一日半至諒山府。若從東南行，過車里江。此江永樂中黎季犛堰之，以拒王師；後偵知其堰處，乃決之以濟師。一日半至安博州。又一日半過秏軍峒，山路險惡。又一日至鳳眼縣。至此又分二道：一道一日至保祿縣，亦渡昌江；又一道入諒江府。亦一日至安越縣之南市橋江北岸，各與前道會。

一路從龍州入者，一日半至平而隘。又一日至七源州。二日至文蘭 平茄社。至此又分二道：一道從文蘭州，一日經右隴縣 北山徑，出鬼門關平[地]四十里，渡昌江上源，經右隴之南，沿江南岸而下，一日至世安縣平地，至安勇縣，又一日亦至安越縣之中市橋江北岸；一道從平茄社西，一日半經武崖州山徑，二日至司農縣平地，又一日半亦進至安越縣之北市橋江上流北岸。

市橋江在安越縣境中，昌江之南諸路總會之處，隨處皆可濟師。一日至慈山府，又東岸嘉林等縣，渡富良江以入交州。

## 雲南入安南凡二路

雲南至安南陸路，元朝及本朝始開此道。雲南入安南凡二路：

一路從蒙自縣，經蓮花灘入交州之石隴關下程瀾峒，循洮江源右岸，四日至水尾州。又八日至文盤州。又五日至鎮安縣。又五日至夏華縣。又三日至清波縣。又三日至臨洮府。洮水即富良江上流，其北為宣光江，南為沱江，所謂三江者也。臨洮二日至山圍縣。又二日至興化府，即古多邦城。自興化，一日至白鶴神廟三歧江。又四日至白鶴縣，渡富良江。

一路從河陽隘，循洮江左岸，十日至平源州。又五日至福安縣。又一日至宣江府。又二日至端雄府。又五日至白鶴三歧江。然皆山徑，攲側難行。其循洮江右岸入者，地勢平夷，乃大道也。

## 廣東至安南水程

海口入路凡數處（伏波以來行之）。

廣東海道，自廉州 烏雷山發舟，北風順利一二日可抵安南之海東府。

若沿海岸以行，則烏雷山一日至永安州 白龍尾。白龍尾二日至玉山門。又一日至萬寧州。萬寧州一日至廟山。廟山一日至屯卒巡司。又二日至安南 海東府。

自海東府，二日至經熟社，又石堤，陳氏所築以禦元兵者。又一日至白藤海口。過天寮巡司，南至安陽海口。又南至塗山海口。又南至多漁海口。各有支港以入交州。

自白藤而入，則經水棠、東潮二縣，至海陽府。復經至靈縣，過黃徑、平灘等江。

自安陽海口而入，則經安陽縣，至荊門府，亦至黃徑等江，由南策 上洪之北境以入。

自塗山而入，則取古齋，又取宜陽縣，經安老縣之北，至平河縣，經南策 上洪之南境以入。

自多漁海口而入，則由安老、新明二縣，至四歧，溯洪江至快州，經鹹子關以入。

多漁南為太平海口。其路由太平、新興二府，亦經快州 鹹子關口，由富良江以入。此海道之大略也。

交州之東有海陽、荊門、南策、上洪、下洪、順安、快府等府，去海頗遠，各有支港穿達，迤邐數百里，大艦不能入。故交人多平底淺舟，以便入港云。

——以上載《玄覽堂叢書續集·第九十九冊》

## 福建往安南國針路

福州 五虎門開船，用乙辰針取官堂，船行三礁東西邊。用丙午針取東沙山，西邊過船，打水六七托。用單巳針三更船，取片嶼。用丁午針一更船，用坤未針二更船，用坤申一更船，平烏坵山。用坤申七更船，平太武山。用坤申七更船，平南澚外平外[山]。用坤申十五更船，平大星尖。用坤未針七更船，取東姜山。用坤未針五更船，平烏豬山。用單申針十五更船，取七洲。用單申針，平海南 黎母山。用庚酉針十五更船，取海堂山，正路。用單亥針及乾亥針十五更船，取雞唱門，即是南海 雲屯州海門也。

## 安南國回暹羅針路

雞唱門外開船，用辰巽針五更船，取海堂山。過洋，十五更船，取黎母山。丑艮針二十更船，平烏豬山。用單艮針五更船，用艮寅針十五更船，平大星尖。用單寅針十五更船，南灣 外彭山外過。用艮寅針三更船，平大 小甘山外過。用單寅針四更過船，為正路。用辛戌針十更船，取大橫山內過，打水二十五托為正路。近北水淺，只有五托，船身在南邊，見小橫山成三個山，各山皆是樹木。用辛戌針十一更船，用單戌針十五更船，用乾戌針十更船，取筆架山，在帆舖邊。用壬寅針五更船，取陳公嶼及犁頭山。用壬子針，取烏頭淺。用單乾針三更船，取竹嶼。用單子針五更，到淺，打水四五托。用壬子針及乾亥針，隨坤申尾去，便是暹羅港口。用子癸針，船尾對竹嶼入港，正路也。





## 永樂七年鄭和由福建至占城水程

永樂七年[1409]十二月，太監鄭和自長樂 五虎門開洋，西南行，順風十晝夜至其國，東北百里海口，港曰新州，有石塔為標，舟至是繫焉。岸上一寨，番名設比祭[奈]，二頭目主之，五六十家居住，晝夜守港。去西南一日程，到王都，番名佔，其城以石壘砌四門，令人把守。

## 正統六年吳惠由廣東至占城水程

正統六年[1441]，給事中舒口、行人吳惠於十二月廿三日，發東莞縣。廿四日，過烏豬洋。廿五日，過七洲洋，瞭見銅鼓山。廿六日，至獨豬山，瞭見大周山。廿七日，至交趾界。有巨洲橫截海中，怪石廉利，風橫舟觸即靡碎。舟人甚恐，須臾風急過之。廿八日，至占城 外羅洋 校杯墅中。至七年五月十五日歸東莞。

按，詔使往占城者，惟鄭 吳舟跡可考。然和由新州入，惠由校杯入，豈二路皆可通，而隨風所泊故異耳！

## 福建往占城針位

五虎開船，用乙辰針，取官塘山，行船三礁東北邊過。用丙巳針，取東沙山，西邊過船，打水六七托。用單巳針三更船，平牛嶼。用丁午針一更船，用坤未針二更船，用坤申針一更船，取烏坵山。用坤申針七更船，取太武山。用坤申針及單申針，七更船，取南灣外彭山。用坤申針十五更船，取平大星尖。用坤未針七更船，平東姜山。用坤未針五更船，取烏豬山。用坤未針十更船，平七州山。用坤未針七更船，平獨豬山。用單未針二十更船，取占畢羅。用單未針五更船，取外羅山外。用丙午針七更船，取校槰嶼，內過船，沿山使入新州港口也。

## 占城回福建針路

新州港口開洋，用單壬針，取校桮嶼。用壬子針七更船，取外羅山，內過。用丑癸針及單丑針，二十更船，平獨豬山。用單艮針五更船，艮寅針二十五更船，平大星尖山。用單寅針十五更船，平南澚 外彭山。艮寅針十五更船，取大 小甘山，外過。用單寅針四更船，平大[太]武山。用單艮針七更船，平烏坵山，內過。用艮寅針四更船，平牛嶼。用丑艮針五更船，平東沙山，外過，取海塘山，灣頭外有玳瑁州，子細。

——以上載《玄覽堂叢書續集·第一百冊》

## 隋煬帝遣常駿至赤土水程

隋 大業初，遣常駿自南海郡水行，順風二十晝夜至焦石山過，東南泊陵伽鉢拔多洲，西與林邑（即占城）相對，上有神祠焉。又南行至獅子石，自是島嶼連接。又行二三日，望見狼牙須國之山，於是南達雞籠島，至於赤土之境。

## 廣東 東莞縣至暹羅鍼路

自廣東 東莞縣之南亭門放洋，南至烏豬洋、獨豬洋、七洲洋，星盤坤未針至外羅。坤申針四十五程，至占城 舊港。經大佛靈山，其上烽墩，則交趾屬也。又未針至崑宅山。又坤未針至玳瑁洲、玳瑁額及于龜山。酉針至暹羅，由盈和門臺海口入港。水中長洲隱隆如壩，海舶出入，如中國車壩然，亦國之一控扼也。少進，為一關，守以夷酋。又少進，為二關，即國都也。

## 雲南至暹羅

暹羅北去二百餘里，有一市鎮，名上水，可通雲南後門。番人五六百家居之，諸色番貨皆有。

## 廣東往暹羅針路

南亭門開洋，用坤未針五更船，平烏豬山，在馬戶邊。用坤未針十三更船，平七洲山。又坤未針七更，平獨豬山。如見獨豬山，可用丁未針二十更，取外羅山。用丙午針七更，平校杯嶼及新州港。用丙午針五更，船平大佛靈山。用單午針三更船，平伽藍皃[貌]山。用丁午針，平羅灣頭。用坤未針五更船，平赤坎山。船身開，恐犯玳瑁州。船身隴，恐犯玳瑁鴨、玳瑁礁。若船身近赤坎山，看不見玳瑁州，用丁未及單未針，十五更船，取大崑崙山，內過船，打水十五六托。用庚酉針三更船，取小崑崙山。用庚酉針十更船，取真嶼山。山內過船，打水十四五托。用辛戌十更船，取大橫山，內外可過船。用辛戌針五更船，取小横山，内外可遠山過船。用乾戌針二十五更船，取筆架山。用壬子針十更船，取陳翁嶼。用單壬針三更船，上淺，收進暹羅為妙也。

## 暹羅回廣東針路

離淺，用丙巳針，平陳翁嶼。用丙午針十更船，平筆架山。遠放洋，用單丙針及丙巳針，二十五更船，取小横山，在帆舖邊。用丙巳針五更船，平大横山，帆舖戶邊。用單辰針十更船，取真嶼山，在帆舖邊。用申卯針及單卯針，十三更船，取大崑崙山，在馬戶邊。用單丑及丑癸針，十五更船，取赤坎山。若船身開，恐犯玳瑁洲。若船身隴，恐犯玳瑁鴨、玳瑁礁。用單丑針五更船，取羅灣長。用單丑及丑癸針，五更船，取伽藍皃[貌]。用單子針三更船，平大佛靈山。用子癸針五更船，平校樁嶼及羊角嶼，内是新州港口。用壬子針七更船，取外羅山，東邊過船。用丑癸針二十更船，取獨豬山。用丑艮針及單艮，五更船，平銅鼓山。用丑艮針二更船，平七洲山。用丑艮針十三更船，取烏豬山。用單艮針五更船，收南亭門 姜山為妙也。

## 暹羅往跤[交]趾針路

出港，離淺水了，用丁午針十更船，取筆架山。過洋，用單巳及丙巳針，三十更，小横山。用巽巳針五更船，取大横山，船在帆舖邊過。用單辰針及乙辰針，十更船，取真嶼。用甲卯針十更船，取大 小崑崙山。用丑艮針五更船，用單丑十更船，取赤坎山。用單艮針五更船，取羅灣頭。用單癸針五更船，取伽藍皃[貌]。用子癸針，取靈山。用單子針五更舡，取新州 洋嶼。用單子針及壬子針，五更船，取外羅山。用單亥針五更船，取占畢羅山。用單亥針五更船，取大琅琊山。用壬子及單子針，十更船，取黎母山。用單亥及壬亥針，五更船，取海寶山，正路。用單亥及乾亥針，五更船，取唱雞門。

## 跤[交]趾回暹羅針路

在唱雞門出，辰巽針五更船，取海寶山、黎母山。用辰巽針十五更船，取海南山尾。用單巳及巽巳針，十二更船，取占畢羅山。用單辰巽針五更船，取外羅山。用單午及午針，七更船，取新州 洋嶼。用單午針五更船，取靈山。用單丁針五更船，取伽藍皃[貌]。用單丁及丁未針，五更船，取羅灣頭。用坤未針五更船，取赤坎。過洋，用單未針十五更船，取大 小崑崙山，子細。用庚酉針十更船，取真嶼。用辛酉針五更船，取假嶼。用辛酉針五更船，取大横山。用乾戌針五更船，取小横山。見山一個，都在馬戶邊，不可近逑山，打水五六托。入到中心鼻頭，有淺沙，出水近過，打水三四托，巡灣使，莫中路過，大嶼有淺，横入坤申。灣尾有石牌出水，名叫婆刺昭昔利同，可近過，打水六托。使乙辰針，前見角隴，四箇嶼有三門，若入大門，有嶼在外，四箇嶼在內，打水十一托。次門，三嶼在內，打水六托。逃灣使，不可貪在外，有淺沙，打水三托。過了，用單辰針，遠見白礁，有坤申相見崌隴港口。東邊有一箇山嶼在門邊，打水八托，泥地，在外使。單辰針，前取[角]烈，又有角自忌在，有通公淙老在，近坤申及此嶼邊有石牌，角烈內外可過，打水十二托。又用卯針，取大 小巉巉山二嶼，在西邊使，入門不可近坤申。山鼻長，有石牌沉水，半浮在邊，使子細。大嶼在馬戶邊，近嶼使，不可從中路使，都是沉石。又有三個嶼，都在馬戶邊。取角巉巉山，鼻長，打水十二三托，討水柴藤，嶼灣都有礁淺在，山長出，對嶼來有沙灣，高平水有礁淺在頭，不可近山，子細，打水三四托。看中路出門，門尾有一小嶼，名叫角阿靈，在帆舖邊，打水五托。近此嶼出門了，用單辰針三更船，取剌池塔州府。又長員大小嶼在兩邊門，二嶼在北邊，有三箇小嶼在南邊。有一小嶼，名叫角托，落在魚尾，有沉石牌出水，不可近使。前見都崙山，有三門都通過。若入山門，打水三十二托。若入第二門過洋，用單乾針二十更船，用乾亥針，取筆架山。用壬亥三更船，取黎頭山。連坤申，用單子針三更船，取竹嶼。用單子針五更船，打水七八托，收港入門為妙也。

## 暹羅往東邊路沿山使收苧麻山

出港，離淺了，用丙針五更船，使角思厰，地頭有石牌出水。若從外過，打水十八托。遠看北邊高、南邊低，嶼內有三箇小嶼近大嶼，都在外邊山使過，打水十三托是正路。用單午針二十更船，取角婆崙在外，從內過。用單午針使前，見牛巉山，打水八九托是正路。對坤申有石礁，可近過不可遠，子細外使。又有一小嶼、大嶼在此，小嶼頭內有沉礁石牌，從嶼面橫出來到中路，不可從中過。可近坤申河[沿]山使，打水八九托。用丁未針三更船，前見白礁碑[牌]在馬戶邊，子細收用[角]架巉山頭，都小嶼，不可嶼邊過。沿山使，打水十二三托。嶼尾有小嶼，不可近使，有沙淺白礁。巡山使，出嶼門尾，前見角台 小菩南途灣，有二嶼，都在帆舖邊。前見大菩南途灣在外，及有二三個小嶼，都在馬戶邊。又有一小嶼對頭來，名叫角自氣，在帆舖邊橫出，是正路，可近嶼頭使。有一白小嶼近大嶼，有淺，莫近過。過山使，灣尾有石牌出水，在帆舖邊，可近過，打水六七托。用甲寅針，近山使，有小嶼在半灣，名忌吉。用甲寅針，取鼻頭山。前見靈祿樹，若打水八九托，子細有沉礁在山頭下，打水六托是正路。外是角思密，入門先巡坤申使，打水四五托，平山尾過。取角思密頭，近佛家昔過，打水四五托是正路。灣內有所，名叫都崙山，在山邊外過來都是礁淺，莫過中路。過出門坤申邊有四五箇小嶼，都在帆館[舖]邊。過門口，有小嶼名叫角華帶。外邊有老古[石]，內外通過。若在內過，打水八托，泥地，又用單乙針。若要外過，用單卯針三更船，取角南稍嶼，是占伴港口。對開洋，遠有光古[石]生浪出水。遠看山不見，坤申子細使，若打水十一托，正看此石。若內過，打水八九托可過。若稱外過，打水十二三托通過。坤申有三箇小嶼，頭有石牌近。又用乙辰針五更船，取角象坎山，在馬戶邊，近嶼打水八九托。中有老古[石]不可過。若內過，子細看象，中央過水，內外通過，打水五六托。大嶼尾有二三箇小嶼，近嶼使，莫近坤申，怕長腰嶼有淺石牌。遠使過了小嶼尾，前見角匙嶼，山尾是角泰嶼及角骨嶼，打水八九托。用巽巳針五更船，取角沙巴及公嶼，在外過，打水十二三托，平朋格刷港。只有一嶼在外，兩邊是正港，近嶼使。丙巳針三更船，取角沖。有一個小嶼近坤申有礁，不可近過，打水十一托入門，角沖及有大小嶼十，中打水二十一托，老古地。若入第三門，中打水十五六托，也是老古地。若入山門，使到中灣三個小嶼，嶼須好拋船討柴水。使出門，用單巳針，前見角革使嶼，在馬戶邊，討[打]水八托過了。用單巳針五更船，取角生，內外通過。若內打水八托，連大菓子嶼，在帆舖邊。若在外過，打水十一托，用單針。若內過，用丙巳針五更船，取假嶼，內外通過船。內有三嶼，名叫角婆囉塵，在帆舖邊，打水十二托。若戧風使不得緊甚，甚又真假[嶼]在帆舖邊，入去又有一長嶼，在馬戶邊入，打水六托。在真嶼好拋船討柴水，看好日好風方纔開得使船。在真嶼開洋，用丙巳針二十更船，打水十五六托，若是白水是正路。又用丙巳針十更船，又用單午針五更船，順風四十四托，沙地。用單午針五更船，望見苧麻山。



## 占城至爪哇國路程

自占城起程，順風二十晝夜至其國，港口有村曰杜板，僅千家，二頭目主之。人多閩 廣流寓者。雞羊魚菜甚賤。海灘一小池，曰“聖水”，甘淡可飲，即元將史弼、高興錨鎗海中、祝天而湧者也。又東行半日，入北馬頭，曰廝村，中國人成聚落，遂名新村。約千餘家，居民環接，編茭樟葉覆屋，鋪店連村。各處番舶至此，互市金寶番貨。又南水行半日，至淡水港。其港流出淡水，沙淺，大船難進，只用小艇。行二十餘里，至蘇魯馬益，有千餘家，半中國人。港旁大洲，林木蔚茂，多長尾猢猻。又水行八十里，至漳沽登岸，西南陸行，半日至滿者百夷，國王所居之地。僅二三百家，總領七八人。王宮磚墉，墉高三丈，方三十餘里，屋高四丈，地覆板。其所屬有蘇吉丹、打板、打網[綱]、底勿數種。

## 廣州往爪哇針位

南亭門開洋，用坤位未針五更船，平烏豬洋。用坤未針十三更船，取七洲洋。用坤未針七更船及未針，二十更船，取外羅山。用丙午針七更船，取校杯嶼及羊嶼。用丙午針五更船，取大佛山。用丙午針十三更船，取東董山。用丙午針十五更船，用單五[午]針三更船，取陀龍山。東南邊大山是銅鼓山。入門打水準十五托，近看都是坤申。門中西邊有小嶼，名叫沙潮皮。東邊過船，正路。用單丁針七更船，取大嶼，一小嶼生開在外，西邊過船，正路。用丁午針四更船，取雞籠嶼。用午針十更船，取美蘭山。東邊高大，北邊看有一個小嶼，是雞籠嶼樣，西邊抵長，北長拋尾。門中一小嶼，東有泥淺，西邊過船，正路。用丙午針十三更船，取吉里悶山。用單午針及丙午針，行五更船，取椒椒山。用丙巳及單巽針，十更船，取是爪哇。



## 爪哇回廣東

那箖[森]開洋，用壬子針十更船，取吉里悶山邊，看使大船牽杉板樣，近東長高大成一個大山，西邊坤申尾有老古離山。若是東南風用壬子針，若是東風用壬子針，十更，打水十七八托，地。用壬子針十更船，取美蘭山。用癸子針及單癸針，取瑕[假]里馬打山。用單壬針十五更船，取唭哄嶼。用單壬針五更船，取搭林嶼。用壬子針五更船，取馬鞭山。用壬子及壬癸針，四十五更船，取赤坎山。用單丑針五更船，取羅灣。用癸丑針四更船，取伽藍貌山。用子癸針三更船，取大佛靈山。用子針五更船，取校杯嶼及羊嶼。用子癸針七更船，取外羅山。用子癸針二十更船，平獨豬洋。用單癸針七更船，平七州洋。用癸丑針十三更船，平烏豬洋。用單癸針七更船，取南亭門是也。



## 地滿往舊港針路乃爪哇地方

地滿山生東南尖，用丙午過，用單午針，是東 西竹。又丙午針十更船，取長腰嶼。用丁午針十更船，見龍牙門山，在馬舖邊過。單午針三更船，取饅頭嶼。用單午針及丁午針，三更船，見七嶼，在帆舖邊來。用單午針及丁未針，四更、七更船平家，在帆舖來，西南山第二山見沉礁。用坤申針，收舊港。見坤申三港，中間一港是正路也。

## 舊港收回地滿山針路

出港口，用壬子針四更船，取七嶼。用單癸針三更船，取饅頭嶼。癸丑及子癸針，十更船，取龍牙門。用壬子針十更船，取長嶼。用單子針，取東 西竹，收到地滿是也。

## 爪哇往舊港針路

爪哇 杜板開洋，用壬子針離，用乾亥針十二更船，取吉里悶山，東北外過。單乾針，使五更，用乾戌針三十更船，取三麥嶼，打水九托十托，北邊過船正路。打水八九托，南邊過船，打水四五托。壬亥針，進峽門。用單乾戌針十更船，取港口。坤申有三港，中間一港有小嶼，是正路，入港是也。

## 舊港回爪哇針路

舊港開洋，用乙卯針，平第一坤身尾，用單辰針，沿坤身使，取彭家山尾，見三麥嶼。用巽巳針，前面二邊有淺水，打水四五托。嶼邊有老古石，不可近嶼使，東邊過船。東風用巽辰針三更船，用乙辰針七更船，用辰巽針二十更船，見香爐山。南邊山高大，若西南風用乙針使，見山在後，打水三十二三托。用乙辰五更船，見吉里悶山，在船頭對來。用單辰針，取椒椒山、剌嗲、麻里東山，收托板是也。





## 崑崙往爪哇針位

崑崙放洋，用丁未針二十更船，用單未針二十五更船，取苧麻山及東 西竹山。用丙午針十更船，取長腰嶼。用丁午針十更船，見龍牙門山，在馬戶邊。用單午針三更船，取彭家山，在帆舖邊。用辰巽及單巽針，十更船，是進夾[峽]門。用單丙針，見麥嶼，南北二邊有淺，打水四五托。嶼邊有老古石，不可近，嶼東邊過船是正路。東風使，用辰巽針及單巽針，二十更船，見香爐山在南邊，山高大。若西南風，用單乙針使，見山在頭尾後，打水六七托。用單辰針，五更船，見吉里悶山，在船頭對來。用單辰針，見椒椒山、剌嗲、麻里東，收托板是也。

## 爪哇回崑崙針位

爪哇開洋，用壬子針，離山遠用乾亥針，二十更船，取吉里悶山，外過。單乾針五更船，用乾戌針三十更船，取三麥嶼，打水九托十托。東北邊過船正路，打水八九托。南邊過船，四五托。用壬癸針，進峽門。用單乾針及乾戌針，十更船，平舊港。外是彭家山，用壬子針三更船，見七嶼。用癸針三更船，取饅頭嶼。用癸丑針十更船，平龍牙門大山。用壬子針十更船，取長腰嶼。用單子針十更船，取東 西竹及苧麻山。用子丑針及單癸針，四十五更船，取崑崙是也。

## 廣東至滿剌加針路

自廣東 東莞縣 南亭門放洋，南至烏豬洋、獨豬洋、七洲洋。星盤坤未針，至外羅。坤申針四十五程，至占城 舊港。經大佛靈山，其上烽墩，則交趾屬也。又未針，至崑屯山洋。直子午，收龍牙門港。西行二日程，至其國。

又，滿剌加陸行，可達暹羅國。

## 福建安民鎮往滿喇咖國針路

五虎門安民鎮出門，過梅花淺，船從三礁外，打水一丈八尺。過淺，取官塘山，打水，船行三礁東北正路過。用巽巳針，取東沙山。用巳針三更船，取牛嶼。用坤申針四更船，平烏坵山。用坤申針七更船，打水七八托，西邊過船。近山泥地，好住船，平太武山。用坤申七更船，平南澚山及外洋平山。用單申針十五更船，平大星尖。用坤未針七更船，平東姜山及南亭門。用坤未針五更船，取烏豬山。用坤未針十三更船，平七州洋山。用坤未針七更船，平獨豬山。用單未針二十一更船，取外羅山，山外過。用丙午針七更船，見校楹嶼及羊嶼，外過船。用丙午五更船，平大佛靈山。用單午針三更船，平伽藍貌山。用丁午針五更船，平羅灣頭。用坤未針五更船，平赤坎山，外洋過，有玳瑁鴨，船近坤申，看不見玳瑁州。用單未針十五更船，取崑崙山，外過。用單丁未針四十三更船，取苧麻山及東西竹，將軍帽內有火燒山。用丁針七更船，平馬鞍山及達羅漢嶼並白礁，北邊進妙。用丁針五更船，取龍牙門，夜間不許行船，切防南邊牛屎礁。過長腰嶼，又防南邊沙塘淺及涼傘嶼。用單午針二更船，平吉里悶山。用單乾針三更船，取崑宋嶼。用單亥針三更船，取射箭山。用乾針五更舡，取五嶼，收滿喇咖為妙。

## 滿喇咖國回福建五虎門針路

五嶼開船，用辰巳針五更船，平射箭山，打水十九、二十托。用辰巽三更船，平崑宋嶼，對開南邊有淺，北邊坤申尾有老古淺。用單巽針三更船，取吉里問大山，沿北邊坤申都是泥淺。用單辰針及乙辰針，三更船，平長腰嶼，不可貪南。南邊有涼傘嶼及沙塘淺。出龍牙門，不許夜間行船。用單卯針，取官嶼，不可貪南。南邊有牛屎礁。用申卯針五更船，取白礁，北邊過船，打水十五托，正路。船身又不可貪北邊，切防達羅漢礁及有高低石礁。若離白礁遠了，用癸丑針七更船，取將軍帽及東西竹並苧麻山，內過船。用子癸針四十五更船，取平崑崙山，外過船。用癸丑針十五更船，平赤坎山。若船身開，犯玳瑁州。船身隴，恐玳瑁鴨、玳瑁礁。用丑艮針五更船，取羅遠頭。用單癸針及癸丑針，五更船，取伽藍児[貌]。用單子針三更船，取平大佛靈山。用壬子五更船，取校杯嶼及平羊嶼並新州港口。用壬子針七更船，取外羅山，東邊過船。用單丑及丑癸針，二十更船，平獨豬山。用單艮針五更船，平銅鼓山。用艮寅針二十更，平大星，外過船。用艮寅十五更船，平南澚山及平山。用艮寅三更船，大小耳[甘]山，外過船。用單艮四更船，平大[太]武山。用單艮針七更船，平烏坵山，內過船。用艮寅針四更船，平中嶼。用丑艮針五更船，討東沙山，外過船。用壬寅針，取三礁及官塘，收五虎門妙也。

## 崑崙往暹羅　暹羅往滿喇咖針位

離淺，用丁午針十更船，平佛嶼。用單丙針十更船，大 小蘇梅山。山內有三門，都是可過船。用單午針十五更船，平玳瑁嶼。嶼內是中樸淺，船不可近坤申行。用丙午針十更船，平孫姑那，港口有三[二]嶼，名叫角奴、角貓，外過船。用丁午針五更船，取六坤下池。其坤身尾有淺，生開是孛大泥地方。用單丙針七更船，平吉蘭舟[丹]港口。用丙午針四更船，平三角嶼。內遇[過]船，見吉具[貝]嶼在船頭，並有一圓光嶼，可近外大嶼行妙，內有小嶼不可近也。用單午針五更船，平斗嶼，內遇[過]船。用單丙針五更船，取坊彭[彭坊]港口。用單丙針五更船，平地盤山及東 西竹、將軍帽，俱在外，火燒山及豬母山俱放在內門也，可行。丙午針七更船，取達羅漢嶼。嶼北邊坤申有淺，船在達羅漢嶼內，過船妙。若不行內門，往外尋白礁。望白礁，打水十五托，正路。若白礁在馬戶邊，過船又不可近羅漢嶼。用庚酉針五更船，入龍牙門。流水緊，夜間不可行船。用庚戌及辛戌針，三更船，取吉里悶山。用乾戌針三更船，取崑宋嶼。用單乾針五更船，取射箭嶼。用乾亥針五更船，取五嶼，四五托，抛船坤申，是滿喇咖為妙也。

## 滿喇咖回暹羅針路

五嶼開船，用巽巳針五更船，平射箭嶼。用單巽針五更船，取昆宋嶼，南邊有淺。用單辰針三更船，取吉里悶山，沿北邊坤申使。用乙辰針三更船，討長腰嶼，防嶼南邊有涼傘嶼及[沙]塘淺（沙）。入龍牙門，防北邊牛屎礁。用乙卯針五更船，取馬鞍嶼。嶼內可過船，防北邊坤申尾有淺。若是外出，望白礁，打水十五托，正路。船在白礁凡[帆]舖過，船離礁遠。用單子針及子癸針，五更船，平火燒山及外東 西竹並將軍帽，並前地盤山。用單壬針及壬癸針，五更船，平彭坊港口。用單子針十更船，取斗嶼，船在內過。用壬子針五更船，取吉具[貝]嶼及一員頂嶼，俱在外過船，在此嶼內行妙，不可貪西邊小嶼，有沉礁。前頭是三角嶼，放在外上，內有小嶼放在內邊，舡往中行。用壬子針四更船，吉蘭丹港口。用單子針七更船，取孛大泥及六神[坤]下地，其坤申尾有淺生開。用壬子針五更船，取孫[姑]那（姑）港口。口外有二嶼，名喚[角]奴、角貓。用壬子針十更船，取玳瑁嶼，內過，防坤申邊中樸淺，生開，打水四五托行為妙。用單子針十更船，取大 小蘇梅山。山內有三門，都可過船。用壬子針十更船，取佛嶼。用單壬針十更船，取龜山。用單壬針五更船，平筆架山。用單子針十更船，收暹羅港口為妙也。

——以上載《玄覽堂叢書續集・第一百零一冊》

## 爪哇國至三佛齊路程

自爪哇起程，順風八晝夜可至其國。自淡港入鼓[彭]家門裏繫船，岸多塔。用小船入港至其國。累甓為城，多廣東、漳 泉人流寓。地方不廣，水多地少。頭目之家，皆在岸上造屋居住。其餘民庶於木筏上蓋屋而居，覆以椰葉，用木樁拴繫，水長則筏浮。或欲別居，起樁去之，不勞財力。港中朝暮二次，暗長潮水。今為爪哇所轄，有十五州。又有旁近屬國，曰單馬令、淩牙斯、蓬豐、登牙儂、細蘭。凡往三佛齊，法當南行二日即轉而東，否則值焦土，船必糜碎。



## 浙江 温州至眞臘路程

自溫州開洋，行丁未針，歷閩 廣海外諸港口，過七州洋，經交趾洋到占城。又自占城順風可半月到真蒲，乃其境也。又自真蒲，行坤申針，過崑崙洋入港。港凡數十，惟第四港可入。其餘悉以沙淺，不通巨舟，然彌望皆修藤、古木、黃沙、白葦，未易辨認，故舟人以尋港為難事。自港口北行，順水半月可抵其屬郡，曰查南。又自查南換小舟，順水十餘日，過半路村、佛村，渡淡洋，抵其地曰干傍，去城五十里。



## 永樂元年御史尹綬至眞臘路程

永樂元年[1403]，尹綬自廣州發舶，抵占城。又由占城過淡水湖、菩提薩洲[州]，歷魯般寺，至其國。

## 赤坎往占巤針位

赤坎開船，用坤申針四更船，平覆頂山，沿[山]使，打水七八托。用庚酉針二更船，平一小員嶼。用單庚針三更船，沿[山]使，打水七八托，硬沙地，平小山嘴貼，上有一派石欄，不出水，行船仔細。用坤申針一更船，遠看單未上有一路水，色黃，打水四五托，沙地。過去貼補山嘴，用庚申針一更船，取員山嘴，名叫佛山。此前頭並坤申上，自無山嶼看見，只見前面一平洲，在灣裏洲內托上，正是真角港口。船從山嘴上，可收隴，打水三四路，正路。收隴坤申邊，打水四五托，泥地。沿坤申使至中平洲，將平洲放在船尾，船頭向港，近馬戶沙壩些，莫要船帆舖進，離沙壩內無礙進去。三二灣有人家，馬戶邊莫放心他為妙。

## 占巤回赤坎山針路

在梹榔港出，用丙午針五更船，見大崑崙山，在西南上看遠用單丑[……原缺]。

**柯枝國往古里路程**

自柯枝國港口，往西北行三日，可到其國。

**占城國往佛郎機路程**

自占城起程，順風二十晝夜，可至其國。

——以上載《玄覽堂叢書續集·第一百零二册》





# 夏子陽、王士楨《使琉球錄》中的針路

**【引書舉要】**

[明]夏子陽、王士楨於萬曆三十一年（1603）奉詔出使琉球，至三十四年（1606）方成行。是年五月二十四日，使團從福建梅花所開洋，六月二日抵琉球國。同年十月十五日，登舟返航，十一月初一回五虎門港口。夏子陽等歸著《使琉球錄》，序於萬曆三十四年十二月。

本書所引據北京圖書館出版社2000年《國家圖書館藏琉球資料彙編》影印會稽夏氏宗譜所收活字印本。

梅花頭開洋，過白犬嶼，又取東沙嶼。丁上風，用辰巽針八更船，取小琉球山。未上風，乙卯針二更船，取雞籠。申酉上風，用甲卯針四更船，取彭佳山。亥上風用乙卯針三更船，未上風用乙卯針三更船，取花瓶嶼。丁未上風，用乙卯四更船，取釣魚嶼。丙午上風，用乙卯針四更船，取黄尾嶼。丙上風用乙卯針七更船，丁上風用辰巽針一更船，取粘米山。又辰巽針六更船，取土那奇 翁居里山。又辰巽針一更，取馬齒山，直到琉球 那霸港，大吉。

[明]夏子陽、王士楨《使琉球錄·琉球過海圖》

……丙午[萬曆三十四年（1606）]三月船工告竣。蓋距癸卯入閩，已歷四載。自昔奉使造舟，未有若余等之艱苦者也。將行，余等乃遣家人齎疏以渡海上聞，並請申嚴海禁。蓋前有疑而後有伏，余不得不戒心也。遂卜以五月初四日啟行，撫院餞于南門城樓，三司及鄉縉紳餞於南臺，酒各數行，别去。封舟亦於是日從旺畸發。余等暮抵長樂，宿於舟中。次日入城，循故事，舉醮於神宮。十四日，藩司吳君至。十七日，同抵广石。封舟重大，内河水淺，兼值北風，難行，引港者戒於己卯之失，故出港遲。十八日，夷大夫金仕歷請先往報，以慰其國，余等許之。

十九日，行諭祭海神禮，吳君同與焉。抵暮，封舟始至。先是，有傳各員役帶貨多而船重者，余等亟出示諭禁，復行海防館盤驗。至是，余等親往驗之，乃長年輩稱船輕尚欲載石。余兩人坐小船親驗水痕，果離水蛇一尺五寸。蓋海船欲穩，故以水準水蛇為準，即出汛兵船亦必壓石，令水蛇平，乃能破浪耳。次日，別吳君登舟。舟人各率厥職，料理舟中器具。已而抵梅花所，取水，復取石五，船壓。仍行香天妃宮，並散給照身印票，逐名清理，而一切影射帶貨者盡驅一空矣。

二十四日黎明，開洋。南風迅發，一望汪洋，渺渺連天。海波起伏，前激後擁，澎湃有聲。封舟初在內港，安然若山。至此隨波蕩漾，飄如一葉，舟中人暈者、嘔者、昏迷欲倒者紛如矣。午過東沙山，有漁船遣小艓獻魚，余令給米賞之。次日，過雞籠嶼。午後，過小琉球。相去甚遠，望之如空青一點耳。時風順帆輕，水天一色。余輩登船樓最高處觀之，四顧遼廓，茫無涯際。波翻白浪，風送濤聲，鏜鞳噌吰，乍遠乍近。或時浪拍船欹，人皆欲僕[撲]，或時濤湧船立，人似登高。波紋旋轉如纖，突兀如沸，迭宕如奔，驚怪如怒。大魚揚鬐鼓鬣，隱隱隆隆；白魚橫飛水面數丈，云為大魚所逐。或見波底魚目如鏡，晶光奕奕，映日射人，則殊可駭。二十六日，過平佳山、花瓶嶼。二十七日，風忽微細，舟不行，而浪反顛急。舟人以為怪事，請作彩舟禳之，而仍請余輩拜禱於神。甫拜畢，南風驟起，人咸異焉。午後，過釣魚嶼。次日，過黃尾嶼。是夜，風急浪狂，舵牙連折。連日所過水皆深黑色，宛如濁溝積水，或又如靛色。憶前《使錄補遺》稱“去由滄水入黑水”，信哉言矣！二十九日，望見粘米山，夷人喜甚，以為漸達其家。午後，有小艓乘風忽忽而來。問之，為粘米山頭目，望余舟而迎者。獻海螺數枚，余等令少賞之。夷通事從余舟行者，因令先馳入報。是日，舟人喜溢眉端。其暈船嘔噦，連日不能興者，亦皆有起色矣。三十日，過土那奇山，復有一小夷舟來迓，即令導引前行。午後，望見琉球山，殊為歡慰。然彼國尚未及知。比遣官並引港船至，時已夜矣。舟人疑有礁，不敢進，即從其地泊焉。蓋去那霸港四十里也。次日為六月朔，世子遣法司、王舅等官具豬、羊、酒、果來勞從者，並率夷舟十餘隻布左右，以纜挽舟。次日，始達那霸港。登岸詢之，夷官金仕歷等船尚未至；蓋漂在北山，越二十日始得還國，計隔封舟匝二旬矣。

…………

是歲十月初八日，初冬風未定，余輩已擇十一日還。國王聞，先遣官奉留。復躬自出餞，令法官致懇詞款款。蓋慮颶風欲作，海中猶可虞也。余等感其意，改期慰之。遂以十五日祭海頓舟，王遣法司等官率來跪送。是夜，初宿舟中。見船窗景象，忽憶來時，誠感萍跡蓬飄，韶光隙過也。次早，風未定，舟未即發。法司、王舅復來見。十七日，風轉暴，雲霾四塞，與歸心相違。十九日，稍息。二十日，舟遂出港，下椗泊焉。

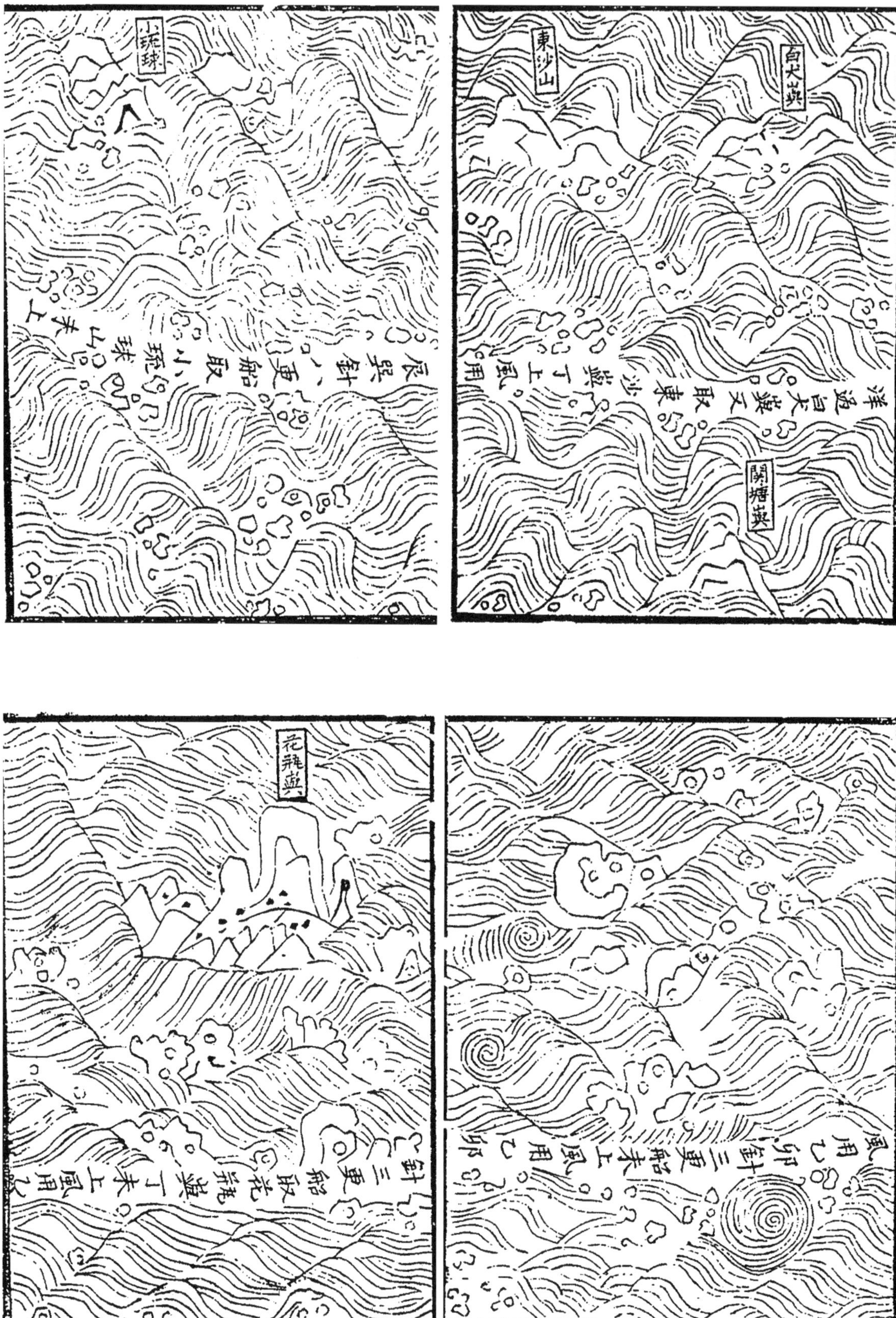


**[明]夏子陽、王士禎《琉球過海圖》一至八**
（從右到左，從上到下）

梅花所
梅花頭開

琉球過海圖
西山
天妃宮
大石
祭海壇
道頭

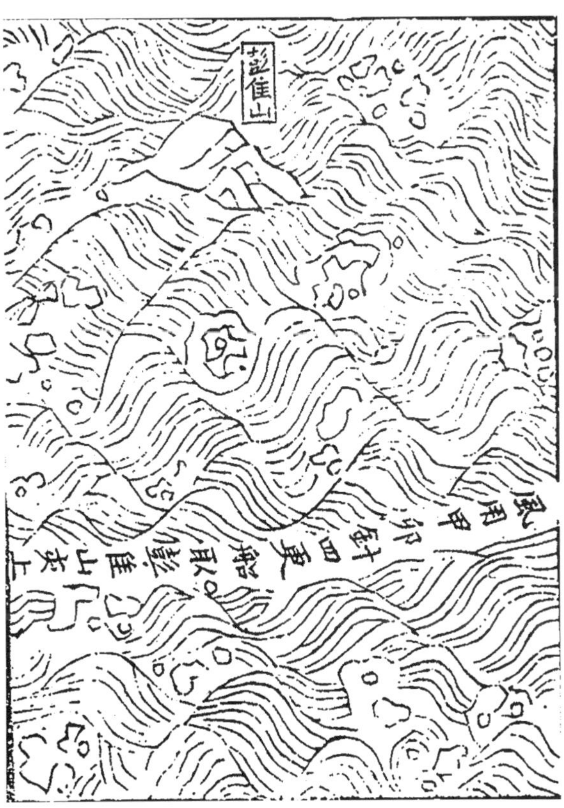
彭佳山
風用甲卯針四更船取彭佳山東上

雞籠嶼
風乙卯針二更船取雞籠申酉上

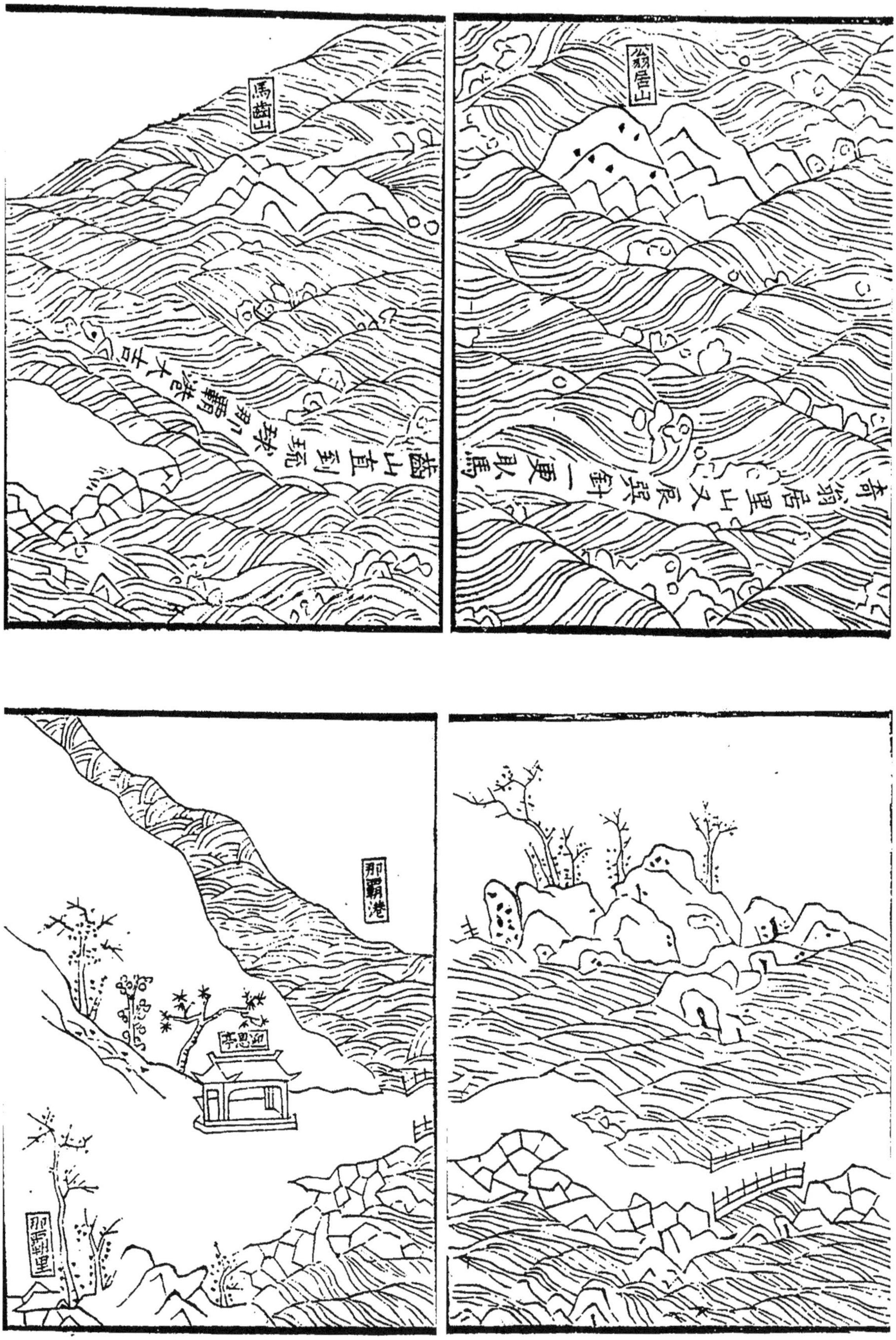


[明]夏子陽、王士禎《琉球過海圖》九至十六

（從右到左，從上到下）

釣魚嶼
卯針四更船取釣魚嶼丙午上風用

黄尾嶼
乙卯針四更船取黄尾嶼丙上風用

乙卯針七更船丁上風用辰巽針一更

粘米山
粘米山又辰巽針六更船取土那

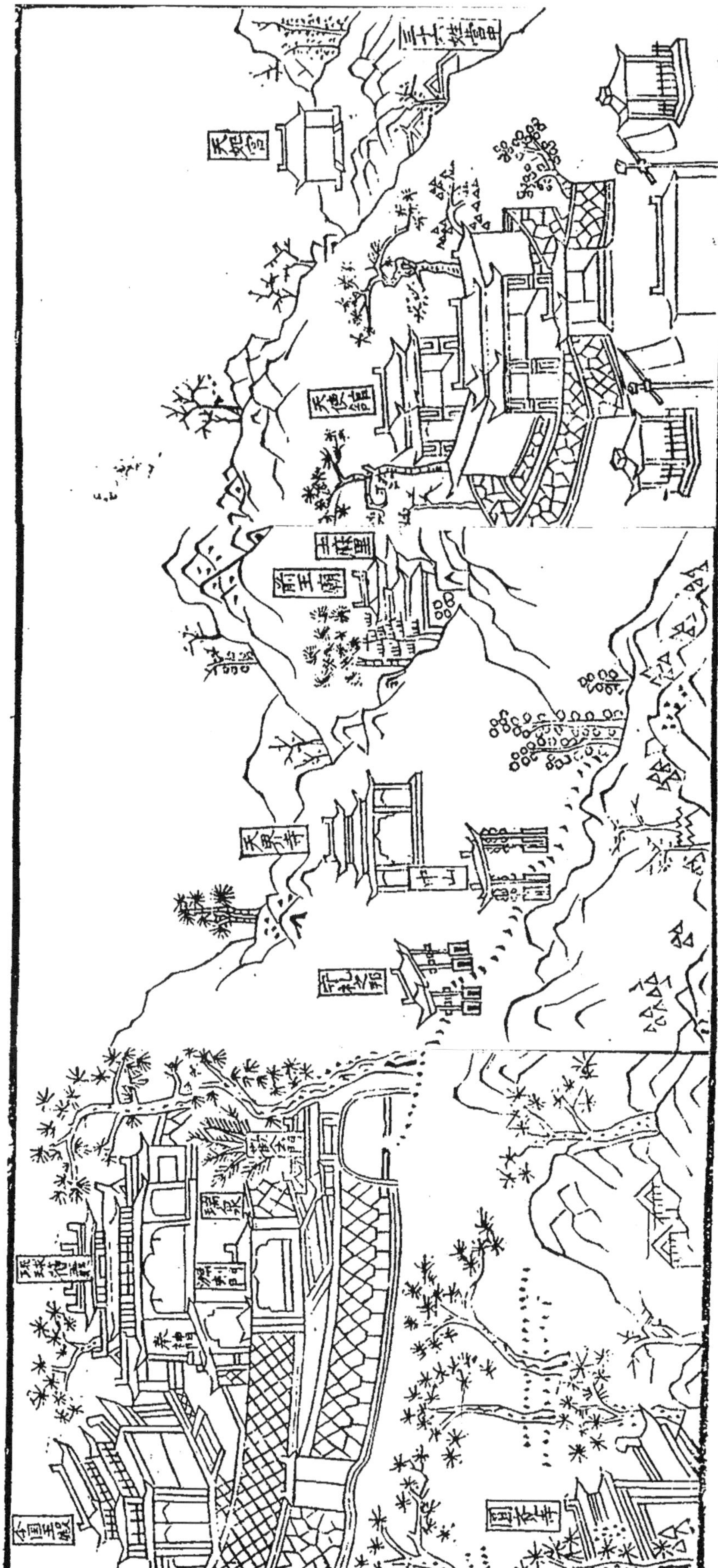


[明]夏子陽、王士楨《琉球過海圖》十七至十九
（從右到左）

二十一日向曉，開洋。三法司各駕舟追送至數十里，辭之歸。回望琉球，若雲若霧。而孤舟泛泛恍惚，槎在星河也。余輩且喜使事畢，可計日直抵三山矣。二十二日早，過粘米山，有二巨魚逐舟。漳人戲垂釣，獲一重可二百餘斤。余聞，亟令釋之，時為眾蹂躪，業已先仆，遂入舟人釜中，殊為怏恨！午後風頗逆，舟行倒退。粘米山已過一日矣，暮復遙見之。二十三日，四面無山，忽見一麻雀飛入船，翎羽稍異；眾方疑之，復有斷虹見於西北。旋即北風大發，舟蕩甚，水激入後艙。將晡，繫舵大索忽斷去，一舟皆驚。人來報余，余未之動，而舵工輩咸烏烏泣。詢之，乃曰："船主于舵，而制舵惟索。索斷，則舵無制。舵無制，則擊撞衝突，稍撼金口而船尾分裂，不可救矣！"予聞之竦然。時"夥長"李美輩以鐵銘垂撈，應手而得，因即續焉。眾喜，若獲百朋。是夜，風狂轉厲，船欹欲傾，坐臥東西顛越，如蹶如槍。余輩徹曉不能貼席。至次日巳刻，忽霹然一聲，舵折去矣，舉舟驚怖。長年輩急使下篷，告曰："舵雖折，副者尚有二。風定，即可易，無憂！但冀神明之佑耳。"各呼天妃求救。少頃，風稍定，眾遂扶舵易之。然易未移時，風復厲，舵牙連折者二。兩木所合成大桅，亦為震撼損裂。至入夜初更，霹然一聲，新易之舵又折去矣。時當昏黑，策無所施。巨浪翻天，風濤交激，聲若奔雷。船東側西欹，剌剌然如棟宇將傾之狀。人心眩瞀，號哭震天。余輩乃為致禱於神。丙夜，稍定。次早，長年輩復告曰："今止一舵矣！欲易之，則虞風暴。不易，則虞船裂。船擺裂，則舵亦無濟矣，乞請茭於天妃。"余等從之；而神許以午時，顧緝整為艱。至酉時，始得易。風亦微轉東北，舟稍稍順行而蕩猶未定也。二十六日，復有麻雀一群飛集船上，頃即飛去，眾異之，疑為颶徵。次日，風果暴劇，倏而舵葉又為巨濤擊去。眾思船中止此一舵，若此幹復折，則必無歸，亟下偏舵，將舵幹拔起。船從茲無主，簸揚傾蕩倍甚於前。怒濤山立，湧過船頂，勢如萬騎齊奔。水建瓴而下，作灘瀨聲，驢運之不能止。此時顛危將覆之狀，真若一髮之引千鈞也。長年亦懼甚，令將鍋灶什物之類盡棄海中。舉舟哭聲騰沸，有剪髮代禳者、有束髮待斃者、有磅徨求死者、有氣息奄奄者。僵仆狼籍，不可為狀。所恃者，蘇道亨及漳人數輩擔當維持耳。余等思朝廷之寵命在，端必無憂。乃勉慰眾人，無為洶洶；趣令治舵，以安人心。遂於舟中冶鐵為釘、削木為板，但風濤翻側，人難立足。一日之功，僅成其半。二十八日，尚未就緒。忽有報船裂入水者，眾決必死，放哭益哀。余亦自思必無生理，顧謂王君曰："僕與君共使，雖地方抑鬱數年，而於君命已幸不辱，則使事畢矣。今日之遇者，天也。當與君慷慨受之！"言未訖，李美至前曰："艙雖入水，船尚未裂。小人已令人塞其處，幸毋驚！但船所以障水者，恃兩舨耳。今舨上灰釘頗脫，勢必分裂，宜速絞之！"乃集取各役所帶棉布數百疋，於兩舨節節絞之。而浪大風橫，人益恐懼。余等乃為檄告龍王，詞用嚴切。頃乃波濤稍定，舟亦御風蕩行。二十九日早，隱隱望見一船。眾喜，謂“有船，則去中國不遠，且水離黑入滄，必是中國之界”。未刻，舵成，風亦稍定，亟令安之，而風復厲。然此數日舟人望山之切，誠不啻饑者之于飲食、嬰兒之慕慈母也。僉曰：“縱粘米山至此七日矣，奈何一山莫睹！此一飄也，不知將何所底止乎！”乃令人覘日入處天際，猶未見黑影。蓋謂日下有黑影，則明日可見山也。余等益廑憂，乃復向神虔禱，許之立廟並為奏聞加封。頃之，風忽轉東，浪亦隨平。船行如飛，人心始定。二更餘，忽見對面火光如炬，光處彷佛見山。舟師虞風迅夜昏，迷疑莫辨，恐遂沖礁，復請茭於神。神示以宜南向。乃折而南，一轉舵而火光遂滅矣。人人驚異，始知為神護也。不則，連日無山，惟風是御。黑夜觸礁，必破沒矣。次日黎明，果見福寧州山。由是，入鱉嶼，溯官塘，泊大嶼。舉舟歡呼雷動，咸謂：“今日乃得生矣！”余輩於此始信神明之呵護非虛，而要皆仰藉朝廷之寵靈耳。雖然，危哉一至是乎！向余以七晝夜抵中山，意謂行路無難者，直以坦途視之；竟不知人間世之有此危險事也！更一事者，長一識，吾得之海上矣。





十一月朔日，舟入五虎門，應定海所及該汛地撥船引港護送，時皆玩視不前。而吾舟中任事數人連日困頓，又莫能興，舟忽負於礁石，難以人力勝。已而潮退船欹，復罹一番警險。余等各覓兵船避去。封舟閣損，水滿其中。各員役扶救登岸，僅以身免。所帶回行李，盡損失無存矣。余等以初三日進城，當道諸公及諸縉紳皆來慰勞良苦。余見之，恍若夢中；而諸君之聞餘海上事者，又莫不驚詫吐舌，直以余等為更生云。

嗟夫！人皆謂渡海難，余則謂渡海非難，難在於所以渡海耳。夫往返可以夏冬計，而採取不可以歲月程。波濤可以忠信涉，而藩籬不可以精誠破。杳冥可以君命孚，而冠裳不可以大義格。鱗介可以天威懾，而鬼蜮不可以人理測。此余等所以歎息於時事，興慨于世道人心，以為倍難於昔人者也。孰謂茲使也，而非有天幸哉!

夏子陽記。

——[明]夏子陽、王士禎《使琉球錄》

# 陳第《東番記》所述臺灣情形

東番夷人不知所自始，居彭湖外洋海島中。起魍港、加老灣，歷大員、堯港、打狗嶼、小淡水、雙溪口、加哩林、沙巴里、大幫坑，皆其居也，斷續凡千餘里。

種類甚蕃，別為社。社或千人，或五六百。無酋長，子女多者眾雄之，聽其號令。性好勇喜鬥，無事晝夜習走。足蹋皮厚數分，履荊刺如平地，速不後奔馬，能終日不息，縱之，度可數百里。

鄰社有隙，則興兵，期而後戰，疾力相殺傷。次日即解怨，往來如初，不相讎。所斬首，剔肉存骨，懸之門。其門懸骷髏多者，稱壯士。

地暖，冬夏不衣。婦女結草裙，微蔽下體而已。無揖讓拜跪禮。無曆日文字，計月圓為一月，十月為一年，久則忘之，故率不紀歲，艾耆老髦，問之，弗知也。

交易結繩以識，無水田，治畬種禾，山花開則耕。禾熟，拔其穗，粒米比中華稍長，且甘香。採苦草雜米釀，間有佳者，豪飲能一斗。時燕會，則置大罍，團坐各酌以竹筒，不設肴，樂起跳舞，口亦烏烏若歌曲。

男子剪髮，留數寸披垂；女子則否。男子穿耳，女子斷齒，以為飾也（女子年十五六，斷去唇兩傍二齒）。

地多竹，大數拱，長十丈。伐竹搆屋，茨以茅，廣長數雉。

族又共屋一區，稍大曰公廨，少壯未娶者曹居之。議事必於公廨，調發易也。娶則視女子可室者，遣人遺瑪瑙珠雙，女子不受則已；受，夜造其家，不呼門，彈口琴挑之。口琴，薄鐵所製，齧而鼓之，錚錚有聲。女聞納宿，未明徑去，不見女父母。自是宵來晨去，必以星纍，歲月不改。迨產子女，婦始往壻家迎壻；如親迎，壻始見女父母，遂家其家，養女父母終身，其本父母不得子也。故生女喜倍男，為女可繼嗣，男不足著代故也。

妻喪復娶，夫喪不復嫁，號為鬼殘，終莫之醮。家有死者，擊鼓哭，置尸于地，環煏以烈火，乾露置屋內，不棺。屋壞重建，坎屋基下，立而埋之，不封。屋又覆其上，屋不建，尸不埋。然竹楹茅茨，多可十餘稔。故終歸之土，不祭。當其耕時，不言不殺，男婦雜作山野，默默如也。道路以目，少者背立，長者過不問答，即華人侮之，不怒。禾熟復初，謂不如是則天不祐、神不福，將凶歉，不獲有年也。

**【引書舉要】**

［明］陳第（1541—1617）《東番記》，作於萬曆三十一年（1603）。萬曆三十年（1602），他隨沈有容渡海往臺灣剿倭，歸作此書，成爲最早一批研究臺灣古代史地的珍貴文獻之一，故予以全文照錄。

本書所引採自［明］沈有容輯《閩海贈言》［有黃承玄萬曆丁巳（四十五年，1617）序］卷之二，“台灣文獻叢刊”第056種重刊本。另參以方豪《陳番〈東番記〉考證》，載《方豪教授臺灣史論文選集》，臺北：捷幼出版社1999版。

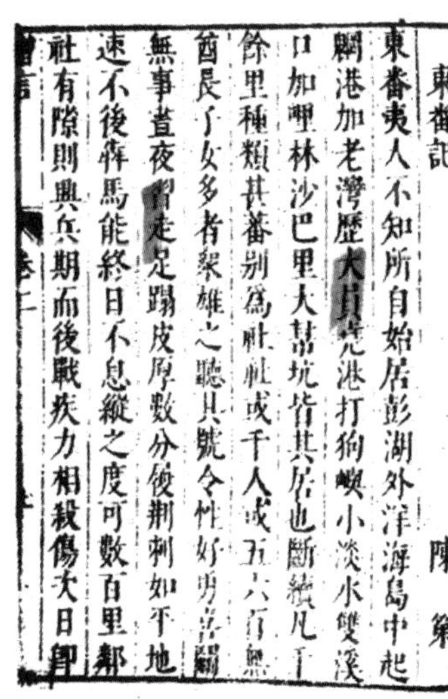
東番記　陳第
東番夷人不知所自始居彭湖外洋海島中起魍港加老灣歷大員堯港打狗嶼小淡水雙溪口加哩林沙巴里大幫坑皆其居也斷續凡千餘里種類甚蕃別為社社或千人或五六百無酋長子女多者衆雄之聽其號令性好勇喜鬭無事晝夜習走足蹋皮厚數分履荊刺如平地速不後奔馬能終日不息縱之度可數百里鄰社有隙則興兵期而後戰疾力相殺傷次日即

［明］陳第《東番記》書影

女子健作。女常勞，男常逸。盜賊之禁嚴，有則戮於社。故夜門不閉，禾積場無敢竊。器有床，無几案，席地坐。

穀有大小，豆有胡麻，又有薏仁，食之已瘴癘。無麥。蔬有蔥，有薑，有番薯，有蹲鴟，無他菜。菓有椰，有毛柿，有佛手柑，有甘蔗。畜有貓，有狗，有豕，有雞，無馬、驢、牛、羊、鵝、鴨。獸有虎，有熊，有豹，有鹿。鳥有雉，有鴉，有鳩，有雀。山最宜鹿，儦儦俟俟，千百為群。人精用鏢，鏢竹棅鐵鏃，長五尺有咫，銛甚，出入携自隨，試鹿，鹿斃，試虎，虎斃。居常禁不許私捕鹿。冬，鹿群出，則約百十人即之，窮追既及，合圍衷之，鏢發命中，獲若丘陵。社社無不飽鹿者，取其餘肉，離而腊之；鹿舌、鹿鞭（鹿陽也）、鹿筋亦腊；鹿皮角，委積充棟。鹿子善擾，馴之，與人相狎習。篤嗜鹿，剖其腸中新咽草，將糞未糞者，名百草膏。旨食之不饜，華人見，輒嘔。食豕不食雞，畜雞，任自生長，惟拔其尾飾旗。射雉亦只拔其尾。見華人食雞雉，輒嘔。夫孰知正味乎？又惡在口有同嗜也？



居島中，不能舟，酷畏海，捕魚則于溪澗，故老死不與他夷相往來。永樂初，鄭內監航海，諭諸夷，東番獨遠竄，不聽約，於是家貽一銅鈴，使頸之，蓋狗之也。至今猶傳為寶。

始皆聚居濱海，嘉靖末，遭倭焚掠，迺避居山。倭鳥銃長技，東番獨恃鏢，故弗格。居山後，始通中國，今則日盛。漳 泉之惠民，充龍、烈嶼諸澳，往往譯其語，與貿易，以瑪瑙、磁器、布、鹽、銅簪環之類，易其鹿脯皮角。間遺之故衣，喜藏之，或見華人一着，旋復脫去，得布亦藏之。不冠不履，裸以出入，自以為易簡云。

野史氏曰：異哉東番，從烈嶼諸澳，乘北風航海一晝夜至彭湖，又一晝夜至加老灣，近矣。迺有不日不月，不官不長，裸體結繩之民，不亦異乎？且其在海而不漁，雜居而不嫐，男女易位，居瘞共處；窮年捕鹿，鹿亦不竭，合其諸島庶幾中國一縣。相生相養，至今曆日書契無而不闕，抑何異也？南倭北虜，皆有文字，類鳥跡古篆，意其初有達人制之耶？而此獨無，何也？然飽食嬉遊，于于衎衎，又惡用達人為？其無懷、葛天之民乎？自通中國，頗有悅好，姦人又以濫惡之物欺之，彼亦漸悟，恐淳朴日散矣！

萬曆壬寅[三十年（1602）]冬，倭復據其島，夷及商漁交病。浯嶼 沈[有容]將軍往勦，余適有觀海之興，與俱。倭破，收泊大員，夷目大彌勒輩率數十人叩謁，獻鹿餽酒，喜為除害也。予親覩其人與事，歸語溫陵 陳志齋先生，謂不可無記，故掇其大略。

——[明]陳第《東番記》

# 張燮《東西洋考》的航海針經

文萊即婆羅國，東洋盡處，西洋所自起也。

——[明]張燮《東西洋考·卷五》

## 舟師考

海門以出，洄沫粘天，奔濤接漢，無復崖埃可尋，村落可誌，驛程可計也。長年三老鼓枻揚帆，截流橫波，獨恃指南針為導引，或單用，或指兩間，憑其所嚮，蕩舟以行。如欲度道里遠近多少，準一晝夜風利所至為十更。約行幾更，可到某處。又沉繩水底，打量某處水深淺幾托（方言謂長如兩手分開者為一托）。賴此暗中摸索，可周知某洋島所在，與某處礁險宜防。或風濤所遭，容多易位；至風淨濤落，駕轉猶故。循習既久，如走平原，蓋目中有成算也。

舟大者，廣可三丈五六尺，長十餘丈。小者，廣二丈，長約七八丈。弓矢刀楯戰具都備，猝遇賊至，人自為衛，依然長城，未易卒拔焉。造舶費可千餘金，每還往歲一修輯[葺]，亦不下五六百金。或謂水軍戰艦，其堅緻不及賈客船。不知賈舶之取數多，若兵艦所需縣官金錢，僅當三之一耳。

每舶舶主為政，諸商人附之，如蟻封衛長，合併徙巢。亞此則財副一人，爰司掌記。又總管一人，統理舟中事，代舶主傳呼。其司戰具者為直庫，上檣桅者為阿班，司椗者有頭椗、二椗，司繚者有大繚、二繚，司舵者為舵工，亦二人更代。其司針者名"火長"，波路壯闊，悉聽指揮。書雲有常占，風有候，此破浪輕萬里之勢，而問途無七聖之迷者乎！

**【引書舉要】**

[明]張燮（1574—1640）《東西洋考》序於萬曆戊午（四十六年，1618）。本書所引據北京：中華書局1981年謝方點校本。另別本附有《東西南海夷諸國總圖》，係依羅洪先《廣輿圖》相關圖幅綜合。

《東西洋考》的針路，也是文人編集的相關重要資料。該書卷五、卷九所載明代前期東洋、西洋分界的標誌，更是珍貴的歷史記錄。

## 內港水程

海澄港口（舊名月港。隆慶六年[1572]，奏設縣治。

[明]張燮《東西南海夷諸國總圖》（左半部）

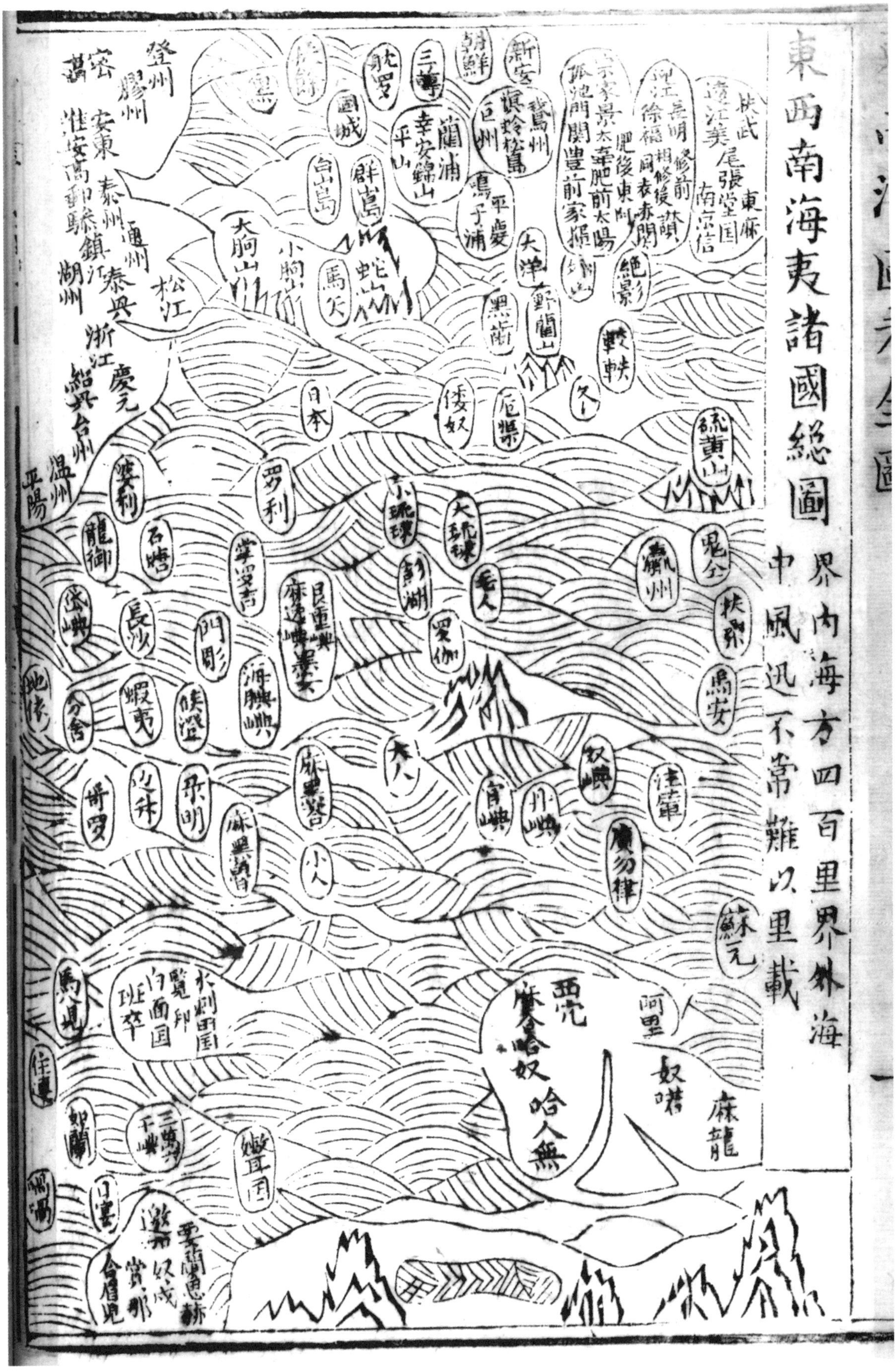


[明]張燮《東西南海夷諸國總圖》（右半部）

此間水淺，商人發舶，必用數小舟曳之，舶乃得行。計一潮至圭嶼）。

圭嶼（屹立海中，為漳之鎮。邑人御史周起元力請當道建塔其上，並構天妃宮、文昌祠、大士閣，監司郡縣悉損俸佐工，諸商亦共襄盛舉。濤門洄湃，頓爾改觀。近又以海寇微警，築復舊城，並設游兵，以固吾圉。商船甫出水，便過此中。近議餉大夫就此盤驗。半潮至中左所）。

中左所（一名廈門，南路參戎防汛處。從前賈舶盤驗於此，驗畢，移駐曾家澳候風開駕。二更船至担門，東 西洋出担門分路矣）。



## 西洋針路

鎮海衛 太武山（打水二十托。宋《圖經》稱未有生人時，太武夫人拓土以居，其上有壇。出大担門，半更，船過此，用丁未針四更，取大 小柑。）

大 小柑橘嶼（內是銅山所，欽依把總置寨於此。船從外過。內打水十五托，外二十五托，用坤未針三更，取南澳 坪）。

南澳 坪山（南澳是漳、潮接連處，萬曆四年[1576]設副總兵鎮此，築城周圍五百丈。其外玄鍾寨屬漳，柘林寨屬潮，最稱重鎮。坪山者，遠望只一山，近有三門。西南邊一派沉礁，與澳相連。內打水十八托，外打水二十五托，舶從外過。用坤申十五更，取大星尖）。

大星尖（屬廣州 東莞縣，其內為大鵬所，洪武間築城守之。大星尖赤石甚尖，故名。內打水三十五托，外四十五托。用坤申針七更，過東姜山）。

東姜山（對開，打水四十五托。其前為弓鞋山）

弓鞋山（山如弓鞋樣，對開，打水四十九托。內外俱可過船。其前為南亭門）。

南亭門（對開，打水四十七托。用單坤五更，取烏豬山）。

烏豬山（上有都公廟，舶過海中，具儀遙拜，請其神祀之。回，用彩船送神。洋中打水八十托。用單申針十三更，取七州山）。

七州山 七州洋（《瓊州志》曰：在文昌東一百里，海中有山，連起七峯，內有泉，甘洌可食。元兵劉深追宋端宗，執其親屬俞延珪之地也。俗傳古是七州，沉而成海，舶過，用牲粥祭海厲，不則為祟。舟過此極險，稍貪東便是萬里石塘，即《瓊志》所謂萬州東之石塘海也。舟犯石塘，希脫者。 七州洋打水一百三十托。若往交阯 東京，用單申針五更，取黎母山）。

黎母山（在瓊州 定安縣南四百里。《廣東通志》曰：五指山一名黎母，生黎峒中，五峯如人指屹立。《圖經》云：島上四洲，黎母為主。每辰巳後，雲霧收斂，則一峯聳翠插天，申酉間復蔽不見，此南極星芒所降之地。又云：婺女星見此山，因名黎婺，後訛呼黎母。《虞衡志》曰：山極高，常在雲霧中，黎人自鮮識之。久晴，海氣清明，見翠尖浮半空。明 丘濬詩：五峯如指翠相連，撐起炎荒半壁天。夜盥銀河摘星斗，朝探碧落弄雲煙。雨餘玉荀空中見，月出明珠掌上懸。豈是巨靈伸一掌，遙從海外數中原。用庚酉針十五更，取海寶山）。

海寶山（用單亥針及乾亥，由塗山海口，五更，取雞唱門，即安南 雲屯海門也。）

交阯 東京（《一統志》曰：東至海，西至老撾，南至占城，北至思明府）。



又從七州洋（用坤未針，三更，取銅鼓山）。

銅鼓山（《廣東通志》曰：在文昌東北，諸獠鑄銅為大鼓，懸庭中，讎殺相攻，則擊此鼓，到者雲集。後瘞此山，鄉人掘得之，故名。《瓊州志》曰：銅鼓海極深險。坤未針四更，取獨珠山）。

獨珠山（俗名獨豬山。《瓊州志》曰：獨州山一名獨珠山，在萬州東南海中，峯勢高峻，周圍五六十里。南國諸番修貢，水道視此為準，其洋為獨珠洋。 舶人云：有靈伯廟，往來祭獻。打水六十五托，用坤未針十更，取交阯洋）。

交阯洋（唐 沈佺期有《渡海詩》：嘗聞交阯郡，南與貫胸連。四氣分寒少，三光置日偏。越人遙捧翟，漢將下飛鳶。北斗崇山掛，南風漲海牽。別離頻改月，容鬢驟催年。虛道崩城淚，明心不應天。打水七十托，用坤未針，取占筆羅山，是廣南港口）。

廣南（漢為日南郡，隋 唐為驩州，國朝為乂安府）。

又從交阯洋（用未申針三更，取望瀛海口，入清華港）。

清華港（漢為九真郡，隋 唐為愛州，交阯為西京，國朝為清化府）。

又從交阯洋（取小長沙海口，入順化港）。

順化港（國朝為順化府）。

又從交阯洋（用坤未針十一更，取外羅山）。

外羅山（遠望成門，近看東高西低，北有椰子塘，西有古老石。船傍西行，打水四十五托。用丙午針三更，取馬陵橋。其內為提夷，是交阯屬縣）。

提夷 馬陵橋（打水二十五托，內外俱可過。船南邊有礁出水，用丙午針四更，至交杯嶼，即新州港口）。

新州港（國朝為新安府）。

新州交杯嶼（兩嶼相對如交杯狀，故名。內打水十八托。用丙午，三更取羊嶼）。

羊嶼（有小石塔，好拋船。內打水八九托，外二十托。南有羊角礁，不可近。用丙午針三更，取煙筒）。

煙筒山（此交阯、占城分界處也。以狀似煙筒，故名。雖極澄霽，亦頂上有氤氳氣。用丙午針三更，取靈山）。

靈山（《星槎勝覽》曰：與占城山連接，峻嶺而方，有泉下繞如帶。山頂一石塊似佛頭，故名靈山。往來販舶於此樵汲，崇佛誦經，燃放水燈彩船，以禳人船之災。開，打水六十托，用單午針二更，取伽俑貌）。





伽俑貌山（港內有三嶼，潮漲則不見山。遠過，打水十五托。用坤未針五更，由圭龍嶼取羅灣頭，即占城港口）。

占城國（《一統志》曰：東距海，西抵雲南，南接真臘，北連安南。東北至廣東，舟行可半月程；至厓州，可十日程。古名林邑，唐名環王國，後始名占城）。

占城國羅灣頭（打水五十托。用坤申針五更，取赤坎山）。

赤坎山（宋時占城王常避交人，徙居茲山。近打水二十托，外十八托。用單申針四更，取鶴頂山）。

鶴頂山（打水二十五托。洋中有玳瑁洲，宜防。若往柬埔寨，由此分路，用單庚四更，取柯任山）。

柯任山（自赤坎沿山而行，因風應變。外任尋港，用庚申針，開，有石爛礁在西南。若行船，放落嶼下。開頭用單庚及庚申針，看風讓高，收毛蟹洲）。

毛蟹州（打水六七托，船頭對洲收入。有三托水，在淺內，船恐犯洲，尾淺。要認毛蟹洲，須見兩邊坤身頭崎便是。天略晴明，潮水曉退，在外任開船，東風小，午到淺，至午進港為妙）。

柬埔寨（即古真臘地也，又名占臘。將至港，俱是泥地，故名占臘泥國。人自呼甘孛智，後訛為甘破蔗，舶人又訛為柬埔寨。《一統志》曰：東際海，西接蒲甘，南連加囉唏，北抵占城）。

又從赤坎山（單未十五更，取崑崙山）。

崑崙山（此非河源之崑崙，然自海中一大名勝。《星槎勝覽》曰：節然瀛海中，山高而方，山盤廣遠，俗云："上怕七州，下怕崑崙，針迷舵失，人船莫存。"用單庚及庚酉三更，取小崑崙）。

小崑崙（兩邊有礁，出水用庚酉及單酉，八更，取真嶼）。

真嶼（看成三山。內過，打水十四托，泥地。外過，打水十八托，沙地。遠過只七八托便是假嶼，水淺，不可行。只從真嶼東北邊出水，礁南邊過船。用庚戌針五更，取大橫山）。

大橫山（到此是暹羅界。外過，南邊打水二十五托為正路。北邊水淺，只五托水。船在南邊見小橫山）。

小橫山（其山多樹，打水十四托。辛戌十更，單戌十更，乾戌十更，取筆架山）。

筆架山（遠望形如筆架，故云。山下打水十四托。開，打水二十托。壬亥五更，取陳公嶼及黎頭山）。

黎頭山（西邊高大，東南稍低，其內有嶼。西北一派是石排山。用壬子針五更，取圭頭淺）。

圭頭淺（打水四十托。用單乾三更，取竹嶼）。

竹嶼（淺口，打水四五托。用壬子及乾亥，沿山坤申，尾即暹羅）。

暹羅（乃古赤土及婆羅剎地，至本朝合暹與羅斛二國，名暹羅。《一統志》曰：在占城極南）。

又從崑崙山（用坤申及庚酉針，三十更，取吉蘭丹）。

吉蘭丹（即大泥港口。用坤申七更，入港是大泥國）。

大泥國（即古渤泥也。我朝貢道由福建入）。

又從崑崙山（取真嶼，用辛酉針二十八更，取六坤）。

六坤（暹羅屬國也。其地與大泥相連）。

又從崑崙山（用坤未針三十更，取斗嶼）。

斗嶼（用丁午針五更，取彭亨國）。

彭亨國（一名彭坑，單午五更，取地盤山）。

地盤山（在彭亨港外。外打水二十八托，内四十四托，三更，至東 西竺）。

東 西竺（此柔佛地界也。用丁未針十更，取羅漢嶼即柔佛港口）。

柔佛國（一名烏丁樵林）。

羅漢嶼（有淺，宜防，往來尋白礁為準。往滿剌加從北邊過船，用庚酉五更，入龍牙門）。

龍牙門（《星槎勝覽》曰：山門相對如龍牙狀，中通船。田瘠穀薄，男女穿短衫，圍稍布。擄掠為豪，番舶於此防之。今人夜舶不敢行，以其多盜，且南有涼繖礁也。中打水三十托，北二十托，南八九托。又過淡馬錫門，用庚酉及辛戌針，三更，取吉里問山）。

吉里問山（打水二十七托，兩邊有淺。用乾亥針三更，取崑宋嶼）。

崑宋嶼（打水二十五托。用單亥針五更，取箭嶼）。

箭嶼（打水三十四托。用乾戌針五更，取五嶼）。

五嶼（先時酋開鎮於此，此中有真五嶼、假五嶼。沿山而入為麻六甲）。

麻六甲（即滿剌加國也，舶人音訛耳。在古為哥羅富沙地）。



又從東 西竺（用丙午針十更，取長腰嶼）。

長腰嶼（北邊正路，打水二十六托。若往丁機宜，用坤申四更，取獨石門）。

獨石門（出門，用單酉針，過鐵釘嶼）。

鐵釘嶼（其外水流急甚。用單庚及庚申針，四更，至鱺魚嶼）。

鱺魚嶼（西是坤身，晝南流而夜北流。再進由第二港入是丁機宜國）。

丁機宜（爪哇屬國）。



又從長腰嶼（用丁午針十更，取龍雅大山）。

龍雅山（在馬戶邊過。用單午針三更，取饅頭嶼）。

饅頭嶼（收入即是詹卑，七更可到）。

詹卑（三佛齊人稱其國王為詹卑。其國既為爪哇所破，故王徙居於此，因以名地）。

七嶼（從饅頭嶼駕開，用丁午針三更到此。又用丁未七更，取彭家山）。

彭家山（用坤未三更，取西南第二山，有沉礁。收坤申針，收入舊港）。

舊港（即三佛齊故都也。其先為干陀利國，初時為爪哇所併，改名舊港，以別於彼之新村）。

又從彭家山（用辰巽針十更，取[進]峽門）。

[進]峽門（用丙巳，巡坤身，七更，見三麥嶼）。

三麥嶼（過嶼用單丁及丁午，五更。單未五更，取都麻橫港口）。

都麻橫港口（中望一山，名真不真假不假，正路打水十七托。用單午針十更，取覽邦港口）。

覽邦港口（覽邦夷人好食人，故舶無維纜者。外有小嶼名奴沙牙，近嶼打水八九托。用丁午三更，取奴沙剌，打水十四托。又用丁午針三更，遠望錫蘭山）。

錫蘭山港口（即梁時所通狼牙修也，今訛為石旦。隋 常駿至林邑，遙望見焉。夷言高山為“錫蘭”，因名。今稱錫蘭港口者，亦就望見言之，其實去彼尚遠。《星槎勝覽》曰：地廣人稠，亞於爪哇。山頂產黃鴉鶻石、青紅寶石，海旁有珠簾沙，常取螺蚌傾入池中，作爛淘珠，貨之。海邊有一盤石，上印足跡，長三尺許，常有水不乾。稱先世釋迦從翠藍嶼來，登此足躡跡，至今尚存。永樂間，其王來貢。旋復負固不恭，鄭中貴和虜其王歸，上命釋之。其後貢使歲以為常。洋中凡五嶼，正門打水四五托。用丙巳針六更，至下港）。

下港（即古闍婆，在南海中者也。亦名社婆，至元始稱爪哇，今下港正彼國一巨鎮耳。舶人亦名順塔，再進入為咖嚁吧）。





又從滿剌加國 五嶼（分路入蘇門答剌，用單乾針五更，取綿花嶼）。.

綿花嶼（第三灣正好過船，打水七八托，外二十托。用單戌針過淺。辛戌四更，取雞骨嶼）。

雞骨嶼（對開，打水六十六托，有淺，船宜遠過。用乾戌針十更，取雙嶼）。

雙嶼（對開，打水三十五托，門中十托，即正路所經也。用乾戌並辛戌，四更，取單嶼）。

單嶼（內打水十六托，外四十托。用辛戌針十更，認亞路）。

亞路（坤身，打水三托，洋中二十托。用壬亥及乾亥針，若離山用乾戌針，十五更，取巴祿頭）。

巴祿頭（其旁為九州山。《星槎勝覽》曰：林木叢生，枝葉茂翠。永樂間，鄭和遣人入山採香。有長六七丈者數株，香味清遠，黑花細紋，山人張目吐舌，言天朝威力若神。單亥及乾戌，五更，取急水灣）。

急水灣（西邊有灣，沉礁打浪，對開，水二十五托。用辛酉針五更，取啞齊）。

啞齊國（即蘇文答剌國也。其先名大食，今一名蘇文達那。《廣東通志》曰：自滿剌加九晝夜可至）。

又從玳瑁洲（用丁未針三更，取東 西董）。

東 西董（從西董過船，遠似石礁狀。用單丁五更，丁未三十更，取失力大山）。

失力大山（近山，用坤未針五更，取馬鞍嶼）。

馬鞍嶼（用巽巳五更，取塔林嶼）。

塔林嶼（山尖有老古石。正路在西，用辰巽針三十更，取吉寧馬哪）。

吉寧馬哪山（山上有池，貯水不竭，池上石壁有古篆。用單巳針七更，單丙六更，取勿里洞山）。

勿里洞山（丙午十五更，取吉里問大山）。

吉里問大山（西面坤身，拖尾甚長，有老古淺，離山宜防。用辰巽四更，取保老岸山）。

保老岸山（山與吉里問相對，俗訛呼巴哪大山。《一統志》所謂番舶未到，先見此山。項聳五峯，雲覆其上者也。用巽巳四更，取椒山）。

椒山（即豬蠻地。沿山取磨嶼，七更，收入饒洞）。

思吉港 饒洞（即蘇吉丹國。政與爪哇王國相近，而吉力石為之主）。





又從保老山（用乙辰針五更，取吉力石港）。

吉力石港（即爪哇之杜板村，史所謂通蒲奔大海者也。打水八九托。用乙辰針一更，取雙銀塔）。

雙銀塔（用丁未針五更，取磨里山）。

磨里山（即《星槎勝覽》所謂彭里者也。俗尚寇掠，用單乙三更，取郎木山）。

郎木山（山下有三吧哇嶼，嶼前有老古淺。用單卯五更，取重迦羅）。

重迦羅（舶人訛呼“高螺”。《星槎勝覽》曰：地與爪哇界相接，高山奇秀，內一石洞，前後三門，可容萬人。用單卯針五更，取火山）。

火山（內是里馬山，有真里馬、假里馬。過火山門，用辰巽針二更，取大急水）。

大急水（一名雙牌，水深流急。出門，用乙辰針三更，至髻嶼）。

髻嶼（用乙卯十更，取大雲螺、小雲螺）。

大 小雲螺（又乙卯針六更，單卯針七更，取蘇律山）。

蘇律山（有紅毛番居此，不宜進泊。用乙辰三更，收山取印嶼）。

印嶼（用單卯針二更，至美羅港，即是池悶）。

池悶（即吉里地問，是諸國最遠處也）。

又從吉寧馬礁（往文郎馬神分路，用丙巳及巽巳，五更，取吧哩馬閣）。

吧哩馬閣（即白水洋。打水八托是正路，近嶼有淺可防。用乙卯針五更，甲卯五更，單卯五更，取三密港）。

三密港（用乙卯針二更，取龜嶼。打水六托，是正路）。

龜嶼（稍開有石六七塊，名貓著萬里淺。用單巳三更，取單戎世力山）。

單戎世力山（有淺宜防，打水五托是正路。用單巳及巽巳，四更，又辰巽，收美啞柔）。

美啞柔港口（是處多盜，好夜殺人。前有大山是馬神國）。

文郎馬神國（古稱文狼）。

## 東洋針路

太武山（用辰巽針七更，取彭湖嶼）。

彭湖嶼（是漳、泉間一要害地也。多置游兵，防倭於此。用丙巳針五更，取虎頭山）。

虎頭山（用丙巳七更，取沙馬頭澳）。

沙馬頭澳（用辰巽針十五更，取筆架山）。

筆架山（遠望紅豆嶼並浮甲山，進入為大港）。

大港（用辛酉針三更，取哪哦山）。

哪哦山（再過為白土山。用辛酉針十更，取密雁）。

密雁港（南是淡水港。水下一灣，有小港，是米呂蓴。下一老古灣是磨力目，再過山頭為岸塘）。

又從密雁港（幞頭門，用丙午、單午，十更，取六藐山）。

六藐山（下有四嶼，用單巳針五更，取郎梅嶼）

郎梅嶼（單午四更，取麻里荖嶼）。

麻里荖嶼（用丁午五更，取蘇安山及玳瑁港）。

玳瑁港（東是傍佳施欄，用壬子針四更，及癸丑五更，取表山）。

表山（山甚高，為濤門之望，故名。用丙午及單午，五更，取里銀中邦）。

里銀中邦（丙巳五更，取頭巾礁）。

頭巾礁（用單午五更，收呂宋國）。

呂宋國（國初，貢路由福建入。用丙巳及乙辰針，十更，取沙塘淺，開是貓里務）。

貓里務國（即合貓里國也。永樂時，與呂宋貢使偕來）。

又從呂宋（取豬未山，入磨荖央港）。

又從呂宋（過文武樓，沿山至龍隱大山，為以寧港）。

以寧港（山尾十更，西邊取里擺翰至高藥港）。

又從以寧港（用丙巳針，取漢澤山，即屋黨港口）。

漢澤山（用單巽針，取海山）。

海山（用單巳針五更，取吶嗶嘽，其內為沙瑤）。

又從漢澤山（用丙午針二十更，取交溢，一名班溢）。

交溢（稍下為逐奇馬山，用乙辰七更，取魍根礁老港）。

魍根礁老港（用乙辰針七更，見紹山）。

紹山（又用乙辰針十更，入千子智港，是米洛居地，今佛郎機駐此）。

千子智港（對面是直羅里，稍上是紹武淡水港，紅毛夷駐處）。

紹武淡水港（此處大山凡四，進入即美洛居，舶人稱米六合）。

又從交溢（對西開船，取犀角嶼）。

犀角嶼（外有三四白礁，南勢開船，用單坤針，入蘇祿國）。

蘇祿國（國初朝貢，有東王、西王、峒王。其後只東王來貢不絕，疑是為東王所併矣。商舶所至，則峒王地）。

又從呂蓬（用坤未針五更，取芒煙山）。

芒煙山（用丁未針十更，取磨葉洋）。

磨葉洋（用單未針，並丁未，取小煙山）。

小煙山（其上有仙人掌，用丁未針五更，取七峯山）。

七峯山（用單丁五更，取巴荖圓）。

巴荖圓（用丁未五更，取羅蔔山）。

羅蔔山（用丁未針三更，取聖山）。

聖山（自聖山東去，突出二大尖，兩傍皆老古石，中只一溝，舟行甚險。用單未及坤未針，五更，取崑崙山）。

崑崙山（此又別一崑崙，是舶人強名之耳。用坤未針，取長腰嶼）。

長腰嶼（舶過嶼門，用單午針五更，取鯉魚塘）。

鯉魚塘（收毛花蠟，即汶萊港口）。

汶萊國（即婆羅國，此東洋最盡頭，西洋所自起處也，故以婆羅終焉）。

東番（人稱為小東洋，從彭湖一日夜至魍港，又一日夜為打狗仔，又用辰巽針十五更，取交里林以達雞籠、淡水）。

——[明]張燮《東西洋考·卷九》

# 《明代東西洋航海圖》中的針經

## [東洋針路]

[漳泉往五島]：[出港]甲卯……艮寅[溫州]……五島

[漳泉往琉球]：[出港]甲卯……[福州]辰……乙卯[雞籠]……卯[釣魚臺]……乙卯……卯……乙卯……[那霸]

[琉球往兵庫]：[那霸]子……癸丑……寅及甲寅[野故門]……艮……壬子……子……丑……兵庫

[漳泉往呂宋]：[出港]甲卯……丙……丙巳……呂宋

[廣州往呂宋]：[出港]……巽……巽巳……丙巳……呂宋

[呂宋往文萊]：[出港]……丁未……文萊

[呂宋往蘇祿]

[呂宋往馬軍礁老]：[出港]……[福堂]……[馬軍礁老]

[呂宋往萬老高]：[出港]……福堂……萬老高

——[明]佚名《明代東西洋航海圖》(*The Selden Map of China*)，牛津大學鮑德里氏圖書館藏。

## [西洋針路]

[漳泉往豬蠻並池汶]：[出港]坤未……坤申……[廣州]坤……[七州]坤未……單未……[羅灣頭]丁午……午……東、西蛇龍山……丁午……午……丙午……巳……豬蠻……卯……乙……卯……乙辰……午……辰巽……乙辰……乙卯……乙卯……辰巽……巽巳……巳……乙卯……池汶

[苧盤往文萊]：[出港]……甲寅……文萊

[苧盤往馬辰]：[出港]……巽巳……丙……巳……辰……巽……馬辰

[馬辰往池汶]：[出港]……辰巽……丙巳……池汶

[馬辰往援丹]：[出港]甲寅……乙卯……卯……卯……乙辰……乙卯……乙辰……援丹

**【引書舉要】**

[明]佚名《明代東西洋航海圖》(*The Selden Map of China*)，原圖藏於牛津大學(University of Oxford)鮑德里氏圖書館(The Bodleian Library)。是圖由英國律師約翰·雪爾登(John Selden，1584—1654)於1659年遺贈於牛津大學。2008年被美國學者Robert K. Batchelor在訪問牛津大學時重新發現。

本圖由收藏者牛津大學鮑德里氏圖書館加以修繕、拍攝，見該館的網頁：http：//seldenmap.bodleian.ox.ac.uk/map。香港學者錢江則撰寫《一幅新近發現的明中葉彩繪航海圖》，於2011年8月首先在中國內地披露(收入《海交史研究》2011年第一期)。本書製作時，參考了香港海事博物館2014年3月21日至6月23日特展"針路藍縷：牛津大學珍藏明代海圖及外銷瓷"的複製品。有關細部，也據該圖放大分切而成。

明 佚名《明代東西洋航海圖》全圖（上半部）

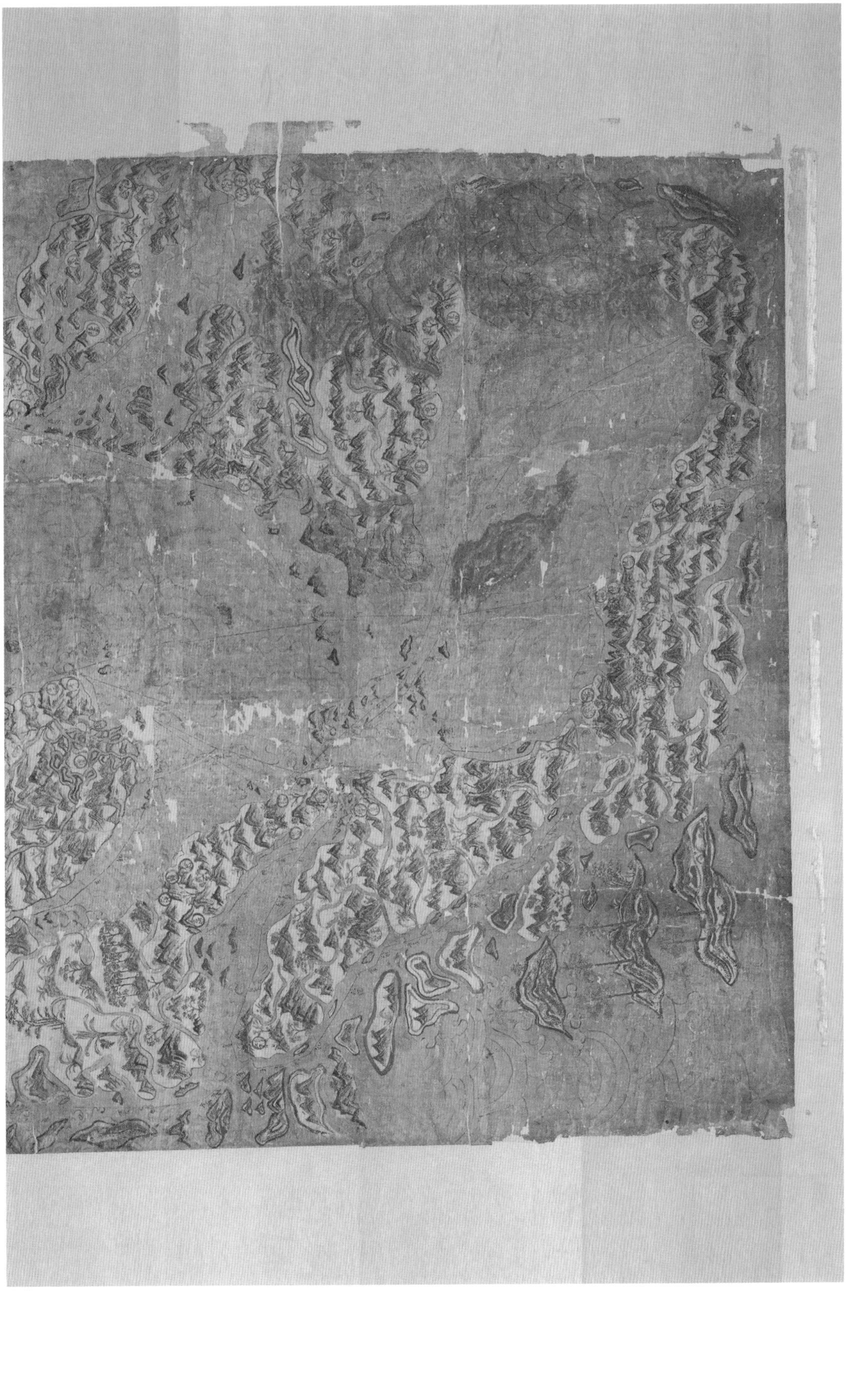

明佚名《明代東西洋航海圖》全圖（下半部）

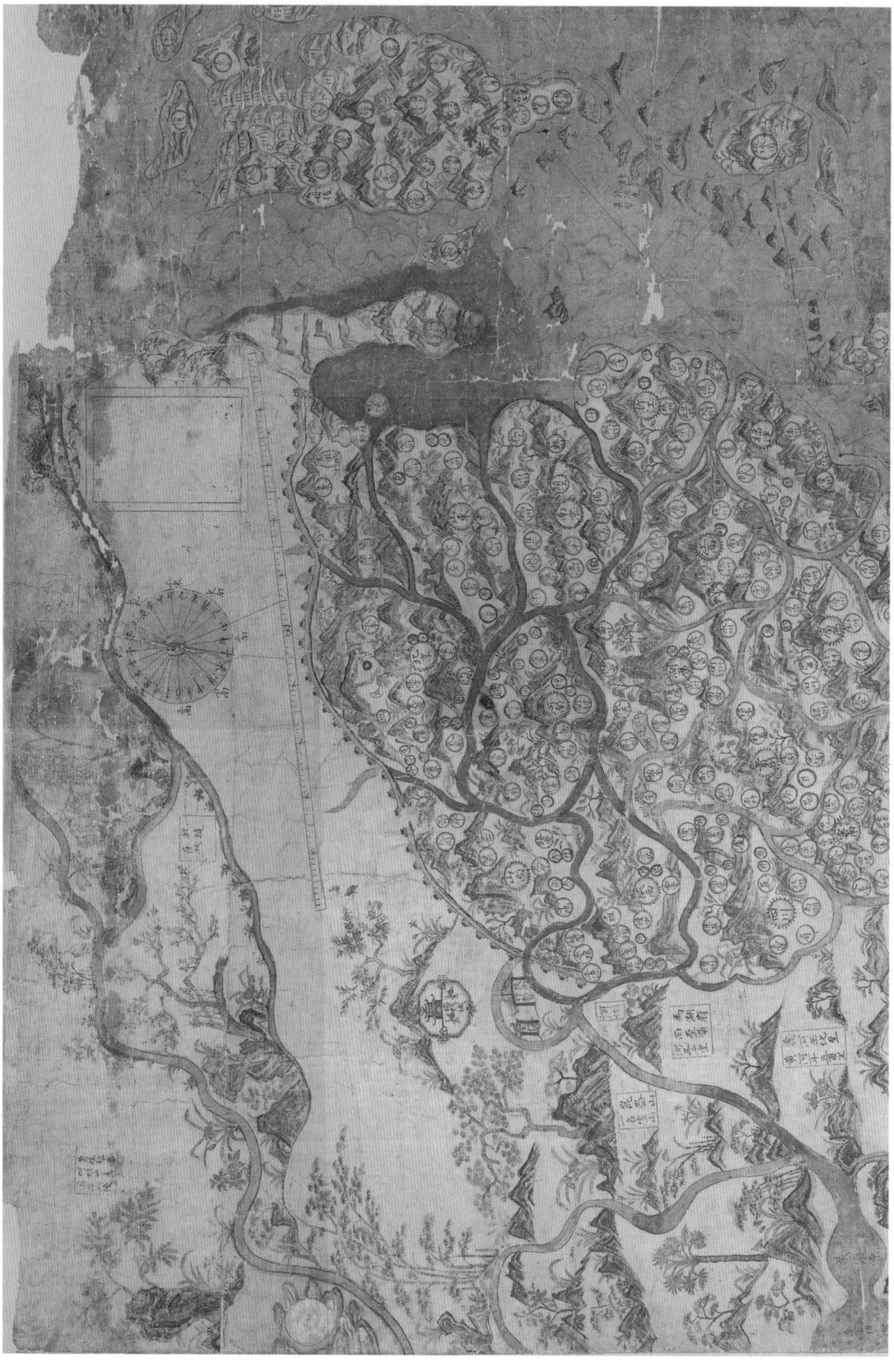

明|佚名《明代東西洋航海圖·明朝疆域和分野》（上半部）

明佚名《明代東西洋航海圖·明朝疆域和分野》（下半部）

明佚名《明代東西洋航海圖·朝鮮、日本、琉球》（上半部）

明佚名《明代東西洋航海圖・朝鮮、日本、琉球》（下半部）

明佚名《明代東西洋航海圖・菲律賓群島》（上半部）

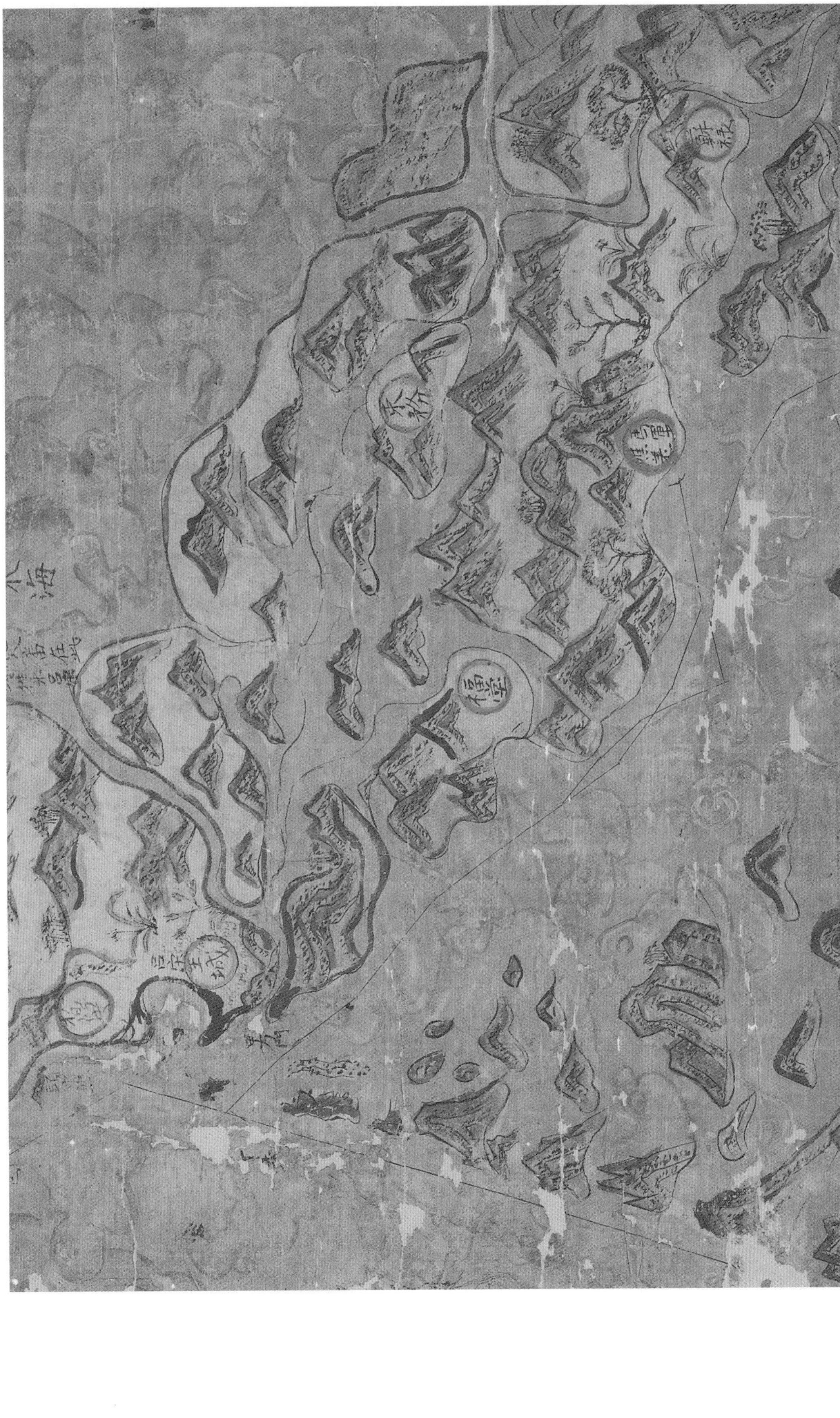

[明]佚名《明代東西洋航海圖·菲律賓群島》（下半部）

[明]佚名《明代東西洋航海圖·文萊、帝汶及印尼馬魯古諸島》（上半部）

明佚名《明代東西洋航海圖・文萊、帝汶及印尼馬魯古諸島》（下半部）

[明]佚名《明代東西洋航海圖·印尼的爪哇和蘇門答剌》（左半部）

[明]佚名《明代東西洋航海圖·印尼的爪哇和蘇門答剌》（右半部）

明 佚名《明代東西洋航海圖・中南半島及馬來半島》（上半部）

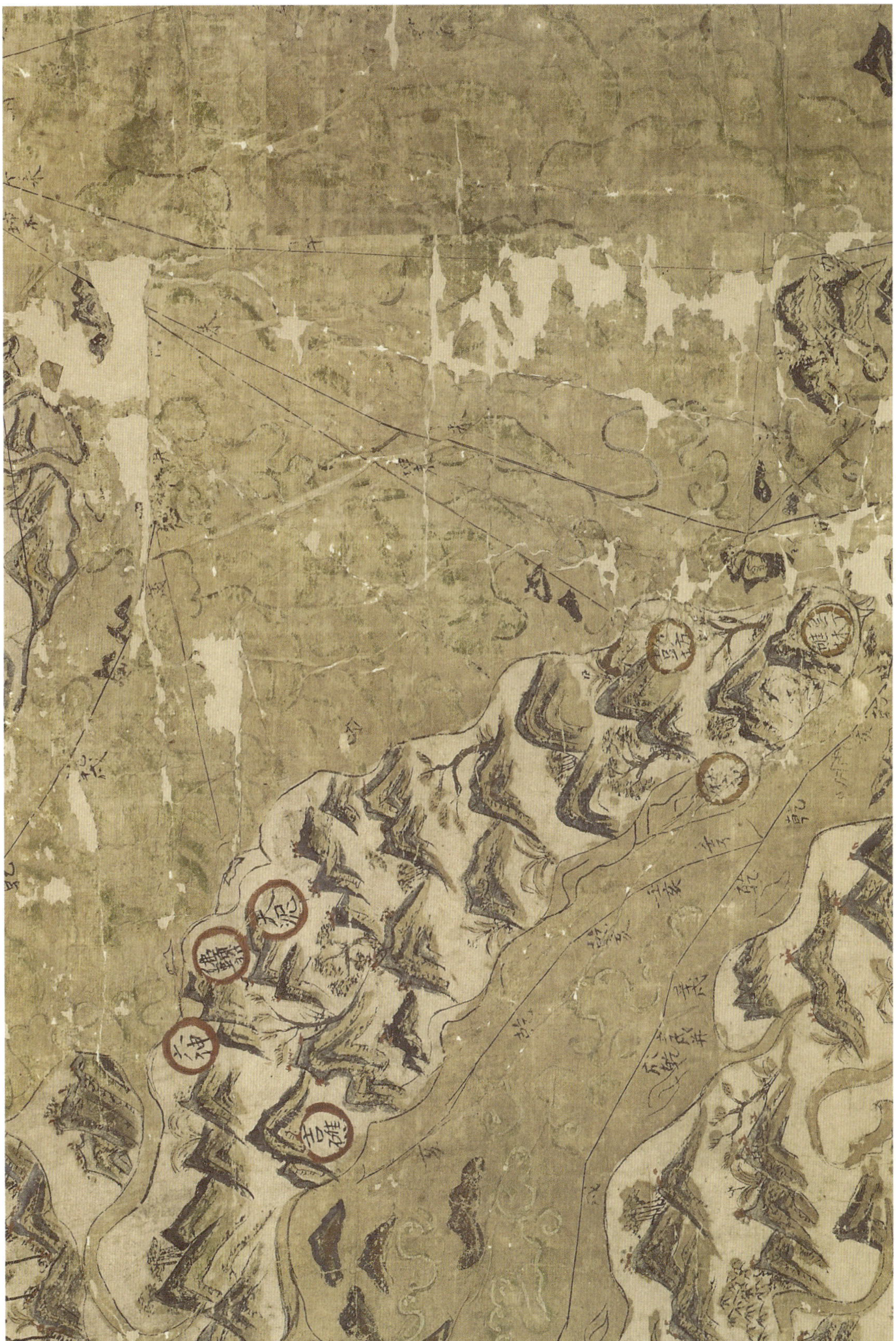

明 佚名《明代東西洋航海圖・中南半島及馬來半島》（下半部）

明佚名《明代東西洋航海圖·由中南—馬來半島赴印度洋》（上半部）

明 佚名《明代東西洋航海圖・由中南—馬來半島赴印度洋》（下半部）

[順塔往豬蠻並池汶]：[出港]乙卯……[咬嵧吧]乙辰……辰巽……乙辰……乙卯……卯……丙巳……[豬蠻]卯……[饒洞]乙……卯……乙辰……午……辰巽……巽巳……巳……乙卯……池汶

[順塔經蘇文達西岸由亞齊往古里]：[出港]酉……亥……乾……乾亥……亥……乾亥……壬子……壬亥……壬子[巴里野蠻]戌乾……壬亥……壬子[茅陣即貓離]戌乾……壬子……戌乾……乾……壬……壬子……子[蘇文達即亞齊]壬子……辛戌……辛酉……壬亥……亥……壬子……[古里]

[漳泉往馬辰]：[出港]坤未……坤申……[廣州]坤……[七州]坤未……單未……[羅灣頭]丁午……丁未……丁午……丙午……巳……丙午……辰……巽……馬辰

[漳泉往舊港並咬嵧吧]：[出港]坤未……坤申……[廣州]坤……[七州]坤未……單未……[羅灣頭]丁午……坤未……未……丙……丁午……午……丁……丁未……舊港……辰……坤……丁……丁午……丙午……乙辰……乙卯……咬嵧吧

[舊港往吉礁]：[出港北上]經麻六甲……壬子……壬亥……乾亥……乾……亥……吉礁

[舊港經麻六甲往古里]：[出港北上]經麻六甲……乾……辛戌……辛戌並戌乾……戌……亥及乾亥……[亞齊]辛酉……壬子……辛戌……辛酉……壬亥……亥……壬子……[古里]

[漳泉往交趾]：坤未……坤申……[廣州]坤……[七州]……庚酉……乾亥……東京

[羅灣頭往柬埔寨]：[出港]……坤申……庚酉……毛蟹洲

[羅灣頭往暹羅]：[出港]丁午……[真慈]……乾戌……乾……亥……壬子……[暹羅國港口]

[羅灣頭往大泥]：[出港]丁午……[真慈]……酉……大泥

[羅灣頭往彭坊]：[出港]丁午……坤未……坤未……彭坊

[漳泉往麻六甲並古里]：[出港]坤未……坤申……[廣州]坤……[七州]坤未……單未……[羅灣頭]丁午……坤未……未……未……乾……亥……乾[麻六甲]……乾……辛戌……辛戌並戌乾……戌……亥及乾亥……[亞齊]辛酉……壬子……辛戌……辛酉……壬亥……亥……壬子……[古里]

[古里往忽魯謨斯]：古里往忽魯謨斯，用乾針五更，用乾亥四十五更，用戌一百更，用辛戌一十五更，用子癸二十更，用辛酉五更，用亥十更，用乾亥三十（更），用單子五更

[古里往佐法兒]：古里往[佐]法兒國，去西北，計用一百五十更

[古里往阿丹]：古里往阿丹國，去西北，計用一百八十五更

——《明代東西洋航海圖》（*The Selden Map of China*），牛津大學鮑德里氏圖書館藏。

## [附：海路交通域外地名]

朝鮮王

大王城 所居地 出王城 母[丹]後 越 佐渡州 鏓州 七島山 上好州 伊勢 管東 松佰王 沙堦王 溫子米王 空打剩馬 兵庫 萬島 亞里馬王 殺子馬 殺身灣子 一插花大王 闍色保王 籠仔沙機 居仔 魚鱗島 天堂 五島 衣戈 水剩馬 野故門



琉球國

大港 射昆美 月投門 香港 南旺 台[剖]牛坑 玳瑁 扶鼎安 頭巾礁 甲萬門 呂宋王城 化人番在此港 往來呂宋 東務 蘇祿 福堂 馬軍礁老



汶萊

馬辰 傍伽虱 援丹 唵汶 萬老高（紅毛住 化人住）

池汶

咬嚁吧 順塔 吧哪 豬蠻 饒洞 磨厘 里嗎

舊港 峽門（在此） 占卑 丁機宜 茅陣即貓離 巴里野蠻 蘇木達即亞齊

烏丁礁林 彭坊 吉礁 麻六甲

崑崙 玳瑁洲 東蛇龍 西蛇龍 東董 西董

東京 清花[化] 新安 布政 順化 廣南 新州 占城

羅彎頭 毛蟹洲 真、假慈

柬埔寨

樓里

大泥 佛頭郎 六坤 暹羅國

放沙

古里國 忽魯謨斯 阿丹國 [佐]法兒國

呵難黎 黃哇黎

——《明代東西洋航海圖》（*The Selden Map of China*），牛津大學鮑德里氏圖書館藏。

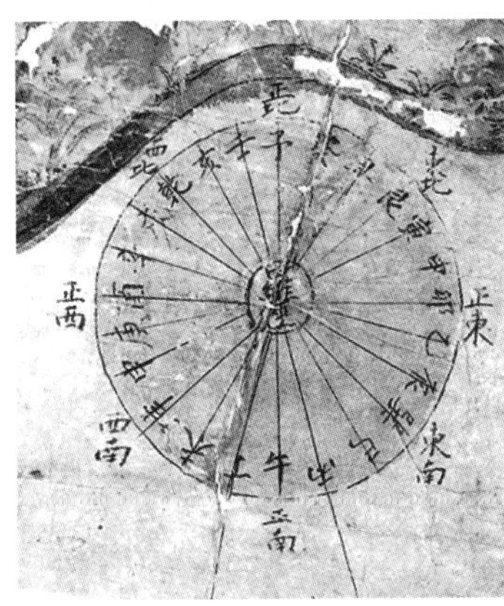

**明末航海羅盤圖**

[載於《明代東西洋航海圖》（*The Selden Map of China*），1624年前。]

明代航海羅盤有24個字、48方位（包括正針及縫針）。24個字由上方正北起順時針排列為：子，癸，丑，艮，寅，甲，卯，乙，辰，巽，巳，丙，午，丁，未，坤，申，庚，酉，辛，戌，乾，亥，壬。

# 下篇

THE LAST CHAPTER

## 清代大量湧現的針路簿、水路簿、更路簿

**謝清高漫游並著《海錄》**

廣東嘉應州（今梅州市）人謝清高（1765—1821），18歲起就跟隨外輪出洋，漂泊了14年，到過許多國家、島嶼等，耳聞目睹了當地的風土人情。31歲時他雙目失明，流居澳門，口述海外各地各國所見所聞，請人記錄成《海錄》一書。

《海錄》內容有三類：一是大陸沿海各國，從越南到印度西北岸；二是南海諸島；三是歐、美、非三洲諸地方。其中更用了1900字介紹了大西洋國（葡萄牙）的疆域、港口、文武官制、建築、宗教、禮節、婚俗、服飾、物產等。謝清高乃中國第一個以親身經歷介紹葡萄牙者。

因其在中國航海史上的傑出貢獻，謝清高被譽為中國的馬可波羅，其《海錄》也被人們與馬可波羅的《馬可波羅行記》相提並論。

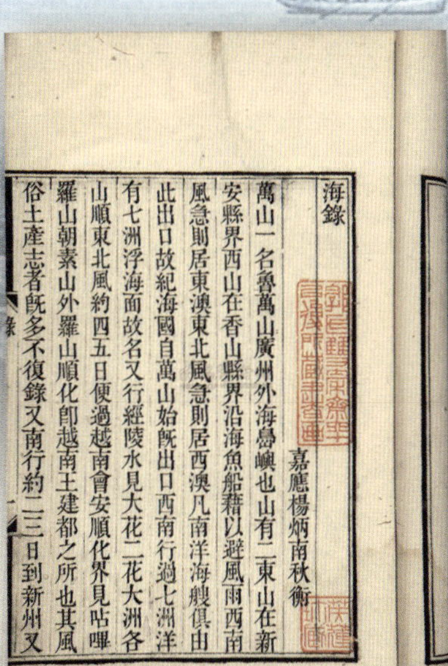

海錄

嘉應楊炳南秋衡

萬山一名魯萬山廣州外海島嶼也山有二東山在新安縣界西山在香山縣界沿海魚船藉以避風雨西南風急則居東澳東北風急則居西澳凡南洋海艘俱由此出口故紀海國自萬山始既出口西南行過七洲洋有七洲浮海面故名又行經陵水見大花二花大洲各山順東北風約四五日便過越南會安順化界見占畢羅山朝素山外羅山順化即越南王建都之所也其風俗土產志者既多不復錄又南行約一二日到新州又

咸豐辛亥鐫

海錄

海山仙館叢書

**寧波商船現代模型**

寧波港為中國古代的東方大港，宋元明均設市舶司，與廣州港、泉州港鼎足而三。北宋出使高麗的海船由此出發，並有在航程中使用針盤導航的明確記錄。清初在此設立浙海關，後為通商五口的要港之一，其發展亦盛而不衰。

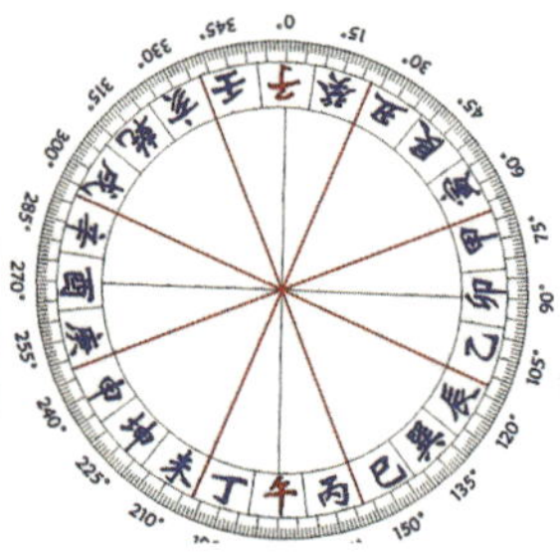

**古今羅盤方位對照圖**
**（24方位）**

清代前期，中國的陸地疆土雖略有拓展，然因明清以降禁海、閉關等政策的實施，令航海事業江河日下。清初顧炎武、顧祖禹等雖留意海路交通，但所記航線乃巢襲唐賈耽的通海夷道，而罕有發明。至於東洋航線，大抵承襲明代出使琉球舊路，如張學禮《使琉球記》，汪楫《使琉球雜錄》，徐葆光《中山傳信錄》[琉球程順則《指南廣義》的針路條記也附錄此間]，《福州府志》所載通琉球日本的針經，周煌《琉球國志略》，李鼎元《使琉球記》，齊鯤、費錫章《續琉球國志略》，及趙新的《續琉球國志略》。不過，對往來臺灣海峽的航程已逐漸增加，如郁永河《裨海紀遊》，黃叔璥《臺海使槎錄》，及唐贊袞《臺陽見聞錄》等的東洋路線。

清代較有名的海外交通著作只有記及東洋南洋（東南亞）和西洋（概念已擴大至歐美）的陳倫炯《海國聞見錄》，廣記海外航路的謝清高《海錄》。由於海外移民發展及華僑的增多，出現了一批記載南洋輿地的專書，如程遜我的《噶喇吧紀略》，陳洪照《吧遊紀略》，王大海《海島逸誌》，呂調陽的《東南洋鍼路》，以至施世驃進呈的《東洋南洋海道圖》，覺羅滿保進呈的《西南洋各番針路方向圖》。（越南）宋福玩楊文殊的《暹羅國路程集錄》，也有其重要意義。此外，清初樊守義《身見錄》這部首訪歐美的遊記，更是鴉片戰爭後大批派赴西方使程的濫觴。

在近代，如果說地理大發現促進了西方私人資本主義的蓬勃發展，堪稱真正的大航海時代；同時的中國，民間私人貿易及海盜勢力雖未斷絕，卻只能在官府政策的夾縫中求得生存。不過，這卻促使清代私人針路簿、水路簿、更路簿的大量湧現。這一類圖書，比較可以肯定為清代的，有佚名《指南正法》（與《順風相送》同收入向達校注的《兩種海道針經》），清鈔本《針位編》（原向達藏清初鈔本殘卷），《海底簿》（莊為璣等收集福建白奇郭氏祖傳本），《浙江溫州平陽石礦[塘]流水表》（福建集美航海學校收集），泉州的《源永興寶號航海針簿》《山海明鑒針路》《石湖郭氏針路簿》（泉州海外交通史博物館搜集），漳州的《送船科儀》《[安船]酌獻科》，李增階《外海紀要》、周凱《廈門志》、竇振彪《廈門港紀事》、李廷鈺《海疆要略必究》等有關廈門等的針路，海南蘇德柳抄本《更路簿》、許洪福抄本《更路簿》、郁玉清藏抄本《定羅經針位》、陳永芹抄本《西、南沙更簿》（廈門大學

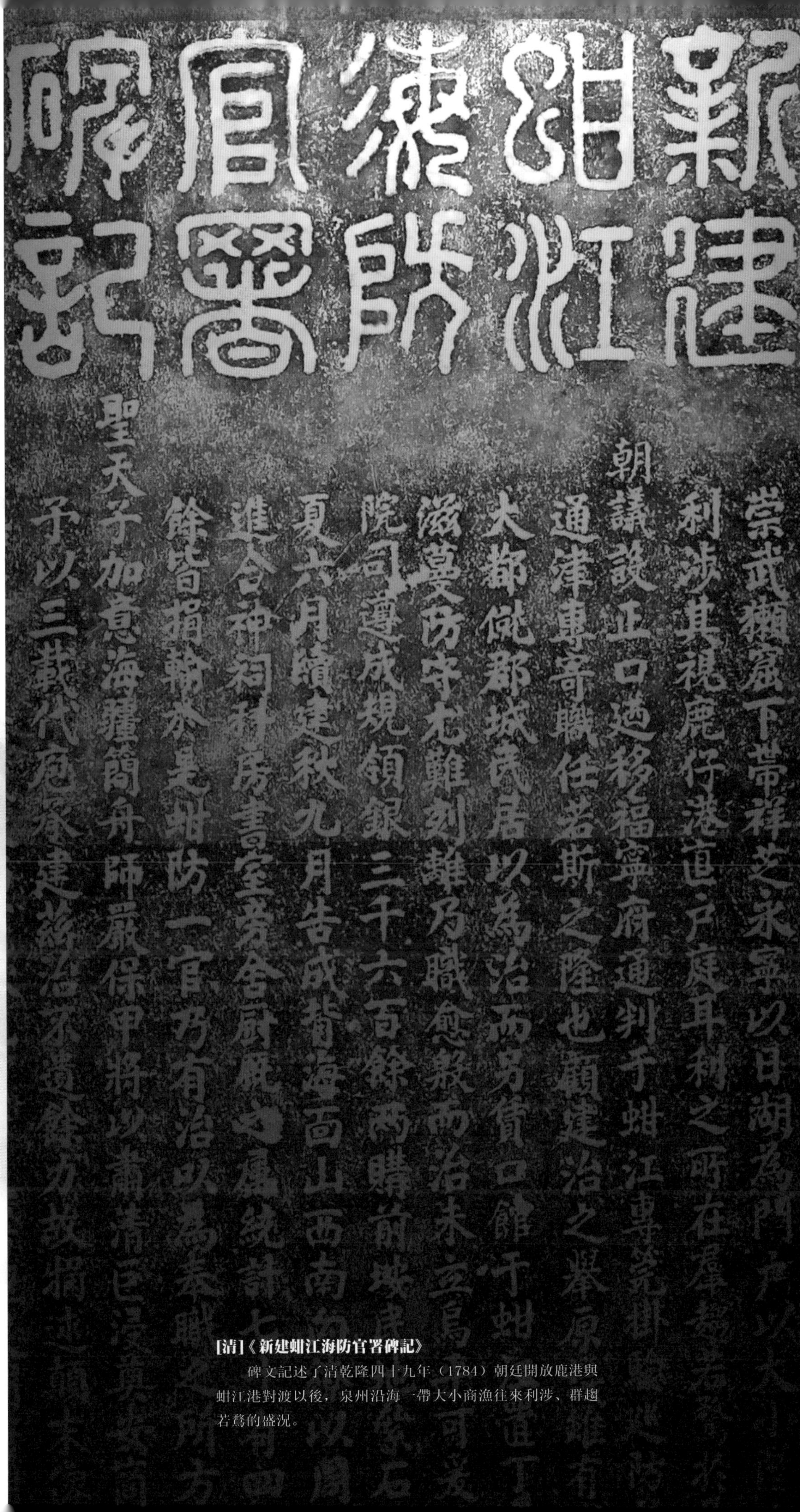


**[清]《新建蚶江海防官署碑記》**

碑文記述了清乾隆四十九年（1784）朝廷開放鹿港與蚶江港對渡以後，泉州沿海一帶大小商漁往來利涉、群趨若鶩的盛況。

**[清]寧波船**

保存於日本長崎縣平戶市松浦史料資料館的《唐船圖》之寧波船。這是18世紀駛往長崎的貿易商船，全長29.32米，中寬5.85米。

**[清]廈門船**

保存於日本長崎縣平戶市松浦史料資料館的《唐船圖》之廈門船。這是18世紀駛往長崎的貿易商船，全長31.60米，中寬7.29米。

南洋研究所收集並整理），海南王國昌抄本《順風得利》、林鴻錦抄本《更路簿》、麥興銑存本《注明東海、北海更路簿》、李根深執《東海、北海更流部[簿]》（華南師範學院地理系收集），海南蒙全洲口述《去西、南沙的水路簿》及海南蘇德柳、盧洪蘭、李魁茂、彭正楷等抄本《水路簿》綜述（廣東省博物館收集並整理）。

另有一類以針經文字寫於地形旁的詳盡航海圖冊，可謂明代以來針經資料編寫的最高成就。例如章巽輯考的佚名《古航海圖》，及美國耶魯大學圖書館藏的《清代東南洋航海圖》。後者和前述牛津大學圖書館藏《明代東西洋航海圖》堪稱姐妹篇，是為中國古代航海圖經的兩顆“滄海遺珠”。至於臺北故宮博物院“河嶽海疆：院藏古輿圖特展”所展示的清乾隆間《暹緬越柬諸國圖》三幅（1771前）：

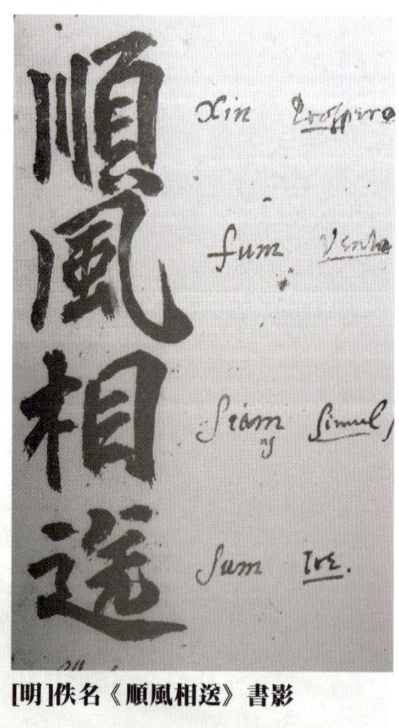


**[明]佚名《順風相送》書影**

**[清]廣東船**

圖為保存於日本長崎縣平戶市松浦史料資料館的《唐船圖》之廣東船。這是18世紀駛往長崎的貿易商船，全長29.45米，中寬5.82米。廣州是中國古代對外航海貿易的第一大港，也是當時造船業的重要基地。先秦已有越人帆、槳、篙、舵、碇俱全的“南越舟”。秦漢發現了造船遺址及陶船模型。《新唐書》記載，廣州一次“能造海船五百艘”，其中，蒼船長二十丈（約66.6米），能載六七百人。廣式海船用材以熱帶硬木和荔枝木、樟木、烏婪木為主，用鐵釘連接鉚牢，船型首尖體長，吃水較深，有較好的適航性能和續航力。自宋至明，“廣船”與“福船”“沙船”（江南）齊名，元代還設置了廣州造船坊。清朝中期，廣船製作趨向近代化，吸收西方船形的一些優點，如使用鋼絲索側拉桅杆，使用鋼製滑輪等。

《暹緬越柬諸國圖》《暹羅航海圖》 《查詢廣東至暹羅城海道程圖》，為暹羅王鄭昭進呈或清官員主持繪製的漢文地圖，對於清代前期中泰交通乃至明清間暹—中—日三角貿易的研究，均彌足珍貴。

**[清]廣州港口**

由海路針經內容的遞變，可以觀察到明清之際中西勢力的消長：《順風相送》（約1593）照記出馬六甲海峽去印度洋的航線；牛津藏《明代東西洋航海圖》（約1624）只到馬六甲海峽，但仍提及古里等南亞、西亞地區；《指南正法》（約1685）已不出馬六甲海峽；章巽考釋的《古航海圖》（1711後）全無海外航線；耶魯藏《清代東南洋航海圖》（1841前）雖有海外篇幅，向西卻只到暹羅灣。由此可見，在清代初期，中國舟師已罕出馬六甲海峽，故史籍少記航行於印度洋的航線。

**[清]廣州十三行**

**旱羅盤**

該旱羅盤時代較晚，方位已有外文，是中西合璧式的羅盤。

若將歷代針經加以概括，則明清時期圖文所載針經約有下列三種情況：

（1）圖上標示針路者，其例有三，即《鄭和航海圖》、牛津藏《明代東西洋航海圖》及清代《東洋南洋海道圖》；

（2）圖文並排的針書，其例有二，即章巽校釋的清初《古航海圖》及耶魯藏《清代東南洋航海圖》；

（3）有文佚圖的完整針經，其例有三，即《順風相送》《指南正法》及《指南廣義》。

在西方地理大發現後，尤其是工業革命導致汽輪誕生的近代，中國仍長久停在風帆時期，靠簡約的針盤、針經行船，於是不免被歐美列強所淩辱。但儘管對外海路變得狹窄，然中國船工漁民仍孜孜不倦地經營，長期不斷地在祖先發現的東海、南海諸島間穿行。因此，直到近代，古老的針經和更路簿仍一代代被修改、轉抄而流傳下來；而福建、廣東、海南等地的有關部門，也刻意對之加以搜集、整理。這是中華海洋文化的一筆寶貴財富，俗話說“敝帚自珍”，在這裏我們仍鄭重地簡列如下。

**[清]"小白礁Ⅰ號" 沉船上的瓷器**

沉船於2008年在浙江省象山縣石浦港東南海域發現，是道光年間（1821—1850）一艘從寧波港始發的商船。

近來由泉州、廈門等地搜集的針路簿有：惠安《航海指南》，泉州《蚶江林氏謙記船號航海針路簿》，泉州海外交通史博物館藏《無名針簿》之一、之二、之三、之四和之五。

廣東、海南等地搜集的有：海南陳貽愛藏本《更路薄[簿]》，符宏光填繪《西沙、南沙群島地理位置圖》，蘇承芬抄藏本《南海更路簿》，鄭慶能抄本《更路志錄》《瓊島港口出入須知》《廣東下瓊更路法錄》，韓健元、齊見德口述《我的行船經驗》《航海和捕撈經驗》和《更路經》，以及《南海更路經》《順風東西沙島更路簿》等。

**[清]廣州黃埔港**

在1840年鴉片戰爭開啟中國近代歷史之前，作為古代航海交通歷史之最後完整記錄者，當推謝清高及其《海錄》。謝清高從賈人走海南，後遍歷海中諸地，習外語，記海國風俗。嘉慶十六年（1811）返粵，目盲而流寓澳門。嘉慶廿五年（1820）遇嘉應同鄉楊炳南，向其口述生平遊蹤而筆載成《海錄》。該書內容包含東南亞、南亞、西亞、非洲乃至大西洋各國，可視為中國古代航海交通之總結性專著。

# 《天下郡國利病書》《讀史方輿紀要》的海道及針經

## 太倉使往日本針路

（見《渡海方程》及《海道針經》。）

【引書舉要】

[清]顧炎武（1613—1682）《天下郡國利病書》約於康熙元年（1662）成書，後又不斷增訂。本文所引據北京：中華書局1955年版。

[清]顧祖禹（1631—1692）《讀史方輿紀要》約成書於康熙二十年（1681），後又不斷增訂。本文所引據北京：中華書局1955年版。

以上兩書所載海道，多宗《新唐書地理志·廣州通海夷道》，並雜入《宋史》記娑里三文來華行程；而《天下郡國利病書》中的往日本針路，則據《籌海圖編》所引的吳朴《渡海方程》等。

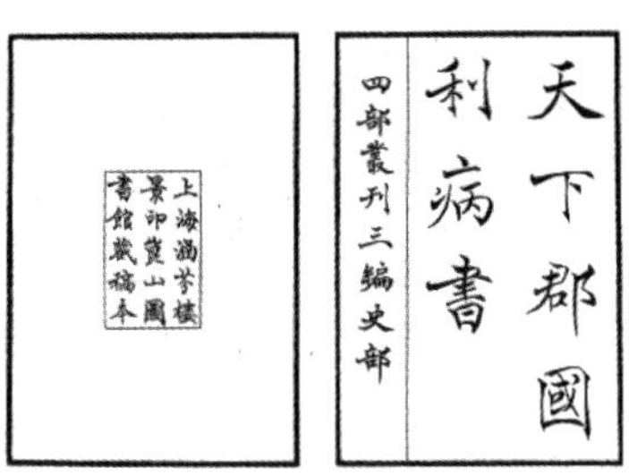


[清]顧炎武《天下郡國利病書》書影

太倉港口開船，用單乙針一更船，平[吳淞口]（更者，每一晝夜分為十更，以焚香枝數為度，以木片投海中，人從船面行，驗風迅緩，定更多寡，可知船至某山洋界）。吳淞江用單乙針及乙卯針，一更，平[寶山]。寶山到南匯嘴，用乙辰針出港口，打水六七丈，沙泥地，是正路。三更，見茶山（茶山水深十八托，一云行一百六十里，正與此合）。自此用坤申及丁未針，行三更船，直到大 小十[七]山，灘山在東北邊。灘山下水深七八托。用單丁針及丁午針，三更船，至霍山。霍山用單午針在西後門。西後門用巽巳針三更船，至茅山。茅山用辰巳針，取廟州門，船從門下行過，取升羅嶼（廟州門水深急流）。升羅嶼用丁未針，經崎頭山，出雙嶼港（升羅、崎頭俱可泊船，崎頭水深九托）。雙嶼港用丙午針三更船，至孝順洋及亂礁洋（雙嶼港口水流急，孝順洋水深十三托，泥地）。亂礁洋水深八九托，取九山以行（九山西邊有礁，打水、行船宜仔細。一云亂礁洋水深六托，泥地）。九山用單卯針二十七更，過洋，至日本港口（打水七八托，泥地，南邊泊船）。又有從烏沙門開洋，七日即到日本。若陳錢山至日本，用艮針。

## 福建使往日本針路

梅花東外山開船，用單辰針、乙辰針，或用辰巽針，十更船，取小琉球。小琉球套北過船，見雞籠嶼及梅花瓶、彭嘉山。彭嘉山北邊過船，遇正南風用乙卯針、或用單卯針、或用單乙針，西南風用單卯針，東南風用乙卯針，十更，船取釣魚嶼。釣魚嶼北邊過，十更船，南風用單卯針，東南風用單卯針、或用乙卯針，四更船，至黃麻嶼。黃麻嶼北邊過船，便是赤嶼。五更船，南風用甲卯針，東南風用單卯針，西南風用單甲針、或用單乙針，十更船，至赤坎嶼。赤坎嶼北邊過船，南風用單卯及甲寅針，西南風用艮寅針，東南風用甲卯針，十五更船，至古米山。古米山北邊過船，有礁，宜知畏避。南風用單卯及甲寅針，五更船，至馬岙山。馬岙山南風用甲卯或甲寅針，五更船，至大琉球。大琉球 那霸港泊船（土官把守港口，船至此用單卯及甲寅針，行二更，進那霸內港，以入琉球國中）。

那霸港外開船，用單丁針四更船，取離倚嶼，外過船。南風用單癸針三更船，取熱壁山以行。熱壁山南風用單癸針四更船，取硫黃山。硫黃山南風用丑癸針五更船，取田嘉山。又南風用丑癸針三更半船，取夢加剌山。南風用單癸針及丑癸針，三更船，取大羅山。大羅山用單癸針二更半船，取萬者通七島山，西邊過船。萬者通七島山用單寅針五更船，取野顧七山，島內各[名]叫兵之妙是麻山嶼。野顧山用巽寅針二更半船，[取]但尔山。用艮寅針四更船，取亞甫山（一云野顧山對面行六十里，用小礁四五個，最宜畏避。在北邊過船，用艮寅方行一百五十里，至旦午山，用艮寅方行一百四十里，至亞甫山）。亞甫山在平港口，其水望東流，甚急。離此山，用艮寅針十更船，取亞慈理美妙。若不見此山，用單艮針二更船，又艮寅針五更船，取沿灣奴（一云沿渡奴）烏佳眉山。沿渡奴烏佳眉山用單癸針三更船，若船開時用單子針一更船，至而是麻山。而是麻山南邊有沉礁，名套礁（一云名佐[做]沉長礁）。東北邊過船，用單丑針一更船，是正路。卻用單子針四更船，取大門山中。大門山傍西邊門過船，用單丑針三更船，取兵褲山港。兵褲港循本港，直入日本國都。

——[清]顧炎武《天下郡國利病書·原編第卅四冊·九邊四夷》

東洋有呂宋、屋同、沙瑤、玳瑁、宿霧、文來、南旺、大港、吶嗶嘽、磨荖英、筆架山、密雁、中邦、以寧、麻里呂、米六合、高藥、武運、福河崙、岸塘、呂蓬。

西洋有下港、暹羅、舊港、交趾、東[柬]埔寨、丁機宜、順塔、占城、麻六甲、順化、大泥、烏汀礁林、新州、啞齊、交嵧吧、哪彭、西寧、陸坤、占陂、高趾州、籬木、高堤、里隣、吉連單、柔佛、吉寧邦、日隸安、丁義里、遲悶、蘇祿、班隘。

又有雞籠、淡水，不係東 西洋船數。

——[清]顧炎武《天下郡國利病書·原編第廿六冊·福建》

## （海外諸番入貢互市）[海道考]

廣州{海}舶（船往）{經}諸番，出虎頭門始入大洋，分東、西二路。東洋差近（周歲即回舶，有鶴頂、龜筒、玳瑁等物），西洋差遠（兩歲一回舶，有象牙、犀角、珍珠、胡椒等物）。宋於中路置巡海水師營壘（在海東西二口，闊二百八十丈，至屯門山二百里，治舠魚入海戰艦。其地南至大海四十里，東至惠州四百二十里，西至端州二百四十里，南至恩州七百五十里，北至韶州二百五十里），今為東莞縣 南頭城。東南海路，二百里至屯門山（水皆淺，日可行五十里）。乃順帆風西行，（二）{一}日至九州石，又南二日至象石（一作用東風西南行七日至九乳螺洲）{若用東風西南行，七日至九乳螺洲}。又西南行三日，至占不勞山（在占城東二百里海中，占城投罪人於此）{西去占城二百里}。又南二日至陵山（《星槎勝覽》作靈山，其山峻而方，有泉下繞如帶，甚甜，民居星散，結網為業，皆占城境也）{其山峻而方，有泉下繞如帶，即占城地也}。陸行至賓童國一月程，東去麻逸國二日程（一名摩逸，去渤泥三十日程，太平興國七年載寶貨至廣州，今名麻逸凍）。水行一日至東 西竺、崑崙洋（《唐書》作門毒國），又一日行至古苴國（則真臘也，王號“苴屈”）{其王號“苴屈”，即真臘也}。又半日行至奔陀浪州（自占臘西五十程至丹眉流國，其國東北至廣州一百三十五程）{即丹眉流國}。又二日（行）至軍突弄山，又五日（行）至海硤（番人謂之“質”），南北百里。北岸則羅越國（一名羅斛，今名暹羅）{即暹羅也}；南岸則佛逝國（占城屬國）{也}。又東水行四五日至訶陵國，今爪哇{也}，{為}南{海}中（州之最大者）{最大洲}。又西出硤，三日至葛葛僧祇國，（在）{即}佛逝西北隅之別島，國人多鈔暴，乘舶者多畏之（疑此即婆利）{疑即昔之婆利國，今佛郎機也}。其北岸則阿羅國，一名阿羅陀，今滿剌加{也}。阿羅西則阿谷羅國，一名阿羅單。又從葛葛僧祇四五日行至婆露國，一名阿魯。又六日行至婆那國，一名須文達那{即今蘇門答剌國也，又西至}伽藍洲，一名翠藍嶼。又北四日行至師子國（在西洋之西隣，多師子，故名。昌黎詩：貨通師子國，疑即大秦也），其北岸{其地在西洋之西北岸}，距南天竺大岸百里。自伽藍洲行二十日至榜葛剌國，（則）{即}西天竺也，一曰西印度（乃釋迦得道之所）。海口有察地（港）{岡}，番商於此抽分云。天竺之西千五百里（有）{曰}注輦國，（至）宋 大中祥符八年（其王羅荼羅乍始遣使入貢），其{貢}使言：（離）{從}本國舟行七十七日，歷（郍）{那}勿丹山、娑里西蘭山，至古羅國（以古羅山得名）。又行七十一日，歷加八山、占不勞山、舟寶龍山，至三佛齊國。又行十八日，（度）{渡}蠻山水口，歷天竺山至賓頭狼山之（東）西王母塚，距舟所將百里。又行二十日，度羊山、九畏{星}山至廣州之琵琶洲，離本國凡千一百五十日（至廣州焉）{云}。

——[清]顧炎武《天下郡國利病書·原編第卅三冊·交阯西南夷》；

[清]顧祖禹《讀史方輿紀要·卷一百·廣東·一》之文大同。

上引[ ]號内爲顧炎武之文，{ }號内爲顧祖禹之文。

呂宋：在東南海中，小國也……《漳郡志》云：東洋有呂宋、蘇祿諸國，西洋有暹羅、占城諸國。今東 西洋商舶載在令甲者：東洋則呂宋、屋同、沙瑤、玳瑁、宿霧、文來、南旺、大港、吶嗶嘽、磨荖央、筆架山、密雁、中邦、以寧、麻里呂、米六合、高藥、武運、福河崙 、岸塘、呂蓬，西洋有下港、暹羅、舊港、交趾、柬埔寨、丁機宜、順塔、占城、麻六甲、順化、大泥、烏汀礁林、新州、啞齊、交嵧吧、哪彭、西寧、陸坤、占陂、高趾洲、籬木、高提 、里鄰、吉連單、柔佛、吉寧邦、日隸安、丁義里、遲悶、蘇祿、班隘。又有雞籠、淡水，不係東 西洋船數。而紅毛海夷饒財寶，於東西洋別為種落……

——[清]顧祖禹《讀史方輿紀要·卷九十九·福建·五·附考·呂宋》

南直為府十有四，而濱海之府四。其南與嘉興府接境者曰松江府。

海在松江府東南七十餘里，而所屬上海縣亦濱海要區也。自海鹽縣東北折即府境金山衛（在府東南七十二里，其南遙對定海門）。當南直之要衝。又東北經府東，又北歷上海縣東（西去縣七十里）。而吳松江之水自縣北以達於海矣（吳松江，詳見南直大川三江）。

又微折而西北，經蘇州府之東。

海在府東百八十里，而所屬之嘉定縣、太倉州、常熟縣皆濱海，崇明縣則孤懸海渚（在太倉州東二百里，大海環其四面）。東北與海門縣之料角嘴相為控帶，為長江外衛，舊稱險要。今自上海縣而北，即嘉定縣之東境（海在縣東四十五里，縣南吳松江與上海縣分界）。又北即太倉州之東境（海在州東七十餘里）。劉河入海處也。又北為常熟縣東北境（海在縣東北百餘里）。大江經縣北以達於海，江之北岸即揚州府境矣。（《海運考》：“劉家港出揚子江南岸，候潮長沿西行半日到白茅港，潮平，帶蓬櫓搖過撐脚沙尖，轉崇明沙，正東行，南有朱八沙、婆婆沙、三脚沙，須避之。揚子江內北有雙塔，南有范家灘，

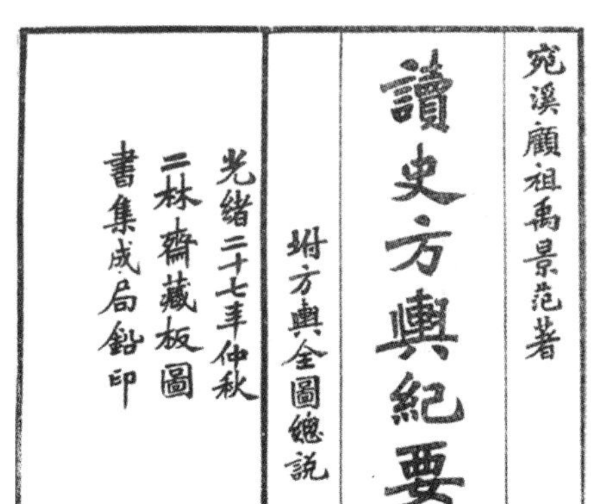
宛溪顧祖禹景范著
讀史方輿紀要
坿方輿全圖總說
光緒二十七年仲秋
二林齋藏板圖
書集成局鉛印

[清]顧祖禹《讀史方輿紀要》書影

東南有張家沙。江口有陸家沙，可避。口外有暗沙一帶，直至崇明。江北有瞭角嘴，開洋或正西、西南、西北風，潮落，正東或帶北一字行，半日可過長灘，是白水洋。東北行見官綠水，一日見黑綠水。循黑綠水正北行，好風兩日一夜到黑水洋，又兩日夜見北洋 綠水，又一日夜正北望顯神山，半日見成山。自轉瞭角嘴未過長灘正北行，靠桃花班水邊，北有長灘沙、嚮沙、半洋沙、陰沙、溟沙，切避之。如黑水洋正北帶東一字行，量日期不見成山、黑水，多必低了，可見升羅嶼，海中島西有磯如筆架，即復回，望北帶西一字行，一日夜便見成山。若過黑水洋見北洋 官綠水，或延真島，望西北行，便是九峰山。向北去有赤山、勞山，皆有島嶼可泊。若勞山北有北茶山、白蓬頭，石礁橫百餘里，激浪如雪，即開。使或復回，望東北行，北有馬鞍山、竹山島，北有旱門漫灘，皆可泊，北向便是成山。如在北洋 官綠水內望見顯神山，挑西一字，多必是高了，即便復回，望東北行，過成山正西行，前雞鳴嶼內有浮礁，避之。西有夫人嶼，不可行，須到劉公島西可泊。劉島正西行，到之罘島東北，有門可入。西北離百餘里有黑礁三四畝大，避之。至八角島東南，有門可入。自之罘島好風半日過抹直口，有金嘴石沖出洋內，潮落可見，避之。至新河海口到沙門島，東南有淺，挨深行，南門可入。東有門，有暗礁。西北有門，可泊。沙門島開洋北過鼉磯山、欽島、沒島、南半洋、北半洋到鐵山洋，東收旅順口，又東收黃洋川，西南有礁。黃洋川東收平島口，外有五箇饅頭山，進內泊南岸。外洋成兒嶺盡東望三山正中入，內有南北沙相連，可泊。三山西有南山，收青泥窪，西有松樹島，北有孤山。東北望鳳凰山、和尚島，墩西有礁石，外有亂礁，避之。三山北青島一路，望海駝收黃島、使島。若鐵山西收羊頭窪、雙島，有半邊山、艾子口。望塔山，看連雲島，東北看蓋州，西看寶塔臺，便是梁房口，入三汊河，收牛家莊 馬頭泊。此自劉河運至遼東之道也。”）

又北為揚州府之東境。

海在府東三百餘里，而所屬之通州、海門、如皋、興化諸州縣，皆濱海處也。今自海門而南為大江入海之口，最稱沖要（東南與崇明縣相望）。自縣東又折而西北（舊志：海門縣東去海十里，北去海二十里。今縣境大抵淪入於海，非復舊壤也）。為通州之東北境（州東北去海五十里）。又西北為如皋縣之東北境（縣東北去海百餘里）。又北為興化縣東境（縣東去海亦百餘里）。又北接淮安府 鹽城縣界。

又西北經淮安府之東。

海在府東二百里，而所屬之鹽城、安東縣以及海州 贛榆縣皆濱海。今自興化縣而北經鹽城之東（縣東去海五十里）。又北經府東，益折而西北，為長淮入海之口。淮河北岸即安東縣也（縣東去海五十餘里）。又北經海州之東（海在州東二十八里）。又北為贛榆縣東（海在縣東北七十里）。接山東 青州府境。

大海自南直海州而北為山東青州府之境，又折而東為萊州府及登州府之南境。

海在青州府日照縣東二十里，與贛榆縣接界（唐上元三年青州大風，海溢，漂居人五千餘家）。折而東北為萊州府之膠州境（州東南二境去海數十里）。又東北經即墨縣境（海在縣南五十里，自縣南以達於東北皆濱海，南與海州及安東縣相望）。又東北為登州府萊陽縣境（海在縣南百餘里）。又東為棲霞縣境（海在縣南百四十里）。又微折而東南為文登縣境（海在縣南六十里，而東北兩面亦皆濱於海）。此山東南面之海道也。

大海經登州府東境，又折而西經登州府之北及萊州府、青州府之北。

海自文登縣東北出而西折，經寧海州之北（州北至海五十里）。又西經福山縣之北（海在縣東北三十餘里）。又西經登州府之北（海在府城北五里，北與遼東相望。自新開海口而北至遼東金州衛旅順海口五百里而近）。又西經招遠縣之北（海在縣北五十里）。又西經萊州府之北（海在府城北九十里）。又西經昌邑縣北（海在縣北五十里）。又西經濰縣北（海在縣之北八十里）。又西經青州府壽光縣北（海在縣北五十餘里）。又西經樂安縣北（在縣東北百十里，與博興縣接界）。又西北而入濟南府境。此山東北面之海道也。

大海西折而北出，經濟南府之東北。

海在濟南府濱州東北八十里。今自樂安縣而西北，經蒲臺縣東（西至縣百四十里）。又北經濱州東，又北經利津縣東（海在縣東北三十里）。又北經霑化縣東（海在縣東六十里）。而入北直滄州境。蓋山東之為郡者六，而濱海者凡四。

又北經北直河間府之東。

海在河間府滄州東百八十里。自霑化縣境經鹽山縣東（海在縣東七十里）。又北經州境，又北經靜海縣東（海在縣東北百五十里）。當漳、衛諸川入海之處，所謂小直沽也。天津衛在焉（衛在靜海縣西北七十五里）。為畿輔噤喉之地，元人海運至大都者皆集於此。明初亦因其制。今漕運之達京師者亦未嘗不自天津而北也。（《海運考》：“自直沽開洋，望東挑南一字行，一日夜見半邊沙門島，挑南字多必見萊州三山，挑東北行半日便見沙門島，若挑北多見砣磯山，南收登州衛。沙門島開船，東南山嘴有淺，挨中東行，好風一日夜到劉島。劉島開洋望東挑北一字行，轉成山嘴正南行，好風一日夜見綠水，一日夜見黑水，又一日夜見南洋綠水，又兩日一夜見白水。望南挑西一字行，一日點竿戳二丈，漸減一丈五尺，水下有亂泥二尺深，便是長灘，漸挑西收洪。如戳硬沙，即便復回，望東行見綠水，到白水，尋長沙，收三沙洪。如不著洪，望東南行，日看黃綠色浪花如茶抹，夜看浪潑如大屋，多即是茶山。若船坐茶山往西南一字行，朝北見崇明沙，南見清蒲墩岸劉家港。如在黑水洋正南挑西，多是高了，前有陰沙、半洋沙、嚮沙、攔頭沙，即是瞭角嘴，便復回望正東行，看水色風汛，收三沙洪。如風不便，即挑東南行，看水色收寶山。如在黑水大洋挑東，多必是低了，見隔界大山一座，便望正西南一字行，一日夜便見茶山。如不見隔界山，又不見茶山，見黑綠水多，便望正西行，必見石龍山、孤礁山，復回望西南行，見茶山收洪。此運舟自直沽南還之道也。”）

大海又北折而東出，為順天府東南及永平府之南。

海自天津而東北，為順天府 寶坻縣東南境（海在縣東南二百餘里）。又折而東為豐潤縣之南境（海在縣南百三十里）。又東為永平府 灤州南境（海在州南百三十里）。又東為樂亭縣南境（海在縣南三十里）。又東經永平府南（海在府城南九十里）。又東為昌黎縣南（海在縣東南七十里，碣石山在焉）。又東經山海關南而接遼東界（海在關南四里）。自登、萊以迄於滄州、永平之境，古所謂渤海之險也。





大海自西而東，經廣寧之南境，又南折而東出經遼陽之南境。

遼東南面皆濱海為險，回環幾二千里。自山海關而東，舊曰廣寧前屯衛（南去海二十里）。又東舊曰甯遠衛（南去海二十五里）。又東北舊曰廣寧中屯衛（南至海五十里）。又東舊曰義州衛（南去海百五十里）。又東舊曰廣寧右屯衛（南去海三十里）。又東舊曰廣寧衛（南去海百三十里）。此古所稱遼西地也。自此折而南，經故海州衛之西南曰梁房口關（亦曰三岔口，亦曰遼河口，在海州衛西南七十里）。為遼河入海之處。又南經故蓋州衛西（東去衛城十里）。又南經故復州衛西（東去衛城四十五里）。又南經故金州衛西（東去衛城三十里）。又南折而東經衛南（北去衛城百二十里）。曰旅順口關，為遼東全鎮咽喉之地（南對登州府 新開海口）。又東北至遼陽南境（海在城南七百三十里）。又東接朝鮮境內，此古所稱遼東地也。蓋西南以安南為翼衛，東北以朝鮮為藩維，懷柔鎮疊之規模，於此亦可睹矣。（《海運考》：“自遼河口開洋，順風一日夜至鐵山。帶東二字望南行，經成山入南洋，望正南行，三日夜經桃花班水。望東行，見白水，帶西二字勤戳點竿，尋長灘一丈八尺，漸減至一丈五尺，望西行戳揚子江洪。如不見，望下使必見茶山，船稍南而坐茶山望西行，半潮便見崇明沙。如風順，一潮至劉家港內。此運舟自遼東南還之道也。”）

丘濬曰：“海運自秦已有之，而唐人亦轉東吳粳稻以給幽、燕（杜甫詩：‘漁陽豪俠地，擊鼓吹笙竽，雲帆轉遼海，粳稻來東吳。’又云：‘幽 燕盛用武，供給亦勞哉。吳門持粟布，汎海淩蓬萊。’此唐人海運之證也）。然以給邊方之用而已。用之以足國，則始於元初伯顏平宋，命張瑄等以宋圖籍自崇明由海道入京師。至元十九年[1282]始建海運之策，命羅壁等造平底海船，糧從海道抵直沽。是時猶有中灤之運，不專於海道。二十八年[1291]立都轉運萬戶府，督歲運。至大中，以江 淮、江 浙財賦府每歲所辦糧充運，自此至末年，專仰海運矣。說者謂雖有風濤漂溺之虞，然視河漕之費所得蓋多，故終元之世，海運不廢。”

羅洪先曰：“考元 至元二十一年[1284]伯顏始建議海運，尋建海道萬戶府，三任故海盜朱清、張瑄、羅壁為萬戶。初時押運糧僅三萬五千石，船大者不過千石，小者三百石。自劉家港出揚子江盤轉黃連沙嘴，月餘始至淮口，過膠州 勞山，一路至延真島望北行，轉成山西行至九臯島、劉公島、沙門島，放萊州大洋，收界河，兩月餘抵直沽，實為繁重。至元二十六年[1289]增糧八十萬石，二月開洋，四月直沽交卸，五月還，復運夏糧，至八月回，一歲兩運。是時船尚小。二十七年朱清請長興 李福四押運，自揚子江開洋，落潮東北行，離長灘至白水、綠水，經黑水大洋，北望延真島轉成山西行，入沙門，開萊州大洋，進界河，不過一月或半月，至直沽，漕運利便。大德以後招兩浙上戶自造運船，量給腳價。船大者八九千，小者二千餘石。歲運三百六十萬石至京師。迤南番貢亦循道而至。自上海至直沽內楊村馬頭，凡萬三千三百五十里，不出月餘即達，省費不貲。若長樂港出福州經崇明以北，又自古未有之利也。”（《元史》：“初海運之道，自平江 劉家港入海，經揚州路 通州 海門縣 黃連沙頭、萬里長灘開洋，沿山嶴而行，抵淮安路 鹽城縣，歷西海州、海寧府 東海縣、密州、膠州界，放靈山洋投東北，路多淺沙，行月餘始抵成山。計其水程，自上海至楊村馬頭凡萬三千三百五十里。至元二十九年朱清等言其路險惡，復開生道。自劉家港開洋至撐腳沙，轉沙嘴至三沙、揚子江，過匾擔沙大洪，又過萬里長灘，放大洋至青水洋，又經黑水洋至成山，過劉島、至之罘、沙門二島，放萊州大洋抵界河口，其道差為徑直。明年千戶殷民略又開新道，從劉家港入海，至崇明州 三沙放洋，向東行入黑水大洋，取成山，轉西至劉家島，又至登州 沙門島，於萊州大洋入界河，當舟行風信有時，自浙西至京師不過旬日而已，視前二道為最便云。”）

梁夢龍曰：“《元史》稱元人海運，民無輓輸之勞，國有儲蓄之富。今國家都燕，財賦自東南而來者，僅恃會通一河，識者不無意外之慮。若尋元人海運之道，別通海運一路，與河漕並行，江西、湖廣、江東之粟照舊河運，而以浙西、東瀕海一帶由海運，未為非策也。”（丘氏濬亦主此說。）又曰：“元人由海運或至損壞者，以起自太倉、嘉定而北也。若但自淮安而東循登、萊以泊天津，本名北海，中多島嶼，可以避風，與東南之海渺茫無際者迥異。誠議運於此，是名雖同於元人，而利實專其便易矣。”

王在晉曰：“元輕使其民，是以投之窮海，而忽視其死。至元二十八年漂米二十四萬五千石有奇，至大二年[1309]漂米二十萬九千石有奇，其隨船汩沒者不知幾千人矣。（《元史》亦言：‘風濤不測，糧船漂溺，無歲無之。’）夫驅民而納於沆漭之中，仁人不忍言也。況以今時而出海道，則三十六島之間，定有餘糧矣。或者曰利害相因，在審時而度勢，事之不可執一論也，豈獨海運為然哉？”

《山居贅論》曰：“《禹貢》言‘沿於江、海，達於淮、泗’，又曰‘夾右碣石入於河’，是貢賦之道，未嘗不兼用海也。秦人飛芻輓粟，起於黃、腄、琅邪負海之郡，輸轉北河，其制未盡非，而用民失其道矣。說者謂海運作俑於秦，而效法於元，豈通論哉？”

——[清]顧祖禹《讀史方輿紀要·卷一百二十九》





# 張學禮《使琉球記》、汪楫《使琉球雜錄》中的海路針經

**【引書舉要】**

[清]張學禮爲清代最早出使琉球者，他與副使王垓於康熙二年（1663）至琉球，歸著《使琉球記》。本書所引據《清代琉球紀錄集輯》，即《台灣文獻叢刊》第292種（1971年出版）。

[清]汪楫與林麟焻於康熙廿一年（1682）奉詔出使琉球。廿二年（1683）六月二十三日，使舟由五虎門出洋，二十六日即抵那霸。同年十一月二十四日啓航回國，十二月初四日泊福州定海所。其《使琉球雜錄》序於康熙二十四年（1685），次年刊刻。本書所引據上海古籍出版社2002年《續四庫全書》本。

汪楫之書提及赤嶼後所過之“郊”爲“中外之界”，堪值重視。

琉球，東海小國也。唐、宋以來，世奉正朔。王姓尚，名質，自明季請封未果，使者留滯……[順治]十一年[1654]七月，始來部請冊封。循舊典，應差科員、行人，學禮與今副使王垓實膺是選……奉旨：“海氛未靖，欽差官暫行掣回；俟平定之日，另行差遣。”……今上即位，維新出治，考核臣工……[康熙]元年[1662]十月，忽奉上傳：“張學禮、王垓仍差冊封琉球，事竣之日，以原官用。”……於十一月就道。

[康熙]二年[1663]四月，抵閩，督、撫設席於南台，閱視船隻……擇吉於五月初四日登舟。初八日，迎供天妃像。……十七日，泊林浦。十八日，過鼓山。十九日，過羅星塔。二十日，過閩安鎮……次猴嶼，祭天妃。二十二日，候風广石。風汛不定，復回猴嶼；再過閩安，避風羅星塔下。閱十日，風汛定，再過猴嶼，見梅花所故城，荒榛瓦礫，滿目淒然……

[六月]初七日，西南風微起，向闕叩辭……初九日，浪急風猛，水飛如立……水色有異，深青如藍，舟子曰：“入大洋矣！”……十二日，過糠洋，風恬浪靜，天水若

一……連日無風，船浮水面，膠滯不前。通官謝必振稟："已離梅花所七日，不見一山；舟中水米且盡，枵腹三日矣。惟有順流七島，冀活兩舟。"余聞七島去中山遠，有羈王命，不可。令舵工上斗瞭望，見東北一山，形圓卑如覆盂，四面無址，諒無居民，心甚疑。十五日，有風自北來，又見一山如長蛇蜿蜒水中。至晚，抵山下，見柴薪堆積，知有居民。恐有礁石，不敢近，遶山行，以待天明。居民驚疑，遯入深山。差王大夫、鄭通使上山探問，云是琉球北山，與日本交界，舉舟歡忭。隨有地方官進水、薪，居民亦至。問所見小山，云乃尤家埠 琉璜山也，北去日本、東去弱水洋矣。過此，當飄蓬萊 扶桑，不知何日西還矣……十九日，將近伊藍埠……轉至山南……二十五日，次溫鎮，抵那壩港……七月初一日進館……擇十七日，行冊封禮。

……大典既竣，戒員役宿館中，候風回舟。舊例，過海以夏至前後兩、三日，歸以冬至前後兩、三日……[十一月]十二日，登舟，王率屬詣署餞送，不忍別，至晚方回。十四日，東北風起，出那壩港；暮抵馬齒，過孤米。十六日，颶風大作，暴雨如注。船傾側將危，與副使王公登戰臺，匍匐風雨中，亟禱天妃……十九日，風息，禱神起舵，三禱三從。易繩下舵，風乃止……二十日，東北風起，修整篷、桅。東風大作，拆帳房為帆，繼以被：皆可翼風，舟行如飛……二十二日，海水漸渾，中國相近，但恐過閩或抵粵耳。行至申刻，望見一山浮於天際。二十三日，舟子曰："是浙江之定海，北是普陀、西是九山也。"喜甚，隨犒勞舟人……二十四日，舟子報曰："船已到五虎門矣！"……

是役也，去程三月，歸僅一旬，其間陟險至再，皆獲安全。皇靈遐暢，感格幽顯；甘雨隨車，百神效職。溟渤奇觀、山川、風俗，筆不能載；聊紀一二，傳示後人。至熙朝盛典，曠世遭逢，余兩臣亦忝竊焉云爾。

——[清]張學禮《使琉球記》

舊制封舟出海，皆由梅花所開洋。今因巨舶不行沙壅水淺，遂從五虎門出口。海道難以里計，不曰行若干里，而曰行幾更船，蓋以更定里云。更之說不一，或曰百里為一更，或曰六十里為一更，或曰一晝夜為十更。問何以為更之驗，曰從船頭投木梯海中，人由船面疾行至梢：人至而梯俱至，是合更也；梯後至，是不及更也；人行後於梯，是過更也。問過不及何以損益之，皆不能對。在昔番舶時通各國，皆有程圖轉相傳寫，獨琉球無定本。以國貧乏無土產，商賈不往故也。

按蕭承業《使琉球錄》載有《過海圖》云：梅花頭，正南風，東沙山用單辰針六更船，又用辰巽針二更船，小琉球頭。乙卯針四更船，彭佳山。單卯針十更船，取釣魚嶼。又用乙卯針四更船，取黃尾嶼。又用單卯針五更船，取赤嶼。用單卯針五更船，取枯米山。又乙卯針六更船，取馬齒山，直到琉球。

夏子陽《過海圖》則云：梅花頭開洋，過白犬嶼，又取東沙嶼。丁上風，用辰巽針八更船，取小琉球山。未上風，乙卯針二更船，取雞籠。申酉上風，用甲卯針四更船，取彭佳山。亥上風用乙卯針三更船，未上風用乙卯針三更船，取花瓶嶼。丁未上風用乙卯針四更船，取釣魚嶼。丙午上風用乙卯針四更船，取黃尾嶼。丙上風用乙卯針七更船，丁上風用辰巽針一更，取粘米山。又辰巽針六更船，取土那奇 翁居里山。又辰巽針一更，取馬齒山，直到琉球 那霸港。

而崑山 鄭若曾《日本圖纂》則云：自梅花東外山開船，用單辰針、乙辰針，或用辰巽針，十更船，取小琉球。小琉球套北過船，見雞籠嶼及花瓶嶼、彭嘉山。彭嘉山北邊過船，遇正南風用乙卯針，或用單卯針，或用單乙針，西南風用單卯針，東南風用乙卯針，十更船，取釣魚嶼。釣魚嶼北邊過十更船，南風用單卯針，東南風用單卯針或用





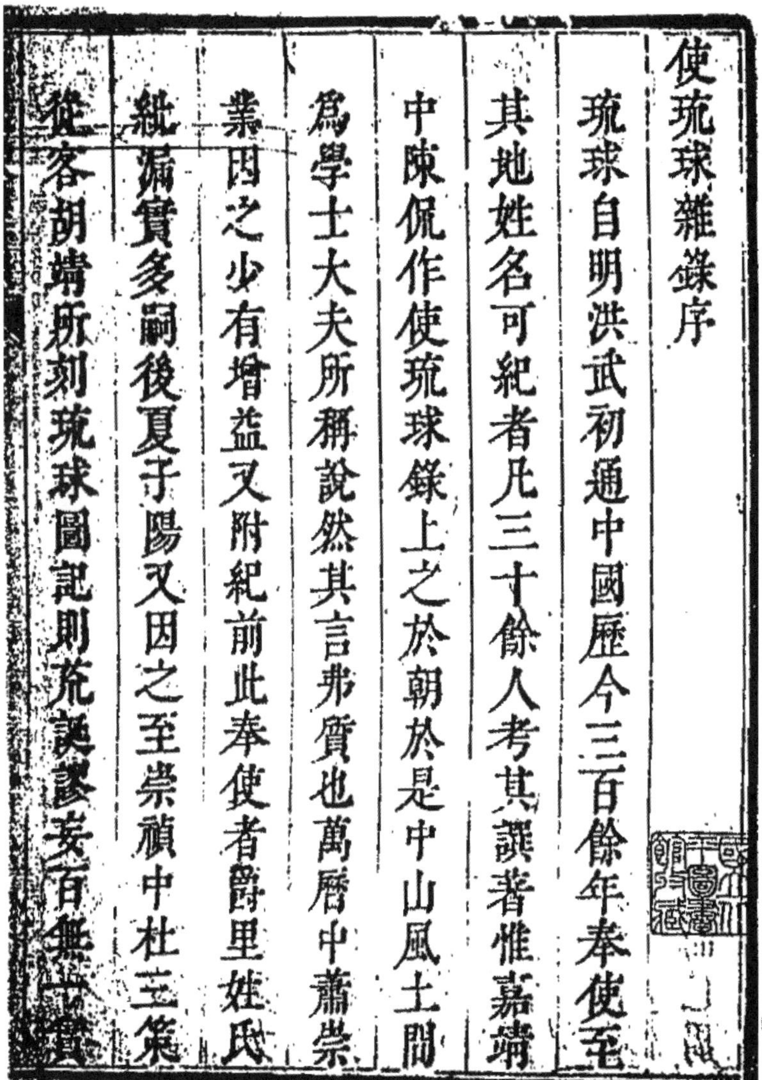
使琉球雜錄序

琉球自明洪武初通中國歷今三百餘年奉使至其地姓名可紀者凡三十餘人考其譔著惟嘉靖中陳侃作使琉球錄上之於朝於是中山風土間爲學士大夫所稱說然其言弗賔也萬曆中蕭崇業因之少有增益又附紀前此奉使者爵里姓氏紕漏實多嗣後夏子陽又因之至崇禎中杜三策從客胡靖所刻琉球圖記則荒誕謬妄百無一實

[清]汪楫《使琉球雜錄》書影

乙卯針，四更船，至黃麻嶼。黃麻嶼北邊過船，便是赤嶼。五更船，南風用甲卯針，東南風用單卯針，西南風用單甲針或用單乙針，十更船，至赤坎嶼。赤坎嶼北邊過船，南風用單卯及甲寅針，西南風用艮寅針，東南風用甲卯針，十五更船，至古米山。古米山北邊過船，有礁，宜知畏避。南風用單卯針及甲寅針，五更船，至馬岛山。馬岛山南風用甲卯針或甲寅針，五更船，至大琉球 那霸港。

據蕭錄則四十二更。夏圖不載東沙嶼以前針路及馬齒山以後更數，亦四十三更。而鄭圖則七十四更。此皆鏤板行世之書，其不同如此，傳寫者又可知已。臣歷稽往籍，皆言西南風大利，七晝夜可到。從未有三日飛渡者。此千古僅事，不可為道里準。故取蕭錄、夏圖與鄭圖並存之，以俟後來者攷訂云。

——[清]汪楫《使琉球雜錄·卷二》

[清 康熙]二十二年（1683）六月十六日，由福建 南臺登海船……二十一日，風如故。明日，東風更大。又明日，風息。遂令起碇出口。三船往復商確，辰刻始行。初擬出五虎門，徐為計，及張帆則南風大作，瞬息已過東沙山，一望茫茫不可收泊矣……

海行以針為路，針盤則“夥長”主之。臣懼其偶忽也，亦手一盤，針少移則呼而警之。出洋後，“夥長”主用辰針，攷之圖說亦然。而琉球人為嚮導者謂，歷年歸國皆用乙針，爭之甚力。不得已參用辰乙針。顧接封之船倏已瞠乎其後，因悟乙針之鈍，仍用辰針占上風也……

按海圖，過東沙山後，應過小琉球、雞籠嶼、花瓶嶼諸山。及二十四日天明見山，則彭佳山也。不知諸山何時飛越。辰刻過彭佳山，酉刻遂過釣魚嶼。船如淩空而行，時復攲側。守備請循例掛免朝牌，許之，浪竟平。二十五日見山，應先黃尾後赤嶼，無何遂至赤嶼，未見黃尾嶼也。薄暮過郊（或作溝），風濤大作，投生豬羊各一，潑五斗米粥，焚紙船，鳴鉦擊鼓，諸軍皆甲露刃，俯舷作禦敵狀，久之始息。問“郊”之義何取？曰：中外之界也。界於何？辨曰：懸揣耳。然頃者恰當其處，非臆度也。食之，復兵之，恩威並濟之義也。過赤嶼後，按圖應過赤坎嶼，始至姑米山。乃二十六日，倏忽已至馬齒山，回望姑米，橫亘來路，而舟中人皆過之不覺……瞬息，已入琉球之那霸港，直抵迎恩亭前矣。時方辰刻，距五虎門出洋，時僅三晝夜耳……

十一月五日，歸舟泊迎恩亭前，西風，不能移尺寸。十七日，虹見西北，午後，見東北。舟人曰：午後見者名曰破篷，主怪風；一曰颶母，謂颶風之母也；一曰海暈。十九日，又見西北，其色青紅如霞，光焰尋丈，不似長虹之亘天也。二十一日，早見西北，午後又見直北，占驗一無所據。廿三日，虔禱於天妃。……廿四日，決令放舟。風微，船滯，賴七島人力牽出港。是晚就泊馬齒山。見後船不至，舉號火待之，三鼓始來，云非望火捩柁，則船幾東下矣。東下者，隨水趨下，百無一返。《元史》謂之落漈，而陳侃辨其誣，詢之舟子則誠有之，但非落漈兩字耳。廿七日，早過姑米山，南風甚利，海中魚不可數計，皆長四五尺，擁舟疾馳，脊尾盡露水上，舉船方共歎奇絕，且以為前此之徵。舵工曰，是神遣護行也，恐有風暴，謹備之。二十八日，一鼓，颶風大作，雲垂水立，一帆如夾雪壁中，雖預為之防，而四夜三晝不止。舟行忽上忽下，上則九天，下則九地，跳擲奔騰，不可名狀。掀簸既久，時聞格磔作聲，如轉水車，如鋸濕木。有頃，船身又如病瘧，顫不已。而一浪蓋船艙中，如瀑布四垂，數人汲之不給，勢危且急，萬不可支。於是匍匐登戰臺，撫循水手，勉為激勸。而合舟強起者僅十六人，餘皆在反逆眩亂之中，僅存一息。前後二十餘竈，盡委逝波，爨煙久斷矣。禱天妃，許為請春秋祀典，風稍定。船中大桅高可十丈，桅心勁直，慮其力不勝篷也，傅以四木，製巨鋏，箍束之，俄聞劃然有聲，一箍飛墮，不踰時墮到十三頃之頂，繩又斷，篷失所繫，相顧盡無人色。乃箍斷而桅不散，頂繩斷而篷不落，與波上下，竟保無虞。十二月二日，見溫州之南屺山。三日，小泊青嶴，守備始告曰桅前金拴搖裂踰尺，以為斷無生理，不意尚得至此。視之果然。往者兩舟還閩相去常數日，或十數日，獨此行中流遭險，而收港同時，亦一奇也……初四日，泊定海所。

——[清]汪楫《使琉球雜錄·卷五》



## 清佚名《指南正法》的海道針經

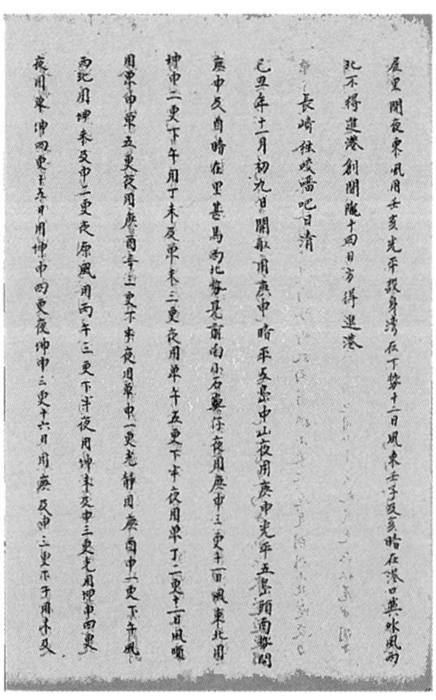
[清]佚名《指南正法》書影一

昔者聖人周公設造指南之法，通行海道，自古及今，流傳久遠。中有山形水勢描抄終悞，或更數增減，籌頭差錯，別查本年朽損，難以比對。指定手法乃漳郡波吳氏，氏寓澳，擇日閒暇，稽考校正。自天朝南直隸至太倉，沿而福建，而廣東，併交趾、七洲、夷邦南巫里洋等處更數、針路、山形水勢、澳嶼淺深、礁石沙泥，撰錄於後，以與諸人有志遠遊於此者共識之耳。

自古聖賢教人通行海道，全憑羅經二十四位，通變使用。或往回須記時日早晚、風汛東南西北、流水緩急順逆，如何用鉤探水以知深淺，山勢遠近，切要謹慎，不可貪眠，差之毫里，失之千里，悔之何及。若遇東南西北，籌頭落一位半位，難針臨時機變。若是弔戧，切記上下更數多寡，風汛大小，順風使補以合正路。或遇七洲洋上不離艮下不離坤。若遇南巫[里]及忽[箹]魯斯謨[謨斯]，牽星高低為準，各宜深曉。

又云，行路難者有人可問，有徑可尋，有地可止。行船歧者海水連天，雖有山嶼，莫能識認。雖知正路，全憑指南之法、羅經針簿，全憑主掌之人。須知船身高低、風汛大小、流水順逆，隨時增減更數針位，或山嶼遠近、高低形勢、探水淺深、牽星為準，的實無差，保得無虞矣……

——[清]佚名《指南正法·序》

## 定羅經中針祝文

伏以壇前弟子，謹秉誠心，俯伏躬身，焚香拜諸位請歷代御前指南祖師，軒轅皇帝，周公聖人，前代神通陰陽先師，鬼谷、孫臏先師，袁天罡、李淳風、楊救貧仙師，王子喬、陳希夷仙師，主倜 郭仙師，歷代過洋、知山形水勢、知淺深、知礁嶼、識灣澳、精通海島、望牛[斗]牽星、往古來今前傳後受流沛[派]祖師，奉祀羅經二十四位尊神，神針大將，夾石大神，定針童子，換水童郎，水盞聖者，起針神兵，位向守護尊神，魯班仙師，部下神兵目龍槓椇一切神兵，本船護國庇民明著天后，三界伏魔關聖帝君，茅竹水仙，五位尊王部下，喝浪神兵，白水 都公，林使總管，海洋澳嶼里位正神，本船隨帶奉祝香火一切尊神，乞賜降臨。伏念大清國某省某府某縣某保某舡主某人，興販某港，洎涓于某月某日開駕下針，虔備禮物，祈保平安。今日上針，東南西北無差，往來過洋已行正路。人船清吉，海島安寧。暴風疾雨不相遇，暗礁沉石莫相逢。求謀遂意，財寶自興，來則流星，去則降神。稽首皈依，無極珍重

……

**【引書舉要】**

[清]佚名《指南正法》，原鈔本藏英國牛津大學鮑德里氏圖書館，由向達發現，並與[明]佚名《順風相送》合刊於其校注的《兩種海道針經》（北京：中華書局1961年9月版）。本書所引主要據該書1961年版1982年12月北京第2次印刷本（文字比初印本略有增訂）。

《指南正法》是中國古代現存的另一部重要海道針經鈔本，與《渡海方程》《順風相送》可謂一脈相承。該書出現“王城”“思明”“東都”“大明”及“大清”等字樣，應始作於明末而完成於清初。至於成書年代，向達先生認為在18世紀初期。書中《定羅經中針祝文》有拜祭“本船護國庇民明著天后”字樣，天后封號應繫於康熙二十三年甲子(1684)而至乾隆間才遍行，是故全書抄於1684後乃至18世紀初應是可信的。

《指南正法》原載於清盧承恩和呂磻輯《兵鈐》後面所附鈔本。其版本除牛津所藏《兵鈐》外，還有丁少山藏另版舊鈔本《兵鈐》書末所附。向達於1961年12月從北京中國書店發現後者後，即對《兩種海道針經》1961年9月版作出比對及修訂，其部分更正見該書1982年12月北京第2印刷本。本書在引用時，不僅吸取了上述成果，又據牛津藏原書照相版(2014年3-6月在香港海事博物館展覽)，一一加以核對、校訂，冀有助於大家作進一步之研究。

## 大明唐山並東西二洋山嶼水勢

太倉劉家澳：打水九托，好抛船。

寶山：打水五六托，湖嘴出弘口正路，過淺上丈。

茶山：打水七八托。

灘山五嶼：打水念四五托。

碟碗山：打水念四五托，灣中十一二托，好抛舡。

廟洲門：水深流急。

崎頭山：打水八九托，雙嶼港內流水甚急，洋內打水無底。

孝順洋：打水十一二托，泥地。

亂礁洋：打水六七托，泥地。

九山：南邊打水三十托，泥地。

昡[壇]頭山：打水十二托，對開有紅礁。

東箕山：打水十三托，門中好過船。

貴谷山：東邊大陳山，中門十五托。

披山：打水十四托。

東福山：打水十四托。

東落山：打水十八托。

南紀山：打水二十托。

金鄉大澳：打水七八托，開有八獻礁出水，仔細。西邊過船，開打水十四托，港門打水五托，在行船湖中水三托。外是小余山，福寧州港口，正路八九托。

東桑山：打水十八托。

呼應山：打水十五托。外是東湧、芙蓉，內是小洋門西[小西洋，門]中水十五托，有沉礁打浪，行船細細。

定海千戶所：打水九托，對開有一小嶼。

福州五虎門：打水一丈八尺，過淺。乙辰針收官唐三礁外過。辰巽取東沙西邊過，近山七八托，好抛舡。單巳三更牛嶼內過，嶼有礁出水，打水念五托。坤未、坤申取烏龜，打水十五托，往回祭獻。

眉州。

姑嫂塔：即泉州港口，打水三十五托。

太武山：打水三十托。東椗外坤四更，取柑橘外過。

柑橘山：內打水十五托，外打水念五托。單申三更，取南澳坪。

南澳彭山：內打水十八托，外打水念五托。

表山：打水十五托，係是潮州港口。

甲子所：其欄生外，欄內小船可過。

田尾：內高螺 大德山，即白沙湖、連寨、浪頭、金嶼、墩下澳，下有長沙港。

大星尖：即大星栈，在洋打水念五托。坤未七更取東姜，外打水四十五托，坤未七更平烏豬。

弓鞋山：東高西低如鞋樣，對門打水四十九托。

南亭門：打水四十五托，在翁山內，是廣東港口。諸[請]都公。

烏豬山：洋中打水八十托，上、下川在內。單未七更取七洲洋，有嶼仔，東有三個西有四個。坤申七更取獨豬。

獨豬山：打水一百二十托，往回祭獻。貪東多魚，貪西多烏[鳥]。內是海南 大洲頭，大洲頭外流水急，蘆荻柴成流界。貪東飛魚，貪西拜風魚。七更舡開是萬里長沙頭。

外羅山：東高西低，內有椰子塘，近山有老古，打水四十五托。貪東恐見萬里石塘。丙午七更取交杯，內打水十八托，外打水念五托，俱可過舡，南邊有礁出水。若是馬陵橋 神洲港口，打水八九托，鼻頭二三托打水，進港有塔，可抛舡。

羊角嶼：內打水十七八托，外打水二十托，內外俱可過舡。南有羊角出水中，尖有門，門中有礁。丙午五更取靈山大佛。

靈山大佛：打水六十托，身上是煙筒山，下是香爐礁，外面灣頭相連，好抛舡。丙午三更取伽俑㑩、圭籠頭，對在頂勢內灣是亞馬港。

釣魚臺：打水十二托，灣頭相連，好抛舡。內灣是占城 蜂頭港。山上烏木甚多。有礁出水，不可近。伽俑㑩有三礁，水漲不見，遠行舡，打水十五托。丁未五更取羅灣頭。

羅灣頭：打水念五托，內有小嶼，外有玳瑁洲。坤未五更取赤坎，舡身恐犯玳瑁洲。坤未五更取崑崙。若往柬埔寨，單申四更取鶴頂。

鶴頂山：近山打水念五托，洋中打水七十托，身外更半舡開，有淺，水退看見林郎[淺]在邊，近州恐有沉礁，不可行舡。打水念五托，沙泥地。

覆鼎山：比[此]山在鶴頂身，沿山使盡是假任大灣，內可抛舡。

假任山 外任山：近山打水四五托，其灣可抛舡，入東[柬]埔寨港俱寄椗在此，候水漲好風，認毛蟹州進港，可防淺沙，用水鉤點南邊進。

毛蟹州：有樹看，曰此身頭一樣打水深，此乃正路。貪北恐犯北淺，貪南恐犯南淺，行舡當細細記也。

玳瑁州：舡身在外過，留些過好在內退，看東南有礁出水，流水拖東南甚急，又有老古拖尾離州有三四箭之遠。

玳瑁鴨：生連玳瑁州，東南出水甚急，現有拖尾，離遠行舡可也。內打水十托，外打水念五托。

崑崙山、小崑崙：西邊有一小礁出水，庚酉八更取真嵫。

真嵫山：遠看三個嶼，有門可過，內打水十四托，泥地。外打水念四托，沙地。辰戌十更取大衡。

假嵫山：遠看三個嶼，如象拜毘[昆]身樣。南有小嶼是紅石礁，瀧是占蠟港泥尾，毘[昆]身一小港向假嵫，北邊不可過，恐風汛不順難以出舡。舡身到此甚然之低，用坤未尋真嵫正路。



大橫山：打水念五托，泥地，遠看成連，略斷似枕頭樣，用乾戌五更取小橫。

小橫山：有門，門中有礁，遠看三個山，東高[西]低。有小樹仔，東北尾有長淺礁仔，打水十四托，單戌十更、乾戌十五更取筆架。

筆架山：隴，打水十二托，沙泥地。下是龜山，長尖峯形似筆架。若見龜山，用壬亥取筆架。



陳公嶼：即無好面，用壬取鳥[烏]頭淺。

鳥[烏]頭淺：東邊過舡打水十二托，淺生開，仔細行舡。過淺子有一澳，高有一港，是望高西。乾亥三更取竹篙嶼，認崑身，恐悞進程直[真] 竹嶼港，舡尾坐竹嶼，用子癸進港可也。

## 南澳氣

南澳有一條水嶼，俱各有樹木。東邊有一個嶼仔，有沙灣拖尾，看似萬里長沙樣。近看南勢有一灣，可抛舡，是泥地，若遇此山可防。西南邊流界甚急，其中門後急可過舡。西北邊有沉礁，東北邊有沙坡，看似萬里長沙拖尾在東勢，流水盡皆拖東，可記可記。若見此山，用乾戌使隴，是大星……

## 長崎水漲時候

初一日光漲八分，中午退在。

初二日光漲四分，後午退在。

初三日見光漲二分，半晡退在。

初四日見光漲二分，半晡退在。

初五日光退，小午大漲在。

初六日見光退在，後午大漲在。

初七日見光退在，暗漲在。

初八日早飯漲，大暗退在。

初九日光漲，盡暗退在。

初十日早飯漲，大暗退在。

十一日見光漲，盡暗退在。

十二日小午漲，下午退在。

十三日中午漲，大半暗漲在。

十四日午後漲，盡暗退在。

十五日上漲在，中午退在。

十六日早飯漲在，中午退在。

十七日食飯漲在，後午退在，一更退在。

十八日小午漲在，後午退在。

十九日光漲，小午退。

二十日光漲在，中午漲在。

二十一日見光退在，後午漲在。

二十二日早飯漲，午後漲在。

二十三日上午漲，半晡漲在。

二十四日中午漲，大暗漲在。

二十五日中午漲，盡暗漲在。

二十六日見光退一分，中午退在。

二十七日見光退一分，中午漲。

二十九日光漲，後午退在。

三十日見光漲在。

東甲卯乙。 東南辰巽巳。 南丙午丁。 西南未坤申。

西庚酉申。 西北戌乾亥。 北壬子癸。 東北丑艮寅。

…… ……

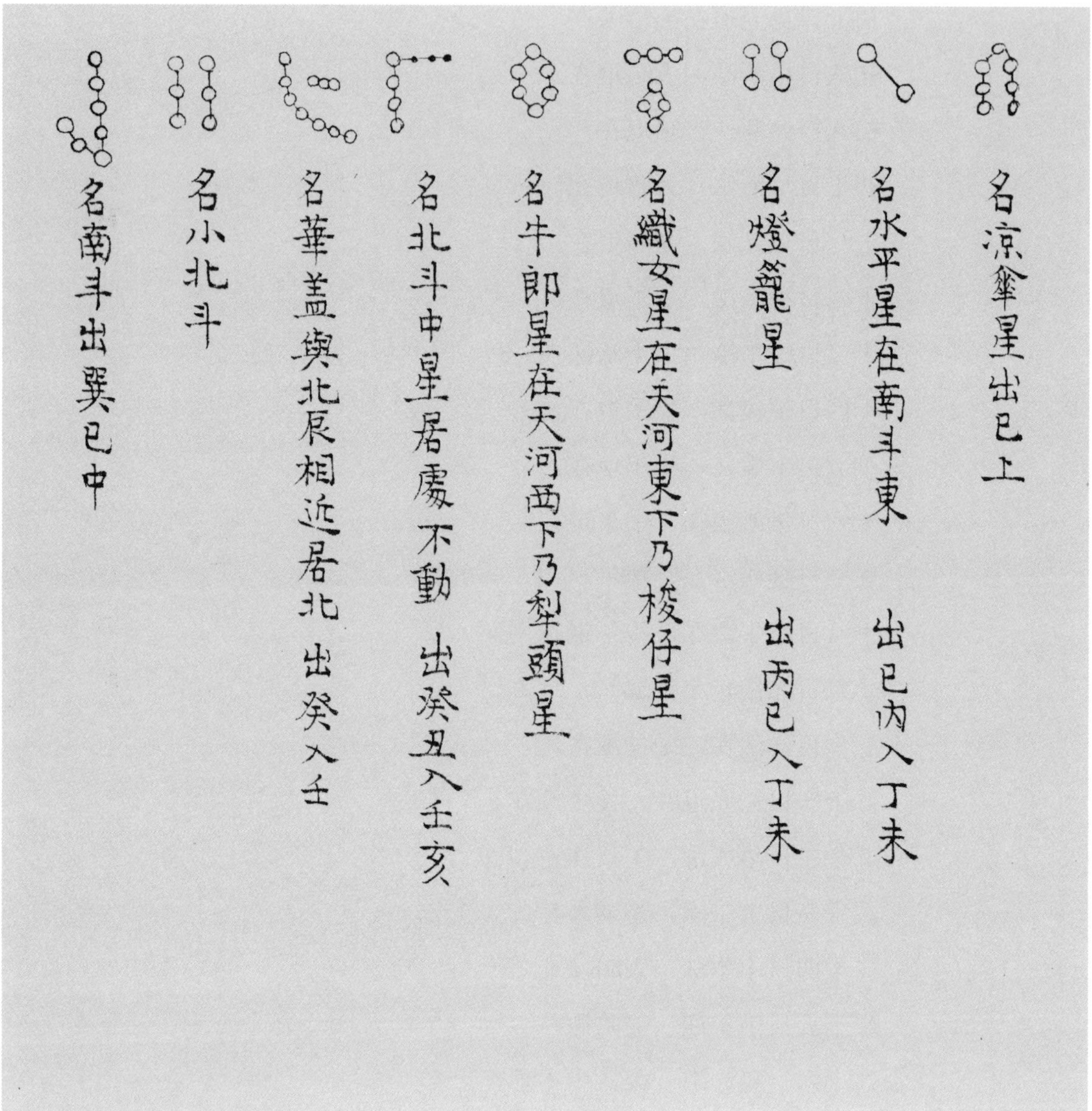
名涼傘星出巳上
名水平星在南斗東 出巳丙入丁未
名燈籠星 出丙巳入丁未
名織女星在天河東下乃梭仔星
名牛郎星在天河西下乃犁頭星
名北斗中星居處不動 出癸丑入壬亥
名華盖與北辰相近居北 出癸入壬
名小北斗
名南斗出巽巳中

【清】佚名《指南正法》書影二

## 觀星法

名涼傘星，出巳上。

名水平星，在南斗東，出巳丙入丁未。

名燈籠星，出丙巳入丁未。

名織女星，在天河東，下乃梭子星。

名牛郎星，在天河西，下乃犁頭星。

名北斗，中星居處不動，出癸丑入壬亥。

名華蓋，與北辰相近，居北，出癸入壬。

名小北斗。

名南斗，出巽巳中。

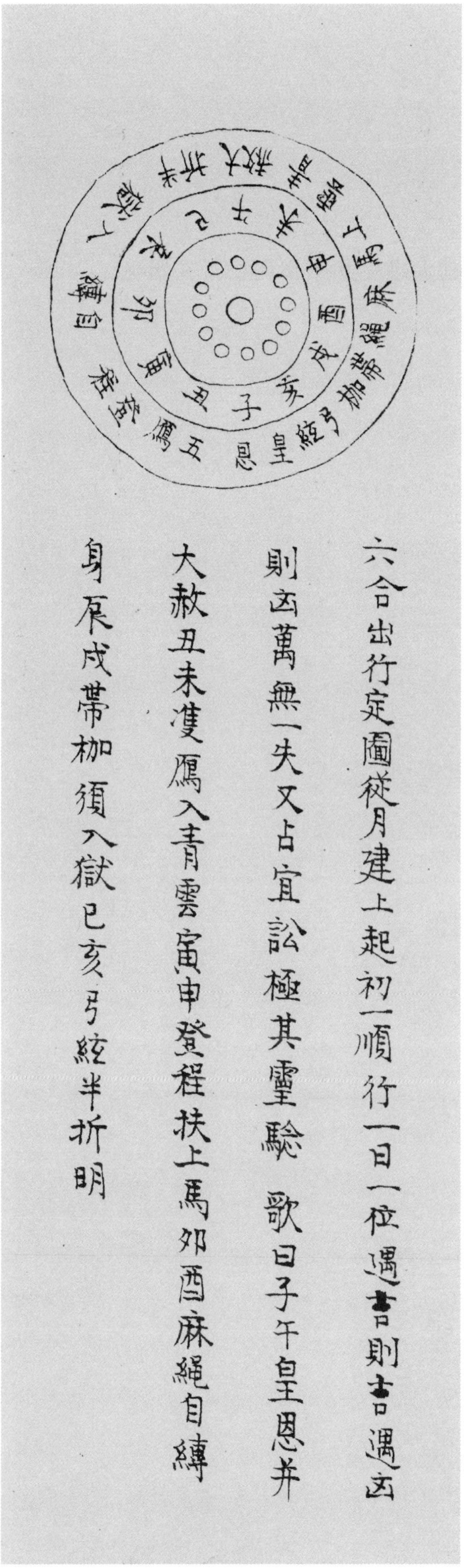
六合出行定圖從月建上起初一順行一日一位遇吉則吉遇凶
則凶萬無一失又占宜訟極其靈驗　歌曰子午皇恩并
大赦丑未凄鴈入青雲寅申登程扶上馬卯酉麻繩自縛
身辰戌帯枷須入獄巳亥弓絃半折明

**[清]佚名《指南正法》書影三**
（書中羅經圖方位顛倒）

## 六合出行定圖

從月建上，起初一，順行一日一位，遇吉則吉，遇凶則凶，萬無一失。又占宜訟，極其靈驗。歌曰：“子午皇恩并大赦，丑未雙鴈入青雲。寅申登程扶上馬，卯酉麻繩自縛身。辰戌帶枷须入獄，己亥弓絃半折明。”

## [對坐圖]

五島大山中尖，共東南勢鹽嶼為乾巽對坐。

鹽嶼共五島頭外勢額頭卯酉對坐。

鹽嶼共米慎馬為丑艮坤未對坐。

五島頭為五島我為艮寅，有貪坤申對坐。

美慎馬共五島外勢額頭為丁未丑癸，有貪丑未對坐。

美慎馬共天堂為乙辛對坐。

美慎馬共天堂仔為卯酉對坐。

海招嶼共盡山為乙辛對坐。

海招嶼共兩廣為丁未丑癸對坐。

盡山西勢澳共兩廣為乾亥對坐。

盡山西勢澳共北烏垢為子午對坐。

盡山下兩廣上有大礁盤一座打湧，其大礁盤共兩廣丙巳壬亥對坐。

東湧共大金為辛戌乙辰對坐。

大金共黃嶼巽巳乾亥對坐。

東湧共大西洋為乙卯辛酉對坐。

東湧共黃嶼為甲卯庚酉對坐。

東湧共北加頭為卯酉對坐。

東湧共官塘為甲寅對坐。

臺山共下勢南嶼丁未丑癸對坐。

牛嶼共海壇大山尖巳亥對坐。

牛嶼共觀音澳乙辰辛戌對坐。

柑桔共打狗仔為乾巽對坐。

柑桔共南大嶼為甲庚對坐。

南大嶼共打狗仔為辰戌對坐。

嶼坪嶼 大嶼為艮寅坤申對坐。

八罩共大嶼為丑癸丁未對坐。

大嶼共貓嶼為乾巽對坐。

貓嶼共花嶼為子午對坐。

柑桔共膀胱嶼為子午對坐。

貓嶼共西嶼頭癸丁共坐。

花嶼共西嶼頭丑未對坐。

查某嶼共豬母落水申庚對坐。

西嶼頭共墨嶼丑癸丁未對坐。

花嶼共八罩西勢三澀尾乙辰辛戌對坐。

花嶼共嶼坪並鐵釘嶼乾巽對坐。

烏嘴尾共赤礁甲卯庚酉對坐。

烏嘴共東椗子午兼壬丙對坐。

深門共東椗丙巳壬亥對坐。

船抛東戶澳內，看大坵在丁上，坵仔在丁午上。

船抛在東戶澳內，看奴兒在庚上，奴兒隴上勢一員嶼仔在酉上。

烏坵共奴兒為巳亥對坐。

烏坵在共湄州我為乙卯辛酉對坐，有兼乙辛一條線。

烏坵共大坽為甲庚對坐，有兼卯酉。

烏坵共小岞為卯酉對坐，有兼甲庚。

南澳頭共㙮尾為乙卯辛酉對坐。

外羅共硬為庚申甲寅。外羅甲庚相吞。

草嶼共硬為庚酉甲卯，隴有兼庚有貪甲。

尖筆羅共硬為卯酉，並隴，有兼甲庚。

大州頭共硬為壬子丙午，有貪丙壬取硬尾。

大州共草嶼為丑未。

大州頭共硬為壬亥丙巳，有貪壬丙，小半取硬中。

大州頭共外羅為丁未丑癸，有兼丁癸二條線。

大州頭隴，隴用午針十二三更，取是硬尾，若用丙午，取是硬中。

外羅用甲卯八九更，取是硬。

尖筆羅對東去十二三更，取是硬。

大夷共十二門為甲庚對坐。

寧丁共十二門為艮坤對坐。

滔浪共尖筆羅為乾巽對坐。

尖筆羅共草嶼為乾巽對坐。

草嶼共外羅為乾巽對坐。

外羅共沙歧為寅申對坐。

外羅共朱窩為卯酉對坐。

廣南淺口共尖筆羅 西青嶼寅申對坐。

大崑崙南勢額尾共崑崙仔為卯酉對坐。

墨嶼東勢離有一更舡開，用單癸四更、丑癸七更圭籠頭。

謝崑米在東北方用壬子，西北風用壬亥，取打狗仔。

七星看有七個現，現東北風用單未七更，看水挨開隴，轉變取大洲頭。

舡在五島我北過，北風用單坤十九更，又東風、東南用坤未十一更，又東風並東北用單坤十五更，又用辛酉一更半見臺山，舡在臺山下勢看近，近是烏舡駛。

船在五島我北過，南風用坤中[申]三更半，東南風用坤申十一更，東風坤申四更，東北風用坤申六更，北風用坤申五更，共用坤三更見𥨊山。

船在五島我南過，北風十更、西北七更、東北八更、東南四更、南風一更，共用坤申三十更，見北烏坵，是舩[船]駛。

船在牛嶼下隴，隴用乾戌取觀音澳好抛東北風。

船在觀音澳開，用丁未二更、單午七更、單丙半更，船頭對桔。

見嶼杠繚在彭湖東過，共九更半折單午四更半，丁午五更。

烏坵離一更開，用單午七更取西嶼頭起。

船在南烏坵外過離有半更，船遠丑癸風，用單午取西嶼頭。



湄州用單丙取西嶼頭，或用單丙及丙午亦可。

或見貓嶼西南並丁未風，可用辰巽取打狗仔。

或貓嶼近南風，水是二漲一退，可用辰巽及單辰取臺灣港口。



臺灣往日本從大港出。東南風可用丁未及單未過笳荖灣線，南到青水 烏水墘，可牽舵用壬及壬子，轉變取澎湖東過。

塒裏取臺灣港口。若流水退全可用單巽取大港。若是一退二漲，可用單巽，取柑桔內過，若水漲可用巽巳丙轉變取港口。若看王城在甲寅上杠繚無防。

若見王城在甲上，可用單甲駛隴收港口。

若見王城在卯上，不可杠繚，恐犯線。

南澳看在辛戌位南方並西南風，用單乙十一更，用乙卯四更半、甲半更取笳荖線抛椗。若見南澳 坪開南風用乙辰四更、單卯五更，見貓嶼一點。

又南澳 坪開，南風用乙卯七更、單卯三更、單甲半更取貓嶼南過。離一大更開，或大星找[我]外過近，近南風並西南風，用甲卯二十更半，用單卯五更，取笳荖灣線北。

霜山有五個，各斷水嶼，腳有嶼仔，似舡樣。

官塘東勢有三個石嶼仔，都離門近，近下一門，諒過得舡。

官塘下白犬山有四個石礁，一個員大。

官塘東頭隴，隴若要白犬開過，可用丙午及單午。

官塘東頭隴，要取白犬看水漲退，可用坤未丁未收入。

白犬乙辛呑作一個，白犬有三個山，犬門可過舡，對犬目可抛舡。

東狗是泥，亦可抛舡。

盡山東勢安內抛，北風用單午及丙午，在兩廣內過。

盡山西勢山安內要對兩廣過，可用單兩[丙]直取，看水漲水退。

若在盡山抛東安或西安，用丙及丙巳，可防盡山下兩廣上有大礁盤一座打湧，須記之。

兩廣上礁盤共兩廣為丙及丙巳，若兩廣駛上東，東風南風用壬及壬亥，可防之，看水漲退轉變內外過，妙。

此窰頭有金錢嶼，嶼北有礁打湧。

若北窰出來駛西北風，上來可防大礁一座。

坎頭北勢有大礁盤一座打湧，可防之。

或普陀出港用乙亥取烏坵。

烏坵隴用單午及丙轉變八更取澎湖。

平海開舡，用單丙二更、丙午六更取澎湖。

湄州開駕，用單丙三更、丙午五更取澎湖。

名曰模草。

草南水生。

朝鮮地界生，向北切記水面白草，朝鮮有獅子魚陣甚多，日時山頭帶霧，其船雙桅平高似鳥船一樣，人物衣冠似大明一樣。遍山樹木，並無竹叢，無器蓋，只有方箭。四時食麵。船悞至此景要往日，用丁未針尋高麗，後用辰巽七更取米甚馬。

祥之開舡，用丙午七更取澎湖。

大担開舡，用單乙七更取西嶼頭，北風及東北用此針。

崇武用單午三更半、丙午二更、丙巳一更半取彭湖，水一漲一退。

烏坵用單午七更、單丁一更，水二漲一退，舡在彭湖北過。

寮羅東北風用單乙及乙辰七更取西嶼頭，大舡用此針。

彭湖 坶裏北風用單巽取臺灣港口。

臺灣往長岐開駕，用單壬七更、單子五更、子癸並丑五更，取圭籠頭。用艮寅二十更、單艮十更，乂艮寅十五更取天堂虎口裏，番人叫系勝島，抛舡打水十四五托。涄[泥]地。若近西勢嶼門相呑，打水十托，沙地，嶼尾打水七八托，底有老古石。

圭籠嶼不得近，可牽舡，對圭籠嶼西過。用丑艮駛入過身，用艮寅甲取系勝島。

觀音嶼石嶼子不可太近，近打水三四托，是老古石。

圭籠嶼有礁一個不出水，看圭籠嶼東勢頰頭對卯上，可防之。

祥之開舡，用丙午七更取彭湖。

觀音嶼有松柏樹，嶼腳近可過，打水七八托，頰尾在坤上，打水四五托。不可太隴，隴打水三托，對中打水八托。舡入來風東南圭籠嶼不得近，可牽舡對圭籠西過。用丑艮駛入過身，用艮寅甲取系勝島。

## 天德方

正丁二坤宮。三壬四申同。五乾六甲上。七癸八艮中。九丙十居乙。子巽丑寅中。

船回唐貪東，見海水白色，百樣禽鳥萬群，萬里長沙可防之。蘆荻多見，舡身貪西即見海南冊[柵]，不可近青蘭頭。青蘭頭生開恐犯難得出，只用甲寅使開妙也。過七洲洋，七洲洋流界七條，乃是近南亭門，丑艮見南澳，妙哉。

## 東洋山形水勢

大担門口，水十五托，巽巳三更過東椗。



東椗開，水三十托，辰巽七更取西嶼頭。西嶼頭，水三十托，開西南勢烏南嶼，北大城 小城及彭湖。彭湖 暗澳有媽祖宮，山無尖峯嶼多。乙辰五更取蛟[蚊]港，蛟[蚊]港亦叫臺灣，係是北港身上，去淡水上是圭籠頭，下打狗子，西北有灣，看石佛不可拋船，東南邊亦灣，東去有淡水，亦名放索番子。遠看沙灣樣，近有港坤身，有樹木。



琉球仔生開津嶼，有椰樹有番住及郎嬌大山，前流水過西北轉灣，灣內有天古石礁碑有十里之地，下東大低尾即岐尾山，尾岐頭尾到只有五更，門中流水東北甚緊，遠看三個，近看一個。東邊有一小嶼西東小。近山用祭獻剪草。辰巽取藤宗，遠看二個，城[近]成一個，另開。有山名夷播草，有番住播武開，山大多樹木，番亦多。東有筆架，東高見紅荳嶼，見謝崑米嶼。謝崑米嶼有二個相排，又名播武瀾仔。南是巴蹈山門，流水甚急。去東謝崑米 尾崎山大灣內是烏人磨，過額頭有石佛叫大明神。大明神內有沙灣，是凹眉光眼。又額頭東去，隨昆身見巴蹈有厝一針一巡昆身，過三次柳樹，有五更，船是豬朥港。豬朥港港口有沙淺，開防之。用乙辰三更巡坤身六托到港，大港口拋椗。進港候水漲，舡尾坐筆架，淺上三托，過淺即深，刣牛坑灣內出來。單酉三更過三十一坡頭，六七托土白土坡有老古石仔。丁午針三更見荖沃港口，是銅鼓嶼。銅鼓嶼生連大山，港內是荖沃，甚大人家買貨。

一嶼相生，開，十二托水，內外俱可過。

二嶼相對，灣內額頭港口是南旺。

三嶼即密岸 垓尾，生開洋及刣牛坑大山，生落港是刣牛坑。

麻錄水過密岸一山灣內有一老古潭是也。內有小尖嶼似鯽魚嘴相減岸童山，山下有一港多岐仔，南山山邊有老古。丙午針見凹嶼 布樓山與岸童相連，山邊四嶼，內可寄椗討柴水。

四嶼開在布樓前，東邊見午律大山，巳針入玳瑁，辛酉過垓。玳瑁垓在房仔系蘭生來，垓腰有港可過舡，名麻里荖。麻里荖在垓腰。港內出山蘇木，可收舡。白垓仔生開船，有老石礁，駕須防之。里艮中邦 垓下弟大山，沿山即使入雙口港。大小藤網，在里艮山下，見頭巾礁山。

頭巾礁開洋，可過大山，生充海有一沙灣海，踏番甚多。

假港中門有嶼似雞嶼，西北有礁大小名豬母黍，假覆鼎，與假港相連，西南有山是呂蓬，流水甚緊，挨開。

正覆鼎巡山使入去是雙口，與假覆鼎相連。對雙口 雞嶼在門中，南北俱可入港為妙哉。

呂蓬在洋中，有番厝可收船，出西南邊內外有老古。

豬膀尾即雙口港南邊盡尾，灣內是麻老央。麻老央下山是文武樓，有一嶼可過。



## 雙口針路

大担開船，用辰巽七更，取澎湖。丙巳針七更，取虎頭山。單丙六更，取沙馬岐頭門。又單丙十更，又丙午十二更，取刣牛坑上。丙午五更過四嶼，入是玳瑁四嶼。丙午五更過𡊓，丙午及單丙十更取艮，白表[𡊓]仔生開洋，仔細須防之。丙巳十更，取雙口港 雞嶼口，箄風觀水入為妙也。

## 雙口往惡當

雞嶼南過，用丙午取文武樓門。用巽巳五更，取以寧山。用單巽四更，取欝司嶺大山。用單巽四更，取漢澤大山尾。用單午沿山直落，取惡黨內嶼，妙哉。

## 回針

惡黨開船，用坤未使盡筆架山。用乾亥在嘮東山外過。用乾亥三更，見一小嶼如白土，遠如船頭來可防。用乾亥七更，取以寧山。以寧山外一連大山萬里攡限山，用單亥四更取呂帆。用壬亥取頭巾礁回唐可也。

## 鼤東山形水勢

磁頭：灣內好拋舡，上澳須防半腰礁沉水，內有白嶼仔，亦沉水，外有米质門闊，出入可防。

深滬：可拋南風，金嶼內有一半洋沉水，名叫白善礁。

永寧：宮仔前有淺，外有馬鞍礁，行舡可防，或獻須防沙提開沉礁二塊，礁內不可過淺。獻上有沉水礁須防。北去洋是尾有礁烈沉水須防。

獺窟：拋北風潮退無水，行船出入須防，門中沉水礁可仔細。

崇武：灣內好拋船，龜嶼外水有沉水嶼，出水仔細，可名巴內，去有沉水礁可防，名巴齒礁。

大垰牛內：水淺，灣內有沉水礁，入船上澳須防。垰開有沉水礁猷可防，拋南風甚妙。

湄洲 蠔壳埕：香爐嶼外有礁，仔細拋南風，北風退水無水，船擱淺。內去結烏峯尾 南網等處，山上媽祖廟往回。

浮禧所：拋北南水淺，無水不便行船。內是黃螺港，媽祖家，港心打水七八托，好拋舡。

平海所：拋北風，南有一嶼名南進嶼，門中有礁，出入仔細。東北有豬母黍礁，東南有鷺鷥屎礁，行舵可防之。



青山泥滬：可寄流水退無水。

野馬門：門中有沉水礁可防，外去是白嶼洋，有沉水碎礁可防，非慣熟不去認。內是興化 涵頭，北是壁頭、江口、江陰。



東門嶼 門扇後：流水甚急，出門有碎礁沉水，門外是南盤。

萬安所：入門中央有沉水礁，潮退無水，外是打石灣、草嶼、北宮仔、前沙、鳴墓口、後營等處。

海陳山：觀音澳、葫蘆澳拋北風，灣安海口，好逃颱。櫓起頭，有沉水礁可防，東去是邦田，上去是蘇灣，寄南風，西風不便，水退無水。石牌洋有惡礁名叫金錢礁。龍鳳宮前有金盞 銀臺，夜間不可行舡，北是天連水淺。

若嶼門：門內有草鞋礁，西去是鎮東海口，有惡礁名叫雞屎礁。若嶼門外有嶼名叫橫蒜，有蒜仔礁，沉水。東去即烏龜洋，有惡礁甚多。

烏龜洋：澳內打水念五托。山上有水，洋中有礁，生在東南尾，可開。打水三十餘托。艮寅針取牛嶼。

南日：共有三澳，東戶澳拋北風，西寨拋南風。去是燕山，外多魚，山嶼零碎，嶼小礁甚多，名十八門。小南日仔可寄舡，門外去有礁名碗礁，當仔細。

東甲：在萬安之東，三景大小相錯，斷續海中，山上有大王廟。內寄北風，乃賦安，可燂洗船。澳口多礁，門有甲[鴨]屎，申[甲]卯沉水，行船須防之。

牛嶼：水底多土堆。坤未四更，取烏龜。單癸五更，取官唐。艮寅七更，取東澳。癸針湧內過，寅針澳水過。不可貪隴，恐犯鴨屎甲卯，須記之。

白犬：在犬處有一塊白可寄北風，水深有石劍，椗索亦斷，不可久住。

東沙：與白犬相對，上看官唐。澳內打水九托，拋南北風。半洋有礁嶼名是三白，夜間行舡須可仔細。

官唐：二山相連，山上多茅草，名曰半塘，上有塘下有塘境，拋南風北風，打水十二托。竹戶澳拋南風，長箕澳拋北[風]。巽巳更半，取東沙。

下塘：馬鞍抛北風，灣內爛泥時多走椗。內去遠有礁名七星沉水，夜間行舡仔細。

朱澳：中門有礁，北有沙崙，澳內潮退水淺入福州，南加面有鐵板沙，水漲八九分即敢返加。

鎮海所：抛北風，南風難抛。西去目嶼，有布袋澳，好逃颱。南去有四嶼。定海出當防北邊嶼仔，外門中沉礁，東邊過妙。

黃崎：澳內好抛舡，澳口有沉礁，行舡可防。南去銅鼓洋中有龍船礁沉水，銅鼓礁出入不防。開門中有礁沉水，出入仔細。

北加：東西有罕嶼，西北有媳婦娘澳，東看宮仔洋、羅源、寧德、福安等處。

大西洋：門中有西洋仔沉水礁，行舡子細。澳內抛北風。有一澳名景橋澳，係是賦澳。西洋山東有沉水礁，出入須防之。

小西洋。

東澳：東澳在東洋海外西山東相峙，中有一門，離一箭遠，共三澳，四面喘壁，打水五托。山上大王廟前拳頭西山一澳可抛北風，後山一澳寄南風，乃係海山。若遇風可用丁未七更取牛山澳，一更開，有礁出水可防之。

盔山：在橫山西北馬砌西南洋東北，上至大金、羅湖，水半潮可寄南風，係是賦安。

芙蓉山：在閩[閭]夾南馬砌北，為羅湖屄[屏]翰，寄北風，下有龍潭，舡至此不可放砲。

羅湖：澳內抛北風，水退無水，門外去係是閭夾，好抛南風。內大金所 筆架山，下係是鴨也。抛南北風，去是斗未[米]澳，寄北風，東有枝[校]杯嶼，門中有礁沉水。

霜山：有東霜、西霜共三澳，東 西霜抛北風，南霜南風。澳內多礁，出入子細。

三沙五澳：好抛北風南風，去抛根竹洋，洋有惡礁險峻，出入須防窰山風大門內夾小流水急，外大門有礁，行舡仔細。

沙埕 臺山：內打水十七托。北去有三星嶼，離臺山有一更，開南有礁出水，名三白牙，夜間不可行舡。丁未三更，取黑山嶼入沙埕，可防龍目礁，在沙埕額頭。

北關澳：西南澳淺兜有礁沉水，水退即出水，東邊好[行]舡，又門夾小，可北去是黃桑門，可寄流可寄流。

金鄉大澳：澳口有漁嶼，戠半流水，即是南田。對開有洋嶼礁，水退出水打湧，可防之。

南杞：大靈山好抛舡，係是賦澳，西北去是鳳尾，內有鳳仔沉水可防。鳳外馬鞍連四嶼可寄舡。

北杞：澳前有礁，北面去沉礁甚多，夜間不可行舡。

三礵：澳內潮退無水，內是玉盤[環]、大門、小門、黃花、溫州等處，外是隴山澳，澳內好拋舡，店[逃]颱，澳中有土堆可防。

大鹿 小鹿：有鹿仔沉水可防，可寄北風，北去是鹿頭港，有港，入去是烏洋、溫嶺、樂清縣等處。

披山：下有三個蒜嶼，夜間不可行舡。

石塘釣邦：有三門，門中有嶼尾，生開在西北勢，上是鬣壳澳。看見雙門衛入金盤、楚門、海門，內是台州等處，外是積谷。谷南有沉水礁打舡，可防。

東西基：拋北風，澳口有沉水礁二個，西是牛頭門。

鳳尾山：有澳可逃颱，在東南，內淺夾，外澳寄北風。



海洋：人海有沉水礁，礁內是五嶼門，門內去是地盤山，山內是海洋港，港內有一沉水礁，子細。北去是小伏頭山、長溪、黃江渡等處。

伏頭山：入海洋俱是一條水，西南是牛爛基。東開二更是大魚、小魚，山上有淡水，水[小]魚北邊有沉礁，當使開，不可近小魚。

南田：好拋舡東北風，內是急水門，門內東去嶼仔，下有沉礁可防。上去北邊大山鼻尾開有礁沉水，仔細可防之。

臨門坎頭山：南二澳好拋舡，北澳泥地淺，有半洋沉水礁，行舡子細。內是昌國衞地，防戠上九山，須防半洋礁，須可記之。

九山 積谷：九山拋東北風，不使山尾有沉礁，西是亂礁洋，入舟山等處，南有半洋礁，夜間不可行舡，子細記之。

南窰：中門北門俱可過舡，流水甚急，子細，水退是西南流上。

中窰：打水十托餘，有門，過去是普陀，港淺，中門水淺。

北窰：入澳內南邊入，北邊嶼仔下有沉礁，謹防。外洋中一更開有沉礁。丁未七更，取鳳尾。

舟山：入普陀 加門水淺，門中有沉礁，可看須防記之。對西去有港仔，入去是泥地好逃颱，即是州[舟]山口港，口內是寧波等處。

普陀：流水急，外澳好拋舡，內是十六門，入舟山、寧波等處，開拋舡是泥地，時多走椗，時多走椗。

北烏坵：內是青光廟祖，無澳，流急水深，內是茲榔澳 舟山等處，丁未十更取鳳尾山。

螂蜣：無澳，打水念五托，山上有水可取，子癸三四更取盡山。

羊山：在花鳥西，乙卯七更取盡山，羊山流急，兜是泥淺。

盡山：澳內好拋舡，打水七八托，東北洋中嶼名海招嶼，嶼南有礁生外可防，南螂蜣，盡山內門過須防。門北中有沉礁去許內是花鳥，盡山不可開拋舡，水底有石劍，椗索易所[斷]，須防記之。

## 北太武往廣東山形水勢

料羅：抛北風澳有[內]北椗行舡，椗外過，內有椗索礁沉水，不可行。北去是田莆，有沉水石繞行舡子細。內去是官澳頭，有網頭礁沉水。開有老罩礁尾沉水，行舡子細。

角嶼門：門中有沉礁須防，南有白嶼，嶼下有沉礁，北去有安海、石井等處。

金山澳：大礁下好抛舡，南風南去烏沙頭有沉礁，又防後浦湖下俱是沉礁，出入可防。

金門：金龜尾有沉水礁，門有沙崙，外去烏嘴尾，有沉礁須防之。

烈嶼：城仔角可抛舡，風西是崎尾、馬鞍嶼。南北一派，俱是沉樵[礁]甚多。內北去是澳頭、劉五店、同安等處，行舡子細。

大担 小担：俱可過，黃官仔內有沉礁名曰犬[丈]八，又狗齒沉礁，行舡可防。担北免[兔]仔嶼內沉礁，名曰生尾礁。

曾家澳：白石頭內有大礁，礁下沉水，內去是體仔礁，須防。入去是西湖礁，開些有紙錢礁。

浯嶼：門中白嶼下有沉水礁，嶼後有節礁白坑，開有麥穗礁一烈，出入子細記之。

鎮海：好抛北風，開有半洋礁，火燒嶼有沉礁，行舡不可近嶼邊。開有南椗繞，拖尾，南去有開尾。有三消礁，龜頭北灣有雞屎礁。

大景：澳內有沉礁，出入須防。將軍礁下過，內有大礁，礁下好抛舡。

陸鰲：後有膀鵝屎礁、香爐礁，𠏉舡可防。

洲門：前嶼有沉礁，行舡不可太迫草嶼。

杏裏：澳內好抛舡，有金嶼一個，嶼下有大礁一烈出水，名曰桔貝礁，出入須防之。

古雷。

蘇尖：鼻頭有蘇尖，杙內不可過，欲入澳過額頭不可貪斎[鬻]壳澳。邊澳外額頸有大礁一個在澳口，行船子細。

銅山：東門嶼上下俱可過，上門有鐵釘一個。

宮仔前：澳內好抛船北風，澳外鼻頭有體仔礁，內外俱可過，大舡不可內過。澳底打水三四托，澳口打水五六托。

玄鍾：澳內一礁名為玄鍾，案近有沙崙，下有流牛礁、酒甕礁、虎仔嶼，對門港口生開有橄欖礁，行舡須近嶼不可升[开]，恐犯虎仔，須記之。

雞母坵：內有嶼一個，出入在嶼東，過近有沙崙，內是榚林，下是馬頭山、東石澳、黃罔[岡]等處。

南澳：澳內好抛舡，水退無水，下澳是後宅，好抛舡。下是長沙尾，外是雲蓋寺，有澳可抛舡。開有七星礁，外三個嶼是彭了[山]，內甚多礁，行舡子細。澳底淺打水三托。

表頭：即廣澳，澳口有網頭礁，沉水不可貪近。下是錢澳，有觀音礁一個在澳。

赤澳：澳口有大礁一個，門內口有礁一個，出入須近東邊過，澳底有沉礁在北面，行舡須防。赤澳下有嶼仔，使舡在嶼外，嶼內不可過，記之。

神前澳：澳口有礁一個，出入在鼻頭過。澳內有礁仔出水，舡抛在礁仔外澳北淺中，出入搭東鼻頭、靖海、北澳、牛頭澳，外有礁，出入在礁外過。

甲子：有甲子欄，生甚開長，頭內有大小門夾，大舡在外過。澳口有三點金礁，坐在港中。澳口有沉礁，在鼻頭。蘇公澳好抛椗，出入子細。



田尾：烏[島]東鼻頭有沉礁，田尾有大礁，出入在大礁內過。若入澳內鼻頭有沉礁，諒開入，不可大[太]近。入田尾澳北有大椗一座，出入不可貪北，澳內淺，打水三四托。

白沙湖：澳內好逃颮，出入開些，不可近東鼻頭淺，有一嶼名金錢嶼。

槺浪頭：出入不可在東鼻頭開，有大礁不可近，北邊去內過舡是菜嶼頭。有礁生在東鼻頭，在內過龜龍後，北邊有沉礁，不可貪北。

龜龍 菜嶼：龜龍下是大徒，下去大貓澳，好抛舡，在沙澳邊。若入澳，諒開入潮沙是燕洲港口，收入抛在媽祖宮前。潮沙港下有嶼一個，可寄東風，出入俱可寄舡。

大星：澳後抛舡，戯風不可貪隴小物，港口水有鴛鴦礁，內外俱可過。出入大星港，搭東鼻頭入，入鼻頭有大礁一個，澳內有嶼仔一個。入須在嶼內過港口抛在嶼頭內過。有一椗一座，出入須在小星，門內外俱可過舡。北邊是煙墩澳，好抛舡。出入須在徙澳口過，妙也。

登梁大山：有半洋礁，在山後，可防了。梁出入須在嶼門過，舡抛在大嶼內。東邊是丁梁大山，開是竹篙嶼。嶼內有門過舡，嶼仔內好抛舡，入去是蜈蚣澳大山，甚深，好抛舡。

福建頭：內是南風澳好抛舡，出入在福建頭嶼上門出入，內門夾小，下有荔枝嶼。

楔頭門：入門是馬祖廟前好抛舡。入去小急水，九龍澳後好抛舡。入出是大急水門，流水急深無礁。北邊大山是傳門澳，好抛舡。

赤安廟：抛舡東邊北邊鼻頭有徙，內有大嶼二個。舡出入在嶼外，有小嶼無礙也。

虎跳門：外有小嶼一個，出入在嶼東過。入虎跳了，搭南山邊北邊淺水入去。北邊有横嶼仔一個，舡在嶼仔直入草尾洋。內中有沉礁名曰三點金，出入子細防之。外是鰐魚搶寶，入盡搭北邊過。過了，舡搭南邊東井山外就是東井塔，至脚就是雙港，南邊就是新吊。下烏尾舡索在港中，舡在北邊入，不可南邊過為妙。

北寮海：澳內打水六七托，虎仔泥地。澳口與東姜門壬子丙午對坐，與東姜北頭為乙酉對坐。

## 廣東寧登洋往高州山形水勢

赤安廟：面前有羅僕嶼一個，內外俱可過舡，須防有網，直出寧丁洋，去高州在此放洋。

弓鞋：內有小嶼，打水十五托。

東姜：打水十九托，坤未五更取烏豬。

魯萬山：甚深，好抛舡，西去香澳抛魯萬，須防八撐賊，切記之。

烏豬山：打水十五托，坤未十三更取七洲洋。

陽江大澳：澳口有大礁，生開出入，搭大澳東鼻頭入，北邊是三鴉港平章頭，外是老婆髻二嶼也。

銅錢澳：嶼仔內北邊好抛舡，北面有沙崙，出入往東邊過，妙也。

龍頭：後開有大椗一庫，舡使在徙外過，入澳献風之時在磫內過。澳內有礁仔一個，舡抛在礁仔外，東邊是電白港，北邊有沙壇，下開有放雞山。

雙牛：雙牛，舡出入在嶼外收入港口。舡在北邊轎輀澳，舡使直落在嶼外過，或献風在嶼內過，須防轎輀腳有礁，落去横枝嶼，舡使嶼外過為妙。

放雞山：可寄北風，候好風入高州港。西北去水東港，港內好逃颱。收入在北邊有沉礁可防，舡抛港口，候水漲順風而進，入港俱是沙壇，須頭起沙崙，北邊入妙也。

半掤山：山腳有沉礁，舡不可近。山腳去內是北風澳，澳底有大礁一個，舡寄椗在大礁下候水進港。

限門：港口甚淺，舡若進港，須候水有七八分可進港。進港之時須看塔，塔上有媽祖宮，後草山相重，就口須看蟲嘴山東塔上北銃城可直入，舡頭向西白沙壇頭，舡起頭對網桁，至媽祖宮好抛舡，入紙寮，妙也。

白鴿門：限門港口對山頭外過直落是白鴿門，北面是沙壇。舡使搭海頭山北邊入港。港內東邊是廣州澳，西邊是海頭澳。

## 泉州往邦仔系蘭山形水勢

澎湖山：巽巳七更，取虎頭山，即打狗仔。

虎頭山：沿山使十更取沙馬岐頭山，灣內好抛舡，是雞母。

雞母岫：單午十五更，取紅頭嶼。

沙馬岐頭門：乙辰十一更，見紅豆嶼，東是昆身，南是百里經。

筆架：取五嶼南邊東浮中，風東用巽巳收入大港。中[辛]酉取射昆米收入大港。

射昆米：二更取哪哦山。

哪哦皇山尾：沿山使，一日好風見一二三嶼，是月投門。

月投門。

## 三岳貌山

龍梅嶼 蘇安 邦仔系蘭 貓里荖 東邦大山 里安大山 中邦里艮大山

大藤棒 小藤棒 頭巾礁 假覆鼎 正覆鼎 豬母毛 雞嶼

## 雙口至宿霧山形水勢

雞嶼 糧裹 豬膀尾 麻里驢 石仔港（对開有平嶼可防） 龍陌大山（有四個嶼）

馬蘇末（有脚嶼，对開是巫里仔嶼，即芒路 市武煙大山對開）

白表仔（對門市武祿） 竹篙嶼（牛嘴吼 到宿霧）

## 宿霧回雙口

竹篙嶼 市武祿 對開班愛大山 腳桶嶼 市武淵大山 慰交頭

竹嶼 荖降頭 里呂大山 五虎下山 海踏大山 外文武樓

呂篷外山 現平坪山 覆鼎山

## 往網巾礁荖 萬荖膏

紅面大山：沿山使一更，取以能外文武樓大山門中過。

龍久大山。

以能嶼：外過放洋仔，乾巽八更開嶼收。

高樂山。

漢降岐山：壬丙九更、單巳六更，取系羅裙山。

系羅裙山：沿山使，盡山尾是交逸泉，番仔甚多可防。

交逸山：沿山使去，有港使是三寶顏。

三寶顏：對開南面大山是獨奇馬山。

獨奇馬山：有三州相連，二邊可行舡，落去是山尾。

三寶顏山尾：有嶼斷腰內，深可行舡，單卯五更取里高耀。

綱巾礁荖：里高耀沿山使盡四更，大灣即網巾礁荖。

小相逸：巽巴[巳]十三更取沿山，名曰髻仔山。

髻仔山：其山甚大，五個山頭，東高西低，有一烈嶼仔七八個。

龜魚山。

天[大]相逸：此山即腳桶嶼 千仔致大山。

紹舞：到萬老膏。

## 往汶來山形水勢

呂帆紅面山：文武樓出舡，坤未十三更平麻茶洋。丁未二十更，此內是小羅房山、小煙可窰山、七峯 三牙山。

七峯山：七個大山頭高尖峯。

三牙山：丁未五更，取巴荖員。

巴荖員：丁未五更，平沙岐頭尾。

沙岐頭尾：有老石淺，行舡子細。丁未五更，取羅僕[僕]山。

羅僕[僕]山：此山高大。

犀角山：丁未八更及單丁，取聖山。

聖山：充天高大。

聖山下：對二個嶼是五嶼。

五嶼：丁未五更，平三嶼叫崑崙。

崑崙山：近看三個，遠看一個，開洋有老古石。坤申更半，長腰嶼門巡昆身使。

長腰嶼。

鯉魚塘。

渤黎：亦做毛化蠟，即汶來。

## 浯嶼往雙口針

浯嶼開舡，用辰巽七更，取澎湖。用丙巳五更，取虎仔山。用單丙及丙巳六更，取沙馬岐頭。單丙二十更，取筆架山及紅豆嶼。用丙午，取刣牛坑。用丙午十吏，取[月]投門。單丙五更，取里艮大山，二港相連。開有白表仔生在洋中，當可防。表尾盡不可用丙巳，可用丁午，開二三更，過白表仔。用丙巳五更，取頭巾礁。單午五更，取圭嶼南過，候水漲進港可也。

## 回浯嶼針

圭嶼放洋，用單亥及壬亥七更，取麻哩老表。放洋，用壬子、單壬二十更，往回祭獻。此處流水甚多，即是浯嶼洋。用壬子及壬亥針二十更，單亥五更，取太武。若表上放洋，用壬子十七更，取浯嶼洋。癸丑八更，取沙馬岐頭。用單癸十一更，取澎湖。

## 長岐往雙口針路

長岐開舡，用坤申二更、單申五更、坤申五十五更，舡頭對烏坵山。用單丁三更、丁午五更，見澎湖山。用丁午五更、單午五更，又單午並丙午十五更、丙巳五更、單巳三更，用巽巳四更，見表山。巡山進入圭嶼，水漲入港為妙。

## 回長岐針

圭嶼巡山使，見表尾。單壬五十更，見大[太]武。西南風用艮寅並丑艮五更，見烏坵。南風單寅六更，過圭籠须[頭]。用艮寅二十更，用單艮十五更、單寅十一更，收入天堂。





## 大担往交趾

太武開舡，用坤申七更，取南澳 彭，外過。單坤十五更，取大星尖。用坤未七更，取東姜。坤未五更，取烏豬。坤申三更，取七洲洋。用單申五更，取海南 犁母山。單酉十五更，取海山，正路。用乾亥、單亥五更，取雞叫門，即安南國港口也。

## 回針

港口開舡，用辰巽五更，取海寶山。過洋，用甲卯五更，取海[南] 犁母山。用單艮二十更，取烏豬。用艮寅十五更，取大星尖。用單寅十五更，取南澳外過。寅艮三更，取柑桔，外過。用單寅，收入太武。

## 福州往琉球針

梅花開舡，用乙辰七更，取圭籠長。用辰巽三更，取花矸嶼。單卯六更，取釣魚臺北邊過。用單卯四更，取黃尾嶼北邊。甲卯十更，取枯美山。看風沉南北用甲寅，臨時機變。用乙卯七更，取馬齒北邊過。用甲卯寅，取濠灞港，即琉球也。

## 琉球回福州針

琉球回舡，用單申一更，取包而是麻山。用辛酉，取枯美山。用辛酉四更，又用辛戌十五更、單酉十九更，之[又]用辛酉十五更，取南杞山。坤未三更，取臺山。用坤未三更，取霜山。用單坤取官塘，收入定海千戶所。

## 寧波往日本針

普陀放洋，用單卯十四更，又用單卯十更，又用甲寅八更，又用單甲八更，見天堂，收入長岐。

## 回寧波針

港口開舡，用丁午五更，取天堂山尾。放洋，用庚申十三更，又用單□八更，用庚酉十八更，又單酉十更，收普陀，即寧波港是也。

## 温州往日本針路

温州開舡，用單甲五更，用甲寅六更，用單寅二十更，用艮寅十五更，取日本山，妙也。

## 日本回寧波針路

五島開舡，用坤申七更，用庚申十五更，用單庚及庚酉二十五更，收入寧波是也。

## 大担往東埔寨針

大担開舡，椗内過，用丁未及單未七更，取南澳彭，外過。用坤申十五更，平大星尖。用坤申七更，取東姜並南亭門。用坤未五更，取烏豬。用坤未十三更，取七洲洋。用坤未七更，取獨豬山。用坤未二十更，取外羅，外過。用丙午七更，取交杯嶼及羊角嶼，正路。新州港口過，用丙午五更，取靈山大佛，往回放彩舡祭獻。用丙午及單午三更，取伽俑傚山。用丁未五更，取羅灣頭。用坤未五更，取赤坎山。身開，恐犯玳瑁州，身隴[犯]玳瑁鴨。用坤申及單申四更，取鶴頂山，打水七八托。用單庚二更，取一員小嶼，又單庚二更沿山使，打水八托，見馬鞍形是外任，看大水好風進港，妙也。

## 回大担針

毛蟹州出淺，用單卯離州有四五箭遠，用辰巽及乙辰，貪南看毛蟹州，對南港口出淺。從北昆身正路，用甲卯四更，取昪[覆]鼎。用單申二更，用艮寅二更、單寅二更，取赤坎。用艮寅及丑艮三更，取羅灣頭。用丑癸五更，取伽俑傚。用單子三更，取大佛，放彩舡。用單子及壬子五更，取羊角嶼。壬子七更，取外羅。用丑癸十更、丑艮十更、艮寅二更，普施用艮寅五更，普施二王艮寅五更，送都公用艮寅五更，用單艮十更，取南澳彭，外過。用丑艮七更，取太武，收入思明。

## 雙口往東埔寨

二月初七，雙口開舡，東南風用單辛三更，北風用單酉及單辛六更，又東風用單酉四更，北風單酉五更。初十上午，用單庚七更。十二日，用單坤七更，夜單庚七更，取外壬[任]進港。

## 回針

五月十四日，出淺，用單卯五更，用甲卯四更。十五日，見東洞、西洞及玳瑁，中央過，單乙五更。十六日，用單卯五更，又用單卯五更。十七日，甲卯五更，夜用甲卯五更。十八日，甲卯二更，夜無風。十九日、念三日，東北風。至念四日，南風，用乙卯四更，夜東北風。至三十日，俱無風，到文武樓收入港為妙。

## 大担往暹羅針

大担開舡，用坤未四更，取柑桔，外過。用坤辛[申]三更，取南澳 評，外[過]。用坤申十五更，取大星。用坤申七更，取東姜。坤未七更，取烏豬。用單坤十三更，取七州洋，祭獻。用坤未七更，取獨豬。用坤未二十二更，取外羅。丙午七更，取校杯。丙午五更，取靈山佛，放彩舡。單午五更，取伽俑貌。用丁午五更，取羅灣頭。坤未五更，取赤坎及覆鼎大山，邊有老古名是林郎淺。單坤十五更，取崑崙，東有梹榔嶼在帆鋪尾，外過。用庚酉三更，取小崑崙，西有沉礁出水。過了，用庚酉八更，取真嶴，東邊有礁，南邊是正路。三更，取假嶴，便見占臘泥尾。坤申有小港不可行，恐風不順，難出。辛戌十五更，取大橫，南邊正路。用辛戌及乾戌五更，取小橫，成三個門，門中有礁，俱是橫木，正路。辛戌十五更，取筆架，在帆鋪邊。用單子及壬亥五更，取陳公嶼 犁頭山。用單子三更，取烏頭淺。用單乾三更，取竹嶼。單子五更，取淺口，用子癸坐竹嶼進港。

## 回唐針

淺口開舡，用巽巳取烏頭淺。單巳取陳公嶼及犁頭山。丙午五更，取筆架。放洋，單巳及巽巳三十五更，取大橫南過。單巽十更，取真嶴，東見假嶴成三個，東邊有礁，內是占臘港泥尾。用甲卯十一更，取崑崙。用丑艮十五更，取赤坎，恐犯玳瑁州，子細。單丑五更，取羅灣頭。丑癸五更，取伽俑貌。用子癸三更，取靈山大佛。用壬子五更，取羊嶼。單子七更，取外羅。單艮五更、丑艮三十九更，取弓鞋。丑癸二十更，取獨豬。單丑及丑癸五更，取銅皷。用丑癸二十一更，見東姜。艮寅二十二更，取南灣[澳]。用艮寅七更，取太武入浯嶼。

## 浯嶼往咬𠺕吧

依前針取崑崙，單未並丁未二十五更、單未二十四更，取地盤。用丙午三更，取東竹。用丙午十更，取長腰。用丁未十更，取龍牙九[大]山。單午三更，取饅頭嶼。丁未三更，取七星。丁未七更，取彭家大山，即牛腿琴。舡取西邊南邊第二山頭，對峽門。丙巳沿崑身，便取三更，嶼南打水四五托，東 西竹打水七八托，東邊是正路。丙午四更見昆身，打水六七托是高下地。單丁五更，打水十托，單子五更，取羅山制覽傍大山，離羅牙十里之地一條老古線，是紗[沙]地。丁未見頭，丁未五更，取咬嚁吧為妙。

## 咬嚁吧往暹羅針

本港用丑癸五更、子癸八更，又用子癸五更，取三拔嶼腳，打水十四托。開西勢，打水六七托，用壬子，入峽門。用壬子八更，打水八九托，是正路。若收入舊港，舡尾坐艮寅，入中門有嶼，是正路。若往暹羅，用艮寅三更開，用丑癸五更，取沾嶼。用丑癸七更，取七星嶼及龍牙。單子三更、子癸五更、單子五更，取長腰嶼。壬子十三更，取地盤，內壬子取彭亨港口。單子十更，取斗嶼。單亥五更，取綿花及員光嶼，內外俱可過舡。單戌見二嶼可近，不可近崑身邊，有淺及石碑礁出水。過門，用單乾三更，取三角嶼。壬亥三更昆身尾是正路。吉蘭丹港口，用辛戌七更沿昆身駛，見六坤下池，取大泥。起身用壬子五更，取孫姑節[那]港口，外有二嶼仔名用[角]奴、角貓。壬子十更，取玳瑁嶼，內過。可防昆身尾中朴淺，此淺生開，打水四十一托。行舡用單子十五更，取大 小蘇梅嶼，嶼有三門俱可過舡。壬子十更，取孛丑。單壬十更，平龜山。單壬五更，取筆架。若收彭亨西，用乾亥收隴。若收暹羅，用單壬為妙。

## 暹羅往日本針

出淺，用單庚取望高西，打水七八托。用單巳三更，取烏頭淺，外過。單巳五更，取陳公嶼。丙午五更，取筆架。巽巳及單巳二十五更，取小橫，門中有沉礁，南邊過。用辰巽及巳辰十五更，取真嵃外過，遠看有三個門，南邊有一小嶼，東北尾低西邊高，有樹木，即是假嵃，遠看成三個門。開用甲寅，隴用甲卯，十一更，取大崑崙。西有弓鞋石，礁赤色。用癸丑十五更，取赤坎。丑癸五更，取羅灣頭。丑癸五更，取伽俑皦。單子三更，取靈山大佛。壬子五更，取羊角嶼及交杯。壬子七更，取外羅。用單丑五更、丑艮十六更，取獨豬。丑艮五更，取銅皷山。丑艮二十更，取弓鞋。艮寅二十二更，取南澳 坪外。艮寅七更，取太武。艮寅七更，取烏坵。艮寅十更，取圭籠。單口二十五更，見流界。用艮寅二十一更，取天堂，外過。壬子十更，收入竹篙嶼，妙也。

## 鳳尾往長岐

出港西南風，用甲寅五更、單寅六更、艮寅二更、艮寅十八更、單寅八更，見里填[慎]馬。甲寅七更，收入港甚妙。

## 普陀往長岐

放洋，南風，用甲寅十更、單寅十更、甲寅三更，見里甚馬。艮寅七更，收入妙也。

## 沙埕往長岐

開舡，南風，用甲寅四更離山，單寅七更、艮寅二十二更、單寅八更，見里甚馬南過。艮寅七更，收入妙也。

## 盡山往長岐



開舡，北風，用單寅十五更、艮寅九更，取五島。單寅五更，收入港可也。



## 敲東更數

沙埕二更至南松，內有大小漁舡島共二個。南松二更至北松。北松二更至南杞。南杞二更至北杞。北杞三更至松門。松門三更至昌國衛，此內有沙山，上有塔。昌國衛二更至鳳尾。鳳尾二更至九山。九山二更至北積穀，即是台州地面。北積穀三更至普陀，過見茶山，又見松江 上海縣，水淺不可行。西北普陀三更至思堂澳。思堂澳二更至花烏[鳥]。花烏[鳥]二更至青山，內抛得二三千舡。好西北風單卯，見高麗。辰巽七更，取五島。單寅七更收入可也。

## 烏坵往彭湖

放舡，單午八更，取澎湖，如高山係是桔梖嶼，有大鳥仔紅腳蓑大葉多見，或低多見海圭母白頭蓑是虎尾，此行正路。用單午取西嶼頭，防水漲可貪丁。崇武往彭湖七更，駛丙午取西嶼頭。或水漲可貪午。

## 寮羅往彭湖

放舡，單辰七更，取西嶼頭，收入媽宮。單巽五更，取茭荖灣，線外入港是東都。菜嶼南風用乙辰、單乙八更，取西嶼頭。南澳南風用乙辰十五更，取西嶼頭。

## 南澳南風

## 普陀往長岐針

東南風用甲寅，西南風用甲寅，北風用艮寅三十二更，見里甚馬，取五島。普陀南風用單辰及乙卯使二冥日，又用甲卯及甲寅咸[鹹]。

或寧波地界開舡，用甲卯四十五更，若見七島山及野故山。

或牛嶼往長岐，用甲寅五更，取東湧。用單艮十八更，用艮寅十五更、單寅二十更，用單甲假天堂，正用乾戌三更、子癸五更收入。

或東湧往長岐，用艮寅五更、單艮十六更，此[北]風用單寅八更、丑艮七更、艮寅八更，見冰甚馬，用艮寅收入。

或寧波往長岐，開舡用甲卯十更、甲寅十五更，取長岐。長岐回寧波，離港單申七更、庚申十五更，用單庚及庚酉七更取寧波，妙哉。

或南杞往長岐，用單卯十更，用艮七更，又艮寅壬五更，見里甚馬，照前針收入，妙甚。

或九山往長岐，北風艮寅三十二更，近五島。單寅五更，收入長岐，妙甚妙甚。

或盡山往長岐，北風用單寅十五更、艮寅九更，取五島。單寅五更收入，妙也。

或見馬齒，用壬子取天堂，妙也。

或見溫二，用單癸及壬子取天堂北頭過，用子癸收入。若在天堂南頭過，用乾亥收入，妙也。

或貪南見七島，用壬子七更，取溫裕。

或設子馬用乾亥三更見交刀帽。單亥取天堂。

或貪北見高麗山，用辰巽十一更，取五島，單寅收入港。或見水甚馬，巽巳五更，取五島，單寅收入港。

溫二直隴即是設子馬地界。沿山使上見桃里馬，桃里馬上是阿金美，阿金美上是主舊灣，主舊灣內有白沙波，沿山使上是京泊洋，京泊洋上是阿九根，阿九根上是野馬居沙，野馬居沙上四更洋審馬巳哪，洋審馬巳哪上是一枝花，一枝花上是長崎，長崎上是旺浮郡，旺浮郡上是魚鱗島，魚鱗島上是隴居仔，隴居仔上是花腳踏踏，花腳踏踏上是沂對東地，是興丹，興丹上四更是望高，望高上是野故烏牛裕，野故烏牛裕上是花腳踏，花腳踏上三更是艮山國 龜那西渠雄。

設子馬斷水過是野故大山，有七島山。設子馬若後東去使上是夜明高山，號叫開門山。使上即是空虛甚馬。對過是牽支綿澳友子相德。入去即是布至，過去即去斷嶼，過去雄家，入去是望高，即是皇丹。有條水去萬丹，其水甚急，開有五嶼，其山甚高大，若收此處為妙。

若魚鱗島山東去即是隴居仔，對去即是一收山，西北邊水甚馬，對南是甚馬，相連即是高麗 朝鮮。

## 廣東往長崎針

尖筆羅開駕，單寅五更、艮寅四十二更，取大星。艮寅十五更，取南澳。單寅十五更，取圭籠頭大山。艮寅三十三更，單寅見[天]堂，妙。

## 長崎回廣南針

長崎港口放洋，單申七更取美慎馬。用坤申三十五更、單坤五更，見山隴。用丁未七更，取白犬。丁未五更，取牛嶼。丁未四更，取烏坵。北風用坤申，東北風用單坤，十五更，取南澳 坪山，外過。用坤申十五更，取大星尖。用單坤三十五更，取大洲頭。用坤申十五更，取尖筆羅為妙也。





## 廈門往長崎

大担開舡，用甲卯離山。用艮寅七更，取烏坵，内是渭[湄]州 媽祖，往祭獻。用艮寅及單寅七更，取雞籠頭。用艮寅二十更，取單寅下十五更，單艮上十五更，取天堂。用子癸並壬亥，收入港，妙也。

北山開舡往長崎只有二十五更。西長外嶼有小嶼二個，是五島，認真隴是五島大山。過東來有六七個石嶼尖，是美慎馬。用單艮七更，取長崎。對東七更，是天堂，似南港樣，或頭入見天堂門。壬子癸門隴，斟酌轉變尋坎馬慎馬，收入天堂。東去有一個嶼，隴近看似東椗樣，是溫二。溫二對東五更，一山尖高一頭赤色，東南有一嶼多是馬齒山，舡抵用子癸取天堂，妙也。

## 暹羅往長崎日清

五月二十一日晚，在筆架放洋，西南倚捍，用單丙三更。二十三[二]日原風，丙巳三更半；夜原風，丙巳二更半。二十三日夜原風，丙巳六更。二十四日夜原風，丙巳六更。二十五日早見小横山，在蚱鋪邊過；夜用單巳三更。二十六日，單巳二更；下午弔頭巾頂，用辰巽二更；夜用乙卯三更；光，真糍齊身。二十七日，用甲卯二更半；夜，用單甲及甲寅，一更半。二十八早，見崑崙頭；晚，平崑崙；夜，用丑艮；光，平大崑崙。二十九日，丑艮二更半；夜，用單艮二更半。三十日，無風，至中午南風，丑艮一更半；夜，用單丑；光，見鶴頂山。[六月]初一日，無風；下午，西南風，艮寅；晚，平覆鼎。初二日，西南風，艮寅，平赤坎，見玳瑁州在，開；晚，至羅灣頭；夜，西南風，艮寅及丑艮並子癸；光，平伽倘傀。[初三日]用子癸，平大伏；夜，用子癸；光，平煙筒，風西。初四，早平馬陵橋，風西，用單子二更；初四夜原風，用子癸三更半；光，平外羅放洋。[初五日]南風，用子癸及單癸四更；夜，西南風。用丑癸三更、丑艮一更。初六夜，東南風硬繚，用丑艮三更；光，靜。初七晚風東，子癸一更；夜，南風，用丑艮三更。初八晚，靜，見員山；夜，風微；光，靜。初九夜，風東南，用單寅二更半。初十，早，原風，原針三更；夜，南風，單艮一更；光，靜。十一夜，東南風微。十二日東南風；夜，平弓鞋，用單乙及乙辰。光，西南風。用甲寅，上午見大星尖外，至暗有六更。夜西南風用單寅六更。光，西南風。用單寅六更。十八日南風，見圭籠頭。十九日，見魚船甚多，用艮寅五更；夜，微風，單艮一更半。二十日靜，風東南，用艮寅；夜，風東南，用艮寅一更半。廿一日，夜原風，艮寅三更。念二日，夜南風，單寅五更；光，原風。[廿三日]單寅四更；夜，南風，艮寅四更；光，艮寅三更。[廿四日]夜，西南風，艮寅四更。廿五日原風，艮寅；下午，單□三更半；夜，原風，單艮五更半。廿六日，單艮五更；下午，見溫裕；夜，丑艮三更；光，平天堂，用子癸五更入港。





## 咬嵧吧回長崎日清

乙丑年四月廿八日，在澳內開船；至下午在澳外寄旋[椗]；夜五更開船，用丑癸。廿九日，寄在鬼仔嶼西南勢，至五更開船，用丑癸及單癸。[五月]初一，晚寄在嶼頭東南勢；至二更尺[天]開船，風東，用子癸；光，平頭嶼。初二日風東南，子癸並壬四更；夜，原風，用子癸四更。初三日無定風，下午子癸三更；夜，東風，打水十三托，用子癸及丑；近二更抛，至五更開船，用子癸；光，打水，見三麥嶼在下勢。初四日，用壬子及乾戌亥；小午，抛三麥嶼南；下午南風，巡西邊昆身開；至三更，抛在舊港下東北勢開。初七[五]早，西風，不得過琴山，抛；下午南風，用乾戌亥；大暗，平琴西；夜，用乾壬亥；下平[半]夜，用單子；光，見七嶼在面前東北勢。[初六日]小午平七嶼，見前面饅頭嶼；下午風微，用丑癸，至饅頭嶼東北勢；夜，風東南，用癸丑；光，平豬母山開。初七日，用壬子癸五更；晚，至羅漢嶼；夜，用子癸及丑。光平長腰嶼，開用壬子四更。晚見東 西竹在帆下。夜用壬子。光見地盤山。船在東勢開，地盤當頭有尖角三個，西北邊拖尾。十一日並夜西南風，用子癸十二更。十二日並夜原風，原針十二更；暗，打水十八九托，用癸及子十更；光，見水色青白。[十三日]用單癸五更，見崑崙在船頭，用丑癸；下半冥，平崑崙，在船頭東邊，用丑癸。[十四日]光，離山三更。十五日，丑癸五更；夜，用丑癸；光，見伏鼎，並見假任及正任。[十六日]用丑艮寅；暗，至羅灣頭；下半冥，用丑癸及艮；光，見加倆皖下勢。[十七日]用丑癸及子；暗，至圭籠嶼；夜，靜，用子癸及丑三更。十八日，風嶼用子癸；暗，過煙筒；上夜用子癸三更；光，見交杯。[十九日]用子及壬；暗，在交杯上；光，見外羅在西北上。[二十日]船在東南開勢，靜；至日午風東南，單子二更；夜，南風，用子癸及丑；光，

見大 小茜諒，離山有三更。二十一日，靜；晚，東南風，用丑癸一更；夜，南風，用丑癸四更；光，風東南，用丑癸四更。[二十二日]夜，風東南，丑癸三更；光，無定風。[二十三日]夜西南風，用丑癸及艮三更。二十四日並夜風西，用單癸六更；光，見海南山及大洲。二十五日風西，用艮寅，用五更略平獨豬，船在東南開勢；夜風西，用艮寅四更。二十六日風北硬繚，用丑艮寅二更；至午，北風狂坐湧，用未及坤並丁；暗，有四更；夜，用丙午丁一更返西南，用艮寅及丑四更。二十七日，西風狂坐湧，用艮寅三更；夜，用艮寅及丑四更。二十八日夜用艮寅九更。二十九日夜用單艮十一更。三十日用艮寅六更，貪艮小半；夜，用艮寅三更。[六月]初一日，早見山，認未定，用艮寅；下午，甲寅四更；暗，見帆下有舡一隻；夜，用甲寅及卯四更；光，見舡在上勢舡頭角。初二日，用艮寅四更；暗，見魚舡一隻，略在戶門上；夜，用艮寅五更。初三日，見舡仔舡十餘隻，並見北港大山在東南勢，又見洋舡二隻；夜，用艮寅五更；光，平淡山下，東北上亦有討魚舡。初四日，艮寅六更；暗，平圭籠頭；夜，西北風，用單寅二更；半冥，西南風，用單寅一更；光，見梅花嶼在西南邊。初五日，用艮寅六更，貪寅小半；夜，西南風，艮寅三更。初六日，夜西風，艮寅九更。初七日夜，更[艮]寅九更；暗，見馬齒，舡在東邊過；夜，用單子。光，溫裕在東邊過，並見南勢野故、南衢、磺山，東北邊是開門山，北邊交力[刀]帽，西北邊見天堂，用子癸及壬癸。暗，在天堂內過，用壬子及乾亥。光，在紅尾里開。十一早，北風創門，用丁午單坤；暗，在天堂內嶼仔後，西南風，用壬亥及乾；暗，平紅屋[尾]里開；夜，東風，用壬亥；光，平設身灣，在下勢。十二日，風東，壬子及亥；暗，在港口嶼外，風西北，不得進港，創開隴。十四日方得進港。





## 長崎往咬嚁吧日清

己丑年十一月初九日，開舡用庚申；暗，平五島中山；夜，用庚申；光，平五島。[初十日]頭南勢開，庚申及酉；暗，在里甚馬西北勢，見前面小石嶼仔；夜，用庚申三更。十一日，風東北，用坤申二更；下午，用丁未及單未三更；夜，用單午五更；下半夜，用單丁二更。十二日，風順，用單申單□五更；夜，用庚酉辛三更；下半夜，用單申一更；光，靜，用庚酉申一更。[十三日]下午，風西北，用坤未及申二更；夜，原風，用丙午三更；下半夜，用坤未及申三更；光，用坤申四更。[十四日]夜，用單坤四更。十五日，用坤申四更；夜，坤申三更。十六日，用庚及申三更；下午，用未及坤二更；夜，用坤申，見梅花嶼在下勢尾角，圭籠頭在舡頭，頭帆尾外。[十七日]用庚酉申五更；夜：用庚申及單申七更。十八夜，坤申十更；光，見柑桔。[十九日]開，用坤未五更見南澳，有三更；夜，用坤申七更，貪坤小半。二十日並夜用坤申十二更。二十一日，用坤申七更，略平烏豬；夜，用坤未七更。二十三日並夜，坤未七更。二十四日，用坤未；小午至沙岐下馬陵橋對開，用丙午；暗，過交杯；夜，用丙午七更。二十五日，用丁未及單未；暗，過羅灣頭，並夜用未及坤至二更。恐隴些，用單未二更、坤未三更；或要開去，尋玳帽[瑁]州；或要隴，尋赤坎；用坤未取崑崙。夜，用未及坤；至二更盡，到玳帽[瑁]州，兩邊硬繚，用乾戌一更，至玳瑁州並[玳瑁]鴨東邊過。[二十六日]用申及庚並坤，有一更，又用未及坤二更；晚，靜；夜，用未及坤。二十七日，用坤未五更；夜，用申[未]及坤三更。二十八日，坤未四更；夜，單未六更。二十九日，夜，丁未十三更；光，見水色青白。[十二月]初一日夜，丁未十二更。初二日，丁未；至午見山在上勢，船頭認未定，硬繚，用乙辰一更見東勢開，山甚多，東南一山似笠一樣，用坤駛過身西盡；暗，有一更，開後認是失力大山；夜，用坤未三更，打水四十托，用坤未四更；光，打水六十托。[初三日]夜一更盡，打水三十五托，用坤未四更；光，見西邊有一高山，舡頭有一小嶼並坤身頭。[初四日]打水二十六托，後是長腰嶼。初五日，用丙午四更；夜，用丁及午；光，見豬母山，在舡邊開。初六日，用丁及未；日中午至饅頭嶼，在東邊近過；下午單未；暗，平七嶼西；夜，風西，用單未；光，見牛退琴，北面山亦見後過七嶼。初七日，至下午在牛退琴北勢，用未及丙午丁，用辰巽巳一更，寄椗在洎港口開。初八日，巡西南昆身，用乙辰巽；暗，到峽門內；一更時分寄椗；光，用辰巽及丙午，巡西邊昆身，打水四十五托。時在三麥嶼西。[初九日]夜，風北；下半冥風西，用單午五更；光，北風微微，用單丙四更，打水十托。[初]十日夜，風西北，用單午及丙；光，在嶼頭開東勢。[初]十[一日]，丙午丁巡城外駛至東勢，寄椗在鬼仔嶼西北勢，巡五嶼，用丁午巡合板嶼東入門，午至淺口住舡。





## 咬嵧吧往臺灣日清

辛卯年四月二十二日開舡，至午寄灣外；下半冥，開舡，用丑艮及子；光，見鬼仔嶼東邊。[二十三日]下午用壬子及癸，下午用子及壬；暗，過嶼頭，寄椗嶼北。二十四日，早，風東南，用子及癸；下午，用子及壬；暗，過嶼頭，有一更寄椗；至二更開舡，風東，用子癸一更。二十五日，原風，用子癸及壬，四更；夜，東南風，用子癸及壬；光，見三麥嶼在頭帆尾外。二十六日，用壬亥及乾戌，至午入三麥嶼內。[二十七日]一更，巡西邊昆身開，用乾戌亥；暗，寄。二十六[八]日，巡昆身到港口，開用戌乾及壬子；暗，在牛退琴西；夜，用壬子及癸；光，平七嶼西。二十九日，用癸及丑，至午平饅頭嶼，東邊過，用癸丑；暗，在豬母嶼下東南勢在，用丑癸；光，離山二更。三十日，用子癸；暗，平羅漢嶼頭，舡在羅漢嶼下東南勢開；夜，用子癸及單子；光，在長腰嶼上東北。[五月]初一日風西南，用壬子；暗，平東竹開，風輕，用壬子；

光，平地盤，開東南勢失刀[力]山。初二日，風輕，用子癸三更。初三日風輕，並夜用子癸六更。初四日，夜用子癸六更。初五日，用子及癸四更；夜，風輕，用子癸二更。初六日，夜，風西，用單癸四更。初七日，無定風，用子癸一更；夜，西南風。[初八日]用癸及子二更。初九日南風，下午西南，用單癸；夜，用子癸十更。初十日，打水二十三托，見崑崙山在船頭上勢□，用丑癸；下午，□崑崙東過，又用丑癸離山，三更；夜，西南風，用丑癸五更。十一日，原風，用丑癸；至午，見伏鼎山，用丑癸及丑；暗，在赤坎下；夜，用丑癸；光，在羅漢嶼頭下。十二日，近山，用艮及寅；至午，平羅灣頭，用丑艮；暗，平伽倆貌；半冥後，無風，用丑艮；光，在至[圭]籠嶼。十三日，靜，用癸及子；暗，平九佛；夜，用子癸，靜；光，在煙筒。十四日，風東，用壬子；夜，無定風；光，平新州。十五日並夜，靜，用子癸；光，平交杯嶼。[十六日]用子及壬；暗，平嶼上，用子癸；光，在馬陵橋下。[十七日]靜，用子癸；暗，在馬陵橋上；夜，用壬子及癸；光，在外羅東南邊，光南風。[十八日]用丑癸；下午，風東，亦用丑癸，四更；夜，東南風，用單丑三更。十九日，用丑癸三更。二十日，靜，用子癸二更；暗，見涯[崖]洲大山；夜，用艮寅；光，平大洲，開。二十一日，西南風，掛頭巾插花，用艮寅；暗，見七星嶼，離遠看渺；夜，原風，用丑寅五更。二十二日，用艮寅五更及甲卯四更。二十三日，用申[甲]寅五更；夜，南風，用甲卯四更，見流界甚多。二十四日，用單卯及艮寅四更，見大小流界甚多；夜，東南風，用寅及甲三更。二十五日，原風，用寅及甲並艮四更；夜，用寅及甲卯三更。二十六日，西南風，用甲卯三更；下午，用艮寅二更；晚，用甲卯二更；夜，用甲卯四更。二十七日，甲寅五更，打水三十四托，用甲卯三更；光，見南大嶼在西北上勢看渺。二十八日，用乙卯近港口南勢，至一更寄碇。二十九日，駛近港口南。[六月]初一日，海上西風，進臺港妙甚。[五月初九以後文字，由向達據另版《兵鈐》書末附本增補。]





## 長崎往大泥日清

丁亥年十二月十八日，二更開船，用單甲。十九日下午返風西，回港口；夜再開，用單申。二十晚至中山；夜用單申。晚平五島東勢，夜用庚申；光，離美甚馬二更，用坤、申及□……[此節原書有脫漏，難以對接，用"……"號表示。]

……酉二更半；下午用酉及辛一更半；夜，用辛酉近一更，乾亥、子癸一更；半冥，一更北風，用坤未及申二更，又單丁二更；光，用午及丁未六更。夜，丁午及未三更；下半冥，丁及坤三更。十四日並夜，坤申八更；光，坤申四更。夜，坤申及未七更；光，坤未及申四更。夜，用庚申六更，見山是臺……

……開南勢。[十一月]二十七日，用丁未；下午，平東湧，外過，用丁未；暗，平白犬開；夜，用丁未及未，七更；光，見北港大山，在東勢過，倚捍。[二十八日]用坤申及庚，七更。二十九日，坤身六更；暗，平坪山；夜，用坤申八更，光並夜用坤申十更。十二月初一日並夜，用坤申十一更。[初二]光並夜，用坤申十三更，光用坤申及未四更。[初三]午，見大州頭在馬戶邊；夜，用坤及未，六更。初四日，用坤未五更；夜，用坤未，見外羅，在左邊帆鋪外；光，過帆開捍。[初五]用辰巽巳三更；暗，過外羅；下半冥，用丙午；光，用丙子。[初六]暗，平新州港口；夜，丙午；光，平大佛下。[初七]用單午及丁未；暗，過羅灣頭；下半冥，用坤未；光，見覆鼎，不只三更。[初八]開用單未及坤六更；夜用未及坤七更；見光，見崑崙在航[舡]下勢。[初九]用丁未過山；午，過崑崙西，用庚酉；晚，過小崑崙，外看見西邊礁；夜，用申及坤午庚，七更。初十日並夜，甲[坤]申及庚十二更；晚，有山認未定；光並夜，用申及庚三更。[十一日]至半冥過帆，用壬亥及子癸。十二日用辛酉，巡昆身有五更；至一更時分，寄椗昆身尾。十三早入淺，妙甚。





## 大泥回長崎日清

戊子年五月十六日，西南風，在淺尾開船，用甲寅離山；暗，近五更；夜，用甲卯及寅，四更；光，甲寅六更。[十七日]夜，用單寅及艮寅並申，共三更。十八日，用單寅及甲卯，卒[平]冥真嗌外，用丑艮一更、用單寅二更過泥尾，並開針用辰巽，近合板舡再用子癸，在昆身隴，隴寄椗。十九日至晚，用甲卯二更；夜，甲卯四更；至早飯平泥崙山。二十日並夜，用單丑十更。廿一日，丑及艮；下午，見覆鼎山；暗，平赤坎，開下勢；夜，用丑艮；下半冥，近山用寅及甲卯返丑癸，在羅灣頭下勢。廿二日，用丑艮；夜，用子癸；光，見煙筒。[廿三日]用子癸及亥；夜，用壬亥；光，在新州下勢。[廿四日]用子癸；暗，平交杯；夜，巡山使。廿五日，用子癸；暗，半馬陵橋；夜，風西北，用子沿山使。廿七日，至外羅 沙岐頭；夜，沿山使。廿八日，到尖筆羅住船。至六月初二日放洋，用單寅二更、艮寅二更。初三日，寅及艮三更；夜，用艮寅四更。初四日，夜用艮寅七更。初五日南風，用艮寅七更。初六日並夜，用艮寅近有五更。初七日，夜用單艮八更。初八日，夜，單艮八更。初九日，用艮寅三更；下午見山認未定，東南風硬繚，用艮寅二更；下半冥，南風，用甲寅三更。初十日，風東北，用子癸一更，南風，用丑艮及甲三更；夜，用甲寅三更。十一日，用艮寅及甲七更。十二日，用艮寅，日小午見魚船，問是大境，開；暗，平戶門；夜，用單艮五更；光，見北港大山南勢。十三日夜，用艮寅八更。十四日，用艮；暗，見雞籠頭，未齊身；夜，用單艮五更。十五日並夜，用艮寅十一更，貪艮半字。十六日，用艮寅六更，貪艮小半；夜，用艮寅五更；光，單艮六更。[十七日]半夜，用艮寅六更，貪艮。十八日，艮寅三更；下午風西，用甲卯及寅一更半；下半冥，用壬子癸一更。十九日見山，是溫二，用壬子癸及亥一更，無風；至午後風西南，用壬亥；暗，見山在東南邊過身；夜，用壬亥四更；光，見山在東南勢。[二十日]用壬子癸，下午入長崎可也。

## 往長崎正月丁丑年

茲椳灣盡山，初一夜西北風，用單艮四更。初二日夜，用單艮四更。初三日西北風，用單艮五更；初三夜西北風，用艮寅四更。初四日西北風，用艮寅四更；初四夜西北風，用單寅五更。初五早見五島後，在五島後過，妙也。





## 寧波往東京針路

出中窟可用丙午，離山一更用丁未，六更見鳳尾。用丁未十九更，見牛嶼。用坤未四更，見烏坵。單申七更，見太武。起用坤申七更，見南澳 坪外。用坤申十五更，見大星。用坤未七更，見東姜。用坤未七更，見馬[烏]豬。用單坤十三更，見七州。用單申二更，見銅鼓。用單坤五更，見獨豬。用坤未四更，見海南 犁母。用庚酉十五更，取海寶。用單亥及乾亥五更，取雞唱門入港。涯州尾，巽乾單戌五更、單乾巽戌三更、乾亥巽巳單乾二更、亥壬巳單亥丙，五更。

## 太武往大泥針路

用單未七更，見南澳外過。用坤未十五更，取大星。用坤申七更，取南亭門。用單坤五更，取烏豬。用坤未十三更，取七洲。用坤未七更，取獨豬。用坤未二十一更，取外羅。丙午七更，取交杯嶼。用丙午五更，取靈山大佛。用丙午三更，取伽倆皦。丁午五更，取羅灣頭。單坤及坤未五更，取赤坎山。坤未十五更，取崑崙山。用坤及庚申三十更，取吉蘭丹港口，泥地，好拋船。開辛戌，隴用乾亥，巡山駛六崑下[池]。七更，打水七八托，是宋居勞。又來屈頭隴，連至東勢是大泥，有涼傘樹，在崑身岸上。前去崑身尾，取六崑下[池]，泥尾有淺，船過西南邊入為妙。

或見檻，可用庚申針來見大泥。大泥身西內馬交大山是屈頭隴，隴上去西北是宋居嘮，宋居嘮上是六坤。

## 大泥回浯嶼

大泥、六崑下池離淺，用甲寅針開舡。用甲寅及甲卯十五更，用甲寅及單寅二十更，取崑崙山外過，用丑癸內過。用單丑及丑艮十五更，取赤坎山。船身開用單丑，隴用艮寅五更，取羅灣頭。用丑癸五更，取伽倆皦。用子癸三更，取靈山大佛。用壬子五更，取交杯。用壬子七更，取外羅。用丑少艮四十六更，取南亭門。用艮寅二十更，取南灣[澳]。用艮寅七更，取太武，收入廈門為妙。

## 浯嶼往麻六甲針路

依前崑崙針路，用坤未、單未四十五更，取茶盤及東 西竹，遠看將軍帽在內及火燒山。用丁未十更，取白礁及馬鞍山並羅漢嶼，沿白礁外邊過。用單酉五更，取龍牙門，夜間不可行船，切防。南邊有半床礁是長腰嶼，亦防南邊有淺沙塘並涼傘礁。用辛戌三更，[取]吉里汶。又單乾三更，取崑宋嶼，打水十三托。用單亥五更，取大 小射箭嶼。用乾亥五更，取五嶼，沿山駛是麻六甲，妙也。

## 麻六甲回浯嶼針路

開駕用辰巽五更，取射箭嶼。用辰巽三更，取崑宋嶼，打水十三托，對開有淺，北返有崑身尾，在荖古石淺。用巽巳三更，取吉里汶，前北邊崑身尾須防。用單辰及乙辰三更，取長腰嶼，切莫過南邊，宜行北邊過船，打水十四五托。又防北邊羅漢嶼北有礁，打水十七八托，正路打水。出門須防白礁嶼。用亥並壬子五更，取茶盤。一更開，用子癸四十更，打水三十托，見崑崙在船頭上勢角。用單癸平崑崙。三更開，依前針路而行，妙哉。

## 太武往彭亨

太武開船，依大泥針直取崑崙。用坤未四十更，取彭亨港。

## 彭亨回太武針

彭亨開船，用艮寅六更，取綿花及斗嶼。用丑艮十三更、單丑及丑癸弍十更，取崑崙山，外過。其依大泥針回太武入浯嶼，妙哉。

## 太武往咬嚁吧針

至崑崙，用單坤及坤申十更。用單申及庚申十八更，取綿花嶼好拋船，取柴水。用單巽五更，平斗嶼。用單巳八更，取地盤，外過。單巳三更，取東 西行[竹]，內過。用單丙十一更，過長腰嶼。用單午四更、丁午四更，平饅頭嶼。單未四更，取七嶼。單未四更，取琴山。單未五更、單巽三更、巽巳六更，取三陵[麥]嶼，內過。用丙巳三更、單午八更，取頭嶼。用單午並丙巳，入甲板嶼收澳。

## 咬嵧吧回太武針路

港口放洋，用丑癸八更，平頭嶼。用子癸七更、單子四更、壬子二更，取三陵[麥]嶼。乾戌四更、乾亥六更，平琴山。子癸三更、單子四更，取饅頭嶼。子癸四更，取龍牙大山。子癸十五更，取馬鞍嶼。用壬子癸變用，五十餘更，取崑崙，內過。用丑艮十八更，取羅灣頭，妙哉。

## 咬嵧吧澳回唐

澳內用子癸，平頭嶼。平頭嶼用子癸四更，又子癸三更，打水十三托，用子及癸丑二更，子癸見三麥嶼。三麥嶼用乾戌、壬亥，三麥嶼過一更，巡西崑身駛，又用乾戌巡崑身到舊港。

舊港用乾戌及壬亥，至琴。

琴用丑癸七更，取七星嶼。

七星嶼用單癸，取饅頭嶼。

饅頭嶼用子癸丑，取豬母山。

豬母炁用子癸三更，取龍牙大山，門有石產不出水。

龍牙山用壬子十更，取長腰嶼。（長腰大山用丁午四更，取饅頭嶼，打水三十托，南邊有小嶼三四個，用丁未十更取龍牙。）

長腰嶼用子癸及癸十更，取東竹。

東 西竹用乾亥壬子，三更取地盤。（東竹遠看似馬鞍樣，內外打水二十五托，西邊有小嶼二個，打水二十五托。西竹山亦是馬鞍樣，西邊抵[低]，內有將軍帽，有火燒塔及豬母 甲子。用丙午十更，取長腰，內打水二十二托，西有小嶼二個，打水二十五托。）

地盤山（一更開，子癸三十更、子十更，打水二十三托，見崑崙在船頭上勢角。用單癸，平崑崙。二更開，用丑癸十五更，取覆鼎。）

覆鼎山（一更開，用丑癸及艮二更，取赤坎。）

赤坎（用丑癸，取羅灣。隴用艮寅，取羅灣拆五更遠。）

羅灣頭（半更開，用丑癸五更，取伽倆貌。一更開，用子癸三更，取靈山大佛，往回放彩舡。）

靈山大佛山（用壬子五更，取羊角嶼。壬子七更，取外羅。丑癸二十一更，取獨豬山。用丑癸三更，取銅鼓嶼。艮寅二十一更，取東姜。）

東姜山（用艮寅二十二更取南澳。用艮寅七更取太武，收入語[浯]嶼，妙哉。）

——[清]佚名《指南正法》

# 《裨海紀遊》《海上紀略》所載入臺行程及海道

余自辛未[康熙三十年（1691）]入閩，由建寧、延津以迄榕城；初秋，又自榕城歷興、泉至漳郡之石馬；未幾，又之漳浦、海澄、龍巖、甯洋諸屬邑暨各沿海村落，還至石馬；又以扁舟渡廈門，五日而返。壬申，再返榕城，留居司馬王君仲千署中。蓋八閩之轍跡已歷六矣。逮癸酉[卅二年（1693）]秋，有泰寧之役，維舟邵武城下，信宿而返。其明年又之汀之武平，由延津溯流而上，登鐵巖之高，涉九礲之險；半歲之間，往返四過，凡山川幽窅之區，罔不足歷而目覽焉。於是八閩遊遍矣。

……會丙子[康熙卅五年（1696）]冬，榕城藥庫災，毀硝磺火藥五十餘萬無纖介遺。有旨責償典守者，而臺灣之雞籠、淡水，實產石硫磺，將往採之。余欣然笑曰："吾事濟矣。"丁丑[康熙卅六年（1697）]春王，遂戎裝行……

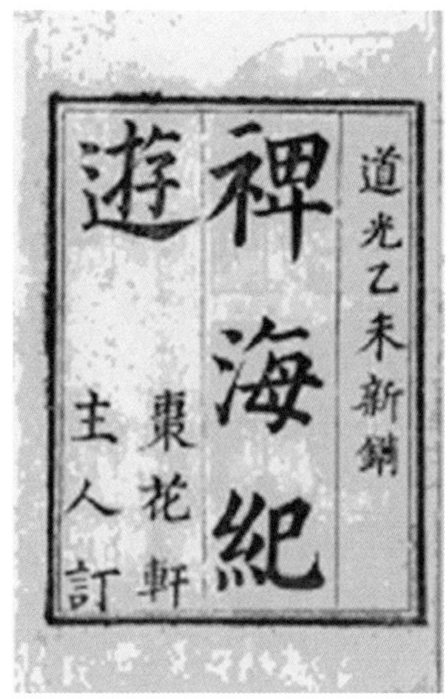


[清]郁永河《裨海紀遊》書影

**[正月]**

二十四日，午刻，出南門，至大橋，會雨，留宿呂陽邸舍。

二十五日，天稍霽，行三十里，渡烏龍江，宿霧初收，江光如練；望海口羅星塔影，如一針倒懸水中……

二十六日，度相思嶺……晚宿漁溪。

二十七日，曉行，肩輿在晨光薄靄中……午刻至浦尾……晚宿興化郡。

二十八日，行莆陽道中……

二十九日，渡洛陽橋，至泉郡……晚宿郡城。

**二月**

朔日，宿沙溪。

初二日，行四十里，至劉五店，即五通渡也。渡實支海，廣十餘里。登舟，群風驟至，巨浪如山，帆掠水三尺，傾斜欲覆。浪入舟中，衣冠盡濕。抵岸即廈門地，顧視日影，已墮崦嵫；復行三十里，抵水仙宮，漏下已二十刻。旅舍隘甚，無容足地，姑就和鳳宮神廟，坐以待曉。

明日（初三日），假水師裨將公署館焉。晤蕭山來子衛，為余覓舟，為渡海計……

初四日，復偕訪虎溪岩……

十六日，小瘥，風亦暫止，舟人促行，遂登舟。俄而急雨驟至，雨過，風復横。海舶在巨浪中，搖曳震蕩，凡三晝夜無甯息。登舷望港口，左為廈門支山，右為海澄縣古浪嶼山，兩山對峙，蜿蜒入海；盡處有小山矗起中流，舟子言是大旦門，海舶出洋必由此……若以形勢言，大旦門為廈門門戶，金廈門又漳泉門戶矣。

十九日，風息波平……舟人伐鼓鳴鉦，揚帆起椗。約行二十里，抵向所見大旦門。有十二舶，皆依山泊宿。

二十日，無風，不能行。

二十一日，黎明，聞鉦鼓聲，披衣起視，已乘微風出大旦門。一望蒼茫，淼無涯涘，同泊十二舶參差並進。望舟左數十里外，有黄土坡，隱隱可見。凡自廈門往臺灣水道，當自乾趨巽，舟師忽轉舵指坎。比午，至黄土坡下椗。使從者問之，對曰："舟無風不行，依此暫泊耳。"復問："此何處？"曰："遼羅，是金門支山。"蓋已去大旦門七八十里矣。視同行，僅得三舶，餘皆不復可見。頃之，有微風，復起椗行。比暮，視黄土坡猶未遠，以風力弱不勝帆也。始悟海洋泛舟，固畏風，又甚畏無風。大海無櫓搖棹撥理，千里萬里，袛藉一帆風耳……夜半，渡紅水溝。

二十二日，平旦，渡黑水溝。臺灣海道，惟黑水溝最險。自北流南，不知源出何所。海水正碧，溝水獨黑如墨，勢又稍窳，故謂之溝。廣約百里，湍流迅駛，時覺腥穢襲人。又有紅黑間道蛇及兩頭蛇繞船游泳，舟師以楮鏹投之，屏息惴惴，懼或順流而南，不知所之耳。紅水溝不

**【引書舉要】**

［清］郁永河（1645—？）於康熙三十六年（1697）奉命由福建前往臺灣北部採硫，海行到達臺南安平，旋轉淡水作業。歸後於次年撰《裨海紀遊》（一名《採硫日記》）。本書引文據商務印書館1935年《叢書集成初編》本，《臺灣文獻叢刊》第四十四種的方豪編校本也刊有此文。另與《裨海紀遊》同刊的通常還有郁氏《海上紀略》（一名《海上事略》）及《宇內形勢》（或單列，或附於《海上紀略》之內）諸編。但諸多版本均有文無圖，後廈門大學周翔鶴教授由清代許奉恩《蘭苕館外史》［又作《里乘》，刊刻於同治十三年（1874）］卷九的《擷錄〈海上紀略〉》，發現載有錄自趙達綸道光十五年（1835）刊刻《裨海紀遊》本的地圖一幅，附在《海上紀略》中的《宇內形勢》文字後，稱之爲《宇內形勢圖》。趙達綸道光刊刻的《裨海紀遊》本，中國國家圖書館有藏，本書所載《宇內形勢》文字及地圖內文，均取自該書。

甚險，人頗泄視之。然二溝俱在大洋中，風濤鼓蕩，而與綠水終古不淆，理亦難明。渡溝良久，聞鉦鼓作於舵間，舟師來告："望見澎湖矣。"余登鷁尾高處憑眺，只覺天際微雲，一抹如線，徘徊四顧，天水欲連；一舟蕩漾，若纖埃在明鏡中……頃之，視一抹如線者，漸廣漸近矣。午刻，至澎湖之馬祖澳；相去僅十許丈，以風不順，帆數輾轉不得入澳。比入，已暮。

二十三日，乘三板登岸（三板即腳船也。海舶大，不能近岸，凡欲往來，則乘三板；至欲開行，又拽上大船載之）。岸高不越丈，浮沙沒骭，草木不生。有水師裨將統兵二千人暨一巡檢司守之。澎湖凡六十四島澳，曰：南天嶼、草嶼、西嶼坪、貓嶼、布袋澳、八罩山、東嶼坪、水垵尾、西吉、花嶼、鋤頭插、馬鞍嶼、東吉、將軍澳、布袋嶼、虎井嶼、船帆嶼、岑雞嶼、豬母落水、桶盤嶼、月眉後鼻、西嶼頭、風櫃尾、雞籠嶼、鐵線灣、紅毛城、四角嶼、雙頭掛、暗澳、案山仔、林投仔、牛心嶼、鹹仔灣、天妃澳（有副將衙門）、鎖管港（有城）、銃城（有城）、巡檢司、小果葉、潭邊、蜩仔灣、小池角、龍門港、大果葉、大池角、龜壁港、沙港底、中墩嶼、竹篙灣、鼎灣嶼、吼門、陽嶼、雁靖嶼、赤嵌仔、小門嶼、陰嶼、土地公嶼、椗鉤嶼、姑婆嶼、雞善嶼、籃飯嶼、島嶼、員貝嶼、吉貝嶼、墨嶼，悉斷續不相聯屬，彼此相望，在煙波縹緲間。遠者或不可見，近者亦非舟莫即……

二十四日，晨起，視海水自深碧轉為淡黑，回望澎湖諸島猶隱隱可見，頃之，漸沒入煙雲之外，前望臺灣諸山已在隱現間。更進，水變為淡藍，轉而為白，而臺郡山巒畢陳目前矣。迎岸皆淺沙，沙間多漁舍，時有小艇往來不絕。望鹿耳門，是兩岸沙角環合處。門廣里許，視之無甚奇險，門內轉大。有鎮道海防盤詰出入，舟人下椗候驗。久之，風大作，鼓浪如潮，蓋自渡洋以來所未見。念大洋中不知更作何狀，頗為同行未至諸舶危之。既驗，又迂迴二三十里，至安平城下，復橫渡至赤嵌城，日已晡矣。蓋

究竟《宇內形勢圖》是否爲郁永河所繪，或後人補入？趙達綸本《裨海紀遊》的《宇內形勢》文後謂"以余所知諸國繪爲圖，俾覽者知其形勢"，但此"繪爲圖"三字其他版本都作"略爲說"。儘管吾人尚無法證實此《宇內形勢圖》確爲郁永河原繪，但肯定是1835年趙氏刊刻道光本前的清人作品，是故本書下面仍據趙達綸《裨海紀遊》本對本圖予以簡要引錄。周翔鶴《從郁永河〈裨海紀遊〉宇內形勢圖說明清時期中西文化交流》，係輔仁大學歷史學系主辦的"第六屆文化交流史暨方豪教授百年誕辰紀念：先驅、探索與創新國際學術研討會"發表的論文（2010年5月15日）。另學者陳宗仁《前往東、西洋：〈宇內形勢圖〉解析及其地緣政治想像》，載《臺灣史研究》第十九卷第三期（2012年9月），亦可供參考。

鹿耳門內浩瀚之勢，不異大海；其下實皆淺沙，若深水可行舟處，不過一線，而又左右盤曲，非素熟水道者，不敢輕入，所以稱險。不然，既入鹿耳，斜指東北，不過十里已達赤嵌，何必迂迴乃爾？會風惡，仍留宿舟中。

二十五日，買小舟登岸，近岸水益淺，小舟復不進，易牛車，從淺水中牽挽達岸，詣臺邑二尹蔣君所下榻。

計自二十一日大旦門出洋以迄臺郡，凡越四晝夜。海洋無道里可稽，惟計以更，分晝夜為十更。向謂廈門至臺灣，水程十一更半：自大旦門七更至澎湖，自澎湖四更半至鹿耳門。風順則然；否則，十日行一更，未易期也。嘗聞海舶已抵鹿耳門，為東風所逆，不得入，而門外鐵板沙又不可泊，勢必仍返澎湖。若遇月黑，莫辨澎湖島澳，又不得不重迴廈門，以待天明者，往往有之矣。海上不得順風，寸尺為艱……

臺灣縣節府治，東西廣五十里，南北袤四十里，鎮、道、府、廳暨諸、鳳兩縣衙署、學宮，市廛及內地寄籍民居多隸焉。而澎湖諸島澳，亦在所轄。鳳山縣居其南，自臺灣縣分界而南，至沙馬磯大海，袤四百九十五里；自海岸而東，至山下打狗仔港，廣五十里。攝土番十一社：曰上淡水、下淡水、力力、茄藤、放索、大澤磯、啞猴、答樓，以上平地八社，輸賦應徭；曰茄洛堂、浪嶠、卑馬南，三社在山中，惟輸賦，不應徭。另有傀儡番並山中野番，皆無社名。諸羅縣居其北，攝番社新港、加溜灣（音葛剌灣）、毆王（音蕭郎）、麻豆等二百八社外，另有蛤仔難（音葛雅蘭）等三十六社，雖非野番，不輸貢賦，難以悉載。自臺灣縣分界而北，至西北隅，轉至東北隅大雞籠社大海，袤二千三百十五里。三縣所隸，不過山外沿海平地，其深山野番，不與外通，外人不能入，無由知其概。

總論臺郡平地形勢，東阻高山，西臨大海，自海至山，廣四五十里；自鳳山縣南沙馬磯至諸羅縣北雞籠山，袤二千八百四十五里，此其大略也……海上颶風時作，然歲有常期；或逾期、或不及期，所爽不過三日，別有風期可考。颶之尤甚者曰颱，颱無定期，必與大雨同至，必拔木壞垣，飄瓦裂石，久而愈勁；舟雖泊澳，常至齏粉，海上人甚畏之，惟得雷聲即止。占颱風者，每視風向反常為戒：如夏月應南而反北，秋冬與春應北而反南（三月二十三日馬祖暴[誕]後便應南風，白露後至三月皆應北風；惟七月北風多主颱），旋必成颱，幸其至也漸，人得早避之。又曰：風四面皆至曰颱。不知颱雖暴，無四方齊至理；譬如北風颱，必轉而東，東而南，南又轉西，或一二日、或三五七日，不四面傳遍不止：是四面遞至，非四面並至也。颶驟而禍輕，颱緩而禍久且烈。又春風畏始，冬風慮終；又六月聞雷則風止，七月聞雷則風至：又非常之風，常在七月。而海中鱗介諸游翔水面，亦風兆也。此臺郡之大略也……

——[清]郁永河《裨海紀遊・卷上》

余以採硫來居臺郡兩閱月……

時四月初七日也，經過番社即易車，車以黃犢駕，而令土番為御。是日過大洲溪，歷新港社、嘉溜（音葛辣）灣社、麻豆社，雖皆番居，然嘉木陰森，屋宇完潔，不減內地村落……至佳里興，至則二鼓矣。問孰為宿處，則營中也……

初八日，仍馭原車，返麻豆社，易車渡茅港尾溪、鐵線橋溪。至倒咯國社，日已近暮。憶王君此時，乘南風，駕巨艦，瞬息千里，余至則後矣；乃乘夜渡急水、八掌等溪。遲明，抵諸羅山，倦極坐憩；天既曙，復渡牛跳溪，過打貓社、山疊溪、他里務社，至柴里社宿。計車行兩晝夜矣……

初十日，渡虎尾溪、西螺溪，溪廣二三里，平沙可行，車過無軌跡，亦似鐵板沙，但沙水皆黑色，以臺灣山色皆黑土故也。又三十里，至東螺溪，與西螺溪廣正等，而水深湍急過之。轅中牛懼溺，臥而浮，番兒十餘，扶輪以濟，不溺者幾矣。既濟，值雨，馳三十里，至大武郡社，宿……

十二日，過啞東社，至大肚社，一路大小積石，車行其上，終日蹭蹬殊困；加以林莽荒穢，宿草沒肩，與半線以下如各天。至溪澗之多，尤不勝記。番人狀貌轉陋。

十三日，渡大溪，過沙轆社，至牛罵社，社屋隘甚，值雨過，殊濕。假番室牖外設榻，緣梯而登，雖無門闌，喜其高潔。

十四日，陰霾，大雨，不得行；午後雨止，聞海吼聲，如錢塘怒潮，至夜不息。社人云："海吼是雨徵也。"

十五日、十六日皆雨，前溪新水方怒，不敢進。

十七日，小霽……

十八日，又大雨，嵐氣盛甚，衣潤如洗；階前泥濘，足不得展；徘徊悵結……

十九日，晨起，忽霽，差爽人意，計二三日水落可涉，則前路匪遙矣……

二十日，辰刻風定；無從得二舶耗……

二十三日，余念二舶，遂叱馭行。行二十里，至溪所，眾番為戴[載]行李，沒水而過；復扶余車浮渡，雖僅免沒溺，實濡水而出也。渡凡三溪，率相越不半里。已渡，過大甲社（即崩山）、雙寮社，至宛里社宿……

二十四日，過吞霄社、新港仔社，至後垅社。甫下車，王君敝衣跣足在焉。泣告曰："舟碎身溺，幸復相見。"余驚問所以不死狀，曰：自初三日登舟，泊鹿耳門，候南風不得。十八日，有微風，遂行。行一日，舵與帆不洽，斜入黑水者再；船首自俯，欲入水底，而巨浪又夾之；舟人大恐，向馬祖求庇，苦無港可泊，終夜徬徨。十九日，猶如昨。午後南風大至，行甚駛，喜謂天助；頃之，風厲甚，因舵劣，不任使，強持之，舵牙折者三。風中蝴蝶千百，繞船飛舞，舟人以為不祥。申刻，風稍緩，有黑色小鳥數百集船上，驅之不去，舟人咸謂大凶；焚楮鏹祝之，又不去，至以手撫之，終不去，反呷呷向人，若相告語者。少間，風益甚，舟欲沉，向馬祖卜筊，求船安，不許；求免死，得吉；自棄舟中物三之一。至二更，遙見小港，衆喜倖生，以沙淺不能入，姑就港口下椗。舟人困頓，各就寢。五鼓失椗，船無繫，復出大洋，浪擊舵折，鷁首又裂，知不可為，舟師告曰："惟有划水仙，求登岸免死耳！"伐水仙者，衆口齊作鉦鼓聲，人各挾一匕箸，虛作棹船勢，如午日競渡狀；凡洋中危急，不得近岸，則為之。船果近岸，浪拍即碎。王君與舟人皆入水，幸善泅，得不溺；乘浪勢推擁登岸，顧視原舟，惟斷板折木，相擊白浪中耳。余亟問："後舶安在？"王君曰："彼舟利步，自十八日已先余舟數百里矣，尚何能知之？"余聞王君言，意欲回車；復自計曰："驅馳千餘里，何惜三數日程，不往探後舶確耗乎？"

二十五日，與王君共一車，兼程進。越高嶺三，至中港社，午餐……飯竟，復登車，道由海壖橫涉小港，迂迴沙岸間三十餘里。王君指折舵碎舟脫死登岸處甚悉，視沙間斷木廢板，尚有存者，惟相對浩歎而已。又浮一深溪，至竹塹社，宿。溪水湍急，役夫有溺而復起者。奴子車後浴水而出，比至，無復人色。有人自雞籠、淡水來者，言二十日風後，有一舶至；余聞之甚喜，謂王君曰："沉舟諸物，固無有理，然大鑊與冶器，必沉沙中，似可覓也；且一舟猶在，無中輟理，君毋惜海濱一行！"遂留王君竹塹社，余復馳至南嵌社宿……

二十七日，自南嵌越小嶺，在海岸間行，巨浪卷雪拍轅下，衣袂為濕。至八里公社，有江水為阻，即淡水也。深山溪澗，皆由此出。水廣五六里，港口中流有雞心嶕，海舶畏之；潮汐去來，淺深莫定……爰命張大為余治屋，余留居五日以待。

**五月**

朔，張大來告屋成。

初二日，余與顧君暨僕役平頭共乘海舶，由淡水港入。前望兩山夾峙處，曰甘答門，水道甚隘，入門，水忽廣，漶為大湖，渺無涯涘。行十許里，有茅廬凡二十間，皆依山面湖，在茂草中……既坐定，聞飛湍倒峽聲，有崩崖轉石之勢；意必有千尋瀑流，近在左右，晝夜轟耳不輟；覓之累日，不可得見。

初五日，王君從海岸馳至……余其問之水濱矣。又數日，各社土官悉至：曰八里分、麻少翁、內北頭、外北頭、雞洲山、大洞山、小雞籠、大雞籠、金包里、南港、瓦烈、擺折、里末、武溜灣、雷里、荖厘、繡朗、巴琅泵（音畔）、奇武卒、答答攸、里族、房仔嶼、麻里折口等二十三社，皆淡水總社統之，其土官有正副頭目之分……余問番人硫土所產，指茅廬後山麓間。明日拉顧君偕往，坐莽葛中，命二番兒操楫。緣溪入，溪盡為內北社，呼社人為導。轉東行半里，入茅棘中，勁茅高丈餘，兩手排之，側體而入，炎日薄茅上，暑氣蒸鬱，覺悶甚。草下一徑，逶迤僅容蛇伏。顧君濟勝有具，與導人行，輒前；余與從者後，五步之內，已各不相見，慮或相失，各聽呼應聲為近遠。約行二三里，渡兩小溪，皆而涉。復入深林中，林木蓊翳，大小不可辨名。老藤纏結其上，若虯龍環繞，風過葉落，有大如掌者。又有巨木裂土而出，兩葉始櫱，已大十圍，導人謂楠也。楠之始生，已具全體，歲久則堅，終不加大，蓋與竹筍同理。樹上禽聲萬態，耳所創聞，目不得視其狀。涼風襲肌，幾忘炎暑。復越峻坂五六，值大溪，溪廣四五丈，水潺潺巉石間，與石皆作藍靛色，導人謂此水源出硫穴下，是沸泉也。余以一指試之，猶熱甚，扶杖躡巉石渡。更進二三里，林木忽斷，始見前山。又陟一小巔，覺履底漸熱，視草色萎黃無生意；望前山半麓，白氣縷縷，如山雲乍吐，搖曳青嶂間，導人指曰："是硫穴也。"風至，硫氣甚惡。更進半里，草木不生，地熱如炙；左右兩山多巨石，為硫氣所觸，剝蝕如粉。白氣五十餘道，皆從地底騰激而出，沸珠噴濺，出地尺許。余攬衣即穴旁視之，聞怒雷震盪地底，而驚濤與沸鼎聲間之；地復岌岌欲動，令人心悸。蓋周廣百畝間，實一大沸鑊，余身乃行鑊蓋上，所賴以不陷者，熱氣鼓之耳。右旁巨石間，一穴獨大，思巨石無陷理，乃即石上俯瞰之，穴中毒焰撲人，目不能視，觸腦欲裂，急退百步乃止。左旁一溪，聲如倒峽，即沸泉所出源也。還就深林小憩，循舊路返。衣染硫氣，累日不散。始悟向之倒峽崩崖，轟耳不輟者，是硫穴沸聲也……

自臺郡至此，計觸暑行二十日，兼馳凡四晝夜，涉大小溪九十有六；若深溝巨壑，峻坂陡崖，馳下如覆、仰上如削者，蓋不可勝數。平原一望，罔非茂草，勁者覆頂，弱者蔽肩，車馳其中，如在地底。草梢割面破項，蚊蚋蒼蠅吮咂肌體，如饑鷹餓虎，撲逐不去。炎日又曝之，項背欲裂，已極人世勞瘁。既至，草廬中，四壁陶瓦，悉茅為之，四面風入如射，臥恒見天。青草上榻，旋拔旋生。雨至，室中如洪流，一雨過，屐而升榻者凡十日。蟬琴蚓笛，時沸榻下，階前潮汐時至。出戶，草沒肩，古木樛結，不可名狀：惡竹叢生其間，咫尺不能見物。蝮蛇癭項者，夜閣閣鳴枕畔，有時鼾聲如牛，力可吞鹿；小蛇逐人，疾如飛矢，戶閾之外，暮不敢出。海風怒號，萬籟響答，林谷震撼，屋榻欲傾。夜半猿啼，如鬼哭聲，一燈熒熒，與鬼病垂危者聯榻共處。以視子卿絕塞、信國沮洳為何如？……

——[清]郁永河《裨海紀遊·卷中》

余既來海外，又窮幽極遠，身歷無人之域，其於全臺山川夷險、形勢扼塞、番俗民情，不啻戶至而足履焉。可不為一言，俾留意斯世斯民者知之？間嘗於清旦策杖，薄暮操舟，周覽探討而得其概焉。

蓋淡水者，臺灣西北隅盡處也。高山嵯峨，俯瞰大海，與閩之福州府 閩安鎮東西相望，隔海遙峙，計水程七八更耳。山下臨江陴院為淡水城，亦前紅毛為守港口設者。鄭氏既有臺灣，以淡水近內地，仍設重兵戍守……緣海東行百六七十里，至雞籠山，是臺之東北隅。有小山圓鋭，去水面十里，孤懸海中；以雞籠名者，肖其形也。踰此而南，則為臺灣之東面。東西之間，高山阻絕，又為野番盤踞，勢不可通。而雞籠山下，實近弱水，秋毫不載，舟至即沉。或云：名為"萬水朝東"，水勢傾瀉，捲入地底，滔滔東逝，流而不返。二說未詳孰是？從無操舟往試，歸告於人者。海舟相戒不敢出其下，故於水道亦不能通，西不知東，猶東之不知西也。止就西言：自淡水港而南，迄於郡治，尚有南嵌、竹塹、後龍、鹿仔（音雅）、二林、台仔窔、莽港等七港；自郡治而南至鳳山縣 沙馬磯，亦有蠔港、打狗仔、下淡水等三港。山中澗水所出，雖沙堅水淺，難容巨舶，每當潮汐，亦可進舟……犄角三城，搤隘各港，堅守鹿耳，外此無良圖矣！然守臺灣，尤宜以澎湖為重。澎湖者，臺灣之門戶也；三十六島，絕無暗礁，在在可以泊船。故欲犯臺灣，必先攻澎湖；澎湖既得，進戰退守無不宜。欲守臺灣，亦先守澎湖；澎湖堅壁，敵舟漂蕩無泊，即坐而自困矣……

## 七月

望，炎暑漸退，新涼襲人……其明日，有三人忽稱病。

十七日，病者又五人，北風大作。

十八日，風愈横，而十二人悉不起，爨煙遽絕。

自十九日至二十一日，大風拔木，三晝夜不輟，草屋二十餘間，圮者過半。夜臥聞草樹聲與海濤聲，澎湃震耳，屋漏如傾，終夜數起，不能交睫。

二十二日，風雨益横，屋前草亭飛去，如空中舞蝶……

二十三日，平明，風雨俱息；比午，有霽色，呼番兒棹莽葛至山下渡余登海舶，過草廬舊址，惟平地而已。余既倖生存，亦不復更念室中物。敝衣猶足蔽體，解付舟人，就日曝乾，復衣之；遂居舟中。

二十五日，水既落，乘海舶出港，至張大所。有病者一人殞舟中，為藁葬山下，以屍骨無渡海理也。

二十八日，視舟中病者轉劇，因遣海舶急歸……

二十九日，復大風雨四晝夜，洪水又至，走二靈山避之，驚怖又甚於前。幸早避，得免涉水。然在空山中，竟一日夜不得食。

## [八月]

初四日，雨止風息，再返張大所。

初八日，有一舶入港，言初五日三舶同自省中來，半渡遭風，一舶已碎，其一不知所往；友人顧君敷公在焉，念之甚切。自此旦旦出海上望之。

十五日，中秋節，番兒報舊址茅屋成，尚有臺郡病夫二人不能歸者，從余走海岸沙際遙望……

十六日，乘莽葛返茅屋中……

二十五日，忽聞有海舶至，驚喜出戶，則顧君敷公至矣……而余前遣歸一舶，亦以是日至……

## 十月

朔，硫事既竣，將理歸棹，命衆役夫向山間刈薪；午後又使人艤三板水涯以待……

初四日，發出，至張大家與別，遂登舟。

初七日，未刻，值風便，與顧君舶同出大海。北風方勁，巨浪如山；行不數里，余舟檣折有聲，迴視顧君一舶，亦大呼檣折。二舶在巨浪中，既無復入港理，隨風蕩漾，意必飄南方千里外，憂不能寐。

初八日，侵曉，風稍息，余攬衣出視，晨光初動，宿霧未收；而一輪紅日，從鷁尾水底湧出，三躍而後昇，大如車輪，海波盡赤，不瞬息已高丈餘矣。向聞登州日觀擅奇，殆未必如余所睹也。將午，遙見遠山在有無間，猶疑為海上雲氣；午後，審視漸真，舟師謂是省城官塘山。夜半，抵官塘；猶屬海外孤島，不連內地。

初九日，自官塘趨定海鎮。巳刻，將近山，顧君一舶業已先至，相見如夢；意二舶檣折，無並全理，竟達會城，歎為神助。望山上兩城遙峙，前人築為犄角互守計者也。命舟師櫂三板登岸，周覽一匝，略得形勢之概。沿海市肆碁布，漁艇有大於海舶者。覽畢登舟，乘順風南行，去岸甚遠，仍行大海中五六十里。至五虎門，兩山夾峙，勢甚雄險：又有巨石綿亙入海，如五虎蹲踞中流，實閩省門戶也。門外風力鼓蕩，舟勢顛越；既入門，靜淥淵渟，及門外迴別矣。左望山巒斷處，為梅花嶼，沙淤水淺，非潮長不能出入。更進為亭頭（土音讀作城頭），是近海大村落。至則暮矣，命從者攜臥具，與顧君偕登怡山僧院假宿焉……

初十日，復登舟，苦水涸，必候潮至始行。十里至閩安鎮，有副帥，屯兵千人守口。再行十里，膠淺不前。

十一日，行不數里。

十二日，趁微風，以棹佐之，望見南臺大橋。周子宣玉率數僕乘小艇來迓，既見，歡甚；余與宣玉共乘小艇，同至大橋，登陸……

余向慕海外遊，謂弱水可掬、三山可即，今既目極蒼茫，足窮幽險，而所謂神仙者，不過裸體文身之類而已！縱有閬苑蓬瀛，不若吾鄉瀲灎空蒙處簫鼓畫船、雨奇晴好，足繫吾思也。觀止矣！寄語秦、漢之君，毋事褰裳濡足也！追憶遊歷所睹，再為土番竹枝以詠之……

——[清]郁永河《裨海紀遊·卷下》



## 《海上紀略》

糠洋水面積糠粃半尺。蕈洋水面有物形如蕈，亦積半尺許，皆水沫所成，風濤鼓蕩，不淆不徙。自浙中往日本者必過之。

……大崑崙（山名，在東京正南三十里，與暹羅海港相近），見其風景特異，欲留居之。其山最高且廣，四面平壤沃土，五穀俱備，不種自生，中國果木無不有。百卉爛熳，四時皆春，但苦空山無人……

琉球國在閩省正東，去中國最近……其於中國，率三歲一貢，所貢硫黃、皮紙而已……

日本，在中國正東。自南言之，去中國甚遠，由寧波渡海，水程三十五更。北接朝鮮。朝鮮去遼陽密邇，即渡鴨綠，便可馳驛而往，與中國在斷續間，謂之連屬亦可。

臺灣，南北三千里，東西三百里，去廈門水程十一更。中有彭湖為泊宿地，處東南四達之海，東西南北，惟意之適，實海疆要地也。

——[清]郁永河《海上紀略》

## 《宇內形勢》

天宇外涵，大地虛懸於中，古以卵為喻，似近之矣。海水附隸於地，而包山川原隰者又海也。其中四夷八荒各佔一區，如盆盎中貯水石然。騶衍論天地之大，如中國赤縣 神州，禹之所序者纔八十一分之一，外此尚有九州。凡一州各有裨海環之，人民禽獸莫能相通，如此者九，又有大瀛海環其外，語近不經。然吾人所居，自謂中華大國，未免見大言大，不知大本無據，而中亦未然。夫天地之體既圓矣，人處宇內，頭戴天而足履地，何莫非中？若必求天地之中，則惟北極天樞之下，此處如輪之轂，如磨之臍，如人身之心，庶幾足以當之。然天樞之下，實在朔漠以北，去禹跡甚遠。中國一區，道里雖廣，若以天樞揆之，其實偏在東南，而東南半壁又皆海也。

自遼陽為中國東北極際，緣海而南為天津；次山東之登、萊、青三郡，有沙門等五島，與遼陽、朝鮮相望，一帆可即；次膠州；次江北 安東縣，黃河之水由此入海；次狼山，揚子出焉；次崇明、上海，為吳淞、三泖、震澤諸水所歸；次浙西之柘浦、海鹽；次錢塘；次寧波府，有舟山，廣八百里，今為定海縣，又有普陀巖，觀世音之香剎在焉；次台、溫；次沙城，為浙 閩之交，過此為福寧州；次閩安鎮，是閩省門戶；次興、泉、漳三郡。泉、漳間有金、廈門二山，各廣數百里，商舶通外洋諸國者，悉由廈門出入。

漳與粵隣；漳之南曰南澳，屬粵 潮郡；次惠州；次香山澳；次高、雷、廉；渡海港為瓊；瓊之南為厓、為岡，皆粵東地。自遼陽至此，中國東面已盡，瓊、厓之間，實為東南隅，緣海轉西，則為中國之南面矣。粵東地而西，為粵西，更西為貴州省，又更西為雲南省。雲南者，中國西南隅也，然雲南盡處，不盡於海，而盡於山，崇山複嶂，猓猓、苗夷所居，又有緬甸國，皆瘴癘害人，人不能入。而海港亦僅止於粵西之某郡，未嘗達雲南也。

自瓊、厓間渡海港而南，水程七更抵東京（國名，本交趾也；明時，黎氏為外家所據，遂另為一國）。東京又渡海港十二更，抵安南。安南，即古交趾國。東京、安南兩海港，自港口橫渡雖甚廣，漸西漸隘，而海亦止，蓋海之支汊也。故東京、交趾山川實與貴州、雲南連屬不斷。漢 伏波將軍征交趾，立銅柱，不以海為限，而以分茅嶺為限，則接壤可知。交趾之南曰柬浦寨，曰暹羅，曰六崑，曰大年，曰柔佛，曰麻六甲，凡六國，皆與中國連。中國以其鄙遠，棄而不收。麻六甲為西面盡處，惟北連中國，餘三面皆海。凡海舶由廈門直指南離，至東京水程七十更，安南七十二更，暹羅一百八十更。漸偏而西，歷六崑、大年，又轉北過柔佛，始抵麻六甲，水程二百更。至此約已轉出雲南、緬甸後矣，雖曰海道，皆依山而行，實未嘗渡海也。

自麻六甲斜指西北四十更為咬嚁叭（音葛臘八），始渡西海。咬嚁叭西北為啞齊（產黃金，鑿石取之，其形正方，不假鎔煉。其主無嗣，以女繼統，今猶是女主）。啞齊之外，中國舟航不能往，相傳尚有英圭黎（音英雞立），產哆囉呢、畢吱、西洋布、嘉紋席、玻璃器皿，與咬嚁叭等，而皆優於咬嚁叭、荷蘭（即紅毛）、大西洋等國，皆在西海外。其山最大又最遠，自咬嚁叭綿亘而南為萬丹，又極南萬里為馬神（皆產胡椒、蘇木、沉速、珈南諸香）。自馬神轉東，迤北為文萊（一無所產，極貧極陋），為蘇祿（產大珠，有重三、五錢者，然少光澤，中國人名為淺水珠），為呂蒙山。至此，又在中國極東海外萬里矣。又轉北為文武樓山，以迄呂宋。海舶欲至馬神者，仍行安南水道，既至咬嚁叭，依山而南，過萬丹，達馬神，水程四百六十更。非故迂其途也，以南海水道未諳，不敢渡耳。

往呂宋者，由厦門渡澎湖，循臺灣南沙馬磯，斜指東南巽方，經謝昆尾山、大小覆釜山，遶出東北，計水程七十二更。往蘇祿者，從覆釜直指正南，水程一百四十更。計自咬嚁吧從西北海中至極南，又轉極東，再回東北，迄於呂宋，連山不斷，蜿蜒數萬里，較中國 遼陽至雲南海道，遠過倍蓰。惜其割裂分據，不能統一，而城郭、人民又無幾也。

日本者，古倭夷國，在中國正東。自其南言之，去中國甚遠，由寧波渡海，水程三十五更，北接朝鮮。



朝鮮去遼陽密邇，既渡鴨綠，便可馳驛而往，與中國在斷續間，雖謂之連屬亦可。

臺灣蕞爾拳石，南北三千里、東西三百里，去厦門水程十一更，中間又有澎湖為泊宿地，所處在東南五達之海，東西南北，惟意之適，實海上諸國必爭之地也。

以上諸國皆有商舶往來貿易，其山川、道里、風景、人物、土產，皆得悉知。惟荷蘭、大西洋遠在西海外，相傳有黑洋，晝夜如墨，人不能往，商舶不過至咬嚁吧而止。咬嚁吧本非荷蘭，特為紅毛所佔，設官守土，不知者目為紅毛，英圭黎亦然。荷蘭人鷙悍狡獪，大西洋又甚焉。近歲呂宋亦為紅毛所據，分土番為二十四郡，紅毛與西洋人雜治之。故荷蘭者，大西洋之附庸也。

琉球在東海，日本之南，呂宋之北，去中國不遠，以其貧甚，故商賈蹙額視之，相戒不往。

以余所知諸國繪為圖，俾覽者知其形勢，以驗盆中水石之喻而已。若夫騶子終始大聖之篇所謂大瀛海者，渺不可稽，存而不論可也。

——[清]郁永河《宇内形勢》

# 《宇內形勢圖》

## [一、中國海陸地區]

### [（一）沿海州府港灣]

鴨綠江，遼東，天津衛，登州府，沙門島、皮島等五島，萊州府，江南[北]安東縣黃河入海，揚子江，吳淞江，錢塘江，寧波府，舟山，台州府，溫州府，福寧州，福州府，興化府，泉州府，金門，廈門，澎湖，臺灣，漳州府，廣東 潮州府，南澳，[南澳]氣，萬里長沙，府：瓊州，厓州，硇州，廣西省。

**[（二）西部省份展望]**

雲南省，貴州省，四川省，陝西省，“陝西、四川、貴州之西皆山，山外皆部落，回回及各藏之地，去海尚遠。至海便是西海矣，中國[西部]陸路不通，不能見海”。

## [二、東海 南洋各國]

**[（一）東亞國家]**

朝鮮，日本，琉球。

**[（二）南洋各國]**

[1．今菲律賓群島]呂宋，大 小二覆釜山，文武樓山，呂蒙山，蘇祿。

[2．今印尼群島]咬嚁吧，萬丹。

[3．今加里曼丹島]文萊，馬神。

[4．今馬來西亞]宁[苧]盤山，東竹、西竹，將軍帽，柔佛，麻六甲。

[5．今中南半島地區]東京，交趾，占城，大崑崙、小崑崙，柬埔寨，暹羅，六崑，大年，緬甸。

## [三、航海更路入圖]

**[（一）中國內外交通]**

[1．由廈門出發]“廈[門]至日本七十二更”，“廈至澎湖七更”，“廈至呂宋七十二更”“廈至蘇祿一百四十更”，“廈至東京七十更，海港七更”，“廈至交趾七十二更，海港十二更”，“廈至暹羅一百八十更，有進港五十更海路，實二百三十更”，“廈至麻六[甲]二百四十更”，“廈至咬[嚁吧]二百八十更”。

[2．由澎湖出發]“澎湖至臺五更”。

[3．由寧波出發]“寧波至日本三十五更”。

**[（二）南洋各地交通]**

“[暹羅至將軍帽]一百五十更”“[將軍帽至大年]一百六十更”“[大年至柔佛]一百八十更”“咬嚁[吧]至馬神一百四十更”“咬嚁[吧]至萬丹四十更”“咬嚁[吧]至啞齊三十更”。

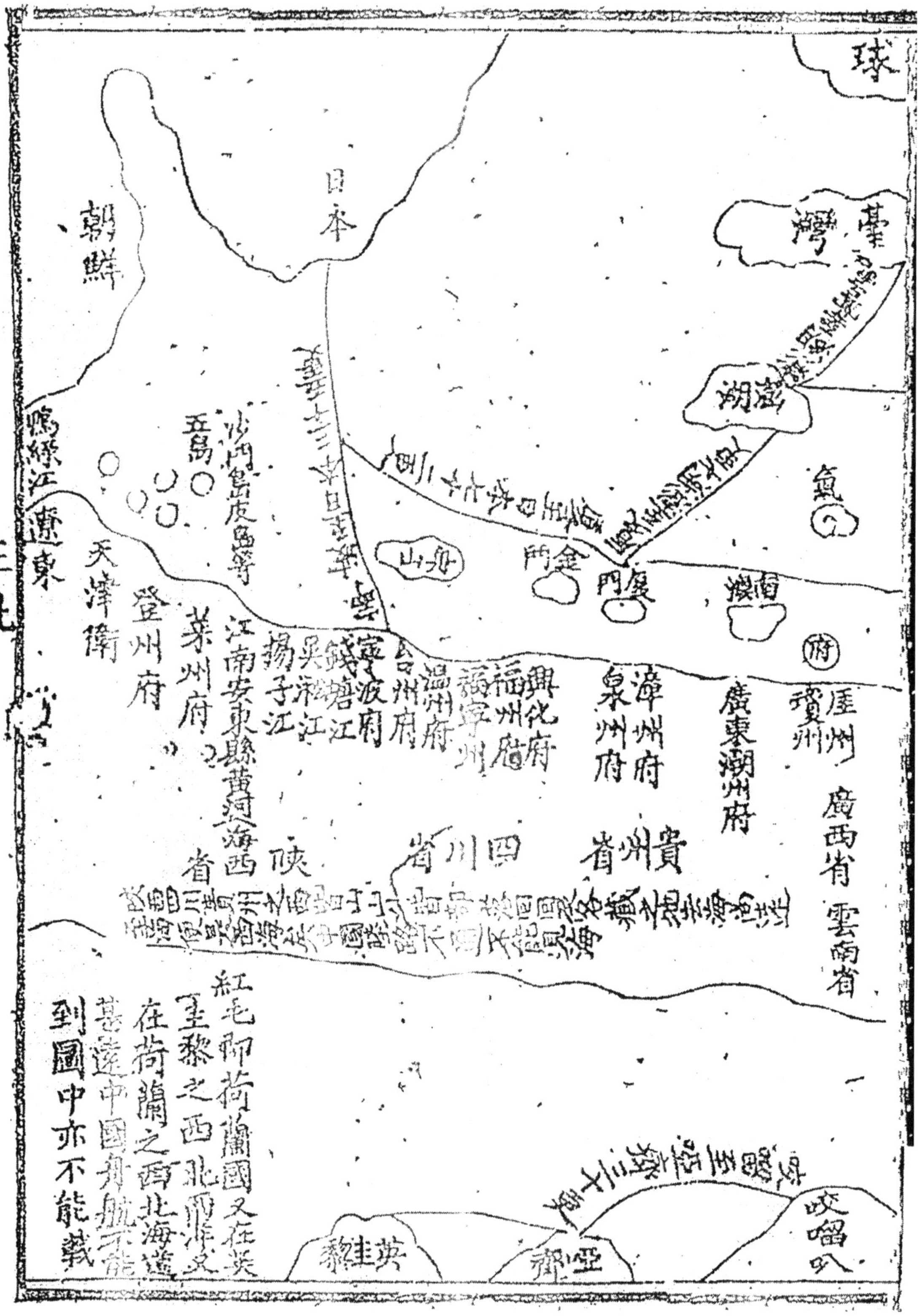


**[清]郁永河《裨海紀遊·宇内形勢圖》**（左半部）

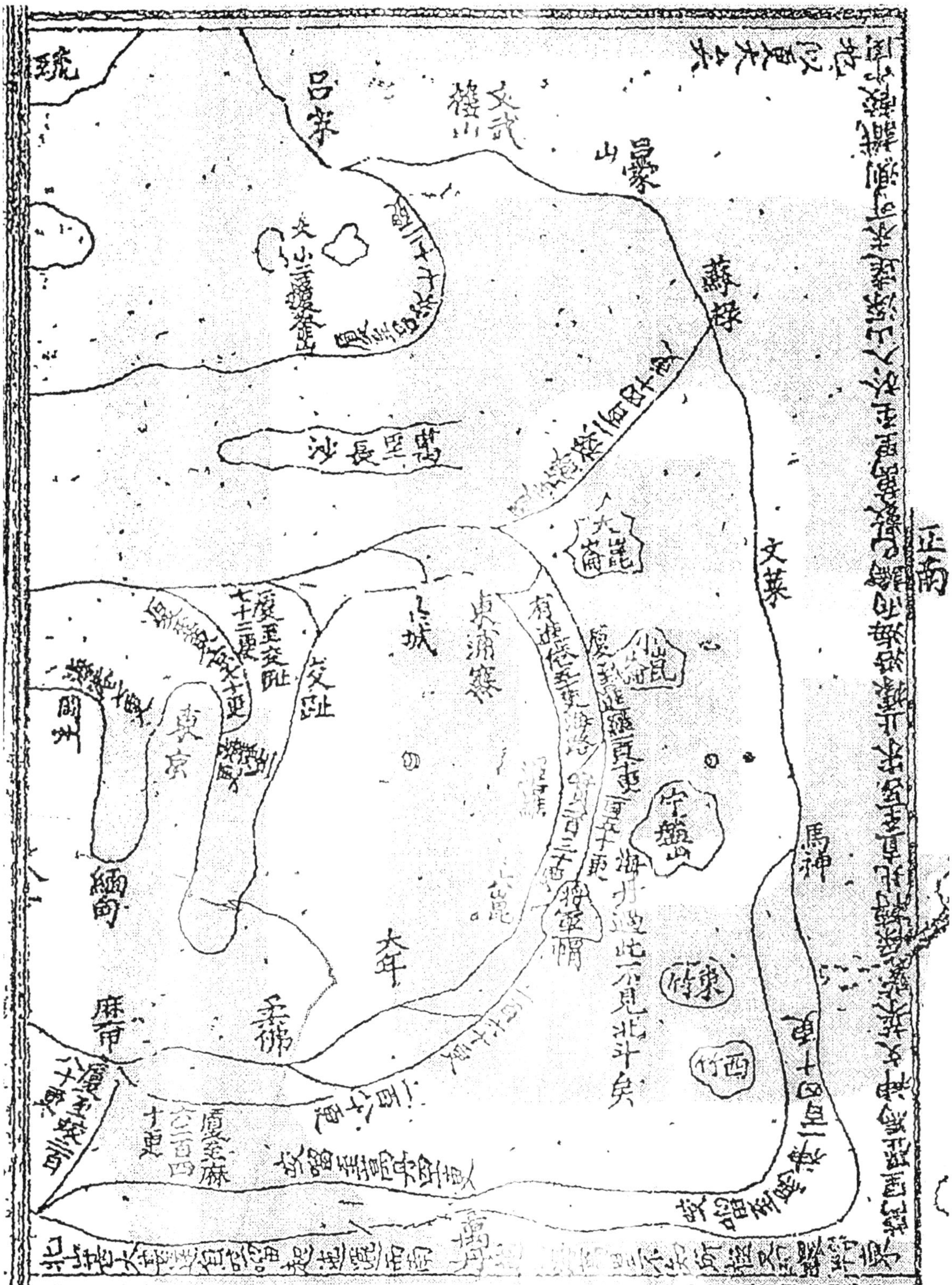


[清]郁永河《裨海紀遊·宇内形勢圖》（右半部）

## [四、東洋 西洋展望]

[1. 今太平洋蠡測]“北[此]山甚大甚遠，自咬嵧[叭]起，迤邐而南，越南海萬里，不知所極，又迴環轉東萬里，歷文萊、馬神、蘇祿，轉北直至呂宋止。據沿海而論，已數萬里，至於入山深遠未可測識，較中國地似更大矣”。

[2. 西洋國家注記]英圭黎，“紅毛即荷蘭國，又在英圭黎之西北，西洋又在荷蘭國之西北[南]，海道甚遠，中國舟航不能到，圖中亦不能載”。

——[清]郁永河《裨海紀遊·宇内形勢圖》



# 《安南紀遊》《海外紀事》的入交路程

**【引書舉要】**

[清]潘鼎珪《安南紀遊》，或謂作於康熙二十七年（1688），然書中有“己卯年”（康熙三十八年）字樣，或應爲後來補注並成書。本書所引據《龍威秘書》本。

[清]大汕厂翁（釋大汕）南遊順化、會安在康熙三十四年（1695），其所著《海外紀事》首刊於康熙三十八年（1699），本書所引據北京：中華書局1986年余思黎點校本。

曩康熙二十七年[1688]冬，余偶有事於粵 高涼。維時海網已開，諸彝艘聽往來取捷，海舟受風飄入其國南偏，曰萬寧州。州之港口，土名江平。天色晴明，望吾粵 高、欽、廉三州，山隱隱如見。環海之外，即古珠崖產珠處，有明中葉設中官監守，禁人盜採。有一小嶼曰珠墩，賈人往往泊舟其下取水焉。自江平以内之其國都，分為三孔道，俱沿海。余買其土舟入，不一日抵華封。華封者，海嶼也，四望悉石山，重峰疊岫，百萬其形，從海底挺出……越數日，乃少小見民居村落，有墟曰丁酉。逢墟期，彝女數千人貿易其地，自是稍見沃壤。又數日，達軒内。軒内者，去其國都只百十里，凡四方洋舡販其國，悉泊焉……自軒内舟行三日，達國都，則王府在焉……

其地與吾中土聯屬者三：西北從西粵 南寧取道，逾銅柱，浹二辰可達國都，俱土壤相接；正東從東粵 欽、廉以行，則須由海道，越龍門，渡江平、華封，則有石山之險，非其土人駕舟不可至；東南[西北]接滇南，水草毒，人不敢犯，雖其國有事征行，俱載他水以往。則又其地封疆險阻之大要也。唯正南面海，箍海之口曰獨部，舟行達都城，漸入内江，五七日可至。復自都城，溯河源，逾月乃盡，岸闊不下吾中土諸江。沿江千數百里，盡沃土腴田。至獨部以外，乃屬大海，環海四遠數百里，地淺，汐退，水只七八尺許。舟出入，必候潮平風緩乃行。土人於隘口樹檳榔柱為界，望之類木柵然，蓋以防他國彝舟剽掠，尤其天險也……

龍門者，海嶼也，地枕交、廣之間，當欽州正南為外戶。自欽州發舟，不一日至，重峰疊岫七十有二，錯落大海中，大小各不相續。海疆多事，則往往盜賊盤據其中為窟宅。康熙二十三年[1684]間，新設鎮於此。余己卯年[康熙卅八年（1699）]秋，有事欽州，過其地，並為誌之。

——[清]潘鼎珪《安南紀遊》



[康熙三十三年（1694）]甲戌之春，余將有事北征，為上人召也……詎八月初四日，知客叩門，稱大越國專使至……既未北行，適有餘暇，盍縱觀海外，新其耳目，或者山川風土人物，更有出於尋常聞見之外者乎！……隨即開春[乙亥（1695）]……上元燈夕，始登舟於西濠。時駕海艨艟，已放關候於黃浦矣……二鼓潮生，出珠江……薄暮碇船，雨氣空濛，虎門幾點……是夜宿東莞界中也……遂度虎門……向晚，纜定阻烏豬山……次早食已起船，竟日始抵極望之島而止。島名魯漫山……廿二日……已抵瓊州、安南界……[廿七日]決向順化。乘風一息遂入，山環為尖碧蘿山云……平明……到公堂泊岸。公堂即稅館也，茆管一椽而已。果國師暨王舅請予登陸……時正月廿八日也……輿蓋從中門直至殿上，王迎於東階……二月初一早，命內監駕船請見。將午進府，王候於西便門，相見如前……

——[清]釋大汕《海外紀事·卷一》

三月初旬，王改作宮內招提，出居水殿，無延客之所，相見時稀……初十晚，王差內監來稱賀云："適才地方報老和上後船已抵尖碧蘿山下，王命撥舍船先接老和上人物，不日即到矣。"十三夜，入至順化港。次早，僧眾到……言從二月二十日放洋，僅得一晝夜順風，播蕩於七州洋波中者半月……四月初一，傳沙彌戒……初六日，傳比丘戒……

——[清]釋大汕《海外紀事·卷二》

余以暫假南來，北行有待，常住修造未了，大眾懸望，決計六月即理歸帆……次日，延請宮，深談欸曲……客有言：歸帆風信，須及立秋前後半月，西南風猛，一帆風順，四五日夜，便抵虎門。處暑後北風漸起，水向東流，南風微弱，不敵東流歸急，難保為穩便矣。蓋洋海中橫亘沙磧，起東北直抵西南，高者壁立海上，低或水平沙面，粗

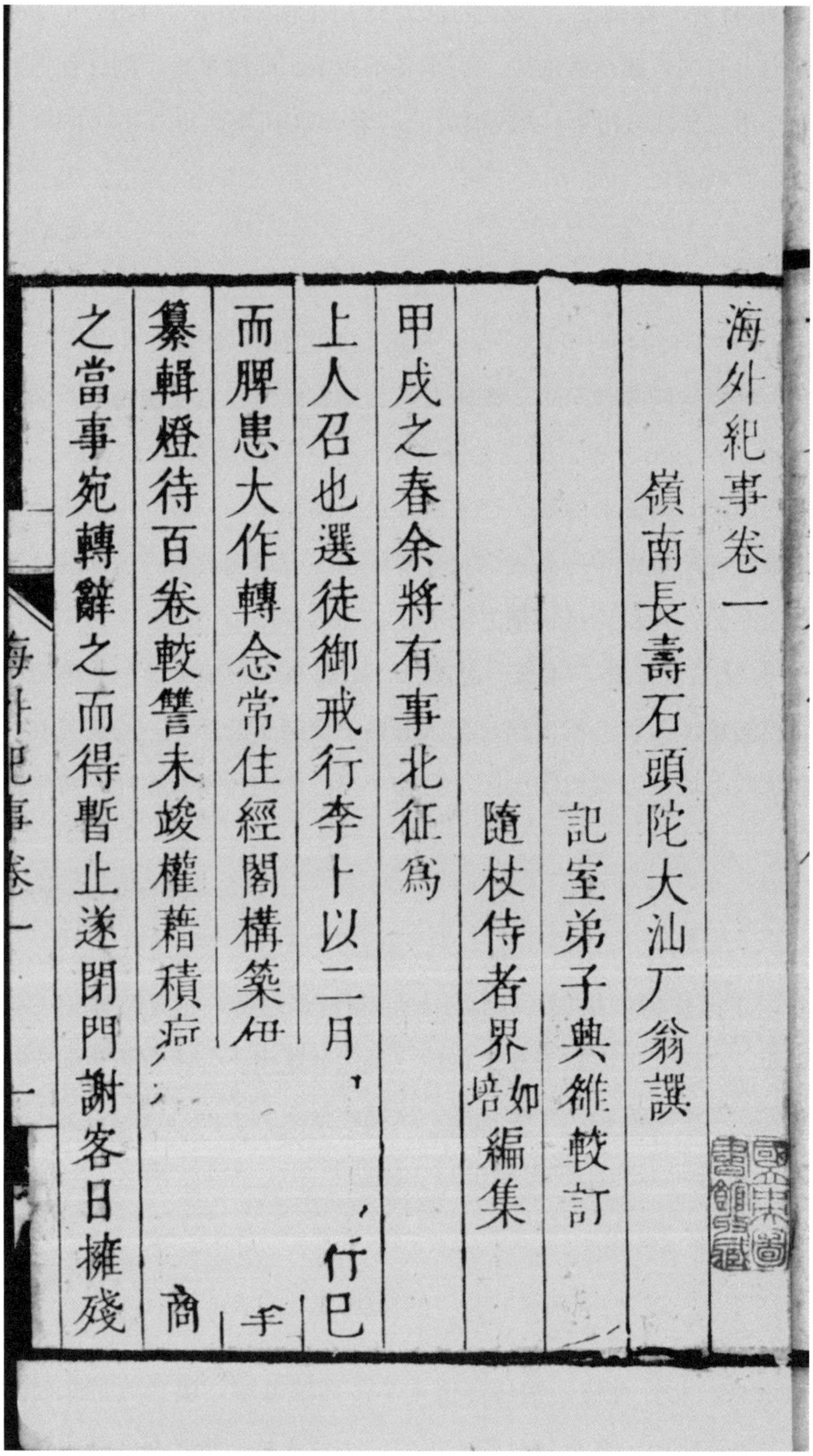

海外紀事卷一

嶺南長壽石頭陀大汕厂翁譔

記室弟子典維較訂

隨杖侍者界如培編集

甲戌之春余將有事北征為

上人召也選徒御戒行李卜以二月，行巳

而脾患大作轉念常住經閣構築毋　手

纂輯燈待百卷較讐未竣權藉積疴　商

之當事宛轉辭之而得暫止遂閉門謝客日擁殘

【清】大汕厂翁《海外紀事》書影

硬如鐵，船一觸即成齏粉。闊百許里，長無算，名萬里長沙。渺無草木人煙，一失風水漂至，縱不破壞，人無水米，亦成餒鬼矣。去大越七更路，七更約七百里也。先國王時，歲差濈舍往拾壞船金銀器物云。秋風潮涸，水盡東洄，一浪所湧，即成百里，風力不勁，便有長沙之憂。

六月初三辭王，定於十五日下會安，料理歸程，趁立秋風信。十八日，王先發舟出海口……令文武俱隨王駕候送。前途海口，乃王都順化出而之他府門戶也。

蓋大越國土，總是一山曲折起伏於巨洋中，或向或背，皆依山傍海而為都邑。山峻水險，樹木叢翳，多犀象虎狼。各府無徑路相通，凡從一港所入，盡可通之地為一府，別府則另一港。故適他府者，必從外海循山而入他港。近岸則浪大難行，遇好風信，一日可達。否則便為半月十日之程。洋艚從五月時放至會安，會安者升華府屬。自順化到會安，陸路須經艾嶺，即輿記謂“二三月時艾花開，流入海，魚食之化龍者”是也。山峻暑溽，度嶺惟艱，將必乘舟沿海為便。至廿八日三鼓時分……舟棹中流……轉至大河……將午，抵河中寺……暮至海口停船……圭峰突出海岸，所見皆海，右手一帶蒼山為艾嶺。沿山東北上，為會安港口……平明入會安港，午抵三台山寺……

——[清]釋大汕《海外紀事·卷三》

七月初一，海口發舟……八舟俱到，暫停港口。沙平如鏡，一望無際……既而三台在望矣。千峰迤邐皆土，獨三台石阜穿田特起……二鼓抵會泊岸，仍宿舟中……次早登岸，住彌陀寺……翌日，竹木並舉，朝築暮成，寮舍八九間，中為一廠會客。蓋會安各國客貨碼頭，沿河直街長三四里，名大唐街。夾道行肆，比櫛而居，悉閩人，仍先朝服飾，婦人貿易。凡客此者，必娶一婦，以便交易。街之盡為日本橋，為錦庯。對河為茶饒，洋艚所泊處也。人民稠集，魚蝦蔬果，早晚趕趁絡繹焉。藥物時鮮，順化不可構求者，於此得致矣。大約會安東南北三面近海，惟西面一路綿亘連山，接東京而通西粵，故西去數十里外設鎮土衙門，狀如王府，防鄰警也。客居既繁，因之旅櫬無歸，而遺骸暴露者，在在都有……七月十三日，洋船移椿，先將粗重器物，付載船上。然須十五始到尖碧蘿。約二十日登舟候風。王差番官通吏道及僧鐵帆送余歸國……不意上船三日而寒熱起矣……以故風雨因病，轉添病因，風雨增劇，奄奄一氣，喘息船中。差僧鐵帆棹還會安延醫，兼報王風信不便狀。

——[清]釋大汕《海外紀事·卷四》

……王聞余病癒，數遣使速還順化，命意諄諄。訂於十月初八日登程，從陸往……王差左右工部該伯官駕紅船預待海口……十五夜，雨，抵天姥寺……次日，王接見……溯自上元登舟，月盡底國。初住順化禪林，再住會安 彌陀，阻風岣嶁，轉住天姥，泛大洋，度艾嶺，往復乎山海之間，荏苒年餘，日逐與王臣酬對，四眾盤桓。耳目既親，傳聞所屬，凡為政治之得失，風俗之邪正，山川人物，草木蟲魚，縱所未經者尚多，然知遠之近，已粗悉其梗概。事無分於巨細，物不擇於妍媸，關要必書，奇異必錄，敢謂道行南國，有當君子之居，要使外彝土俗，備聞見於中華，或者習俗遺風，冀轉移於異日云。若夫五嶽四瀆，誇經歷廣遠於子長；蒟醬笻竹，搜奇珍異產於博望，則吾豈敢！其間因事發言，綴之成紀，至抱病會安，養閒天姥。日月既淹，不無人事之應酬，興致之感發，觸境而生，因人而說，見索他人，吐露自己，或共得於一時，或分成於曠日。既無倫次，紀帙難收，另為一卷。顧茲率爾荒唐，不堪問世，庶幾因言考意，得意忘言，間有當於筆墨支離之外者乎！續錄於左。

——[清]釋大汕《海外紀事・卷五》

……乙亥[康熙卅四年（1695）]春，赴大越國請，越歲歸帆，已在初秋。

——[清]釋大汕《海外紀事・卷六》



# 樊守義《身見錄》——最早的歐美遊記

**【引書舉要】**

[清]樊守義（1682—1753）的《身見錄》，敘康熙四十六年（1707）作者隨歐西修士艾若瑟(本名Joseph-Antoine Provana，漢名艾遜爵，字若瑟)奉派西行，由澳門經南洋至南非，旋至南美巴西等地，再往西歐各國，謁見羅馬教皇，後於康熙五十九年（1720）回國，並著此遊記。該書是古代中國人最早赴歐、美的完整遊記，對西歐天主教之敘述尤詳。

本書所引據廣西師範大學出版社2007年出版的閻宗臨《中西交通史》本。

余姓樊氏，名守義，生長山右之平陽，虔事真主，惟期無歉於己而已。憶自康熙丁亥歲[四十六年（1707）]季冬之月，遠西修士艾先生諱[艾若瑟]者，奉命遣往泰西，偕余同遊。凡所過山川都邑及夫艱險風波，難更僕數，其或耳聞之而目有未睹者，我姑弗道，即所親歷，亦竟未嘗筆載一端也。乃於庚子[康熙五十九年（1720）]之六月，余獨回歸中土。時督撫題明遵旨赴京，獲覲天顏，仰荷寵賚。至辛丑[1721]孟夏，蒙王公大人殷殷垂顧，詢以大西洋人物風土，余始以十餘年之浪跡，一一追思，恍如昨見。爰舉往返巔末，為記其略云。

起自澳門，登巨艦，備資糧，浩浩洋洋，洪無際涯，向西南而晝夜行焉。行二月，經過之國：巴辣哥亞也，莫爾乃阿也，瑪辣加也，盤噶也，穌瑪爾辣也，及多海島。地氣至熱，物土豐厚，人煙稠密，產丁香、胡椒、桂皮、穌木、檀香，佳果終歲不絕。人之容顏，帶有紫色，情性和平，大概如是。內瑪辣加國有大府名巴打斐亞者，乃河濫打國商客集居之地。有洋船二百餘艘，停泊海口，兵馬獲[護]守城門，晝夜不懈。其城內街市中界一河，道旁樹木遍值[植]河沿。凡大 小西洋與夫中國種種貨殖，靡不畢具。縉紳之家，搆園囿於城外。余於是府[乎]停舟候風十五日而後行。

約行三四月，始見大狼山。因舟中乏水，遂至亞墨里加州 巴以亞府。府之前乃平水灣，有大船百餘艘，更有極高大而甚堅厚者為戰船，上置大炮。此地富厚，地氣清爽，天時無寒。產巴爾撒木香、刀傷油、鼻煙、桂皮、白糖，長米糧，畜牛羊，而金若銀，多且易取。波爾都爾國此處有地，靠海邊，府內建立天主堂、聖人堂、修道會院，咸極崇固。諸種器具，悉用雕金。置大學、中學，各方俊秀，多會於此，人品聰穎清和。總理其間者若巡撫然，而以下文武共襄其事。有一耶穌會院在山之顛，修道者百餘士人。凡所需之物，則製機輪，用一人在內行走，即時挽上，其巧妙如此。然其地不產石，所蓋大堂，乃先於大西洋製就石料，移此湊成。有屋一所甚寬，其間多藏珍重，上層為書庫，莊[藏]書五六十架，不啻數十萬卷，乃是巴以亞府之實績也。

是年八月初，始抵大西洋 波爾多嘞爾國。進海口，多有築防守炮臺，凡洋物至此，則發號炮，查明報知有司方許入。行五里即見京城，城外有大河一道，從內地出流於海，停泊洋船三四百。是日也，余登岸，居耶穌會院。修士乍見，殷勤如故，即送安頓，銀器俱全。視風景，壯麗可觀，允稱富國，無物不備。地多泉穴，其房俱三四層不一，而公侯王府，更極崇美。若天主堂、聖母堂、聖人堂，純用石造，奇峻特異。雕飾供器，悉以金銀。修道院頗多，而每院修道者凡數百，並設學校，分小學四品、中學二品、大學三品；且有養濟院數處，甚廣大，更多富貴園囿。第三日，國王召見。其宮殿之崇美，目所[未]睹者也。外設兵衛，內侍群僚。王之右有弟三人。王年近二旬，容顏溫勵謙和。異日復見王，命朝內遊。見紅帳覆牆，或錦或繡，若繪畫然。夏以磁器掩下截，玻璃窗、花氈墊、金鑲凳、水晶桌，炫耀人目也。而朝內亦有天主堂，王之便於瞻禮者。往謁大臣，若華差減耳。又翌日，王與后往宗堂謝主，其輿服華麗，則又不可勝述矣。國王之誕，余與往祝其禮。國王上立，旁群臣仰上鞠躬，凡三躬，近王前，親王手，或問答，或退班，約略如是。時康熙四十八年[1709]正月也，居其國已四月矣。

及辭行，給水陸照各一紙，贈程儀。王公大人各有所饋。爰起程，往東行，過依大利亞國 地中海，南望亞非利加，北眺大西洋。程途一月，風阻巴斯[斯巴]尼亞國，有城如波爾多嘞爾亞國者，忘其名矣。又一地，人皆安分，不炫富貴，愛清雅，惟喜亭囿，大率如是。

兩月後，乃至意大里亞國界。曾入一城，宮室悉以石造，多天主堂，產阿里伐果、榛子樹。風土溫和，最為豐厚。有耶穌會院，無論內之規模，見其外貌莊重，已令人景羨矣。余於此留住一日，因大舟難進，易小舟行。二月下旬，至蛇奴劃國。其屬國名格爾西加者，風土無非富足，亦產格里伐果，可造油。多城郭，人情與前各國無異，惟喜出外謀為。王公大族，門樓峻大，金銀珍寶，容人覘玩，在西洋郡[群]稱是國為冠也。所蓋之精，宮室之美，人才之盛，世家之富，難以盡述。城外則近海，有大小洋船百餘，建塔於海口，每夜有以燈炤遠客船。至都司格納諸侯之國里務爾諾府，城雖不大，然堅固齊整可觀，風土人情豐厚。



余於此始行陸程，至比撒府，乃古府也。猶有古時宮殿寶塔遺址，周城水遶。又至西合捺府，有總學，招四方弟子學習格物窮理，有耶穌會院。



余居數日而後行往教化王之國。其京都名羅瑪府，乃古來總都，城圍百里，教王居焉。城門暮夜不閉。余至此二日，見教王，承優待，命閱宮殿。內外房宇幾萬所，高大奇異，尤難擬議。多園囿，有大書庫，庫列大廚，無論其所藏經書之多，即書櫃書箱，總難屈指。開闢迄今，天下萬國史籍，無不全備。教王普理聖教事，下有七十二宰相及主教司鐸，本國文武，共襄王事。朝外兵卒，日數更替，法雖有絞斬流，而犯者卒少。有宮殿二所，一在伯多祿聖人堂左，為常居；一在石馬山，為教王夏月居焉。公侯家，繡緞飾牆，金花鑲凳，寶器無價，擺設床帳，不啻萬億。其出入車馬鞍韂，華美難比。使役僕卒，各以衣帽分職。城內外花園有多景致，每年修理，春夏憩息，擺列珍玩。又凡各國使臣，務極浮華，為國君光彩。鄰邦貨物，靡不悉具。鄰邦英俊，群集城內。人造一高梁，長九十餘里，引遠高山大泉之水，流入城內，挖洞得泉。十字街堆石山，鑿石人，四傍冒水；街道鋪石，各家俱有水法。貨物成市，必有其類。

修道者每會不計其數。天主堂，聖人、聖母堂，無論內外之美，即一祭臺令人看玩不盡。大概以石為之，而祭台則更以珍貴之石為之也。供器無非金銀。耶穌會有十院，又有三堂。堂中所用器皿祭衣，鑲珠玉金寶。又一堂係一夫婦年老者所建立，因夫婦年老乏嗣，願獻家產於聖母，而未經創製，忽夫婦同兆，見聖母指示蓋堂之處，有雪者是也。時乃炎天，果見有雪處，隨奏教王查閱，建一聖母堂，因名聖母雪堂。有一聖若望堂者，傍有古教王宮殿，堂內深大，雕成十二宗徒白石像，中有聖物庫，四面鐵門。有一完石空塔，可容千人。有一所非宮非殿，其房如塔，形圓，上下五層相連，有萬餘間，周圍窗戶，層層便看，乃古時養獅處，今已坍毀其半矣。有一大橋名天神橋，兩傍多造天神石像，各執耶穌受難之具。有一大爆臺，鐵柵，乃護守宗堂之要。有一大堂名聖伯多祿堂，堂門外有一石塔，座下四石獅，從厄日多國送來。上有字跡，乃厄日多國文字。堂門外兩傍，乃石圍廊，內廣，上平，高可三丈，二百四十八石柱，前後左右，白石聖像二百位。左右有水泉，寬二尺，水上湧。堂前面有大門七所，上面有大高石造成門樓數層。其殿宇閎闊，不一而足。柱圍六抱，柱墩尤大，寶蓋高十餘丈，門窗數千。頂上空球內可容二十人，遠望百里，傍寶蓋二座，地鋪花石板，柱用彩石牆，露造聖像。又有聖人伯多祿聖像堂，內葬伯多祿聖身。總言之，則殿處看人若孩。又耶穌受難像，在銅柱亭內，有聖額我略、聖盎伯洛削、聖熱樂尼莫、聖奧斯定四位聖人之像在焉。凡石柱傍空處，則更有石聖像。堂門外左向，約行里半程，繩[純]用石環洞相連，至教王內庭之路。統計伯多祿聖人堂，悉用石造，並無寸木，以前略言其概。

羅瑪府城內學宮，一乃熱爾瑪尼亞國公侯子弟之學宮；一乃厄肋西亞國世家子弟之學宮；一乃本府總學，無分貴賤，各有分師，但不若各國者在內居住，俱屬耶穌會管理，別院不知其詳。然所學之事，皆格物窮理之學。城內有多養濟院，有兵役養濟院，過客養濟院，窮民及痼病養濟院，皆受益焉。富貴家蠲助，延內外醫生，藥室各有專司。其病人之床，潔淨可愛，大約千間，器皿全具，而且潔淨也。又有孤子院，衣食俱備。聖伯多祿曾於獄中化人時，畫十字於地，即得水泉，以便領洗，至今尚在。瞻禮日，各堂音樂大成時，洋洋充滿，恍若天國，難以言語形容。教王祝朝，與夫賜宴，威儀情狀，亦復難比。城外二十里，有國君奉教名各斯當底，曩者建聖保祿堂，有聖保祿泉。當時保祿為道致命，聖首下地，三擲即成三泉。余曾飲是泉水。王公家，築園於城外三十里。有城名夫辣斯加的，如園囿、水法、水琴、水風，種種奇異。又有城名底伏利，亦去府城三十里。類如此，雖西洋亦屬著名園者也。

居羅馬五月，乃至熱爾瑪尼亞之屬國挪波里國中。路經各所，富足無比。入加蒲亞府，有耶穌會院。因入挪波里國都城，土地華美富厚，人性和樂。城外臨海，各國船集。有山出火煙，城內宮殿，有遺址並有聖跡。一乃拿祿聖人之血，收藏堂中。此聖人去世多年，然每遇聖人瞻禮之日，堂中所存聖人本身之血，向係乾泯，而誦聖經之時，其血復化，流如新鮮，瞻禮畢，又變為乾。一乃若翰聖人之血，當日為道致命，而門人收葬聖人，惟留取聖人本身之血保存焉，無非思念聖人之功德。聖若翰以迄於今，去世已一千七百餘年矣。而聖人之血，尚存堂中，不獨存而已，且於每遇若翰彌撒，誦聖若翰經，則聖人本身之血，亦化如新，變為多矣。及彌撒經誦畢，隨又變乾而少。此聖跡不論何日，惟聖若翰彌撒經為定約，余誠目睹者也。

復回至羅瑪府，進見教化王，賜見，降福，賜大設[赦]聖物。在羅馬起程，四[回]至都司噶納國，都城名福樂冷濟亞。府內宮殿、露臺、堂殿、學宮、修道會院，略與羅瑪府相同。有一堂經造二百餘年未免[完]，堅固精巧，難以言語形容。於此往見國王，即聖德賢王，賜見，賜坐，命冠，賜問，賜飲食之物，着人送至館。又賜遊看宮殿、寶藏、花園。又往一園，內畜虎象異獸之類。另賜寶藥奇異二箱，又賜車馬送至交界。又到波羅尼亞大府，乃古時一都城。地極豐豐[厚]，人民富庶，公侯世家繁眾，城池宮室極華，而府內人民聰俊好學。後至莫得納府諸侯都城。又到巴爾瑪大府諸侯之都城。此府宮室人物之美，不能述記，諸侯賜見。又過巴未亞等府，難以記述。

又至彌辣諾大府，古時龍巴爾的亞國地方。土產極豐，人性和平，府內人民俱富饒。露臺宮殿，盡美難言。公侯世家俱多造物主之聖堂，有百餘所。又有一總堂，建造至今數百餘年，尚未成就。其兩旁之牆垣，亦未成工，一邊其柱牆如古，其一邊尚未砌完。有大學宮，甚多大養濟院，俱係宰相聖家祿蓋造。又有修道會院極多，金銀寶藏花園亦不乏，有古時宗王宮殿之形跡尚存焉。此時有撒索尼亞及波祿尼亞二國世子遊至此府，欲見余。往見時，賜坐賜宴在大眾之前，有音樂。後及辭，過諾瓦辣府，極多城池。到物爾車利名府，又有則濟利亞國王長子賜顧，余即回見焉。後又到都利諾府都城，此府雖不大，見伯孟得諸侯。此府土產豐厚，人性堅強有勇，好交往，又好學，又多公侯世家，臣民俱忠，誠[城]內宮室房屋，均平一體，貧富相等，乙式高大，即窮人亦與大富相同耳。又有一宗堂，在國王宮殿之內，堂中間有祭臺，其臺上有珍寶箱櫃，外金寶鑲嵌，內藏天主 耶穌受難去世至寶之物，遺留與門人，至今顯跡千萬世焉。於次[日]見國王。而國王賜見，亦謙恭待人。又罕見稀奇之物有二，不知何人巧作。用一大架水盤，上用一巨木為柱，柱上又小轉輪數箇，不用人力，其輪自轉作，就緣線傍着二人，可抵五六百人之工。其一有巨木欲為板者，不用人力，乃制[置]之水中，其鋸自能推收其木，又用一繩，自能伸縮相湊，便成為板矣。

又至都林府，有默想會院一所，在於城外。每年有王侯縉紳世家，皆往此院，修省平日善惡無虧，以八日為度，去而復更。院內樓房宮殿，清雅潔淨。後又至[會]鄂洛穌國二諸侯之子。起身時往羅肋多府拜聖室，其聖室在一大堂內。堂右有一大寶藏，右傍有教王行宮一所，甚堅固高大。聖室即聖母之室，乃天神朝報天主降孕之處。先載[在]如德亞國 納撒肋府，後因年久，人民不誠，天主降罰，許寇賊入境戕害之。聖母預令天神，拔舉聖室渡海，而置之瑪祭亞國中，乃聖母初遷是國也。越四載，國民亦復如是，聖母又徙至意大利亞國。有兄弟二人，因往者多利益日繁，致相虐害，聖母又棄之，徙其室於羅肋室[多]，今數百年矣，不復移動，竟成羅肋多府矣。蓋聖母屢遷之後，遐邇流傳，朝禮者甚眾，所遇困難，萬種疾病，苦難災祲，一入聖室，其病立愈消除。所以王侯公卿所贈金銀極多，四海之內，奇珍異寶，概聚聖室之中。曾有盜賊，聞聖室厚積，頓起謀心，望見聖殿之頂，即若雷擊，驚慄失措，不能移步，遂逃歸焉。於是聖教宗主，大興營造，寶石名木，外立巨殿，包圍聖室，又以文錦奇珍彰之。置左六院所，聚博學成德之士，供之使之，或主教或祭祀，或拯濟窮民之匱乏。至於奉教主並大小官職，悉感聖室之聖威靈驗。所以老弱貧病士民人等，無不得其養者。余拜聖室之後，即往返焉。

至康熙五十七年[1718]二月，復回波爾多噶利亞國，復見國王，即賜見，溫厚賜問良久，又賜黃金一百。於五十八年三月初旬，至[自]大西洋 波爾多噶利亞國起身回中國。於康熙五十九年六月十三日至廣東 廣州府。於是年八月二十八日至京。於九月初五日到熱河，九月十一日在於波羅湖衕北三十里，叩見皇上，賜見賜問良久。此乃余往大西洋之略誌也。

——[清]樊守義《身見錄》





# 《指南廣義》載閩舵工《航海針法》所記的針路

昔周公作指南，越裳氏賴以歸國。製器利用，萬世宗之。中山僻處東濱，代膺封典，任土作貢，往返無虞，皆荷天朝福澤遠庇，所以海不揚波，如期至止。悟是過洋之與行路，彝險迥殊。余四抵閩，三入京師，南北間關，舟車勞瘁。惟以奉簡書、尊天子為拳拳，雖風霜撲面，心不為動。至渡海時，上霧下潦，萬里蒼茫。有風則浪頭高竝

[清]琉球程順則《指南廣義》書影一

【引書舉要】

[琉球]程順則（1663—1734）所著《指南廣義》撰於康熙四十七年戊午（1708）。該書依福建船工所贈《航海針法》編著，內收洪武三十六姓船民所傳針路十條（含釣魚臺四條），其他封舟針簿所傳四條（三條含釣魚臺），故頗富價值。

本書所引據琉球大學志嘉屋紀念圖書館藏本。臺灣大學圖書館也另有善本，又可參考南溟網的點校版：http：//www.world1ok.com/blog/？p=1608。

於山，無風則船腳攲搖如簸，崩崖裂石之聲弗絕於耳，未嘗不心膽為之俱碎。因思匠用規矩，射憑彀率，古人成法，均不可廢；何況指南，聖人所造，變化無窮，更當研究也。乃取曩者封舟掌舵之人所遺針本及畫圖，細為玩索。覺天之下、地之上，顯而易見、微而難知者，一一在目，不啻犀燃燭照。但文有繁冗，字多差訛，悉為參考改正，以作度世津梁。雖然此舟人事也，余忝從大夫之後，職在修貢典勤使命，區區桅柁木節，似非吾所當務；殊不知賚貢物而來，捧璽書而返，皆於船乎是賴，司針失人用神不定，大典攸關，是亦予輩之責也。夫書成授梓，因顏之曰“指南廣義”。

旹（時）康熙四十七年[1708]歲次戊子麥秋既望

琉球國中山王府進貢正議大夫程順則書於瓊河之古驛

程順則印

——[清]琉球程順則《指南廣義·自敘》

# 針路條記

## 福州往琉球

東沙外開船，（用單辰針）十更，（取）雞籠頭。（北過）花瓶嶼（並）彭家山，（用乙卯並單卯針）十更，（取）釣魚臺。（北過前面）黃麻嶼，（北過用單卯針）四更，黃尾嶼。（北過用甲卯針）十更，赤尾嶼。（用乙卯針）六更，古米山。（北過用單卯針）馬齒山。（北過用甲卯及甲寅針），收入那霸港，大吉。

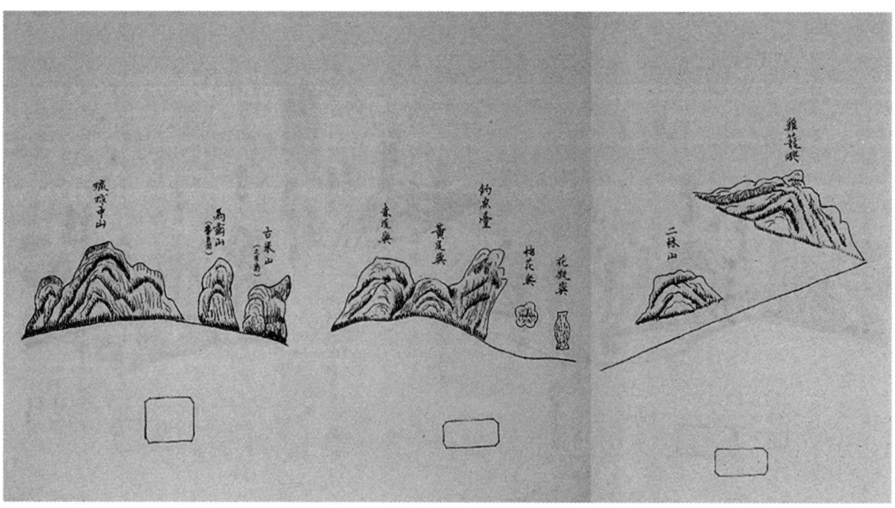


**[清]琉球程順則《指南廣義》附圖**

## 又

五虎門開船，（取）官塘、東獅。（用辰巽針）十五更，小琉球頭。（北過用乙卯針）十五更，釣魚臺。（北過，隴，單卯針）十更，赤洋。（又單卯並甲卯）十二更，古米山。（用單卯兼乙卯），至那霸港。

## 回福州

十月十日巳時，出那霸港。（用申針放洋，用辛酉針）一更半，（見）古米山並姑巴甚麻山。（用辛酉針）四更、（用辛戌針）十二更、（用乾戌針）四更、（單申）五更、（辛酉）十六更，（見）南杞山。（用坤未針）三更，（取）台山，（打水二十托，西邊有橫礁出水。用丁未針）三更，（取）里麻山，一云霜山。（用單申針）三更，收入定海。

## 漳州往琉球

太武開洋，（用單艮針）七更，烏坵。（用艮寅針）四更，牛山。（又用艮寅）五更，東湧山。（用單辰針），如西南風（用乙辰針）、東南風（用辰巽針），八九更，小琉球 雞籠嶼，外平彭家山。如南風（用單卯針）、東南風（用乙卯針），十更， 釣魚臺。（北過）南風（單卯）四更，黃麻嶼、赤礁。（北過）南風（單卯並甲寅針，又用艮寅）、東南風（用甲卯針），十五更， 古米山。（北過）南風（單卯及甲卯針），四更，馬齒山。（甲卯）三更，收入那霸港口。

[以上四條《封舟針簿》抄]

## 琉球往福州

二月，古米山開洋，（用辛戌並辛酉針）四十五更，（取）東湧山為妙。

## 又

三月，古米山開洋，（用辛酉針）二十七、八更，（看墨魚骨成陣流）係是洋心，（用單酉針）一日就見山。如不見山，海水變綠色，又見白色。夜間可防近山。使開針，候至天明觀是什麼山，真無差也。

## 又

三月，古米山開船，（用辛酉針）十五更、（又用單酉）二十更，（見）釣魚臺。（又單酉針）七更，（取）彭家山。（又用辛酉針，取）官塘。

## 又

成化二十一年[1485]九月二十四日午時，古米山開洋，（用庚酉針）四更、（又乾亥針）三更、（又單乾針）四更、（又辛戌針）三更、（又單戌針）四更、（又辛酉針）十九更，（見）臺山。

## 又

古米山開舟，東北風（用單戌針）十更、（又辛戌針）五更、（又單辛針）五更、（又單酉針）十更，（見水色渾白，遠看有山）。又用（庚酉針），認是南杞。



## 又

十月，古米山開洋，（用乾戌針）十更、（又用辛酉）五更、（又用單酉）十更、（又用辛戌）五更、（又用單酉）五更，（見）臺山為妙。

## 福州回琉球

梅花及東沙開船，若正南風（用乙辰針），十更，（取）小琉球頭，便是雞籠山圓尖。（又用乙辰）五更，花瓶嶼並彭家山。（又用單乙）七更，（取）釣魚臺。（離開流水甚緊，北過，用乙卯並單卯針）四更，烏嶼，（前面）黃毛嶼。（北過用單卯針）十更，（取）赤嶼。（北過用卯卯針）十五更，（取）古米山。（北過用單卯針）三更，（取）馬齒山。（用甲卯並甲寅）三更，收入那霸港大吉。

## 又

東墻山開船，南風（用乙辰針，直取）小琉球頭。（用乙卯針）五更，（取）花瓶嶼（並）彭家山。（用乙辰，取）北木山（即八重山島）。

## 又

東湧山開船，北風（甲卯針，取）彭家山。若南風（用甲卯並乙卯針，取）釣魚臺。北風（用甲卯並乙辰針，取）太平山（即宮古島）。

## 又

釣魚臺開船，北風（辰巽針，取）北木山尾 小琉球頭，（又用乙辰針，取）沙洲門。（又用乙卯針，取）太平山。太平山開船，（用艮寅針，直取）那霸港口，大吉。

[以上十條《三十六姓所傳針本》抄]

——[清]琉球程順則《指南廣義· 針路條記》

## 傳授航海針法本末考

康熙癸亥年[廿二年（1683）]，封舟至中山。其主掌羅經舵工，閩之婆心人也，將《航海針法》一本，內畫牽星及水勢山形各圖，傳授本國舵工，併告知曰：此本係前朝永樂元年差官鄭和、李愷、楊敏等，前往東、西二洋等處開諭各國，續因納貢纍纍，恐往返海上針路不定致有差錯，乃廣詢博採，凡關係過洋要訣，一一開載，以作舟師準繩。今琉球修貢，海道須知，宜將此卷，留心細勘，自能用之不窮。惟是舊本，相沿日久，或有傳訛，應俟有心者參互考訂，彙集成書，以涉大川，不無少補云。

按洪武二十五年[1392]，遣閩人三十六姓至中山。內有善操舟者，其所傳針本，緣年代久遠，多殘闕失次。今僅採其一二，以示不忘本之意。

——[清]琉球程順則《指南廣義》

## 周公指南地羅二十四位圖

行船都在心　用心細看針

毫釐即千里　差與失相尋

須記風緊慢　兼知水淺深

心定針亦定　不可睡沉沉

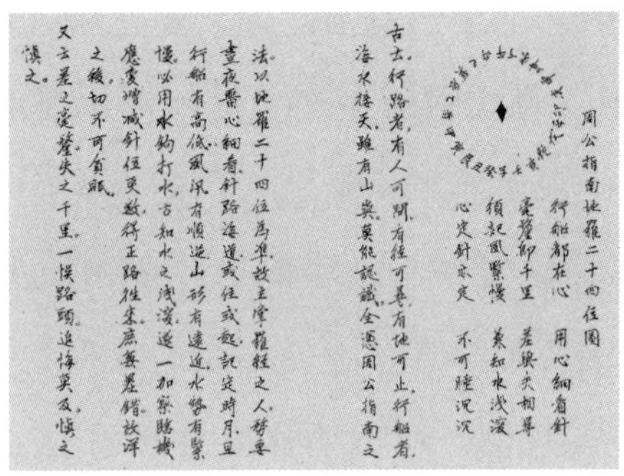
周公指南地羅二十四位圖
行船都在心　用心細看針
毫釐即千里　差與失相尋
須記風緊慢　兼知水淺深
心定針亦定　不可睡沉沉
古云。行路者。有人可問。有徑可尋。有地可止。行船者。海水接天。雖有山嶼。莫能認識。全憑周公指南之法。以地羅二十四位為準。故主掌羅經之人。務要晝夜留心細看。針路海道。或住或起。記定時月。旦行船有高低。風汛有順逆。山形有遠近。水勢有緊慢。必用水鉤打水。方知水之淺深。逐一加察。臨機應變。增減針位更數。得正路往來。庶無差錯。放洋之後。切不可貪眠。
又云。差之毫釐。失之千里。一悞路頭。追悔莫及。慎之慎之。

[清]琉球程順則《指南廣義》書影二

古云：行路者，有人可問，有徑可尋，有地可止；行船者，海水接天，雖有山嶼，莫能認識，全憑周公指南之法，以地羅二十四位為準。故主掌羅經之人，務要晝夜留心細看。針路海道，或住或起，記定時月。旦行船有高低，風汛有順逆，山形有遠近，水勢有緊慢。必用水鉤打水，方知水之淺深。逐一加察，臨機應變，增減針位更數，得正路往來，庶無差錯。放洋之後，切不可貪眠。

又云：差之毫釐，失之千里。一悞路頭，追悔莫及。慎之慎之。

## 定更數之法

凡行船，先看風汛急慢。將柴片從船頭去下水面，船走柴片與人同走，至船尾趕齊，謂之上更，探實為驗。其更數，一更二點半，約有一站路，計六十里為準。能曉此法，自無差錯，須要記心。

——[清]琉球程順則《指南廣義》

世有異書，多珍藏之，以為秘本。封舟掌航者，獨肯授人，此老殊非世俗心腸，余披卷之下，慨然想見其為人。

余留心針法久矣。憶昔從紫金大夫王公諱明佐者抵閩，舟行到某處，公穩坐艙內，為余言曰：開洋抵今，計日當至某處，爾出視之，若見有墨魚骨者，即其地也。視之果然。世有默料水程，如公之神者乎。知其精熟針訣，續有疑難，一一問之。緣未見全書，不敢輕於立論。今得此卷，實獲我心者。

舊本顏曰“針簿”，嫌其俗也，今改為《指南廣義》，非敢求異，亦以標新。改正舊本，非出臆見，必參考群書，方敢增減，庶無不根之言。

天妃聖母，為江海上福星。舊紀頗有錯落，悉為考正，不欲訛以傳訛，致有魯魚亥豕之譏。我國建祠崇祀天妃，歷有年所矣。凡遇誕辰併諸節序，及進貢、接貢請神登舟、往返安位，各有祭。祭必用祝文，茲為一一增補。

《開洋下針祝疏》，舊本繁蕪，恐致褻瀆，另撰新文，便於口宣。《四時調攝》等六則，恐司針者神氣虛怯、暴躁輕浮，故以此警戒之，正所以廣指南之義，非蛇足也。舞劍得學書之妙，解牛悟為治之方，是在神而明之者。

東 西二洋等處，為我國所不到之地。舊本悉有畫圖，帙頁繁多，今盡略之。惟自我國至福建，一路山形水勢依樣繪之，以備查考。

附錄等記，非志藝文也，志建置也。余初欲另梓，使人知使臣獲有居停之地，皆出至尊柔遠殊恩。因篇數寥寥，不便災梨，收入卷末，俾後人有徵焉。

著書垂世，必有凡例，所以明作者之精意也。予不過傳述舊聞而已，敢自矜著作乎。然費一片苦心，不為無意。即以此引言，當凡例也，奚不可。

雪堂主人 寵文氏再識

——[清]琉球程順則《指南廣義·引言》





# 明清之際針經殘卷佚文比對

永樂元年[1403]，奉差前往西洋等國開詔，累次較正針路、牽星圖樣、海嶼水勢山形，圖畫一本山為微簿。務要取選能諳針深淺更籌，能觀牽星山嶼、探打水色淺深之人在船。深要宜用心，反覆仔細推詳，莫作泛常，必不悞也。

——[明]佚名《順風相送·序文》

昔者聖人周公設造指南之法，通行海道，自古及今，流傳久遠。中有山形水勢描抄終悮，或更數增減，籌頭差錯，別查本年朽損，難以比對。指定手法乃漳郡 波 吳氏，氏寓澳，擇日閒暇，稽考校正。自天朝南直隸至太倉，沿而福建，而廣東，並交趾、七洲、夷邦南巫里洋等處更數、針路、山形水勢、澳嶼淺深、礁石沙泥，撰錄於後，以與諸人有志遠遊於此者共識之耳。

自古聖賢教人通行海道，全憑羅經二十四位，通變使用。或往回須記時日早晚、風汛東南西北、流水緩急順逆，如何用鉤探水，以知深淺。山勢遠近切要謹慎，不可貪眠。差之毫釐，失之千里，悔之何及。若遇東南西北，籌頭落一位半位，難針臨時機變。若是弔戧，切記上下更數多寡，風汛大小，順風使補以合正路。或遇七洲洋上不離艮下不離坤。若遇南巫里及忽魯謨斯，牽星高低為準，各宜深曉。

——[清]佚名《指南正法·序》

（康熙癸亥年，封舟至中山。其主掌羅經舵工，閩之婆心人也，將《航海針法》一本，內畫牽星及水勢山形各圖，傳授本國舵工，併告知曰：）此本係前朝永樂元年，差官鄭和、李愷、楊敏等，前往東、西二洋等處開諭各國，續因納貢纍纍，恐往返海上針路不定、致有差錯，乃廣詢博採，凡關係過洋要訣，一一開載，以作舟師準繩。

——[清]琉球程順則《指南廣義·傳授航海針法本末考》

永樂元年，奉旨差官鄭和、李愷、楊敏等，出差異域，前往東 西岸[洋]等處，一開諭後，下文索圖，星槎、山峽、海嶼及水勢，圖為一書。務要選取山形水勢，日夜不致誤也。

——《海底簿》抄本

永樂元年，奉旨差官鄭和、李愷、楊敏等，出差異域，弓[前]往東、西二洋等處，開輸貢累累，較正牽星圖

**【引書舉要】**

[明]佚名《順風相送》約成書於1593年，已見前述。[明]馬歡《瀛涯勝覽》、鞏珍《西洋番國志》亦見前引。[清]佚名《指南正法》與《順風相送》均載於前述向達校注的《兩種海道針經》。

琉球程順則《指南廣義》，琉球大學志嘉屋紀念圖書館藏，參見南溟網標點本：http：//www.world10k.com/blog/？p=1637。

泉州惠安白奇鄉郭氏藏《海底簿》手抄本，1963年廈門大學歷史系與泉州文管會聯合調查時搜集，引自莊爲璣氏《晉江新志》上冊，泉州志編纂委員會辦公室1985年12月鉛印本，第274頁。另參見莊爲璣《古刺桐港》的介紹，廈門大學出版社1989年版，第20、327頁。泉州清代《石湖郭氏針路簿》抄本或出同源，其版本詳見後面全文引注。

福建集美航海學校收集《浙江溫州平陽石礦[塘]流水表》手抄本，引自鄭鶴聲、鄭一鈞編《鄭和下西洋資料彙編》下冊，齊魯書社1989年11月版，第253頁。

原向達藏清初《針位編》鈔本殘卷，引自馮承鈞《〈瀛涯勝覽校注〉序》，商務印書館1935年7月版。

樣、山嶼水勢，圖畫一本。務要選取能識山形水勢，日夜無歧誤也。

——《浙江溫州平陽石礦[塘]流水表》抄本

西[昔]者大唐，跨海東征、西狩、南巡、北伐，寧靜乾坤，名震四海；著集針法更數，識認山形水勢，藏於庫中。據往日大明 永樂元年，欽差楊敏、李崔、鄭和等，奉旨前往東、西二洋各處地方巡視海宇，經開御庫，取出先朝遺書，依法而用。奈因古籍年久損壞，故復重整山形水勢，各處口澳，湊集大全之法，惟三者無載，前大清 康熙甲子歲[廿三年（1684）]，奉旨開洋，各處通商，因在江南，丹[舟]往山左，從來山海未有憑據，考取先朝貽[遺]書，設法較量牽星圖樣、海島山形水勢、水遠近深淺，疊成壹集，持[特]選能識山形水勢，日夜用心研究，視記弗致差悟[誤]者也。

——[清]泉州《石湖郭氏針路簿·東埔記》抄本





上古周公諸位堅[聖]賢，設指南法通行海道，往昔逮今，流水行久遠，或有山形水勢，世世抄寫，略有差訛，或更數增減、籌頭差別。查古本汙爛破壞，後人難以比對，登舟從原本抄寫為準，恐其事廢。余如廣東，後往漳州。吳日波因在廣東，擇日閒暇之時，思其差悟[誤]，另將對稽查考，於是差悟無多，通行較正，更加增減。蓋自天朝南京 直穎[隸] 太倉，至於夷狄南巫[里]等處，更數針法以及按（垵）澳、山形水勢、遠近深淺，傳至於今。幸諸人好遊，共志云：上古聖賢人授天數，人通行海道，全在地羅經弍拾肆字，機變通巧使用，或反復證記年月日時、蜜[密]脫山形水勢、海島川（？），復觀風汛南北東西，流水緩急。如系全在水碕打深，方知水勢深淺、山水形勢遠近。但凡行船，切須不可貪睡懶惰。人云：差之毛（毫）厘，失之千里，追悔莫及。倘東西南北風汛等[籌]頭，或壹位，或起半位，惟立主掌羅經之人臨時應變。若吊戧，專主上位，更數審風順，使補其正路。若過七洲洋，上不離諒[艮]，下不離坤。或過巫南里[南巫里]以及忽魯思謨[忽魯謨思]，以牽星為準，高低務宜深曉。

——[清]泉州《石湖郭氏針路簿·廣筆記》抄本

永樂十九年[1421]，奉聖旨三寶信官楊敏，字佛鼎，洎鄭和、李愷等三人，往榜葛擸[刺]等番邦，周遊三十六國公幹。至永樂二十三年[1425]，經烏龜洋中，忽暴風浪（下言禱告天后娘娘得平安）……

——[清]佚名《針位編》鈔本殘卷

**附：**

永樂十九年，欽命正使太監李[興？]等齎詔勑衣冠賜其王酋。

——[明]馬歡《瀛涯勝覽·阿丹國》

永樂十九年，上命太監李□充正使，齎詔敕往諭旨。

——[明]鞏珍《西洋番國志·阿丹國》



# 清初《古航海圖》中的針經

## 圖一[遼東灣西部]

錦州山：此處正泊船大澳……大澳……泊船……此處好泊船……船路。

[筆架山]筆架赤色，此北淺……船路。

**【引書舉要】**

清初《古航海圖》係由章巽先生於1956年發現，1980年考釋出版（海洋出版社《古航海圖考釋》本），是舟子船工將針經載於各處地形圖旁的古代針經圖冊。全書限於國內南北航線，約成於康熙五十年（1711）以後。

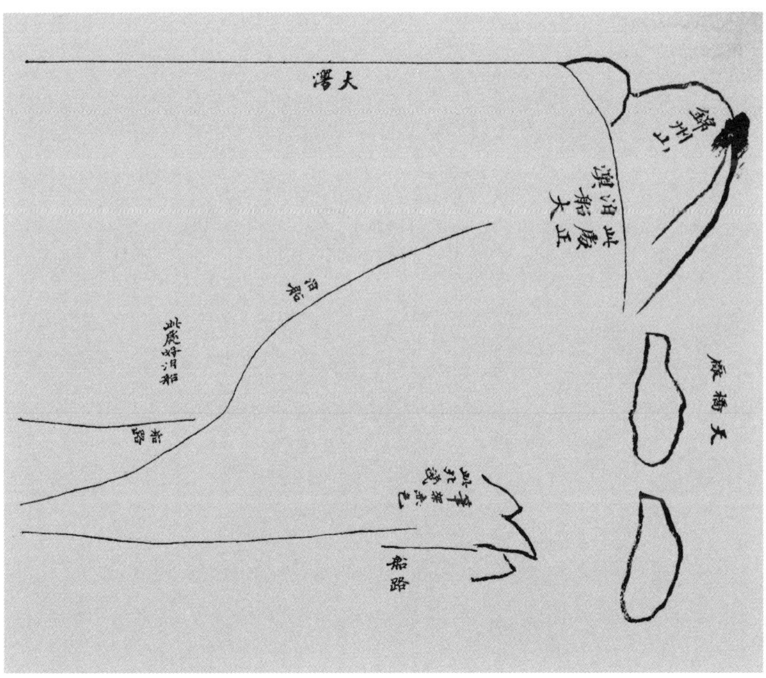


[清]佚名《古航海圖》一

## 圖二[遼東 葫蘆島至山海關]

此礁葫蘆鬚礁……此處船路單子。

葫蘆頭：……此澳沙綫碎礁甚多。

桶嶼溝：一更開可單子。

菊花島：北風好泊船……山海關。

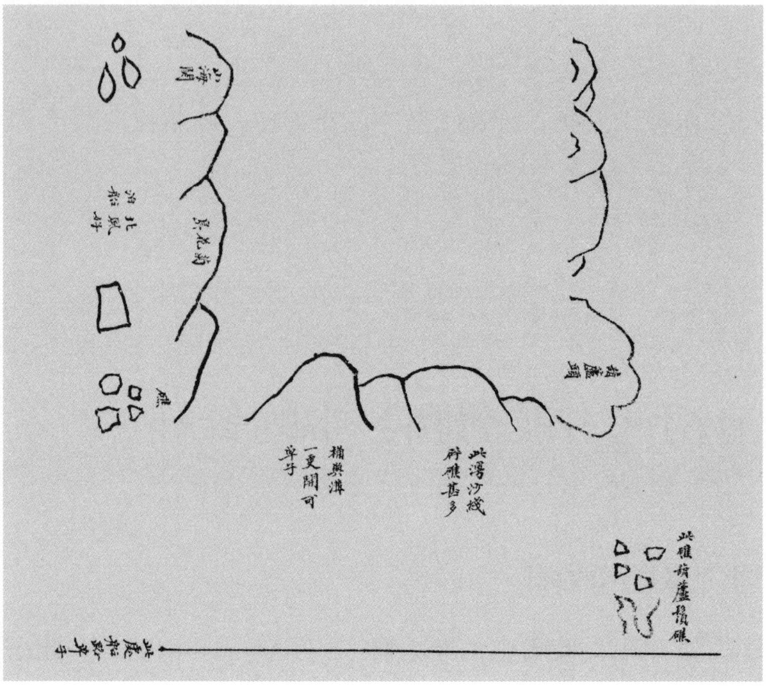


[清]佚名《古航海圖》二

## 圖三[遼東 旅順口]

黑[里]順口：船路……港好進船。內是金洲地面。

身開東勢有單嶼五個……船在東勢離有一更開看形……未知此去 往南金洲。

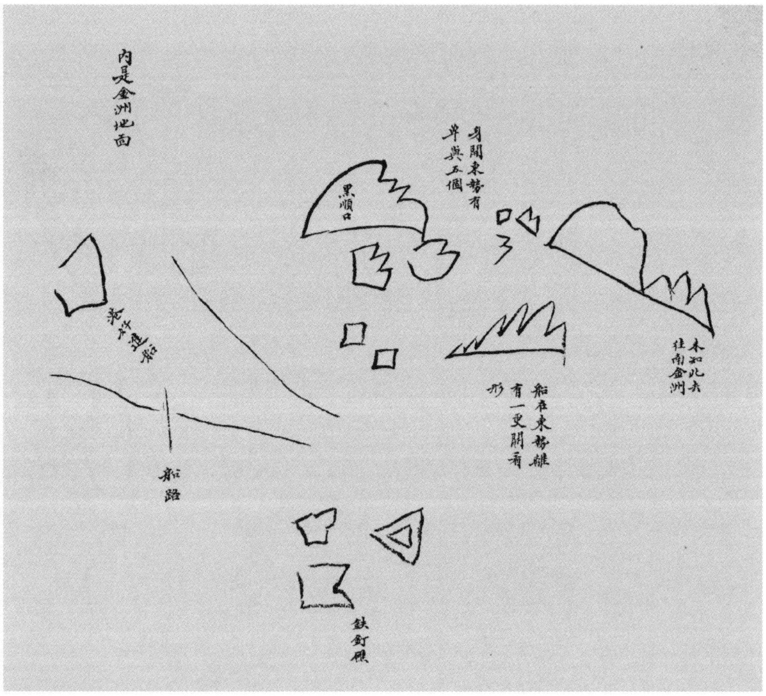


[清]佚名《古航海圖》三

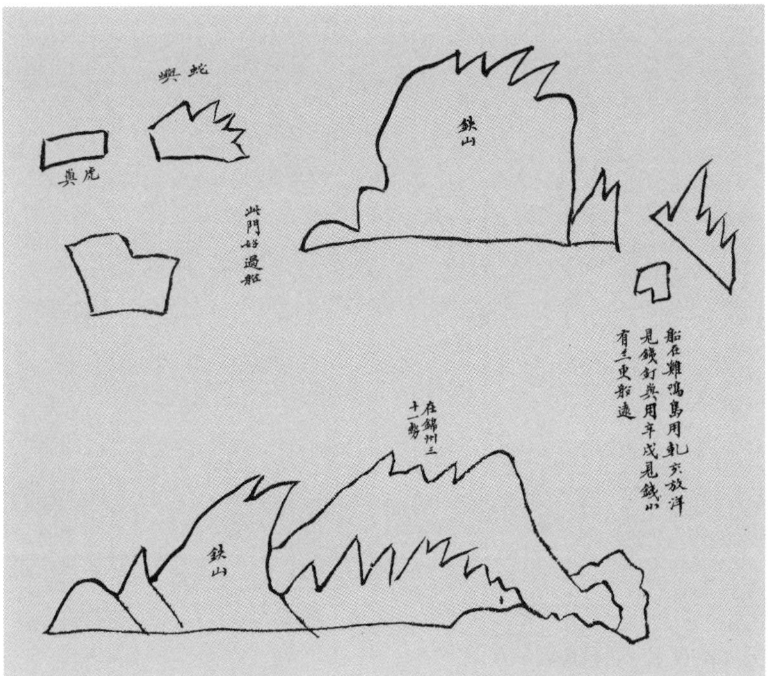


[清]佚名《古航海圖》四

### 圖四[遼東 老鐵山]

船在雞鳴島用乾亥放洋，見鐵釘嶼，用辛戌見鐵山，有三更船遠。

鐵山：[西面]此門好過船。

鐵山：在錦州三十一勢。

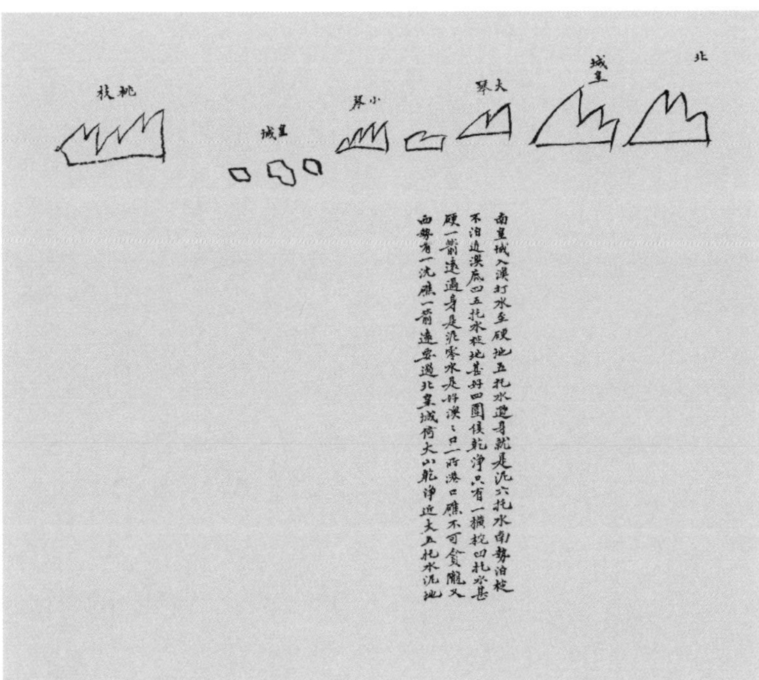

[清]佚名《古航海圖》五

### 圖五[渤海 廟島群島北部]

南皇城入澳打水，至硬地五托水，過身就是泥，六托水。南勢泊椗，不泊近澳底，四五托水。椗地甚好，四圍俱乾淨，只有一横柁，四托水，甚硬。一箭遠過身，是泥零水，是好澳。澳口一所港口礁，不可貪隴。又西勢有一沉礁，一箭遠。

要過北皇城，倚大[琴]山，乾淨，近大[山]，五托水，泥地。

## 圖六[渤海 廟島群島中部]

高山、猴機[間]：此門可過。

高山、黑山[間]：往天津此處船路。

黑山、皇帝寶[間]：此處不可過船。

皇帝寶、大竹[間]：船路。

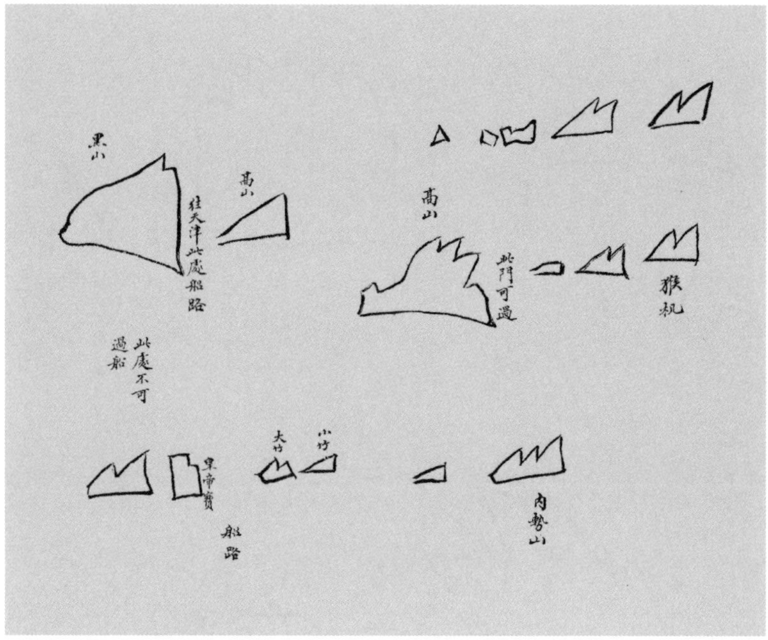


[清]佚名《古航海圖》六

## 圖七[渤海 廟島群島南部]

黑山大山別號五虎……[東面]門。

媽祖廟……[東]真珠門……[其東]無門。

長島……[西]此鼻有綫，行船可防……[南]船路……[向東、向南]……[登州]。

登州、下西竹[間]：船路[向南]。

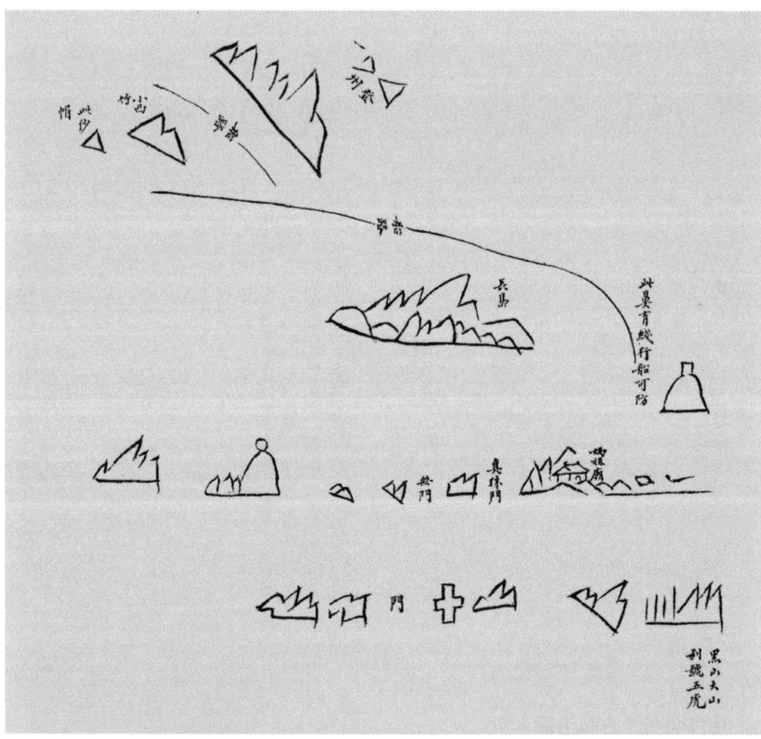


[清]佚名《古航海圖》七

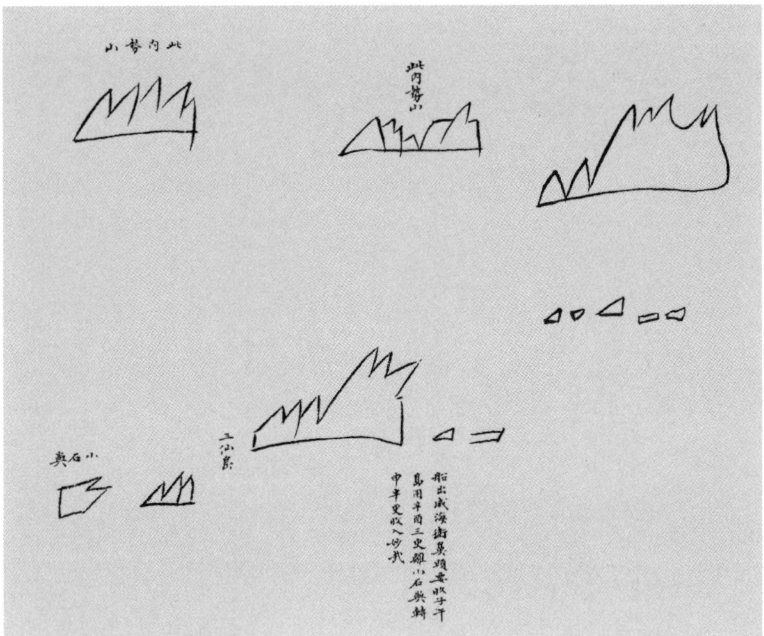


[清]佚名《古航海圖》八

## 圖八[山東 芝罘島附近]

船出威海衛鼻頭，要收子午島，用辛酉三更，離小石嶼轉申半更，收入妙哉。



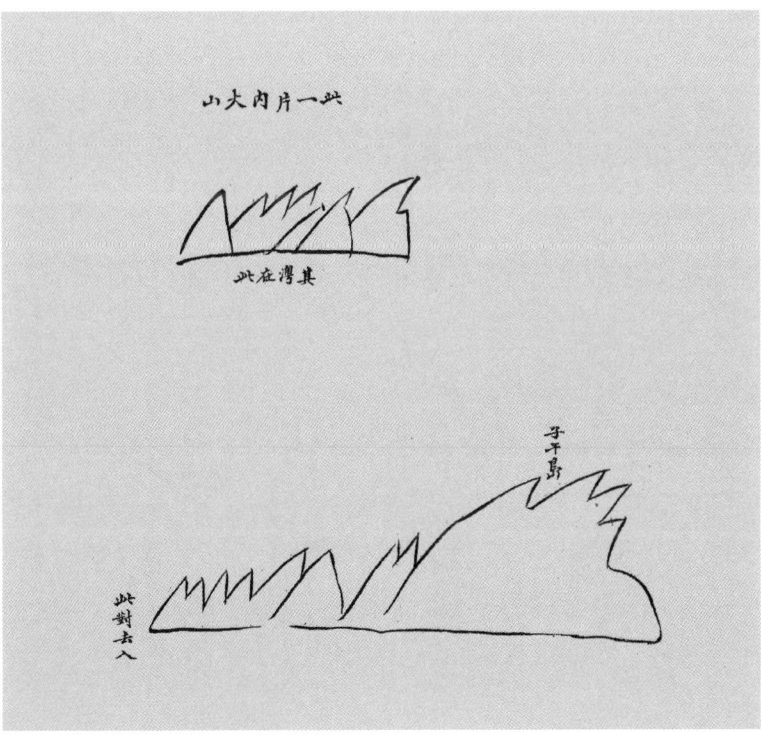


[清]佚名《古航海圖》九

## 圖九[山東 芝罘島]

子午島：[東北]此對去入。

[子午島]其澳在此……[南]此一片內大山。

**圖十[山東 劉公島]**

[劉公島南面]礁仔[東]此門一。

劉公島：[東面小島東]其澳好泊船……[本島東]此澳好泊船……[本島南]此門可過……

[西]船路此行……要收威海衛。

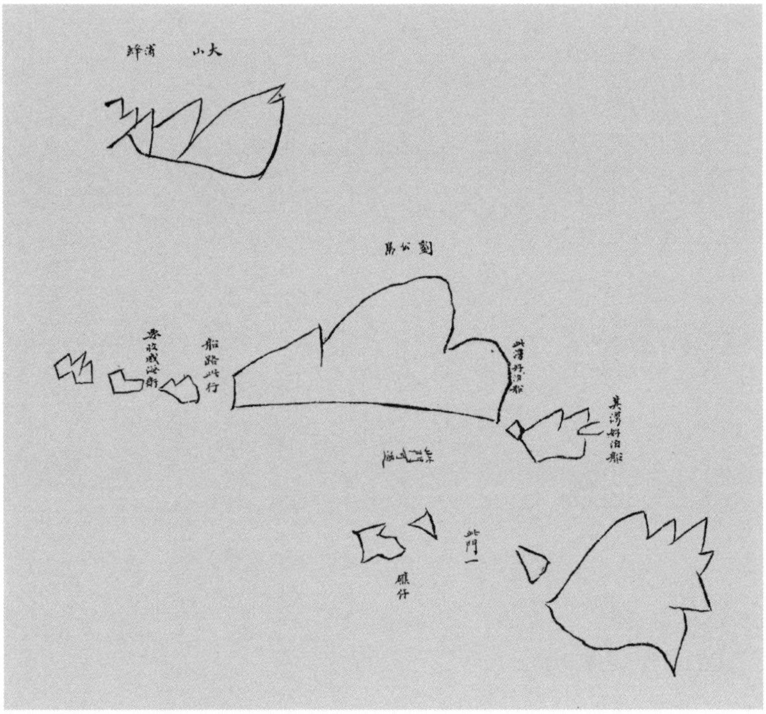


[清]佚名《古航海圖》十

**圖十一[山東 成山角]**

對面看[青山頭]此形。

青山頭對面看內地……養魚池山相配，北面小澳與內門中，有沉礁一箇，倚大山行可防。

烏驢島：此礁可防流水甚急。

青山頭：南面大澳冀箕湖，七八托水，好泊船，候好風放洋……[東面]此嶼轉西去。

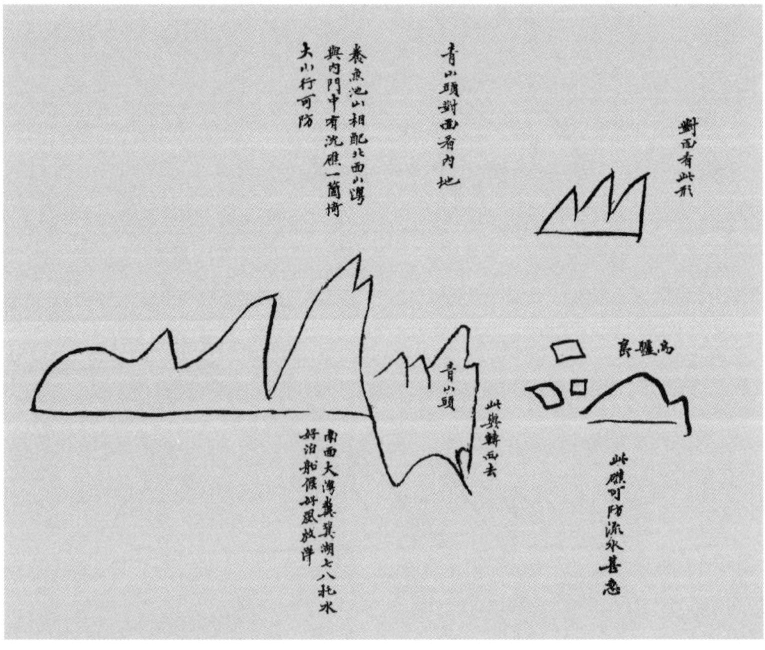


[清]佚名《古航海圖》十一

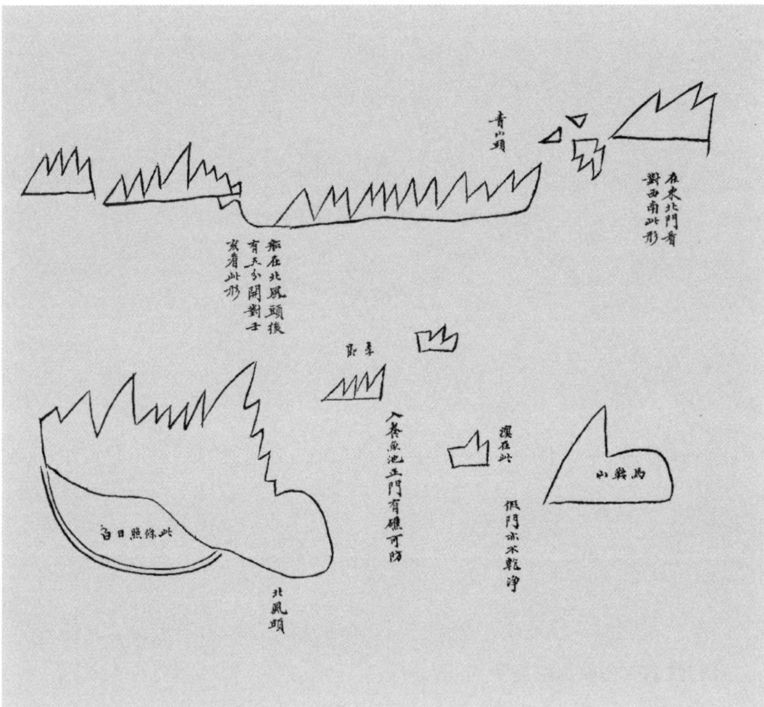


[清]佚名《古航海圖》十二[甲]

**圖十二[甲][成山角西南]**

青山頭：在東北門看對西南此形；船在北風頭後有五分開對壬亥看此形。

北風頭：此條照日白。

李島：入養魚池正門有礁可防。

馬鞍山：澳在此……假門亦不乾淨。

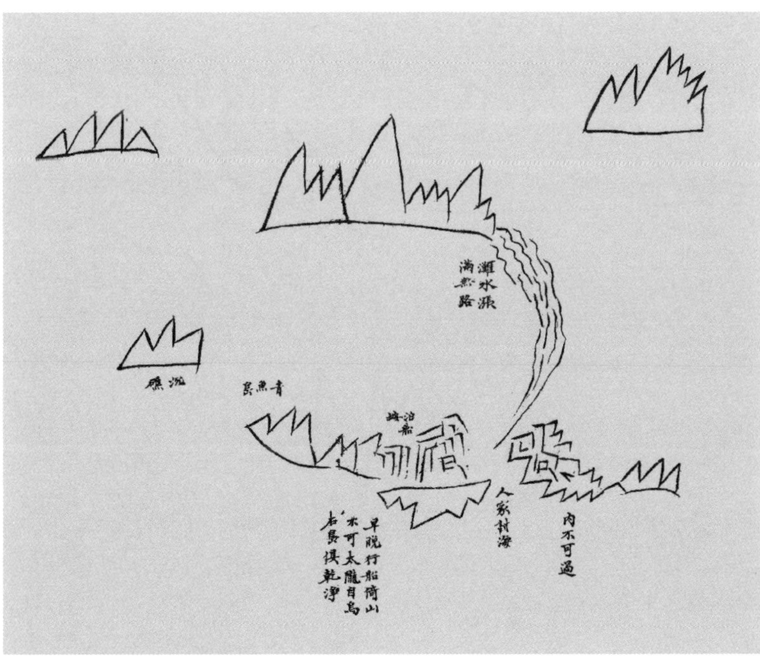


[清]佚名《古航海圖》十二[乙]

**圖十二[乙][山東 里島灣、桑溝灣間]**

青魚島：[東]沉礁……[西面泊船垵]……[南]灘水漲滿無路。

泊船垵：人家討海……[東]內不可過……[北]早晚行船倚山，不可太隴，自烏石島俱乾淨。

## 圖十三[山東 馬頭嘴]

船離一更開，此山乃是馬頭水，對單戌看此形。

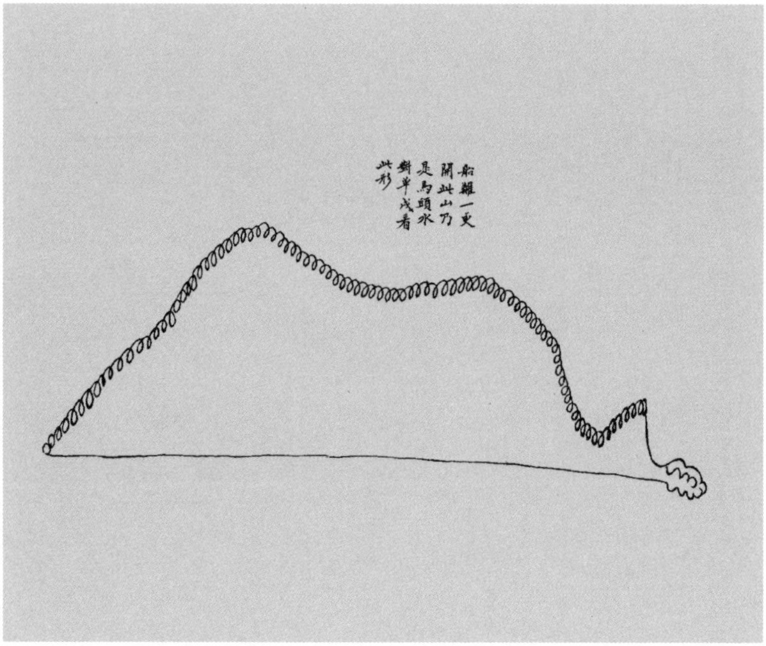


[清]佚名《古航海圖》十三

## 圖十四[山東 石島灣、蘇門島間]

石島：[西]此門過船。

馬頭嘴：[南]此門可過。

蘇山：[西]此門好過，船倚大山。

在蘇山外平身對西看此形青水。

對壬看山形，打水廿六托，泥地。

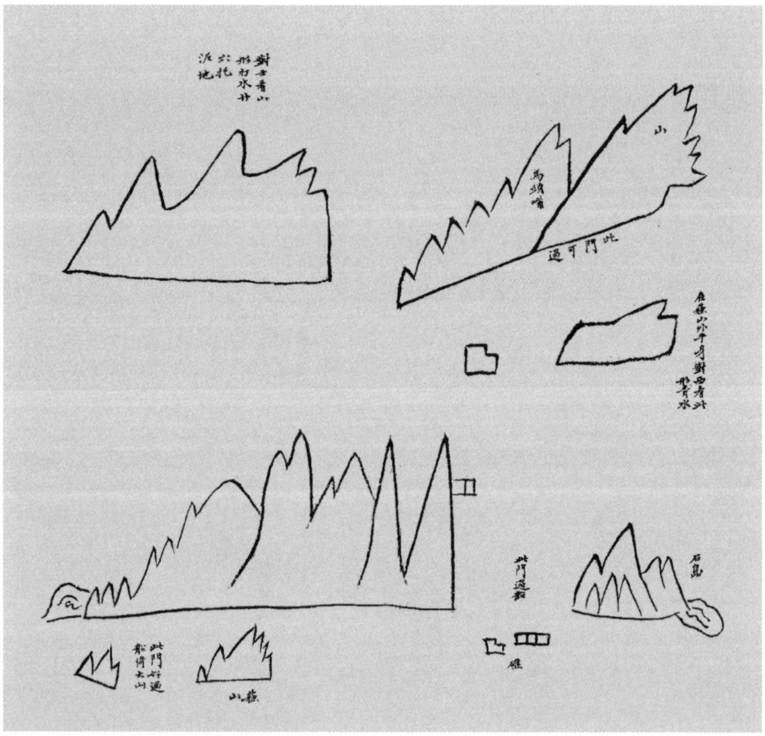

[清]佚名《古航海圖》十四

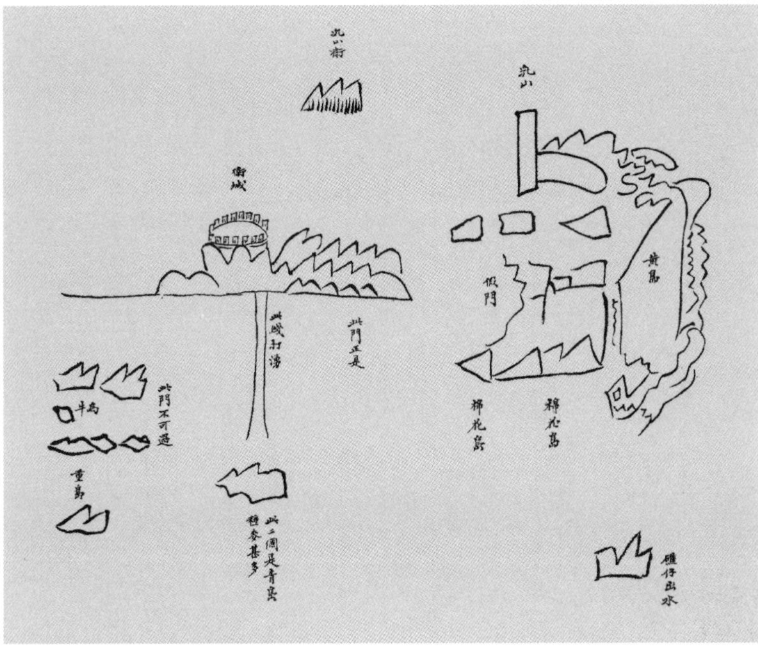


[清]佚名《古航海圖》十五

## 圖十五[山東 乳山河海口]

衛城：[東南]此門正是……[南]此綫打湧……[南]此二個是青島，種麥甚多……[其西至]牛島、重島：此門不可過。



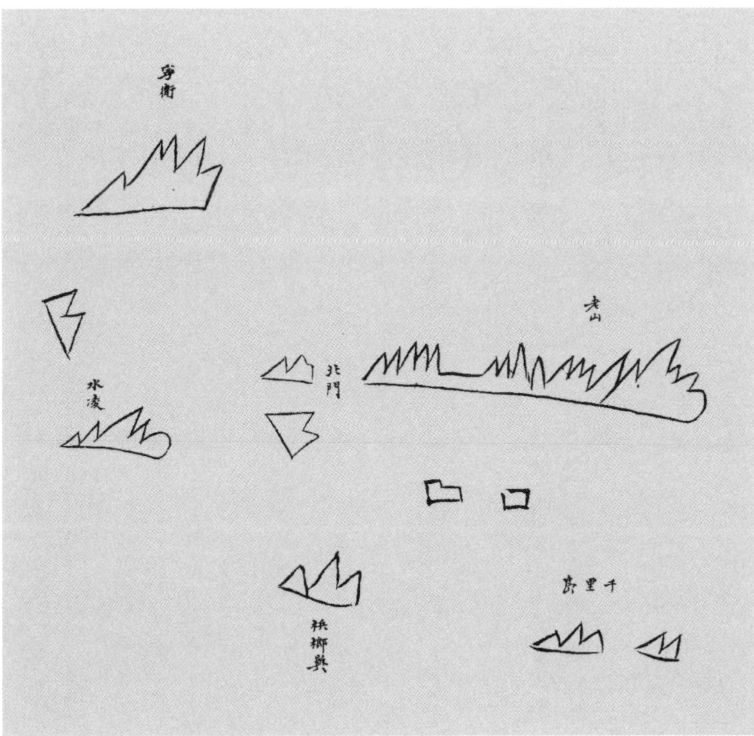


[清]佚名《古航海圖》十六

## 圖十六[山東 膠州灣南面]

老山：[西]北門。

## 圖十七[山東 膠州灣口]

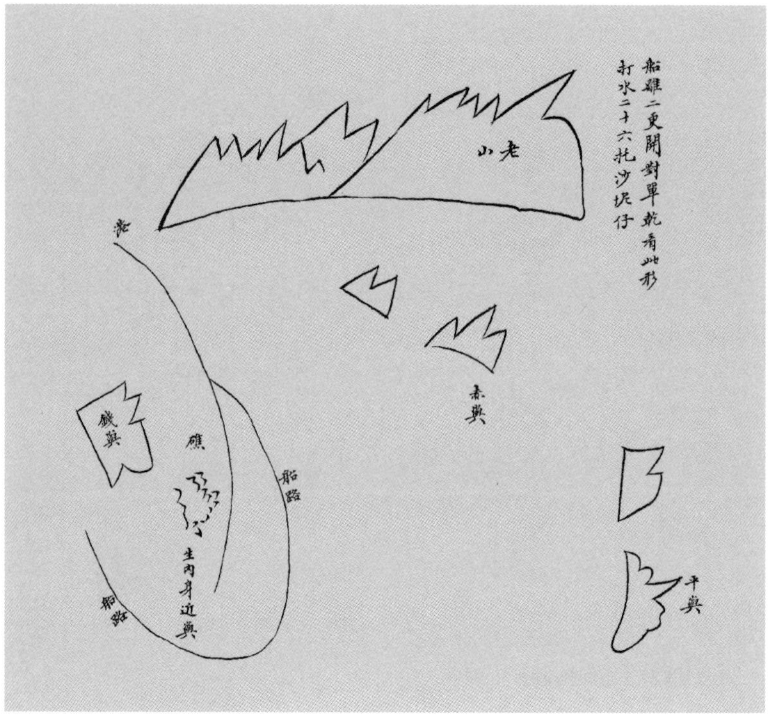


[清]佚名《古航海圖》十七

老山：船離二更，開對單乾看此形，打水二十六托，沙泥仔。

[老山]：[南]赤嶼……[西]港……[南下] 船路……船路。

錢嶼：[東]礁[東船路]……生內身近嶼。

## 圖十八[山東 水靈山島]

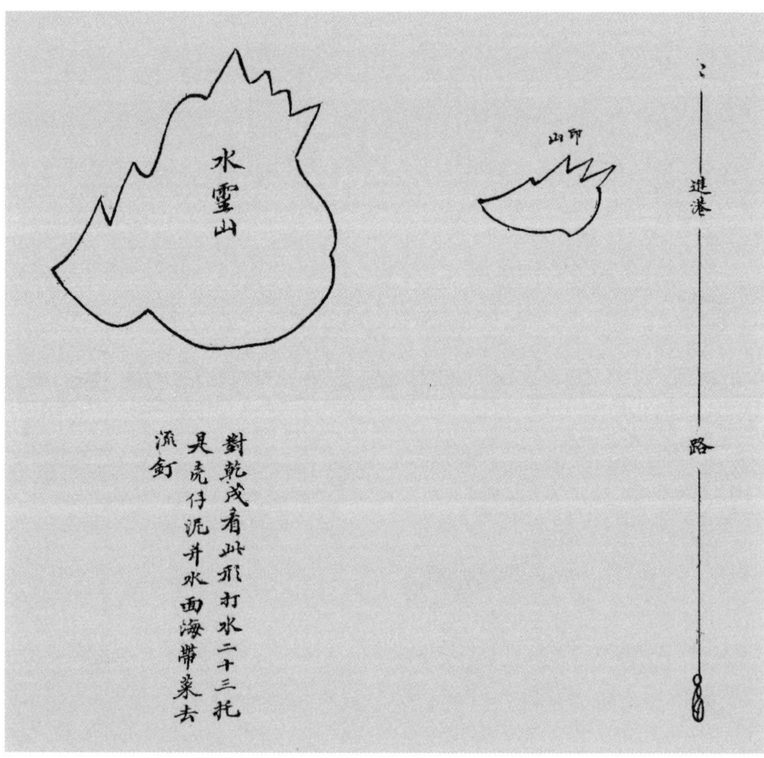


[清]佚名《古航海圖》十八

水靈山：對乾戌看此形，打水二十三托，是殼仔泥，並水面海帶菜，去流釘。

印山……進港……路。

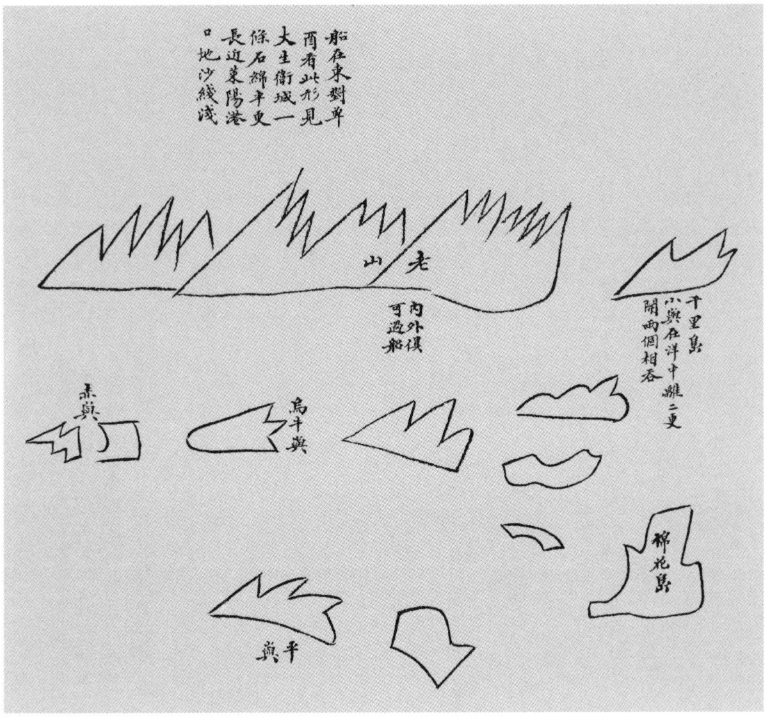


[清]佚名《古航海圖》十九

## 圖十九[山東 勞山附近]

老山：船在東，對單酉看此形，見大生衛城，一條石綿半更長，近萊陽港口，地沙綫淺……[南]內外俱可過船。

千里島：小嶼在洋中，離二更開，兩個相吞。

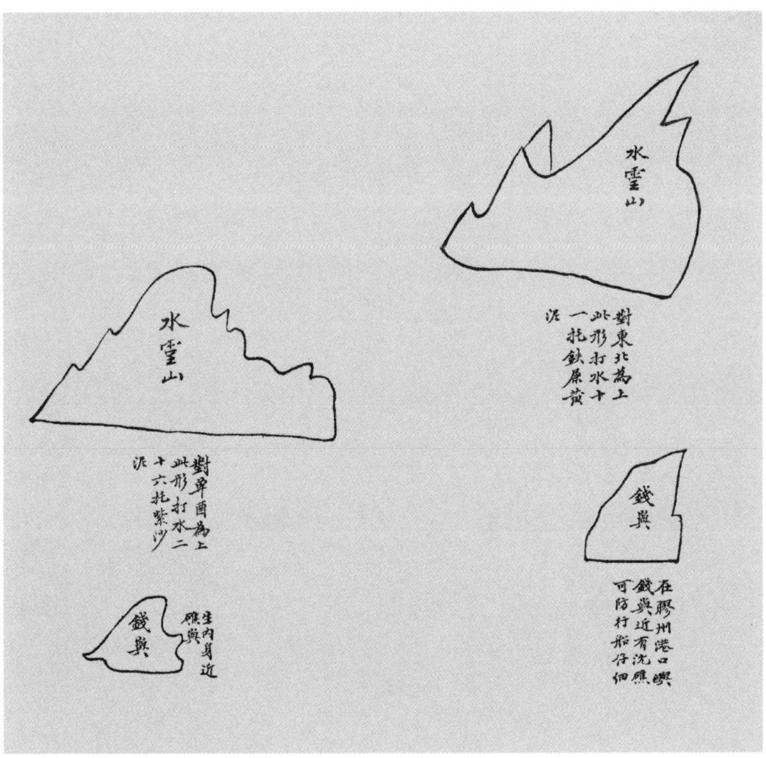


[清]佚名《古航海圖》二十

## 圖二十[山東 水靈山和錢嶼]

水靈山：對東北為上此形，打水十一托，鐵屎黃泥。

水靈山：對單酉為上此形，打水二十六托，紫沙泥。

錢嶼：生內身近礁嶼。

錢嶼：在膠州港口嶼，錢嶼近有沉礁，可防，行船仔細。

## 圖二十一[江蘇 連雲港]

雲臺山：對辛戌為此形……鶯門斷水可過……正港好行船。

海州出港，可用艮寅三更，打水二十六托，鐵屎黃泥。此黃牛嶼外過，看水靈山筆架山樣，離有三更遠，到水靈，即是膠州港口妙也。

[東]駛船行水九托、七八托，二邊及是泥。若船恐悞入此山邊，用乙辰及單乙共五更，是鐵釘嶼，盡山打水相連。過西勢各山斷水，有山各有澳，有山各有門，可過船。仔細流水可防，船候好風，其妙也。

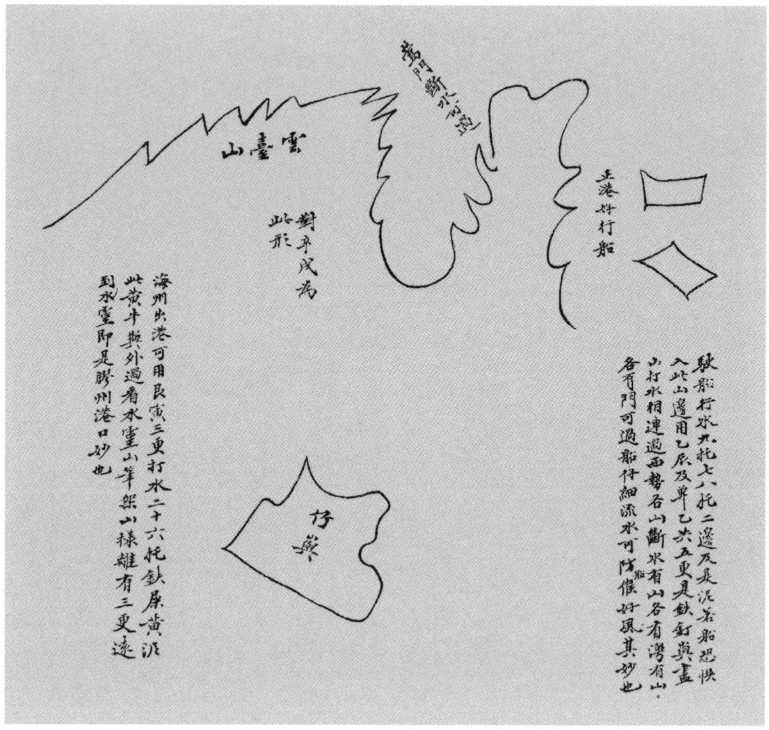


[清]佚名《古航海圖》二十一

## 圖二十二[蘇 浙 佘山、陳錢山間]

江南地方

此五里嶼……奶奶山。

小嶼與盡山為乙辛對坐。

船在東勢看西為此形。

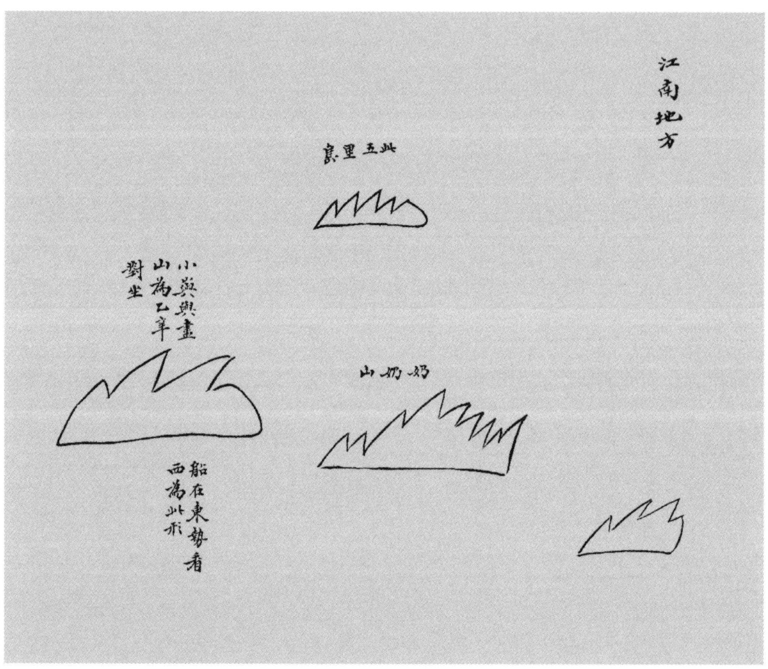


[清]佚名《古航海圖》二十二

## 圖二十三[江蘇 佘山島]

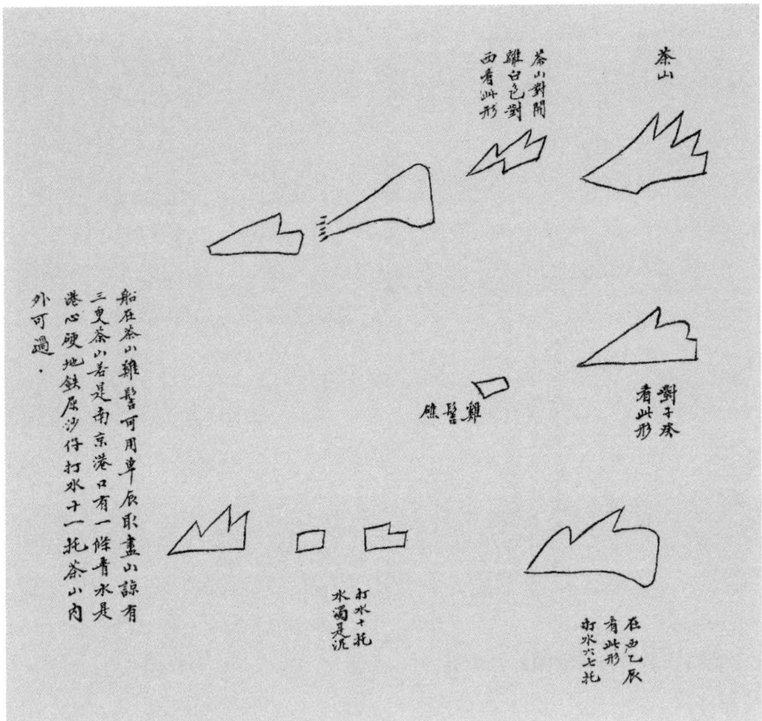


[清]佚名《古航海圖》二十三

茶山：對子癸看此形……在西乙辰看此形，打水六七托。

茶山對開離白色，對西看此形。

雞髻礁：打水十托，水濁是泥。

船在茶山、雞髻，可用單辰取盡山，諒有三更。茶山，若是南京港口，有一條青水，是港心硬地，鐵屎沙仔，打水十一托。茶山內外可過。



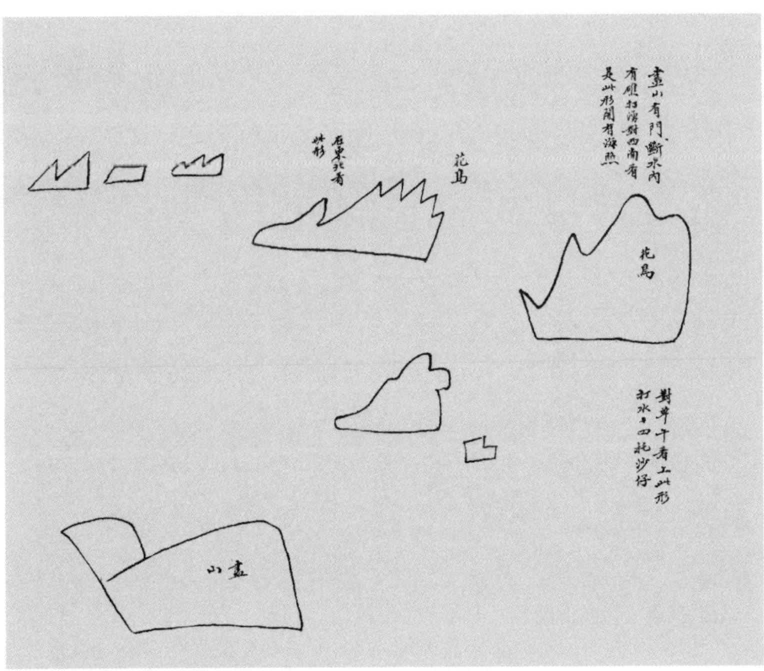


[清]佚名《古航海圖》二十四

## 圖二十四[浙江 嵊泗列島]

花鳥：在東北看此形。

花鳥：對單午看此形，打水十四托沙仔。

盡山有門，斷水內有礁，打湧，對西南看是此形，開有海照。

## 圖二十五[浙江 海照嶼]

海照嶼：此形對北看上只形，近看北嶼離一更形，要兩廣外過對單未。

北兩嶼在洋中離三更開。

內有礁生在門，東西相吞作一個。南北有門，門中不可過，駛上下為若不多，若在海照嶼外過，可用單未二更，見兩廣過，甚妙也。

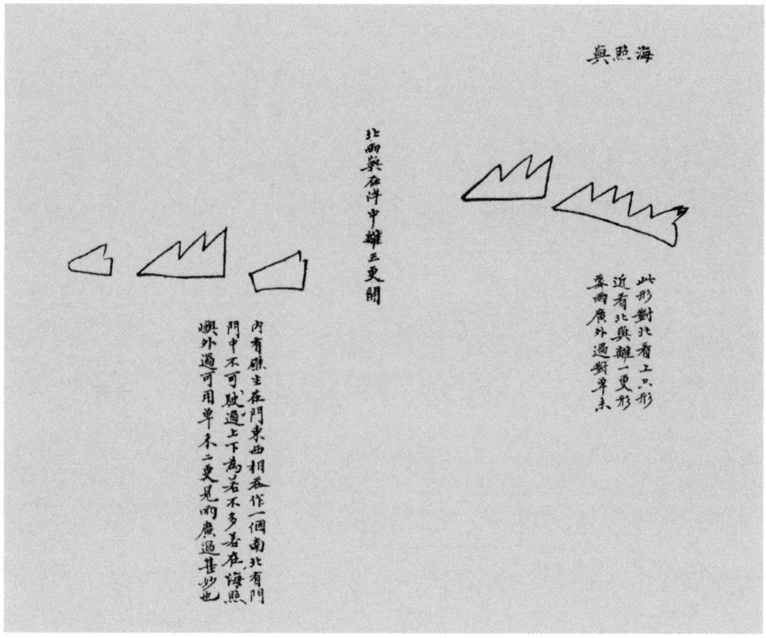


[清]佚名《古航海圖》二十五

## 圖二十六[浙江 狼岡山一帶]

[盡山]：入門中帶打湧可過船，北上對看上，泊船在盡山內，亦看北[此]形。澳內打水十二托，門北打水二十七托，爛泥。若泊船此澳，看西有一箇山長，又對西看亦長。若要山外過，可用丁未離。

兩廣：若船在兩廣外，用丁未取魚山及單未十一更，見鳳尾、積谷平身。

兩廣：北山對南菜看上，烏坵相燦。

[清]佚名《古航海圖》二十六

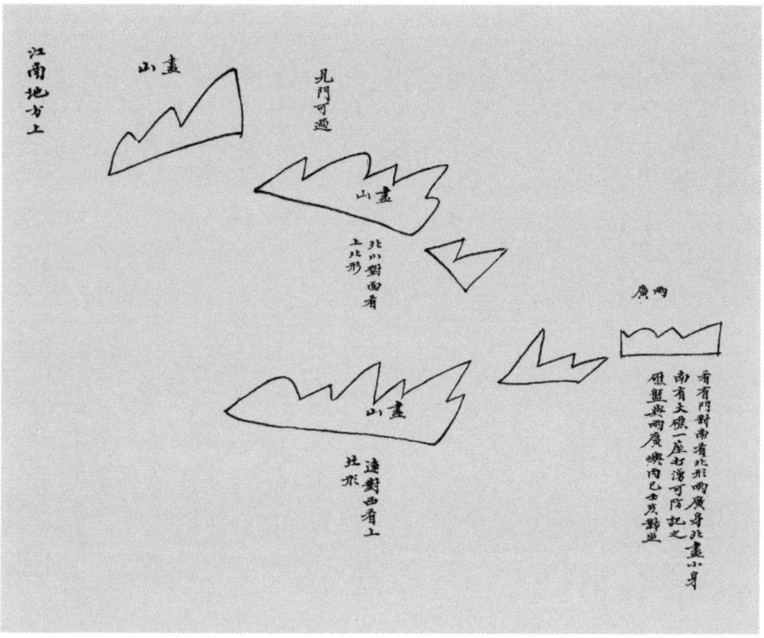


[清]佚名《古航海圖》二十七

## 圖二十七[浙江 陳錢山至狼岡山]

江南地方上

盡山：見門可過。

盡山：北山對面看上北[此]形。

盡山：遠對西看上北[此]形。

兩廣：看有門，對南看北[此]形。兩廣身北、盡小[山]身南，有大礁一座，打湧可防，記之。

礁盤與兩廣嶼丙巳、壬亥對坐。

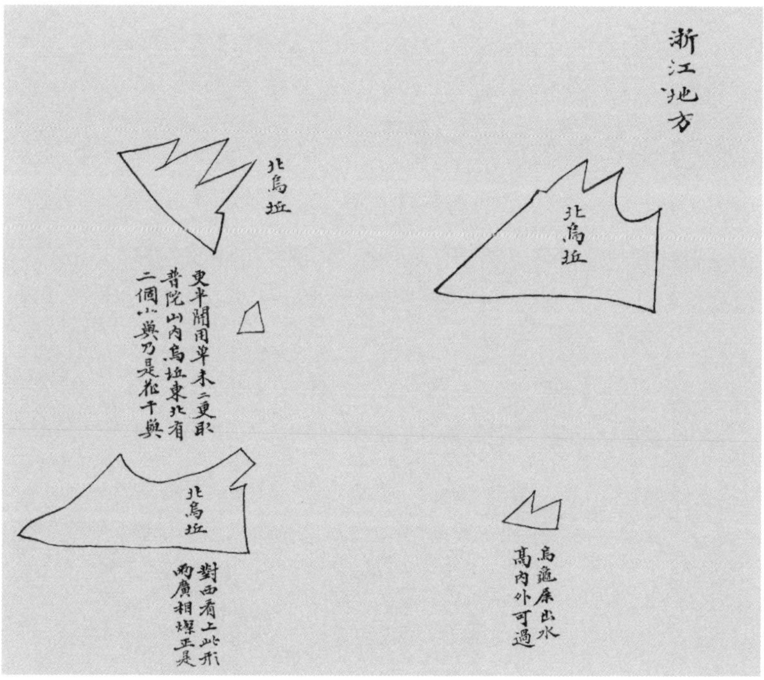


[清]佚名《古航海圖》二十八

## 圖二十八[浙江 舟山 東福山]

浙江地方

北烏坵：對西看此形，兩廣相燦正是。

北烏坵：烏龜屎出水高，外可過。

北烏坵：更半開，單未二更取普陀山內。烏坵東北有二個小嶼，是花干嶼。

## 圖二十九[浙江 嵊泗列島馬跡山]

馬積：[西北]野牛甚多……[東北]大澳……[東]此小門……泊北風甚好，泥淺地。

欲要入大澳，頭有一沉礁，[不]可大[太]隴，防之。

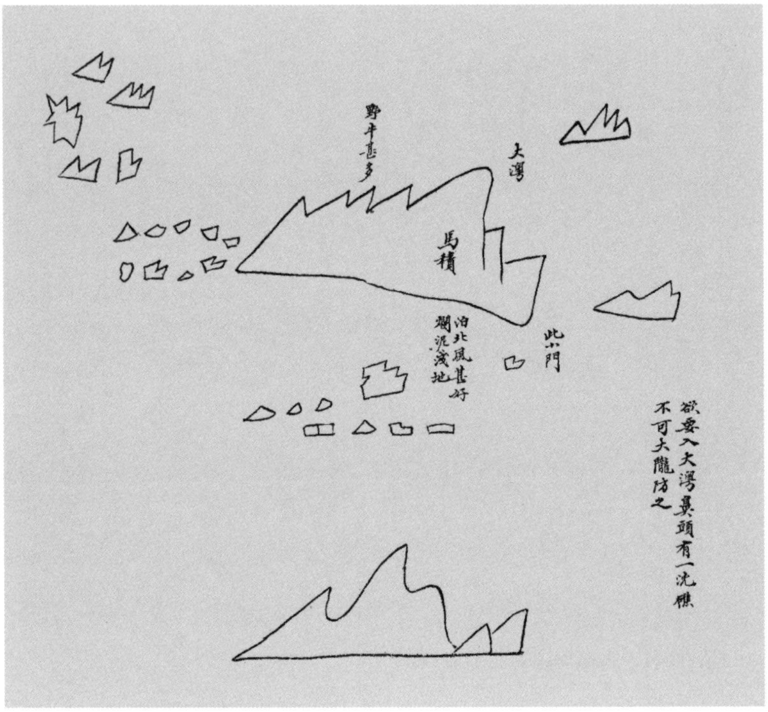


[清]佚名《古航海圖》二十九

## 圖三十[浙江 普陀山]

船在兩廣對坤未看入此形。船取金鉢、碎浮嶼、大浮嶼，好泊船，燒金獻紙，候天光出氿。雷芨門有一座蓮花礁，在門中打湧，駛船出入開勢北過可防。取旗頭山收入寧波港，妙哉。

普陀山：對壬子為上此形。

普陀山出港，用取烏坵北，船南西倚大山，有兩個大礁盤可防。

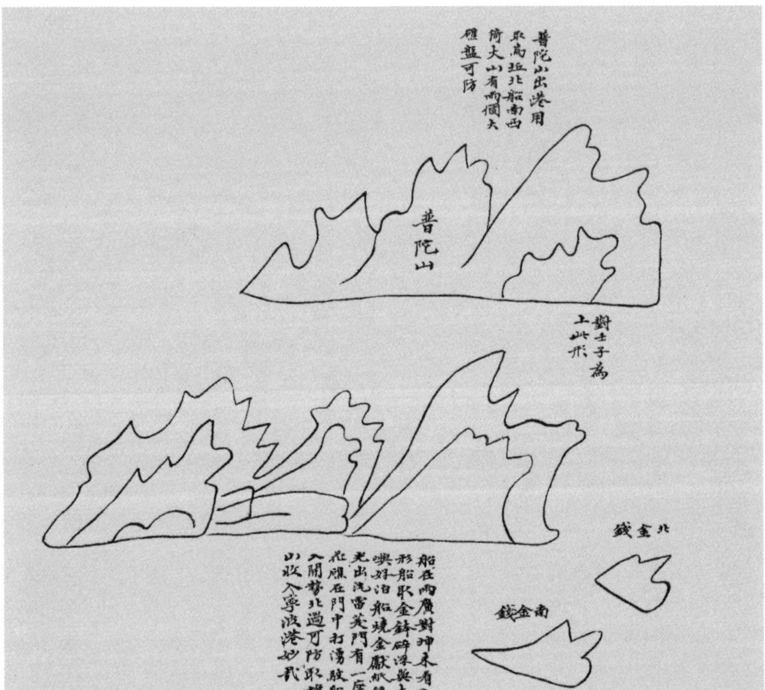


[清]佚名《古航海圖》三十

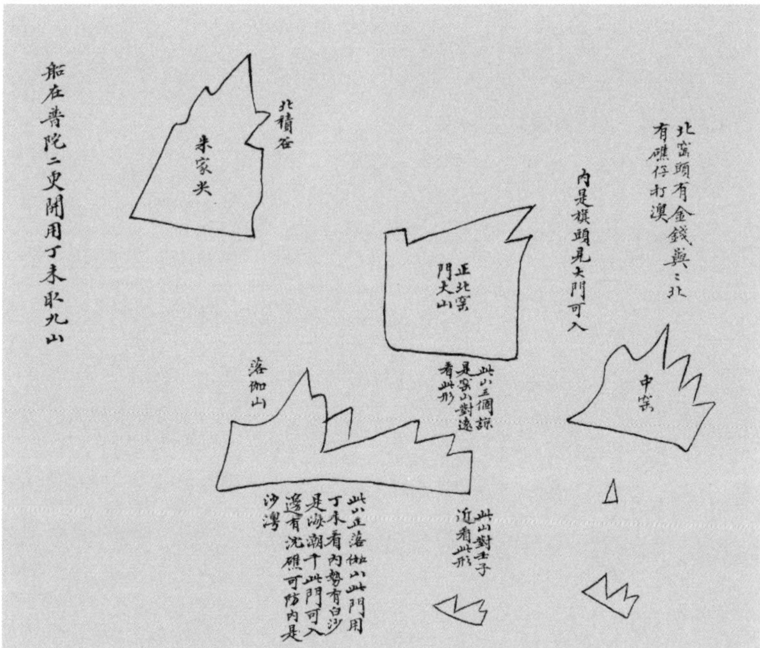


[清]佚名《古航海圖》三十一

## 圖三十一[浙江 普陀、朱家尖一帶]

船在普陀二更開，用丁未取九山。

朱家尖：北積谷。

北窰頭有金錢嶼，嶼北有礁仔打澳。

正北窰門大山：[南]此山三個，諒是窯山，對遠看此形。

中窰：[與正北窰門大山間]內是旗頭，見大門可入。

落伽山：此山對壬子，近看此形。

此山正落伽山。此門用丁未，看內勢有白沙，是海潮千[干]，此門可入，邊有沉礁可防，內是沙澳。

## 圖三十二[浙江 漁山一帶]

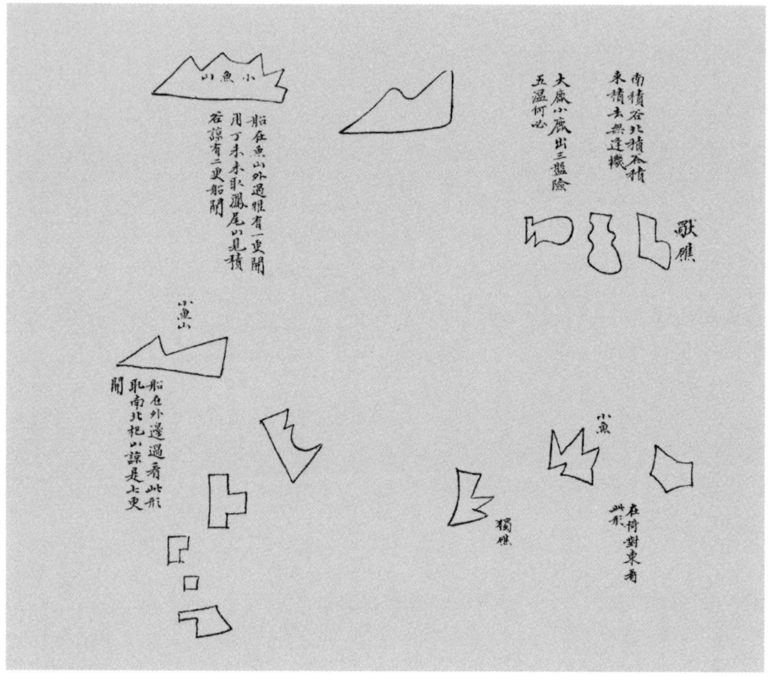


[清]佚名《古航海圖》三十二

獨礁：南積谷、北積谷，積來積去無逢機；大鹿、小鹿，出三盤險五溫何必。

小魚：在倚對東看此形。

小魚山：船在魚山外過，雅[離]有一更開，用丁未、未取鳳尾山，見積谷，諒有二更船開。

小魚山：船在外邊過，看此形。取南、北杞山，諒是七更開。

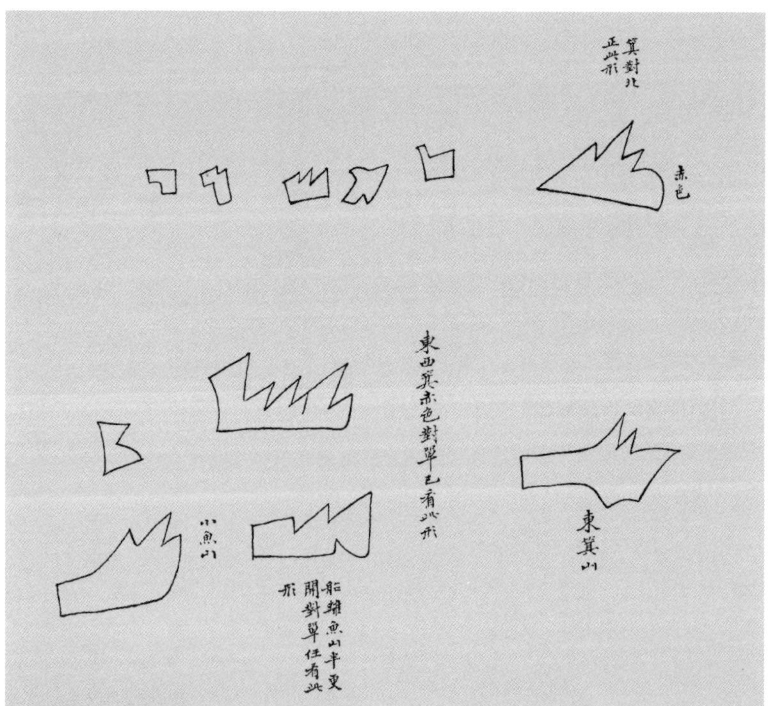


[清]佚名《古航海圖》三十三

## 圖三十三[浙江 台州灣外]

小魚山：船離魚山半更開，對單任[壬]看此形。

赤色：箕對北，正此形。

東箕山：東 西箕，赤色，對單巳看此形。

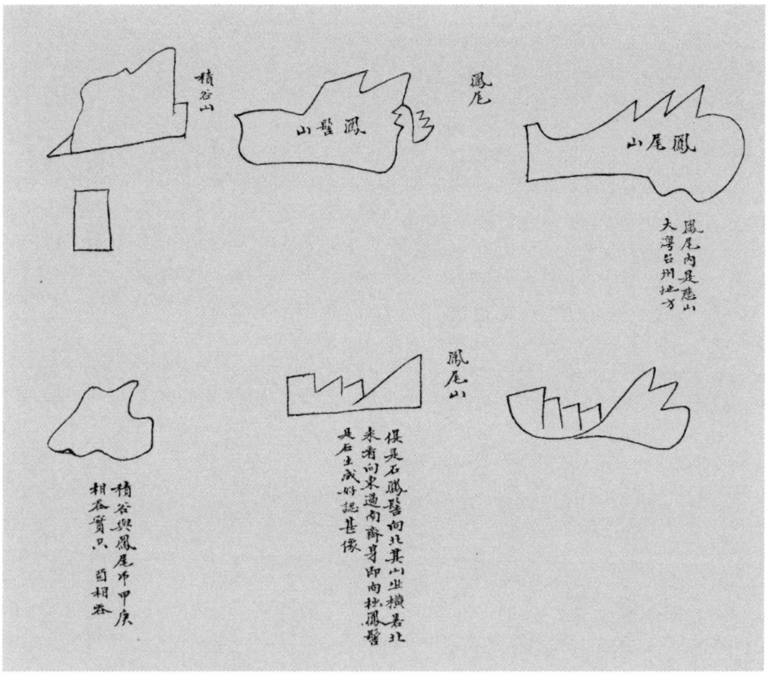


[清]佚名《古航海圖》三十四

## 圖三十四[浙江 大目洋]

積谷與鳳尾即甲庚相吞，實只□[卯]酉相吞。

積谷山：[東]鳳髻山……[東]鳳尾。

鳳尾山：鳳尾內是慈山大澳，台州地方。

鳳尾山：俱是石，鳳髻向北，其山坐横，若北來看，向東過南齊身即向極。鳳髻是石生成，好認，甚像。

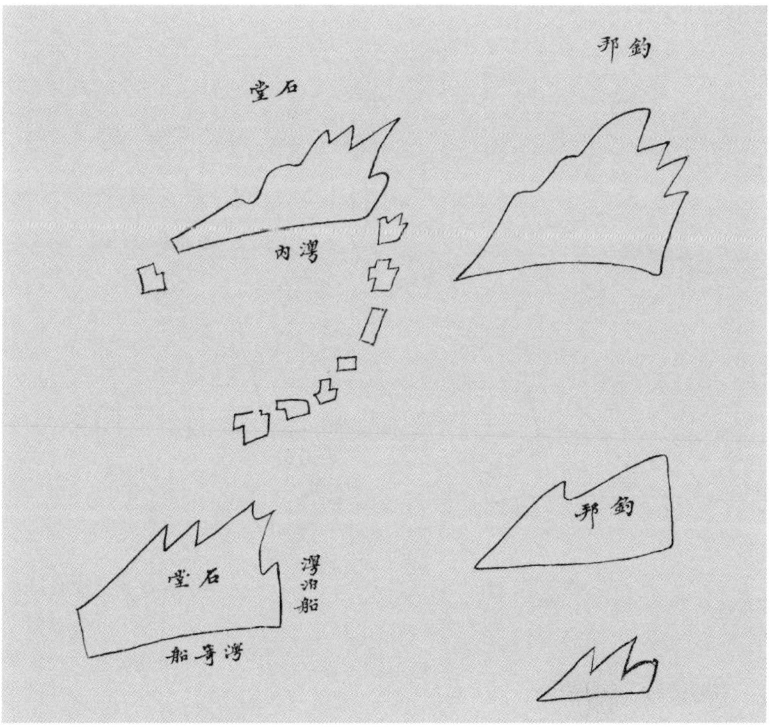


[清]佚名《古航海圖》三十五

## 圖三十五[浙江 台州灣東南石塘山]

石堂：內澳……澳泊船……澳寄船。

### 圖三十六[浙江 樂清灣東]

斧頭嶼對面即三門港。

大鹿：[與]小鹿[間]此門可過船……[南]鹿蹄沉水。

鹿仔：此處用坤未取鰲頭……[其東島嶼]此山離一更開，對西北看上酒[酉]鰲頭一樣。

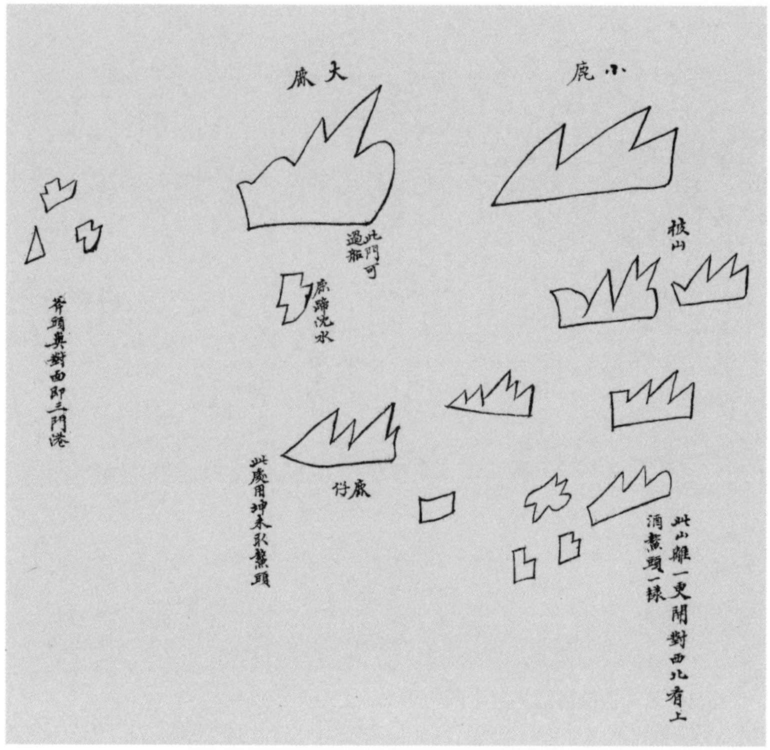


[清]佚名《古航海圖》三十六

### 圖三十七[浙江 溫州灣東南]

北杞：船在上勢齊身，對南北看此形。

北杞：北杞内是泥澳大山，對西看上此形。

南杞：南 北杞相吞，船去南看此形。

南杞：齊身對西北上看此形。

南杞：南杞内是溫州地面。

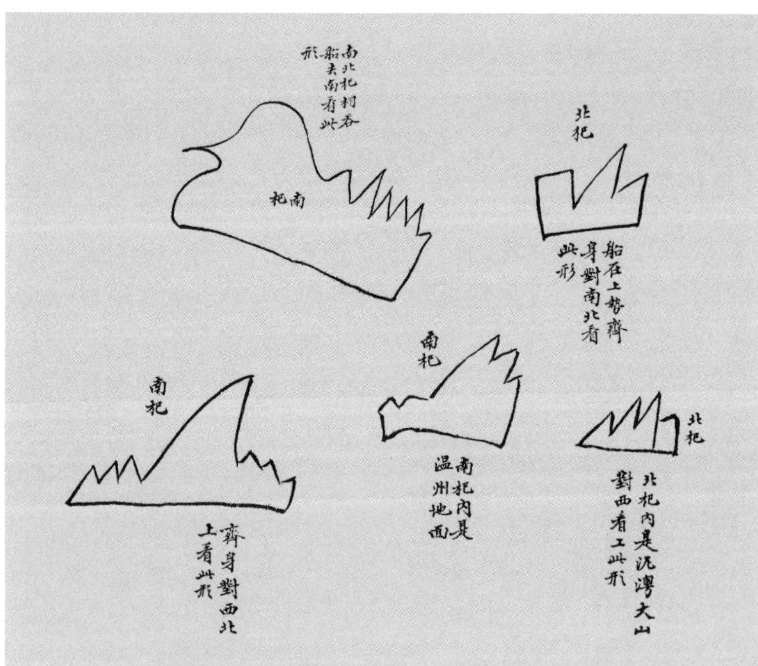


[清]佚名《古航海圖》三十七

[清]佚名《古航海圖》三十八

**圖三十八[浙、閩二省交界]**

若在臺山半更，可用丁未四更，取東澳外過。

[臺山]：對丑癸看上此形……對北看此形……對北近看只是此形。

三牲礁在此：內有一牲礁。

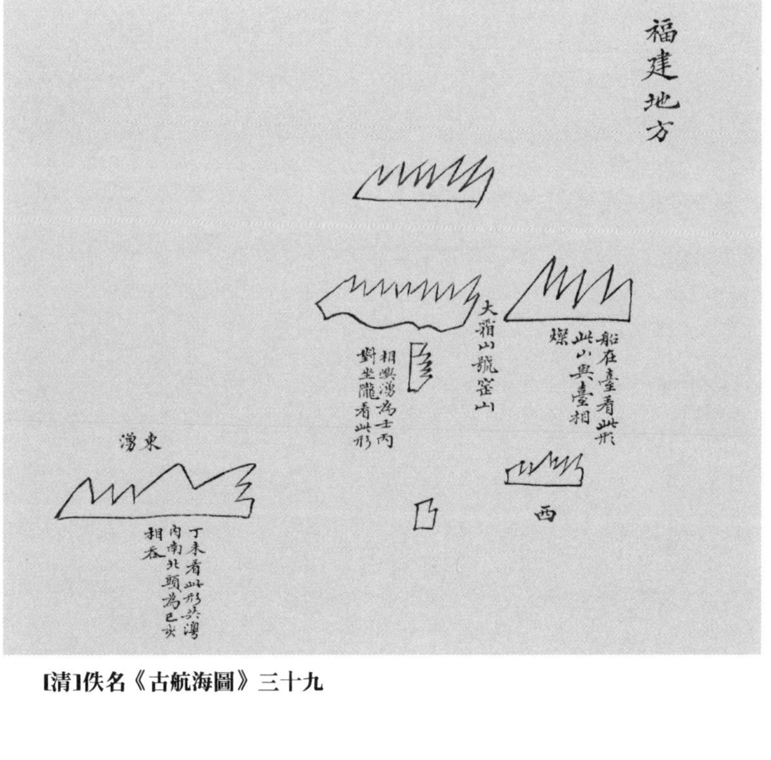


[清]佚名《古航海圖》三十九

**圖三十九[福建 福寧灣、三沙灣外]**

**福建地方**

大霜山號窰山：船在臺看此形，此山與臺相燦。

相嶼 湧為壬丙對坐，隴看此形。

東湧：丁未看此形，共澳內南北頭為巳亥相吞。

## 圖四十[福建 東引島]

東湧山，若取杞在外，若大隴丁，用丁午半更可過，若內過即用丙午過礁。夜間行船，仔細防之。

[東北]對丑癸看此形，過內面下勢看見有大山重疊。對開有龜嶼，丑癸、丁未對坐。

[西南]若東南盡，用單未入半嶼內駛，不得出。

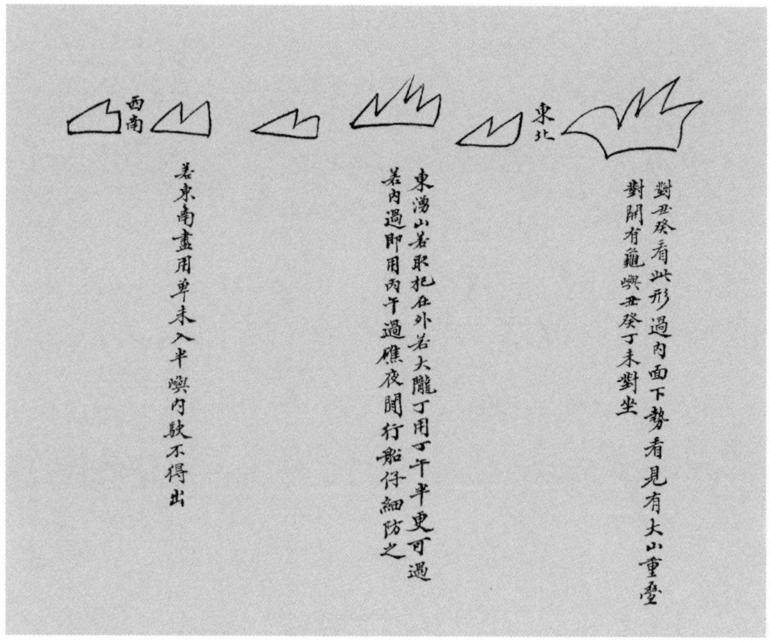


[清]佚名《古航海圖》四十

## 圖四十一[福建 東引島附近]

大東湧山：對丙子看此形，離有大半更，開看水，鴨屎色，打水十托，爛泥。

若見水色白，不可用坤未。

對坤未看，若鹿山。

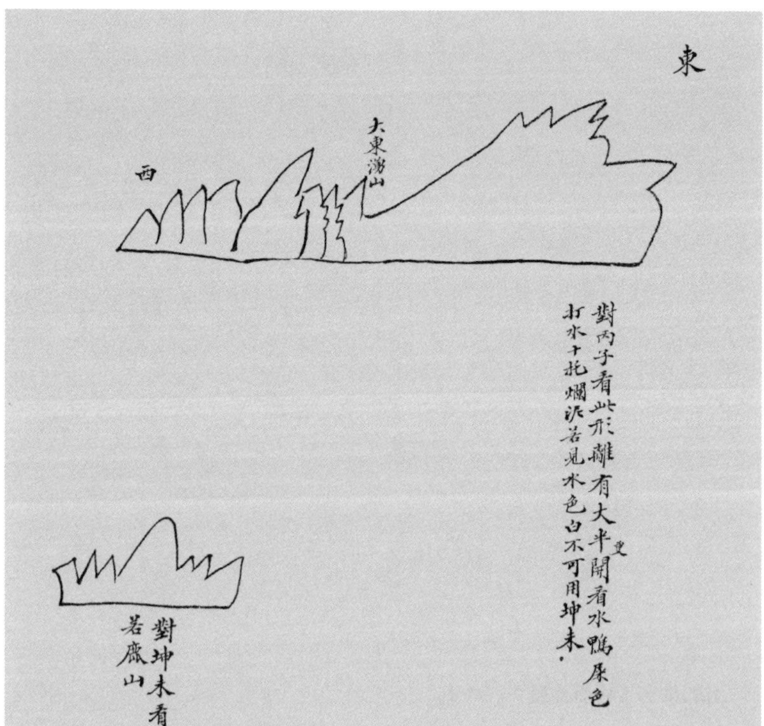


[清]佚名《古航海圖》四十一

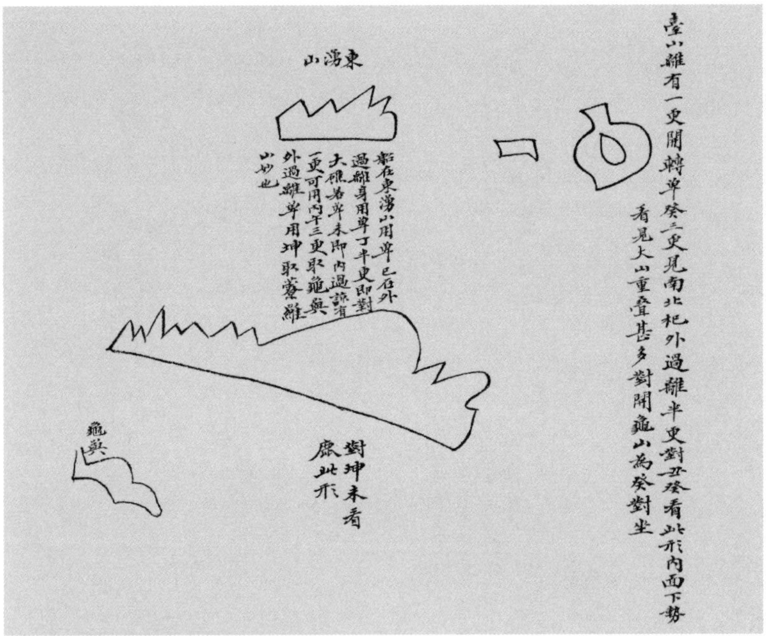


[清]佚名《古航海圖》四十二

## 圖四十二[浙、閩交界海面]

臺山離有一更，開轉單癸，三更見南、北杞外過。離半更，對丑癸看此形，內面下勢看見有大山重疊甚多。對開龜山，為癸對坐。

東湧山：船在東湧山，用單巳在外過，離身用單丁半更即對大礁。若單未即內過，諒有一更，可用丙午三更取龜嶼外過。離單用坤取寮羅山，妙也，對坤未，看鹿[山]此形。

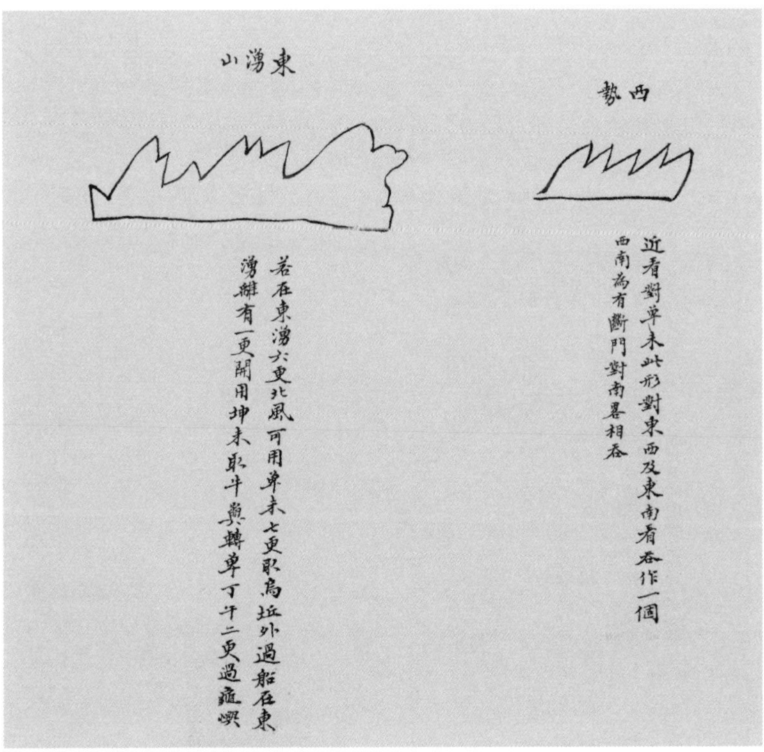


[清]佚名《古航海圖》四十三

## 圖四十三[福建 東引島附近]

東湧山：若在東湧六更北風，可用單未七更，取烏坵外過船。在東湧，離有一更開，用坤未取生嶼，轉單丁、午二更過龜嶼。

西勢：近看對單未此形，對東西及東南看吞作一個，西南為有斷門，對南略相吞。

## 圖四十四[福建 海壇島]

船泊東湧內，單未出來，看不見東湧，看見海壇山是[此]形。

海壇山 觀音澳，取東湧南風，可用甲寅三更，在湧外近倚，用單丑四更，臺。

海壇山：船在東湧內，用單未出來，白犬齊身，對單坤看海壇斷水。

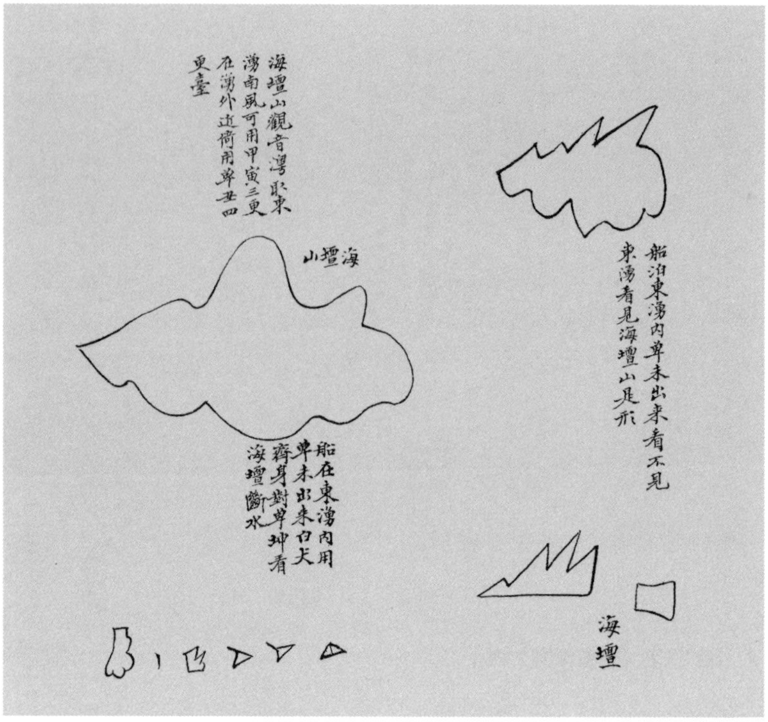


[清]佚名《古航海圖》四十四

## 圖四十五[福建 湄洲灣外烏丘嶼]

烏龜：過身看對面西只形……對壬子看此形。

烏龜上下看，上有礁，離作四個獨，隴身個員半個。近東頭一個石片高，是石頭。東北看此樣，有二個。北面是泥，東西是石頭，內外可過。

烏龜一更開，用單坤十更，見銅山、柑桔外過，用坤三更取南澳，可防列牛礁，有七星礁。

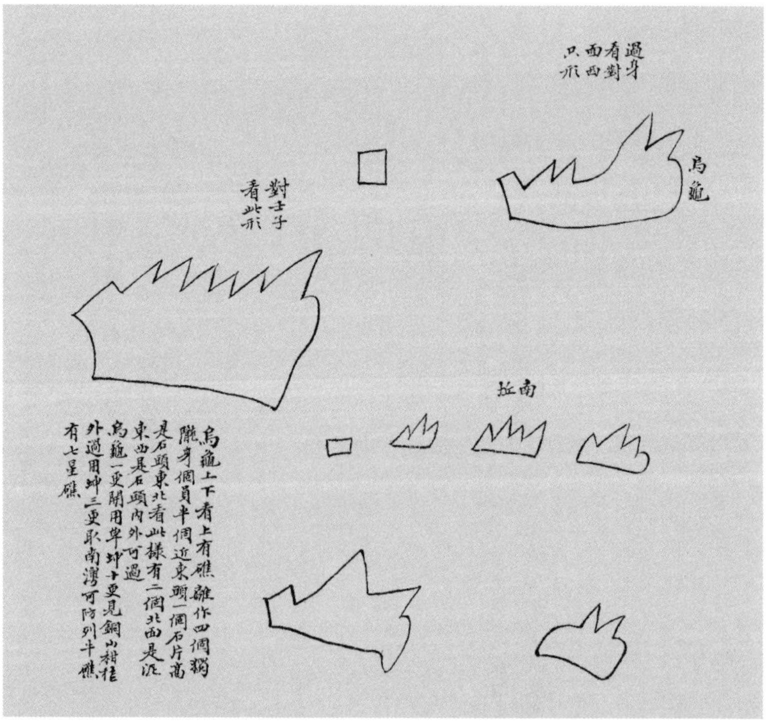


[清]佚名《古航海圖》四十五

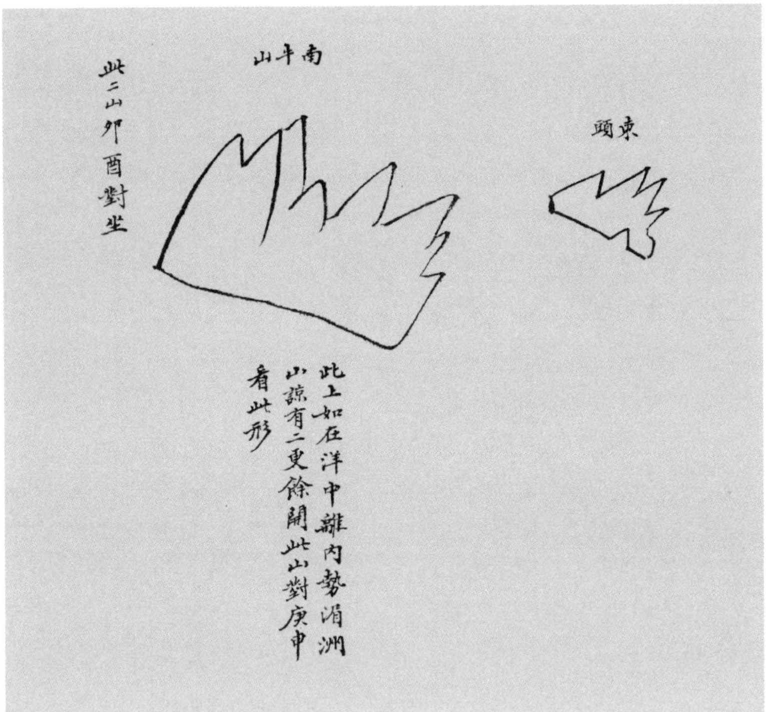


[清]佚名《古航海圖》四十六

## 圖四十六[福建 湄洲灣附近]

南牛山、東頭：此二山卯酉對坐。

[南牛山]此上[山]如在洋中離，內勢湄洲山，諒有二更餘，開此山對庚申看此形。

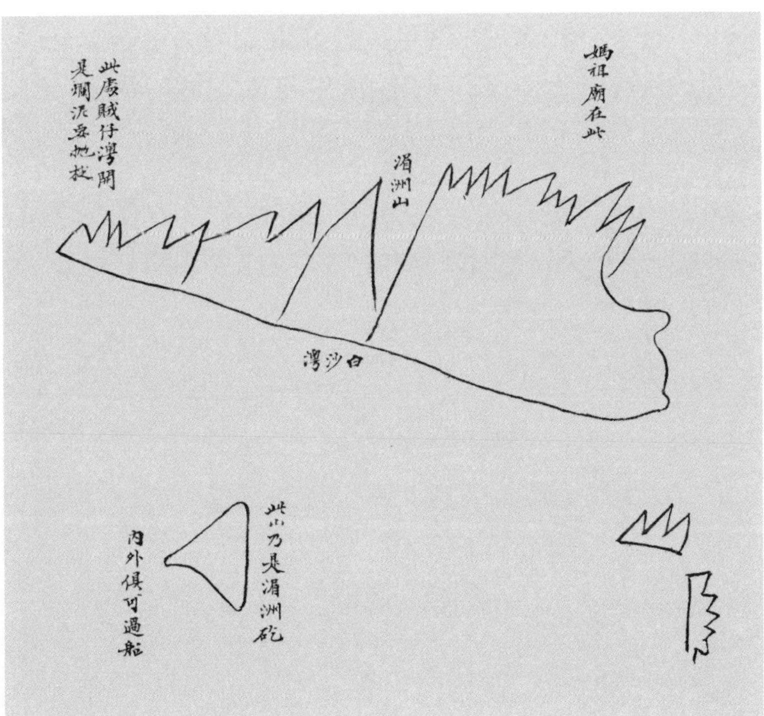


[清]佚名《古航海圖》四十七

## 圖四十七[福建 湄洲灣附近]

湄洲山：媽祖廟在此……[西北]此處賊仔澳，開是爛泥，要抛椗……[南]白沙澳。

此山乃是湄洲砣……內外俱可過船。

## 圖四十八[福建 泉州港北岸]

泉州地方

大岞山：[西]崇武城……[東南]沉礁仔……東京路頭。鐵釘嶼一出水。

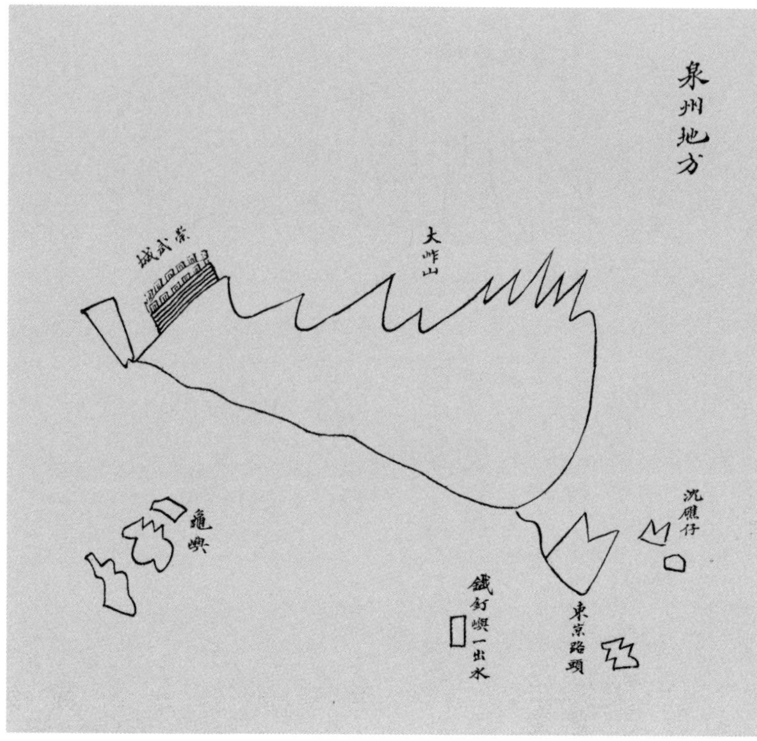


[清]佚名《古航海圖》四十八

## 圖四十九[福建 泉州港南岸]

永凝山：此山乃是永凝山……人家厝甚多。

此塔乃是姑嫂塔。

此山係是泉州港口。大澳平常，寄椗而已。

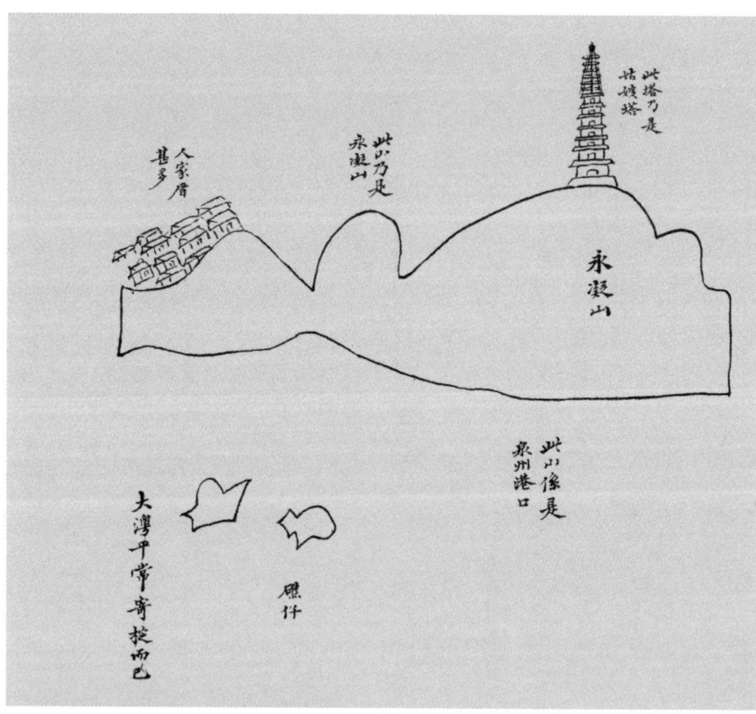


[清]佚名《古航海圖》四十九

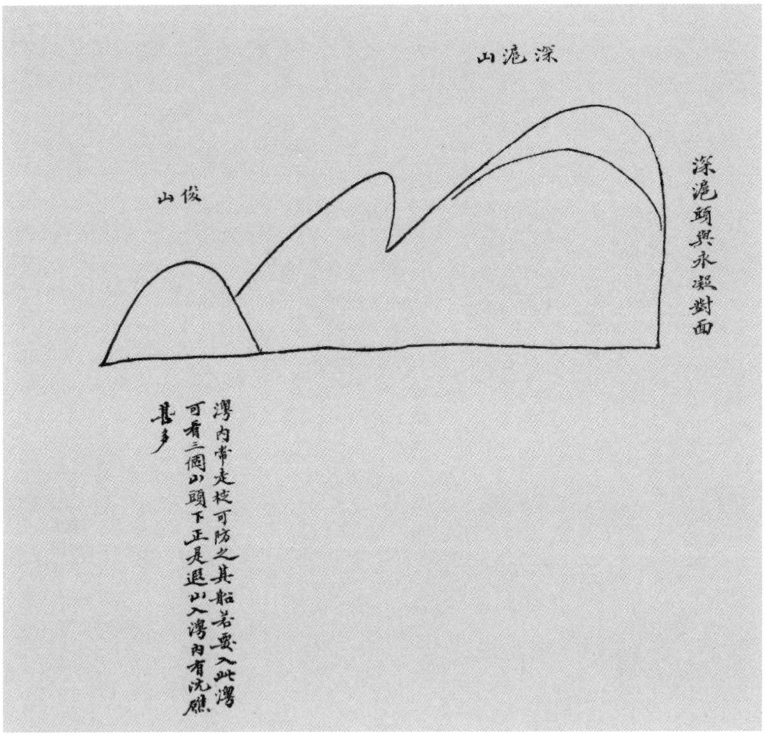


[清]佚名《古航海圖》五十

## 圖五十[福建 深滬灣]

深滬頭與永凝對面。

深滬山：澳內常走椗，可防之。其船若要入此澳，可看三個山頭，下正是遐山，入澳內有沉礁甚多。

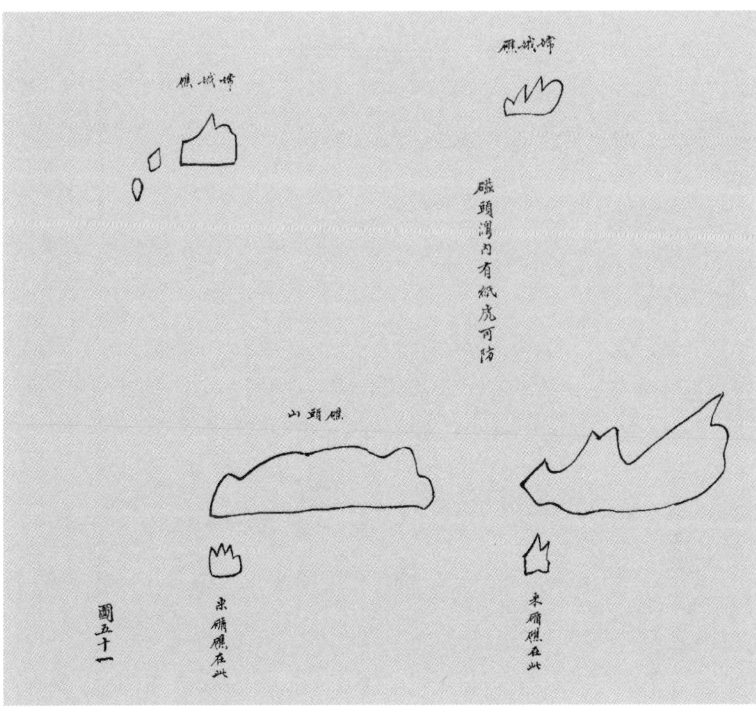


[清]佚名《古航海圖》五十一

## 圖五十一[福建 圍頭灣一帶]

磁頭澳內有紙虎可防。

礁頭山：[北]嫦娥礁……[南]米硇礁在此。

## 圖五十二[福建 金門島]

北太武大山

仙山：[南]對壬子、癸丑看此形，離二更開，打水三十托，泥地……[西]離一更開，打水二十一托，沙泥……[南]開離二更，打水綫齊身，打水三十托，赤白印沙仔， 對辛戌看此形……[東南]內有椗索礁，不可過。

北太武：[南]繚羅澳。

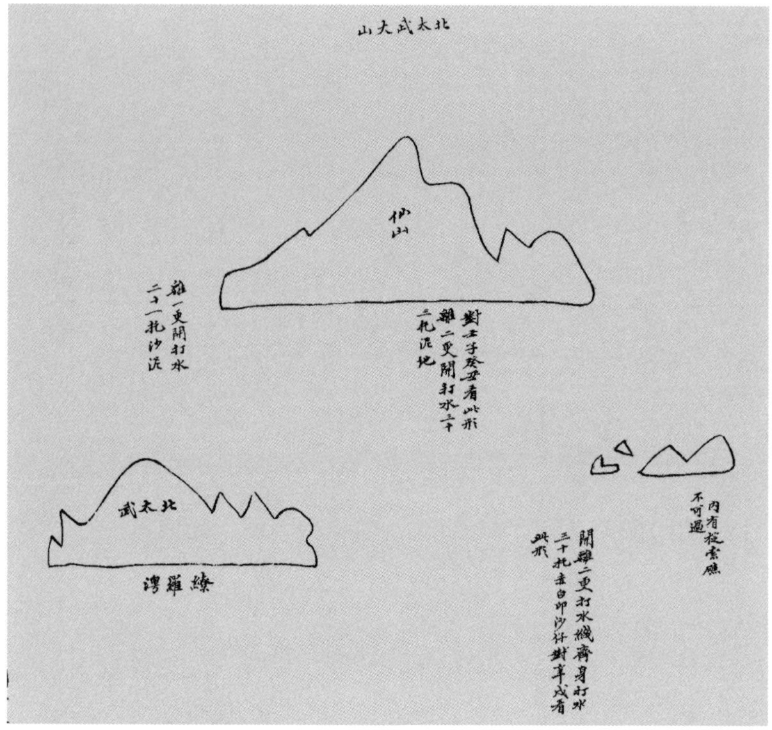


[清]佚名《古航海圖》五十二

## 圖五十三[福建 廈門港]

廈門：[東北]雲頂岩。

塔仔山：[南]塔仔腳，此處好泊船。

虎仔嶼：[南]虎仔尾腳，打水十托，沙仔泥地。

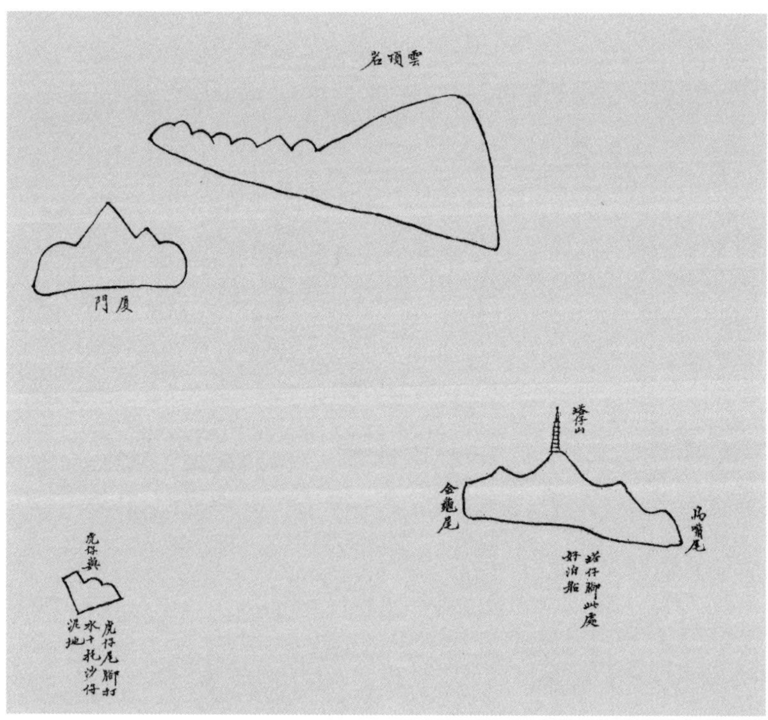


[清]佚名《古航海圖》五十三

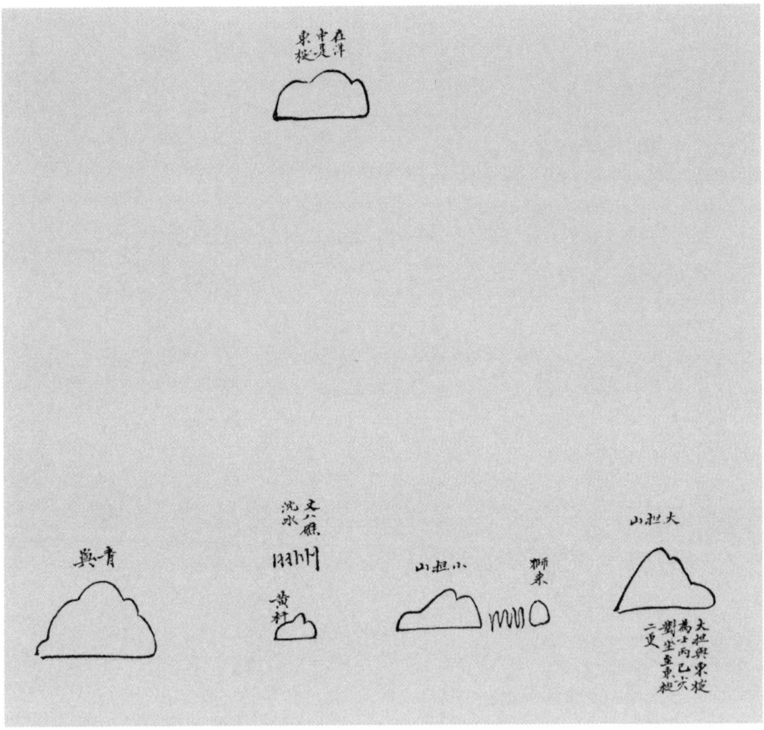


[清]佚名《古航海圖》五十四

## 圖五十四[福建 廈門港]

在洋中是東椗。大擔與東椗為壬丙、巳亥對坐，至東椗二更。

大担山：[西與]小担山[間為]獅來。

黃杆：[北]丈八礁沉水……[西]青嶼。

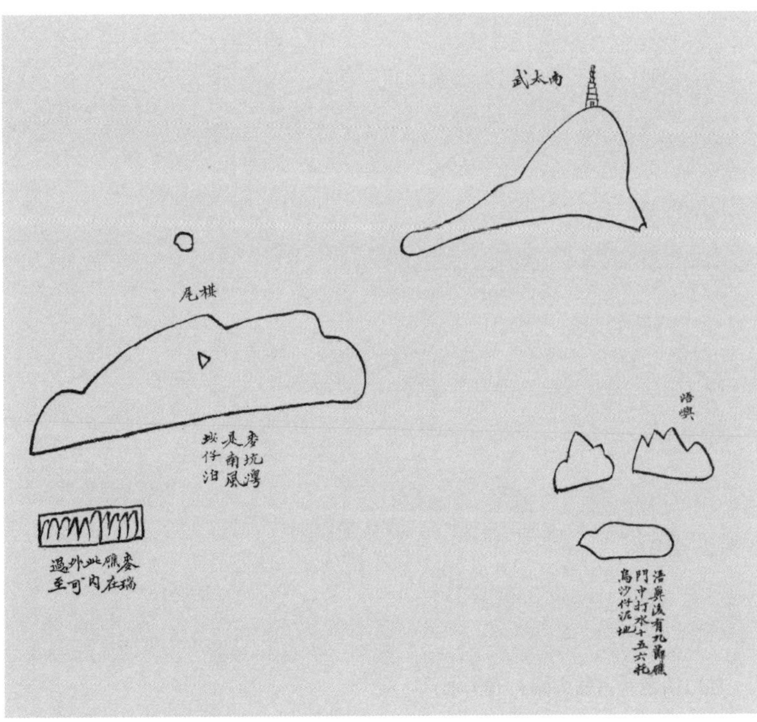


[清]佚名《古航海圖》五十五

## 圖五十五[福建 廈門、漳州間]

南太武：[南]浯嶼。

浯嶼後有九節礁，門中打水十五六托，烏沙仔泥地。

棋尾：[南]麥坑澳是南風垵仔泊。

麥瑞礁在此內外可過至[之]。

圖五十六[福建 鎮海]

鎮海：澳內泊船。

南椗：[東]椗索礁在此。

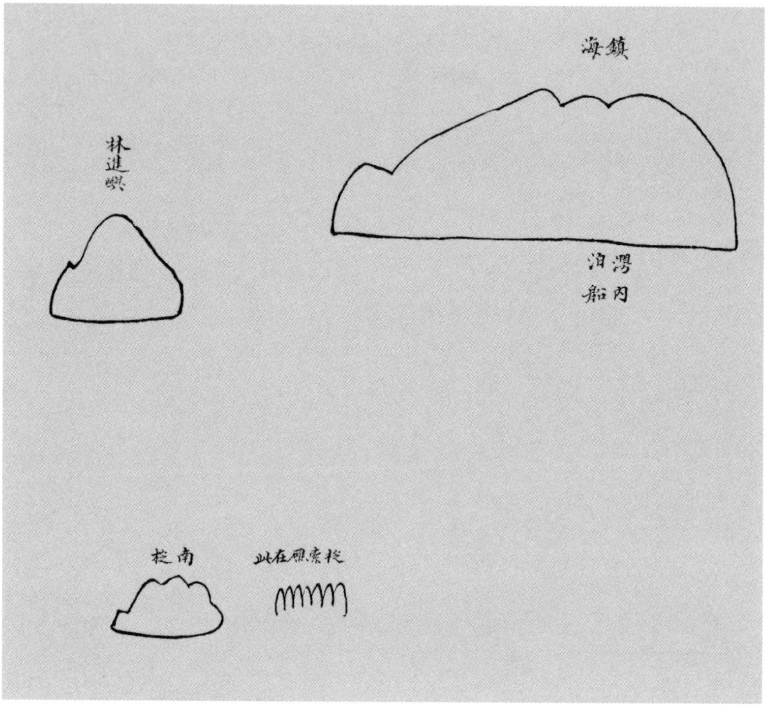


[清]佚名《古航海圖》五十六

圖五十七[福建 浮頭港]

將軍澳山：[南]將軍仔。

丁[燈]火澳山：丁火澳，澳中有丁火才[柴]礁一塊，可防至[之]。

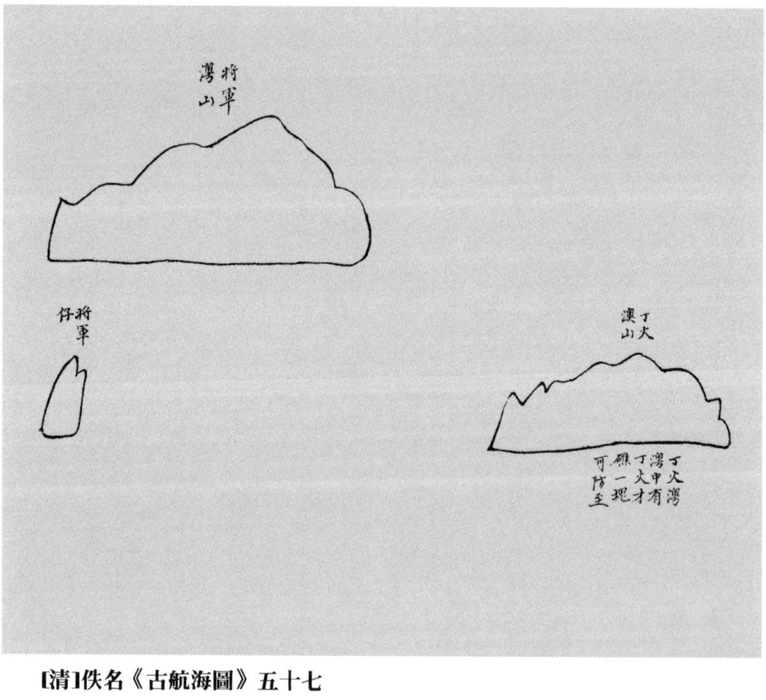


[清]佚名《古航海圖》五十七

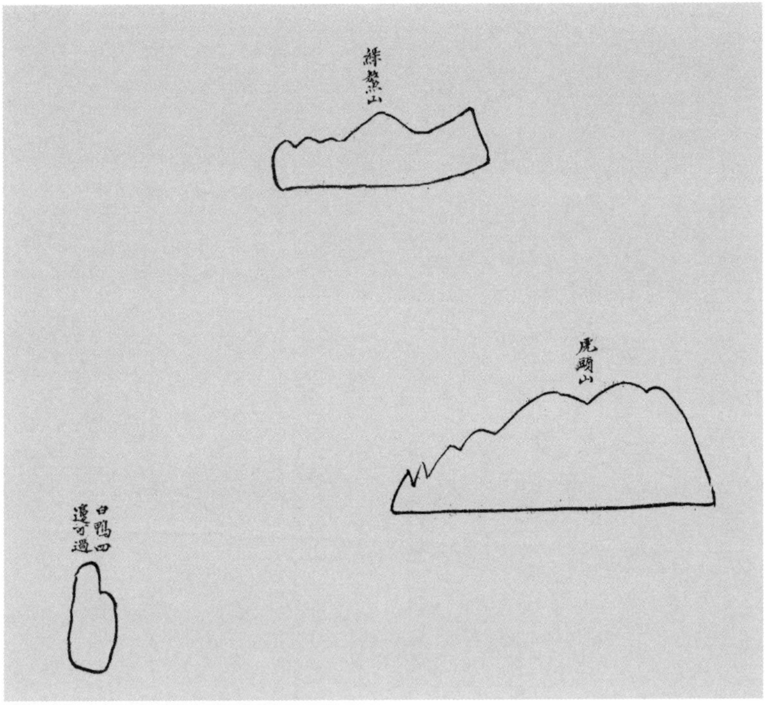


[清]佚名《古航海圖》五十八

## 圖五十八[福建 浮頭港附近]

綠鰲山。

虎頭山：[西]白鴨四邊可過。

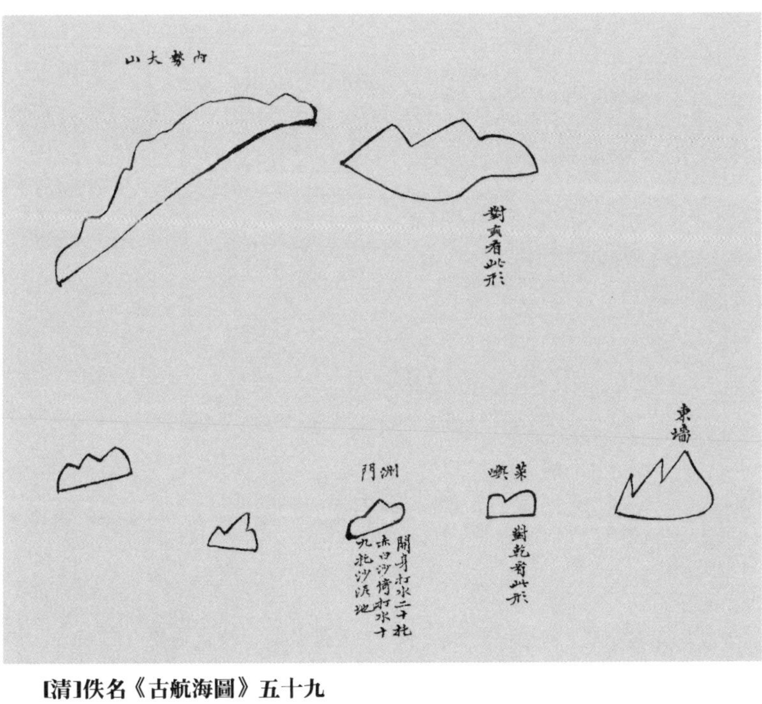


[清]佚名《古航海圖》五十九

## 圖五十九[福建 東山港附近]

內勢大山：對亥看此形。

東墻……[西]菜嶼：對乾看此形……[西]洲門：開身打水二十托，赤白沙，倚，打水十九托，沙泥地。

**圖六十[福建 東山港]**

銅山內面山：銅山對單酉看此形。

高螺頭兩邊嶼……高螺頭對單戌看此形……[南]赤泥。

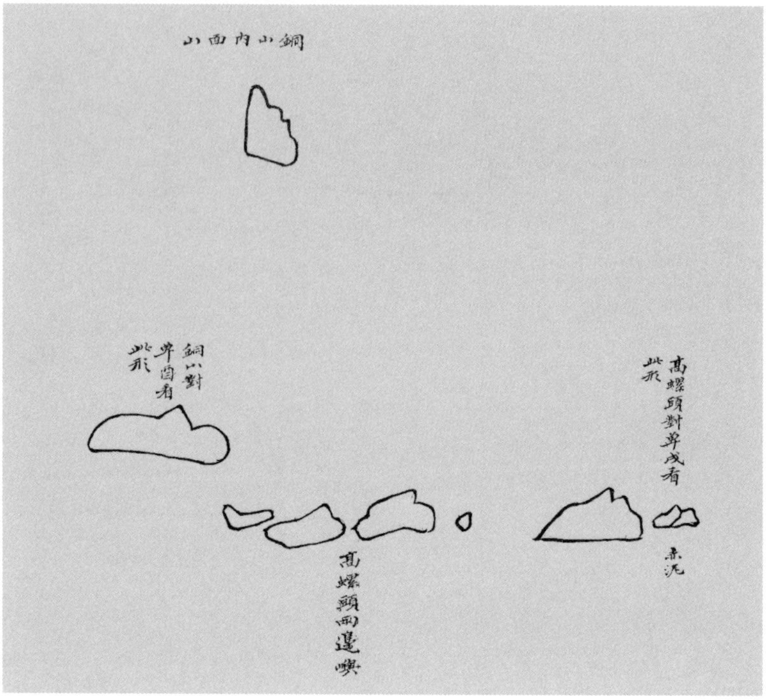


[清]佚名《古航海圖》六十

**圖六十一[福建 東山港南面]**

[港東北]九十九尖至此盡尾。

[港東南]蘇尖：蘇尖對單庚看此形……[南]蘇尖山上勢澳內山。

桔[大甘]……[西南]柑[小甘]：桔外過可用丑艮四更，取南太武。

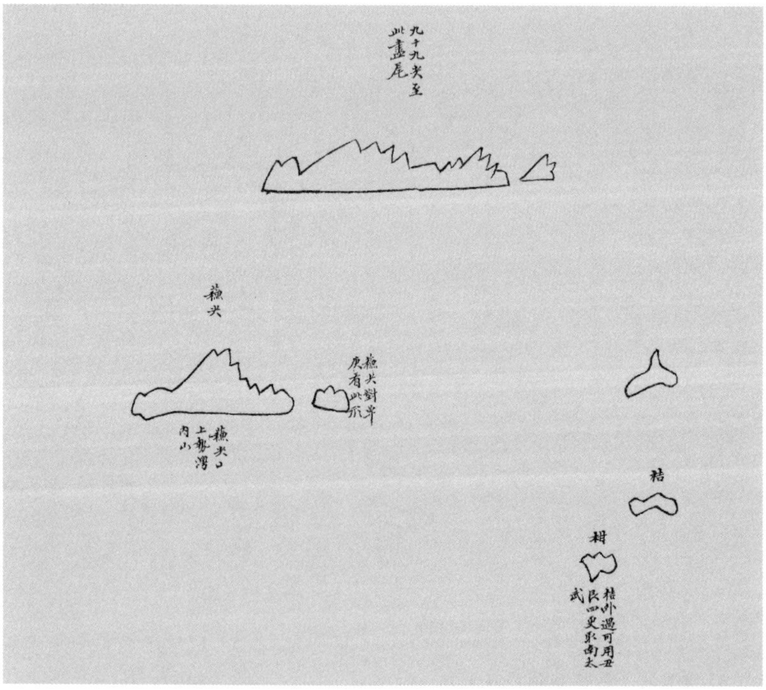


[清]佚名《古航海圖》六十一

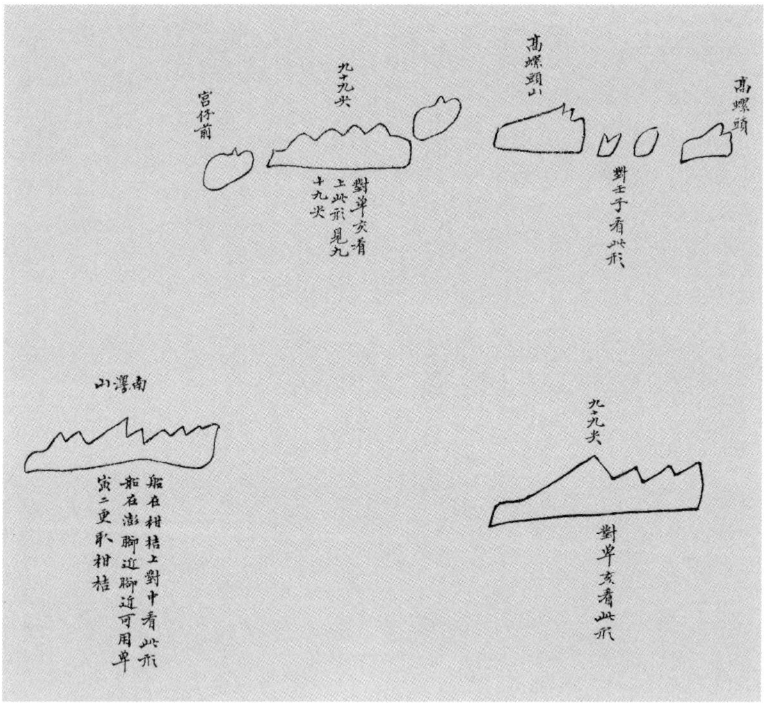


[清]佚名《古航海圖》六十二

## 圖六十二[福建 東山、廣東 南澳間]

高螺頭：對壬子看此形。

高螺頭山：[西]九十九尖，對單亥看上此形，見九十九尖。

九十九尖：對單亥看上此形。

南澳山：船在柑、桔上，對中看此形。船在澎腳，近腳近可用單寅二更取柑、桔。

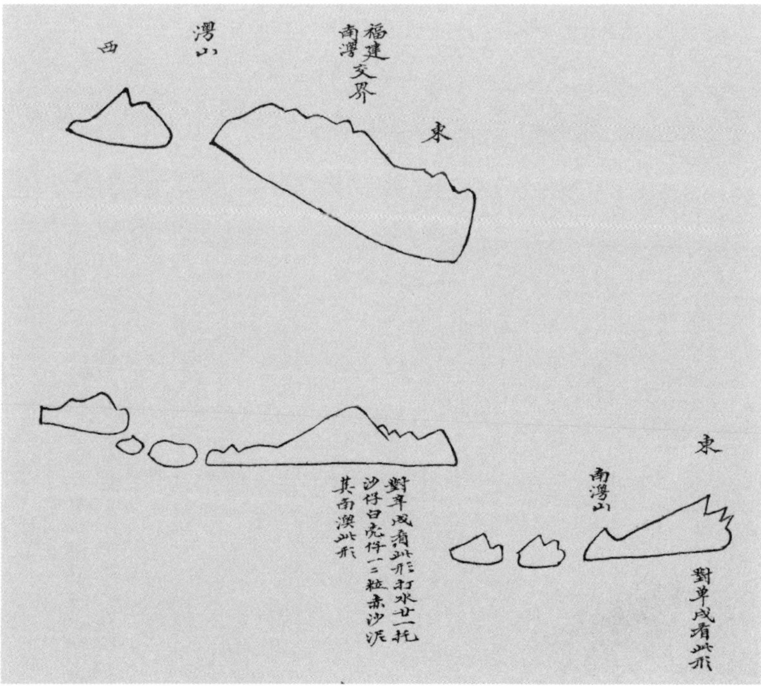


[清]佚名《古航海圖》六十三

## 圖六十三[由閩 粵交界至南澳]

東：福建、南澳交界……西：澳山。

南澳山：東……對單戌看此形……對辛戌看此形，打水廿一托，沙仔、白壳仔，一二粒赤沙泥。其南澳此形。

## 圖六十四[廣東 南澳]

南澳開，對北看此形。

南澳正近看此形。

對單戌看上此形，打水二十托，白沙帶壳仔，一二點赤色。若西頭山尾看不見，打水二十托，船在南北。或往東洋，可用單寅。若用單寅，可見澎湖。

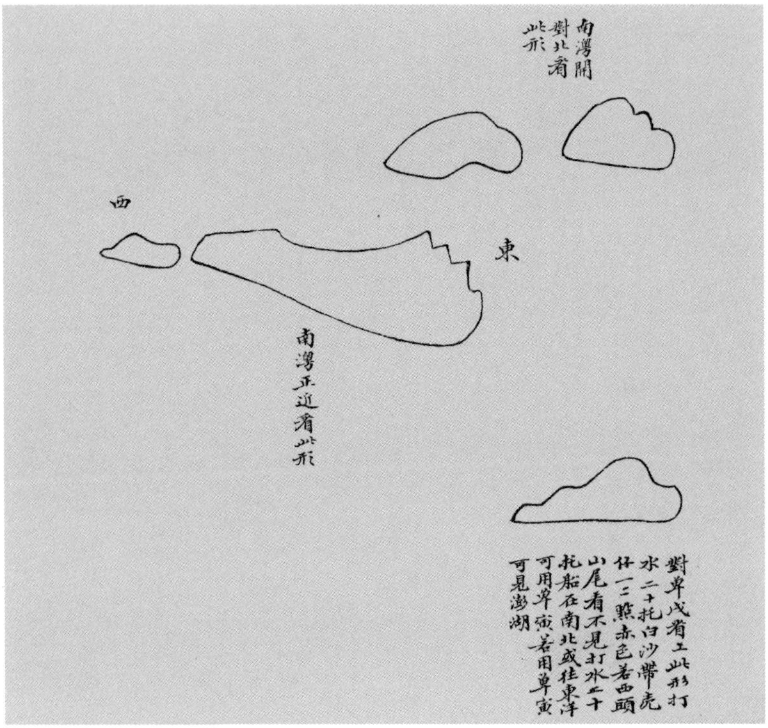


[清]佚名《古航海圖》六十四

## 圖六十五[廣東 南澳至紅海灣一帶]

南澳山：[西]南澳廿三坎……東北……對丑癸看上此形，遠看有斷水門，中有嶼，或過，相吞作個，打水二十托，赤沙帶壳仔。

南澳開是澎山，離二更開，內外可過。打水十五托，壕尾用坤申十一更，取大星矻。

赤澳大山：赤嶼……此嶼赤色。

此嶼倚，打水廿三托，爛泥地。赤嶼大山下齊身，打水廿二托，是烏沙地，可用乙卯取南澳。

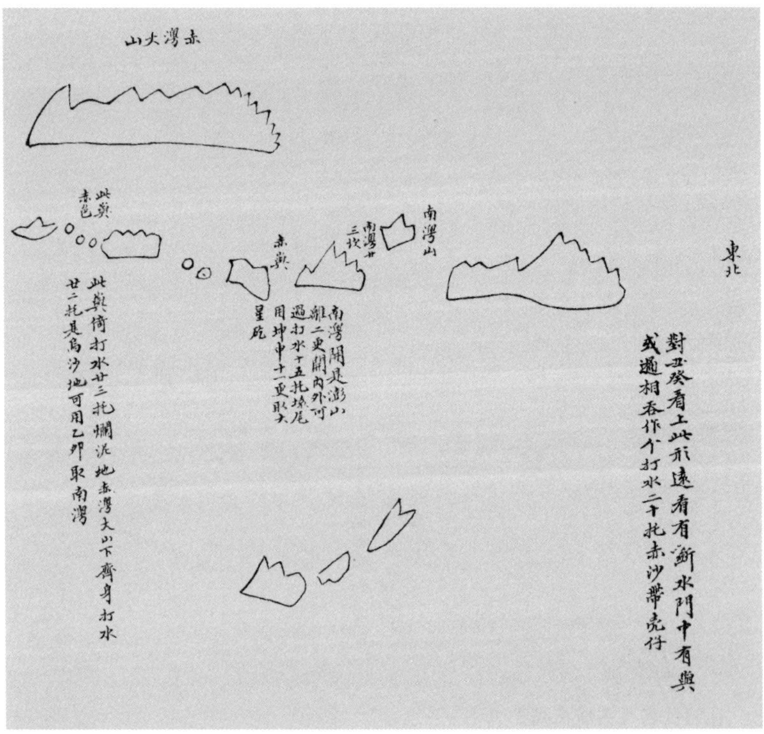


[清]佚名《古航海圖》六十五

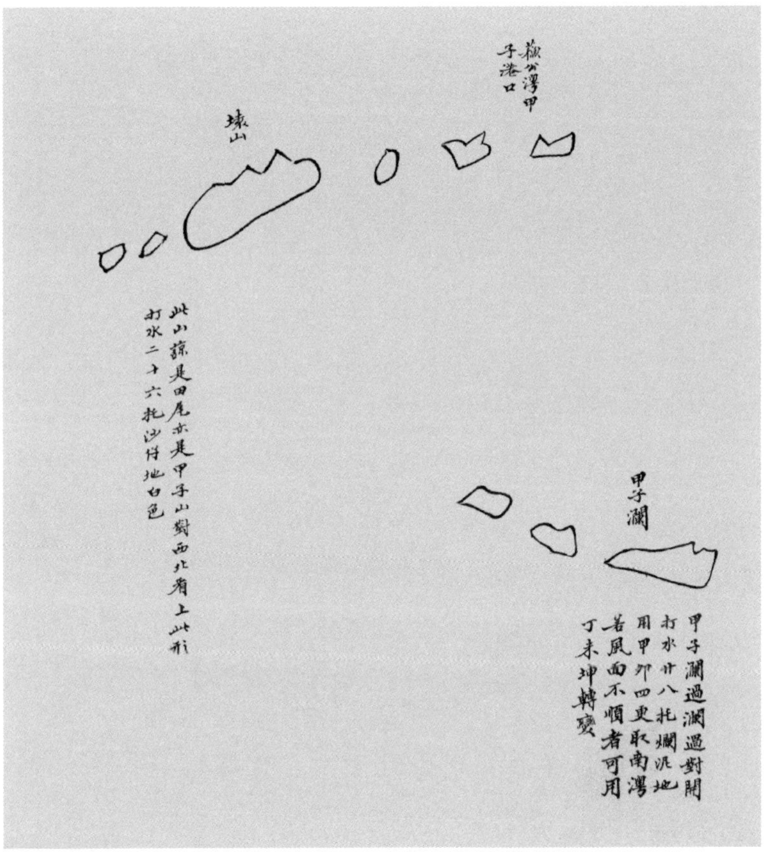


[清]佚名《古航海圖》六十七

**圖六十六[原缺]**

**圖六十七[廣東 甲子灣]**

蘇公澳 甲子港口。

甲子瀾：甲子瀾，瀾過對開，打水廿八托，爛泥地。用甲卯四更取南澳。若風面不順者，可用丁未坤轉變。

壞山：此山諒是田尾，亦是甲子山，對西北看上此形。打水二十六托，沙仔地，白色。

## 圖六十八[廣東 碣石灣至珠江口]

貓嶼：對乾戌看上此形，亦是白沙湖下。

貓嶼：[東南]對壬子看此形……[西]大星廿二坎。

大星砣對圯看上，此略略有白色。

大星砣：此嶼南北看，離作兩個，對南看作一箇。

大星砣生在洋中，是石礁。丙午離門，遠看相倚，內打水二十五托，外打水四十五托，用坤未七更取東靈及南亭門。

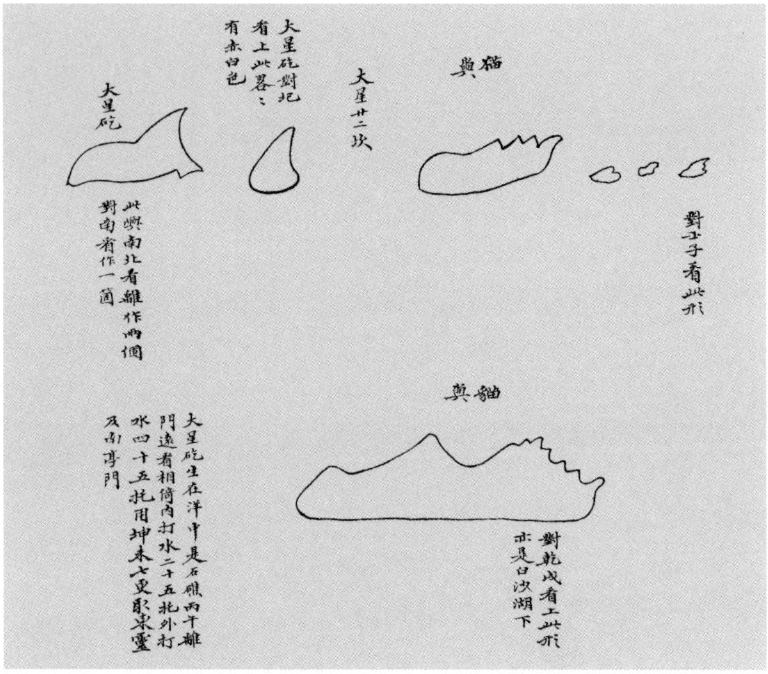


[清]佚名《古航海圖》六十八

## 圖六十九[廣東 珠江口外南澳氣]

愧[癸]三十一坎足。

正北有沉礁。

[東北]沙壇抛尾。

正南、西南：中可過船，流界甚急。

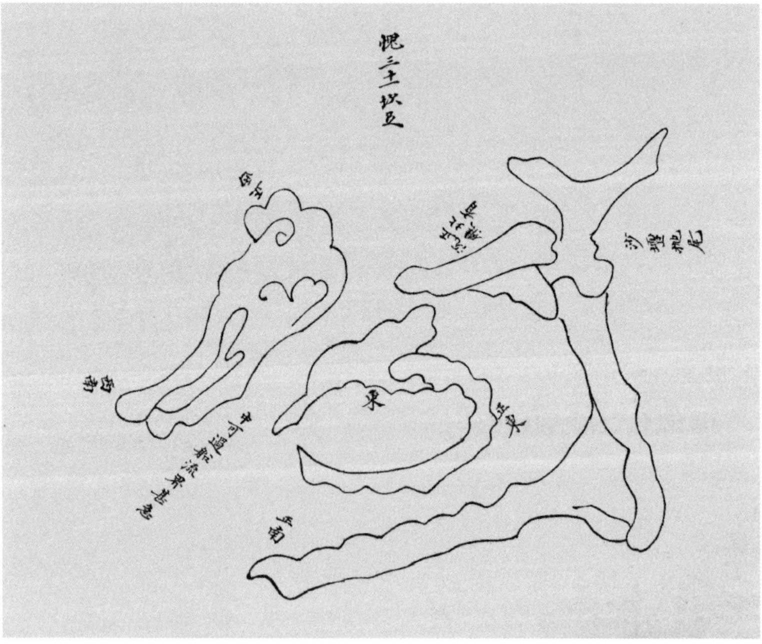


[清]佚名《古航海圖》六十九

# 《東洋南洋海道圖》《西南洋各番針路方向圖》的海路交通

## [中外港口航行針路記錄]

### [東洋針路]

[廈門往日本] 往日本從此去：用艮寅針及甲寅針壹百肆拾肆更取日本港口

[廈門往呂宋] 往呂宋從此也：用丙午針壹百肆拾肆更取表頭入呂宋港

[呂宋往蘇祿] 往蘇祿從此路：庚酉伍拾肆更取蘇祿港

[呂宋往淑務] 往淑務從此路：巽巳針肆拾伍更取淑務港

[呂宋往文來] 往文來從此路：坤未針壹百伍拾更取文來港

### [南洋針路]

[廈門往咬嚠吧等] 往咬嚠吧等海路從此去

[廈門往廣南] 用坤申針壹百肆拾伍更取廣南港

[廈門往交趾] 往交趾從此路：[往廣南中途]用乾戌針柒拾伍更取交趾港口

[廣南往羅原頭] 用辰巽肆拾肆更取羅原頭

[羅原頭往柬埔寨] 往柬埔寨港從此路去： 辛酉伍拾更取過崑崙內

[羅原頭往暹羅] 坤申針叁拾更取崑崙 庚酉針貳拾更過真薯 乾戌針貳拾更過大橫

乾坤針拾更過小橫 乾未針肆拾更取竹嶼 用癸針叁拾更取暹羅港

[羅原頭往斜仔、六坤、宋龜朥、大哖] 用坤未針肆拾更取崑崙

**【引書舉要】**

《東洋南洋海道圖》及《西南洋各番針路方向圖》由施世驃、覺羅滿保分別於清康熙年間向朝廷進呈，原圖現均藏中國第一歷史檔案館。清施世驃（1667—1721）於康熙五十一年至六十年（1712—1721）任福建水師提督，覺羅滿保（1673—1725）於康熙五十年（1711）任福建巡撫、五十四年（1715）擢閩浙總督，兩人爲同時同僚，屬上下級。由圖形及地名看，施圖在中外港口間用連線標航路針經（應承襲牛津藏《明代東西洋航海圖》作法），並在東南亞地形圖上標地名和部分說明；滿保圖則未標航路針經及部分說明，其餘圖形及地名與施圖大同。初步判斷，施圖應作於1712—1721間，而滿保圖作於1721年前。

這兩張圖原均藏中國第一歷史檔案館。後中國第一歷史檔案館、澳門一國兩制研究中心選編《澳門歷史地圖精選》（北京：華文出版社2000版）時，也予以收入（圖15、18），唯字跡難以分辨，本書輯錄如有錯訛當以原圖爲準。《地圖》雜誌2002第3期也刊登了《東洋南洋海道圖》。

過崑崙用乾坤針往斜仔及六坤 乾坤針肆拾更取大哖港

坤未針拾伍更入斜仔港 辛戌更貳拾更取六坤港

庚酉針貳拾伍更取宋龜朥港

[羅原頭往丁佳奴] 乾坤針肆拾貳更從此路[往丁佳奴港]

[羅原頭往彭亨] 往彭亨從此路：用坤未針肆拾更取彭亨港

[羅原頭往柔佛、麻六甲] 丁未針肆拾更過崑崙山 未針叁拾更取柔佛港 庚針柒拾更取麻六甲

[羅原頭往馬辰] 往馬辰從此路：辰巽針捌拾更取吉寧馬礁 辰巽針肆拾更經此處 甲卯針肆拾更從此路去 艮針肆更取馬辰港

[羅原頭往舊港] 辰巽及丙午柒拾伍更經新洲港 辰針肆拾伍更取舊港口

[舊港往咬囓吧] 取舊港從此海過淺，從此路出口 巳針肆拾更取頭嶼

午針肆拾更取咬囓吧港

## [航海地名輯錄]

南京 上海 寧波 普陀 定海 台州 溫州 茶山 九山 北烏龜 魚山 鳳尾 南杞

福州 東湧 海壇 興化 湄洲 泉州 漳州 太武 廈門 金門

**[清]施世驃進呈的《東洋南洋海道圖》**［康熙六十年（1721）前］

**清初航海羅盤圖**

載於《東洋南洋海道圖》清初已吸收中外航海經驗，採用32字、64方位的羅盤。圖中羅盤32字順時針排列為：子，癸，丑，元，艮，寅，甲，震，卯，乙，辰，利，巽，巳，丙，离，午，丁，未，亨，坤，申，庚，兌，酉，辛，戌，貞，乾，亥，壬，坎。

澎湖 臺灣 雞籠頭 打狗 賊嶼

廣東 潮州 南澳 南頭 新安 大星尖 東姜 弓鞋 魯萬 烏豬 三灶 香山澳 電白

海南 行內 黎母山 七星 大州

[南澳]氣 長沙 石塘 硏罩 貓士知無呢荖 貓士知馬升愚洛

東洋

日本 五島 天堂 殺子馬

琉球

呂宋 紅豆嶼 陳宋 射昆美 刣牛坑 表頭 呂宋澳內湖 邦仔系蘭 桶盤淺 頭巾礁 圭嶼 貓荖 呂蓬 甘馬力 武佳朥門 文武樓 班愛 淑務 屋黨 交霓棉 糖獅象 蘇祿 毛系蘭 桐打雞 貓毋煙 蚊巾礁荖

萬老高

文來 文來大山

南洋

交州 廣南 新州港 尖筆羅 外羅 羊角 煙筒 伽南皃 羅原頭 赤坎

崑崙 大崑崙 小崑崙 真薯 假薯 大橫 小橫

柬埔寨

暹羅 竹嶼 斜仔 六坤 宋鼊朥 大哖

吉蘭丹 丁佳奴 彭亨 柔佛 麻六甲

東洞 東 西竹 地盤 羨丹

朱葛礁那 蚊閣 芒巄山 馬辰 單戎系蠟 把石 芒加虱大山

爪蛙 咬嵧吧 萬丹 頭嶼 井里問 三把壠 二泊那 吉里文 貓面 吉寧馬礁 明牙 萬里洞 琴山 舊港 亞齊

——[清]施世驃進呈的《東洋南洋海道圖》

**[航海地名輯錄]**

南京 上海 寧波 台州 溫州 茶山 九山 北烏龜 魚山 鳳尾 南杞

福州 東勇 海壇 興化 泉州 廈門 太武 金門

澎湖 臺灣 雞籠頭 打狗 賊嶼

廣東 潮州 南澳 南頭 新安 大星尖 弓鞋 魯萬 烏豬 三灶 香山澳 電白

海南 行內 黎母山 七星 獨豬 大州頭 銅古

[南澳]氣 長沙 石塘 硏罩 貓士知無呢荖 貓士知嗎升禺洛

日本 五島 天堂 杀子馬

琉球

紅豆嶼 陳宋 大港 射昆美 刣牛坑 表頭 內湖 邦仔系蘭 桶盤淺 頭巾礁 圭嶼 貓荖 呂蓬 甘馬力 武佳勝門 文武樓 二嶼 四嶼 班愛 淑務 屋黨 交覽棉 糖獅象 蘇祿毛系蘭 桐打雞 貓武煙 蚊巾礁荖

萬老高

文來 文萊大山

西南洋

東京 廣南 占城 新州 尖筆羅 外羅 羊角 煙筒 伽南貌 羅灣頭 赤坎 毛蟹州 大崑崙 小崑崙 真薯 假薯 大橫 小橫

柬埔寨

暹羅 斜仔 六坤 宋龜勝 大呢

吉蘭丹 丁佳奴 彭亨 柔佛 麻六甲

東洞 龍蛇嶼 東 西竹 地盤 羨單

朱葛礁那 蚊閣 芒𡽶山 馬辰 單戎系蠟 把石港 芒加虱 芒加虱大山

爪蛙 咬嚁吧 萬丹 井里問 三把籠 二泊勝 吉里文 貓面 吉寧馬礁

明牙 末里洞 琴山 舊港 火山 過西 亞齊

——[清]覺羅滿保進呈的《西南洋各番針路方向圖》

[清]覺羅滿保進呈的《西南洋各番針路方向圖》

# 徐葆光《中山傳信錄》中的針路

## 針路

琉球在海中，本浙、閩地勢東西相值，但其中平衍無山。船行海中，全以山為準。福州往琉球，出五虎門必取雞籠、彭家等山，諸山皆偏在南，故夏至乘西南風，參用辰、巽等針袤繞南行，以漸折而正東。琉球歸福州，出姑米山必取溫州 南杞山，山偏在西北，故冬至乘東北風，參用乾、戌等針袤繞北行，以漸折而正西。雖彼此地勢東西相值，不能純用卯、酉針徑直相往來者，皆以山為準且行船必貴占上風故也。

《指南廣義》云：福州往琉球，由閩安鎮出五虎門東沙外開洋，用單（或作乙）辰針十更，取雞籠頭（見山，即從山北邊過船。以下諸山皆同）、花瓶嶼、彭家山。用乙卯並單卯針十更，取釣魚臺。用單卯針四更，取黃尾嶼。用甲寅（或作卯）針十（或作一）更，取赤尾嶼。用乙卯針六更，取姑米山。（琉球西南方界上鎮山。） 用單卯針取馬齒，甲卯及甲寅針收入琉球 那霸港。（福州 五虎門至琉球 姑米山，共四十更船。）琉球歸福州，由那霸港用申針放洋。辛酉針一更半，見姑米山並姑巴甚麻山。辛酉針四更、辛戌針十二更、乾戌針四更、單申針五更、辛酉針十六更，見南杞山（屬浙江 溫州）。坤未針三更，取臺山。丁未針三更，取里麻山（一名霜山）。單申針三更，收入福州 定海所，進閩安鎮（琉球 姑米山至福州 定海所，共五十更船）。

## 前海行日記

[康熙五十八年（1719）五月]二十一日（癸巳），日出，西南風。日中，至管頭，出金牌門。日入，未過黃蝦鼻，下碇。

二十二日（甲午），　日出，丁未風，過梅花頭。日

**【引書舉要】**

[清]徐葆光以副使身份，於康熙五十八年（1719）隨正使海寶出使琉球。是年五月廿二日由福州五虎門放洋，六月初一日抵那霸。次年二月十六日返航，三十日進五虎門，歸著《中山傳信錄》。

本書所引據北京圖書館出版社2000年《國家圖書館藏琉球資料彙編（中）》影印康熙六十年二友齋刻本。

徐錄有前、後海行日記，逐日記載風雨陰晴及用針情況，並繪有《針路圖》，又綜合分析自明陳侃以來的歷次使程，可供後來者之參考。唯其《針路》曾錄程順則《指南廣義》語，後有“姑米山(琉球西南方界上鎮山)”句，此係作者自語，而非程順則原著之言，故引用時須當慎重行事。

徐葆光的《針路圖》描繪了由福州閩安鎮梅花所、五虎門出航，依次經東沙島、雞籠山（今臺灣基隆港）、釣魚臺、黃尾嶼、赤尾嶼和琉球的姑米山等最終到達那霸港，並由琉球那霸返回福州的航程，圖上還注明往返的針路更數等指引記錄。周煌《琉球國志略》首卷所附的《針路圖》，其來源即出自此圖。

中，丁風帶午，乘潮出五虎門放洋，過官塘尾。日入，至進士門。夜至九漏，轉丁未風。接封陪臣正議大夫陳其湘率其國“火長”主針，用乙辰針三更半。

二十三日（乙未），日出，見東湧在船後，約離一更半許。丁未風，用乙卯針二更，約離官塘八更半許。

二十四日（丙申），日出，丁午風，仍用乙卯針。日未中，過米糠洋（海水碧徹如靛，細黃沙如涎沫，連亙水面如米糠），見群魚拜水。日將入，有大鳥二，來集於檣。是夜，風益利，用乙卯針四更。共計十三更半。當見雞籠山、花瓶、棉花等嶼及彭家山，皆不見。夜，用乙卯針四更半，共十七更。船東北下一更半許。



二十五日（丁酉），日出，丁未風輕，用單乙針二更、乙卯針一更半。夜至四漏，轉正南風，用單乙針一更半，共計二十一更。

二十六日（戊戌），日出，正南風。日未中，轉丁午。逾時，丁未風微起，用單乙針一更。日中，風靜，縋水無底。晚晡，轉丙午風，用乙卯針。風靜船停，不上更。日入，風微起。至四漏，轉丁午風，用乙卯一更。至八漏，又用單卯二更，至天明。.



二十七日（己亥），日出，丁午風。日未中，風靜船停；有大沙魚二，見於船左右。日入，丁午風起。至二漏，轉丁風，用乙辰針二更半。天將明，應見釣魚臺、黄尾、赤尾等嶼，皆不見。共用卯針二十七更半，船東北下六更許。

二十八日（庚子），不用接封陪臣主張卯針，本船“火長”林某改用乙辰針。日未中，丁未風。行二更半，鵁班上檣，見山一點在乙位，約去四更餘。水面小黑魚點點。接封陪臣云：“此出姑米山，所見，或是姑米而未能定。”日入，風轉丁午，用辰巽針二更。

二十九日（辛丑），日出，見東北小山六點。陪臣云：“此非姑米，乃葉壁山也，在國西北。”始悟用卯針太多，船東北下。若非西北風，不能提舟上行至那霸收港也。日中，禱於神，忽轉坤申庚風。一時，又轉子癸。陪臣大喜，乃回針東南行。指一

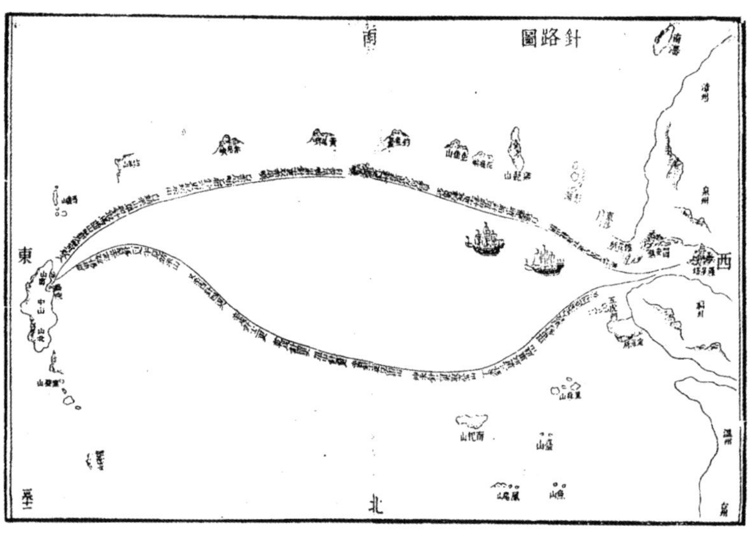


［清］徐葆光《中山傳信錄·針路圖》

小山云："此名讀谷山。由此迆轉，即入港。"日入，轉丑艮風，大熾。用丙巳針，又用丙午、單卯針。先是，四五日前未見山，舟浮不動，水艙將竭，眾頗惑。禱於神，示曰："二十八日見山，初一日到港。"至是六月朔（壬寅），日未出，遂入港。行海中凡七晝八夜云。

臣葆光按：琉球針路，其大夫所主者，皆本于《指南廣義》。其失在用卯針太多，每有落北之患。前使汪楫記云："封舟多有飄過山北，已復引回。"稽諸使錄，十人而九（明 嘉靖十三年，陳侃記："舟至葉壁山，小舟四十牽挽八日，始至那霸。"嘉靖三十七年，郭汝霖記："已至姑米山，頭目云：得一日夜之力，即未遽登岸，可保不下葉壁山矣。"可見下葉壁，即琉人亦以為戒。萬曆四年，蕭崇業記："六月初一日，過葉壁山，薄山下。由此，陸路至國兩日程，挽舟。初五日，始泊那霸。"康熙二年，張學禮記："舟抵琉球北山，與日本交界。北風引舟南行，始達那霸"）。封舟不至落北者，惟前明冊使夏子陽及本朝汪楫二人。考夏《錄》則云："梅花所開洋，過白犬嶼，又取東沙嶼。丁上風，用辰巽針八更船，取小琉球山。未上風，乙卯針二更，取雞籠。申酉上風，用甲卯針四更船，取彭家山。亥上風用乙卯針三更船，未上風用乙卯針三更船，取花瓶嶼。丁未上風，用乙卯針四更船，取釣魚嶼。丙午上風，用乙卯針四更船，取黃尾嶼。丙上風用乙卯針七更船，丁上風用辰巽針一更，取姑米山。又辰巽針六更船，取土那奇、翁居里二山（今譯為度那奇、安根呢山二山，在馬齒山之西）。又辰巽一更，取馬齒山，到港。"汪《錄》則云（本錄不載，見《洋船針簿》內）："乙辰八更，取雞籠頭。用辰多[及]辰巽三更，取梅花嶼。單卯十更，取釣魚臺，北邊過。乙辰四更，取黃尾嶼（得力在此四更，船身提上，已見黃尾嶼。下用甲卯針，取姑米，定是正西風利故也）。甲卯十更，取姑米山。乙卯七更，取馬齒山。甲寅並甲卯，取那霸港。"蓋自雞籠山東行，釣魚嶼、赤尾嶼以至姑米山諸山皆在南，借為標準，俱從山北邊過船。見山，則針正。應見不見，則針已下漸東北行，必至見葉壁山矣。要其病，皆由於用卯針太多，又不能相風用針。夫西南風，固皆為順；而或自午、或自丁、或自未與坤者，方位又各不同。今《指南廣義》所錄，則專言針，混言風，又多用卯針，故往往落北，不見姑米而見葉壁也。後人或不見山，不可信接封者主張卯針。當深玩夏、汪二錄酌風參用辰、巽等針，將船身提上，則保不下葉壁矣。

## 後海行日記

[康熙五十九年（1720）]三月十六日（癸丑），巳刻，封舟自琉球 那霸開洋。用小船百餘引出港口，琉球官民夾岸送者數千人，小船豎旗，夾船左右送者數百槳。是日晴明，南風送颿，用乾亥針一更半、單乾針四更，過馬齒、安根呢、度那奇等山，海水滄

黑色。日入，見姑米山二點，離二更半許。夜轉丁未西南風，十三漏轉坤未風，用乾戌三更半。風有力，頭巾頂索連斷三次。

十七日（甲寅），日出，龍二見於船左右，水沸立二三丈。轉西北風，用單子針一更。日入至十四漏，轉坤未風，用乾戌一更。夜見月，至明。

十八日（乙卯），日出，用單乾、乾戌四更。日入，至十四漏，西南風有力，用乾戌四更半。夜見月，至明。

十九日（丙辰），日出，轉辛酉西風，帶南風不定，用單庚一更。日中，轉壬子癸風，用單酉針。至日入，轉子癸、又轉丑癸，用單戌三更半。夜見月，至明。

二十日（丁巳），日出，轉艮寅東北順風。日中，轉甲卯，用辛戌四更。日入，轉乙辰風，大雨。船共行二十六更半。是日，海水見綠色。夜過溝，祭海神。轉巽巳風，用辛酉三更半，至明。

二十一日（戊午），日出，大霧。正南風轉西南，又轉西北，風不定，船行緩，不上更。縋水，四十八托。有鳥，來集於檣。轉子癸風，至十三漏，轉東北大順風，用庚申二更，至明。

二十二日（己未），日出，東北風，晴，大寒。用庚酉申四更半。日入，有燕二，來集檣上。至十一漏，轉乙卯風。縋水，四十托。用庚酉一更。夜雨，大霧。

二十三日（庚申），日出，霧大，雨，無風。縋水，三十二托。日晡，壬亥風起。日入，轉壬子風。夜，雨，大寒。用庚酉二更。未明，見山，離一更遠許。

二十四日（辛酉），日出，用單申一更，至魚山及鳳尾山，二山皆屬台州。封舟回閩針路，本取溫州 南杞山。此二山又在南杞北五百里，船身太開北行，離南杞八更遠許。日晡，轉北風，用丁未針三更。日入，舟至鳳尾山。風止，下椗。

二十五日（壬戌），無風，舟泊鳳尾山。夜，雨。有數小船來伺警，至明。

二十六日（癸亥），日出，東北風，起椗行。大雷雨，有旋風轉篷。日晡，轉壬亥風，用單未、坤未三更。日入，風微。用單未一更，見南杞，離一更許。

二十七日（甲子），日出，晴。見盤山。至溫州，東北順風，用坤申庚四更。縋水，十四托，離北關一更許。日入，用坤申庚一更，至臺山下椗。夜十八漏，又起椗。至明，見南 北關，二號船先一日過南關。

二十八日（乙丑），東北風，無力，船泊七星山。縋水，九托。夜至五漏，颶作，椗走。用乙辰針行七漏，加副椗泊船。

二十九日（丙寅），日出，至霜山。東北風，用申庚酉針。日晡，與二號齊至定海所。琉球謝恩船先一日到，相次泊。

三十日（丁卯），東北風，乘潮三船雁次進五虎門。日中，至怡山院，諭祭於海神。行海中，凡十四晝夜云。

臣葆光按：冊封之役有紀錄者，目前明 嘉靖中陳侃始，至康熙二十一年汪楫等，凡七次；封舟回閩，析桅漂柁，危險備至。披閱之次，每為動心。今奉皇上威靈、海神效順：逾年行役，幸避冬汛之危；半月漂浮，絕少過船之浪。桅、柁無副，竟免催傷；偶有風暴，隨禱立止。上下數百人安行而回，遠勝疇昔；額手慶幸，胥戴皇恩！至於顛仆嘔逆、小小困頓，海舶之常，何足云也！

## 歷次封舟渡海日期

嘉靖十三年（甲午）陳侃《使錄》：海行十八日至琉球（五月初八日出海，二十五日至那霸港），七日回福州（九月二十日出那霸，二十八日至定海所）。

嘉靖四十一年（壬戌）郭汝霖《使錄》：海行十一日至琉球（五月二十二日出海，閏五月初九日至那霸港），十一日回福州（十月十八日出那霸，二十九日至五虎門）。

萬曆八年（庚辰）蕭崇業《使錄》：海行十四日至琉球（五月二十二日出海，六月初五日至那霸），九日回福州（十月二十四日出海，十一月初二日到定海所）。

萬曆三十三年（乙巳）夏子陽《使錄》：八日至琉球（五月二十四日出海，六月初一日至那霸），十一日回福州（十月二十一出海，十一月初一日到五虎門）。

崇禎六年（癸酉）杜三策從客胡靖“錄”：九日至琉球（六月初四日出海，八日過姑米山），十一日回福州（十一月初九日出海，十九日到五虎門）。

康熙二年（癸卯）張學禮《使錄》：十九日至琉球（六月初七日出海，二十五日到那霸），十一日回福州（十一月十四日出海，二十四日至五虎門）。

康熙二十二年（癸亥）汪楫《使錄》：三日至琉球（六月二十三日出海，二十六日到那霸），十一日回福州（十一月二十四日出海，十二月初四至定海所）。

臣葆光按：封舟以夏至後乘西南風往琉球，以冬至後乘東北風回福州，此言其概也。南風和暖，北風凜冽，故歸程尤難，非但內外水勢有順逆也。嘉、萬封舟回閩，率先冬至在九、十月中，朔風猶未勁，歸帆最宜。十一月十二月冬至前後，則風勢日勁，浪必從頭上過矣。若正月，則風颶最多，且應期不爽，萬無行舟之理。二月中，則多霧，龍出海矣。然春風和暖，茲役親驗之，浪無從船上過者，殆遠勝於冬至前後也。海船老“夥長”言：十月二十日後，東風送順為吉。葆光在琉球，無日不占風所向。歷考數月內，風自東南來不間斷者，惟十月二十日後、十一月初五日前半月中為然。因考陳侃以來惟蕭崇業之歸閩較為安吉，其出海日期乃十月二十四日為不誣也。附此以告後來者。

——[清]徐葆光《中山傳信錄·卷第一》

# 《臺海使槎錄》所記航路及水程





**【引書舉要】**

［清］黃叔璥於康熙六十一年（1722）與吳達禮同膺首任巡臺御史之命，旋撰《臺海使槎錄》。書中有乾隆元年丙辰（1736）魯煜序。該書載於《臺灣文獻叢刊》第四種。另北京中華書局1985年亦有出版。

本書爲繼《東番記》《裨海紀遊》後，另一部記敘臺灣的重要著作。書中記“山後大洋，北有山名釣魚臺”，頗値注意。

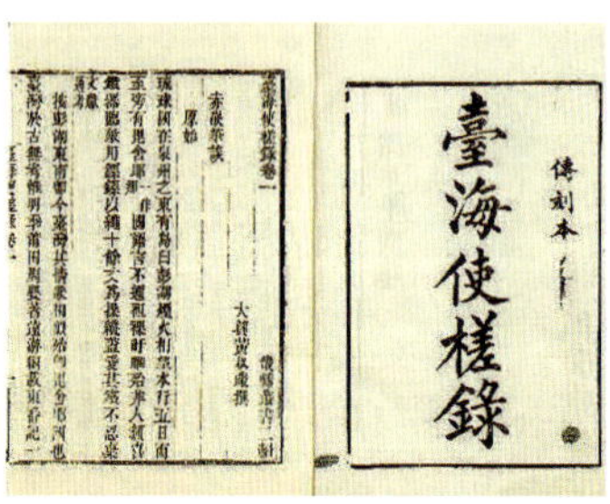

［清］黃叔璥《臺海使槎錄》書影

“自鷺門、金門迤邐東南以達於彭湖，可數千里，風濤噴薄，悍怒激鬪，瞬息萬狀；子午稍錯，北則墜於南風炁，南則入於萬水朝東，皆有不返之憂。又東至鹿耳門，夾以七鯤身、北線尾，海道紆折，僅容數武，水淺沙膠，雖長年三老不能保舟之不碎。餘乃山羅礁湧，無由以入，其險且不測如此。”（《島上附傳》）

…………

“臺灣在福建之東南，地隔重洋，形勢延袤，可至者凡千六七百里。外此則生番所居，與熟番阻絕，遠望皆大山疊嶂，莫知紀極，可以置而不議。府治南北千有餘里。越港即水師安平鎮。又有七鯤身，沙線潮平，可通安平港內，為水師戰艘、商民舟楫止宿之地。港名鹿耳門，出入僅容三舟，左右皆沙石淺淤焉。此臺灣之內門戶也。衡渡至彭湖，島嶼錯落，有名號者三十六島。彭湖溝底皆老，古石參差，港泊有南風、北風二者殊澳。此臺灣之外門戶也。然臺灣之可通大舟者，尚有南路之打狗及東港，北路之上澹水，凡三處；而惟上澹水可容多船，港門為正也。其可通小舟者，尚有南路之蟯港，北路之鹹水港及八掌港、笨港、海翁港、鹿仔港、大甲、西二林、三林、中港、竹塹、蓬山，凡十二處。而笨港並有小港可通鹿耳門內，即名馬沙溝是也。總之，臺灣三路俱可登岸；而惟鹿耳門為用武必爭之地者，以入港即可以奪安平而抗府治也。奪安平則舟楫皆在港內，所以斷其出海之路；抗府治則足以號令南北二路，而絕依附之門。故一入鹿耳門，而臺灣之全勢舉矣！或云：鹿耳門為天險門戶，而又上設炮臺，防亦密矣；萬一攻之不入，兵法有攻堅而瑕者亦堅，其謂之何？不如由北路之上澹水進兵。所謂行師如過於衽席之上者，謀非不臧也。而不知由北路進兵則其勢主緩，緩則必以眾而臨寡、以強而併弱；由鹿耳門進兵則其勢主捷，捷則有以反主客之形，成控制之師。而且安平不據，彭湖尚孤，彼賊佽者急而揚帆，不無他虞也。是故覘臺灣之形勢，而必講明於得入鹿耳門之要為最急。”（《理義末議》）

“彭湖為臺灣之門戶，鹿耳門為臺灣之咽喉，大雞籠為北路之險隘，沙馬磯為南路之砥柱。”（《鳳山縣志》）

…………

余與益 齋二兄論羅漢門書略：羅漢門在郡治之東。自猴洞口入山，崇岡複嶺，多不知名。行數里，為虎頭山，諸峰環列，樹惟榛楖。過大灣崎、蘆竹坑、咬狗阬，又東南經土樓山，壁平如削；上則獮猴跳擲，虞人張羅以捕。稍前為疊浪崎，出茅草埔，度雁門關嶺，回望郡治，海天一色。去關口里餘，中為深塹，可數十丈。緣崖路狹不堪旋馬，一失足便蹈不測。五里至石頭阬，四里至長潭，清瑩可鑒。潭發源於分水山後，由羅漢門阬入岡山溪，同注於海。自番仔寮迤邐至小烏山後，入羅漢內門，峰迴路轉，眼界頓開；沃衍平疇，極目數十里。東則南仔仙山、東方木山，隔澹水大溪為旗尾山，西即小烏山，南為銀錠山，北為分水山、自貓徽山。層巒疊巘，蒼翠欲滴，瞑色尤堪入畫。

民莊凡三：外埔、中埔、內埔，居民約二百餘口。內埔汛兵五十名，分防猴洞口，狗勻崑諸地，則寥寥三十餘人而已……外埔東南由觀音亭、更寮崙、番仔路頭至大崎越嶺，即為外門。去大傑巔社十二里，中有民居，為施里莊、北勢莊，莊盡番地；往年代納社餉招佃墾耕，繼以遠社生番乘間殺人，委而去之，今則茀草不可除矣。自社尾莊、割蘭坡嶺可赴南路，由木岡社、卓猴可赴北路；外此羊腸鳥道，觸處皆通；峻嶺深谷，叢奸最易。土人運炭輦稻，牛車往來，徑路逼狹，不容並軌；惟約晝則自內而外，夜則自外而內，因以無阻。夏秋水漲，阬塹皆平，則迷津莫度，與諸邑聲息隔絕。議者謂宜歸臺邑，良然。

上澹水在諸羅極北，中有崇山大川，深林曠野；南連南嵌，北接雞籠，西通大海，東倚層巒。計一隅可二百餘里，洵扼要險區也。外為澹水港，八里岔山在港南，圭柔山（一作雞柔）在港北；兩山對峙，夾束中流。南北有二河：南河源出武勝灣，行四十餘里；北河源出楓仔嶼，行百餘里；俱至大浪泵會流，出肩脰門（一作干豆），入澹水港，曲折委宛，五十餘里而歸於海。圭柔山麓為圭柔社。由山西下，數里有紅毛小城，高三丈、圍二十餘丈，今圮。城西至海口，極目平衍，名虎尾，今澹水營所駐也。兩山南北，重岡複嶺，灌莽叢翳。南則武勝灣、里末、擺接、秀郎諸社，北則麻少翁、外北投、內北投、大浪泵、麻里、即吼、楓仔嶼諸社。磺山在內北投，濱河，山僅數仞，寸草不生。自澹水經楓仔嶼嶺，上下十里。過港至雞籠，山高多石，山下即雞籠社。稍進為雞籠港，港道狹隘。港口有紅毛石城，非圓非方，圍五十餘丈、高二丈。遠望為小雞籠嶼，番不之居，惟時於此採捕。循此而上，至山朝社；又上，至蛤仔難諸社，深箐鳥道，至者鮮矣。南路界盡沙馬磯頭，相傳地脈直接呂朱。凡舟赴呂宋，必由此東放大洋。有澳名龜那禿，北風時大船可泊。沙馬磯頭之南，行四更至紅頭嶼，皆生番聚處，不入版圖；地產銅，所用什物俱銅器。

…………

由大擔出洋，海水深碧，或翠色如靛。紅水溝色稍赤，黑水溝如墨，更進為淺藍色。入鹿耳門，色黃白如河水……

放洋全以指南鍼為信：認定方向，隨波上下，曰針路。船由浯嶼或大擔放洋，用羅經向巽巳行，總以風信計水程遲速，望見彭湖 西嶼頭、貓嶼、花嶼，可進。若過黑水溝計程應至彭湖，而諸嶼不見，定失所向，仍收泊原處候風信。由彭湖至臺灣向巽方行，近鹿耳門隙仔，風日晴和，舟可泊；若有風，仍回彭湖。

內地之風，早西晚東；惟臺地早東風、午西風，名曰發海西，四時皆然。船出鹿耳門，必得東風，方可揚帆；彭湖來船，必俟西風，纔可進港。設早西晚東，則去船過日中始能放洋，來船昏暮不能進口……

## 水程（郡縣里數）

"澹水登舟，半日即望見官塘山（一作關童）。自官塘趨定海，行大海中，五、六十里至五虎門。兩山對峙，勢甚雄險，為閩省門戶。門外風力鼓蕩，舟甚顛越；既入門，靜淥淵渟，及閘外迥別。更進為城頭（土音亭頭），十里至閩安鎮，數十里至南臺大橋。"（《裨海紀遊》）

廈門至彭湖，水程七更。彭湖至鹿耳門，水程五更。志約六十里為一更，亦無所據。按《樵書二編》云："更也者，一日一夜定為十更，以焚香幾枝為度。"船在大洋，風潮有順逆，行使有遲速，水程難辨。以木片於船首投海中，人從船首速行至尾：木片與人行齊至，則更數方準。若人行至船尾而木片未至，則為不上更；或木片反先人至船尾，則為過更。皆不合更也。舟子各洋皆有秘本，云係明 王三保所遺，余借錄，名曰"洋更"。

臺灣至彭湖，五更；彭湖至廈門，七更；廈門至上海，四十七更；寧波近上海，十更。俱由廈門經料羅，在金門之南澳可泊數百船；沿海行至惠安之崇武澳，泊舡可數十；經湄洲至平海澳，可泊船數百；至南日澳，僅容數艘。南日至古嶼門，從內港行；古嶼至珠澳，復沿海：二地皆小港。南日、古嶼東，出沒隱見，若近若遠，則海壇環峙諸山也。白犬、官塘，亦可泊船。至定海，有大澳泊船百餘。至三沙 烽火門、北關澳亦如之；此為閩、浙交界。至金香、鳳皇、三弁、石童、雙門、牛頭門，盡沿海行；至石浦所、亂礁洋、崎頭門、舟山、登厝澳，盡依內港。其登厝澳之東，大山疊出，即舟山地；赴上海、寧波，至此分艅；從西由定海關進港數里即寧波，從北由羊山放大洋至吳淞，進港數里即上海。九月後，北風盛，尤利涉。自登厝澳從西北放小洋，四更至乍浦；海邊俱石岸，北風可泊於羊山嶼。向北過崇明外五條沙轉西，三十四更入膠州口；過崇明外五條沙對北，三十二更至成山頭。向東北放洋，十一更至旅順口；由山邊至童子溝島，向東沿山七更至蓋州，向北放洋七更至錦州府。

## 郡志

三縣南北延袤二千八百六十里。康熙五十三年[1714]，使者奉命繪畫地圖，勘丈里數；臺灣縣南至二贊行溪 鳳山縣界二十一里，北至蔦松溪 諸羅縣界一十五里；鳳山縣南至沙馬磯二百一十里，北至二贊行溪 臺灣縣界六十五里；諸羅縣南至蔦松溪 臺灣縣界一百一里，北至大雞籠六百五里。南北延袤一千一十七里，而道里遠近乃定。陳湄川中丞北路路程：自郡城至八里坌四百七十七里。澹水港以下，溪湧潮吞，過嶺踰海，一自北港水路，由內北投至雞籠二百二十一里；一自北港上岸，由外北投至雞籠二百四十二里。約略相同，可證郡志之誤。

…………

南北通商，每船出海一名（即船主）、舵工一名、亞班一名、大繚一名、頭碇一名、司杉板船一名、總鋪一名、水手二十餘名或十餘名。通販外國，船主一名；財副一名，司貨物錢財；總捍一名，分理事件；“火長”一正、一副，掌船中更漏及駛船鍼路；亞班、舵工各一正、一副；大繚、二繚各一，管船中繚索；一碇、二碇各一，司碇；一遷、二遷、三遷各一，司桅索；杉板船一正、一副，司杉板及頭繚；押工一名，修理船中器物；擇庫一名，清理船艙；香公一名，朝夕焚香楮祀神；總鋪一名，司火食；水手數十餘名。

…………

入大洋中，天光水色，彌望無垠。近船猶可望見帆檣，遠者僅於水面依微點綴。東坡云：“登州 蓬萊閣上望海，如鏡面與天相際。忽有如黑豆數點，郡人曰海舶至矣。不一炊久，已至閣下。”信然。

——[清]黃叔璥《臺海使槎錄·卷一·赤嵌筆談》

## 武備

…………

“彭湖出洋巡哨，由媽祖宮澳開駕，向西至西嶼頭，經內塹、外塹，復收泊西嶼頭內大果葉登岸。大果葉二里，左為緝馬灣，右為小果葉，南四里至內塹；接季輪撥千、把各一員。澳口炮臺一，東山頂烽臺三。內塹西南三里至外塹澳口，炮臺一，西山頂烽臺三。再北經緝馬灣、小里[果]葉，八里至小池角，西北四里至大池角，十五里至小門，炮臺一，烽臺一；四里至鴿界頭橫礁，三里至竹篙灣，仍回至大里[果]葉，十里，登舟。由內港駕至北山 瓦硐港寄泊，登岸，四里至通梁，三里至後寮，二里至大北山山頂瞭望。北為吉貝嶼、姑婆嶼、土地公嶼、鐵砧嶼、目嶼、白沙仔嶼險礁，東為灣貝嶼、藍笨仔嶼、鳥嶼、雞膳嶼、碇齒嶼。欲赴吉貝各嶼，須出吼門往北；若逆流、逆風，未可駕駛。瓦硐港四里至大赤嵌社南，有塘汛，按季輪撥千、把各一員；一里至小赤嵌，三里至港仔，東二里即崎頭，東南一里至鎮海，三里至港尾，二里至城前，仍至瓦硐港，登舟。從吼門出洋哨巡，由西嶼頭外收入內垵寄泊，回媽祖宮澳。”“再媽祖宮澳開船出哨，由西往南，經雞籠嶼、四角仔、桶盤嶼、虎井，直抵八罩、金雞澳，入挽門汛（南北風可泊五、六船）；按季輪撥千、把各一員，汛後山頂炮臺一。由塘口往西南一里至網垵，南為半砰嶼、頭巾礁、鐵砧嶼、碀仔嶼，西南為大嶼，西北為花嶼、貓嶼、草嶼，西北半里至甕菜堀，北四里至花宅，四里至水垵。垵口北炮臺一（南風時可泊船），復回挽門汛。東隔半里為將軍澳，與挽門汛對峙（立冬後可泊四、五船）。東臨海有石山，名船帆嶼，山頂炮臺一。向北為金雞嶼（南北風俱可泊船），在將軍澳後，北有馬鞍嶼。由挽門登舟，出金雞嶼口往東南，至東吉、西吉、鋤頭精嶼，至文良港駕回，經過鎖管港、豬母落水、虎井、嵵裹、風櫃尾、雞籠嶼、四角仔，回媽祖宮澳。”“陸巡由媽祖宮澳四里至暗澳，有巡檢司；三里至東衛，五里至大城，三里至隘門仔，一里至林頭仔、垵南、香鑪嶼、鼓架礁，四里至尖山仔，一里至文良港、東鼻頭，烽臺一，可望陽嶼、陰嶼；北五里至果葉仔，二里至奎壁港，北三里即奎壁港山；西三里白灣阬，二里至湖東，二里至湖西，五里至紅羅罩；北三里至青螺仔。紅羅罩半里至西溪仔，南三里至太武仔，西三里至港底，北一里至東石，六里至沙港頭，南三里至鼎灣，西北三里至中墩嶼，潮退可通；西南二里至潭邊，南二里至港仔尾，三里至蚱腳嶼，二里至東衛，四里至西衛，三里至後堀潭，四里至媽祖宮澳。”“再陸巡用大杉板往嵵裹後山登岸；嵵裹澳口炮臺一，山頂烽臺一。五里至風櫃尾澳口，炮臺一，烽臺一。東二里至井仔垵，東南四里豬母落水，東北二里鎖管港，西北一里雞母塢，北五里至鐵線尾，八里至烏嵌，五里至雙頭掛，與大城北相對；三里至菜園，三里至暗澳，回媽祖宮澳。”（副將薄有成“出哨月報”）……

偷渡來臺，廈門是其總路。又有自小港偷渡上舡者，如曾厝垵、白石頭、大擔、南山邊、鎮海、岐尾；或由劉武店至金門、料羅、金龜尾、安海、東石，每乘小漁船私上大船。曾厝垵、白石頭、大擔、南山邊、劉武店係水師提標營汛，鎮海、岐尾係海澄營汛，料羅、東石、金龜尾係金門鎮標營汛，安海係泉州城守營汛：各汛亦有文員會同稽查。余有《清臺地莫若先嚴海口》一疏。

近海港口哨船可出入者，只鹿耳門，南路打狗港（打狗山 南岐後水中有雞心礁），北路蚊港、笨港、澹水港、小雞籠、八尺門。其餘如鳳山 大港、西溪、蠔港、蟯港、東港（通澹水）、茄藤港、放綀港（冬月沙淤，至夏秋溪漲，船始可行）、大崑麓社、寮港、後灣仔（俱瑯嶠地），諸羅 馬沙溝、歐汪港、布袋澳、茅港尾、鐵線橋、鹽水港、井水港、八掌溪、猴樹港、虎尾溪港、海豐港、二林港、三林港（二港亦多沙線，水退去口五、六里）、鹿仔港（潮長，大船可至內線，不能抵港，外線水退，去口十餘里，不知港道，不敢出入）、水裏港、牛罵、大甲、貓干、吞霄、房裏、後壠、中港、竹塹、南嵌、八里坌、蛤仔爛，可通杉板船。臺灣 州仔尾、西港仔、灣裏，鳳山 喜樹港、萬丹港，諸羅 海翁堀、崩山港，只容舢仔小船。再鳳山 岐後、枋寮、加六堂、謝必益、龜壁港、大繡房、魚房港，諸羅 鯤仔、穵象領，今盡淤塞，惟小魚船往來耳。山後大洋，北有山名釣魚臺，可泊大船十餘；崇爻之薛坡蘭，可進杉板。

——[清]黃叔璥《臺海使槎錄・卷二・赤嵌筆談》



# 《海國聞見錄》中的東洋、南洋及西洋

先公少孤貧，廢書學賈，往來外洋，見老于操舟者，僅知針盤風信，叩以形勢則茫然。間有能道一二事實者，而理莫能明。先公所至，必察其面勢，辨其風潮，觸目會心，有非學力所能造者。

康熙壬戌[廿一年（1682）]，聖祖仁皇帝命征澎、臺，遣靖海侯 施公琅提督諸軍，旁求習於海道者。先公進見，聚米為山，指畫形勢，定計候南風以入澎湖。遂藉神策廟算，應時戡定。又奉施將軍令，出入東 西洋，招訪鄭氏有無遁匿遺人，凡五載，敘功授職。再遷至碣石總兵，擢廣東副都統，皆濱海地也。

倫炯蒙先帝殊恩，得充侍衛，親加教育，示以沿海外

**【引書舉要】**

[清]陳倫炯（約1684—1747）《海國聞見錄》，序於世宗雍正八年（1730），與《海錄》並爲清代前期海外交通兩大要籍。本書所據爲鄭州中州古籍出版社1984年李長傅校注本。另《臺灣文獻叢刊》本附有插圖。

國全圖。康熙六十年[1721]，特授臺灣南路參將。皇上嗣位，蒙恩遷澎湖副將，移臺灣水師副將，即擢授臺灣總兵；移鎮高、雷、廉，又皆濱海地也。

倫炯自為童子時，先公于島沙隩阻盜賊出沒之地，輒諄諄然告之。少長，從先公宦浙，聞日本風景佳勝，且欲周諳明季擾亂閩、浙、江南情實。庚寅[1710]夏，親遊其地。及移鎮高、雷、廉，壤接交址，日見西洋諸部估客，詢其國俗，考其圖籍，合諸先帝所圖示指畫，毫髮不爽。乃按中國沿海形勢，外洋諸國疆域相錯，人風物產，商賈貿遷之所，備為圖志。蓋所以志聖祖仁皇帝暨先公之教於不忘，又使任海疆者知防禦搜捕之扼塞，經商者知備風潮，警寇掠，亦所以廣我皇上保民恤商之德意也。



雍正八年歲次庚戌[1730]仲冬望日同安 陳倫炯謹志。

——[清]陳倫炯《海國聞見錄・序》



## 天下沿海形勢

從京師、天津，東向遼海、鐵山、黃城、皮島，外對朝鮮；左延東北山海關、寧遠、蓋平、復州、金州、旅順口、鴨綠江，而抵高麗；右袤東南山東之利津、清河、蒲台、壽光、海倉口、登州，而至廟島、成山衛。

登州與旅順口南北隔海對峙，東懸皮島，西匝兩京、登 萊，是為遼海。登州一部[郡]，陡出東海，盡於成山衛。海舶往盛京、天津者，以成山為標準也。成山衛轉西南，則靖海、大嵩、萊陽、鼇山、靈山，而至江南 海州，此皆登州西南之海也。

海州而下，廟灣而上，則黃河出海之口，河濁海清，沙泥入海則沉實，支條縷結，東向紆長，潮滿則沒，潮汐或淺或沉，名曰五條沙。中間深處，呼曰沙行。江南之沙船往山東者，恃沙行以寄泊。船因底平，少閣[擱]無礙。閩船到此，則魄散魂飛。底圓加以龍骨三段，架接高昂，閣沙播浪則碎折。更兼江、浙海潮，外無藩扞屏山以緩水

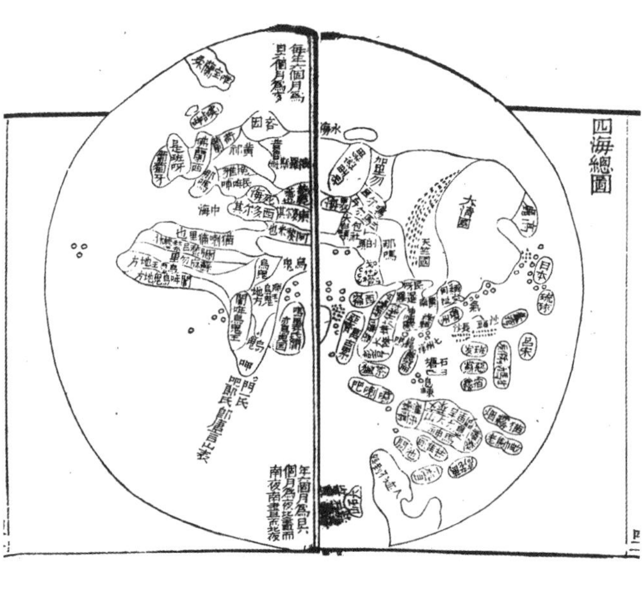


[清]陳倫炯《海國聞見錄・四海总图》

勢，東向澎湃，故潮汐之流，比他省為最急。乏西風開避，舟隨溜閣，靡不為壞。是以海舶往山東、兩京，必從盡山對東開一日夜，避過其沙，方敢北向。是以登、萊、淮、海稍寬海防者，職由五條沙為之保障也。

廟灣南自如皋、通州，而至洋子江口，內狼山，外崇明，鎖鑰長江，沙坂急潮，其概相似。而崇明上鎖長江，下扼吳淞，東有洋山、馬跡、花腦、陳錢諸山，接連浙之寧波、定海外島。而嘉興之乍浦，錢塘之鱉子，餘姚之後海，寧波之鎮海，雖沿海相聯要疆，但外有定海為之捍衛，實內海之堂奧也。唯乍浦一處，濱於大海，東達漁山，北達江南之洋山，定海之衢山、劍山，外則汪洋。言海防者，當留意焉。

江、浙外海，以馬跡為界，山北屬江，山南屬浙。而陳錢外在東北，俗呼盡山。山大澳廣，可泊舟百餘艘。山產水仙，海產淡菜（蚌屬）、海鹽（即小魚），賊舟每多寄泊。江 浙水師，更當加意於此。

南之海島，由衢山、岱山而至定海，東南由劍山、長塗而至普陀。普陀直東之外，出洛迦門，有東霍山，夏月賊舟亦可寄泊，伺劫洋船回棹，且與盡山南北為犄角。山腳水深，非加長椗纜，不足以寄。普陀之南，自崎頭至昌國衛，接聯內地，外有韭山、吊邦，亦賊舟寄泊之所，此皆寧波郡屬。

自寧波、台州、黃岩沿海而下，內有佛頭、桃渚、崧門、楚門，外有茶盤、牛頭、積谷、鬣殼、石塘、枝[披]山、大鹿、小鹿，在在皆賊艘出沒經由之區。南接樂清、溫州、瑞安、金鄉、蒲門，此溫屬之內海。樂清東峙玉環，外有三盤、鳳凰、北屺、南屺，而至北關，以及閩海接界之南關，實溫 台內外海逕寄泊樵汲之區，不可忽也。

閩之海，內自沙埕、南鎮、烽火、三沙、斗米、北茭、定海、五虎，而至閩安；外自南關、大嵛、小嵛、嵛山、芙蓉、北竿塘、南竿塘、東永，而至白犬，為福寧、福州外護左翼之藩籬；南自長樂之梅花鎮、東萬安為右臂；外自磁澳而至草嶼，中隔石牌洋，外環海壇大島。閩安雖為閩省水口咽喉，海壇實為閩省右翼之扼要也。由福清之萬安，南視平海，內虛海套，是為興化；外有南日、湄洲；再外烏坵、海壇。所當留意者，東北有東永，東南有烏坵，猶浙之南屺、北屺、積谷、吊邦、韭山、東霍、衢山，江之馬跡、盡山是也。

泉州北崇武、獺窟，南祥芝、永寧，左右拱抱，內藏郡治，下接金、廈二島，以達漳州。金為泉郡之下臂，廈為漳郡之咽喉。漳自太武而南，鎮海、六鼇、古雷、銅山、懸鐘，在在可以寄泊。而至南澳，以分閩 粵。泉、漳之東，外有澎湖，島三十有六，而要在媽宮、西嶼、頭北港、八罩四澳，北風可以泊舟，若南風不但有山有嶼可以寄泊，而平風靜浪，黑溝 白洋，皆可暫寄，以俟潮流。洋大而山低，水急而流迴。北之吉貝、沉礁一線，直生東北，一目未了，內皆暗礁布滿，僅存一港蜿蚰，非熟習深諳者，不敢棹至。南有大嶼、花嶼、貓嶼，北風不可寄泊，南風時宜巡緝。

澎湖之東則臺灣。北自雞籠山對峙福州之白犬洋，南自沙馬崎對峙漳之銅山，延綿二千八百里。西面一片沃野，自海至山，淺闊相均，約百里。西東穿山至海，約四五百里，崇山疊箐，野番類聚，建一郡、分四縣，山川形勢，生熟番性，蜂窠蟻穴，志考備載。郡治南抱七昆身，而至安平鎮大港。隔港沙洲直北至鹿耳門。鹿耳門隔港之大線頭沙洲，而至隙仔海、翁隙，皆西護府治。而港之可以出入巨艘，惟鹿耳門與雞籠淡水港。其餘港汊雖多，大船不能出入，僅平底之彪船，四五百石之三板頭船，堪以出進。此亦海外形勢，以捍內地沿海要疆。

南澳東懸海島，捍衛漳之詔安，潮之黃崗、澄海，閩 粵海洋適中之要隘。外有小島三：為北澎、中澎、南澎，俗呼為“三澎”。南風賊艘經由暫寄之所。內自黃崗、大澳，而至澄海、放雞、廣澳、錢澳、靖海、赤澳，此雖潮郡支山入海，實為潮郡賊艘出沒之區。晨遠颺于外洋以伺掠，夜西向于島澳以偷泊。而海賊之尤甚者，多潮產也。

赤澳一洋，自甲子，南至淺澳、田尾、遮浪、汕尾、鮪門港、大星、平海，雖屬惠州，而山川人性，與潮無異。故于居中碣石立大鎮。下至大鵬、佛堂門、將軍澳、紅香爐、急水門，由虎門而入粵省。外自小星、筆管、沱濘、福建頭、大崙山、小崙山、伶仃山、旗纛嶼、九州洋，而至老萬，島嶼不可勝數。處處可以樵汲，在在可以灣泊。粵之賊艘，不但艚艍海舶，此處可以伺劫。而內河槳船、櫓船、漁舟，皆可出海群聚剽掠。粵海之藏垢納污者，莫此為甚。

廣省左捍虎門，右扼香山；而香山雖外護順德、新會，實為省會之要地。不但外海捕盜，內河緝賊，港汊四通，奸匪殊甚；且共域澳門，外防番舶，與虎門為犄角，有心者豈可泛視哉。外出十字門而至魯萬，此洋艘番舶來往經由之標準。下接岸[崖]門、三灶、大金、小金、烏豬、上川、下川、戙船澳、馬鞍山，此肇屬廣海、陽江、雙魚之外護也。高郡之電白，外有大、小放雞；吳川，外有硇川[州]，下鄰雷州、白鴿、錦囊，南至海安。自放雞而南，至於海安，中懸硇州，暗礁暗沙，難以悉載，非深諳者，莫敢內行。而高郡地方，實借沙礁之庇也。雷州一郡，自遂溪、海康、徐聞，向南幹出四百餘里，而至海安，三面濱海，幅闊百里，對峙瓊州，渡海百二十里。自海安繞西北至合浦、欽州、防城，而及交址之江平、萬寧州，延長一千七百里。故海安下廉州，船宜南風，上宜北風。自廉之冠頭嶺而東，白龍、調埠、川江、永安、山口、烏兔，處處沉沙，難以名載。自冠頭嶺而西，至於防城，有龍門七十二逕，逕逕相通。逕者，島門也；通者，水道也。以其島嶼懸雜，而水道皆通。廉多沙，欽多島，地以華夷為限，而又產明珠，不入於交址，是以亭建海角於廉，天涯於欽。

瓊州屹立海中，地從海安渡脈，南崖州，東萬州，西儋州，北瓊州，與海安對峙。瓊山、文昌、樂會、陵水、感恩、臨高、定安、澄邁，沿海諸州縣，環繞熟黎，而熟黎環繞生黎，而生黎環繞五指嶺、七指山；五指西向，七指南向，周圍陸路一千五百三十里，府城中路，直穿黎心至崖州，五百五十五里；萬州東路，直穿黎心至儋州，五百九十里。自海口港之東路，沿海惟文昌之潭門港，樂會之新潭、那樂港，萬州之東澳，陵水之黎庵港，崖州之大蛋港；西路沿海，惟澄邁之馬裊港，儋州之新英港，昌化之新潮港，感恩之北黎港，可以灣泊船隻，其餘港汊雖多，不能寄泊。而沿海沉沙，行舟實為艱險。內山生黎，嵐瘴殊甚，吾人可住熟黎，而不可住生黎；生黎可住熟黎，而不可到吾地。熟黎夾介其間，以水土習宜故也。此亦海外稍次之臺灣。惜乎田疇不廣，歲仰需於高、雷；雖產楠、沉諸香，等於廣南，甲於諸番，又非臺灣沃野千里所可比擬也。

——[清]陳倫炯《海國聞見錄·天下沿海形勢》

## 東洋

天地之大，何物不容；輕清之氣，包涵萬類；星辰日月，亦有所不及。而聖人測理備至，定四方，制指南，分二十四籌，由近之遠，莫出範圍，啟後世愚蒙，識萬國九州。然而九州之外，又有九州。謹按四方外國地方海道、人物、風土，粗據所見聞而略識之，俾後之君子，有所採擇。

朝鮮居天地之艮方，聯盛京，對天津，古箕子地；分郡縣，幅員里道，朝貢經由，歷代史典輿圖備紀，無容勦說。其南隔一洋，日本國屬之對馬島，順風一夜可抵，明“關白”為亂者是也。

自對馬島而南，寅甲卯東方一帶七十二島，皆日本 倭奴之地。而與中國通貿易者，惟長崎一島。長崎產乏粟菽，難供食。指開貿易入公家，通計終歲所獲利，就長崎按戶口均分。國王居長崎之東北，陸程近一月，地名彌耶谷，譯曰京。受封漢朝，王服中國冠裳，國習中華文字，讀以倭音……所統屬國二：北對馬島，與朝鮮為界，朝鮮貢於對馬，而對馬貢於日本；南薩峒馬，與琉球為界，琉球貢於薩峒馬，而薩峒馬貢於日本。二島之王，俱聽指揮。氣候與山東、江、浙齊。長崎與普陀東西對峙，水程四十更。廈門至長崎七十二更。北風從五島門進，南風從天堂門進。對馬島坐向登州，薩峒馬坐向溫　台……嘉靖間倭寇者，薩峒馬是也。日本原市舶永嘉，因倭之漁者十八人，被風入中國，奸人引之為亂。髡鬚薙額，雜以遠處土語，遞相攘掠，群稱倭奴……普陀往長崎，雖東西正向，直取而渡橫洋，風浪巨險。諺云：“日本好貨，五島難過。”廈門往長崎，乘南風，見臺灣 雞籠山，北至米糠洋、香蕈洋，再見薩峒馬大

東洋記

天地之大。何物不容。輕清之氣。包涵萬類。星辰日月亦有所不及。而聖人測理備至。定四方。製指南。分二十四籌。由近之遠。莫出範圍。啟後世愚蒙。識萬國九州。然而九州之外又有九州。謹按四方外國地方。海道人物風土。粗據所見聞而畧誌之。俾後之君子有所採擇。朝鮮居天地之艮方。聯盛京。對天津古箕子地。分郡縣。幅員里道。朝貢經由。歷代史典輿圖備紀。



[清]陳倫炯《海國聞見錄·東洋記》書影

山、天堂，方合正針。糠蕈二洋者，洋中水面若糠粃，水泡若蕈菌，呼之為米糠洋、香蕈洋。

薩峒馬而南，為琉球也。居於乙方，計水程六十八更，中山國是也。習中國字，人弱而國貧，產銅器、紙、螺甸、玳瑁，無可交易。其衣冠人物，貢由福州，久熟習見，故不詳載。

自日本、琉球而東，水皆東流，莊子所謂尾閭泄之，不知何時已，而不虛也。

——[清]陳倫炯《海國聞見錄·東洋記》





## 東南洋

東南諸洋，自臺灣而南。臺灣居辰巽方，北自雞籠山至南沙馬崎，延袤二千八百里。與福、興、泉、漳對峙：隔澎湖，水程四更；隔廈門，水程十有一更。西面一帶沃野，東面俯臨大海。附近輸賦應傜者，名曰平埔土番……迨崇禎間，為紅毛荷蘭人所據，就安平大港建炮臺城三層，以防海口。教習土番耕作，令學西洋文字，取鹿皮以通日本……

及鄭成功寇鎮江敗歸，阻守金、廈，始謀取臺灣。會荷蘭之通事何斌逋夷負釣鹿耳門，知港路深淺，說成功聯檣並進。荷蘭嚴守安平大港。成功從鹿耳門進，水漲三丈餘，入據臺灣……荷蘭悉眾而去。至康熙二十二年[1683]，鄭克塽歸順，方入版圖。以承天府為臺灣府，天興州為諸羅縣，萬年州為臺灣、鳳山二縣。雍正二年（1724），分諸羅北之半線為彰化縣。

鳳山、沙馬崎之東南有呂宋，居巽方，廈門水程七十二更；北面高山一帶，遠視若鋸齒，俗名宰牛坑。山有土番，屬於呂宋，與沙馬崎西北東南遠拱，中有數島，惟一島與臺灣稍近者，名曰紅頭嶼……呂宋大山，北從宰牛坑延繞東南，昔為大西洋干絲臘是班呀所據……

下接利仔叐，水程十二更。至甘馬力，水程二十一更。二處漢人從呂宋舟楫往彼貿易。利仔叐之東南，隔海對峙有五島：班愛、惡黨、宿務、貓務煙、網巾礁腦，中國俱有洋艘往通，亦係無來由類。水程必由呂宋之利仔叐海而南。呂宋至班愛十更，至惡黨二十三更，至宿務二十四更，至網巾礁腦五十八更……其東南，又有萬老高、丁機宜二國，居於巳方。國土人物產類相似。水程呂宋至萬老高一百七十四更，至丁機宜二百一十更。

由呂宋正南而視，有一大山，總名無來由息力大山。山之東為蘇祿，從古未奉朝貢。雍正戊申六年[1728]，至閩貢獻。西鄰吉里問，又沿西文萊，即古婆羅國。再繞西朱葛礁喇大山之正南，為馬神。其山之廣大長短，莫能度測。山中人跡所不到。產野獸，亦莫能名其狀。蘇祿、吉里問、文萊三國，皆從呂宋之南分籌，而朱葛礁喇必從粵南之七州洋，過崑崙、茶盤，向東而至朱葛礁喇，一百八十八更；馬神亦從茶盤、噶喇吧而往，水程三百四十更。廈門由呂宋至蘇祿，水程不過一百一十更，共在一山，南北遠近，相去懸殊矣。

又隔東海一帶，為芒佳虱大山。由馬神至芒佳虱，水程二十七更。復繞而之東，即係丁機宜，東北係萬老高。而蘇祿、吉里問、文萊、朱葛礁喇，總名皆為無來由 繞阿番……呂宋至吉里問三十九更，至文萊四十二更，此皆東南洋番國。而朱葛礁喇、馬神，非從呂宋水程，應入南洋各國。因同蘇祿、文萊，南北大山，是以附載東南洋，俾覽者識其形勢焉。



——[清]陳倫炯《海國聞見錄·東南洋記》



## 南洋

南洋諸國，以中國偏東形勢，用針取向，俱在丁未之間，合天地包含大西洋。按二十四盤分之，即在巽巳矣。就安南接聯中國而言，海接廉州，山繞西北而環南，直至占城，形似半月，名曰廣南灣。秦 象郡，漢 交址，唐 交州，宋 安南，明 交址，陸接兩粵、雲南，風土人物，史典備載。後以淳化、新州、廣義、占城為廣南。因舅甥委守淳化，隨據馬龍角炮臺，北隔一水，與交址炮臺為界。自淳化而南至占城，為廣南國，亦稱安南，王阮姓，本中國人氏，古日南郡……以交址為東京，廣南為西京，強於交址，南轄祿賴、柬埔寨、昆大嗎。西南鄰暹羅，西北接緬甸……

廈門至廣南，由南澳見廣之魯萬山，瓊之大洲頭，過七州洋，取廣南外之呫嗶囉山，而至廣南，計水程七十二更。交址由七州西繞北而進。廈門至交址，水程七十四更。七州洋在瓊島 萬州之東南，凡往南洋者，必經之所。中國洋艘，不比西洋呷板，用混天儀、量天尺，較日所出，刻量時辰，離水分度，即知為某處。中國用羅經，刻漏沙，以風大小順逆較更數。每更約水程六十里，風大而順，則倍累之；潮頂風逆，則減退之，亦知某處。心尚懷疑，又應見某處遠山，分別上下山形，用繩駝[砣]探水深淺若干，駝[砣]底帶蠟油以黏探沙泥，各各配合，方為確準。獨於七州大洋、大洲頭而外，浩浩蕩蕩，無山形標識，風極順利，對針亦必六七日始能渡過，而見廣南 呫嗶囉，外洋之外羅山，方有準繩。偏東則犯萬里長沙、千里石塘；偏西則恐溜入廣南灣，無西風不能外出。且商船非本赴廣南者入其境，以為天送來，稅物倍加，均分猶若不足，比於紅毛人物兩空，尚存中國大體，所謂差毫釐失千里也。七州洋中，有種神鳥……相傳王三寶下西洋，呼鳥插箭，命在洋中為記。

廣南沿山海至占城、祿賴，繞西而至柬埔寨。廈門至占城，水程一百更；至柬埔寨，水程一百一十三更。柬埔寨雖另自一國，介在廣、暹二國之間，東貢廣南，西貢暹羅，稍有不遜，水陸各得並進而征之。番係白頭無來由……

自柬埔寨大山繞至西南為暹羅，由暹羅沿山海而南，為斜仔、六坤、大哖、丁噶呶、彭亨，山聯中國，生向正南，至此而止。又沿海繞山之背過西，與彭亨隔山而背坐為柔佛。由柔佛而西，為麻剌甲，即丁噶呶之後山也。由麻剌甲而西，出於雲南、天竺諸國之西南，為小西洋 戈什嗟。暹羅沿山海而至柔佛諸國，各皆有王，均受暹羅國所轄。古分羅、暹二國，後合為暹羅國……

廈門至暹羅，水程過七州洋，見外羅山。向南見玳瑁洲、鴨洲，見崑崙。偏西見大真嶼、小真嶼。轉西北，取筆架山。向北至暹羅港口竹嶼一百八十八更，入港又四十更，共水程二百二十八更。而東聯柬埔寨，僅水程一百十三更。何以相去甚遠？蓋柬埔寨南面之海，一片盡屬爛泥，故名爛泥尾。下接大橫山、小橫山，是以紆迴外繞而途遠也。

由暹羅而南，斜仔、六坤、宋腳，皆為暹羅屬國。大哖、吉連舟[丹]、丁噶呶、彭亨諸國，沿山相續，俱由小真嶼向西分往，水程均一百五六十更不等……而柔佛一國，山雖聯於彭亨，其勢在下，水程應到崑崙，用未針取茶盤，轉西至柔佛，計廈門水程一百七十三更……由柔佛而西，麻喇甲，亦係無來由族類……往西海洋，中國洋艘，從未經歷，到此而止。廈門水程二百六十更。

至於小西洋、烏鬼國、大西洋，雖與大塊相聯，西洋呷板來往，語具“大、小西洋記”。麻喇甲，南隔海對峙大山，為亞齊，係紅毛人分駐。凡紅毛呷板，往小西洋等處埔頭貿易，必由亞齊經過，添備水米。自亞齊大山生繞過東南，為萬古屢，盡處與噶喇巴隔洋對峙。紅毛回大西洋者，必從此洋出，然後向西南過烏鬼呷，繞西至大西洋。

就中國往噶喇巴而言，必從崑崙、茶盤，純用未針，西循萬古屢山，而至噶喇巴，廈門計水程二百八十更。原係無來由地方，為紅毛 荷蘭所據，分官屬名曰呷必丹。外統下港、萬丹、池悶三處。下港產胡椒，萬丹另埔頭，池悶產胡椒、檀香；而噶喇巴，甲諸島番埔頭之盛，各處船隻聚集貿易。中國、大西洋、小西洋、白頭、烏鬼、無來由島番，罄珍寶物食無所不至。荷蘭建城池，分埔頭；中國人在彼經商耕種者甚多。年給丁票銀五六金，方許居住。中國人口浩盛，住此地何啻十餘萬。近荷蘭亦以新唐禁革，不許居住，令隨船而回。茶盤一島，居崑崙之南，毗於萬古屢山之東，皆南洋總路水程分途處。

——[清]陳倫炯《海國聞見錄·南洋記》

## 小西洋

小西洋，居於丙午丁未方。從麻喇甲、暹羅，繞西沿山而至於白頭番國。人即西域之狀，捲鬚環耳，衣西洋布，大領小袖，纏腰裹白頭，故以白頭呼之。國有二：東為小白頭，西為包社大白頭。二國北接三馬爾丹，即噶爾旦之本國也。而三馬爾丹之北，鄰細密里也國。而細密里也之西，為俄羅斯國。

小白頭，東鄰民呀國。民呀人黑，穿皆白，類似白頭。英機黎、荷蘭、佛蘭西，聚此貿易。民呀之東，接天竺佛國。民呀之東南，遠及暹羅。民呀之南臨海。民呀之北，接哪嗎 西藏及三馬爾丹國屬。而小白頭南入於海之地，曰戈什塔，東西南三面皆臨大海。外懸一島，曰西崙，中產大珠。戈什塔東之沿海，地名有三：曰網礁臘，係英機黎埔頭；曰房低者里，係佛蘭西埔頭；曰呢顏八達，係荷蘭埔頭。西之沿海，地名有二：曰蘇喇，曰網買。皆英機黎埔頭，其地俱係紅毛置買所建也。

包社大白頭國，東鄰小白頭。北與小白頭皆聯三馬爾丹。西北枕裹海。西鄰東多爾其。西南鄰阿黎米也。南臨大海。

多爾其，分東西二國，皆回回。東多爾其國，不通海，東鄰大白頭，東北傍裹海，北接惹鹿惹也；西鄰西多爾其，南接阿黎米也。裹海者，諸國環而繞之，東北細密里也，西北俄羅斯，東三馬爾丹，西惹鹿惹也，西南東多爾其，南包社大白頭，內注大海，不通海棹，其水惟從包社出海，故為裹海。惹鹿惹也一國，亦不通海。東傍裹海，西傍死海，北聯俄羅斯，南接東、西多爾其……貢於包社。死海者，即黑海，源從地中，北俄羅斯，南西多爾其，東惹鹿惹也，西民哖呻，四面環繞，不通大海，故為死海。而西多爾其、民哖呻二國，不通小西洋之海，而濱於中海之東北。中海係從大西洋之海而入，語附“大西洋記”。

阿黎米也，東鄰包社大白頭，北接東、西多爾其，西北濱於大西洋之中海，西聯烏鬼國。陸地一隅，自西至西南，與烏鬼之地，隔對一海，南臨大洋，國為多爾其所屬，貢男女於多爾其為奴婢。

烏鬼國，東北山與阿黎米也相聯，向西南生出坤申方大洋，何啻四五國之遠。其盡處曰呷，即中國支山入海盡處曰表。表者，標也。佛蘭西曰呷，英機黎曰岋，皆順毛烏鬼地方。

是以紅毛呷板，從小西洋來中國者，由亞齊之北，麻喇甲之南，穿海過柔佛，出茶盤，而至崑崙，自呷而東至戈什塔；自戈什塔而東至亞齊，其海皆呼曰小西洋。

——[清]陳倫炯《海國聞見錄 · 小西洋記》

## 大西洋

按紅毛等國，居於西北辛戌乾方。而烏鬼自坤申而繞極西，至庚酉方，皆烏鬼族類之國，總而名之曰大西洋。地缺東南，乾、艮、坤三方，博厚相均，而於巽未缺少，故外生東南，斷續諸國，尚未適均。而又於噶喇吧、萬古屢之東南，另生一地，以補東南之缺。按天圖分度，十二月，日月方行到之度，正當烏鬼之呷處。因人跡不到，尚未立名。曾詢之佛蘭西人，云昔時伊國呷板，曾到彼處，地有土人，語言不通，執數人而去，後國王遣載之回。此所以地面正四方於適均之處未均，而又補之也。是以西洋人志四方洋名，以東南缺處之海洋為小東洋，與戈什嗒少西之小西洋相對。以日本之洋為大東洋，與紅毛 大西洋相對。

烏鬼國地方，係順毛烏鬼，北與小西洋 阿黎米也之山相聯，沿海生向西南坤申方，而盡呷處方繞向西北，與闇年烏鬼王國為界。又於呷之東面懸海大山，係嗎里呀氏簡烏鬼一國，間有舟楫通粵東。自闇年又向西。復繞出極西酋方一帶，皆闇年綣毛烏鬼地方。又自西復往西北，與蘇麻勿里烏鬼為界。中有一國，亦名烏鬼國，西面皆沿海接聯，北面一帶陸地，俱聯蘇麻勿里；東與接聯阿黎米也之順毛烏鬼為界。周圍皆屬烏鬼地方，種類繁多……

蘇麻勿里，西臨大洋，北鄰彌黎呂黎、惹林，二國南北相聯，人口稀少，山林深密，多產奇狀野獸。彌黎呂黎、惹林，西臨大洋，北一帶與貓喇貓里也毗聯。貓喇貓里也，乃回回族類，多為海賊，在中海、西海劫掠。西臨大洋，北一帶與紅毛隔中海對峙。海從西入東，自隔海之西北而東，沿中海，有葡萄牙、是班牙、佛蘭西、那嗎、民哰呻、西多爾其，而盡中海之東處，阿黎米也。由阿黎米也而向西，直出至西洋，皆貓喇貓里也 中海沿邊之地。南、北、東諸國，三面夾繞，惟西通外海，是為中海。海產珊瑚。西洋人來中國者，謂中海 阿黎米也之地，西聯烏鬼陸地處，恨不能用刀截斷，即於中海可通阿黎米也內海，而出小西洋 戈什嗒，至亞齊出茶盤，何用繞極西，極西南，極東南而至噶喇吧。北上茶盤，遠近相去年餘之遠也。

葡萄牙者，澳門之祖家也。東北二面地鄰是班牙，西臨大洋，南俯中海。是班牙者，呂宋之祖家也。西北臨大洋，東南俯中海。西鄰葡萄牙，東北接佛蘭西。佛蘭西者，西臨大洋，北接荷蘭，南鄰是班牙，東接那嗎，東南俯中海，由中海之東，接聯那嗎。那嗎者，天主國王處也，北接黃祁，東沿中海，而至民哰呻。由民哰呻沿東南中海，而至西多爾其。由西多爾其東沿中海，至阿黎米也。由阿黎米也向西，沿中海之南貓喇貓里也之地，而出西洋。就民哰呻之陸地，東至死海，北聯那嗎。民哰呻者，天主之族類也。此從中海東北之地而言。荷蘭者，噶喇吧之祖家也。西鄰佛蘭西，沿佛蘭西而至西北，皆臨大海。北面隔海對峙英機黎，東鄰黃祁，南接那嗎，由荷蘭 北海而至

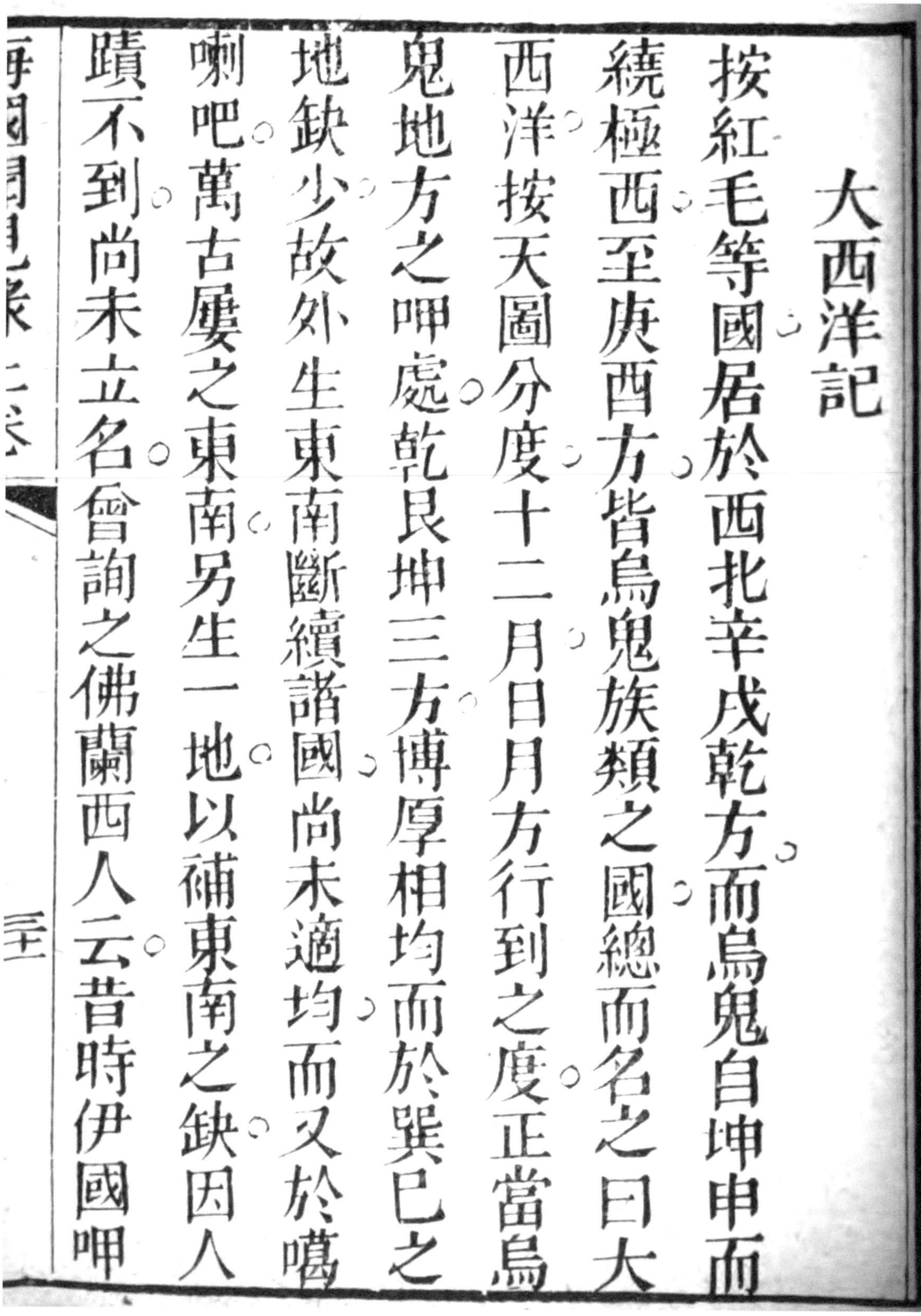

大西洋記

按紅毛等國居於西北辛戌乾方而烏鬼自坤申而遶極西至庚西方皆烏鬼族類之國總而名之曰大西洋按天圖分度十二月日月方行到之度正當烏鬼地方之呷處乾艮坤三方博厚相均而於巽巳之地缺少故外生東南斷續諸國尚未適均而又於噶喇吧萬古屢之東南另生一地以補東南之缺因人蹟不到尚未立名曾詢之佛蘭西人云昔時伊國呷

海國聞見錄　二卷　三十

〔清〕陳倫炯《海國聞見錄·大西洋記》書影

黃祁。黃祁者，均係紅毛種類，素未通中國。近有舟楫來粵營生。南接那嗎、民哖呻，東鄰普魯社。普魯社，係俄羅斯種類也。西北接吝因，東鄰細密里也，南接惹鹿惹也，沿海而至細密里也，皆屬北海。吝因者，西北海之國，亦係紅毛種類，素未通中國。西南隔海與英機黎對峙。細密里也，東鄰加里匆，東南接噶爾旦、三馬爾丹，南至裏海，西鄰俄羅斯，北係北海。英機黎一國，懸三島於吝因、黃祁、荷蘭、佛蘭西四國之外海。

自吝因沿海而東，繞俄羅斯；自俄羅斯而東，至細密里也，皆為北海，不能行舟，海凍不解，故為冰海。自吝因而南，至烏鬼諸國，皆為大西洋。紅毛者，西北諸番之總名。淨鬚髮，披帶赭毛……身長而心細巧，凡製作皆堅致巧思。精於火炮，究勘天文地理……而尊天主者。惟干絲臘 是班牙、葡萄牙、黃祁為最。而鬪之者，惟英機黎一國。

——[清]陳倫炯《海國聞見錄·大西洋記》

## 崑崙（又呼崑屯）

崑崙者，非黃河所繞之崑崙也。七州洋之南，大小二山，屹立澎湃，呼為大崑崙、小崑崙。山尤甚異，上產佳果，無人跡，神龍蟠踞……凡中國洋艘由崑崙者，備雞鵝毛、鬣殼等類，到崑崙洋，天時極晴霽，見黑雲一點，隨化為含煙，蜿蛇搖尾，即如江 浙夏月湖中雲龍。下蓬惟恐不及，狂風立至。幸不及時而霽，俗呼鼠尾龍風。白雲者，其風尤甚，日遇二、三次，或四、五次，間或不遇者少，故以翎毛鬣殼焚穢氣，以觸遠揚，過崑崙則無。

——[清]陳倫炯《海國聞見錄·崑崙》

## 南澳氣

南澳氣，居南澳之東南，嶼小而平，四面掛腳，皆嶁岵石，底生水草，長丈餘。灣有沙洲，吸四面之流，船不可到，入溜則吸擱不能返。隔南澳水程七更，古為落漈。北浮沉皆沙垠，約長二百里，計水程三更餘。盡北處有兩山，名曰東獅象，與臺灣 沙馬崎對峙。隔洋闊四更，洋名沙馬崎頭門。氣[崎]懸海中，南續沙垠，至粵海，為萬里長沙頭。南隔斷一洋，名曰長沙門。又從南首復生沙垠至瓊海 萬州，曰萬里長沙。沙之南又生嶁岵石，至七州洋，名曰千里石塘。

長沙一門，西北與南澳，西南與平海之大星，鼎足三峙。長沙門南北約闊五更，廣之番舶洋艘，往東南洋 呂宋、文萊、蘇祿等國者，皆從長沙門西出。北風以南澳為準，南風以大星為準。惟江、浙、閩省往東南洋者，從臺灣 沙馬崎頭門過，而至呂宋諸國。西洋呷板，從崑崙 七州洋東，萬里長沙外，過沙馬崎頭門，而至閩、浙、日本，以取弓弦直洋。中國往南洋者，以萬里長沙之外，渺茫無所取準，皆從沙內粵洋而至七州洋。此亦山川地脈聯續之氣，而於汪洋之中以限海國也。

——[清]陳倫炯《海國聞見錄·南澳氣》

# 周煌《琉球國志略》中的針路



**【引書舉要】**

[清]周煌（1714—1785）於乾隆二十一年（1756）以副使身份隨正使全魁出使琉球。是年六月初十出五虎門開洋，七月初八至那霸。次年正月三十日返航，二月十三日進五虎門，歸著《琉球國志略》。

本書所引據商務印書館1936年《叢書集成初編》本。

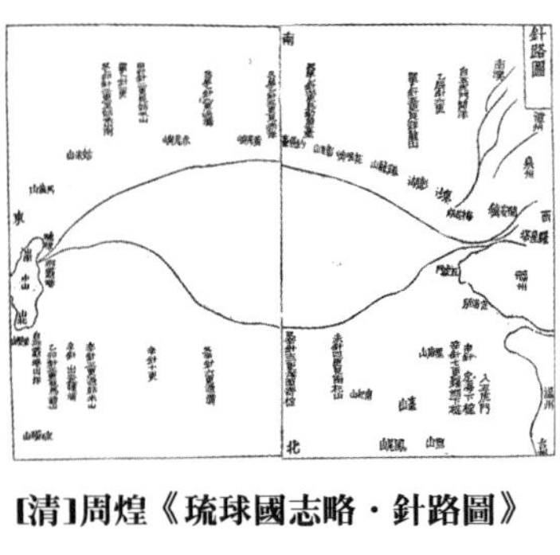

[清]周煌《琉球國志略·針路圖》

## 海（潮候、風信、針路附）

環島皆海也。海面西距黑水溝與閩海界。福建開洋至琉球，必經滄水，過黑水，古稱滄溟。溟與冥通，幽元之義，又曰東溟。琉地固巽方，實符其號，東鄰日本 薩摩洲（《指南廣義》作耍是麻），常所交市國，一葦可航。北望野古，可直達高麗，南逼臺 澎 淡水後之溜山，恰與葉壁後之漈水，同屬尾閭沃焦之壤。而三十六島，唇齒相依，臂指互用。水中復有沙洲，隱現斷續于各島間，直若草蛇灰線，馬跡蛛絲，以故氣脈牽聯，地土物候，大同小異。是海固不可以道里計，而球陽之海，則實有無形之區限在焉……

封舟例以夏至後乘西南風至琉球，以冬至後乘東北風回福州。然北風凜烈，不比南風和緩，故歸程尤難。考嘉萬封舟回閩，最稱安吉者，惟蕭崇業。其放洋日期，乃十月二十四日，故海船老“夥長”皆言無論冬至遲早，總以十月二十後東風順送為吉。若冬至前後，則風勢日勁，浪從船上過矣。正月風颶最多，應期不爽，萬無行舟之理。二月則多霧，恐風順遇山不見，反致逼山，且龍蟄甫驚，常多出海，復有龍風之患。前使海寶等回閩，於二月十六日放洋，十七日即見二龍起於船之左右，水沸立二三丈，益信十月二十後之說為不刊也……

球琉在海中，與浙 閩地勢東西相值，但平衍無山。

船行海中，以山為準。福州往琉球，出五虎門，取雞籠山、花瓶嶼、彭家山（或作平佳）、釣魚臺、黃尾嶼、赤尾嶼、姑米山、馬齒山（以上山皆取北過），收入那霸港。回福州，出那霸港，由姑米山，取溫州 南杞山、臺山、里麻山（一名霜山），收入定海所，進五虎門。《指南廣義》云：自五虎至姑米，四十更。自姑米至定海，五十更。一更六十里，以沙漏定之。漏用玻璃瓶兩枚，細口大腹，一枚盛沙滿之，兩口對合，中通一線以過沙，倒懸針盤上，沙盡為一漏，復轉懸之。計一晝夜約二十四漏，每二漏半有零為一更。風緩船遲，雖及漏刻，尚不及更。風疾船速，未及漏刻，已逾六十里，為過更也。

高澄《操舟記》：漳人謝敦齊曰，西南諸國，行不二三日即有小港避風。若琉球則去閩萬里，中道無止宿地。

陳侃《使錄》：嘉靖十二年，癸巳，封王尚清。五月，侃至閩。七月初二日，與副使高澄照題准定式，定艘造船（長十七丈，寬三丈一尺六寸，深一丈三尺三寸，擇日務與使臣之年庚合，非是弗利）。十三年三月，船竣，五月初八日，自广（以冉切）石放洋。初九日，小琉球。初十日，過赤嶼。一晝夜兼三日程。十一日夕，見古米山。十二日，至山下。十三日，北風。十四日夕，舟裂。十五日，塞罅。十六日，見葉壁山。申刻，泊山。十八日，小舟四十牽挽。十九日，風逆甚，泊移山之灣。二十五日，至那霸（共十八日）。九月十二日，登舟，風逆。二十日，開洋。二十一日，颶作，桅柁折。二十三日，易柁。二十六日，舟行如飛。二十七日，黎明，見福建山。二十八日，至定海（共七日）。十月初二日，入城（針路無考）。

郭汝霖《使錄》：嘉靖三十四年，乙卯，封王尚元。九月，至福州。十一月，起工造船，倭警。三十九年八月，再定艘。十一月，畢工（舟長十五丈，寬二丈九尺七寸，深 丈四尺）。四十年五月二十九日，梅花開洋，過東湧、小琉球。二十日，過黃茅。閏五月初一日，過釣魚臺。初三日，赤嶼，無風。初七日，午，風，見土納奇。申刻，見古米山，幾下葉壁。初七日，未刻，見那霸港。初八日，暴雨。初九日，辰刻，到那霸（共十一日）。十月十八日，開洋。二十日，夜二鼓，柁失拋貨。二十一日，換柁，肚繩斷， 二艙繫柁。二十六日，至清水。二十七日，見寧波山。二十九日，至福寧，入五虎門（共十一日）。十一月初二日，入城（針路不載）。

蕭崇業《使錄》：萬曆四年，丙子，封王尚永。十月，至閩。五年七月，定艘，旋壞。十月，再定艘（舟長十四丈，寬二丈九尺，深二丈四尺）。七年五月二十二日，梅花開洋。直至三十日，不見山，孤燕繞桅飛，青蜓入神舍不去，三龍起於海。六月初一日，過葉壁山。初五日，泊那霸港（共十四日）。十月二十四日，開洋。二十七日，北風暴，柁牙折，柁葉失。二十九日，晚，見台州山。三十日，次溫州。十一月初一日，經臺山。初二日，進定海（共九日）。初五，入城。

蕭崇業《過海圖》：梅花頭正南風，單辰針六更，辰巽針二更，取小琉球。乙卯針四更，彭佳山。單卯針十更，釣魚嶼。乙卯針四更，黃尾嶼。單卯針五更，赤尾嶼。單卯針五更，姑米山。乙卯針六更，馬齒山。

夏子陽《使錄》：萬曆三十年，癸卯，封王尚寧。十月，入閩。甲辰八月二十二日，定艫。丙午三月，告竣（船度未載）。五月二十四日，自梅花所開洋，過白犬嶼。又取東沙，丁風，用辰巽針，八更，取小琉球山。未風，乙卯針，二更。二十五日，過雞籠山。申酉風，甲卯針，四更。二十六日，過平佳山。亥風乙卯針三更，未風乙卯針三更，取花瓶嶼。二十七日，丁未風，乙卯針四更，取釣魚臺。丙午風，乙卯針四更。二十八日，過黃尾嶼，柁牙數折。丙風，乙卯針七更；丁風，辰巽針一更。二十九日，過古米山。三十日，又辰巽針六更，過度那奇山。又辰巽針一更，至馬齒山。六月初一日，至那霸港（共八日）。十月十五日，登舟。二十一日，開洋。二十二日，過古米山。二十三日，一麻雀入船，斷虹見西北，北風大發，柁繩斷，"夥長"鉤取續之。二十四日，巳刻，柁折，易副柁，柁牙連折，二桅損裂。夜初，副柁又折。二十五日，酉刻，又易柁。二十六日，麻雀群飛船上。二十七日，柁葉失去，起柁幹。二十八日，舟裂入水，集棉布數百疋絞之。二十九日，離黑水，入滄水，風大，幾逼山。神火示現，見礁，急轉柁免。三十日，入鱉嶼。十一月初一日，到五虎門（共十一日）。舟閣淺，損裂，水入，各覓小船扶救，僅以身免。初三日，入城。

杜三策從客胡靖錄：崇禎元年，封王尚豐。六年五月二十三日，登舟（舟長二十丈，廣六丈，深五丈，載五百人）。六月初四日，梅花開洋。初八日，暮，過姑米山。初九日，到那霸港（共六日，徐錄九日誤）。十一月初八日，登舟。初九日，開洋。十一日，颶風大作，斃一柁工，柁牙日折幾十次。十九日，異鳥集檣杪。二十日，到五虎門（共十二日。徐錄十一日誤）。

國朝張學禮《使錄》：順治十一年，封王尚質。十二年三月，入閩造船。十五年，以海氛未靖，掣回。康熙元年，復遣行。二年四月，入閩。五月初四日，登舟（舟長十八丈，寬二丈二尺，深二丈三尺），候風。至六月初七日，梅花開洋。初九日，過分水洋。十一日，見巨魚如山。十二日，過糠洋。自梅花七日不見山。十五日，見北山。十九日，泊伊蘭埠。地近龍潭，二龍見，大桅決，鐵箍失，二三轉至山南。二十五日，次溫鎮，抵那霸港（共十九日）。十一月十一日，冬至。十二日，登舟。十四日，開洋，過姑米山。十六日，颶大作，桅半折，霹靂斷桅。十八日，勒索，斷柁浮。十九日，風止起柁。二十一日，異鳥集戰臺。二十三日，見浙江山。二十四日，到五虎門（共十一日）。

汪楫疏抄：康熙二十二年，封王尚貞。移文閩督，選二鳥船（長十五丈，寬二丈六尺。海防冊：烽火營鳥船一，長十二丈三尺，寬二丈五尺。閩安中營鳥船一，長十二丈二尺，寬二丈六尺五寸）。六月二十三日，開洋，雙魚導引，萬鳥迴翔。二十四日，酉刻，過釣魚臺。二十五日，過赤嶼。薄暮，祭溝。二十六日，過馬齒山，至那霸港（計四日。洋船針簿，載汪楫海行云：乙辰八更，取雞籠頭，用辰多辰巽三更，取梅花嶼。單卯十更，取釣魚臺，北邊過。乙辰四更，過黃尾嶼。甲卯十更，取姑米山。乙卯七更，馬齒山。甲寅並甲卯，取那霸港）。十一月二十四日，開洋。二十七日，過姑米山。二十八日，夜初，颶大作，大桅鐵箍斷，十三頂繩斷，金栓裂尺餘。十二月初二日，見南杞山。初四日，泊定海（共十一日）。

徐葆光《傳信錄》：康熙五十八年，封王尚敬。閩督預取寧波商舶二號備用（船長十丈，寬二丈八尺，深一丈五尺）。五月二十二日，出五虎門，開洋（前此皆由梅花所，由五虎自己亥始）。夜，丁未風，乙辰針三更半。二十三日，丁未風，乙卯針二更。二十四日，丁午風，乙卯針，過米糠洋。二大鳥集桅。夜四更，當見雞籠山，不見，復四更。二十五日，丁未風，單乙針二更，乙卯針一更半。夜，正南風，單乙針一更半。二十六日，正南風，轉丁午復丁未、單乙針，一更。晚，丙午風，乙卯針。夜，丁午風，乙卯針一更，單卯針二更。二十七日，丁午風。夜，丁風，乙辰針二更半。連日用卯針二十七更半，船身東北下六更許，諸山皆不見。二十八日，改用乙辰針，丁未風二更半。日入，丁午風，辰巽針二更。二十九日，見葉壁山。日中坤申庚風，又子癸風，迴針東南行，取讀谷山。日入，丑艮風，丙巳針。又用丙午、單卯針，取那霸港。六月初一日，登岸（共十日）。五十九年二月十六日，開洋，南風，乾亥針一更半，單乾針四更。日入，見姑米山。夜丁未風，轉坤未風，乾戌針三更半，頭巾頂繩連斷三次。十七日，二龍見，水沸立。西北風，單子針一更。夜，坤未風，乾戌針一更。十八日，用單乾、乾戌針，四更。日入，西南風，乾戌針四更半。十九日，辛酉風，單庚針一更。午轉壬子癸風，單酉針。日入，子癸風，又丑癸風，單戌針三更半。二十日，東北艮寅順風。午轉甲卯風，辛戌針四更。日入，乙辰風。夜過溝，巽巳風，辛酉針三更半。二十一日，大霧，有鳥集桅。夜，東北大順風，庚申針二更。二十二日，東北風，庚酉申針四更半。日入，雙燕集桅。乙卯風，庚酉針一更。二十三日，日入，壬子風，庚酉針二更。未明，見山。二十四日，單申針一更，至魚山。日晡，轉北風，丁未針三更。日入，至鳳尾山。二十五日，無風，舟停。二十六日，壬亥風，用單未、坤未針，三更。日入，單未針一更。二十七日，見盤山。東北風，用坤申庚針四更。離北關一更許。日入，一更，至臺山。二十八日，夜，颶作，椗走，乙辰針二更半。二十九日，至霜山。東北風，用申庚酉針。日晡，與二號船齊至定海所。謝恩船先一日到。三十日，進五虎門（共十五日）。

臣謹按：琉球海道，雖與福州東西徑直，然船身宜上，不宜太下。歷考前使，自陳侃有錄以來，封舟不至落北者，惟前明冊使夏子陽，及本朝使臣汪楫。餘皆多用卯針，以至飄過北山。臣茲役深鑒前車，獨刪《指南廣義》主用卯針之說，折衷於夏 汪二錄，時飭本舟"夥長"，敬謹遵用。以故由五虎開洋，三日之間，直至姑米。方謂媲美前封，臣等奉使無狀，陡遭巨颶，閣礁壞舶，幾至顛覆……謹述茲役往琉回閩針路附載於篇。

乾隆十九年[1754]，琉球國 中山王世子尚穆遣其陪臣毛元翼、蔡宏謨等賫表，恭請襲封。二十年[1755]五月初七日，大學士會同翰林院掌院等揀選，帶領引見。奉旨侍講全魁充正使，編修周煌充副使，欽此，禮部條列封例上聞，蒙恩賜正一品麟蟒服。臣等於二十一年[1756]二月初四日，恭請聖訓。次日赴禮部祗領節詔敕諭祭文，新鑄清篆駝紐印銀幣等物。初九日，馳傳出都門。以四月二十四日抵閩，而督臣喀爾吉善、撫臣鍾音已先選備福州民船二座充用（船長十一丈五尺，寬二丈七尺五寸，深一丈四尺，加上棚六尺，前九艙，中八艙，後七艙，水櫃二，水桶二，共受水六百二十石）。擇六月初二日，恭捧詔勅，奉安官艙正中，由南臺江登舟。初五日，至太平港。初六日，祭江取水。申刻，到怡山院，諭祭海神，天后宮行香。初七日，至金牌門上道。初九日，巳刻，到五虎門。未時，祭海。初十日，早潮出五虎門，過官塘 進士門，開洋。單午風，乙辰針。至日入，行船六更。夜，單午風，單乙針，行船五更，見雞籠山頭。十一日，上午，坤未風，單乙針二更。下午，單酉風，單乙針。至日入，行船四更，見釣魚臺（連日俱有大魚夾舟左右，或三或四，又宿洋鳥繞檣而飛）。夜，單丙風，單乙針，行船四更。十二日，單午風，單乙針一更，見赤洋。轉單丁風，單乙針。至日入，行船五更。夜，單午風，單乙針四更。是夜，過溝祭海。十三日，丁午風，甲卯針，行船二更，見姑米山。風輕，轉單午、單乙針。日入，行船一更。夜，丁午風，乙卯針二更，姑米。人登山舉火為號，舟中以火應之。十四日，單甲風，姑米頭目率小舟數十，牽挽至山西下椗。十五日，單卯風，小舟又挽至山北下椗。距岸約三四里許（自開洋至姑米北岸，計五日）。礁石獰狰，鐵沙蕩激，舟未得近。十六日，風止舟膠。十七、十八日，俱東北逆風。十九日，寅刻，雷雨風暴。二十日，卯刻，虹見，東北風，辰刻雨。二十一日，卯刻，微雨，東北風。二十二日，東北大風，接封大夫鄭秉和請易小舟登岸暫避。臣等懼其驚眾，不許，是夜風轉暴。二十三日，暴甚，船身播蕩，嘔伏者相枕。鄭秉和再請發岸，臣等諭以詔敕在舟，豈容暫離，若奉以行，眾將何恃，不如勿動以安人心。有議以繩繫腰而縋入小舟者，其說愈陋，復力止之。二十四日，風愈暴，椗索屢下屢斷。眾議以地多礁石，欲起帆隨風漂流。臣等以利害婉示之，問筊于神。神許以專泊此地，可保終吉。因謂之曰，風勢如此，不致逼山者，帆未起也。脫一起帆，瞬息齏粉矣。且柴蔬水米俱盡，開將何往，乃止。是夜四鼓，椗索十餘，一時皆斷，柁走，龍骨觸礁而拆，底穿入水。時既昏黑，兼大雷雨，帆葉廚棚，吹沒殆盡，倏見神火飛向桅末，焚招風旗而墜，又海面一燈浮來，若煙霧籠罩狀。于是眾悉呼曰：天妃遣救至矣。須臾，船身直趨向岸，一礁石透入船腹，不動亦不沉。因令解放杉板（本舟小船）下水，臣等乃獲捧詔敕節印，陸續登岸。同舟二百餘人，舉慶更生……二十九日，王世子遣耳目官等來候。七月初四、初五日，王世子連撥國中海船迎載。初七日，臣等謹捧詔敕節印賜物，奉安船上，仍迎請天后神像登舟，遂乘西南風開駕，夜過馬齒山。初八日，至那霸港（自遭風登岸易海舶至那霸，計二十三日）。

十月中旬，琉球國更造新船，配用原船桅柁報竣，臣等即於本月二十六日，恭奉節印登舟。中山王尚穆先詣迎恩亭候送，跪請聖安。十一月初一日，冬至。初七日，東風微起，封舟同謝恩進貢兩舟乘潮出港。午，遇颶，仍同收回。潮落風狂，幾復觸礁，嗣因風信已過，波浪日惡。至二十日，中山王遣陪臣敦請進館，須候春信，始可開洋。臣等謹奉節印再入館中。十二月十二日，二號船到，臣等飭將原船修補，擇乾隆二十二年[1757]正月二十八日登舟。三十日，卯時，東北風，遂率三舟一同開洋。用乙卯針，行三更，午時至馬齒山 安護浦下椗。二月初一日，西南風。初二日，未刻，轉西風。初三日，北風甚壯。初四日，寅時，單癸風，用午針出灣。巳刻轉丑風，單辛針，三更。午時，過姑米山。單申針，五更。初五日，早，乙辰風，單辛針，五更。夜，辰巽風，單辛針六更，過溝祭海。初六日，單艮風，辛針六更，轉辰巽風，單辛針四更。初七日，風同，辛針三更。申刻，大霧，不見山，寄椗。初八、初九日，俱大霧，西南風。初十日，早，白虹見，霧暫開，見台州 石盤山。午復大霧，白虹再見，轉午風。戌時，東北風，起椗用未針，見溫州 南杞山。亥時，雷電風雨交作，船欹，急落帆葉，只用半篷。十一日，東北風，單辛針七更。晚，至羅湖下椗。十二日，風同，用申針，收入定海所下椗。十三日，巳刻，進五虎門。午時，至亭頭。二號船已於初六日先至。臣等至怡山院，行諭祭海神禮。進貢船同日至，謝恩船是日至定海（共十四日）。十六日，入城（以上針路）。

——[清]周煌《琉球國志略·卷五》

# 乾隆《福州府志》及《臺海見聞録》所載海路針經





**【引書舉要】**

[清]乾隆《福州府志》由徐景熹、魯曾煜等編修，序於乾隆十九年甲戌（1754）。本書所引據北京圖書館出版社2007年重印本。其所引《見聞錄》不知何所出，唯同屬乾隆間成書的《臺海見聞錄》則值得留意。

《臺海見聞錄》爲[清]董天工所撰。天工爲福建崇安人，乾隆十一年（1746）六月任臺灣彰化縣儒學教諭，五年秩滿歸里，編成《臺海見聞錄》四卷，今本只存前二卷。該書有乾隆辛未十六年（1751）陽月自序，另有乾隆十八年春三月張湄序。乾隆十八年（1753）刊本典藏於“中央圖書館臺灣分館”；本書所引據1961年臺灣銀行經濟研究室編《臺灣文獻叢刊》第一百二十九種抄本。

## 針經

凡駕船，自北向南針路：福寧 臺山內駛，用坤未針三更船，取東 西磏山。東 西磏山內駛，用坤未針二更船，取芙蓉山。芙蓉山內駛，用丁未針一更船，取小西洋山。小西洋山內駛，用丁午針一更船，取北茭頭門內，沿山取定海所前。定海所前用丁午針二更船，取五虎山，入閩安鎮。五虎山用乙辰針，平竿塘 三礁外過。三礁用丙巳針，取東沙山。東沙山用丹巳針三更船，平牛山，取烏坵山，接興化 湄州。

自南向北針路：烏坵山用艮寅針四更船，平牛山。牛山用丑艮針五更船，取東沙山。東沙山用丑艮針一更船，平竿塘山。竿塘山用丑艮針一更船，取龜嶼。龜嶼用丑艮針一更船，取東湧山。東湧山外駛，用丑艮針二更船，平東 西礌山。東 西礌山用丑艮針二更船，平臺山。

又中道，自北向南針路：臺山外駛，打水二十托，用坤未針三更船，取東 西礌山。東 西礌山外駛，用坤未針二更船，取芙蓉山。芙蓉山外駛，平洪山，用坤申針及丹坤針二更船，取北茭。（[來集之]《樵書二編》：更者，舟行一日夜，以十更為準，或爇香幾枝為度。[黃叔璥]《赤嵌筆談》：船在大洋，風潮有順逆，行度有疾徐，須以木片投于船首海中，人從船首速行至尾，木片與人齊至，則更數方準；若人至船尾，而木片未至，則為不上更；或木片先人而至，則為過更。皆不合也。《見聞錄》：凡更，就順風而言。若風靜風逆，則因風之遲速折之。其法皆本於鄭和云。）

——[清]乾隆《福州府志·針經》

臺山自福省五虎門蜿蜒渡海，東至大洋中有二山，曰關潼、白畎，是臺地諸山之太祖也。隱伏波濤，穿海渡洋，至臺之雞籠山，始結一頂，磅礴千餘里，或山谷，或平地，諸山屹峙不可紀極。大約臺山背東溟，面西海，其地形如半月，郡邑居其中。木岡山為郡之少祖，在府治東北一百三十里，巍峨聳拔，雲霧掩罩，天清頂見。山南三十餘里為臺灣縣治。自木岡山南至沙馬磯頭山，在府治西南四百六十里，其西盡大海，其東北為鳳山縣治。自木岡山北至玉案山，其西北三十里為諸羅縣治。自玉案山北至大武郡山，其西北四十里為彰化縣治。自大武郡山北至雞籠 鼻頭山，在府治東北六百三十里，其北盡大海，其西南三百五十里為淡水廳治。

大海環繞，遠通江、浙、粵東，近為閩省外障。澎湖為門戶，鹿耳為咽喉，加以七鯤身毗連環護，誠天設之險。其山皆向內。北路之後壟港，與興化 南日對峙。後壟而上之竹塹，與海壇對峙。竹塹而上之南嵌與福州 閩安鎮對峙。自南嵌至上淡水，與北茭相望。淡水至雞籠城，與沙埕 烽火門相望。澎湖憑山環海，有五十嶼，巨細相間，回環五十五澳。

《文獻通考》云："琉球國在泉州之東，有島曰彭湖，煙火相望，水行五日而至。旁有毗舍耶（一作那）國，語言不通，袒裸盱睢，殆非人類。喜鐵器，臨敵用鏢，以繩十餘丈為操縱，蓋愛其鐵不忍棄。"。按澎湖東南即今臺灣，其情狀相似，殆即毗舍耶國也。

《蓉洲文稿》云："臺灣，海中番島，《名山藏》所謂乾坤東港華嚴婆娑洋世界，名為雞籠。考其源則琉球之餘種，自哈喇分支，近通日本，遠接呂宋，控南澳，阻

針經
凡駕船自北向南針路福寧臺山內駛用坤未針三更船取東西磏山 東西磏山內駛用坤未針二更船取芙蓉山 芙蓉山內駛用丁未針一更船取小西洋山 小西洋山內駛用丁午針一更船取北茭頭門內沿山取定海所前 定海所前用丁午針二更船取五虎山入閩安鎮 五虎山用乙辰針平竿塘二礁外過 三礁用丙巳針取東沙山 東沙山用丙巳針三更船平牛山取烏坵山接興化湄州
福州府志 卷十三 海防 三七
自南向北針路烏坵山用艮寅針四更船平牛山 牛山用丑艮針五更船取東沙山 東沙山用丑艮針一更船平竿塘山 竿塘山用丑艮針一更船取龜嶼 龜嶼用丑艮針一更船取東湧山 東湧山外駛用丑艮針二更船平東西礵山 東西礵山用丑艮針二更船平臺山
又中道自北向南針路臺山外駛打水二十托用坤未針三更船取東西礵山 東西礵山外駛用坤未針二更船取芙蓉山 芙蓉山外駛平洪山用坤申針及丹坤

[清]乾隆《福州府志·針經》書影

銅山，以澎湖為外援。明 萬曆間，海寇顏思齊踞有其地，始稱臺灣。思齊剽掠海上，倚為巢窟，臺灣有中國民，自思齊始。”

大海洪波，止分順逆。凡往異域，順勢而行。惟廈抵臺，名曰“横洋”，中有黑水溝，色如墨，曰“墨洋”，驚濤鼎沸，險冠諸海。或言：順流而東，則為弱水；昔有閩船漂至弱水之東，閱十二年始得還東土。

海吼，俗呼“海叫”。小吼如擊花腔鼓，點點作撒豆聲，乍遠乍近，若斷若連。大吼如萬馬奔騰，鉦鼓響震，三峽崩流，萬鼎共沸。吼時雲氣漸興，風雨不旋踵至矣。海上人曰，是雨徵也。若冬月吼，常不雨，多主風。



廈門至澎湖，水程七更。澎湖至鹿耳門，水程五更。約六十里為一更。往來船隻，以澎湖為關津。行舟以北極星為準。黑夜無星可憑，則以指南車按定子午格巽向而行。倘成[若]子午稍錯，南犯呂宋，或暹羅，或交趾，北則飄蕩莫知所之。至若鹿耳門北至雞籠十九更，自鹿耳門南至沙馬磯頭十一更。苟遇颶風，北則墜於南風炁，一去不復返，南則入於萬水朝東，皆極險阻，此來臺者之不可不知也。



《裨海紀遊》云：“淡水登舟半日，即望見官塘山即闗潼山。自官塘抵定海，行大海中，五、六十里至五虎門，兩山對峙，勢甚雄險，為閩省門戶。門外風力鼓蕩，舟甚顛越。既入門，靜綠淵渟，與門外迥別。更為城頭（土音亭頭），十里至閩安鎮，數十里至南臺大橋。”

《續文獻通考》云：“水至澎湖漸低，近琉球謂之落溜。溜者，水趨下而不回也。凡西岸漁舟到澎湖以下，遇颶風發，漂流落溜，回者百無一。”

鹿耳門南北兩岸，鐵板沙線横伏水底，舟觸立碎。出入僅容三舟。土人標示其港，名曰“蕩纓”。入門候潮長水深丈四、五尺，折帆起舵而進，潮退不及一丈，不能進。有乘北風作，從澎湖放洋，不半日可到門。

海上黑夜不見一物，則擊水以視。一擊而水光飛濺，如明珠十斛，傾散水面，晶光熒熒，良久始滅，亦奇觀也。

《瀛壖百詠》云：“暗澳，相傳在臺灣東北，昔紅毛泊舟其地，無晝夜，山明水秀，萬花爛熳，無居人，心愛之，留二百人居焉。次年復至，則山中昏黑如夜，所留無一存者。取火索之，見石上題云，至秋成夜，至春始旦，黑時俱屬鬼怪，因漸次以亡。蓋一年一晝夜云。”

——[清]董天工《臺海見聞錄·卷上》

# 《噶喇吧紀略》《吧遊紀略》《海島逸誌》等的通爪哇航線

環南溟之外，皆水鄉澤國也。其城池之固、守備之嚴，為諸邦統領者，則荷蘭之噶喇吧稱重鎮焉。火煙山峙其南，西、北、東三面負海。上流之州曰萬丹、舊港、麻六甲、西壠、牛嶼、阿齊；下流之州曰井里汶、北膠浪、三寶壠、碣烈石、四里貓、南望、馬辰、夢茭虱、知汶、里嗎、龜邦、萬蘭、澗仔礁。種各殊，水程相去多者萬有餘里，而悉統於荷蘭……日烣年弱冠，思償父債，當隆冬盛寒，北風迅發，浮海而南。過七州，經交趾，抵占城，歷柬埔寨、暹羅各港口，至地盤洋，復出長腰（山名）、豬母頭（山名）以及狹峽水。水多樹木，從海中出，遮蔽兩邊，廣三四里，近西淺而泥，依東深有石，舟人探其水以六七尋為憑。行三日出狹峽口，而舊港在焉，則荷蘭所藉以詰唐船出入者也。再過三立洋，而王嶼（有風吹鋸）、申[甲]版嶼、烏鬼嶼、草嶼、白嶼棋羅星布，吧城之前案也。丁腳蘭一沙控引其上，魯古頭灣抱於下，其左右翼也。計北來程途共二百四十更（一更有五十里），約陸道萬有二千里，屈指來時不過三旬……

入其澳，戰舟環於外，商船聚於內，哨艇周迴，由桶岸一水通吧城……市井繁華，而聖墓港水從正南來，蚊茭賴水從東南來，洪溪水從西南來，俱於小南門外合流，由小南門東穿城而北下，東門一水通安卒，西門一水通鱷仔潭，那蚊茭賴水至城東南隅別分一支，鑿渠環城，皆會於北門而入海……

城以東，附民城之北，曰王城（先荷蘭船來吧，交商賂爪鴉酋長……），土庫口（王城之南，荷蘭所居），入[八]芝蘭（唐人所居），爵仔街（多唐人銀匠居），暗澗（唐人店鋪，晚市尤甚，近港有馬寮、有賭棚），圃仔

**【引書舉要】**

[清]程遜我《噶喇吧紀略》《噶喇吧紀略拾遺》，引自《遊敏堂叢書》本。

[清]陳洪照《吧遊紀略》一書原佚，後陳佳榮由朱仕玠《小琉球漫志》（成文出版社據乾隆卅一年序刊、傳抄本影印）輯出數則，撰成《陳洪照〈吧游紀略〉——清初記述爪哇的另一要籍》(刊於《海交史研究》1994年第2期。另可參見南溟網：http://www.world10k.com/blog/?p=23)，本書所引據此。

[清]王大海《海島逸誌》引自香港：學律書店1992年姚楠、吳琅璇校注本。

（唐人住家），蜜查嘮厝口（荷蘭審刑樓……）。城以西，泊西街（多荷蘭住房），港仔尾（多番屋，常稅唐船作土庫），米澗（聚米之所，有米官，其旁多唐人住家），蚤澗（賣魚市，有澗官），碗街（横直俱唐人所住，貿易者最眾），竹樹下（接小南門，多荷蘭住）。

出東 西二門，離海各十餘里，西止三角橋、鱷仔潭，東止安卒大伯公（唐人土地祠）。惟大南門、小南門之外地闊，民聚平原，林麓高下參差，番唐雜處，近城商賈如附。森腳、中港仔、八茶礶、洪溪頭、廿六間（俱小南門外地），班焦澗（山水遠來……吧人俱飲此水，旁有水鋸）、蚊茭賴（俱大南門外地）諸處，居貨行貨，恍若五都之市。離城農圃，如大末腳（傍有唐人義冢，有報恩寺，祀觀音）、茭泊、閏韃洋、荷蘭營、干冬墟、望茭寺、十二高地、芝荷、阿森、奔鹿走馬（俱屬南），丁腳蘭（屬西），魯古頭（屬東）諸地，創建蔗廍。

——[清]程遜我《噶喇吧紀略》

風土拾遺：……爪鴉雖屬荷蘭，然其眾尚數十萬，立國於目兜覽内，而井里汶、北膠浪、直葛、三寶壠、四里貓、高望、碣烈石、尾陳諸境，皆為所統……形貌不一，惟無來由最秀美，近似中國人。次夢茭虱，次貓離。至若罷罷、章吉能、武乞、寧交茂、烏鬼、望絞喇，貌惡不堪，其心腸亦異夫人矣。

古蹟拾遺：一三保石，土庫口 荷蘭室中有石筍，長可二三尺，去之復生。相傳以為明 王三保下西洋，繫船於此，其然豈其乎？一磁石洋，磁石引鐵，近南望有磁石洋……一鹽埕尾，吧城外西北隅瀕海之地，謂之鹽埕尾……

——[清]程遜我《噶喇吧紀略拾遺》

廈門至咬嚁吧，海道二百四十更。初放洋，舟西南行三十六更，至七洲洋，茫無島嶼，為通西洋必經之道……既過七洲洋，是為外羅之山……過外羅山，是為馬鳴嶠。由馬鳴嶠順風三日，至煙筒 大佛山……過煙筒 大佛山，至廣南 赤嵌山，其山色赤如赭。過赤嵌山為覆鼎。過覆鼎為羅源。過羅源為東 西竹。過東 西竹，順風三日至崑崙洋。洋中有山，名曰崑崙，前列三峰，後列三峰。其洋小於七洲，每海舟回時，正當夏月，常起鼠尾。鼠尾者，天際雲氣一點如黑子，須臾，黑氣一線直上，飆風暴雨卒至。所謂“往怕七洲，歸怕崑崙”也。海舟往時，當冬春之際，可以無慮，然必設饌祭如七洲洋。

過崑崙洋為麵鮀嶼。過麵鮀嶼為豬母頭嶼。過豬母頭嶼為短腰嶼。過短腰嶼為長腰嶼。過長腰嶼為琴 七星嶼。過琴 七星嶼為地盤。自崑崙洋至此，皆不見有大山，惟認海中浮嶼為水道行程。舟行晝夜無住處，離嶼常須數里，恐嶼石斜伏水中隔砐也。

由地盤順風二日至峽。夾峽兩旁樹木生於海底，大者數十圍，皆直上無拳曲，其高低分植，如手分置。舟行中央，相去僅一二里許。樹間猿鳥飛騰上下，依稀可見。入峽至出峽十五更。峽中時有浮土，土盡塗泥。海水深不過七八丈，或五六丈。夜則下矴，不敢行，懼入淺而舟膠也。出峽十二更，至三立洋，設牲饌祭如前。過三立洋三更，至王嶼。嶼築小城，緣邊植樹，和蘭藏貨物之處，夾板大船之所泊也，番兵鎮焉。又一日，至咬嵧吧海港。自海港至城十餘里，望之不見雉堞，惟於緣樹蔭末見飛樓層閣、金碧掩映而已，蓋殊方一大都會也……其地多椰，番人謂椰為“咬嵧吧”，故名其地焉。

——[清]陳洪照《吧遊紀略》，轉引自朱仕玠《小琉球漫志·卷六·海東賸語·上·海道》。

按咬嵧吧即係爪哇，其屬最眾：曰萬丹，曰井里悶，曰三把隴，曰井里吽哪頭，曰直葛，曰北家浪，曰貳怕嘮，曰爪哇林，曰南望，曰碣勒石，曰四里末嘎，曰望佳煞，曰安悶，曰萬蘭，曰蜩子蹄，曰瞿港，曰馬臣，曰末留齡，曰牛嶼等島，皆爪哇屬也……爪哇之外，又有武兀、烏鬼番、過水諸雜番。

——[清]陳洪照《吧遊紀略》，轉引自朱仕玠《小琉球漫志·卷六·海東賸語·上·和蘭借地》。

噶喇吧，邊海澤國，極西南一大區處也。廈島揚帆，過七洲，從安南港口，歷巨港、蔴六甲，經三笠，而入嶼城，至其澳。計水程二百八十更，每更五十里，約一萬四千里可到。其國面北背南，後則火煙山以為屏障。其外，南海也。左萬丹，右井裏汶，前則嶼城羅列。門戶堅固，城池嚴峻，地里雄闊，街衢方廣，貨物充盈，百夷聚集之區，誠一大都會也……其統轄有北膠浪、三寶壠、竭力石、四里貓、馬辰、望加錫、安汶、萬瀾、澗仔低、萬丹、蔴六甲。我朝德澤遠被，四夷賓服，不禁通商。鼓棹揚帆而往者，皆閩 廣之人。自明初迄今四百餘載，其留寓者，生齒日繁，奚止十萬之眾。吧國地本爪亞，和蘭設計籠絡，納其租稅，施行號令，設立法度，盤踞海邊之地，徵課稅，給文憑，慎出入，嚴盜匪，管束諸夷……爪亞之魁處山中，地名覽內，稱巡欄，如漢之稱單于，唐之稱可汗，其餘各處並稱史丹，俱尊覽內為巡欄，其官職有二把智、淡板公、把低，各有副如中軍，以代行其事。其陞降黜陟，皆聽命於和蘭。

華人自明 永樂 王三保、鄭和等下西洋採買寶物，至今通商來往不絕。於冬至後廈島開棹，廿餘日可達。吧城連衢設肆，夷民互市，貴賤交易，所謂利盡南海者也。富商大賈，獲利無窮，因而納賄和蘭，其推舉有甲必丹、大雷珍蘭、武直迷、朱葛礁諸稱呼，俱通稱甲必丹……

三寶壠，吧國所屬之區，為形勝也。地方寥闊，物產繁多，賈帆湊集貿易之處。甲於東南諸洲，北膠浪、膋森其左右翼也。嘮吶哖其倉廩也。提塒、二胞縿其門戶也。其所領轄上下數千里，田土肥沃，人民殷富，為諸邦之冠。至其天氣清涼，勝於吧國……

北膠浪，為吧國東南之區，亞於三寶壠，面山背海……

萬丹，古稱闍婆國，在噶喇吧之西。爪亞所居，地方寬廣，田土肥沃，貨物繁多，人皆富裕。所產經紋幼席為西洋最，和蘭納其租稅，據邊海之地以聚集諸夷，來往交易。爪亞之番，四處星聚，雖有國主，敬畏和蘭，遵循維謹，不敢少懈。其史丹（爪亞之主）處於山中，所居王府極其壯麗。王府之外，築一小城。和蘭十二人，夷兵百人居小城中，名曰護衛，實所以挾制史丹也……然爪亞之人，四處上下，東自吧城、井裏汶、北膠浪、三寶壠、膋森、竭力石、四里貓、外南旺，西自柔佛、巨港、占卑、覽房等數十區處，皆其種類，眾奚止百萬。和蘭人數，千不及其一，大相懸絕也。然而和蘭沉勇有謀，設計籠絡，以威脅之，以利誘之，足以懾服其心，無敢不遵循畏怖。

——[清]王大海《海島逸誌·卷一·西洋紀略》

**[諸島考略名目]**

[和蘭 紅毛 和蘭西 哎哖膋 高奢 爪亞 息坔 無來由 武吃氏 貓釐 武敦 暴暴 西蘭 吉寧 知汶 把實 色仔哖 里貓柔 里罵 安汶 萬瀾 澗仔低 吧國地輿 西北諸島考略（鴿 壠 西壠 龜靜 補遺）]

爪亞番種類甚多。自萬丹、吧城、井裏汶、北膠浪、三寶壠、膋森、竭力石、泗里貓仔、外南旺一線之地，皆旱路可通。其餘柔佛、巨港、占卑、覽房之處，皆其種類，俱尊三寶壠覽內為巡欄，其餘各處但稱史丹而已……

息坔，華人有數世不回中華者，遂隔絕聖教，語番語，食番食，衣番衣，讀番書，不屑為爪亞，而自號曰息坔，不食豬犬。其制度與爪亞無異。日久類繁，而和蘭授與甲必丹，使分管其屬焉。

無來由，其種類甚多，散居四處。蔴六甲、吉礁、巴東、望久里、馬辰、里罵、知汶、把實之屬，皆其類也。性狡獪反覆，多有劫掠。於海洋中者，巢穴處於吉利門、龍牙等處，內地所謂艇匪者是也。出沒無常，閩 廣患之。其言語和蘭遵之，以通融華夷，如官音然。

里罵，在望加錫之東，無來由所居，不屬和蘭經管。地理偏僻，風俗貪暴。地產良馬。鮮有經商之舟，每年惟載良馬入貢吧國而已。

安汶，在吧國之東南，與萬瀾、澗仔低相鼎峙，色仔哖、息坔、無來由雜處其地。其屬國浮嶼，有些罷赖、余𦡕、亞里哥、𦡕里哥、務里、萬里罷。土產海參、丁香、荖葉、鸚哥、霧鳥、花油、盒蜜。

萬瀾，在吧國之極東，西洋澤國東盡於此。其地息坔、無來由雜處。土產丁香、荖葉、海參、玳瑁。其屬國有小知汶、稽哖、阿汝、鵝郎、丹黎抹。

澗仔低，在吧國極東南之地，與蘇洛、宿務相近。相傳從此回廈，較之吧國為近，但未有行之者。土產海參、玳瑁、沙金、珍珠。其浮嶼屬國有地羅、金仔、描章、外健、阿微（平聲）、海里、噌嚕、萬雅里。

目投夷，華人呼為噶喇吧國，其地一線之横。背負南海，左萬丹，右井裏汶、直葛、北膠浪、三寶壠、二把緣、𦡕森、竭立石、泗里貓，至外南旺，不過三四十日，可以旱路相通。其地輿水鄉澤國，入吧國經營者，東止於萬瀾，西至於把東，南負於南海，北蔽於峽。吧國港口，浮嶼羅布，曰王嶼、甲板嶼、爁熓嶼、白嶼、草嶼，不可枚舉，總而言之曰嶼城。吧國統轄屬國，東有望加錫、安汶、萬瀾、澗仔低，東北有馬辰，西有把東，西北有麻六甲、柔佛。其餘荒壤之國，但入貢而已。西北大海之中，有澤國數處，土地甚大，皆屬和蘭統轄，但華人未有到其處，所以未能盡詳其風土耳。

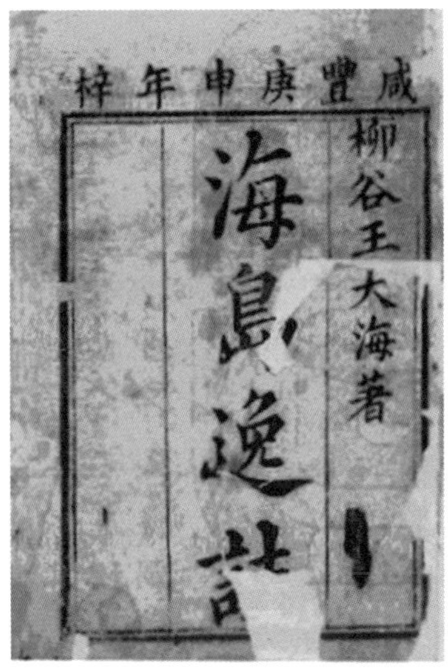

[清]王大海《海島逸誌》書影

鴿，在西北海之隅。和蘭甲板船數十隻，歲通其祖家，必由此地停泊，更换舟工、水手，裝下伙食，然後再駛，蓋其地當半途之間。華人在吧有受其傭僱為舟人者，至此地必更和人，華人暫處於此，配船而還吧，不令往其祖家。然甲板船來往，相傳來三去五。其來風水為順，只有三月；往則水逆道紆，當須五月。又云：將至之處，有暗海，不見日月，舟行二三日始出。蓋天地之大，有不可思議者矣。

——[清]王大海《海島逸誌·卷三·諸島考略》

# 呂調陽的《東南洋鍼路》

明 張燮作《東西洋考》並載兩洋鍼路，諸所傳述，不無訛謬，茲故詳加校正，俾覽者識其形勢焉。

## 南洋鍼路

自鎮海衛（在廈門）太武山出大擔門，凡半更（每更五十里，或曰六十里）。船過此，用丁未鍼四更，取大 小柑橘嶼。船從外過，打水二十五托，內十五托（以繩墜鉛量淺，淺也，每托五尺）。用申未鍼三更，取南澳 坪山，漳 潮連屬也。遠望只一山，近有三門。西南邊一派沉礁，內十八托，外二十五托。船從外過，用坤申鍼十五更，取大星尖，屬東莞縣。內三十五托，外四十五托，用坤申鍼七更，過東莞山，對開四十五托。其前為弓鞋山，對開四十九托，內外俱可過。其前為南亭門，對開四十七托，用單坤鍼五更，取烏豬山，洋中八十托。用單坤鍼十三更，取七洲山，洋名七洲洋。《瓊州志》：“在文昌縣東一百里海中，有山連起七峰，內有泉甘洌可食，舶過用牲粥祭海厲，不則為祟。”舟過此極險，稍貪東便是萬里石塘，即《瓊志》所謂萬州東之石塘海也。舟犯石塘希脫者。七洲洋打水一百三十托。若往交趾 東京，用單申鍼五更，見黎母山，即五指山，在瓊州 定安縣南四百里，五峰如人指屹立，每辰巳後雲收霧斂，則一峰聳翠插天，申酉間復蔽不見。用庚酉鍼十五更，取海寶山。用單亥鍼及乾亥，由塗山海口五更取雞唱門，即安南 雲屯海門也。至交趾 東京，東至海，西至老撾，南至占城（今并入越南），北至思明府。

又七洲洋，用坤未鍼三更，取銅鼓山。《廣東通志》曰：“在文昌東南銅鼓海，極深險。”用坤未鍼四更，取獨珠山。山在萬州東南海中，峰勢高峻，周圍五六十里。明時南國諸番修貢水道，視此為準。其洋為獨珠，舶人云

**【引書舉要】**

[清]呂調陽《東南洋鍼路》約作於18世紀末。本書所引據王錫祺《小方壺齋輿地叢鈔》第十帙。

有靈伯廟，往來祭獻。打水六十五托。用坤未鍼十更，取交趾洋，打水七十托。用坤未鍼，取占筆羅山，是廣南港口。廣南，漢為日南，隋、唐為驩州，明為義安府。國朝為安南所併，統曰越南。

又交趾洋，用未申鍼三更，取望瀛海口，入清華港。漢為九真，隋、唐為愛州，交趾為西京，明為清化府。

又從交趾洋，取小長沙海口，入順化港。明為順化府。今越南王建都於此。經緯表所列，越南經二十二度、緯四十度者，乃東都非西都也。

又交趾洋，用坤未鍼十一更，取外羅山（占筆羅之外山）。遠望若城門，近看東高西低，北有椰子塘，西有老古石。船傍西行，打水四十五托。用丙午鍼三更，取馬陵橋，其內為提夷，是交趾屬縣。馬陵橋打水二十五托，內外俱可過船。南邊有橋出水，用丙午鍼四更，至交杯嶼，即新州港口，明為新安府（宋時占城國都）。交杯嶼兩嶼相對，故名。內打水十八托，用丙午鍼三更，取羊嶼。有小石塔，好拋錨，內打水八九托，外二十托。南有羊角礁，不可近。用丙午鍼三更，取煙筒，交趾、占城分界處也。用丙午鍼三更，取靈山（即所謂大佛靈），山與占城山連接，嶺峻而方，山頂一石塊似佛頭，故名靈山。往來販舶於此樵汲，崇誦佛經禳禱開帆。打水六十托，用單午鍼二更，取伽倆貌山。港內有三嶼，潮漲則不見，由遠過，打水十五托。用坤未鍼五更，由圭龍嶼取羅灣頭，即占城港口。占城東距海，西抵雲南，南接真臘，北連安南，東北至廣東，舟行可半月程。至崖州，可十日程。

占城 羅灣頭，打水五十托。用坤申鍼五更，取赤坎山。近打水二十托，外十八托，用單申鍼四更，取鶴頂山。打水二十五托，洋中有玳瑁洲，宜防。若往柬埔寨，由此分路。用單庚鍼四更，取柯任山。自赤坎沿山而行，因風應變，外任尋港（外任謂柯任外山，如稱外羅也）。用庚申鍼，開有石爛礁在西南，若行船放落嶼下，開頭用單庚及庚申鍼，看風讓高收毛蟹洲。打水六七托，船頭對洲收。入有三托水，在淺內，船恐犯洲尾淺。要認毛蟹洲，須見兩邊坤身頭碕便是（海中沙垠曰坤身，一作鯤身）。大略晴明，潮水淺退，在外任開船，東風，小午到淺，至午進港為妙。柬埔寨港，即古真臘地也。國人自呼甘孛智，後訛為甘破蔗，舶人又訛為柬埔寨云（今併入越南）。

又從赤坎山，用單未鍼十五更，取崑崙山。屹然海中，山高而方，基盤廣遠，俗云："上怕七洲，下怕崑崙。鍼迷舵失，人船莫存。"用單庚及庚酉鍼三更，取小崑崙，兩邊有礁，出水用庚酉及單酉鍼八更，取真嶼。有山三成[個]，內過打水十四托，泥地。外過打水十八托，沙地。遠過止七八托，便是假嶼。水淺，不可行。直從真嶼東北邊出水，礁南邊過船。用辛戌鍼五更，取大橫山。到此是暹羅界。外過南邊打水二十五托為正路。北邊水淺，止五托水。船在南邊見小橫山。其山多樹，打水十四托。

用辛戌鍼十更，用單戌鍼十更，用乾戌鍼十更，取筆架山。遠望形如筆架，故云。山下打水十四托。開，打水二十托，用壬亥鍼五更，取陳公嶼及黎頭山。山西面高大，東南稍低。西北一派是石排山。用壬子鍼五更，取圭頭淺，打水四十托。用單乾鍼三更，取竹嶼淺口，打水四五托。用壬子鍼及乾亥，沿山坤身尾，即暹羅，在占城極南。

又從崑崙山，用坤申及庚酉鍼三十更，取吉蘭丹，即大嶼港口。用坤申鍼七更，入港是大泥國，暹羅屬國也。

又從崑崙山取真嶼，用辛酉鍼二十八更，取六坤，暹羅屬國也，與大泥連。

又從崑崙山，用坤未鍼三十更，取斗嶼。用丁午鍼五更，取彭亨國。用單午鍼五更，取地盤山，在彭亨港外。打水二十八托，內四十四托，三更至東 西竺，為柔佛界。用丁未鍼十更，取羅漢嶼，即柔佛港口。柔佛一名烏丁礁林（今屬英吉利，名新嘉坡）。羅漢嶼有淺宜防。往來尋白礁為準（今名白石口）。往滿剌加，從北邊過船，用庚酉鍼五更，入龍牙門（其南為龍牙國地）。山門相對，如龍牙狀，中通船，多盜。南有涼傘礁，中打水三十托，北二十托，南八九托。又過淡馬錫門，用庚酉及辛戌鍼三更，取吉里問山（此與噶剌巴東北、馬神西南之吉里問大山，名同地異）。打水二十七托，兩邊有淺。用乾亥鍼三更，取崑宋嶼，打水二十五托。用單亥鍼五更，取箭嶼，打水三十四托。用乾戌鍼五更，取五嶼。中有真 假五嶼。從此山入為麻六甲，即滿剌加。

又從東 西竺，用丙午鍼十更，取長腰嶼。北邊正路，打水二十六托。若往龍牙國，用坤申鍼四更，取獨石門。出門用單酉鍼，過鐵釘嶼。其外水急。用單庚及庚申鍼四更，至鱷魚嶼。西是坤身，晝南流，夜北流。再進由第二港入，是龍牙國。

又從長腰嶼，用丁午鍼十更，取龍雅大山（即龍牙國東隅海岸山）。在馬戶邊過，用單午鍼三更，取饅頭嶼。收入即是詹卑。七更可到三佛齊，人稱其國王為詹卑。其國既為爪哇所破，故王徙居於此，因以名地。又從饅頭嶼駕開，用丁午鍼三更，取七嶼。又用丁鍼七更，取彭家山。又用坤未鍼三更，取西南第二山，有沉礁。用坤申鍼，收舊港，即三佛齊故都也。其先為干陀利國，初時為爪哇（即葛剌巴）所併，故名舊港，以別於彼之新村。

又從彭家山，用辰巽鍼十更，取[進]峽門（即葛剌巴峽）。用丙巳鍼巡坤身，七更見三麥嶼。過嶼，用單丁及丁午鍼五更，用單未鍼五更，取都麻橫港口。中望一山，名真不真假不假。正路打水十七托。用單午鍼十更，取覽邦港口。覽邦夷人好食人，故舶無維纜者。外有小嶼，名奴沙牙。近嶼打水八九托。用丁午鍼三更，取奴沙剌，打水十四托。又用丁午鍼三更，遠望錫蘭山（錫蘭山即南印度之西侖島，入峽以來並為三佛齊島所蔽，至是始望見之），即梁時所謂狼牙修也，今訛為石旦。夷言高山為錫蘭，因名。此爪哇地而稱錫蘭港口者，亦就望見言之，其實去彼尚遠。洋中凡五嶼，正門打水四五托。用丙巳鍼六更，至下港，即古闍婆，在南海中者也。亦名社婆，至元始稱爪哇。今下港止彼國一巨鎮耳，舶人亦名順塔，再進入為加留巴（即爪哇，即葛刺巴）。

又從加留巴國 五嶼，分路入蘇門答剌。用單乾鍼五更，取棉花嶼，第三灣正好過船。打水七八托，外二十托，用單戌鍼過淺。用辛戌鍼四更，取雞骨嶼。對開打水六十六托，有淺，船宜遠過。用乾戌鍼十更，取雙嶼，對開打水三十五托。門中打水十托，即正路所經也。用乾戌鍼並辛戌四更，取單嶼。內打水十六托，外四十托。用辛戌鍼十更，認亞路。亞路坤身打水三托，洋中二十托。用壬亥及乾亥鍼，若離山用乾戌鍼十五更，取巴祿頭（即叭當），其旁為九州山（即尼是）。明 鄭和遣人入山採香處也。用單亥及乾戌鍼五更，取急水灣。西邊有狼灣沉礁，對開打水二十五托。用辛酉鍼五更，取啞齊國，即蘇門答剌國也。自滿剌加九晝夜可至。

又從玳瑁洲，用丁未鍼三更，取東 西董。從西董過船，遠似石礁狀。用單丁鍼五更，用丁未鍼三十更（從西董入，更恐崑崙）取失力大山（即息辣，一作實力嶼）。近山用坤未鍼五更，取馬鞍嶼。又用巽巳鍼五更，取塔林嶼。山尖有老古石，正路在西。用辰巽鍼三十更，取吉林馬哪山（一名鈒馬廊）。山上有池，池上石壁有古篆。用單丙鍼六更，單巳鍼七更，取勿理洞山。用丙午鍼十五更，取吉里問大山（即吉利門，一作砥利汶），西面坤身拕尾甚長，有老古淺，離山宜防。用辰巽鍼四更，取保老岸山。山與吉里問相對，俗訛呼巴哪大山也。番舶未到，先見此山，頂聳五峰，雲覆其上。用巽巳鍼四更，取椒山，即豬蠻地。沿山取磨嶼。七更收入思吉港 饒洞，即蘇吉丹國也。與爪哇國相近而吉力石為之主。

又從保老山，用乙辰鍼五更，取吉力石港（吉力石與蘇吉丹別為一島，其所轄地跨海而西盡於蘇吉丹國），即爪哇之杜板村（杜板村在思古港之北，即《元史》之杜並足，《諸蕃志》之打板國也，地轄於吉力石而隔海港），史所謂通莆奔大海者也（莆奔即杜板聲轉）。打水八九托，用乙辰鍼一更，取雙銀塔。用丁未鍼五更，取磨里山，即《星槎勝覽》所謂彭里者也，俗尚寇掠。用單乙鍼三更，取郎木山，山下有三巴哇嶼，嶼前有老古淺。用單卯鍼五更，取重迦羅，舶人訛呼高羅。地與爪哇界相接，高山奇秀，內一石洞，前後三門可容萬人。用單卯鍼五更，取火山，內是里馬山，有真里馬、假里馬（此真里馬也。巴里馬閣則假里馬也）。過火山門，用辰巽鍼二更，取大急水，一名雙牌，水深流急。出門，用乙辰鍼三更，至髻嶼。用乙卯鍼十更，取大雲螺、小雲螺（即兩唵悶島也，火山在其西少北）。用乙卯鍼六更，用單卯鍼七更，取蘇律山（地為荷蘭所據）。用乙辰鍼三更，收山取印嶼。用單卯鍼二更，至美羅港，即地悶，是諸國最遠處也。

又從吉林馬礁往文郎馬神，分路用丙巳及巽巳鍼五更，取巴里馬閣，即白水洋。打水八托是正路，近嶼有淺宜防，用乙卯鍼五更，用甲卯鍼五更，用單卯鍼五更，即取三密港。用乙卯鍼二更，取龜嶼。打水六托是正路。龜嶼稍開有石六七塊，名貓著萬里淺。用單巳鍼三更，取單戎世力山。有淺宜防，打水五托是正路。用單巳鍼及巽巳四更，又用辰巽鍼，收美亞柔港口。是處多盜，好夜殺人。前有大山是文郎馬神國（此國與汶萊、蘇祿同在息利大山，而南北相距十二度餘，則島之大可知矣）。

## 東洋鍼路





自太武山，用辰巽鍼七更，取彭湖嶼，漳 泉間一要害地也。用丙巳鍼五更，取虎頭山。七更取沙馬頭澳。用辰巽鍼十五更，取筆架山。遠望紅豆嶼並浮甲山，進入為大港。用辛酉鍼三更，取哪哦山。再過為白土山。用辛酉鍼十更，取密鴈港。南是淡水港。水下一灣有小港，是米呂蕚。下一老古灣是磨力目。再過山頭為岸塘。又從密鴈港幞頭門，用丙午、單午鍼十更，取六藐山，下有四嶼。用單巳鍼四更，取郎梅嶼。用單午鍼四更，取麻里荖嶼。用丁午鍼五更，取蘇安山及玳瑁嶼。東是傍加施欄。用壬子鍼四更，及癸丑鍼五更，取表山。山甚高，為濤門之望，故名。用丙午鍼及單午鍼五更，取里銀中邦。用丙巳鍼五更，取頭巾礁。用單午鍼五更，取呂宋國。

又從呂宋用丙巳鍼及乙辰鍼十更，取沙塘淺。開，是苗[貓]里務國。

又從呂宋取豬未山，入磨荖央港。

又從呂宋過文武樓，沿山至龍隱大山，為以甯港。山尾十更，西邊取里擺翰，至高藥港。

又從以甯港，用丙巳鍼，取漢澤山，即屋當港口（距呂宋二十三更）。用單巽鍼，取海山。用單巳鍼五更，取吶嗶。其内為沙瑤。

又從漢澤山，用丙午鍼二十更，取交溢，一名班溢。稍下為逐奇馬山。用乙辰鍼七更，取魍根礁老港（距呂宋五十八更）。用乙辰鍼七更，見紹山。又用乙辰鍼十更，入千子智港，是米洛居地。今佛郎機駐此。對面是直羅里，稍上是紹武淡水港，紅毛夷駐處（東洋鍼路多有不詳處，如前云淡水港在密鴈港之南，此云直羅里稍上為淡水港，皆約略之詞。淡水港今臺灣 淡水廳也，在臺灣盡北處，去遠[？]）。此處大山凡四（當為美洛居、呂宋、直羅里、紹武也。直羅里蓋即萬克[老]高，紹武即臺灣[？]）。入港即美洛居，舶人稱米六合。

又從交溢對西開船，取犀角嶼。外有三四白礁。南勢開船，用單申鍼，入蘇祿國。

又從呂宋，用坤未鍼五更，取芒煙山。用丁未鍼十更，取磨葉洋（因麻逸國得名）。用單未鍼並丁未，取小煙山。用丁未鍼五更，取七峰山。用單丁鍼五更，取巴荖圓。用丁未鍼五更，取羅葡[蔔]山。用丁未鍼三更，取聖山。自聖山東去，突出二大尖，兩旁皆老古石，中止一溝，舟行甚險。用單未及坤未鍼五更，取崑崙山。此又別一崑崙，舟人強名之耳。用坤未鍼，取長腰嶼。舶過嶼門，用單午鍼五更，鯉魚塘。從鯉魚塘，取毛花臘，即文萊港口。文萊國即婆羅國也，此東洋最盡頭，西洋所自起處，故以婆羅終焉。

——[清]呂調陽《東南洋鍼路》



# 附：清乾隆間《暹緬越柬諸國圖》三幅 [1771 前 ]

## 一、《暹緬越柬諸國圖》

圖中以北在上，南在下。除中國南方各省地名外，列出今越南、老撾、柬埔寨、泰國（古稱暹羅）、緬甸等，即中國—印度之間的南洋諸國地名（後稱中印半島、印度支那半島或中南半島）。其中以暹羅為主，緬甸次之，兩國首都分別用大圓圈和方框標示。該圖稱後面“暹羅航海圖”為“新圖”，而被“暹羅航海圖”稱作“舊圖”。

### （一）中國南方

廣東（虎門、老萬山、七洲洋），廣西，貴州，雲南（晉和）[圖中晉和

在今中、老、緬交界地區，依圖位或指景洪），四川。

### （二）越、柬、老諸國

東京[今越南北部]，安南[今越南中部]，河仙鎮[在今越南西南端]，真薯山[又作真嶼，越南南岸外的奧比（Obi）島]，假薯山[又作假嶼，柬埔寨岸外的假奧比即福塞奧比（Fausse Obi）島]，柬埔寨，蘭象[又作南掌（Lan Chan），指今老撾（Laos）或專指其首都萬象（Vien-

**[按語]**

在臺北的故宮博物院，藏有三幅清乾隆年間（1736—1795）所繪的以暹羅（今泰國）爲中心的古代航海交通地圖：

一、《暹緬越柬諸國圖》（圖名爲本書編者所取，故宮博物院名爲《交址中南半島情形圖》），該圖與後面的《暹羅航海圖》應均爲暹羅王鄭昭（1734—1782，1767—1782年在位）進呈，係乾隆三十六年（1771）清廷軍機處檔摺件附圖。在18世紀60年代中，暹羅與緬甸交惡，緬軍一度攻破暹都，後鄭昭起兵收復失土，建立吞武里王朝（Dhonburi Kingdom，1767—1782），旋向清朝遣送所俘緬酋，並進呈所繪水、陸兩圖，本圖應屬陸圖。

tiane）]，孟蓋[在老撾東部，或指孟宋（Muang Xon）]，孟埪[在老撾南部，或指孟孔（Muang Khong）]。

## （三）泰國

1．暹羅城及東部：暹羅城[應即吞武里（Dhonburi），今曼谷西面]，呈盡[又作程真，應即龍仔厝（Samut Sakhon）異稱他真（Tha Chin）的閩南語譯音]，望閣城[應指今曼谷城（Bangkok）]，望昭丕[應在今春武里府直轄縣（Mueang Chon Buri）府的Bang Sao Thong]，暹羅港口[在暹羅灣的湄南河出口，位北欖一帶]，羅勇（即Rayong），沾澤汶府[即尖竹汶（Chanthaburi）府，該府應在羅勇東面，圖上作西面]，萬勃歲[又作萬佛歲，或謂即Bang Bla Soi，在春武里（Chon Buri），唯圖上應與沾澤汶府易位]，檳榔山、打嗎山[此二島依圖位或即泰國灣中的昌島（Ko Chang）、骨島（Ko Kut）]，坤亞掿[應為坤西育，即那空那育（Nakhon Nayok）府的異稱]，望弄貢[或即帕那尼空（Phanat Nikhom）]，望埪[或指瓦他納那空（Watthana Nakhon）]，高烈府[指呵叻（Korat）府（Nakhon Ratchasima）]，納巫里府[應即華富里（Lop Buri）府]。

2．東北及北部：皮疾[即披集（Muang Phichit）]，坤四員[或即那空沙旺（Nakhon Sawan），又作北欖坡府]，扶世祿府（新圖作披世祿）[即彭世洛（Phitsanulok）府]，皮彩府（新圖作披彩）[即碧差汶（Phetchabun）府]，升佳祿府（新圖作雙高祿）[應即素可泰（Sukhothai）府的宋加洛（Sawankhalok）]，甘烹府[即甘烹碧（Kamphaeng Phet）府]，麗興[應即噠（Tak）府中文異譯來興府]，清嘖國（新圖作青霾）[即清邁（Chiang Mai）府]。

3．西部及中部：拍織里雙翁[或即北欖坡府的帕育哈基里（Phayuha Khiri）]，統實滴[或在北碧府的通帕逢（Thong Pha Phom）一帶]，四書越[應即北碧府的是沙越（Si Sawat）]，菜掿[應即猜納（Chainat）]，署攀[即素

二、《暹羅航海圖》（圖名爲故臺北宮博物院所取），該圖亦屬乾隆三十六年（1771）清廷軍機處檔摺件附圖，爲暹羅王鄭昭進呈的水路交通圖。

三、《查詢廣東至暹羅城海道程圖》，此圖圖名寫於該圖右上角。據清《高宗乾隆實錄》，乾隆三十三年（1768）七月初二，曾諭兩廣總 李侍堯（？—1788）注意暹國與花肚番[即緬甸]搆兵狀況，詢問暹羅至緬甸水程若干、陸程若干。李侍堯於十月奉旨，即於當年先進呈此圖，復於次年（乾隆三十四年，1769）六月二十九日呈上《奏爲遵旨查詢暹羅國情形由》，表示“上年呈送之圖已經考訂確實”。乾隆帝則於三十四年七月十四日硃批“知道了”。

本書編者經由臺北故宮博物院“河嶽海疆：院藏古輿圖特展”單元Ⅲ《肇域四海》的網頁和圖書，閱得此三幅地圖（http：//www.npm.gov.tw/exh101/historical_maps/ch/ch4-2.html）；“河嶽海疆：院藏古輿圖特展”，單元Ⅲ《肇域四海》，Ⅲ-6、Ⅲ-7、Ⅲ-8圖版及後 圖說，馮明珠等撰文，林天人主編，臺北：故宮博物院2012年9月。

此處載錄三圖中的地名或針路文字並略加注釋。

攀（Suphan Buri）]，洪統[即紅統（Ang Thong）]，清叻[或即信武里（Sing Buri）]，望高郎[或在佛統（Nakhon Pathom）]，六坤西施[或即佛統的Nakhon Chai Si]，勃丕府[即佛丕，又作碧武里（Phetchaburi）府]，勃蘭[或即班格朗（Ban Krang）]，花緩[應即華欣（Hua Hin）]，鬼內[或即圭布里（Kui Buri）]，勃丑[應即巴蜀（Prachuap Khiri Khan）]。

4. 南部及東南：失曨[或即素叻他尼（Surat Thani）]，克本[或即加本（Kapong）]，赤野府[應即柴也（Chaiya）府]，祿坤府[洛坤（Nakhon Si Thammarat）府]，宋加（新圖作宋腳）[即Songkhla]，大年國[即北大年（Pattani）]，吉礁國[此處應為馬來亞的吉打（Kedah）]。

## （四）緬甸

緬甸國，央瓦城[即緬甸中部的阿瓦（Ava），又作呵哇]，扶甘[即蒲甘（Pagan），原指蒲甘王朝的都城，明以降多指邦牙（Pinya）]，排堣[或指卑謬（Pye）]，北覽實呤港[實呤港或指仰光東南面的沙濂（Syliam）]，洪沙國[在勃固（Pegu）一帶，應即孟族所建勃固王朝的另一古名洪沙瓦底（Hongsawadee）]，桃歪國（新圖作駝歪）[即土

[清]暹羅王鄭昭進呈的《暹緬越東諸國圖》

瓦（Tavoy）]，滿吒嗶[或即今緬甸 默利（Mali）島名]，丹著府（新圖作丹瑙）[即墨吉（Mergui）異稱丹老或倒腦細（Thnaos）]。

## 二、《暹羅航海圖》

圖中用方框標明“暹羅國”，其方位以東在上、西在下，北在左、南在右。

### （一）北部

“青霾：花肚番[指緬甸]所占之地（舊圖作清嘖國）”；“青霾至呵哇[緬甸 阿瓦（Ava）]陸路十五日”；“披世祿，暹羅地界（舊圖作扶世祿府）”，“披世祿至披彩，陸路二日，河路三日”；“雙高林，暹羅地界（舊圖作升佳祿府）”，“雙高林至披彩□□□□”，“雙高林至青霾，陸路十日”；“披彩，暹羅地界（舊圖作皮彩府）”；“雙菇胎[應即素可泰（Sukhotha）]，暹羅地界”；“甘平，暹羅地界（舊圖作甘烹府）”，“甘平至青霾，陸路十日”；“暹城至甘平，陸路十四日，河路十五日”。





### （二）西部

“紅紗，即花肚本地界（舊圖作洪沙國）”，“紅紗至呵哇陸路十五日”，“呵哇，即花肚本地界”；“暹城至干撫里，陸路八日，河路十二日”，“干撫里，暹羅地界（舊圖作干務里府）”；“干撫里至打馬[應指莫塔馬（Moktama）]陸路二十日”，“打馬即花肚本地界”，“打馬至紅紗，陸路十五日”；“干撫里至駝歪十日”，“駝歪即花肚番地界（舊圖作桃歪國）[即緬甸的土瓦（Tavoy）]；“瑪力（舊圖作滿吒嗶）[或即今緬甸 默利（Mali）島名]，暹羅地界”；“丹瑙[應為今緬甸的墨吉（Mergui）異稱丹老（Thnaos）]，暹羅地界”。

### （三）中部

“他戰[或指他真（Tha Chin），即龍仔厝]，暹羅地界”；“[敧]廊[或指佛丕府的萬林（Ban Laem）]，暹羅地界”；“佛披[即佛丕，或又作碧武里（Phetchaburi）]，暹羅地界”；“力披[即叻丕（Ratchaburi）]，暹羅地界”；“班[或指佛統府的班蓬（Ban Pong）]，暹羅地界”；“上本[或指佛統府的三攀（Sam Phram），暹羅地界”；“蘇遊[或在夜功（Samut Songkhram）一帶]，暹羅地界”；“龜山[或即圭布里（Kui Buri）]，暹羅地界”；“蜂嶺[或指佛統府的挽巒（Bang Len），閩南語蜂讀若pang]，暹羅地界”；“[龍]仔[或為龍仔厝之略，又或為斜仔，即柴也（Chaiya）]，暹羅地界”。

## （四）南部

“息籠，暹羅地界（舊圖作失嚨）[或即素叻他尼（Surat Thani）]”；“望崎[或即素叻他尼府的萬打坤（Ban Tha Khum）]，暹羅地界”；“望甲[或即攀牙（Phangnga）]，暹羅地界”；“他坎[或指普吉（Phuket），又作童卡（Tongka）]暹羅地界”；“祿崑府（Nakhon Si Thammarat），暹羅地界”；“宋腳暹羅地界（舊圖作宋加）[即Songkhla]”；“珀真壠[應即博達倫府，又作高頭崙（Phatthalung）]，暹羅地界”；“大口，無來由國地界（舊圖作大哖國）[即北大年（Pattani）]”。

## （五）東南

“枋行[即彭亨（Pahang）]，無來由國地界”，“暹羅海路至枋行，於九月、十月之間順風揚帆約十五、六日方得到”，“枋行海路至紅砂，於十一、二月之間順風揚帆約十五、六日方得到”；“遊佛[即柔佛（Johore）]，無來由國地界”；“結韃，無來由國地界（舊圖作吉礁國）[即吉打（Kedah）]”，“他坎至結韃港路十日”，“新開之小港”；“網悲[或即檳城（Pinang）南面的Bandar Baru一帶，又或在怡保（Bandar Ipoh）]，無來由國地界”；“波羅抹[或又作佛羅安，在馬來半島西岸，指伯南（Bernam）河流域]，無來由國地界”；“望匡[或在巴生（Klang）東南面的Bangi一

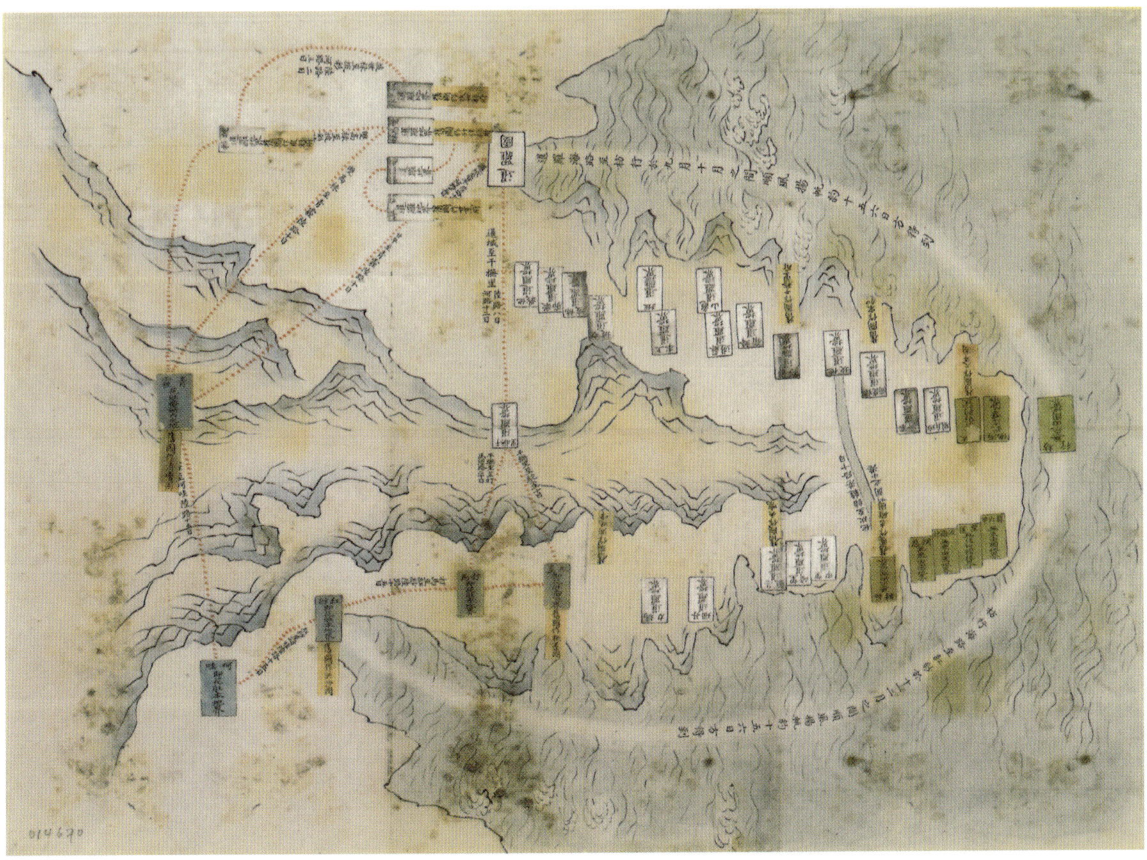

[清]暹羅王鄭昭進呈的《暹羅航海圖》

帶]，無來由國地界”；“蘇六甲[即Malacca]，無來由國地界”。

## 三、《查詢廣東至暹羅城海道程圖》

以西在上、東在下，南在左、北在右。

### （一）由廣東至安南

1．港城：廣東，虎門，瓊州府。

2．行程：“自廣東 虎門出口放洋至暹羅城，共一百四十八更，每更七十里，共計一萬零三百六十里”，“虎門至瓊州十八更”，“瓊州至外羅山二十二更”。



### （二）由安南至暹羅

1．港城：東京，安南國，占城，外羅山，煙筒山，赤坎，河仙鎮，崑崙山，真薯山，大横山，筆架山，占澤汶，暹羅城。

2．行程：“外羅山至煙筒山十二更”，“煙筒山至赤坎十三更”，“赤坎至崑崙山十五更”，“崑崙山至真薯山七更”，“真薯山至大横山十五更”，“大横山至筆架山三十更”，“筆架山至暹羅城十二更”。

[清]兩廣總督李侍堯進呈的《查詢廣東至暹羅城海道程圖》

# 《清代東南洋航海圖》圖冊中的針經

## 【南澳、太武、東湧往來雙口、高麗、五島】

### [日本 五島、對馬及朝鮮半島]

*水慎馬廿四坎。

水慎馬。

水慎馬：水慎馬用乙辰五更取五島。

水慎馬：甲[用]辛戌五更至高麗。

高麗山：高麗廿四坎。

[原第104頁]

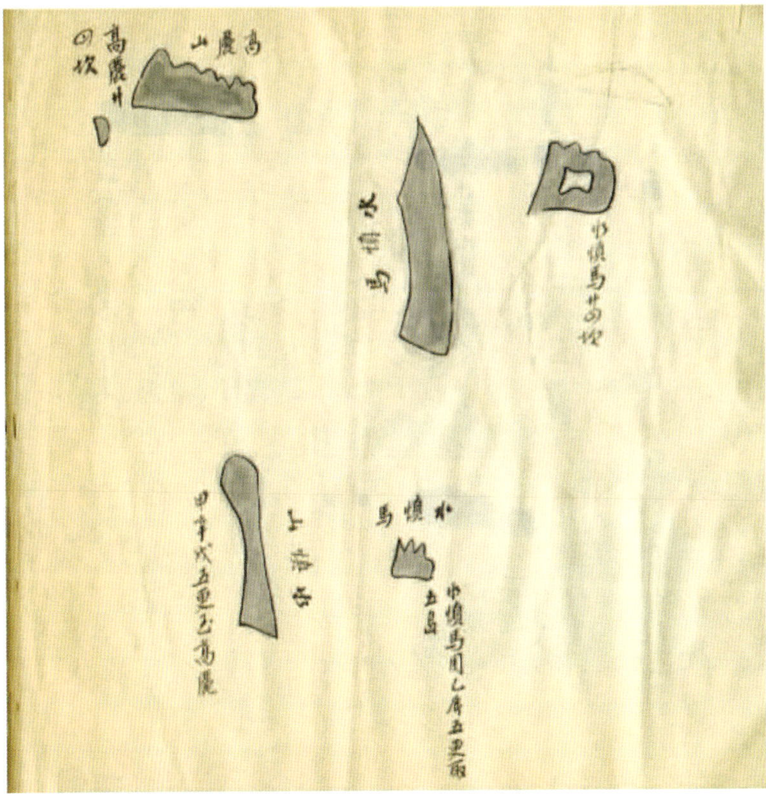

《清代東南洋航海圖》一（104）

【引書舉要】

本圖爲英國水手於1841年掠取自中國海船，後輾轉流入美國，現藏耶魯大學斯德林紀念圖書館（Sterling Memorial Library of Yale University），不計封面或封底，全部圖幅123，其中英文說明1頁，中文圖說合共122頁（本書輯錄此部分內容）。該圖於1974年由臺灣留美學者李弘祺發現，原來只有經拍攝的電子版本在少量學者中流行，稱《中國北直隸至新加坡海峽航海針路圖》。2013年10月，錢江、陳佳榮請在耶魯大學訪學的尤雲弟幫忙重新拍攝全圖並補全，於《海交史研究》2013年第二期發表《牛津藏〈明代東西洋航海圖〉姐妹作——耶魯藏〈清代東南洋航海圖〉推介》，將全部圖幅及圖文予以公佈（http：//www.world10k.com/blog/？p=2382）；又因全圖北至日本長崎、南抵暹羅灣，而未及新加坡和馬來半島南部，故將該圖改稱《清代東南洋航海圖》。鑒於原來電子版檔頁碼次序淩亂，未按中國海岸地區順序排列，或同一地區圖幅相互割裂，難以卒讀，又有缺頁；故公佈時加上補拍兩頁，重新編序，酌參照航海針路，由北往南排列：凡帶*者，爲同一圖幅內的文字；[第xx頁]表示原電子圖版的頁面。本書所引即據《海交史研究》所公佈的資料。

*北高麗：此山看腰子樣，水清，濁水勢白色，水勢流過西北甚急，打水十七八托。用乙辰針，南高麗，取五島用單乙。

近看此形。

[原第103頁]

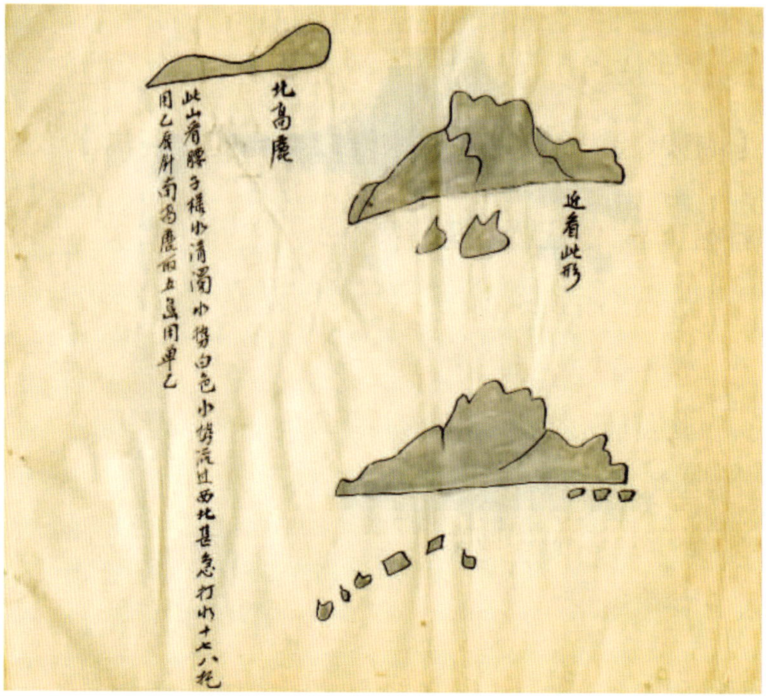


《清代東南洋航海圖》二（103）

*高麗赤色，遠看似馬鞍樣。

船身停看是此形，每山頭各有煙墩，馬是甚多。用乙辰針十一更取五島。

[東]此嶼在東南開勢，看似紗帽；在西開勢，看似鐘樣。

[原第102頁]

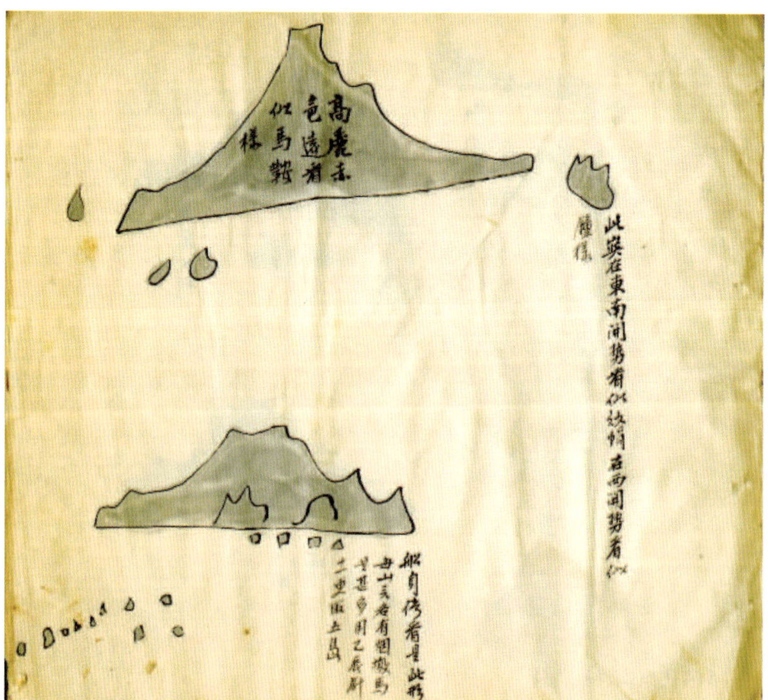


《清代東南洋航海圖》三（102）

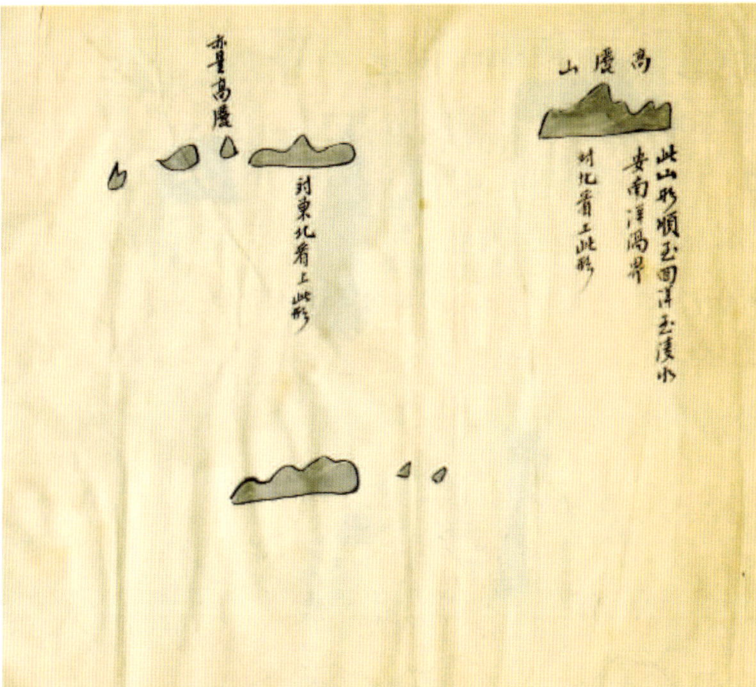


《清代東南洋航海圖》四（105）

*高麗山：此山形順，至回洋，至陵水。

安南洋隔界。對北看上此形。

亦是高麗：對東北看上此形。

[原第105頁]

## [遼東半島南端及附近]

*里順口：門身東勢有草嶼五個。

內是金州地：港路可行。[東]船路。[中]鐵砧。[西]船路。

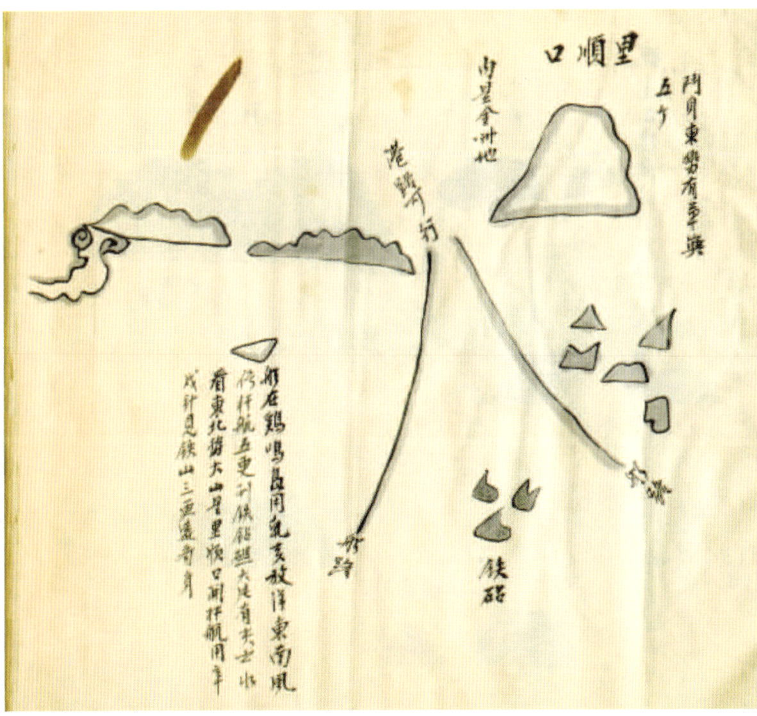


《清代東南洋航海圖》五（112）

船在雞鳴島用乾亥放洋，東南風停杆航，五更到鐵砧礁，大片有尖出水。看東北勢大山，是里順口。開杆航，用辛戌針見鐵山，三更遠，齊身。

[原第112頁]

*威海共劉公島相連。往天津從皇城、寮[廟]島往錦、蓋，可過小洋，七更，取鐵山。

鐵山：對乾看是此形。[南]東竹。[西與]蛇嶼[間]門可過。

虎嶼：下看此形。虎嶼：上看此形。

蛇、虎二嶼共連在鐵山尾。

拋船鐵山 羊頭澳，天清亮看見皇城。

北皇城。南皇城。在皇城兜打水廿一托，爛泥。用子癸、丁午取鐵山。

皇城共鐵山為癸丁對，三更開。





[原第113頁]

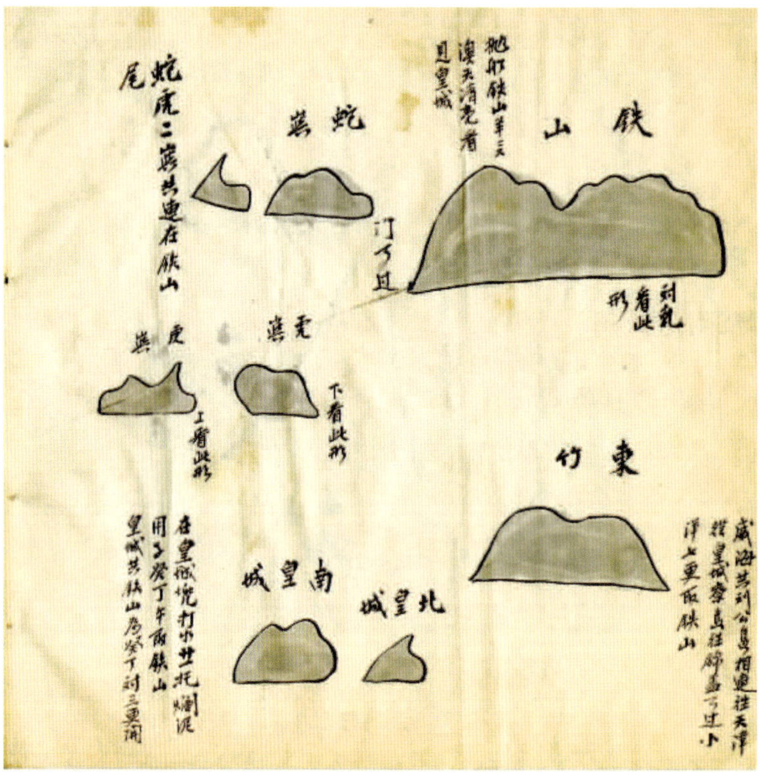


《清代東南洋航海圖》六（113）

*虎嶼。[東]此山與鐵山相連。

[西與半洋嶼間]行船有半更，開看此形。

羊[半]洋嶼：行半洋外，一更半取孔嶼溝。

孔嶼溝：丸[灣]內半更開看此形。

孔嶼溝一更到長生島。

長生島。

磨盤山。

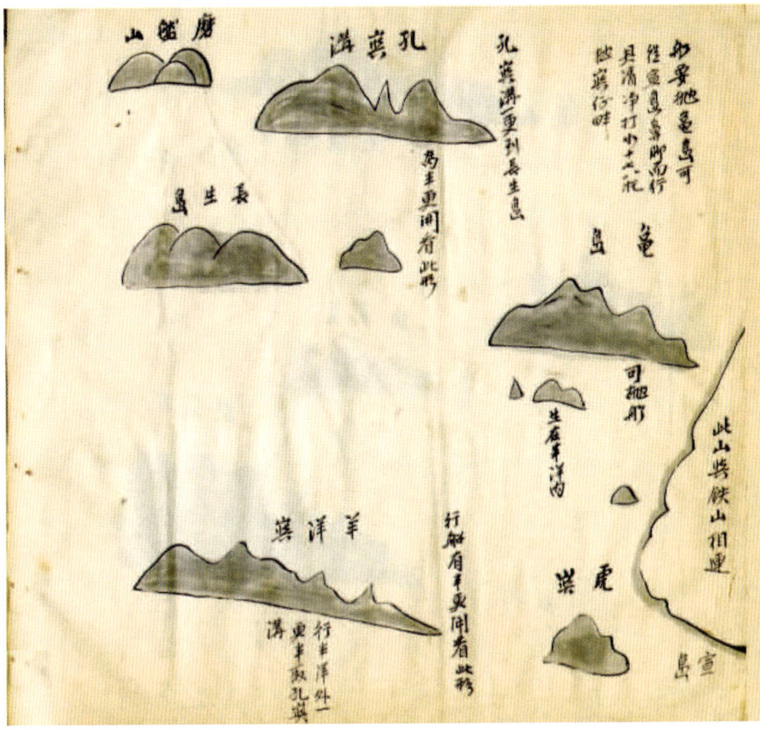


《清代東南洋航海圖》七（107）

[孔嶼溝東]船要抛龜島，可從宣島鼻腳而行，具[俱]清淨，打水十七八托，抛嶼仔畔。

龜島：可抛船。

生在半洋內。

宣島。

[原第107頁]

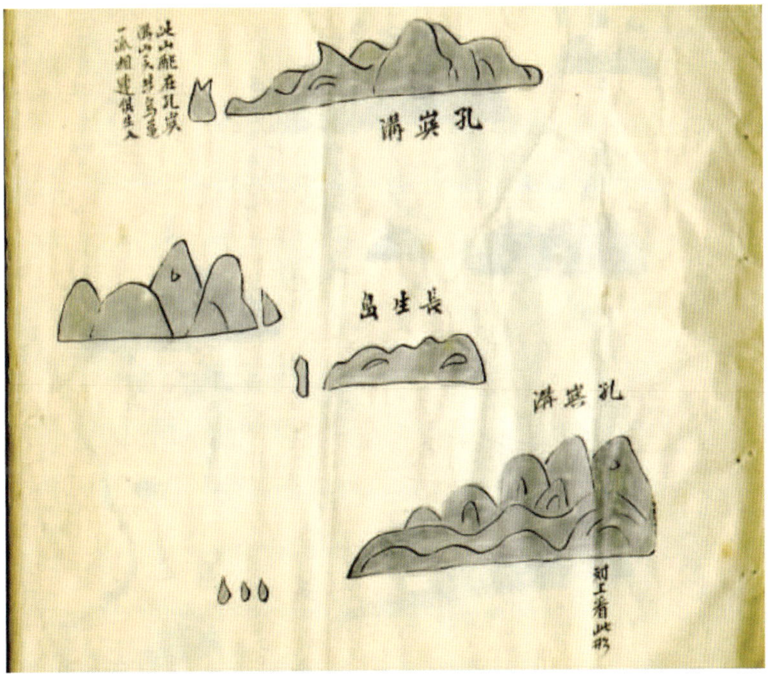


《清代東南洋航海圖》八（106）

*孔嶼溝：[西]此山配在孔嶼溝山頭，共烏龜一脈相連，俱生入。

孔嶼溝：對上看此形。

長生島。

[原第106頁]

[**渤海灣西北部**]

*筆架山：入澳内看此形。抛船打水三托，入淺澳船路。水漲一托半，坪㠞[與]坪㠞[間]抛船。

葫蘆透：[西]具是坪水，退無水。水退斷水。水退無水是坪。

烏礁。雙鯉魚。天橋廠，[西]是舖。

[原第109頁]

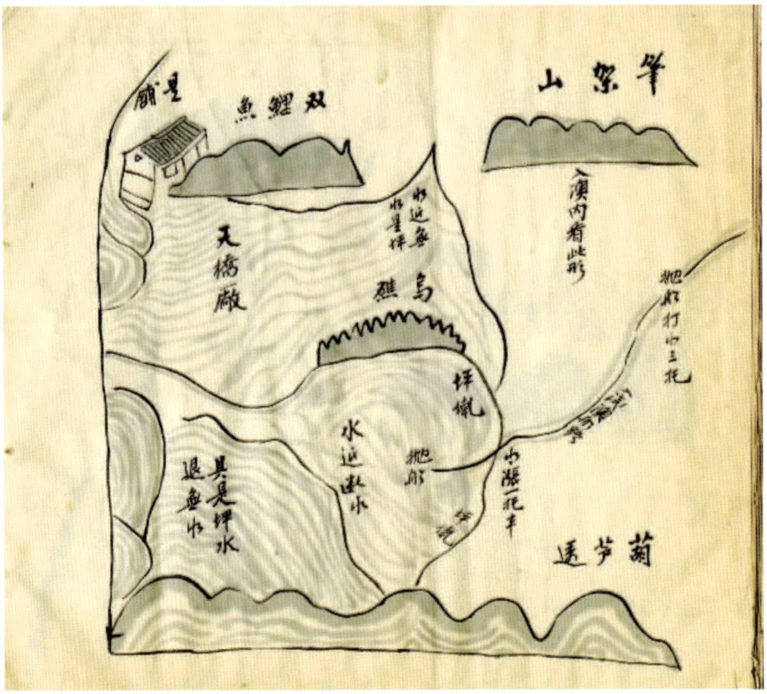


《清代東南洋航海圖》九（109）

*筆架山[西]打水二三托……航路。

菊花島，打水十一托。用丑未取葫蘆透。

礁。赤龜。

葫蘆透：在菊島齊身見此形。要收入看此形。

葫蘆透：要收入葫蘆透，見此形，可防葫蘆頭礁打湧，船頭比筆架山而行。看見葫蘆頭内赤龜出現，方可收入雙鯉頭。

[原第108頁]

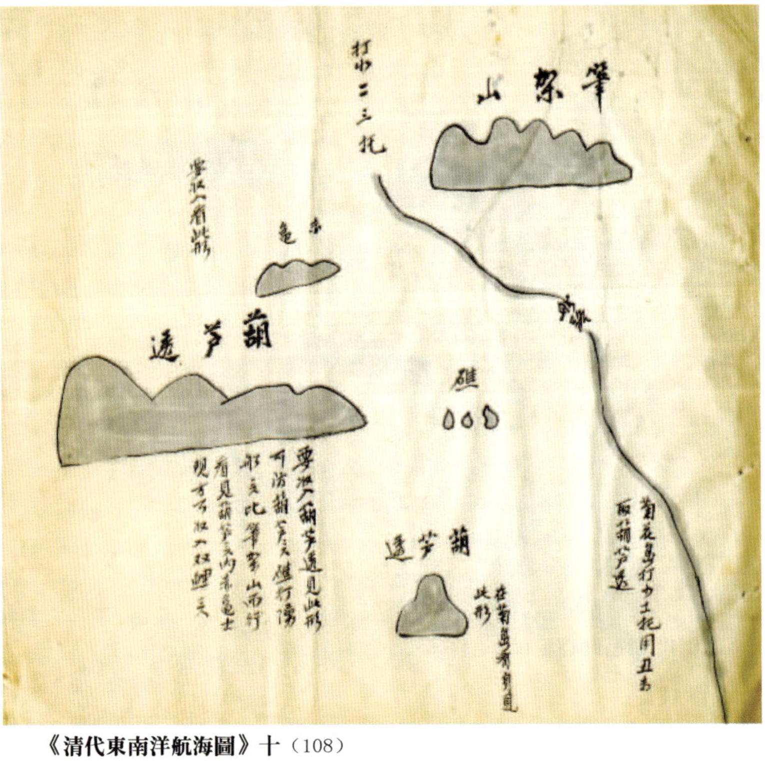


《清代東南洋航海圖》十（108）

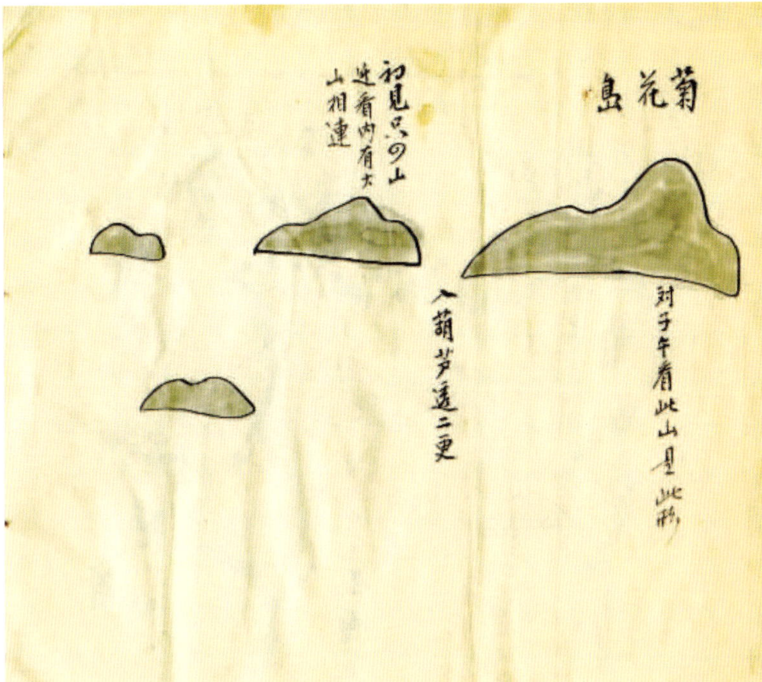


《清代東南洋航海圖》十一（111）

*菊花島：對子午看此山是此形。初看只四山，近看內有山相連。

入葫蘆透二更。

[原第111頁]

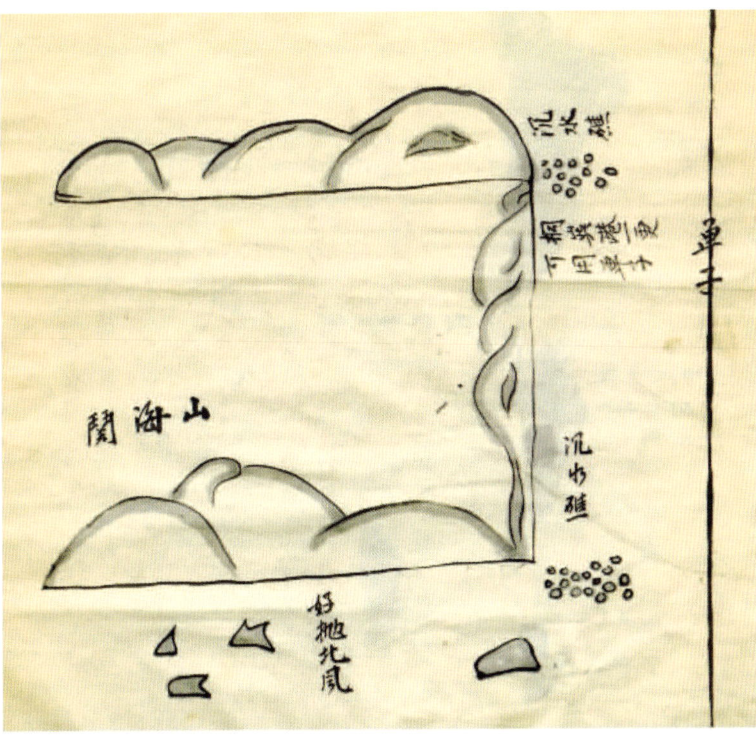


《清代東南洋航海圖》十二（110）

*山海關：[南]好拋北風。

[東]沉水礁[與]沉水礁[間]桐嶼港一更，可用單子。

[原第110頁]

**[山東半島東端]**

*養魚池：[東]此處山上一城，乃榮城縣也。

馬鞍山：[南]對單酉看此形，配外勢青山頭。

馬鞍山：後面是青魚灘。

雞鳴島：[西]對單酉看此形，門不可過。

雞鳴島嶼：對乙辰看此形。

烏驢島：對上單巳看此形。

[原第115頁]

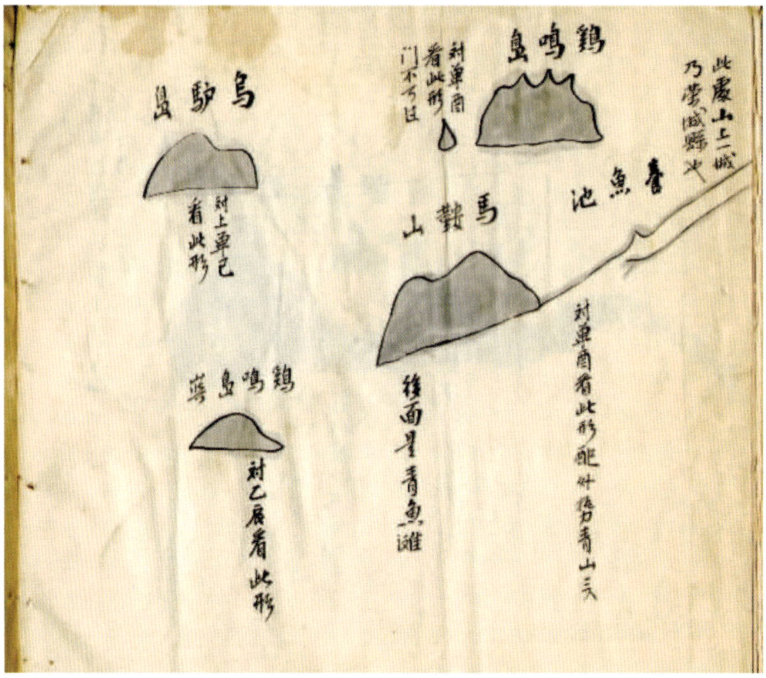


《清代東南洋航海圖》十三（115）

*對單酉看，內北面，共養魚池山相配，乃是龍棲島也。

青山頭：廟。[西]烏驢島。

南面大澳是糞湖，打水七八托，可拋船。

北面小澳嶼內門中有礁沉水一個，船倚大山可行。

[原第114頁]

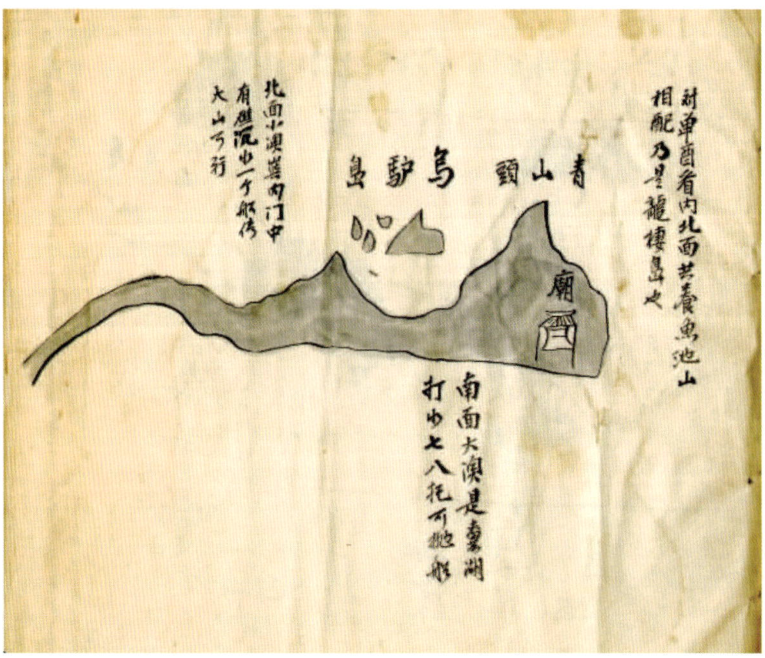


《清代東南洋航海圖》十四（114）

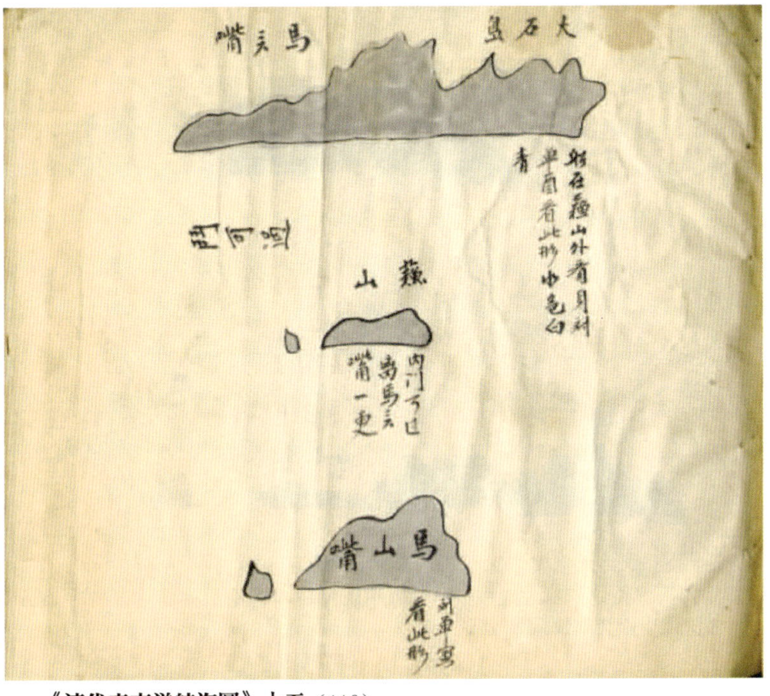


《清代東南洋航海圖》十五（116）

*大石島：船在蘇山外看身，對單酉看此形，水色白青。

蘇山：內門可過，離馬頭嘴一更。

馬頭嘴：[與蘇山間]門可過。

馬山嘴：對單寅看此形。

[原第116頁]

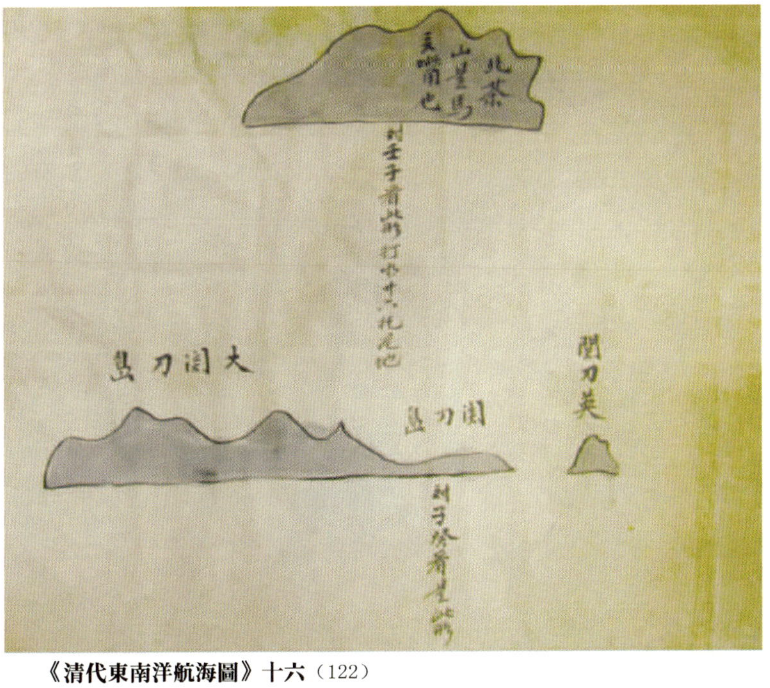


《清代東南洋航海圖》十六（122）

*船在東，對單酉看此形，大生衛城生一條石沙，有半更長。

北茶山是馬頭嘴也：對壬子看此形，打水廿六托，泥地。

大關刀島。關刀島：對子癸看是此形。[東]關刀英。

[補原第122頁]

## [山東半島西南部]

*茇山：[東]船在東，對單酉看此形，大生衛城生一條石沙，有半更長。

錢嶼：嶼生在膠州灣港口，北通沉水礁，出入防之。

[東]沉水礁。

[補原第123頁]

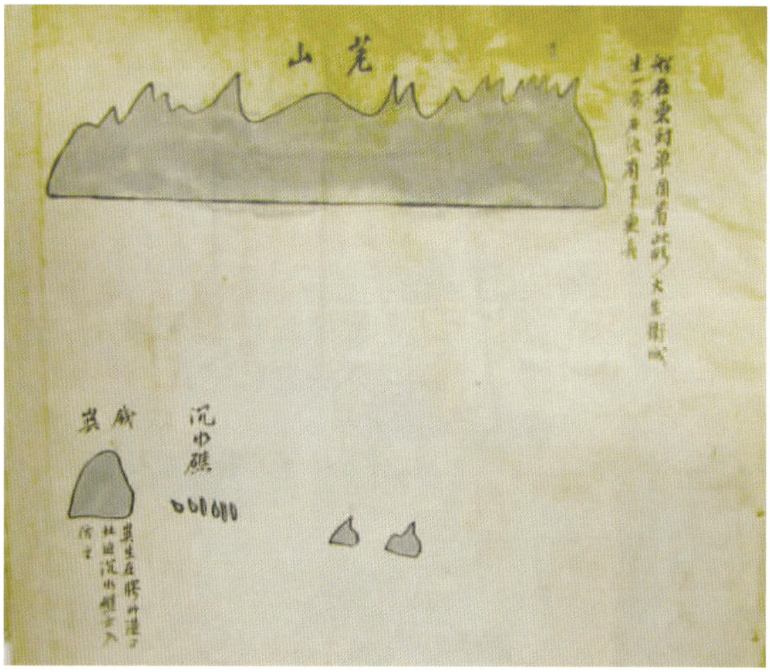


《清代東南洋航海圖》十七（123）

*茇山：茇山頭。茇山外身有小嶼五個。

丸內二更開，對單乾看此形，打水廿六托，細沙子。

港口……船路。

赫嶼。

錢嶼：對乾亥看此形……船路。

[原第119頁]

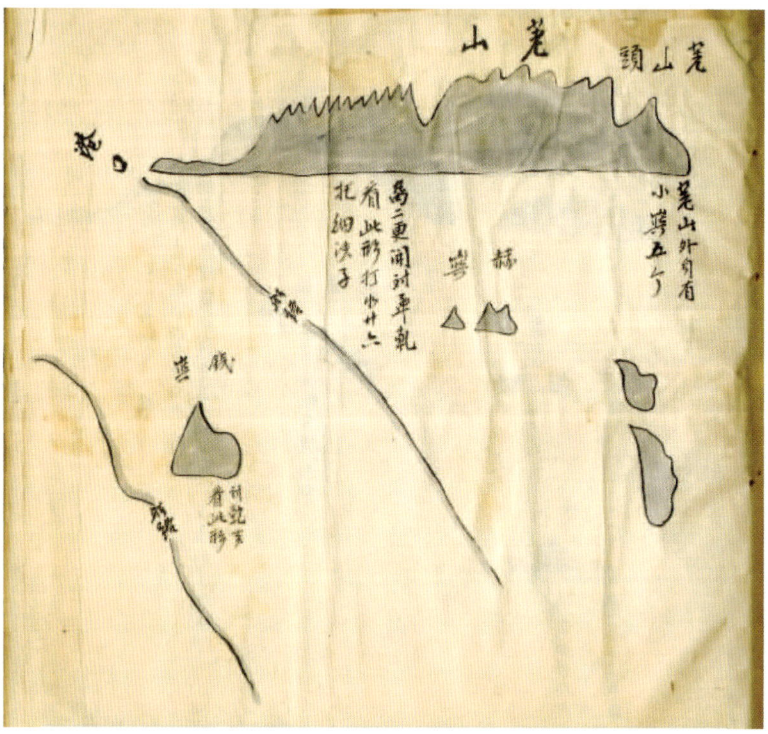


《清代東南洋航海圖》十八（119）

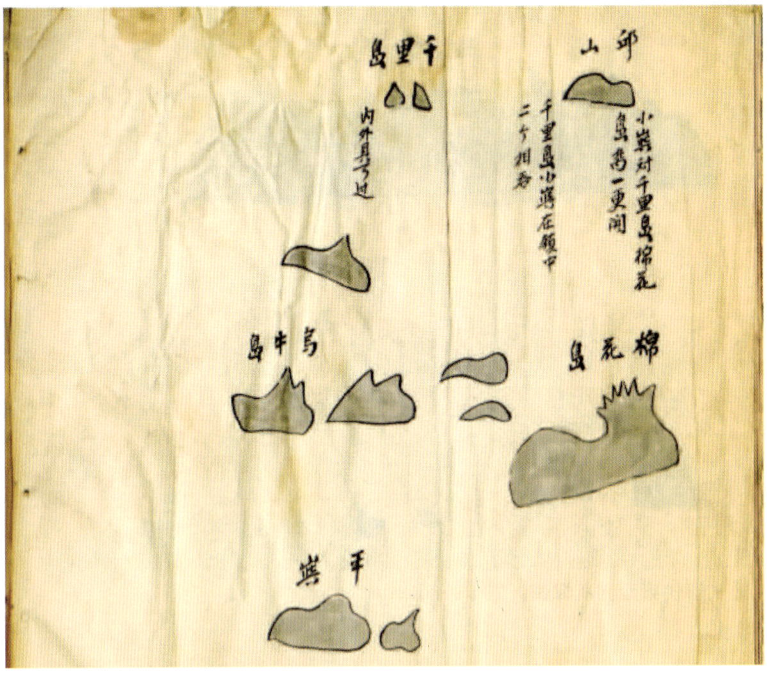

《清代東南洋航海圖》十九（117）

*邱山：小嶼對千里島、棉花島，丸內一更開。

千里島小嶼在鎮中，二個相吞。

千里島：內外具可過。

棉花島。

烏牛島。

平嶼。

[原第117頁]

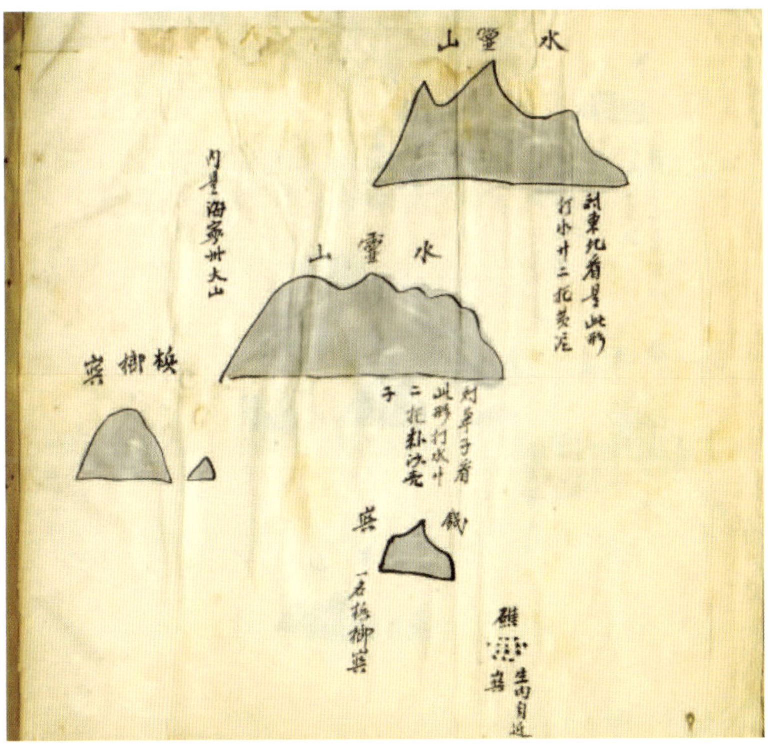

《清代東南洋航海圖》二十（118）

*水靈山：對東北看是此形，打水廿二托，黃泥。

水靈山：對單子看此形，打水廿二托，粘沙殼子。

[西]內是海寧州大山。

檳榔嶼。

錢嶼：一名檳榔嶼。

礁：生內身，近嶼。

[原第118頁]

## [江蘇北岸及長江口外]

*海州出港，三更，打水廿六托，黄泥地。黄牛嶼外過，見水靈山。離三更，遠到水靈山，即是膠州港口。

[原第121頁]

《清代東南洋航海圖》二十一（121）

*茶山：茶山乃是南京港口，有一條清水港，港心鐵板沙，打水十二托。茶山内外俱可過船，又是金地。若船悮到此地，可用乙辰針，三更是鐵釘嶼，北過，夜間可防記再，可用單乙取盡山，有灣可抛船，青白水。

茶山：對單酉看此形。

茶山：對坤申看此形。

内有坤申，看不見山兜，是南京，淺水濁。

鐵釘嶼。

[原第100頁]

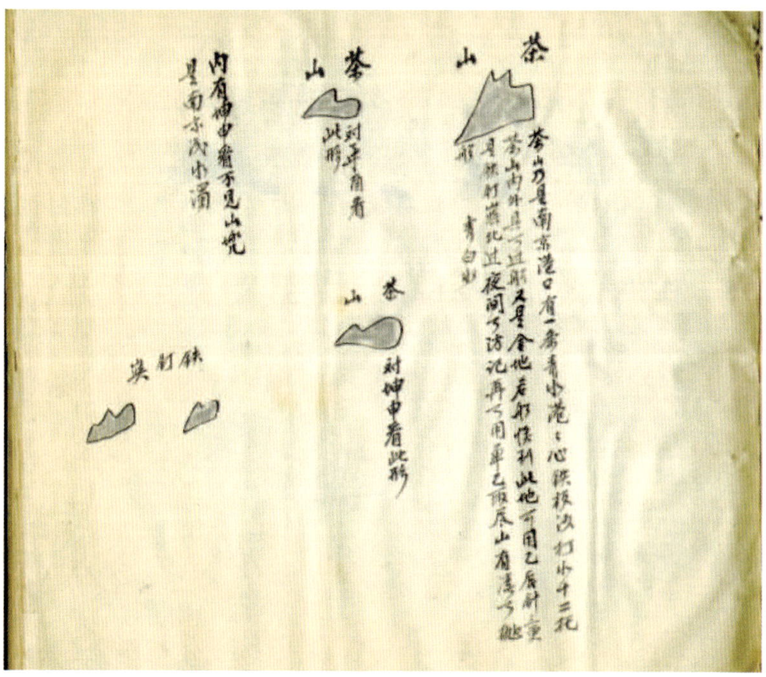


《清代東南洋航海圖》二十二（100）

*茶山：船在東勢對西看此形。

茶山：對庚酉看此形。

茶山：對子癸看此形。

茶山：船在西對乙辰看此形，打水十六托，倚些打水七托。

雞髻礁：打水十托，泥地。

船在茶山、雞髻礁，用單乙取盡山，有三更。茶山是南京港口，有一條青水，硬地，鐵屎沙，打水十一托。茶山內外可過，青水正港路。

[原第120頁]

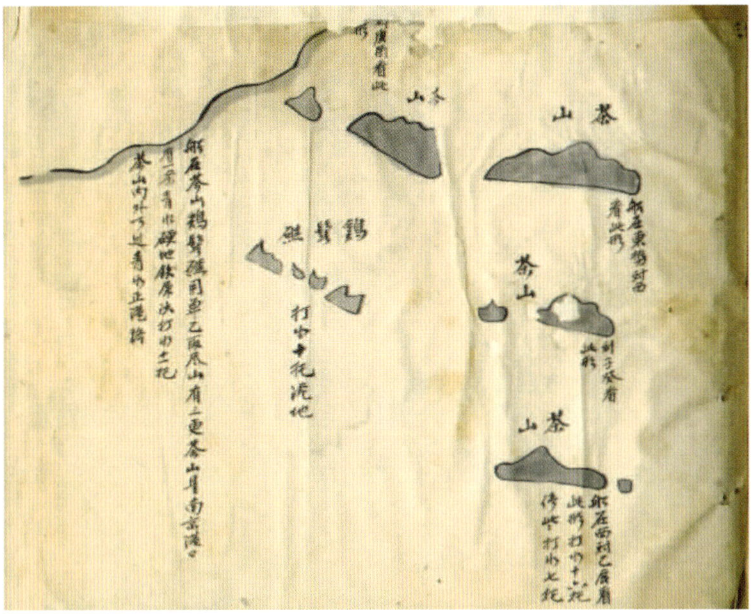


《清代東南洋航海圖》二十三（120）

## [江浙間嵊泗列島一帶]

*花鳥：對南面看此形。

[原第101頁]

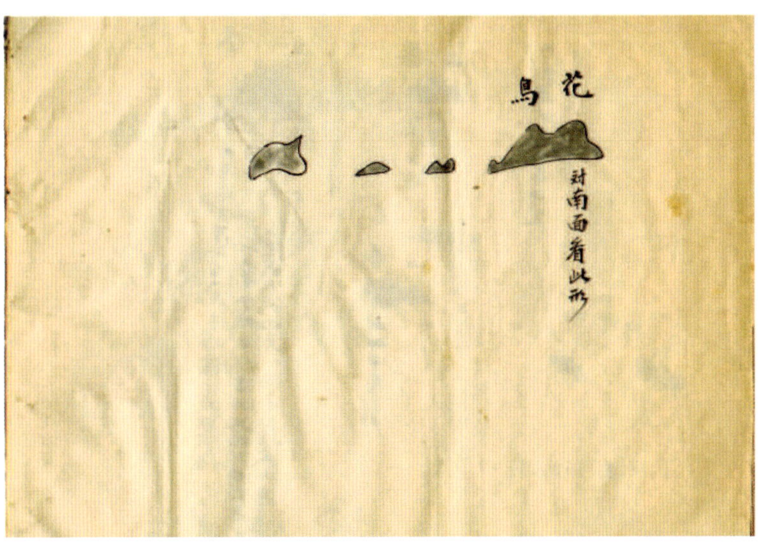


《清代東南洋航海圖》二十四（101）

*盡山：盡山西北勢與兩廣對坐。兩廣上有大礁盤，打湧，與盡山丙巳、壬亥坐對。

盡山：盡山與北烏龜子午坐對。[西]此門有礁打湧。

盡山：對西看此形，與海照乙辛坐對。盡山，與茶山乾巽對，打水十六托，見茶山。

[原第98頁]

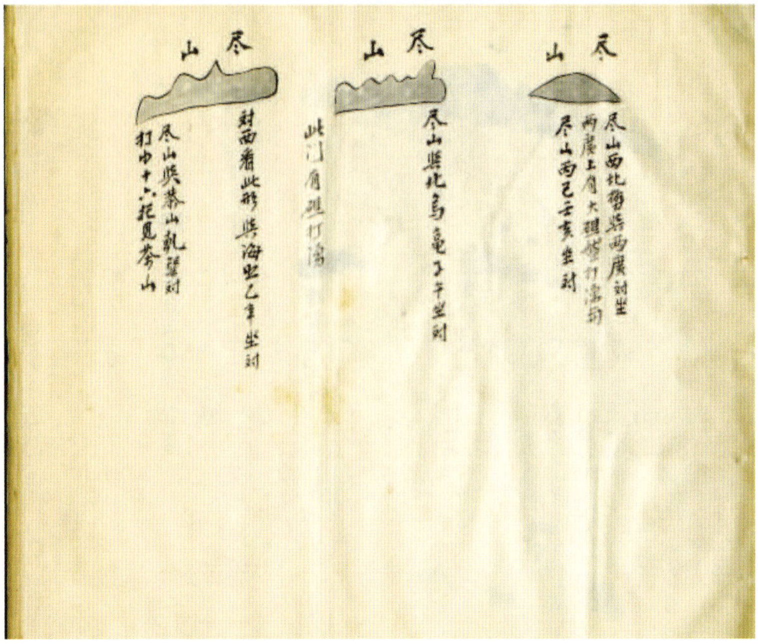


《清代東南洋航海圖》二十五（98）

*盡山：近對西看此形。

盡山：遠對西看此形。

海照共盡山乙辛對坐。

海照共兩廣丁未、丑癸對坐。

海照：近對西看此形。

[原第99頁]

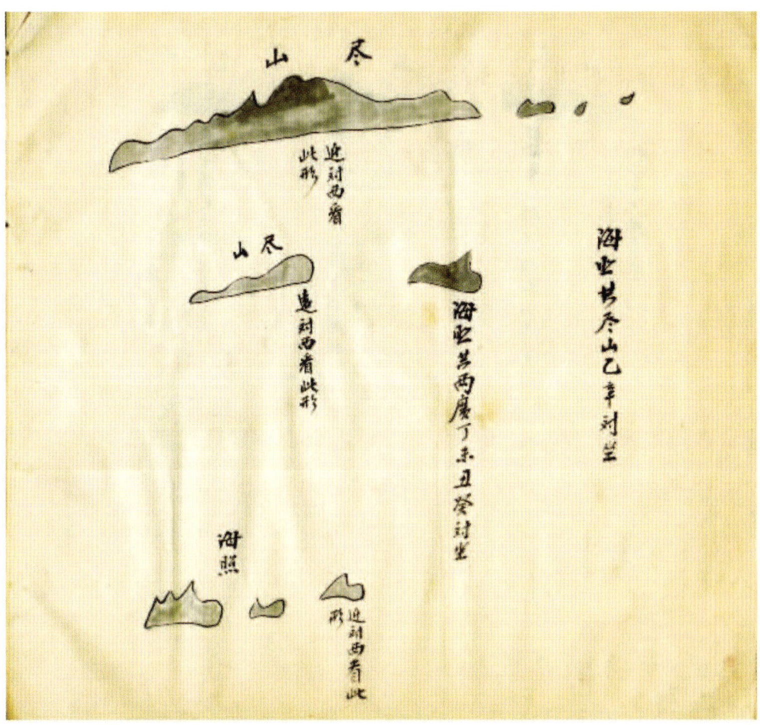


《清代東南洋航海圖》二十六（99）

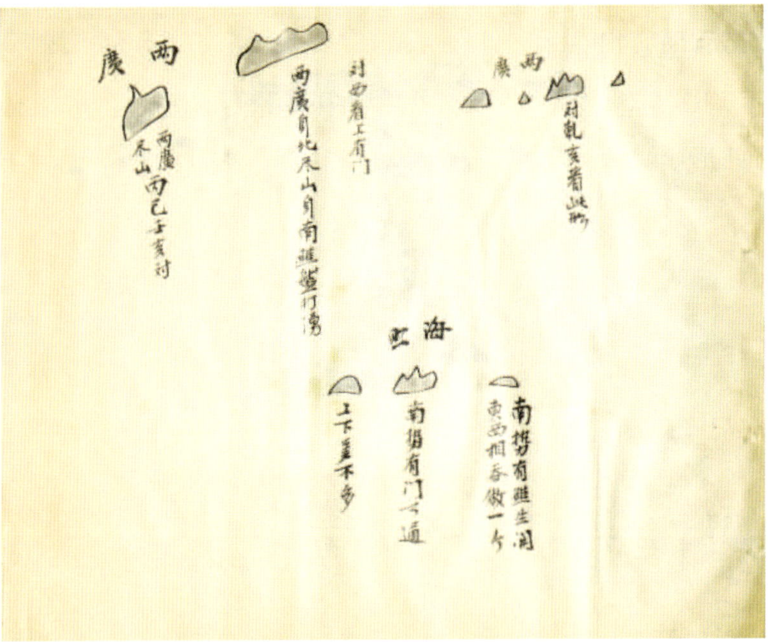

《清代東南洋航海圖》二十七（96）

*海照：南勢有礁生開。東西相呑做一個。

南勢有門可通。上下差不多。

兩廣：對乾亥看此形。對西看上有門。

兩廣身北，盡山身南，礁盤打湧。

兩廣：兩廣、盡山丙巳、壬亥對。

[原第96頁]

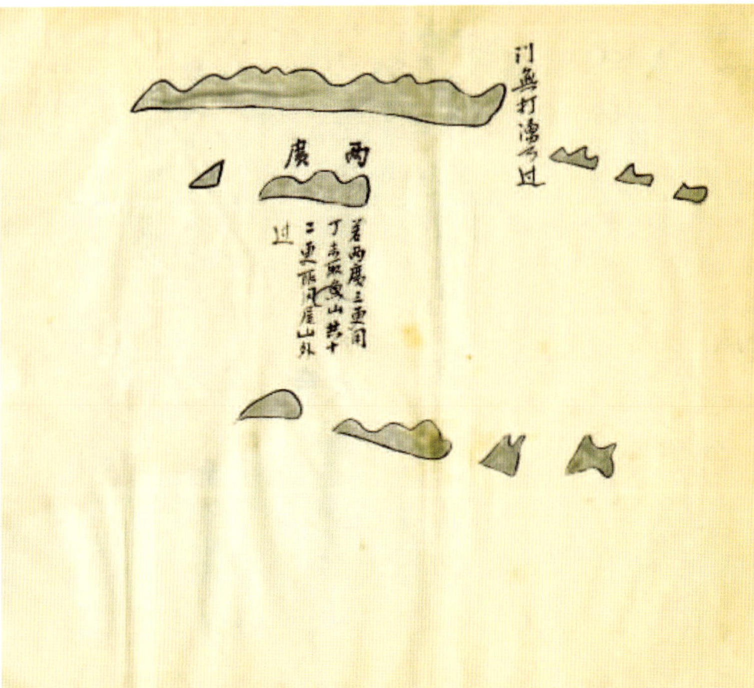

**《清代東南洋航海圖》二十八**（97）

*兩廣：若兩廣三更，用丁未取魚山，共十二更取鳳尾山外過。

[東]門無打湧可過。

[原第97頁]

## [浙江普陀及舟山一帶]

*兩廣。

北烏龜看有白。

北烏龜：對西看此形。上勢有兩廣相吞。

若在烏龜，半更開，用丁未三更，取普陀，北勢有二小嶼，名叫花羅、花斗。南窰。

花矸落加山，近對壬子看此形。

北窰。

此是三山量是窰西北遠。

[北窰]門可通。

[原第90頁]

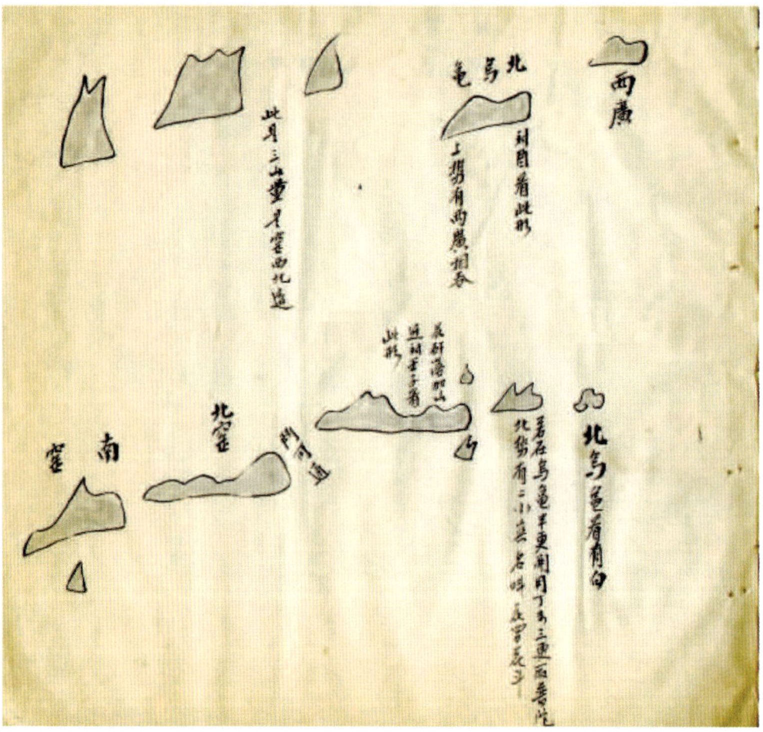

《清代東南洋航海圖》二十九（90）

*北烏龜：對兩面看此形，兩廣相參是也。

龜屎。

烏龜屎出水高，門可過。

北烏龜：對單丑看此形。

龜屎：在上面盡山看此形。

北烏龜：一更開，用單未二更取普陀。東北勢有二小嶼，是花瓶。

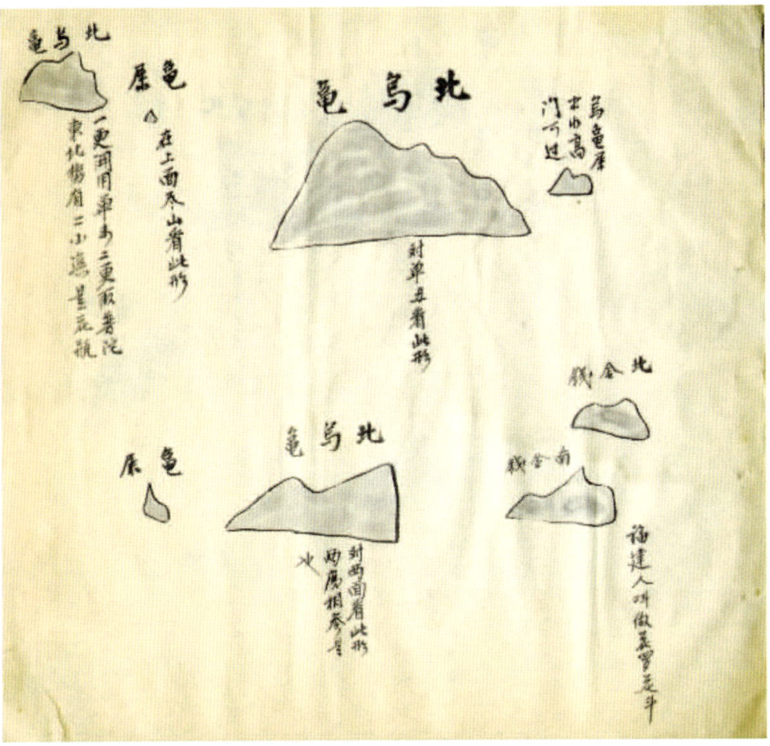

《清代東南洋航海圖》三十（94）

北金錢，南金錢：福建人叫做花羅、花斗。

[原第94頁]

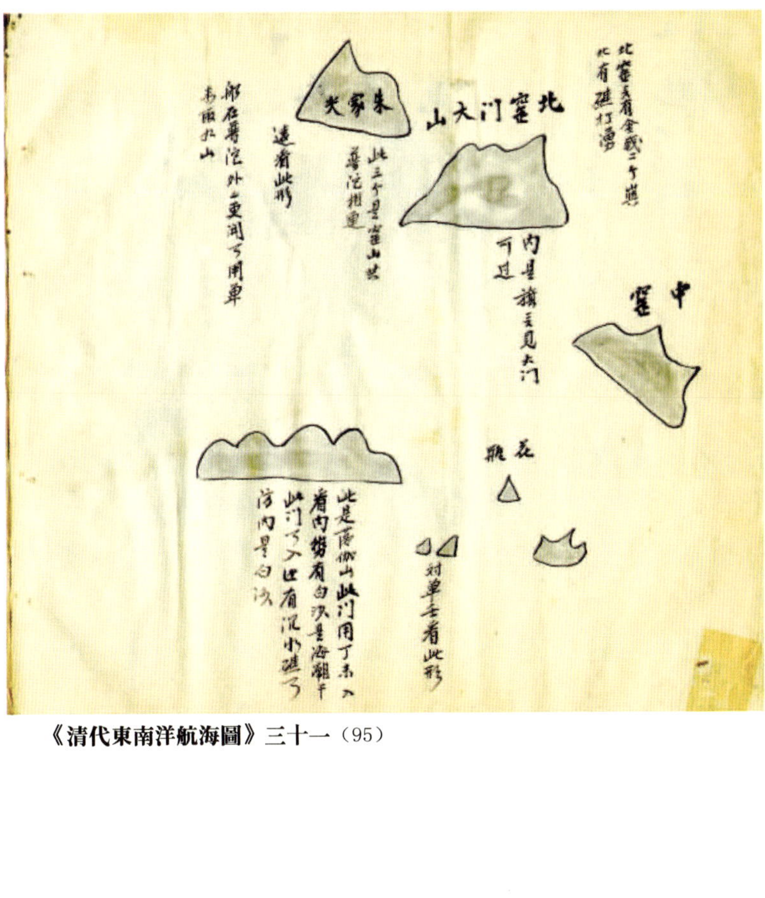

《清代東南洋航海圖》三十一（95）

*花瓶：對單壬看此形。

此是落伽山，此門用丁未入，看內勢有白沙，是海潮干，此門可入。近有沉水礁，可防，內是白沙。

中窰。

北窰頭有金錢二個嶼，北有礁，打湧。

北窰門大山：內是旗頭，見大門可過。

朱家尖：此三個是窰山共普陀相連。遠看此形。

船在普陀外，二更開，可用單未取九山。

[原第95頁]

*南普陀：船在兩廣對坤未看此形。

從普陀山，近過南金錢、北金錢二嶼內，去是劍門山，可過。出門是馬郎。金錢嶼內可防礁，毋打湧，外東是北烏龜。

船欲收入金鉢、浮嶼、大澳，可抛船，獻錢，候天明出審安[雷芨]門，有蓮花礁一列，生在門中，打湧，往寧波從此門取旗頭。

[原第93頁]

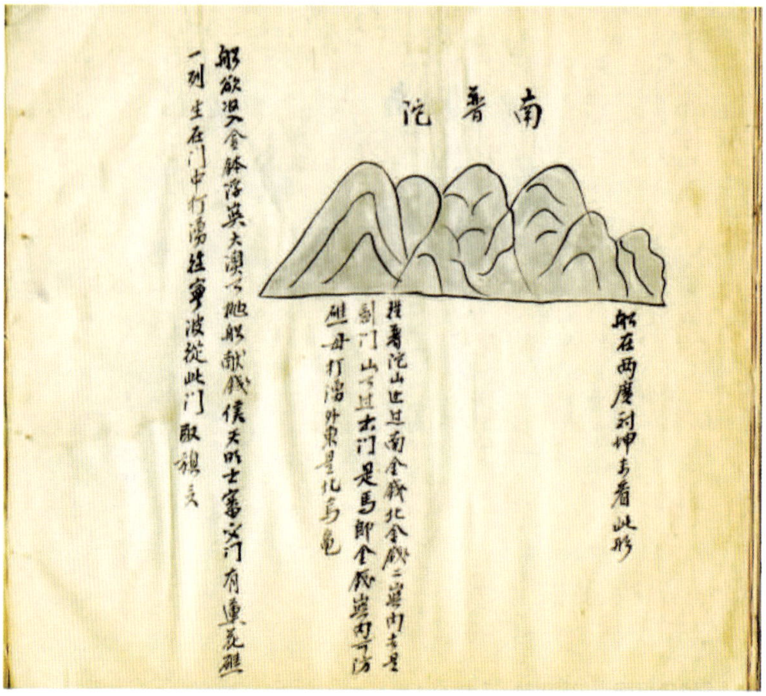


《清代東南洋航海圖》三十二（93）

*此五個小嶼是羅漢嶼。東開有一大山是北烏龜。

南普陀：對子癸看此形。

船在普陀出門往烏龜，外用乙辰針，取烏龜北路南面傍過，有南花羅、花斗須記。

[原第92頁]

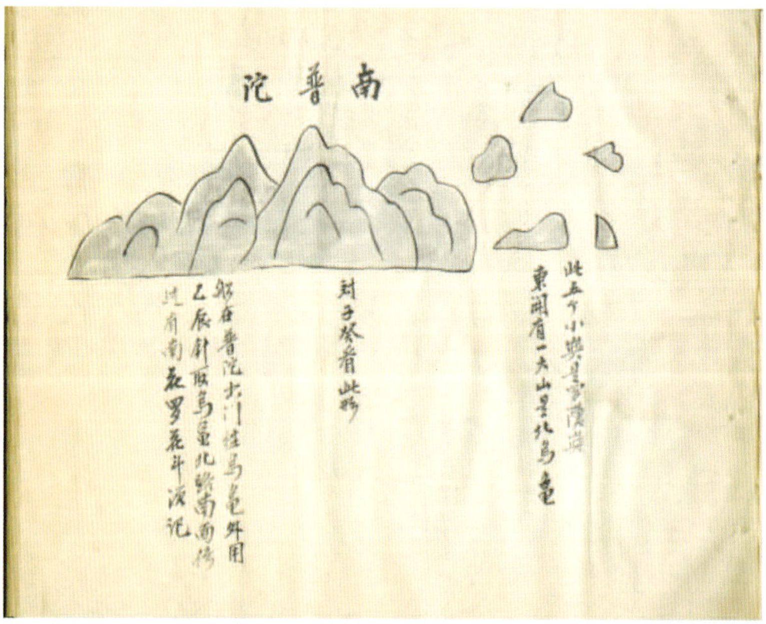


《清代東南洋航海圖》三十三（92）

## [浙江台州灣外至閩、浙交界]

*魚山：在外看落此形。

獨礁。

獨礁。

在外過，下看上此形。

在魚山内過了，用丁午、單午、丙午取鳳尾山外過。

魚山：若在魚山一更開，用丁未六更，取鳳尾山外過。

若在魚山北，二更開，並用單丁六更，取鳳尾山。

[原第91頁]

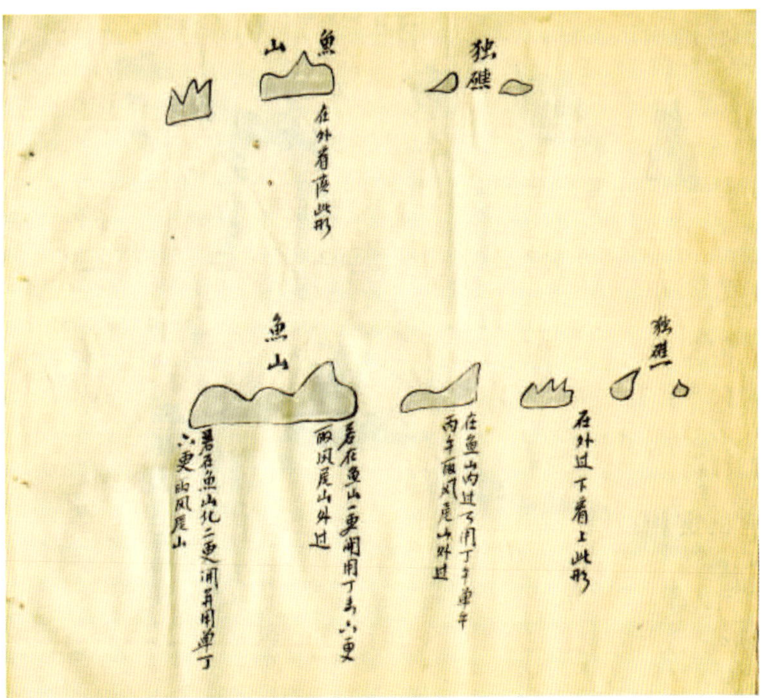


《清代東南洋航海圖》三十四（91）

*積谷：積谷共鳳尾庚申相配。

鳳尾內面是慈山大澳，內是台州地面。

鳳尾山：若鳳尾一更開，用單未及坤未十一更，取臺山外過。用坤未三更，取東湧外過。

鳳髻山向北，其山生橫，就在積谷北勢，近看對鳳髻，向南，看身，即向北。此起山相吞，獨鳳髻是石，可認下面，須記有積谷島，用坤未，若東風用丁未及單未，好過南杞。

[原第86頁]

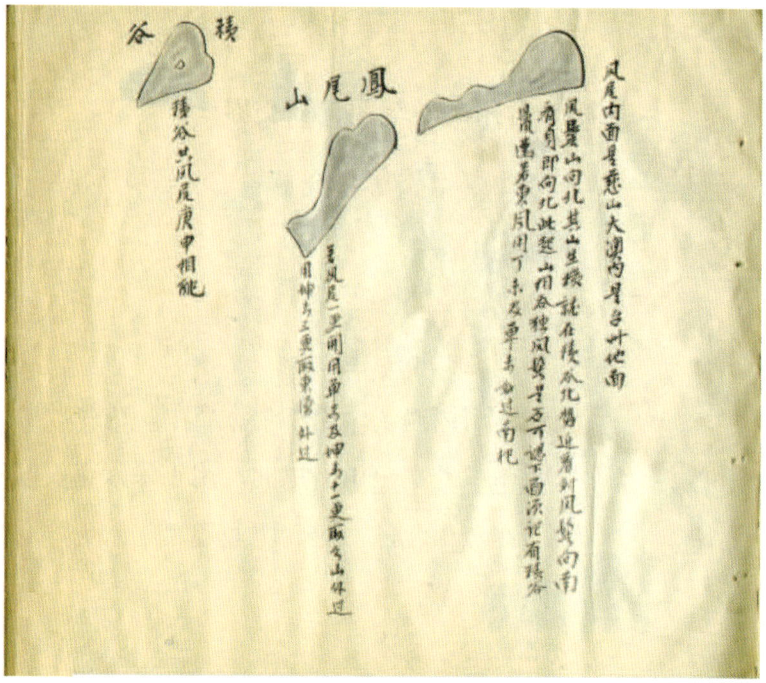


《清代東南洋航海圖》三十五（86）

*若在東 西箕二更開，用丁未三更，取鳳尾外過。

箕山：對丑看此形。

箕山：入此嶼艮寅相吞做壹個。

遠對艮寅看此形。

近對東南看此形。

[原第89頁]

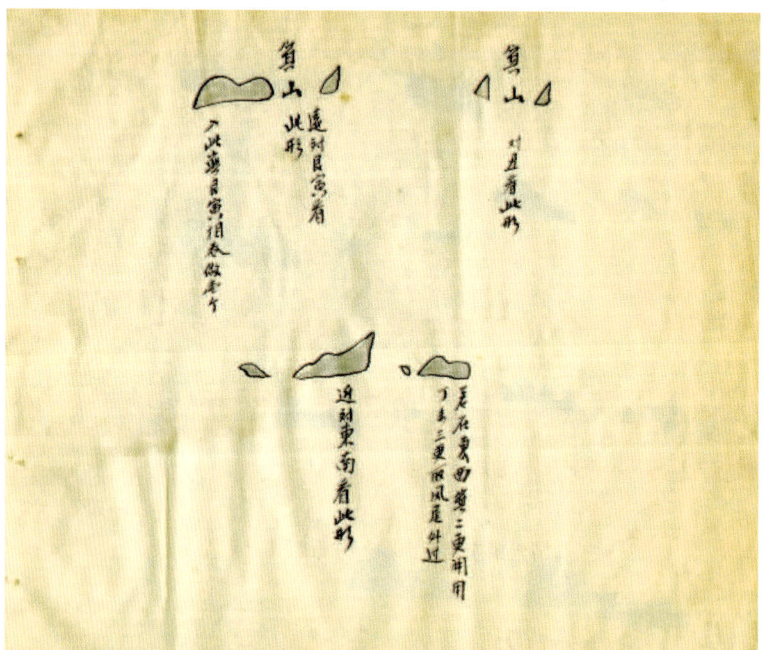


《清代東南洋航海圖》三十六（89）

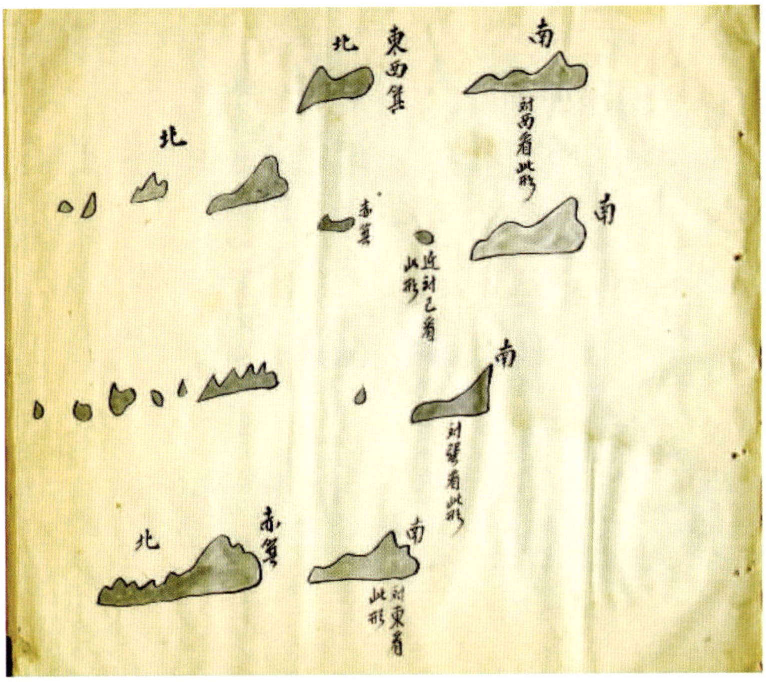


《清代東南洋航海圖》三十七（88）

*赤箕（北）（南）：對東看此形。

赤箕（南）：對巽看此形。

赤箕（北）（南）：近對己看此形。

東　西箕（北）（南）：對西看此形。

[原第88頁]

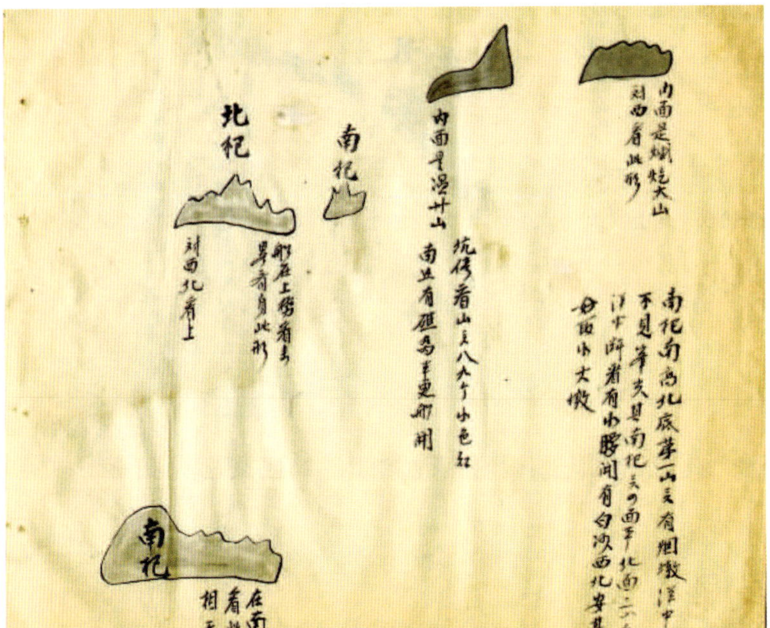


《清代東南洋航海圖》三十八（87）

*南杞：在南勢看，此形相呑。

南杞南高北低，第一山頭有煙墩。洋中不見峰尖，其南杞頭四面平，北面三四個。洋中斷看有水腰，開有白沙，西北安甚好取水大墩。

內面是爛炆大山，對西看此形。

內面是溫州山，坑停看，山頭八九個，水色紅，南近有礁，丸內半更船開。

南杞。

北杞：船在上勢看來略齊身此形。對西北看上。

[原第87頁]

*三牲礁。

臺山：臺其下勢嶼為丁未、丑癸對坐。

臺山：看身，對西北看此形。

臺南勢山。

臺山：在此山對北，只九個，就是只樣。

臺山：對丑看上此形。

對北勢看，此山有山相吞在臺。

若在臺山半更開，用丁未及單未四更取東湧。

[原第84頁]

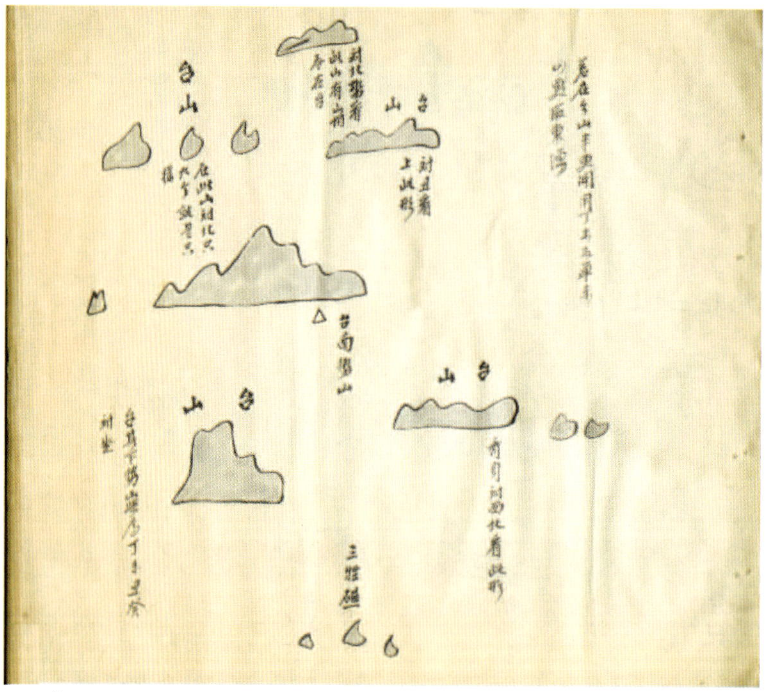

《清代東南洋航海圖》三十九（84）

## [福建 羅源灣外東引島一帶]

*東湧山：近近對丁未，看上此形。共灣頭內看南北額頭，為己亥相對。

[東湧山]西勢：礁什打湧出水。

東湧共大西洋為乙卯、辛酉對坐。

東湧共黃嶼為甲卯、庚酉對坐。

東湧共大金為辛戌、乙辰對坐。

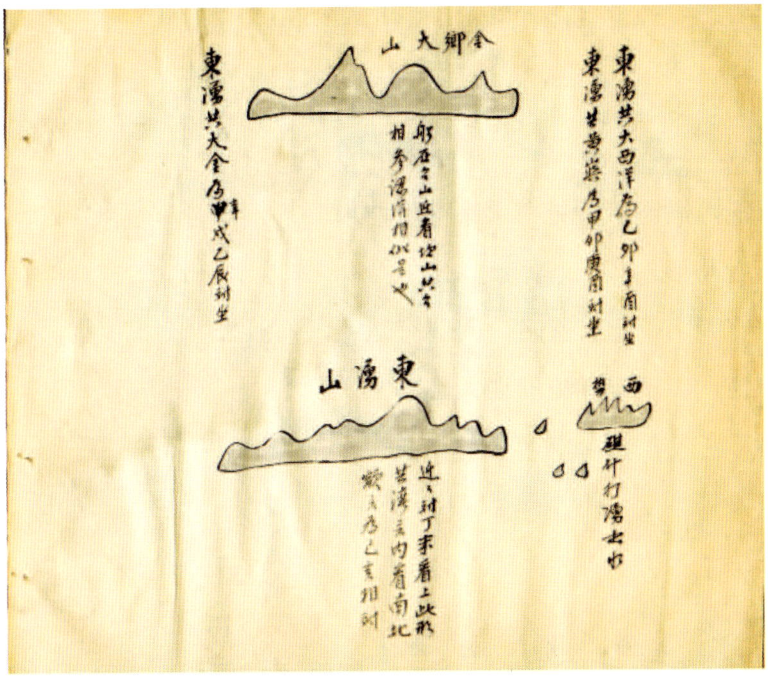


《清代東南洋航海圖》四十（85）

金鄉大山：船在臺山，近看坎山，共臺相參認得相似是也。

[原第85頁]

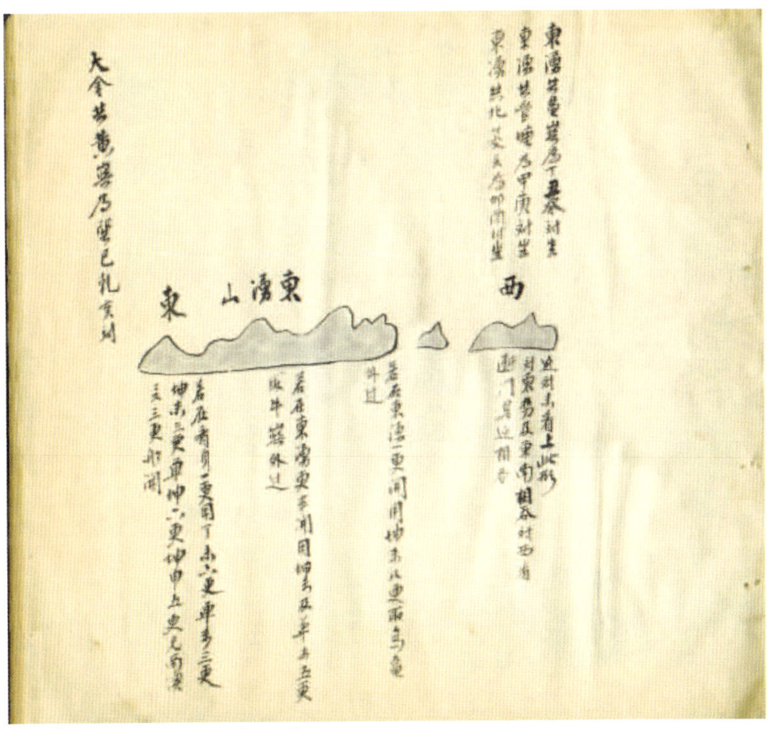


《清代東南洋航海圖》四十一（82）

*大金共黃嶼乃巽巳、乾亥對。

東湧山（東）：若在看身，一更，用丁未六更、單未三更、坤未三更、單坤六更、坤申五更，見南澳頭，三更船開。

若在東湧，更半開，用坤未及單未五更，取生嶼外過。

若在東湧，一更開，用坤未八更，取烏龜外過。

[東湧山]西：近對未看上此形。對東勢及東南相吞，對西有斷門略近相吞。

東湧共龜嶼為丁丑癸對坐。

東湧共管塘為甲庚對坐。

東湧共北茭頭為卯酉對坐。

[原第82頁]

*坵嶼：對坤未看下此情形。

東湧：鴨屎水色，打水卅托，爛泥。若見白水不可用坤未。

丸內大半更開，用壬子亥看此形。

對丑看上此形。二面下勢有大山，重疊甚多。對開有龜嶼，為丑未、癸丁坐對。

東湧：東湧山船在外過太倚，用丁未半更即過大礁。

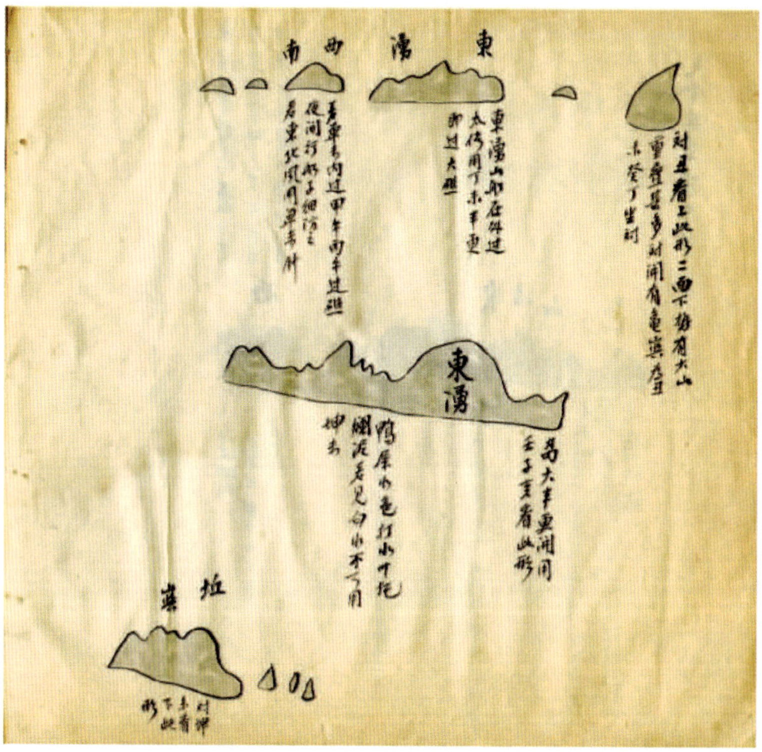


**《清代東南洋航海圖》四十二**（83）

[東湧]西南：若單未內過，甲午、丙午過礁。夜間行船子細防之。若東北風用單未針。

[原第83頁]

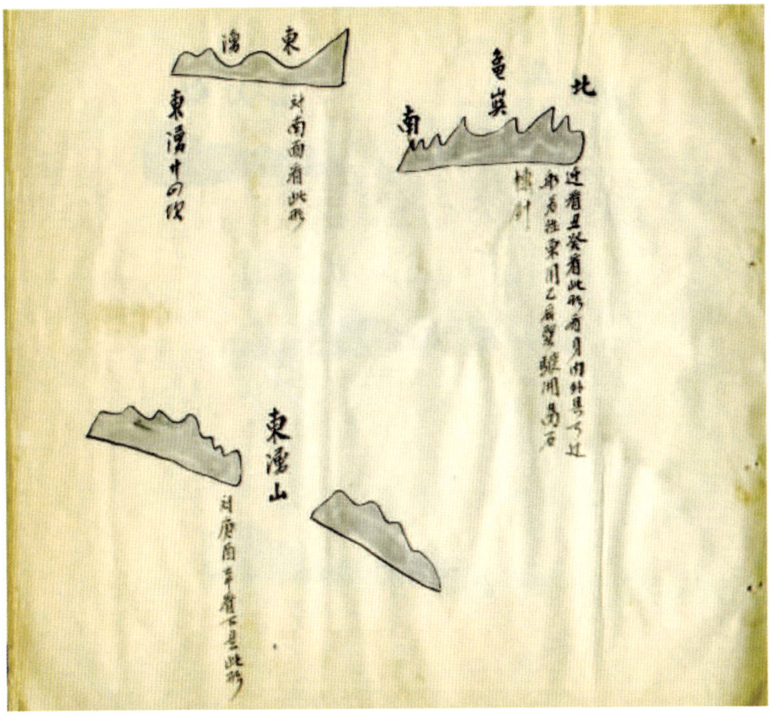


《清代東南洋航海圖》四十三（80）

*東湧山：對庚酉辛看下是此形。

東湧：對南面看此形。東湧廿四坎。

龜嶼（南）（北）：近看丑癸看此形，看身，内外具可過。船若往東，用乙辰巽，駛開丸内石轉針。

[原第80頁]



## [閩江口外及南面]

*白犬山：對乾看上此形。

白犬山：對戌看上此形。

白犬山：對庚看上此形。[原第81頁]

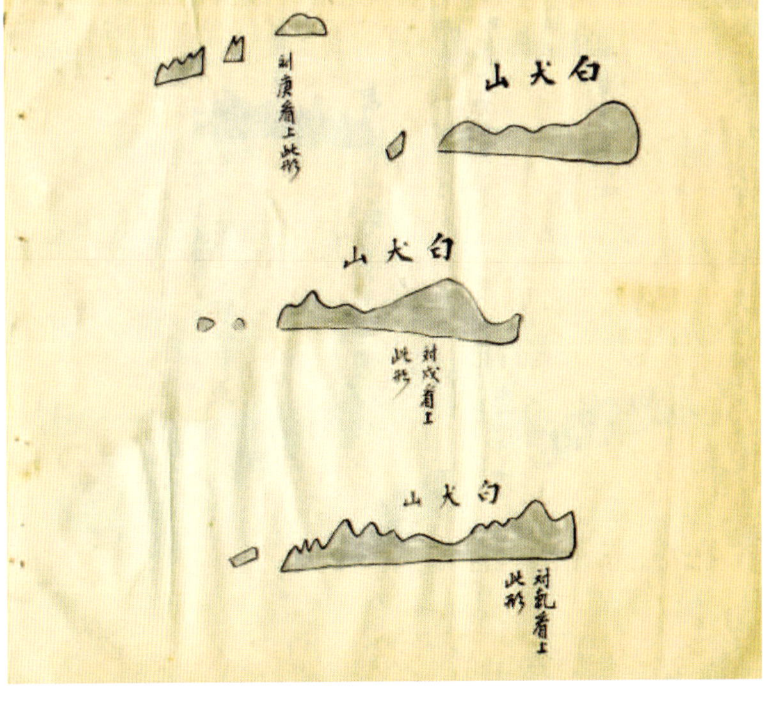


《清代東南洋航海圖》四十四（81）

*白犬山：對亥看此形。

[原第43頁]

《清代東南洋航海圖》四十五（43）

*海壇大山：船抛在白犬丁未。

白犬，乙辛相吞做一個。

[西犬 西]門得過。

西犬：船在管塘頭看此形。

大鍊。

牛角山。

[原第45頁]

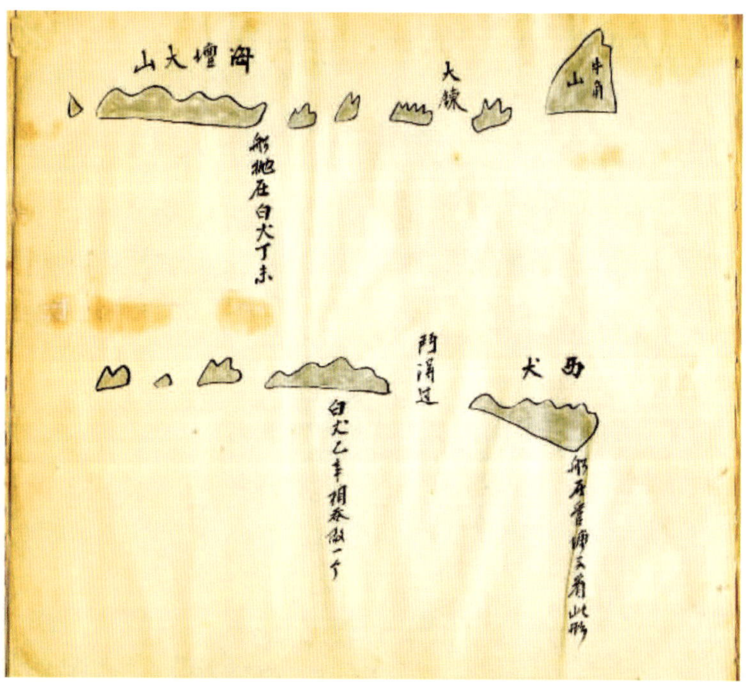


《清代東南洋航海圖》四十六（45）

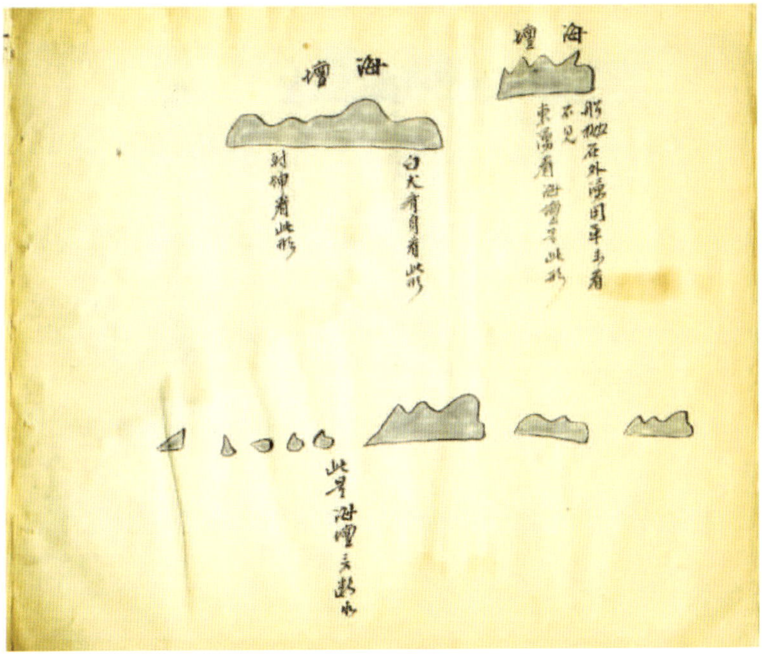


*東湧看海壇是此形。

海壇：對坤看此形。

白犬齊身看此形。

此是海壇頭斷水。

海壇：船抛在外湧，用單未看不見。

[原第42頁]

**《清代東南洋航海圖》四十七**（42）

## [福建 湄州灣一帶]

*南日（南）（北）。

牛嶼共觀音澳乙辰、辛戌對坐。

牛嶼共海壇山尖己亥坐對。

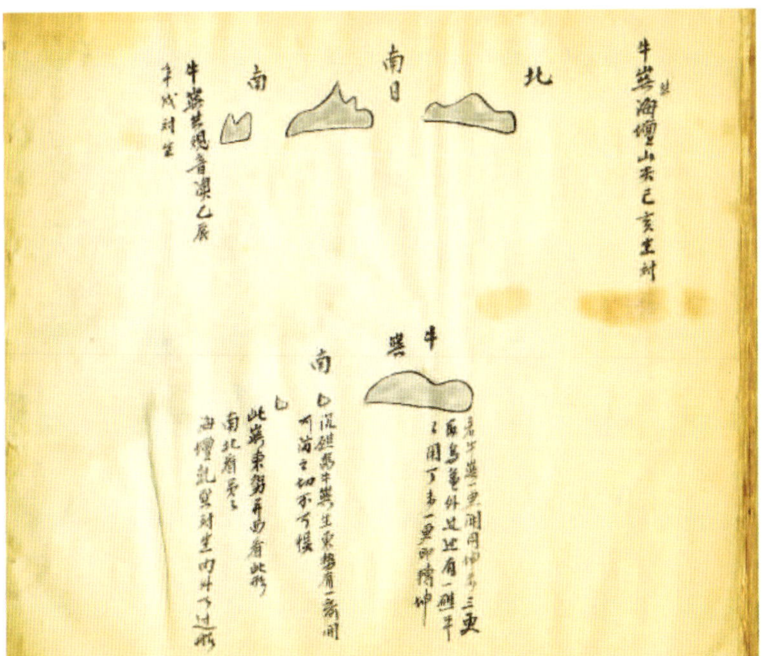


牛嶼：若牛嶼一更開，用坤未三更，取烏龜外過。過有一礁平平，用丁未一更即轉坤。

[牛嶼]南：沉礁丸內，牛嶼生東勢，有一箭開可防之，切不可悮。

此嶼東勢並西看此形，南北看員員。

海壇乾巽對坐，內外可過船。

[原第44頁]

**《清代東南洋航海圖》四十八**（44）

*北椗：內不可過。

烏龜：對庚酉看此形。

[烏龜]南：烏龜共大峠甲庚有貪卯酉，烏龜共小峠卯酉有貪庚申，對坐。

[烏龜]北：若在烏龜一更開，用單坤十更，取南澳坪外過。

[原第46頁]

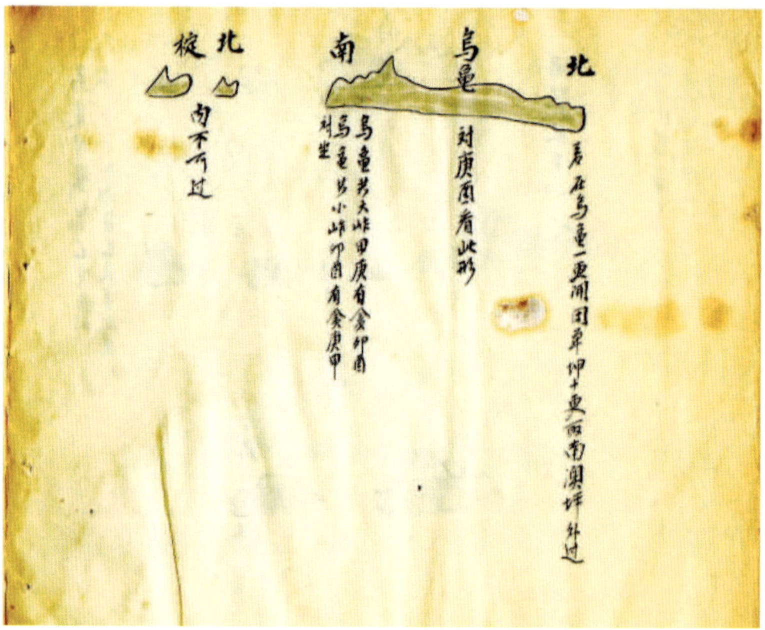

《清代東南洋航海圖》四十九（46）

*湄州北共平海頭，坤艮對坐。

鷺鶿共平海，乙辰對坐。

湄州共烏龜，乙辰、辛酉對，有貪乙辛二條線。

烏龜（南）：對辛酉看此形。

龜子：對壬子看此形。

烏龜共鷺鶿，己亥坐對。

烏龜共平海，巽巳、乾亥對坐。

烏龜：烏龜對東看有礁，丸內水看四五個，近一個員了，中二個碎了。

[原第47頁]

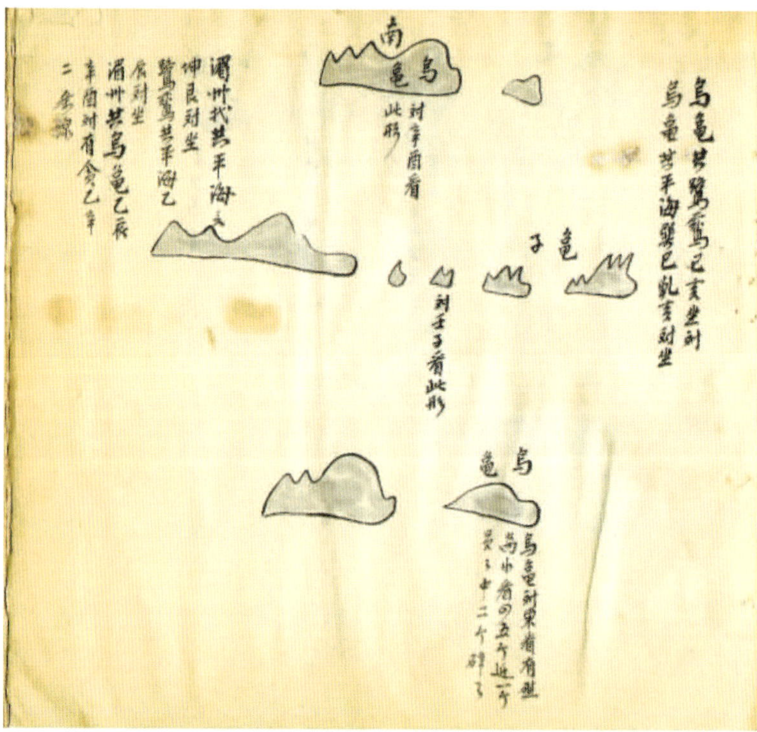

《清代東南洋航海圖》五十（47）

[福建 北、南太武一帶]

*北太武：丸內二更開，（看身）打水卅托，赤白沙地。

往雙口，就太武山下開船，丙巳四十更、單丙四更，取㙾停，用乙辰取對山，是陳邦大山，順山是大陳勝邦，收入雞嶼。

仙人倒地。

仙人倒地：回針：用單子十更，取㙾停，用子五更、單壬四十更，見九十九尖。

擔門。

[原第52頁]

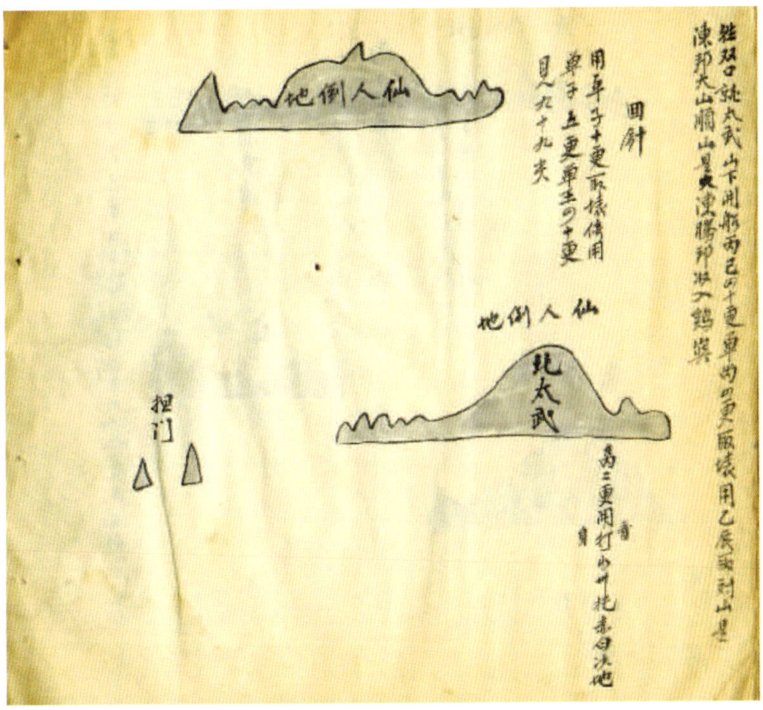


《清代東南洋航海圖》五十一（52）

*<u>南碇</u>。

<u>林進士</u>。

<u>語[浯]嶼</u>。

<u>南太武</u>。

<u>南太武</u>：丸內三更開，對辛戌，外形勢有一大山。

西北頭。對亥看。

<u>東碇</u>用丑癸，當頭船上看一占，打水十七八托，殼子地。用單子取<u>太武</u>外過。

[原第53頁]

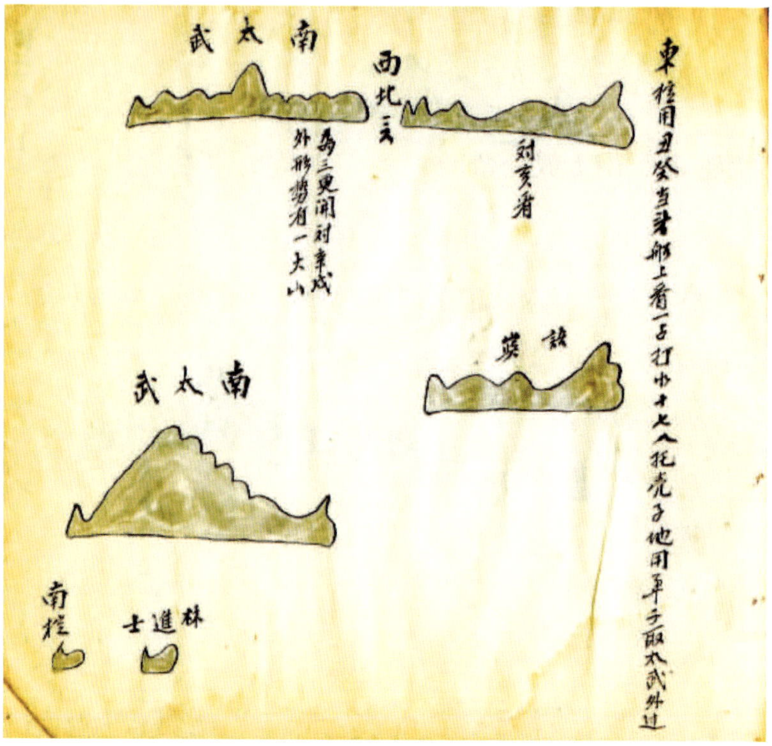

《清代東南洋航海圖》五十二（53）

*卅山<u>萊嶼</u>：對乾看。開，打水廿托，赤白沙。停，打水十七托，狗腳跡[隻]流有沙泥地。

[北]內有大山：對亥看。<u>九十九尖</u>至此山盡。內有<u>九十九尖</u>難以盡畫。

[原第54頁]

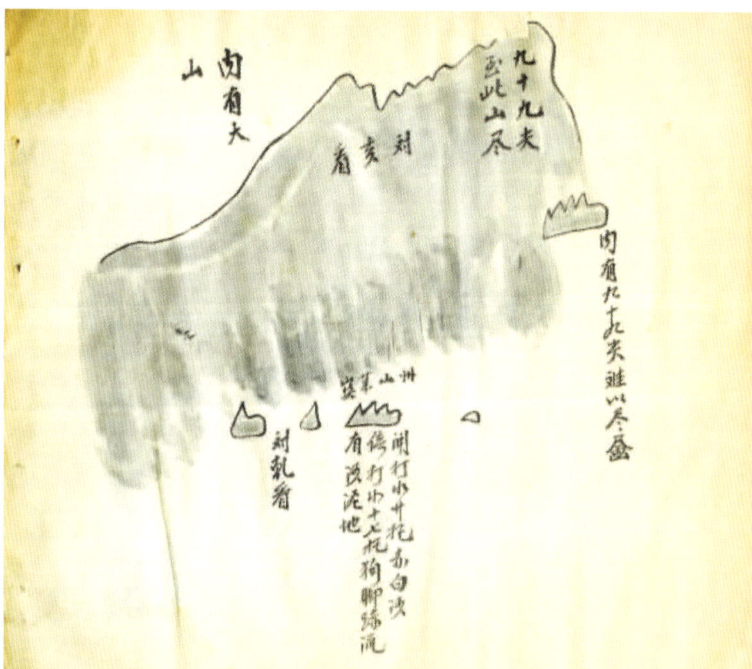

《清代東南洋航海圖》五十三（54）

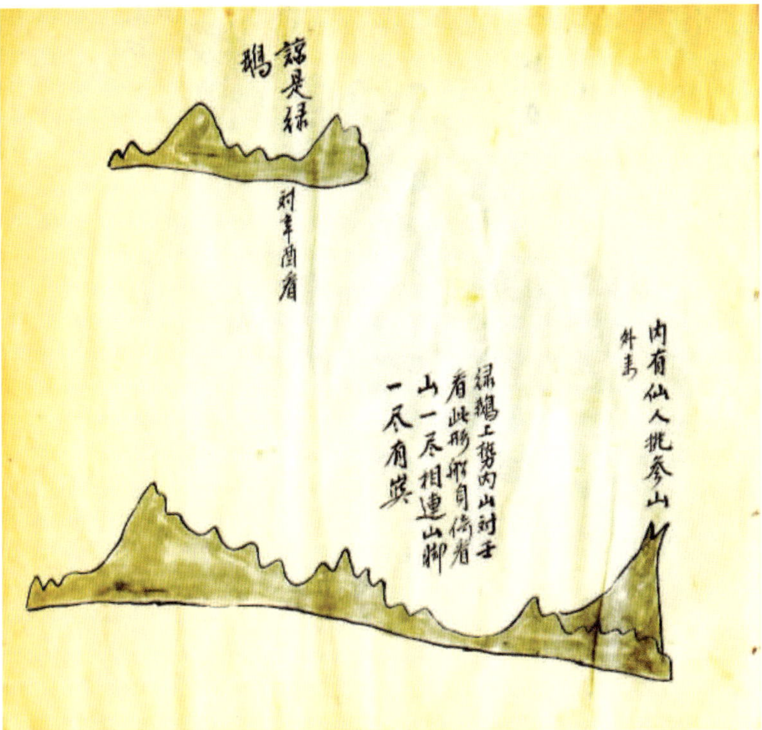


《清代東南洋航海圖》五十四（55）

*諒是綠鵝：對辛酉看。

綠鵝上勢內山對壬看此形。船身倚，看山一盡相連，山腳一盡有嶼。

內有仙人挑参山外來。

[原第55頁]

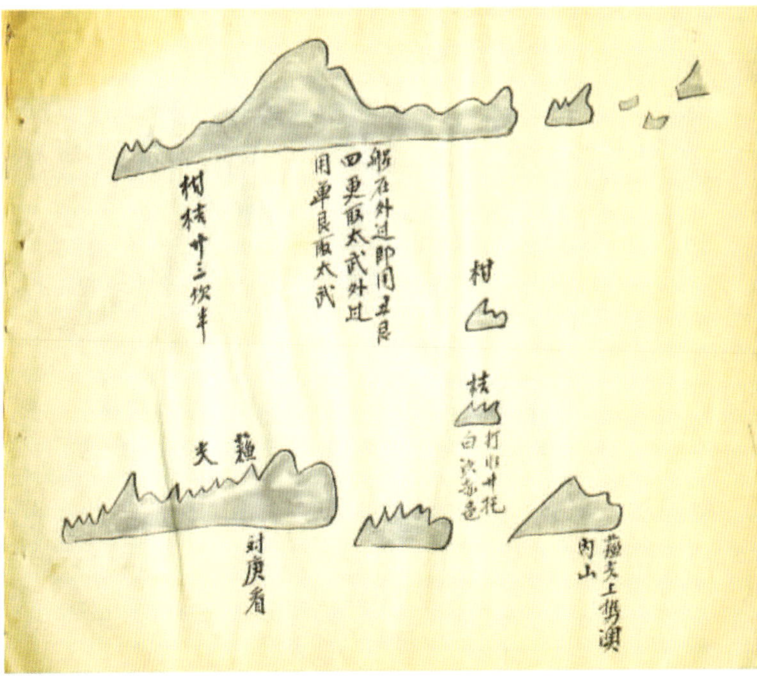


《清代東南洋航海圖》五十五（56）

*蘇尖：對庚看。

蘇尖上勢澳內山。

柑、桔：打水廿托，白沙赤色。

柑、桔廿三坎半。

船在外過，即用丑艮四更，取太武外過，用單艮取太武。

[原第56頁]

*銅山內面。

銅山：對辛酉看略赤色。

孤螺頭二嶼。

孤螺頭：對戌看。

赤沙。

[原第57頁]

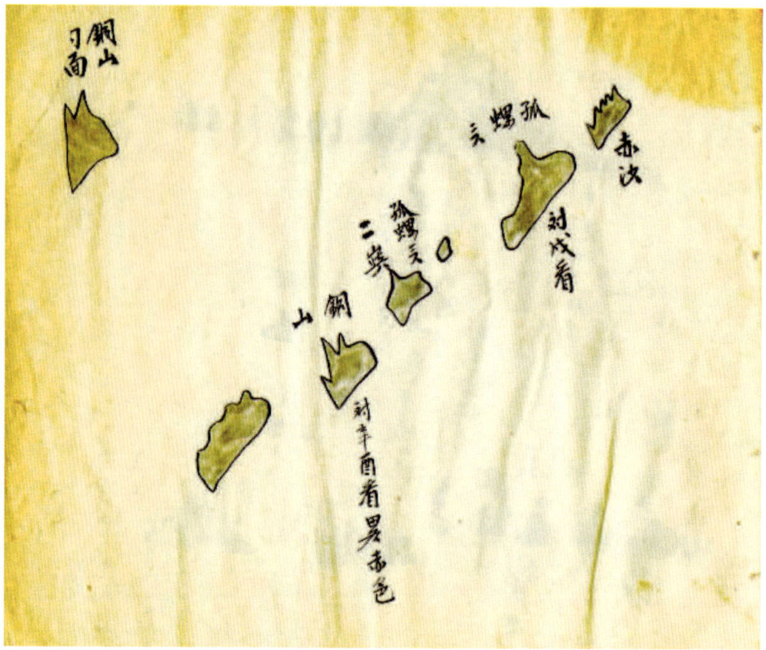

《清代東南洋航海圖》五十六（57）





**[南澳島及閩 粵交界]**

*懸鐘。

宮子前。

蘇尖。

九十九尖：對亥看此形，上有孤螺，下有南澳相配。

遠對亥看此形，下身南澳相配。打水十七八托，白沙地。

[原第58頁]

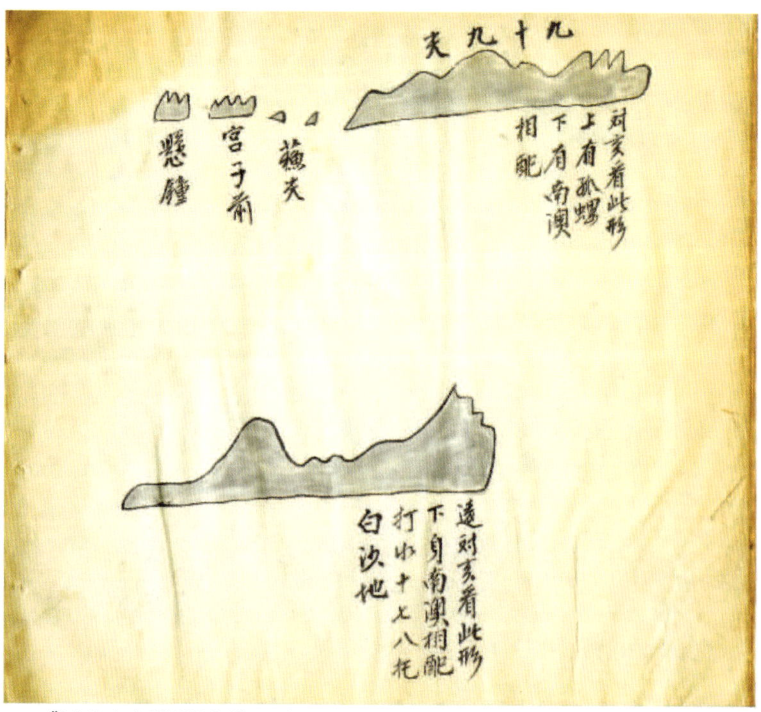

《清代東南洋航海圖》五十七（58）

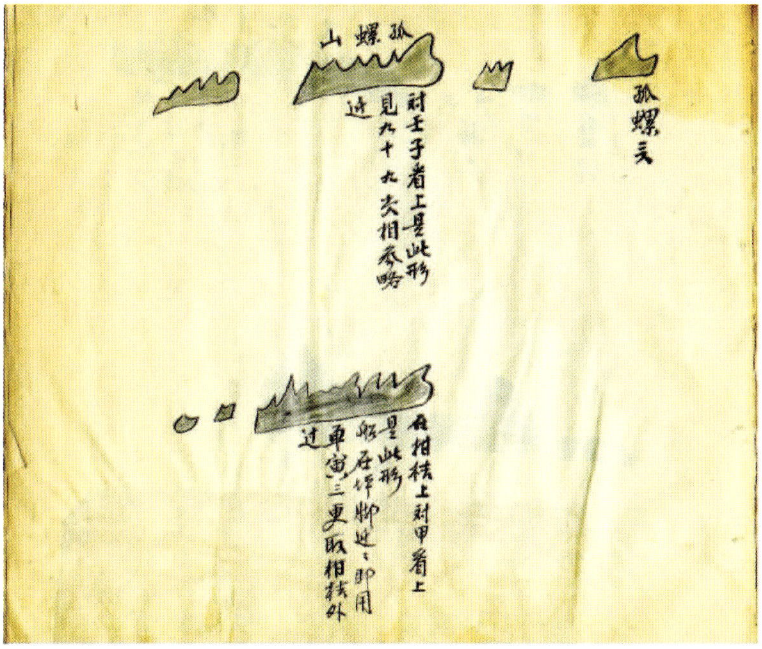


《清代東南洋航海圖》五十八（59）

*孤螺山：對壬子看上是形，見九十九尖相參略近。

在柑桔上對甲看上是此形。

船在坪腳近，近即用單寅三更，取柑桔外過。

孤螺頭。

[原第59頁]

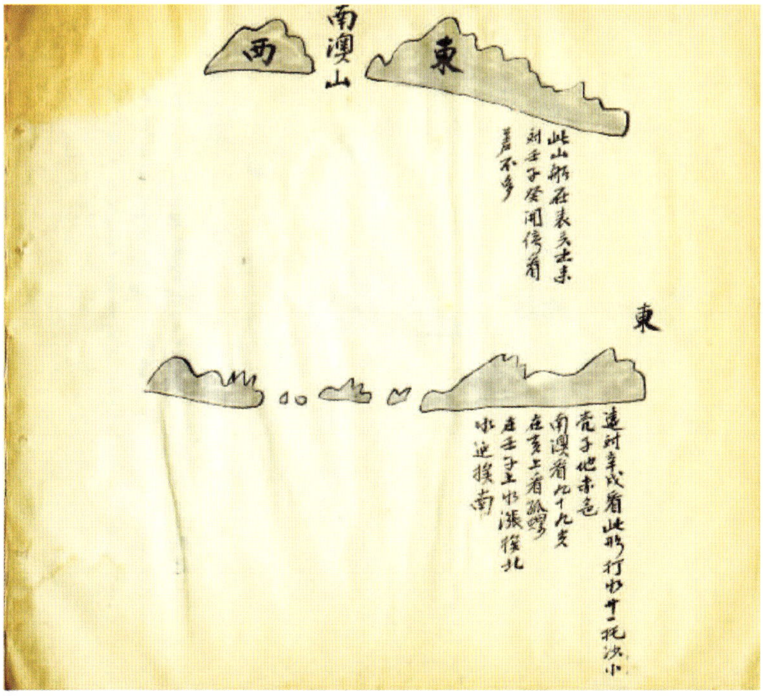


《清代東南洋航海圖》五十九（60）

*南澳山（西）（東）：此山船在表頭，出來對壬子癸開，停看差不多。

東：遠對辛戌看此形，打水廿一托，沙小殼子地，赤色。

南澳看九十九尖在亥上，看孤螺在壬子上，水漲挨北，水退挨南。

[原第60頁]

*南澳山（東）：船在表尾，駛出用乙卯、壬子，看此形，東勢內面有大小山相參出，西勢[有]內面有山，多少難以盡畫，打水廿一托，沙殼子地，白色。遠看有門斷水，門中有嶼，過，身相吞做一個。

[原第62頁]

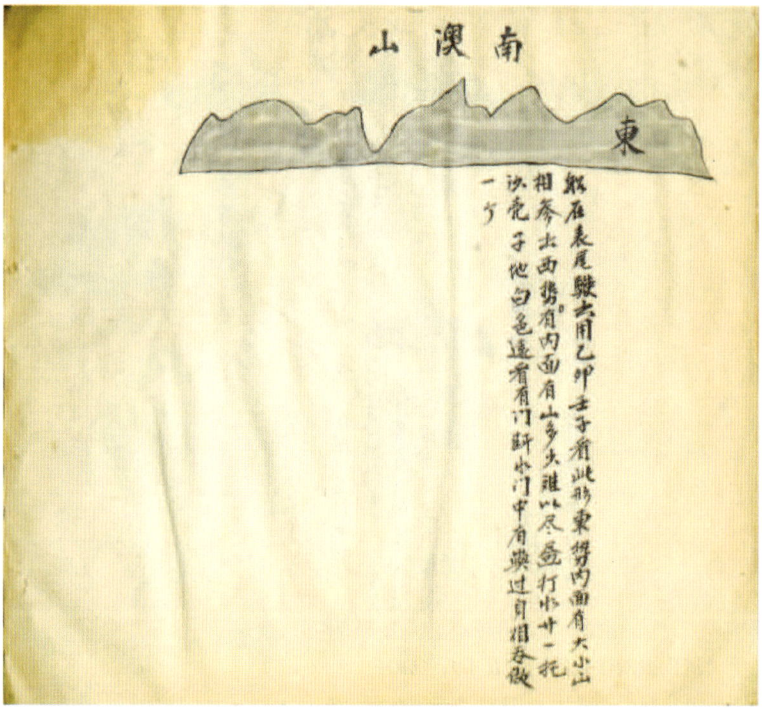


《清代東南洋航海圖》六十（62）

*南澳山：[東]遠對北看此形。

南澳山：[西]遠形。此是南澳 長山尾，遠看不見。

對戌看此形，打水十九托，白沙殼子地。若西勢，看不見長山尾，打水廿托，南澳 坪，或往東，切勿用單寅，若用單寅，決見彭湖無疑。

[原第63頁]

《清代東南洋航海圖》六十一（63）

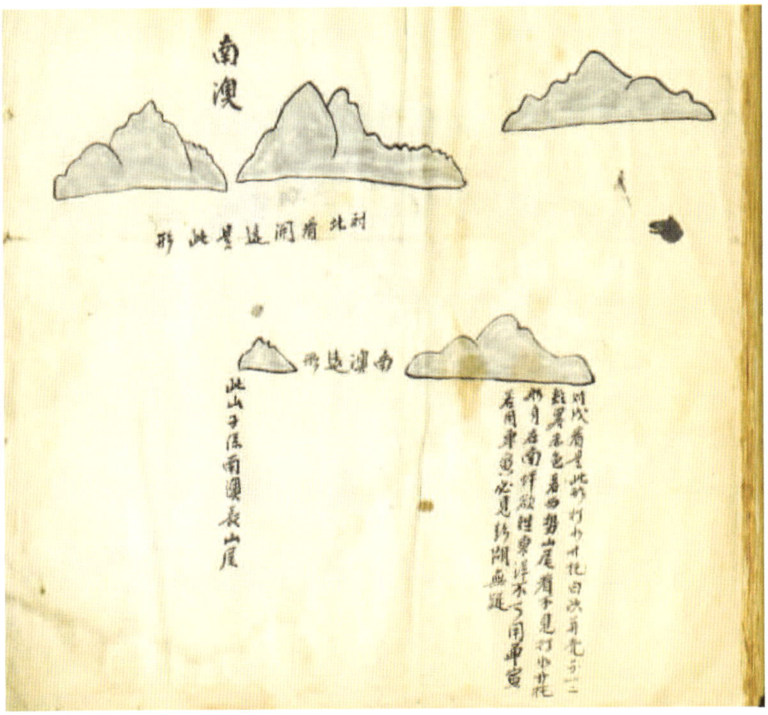


《清代東南洋航海圖》六十二（40）

*南澳：對北看開遠是此形。

南澳遠形：此山子係南澳 長山尾。

對戌看是此形，打水廿托，白沙並殼子一二粒，略赤色。若西勢，山尾看不見，打水廿托，船身在南[澳] 坪。欲往東洋，不可用單寅，若用單寅，必見彭湖無疑。

[原第40頁]

## 【太武、南澳往來新州、崑崙、暹羅灣】

### [福建 北太武一帶]

*北太武：[東]烏鴉尾共東椗子午貪丙壬對坐。

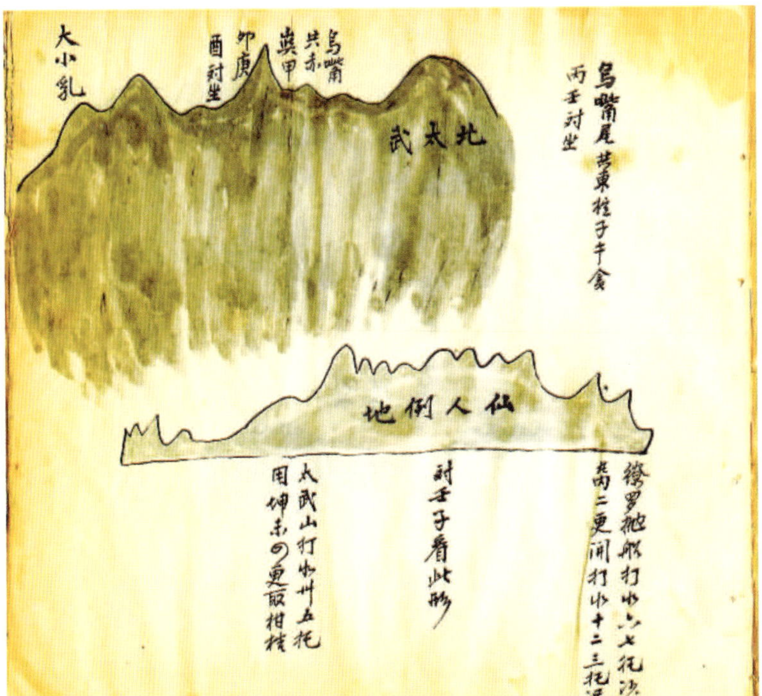


《清代東南洋航海圖》六十三（49）

[北]烏鴉共赤嶼甲卯、庚酉對坐。

[西北]大 小乳。

仙人倒地：對壬子看此形。

繚羅抛船，打水六七托，沙地，丸內二更開，打水十二三托，泥地。

太武山，打水卅五托，用坤未四更，取柑桔。

[原第49頁]

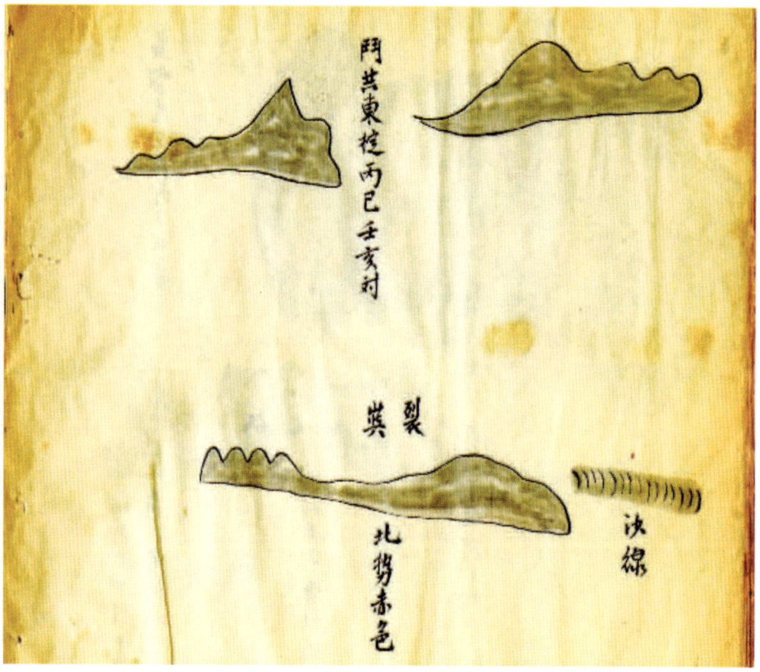


《清代東南洋航海圖》六十四（48）

*裂嶼：北勢赤色。

[東]沙線。

[北]門共東椗丙巳壬亥對。

[原第48頁]

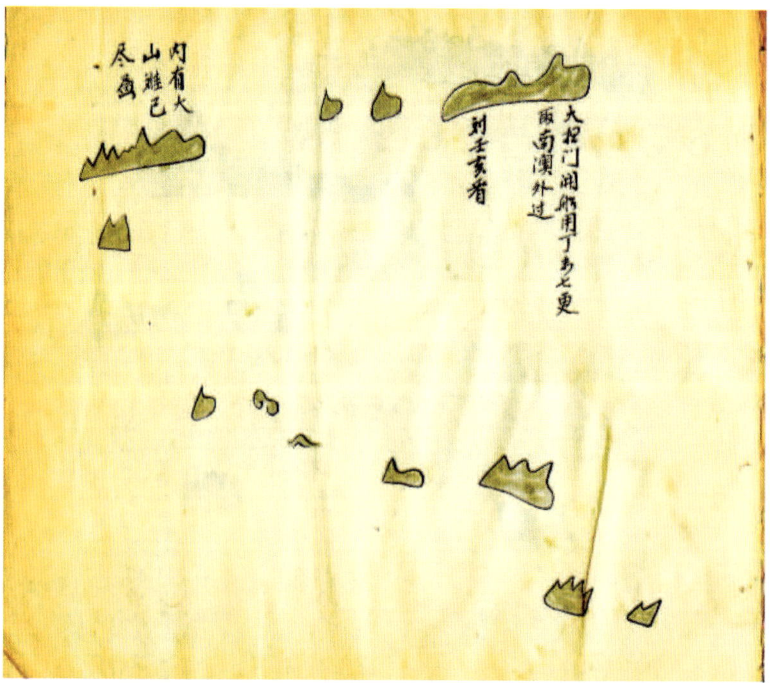

《清代東南洋航海圖》六十五（51）

*大擔門開船，用丁未七更，取南澳外過。

[西南]對壬亥看。

[西]內有大山，難已[以]盡畫。

[原第51頁]

《清代東南洋航海圖》六十六（50）

*[原缺字]

[原第50頁]





## [廣東 南澳一帶]

*南澳山（西）（東）：對戌看此形，上有九十九尖相參。

坪山共大州頭艮寅、坤申有貪寅申二條線，至大州四十更。

《清代東南洋航海圖》六十七（61）

坪山共尖筆羅艮寅有貪，坤未在[干]荳內過，離二更開。

坪山共外羅為艮坤有貪寅申一條線，船在干荳外過，一更開，至外羅十二更。

[原第61頁]

*南澳：對北看開遠是此形。

（西）：對西看，只一個，開停差不多是此形。

（東）：船在表頭出來，對壬子癸三字看是此形。

南澳（西）（東）：對坤申遠看是此形，打水廿一托，白沙子帶殼子一二粒，似赤沙色。看九十九尖，生在亥子位。看孤螺頭，生在壬子位。

[原第41頁]

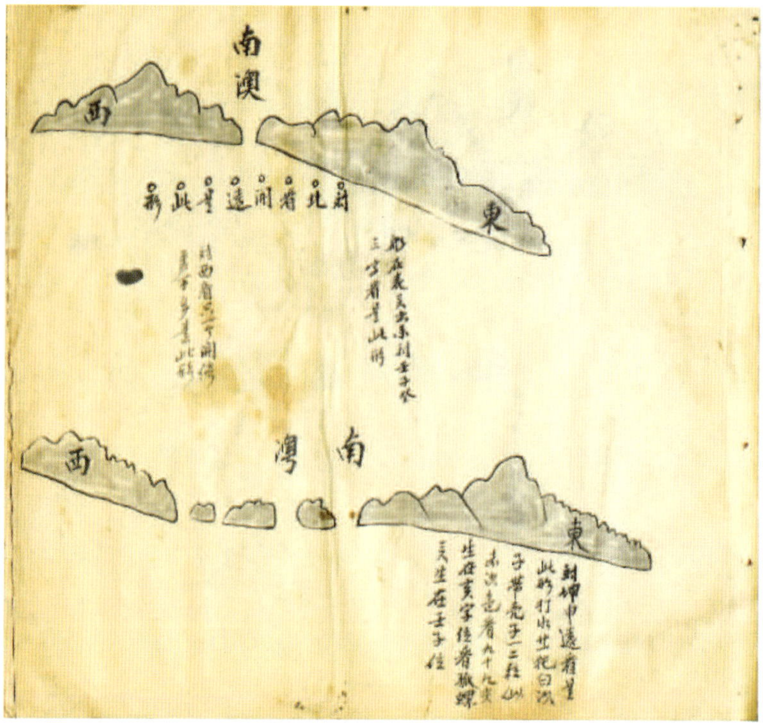


《清代東南洋航海圖》六十八（41）

*南澳大山（西）（東）：船在表尾駛出，對壬子看是此形。

東勢有大山燦出，西畔內面山嶼甚多。此處打水廿一托，赤沙並殼子，略白色，遠看有門斷水，見其門中有嶼，船駛過，身相吞做一個。

[原第39頁]

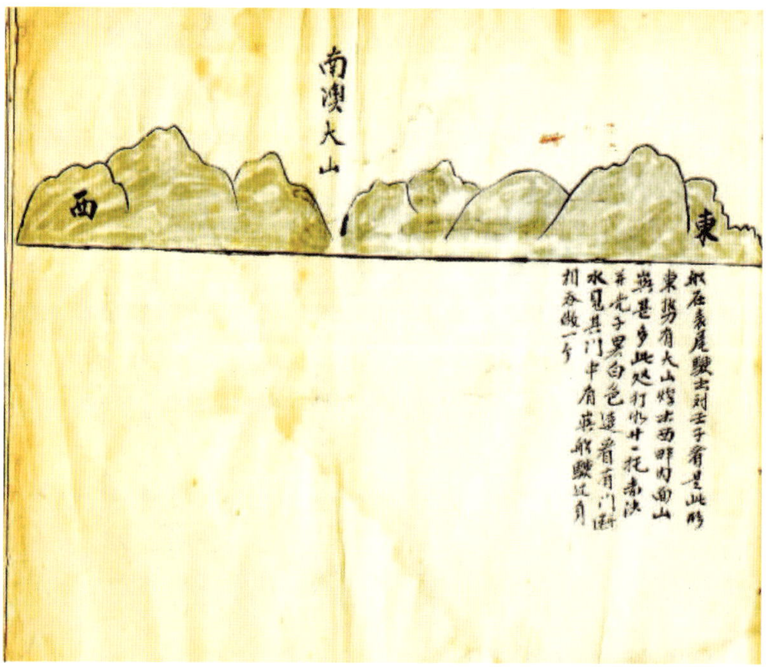


《清代東南洋航海圖》六十九（39）

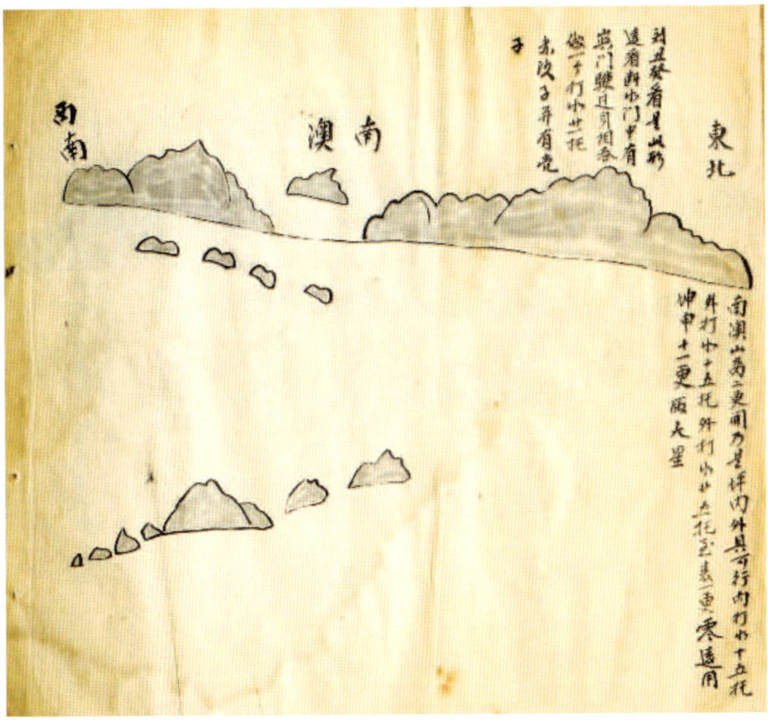


《清代東南洋航海圖》七十（38）

*南澳（西南）（東北）：對丑癸看是此形。遠看斷水，門中有嶼，門駛過身相吞做一個，打水廿一托，赤沙子並有㲉子。

[原第38頁]



## [粵東南岸外及東沙]

*鳳山。萊蕪。寮子。放雞山。

𡍼頭。

潮陽大山：河渡門入達濠。

[原第37頁]

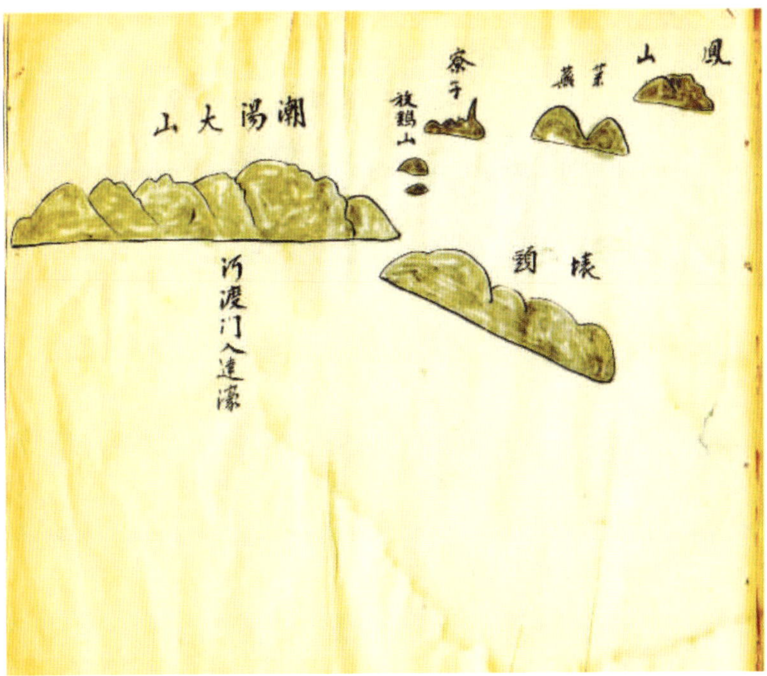


《清代東南洋航海圖》七十一（37）

*錢澳。靖海島。

[原第36頁]

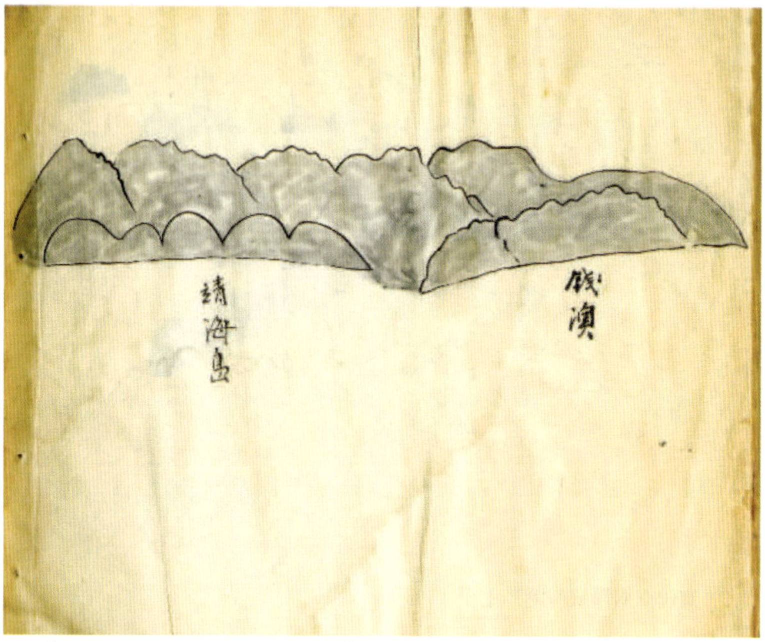


《清代東南洋航海圖》七十二（36）

*赤澳大山：[西南]此處赤色。[南]亦赤色。

赤澳有身近，近打水廿二三托，爛泥地。開是烏沙子地。

若要上洋，用甲卯取南澳 埭頭。

[原第34頁]

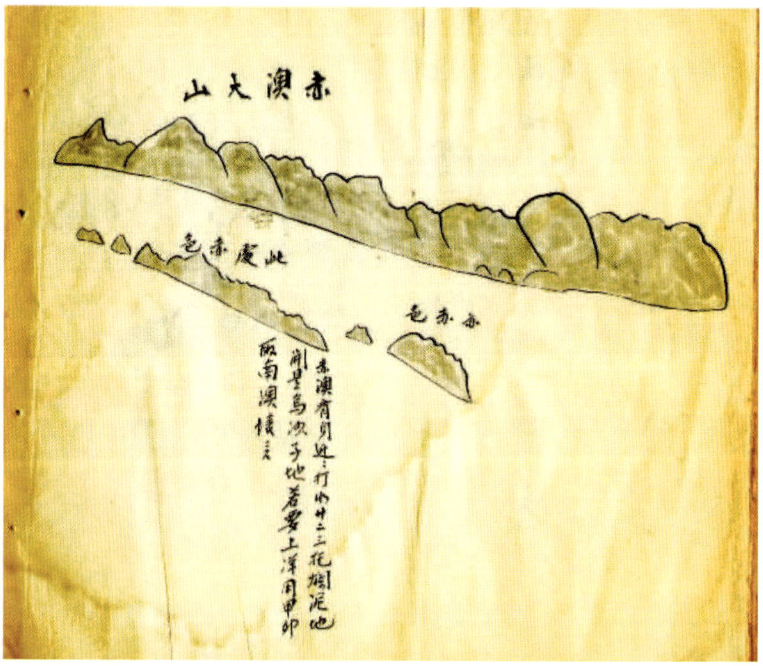


《清代東南洋航海圖》七十三（34）

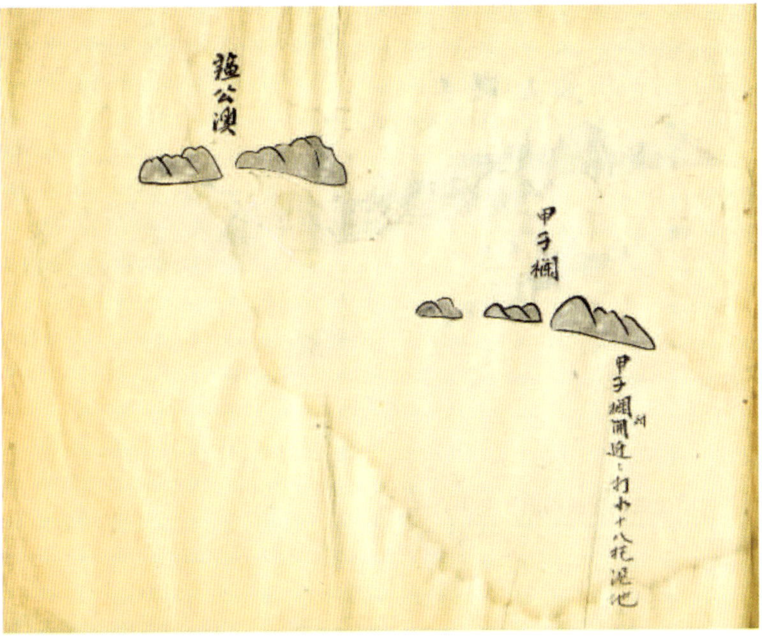


《清代東南洋航海圖》七十四（35）

*蘇公澳。

甲子欄：甲子欄對開近，近打水十八托，泥地。

[原第35頁]

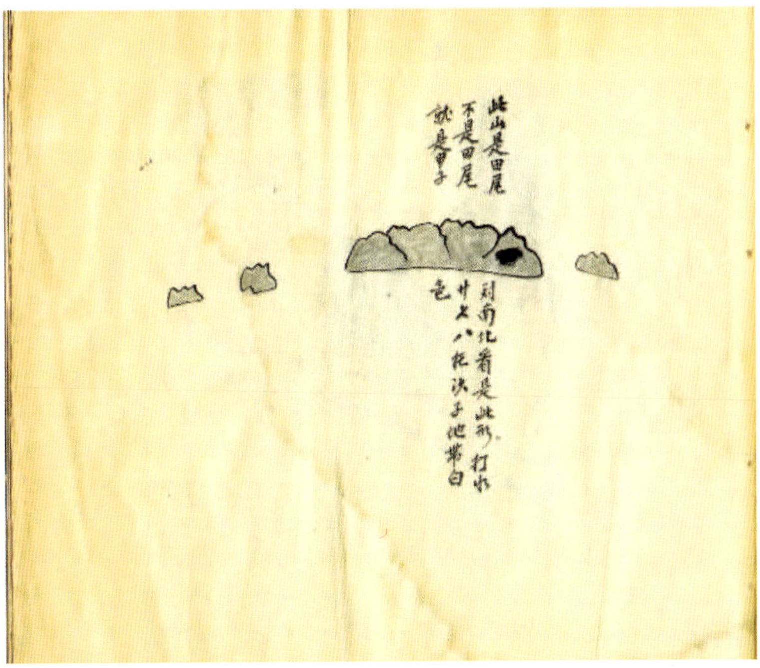


《清代東南洋航海圖》七十五（33）

*此山是田尾，不是田尾就是甲子。

對南北看是此形，打水廿七八托，沙子地，帶白色。

[原第33頁]

*諒是廣東 竹竿嶼內面山：對壬子看是此形，打水四十八托，爛泥地。

此係外山。[西南]對壬看是此形。

[原第31頁]

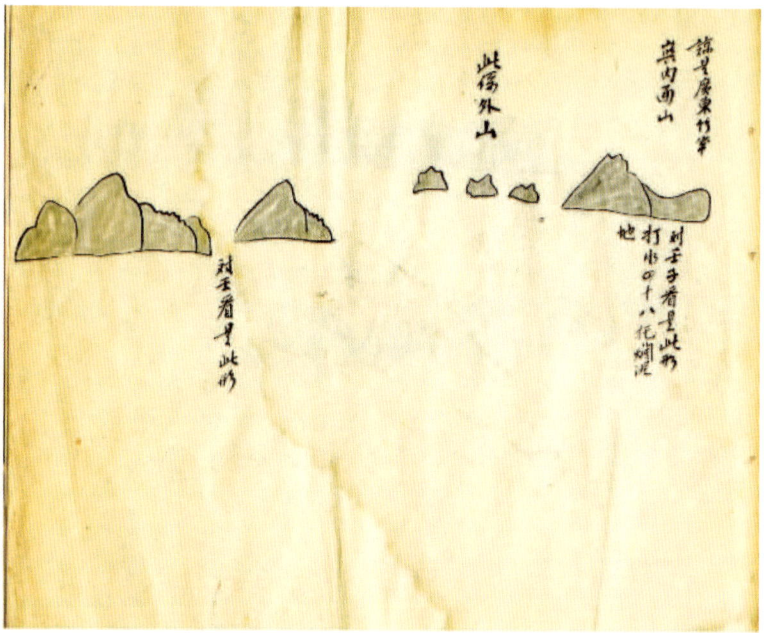


《清代東南洋航海圖》七十六（31）

*南澳氣（正北）（西南）（正東）（正南）：中門可過船，流蓋多，水甚急。

南澳氣有三嶼，具有樹木，東有澳拖尾，似萬里長沙樣。過南看，一湖甚好抛船，是泥地。若見此山可以過航，須子細西北有沉礁，東北止有沙壇，似萬里長沙，東止拖尾。若對東去，水盡流東，可轉回。看此山，用乾戌針十更，停是大星，針氣是乾造過巽，有四更，船長橫闊是寅申，有二更遠。

[原第32頁]

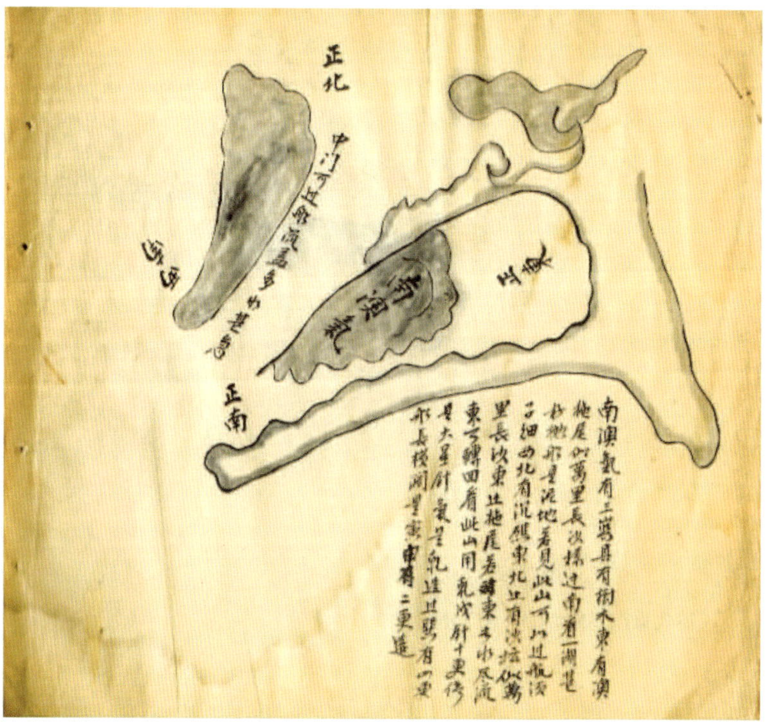


《清代東南洋航海圖》七十七（32）

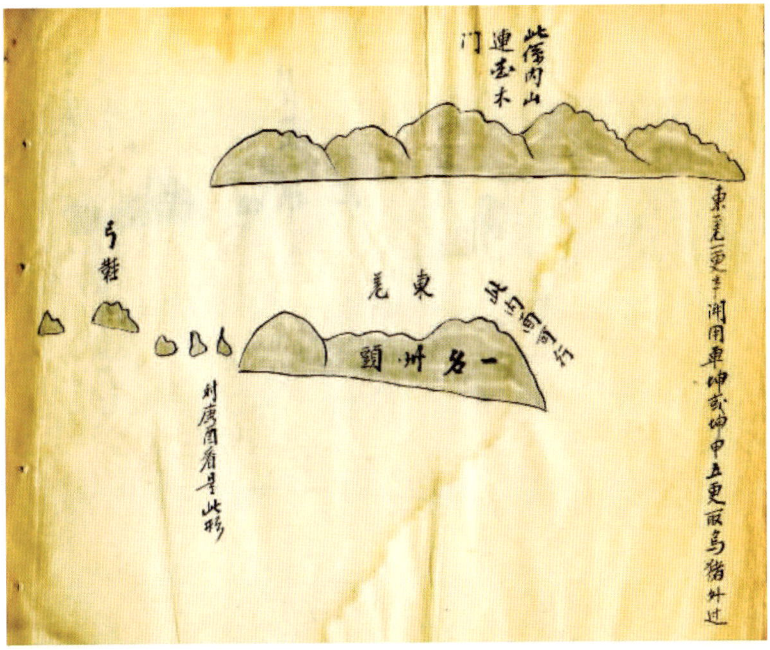


《清代東南洋航海圖》七十八（30）

**[廣東 珠江口外一帶]**

*東羌：一名州頭。[東]此內面可行。[北]此係內山，連接木門。

東羌一更半開，用單坤或坤申五更，取烏豬外過。

[西]對庚酉看是此形。

弓鞋。

[原第30頁]

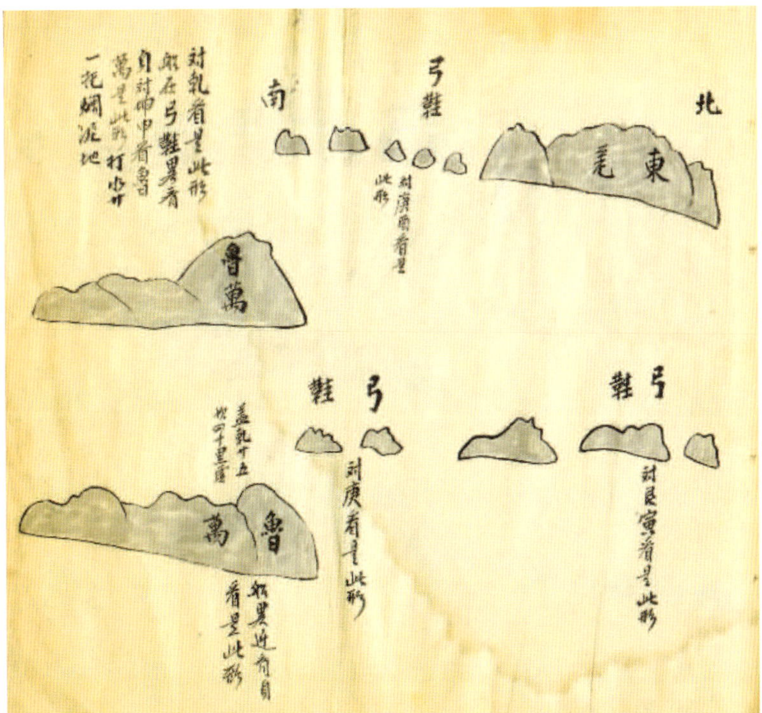


《清代東南洋航海圖》七十九（29）

*東羌（北）。[西]弓鞋：對庚酉看是此形。

弓鞋：對庚寅看是此形。

弓鞋：對庚看是此形。

[弓鞋]南：魯萬。

對乾看是此形。船在弓鞋略看，身對坤身看魯萬是此形，打水廿一托，爛泥地。

魯萬：蓋乾廿五坎，四十里虛。船略近看身看是此形。

[原第29頁]

*弓鞋東高西低，南勢有七八個嶼子，開外托[打]水四五托，近山打水五六托。

弓鞋（東）（西）：近看是此形。

亦是弓鞋：略近看是此形。

亦是弓鞋：近看是此形。

[原第28頁]

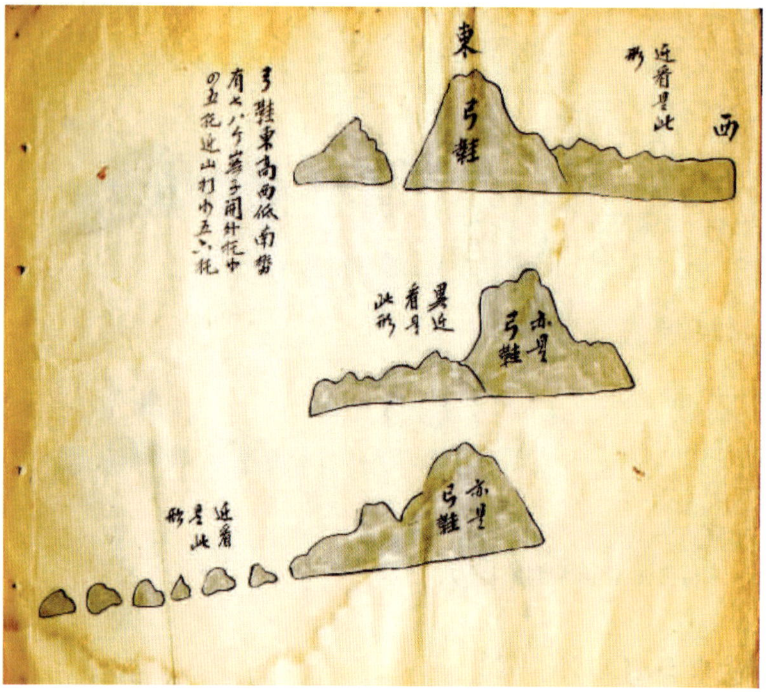


《清代東南洋航海圖》八十（28）

*下村：[西]雙牛。

此處蓋西第壹號牌十式〇八九里。

對辛戌乾三字，丸内一更開，看是此形。欲上洋，用甲寅五更，取弓鞋外過。

[下村與]烏豬[間]此門可過。

烏豬丸内遠看呑在上村頭做一個員員。丸内三四分開，用單未及丁未、坤未針，十三更取七州。

[原第27頁]

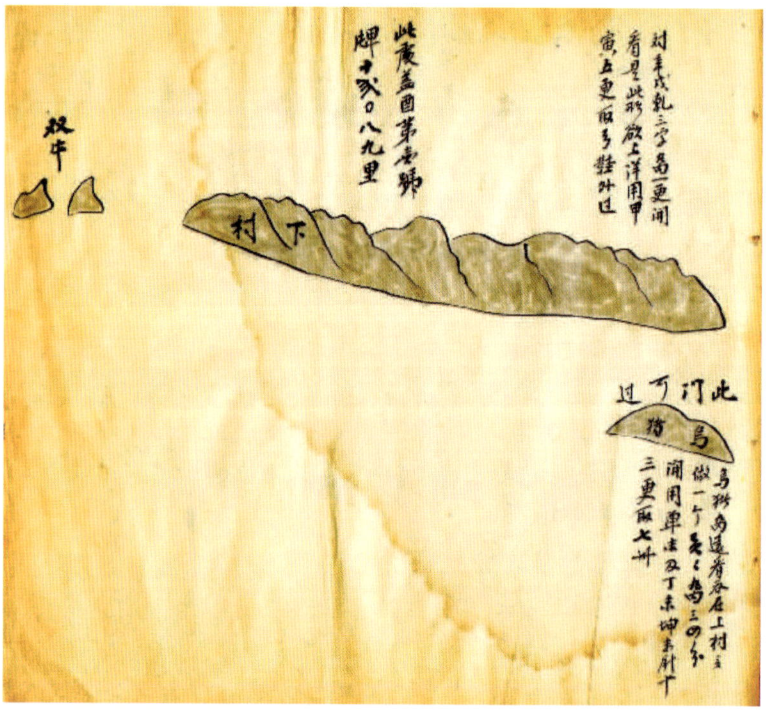


《清代東南洋航海圖》八十一（27）

### [海南東北岸外]

*七州（西）[東與銅鼓間]此第五門大可過船。

對乾亥看是此形。丸內一更開，打水五十托，沙地。若見此形，可用坤未一更、單未 二更，取銅鼓。

銅鼓：船在七州下，對庚看是此形。[西南]落洋看。

七州（西）[南]落洋看。[東與銅鼓間]此第五門可過。

對壬看是此形。可用單未、坤未三更，取銅鼓。若太倚，可用單未及單丁五更，取大州外過。

銅鼓：對辛戌看上是此形。遠看鼻頭有嶼子，近對看相連，打水四十托，沙泥地。

[原第26頁]

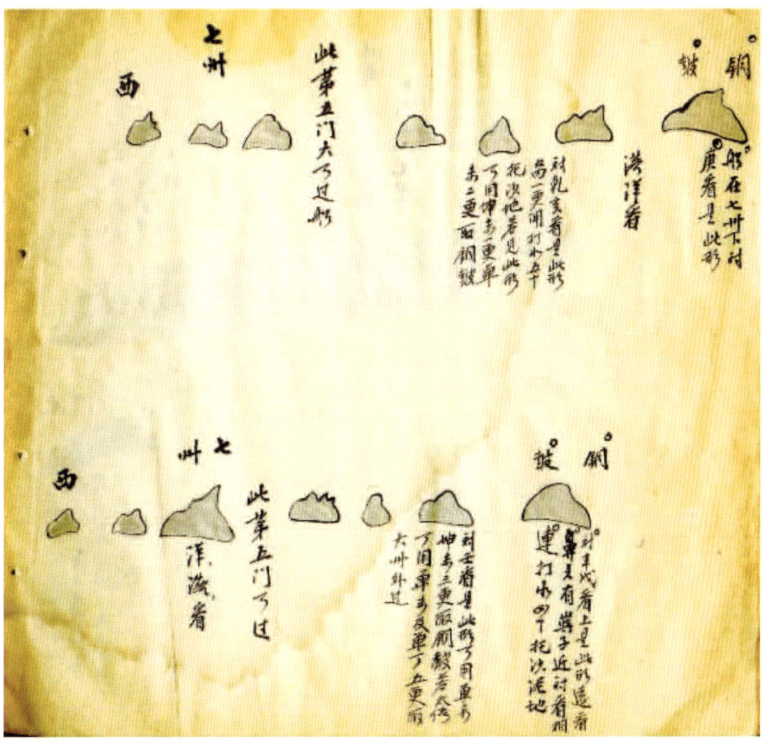

《清代東南洋航海圖》八十二（26）

*銅鼓：船在七州下，對庚看是此形。略近對酉看是此形。

銅鼓：對辛戌看上是此形。遠看鼻頭有嶼子，近看相連，打水四十托，沙泥地。

銅鼓：對單亥看是此形，對乾字看鼻頭有坤身。

[原第25頁]

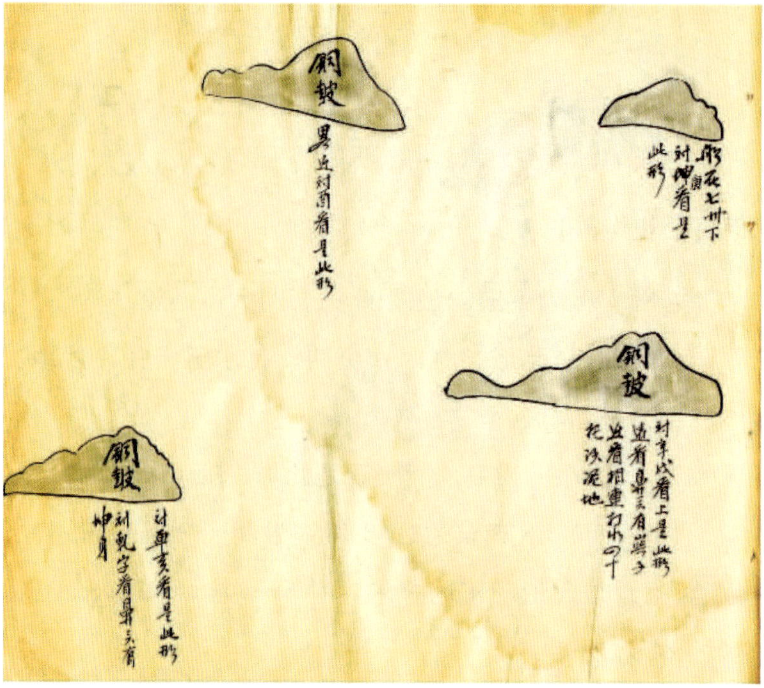

《清代東南洋航海圖》八十三（25）

*銅鼓：對壬子看是此形，遠對壬亥看有小嶼一個，員員，似覆鼎。

銅鼓：下看上是此形。

銅鼓：對北看上是此形。若見此山，打水四十托，船丸內此山，用丁未及單未五更，取大州外過。

[原第24頁]

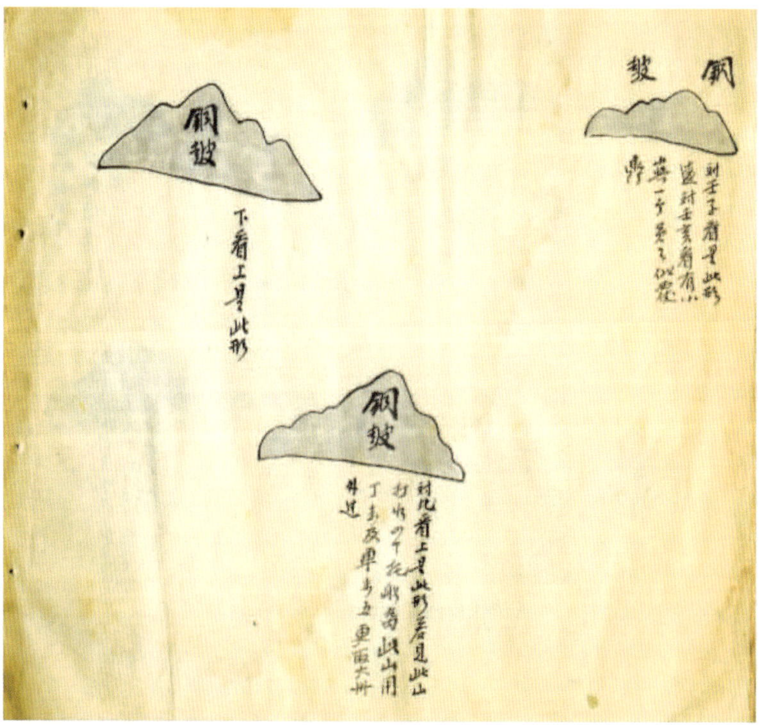

《清代東南洋航海圖》八十四（24）

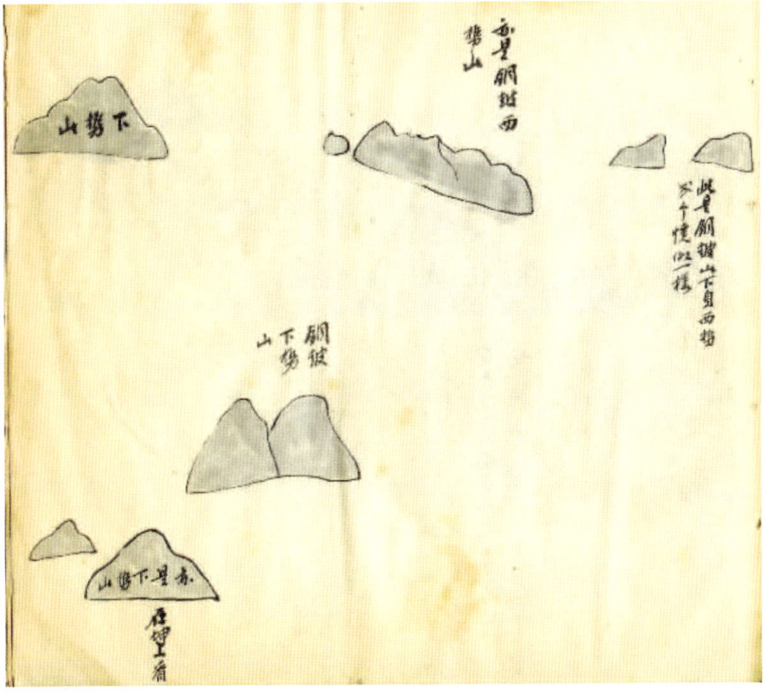

*此是銅鼓山下身西勢，二個恍似一樣。

亦是銅鼓西勢山。

下勢山。

銅鼓下勢山。

亦是下勢山：在坤上看。

[原第23頁]

《清代東南洋航海圖》八十五（23）



## [海南東南及南岸外]

*此是大州上勢山，名曰雙包嶼：此二嶼看身，對西看做相吞是此形。

此是大州上勢山，不知何名，至大州有二更船遠。上有椰子樹，下有赤沙坡。

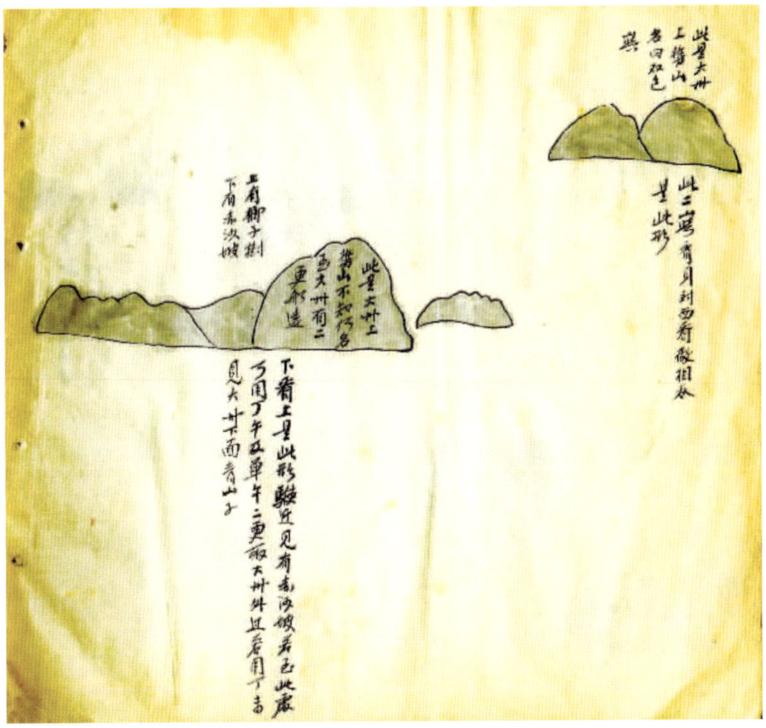

下看上是此形。駛近見有赤沙坡。若至此處，可用丁午及單午二更，取大州外過。若用丁未見大州下面青山子。

[原第22頁]

《清代東南洋航海圖》八十六（22）

*青山子。

大州。

此數個係大州上勢山，或大或小，不記其名。對乾看上是此形。

五指山：若天時霧看不見，但見外山坡。

[原第21頁]

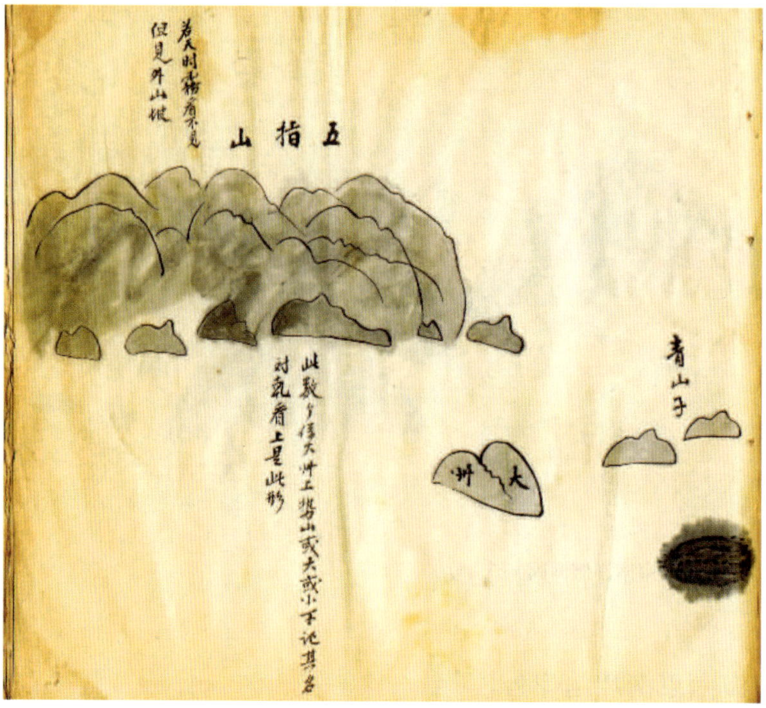


《清代東南洋航海圖》八十七（21）

*正大州：看見此形，水五十托，泥地。

大州正面看是此形：此處二更船開，用單坤及申針十八更，取漢山或尖筆羅。

用坤未及丁十一更，取外羅。

共硬尾諒乙辛對至五更。

[原第20頁]

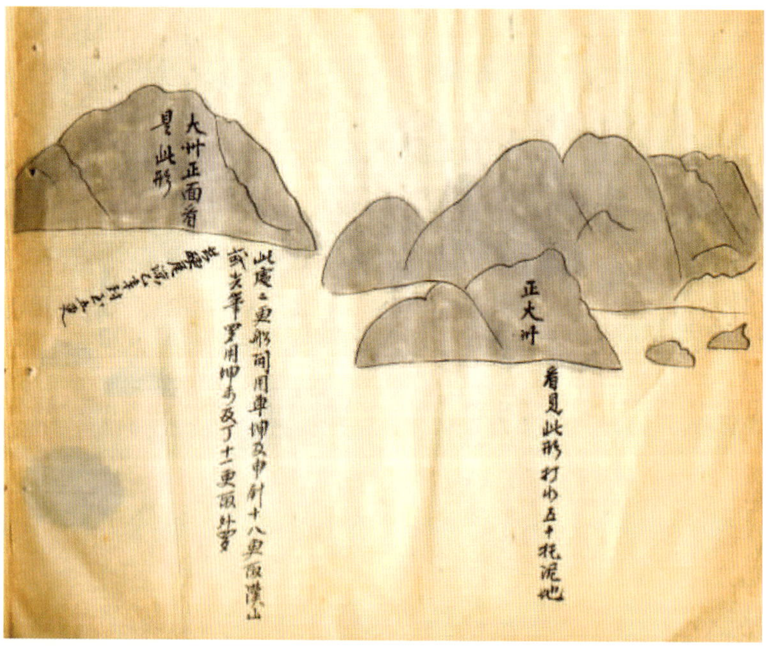

《清代東南洋航海圖》八十八（20）

*硬尾：[東]此處生向東北些。[西]此處些須打湧，周圍不見有石出水。[南]從此不知生至何處止，上桅頂看亦不見。

岸[崖]州大山：內面有大山，帶至陵水，不能盡畫。

用單艮見此形。若到此處，船身開了，急用單亥駛停，約丸內有一更船開，或更半開，可用乾亥一更，又用壬子三更，再用子癸三更、丑癸五更、單丑五更、單艮五更、艮寅一更、單艮三更，見弓鞋。丸內一更開，共廿六更。硬尾至弓鞋，量駛，直不過廿一二更遠，在此時硬尾後駛停，又駛開，故有記廿六更。

船回塘，若見此形，丸內有三更，開可用甲寅駛開崖州尾，初見時有五[個]六個尖筆，南頭一嶼子，員。

此處丸內山是跤趾洋，打水一百餘托，便是倚近崖州尾，用甲寅駛開，打水七十五托，即是正路。若貪東七更，便是干崖，可防之。

[原第19頁]

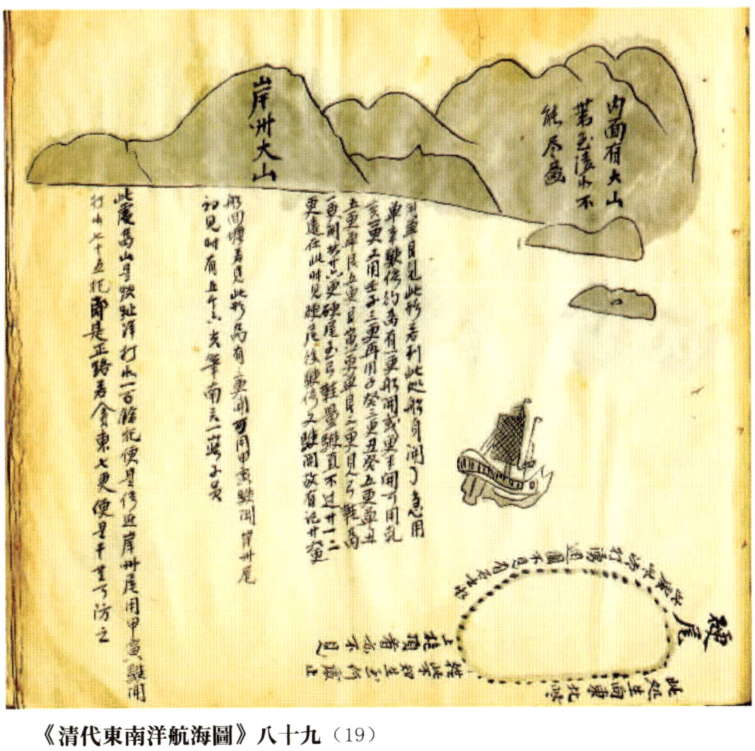


《清代東南洋航海圖》八十九（19）

*思客山一連不能盡畫。

限牖：[北]内面雖狹小，可過船。

限山：即漢山。[西]桃浪頭。

此處對南看，有門生對，西南看相連。

[原第18頁]

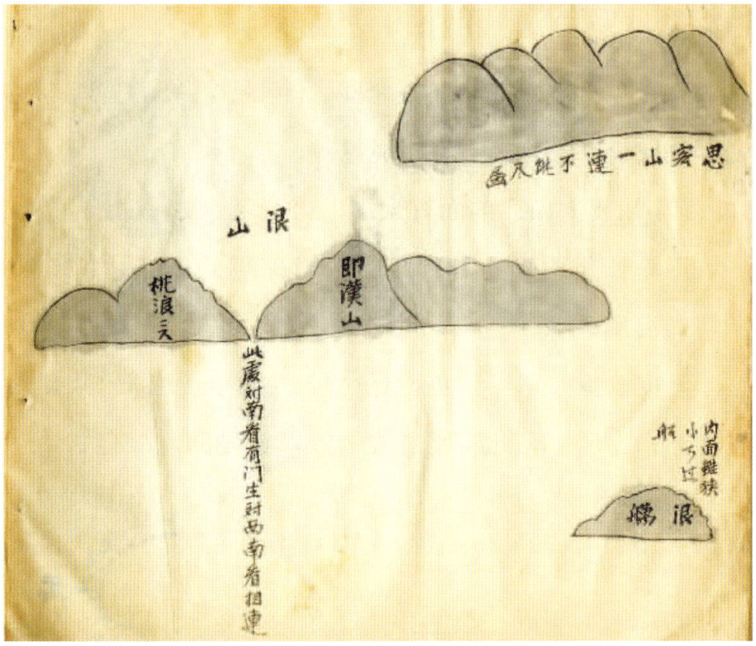


《清代東南洋航海圖》九十（18）

## [海南南岸至越南中部海岸間]

*萬里長沙。

尖筆羅：[東]船在北勢看出來是此形。南勢看有木印嶼，吞在尖筆羅山腳。

尖筆羅（東）（西）：對西南看上是此形。丸内有三四更遠，天時大明亮北見思客並限山，南有稟板大山亦見。

青嶼。

草嶼。

[原第17頁]

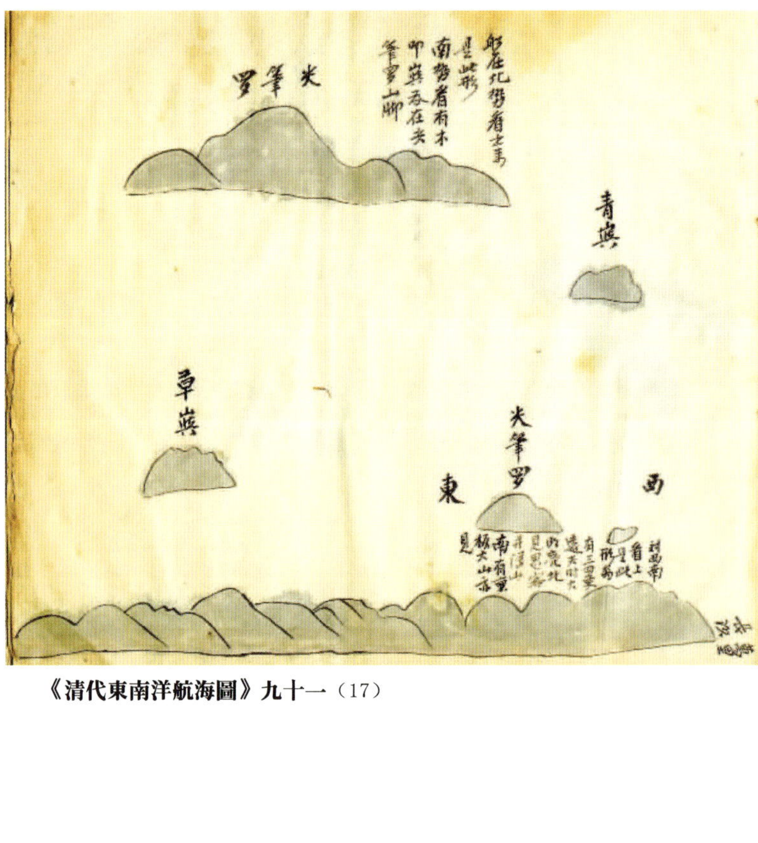


《清代東南洋航海圖》九十一（17）

《清代東南洋航海圖》九十二（16）

*外羅：東高，西低。

對乾亥看是此形。上下看差不多。對東西看相吞做一個。

外羅：船在草嶼外開，對東南看是此形。

外羅。

[原第16頁]

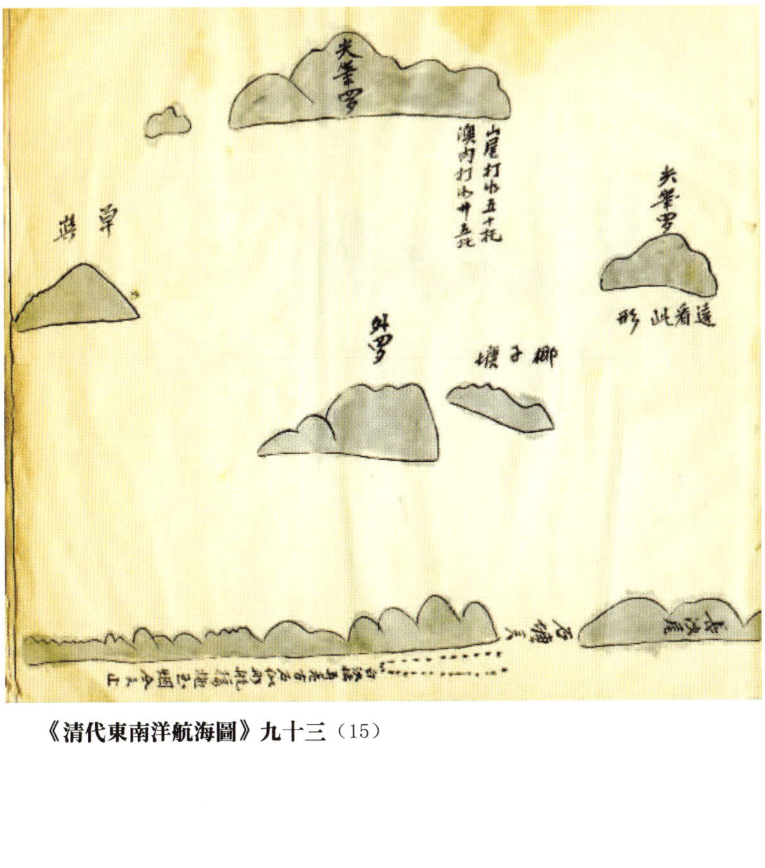


《清代東南洋航海圖》九十三（15）

*長沙尾，石塘頭：白沙壇並老古石，似船帆樣，拖至煙仝[筒]頭止。

尖筆羅：遠看此形。

尖筆羅：山尾打水五十托，澳內打水廿五托。

外羅。

草嶼。

椰子塘。

[原第15頁]

*外羅：東高西低，中間略尖峰，初見有門斷水，略近看做二山，看身看吞做一個。

[外羅]西：此處可拋船。此處有螺鬚，有老古打白。此處亦有老古石。

[外羅]東：[與]椰子塘[間]此可過船。

外羅一更外開，用丙午取跤枑外過。

[原第14頁]

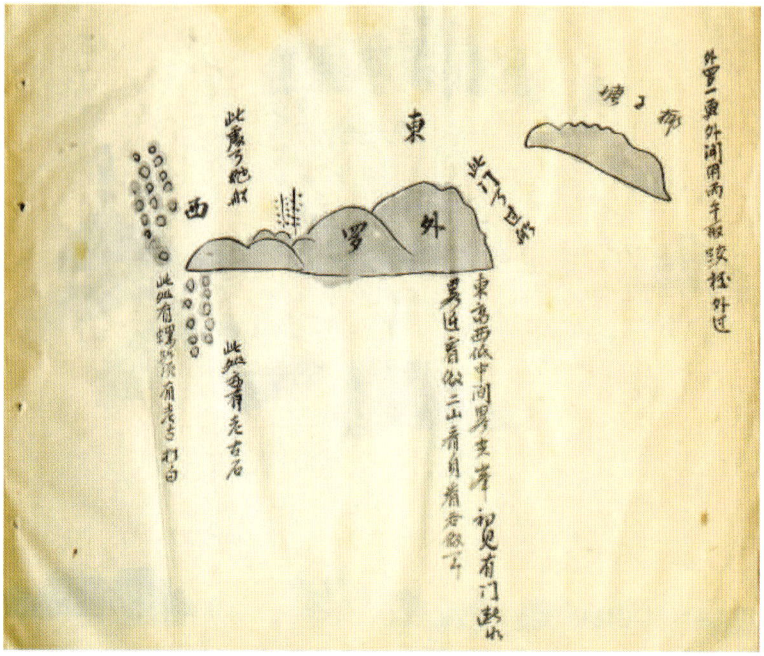

《清代東南洋航海圖》九十四（14）





*外羅：對中看此形。

外羅：船在上看下坤未位此形。

外羅對南看。

船在北勢丸內一大更開是此形，打水十七八托，近外羅有老古石，內門中打水四十五托，略粗沙地。

稾板。

珠窩：對西看是此形。

珠窩頭：共外[羅]乙辛、卯酉對，至外羅一更貪開。

[珠窩東]在此處半更開，要出上外羅，可用甲卯針駛開此處，打水卅五托，泥地。

[原第13頁]

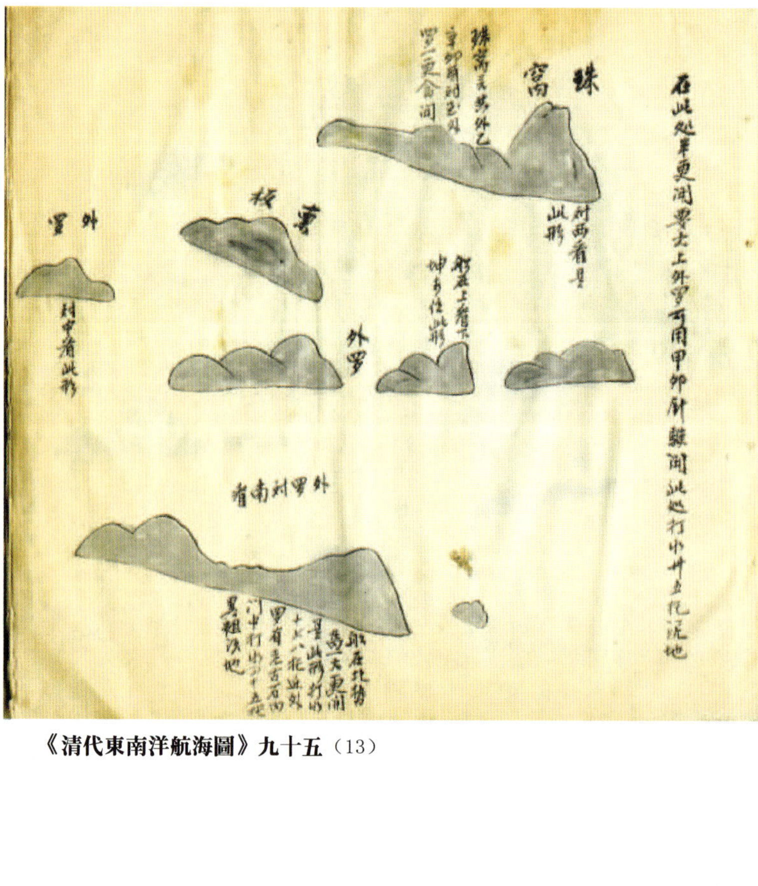

《清代東南洋航海圖》九十五（13）

*外羅遠駛過身吞過大山腳。

外羅正面：（東）（西）。

外羅：對東看是此形。

外羅（東）：此門遠看斷水，實不是斷水，係沙，西北相連。

外羅（西北）：對坤未看是形，船駛過身二更遠，內面大山還見。

外羅（西）：船在外羅下身有一更半遠，丸內大山有一更O開，單己風實寮食單甲駛開，看此山生在壬亥位，做二個斷水，丸內有二三分闊是此形。

椰子塘名外羅子，此門雖闊，不可過船，看有二分船闊，東係老古石，船在外畔齊身。丸內有六七分開，對甲庚、卯酉看是此形，天時大明亮見外畔山花赤色。

[原第12頁]

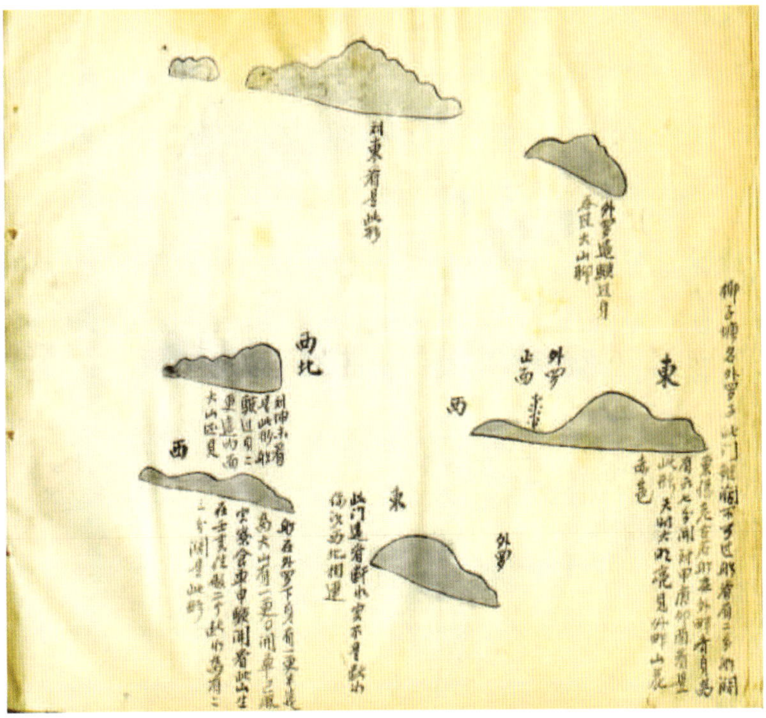


《清代東南洋航海圖》九十六（12）

*品關大山生帶鵝班：看似有港。

此鼻頭赤色。[南]此嶼子花赤色。

[原第11頁]





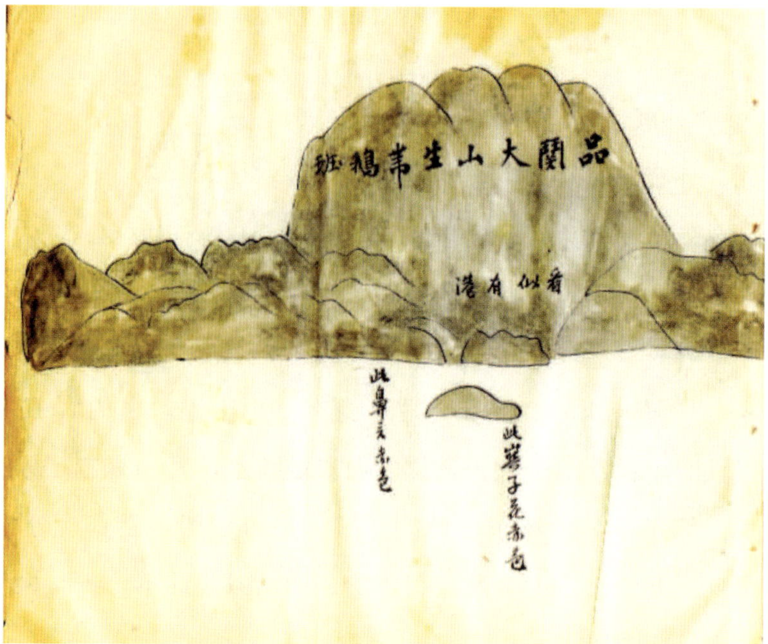


《清代東南洋航海圖》九十七（11）

## [越南 新州港外一帶]

*新州大山：此山生帶新州。

外山：順山尋港。此山係竹竿嶼，平平似堤樣，內打水十七八托，外打水卅托。內外具可行。下有羊角嶼，遠看似五六張船帆樣。

校杯：內打水十八托，外打水卅五托。近用丙巳開，用單丙五更取煙筒頭，又用午及丁三更，取大佛，送彩船。或煙筒送彩，回塘時在此處，一更開，用單子子癸七更，取外羅。

[原第10頁]

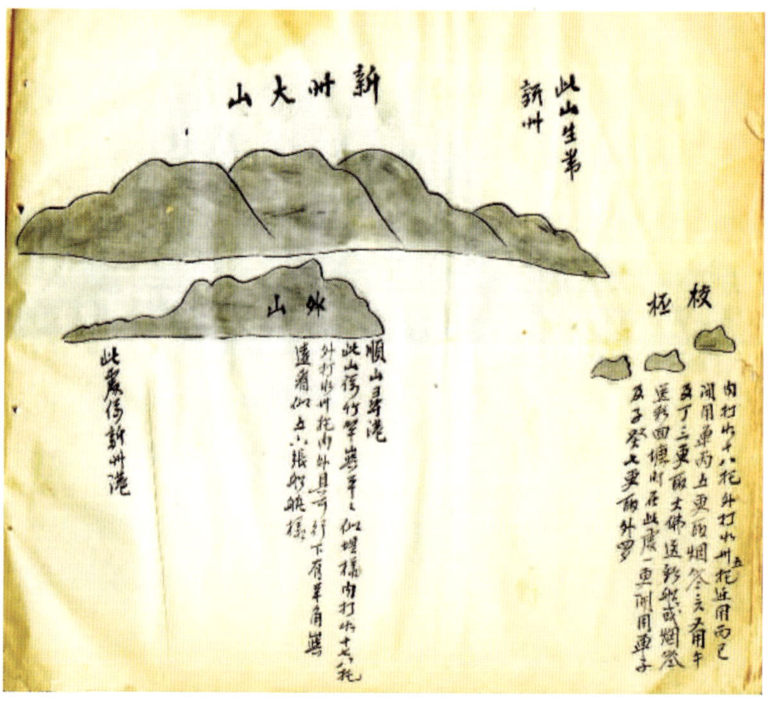


《清代東南洋航海圖》九十八（10）

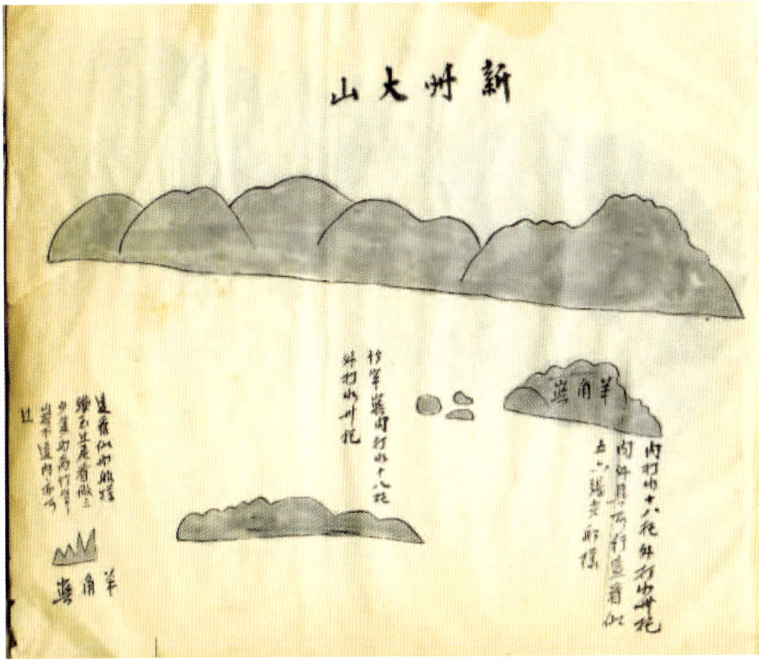


《清代東南洋航海圖》九十九（9）

*新州大山。

竹竿嶼內打水十八托，外打水卅托。

羊角嶼：[北]遠看似船帆樣，駛至過尾看做三四隻船。丸內竹竿嶼不遠內亦可過。

羊角嶼：內打水十八托，外打水卅托。內外具可行，遠看似五六張尖船樣。

[原第9頁]



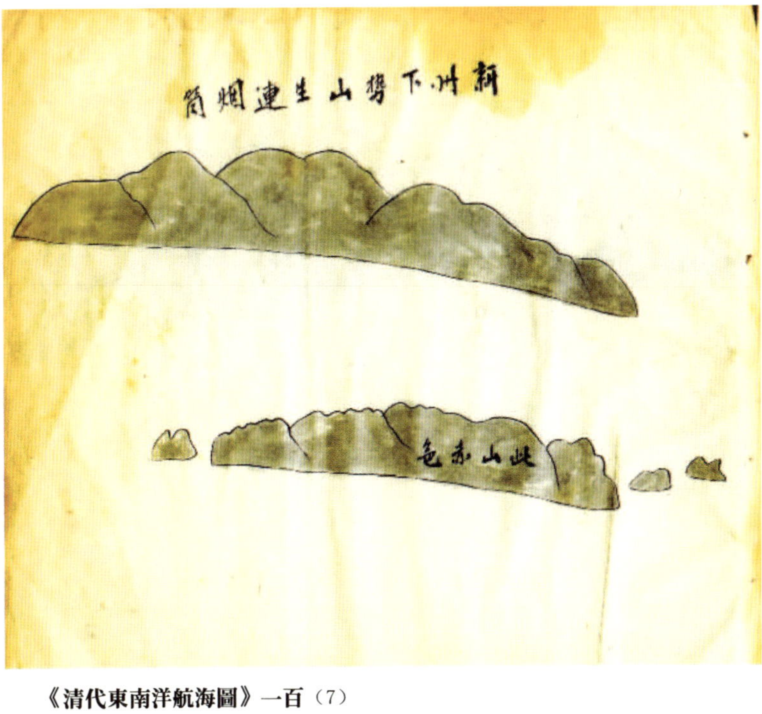


《清代東南洋航海圖》一百（7）

*新州下勢山，生連煙筒。

此山赤色。

[原第7頁]

*煙筒：上有煙筒，下有香爐嶼。

煙筒取校杙，用壬子過羊角嶼。

煙筒一更開，用丙午及丁午三更，取大佛。

[原第8頁]

《清代東南洋航海圖》一百零一（8）

*此煙筒尖甚易認。

大佛山前灣長，好抛船，打水卅托，往回祭獻放彩船。

大佛二更開，用丁午三更，取假倘僘。

[原第6頁]

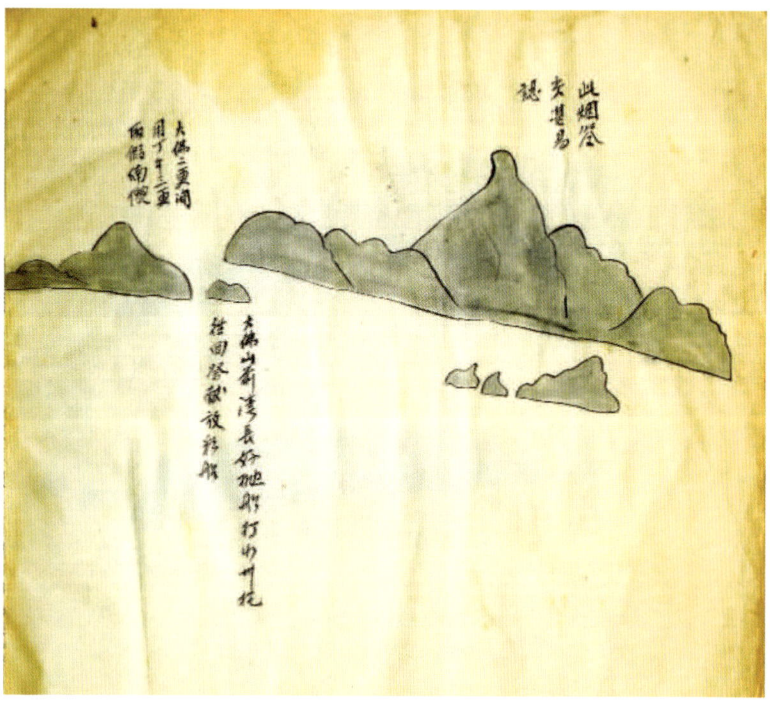

《清代東南洋航海圖》一百零二（6）

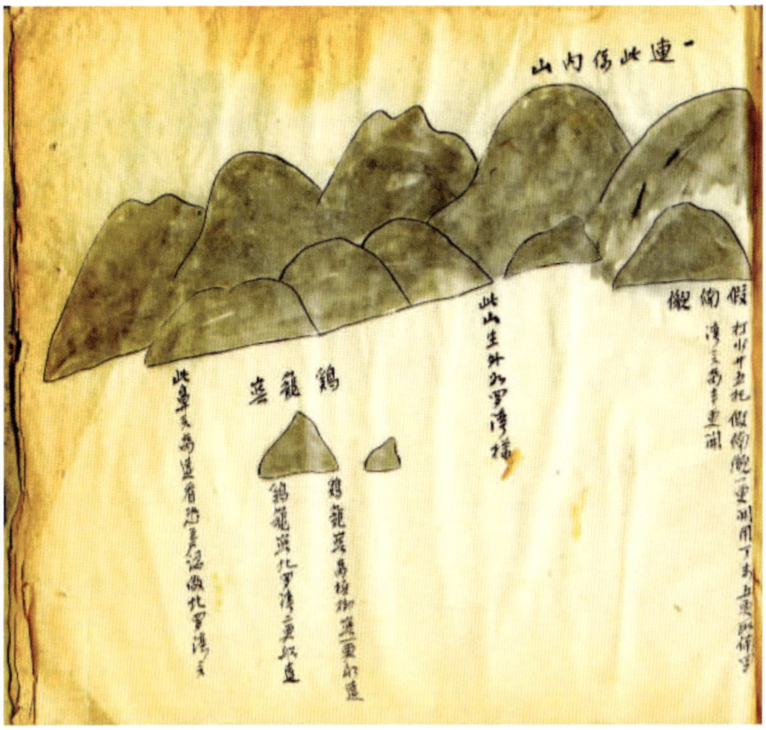


《清代東南洋航海圖》一百零三（5）

*假倆儭：此山生外，如羅灣樣。[北]一連此係內山。

[東南]打水廿五托。假倆儭一更開，用丁未五更，取南羅灣頭，丸內半更開。

[西南]此鼻頭丸內遠看，恐差認做北羅灣頭。

雞籠嶼：雞籠嶼丸內檳榔嶼一更船遠。

雞籠嶼 北羅灣二更船遠。

[原第5頁]

*內大山

[原第4頁]

《清代東南洋航海圖》一百零四（4）

**[越南東南岸外一帶]**

*檳榔嶼：此嶼丸內北羅灣一更船遠。

北羅灣：此鼻頭長，丸內遠看有拖尾。[北]此係內山，非大明亮看不見。

南羅灣：鼻頭員，無拖尾，船駛過尾見下畔有一嶼子吐出。

南羅灣丸內有二更船開，打水壹百餘托，近[玳瑁]州，打水廿五托，沙泥。

南羅灣二更，用坤未或單未三更，[玳瑁]州、[玳瑁]鴨當一斗[頭]，再用丙午一更過州外，又用單未三更取洞西外過，用坤未及單申十二更取大崑崙。

[原第3頁]

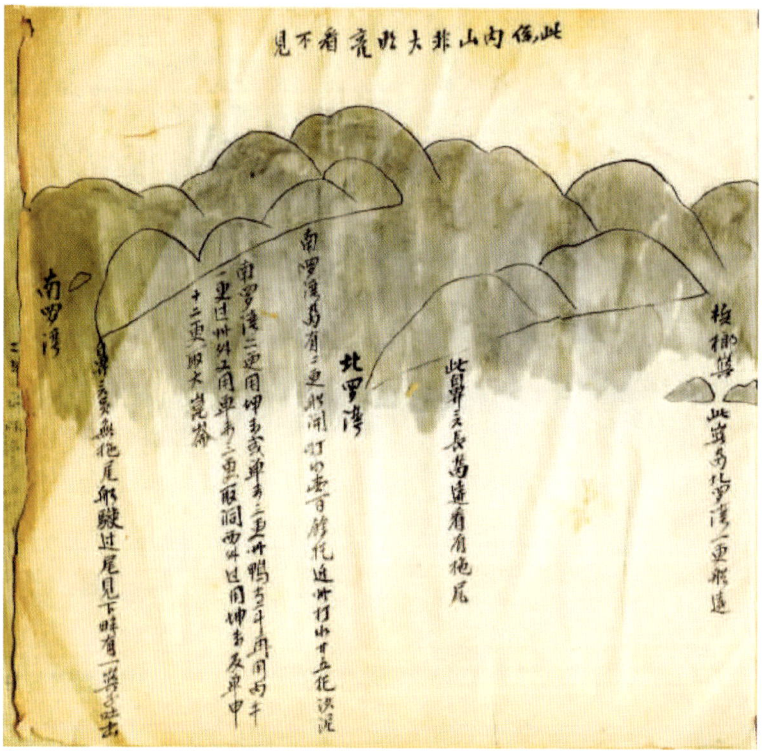


**《清代東南洋航海圖》一百零五**（3）

*尖[占]城大山往還獻祭媽祖。

二王三犇船在南羅灣七八分開，用單針到此檨枹。

赤坎頭：近山打水十五托，開水十八托。

[北]內山相燦，非大明亮看不見。

赤坎山平平赤色。

赤坎山平平生成堤，用坤未及單坤三更，取鶴頂。

[玳瑁]鴨（東）（西）[與玳瑁]州[間]：此門緊緩時可過船，流水甚急。

打水四托，此嶼子生丸內，鴨甚開，在夜時可防。

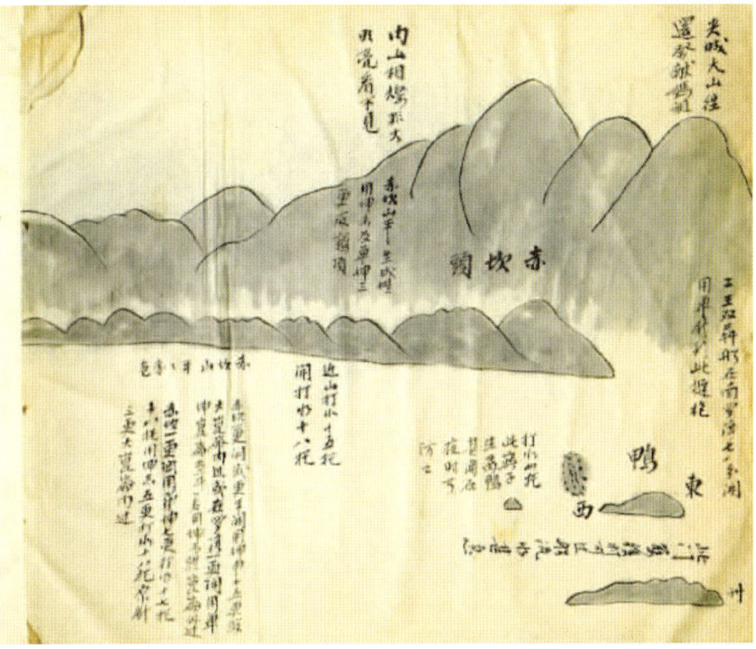


《清代東南洋航海圖》一百零六（2）

赤坎一更開，或更半開，用坤申十五更，取大崑崙內過。或在羅灣一更開，用單坤崑崙當一斗[頭]。若用坤未，從崑崙外過。

赤坎一更開，用單坤七更，打水十七托、十八托，用坤未五更，打水十八托，原針三更大崑崙內過。

[原第2頁]

*覆鼎：覆鼎一更開，用單申及坤些須三更，取鶴頂，船路冷，短短。

鶴頂：鶴頂七分開，將要看身有一淺，名曰鶴卵。船要往外任，如駛過覆鼎，可以避之，三更零開為妙。

[鶴頂]山還有石生開，諒還可行，打水廿五托，洋中打水七十托。

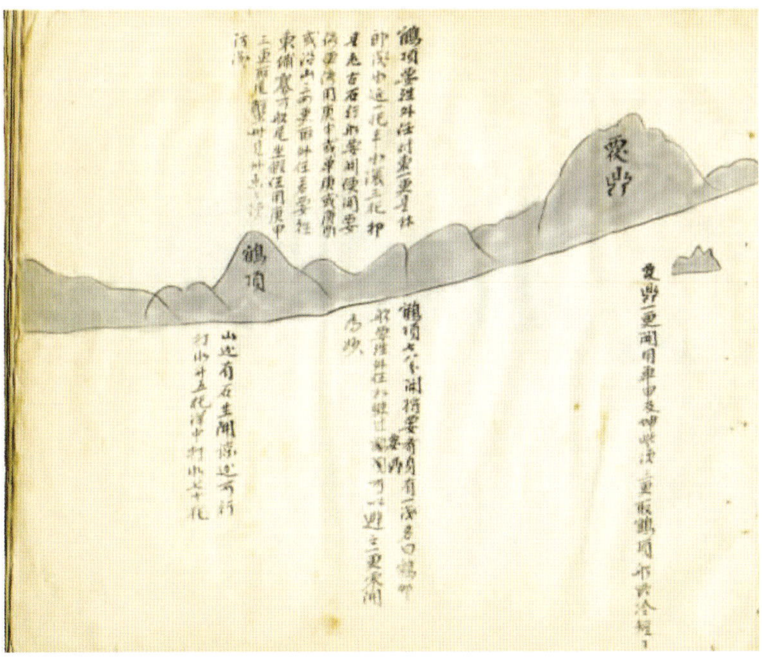


《清代東南洋航海圖》一百零七（79）

鶴頂要往外任，對東一更是林郎淺，水近一托半，水漲三托，即是老古石。行船要開便開，要停便停。用庚申或單庚或庚酉，或沿山三四更，取外任。若要往柬埔寨，可船尾坐假任，用庚申三更，取尾[毛]蟹州，見州點點須防淺。

[原第79頁]

*此大山生在海墘，不知何名：外嗎嘹。

[原第78頁]

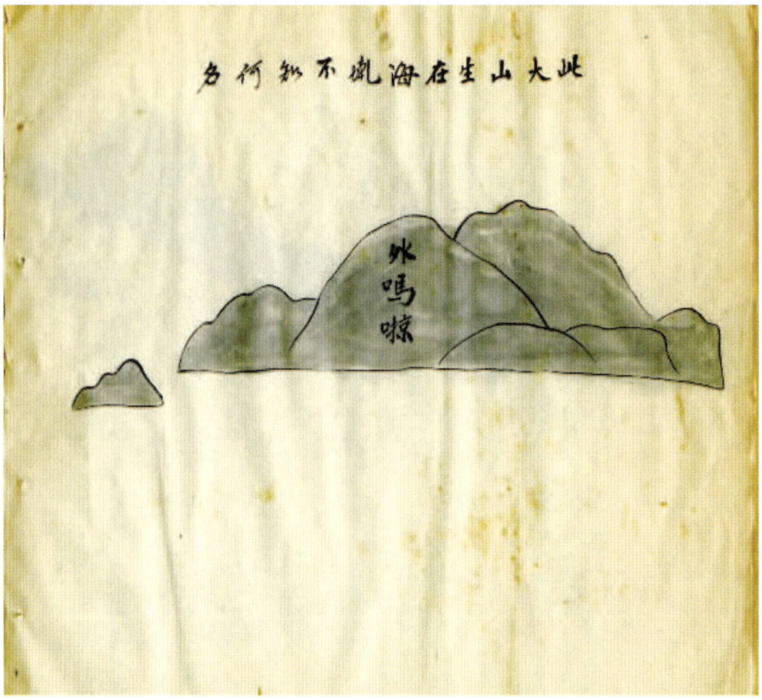


《清代東南洋航海圖》一百零八（78）

**[越南 崑崙島一帶]**

*崑崙長有二更。東北。

崑崙：崑崙遠看有三門，內過打水十八托，外過打水廿五托。有小嶼三個，北勢一個似弓鞋樣。南勢有檳榔嶼，生開有尖嘴嶼，港口內打水四十五托，具可過船。

崑崙：中央用庚酉三更，去小崑崙。若在東勢頭，用庚酉小崑崙，不見。

[原第77頁]

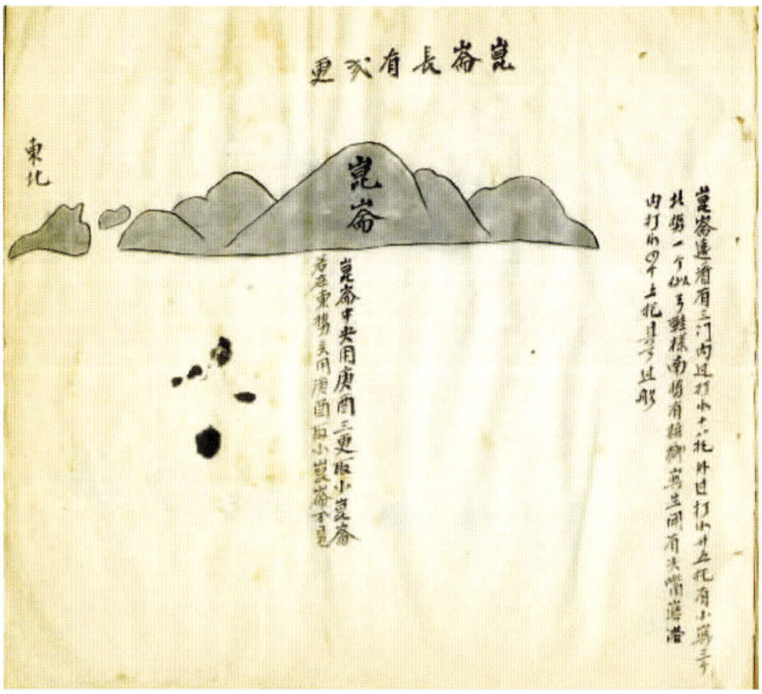


《清代東南洋航海圖》一百零九（77）

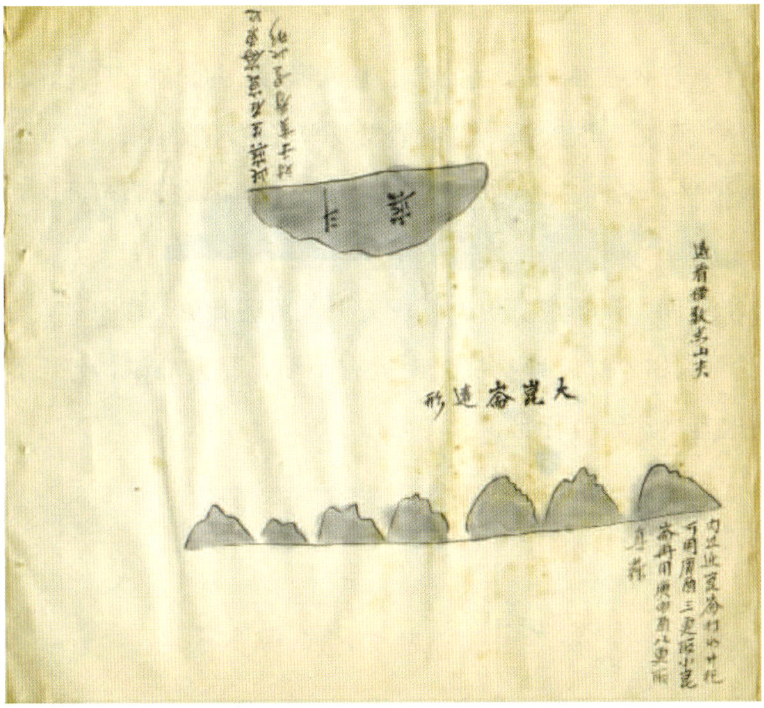


《清代東南洋航海圖》一百一十（76）

*斗嶼：此嶼生在崑崙東邊，對壬亥看是此形。

大崑崙遠形：遠看僅數點山尖。

內過近崑崙，打水廿托，可用庚酉三更，取小崑崙。再用庚申酉八更，取真蓀。

[原第76頁]

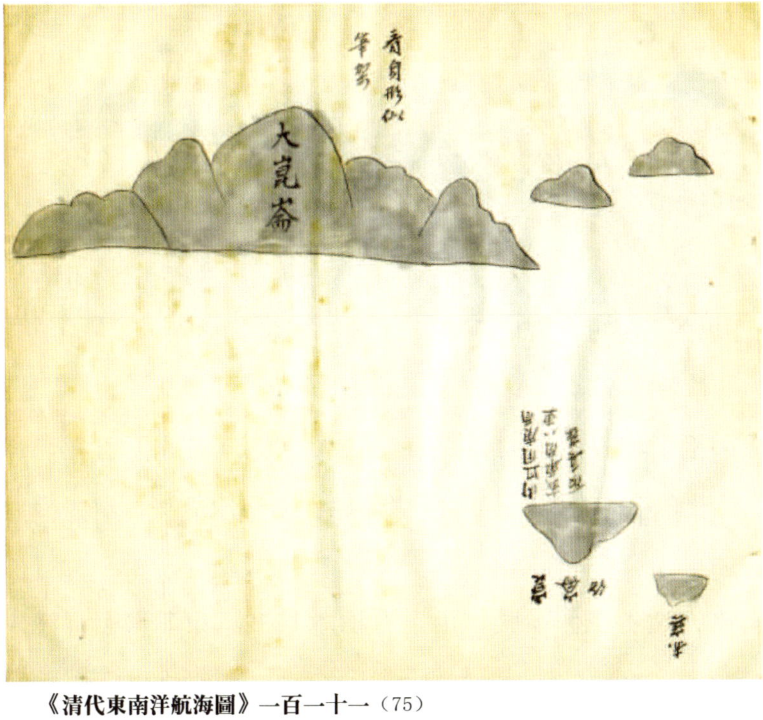


《清代東南洋航海圖》一百一十一（75）

*大崑崙：看自身似筆架。

崑崙仔：內過用庚酉或單酉八更，取真蓀。

[崑崙仔西]赤嶼。

[原第75頁]

## [越南、柬埔寨西南岸外]

*真蒣遠形：略遠看此形。真蒣做三個斷水是此形。內可過船，打水十四托，爛地。外打水卅四托，沙地。用辛戌十更，取大横。又用單戌及辛五更，取小横。

真蒣外畔東南畔有礁一個平平，名曰三板礁。丸內山有二三分開，行船至此，可開些防之。

真蒣：略遠看此形。真蒣半更開，用單戌五更、乾戌五更、單乾廿更，取筆架。

假蒣：假蒣遠看做三個小嶼，如象蚌、坤身樣。南近有小嶼，是紅石礁，停上是爛塗尾，坤身尾有一小港，北邊有淺，不可行船。

[原第74頁]

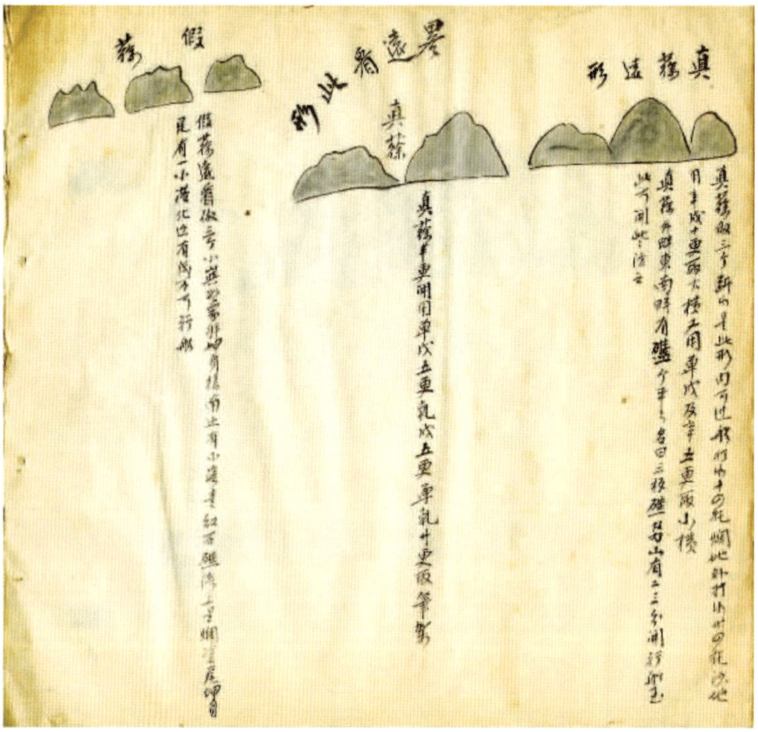


《清代東南洋航海圖》一百一十二（74）

*大横共小横辰戌對，至五更冷，短短。東低西高，遠看三個長腰嘴。

大横：東低。西高。大横二頭看差不多。

大横：東低。西高。大横山平平，東頭有大嶼，開門流水甚緊， 打水廿五托，係正路。內打水十六托，洋中打水卅五托，泥地。其形似枕頭樣，用辛戌五更，取小横。大横山有樹木甚多。

小横：小横有門，門中有礁，遠看三個斷腰。山上有樹木甚多。東北邊有長淺礁仔，知防之。

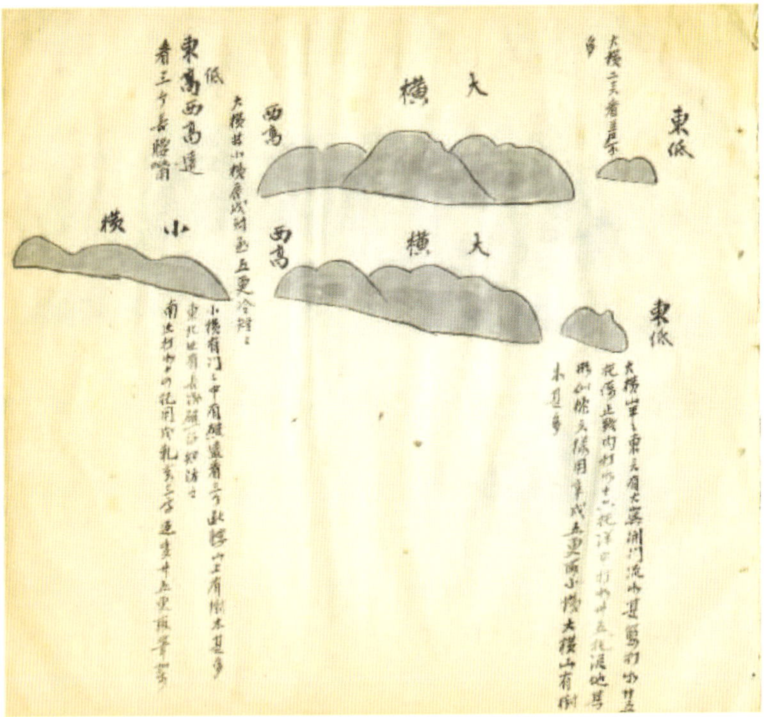


《清代東南洋航海圖》一百一十三（73）

南邊打水十四托，用戌乾亥三字返變，廿五更取筆架。

[原第73頁]

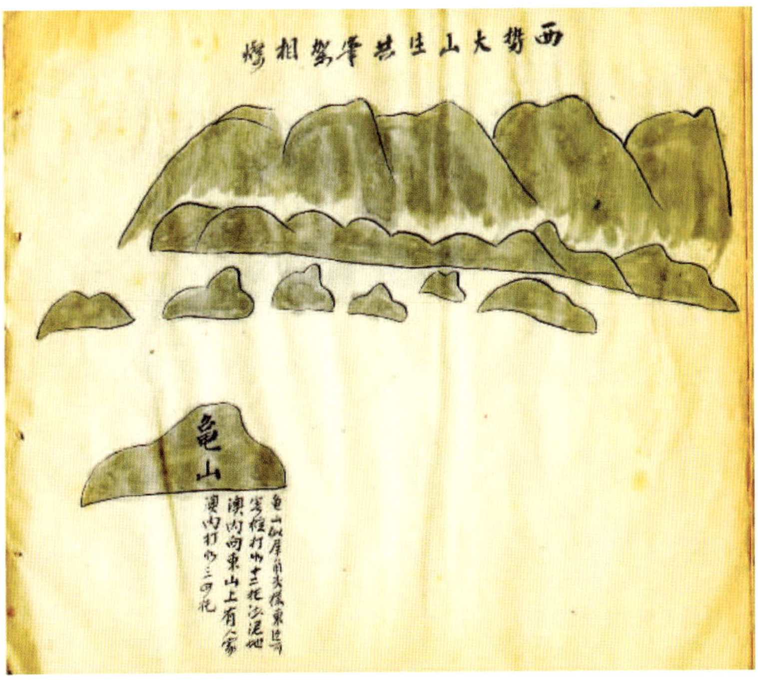


《清代東南洋航海圖》一百一十四（72）

*龜山：龜山似犀角尖樣，東邊可寄椗，打水十二托，沙泥地。澳內向東，山上有人家。澳內打水三四托。

西勢大山生共筆架相燦。

[原第72頁]

*筆架。

筆架：看有嶼在東勢，停山邊。筆架山尖峰似筆架樣，坤身打水十二托，開勢打水廿五托，用壬子五更，取陳公嶼。

[原第71頁]

《清代東南洋航海圖》一百一十五（71）

*筆架：筆架共東勢淺門，寅申有貪艮坤相對至三更。

又共陳公嶼壬丙有貪己亥些須。

筆架前，打水四十托。

西勢山有尖峰。

內勢大山。

[原第70頁]

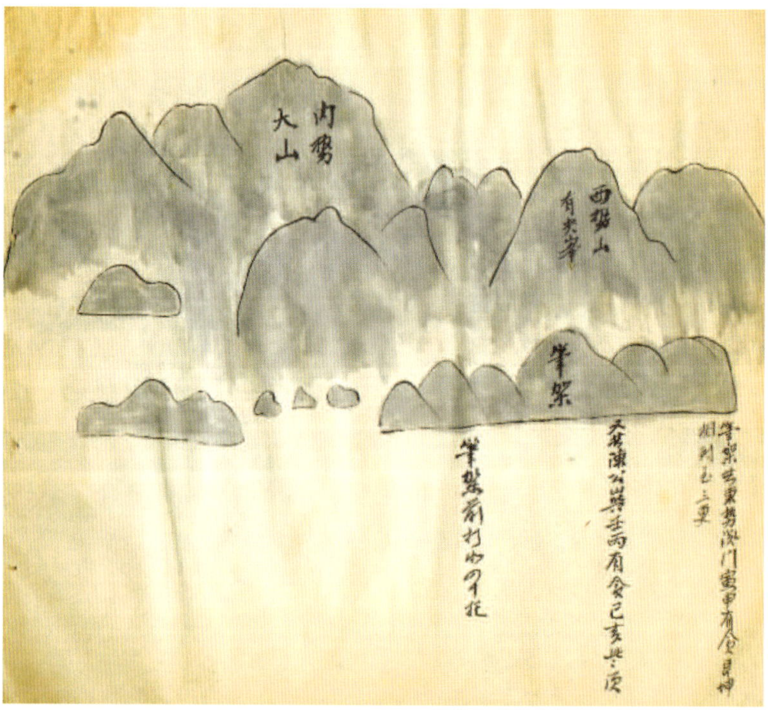


《清代東南洋航海圖》一百一十六（70）

《清代東南洋航海圖》一百一十七（69）

*此一連山係筆架身上內勢大山，打水十八托。共筆架山子午仝坐。

[原第69頁]

《清代東南洋航海圖》一百一十八（68）

*此係內山不知何名。

[原第68頁]

**[暹羅灣及沿岸一帶]**

*陳公嶼。

陳公嶼：[南]臭犀角。

陳公嶼：此嶼赤白色。

陳公嶼：即無好面。陳公嶼共東勢淺門卯酉對，又共竹嶼子午對。

東勢山平平，無尖峰，打水十四托。

[原第67頁]

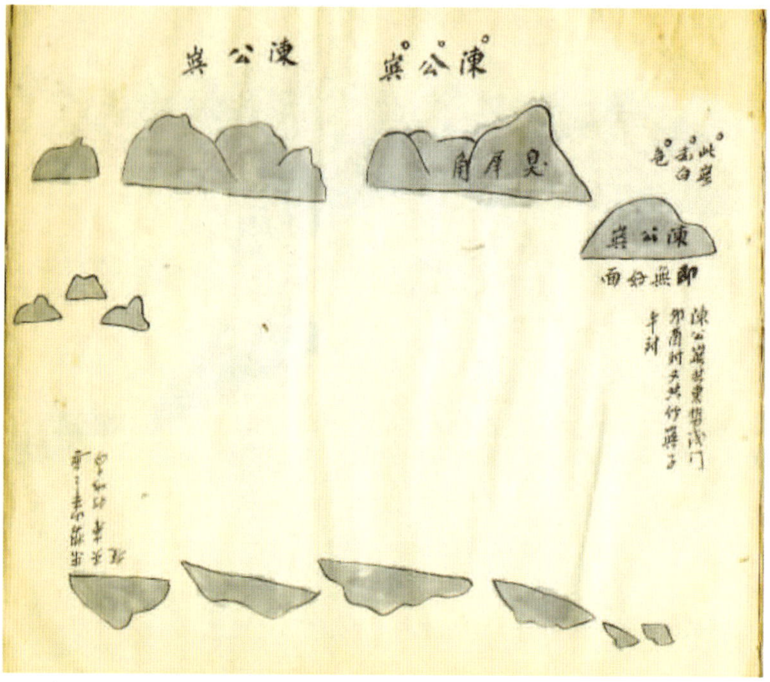


《清代東南洋航海圖》一百一十九（67）

*陳公嶼：此嶼赤色。

看斷水，見東勢山平平，丸內有三更遠，連至竹嶼。

[原第66頁]

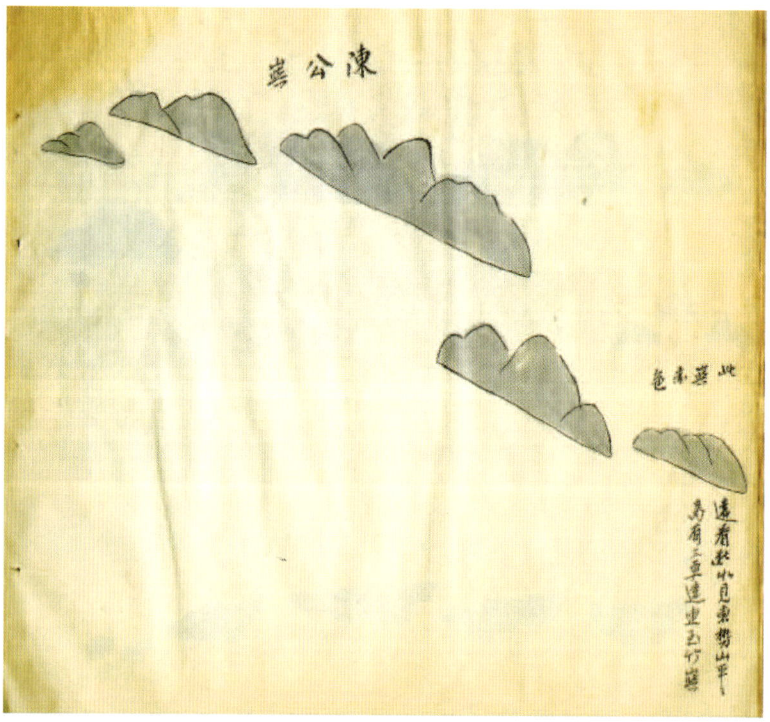


《清代東南洋航海圖》一百二十（66）

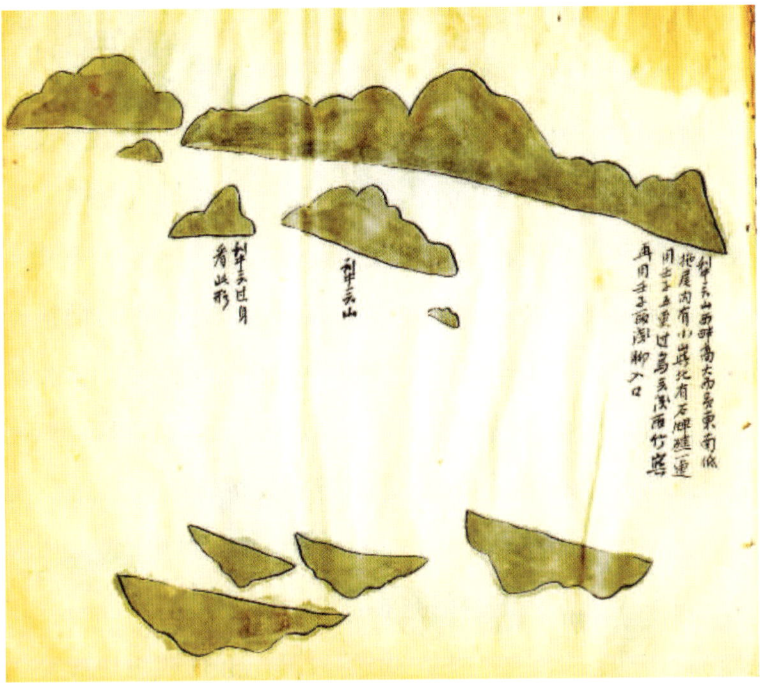

《清代東南洋航海圖》一百二十一（65）

*犁頭山：犁頭過身看此形。

犁頭山西畔高大而員，東南低。拖尾內有小嶼，北有石牌礁一連。用壬子五更，過烏頭淺，取竹嶼，再用壬子取淺腳入口。

[原第65頁]

《清代東南洋航海圖》一百二十二（64）

*望高山：此山生有黑白可認。

船至望高山，打水九托、八托，不開不停。西勢一連大山，係巽生過乾亥，大小山嶼重重疊疊，不知何名。西北尾有個小嶼生員員。天時明亮見東勢山，是萬佛稅。山後看去生橫，東北邊是竹竿嶼，生連萬佛稅。

[原第64頁]

# 李鼎元《使琉球記》中的針路

**【引書舉要】**

[清]李鼎元（1750—1805）於嘉慶五年（1800），以副使身分隨同正使趙文楷出使琉球。使團在是年五月初七日出五虎門，十二日進那霸港，十月二十日揚帆返航，十一月初二入五虎門。歸著《使琉球記》。

該書成於嘉慶七年（1802）。本書所引據北京圖書館出版社2002年《國家圖書館藏琉球資料續編（上冊）》的光緒間上海著易堂鉛印版重刊本。

[清]李鼎元《使琉球記》書影

[嘉慶五年（1800）五月]初七日（戊子），晴，無風……午刻，開洋。

舊例，洗砲應在五虎門內，因聞有賊，故令出口再洗，藉以壯聲勢、懾賊膽。丁未風，乘潮出五虎門。日入，過官塘。越進士門，水淺，起柁尺許，乃過。亦竟不見賊，隨遣護送船回。封舟無玻璃漏，前經屢飭海防同知備辦，亦置不理。至是，舟人以香代，具文而已。入夜，接封大夫梁煥率其國“夥長”二人主鍼，目不能瞬，與柁工相依為命。午風，單辰針，計行船五更。

初八日（己丑），晴。午風大。日出無甚異，所謂“不識廬山真面目，只緣身在此山中”也。黎明，有二白鳥繞船而飛。午刻，丁風，仍用辰鍼，計行四更。申刻，過米糠洋。璇皆圓，波浪密而細，如初篩之米，點點零落。“米糠”字，極有形容。日落，計又行三更。船“夥長”云：“雞籠山、花瓶嶼去船遠，不應見。”是夜，用乙辰針，行船六更。舟中吐者甚多；余日坐將臺，初不覺險，飲食如常。

初九日（庚寅），晴。卯刻，見彭家山，山列三峰，東高而西下。計自開洋，行船十六更矣。由山北過船。辰刻，轉丁未風，用單乙鍼，行十更船。申正，見釣魚臺，三峰離立如筆架，皆石骨。惟時水天一色，舟平而駛；有白鳥無數繞船而送，不知所自來。入夜，星影橫斜，月色破碎，海面盡作火焰，浮沉出沒。木華《海賦》所謂“陰火潛然”者也。舟人廩祭黑水溝。按汪舟次《雜錄》：“過黑水溝，投生羊、豕以祭，且威以兵。”今開洋已三日，莫知溝所。琉球“夥長”云：伊等往來不知有黑溝，但望見釣魚臺，即酬神以祭海。隨令投生羊、豕，焚帛、奠酒以祭，無所用兵。連日見二號船在前，約去數十里。

初十日（辛卯），晴。丁未風，仍用單乙鍼。東方黑雲蔽日，水面白鳥無數。計彭家至此，行船十四更。辰正，見赤尾嶼。嶼方而赤，東西凸而中凹，凹中又有小峰二。船從山北過。有大魚二，夾舟行，不見首尾，脊黑而微綠，如十圍枯木附於舟側，舟人舉酒相慶。巳刻，微雨從南來：雷一發，雨倏止。午刻，大雨；雷以震，風轉東北。柁無主，舟轉側，甚危。接封大夫梁煥請曰："水井漏，淡水將竭；如此風不止，當乘風回五虎門，再圖風利。"余聞大魚夾舟，若有神助，行海最吉；因令人視大魚，尚附舟未去。意者風暴將起，魚先來護舟。因與介山潛焚藏香，跪禱於天后曰："使者聞命，有進無退；家貧親老，志在蕆事速歸！神能轉風，當籲請於皇上加封神之父母。鼎元自元旦發願，時刻不忘，想蒙神鑒！"禱畢，不半刻，霹靂一聲，風雨頓止。申刻，風轉西南，且大，合舟之人舉手加額，共歎神力感應如響。是夜，行六更，仍用單乙鍼。

十一日（壬辰），陰。丁未風，仍用單乙鍼。計赤尾嶼至此，行十四更船。午刻，見姑米山。山共八嶺，嶺各一二峰，或斷或續，舟中人歡聲沸海。未刻，大風，暴雨如注。俗傳十一日為天帝龍王朝玉皇之期，又十三為關帝颶。發於前後三日，殆其驗也；然雨雖暴而風順。酉刻，舟已近山，計又行五更船。球人以姑米多礁，黑夜不敢進，待明而行，亦不下椗，但將篷收回，順風而立，則舟蕩漾而不能進退。初使風時，各篷再加插花褲，大篷更加頭巾頂，皆以布為之。插花附於篷側、頭巾附於桅梢，至此盡落之，惟大篷不落。海舟所恃，惟柁與篷。落篷下椗，舟行最忌。戌刻，舟中舉號火，姑米山有火應之。問知為球人暗令，日則放炮、夜則舉火，"儀注"所謂"得信"者，此也。丑刻，有小船來引導；乃放舟由山南行，始用乙卯鍼。

十二日（癸巳），晴。辰刻，過馬齒山。山如犬牙相錯，四峰離立，若馬行空。計又行七更，船再用甲寅鍼，取那霸港。回望，見迎封船在後，共相慶幸。考歷來鍼路所見，尚有小琉球、雞籠山、黃麻嶼，此行俱未見。問知琉球"夥長"，年已六十，往來海面八次，每度細審得其準的，以為不出辰、卯二位，而乙卯位、單乙鍼尤多。故此次最為簡捷，而所見亦僅三山，即至姑米。鍼則開洋用單辰，行七更後用乙辰。自後盡用乙，過姑米乃用乙卯。惟紀更以香，殊難為據。念五虎門至官塘，里有定數。因就時辰表按時紀里，每時約行百有十里。自初九日未時開洋、訖十二日辰時，計共五十八時。初十日暴風停兩時、十一日夜畏觸礁停三時，實行五十三時：計程應得五千八百三十里，計到那霸港實洋面六千里有奇。

…………

[十月]二十四日（癸酉），晴。北風少平，促"夥長"出洋。對以"風信未定"。余曰："風信定，能無變乎？可行，則行！"介山曰："姑候之！"遂止。

二十五日（甲戌），晴。北風如故，決令開帆，介山亦以為然；遂於巳刻解纜。

子丑風，用辛鍼。酉刻，過姑米山。終日峭帆，舟轉駛，微側而震，有吐者。余仍日坐將台，飲食如故。《志略》云："洋鳥止則浮窠水面，飛則銜窠而起。"來時見白鳥飛，未見銜窠。至是，舟行竟日無一鳥，豈歸路無山，遂無鳥邪！視海面深黑，天水遙接，豈即所謂"黑溝"邪！抑來者皆耳食，未敢親視，遂妄生奇議邪！是皆未可知。以余目擊，固無他異。

二十六日（乙亥），晴。風與鍼如故。巳刻，轉寅卯風，仍用辛鍼。翁爹暴，不應。

二十七日（丙子），晴。辰刻，轉巳卯風。午刻，轉辰卯風，鍼皆如故。戌刻，風止。余已臥，聞譁聲，披衣起，禱於天后。漸復辰卯風，鍼仍如故。是日，是東府君朝玉皇暴，不應。遙望二號船在北，相去數十里。琉球兩船未知前後，令鵶班登桅望之，亦不見。





二十八日（丁丑），晴。寅刻，風轉辰巳，舟不能行。急於焚藏香，禱於天后。辰刻，風轉子丑而微，仍用辛鍼。未刻，霧大起。"夥長"云："宜一見山。恐夜暴，舟逼山！"心甚憂之。自二十六至此，日有大魚挾舟。

二十九日（戊寅），辰卯風微，大霧，鍼如故。巳刻，稍霽。見溫州南杞山，舟人大喜。少頃，見北杞山……[遇賊船數一隻，奮力擊退賊船。]

十一月朔日（己卯），陰。夢中聞舟人譁曰："到官塘矣！"驚起，介山、從客皆一夜不眠，語余曰："險至此，服汝能睡。設葬魚腹，亦為糊塗鬼矣！"余曰："險奈何？"介山曰："上則九天，下則九地，聲如轉水車、鋸濕木，時復瘧顫；每側，則篷皆臥水。一浪蓋船，則船身入水，惟聞瀑布聲垂流不息。其不覆者幸耳！"余曰："脫覆，君等能免之乎！余樂拾得一覺，又忘其險，余幸矣！"介山乃大笑。盥後，登戰台視之，前後十餘灶皆沒，船面無一物，爨火斷矣。舟人指曰："前即定海，可無慮！"申刻，乃得泊。總兵何定江來，云奉制軍命迎護，余笑謝之。因語以北杞之戰，定江惶悚失措。余曰："餒矣！他事且緩商。"遂令船戶登岸購米、薪，乃得食，是日，二號船先至；琉球頭號船，三更亦至。

初二日（庚辰），晴。總兵倪定德來，始知七月間神風暴起，擊碎艇船百餘隻，並沒海賊蔡謙船四十餘隻。皇上遣發藏香恭祭天后，並有廷寄令致祭官默祝臣等封舟早得回閩。天恩優渥、天后效靈，十月回舟，六日抵閩，去來如出一轍：實從來封舟所未有。是皆我皇上福大如天、恩深似海，故能海若效順，風暴不驚。聞命自天，感激無地！巳刻，入五虎門，至怡山院。

——[清]李鼎元《使琉球記》

# 齊鯤、費錫章《續琉球國志畧》中的針路

臣等謹按：琉球入貢，自察度始（明 洪武五年）；受封，自武寧始（永樂二年）。前明貢無定期，或一歲兩進，或五歲一進。

冊，本朝定例，二年一貢。該國王遵行，世不失職。

封，自康熙二年，至今凡六次。其在乾隆二十一年以前者已詳前志。茲謹錄乾隆二十二年尚穆受封以來如左：

乾隆二十二年[1757]丁丑春，王尚穆遣陪臣向全才、阮超羣表貢方物。

臣等謹按：此係丙子年正貢，例以上歲冬進。據《琉球世統》云：以海風不順，是以踰年。臣等又按：琉球貢使，俱用耳目官一員、正議大夫副之；謝封，則王舅、法司、紫金大夫等官。

二十三年，戊寅，冬，王尚穆遣陪臣毛世俊、鄭士綽表貢方物，並遣官生梁允治、蔡世昌、鄭孝德、金型四人入監讀書。金型、梁允治未幾病故，恩賞銀各三百兩，交毛世俊帶回養贍其家，仍將貢物留作庚辰年正貢。其庚辰年應進表文，行令於壬午年應貢之期一同恭進。以丁丑春，王尚穆遣馬秉哲、鄭宣哲隨使臣全魁等恭進謝冊封，並貢方物。奉旨：以進到貢物，准作戊寅年正貢也。

二十七年，壬午，冬，王尚穆遣陪臣馬國器、梁煌表貢方物。官生鄭孝德、蔡世昌隨同歸國。

臣等謹按：向例，禁蠶絲出洋。至是，尚穆附請，以本國仰賴內地絲絹為冠服之用，陳請購買。經部議准，歲買土絲五千觔、湖絲三千觔。嗣尚穆又以准買絲觔，未有綢緞字様，於此年再行陳請。復經部議准，原定絲觔八千觔之內，量買綢緞。於是該國織紝有資國用，足備衣裳、冠帶等威秩如一，洗從前之簡陋矣。

二十九年，甲申，冬，王尚穆遣陪臣向廷器、鄭秉和表貢方物，並謝官生讀書歸國，加進布一百疋、屏紙五千張。

**【引書舉要】**

［清］齊鯤以翰林院編修正使，與副使工科給事中費錫章，於嘉慶十三年（1808）使琉球，歸著《續琉球國志畧》。該書有清嘉慶間武英殿刊聚珍本（國立故宮博物院圖書文獻處藏）。另日本京都大學人文科學研究所也藏有武英殿木活字本。本書所引據沖繩縣立圖書館昭和五十三年的嘉慶間內府刊聚眞本影印本。另可參見：http://zh.wikisource.org/zh-hant/續琉球國志略_（齊鯤、費錫章）卷二；http://zh.wikisource.org/zh-hant/續琉球國志略_（齊鯤、費錫章）卷三。

［清］齊鯤《續琉球國志畧》書影

三十一年，丙戌，冬，王尚穆遣陪臣何必振、阮大鼎表貢方物。阮大鼎至山東 德州病卒。

三十三年，戊子，冬，王尚穆遣陪臣毛德儀、毛維基表貢方物。

三十五年，庚寅，冬，王尚穆遣陪臣毛自煥、魏獻蘭表貢方物。

三十七年，壬辰，冬，王尚穆遣陪臣向宣謨、毛景晟表貢方物。

三十九年，甲午，冬，王尚穆遣陪臣向崇猷、蔡懿表貢方物。蔡懿至閩病卒。

四十一年，丙申，冬，王尚穆遣陪臣翁崇基、鄭鴻勛表貢方物。

四十三年，戊戌，冬，王尚穆遣陪臣金有華、蔡煥表貢方物。蔡煥至福建 浦城縣病卒。

四十五年，庚子，冬，王尚穆遣陪臣向翼、毛景昌表貢方物。常例外，加賞緞二十疋、硯二方、玉器五件、玻璃器十件、甆器一百件。

四十七年，壬寅，冬，王尚穆遣陪臣毛廷棟、蔡世昌表貢方物。

四十九年，甲辰，冬，王尚穆遣陪臣向猷、毛景裕表貢方物。常例外，加賞御書匾額、如意一柄、玻璃器四件、甆器四件、絹箋四卷、硯二方、筆二匣、洋磁琺瑯合四件、雕漆盤四件、玉器二件。

五十一年，丙午，冬，王尚穆遣陪臣翁秉議、阮廷寶表貢方物。

五十三年，戊申，冬，王尚穆遣陪臣向處中、鄭永功表貢方物，並謝賜御書匾額。常例外，特賜平定金川圖五十張，加賞御筆福字一幅、玉如意一柄、玉器二件、磁器四件、玻璃器四件、硯二方、筆三匣、墨三匣、絹箋四卷、福字方一百幅、雕漆盤四件。

五十五年，庚戌，冬，王尚穆遣陪臣馬繼謨、陳天龍表貢方物。常例外，加賞大緞二疋、福字方一百幅、絹箋四卷、雕漆盤四件、筆四匣、墨四匣、硯二方。

五十七年，壬子，冬，王尚穆遣陪臣毛國棟、毛廷柱表貢方物。常例外，加賞大緞二疋、福字方一百幅、雕漆器四件、絹箋四卷、墨四匣、筆四匣、硯二方。

五十九年[1794]，甲寅，四月，王尚穆卒，王世孫尚溫權國事，遣陪臣向文鳳、鄭作霖表貢方物，並遣鄭國樞告哀。福建巡撫浦霖以聞。

嘉慶元年[1796]，丙辰，冬，王世孫尚溫遣陪臣東邦鼎、毛廷柱表貢方物。常例外，特賞王世孫各色八絲緞十疋、硯二方、玉器十件、玻璃爐瓶盒一副、琺瑯盌六件、磁器一百四十件、玻璃器十件。又加賞蟒緞二疋、福字方一百幅、雕漆器四件、絹箋四卷、筆四匣、墨四匣、硯二方、玻璃器四件。（以陪臣賦詩故）。

三年，戊午，冬，王世孫尚溫遣陪臣向國垣、曾謨表貢方物，兼請襲封。

四年，己未，秋，遣翰林院修撰趙文楷、內閣中書李鼎元充正副使，往封王世孫尚溫。遣陪臣梁煥至閩接封。

五年，庚申，夏，趙文楷等至國，諭祭故王尚穆，冊封尚溫爲王。

六年，辛酉，春，李鼎元回京，代請官生入學（趙文楷至閩，聞訃丁憂，回籍守制）。王尚溫遣陪臣王舅毛國棟、紫金大夫鄭得功隨同謝封，表進方物。並遣向必顯、阮翼表進庚申年正貢。

七年，壬戌，冬，王尚溫遣陪臣向銓、梁煥表貢方物，並遣官生向尋思、向世德、鄭邦孝、周崇鐈四人入監讀書。副官生向善榮、毛長芳、蔡戴金、蔡思恭。

臣等謹按：琉球官生，向祇四人。尚溫欲加增人數，又恐與例不符。因先咨請禮部，准另選四人作伴。由是始有八人肄業太學，亦可見雅慕文教、樂育情殷矣。

八年，癸亥，七月，王尚溫卒。世子尚成權國事，遣陪臣梁允功告哀。福建巡撫李殿圖以聞。是年十二月，世子尚成卒，年甫四歲。尚溫弟尚灝權國事。

九年，甲子，冬，王世孫尚灝遣陪臣毛廷勷、鄭國鼎表貢方物，並遣蔡邦錦告尚成訃。又以壬戌年所遣官生未知下落，再遣官生向邦正、毛邦俊、梁文翼、楊德昌入監讀書。副官生伯恢緒、榮景祉、孫國棟、紅泰熙。

十一年，丙寅，冬，王世孫尚灝遣陪臣楊克敦、梁邦弼表貢方物，兼請襲封。楊克敦至浙江 杭州府病卒。

十二年[1807]，丁卯，秋，遣翰林院編修齊鯤、工科給事中費錫章充正副使，往封王世孫尚灝。遣陪臣蔡邦錦接封。至閩 海壇鎮遇風觸礁，舟破漂沒數十人。事聞，優卹蔡邦鼎，呈請福建巡撫懇借銀兩，購辦物件，以備迎詔大典。經巡撫張師誠代奏。奉旨賞給銀五千兩。

十三年[1808]，戊辰，夏，閏五月十七日，臣鯤、臣錫章至國，追封故世子尚成爲王，諭祭故王尚溫、追封王尚成，冊封尚灝爲王。

十四年[1809]，己巳，春，二月十二日，臣鯤、臣錫章回京，代請官生入學。王尚灝遣陪臣法司王舅毛光國、紫金大夫鄭章觀隨同謝封，表進方物。

臣等又按：《中山世譜》云："嘉靖三十九年，尚元遣長史梁炫、使者馬加等迎接封舟，是爲接封之始。康熙十七年，尚貞遣耳目官陸承恩等入京，表奏，乞增船一隻，迎接勅書及貢使，是爲接貢之始。"

——[清]齊鯤、費錫章《續琉球国志畧·卷二·封貢》

琉球處大瀛之東，自閩出五虎門至彼國姑米山，始有山可寄椗。其中歷溝逾洋，水天萬頃，非可以臆計度也。前明惟夏子陽封舟不落北漈，餘皆多用卯針。至本朝使臣汪楫深鑒前轍，著錄折衷。使臣周煌復叅定舊規，敬謹將事故針路比前愈加精密。臣等茲役，歷考汪、周二臣所用而酌行之，往返皆不越旬日。良由天語賁臨，陽侯效職，同舟供役能踴躍奉行，不致隕越。皇上覆載之恩，臣等實深受其賜用。謹詳針路顛末，以附於後。

## 前海行記考

明 夏子陽云：梅花所開洋，過白犬嶼，又取東沙嶼。丁上風，用辰巽針，八更，取小琉球山。未上風，乙卯針，二更，取雞籠山。申酉上風，用甲卯針，四更，取彭家山。亥上風用乙卯針三更，未上風用乙卯針三更，取花瓶嶼。丁未上風，用乙卯針，四更，取黃尾嶼。丙上風用乙卯針七更，丁上風用辰巽針一更，取姑米山。又辰巽針，六更，取土那奇、翁居里二山（在馬齒之西）。又辰巽針，一更，取馬齒山，到那霸港。

國朝汪楫云：乙辰，八更，取雞籠山。用辰多，辰巽三更，取梅花嶼。單卯，十更，取釣魚臺北邊過。乙辰，四更，取黃尾嶼。甲卯，十更，取姑米山。乙卯，七更，取馬齒山。甲寅并甲卯針，取那霸港。

徐葆光《錄》云：二十二日，自五虎門放洋，丁風帶午日，入至進士門；夜至九漏，轉丁未風，用乙辰針，三更半。二十三日，出丁未風，用乙卯針，二更。二十四日，日出，丁午風，仍乙卯針；是夜，風益利，用乙卯針，八更半。二十五日，日出，丁未風輕，用單乙針二更，乙卯針一更；半夜至四漏，轉正南風，用單乙針，一更。二十六日，日出，正南風；日未中，轉丁午，逾時丁未風微起，用單乙針，一更；晚晡，轉丙午風，用乙卯針，風靜船停，不上更；日入，風微起；至四漏，轉丁午風，用乙卯，一更；至八漏，又用單卯，二更。二十七日，日出，丁午風；日中，風靜船停；日入，丁午風起；至二漏，轉丁風，用乙辰針，二更半，共用卯針二十；七更半，應見釣魚臺、黃尾、赤尾等嶼，皆不見。二十八日，改用乙辰針；日未中，丁未風，行二更半，見山一點在乙位；日入，風轉丁午，用辰巽針，二更。二十九日，出見東北小山六點，始悟用卯針太多，船東北下葉壁。乃順風迴針東南行。

周煌《志畧》：六月初十日，早潮，出五虎門，過官塘 進士門，開洋，單午風，乙辰針；至日入，行船六更；夜，單午風，單乙針，行船五更，見雞籠山。十一日上午，坤未風，單乙針，三更；下午，單酉風，單乙針；至日入，行船四更，見釣魚臺；夜，單丙風，單乙針，行船四更。十二日，單午風，單乙針，一更，見赤洋，轉單丁風，單乙針；至日入，行船五更；夜，單午風，乙針，四更；是夜，過溝。十三日，丁午風，甲卯針，行船二更，見姑米山，風轉單午風，單乙針；日入，行船一更；夜，丁午風，乙卯針，二更。十四日，單甲風，姑米山下椗。（以下遇暴）

李鼎元《記》：五月初七日，五虎門放洋，午風，單辰針。初八日午刻，丁風，仍辰針；入夜，用乙辰針。初九日，丁未風，單乙針。初十日，丁未風，單乙針；午刻，東北風，船不進；申刻，仍轉西南風，單乙針。十一日，丁未風，單乙針，見姑米山，由山南行，用乙卯針。十二日，過馬齒山，用甲寅針，入港。

今次封舟，[嘉慶十三年（1808）]閏五月十一日早潮，出五虎門，過官塘，開洋，正南風，單辰針；行船三更，[三]見東沙；日入，又行船一更；夜，西南風，單辰針；行船四更，[五]見半架島。十二日，天明，西南風，卯辰針，一更，[五]見二林山；又二更，見花瓶嶼，從山南過；午刻，未風，用辰卯針；至下午，行船一更半；入夜，行船二更，見梅花嶼。十三日，天明，見釣魚臺，從山南過；仍辰卯針，行船二更，午刻，見赤尾嶼；又行船四更，過溝祭海；申刻，轉西北風；夜半，轉東北風，船欹側，危甚。十四日下午，轉東南風，仍不能進。十五日雞鳴，回西南風，仍辰卯針；十五日黎明，見姑米山，行船九更，五從山南過；仍辰卯針，行船三更，五至馬齒山下椗，縋水四十托不到底；日入，風微起，收篷，順風蕩漾。十六日，行一更，三至那霸港外下椗。十七日，進港。（共七日，實行船四日。以風暴停一日，以兩處下椗，躭遲二日。）

臣等謹按：歷來五虎開洋，其用針皆以乙爲主，而叅用辰卯。今封舟則專用辰卯，自五虎抵馬齒四日徑到，極爲穩捷，竟不用乙針，與前諸錄不同。大要總在相風用針，詳加斟酌，不可拘泥成說。初出洋時用辰，多須防太上（汪《錄》云：幾近臺灣。今本舟“夥長”亦慮之，以風甚和而免）。過釣魚臺後用卯，須防落漈（徐《錄》詳載）。後之行者，尚其審之（今次封舟已抵那霸，不能進口，致停兩日。亦因船太落北之故）。

## 後海行針路記

臣等謹按：封舟夏至乘西南風，自福州 五虎門放洋；以冬至乘西北風，自琉球回閩。南風和北風猛，兼之水勢又有順逆之異，故歸程尤難。載稽前志，遇颶居多，針路殊無準的。惟前使臣全魁等歸舟安吉，針路詳明。庚申之役，遵而行之，亦甚穩速。今次前事可師，針路一一符合。至於靈鳥來翔、大魚雙挾，雖有過船之浪，了無漂泊之虞。是則皇威之赫濯，神力之保持，固非可專言人事矣。具載如下：

《志畧》：正月三十日，率三舟開洋。乙卯針，行三更，至馬齒山 安護浦下椗。二月初四日，單癸風，用午針，出灣；巳刻，轉丑風，單辛針，三更；午時，過姑米山，單申針，五更。初五日早，乙辰風，單辛針，五更；夜，辰巽風，單辛針，六更，過溝祭海。初六日，單艮風，辛針，三更；申刻，大霧，不見山，寄椗。初十日，霧開，見台州 石盤山，用未針，七更，下羅湖下椗。十二日，申針，收入定海。

李《記》：十月十五日，登舟。二十日，東北風利，自那霸放洋，至馬齒山 安護浦下椗。二十五日，由馬齒放洋，子丑風，用辛針。酉刻，過姑米山。二十六日，早，風與針故。巳刻，轉寅卯風，仍用辛針。二十七日，辰刻，轉己卯風；午刻，轉辰卯風；針皆如故。二十八日，寅刻，轉辰巳風，舟不能行；辰刻，風轉子丑而微，仍用辛針；未刻，霧大起。二十九日，風微大霧，針如故；巳刻，霧開，見溫州 南杞山；入暮，北風大至。十一月初一日，早，到官塘。申刻，泊定海。

今次十月初二日，登舟。初五日，駛至馬齒，因北風甚緊，恐有暴，於安護浦下椗。初九日，由馬齒山開洋，東北風，用辛針；戌刻，過姑米山，行船三更半。初十日，早，東南風，用辛針，行船三更；午刻，東南風盛，用辰針。至十一日，天明，行船四更。十一日東風微，仍辛針，行船一更；入暮，過溝祭海；夜，東北風盛，仍辛針。至十二日，早，行船五更。十二日狂風大作，浪從船上過，針不能定；入夜稍平，仍辛針。至十三早，行船十更。十三日早，東北風和，仍辛針。至十四日早，行船八更，見南杞山。十四日，風針如故，行船八更；夜，至定海下椗。十五日，辰刻，乘潮進五虎門（自初十至十二日，二號船相離不過數十里。十二日，以風猛，不可復見。十四日夜，至定海會齊）。

——[清]齊鯤、費錫章《續琉球国志畧·卷三·針路》



# 越南宋福玩等的《暹羅國路程集錄》

**【引書舉要】**

19世紀初越南人宋福玩、楊文珠《暹羅國路程集錄》係二人出使暹羅返國後，於越南阮朝嘉隆九年[清仁宗嘉慶十五年（1810）]所撰。本書所引據香港中文大學新亞書院研究所東南亞研究室1966年出版的陳荊和編輯、注釋本。

## 涯海水程

自𠀧忒海門，門廣約二里，水深八尺，兩過林藪，向申，海涯屈曲，水程一更至美清海門。門廣約二十五尋，水深四尺，兩邊林藪，洋東海外約一里有泥洲，長濶約二里，俗名崑𡾵魪，海水有時潮盈不見，潮虛乃見。

自美清海門向未，海涯林藪，藪內有鹽田，民居魚藝，水程四更至碌蠔海門。門廣約三十尋，水深四尺，兩邊林藪椰葉。

自碌蠔海門向未，海涯林藪，水程二更至蓓蔻海門。門廣約三十尋，水深四尺，兩邊林藪椰葉。自蓓蔻海門向申，海涯林藪，水程一更至瀝榕海門。門廣約十六尋，水深四尺，兩邊椰葉，民居作乾鰕業。

自瀝榕向申，海涯林藪，水程一更至矾芎山。此矾向北有民居，作木㧋獺油、林藝。層山林木茂盛，有溪水石井。洋東有附小山形，似金龜，俗名矾牢內，此有附小石山，形似象臥俗名矾枯。此矾艚艚往返諸國可停泊取水薪，然後取向各歸其所。山之西北，洋海廣約二里，海涯林藪，俗名㝅藪駘。山之東北，洋海廣約二里，海涯林藪，俗名㝅藪鳰。自矾芎向乾以至林藪，洋海水程一更半至罷翕、潭窮二海門。門廣約一里，水深八尺，兩邊林藪。此門分為兩派，一派向寅，通入潭窮，即是潭窮瀝；一派向亥，通入龍川道，即是灑翕瀝。自潭窮海門向壬，涯海林藪，水程一更至翁督海門。門廣約三十尋，水深四尺，兩邊椰葉。洋外向申，水程約一更，外有山疊嶂，林木茂盛，周圍小山多生惡石，俗名矾桎，無人居，旗船不能停泊。山之南，洋海約二里，有小石山帶。

自翁督海門，海涯林藪，水程一更至碆泊小山。此山近海涯林藪，有小溪窮源，民居田土，多鱷魚、蚊蟲。

自碆泊山以至㩮犯縫，向子，海涯林藪，水程二更至次尬次进瀝門，廣約五尋，水深二尺，外洋西海水程二更，至古攜矾。此矾多附大小群山，山東有小山，俗名矾杤，多生黑石可以試金，旗船往返亦能泊入。自次进瀝向丑，海涯林藪，水程一日至翀吝、翀閉二海門。此門分為兩派，一派向卯，門廣約九十尋，水深十尺，兩邊椰葉，俗名翀吝，通注美清海門；一派向丑，門廣七十尋，水深八尺，兩邊椰葉，俗名翀閉，通注入㴴蓮，以至芹苴大江。

自翀閉海門向西，海涯椰葉林藪，水程三刻至瀝砍海門，門廣約七尋，水深一尺五寸，兩邊林藪。

自瀝砍向庚，海涯林藪，水程一更至瀝架海門，門廣約二十尋，水深三尺，兩邊林藪，多架木，門南外海水程一更爭至矾椈。此矾彎山林竹叢雜。

自瀝架向申，海涯林藪，水程一更至汎蔱海門，門廣約十八尋，水深四尺，兩邊林藪，民居魚藝及作水塵鰔、黃蠟。

自汎蔱海門向坤，海涯林藪，水程一更至矾坦山。此山林木茂盛，民居樹煙藥，藝獺油、木核、蜂巢。

自矾坦海涯向未，洋海水程半更，至山獺矾。此矾疊嶂，林木茂盛，多民居藝作獺油、木核、海參。

自矾坦向辰，洋海水程半更至矾椥。



自矾坦向戌，海涯林藪，水程一更至汎喍海門，門廣約十尋，水深三尺，兩邊林藪，民居魚藝及蜂巢。

自汎喍向酉，海涯林藪，水程一更至矾蕠。此山尖石粗礪疊嶂，山東林雜泥沱，俗名泳溢，有江，江西有山，江東林藪，江廣約八尋，水深四尺，兩傍多民居田疇，洋外西南多群山所聚，俗名矾戶。此山層彎疊嶂，林木茂盛。



自矾蕠，海涯巒山疊嶂屈曲茂盛，水程一更至堺杚。此處有唐人民居，田園雜樹。

自堺杚向北涯海彎山疊嶂，林木茂盛，水程一更至瀝蠔，兩邊河山粗石林木茂盛，江廣約八尋，水深二尺，多唐人民居，藝作田園。

自瀝蠔向北，海涯山崎疊嶂，水程半更至河僊海門，門廣約二里，其中左右大小山，俗名矾狽吝居東，矾狽乳居西。門分為三派：一派江心自洋海向西畔，近矾狽吝，後背山通入河仙；一派江心自洋海西南中門，通入河僊，兩傍近矾狽大小，江心廣約四十尋，水深五尺，旗艚常出入；一派江心自左東南洋海，近矾狽乳，通入河仙鎮，江廣約七十尋，水淺旗艚通行不得。自門內三派夾流通入河仙大江潭中，潭廣約一里，長一曲，周包西畔，畔上亦有一土墟，即是河仙鎮，多庯市，各色民居稠密，唐人商艚所聚。後鎮向西南有高山茂盛，山傍有塔，俗名五虎山，鎮購大江東畔有高山彎嶂，林木茂盛，江畔林藪，俗名蘇州，此州唐人，囘囘民居庯市及花娘所居，有水三四井。鎮後西南涯海彎山疊嶂，林木茂盛，俗名嵱狔山。門外洋海向南，群山所聚，林木茂盛，多竹，俗名矾椥。

自河僊鎮向西以至嵱狔，涯海林畔屈曲，山崎叢茂，水程二更至碌妑山，林木茂盛，唐人所居，藝樹煙藥，外有岣嶗山，帶附小山，俗名矾聰。

自碌妑向申，涯海林山，以至泳厄，水程二更至芹浡海門，門東有山，門西林沙海渚，門廣約十五尋，水深三尺，有分守，高綿民居。

自芹浡海門向未，涯海彎山林木茂盛，水程一更至大山。此山嵩高峻大，層彎疊嶂，林木茂盛，周包洋外向南有門，俗名翢楊門，門廣約七尋，水深三尺，屈曲徑行，有分守員守禦。此山俗名富國所，又名矾蠋，多林牛，民居稠密，藝玄石、沉香、蜂巢、海參、水藤、鐵藤、龍藤、魚藝、鹹水等項。西向高山一嶺，形似鋼銚，俗名砚鉊，對斜郎山。

自斜郎山向戌，海涯林木茂盛，水程一更至蛇咆潭，潭廣約八里，內有江門，俗名沙郁瀝門，廣二十尋，水深三尺，兩傍林藪，蠻居田土，陳黃、鐵藤、水藤等藝，俗名狗沙郁。

自蛇咆向南，海涯山林，彎弓包曲，林木茂盛，至旭樳巴海門，門廣約三十尋，水深八尺，兩邊層山林盛，有暹官鎮守，民居藝作樀板，獺油、木栜、水藤、鐵藤。門外洋南有山三帶，崎彎疊嶂，林木茂盛，所隣三洋逕，俗名砚囌，外逕山帶灣曲，沙渚有溪水，商艚艚往返亦能停泊，取水薪。



自砚囌向辛，海涯彎山疊嶂叢茂，水程二更至寵棋泳，洋外有山相隔，彎崎林木茂盛，俗名砚榔、砚砍。

自寵棋向庚，海涯層山疊嶂，屈曲林盛，水程三更至長山，俗名峋嶗翁啾。

自峋嶗翁磩，涯海層山崎嶂，竹木茂盛，水程二更至泳蒼潭，以至沙豪潭，潭廣徑行一更，有高綿民居田疇，陳黃、沙仁、白蔻所產，畔西有山彎崎林石，俗名岪旼影。

自旼影海涯，彎山宛澳，廣潤約三十里，俗名泳蒼，有暹官鎮守，兵約三百率[卒]，民居林藝，外洋南海有三帶山，巔彎崎疊嶂，俗名砚古蜂，林木茂盛，有玳瑁、海參所產。

自古蜂向東北有長山，粗石林雜，俗名砚簃箨，隔洋近岸有小山，俗名砚柴貝。

自泳蒼向申，涯海灣山，林木茂盛，水程三更至砚檻，外有長山，俗名砚昂，內近洋畔，向西北，山林茂盛，多鐵藤、水藤、龍藤、檻木所產。

自砚檻向申，涯海彎山屈曲，林木茂盛，至三小山，俗名砚棗，內有二洋逕，多惡石蔓生。

自砚棗向未，彎山崎嶂屈曲，林木茂盛，水程一更，至古公潭，潭涯東北林藪茂盛，潭中有江，江廣約十五尋，水深三尺，兩傍林藪，俗名瀝妑事，民居稠密，藝作樀板，外門有小山，潭中屈曲，潭廣約一里，水深二尺，艚船往返可行近山，水深四尺，外有彎山崎嶂，林木茂盛，西北涯畔林藪，有門，門廣約十二尋，水深四尺，東南有小墟，多楊木，有一座古廟，俗名豁然廟，搞艚、蜂艚、玳瑁、燕巢，各艚所祀。

自古公潭 豁然廟向戌，海涯林藪，水程二更至浾梸海門，門廣約六十尋，水深二尺，兩邊林藪叢茂。

自浾梸海門向西，海涯林藪，水程一更至羅控海門，門廣約六十尋，水深八尺，門西有山，門東林藪，洋南有大地，山崎層彎疊嶂，林木茂盛，有玳瑁所產，俗名砚古骨，向西有山，相隔四嶺，俗名棫鳿、砚槁、砚梑、砚香，內洋有山水形二嶺，俗名砚㮄、礇𡙡，帶附大小高下，惡石蔓生，周圍艚船不能泊入。

自羅控海門向西，海涯山林叢茂，水程一日至仝吝海門，門廣約一里餘，水深七尺，兩邊林藪，門外有沙州，林藪所生，海外洋南有山，嵩高峻大，層彎疊嶂，林木茂盛，多民居田土，木椋、獺油各項，俗名礇楊坎，山前帶附三小山，俗名礇椏，外多惡石蔓生，艚船可畏。

自仝吝海門向南，海涯屈曲，彎山疊嶂，林木茂盛，水程二更至楊坎汶門海外。

自楊坎汶門向戌，海涯山林屈曲叢雜，水程三更至員海門，門廣約一百七十尋，水深八尺，兩傍林藪，外海洋南有三小山，俗名礇員。

自礇員向西，海涯林雜，水程四更至三小山隔畔，俗名礇仕。

自礇仕三山向庚，涯海林雜，水程一更至真奔海門，門廣約七十尋，水深五尺，門西有山，俗名本頭公山，門東林藪，有暹官分守，門外有小山，俗名礇𩢰大，門內有小山，俗名礇𩢰小。





自真奔海門向申，海涯林蔽叢雜，水程二更至北喃欠怒海門，門廣約二十尋，水深三尺，內洋外海山林叢雜，汶中洋海多惡石蔓生。

自北汶喃怒涯海山林叢雜，水程二更至樈邊桶，桶廣約二里，水深五尺，桶東有山崎疊嶂，山下有井，桶外洋海有小山，多生惡石。

自樈邊桶向申，海涯林雜，水程一更至佛䮴海門，門廣約十四尋，水深二尺五寸，兩傍砂渚。

自佛䮴海門向坤，海涯林藪，水程一更至𠨡翅海門，門廣約四十尋，水深六尺，兩邊多楊木，外海隔畔有三山俗名礇芀，有海參所產。

自𠨡翅向未，涯海山林叢雜，水程半更至三小山隔畔，俗名礇𩟔榴，周包多惡石蔓生，長濶約二里，艚船不可越近，隔外洋南海小山有孔，俗名礇聽，有帶粗惡石，三嶺俗名𠨡礇路。

自𩟔榴向未，彎山疊嶂，林木茂盛，水程半更至盤𨠵海門，門廣約十五尋，水深三尺，兩邊山林茂盛。自盤𨠵海門彎山疊嶂，林木茂盛，水程半更至礇泑濊，內隔涯畔山崎有汶，汶廣約一里，水深三十二尺，其山峻大，層彎疊嶂，林木茂盛，有溪水，艚船往返亦能泊入取水薪，山外洋海多生惡石，俗名瀩𣻆泑濊，艚船返往亦可謹之。

自泑濊汶向戌，海涯山林茂盛，水程約二更至爐𤏸海門，門廣約十四尋，水深二尺，兩傍林木砂渚。

自爐𤏸海門向申，屈曲向未，涯海林山叢雜，水程三更至說訥汶，汶廣約二百尋，水深十二尺，兩邊山林，惡石蔓生，東北涯有大石二嶺，俗名礇枯，外西洋海有山三帶，縱橫相隔，林木茂盛，有燕巢、玳瑁所產。山中有四汶交分，一汶通往南海，一汶通注西南海，一次通注西海，一次通注西北海，兩邊砂渚，無民居，東洋山涯彎崎疊嶂，民藝海參常聚。

自說訥泬向西，以至屈曲，向戍，海涯彎山崎嶂，林木茂盛，水程半更至后府山。山崎隔畔形如斜角，其中有一尖石穿過，俗名后府山。

自后府山向亥，海涯彎山崎嶂，水程半更至列地桶，此桶有群山多嶺彎嶂，林木茂盛，洋分百派，派中有潭，俗名桶列地，有民居林藝。

自列地桶向壬，海涯彎山屈曲，林木茂盛，水程一更至泳西，外西洋海約三里有大地，山形層彎疊嶂，林木茂盛，周包惡石大小蔓生，俗名矾古檻，艚船不敢泊近。

自古檻洋海西北約三十里有山，層彎疊嶂，林木茂盛，俗名矾幽郎。

自泳西向戍，海涯屈曲，林木叢雜，水程一更至南天坫，有民居林藝，外西洋海約四十里有山，層彎疊嶂，多附小山，林木茂盛，俗名矾瀏，有玳瑁所產。

自南天向亥，涯海屈曲，林木叢雜，水程一更至那嚧壩，有民居林藝。

自那嚧向子，海涯林木叢雜，水程一更至冰蒙泳，有民居林藝。

自冰蒙向申，海涯林山叢雜，水程一更至沙沐山。此山崎嶂，林木茂盛，俗名嶺沙沐，民居田疇林藝。

自沙沐涯畔海西約四十二里有山，層彎疊嶂，林木茂盛，多附小山，俗名矾侈控，山內有溪，夏秋多雨有水，冬春盛暑水乾，止存石井可取以度艚船。

自沙沐向丑。海涯茂藪，水程一更至冰憲泳，有民居魚藝。

自冰憲向亥，海涯林藪，水程一更，至冰樇磢，民居魚藝商賣。

自冰樇磢向戍，海涯林藪，水程二更至北揥海門，一名冰公海門，門廣約六十尋，水深四尺，兩邊林藪，有分守，民居作椰葉藝。

自北揥海門向酉，海涯林藪，水程二更至北喃海門，門廣約一里半，兩邊林藪。

自北喃海門向申，海涯林藪，水程二更，至樣羢海門，門廣約六十尋，水深四尺，門心貢外直向歸東，兩邊林藪，有分守，民居魚藝。

自樣羢海門向坤，海涯林藪，水程三更至楣樽海門，門廣約六十尋，水深四尺，門心橫外屈曲歸東，兩邊林藪，有分守，民居魚藝。此門四時（原文貼黄紙以避諱）水甘，自海門以至源頭民皆得賴。

自楣樽海門向未，海涯林藪，水程二更至朋歛海門，門廣約十九尋，水深一尺，兩邊林藪。

自朋歛海門向申，海涯林藪，水程二更至別橋坫，坫邊有小溪以至鱃榴坫，民居田疇及作說訥糖、魚藝。外南洋海有沙洲，長濶約一里，俗名堄歛寵。

自鱃榴向未，涯海屈曲，山林叢雜，水程一更至茫莊小江，西畔有高山一嶺，彎崎疊嶂，林木茂盛，洋外兩山相齊，俗名矾簩筀，有燕巢所產。

自茫莊向南，海涯林竹半渚，彎山疊嶂，林木茂盛，水程一更至參爐突擺，西畔山崎疊嶂，林木茂盛，有山羊所聚，山傍有溪井。洋外彎山疊嶂，林木茂盛，欠中向南，洋海有沙洲以至涯海山崎，艜船越行可謹。

自參爐突欠向南，海涯彎山疊嶂，林木茂盛，以至茫瑰小江，洋外有山俗名矾考顛，以至石山，山崎疊嶂，俗名嶏蒙萊，海涯層山林雜，水程二更至斜芇桶，桶內有小溪，溪源有山林茂盛，桶外洋海有小山，江南有三山，俗名𧋍花郎山，西畔有山，山傍有井，多蘇木林雜。



自斜芇桶向東，屈曲向南，海涯林雜，水程一更至茫賣海門，門廣約二十尋，水深二尺，兩邊林雜，窮源無民居，外洋東海約二里有三小山，俗名鶮矾，多燕巢所產。

自矾燕洋東約二里有重山疊嶂，林石叢雜，俗名矾固滇，多燕巢所產。

自茫賈向巽，海涯山林屈曲，水程三更至楣林番山崎，此山層彎疊嶂，林木茂盛，山傍有小溪。

自楣林番向坤，海涯屈曲，山林叢雜，水程半更至班斜潘大海門，門廣約五十尋，水深一尺，兩邊林雜，有分守，金戶所產。

自班斜潘大海門向辰，海涯山林茂盛，水程半更至班斜潘小海門，門廣約三十尋，水深四尺。

自班斜潘小海門向巳，海涯林木叢雜，水程一更至坦赭土山，林木茂盛，山傍有小溪，洋外有山帶附二小石山，俗名矾讐榴，多燕巢所產。

自坦赭向申，海涯屈曲，山林叢茂，水程一更至非燒小江，兩邊林藪，有暹官鎮守，只居田疇，洋外有山疊嶂，林木茂盛，俗名矾固園，汏內有二小山，俗名矾㕯佛。

自固園山洋外約五里有山三嶺，俗名矾燕，多燕巢所產。

自非燒小江向巳，海涯林畔，水程一更至山崎。此山層彎疊嶂，林木茂盛，俗名嶏矾鶮，洋外多惡石蔓生，以至外洋東海約一里，有山俗名矾燕。

自矾燕海外洋東水程二更至兩崎山，此山林木茂盛，俗名矾固驗。此矾彎嶂兩崎，林木茂盛。

自嶏燕山崎向申，海涯林藪，水程一更至祜奔海門，門廣約十七尋，水深三尺，兩邊林雜，門外有山，俗名矾金山。

自矾金山洋東海外約二里有聚群山相隔，俗名矾沙濊。此山彎崎粗石林雜，多燕巢所產。

自祜奔海門向巳，海涯屈曲林雜，水程一更至山崎，疊嶂林茂，俗名嶏本頭公山。

自本頭公山向坤，海涯屈曲，林木茂盛，水程一更至沙尾小江，兩邊林藪，民居林藝。

自沙尾小江向巽，海涯屈曲，山林叢茂，水程二更至針顯山崎，此山彎崎疊嶂，林木茂盛，崎外洋海有山，大小三五嶺，俗名矾燕。此矾粗石林雜，多燕巢所產。

自針顯山崎向申，涯海彎山屈曲，林木茂盛，水程一更至大小群山，俗名矾肥碩。此山彎崎惡石，林雜茂盛，多燕巢所產。

自肥碩向坤，海涯山林叢雜，水程半更至潮檣小江，兩邊林木，民居林藝，門外洋海約二里有惡石多蔓生，周圍約三里，俗名矾磞潮檣。

自磞潮檣向巳，海涯屈曲林雜，水程四更至山崎。此山層彎崎嶂，林木茂盛，俗名矾花郎，有犀象猛虎。

自𡷊花郎山向庚，海涯屈曲林雜，水程一更至瑳加海門，門廣約十六尋，水深三尺，兩邊林藪，門內有民居田疇，門外洋東水程約一日有大地山崎，俗名矾羅𦨭。此山屈曲彎嶂，林木茂盛，多帶附小山，有暹官鎮守，兵約五百率，民居田疇，多燕巢所產。

自瑳加海門向丁，海涯林藪，水程二更至楣甒湋海門，門廣約四十尋，水深三尺，兩邊林藪，民居田疇，門外洋東約三里有小山，俗名矾固蟄。此矾彎崎林雜，有燕巢所產。

自楣甒湋海門外洋海北約三里有沙洲，此洲長濶約一里，俗名堒楣甒湋。

自楣甒湋海門向巳，海涯林山叢雜，水程一日至安村欠，欠廣約一里，水深十六尺，欠外有大山，俗名矾數缚。此山層彎疊嶂，林木茂盛，有暹官鎮守，兵約五百率，民居田疇，樹花棉，內涯民居稠密，田土林藝。

自安村欠向丁，海涯屈曲，山林叢雜，水程二日至六坤海門，門廣約二十尋，水深三尺，兩邊林藪，民居田疇。

自六坤海門向南，海涯林藪，水程二更至泊坡能海門，門廣約二十尋，水深二尺，兩邊林藪，民居田疇，源通渃吼瀇，外洋北海有二小山，俗名矾枯能堆。

自泊坡能向丙，海涯林藪，水程一日至沙洲，長濶約二里，在洋中隣畔一里，俗名堒𡷊藪。此堒有時海水潮盈不見，潮虛乃見，艞艚越行可謹。

自堒藪向南，海涯屈曲，山林叢雜，水程三日至漭䭾海門，門廣約五十尋，水深六尺，門北彎山，門南沙渚，外洋東海有二小山相隔，俗名矾猫矾狱。

自漭䭾海門外洋海涯長沙林雜，水程二日至斜泥潭。此潭廣約三里，水深二十尺，潭之東南有山林茂盛，潭之西北林藪叢雜，有囮回官鎮守。

自斜泥潭向巽，海涯彎山崎嶂屈曲林茂。水程二日至吉峪增海門，外洋有山多燕巢所產，囮回官鎮守。

自吉蛒增海門向丙，長沙海渚林雜叢茂，水程一日半至桑㭽咤海門，外洋有山大小，或三或五，林木茂盛，有囘囘官鎮守。

自桑㭽咤向丙，長沙海渚，林山叢茂，水程一日至龍溫海門，門南有山崎林雜，有囘囘官鎮守。

自龍溫海門向巳，長沙海渚，水程一日至麻楏海門，外門洋海有山，俗名矾芃。

自麻楏海門向丁，長沙海渚，水程二日至全罕海門，囘囘官鎮守。

自全罕海門向辰，彎山屈曲林雜，水程一日至大山，彎崎疊嶂，林木茂盛，俗名嶀吔磱。

自嶀吔磱向未，長沙海渚山林，水程二日至山崎，此山層彎疊嶂，林木茂盛，俗名嶀繚。

自嶀繚向丑，洋海水程一日至繚，此繚大地，有槁餘所產，囘囘官鎮守。

自嶀繚向申，長沙海渚，水程二日至龍牙海門，有囘囘官鎮守。

自龍牙海門向庚，長沙海渚，林山叢茂，水程一日半至咽善海門，囘囘官鎮守。

自咽善向辛，長沙海渚，山崎林茂，水程一日至善僧海門，有囘囘官鎮守。

自善僧向戌，長沙山崎海渚，林木茂盛，水程三日至蚼幹海門，有囘囘官鎮守。

自蚼幹向子，海門長沙海渚山林屈曲，水程四日至峋嶗槔。此矾大地，山崎疊嶂，林木茂盛，有花郎城官鎮守，多民居商賣，有造給板艚六隻以防惡黨，諸國商艚常能泊入。

自矾槔洋海水程一日半至車潮矾。此矾大地層彎屈曲，林木茂盛，有暹城官鎮守，兵約三千率，多民居庯市，商賣各物。

## 洋海水程

自矾芎向壬，洋海水程二日古噂矾。

自古噂矾向乾，洋海水程一日至富國所。

自富國所向酉，洋海水程一日至矾囖。

自矾囖向辛，洋海水程一日至古蜂山。

自古蜂山向酉，洋海水程一日至古公潭。

自古公潭向戌，洋海水程一日至古骨山。

自古骨山向辛，洋海水程一日至楊坎山矾桎。

自楊坎山矾桎向乾，洋海水程一日半至沕濊矾。

自沕濊矾向戌，洋海水程一日至說訥欠。

自說訥欠向亥，洋海水程一日至侈控矾。

自侈控矾向壬，洋海水程半日至北腩海門。

自北腩海門向南，洋海水程一日至朋歛海門。

自朋歛海外洋海水程一日至滲爈湥。

自滲爈湥向南海水程二日至丕燒海門。

自丕燒海門向丁，洋海水程一日至瀰樠海門。

自瀰樠海門向南，洋海水程一日至㳦加海門。

自㳦加海門向巳，洋海水程二日至六坤海門。

自六坤海門向巳，洋海水程二日浵䶊海門。

自浵䶊海門向辰，洋海水程二日至斜綒海門。

自斜綒海門向巽，洋海水程一日至麻悜海門。

自麻悜海門向辰，洋海水程一日至吉蛒僧。

自蛒各僧海門向辰，洋海水程二日至全罕海門。

自全罕海門向辰，洋海水程三日至岣嵤繚。

自岣嵤繚向未，以至向酉向子至車瀰茫，水程亦如水程涯海[涯海水程]。

## 洋海縱横諸山水程

自矾芎向坤，洋海徑行四日夜至繚。

自古蜂向西，洋海徑行乘順東風，帆葉在北，水程二日夜至㳦加海門。

自說訥欠向西，洋海徑行，乘順東風，帆葉在北，水程一日至滲爈湥。

自班橣碽向西，洋海徑行，乘順東風，帆葉在北，水程二日至楣噂海門。

自富國向申，洋海徑行，乘順東風，帆葉在北，水程一日至土硃矾。

自古蜂向申，洋海徑行，乘順東風，帆葉在北，水程半日至矾升。

自土硃向壬，洋海徑行，乘順南風，水程二日，至矾升。

自土硃向南，洋海徑行，乘順東南風，水程一日至矾妑。

自矾升向南，洋海徑行，乘順北風，水程一更至矾妑。

## 海門水程

吧忒海門，門廣約二里，水深八尺，兩傍林藪，洋外有沙洲，長濶約三里，俗名堤嶺鰍，海水有時潮盈不見，潮虛乃見，江長屈曲，兩傍林藪，水程二更至土洲，長濶約一里，林藪茂盛，俗名岣嵤狔。

自岣嵤狔江長一曲，兩旁林蔽，水程半更至林洲，洲廣約三里，林雜茂盛，多猛虎，俗名岣嵤峪，江西有小陘，俗名茶溫汎，通注長艚以至美清海門。

自岣嶗嵱大江，江長一曲，兩傍林藪叢茂，水程一更至三洲，洲有相隔長約四里，林雜茂盛，俗名岣嶗𠀧𡶀，隔江東畔俗名罷穭，民居田疇，多劫黨。

自𠀧𡶀大江江長屈曲，兩傍林雜，民居田園，水程一更至長洲，俗名岣嶗曳，民居田園林雜。

自岣嶗曳大江江長一曲，至土洲，廣約一里，林雜園榔，俗名岣嶗還。

自岣嶗還水程一更至東北畔，有一派，俗名汎丐盆，有分守京官 守禦，江長屈曲，兩傍民居，田園稠密，水程二日至喔牙斌汎。此江通注前江。

自丐盆大江江長屈曲，兩傍民居，田疇園榔稠密，水程二更至大洲，廣約一里，民居田園林雜，俗名岣嶗蘇洲，民居田疇園榔稠密。江之西有一派俗名芹苴汎，有京官分守，民居甫市稠密，江長屈曲，兩傍民居田園林雜，通注入瀰蓮，以至翻閉。

自芹苴汎江長屈曲，兩傍民居田園林雜，水程一更至平水汎。此泛通注烏門砚。

自平水江江長屈曲，兩傍田園林雜，水程二更至烏門砚。大江之東畔有一派，俗名萊茿，通注前江。大江之中有洲，俗名岣嶗萊砚，有民居田園林雜。

自萊茿大江江長屈曲，兩傍民居田園林雜，水程一更至垃圩汎，有民居田園稠密，通注前江。

自烏門大江西畔民居田園林雜，水程一更至朋增瀝，此瀝兩傍民居田疇林雜，以至窮源。

自朋增瀝大江江長屈曲，兩傍民居田園林雜，水程一更至說訥瀝大江。江之中有洲。此洲民居田園林雜，俗名岣嶗萊茿。

自說訥大江江長屈曲，兩傍民居林雜，水程一更至𠀧禨瀝。此瀝通注真森大江。

自𠀧禨瀝大江江長屈曲，兩傍民居林雜，水程一更至嚬椅刀瀝，此瀝通注莫勤仍瀝。

自嚬椅刀瀝大江江長屈曲，兩傍民居林雜，水程一更至莫勤仍瀝，此瀝通注𠀧禨瀝。

自莫勤仍瀝大江江長屈曲，兩傍民居林雜，水程一日至朱篤瀝。此瀝有分守民居，通注真森大江。

自朱篤瀝以至南榮，江長屈曲，兩傍林雜，有林洲俗名嶗岣結，江之西有一派通至八尋奔，江之南北通至源頭。

美清海門，門廣約二十五尋，水深四尺，門心向南，東海有沙洲，兩傍林藪，江長屈曲，兩傍椰葉以至我𠀧古鵶 ，分為兩派，一派向東北，通注𠀧忒大江；一派向西南，江長屈曲，兩傍椰葉，水程二日至我𠀧丐，復以通入瀰以至龍川道。

碌磏海門，門廣約三十尋，水深四尺，兩傍林藪，水程一日至龍川道。

菩萇海門，門廣約三十尋，水深四尺，兩傍林藪，水程三日亦通潭駐以至龍川。

瀝榕海門，門廣約十六尋，水深四尺，兩傍林藪，水程三日至龍川道。

罷翕潭窮海門，一門分為兩派，一派向北，俗名罷翕海門，門廣約一里，水深八尺，江長屈曲，兩傍林藪，水程一日至潭駐；一派向西，俗名潭窮海門，門廣約四尋，水深三尺，江長屈曲，兩傍椰葉，水程一日通入潭駷 潭窮，以至龍川道。

翁篤海門，門廣約三十尋，水深四尺，江長屈曲，兩傍林藪椰葉，水程一日，江分為兩派，俗名我吒柴科。一派向北，江長屈曲，兩傍椰葉，以至窮源，民居田疇園土。

自我吒柴科一派向東，江長屈曲，兩傍椰葉，水程二更，江分為兩派，俗名我吒壇棋；一派向北，江長屈曲，兩傍椰葉，民居田疇，以至窮源。

自我吒壇棋向東，江長屈曲，兩傍椰葉，水程一更，江分為兩派，俗名我吒瀝笠。一派向東南，江長屈曲，兩傍椰葉，民居稠密，水程二日通至潭駐。

自我吒瀝笠，一派向東北，江長二曲，兩傍椰葉，民居田疇，水程半更，江分為兩派。即龍川道。此道有官牧守，多積糧米，民居庯市稠密，民藝黃蠟、織文席、羽扇、乾魚、乾鰕，多蚊蟲、水蛭、鮬魚、蛇鱠、惡魚等類。一派向南，江長屈曲，兩傍林藪椰葉，通至碌磏海門；一派向東北，江長屈曲，兩傍椰葉，水程一日至寨魪，兩邊民居魚藝。

自寨魪江長屈曲，兩傍茂草濕水，水程一更至潮灣。潮廣約二里，水淺，夏秋多雨，艚船可越徑行，冬春盛暑水乾，艚行不得。此潮多蚊蟲、水蛭、仝魚等物。

䎃𣇖、䎃閉二海門分為兩派。一派江之東，俗名䎃吝海門，門廣約九十尋，水深十尺，江長屈曲，兩傍椰葉，水程一曲至丐搖，通入䎃閉海門。

自丐搖大江，江長屈曲，兩傍椰葉，水程半日至我吒丐艚，江分為兩派，一派向南，江長屈曲，兩傍椰葉林藪，以至窮源；一派向東，江長屈曲，兩傍葦葭茂盛，水程一日通至灑瀸。此處鋪市多民居商賣。自海門一派江北，俗名䎃閉海門，門廣約七十尋，水深八尺，江長一曲，兩傍椰葉林蔽，水程一曲至丐搖，通注䎃𣇖。

自丐搖江長屈曲，兩傍椰葉，民居林雜，水程半日，江分為兩派，俗名我搖壇楨。一派向西北，小江江長三曲，兩旁椰葉，水程一更至壇楨坫。此坫民居田疇蜂巢藝。

自壇楨坫江長屈曲，兩旁椰葉，以至窮源；一派向東南，大江江長屈曲，兩傍椰葉，林木叢雜，水程二更至丐爈坫。此坫兩傍民居作山田，魚藝蜂巢。

自丐爈江長屈曲，兩傍椰葉林雜，水程一日至䎃丘。此丘兩傍李木相交而屈曲難行。

自䎃丘江長二曲，兩傍濕水葦葭至坫潮。此處兩傍民居稠密，作鰔魚藝。

自坫潮兩傍葦葭蓮花茂盛，水程一日至我𠯋山折。

自我𠯋山折江長屈曲，兩傍林雜，以至民居田園，水程一日至芹苴汎。此泛有官守禦，民居稠密，有鋪市商賣。

瀝磒海門，門廣約七尋，水深一尺五寸，江長屈曲，兩傍林藪，水程一日，江分兩派，有民居作乾鰕藝。一派向西，通入瀝架；一派向北，兩傍林藪以至窮源。

瀝架海門，門廣約二十尋，水深三尺，兩傍林藪，多架木，水程一曲至堅江道，有京官鎮守，兩邊民居田疇鋪市。江之東北有土丘，民樹煙藥等物，所藝黃蠟、織文席。

自堅江道，江長屈曲，鋪市田疇，水程半更，江分為兩派。一派江之北以至窮源，高綿民居，林檻茂盛；一派江之東，江長屈曲，兩傍林藪，水程二更至瀝磒。

河僊鎮海門，門廣約二里，其左右大小二山，俗名矾㺑吝居東，矾㺑乳居西，門分為三派。一派江心自洋海向西畔近矾㺑大背山，門廣約四十尋，水深二尺，通入河僊大江；一派江心自洋海向西南隔大小兩山之中，門廣約三十尋，水深四尺，通至河僊大江，艚艚常能出入；一派江心向東南，門廣約七十尋，水淺，艚艚不能出入，亦通入河僊大江。

自門內三派夾流入河僊大江，以至潭中，潭廣約一里，長一曲周包西畔，畔上有一大土丘，即是河僊鎮。此鎮有京官鎮守，多各色民所居，店市稠密，唐人商艚所駐，後鎮向西南有高山，山傍有塔，俗名五虎山，多猛虎。鎮之東隔大江林畔有高山，層彎林茂，江畔林藪沙渚，俗名蘇洲，唐人、圉回及花娘有鋪市所居，有水三四井。鎮後西南涯海彎山疊嶂，林木茂盛，俗名𡼗泥。自河僊潭入此江，江長屈曲，兩傍林藪，水程一日，江分為兩派，俗名我𠯋柴莫。一派江之西，江長屈曲，兩傍林藪，以至窮源，山林茂盛；一派江之東北，江長屈曲，兩傍曠野，田疇林雜，水程一日至真森山。此山有高綿蠻冊[柵]民居田土，藝取蜂巢、沙仁、白蔻。

自真森大江，江長屈曲，兩傍高綿蠻冊民居山田林雜，通至朱督汎。此江有京官守禦，兩傍鋪市多民居商賣。

瀝𣅀海門，門廣約七尋，水深二尺，江長屈曲，兩傍林藪，以至窮源，通入高綿蠻冊。

泳厄海門，門廣約七尋，水深二尺五寸，江長屈曲，兩傍林藪，水程一更至邦檑當坫，通入芹渟海門。

芹渟海門，門廣約五十尋，水深三尺，門之北有山，門之西林藪，江長屈曲，兩傍林雜，蠻冊民居，田土林藝，水程一更。江分兩派：一派江之北，兩傍蠻冊民居，田土林竹，以至窮源林雜；一派江之東，江長屈曲，兩傍林藪，蠻冊民居田土林藝，水程一更至邦㮭當坫，此坫多各色民所居，田疇林藝，通入泳厄海門。

沙郁海門，門廣約二十尋，水深三尺，江長屈曲，兩傍林雜，蠻冊民居，田疇林藝，有陳黃所產，俗名海沙郁。

旭㮭㔭海門，門廣約三十尋，水深八尺，兩傍有山層巒疊嶂，林木茂盛，江長曲，兩傍林雜，水程一更至旭㮭㔭茫。此茫有暹官守禦，民居林雜以至窮源，山林茂盛。

泳蒼海門，門廣約七尋，水深三尺，江長屈曲，兩邊林藪，民居田疇林藝。

肥忒海門，門廣約七尋，水深五尺，江長屈曲，兩傍林藪，蠻冊民居林藝及能鑄造艨所賣。

沙敖海門，門廣約五尋，水深四尺，江長屈曲，兩傍山林叢茂，蠻冊民居，林藝陳黃等物，以至窮源。

妑事海門，門廣約七尋，水深三尺，兩傍多楊木、沙渚，江長三曲，以至蠻冊民居林藝，以至窮源。

古公海門，門廣約二十尋，水深三尺，江長屈曲，兩傍林藪，水程半日至涞捫潭。潭廣約一里，水深一尺。自涞門潭江長屈曲，兩傍林藪，江分為兩派，江中有沙洲林藪，水程二更至古公茫。江分為兩派。此茫有暹官鎮守，兵約一百率，民居林藝商賣。一派江之西，江長屈曲，兩邊林山叢茂，水程至豁然舊所。昔時有唐人名豁然，強暴占古公潭，聚眾捍商艚為劫黨，後被河僊鎮國老官之父攻破殺之；一派江之東，江長屈曲，兩邊林藪，民居田疇林藝，水程半更至先科滄舊所。昔者先科僊為暹官，暹王差鎮古公茫，牧民煩弊，致民所惡，集眾殺之。

涞門海門，門廣約六十尋，水深二尺，兩傍林藪，江長一曲，至丐捲，入潭通注羅控海門。自丐捲潭，潭廣約一里，四圍林藪，潭之東通注古公潭，潭之北山林茂盛，潭之南林藪，　派向西，兩傍林藪，以至源頭。

羅控海門，門廣約六十尋，水深八尺，兩傍林藪，江長一曲至泥洲，俗名岣嶗檻，林檻茂盛。自岣嶗檻江分為兩派，一派江之西，通至上源，兩傍山林茂盛，江中有石形如象臥；一派江之東，通入山林。

仝吝海門，門廣一里餘，水深七尺，兩傍林藪，江長屈曲，水程半更，江分為兩派。一派向東北，江長屈曲，兩傍林藪，水程二更至仝吝茫。此茫有暹官鎮守，兵約一百率，民居稠密，庯市多田疇園椒。仝吝茫江長屈曲，兩傍林竹，蠻冊民居，林藝木炭、獺油等項，以至窮源；一派向東，江長屈曲，兩傍林雜，水程一更至黎劉坫。此坫暹、高綿民居林藝，以至窮源。

矾員海門，門廣約一百七十尋，水深八尺，門之東山林茂盛，門之西林藪叢雜，江長屈曲，兩傍林藪，水程二更，江分為兩派。一派向西，通注真奔大江；一派向北，江長屈曲，兩傍林藪，蠻冊民居田土林雜，以至上源。

真奔海門，門廣約七十尋，水深五尺，門之西有山，俗名本頭公山，門之東南林藪，有暹官分守，江長一曲，兩傍林藪，江分為兩派。一派向北，江廣約二百尋，江長一曲，兩傍林藪，水程半更至丐熛小江，通注北喃汣嗯海門。

自丐熛向東，大江江長屈曲，兩傍林藪，水程一更至我吔夾流，通注真奔大江，江東有一派，俗名丐熛，通注翺員。

自丐熛大江，江長屈曲，兩傍林藪，水程半更，江分為兩派，江中有洲，林藪茂盛，俗名岣嶗艘，兩派夾流。



自岣嶗艘，江長屈曲，兩旁林藪，水程半更至丐熛，通注北喃汣嗯。

自丐熛，江長屈曲，兩傍林藪，水程半日至真奔城。此城有昭茫鎮守，兵約二百率，民居庯市商賣。



自真奔城大江，江長屈曲，以至上源，兩傍民居林雜。城之西有山，多產五色玉；城之北有大土墟，唐人民居多樹煙蘗。

北喃汣嗯海門，門廣約二十尋，水深三尺，門北有山，門東林木沙渚，江長一曲，至泥洲，俗名岣嶗䑰。

自岣嶗䑰江長一曲，分為兩派。一派向北，兩傍民居田疇以至上源，蠻冊民居；一派向東南，江長屈曲，兩傍林藪，江之東有小江，江長屈曲，兩傍林雜，以至窮源。自小江向南，大江江長屈曲，兩傍林藪，通注真奔大江。

佛䑰海門，門廣約十四尋，水深二尺五寸，兩傍沙渚，林木茂盛，江長屈曲，兩傍民居，田疇林雜，水程半日，江分為兩派。一派向東，江長屈曲，兩傍民居，田疇林雜，水程一更至佛䑰茫。此茫有暹官鎮守，兵約一百率，民居林藝；一派向北，江長屈曲，兩傍民居田疇，以至上源山林。

吔翅海門，門廣約四十尋，水深六尺，江長屈曲，兩傍林雜，民居林藝，以至窮源。

盤硹海門，門廣約十五尋，水深三尺，兩傍山林叢雜，江長屈曲，以至窮源，民居田疇林藝。

爐墩海門，門廣約十四尋，水深二尺，兩傍林木沙渚，江長屈曲，水程一更至爐墩茫。此茫有暹官鎮守，守兵約三百率，民居稠密，多田疇林藝。自爐墩茫，江長屈曲，兩旁民居，田園林雜，以至上源山林。

冰公海門，門廣約六十尋，水深四尺，江長屈曲，兩傍林藪，民居作椰葉，水程三曲至丐搖，向西通注北喃海門。

自丐搖大江，江長屈曲，兩傍民居林雜，水程一日至北掃捕。此茫有暹官鎮守，兵約一千率，民居稠密，庯市田疇，江東有小溪，通入山林，有林匠民居。

自北𢬵茫大江分為兩派。一派向東北，江長屈曲，兩傍椰葉林雜，民居田疇林藝，水程一日至邦疆茫。此茫暹官鎮守，兵約一百率。

自邦疆茫，大江江長屈曲，兩傍林雜，以至上源；一派向西北，江長屈曲，兩傍林雜民居，水程二日至車猜茫。此茫有暹官鎮守，兵約一百率。

自車猜茫[以]以至上源山林。

北喃海門，門廣約一里半，水深四尺，門外有二貢。一貢向南洋海，一貢向西洋海，門中海外有泥沙洲，門涯兩傍林藪，江長一曲至北喃分守，有暹官鎮守，民居稠密庯市商賣。

自北喃茫大江江長一曲，至丐搼外，江之西北有瓦城新築。

自丐搼外向東，大江江長約一里至㦨吨瀝。此瀝江長屈曲，兩傍民居林雜，水程一日夜。江分為兩派，俗名我𠖤冰嗄。一派向南，通入大海；一派向東，江長屈曲，兩傍民居林雜，水程一更至塔渃吼。

自塔渃吼江長屈曲，兩傍林藪，水程二更至冰飛坫。自冰飛坫江長屈曲，兩傍林藪，水程一更至冰樳董坫。江之北有小溪，兩傍民居林雜，水程一日至大江，通入冰公海門。自㦨吨大江江長屈曲，兩傍民居林雜，水程二更至丐搼內，有暹官分守。

自丐搼內江，江長屈曲，兩傍民居田圈，水程半更至望閣城。此城築龜形，長約二里，濶約一里，前面向西南，後面向東北，後城有小江周包，通入大江；其中有內城二所，佛王居城中，二王居城右，金碄彫畫，極其美悅，佛寺無數，庯市民居稠密。前城有大江之西畔有舊城，丕雅作所築，龜形，前面已成，後面未成，其後丕雅作被死，留此城至兹。城之西南有小江，俗名瀝冰隴，江長屈曲，兩傍民居，田疇曠野茅葦林雜，水程一日通至㭜㙟大江。

自望閣城，大江兩傍民居，多水庯商賣，俗名丐𩪸。江長一曲，江西有小江，俗名犵峪踧瀝。此瀝江長屈曲，兩傍民居田園，江分為兩派。一派向南，江長屈曲，通至周包舊城，注入冰隴瀝；一派向西北，江長屈曲，兩傍民居田園，以至噐飪坫，水程一日至㭜㙟大江。

自犵峪踧大江，江長屈曲，兩傍民居田園，江分為兩派。其內有洲，民居田園，以至流夾，俗名我𠖤樳羅痴。

自樳羅痴，江長屈曲，兩旁民居田園，水程半日至北咧丐搼。

自丐搼大江，江長屈曲，兩傍民居田園，水程三更至林洲，俗名岣嶗曳，江長屈曲，兩傍民居田園，水程二更至冰醚分守。有一派江之西北，江長屈曲，兩傍民居田疇，水程半日，江分為兩派，俗名我𠖤士菊。一派向北，江長屈曲，兩傍民 居田疇，通至麻呵參瀝。

自我吧士菊向西，江長屈曲，兩傍民居田疇，水程一日至我吧昭哳。一派向西北，江長屈曲，兩傍民居田疇，以至些郎坫窮源。

自我吧昭哳向西南，江長屈曲，兩傍民居田疇，水程一日至嗷吩茫大江。

自冰醝分守大江，江長屈曲，兩傍民居田疇，水程一更至小洲，俗名峋嶗溉。 自峋嶗溉，江長屈曲，兩傍民居田疇，水程二更至上城，一名蓮花城。城築如龜形，廣濶約二里，城後江之東畔有大佛寺一座，俗名三寶寺，有大銅佛像一形，外江周包佛寺無數，城之東角有塔，城之西北有三小沙洲。

自三寶寺大江，江分為三派。一派向西，周包上城，水程一更至麻呵鯵我吧小 江，又分為兩派，一派向北，通入我吧泊嚧，一派周包上城。

自三寶寺大江我吧向東北，江分為兩派，一派內江周包，水程二更至我吧泊嚧，一派外江周包，水程三更通至我吧泊嚧。

自上城我吧泊嚧小江，江長屈曲，兩傍民居田疇林雜，水程一日至呵羅役坫。

自呵羅役江之西北岸陸行半日至沙珀山。此處有大佛寺一座，上蓋銅瓦，其內金硃彫畫，極其美悅，民居田疇林藝。

自呵羅役坫江長屈曲，兩傍民居林雜，水程一日至稍鞋茫，有暹官鎮守，兵約一 百率。

自稍鞋江長屈曲，兩傍民居林雜，以至上源夾浮麻地界。

自上城我吧麻呵鯵大江江長屈曲，兩傍民居田疇，水程半日至唬些潘瀝。此瀝向南通至我吧士菊。

自唬些潘大江江長屈曲，兩傍民居田疇林竹，水程半日至他悖沙瀝，江之東北有小江，江長屈曲，兩傍民居田疇，水程一日至坥喋咦城。此城昔者悟空所化敵與妖晶，于今妖氣尚在，佛王常禁白礬酸醋不敢將入。

自坦喋咦城以至窮源，山林茂盛，無民所居。

自他悖沙瀝向西，大江江長屈曲，兩傍民居田疇，水深一尺五寸，水程二日至喍嚧茫。此茫有暹官鎮守，兵約一百率，民居田疇稠密。

自喍嚧茫大江江長屈曲，兩傍民居田疇林竹油木，水程一日至他克站。此站藝鍊鐵塊，俗名鐵地克。

自他克站向申，陸行一日至幽畤茫。此茫有暹官鎮守，兵約一千率，民居稠密，田疇曠野。

自他克站大江，江長屈曲，兩傍民居林竹，水程三日至六坤沙碗茫。此茫有暹官鎮守，兵約一百率，民居稠密，田疇土稼。江之北有一派，江長屈曲，民居林雜，水程四日至肥晰茫。此茫無官，民所居。

自肥晰茫江長屈曲，林木叢雜，水程三日至肥土嚓茫。茫在江之東畔，有暹官鎮守，兵約一千率，民居稠密。

自肥嚓茫江長屈曲，兩傍山林茂盛，水程二日至肥㨃茫。此茫無官鎮守。

自肥㨃茫江長屈曲，兩傍山林叢茂，水程二日至蠟驪茫。此茫無官鎮守，昔者佛王生在此。

自六坤沙碗向西，大江江長屈曲，兩傍民居田疇，多架避林木，水程六日至甘番　茫。此茫有暹官鎮守，兵約一千率，民居田疇。

自甘番茫大江，江長屈曲，兩傍民居林雜，水程三日至羅顯茫。此茫有暹官鎮守，兵約一百率。

自羅顯茫江分為兩派。一派向西北，江長屈曲，兩旁山林叢茂，水程七日至六坤隴茫。此茫一名嚏吨茫，有暹官鎮守，兵約一千率，夾浮麻地界。此茫屬昌賞茫管率。

自羅顯茫一派向西，大江江長屈曲，兩傍林山叢雜，水程六日至昌賣茫。此茫猙王鎮守，兵約五千率，民居稠密，夾浮麻地界。

榛羢海門，門廣約六十尋，水深四尺，門心貢外直向歸東，兩傍林藪，有分守，民居魚藝，江長一曲水程至丐捲瀝，此江通至冰隴瀝。

自丐捲瀝大江，江長屈曲，兩傍林藪，水程半曲至棯羶茫。此茫有暹官鎮守，兵約一百率，民居稠密，茫之南有一派，江長屈曲，兩傍民居，曠野有鹽田魚藝。

自棯羢茫大江，江長屈曲，兩旁民居田疇，水程一日至六坤𡍣士茫。此茫有暹官鎮守，兵約二百率，民居稠密。茫之東有一派，江長屈曲，兩傍民居，以至崙杝坫，通狌蛤踒瀝。

自六坤𡍣士茫大江，江長屈曲，兩傍民居田疇，水程二日至噭吩茫。此茫有暹官鎮守，兵約三百率，民居稠密。茫之東南有一派，江長屈曲，兩傍民居田疇，通至昭哳瀝，注入我吧士菊。

自噭吩茫，江長屈曲，兩傍山林民居叢雜，水程三日至蜀阿丕茫，以夾浮麻地界。

椙噂海門，門廣約六十尋，水深四尺，門心貢外屈曲歸東，兩傍林藪，有分守，江長一曲至椙噂茫。此茫有暹官鎮守，兵約二百率，民居稠密。茫之東南有一派通入棯羶茫大江。

自椙噂茫大江，江長屈曲，兩傍民居田疇，水程一更至安庯鍋瀝。此瀝兩傍家園田疇稠密，宗族佛王所居之地，民多強富。

自安庯鍋瀝大江江長屈曲，兩傍民居庯市稠密，兩邊江有水庯，俗名丐艚，水程半日至落丕城。此城公族暹官鎮守，兵約七千率，民居田疇庯市稠密。

自落丕城大江，江長屈曲，兩傍民居田疇，水程六日至北烈茫。此茫有暹官鎮守，兵約六百率，民居田疇。茫之西北大江有一派，江長屈曲，兩傍山林叢茂，水程二日至根喋咦茫，此茫江通源頭，夾浮麻地界。

自根喋咦茫向東六（陸）行一日至他丁顛處。

自北烈茫大江江長屈曲，兩傍山林叢茂，水程一日，江分為兩派。一派向南，江長屈曲，兩傍山林茂盛，水程一日至楣舡班筶茫，夾浮麻地界；一派向西北，江長屈曲，兩傍山林茂盛，水程一日至楣舡踐茫，此茫有暹官鎮守，兵約一千率。

自楣舡踐江長屈曲，兩旁山林茂盛，以至上源，夾浮麻地界。

朋斂海門，門廣約十九尋，水深一尺，兩傍林藪，江長屈曲，民居田疇，水程一更至乏丕茫。此茫有暹官鎮守，兵約三千率，多積糧米，民居田疇，藝作說訥糖。自乏丕茫以至上源，山林叢茂。

茫莊海門，門廣約六尋，水深一尺，兩傍山林茂盛，江長屈曲，以至上源。此茫無官民所居，多蘇木所產。

茫瑰海門，門廣約五尋，水深一尺，江長居[屈]曲，兩傍山林茂盛，無民居，多蘇木所產。

茫賣海門，門廣約二十尋，水深二尺，兩傍山林，江長屈曲，以至上源，多蘇木所產。

班斜潘大海門，門廣約五十尋，水深一尺，兩傍山林茂盛，有分守金戶，江長屈曲，水程一更，江分為兩派，江中有沙洲夾派，江長屈曲，兩傍山林茂盛，以至上源，無民居，多蘇木所產。

班斜潘小海門，門廣約三十尋，水深四尺，兩傍林雜，有分守金戶，江長屈曲，兩傍林雜，水程一更，江分為兩派。江中有沙洲夾派，江長屈曲，兩傍民居林雜，水程二更，江分兩派，兩傍屈曲山林叢雜，民居藝作獺油、木梾、水藤、鐵藤、楕板。

丕燒海門，門廣約七尋，水深一尺五寸，江長屈曲，水程二更至丕燒茫。有暹官鎮守，兵約一百率，民居山林叢雜，以至上源，民居所藝亦如班斜潘。

祜奔海門，門廣約十七尋，水深三尺，兩傍林藪，江長屈曲，水程一更至祜奔。此茫有暹官鎮守，兵約三百率，民居田疇，所藝亦如班斜潘。茫之南有一派，江長屈曲，兩傍民居，山林叢雜，以至窮源。

自祜奔大江，江長屈曲，兩傍民居林雜，以至窮源，山林茂盛。

沙尾海門，門廣約七尋，水深一尺，兩傍林藪，江長屈曲，民居林雜，以至窮源。

溯揣海門，門廣約十二尋，水深二尺，兩傍山林民居田疇，民藝亦如祜奔。

槎加海門，門廣約十六尋，水深三尺，兩傍林藪民居田疇，江長三曲，江分為兩派：一派向西，江長屈曲，兩傍山林叢雜，以至窮源；一派向南，江長屈曲，兩傍山林民居叢雜，水程一曲至槎加茫。此茫有暹官鎮守，兵約七千率，民居稠密，所藝亦如祜奔。自槎加茫江長屈曲，兩傍民居林雜，以至窮源。

楣葩湋海門，門廣約四十尋，水深三尺，兩傍林藪，江長屈曲，民居林雜，以至窮源。此處半江之北畔歸屬槎加茫，半江之南畔歸屬六坤茫，多賣牙象。

六坤海門，門廣約二十尋，水深三尺，兩傍林藪，民居田疇，江長屈曲，水程一更，至六坤茫。此茫有瓦城，暹官鎮守，兵約三千率，民居稠密，所藝亦如祜奔。自六坤城江長屈曲，兩傍民居林雜，以至窮源。

泊坡能海門，門廣約二十尋，水深二尺，兩傍林藪，江長屈曲，水程一日，江分為兩派，俗名我𠱥北烈。一派向西，江長屈曲，兩傍民居林雜，以至窮源；一派向南，江長三曲，兩傍民居田疇椰葉以至分守。自分守小江，江長屈曲，兩傍茅葦林雜，水程一日至泑羅嗚海門。

泑羅嗚海門，門廣約四尋，水深一尺，俗名丐飭，兩傍林藪，水程二曲，江分為兩派。一派向西北，通注我𠱥北烈；一派向西南，江長屈曲，兩傍茅葦茂盛，通入渃吮灣。

浵駞海門，門廣約五十尋，水深六尺，門之北山林叢茂，門之南沙渚以至海涯，江長一曲，至浵駞茫，有昭茫官鎮守，兵約三千率，民居稠密，庯市田疇。自浵駞茫江長屈曲，兩傍林藪椰葉，民居田疇，江中有大小沙洲，相隔二區，水程二日至渃吮灣。此灣周包廣約水程徑行一日，內有五行山，其山有燕巢所產，外周圍平地曠野茅葦，民居田園多象虎。

自渃吮瀠向西，有一派小江，江長屈曲，兩傍民居田疇，水程一曲至些聾茫。此茫有暹官鎮守，兵約二千率，民居稠密商賣。

自些聾茫江長屈曲，以至源頭，山林茂盛。

自渃吮瀠向南，有一派小江，江長屈曲，兩傍囮回民居林雜，水程三日以至上源。

自上源向西，曠野山林叢雜，陸行二日至茫冰醝。此茫囮回官鎮守，兵約三千率，民居稠密，庯市商賣。

——[越南]宋福玩、楊文珠輯《暹羅國路程集錄》





# 謝清高《海錄》中的海外諸國

**【引書舉要】**

《海錄》由[清]謝清高（1765—1821）口述、楊炳南記錄整理，成於仁宗嘉慶二十五年（1820）。本書引文據北京：中華書局1955年出版的馮承鈞《海錄注》本。該書與《海國聞見錄》均爲清代前期海外交通的兩大重要載籍，而謝清高因係親歷口述又習過外語，其資料尤爲珍貴。

余鄉有謝清高者，少敏異，從賈人走海南，遇風覆其舟，拯於番舶，遂隨販焉。每歲遍歷海中諸國，所至輒習其言語，記其島嶼阨塞、風俗物產。十四年而後返粵，自古浮海者所未有也。後盲於目，不能復治生產，流寓澳門，為通譯以自給。嘉慶庚辰[廿五年（1820）]春，余與秋田 李君遊澳門，遇焉。與傾談西南洋事，甚悉。向來志外國者，得之傳聞。證於謝君所見，或合或不合。蓋海外荒遠，無可徵驗；而復佐以文人藻繪，宜其華而尠實矣。謝君言甚樸拙，屬余錄之，以為平生閱歷，得藉以傳，死且不朽。余感其意，遂條記之，名曰《海錄》。所述國名，悉操西洋土音，或有音無字，止取近似者名之，不復強附載籍，以失其真云。

嘉應 楊炳南序

——[清]謝清高《海錄·楊炳南序》

# [中南－馬來半島諸國]

萬山，一名魯萬山，廣州外海島嶼也。山有二：東山在新安縣界，西山在香山縣界。沿海漁船，藉以避風雨。西南風急，則居東澳；東北風急，則居西澳。凡南洋海艘，俱由此出口。故紀海國，自萬山始。既出口，西南行，過七洲洋。有七洲浮海面，故名。又行經陵水，見大花、二花、大洲各山。順東北風，約四五日，便過越南 會安、順化界，見咕嗶羅山、朝素山、外羅山。順化，即越南王建都之所也。其風俗土產，志者既多，不復錄。又南行，約二三日，到新州。又南行，約三四日，過龍柰，又謂之陸柰，即《海國見聞》[《海國聞見錄》]所謂之祿賴也，為安南舊都。由龍柰順北風，日餘至本底國。

本底國，在越南西南，又名勘明，疑即占城也。國小，而介於越南、暹羅二國之間。其人顏色較越南稍黑，語音亦微異。土產：鉛、錫、象牙、孔雀、翡翠、箭翎、班魚脯。又順東北風，西行約五六日，至暹羅港口。

暹羅國，在本底西，縱橫數千里，西北與緬甸接壤，國大而民富庶。船由港口入內河，西行至國都，約千餘里……

宋卡國，在暹羅南少東。由暹羅陸路十七八日、水路東南行順風五六日可到。疆域數百里。《海國見聞》作宋腳，緣閩語謂“腳”為“卡”，故訛。土番名無來由。地曠民稀。俗不食豬，與回回同……貢於暹羅。

太[大]呢國，在宋卡東南。由宋卡陸路五六日、水路順風約日餘可到。連山相屬，疆域亦數百里。風俗土產，均與宋卡略同。民稀少而性凶暴。海艘所泊處，謂之淡水港。其山多金，山頂產金處，名阿羅帥（阿，於何切）。由淡水港至此，須陸行十餘日；由咭嘣丹港口入，則三四日可至。故中華人到此淘金者，船多泊咭嘣丹港門，以其易於往來也。國屬暹羅，歲貢金三十斤。

咭嘣丹國，在太呢東南。由太呢沿海順風約日餘可到。疆域、風俗、土產，略同太泥。亦無來由種類，為暹羅屬國。王居在埔頭。埔頭者，朝市之處，而洋船所灣泊也……土番居埔頭者，多以捕魚為生。每日上午，各操小舟，乘南風出港，下午則乘北風返棹。南風謂之出港風，北風謂之入港風，日日如此，從無變易，是殆天所以養斯民也……其地名雙戈及呀喇頂等處，皆產金。由咭蘭丹埔頭入內河，南行二日許，西有小川，通太呢、阿羅帥。又南行日餘，雙戈水會之。又南行十餘日，則至牙喇頂，與邦項（讀平聲）後山麻姑產金處相連。河中巨石叢雜，水勢峻厲，用小舟逆挽而上，行者甚艱。中國至此者歲數百，閩人多居埔頭，粵人多居山頂……

丁咖囉國，一名嗟拉岸，疑即丁機宜也，在咭蘭丹東南。由咭蘭丹沿海，約日餘可到。疆域風俗，與上數國略同，而富強勝之……歲貢暹羅、安南及鎮守噶喇叭之荷蘭。

邦項（讀平聲），在丁咖囉南（古志多作彭亨。以謝清高所述音近邦項，故改從此二字，其餘亦多類此）。由丁咖囉陸路約二日可到。疆域、風俗、民情，均與上數國同。亦產金，而麻姑所產為最……

以上數國，閩粵人多來往貿易者。內港船往各國，俱經外羅山南行，順風約一日，過煙筒大佛山；又日餘，經龍柰口，過崑崙海；日餘，見崑崙山。至此，然後分途而行。往宋卡、暹羅、大呢、咭蘭丹各國，則用庚申針轉而西行矣。由邦項東南行，約日餘，復轉西，入白石口，順東南風約日餘，則到舊柔佛。

舊柔佛，在邦項之後，陸路約四五日可到。疆域亦數百里，民情風俗，略與上同。土番為無來由種類，本柔佛舊都，後徙去，故名舊柔佛。嘉慶年間，暎咭利於此闢展土地，招集各國商民，在此貿易耕種，而薄其賦稅，以其為東西南北海道四達之區也。數年以來，商賈雲集，舟船輻輳，樓閣連亘，車馬載道，遂為勝地矣。番人稱其地為息辣，閩粵人謂之新州府……

麻六呷，在舊柔佛西少北，東北與邦項後山毗連，陸路通行。由舊柔佛水路，順東南風半日過琴山徑口，又日餘到此。土番亦無來由種類，疆域數百里，崇山峻嶺，樹木叢雜，民情凶惡，風俗詭異，屬荷囒管轄。初，小西洋各國番舶往來中國，經此必停泊，採買貨物。本為繁盛之區。自嘆咭利開新州府，而此處浸衰息矣……

沙喇我國，在麻六呷西北，由麻六呷海道順東南風二三日，經紅毛淺。下有浮沙，其水不深，故曰淺；謂之紅毛，則不知其何取也。此國在紅毛淺東北岸，疆域數百里，民頗稠密，性情凶獷。後山與丁咖囉、咭囒丹相連。山中土番名𤞑（讀力麻切）子，裸體跣足，鳩形鵠面，自為一類。亦服國王管轄，但與無來由不相為婚……

新埠，海中島嶼也，一名布路檳榔，又名檳榔士。嘆咭利於乾隆年間開闢者。在沙喇我西北大海中，一山獨峙，周圍約百餘里。由紅毛淺順東南風約三日可到，西南風亦可行。土番甚稀，本無來由種類。嘆咭利招集商賈，逐漸富庶……

吉德國，在新埠西北，又名計噠。由新埠順東南風日餘可到。後山與宋卡相連，疆域風俗亦與宋卡略同……由此陸路西北行二三日、海道日餘，到養西嶺（讀力養切）。陸路又行三四日、水路約一日，到蓬牙。俱暹羅所轄地。自宋卡至此，皆無來由種類……海馬出麻沙密紀，即鬈毛烏鬼國也……

烏土國，在暹羅蓬牙西北，疆域較暹羅更大。由蓬牙陸路行四五日、水路順風約二日到佗歪，為烏土屬邑。廣州人有客於此者。又北行百餘里到媚麗居，又西北行二百餘里到營工，又西行二百餘里到備姑，俱烏土屬邑。王都在盎畫，由備姑入內河，水行約四十日方至。國都有城郭宮室。備姑鄉中有孔明城，周圍皆女牆，參伍錯綜，莫知其數，相傳為武侯南征時所築，入者往往迷路，不知所出云。北境與雲南、緬甸接壤，雲南人多在此貿易。衣服飲食，大略與暹羅同，而樸實仁厚，獨有太古風。民居多板屋，夜不閉戶，無盜賊爭鬥。國法極寬，有過犯者，罰之而已。重則圈禁，旬日而釋，無殺戮撲楚之刑，實南洋中樂國也……自安南至此，及南洋諸國沿海，俱有鰐魚，形如壁虎，是食人。土番有被鰐吞者，延番僧咒之，垂釣於海，食人者即吞鉤而出，其餘則不可得而釣也。由備姑西北行，沿海數千里，重山覆嶺，並無居人。奇禽怪獸，出沒號叫。崇岩峭壁間，多古木奇花，所未經睹，舟行約半月方盡，亦海外奇觀也。



## [小西洋 諸國]

徹第缸，在烏土國大山之北，數十年來嘆咭利新闢土地，未有商賈，其風俗土產未詳。

明呀喇，嘆咭利所轄地，周圍數千里，西南諸番一大都會也，在徹第缸海西岸。由徹第缸渡海，順東南風約二日夜可到；陸路則初沿海北行，至海角轉西，又南行，然後可至，為日較遲，故來往多由海道。其港口名葛支里，港外沿海千餘里，海水渾濁，淺深叵測。外國船至此，不能遽進，必先鳴炮，使土番聞之，請於嘆咭利，命熟水道者操小舟到船，為之指示然後可……港口有炮臺。進入內港，行二日許，到交牙炮臺。又三四日，到咕哩噶噠，嘆咭利官軍鎮明呀喇者治此。有小城，城內唯住官軍，商民環處城外。嘆咭利官吏及富商家屬，俱居漲浪居。漲浪居者，城外地名也，樓閣連雲，園亭綺布，甲於一國，嘆咭利居此者萬餘人。又有敘跛兵五六萬，即明呀哩土番也。酋長有三，其大者稱唧有士第，其次為呢哩，又次為集景，皆命於其王，數年則代……其土番有數種：一明呀哩，一夏哩，一吧藍美。明呀哩種較多，而吧藍美種特富厚。明呀哩食牛不食豬，夏哩食豬不食牛，吧藍美則俱不食……自此以西，地氣漸寒。中華人居此者，可穿夾衣。自此以東及南洋諸國，天氣俱和暖，四時俱可穿單衣。土產：鴉片煙、硝、牛黃、白糖、棉花、海參、玳瑁、訶子、檀香。鴉片有二種：一為“公班”，皮色黑，最上；一名“叭第咕喇”，皮色赤，稍次之。皆中華人所謂“烏土”也，出於明呀喇屬邑，地名叭旦拏。其出曼噠喇薩者，亦有二種：一名“金花紅”，為上；一名“油紅”，次之。出嗎喇他及盎叽哩者，名“鴨屎紅”，皆中華人所謂“紅皮”也。出孟買及唧肚者則為“白皮”，近時入中華最多……

曼噠喇薩，在明呀喇西少南，由葛支里沿海陸行約二十餘日、水路順東風約五六日。俱暎咭利所轄地。至此別為一都會，有城郭。暎咭利居此者，亦有萬人，敘跛兵二三萬。此地客商，多阿哩敏番，即來粵東戴三角帽者是也。土番名雪那哩，風俗與明呀哩略同……內山為嘵包補番。嘵包補者，猶華言“大”也，本回回種類。其間國名甚多，疆域不過數百里。所織布極精細，大西洋各國番多用之。

笨支里，在曼噠喇薩西南，為佛郎機所轄地。由曼噠喇薩陸行約四五日、水行約日餘即到。土產：海參、魚翅、訶子、棉花、猳梭、豸。內山亦屬嘵包補。

呢咕叭當國，在笨支里、西嶺介中，疆域甚小，土番名耀亞。

西嶺，在笨支里少北，又名咕嚕慕。由笨支里水路約六七日、陸路約二旬可到。為荷蘭所轄地。土番名高車子，風俗與明呀哩略同。內山為乃弩王國……

打冷莽柯國，在西嶺西北，順東南風約二三日可到……沿海屬邑，有地名咖補者，西洋客商皆居此。土產：海參、魚翅、龍涎香、訶子。

亞英咖，在咖補西北，順風約五六日可到，為暎咭利所轄地……

固貞，在亞英咖西北，水路順風約日餘可到，為荷蘭所轄地。土番風俗，與上略同。內山為晏爹呢咖國，實回回種類……

隔瀝骨底國，在固貞北少西，水路順風約二日可到，陸路亦通。風俗與上同。土產：胡椒、棉花、椰子，俱運至固貞售賣。內山仍屬晏爹呢咖。

馬英，在隔瀝骨底北少西，水路順風約二日可到，為佛郎機所轄地。土產風俗，與上略同。內山亦屬晏爹呢咖。

打拉者，在馬英西北，陸路相去約數十里，為暎咭利所轄地。土番風俗，亦與上同。土產：胡椒、海參、魚翅、淡菜。內山仍屬晏爹呢咖。

嗎喇他國，在打拉者西。疆域自東南至西北，長數千里。沿海邊地，分為三國：一小西洋，一孟婆羅，一麻倫呢，為回回種類……

小西洋，在嗎喇他東南沿海邊界。由打拉者向北少西，行經嗎喇他境，約六七日到此。為大西洋所轄地，疆域約數百里。土番名盈丟，奉蛇為神……又有蘇都嚕番、察里多番、咕嚕米番三種，多孟婆囉國人，西洋人取以為兵。其風俗與盈丟略同。西洋番居此者有二萬人……

孟婆囉國，在小西洋北山中，由小西洋水路順風約日餘可至國境……

麻倫呢國，在孟婆囉北，水路順風約日餘可到。疆域風俗，與孟婆囉同……

盎嘰哩國，在麻倫呢北少西，水路順風一二日可到。疆域風俗，與小西洋略同……

孟買，在盎嘰哩北少西，相去約數十里，為暎咭利所轄地。有城郭。土番名叭史，顏色稍白，性極淳良，家多饒裕。暎咭利鎮此地者有數千人……亦小西洋一大市鎮也。鄰近嗎喇他、盎嘰哩、曉包補、唧肚諸國，多輦載貨物到此貿易。其內山亦屬曉包補。

蘇辣，在孟買北，水路約三日可到，亦暎咭利所轄。土番名阿里敏，土產同上。

淡項（讀平聲），在蘇辣北，水路約日餘可到，為西洋所轄，土產同孟買。

唧肚國，在淡項北，疆域稍大。由淡項水路順風約二日可到。風俗民情，與盎嘰哩諸國略同。土產：鴉片、海參、魚翅，俱運往蘇辣、孟買販賣。

自明呀喇至此，西洋人謂之哥什嗒，我總稱為小西洋。土人多以白布纏頭，所謂白頭鬼也。遇王及官長，蹲身，合掌上於額；俟王及官長過，然後起。子見父母，亦合掌於額。平等相見亦如之。其來中國貿易，俱附嘆咭利船。本土船從無至中國，中國船亦無至小西洋各國者。自此以西，海波洶湧，一望萬里，舟楫不通，淺深莫測，沿海諸國，不可得而紀矣。《海國見聞》謂小西洋西南，皆烏鬼國，延袤萬里，直趨西南海中；小西洋與大西洋海道不能直通，實為烏鬼國所阻，與謝清高所述互異。余止錄所聞於謝清高者，以俟博雅之考核，不敢妄為附會也。其唧肚內山，則為金眼回回國。聞其疆域極大，不與諸國相往來。故其風俗土產，亦不得而紀也。

——[清]謝清高口述、楊炳南筆錄《海錄·卷上》





**[南海－南洋－西海 諸島]**

柔佛國，在舊柔佛對海，海中別一島嶼也。舊柔佛番徙居於此。周圍數百里。由白石口南行，約半日即到。土番為無來由種類，性情凶暴，以劫掠為生。土產：檳榔膏、沙藤、椰子、冰片。

霤里國，在柔佛西南海中，別峙一大山，不與柔佛相連。由柔佛渡海而南行，約日餘可到。疆域約數百里，風俗土產，與柔佛同。土番較強盛。潮州人多貿易於此。海東北為琴山徑。

錫哩國，在霤里西北。疆域風俗，與霤里同。由霤里買小舟沿海行，約四日可到。海東北為麻六呷。由此又西北行約二日，仍經紅毛淺。土產：魚脯、冰片、椰子、胡椒。

大亞齊國，在錫哩西北，疆域稍大。由紅毛淺外海，西北行日餘即到。由國都向西北陸行五六日、水路順風一二日，則至山盡處，俱屬大亞齊。風俗與無來由各國同。海東北岸為沙喇我國，山盡處則與新埠斜對。土產：金、冰片、沙藤、椰子、香木、海菜。

呢咕吧拉，西南海中孤島也。由亞齊山盡處北行少西，順風約十一二日可到。土番俱野人，性情淳良，日食椰子、熟魚，不食五穀。閩人居吉德者，常偕吉德土番到此採海參及龍涎香。其海道亦向西北行，約旬日可到。由此又北行約半日許，有牛頭馬面山。其人多人身馬面，是食人。海艘經過，俱不敢近，望之但見雲氣屯積。天日晴朗，遙見山頂似有火焰焉。又北行旬日，即到明呀喇海口。若向北少西行，順風六七日，可到曼噠喇薩。

小亞齊國，一名孫支，在大亞齊西。由大亞齊西北行，經山盡處，轉東南行，約日餘可到。疆域亦數百里，風俗與大亞齊同。土產：金、沙藤、胡椒、椰子、冰片。

蘇蘇國，在小亞齊南。水路順風約二日即到。疆域、風俗、土產，與小亞齊同。

叭當國，在蘇蘇東南。水路順風亦二日可到。疆域、風俗、土產，均與上略同。海西別有一島，為呢是國。

呢是國，又名哇德，在蘇蘇、叭當二國之西，海中獨峙一山。民似中國而小，常相擄掠販賣……自此以西，海中多大石，風濤險阻，難以通行。故大西洋海舶，往小西洋各國貿易，必由叭當之西，呢是之東。

茫（讀莫浪切）古魯，在叭當東。水路順風約五六日可到，陸路亦通。但山僻多盜賊，故鮮有行者。沿海都邑，近為暎咭利所奪，國王移居山內。然暎咭利居此者不過數十人，敘跛兵數百而已。土產：海參、丁香、荳蔻、胡椒、椰子、檳榔。

舊港國，即三佛齊也。在茫咕嚕東，疆域稍大。由茫咕嚕東南行，約三四日，轉北，入噶喇叭峽口，順風行半日，方出峽。峽東西皆舊港國疆土。峽西大山名網甲，別峙海中。山麓有文都、上盧寮、下盧寮、新港等處。山南復有二小島，一名空殼檳榔，一名朱麻哩，皆產錫。閩粵人到此採錫者甚眾。文都有英咭利鎮守，而榷錫稅……

龍牙國，在舊港北。由峽口水路到此，順風約三日。由此北行日餘，則為柔佛。西北行日餘，則至雷哩。此山多木，大者數十圍。中華洋船至此，多換桅柁。凡雷哩、錫哩、大小亞齊、蘇蘇、叭當、茫咕嚕、舊港、龍牙九國，實同一山，皆無來由種類。唯大亞齊、蘇蘇民稍淳良，餘俱凶惡，以盜劫為生涯。凡無來由各國，俱產黑燕窩、速香、降香、雞骨香、檳榔、椰子、海菜。

噶喇叭，在南海中，為荷蘭所轄地。海舶，由廣東往者：走內溝，則出萬山後向西南行，經瓊州、安南，至崑崙，又南行約三四日到地盤山，萬里長沙在其東；走外溝，則出萬山後向南行少西，約四五日過紅毛淺，有沙亘在水中，約寬百餘里，其極淺處止深四丈五尺，過淺又行三四日到草鞋石，又四五日到地盆山，與內溝道合，萬里長沙在其西。溝之內外，以沙分也。

萬里長沙者，海中浮沙也，長數千里，為安南外屏。沙頭在陵水境，沙尾即草鞋石。船誤入其中，必為沙所湧，不能復行，多破壞者。遇此，須取木板浮於沙面，人臥其上。數日內若有海舶經過，放三板拯救，可望生還。三板，海舶上小舟也。舟輕而浮，故沙上可以往來。若直立而待，數刻即為沙掩沒矣。七洲洋正南，則為千里石塘，萬石林立，洪濤怒激，船若誤經，立見破碎。故內溝、外溝亦必沿西南，從無向正南行者。

由地盆山又南行，約一日到網甲，經噶喇叭峽。出峽口又南行，過三洲洋，約三日到頭次山，即噶喇叭邊境也，上有中華人所祀土地祠。又行二十餘里，到海次山，有數島。一以居中華之為木工者；一為瘋疾所居；一為罪人絞死之所，俗呼為吊人山。其餘皆以囤積貨物……過海次山，則至噶喇叭山。山縱橫千里，有城郭炮臺，南海中一大都會也。本荷蘭所轄地，後暎咭利師侵而奪之。荷蘭行成，仍命管理，而歲收其貢稅焉。荷蘭番鎮守此地者三四千人，又有烏番兵數千。凡荷蘭分守南洋及小西洋各國者，俱聽噶喇叭差官調遣。土番亦無來由種類……中國、無來由、大西洋、小西洋各國，莫不罄珍寶貨物商販於此。中華人在此貿易者，不下數萬人，有傳至十餘世者。然各類自為風氣，不相混也……

萬丹國，在噶喇叭南，疆域甚小，與噶喇叭同一海島。由噶喇叭陸路南行，三四日可到。亦無來由種類，風俗與噶喇叭同。土產：珍珠、佳紋席極佳。國南臨大海，海中有山，層巒疊巘，崒兀崚嶒，時有火焰，引風飄忽，入夏尤盛，俗呼為火焰山……

尖筆闌山，在地盆山東少南，南海中小島也。周圍百里，有土番數百人，亦無來由種類。尖筆闌者，華言九也。山有九峰，故土番呼為尖筆闌。由地盆山東行，約二日可到。山西北即千里石塘。土產：檳榔、椰子、冰片。

咕噠國，疑即古志所稱爪哇也，在尖筆闌山東南海中。別起一大山，迤邐東南，長約數千里。十數國環據之，或謂之息力大山，此其西北之一國也。由尖筆闌東南行，順風約二三日可到。王居埔頭，有荷蘭番鎮守。由埔頭買小舟，沿西北海，順風約一日，到山狗王（地名），為粵人貿易耕種之所。由此登陸，東南行一日，到三劃，又名打喇鹿，其山多金。內山有名喇喇者，有名息邦者，又有烏落及新呢黎各名，皆產金，而息邦金為佳。皆咕噠所轄地。

吧薩國，一名南吧哇，在咕噠東南，沿海順風約日餘可到。地不產金，中華人居此者，唯以耕種為生。所轄地有名松柏港者，產沙藤極佳。亦有荷蘭鎮守。

崑甸國，在吧薩東南，沿海順風，約日餘可到。海口有荷蘭番鎮守，洋船俱灣泊於此。由此買小舟入內港，行五里許，分為南北二河，國王都其中。由北河東北行，約一日，至萬喇港口，萬喇水自東南來會之。又行一日至東萬力，其東北數十里為沙喇蠻，皆華人淘金之所。乾隆中，有粵人羅方伯者貿易於此。其人豪俠，善技擊，頗得眾心。是時嘗有土番竊發，商賈不安其生，方伯屢率眾平之……華夷敬畏，尊為“客長”，死而祀之，至今血食不衰云。

萬喇國，在崑甸東山中。由崑甸北河入萬喇港口，舟行八九日可至。山多鑽石，亦有荷蘭番鎮守。

戴燕國，在崑甸東南。由崑甸南河向東南溯洄而上，約七八日至雙文肚，即戴燕所轄地。又行數日至國都。乾隆末，國王暴亂，粵人吳元盛因民之不悅，刺而殺之，國人奉以為主，華夷皆取決焉。元盛死，子幼，妻襲其位，至今猶存。

卸敖國，在戴燕東南。由戴燕內河逆流而上，約七八日可至。

新當國，在卸敖東南。由卸敖至此，亦由內河行，約五六日程。聞由此再上，將至息力山頂，有野人，皆鳥首人身云。自戴燕至山頂，皆產金；山愈高，金亦愈佳。特道遠，至彼者鮮，故其金歲不多得。自咕嚨至萬喇，連山相屬，陸路通行。閩粵到此淘金沙、鑽石及貿易、耕種者，常有數萬人。戴燕、卸敖、新當各國，亦有數百人。皆任意往來，不分疆域……

馬神，在崑甸南少東。由崑甸沿海，順風東南行約二日，經戴燕國境，又行二三日到此。疆域風俗，與上略同。

蔣哩悶（讀去聲），在馬神東南。沿海順風約二日可到。疆域稍狹，風俗土產，與鄰國同。

三巴郎國，在蔣哩悶南少東，海道順風約二三日可到。疆域頗大。閩粵人至此者亦多。以上三國，皆無來由種類，為荷蘭所轄，即在噶喇叭東北。

麻黎國，在三巴郎東南，疆域同三巴郎。沿海順風約四五日可到。土番名耀亞，人多貧窮而甚勤儉，風俗淳厚，異於無來由……

茫（讀莫浪切）咖薩，在麻黎東南，沿海約四五日可到，亦耀亞種類……

細利窪，在茫咖薩東南。由海道行，約二三日可到。沿海土番，為無來由種類。內山土番，為耀亞種類。耀亞王所居山，名伯數奇。風俗各從其類，皆歸荷蘭管轄。三國亦與噶喇叭鄰近，其貨物多歸噶喇叭售賣。

自咕嚨至此，同據息力大山西南半面，而各分港門。其港口皆西向。由此東南行，海中多亂山，周圍或數百里，或數十里。各有山番佔據，多無來由、耀亞二種，別有一種名舞吉子。富者攜眷經商，所至即安，無故土之思，亦無一定之寓；貧者則多為盜劫。其國名未能悉數也。

唵悶國，即細利窪東南海中亂山之一也。萬丹南，火焰山在國之西北。亦無來由種類，而性稍善良。土產：丁香、沉香、荳蔻，有荷囒番鎮守。

唵門國，亦亂山之一。風俗、土產，與唵悶同。原歸荷蘭管轄，近為暎咕利所奪。

地問，在唵門東南海中。別起一大島，周圍數千里。島之西南為地問，歸西洋管轄。島之東北為故邦，歸荷囒管轄。……

文來國，在細利窪西北。由細利窪東南入小港，向西北行，順風約五六日可至。由地問北行，順風七八日可至……

蘇祿國，在文來北少西。舟由文來小港，順東南風，約七八日可至。風俗、土產，與文來同。貨物多運往崑甸、馬神售賣。二國同據息力大山東北半面山中，絕巘崇岩，荊榛充塞，重以野番佔據，不容假道，故與西南諸國陸路不通。船由廣東往者，出萬山後，向東南行，經東沙，過小呂宋，又南行，即至蘇祿海口。由咕噠往，則須向東南行，至細利窪入小港，轉西北，沿山行，經文來，然後可至。其國西北大海，多亂石，洪濤澎湃。故雖與咕噠比鄰，舟楫亦不通也。

小呂宋，本名蠻哩喇。在蘇祿、尖筆蘭之北，亦海中大島也。周圍千里，為呂宋所轄，故名小呂宋。地宜五穀。土番為英西鬼，與西洋同俗，性情強悍，樂於戰鬥。呂宋在此鎮守者有萬餘人。中華亦多貿易於此者……所屬地有名伊祿咕者，小呂宋一大市鎮也，米穀尤富。其東北海中，別峙一山，名耶黎，亦屬呂宋。其人形似中國。其地產海參。千里石塘是在國西。船由呂宋北行，四五日可至臺灣，入中國境。若西北行，五六日經東沙；又日餘，見擔干山；又數十里，即入萬山，到廣州矣。

東沙者，海中浮沙也。在萬山東，故呼為東沙。往呂宋、蘇祿者所必經。其沙有二，一東一西，中有小港，可以通行。西沙稍高，然浮於水面者，亦僅有丈許，故海舶至此遇風雨，往往迷離，至於破壞也。凡往潮、閩、江、浙、天津各船，亦往往被風至此，泊入港內，可以避風。掘井西沙，亦可得水。沙之正南，是為石塘。避風於此者，慎不可妄動也。



妙哩士，西南海中島嶼也。周圍數百里，為佛郎機所轄。凡大西洋各國船回祖家，必南行經噶喇叭，至地問，然後轉西少北行，約一月可到此山。無土人，其所居皆佛郎機及所用烏鬼奴。土產烏木。由此向北少西行，約半月有奇，謂之過峽。一路風日晦暝，波濤洶怒，寒雪飄零，六月不息，舟人戰慄，咸有戒心，其天氣與妙哩士迥別。過峽後至一島，謂之峽山，為荷蘭所轄。天復炎熱，但海闊風狂，波浪騰湧。舟行經此，遇風過猛，必須稍待風和而行。山亦無土人，唯荷蘭及鬼奴居之。土產梨、牛黃，有大鳥莫知其名，其卵大數寸。由此更北行少西，順風約七八日，復至一島，名散爹哩，周圍數百里，為嘆咭利來往泊船取水之地，無土產，有嘆咭利兵在此鎮守。

——[清]謝清高口述、楊炳南筆錄《海錄·卷中》



## [大西洋 諸國]

大西洋國，又名布路叭士，氣候嚴寒，甚於閩粵。由散爹哩正北行，約二旬可到國境。其海口南向，有二炮臺，謂之交牙炮臺，儲大銅炮四五百架，有兵二千守之。凡有海艘回國，及各國船到，本國必選遣人查看，有無出痘瘖者，若有則不許入口，須待痘瘖平愈，方得進港內。有市鎮七處，如中國七府。由交牙炮臺進港，行數十里到預濟窩亞，此一大市鎮也。國王建都於此，有炮臺，無城郭。又由此進，則為金吧喇，亦一市鎮。凡入中華為欽天監，及至澳門作大和尚者，多此土人。又進為窩嗟，又進為維丟，其餘為末嚕，為阿喇咖，為渣彼，皆大市鎮也，人煙稠密，舟車輻輳，各有重兵鎮守……

大呂宋國，又名意細班惹呢，在西洋北少西。由大西洋西北行，約八九日可到。海口向西，疆域較西洋稍寬。民情凶惡，亦奉天主教。風俗與西洋略同。土產：金、銀、銅、鐵、哆囉絨、羽紗、嗶嘰、蒲桃酒、琉璃、番鹹、鐘錶。凡中國所用番銀，俱呂宋所鑄，各國皆用之。

佛郎機國，又名佛囒西，在呂宋北少西。疆域較呂宋尤大，沿海舟行四十餘日方盡。由呂宋陸行約二十日可到。民情淳厚，心計奇巧。所製鐘錶，甲於諸國。酒亦極佳。風俗土產，與西洋略同，亦奉天主教。所用銀錢，或三角，或四方，中俱有十字文。

荷囒國，在佛郎機西北。疆域、人物、衣服，俱與西洋同……

伊宣國，在荷囒北，疆域較西洋稍狹。由荷囒向北行，約七八日可到。風俗土產，與西洋同。

盈囒你是國，在伊宣西北。疆域、風俗、土產，與伊宣同。由伊宣沿海向北少西，行約旬餘可到。

亞哩披華國，在盈囒你是東，其南與佛郎機毗連。由盈囒你是向東少北行，約數日可到……

淫跛輦國，在亞哩披華東北。風俗、疆域、土產略同。

其伊宣、盈囒你是、亞哩披華、淫跛輦各國交界處，有地名郎瑪，眾建一廟，禮拜者日無隙晷。是西洋、呂宋、佛郎機、伊宣、淫跛輦、雙鷹、單鷹七國所共奉祀，盈囒你是、亞哩披華二國則不拜。

祋（都律切）古國，在西洋、呂宋、佛郎機之後，港口在伊宣各國之南。疆域極大，本回回種類。人民強盛，穿大袖衣，裹頭，服皮服，不與諸國相往來。西洋人謂之仍跛喇多者，猶華人言大國也，唯稱中華及祋古為然。

雙鷹國，又名一打輦，在祋古港口之西北。疆域與西洋同，與單鷹國為兄弟，患難相周恤。亦奉天主教，風俗大略亦與西洋同。番舶來廣東，有白旗上畫一鳥雙頭者，即此國也。

單鷹國，又名帶輦。在雙鷹西北，疆域、風俗略同。番船來廣東，用白旗畫一鷹者是。

埔魯寫國，又名馬西葛比（一作北）。在單鷹之北，疆域稍大，風俗與回回同。自亞哩披華至此，天氣益寒，男女俱穿皮服，仿佛同中國所披雪衣，夜則以當被。自此以北，則不知其所極矣。





暎咭利國，即紅毛番，在佛郎機西南對海。由散爹哩向北少西行，經西洋、呂宋、佛郎機各境，約二月方到。海中獨峙，周圍數千里，人民稀少，而多豪富。房屋皆重樓疊閣，急功尚利，以海舶商賈為生涯。海中有利之區，咸欲爭之，貿易者遍海內。以明呀喇、曼噠喇薩、孟買為外府……海口埔頭名懶倫，由口入舟，行百餘里，地名論倫，國中一大市鎮也。樓閣連綿，林木蔥鬱，居人富庶，匹於國都，有大吏鎮之。水極清甘。河有三橋，謂之三花橋……

綏亦咕國，在暎咭利西少北，疆域與西洋略同，風俗、土產如暎咭利，而民情較淳厚。船由荷蘭約旬餘，由暎咭利約六七日可到。來廣貿易，其船用藍旗畫白十字。

盈黎馬祿咖國，在綏亦咕西北，與綏亦咕同一海島，陸路相通，而疆域較大。人稍粗壯，風俗、土產同，即來廣州黃旗船是也。

咩哩干國，在英咭利西。由散爹哩西少北行約二月，由暎咭利西行約旬日可到，亦海中孤島也。疆域稍狹，原為暎咭利所分封，今自為一國。風俗與暎咭利同，即來廣東之“花旗”也……其國出入多用火船，船內外俱用輪軸，中置火盆。火盛衝輪，輪轉撥水，無煩人力，而船行自駛。其制巧妙，莫可得窺。小西洋諸國，亦多效之矣。

自大西洋至咩哩干，統謂之大西洋，多尚奇技淫巧，以海舶貿易為生。自王至於庶人，無二妻者。山多奇禽怪獸，莫知其名，而無虎豹麋鹿。凡船來中國，皆南行過峽，轉東南，經地問、噶喇叭，置買雜貨，北入噶喇叭峽，過茶盤即地盆，經紅毛淺而來。若不泊噶喇叭，則由地問北經馬神、崑甸，西至茶盤，北經紅毛淺而來。九月以後，北風急，則由地問借風向文來、蘇祿 、小呂宋、東沙而來。其往小西洋貿易者，則由噶喇叭西北行，經蘇蘇之西，呢是之東，又西北經呢咕吧拉而往。由小西洋復來中國，則東南行經亞齊東北、麻六呷西南，入白石口，轉茶盤而來。遇北風，則由白石口東南行，至細利窪，入小港，經蘇祿、小呂宋、東沙而來。內港船來往，則必乘南北風。其蘇祿、呂宋一道，從未有能借風而行者。此其大略也。

亞咩哩隔國，在峽山正西。由峽山西行，約一月可到。土番為順毛烏鬼，性情淳良。疆域極大，分國數十，各有土王，不相統屬，總名亞咩哩隔。天氣炎熱，與南洋諸國同。中有一山，名沿你路。周圍較西洋國為大。近年西洋王移都於此，舊都命太子監守。由沿你路西行十餘日，至名埋衣唧，亦為西洋所轄。又西行十餘日，至彼咕嗟哩，則為暎咭利所轄。其餘各國，亦多為荷囒、呂宋、佛郎機所侵佔……由此東北行，亦通花旗各國。

鬈毛烏鬼國，在妙哩士正西。由妙哩士西行，約一月可至。疆域不知所極，大小百有餘國。民人蠢愚，色黑如漆，髮皆鬈生。其麻沙密紀國、生哪國、咖補呧蕐國，皆為西洋所奪。又嘗掠其民，販賣各國為奴婢。其土產：五穀、象牙、犀角、海馬牙、橙、西瓜。

哇夫島、哇希島、匪支島、唵你島、千你島、鷰格是、哪韋吧、亞哆歪，以上八島，俱在東海。由地問正東行，約二月可到。每島周圍十餘里，各有土番數百……

開於，在東北海。由哇夫島北行，約三月可到。謝清高云：伊昔隨西洋海舶至此，採買海虎、灰鼠、狐狸各皮。天氣凝寒，雪花遍地。船初至海口，有冰塊流出，大者尋丈，未敢遽進。鳴大炮，有土人搖小船來引，其船皆刳獨木為之。舶中有通其語者，故得與交易。聞其地名，似為開於二音，遂呼為“開於”……聞其北是為冰海云。其東洋諸國，清高所未至，故皆不錄。

—— [清]謝清高口述、楊炳南筆錄《海錄·卷下》

中國歷代

# 海路針經

《2011—2020年國家古籍整理出版規劃》項目

陳佳榮　朱鑑秋　執行主編

下冊

国家出版基金项目
NATIONAL PUBLICATION FOUNDATION

GUANGDONG PUBLICATION FUNDS
廣東省原創精品出版資金扶持項目

SPM 南方出版傳媒
廣東科技出版社｜全國優秀出版社
·廣州·

## 圖書在版編目（CIP）數據

**中國歷代海路針經：全 2 冊／陳佳榮、朱鑒秋執行主編. —廣州：廣東科技出版社，2016.2**

**ISBN 978-7-5359-6379-6**

Ⅰ. ①中…　Ⅱ. ①陳…②朱…　Ⅲ. ①航海航線—航路指南—中國—古代—圖集

Ⅳ. ① U675.83-64

中國版本圖書館 CIP 數據核字（2015）第 181724 號

## 鳴　謝

本套書在編纂過程中，得到了廣東海上絲綢之路博物館及劉南威、劉迎勝、司徒尚紀、張賢明、潘安定、劉福曾先生和許樺淳女士的大力支持，特此鳴謝。

中國歷代海路針經

A Collection of Maritime Routes and Rutters of Imperial China

項目統籌：陳　兵　丁春玲

責任編輯：姚　芸

項目支持：鍾潔玲

視覺設計：李　樹　李揚力

責任印製：彭海波

出版發行：廣東科技出版社

地　　址：廣州市環市東路水蔭路 11 號

郵政編碼：510075

http//www.gdstp.com.cn

E-mail：gdkjyxb@gdstp.com.cn（營銷中心）

E-mail：gdkjzbb@gdstp.com.cn（總編辦）

排　　版：廣州市友間文化傳播有限公司

經　　銷：廣東新華發行集團股份有限公司

印　　刷：廣州市嶺美彩印有限公司

（廣州市荔灣區花地大道南海南工商貿易區 A 幢　郵政編碼：510385）

規　　格：889mm×1 194mm　1/16

印　　張：80.5　字數 1800 千

版　　次：2016 年 2 月第 1 版

2016 年 2 月第 1 次印刷

定　　價：680.00 元（全 2 冊）

# 目録 CONTENTS

## 上篇 THE FIRST CHAPTER

## 中篇 THE SECOND CHAPTER

# 下篇 THE LAST CHAPTER

# 趙新《續琉球國志略》中的針路

**【引書舉要】**

[清]趙新（1806—1876）奉命出使琉球，於同治五年（1866）六月初九放洋，二十一日抵那霸港收泊；同年十一月初十回航登舟，十五日至四嶼寄椗。趙新歸國後，撰《續琉球國志略》。該書有光緒八年序，應刻於1882年。

本書所引據北京圖書館出版社2000年《國家圖書館藏琉球資料匯編》的光緒八年刻本影印本。

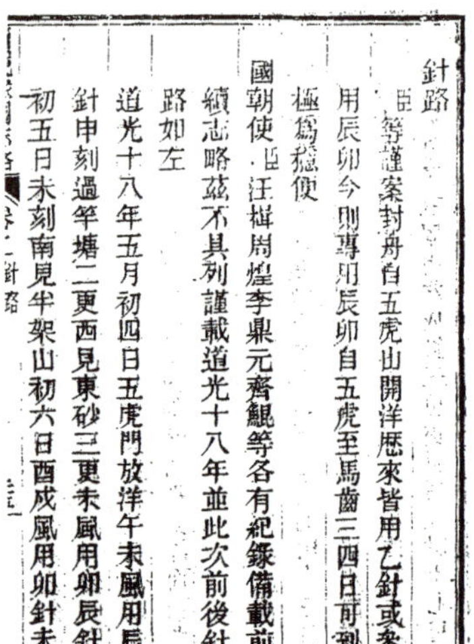

針路
臣等謹案封舟自五虎山開洋歷來皆用乙針或參
用辰卯今則專用辰卯自五虎至馬齒三四日可到
極爲穩便
國朝使臣汪楫周煌李鼎元齊鯤等各有紀錄備載前
續志略茲不具列謹載道光十八年並此次前後針
路如左
道光十八年五月初四日五虎門放洋午未風用辰
針申刻過竿塘二更西見東砂三更未風用卯辰針
初五日未刻南見半架山初六日酉戌風用卯針未

[清]趙新《續琉球國志略》書影

## 針路

臣等謹案：封舟自五虎山開洋，歷來皆用乙針，或參用辰卯，今則專用辰卯。自五虎至馬齒，三四日可到，極為穩便。國朝使臣汪楫、周煌、李鼎元、齊鯤等各有紀錄，備載前、續《志略》，茲不具列。謹載道光十八年並此次前後針路如左：

道光十八年[1838]五月初四日，五虎門放洋，午未風，用辰針；申刻，過竿塘；二更，西見東砂；三更，未風，用卯辰針。初五日未刻，南見半架山。初六日，酉戌風，用卯針；未刻，取釣魚山；申刻，取久場島；酉刻，巳風，用卯辰針；近晡，轉辰巳風；初更，轉午方，用卯辰針。初七日黎明，取久米赤島；酉刻，申酉風，仍用卯辰針。初八日黎明，西見姑米島；申刻，見馬齒山；酉刻，灣泊那霸洋面。初九日辰刻，進那霸港。

道光十八年[1838]十月十二日，那霸港開洋，寅卯風，用酉針；未刻，風轉丑方，仍用酉針；酉刻，過馬齒山。十三日，子風，用酉戌針；辰刻，取姑米島；四更，丑風，仍用酉戌針。十四日，風止，舟停。四更，亥子風起，仍用酉針。十六日辰刻，子丑風，用酉戌針；三更，寅風，用戌針。十七日二更，辰巳風，用酉戌針。十八日，子丑風，仍用酉戌針；辰刻，見中華外山；未刻，見南杞山，用未申針。十九日午刻，過定海；未刻，進五虎門。

同治五年[1866]六月初九日卯刻，放洋。未風兼西，用辰針（船由上向駕駛，故用辰針）；午刻，轉正南風，用辰針，過竿塘；申刻，過東湧、東沙洋面。初十日，轉西南風，用辰針；申刻，過半架山。十一日，轉午風，用卯辰針；酉刻，過釣魚山；戌刻，過久場島；亥刻，用寅卯針。十二日卯刻，轉午未風，用卯辰針；午刻，轉巳午風，用寅卯針；未刻，過久米赤島；申刻，風停；是夜，轉巳午，微風。十三日，風停，船順流而行；是夜亥刻，起丑風，用卯辰針。十四日，丑風，用卯辰針；夜同。十五日，轉卯風，用辰巳針；辰刻，見姑米山。十六日，轉寅卯風，用巳午針；申刻，駛近姑米山；酉刻，該島有小船數十隻來引；三更，進姑米山前寄椗。十七日，卯刻起椗；巳刻進兼城港口下椗；申刻，起未申風，正西南，起椗開行；戌刻，風停，船流不定。至十八日辰刻，開放大砲。該島又有小船前來挽帶，因海潮沖進，不能近山，小船亦難前駛。十九日，隨流二百餘里；申刻，起午未風，船向姑米山駕駛（此時向山而行，未用針）。二十日，午未風，加巾頂，駛近姑米山（因見午未風色順利，即向馬齒山駕駛）。二十一日辰刻，到馬齒山；酉刻，抵那霸港收泊。

同治五年[1866]十一月初十日，登舟；巳刻，自那霸港開洋，丑寅風，針向酉；申刻，過馬齒山；酉刻，丑風，針向辛戌；夜子刻，風暴。十一日未刻，丑風，針向辛戌。十二日，丑風，針向戌；夜子刻，丑風，針向辛戌。十三日，丑風，針向辛酉；未刻，丑風，針向辛酉。十四日，丑風，針向辛酉；夜子刻，丑風，針向坤申。十五日，子丑風，針向坤申；夜子刻，至四嶼寄椗。

——[清]趙新《續琉球國志略》





# 嚴如熤《洋防輯要》所錄針路

## 太倉使往日本針路

（見《渡海方程》及《海道針經》）

太倉港口開船，用單乙針，一更船，平[吳淞口]。（更者，每一晝夜分為十更，以焚香枝數為度，以木片投海中，人從船面行，驗風之迅緩，定更數多寡，可知船至某山洋界）。吳淞江用單乙針及巳卯針，一更，平[寶山]。寶山到南匯嘴，用乙辰針出港口，打水六七丈，沙泥地，是正路。三更，見茶山（茶山水深十八托，一云行一百六十里，正與此合）。自此用坤申及丁未針，行三更船，直至大 小十[七]山，灘山在東北邊。灘山下水深七八托。用單丁針及丁午針，三更船，至霍山。霍山用單午

**【引書舉要】**

[清]嚴如熤（1759—1826）的《洋防輯要》刊於道光十八年（1838）。其針路係抄自明鄭若曾的《籌海圖編》（源自吳朴《渡海方程》及《海道針經》），但有錯漏，須認眞校對。

本書所引據道光十八年的刊刻本。

針至西後門。西後門用單巳針三更船，至茅山。茅山用辰巳針取廟州門，船從門下行過，取升羅嶼（廟州門水深急流）。升羅嶼用丁未針，經崎頭山，出雙嶼港（升羅、崎頭俱可泊船，崎頭水深九托）。雙嶼港用丙午針三更船，至孝順洋及亂礁洋（雙嶼港口水流及[急]，孝順洋水深十三托）。亂礁洋水深八九托，取九山以行（九山四[西]邊有礁，打水、行船宜仔細。一云亂礁洋水深六托，泥地）。九山用單卯針，二十七更，過洋，至日本港口（打水七八托，泥地，南邊泊船）。又有從烏沙門開洋，七日即到日本。若陳錢山至日本，用艮針。

## [福建駛往日本針路]

梅花東外山開船，用單辰針、乙辰針，或用辰巽針，十更船，取小琉球。小琉球套北過船，見雞籠嶼及梅花瓶、彭嘉山。彭嘉山北邊過船，遇正南風用乙卯針、或用單卯針、或用單乙針，西南風用單卯針，東南風用乙卯針，十更，船取釣魚嶼。釣魚嶼北邊過，十更船，南風用單卯針，東南風用單卯針、或用乙卯針，四更船，至黃麻嶼。黃麻嶼北邊過船，便是赤嶼。五更船，南風用甲卯針，東南風用單卯針，西南風用單甲針、或用單乙針，十更船，至赤坎嶼。赤坎嶼北邊過船，南風用單卯及甲寅針，西南風用艮寅針，東南風用甲卯針，十五更船，至古米山。古米山北邊過船，有礁，宜知畏避。南風用單卯針及用甲寅針，五更船至馬巽[邑]山。馬巽[邑]山南風用甲卯或甲寅針，五更船，至大琉球。大琉球 那霸港泊船（土官把守港口，船至此用卯及甲寅針，行二更進那霸內港，以入琉球國中）。

那霸港外開船，用單子針四更船，取離倚嶼，外過船。南風，用單癸針三更船，取熱壁山以行。熱壁山南風用單癸針，五[四更船，取硫黃山。硫黃山南風用丑癸針，五]更船，取田北[嘉]山。又南風，用丑癸針三更半船，取夢加剌山。南風用單癸針及丑癸針，三更船，取大羅山。

洋防輯要卷二十四　漵浦嚴如熤樂園輯
外夷 市貢　安康張鵬飛補山梓
朝鮮
朝鮮本箕子所封秦屬遼東外徼初為燕人衛滿據其地武帝定朝鮮為真番臨屯樂浪元菟四郡昭帝并為樂浪元菟二郡漢末為公孫度所據傳至公孫淵魏滅之晉永嘉末陷入高麗高麗本扶餘別種其王高璉居平壤城卽樂浪郡地唐征高麗拔平壤置平樂都護府其國東遷鴨淥江東南千餘里五代唐時王建代高氏闢地益廣并古新羅百濟而為一遷都松岳以平壤為西京其後子孫朝貢宋遼金歷四百餘年未始易姓元至元中西京內屬置東寧路總管府盡慈嶺為界洪武初其主王顓表賀卽位封為高麗國王後李旦代其國遣使請改國號賜號朝鮮其國分為八道中曰京畿東曰
洋防輯要　卷二十四
1737

[清]嚴如熤《洋防輯要》書影

大羅山用單癸針，三[二]更半船，取萬者通七島山，西邊過船。萬者通七島山用單寅針，五更船，取野顧七山，島內[名叫兵之妙是麻山嶼]野顧山用巽寅針二更半船，取但爾山。用艮寅針四更船，取亞甫山（一云野顧山對面行六十里，有小礁四五箇，最畏避。由北邊過船，用艮寅方行一百五十里，至旦午山。用艮寅方行[一百]四十里，至亞甫山）。亞甫山[在]平港口，其水望東流，甚急。離此山，用艮寅針十更船，取亞慈理美妙。若不見此山，用單艮針二更船，又艮寅針五更船，取沿灣奴（一云沿渡奴）烏佳眉山。沿渡奴烏佳眉山單癸針二更船，若開時用單丁針一更船，至西[而]是麻山。西是麻山南邊有沉礁，名套礁（一云名住[做]沉長礁）。東北邊過船，用單壬針一更船，是正路。卻用單子針四更船，取大門山中。大門山傍西邊門過船，用單丑針三更船，取兵袴山港。兵袴港循本港，直入日本國都。

——[清]嚴如煜《洋防輯要·卷二十四》





# 《臺陽見聞錄》所記的海道

## 海道

【引書舉要】

[清]唐贊袞的《臺陽見聞錄》今本二卷，作於光緒十七年（1891）。本書所引爲《臺灣文獻叢刊》所收第30種，另可見“國學導航”：http：//www.guoxue123.com/tw/01/030/003.htm。

[清]唐贊袞《臺陽見聞錄》書影

臺地四面皆海，可以四達。東南至呂宋，海道七十更；東北至日本，海道七十二更。而至臺海舶，不許通外洋。惟載臺地物產往吳 越貨賣，然必回舶抵廈門納稅給票，方許放洋。迨海舶回載，亦如之。其市於外洋，悉係內地海舶，而納稅給票準此。

“外洋諸國，惟咬嚁吧最遠（咬嚁吧，即咖嚁吧）。予[《小琉球漫志》作者朱仕玠]在德化時，有諸生陳洪照者，博學善屬文，以貧窶，曾附海舶客咬嚁吧五閱月，著《吧遊紀略》一書，所載海道甚為詳悉，附錄於後：

‘廈門至咬嚁吧，海道二百四十更。初放洋，舟西南行三十六更，至七洲洋；茫無島嶼，為通西洋必經之道。隆冬之際，北風迅發，至此，暖氣融融，人穿單衣。中外之界，自此分矣。乃具牲饌，籠金錢，陳於木板，投諸海面焚之，以禮海神；繼鳴金鼓，焚楮帛，以禮所過名山之神。既過七洲洋，是為外羅山。則有鳥焉，白羽尖喙，其大如雞；中尾一羽似箭，長三、四寸，名曰箭鳥。是鳥也，見有人至，則回翔於其上。過外羅山，是為馬鳴嶠。由馬鳴嶠，順風三日，至煙筒大佛山。山環列嶂，中一山有石突出，遠望如人立其巔；非風利，不得過。舟行至此，先以木板編竹為小船，帆用雜色彩紙，陳牲饌、香燭、金錢以祭。祭畢，將牲饌等物置小船中，放諸海以厭之。其小船瞬息前飄不見，則過此平安，謂之放彩船。

‘過煙筒大佛山，至廣南 赤嵌山，其山色赤如赭。過赤嵌山，為覆鼎。（過覆鼎）為羅源。過羅源，為東 西竹。過東 西竹順風三日，至崑崙洋。洋中有山，名曰崑崙；前列三峰，後列三峰。其洋小於七洲，每海舟回時，正當夏月，常起鼠尾。鼠尾者，天際雲氣一點如黑子，須臾黑氣一線直上，猋風暴雨卒至。所謂往怕七洲、歸怕崑崙也。海舟往時，當冬春之際，可以無慮。然必設饌，祭如七洲洋。過崑崙洋，為麵包嶼。過麵包嶼，為豬母頭嶼。過豬母頭嶼，為短腰嶼。過短腰嶼，為長腰嶼。過長腰嶼，為琴 七星嶼。過琴 七星嶼，為地盤。自崑崙洋至此，皆不見有大山，惟認海中浮嶼為水道行程。舟行晝夜無住處，離嶼常須數里，恐嶼石斜伏水中隔礙也。由地盤順風二日至[夾]峽。兩旁樹木生於海底，大者數十圍，皆直上無拳曲，其高低分植如手分置。舟行中央，相去僅二里許，樹間猿鳥飛騰上下，依稀可見。入峽至出峽十五更。峽中時有浮土，土盡塗泥，海水深不過七、八丈或五、六丈。夜則下椗不敢行，懼入淺而舟膠也。出峽十二更，至三立洋；設牲饌，祭如前。過三立洋，三更至王嶼。嶼築小城，緣邊植樹；和蘭藏貨物之處，夾板大船之所泊也。番兵鎮焉。

‘又一日，至咬嵧吧海港。自海港至城十餘里，望之不見雉堞。惟於綠樹陰末，見飛樓層閣、金碧掩映而已，蓋殊方一大都會也。其地東南阻海，西北依山，山悉平衍。城內外掘地數尺即水。水與地平，不溢不涸，澄然而清，味臭惡，不可食。其所食水，係汲諸山泉。始出者，載之以舟，因而買之。衣服藏篋笥，置樓上，十日失曬曝，則蒸濕氣。土帶沙礫，雨過輒乾。少時不雨，通衢之地，車馬走集，塵漲如霧。夾山流水，謂之溪港。港流甚大，源不知遠近；環城內外，導達溝渠，紆迴曲折，縱橫成十字。市廛民居，密比如櫛；東西對向，人皆背水而居。地暑濕，多癘疫。其俗，晨興則浴港中，晚亦如之。子生三日，母抱子浴於港，俗謂水為藥。其氣候冬至日長、夏至日短，雷發不震，北斗隱而不見。無大寒暑，惟夏月稍熱，冬月則暖。冬至以後，則降霖雨，謂之和蘭春，乃種五穀。既種之後，不溉不耘，穫則翦其穗而揉之；實皆堅好，歲止一熟。此田既穫，乃種他田；周而復始，歲率為常。惟麥不生，以其地氣暖也。蘿蔔花而不實，種皆載於中國。阿槤子始花，收其液，如椰液，可以釀酒。椰有黑、白二種，樹如棕，一榦直上，有葉無枝，高丈餘。栽之成行，以竹架其上。始花截其莖，承之以筩，夜有液如乳墜筩中，味甜，以釀酒。花成實，可生食；內有漿滿腹，渴飲之生津。

其地多椰。番人謂椰為咬嵧吧，故以名其地焉。其豕多赤，其牛多白。往時咬嵧吧自為一國，明季併於和蘭。今王為和蘭人。王在和蘭，咬嵧吧之地止命酋長鎮之，亦稱為王。溯和蘭立國（至）乾隆十四年己巳歲，乃一千五[七]百四十九年也。

和蘭至咬嵧吧所歷之國：東洋，其國有海而無鹽，和蘭市之，利百倍焉；西洋，其國街市廬室宛然，而不見有人。往市者以所貨之物書價置其室，越夕取去貨物而置布焉；不售者，貨仍在。其布方廣丈餘，縷細如髮；和蘭富人以為送死者裹衣，云其屍不腐。’”

——此文引自朱仕玠《小琉球漫志》所載陳洪照著《吧遊紀略》片斷





## 海口

臺地□夷海口，道里綿長，各路設防宜分最要、次要海口。

（一）安平大港口，在郡治西城外。外有南 北沙汕二道，橫亘百餘里，攔截大洋為郡城外護。安平，即南汕之首也。

（一）四草海口，與安平斜隔大港，即北汕之首也。其外水勢寬深，臺灣大商船自內地來，皆停泊於此。俗名四草湖。

（一）鹿耳門，距四草湖不及五里。在昔號稱天險。

（一）郭賽港，在鹿耳門北十里，為安、嘉二縣交界之所。本即北汕，為水沖成港。口門頗深，水底沉汕蜿蜒，非熟習水道者不能輕入。

（一）二鯤身，在安平迤邐三里。本即南汕，與三鯤身毘連，近年水沖成港。水淺，小舟可以登岸。

（一）鳳山縣 打鼓港、東港：打鼓港在埤頭縣治西南十里打鼓、旗尾二山之間，口門淺窄，外有沙坪，大船不入。東港在埤頭縣治西南六十里鳳鼻山後，外有沙汕，對面海中有小琉球嶼，船自北來，須由打鼓港外洋避汕而行，繞琉球嶼方能入港。港口門稍闊，水深不過一丈，惟小船可入。

（一）嘉義縣 樹苓湖，在縣西北六十里，又名象鼻湖。北距五條港二十八里，南距笨港之猴樹港十五里，外有沙汕三道，若斷若續。內匯為湖，上下三十餘里，俗以五條港為上湖，樹苓湖為下湖。內水深自一丈七、八尺至四、五尺不等。自岸至口門約逾十里。潮大時，一望汪洋；潮退時，海灘至岸約五、六里。上湖口門，久淤；惟下湖可進大艘。

（一）彰化縣 番仔挖，在縣西南五十里。南距樹苓湖六十餘里，北至王功港七里，又北至鹿港二十三里。昔時，鹿港口門最大；嘉慶中，鹿港口門淤廢，商船由王功港出入。道光以來，王功港口又淤，商船皆從番仔挖出入。番仔挖口闊水深，外有沙汕一道，迤邐自南而北，商船自此由港內經王功港而至鹿港，故以番仔挖為鹿港外口。自東岸西至口門沙汕，遠約十里，至深水行大船處約三里。

（一）王功港，又名牽舺湖，為鹿港內門。

（一）五汊港，即鰲棲港，在彰化縣北界，南距鹿港四十里，北距大甲溪三十里。口門水深一丈或七、八尺；其南有水里港，口門水深一丈四、五尺。二口相距甚近，不過數里。商船二、三千石至者，水小由五汊港入，水大由水里港入。

（一）淡水縣次要小口四：曰大安、曰中港、曰香山、曰竹塹；最要大口曰滬尾、曰雞籠。





大安港在縣西南九十里大甲溪之北。昔年水口寬深，內地大商船可到；近淺窄，惟數百石小船出入。中港在大安，北去吞霄、後壟二小口，皆淺狹。香山港在縣治南十里，岸去海口甚遠。港東礁寬六十丈，水深二丈餘，海灘甚大，不能靠岸。竹塹，在縣治北十里。

滬尾即八里坌口，在縣北，府志所云深水港是也。兩岸南北相對皆山，中開大港，寬七、八里。在口門水深一丈七、八尺，港內深一丈二、三尺。滬尾在北岸，八里坌在南岸，港西為海口。昔港南水深，商船依八里坌出入；近淤淺，口內近山有沙一線，商船不便，皆依北岸之滬尾出入，口內北岸六七里許。

雞籠在淡水極北轉東之境。由艋舺入山北行三十里為水返腳，轉東行二十五里至大雞籠。萬山叢峻，下多深潭、急溪，地勢極高，俯瞰全臺在目。嶺下三面峰巒環列，中開大澳；東北一面向海，口門極其寬深。澳長七、八里，外寬五、六里，內寬里許。澳內深水二丈餘，可泊大商艘數百號。

宜蘭縣之蘇澳，南境逾馬賽山界。水勢寬深，澳內可容大艘。昔蔡、朱二寇，曾泊船於此，欲以登岸。其澳三面皆山，東南係生番界，地勢險峻。以外有烏石、加禮遠二港，口皆極淺窄。春夏以後，惟小船出入；秋後即小船亦難入。

此各海口之大約情形也。

臺地本三口對渡：鹿耳門與同安 廈門對，鹿港與泉州 蚶江對，八里坌與福州 五虎門對。凡敵船可到之口，即敵人可入之處；欲為守口之計，莫如增建炮臺。然築（炮）臺，必先審地勢，攬其形勝，或可以獨當一面，或可以幾面拒敵，形勢既得，然後興工。其基地必堅，其四周必廣；其高若干？足以瞭望若干里？高低廣狹、正面旁面、前路後路，均須佈置有法，而後炮臺之成，有恃無患。我能攻敵，敵不能攻我；我兵有藏身之固，而敵人無敢近駛之船，則海口可守……

## 更數

按廈門至澎湖七更，是為大洋；澎湖至臺灣船五更，或云四更，是為小洋。[來集之]《樵書》云：六十里為一更，又一日夜定為十更。定更之法，以焚香幾枝為度。船在大洋，風水有順逆、駕浪有疾遲，水程難辨，以木片從船首[投]海中，人自船首速行至尾，木片與人行齊至，則更數準；若人行至船尾，木片未至，為不及更；或木片先人至，則為過更，均非更數也。

——[清]唐贊袞《臺陽見聞錄·卷下》





# 泉州的《源永興寶號航海針簿》

## 沈家門漏落頭內皮針路

**[該標題1962年抄本缺，據張本補入]**

沈家門，流西水用甲寅至搖鼓嶼對坐。

棋頭，流東用丑、西用艮，取中搖門對坐。

中搖門，流東用子午、西用癸丁，取牛鼻琇對坐。

三腳姑，流東用子、西用癸，取馬鞍對坐。

大嶼內，流東用子午、西用癸丁，取豬腳嶼對坐。川焦頭一更。

石浦，流東用子、西用癸，取頂蚊嶼二更。

頂蚊嶼，流東用子午、西用癸丁，取川焦頭一更。

川焦頭，流東用子午、西用壬丙，取積谷外過。

鹿生，流東用甲庚、西用卯酉，取糍榔門過。

鹿生，流東用艮丑、西用艮寅，取荔枝嶼門過。

大鹿用寅申見三弁。

三弁用艮坤見外鳳。

外鳳用艮坤見北關。

外鳳用子午見臺山。

外鳳用寅申見鹽田。

內鳳用坤寅見鹽田。

**【引書舉要】**

[清]佚名《源永興寶號航海針簿》係由泉州海外交通史博物館搜集、收藏並擁有版權。全文由王連茂點校，並同時見於王連茂、王亦錚點校《清代泉州針路簿三種》。

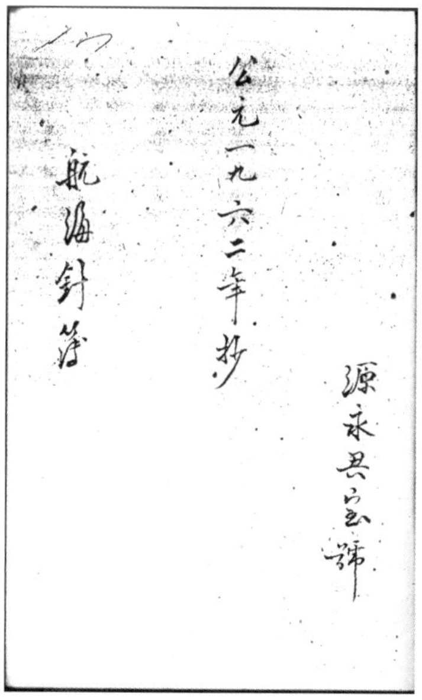


[清]佚名《源永興寶號航海針簿》書影一

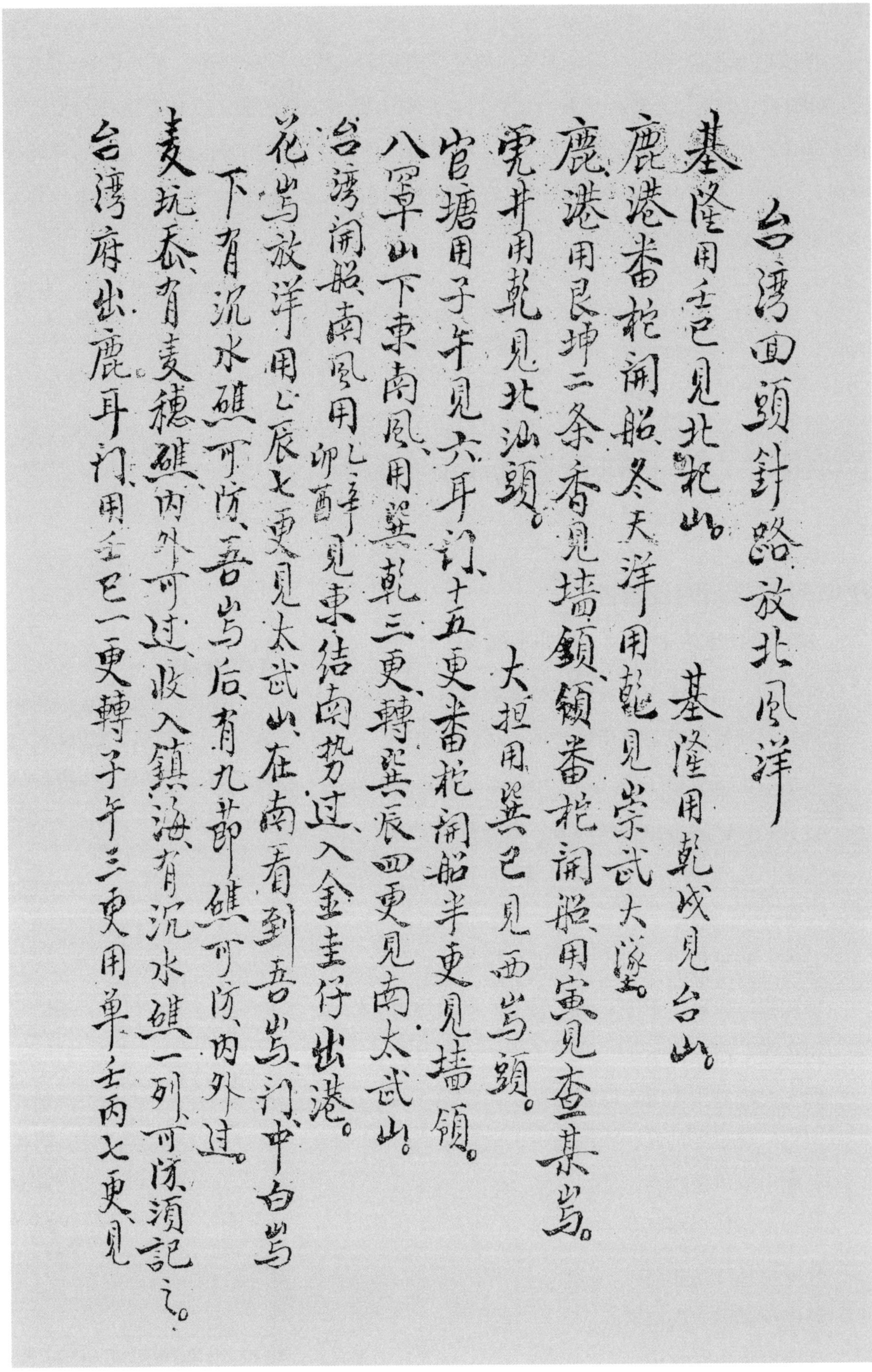
台灣西頭針路放北風洋

基隆用壬巳見北杞山。　基隆用乾戌見台山。

鹿港番挖開船，冬天洋用乾見崇武大墜。

鹿港用艮坤二条香見墻嶺，嶺番挖開船用寅見查某嶼。

覓井用乾見北汕頭。　大担用巽巳見西嶼頭。

官塘用子午見六耳門，十五更番挖開船半更見墻嶺。

八罩山下東南風用巽乾三更，轉巽辰四更見南太武山。

台灣開船南風用乙辛卯酉見東結南势过，入金圭仔出港。

花嶼放洋用乙辰七更見太武山，在南看到吾嶼門中白嶼

下有沉水礁可防，吾嶼后有九節礁可防，内外过。

麦坑吞有麦穗礁，内外可过，收入鎮海有沉水礁一列可防，須記之。

台灣府出鹿耳門，用壬巳一更，轉子午三更，用單壬丙七更見

[清]佚名《源永興寶號航海針簿》書影二

金鳳鼻用坤寅見草嶼。

草嶼用艮寅見拜嶼。

北關用艮寅見芙蓉山。

南關用艮坤見大洋山。

風火門用子癸見芙蓉山。

三沙用子壬見芙蓉山。

根竹用子午見芙蓉門。

洋山尾用艮寅見老湖。

小西洋用丁午見硎嶼。

小西洋用丁午見北塘。

媳婦娘嶴用巽乾、巳亥見硎嶼。

硎嶼用子午見南塘。

黃岐用巳亥見南塘。

定海頭用辰巽見南塘。

官塘用子午見白犬。

長塘用艮坤見牛角山。

白犬用坤申見牛角山 赤嶼。

白犬用單艮見草嶼。

白犬用庚酉見茲嶴。

茲嶴用子午見牛鼻弄。

牛鼻弄用艮見苦嶼。

苦嶼用子取四嶼內過。

四嶼用子見烏礁外過。

烏礁用子壬見分流嶼。

貓嶼用子午取猿昆水。[此條據張本補入]

四嶼用子午見猿昆水。

四嶼用癸丑見竹排礁。

吉吊用艮寅見墓仔口。

墓仔口用艮寅見紡車頭。

門扇後用艮坤見白嶼。

白嶼用艮坤見小日頭。

西寨頭用艮坤見南進嶼。

[按語]

該針簿原本已無存，現搜集到的諸多手抄本，有兩部相對完整，其餘僅摘抄部分，份量明顯較少，但可見該針簿的流行之廣。相對完整的兩部俱墨書，抄寫工整。一爲1962年抄本，以《航海針簿》爲書名，注明"源永興寶號"、公元1962年抄，未署抄者姓名；一爲惠安縣崇武鎮大岞村張水泉家藏抄本，據稱爲祖父遺物。張氏於2012年66歲時去世，以此推算，當爲清末民初抄本，但無書名，亦未注明係抄自"源永興寶號航海針簿"。兩部抄本內容基本一致，惟各有遺漏，個別地方如針位、地名亦有出入。今以1962年抄本爲藍本，並與張氏抄本互校，遺漏部分則據以補入，歧異者亦加注明。凡針簿中之地方別字，均依樣造字；地名中之諧音字，如"涺嶼"作"吾嶼"，"烈嶼"作"列嶼"，"劉五店"作"六五店"等，概不予改動。

源永興應係清代泉州某家從事航運業商行的商號，其歷史尚待進一步查證。

[近見有《記載莆田先民航行足跡的清初手抄本——〈水路簿〉》一文(http://tieba.baidu.com/p/3050582074)，謂莆田黃氏藏有清初舊抄本《水路簿》。從其披露內容看，與源永興寶號《航海針簿》等泉州針簿係同出一源，姑誌於此以供繼續比對研究。]

豬母 豬仔礁用乙卯見東滬。

南進嶼用艮寅見大岞山。

東滬用卯酉見湄洲山。

東滬用甲庚見大岞山。

烏龜用甲卯見大岞山。

## 在烏嶼往寧波南風針路直落

烏嶼，南風用甲卯見烏龜四更。

烏龜用艮丑見牛嶼三更。

牛嶼用艮丑見東湧外六更。

牛嶼用子午見白犬三更。

東湧外用丑見臺山外三更。

臺山外用癸丑見南杞三更。

南杞用癸丑見丕山三更。

丕山用癸丁、丑未見楊棋三更。

[以下據張本補入]

楊棋用艮坤、丑未取魚山，至三更。

魚山用子午、壬丙取九山，至三更。

九山用子午、癸丁取桃花三更。

二錢嶼用丑未取大烏龜三更。

大龜用東甲寅、西甲卯，取普陀山一更。

魚山用東艮坤、西丑未取尾圭籠嶼。

魚山用東艮寅、西甲寅取東基頭。

東基頭用東癸丁、西丑未取積谷外過。

## 放洋往淡水針路

丕山用子午十二更見大鼻 台墩山。

南杞用子午見台墩十一更。

東湧用乾五更轉戌三更見台墩山。

觀音嶴用卯酉見台墩山。

烏龜用乙辛、卯酉見鳳鼻頭。

淡水港口用甲庚見烏龜山，轉甲庚見大岞山，再轉庚酉取大墜。

南塘用乙辛、辰戌十一更見台墩山。

## 放鹿港洋北風針路

獺窟用乙辛、辰戌轉單辰戌見大道。

大墜用巽巳見澎湖 西嶼頭。

澎湖用單巽乾見打九山頂，看山出玉城 什草正港，入臺灣府口，至鹿耳門。

澎湖內有花貓嶼。花貓嶼外是桶盤嶼。桶盤嶼東內 外玷，東外口是媽祖灣，西南是淺內。東南外有小嶼仔二個，名曰查某嶼。西南下去是東西結。查某嶼南下有礁打浪。

澎湖東北面畚箕嶼。澎湖北面有一條名曰目斗秦，上長，水退打浪。

## 放洋往淡水北風針路

東滬出船，用巽乾見後籠尾。

台墩山㟃內出船，用壬丙、巳亥十一更見臺山。

## 西南風放洋針路春水南流漸多

祥芝下、深滬頭出船，用壬丙、巳亥見鹿港。

祥芝尾出船，用巳亥見大道山。

祥芝尾出船放洋，用巽乾、巳亥見大道頂。

大墜出船，用巽巳見鐵玷。

大墜出船，用巽乾、辰戌見竹蕲山。

大墜出船，用乙卯見墳圓。

大墜出船，用甲卯見觀音、台墩兩山。

## 大墜放洋往笨北風針路

大墜出船，用巽乾轉巽見笨港頂。

大墜出船，用巽轉巽巳見目嶼。

大墜出船，用壬丙、巳亥見西嶼頭。

大墜出船，用子午、壬丙見大嶼。

大墜出船，用乙辛見大肚。

崇武出船，用乙辛、辰戌見大肚。

春天過臺，在烏[鳥]嶼南風放竹蕲，用乙酉十一更。

放淡水，甲卯十二更至港。

北風放下胡、放下港，用乾戌至牆嶺十二、三更。

放澎湖，用壬丙至澎湖七更。

在東湧放圭籠，用乾亥至台墩七更。

大墩，南風取丕山，用子午至丕山十一、二更。

楊棋用艮未取魚山三更。

魚山用子壬取九山三更。

九山用子癸取桃花三更。

二錢用丑未取大烏龜三更。

大龜用丑未取兩廣二更。

魚山，流東、西，用艮未取尾山 圭籠嶼。

龜交，流東、西，用甲寅、甲卯取普陀一更。

魚山，流東、西，用艮寅、甲寅取東基頭。

東基頭，流東、西，用癸丑取積谷外過。

## 回頭針路[張本作“北勢回頭針路”]

楊山用卯酉見炭山。

炭山用卯酉見北四嶼。

炭山用單巳見魚山。

北四嶼外用卯酉見乍浦山。

北四嶼用乾亥[張本作“巽巳”]見丁厝嶴。

南四嶼用辰戌見丁厝嶴。

南四嶼用□□見乍浦山。[張本此處針位也不詳]

楊山用子壬見魚山。

魚山用子午見丁厝嶴。

打石澳用壬丙見龍虎山。

其頭用壬戌見南窯。

南窯用子午見牛鼻弄。

連礁洋用單癸見半畔山。

牛乍箕用壬見塗龍嶴。

塗龍嶴用艮見急水門。

急水門用庚申見咳呵鼻。

咳呵鼻用子午見積谷門。

三門角用艮見寧台嶼、草嶼。

草嶼用坤申見牛頭門。

牛頭門外用艮坤見咳呵鼻。

川招用坤未見網仔澳。

積谷用子午見烏嶼過。

積谷門用艮坤見六兒[耳]。

積谷門用寅申見吊邦。

吊邦用坤寅見三箕頭。

石塘用庚酉見豬嶼。

石塘用坤申見大鹿山。

茲榔嶴用坤見三弁。

大鹿用坤申見三弁。

三弁用坤申見內鳳。

琇門用艮未見虎仔嶼。

鳳山用寅申見鹽田。

內鳳用坤申見鹽田。

內鳳用子午見臺山。

金香鼻用坤未見草嶼。

草嶼用坤未見拜嶼。

北關用坤申見冬瓜嶼。

冬瓜嶼用坤未見風火門。

三沙角用壬丙、子午見芙蓉山。

根竹用子午見芙蓉山。

大洋山尾用坤申見老湖。

小西洋用子午見官塘。

小西洋用丁未見砌嶼。

媳婦娘嶴用巽巳見砌嶼。

砌嶼用子午見南塘。[據張本補入]

黃岐用壬丙、巳亥見南塘。[據張本補入]

定海頭用巽辰見[南]塘[張本作“塘山”]。

南塘用子午見白犬。

白犬用庚酉見茲嶴。
茲嶴用丁午見牛鼻弄。
牛鼻琇用艮坤見苦嶼。
白犬用單申見草嶼、赤嶼。
白犬用坤申見牛角山。
苦嶼用子午見四嶼。
四嶼用未見竹排礁。
烏礁用丁未見竹排礁。
吉吊用坤申見墓仔口。
墓仔口用坤申見紡車頭。
門扇後用艮坤見白嶼。
白嶼用艮坤見小日頭。
西寨用艮坤見南進嶼。
東滬用辛酉見豬母礁。
崇武用庚申見烏嶼。
東滬用卯酉見湄州山。
東滬用單庚見大岞山。
烏嶼用坤申見祥芝尾。
大岞、北椗，用坤見小鎮海。
小鎮海用坤申見周門。
祥芝尾用坤申見石峻 北椗。
北椗用坤申見小鎮海。
周門用坤申見虎豹獅象。
宮仔前用庚申入南嶴。
南嶴用坤申見響圭山、揭揚港。

## 漏落船對倚針路

周山用子午見其頭。
其頭用丑未見內窯。
其頭用單子見中窯。
中窯用壬子見牛鼻琇。
中窯用單午見牛鼻琇。

牛鼻琇用壬午見三腳姑。

牛鼻琇轉午見馬鞍嶼。

馬鞍嶼用子午見大嶼。

大嶼用午見豬腳嶼門。

大嶼外用丁未取豬腳嶼。

豬腳嶼用午見公婆嶼。

豬腳嶼外用丁未取公婆嶼。

公婆嶼用壬子取金牌門。

金牌門用丁未見急水門。

金牌門用子午見下急水。

下急水用艮未見雙頭通。

下急水用丁轉艮未見三門。

三門用丙丁見勞傷嶼。

勞傷嶼用單午見茶盤洋。

茶盤用壬午見牛頭門。

牛頭門用丁午見咳呵鼻。

咳呵鼻用壬午見半月。[張本作“咳呵鼻取半月嶼用丙午針”]

咳呵鼻用子午見川招。

半月嶼用子午見積谷。

網仔嵍用壬午見積谷。

積谷用坤未見和尚頭。

吊邦用未兼坤未見石塘。

吊邦用丁未見三算[張本作“三箕”]。

和尚頭用未見吊邦門。

三算[張本作“三箕”]用艮丑見大鹿。

三算[張本作“三箕”]用寅申見貓嶼。

石塘用丑未見鹿門。

石塘用庚申見貓嶼。

後岩用子午見披山。

後岩用丁未見鹿門。

貓嶼用丁未見嵫椰嵍。

茲椰嵍用未兼坤未見坎門。

大鹿用未兼坤未見琇門。

坎門用丁未見箬杯。

大魚用艮未見虎仔嶼。

大魚用艮坤見桶盤鳳。

虎仔嶼用艮坤見圭髻鳳。

虎仔嶼用丑未見北關門。

桶盤鳳用丑未見圭髻鳳。

圭髻鳳用艮坤見琵琶頭。

琵琶頭用丁未見鹽田。

鹽田用坤未見金香鼻。

金香鼻用艮見草嶼。

草嶼用丑未見拜嶼。

草嶼用艮未見北關門。

金香用艮未見北關門。

拜嶼用艮坤見大洋山。

拜嶼用艮申見冬瓜嶼鼻。

北關用艮丑見洋山門。

北關用艮坤見冬瓜嶼。

冬瓜嶼用丁未見洋山門。

風火門用艮丑見三沙。

風火門用丑未見根竹。

風火門用丁未見鴨池。

鴨池用丁未見老湖門。

根竹用子午見鴨池。

三沙用丁未見鴨池外。

老湖用丁未見小西洋外。

老湖用丑未見小西洋內。

小西洋用子癸見硼嶼。

小西洋用子午見北塘。

硼嶼用壬丙見北塘。

硼嶼用丁未見南塘。

硼嶼用丑未見黃岐。

黄岐用丙午見南塘。

北塘用丁未見南塘。

南塘用子午見白犬。

南塘用子轉丁未見牛角山。

定海頭用坤申見五虎門。

定海頭用辰巽見南塘。

白犬用甲卯見茲嶴。

白犬用艮未見牛鼻琇 赤嶼。

茲嶴用子午見牛鼻琇。

牛鼻琇 赤嶼用艮未見苦嶼。

苦嶼用丁未見貓嶼。

貓嶼用子午見四嶼。

四嶼用子午見烏礁。

烏礁用子壬轉巳見分流嶼。

分流嶼用子午見吉吊。

吉吊用艮丑離墓仔口，轉單未見小萬安。

小萬安用丑未見紡車頭。

小萬安轉艮坤見南盤。

南盤用丁未離鼠尾，轉丑未見白嶼。

白嶼用艮未見小日頭。

小日頭用艮坤見南日鼻。

南日用艮申見平海山。

南日用艮申見南進嶼過。

南進嶼用丑未見北椗。

北椗用丑未見大岞山。

北椗用艮申見小岞山。

大岞用甲卯見崇武。

崇武用寅申見獺窟。

崇武用甲寅見鳥嶼外。

獺窟用艮申見大墜。

鳥嶼用寅申見大墜內。

## 揭揚港至上海漏内皮針路

揭揚港 響圭山用艮寅見南嶴。

南嶴用寅申見宮仔前。

虎豹獅象用艮申見周門。

周門用艮寅見鎮海。

虎豹獅象用艮申見孤螺。

虎頭山用艮申[張本作"艮坤"]見將軍嶴。

樟門用丑未見虎頭山。

將軍嶴用艮申[張本作"艮坤"]見南進嶼。

北椗用艮丑見石峻。

石峻用艮丑見祥芝尾。

祥芝尾用艮坤見大岞。

大岞用甲寅見烏龜。

大岞用艮丑見南日山。

湄洲 北椗用甲卯見烏龜。

豬母礁用艮申見西寨。

豬母礁用卯酉見東滬。

西寨用丑未見野馬。

小日頭用艮坤見白嶼。

白嶼用丑未見門扇後。

紡車頭用艮申[張本作"艮坤"]見墓仔口。

墓仔口用艮寅見吉吊。

吉吊用壬丙見分流嶼。

分流嶼用子癸見烏礁。

竹排礁用丑未見四嶼。

苦嶼用艮寅[張本作"艮坤"]見牛鼻琇。

牛鼻琇用子癸見茲嶴。

茲嶴用甲卯見白犬。

牛角山用艮申見白犬山。

白犬用子午見南塘。

官塘用乾戌見定海山。

官塘用壬丙見黄岐。

宜塘用子午見北佳頭 硎嶼。

硎嶼用癸丁見小西洋。

硎嶼用乾戌見媳婦娘罂。

小西洋用癸丑見老湖。

小西洋用艮坤見老湖門。

小西洋用寅申見芙蓉山。

老湖門用艮丑見風火門。

風火門用艮寅見南關，轉寅申見北關。

北關用艮坤見拜嶼[張本作“風洋山”]。

拜嶼用丑未見金香山。

金香用艮坤見鹽田山。

鹽田鼻用寅見鳳山。

內鳳用艮坤見三弁。

虎仔嶼用艮丑見三弁。

三弁用艮轉丑見坎門。

三弁用艮寅見大鹿。

大鹿用艮申見石塘。

吊邦用寅申見積谷山。

積谷用子午見川招 半月。

鼊殼用子壬見川招。

咳呵鼻用艮坤見牛頭門。

咳呵鼻用甲卯見急水。

茶盤用艮丑見三門。

牛乍箕用子午見蜈蜞罂。

樸鏰用子午見圭心嶼。

圭心嶼用子癸見連礁洋。

牛鼻琇用子午見南窟[張本作“南窯”]。

青龍港用艮申見其頭。

其頭用乾戌見火燒鼻。

老虎山用艮申見打石罂。

丁厝罂用乾戌見四嶼。

丁厝罂用丁午[張本作“子午”]見魚山。

丁厝嶴用丑未見雙頭通。

魚山用子午見楊山。

楊山用乾戌見炭山。

楊山用子午見大蝛。

大蝛用子午一更，打水四、五托，食柁沙塗；轉乾戌，打水四托半至五托，見柳樹内是頭墩。又入去二墩，又再入去是川招營，是有炮臺，海塘岸白煙墩不遠。入内去是吳淞港口，打水十二托，可抛椗，切須着記之，可防，夜間走過身去。



## 對開直落針路

盡山用癸丑四更見烏龜。

烏龜用癸丑三更見北窟。

北窟[張本作“北窯”]丑未四更見魚山。

魚山用艮寅三更見鳳尾，外過。

鳳尾山外用艮申四更見南 北杞。

南 北杞用丑未三更見臺山。

臺山外兜用艮丑五更見牛嶼。

牛嶼用艮丑見烏龜山。

烏龜外兜用甲卯三更見大岞。

烏龜用子壬九更見澎湖。

烏龜用丑未七更見東椗。

南太武 東椗外，用癸丑七更見宫仔前。

南嶴用艮申十一更見大生[張本作“大星”]。

大生[張本作“大星”]用艮申七更見東姜頭。

東姜頭用丑未見烏豬。

烏豬用艮丑十四更見七星。

七星用丑未三更見鐘鼓。

鐘鼓用丁未五更見大州頭。

## 廈門往北對坐針路

大擔共東椗用壬巳對坐，至東椗二更。

大擔共烏嘴尾甲卯對坐，至烏嘴尾一更。

烏嘴尾共東椗子貪壬對坐，至東椗二更。

金門共東椗壬丙、巳亥對坐，至東椗二更。

烏嘴尾共赤嶼用甲卯對坐，至赤嶼一更。

北椗共烏嘴尾甲庚、寅申對坐，至烏嘴尾一更。

北椗共福全用艮申對坐，至福全一更。

北椗共烏龜寅申對坐，至烏龜五更。

烏龜共北太武寅申對坐，至北太武五更。

烏龜共海陳 大尖壬丙對坐，至海陳三更。

烏龜共大岞甲卯對坐，至大岞三更。

烏龜共東湧癸丑對坐，至東湧山七更。

東湧共湧橫甲卯對坐，至湧橫二更。

湧橫共大金巽乾、巳亥對坐，至大金三更。

東湧共北佳頭卯酉對坐，至北佳頭三更。

東湧共大金乙辛、辰戌對坐，至大金四更。

東湧共小西洋乙卯對坐，至小西洋三更。

東湧共官塘甲寅對坐，至官塘三更。

東湧共白犬寅申對坐，至白犬三更半。

東湧共臺山癸丁對坐，至臺山三更。

東湧共牛嶼丑未對坐，至牛嶼四更半。

東湧共霜山壬丙對坐，至霜山二更。

東湧共窯山丑未對坐，至窯山二更。

臺山共南杞癸丑對坐，至南杞嶼三更。

南杞共鳳尾癸丁對坐，至鳳尾六更。

鳳尾共魚山癸丁對坐，至魚山三更。

楊棋共積谷甲卯對坐，至積谷一更。

積谷共吊邦子午有貪壬丙三條線位對坐，至吊邦半更。

東算[張本作“東其”]共魚山甲庚對坐，至魚山一更。

東算[張本作“東其”]共佛頭山壬丙對坐，至佛頭山一更。

佛頭山共魚山乾戌對坐，至魚山一更。

魚山共西算甲卯對坐，至西算二更[張本作“西其”]。

魚山共九山癸丁對坐，至九山三更。

魚山共普陀山癸丁對坐，至普陀山五更。

烏龜共盡山子午對坐，至盡山三更。

烏龜共海照寅申對坐，至海照四更。

兩廣山共烏龜艮丑對坐，至烏龜二更。

兩廣山共海照癸丑對坐，至海照二更。

兩廣山共大礁盤壬巳對坐，至大礁盤二更。

兩廣山共盡山西勢灣內巳亥對坐，至盡山一更。

盡山共海照乙辛對坐，至海照一更。

盡山共圭髻辰戌對坐，至圭髻四更。

盡山共兩廣 大礁盤壬巳對坐，至大礁盤半更。





圭髻共洋山丑未對坐，至洋山四更。

洋山共小蜎癸丑對坐，至小蜎半更。

小蜎共大蜎癸丁對坐，至大蜎半更。

圭髻共大蜎子癸對坐，至大蜎二更。

圭髻共茶山壬子對坐，至茶山更半。

大蜎共花鳥卯酉對坐，至花鳥二更。

茶山共盡山乾戌對坐，至盡山五更。

大蜎共茶山子癸對坐，至茶山三更。

茶山有牛皮礁沉水，可防，打水四托，深處所也。茶山兜內外打水六、七托，船可抛山兜，無礙也。

大石島 馬頭嘴共老山甲寅相合。

膠州港口至老山七更。

## 臺灣 澎湖對山針路

花貓嶼共八罩、西勢、三溫尾、查某嶼、貓母落水甲庚、寅申對坐。

東結共榜光嶼子午對坐。

目嶼共西嶼頭癸丁對坐。

花嶼共西嶼癸丁對坐。

目嶼西勢有老枯一片生開，須防，名嶢也。

大嶼共貓嶼巽乾對坐。

嶼坪共大嶼艮坤對坐。

東結共打九山巽乾對坐。

銅山共甘桔 大嶼甲寅對坐。

貓嶼共花嶼子午對坐。

八罩共大嶼丑未二更對坐。

## 南風放洋往澎湖

東椗用巽巳見花嶼。

東椗用巽乾見花貓嶼。

東椗用巳亥見貓嶼。

平海、湄洲用子午九更見西嶼。

官塘用子午十五更見鹿耳門。

大擔 烏嘴尾用巽見西嶼七更。

獺窟 烏嶼腳放洋往梧棲港，見山紅赤塗，乙酉十一更。

崇武放洋往大安港，用卯酉十一更至大安港。

烏嶼腳春天放洋往鹿港，用乙辛十一更取鹿港。

烏嶼腳用辰戌十三更見麥寮港。

烏嶼用乙卯十二更見大安，山腰內有一小嶼，有大山牛頭大中西尾小，後琽鼻生横，向西北行。

觀音嶴用乙辛兼卯酉，更香條七、八寸至鳳鼻山。看番山鳳鼻下，有竹塹港口，候水返七、八分可入港。港口北面有沙汕，汕頂有礁一個，對北礁倚倚入可也。南有石汕，名曰金龜汕，港口南有礁，入港口，礁內有石疊汕，石汕頭亦有礁一個。東北風疊汕甚然利害，船若進入港，可對北礁北汕倚倚入可也。

崇武用辰戌十一更取竹塹港口，七、八托水，去是香山港，好抛，北風不疑。至香山港更半船。

崇武用甲卯十二更取大熾[墩]山，至淡水港口。

崇武用甲庚十三更取圭籠，先至打尖鼻頭。

烏龜用艮寅十一更見大燉山。

## 放北風洋往臺灣港

觀音嶴用甲寅十一更見觀音大燉。

官塘用乙辰十一更見觀音大燉。

小西洋用辰戌三更見東湧。

北塘用乙卯十一更半見大燉山。

老湖用辰戌三更見東湧。

東湧用辰轉巽七更見觀音大燉山。

臺山用乾十一更轉巳見觀音大墩。

三沙角用巽乾十三更見觀音大墩。

南杞用壬丙十一更半見大墩山。

披山用子午十二更半見大墩山。

白犬用甲卯見觀音大墩。

## 臺灣回頭針路放北風洋

基隆用壬巳見北杞山。



基隆用乾戌見臺山。

鹿港 番梽開船，冬天洋用乾見崇武、大墜。

鹿港用艮坤二條香見牆嶺。

番梽開船，用寅見查某嶼。

虎井用乾見北汕頭。

大擔用巽巳見西嶼頭。



官塘用子午見六耳門。十五更番梽開船，半更見牆嶺。

八罩山下，東南風用巽乾三更，轉巽辰四更，見南太武山。

臺灣開船，南風用乙辛、卯酉見東結南勢過，入金圭仔出港。

花嶼放洋，用乙辰七更見太武山。在南看到吾[浯]嶼，門中白嶼下有沉水礁，可防。吾嶼後有九節礁，可防，内外過。

麥坑嵍有麥穗礁，内外可過。收入鎮海，有沉水礁一列可防，須記之。

臺灣府出鹿耳門，用壬巳一更，轉子午三更，用單壬丙七更，見烏龜山。船在西嶼頭開船，用乾戌七更見大擔。

## 横洋往澎湖

南嵍往臺灣山，南風輕輕，用乙辛、辰戌見澎湖 花貓嶼，南勢過。

南嵍，西南風用乙辰十五更見澎湖 西嶼頭北勢，打水十五托，硬地。

南嵍開船，用甲卯九更見豬母落水。

小鎮海開船，南風放洋用乾亥見西嶼頭。

澎湖北勢目嶼西南有老枯石淺，可防。

大擔開船，西北風用巽乾七更見西嶼頭，水返就原針四更見白水。

銅山開船，用乙辰取豬母落水。

烏嘴尾開船，用乾戌七更見西嶼頭。

東椗腳，西南風用乙辰七更見西嶼頭。

祥芝尾上半夜用乾亥、下半夜用乙亥，取西嶼頭。

崇武往澎湖用巳亥。

烏龜往澎湖，用癸丁三更、又用子午五更。

澎湖北勢、目嶼仔西勢，有老枯石甚淺，可防。

## 臺灣 基隆對坐針路

基隆港口，用子午、壬丙生六桶盤嶼[張本作“式桶盤嶼”]共野柳龜乾戌對坐。

野柳龜共打尖鼻乙辰對坐。

基隆仔共仁山腳甲庚、卯酉對坐。

仁山共假港口甲寅對坐。

假港口共觀音山艮坤對坐。

觀音山共鳳尖艮丑對坐。

淡水港口[張本作“淡水港 滬尾港口”]，北風放洋用甲卯見烏龜，轉甲寅見大峠山。欲入淡水港，水涍者，看千罩開門一枝扁挑開。又看觀音山，看門可離西線頭。看北畔大墩，初看中尖雙乳，又看大墩中山搭寨仔正港，直入。又看東邊尖搭寨仔炮臺正港，至滬尾出頭，可灣入北。北汕外、烏礁外，東北風可寄流。烏礁水滿密汕，汕尾有丈左右水，船可進入港。

## 放臺灣南風洋

大墜用甲卯至淡水。

大墜用乙卯見香山。

大墜用卯酉取鳳鼻 觀音山。

烏龜用乙辛、卯酉取鳳鼻。

## 北風放臺灣洋

崇武用乙辛取鹿港。

大墜用子壬取西嶼頭。

永寧用乙亥七更見西嶼頭。

深滬用巽乾取西嶼頭。

石峻用巽乾、巳亥七更取西嶼頭。

磁頭用巽乾七更取西嶼頭。

寮羅用辰戌取西嶼頭。

崇武用乾戌十一更見大道山。

崇武用乙辛十一更見鐵玷嶼。

烏龜用乙卯十一更見大墩山。

觀音嶴用甲寅十一更見大墩觀音。

白犬用甲卯見觀音大墩。

官塘用乙辰十一更見觀音大墩。



北塘用乙卯見觀音大墩山。

小西洋用辰戌取東湧山。

老湖用辰戌取東湧。



## 北風放洋往淡水針路[1962年抄本缺，據張本補入]

丕山用子午見大鼻頭台墩山。

南杞用子午、壬丙十一更見臺山。

東湧用巽乾五更，轉辰戌三更見台墩山。

南塘用乙辛、辰戌見台墩山十一更。

淡水港口，用甲庚、卯酉見烏龜；轉甲寅見大岞；轉庚酉取大墜。

## 北風放鹿港針路[1962年抄本缺，據張本補入]

獺窟用乙辛、辰戌轉辰戌見大道。

大墜用巽乾、巳亥見澎湖 西嶼頭。

澎湖用單巽乾見打狗山頂。

看山出玉城 什草正，入臺灣府口，至鹿耳門。

澎湖內有花貓嶼，嶼外是西嶼頭，是桶盤嶼。嶼內外佔東外口是媽祖灣，西南是淺內。東南外有小嶼二個，名曰查某嶼。西南下去是東 西桔。查某嶼南下，有礁打浪。澎湖東北面，有加簸嶼。澎湖北面有石一條，名曰目斗秦，上長，水退打浪。

## 北風放淡水針路[1962年抄本缺，據張本補入]

東滬出船，用巽乾見後籠尾。

台墩山嶴內出船，用壬丙、巳亥十一更見臺山。

## 西南春雨西南尋郊放洋針路[1962年抄本缺，據張本補入]

西南風祥芝尾下深滬頭出船，用壬丙、巳亥見鹿港。

祥芝尾出船放洋，用單巳亥見大道山。

大墜出船，用巽乾、巳亥見鐵玷。

大墜出船，用巽乾、辰戌見竹塹。香山、大墜出船，用乙辛、卯酉見南坎圓。

大墜出船，用甲庚、卯酉見觀音 大台墩山。

## 大墜放笨港北風針路[1962年抄本缺，據張本補入]

大墜出船，用巽乾轉巽見笨港頂。

大墜出船，用巽乾轉巽巳見目嶼。

大墜出船，用壬丙、巳亥就西嶼頭。

大墜出船，用子午、壬丙見大嶼。

大墜出船，用乙辛見大道。

崇武出船，用乙辛、辰戌見大道。

春天遇臺南風放洋竹塹，用乙酉十一更，又用甲庚、卯酉十二更至港。

北風過下港放下湖，用乾戌至象嶺十二更。放澎湖用壬丙，至澎湖七更。

在東湧放基隆，用乾亥至大墩七更。

大墩南風取丕山，用子午至丕山十二、三更。

牛鼻琇對門，打水廿二托。

西勢打水四托半。

孝順洋打水八托，塗地。

其頭 荔枝嶼打水十三托。

青龍嶼仔洘流尾打水七托，北流初來流西九托半水。

## 往山東、天津針路

海照、盡山、花鳥差不多，放洋針路：用子午十更，打水廿二、三托水，上沙是烏沙泥。再用子午十一更，轉子壬六更，見蘇山。蘇山 馬頭嘴也。或用單子午，直上青山頭，正針路。亦是差錯分毫，不見青山頭，過面去，則無山矣。但看水色太黑也，兼又打水甚深，其船若是至黑水，切可駛倚，即是青山口也。

海照、盡山放洋往萊陽縣 杏村港，用子午二十更；又用巽乾五、六更，見千里島；又用單乾二更，見萊陽港口，嶼仔邊正港。北邊去是大高衛，南去是老山。老山後有嶼仔三個，是紅花島，好拋船也。

盡山放洋往膠州，用子午十更，打水廿三、四托；又用子午九更，轉乾戌九更見老山腳，即是港口，有三頭澳。老山外打水廿二、三托，見紅塗色，至內一派俱紅塗色。王太公內[張本作“王太山內”]至十六、七托，打水均紅塗色。上去是雙乳山，乳山內至外十三、四托水，打水是紅塗色。上去是蘇山 馬頭嘴，內至外打水十一、二托，水是紅塗色。蘇山頂面有沉水沙線一條，直生連青山頭為止，但船對蘇山外面進入，尋石嶼嶴也，須打水為妙。外勢入深，直打水至蘇山汕十二水。打水再落深十三、四水，是石島澳。再上去是關刀平。向東勢有關刀鶯礁出水，生甚開，有半更開，流東水，盡行迷礁。灣內但船亦要上落青山頭，看正南風、正北風，即可往來也。若是風東、東北風，亦[或]是東南風，切不可上落，或恐不離關刀鶯礁也。見東風不可往來過船，即宜犯也。[張本作“見東風切不可往來過船者，即無犯也。”]蘇山汕打水十二、三托，入內打水十八、九托至廿托，是關刀礁正辦。又汕頂打水十二、三托，進入內再打水十六、七托，是青山頭下。再上去是青山頭也。

青山頭放洋往線州，用乾亥針駛一冥天光見鐵山 皇城。

孔子港放洋往線州，用子午針一冥見菊島。島開有礁，礁內俱可過船，內是葫蘆山。

楊山 大蝟放洋往山東 膠州港，用癸丑二更、用艮坤二更、用子午七更，又用壬子七更，又用乾戌七更，見膠州港。





## 錄山東至登州府各處深淺礁石

東招寶山有嶼仔，門中有礁一塊出水，外有一員嶼，有礁。又有一點出水嶼，西斷水，名曰小靈山。門口東面小斷水，老山南去是子寧山。子寧山下有礁打浪，內面有一灣，名曰加灣，抛船爛塗地。老山腳下有一嶴，名曰三頭嶴；有一島，名曰祝山島。出來大鼻後，東面有大嶴，嶴口西鼻頭有石橋礁一連，可防。嶴內好抛船，泥地。嶴後東鼻外嶼門可過。外有員嶼，名曰檳榔嶼。東一嶼，名曰檳榔剪刀。老山後面有嶼一個，門中可過。過北山邊有礁，行船不可太倚。老山後外出東去，乙卯針二更船取千里島，上去小石塔一個。上去有三嶼，名曰紅花島，島內好抛船，不可太倚，恐入內淺。北去有一小嶼，係是萊陽港 杏村港口。從嶼南邊俱有沙汕，外面有一丈餘水，入汕港即深。上去是大高衛，山邊有沙汕，生沖東南三十里，行船須仔細防之。此處可抛船，無別處可抛船。對東大鼻尾，行船不可太倚，切須記之。老山東外，打水廿一、二托，見紅塗色。至內一派俱是紅色。老山灣內流水，出入甚善也。

雙乳山大港出入，取青魚島。東外去就是青魚島，亦要過船者，取青魚島，西面過甚深，兩邊淺。上去是錦花島，取島南入鼻內，有大嶴，好抛船。入西去，有沙汕生橫，門中水退打浪。欲入雙乳山港，從北鼻邊過，水返七八分，有丈餘水，即入港，內甚淺狹，兩邊清淨，中間甚深。錦花島後上去是黃島，可抛北風。入嶴西北去，有出水礁，亦有沉水礁，水退乾出水，欲入嶴逃颱，盡內面不可去，但船就在外抛，就妙也。黃島外有一小嶼仔，門中可過。嶼東北有大礁打浪。過黃島去，大嶴內可敲船，不可太倚，防淺，一派硬地。上去是北鼻，可寄流，有丈餘水，硬地。鼻內西弄口，港口有礁二塊，門中可過船。西面一塊，水滿出水。東面一塊，水退打浪，但船到此，切須記之。馬頭嘴外去是蘇山，下面有雙善二嶼，倚大山邊門，往來俱可過。雙善嶼門不可過，底下有礁，雜碎一連為石橋，兼流水甚急。倚蘇山一門，小船可過也。下面入內去是朱家乾嶴。再入內去是靖海衛，可抛西北風，甚擺。入西北去是嶼仔，內一港王海港口。西去嶼仔下有出水礁，開外一島乃是茶山，門中可過，門中有石筍出水打浪。上蘇山頂面，內是大石島嶴。

大石島東面去有炮臺，炮臺下有鼻尾，有礁一塊，水退出水，有二箭遠，駛船不可太倚，鼻頭去就無犯也。大石島嶴口東北勢沉汕一條，生向東直出，水退六七分出水打浪，但恐船往來，可對汕下面入，即無礙也。東外去是鬬刀嶼一派，不可太倚。鬬刀嶼南尾有礁雜碎，駛船不可太倚。上東北去有鬬刀鶯礁一連，生向東南而出，有半更船遠，此礁出水甚然利害，流水又急，流東水盡行沖礁入灣內，但船上落往來，須候正南北風行船，即無犯也。看東北風，切不可往來也。去是楊家莊，內面好抛船。再上去是青山頭也。

青山頭鼻下好寄流。北風入西邊北內，去有大嶴可逃颱。入西邊是養魚池，好抛船，亦有船入內逃颱，甚淺，防發浪。南去是餘魚島，沙灣內亦好抛南風。青山頭外去有嶼仔，名曰烏鱸島，門中可過船。嶼兩邊有石筍打浪，東邊有石橋並碎礁一連，古跡名曰八仙過海石。石橋海底有滲石，其船到此，抽針釘則散，不可打金鼓。烏鱸島門中倚大山邊有沉礁二塊，倚大山灣內有一塊沉水，對門倚大山邊一塊沉水，水退六七分出水。青山頭西去有大嶴，好抛南風、東西風，但要入嶴內抛之。東南鼻尾不可太倚，防海底下有抱礁生開[張本作“有拖尾礁生開”]。此嶴可抛船千餘隻，是青山頭儘是生過西面去，並無生過北面去。過西北去是烏鱸島，島開有嶼仔，門中可過，打水廿三托[張本作“三十三托”]。西面灣內亦有沙汕，不可入。去是威海嶴，山西南有礁，出水。西北去是寧海州，有養馬島，島開有出水大礁。入養馬島，取島邊入，有大礁，抛船。到城有三十餘里之地[張本作“三里之地”]。西去是奇山所城，內有嶼仔，內有沙壇。西去是芝浮島，東邊可逃颱，西邊可抛船，北風不宜。島中有沙壇，生內山。入西去是佳嶴，入門內四面俱好嶴，嶴口南有礁，北邊鼻不可過。西去是登州府，大鼻頭門外有大礁，內外俱可過也。

青山頭往蓋州，用乾駛一冥見鐵山，亦是皇城。青山頭往皇城，用子午、壬丙，直上南金州大山，先見海裏挑島[張本作“海衰桃島”]。鐵山往皇城，先見一口，名曰里順口[張本作“旅順口”]。上去青龍王口，上去是島頭，又上去是三山島[張本作“三仙島”]。內面南金州大山，又上去是廣鹿大山，開面上下有馬礁。上去是長山島，又上去是青石島，過了即是葫蘆礁。

廟島放洋往天津，東南風用乙辛針，亦是東北風，用辛戌十五更轉乾戌，見炮臺港口，可防黃巴沙壇。馬頭嘴、蘇山用艮丑四更見青山頭。青山頭用單辛六更取福山縣大河口 芝浮頭，用辛酉三更見登州府。



天津往牛宗港，用乙辛八更，用單卯及單寅十二更，即是牛宗港口。

天津回來大蝭 楊山針路：北風用單乙十六更見登州，又用乙卯三更見大河口 芝浮島，又用辰戌六更見青山頭。青山頭用丁未[張本作“丁未及單未”]四更見馬頭嘴 蘇山。蘇山又用子午廿六更、又用丁未及單丁六更，打水十八托，不見中山，亦是盡山馬積。青山頭往西錦州，出青山過烏鯉島，用乾戌十更見鐵山，用子午二更見虎仔嶼，用子癸二更見孔嶼溝一更開，用壬子七更見葫蘆透 小筆架山，駛入錦州。



青山頭往蓋州，出青山過，用乾戌十更見鐵山，用子午二更見虎仔嶼，又用子癸三更見孔嶼溝，取長興島，過磨盤山。又單丑二更取兔兒島，又用單艮見平兒島頭炮臺，用艮寅一更見二炮臺，又用單艮半更取三炮臺。鼻頭開，食南有沙汕，不可太倚。見大侯廟，打水四五托，爛塗地，可拋也。

天津回青山頭針路：西北出去淺，用乙辰十二更見高山，轉巽巳入廟島。巡登州府山，用乙辰四更見子午島，用甲卯三更見劉公島。出門用甲寅二更見圭鳴島，轉乙卯一更取烏鯉島，內外可過船，倚大山邊行船，可防門中沉礁一塊，流水甚急，須仔細也。順山邊見青山頭。順風放洋，用子午四更見石島 蘇山。

楊山 大蝭放洋往膠州港，用癸丁二更，用單艮坤二更，用子午七更，又用壬丙、子午七更，又用乾戌七更，見膠州港。

## 泉州往寧波各垵澳打水深淺

垵頭嶴二丈一二水。

泉州打水三、四托，白沙地。

臭塗打水八托，是塗地。

大墜打水二、三托，爛塗。

獺窟打水四、五托，沙地。

崇武打水五托，沙泥地。

牛內打水三、四托，殼沙地。

洋隔門打水一丈二尺，沙泥地。

平海打水三托退乾，殼沙地。

南日打水三、四托，是塗地。

西寨頭打水三、四托，沙地。

野馬塔打水十托，塗地。

野馬東勢嶼坪打水對門十一托。

門扇後打水五托，塗地。

小萬安水滿打水三、四托，塗地。

吉吊打水六托，塗地。

新宮前打水四、五托，塗地。

竹嶼打水三托，沙地。

苦嶼打水八托，爛塗地。

松下礐打水八托，看老鼠礁沉，松下打水四、五托。

茲礐打水三、四托，赤沙地。

白犬打水八托，殼仔硬地。

官塘打水八托，塗地。

虎門內勢打水四、五托，對門溝水退三分，三、四托水，沙地。

定海頭打水四、五托，塗地。

目嶼水退打水四、五托，塗地。

熨斗水滿打水八托，塗地。

北佳頭打水五托，倚門十托。

林埔水退乾打水三托，沙塗地。

黃岐水退乾打水三托。[張本注明“塗地”]

陳頭水退打水三托，塗地。

小西洋打水十二、三托。[張本注明“塗泥地”]

浮江打水三托，塗地。

老湖打水三、四托，對礁門十七托。

豬港退乾打水，[張本作“三、四托”]塗地。

福建鼻打水六托。[張本注明“塗地”]

三沙水退乾打水一丈二尺。

三沙東礐打水二丈四尺，頂有碎礁，不可久泊。

八都鼻洘流尾打水一丈二尺。

沙埕打水五、六托，塗地。

南關尾水滿打水十三托。

東瓜嶼外流尾打水十托。

北關澳洘流尾打水卅五托[張本作“三托半”]。

金香水退乾打水一丈二尺。

關山頂水退乾打水一丈二尺。

草嶼水退乾打水二丈四尺。

鹽田打水四、五托，塗泥地。

品簫嶼水乾打水一丈二尺。

桶盤鳳水退半打水四托。

硬塞尾水滿打水四丈三尺。

三弁對溝水退乾打水二丈一尺。

東鳩尾 鹿西打水十三托。

鳳門門中打水十五托，塗地。

貓嶼水退乾打水一丈五尺。

樧榔塞打水三托，塗地。

鹿生腳[張本作“鹿腳生”]打水八托，爛地。

土流尾返三分，入鬣殼門，打水一丈九尺。

網仔塞打水六托，塗地。

蚊嶼水退乾打水一丈二尺。

內海門水退乾打水一丈二尺。半月門打水三、四托，塗地。

茶盤洋打水八托，塗地。

勞傷嶼水退乾打水一丈二尺。西南倚鐘門返半，打水九托。

三門口打水十一、二托。

石埔打水四、五托，塗地。

後塞打水八、九托深。

急水門打水十三托。

金牌門打水一丈六尺。

半畔山水退乾打水二丈四尺。

旦門水退乾打水一丈二尺。

大嶼水退乾打水一丈二尺。

關帝嶼水滿打水五、六托。

牛鼻琢對門打水廿二托。

西勢打水五托半水深。

孝順洋打水八托，塗地。

其頭 荔枝嶼打水十三托。

青龍嶼仔涍流尾打水七托。北流初來，流西直九托半。

## 每月海水返退時辰

初一、十六日　寅卯返，辰平，巳、午、未退。

申酉返，戌平，亥、子、丑退。

初二、十七日　卯酉、辰戌返，巳亥平。子午、丑未、寅申退。

初三、十八日　卯酉、辰戌返，巳亥平，子午、丑未、寅申退。

初四、十九日　卯酉、辰戌返，巳亥平，子午、丑未、寅申退。

初五、廿日　辰戌返，子午平，丑未退。

初六、廿一日　巳亥返，寅申平，卯酉退。

初七、廿二日　巳亥返，丑未平，寅申退。

初八、廿三日　子午返，卯酉平，辰戌退。

初九、廿四日　子午返，寅申平，卯酉退。

初十、廿五日　丑未返，辰戌平，巳亥退。

十一、廿六日　子午返，寅申平，卯酉、辰戌退。

十二、廿七日　寅申返，卯酉平，巳亥退。

十三、廿八日　寅申返，卯酉平，辰亥、巳子退。

十四、廿九日　申酉、卯酉返，子、丑、巳、午、未退。

十五、卅日　申酉、卯酉返，辰戌平，子、丑、巳、午、未退。

## 石塘湖返退

初一、廿三日　丑未返，辰戌退。

初四、五日　寅申返，巳亥退。

初六、七日　卯酉返，子午退。

初九、十日　辰戌返，丑未退。

十一、廿三日　巳亥返，寅申退。

十四、五、六日　子午返，卯酉退。

## 寧波鎮海返退[張本作“寧波鎮海潮返水時”]

初一、廿三日　辰戌返，丑未退。

初四、五日　巳亥返，巳亥退[張本作“寅申退”]。

初六、七、八日　子午返，卯酉退。

初九、十日　丑未返，辰戌退。

十一、廿三日　寅申返，巳亥退。

十四、五、六日　卯酉返，子午退。



## 香港敲出目門關

南面大山腳長人州外，有七姐妹礁一列，水退出水。北面大山腳有嶼一個出水，內可過鯉魚門，名曰三枝灣，好寄流。目門大門內南面有礁出水，大小門可過。小門媽祖宮口好拋，小門北拋落。小門口東南面有大礁打浪，若是船上落，可寄北畔沙帽嶼兜，倚倚過。大目門外東南面有大山一列三個，名曰老萬山。大目門南面有嶼二個，名曰弓鞋嶼。上去東北面有嶼一個，名曰赤嶼。大目門外，東北是荔枝嶼五個，內外俱可過。嶼倚西北面有礁一塊，出水打浪。東北面有沉礁一塊，水退乾打浪。荔枝東面有嶼，但未見過。上去西北面是福建鼻。

福建鼻或船上落頭，船可尋福建鼻頭，為福建鼻南面拋船。福建鼻有大山一列，曰鎖匙山。福建鼻內有小門，小船可過。鎖匙山內有嶼二個，外有礁一列，水退乾出水打浪。嶼西內塗坪甚淺，網桁甚多。鎖匙大山腳可拋南風，鎖匙山後嶼南風嶴。上去是大帆山。大帆山西南北內[張本作“東西北內”]有嶴一個，鼻頭有拖尾，內有嶼仔一個，嶼仔西南面甚淺。大帆外南是丁娘竹篙嶼，東外有半月釣魚翁，打水十六、七托，內外可過。丁娘嶴好拋，大帆亦好拋。欲敲出大帆門，可倚大帆山腳，倚倚敲出甚妙。大帆東面是丁娘山，有嶼仔一個，西南出水礁，不可太倚丁娘嶼仔。若出大帆門，北風可防三個燈猿礁，水退出水。直看丁娘內山尖，不可密過東，是西面過，大諒。看橫山步，一半丁娘，一半小星，小星山內可過，大星嶴好拋船，打水三、四托。嶴內北有一港甚深，外有汕甚淺，小船可逃颱。若入大星，從外過。大星門中礁一塊出水，南北俱可過。有嶼仔一個，名曰白嶼，東北有拖尾。西北有汕一列，可從白嶼門東面鼻頭網桁倚倚。白嶼西面亦可過。大星身北內有大山一個，名曰奄州山。至此再補明一章：大星東北有嶼一個，名曰白鴨。東北有沉水石一塊，名烏鴉，生有二箭遠，行船可防之。大星東外有嶼仔，名曰大星針，南北可過。白鴨西北有嶼三個，名曰東西虎，又有虎屎甚多，敲船可防。白鴨內過，若敲北風，東西虎西畔亦可過。上去是紅毛港。

紅毛港好拋船，打水三、四托。紅毛港口有一山，名曰陳三帽。東北外有一嶼，名曰蚊嶼，此處內外敲船亦可過。上去是媽宮澳，好抛船，打水二、三托。東北有大山，名曰汕尾，亦好抛。汕尾外、汕尾內有一港，小船可入。外有沙汕。東北有一嶼，名曰龜寧，龜寧嶴好抛船。

龜寧嶴北有龜蛋，大諒一箭半遠。外有一嶼，名曰菜嶼。南有沉水石，名曰菜根竹，船可從中門過。龜寧身內生嶼，出水清淨，敲船可從嶼北過。菜嶼身西內山腳有石一列數塊，出水打浪，行船不可太倚。上去有嶼仔二個，南有石汕，若敲船，從北面過。去是食蛋嶴也。

食蛋嶴好抛船，打水五、六托。內鼻有拖尾，不可太倚。嶴底有礁一塊，名曰媽祖印，水退打浪，出水，南北可過。嶴底鼻頭內有汕，甚然損棕索，抛船不可倚鼻。食蛋嶴北鼻頭內大沙坪，名曰賊仔嶴，好抛船。食蛋嶴北有嶼仔一個，名曰金鐘嶼，內可過。金鐘嶼敲船還流可抛船。金鐘嶼南內鼻頭大山腳有礁一塊，名曰大山腳。北畔內面有一嶴白沙湖，好抛船、逃颱，打水二、三托，有礁一列出水。上去是烏坎嶴，好抛船。上去田尾 葛石嶴。西南有嶼二個，內鼻頭好抛船，打水二、三托。外鼻內白沙坪，名曰淺嶴，好抛，有三托水。鼻內大山腳有田岸打浪，行船不可太倚。外是沙坪，是賊仔嶴。田尾東南有一嶼，名曰土木仔，內外可過。鼻尾外有鐵玷嶼，南北可過。又鼻外大山腳，有礁一列出水，行船不可太倚。西北是烏東仔，內甚淺，有礁數塊出水。上去是烏東。

大烏東好寄流、抛垵，打水二、三托。東南鼻頭有礁二塊，倚一塊出水，一塊沉水，水退乾打浪。東北大礁一列出水。北面白沙坪頂出水礁二塊，拖落沉水，儘是混雜，敲船不可太倚。上去是甲子嶴口。

甲子嶴口西南有礁一列，出水打浪，名曰船尾礁。礁腳有沙汕一條，倘頭南落，若要寄流，東北大山腳寨仔外可抛，打水三、四托。又外鼻尾內沉水礁一塊，名曰三點金。橫看本嶴內有樹包塔，耽內鼻頭寨仔正身。橫再看塔樹梭落[張本作"塔樹拖落"]甲子心，就是礁南過。直看鼻尾內，盡白沙坪密門正身。鼻尾外有甲子欄，一列數十塊，生頭東而去，有門，好風可過。外嶼仔二個出水。鼻尾外有碎礁一列出水，若要過此門，風西北，可從中門過，碎礁東面倚倚過。甲子欄北面山腳有礁數塊，出水打浪。上去是神前嶴角。

神前嶴角好寄流。媽祖宮口倚，儘是石出水，若抛船，看外鼻內礁，不可出外鼻汕內，是神前，內有沙汕生頭南。沙汕東北山腳有半洋礁一塊。直看山步，看西門出頭。北面外鼻有嶼仔二個，外沉水打浪。上去是赤嶴。

赤嶴有礁一列出水。礁東南有礁二塊沉水，水退乾打浪。沉水礁東南有出水礁一塊，內有大嶼一個，就是赤嶼。南面若要抛船，可從赤嶴礁南、沉水礁北入內，好抛。

外鼻有礁打浪，行船不可太倚。上去是靖海㟙、烏塗㟙。

靖海㟙南山腳有礁出水打浪，㟙內好寄椗，打水三、四托，有嶼仔一個。若要寄靖海㟙，可從中門入，從嶼仔邊過，櫓畔尾角可拋，甚妙。內有石汕損椗索，鼻頭儘是石出水打浪。鼻頭北面亦是礁出水打浪。過白沙𣅜，甚然開闊。上去是海文㟙。又過北面鼻頭，有礁甚多，亦有沉水，亦有出水，切須防之。此礁生在西北內，在大山鼻頭。鼻北有嶼仔一個，出水。嶼腳有沉水礁，嶼外亦有沉水礁，水退半出水。嶼北面亦有沉水礁，水退半出水。上去是海文㟙[張本作“海門㟙”]。

海文㟙內好逃颱，水滿打水二、三托，又有礁出水。鼻頭內白沙𣅜，名曰淺㟙，好寄北風。白沙𣅜東面鼻尾有拖尾，若要寄流，不可倚東面鼻。海文鼻頭北面大山腳有石汕一條，打浪，敲船不可太倚。北面白沙𣅜甚然開闊。上去是內外表馨㟙。

內外表馨㟙，內外表㟙內好寄流。身外有礁，名曰烏礁。外表白沙𣅜，亦甚然好㟙，打水三、四托。過表頭，上去西內是汕頭。汕頭鼻有二嶼，內是鳳雞，外是媽嶼[張本作“鳩嶼”]。媽嶼外有一粒，名曰青嶼，若要入汕，看北鳳鼻尾，不可搭籃蒲，內有鐵板汕。倘再往汕頭，看山步，北鳳嶼 小籃蒲開門一枝竹篙位不防。上去長山尾。

長山尾㟙好寄流。西北面鼻尾有網桁，北風寄流，切可防之。西面是南蒲，行船可從中門過。北面是鳳，可拋北風，打水五、六托。鳳北面一粒，名曰鳳蛋。直看小籃蒲仔搭鳳髻，橫看內面一連山搭五嶼第二個泥坪。北面是橋，好寄北風，打水二、三托。內有沙汕甚淺。西有大山，名曰海山。東面大山腳是後宅㟙，好寄南風。若要拋後宅㟙，可從硎嶼南邊。嶼北名曰走馬埔，甚淺，水退乾打浪，二托水。走馬埔北面大山腳好寄流北風，打水三、四托。上去是南㟙。㟙內好拋船。北面虎仔嶼、蚋嶼，西面是正林㟙。

正林㟙大門外有嶼仔一個，名曰青嶼。南倚有沉水礁一塊，嶼內外可過。正林大門口北面有沙汕一條，敲船不可太倚，恐防打柁。若入正林門，可從大門內網桁南過，小船網桁北過，山腳倚倚過，桁內甚淺，可防打柁，切要點水為準。正林有一小門，小船可出虎仔嶼。鼻內南有礁一列出水，東外有七星礁，內有半洋礁一塊，名曰寮生，水退乾打浪。直看宮仔前，後面鼻頭出九廈大山鼻。橫看長山鼻尾出後宅鼻正身。又看橫山步，蓮花山搭詔安山正身，北有一列大山，就是九十九占。南畔一個員山，就是蓮花山 長山尾㟙。

長山尾㟙敲外駕，東北面去是雲界嶼㟙，好寄流，打水五、六托。雲界嶼東外有嶼三個，名曰彭嶼。彭嶼內有沉水礁數塊，甚碎混。彭嶼西南有嶼仔一個，名曰勤嶼，嶼腳一尺碎混。勤嶼西南有礁二粒，名曰海翁目礁，又是碎混。彭嶼內有五嶼，南有二門好過。五嶼腳打水二、三托。雲界嶼澳口有綱桁甚多。外鼻頭有礁一塊，名曰綱尾礁，出水打浪，行船從礁外過。嶼身北面有小門，水滿小船可過，若入此門，可從土地公嶼內邊倚倚過。西去是塗坪，甚淺。

土地公嶼外東南有礁一塊，名曰綱尾礁，行船可從礁外過。土地公嶼盡東北有一嶼，名曰紅嶼。西南有沉水礁三塊，名曰三腳香爐。直看馬埔鼻頭出土地公嶼，行船可倚內鼻頭，倚倚過。內鼻頭過北畔大山腳，有礁一列出水。紅嶼東北有礁一列，水滿出水，有拖尾石汕生頭東北，上落頭漏船，可從五嶼外邊過可也。對東北面紅嶼出水礁外過，南有並、單二嶼，門中好過。紅嶼東有沉水礁一塊，門曰打忙礁[張本作“打芒礁”]，水退乾打浪。直看五嶼平齊南嶴北面大山腳，倚倚有沉礁一塊。上去是寮牛 七星礁，詔安 金聖嶴。

詔安港南大山腳有礁，水退三分出水。詔安鼻尾有一嶼，名烏嶼，好寄流，打水三、四托。上去有一山，名曰謝州。山南畔一港逃風[張本作“好逃颼”]。若入此港，可從謝州山南面過，有拖尾，入港不可倚詔安山腳，塗坪甚淺。有一嶼仔，名曰丁犁嶼。南面有石汕拖尾，若入港，可對謝州山南、詔安身北。又丁犁西南，過去九廈大山內可逃颼。此港通銅山。謝州山外有沙汕一條，沖東北九廈大山腳。南下九廈嶴。九廈嶴鼻山腳，鼻頭內有五、六塊厝仔，好寄流，切點水為準，打水二、三托。內鼻有拖尾，西南沙汕甚淺，切點水為準。或是寄流，可寄內鼻外甚擺。上去是宮仔前嶴。

宮仔前嶴寄流，打水四、五托。鼻外有礁一塊，出水，名曰砵仔礁，內外可過。東北虎豹獅象，內是鬣殼嶴，好寄流，打水四、五托。嶴口虎仔虎口，虎仔吞西，有拖尾虎屎。虎豹獅象門可敲船，或是從鬣殼嶴北面大山腳敲，甚妙也。上去是蘇占山。

蘇占山腳南面白沙胐有礁出水，若要抛船，可從礁南寄流甚妙。蘇占東北有圭心嶼，圭心嶼腳石汕生過北。西白沙胐好寄流，南風。上去是銅山。東外有甘結嶼[張本作“甘桔嶼”]，大小二粒。銅山嶴南有石山二個，名曰樸鑼。北水尾墘有礁一塊出水，有拖尾，行船不可太倚。小樸鑼東北有沉水礁，水退打浪。看山步，銅山港內有一嶼仔，名曰丁犁嶼，不可密銅山鼻頭。銅山前澳或是要抛，可抛鼻頭內倚倚，恐防椗地無甚好。嶴外有山一個，山頂有塔一個，塔山內有門仔好出入，門內西北有嶴一個，好逃颼。若要入此嶴，可從丁犁嶼南入。丁犁嶼西北有汕甚淺，嶼西南打水四、五托[張本作“五、六托”]。內嶴外鼻頭有出水礁，又有拖尾。東南鼻頭有出水礁，行船不可太倚。鼻頭內有白沙胐一個，好寄流。北面鼻頭有門一個，名曰鴻文門，大船上落可過。此門生在內嶴，對面東頭南面內鼻尾，有礁出水，行船不可太倚。鴻文東北有嶼，亦有多少厝，對厝面前可寄流。出門從南面嶼仔過，東是高犁頭。高犁頭西內是垵仔，甚然開闊，好寄流。高犁頭外有大幫礁一列，水退半出水。横看高犁頭北面內尖搭外尖；直看北面開門，有雙帆嶼，西北有二個白沙山仔尖搭雙帆嶼西南正身。又看直山步，北面虎頭山搭雙帆嶼，行船可從高犁頭倚倚過。上去是周門，敲船可從雙帆嶼西過。雙帆嶼西北水尾墘有礁出水二列，行船不可太倚。雙帆嶼東北有拖尾，行船不可太倚。東南亦有拖尾，有沉礁一塊，名曰劍礁。東北山是沙周，沙周有白沙㙓，可寄流，打水四、五托。南面鼻尾有拖尾，北面有礁出水。上去是牛馬運 虎頭山。牛馬運是鐵板山，生在虎頭山南。牛馬運敲船北風從外過。看山步，虎頭山東北有嶼仔，名曰白礁，不可密虎頭山外鼻。虎頭山東南外有橫嶼，亦有菜嶼。橫嶼內一嶼，名曰赤嶼，內有礁二塊，曰內外香，水退打浪。看橫山步，赤嶼外橫嶼南有二小嶼搭赤嶼。看直山步，沙周南鼻頭過，一枝竹篙位開，內是牛馬運。北去是虎頭山 龜鎮港。





虎頭山內有一港，是龜鎮港。西南是牛馬運山。沙周敲船，北風流東頂。入牛馬運山，內是沙坪，好敲船。汕尾水退乾打浪，汕內水退乾，丈一、二水，須點水為準。上面西北坪，有小汕一條沖過東，敲船可防之。上去是龜鎮港。東南有沙汕，水滿出水，拋船可從汕南拋，打水五、六托。內有澚，亦好拋。龜鎮港，船出入汕，看橫山步，虎頭山尾南有出水礁，名曰石橋。石橋脫落虎頭山鼻，過水正身，船出入，點水為準。北汕尾水滿八、九尺，外是虎頭山，要拋可入虎頭山落椗，內有汕甚淺。虎頭山東北外有嶼仔一個，名曰白礁，內外好過。虎頭山北面是馬嘴尾。白礁、馬嘴尾有礁數塊，出水打浪，甚碎混。馬嘴尾內西北有一山仔，名曰大鶯鵡。北面白沙㙓尾墘有石，是小鶯鵡。東南有沉礁數塊，名曰鶯鵡屎。馬嘴尾北面亦有沉礁數塊，水退乾打浪，名曰竹排礁，大諒在馬嘴尾北面並坐。上去是將軍澚。

將軍澚寄流無甚好，或是要拋，可從將軍澚嶼內西南落椗，椗地甚呆。將軍澚嶼西北山腳有礁，小船若要拋將軍澚，西內水尾墘，秀才礁水退七、八分出水。看山步，西內大山北有三尖，將軍澚墘有一炮櫃搭第二個山尖南畔改正身。看橫山步，若是大北風，此澚不可拋，漏落虎頭山[以下脫落，茲據張本補上]內龜鎮港甚好。出將軍澚鼻尾，東北有礁倚倚，水退乾出水，行船可防之。西北有白沙㙓，可寄南風。白沙㙓北面有一小山，名曰燈火垵，若寄流，鼻外有礁二、三塊出水。入礁內可拋南面，水退乾打水三托水，內面不可入。燈火垵西北面白沙㙓可拋南風。上去是浮南橋澚。

浮南橋澚，鼻頭南面有沙汕一條沖落南。看直山步，北浮南橋可倒柁斬汕，大山腳倚倚入，入汕不可太倚大山腳。大山內鼻尾有宮仔，宮仔口有媽祖印礁一塊沉水，水退乾出水。看山步，浮南橋北白雙乳入浮南橋山頭，可頭起，南有沙汕甚淺，切點水為準。東面山腳內有網桁，東面山腳好寄流，倚拋椗，打水四、五托。網桁西北內有澚一個，甚開闊，好逃颱。若入此澚，可從網桁東頭大山腳，倚倚甚深，直入內面甚好。浮南橋汕外有礁三塊，名曰三礁，水滿打浪，水退三分出水，船對礁內好拋。礁北有一小門，小船可過。東北是林進嶼，內浮南巴脊內白沙秤，好抛南風。白沙秤水尾南北半江之際有礁一塊沉水，水退乾打浪。上去是鎮海，好寄北風。林進嶼半江之中，有沉水礁一塊，水退乾，大船打舵。林進嶼東去是南椗。

南椗有椗索礁，生頭東北一條短，生頭東一條直起長。北有龍雲北燒，水退乾出水打浪。北燒盡尾看横，生在南鎮海鼻並身。看直山步，南鎮海西北大山腰，白沙秤大出南鎮海鼻正身，若是行船，可倚林進嶼 南鎮海鼻，倚倚就無礙矣。龍雲北燒若是行船要過，可尋東椗甚好。

南鎮海嶴甚開闊，好寄流，打水四、五托。南鎮海鼻頭倚倚可過。北是奇頭，南面是鎮海鼻，內有白沙秤。白沙蚪內有礁出水，南北行船可過，白沙秤鼻內好抛南北風。白沙秤內就是鎮海後，上去是奇頭。鼻北面有麥穗礁一列，水退三、四分出水。看直山步，林進嶼出奇頭，是東畔過，小船麥穗礁內好過。南太武大山腳倚倚，清氣，入內去是破灶，東北有一門，是斗米門。奇頭西北是吾嶼。東北鼻有九剳礁出水，小船可過。若是敲北風，水滿流盡。要入吾嶼門，從吾嶼南面郊仔北過。吾嶼東南外鼻有拖尾，行船不可太倚。吾嶼南有網桁，內鼻頭倚倚有礁出水，入去白沙秤一個，就是吾嶼嶴，嶴內甚然開闊，好寄流，打水四、五托。入去內面鼻頭北面是大 小擔，內是廈門港。

### 漏北風往南針路[張本作“獺窟嶴漏至香港 目門針路”]

獺窟嶴取祥芝用子午一更。

祥芝尾用單丑未取北椗三更。

北椗用艮丑見東椗二更。

東椗用艮寅見更頭山[張本作“虎頭山”]横嶼三更。

東椗用艮丑見甘結五更。

甘結用單艮見南嶴外彭嶼三更。

銅山 高犁頭用單癸見彭嶼三更，夜間點火。

彭嶼用癸丑半更轉寅申見靖海五更。

横嶼東松菜嶼外用艮寅見虎豹獅象[張本注明“三更”]。

用卯酉見宮仔前。

宮仔前 九廈用寅申見青嶼 虎仔二更。

青嶼用丑未取橋盾。

橋盾用丑未取風山。

籃蒲用癸丁見銥頭二更。

錶頭用艮丑取海文[張本作“海門”]二更。

海文用艮丑見靖海頭二更。

靖海用艮丑見赤嶴一更。

赤嶴用艮寅取甲子二更。此針可防甲子欄，倚甲子欄尖，用艮坤取田尾外鐵砧木仔，漏船可防之。

田尾用甲寅取食蛋頭二更。

食蛋用庚取龜寧 菜嶼更半。

龜寧用甲寅取大清三更，恐防半江之中有鴨嶼。



大清用艮坤取半月一更。

半月用艮寅取荔枝嶼、福建鼻二更。

福建鼻南是目門，東南山上夜間點火。夜間入目門，看火為準。火西北有山一粒，孤粒，是大目嶼，從火北是嶼仔。入目門即是餉關口。轉入三枝灣過，是香港內，龜鎮港甚好。將軍嶴鼻尾東北有礁倚倚，水退乾出水，行船可防之。西北有白沙𣁽，可寄南風。白沙𣁽北面有一小嶼仔，名曰燈火垵，若要寄流，鼻外有礁三塊出水，入礁內可拋南面，水退乾打水三托，內面不可入。燈火垵西北面白沙𣁽可拋南風。上去是浮南橋嶴。



浮南橋嶴鼻尾，有沙汕一條，沖落南。直看北浮橋，可致柁斬汕[按：前述為“倒柁斬汕”，張本亦同，此處應係筆誤]。大山腳倚倚入，入汕不可倚大山腳。大山內鼻尾有宮仔，宮仔口有媽祖印礁一塊沉水，水退乾出水。直看浮南橋北，白雙乳入浮南橋山頭，可頭起。內有沙汕甚淺，切點水為妙。東面山腳內有網桁。東面山腳好寄流，倚拋椗，打水四、五托，是網桁。西北內有一嶴，甚開闊，好逃颱。若入此嶴，可從網桁東頭大山腳，倚倚甚深，直入內面甚好。浮南橋汕外有礁三塊，名曰三礁，水滿打浪，水退三分出水，船對礁內好拋。礁北有一小門，過東北是林進嶼，好拋船，打水六、七托，內外好過。林進嶼內浮南巴[按：前述為“浮南巴脊”，張本亦同，此處應係筆誤]，即白沙𣁽，好拋南風。白沙𣁽水尾南北半江之際，有礁一塊沉水，水退乾打浪。上去是小鎮海，好寄北風。林進嶼 小鎮海半江之際，有沉水礁一塊，水退乾大船打柁。林進嶼東去是南椗。

## 白沙湖漏南風針至磁頭直起針

白沙湖用乙辛取田尾。

田尾鼻頭用庚申取烏東甘嶴。

烏東甘嶴用卯酉取甲子欄尖。

甲子欄尖用甲卯取赤嶼。

赤嶼用艮坤取靖海頭。

靖海頭用癸丁取錢澳。

錢澳用艮寅取錶頭。

錶頭用丑未取長山尾。

長山尾用子癸取籃蒲。

籃蒲用乙亥取放雞。

放雞用寅申取籃蒲。

籃蒲用寅申取後宅入南澳。

南澳用甲寅取宮仔前。

宮仔前用艮寅取金聖澳。

金聖澳用乙辛取九廈，恐防返流。

九廈用辰戌取宮仔前，砵仔礁外過，用寅申取澳角。

澳角用艮寅取蘇尖。若要入銅山，用丑未取蘇尖，用艮坤取高犁頭。

高犁頭用丑未取周門。

周門用癸丑取牛馬運。

牛馬運用艮坤取鳥嘴。

鳥嘴用艮寅取將軍澳。

將軍澳鼻頭用艮坤取鎮海，又用寅申取南椗，用丑未取林進嶼。

林進嶼用單艮取鎮海鼻頭。

鎮海鼻頭用艮坤取奇頭麥穗，用壬丙取吾嶼。

吾嶼用庚辛[張本作“乙辛”]取北椗。

北椗用單艮坤取磁頭。

[以下1962年抄本缺，據張本補入]

廈門 大擔有丈八礁開倚。看吾嶼、大 小擔仔東北勢，横看大擔後炮臺出現，有白礁開倚，看嶼不可貪檳榔嶼西，又看大擔鼻共小擔鼻相侵。横看劍嶼尾合湖裏鼻頭、赤石頭，又看白石頭鼻合塔石頭大石灰厝，即齊身，白礁內過。看朴錨山尖牛吟，樸錨山尖吞入牛吟，即內過。横看劍嶼尾合湖裏鼻頭 赤石齊身。

赤石嶼開倚，看牛吟頭不可貪出泥嶼，西有一片沉礁。横看塔頭埔白灰厝合海墘鬣石開，牛吟不可出泥嶼東也。三腳網開倚，看牛吟砵礁出泥嶼，轉倚桿帆。看營盤合烏石 檳榔嶼東，横看海墘小烏石礁合吟礁底，又看列嶼出檳榔嶼，開桿西過，海翁汕外過。直看寮羅 王爺宮出硼仔礁，横看雲頂岩山出烏嘴尾，即齊身；又看白石頭出虎仔嶼，横看黄漸合塔仔，即齊身，返風西甚好，可打水六、七托，沙地，對汕尾過，就不防矣。或要對海翁汕内過者，可看塔仔、白沙不出金龜，就是汕内過也。金桂礁可看大黄漸，不可貪入烏沙頭 赤坪。横看三個煙墩合作一個，即齊身。又看雲頂岩小尖出列嶼山腰。

赤礁網，可看傅厝樹出媽祖娘宫，樹東後看檳榔嶼，不可離小擔 白沙壇。入看碎嶼，亦是與赤嶼相侵連。横看山頂塔和牛才相呑，開過身。又看烏沙頭 赤礁合坪搭仙山，是南面沙汕過身。看白崎 南沙汕，可看白嶼侵入六五店[劉五店]，在汕邊。横看合大山尖，直看南山六五店鄉各要往嶴頭。看檳榔嶼合小擔 白沙壇，不可貪入小擔山也。

嶼仔網開，看牛頭不可入泥嶼 西山尾，即東勢過也。横看烏嘴尾合三腳礁開門，即齊身，嶴頭出船，南汕北邊過。直看西山略出桂園松，又看仙山合赤坪頭。横看太武尖共泥嶼相合齊汕頭，又看檳榔嶼至小擔。入汕頭可看西山搭五營印，横看廈門山尖搭牛頭正身。

大汕頭可看西山合砦，即横看黄牛頭合廈門大山尖也。

青槽礁，可看西山髻合西礁，至雙乳 合墓仔口。横看白虎石相呑齊身。網尾網可看大嶝 虎頭寨，不可呑入草嶼也。

碍仔礁可看大嶝 虎頭寨不出草嶼，又看安海 秀才身横尖合下丙鄉，又看塔頭開門，即齊身。

紙虎礁可看石均第二個山尖合烏嶼，又看小黄漸合内秀才齊身。横看廣山頂 劍石合媽祖宫邊北，石盤頂一個風動石。

草嶼開有港心礁，看白虎石不出西勢鼻頭。横看烏礁合内身過齊身。塔仔腳東有樸鎛礁。

岩玩山尾有鯉魚礁一塊，駛船不可太倚。硼仔嶼礁頂有沉礁三塊，不可太倚。北椗有沉礁二塊，可看塔頭頂煙墩合椗溝，横看三山尾個出田普寨過身。西北勢有南壇礁頭，可看後鼻出頭，又看草嶼，不可呑尖遁。横看廣山頂合龍王宫，中葫蘆合寨仔角北壇，可看共南壇同者。

列嶼城仔角好寄流。西是青岐嶴，西北俱有一派沉礁，甚多，可仔細。列嶼北内入去是嶴頭五六店[六五店]。入去是同安。

## 廈門往北畝垵邊

大擔内西北有沙汕，有珠尾礁。東看小擔 獅球嶼鼻尾相耽正礁身。出大擔外，正畔有礁，不可太倚。烏嘴尾 金門鋏下，東有海翁汕，下過。西看白石頭，不可過虎仔嶼北。直北太武，出烏嘴尾離，或倚雙髻山出頭亦無礙。汕尾下過或頂過，可對金門鋏鼻兜倚倚，可對烏嘴外過，第二鼻頭不可太倚。料羅鼻外有礁，不可太倚。北有假椗，又有北椗，外過，急時門中可過，倚椗邊過。西北有一椗索礁，不可太倚。入內去是金門，大山內去是金門 後浦嶴。金門有龜尾，至接磁頭嶴內。落廈門頭，對太武山，離西南面大百汕頭起，對網桁頂走過。金門後有出水大礁，進入金門大鼻內俱是網桁。西去是大 小珍二嶼，嶼口尾有礁，南面網桁頭有嶼仔，嶼仔可過。過網桁，牽柁取南深，西有沙壇淺，到南鼻頭即頭起。內是棺木礁，看南太武山頭大大，出列嶼後，橫看山步，南土山上有煙墩搭海邊港仔邊。小烏石西面沙汕過，仔細看也。或是船要入磁頭嶴，離米盾礁一切並網尾頂礁，可看白嶼大出頭，離烏石下即可頭起無礙矣。媽祖印直看廣山頂內滱搭海墘白石盤，有石頭一塊，名曰滱石，與內滱獺入，下滱石獺出正身辦。橫看茶山 欺髻二粒，南下有一小茶山尖，搭內嶼頂宮仔尖正身辦，是大百山。直看姑嫂塔山搭白嶼正辦，直至山尾。看欺髻落大內嶼正辦，是汕尾下。再看草嶼與鬣嶼小相扯一半，是正港。出入船去東椗，不可開門，出入無礙也。

金門鋏鼻尾有沙汕，水退淺，列嶼後有大礁四、五塊，水退乾俱出水。西嶼東面邊，水乾大船太淺，嶼西亦可過，不可太倚，西面有沙汕。廈門山後嶼仔內可過，中門亦可過。中門東面有嶼仔拖尾，嶼仔東亦有碎礁。列嶼邊門中有礁，白石後有沙汕、塗坪，水退甚淺。外有網桁，內外俱可過。嶼仔南有沙汕。虎仔南邊，中門有礁可防。鼻尾有沉水礁，有鵝毛白礁。看鼓浪嶼大出頭，行船可倚白石下過，或大擔後過。西北面水退乾，一派俱淺。曾厝垵下網桁頭有大礁，水退乾，水湖下鼻有礁，不可太倚近之。頭巾礁內好抛船，入去是鼓浪嶼口，有一列礁。

太武 青浦可逃颱，太武山腳破肚可逃颱。大擔有三嶼，有三門。大擔好抛船，中門可過，二擔門亦可過，三擔門亦可過。三擔門嶼內邊有大礁，切記之。金門有金龜尾吊，有沉水礁，有沙崙。外去是烏嘴尾，有沉礁，行船可防之。大礁下可抛椗。南去是烏沙頭，有沉礁，可防。後浦胡下俱有沉礁，可防。角門中有沉礁，可防。南中有白嶼，嶼下有出水礁嶼，可防。上去是石井，入內去是安海港，外去是磁頭嶴。

磁頭嶴鼻外有大米盾礁出水，水滿小船礁內可過。米盾東北外，尚有北雲礁一塊。橫看廣山搭磁頭嶴宮正身，直看草嶼耽磁頭鼻正身。米盾礁西下，有米盾礁仔一塊，水退乾出水。米盾仔鼻頭內，西南有網尾礁一塊沉水，水退犯船。西有媽祖印礁，初二、十六出水。直看白嶼搭北面陳山，第一廣山頂二滱石，內滱石搭海墘白石盤頂。有一石名曰滱石，頂滱搭下滱，獺入正直辦。橫看茶山尖欺髻山南下有一小山，茶山尖搭內嶼宮仔尖正辦，茶山尖搭內嶼正半。白嶼北頭有礁一塊，水退出水。西北面有大盤礁一塊沉水，大流洘乾打浪。媽祖印礁西面有大百汕，敲船不可太倚。西頭入石井，從白石下過。離大百汕，船頭對石井直入正港。看欺髻山搭落南面樹，正船路。石井下門中大礁，東石 白沙尾內可逃颱。門中網桁，內外俱可過船。外面落船者，要入磁頭嶴大米盾、米盾仔及鼻頭內，海墘烏石下網尾礁，一盡看白嶼大出烏石尾下開門，即可頭起。入內廣山下抛船之處，嶴南下媽祖印礁。看直山步，廣山頂有二湁石，內湁石搭海墘。嶴底白石盤頂有一石，名曰湁石。廣山頂 內湁石搭海墘湁石獺口，湁石拈內正辦。横看茶山尖欺髻，南下亦有小茶山搭大內嶼頂宮仔尖正辦。大百汕直看姑嫂塔山搭白嶼正辦，直落至汕尾。横看山辦，欺髻落大內嶼，是汕下正辦。或是頂落船，有鬣嶼與草嶼相扯一半，是正港。亦是要出入船者，東椗大開，即無礙也。





磁頭北面[張本作“米盾北面”]大山邊，有礁一塊，敲船不可太倚。上去是龍王宮前嶴，內有礁一塊，打浪。上去是白沙尾，下有出水大礁一塊。洋下鼻各嶴，不可入內去。流嶴鼻下是福全所鼻，不可太倚。石峻 南鼻嶴內可抛北風，船抛倚西山沙地甚擺。內鼻下有雙善礁一塊，水退出水。横看西內大員山搭王爺宮，上去是石任[張本作“石峻”]。石任門中有礁，出水打浪。石峻鼻外山兜海底硬汕。上去是金嶼內，有大礁，水退乾打浪，名曰青鱗礁。看山步，塘東不可出頭，南去鼻下有礁一塊。横看深滬內面寨仔搭滬尾磬石正身，直看施厝嶴下尖山仔搭第二赤塗坎，再看直山步劉山搭吾鼻，入內去是宮仔前。

宮仔前海窟下有角帶汕，水退乾打浪，輕船、小船可抛，大船可抛汕下，打水三、四托水，殼仔地。欲入此處，可離角帶汕，即可頭起。西面施厝口有礁出水打浪。高厝垵口，名曰梅林擺嶴，內有礁雜碎，若要抛船，可隨小漁船邊抛好。嶴東鼻下有礁甚外，水退打浪。看山步，施厝垵山出頭，即可頭起無患。吾鼻外有馬鞍礁，看姑嫂塔耽施厝樹正身，礁落樹不防。上去是霜邊。

霜邊鼻頭外開，有卻金礁一塊。直看深滬鄉裹合金嶼仔正身，横看永寧塔合横嶼仔腰正身，水退打浪。礁內小船可過，但凡敲船上落，切記之。卻金礁外是坵厝垵口，一派海底儘是硬汕，損椗索，難抛之，甚開可抛。佛塘石後有半洋礁，礁內出水礁並流礁，水退乾打浪。麥穗礁看姑嫂塔外面山上煙墩對正身，横看獺窟出頭，外面過，敲船可防。佛塘後嶴東鼻下有礁一塊近北面，行船近中南過可也。嶴內三、四托水，沙地，甚然狹小，小船抛此嶴，切仔細也。坵厝垵大嶴內不可太倚，有沉水礁數塊。上去塔仔嶴，嶴內有石嶼，有石塔，有石汕，小船寄南風。東埔南鼻尾下有大礁生開打浪，敲船不可太倚。霜邊再上去是祥芝尾嶴。

祥芝尾外有礁一連生開沖東，名曰水圭腿礁，打浪，夜間行船不可太倚，須仔細也。直看加坑尖搭小墜山尾，横看日湖塔出頭正礁心，若浮山頭仔出祥芝尾不防。小墜開，有礁沉水，名曰烏石盤。橫看白鶴後大山邊有烏石盤出大墜正身礁，白鶴出頭不防。直看日湖搭六耳仔正身。祥芝 白沙嶴、後斗美嶴，好拋南風。入內去是泉州臭塗。

泉州港出溜石嶴，嶴口有弓鞋礁。溜石門口沙壇邊，無風之時，可防流東水。梭水美山宮，下面有棋盤礁，水退八九分出水。看山步，岩驅厝下鄉樹搭高累山正身礁，東面坪邊有硬灘，不可太倚。南面沙壇邊有青石礁，行船不可太倚。南炮臺內有馬屎礁。看山步，日湖大出頭，宮角上下相搭，炮臺內有馬鞍礁，看桂嶼搭白崎後正身，南有碎礁，欲過門出船，北風。馬鞍礁邊頭，姑嫂塔直出，若離開馬鞍礁三、四個船身位，頭對雙髻山，看桂嶼出過鳳山即離。炮城外有溜石母礁，在塗坪邊。炮城東角開有大臨礁。看山步，聖殿出炮臺城南角即離。橫看山步，桂嶼搭山下山出，南有食茶礁。看山步，日湖後與白嶼開門，欲從北邊過；密門從南邊過；相耽正礁，從南港出，牽柁至小墜搭白嶼，直出正港。從北面去，橫嶼耽垵頭尾，正港溝。臭塗出大溝，出沙塘尾尖，看白嶼腰搭蜂山直出，看神山仔、乞食山相耽，正北烏礁仔可防，開門即離北烏礁。看大乳山搭落後止寨[張本作“後紫寨”]北烏礁，離。看雞籠山搭內一個員山仔，直出至汕頭。看祥芝出頭耽南嶼仔，可離汕頭。白嶼東有烏礁一塊，水退半出水。南是烏礁。看直山步，祥芝尾搭石湖鼻頭正身；橫看石湖前金嶼搭南尖山仔正身。白嶼內汕看山步，水頭寨小耽白嶼。東南正汕石湖後有七星礁，礁東有沙汕，沖東直出，至小墜北面屏風汕。小墜北，門中有礁沉水，初三、十八出水。看山步，尖峰耽赤鐪。看橫山步，大墜搭小墜西粒，是礁正身。若是搭頂粒，是頂正身，其船到此，小墜結雙粒。大墜宮口有媽祖印礁。看直山步，馬頭密門即離，是東面過。橫看大墜南尾搭大蔗鄉 乞食宮仔，下垵鄉出頭，是南過也。

臭頭嶴，欲入蚵石溝，溝口五店市樹出炮城 鶺鴒宮，雞籠山在本船含壇後，直入。煙墩搭鬼嶼南坪邊，灣內有礁，水退乾出水。出石湖網桁頭，有沙汕，南下金嶼邊過，桁內有礁。石湖內即嶴內拋準頭下，但拋船不可大墜出頭，底面有礁，切記之。南溝往臭頭嶴，離南頭起。白嶼邊有網桁，網桁邊北入臭頭嶴。出大墜，從北烏礁出，從白嶼北面、烏礁北中間過。若遇無風，防石湖流西出，橫沖並大沙汕，須拋椗。又，無風流水不直，石湖後有七星礁。看直山步，對山尖搭白嶼腰。看橫山步，高山耽進烏礁並沙汕。又，無風出大墜門，流水沖小墜並中門礁並大汕。橫看加坑尖耽大樜鄉並中門礁，北面宮仔口有媽祖印礁，馬頭密門，即可頭起外面過，媽祖印礁西過。看西垵鄉大出頭，即可頭起，對井仔垵倚大墜埔尾兜過，須着點水為準。大墜大門至有中門礁，初三、十八出水。直看尖峰搭赤鐪正身，橫看加坑尖耽垵頭尾正身，若水滿無礙也。

垵頭嶴港尾有港口礁，港口礁下塊，直看白鶴後烏石盤搭三寶爺宮大出頭，即離，是外面過。橫看東湖後相搭石塔書館頭破厝。港口礁南下，尚有沉礁一塊，名崇武出。直看獺窟員山出大橫嶼西頭正身，橫看東湖後相搭石塔書館頭東面厝角正身。三寶爺宮口渡頭尾東面，有觀音礁出水。觀音礁東面，寮牛礁一塊，上去有犬目礁數塊。直看獺窟員山仔出離大橫嶼西頭，橫看埔棋石搭大樜蚵殼厝正身。上去是下垵。下沙宮外有小溝礁一塊。直看獺窟員山仔石，不可吞入橫嶼東頭。又上去有大薄礁一塊，水退半打浪。直看獺窟山出橫嶼東頭，外面過。橫看郊垵樹搭赤塗坎；又再看橫山步，郊後相搭石塔 老哥大厝正身。大薄礁身西南勢，尚有平板大礁一塊，離大薄礁有二箭遠，洘流尾打柁，大船犯也，切記之。看直山步，獺窟員山大出橫嶼頭，即離。橫看下垵鄉下壇三塊大厝相排，和祠堂小宗巷直開門正礁身。橫嶼東頭有礁三塊，駛船不可太倚，名曰東椗礁。三橫有沉水礁，名曰風爐嶼。橫看大乳山出洋鄉一周，直看大墜耽倚大橫嶼。烏嶼南有沉礁一塊，名曰龍船嶼，水退乾不可太倚。烏嶼北有礁，水退乾出水，駛船不可太倚。東南去是大墜，東鼻頭有大沉礁，水退出水，駛船流北水，不可太倚。有赤塗壇一條，生連烏嶼，水退乾，恐防大船打柁。烏嶼內大流水洘乾亦淺，水退乾只有丈二、三水。





獺窟磬有員礁一塊，西有礁一塊。看山步，前頭山 紗帽石搭赤塗坎。員礁東南有雨傘礁一塊，初三、十八打浪。若拋船，可拋員礁西面，水退乾亦淺。若是船出入，可看乳山出埕邊鄉樹西南面一尺，離礁無犯也。外籠尾有鮑鮸礁一塊沉水，初三、十八打浪。橫看內面山了搭獺窟磬盆石。直看山頭，山前烏嶼出頭，獺窟門中有網桁礁一塊。橫看獺窟山東頭，虎獅嘴角搭錢山扯嘴相耽正身，山兜山搭籠尾正身。直看埕邊樹出頭，外面過。又看直山步，大岞尖搭崇武東城正身。網桁北內有三礁，一塊水退乾打浪。赤嶼北頭有雪礁一塊，水退打浪，駛船不可太倚。赤礁外有港益礁[張本作“巷籃礁”]二塊，水退半打浪。看直山步，大墜搭烏嶼。看橫山步，烏嶼圈外腰。

後墓垵東鼻有麵龜礁一塊，外有大薄礁一塊，駛船不可太倚。看大墜不可密門，是外面過。或要入後墓垵，可倚北畔。看清源山內鼻頭直入，至宮內後出頭即離，可灣入，好拋椗。上去是青山前。洋嶼西南鼻頭有礁三塊，水退出水，敲船不可太倚。看大橫嶼不可吞入獺窟密，就是外過，敲船不可太倚。上去是崇武磬。

崇武磬打水四、五托，沙爛地。往大安十一更，辰巽針取竹塹。竹塹港用單西十二更取觀音磬。又用甲卯十三更取基隆，先到打尖鼻。又用甲寅三更取烏龜。

崇武磬西南面有白齒礁，水返半打浪。看直山步，前頭山搭洋嶼。看橫山步，前垵後大白石盤大出頭正身。西北沙灣內有沉礁，初三、十八打柁犯船。正青龜口有舌礁，龜舌內有丈七礁。橫看南門搭石墓正身，直看青山耽龜口，船可外過。嶼尖出東面城角小開門可過。東城角有雙善礁，青龜下有龜舌礁。看直山步，前頭山耽崇武磬口青龜正身，橫看青嶼搭龜正身。崇武夜間敲船上東西岞，大開門，大斷腰，礁一盡無犯。崇武東南外尚有南北礁二塊。直看烏嶼尖搭大墜尖，橫看青嶼頭搭洋嶼西南鼻尾正身，又再看橫山步，三官宮搭正龜頭正身。夜間行船，要入崇武㟃，可防龜舌礁，常常錯認為正龜，切算山頭為準即無誤。上去是大岞。

大岞㟃打水八、九托，沙爛泥。用甲寅取烏龜，子午取劍嶼，又用丑未取東椗。大岞㟃㟃頂有赤礁，南面有礁打浪，夜間須仔細也，不可太倚。內門小船可過。港仔㟃有甘歸礁。看山步，塗寨搭寶珠員石正身，橫看虎尾脫落西南正身，行船看山步對北進入。金嶼搭尖石正身，相耽小開門可防，不可大開門。至大岞後，糞箕垵好拋南風。㟃外有海翁礁。直看錢山尖搭牛嶼尾第二粒正身，過船者，錢山尖出北面牛尾，船可過。橫看大岞宮並樹，出大岞，離樹正身礁。或是漏船者，尖峰不可與大岞食密，可看尖峰離大岞一枝扁挑位，是外面過。若是南風，㟃內敲出船者，三北鼻兜可出，妙也，是海翁礁門內過。再入內去是青嶼㟃。海翁礁頂尚有礁，名曰海翁屎一塊。礁頂尚有礁一塊，名曰出水礁仔。看直山步，連海翁屎礁一盡一樣辦。看尖峰頂有一大嶼，與尖峰相搭正身。大嶼生入，尖峰生出，大嶼與尖峰開門，是礁外過無犯也。橫看大岞後，小霜嶼與大岞山耽一半，是出水礁仔正辦。但敲船上北，須着小霜嶼與大岞開門一帆闊，船即可進入去。

青嶼㟃內好逃颱。行船青嶼與大山兜，進入㟃內，不可太倚。入內面，有出水礁，又有硬沙，可防至切。直入北邊，進入東邊，小霜嶼內面西邊有白嶼，對門中進入，至嶼並身，可頭起進入㟃中拋椗。北落船，牛頭㟃牽柁入紅紗意㟃，好拋大風。東邊小霜嶼西南面有白嶼，取中門進入，到青嶼並身可頭起。大岞腳有沙㪷㟃，可拋船。再入大岞港仔㟃內，下西有雞心礁。看山步，大墜密西面青嶼對半正身，下面有甘歸礁，須記之。牛內好拋北風，西面甚淺，不可拋船，就是牛尾兜拋船可矣，至切。上去是劍嶼。

小岞用艮寅取東椗，用壬子取紅光嶼[張本作“紅瓜嶼”]。劍嶼內拋南風好㟃。西去是鬃嶼，鬃嶼東頭有礁，不可太倚。劍嶼尾倚有紙虎礁一塊，亦有紙虎屎礁二塊，諒有二箭遠。看橫山步，錢山尖搭鬃嶼正身。直看東岞尖搭劍嶼正身礁，不可太倚。亦有看小岞 劍嶼尾搭小岞 沙㪷㟃出一半正礁身。劍嶼內有杜厝大杉木網桁，甚然利害，流水又急，但船到此，切須記之，斟酌防矣。香爐嶼外有半洋礁，水退半打浪。看山步，東椗離崎頭山尾，橫看鐵釘嶼搭香爐嶼。北去是紅花嶼，小船可寄流。嶼後門中北邊有礁一塊，水退半出水，不可太倚。看直山步，吉仔鼻內白沙㪷出頭。看橫山步，紅花嶼開門正身。

湄州水滿打水三、四托，用甲卯取烏龜，用艮丑取南進嶼。湄州土名豎頭㟃，拋船對沙嶴亦可抛，北風洎流至妙。敲船流東半，可入豎頭嶴。西北勢有沙壇淺，不可近西北，敲上去有沉水礁，可防。湄州嶴可寄流，甚擺。西有香爐嶼，東南一列俱是沉水礁，北面亦沉水礁，西去嶼南有打浪。北面門中有礁，出水打浪。中間又有竹排礁，水滿可見，行船須仔細。大竹東南，西鼻外有礁三、四塊，名曰雙善礁。雙善礁外尚有平板礁一塊，正港路，涍流尾番流東水，但恐到此打柁犯船，切記之，敲船不可太倚竹嶼。看直山步，黃岐螺外嶴東鼻外大樹出鐵釘嶼鼻正身。再看直山步，紅花開嘴正身。橫看山步，內面牛頭山搭桶盤嶼嶢正身。欲入吉了，北面鼻尾有礁，南面鼻內亦有礁，船對中直入。吉了 西庭前可逃颱，無甚好處。入去西庭後忤下可逃颱。鼻尾有礁並沙汕，候水返八、九分，可進入蚵殼庭，小船、輕船可逃颱，亦無好處，外面有沙汕亦淺。城北亦可逃颱。出吉了，東有沙汕淺，可尋正溝，看爐角石直出北面沙汕盡離。鐵釘嶼東頭亦有沙汕，鐵釘嶼內門水滿，小船可過。水退乾淺，大船從鐵釘嶼東過，水退乾不可過。東亦有沙壇淺，不可太倚。東鐵釘嶼下有礁一塊，名曰太寶礁。橫看鐵釘嶼尖搭東湖鄉尖正身，直看浮靴城角西面山尖搭磨石鼻正身，水退半犯船。又有鐵釘嶼屎礁，不可太倚。

洋隔門水滿打水三、四托，用艮丑取平海，又用壬巳取流西港，又用單艮取南進嶼。洋隔門出船，有媽祖印礁。直看吉了前桶盤北面鼻頭小離、鐵釘嶼開口可過，橫看筆架山大山中尖搭橫嶼 宮仔前正身。再看直山步，桶盤嶼北面鼻頭耽鐵釘嶼正身。北面鼻頭內可寄流，不可太倚。鼻內淺，都是沙泥地。若是從媽祖印礁南過者，看桶盤嶼離鐵釘嶼大開門一帆闊，可從南面過。或要對西面過者，桶盤嶼可搭鐵釘嶼仔密，不可大開門。從北面過者，橫山鼻外有中門礁一塊，不可太倚。北面水退四、五分，打浪。出洋隔門，有風浪之時到船，不危急之時，可從東面嶼仔門過，名曰北香爐嶼，門中落船，即可無事。香爐嶼上北去，鼻北有紡車礁一塊，不可太倚媽祖印礁。再看橫山步，大媽祖宮搭密鼻頭。大媽祖宮大出鼻頭，是內面過。或要入洋隔內，鄉里大出一半，即可頭起無犯。上去是流西港。

流西港北面第二鼻直落，中有港心礁一塊，要入流西港，切可防之。水退乾有一托左右水，亦有網桁，網桁頭好抛北風，是泥地。上去是平海嶴。

平海打水四、五托，沙泥地。南進嶼用甲卯取東滬，又用艮坤取南日，又用艮丑取豬母礁，轉單艮取西寨頭。平海嶴欲出南進嶼門，看鷺鷥耽南進嶼，即可頭起，對門出。平海 虎角沙嶴口開有礁生外，水退乾出水，行船不可太倚，抛北風，是塗地。出船之時，東面鼻頭有媽祖印礁。橫看大媽祖宮出頭，即可無犯也。南進嶼下有平板礁一塊，水退乾出水打浪。直看城內孔子學搭城角兜白沙正身；橫看南日，不可入南進嶼，可過。上落船，南進嶼門中出入，可過船，水退太淺。大船可過南進嶼，西北鼻頭有沉礁一塊，不可太倚。南進嶼東頭亦有拖尾礁，不可太倚。出門北面平海鼻頭亦有礁數塊，不可太倚。上去是豬母礁一列，西面內有沉礁數塊，不可太倚。豬母礁外尚有沉礁一塊，大流退乾，二托一、二水。看直山步，南進嶼搭湄州 烏山鵠頭，就是正辦礁。東去是鷺鷥嶼，東洋中是烏龜山，東邊是龜仔，可抛小船。龜內打水廿四、五托，外打水卅五、六托。

鷺鷥嶼北頭有鐘礁出水，嶼門中一派俱是大礁。西面中間有鷺鷥屎三塊，其船到此切記之。看直山步，後營尖出南日 西寨頭正身。横看虎角沙澳，山上煙墩搭平海鼻頭正身。又看横山步，流西港山搭南進嶼尖，可過妙也。平海後嶴可抛南風。東尾外有沉礁一塊，水退打浪，不可太倚。鼻頭上北去是塗嶼，小船可寄流，內淺，三、四托水，可抛。白沙斛東北面亦有石汕打柁。塗嶼內面淺，有沙汕，大船內面不可過。塗嶼外有沙汕一條沖東南。看山步，野馬南頭耽虎仔嶼小門開。看横山步，象城大山出內嶴嶼仔。小船若是寄流，須沙汕西面；或是出船，須牽柁落，不可太倚。上去是虎豹獅象嶼。

虎豹獅象嶼外，打水八、九托。用甲寅取西寨，又用壬子取野馬。虎豹獅象嶼有拖尾生開，是小野馬嶼。落南有大礁，初三、十八打浪。嶼仔北有沙汕生連赤嶼，水退乾難過。象嶼後有大礁，出水打浪。南日白沙尾下有大礁二塊出水，南去有礁一塊，水退半打浪。

南日嶴打水四、五托，沙泥地。用艮丑取小日頭，又用乾亥取野馬。南日嶴好抛北風，嶴底有礁一塊，抛船不可太倚，南面可防。嶴內水退乾，礁出水，嶴底亦淺。西寨後嶴好抛東南風、南風。嶴外有嶼仔，內可過。東北是虎仔嶼，四面俱可過。虎仔嶼北去有嶼仔，嶼南有礁打浪，嶼北有礁一塊。東去是宫嶴，嶴口有大礁一塊出水，水滿打浪，無風之時，上落船流水沖礁，可防。東去是小日頭。

小日頭打水十托，泥地。用艮丑取白嶼，又用單艮取鼠尾。內是草鞋礁，外是鐳鄙礁，無風，流水甚急。小日頭西去中間有草鞋礁一塊，礁東尚有沉礁仔一塊。看直山步，南日 虎仔嶼相耽鼻小開門，但是上落船，無風之時，流水沖礁，落者可寄小日頭鼻邊倚倚過。若是無風，此處亦難抛，有四十外托水。草鞋礁再看山步，象城嶼出中嶼，大虎仔嶼離一枝扁挑開，行船可倚小日頭鼻兜過。東去有鐳鄙礁數塊。看直山步，大南日鼻出小日頭鼻，可內面過。横看大南日大山尖搭小日頭山，東南山盡尾相牽正身。南日流東水，敲船過野馬門。上去是野馬門。

野馬門打水十五、六托。內用艮寅取門扇後，又用庚申取壁頭。野馬門門口有生屎皮礁一塊沉水，生在野馬嶼鼻西面對正。横看南日 山尖寨搭野馬鼻頭落水，分流嶼搭野馬鼻開改，夜間亦可看。看直山步，鼠尾山搭出野馬東頭鼻小開門正身。過船者，看野馬東頭搭門扇後小開門，船可過。牛鼻北門，大小船俱可過。北有塔仔嶼，嶼南有礁一塊，水退半出水。看直山步，北邊牛角山搭塔仔嶼 塗寨正身，西北勢山頭出一枝扁挑遠正身，牛角 塗寨離。看橫山步，登門口扇仔嶼搭北邊大山尾腰正身，北邊大山尾腰可大出扁嶼，即無犯也。若開桿帆，駛中門出甚妙。外有公孫嶼，東外有一拖尾，生向東，可防。上去有嶼一個，亦不可太倚，中間有員礁一塊，水滿沉水，水退三、四分出水，行船可倚野馬東鼻頭。敲船出野馬東鼻頭，第一門不可過，東外礁二塊，水退出水；第二門嶼仔北可過；第三門亦可過。嶼仔東面有拖尾，有礁三塊，水退半出水。北面是登門嶼，嶴內小船可逃颱，淺，水返八、九分可入。或是扁嶼，嶼南北俱可過。上去是門扇後。



門扇後打水三、四托，沙爛地。鼠尾打水十八、九托。用丑未取分流嶼，又用艮丑取南分流嶼，用丑未取紡車頭，轉艮丑取萬安，又用單寅取草嶼。門扇後大山腳有嶼仔一個，白沙斛下可寄流。門中有南北鼻，有拖尾，生相向，水小可防。出門鼻頭有礁一塊，不可太倚。大船敲船，可從白嶼北出鼠尾外過。鼠尾礁看直山步，白嶼西內第二個小嶼仔出白嶼南。落船者看橫山步，門扇後白沙斛出頭即離，尋白嶼兜落，即離鐪鄙。鼠尾礁再看直山步，賊澳外分流嶼搭大草嶼西頭正身。鼠尾礁尚有礁一塊，名曰笨東，大流水涔乾，二托一、二水。直看紡車頭，不可與分流嶼食密，分流嶼與紡車頭相耽礁正身；或是船駛開桿正辦，即到船駛倚桿就無礙。賊嶴口好拋北風。嶴下有嶼仔一個，嶼南有礁一塊，水退半出水，敲船不可太倚。賊嶴東去是分流嶼，嶼東有礁一連如石橋，水退乾打浪。嶼內大小船往來俱可過，紡車嶼內亦可過。紡車嶼東面海底有硬汕，拋船甚然損椗索。再上去是萬安。

萬安打水三、四托，殼泥地。用艮丑取墓仔口，轉單艮取吉了[張本作“吉吊”]。萬安嶴內可逃颱。門中有中門礁一塊。直看萬安塔搭半山寨仔正身，橫看嶴底西內寨出頭，開門一枝竹篙開正身，船可從南出入。若是水滿，北風入船，北面亦可入。內面塗坪淺，入門內面有溝一條深。北面內頭儘是塗坪，入門上去拋北風，泥塗地淺，塗甚爛，須防拖椗。西南山兜有沉礁一塊，水退乾出水，敲船不可太倚。上去是墓仔口。

墓仔口打水三、四托。墓仔口東鼻下亦有沉礁一列二、三塊，近大山腳。進入嶴，有雙頭通，水退乾甚淺，可防，二邊儘是塗坪離水。嶴口水退乾，有二、三托水，不可貪入嶴，就中拋船甚妙。北邊去是草嶼，草嶼門中可過，甚妙。敲至大山腳淺，小草嶼外面亦有塗壇，水退乾恐打柁椗，敲船可從草嶼外面過，甚淺，切記之。東面去是草嶼。

大草嶼 墓仔口出門去，北面有石蛋嶴，嶴口開有沉礁，水退半犯船。西去是赤鼻，鼻內可逃颱。水退乾泥塗，一名大坵，一名蝦姑籠。南嶼兜可拋北風，拋船從北嶼拋，淺，有一丈五、六尺水。東外去是訪尾嶴。草嶼門對三牲礁乙辛生，又對觀音嶴子午生。訪尾嶴好拋北風。西南有嶼仔，嶼仔內沉水礁一塊，水退乾出水，不可入嶼。若要入訪尾，大山邊有嶼仔一個，嶼外過。嶼邊亦有網桁，好拋船，淺，五、六托水。東面有嶼仔二、三個，嶼頂面，嶼頭有礁打浪，嶼下有拖尾，水退乾亦打浪，若要出訪尾嶼仔門，對中北風面可出。外面頂勢，大姜嶼大小一連二、三塊生橫，出入船倚大山過，姜嶼頭倚北門可過。姜嶼東南外面有三牲礁，直看南日尖搭吾嶼內身扁嶼正身，横看萬安寨出草嶼正身。水返半滿看不見，水退三、四分出水。姜嶼開，有網桁淺，上落船切記之。上去是觀音嶴。

觀音嶴夜間流北水，欲從牛門而下，須從嶼邊倚倚而下。看牛火出帆面上風尾角頭，開而入尋嶴，即無妨矣。或是夜間要入船者，切防東牆頂 假嶴，下看姜嶼二個，頂尋觀音嶴，即無差錯。北流水，可用卯酉兼甲庚所分而入。牛嶼火下，用乙辛卯酉而入。外面而入，嶴北第二鼻生有礁一塊可防，牽開，看觀音嶴出頭，即可頭起，無犯也。倘或大風大作，觀音嶴不得入，可牽柁對姜嶼門而下，離嶼即可頭起，對沙灣可拋，有六、七托水，泥塗地。外姜嶼尾有姜芎芽礁一塊，流東水，輕風利害，流水沖礁。看直山步，牛嶼火大出本船帆面上風尾角，開而下，即無犯矣。横看上下姜嶼結連轉嘴正身，流水甚急，可防也。

訪尾嶴好拋船。西南面有一連嶼仔二、三個，結一連，盡尾外有老虎礁一塊。或要入訪尾門，輕風流水沖礁，甚是利害，流水又急。看直山步，草鞋山尖搭鬣嶼相搭正身。横看山步，外姜嶼耽尾鼻正身。此門亦有人叫做草嶼門，亦有叫做訪尾門。頂勢外面要入船，切防流東水沖礁，須着觀音鼻大出訪尾而下，到山邊草鞋山走落鬣嶼，亦不可牽柁大落。此門中間倚西畔流東水，返半儘是流北，船就駛不入去。或要駛入門，須着新宮前候流可也。

新宮前水返七、八分，回南流，敲至猿昆水。猿昆水廿左右托水，流又急，利害，椗地又呆，此處北流水又早二、三分就落，可防也。敲過竹嶼 紅山鼻，若有二、三分流，過竹嶼汕，汕尾返滿有一丈四、五尺水。竹嶼汕看山步，蓮花嶼耽吾營嶼正辦，船在紅山鼻，要敲過汕。看山步，蓮花嶼 紅山鼻南有一山尖開門，就着到船，從東北去。至山尖耽紅山鼻北，到船直正至四嶼，一直又上，打水有八、九托。竹嶼汕外東北面嶼仔兜，不可太倚，有雜碎礁甚多，切記之。又上去是半洋礁，內外俱可過，水深；或要寄椗，須對石牌洋甚妙，有四、五托水。船或敲至蘇嶴，石牌洋、半洋礁看山步，直看蘇嶴大山尖搭石牌洋，横看西苦內大山礁，白沙𣂺出雙排四嶼一扁挑開，又看牛角山尖搭東苦山腰正辦。

蘇嶴在大煉山南便是也。下敲起，須對石牌洋身西北敲上，過東來是也。但是敲苦嶼門出，須對大煉山下經過四嶼身東，並出水礁身東而上，水深十一、二托。大煉山鼻尾宮仔口有礁一塊，對宮仔口直落正身。看直山步，小煉山尾有出水大礁，與苦嶼開門一帆闊正身。大煉山鼻尾頂有弓鞋礁一塊，水退三、四分出水。看直山步，小煉山尾下有出水大礁，與苦嶼開門一帆闊正身。横看大煉山身外，有一嶼仔耽大煉山正辦。船直敲上至苦嶼，有十一、二托水，無礙也。蘇嶴內有觀音礁一塊，在嶴底。直看四嶼耽西面嶼仔正身，横看大煉山尾粒搭蘇嶴東北面山鼻尾粒，相搭正身，水退出水。船亦先寄椗，須從外面網桁拋，無犯也。

精門門中有精嶼，船或要對精門出入，須從精嶼北面過，從大煉山兜而入甚妙也，水深流急又直。精嶼出入，南畔流尾低礁二、三塊，打浪，名曰金成魚。看直山步，雞嶼與精嶼小開門。看横山步，蘇嶴厝出一半，則無犯。大煉山尾外嶼仔二個，船要出入，須倚大煉山出水礁頂出入可也。外面嶼仔頂西勢開有二畔，出入無犯也。船在外面頂勢，要入精門，可仔細看，對大煉山身南而入，無差也。此處草鞋嶼門，出來小煉山門，再出來即是大煉山門，連苦嶼開門算起，共四門，須仔細看也，萬勿有誤。

觀音嶴打水十托。放洋用乙辰轉單卯更香三條七、八至鳳鼻。觀音嶴內有白沙斛，正嶴好拋船。大山下白沙斛正嶴。嶴東鼻頭有礁一塊，水退半出水，入船不可太倚。東面鼻頭有礁一塊，生有一箭遠，外勢入船，鼻頭牽柁過西面入，不可太倚鼻。看山步，觀音嶴厝出頭就離。落南下去是梧嶼。

梧嶼用單艮取牛嶼，又用子癸取觀音嶴。梧嶼外直向東，有螺礁二塊。横看梧嶼耽草嶼正身，水滿密礁，水退三、四分，出水打浪，有廿一、二托水深，可轉船駛開去，不可倚兜來，切記之。墓仔口上去是東吉吊。

東吉吊打水三、四托，用子癸取分流嶼。東吉吊東外去有沙壇，敲船不可太倚。吉吊嶴好拋南北風，打水四、五托。上去是西吉吊嶼。嶼南尾有沙壇，生向東南[張本作“西南”]直出，水退乾出水，敲船東面過，不可太倚。西去中間有草鞋礁一塊，水滿密水，水退二、三分出水。横看後營山尖搭南面吉吊山仔對正正身，北面散嶼下有金盤礁，水退乾犯船。看横山步，大草嶼山尖搭東吉山尾，小小開門正身。直看東吉吊小嶼仔搭東吉吊尖，再看直山步，淵海港內有一銀台嶼與散嶼相耽正身。但是，上落船不可太倚，對草鞋礁兜倚倚過。若是過船者，大草嶼山尾離吉吊嶼仔落水開門可過船，切記之。東去是淵海港，要入淵海港，可從吉吊北嶼仔兜過，不可倚。散嶼用子癸。上去是新宮仔。

新宮前打水五、六托，沙泥地。分流嶼用子癸取烏礁，轉癸取四嶼。烏礁西勢汕直看墓仔口出山頂炮臺，不可貪入海墘。小嶼南北有汕，上去是四嶼。用子午、癸丁取四嶼，轉單子午取苦嶼。新宮前好拋北風，水退六、七分回南流水。入對面是分流嶼，嶼南鼻沙壇生開向東。南落船者，看山步猿咀水出頭大開門，即可頭起。上北船對分流嶼西過正溝。又上去，看墓仔口後煙墩出頭正港，烏礁兜過。上去烏礁頂，看山步，四嶼搭小煉正溝。再看牛角山尖搭苦嶼沙嶴，直至苦嶼門。西面是貓嶼，嶼西面有沉礁一塊，水退出水。貓嶼東有七姐妹礁。橫看山步，大煉山尾相牽小開門正身。直看山步，牛角山搭苦嶼東面山尖正身。但是落船者，苦嶼嶴起椗。看山步，牛角山尖搭苦嶼對正正身，直落直至四嶼，下至鹽嶼頭平身。又再看山步，草嶼搭草鞋礁 西吉吊相耽正身溝，至烏礁過。再看山步，吉吊與分流嶼相耽小門開。至分流嶼，烏礁有沙壇。橫看定海山離小嶼仔大開門，西面沙壇都盡離，烏礁敲北風，水退二分，可駛流西水，至四嶼六、七托水正好。港東面亦有沙汕，打水為妙，可寄流，水退乾丈二、三水。四嶼北有七姐妹礁數塊，可防。上落船，大煉山尾有一尖山仔出頭即離。又看東落嶼，不可密苦嶼身。東南鼻頭貓嶼東面，亦有沉礁一塊及魚滬角一派，不可太倚。敲船至牛鼻琇，不可與苦嶼相耽，相耽恐是礁辦。看牛鼻琇與苦嶼開門一枝扁挑位，就着到船，即無礙矣。魚滬角並貓嶼甚多雜碎礁，切記之。

新宮前，分流嶼東北鼻頭有拖尾礁，水退出水。新宮前北面鼻頭頂亦淺，敲船不可太倚。分流嶼北面亦有沙壇，東面有嶼仔一個，嶼仔北面亦有成魚腮礁。看直山步，淵海港山上有倒煙墩搭新宮前 赤塗坎鼻正身。橫看竹嶼內尖山大出頭，離開門正身。又看橫山步，後營尖搭分流嶼南嶼仔正身。北有成魚腮仔一塊可防，行船可倚東面嶼仔兜過。成魚腮礁水返滿沉水，礁西北面亦有沙壇甚淺，流水又急。東是猿咀水，或是敲過猿咀水，開桿帆駛去分流嶼，不可與牛屎礁相吞，恐犯猿屎礁與塗坪及淺頭，切記之。

猿咀水山東面亦有拖尾礁，名曰猿屎礁。北面嶼下亦有沙壇淺，敲船點水為妙。上去東面第二個沙嶴內，有礁一塊，水退三、四分出水。看直山步，後營山搭猿咀水破郤對正。看橫山步，北面白嶼仔搭沙嶴，敲船不可太倚。東面去是竹嶼，內去是海山也。

海山嶴打水三、四托，沙泥地。要入海山嶴內鼻頭，有平板礁一塊，可防。過竹嶼頂，有礁一塊，水退乾流西北，可防。過竹嶼北溝，看山步，四嶼頭出一個是正溝，過。看石牌洋出頭，是正溝也。外是竹嶼。

竹嶼西北有沙汕，敲船可倚東面。入內去是海山港。竹嶼水返八、九分，敲北面沙頭，須點水為妙。東北面嶼仔尾有拖尾礁，不可太倚。東去西面嶼仔，嶼仔南有礁一塊，水滿密水，水退三、四分出水。過去西面有沙汕淺，須着點水為準。上東北去有滬網，滬網腳有礁一塊，水退半出水。看直山步，牛角山尖搭苦嶼外橫嶼仔腰對正。橫看海山大山尖搭石牌洋南面赤塗鼻對正。石牌洋西南有拖尾礁，拖尾礁下有沙汕甚淺，門中小船可過。南大山鼻頭內有沉礁三塊，水退乾出水，不可太倚。東面是石牌洋，東有拖尾礁一塊，水退半出水。上去是棋杆尾，鼻頭內有沉礁一塊，敲船不可太倚。東面去是精門，內去是蘇嶴，中有礁，敲船從北邊過。精門中有大礁數塊打浪，切記之。上去是大煉嶴也。

大煉嶴打水三、四托水，好抛北風。西南外有嶼仔，嶼仔北有沉水礁一塊，水退三、四分出水。大煉北面鼻有宮仔，宮仔前鼻下直落，有沉礁一塊，水退三、四分出水，出船不可太倚。過東小煉山，過去是草嶼。草嶼門中有網桁，網桁亦有沉水礁一塊，水退乾犯船，風面東，不可太倚。網桁下西面有七姐妹礁七塊，大流退乾出水。看横山步，大煉、小煉山小開門正身。看直山步，牛頭山尖搭苦嶼山東面鼻頭內。又再看山步，小煉門相耽正身。西去貓嶼，貓嶼東面有礁一塊，不可太倚，切記之。上去苦嶼也。

苦嶼用艮丑取牛鼻琇。又用乾戌取上下嶴，打水五、六、七托水，沙泥地。苦嶼嶴好抛北風。入船鼻頭內，水退乾淺，丈二、三水。西面亦有沙壇淺，抛船可對沙汕嶴抛矣。出苦嶼門，東面山鼻亦有拖尾礁二、三塊，生過西，敲船不可太倚。東面海底下亦有石汕一條，生向苦嶼鼻相連，洘流尾大船但恐打柁。西內去是松下嶴。

松下嶴洘流尾，打水十二、三托，沙泥地。松下嶴鼻頭外，有老鼠嶼礁一列，水漲滿打浪，內外俱可過。老鼠礁東南去，有礁一塊，離有二、三箭遠，水退三、四分出水。欲入松下嶴，可對老鼠礁，內外俱可過。出入松下嶴者，東南面有拖尾礁，船可倚北面中出入。港中深，洘流尾亦有十二、三托水，船可倚北坪墘過。看山步，抛船老鼠礁出頭，是北面坪墘，有四、五托水。松下有一嶴，可逃颱。對老鼠嶼南入去，出老鼠礁外者，尚有港心礁一塊。看横山步，松下 媽祖宮出頭。看直山步，賊嶴頂鼻搭下鼻正礁身。北面是賊嶴，東面横嶼也。

横嶼東北面有沉水礁一塊，敲船不可太倚。横嶼內有中門礁一塊，水滿打浪。中門礁西面，有港心礁一塊，水退七、八分打浪。看横山步，小煉鴿搭横嶼正身。小煉鴿出横嶼即離，行船可倚賊嶴口，倚過亦可。或對門中礁東横嶼兜過，極妙也。中門礁東頭尚有沉水礁一塊，大流水退乾出水，離中門礁有半箭遠。北面老鼠礁尾，有拖尾生開，敲船不可太倚。横嶼東頭北面有礁一列數塊，名曰算只礁。看直山步，赤嶼搭牛鼻琇正身。横看山步，牛角山東南面山尾有煙墩搭內面山上，北面山尖對正，上落船外面過也。看赤嶼出牛鼻琇西、算只礁北，尚有三腳香爐一塊。看山步，與算只一樣辦。看横山步，北面山尖搭與牛角山大山食密，即無犯也。牛角山東北鼻頭，倚有平板礁一塊，若是召南風，切宜防之，駛船不可太倚。上去是牛鼻琇也。

牛鼻琇打水十四托。牛鼻琇外有觀音礁二塊，出水打浪，內外俱可過船。牛鼻琇西南勢尚有沉水礁一塊，春天水大洘乾打浪。東去是草嶼，西落沙嶴口有拖尾礁二、三塊，不可太倚。北面去是赤嶼，赤嶼西有平板礁一塊沉水，初三、十八打浪。看橫山步，赤嶼追烈並身。又橫看山步，東落第二個嶼仔出赤嶼西正身。看直山步，苦嶼門南面山尾頂鼻員鵠頭搭牛鼻琇西畔一半正身。上去是南北望也。

南北望嶼南，有南北望屎礁一塊，水退七、八分出水。看橫山步，長江赤嶼出草嶼，赤嶼追烈開門，亦可看正礁身。又看橫山步，赤嶼搭東落山兜第一部。看直山步，小煉山鼻尾與牛角山尾相耽正身。看橫山辨，南面山邊有煙墩搭大山烏石盤正身。夜間行船，須小煉山尾開門就不防。北去是北望，有沙壇打浪，不可太倚。東外去是東西落。赤嶼打水五、六托，沙爛地。用艮丑取白犬，又用單丑取南塘。

東西落外開有大礁，行船取外出入。東西落邊開有礁，不可太倚。或是船外面入，可看山步，看牛角山西南大山鼻尾大出橫嶼二、三隻船位，即離，儘是外面過，無犯矣。行船取赤嶼邊過，可寄流，內外俱可過船。東外有礁三塊，名曰觀音礁。上去是茲嶴。東西落外，用艮丑取白犬，打水六、七托，沙地。

茲嶴拋北風，甚淺。嶴南鼻下有拖尾，不可太倚。嶴東鼻外有大礁打浪。開有半洋礁，礁邊洘流尾倚三、四托水，駛船至此，夜間打水為準，切記之。直看梅花頭外虎仔嶼搭布袋嶴破郤正礁身；橫看山步，定海出梅花頭嶼仔正身。看山步，茲嶴頭嶼仔結二個獺口正礁身。北山鼻外，有大礁一派，水退打浪，不可貪倚。內面虎仔嶼，嶼南一儘是沙壇，甚淺。門有茲嶴屎。看直山步，赤嶼耽牛鼻琇北鼻尾；橫看虎仔嶼搭內面烏山頭正身。上去是虎仔嶼也。

茲嶴打水三、四托，沙地。用艮坤取白犬，又用單丑取南塘，又用單子午取梅花頭，可防茲嶴外半洋礁。

虎仔嶼打水四、五托，沙地。梅花頭用甲寅取白犬，用癸丁、丑未取南塘，可防七星礁。白犬嶴打水五、六托，沙地。用單子午取南塘內過，用單艮取東湧山也。虎仔嶼有虎屎礁一塊。看直山步，連枝嶼與梅花頭 白沙內坑正辦，虎仔嶼耽茲嶴一枝扁挑開。看橫山步，內面烏石盤搭外面烏石盤正身礁。再看橫山步，東 西犬小開門正身。看直山步，芭蕉尖搭梅花頭 虎仔嶼正身礁，內外俱可過。東去是白犬山。

白犬嶴好拋北風。或是敲船，流西水退三四分，南流敲至流東半，可敲船。犬目下海底有石劍，不可太倚，大門可過船。犬西內去有七星礁，七星礁與西犬巳亥對坐，行船可從東面過。七星礁看橫山步，犬目出頭，東犬 赤塗坎出西犬東面山頂鵠頭正身。看直山步，北塘尖搭南塘改正身礁辨。七星礁再看橫山步，浮江食芭蕉一半正身，礁兜打水七、八分水，洘流尾五、六托。入內去是福州港。

福州港口有沙汕二條，沖東而出，水退半打浪。北面生在滬江尾，向東南而出，至牛角山，出茲嶴山尾大開門盡尾。欲入福州港中溝正溝港，看山步，葷羅門內面山尖搭芭蕉尾山尖直入。又再看東 西犬仔尾內有一門仔開門半枝扁挑開，直入至雨傘礁並身，北有一條横汕沖横港。看山步，潭頭山尖搭流崎口頭茅嶼正汕，雨傘礁並身，直入正身。看山步，董羅門內面有山尖搭過芭蕉礁尖北面開改，直入過横山。再看山步，董羅門 媽祖宫樹出芭蕉山南，直入董羅門。媽祖宫口有媽祖印礁一塊沉水。看山步，芭蕉 白沙灣出熨斗鼻頭正身，正熨斗。鼻頭下有沉礁一塊，不可太倚。上去是五虎門。

五虎門 芭蕉山西南鼻尾有沙汕，水退乾甚淺。五虎嶼西南尾有五虎屎一塊，不可太倚。出門去是五虎門。東面汕頭有插招二、三枝正港。看山步，五虎門中有圭心嶼耽芭蕉山。直出北面，北面亦有此汕，行船不可太倚北，出門須着點水為準，直至滬網下即離。汕頭東面汕，看梅花頭大出芭蕉山東南尾即離。北面汕頭有滬網，下亦有汕頭礁。看山步，五虎門小開門正身。横看山步，北面青樹搭目嶼北面正身，大流洘乾出水，其船到此可防之，不可太倚。東北去是南塘，內頂有目嶼塗礁。再看横山步，流崎外面員嶼仔與芭蕉食密，是礁正身。員嶼仔出芭蕉山，是礁也。





目嶼下有網桁，網桁內有礁目嶼，內北頭有大礁一塊，水退打浪。上去是定海頭。四嶼外內塘有半洋礁一塊甚大，有八畝之大，大流水退乾，礁上有一丈左右水。看横山步，南塘脚下有一尖筍狗嶼耽南塘扯門正身。看直山步，北膠頭與硱嶼開門一枝扁挑位開正身。目嶼頂是定海頭，小埕嶴東外是南塘。南塘內打水三、四托，沙爛地。外打水七、八托，沙爛地。用單子午取黄岐，又用乾亥取定海，又用單子午取北膠頭，又用子癸取小西洋。

南塘嶴好抛北風。栲茶嶴 塘針半洋礁生開。看横山步，加老嶼頂門開門一分，下南塘北鼻尾開門二分。看直山步，艮坤對塘針正身。再看横山步，塘門加老嶼搭黄岐鴿頭正身。又再看直山步，北塘頭有三個結做二個，就是直辦也。南塘東南去有一個嶼仔，名曰塘針。後嶴好抛南風，大門中可過，嶼內俱可過船，此處難抛之矣。東外後面有一嶼仔門可過。北塘外有一大塗嶴，打水七、八托，可抛小船千餘隻。南塘脚下有一尖筍狗嶼，嶼頂不可過，有礁十七、八塊。筍狗嶼下倚倚好過船。西面去是小埕嶴，外是定海頭。

定海頭打水四、五托，沙爛地。定海頭 小埕嶴好抛北風。定海頭嶴內外有礁。西去是布袋嶴，好逃颱。西南外有四嶼，四嶼內門中有礁打浪，取中過。四嶼門邊有礁，礁北面有大礁二塊生開，水退打浪。定海頭嶴東面鼻頭下，有沉礁一塊，名曰平板礁，礁下尚有拖尾礁一塊，洘流尾切防之，但船到，打柁犯船。看山步，四嶼門有一員嶼仔搭東北勝額嶼，相搭正身。看山步，雞母嶴嶴口二個嶼仔，雞母嶴內有沙肚撻此二個嶼仔正身。定海頭後有龍船嶼，龍船嶼東南有拖尾，有石汕一條，沖東南而出門，敲船至此可防。龍船嶼腰西北勢尚有沉礁甚多，船至此切須記之。定海頭出入船不可太倚，嶼仔門小船可過。定海嶴後面大嶴灣內鼻下有大礁。上去是雞母嶴，再上去是黄岐嶴。

雞母嶴打水三、四托，污泥地。雞母嶴內鼻下有礁，水退出水。鼻開有横嶼仔，門中可過。出船大山鼻下，有沉礁，出船出門，倚横嶼兜過可也。看黄岐 媽祖出頭，即可頭起。横嶼南下有大礁打浪。頂去是黄岐嶴也。

黄岐嶴打水四、五托，赤泥。外用單子午取硐嶼，又用子癸取小西洋，又用乙辰取北塘。硐嶼下打水十三、四托。用單癸取小西洋，又用單乾取媳婦娘嶴。黄岐嶴好拋北風。嶴口有媽祖印礁。礁東邊開有沉水礁，名曰印帶，離有三隻船身位遠，初三、十八打浪。看山步，黄岐外面栲茶沙嶴出頭正身。看直山步，媽祖宮角搭樹正身。再看山步，定海山尖搭雞母嶴口横嶼仔正身。敲船內面過，夜間敲船，礁亦無准，可看黄岐有一大山改，看大山開大人字改，是內面過者，敲船就不防矣。大改扯密印礁辦，切記之。北山鼻兜亦有礁一塊，不可太倚。外面是鐘鼓四個嶼，嶼南外有半洋礁一塊沉水，水退半出水打浪。礁門中小船可過，夜間出船須着仔細看也。横看黄岐 雞母嶴高山尖搭雞母嶴口横嶼仔腰正身；直看鐘鼓四個嶼結做三個，中央一個員嶼仔搭中門山北面烏石鼻正身。或是漏船者，看魁山大出頭硐嶼，就無犯也。横嶼門中四嶼，嶼門中可過。內有中門礁一列，水滿沉水，水退出水打浪。看直山步，魁山搭硐嶼正身。横看大山下烏鼻並身，又青草一溝出頭礁身外。看鐘鼓嶼北，盡北有一個嶼仔搭北塘第二個大山尖，相耽就離。中門礁外面，有大礁二塊，名曰烏礁，出水。礁門中船往來處，夜間敲船，看北膠頭尾山尖離。北面鼻有竹桃礁一塊打浪，水退出水。蓮花嶼內門小船可過，硐嶼門大山，船往來俱可過。硐嶼北好拋南風，硐嶼東北尚有大礁二塊。出門北面是北膠頭嶴。

北膠頭打水五、六托，沙地。北膠頭嶴內好拋南風，門中可過。北膠頭嶼鼻尾有礁一塊，水退出水。外有觀音礁二塊出水，門中可過。西落頭亦有大礁一塊，水退三、四分出水。看山步，北膠頭鼻尾耽東落鼻頭正身，西落頭亦有沉礁。再看直山步，東落鼻頭搭硐嶼正身。看横山步，芙蓉山搭小西洋內面嶼仔。西落嶴可寄流，拋倚，有十四、五托水，開亦深，難拋矣。北是羅源港。

羅源港用艮丑取四嶼。羅源港口，門中有大礁二塊，水退半出水。入船可從南面過，北面是臨嶴，可寄流，打水四、五托。內門去有龍船嶼一個，出入船二邊可過。內去南山邊可逃颱，甚好。出入羅源港，門外是媳婦娘嶴。西南面開有弓鞋礁二塊，水退半出水。東去是小西洋山也。

小西洋內打水三、四托，沙爛地。外用子癸取馬莿。小西洋有嶼仔一連三個，有門四個。搭大山一門，上落船可過。出來第二門中有一連，名叫鼠橋，不可過。第三門可過。第四門中有礁一塊沉水，水退乾出水打浪。礁東北勢尚有沉礁仔一塊，有一箭遠。看橫山步，小西洋後白沙嶴出一半正礁身，小西洋後南頭邊亦有大礁出水打浪。小西洋北面入去是下府嶴，嶴內西北山鼻內兜，有礁二塊出水打浪，夜間可防。

盔山打水七、八托。盔山門中可過。西南山尾有沉礁，水退乾犯船，不可太倚。盔山外開東南有盔山 虎礁一塊，水退三、四分出水。看橫山步，小西洋東鼻尾耽盔山西鼻尾正身，若開門是礁下過。看直山步，西洋下小蝦目嶼與北塘尖開改正身。盔山東外尚有半洋礁一塊，水退三、四分出水，名曰湧横。半洋礁倚馬蔴一分，離湧横二分。看橫山步，盔山耽馬蔴密門，是下面過就不防矣。盔山外尚有出水礁數塊，但船到此切記之。



老湖嶴好拋北風，打水五、六托，塗地。內湖嶴輕船可逃颱，淺，候水返七、八分可入。西南去是鹽田嶴。沙嶴口有礁一塊，水退半出水。老湖出內門，門中有中門礁一塊出水，船從南畔倚橫嶼兜過。橫嶼西南尾有沉礁二塊，水退乾出水，敲船不可太倚，可從外面出。外去是芙蓉嶴，打水十托，沙泥地。



芙蓉嶴宮前好拋船，打水十外托。北面鼻尾是螺尾鼻，有螺鄙礁一塊出水。礁門尚有沉水礁一塊，敲船不可太倚。西面內去是螺殼嶴，輕船可逃颱。上去有嶼仔一個，門中小船可過。北去是大金所，大嶼邊小船可逃颱，無甚好處，門中小船或可過。出門去是鴨池嶴。

鴨池嶴打水三、四托，塗泥地。用壬子取根竹，又用單癸取風火門，又用壬丙、巳亥取福建鼻。鴨池嶴好拋北風，打水三、四托。欲入內嶴，東鼻頭有礁一塊，水退乾出水，不可太倚。北風出筶杯內門，水退三、四分即回南流水。筶杯內流東水、流東北，筶杯外流東、東南流。筶杯內沉礁一塊，退乾犯船。看山步，筶杯嶼開門一枝竹篙位正身。看橫山步，芙蓉山耽筶杯嶼就着到船，倚桿帆入即無礙也。上去是福建鼻也。

福建鼻頭內外，打水三、四托。用艮丑取根竹，又用子癸取三沙嶴。福建鼻東北尚有沉礁一塊，大流涝乾，大船打柁，小船無礙矣。鼻頭下亦有大礁，水退打浪。或是敲船至此，看山步，芙蓉頭不可倚筶杯食密，是外面過；若是食密，就是礁正辦。內有一門，名曰八尺門，小船可過。上去是根竹，嶼門中有礁，不可過，小船順風可過。根竹西面有礁一塊沉水，涝乾打浪，不可太倚。福建鼻下，內外有嶼仔二個相向。頂嶼有拖尾礁二塊，水退三、四分出水；下嶼仔東北尚有礁一連，沖東北而起。但凡敲船至此，凡流東水，風面掛東，要過八尺門，取上下二嶼，對中直入可也。入八尺門，看山步，頂有一尖山撻橫嶼，橫嶼雙頭耽八尺門頂，亦耽北鼻下，亦耽南鼻，直入無礙，流水甚直。入八尺門下，山腰外鼻有拖尾，不可太倚。八尺門下山腰亦有出水礁一塊，出水礁北尚有沉礁一塊，水退半出水。福建鼻下頭一個嶼仔，嶼仔門中不可過，亦有礁雜碎甚多，切記之。上去是三沙嶴。

風火門打水五、六托。用子癸取棕簑㘭，又用子癸取冬瓜嶼鼻，又用艮丑取南關。冬瓜嶼鼻用艮寅取拜嶼。

三沙伍㘭好拋北風，打水三、四托。出門有牛屎礁一塊，水返滿打浪。船從礁東外過，外去風火門，門中有嶼仔二個，名曰龍目礁。內門小船可過，中門大小船往來俱可過，外門亦可過。龍目礁北面，尚有拖尾礁沉水，不可太倚。出門去，北面鼻尾亦有大礁，水退乾出水。東去是大洋山也。

大洋山打水四、五托，沙地。用丑未取北關，又用艮丑取拜嶼。大洋山邊㘭好拋北風。洋嶼門中可過，南面鼻尾內可逃颱，名曰布袋㘭，可拋七、八隻船。大洋山尾外開，有礁一塊，名曰三迷王，夜間至此能鳴。看直山步，三牲合洋廣尾開門一帆闊正身，水退半出水打浪。或是大 小洋山二個扯密門，是礁下過，無犯矣。或是船從北霜倚而入，巽乾、辰戌針，切須防之，至切記之。

三沙㘭好出船，小船要從牛屎灣門出。東面嶼仔尾有米盾礁數塊，水退出水。北面龜鎮㘭，㘭口有媽祖印礁一塊，水退乾出水。內門小船可過，中門順風亦可過，外柴虎門亦可過。出門去是大洋山，內去是七都㘭。

七都㘭南鼻尾有沉礁二塊，水退半出水，不可太倚。港口有大礁一塊，水退半出水。看直山步，八都鼻出七都鼻東面鼻頭正身。船若入七都，可從北面過。入去是潭內，可逃颱，水退半可入。上去是八都鼻，好寄流，淺。北面鼻頭，去是廠嶼，輕船可入逃颱。八都鼻北面白石下亦有沉礁一塊，不可太倚。廠嶼去是員當㘭。

冬瓜嶼打水七、八托。用艮寅取拜嶼，又用單艮取北關。

員當㘭好拋北風，淺。㘭口是武嶼，不泊流，不可太倚。上去是棕簑㘭，㘭口鼻下有礁一塊，水退半出水，拋船可拋。上東去是冬瓜嶼鼻，再上去入內是沙埕㘭。店頭下亦可逃颱，無甚好處。豬屎窟好寄流，打水四、五托。豬母礁內門，小船可過。入去鼻下開，西面有龍目礁二塊，水退乾出水。或是船拋沙埕㘭，流西水甚急，欲出船之時，流西水又急沖礁，切宜防之。看橫山步，南鎮山腰鵠出沙埕㘭鼻鵠，即無犯也。東外去是南關尾。

南關尾打水三、四托，烏泥爛塗地。外用單丑取雞髻鳳，用子午取草嶼，又用子癸取金香鼻。南關尾鼻尾下有礁打浪，礁外尚有沉水礁一塊，初三、十八犯船。看直山步，北關後烏嶼出北關內，有赤塗鼻出南關鼻頭正身。看橫山步，北關小門小開門，南關尾。再看橫山步，南鎮鼻頭搭南關下個嶼仔，相搭正身礁也。若是出船，即看山步，南鎮鼻出嶼仔大開門，是礁下過，無犯也。入內去是鎮下關，外是北關。

北關尾下打水五、六托。用丑未取草嶼，又用艮丑取金香。北關尾杞㘭口有沉礁二塊，水退乾打浪。大船敲從北關外過，出去外有菜礁打浪。外面拜嶼仔，船往來，內外俱可過。大拜嶼東面有拖尾礁二塊，水退半出水。出北關，小船內門可過。出門有觀音礁二塊，出水打浪。北關下杞嶴直落甚開，有沉水礁、半洋礁一塊甚大，大流水洘乾，礁頂只有丈左右水[張本作“二托左右水”]。看直山步，北關內漏船，門中山出一半，及漏船，門耽北關內下鼻正身。及至漏船，門開有一帆闊，亦是正辦。看橫山步，鎮下關正門頂有一嶼仔，嶼仔門小開門正身，礁頂小船無犯矣。再看橫山步，南關尾下嶼仔與南鎮鼻開門，是礁下過。南關下嶼仔與南鎮鼻相耽扯密，直至嶼仔搭南鎮山腰鵠頭正礁辦。或是半洋礁頂過，看南鎮鼻大大出嶼仔，即是礁頂過也，但船到此，切須記之。大拜嶼出北關尾，是礁外過，就不必防。大拜嶼食密，切可防之。出北關，上去是草嶼也。



草嶼打水三、四托，爛泥。用艮丑取金香，又用甲寅取南杞，又用艮坤轉丑取圭髻。草嶼可寄流，水退三分是南流水，好流。敲船內門，小船可過。耳門底下有沉水礁，吾未曾見之矣。上去是老君鼻，有拋礁[張本作“拖尾礁”]，拋礁外尚有沉水礁一塊，水退乾出水打浪，駛船不可太倚。觀山門中可過船，水退乾，西面甚淺[張本作“四面甚淺”]。上去是金香 大魚嶴，東外是臺山也。

臺山內有半洋礁一塊沉水。看直山步，臺山頂三星合臺頭鼻開門一枝扁挑開。又再看山步，洋廣尾出三星第二個，與洋廣尾開一帆闊正身。看橫山步，臺生出頭正身。又再看橫山步，臺內烏礁嶼搭斗笠山尖正身，切須記之，水退半出水打浪。臺山內半洋外，又有交椅坐礁一塊，生倚西臺。看直山步，烏礁嶼搭臺 箬杯嶼正身。看橫山步，臺內嶼仔搭西南臺尖正身。或是臺下入船去，南流水，子午、壬丙針，切記之犯船，北流水無礙矣。或是臺頂入船去，北風乾戌針，切防之，但恐犯船，切記之。內是金香大魚嶴。

金香 大魚嶴打水三、四托，沙泥。外用丑癸取鹽田，又轉丑取圭髻鳳，又用丑未取內鳳，可防八畝礁。金香 大魚嶴對嶴直落，耳門開中溝有平板礁一塊，與觀山一樣，與金香一樣。金香嶴好拋船，打水四、五托。出門鼻頭外，有嶼仔三個。嶼東尾有沉礁三個，名曰柴屐礁。夜間敲船，看直山步，觀山尖搭帆山尖正身。又看橫山步，鹽田嶴大山尖搭金香北面鼻出頭正身。或是鹽田大山尖大出金香北面鼻，可倚桿駛入無礙，流水又直，至妙也。此柴屐礁，小船可過。柴屐礁有風浪之時，倒船甚難，嶼仔外可過也；風靜小船內門過甚好。下去是箬杯二嶼，嶼倚亦有沉礁。上去是鹽田。

鹽田打水三、四托，赤沙泥。用艮寅取圭髻鳳，又用丑艮取內鳳。鹽田嶴可寄流，無甚好處，內面淺，嶼仔內面不可過。嶼邊有礁，或是要入鹽田嶴，對嶼仔頂亦無礙。鹽田開去，東外洋中有八畝礁，水退四、五分，出水打浪。大流大洘乾打水四、五托，再打水六、七托，是外面過無犯矣。橫看鹽田沙嶴出頭；看直山步，鹽田東北鼻耽琵琶密。若要漏落船去，要礁外過，看觀山大出金香鼻就無犯也。或是要內面過，可倚大山兜鹽田鼻後，好抛南風。西北去是琵琶嶼。

琵琶嶼打水二、三托，沙泥地，用單艮取圭髻鳳，用單丑取內鳳。琵琶門中小船可過。內是白曹，可逃颱，淺。琵琶嶼尾，東有沉礁可防。上去是四嶼，四嶼小船各門可過。再上去是品簫嶼，小船可寄流，內面洘流尾甚淺。再上去是瑞安港，瑞安城角好逃颱，無甚好處。港口有石嶼仔三個，門中有礁，水退半出水。內有一山仔，亦可逃颱。東北去是內鳳也。

內鳳打水三、四托，沙地。用艮寅取大魚，又用單艮取硬嶴尾，又用辛戌取瑞安港口，可防半洋礁。圭髻鳳外，打水四、五托，杇泥地。用丑癸取虎仔嶼，又用乙卯取南杞。虎仔嶼用艮丑取硬嶴尾。內鳳西北鼻頭有礁，名曰鳳屎礁，駛船不可太倚。內鳳有嶴，好抛北風。嶴西有嶼，嶼南有礁三、四塊，水退乾出水。去有嶼仔一個，嶼南面有礁一塊，水退乾出水，有一箭遠。南鳳名曰圭髻鳳，南尾開，有鳳蛋礁一塊。看直山步，桶盤鳳出一半，若內面過，淺，不可。看横山步，四嶼外頭尾粒搭腳白條正身。出桶盤嶼，桶盤嶼鳳下可寄流。桶盤鳳開有礁，水退半出水。或是要寄椗，須從山邊而入，可也。外鳳 虎仔嶼門中可過，內鳳門中可過。上去是三弁嶴。

三弁嶴打水四、五托，沙泥地。用丑艮取琇門。琇門打水四、五托，泥地。用丑未取大鹿，又用丑未兼丑癸取筶杯。三弁嶴 西琇尾好抛船。西琇尾有嶼仔，名曰搖鼓嶼，門中可過船。搖鼓嶼西面有礁三塊，水退出水。西去有半洋礁，水退四、五分出水。看横山步，永家埸山尖搭內面山尖正身。直看青山山尖大出硬嶴尾山西。西面、東北面尚有沉礁一塊，水退七、八分出水，離半洋礁有三箭遠開。三弁東去是玉弁，門中小船可過。內有大嶼，嶼頭有礁，嶼南有石嶼，西邊有礁，水退出水。東南外是大魚山，南風可寄流，東面門中可過。東去是後廊嶴，上去是蓮花嶼，水退半敲船往三弁，須着點水，可防淺。北面嶴鼻頭下亦有大礁一塊，水退四、五分出水。東去是三弁九聽嶴，好逃颱。嶼仔有礁一塊生頭東，水退乾出水。西去是沙角嶴。

沙角嶴鼻下，西南面開有礁一列，水退半打浪。東面鼻頭出船不可密門，是礁外過。三弁外山鼻尾有斧頭嶼，嶼門中有礁打浪，夜間須着仔細也。內去是圭髻嶼。圭髻嶼門內外，大小船往來俱可過。圭髻嶼內有石嶼，內外俱可過船。東開有四嶼，內外俱可過船。欲出琇門，網桁外花矸耳外有沉礁一塊，生在門中，大流水洘乾只有二丈左右水[張本作“二托左右水”]，其船或要出入，可倚花矸耳兜出入，無犯矣。

琇門初三、十八漏落船者，看外粒四嶼搭東面花矸耳相搭正溝，直至茶山鼻與蓮花嶼相耽，即頭起。再看花矸嶼南有嶼仔尖，與花矸嶼開改尖出頭是正溝，直至烏礁。烏礁西南尚有塗壇，淺，即頭起，須與烏礁量開直落，看破嶴開門即出妙也。溝中水洘乾，溝中二丈二、三水。

硬嶴尾流西水，或是敲船上琇門，尋正溝。看山步，外四嶼與東面花矸嶼相耽，是南坪郊墘，水退乾只有丈二、三水，倚桿駛入。內面四嶼撻西面花矸耳門，是北坪墘，水退乾只有丈二、三水，敲船直上，至巴琇鼓下並身，亦有一横塗壇生出。王大嶴大山撻巴琇鼓嶼，與北面山相扯，是坪頂，但凡敲船上落至此，內面四嶼撻西面花矸耳門就着到船，即無礙也。敲船至茶山鼻並身，大鹿搭花矸耳是正溝。蓮花嶼西南有拖尾礁生開，東北勢亦有拖尾礁生開。蓮花嶼敲船不可倚花矸嶼下，西南勢生有礁一連二、三塊，水滿沉水，水退半出水，生甚開，敲船至此，花矸嶼仔南與沙角嶴鼻開門就着到船，是外面過。

鹿西口南面嶼仔邊，有礁一塊，水退出水，鹿西北寄流。西北去是横嶼，横嶼尾東面，有拖尾沉礁可防，水退乾出水。入內去是龍灣嶴，好逃颱，淺。入內去是大麥嶼、小麥嶼，鼻下有礁一塊，水退出水。西去是大門，有礁一塊，倚小門山邊，水退三、四分出水。小門俱可過船，東面小船亦可過，亦可逃颱，淺，塗坪。北去是楚門龍灣嶴，倚可逃颱，塗坪開，深，打水廿外托，難拋之。東去口倉 東鳩嶴。上去小疊嶴，小船可寄流。上去是坎門嶴、教場嶴，下是黄門嶴。

黄門嶴東面去是筶杯二嶼頭。若出黄門嶴，小船可出，北面鼻頭有拖尾。黄門嶴可寄流，打水五、六托。黄門鼻北面有沉水礁，東面亦有拖尾。東去外門亦有媽祖印礁一塊，水退七、八分出水。看山步，坎門密門。看横山步，筶杯門開嘴一托，二個合作一個就離，是頂過，開門二塊是正礁身。看直山步，大鹿耽横嶼正身。再看山步，龍灣頭出黄門東南鼻，是媽祖印礁外過。龍灣頭出黄門鼻，是印礁內過也。

坎門教場打水三、四托，沙泥爛地。用丑艮取竹篙嶼，又用艮丑取茹榔嶴。坎門教場嶴好拋船，淺，水返七、八分可入。欲入鼻頭下，上下過。有礁三塊，名曰西公礁，須着牽落，不可太倚。横看坎門門開，礁下一塊正辦。看直山步，領頭山路出頭就離，坎門拋船。坎門 横嶼外有八畝礁，可防割椗索，大流退乾犯船，小船打椗，生在横嶼西南，不可太倚。看直山步，長嶼火棲尾下虎仔嶼腰搭横嶼北面勢外金嶼仔正身。看横山步，横嶼南面下鼻搭坎門嶴西面赤塗鼻正身。初三、十八水洘乾，礁頂只有二托左右水。八畝礁內，小船可過。出門後沙嶴，可拋南風，淺，名曰後沙嶴。上去是鼻尾，有出水礁一塊。東南去是竹篙長嶼，西內去是青桃嶼。青桃嶼南鼻尾有礁一列二、三塊，水退乾出水。南面去是宅寮嶴，淺，亦可逃颱。外去是坎門。

大鹿打水四、五托，沙爛地。用艮丑取石塘，又用艮丑取後岩、坎門。欲入坎門，北面鼻頭有拖尾沉礁生開，沖東北而出。鼻頭內下亦有拖尾礁，不可太倚。看山步，牽落北面鼻頭與横嶼內關帝嶼一枝扁挑開，是外面過。入內面去，有一嶼仔，名曰叫人嶼，雙頭有拖尾生開，行船至此，切須牽落開。哨船鼻亦有拖尾生開，可防即無礙也。上東北外去是大鹿，大鹿門可過，南頭有礁一塊，名曰大鹿屎礁，駛船不可太倚，但是上落船可倚小鹿過不防。看山步，大鹿山東南有一山凹直出頭正身。入西去是財頭茹榔嶴。

茹榔嶴打水三、四托，沙地，用艮寅取石塘，又取鹿生。茹榔嶴好拋船。內是楚門，好逃颱。茹榔嶴東外嶼仔內有礁出水，外有沉礁，嶴南有嶼仔，門中可過。上去是白馬嶴，白馬嶴口有礁，名曰白馬屎礁，水退三、四分出水。看直山步，長嶼火棲尾下虎仔嶼與筶杯嶼開門一帆闊正身。看橫山步，大鹿耽洋嶼尖南頭下山腰正身。上去是烏鼻頭，下有沉礁一塊，名曰大鹿，出正船路，初二、十六出水打浪。看直山步，長嶼火棲尾下虎仔嶼搭筶杯外面一粒正身，筶杯西粒搭虎仔嶼 了仔門，是礁外過，倚倚。看橫山步，大鹿出洋嶼北大出鵠正身，夜間上落船，看洋嶼內扁嶼仔與長嶼頭食密，是外過也。東南面洋嶼尾北內亦有沉水礁二、三塊，水退出水。上去是貓嶼。

貓嶼打水二、三托。用單寅申取鹿生。貓嶼 乾芎鼻下斷腰有三腳香爐礁一塊。看直山步，乾芎頂鼻出下鼻正身，貓嶼可寄流，淺。東去是丕山，丕山內面是蓮枝嶼。蓮枝嶼東鼻尾有礁，水退乾出水。東北去是鹿生，西內面是片嶼。片嶼尾有沉礁一塊，水退出水。鹿生西南有龍目嶼二個，外一個東南外有沉礁一塊，生有一箭遠。東外去是三算，有四個。四算門口有大礁打浪，內門中可過船。三算內鼻下有出水大礁二塊，二算門亦可過。二算頂有礁，水退半出水。看橫山步，碣邵耽風爐嶼正身。入內去是外筶杯後岩嶴也。

[1962年抄本缺下段，據張本補入]

外筶嶴放洋往淡水十一更，用子午針取之大墩，春夏秋冬流水算定。外筶嶴 後岩西北是筶仔山，後面有大礁一塊。看直山步，起烏頭密門。看橫山步，其仁山尖小出頭正身，其仁山大出頭就不防，起烏頭開門亦不防，是內面過。筶仔頭內有沉礁仔一塊可防，水退五、六分出水。筶下鼻頭下有拖尾礁一塊。看直山步，內筶鼻宮仔耽筶仔正身，宮仔出頭不防。看橫山步，水仙宮大路大出頭不防，是下過。外筶嶴船浮礁頂只有二托左右水，北是娘娘坑，礁仔頂可逃颱。去是松馬石柵，亦可逃颱，淺。再出來，東外是鹿頭，水鼻下有草鞋礁。看直山步，大片嶼出頭。若是後岩出船，看直山步，三算出頭一枝扁挑長，無礙矣。上去是桂嶴也。

桂嶴打水二、三托，三算打水三、四托。用丑兼艮取吊邦，外用單艮取楊棋，外用子午、癸丁取積谷山。桂嶴好拋北風。欲出中門，有沉礁一列。看直山步，中吊邦外員山大出頭就離，是外面過。出船可倚橫嶼兜出，出船小牽落。看橫山步，蓮花嶼鼻耽嶴仔赤塗鼻正身，大船可倚橫嶼尾出。東去是三算嶴，好拋北風，外面小門可過。上去是鱟嶼，鱟嶼東面有拖尾礁，船從內面過。北面鼻內有浮嶼嶴，好拋南風。上去是尖山腳，嶼仔鼻下有礁一塊，水退出水打浪。東面六兒嶴好拋北風，門中可出。北面鼻有拖尾礁二、三塊，水退出水打浪。內是石塘官嶴。

石塘官嶴好拋北風，打水三、四托。嶴口蓮花嶼，內外好過。東有一門仔，門仔口有礁，名曰魁哥礁，行船可防。橫嶼西南尾有雨傘礁一塊，倚兜都不防矣。雨傘礁內有媽祖印礁一塊，生在橫嶼尾內，離有二箭遠，春水大洘乾有礙也，小船不防矣。上去是吊邦嶴。



吊邦嶴打水四、五托，沙爛地。用艮丑取積谷，又用癸丑取和尚頭。吊邦嶴好拋船，內門順風可過，中門船往來俱可過。出門東面鼻尾外有沉礁，不可太倚。上去是烏空口，有沉礁一塊。看直山步，積谷仔搭沙服尾小嶼仔。看橫山步，烏嶼搭落中吊邦東北勢鼻外蓼花嶼開門正身。中吊邦東鼻尾亦有沉礁，不可太倚。上去是和尚頭，流東水，東南流，水返半，流東北。內是七尺門，流東水，小船對中門可入，無礙矣。頂去是雙門，雙門外鼻尾，門中可過。鼻尾下有出水礁三、四塊。雙門欲出船之時，可防流西水，盡行沖礁，切可防之。其船在外要入雙門嶴，須從大山邊直入，即無礙也。雙門外去是鱟殼九重嶴，上西邊有礁。鱟殼嶴內好拋北風，甚淺。嶴東鼻內有石嶼，東面門中可出船，或是敲船出門，須候流西尾出，至鱟殼鼻頂接東南流，甚妙也。東北外是積谷山。



積谷山打水四、五托。用子午取半月嶼，又用子壬取網仔嶴，又用癸丑取一江，又用甲卯取楊棋山。積谷山大門中有出水大礁，西有嶼仔。嶼仔東外有礁三塊生開，水退出水打浪。積谷南有沉礁，東亦有出水礁，北風門中可過。積谷仔西南面有沉水礁，水退乾犯船。積谷仔北面有出水礁橫生出，尚有沉水平板礁一塊，切記之。積谷仔東北勢，尚有沉水半洋礁一塊。看橫山步，積谷仔與大積谷扯門正身。橫看山步，雙門尖搭鱟殼嶼仔門正身，春水洘乾打浪。鱟殼門中有沉水半洋礁一塊，正船路，初三、十八打浪。看直山步，烏嶼搭積谷門中龍船嶼扯合密正身。看橫山步，九重門門仔密門搭雙門高山尖，又搭鱟殼後內鼻正身礁。或是落船者，看烏嶼大出龍船嶼，是外面過，無礙矣。龍船嶼內門，大小船往來俱可過。內邊有出水礁二、三塊，生橫直出，尚有沉水平板礁，可防。龍船嶼向東尚有拖尾礁生開，但船至此切記之。

網仔嶴打水三、四托，沙爛地。用癸丑取半月嶼，又用單癸取川招洋。

馬蹄嶴嶴口有中門，門口有大礁，水退半打浪。看橫山步，網仔嶴出馬蹄嶴後鼻。馬蹄嶴門中去有大嶼，大嶼邊可逃颱，水返半可過。北鼻邊有嶼仔。馬蹄外鼻後面有沉水礁三塊，名曰馬屎礁，東西直出，中一塊水退半出水。看直山步，網仔嶴與芭蕉鼻開門一枝帆篙開正身。又看直山步，沙服外嶼仔搭鬣殼正身，嶼仔出鬣殼，是馬屎礁外過。看横山步，馬蹄內有一嶼仔耽馬蹄正身，水退打浪可防。東北外有半洋礁出水，夜間行船可仔細。船內面過，半洋礁水滿打浪。看山步，金鐘港門北處有三門，三門各開門一帆闊正身。內去是深門，深門可逃颱，塗坪硬，淺，輕船而入。西去是金鐘港，外去是網仔嶴，東外是鳳尾大山也。

鳳尾用壬子取東箕，又用單子取金七門尾，又用癸丑取魚山。鳳尾山嶴南鳳尾，楊棋是總名。大嶴內好抛船，八、九托水。東南下是楊棋山，山內有嶼仔二個，門中可過。南內有鱸魚礁一塊，又有鱸魚礁二塊沉水。若是楊棋山下入船者，從鱸魚礁下過。或外入南流水，用甲卯可防此礁，流北水，此針就無防矣。西去是竹掃尾，門中小船可過。嶼邊有礁，北風大門中可過船。又有網嶴，名曰風颱嶴，好抛南、北、東、西風，不疑。上去是鳳尾嶴，好抛北風。上去是大人嶴。

大人嶴好逃颱，須着入內去，上坪去。上去是嶴，北鼻開，有沉礁三塊，生開有一箭遠。上北去是水仙嶴，嶴內可抛船。外邊嶼仔下，倚倚不可過。進入東 西箕嶴，可抛北風。嶴口有沉礁二塊，西箕有沉礁打浪。大門中可過，西箕門仔切不可過，有礁雜碎。川招嶴抛北風，淺。下是網仔嶴，打水三、四托，爛泥地。

網仔嶴南鼻尾開，有沉礁一塊。看直山步，鬣殼山出芭蕉鼻正身。看横山步，中箕尖搭水仙腳下粒嶼仔尾粒正身。但是敲船至此，看鬣殼山出芭蕉礁一粒半，是內過，初三、十八水退乾出水。網仔嶴好抛北風。嶴下腰有沉礁一塊，西北鼻頂內有沉水礁一塊，水退打浪犯船。看直山步，網仔嶴山開門一枝扁挑位正身。看横山步，大人嶴山尖搭網仔嶴東北鼻頭正身，上落船不可太倚。東面山，西面大山頂灣內下鼻鴿頭外，有沉礁一塊，水退乾犯船。看直山步，北港外山尖出頭正身。看横山步，三山結做扁嶼，出一半正身辦也。其船至此，敲船切可防之。上去三山，再上去是台州府 海門港。川招半月用辛戌取海門，又用單子午取牛頭門，又用單子午取金尺門尾。咳呵鼻打水二、三托，用子午取牛頭門，又用艮寅取菜仔嶼，有半洋礁，防之矣。

台州府 海門港 川招外有半月嶼，北面有半洋礁一塊，水退二、三分出水。半洋礁西北勢尚有沉水礁一連二、三塊，名曰渴肉礁，春水大洘乾打浪犯船。礁南下尚有沉水平板礁一塊，水退乾亦打浪犯船。看直山步，積谷出半月嶼北，開門一枝扁挑位正身。再看横山步，豆生港山上山尖搭咳呵鼻內大山尖小開改正身。再看横山步，東箕嶼頭大出正辦。或夜間敲船至此，看蚊嶼下鐵釘嶼與蚊嶼大開門，是內面過就不防矣。鐵釘嶼生在蚊嶼內門，蚊嶼生在外，大開門是渴肉礁半洋礁外面過，就無礙也。咳呵鼻北有拖尾礁生開可防，抛北風甚淺。入內去是豆生港。

豆生港內面可逃颱，淺。上去內有出水礁一塊，南有沉礁一塊，水退乾出水。上去鼻尾外有出水礁二塊。上去鼻後一嶴，內有礁，敲船不可太倚。上去是白帶門大山，好抛船，八、九托水，殼仔地。出來鼻外，門中可過，嶼中門亦可過。東南外有嶼仔一個，嶼仔外邊有沉水礁一塊。上去是牛頭門。

牛頭門打水三、四托，用子癸轉單子取茶盤。牛頭門 媽祖宮仔好抛船，嶴口嶼仔門中俱可過。嶼鼻下有沉水礁犯船，出北面嶼內，可寄流。內面有礁出水，嶼仔門中可過。出門北外有礁，出船不可太倚。外去是草嶼，亦有叫做蚊嶼。蚊嶼南尾有大礁打浪，大礁身內面有礁二、三塊，水退出水打浪，流水甚急，切防，不可太倚。牛頭門外北頭箕落第二鼻拖尾，拖尾直出，開有平板礁一塊。看橫山步，佛頭山搭北什嶼北面鼻正身。看直山步，茶盤耽北頭身頂鼻正身，小船水滿不防矣。上去是茶盤嶼。



茶盤嶼打水五、六托，用子癸取勞傷嶼。茶盤嶼亦有人叫龍船嶼，內外俱可過。東南去是北什嶼，嶼西北勢有沉水龍目礁二塊，水退出水。北什嶼駛船不可太倚，但是上落船者，駛船可倚茶盤嶼，即可無礙矣。東外大門中可過，東是媽祖嶴，好抛東南風。茶盤有大礁打浪。再上去是寧台嶼，即勞傷嶼。



勞傷嶼打水三、四托，用子午取三門。甯台嶼即勞傷嶼，但是往來船，即搭倚嶼邊，內外可過。東面水退乾淺，西去是大草嶼。東面有出水礁，外金七門，門外有菜仔嶼，菜仔嶼有半洋礁一塊。看直山步，潭頭內尾與鬣嶼開門一枝扁挑位正身。看橫山步，佛頭山出橫嶼尾正身，嶼仔尾亦有拖尾礁打浪。下去老鼠嶼，內外俱可過。北面去是二郎花嶴，嶴口有分流嶼，分流嶼仔東有烏礁出水。分流嶼內外俱可過，流水甚急，水退乾甚淺。烏礁是正溝，五、六托水。看溝山步，三門嶼腰搭北面山尖是烏礁正溝。烏礁東勢鼻頭塗坪尾看山步，北面山尖搭三門嶼南面鼻尾粒，是坪墘正辦。三門嶼南尾粒撻大山改，直入可也。

潭頭打水二、三托。用丑癸取九山，用乙辰取魚山。花嶴好抛船，或是夜間要入三門，南佛頭山無看見，是正三門。南佛頭山看見，儘是假門，切記之，至要。入三門，至分流嶼，候流西水入三門，甚妙也。三門外北門坪墘有礁一塊打石柱，夜間行船可防之。三門可過，北一門不可入。門內北邊有嶼仔一個，南面有沉礁生開，敲船不可太倚。駛船從南畔過，不防。北面有港二條，內面可逃颱，名曰雙頭通。出門去是石浦嶴。

石浦嶴大門中不可逃颱。媽祖宮前倚有媽祖印礁，駛船倚可防。石浦好抛船，打水十一、二托，流水甚急。對面是南花，好寄流。上去鹽商前亦可抛之。要出急水門，須候無流可出，妙也。興化嶼尾有媽祖印礁一列二、三塊。橫看秤槌嶼出急水門南面鼻頭倚倚礁下正身；直看興化嶼上下二門扯密正身。初三、十八礁頂流西尾，二托左右水至二托半水。或是出入船者，看秤槌嶼不可出急水門南面鼻尾，是礁下過就不防，連興化嶼一盡不防。秤槌嶼出頭，入船一盡揀礁利害，流尾切防之，但是出入船牽開就不防。興化嶼門，小船可過。急水門下中門，名曰東門，大小船往來俱可過。門中有沉水礁一塊，生倚東南面鼻，門中北風可過，但是出入船亦候無流可也。外是秤槌嶼，東北勢有沉礁一塊，水退半出水。東西尚有沉礁，直看兩頭對正生甚開，其船至此，不可駛倚秤槌嶼兜。橫看中嶼耽潭頭尾開門一枝扁挑開正身，中嶼食密潭頭尾，是頂過不防。再看橫山步，嶼仔撻潭頭沙嶴斗正身。上去是牛乍箕，倚山邊有沉礁，水退乾出水，抛船不可太倚。頂鼻外有雜碎礁，駛船不可太倚。外有沉礁，下底殼仔汕，水退乾，大船但恐打柁犯船，不可過也。東外去是潭頭山。

潭頭嶴下有嶼仔，上下俱可過。西南內山邊鼻外有虎仔嶼，虎仔嶼東外有虎屎礁，對虎仔嶼拖尾生出，離有二箭遠，但船上落，可倚中嶼邊不防。嶴內好抛西北風。嶴口是鱟嶼，上下好過船，內有門仔，不可過。東北有嶼仔二個，內外俱可過船。

金牌門好抛船，水退乾淺。南鼻尾有沉水礁，敲船不可太倚。東面是牛乍箕，大山下有出水竹排礁。塗龍嶴口有沉水礁，敲船不可太倚。半畔山下有礁，不可入嶴，內千金門可過。東北外去是四嶼，四嶼外有狗腳跡礁數塊。看直山步，大嶼山搭豬腳嶼南尾，開門不防，是礁外過。看橫山步，公婆嶼內面嶼仔搭落公婆嶼正身狗腳跡礁。再看直山步，南面四嶼結做一連，北看豬腳嶼外嶼仔搭大嶼腰正身。若是內面過，豬腳嶼尾嶼仔出大嶼尾就不防矣，是內面過船。東外是北積谷山也。

北積谷內有半洋礁，打水四、五托，流尾。看直山步，潭頭山南尾鱟殼嶼中，中嶼出頭正身，金尺門出頭就不防，是外面過。看橫山步，公婆嶼內面嶼仔出四嶼南面正身。看直山步，潭頭外鼻頭嶼耽潭頭尾開門一枝扁挑位正身。又看橫山步，豬腳嶼門開門一帆闊正身。又看昌國山尖搭公婆嶼尖正身。又看山步，九山後西北勢仙棹山重鵠出頭交椅坐正礁辦。或礁頂過船者，豬腳嶼門不可開，就不防矣。但船是下面過者，豬腳嶼門開大就不防矣，切須記之。

九山嶴好抛船，門亦好過。硇嶼南鼻下有大礁一連，如石汕直落，水退半出水。若是船外面入門，須牽開，看東窯腳山尖出頭，即可頭起不防，就離，積谷山上下俱可過。入內去是蜈蜞嶴 大麥嶼也。

蜈蜞嶴內門，名曰旦門，可過船，淺。外門中豬腳嶼門，上落船往來俱可過。西面嶼邊有沉水礁，行船不可太倚。出門去是樸鐳二嶼，嶼內大退水乾甚淺，行船不可太倚。朴鐳嶼西南有沉水礁，切可防之。看直山步，樸鐳嶼二個合做一個正身，圭心嶼內外俱可過船。東北去是大嶼。

大嶼山下，船可寄流。大嶼東北外，有半洋礁一塊沉水，水退七、八分出水。看直山步，關帝嶼搭牛鼻瑸第二個正身。看橫山步，積箕所內面山尖搭積箕所口牛嶼仔鼻正身。又再看横山步，積谷搭九山 砽嶼，相搭重鵠出頭正身。又看足圭白沙斛出頭正身。若是礁下過，積谷山落砽嶼大開門，即是下面過。足圭白沙斛密，是下面過不防。再看直山步，豬腳嶼門大開門一枝扁挑位正身。積箕所外有嶼仔，嶼仔邊有礁。上東北去是關帝嶼，關帝嶼東南鼻有拖尾礁生開，名曰關帝印礁帶，不可太倚。關帝嶼西南勢亦有平板礁一塊，名曰關帝印礁，駛船不可太倚，流半水，小船就無犯也。上去是馬鞍嶼。大嶼打水二、三托。用單子取馬鞍嶼，又用單卯取九山。

馬鞍嶼打水二、三托。用子癸取關帝嶼，轉單子取牛鼻琇。又用艮坤取東窯山。馬鞍嶼內可寄流。內嶼仔內鼻下倚有出水礁仔一塊，礁下尚有沉水礁一塊。馬鞍嶼後東北勢鼻，有出水礁並石嶼仔汕一連出水，生直出，駛船不可太倚，切記之。過南去是深水門，可抛船，水退乾淺。上去是連礁洋，有三腳姑礁三塊，姑內過，須防北面嶼仔尾有拖尾礁生過東，一連直出，須候南流水直，即可過也。流水又急，敲船或要三腳姑礁內門過，看直山步開桿駛出，看西琇與內面嶼仔開門一枝扁挑位開，就着到船駛倚桿，駛至看西琇山，不可與內面嶼仔食密。嶼仔名曰挾嶼，切須到船。再看横山步，東窯尾尖山搭四嶼門正三腳姑礁內下塊正身。上去是牛鼻琇，牛鼻琇門中上落船，往來俱可過，亦可寄北風椗。西南內有出水大礁，牛鼻琇外北面有嶼仔並礁。東外去是東窯山。

牛鼻琇打水十七、八托。用壬子取內窯門，用子午取中窯門。東窯尾有磨舌嶼，東南勢尚有沉礁一塊，生開有一箭遠。力仔嶼下鼻直直拖落開，有沉水半洋礁一塊。看直山步，尖山山尖搭力仔嶼尖正身，約有一籃繚開。南窯內有嶼仔，嶼仔即樂岑頭，有沉水礁一塊，水退出水，無風之時，急可從嶼仔邊過，西有塗坪，不可太倚。入內去是中窯山，流水甚急。用子癸取棋頭 內窯，用單癸取棋頭。中窯山內東邊有出水礁。再上去，入西北內去是青龍港，可逃颱。又上去是棋頭山，下有荔枝嶼，上下可抛北風。棋頭外有加栳嶼，內外門往來大小船俱可過。嶼南鼻尾有出水礁，火燒嶼鼻外邊有礁，不可太倚。南面嶼嶼南邊有礁出水，州山門中可過，門內火燒山邊石筍門外，外至嶼仔下一派廿五、六托水。老虎山下有嶼仔上下嶴，嶴內俱可寄流。鼻頭有出水礁，老虎山身內有老虎屎礁生開，春水大洘乾，初三、十八出水打浪。看横山步，老虎山下沙嶴生一半正身辧。

棋頭山打水八、九托。用乾戌取老虎山，又用單子取州山，又用甲寅取沈家門。棋頭山欲入鎮海，老虎山下西南坪墘可寄流，川入嶴可抛船。有港一條，中有礁一塊，水退出水，小船可寄流、逃颱。川入港口可寄流，火差尾可寄流，三山嶴亦可寄流。東北勢去是川山嶴，再出去是沈家門及普陀山。

川山嶴欲入鎮海，竹沙門內浦溝口下有沉水老婆礁一塊，兩頭生有拖尾開，水退七、八分出水，生在北面坪墘。看直山步，哈茲山鼻與北面山鼻開門一枝扁挑位開正身辦。看横山步，麻玆山西面鼻南下有一員嶼仔出頭正身。哈玆山北鼻頂有守寡礁打石柱，礁東西二面尚有硬塗拖尾甚長利害，流東水沖礁，又流西水捒礁，切記之，須防矣。礁上下俱好過船，須候無流之時過極妙也。其船要入鎮海，流東水下面過。看山步，鹿頭 加老嶼大出頭開門，即可無犯也，即直流水。但是，流西水礁頂過者，須着倚坪邊，流水直就無礙也。上去是沈家門。

蟳廣嶴好逃颱。門外北邊有礁沉水，内門可過船，甚狹。丁厝嶴即是成功嶴，内東邊一門，門有大礁出水。東面嶴邊亦有大礁出水。丁厝嶴正拋之所，東風、北風、西風不疑。石筍邊尾有沉水礁，可防。西邊是蛇嶼嶴，嶴北有嶼仔，急時門中可過。南是東鶴嶼，北邊有出水礁。過去是西鶴嶼，可寄流。西去有嶼仔並嶼六、七個，名曰七姐妹山。入去是四嶼，門中臨急之時可過。入内去是金塘洋。

金塘嶴洋中有真珠嶼，東面外邊海底有石汕，南畔好拋船，打水廿外托，好拋船。東面山邊是丁厝嶴，嶴口打石嶴好拋船，打水八、九托。金塘山門中，北山邊鼻尾有出水礁，夜間行船可防。打石嶴一派好拋船。西面嶼仔尾有出水礁，内去是好拋北風，倚倚坪邊好拋，八、九托水。西北鼻尾外有礁一塊，水退半出水。再入去是龍門山。

龍門山下門内鼻頭，門中有沉礁一塊沉水，初三、十八出水打浪，看點燈，山出頭不防。龍嶼北面有沉水礁一塊。内去是小港，好拋船。鼻外有烏礁出水，夜間行船可防。小港對面是草嶼、老鼠嶼，嶼東面有守寡礁一塊打石柱，水退三、四分出水，無風可防流東水沖礁，切記之。看山步，草嶼與虎仔嶼南大開門，流東水即直，烏礁倚倚過不防，無礙也。小港内鼻有塗坪生開，不可太倚。看山步，内面有一山尖搭圭心嶼，是坪尾，船出入，從虎仔嶼邊過。虎仔西面有虎屎礁二、三塊，行船可防。内是乍浦山也，可拋船。入内去是鎮海關。欲入鎮海關，倚南畔圭心嶼兜過船可防。再入去是寧波也。

## 丁厝嶴出金塘門放上海洋

用子午三更見大洋山。北面是頂魚山，一盡俱是門。東一門淺，不可過，西面各門俱可過，有出水礁。楊山三嶴拋廟門口，可拋北風、西風不疑。猿山可拋北風。西面一派嶼仔，内門有出水礁，礁尾一門，門中可過。南邊有沉水礁，水退半出水打浪。廟口東面有嶼，嶼頂有礁，門中可過，東南面亦可過。東有五、六個嶼仔，門中亦可過，大船不宜。東嶼仔尾東有礁三塊打浪。洋山水退，用子午去過小蝟。西邊有礁打浪，可防。或是東面大蝟邊，用子午見大蝟沉水，轉乾戌，打水四托至四托半，是正港路，直入見頭墩，一儘是柳樹。再打水四托，入内二墩。入内去有川沙營，有炮臺、海塘岸、白煙墩。去不遠到吳淞港口，夜間可防走過西去，可拋椗，候日間駛補可也。

## 再放入吳淞港

大蝦用癸丁、丑未三更見茶山。放入東北溝者，船尾坐茶山，用巽乾、辰戌直入，打水三、四托。若見拋船沙船處，再用乙辛、卯酉見崇明，候水返滿，過淺頭，二、三托七、八水，用坤申見寶山，即是吳淞港也。

## 東椗往“外皮山”針路及各山嶴再詳

東椗用艮寅四更轉單艮三更取烏龜山。烏龜山內身打水廿五托，外打水三十外。東面邊是龜仔山，可拋小船，龜門小船可過。內面是湄州，用單酉取之。內面是蚵殼埕，可逃颱。上去是東滬嶴，好寄流，有出水礁二塊。東滬南尾有沉水石汕一條，順山勢直出。或是漏船去，看山勢直落至下，看內面南日山 西寨頭內虎仔嶼出頭，即可頭起無犯也。上去是牛嶼。

烏龜外面用單丑四更取牛嶼。烏龜內面用單艮取牛嶼。牛嶼北邊有牛尾礁拖開，遠看出水一點。牛嶼下亦有拖尾礁，夜間行船可防。牛嶼內門可過船。內面去是觀音嶴，欲入嶴，要用單酉取之。此針是牛嶼下直入去，打水廿五托。用丑未四更取東湧。用單丑針、又用子午二更取白犬、南 北塘。

南塘嶴內好拋東北風，西北風不宜。後嶴好拋南風，中門內外俱可過，兩邊難拋，甚深。塘外後面有嶼仔，門中可過。南塘東北鼻後有半洋礁一塊，沉水生外。看橫山步，加栳嶼搭黃岐鵠頭正身。看直山步，北塘頭有嶼仔三個，名曰風爐嶼，三個結做二個，就是正辦。南塘東南勢有嶼仔，名曰塘針。塘針北面有礁出水，水退出水，南下清氣。上去是北塘，外有大塗嶴，西南大山邊有礁，水退出水，行船不可太倚。後面有嶼仔二個，上下俱可過船。上去是東湧大山。

東湧山外打水廿一托。西鼻內有深水嶴，大小船好拋，嶴內打水八、九托。南面離二更是湧龜，內去是湧橫嶼，入西南內去是芙蓉頭，可用乾戌針取之。再入內去是內湖嶴，可逃颱。東湧門，船急之時可過無犯也。再上去是臺山。

臺山用單丑三更取南杞，單子午取北關。臺山打水廿四托，有嶴好拋船。東北頂勢有三牲礁仔三個，上下俱可過船。下去是箬杯二嶼，上下俱可過船。臺山南面有嶼一個，名曰南船嶼。臺內有沉水半洋礁一塊，水退打浪。船若是入臺者，北流水用乾戌針，可防正礁際。看橫山步，臺 斗笠尖搭內面烏礁 笠仔嶼，或是臺乍出頭，亦是正礁辦。看直山步，內三牲第二粒搭洋廣尾開一帆闊正辦。或是船從臺下入者，南流水用子午、壬丙針，切防之，北流水就無礙也。上去是南杞山也。

南杞山打水十托，外打水十七托。用單丑四更取鳳尾，又用單子午二更取丕山，用子癸三更取積谷。南杞 北杞，南杞第二個有煙墩，陰山腳看開洋，有一個看不見。

棋頭尾尖峰四方平地，向山三、四個，洋中看斷，其山底南勢，行船出入。山內面有白沙灣，山尾有煙墩，南面山頭有灣，好拋船。看西近有一條白坑，甚好水。過南四個山頭，各不可駛入，此山或是東西過。看方山腰儘是白沙灣，好拋船取水。煙墩下是好水，有廟在此，其船取之水，俱在南頭第三山，東湧或西勢看有此坑便有水。其鳳山下平餘山多連，是內面大山或是定海山，水色紅。南有石嶼，紗帽石樣，中有離開。此嶼至南杞半更開。

鳳尾山外打水十七、八托，內南下是楊棋山。若是北風，船要楊棋山下入者，南流水甲卯針可防大鱸魚礁一塊，又有沉水鱸魚礁仔一塊，但船至此可防之。楊棋外用單丑未三更取魚山，又用子癸取魚山內過，上去是魚山。

魚山用子癸取九山三更外過，用單戌半更取石浦。魚山內打水廿一托。東北勢有一釣砧嶼，嶼東北有半洋礁一塊沉水，離釣砧有一籃線遠，水退六、七分出水，東看原底礁搭魚山頂西公髻正身。看橫山步，魚山門小船可過，東北鼻尾有拖尾出水可防，無犯也。再上去是九山。

九山用子癸三更取南棋，又用丑未取北烏龜，番船門可用乾戌取棋頭，是普陀地矣。九山內打水六、七托，外打水十一、二托。南下丑未直落，積谷內有半洋礁一列沉水。看直山步，九山西北勢仙棹出頭交椅坐重鵠正身。看橫山步，昌谷山尖搭公婆嶼正身。北去半更開，有一壇嶼，嶼西有沉水礁生開可防。九山內山邊好過船，可用子午、壬丙取牛鼻琇外過。上東北外去是東窯尾，又上去是南棋山及番船門，又上去是烏山桃花山也。

烏山 桃花山外有光笨礁一塊出水。看山步，東窯 搖鼓嶼出南棋鼻正身，或搖鼓嶼被南棋嶴食密是正身。東看山步，三錢嶼耽烏山尾小開門正身。若是三線嶼與烏山尾相吞，是礁頂過。入內去是烏山門，入門有龍目礁二塊，冬天之時，捕魚船敲上落，但敲船上龍目礁頂，看烏山仔 筆架山生開，開桿駛過東即無犯也。漏落船者，此門切不可過，流西北水甚沖龍目嶼，流利害。或是沈家門要落船者，可對烏山門過，即無犯矣。下去是桃花山及南棋山，中是番船門，大小船往來俱可過。上去是棋頭山，極妙也。再上去是沈家門嶴外，再上去是普陀山。

烏山門 黃金窯嶴口有礁一塊，拋船不可太倚。沈家門下糯米田有沉水礁一塊，塗坪邊，名曰普陀出。看橫山步，老鼠嶼合棋頭鼻加老嶼正身。看直山步，丁厝嶴下三個嶼仔三山正身。又再看直山步，香檔鼻搭烏山仔重鵠正身，行船至此，切須記之。老鼠嶼下有沉水老鼠礁屎一塊，水退四分出水。礁下尚有沉礁一塊生開，水退乾只有一托水，門中可過船，但船至此，切須記之。上去外面是南海 普陀山。

普陀山門中有沉水礁一條，名曰門橫。對面有一個鹿仔頭，東南外有柴屐礁一塊出水，與鹿仔頭乙辛、辰戌生。看直山步，龍頭鼻與金笨符相耽正身。看横山步，鹿堂後小嶼仔出頭開門，金笨符脫落龍頭鼻開門，是下面過。或是風東要入門，普陀前北流水可防之。外是善才礁。看横山步，和爐山開門過身去。看直山步，普陀白沙戽出頭，即可頭起。內面是關帝嶴，嶴西南勢有沉水關帝印礁一片，但礙抛船割椗索，印礁頂大小船無犯也。看直山步，關帝嶴山頂有三個煙墩，二個煙墩出關帝宮東勢，抛船無犯，可看落仔頭與龍頭鼻開門一枝扁挑位矣。看横山步，落仔頭與龍頭鼻開門一扁挑開就着抛椗。若落仔頭與龍頭鼻開大門甚深，廿外托水，是正辦，但要抛船關帝嶴者，亦不上塗坪淺，亦不是落溝深，此處是溝墘礁汕辦，直看媽祖嶴出一半，是正辦也。東外去是北烏龜山。

烏龜山用丑艮二更取兩廣，用甲卯取普陀山。外善財嶼取兩廣更半，用子午、癸丁。北烏龜山門中打水廿三、四托，外打水廿托。外面去是雙善嶼仔二個，內外門上落船俱可過，龜門亦可過。內去是二龜山及龜仔嶴山，又內去連山一盡俱是門，各門俱可過。西南下去是金線嶼仔二個，內去是普陀山。二線嶼身內有半洋礁一塊。看直山步，普陀白沙戽出頭，撻虎爪嶴門正身。看横山步，豬腳尖搭鬼嶼正身。上去是羅漢礁四、五個，東北是兩廣山。

虎爪嶴西南鼻尾有虎屎礁一塊，初三、十八打浪。看横山步，烏籃嶼着開門即無犯。看直山步，拍沙洞出即頭起。

兩廣山內打水廿托，外打水廿一、二托。西北去有盡山半洋礁一塊。看直山步，盡山中山撻盡山門正身。又再看盡山，西嶴山尖搭嶴口月嶼尖正身。看横山步，兩廣門有一尖嶼仔對正正身。又再看兩廣二門開門一樣大，亦是正身。再看横山步，盡山 李嶴西面馬鞍嶼開門一帆闊正身，夜間行船至此，看子午針星，不可吞入東嶴鼻頭就不防。但是子午針對盡山 東嶴鼻頭正身，其船到此切須記之，無犯矣。上西北去是盡山鯧窟頭，入西南內是龜仔嶴，並一連龜門山。兩廣用子午、壬丙取盡山，二更船遠。

龜仔嶴山可抛北風船，甚好嶴也。嶴內西南面有烏礁二塊，水退三、四分出水，內烏礁水滿出水。內烏礁門不可過，外烏礁可過船，烏礁下俱可過船。龜仔東面鼻尾外倚有礁一塊，水退半出水。若是龜仔嶴出船，至鼻尾須着牽落開，看大龜門開門一枝扁挑位就不防矣。火港門流水甚急，好過船。若要出二龜門，東面中有沉礁，出入船從西面山邊而出入即無礙也。可看大龜山出頭，即可頭起。此處水深流急，但漏落船者，倚西北面山邊倚倚過，看此山交椅坐正身辦。龜仔嶴內打水四、五托至七、八托，是塗地。入西北內去，是一連龜門山並柴山也。柴山門下有皇帝輦嶼一個，雙頭南北有輦槓甚長。看横山步，大烏龜出龜仔北重鵠正身。看直山步，菓合嶼搭輦嶼相搭正身。南槓欲落門者，倚西面山邊而下起，看大龜山出龜仔尾南面就離。南北流水落船者，倚西面而下就無礙矣。輋仔嶼門小船亦可過，對龜仔山邊倚倚而落。柴山腳有菓合嶼，菓合嶼不可過。東南有圭髻嶼，上下大小船往來俱可過。上去是盡山。

盡山 東嶴鼻外打水廿一、二托，再打水十八、九托。東嶴好拋船，西嶴亦好拋船，三、四托水，西北風甚妙。盡山門中東面有礁，上落船倚西面山尖邊而下。盡山內門可過，鼻下有出水礁，不可太倚。上去是中山北猿山，再上去是花鳥山，花鳥山亦有點燈大火塔。西北去是圭髻嶼礁，離盡山有三更遠，用單申取之。再入西內去是吳淞港口，切須記之。

盡山用單申三更取圭髻嶼。鯧窟頭外有半洋礁一塊，生開沉水，水涍乾，礁頂只有二托左右水。看橫山步，大鯧窟與鯧窟仔小扯門正身，但是成數船者，北流尾切須防之，但恐打柁，小船無礙矣。





## 定一年十二月日落出歌

正九出巳入庚方，二八出兔入圭場。三七出癸申入申地，四六生寅入戌方。五月生艮歸乾土，仲冬出巽入坤方。十二月出辰入申仔細詳。

## 占每月出歌[1962年抄本缺題目，據張本補入]

三辰五巳八午真。初十出來十二申。十五酉上十八戌。二十亥上祀斜神。二十三日子時出。二十六日丑時行。二十八日寅時出。三十加來卯上輪。

石塘朝返水，春冬早二時刻。十八日未時返，十八日夜月上山頭，二枝竹篙高流平。初三日天未光流東水。

石浦流水早一時刻。十一、二月十三日、廿八日[張本作“廿日”]天見光流西，起行。

蜈蜞嶴六月廿二日[張本作“廿日”]夜二更流西水。

大蝑流水早寧波二時刻，冬天早一時半，春天晚一時也。

## 玉匣每年月期沖犯不用

正月十三日、二月十一日、三月初九日、四月初七日、五月初五日、六月初三日、七月初一、廿九日、八月廿七日、九月廿五日、十月廿三日、十一月廿一日、十二月十九日。

## 一年每月日紅砂沖犯不用

正月、四月、七月、十月，酉。二月、五月、八月、十一月，巳。三月、六月、九月、十二月，丑。每年月日四時八節照算便是也。

## 大冰消日沖犯不用

甲辰、乙丑、壬申、丙申、丁亥、庚辰、戊戌、癸亥、申巳、巳丑。

## 凡行船冰消月忌不可用，各垵𡒄往北處冰消

正月七日、二月八日、三月六日、四月七日、五月五日、六月六日、七月四日、八月五日、九月三日、十月四日、十一月二日、十二月三日。

## 每年月忌沖犯不用



初五日、十四日、廿三日。

## 觀星望斗法[1962年抄本缺題目，據張本補入]



水平星出巳亥、壬丙，入癸丁、丑未。

北斗星出癸丁、丑未，入巳亥、巽乾。

## 占天

朝看東南黑，勢急午前雨。

暮看西邊黑，半夜看風雨。

## 占虹

雨下虹垂晴即可期，斷虹晚見不明天暗。

日落暗虹無風則雨，斷虹早掛有風不怕。

## 占霧

曉霧即枝晴天求日，霧枝不起細雨不止。

三日霧濛必起狂風，白虹下降濛霧必散。

## 占雲

早起天無雲，日出光漸明。

暮看西邊明，來日定晴明。

迎雲對風行，風雨轉辰時。

日落烏雲接，風雨不可說。

雲佈滿山底，連宵雨亂飛。

西北烏雲生，雷雨必震聲。

雲勢若魚鱗，來朝風不輕。

紅雲日生出，勸君莫遠行。

紅雲日落生，晴明不可許。

## 占風

秋冬東南風，雨下不相逢。

春夏西北風，夏來雨不從。

春夏東南風，不必問天光。

秋冬西北風，天光晴可喜。

長夏風勢紅，舟船最可行。

雨過東風至，晚來越添記。

風雨朝相攻，颶風隨時至。

初三須有颶，初四過可懼。

春雷百日旬，有風君須記。

二月十八雨，四月十八至。

二月風雨多，出門君須記。

風雨帶來朝，傍舟入灘避。

端午訊頭風，二九君須記。

西北風大狂，回南必亂地。

回南不回西，套了又再來。

## 惡風先兆

雲橫赤日有惡風，日落暈有惡風。

太白現有惡風，西方有星動有惡風。

眾星搖動有惡風，雲行如箭有惡風。

禽鳥高飛有惡風，天地昏暗有惡風。

海塘多浮有惡風，燈明焰花有惡風。

龍高戲水有惡風，無雷暗響有惡風。

蜻蜓多飛有惡風。

## 占日

申後日珥明日無雨。一珥單日兩珥兩起。

烏雲接日雨即傾滴。早間日珥雙起。

日白暮赤飛沙走石。日落赤紅無風即雨。

朝日拱天暗風必揚。朝日拱地細雨必至。

雲行早起即不久。日光暗時久暗可待。

## 惡風報頭可防之，前後三日俱是也



正月初九玉皇報，十三日關帝報，十七日相公報，十五日狀元報。

二月初十日春期報，十七日馬和尚過江報。

三月初四日玄天上帝報，初七日閻王報，十五日真君報，廿三日天上聖母報，廿八日諸神朝報。

四月初一日龍船報，初八日太子爺報，廿三日太保報。

五月初五日屈原報，十三日關帝報，廿三日白龍見母報。

六月初三日水母報，十二日彭祖報。

七月廿八日神煞報。

八月十四日伽籃報，廿一日龍王大會報。

九月初九日重九報，廿日東嶽帝君報，廿五日舵上報，廿七日會風訊報。

十月初十日水仙王報，廿三日靈安王報，廿九日西嶽聖帝報。

十一月初五日靜姑報。

十二月十三日分年報，廿九日掃座報。

每於報後三日內宜慎之，見甲子於四日內可防之。

## 貓眼占時法

子午卯酉圓如鏡。子午卯酉一條線。

寅申巳亥圓如鏡。辰戌丑未似棗形。

十二時為定驗准矣。

[張本與此有所不同，茲錄於下：]

子午卯酉一條線。寅申巳亥圓如鏡。

辰戌丑未似棗形。十二時辰定準驗。

## 每月紅砂日

正、四、七、十月，見酉日。

二、五、八、十一月，見巳日。

三、六、九、十二月，見丑日。

## 定四方雷電法

春南電長，高是風，短是雨。

夏雨電長，高是風，底是雨。

秋北電長，高、低、短是雨。

冬電長，高是風，短是雨。

春天電長相對。

夏天電長左右吹。

冬天電勢如飛。

東電長江水。

南電多雨雪。

西電日長紅。

北電南風吹。

春雷多雨響，風雨定無疑。

夏雷有雙聲，暴雨痛小停。

秋雷四方響，從有微風來。

冬天雷聲低，陰風雨難期。

## 各山嶼直透咬嗂吧

上海、吳淞、江南介，寶山 頭墩出外海。馬積中路好過船，劍山內門亦通駛。

普陀、烏龜、北窯見，九山、積谷洋中在。魚山在外西箕內，鳳尾、吊邦、石塘後。

小鹿、大鹿透三弁，北杞、南杞、霜台致。東湧、烏龜、牛嶼過，海壇、南日、烏龜吼。大岝、小岝、崇武經，北武、南椗、甘結澎。南嶴在內表尾見，甲子欄外仔細看。

大星、尖嶼洋中立，竹篙長直一條下。登認高尖看若見，坤未駛船東姜平。

弓鞋落去是烏豬，上村、下村斷水浮。婆姐、石嶼髻尖尖，大獲、小南 篷嶼邊。

洋船正船駛不見，此針貪倚勿對取。姜門單坤針路直，開帆倚桿對獨豬。

## 定四方法

北方壬子癸。南方丙丁火。東方甲卯乙。西方庚酉辛。

東北丑艮寅。西南未坤申。東南辰巽巳。西北戌乾亥。

東方寅卯辰。西方申酉戌。南方巳午未。北方癸子午。

東南巽。西南坤。東北艮。西北乾。

## 定日月出入位宮晝夜長短局



[原抄本無題目，接於“定四方法”後，茲據《順風相送》補入該題目]

正月：日出在單乙，入在庚。月出在甲，入在辛。日七分，夜九分。

二月：日出在卯，入在酉。月出在卯，入在酉。日夜平分。

三月：日出在甲，入在庚。月出在乙，入在辛。日九分，夜七分。

四月：日出在甲，入在辰戌。月出在艮，入在甲。日十分，夜六分。

五月：日出在艮，入在戌。月出在辰巽，入在乾戌。日十一分，夜五分。

六月：日出在甲，入在辛戌。月出在辰巽，入在乾戌。日十分，夜六分。

七月：日出在甲，入在辛。月出在乙，入在辛。日九分，夜七分。

八月：日出在卯，入在酉。月出在卯，入在酉。日夜平分。

九月：日出在甲，入在辛。月出在寅，入在戌。日七分，夜九分。

十月：日出在辰，入在甲。月出在寅，入在辛。日六分，夜十分。

十一月：日出在巽，入在申。月出在艮，入在乾。日五分，夜十一分。

十二月：日出在辰，入在辛。月出在寅，入在戌。日六分，夜十分。

——[清]佚名《源永興寶號航海針簿》



# 泉州的《山海明鑒針路》

## 福建泉州水返潮退

初一、十六　寅卯返，巳平，午未申退。申酉再返，戌平，亥子丑退。

初二、十七　卯辰返，巳平，午未申退。酉戌再返，亥平，子丑寅退。

初三、十六　卯辰返，巳平，午未申退。酉戌再返，亥平，子丑寅退。

初四、十九　卯辰退，巳平，午未申退。戌再返，亥平，子丑寅退。

初五、二十　辰返，午平，未退。戌再返，子平，丑退。

初六、廿一　巳返，申平，戌退。亥再返，寅平，卯退。

初七、廿二日　巳返，未平，申退。酉再返，丑平，寅退。

初八、廿三　午返，申平，酉退。子再返，卯平，辰退。

初九、廿四　午返，申平，酉退。子再返，寅平，卯退。

初十、廿五　未返，戌平，亥退。丑再返，申平，巳退。

十一、廿六　午未返，申平，酉戌亥退。子丑再返，辰平，巳退。

十二、廿七　未申返，酉平，亥子退。寅再返，卯平，辰巳午退。

十三、廿八日　未申返，酉平，亥子退。寅再返，卯平，辰巳午退。

十四、廿九日　申酉返，戌平，子丑退。卯再返，巳平，午未退。

十五、三十日　申酉返，戌平，子丑退。卯再返，巳平，午未退。

## 寄（教）場、坎門、平陽、温州水返退潮流

初一、二、三　寅申返，五點至七點。巳亥退，辰戌返，七至九點。丑未退，一點至三點。

初四、五　卯酉返，五點至七點。子午退，十一點至二點。

初六、七、八　辰戌返，七點至九點。丑未退，一點至三點。

初九、初十　巳亥返，九點至十一點。寅申退，三點至五點。

**【引書舉要】**

[清]佚名《山海明鑑針路》係由泉州海外交通史博物館搜集、收藏並擁有版權。全文由王亦錚點校，並同時見於王連茂、王亦錚點校之《清代泉州針路簿三種》。

該書雖完成於清中期後，然其中保留了一些明清之際的臺灣地名痕跡，如成[承]天府、國使港等，故初撰時間或在明末、清初。

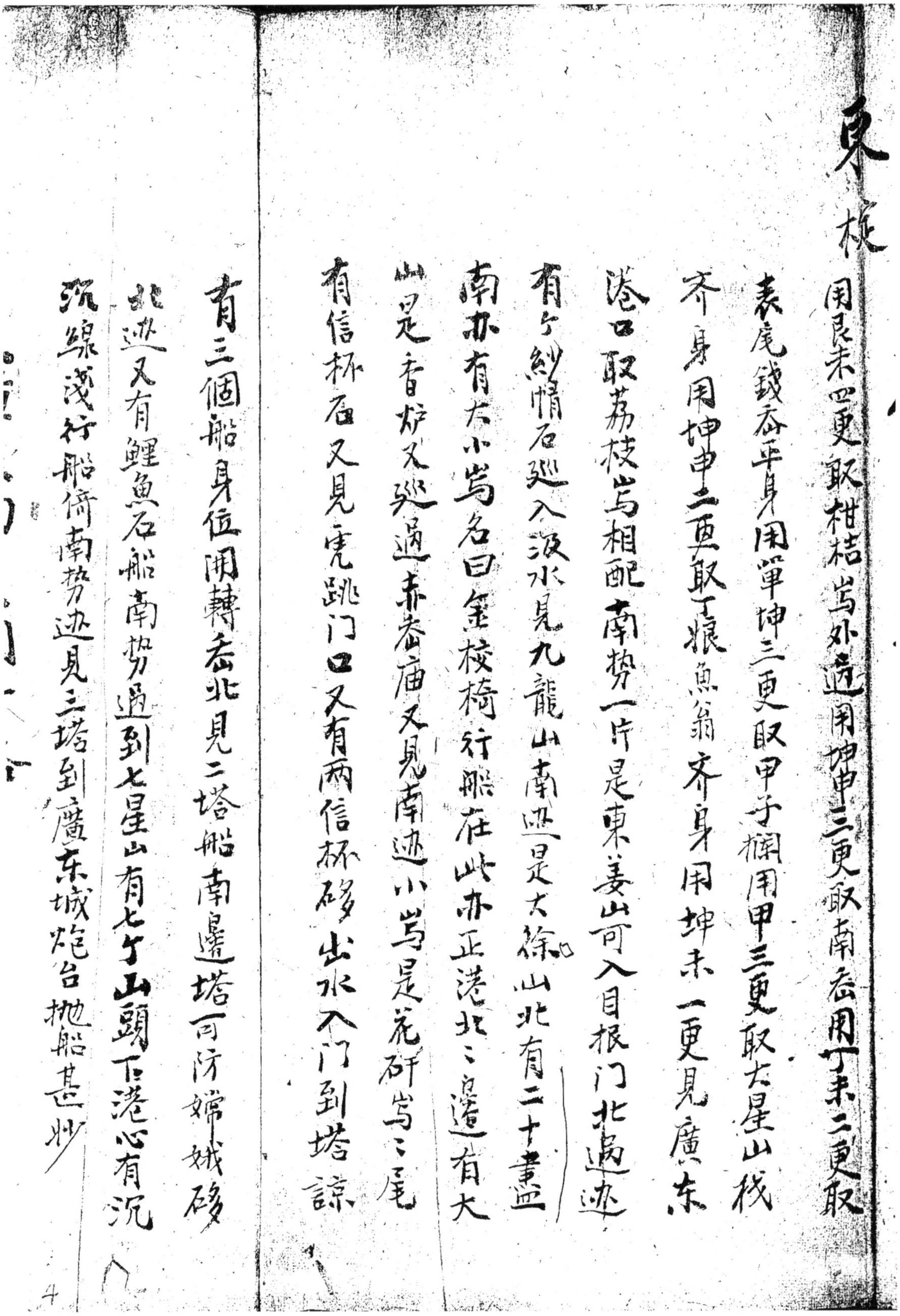

良校

用艮未四更取柑桔屿外過用坤申三更取南岙用丁未二更取
表尾錢岙平身用單坤三更取甲子欄用甲三更取大星山栈
齐身用坤申二更取丁粮魚翁齐身用坤未一更見廣东
港口取荔枝屿相配南势一片是東姜山可入目根门北過边
有个紗帽石巡入汲水見九龍山南边是大徐山北有二十畫盃
南亦有大小屿名曰金校椅行船在此亦正港北之邊有大
山是香炉又巡過赤岙庙又見南边小屿是花瓶屿之尾
有信杯石又見虎跳门口又有兩信杯礁出水入门到塔諒
有三個船身位用轉岙北見二塔船南邊塔可防娼娥礁
北边又有鯉魚石船南势過到七星山有七个山頭下港心有沉
沉線淺行船倚南势边見三塔到廣东城炮台抛船甚妙

4

〔清〕佚名《山海明鑒針路》書影二

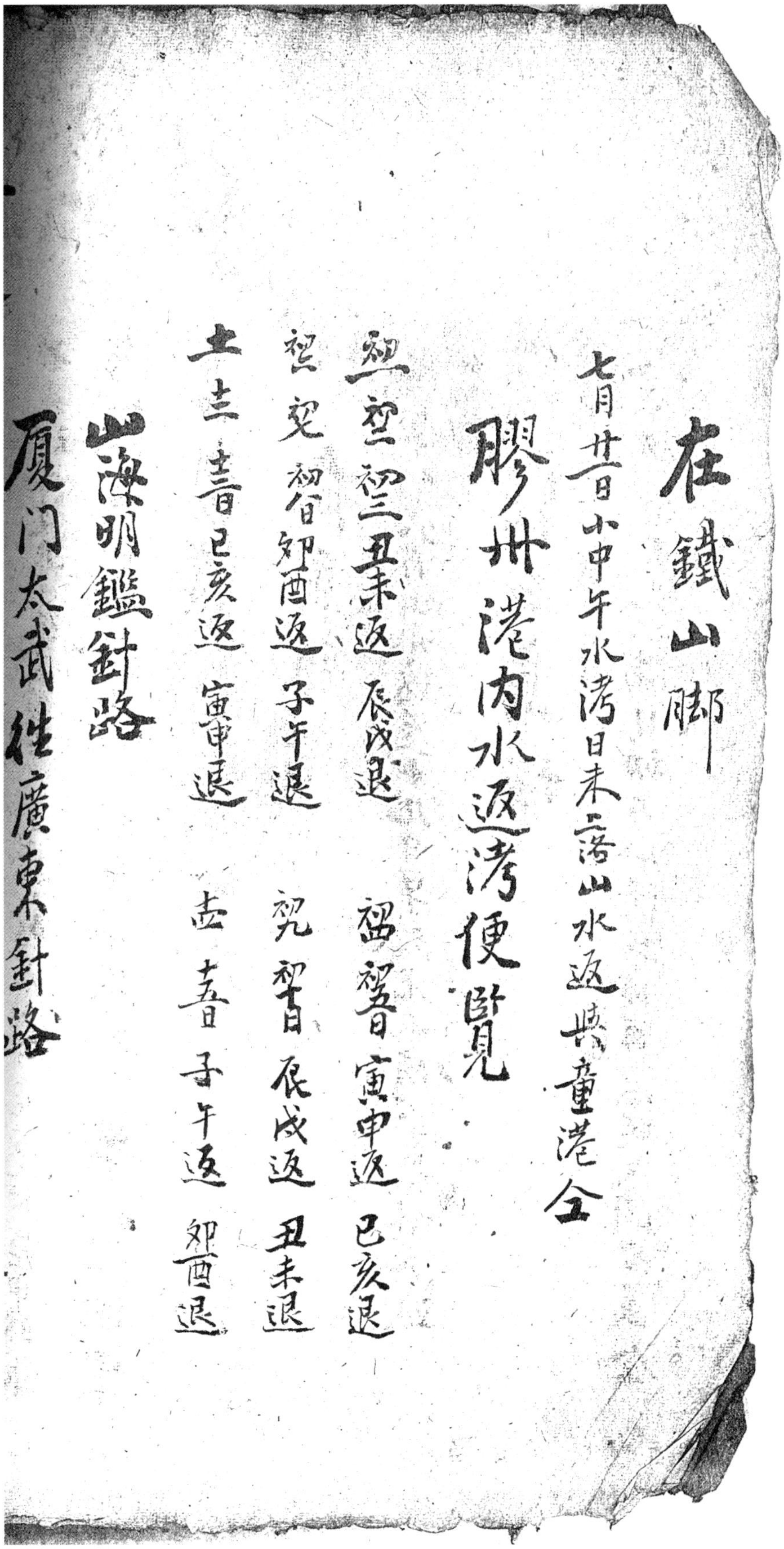

在鐵山脚

七月廿三日小中午水涛日未上落山水返與童港仝

膠州港内水返涛便覧

初一 初二 初三 丑未返 辰戌退 初四 初五 寅申返 巳亥退

初六 初七 初八 卯酉返 子午退 初九 初十 辰戌返 丑未退

十一 十二 十三 巳亥返 寅申退 十四 十五 子午返 卯酉退

山海明鑑針路

厦门太武往廣東針路

【清】佚名《山海明鑒針路》書影一

**[按語]**

這是今泉州市豐澤區東海鎮蟳埔村已故船老觥黃玉錦生前所使用的針簿，現由其外甥陳敬聰先生收藏。蟳埔村位於晉江流入泉州灣的尾閭，是個漁村，村民世代以捕魚和販賣海產品爲生。該針簿抄於1961年，墨書，題以《針簿》二字，沒有注明抄自何種針簿。惟於記述南北各航路之前，有《山海明鑒針路》的單獨題目，疑即是原針簿的名稱，故以此爲書名。

該抄本雖然字跡清楚，抄寫工整，但錯字、別字、諧音字、生造字甚多，往往令人費解。尤其是地名的寫法極不規範，同一地名時常出現多種不同的寫法，易產生誤解。如涔茶嶼有考茶、涔茶、鮳茶三種寫法，吳淞港有時寫成蜈松、浯湘，登州寫成澄洲，定海寫成庭海，旅順有時寫成里順，牛莊寫成牛宗，沈家門有時寫成沈交門，吉吊有時寫成吉了，唐山（指大陸）則寫成長山等等，實不勝枚舉。究竟是抄寫者沒有航海經歷的緣故，還是原針簿即已如此，很難判斷。整理時除了個別明顯的錯字如"寨"統統誤寫爲"塞"，即予改正外，其餘均不作改動，以保存原貌。此類現象在民間針路簿中極爲普遍，或許是一種特色。

該針簿撰寫的明確時間已難考證，但簿中提到福州五虎門的航道已出現有"水古"[即英國造的浮標]；又提到船從臺灣府出六（鹿）耳門取烏龜山的針位，似可判斷該針簿很可能編寫於1840年鴉片戰爭之後、1885年臺灣建省之前臺南仍稱臺灣府這段時間。





十一、十二、十三　　子午返，十一點至一點。卯酉退，五點至七點。

十四、十五　　丑未返，一點至三點。辰戌退，七點至九點。

## 坎門、石塘水返退潮流到東清亦仝

初一、初二、初三日　　丑未返，十一點至一點。辰戌退，七點至九點。

初四、初五日　　　　寅申返，三點至五點。巳亥退，九點至十一點。

初六、初七、初八日　　卯酉返，五點至七點。子午退，十一點至一點。

初九、初十日　　　　辰戌返，七點至九點。丑未退，一點至三點。

十一、二、三日　　　　巳亥返，九點至十一點。寅申退，三點至五點。

十四、十五日　　　　子午返，十一點至一點。卯酉退，五點至七點。

## 寧波、鎮海水漲退潮流

初一、二、三日　　　辰戌返，七點至九點。丑未退，一點至三點。

初四、初五日　　　　巳亥返，九點至十一點。寅申退，三點至五點。

初六、七、八日　　　　子午返，十一點至一點。卯酉退，五點至七點。

初九、初十日　　　　丑未返，一點到三點。辰戌退，七點至九點。

十一、十二、十三日　　寅申退，三點至五點。巳卯退，九點至十一點。

十四、十五日　　　　卯酉返，五點至七點。子午退，十一點至一點。

## 在子午島水漲退

六月十五，天未光水，巳時水又滿。

## 在廟島水返退

六月廿一日至初一日，寅時水退，巳時水又滿。

## 在澄河水返退漲流

七月初十駛船，若南風至東風，巳時水初返，起椗駛至申時，水洘抛椗淺口外。十一日巳時初午水返，未時進口水滿潮，申時初刻水洘。

## 在馬頭嘴

七月十八夜，月上水返，至十九日早，天光水洘，中午水又返。

## 在石島垵

八月初□日，天光水滿，日初上水洘，午時再返，與大關刀島仝。

## 在鐵山脚

七月廿一日，小中午水洘，日未落山水返，與童港仝。

## 膠州港内水返洘便覽

初一、初二、初三　丑未返，辰戌退。

初四、初五日　寅申返，巳亥退。

初六、初七、初八日　卯酉返，子午退。

初九、初十日　辰戌返，丑未退。

十一、十二、十三日　巳亥返，寅申退。

十四、十五日　子午返，卯酉退。

# 山海明鑒針路

## 廈門 太武往廣東針路

東椗：用艮未四更取柑桔嶼外過。用坤申三更取南亹。用丁未二更取表尾 錢亹，平身用單坤三更取甲子欄。用甲三更取大星山棧齊身。用坤申二更取丁娘魚翁齊身。用坤未一更見廣東港口，取荔枝嶼相配。南勢一片是東姜山可入。目報門北過，邊有個紗帽石，巡入汲水見九龍山。南邊是大徐山，北有二十，盡南辨有大小嶼，名曰金交椅，行船在此辨正港北。北邊有大山是香爐。又巡過赤嵾廟，又見南邊小嶼是花矸嶼，嶼尾有信杯石。又見虎跳門口又有兩信杯礁出水，入門到塔，諒有三個船身位開。轉嵾北見二塔，船南邊塔可防。嫦娥礁北邊又有鯉魚石，船南勢過到七星山，有七個山頭，下港心有沉線淺，行船倚南勢邊，見三塔，到廣東城炮臺抛船甚妙。

## 廣東回廈門針路



廣東：出港到雙差港口，倚北勢邊行船。倚星山有七個山頭，船在倚過港中有七星礁可防。過身，船行在港中取二個塔齊身。行船在外邊，第一個山仔頭有嫦娥礁，過船可到黄部館口抛椗邊。東勢上帝廟港仔下有礁可防。船過北勢湧女廟前有一個州仔門，經過是大港，見虎跳門山大塔正港。零丁洋中一個嶼是花園嶼，嶼北可過。北平是大山赤安廟 媽祖宫，燒香獻幣可過。對大徐山内過是小汲水門，門外是金交椅山，山仔内邊北勢山是紅香爐，又有大徐山。内去是大汲水門，見南邊山尾有鶯石一個為記，正是荔枝嶼門口。北邊有一個紗帽石，門外三個嶼仔相吞，是荔枝嶼。南勢正是東羌大山，用甲寅更半到丁娘外邊。用單寅一更到大星，找内入去是竹篙嶼内，抛船。用單寅二更見龜寧 菜嶼，齊身見白沙湖。用單寅二更見田尾，又用寅更半見甲子欄，離半更開。用單坤三更見表尾，半更開。用單丑二更見在郎州，又見南嵾。用單坤二更取銅山柑桔嶼外過。用坤未四更取吾[浯]嶼，收入大擔。

## 廣東港口弓鞋往海口針路

用單未三更，又用坤申十二更，又用庚申三更取埔前山邊。遠看山一峤，打水七托又急，小門内打水十托，妙哉。

## 廣東港口往海南針路

用艮三更，又用坤未七更，又用單坤六更，暴虎山用單申三更取埔前 七星塔，收入港口真妙。

## 海南回魯萬針路

用單卯三更，又用甲寅六更，又用單寅七更取豬母山。用艮寅五更取黄琴山，東北就是魯萬，妙哉。

## 龍頭山往海口針路

用單午五更，又用丁未四更取埔前 魚尾塔入海口，妙哉。

## 海口回龍頭山針路

用單卯三更，又用單子六更取龍頭山。

## 劉州往海口針路

用單□三更取豬母山頭，用庚酉二更取持力骨山，又用坤二更取海口，極妙哉。

## 海口回劉州針路

用丑癸取赤嶺山，用甲寅二更取豬母線，用單癸四更取劉州，真妙。

## 弓鞋往高州針路

用庚申六更取烏豬，用庚及酉七更取南圭山，用單庚二更收入限門。

## 太武往海南針路

東椗外，用丑未七更對南嶴 坪外過，又用單坤十五更取大生過。用單坤七更取東姜山，又用單坤五更取烏豬。用艮及未六更，又用坤七更取七州。用單申三更取埔前七星塔，收入南海嶴真妙。

## 海南回廈門針路

埔前，用甲卯三更，又用甲寅十八更去東羌。用甲寅七更取大生尖。用甲寅十五更取南嶴 坪外過。用丑艮七更取太武，收入大擔妙哉。

## 往臺灣洋針路

平海開船，用壬子針八更見澎湖山，取名西嶼頭。其船在澎湖駛出鼻，用巽四更取皇城，拋安平港可也。

寮羅用辰戌開船，七更見西嶼頭。大擔用辰戌七更見西嶼頭。

崇武用單丙七更見西嶼頭。烏龜用子壬取西嶼頭。

湄洲用單丙七更取西嶼頭。南嶴用單卯取西嶼頭。

銅山用單辰七更取花貓嶼邊，南過烏龜，用子午九更見西嶼頭，用乙辰七更取豬母落水。

臺灣府嶴嶼港用單亥一更轉壬九更見湄洲山，開進見烏龜北上勢二個員嶼。

南嶴 坪外用乙卯七更，轉單卯三更，用甲半更取貓嶼南過。

## 放淡水港針路南風

小萬安，出草嶼門離嶼仔南，用乙辰九更取淡水港口。大南嵌員倚者，巡嶼白招，若有水辦，對烏招東南過。北貪倚是砧硓石，貪南無水辦，淺。大船抛烏礁外，等水可入。看正溝炮臺搭曾棚，直入無礙，内面好抛。四、五月南風南流甚急，用巽辰亦可。

觀音嶴，往淡水，對牛頂邊過。北風用單甲見觀音 大墩山，風順倚烏、白招，水返八九分，一千米船在舵而入港抛椗。



## 觀音嶴放洋往中港竹塹針路

風北出牛嶼，用巽辰九更直取鳳鼻下，巡落水辦，有尋招而入港。若落港中，牽舵落絞厝仔 香山員，即是中港，水辦六、七分好入港。拜舵對外頭招邊而入，二、三招即抛椗。若是滿載出港，暝時招點燈帶頭出招。風順用乙卯取烏龜倚兜，用甲庚三更取大岞過身。入龜嶼頭起，抛椗在崇武嶴。



## 長山往臺灣對坐針路

北杞與淡水丙午對坐，至淡水十一更。大窟共淡水單巳對坐，至淡水十更。

鳳尾與雞籠丁午對坐，至圭籠十六更。共淡水子午對坐，至淡水十四更。

歪山與淡水單午對坐，至淡水十二更。北杞與圭籠頭子壬對坐，至圭籠十更。

臺山與淡水壬巳對坐，至淡水九更。東湧與淡水巽巳對坐，至淡水十一更。

北塘與淡水乙辰對坐，至淡水十一更。白犬與淡水甲寅對坐，至淡水十一更。

觀音嶴與淡水卯酉對坐，至淡水七更。烏龜與淡水甲卯對坐，至淡水十更。

烏龜與竹塹乙辰對坐，至竹塹十更半。與中港辰戌對坐，至中港十更。與大安巽乾對坐，至大安十更。與鹿港巳亥對坐，至鹿港十更。

大岞與鹿港巳亥對坐，至鹿港十更。祥芝頭與鹿港乾亥對坐，至鹿港十一更。

永寧、深滬與鹿港乾亥對坐，至鹿港十一更。

磁頭與中港乙辰對坐，至中港十二更。與竹塹卯酉對坐，至竹塹十二更。共大安乙辰對坐，至大安十二更。

觀音嶴與竹塹巽辰對坐，至竹塹九更。磁頭與鹿港辰戌對坐，至鹿港十一更。用甲寅見觀音大墩山。

寮羅與鹿港乙辰對坐，至鹿港十一更。

## 春冬放洋北風北流甚多

丕山用子午十四更見觀音大墩山。南北杞用子午、壬丙見觀音大墩山十一更。

臺山用巳亥九更見觀音大墩山。南杞下頭巾礁用壬丙十一更見觀音大墩山。

東湧用乾戌七更見觀音大墩山。二、三月春水南流，即用巽乾見觀音大墩山。

三沙用乾戌十更見觀音大墩山。官塘用乙卯兼辰戌七更見觀音大墩山。

北塘用乙卯七更見觀音大墩山。白犬用卯酉兼乙卯見觀音大墩山。

## 放淡水至鹿港針路直到下湖嶺

崇武用壬亥八更取西嶼頭。祥芝尾上半夜用巽巳，下半冥用巳亥取西嶼頭。

廈門用乙卯取西嶼頭。大擔用巽乾取西嶼頭。

寮羅用單辰取西嶼頭。石峻用巽巳七更取西嶼頭。永寧用單巳七更取西嶼頭。

磁頭用單巽七更取西嶼頭。深滬用巽巳取西嶼頭。東椗腳西南風用乙辰七更取西嶼頭。

大墜用壬亥取西嶼頭，若是北風兼巳至西嶼頭。烏龜用丙午九更取西嶼頭。

官塘用子午十八更取鹿港。崇武用乙卯十一更見鐵占嶼。

鹿港用單艮二條香見牆嶺汕。番挖開船，用寅申取查某嶼。

崇武用乙辛取鹿港，用辰巽十一更見大道山。

番挖開船半更，用丑未取牆嶺。鹿港番仔挖開船，冬天洋用乾亥取崇武、大墜。

## 泉州出港西南風放洋往淡水針路

大墜用甲卯取觀音大墩山，先見鳳鼻。大墜用卯取香山。

崇武用甲卯十二更取大墩山，用甲卯十三更去圭隆，先至打鼻頭。

烏龜用乙卯十更見觀音山，先至鳳鼻。草嶼門用乙辰十一更見鳳鼻。

## 廈門往上海針路

寮羅開船，用寅申見北椗外過，水退見肥頭山。半更開用艮寅見圳，半更開過圳，用艮坤一更開見大岞。大岞外用艮坤一更開見湄洲外過，又用艮坤見鷺鷥屎內，見平海矻外過。用寅申見南日垵。水返湄洲一更開用寅申見苫嶼外過，半更開古山外過，寅甲見牛嶼外過，又用子午見白犬，若是癸丁犬外過。用子午見官塘外過，又用子午見塘鼻頭過。上塘用子午見芙蓉山，芙蓉山用癸丑見烽火門外過。烽火門中用丑未見冬瓜嶼，水退用丑未，水返用艮坤，見北關垵內。出中門用艮坤見草嶼外過，又用丑未見金香鼻外過，又用丁未見鹽田外過。用丑艮見鳳凰外，用艮坤見拋山中門過。若是水返用艮坤，水退即用艮未見三盤。三盤灣水退用單艮見大鹿，大鹿水退用艮坤見石塘，石塘用丑丁見吊邦門過。用丑癸見積谷，積谷用子癸見網仔嶴外過，又用子午見水山，內是川招，對半月嶼西邊可防，水退淺，北面有沉礁。半月嶼用壬丙見白帶門外過，用丑艮見鐵釘嶼邊，看水涍用子癸見汲水鼻頭外過，用子午見塗龍嶴。鼻頭內用壬巳見半畔山，半畔山用子癸見覆鼎外過，見小普陀山。小普陀山內用癸丁見青門鼻頭過，用子午見金垵門鼻頭過，用子午見孝順洋，孝順洋中門用丑未見旗頭山。

吟港嶴行船，若是正南風開杆帆對四嶼邊過。若東北風倚杆帆，可用巽乾見四嶼北過，收入乍浦妙哉。





## 垵邊往上海針路

寮羅開船，南風用寅申對椗外，水返見磁頭一更。用艮坤見圳鼻半更開，用單艮見大岞一更，用單丑見湄洲矻外。若水退用單丑見平海，水返用寅申取南日，又用單艮取白嶼，轉甲庚過鼠尾礁。用子癸過紡車頭，巡萬安山邊過墓仔口 新宮前 分流嶼，船食西北離山取烏礁，用子午見四嶼離。貓糟出苦嶼門，用丑艮取白犬山，用單癸取官塘內過北佳頭。若水退，用丑癸取小西洋中門見老湖門中，用艮坤見洋山外過。出老湖門，用子午見根竹嶼外，見烽火門，用艮寅見冬瓜嶼鼻外過。洋山外鼻頭用丑寅見北關外拜嶼，用丑艮見金鄉鼻。若水退，用丑癸見鹽田，又用丑艮見鳳，過虎仔嶼門。用艮坤見三弁出門，用單艮取大鹿山。若流東水，用艮寅取石塘，用丑癸見吊邦門，取積穀內過。用壬子取川招山，用丑未見鐵釘嶼邊過。若水返，用丑取大汲水山，用單癸巡虎仔嶼，開有二嶼，嶼頭西南勢生有沉水礁二片，可防。塗龍嶴用子午見牛欄門，用壬丙、巳亥取半畔山門，用子午見覆鼎，即取小普陀門中過。用癸丁見青鼻頭外過，又用子午見金安門，又用子午取中窯過。出門用單癸取小魚山西勢過，東勢大魚山西邊過。見喜山打水五托，用壬亥一更，打水四托。狗腳跡用巳亥一更，打水四托半，狗腳跡見頭墩齊，打水七托，爛泥地。船過寶山 二墩，打水八、九托，到三墩 浯湘港口打水十一托，抛，候水返進港妙哉。

## 往上海放洋

魚山行船，用艮坤對揚山大門過，用癸丑見小碭，北邊又見大碭。外邊用子午半更開，水退打水四、五托，駛一更用巳亥半更久看大碭。霧尾船尾坐大碭，轉巽乾，東見柴山，西見柳樹，一更船久，打水四、五托。用辰戌見頭墩過，收入浯湘港妙哉。

## 廈門 大擔起往北

廈門：大擔有丈八礁，開倚看吾嶼搭大 小擔仔東北勢，橫看大擔，後炮臺出現。

生毛：有白礁，開倚看嶼，不可貪檳榔嶼西。又看大擔鼻共小擔鼻相侵，橫看劍嶼尾合湖內鼻頭赤石，又看白石頭合搭石頭大石灰厝即齊身。又有白礁，開倚者，看覆鼎山尖搭牛矴即內過。橫看劍石尾合湖內鼻頭赤石即齊身。

虎仔嶼：開倚看黃牛頭墘，不可吞出泥嶼，西有一片沉礁。橫看塔頭埔石白灰厝合海墘鬣石開，又牛墘不可出泥嶼東。

三腳綱：開倚看牛矴碎礁出泥嶼，轉杆帆，橫看營盤合烏石。

三腳敲：倚看牛矴不可出泥嶼東，開看嶼坪不可出檳榔嶼東，橫看海矴小烏石礁合炮臺礁底，又看列嶼出檳榔嶼，開杆過西過。

海翁汕：內過可。看塔仔，白沙不可出金龜，就是汕內過身。如潮返風西甚好，打水六、七托，沙地，對汕尾過不防。

金柱礁：可看黃漸不可貪入烏砂頭 赤坪，橫看三個煙墩合做一個即齊身，又看雲頂岩小尖烈嶼山腰。

寮羅：好抛船，外鼻頭有沉礁，出入不可太近。鼻頭東北有嶼仔，是北椗。船在內過有沉礁，又有假椗，或門中緩之時，倚椗亦可過。西北有椗繩不可倚，駛出流尾，接入一垵到磁頭。

泥嶼網：看傅厝樹出媽祖宮補東後，看檳榔嶼不可離小擔白沙壇，又看嶼碎，亦是赤礁相連侵。橫看山頂塔共牛才相近過身，烏嶼頭 赤礁合坪塔 仙山，是南線過身。

南沙汕：看白嶼侵入劉五店，在汕邊橫看合大小尖，直看南山合劉五店鄉。要往嵜頭，看檳榔合小擔，小沙壇不可吞入小擔山。

嵜頭：出港，南汕北邊過。直看西山略出柱園松樹，又看仙山合赤坪頭。橫看太武尖 泥嶼相合齊汕頭，又看檳榔嶼至小擔 大線頭，可看西山合五營印，橫看牛頭合下門大山尖。

清漕礁頭： 可看西山髻合西礁，至雙乳合墓口。橫看白虎石相呑即齊身。

網尾礁：可看大山登寨，不可吞入草嶼。

碍仔礁：看大山登寨不可出草嶼，又看垵海 秀才身橫尖合下丙鄉，又看各頭開門即齊身。

紙虎：看召勤第二個山尖合烏嶼，又看小黃漸合內才齊身。橫看廣山頂劍石合媽宮，北石盤頂一個風動石。

草嶼：開港心，看白虎石不出西勢鼻頭，橫看烏礁合內身過即齊身。

塔仔：東覆頂有礁可防。

岩坑山：尾下有鯉魚礁一塊，駛船不可太倚。甕仔嶼礁頂有沉礁三塊，不可太倚。

北椗：有沉礁三塊，看笞頭頂煙墩合椗港，橫看三山尾個出田普寨過身。

西北勢：　有南壇礁頭，可看後鼻出頭，入草嶼不可吞尖遁。橫看廣山頂合龍王宮中葫爐合寨仔角。

北壇：可看共南壇仝者，橫看廣山尖合龍王宮中葫爐合寨仔角。

列嶼：城仔角寄船。西青岐嶴西北一派俱有沉礁甚多，可仔細。列嶼內北去是嶴頭，劉五店入去是同垵等處。



金門：鐵鼻尾有沙壇，水退淺。上去是烏山頭，門中有棺木礁，此乃是正船路，須當閃之，切記。直山步看南太武山尖畔大大出列嶼即離，橫看南土山有煙墩搭海墘溝仔正身。礁邊有一小馬石，西面是沙汕，如過仔細也。



金山港：好抛北風，鼻頭西有礁出水。金港頂是宜嶴，此處俱不識，不可侵入，有礁數塊。青頭嶴下有網桁，內有鬼嶼，嶼東鼻下有沉水礁數塊，駛船不可太倚嶴。小船可倚，極淺，上落從網桁邊過可也。

安海港：從白嶼下離百汕，船頭對石井山直入。石芮下門中有礁，東石嶴 白沙尾內可逃颱。門中有網桁，內外可過。北稅「勢」內有大礁一派數塊，大小船俱可過。

## 廈門出港往北

大擔：內西北勢有沙汕，有朱尾礁，不可太倚。東看小擔 獅球嶼鼻尾相耽正礁心。出大擔，正畔有礁不可太倚。烏嘴尾 金門鋏下，東有海翁汕下過，西看白石頭不可過，虎仔嶼北直出。又看北太武出烏嘴尾即離，或倚雙髻山出亦無礙。汕尾下過或頂過，可對金鐵鼻兜倚倚過，烏嘴外芽二個鼻頭不可太倚。寮羅鼻外有礁不可太倚，北有假椗，又有北椗，外過。急之時，門中過，倚椗邊過，西北有椗線礁不可太倚。上去是寮羅垵，打水三、四托，泥地。金沙港打水八托，沙泥地。角嶼打水三托，水滿，泥地。

磁頭嶴：打水三、四托，嶴內有沉水礁一列，礁尾有沉水礁二塊，大退水乾出水。若出入船，牽落可防。內面有鼻尾礁生開，大退水出水。磁頭鼻外有墩礁出水，水滿小船礁內面可過。米遁礁西下有米遁礁仔，水退乾出水。米遁礁仔西面有網尾礁沉水，水退乾犯船。西面有媽祖印礁，初二、十六出水。直看白嶼北面陳山第一個，橫看茶山尖搭肉嶼正身。再看直山步，北面姑嫂塔搭海墘六耳門仔。再看直山步，看山頭頂尖有一員口搭海墘六耳仔正身。白嶼北頭有礁一塊，水退出水。西北面又有大盤礁一塊沉水，大退水打浪。媽祖印礁西面有大百汕，敲船不可太倚西頭。入石井從白嶼下離大百汕，船頭對石井直入正港，看圭髻山尖搭落南面樹正港路。石勒下門中有大礁，東石白沙尾內可逃颱。門中有網桁，內外俱可過。嶴內水滿三、四托，水乾淺。

磁頭嶴：落廈門用甲卯，船頭對太武山離，西南面離大百汕即頭起，對網桁頂走過。金門山後有出水大礁，進入草嶼，外面俱是網桁。西去是大 小珍二嶼，嶼尾有礁。南面網桁頭有嶼仔，嶼仔南可過。網桁西面有白鴨嶼，嶼南有白鴨屎，西面有沙汕，東南面有港心礁。看南太武尖山畔出列嶼即無犯，又看白虎石不可出西勢鼻頭。平看霜滬樹搭內面小圭髻東面尖正身。西面有汕，離礁牽舵取南深，西有沙壇淺。到南鼻後即頭起，內面有棺木礁。看太武山頭大大出列嶼後，看横山步，南土山上有煙墩搭海邊港仔邊小小烏石，西面亦是沙汕，若過仔細可也。落去東面是金門，南面是列嶼。列嶼西面鼠嶼，嶼南有礁。北面去是赤嶼，南有沙汕生開。南面是角嶼，嶼外有礁。落去是檳榔嶼。若是落廈門，對赤嶼南沙汕尾外過。從角嶼內檳榔嶼內落去是廈門，白石頭尖入內去是鼓浪嶼，亦見廈門。

金門：鐵鼻尾有沙汕，水退淺。列嶼後有大礁四、五塊，水退乾俱出水。西嶼仔東面過，水乾大船亦淺，嶼西亦可過，不可太倚。太西有沙壇，廈門山後嶼仔內可過，中門可過。東面嶼仔有拖尾嶼仔，東有碎礁。列嶼邊門中有礁，白石後有沙汕，塗坪水退乾甚淺。外有網桁，內外俱可過，嶼尾有沙汕。

虎仔嶼：南邊中門有礁可防，鼻下有沉水礁，外有鵝毛白礁。看鼓浪嶼大出頭，行船可倚白石下過，亦是大擔石後過。西北面水退乾，一派俱淺。曾厝安下網桁頭有大礁，水退乾出水。湖下鼻有礁不可太近，頭巾礁內好拋。入去是鼓浪嶼口，有礁一列。太武 青浦可逃颱，太武山腳 破灶可逃颱。大擔有三嶼，有三門。大擔好拋船，中門可過，二擔門亦可過，三擔門亦可過，三擔嶼內門邊有大礁可防。

南太武山南外去是東椗，亦點火，內面有椗索。

內河嶴：好逃颱，正溝水滿打水四、五托。若看正港者，看西北南赤塗山大樹搭內河海墘埭岸上鋏樓，正港心。欲出港者，外面汕頭毒石礁水退七、八分密可防。看直山步，溪東外面山上有樹兩棵相搭正身，横看內河後北面雙髻山搭落內河後赤土山鼻梏頭正身。雙髻山若是出頭過西南面，即礁腳過無患。再看直山步，小珍南面白鴨嶼搭小珍內海墘冉石正身。冉石下麵有礁二塊叫虎目，生開，水退八、九分出水打浪。內面有尖礁仔一塊，水退乾出水，不可太倚。出去小珍後面有七星礁六、七塊，水退出水，下礁水退八、九分出水打浪，不可太倚北面，有汕生倚七星甚鋏。外去是小珍門，北邊亦有出水礁，亦有沉礁，不可太倚，南畔亦有礁。外去是角嶼尾，有貓屎礁二塊沉水生開，大退水出水打浪，不可太倚。嶼外去南面港中，有紅礁一列三、五塊，水滿密，水退三、四分出水。看横山步，看外面北椗搭草嶼正身，若北椗出頭，紅礁北過。北面有硺仔礁，水退二、三分出水。又有碍仔礁，水退六、七分出水打浪。看北椗開門一枝竹篙位開，直出無患。草嶼後東面鼻有沉水礁，水退七、八分出水，不可太倚，行船取中。出北面，小嶼仔一連，下面亦有沉礁，不可太倚。外面有哮汕相連，嶼仔尚東南而出，水退七、八分打浪，不可太倚。南面有網尾礁三塊，水退四、五分出水打浪。看直山步，仙山西面山尾小鵠頭搭北面筆架山門，山尾有三疊將炮臺形，由內小開。正中外礁看外面仙山尾搭小雙髻山仔相耽，看加剪生正身。横看北椗門小開口正身。再看横山步，青頭嶼搭草嶼南尾開改正辦，青頭嶼若過草嶼北出頭哮山，到杆倒船可也。南面是仙山，山邊盡是下礁，出入船可防，不可貪南。出入船看北開門一枝扁挑闊可出，上去是磁頭。





磁頭澚：好拋北風，打水三、四托，泥地。澚内有出水礁一列，尾尚有沉礁，大退水乾出水可防，出入船牽落。欲出内門，東鼻頭有拖尾，可看西面湖尾樹搭白嶼，直出無礙。鼻東外有礁，即是石滬礁。北看洋下 厝垵，厝不可密，無犯。西看炮臺，過聖公宫北離。上去是南箇鼻下，有出水礁打浪可防。鼻外有米遁礁，出水打浪，夜間上落船仔細可也。北面大山邊有礁一塊，敲船不可太倚。上去是龍王宫。

龍王宫：前澚内有礁一塊打浪，下麵亦有幾塊下礁，夜間幸勿認錯為正磁。其拜下垵好拋船。嶼仔小開門有鐵砧礁，水退出水，礁兜可倚流，清氣，其船拋在沙墘。上去是白沙，下有出水大礁一塊，洋下鼻各澚不可入内地。

流澚山：有耙齒礁一列，不可太倚。上去是洋下，福泉所鼻各澚不可侵入，内地是磁頭，宜駛出流尾，一垵至石峻。

石峻：北風可寄流，打水三、四托，沙泥。峻鼻頭有礁，鼻内沙堵澚下有雙蟮礁，若拋船，可從小魚船身邊拋雙蟮礁。看山步，西内大員山搭在王爺宫下面過，打浪。員礁南是下麵過。北看烏蟳山搭峻鼻銕正礁，烏任山過峻銕即離。峻鼻北可拋南風，鼻南可拋北風，鼻西邊有礁，南風不可倚。

烏蟳澚：門口有礁出水打浪，鼻外兜海底有硬礅、墜洋、拋船不可太倚。峻鼻宜駛入流，過深滬鼻，金嶼仔東面鼻下有沉水礁，水退乾出水，不可太倚。磁頭敲船，水退六、七分，敲過峻鼻，回東南流，水返七、八即北流。此垵船至大岞、小岞一様流。磁頭用艮寅見石峻，北椗用丑艮見石峻。石峻用丑艮見祥芝尾，祥芝尾用單艮見大岞。

金嶼仔：内有大礁，水退乾打浪，名曰青鱗礁。看山步，塘東不可出頭。南去鼻下有大礁一塊，塗嶼有金嶼門，中有礁不可過。金嶼北有半洋礁一塊。看山步，横看深滬内面寨仔搭滬尾磐石正身，直看施厝澚尖山仔搭第二個赤塗坎正身。再看直山步，劉山搭五鼻正身。欲入深滬澚者，船頭對金嶼北面嶼仔門中大礁邊直入。嶼仔北面亦好入，牽舵船頭對深滬鼻直入即頭起，入内面好拋可也。

深滬澚：好抛北風、南風，打水六、七托。澚口東北面有半洋礁，半洋下好抛。北風倚杆入澚口，有嶼名曰且嶼。外鼻下有礁一塊，名鋏鼻頭。有另嶼，名曰塗嶼。大金嶼內有半洋礁，名觀音好心礁，點大流水退六、七分，小流水退乾打浪。或要入船，外鼻頭須牽落入，至內門仔開門，綢桁邊抛椗極好。北風去是霜邊。

霜邊：鼻頭外開有卻金礁，水退打浪。看山步，北看崇武 青山出外即過。西看沙堤澚外宮仔一不可密，密則正辦。礁內小船可過，但凡敲船上落，切卻金礁，礁內有菜礁、硬礁，礁外至坵厝垵口，一派海底盡是硬礮，甚是損椗索難抛，外可抛。佛塘後有半洋礁，礁內有出水並流礁，水退乾打浪。麥穗礁看山步，北看獺窟山出頭外過。看橫山步，西看姑嫂塔搭外面山頂煙墩對正，敲船可防。佛塘澚澚東鼻下有礁一塊近北面，行船取中南過可也。澚內三、四托水，沙地，甚鋏，小船抛此澚可仔細也。坵厝垵大澚內不可太倚，有沉水礁數塊。上去是塔仔澚，澚內有石嶼、石塔，水底有石礮，小船可寄南流。

東店垵：有大礁，不可太倚。南有墓牌礁，後北面有沉礁二塊，不可近之，宜駛入流至東埔。

東埔：南鼻尾下有大礁生開，不可太倚山邊。

祥芝尾：外有礁一連生開，衝東而出，打浪，名曰水圭腿礁。夜間行船不可太倚，仔細可也。看直山步，加坑山尖搭小墜山尾。橫山步看日湖塔出頭正礁心，苦匏出頭，祥芝尾鼻離不防。白鶴出頭亦可過，水返六、七分回流。西北落東埔，此處落南太武，流水仝。

小墜門：東南有大沉水礁，名曰烏石盤。看橫山步，白鶴後大山邊有烏石盤出大墜正身，若白鶴出頭不防。看直山步，日湖塔搭六耳仔礁正身。祥芝 白沙斗米澚好抛南風，內有王爺宮，有印礁一塊，小船不防。後斗米東鼻生向東，有水圭腿礁。直看祥芝山頂寨仔搭山下東城角，橫看祥芝灣 西降隔出頭就無犯。

## 泉州出港往北針路

泉州港：溜石後澚口有弓鞋礁，生在溜石門口沙壇邊，無風之時防流東水。梭水美山宮，下麵有棋盤礁，水退八、九分出水。看山步，崁下礓厝下鄉厝搭古累嶼山正身。礁東面坪邊有硬灘，不可太倚。南面沙壇邊有青石礁，不可太倚。南炮城下有屎礁。看山步，日湖大出頭，宮上下相搭正身。炮城下有馬鞍礁。看山步，鬼嶼搭白崎後正身。南有碎礁門，欲過，北風出船倚馬鞍礁邊頭，對姑嫂塔直出。若離開馬鞍礁三、四個船身位，頭對雙髻山，看鬼嶼出過鳳山即離。炮城外有蚵石母礁生在塗坪邊，炮城東開有大臨礁。看山步，聖店出炮城南角即離。橫山步，鬼嶼搭出，下出南有食茶礁。

看山步，日湖後與白嶼開門從北邊過，若是密門從南邊過，若相耽正礁從北港牽舵。船至小墜搭白嶼正港，從北面過，看橫嶼耽垵頭尾正溝。

臭塗嶴：欲入蚵石港，港口五店市樹出炮城 鷓鴣宮離，雞籠山在本船含檀後直入。煙墩搭鬼嶼，南坪邊灣內有礁，水退乾出水。日湖網桁頭有沙汕，南去是金嶼，過桁內有礁，日湖嶴內抛。準頭下抛船，大墜不可出頭，底面有礁切記之。

南港：欲往臭塗嶴，離南尾即頭起，對白嶼邊網桁邊北入臭塗嶴。出大墜從北烏礁出，白嶼北邊過，烏礁北中間過。若無風，防日湖流西出橫沖並南沙汕，須抛，又無流，水不直。日湖有七星礁。看直山步，對山尖搭白嶼腰。橫山步，看高山耽進嶼島並沙汕。又無風出大墜門，流水沖小墜邊並中門礁並大線。橫山步，看加坑山耽大坧鄉並中門礁，北面宮口有媽祖印礁，看馬頭密門即可頭起，外面過。媽祖印礁礁西邊者，看下垵鄉大出頭即頭起，過井仔垵倚大墜埔尾兜。看山步，大橫尖搭香山身北大山頭，西看尖山搭白嶼正港，水退七、八尺深，到處須點水為妙。大墜門切防，有風浪之時，倒船不回頭，此是大害之甚。若從小墜門至，有中門礁，初三、十八出水。看山步，尖峰耽赤嶼正身。橫山步，加坑山耽垵頭尾正身，若是水滿，不防無患。

小墜門：口有沉水礁一塊，初三、十八打浪。看山步，白嶼搭對山外對山仔正身，直看大橫內畧花嶼出大墜北面正身，若是大出頭，是礁頂過。又看白嶼出過對山仔北，是南面過。若白嶼生過對山嶴南，是北面過無犯。其礁名曰東蘆，出頭到處可防，仔細也。欲入小墜門，北流水不得過，可對港中南入。北看獺窟出小墜東鼻，直看祥芝山南面大佛出頭，即可頭起。





## 臭塗嶴出大港

出山塘：尾尖，看白嶼腰搭峰山直出。又看神山仔 乞食山相耽正身，北烏礁仔可防，開門即離北烏礁。看大乳山搭落後子寨 北烏礁離，再看雞籠山內一員山仔直出到汕頭，看祥芝出頭耽南嶼仔，可離汕頭。白嶼東有南烏礁一塊，水退半出水。看山步，直看祥芝尾搭日湖塔正身，祥芝尾若出日湖東鼻頭，大出頭不防。橫山步，日湖前金嶼南面尖山仔正身。白嶼北面沙汕。看山步，水頭寨小搭白嶼內東南正線。石湖後有七星礁，礁東有沙汕沖東直出小墜。北風有屏風汕，小墜北門中有沉水礁一塊，初三、十八出水。看山步，尖峰搭耽赤鼎。看橫山步，大墜尖搭小墜，西粒是下塊，搭東粒是頂塊，其船到處，小墜吉為雙粒。又看加坑山尖搭大石鄉正身。大墜宮口有媽祖印礁。看直山步，馬頭密即離，是東面過。橫山步，看大墜南尾搭大柘鄉 乞食宮正身，下垵鄉出頭是南邊過。

小榶嶴：口有礁數塊，水退六、七分，一盡出水，下塊名曰狗腳跡石礁。看直山步，對山尖搭下宮山南面墓下尾樹正身。橫山步，看小柘鄉下過，大厝出頭即離，南面也。上去是垵頭嶴。

垵頭嶴：港尾有港口礁下塊。看直山步，白鶴後烏石盤大山尖搭三寶王爺宮口正辦，大出頭即離，是外面過。橫山步，看大坑山尖搭夫人宮正辦。再看直山步，頂宮樹耽對西山，若耽則到礁際，南外有崇武出礁。看直山步，獺窟員山仔吞入大橫西頭正身。橫山步，大山坑 雙髻北搭夫人宮正身，又看頂宮樹耽對山正辦。再看橫山步，東湖後相搭石塔 書館頭破厝正身。三寶爺宮口渡頭尾東面有寮牛礁一塊。看橫山步，姑嫂塔搭日湖塔，小開改正身。直山步看獺窟員山吞入大橫西面正身，又看獺窟鼻出大橫井底亦離。上去是頂牛礁生開，若敲船上落，倚網桁兜出入。看山步，獺窟員山搭大橫西頭正身，上去是太目礁數塊。又看山步，獺窟員山仔入大橫嶼西頭正身。橫山步看浦其石塔搭大柘蚵殼厝正身，又看加坑山尖搭乞食樹正身。上去是下沙宮，外有小菪礁一塊。看直山步，獺窟員山吞入大橫東頭正身。橫山步，郊垵樹搭郊安 老哥厝正身。上去有大箔礁一塊，水退半打浪。看直山步，獺窟員山出大橫嶼東頭，是外面過。看橫山步，郊垵鄉樹搭赤塗崁正身，再看郊厝後相搭石搭郊垵 老哥大厝正身。橫嶼東頭有沉礁三塊，名曰東椗礁，駛船不可太倚。三嶼亦有沉水礁，名曰炕爐礁。看橫山步，大乳山出下洋一用直直，看大墜耽倚大橫正身。鳥嶼南有沉水礁一塊，名曰龍船底礁，水退乾不可太倚。鳥嶼亦有礁，水退半出水，駛船不可太倚。東南去大墜，東鼻有大沉水礁一塊，水退乾出水，駛北流不可太倚。亦有塗坪一條生連，鳥嶼水大退乾有六尺左右，大船須防打舵。鳥嶼內大流水亦淺，水退乾有丈二水辦。內去是垵頭港，打水四、五托，流西水，敲到獺窟回東南流到崇武。

大橫嶼用甲卯見赤礁。大橫嶼用甲卯見崇武。

獺窟嶴：好拋北風，若要拋船，看赤礁耽獺窟。東頭有丈二水辦，嶴前有員礁一塊，西頭有西礁一塊。看山步，紗帽搭赤塗港正身。再看山步，前頭 紗帽石搭獺窟後蜂山員礁。東南有沉礁一塊，名曰雨傘礁，初三、十八打浪。若拋船可拋員礁，西面水退乾亦淺。若是船出入，直看前頭山搭獺窟員山內山腰即頭起。看大乳山出過埕邊樹，西面礁一甚無犯。籠尾頭有鲃老礁一塊沉水，初三、十八打浪。看橫山步，內面山了搭獺窟嶴前磐石。直山步看前頭山東面青山邊有鳥嶼仔出頭即離，獺窟門中有網桁礁二塊。看橫山步，獺窟東頭虎獅口角搭前頭山正身，又看山兜山搭籠尾正身。看直山步，東岞 尖山搭崇武 東城角正身。再看直山步，埕邊樹不防，是外面過。再看直山步，日湖搭大墜東南面不可吞密，是礁外過。再看橫山步，赤礁山仔中尖搭鳥嶼正身。網桁北內有三礁一塊，水退乾打浪。赤礁北頭有雪礁，水退乾打浪，駛船不可太倚。看直山步，大墜搭鳥嶼或出鳥嶼正身。橫山步看赤頭欲入獺窟可牽舵，看前頭出尖峰一半即頭起。赤礁外有卷籃礁二塊，水退半打浪。看直山步，大墜搭貓嶼正身。横山步，前頭山搭獺窟正身。

烏嶼水退乾打水四、五托。獺窟澚打水三、四托，沙泥。赤礁打水四、五托，殼仔泥。

後墓澚：好抛南北風，東鼻有麺龜礁一塊，外有大粕礁一塊，駛船不可太倚，看大墜不可密門。若船上落，看三横不可貪入獺窟，是外面過。若要入後墓澚，可倚北畔入。看清源山搭出内面石鼻頭，直入至内有宮仔一間，大出頭即離礁，可灣入後墓澚，好抛椗。上去是青山前海墘，有三嶼仔出水。西面鼻尾内有礁三塊，水退乾出水，名曰三牙王礁。看横山步，清源山搭苦井鄉鼻尾正身。欲入埕邊港者，看清源出過苦井鼻内，是礁下過。敲船看大横，不可侵入獺窟，是外面過。上去是前垵澚口，亦有沉礁二塊。洋嶼尾亦有沉水半洋礁，水退乾出水。直看尖峰呑密，横看洋嶼南尾搭青山邊烏嶼正身。洋嶼外亦有沉礁，敲船不可太倚。看大横不可吞入獺窟頭，是外過。上去是赤礁。





赤礁腳用巽辰十二更取麥寮，用乙卯十二更取大安港。赤礁用乙辰十二更取鹿港。赤礁用甲寅取崇武。

崇武澚：好抛北風，澚西有把齒礁，水退半打浪。看直山步，前頭山搭耽洋嶼。又看大岞山尖搭落南城角正身，夜間仔細。横山步看前垵後白石大出頭正身。把齒北沙灣内有沉礁，初三、十八犯船打舵可防。把齒南有把根礁，初三、十八打浪，不可太倚。把齒北面亦有大礁，正清龜口有龜舌礁，礁外有丈七礁。看横山步，南門搭後墓正身。直看青山耽龜，龜外正身。再看山步，外嶼尖搭東南城角正身，又看小開門可過。東城角有雙蟢礁，直看前頭山耽正龜正身。上去看假龜屎，看前頭山出龜頭正身，假龜下有龜石礁。看直山步，前頭山耽崇武澚口正身。横山步看青嶼搭假龜正身，若敲船，看尖峰若開門，礁一甚無犯。夜間入船，防假龜屎，龜舌礁常常錯認為正龜，切切山頭為準。

青山頭離龜口，船可過外嶼尖東南城角。

崇武：耙齒身東南有沉礁一塊。横看蜂目搭厝腰正辦，直看東岞尖山耽崇武城尾正身，外有南北招礁沉水。看山步，南城角搭正龜頭正辦。横看西内，石湖塔搭烏礁尾正辦。上去有雙蟢礁，横看烏石搭白石，直看尖峰搭假龜正。崇武澚打水四、五托，沙爛泥，水退三、四分，敲過岞頭回東南流，一垵到鐵釘嶼腳。

崇武澚外用甲卯取烏龜。崇武用乙卯十一更取大安。崇武用辰十一更取竹塹。崇武用單卯十二更取觀音大墩山。崇武用甲卯十五更取圭籠，先至打尖鼻。

大岞澚：頂赤礁南面有礁打浪，夜間須仔細，不可太倚。赤礁内門小船可過，港仔嶴有甘歸礁。看山步，塗寨搭寶球員石正身。橫山步，虎尾脫落西南面正身。行船看山步，對北面進入，金嶼仔搭尖石相耽，小開門可過，不可開門。至大岞後糞箕垵好抛南風，嶴外有海翁礁。看直山步，錢頭山搭牛嶼仔正身，看錢頭山尖過牛尾就離。橫山步看大岞宮並樹出大岞離正身，再看橫山步，小霜嶼耽大岞一半正辦。若南風，嶴內敲出船者，看三嶼北勢鼻兜，可出妙也。海翁礁內門不可過，再入西內，有青嶼嶴好逃颱。行船青嶼大山兜進入嶴內，不可太倚。入內面有出水礁，又有硬砂，可防至切。對北面進入，東邊小霜嶼，西邊有白嶼。對中門進入，到青嶼並身可頭起，入嶴中抛椗落船。牛頭嶴牽舵入紅紗，亦好抛大風。東邊小霜嶼，西邊有白嶼，取中進入，大岞腳有沙肚嶴可抛船。再入大岞港仔嶴內，下西有雞心礁。看山步，大墜密西面青嶼對半正身。橫看小霜嶼相搭，若開門離之，下面有甘歸礁可防，切記之。去是牛嶼內，可抛北風，鼻尾有拖尾礁生開，出入船牽落可也。鼻內打水三、四托，亦淺，不可太倚，若抛船就尾兜抛，至切。上去是劍嶼，水返六、七分，回流西北至祥芝頭。大岞打水四托，沙泥，用甲寅見烏龜。大岞用子午見劍嶼。大岞用單丑見進嶼。大岞用丑癸見湄洲。大岞用丑艮見南日。

劍嶼：北面是小岞內嶴，好抛南風。西去是鬣宮頂，西北有沉礁，北是紅瓜嶼，可寄流而已。劍嶼頂西去是鬣嶼，東有礁不可太倚。劍嶼尾有虎屎礁，諒有二箭開。看橫山步，錢山尖搭鬣嶼正身。直山步看大岞不可密劍嶼鼻，是外面過。北去有網可防，是度厝 小岞網。東去是香爐嶼，外有半洋礁，水退半打浪。看橫山步，東椗離崎頭山尾小開門。橫山步看鐵釘嶼搭香爐正身。東去是檻嶴，好寄流，亦擺。內去是黃瓜嶼，水返七、八分，回流西北至大岞。

黃瓜嶼：小船可寄流。嶼後門中北邊有礁一塊，水退半出水，不可太倚。看直山步，吉了鼻內白沙堵出頭。橫山步看黃瓜門開門正身。上去是南網嶴港，要入南網港北門，竹嶼腳門中小過。北有沉水礁一列，大退水乾犯船打舵，出入倚南邊過，妙也。竹嶼北面門中倚南畔可過。入門內去，北面有將軍礁，水滿密，水退三、四分出水。看直山步，東北面西亭內臘灼嶼搭耽香尾山。橫山步，入船看南網山搭官嶼一半就離，直入到官嶼內好抛椗。外出去是劍嶼，水退七、八分，流東水，敲到鐵釘嶼下面西南流，出洋隔門回東南流至平海。

劍嶼用癸丁見鐵釘嶼。鐵釘嶼用甲卯見洋隔門。小岞用艮寅見東椗。小岞用壬子取黃瓜嶼。

湄洲：土名立頭嶴，好抛船。對沙嶴可抛北風，泊流至妙。敲船流東平可入，頭西北有沙壇淺，不可近。西北敲上有沉水礁可防。

湄洲 賊嶴：可寄流，甚擺。西有香爐嶼，東面一列俱是礁，北面亦有沉水礁。西去嶼南有礁打浪，北面門中有礁出水打浪，中間有竹排礁，水滿出水看見，夜間行船可防。西面去是大竹嶼，水退五、六分，回流東北至劍嶼。

湄洲打水三、四托，沙泥地，流東敲至鐵釘嶼。湄洲 北椗用單卯見烏龜。湄洲椗邊用丑艮見南進嶼。

大竹嶼：東面鼻頭有礁一塊，名曰雙蟳礁，敲船不可太倚。看直山步，黃螺外礐東鼻尾外大樹出鐵釘嶼鼻正身。再看直山步，吉了礐塔搭桶盤嶼墝角正身。再看直山步，竹嶼門不可密門。竹嶼北面有拖尾礁，北面是桶盤嶼，南面亦有拖尾礁。欲入吉了門礐，北面鼻尾嶼仔下有礁二、三塊。南面是桶盤，鼻內有礁一列，水滿打浪。礁北尚有沉礁一塊，水退七、八分出水，船對中直入吉了礐塔外沙堵，可抛北風。內面鼻頭有拖尾礁，水退出水。鼻內媽祖宮底盡是石磡，甚是損椗繩，不可抛。鼻頭亦有拖尾礁，水退乾出水。南面去有沙汕，水退乾出水。西面有網桁可防。入去鼻內是西忻庭下，可逃颱。鼻尾有礁並沙汕，候水返七、八分可入蚵殼庭，輕船、小船可逃颱，亦無甚好處，外面有沙汕亦淺。吉了城北亦可逃颱。出吉了門，東北有沙汕亦淺。

吉了礐：出船尋正港，船頭對戶角石直出，北面沙汕盡離，北面鼻尾下有港心礁。看直山步，媽祖宮鼻耽鐵釘嶼正辦。橫山步看嶼仔門開門正辦。吉了 西庭鼻尾下入玉鼻，清氣，鼻尾有礁一塊，船路水滿打浪不犯。或出入船，看外鼻可密門，犯淺，看吉了後松樹二株出現，到汕水退有二托七、八。外出是鐵釘嶼，東亦有沙汕。鐵釘嶼內門水滿，小船可過。鐵釘嶼東水退乾亦淺，不得過。東面亦有沙壇，不可太倚東。鐵釘嶼下有沉水礁，名曰太保礁，水退半犯船。看橫山步，圭籠山搭鐵釘嶼尖。看直山步，浮熙城北內有一尖累搭刀石鼻正辦。西有雙浮山搭鼻正身，搭腰就無犯，東鼻頭有腳白沙汕。直看東面楊廚山耽汕頂有高石塊正身，到汕腳白腳沉礁一塊。看西面度厝山不出嶼仔，嶼仔犯之。腳白汕北有沉礁一塊，看並嶼有烏石一塊搭鐵釘嶼尖，耽鐵釘嶼尖正辦。直看香爐嶼耽小岞尾正辦，到力石腳有冇礁一塊，水退乾不可太倚，水滿不犯。看直山步，鐵釘嶼不可密，若鼻頭密，則到淺，開門不犯。東去有網桁，看南面有尖山仔吞密。到網看離桁有媽祖宮鼻，有茄笼嶼出頭即離。鐵釘嶼南有鐵釘屎礁，不可太倚。出去是桶盤嶼，水退乾，打水丈二、三。水滿三托半流東水，是東南流，開是流東北。西庭前礐口打水四、五托，流西水出船，巽乾直出，出門用甲卯見鐵釘嶼，鐵釘嶼用甲卯見洋隔門。西庭礐宮口有水井可取水。鐵釘嶼打水三托水滿。上坪二托七八，水退乾淺，大船難抛。吉了礐打水六、七托，泥地。

洋隔門：出船，門中有媽祖印礁。看直山步，吉了前桶盤嶼北鼻頭小離鐵釘嶼口可過，桶盤嶼北鼻頭耽鐵釘嶼正身。橫山步，看筆架大山尖搭橫山宮仔正身。北面鼻頭內可寄流，不可太倚。鼻內淺，多是沙泥地。若是從媽祖印礁南邊過者，看桶盤嶼離鐵釘嶼大開門，即可頭起。要北面過者，看桶盤嶼搭鐵釘嶼仔，密不可開門。從北面過，橫山鼻外有中門礁一塊，不可太倚，水退四、五分，出水打浪。若是出洋隔門，有風浪之時，倒船不回頭。危急之時，可用東面嶼仔，名曰香爐嶼，嶼仔門中落即無患。香爐嶼北鼻頭有紡車礁一塊，不可太倚。上去是洋隔門。

洋隔門正港打水三、四托，流西水出門敲過流西港口。洋隔門用單艮見平海。

流西港：口可寄流，入流西港者，北面有沙汕，水滿密出，退二、三分出水即巡汕邊直入，離汕可頭起。北面去是紅山鼻外，可拋正港，正中有二、三托水。若出船，牽舵過南離汕即頭起。到港口有網桁，桁頭好拋北風，是塗地。出船之時，東面鼻頭有媽祖印礁。看橫山步，大媽宮搭密鼻頭正身。大媽宮大出鼻頭，是內面過。上去是，流西水回流東敲過平海。流西港口打水三、四托。流西港口用子癸見平海。

平海嶴：好拋北風，出船之時，須牽舵落。嶴東南面鼻頭下有礁一連，水退乾出水。礁下外去有媽祖印礁一塊，若要入船者，看橫山步，大媽宮出頭即可頭起無患。看直山步，城外東面塔搭落鼻尾正身。橫山步，看鸕鷀耽南進嶼，開門一枝竹篙位正身。欲出南進嶼門，看鸕鷀耽南進嶼即頭起對門出。南進嶼下面有平阪礁一塊，水退乾出水打浪，離南進嶼有一籃滾去。看直山步，城內孔子孝城角兜搭白沙堵正身。再看橫山步，南日鼻頭搭南進嶼正身。若是南日，不可入南進嶼，是礁外過。上落船可認孔子孝搭城角後沙塢出頭可過。南進嶼門中往來可過，水退乾甚淺，大船不可過。南進嶼西北鼻頭有沉水礁一塊，水退半犯船打舵，不可太倚，大船從南進嶼下出妙也。南進嶼內大山外有大礁，大流水滿密出，退出水打浪，夜間行船不可太倚。若是山尾離南進嶼開門正身。礁上去有員礁一塊，水滿密，水退出水打浪。亦是看南進嶼與湄洲山尾相耽，倒船駛開可也。上去有豬母礁一列出水。西南面有沉礁仔二、三塊，水退乾出水打浪，不可太倚。東南面去是鸕鷀頭。

平海嶴水退三、四分，敲出南進嶼，回東南流到南日。平海嶴打水四托，赤沙泥。平海用甲卯取東戶。平海用單艮取南日。平海用單丑取西寨。平海用乙辛取烏龜。平海用丑艮見豬母礁。豬母礁用艮寅見西寨。豬母礁用單卯見東戶。

鷺鷀嶼：北頭有鐘礁出水，嶼門中一派俱是大礁。西面中間有鷺鷀屎礁三、四塊，行船到處可切記之。看山步，後營山尖出西寨頭正身。橫山步，看虎嶴山上煙墩搭平海鼻正身。再看橫山步，流西港山腰有一山尖正身。再看直山步搭南進嶼山上山尖正身。再看直山步，流西港不可過南進嶼，就可過船，好也。又看野馬山西鼻與四將嶼開門有一枝扁挑位正身，相耽就無犯矣。西面過鷺鷀嶼，鐘礁頂門中出入俱可過，北面大山下有沙汕，是外面入船，須牽落點水為妙。內去是鐘礁。鷺鷀嶼用癸丁取南日。鐘礁內打水十二托，東南流敲到南日。

平海 後澳：好抛南風。東鼻尾外有礁一塊，水退打浪，不可太倚。鼻頭上去，北面是塗嶼，小船可寄流，內淺，打水三、四托。白沙堵東北面亦有石礅打舵。塗嶼內面淺，又有沙汕，大船不可太倚內過。塗嶼外有沙壇一條沖東南。看直山步，野馬南頭耽虎仔嶼小開門。橫山步，看象城大山出內澳嶼仔正身。小船若是寄流，須沙澳內西面。若是出船，須牽開，不可太倚。上去是虎豹獅象。

平海 後澳水返五六分回流西北落南進嶼，回流東入洋隔門。落鐵釘嶼回流西北至劍嶼。平海後打水三托四托，水退八分回東南流，敲船至南日。

虎豹獅象：嶼鼻有拖尾礁生開。東是小野馬嶼，嶼落南有大礁，初三、十八出水打浪。嶼仔北面有沙汕生連赤嶼，水退乾難過。象嶼後有大礁出水打浪，外去是南日。白沙尾下有礁二塊出水，南去有礁一塊，水退打浪。

虎豹獅象打水八、九托。虎豹獅象用壬子取野馬，又用甲寅取西寨。

南日澳：好抛北風。澳底有沉礁一塊，抛船不可太倚，南面可防。澳底水退乾礁出水，澳內亦淺。西寨後澳好抛南風、東北風。澳外有嶼仔，內可過。東北是虎仔嶼，四面可過。北去有嶼，嶼南有礁打浪，嶼北有礁一塊。東去是官澳，澳口有大礁一塊出水，水滿打浪。無風之時，上落可防流水沖礁。東面上去是小日頭。

南日水返六、七分，回流西北至平海。南日用丑艮取小日頭。南日打水四、五托，沙泥地，流東水敲過野馬。南日 西寨用乾亥見野馬。南日用壬亥見野馬。

小日頭：西去中間有草鞋礁，礁東尚有沉礁仔一塊，名曰雙蟮礁、弓鞋礁、草鞋礁。看直山步，南日 虎仔嶼耽鼻小開門正身。若是虎仔嶼與南日鼻開大門，是礁外過，即無犯。但是上落，可防無風之時流水沖礁。若是落船，可倚小日頭鼻兜倚倚過。無風此處難抛，有四十餘托水深。草鞋礁再看山步，象城嶼出中虎仔嶼離一枝扁挑位開，行船可倚小日頭鼻兜倚倚過，東去有鼎鄙礁數塊。看山步，南日大山尖搭小日頭山南鼻盡尾相牽正身。若過船看大南日鼻大出頭，小日頭鼻可內面過。若是上落船至小日頭，無風之時，小日頭可寄流，不可抛倚。山邊有下礁，打水十七、八托。鼻外東面亦有沉礁可防，內去是壁頭澳。小日頭用單艮取白嶼。

壁頭澳：好抛南風。欲入壁頭，對四將嶼頂過。四將西北去有嶼仔，至嶼仔頂用巽乾直入。西南面有嶼仔，有拖尾礁一連生過西，水退乾出水打浪可防。至壁石有出水礁二塊生開，外面有沉水礁，出入船不可太倚，牽開，此礁叫壁龍礁。至壁後有沙澳，亦有塔。至鼻頭下有沉礁一塊，水退半出水，生有二箭開，出入船牽落可也。澳內有塗坪，坪邊有礁一塊，水退乾出水，不可抛倚。內去是江口澳，好逃颱。欲入江口，有溝一條，雙邊是塗坪。入內去，南面有塔，抛船可抛嶼邊。南面去是興化 岩頭港。

壁頭夜間出船流西水，若是風西北，牽落離鼻頭下礁即頭起，用甲卯至壁後嶼仔，外邊即用甲寅取野馬門。若是好風，即用單甲取野馬。

野馬門：門內有牛皮礁生在野馬嶼。鼻西面沉水礁，水退七、八分出水打浪。看山步，南日 尖寨搭野馬南面鼻頭落水正身。看直山步，鼠尾山出野馬東鼻頭小開門正身。若過船者，看野馬東頭搭門扇後，小開門可過船。南面是分流嶼，嶼門倚大山，大小船往來可過門內。倚野馬大山邊亦可寄流，打水七、八托。牛鼻北門大小船可過，北有塔仔嶼 塗寨正身。橫山步，看西山出一條扁挑位過身。若是牛角山尖出塗寨就離，可開杆駛出中門，妙也。門口有公孫嶼，東外一個有拖尾礁，向東可防。上去又有嶼仔一個，不可太倚。中間有員礁一塊，水滿沉水，水退三、四分出水，行船可倚野馬東鼻頭出。東鼻頭第一門不可過，東外有礁二塊，水退出水。第二門嶼仔北可過，第三門亦可過，嶼仔東面有拖尾礁三塊，水退半出水，北面去是登門嶴。

登門嶴：內可逃颱，淺水退八、九分可入，或是扁嶼南北都可入。外去是分流嶼門，打水七、八托，流西水敲出野馬門到門扇後。

野馬門內洋中打水十八托。興化嶼南邊可寄流，打水十三托。

興化嶼：門出入，可過北面一門，門中倚野馬山亦可過。野馬門用艮丑見白嶼，白嶼用單艮見門扇後，野馬門用艮寅見門扇後，野馬用甲寅見壁頭。

門扇後：大山腳有嶼仔一個，白沙堵下可寄流。門口南北鼻有拖尾生相向，小船可過，小水可防。出門鼻頭有礁一塊，不可太倚，大船可從白嶼北出鼠尾外。過鼠尾礁，看直山步，白嶼西內第二個小嶼仔叫興化嶼。南落船者，看山步，門扇後白沙堵出頭即離，尋白嶼兜落離鼎鄙礁。鼠尾礁再看直山步，賊仔嶴 分流嶼搭大草嶼西頭正身。又看直山步，萬安寨搭後營山頭正身。賊嶴口好拋北風，嶴下有嶼仔一個，南有礁一塊，水退半出水，敲船不可太倚。賊嶴東去是分流嶼，嶼東頭有沉水礁一連，名曰石橋，水退乾打浪，嶼內門大小船往來可過。分流嶼外有沉水礁，名曰烏墩礁，初三、十八犯船打舵。東北是紡車嶼，內外門俱可過。嶼東面海底有硬礵，船甚然損椗索。入內去西面是五間厝，沙嶴下好拋北面，打水四、五托，上去是萬安嶴。

門扇後打水四托，沙泥，西水敲至萬安。鼠尾打水十八托，鼠尾用單丑取分流嶼，又用艮取南弁。分流嶼用丑取紡車頭，轉丑艮取小萬安，又用單寅取草嶼。紡車頭用單艮見墓仔口。門扇後流東過野馬，回流西北至南日。

萬安嶴：內好逃颱，門口有中門礁一塊，水退四、五分出水，入船可從南面鼻頭，倚兜出入可也。若是水滿，北風入船，北風礁頂亦可入。看直山步，萬安山寨搭萬安塔邊宮仔正身。看橫山步，草嶼門有嶼仔搭外面出水嶼仔，開門一枝扁挑位正身。入門內南面有港一條，北面一儘是塗坪，上去是墓仔口。萬安嶴鼻頭內打水三、四托，殼仔地。嶴口外面打水十二、三托，流西水出門過，墓仔口過去，回流東至新宮前。萬安用丑艮見墓仔口，流東水落鼠尾。

墓仔口：好抛北風，塗泥甚爛，淺可防退椗。西面山兜有沉礁一塊，水退乾出水，敲船不可太倚。墓仔口東鼻下亦有沉礁一列二、三塊，倚大山可進入。澚有雙頭通，水退乾甚淺可防。雙邊盡是塗壇離水，澚口水退乾有丈三、四水辨，不可貪入澚，就中抛船可也。北面去是小草嶼，有人叫鬣嶼，門中可過甚妙。敲至大山下淺，小草嶼外面倚兜亦有塗壇，水退恐防打舵，若敲船可從小草嶼外面過。北面去盡淺，切記之。小草嶼南有沉水大盤礁一塊甚大，大退水乾有一丈水辨可防。看直山步，寨仔口內面沙堵三個出現。横看萬安塔搭墓仔口鼻尾正身。東南去是大草嶼，嶼門中可過。南面山邊有下礁，礁外去是吾嶼。草嶼下是浮斗山，南面是杙嶼，杙嶼澚可抛北風。對面內去是紡車頭，上去墓仔口。出門去北面有石蛋澚，澚口開有沉水礁，水退半犯船。西去是赤塗鼻，鼻內可逃飈，水退乾塗坪生雙邊，一名大坵，一名蝦蛄龍。南嶼兜內可抛北風，抛船從北嶼邊抛，有丈五、六水辨。

墓仔口上去是東吉吊。墓仔口打水三、四托，赤沙泥，水退七、八分回東南流，敲至新宮前入竹嶼。墓仔口用單艮取吉吊。

東吉吊：好抛南北風。外去是有沙壇，敲船不可太倚。上去是西吉吊嶼，嶼南尾有沙線生向西南直出，水退乾出水。敲從東南過，不可太倚。西去中間有草鞋礁一塊，水滿密，水退二、三分出水。看横山步，後營山尖搭西吉吊山仔對正。直山步，看東吉吊員嶼仔搭吉吊嶼腰正身。正身北面去是散嶼，嶼下有金盛銀盤礁，水退乾犯船打舵。看横山步，大草嶼山尾搭東吉吊嶼小開門正身。看直山步，吉吊小嶼仔搭吉吊中尖正身。再看直山步，東瓜嶼吞密外嶼正辨，但是上落船可倚草鞋嶼兜兜過。若是過者，看大草嶼山尾嶼吉吊嶼仔大開門可過，切記之。東去是淵海港，可從吉吊北嶼兜兜過，不可太倚。散嶼外去是訪尾澚。

吉吊打水三、四托，沙泥地。吉吊用壬子見分流嶼。

訪尾澚：好抛北風。西面有嶼，嶼內有沉水礁一塊，水退乾出水，不可太倚，入嶼仔後過。若要入訪尾，大山邊有嶼仔一個，嶼外過。嶼邊亦有網桁，對網頭直入澚好抛船，淺。東面有嶼仔二、三個，頂面嶼頭開，有礁打浪。嶼下有拖尾礁，水退乾打浪。下面去是草嶼門，亦可過。倚南畔有沉水礁，不可太倚。出門北鼻頭亦有拖尾礁可防。北面去是訪尾門，大門中出入可過。若要出訪尾嶼仔門中，門中好風可出。外面上勢去是姜嶼，大小一連三個生横，沖南勢出，出入船倚大山邊過。姜嶼東南外有三牲礁，生在水螺頂，水滿密，水退三、四分出水。看直山步，南日有一尖山搭吾嶼內一扁嶼正身。看横山步，萬安寨搭草嶼正身。再看横山步，後營大山搭訪尾門 横嶼正身。再看直山步，東牆山鼻搭觀音澚東鼻正身離。姜嶼門有網桁淺，上落船可防，切記之。

上去是觀音嶴。訪尾嶴打水五、六托，沙泥地，流西水敲出門，回東南至觀音嶴。

觀音嶴：白沙堵正嶴，好抛北風。大山下白沙正嶴，嶴東鼻頭有礁一塊，水退半出水，入船不可太倚。東鼻頭生有一箭開，外勢入船至鼻頭牽落過。西南面入，不可太倚。看山步，觀音嶴厝出頭就離東面鼻頭。落南外去是吾嶼，嶼外直向東有水螺礁二、三片，水滿沉水，初三、十八出水打浪。直山步，有廿一、二托水深為辦，可轉船勢去。看横山步，看吾嶼耽草嶼正身。若是上落，不可太倚，切記之。內面去是觀音嶴口，外有礁一塊。水退四、五分出水，名三礁，生在吾嶼北。若南風往臺，出草嶼門用乙辰，礁南過，夜間可防。觀音嶴打水十托，用乙辛轉單卯，更香七、八條見鳳鼻。

新宮前：好抛北風。對面北去是分流嶼，嶼南鼻有沙壇生開向東南。若落船，看草嶼尖搭草鞋山鼻。横看猴昆水嶼，分流嶼出頭即可頭起。南邊又有沙汕，看烏屎搭牛屎礁正身。若是上北，船對分流嶼西邊正港。看山步，西吉吊山與分流嶼相耽小開門，又看鱟嶼搭草嶼正辦。直山步，正港又看墓仔口煙墩出頭正溝。又上烏礁頂，看山步，四嶼搭小煉鼻正溝。上去再看山步，牛角山尖搭苦嶼沙嶴，直上至苦嶼門。西面去是貓糟嶼，嶼西南面有礁，水退乾出水。東面有沉水礁，水退乾出水打浪，上落船可防，名曰貓屎礁一塊。看直山步，西落頭搭落西苦嶼，東鼻頭尾小開門正身，上落船切記之。看西鶴嶼與西苦嶼鼻尾開大門，是外面過可也。貓槽嶼東面有七姐妹礁數塊。看横山步，大練山尾與小煉山尾相牽，小開門正身。看直山步，牛角山尖搭苦嶼，對正直落正溝，至四嶼下並鹽嶼頭平身。再看山步，草嶼搭草鞋礁，西吉吊山相耽正溝，至烏礁過。又再看山步，西吉吊與分流嶼小開門正溝，至分流嶼 烏礁，又有沙壇。看横山步，海亭山離，小嶼仔大開門，西面沙汕都離。烏礁敲北風，水退二分即南流。駛至四嶼正溝，打水六、七托。東面亦有沙汕，可點水為妙。四嶼不可寄流，水退乾有丈二、三水辦。四嶼北有嶼仔叫三碗芋，北有七姐妹礁可防。上落船看大煉山尾有一尖山仔出頭即離。又看東落嶼不可搭密苦嶼東鼻頭。貓糟嶼東面一派有礁，不可太倚，流西水面流東至萬安。

新宮前打水四、五托，沙泥地，水退八分回流西，敲入竹嶼。分流嶼用壬丙見烏礁。烏礁用子壬見四嶼。竹排礁用子癸見四嶼。四嶼用子午見苦嶼。新宮前 分流嶼打水五、六托，水退乾有丈三、四水辦。分流嶼東面打水十五托。

分流嶼：東北鼻頭有拖尾礁，水退出水。新宮前北面鼻頭亦淺，敲船不可太倚，從分流嶼邊敲入竹嶼。分流嶼北面亦有沙汕，東面有一嶼仔，嶼仔北面有成魚翅礁。看山步，淵海港山上有倒煙墩搭新宮前北面赤塗鼻正身。看横山步，竹嶼內葫蘆嶴頭山尾有尖山仔大出頭即離，開門正身。又看分流嶼西後營山尖搭嶼仔正身。東北有成魚腮礁仔一塊，水退乾打浪可防，行船可倚東面嶼兜過。成魚腮礁水滿密，水退八、九分出水。北面去是五營頭嶼，嶼下亦有沙汕甚淺，流水又急。五營頭門仔可過，打水三、四托。南去是猴昆水。分流嶼東打水十五托。

猴昆水：山東面亦有拖尾礁，北面嶼仔下有沙汕淺，敲船須點水為妙。上東面去第二個沙嶴內有礁一塊，水退三分出水。看直山步，後營山搭猴昆水破郃鐵對正。橫山步看北面白嶼仔搭沙汕，敲船不可太倚。東面上去是竹嶼，西北面有沙汕，不可太倚，敲船可倚東面入。上去是竹嶼嶴。猴昆水外打水十五托。

竹嶼嶴：南面有五色汕，若抛船倚北面汕邊抛。欲入海山港，內鼻頭頂有礁一塊，水退乾出水，流西水可防。過竹嶼北溝，看山步，四嶼頭出一個正溝，看石牌洋出頭正溝。竹嶼水返八分，敲過苦嶼。若是出船，牽落離汕尾，倚五營頭頂出。北面有沙汕，須點水為準。五營頭頂東北面有礁一塊，水退五、六分出水生開，不可倚。上東北面，嶼仔尾有拖尾礁，不可太倚東。東去西面嶼仔下有礁一塊，水滿密，水退三、四分出水。過去西面亦有沙汕淺，須點水為準。上東北去是戶網，戶網腳有員礁一塊，水退半出水。看山步，牛角山尖搭苦嶼外橫嶼腰。橫山步，看海山大山尖搭石牌洋南面山赤塗鼻對正。石牌洋西南面有拖尾，尾下有沙汕甚淺，門中可過。南面大山鼻頭內有沉礁三塊，水退乾出水，不可太倚東面。石牌洋東亦有拖尾礁，水退半出水。石牌洋西南開，有半洋礁一塊，水退二、三分出水。看直山步，四嶼搭苦嶼山尾西面嶼仔。橫看石牌洋搭後面蘇嶴山東北面小員山山尖正身。若是蘇嶴與鐘門小開改，礁頂南面。若是四嶼搭苦嶼西面山盡尾，是礁外南過。若是竹嶼開船，風面東可防半洋礁，切記之。上去是棋杆尾，鼻頭內亦有沉礁一塊，敲船不可太倚。東面去是鐘門，門內去是蘇嶴，嶴中有礁，敲船從北風過。鐘門中有礁數塊打浪，切記之。上去是大煉嶼。竹嶼嶴打水四、五托，沙泥地，水返八分敲過苦嶼。若是敲小溝，過石牌洋到鐘門、蘇嶴至大煉，蘇嶴門中有礁。看直山步，鐘仔與大鐘相搭正身。再看直山步，鐘嶼 蘇嶴外的山尾小開門正身。橫看山步，蘇嶴鄉的厝出一半。大鐘嶼又名叫雞髻嶼。

大煉嶼：好抛北風。西南外有嶼仔，嶼仔北有沉礁一塊，水退三、四分出水。上去有宮仔在北鼻。宮仔前鼻下直落有沉礁一塊，水退三、四分出水，出船不可太倚。小煉門中亦有沉礁一塊，敲船不可太倚東。小煉山過去是草嶼，草嶼門中有網桁，下有沉礁一塊，水退乾犯船，風面東，不可太倚。西面去有七姐妹礁，上去是大練嶴，打水三、四托，流西水敲船過苦嶼。

苦嶼嶴：好抛北風。入船鼻頭內，水退乾淺，有丈二、三水辦。西面亦有沙壇淺，抛船可對嶴抛。出苦嶼門，東面鼻頭頂有拖尾礁二、三塊生開，過西敲船不可太倚。西去是苦嶼嶴，水退至分流嶼，回西流北過吉吊至墓仔。

苦嶼嶴打水三托，沙泥，流西水敲出門至牛鼻弄。苦嶼嶴用單艮取白犬。苦嶼用丑癸見牛鼻弄。牛鼻弄用單癸見茲罨。牛角山 赤嶼用艮寅見白犬。苦嶼用乾戌見松下。

松下罨：南風出船落苦嶼門，欲敲中溝，對成魚溝直落，離四嶼即對四嶼下直落正溝。看山步，猴昆水山出五營頭山西面一半正溝。若是到東面坪邊，杆倒船可也。西面山看草鞋名叫西吉吊搭鬣嶼，有人叫小草嶼，一半正溝。若是西吉吊搭鬣嶼密至西面汕邊，杆倒船可防淺，須打水為準。水乾溝中有丈二水辦，至烏頭並身。再看山步，分流嶼搭西吉吊小相耽正溝，若是相搭至西面沙邊可防，倒船為要。過東面看山步，東吉吊搭新宮前鼻尾，正溝盡深。若是東吉吊吞密，可倒船至成魚礁，可防。看山步，淵海港有倒煙墩搭新宮前 赤塗鼻正礁身，桿倒船過西面。看山步，分流嶼搭密西吉吊，西面沙堵出頭即倒船，可防。汕下去是新宮前。



松下罨：南面有一罨，名曰塗港罨，好逃颱。對老鼠嶼南直落，入去是塗港罨，可拋船。入塗港，對中直入，去是塗港罨，可拋。東面坪邊有礁可防，西面亦不可太倚。松下罨好拋南北風，北面鼻頭外有老鼠礁一塊又一連，水滿打浪，內外俱可過。老鼠礁北面有沉水礁一塊生開。橫山步，媽祖宮搭頭正身。看直山步生在礁此際，東北面有沉水礁一塊，生有一箭遠，水退乾出水。老鼠礁南去有礁一塊，水退三、四分出水。若入松下罨，可對老鼠礁內外俱可入。松下罨東南鼻有拖尾礁，可倚北面入，港中深，可拋北面坪邊墘，可看老鼠礁出頭即坪邊。欲出老鼠嶼外者，北面鼻外有沉水礁一塊，水退七、八分出水，其礁生在老鼠礁北內面大山腳。老鼠嶼鼻尾外直看，北面赤嶼搭中門礁內賊罨口嶼仔正身，若是赤嶼與賊罨口嶼仔尾開門，是礁外過。橫看松下城外海墘宮角出頭正身。上去北面是賊罨，東面是橫嶼。橫嶼東南面有沉水礁一塊，敲船不可太倚。橫嶼內有中門礁一塊，水滿打浪。中門礁西南面有港心礁一塊，水退七、八分打浪，行船可倚賊罨口，倚兜兜過。看直山步，苦嶼內西面鹽嶼鼻耽西苦嶼西鼻正身，若看小煉皓耽橫嶼出東北離，亦可對中門礁東橫嶼內過極妙。中門礁北東北頭尚有沉水礁一塊，大流水水退半出水，離中門礁有半箭遠開。中門礁內有港心礁，礁內尚有沉礁一塊，水退乾打浪，正船路。若是敲船，倚老鼠嶼出可也。看橫山步，礁內老鼠嶼 小雙髻山尖二個相搭正辦。又看橫嶼東頭搭苦嶼東北西嶼仔相耽正身。北面老鼠嶼尾有拖尾礁生開，敲船不可太倚。外面是橫嶼，東北面有礁一列數塊，名曰棋只礁。看直山步，赤嶼搭牛鼻弄正身。看橫山步，牛角山東南面山尾有煙墩，內面山尖對正。再看橫山步，牛角山東面有大山尖，北尖搭外口山寨正身。若是上落船，外面過，看赤嶼出牛鼻弄東頭就離。若內面過者，看赤嶼出牛弄西頭，即可無犯矣。



松下港中打水十二、三托，坪邊打水二、三托，沙泥地。松下罨流西水，敲出門過橫嶼至牛鼻弄。棋只礁外邊水退乾打水十二托。

牛鼻弄：北風好寄流。外面有觀音礁二塊，出水打浪，礁門內外都可過。東去是草嶼 西沙嶴，嶴口鼻尾有拖尾礁三塊生開，對門不可太倚。外面去是東落，東落外面鼻尾有拖尾礁二、三塊，水退三、四分出水，上落船不可太倚。上去是米嶼，內面亦是赤嶼，西面有棋盤礁一塊沉水，初三、十八打浪。看橫山步，陌列正身。又看橫山步，東落第二個嶼仔出赤嶼西。看直山步，苦嶼門南面山鼻尾搭牛弄鼻西畔一半正身。又看牛鼻弄搭東苦外面大煉山尾一半正身。赤嶼東面有拖尾礁沉水生開，沖東南而出，春天五月大退水打浪可防。若是落船，要赤嶼外落，小倚草嶼落可也。下去西鶴，鼻尾有沉礁二、三塊生開沉水，水退乾打浪，落船倚觀音礁邊落妙也。牛鼻弄外面打水十四托，嶴內打水五、六托。流西水至南 北望，回東南流至磁嶴。水返落苦嶼門。

牛鼻弄用子癸見苦嶼。赤嶼用丑艮取白犬。赤嶼用單丑見南塘。赤嶼用單子取磁嶴。

南望： 南有望屎礁一塊，水退八分出水。看橫山步，草嶼下中一個嶼仔搭赤嶼小出頭正辨，又看赤嶼搭東落山第一咅。看直山步，東苦嶼搭牛角山尾正辨，苦嶼門若開門，是礁外過。又看南面山邊有煙墩搭大山烏石盤正身。北去是北望，有沙壇打浪，不可太倚。上去是磁嶴。

南望打水有一丈二尺水辨，沙泥地。牛角山北面好拋南風，打水三、 四托。

磁嶴： 拋北風好寄流，甚擺亦甚淺。嶴南鼻有拖尾礁，不可太倚。嶴東鼻頭外有大礁打浪，開有半洋礁一塊。看直山步，梅花頭外嶼仔搭布袋嶴破砆正身。再看山步，定海頭出梅花頭嶼仔正身，下面看赤嶼耽牛鼻弄西鼻正身。看橫山步，磁嶴頭嶼二個結一個正身。磁嶴北山鼻外有大礁一派，水退乾打浪，不可太倚。內面是虎仔嶼南，盡是沙汕甚淺，開有磁嶴屎礁一塊。看直山步，赤嶼搭牛鼻弄北鼻尾。橫山步看虎仔嶼搭內面烏石山頭正身。礁內是虎仔嶼，有虎屎礁，一枝扁挑位開正身，內又看內面山烏石盤搭外面山烏石盤。橫山步，東 西犬小開門正辨。再看直山步，芭蕉山尖搭梅花頭 虎仔嶼正身，虎仔礁內外可過。上去是梅花頭，外面是虎仔嶼，南有石劍，不可太倚，亦淺，打水三、四托。東去是白犬嶴。

磁嶴打水二、三托，沙泥地，流西水敲上鼻去，回東南流至白犬嶴。磁嶴用甲卯見白犬嶴。磁嶴水返二、三分至牛鼻弄。梅花頭水返六、七分，回流西北至磁嶴。

白犬嶴：好拋北風。犬目下海底有石劍，不可太倚。犬門可過，大犬西去有七星礁。看橫山步，犬目出頭。看直山步，北塘搭南塘改正身。再看橫山步，浮江食芭蕉一半正身。礁兜打水八、九托，流尾六托。又看東犬白沙堵搭西犬鼻尾正辨。內去是福州港。白犬打水五、六托，沙泥地，流西水至南塘尾，回東南流至南塘嶴。白犬水返六、七分，回流西北至磁嶴。白犬後打水十八、九托，可寄流南風，有水窟。白犬內中打水

八、九托。白犬用子癸見南塘。南塘用丑癸見硼嶼。

福州港：口有沙汕二條，沖東而出，水退打浪。北面沙汕生在芭蕉山尾，向東而出，直至北塘尖搭南塘改盡尾。南線生在滬江尾，向東南而出，直看牛角山出磁嶴山尾大開門盡尾。欲入福州港，看山步，董羅門內面山尖搭南塘改甚尾，南線搭芭蕉尾山尖。直入又看東犬尾內有一門仔開門半枝扁挑位開，直入到雨傘礁並身，北有横汕一條沖横汕港。看山步，潭頭山尖搭流崎口頭芋[茅]嶼正汕，雨傘礁並身者直入正港。看山步，董羅門內面山尖搭過芭蕉尖北面開改，直入過横汕者。再看山步，董羅門 媽祖宮樹出芭蕉山南，直入董羅門。媽祖宮口有媽祖印礁一塊沉水。看山步，芭蕉山白沙灣出虋斗鼻正身。虋斗鼻頭南下有沉水礁一塊，不可太倚。外去是五虎門。

五虎門：芭蕉山西南鼻鼻尾有沙汕，水退乾甚淺。五虎嶼內西面嶼仔尾有沉礁生開，水退三分出水，出入可防。鼻尾外有虎屎礁一塊，不可太倚，大退水乾打浪，水滿有丈七、八水辦。看山步，浮江山西面樹仔耽虋斗鴿頭有一枝扁挑位正身，若小耽鼻即無犯。直看鼻頭並身搭北面白鼻小鴿頭正身。看白鼻頂沙嶴出頭，是礁內。若白鼻耽密，是礁外。再看直山步，圭心嶼耽芭蕉沙堵正身。若沙堵大出頭，是礁內。若是入船，水乾倚倚虎面是入可也。出門去，東面汕頭插招二、三枝正港。看山步，五虎門中有圭心嶼搭耽芭蕉山，直出北面亦有北汕，不可太倚北，出門須點水為妙，直至滬網下即離北面線頭。東面汕看梅花頭嶴大出芭蕉山東尾即離，北面汕頭滬網下亦有沙頭礁叫塗礁一塊，不可太倚。看山步，圭心嶼搭小耽芭蕉正身，直看目嶼搭布袋嶴西面山鴿頭正身。若北面落船，要入虎門牽落。看雞心嶼耽芭蕉山一半正溝，看離塗礁即頭起。看雞心嶼北面開大門，南面開小門正溝而入。內面汕頭亦有水古，從水古北過。北面汕頭亦有水古，從水古南過。塗礁亦有水古，亦是南面過。外去是五虎門。五虎門打水三、四托。館頭打水五、六托。虋斗嶴打水四、五托。董羅門可逃颱，打水四、五托。

五虎門：敲出溝口，北外開有沉水大盤礁一塊，生開在南塘內洋中，大退水大船可防打舵犯船。看北山步，硼嶼搭耽小西洋正身，若開門是礁內過。看横山步，圭母嶴口嶼仔南頭搭北面大山，上有二個小山尖搭南尖正身，若是兩個山尖出過嶼仔南，是礁下過。外去是南塘嶴。

五虎門打水四、五托，沙泥地，淺。東沙汕打水八、九托，流西水至平海。

南塘嶴：好抛北風。榜茶嶴南外有一塘針，東面有出水礁仔二、三塊，礁門亦有下礁，東面去有塘針半洋礁生開。看横山步，塘門笳笔嶼頂門開門一份，南北鼻尾開門二份。看直山步，北塘頭有三個嶼仔結做二個。再看横山步，塘門笳笔嶼搭黄岐埕頭正身。南塘後嶴好抛南風。大門中嶼仔名曰笳笔嶼，內外俱可過，此處難抛，甚深。出塘有一大塗嶴可泊小漁船，千外號大船好抛北風。東南面外去是湧龜。北塘門內北面鼻內半洋礁一塊，大退水乾出水，離鼻有一箭，生開在北塘內面小沙嶴鼻下。看直山步，塘門笳篓嶼搭南塘內面小沙嶴。橫看北塘小開門，若密門是礁頂過。若北塘門開，開大門是礁下過，上落船不可太倚。北塘頭頂東面嶼下有拖尾礁一列，水退乾出水打浪。嶼下門中出入不可過。外面去是坊爐嶼，嶼內門中可過。內去是塘門外，打水二十餘托。

南塘嶴打水三、四托，爛泥。塘針內打水十四、五托。南塘南風嶴，打水七、八托。塘針外打水十九托。北塘嶴打水六、七托。南塘用子午見王崎。南塘用巽巳見小庭。南塘流東尾回流西駛至小庭。南塘打水四、五托，水返五、六分，倚南塘尾落，回流西北至白犬。

小庭、庭海嶴：好抛北風，嶴內外有礁。西去是布袋嶴，好逃颱。南面去有目嶼，目嶼下有滬網，滬網內有礁。嶼內北面有大礁一塊，水退打浪。上去有四嶼，內門中有礁打浪，取南中過。四嶼外門中大小船往來可過，嶼內門邊有礁。看直山步，圭母嶴口白沙堵仔搭庭海後嶼仔門正身。橫山步，外鈹嶼搭北面正身。若嶴密過身即離，倚嶼仔門中，小船可過。庭海後大嶴灣內鼻下有大礁，上去是橫嶼，嶼東外有石磡甚開，不可太倚。中門礁北面有大礁二塊打浪。出門北面嶼仔中門過小船，嶼東面有拖尾礁二塊生開，水退打浪。庭海嶴東面鼻頭下有沉水礁一塊，出船不可太倚，嶼仔中門小船可過。庭海後嶴好抛南風，灣內鼻下有大礁。上去是黄岐嶴，西面是雞母嶴，好逃颱。淺嶴內鼻下有沉礁，看正黄岐嶴 媽祖宮出頭即可頭起，嶼仔下南去有大礁打浪。四嶼門用丑艮取王崎。

定海嶴打水四、五托，沙泥，流西水敲至黄岐嶴。

黄岐嶴：好抛北風。嶴口有媽祖印礁一塊，水退五、六分出水。看橫山步，庭海山尖搭圭母嶴口嶼仔，對中可過南正身。直山步，看鐘鼓嶼搭塘門密門小相耽正辦。礁東邊亦有沉礁，名曰印礁帶，離媽祖印礁有三個船身位開，大退水乾打浪。看山步，黄岐外面沙嶴出頭一半正辦。看直山步，媽祖宮口角兜鼻一半正身，又看庭海山尖搭圭母嶴口嶼仔正身。看橫山步，黄岐嶴東面鼻子午、壬丙生對礁，若是敲船，礁內過，北面大山邊鼻兜有礁一塊。看橫山步，南塘東面鼻與鐘鼓嶼相耽正身。外面去是鐘鼓嶼。

黄岐嶴叫王崎，打水三、四托，赤泥地，水退二、三分出登門，上蓮花嶼回東南流過硎嶼。

鐘鼓嶼：下有半洋礁沉水，礁外尚有沉水礁一列四、五塊向東而出，大退水乾出水打浪。半洋礁水退半出水打浪，礁門中小船可過。看直山步，鐘鼓嶼加剪嘴正身。橫山步，看雞母嶴內大山尖搭東面鼻第二個出水石嶼仔正身。再看直山步，硎嶼內蓮花嶼搭鐘鼓嶼門正身。半洋礁外面沉礁，看直山步，硎嶼耽鐘鼓嶼正身。鐘鼓嶼下亦有沉水礁一塊，水退乾打浪出水。欲半洋頂過，對中可過。若是半洋礁外過，看硎嶼出鐘鼓嶼外就無犯。若礁內過，看鐘鼓嶼與內面大山開門無犯矣。若是礁下過，看圭母嶴山邊有一小山仔出外鼻南即無患矣，夜間出入船仔細可也。上去鐘鼓嶼頂有四嶼，嶼山頂門中可過，叫登門，內有中門礁一列，水滿沉水，水退乾出水打浪。看山步，魁山搭研嶼正身。看横山步，大山下烏鼻下並身正身。再看横山步，青草龍出現。夜間看北佳頭尖山不可密，若出頭是外過。又看鐘鼓嶼東個搭柴履礁南下泫石正身，外面有大礁二塊出水。礁門船往來之處，此門名叫登門。若是出門有風浪之時，倒船不轉頭，危急之時，即從嶼仔落即可無患。上去是蓮花嶼，有人叫竹排嶼，南鼻尾有拖尾礁打浪，水退出水，蓮花嶼內門小船可過。上去是研嶼，門中大小船往來俱可過。研嶼北可拋南風。內面去是北佳頭。

研嶼北面南風嶴打水八、九托，流東水駛至東清港，回流西至老湖。

研嶼用乾亥見媳婦娘嶴。研嶼用丑癸見小西洋，水返二、三分回流西北至南塘。北塘內有水窟，打水十四、五托，水返一、二分回流西北至南塘。

北佳頭：可拋南北風，門中可過。南面大山邊亦有沉礁，水退乾出水。北佳頭嶼鼻尾有礁一塊，水退出水。外有觀音礁二塊出水，礁門中可過。西去是東 西落，嶼頭有大礁一塊，水退三、四分出水。看山步，北佳頭東鼻尾出東落東鼻頭正身。西落頭西北面有沉水礁一塊，水退乾出水，叫西落屎礁。看山步，東落鼻頭搭研嶼正身。看横山步，芙榕山搭小西洋內面嶼仔正身。西落嶴可寄流，倚中門深難拋。西去是羅源港。北佳頭嶴前嶼仔可寄流南風，打水十四、五托，水退五、六分至研嶼，回流西北。

羅源港：門中有大礁二塊，水退半出水，出入船可從南畔邊。北面是臨嶴，嶴口可寄流。入內去有龍船一個，出入船兩邊可過。內去南山邊可逃颱，甚好。羅源門外上去是東清港口，流水甚急，此處深難拋。入門內北面鼻頭內可拋。西南入去是寧德 碗窯，西去是福安，出門外上去是媳婦娘嶴，可寄流。西南面有弓鞋礁二塊，水退半出水。外去是小西洋。

臨嶴打水四、五托。媳婦娘嶴打水七、八托。

小西洋：嶴好拋北風。南面有嶼仔一連三個，有門四個。搭內面大山一門，上落可過去。東第二門中有礁一連，名叫石橋，不可過。第三門可過，第四門中有礁一塊沉水，水退乾打浪出水，上落船倚小西洋可過，礁內亦可過，倚西面山邊過中門礁。看山步，横看小西洋出一半正身，西洋後南頭邊有大礁出水打浪。小西洋內北面去大山邊是下府嶴，嶴內面北山鼻內兜有礁二塊，水退出水打浪。小西洋東面有網嶼可拋北風，嶴口有嶼仔，上下可過。嶼北面沙嶴仔內有沉礁仔一塊，水退七、八分出水，不可太倚。嶼仔南面落去第一個鼻頭外頂有沉礁一塊，水退五、六分出水。看山步，馬莿外鼻搭密小西洋鼻正身。横看鼻頂有厝出頭正身。東去是盔山門。

外邊小西洋用丑癸見老湖。門中小西洋用丑癸見老湖。小西洋用單寅見芙榕。小西洋用乙辰取東湧。小西洋外打水十八、九托，水返三、四分回流西北至硼嶼。

盔山門：中可過，西南面山尾有沉水礁，水退乾犯船，不可太倚。盔山外東面有盔山虎礁一塊，水退三、四分出水。看西洋下小蝦目嶼與北塘尖小開改正身。盔山東外有半洋礁一塊，大退水出水打浪，叫湧半洋。看湧橫二份，盔山一份。看橫山步，盔山搭馬莿密門，是礁下過不防。若開大門，是頂面過。看直山步，北塘內小嶼仔開門正身。再看山步，筶杯搭芙榕頭正身。若是要內面過者，北塘內小嶼仔不可開門，是內面過。若外邊過，看湧橫過可也。入內去是馬莿，可拋北風，打水五、六托。上去是老湖嶴。盔山門流東水敲入馬莿，回流西到老湖嶴。



老湖嶴：好拋北風，內湖嶴輕船可逃颱。內門門中有中門礁，內淺，水七、八分可入。西面去是鹽田，嶴口有礁一塊，水退半出水。老湖嶴出內門，門中有中門礁一塊出水，船從南畔倚橫嶼兜過。橫嶼西面尾有沉水礁一塊，水退乾出水，出船不可太倚，牽落從外面出，又有三腳虎礁。看山步，北霜搭橫嶼南鼻正身。又看水塞搭橫嶼南鼻正身。又看水塞搭橫嶼西北嶼仔正身。外面去是芙榕嶴。老湖門打水十三、四托，流東頭至東清港，回流西至北佳。六耳仔內，打水十三托。

芙榕嶴：好拋北風。出門去橫嶼頂北面山鼻尾內有螺鄙礁一塊出水，礁外尚有沉水礁一塊，敲船不可太倚。西面內去是螺殼嶴，輕船、小船可逃颱。上去有嶼仔一個，門中小船可過。北去是大金所，大嶼邊小船可逃颱，無甚好處。門中小船可過，出門外去是霜山。

芙榕嶴打水十餘托。大金北可寄南風，打水五、六托。沙嶴仔有水窟，水返三、四分回流西北至老湖門。

霜山：大門中可過，內東面鼻頭可拋北風。門中有嶼仔一個，上下可過，門中又有網，夜間可防。南面嶼仔門中小船可過。

芙蓉頭外面山邊打水十四、五托。老湖嶴打水三、四托，爛泥，流西水敲過鴨池。霜山用壬丙取東湧。霜山用巽乾取三沙。老湖門打水十三、四托。芙榕頭打水十餘托。芙榕山外打水八、九托。老湖門用巽戌見東湧。老湖門用子癸見筶杯。老湖門用子癸見烽火門。老湖門用丑艮見洋山。大金垵內打水三托零，殼仔地。筶杯用子午見三沙。

鴨池嶴：好拋北風。欲入拋內嶴，東鼻頭有沉礁一塊，水退乾出水，不可太倚。北風出筶杯內門，水退三、四分即南流。筶杯內有沉水礁一塊，水退乾犯船。看山步，筶杯開門一枝竹篙位開正身。看山步，看芙榕山與筶杯開門一枝竹篙位。上去是福建鼻。

筶杯北打水十三托，北面澚仔抛南風，打水六、七托，山邊亦有下礁一塊，中央沙澚仔有水窟，水返北流可行。鴨池打水三托零，殼仔地，水退三、四分敲過三沙澚。

福建鼻：下有嶼仔，嶼仔頭頂有大礁出水打浪。嶼仔尾東亦有拖尾礁二塊，水退三、四分出水打浪。看直山步，芙榕頭出筶杯。橫山步，看八尺門開門小開改正身，礁門小船可過。福建鼻有內門，名八尺門，小船可過。此門流西水是流出，流東水是流入。入門內去可寄流，淺，風東北亦擺。福建鼻頭北面有大礁一塊，水退一、二分出水打浪。內面入去是福寧府港口，可寄流，外去是根竹嶼。福建鼻頭外打水八、九托，水返七、八分，回流西北至筶杯。福寧府內打水三托零，殼仔地。福寧府港口打水六、七托。

根竹嶼：門中有礁不可過，小船順風可過。根竹嶼外西面有沉水礁一塊，大流水乾打浪，不可太倚。根竹嶼北面頂有沉水礁仔二塊，水退乾出水，不可太倚南面。根竹南面鼻頭外亦有大礁一塊，水退乾出水，內去是三沙 五澚。根竹嶼水返三、四分回流西北，至福建鼻，水退三、四分即南流。

三沙 五澚：好抛北風。水退三分，敲出門有牛屎礁一塊，水滿打浪，船從礁東過。敲出烽火門有龍目嶼二個，門中上落可過，內門小船亦可過，外搭大山一門亦可過。入門嶼仔北面有沉礁可防，牽開可也。外龍目嶼北面有拖尾礁沉水，不可太倚。出門北面鼻尾亦有大礁，水退出水，小船從牛屎灣門出。東面嶼仔尾有米遁礁，水退出水。北面龜鎮澚口有媽祖印礁一塊，水退乾出水。內門小船可過，中門底面有礁，水滿順風亦可過。柴虎門亦可過，出門去是七都，鼻下有沙澚，北鼻下有沉礁一塊，水退七、八分出水。看山步，七都搭八都鼻出頭一枝扁挑位正身。橫看牛屎澚北面嶼搭烽火門，小開門正身。若是嶼仔門與烽火門開門，是礁南。若抛船，看南面沙出頭是礁外。南鼻尾亦有沉礁，水退乾出水。三沙 五澚水返六、七分，回流西北至福建鼻。烽火門水返三、四分，回流西北至根竹。三沙澚打水三、四托，泥地，水退三分，敲出烽火門至揚山 媽祖澚。烽火門打水四托，殼仔地。根竹嶼東門打水十托。烽火門用艮寅見南關、北關。烽火門用單艮見東瓜鼻。東瓜嶼邊用艮寅見北關尾。烽火門 龍目下打水十餘托。

七都港：口南鼻尾有沉礁二塊，水退半出水，不可太倚。港口有大礁，水退半打浪。看直山步，八都鼻出七都鼻東面鼻頭正身。船欲入七都港，可從北面過，入去是潭內，可逃颱，水退半可入。上去是八都鼻，可寄流，淺。北鼻入去廠嶼，輕船可逃颱。八都鼻北面白石下有沉水礁一塊，不可太倚。上去是員當澚。

七都港口打水三托，沙泥。八都港口打水四托，泥地。

員當澚：好抛北風，淺。澚口是武嶼，好抛船，不可太倚。上去是棕蓑澚，澚口鼻下有礁一塊，水退半出水，北風可寄流，抛礁下。上去是東瓜嶼，鼻外面是大洋山。

棕蓑嶴打水三托，泥地，流西水敲至北關。東瓜鼻北面可寄南風，打水四、五托。員當嶴打水三托。

大洋山：媽祖嶴好抛北風，洋山門中可過，南畔鼻有拖尾礁，不可太倚。鼻內可逃颱，名曰布袋嶴，好抛七、八隻船，外南面是芝荔嶴。大洋山東南面外去有出水大礁一塊，名曰三牙礁，夜間上落船，到處能鳴，仔細可也。看直山步，三牲開門一枝扁挑遠。橫看小西洋嶼 大洋山開門一枝扁挑位。上北內去是南關鼻。

大洋山流東半可行，回流西北落烽火門。東瓜嶼水返四、五分可行，即回流西北至洋山。洋山 媽祖嶴打水五、六托，泥地，流西水敲過南關。洋杚嶼流東頭好駛。洋山外邊用丑艮取北關外過。

南關鼻：尾有礁打浪，外尚有沉水礁一塊，初三、十八犯船。看直步，北關後烏嶼出北關，內有赤塗鼻出南關鼻頭頂。橫看北關小門小開，南關尾正身。再看橫山步，南鎮鼻頭搭南關下個嶼仔相搭正身，出船牽落。看南關下嶼仔大開門，又看南鎮鼻耽九使宮樹直出至鎮下關鼻出頭，即可頭起。南去是沙庭嶴，西面店下亦可逃颱。豬母窟可寄流，豬母礁二塊，有人叫六耳仔，出水內門不可過，水退乾有礁出水，外塊亦有沉礁，不可太倚。入去鼻下開，西面有龍目礁二塊，水退乾出水。看直山步，南鎮鼻不可耽沙庭山，若耽則正身。橫山步，孔使宮上民間出頭正身，外去是鎮霞關。南關下打水八托，泥地。豬屎窟打水三、四托。南關用單卯見北關。南關鼻下外打水十五托，南關鼻水返六、七分，回流西水至東瓜鼻。

鎮霞關：嶴好抛南北風，西面水退乾淺，須點水為準。入內去是三牲嶴，淺。再入去是棺木嶼，內面是塗坪，亦可逃颱，小船而已。欲出鎮霞關門，須候無流可出。出門北面鼻頭有拖尾礁，不可太倚。上去是北關嶴。

鎮霞關打水三、四托，流西水出門至北關。

北關嶴：好抛北風。東面對中有沙嶴底，山邊有媽祖印礁生開，抛船不可太倚，水退乾出水，中嶼仔下亦有沉礁二塊。看山步，直看外漏船門不可搭密，若開門是東面過。欲出北關門外門，上落順風可過，內門敲船可過。北關 杞嶴口有沉礁一塊，水退七、八分打浪。看山步，漏船門內面門仔吞密正身。上落船看門仔內嶼不可吞密，礁外過。橫看礬山尖搭杞嶴後面山上樹正身。又看杞嶴東面厝上樹搭鼻頭，大船從北關尾出。北關尾下有沉水大盤礁一塊，大退水乾打浪，有五淺水辦，大船可防。看直山步，北關 漏船門密門正身。看橫山步，鎮下關鄉裏東面樹搭鎮下關門頂小門正身。漏船門若開門，是礁內過。北關尾外有菜礁打浪，叫王招，內面上落可過。上去拜嶼東面有拖尾礁二塊，水退半打浪。出北關門，小船可出，出門有觀音礁二塊打浪出水。上去是草嶼。北關後好抛南風，打水十餘托，門口水返一、二分可行。北關內打水六、七托，泥地，流西水敲過草嶼至金鄉。北關下打水八托。北關門用丑艮見金鄉。王招內打水八、九托。北關 拜嶼外用單艮見鳳。北關 拜嶼下用單丑見金鄉。

草嶼：可寄流，內門小船可過，門中打水五、六托。耳門底面有沉礁，吾未曾見。上去是老君鼻，有拖尾，拖尾外有沉礁一塊，水退乾打浪出水。上去是關山，門中可過。入門去，水退乾西面甚淺。西面入去是磄溪港，內面水退乾盡是塗坪。出去北面是山埔港，水退乾亦是塗坪。上去是金鄉。

草嶼後可抛南風，打水五、六托。關山北面好抛南北風，打水四、五托，亦有水窟。老君鼻北面可抛南風，打水三、四托。草嶼打水三托，烏沙泥，水退三分敲過老君鼻，回流東入觀山門到金鄉。老君鼻流東半，回流西北至草嶼。草嶼用艮寅見金鄉。草嶼流東頭落北關門。

金鄉 大魚嶴：好抛北風。出門鼻頭有嶼仔三個，嶼東尾有沉礁三塊，名曰木屐礁，水退七、八分出水。看山步，鹽田嶴口嶼仔出頭小開門正身。看山步，觀山內大山尖搭觀頭正身。再看横山步，山埔山上山尖搭大魚鼻正身。有風浪之時，倒船甚難，嶼仔外過可也。風静小船內門可過，甚妙。下去是筶杯嶼，嶼倚亦有沉礁。上去是石枋嶴，可抛南風，打水四、五托。上去是鹽田嶴。金鄉 大魚嶴打水四、五托，沙爛泥，水退三、四分敲出門，回東南流至鹽田。金鄉鼻 木屐礁外用丁未八畝內過。若用丑未，流西水可防八畝礁。金鄉鼻用單丑見琵琶 品簫嶼。金鄉南風流東半，回流西北用巳亥取臺頂牲仔。石枋嶴有水窟，南風流東半回流西北。

鹽田嶴：可寄流，西面淺，嶼外門內不可過。嶼邊有鹽田嶴口，開東外洋中有八畝礁一塊，水退四、五分出水打浪。看横山步，鹽田沙嶴出頭正身，此山步亦無硬。再看横山步，礬山尖搭石枋嶴後山上山尖壘有一小炮臺形様，南面小鐵腰凹正辨。若是礬山尖搭出石枋嶴山頂山尖壘北面，是礁上過即無犯。若是礬山離南面第二鐵，是礁下過。看直山步，鹽田鼻耽琵琶嶼密正身。看直山步，金鄉鼻耽觀山鼻尾小出頭正身。又看筶杯小伯列，若是落船者，要礁外過，看觀山大出金鄉鼻就無犯。若要內面過者，看觀山密就無犯，可倚大山兜落。鹽田鼻後可抛南風，打水四、五托，上去是琵琶嶼。

琵琶嶼：門中小船可過。內去是白遭，可逃颱，淺。琵琶嶼尾東有沉礁可防。上去是品蕭嶼可寄流，南面淺。上去是四嶼，各門可過。上去是琵琶頭，外面是南篙鼻，可抛南風，打水四、五托。西面入去是烏體頭，港內亦淺。鹽田嶴打水三、四托，赤沙泥，水退三、四分，回流東至鳳。琵琶嶼打水二托零，爛泥。品簫嶼用艮寅見鳳。圭髻鳳外用丑艮見虎仔嶼門。鹽田鼻單艮見鳳。鹽田 八畝內用丑艮取鳳。琵琶嶼水返八、九分即北流。

內鳳嶴：好拋北風。嶴西有嶼仔，內有礁三、四塊，水退乾出水。南去有嶼仔一個，嶼邊南面有礁，水退乾出水，生有一箭開。南鳳名曰圭髻，鳳南尾開有鳳蛋礁。看山步，桶盤出一半。橫山步看南鳳南面嶼仔開門一枝扁挑位開正身。若內面過，淺，看桶盤嶼吞密，是內過。桶盤鳳下好寄流，虎仔嶼門中可過，內鳳門中可過。西去是里安港，港口有石嶼仔三個，門中有礁，水退半出水。里安港內城好逃颱，無甚好處。入內去有一山，亦可逃颱。上去是溫州。

桶盤鳳打水三、四托，泥地，風面東，流西水出虎仔嶼門到弄門。若流東水，風西北，出內門亦可。黃裙打水八、九托，泥地。南鳳用單艮見三弁。虎仔嶼門用丑艮見三弁，若流水，即用單艮。虎仔嶼門中打水六、七托。圭髻鳳內好拋南風，打水五、六托，沙面。沙嶴仔有水窟。桶盤鳳後可寄南風，打水三、四托，倚兜淺，嶴內有水窟，水返八、九分即北流。

溫州：有港二條，欲入南溝者，船在弓鞋礁頂下看風面。又看山步，搖鼓嶼搭大魚直入。至港口，看北面棋頭山與假棋吞密，即入汕內。港口內面港中有沙汕一條，水退乾出水。看搖鼓嶼離大魚山南尾，小開門無犯，若是開大門可防。到汕即倚北面塗坪邊直入，內是塗尾雙善好拋船，雙善後嶴好拋南北風。內去是茉竹嶺外永嘉場山，鼻內是鹿灣嶴，好拋船，六、七托水。鼻外有沙汕生過南面坪中，倚南畔不可太倚。內去是茉竹嶺，內面好拋船，是狀元橋。入去是溫州府城，出港倚南畔中直出，外面州仔尾分雙溝可防，流水甚急，若是無風之時可防，流水沖小溝切拋可也。南面盡是沙汕，外是狀元橋，去是茉竹嶺。若是風東北，敲船看雙善搭硬嶴尾即倒船，可防汕。橫看磐石東面有二個小嶼嶴出頭，出磐石北面，沙汕一盡無犯。外面是雙善嶼，出去是七里渡頭，若出船倚北面坪邊直出，港中有沙汕，水退可防。外去是鴻花關 棋頭嶴，好拋船。

棋頭嶴：出船倚北面直出，外面有沙線，線頂有半洋礁一塊，水退六、七分出水。看橫山步，烏清山仔尖搭龍灣山尖。又看龍灣門不可密門，是礁內過。看直山步，外面大開山搭外面狀元嶴山吞密，又看棋頭北面山搭內面小乳山正身。若是流尾淺，外去是烏清山，出去是大閩、小閩，北去是龍灣。

棋頭用甲卯見烏清，可防半洋礁，用甲寅可防北面塗坪，用單卯亦可。棋頭欲出西弄，門開一枝扁挑位正溝，打水四、五托。西弄若是寄門，可防北汕，南面亦有汕，看棋頭內嶼仔大出頭正溝。西弄門東面小對中亦有沙汕一條，大退水出水。汕外東面有溝一條，汕內北面是王六嶴。王六嶴有嶼仔一個，嶼內有塗坪，水退乾出水，嶼邊打水十二托。出門是鹿西，外是雞髻嶼。

三弁嶴：西弄尾好拋船。南尾有搖鼓嶼，門中可過。搖鼓嶼西有礁三塊，水退出水。西去有半洋礁，有人叫弓鞋礁，水退四、五分出水。看山步，永加場山尖搭內面山尖正身。看直山步，青山尖出硬礐尾西面。再看直山步，弄門不可密門，是礁外過。若是密正礁身。東南面亦有沉水礁一塊，水退八、九分出水，生有一箭開。半洋礁東北面尚有沉水礁二塊，水退七、八分出水，離半洋礁有三箭遠，與半洋礁癸丁生横。看大魚山尾與北寮南面鼻尾相耽正身，直看硬礐山北面鼻尾搭耽小疊山尖正身。三弁東去是玉弁門，門中小船可過。內有大嶼，嶼頭有礁。嶼有石嶼，西邊有礁，水退出水。鹿面口南面嶼仔邊有礁一塊，水退出水。西去是美礐，東南外是大魚山，南風可寄流，東面門中可過。東去是後郎礐，上去是蓮花嶼，水退半敲船從三弁，須點水為準，可防淺。正溝看山步，北面四嶼搭西弄鼻頭吞密正溝。若是四嶼入花矸嶼門搭密，是西南坪邊。若是四嶼出弄門，鼻頭有小嶼仔門搭密，是東面坪邊正溝，水退乾打水二托零。北面礐鼻頭下有大礁一塊，水退三、四分出水。東去是三弁 九廳礐，好逃颱。礐口有三嶼仔，東頭有礁一塊，水退乾出水。北面是沙角礐。三弁礐流東回流西至鳳。

沙角礐：小船好拋鼻頭下。西南面有礁一列，名曰媽祖印礁，水退半出水打浪。出船東面鼻頭不可密門，是礁外過。看横山步，九廳面前三嶼仔二個相耽正身。看直山步，花矸嶼門小開門正身。若密門，是礁外過。出門內去是雞髻嶼。

雞髻嶼：門大小船俱可過，門中有石嶼，內外俱可過。入門內落南去是狀元礐，門口外中有沉水礁一列，大退水乾打浪出水。若是入船，對嶼外下門入。若是北風，不可太倚，就回船駛出妙也。小船欲入狀元礐，倚外面大山邊可入。內面不可入，對中不可過，有沉礁一列生小過西。北面去是西弄門好過，入門北去，北面是王大礐，礐口有嶼仔，嶼仔邊可拋，打水十二、三托。嶼仔頂淺，盡是塗坪，水退乾出水。入內去，西面淺，盡是沙汕。出門東去是四嶼，三、四個。內去是鹿西。

鹿西：可寄流。礐口南面有嶼仔，嶼仔邊有礁一塊，水退出水。西北去是横嶼，横嶼尾東南面有拖尾沉水礁可防，水退乾出水。横嶼東鼻頭南有沉水礁一塊，大退水可防打浪。內去是三弁礐，打水三托，爛泥，流西水。出門敲過圭髻嶼，回流東至鹿西。

鹿西用艮寅見黄門。圭髻嶼用子壬見鹿西。鹿西用巳亥見烏清。烏清用甲寅見棋頭。鹿西流西回流東落弄門。

龍灣礐：好逃颱，須倚坪墘。開深內去是大麥嶼、小麥嶼，大麥嶼鼻下有礁一塊，水退五、六分出水。看山步，横嶼出頭正身，若密即離。北面出門去是大苦竹、小苦竹，落門來西去是萬橋港，內面去是岳清縣。南外去大門，門可過，東面小船可逃颱。塗坪上去是龍灣礐，好逃颱，上坪甚妙，開打水二十餘托，難拋。出門去是小疊礐，小船可拋。外去口蒼 東鳩礐可寄流。上去是東求毛，有礁一塊，水退半出水打浪，上落船不可太倚。

龍灣礐坪邊打水七、八托，泥地，流西出門到黄門至坎門。

黃門澳：可寄流。東去是筶杯二嶼。欲出黃門門，小船可出，北面鼻頭有拖尾。出黃門門鼻北面有沉礁，東南亦有拖尾。東外去有媽祖印礁一塊，水退七、八分出水。看直山步，橫嶼外金嶼仔搭鹿杙，又看金嶼仔與橫嶼密門正身。若進嶼仔開大門，是礁外過。若是金嶼與橫嶼吞密，是礁內過。又看南面橫仔嶼吞入黃門門出頭，亦是礁內過。橫看筶杯門口一托兩個合一個即離。再看橫山步，李澳沙堵搭李澳口南鼻小出頭正身。上去黃門澳，打水六、七托，泥地。

教場澳：好拋北風，淺。鼻頭內有西公礁一塊，水退五、六分出水。看山步，坎門門密正身，又看花園招厝出頭正身。若澳密，是礁下過。看直山步，嶺頭厝後山頂路出頭正身。若西面入去是李澳，澳口有大礁出水，小船上下俱可過。上去是尖山，上去是破嶼，嶼下有七星礁數塊。看山步，水尾娘娘宮不可密破嶼，即東面過，敲船不可太倚。破嶼北面鼻頭外邊有豬母礁一塊，水退六、七分出水，澳內盡是塗坪，大退水乾離水。小船欲出，西公礁頂過，倚鼻頭鼻兜出。外面鼻頭下有算盤礁一塊，水退四、五分出水，不可太倚。上去是坎門澳。

坎門澳：好拋北風。西面是趙三王，山邊有石礉，大退水可防打浪，船不可拋，倚山邊亦淺，就中拋甚妙。澳東鼻頭下有礁二、三塊，水退乾出水。對面是橫嶼，橫嶼內關帝嶼北面門中是叫人嶼，嶼東面鼻頭有沉礁一塊生倚，水退七、八分出水，北面是東山 花子宮。出坎門，門中有網，門中船往來可過。北面鼻頭外有拖尾礁，生在鼻頭礁頂而出，大退水出水，不可太倚南面。橫嶼尾外面有八畝礉礁一塊甚大，春天大退水打浪，生在橫嶼南面外邊，大小船俱犯，不可太倚。看橫山步，坎門澳西面趙三王 赤塗鼻出頭正身。直山步看火差尾 虎仔嶼搭金嶼仔正身。橫嶼北頭有金嶼仔，北面去是管房。後山邊鼻尾亦有沉礁仔一塊，敲船不可太倚，水退八、九分出水。上去是後沙澳，可拋南風。外面有沙汕一條，生連目鯽嶼頭，南至坎門門口鼻頭外，大船上落可防，水退乾有一丈水辦。後沙澳可拋南風，淺亦擺。上去是目鯽嶼，鼻頭下有大礁一塊出水打浪。目魚嶼內是宅寮澳，淺，盡是塗坪，好逃颱。北面去是清桃嶼，南尾有礁一列，水退乾出水。清桃嶼北面門中小船可過，南面鼻頭下有下礁，去是楚門，門流水甚急。出去東面是竹篙嶼 火差，亦可寄流。虎仔嶼頂甚淺，敲船水退乾不可太倚。上去是茹榔澳。

楚門好逃颱。坎門澳對門打水五、六托，泥地，流西水出至茹榔澳。坎門流東水，落黃門至西姑碶。坎門 趙三王有水窟。坎門用丑艮見茹榔澳。

茹榔澳：好拋北風。澳東外嶼仔內有礁出水，外有沉礁。澳南有嶼，門中可過。上去是白馬澳，澳口有馬屎礁一塊，水退三、四分出水。看山步，貓嶼不可吞入乾薑鼻。橫看大鹿耽羊嶼南頭。再看橫山步，白馬澳西面有沙澳出頭正身。上去是鼻頭，下有沉水礁，正船路，初三、十八出水打浪。看山步，貓嶼大出乾薑鼻大開門正身。横山步看大鹿搭出洋嶼正身。再看直山步，虎仔嶼搭筶杯外粒吞密正身。又看直山步，貓嶼內面嶼仔與大山小開門相牽正身。礁北有三腳香爐礁，大退水出水生外，不可太倚。洋嶼尾北內面有礁二、三塊沉水，生開在門中嶼仔尚東，水退乾出水。上去是貓嶼。

茹榔嶴流東水，回流西落 目賊嶼，回流東至坎門。茹榔嶴用單艮見坎門。

貓嶼：可寄流，小船而已。內去南面而寔雨嶴內，水退乾盡是塗坪。北面去是水桶嶴，東面是龍門嶴，小船、輕船可逃颱而已。塗坪上去是何源所，外面上去是公遠鼻，此處水退乾盡淺，不可太倚。東南面去是鹿生山，南面有龍目嶼二個，外龍目東南有拖尾礁一塊沉水，生有一箭開，水退乾出水打浪，不可太倚。鹿生西北去是片嶼，西南有片嶼仔，嶼尾有礁一塊，水退出水。外去是娘娘坑，小船可拋北風，淺。

茹榔嶴打水三、四托，沙泥，流西水過貓嶼至龍目，回東南流至外箬 石塘。貓嶼水返落茹榔嶴。

貓嶼打水三、四托，爛泥。茹榔嶴用艮寅見鹿生 外箬。茹榔嶴有水窟扛水。鹿生龍目用甲寅見貓嶼。鹿生山亦有水窟。貓嶼用單艮見茹榔嶴。

外箬後：箬嶴可拋北風淺。西面是箬仔山尾，南面礁二、三塊，水退五、六分出水。北面有大礁一塊，水滿打浪。看山步，鳩鳥頭密門。看横山步，麒麟山尖小開改正身。若是大出不防，鳩鳥頭開門亦不防。上去是石蒼嶴、董班嶴，好逃颱。塗坪小船、輕船而上去。北面是上馬石嶴，小船可逃颱淺，無甚好處，候水返七、八可入。外去是外箬，外鼻是鹿頭嘴，鼻下有草鞋礁一列出，退三分出水。看横山步，大片嶼頭正身。若是出船，看三算出頭即可頭起。出去是棺柴嶼，嶼頭有沉礁生過南，春水大退打浪，不可太倚。

後箬嶴打水三、四托，爛泥，水返八分敲過石塘至吊邦。

石塘 桂嶴：好拋北風嶴。嶴口有一蓮花嶼，內外可過。東有一門仔，門仔口有礁一塊，名曰魁哥礁，行船可防。欲出横嶼頂，大門中有礁一塊，水退七、八分出水，出船倚南畔横嶼頭出。看山步，吊邦出頭就離，即可頭起。横嶼南尾亦有沉礁，不可太倚。上去是粗關 浮嶼嶴，好拋南風。上去是尖山腳，出去是紅山鼻，鼻下有沉礁一塊，水退乾出水打浪，不可太倚。外去是三算山。

桂嶴打水三、四托，沙泥。浮嶼打水三、四托，沙泥。

三算山：一連可寄流。一算內門中，小船可過。鼻下有出水礁一塊。三算門口有大礁一塊打浪。二算頂有水中礁，水退乾出水。横看碍招嶼耽烽爐正身。北面去是鬣嶼，嶼外鼻亦有下礁，不可太倚，上落船從內面過。東外去是碍招嶼，東面是烽爐嶼，嶼仔下有沉礁。北面門中可過，外面是烏嶼，南有拖尾礁二、三塊，水退乾出水，生有一箭開。烏嶼門可過，内是龍鼻頭，入去六兒嶴好抛北風，嶴内有礁一塊出水。六兒門可過，門口北面嶼仔有拖尾礁一列，水退四、五分出水打浪，夜間出入犯船。此嶼叫蓼花嶼，夜間上落可防。内去是吊邦嶴。

三算打水五、六托，泥地。三算用丑艮見丕山。

吊邦嶴：北風好抛。内門順風可過，中門船往來可過。出門東面鼻尾外有沉礁，不可太倚。上去北面是烏空口，有沉礁一塊。看山步，積谷仔搭沙服尾小嶼仔。橫山步，烏嶼搭中吊邦頂小嶼仔開門，看南面一枝竹篙位正身。其礁與烏空口出，離有三箭開，卯酉生對坐中。吊邦東鼻尾亦有礁，不可太倚。上去是和尚頭，去是沙服嶴，好抛北風。外面嶼仔東有龍船嶼，門中可過。去是松門嶴。

吊邦石門有水窟。吊邦嶴打水三、四托，爛泥。沙服嶴好抛北風。吊邦流西水出門至烏空頂，回流東過和尚頭至沙服到鱟殼嶴。沙服水退二、三分，回流東落吊邦門。沙服嶴打水四、五托，泥地。吊邦用艮寅見積谷。吊邦用艮寅見楊棋。積谷用子午見川招。積谷用丑艮見一江外過。一江用丑癸見東箕。東箕用子癸見潭頭。東箕用甲卯見魚山。東箕用子午見馬山。馬山 風台嶴用單艮見積谷。

桑門嶴：可逃颱。欲入桑門，門倚北面山邊直入，門中有嶼仔，嶼仔下有沉礁，不可太倚。若是風面流尾水不順，嶼仔門中亦可過，倚内面山出妙也。入嶼仔内去是龍王塘，可抛南北風，亦可逃颱。雙邊塗坪，水退乾離水。出門去鼻頭後，不可打倚，有下礁亦淺。上去嶼仔頂有礁二塊，水退乾出水，不可太倚。上去是鱟殼嶼，好抛北風，甚淺。嶴西有礁，不可太倚。嶴東鼻内有石嶼，東面門中可過。上去鱟殼鼻頭倚兜有下礁，不可太倚。外面是積谷。

桑門嶴打水三、四托，爛泥，流西水敲出門，回流東至鱟殼嶼，鱟殼嶼流西水至馬蹄嶴。鱟殼用壬子見川招。鱟殼嶼打水二、三托，沙泥。

積谷：門中有出水大礁，龍船嶼有嶼仔，嶼仔外東有礁三塊生開，水退打浪。積谷南有沉礁，東亦有出水礁。北面門中可過。積谷仔西南面有沉水礁，水退乾犯船。積谷仔北面有出水礁。鱟殼後洋中有沉水礁三塊正船路，初三、十八大退水，出水打浪。看直山步，烏嶼仔搭積谷門中大礁，叫龍船嶼正辦。又看大積谷嶼 積谷仔開門一枝扁挑遠正辦。看橫山步，九重門門仔密門搭桑門山尖，又搭鱟殼後内鼻正身。又看馬蹄内尖搭外尖南加剪嘴正辦。再看直山步，鱟殼與沙服山開門是外過。去是馬蹄北。

積谷仔有出水礁橫生出，尚有沉水準坪礁一塊，切須記之。積谷仔東北勢有沉水半洋礁一塊，是丑未生。看直山步，積谷仔嶼 大積谷扯門正身。看橫山步，桑門尖搭鱟殼嶼仔門正身。春水涍打浪。

馬蹄北：港嶴好抛南北風，淺。門中有大嶼，大嶼邊可逃颱。北面水返可過，北邊有嶼仔，馬蹄嶴後鼻開門一枝扁挑位。再看直山步，網仔嶴出馬蹄嶴後鼻，馬蹄嶴口有中門礁一塊，水退乾出水打浪。再看直山步，烏嶼搭鬣殼鼻正身，烏嶼若出頭無犯。橫山步看馬蹄港內中有大嶼仔搭門中南面鼻出頭，開門一枝扁挑位闊正身。再看橫山步，馬蹄門叫北港門，南面山尖鼻尾出頭正身。若是內面員嶼仔出頭，是礁北面。若要礁內過，看積谷門中龍船嶼出鬣殼鼻，是內面過。若外面過，看烏嶼不可耽鬣殼鼻，是外過。再看橫山步，十八殿後鼻有大山尖嶼仔一個尚東直出正身。馬蹄外鼻後北面有沉水礁，水退乾打浪，夜間行船須仔細。內面過去是深門，門內可逃颱，淺塗硬，輕船而已。西去是金鐘港，外去是網仔嶴。

馬蹄北水退六、七分，回流東北落鬣殼，回流西至沙服。馬蹄嶴打水二、三托，泥地，流西水出門，回流東水至網仔嶴。馬蹄南鼻邊外打水八托。金鐘港外打水四、五托。

網仔嶴：好拋北風。南鼻尾外開有沉水礁，水退乾出水犯船。嶴下有沉水礁一塊，北面鼻後有礁一塊打浪。看直山步，南鼻尾直落，離有二箭遠。看橫山步，內面烏鼻頭並身正辦。北鼻內有沉水礁一塊，水退乾打浪犯船。看山步，網仔嶴山開門一枝扁挑位正身，上落船不可太倚。北面石鼻外邊有礁二塊，水退打浪。西北去是三山 網仔嶴南，開有半洋礁一塊，出水打浪，上落船夜間可防。看直山步，大積谷半山壘搭積谷仔正身。橫看深門，南北門開門一枝扁挑位遠正身。夜間看網仔嶴山，北個不可搭南個，是外面過。

網仔嶴打水三托，爛泥，流東水敲過山水。網仔嶴水返一、二分落北港。

台州 海門：港口有塔，入去是台州府，好逃颱。外面上去是川招嶴，好拋北風，淺。外去是一江嶴。

茶盤、草嶼用丑癸見三門。川招 三山嶴打水二、三托，爛泥。咳呵鼻打水二、三托。川招用單子取牛頭門。川招 半月用戌亥見海門。咳呵鼻用艮寅取茶只嶼。牛頭門用子午見茶盤。半月用丑未艮坤取咳呵鼻。咳呵鼻用單甲見急水。

一江嶴：好拋北風。外面是一江仔，門中小船可過。大一江東面山邊有大礁出水打浪，外面有沉礁一塊，上落船不可太倚。內面去是水山嶴，好拋北風。嶴口有嶼仔，上落可過。嶼邊有沉水礁，水退乾出水，不可太倚。嶴內倚北面山邊有沉礁一塊，水退乾出水。看山步，西面鼻下嶼仔密門正身。開門是礁下過，外面看氈帽嶼出東鼻尾無防。直看嶴口臘灼嶼 一江內面目賊嶼開門一枝竹篙位開正身，出入船仔細可也。外去東北是東箕嶴。

一江嶴 水山，水退三、四分回流東北至鬣殼。水山嶴打水五、六托，赤泥，流東水敲過咳呵鼻至荳生港。水山嶴口嶼仔下打水七、八托。一江打水四、五托，沙泥。一江用丑艮取積谷。積谷用艮坤見吊邦。馬山 風颱嶴用丑艮取積谷外邊過。積谷用丑艮見六耳門。

東箕嶴：可抛北風。嶴底東面有沉水礁，水退乾出水可防。東箕門可過，外面鼻內有沉礁一塊，水退乾打浪出水。入門內去是半畔山，內去是中箕嶴，好抛北風，嶴內淺。入去是西箕，西箕門亦有礁，南面大門中可過。西箕內面鼻尾亦有礁二塊，水退五、六分出水，出入船不可太倚。下面是水山，內去是半月嶼，嶼東北面有半洋礁，水退一、二分出水。礁北面有沉水礁一塊，大退水乾出水。看山步，積谷出半月嶼仔北，離一枝扁挑位開正身。横山步看荳生港山尖搭咳呵鼻內大山尖，小開改正身。咳呵鼻北可抛北風，甚淺。內去是荳生港。



東箕嶴打水三、四托。中箕嶴打水二、三托。東箕用子癸見馬山。東箕用癸丁取一江。半月嶼上過半洋礁，半洋礁西北面有渴肉礁一塊。看直山步，南㨫下鐵釘嶼與南㨫嶼大開門，是內面過不防。鐵釘嶼生在南㨫嶼內，南㨫生在外，開門是渴肉。半洋礁外過無患矣。



荳生港：內面可逃颱，淺。上去北內有出水礁一塊，南有沉礁一塊，水退乾出水。上去鼻尾外有出水礁二塊。上去鼻後一嶴有礁，敲船不可太倚。上去是白帶門口大山，好抛船，八、九托水，殼仔地。出來鼻外門中可過，嶼中亦可過。東面外有嶼仔一個，嶼仔外邊有沉礁一塊。上去是牛頭門。

牛頭門：媽祖宮前好抛。嶴口嶼仔門中俱可過，鼻下有沉水礁犯船。出門去北面嶼仔內可寄流，內面有出水礁，嶼仔門中可過。出門北外有礁，出船不可太倚。外面是南北雜，南面鼻尾有拖尾，水退出水，門中亦有礁。牛頭門外北鼻頭算落第二個鼻拖尾直出，開有平阪礁一塊。看直山步，茶盤耽北鼻身頂鼻正身。横山步看佛頭嶼耽蚊嶼頭正身，小船水滿不防。外去是蚊嶼，蚊嶼內面有礁三塊，水退乾出水打浪，流水又急，不可太倚。蚊嶼門有礁，水退乾出水。蚊嶼尾亦有礁打浪。東外大門中可過，東去是媽祖嶴，好抛東南面。蚊嶼內中間有茶盤嶼，有人叫龍船嶼，內外俱可過。西去是松柏仔嶴，好寄流。鼻內打水四、五托，水退乾淺。北面鼻頭有拖尾礁，水退乾出水。北去有茶盤仔一塊，水滿打浪出水。西南面有拖尾礁，水退二、三分出水，與勞傷嶼丑未生對，夜間行船可防。上去是寧台嶼即搭嶼，有人叫勞傷嶼，內外俱可過。東面水退乾淺。西去是太早山，東面山邊有出水礁。外去是金尺叫虎跳門，小船可入，流水甚急。入門去北面山鼻頭下有虎屎礁一塊沉水，出入船倚南面坪邊過可也。內去是石浦 虎跳門，外去是鯉魚尾，南面是菜子嶼，嶼內有半洋礁一塊，水退七、八分出水打浪。看山步，潭頭內南尾搭鬣嶼，開門一枝扁挑位正身。再看直山步，潭頭南面鼻搭中嶼吞密正身，若是中嶼與鼻尾，是內面過。横山步看佛頭山出横嶼尾正身，横嶼南尾有拖尾打浪。下去是老鼠嶼，內外俱可過。內去是箭箵嶼門辦，西面鼻尾亦有拖尾礁，不可太倚。北去是勞傷嶼，可寄流。上去是分流嶼，內外俱可過。東面有烏礁出水，流水甚急，水退乾南面盡是塗坪，不可太倚。分流嶼可寄流。

牛頭門打水二、三托，流東水敲過茶盤至三門，回流西入三門至石浦。分流嶼打水六、七托。虎跳門口打水五、六托。佛頭山打水四、五托，泥。牛頭門水退四、五分，回流東北落川招至水山。白帶門打水七、八托，殼仔地。

花嶴：好拋北風。欲出三門，中門出入，一門不可過。門內北邊有嶼仔，南有沉礁生開，敲船不可太倚。北去有港二條，內面可逃颱，名曰雙頭通，港口是猴嶼，上去是石浦。

花嶴打水五、六托。

石浦：大門中不可逃颱。南面是東門，名曰柴火門，門中有大礁沉水，生過南，水退乾犯船，出入倚北邊，流水甚急。石浦好拋南北風，對面是南花大船，好拋南北風，椗地亦好。上去是鉛商前，好拋南北風。外是興化嶼，門中小船可過。興化嶼南面亦有塗坪，不可太倚。外面鼻下有媽祖印礁二塊沉水。看山步，外面秤槌嶼搭汲水門正身。橫山步看大石浦 媽祖宮南面鼻尾與南花山相耽正身，若是出入船，倚南邊過可也。欲出汲水門，須候無流妙也，流水甚急。東面鼻亦有沉礁一塊生倚，水退乾出水。外面去是竹排礁一塊出水打浪，小船礁門可過。外是牛乇箕，倚山邊有沉礁仔一塊，水退乾出水，不可太倚。頂鼻尾外有礁，不可太倚。外面是確仔線，水退不可過。去是秤槌嶼，門中倚潭頭，船往來不可過，上落倚潭頭。秤槌嶼東有沉礁一塊，水退半出水。礁東尚有沉水礁一塊。直看對直起，橫看中嶼耽潭頭，開門一枝扁挑位開正身。若中嶼密潭頭尾，是頂面過。下去是潭頭嶴。

石浦門中打水七、八托，泥。南花打水六、七托，泥。汲水門中打水四、五托，好拋南北風，出漲五、六，敲出金牌。

潭頭嶴：可拋北風，亦擺，椗地甚硬。外去是鬣嶼，嶼尾有拖尾礁，四面可過。內去是中嶼，下去是菜子嶼，內外可過。內去有半洋礁可防，上落倚鯉魚尾可也。外去是虎仔嶼，嶼東南有虎屎礁，水退三、四分打浪。虎仔嶼拖尾直出，離有二箭開。直山步看乇箕東鼻有小壘仔開改，船在外過。若是上落，倚中嶼邊過不防。潭頭外面鼻尾外有蝦目嶼二個，門中不可過。北面去是積谷。

積谷：箭箵嶼門中可過，東面去是半洋礁叫積谷半洋。看直山步，內面枝朋搭四嶼頂個。橫看鬣嶼搭塞蝦目門正身。半洋兜打水只七托，如積谷入船，卯酉南流水可防。狗腳跡內去是金牌門。

潭頭打水三、四托，泥，水退二、三分敲過牛乇箕。中嶼下打水八、九托。潭頭嶴壬丙、巳亥見魚山。牛乞箕用子午見蜈蜞嶴。菜只嶼用丑癸見東箕。魚山用壬亥取潭頭。潭頭用子午見菜只嶼。

金牌門：下好拋北風，淺。南面鼻尾外有沉礁一塊，敲船不可太倚。東面去牛乞箕，大山邊有大礁一塊出水，名曰渴肉礁，有人叫竹排礁，小船礁頂，門中亦可過。出牛乞箕，大船從礁下過，流水甚急，夜間出船可防輕風流水沖礁，看牛乞箕出大門即可頭起。欲出金牌門，水退七、八分即南流，西面鼻頭內淺，內門小船可過，亦淺。上去塗龍嶴口有沉水礁，敲船不可太倚。上去半畔山下有礁不可入，嶴內千金門可過。外有四嶼，嶼外有狗腳跡礁數塊。看直山步，大嶼山搭豬腳嶼南尾開門不防，是礁外過。横山步看公婆嶼內正身。再看直山步，南面四嶼結一連，北看豬腳嶼外嶼仔搭大嶼腰正身。若是內面過，看豬腳嶼尾仔出大嶼尾不防，是內面過。外去是蜈蜞嶴。





金牌門水返六、七分，即南流出門到公婆嶼，回西南流至蜈蜞嶴。四嶼內打水七、八托，泥。公婆嶼打水五、六托，泥。金牌門嶴底打水二、三托。塗龍嶼打水三、四托，泥地。金牌門用艮坤見公婆嶼。公婆嶼用子午見蜈蜞嶴。

蜈蜞嶴：好拋北風，椗地甚硬，若是起椗，須仔細可也。內門名曰旦門，小船可過，水退乾淺。外門名曰豬腳嶼門，往來可過，大退水乾淺。嶼仔邊有沉礁，不可太倚。門口有覆鼎二個嶼，有人叫麵頭嶼，嶼內大退水甚淺，不可太倚。覆鼎嶼西面有沉礁一塊可防。看山步，覆鼎嶼二個合一個正身。豬腳嶼北面可寄南風，嶴底東面亦有沉礁仔，水退乾出水。東面山尾有沉礁仔，礁下亦有出水礁，不可太倚。上北去是大嶼。

蜈蜞嶴打水五、六托，泥硬，水返三、四分駛出門至大嶼，回西南流至馬鞍嶼內旦門，打水三、四托，泥。麵頭嶼打水三、四托，泥。覆鼎用子午見圭心礁。覆鼎用子癸見連礁洋。圭心嶼用子癸見關帝嶼。圭心嶼用子午見連礁洋。牛鼻弄用子午見中窯門。內窯門用子癸見奇頭。青龍港用艮見奇頭。

大嶼：可寄流，椗地亦硬可防。大嶼外有半洋礁一塊沉水。看山步，關帝嶼搭牛鼻弄山中個山尖正身，横山步看積谷搭硼嶼。再看横山步，積箕所內面山尖搭積箕口牛嶼仔鼻正身。再看横山步，足圭內白沙堵出頭正身。欲下面過，看積谷落硼嶼 足圭白沙堵密硼嶼 足圭白沙堵密，是下面過不防。大嶼內門中有圭心礁，內外可過。上去北大山邊有沙嶴，上鼻頭有礁一塊出，退乾出水，不可太倚。上去是足圭港。大嶼打水四、五托。

足圭港：門口有嶼仔，嶼仔邊有礁，水退三、四分出水。小船要入足圭港，牛嶼下過者，嶼仔內有礁，不可太倚。入去牛嶼下西北面鼻尾有沉水礁一列，叫牛尾礁，水退七、八分出水打浪。入去是足圭城，嶴底盡是塗坪。牛嶼北亦好出外去。

馬鞍嶼：可拋北風，淺。東面鼻頭有礁，不可太倚。嶼後北去有出水礁並石嶼，過內去是深門，可拋船，水退半淺。上去是連礁洋，有三腳姑礁三塊。內面門中可過，上落船若是輕船，須候流水直可過。三腳姑內外俱可過，欲內面過者，須防北面嶼仔尾有拖尾礁生過東，流水沖礁甚急可防，切記候流直為妙。三腳姑內塊，看直山步，牛鼻弄與內面嶼仔開門一枝扁挑遠，即可倒船倚杆駛倚。看西弄山不可與內面棟嶼吞密，可回船，即看山步，馬鞍嶼搭耽大嶼正身。若上落看馬鞍嶼與大嶼不可開門，是礁內過。看橫山步，東窯尾尖山搭四嶼門正身，若是尖山過四嶼北就離，可開杆駛出即無犯矣。若要姑外過，關帝嶼搭大嶼東面，有山尾小開門，切倒船外去至四嶼邊。若是東北風，開看外面尖山搭第二個四嶼，即回船駛倚，若尖山出四嶼頂就無犯。南面是關帝嶼，東面有拖尾礁，水退乾出水。東北去是四嶼，有人叫七沉八浮，各門有礁。四嶼東南有沉礁一塊生外，水退五、六分出水打浪。四嶼內可過，北面門中亦可過。內去是牛鼻弄。

馬鞍嶼打水三、四托，水返三、四分敲至三腳姑，候流直至牛鼻弄，至中窯。關帝嶼打水七、八托，泥。連礁洋打水十二托，泥。三腳姑頂打水十五托。四嶼內邊打水七、八托。

牛鼻弄：西面鼻尾有礁，水退出水。北面亦有拖尾礁二、三塊，水退出水。西弄北鼻尾亦有礁出水打浪。牛鼻弄門可過，亦可拋北風。上去是中窯門。牛鼻弄打水六、七托。

中窯門：可過。門內北面嶼仔下，倚兜可寄流，打水十五托。出門北面嶼仔北有沉水礁，水退乾可防。東面有守寡礁，水滿打浪可防流水沖礁。落中窯門內去，西南面去嶼仔下有沉礁，水退乾出水。東南面嶼仔頂門中有礁。外面去是東窯，入內面是內窯，下面去笳篙嶼。門中可過，內窯門可過。西面鼻頭頂有沉水礁一列生開，外塊水退乾犯船，不可太倚。出門去西北是青龍港，好逃颱，無甚好處。上去是棋頭嶴。

窯門水返五、六分，即南流笳篙嶼下，打水十一、二托。東南流敲出門，回西南流至奇頭。

棋頭嶴：下有荔枝嶼，上下好拋北風。奇頭外有搖鼓嶼，有人叫笳篙嶼，內外俱可過。南鼻尾有出水礁。內去是火燒嶼，鼻外有礁不可太倚南面嶼，嶼南邊有礁。上去是洲山，門中可過。門內大燒山邊石筍門外至嶼下一派，打水廿五、六托。老虎山西面坪邊可寄流。老虎山下有嶼仔，上下嶴內俱好拋。鼻頭有出水礁，金塘洋中有真珠嶼，東北外邊有石礅，南畔打水有二十餘托，好拋。東面山邊是燈「丁」厝，嶴口好拋，打水八、九托。金塘山門中北山邊鼻尾有出水礁，夜間可防。打石嶴一派好拋，西面嶼仔下有出水礁。內去是蟳廣嶴。

棋頭嶴水退四、五分，回流東北落窯門，此處至石浦流水仝，水返三、七分即南流。奇頭大嶴打水八、九托，泥地，水三分駛入鎮海。奇頭用乾亥見火燒鼻。老虎山用艮寅見打石嶴。

蟳廣嶴：好逃颱。門外北面邊有沉礁，內門可過，甚狹。

丁厝嶴：即是成功嶴。內過東邊一門，中門有大礁出水，東面嶴邊亦有大礁出水，丁厝正拋船之所。東風、西風不宜，石筍鼻尾有沉礁可防。西邊是蛇嶼嶴，北有嶼仔，急時門中可過。南是東鶴嶼，北邊有出水礁，過去是西鶴，可寄流。西去有嶼並石嶼，有六、七個，名曰七姐妹。入去是四嶼門中，臨急之時可過。

川帛嶴：好拋。有港一條，中有礁一塊，水退出水，小船可逃颱。川帛嶴口可寄流，火差尾、三山嶴俱可寄流。北面去是金塘嶴。



金塘嶴：好拋北風，倚倚坪邊打水八、九托，可拋。西北面第二個鼻尾外有礁一塊，水退半出水。



龍門嶴：可過。龍嶼北面有沉礁一塊。龍嶼南有一嶼，南面門中有沉礁，小船西邊可過。上去南有礁一塊，水退半出水。西去有礁一塊打石柱，入船可防流水沖礁。看山步，虎仔看大出草嶼南開門不防，行船可倚烏礁兜過。龍門鼻有礁，直看山點燈出頭不防。內去是小港好拋，鼻外有烏礁出水，夜間可防。小港對面是草嶼，草嶼東面有守寡礁，水退三、四分出水，無風可防，流東沖礁，切記之。小港內鼻有塗堆生開，不可太倚，出入船從虎仔嶼邊過。

虎仔嶼：北有虎屎礁一塊，水退出水打浪。西面有礁二、三塊，行船可防。小港、假港淺，內面去是乍浦山，可泊船。入去是鎮海關。欲入鎮海關，倚南面圭心嶼過可也。鎮海流西水，出港過龍門回流東北至棋頭。

## 丁厝嶴出金塘門放洋往上海

用子午三更見大揚山。北面是頂魚山，一派俱是門。東一門淺，不可過。西面各門可過，有出水礁。揚山 三山嶴可拋南風，廟門口可拋北風，風西不宜。猴山可拋北風，西面一派嶼仔，內門有出水礁，礁尾一門，門中可過。西面有沉水礁出，退半出水打浪。廟口東面有嶼仔，嶼仔頭有礁，門中可過，東南亦可過。東有嶼仔五、六個，門中倚可過，大船不宜。東嶼仔尾有礁二、三塊打浪。揚山水退用子午走過小碽，西邊有礁打浪可防。亦是東可，則大礁邊用子午看大碽沉水，轉乾戌，打水四、五托亦是四托半，正港路直入。見大墩一派盡是柳樹，再打水四托入內。二墩入去川沙營有炮臺，海塘岸白煙墩去不遠到淏湘[吳淞]。淏湘港口夜間防走過西，切記，可拋椗，後日駛補可也。

## 再往放入淏湘港

大碽：用癸丁丑未三更見茶山。放入東北港者，船尾坐山，用巽乾、辰戌直入，打水四托、三托、二托七、八，見沙船拋處。再用乙辛、卯酉兼崇明，候水滿過。淺，打水三托、二托七、八，用坤申見寶山，即是淏湘港也。

揚山：用子午見大碍西內，再用子午一更，打水四、五托，食柁塗沙。轉乾，打水四托半、五托，見柳樹。內去是頭墩，又內去是二墩，又內去是川招營，有炮臺。海塘岸白煙墩不遠入去就是淏湘，港口打水十一、二托，可拋椗。夜間可防過頭，後日駛補，不必有誤。

## 鎮海至天津針路

鎮海關：大虎仔嶼用子午、壬丙過琅山頭離。東西鶴內過七姐妹，西面過用甲寅見揚山 小碍。揚山再用子午一更見大碍。大碍內又用甲寅三更見圭髻嶼。圭髻嶼外用甲寅三更是西南流，轉用子午七更上五條沙，有廿二托水。再用子午八更、壬丙二更見馬頭嘴。蘇山下去洋中嶼仔一個，如船帆一倚，看有個小離東高西低，名曰綿花子，離蘇山 馬頭嘴有二更遠。再用癸丑對綿花子嶼，上下可過。西南去有大山一列，即是千里堵。內去是老山，又內去是膠州港。蘇山西北內去有大山一列，即是狀元堵，又內去是魚山堵。蘇山內外可過，上北面內有沉礁一塊，水退乾打浪可防。上北去是大石堵，嶴內寨仔尾東鼻頭內有沉水礁一塊，水退乾出水，拋船不可太倚。大山嶴向東北，嶴口有關刀。彭嶼東外出船用丑艮二更，是千里堵外過。再用癸丑四更至青山頭，山頭外兜用辰戌二更半見海洋貓堵。貓堵外乙辛、辰戌二更見鐵占嶼，內去是枝山所嶴，北面是子午堵。

## 放洋上山東、天津路

海照 盡山：放洋往萊陽縣 杏村港，用子午廿更，又用單乾五、六更見千里堵，又用單乾二更見萊陽港嶼仔邊正港。北邊去是大高衛，南邊去是老山後，後有嶼仔三個是紅花堵，可拋好。

盡山：放洋往膠州港，用子午十更，打水二十四托，又用子午九更，轉乾戌九更見老山腳，是港口，有三頭嶴。

海照 盡山：花鳥差不遠，放洋針路用子午十更，打水二十三托，上沙。船再用子午十一更，轉壬子六更見馬頭嘴 蘇山，若用單子直上，見青山頭，正針路。倘若差錯分釐，不見青山頭必是過面，則無山矣。

青山頭：放洋往錦州，用乾亥五、六更見鐵山 皇城。

孔子港：放洋往錦州，用子午敲一夜見菊花堵，花堵開有礁，礁內外俱可過。內去是蘆葫山。

青山頭：放洋錦州，用子午五更見菊花堵，內去是蘆葫山。又放洋往蓋州，用巽巳五、六更見鐵山，亦是皇城。

山東頭：馬頭嘴 蘇山，用艮丑見青山頭。青山頭用單辛三更取福山 大河口芝浮頭，用乙辛、卯酉三更見澄州府可也。

廟堵：放洋往天津，東南風用乙辛，或東北風用乙辰，十五更轉巽乾、辰戌，即見炮臺港口，可防黄巴沙壇，至切。

揚山 大碣：放洋往山東 膠州港，用癸丑二更，又用艮二更，又用子午、壬丙七更轉乾戌七更，必見膠州 老山港，即膠州港也。





## 天津回來大碣 揚山針路

北風用乙辛十六更見澄[登]州府，澄州府又用乙卯三更見大河口芝浮堵，轉用巽辰六更見青山頭。青山頭用癸丁、丑未亦單未四更見馬頭嘴。馬頭嘴用子午廿六更，轉癸丁、丑未亦單未六更，可打水，若是十八托水，不見中山亦見盡山及馬積山。

## 山東至澄州府各處海邊礁石及深淺

東招寶：山南有嶼仔，門中有礁一塊出水，外有一員嶼，有礁一塊出水。嶼西斷水，名曰小靈山，門口東南斷水。

老山：南面是子寧山，山下有礁打浪。內面有嶴，名曰加灣，拋船是爛塗上出，叫是老山腳。下有一嶴，名曰三頭嶴，又一堵名曰祝仙堵。出去大鼻後面有大嶴，嶴口西鼻頭有石橋礁一連可防，嶴內好拋塗地。嶴後東鼻外嶼門可過，外有一員嶼，名曰檳榔嶼。東有一嶼，名曰檳榔剪刀。老山後面有一嶼一個，門中可過。北山邊有礁一塊，行船不可太倚。出東去用乙辛、卯酉二更取千里堵，上去有小石塔一個。上去有三嶼，名曰紅山堵，堵內好拋，不可太倚，恐防淺。北去有一小嶼，係是萊陽 杏村港口。從嶼南兩邊俱有沙線，外面打水有丈餘，入汕港即深。上去是大高衛，山邊有沙線，生沖東南有三十里，行船須仔細防，此處無處可拋，東南鼻尾亦不可太倚。上去是青魚堵，堵內一港是乳山大港，船出入可從青魚堵勢邊過，甚深，兩邊過俱淺。上去是綿花堵，取堵南入，鼻內有大嶴好拋。西去有沙線生横，門中水退打浪。欲入乳山港，從北鼻邊過，水漲七、八分有丈餘水辦，即入港內。港內甚淺狹，西邊清淨，中間甚深。綿花堵後去是黄堵內，可拋北風。入港西北去有出水礁，亦有沉水礁，水退乾出水。若要逃颱，可入嶴，不要逃颱，拋在外面就好。黄堵外有一嶼，門中可過，嶼東北有大礁打浪。過黄堵，大嶴內可敲，不可太倚，可防淺，一派俱是硬地。上北去鼻內可寄流，有丈餘水辦，硬地。鼻西去是弄，弄港口有礁二塊，一塊出水，東面一塊水退打浪，門中可過。上去是靖海衛。

靖海衛：可抛西北風，甚擺。入西北去是嶼仔，內有港一條，名曰王海。港口西去是嶼仔，下有礁，外開一堵係是茶山，門中可過，有石筍出水打浪。北邊去是馬頭嘴，嶴口有嶼，甚深可抛。上去是關刀嶼。

關刀嶼：嶴內好抛北風。東鼻頭不可太倚，鼻東外有觀音礁打浪甚開。北邊有碎礁，上落船不可太倚。上去是楊家莊，內面好抛。又上去是青山堵沙邊，不可太倚，都是碎礁混雜。上去是青山頭。

青山頭：鼻外可寄流，入西北內去有大嶴可逃颱。入西鼻是鱟魚池，可逃颱，甚淺，防發浪。南去有餘堵，沙灣內亦可抛南風。青山頭後有嶼仔，門中可過，邊有石筍打浪，東邊有石橋並碎礁一連，名曰八仙過海。石橋海底有搒石，其船其處須抽釘，釘則散，不可打金鼓。青山頭西去有大嶴好抛南風，其嶴抛船千餘號。過青山頭有嶼盡生過西面，並無生北面。西北去有烏驢堵，堵開有嶼仔，門中可過，打水三十三托。西面灣內有沙線不可入。又去是威海嶴，山後西南有礁出水。西北去是寧海洲，有養馬堵，堵開有出水大礁。入養馬堵取堵邊過，開有大礁，若抛船，到城有三里之地。西去是奇山所城，內有嶼仔，嶼仔內有沙壇。西去是芝浮堵，東邊可逃颱，西邊可抛，北風不宜。堵中有沙壇生入內山，去是佳嶴，入門內四面俱好嶴。嶴口南有礁，北邊鼻不可過。西去是澄洲府，大鼻門外有大礁，內外俱可過。

揭揚[陽]港至天津內地至臺灣針路、山步橫直俱終。

## 揚山放洋往上海針路

揚山：外中門若是東南風，用艮坤、丑未取小碣，外用癸丁、丑未見大碣，外用子午北口更久。水涔打水四、五托，一更，用壬丙半更，用巳亥一更，用巽乾東見柴山，西見柳樹一更，打水四、五托。用辰戌見頭墩，正港打水四、五托，頭墩齊打水八、九托，爛泥。二墩打水八、九托至墩。涹湘港口打水十托、十一托，泥地可抛，候水返進港妙哉。

## 天津淺口至錦州倚共十七更半

在天津淺，行船好風好流，不可犯返流。行白馬上江利害，記心可防之。若對奶奶山，西南風可用單癸，打水十一、二托，取見菊花堵，可防。十六托水可行，若八托水切不可行，恐犯半洋礁，須切記之。

## 大碚至廟島對坐針路

大碚共揚山巳亥對坐，至揚山一更。馬積門共大碚乙辰對坐，至大碚三更。

柴山共盡山乾戌對坐，至盡山三更。頭墩共小柴七個，壬丙對坐。

天津淺口共草埔卯酉貪甲庚一條四更對。

草埔甸共草魚江甲寅對坐，至一更。草魚江共關頭大山癸丁、丑未對坐，至三更。

山東 馬頭嘴共千里島甲寅對坐，至馬頭嘴四更。

馬頭嘴共老山寅申對坐，至老山七更。水寧山共榮英山卯酉對坐，至二更。

千里島共老山 烏牛嶼甲寅對坐，至烏牛嶼 老山七更。

水寧山共榮英山卯酉對坐，至二更。入千里島。

山海關共奶奶山卯酉對坐，至奶奶三更。奶奶共菊花堵島癸丑對坐，至三更。

菊花島共葫蘆透癸丁對坐，至二更。葫蘆透共烏鯉頭巳亥對坐，至一更。

小關刀島共青山頭子午對坐，至四更。青山頭共盡山子午對坐，至卅一更。

青山頭共烏螺島、劉公島卯酉對坐，至烏螺、劉公島四更。又共金州 五草嶼巳亥對坐，至草嶼五更。又共鐵山頭乾戌對坐，至十更。共里順口巳亥對坐，至六更。

烏螺島共衛海鼻頭乙卯對坐，至四更。共汀州府門乙辛對坐，至十六更。

衛海共鐵山巽乾對坐，至六更。子午島共鐵山頭子午對坐，至四更。

子午島共廟島、長島鼻頭乙辛對坐，至二更。

靖海衛共青山頭巽乾對坐，至青山頭六更。

廟島共鐵山頭丑未對坐，至三更。又共澄州卯酉對坐，至十一更。又共圭母島甲庚對坐，至二更。廟島共天津淺口乙辛對坐，至天津十三更。

## 浯湘出港往廈門針路

室[寶]山城，北風開船，八字繚齊頭墩，用乙辛、辰戌駛一更久用巽乾。若是東北風，駛至青山門鼻頭用子午、壬丙見小普陀鼻頭，過普陀內，用子午、壬丙對半畔山門中過，半畔山用丑未見汲水門。汲水門出三門用癸丁見茶盤東過。牛頭門外過有南北撻小嶼二、三個，牛頭嵍對齊用子午見川招。川招用壬丙見積穀，轉癸丁見吊邦門，過見石塘。石塘水涔用寅申見大鹿，水返用丑艮見三盤。三盤用單艮見虎仔，門中過見鳳凰。鳳凰水返用丑艮見鹽田，鹽田用單丑見金鄉鼻，再用丑艮取北關。北關用癸丑，水返見洋山。北關用艮寅見烽火門中，過烽火門用子癸見芙榕山。洋山外用單艮見老湖門內，用丁丑見硼嶼。小西洋用丁未見塘門，又用丁丑見南塘。南塘用子壬見白犬。竿塘用丑艮見東落。草嶼內過牛角山門中用癸丁見苦嶼門，再用子午見四嶼，南過見烏礁。

竹排礁用癸丁見分流嶼，南過即看分流嶼與草嶼開門，即頭起。過草鞋嶼，落小萬安見紡車頭，用甲寅見白嶼，即用艮寅見小日頭，又用艮取南日，即用艮寅取平海。南日用單艮取南進嶼，又用丑艮取大岞。平海用艮寅取湄洲，水退用丑未取大岞，又用艮寅見圳山一更，開用艮坤見北椗外過，用寅艮見塔仔鼻外過，又用卯酉對大擔中門收入廈門港，妙哉。

## 廈門往寧波開洋針路

廈門：出港，北椗開船，艮寅七更取烏龜，烏龜用丑艮三更取牛嶼外杙。牛嶼用丑癸五更取東湧，用丑癸三更取臺山。臺山用丑癸三更取南 北杞。南 北杞用丑癸五更取鳳毛。鳳毛用丑癸三更取魚山。魚山用丑癸三更取九山並積谷，用壬丙一更過九山香頭礁離，用壬子三更取連招洋，順風而進。

青山頭：往蓋州用乾亥駛一冥見鐵山，亦是皇城。用壬子直上南金州大山，先是海衰桃島海鐵山，往皇城先見一口名曰里順口。上去是龍王宮口島頭，又去是三仙島內面金州大山，又上去是廣鹿大山，開面上下有馬礁。上去是長山島，又上去是青島，過了是葫蘆透礁。

馬頭嘴：蘇山用丑艮見青山頭。

天津：牛宗用乙辛八更即單酉及寅十二更，即牛宗港口仔。

青山頭：往西錦州出青山頭過鯉魚島，用巽乾十更見鐵山，又用子午二更見虎仔嶼，又用子癸二更見孔嶼溝，一更開用壬子七更見葫蘆透 小筆架山，駛入錦州也。又往錦州，出青山頭過，用乾戌十更見鐵山，用子午二更見虎仔嶼，用子癸三更見孔嶼港，取長興島。過磨盤山，用單丑二更取兔兒島，用單艮二更取平兒島 頭炮臺，用庚寅一更取二炮臺，用艮半更取三炮臺，鼻頭用食南有沙汕，不可太倚。見大后廟，打水四、五托，爛泥地，可拋。

## 天津回青山頭針路

西北淺：用乙辰十二更見高山，轉巽巳進入廟島，巡澄州府山用乙辰四更見子午島，用甲卯三更取劉公島，出門用甲寅二更見雞鳴島，轉乙卯一更取烏鯉島，內外過船，倚大山邊行船可防，門中有泥礁一塊，流水甚急，仔細。巡山邊過見青山頭，順風放洋用子午四更見石島 蘇山。

## 寧波往天津深淺各港嶴目錄

積岐所引前打水十托。積岐所垵打水三、四托，爛泥。連招洋嶴淺，打水三托，泥。

孝順洋打水十二托，泥地。洋船門打水八、九托，泥。廟州門流水甚急。

西後門流水甚急，打水八、九托，泥。窯山 車曾嶼外打水二十五托，泥地。又嶴內打水十二托，泥地。伍嶼流水甚急。崔山打水四托，泥地。

灘山打水八、九托，泥地。茶山土名柴山，內不可過，打水四、五托，泥地。

南湖嘴港口打水三托泥地。寶山打水五、六托，泥地。浯湘港打水六、七托，泥地。

大[太]倉 劉家[港]，口嶴打水八、九托，泥地。雞髻礁打水八、九托，泥地。大碃打水十四托，泥地。



烏龜，盡山嶴灣打水廿三托，泥地。洋山打水十四托，泥地。烏龜下西勢平，打水十五托，泥地。

劍嶼門中打水三十二托，泥地。媽祖嶴前面打水七、八托，泥。細龜門泥灣打水七、八托，爛泥。

牛屎礁邊西勢打水十五、六托，泥地。花螺千斗門打水二十八、九托，烏沙泥。

兩廣倚兜打水二十一托，泥地。柴山內打水八、九托，泥地。淮安港打水十五托，泥地。

江明崇明港打水十托，淺，六、七托可行船。欲進崇明，船坐柴山向庚酉，打水六、七托，直。



## 山東地界

海州港打水二十六托，泥地。雞鳴島打水十托，泥地。青山頭打水四十五托，泥地。

烏螺島打水四十五托，泥地。寧海州開打水十八托，泥。劉公島離半更打水十八托，泥地。

子午島離開半更打水十七托，泥。廟島口垵打水六十七托，泥。八仙橋離半更打水二十托，泥。

威海衛離半更打水十二托，泥。桃枝嶼打水三十托，泥地。北家口打水二十二托，泥地。

長島鼻有鐵板沙汕，又有石汕，行船可倚。澄州府水深，轉入廟島垵內只有二、三托水，抛椗路須防椗路。

皇城門打水十八托，泥地。平儒島開打水十托，泥地。鐵山門打水四十五托，烏格地。

虎仔嶼門打水四托，泥地。長興島土名若生島，打水十托，泥地。

兔兒島開打水水十二托，泥地。頭炮臺開打水十六托，泥地。蓋州港打水八、九托，泥地。

牛宗礐打水四、五托，泥地，離有一更開打水十二托。錦州山打水十四、五托，往天津。

天津洋仔打水十三、四托，南是紅泥殼仔地，北去是烏泥地。

澄州洋仔打水八、九托，泥地。天津 海神廟打水三、四托，泥地，收入淺內河只有二托水，妙哉。

## 上海漏落至揭楊［陽］港針路



浯湘出港用巽乾、辰戌二更，離爽結汕轉坤未見揚山，用巽辰見媽積，用辛酉見雙頭，用甲寅見媽祖礐。

揚山用卯酉見炭山。炭山用卯酉見四嶼。四嶼用卯酉見乍浦山。

炭山用單巳見魚山。炭山用卯酉見四嶼。北四嶼用巽巳見丁厝礐。南四嶼用辰戌見丁厝礐。

南四嶼用單巽見乍浦山。揚山用壬子見魚山。魚山用單子見丁厝礐。

打石礐用壬子見老虎山門中。奇頭用辰戌見南窯山。

南窯山用子午見牛鼻弄。連礁洋用子午見半畔山。

牛乍箕用壬丙見塗龍礐。塗龍礐用艮坤見急水山。

急水外頭用庚申見咳呵鼻。三角門用艮坤見龍台 草嶼。

草嶼龍船嶼用坤申見牛頭門。牛頭門外用單坤見咳呵鼻。又草嶼用坤未見拜嶼。北關用坤未見烽火門。北關用單艮見大洋山。

咳呵鼻外用子午見積谷門。川招用丑艮見網仔礐。

積谷門用單午見烏嶼。積谷門用單申見吊邦門。積谷門用單坤見六兒門。

吊邦用丑未、艮坤見三算頭。石塘用坤申見大鹿門。大鹿用坤申見三弁門。

茹榔礐用單坤見三弁門。三弁用坤申見內鳳。三弁用單坤見虎仔嶼門。

虎仔嶼門用癸丑八畝礁外過，臺內過見三牲嶼，揚山外過。

內鳳用坤申見鹽田，用子午見臺山。金鄉鼻用單坤見草嶼。

南關用丑艮見大洋山。烽火門用子午見芙榕頭。三沙用壬丙見芙榕頭。

大洋尾用坤申見老湖。老湖用癸丑見小西洋。大洋尾用單坤見老湖門 芙榕山。

根竹用子午見芙榕山。小西洋用子午見官塘。小西洋內用丁未見硘嶼。

媳婦娘礐用巽見硘嶼。硘嶼用子午見南塘。黃岐礐用壬巳見南塘。

庭海頭用巽辰見南塘。南塘用子午見白犬。白犬用甲寅見茲礐。

南塘若流西水，用丑艮見東落 赤嶼。白犬用單艮見牛角山 赤嶼。

茲嶴用丁午見牛鼻弄。牛鼻弄外用丑癸見苦嶼。苦嶼用子午見四嶼。

貓嶼用壬丙見猴昆水。四嶼用子午見烏礁。烏礁用子癸見分流嶼。

吉吊用坤申見墓仔口。墓仔口後用坤申見紡車頭。門扇後用單坤見白嶼。

白嶼用單艮見小日頭。西寨頭用單坤見南進嶼。東戶用乙卯見豬母礁。

東戶用卯酉見湄洲，用單甲見大岞山。南進嶼用丑艮見大岞。

崇武用單甲見烏嶼。烏嶼用坤申見祥芝、大墜。大岞用坤申見北椗。

祥芝尾用坤申見石峻、北椗。北椗用坤申見小鎮海。小鎮海用坤申見周門。

周門用坤申見虎豹獅象。宮仔前用申庚入南嶴。南嶴用坤申見嚮圭 揭揚港。



## 揭洋港漏上海針路直起

苦嶼用癸丑見牛鼻弄。苦嶼用單艮見東落。牛鼻弄用子癸見茲嶴。

茲嶴用單卯見白犬。牛角山 赤嶼用艮寅見白犬。苦嶼用單艮見白犬。

南塘用子午見硼嶼。硼嶼用丑癸見小西洋。官塘用乾戌見定海。

白犬用子壬見南塘。南塘用子午見北佳頭。南塘用單壬見黃岐嶴。

硼嶼用乾亥見媳婦娘嶴。小西洋用單艮見老湖門。小西洋外用單丑見老湖門。

小西洋用單寅見芙榕頭。老湖門用丑艮見金鄉。老湖門用單艮見大洋尾。

揭揚港，嚮圭山用艮寅見海南。海南用甲寅見宮仔前。

虎豹獅象用艮寅見周門。虎豹獅象用單艮見孤螺。

周門用艮寅見小鎮海。虎頭山用單艮見將軍嶴。樟門用單丑見虎頭山。

將軍嶴用單艮見南鎮嶼。北椗用丑艮見石峻嶼。石峻用丑艮見祥芝尾。

祥芝尾用艮寅見大岞山。大岞用甲卯見烏龜。大岞用丑艮見南日。

湄洲 北椗用卯酉見烏龜。豬母礁用艮寅見西寨。豬母礁用單卯見東戶。

西寨用單丑見野馬。小日頭用單艮見白嶼。白嶼用單艮見門扇後。

紡車頭用單艮見墓仔口。墓仔口用艮寅見吉吊。吉吊用壬丙見分流嶼。

分流嶼用子癸見烏礁。烏礁用癸丁見四嶼。四嶼用子壬見貓嶼。

老湖門外用子午見烽火門。烽火門用單艮見南關，轉寅見北關。

北關 拜嶼下用單丑見金鄉。北關 拜嶼下用單艮見鳳。

洋山尾用丑艮見北關。北關用艮坤見金鄉鼻外過。

金鄉鼻用丑艮見鹽田。鹽田用艮見內鳳。內鳳用單艮見三弁。

虎仔嶼門用丑艮見三弁。三弁用艮轉丑見坎門。三盤用艮寅見大鹿。

大鹿用艮坤寅申見石塘。吊邦用單寅見積谷。積谷用子午見川招 半月。

鬣殼用壬子見川招。咳呵鼻用單艮見牛頭門。咳呵鼻用甲卯見急水門。

草嶼 茶盤用癸丑見三門。牛乇箕用子午見蜈蜞礐。覆鼎嶼用子午見圭心嶼。

圭心嶼用子癸見連礁洋。牛鼻弄用子午見南窯。青龍港用艮寅見旗頭。

旗頭用乾亥見火燒鼻。老虎山用艮寅見打石礐。

丁厝礐用子午見魚山。丁厝礐外用丑未見雙頭通。

## 漏開直落針路

盡山用丁未四更取北烏龜。烏龜用丁未三更取北窯。

北窯用單未四更取魚山。魚山用艮坤三更取鳳毛。鳳尾用丑未六更取南 北杞。

南 北杞用丑未三更取臺山。臺山外兜用丑未三更取東湧過。

臺山外用子癸三更取東湧過。東湧外兜用坤未五更取牛嶼。

牛嶼外用丑艮三更取烏龜。烏龜外兜用甲卯三更取大岞。

烏龜用丑未七更取南太武 東椗。東椗外用坤未七更見宮前。

南礐用坤申十一更見大星。大星用坤申七更見東姜嶼。

東姜頭用丑未取烏龜[豬]。烏豬用坤未十四更取七星。

七星用單未三更去銅鼓。銅鼓用丁丑五更取大州頭。

## 廈門往北對坐針路直起

大擔共東椗壬亥對坐，至東椗二更。大擔共烏嘴尾外甲卯對坐一更。

烏嘴尾共東椗子壬對坐，至東椗二更。烏嘴共赤嶼甲卯對坐，至烏嘴一更。

金門共東椗壬巳對坐，至東椗二更。北椗共烏嘴尾甲寅對坐，至烏嘴一更。

北椗共福全所艮坤對坐，至福全一更。北椗[共]烏龜寅申對坐，至烏龜二更。

烏龜共太武寅申對坐，至太武五更。烏龜共大岞甲卯對坐，至大岞三更。烏龜共海陳大山尖壬丙對坐，至海陳三更。烏龜共東湧癸丑對坐，至東湧八更。

東湧共湧橫嶼甲卯對坐，至湧橫一更。橫嶼與大金巽巳對坐，至大金三更。東湧共北佳頭卯酉對坐，至北佳頭三更。東湧共大金乙辰對坐，至大金四更。東湧共小西洋乙卯對坐，至小西洋三更。東湧共官塘甲庚對坐，至官塘三更。東湧共白犬寅申對坐，至白犬三更半。東湧共湧龜丑未對坐，至湧龜更半。東湧共霜山壬丙對坐，至霜山二更。東湧共臺山癸丑對坐，至臺山三更。臺山共南勢癸丑對坐，至南勢二更。

臺山共窯山丑未對坐，至窯山三更。臺山共南杞癸丑對坐，至南杞三更。東湧共牛嶼丑未對坐，至牛嶼五更。南杞共鳳尾癸丁對坐，至鳳尾六更。

鳳尾共魚山癸丁對坐，至魚山三更。揚奇共積穀甲庚對坐，至積谷一更。

積谷共吊邦艮坤對坐，至吊邦半更。積谷共烏嶼壬子對坐，至烏嶼半更。

東箕共魚山甲庚對坐，至魚山二更。東箕共佛頭山壬丙對坐，至佛頭山一更。

佛頭山共魚山巽乾辰戌對坐，至一更。魚山共西箕甲卯對坐，至西箕二更。

魚山共九山癸丁對坐，至九山三更。魚山共普陀癸丁對坐，至普陀五更。

北烏龜共盡山子午對坐，至盡山三更。烏龜共海照癸丑對坐，至海照二更。

兩廣共大盤礁壬巳對坐，至一更。共盡山 西勢灣巳亥對坐，至二更。

盡山共海照乙辛對坐，至海照二更。盡山共圭髻辰戌對坐，至四更。共茶山巳亥對坐，至五更。圭髻共洋山丑未對坐，至三更。

洋山共小碣癸丁對坐，至小碣半更。小碣共大碣癸丁對坐，至更半。



大碣共茶山癸丑對坐，至茶山三更半。雞髻共大碣子癸對坐，至三更。

圭髻共茶山子壬對坐，至茶山更半。大碣共花鳥卯酉對坐，至二更。

茶山共盡山乾戌對坐，至盡山五更。馬頭嘴共老山甲寅對坐，至二更。

至此是膠州港口。茶山內外打水六、七托，西內有牛皮礁一塊沉水，打水四托正處，切可防為要。茶山兜六、七托水，可抛山兜。大石島 馬頭嘴共老山甲卯相合，膠州港口至老山七更。



廈門往北對坐針路終止。

## 落南各垵𡋃水辦目錄

南太武內打水三十托。南𡋃山內外打水十五、廿五托。外彭內外打水十五、廿五托，北石地。

柑桔嶼內外打水十五托、廿五托。大星光內外打水七托、四十五托。東羌山遠近打水九托、四十五托。

弓鞋嶼內外打水十五托、四十五托。烏豬山洋中打水四十托。七州洋打水一百二十托。

獨豬洋打水六十托。尖筆羅打水廿五托。新州港口打水七十八托。

算瀧打水二十五托。牛角內外打水十八托、三十托。大佛山打水十托。

交趾洋流水甚急，打水六十五托。伽南貌遠打水十五托。釣魚臺打水十二托。

羅垵頭內外打水廿五托、七十托。赤嶺開倚，打水廿五托、九十托。鶴頂遠近打水廿五托、七十托。

玳瑁州一箭打水一百托洋中。大崑崙內外打水十八托、廿五托。真磁頭內外打水十四托、二十五托。

假磁北邊有一淺，打水七、八托。大橫東頭大山開，打水十五托，流水甚急。

大橫洋中打水廿四托。小橫南頭打水十四托。北山尾有淺。

龜山東邊打水十二托，灣內打水三、四托。筆架山上下打水卅三托、廿五托。

陳公嶼打水十二托。烏頭淺打水十二托。列嶼淺，上打水五托。牛嶼內外打水廿三托。

## 放臺灣、澎湖洋至國使港針路

烏龜用子午壬丙九更見澎湖。大墜、祥芝尾用壬亥七更見西嶼頭。

西嶼用丑艮半更見花嶼、貓嶼。花、貓二嶼用巽辰半更見蛇嶼。

蛇嶼用乙辰三更見成[承]天府。西嶼頭用乙卯見虎井桶盤。

桶盤嶼仔西北內有溫礁，看八罩開門方貴仔 西慍生甚然開。

蒔內䅧起椗用乙卯離半洋礁下過，看良文港山尖搭虎井開門正身礁。

暗䅧大山走過查畝嶼南開門可離，查畝嶼、乍拋嶼開門正身礁。

西嶼頭有拖尾礁，看鄉裏出頭，即可頭起。

虎井門開船，北風用乙辛半洋礁下過，半洋正辦。看良文港尖查畝嶼、乍拋嶼北，直看查畝嶼坐西，乍拋嶼坐過東，開門一枝扁挑位。又看瓦蟲簸山至查畝嶼可開大，即半洋下過。豬母落水外有沉礁一塊，生有一箭遠。看山步，西嶼出頭。

雞籠仔山有慍礁生開可防。暗䅧西北有西公礁一塊切可防。磘仔䅧灣西北有礁一塊，半更船開可防風西，對礁內北風可過。西嶼東是虎井，東北是蒔內，外是豬母落水，北面是媽宮 暗䅧，可逃颱甚好，打水五、六托。

虎井東北大桶盤 半條厝可寄椗，頂桶盤有石汕生開可防，桶盤嶼門中可過。用乙卯取下湖 猴樹，半流水至成仔港，港仔半更開有重線至加定頭下，七、八水，水滿三托半，一流至牆嶺。牆嶺有沙汕生過西南甚開，牆嶺用丑艮諒一更開可離。王爺港 下昆身 下北汕頭 下南嶺至下打狗，上邦山東南水光山內東港外琉球山，看嶼仔一樣，山頂頂新港有四棗港可抛。媽宮外有石汕沉水，有半更船開，要寄椗在四棗，國使港下有南汕可防。國使港內招水退乾，打水有丈一、二招，有九尺三招，有一丈三尺餘。落去是奇後䅧，下去是東港䅧，去是邦寮，外面是白沙娘嬌䅧，可寄流，打水七、八托，沙地。外是貓鼻，過去北面是大板六，可抛船，四、五托水，沙地。外面是吾鸞䅧，可寄流，打水六、七托，沙地。吾鸞鼻流水甚急，外面開有七星礁，東北去是紅頭嶼，倚兜好抛，七、八托水。此嶼青番仔甚多，離吾鸞有二更半開，東北去外面有火燒嶼，離寶宗港有三更，吾離至寶宗港有五更船。若南風順山邊直上，寶宗港山邊倚兜好抛，七、八托水。若是東南風，甚是大害，浪甚大。上去是鐲仔達，好逃颱，無甚好處。雙邊是石礈，水滿打浪。上去是蟳廣䅧，再上去是秀姑鸞。欲對臺灣後直上，有横汕一條生開可防，此臺灣後南流甚急。

嶼內用巽乾取王城 成天府 安平港𦍑內，用巽巳東桔頂過，取打狗山棋後，又用巽巳見黃山鼻頭下，倚兜打水四、五托。落去過西是溪汕尾生開，用辰戌見東港口，水返七、八可入。再落去是峰港。打狗至東港有更半，平湖至東港七更，八罩北面南風可寄流。八罩南面有三慍礁生開，八罩東面是金圭仔，好拋南北風。金圭門面是八罩潭內，小船可逃颱。東面是將軍嶴，好逃颱。內南去是嶼平，南有慍礁，嶼平東北面礁一連甚多，生連將軍嶴山尾，此處不可深入。外去是東桔、西桔嶼，內面蛇嶼，嶼門可過，東畔有慍礁。北去是貓嶼，南面門中可過。北面去是貓嶼，東面門中可過，外面是八罩。蛇嶼門、貓嶼東、花嶼東可過，打水十六、七托。





## 臺灣、澎湖對坐針路

花嶼貓嶼共八罩西勢三慍尾乙辛對坐。查畝嶼共豬母落水甲庚對坐。

東桔共榜光嶼頭子午對坐。黑嶼共西嶼頭癸丁對坐。

黑嶼北有花古石一連甚開，生有更半開，名曰磽，可防。

花嶼共西嶼癸丁對坐。大嶼共貓嶼乾亥對坐。嶼平共大嶼艮坤對坐。

東桔共打狗山巽乾對坐。貓嶼共花嶼子午對坐。八罩共大嶼丑艮對坐。

銅山甘桔共大嶼甲庚對坐。

## 南風放洋往臺灣、澎湖

東椗用巽巳見花嶼。東椗用單巽見貓嶼、花嶼。東椗用單巳見貓嶼。

北風平海、湄洲，用子午九更見西嶼頭。官塘用子午十五更到鹿耳門。大擔、烏嘴尾用單巽七更見西嶼頭，水返退原針見白水。獺窟 烏嶼腳放洋往棲港山洪赤塗為乙卯針十五更。崇武放洋大安港，用單卯十一更到大安港。烏嶼腳春天放洋往鹿港，乙辰十二更取鹿港。

烏嶼腳，烏嶼用乙卯十二更見大安，山腰內有一小嶼仔烏山。大牛頭大，中西尾小，後弄鼻生横向西北行，用辰巽十三更取面寮港。

觀音嶴用乙辰兼卯酉，更香三條七、八至鳳鼻山。看香山 鳳鼻下是竹塹港，水返七、八分可入港。北面有招，南面亦有招，船進口倚北面招兜倚倚而入可也。

崇武用辰巽十一更取竹塹港，七、八托。落去是香山嶴，好拋船，北風、西風不宜。至香山半垵船。

竹塹用丁未取香山，倚兜淺。欲入竹塹港倚，有沙汕不可太倚，諒開，候水返七、八分可進港口。北面有礁，南面亦有礁，即倚北勢兜招倚倚入可也。去是東山嶴，好拋北風，西風不宜。至香山半垵船。

香山港，落去是中港白沙堵，正港口外有白沙灣。山邊落去是後隆鼻，落去三垵船是大安。竹塹落去用丁未四更取大安港，再落去二更船是梧棲港，再落去是鹿港。下去是王宫，去是番仔硥港，又去三更是麥寮港。又象嶺落去是內湖港，用丑艮可取麥寮，內有一尖山。直入是海翁沙汕，直入頂是大烏沙堆小山仔。魚寮別處沙汕無，魚寮只有一消仔口一、二個。象嶺山尾有拖尾，要收入蝦港可諒開，用點水有丈餘深。落去深即過汕尾，可防。

## 横洋往澎湖

南嶴往臺灣山，南風輕輕用乙辰見澎湖，花貓嶼南面過。又南風用乙辰十五更見澎湖 西嶼頭北勢，打水十五托，硬地。又開船用甲卯九更見豬母落水。

小鎮海開船，南風放洋用巽巳七更見西嶼。

## 臺灣回長[唐]山針路

八罩山：下東南風用乾巽三更，乾戌四更見木武。

西嶼：開船，用乾戌七更見大擔。

下湖：猴樹開船，南風用乙卯三更取東桔，南勢過入金雞仔嶴。

花嶼：放洋用乙辰七更見太武山。在吾[浯]嶼門中，嶼下有沉水礁可防。吾嶼後有七節礁可防，內外過。麥坑嶴有麥穗礁，內外可過，收入鎮海有礁可防。

臺灣府：出六耳門，壬亥二更轉子午三更，又用單寅七更取烏龜山。

臺灣 圭籠港子午、壬丙，或桶盤嶼共野柳龜乾亥對坐。野柳龜共打尖鼻乙辰對坐。草嶼共花矸嶼癸丁對坐一更。扛橋嶼共草嶼子癸對坐，至二更。花矸嶼共番挖子癸對坐，至一更。打尖鼻共圭隆仔乾戌對坐。麟山腳共假港口甲卯對坐。圭隆仔共麟山腳甲卯對坐。假港口共觀音山艮寅對坐。觀音山共鳳鼻丑艮對坐。

## 臺灣往長[唐]山針路

淡水港：口北風用單甲取烏龜。淡水用甲寅取烏龜外過，用甲卯取牛嶼、觀音嶴，用乙辛取白犬、福州港口。淡水用乙辰取官塘。淡水用巽乾取東湧山。淡水南風出港，巽巳取臺山。淡水用壬亥取南杞。圭隆頭用壬亥取北杞。圭隆頭用壬子取丕山、石塘。

烏龜：內打水十五托，外打水三拾餘托。東邊是龜仔，可泊小漁船，龜門小船可過。內面是湄洲，用單酉取之龜內。上去是東滬嶴仔，可寄椗，有出水礁二塊，外尚有沉水石礅一條。巡山勢直落，或是漏船者，看西南西寨內虎仔嶼出頭，即可頭起無犯。

東滬南鼻鏡仔有沉水礁，生有半橫滚開，初三、十八打浪。看鏡仔二個相耽正辦。東滬外打水廿餘托。

牛嶼：北邊有牛尾，遠看出水一點，夜間行船可防。南有牛身，門中可過。牛嶼内有半洋礁嶼尾子癸生落，初三、十八打浪，打水十四、五丈。内去是觀音嶴，用單酉取之，打水二十四、五托，用單丑取東湧。牛嶼用子午取白犬。牛嶼外過用丑癸取東湧。

東牆：沙灣有礁一列，水退六、七分出，生有一横滚去開。海山後沙嶴東上有小沙嶴便是，内去是大煉門口，北面嶼仔頭有沉礁一塊可防。



白犬：好拋東北風，風西不宜。犬後小可寄流南風，打水十四、五托。犬門小船可過，鼻尾有沉水礁可防。上去是南塘，用子壬取之。犬後有水窟，用寅申取東湧。

南塘嶴：好拋東北風，後嶴好拋南風，倚兜打水七、八托，開有廿餘托水，塘門可過。内有笳笺嶼，内外俱可過，兩邊難拋，甚深。塘外後面有嶼，門中可過。南塘東北鼻外有半洋礁一塊生開。看山步，塘門笳笺嶼打横岐墩頭正身。看山步，北塘頭有嶼仔三個，名曰炍爐嶼，三個結作二個正身礁辦。南塘東南面有嶼仔，名曰塘針，北面有礁，水退出水，南面清氣。上去是北塘。

北塘：外面有大塗嶴，打水七、八托，泥地。西面大山邊有礁，水退半出水，行船不可太倚。後面有嶼仔二個，上下俱可過。東面外去是湧龜。北塘外東面去有小嶼仔一個，嶼北有拖尾礁，夜間上落船可防，生在湧横南面。北塘外炍爐嶼内面門中可過。北塘用甲庚去東湧。北塘用乾亥取媳婦娘嶴。北塘用單子取小西洋。

東湧：外打水廿一、二托。東湧嶴好拋東北風，湧門大船不可過。西面是西湧嶴，大小船俱可拋北風，打水八、九托。離一更西南去是湧横嶼，乙辛過西有半洋礁，初三、十八打浪。看直山步，研嶼搭蝦目，又看横黄岐東畔山尖搭研嶼。再看直山步，北塘内小嶼仔開門正身。看横山步，盔山耽馬莿，小開門正身。若是盔山與馬莿密門，是礁下過。若開大門，是礁頂過。若要礁内過，看北塘内小嶼仔密門。若是外面過，倚湧横兜過。内去是芙榕頭，可用巽乾取之。東南去是湧龜，離東湧有更半。東湧用乙卯取研嶼，用癸丁、丑未取臺山。東湧用丑未取湧龜。

臺山：外打水廿四托。西臺内有嶴叫斗笠嶴，打水七、八托，好拋東北風。臺門中大小船俱可過，清氣。入門内面有大嶼仔一個，南面有拖尾礁生開，水退乾打浪出水。南面去有嶼内一個，名曰南船嶼。北面有下礁，水退乾打浪出水。臺東北面有牲仔二、三個，上下好過。内去是生佛招，有人叫虎招，内面有筶杯嶼，上下亦可過。臺内有半洋礁三塊，上下塊初三、十八出水，中塊沉水，水乾有七、八托水無犯船，下塊叫南半洋礁。看横山步，臺内香爐嶼搭必舫嶼正身。頂塊叫半洋礁，水退五、六分出水打浪。看橫山步，臺內烏礁仔搭臺鵲，有人叫斗笠，正身。再看橫山步，臺生出頭。看直山步，三牲內個搭羊廣正身，若開門，礁內過。入臺門內，北門有交椅坐礁，水退二、三分出水。烏礁仔外有平板礁一塊沉水，水退乾出水，生向過東。臺山內面是烏礁仔，若入船，臺下過，風面東可防。南北半洋礁，牽落礁下過可也。若是臺頂倚牲仔，南流水東北風巽乾就可過，取北關。牲仔頂打水十八、九托。臺山用巽巳一更取北關。臺山用辰戌去沙庭。鎮下關出船，流水西用甲卯臺頂過，牲仔亦可過。鎮下關用巳亥臺下過，用癸丁、丑未取南 北杞。牲仔頂用巳亥取金鄉。臺頂星仔內用單癸取南杞、烏藍嶼。

南杞：第二個煙墩陰山腳看開洋一個，看不見其南頭山尾尖峰，四方平地，向山三個，洋中看斷其山底，于南勢行船出入。內有白沙灣，山尾有煙墩，南面山頭有灣好抛船。看西邊有一條白坑甚好水，過南四個山頭，或東面過，看四方山腰盡是白沙灣，好泊船或取水，俱在南頭第三個山，東灣或西勢看有此坑便有水。其鳳山下平餘山多連，是內面大山或是定海山，水色紅。南有石嶼紗帽樣，中有礁。離開此嶼至南杞有半更開，南杞西南有烏籃嶼，西有半洋礁。烏籃嶼西北是分流嶼，此門可過。烏籃嶼南外去，門中是頭巾礁嶼，上下門中可過。南杞外用子午、壬丙取補頭嶼，用癸丁、丑未去鳳毛。烏籃嶼內打水十四、五托。南杞內邊用壬丙取外鳳。南杞用乙卯取琵琶頭。南杞用子壬見外鳳。南杞用甲寅取金鄉鼻。

北杞：西面有關帝嶴，好抛船。西北有一筎箸嶼，嶼西有礁。西去東瓜嶼，外去是小陵。北杞東面鼻頂有叫網仔嶼，嶼頂有拖尾礁，礁頂有拖尾礁，內有沉礁，礁頂門中可過。第二嶼叫牛皮嶼，門不可過。北去內面第三嶼仔叫車箕嶼，門中可過。上去北面有雙牌嶼，上下二個門中小船可過，北面亦可過。嶼南面中有沉水礁，水退乾打浪出水，出入船雙邊可過，行船不可太倚。東面有半洋礁生開，水退乾出水打浪。內面是虎仔嶼，東南有半洋礁嶼，嶼北有虎屎礁生倚。北面是北寮，四面俱可過。外面有四嶼，內外可過。東南去是烏礁出水，四方可過。南面是雙牌嶼，上下二個嶼仔門中小船可過，寮門不可過。南面有網頭礁一塊沉水，水大退乾打浪出水，離寮有三絃滚開，若是出入船，倚寮可過，礁下亦可過。內面去是大魚，東南面有拖尾礁一列，生有一絃滚開，水退乾小船不犯，有一丈水辦，上落船礁外可過。大魚北面嶼頂門中可過，內有烏礁，上下可過。山邊有塗坪，不可太倚。出門外去是東古門，可過。北面鼻尾有鐵釘嶼，嶼尾有拖尾，出入不可太倚。南面是北寮，上北去是破嶴門，小船可過。南面是洋嶼，嶼內有礁，出船流水沖礁可防，水退乾淺，須點水為妙。入門內去，北面不可太倚，有石礅，須牽開。看山步，塘頭嶴 媽祖宮出頭，即可頭起。欲抛塘頭嶴，宮口有媽祖印礁，生在塗坪邊，水退乾出水，不可抛倚。出破嶴門外，上去山邊有筎箸嶼，可寄流。上去大山外有三脚香爐礁出水，夜間可防。北面是塘沙嶴，好抛船。外去是竹嶼，內面去同橋鼻外有沉礁一塊生倚，上落可倚竹嶼過，外面中又可過。外是補頭嶴，內有嶼仔二、三個，嶼門不可過。東北去是小鹿。

北杞用丑艮六更取鳳尾。箖箸嶼打水七、八托，補頭嶴打水十一托。

大鹿：西有嶴可抛北風，打水四、五托。鹿門中往來可過，南北鼻頭下有鹿屎礁一塊沉水，大退水乾出水打浪。看直山步，小鹿尾頂中有嶼仔與中鹿吞密，小出頭正身。若看火差北鵠出離大鹿即離，出門從門中過可也。此門叫小鹿門，倚小鹿出入亦可，小鹿內門可寄流。大鹿內門亦可過，門中有扁嶼，上落扁嶼內過。北面是洋嶼，外面有沉礁，不可太倚。洋嶼門亦有沉礁，不可過。外面去是丕山。



大鹿用卯酉見坎門門，大鹿有水窟。大鹿用丑艮見石塘。小鹿內打水六、七托。大鹿打水四、五托，爛泥，倚淺三托水。

丕山：東面是考茶嶴，打水四、五托，小船可抛北風，鼻頭下門仔小船須順風可過。門仔下有拖尾一列，水滿密水，水退三、四分出水打浪。看山步，中鹿大出頭，是礁外過。看朦朣嶼內門中，大小船可過。入去鼻內是韭菜嶴，可寄流，打水八、九托。丕山北面鼻尾有嶼仔二個，內面去是荔枝嶼，東面尾有礁，水退乾出水，荔枝嶼上下俱可過。去是揚棋嶼。



丕山用甲卯取大鹿。丕山用癸丁取三算。丕山用子癸取石塘。

揚棋嶼：打水十二、三托，塗泥，門中小船可過，取中落或倚東為妙。西邊有一煉嶼，頂有礁一塊，不可太倚西。中棋嶼內大山邊，船往來可過。落門去南面有爐嶼一塊出水打浪，頂有爐嶼仔二、三塊沉水，水退六、七分出水，生開過北，出入船倚北面揚棋嶼兜過。看山步，中棋搭竹篙嶼頭正辦。若行船，看揚棋嶼北面山尾與一煉嶼開門即無犯，不可相耽，切記之。或枋爐腳下面過，甚妙。北面去是竹掃鼻，有拖尾礁，不可太倚。竹掃門小船可過，門邊西面有礁，水退出水。竹掃嶴小船可寄流，其船在揚棋下入船。若是南流水，用甲卯見積谷，北流用單卯見積谷，用艮坤見烏嶼，用艮寅見六耳，其上勢與爐嶼無犯。若是入船，南流水乾戌不用。上去是鳳尾。

揚棋用癸丁取魚山。

鳳尾：下大陳嶴可逃颱，須着入內上坪為要。欲入大陳嶴，鼻頭有拖尾礁，水退四、五分出水。出去外面是定光山，鼻內可寄南北風。鼻頂皇帝，南門出入可過，門中有網甚多，夜間出入仔細可也。門外北面大山邊有竹排礁一塊出水打浪。內入去是土地公嶼，嶼門仔可過。嶼西面有拖尾礁，水滿密，水退出水。土地公嶼內外門俱可過，嶼頂是關帝嶴，好抛北風，嶴內淺，打水三、四托，開打水三、四托。北面鼻尾有礁仔，不可太倚。南面是豬哥嶼，嶼門中可過，出入倚北面山邊。內去是風颱嶴，可抛北風，打水三、四托，倚兜淺。北面鼻下有鳳蛋礁三塊，生有一箭開，水退七、八分出水。看山步，東箕出頭就無犯。橫看扁挑嶼叫豬哥嶼開門，是礁下過。上鼻去東面是菜仔嶴，南風可寄流。外面是馬山，北面是紅瓜嶼，嶼門可過。內去是魚山。

揚箕用甲庚見吊邦、六耳門。揚箕用甲卯見積谷。揚箕用艮坤見烏嶼。

魚山：打水十八托，外打水廿二托。破城兜打水七、八分，小船可寄北風，亦擺。破城西面山邊有礁一塊，水退半出水。魚山門可過，魚山北有釣坫嶼仔，南有礁一塊，水退五、六分出水。北面亦有礁一塊，生有箭開，水退三、四分出水。東北有半洋礁一塊，離釣坫正船路，大水退乾打浪出水。直山步，看厚底石搭魚山頂西公髻正身。再看山步，草嶼搭虎嶼仔門正身，上落船可防，有人叫虎仔嶼。半洋釣坫南面可入，看風面算好流。若是東南流，起倚山可過。

魚山用子癸取九山。魚山又用乾亥取石浦。

北積谷：頂積谷下有北洋礁一塊甚大，打水五、六托。看直山步，潭頭山尾與鱟嶼中嶼出頭正身。金尺門山若出頭不防，是礁外過。橫山步看公婆嶼內面嶼仔出四嶼南面正身。再看直山步，潭頭鼻外蝦目嶼與潭頭南面鼻尾相眈，小看開門，若是開大門，是礁內。再看橫山步，沖穀山尖搭四嶼門。再看橫山步，豬腳嶼門開門一帆闊。又看昌國山尖搭公婆嶼山尖正身。再看直山步，九山 北仙桌出頭正身。若礁頂過，看豬腳嶼門不可開門不防。或下麵過，看豬腳嶼門開大門不防，切記之。

九山嶴：拋北風。西面是硱嶼，嶼邊有硱帶生開一列，入船不可太倚，牽舵倚南畔嶼頂過。看積谷落嶼仔下頂，看南窯山尖入九山內，可頭起就無犯。外面是馬蝶頭，馬蝶頭門可過。九山頂是磨遁礁，北面有沉水礁生開，有籃外滾門。南面有沉水礁一塊，生有一箭開，水大退乾出水打浪，夜間可防。若帽墩下九山頂過，看風面算好流即可過面。去是頂磨墩，有人叫半港嶼，上下俱有沉水礁生開，大退水出水打浪，嶼上下俱可過。外面去是橫嶼，嶼內有拖尾礁，水退二、三分出水。內面去是尖山，尖山門可過。倚大山鼻頭下有沉礁，不可太倚。外山直起透東窯門，小船可出。

九山用丑未取北烏龜。番船門用艮寅取北棋，到棋頭燒香敬佛祖。九山 洘茶嶴打水四、五托。九山用單丑三更取烏龜。九山用子午更半去南棋，北面是大桃山。

東窯：鮳茶嶴好拋北風，打水三、四托，泥地。要入東窯門，小船可入。入內門去，內面媽祖印礁一塊沉水，水退乾出水，生倚東面。鼻內去北面是旗頭，東窯嶴出船，嶴口嶼仔下有沉水礁一列，水退乾出水。嶼門亦有沉礁，水退乾出水，敲船從嶼仔東面過。上去是南棋門，甚深，打水三十餘托，流水甚急。南棋山邊好拋北風，打水七、八托。上去是番船門，門中甚深，此處難拋。北面是桃花山，倚兜可寄流，打水十餘托。欲入番船門，倚東面山邊直入，內面去是奇頭。桃花山去是黃金撻嶴，可拋北風，打水四、五托，內面亦淺不可抛。倚外面去是棺木嶼，嶼內有拖尾礁，水退二分出水。棺木嶼內中間有公笨礁一塊沉水，水退二、三分出水打浪。看山步，烏山鼻外小開門正身。直山步看棺柴嶼伯列正身。再看直山步，北面鮘茶嶴鼻耽烏山西面鼻正身。打笨頂尚有沉水礁一塊，大退水可防，犯船打舵。上去是烏山嶴。

東窯用艮寅取外錢嶼，用丑癸取烏山。東窯用癸丁取馬蝶頭。九山 外錢用丑艮取大龜。東窯 横嶼用單艮取大烏豬嶼，桃花山鼻頭外打水二十餘托。

烏山嶴：好抛北風，打水十餘托。烏山門順風可過，內面是烏山仔，下有半洋礁一塊沉水，春天五月大退乾出水打浪，離嶼烏山仔有三箭開。看山步，烏山仔門密門。横看烏山仔北鼻尾搭中途嶴員山正身。礁下又有石礅生開沉水，大退水千餘米船可防犯船打舵。北去鼻尾有龍目礁二塊，出水打浪甚急，內外門俱可過。礁東尚有沉礁一塊，行船到處可防。內面是中途嶴，好抛北風，倚兜打水八、九托，開深難抛。上去鼻頭有沉水礁生倚嶼仔腳，上落牽開可也，鼻尾清氣。東面去是鮘茶嶴。

鮘茶嶴：好抛南北風，打水四、五托。南面嶼仔邊有礁，水退四、五分出水，不可太倚。洘茶嶴鼻尾有拖尾礁，水退二、三分出水。北面去是香黨鼻，鼻內有塗坪。上去是糯米田，有沉水礁一塊，名曰普陀出。看山步，老鼠嶼搭棋頭鼻外笳篸嶼正身，直看燈厝嶴下三個嶼仔看三山正身。又看直山步，香黨鼻搭烏山仔重循正身。再看直山步，普陀西面鼻尾搭守寡礁外面鼻尾相耽正身。西面去是老鼠嶼，嶼南有拖尾礁一列，水退二、三分出水。老鼠嶼頂門可過，北面有塗坪不可太倚。上去是沈交[家]門。

沈交門：嶴好抛南風、北風，打水五、六托。兩邊俱是塗坪，對面是南花，入內去是五正門可過。嶼邊有塗坪，坪邊有礁一塊，水退三、四分出水。入內去是舟山。沈交門出船炮臺腳淺，外面有沉礁，水退乾出水，須牽開。守寡礁東面俱淺，不可太倚。東面是金砵盂，內亦淺。外去普陀 關帝嶴宮口好抛北風，打水十餘托。內面嶼仔頂有礁，水退乾出水。北面去是中殿坑，叫媽祖嶴，好抛北風，倚兜土坪，水乾離水。北面第二鼻頭下有沉礁一塊，水退七、八分出水。內面去桂嶼，嶼南有拖尾礁一列，水退乾出水，內面盡是土坪，不可太倚。普陀後鼻尾有沉礁二、三塊生開，水退七、八分出水，不可太倚。

沈交門用丑艮見水牛嶴。尖山用單丑見目賊嶴。尖山用子午見岱山門。

水牛嶴：好抛北風，不可盡內，甚淺。鼻頭下打水七、八托。水牛嶴北面大山邊有屎礁一塊，水退出水，礁內漁船可過。北面去是大肥嶼，東面有沉礁一塊，水退四、五分出水，不可太倚。北面去是尖山，可寄流，打水五、六托。西面入去是羅門港，欲入羅門，門中嶼仔二個，對中直入，兩邊嶼仔不可過，有礁。入門內去，南面盡是塗坪，可寄流。東面是尖山，尖山東面門可過。外面小嶼仔下有下礁，水退乾出水，不可太倚。外是釣鉤嶼，嶼外有礁，水退乾出水。上去北外有半港嶼，嶼下不可寄流，打水六、七托。北有沉礁二塊可防，下亦有沉礁生開，不可太倚。西北去是筶杯嶼，內外可過。上去是烏山。

烏山：鼻頭有拖尾，外去是三錢嶼，嶼東有拖尾礁一列生開，水退二、三分出水，三錢內外俱可過。北面大山腳有白沙堵，內面淺，亦有沉礁數塊，不可入。外面去是二錢嶼，嶼北有拖尾礁生開，水退乾出水。二錢內有半洋礁一塊沉水，初三、十八出水打浪。看山步，虎跳嶼搭北面葫蘆山門，開門正身。橫看外錢搭二錢相耽，小開門正身。若是看南面開門，是礁下過。若是外錢搭二錢，看北面開門，是礁頂過。入船若倚二錢頂過，算南流水可從半洋頂過。若北流水，北風不可過，牽倚二錢外，內可落，即半洋下過。外面是外錢嶼，內外俱可過。北去是虎跳嶴。

烏山用單卯見外錢外過。外錢用乙卯見烏山。外錢用乙辛見二錢下過。外錢用巽巳見鹿仔頭。外錢用單癸見崎壁門。外錢用丑艮見大龜。外錢用甲卯見烏山，若南流可防半洋礁，用單甲半洋無犯。烏山用單艮見東窯。

虎跳嶴：好拋北風，打水八、九托。嶴底有虎屎礁一塊沉水，水退乾犯船，不可拋倚。若拋船，看烏籃嶼門不可密門。外面是烏籃嶼，嶼門順風可過，甚深。虎跳門大小船俱可過，西面是朱家尖，大山邊有小嶼仔，夜間入船可防。上去虎跳嶴門內白沙堵，好拋北風，打水十餘托。出門外面是荔枝嶼門，小船可過。北面是鹿加山，欲敲虎跳門，水漲四即東南流。東面大山邊灣內有沉礁二、三塊，水退乾出水，不可太倚。出門去是普陀。

普陀：後殿沙嶴好拋北風，打水二、三托，開打水四、五托。西面有龍女礁一塊出水，東面有善才礁一塊，水滿打浪。東有沉礁一塊，水退乾出水。礁頂門小船可過，外面門中有沉礁一列沉水，大退水犯船，名曰斗門環。看直山步，龍頭寺鼻搭金砵盂密正身。要是風面東，要入普陀前，北流水切防之善才礁。看山步，葫蘆山開門正身。直看普陀東面白沙堵出頭，即頭起。鹿加山東外有內蝶礁一塊出水，夜間出入船可防。北面去是羅漢嶼二、三個，嶼門有礁不可過。北面是大漢嶼，上下俱可過。南面是葫蘆山，南面鼻外有礁，出入船，葫蘆山門可過，甚深，流水又急。西面有礁，東外去是北烏龜。普陀用甲庚見大龜。羅漢嶼用艮寅見普陀前。大羅漢用癸丑見普陀前。內蝶礁用單寅見虎仔頭。

北烏龜：下打水十七、八托，四腳俱有拖尾礁。東面去是雙善嶼，門中可過。內善有拖尾礁，若是北流水，沖善而落可從善門過，內門亦可過。外善北面有沉礁一塊生倚，水退七、八分出水。大龜門可過，若是北風流北不可過。內面去是二龜，二龜門可過，北風北流亦可。門中有礁一塊，水滿密打浪，兩邊可過。欲入門，倚北面大山兜兜落，看交椅座正辦。若是出船，倚南面出，看大龜出頭即可頭起。入去是火港門可過，南面是三龜門亦可過，此門倚二龜與火港門相通。欲落火港門，倚北面大山邊而落。東面貓嶼仔門不可過，底下有沉礁。下去是龜仔尾，可寄流，打水十二、三托。外面開，底下有灘甚損椗繩，開深難拋。龜仔尾有礁一塊，水退二分出水。去是圭髫嶼，内外可過。

内善用單癸見兩廣。善門用丑癸見兩廣。烏龜丑未二更見兩廣。外善用艮寅見大龜。外善單癸見兩廣外墘。烏龜用甲庚見普陀。二龜用丑艮見兩廣。北烏龜用丑未取兩廣。

北烏龜 龜仔嶴：好拋北風，打水七、八托。嶴口西烏礁二塊，門中水滿可過，頂塊出水。門中有沉水礁一列，水乾犯船。礁頂有四尺餘水，出入若水乾倚下烏礁頂過，入船即頭起。烏礁水退四、五分出水。看山步，財伯公宮東面媽祖宮耽東面密一半正身。媽祖宮若是吞密，是東面礁外過，可頭起。媽祖宮大出頭是礁内。看直山步，龜仔西面鼻尾有出水礁仔搭柴山砆鼻頂，是礁下過。龜仔鼻尾下有沉礁，水退乾可犯船打舵，不可太倚。上去是崎壁，有漣扛礁生開沉水，水退五、六分出水。北面亦有漣扛礁一列生開。尚北看山步，崎壁鼻搭柴山鼻正身。直看圭髫嶼搭輦正身。欲入輦門，倚南面嶼仔邊而入可也。内面是柴山，門可過。柴山北面有嶼仔是大秤門，可過。下面是小秤門，内面是崎壁門，往來可過，有點燈樓，夜間點火。内去是烏龜山，門可過，北風北流可防。内面是草華山，小門仔不可過。内去是劍嶼，門可過，風北流北可防。内面是餅龜，門可過。門中有礁，水滿密，水退出水打浪，兩邊俱可過，生倚北面。看山步，柴山搭劍嶼正身，若劍嶼出頭是礁頂，若崎壁 點燈山出劍嶼是礁内。此門礁外是劍嶼門，礁内是餅龜嶼門。若是北流水入，即倚餅龜嶼鼻了仔兜入可也。西面餅龜嶼山邊可拋北風、寄流，打水七、八托。内面是韭菜嶴，門可過，兩邊有嶼仔。嶼仔東面嶼仔下有礁可防，西面鼻亦有沉礁，不可太倚。落門内有嶼仔二、三個，内外可過。嶼北是韭菜嶴，大小船俱可拋北風。嶴口西北面有荔枝嶼，門中可過。嶼仔外有礁，不可太倚。内去是尖山門可過，若入船倚北面入。入去是氈帽門可過，對中直入。南面有拖尾礁，不可太倚。門内有沉礁一塊，大退水出水可防。落門西邊可拋船，内面是目賊嶴門可過，流水甚急，西南流起浪甚大。欲拋船，倚北面鼻頭。好風礁頂可過，内可拋，三、四托水。欲落門倚南面而入，中有目賊屎礁一塊，下有沉礁一塊，水退七、八分出水。看山步，北面網仔嶴出頭，開門正身。看横山步，尖山開門正身。礁頂北亦有沉礁生開，水退乾打浪出水。

龜仔嶴用單寅見普陀。崎壁門用艮寅見普陀。水牛嶴、韭菜嶴用單艮見普陀。水牛嶴、目賊嶴門用丑艮見普陀。水牛嶴、半港嶼用子癸取普陀後。半港嶼用丑癸取水牛嶴。水牛嶴用丑未見守寡礁。沈家門嶴用丑未見大羅漢。尖山門用丑未見半港嶼。劍嶼門艮寅見半港嶼。

目賊嶴：好拋北風，打水三、四托，淺。嶴口有出水礁，四方可過。西面鼻頭頂有沉礁二、三塊生開，水退乾出水。看直山步，梏杯嶼密西面鼻正身。若是梏杯嶼出鼻外，是礁外過。看韭菜嶴山頭出馬鞍嶼北正身，大船鼻下頂倚邊可拋。內面是東堅，可拋北風。入去是馬鞍嶼門可過，落門內面是廠都港，此門甚長。廠都港可拋南北風，甚深，大水十二、三托，流水甚急，西面好逃颱，無甚好處。入去是岱山門可過，門口有嶼仔不可太倚。入門內可拋北風，甚好。出門北鼻是媽祖嶴，內有鐵占中沙國，過江去，北面是斗底嶴，嶴口有嶼仔，門中可過。北面嶼仔下有沉礁，不可太倚。嶴口南面亦有出水礁，欲拋斗底嶴，可防風颱，須上坪可也，塗又硬。外面去是網仔嶴。

網仔嶴：好拋北風，打水四、五托，內面淺，門中可過。西面有大礁出水，礁外有沉礁，水退二、三分出水。西面是布袋嶴，好逃颱。嶴口有出水礁打浪，行船取中為妙。出門去是扁嶼，嶼西大門中往來可過，嶼東門順風可過。扁嶼北有拖尾礁，不可太倚。外面去是三山，內門可過，取倚大山為妙。西北去是獨嶼，嶼北有礁，不可太倚。西去是王澤嶴，北去是窯山，內面是破嶼，有點燈樓。破嶼門中上下可過，外有魝嶼，嶼內亦可過，打水八、九托。西北去是碗月嶴，好逃颱。外有棺木嶼，嶼邊有半洋礁，水退出水，不可太倚。外面是鯇嶼。

網仔嶴風北流北用丑艮見目賊嶴門。

鯧窟：門中頂不可過。東是大鯧窟，尚東嶴好拋船。南鼻尾有沉礁生開，不可太倚，倚大山邊可過。鯧窟山北面亦有嶴數個，拋南北風、東風甚妙，打水五、六托，倚打水二、三托。鯧窟頭外有半洋礁一塊盡開。看橫山步，大鯧窟與小鯧窟仔扯門一半正身。若是上數米船流尾可防打舵。上去是匾招嶴。

匾招嶴：好拋北風。嶴口有嶼仔，門中可過。匾招門往來可過，北是大葉鼻，北面開有沉礁一連，生有一籃滾開，水退出水，亦有打浪。看鯧窟頭盡東尖山搭扁招鼻尾正身。若開大門不防，出水倚大葉鼻是正船路。北是半港嶼，東去是盡山。

兩廣：下打水十七、八托。北去開有半洋礁，水退乾出水打浪。看山步，中山撻盡山門正身。橫看兩廣門有一尖山對正正身。再看橫山步，盡山 西嶴鼻內馬鞍礁看門一枝扁挑位正身。夜間行船看子午星，不可吞入東嶴就無犯。此半洋生在廣北內，倚盡山一分，離廣二分。廣頂倚北風南流必見磨礅嶼，有八寸香久。磨礅外有礁，水退出水可防。

兩廣用巳亥見鯧窟、窯山、破嶼。兩廣用卯酉見磨礅嶼。兩廣用艮寅見柴山門。兩廣用子癸見外善。兩廣用單壬見盡山。兩廣用丑艮見海照。兩廣用乙辛見網仔嶴。

盡山：西美嶴好拋北風，不可開，深難拋。嶴口有礁，名曰烏礁，出水二個門可過，取中為妙。若出船至美嶴口，北水要烏礁內過，看馬鞍嶼密門即起為妙。外去是月嶼，門中可過。倚東有沉水礁，水退出水，此礁看月嶼仔出頭為妙，不可被月嶼吞密。

上去是西嶴，可抛北風，打水六、七托。若是抛船，看紡車嶴 白沙坑出頭為妙。東面有灘難拋，外面抛船，看東嶴 黃金榻山尖落圭髻嶼南即無灘。西嶴中亦有平阪礁，水退乾打舵。外去是圭髻嶼，嶼北有拖尾礁，門中小船可過，須倚北，亦不可太倚。盡山東嶴好抛北風、東風、西風不宜，打水八、九托，爛泥。抛船可看中山搭東嶴頂鼻相耽為妙。東面南鼻尾倚有沉礁，水退乾打舵。盡山門中可過，門中有礁生倚東面，出入倚西面可也。東面有一網仔嶴，東風、南北風。嶴口有嶼仔一個，北門中可過。嶼西有礁數塊，水退乾出水。看月嶼、圭髻嶼不可開大門為妙。出門北去是中山南，有嶼仔，嶼仔邊不可太倚。西北去是猿山，夜間點火。



盡山用寅申取雞髻三更。

海照嶼：嶼東南有礁二、三塊，水滿密，水退四、五分出水。東外海尚有灘，漁船到此可防食繚。南內有沉礁一塊，水退七、八分出水打浪，其礁生在照南內，生開可防。照內海底有灘，漁船可防。照北亦有沉水半洋礁，水退乾有四、五托水深，漁船亦可防。內去是盡山，用乙卯取之。海照用單艮取兩廣。



## 定每年十二月日出日落

正月就出入庚方，二八出免入雞場，三七癸申入甲地，四月生寅入戌方，五月生艮歸乾土，仲冬出巽入坤方。佳與十二月出辰入甲子細詳。

## 又定每月出歌

三辰五巳入午生，初十未出十三申，十五酉上十八戌，二十亥上記斜神，念三子時出，念六丑時行。

## 占天

朝看東南黑，勢急午前雨。暮看西邊黑，半夜看風雨。

## 占雲

早起天無雲，日光出漸明。暮看西邊明，來日定晴明。

迎風對會行，風雨轉時辰。日出烏雲接，風雨不可說。

雲佈滿山底，連宵雨亂飛。西北烏雲生，雷雨必震聲。

雲勢如魚鱗，來朝風必輕。紅雲日出生，勸君莫遠行。

## 占風

秋冬東南風，兩下不相逢。春夏西北風，夏來雨不從。

春夏東南風，不必問天光。秋冬西北風，天光晴可喜。

長夏風勢紅，舟船最可行。雨過東風至，風雨朝相功。

颶風灘時至，初三須有颶。初四過可懼，春雪百二旬。

有風君須記，三月十八雨。四月十八至，二月風雨靈。

出門君須記，風雨帶來朝。傍船入灘避，端午訊頭風。

二九君須記，西北風太狂。回來必亂地，東南不回西。

去了又再來，六月十二日。彭祖連天忌，不是風颶矣。

亦是雨矣也，定在上旬來。尹船莫回也，八月中秋時。

隨潮不移時，大家可得知。

## 占日

近來接日雨即傾滴，雲行日暗即無防[妨]。

申後日珥明日雨，日兩珥雙起。

早間日珥狂即起，日白暮赤飛沙走石。

日落暗紅無風即雨，朝日拱天暗必揭。

俱地細雨必至矣，日光早起即不久。

日光暗彩久暗可行。

## 占霧

曉霧即枝晴天永日，霧枝不起細雨不止。

三日霧濃必起狂風，白虹下降霧蒙必散。

## 占虹

雨下虹垂時即可期，斷虹晚見不明天暗。

日落暗虹無風則雨，斷虹早封有風不怕。

## 觀星望斗法

水準星出巳丙入丁未，北斗星出丑癸入乾坤。

## 惡風先兆

雲横日赤有惡風，日落暈有惡風。

眾星搖動有惡風，雲橫如箭有惡風。

太白觀有惡風，西南有惡風。

天地暗曉有惡風，人心頭熱有惡風。

海糠多浮有惡風，龍高戲水有惡風。

無暗響有惡風，蜻蜓多飛有惡風。

### 定四方雷電法

春南電去高是底短是雨。

夏西電去高是底短是雨。

秋北電去高是底短是雨。

冬電去高是底短是雨。

春電相對，夏電在右吹，秋電雨下來，冬電就如飛。

東電去江水，南電多兩電，西電日去長江，北電南風吹。

春電多兩響，風雨定無疑。

秋電四方響。夏雨有雙聲，暴雨病不停。

（公曆1961年　農漁曆辛丑陽春　置）

——[清]佚名《山海明鑒針路》



# 泉州的《石湖郭氏針路簿》抄本

**【引書舉要】**

[清]佚名泉州《石湖郭氏針路簿》抄本係由泉州海外交通史博物館搜集、收藏並擁有版權。全文由王連茂、王亦錚點校，並同時見於王連茂、王亦錚點校之《清代泉州針路簿三種》。

由該書《廣筆記》所云作者爲漳州人吳日[曰]波，聯繫到《指南正法》的作者漳郡吳波，乃至《渡海方程》作者漳州詔安人吳朴[閩南語朴、波同音]，可見自明清以來福建民間針路簿或應有類似的傳承關係。

## 東埔記

西[昔]者大唐，跨海東征、西狩、南巡、北伐，寧靜乾坤，名震四海；著集針[航]法更數，識認山形水勢，藏於庫中。據往日大明 永樂元年[1403]，欽差楊敏、李崔、鄭和等，奉旨前往東 西二洋各處地方巡視海宇，經開御庫，取出先朝遺書，依法而用。奈因古籍年久損壞，故復重整山形水勢，各處□澳，湊集大全之法，惟三者無載，前大清 康熙甲子歲[廿三年（1684）]，奉旨開洋，各處通商，因在江南，丹[舟]往山左，從來山海未有憑據，考取先朝貽[遺]書，設法較量牽星圖樣、海島、山形水勢、水遠近深淺，疊成壹集，持[特]選能識山形水勢，日夜用心研究，視記弗致差悟[誤]者也。

庇民明著天后娘娘，自此以後，遺[遣]官致際[祭]，歲時為□□□□□□，島外煙祀，惟慎惟謹，其左有千里眼，右有□□□，□知創在何時，坐販□商旅之民共祀之，無有怠慢□。

## 廣筆記

上古周公諸位堅[聖]賢，設指南法通行海道，往昔逮今，流水行久遠，或有山形水勢，世世抄寫，略有差訛，或更數增減、籌頭差別。查古本污爛破壞，後人難以比對，登舟從原本抄寫為準，恐其事廢。余如廣東，後往漳州。吳日波[日波，原为小字]因在廣東擇日閒暇之時，思其差悞，另將對稽查考，於是差悞無多，通行較正，更加增減。蓋自天朝南京 直隸 太倉，至於夷狄南巫[里]等處，更數針法以及按[垵]澳、山形水勢、遠近深淺，傳至於今。幸諸人好遊，共志云：上古聖賢人授天數[教]人，通行海道，全在地羅經弍拾肆字，機變通巧使用，或反復證記年月日時、蜜[密]脫山形水勢、海島川[？]，復觀風汛南北東西，流水緩急。如系全在水碙打深，方知水勢深淺、山水形勢遠近。但凡行船，切須不可貪睡懶惰。人云：差之毛（毫）厘，失之千里，追悔莫及。倘東西南北風汛等[籌]頭，或壹位，或起半位，惟立主掌羅經之人臨時應變。若吊戧，專主上位，更數審風順，使補其正路。若過七洲洋，上不離諒[艮]，下不離乾。或過巫南里[南巫里]以及忽魯思謨[忽魯謨思]，以牽星為準，高低務宜深曉。昔人言：行路難者，尚猶經[徑]可尋，有人可問，有地可止。且如行船者，水連碧天，渺茫莫惻[測]，雖有山嶼島諸[礁]，莫能識認。指其正路，全在主掌軒轅、周公指南車之法，用羅經針法作主定。倘遇□□礁汕，甚皆可記，盡在地羅經主掌之留心斟酌哉。觀看針法，行船高低，風汛緩急，臨時應變。倘若順逆大小，流水順逆緩急，應變

**[按語]**

該針簿收藏者郭慶隆（1933年出生），是今泉州市所轄石獅市蚶江鎮石湖村的老船工。石湖位於泉州灣口上，唐宋以來便是重要的港口，著名的六勝塔（一名萬壽塔，俗稱石湖塔）就矗立在該村海濱的金釵山上，是船舶進入泉州灣最顯著的航標之一。據說，石湖郭姓是元代定居泉州的阿拉伯或波斯人伊本·庫斯·德廣貢·納姆後裔的一支，與泉州灣內白崎回族鄉的郭姓同一個祖先。明清兩代，白崎的老舩即以善於駕船而聞名遐邇，其所使用的針路簿，自是搜求的重點，可惜至今難有斬獲。

20世紀後期前輩學者莊爲璣教授在其著作中曾提及，“我們訪問白奇，知其祖先曾經傳下一本名叫《海底簿》的書，記載航海的路線，類似‘航海圖’”；又摘錄《海底簿》的一段文字：“永樂元年，奉旨差官鄭和、李興、楊敏等，出使異域，前往東西岸[洋]等處。一開諭後，下文索圖，星槎、山峽、海嶼及水勢，圖爲一書，務要選取山形水勢，日夜不致誤也。”今所得石湖郭慶隆藏本，第一篇“東埔記”也有同樣的記述，而且更爲詳細，是否莊先生所見的《海底簿》，尙不敢斷定。

機巧，使用針法增減，或山嶼遠近，形勢高低，須深水色深淺，行船開倚壟[攏]，日夜觀看，用心細磨，船得保其略穩妥焉。

此外，石湖郭氏藏本前面數篇，如“庇民明著”“廣筆記”“羅經水碙論”“外洋用針儀式”“定風吹旗入、篷中何籌方法”等，也爲至今搜集的清代至民國年間的針簿所無，應係抄自較早期的針簿。如“廣筆記”一文的內容與《順風相送》《指南正法》二部的序言就頗多相似之處，且有如下這樣一段自述：“余如廣東，後往漳州。吳日波因在廣東擇日閒暇之時，思其差悟[誤]，另將對稽查考，於是差悞無多，通行較正，更加增減。”是以知作者即係漳州人吳日波。

又如“外洋用針儀式”，是行船啓用羅盤時舉行祭祀儀式的祝文，似從現成的印刷品抄錄下來，故開頭留有空格，供禱告者隨時填寫日子、祭品、泊船處、大清國某省某府某縣某弟子、駕駛什麽船、往何處做生理等。其所祝禱的神明與《順風相送》的“地羅經下針神文”和《指南正法》的“定羅經中針祝文”有同有異，不盡一致，應是清代流行於閩南民間諸多此類祝文的版本之一。

## 羅經水碙論

羅經有君臣，分別何處所用。但凡放洋，要往東西南北以及山東、關東等處，洋路辧[辨]別，羅經所以為君，水碙所以為臣。風勢輕重，流水東西緩急順逆，不可按圖刻舟執一，第須隨人臨時機轉巧變。即此，因上海與乍（浦）較量，則又大不相同，權將以水碙為君，而以羅經反為臣者，蓋因亦勢有所更擬耳。且福建內山針路，則有南北流，必當更換羅經為君，水碙仍乃為臣或然，當審本船篷駛開倚，次觀流水東西順逆行走，細思研究觀察。上海、乍浦或溯流逆行，如若用針，决然定當不準矣。假令針頭一起，差之毛厘，失之千里哉。中心尚不覺誤，註神仍在羅經針法之處，則噬臍莫及也，是者主事豈可不真[慎]之哉。

## 外洋用針儀式

初即三上香，獻酒、菓或牲、帛，次讀今抛處。

大清國○省○府○縣○姓弟子駕○船往○處生理者，祈大吉利市。幸因今日開針放洋，謹備牲儀禮拜，請祖師軒較[轅]皇帝，文王 周公，陰陽先師暨古聖賢積[神]通玄粵[奧]先師，魯班部下神將，知嶼、知港、知礁、知水深淺、通山識海各位先師，羅經貳拾肆字神將，上針大將，下針大神，定針童子，轉針童郎，招財童子，利市天官，本船天上聖母，千里眼將軍，順風耳將軍，本船龍神君，各人隨帶香火神明，伏乞會賜降臨，觀瞻監察，庇佑本船往回平安，人家法泰，順風相送。

## 定風吹旗入篷中何籌方法

行船駛篷須觀左右，相看篷尾四籌頭旗帶吹對篷何位起，風向起分明，使船外倚篷中之弊[？]，須要籌頭補一分。如識風帆使，須督舵工多牽。凡行船到七洲洋等，恐遇南風日久，使入灣府，見海南大小山，可定三方法，使開倚，候北風，用丙午針使至，山形水用丁午並丁未針，斟酌開倚，機變轉針，取羅山外過。若見青蘭頭山，用單丁五更，又丁未及坤未取外羅山。或見尖筆羅山，用巽辰及巽巳、丙巳針外過。羅山用丙午及丁未針取羅灣頭，若近山，用坤未或單坤五更。船或玳瑁洲內過，見洲遠，用單未使。若不見洲，單及坤未針。或洲外過，用單坤並及坤未取崑崙，用丁十更、丁未十更、單未十更餘。用丁未取苧盤及東 西竹，恐遇暗，見地盤在船頭東帆鋪邊，恐未硬線，使不得過。起頭使苧盤山仔內，有三嶼，西邊用丙巳針，巡豬母山內，有五、六個嶼仔，打水十潛，塗地。駛到前面一尖山，見將軍帽，西邊過是坤身，沿直駛出，尋羅漢嶼；北邊防坤身尾嶼外中尖有礁，沙汕可防。取鼻駛取白礁北邊過，行船正路。若在豬母山外過，恐遇東風大作，不能過帶帽，可尋將軍帽內西北邊過，駛近北，左邊巡山過是正路，中尖有礁可防。若見嶼，用丙午九更，取地盤山外過。若鐵打嶼，用巽巳取地盤山外過，甚妙。

## 海南往江平針法

海南 海口開船，用子午見三墩內，直入，北是山。八更見西洋，又一更見□洲，北邊過。又用壬丙見關頭嶺。東北關去是白龍尾，有沙壇，打水九潛深，不可貪入灣，南風流水難出，可防。入去是關頭嶺，船駛入山鼻好拋。西邊入去是廉州港，又入去，弍個山仔生連，開有一嶼仔，名曰雷公嶼。內有炮臺，是龍門港口，有沙汕。內有四嶼，有一個開頭，北一灣是龍頭。西有一山，長平平鼻頭，有一嶼形如馬鞍。入去有一嶼仔，西北淺港。去帆城，過鼻下，西邊好拋船。江平港口是釣魚臺，西是真珠嶼，名曰波羅番，打水四潛深。駛船內有滬櫓秤。入去是潭吉番仔，再入去便是紅墩。

該針簿墨書，用舊式帳本抄寫，騎縫下端印有“蓉養新號”字樣，沒有書名、抄寫者姓名和時間，不好稽考。其書寫的文字頗粗劣，且土語、生造字、方言代用字甚多，甚至同一地名有不同的寫法，增加了不少閱讀的困難。點校時除個別錯字以[ ]注明，脫字以□標明外，其餘均不予改動，以保持原樣。

該針簿記錄所經澳口的地名大多寫在書眉上，邊上空白處又用小字補寫了不少如何“看山步”的文字，以辨識嶴口、航道或拋船處。點校時將這些補寫的文字分別附於各嶴口之後，稱爲“[眉補：]”。簿中“泉州出大墜對外往寧波針法”一節，記述牛嶼取東湧的針位與更數末後，又用小字注明：“十八年四月尾用丑艮而後北風收入有一更開犬山，但犬山生北東湧生開，用丑艮妥防之。”似能說明針簿內容除抄自他本外，这些補寫的文字是使用者後来添加的。十八年很有可能是民國十八年即1929年，但也不能排除光緒十八年（1892）的可能性。

在點校以上三本針路簿的過程中，得到蔡天生、蔡加送、蔡文田三位著名老舭和蔡久芳先生的諸多幫助，特此鳴謝！

另魚礁礁之有南大
山頭萬龍此其山密
门刺办定窯内缺

寧波

打石岙

尖流北港好抛船或船要抛老虎山脚入
港看手墺長一礁開门打水十一二托可
抛或礁畨不可抛入内面打水七八托塗
地
寧波港口墺頭頂岙堵内倚打水十外托
下寄流寧波港口内过去东岙堵内去好
抛船西畔倚金童山兜深不可抛宮珠嶼
倚东童门南墺頭山边去打水廿一二托
可寄椗
打石岙口下面烏礁内外可过深地不可
抛打石岙下对面崙仔东墺尾另淺塗坪
不可太倚出入看歸廣岙门仔開门离塗

100

［清］佚名《石湖郭氏針路簿》抄本書影

## 崖州

在海口港下面馬鞍山，用坤未弍更取臨高大山過。下去是陀吉港口，見內灣山，是松林山。駛下面去是牛骨山，紗帽山開，用坤申三更取牛頭嶼。進前是雙桃嶼，船可行。開山南邊是掞州港口白馬，入關內是新尖市。有雙桃嶼，開是沙汕，可行一更是英礁港，外是沙汕。進前是北犁港，再去是思恩縣，有沙壇。過去望港，前面是玖所，開有玳瑁嶼，見崖州港口大山，即是海南山頭。

## 海南往永安針法[並北往粵、閩、浙、江]

海口開船，向西南而行，海安觀角尾生甚開，船過去到海練。海安關角尾內好灣船，又西沙內好灣船。出來是鼎蓋嶼下，好拋船，東南方有三、四潛水。船到有連角，有沙汕一直，船可開。行到包金角，有沙汕生去甚開。船到西北方，可看外開有一山，名曰黃州山。船駛一更，看永安山直平平改，龍頭山名曰馬鞍山。入到永安山港口，船尾生南而入港。

硇洲山尾有墩台，名曰南春觀。外畔沙汕打湧，在下面過，見錦囊山頭。山下有沙汕打白，或中溝過，取中而駛。外有淺汕，或內溝過，可從打白上，有二潛水半，謹防。拜舵而入，在沙汕直落，須觀外汕出水。打白內有石碑汕礁，船在石碑汕礁邊過，水深只有四潛水，可內錦囊山駛至礁離盡。觀山上有煙墩，可觀外淺汕打湧，中溝亦從此過，從山邊而駛小流，只有弍托水，恐礙拜舵，不可過。過里許，至下面白沙頭，用丁未針過一小洋，直取舖前港，其舖前有塔可觀。下是舖港，再下有犁頭尖汕生開，行船須當切記，不可駛太倚。海口港有馬鞍山，見網桁方可收入至壟，須候水漲點而進。硇洲山西是海甲山，有鹿尾汕，汕尾有生甚開，不可太倚。東是北港鼻頭，有沉水礁，可量開。入北港鼻頭，可尋三礁好入。硇洲 媽祖宮前可拋椗。海口出口對東外行船，離豬母汕，船尾坐海山，對硇洲北山。

高州 限門出，巡北山外出，看白鶴入南昆身汕密，塘桑山離高煙墩山，在北墩山南，坐巳亥，出正港。上來半畔山，不好拋船。上來放雞，南北風都可寄，澳內打水三潛。北有小嶼，名曰放圭仔。再北有大礁，內外可過船，取中更妥。若要拋龍頭山，對放圭內去，無湧，不可太深。北有汕並沉水礁，放圭仔西畔有沙壇一條，須防。放圭山可拋東畔，西下南是半畔山。

龍頭山澳內打水三潛，北風好拋。西北有大礁，拋船在礁外。又鼻頭外有大礁貳塊打湧，船在礁外過。上來一嶼，名曰黃岐嶼，內邊俱好拋。船一路至[東州]。

東州嶼不可貪倚，汕內是雷白港，北有沙汕。東州嶼敲船在外門過，內有礁身，北有連嶼仔可寄北風，一垵至雙魚。雙魚嶴內打水三潛，鼻尾有連礁打白。從打白盡處方可入，內闊大好抛船。北面淺些，內有一港，出船諒開。大山尾貳個山仔，名曰雙魚仔，山仔下面尚有沉水礁連生甚長。欲入嶴，量開不可倚。嶴內北山邊尚有沙壇淺，可量開，抛雙魚員堵內並無石。

銅錢鼻頭內好抛船，倚內面炮臺直入，炮臺內可抛船，炮臺邊可逃颱。嶴口連大山尾有貳個嶼仔，名曰狗相帶，恐大船。入嶴看煙墩有一個員嶼仔，入去正嶴好逃颱。銅錢尚有一嶴，邊處都清氣，宜駛入流尾，一垵至[寧海頭]。

寧海頭。此嶴甚大，內有港，西北淺，抛船在鼻尾嶼仔內，宜駛南流。寧海頭嶴嶼仔遠看有三個頭，要入嶴，嶼西北有一烈沉水礁打湧，不可過。嶼上亦不可過，有沉水一烈甚長，謹記之。嶴內好抛船，開處有浮水礁一塊，內好過，夜間可防。一垵至[小五虎]。

小五虎。此貳號嶼相連，其形如虎，打水五潛，可寄北風。上來一員嶼，嶼外有碎礁，駛船量開，見四嶼邊好抛船，嶼門下有沉水礁，切記。恐大風，船駛不得，可到銅錢嶴。若打內過來，入去看對煙墩南面入，看南面一條沙墩發草，又去對一員嶼南面過，又有一烈礁，須防。看對礁南過，另有一烈礁，入去北面有尖山，不可太倚。到半港，看頭北頭起，又到平東面尖山了，須看對尖山後直入。來到尖山邊，邊處正是港。又過北來有櫓枰，又過北，東畔生有一條石汕，看見現現，到好抛船。及水小，中港有貳、叁塊礁，西畔亦淺，待水漲，[點]槁直上而來。

陽江大嶴好抛船，打水三、四潛，好逃颱。內有流水，又有大王廟甚靈。對面是四嶼，大嶴外開有礁貳塊，一塊沉水，敲來得到嶴口，不可打開。看大山尖搭小嶼北面鼻頭礁，即過身，須認有墓的山方是，不可認錯。下去得船看嶼仔下沙壇出現礁，即過身。若港中開船，北津嶴中有礁，名曰大王印，出看網桁柱而出，過盡網桁柱，南北畔俱有沙壇，北邊檳榔嶼。看北沙壇邊出，又有陽照嶼，後看北津嶼合雞籠嶼山尾雙搭，對正正出。大嶴口西南有礁生開沉水，名曰拾貳點金。上來海翁嶴，好抛船。東北是網州山頭必尾，上來是上下春，西畔櫓枰，半垵是啞公山。

啞公山半垵入內駕，南面是下川春，西北是廣海大山，西有嶼仔貳個，船在嶼外過。入大山沙壇堵好抛船，東一連嶼爛泥嶴，即廣海大山，水一丈，塗甚爛，東南一連仔未卜好歹。啞公好抛船，山南一條港甚深遠，駛出流，一垵至番仔墓。

番仔墓此嶴即是下川山，駛船須往南勢山兜，敲船見鼻內有墓，此處好抛船，駛出流尾，一垵至上川。

上川對面山東外有另嶼仔貳、叁個，北面鼻頭生出，打水三潛。船在鼻下好取柴，便此是內駕。外是銅鼓角，內是大矜。至香山，水漲三潛，拜舵須防，宜駛入流，一垵至三灶。

三灶澳內，山下澳有門，澳前有另嶼員，對面有低嶼相連。西內是龍會港，港口下面一嶼，名曰紅赤色。苧州澳上一另嶼開門，船在西邊過，有名瑕公嶼。上去一長嶼，又一點嶼。望東取香山澳，內門身南有一嶼，名曰娘片。上來山邊東頭，直取有門，上下門都好過。上來西北有白嶼，不用向西畔，去是屈頭港，向東香山澳，駛出流。

香山澳山高大，花色白，山頂有塔。順山而入，將入澳前有另一嶼員，對面有長嶼，名曰娘片，從此門入便是澳口。大門內有中門礁一塊，南北俱可過。此處住集番仔。澳門下外有一塊沉水礁，欲入澳對西北邊過，不入澳門對東畔，外有大四嶼，內是九頭山。

九頭山九個相連，嶼下好寄船。駛出流，接入流到赤廟，過伶仃洋，得着辦神福、五味、魂袱艮[银]。若流東，用卯酉針。如流西，用寅申並甲庚針取東畔大嫂山內。內西面是花園頭，好拋船。有大王佛廟，着神福，亦有一横嶼仔，駛出流，接入流。

赤垵廟嶼下好拋船。山頂有宋幼子[主]墓，北邊有大夷山。取中而出是汲水門，有三個嶼仔，名曰雙鯉，亦號龍虎門。出門順大山而上，宜駛出流。

汲水門南門仔好過無礁，只有門仔口東畔有一拖尾礁。若過北門，門口有礁，切記。此處流水甚急，出門順大山畔而上。出來東畔是金交椅，上來是香爐嶼。嶼仔好拋船，內好逃颱。出北畔有礁，上來有九龍灣，門甚狹，駛出流。

木投門澳內有娘娘廟，打水七、八托，好拋船。若東風浪大，取下門好過。木投門外東南畔有礁，水小打湧。門口東北是荔枝嶼，門外北邊有大嶼。宜駛水退七、八分，接入流，一垵到福建鼻。

福建鼻頭澳內打水七、八托，好拋船。取中門而出，內有一灣，南北都好過，名曰四門澳，好逃颱。宜駛水退六、七分，接入流，一垵至大鵬 兩占嶼。

大鵬頭澳內好拋船。大鵬大山有一蚣虹澳，外鼻有一礁。宜駛入流，半垵至登樑。

登樑大山澳內好拋船。澳西有小嶼，外是竹篙嶼、釣魚翁。呈[登]樑山好敲船，須防半洋礁。呈樑山形如筆架，山西有礁，又有三個門，都過得。內門出北畔，有一嶼甚開，半洋礁在中央夾呈樑山內尋。小星中門用寅申並庚申針，取小星內過，並大星內澳。呈樑宜駛出流，一垵至大星。

大星澳內有一嶼，名鬣嶼，嶼後有欄杆礁一烈。大星鼻後北內是烏塗山，外有三個嶼。白鴨化烏鴨無人看見，只有白鴨一個，另有貳個東西虎。東西虎門有礁，不可過。烏鴨、白鴨腹內有沉水礁。另有一嶼仔在西北，形如頭巾嶼，但此頭巾嶼大勢俱叫陳三帽。此處有風爐礁甚大，如原對內面過，不防；如對東西虎、白鴨外，東風欲收入，看圭籠嶼過江畝上，對江畝邊邊方可過柳，或對江畝頂亦可過。如白甲下有沉水礁，烏鴨腹內有沉水礁甚開。另有一個嶼，名曰白甲，下面有沉水礁。大星好抛船，外有一嶼是小星，船在小星內過。內去是平海所，正嶴西有礁，諒開，宜駛出流，半垵至青草及後門嶴，好寄椗。但後門港並無礁，好出入，嶴內有貳托左右水。西北一嶴，名曰後港。大星一垵至汕尾。

汕尾嶴內好抛船。嶴口有沉水礁，出入須防。若要入港，對中門好入內。鼻頭有礁，南內員堵亦有礁。出鼻頭去是龜靈，有媽祖神福。北內一赤嶼，嶼有礁甚遠，船駛在龜靈外過，須防。菜嶼內有礁。龜靈尾亦不可深入，東北是菜嶼，嶼西北有礁一列，生甚遠，在龜靈後。後菜嶼好過，菜嶼北頭有生尾礁。宜駛出流，一垵至遮浪嶴。

遮浪嶴內有媽祖廟，好抛船。嶴口西南有礁，又有媽祖印。印邊亦有礁，開處亦有礁。若抛椗，着看大石對對而抛。嶴南外有出水礁，宜駛出流半過，接入流至金嶼。嶼內有好過船，亦有抛西北，是白沙闊，大小船好逃颱。外是掃帚嶼，再上是烏墩港。小灣嶴亦好抛船，一垵到田尾。但此處菜嶼內礁甚多，如順風，船上落須內菜嶼外是妥。至於敲船，對菜嶼內過。下面駛船，離菜嶼四分，離龜靈六分是妥。如上至頂菜嶼，外菜根礁內三礁須當打短倒上菜嶼頂，離菜根礁。駛過菜嶼東，閃三板礁離。三板礁可看香爐嶼不可耽着遮浪鼻，其根可看菜嶼密相耽就是橫辦。等離菜根，可倒舵去。離三板礁，如東北風開桿帆，遮浪鼻出香爐嶼就免倒舵又垵。

田尾鼻嶴內，鼻南有一列礁沉水甚開，須記。嶴內打水三托，好抛船。若要抛下卻，起北外有一嶼仔，名曰龍目嶼。嶴西有白嶼，嶴東亦有礁，不可太倚。出鼻頭有一嶼仔好過，上來沙嶴難抛得船。田尾西北碿石衛出水礁，諒開些。田尾鼻外有小嶼仔貳個，名曰柑桔。船再[在]柑桔內過，惟處天海各樣，流水難料。若是北風，不論早晚俱可開船。如無風，總以出流水尾接入流為準。上來是三州。若入田尾嶴，北邊有沉椗一座，入船不可貪北。若是落頭船要入田尾嶴，須倒下，候見嶴內鄉厝看明，方可頭起是妥。

河東鼻頭有大礁，又有沉水礁，出入船在礁內過。若入嶴，鼻頭有沉水礁，不可近鼻。嶴內有礁出水，嶴外有沉水礁。若敲船，須當牽舵，對礁下頭過，起不可近西，入嶴為妙。河東嶴內，西內員堵內不可太倚。若抛椗，對大石。大石頂有鳥屎白白可觀，可抛椗，東、西有礁出水是妥。

甲子嶴好抛，船身西有沉水礁對炮臺下，名曰三點金。外有炮臺，南有一礁出水，礁小小甚開，名曰觀音礁。東面塔大山邊有沉水礁，甲子欄鼻尾倚有礁，出入取中而行。若要抛船椗，在炮臺外抛。甲子欄搭大山鼻頭好出船，過東畔有嶼仔，嶼仔北外有沉水礁。若要對欄中過，須數南面第三塊石後好過。甲子南有員堵，內不可太倚。炮臺下有拖尾，不可太倚，即入港好逃颱。過炮臺塔邊入，入鼻又當搭南邊入去。港入甚深，好入。甲子敲船不可貪近，龍海有石嶼。船若入龍海嶴，當在嶼外過，下邊收入甲子。宜駛出流半接入[流]，一垵至神前。

神前嶴內打水三托，嶴口有大礁一塊，出入船在東邊鼻頭。嶴內對墓前有礁仔出水打[浪]，在礁外甚擺。嶴北甚淺，嶴下去有嶼仔開，去是甲子欄，甚多。內是惠來，嶴內是港。港口有沙汕，外一直好抛，宜駛出流半接入流，一垵至[赤嶴]。

赤嶴山頂沙甚多，嶴口有礁甚多。欲入嶴，須在大礁上過，取中倚東些。嶴中有礁，水退打湧。西有塗橘石甚多，不可抛船。赤嶴下去有嶼仔一個，船在外過。開處礁大多，東南畔亦有三塊礁，下面有嶼仔，內亦有嶼仔。嶼仔下面有出水礁貳大列，抛船須對寨仔，對對好抛椗。出來內門甚狹，若出入，下面有沉水礁，可防。上面亦有拖尾長甚，須防。上來是靖海所，宜駛入流，一垵至[住嶴]。

住嶴，欲入嶴抛船，須順嶴鼻尾而入。下面尚有貳塊沉水礁，水退三、四分打湧。至於鼻頭，拖尾礁生亦甚長，但駛船不過離此拖尾而已，亦不可讓太過，恐迫下面此貳沉水礁，該當仔細是□。此處若落船，看鬣嶼落，亦嶴鼻下面尚有貳大塊出水礁。山頂看見上面一個寨仔，裏面一個員，外面一個長方，是正處。

烏塗抛椗，船尾坐大石鼻頭後。在炮臺北有一塊礁，又北鼻外亦有礁。上來定斗，抛船在大礁東南畔。其嶴內駛船路清淨，不可貪甚倚。

錢嶴打水三托，好抛船。內是海門所嶴，南內有觀音礁，欲入嶴須防。塔東鼻近靖海斗嶴，嶴外有礁，船在外過。若是收入嶴，抛船尾後坐小嶴。往嶴內海州好逃風颱，流水甚急，觀音礁在西畔，當記船駛須當塔東鼻過。宜駛出流，接入流半垵至廣澳。但此錢嶴外鼻白沙堵處有沉水礁數塊，欲下頭上頭船，外鼻不可貪倚，是礁生甚開，切記。又此嶴若順風往廣之船，遇夜欲入嶴者，可順東鼻頭而入。如將見近嶴口，有一出水礁。若離此礁，可再頭起，不可侵過西面，但觀音礁係在嶴口近西些些。

廣嶴內好抛船，有雷礁近在西南畔。外去是表尾，宜駛入流，半垵至大林埔。

表嶴入去有一山仔，對山入去有一門甚狹。入去有網桁，桁北好逃颱。另有一山仔，南面不可過。表頭後順山入去，向圭南面好逃颱。上來是盔山仔。

林大坡、大林埔嶴內好抛船，打水三托。嶴西有媽祖廟，廟前有沙汕，駛船夜間須防。對面有塔是小林埔，大林埔西內淺，西北有網桁，宜駛出流尾接入流，一垵至南[嶴]。上來有大嶼，名曰鳳山嶼，好抛船。東畔長尾有網桁，內去有是徐郎州及南洋等。

南嶴總兵府口好抛船，水退無水。外是彭，彭內有礁城甚多，又有沉牛礁開七星礁。㘭口有嶼仔，名曰獵嶼，中有一礁須防。下㘭是後宅，落是長山尾，外是雲蓋寺，好抛。北是牛心㘭，好逃風。宜駛入流，一垵至圭母㘭。

圭母㘭內有嶼仔一個，出入船在東邊過。近有沙崙，後有沙員堵，有礁出水。鼻頭北外有嶼，名曰虎仔嶼。嶼北外有沉水礁，名曰四虎屎，太開，小水打湧，敲船切記。內去是樜林，下去是米石㘭。黃崗㘭港內好抛船，宜駛出流接入流，一垵至玄鐘。

玄鐘山邊有一嶼，要入㘭，在嶼邊過；或外抛，㘭就在嶼仔內。下開有流牛嶼，有行船須防，北面俱淺沙。玄鐘港東南外有一列半洋礁，礁南外有七星礁，水小出現，生得甚開，宜駛出流，一垵至宮仔前。



宮仔前㘭內極好抛船。鼻頭外有礁，名曰砵仔。礁內大船不可過，小船內外俱可過。有網桁，㘭內一直都無礁，甚好抛椗。上來是虎豹獅象，亦號牛頭壟，內外可過，虎象門不可倚之。宮前內頂是鱟殼㘭，㘭角鱟殼㘭邊外鼻頭有大礁一座，可防。宜駛出流，一半垵至蘇尖。



蘇尖㘭內有礁，駛船在內南外過。或入㘭，須駛過額頭，不可貪近。南內員腹不可太倚，有礁甚多。出鼻有一嶼，名曰雞心嶼，嶼後有礁出水。下一山是劉港，好抛南風。入㘭須在大山腳下過，開北面有沉水礁。上去是銅砵㘭，亦好抛船，塗地淺，宜駛出流尾，一垵至銅山。

銅山塔仔前山門內有一礁，若要入銅山，近內並塔內俱好入。又東西嶼上下可過，門中有石嶼一個，當在嶼過。石嶼下有沉水礁，水退□水。宜駛出流，半垵至古雷。

古雷㘭內打水三托，好抛船。外鼻頭有米盾礁沉水，上下均可過。中央有網桁，東俱可過。宜駛出流尾，一垵至洲門。

洲門南外有一礁，名曰竹牌礁，在中央對正。外菜嶼內有沉礁，船不可近。過門中有信杯嶼，船宜駛嶼西內邊過。出去又有鴨母礁出水，洲門外白沙員堵內好抛船。西面是杏仔鼻，南風好抛。外是菜嶼，東墻內有礁太多，宜駛流尾，一垵至陸鰲。陸鰲正㘭，西內□尋，點水槁而入，沙壇內好逃風。沙汕頭生向南內，駛到平，內面第貳鼻可向頭起。南外有網桁，外是虎頭山。

虎頭山㘭甚淺，抛船在鼻兜，水退防淺。鼻外是烏嘴尾，東邊有鸕鷀嶼。上來吃[乞]食山，開處是螃額嶼，上來西北是員堵。看山頂有一員嶼仔，嶼仔有沉水礁，亦可過，宜駛出流半垵接入流，一垵至將軍㘭。

將軍㘭即大景山，西㘭下俱是沉水礁，椗不好抛，出入須防，將軍礁下勢過。內有大礁，礁下好抛船。頂鼻頭又有一礁。上來燈火㘭內有燈火礁，當搭鼻頭而入。燈心礁好抛船，生者不可入。上來大蒼。

井尾港，港口有一塊礁，東北外是南椗，有椗尾防之。內是南進嶼，駛入流一垵至鎮海。另南椗，初一、十五流，在南椗腳若一橑身食得癸丑針，方離林進嶼，但打水倚林進嶼亦是十托，至南椗邊及中溝俱是十托水。如過林進士[嶼]身內方有淺些，亦是七、八托，但霧露時不可以水辨原額，信心頭內，此切不可就倚，林進嶼俱十托水。在南椗腳，如有單艮針來尋鎮海澚方妥。

鎮海澚打水三、四托，好抛船，南面開有沉水礁一大座並南椗索礁。火燒嶼亦有沉礁，不可近。嶼西是連江港，水漲好入。下是井尾港口，有三簫礁。走落有龜礁，北灣內亦有沉礁，敲船可防。鎮海鼻頭平，東南離遠，有二列礁近南椗後面，水小打浪。過鎮海鼻並堵內貳列，上來是旗尾礁，礁北有網桁，網桁東南外是中椗，宜駛入流過基墓。

浯嶼門中有白嶼，下有沉礁，外有沉水礁甚多。白坑有沉礁，多似麥穗，出入須防，嶼上門內有九節出水礁。上來是小擔門，又上來是金龜尾，有貳列礁，礁外有沙汕。沙壇南內有網桁，沙汕內是塔仔，員堵內好抛船。

大擔內西北有沙汕，又有生毛白礁。東看小擔 獅球嶼 大擔鼻尾相耽，正礁。出大擔外，北畔有礁，不可太倚，須防海翁汕沙壇，宜駛出流，一垵至烏嘴尾，又至僚羅。

烏嘴尾 金門缺下，東有海翁汕。對汕下直出，看廈門大山尖離列嶼山尾，無礙。西看白石頭不可過虎仔嶼北。直出是北太武山，又出是烏嘴尾離崎髻出頭，亦無礙。或汕尾頂過，可對金門缺鼻兜倚倚。又有金礁，內看乳尖搭烏山尾正礁，不可過。烏嘴外第貳鼻頭有礁，不必太倚內。海翁汕內紅山頂煙烇三堆搭金門缺鼻頭正汕，過北腰正港。

寮羅澚內打水三托，好抛船。外鼻頭有沉礁，出入不可近。鼻頭東北一嶼仔是北椗，船在外過。內有沉礁，又有假椗，門中緩之時，倚椗亦可過。西北有椗索，不可倚，宜駛出流接入流，一垵至磁頭。

金 下門[金門、廈門]。古龍嶼[鼓浪嶼]嶼口有礁一列。出來頭巾嶼可抛，有沉水礁生倚東南內門，北風可過。魯[曾]厝按[垵]下鼻頭有大礁貳塊，水退出水。湖下鼻有礁，不可近。白石下有大礁，礁下有沉水礁，內是砵仔礁，須防。西湖礁開有紙錢礁，有網桁頭，有沉水礁。白石後有沙汕，泥坪，水退淺甚，外有網桁，俱可過。白石鼻下有礁，外有鵝毛白礁，當取白嶼邊過亦好。若大擔後過，水退西北一派俱淺。白嶼內有沙汕，水乾甚淺，行船當取開入。上來是鱟嶼、列嶼。

鱟嶼北有拖尾，上落船從嶼邊閃東，西嶼下有網鬼桁，鬼桁沙出水，切記。鱟嶼內亦有網鬼桁，不可太西。東面檳榔嶼，嶼西亦有網桁，行船不可近。過東上來列嶼邊，門中有礁，西北有大礁四、五塊，水退俱出水。西有嶼仔，名曰分流嶼，行船取東面邊過。水退大船亦淺，西亦可過，大西有沙汕。

金門缺鼻尾有沙壇，水退淺。上來是烏山頭，開有棺材礁，此乃行船正路，須當閃，切記。直步看南太武山大大列出列嶼即離。看橫山步，南土山有煙墩搭海邊溝港仔正身。礁邊有小烏石，西面是沙汕，如過要仔細。金門港好拋船北風，鼻頭西有礁出水。金門港頂是坂嶴，不識者不可深入，有礁數塊。

青嶼頭下有網桁，內是鬼嶼。嶼東鼻頭下有沉水礁數塊，行船不可倚。嶴內小船可寄流，甚淺，上落須從網桁邊過。要去大津，小嶼貳個礁尾有礁，南面網桁頭有嶼仔，嶼南可過，牽舵取南深，西有沙汕淺。上去西南有大礁，名曰礁城，亦不可太西。西南面白汕頭起，東面一派是礁。磁頭若去廈門頭，對太武離。

垵[安]海從白嶼下離大白汕，船頭對石井山直入。石菌下門中有礁，東石嶴 白沙尾內可逃風。門中有網桁，內外可過。北稅內有大礁一派數塊，大小俱不可過。

磁頭宮仔前好拋船。西面有白嶼，嶼北有礁，水退出水。嶴下有媽祖印，網桁門內塘東門口白沙尾可逃颱。沙鼻下底有沙汕，水退出水，欲入此處，須候水漲八分可也。外鼻頭有米硒礁，大船須在外過。磁頭水三托，礁內水滿，小船、輕船俱可。米硒北水退乾，大船不可深入。米硒內下有米硒仔礁，水退半打湧，入船不可太頭起。駛落下面，大礁出水，下尚有礁，水乾犯船。如媽祖印礁，北看山頭尖一員石搭海墘鹿耳礁正，西南看雙乳山東一山尖搭甲嶼正。嶴內東鼻頭有拖尾，西看湖尾樹搭白嶼，直出無礙。鼻頭外東外有石滬礁，北看洋下垵厝不可密無，西看炮臺過聖公宮北離。上來是沙菌，鼻下有出水礁打湧。

王宮前嶴內有礁，下面皆是礁，夜間可防，幸勿錯認作正磁頭。其洋下嶴好拋船，嶼仔開門有鐵鉆礁，水退出水。礁兜下倚，清氣，船拋在礁下沙墘，四托水深。上來留嶴，有耙齒礁一列，不可太倚。上來是福金[全]鼻，各嶴下不可深入內地礁頭，宜駛出流尾，一垵至圳頭。

峻頭北風好拋碇，鼻頭有礁，不可太倚。內有礁名曰雙善礁，船拋在礁內擺。西看西內大員山搭王爺宮，下過。或王爺宮在打湧員礁南，亦是下過。北看潯頭搭峻缺正礁，烏潯頭山過峻缺離。石峻鼻頭北可拋南風，鼻南可拋北風。鼻西北邊有礁，南風不可太倚。上來是烏潯，門口有礁出水打湧。又鼻外山兜海底有硬沙散，墜洋、拋船不可太倚石峻，宜駛入流過深滬鼻。

深滬鼻頭有嶼，名曰塗嶼。深滬可拋南風，甚好。金嶼內有半洋礁，命[名]曰菩薩嶼、觀音礁、好心礁。半洋 下垵北風好拋船，倚桿入。嶴口有嶼仔，名曰且嶼。嶼外鼻下有礁一塊，名鐵點。鐵點大流水退七、八分打湧，小流水退乾打湧。或入船，外鼻頭牽落入至內門仔，開門網桁邊頂拋碇，水四、五托，碇地甚好。

永寧宮仔前有沙壇，外東畔有馬鞍礁，出入須防。內有大礁，內可逃風。至駛入流，上來頂防沙堤，半垵至佛塘，防淺。永寧嶴西鼻尾有雨傘礁，東北看煙墩東角正。宮仔下前有沙壇，外去東北外有卻金礁。北看崇武 青山頭出，外過。西看沙堤嶴外有宮仔一間不可密，密則正礁，是卻金。北看祥芝 水圭腳尾與霜邊東北外鼻尾平正，西南看深滬 塗嶼耽着深滬大山東紅跡正。如塗嶼與深滬大山西鼻平身就西過，但塗嶼對深滬大山近，其辦難椗。再補言：此卻金直辦，西南可看且嶼與塗嶼小開門，直落無礙。橫看姑嫂塔對霜邊 石嶴對正礁，切記。

[眉補：]永寧拋離汕，有宮耽雙吉[髻]山。夜間上來看姑山、雙吉開門離，相合正。

佛塘嶴可寄流。內鼻頭倚有菜梗礁，內淺地，外嶴後有麥穗礁。北看獺屈頭山出，西過。東店垵大礁東亦有礁，不可太倚。南有墓碑礁嶴，後鼻有沉礁貳塊，不可近，宜入流至祥芝尾。東埔鼻倚有礁，不必近之。

祥芝尾有水圭腿礁，又有大礁盤。南看烏潯鼻出頭，無礙。西南看凍格出頭離，小墜西有半洋礁。西看大墜後白鶴出頭，北過。西南看日湖頭塔搭苦門北尖石上正，姑嫂塔搭凍格尾正。過祥芝尾，或流水小墜門收不着，可對港牛南入。北看獺屈山出小墜東潭外，外牽舵直落，至祥芝山南大佛出頭，可頭起直入正港。北看至獺屈山耽外，查某迫港牛，或獺屈山倚大墜門 馬頭迫南汕頭，須看獺屈山對大墜中正港。船駛至西內對山尖搭白嶼，搭白嶼烏屎可離南沙汕。船對白嶼直入，南汕頂有七星礁。南看姑嫂塔進烏嶼正，西南看水頭寨正出頭離塔後沙汕礁，東看祥芝山出頭，一盡都離。

蚶江前嶴峻出船，須防金嶼坪礁。在金嶼西北畔，看大墜搭山尾嶼北頭正，在坪西邊過不防。又金嶼北畔有大潯礁，看大墜密石湖一畔可防。橫看對山尖出金嶼北尾，北畔過。又石湖頭有礁共[几]小塊，東和尚礁，看山尾嶼南與嶼北相耽正。礁南有搠柴，西北有龜礁。看後子[渚]寨搭白嶼，白跡北有赤跡正礁，西北有龜月模礁。看大墜出一個如粑不防，出於門防正礁。橫看後子寨南有一尖類搭白嶼南尾正，大人宮邊有離石連西板礁。看大墜出馬頭西畔過，渡尾店口出在礁南離。過山尾嶼，西北有沙汕。看煙樓山過山尾嶼西，開門可防，水漲可。湖田嶼看大岾山出大墜西一大半，西過不防。若夜間入大墜內，往臭塗。

秀塗或拋北風。烏礁外處深，船入至，看姑嫂塔尖耽白嶼北烏屎，即離北鳴礁沙尾。要拋烏礁外，看姑嫂塔搭白嶼正過。近北烏礁要拋汕兜，倒船開，水滿打七托不用返椗。看後子寨仔出過小乳山，北汕並北烏礁一盡都離，在壇下南看姑嫂山搭出白嶼西，可拋椗。近北烏礁下兜，打水五、六托，開打水六、七托，在北烏礁東畔離，小倒船。在此處，半汕泥塗地。臭塗出港往大墜門，出沙塘尾尖，看白嶼腰搭峰山直出。

看神山口搭乞食相耽正，北烏礁仔可防，開門即離北烏礁。看大乳山搭後子寨 北烏礁離，看雞籠山搭內一員山仔，直出至小墜兜北沙汕頭。看祥芝山頭耽南嶼仔可離，汕門中有北礁。看大岞 尖峰耽入赤鼎內離。東看祥芝山頭入東潭山，相搭正礁可防，離。媽祖宮口印礁於小門，小開可防，離。南過赤鼎外過，看卷籃礁，看大墜出赤鼎離，礁東、西過。

[眉補：]秀塗抛辦，峰山搭白嶼改好抛。另，烏礁下平盤看峰山搭白嶼腰正，墓尾宮仔搭石柱正汕。看日湖樹出金嶼盡離汕，汕頭看桂嶼落東進即離，南看祥芝山出日湖盡離。另，三汕看三對相搭直落，横馬頭鼻出離，看馬頭缺開門直落。另，東湖下大礁盤直看日湖塔搭苦門，盡南礁仔出水正。横看下洋 雷打石出大對[墜]北正。另，北半洋直看尖峰出赤鼎離，横看下洋樹出大横嶼南正。另，下半洋直看白嶼出離，横看大對高石搭馬石鼻正。另，卷籃横看向天蠟灼出離，又看前山開弄尾離。

後垵江小洋兜不可倚，倚有碎礁可防。上去祖礁生嶼尾，水退打湧。狗母礁印 洋嶼內沙可防。洋嶼身西倚有礁，不可抛，身東邊倚亦不可抛。

[眉補：]另，七星看金嶼出龜口離。另，港口有雙髻搭白嶼改正，東湖仝。另，大横嶼沉礁，直看後貝山 師公箬出嶼後師公箬離，搭正，横看山前斗砸石出正。

大墜 西垵頭內敲船，下垵口前面有礁甚多。北看獺屈[窟]山不可耽入大横無礙，上去大横尾有礁，無水可防。三横出下洋山一分，州南看大墜倚大横正。

[眉補：]夜抛獺屈，看獺屈 網山耽大横西好抛。另，烏礁烏氣散辦看日湖塔不可過馬頭缺，在對腰密犯。

獺屈嶴內壟有礁甚多，水退淺須防。門中有礁，名曰網桁礁，西南埕邊鄉出頭東過。東看赤鼎搭烏嶼官所正，外北看前頭山出廊尾，外去洋嶼平，北頭有大礁盤可防。員石外有獅仔嶼，北看大岞 尖峰顶岞山尖不可耽崇武城角無礙，宜駛出，入流尾接入流，一垵至崇武。

[眉補：]巴老礁直看鼻灼燭出弄尾離，横看盤石搭祖厝角離，又看盤石搭無祠宮正。

石墓垵有麵龜礁，南看大墜不可密，外過；或要入垵，可倚北些。西看清源山出內石鼻頭，直入至宮後，出頭離礁，可灣落抛椗。

崇武嶴下大礁，名曰耙齒，水退出水，水漲密。嶴東有青龜，龜下有沉礁，名曰龜舌。北看岞山出東城角離，上去南看前頭山出龜嘴至青龜舌盡離。至青龜東上有一礁，名曰丈七。横看山步，南城角搭灰墓正礁。西北看青山頭不可入龜嘴，至青龜舌，横步看密尾嶼搭青龜二嶼腰正礁。船抛平龜，傾外去是假龜，灣內有沉礁，不可近，過亦礁。要入牛內，看大墜出尖峰離。海翁大礁西看山青嶼出，可灣入海翁礁西。北有礁仔，看錢山搭牛嶼尾，西南看小霜離岞尾，南看大礁搭尖峰正礁。宜駛出流尾，過大岞，一垵入牛。

[眉補：]崇武直落岞鼻五個山頭可頭起，看正龜開門好拋。另，龜舌看三官宮出離。另，海翁南大礁看假龜出頭離，看錢山過牛嶼北離，搭北正。

牛內嶴淺，好寄椗。下面有另石嶼，內好逃颱，船在嶼內近過。鼻頭有沉水礁，出入船可防。小岞 劍嶼有礁沉水，可防。西看鬣嶼出頭，直看東勢蚵殼埕。嶴內南北風，水退無水。香爐外有礁貳塊，一塊水半沉水。東看北椗離崎頭出尾正，北看鐵釘嶼搭香爐正，防之。紅花嶼內北風可寄椗，嶼後有礁可防。嶼後大門北邊嶼東有礁一塊，水滿沉水可防，不可太倚。北看吉了鼻有沙堵出現，南看紅花嶼內門仔小開門可防。內去看峰尾山、吉了、南網等處可逃風。

[眉補：]另，劍虎看大小岞開門離，錢山過礁仔北離。另，鬣嶼外礁看錢山搭鬣嶼正，直看大岞山不可出小岞西。

吉了要入門，北鼻頭有拖尾，不可太倚。吉了往鐵釘嶼，看戶角搭鐵釘嶼，直出上面沙汕盡離。鐵釘嶼有沉水礁，上下可過，出嶼東正港。東邊有烏礁嶼，亦有沙汕，不可太倚，到此宜駛出流。上去是黃螺港，莆禧所外是湄洲，山上有媽祖天后宮、娘娘廟，宜虔誠祭獻。莆禧寄椗，水淺須防，宜駛出流。

[眉補：]另外，戶角不可耽牛屎礁內，鐵釘嶼搭戶角內嶼。入吉了北鼻，看鐵釘嶼與湄洲板占開。

羊架。羊架門內，水退乾淺，門中有中門礁，名曰弓鞋，內外可過。戶角出船，看內山尖出嶼仔離，北看流西港大山出半離。戶角東鼻有一礁，名曰豆付礁，出入該當牽開。流西港出，下有網桁，東看象城出頭離。另亦有弓鞋礁，橫看鐵釘嶼不可搭橫嶼，北看筆架山出戶角離，一垵至平海。

[眉補：]另，弓鞋看筆架中尖搭宮仔正。三尖出下過，密內離。過三山尖，出北離，內過倚大山。

平海。平海甚大，打水三、四托，好拋船。外鼻沙壇生開，若南進嶼內過亦可，若外過，不可近。進嶼下有大礁盤，上去是豬母礁甚多，進嶼下出入船須防。礁盤北看豬母礁出進嶼離，嶴內媽祖出現離。進嶼內西邊有沉水礁，不可太倚。或門仔內過，駛落看媽祖宮不可密。東看鷺鷥搭進嶼，可頭起。欲入船，看豬母礁仔出進嶼，內有正礁。進嶼門內出入，水乾淺。內鼻下有龜礁，出船看豬母出，開門離。入船看媽祖宮開門離，外有鷺鷥屎可防，又身上有箭嶼沉水。青山塗嶴可寄椗，水退淺，宜駛出流尾。但此平海南進嶼，若要對進嶼內門入，對進嶼邊入。媽祖宮出，頭起離媽祖印，至內山鼻尾，牽落離鼻尾內礁。此鼻尾內礁生下，諒些是安可頭起，入嶴拋椗是妥。

[眉補：]平海夜抛看龜九山上砤，好抛大嶴。另，盤礁雙吉出，下過坎頭寨。出門豬仔礁，看落山虎出頭離，湄洲山小耽進嶼離。

鷺鷀。鷺鷀嶴内有鷺鷀屎，水退出水。橫看進嶼尖搭流西港大山尖正，北看南日西寨鼻頭搭後營大山缺正。或南日 虎仔嶼搭後榮大山缺，鷺鷀屎可防。

泥戶。泥戶嶴好抛北風。對白沙灣堵，水滿五、六托水，塗地。往南日嶴，可防虎仔嶼下有沙汕一條，水退乾打舵，不可。橫看象城山北畔山尖出象城，嶴内有一嶼仔，南離。汕下過去，西北看野馬南山耽虎仔嶼尾小開門離，相耽小密正汕。欲在汕兜敲，北看頂虎仔嶼搭内虎仔嶼員嶼，象城搭象山中，只有貳托八水。此汕係是東北生。或虎仔嶼兜倚，有四、五水，塗地，亦可過。

[眉補：]另，四將汕看虎仔嶼與鼻開門離。直看火燒嶼搭四將正。另，豬母倚有礁，直看火燒嶼搭四將正。

南日。南日共三嶴[東]戶，抛北風，西寨抛南風。北去燕山外嶼仔，有惡嶼甚多須防。十八門 小日頭有沉礁，名曰碗礁，可防。内去興化、江陰等處，南日好抛北風。東白沙鼻兜有沉礁，不可太倚。宜駛入流接出流，一垵至野馬 門扇後。

[眉補：]南日夜看觀音礁開大門，可鼻内山開缺好抛。

野馬。野馬門中有沉礁，又外有沉嶼，内有馬肚礁。東看中門嶼出南山鼻，可過。南看小日頭員嶼耽分流嶼，東北看烏紅鼻頭出烏嶼南，礁下過。南看野馬山尾追出分流嶼西正。東外汕出分流嶼北離。

[眉補：]野馬港心，另北看老花山落赤土山離。頂嶼内看老花落赤土嶼。

門扇後。門扇後内門甚狹，北邊有中門礁生開。若在外過，可觀南面白沙堵出現讒離鼠尾。小日頭船若外過，須防草鞋嶼，可尋白嶼邊過，開有鼎丕礁甚多，可防鼠尾礁。分流嶼外亦有沉礁，可防。若對鼠尾下過，西有樸目技嶼。出野馬，南山鼻尾可過，上看草嶼尖搭分流嶼正。又東去，草嶼嶴口網兜有沉礁，水退乾出水，不可太倚。門扇後上去紡車頭、萬安，可逃風，泥太爛，出入須防。中門礁上下俱可過，墓仔下大山鼻頭有沉礁一塊生開，東畔外是草嶼，有三嶴。打石嶴有抛船，門扇後宜駛出流接入流，一垵至墓仔口。

[眉補：]門扇後夜看密門好抛。另，小日頭 草鞋看後營貳尖開門，又看南伴[畔]出白嶼離。看四將落内虎離，落舟看虎仔嶼開門無礙。橫看赤土鼻出正，又大沙嶴盡離南。又東尖山下出小日北正。北又興化嶼上野馬鼻正。另，鼎丕看西寨鼻出頭離。另，鼠尾北鬶嶼耽鼻離。又看興化第貳嶼仔出白嶼離。橫看五間厝鼻烏石出離。五間厝夜看落第叁沙嶴是正，看鼻尾嶼仔搭門扇後門仔好抛。另，大草嶼門中有礁，倚草嶼可過。入看萬安寨，不可出，北可過。

墓仔口。墓仔口內南北風好拋船，塗地，水退乾，北面後營好逃風，宜駛入流，一垵至竹嶼。上去是草鞋礁，可防。另，墓仔口汕直看萬安寨搭墓仔口寨正，開門離。橫看後營大山下尖山搭下算上第貳沙嵒正。

吉兆。吉兆亦好拋船。口嶼仔尾有礁一塊，不可太倚火燒港口下草鞋礁。或夜間往回，看後營大山尖搭草嶼山尖正。火燒嶼鼻頭有沉礁，名曰金盞、銀盞。夜間不必行船，嶼內好逃風，水退淺。

[眉補：]吉兆嶼好拋，夜看大草嶼耽入。另，草鞋看白沙堵出離，東看出頭離。另，草鞋汕看分流出離，敲船，草嶼不可密門。金盞看後嶼內鼻出新宮前離。東看嶼仔出頭離。

新宮前。新宮前打水四、五托，好拋船。北海壇山外是觀音嵒、葫蘆嵒，好拋北風。海山安港口好逃風。櫓匙頭有沉礁可防。東是邦田下開，草嶼鼻頭有礁生開。新宮前北邊有沉礁，名曰鹹魚翅，可防。及沙壇須尋烏礁礁壟過，又尋四嶼西邊過，又取貓嶼東邊過。新宮前過分流嶼後，或過嶼前，有塗壇仔，或船落，猴昆水出頭可頭起。嶼後去，看草鞋山與分流相耽小開門，直上正港。南看墓仔口後煙墩出頭正港，至烏礁兜過。烏礁看分流嶼搭草嶼山，北看大四嶼搭小煉鼻頭正港，牛頭山搭苦嶼正港。七星兜下西畔滬下，看大煉門外有三個嶼，北一個嶼仔對中。北看牛頭山搭貓嶼，打水七、八托，塗地。看東洛出大半，貓嶼搭苦嶼門仔，西鼻頭只有四托水，沙地，壇墘石牌出東畔。內四嶼北即是汕頭，貓嶼搭苦嶼門仔正沙，過身打水五、六托，塗地。大煉門大嶼仔對中，東洛出一半，水八、九托，好拋船。新宮前如對猴昆水敲船，北看紅嶼仔出大嶼尾小出頭，可倒船，倚猴昆水。西嶼有壇，東看南白堵堆，不可入鳥嶼仔，一妨直上打槁，卻倚大山兜過。開有沄竹嶼，水七、八分，船對石牌洋敲開。有半洋礁，大水滿密，小水出水。東看大山尾出紅嶼，小開門礁下過。北看石牌後大山頂式尖石開，出門即過身就不防。南看猴昆水與新宮前鼻開門，東過。西看大尖山搭鼻腰正，宜駛接出流。

[眉補：]看猿嶼鼻赤嶼仔密，好拋。另，後營看南鳥屎耽分流嶼東可入。另，大山兜敲，西看大尖山出密猿嶼，可倒船。另，竹嶼落，看石排出頭可頭起，竹嶼對大白山倚倚。另，角帶汕看鏡臺大山尾嶼出離。另，汕看竹嶼內雙印嶼出離。

石牌洋。石牌洋好拋船，水退三、四托，塗。或四嶼腳大風要過去石牌洋，四嶼開直至石牌下，水退乾打水丈三，塗地，可過。石牌打水七、八托，塗地。石牌兜有礁仔可防，倚東拋船。石牌洋有惡礁，名曰金錢嶼。船上去蘇嵒，水退淺甚。

[眉補：]另，石牌半洋礁看馬腿嶼出鏡臺離，又看老鼠礁內大白山搭大四嶼不防，離。另，落中港，看竹嶼落馬腿嶼可頭起，看草鞋山白沙堵小出直落正港。

蘇嵾，輕船、小船逃得風，水退淺，或東南風好逃颱。

大煉。大煉北風好抛船，水退乾打水三、四托。出入大船對出水礁下過，小船對礁內倚兜山過。礁頂有沉水礁，大船不可過，礁開有沙壇。

苦嶼。苦嶼抛船，水三、四托，椗地、流水俱不好，可防。門內身，東有七星娘礁沉水，水退出水；西面有惡礁，名曰雞屎礁。門內東去即是烏洋 石牌仔大尖山在，倚倚山，山西山東甲在。萬安之東，三島相藉，續斷海中。山頂大王宮可寄北風，系賊船住所。在嵾口多礁，有鴨蛋礁沉水，行船可防。開打水二十五托，洋中水底多塗堆，北頭有牛豖出水，大王宮可燒洗船。出苦嶼門，近牛角山對開，有算子礁沉水，可防。觀赤嶼相西洛累相吞，須防。西洛內外俱可過。東邊開有觀音礁出水，船在礁西過。東西洛山腳碎礁太多，不必近。赤嶼西邊有大礁盤，可防。苦嶼 七星礁東看大煉門小開，正北看東洛出小煉一半，正港。下礁一塊相耽正，七星正礁，水退出水。苦嶼門落船，看牛角山鼻搭苦鼻，直落正港。或東出大半正港，出門可防。橫嶼南外鼻下有沉礁一塊，一箭遠，初三、十八水打湧。橫嶼內門有中門礁，駛船西畔可過。橫嶼頂有算子。西看大山頂尖，看煙墩頂尖過下尖煙墩即離。算子有沉礁一塊，可過，打舵。若過算子，再上去，遠看牛角山開門即離，可跨過大山邊去。算子礁直看赤嶼出西洛離，苦嶼門中門內邊礁邊沙汕，夜間行船防之，宜駛出流，一垵至慈嵾。

[眉補：]看內門仔開對宮仔前，夜看門密，好抛。另，苦嶼落船，看牛角山搭苦嶼尖，直落到七星邊。看東洛白沙堵出到四嶼兜，西過直落。看大四嶼耽上小煉鼻，直落小烏礁兜東過。看草鞋山 分流嶼大開門。看鬣嶼搭門，直落分流嶼西過。橫看猿嶼出頭，可頭起。看冬瓜嶼入吉吊嶼內，對沙中直落，過草鞋東過。看大草嶼與吉吊大開門，過鬣嶼，內外可過。

松下。松下嵾對老鼠嶼內過，鼻頭後倚有沉礁。或對橫嶼內過，北看赤嶼出西洛西畔，即離算子。另，松下抛船，看老鼠嶼耽鼻尾可抛，耽烏豬半亦可。另風北，看內三尖山出大山鼻，可倒離老鼠礁。

[眉補：]夜看烏豬出鼻離坪，横看牛角山出改，好抛。

赤嶼。赤嶼西畔有大礁盤。橫看東落後北畔，有第三個員嶼仔搭赤嶼開門正。直看橫嶼搭烏礁內筆架山離，不可出橫嶼正。南望下有南望仔，水滿沉水。橫看赤嶼搭東落後兜第一缺正南，看苦嶼山搭牛角山鼻尾正，苦嶼出頭離。西北看長樂大山北鼻尾正山尖仔缺出南望離，相搭正南望仔，小流水二、三分出水不防。

慈嵾。慈嵾內水退三托，無水出入流。虎仔嶼可出入，或大山邊出去可防。佳下有半洋礁。慈嵾北鼻頭有石嶼三個，中嶼名虎仔嶼，嶼前一個第一低。西南有拖尾礁生長，可防。虎仔嶼前有虎屎生出西南，可防。餘慈嵾後東南一畔無礁。虎嶼前西內去，看官塘搭虎仔嶼離，下有沙崙生長。看虎仔嶼搭慈澚山小開門，可倒船倚嶼些些。慈澚東北頭門內出入可防。慈澚屎東有石嶼弍個，嶼生過東連出，就是慈澚屎二、三塊，沉水，水退半打湧，大流水退乾出一大列。出門上虎仔嶼，抛得船。嶼後北有虎屎，不可太倚。上去沙壇可防。沙壇邊有礁，出虎仔嶼東外去，看本澚內西畔有烏員鼻頭搭虎仔嶼離，內開門可防，沙外過。或虎仔嶼鼻開門，可防。近汕墘打水三托半，或風靜可抛，南風、東風可入。福州港有鐵板汕，水退不可入，水漲三、四分可入嘉，宜駛出流，一[垵]至白犬。

福州 南嘉看慈灣山搭虎仔嶼，舌澚山小過東，開門正港。直上西汕離，至三礁尖搭頭芋嶼，可灣入至尖擔，汕兜打湧。看牛角出生抛嶼正港，對三礁兜入，開有壇。入三礁內，可倚梅花頭兜，倚網兜入，開有壇。過梅花頭，看芋嶼後有嶼仔生樹出頭，芋東畔一畔可駛近。芋嶼東並西南都有壇，入至芋開大門即深。若犯流，西風靜可抛，打水五、六托，塗地。如起椗，可灣過南，對南山邊去，開有沙汕。入去雞籠山前可防，流水沖對雞籠嶼去，風靜可寄椗，候水漲七分，可駛過北。開過雞籠嶼後，倚兜甚淺，沙汕可防。若倚有丈三、四水，可防，船入倚網桁兜過。雞籠後沙汕，看雞籠嶼東白灰厝出頭離；西看陳頭山腰白宮角出頭離；東看頭芋嶼搭塗壇，可過陳頭。雞籠嶼西邊亦有沙壇，南看萬安寨仔出頭離，可灣過陳頭。若抛船，看門內寨仔出頭。或東北風要入此港，山形水勢，看流崎下樹仔嶼搭內大山尖，外弍個大尖相呑可入嘉口，甚淺。東看白犬後龜出頭可灣入，船頭對流崎山直入，即看山步，看虎仔內沙墘烏鼻出頭，搭內員山仔出頭是正港。近沙墘若是水退乾，可寄椗，候水漲三、四分可進嘉，正淺處只有丈余水。船對流崎山頂弍尖山搭內山弍尖山，尖搭尖是正港。入去對芋嶼去，至牛角山搭烏礁外烏鼻頭相呑，即入汕。對三礁倚倚去，可倚梅花頭去，欲過五虎。

五虎。五虎門入，看山步，北風在定海頭起，船開杆駛至硐嶼。或硐嶼看不見，看黃岐鼻搭大個中四嶼直落出，外四嶼可落至五虎門東畔大山鼻頭外，白沙堵出頭，則倚杆頭起。看五虎東畔大山腰尾下一嶼出一半正港，可過，直入可倚虎兜去。五虎有沙壇，水退乾丈二水，若水流返半丈八水。或北風要出五虎門，看白沙堵出頭現，可倒船頭，內看中門員嶼仔倚東大山邊出頭正港。或出全個，可倚北；或密，可倚南；壇出頭一半正港，可倒船頭，外敲至連江山尾；一尖山搭內大山尖，目嶼搭布袋澚下缺，可以直出，船頭對白犬尾出，對七星內倚倚過。北看定海後內面山，四嶼倚定海頭北鼻直落，船頭對白犬直，是七星內過，或北風出南嘉。

南嘉。南嘉船在頭貌嶼下，出船至芋嶼後樹仔嶼，船出一半，船可駛落南，對梅花頭內有草的第弍鼻兜倚過，開有沙壇，對三礁倚出去。過尖擔沙，外看牛角山出生抛礁直落，看芋嶼搭三礁快直落正港。出三礁外尖擔汕下，看虎仔嶼搭慈澚山開大門，可倚外汕；看慈嶴搭虎仔嶼小過東正港。

白犬。白犬目下有石劍，椗不可久抛。東外嶼白犬相對，上看官塘，打水九托，可抛南北風。半洋有嶼，名曰二三，出水，夜間行船須防，宜駛流半接南流，一垵至官塘。

[眉補：]白犬夜看犬仔大開門，好抛。另，塘針外有半洋，看魁山搭蝦目正。

官塘。官塘三山相連，山上多芧草，名曰官塘，又有上下塘。境嶴好抛南北風，北箕嶴抛北風。巽巳更半，東沙便是下塘，馬鞍嶴内是爛塗，防走椗。南内是七星沉礁，宜駛入流。一垵至定海矣。



[眉補：]官塘夜抛，看鼻内大山開大缺，好抛。

嘉口。嘉口有七星礁，水滿沉水。直看北塘頭與南塘相耽，開門正。横看頭貌嶼搭南大山邊尾，東看犬仔後一嶼小開門正。但是，船隻往回，看北塘搭南塘離。嘉口外汕頭小，看北塘小開門正，七星下並身，防之。



定海。定海頭上來大嶼尾，有沉礁生得甚開。若是流短，要駛雞母嶴下，灣堵内敲，夜間切不可，恐諒礁未過耳。定海頭抛北風，水三托，南風難抛。西有布袋嶴，目嶼可逃風。西去是連江，西南五虎。定海頭南四嶼門出入須防，北邊嶼仔外中門有沉水礁，東邊過。定海頭西鼻兜有沉礁，不必倚。四嶼内打水八托二、三，大門中可過滬，滬東北一個上下有拖尾，不必太倚。北一個員大，北邊有礁，水滿沉水。東鼻頭有拖尾可防，宜駛出流，一垵至北嘉。又接入流，一垵至北嘉。又接入流，一垵至媳婦嶴外。若小西洋，若颱頭，收入這流。用壬子見四嶼外，打水十二托，塗地。或底低，收入壬子，水返見目嶼下，打水六、七托，塗地，可抛。目嶼有壇，不可近，壇與目嶼相連。

[眉補：]另，南四嶼外有草盤嶼，直看黄岐大沙嶴大出正，横看外四嶼搭定海樹正，四[嶼]二分、官塘一分。另，出門夜[看]布袋破缺耽鼻，離觀音礁。另，定海頭拖尾直，黄岐鼻出赤嶼離，横看定海 媽祖宫出正。

黄岐。黄岐嶴有媽祖印礁，上下俱可過。東南有印帶礁沉水，不可太倚，水退出水打浪。北看賊嶴 白沙灣出頭正，宫東大山缺不可密，外是鐘鼓嶼，船外好過。南畔有沉礁仔不可太倚，北邊亦有礁可防。上門出入，門中礁可防，中龍船礁門亦可過。礁北有拖尾，南清氣。龍船礁内有中礁，倚大山兜亦可過，礁外過。看甕嶼出鼻尾或出頭，是礁外。南看鐘嶼尖搭鼓嶼正，鐘鼓外東南有半洋礁，水退三、四分出水。媽祖印看宫東大山缺，後一山東山邊一尖石小出頭正，山缺小密正。西看定海頭後本嶴搭赤嶴嶼仔門，鼻頭小開正，系是大流水退乾出水，小流水打湧，宜駛出流半接入流，過北嘉。

[眉補：]另，夜敲看大缺尖山出，可轉開桿。另，印宫出頭正密上過，開門不過。

半洋看鬣嶼與南塘大山身鼻開門不過，四嶼相搭正。又直看硼嶼出離，又横看內沙嶴仔出正，又横看大山尖落，搭圭母嶴嶼仔正離。

北嘉。北嘉鼻外式另嶼，名曰甕嶼。嶼下鴨母礁內，人言小船好過，卻未眼見，但咱船上落俱無敢過者，實是不可過之處。西去是青宮仔洋。羅源港西北另嶼，名曰東西落。入去是媳婦娘嶴，白鼻頭有中門礁沉水。再上去福安 龍[寧]德港。硼嶼外邊看東沖山小開門，打水式拾三托，塗地。過硼嶼 東落頭，羅源無開門，打水式拾柒、捌托；或東落平身綑倚，打水二十一、二托。

[眉補：]另，鶴外有海翁礁，看硼嶼出頭離，西鶴門仔開離。另，要西鶴抛，看大白沙堵出現離礁仔，抛在鼻下。

赤嶴。嶼仔門可過船。北鼻頂有拖尾，不可太倚。上去有式小鼻頭仔生出，有拖尾，均不可過。

[眉補：]敲船夜看礁仔出水辦，看內湖山不可密。

小西洋。小西洋嶴抛東北風。門中有小西洋仔沉水，水退乾打湧，出入倚嶼仔邊過，嶼仔大門可過船。又有一嶴，名曰景橋嶴，此系是賊住所。東外一嶼仔，名曰横嶼。西洋下有嶼仔三個，嶼下打水十餘托。東一員嶼，東南邊有拖尾；中一個，南邊有拖尾，北邊開；西北有沉水礁可防，西內一個低。另砵嶼仔東有拖尾，西邊開些，打水十外托，上去打水八、九托。北頭有大個中門不可過，倚大山兜過。東外大嶼名曰魁山，外有魁山虎沉水可防，水退乾打湧，大流時與横嶼三分礁，近魁山一分。魁山東外有馬齒砌打浪，北是芙蓉山，在閭挾南。馬砌齒北羅湖浮屏很好抛北風。下有龍潭，到此不可放炮。內面大山是大金羅湖，各平潮水，可寄南風。西洋宜駛出流至羅湖。

[眉補：]另，小西洋門門佃，直看北加頭第二尖耽鼻正，出西過，密東過。横看內面嶼出北離，北過搭正。另，魁山虎看中塘二尖搭蝦目正，小西洋鼻小耽魁山正過，出開下過筶杯，出芙蓉外過。横嶼內盤一塊，下一塊子午生，上落倚横嶼內盤，看蝦目外白沙堵正。

老湖。老湖嶴內好抛北風。內嶴淺，外嶴打水三、四托，門內有中門礁出水，出門在身西鼻尾。在閭挾嶴口出水礁外邊，有沉水礁可防。閭挾嶴內抛南風，水退無水，老羅流水不好。外竹槁嶼鼻尾有礁二、三塊沉水，春冬大流水退乾出水，出入不可太倚。螺殼嶼鼻尾內有出水礁一塊，內大金所 筆架山腳下，西南有出水礁拖尾，下有沉礁一塊，水退乾出水，水滿可防。筆架山外打水三、四托，好抛南北風，宜駛出流，一垵至斗美。

[眉補：]老湖直看大山開改好抛，大山下抛。横看鹽田尖山小西洋北頭正。

鴨池。鴨池外嶴好抛船，打水四、五托。對門仔開門，筶杯嶼門內可過船，有中門礁，出入倚內鼻過。中門礁在筶杯嶼腰，看筶杯頭與芙蓉頭相耽可防。

[眉補：]鴨池夜拋看叩杯耽好拋。

斗美。斗美前嶴拋北風。東筶杯嶼行船，可近大山邊過。後嶴可拋南風，宜駛出流，一垵過福建鼻，是福寧府港口。

狗仐。狗仐嶴寄北風，水退乾淺，有丈七水，下面鼻頭有拖尾礁，北鼻身亦有拖尾礁，不必太倚。上去嶼仔下面有沉礁，不必倚。嶼仔東北頭有礁，水滿打湧。南看芙蓉山頭出外筶杯離。嶼仔北有沉礁一塊，水退打湧。嶼仔南有沉礁三塊，中一塊水退三分打湧，出水。如敲船，水三分即好流，對內敲，打水四、五托，土[塗]地。上去八尺門仔，下尖山兜，東尾有礁一塊，水退三、四分出水，或頂嶼仔亦可過。福建鼻尾有沉礁拖尾，水退出半打湧。

三沙。三沙南北風好拋。南是根竹嶼門，有惡礁可防。內上去是牛屎灣，有弍門，內門可過，須倚北邊嶼仔兜搖出。門中有礁，外門不可過。

峰尖。峰尖門狹，小流水急，可防。龍目嶼門外有三礁，亦名三腳菇。嶼內倚大山可過中門並東畔，大俞山邊一門俱可過。俞山 媽祖宮前可拋北風。門南有一嶴，名布袋嶴，可逃颱。

[眉補：]另，拋羊山，夜看東瓜嶼耽鼻可拋。

七都。七都港可逃風。欲入港，候水漲三、四分，方可入港口。東邊鼻頭有中門礁，在西過。入去有沙壇在西，船可過東些。有嶼仔開門，可進入。上去虎仔嶼，外有沙壇，候水漲六、七分即可過。虎嶼鼻下，外有虎屎礁，須防。

八都。八都亦可拋船、寄流，淺。外鼻頭下，內有拖尾，拖尾下另有一礁至鼻，諒開是妥，礁不必倚，拋船對嶴內二門仔內，退淺，有二托餘水，防之。要出，商船不可過，此是小船仔之路。門仔內二鼻頭都有拖尾礁，小船出入對門過，須對中過。再上去一港是蓁嶼，乃烽火營，在此為鎮汛，駛出流。

延當。延當嶴 武嶼內好拋船。武嶼仔上下俱可過，倚去。大流水退淺，宜駛出流，過東瓜嶼，至南鎮下。

[眉補：]另，沙埕尾目礁，直看南鎮鼻開門，下過。横看下宮窗出四個正，出入密弍離。

南關。鎮下門好逃颱。南關外鼻有沉水礁，生在南畔，可防。或東北風要去鎮下門，對南關腰小門亦可過。水漲三、四分，可拋船逃風。對城寨仔腳有沉礁盤一塊可防，內是沙埕關，西北內是門司。

[眉補：]另，南關尾礁直看，順風出離。横看沙埕鼻頂城角耽南鎮鼻離。另，九畝田礁直看，順風開門正。横南鎮後白犬目出南關尾正。又，横看臺南 荳乾空、臺內香

爐嶼北烏礁仔搭空正辦。另，臺內半洋礁，直看羊廣尾耽西星，開一枝扁挑位正。橫看臺乍致笠出正。另，鎮下門北有平盤礁。

北關。北關 媽祖宮前有印礁沉水須防，西邊淺，亦有沉水礁可防。水退出水，東邊拋北風，內有弍門，船可過。南勢杞嶴口有沉水礁可防。或拋北關沙嶴，看媽祖宮開門，北鼻看段[斷]，前員石牆出鼻頭正。北看草嶼搭門仔東鼻頭正，大船流界內不可去。北關東畔門仔好過船，初三、十八流門仔大乾，中門打水十餘托。入門內，東鼻頭有拖尾沉盤礁仔一塊，水大乾用點水槁打辦，有弍丈弍、三深。或入鼻內，船倚西畔嶼仔邊過，內入去都深。或內門仔西畔敲南風，對西門仔中過白沙。白沙嶴口下開有沉礁仔一塊，東看北關門仔相耽正。出入草嶼仔，南鼻有拖尾生開，水退出水，宜駛出流。北去[草嶼]。

草嶼。草嶼即黃桑門，可寄椗，可對烈好拋。或鬧內敲，須應流水半方可過，小船門仔可過，門中有礁，出入倚西鼻頭兜過，水退半即好過，不淺。若水大退乾，門仔有淺礁盤可防。上去老君鼻內，有一鼻可逃風。鼻外有礁可防，內碻溪可逃颱，宜駛出流至金香大魚。

大漁金香大嶴，打水三、四托，好拋船。外鼻頭兜有木屐礁，又有荖葉礁，水退出水。嶴外有大筶杯，筶杯仔上下俱可過。南是石塘、沙波、安豐，一派都淺，南風好拋。南對嶴面是關山，過鼻頭後是石邦，可寄南風。金香大漁西內一嶴可逃颱。西南鼻有礁可防，宜駛出流半接入流，一垵至鹽田。

[眉補：]大漁金香大嶴對東鼻內好拋。另，木屐礁直鹽田前嶼仔出離，橫看叩林仔落耽鼻正。

鹽田。鹽田嶴口有另一嶼，嶴口對開有半更船，有半洋礁名曰八畝，敲大山邊直上是妥，不可駛太開，宜駛出流接入流，至琵琶 八畝礁。看琵琶密關山，密金香頭，對內過。如外過，關山出頭、琵琶關門即離。

[眉補：]鹽田對東鼻內好拋。

琵琶。琵琶外嶴南風好拋船，嶴南北風好拋船，水退淺。門仔內一堀，船浮嶴內。倚琵琶山兜有沉水礁一塊，拋船，水退乾犯船，淺，可防。出入對門仔取中過，倚琵琶兜有拖尾。內是白皂港好逃風，候水返可進入。北內是平陽港，外面四嶼門可過，南面弍個相連，可拋北風。此處是鳳凰，須風面，不論流水。外是南杞 大龍山，好拋，此乃賊船住會所。上去是品笙嶼處，可寄流、拋船，看嶼仔開門。另，品笙嶼則是四嶼，倚琵琶處上去是鳳凰。

鳳凰。鳳凰嶴打水四、五托。鳳髻尾有鳳蛋，鳳內鳳髻對外又有鳳蛋，生在東南。看中鳳出一半，西北弍嶼仔相搭正。或外過，看桶盤嶼出頭離。鳳內四嶼可過，虎仔嶼好過船。外回[面]大山是他[衢]山，上去須防。半洋礁內是瑞安港，鳳上是銅砵嶴，好抛椗。北外是北杞，一垵至三盤。北杞後礁甚多，夜間不可行船。

[眉補：]鳳髻密，看大魚出虎仔嶼離。另，內四嶼倚牛頭 鳳門礁一塊。

三盤。三盤嶴好抛南北風。內是九所，好逃颱，塗泥地，防走椗。南是廊內嶴，山尾出去，下有半洋礁。東是長汕嶴，西內狀元嶴，山尾下有半洋礁，看米嶴不可開門。北內是玉環，內是大門、小門、黃花、溫州等處。廊內好逃颱，嶴中有塗堆可防。狀元嶴後有塗壇，水退淺。秀才嶴抛船，內門仔不可開。頂內俱有沉礁，水退三、四分出水。三盤宜駛出流，一垵至坎門。



[眉補：]三盤內倒，四嶼耽門仔可。外四嶼小出，可倒。另，廊內敲辦看。另，半洋看牛頭鳳出盤鳳正，搭離。南北寨與大魚開門正，又看花矸嶼開離。敲船四嶼小出辦，看大四嶼小耽中嶼仔 廊鼻盤，花矸仔看開門離。此鼻弄礁。另，印礁、橫嶼開門離。大鹿搭橫嶼正，出頭離。又看大鹿耽橫嶼北離。



槛梛。槛梛嶴好抛，水三、四托。內是楚門，好逃颱。內灣堵有礁，流水大急。上去沙嶴仔口，有沉水礁。再上去赤鼻頭，亦有沉礁，不可太倚。上去金剛淺嶴，水退淺，可寄流，只有丈一、二水，退乾無水，有風可寄流，船出入，水乾犯拜舵。外嶼兜亦淺。上去龍目嶼，內外皆可過。龍目有拖尾，居在東畔，生出西北畔，倚倚亦可過。鹿頭嶼西有沉水礁，嶼內倚有沉礁，礁倚兜內，不可抛，可抛網桁兜倚大山兜。大山兜有沉礁一塊，出入取中過，宜駛出流，一垵至石塘。

[眉補：]槛梛看楚門，另坪司公髻出離。另，白馬屎宮出頭正，密在北嶴頂，去鼻下有沉水礁。看大鹿搭羊嶼密正，看貓嶼出頭離。嶼鼻頭看叩杯搭虎仔嶼正，看大鹿北殼半出頭離。又看丕山仔出大丕山離。另，鹿屎直看四算搭荔枝嶼正，橫看竺篙嶼門開離，白馬嶴對門。另，外龍目外石汕看內吊邦出離。另，鹿頭水 草鞋礁看算嶼出頭離。又看大法嶼出頭離。另，鬣嶼東南礁看官柴嶼出離。

石塘。石塘嶴內好抛船，水四、五托。出入頂門仔有礁，北有拖尾，出船看吊邦山出頭，可以頭起。六耳門亦可過船，不倚。石塘嶴口有龍目弍個，南邊不可近。外有三大嶼，名曰三算。

[眉補：]另，雨傘礁仔看大門開門，鹿生開門正。

吊邦。吊邦門外東鼻頭生開，有出水礁一列，尾出水，礁尾又有沉礁弍塊。吊邦山內門好過船，內門倚大山門仔內好逃颱。積谷門過船不可太倚，積谷仔下有沉水礁可防，宜駛過七、八分南流上接入流，至鬣殼。

[眉補：]夜看六耳密門，可抛。另，烏空礁直看賊嶴嶼仔開門正，橫看六耳外嶼仔搭老花嶼正，白堵出不正。另，沙複後積谷橋凹深，好抛。

鬣殼。鬣殼嶴外鼻烏礁可過，倚西嶼仔兜有沉礁打湧，水退出水，出入倚烏礁過。嶴內水三、四托，水退淺，倚東鼻灣內有淺塗坪，可防。鬣殼大門中有嶼仔一個，嶼內有拖尾出水沉水礁，倚大山兜西有沉水礁，水退半出水。鬣殼鼻後亦有沉水礁，名曰十八明。上去看鼻後小開門，可防。南看後塘山尖倚鬣殼外鼻頭，可防。鬣殼下鼻倚倚好敲船，水漲是南流，鼻尾有沉礁生開，不可近，內好拋南北風。看見桑門嶴後有沉礁，東外是積谷，南有沉礁可防，北嶼仔有沉礁。鬣殼嶴後有沉水礁，不可近。外門是六耳門，又外是鳳尾山 大人嶴，可逃風，在東面內淺，外嶴可寄北風。鬣殼宜駛出流，水退乾接入流，一垵至網仔嶴。

[眉補：]鬣殼夜看積谷出鼻，好拋。另，後鬣屎礁直同馬蹄礁，橫看後門開一帆正。另，鬣殼倚外礁看網仔嶴出離。橫看九長門西嶼仔出頭離。另，鬣殼外礁水退出水，看馬蹄鼻出離，橫看沙復缺出正。另，大積谷門沉礁，直看老花嶼搭牛屎礁正出離，橫看鬣殼西橫嶼出鬣殼鼻半正。

馬蹄。馬蹄鼻有沉礁生開，好拋南北風，出入看南面尖山出一寮，好入取中。外鼻嶼仔兜有沉礁，出入看內面山仔出頭離。南鼻頭尾開有礁，可防。上去是半洋礁。馬蹄東有礁一塊，生在行船之路。南山對馬蹄山並此礁為三腳菇相似，直看東面大積谷、積谷仔小開門正礁辦，大積谷此礁水滿密，水六、七分打湧，出水，與積谷仔相搭，東北外過。若開大門，對礁內過，行船須對外過。馬蹄在西北，馬蹄 南山在南礁，在東相似此樣，就此諒開，倚可耳。

[眉補：]另，此礁（馬蹄）直看烏嶼搭竺排礁正，出頭離。橫看桑門尖小出寮正。又看馬蹄 南山尖搭北礁頭正。

網仔嶴。網仔嶴好拋南風，北風可寄椗。嶴下有半洋礁，水退出水，水滿打湧。南看大積谷搭積谷仔正，西看金清門仔二個門都開，可防。網仔嶴鼻外有沉礁，要入嶴，倚杆帆，看本嶴頂門開門，可頭起。北鼻兜有沉水礁，不可太倚。北鼻頭後亦有沉礁，東畔門仔外鼻頭有出水沉水礁可防，主山嶴好拋北風。西內入去是海門關、家子、台州、黃巖等處，宜駛返流接出流，一垵至川蕉。馬蹄鼻外直針取網仔嶴，用壬丙，大小流流東流西，可以酌量兼用。

[眉補：]另，網仔嶴北平盤礁，直看網仔開門離。橫看鳳尾盡東北紅瓜嶼出正，北山頭出離。

川蕉。川蕉嶼仔內好拋船，水退淺，外鼻頭尾有沉礁可防。東畔蛤仔嶼下寄流，水三、四托。東去是水仙嶴，好拋船。鼻有礁一塊出水，不可太倚。

蛤仔。蛤仔嶴後北邊有半洋礁一塊，水滿沉水。看積谷不可入蛤仔嶼。西看川蕉後門仔小開門，員嶼仔對中正。東看水仙大尖山尾蛤仔嶼東一個半月嶼尖正，南看馬蹄嶴內鼻頭大山尖，北為夏貓嶼，南即馬蹄山尖，蛤仔嶼西出頭正，水退出水。半洋外東北去有沉水礁半洋仔一塊，春腩冬早，大流水即打湧。上落鐵釘嶼搭蚊嶼鼻頭正，東南看水仙嶴後山腰缺搭半月嶼正，西看川蕉後一另嶼仔搭內山一員仔嶼正，西北看啞呵鼻內大山尖南畔連二尖仔出啞呵鼻頂，大山尖出正。東畔有另嶼二、三個，南北風可寄椗。

[眉補：]蛤仔出山腰正，又橫看筆架山。另，半洋仔直看積谷與半月開大門離，橫看川蕉後門仔員嶼對中正。大半洋、積谷不可入半月，中西基開如篷離下。

啞呵。啞呵鼻嶴內寄北風，淺。東西半月嶼、啞呵鼻頂豆豉嶴可逃風。外北鼻頭有礁一塊，鼻後北邊有礁一塊出水。上主山后，嶼仔腳有大礁盤沉水。外去東 西基。西基嶴口有沉礁二塊。白帶門口有鐵釘嶼，內外可過，宜駛入流。若無風，駛水返七、八分南流，上下拋北風，水返半是東南流，駛出流尾接入流，一垵至松柏仔嶴。

[眉補：]另，南十嶼南平盤礁倚西機乙南十二，直看半月搭五嶴仔嶼正。橫看大西機 西機仔開門乙帆開正。

牛頭。牛頭門好拋北風。門口蚊嶼大門中，船亦可過。大流水乾，倚蚊嶼兜亦淺，只有丈零水。白帶門鼻外有另一嶼，嶼門船可過。牛頭門口外有嶼仔二個，如覆鼎様，嶼門船亦可過。入牛頭門，水退淺，內深，拋船對宮口，有沉礁盤一塊，船拋無內則外妙。外有一另嶼，鼻外有沉礁盤一塊。北看佛頭搭草嶼大山尖正，西看倚大山門仔開門正。牛頭門嶴出入，水返半對門仔倚大山邊可過，水退淺過鼻去，名牛宗。龍船礁南畔，對面大山兜可寄南北風，即松柏仔嶴。鼻下員嶼仔兜不可太倚，有拖尾。上去是茶盤，內外俱可過。

[眉補：]另，內蚊嶼西南有礁，直看南狼北頭耽蚊嶼正，開門離。又看北面花嶴口草嶼出北面蚊嶼仔離。

龍船。龍船嶼內松柏嶴後，去見九頭山後，有半洋礁一塊出水。去是武曲，內淺。西入桃枝所，好逃風，即肩桃所也。對大嶼仔取中過，入去可灣過南邊，南有城仔腳下好逃風。或過龍船頂去勞傷嶼兜，可防流東追勞傷嶼兜，對嶼北過，可倚佛頭山兜過，灣內儘是淺塗坪。

佛頭山。佛頭山灣南鼻頭下，看佛頭山出鼻頭，打水十四、五托。開下去平勞傷嶼內至分流嶼，一盡大流，水退乾只有丈零水，可防拜舵。或鳥嶼內外，倚分流嶼後亦可過。九頭山南是海洋所以及外寧海等處。佛頭山入海洋俱一流，宜駛出流尾接入流，至勞傷嶼。佛頭山腳下好拋船，宜駛水返七、八分，過分流嶼。

花嶴口。花嶴口有分流嶼，上下俱可過。船或出中門，須在北邊或頂門過，須取中妙。入三門至石浦，北風可拋。網垵嶼仔兜尾東邊有礁防之，打水八、九托，塗地。

入去南田，可抛東北風。再去石浦急水門，東去嶼仔下，南邊有沉礁可防。林門 柑頭山有二嶴，好抛船。外是金七門。

[眉補：]另，式彎門有石沙，看猿嶼不可密門。横看式彎開門正。

石浦。石浦 急水門候風高水高好出門。外南鼻頭流界外灣，打水十七、八托，塗地。如急水，倚有礁一塊，出入可對中門。外南鼻頭外有中門礁一塊，出入倚北鼻頭。外是潭頭山，山開去一更船有小大漁山，大漁山有淡水，小漁山北有沉礁不可近。汲水門須流平方可出流，接入流至半畔山外嶼下，不可抛椗。

[眉補：]另，鹽商前夜看興化嶼搭急水門，好抛。出門，另印礁直看秤錘嶼，外面鬣耽北鼻正犯，出開離。又看北面老花山出興化嶼離，横看頂嶼 宮仔搭破缺南鼻正，出北離。另，汲水外有硬汕一條，看汲水開門，金牌開門離。另，牛乍其 牛屎礁看内外鼻耽正。

金牌。金牌門内名淡水門，好抛船，有四面流可防。對金牌門外山邊出入可防。鼻頭外有沙壇一條，水退乾打舵。船出入看金牌門小開即離壇，或金牌門密正、正壇開門，入内離。宜駛流平，北好抛船，流急切不可過。北去昌國衛。出金牌門，若敲船九山，須防半洋礁，切記，宜駛出流至半畔山。以上駛南流。

[眉補：]金牌夜看門開好抛。

塗龍。塗龍嶴係是外山，可寄南北風。珍珠嶼倚塗龍大山好過船。嶼仔後中一門有出水沉水礁，不可過。上去是半畔山 公婆嶼，可寄北風。或對外急水過，可防。金尺門外開有半洋礁沉水，水退乾出水。看佛頭山出金尺門北鼻正，北看潭頭鼻不可密，倚金牌門外山過。

[眉補：]另，菜子半洋直看三嶼開門在外，鬣嶼搭中嶼正，相搭在内。又直看鬣搭四嶼，出大山離。

龜嶼。龜嶼前有龜屎礁沉水，水退乾出水。看下面金尺門外式嶼仔相耽離，北看潭頭山頂搭鼻下離。潭頭外搭嶼仔兜有沉礁，水底有沉散，打水碻是塗地，椗抛難得起，可防。上落金尺門下，茶後盤有員嶼仔一個，倚兜椗地不好，南邊有拖尾不可過。

[眉補：]另，龜屎直看東門鼻出離，横金尺下鬣出離。另，積谷半洋直看西北尾額頭出積谷仔，出頭正。横看公婆嶼門仔出四嶼門，積谷了[仔]出離。

公婆嶼。公婆嶼 蜈蜞嶴内出入，水退乾淺，抛船防。蜈蜞嶴山鼻頭有礁，東鼻外有礁一塊。山后豬腳嶼門中上落，覆鼎下有沉礁，看覆鼎相搭，耽大嶼鼻正。東畔上落，覆鼎開門離。豬母嶼後抛南風，倚有沉礁一塊，水退乾出水，淺，汙塗地。此處至大嶼頂，春冬大流，水退盡淺可防，雞嶼兜深些。如出金牌門，或對公婆嶼後過四嶼東、西邊，北有半洋礁，水退出水。四嶼北半洋，看秤搥嶼出公婆嶼北相耽正，看四嶼開大門外過，密正礁。蜈蜞嶴後山尾連出有三、四塊沉礁，水退乾出水。大嶼後開有半洋，大水退乾出水打浪。看蜈蜞嶴山鼻出嶼後正，可防。北看四嶼耽搭東窯鼻正，看關帝嶼搭牛鼻廊第三尖亦可。馬鞍嶼內有一嶴，名清門。

[眉補：]另，豬腳嶼內礁橫看盡東二嶼仔相搭正，正搭鼻內過。尾鼻南嶼仔面赤白搭豬腳嶼，直看大嶼東。另，半洋橫看土地嶼與公婆嶼相耽正，開門在下，相搭在北。另，半洋看白沙堵出頭正，密離。又看積谷開在南，耽鼻正。

清門。清門鼻嶴可逃颱，鼻內媽祖宮前好拋船。山後門過，船對廟前拋。上去是連礁洋，有三腳菇礁，礁下西面嶼仔下好拋西北風。三腳菇礁下門過船，可倚嶼仔兜過。或三腳菇上落，水返流落，看大嶼耽馬鞍嶼離。或開門正北落，遇暗看西廊離嶼仔開一枝尖挑闊可過，離。正三腳菇，船在礁內過。切記夜間到者，不必行船，誠恐流水急，沖對三腳菇沖犯。





[眉補：]另，馬鞍嶼下有沉礁，看破嶼頂嶼出頭離。另，孤蝦過東西弄不可開門。另，孤辦落，橫看積谷出關帝嶼離。又橫看盡北四嶼耽尖山到南大山出鼻離。北孤上頭看西，不可開門。

牛鼻廊。牛鼻廊好拋船。山灣堵內有小山改峽閭，水漲七、八分以進港內，是淺塗坪，可以逃颱，可拋三、四隻船。或西廊內門上落，可防中門礁一塊，水退出水。或廊山后東畔外，可過船，對三腳菇過。外是九山，假積谷拋東北風，西北不便，山尾有沉礁，可須防。

南窯。南窯中門北邊可過，流水甚急，水退七、八分，東南流。上西邊嶼仔，北鼻尾後有沉礁一塊，水退出水。嶼仔西邊亦可過，倚嶼仔打水十八、九托，倚開皆有塗坪。嶼仔南鼻頭兜土壇，不可太倚。西北可拋船，打水十一、二托，倚七、八托。

中窯。中窯倚崎嶼頭畔有礁一塊，生在北鼻兜，出入對中央過，打水十二托，內有門可過。出外上去是普陀港門。

[眉補：]另，南窯嶼仔有礁，直二嶼密正，出離。橫看內山鼻二嶼仔北一個搭中正。

旗頭。旗頭船拋在倚，開深不可拋。旗頭深地，拋船搖鼓嶼不可開門。入開門，深有十七、八托水，倚有十二、三托。旗頭西嶴諸內有鹽堆處，拋得船。旗頭鼻外有另嶼一個，名曰旗毒嶼，內外俱不可過。

[眉補：]旗頭直看加老嶼密鼻，好拋。

青龍。青龍港可逃颱，出入看荔枝嶼出頭正港。入門西兜去，東坪有礁一塊，在門內坪邊，看荔枝嶼對門離。

搖鼓嶼。搖鼓嶼北去是舟山港口，網兜打水十外托，可拋椗。火燒鼻後嶼仔下可寄椗，開深。火燒鼻下寄椗，開深。南去倚是老虎山，東嶼仔下內抛船。過去象鼻港，抛得船。象鼻開門打水十二、三托，鼻內打水七、八托，出入倚西畔大山。鼻頭兜有礁一塊，可防。過鼻兜，火燒鼻內去山后，去是竹查門，東是舟山，竹查門可過，門內過。西去鼻頭下有嶼仔一個，內門仔船可過。嶼仔下開深，不可抛船，椗地不好。過嶼仔西去，倚些可寄流，打水十七、八托。老虎山水返番流，水退半流北落，好抛船。或船要抛老虎山腳，入港看東鼻头一窯開門，打水十一、二托，可抛。或窯密，亦可抛。入內面，打水七、八托，塗地。

[眉補：]另，烏礁橫看南大山頭耽北尖山，密門到辦，密內缺離。

寧波。寧波港口鼻頭頂嶴內倚打水十外托，可寄流。寧波港口內過去東嶴堵內去，好抛船，西畔倚金童山兜深，不可抛。寶珠嶼倚金童門南鼻頭山邊去，打水廿一、二托，可寄椗。

打石嶴。打石嶴口下面烏礁內外可過，深地不可抛。打石嶴下對面嶼仔，東鼻尾有淺塗坪，不可太倚，出入看蟳廣嶴門仔開門離塗坪，即可灣入蟳廣嶴去，或港仔內，好逃颱。對內門仔出入，山邊門仔內有拖尾礁，可防。或正蟳廣嶴出入，過西鼻兜去，有塗坪尾，出入看打石嶴 白寨仔頭離。過西去有一嶼仔兜下，有拖尾礁。港仔內打水十七、八托。或流東水，倚港仔去是流盡拖入，亦盡沖倚嶼仔，出入不可太倚嶼仔兜。過聖跡，乍門出入須對中過，或倚西過，東畔流界內番流，不可倚去。過去是丁厝嶴，好抛船，東北風好抛，西北風不好抛。

普陀。普陀山如船往回，到處須當焚香奉敬，有求必應。普陀門水淺，門中有沉礁須防。嶴內好抛船，流水甚急，內有十八門，抛船爛塗走椗。對西邊有一港，好逃風，此乃舟山港。門外有北烏龜，有龜屎，內是春光祖廟，無嶴，流水甚急，又內深。去是樧榔嶴、舟山等處，用丁未拾更取鳳尾、蜈蚣等嶴，打水二十托。用子癸三更取盡山、洋山。在花鳥西，用乙卯取盡山、洋山，流水甚急，倚是淺塗。

盡山。盡山嶴內好抛船，打水七、八托。東北洋中有嶼仔，名曰海照，嶼南蜈蚣。盡山內門過，須防。中門北邊有沉礁，內山花鳥。盡山抛船不可太倚，水府[底]有石劍，恐犯椗索割斷。又有碗月嶴，內去是蜎窟。

放上海。放上海洋，未過大碃，不可逆流東而進，設若逆流東，十隻罕不犯賞吉汕。

放乍浦。放乍浦洋，未過南四嶼，可以逆流西。若過南四嶼北邊去，切不可逆流西而駛，十隻之船罕不犯金山嶴。此二處乃是仙人所傳，切當謹記留心。乍浦嶴抛船，看松柏嶴東鼻頭山后一山仔尾有煙燉開門出現，大流水滿，打水六托，水退乾只有三托餘。

獨山灣內打水七、八托，塗地，好抛船。

金沙灣內打水四、五托，格嵳[擱淺]難抛，再不□地。

丁厝嶴門近西邊過，可寄椗。往乍浦，在處放洋，北風用乾字，在橫嶼下過。北去是魚山，西南東西鶴。或過東西鶴，北面西有北四嶼及炭山，南有四嶼。船若在南四嶼北邊過，用正針；或四嶼及炭山下近過，可轉針走舵。看九龍山頭，儘是乍浦，不然恐犯金山灣，至此難以進退。其乍浦無風須用水碙探，是流平寄椗。船若在南四嶼下過，見有一員山，即是海鹽山，可候水退，才好駛上。若丁厝嶴水返，南風用子午見魚山頭。魚山頭亦用子午。炭山兜轉流西，用艮丑見洋山，洋山抛船，候水返七、八分，南風用子午見小磗，西邊過。如轉流西，用單子或壬子見大磗，西邊過，再用單子過，見磗，西北去。如轉流東，用單子及子癸一枝香久，水返五、六分，可用壬亥，打水五、六托，塗地。用單亥並乾亥一枝香久，打水四托半至五托。用單乾直進，打水四、五托，正港。入至打水五、六托，是頭墩兜。過頭墩 八團汕兜，打水五托。過八團汕去，打水六、七托，正港。倚南岸直進，打水八托，是蝦港。開打水三、四托，是中汕尾，可倚南邊過。此處三條大樹平身。或入員松港口，可防鯽魚墩。看西內大雨蓋樹落江，即可灣入吴松後淺坪，出入可防。看吴松港邊大樹出鯽魚墩兜內鼻頭，離。

魚山往山海，正南風倚杆帆，用艮坤對洋山、喜山行。正南風開杆帆，用癸丁針對西鶴經過。用丑小魚山外鼻頭經過。用子午針取洋山外中門經過。又用癸丑針取洋山外過。水漲、正南風，倚杆帆用艮坤未針取小磗外過。原針取大磗。又用子午半更，打水四托，一更又轉開杆帆，用單壬半更、巳亥一更。船尾生「坐」大磗，用單乾一更，東見茶山，西見南塘，打水四、五托，正港。又用辰戌直入，不見頭墩，即見山城。收入吴松。

魚山嶴可抛東北風，若西北風，可抛東畔山后，即魚山尾。西邊嶼仔門盡可過船，倚兜一大門出入，倚嶼仔兜過。魚山后北邊有沉礁，出入可防。

馬積嶴開船往上海，在山鼻兜南風過，東北風用單乾一更見大磗，船在北邊過。正東風用乾亥大半更，打水四、五托，爛塗。正針用單亥，打水五托。水退用單乾見南岸。用乾亥，打水四、五托，見頭墩。用辰戌，打水四、五托，塗泥。用乾戌，打水八、九托至十一、二托，即到吴松港。辛酉針直入，正是大“太”倉州、流河等處。

金童門出入，南山邊灣堵倚去，打水十五、六托，可寄椗；十二、三托，不可寄椗，就淺。北鼻頭有見一塊，上落或水滿，看中一員嶼仔不可出火燒鼻頭兜門可防，相搭離。嶼西畔可寄南風，東畔可寄西北風，大流水兜淺可防。或旗頭水邊過去，對金童門出去。過東鶴、西鶴，去是七姐妹礁。嶼或株流，西南風仔上帆，用乾戌株過七姐妹礁去。轉流東，用乾亥見炭山並北四嶼，用乾亥一半流見獨山網，即是南四嶼身北過，見九龍山 菜嶼後開過，有風可用單乾正。若金童門東南風，倚杆帆，流東水，用子午取橫嶼西邊過，用原針一更取魚山西邊過。或嶼仔門過，用子午取小猴山 四嶼西邊過。四嶼 小猴門俱可過。至洋山頭，流東可寄椗。如夜間，可點半更香即起椗，候至七、八分即起椗，用子午針至流西，取大磧西邊過，用原針一更久取磧北。或日流，看市光山出大磧北，用壬子一更久，轉用乾亥至單乾，打水五、六托，實碻至五托半，塗地。直入打水四托至五托，轉西東差[兼]單乾。直入一枝香久，打水四托至四托半，塗地，正港。直入見頭墩 柳樹，打水四、五托至六、七托，八、九托、十托，是吳松港口，打水十一、二托。或夜間，可寄椗。

小猴山可寄西北風，出入西鼻後，有拖尾可防。四嶼門都可過，倚大山邊一門亦可過，出入不可太倚。東嶼後有拖尾可防。猴山后可拋南風。

楊山 楊府廟口可拋北風。西北可去秀才嶴或洋山。東畔對門仔過去，秀才鼻頭兜有礁一塊，水滿打浪出水。或對東畔嶼仔門出入，南風水退好出。或倚洋山對中第式門，對中可過。鼻頭外尾一個嶼仔門口，嶼仔尾有礁一塊可防。

洋山水返，無拋暗時。流東水，東南風用單艮二條半香久到小磧兜，西邊過。大磧用單艮看不見，打水六托，塗泥地。直到賞吉汕兜，打水五托或六托，有格泥，拋椗須倚倚。或水三托，水退有丈二水，或賞吉汕尾頂過，見本[糞]斗網，水退三、四分，打水四托，泥。如大磧北風，亦是糞斗，打水五托，實碻。如洋山頂要往乍浦，東北風倚杆帆，用庚申取炭山，北邊北四嶼。又用甲庚、寅申取金山兜過，轉丑艮見菜嶼，取乍浦嶴。北風洋山往乍浦，系是卯酉。流水流東，水返頭，用庚酉對炭山后西邊過。又庚酉對北四嶼後西邊過，見金山兜，倚十七、八托水，開打水七、八托，泥地，灣內不好拋，金山兜下過。用坤未見獨山兜過，見菜嶼。菜嶼下有棺材礁，可防。菜嶼門出入，水急須對中過，深不可拋，菜嶼下過。若放乍浦洋，無風都是卯酉流水。或見南四嶼，北邊過，平平去是獨山，平身見網。或風靜，可寄椗。如過網不拋，至菜嶼後東邊不好拋。或菜嶼下開，不入菜嶼。菜嶼無開門，椗地不好。直至海鹽山后兜，有嶼仔一個，兜即可拋，泥地。候水返上乍浦，如無風，須用水碻探，其無流，可寄椗。或東北風仔，炭山並四嶼下過，俱倚過，可走舵。看九龍山頭盡，乃是乍浦，不然恐犯。金沙灣倚去難以進退，切防。如北風仔，南四嶼身北過。用乾巽正路，見菜嶼。或四嶼身南過，風靜謹防流水推入錢塘江去。如見西邊一員大員山，是海鹽山頭。如過海鹽內去，可候流水流西，駛上大磧門仔中，緊急之時，船亦過對中，不可倚磧乳。小磧有拖尾，上落不可太倚。大磧放洋上海，風東，流水初返寄椗，候至五、六分，方可起椗船，切記。若無寄椗，用子午針直入，打水四托至三托半，是南汕邊。用單子直入，駛至賞吉 柳樹，看見大磧，亦看見三面山，都看見，打水三托半，直入可防。八團下有尖桃一條，生甚長，長到五十里闊大生。有半倒船，如內倚岸，外闊只二里水路。若船到此，內面灣大，流水滿，只有丈八、九水，水乾有丈余水，爛泥地，可寄椗。如風東、流東，船至此難以進退，對面沺淺，內面頭北有一溝，船可過。大流水淺的有丈五、六水，船亦可過，流水甚直。巳亥流水，上到門兜糞斗，有網過身，外面沺即亦過身，行開些。此如八團頭頭墩兜下面去，是陸團灣南岸灣，此南岸一條平平，無柳樹，海坪可防。八團沺即在此處，內深外淺，可防。此泥壇並港內溝都是子午生。上沺上，水退乾只有三、四托水，此沺須大流，水滿有丈余水，拜舵亦可過。南岸平平，無柳樹，至賞吉一盡都是泥地。岸是子午生上，其山形水勢俱是子午生上。或過八團頭，水形山勢即係乾巽生。若到此，用乾巽針駛入八團頭，此處岸頂有蜘蛛柳樹高高，坑頭數個，生出烏是也。





崇明港口看昆身點點，水漲打水三托水。用子癸直上，又看昆身點點。用單子直進，或打水四托。用壬丙而進，打水五托。用單乾直進，打水六托，爛泥，又大水六托半。港中水退半，打水六托。又見西勢昆身，打水五托。用單酉直進，打水七托至十托，是水漲。

## 海南往寧波針法外洋路

舖前 無尾塔用卯一更取七星嶺，係是目連頭。

目連頭用艮寅二更取七星嶺，嶼內外俱可過。

七星嶼用甲卯弍更，又用甲寅十三更，取弓鞋及東姜。

東姜用甲寅七更平大星尖，開似帆樣。

大星尖用單寅十五更取南嶴 坪外過，西南有坪坤礁，不可近辦。

南嶴用艮寅、單寅可用弍更取柑桔，內外可過，有羊屎礁切記。

柑桔用單艮，艮寅亦可，五更取東椗。又用單寅二更取北太武，東椗外過。取烏龜用艮寅可矣。

北太武外用甲寅或寅申，龜外過，四更取烏龜外過。

烏龜外用單艮四更取牛嶼外過。

牛嶼外用單丑，用丑艮亦可矣，四更取東湧。又用丑三更、或是艮丑平臺山外過。臺山外欲要入南杞前，拋虎仔嶼，用子午入來，是南杞前烏林嶼。

臺山外用丑艮四更取南杞。

[眉補：]另，臺山西南有半洋礁一塊。

南 北杞用丑七更取鳳尾山。

鳳尾山用丑癸三更取魚山，補針。再用巳亥見虎仔嶼門，即轉針尋嶴可矣。

魚山用單癸入九山內，跟入流至旗頭，候流東至旗頭。

魚山與九山之中有半洋礁，生亦有些倚積谷。

## 盡山往海南針法要外駕

盡山用單未或丁未四更取北烏龜。

北烏龜用丁未三更取北窯。

北窯用丁未四更取魚山。

魚山用坤申三更取鳳尾。

鳳尾用坤申四更取南杞、北杞。

南北杞用丁未三更取臺山。

臺山用丁未三更取東湧。

東湧用坤未五過取海山 牛嶼。

牛嶼用坤未三更取南烏龜。

南烏龜用丙午九更取澎湖。

南烏龜用坤艮十三更取南嶴。

南嶴用坤申十一更取大星。

大星用坤未三更取東姜。

東姜用坤未五更取烏豬。

烏豬用單坤十四更取七星。

七星用單未三過取銅鼓。

銅鼓用丁未五更取大州頭。

大州頭用單坤十五更取順化。

順化用坤申十五更取翰門。

翰門用坤申十五更取尖筆羅。

尖筆羅如到，遠看一山弍門東高西低，近看如馬鞍樣，內外俱可過。

涯州尾用辰巽四更及單巳十五更，見羅山洋嶼外。下去是靈山大佛放彩。船用丙午五更取伽倆貌。用坤未入占城，在羅嶴北星，此處是穗安、飽食等處。

## 揭陽往北內駕針法

揭陽港口即放雞山，用艮寅見南嶴。

南嶴用單寅見宮仔前。

象嶼用單坤見吉雷山。

樟門用單丑見虎頭山。

虎頭山用單艮見將軍嶴。

將軍嶴用單艮見南進嶼。

澄海用單艮見北椗。

北椗用丑未見石峻。

石峻用丑未見祥芝。

祥芝用丑艮見大岞。

大岞用甲寅見烏龜。

湄洲 北椗用甲卯見烏龜。

豬母礁用單卯見東滬。

豬母礁用艮寅見西寨。

西寨用丑見野馬。

小日頭用單艮見白嶼。

白嶼用單艮見門扇後。

紡車頭用艮、後丑見墓仔口。

墓仔口用艮改丑見吉兆。

新宮前用壬子見竹牌礁。

竹牌礁用艮見貓嶼。

猿昆水用子午見貓嶼。

苦嶼用丑艮見官塘。

赤嶼用艮見白犬山。

赤嶼用丑艮見慈嶴。

慈嶴用單寅見官塘。

官塘用單壬見鳳岐。

官塘用乾戌見定海。

官塘用子午見北加頭。

官塘用子癸見西洋内。

甕嶼外身邊用單丑見老湖門，流東水倚杆帆。

老湖用癸丑見烽火門。

筶杯嶼用子癸見三沙。在三沙嶴口，霧露用甲寅駛出洋山，至十六水用子癸，至駛十一水，開霧見金香頭，可防半洋。

烽火門用艮轉寅見北關。

大俞山門口用艮見南關。

南關 拜嶼用丑艮見鳳凰，流西水可用單癸見金香頭，可防聖杯嶼。

内鳳用單艮見三盤。

枇杷頭流東水，用艮寅見虎仔嶼。

虎仔嶼流東水用寅申、流西水用坤艮，見三盤。

三盤用艮寅見大鹿。

三盤用艮改丑見坎門。

大鹿用艮寅見石塘山。

中魁用子午見牛頭門。

鬣殼流東水合用子壬見川蕉。

啞呵鼻用甲卯見汲水。

茶盤 草嶼用丑癸見三門。

牛金門用子午見蜈蚣礐。

覆鼎嶼用子午見雞嶼。

雞嶼用子癸見連礁洋。

牛鼻空用子見南窯。

青龍港用艮寅見旗頭。

旗頭用乾亥見火燒嶼。

火燒鼻來金童仔，輕風用艮寅，打水十六托，初一流。

老虎頭用甲寅見打石礐。

打石礐用乾戌見四嶼。

丁厝礐用子午見魚山。

魚山用子午見洋山。

丁厝礐用甲寅見雙頭過。

雙頭過用乾戌見炭山。

炭山用子午見大碚，西邊過。在用子午駛一更遠，打水四、五托，實塗地。用乾巽，打水四托半、五托，見柳樹，内是頭墩。入去二墩有炮臺。入去不遠是吳松港，夜來行船可防，過身去。

## 上海往南内駕針法

吳松港口用辰巽二更離賞吉汕，轉坤未見洋山。

頭墩用辰巽見馬積。

馬積用辛酉見洋山。

雙頭通用甲寅見媽祖嶴。

洋山用單酉見岌山。

岌山用單巳見魚山。

魚山用單艮見西公山嶼。

北四嶼用庚酉見南四嶼。

北四嶼用單辰見魚山。

北四嶼用庚酉見乍浦山。

北四嶼用巽巳見丁厝嶴。

南四嶼用單乾見乍浦山。

南四嶼用單辰見丁厝嶴。

洋山用丙午見魚山。

魚山用單午見丁厝嶴。

打石嶴用丙午見龍虎山中門。

旗頭用辛戌見南窯。

南窯用單午見牛鼻空連礁。

連礁洋用單午見雞嶼。

雞嶼用單丁見覆鼎嶼。

蜈蜞嶴用單午見半畔山。

牛金門用單丙見塗龍澳。

塗龍嶴用坤見汲水頭下山。

汲水頭用庚見啞呵鼻。

三門口即花浦，用單坤見寧台嶼、龍船嶼。

花浦用坤申見牛頭門。

牛頭外用坤見啞呵鼻。

啞呵鼻外用子午見中魁門。

川蕉用坤未見網仔嶴。

中魁門用單申見吊邦門。

吊邦用單坤見三蒜頭。

石塘用庚酉見賊嶴。

大鹿門用坤申見三盤，或流東用丑未。

三盤用坤申見外鳳。

外鳳用單申見鹽田。

內鳳用坤申見鹽田。

金香大魚鼻用坤申見草嶼。

草嶼用單申見拜嶼。

北關用單坤見大俞山。

南關用單坤見大俞山。

三沙用丙午見芙蓉頭。

烽火用丁午見芙蓉山。

大俞山尾用坤申見老湖門。

竹根嶼用子午見芙蓉山。

小西洋用丑癸、子午見官塘山。

西洋內用單未見甕嶼。

媳婦娘嶴用巽巳見甕嶼。

甕嶼外用單癸兼丑，順南塘山內落。

甕嶼內用子午見南塘山。

鳳岐用巳丙見南塘鼻。

澄海用巽辰見南塘尾。

官塘用子午見白犬山。

官塘用單坤見牛角山。

白犬用坤申見赤嶼、牛角山。

白犬用坤見草嶼、赤嶼。

白犬用庚酉見慈嶴。

慈嶴用丁午見牛鼻空。

牛鼻用癸丁見苦嶼。

貓嶼用丁午見猿屈水。

四嶼用單未見竹牌嶼礁。

吉兆用坤艮見墓仔口。

墓仔口用單未見紡車頭。

門扇後用單坤見白嶼。

門扇後用單坤見小日頭。

西寨頭用坤見南鎮嶼。

東滬用卯酉見湄洲嶴。

東滬用單庚見大岞。

烏龜用庚酉見大岞。

赤礁用坤申見祥芝、大墜。

崇武用單申見烏龜。

北椗用坤申、寮羅嶴內用艮，見鎮海。

鎮海用坤申見樟門。

樟門用坤申見虎豹獅象。

宮仔前用庚申見南嶴。



南嶴在鳳山、草嶼，用子午表外過。在表外艮坤亦可。在廣嶴，流東用丑未，開杆帆。

廣嶴用艮坤，赤嶴鼻外過，開杆帆。

錢嶴內用子午或兼壬丙，亦赤嶴外過，開杆帆。

赤嶴鼻外用艮寅，甲子欄外過，夜間可用單艮是妥。

甲子欄外用艮寅來過遮浪鼻，開杆帆，夜間外開些，見田尾。

抛龜靈嶴內夜間來大星，用寅申直來就離。

遮浪 菜嶼下用甲寅見大星。

大星，在星仔門用艮寅見半月嶼。在星仔外，甲寅駛平星仔，再用寅申，咖咾嶼下過。

咖咾嶼外用單寅見着福建鼻 荔枝嶼。

登梁嶴用寅申見福建鼻，開杆帆。

花園頭用艮寅，流東水見九州頭。

嶴門入江門港淺頭，有網桁一角，又有網桁，夜間着仔細。護斗城有此礁，直看內面防山不可出頭，外鬣嶼不可耽着一角無礙。護斗城後山有三尖，就過身，可對西南畔過，西南亦當防淺。

## 廈門往上海針路

大擔開船，用甲卯駛離海翁汕，用庚申取寮羅。

寮羅用甲寅取北椗外過。北椗外用艮坤取石峻，離半更開。

石峻用寅申取佛塘。

佛塘用艮丑取祥芝頭。

船在佛塘外，用艮取大岞外。

大岞外用癸取小岞山。

小岞外用丑艮取湄洲 賊嶴。

湄洲外用丑未取平海，船駛開，庚寅取南日頭。

南日內用坤申取白嶼。船駛外用庚寅取南日頭。

南日內用坤申取白嶼。

白嶼用庚酉取紡車頭外過。

紡車頭用艮丑取吉兆。

吉兆用壬丙取新宮前。

新宮前用子午取苦嶼門。

苦嶼門用癸丁取牛鼻壟。

牛鼻壟用子午取慈嶴。

赤嶼用丑艮取官塘內過。

官塘用壬丙、巳亥取定海頭。

官塘鼻南用子午、癸丁取北加頭。

北加頭用子午取小西洋，對內甕嶼取小西洋尾，見老湖門用艮丑。

小西洋 老湖門用癸丁、丑未取烽火門，取三沙用癸丁。

烽火門用艮坤、丑未取北關門。

北關外用丑未取大魚金香頭。

大魚金香頭用丑未取鹽田外邊過。

鹽田用丑未取鳳凰山外過。

鹽田用艮坤取虎仔嶼門中過。

虎仔嶼門用艮取三盤門中過。

三盤門用丑未、艮坤取坎門外過。

坎門外用艮坤取大鹿門中過。

大鹿門中用艮坤取雙門港口。

大鹿用艮丑取石塘。

石塘用艮坤取吊邦中門過。

吊邦中門用癸丁取鬣殼南垵額頭過。

吊邦中門用艮坤取積谷內過。

積谷內用巳亥、壬丙取網仔嶴。

馬蹄用乾巽取海門關。

積谷內用子午取川焦。

川焦用癸丁取楊柳坑額頭。

楊柳坑額頭用癸子取茶盤嶼。

楊柳額外用子午、壬丙取牛頭門。

茶盤用癸丁取花嶴口。

花嶴口用卯酉取三門。

三門用庚申取石浦，中門過，汲水門到即金牌。

金牌外鼻頭用壬丙取半畔山過。

半畔山外用癸丁、子午取覆鼎。

覆鼎用子午取向奎。



向奎用子癸取牛鼻壟。

牛鼻壟用子午、壬丙取金錠門，名曰內窯。

內窯用艮丑取旗頭，去蟳廣嶴，候好風往上海。

蟳廣嶴用單乾一更餘、四嶼用乾針取馬積嶴一夜，是東北風往上海。用單[？]一更見石碣，經過些。

石碣北用乾亥大半更，水漲打坪四托，爛泥。又用壬亥並單亥，打水四托余，水退見南岸。

南岸用乾針，打水五托，見頭墩。

頭墩用辛戌針，打水七托，泥地。又用乾戌，打水十一托至十托，在梧桐港口，可內上海。船在丁厝嶴，往乍浦用乾針。



## 寧波往南針法內駕

旗頭開船，用丑未取金錠門 內窯。

金錠門用子午取牛鼻壟。

牛鼻壟用子午、壬丙取向奎。

向奎用巳亥取龍目嶼。

龍目嶼用巳亥、壬丙取半畔山。

半畔山外用癸丁、丑未取急水門，入石浦。

花嶴口用子午取茶盤。

茶盤用子午取牛頭門。

牛頭門用子午取楊柳坑砣鼻。

楊柳坑砣鼻用癸丁、丑未取川焦。

川焦用子午、癸丁取鱟殼並積谷門。

積谷門用丑未取吊邦中門。

吊邦中門用丑未取石塘外邊過鼻，石塘外鼻用寅申取竹篙嶼。

石塘嶴用艮寅取大鹿中門。

大鹿水漲用丑未取三盤中門。

竹篙嶼中門嶼艮寅取坎門外。

坎門外嶼艮寅取連嶼外過。

連嶼外用丑取三盤中門。

三盤 中門嶼丑未取紫山內虎仔嶼門過。

虎仔嶼用艮丑取鹽田外過。

虎仔嶼門有艮寅，流東對八畝內過。

鹽田外用艮丑取金香頭 草嶼外。

草嶼外用艮丑取北關中門。

北關外鼻用癸丁，水退正北風，開杆帆，取烽火門。對拜嶼外落，用艮寅見烽火門。如大流心[水]流西，西北風愈駛倚愈妥當；若流東水，亦倚。

烽火門用癸丁，流東用子，取芙蓉山。

螺殼鼻外用艮取小西洋。

芙蓉山內用癸丁取北加 硐嶼外過。流東，門[開]杆帆有風到，駛丑癸正。

北加外用子午、癸丁取下塘嶴，硐嶼外直丑癸。

下塘用子癸取白犬內過。

白犬內用艮丑取慈嶴，水退。

慈嶴外用艮丑取赤嶼外牛鼻壟外。

牛鼻用癸丁取苦嶼。

苦嶼用子午取四嶼內過。

四嶼內用子午取烏嶼外過。

烏嶼外用壬丙取猿昆水嶼下過順山。

南日頭用艮坤取平海矻外過。

平海矻外用寅申取湄洲椗外過。

湄洲椗外用艮丑取大岵外過。

大岵用艮坤取石峻外過。如大墜開船，用艮丑，東北風，取石峻。

石峻用艮坤，丑未亦可，取北椗外過。

北椗外用單申、艮坤、寅申取旗尾。

北椗外用寅申取塔仔腳鼻頭外。

塔仔腳用甲寅駛離海翁汕。又用甲卯取大擔門。

北椗用寅申取將軍澚。

塔仔鼻外用艮坤取鎮海鼻頭。

鎮海頭用丑取南澚嶼外。

南鎮嶼外用丑取將軍澚。

將軍澚外開杆帆，可用丑未取聖告嶼。

虎頭山外用丑未取樟門。

樟門用丑未取古雷頭。

古雷頭用艮寅取蘇尖外。



蘇尖外用丑未取象嶼。

象嶼用甲卯取虎仔嶼外。

虎仔嶼用庚申取砵仔礁。

砵仔礁用甲寅取南澚。

鳳山 菜嶼用子午取表頭外。

表頭外用艮寅八更，又用卯酉四更取大星。

大星用坤申七更取東姜 弓鞋外。

弓鞋外用庚申取烏豬外過。

烏豬用單庚取海龍頭。

海龍頭用庚申取放雞澚。

放雞澚往碙州，用單申取碙州山內過。

放雞用庚申暫收廣州澚港口。



## 廈門往海南針法

金龜用單丁七更取南澚 彭外，打水二十三托。又用單申二更取表外，離半更船開。又用單庚三庚取甲子欄外過。

甲子欄外用單庚十一更取大星外過。

大星外用庚酉一更取魯萬，須用神福。

魯萬用單申三更取烏豬外過。

烏豬外用單庚三更取婆筶，二[更]是下春。

婆筶用甲卯二更取龍頭下是銅錢澚。

下春開船二更過是北龍頭。

北龍頭用寅申五更半，龍頭下是雷白港。

放雞離一更開，用單申一更取碙州山內過。

碙州山坐海南山，對碙州北山用癸丑一更取海北大山，是雷州。

雷州大山見西汕，用壬丙過北汕邊港。可防橫汕。又用子午過竹挑礁。又用壬丙離海北汕。又用子午，網仔下是白沙 海口港，候水漲七、八分，好進港者。

## 海南往北外駕至天津、山東、錦 蓋針法

目連頭 七星嶺用艮寅一更，又用甲卯二更，又用艮寅七星[更]取大星尖。

大星尖用單寅十五更取南嶴 彭。彭外打水廿二托，彭內打水十七、八托。

南嶴 彭外用丑艮取東椗。

東椗外用單寅四更，又用艮寅三更取烏龜。

烏嘴尾用乙卯離北椗外過，用甲寅並單寅七更取烏龜外過。

烏龜外用單艮四更取牛嶼。

牛嶼外過，用丑艮及單丑六更取東湧。

東湧外用單丑三更取臺山外過。

臺山外用丑艮、單丑十更取鳳尾外過。

鳳尾山外用子癸三更取魚山內過，或一更並用丑癸取魚山內過。

魚山用單癸及子癸取九山。

九山用子癸取兩廣。

兩廣放洋，用單癸四更，又用單子十五更，又用壬子五更，又用單壬六更見馬頭嘴。

馬頭嘴用癸四更見青山頭。

青山頭取鐵山，用單乾七更對皇城門。

朱五嶼取鐵山，用乾亥六更見皇城門。

妙嶼取鐵山，用壬癸五更見皇城門。

皇城門取空嶼港，用子午五更見磨盤山。

磨盤山取錦州，用單壬及子六更到錦州，收入是復州，可防石汕。又用丑艮五更取蓋州港。

磨盤山就是黃耀尖峰，不可大壟，可防石汕。又過連大山，盡山尾，是有炮臺，孔加鼻內好抛船椗、插篙，水返進港。

青山頭用辛酉九更取妙嶼，防東邊石汕。對西嶴入妙嶼，用單申見雞母嶼。

雞母嶼下有三山妙線，開半更開嶴，可防，篷內閣[蓬萊閣]西邊鼻頭有沙條，用庚申二更、單申二更見芙蓉嶼。

芙蓉嶼若要收入小月塢，可近芙蓉嶼山東邊落，須防沉水礁。芙蓉嶼取汀河，辛

戌六更，打水卅托，可抛。

汀河港口有海神廟，或海神廟看不見，水色青赤，南水乃赤，北水乃青。妙嶼放洋，用單庚及庚酉六更，再用庚酉三更取汀河港口。欲取天津，用單申八更、辛戌五更，便是天津港口，南北是炮臺。

馬頭嘴用單癸四更取青山頭。

青山頭用乾戌十一更對皇城門取鐵山。

衙海用單乾七更對皇城門取鐵山。

洋山放洋往山東，用丑艮四更，又用丑癸四更，又用單子一更，又用單亥四更，又用單乾四更，又用單戌四更取山東。

普陀放洋取山[東]，用丑艮三更取北烏龜，又用子癸五更取盡山過，又用單子十五更，又用壬子五更，又用單壬十更取青山頭。

洋山放洋，用丑艮五更，又用丑癸五更，又用單子十一更，又用壬子五更，又用單壬四更見馬頭嘴。

青山頭回寧波，用單午卅五更，十八、九水駛見花鳥。廿外水是盡山外過。又單午三更，又用單丁見盡山。

膠州回寧波，用辰七更，又用辰巽三更，又用單巽五更，又用單午十更，又用單丁五更，又用丁未五更見洋山。

## 泉州出大墜對外往寧波針法

大墜用甲卯對烏龜外過，又用庚申取烏龜内過。

烏龜用艮寅三更取牛嶼外過，倚些些可一單寅，若開杆帆，流東水，夜間再兼二分庚是妥。至烏龜外用艮寅足矣。

牛嶼外用丑癸五更取東湧，一更開。十八年四月尾用丑艮，而後北風收入，有一更開犬山，但犬山生北，東湧生開，用丑艮防之妥。

東湧用丑及丑艮六更取南杞，一更開。

南杞用丑癸七更取鳳尾，半更開。

鳳尾用丑癸四更取魚山，半更開。

魚山用單丑、丑癸三更取九山，半更開。

九山用單丑、丑癸四更取普陀，二更開。

魚山半更開，用單丑三更，用單乾三更取積谷門。

## 普陀回泉州對外針法

普陀山二更開，用丁未四更取九山，一更開。

九山用未及丁未三更取魚山。

魚山用丁未四更取鳳尾，半更開。

鳳尾山用丁未七更取南杞，打水卅托。

南杞倚用坤申及單申三更取臺山，半更開。

南杞半更開，用坤未及單未六更取東湧，一更開。

臺山用丙午二更及丁未取東湧。

東湧用單未五更取牛嶼，一更開。

牛嶼外打水廿三托，用坤申三更取烏龜，內打水廿五托，外打水卅五托。

烏龜內用庚酉三更取大墜門。

烏龜外用庚申及單申七更取北椗。

北椗用辛酉見烏嘴尾。

烏嘴尾用庚酉取大擔。

烏龜外用丙午九更取澎湖。

烏龜用坤申十三更取南嶴。

## 泰[太]武往安南國針法

大擔開船，用單丁、丁未七更取南嶴 彭外過。

南嶴 彭外用坤申十五更取大星。

大星用坤申七更取東姜。

東姜用坤未五更取烏豬。

烏豬用坤申十三更取七州洋。

七州用單坤七更取海南 黎母大山，見清蘭頭。

清蘭頭用坤未廿一更取外羅，東高西低似馬垵。

清蘭若往東京，就在海南 黎母山用庚酉十五更取海朱山，用單亥五更取雞[籠] 昌文坎海，即是安南門收入。

## 安南回泰武針法

雞昌文開船，用辰巽五更取海棠山外過。

海棠山用單卯十五更取[海]南 黎母山。

[海]南 黎母山用艮寅二十更取獨豬山。

獨豬山用單艮五更取銅鼓山。

銅鼓山用艮寅十三更取烏豬山。

烏豬山用單艮七更取東姜山。

東姜山用單寅七更取大星尖。

大星尖用單寅十五更取南䓪 外[彭]。

南䓪 外用艮寅三更取大柑 小桔過。

大柑 小桔用單寅四更取太武山，收入廈門。



## 梧[浯]嶼往海南針法

東椗開船，用單未七更取南䓪 彭外過。

南䓪 彭外用坤申十五更取大星尖。

大星尖用單申七更取東姜外及弓鞋外。

弓鞋外用單坤十八更取七州連嶼，共有七個。

七州用庚酉六更取目連頭。

目連頭用單酉二更取海南港口，收入妙哉。



## 又梧嶼往海南針法

梧嶼開船，嶼單未四更取柑桔，中內俱可過門。又用單未三更取南䓪 彭外，打水廿二、三托，外內打水十七、八托。

南䓪 彭外用坤申十更取田尾。

田尾用坤申五更取大星尖。

大星尖用坤申七更取東姜、弓鞋外過。

弓鞋外用庚申五更取烏豬外過。

烏豬外用單庚取龍海頭，西即是上 下春[川]。

龍海頭用庚申取放雞。

放雞用單申取硇州山內過。

## 御亭[爵溪]各處對坐向

魚山在甲寅上倚勢一礁，近大山離魚有半過，在甲申上船。若魚山過，欲拋風尾，可用坤申及單申三更取鳳尾內門入，可拋東北風及東南風。船若在魚山南過，用坤未在鳳尾內入，在鳳髻尾南勢頭入，用單亥看第一門第二小山。西南勢有小礁一座打湧，船在要[西]勢，鳳尾北風垵，可看鳳髻內第二、第三大山，即是鳳尾也。

魚山共佛山為辰巽、乾亥對。又共龍門在巽為乾巽對。又共西箕在甲卯為甲庚、卯酉對，一過半。又共鳳尾在丑艮為艮坤、丑未對，三過。又共坎頭為巳亥對。

小魚山外鼻頭在子，共楊山外中門礁為子午對。中門共楊山為癸丁、丑未對，三更。

佛頭山在壬，共東箕為壬丙對，一更。又戌上龍門下一小嶼，號牛頭山，西勢額尾在辰上。

魚山對卯酉看二個東箕，共三個為巽乾相呑。又西勢一個鳳尾在艮，共臺山為艮坤、丑未對十更。在艮共南杞山為坤艮對四更。北杞共籠內為壬丙對。南杞共鎮下門為寅申對，在艮共臺山為丑未對四更。南杞在丑癸共東湧為癸丁、丑未對七更，在卯共金鄉山北頭為卯酉對二更，又共風[烽]火門為寅申對。南杞卯酉相生，南北看長，長有嶼仔五、六個，南有石嶼二點對南臺山，內打水十七、八托。北去一更開有七星礁，南有出水礁，名曰三白，夜間不可行船。用丁未三更取黑雙嶼，入沙埕可防。龍目礁在巽巳，共金鄉大山為乾亥對三更；在辰巽共金鄉澚為辰戌、巽乾對三更；在癸丑共南烏嶼為癸丁、丑未對；又共七星為甲寅、寅申對二更；在乙共北關為乙辛對；在艮共霜山為艮坤對二更；在癸共東湧為癸丁有貪子午、壬丙對三更。霜山有個無相連，四面各斷水腳，有嶼仔如船帆樣。霜有東、西、南、北霜。東霜拋北風，北霜拋南風，南霜亦拋南風，澚內多礁，入澚可防。在午共三沙 風火門為子午對二更，在艮共官塘北頭為艮坤對三更，貪申。黃嶼仔在子，共東湧為子午、壬丙對一更。東湧在洋中，四嶼相倚有一門，離一箭遠共有三澚，四面如壁，打水廿五托，山上有大王廟，澚水底多拳石。西山一澚可拋北風，山北後一澚可拋南風。或在海上遇風，無處可避，用單坤四更取牛嶼，在乙辰共大奎所 老湖為乙辛、卯酉對三更，在乙卯共小西洋為乙辛、卯酉對三更。東湧離半更開，有大礁盤出水，為丁未對三更；在卯共北加頭為卯酉對三更；在甲共官塘北頭為甲庚對一更半；在卯共黃嶼仔為卯酉對二更；在寅共白犬為寅申貪甲庚對三更；在甲共亞嶼為甲庚、寅申對。亞嶼在丁共橫嶼為癸丁貪子午對；在卯共官塘為卯酉貪甲庚對；在北勢有北汕打湧，礁相連生開；在艮共白犬為艮坤對。橫嶼在丑，共白犬為丑未貪艮坤對二更。

官塘東勢有一個石嶼，都有門近，下面有一門，諒得過船，東頭壟。若要取白犬山開過，用丙午一更，看水漲水退，可用坤、未、丁一大更收人。白犬山乙酉相呑做一個，在癸共白犬為白犬[原文如此，應為針位才是]。對白犬山有三個大門可過船，西犬對尖目，拋船東犬，泥地。山上有四石嶼員大，在子共牛嶼為子午、壬丙對二更，在甲共慈澚為甲寅對。

慈澚在戌，欲出海山，山東勢額頭外過，用單辰及辰巽。海壇山大山尖在亥，共牛嶼為巳亥對二更。

牛嶼在乙辰，共觀音澳為乙辛、辰戌對半更；共碙尾開勢一礁為寅申貪庚對；在寅共半洋礁為寅申對。

碙尾開勢，礁南頭共北頭為乾戌、巽辰對；在甲寅共草嶼為甲庚、寅申對；在艮共烏龜為艮坤對。

東滬船若拋東滬嶴內，看大坵在丁上、坵仔在午上正，水退，東北風，用單丙及丙午，在邱仔外過；共丁未以及坤未，在大坵內過；在甲共鷺鷀為甲庚一更對，𩙪上勢一員嶼仔在酉上。



烏龜內打水廿五托，山上有水可取，洋中有礁可防，外打水卅餘托，用單艮卅更取洋山。在乙共湄洲為乙辛貪卯酉二條線對；在卯共小岞為卯酉貪甲庚二更半；在甲卯共大岞為甲庚、卯酉對三更；在巳共鷺鷀為巳亥對一小更；在子共澎湖為子午貪壬丙對十更；在艮共東椗為艮坤對七更。



鷺鷀在乙辰，共南鎮嶼為乙辛、辰戌對小半更。

南鎮嶼在乾，共烏龜在巽為乾巽一更半；在丑共北椗在未為丑未對小半更。

大岞共祥芝為艮坤對一更。

崇武共大墜為庚申對；共祥芝外額頭為丑未對一更；共江山外額頭為辰巽對。

江山共大嶼為甲庚對。

福全 假嶴在壬亥共北椗為壬丙、巳亥對一更。

南嶴 澎在巽巳，共南嶴為乾亥、巽巳對一更半；在乙辛共表尾為乙辛、卯酉對一更半；在甲共占筆羅為甲庚貪坤對；在艮共外羅為艮坤貪寅申對廿更。

南嶴在艮，共洲頭為艮坤貪寅申對四更。

黃官門在壬亥，共東椗為壬丙、巳亥對。

大星砣在辰巽，共大星為乾巽、壬辰對二更；在乙共大鵬為乙辛對四更；在艮共東姜為艮坤、庚申對。

東姜在艮，共大洲頭為艮坤對；在艮共占筆羅為坤艮、丑未對，貪丑未；在艮共外羅為艮坤、丑未對四十五更；在丑共矸荳為丑未對廿七更。

柑桔在乾，共打狗仔為乾巽對十一更；在乾戌共江山額頭為乾戌、巽辰對十一更；在甲庚共大嶼為甲庚、寅申對七更。

普陀。普陀 後殿嶴好拋西北風。外鼻下有善才礁一塊，直看飛沙不可密，橫看葫蘆山開門離。內下面有良女礁一塊，不可太倚。普陀外有中門礁，名門佃。橫看金砵硹不可密龍頭嶼，直看洛仔頭二尖相耽正。龍頭嶼下有拖尾礁，不可太倚。入內去是關帝宮洋船嶴，打水十四、五托。水下南畔有嶼仔一個，有拖尾。洛仔頭 荔枝門北畔有礁一塊，對中入。虎了嶴鼻尾有礁一塊甚開，看虎了嶼開門即可頭起、拋船。虎了嶼有虎屎礁一塊，生開箭遠，入船必要敲開。落去下有內外錫嶼。豬腳尖下有鬼嶼，下有拖尾礁生開。直看官柴嶼不可密烏山，相耽密正，官柴嶼小出頭，直落無礙。三錢北有石汕礁拖尾，一列生開，行船可防。二錢北有拖尾礁，生有一紘緄開。二錢又有半洋礁，直看化身洞出洛仔頭內，對內過；對外過，看葫蘆山出洛仔頭外在外食密正。橫看二錢以“與”外錢相搭正。半洋礁外錢出二錢上，在頂過；外錢出二錢下，在下過。入內烏山鼻尾有拖尾礁，不可太倚。又去鳳金塌下，有平盤礁一塊，敲船不可太倚。官柴嶼南有公盆礁一塊。橫看三錢不可密烏山鼻尾，直看北內二尖小相搭正。上去桃花仔大山邊，有出水、沉水礁，敲船不可倚。對中龍目嶼二個，看烏山如筆架山生，可過。龍目嶼北將使山倚好拋船，開深不可拋。烏山仔門北嶼下有拖尾礁，行船不可太倚。上去靠茶嶴內，打水三、四托水。鼻尾外有拖尾，不可倚。又去風重鼻，西灣內塗坪，敲船不可倚。東是靠茶，內有礁一塊，直看烏山仔門開門，正礁密風重鼻無礙。橫看旗頭山耽老鼠嶼出頭離，接入流一垵至沈高[家]門 炮臺，外有酒寡礁一塊，水涔打浪，水退出水。

## 往澎湖針路

官塘用子午十五更取鹿耳門。

南日、烏龜用丙午九更取西嶼頭。

大岞、崇武用丙八更見西嶼頭。

大墜、祥芝用巳丙七更見西嶼頭。

石峻、福全用巽巳七更見西嶼。

繚[寮]羅用辰巽見西嶼。

大擔、金龜用辰見西嶼。

繚羅正北風放過澎湖，用乙辰妙也。放洋北風大高，看是佳箕嶼有單另一個，內面有山鼻一個，就是高，可出繚來尋西嶼頭，盡尾有大鼻頭，就是西嶼，入內是外簽，妙也。

春夏秋冬，南北轉變。

## 澎湖回來針路

放北風勢是雙南流，冬天北水多。

西嶼頭用辛戌見東椗，用單戌見將軍嶴、南椗。

八罩頭用單戌見東椗。

花貓用乾戌見北太武，用單戌見圍頭。

西嶼頭用乾巽見姑嫂山雙髻。

澎湖正北風用乾亥妙也。

## 澎湖往臺灣正北風用辰戌可笼仔港妙也

桔嶴好拋船，大風之時正拋。北往東鼻尾兜可泊舟，敲船對桔門中過，不可近西南，有石汕，取中妙也。

金圭仔土名將軍嶴，外勢入將軍嶴，正山步正港。直山步，八罩山疊金圭仔鼻頭正港。北風倚桿船駛至八罩搭金圭仔 炮臺尖，可轉開桿帆，駛至八罩鼻，金圭仔不可開門，就轉舵入將軍內拋船妙也。入嶴內，沙邊有拖尾沉礁。直山步，八罩鄉 龍王宮疊西勢壇尾落水，轉入嶴內，拋船可對龍王宮正身妙之。金圭仔嶴內拋船，外面泊流。嶴中泱有沙壇一條，船尖至，西南有門，看下勢桔仔嶼一個對金圭仔西鼻，就是正身港路。其港口有小嶼一個，水滿之時打浪，其大小嶼者離一枝板挑遠，可頭起，入內可拋，東西鼻兜兜沙壇邊正港，拋船妙。其再嶴底下有石汕，不可拋船，切記。其敲船內外簽者，敲船得洗南流其罩北面有石汕甚多，一烈直至虎井門，對坐南尚有石汕，敲船仔細，不可太倚八罩山腳為妙，切記。恐若金圭仔嶴往臺灣嶴者，就對金圭仔南鼻兜，有門不可出，尋八罩口看山步，落船看横山步，切記之。

內簽拋北風嶴，夜間行船可防，通戶櫃仔有嶼仔，尾有礁二塊。

## 往抹[笨]港針路

大墜用辰巽轉單巽見抹港頂。用巽轉巳見目嶼。用巳丙見西嶼頭。用單丙見花貓。用丙午見大嶼。用乙見大肚。

崇武用乙辰見大肚。

祥芝尾、深滬頭用巳丙見鹿港口。

祥芝尾用單巳見大肚山。

大墜用巽巳見鐵砧。用單巳見後籠鼻。用乙辛見鳳鼻。

大墜往大安，用辰巽十一更見大道山。上去水裡港。水裡港有鐵釘仔口，有插大花招石柱，就是大安港口。上去竹塹，欲入船，可拋在鳳鼻下，候水返七、八分，即入可也。

## 往“頂港”針路

大墜出舟，西南風用卯見龜、乙辰見鳳鼻。用乙卯見南坎圓。用單卯見觀音大墩山。用卯甲見蠏頭。

往雞籠，用卯見港口，有嶼仔，個個如積谷。入去是嶴，好拋亦好逃颱，其嶴甚好。欲入嶴，西邊有礁不可倚，東南面有平阪。再過一嶴，名曰深嶴，南風可拋船，北風不宜，其處多出樟料。

觀音嶴用辰巽見鳳鼻腳。

官塘用乙辰十一更見山。

東湧、基山用壬亥十一更見土墩山腳。

南 北杞用子壬十二更見山。

東湧用巽五更轉辰巽二更見山。用單巽七更取大墩山，南風入港，頭對番仔樓正港。大墩山有四個山頭，南面觀音有二尖。

官塘北風往淡水、雞籠，用辰巽，宜察春夏秋冬南北流轉變可也。西南風放洋，春水南流甚多。

——[清] 泉州佚名《石湖郭氏針路簿》抄本



# 漳州《[安船]酌獻科》和《送船科儀》

## 往西洋

本港灣，海門嶼，雞嶼，古[鼓]浪嶼，太武山，島尾嶼，浯嶼灣，大担，小担，鎮海湾[灣]，六鰲湾，銅山湾，大甘，小甘，宮仔前（天妃娘娘）。

往潮州，廣東 南灣（順[濟]宮 天妃），外彭山，大尖，小尖，東姜山，弓鞋山，南停門，烏豬[豬]山，七州洋，泊水（都功 林使總管），濁[獨]豬[豬]山，交址[趾]也（招神）。

外羅，交[筊]杯嶼，羊嶼，靈山大僊，釣魚臺，伽倆貌，占城也（招神）。

羅鞍頭，煙同[筒]，赤墩[坎]，覆鼎山，毛蠏州，柬埔寨（招神）。

羅鞍頭，玳瑁州，失力，馬鞍嶼，雙嶼，煉个笠，

**【引書舉要】**

佚名《[安船]酌獻科》《送船科儀》是清代的民間道教科儀書鈔本，藏於英國倫敦大英圖書館，編號分別爲OR12693/15和OR12693/18。這批資料約成於清朝乾隆年間，應爲福建漳州海澄縣人所作。本書所引轉據香港中文大學科大衛（David Faure）教授1994年在“海上絲綢之路與潮汕文化國際學術研討會”提交的論文《英國圖書館藏有關海上絲綢之路的一些資料》中的介紹。兩文均由連心豪點校。

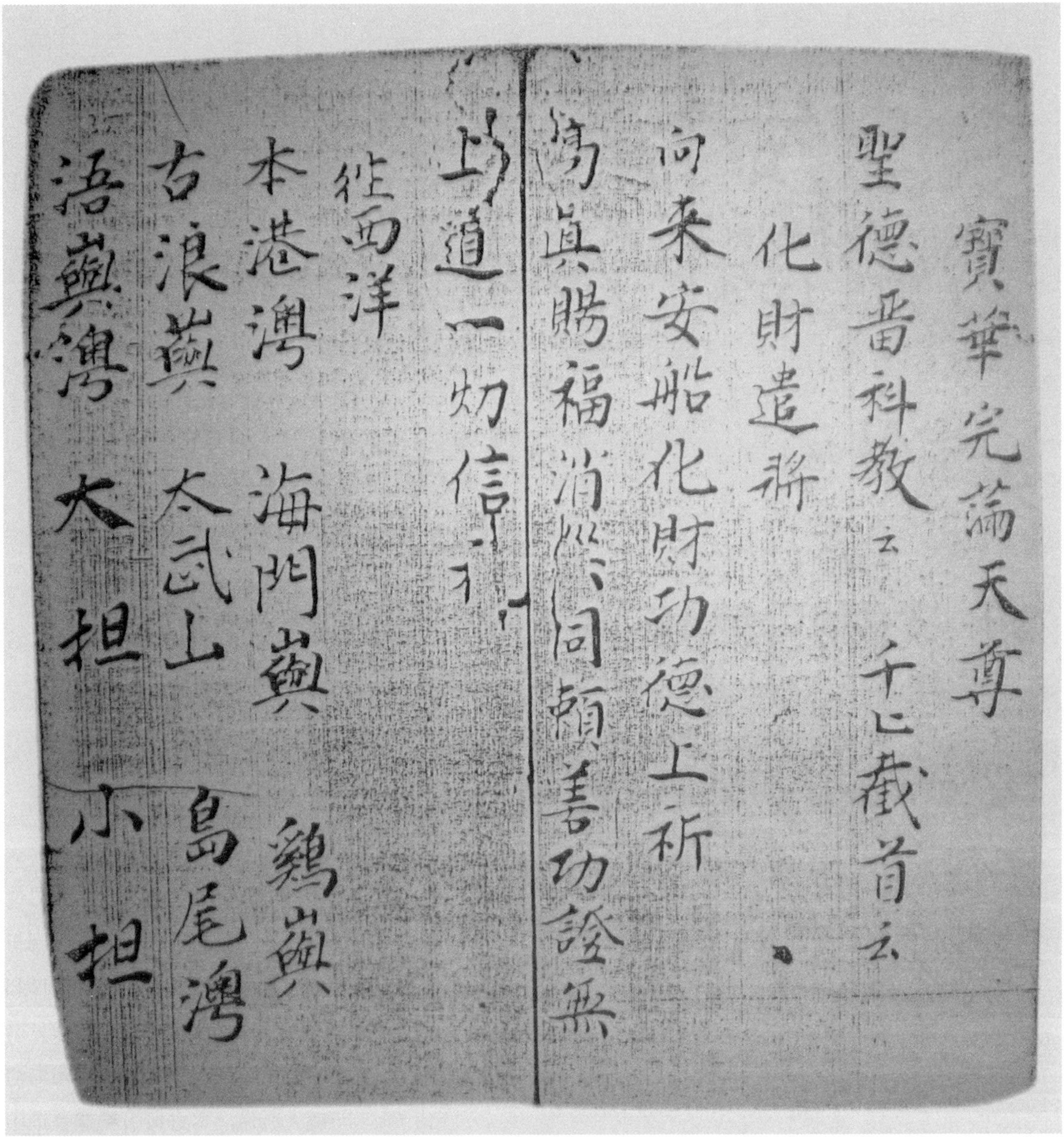
寶華完滿天尊
聖德普科教云 千々載首云
化財遣將
向來安船化財功德上祈
爲眞賜福消災同賴善功證無
上道一切信行
往西洋
本港澳 海門嶼 鷄嶼
古浪嶼 太武山 島尾澳
浯嶼澳 大担 小担

［清］佚名《送船科儀》手抄本書影一

進峽門，頭嶼，二嶼，五嶼，羅山牙，堋㠘墩，覆鍋，印嶼，下港也（招神）。

羅鞍頭 [羅鞍頭]，玳瑁州，失力，馬鞍嶼，雙嶼，十五嶼，浯岐嶼，吉淩馬，吉里洞，招山，三卯嶼，饒洞也（招神）。

白嶼，小急水，郎目嶼，嘛嚀，哩嘛也（招神）。

火山，大螺，小螺，大急水，池汶也（招神）。

[羅]鞍頭，崑崙山，地盤，長腰嶼，猪[豬]州山，饅頭嶼，龍牙門，七嶼，彭家山，蚊甲山，牛腿琴，涼傘嶼，舊港（善哪，招也）。

[羅]鞍頭，玳瑁州，崑崙山，吉蘭丹，崑辛，大泥（善，招也）。

羅鞍頭，玳瑁州，三角嶼，綿花嶼，斗嶼，橫山，彭亨（善，招也）。

羅鞍頭，玳瑁州，崑崙山，地盤山，東竹，西竹，將軍帽，崑辛，羅漢嶼，烏圢（善，招也）。

羅鞍頭，玳瑁州，大崑崙，小崑崙，眞滋，假滋，大橫，小橫，筆架山，龜山，竹嶼，暹羅（善，招也）。

羅鞍頭，玳瑁州，崑崙山，地盤，東竹，長腰嶼，猪[豬]洲山，饅頭嶼，龍牙門，涼傘嶼，占陂（菩[善]，招也）。

## 往東洋

本港灣，海門嶼，圭嶼，浯嶼灣，大担（土地[公]），太武山，前山，遼[料]羅，彭湖（暗灣），打狗也，雞籠，淡水（善，招也），郊里臨（善，招也），北港（善，招也），蚊港（善，招也），沙馬頭，大港（善，招也），交鴈，紅荳嶼，謝崑美，吉其烟，南閧，文萊也，密鴈，美落閣，布投，鴈同，松岩，玳珮珮（善，招也）。

磨哩咾，哩銀，中卯，呂宋（善，招也），呂房，磨咾英，悶悶，磨哩你，內閣，以寧，惡同，蘇落，斗仔

**[按語]**

1994年，香港中文大學科大衛教授在“海上絲綢之路與潮汕文化國際學術研討會”提交的論文《英國圖書館藏有關海上絲綢之路的一些資料》中介紹，倫敦大英圖書館藏有一批清代的民間道教科儀書鈔本，共21種，編號爲OR12693/15—35。該館1864年（同治三年）編次的中文藏書目錄，已將其著錄，可見入藏年代甚早。這批道教科儀書寫明，抄寫的年代最早爲乾隆十四年（1749），最遲爲道光二十九年（1849）。其中，第15冊《送船科儀》[又稱《送彩科儀》，OR12693/15，抄於乾隆三十四年（1769）]是一份送“王爺船”的禳瘟科儀書，內附《送船歌》，其請神部分特別供奉海澄縣城隍和州主唐將軍陳公[元光]。看來這批科儀書應該是來自漳州海澄。

《[安船]酌獻科》（OR12693/18）係造船過程中道士所使用的道教科儀書。其中詳細記錄了“往西洋”“往東洋”和“下南”“上北”四條國內外航線沿途所經地點及宮廟。由於文中大量稱“天妃娘娘”，偶書“天后”，可知其成書年代應在清朝剛封媽祖爲天后的康乾間。

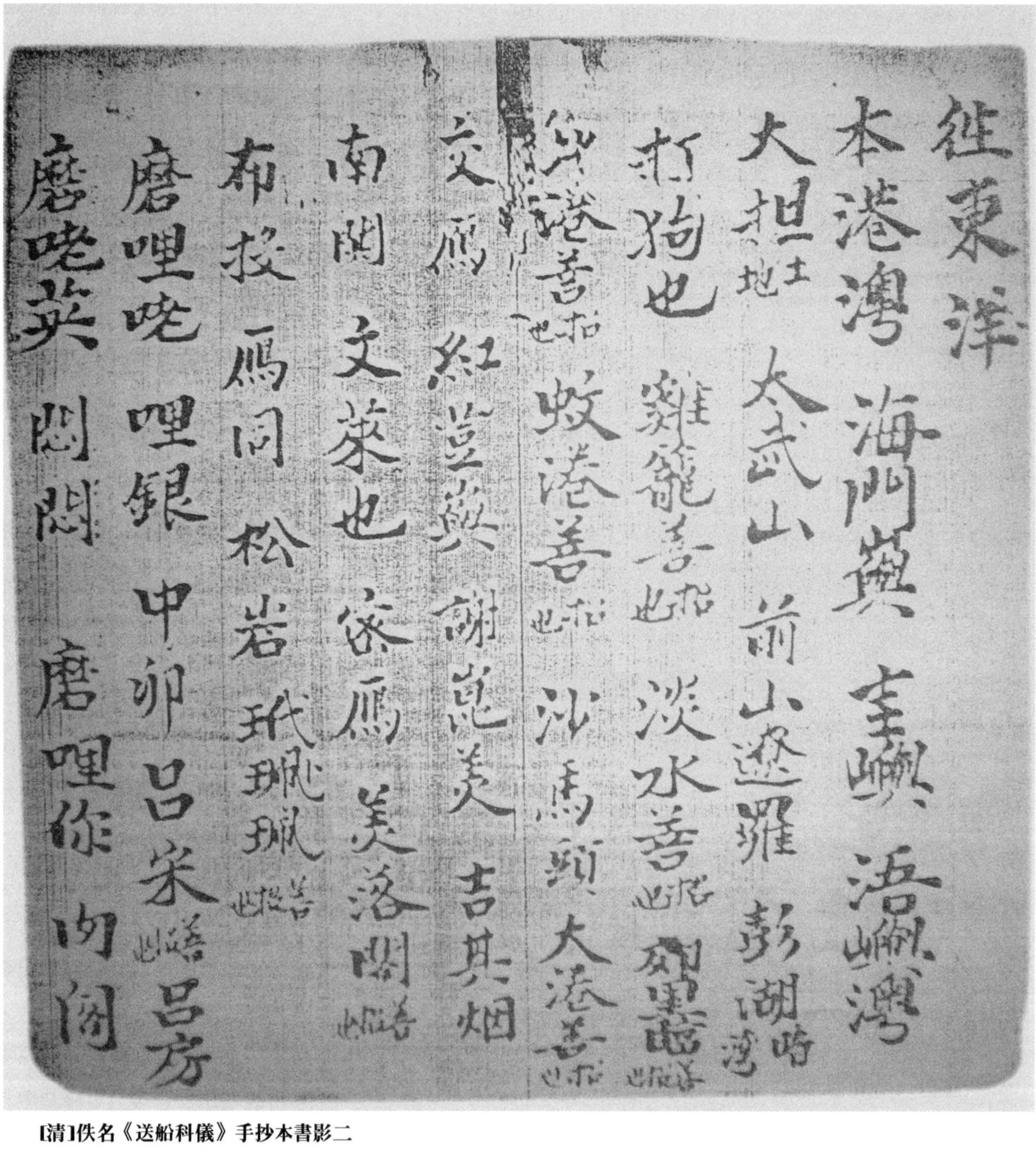
往東洋
本港灣　海門嶼　圭嶼　浯嶼灣
大担土地　大武山　前山遼羅　彭湖崎灣
打狗也　雞籠善船也　淡水善船也　[illegible]籠船善也
與港善船也　蚊港善船也　沙馬頭　大港善船也
交雁　紅荳嶼　謝崑美　吉其烟
南閩　文萊也　家雁　美落閩船善也
布投　雁同　松岩　玳瑁瑁船善也
磨哩咾　哩銀　中卯　呂宋船善也　呂房
磨咾英　悶悶　磨哩你吻閣

【清】佚名《送船科儀》手抄本書影二

蘭，蓬家裂，文萊（善哪，招也）。

## 下南

娘媽宮（媽祖），海門（媽祖，大道[公]），圭嶼（土地[公]），古[鼓]浪嶼（天妃），水仙[僊]宮（水仙[僊]王），曾厝安[垵]（舍人公），大担（媽祖），浯嶼（媽祖），旗尾（土地公），連江（媽祖），井尾（王公），大境（土地公），六鰲（媽祖），州門（天妃），高螺（土地公），銅山（关[關]帝），宮前（媽祖），懸鐘（天后），雞母灣（土地公），南澳（天后），大藍袍（天后），表尾（媽祖），錢灣（土地[公]），靖海（土地[公]），赤灣，神前（土地[公]），甲子（天后），田尾（土地[公]），遮浪（媽祖），龜灵[靈]（媽祖），線尾（土地[公]），大、小星（土地[公]），福建頭（二老爺），幞頭門（媽祖），瓩香炉[爐]（媽祖），大、小急水（土地[公]），口女廟（天妃），虎頭門（天后），草尾（土地[公]），宝朱[寶珠]嶼（土地[公]），廣東（河下 天后）。

## 上北

本港澳請完，至大担（媽祖），小担（土地[公]），寮[料]羅（天妃），東灣（媽祖），烈嶼（關帝），金門（媽祖），圍頭（媽祖），永寧（天妃），松系[祥芝]（土地[公]），大隊[墜]（媽祖），搭[獺]窟（媽祖），宗[崇]武（媽祖），大、小族[岞]（土地[公]），湄州[洲]（媽祖），平海（媽祖），南日（媽祖），門扇後（土地[公]），小萬安（五帝），沙灣（土地[公]），宮仔前（媽祖），古嶼門（媽祖），磁灣（媽祖），白犬門（土地[公]），關童（土地[公]），定海（媽祖），小埕（土地[公]），雞母灣（媽祖），北膠[茭]（九使爺），大西洋（土地[公]），老湖（土地[公]），三沙（媽祖），風火門（土地[公]），棕簑灣（土地[公]），網仔灣（土地[公]），鎮下門（土地[公]），草嶼（土地[公]），金香澳，塩田，琵琶嶼，鳳凰（土地[公]），三盤（媽祖，羊府爺），烏洋（龍王爺），薯節灣（土地[公]），石堂（土地[公]），吊枋（土地[公]），鬣殼灣（土地[公]），網仔安[垵]（土地[公]），田招（土地[公]），白帶門（土地[公]），牛頭門（媽祖，阮夫人），佛頭山（佛長公），大急水（土地[公]），泥龍灣（土地[公]），牛平山（土地[公]），浯驅灣（土地[公]），青門（媽祖），連蕉洋（土地公），孝順門（土地[公]），旗頭（土地[公]），舟山（天后），番船潭（土地公），龍潭（龍爷[爺]），鎮海関（招寶寺 觀音佛），寧波府（媽祖）。

往蘇州 蟳廣灣（土地[公]），乍浦 深港灣（媽祖）。

往上海 楊山（楊老爺），上海港口（天后娘娘）。

往天津　馬頭山（天后娘娘，六使爺），蠱山頭（媽祖，土地[公]），養馬島（三官爺，土地公），朱五烏[島]（土地[公]），清[青]州 廟島（媽祖），天津港口海神廟（海神爷[爺]）。

往浙江 沙埕　許嶼門，硃灣，膠口，白犬，南灣，關潼（北灣），小埕，北茭（五帝爷[爺]，從北茭住，入三都 金井灣），大洋山，小西洋，魯湖，大鈴，螺殼，風火門，牙城，沙埕（入港），鎮下門。

——[清]佚名《安船酌獻科》



## 附：《送船科儀》的《送船歌》

上謝天仙[僊]享醮筵，四凶[兇]作吉永綿綿；

誠心更勸一盃酒，賜福流恩樂自然。

彩船到水走如龍，鳴鑼擊鼓鬧宣[喧]天；

諸神並坐同歆鑒，合社（家）人口保平安。

造此龍船巧粧[妝]成，諸神排列甚分明；

相呼相喚歸仙[僊]去，莫在人間作禍殃。

一謝神仙[僊]離鄉中，龍船到此浮如龍；

鳴鑼擊鼓喧天去，直到蓬萊第一宮。

二送諸神離家鄉，街頭巷尾無時塲；

受此筵席歡喜去，唱起龍船出外洋。

三送神君他方去，歌唱鼓樂樂希夷；

亦有神兵火急送，不停時刻到本司。

鑼鼓聲兮鬧葱葱[忽忽]，竪起大桅掛風帆；

裝載貨物滿船去，齊聲喝㘚到長江。

鑼鼓聲兮鬧紛紛，慇懃[殷勤]致意來送船；

拜辭神仙[僊]離別去，直到蓬萊入仙[僊]門。

紅旗閃閃江面搖，畵鼓咚咚似海漂；

聖母收毒并攝瘟，合社（家）老少盡逍遙。

船主、裁[載]副、香公、舵工、直庫、火長、大寮、二寮、押工、頭仟、二仟、三仟、阿班、杉板工、頭碇、二碇、總鋪，合船夥記[計]，齊到未？到了。

旹乾隆己丑年[三十四年（1769）]季冬穀旦敬抄。

——[清]佚名《送船科儀》

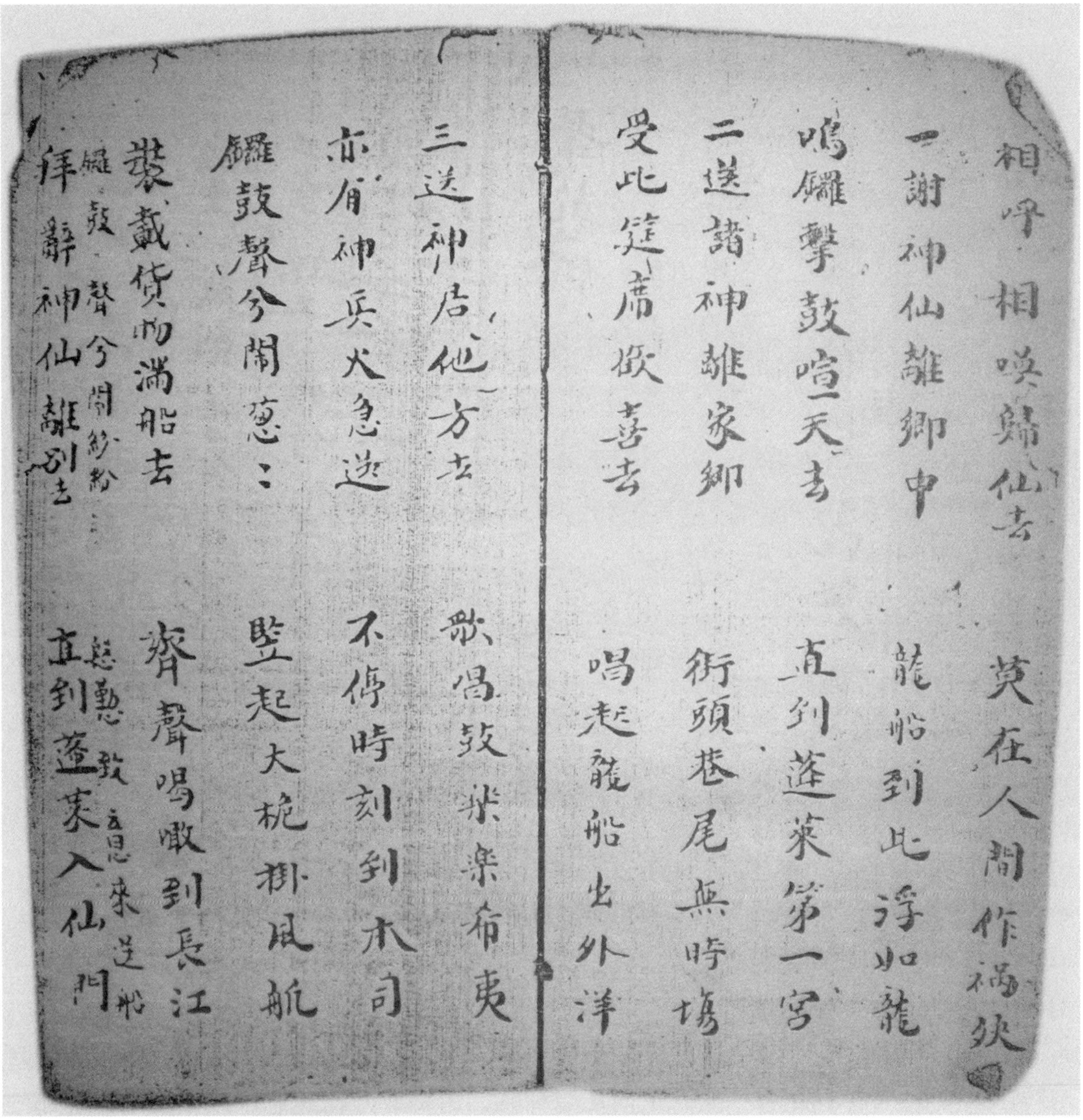
相呼相喚歸仙去　莫在人間作禍殃
一謝神仙離鄉中　龍船到此浮如龍
鳴鑼擊鼓喧天去　直到蓬萊第一宮
二送諸神離家鄉　街頭巷尾無時壞
受此筵席歡喜去　唱起龍船出外洋
三送神居他方去　歌唱鼓樂布夷
亦有神兵火急送　不停時刻到本司
鑼鼓聲兮鬧蔥蔥　竪起大桅掛風帆
裝載貨物滿船去　齊聲唱啾到長江
鑼鼓聲兮鬧紛紛　懇勤致意來送船
拜辭神仙離別去　直到蓬萊入仙門

［清］佚名《送船科儀》手抄本書影三

# 附：《漳州東山銅陵針經》簡目及部分內容





**[按語]**

2010年，福建漳州市黃炳欽先生在東山縣銅陵鎮發現了一本民間保存的針經手寫本。該本沒有書名，蝴蝶裝，長寬爲12.2厘米 × 14厘米，共有226頁（其中18頁空白，8頁破損）。按《東山發現一本古代海上航行經驗手寫本》[2010年12月15日刊於漳州新聞網（http：//www.dongshan.ccoo.cn/news/local/714350.html）]，及黃炳欽《東山島的清代航海經驗手寫本》一文[刊於《福建史志（雙月刊）》2013年第3期，41～44頁]，發現者認爲是清代中期的作品；然無確證，也可能完成於民國時期。爲便於從事比較研究，現據上述網頁及文章，將該書的部分目錄和內容勾勒如下。

## 《漳州東山銅陵針經》簡目

全書約分三個部分：

（1）1～15頁："觀天日惡""定子午星高低法""定日月出入宮日夜長短法""諸神大會惡風日期行船之人謹記"等。[第9頁有"茲洋海州澳但已行過詳明指教俱集一部傳學切記妙"一行字，發現者認為可概括為本書的書名。]

（2）19～189頁："漁山往上海洋針路""上海回針路""乍浦回針路"，"廣東上洋倚針路往寧波""寧波回廣東至赤坎針路""海南敲東往寧波上垵各澳深淺"等。

（3）191～226頁："抄外洋各嶼山形"[用圖文描記從福建 銅山（今東山島）至雞籠頭山、廈門山、南 北太武山、釣魚臺、琉球山、臺山、普陀山、南京港口及茶山等處的山形水勢]。

## 《漳州東山銅陵針經》部分內容

### 漁山往上海洋針路

漁山開船，用單艮，正南風內畔帆，對洋山 喜山行船。正南風開杆帆，用癸取西福經過，或小漁山外鼻頭經過。用子午取洋山外中門過。洋山外，水朝，正東風倚杆帆，用艮坤取小楫 外邊，若在洋中對大門經過。正南風倚杆帆，用癸丑取小楫。若取大楫亦用癸丑，取大楫外過。大楫用單子半更久，水退，正南風開杆帆，打水四五托，一更久。用單壬半更久，用單亥一更久。船尾坐大楫，用單乾。東是茶[茶]山西岸。又一更久，打水四五托，用單戌取寶山外過。

又洋山開船，大門經過，正南風倚杆帆，用癸丑取小楫北過。又對外用單子半更船開，水退，正南風倚杆帆，打水四五托，一更久，用單亥半更久，大楫看霧霧。船尾坐大楫，用單乾，東見荼[茶]山，西見柳樹，一更久，打水四五托。用單戌取頭墩經過，正港路，打水四五托。船若拋在馬郎澳，亦欲往上海，東北風在馬郎澳山鼻頭南過。用單乾一更久，見大楫北過。南風水漲，用乾亥，及單亥，打水四五托餘，水退用單乾，見南岸，打水四五托，見頭墩。用戌辛，打水七托，泥地。再用乾戌，打水十一托，到蜈蚣[吴淞]港，可收入上海洋。

船尾坐大楫，用單子，有風駛一更久，用壬亥駛半更久，打水四五托餘，恐貪西面，就可用乾亥，候半更船開後，對西北入港，見崇明沙後，對東南一個土山。原開有沙汕長長，可防。

又一次洋山，開船用單子，到大楫山。用單乾，候大楫半更船開後，船頭對西北駛，見崇明沙 墩頭。對西南駛，見寶山城，一更遠。南面柳樹對中一個煙墩，不可南面行。港中有沙頭生到港口寶山城對面，又過南面，須欲看水入港。

### 上海回針路

上海港開船，北風在寶山城 八字獠至頭墩齊身。用乙辰及單辰一更久，用單巽，東北風開杆帆，見大楫半山開中。用午針，東北風開杆帆，見大楫半山開中。用午針，如水退可用單丁，妙矣。如東北風開杆帆，可用單午針，取丁厝澳，妙矣。

# 《外海紀要》《廈門志》《廈門港紀事》水程、針路

## 李增階《外海紀要》

[約道光八年（1828）]

### 《外海紀要》

[古閩 同安 謙堂氏著]

誥授奉直大夫、刑部貴州司主事兼督捕司事軍機處行走、內廷方略館協修 愚弟蔡勳頓首拜序[略]

知羅定州事 壽光 景沆跋[略]

特授奉政大夫、知廣東 羅定州事 嘉甫 李景沆述識[略]

凡水師須諳水務明戰法

……道光歲次戊子[八年（1828）]季春中浣 古閩 同安 李增階 謙堂氏書於粵東虎門提署

## 廣東外海洋面水程記

### 海口往崖州水程

一流至東水（風颱可泊，水大可進）。

一流至馬裊（可寄椗，風潮可泊）。

一流至紅排（小風颱可泊）。

一流至將軍（寄椗，停潮）。

一流至洋甫（內新英港，風颱可泊，大小亦可進）。

一流至田頭（可泊，水大即可進）。

一流至海頭（可寄泊）。

一流至昌化（可寄泊，水大時進內停風颱，有四更沙須避）。

一流至北黎（可寄椗，水五尺，風颱可進泊）。

一流至嶺頭（東北風可寄椗）。

一流至望樓（風颱可泊，水滿七尺可進）。

一流至保安（可寄椗，內崖州港，水漲大即可進，要小心）。

### 由白龍尾落安南水程

（白沙龍尾入內珍珠洲最好避風）

一流到竹山（可避風颱，但水淺，大船難泊）。

一流至青梅頭（外即老鼠山）。

一流至虎堤門（可泊避風）。

一流至雞弔門（亦可避風，對東南即夾洲 嗎洲）。

一流至雙門（對東南外即青蘭山）。

一流至焚賴門（又名炮火門，可避風）。

**【引書舉要】**

[清]李增階《外海紀要》內文有“道光歲次戊子[八年，1828]季春中浣，古閩同安李增階謙堂氏書於粵東虎門提督”，是爲同安人李增階（1774—1835）提督廣東水師時所作，約成書於道光八年（1828）。該書清道光刻本藏於福建省圖書館。《續修四庫全書》（上海古籍出版社2002年版）八六○．史部政書類亦影印是著，本書所引據此。另《中國邊疆研究資料文庫》的《海疆文獻初編・沿海形勢及海防》第三輯也收錄此書（知識產權出版社2011年版），但前後次序及頁碼連接較淩亂。

繼向達先生在20世紀60年代公佈兩種海道針經(《順風相送》《指南正法》，已見前述)完整本後，70—80年代韓振華、劉南威、何紀生等先生也調查、整理並公佈了粵海地區的更路簿(或稱水路簿)十來種(詳見後載)，本書則發表了泉州海外交通史博物館、廈門大學蒐集的泉州、漳州、廈門等閩南地區的針路簿約10種。這一大批完整針經，加上部分針路殘卷，來自江、浙、閩、粵、海等東、南沿海地區，既是古代舟子船工航行海內外的寶貴指南，也是中國人發現、開拓我國東海、南海諸島及附近海域的有力見證，值得吾人很好珍視、研究並傳承。

一流至崑欄門（對出外洋即狗頭山）。

一流至外黄。

一流至烏囊。

一流至桃山。

一流至嘛壢港（入内東京口）。

一流至鵝公港（此港亦可入東京口）。

## 安南 江平又名竹山往東上廣東[及廈門]水程





一流至白龍尾（廣東、安南交界）。

一流至牛頭澳。

一流至烏雷（進内龍門協營，内可泊風颱）。

一流至冠頭嶺（外開，南方有灈洲、斜陽，前屯賊之所，今封禁不許人居）。

一流至南面澳（可寄北邊）。

一流至草潭（内避風颱，可泊）。

一流至江紅（落文亦可泊船）。

一流至海塘。

一流至烏石（澳内可停風颱）。

一流至東場澳（内流沙，亦可泊船）。

一流至三瑯（數船可泊風颱）。

一流至海北（即海安所，對瓊州山）。

一流至三狗壠（或洪坎，亦可泊）。

一流至錦灘[囊]（外瓊州山 七星嶺，過淺水，七星嶺浦前可泊風颱，山[三]狗壠亦可寄椗）。

一流至硇洲（内外沙礁甚多，進□[蔴]斜可泊風颱，内則赤坎一帶）。

一流至過洋（三更船至電白港，可停小風颱）。

一流至連頭（進内電白港，可泊風颱）。

一流至青州。

一流至雙魚。

一流至馬尾港（可泊風颱）。

一流至三點頭。

一流至海靈頭。

一流至陽江 大澳。

一流至公山。

一流至三洲塘（可泊小風颱）。

一流至魚塘。

一流至銅鼓角（外上、下川，有猺[傜]人住）。

一流至大金（內進江門港）。

一流至浪白滘（有荷包灣，風颱可泊）。

一流至掛椗角。

一流至澳門（可泊風颱，外即萬山）。

一流至九州（內虎門，可進省城）。

一流至伶仃山。

一流至屯門 琵琶洲（風颱可泊）。

一流至青龍頭。

一流至淺澳（即淺灣）。

一流至仰船洲（可泊風颱）。

一流至九龍（小颱可泊）。

一流至佛堂門（小颱可泊）。

一流至娘船澳。

一流至鵝公澳。

一流至陀寧 三水門。

一流至大星角（進內大星港，可泊風颱）。

一流至鹽洲港。

一流至后門港（可泊風颱）。

一流至汕尾港（可泊風颱）。

一流至龜靈。

一流至草鞋洲。

一流至遮浪角。

一流至金星石。

一流至碣石港口（外即田尾涙[澳] 淺澳）。

一流至湖東港。

一流至甲子港。

一流至神泉港。

一流至赤澳。

一流至靖海。

一流至海門 錢灣。

一流至廣澳 表頭。

一流至鳳山（即澄海）。

一流至南澳（可泊風颱，外三澎 雲蓋山）。

一流至還鐘。

一流至宮口仔前。

一流至蘇占（外柑 橘）。

一流至銅山（古螺頭可進銅山營，福建管轄）。

一流至沙洲（即菜嶼）。

一流至虎頭山。

一流至將軍澳。

一流至燈火安[垵]。

一流至鎮海。

一流至梧[浯]嶼 斗米。

一流至廈門（外有大担、小担、金門山，有沙線，小心）。

## 福建 廈門開往浙江、江南、上海、天津各處洋面逐流寄泊澳嶼開列

廈門放洋，十三更到臺灣。

臺灣四五日夜到呂宋國。

廈門開往大担、小担。

一流至金門 塔[塔]仔腳至膫羅。

一流至圍頭（內大 小珍、劉五店、北椗）。

一流至俊仔。

一流至永寧（進內深扈[滬]，可停小風颱）。

一流至上詩頭（內獺屈[窟]，可泊風颱）。

一流至崇武（內蚶江，即泉州府港口，可停風颱）。

一流至賊仔澳（即湄洲，天后出身化□□□廟極靈，內吉寥，風颱可泊）。

一流至平海澳。

一流至南日（即海壇鎮營，轄洋汛，外烏龜山）。

一流至門扇後（即五間厝，過草鞋礁，可停小風颱）。

一流至小萬安（外扈[滬]尾亦可泊船）。

一流至宮仔前。

一流至竹嶼（内海壇港口，外觀音澳）。

一流至石牌、大鍊（此處海壇内，洋礁甚多，駛船小心，可停風颱）。

一流至松霞。

一流至草嶼。

一流至滋澳。

一流至白犬。

一流至南千[干]塘（往内進福州省城，内五虎門，入港口即閩安）。

一流至黄崎（内赤崎，亦可避大風，過北茭頭）。

一流至馬鼻（内進寧德港，可泊風颱）。

一流至鬼澳 老瑚（内鹽田，亦可泊船）。

一流至大金（可停風颱，外東湧 四霜）。

一流至福寧港口（可停風颱，上則三沙澳，泊船即福寧鎮 左營之所）。

一流至大瑤（即大俞山或小烽火，亦可泊船避風颱）。

一流至棕簑澳（即烽火營港口，内停風颱）。

一流至南關（内沙程即福鼎縣港口，可停風颱）。

一流至北關（閩、浙交界洋面，浙江 平陽縣管，外臺山）。

一流至金鄉（恐流不到草嶼，可寄椗，内赤溪 沙波亦可泊停風颱）。

一流至鹽田（外百畝礁，小心）。

一流至琵琶。

一流至平陽港口（内可停風颱）。

一流至鳳凰（即瑞安港口，内可停風颱）。

一流至參將嶼（外南鹿、北鹿）。

一流至三盤澳（内可避風颱，即三盤 内、外斧頭山，内溫州港口）。

一流至鹿西（或狀元澳，亦可泊船）。

一流至犬門（即坎門）。

一流至長嶼。

一流至水桶嶼（内楚門，停風颱。外大鹿、小鹿，即玉環山）。

一流至石塘澳（内太平縣，又内玉可停風颱）。

一流至調班（内數船可停風颱）。

一流至龍王堂（可停風颱，或蠶壳澳亦可泊船，有積穀山）。

一流至馬蹄（内可停風颱，外有鳳尾 大陳山，亦可泊船）。

一流至川礁（即黄岩港口，内海門港進台州，外珠𡶴[岆]、東 西机山）。

一流至白帶門。

一流至牛頭門（内有茶盤 半月山，風颱可泊）。

一流至三門（可停風颱，外金七門亦可泊船，往金七門外亦可行船）。

一流至石浦（天后宮，黄岩、定海二縣交界，内雷公山，風颱亦可泊）。

一流至急水門（外南魚山、牛欄机）。

一流至土地公（亦見半邊山）。

一流至大麥嶼（外南韭山）。

又一流到鴿婆。

一流至關帝嶼。

一流至牛鼻（過孝順洋）。

一流至青龍港（外南田 東瑤，有海閘門）。

一流至崎頭（由内進蛟門鎮 海閘，入寧波府）。

外行至舟山（即定海鎮之所，竹沙門可停風颱）。

往北上至蟳公澳。

一流至小洋山（自大洋山 七姊妹放洋，半日到乍浦。由内河一日夜到上海往蘇州，一日夜到蘇州）。

舟山往外行至沈家門（内可停風颱，外烏沙門、桃花門）。

一流至普陀（南風船泊月澳。普陀山有前寺、後寺、佛頂山、紫竹嶺、化身洞、白華菴、隱秀菴、准音洞、鐵佛寺、千步沙，有數十處小寺院，各省燒香者雲集）。

一流至長塗（風颱甚好泊）。

一流至媽祖澳（由鐵墊，三省捕黄魚之所，該處每年四五月，浙江提督奉旨護洋）。

一流至徐公。

一流至馬蹟（此係浙江、江南交界，山有野水牛甚多，内可停風颱）。

一流至黄隴。

一流至盡山（内數船可停風颱，對面花鳥澳）。

以上按流水係逆風行舟安泊島澳處所，尚有小澳小島亦可寄泊，此外不能逆風戧駛。

盡山放洋：往日本國，或往山東，往錦州、蓋州、天津，在盡山放洋，一望無際。往上不能戧駛，但盡山禁山，不准搭寮廠，江南省管轄未能盡悉。或南下往各國亦是盡山放洋為准。

## [行舟外海番國順風更期水程]

外國水程論更數駛船，每更約一時辰之久。

### 福建廈門行舟外海番國順風更期水程

廈門

至魯萬（三十六更）。

至外羅（三十六更）。

至安南（三十六更）。

至叮咬爐（一百四十八更）。

至嗎哌（三百六十零更）。

至鹿賴（一百一十八更）。

至笨台（一百四十八更）。

至舊港（一百零更）。

至蜂仔余蘭（四百八十零更）。

至柔佛（一百七十零更）。

至問來（一百四十零更）。

至蘇鹿（一百四十零更）。

至暹羅（一百八十零更）。

至龍芽（一百七十零更）。

至吉袁丹（一百四十八更）。

至嘛吶甲（二百更）。

至通栽（一百五十零更）。

至占擇問（一百六十零更）。

至加嚠吧（二百四十零更）。

至蚊加嘁（三百二十零更）。

至安汶（三百七十更，出丁香老孝）。

至知汶（三百八十更）。

至萬難（四百二十零更）。

至梹榔嶼（過西，出椒，二百二十更）。

至此吉礁（過西，出錫，二百十零更）。

至此把東（過西，出金，三百五十更）。

至此吧實（三百三十四更）。

至紅毛番國。

至望竭仔（過西北，所出洋布、鐵器及烏煙等貨）。

具約水途六百四十零更。

## 廣東瓊州海口行舟外海番國順風水程日期

### 海口

至安南四日夜。

至叮咬爐八九日夜。

至嗎喉二十餘日夜。

至鹿嬾四、五日夜。

至嗪台六、七日夜。

至舊港十二、三日夜。

至蜂仔余蘭三十餘日夜。

至柔佛八、九日夜。

至問來八、九日夜。

至蘇鹿八、九日夜。

至龍芽八、九日夜。

至咭嚷八、九日夜。

至暹羅八、九日夜。

至嘛吶呷十二、三日夜。

至通栽七、八日夜。

至占擇問七、八日夜。

至加嚁吧三十餘日夜。

至蚊加嗎三、四十日夜。

至安汶三十餘日夜。

至知汶三十餘日夜。

至萬難四十餘日夜。

至梹榔嶼十餘日夜。

至此吉礁十餘日夜。

至把東二十餘日夜。

至吧實二十餘日夜。

至望竭仔四十餘日夜。

崖州至外羅一日夜。

## 風雲天氣

夏至過有東北風，有熱氣者風雨必大，無熱氣者風雨必小。如放雨白者或日出有雨，或雲白者下小雨。天氣交蒸三兩日必有大風颱。

霜降過有南風，或有西南風，無論大小必有報[暴]，雨有無未準。

白露過有大南風，必有雨或小風雨。

立春過必有春雨，風不甚大，然須看天氣，遇報期風必大。

四月有南風水動，五月有龍船風雨，七月有秋淋風雨。

四、五、六、七之月，不宜行船，看其天氣行之。

天氣全變紅雲者，速備大風雨。

天氣見一條紅雲者，或三色或五色長，并下小雨，無大風。如若短，並無雨，不出三日必有大風雨。

有青蜓亂飛或大螻蟻等虫多亂飛，並大熱，風颱速來。

日下山時，雲變大紅色，另日必有大風或雨。

日有圍圈或有雲足，此二者三日內天必變，非風即雨。

或星有動，另日必有大風，看何星何方可定風大小。

## 報[暴]期

正月：初一日，初四日，初六日，初九日，十五日。

二月：初二日，初七日，十九日，二十七日。

三月：初三日，十五日，十六日，二十日，廿二日，廿三日，廿五日，廿六日。

四月：初一日，初八日。

五月：初五日，十三日。

六月：初六日，十九日，二十二日，二十三日。

七月：十四日，十五日。

八月：十五日。

九月：初九日。

十月：十五日，二十七日。

十一月：初三日，初五日。

十二月：初八日。

## 海氣變 備風雨

無風而海浪甚大，多風雨，或風颱甚大而速。

海水變臭氣，海水變紅，海水變黑，海上有魚大浮，海上有飛鳥魚成群，海上魚有浮水相赶逐：備之，天必變，有大風雨，

## 沙線礁石

浙江有礁石，無沙線。

福建礁石多，沙線微少。

廣東砂線多，礁石略少。

惟瓊南沙礁最多。





## 時辰流水

### 廣東與安南交界流水初起新流

正、七月：初七，二十一日。

二、八月：初五，十八日。

三、九月：初一，十五，二十九日。

四、十月：十三日，二十七日。

五、十一月：十一，二十五日。

六、十二月：初九，二十三日。

### 瓊州 海南流水逐月時日

正月

初一、二、三日，亥時初刻、中、尾流水[東]；寅時頭、中、尾流西。

初四、初五、初六日，伏流後係新流水，以下倣此。

初七、八、九日，戌時初刻、中、尾流東；丑時頭、中、尾流西。

初十、十一日，戌時中、尾流東；寅時頭、中流西。

十二、三、四日，亥時頭、中、尾流東；寅時尾流西，卯時頭、中流西。

十五、六日，子時頭、尾流東；卯時尾流西，寅時頭流西。

十七、十八、十九、二十[日]，伏流。

二十一、二、三日，酉時頭、中、尾流東；子時頭、中、尾流西。

二十四、五、六日，戌時頭、中、尾流東；丑時頭、中、尾流西。

二十七、八、九日，亥時頭、中、尾流東；寅時頭、中、尾流西。

三十日，子時頭流東；卯時頭流西。

二月

初一、初二、初三、初四日，伏流。

初五日，申時尾流東；亥時尾流西。

初六、七、八日，酉時頭、中、尾流東；子時頭、中、尾流西。

初九、十，十一日，戌時頭、中、尾流東；丑時頭、中、尾流西。

十二、三、四日，亥時頭、中、尾流東；寅時頭、中、尾流西。

十五、六日，子時頭、中流東；卯時頭、中流西。

十七日，伏流。

十八、九，二十日，申時頭、中、尾流東；亥時頭、中、尾流西。

二十一、二、三日，酉時頭、中、尾流東；子時頭、中、尾流西。

二十四、五、六日，戌時頭、中、尾流東；丑時頭、中、尾流西。

二十七、八、九日，亥時頭、中、尾流東；寅時頭、中、尾流西。

三十日，子時頭流東；卯時頭流西。

三月

初一、初二日，伏流。

初三日，未時尾新流東；戌時尾流西。

初四、五、六日，申時頭、中、尾流東；子時頭、中、尾流西。

初七、八、九日，酉時頭、中、尾流東；丑時頭、中、尾流西。

初十，十一、二日，戌時頭、中、尾流東；丑時頭、中、尾流西。

十三、十四[日]，俱伏流。

十五、六、七日，午、未時中、尾、頭流東；酉時頭、中、尾流西。

十八、九日，未時中、尾流東；戌時頭、中流西。

二十，廿一、二日，申時頭、中、尾流東；戌、亥時尾、頭、中流西。

二十三、四、五日，酉時頭、中、尾流東；亥時尾、中流西，子時尾流西。

二十六、七，二十八、九日，俱伏流。

三十日，午時頭新流東；酉時流西。

四月

初一、二日，午時中、尾流東；酉時中、尾流西。

初三、四、五日，未時頭、中、尾流東；戌時頭、中、尾流西。

初六、七、八日，申時頭、中、尾流東；亥時頭、中、尾流西。

初九、十日，酉時頭、中流東；子時頭、中流西。

十一、十二、十三、十四日，俱伏流。

十五日，巳時尾流東；申時中流西。

十六、七、八日，午時頭、中、尾流東；申、酉時尾、頭、中流西。

十九日，未時頭流東；酉時尾流西。

二十，廿一、二日，未、申時中、尾、頭流東；戌時頭、中、尾流西。

二十三、四日，申時中、尾流東；亥時頭、中流西。

二十五、二十六日，俱伏流。

二十七、八日，巳時中、尾流東；申時頭、中流西。

廿九、三十日，午時頭流東；申時尾流西。

### 五月

初一、二日，午時中、尾流東；酉時頭、中流西。

初三、四、五日，未時頭、中、尾流東；亥時頭、中、尾流西。

初六、七、八日，申時頭、中、尾流東；亥時頭、中、尾流西。

初九、初十、十一日，俱伏流（潮水小，難行舟）。

十二、三日，午時頭、中流東；申時尾流西。

十四、五日，午時頭、中流東；酉時頭、中流西。

十六、七、八日，未時頭、中、尾流東；戌時頭、中流西。

十九日，申時頭流東；戌時尾流西。

二十日，申時頭流東；亥時頭流西。

二十一、二、三，二十四、五、六日，水俱伏流。

二十七日，午時尾流東；酉時頭流西。

二十八、九，三十日，未時頭、中、尾流東；酉時中、尾流西。

### 六月

初一日，未時尾流東；戌時中、尾流西。

初二、三、四日，申時頭、中、尾流東；戌時中、尾流西。

初五、六日，酉時頭、中流東；亥時頭、尾流西。

初七、八，初九、十日，俱伏流（潮小難行舟）。

十一、二、三日，午時頭、中、尾流東；申時頭、中、尾流西。

十四、五、六日，未時頭、中、尾流東；酉時頭、中、尾流西。

二十、廿一日，酉時頭、中流東；亥時中、尾流西。

二十二，二十三、四日，俱伏流。

二十五日，巳時頭流東；申時頭流西。

二十六、七日，午時頭、中、尾流東；申、酉時中、頭流西。

二十九、三十日，巳、未時頭、中流東；申、酉時中、頭流西。

## 七月

初一日，未時尾流東；戌時頭流西。

初二、三日，申時頭、中流東；戌時中、尾流西。

初四、五日，申時尾流東；亥時頭流西。

初六、七，初八、九日，俱伏流。

初十，巳時頭新流東；未時尾流西。

十一、二日，巳時中、尾流東；申時頭、中流西。

十三日，午時頭流東；申時尾流西。

十四、五日，午時中、尾流東；酉時頭、中流西。

十六、七、八日，未時頭、中、尾流東；酉、戌時尾、頭、中流西。

十九日，申時頭流東；戌時尾流西。

二十，二十一、二日，伏流。

二十三、四、五日，巳時頭、中、尾流東；未、申時中、尾、頭流西。

二十六、七、八日，午、巳時頭、中、尾流東；酉、申時中、尾、頭流西。

二十九、三十日，未時頭、中流東；酉時中、尾流西。

## 八月

初一日，未時中流東；酉時尾流西。

初二日，未時尾流東；戌時頭流西。

初三、四日，申時頭、中流東；戌時中、尾流西。

初五日，申時尾流東；亥時頭流西。

初六、初七日，俱伏流。

初八、九日，巳時頭、中流東；未時中、尾流西。

初十日，巳時尾流東；申時頭流西。

十一、二、三日，午時頭、中、尾流東；申、酉時中、尾、頭流西。

十四、五、六日，未時頭、中、尾流東；酉、戌時中、尾、頭流西。

十七、八日，申時頭、中流東；戌時中、尾流西。

十九、二十、二十一日，俱伏流。

二十二、三日，巳時中、尾流東；未時中、尾流西。

二十四、五、六日，午時頭、中、尾流東；申時頭、中、尾流西。

二十七、八、九日，未時頭、中、尾流東；酉時頭、中、尾流西。

三十日，申時頭流東；戌時頭流西。

## 九月

初一、二日，申時頭、中流東；戌時頭流西。

初三、初四日，俱伏流。

初五、六、七日，辰時頭、中、尾流東；午時頭、中、尾流西。

初八、九、十日，巳時頭、中、尾流東；未、申時中、尾、頭流西。

十一、二日，午時頭、中流東；申時中、尾流西。

十三日，午時尾流東；酉時頭流西。

十四、五日，未時頭、中流東；酉時中、尾流西。

十六、十七、十八日，俱伏流。

十九、二十日，卯時中、尾流東；午時中、尾流西。

二十一、二、三日，辰時頭、中、尾流東；未時頭、中、尾流西。

二十四、五、六日，巳時頭、中、尾流東；申時頭、中、尾流西。

二十七、八日，午時頭、中流東；酉時頭、中流西。

二十九、三十日，俱伏流。

## 十月

初一、二、三日，卯時頭、中、尾流東；巳時頭、中、尾流西。

初四、五、六日，辰時頭、中、尾流東；午時頭、中、尾流西。

初七、八日，巳時頭、中流東；未時頭、中流西。

初九日，巳時尾流東；未時尾流西。

初十日，午時頭流東；申時頭流西。

十一日，午時中流東；申時中流西。

十二、十三、十四日，俱伏流。

十五、六、七日，寅、卯時中、頭、尾流東；辰、巳時中、尾、頭流西。

十八、九，二十日，卯時頭、中、尾流東；巳時頭、中、尾流西。

二十一、二、三日，辰時頭、中、尾流東；午時頭、中、尾流西。

二十四、五日，巳時頭、中流東；未時頭、中流西。

二十六日，伏流。

二十七、八、九日，寅時頭、中、尾流東；巳時頭、中、尾流西。

三十日，卯時頭流東；午時頭流西。

## 十一月

初一、二日，卯時中、尾流東；午時尾、中流西。

初三、四、五日，辰時頭、中、尾流東；未時頭、中、尾流西。

初六、七、八日，巳時頭、中、尾流東；申時頭、中、尾流西。

初九、十，十一日，俱伏流。

十二、三、四日，子時頭、中、尾流東；卯時頭、中、尾流西。

十五、六、七日，丑時頭、中、尾流東；辰時頭、中、尾流西。

十八、九，二十日，寅時頭、中、尾流東；巳時頭、中、尾流西。

二十一、二日，卯時頭、中流東；午時頭、中流西。

二十三，二十四、五日，俱伏流。

二十六、七、八日，亥時頭、中、尾流東；丑時頭、中、尾流西。

二十九、三十日，子時頭流東；寅時頭、中流西。

## 十二月

初一日，子時中流東。

初二、三、四日，□時頭、中、尾流東；卯時頭、中、尾流西。

初五、六、七日，寅時頭、中、尾流東；辰時頭、中、尾流西。

初八日，卯時頭流東；巳時頭流西。

初九、初十日，伏流。

十一、二、三日，戌時頭、中、尾流東；丑時頭、中、尾流西。

十四、五、六日，亥時頭、中、尾流東；寅時頭、中、尾流西。

十七、八、九日，子時頭、中、尾流東；卯時頭、中、尾流西。

二十、二十一日，丑時頭、中流東；辰時頭、中流西。

二十二、二十三日，俱伏流。

二十四、五、六日，酉時頭、中、尾流東；子時頭、中、尾流西。

二十七、八、九日，戌時頭、中、尾流東；丑時頭、中、尾流西。

三十日，亥時初流東；寅時頭流西。

海南見舖前山，水多流東。若在海口一面，不同海安，水漲大流西。若在半洋中，或見流水中响，便是流東。

**廣東 新安潮水**

初一日：寅、卯、辰、申、酉、戌長；巳、午、未、亥、子、丑退。

初二、三日：卯、辰、巳、酉、戌、亥長；子、丑、寅午、未、申退。

初四、五、六日：辰、巳、午、戌、亥、子長；丑、寅、卯、未、申、酉退。

初七、八日：巳、午、未、亥、子、丑長；寅、卯、辰、申、酉、戌退。

初九、十，十一日：子、丑、寅、午、未、申長；卯、辰、巳、酉、戌、亥退。

十二、三日：丑、寅、卯、未、申、酉長；辰、巳、午、戌、亥、子退。

十四、五日：寅、卯、辰、申、酉、戌長；巳、午、未、亥、子、丑退。

十六日：從逢初一日起。

**□□□□[瓊州 海南]潮水**

初一、二、三日：辰、戌長；丑、未退。

初四、五、六日：巳、亥長；寅、申退。

初七、八日：子、午長；卯、酉退。

初九、十，十一日：丑、未長；辰、戌退。

十二、三日：寅、申長；巳、亥退。

十四、五日：卯、酉長；子、午退。

十六、七、八日：辰、戌長；丑、未退。

十九、二十、二十一日：巳、亥長；寅、申退。

二十二、三日：子、午長；卯、酉退。

二十四、五、六日：丑、未長；辰、戌退。

二十七、八日：寅、申長；巳、亥退。

二十九、三十日：卯、酉長；子、午退。

以上全省大略相同，惟瓊州不同。

## 蒸海水法

揚帆海上固必關心，設使有危，尤須應變。即如舟駛滄波，倘遇風颱，漂出外洋，檣傾楫折，尺寸莫移，櫃水已既斷絕，而海水又鹹不可咽，將如之何？可汲海水置鍋內，上架酒甑，如造酒法熾火煮之，則水氣升騰，甑內側孔流出，即成淡水，可食矣。

——[清]李增階《外海紀要》

## [清]周凱《廈門志》

[道光十七年（1837）前。]





### 附臺 澎海道考

廈門放洋至澎湖七更（針盤用巽乾針位，或曰乙辰。澎湖離臺灣四更，一作五更），臺灣 鹿耳門十一更，北路淡水港十七更，彰化 鹿子港十五更，海豐港十四更（在竹塹）。

按廈門東南兩島，一臺灣，一澎湖，遙懸大海中。臺為全閩外藩，澎乃漳、泉門戶。廈門距臺灣，重洋浩浩七百里，號曰橫洋，往來船隻，必以澎湖為要津。澎湖島嶼大小相間，有名號者三十六島（一作五十五嶼），水底皆大石參錯。其北曰北境，舟觸之必破。故舟行，惟從西嶼頭入，或寄泊西嶼內，或媽宮澳，或八罩，或鎮海嶼，渡東吉洋，始入鹿耳門。則澎湖為臺、廈中流之砥柱。臺山坐東南、面西北，南盡沙馬磯，北抵瓓瑪蘭，形如弦月，朝向內地。北路之後隴港與南日對峙，竹塹與海壇對峙，南嵌與關潼對峙（一作官塘），上淡水與北茭相望，雞籠與沙埕 烽火門相望（一作雞籠與福州對峙）。南路鳳山縣之彌陀港、萬丹港、岐後港、茄藤港，與漳州之古雷、銅山、懸鐘等處相望，港汊大小繁雜。而廈門渡臺船隻，亦大小不齊。其可通大舟者，有北路之上淡水港（名八里坌港），彰化縣之鹿子港（鹿子港與泉州 蚶江對峙）、海豐港（名五條港，道光七年奏准准商），可容多舟，皆准通販，以為商舶貿易之便。惟鹿耳門與廈門形勢犄角，為用武必爭之地。鹿耳門居臺郡之西北，澎湖又居鹿耳門之西北，遠望廈門，東南斜對，針路以巽乾為方向（一作大擔嶼與澎湖乙辰對。澎湖離臺灣水程四更，一作五更。廈門至澎湖水程七更；至鹿耳門水程十一更，《同安縣志》作十二更、《臺灣府志》作十一更、《海國聞見錄》作十一更；至北路淡水港水程十七更，至彰化縣 鹿子港水程十五更，至海豐港水程十四更。鹿子、海豐二港通商在後，《臺灣府志》未詳）。

自擔門放洋，迤邐東南，水天一色。全以指南針為信，認定方向，隨波上下。海水深碧，初渡紅水溝，再渡黑水溝（水勢稍窪，故謂之溝）。紅溝色赤而夷、黑溝色墨而險，溝廣百里，自北流南，不知源出何所。廈船遠渡橫洋，固畏颶風，又畏無風。大海無櫓搖棹撥之理，千里、萬里衹藉一帆風力，湍流迅駛，倘順流而南，則不知所之矣。操舟者認定針路，又以風信計水程遲速，望見澎湖 西嶼頭、花嶼、貓嶼為準。若過黑水溝，計程應至澎湖，而諸嶼不見，定失所向，急仍收泊原處，以候風信。若夫風濤噴薄、悍怒激鬥，瞬息萬狀。子午稍錯，北則墜於南澳氣，南則入於萬水朝東，有不返之憂；或犯呂宋、暹羅、交趾諸外地，亦莫可知。海風無定，而遭風者亦不一例。常有兩舟並行，一變而此順彼逆，禍福攸分，出於頃刻。此廈船渡臺海道之險阻也。

如海船乘風已抵鹿耳門，忽為東風所逆不得入，而門外鐵板沙又不得泊，又必仍返澎湖；若遇月黑，莫辨澎湖島澳，又不得不重回廈門以待天明者，往往有之。鹿耳門海底皆鐵板沙線，橫空布列，無異金湯。門內浩瀚之勢，宛似大海，港路紆迴，舟觸沙線立碎。南礁樹白旗，北礁樹黑旗，名曰盪纓、又曰標子，以便出入。潮長水深丈四、五尺，潮退不及一丈。入門，必懸起後柁乃進。此廈門海舶入臺之艱難也。

臺地沃野千里，稱為漳、泉倉儲。而廈門重鎮海口，控制臺、澎，聲援聯絡，舟師、商舶往返不停。其海道之平險遠近，記以備考（《臺灣府志》參考時事）。

## 附南洋海道考

### 廈門至南澳，沿垵十三澳海道

（此係逆風沿垵駛船。）

浯嶼澳（內打水四、五托，沙泥地。南北風，可泊船取汲。嶼首、尾兩門，船皆可行。惟尾門港道下有矵礁，船宜偏東而過，識者防之。嶼外勢東南有小嶼，曰東椗，駛船之準。嶼之東有礁曰九節礁，嶼之北即青嶼，船行防之，不可太近。海澄縣屬。至麥坑約十餘里，有汛防）。

麥坑澳（南風，可泊船、可取汲，接連島美。海澄縣屬。至鎮海約二十餘里）。

鎮南澳（澳內打水四、五托，沙泥地，色紅。北風，可舶船取汲；南風，即泊於麥坑也。澳外東勢有小嶼，曰南椗，椗之北有沙線，椗之西有印礁，駛船宜近大山邊而行。海澄縣屬，為漳浦、海澄要衝。距浯嶼二十里，金門右營汛守。至將軍澳約五十餘里）。

將軍澳（澳內打水三、四托，沙泥地。西勢海底有大石，駛船往來不可太近，宜防之。北風，可寄泊。若天時變異，將發颶風，不可泊也。漳浦縣屬，金門汛守。至六鰲約三十餘里）。

六鰲澳（澳內打水三托，泥地。可泊船樵汲。南勢有城，船泊於城前。港中出入，宜從南勢而過。海底有沙線，乃六鰲山生出，透至西勢。其東有虎仔嶼、萊嶼，而虎嶼之西有沉水礁。漳浦縣屬，銅山營汛守。至杏仔汛約三十餘里）。

杏仔澳（南風，可泊船取汲。銅山營汛守。海中有沙洲門、萊嶼、井仔鞍、吧流、紅嶼，共五嶼。而萊嶼、沙洲門二嶼，北風皆可泊船取汲。其洲門澳內打水五托，嶼之下鼻頭有沉礁二處。澳口有鹿耳嶼，船可出入，惟宜偏西，近杏仔山而過。漳浦縣屬，銅山營巡哨之所。至古雷約三十餘里水途，半潮）。

古雷澳（澳內打水三托餘，沙泥地。上有井，可泊船取汲。其山東北臨大海。漳浦縣屬，銅山營汛守。至銅山約三十餘里）。

銅山澳（有內、外二澳：內澳打水三、四托，沙泥地，南、北風可泊船樵汲，澳門出入船，宜偏東而過；澳外有嶼建塔，曰塔嶼，上有鎮城。詔安縣屬。三面臨海，為浦、詔海口要衝。銅山營參將駐防。至蘇尖約三十餘里）。

蘇尖澳（澳內打水四托餘，沙泥地。北風，可泊船樵汲。澳外之東，海中有四嶼，曰虎、豹、獅、象。而嶼內港門，船皆可過，惟近尖山鼻頭相對一嶼名雞心嶼，不得過。尖山屹峙海濱，入內即雲霄港。詔安縣屬。至溜澳角約三十餘里）。

溜澳角（澳內北風可泊船取汲。與北山斜對。銅山營哨守。詔安縣屬。至宮仔前約三十餘里）。

宮仔前澳（澳內打水四托，沙泥地。南、北風，可泊船取汲。山之外鼻頭，有沉礁二處。又一嶼，其嶼門船準中可過。詔安縣屬。銅山營汛守。至懸鐘澳約四十餘里）。

懸鐘澳（澳內打水四托餘，沙泥地。南、北風，可泊取汲。澳之外勢有一嶼，內勢港中有沉礁，船出入宜偏東而行。詔安縣屬。入港內，則詔安縣。南臨大海，為詔安銅山灣泊要衝。銅山營汛守）。

南澳城（澳內打水三、四托，泥地。南、北風，可泊船樵汲。北勢洋中有滔牛嶼，又有七星礁，乃銅山、南

**[按語]**

《外海紀要》《廈門港紀事》及後述[清]李廷鈺《海疆要略必究》，陳峰輯注、廈門市圖書館編《廈門海疆文獻輯注》（廈門大學出版社2013年12月簡體版）均較早予以收錄重刊，本書重新點校時多有參考。

道光年間，地方官員著作中載及海路針經的，還有福建分巡興泉永海防兵備道周凱（1779—1837）所總纂成的《廈門志》，見是書卷四《防海略》中“島嶼港澳”所附《潮信》《風信》《占驗》《臺澎海道考》《南洋海道考》《北洋海道考》等。該書分輯諸人爲：閩清縣儒學教諭淩翰、辛巳科孝廉方正候選縣知縣陳棨瑞、署福建水師提督中軍參將孫雲鴻、同安縣廩生林焜熿；總校爲壬午科舉人呂世宜；分校諸人爲丁酉科舉人林鶚騰、平和縣監生莊中正、

澳交界之所。再外，有三彭嶼，而澳鼻外之礁嶼，不可勝計。南澳乃閩、粵之交，是為鎮城。至懸鐘約九十里，水程約四十里）。

**廈門往廣東 瓊州，沿垵海道（《水師輯要》）**

大擔，鎮海，井尾，六鰲，古雷，銅山，宮仔前，南澳（閩、粵鎮），萊蕪（澄海協），廣澳（達濠汛），錢澳（海門屬），靖海（海門守分汛），赤澳，神泉（惠來縣屬。俱南澳轄），甲子（碣石[鎮]左營），田尾（碣石鎮中營），白沙湖（湖內可泊），遮浪（碣石[鎮]右營），汕尾（湖內可泊），青草嶼，大星（左三管筆、右稔山，平海營），沱寧（大鵬營），佛堂門（內有赤嵌、牛屎灣、九龍灣、布袋灣可寄泊），大急水（有三門），赤垵（新安縣屬。北入廣城，至黃田一垵、虎頭門，至魚珠，至省城；南往大嶼山），大嶼山（大澳可泊），十字門（即澳門外口，有內十字、外十字），三灶，上 下川，陽江大澳，海陵（內大戙澳可避颶），儒峒，蓮頭（外是放雞山、內是電白港，四面可泊），電白（至硇洲，過小洋，無澳可灣），硇洲（直至海口，約有三灣。水道至此，必求天后，有筊准行。一日可到瓊州），瓊州。以上各澳，俱有取汲之處。

## 附北洋海道考

**廈門至北關沿垵三十六澳海道**

大擔嶼澳（上有汛守。澳在嶼內宮前，內打水四、五托，粉沙泥地。西有沉水礁。擔門外打水八托。北風，可泊船取汲。同安縣屬。至金門約五十里）。

塔仔腳（在金門西南，上有塔，故名。澳內打水五托半，沙泥地。東北風，可從金龜尾倚山邊而過，船即灣泊，有沉水礁，須防之。同安縣屬）。

料羅（在金門極東，上即料羅汛。澳內打水五、六

龍溪縣生員楊廷球。此書緣起於道光十年（1830）周凱任興泉永道時，適遇重修《福建通志》一事，於是奉檄採訪並乘時纂輯成此志。道光十九年（1839）由泉廈文武人士捐刻刊印，捐刻諸人爲：福建分巡興泉永海防兵備道黎攀鏐、福建水師提督軍門陳化成、廈防同知蔣鏞、署廈防同知盧鳳琴、署福建水師提督中軍參將孫雲鴻。現存版本有道光十九年（1839年）福建玉屏書院十六卷刊本。書中有道光十二年（歲在壬辰，1832）周凱自序，另有道光十八年戊戌、十九年己亥冬十月諸人所序，故應視爲完成於道光十七年（1837）作者逝前，而刊於道光十九年或此後不久。本書引文據原書刻本，並以《臺灣文獻叢刊》（第095種）的刊錄本，及網上中國哲學書電子化計劃的收錄本（http：//ctext.org/wiki.pl?if=gb&res=65734）覆核。

托，沙泥地。南、北風，可泊船樵汲。過臺船隻，皆由此放洋。中有山最高，曰北太武，洋中船來，望此為準。若船往圍頭，須認東北勢海中一嶼，曰札椗。船過塔仔腳、料羅等澳，乃由外而行；或欲由內而行船者，則由烈嶼、湖下、金沙等澳灣泊。烈嶼澳在城仔角之前，打水五、六托，泥地。斜對海底有沉沙，名海翁汕。駛船者須先偏南，望見料羅，即船身頭起離沙而過。湖下澳內打水四、五托，沙泥地。在金門 湖下汛外，對烈嶼山門。中有沉水礁，船出入須偏西南而過。門外東勢有沉沙，名角帶灣。金山澳在金門之西，澳內打水四托，沙泥地。皆泊船取汲之所。俱同安縣屬）。

圍頭澳（內打水四、五托，沙泥地。北風，可泊船樵汲。澳西有沉水礁，山鼻東勢有礁名小米盾，又東一礁名大米盾，船出入防之。此盾礁浮沉海面，潮退礁現、潮滿礁沉，須諒水深淺，可由礁內而過。有汛守）。

峻裡（亦名石圳澳。在石門盤下，打水三托，赤沙地。南勢有暗礁，船開駛不可近礁而行。北風，可寄泊。）

深滬澳（內打水五托，沙地。東勢山鼻相對有嶼，曰金嶼。近嶼打水三托零。嶼邊有沉礁，船收泊出入，須開駛以防其礁。南風，可寄泊取汲。自圍頭開帆順風直抵永寧，則不泊於石圳、深滬也。有汛守。至烏潯汛十五里）。

永寧澳（內打水三托餘，沙泥地。南、北風，可泊船樵汲。澳口有沉沙，潮滿方可出入。山鼻外澳打水四、五托，風浪多，拋船須細心防之。有陸汛。距深滬十五里）。

祥芝（山鼻內潮滿，打水三、四托，沙泥地。山鼻外北勢有礁石，船須開駛避礁。南風，可寄泊。自祥芝由內海過日湖、蚶江，即至泉州。以上皆晉江縣屬。有汛守。南至永寧三十五里。）

大墜門（上有天妃廟。北風，可寄泊於廟口。打水六托，沙泥地。此處須察潮流防淺，船以早駛為妙，慎之！入墜門，有沙線一帶，名屏風汕。柁人宜望日湖之塔，駛至與白嶼齊，即船頭起由於山鼻出港。從此入港，即洛陽橋。以內港道不及詳載。晉江、惠安交界）。

獺窟澳（內打水三、四托，沙泥地。南風，可寄泊。澳東有沉礁，船出入須倚南勢嶼邊而過，更防潮退水淺。獺窟，海中嶼也，舟入泉港必經之地。至下垵二十五里）。

崇武澳（內打水五、六托，泥地。北風，可泊船樵伋。東有嶼，狀似龜，曰龜嶼。嶼旁浮沉礁石幾處，船出入不可太近，細心防之。有汛守。至獺窟一十里。以上惠安縣屬）。

湄洲（孤嶼也，周圍四十里。上有天后 媽祖宮，曰媽祖澳。內打水四托半，爛泥地。澳門有礁，出入宜防。南風，可泊船，潮退擱淺。隔海對面，即莆禧。又一澳，名蠔殼埕，在新宮前。潮滿打水二、三托，沙泥地。船泊鏡臺嶼北邊淺地。又岐頭澳打水四托，泥地。皆可泊船樵伋。莆禧有寨，澳在寨東南。潮滿，打水三、四托，爛泥地。北風，可寄泊，潮退擱淺。皆有水汛。湄洲西至莆禧二十里，北至平潭一百四十里）。

平海（山上有城，有媽祖廟、有聖泉井。係深水大澳，打水四托，赤沙泥地。北風，可泊船樵汲。澳口中有沉礁，船開駛防之。澳內有印礁。澳口之東一嶼曰進嶼，俗名平海汔。船取嶼門中央而過。平海之西有後澳，打水三托。南風，可寄泊。澳口東有礁，俗名豬母礁。洋中有嶼，曰鷺鷥嶼，礁曰鷺鷥礁。以上莆田縣屬。有水汛。東至南日七十里，北至平潭汛二百里）。

南日（海中孤嶼，周六十里許。其大澳曰鱟殼澳，係深水，打水四、五托，沙泥地。北風，可泊船樵汲。山之西有西寨澳，係深水，打水四托，爛泥地。南風，可泊船，宜防潮退擱淺。又一澳在鏡仔，北風亦可寄椗。西寨之外有孤嶼曰小日，不可泊船。小日旁有沉礁，名草鞋礁，又有雙帆嶼。極南多暗礁，船行宜細防之。福清、莆田交界。南日水汛，與象城對峙，水途六十里。至平潭一百二十里）。

門扇後（內打水三、四托，泥地；可泊船取汲。惟門中有沙線、有礁石，駛船過門甚難，須柁人熟手者細心防之。北風，可以戧駛出入，宜認取山嶼而過。若水退三分以下，東風切不可出門；或大南風，亦不可出入。其東勢有沉水破薦礁，又東有五虎礁。此二礁潮退八、九分方露出，即可過門也。水途至平潭一百一十里）。

草嶼（孤嶼也，周二十里許。爛泥地。南、北風，可寄泊。與萬安對峙。隔海西勢即沙塢澳，內打水二、三托，沙泥地。南、北風，皆可泊船取汲。有汛守。水途至平潭汛七十里）。

娘宮澳（在海壇山。有汛守。澳內打水二、三托，爛泥地。北風，可泊船。對面一嶼曰滂流嶼，潮漲半後，流沖此嶼勢甚急。娘宮之北，山邊對面一大嶼，曰猴探水嶼。西向海中有沉礁，曰松魚蛋，潮退方露出。船往平潭，由猴探水山邊行。〔猴〕探水嶼下有一條沙線，直透東南甚長。娘宮之東有港，即火燒港。內是泥埕，可泊船避颶風。潮長八分，方能入港。港口外有金盞 銀臺礁，駛船防之。港之西南有吉鉤嶼，亦可寄泊。有汛守。陸路至平潭三十里，水路至平潭汛六十里）。

平潭澳（船從南勢大山邊而入，至竹嶼寄泊。打水三托零，沙泥地。候水八、九分，倚南沿白礁身邊，即大港，俱循南勢山邊而行。又倚東勢尋港至羅頭角，船頭須向西北之洋潮嶼北鼻而駛，以避南勢港中邊有蛙仔礁。過此礁至港口砲台並齊，俱是爛泥地，可泊船樵汲。海壇也，四圍皆海，適中為平潭。有汛守。以上福清縣屬）。

鼓嶼（在海壇 鐘門之西，海中嶼也，周圍十里。澳內打水二托餘，烏沙泥地。南、北風，可泊船取汲。船過於澳門之山鼻，西北不可太近，東南不可太倚。門外有算盤暗礁，潮落方露。澳對正南有鐵釘嶼，亦曰觀音嶼。嶼對正東，有沉水礁，潮退七、八分始現。宜循鐵釘嶼而行，又不必太近於嶼，防淺也。此處駛船，宜諒潮之漲退以避沙線。鼓嶼之東，有嶼曰大練。其澳在山下，澳內打水二托餘，沙泥地。漁船、小船多泊於此。又東曰鐘門，門中有小嶼，即鐘嶼。東望一片大山，即海壇也。長樂縣屬。有弁兵汛守。至平潭六十里）。

磁澳（上有媽祖廟。澳內打水三托餘，赤沙泥地，可泊船。上勢虎仔嶼門，船可行也。過嶼後，略偏東有沉水線頭礁。澳外東勢亦有礁，澳北外勢有貓嶼。磁澳有弁兵汛守。至鼓嶼一百六十里，至平潭二百二十里）。



白犬（小嶼也，即於山下。澳內打水四、五托，沙泥地，可泊船。略開，打水八、九托，是泥地，拋船防之。西北勢嶼仔門可過，東南小嶼切不可近。）

南竿塘（海中嶼也。上有天后廟。澳打水三、四托，烏爛泥地。有東南澳、北澳二澳，皆可泊船樵汲。竿塘東外勢將半更遠，有沉礁甚長，但船不往來於此也。竿塘南勢半洋中，有四個嶼，有三星礁，駛船宜防之。入內即五虎門，再入即熨斗澳，又內即閩安鎮，取羅星塔入福州大橋。又有北竿塘澳，在大山西。內打水四、五托，烏泥地，亦可泊船。五虎嶼澳，打水三、四托，赤泥地。澳口有關門礁，打水二托餘，船出入宜偏北而行。《八閩通志》："自閩安鎮，由南港水洋一百二十里至貓嶼，北港水洋七十里至五虎。五虎東向水洋九十里至南 北竿塘，南向水洋一百八十里至白犬、二百四十里至貓嶼，北向水洋七十里至定海、一百三十里至黃岐。"）



定海（有城，有媽祖廟。澳在定海。過西長沙，澳內打水二托，是泥地。北風，可泊船。再過西，有澳曰小埕，澳內打水二托，亦可泊船。小埕又西，有沙澳甚長，曰落皮沙。又過西，有山鼻極長，內名布袋澳，可避颶風。定海之東有嶼，名日嶼，嶼西外勢有四個嶼。各嶼門不熟者，不可過船。四嶼之南有沉水礁。）

小埕（澳內打水二托。南風，可泊船。東連定海，西接布袋澳，在連江縣東百二十里海中）。

黃岐（有汛守。澳內打水三、四托，赤沙泥地，可泊船取汲。澳口山鼻外勢有沉礁，船行不可太近於山邊。澳口中央有沉礁，須由大山邊而行。澳外東勢有四個嶼，曰東鼓嶼，嶼西勢無礁石。黃岐過去有澳曰赤澳，打水二托餘，沙泥地。黃岐對南洋中約半更遠，有一嶼而長，曰王官。王官之山鼻尾有沉礁，不可太近。黃岐之東洋中一嶼，曰下目。嶼之東有山相近，即北竿塘，連下即南竿塘）。

北茭（由東嶼頭灣入太石盤，即澳也。內打水三、四托，烏沙泥地，可泊船。山鼻頭東勢有嶼曰洋嶼，嶼門甚深，便於出入。東勢洋中有嶼曰橫山，再過東北有嶼曰大橫山，無澳可拋船。又東外勢約有四更遠有二嶼，曰東永。凡外嶼各澳，惟東永澳北風最穩，南風即泊於山北。二嶼居於東西方，所謂東永、西永也，凡船多泊於西嶼。連江縣屬。以上福州府界。北茭水洋四十里至黃岐汛，東北水洋八十里至大西洋，西北水洋三十里至濂灣門、六十里至東衝口，北水洋一百六十里至羅湖）。

羅湖（有二澳：內澳打水二、三托，泥地；外澳打水三、四托，沙泥地。北風，皆可泊船取汲。澳外有礁，曰浮鷹。此處流甚急，出入防之。羅湖之北即閭峽澳，南風可泊船。內打水二、三托，沙泥地。羅湖洋中之島嶼，居北者俗名貓嶼；東南對照曰西洋山，相去約八十里；東北對照曰芙蓉山，相去約五十里，山下有澳，商船不經於此；芙蓉之東有最尖之嶼，曰魁山。以下福寧界。北一潮水一百里至大金）。

大金澳（澳在媽祖宮前。打水二、三托，殼仔地。大金內澳即鴨池澳，內打水二、三托，沙泥地。南、北風，可泊船。澳外山鼻相對有二嶼，曰筊杯嶼。而嶼門中有沉礁，船出入偏北而過。此處又有網桁，駛船當偏開取勢以避之。東勢洋中約有一更遠，有浮嶼，遠望三個，近則大小八、九個。又東外勢有一嶼，即東永。鴨池之北，即斗米澳，南風亦可泊船。北水洋二里至斗米，與烽火門交界）。

三沙澳（內打水四托，泥地，可泊船。東有五澳，內打水三、四托，泥地，亦可泊船，然浪大船搖。東南海中有大嶼曰君竹，駛船不可太近。於嶼鼻東勢洋中約二、三更遠，有四嶼，曰四霜。此四嶼之澳，漁船多泊焉。自三沙從西過澳鼻，沿山邊駛船約一潮，過東壁、大 小目、火焰山、馬嶼，入松山港，即福寧府港口，打水三托餘，泥地。澳在港內大山邊，打水二、三托，沙泥地。大澳，可泊船。一潮水四十里北至烽火門）。

烽火門（澳在門內，打水四、五托，泥地。門中有三礁，船過須於兩邊。其殼仔門中有一礁石，名曰雙頭弄，兩邊水道，船皆可行。門外即烽火門。一潮水八十里北至八都港口）。

大 小崳山（亦名大羊山，又名窯山。澳內打水四、五托，泥地。南風，可泊船。門中下勢有浮礁，浮礁之東有深水礁。崳山西北對照有嶼，曰犅嶼。東勢外洋中約一更遠，有一派小嶼，曰七星，漁船多泊於此。西北相對有七都港、八都港，皆可泊船避風。八都港一潮水六十里至蓁嶼）。

棕蓑澳（內打水三、四托，沙泥地，只可寄泊而已。澳外山鼻，船出入須防之。此處潮流不順，須留心也。入內是蓁嶼港。蓁嶼一潮水八十里東北至屏峰）。

水澳（南風，可泊船取汲。澳外洋中有東 西臺，離沙埕約三十餘里；屏峰一潮水六十里西北至沙埕、南鎮）。

沙埕（南鎮在外，沙埕在內，隔海相對。澳內打水四托，爛泥地。南、北風，可泊船。澳中有龍目礁。南勢乃掛網之所，多網桁。入內港，即桐山。沙埕南一潮水八十里北至南關，與浙江交界）。

南關（澳內打水四托，烏泥地。北風，可泊船。上勢港門，船出入宜正中而行。福建界）。

北關（可泊船取汲。外勢半更遠，洋中有沉水大礁，潮湧其聲如雷，潮退即露。若船開駛防之。浙江省交界）。

## 廈門往北洋沿垵海道

（至浙江 寧波四十八更，至江南 上海五十六更。）



自廈門出大擔門北行至金門 料羅，係同安縣界。過圍頭、深滬、峻裡至永寧，俱晉江縣界。又過祥芝頭至大墜，為泉州港口。經惠安縣之獺窟至崇武，可泊船數十。復經莆田縣之湄洲至平海，可泊船數百。其北即南日，僅容數艘，莆田、福清交界。從內港行，經門扇後、草嶼至海壇 宮仔前，有鹽嶼，即福清港內。過古嶼門，為長樂縣界。復沿海行，經東 西洛至磁澳。回望海壇諸山，環峙南日、古澳之東，出沒隱現，若近若遠。再過為白犬，為關潼，可泊船數百，乃福省半港處。入內，即五虎門山。關潼一潮水至定海，可泊船數百餘。復經大埕、黃岐至北茭，為連江縣界。再過羅湖、大金，抵三沙、烽火門。由三沙沿山戧（戧字失字書之義，姑從俗用）駛，一潮水過東壁、大 小目、火焰山、馬嶼，進松山港，即福寧府。由烽火門過大 小崳山、蓁嶼、水澳至南鎮、沙埕，直抵南、北二關，閩、浙交界。由北關上至金鄉、大澳，東有南屺嶼，可泊千艘。其北為鳳凰澳，係瑞安縣港口。又北為梅花嶼，即溫州港口。過隴內、三盤，偽鄭常屯劄於此。再過王大澳、玉環山 坎門、大鹿山至石塘，內為雙門衛。復經鱟殼澳、深門、花澳、馬蹄澳、雙頭通至川礁，為黃岩港口。從牛頭門、柴盤，抵石埔門。由龍門港 崎頭至丁厝澳，澳東大山疊出，為舟山地。赴寧波、上海，在此分䑸。從西由定海關進港數里，即寧波。從此過岑港、黃浦至沈加門，東出即普陀山，北上為盡山（陳錢山，俗為盡山）、花鳥嶼。盡山西南有板椒山，屬蘇州府界。又有羊山，龍神甚靈，凡船到此，須稍寂而過。放大洋，抵吳淞，進港數里，即上海。赴寧波，路由舟山 丁厝澳西北放小洋，四更至乍浦，海邊石岸。北風，可泊羊山嶼。由羊山嶼向北過崇明外五條沙，轉西三十四更入膠州口。由崇明 五條沙，對北三十二更至成山頭。向東北放洋，十一更〔至〕旅順口。由山邊童子溝島向東，沿山七更至蓋州。向北放洋，七更至錦州府（俱《臺灣縣志》）。

廈門至天津，水程一百十二更。天津東向遼海 鐵山、黃城、皮島，外對朝鮮。左延東北山海關、寧遠、蓋平、復州、金州、旅順口、鴨綠江而抵高麗。右袤東南之利津、清河、蒲臺、壽光、海倉口、登舟[州]而至廟島、成山衛。登州與旅順口南北隔海對峙，東懸皮島，西匝兩京、登、萊，是為遼海。登州一郡陡出東海，盡於成山衛。海舶往盛京、天津者，以成山標準也（《臺灣府志》。餘詳崇明 五條沙至成山頭）。

按“臺灣府、縣志”載沿海水程，補漳、泉郡邑志之闕，而必以廈門為準。蓋廈門通商重地，歲往臺灣及南 北洋貿易者，以髮計。且舟師巡哨，以海為家，而港澳淺深、礁石險易，諸志書所未詳者。今就柁師訪問，集腋記載，兼考諸書採而輯之，附此備考。

——[清] 周凱《廈門志·卷四·防海略》





## 竇振彪《廈門港紀事》

[道光二十三年（1843）前。]

[清]竇振彪《廈門港紀事》書末有“癸卯[道光二十三年，1843]六月二十四日吳興姚衡雪逸”跋，載及“水師軍門竇振彪”於是年正月派人“攜書二冊”事，故該書係廣東高州人竇振彪（1785—1850）提督福建水師時的作品，成於道光二十三年（1843）前。是書有清三千客齋抄本（上海圖書館藏），本書所引據此。按：《稀見地方志提要》（陳光貽編，齊魯書社1987年）謂“此紀爲振彪任金門鎮總兵時所作”，唯竇振彪任金門鎮總兵約在道光二十一年（1831），而十年後已升福建水師提督，上述癸卯年跋即在此時，而現存版本並不見提及《廈門港紀事》成書年代，故暫置於1843前。上海圖書館藏“清三千客齋抄本”未標頁碼，諸項次序未盡合理，可能原稿尚未經過編整，亦或傳抄時前後淩亂；本書引錄時盡量保持原貌，但略作調動，主要是把潮水漲退、諸神風暴、敬神及羅經等項相對集中，另將作者較熟悉的粵省及廈門港相關針路的內容盡量編排在一起。

### 廈門港內

水仙宮口開，有雨傘礁一片，沉水粗。

貞仔西北開，有沉水粗一片，辦看猴嶼 塔尖山。

草仔垵開，有沉水粗一片。

虎頭山開，有沉水粗一片。

火仔垵開，有沉水粗一片。

港仔口開，有沉水粗一片。

劍石尾東北開，有沉水粗大一片。

湖裡西南開，有沉水粗一片。

### [廈門往周邊里程]

下門往石碼水路七十里。廈門往金門水路六十里。

五通往劉伍店水路三十里。高崎往盡尾水路三十里。

廈門往生嶼水路三十里。

*　*　* [***表示另一篇或分段，下同]

廈門四更船取崇武。崇武四更船取宮仔前。

宮仔前四更船取福州。福州二更船取三沙。

## [每月逐日潮水漲退時刻]

初一、二、三，十六、七、八等日：辰戌漲對巳亥半，子午滿對丑未涍，寅申半對卯酉礁。

初四、五，十九、二十等日：巳亥漲對子午半，丑未滿對寅申涍，卯酉半對辰戌礁。

初六、七、八，廿一、二、三等日：子午漲對丑未半，寅申滿對卯酉涍，辰戌半對巳亥礁。

初九、十，廿四、五等日：丑未漲對寅申半，卯酉滿對辰戌涍，巳亥半對子午礁。

十一、二、三，廿六、七、八等日：寅申漲對卯酉半，辰戌滿對巳亥涍，子午半對丑未礁。

十四、五，廿九、三十等日：卯酉漲對辰戌半，巳亥滿對子午涍，丑未半對寅申礁。

* * *

初一、二、三，十六、七、八等日：辰戌漲，巳亥半，子午滿，丑未涍，寅申半，卯酉礁。

初四、五，十九、二十等日：巳亥漲，子午半，丑未滿，寅申涍，卯酉半，辰戌礁。

初六、七、八，廿一、二、三等日：子午漲，丑未半，寅申滿，卯酉涍，辰戌半，巳亥礁。

初九、十，廿四、五等日：丑未漲，寅申半，卯酉滿，辰戌涍，巳亥半，子午礁。

十一、二、三，廿六、七、八等日：寅申漲，卯酉半，辰戌滿，巳亥涍，子午半，丑未礁。

十四、五，廿九、三十等日：卯酉漲，辰戌半，巳亥滿，子午涍，丑未半，寅申礁。

## 抄錄諸神風暴日期

正月初八、十三等日，乃大將下降（大杀午時，有無即防，妙者）。

二月初三、九，十二、七，乃諸神下降（交會酉時，有無即防，妙者）。

三月初三、十，十七、廿七，乃諸神下降（星神，但午時，潰有風雨）。

四月初八、九、十，十六、七，廿三、七，乃諸神下降（會太白星，午時有風雨）。

五月初五、十，十九、廿九，天上朝上界（及天神玉帝，酉時後有風雨）。

六月初九，十二、八，廿七，卯時註有風雨，可防。

七月初七、九，十三、廿七，午時註有風雨，可防。

八月初二、三、八，十五、七，廿七，註有大風雨，可防。

九月十一、五、七，凡註有大風雨，可防。

十月初五，十五、六、九，廿七，乃真人朝上界，卯時有大風雨，可防。

十一月初一、三，十三、九，廿六，註有大風雨，可防。

十二月初二、五、八，十一，廿二、六、八，註有大風雨，可防。





## 抄錄諸神風暴日期[另一篇]

正月初三日真人暴，初四日接神暴，初九日天公暴，十三日關帝暴，十五日上元暴，十八日搗燈暴，廿四日小妾暴，廿五日六位王暴，廿八日洗炊籠暴，廿九日烏狗暴。

一年風信以此為應，此暴有風則每期必應，若無則不應。

二月初二日土地公暴，初七日春期暴，初八日張大帝暴，十九日觀音暴，廿九日龍神朝天暴，一曰廿九日陳風信。

三月初一日真武暴，初三日玄天大帝暴，初八日閻王暴，十五日真人暴，十八日后土暴，廿三日媽祖暴，廿八日東嶽暴，又諸神朝上帝暴。

四月初一日白龍暴，初八日佛仔暴，十四日純陽暴，廿三日太保暴，廿五日龍神、太白暴，十二日蘇王爺暴。

五月初三日南極暴，初五日屈原暴，初七日朱太尉暴，十三日關帝暴，十六日天地暴，十八日天師暴，廿一日龍母暴，廿九日威顯暴。

六月初六日崔將軍暴，十二日彭祖暴，十八日池王爺暴，十九日觀音暴，廿三日小姨暴，廿四日雷公暴，極崔，廿六日二郎暴，廿八日大姨暴，廿九日文丞相暴。

七月初七日乞巧暴，十五日中元暴，十八日王母暴（又曰神煞交會暴），廿一日普庵暴，廿八日聖猴暴。九、六、七多有風颱，海上人謂六、七、八、九月防之可也。

八月初五日九星暴，十五日中秋暴，又伽藍暴，二十日龍神大會暴。

九月初九日中陽暴，十六日張良暴，十七日金龍暴，十九日觀音暴，廿七日冷風暴。

寒露至立冬止為九月節，乍晴乍雨，謂之九降，又曰九月烏。

十月初五日風神暴，初六日天曹暴，初十日水仙王暴，十五日下元暴，廿日東嶽朝天暴，廿六日翁爺暴。

十一月初五日淡帽佛暴，十四日水仙暴，廿七日普庵暴，廿九日南嶽朝天暴。

十二月初三日烏龜暴，廿四日送神暴，廿九日火盆暴。

以上或先期即至，或逾期始作，總不外前三、後三，七日之內。至於風大而烈，倏止為颶，晝疾不息，四面旋風，若為颱，航海者不可不知。

## 敬神

大担 媽祖，三盤 六使爺，石島 媽祖（順風相送神福），金門城 利王爺，白帶門 媽祖，青山頭 王爺，磁頭 媽祖，精枝所 媽祖，威海 媽祖，圳裡 王爺，旗頭 佛祖、土地（菜碗），妙[廟]島 媽祖，湄洲 媽祖，洋山 王爺，到淺海 神爺，平海 媽祖，上海洋老大（菜碗），東佑媽祖（或往蓋州），宮仔前 媽祖，吾商 媽祖，許嶼內媽祖，諸位神福，慈澳 媽祖，大洋開針好事（神福菜碗，或往膠洲），北家頭 九使爺，青島 媽祖（或往天津），北關 媽祖，碼頭水土地。





## 分別羅經有君臣

羅經有君臣，分別何處所用。但凡放東西南北及山東 東關等洋，以羅經為君、水舵為臣，風信流水隨處機巧轉變。北至上海、乍浦，澤[洋]中大不相同也，可將水船為君、羅庚為臣，須看本船帆駛開倚，觀流水東西順送行走。細觀上海、乍浦水流西逆行，所用決定不準，針頭一起，差之千里，尚不知其悮心神，凡針路羅經中開時遇之，則悔莫及矣。

## 羅經二十四字當能識

凡駛船，用針路，亦有兼用單字，當仔細察矣。羅經針路，可等流水而駛船。若行開行倚，當觀天象日月，惡氣恐有狂風。

## [南澳、閩南往來澎湖、臺灣]

南澳放洋，南風洋用甲庚兼卯酉九更，取澎湖 大嶼。

在銅山放洋，南風洋用乙辛，可見大嶼。

欲放南風洋往回，是洋中無風、流水漲頂，可探其水辨[辦]深淺，或至三十餘托，繚可寄椗，即知山辨進港。但是北風大流水，不可放洋。

在六鰲放洋，南風洋，用辰戌，可見花嶼。

船在井尾港，放南風洋用乾巽，西南風用乾巽兼辰戌，可見花嶼。

在鎮海，放南風洋用巳亥，西南風用乾巽兼巳亥，可見貓嶼。

在麥坑 旗尾，放南風洋用壬丙，至下半夜兼巳亥，或水漲無風可寄椗，有風可見花嶼。

在大担口，放北風洋用乙辛，至下半夜兼辰戌，先見西嶼頭。

在金門 塔仔腳，放北風洋用乙辛，至下半夜兼辰戌，先見北山嶼，可入澎湖 媽宮內。

船在料羅，放北風洋用辰戌，至下半夜兼乾巽，見揖仔澳。

船到澎湖，見桔嶼身北，用辰戌兼乾巽，取鹿耳門入港。

在磁頭，放北風洋，用巽乾七更，見西嶼頭。

在石俊放洋，用巽巳七更，見西嶼頭。

永寧 深滬放洋，用單巳七更，見西嶼頭。

在大墜、祥芝放洋，用丙巳七更。

在崇武往澎湖，東北風用丙巳，下半夜兼單丙，見西嶼頭。

在崇武 大岞放洋，用單丙八更，見西嶼頭。

在湄洲、平海放洋，用子午九更，見西嶼頭。

在鹿耳門，南風往澎湖，用單戌見吉嶼，後用乾戌見西嶼。

在鹿耳門，南風往廈門，用辛乙，見南太武。

在鹿港往澎湖，用坤艮取象嶺，象嶺用申寅見兒女嶼，可入澎湖。

船在鹿耳門出，招正南風用辛酉針，對大嶼南過。又用單辛，可見南太武。

冬天船在鹿耳門出，招好風西可用乾亥針，見東 西吉。

西嶼頭放北風[放]洋，可用乾亥針，可見北太武。

船在崇武，北風放洋往鹿港，可用乙辰兼辰巽，見大度山十一更。

鹿港往崇武，北風放洋，可用乾亥針十一更，見崇武。

## 南往北敲東各澳深淺目錄

瓊州 海口，流東水至白港沙[白沙港]，上可府城塔嶼[與]船齊。犁頭汕內，亦可行船。

舖前山，山上有搭[塔]，澳內好拋船，打水三、四托，沙泥地。南有沙壇，有港名舖前港，鼻頭有礁母，開又有礁，不可太近。

目連頭，澳內好拋船，打水三、四托，沙泥地，恐畏流水急，不可太近。白頭上勢有急水門。倘若行外洋，南是抱虎 目連頭，沙壇一列，生至水門外；西是硇州，淺汕可防；東是見七洲山。

海北山，船在舖前，欲從硇州內行，可候水流東，用壬亥及壬子，見蕉汕。

蕉汕，內打水四、五托。內是海北山 召離角，入內是石碑。東是錢山頭，出水好拋船，打水三、四托，沙泥地。船行正路，可從打水六托而行。內是錦囊港，水漲打水三托。港口外有汕生，嶼中汕相對，其路甚狹，就深正路，用心深水仔細而行，恐畏拜舵其水，打平可過淺狹，就正路打水六托。看東有山，就是硇洲，觀村尾外是淺汕，出水打湧。西是豬母汕一列，可從打湧下而行。

煙台城仔下好泊船，打水三、四托，沙泥地。在此間開船，可從宮前而行，可謂順行矣。



媽祖宮前，至宮上勢，可防拋礁。對中見蟾蜍汕，可從硇州邊而行。

北村山澳，山上有煙台，澳內好拋船，打水三、四托，沙泥地。上鼻頭老古石生開，可防。此處開船，西見鹿尾沙打湧甚開，可防。上內是東海山，其形員，沙上有一港甚深，打水十六托深，名叫為廣州澳。



廣州澳，內好拋船，打水至六托，沙泥地。此處開船出港，西是赤澳，向鴿蜜窖。

限門港，白沙墩名為白象，遠內有一山名為蚕嘴山。而入此港，即將此二山觀看為準。內有東、西炮臺，媽祖宮前好泊船。候水漲，入赤墩。

五鬼山，山內是浯州東門，不可開。

半停山，好寄椗，打水三、四托，沙泥地。內是赤水港。

赤水港，口上有礁，敲船不可太近。內有汕，係是電白港，有汕，可近放雞山行。龍頭澳外有礁一列，其內外通可過。

放雞山，可泊船，打水三、四托，沙泥地。北是電白，上但有沙汕。港上有龍頭山。

龍頭山，外有礁打湧，船從礁內過。外有黃枝嶼。

黃枝嶼，外有礁，可從內敲過。

青嶼仔，好拋船，打水四托，內是二洞港。東是赤墩山，澳內好泊船，打水三、四托，沙泥地。此處開船，可防鼻頭有礁，不可太近。雙魚鼻頭，不可太近。

銅錢澳，北山上有炮臺 ，中有一位嶼仔，內好泊船，好逃颱，打水二托，沙泥地。此內有即郎港，甚淺，下有沙汕，可防。

海寧澳，澳內好拋船，打水三、四托。澳中有礁，敲船可防。

洋[陽]江 大澳，好泊船，打水三、四托。澳前有礁打湧，名為“王爺印”，行船可防。

網嶼外是下村尾，南外是洋江砣，內是大澳鼻頭。大澳鼻頭是斗門。

下村尾太平澳，好泊船，打水五、六托，爛泥地。北澳是上村、下村隔界交處，內是阿公山。

阿公山，邊其淺，爛泥地，敲船不可太近。

上村 番仔墓澳，好拋船，打水三、四托，泥地。墓澳南好拋船逃颱及南湧，此內是廣海港。

廣海港，外是東鼓角，好拋船，打水四、五托，泥地。上村鼻頭有礁打湧，可防。

大金山，好拋船，打水十餘托。此處風落甚大，時常走椗。外是交鱗山，下外見觀音嶼礁，入大金門。但是內海內是銅古[鼓]山。

黃旗，內透三灶門，澳內好泊船，打水三、四托，泥地。澳內上有礁，礁尾有一港仔，好逃颱，水退則罣。港口上有一門往蝦蛄嶼。

蝦蛄嶼，外是深路，北內是江門。蝦蛄嶼內甚淺，爛泥地，恐防拜舵，候水漲壇可過。嶼尾有沙汕一條，名叫蝦蛄汕，可防。

琵琶嶼，外是大井門，內是香山門。

香山門，中有竹找[筏]礁，入內是香山縣 龍透、廣東 河下等處。

刣半[牛]房，此處好泊船逃颱，打水三托，泥地。此澳上門北，門北有石汕礁，可防，內身是外十二[字]門，內是番仔城。

番仔城，有炮臺。炮臺下好拋船，打水三、四托。鼻頭外上門，媽祖宮前好打水三托，沙泥地。中有大礁名叫梹榔礁，二邊盡可過。

十二門，可拋船，打水四、五托，泥地。山嶼[與]番仔城相對，其門中有梹榔礁可防。此處開船，上外是魯萬身尾，此內是九洲山，直至旗毒澳。

大甘山，山外弓鞋嶼洲，墻珠地好拋船，泥地，可防賊艇。此山尾好泊船，打水四托，泥地，有炮臺。欲往外盃嶼門經過，可從此山外而行。東是糞浮蹄嶼，好拋船，山上有炮台，打水七、八托，泥地。此北是紅香爐，上北由如[如由]成杯嶼，可透目門而急水門外過，可從此山外金校椅而行。紅香爐出，可從大甘山，內是急水門，再內去是赤安廟。

新安港，東疊山口，內是碎嶼仔，員澳山好拋船，打水三托，沙泥地。南是厚刀嶼，北是疊山，東畔是急水門。

急水門，流水甚急，駛船可從門蚕而行，東內亦一門可行，但東嶼尾有礁六、七個，如行此門可從大山邊而行。若出門，南勢有礁沉水，可防。東南是金校椅嶼，北是紅香爐，山尾是走馬埔，內是九龍潭。

九龍潭，內好逃颱，打水三、四托。其門有白嶼三墩，名叫佐鳥屎石礁，外有山仔，一直遮蓋，好天時可從山仔外過。南是紅香爐、走馬埔、橫山車，繒尾有沉水礁，可防，不可太近。

紅香爐，媽祖宮前好泊船，打水三、四托，沙泥地。此處開船，可從九龍停[潭]而行，不可太近。南有鳥鼠礁，可防。

小急水，號為鯉魚門。雞母嶼鼻頭打湧，不可太近

目門 媽祖宮前好泊船，打水三、四托，沙泥地。可候風北出門，門外下有礁打湧，可防水拖下。宮對面停是花圍山。

花圍山，尾是炮臺，出北門外荔枝嶼，內是雞罩山山仔，其形尖占，名叫為之牛角山。



福建頭，此處開船甚難，流水盡是拖落。可從龍船澳而入，由釗門而出，此是山內行。釗門此甚狹，可以仔細出入，有嶼二個，其形是尖占。南下是福建頭，山上是透心嶼。出此門，上內是炮臺，名叫一小灶。再內北勢甚闊，內是大埔海，有二個大礁出水，東勢有山是吳江衢山。



吳江山衢內有一澳，名叫舊南澳，好泊船，打水三、四托，沙泥地。此山大鵬山相連，鼻頭有礁打湧，可防。西是賢山，有嶼仔，其形尖員，就是西貢澳，小船好泊。上身外勢是登娘山，澳內好拋船，打水六、七托。外是竹篙嶼，亦可過。再外是月眉嶼，亦可過。

登娘，停是猴嶼門。猴嶼門下有猴屎礁，可防。內是大鵬山。

大鵬山內是大鵬所。大鵬所，內可逃颱，打水四、五托，沙泥地。

東瓜嶼仔，好拋船，打水三、四托。南開有礁，名叫半洋礁，有猴嶼，直上可防。西下是有三管筆兆，是三角洲。再內是舜寮，好逃颱，打水二、三托，沙泥地。再內是稔山港、墩頭等處。

三角洲，內好拋船，打水四托，沙泥地。南勢開是半洋礁 斗鼻頭，有刺礁一列。船可從鴿姿[婆]嶼、冬瓜嶼而出。出此門外，南是柴山，內是台山小港，再內是大星尖山，大澳好拋船，打水三托，沙泥地。下是草嶼，內是欄杆礁，不可太近，內是有一門可行，恐防炮台有沙汕尾。若從草嶼過，下是星山仔，可防。

烏礁，過有烏鴨，南是柴山，大星表頭，外上白鴨。白鴨外過有烏鴨沉水，內是馬交池，不可太近。

鹽洲山，港口有二個嶼，名叫東 西虎。船可從海外過，外是東、西 二椗。二椗內上身有一列紅礁，名叫破灶吹，駛船不可近。雞罩山疊着杠某嶼，可防。

網仔嶼，好泊船，打水三、四托，沙泥地。嶼內有一列沉水礁，可防。內邊是小墓港，外是東椗。在此間開船，可防。

後門，好拋船，打水三、四托，沙泥地。有嶼仔在南外，名叫陳三帽樣嶼。陳三

帽樣嶼，外有大礁打湧，可防。

潮沙港 媽祖宮前好拋船，打水三、四托，沙泥地。內有一山，尖員又高，名為雞罩山。

雞罩山，後好逃颱南湧，爛泥地，水退則罣無妨。東上有礁母打湧，可防。宮前開船，可從鼻頭而出，外有一嶼仔，其形平平，名叫杠某嶼。船從嶼內過，有一沉水礁，船行不可太近，可以仔細。

沙尾港，好拋船，入可從蜈蚣山邊而敲，不可貪東。東有阿公汕，敲至半洋礁下身，可一帆而至。下勢貓仔澳邊而入，有蕉礁至港邊，汕尾港在此間，開船直出，可防身上阿公礁探水而出，西公邊存港水礁一圍，出退即出現，可防。

牛腳膾，山上有炮臺，好泊船，打水五、六托，沙泥地。

龜龍山，好拋船，打水三、四托，沙泥地。內下勢是鳥屎石，好拋船，打水三托，沙泥地。有小路，小船好過。內山鼻頭外，名叫掃手尾。龜龍鼻頭有沉水礁，行船不可太近。上外是菜嶼。

菜嶼，有菜根礁，大水打湧，船從礁內過，再內有碎礁甚多，駛船可以仔細。

竹仔澳，好泊船，打水三托，沙泥地。此處礁甚多，非帽熟切不可入。

樜郎澳山，有煙臺，船可倚大山邊收入宮前，好風可防[以]拋船，打水三托，沙泥地。船尾有大礁打湧。在此開船，出表頭上有嶼一列，名為金嶼。

金嶼，內好駛船。金嶼小澳邊好寄椗，打水五、六托，沙泥地。內可過得船，內是廣針鼻，有礁打湧。西內是白沙湖，可從廣針鼻身上而入。北是大德山，南面是炮臺。對開有礁，出入可防。

石獅頭，好拋船，打水三托，沙泥地。上身外路是淺礁，可防，行船不可太近眼金湖，甚淺。

大德山，尾是大德港，上是烏墩港，東是小澳，好泊船，打水四托，沙泥地。內是烏墩港，出鼻頭東山勢是十二樺腳，即烏屎石，外是觀音山。

田尾山，有城仔，下好泊船，打水三托，沙泥地。內是碣石港。在此開船，鼻頭外有東 西吉，名叫內嶼礁。船從礁外過。

三洲澳。此處礁甚多，小船方寄椗。

烏東港，山有煙臺，棺村礁下好拋船，打水三托，沙泥地。上有碎礁打湧。

海甲山頭，南是羊枯嶼。

羊枯嶼，內小船好過，山鼻下有礁打湧，山鼻尾上河澳開有雙虎礁，駛船可防。

甲子 柑澳山，有城，內好拋船，打水三托，沙泥地。下是斜礁南，甲子澳口有棖榔礁出水，表頭有刺礁一塊，白礁至開，內中有一門可過，名叫米墩礁，沉水時常，時常[有]壞人船隻。如好過此門，可從虎尾嶼而行，不然草嶼邊而過，一僻門甚狹。從草嶼下外過一名礁尾雙仁礁，上鹿耳門石而[過]。船在柑澳外門至墓前，切記糞苞頭粗茅生門，夜間可防。

香員澳，好拋船，打水三托，沙泥地。其澳有香員礁三墩，可防。內是泉神[神泉]港。甚淺。

東港山，上有城仔，下有廟。廟下好拋船，打水三托，沙泥地。此處開船，可防上勢有鳥屎石。

赤澳山，上有城仔，好拋船。澳外鵝龍礁上收入正澳，打水三托，沙泥地。內有沉水礁甚多。在此開船，可防鼻外上身有礁打湧。澳外是石碑澳，礁甚淺，不可太近。上勢有珠礁，出水大大，好寄椗，打水三托，沙泥地。船尾唑大礁，甚搖拐，可以仔細心謹防。內是靖海港，斗鼻頭水漲甚急。過此鼻頭，上是排角，好泊南風。內是大山，青龍山。

錢澳，有觀音山礁，船灶寉而入，澳內好拋船，打水三托，沙泥地。不然，可從下畔蓮花而入，亦可行。內是海門港。

廣澳，好拋船，打水三、四托。內是達濠港埔，即河渡門，過表頭內好逃颱，爛泥地。水退則蜜菜嶼澳，山上有城仔，好拋船，打水三、四托，沙泥地，恐防拜舵。茅嶼內開，身有菜坊礁一片。烈甕仔礁、三角礁在此，開船可防。鼻頭沙汕內是海澄港。

鳳嶼，有網竹，內勢上身是牛澳心嶼，內下有海庢礁打湧，可防。內是東隴港。

東隴港，外有半洋礁出水，潮退拜舵。娘宮澳內開，有沙汕生在橋墩下，可探水而出。下是五嶼山，在內浮潯，好逃颱。

黃龐港，亦好逃颱。橋墩下有鳥屎石，南是砌嶼。

砌嶼，外是後宅，出鹽。

白牛，好拋船，打水三托，爛泥地。此處風落甚大，時常走椗，內是羊嶼，好逃颱。內是雞牽山、走馬埔。

南澳，山有城仔。此處拋船，只怕西風颱，打水三托。東是臘嶼，西是白沙交 鳥嚴頭。駛船可候，而水退時，方可敲船。雞母澳好拋船，打水三、四托，沙泥地。下是青嶼，鼻頭上是虎仔嶼。

## 廣東往南澳、銅山[以至寧波]

山虎門取猊嶼，北勢過，南有沙沄。過龍丁洋，取水，牛澳門出去是汲水門。

汲水門外是校椅山，有龍澳，走得風。

目投門出，用艮寅取大帆澳，好拋南北風颱。入鼻頭，有嶼仔內拋椗。門外東勢有礁，可北勢走大帆，用單寅取恰量澳，内有媽祖宫。澳口有礁出水，身外山是竹嶼，有竹牌礁離水，内外可過。

竹牌礁外，用艮寅取小星。

小星内有半洋礁，行船可防。身上是大星，好拋北風。内勢山是線尾。

大星，用甲寅取烏 白鴨外過。白鴨一個，烏鴨二個，内外可過。船駛過鴨，不可貪西。澳内有碎嶼甚多。澳内嶼仔一個生開，是陳三磨。

白鴨外，用甲卯取龜龍、菜嶼。過菜嶼，門内有碎嶼甚多，夜間不可過。身上有山仔，是掂憎。過掂憎，西内去是白沙湖，走得大風。入金嶼内，有礁一塊，沉水，不可倚。有寨仔，寨仔脚好拋椗，好開船。西風角[用]甲卯取田尾。

田尾鼻頭有枋車礁，生開離水，内外可過，號有一嶼，生開，名是桔，上下可過。田尾身上是河東港，上是甲子澳，内深外淺，大船不可入。鼻外有甲子蘭生開，行船不可太倚。身上勢是神前澳，山長平平，山上有搭[塔]仔寨仔。

田尾山，用甲寅取赤澳山，上下是礁，是礁[與]斧頭澳相似。山外過，看北山赤沙色，内勢山高大，連下勢山。

烏土澳山，身上是麥尾淺澳，東勢是表澳。

表頭山，連北勢放圭，内有好澳名塗壁，走得好風。内西去大潮陽。

吉陽，過港北勢烏丁，内潮洲[州]。

安埔，過港東勢鹽蒲澳過，過東南澳山，入西内去是大林埔，山仔頂有搭[塔]仔入庵，埔頂處南澳 長山尾，鼻頭有網，山上有城仔。西北勢後宅澳好拋，走得風。過身北是圭母嶼，走得風。半港有鳳嶼，拋得椗。

圭母嶼，對港入去是黄光港。圭母澳或後宅出船，可防七星倒牛礁。

七星倒牛礁，生開長山尖，南澳山尖相貪就是，礁可防。至玄鐘山北大貞山，二山合是半洋礁位，可防，至玄鐘 沙澳對出，出礁。

船在後宅出，用卯酉取玄鐘山 沙澳口過。

南澳城出，用艮寅取宫仔前，内身北去雲霄、詔安等處。

宫仔前出，船用甲寅取象嶼外虎嶼，有虎尾礁生開，敲船不可太倚，須防之。開勢是柑 桔，内外門中好過，銅山澳内好泊船。

* * *

南澳 蠟嶼，用甲庚取宫仔前。

蠟嶼，用艮坤取懸鐘 聖澳，内是詔安港口，有礁號名牛母運，有網柱。船拋汕尾寮 媽祖宫前。

聖澳，用乙辛取下額頭，恐轉流，拋倚，可用開一字，額内有澳是九廈澳，内佳備澳，可逃風颱。門中有網柱。

九廈尾，用辰戌取宮前澳 硃仔礁。用甲庚取鬣壳澳。出，用子午取蘇尖。用辰戌見田仔墘澳。用艮坤取古雷頭。開船，用丑未取洲門，雙用子午取南門澳，船收入銅山。如在古雷頭開船，用丑未取洲門，雙帆，嶼外南有劍礁一片。

州[洲]門，用癸丁、丑未取陸鰲。內有沙汕，沙汕內有一澳，名為山仔尾，避風颱。洲門，用艮坤兼寅申取烏嘴尾。用艮坤取將軍澳。用艮坤取鎮海。將軍澳，用丑未取林進嶼。內門井尾港，鼻頭有礁一大片，名號三消礁。三消礁外直上塊名鎮海寮。

鎮海鼻頭，用艮坤兼寅申取旗尾 麥穗頭。用單壬取鵝嶼山。



旗尾，用艮坤兼寅申取料羅鼻，開抄南流，用艮坤抄兼寅申，此抄北椗，用艮坤取磁頭。

磁頭，用艮坤兼寅申取石砌。

石砌，用丑未取祥芝頭。開，有水雞腿礁可看，若匏見底，日湖搭[塔]出祥芝頭即過身。

祥芝頭，用丑未取平海杚[圪]，澳口有媽祖印一塊，杚辶[過]具有礁，杚外有礁甚開，生西南。

平海杚[圪]，用寅申取南日。南風南流，用寅申兼甲庚，洘流用艮坤，妙。開有菜瓜坪。南流，用乙辛、卯酉，避鼠尾礁。用寅申、甲庚，取白嶼仔。用寅申、甲庚，取紡車礁。

紡車礁，用艮坤、丑未取墓仔口。

墓仔口外，用艮坤兼丑未取宮仔前 草鞋礁身東。礁身東畔，礁母上水礁，可防。港心礁過，妙，倚西不可倚東。

宮仔前，用子午取古嶼門，南流妙者，兼癸丁妙。

烏嶼開，洘流淺，齊身取三碗羊，取貓嶼仔。

古嶼門，用癸丁取東 西鶴。用子午取自澳，後有礁一片。

自澳，用癸丁兼丑未取南交。

南交，用艮坤取白犬，內有七星礁，可防。烏暗之間遇風，可防七星礁過身。白犬，用子午取官塘。

官塘，用壬丙取定海。

定海，四嶼外，用子午取王崎，鼻頭有媽祖印。四嶼內有礁數塊，或可倚四嶼腳，或在內可倚大山腳。

王崎，出去是北茭頭。用子午取小西洋，內有港心礁，可倚四嶼邊，但四嶼邊門可過。

小西洋，用丑未取閭山。

閭山門，用壬丙取老湖，身西有一澳，可逃風颱。

老湖，用子午兼癸丁取大金。內是鴨池，可逃大風，不避風颱。

大金，用子午兼壬丙取三沙，或出烽火門過，可倚西，不可東，山腳有沉礁。

烽火門，用癸丁取八都港，鼻頭有礁一塊，出水生倚。

八都港，用艮坤取北關，内是南關，可避風颱。

北關，用癸丁取香金[金香]，扣孟嶼鼻頭倚，有石三塊。

金香，用子午取鹽田。開，有八畝礁。

鹽田，用癸丁取琵琶頭。鹽田鼻頭，用丑未取鳳凰山。鳳凰山外生在東邊，南畔鳳髻礁。

鹽田，用艮坤取浪山，有一門可過，甚深。

南明，用艮坤、丑未取三盤，洘流用丑未，南流用艮坤。

三盤，用丑未取坎門外嶼過，用艮坤取大鹿門。大山腳有礁一塊，南流可防，洘流不可防。

大鹿門，用艮坤兼丑未取雙門。大鹿門，用艮坤取石塘，洘流用艮坤，南流用寅申。

龍目一對，東目身東有礁一片，離龍目礁二箭之地，可防，妙。

石塘，用艮坤取吊邦門。

吊邦門，用癸丁取鬣壳澳，外鼻頭有礁一塊，一片可防，生在下山腳，南風垵鼻頭，用艮坤兼丑未取積谷山，南流用艮坤，洘流用丑未。

積谷，用乾巽取馬蹄澳，網嶼抛船。澳内身西有沉礁石一片。

積谷山，用壬丙取川礁，網嶼鼻頭有沉水礁一片，離鼻尾有三箭之地，早晚可防。南畔大山腳過網嶼，澳内北風南流，用子午取川蕉山。

川蕉山，用艮坤取塗龍澳 半月山，東北有沉礁一片，南看積谷山，出去西看川蕉，離門可防

川蕉，用癸丁取楊梹鼻頭。

川蕉，用子午兼癸丁取茶盤嶼，洘流用癸丁，南流用子午。

川蕉，用子午取牛頭門，南流用子午，洘流用壬丙。

牛頭門，用子午取花澳。

牛頭門，用艮坤取汲水。洘流急不可出門，南流平可出船，在四面流，用艮坤取土地嶼。

半明山門，用巳亥取吾騎澳。

吾騎澳，用壬丙去朴弼，下有礁三片，南流甚急，可防。過朴弼，用子午取小普

陀山門。

小普陀，用子午取鴿姿[婆]嶼。

鴿姿[婆]嶼，用子午取羊角山。

羊角山，用子午取金定門，有礁一片，離有四箭之地。

金定門，用艮坤兼丑未取旗頭，收入姿港。

## 海南往上海[舟山]針路

七星嶺，用艮寅一更，又用甲一更，取七洲。

[七洲]用單寅十五更，取弓鞋。

[弓鞋]用甲寅五更，取大星尖。

[大星尖]用寅十五更，取南澳 澎。

[南澳 澎]用丑艮七更，取東椗。

[東椗]又用寅七更，取烏龜。

[烏龜]用丑寅三更，取牛嶼。

[牛嶼]用丑四更，取東湧。

[東湧]用艮四更，取臺山。

[臺山]用丑四更，取南杞。

[南杞]用癸丑四更，取鳳尾。

鳳尾，用癸四更，取魚山。

[魚山]用子癸三更，取九山。

[九山]用子午三更，取桃花，收入洲[舟]山。

## 洲[舟]山往海南針路

洲[舟]山出桃花門，用子午取九山。

九山用午及丁午三更，取魚山。

[魚山]用丁未，內用午子三更，取鳳尾。

鳳尾山，離有一更，東，船開，可用坤未四更，取南杞。

南杞用未三更，取臺山。

臺山用坤艮四更，取東湧。

東湧用坤申三更，取牛嶼。

牛嶼用坤未七更取，南，三更取烏龜。

烏龜用庚申七更，取東椗。

東椗用坤未七更，取南澳 澎。

南澳 澎用單申三更，轉針用庚申十二更，取大星尖。

[大星尖]又用單申五更，取東姜。

東姜用庚申一更，取弓鞋。

弓鞋用坤申四更，轉針又用庚申四更，取放圭洋。

[放圭洋]又用單庚五更，取七洲。七洲內是抱虎，抱虎外是七洲。

見山不管抱虎、七洲，即可用乾巽一更，取不[木]連頭。

不連頭用單酉一更，到海口，候流進港。



## 洲[舟]山回南垵邊針路

旗頭用單申取龍澳。

龍澳用單丁取牛鼻槨。

關帝嶼、鴿婆嶼用丁未取大麥嶼。

大麥嶼用單丁取浯蜞澳。

浯蜞澳用單午取土地公嶼。

土地公嶼用單坤取四面流。

四面流入汲水門，入石浦。

花澳用單庚取牛月。

牛月用丙午取牛頭門。

牛頭門用坤未取白帶澳。

白帶澳用單午取川蕉。

川蕉用丁午取網仔垵。

網仔垵用單午取鬣壳澳。

鬣壳澳用單未取吊邦門。

吊邦門用坤未取石塘。

石塘用庚申取水桶澳。

水桶澳用庚申取薯榔澳。

薯榔澳用坤未取坎門。

坎門用單申取三盤。

三盤用坤未取參將嶼。

參將嶼用單坤取鳳嶼。

鳳嶼用坤未取琵琶。

琵琶用坤未取鹽田。

鹽田用坤未取草嶼。

草嶼用單未取北關。

北關用單坤取峰[烽]火門。

峰火門用坤未取閭山。

閭山用單未取西洋。

西洋用單未取北交頭。

北交頭用丁午取官塘。

官塘用單午取白犬。

白犬用坤未取東 西鶴。

東 西鶴用未取古嶼。

古嶼用單午取新宮前。

新宮前用單坤取紡車礁。

紡車礁用單坤取鼠尾過。

鼠尾過用辰戌取白嶼仔。

白嶼仔用坤申取小南日頭。

小南日頭用坤申取平海矻[圪]。

平海矻邊用丁午取湄洲矻[圪]。

湄洲矻[圪]用單坤取崇武。

崇武用坤申取祥芝頭。

祥芝頭用坤未取深滬岐。

深滬岐用坤未取磁頭。

磁頭用單未取北椗。

北椗用單申取寮羅。

寮羅用庚甲取海翁汕外過。

海翁汕尾外用單乾取大担。

寮羅用單申取鎮海。

寮羅用坤未取將軍澳。

將軍澳用坤未取烏嘴尾。

烏嘴尾用單坤取洲門。

洲門用單未取古雷頭。

古雷頭用坤申取蘇尖矻[圪]外。

蘇尖砣[圪]用坤未取象嶼。

象嶼用庚酉取虎仔尾過。

虎仔尾用庚申取南澳 臘嶼，可防劉牛 七星。

南澳 臘嶼用庚申取甕嶼外過。

甕嶼外用庚申取鳳山澳流妙，南流用癸丁。

鳳山用未丑取表頭，並子午三分，共之七分。

南澳外官嶼用申寅取表頭外過（收入表頭並庚甲妙）。

表頭外用坤艮取赤澳。

表頭澳內用坤艮並未丑取赤澳（收旖海用坤艮，收錢澳用申寅）。

赤澳用申寅並庚甲取甲子蘭頭。

甲子蘭頭用庚申取碣石外過。

甲子澳內用申寅並坤艮取碣石。

取碣石外過，外冬礁內過，外是碣石。

碣石 冬礁門用申寅取樜喞頭。

樜喞頭用辛乙對菜嶼內過，並卯酉妙（日時可過，夜時不可。龜寧外有紅礁一片，可防。菜嶼內有礁三、四片，可防）。

樜喞頭對外過，用坤艮並申寅取菜嶼外過。

菜嶼外用酉卯取大星外白鴨內過。

白鴨用乙辛取小星內過（白鴨外有烏鴨可防，內有東 西虎）。

小星內用申寅取登娘 竹篙嶼內過。

小星內用甲寅並坤艮取竹篙嶼外過。

登娘門用申寅取福建頭。

福建頭用庚甲取目門，目門不用更。

橫山用辛戌取汲水門過。

汲水門用辛乙並酉卯取疊石過。

汲水門內花矸嶼用申寅去九洲頭（南流用坤艮，洘流用庚甲）。

九洲頭用坤艮取番仔澳。

番仔澳 殺牛房用庚甲取積谷山，並卯酉妙。

積谷山用庚甲取蛇嶼頭（南流用申寅，洘流用卯酉）。

蛇嶼頭用申寅取大金（南流用坤艮，洘流用申寅）。

大金門用庚甲取上 下春，內是阿公澳（洘流用庚甲，南流用申寅）。

上 下春頭用庚甲並申寅，取蚊嶼內過。

蚊嶼內用卯酉取阿娘澳。

阿娘澳用卯酉取陽江 大澳（澳內甲寅針路，媽祖印一大片，收入下澳，到鼻頭用坤艮並申寅妙，神福）。

大澳用申寅取四弼澳，下媽祖印，可並坤艮（內是海寧頭，外是羊肚礁，到四弼可防）。

四弼用申寅並庚申取銅錢澳（四弼 雙桃）。

銅錢澳用甲寅取雙魚（鼻頭不可倚沉水，雙魚蛋礁一大片，可防）。

雙魚用申寅並庚甲取青嶼（南畔有礁一大片，早晚可防）。

青嶼用庚甲取黃枝嶼。



黃枝嶼外用卯酉取龍頭（收入澳內，有龍目礁，可防，不可過）。

龍頭澳內用坤艮取放雞山（內是水東港，下是半柳山）。

放雞山用申寅並坤艮取東山（收入赤墈港，用辛乙並卯酉正港妙）：南流用坤艮，洘流用申寅，見東海山在帆下，用庚甲、卯酉妙，正港。又見東海山坐在船頭，船身太倚，可收繚。見漏洲流，不直見東海山，船身開，倚可以載取。船身用坤艮、申寅，見東海山坐在辛酉字，太開，可過帆。



放雞用單庚取限門過：如在放雞往廣州澳，用庚甲並單申，取廣州澳。放雞往砳[硇]洲，用單申並坤申，取砳[硇]洲中門入海面。船在南山尾，船尾坐炮台，行船用子針路，可取錦囊頭，入中行。用丙午針，取竹牌礁外，過朝離角。用癸丁兼丑未，過海口甚妙。

## 海口往江坪針路

牛屎港開船，正東風，流西水，駛船一更久，見三墩。南是聖人墩，可從中過。用單酉及單庚，流西水，可防鬬角尾，離開可鬬角尾用單子，取東埸行船，正東風，用壬子取鑼蓋下。倘北風，收入鑼蓋下澳肚中，打水四、五托，寄椗效天門。駛出銅斗角，角頭生有石汕，甚開。駛船行亟此，可謹防，打水七、八托，是正港。如水淺，不可行銅斗角。下勢行船，駛至海康港口。用乾戌半更久，用單乾三更，正東風，取常洲。內是沙汕，汕面上水漲，打水三托。為風大，收入常洲上面東畔，船尾唑余洋，用單亥直入。外有嶼一個，嶼下好泊船。山頭有媽祖宮、王爺廟。在常洲開船，用單壬一更久，用單亥一更，見周墩。可用單酉，取白龍尾，順流進港。見珍珠墩，水漲船尾唑珍珠墩，用辛直入就是。

## 菜嶼往砳[硇]洲

菜嶼開船，用子午針取表外過。北用坤申八更，又用單申四更，取大星尖。北用坤申七更，取東姜及弓鞋外過。北用庚酉針取大金門並銅鼓角門外過。若在弓鞋外，用庚申取烏豬外過。北用單庚針取海龍頭。放雞開船，用單申針取廣州澳，又用坤申取砢[碙]洲。

## 番仔澳往廈門

番仔澳[門]用寅申取花杆嶼，南流用庚申，洘流用艮坤。

目門用寅申取登娘。

登娘用寅申取小昇。又用甲庚並卯酉取龜寧 掃手尾，用乙辛並卯酉取菜嶼外過。

樜啣頭用寅申取田尾。田尾甲庚取灘頭外過。

甲子 灘頭用庚甲取赤澳頭。

赤澳頭用艮坤並寅申取表頭。又赤澳頭用艮坤並丑未取倓[錢]澳。

表頭用丑未取長山尾。又表頭用寅申並甲庚取棚嶼。

棚嶼用寅申取烏嶼仔。見烏嶼，南流用甲庚，防三腳砧，過用寅申並艮坤取宮仔前。

南澳 蠟嶼，用單庚並寅申取宮仔前。

砵仔礁鼻頭用甲庚取澳角鼻頭外虎仔。

占礁鼻頭用艮坤取蘇占外个雞心。

雞心用寅申取古雷頭。

古雷頭用丑未取聖筶嶼門。

聖筶嶼用寅申取虎頭山 烏嘴尾。

烏嘴尾用艮坤取將軍澳。

將軍澳用艮坤並丑未取鎮海。

鎮海用艮坤取旗尾。

旗尾 麥穗頭用單子取浯嶼，收入廈門。

## 廈門往北垵邊針路

船出大担外，開用乙辰一更，離海翁線，見烏嘴尾。

用單寅一更，見北椗外過。

用寅半更取磁頭，離半更開。

水退，用單艮半更取俊頭，半更開。

用艮坤二更，見大岞。

用艮坤，南風倚汙帆，一更見湄洲外過。

用艮坤見平海杚[圪]外過。

用寅一更，見南日澳。

用甲寅取小南日頭。

用甲寅取紡車礁。

用壬丙見小閭安，墓仔口前過。

轉取宮仔前，過楝嶼。

用子午對許嶼門過，上去，牛角山過。

用癸丁一更，見慈澳外過。

用艮坤、丑未見白犬。

水涍，用子午、癸丁一更，取官塘內過。

用子午一更，取北膠頭。

用子午一更，見小西洋外過。

用癸丑二更，見烽火門。

用癸丑一更，見冬瓜嶼。

用丑未，水退用艮坤，取北關，內過中門。

用艮坤一更，取草嶼外過。

用艮坤，見金香。

用丑未，見鹽田外過。

下外有八畝礁，見鳳凰外過。

用艮寅，見抛山門外過。外是北杞。

用艮坤、丑未，見三盤。

三盤門用艮寅，見大鹿。

大鹿用艮坤，見石塘。

用癸丁、丑未，見吊邦中門。

又用癸丁、丑未，見積谷。

用子午，見網仔垵外過。

用子午，見川招。

外是東 西机，對机邊過，有小礁對過，對中門中有礁，可防。

用壬丙，見白帶門山外過。

用艮坤、丑未，見鐵丁嶼過。

用子午、癸丁，見汲水門。

用壬丙、巳亥，見半坪山，中門過。

用癸丁、子午，見牛鼻廊。

用癸丁，見青門鼻。

用子午，對金椗門過。

用子午，見孝順洋中門。

用丑未，見旗頭。

船駛蛇嶼過，取蟳廣澳，去是登厝澳。

用子午，取洋山過。

用癸丁、丑未，見大 小楫。

用子午一更久，用壬丙半更久，用乾巽一更久，可轉辰戌直入[往上海]。

* * *

澳頭開船，如是漠白用辰戌針，是正港。如風不順，西山不可上五營。若是貪五營，恐碍北勢線[汕]。南勢亦有線，可看西到劉五店線仔頭。若是烏沙頭汕，可看梹榔嶼相交雞屎礁仔，對門中是正港。不可貪蜜，恐碍線頭。若敲到港心礁，横辨可看烏沙頭山頂有一尖乳，合東勢第三個烏礁。直辨可看南太武，不可貪，入嶼，對港心礁，可看金山港 赤山塔坑是正港。

若是敲對白碣仔嶼，潭口好抛船。小嶝不可貪倚，官澳鼻不可太倚，草嶼不可太近。對草嶼，可防網尾礁。可看白碣 官澳頭，又防蝟仔線。駛船可看官澳頭塔，草嶼加刀剪，不可離草嶼。草嶼東有網尾礁，駛船到仙山腳，頭盂合田普塞[寨]，離蝟仔線。

要去磁頭，可防紙虎礁，可看媽祖宫澳鼻塔煙墩，横辦直看白嶼仔塔 赤坪。水涍，半行船，可防網尾礁。

過去是米硇，北勢是門釘礁。

過米硇，風若是東北，暗時看有二、三個倚汙蓬，不可倚。去是假磁。

上去是石俊，好抛船，入垵，有雙勝礁，内外可過。

上去是深滬，外有金嶼仔，内可過，大船不可過。

去是永寧，抛船，打水三、四托。可抛船，内有線，可防上線。永寧開船，可防曼尾礁。暗時可看永寧大坑見底，即坪身，各山相連，無防[妨]。高厝澳風忽，不抛船。

上去佛堂外有刦金礁，直辨[辦]看金嶼仔塔，深滬鄉里。横看塔合横嶼腰舅。佛堂後，不可太倚，倚有礁甚多。

上去是吳寶澳，大礁内可抛流。

上去是祥芝頭。有水雞腿礁可看，若匏見底，日湖搭[塔]出祥芝頭即過身。

上去是小墜。小墜外有東湖礁。水涍尾，即打影。直辨看寉鼻出大墜東。横辦看白嶼出墜北勢。此礁水大涍打湧。

去是大墜，垵內有礁，名曰媽祖印，抛船可防。

上去是搭掘垵，好泊船。垵口有香爐礁，可看城仔角合煙墩。搭掘外有赤嶼仔，東南勢不可倚。對內去有港心礁，直辦看日湖搭[塔]出大墜南，船在外過。若是合大墜尖，船在內過，搭掘後有礁甚多，無水，不便行船。又一塊礁，名曰水車礁，三塊沉水。

上去是崇武。東有假龜。開船，水涍半。上去有龜屎礁，西有把觜。龜屎礁可看大岝外有一嶼仔尖，開門可頭起。又假龜不可太倚，有狗腳赤礁。



大岝東有牛屎礁，直辦看南勢出牛尾東，船在外過，要對倚過，倚大山邊行。

去是后沙椅，內好逃颱。

上去是午[牛]垵，好抛船，內西勢淺。

去是小岝，南風好抛船。

去是黃瓜嶼，即是雙頭弄，好抛船。開深無倚，不可泊船。

去是吉鳥，不可倚中，有港心礁，可防。駛船東北風開，倚汗帆，可對上勢過。外東有分流礁，水漲七八分，流落吉鳥，好抛船。

上去勢北有沙線淺、丹嶼仔，水音，內外可過。

湄洲門，有港心礁。直辦看丁嶼仔合吉鳥南勢鼻頭。橫辦看浮熙城，蜜過身。丹嶼仔南有鐵釘屎礁，看浮熙城出東勢鼻，船在南過。直辦看丹嶼仔，北勢有一紅合釘嶼仔出現，過西出現亦過身。出湄洲門去，西北勢鼻頭不可倚。

上去是魏港，好抛船，臺垵好。

上去平海，好抛船。出入可防媽祖印礁。東看圪仔合樓兒乙畔，可頭起。北看平海山頂樹合宮可對，須着離圪仔邊，具有礁。圪西勢外有大礁，甚開。

上去是豬母礁，下有沉礁，不可倚。

上去是青山，好抛船。涍流尾駛船，牽離鼻頭，有礁碎多。東是南日，好抛船。

南日後南風垵好抛船，不可太倚。船駛到野馬。野馬內有紅嶼仔，下水返七、八分流落。紅嶼北有馬屎礁，須着倚紅嶼而行，水四、五分流，挨過野馬門。野馬門不可倚北鼻邊而行。

上去是小長沙，好逃颱。入垵，須着倚嶼仔而行。

去是門扇後，有港心礁，可防。倚北勢鼻頭，好過門扇後，有三株樹出現，可頭起。

去是五間厝，好抛船。西勢鼻有沉水礁，不可倚東。五間厝下有一棟嶼，外有沉礁。有紡車嶼，內外可過。

小閩安，可逃颱。有港心礁，可防。近萬安鼻仔有二、三個鼻頭，返流好入，水滿風不好，不可入。小萬垵搭[塔]後不可太倚，內淺，水退半，港心礁便現。

上去是墓仔口，好拋船，水涍半開船。外是草嶼。草嶼門有港心礁。

北去宮仔前，船過吉柱嶼仔、烏鼠嶼。暗時可看鼠嶼一山瀉出現，過身。又金盞 銀台礁，直看草嶼尾，不可合吉柱嶼仔。橫看金盞 銀台礁內，一個赤掘塔嶼仔南出現，即過身，或出北即過身。宮仔前好拋船。

去是楝嶼，上去有成魚屎礁。暗時可防，不可倚北。北可近大成魚，可近猴探水。若是水未可，等石泊洗面可過線。

去是石碑洋，東一鼻不可倚。西有線頭礁，亦有一條橫線。

去是大練，好泊船。水返七、八分流，行船牽離礁。暗時可看小練，有坑即頭起無防。

許嶼垵，好泊船，對楝嶼西有線。可看烏鼠嶼，不可離楝嶼西，無水不可倚。

去是烏礁。過烏石頂有線生開，可記得。

去是三碗芋，東南勢有竹網，可防港心礁。直看牛角山頂尖，合許嶼第三個山尖並路一條，是正港。暗時可看東落，不可離許嶼。許嶼門下南勢鼻頭，若是貪蜜，恐碍港心礁。

出許嶼門去有算盤子礁。橫辨看牛角山頂南勢有一尖乳合炮臺，直辨可看北勢赤礁出，西落無防。牛角山灣內，北勢有佛桃礁，可防。

上去是自澳，好拋船。倚西淺水，返八、九分流開船。貓仔嶼西北淺不可倚。風若是北，可尋白犬，東澳不可拋久，有碎礁割斷椗縩。西是正澳，可拋船。內有七星礁，直辨看上塘占合下鼻，到辨不可貪。

去是定海。定海鼻有沉水礁一塊，出垵可防，內外可過。四嶼門上下可過。西一門仔不可過，又不可近。

去是赤崎，內有網縩，口有雷公礁。水涍三分出水。赤崎鼻有礁，可防。

上去是王崎，垵口有香爐礁。直辨看定海山尖合赤崎垵口，橫嶼東邊到辨。橫辨可看四嶼仔，下一個榜合外面官塘北勢門鼻到辨。四嶼下有沉礁，上下生開。要入王崎，可倚西勢而行，不防。王崎出去，有港心礁，內外可過。銅古嶼有拖尾，有圭母炁[炁]出水。

上去是陳姑嶼，南風好拋船。去過北交頭，內是西落，好拋船。開深不便，水返七、八分駛船。

外是小西洋，有港心礁。東倚大山邊可行，西嶼仔邊亦可行。

去是老湖，好拋船，內外可過，草嶼南勢鼻下有一礁，或對外過，不可倚。鼻外是呂山。呂山後南風垵，名號狀元澳。

東湧二垵，好抛船。西南勢大山鼻頭，船駛倚，倚無防。又中門水滿可過，水涝尾不可過。東湧後南風垵，好抛船。西邊鼻頭後不可倚，有沉水礁，可防。船收倚是呂山、老湖。

上去大金，內外可過，好抛船。內是鴨池，外是杯扣嶼。杯扣嶼內有礁，不可倚杯扣嶼，可倚大山邊行。

去是横嶼仔，亦可寄椗。嶼仔東邊有礁，內是八尺門、福建頭。

入去是福寧府港，出來上勢是石壁邊，外是竹根嶼。竹根嶼門可過，中有小石嶼仔，二門可過。



去是三沙澳西，好抛船。東是五澳頭，好抛船，諒平流出船，去鼻頭頂有沉礁，開，汗可防。

去是風火龜鎮，垵口有香爐礁，可防。

出門是八都，南勢鼻頭外有沙垵，垵口抵有沉礁，駛船不可太倚。

去是七都，口有港心出礁，入可北勢山邊行，妙。七都內北有嶼仔，好抛船。

上去是棕衰[簑]澳，好抛船。垵口有横嶼仔，內外可過。

去是小王崎，垵口可寄椗。去是梹風嶼。

南關鼻頭有沉礁，可看北關小門開船，在外過。南關內好抛船，台垵好。北關若要對外，可近北關門外面一嶼仔，內外可過。北關二門可過，三門不可過，外是觀音礁。

草嶼好抛船，椗地不好。草嶼門中有沉水礁，駛船可倚外勢鼻頭內行，妙。

去是舊成[城]。又去袍袱嶼。內淺有水，過西行。內是楫溪 淺坪澳。

去金香 大小餘，水涝二、三分開船。南有鹿耳礁，駛船可倚鹿耳礁敲。暗時諒有三、四托。船離礁仔，要對礁仔內過，可記。西有礁離水一塊，北山邊亦有礁離水。東北勢有沉礁一塊。

上去是石邦。又去是鹽田，好抛船。垵口有一嶼，內外可過，門中不可倚邊。開有八畝礁。横辨看鹽田沙澳大蜜，直辨看袍袱嶼，船在內過。

上去是琵琶，門中可過。西北勢有一羊嶼，可寄椗。水返半，諒有一托水。內是平羊港，出近北山邊。外是四嶼。四嶼門可過，防流水急。內是瑞安。

瑞安門是鳳凰髻，覺身開門，南勢開，鳳凰屎礁沉水。直辨看鳳凰開門，船在內過。若對外過，可看參將嶼出現，又一花嶼合虎仔嶼。横辨看鳳凰髻有一小員嶼合瑞安大山尖。

上去是鳳凰，垵口西北勢淺。西有三牲礁，可防，內外門可過。青靜可過，參將嶼可過。外是虎仔嶼，門亦可過。對中二門亦可過。

上去是三盤。西是狀元澳尾。狀元澳西南勢開，有龍目礁三塊，亦有沉水礁一塊，可看三盤內門出現，船在內過。外是棉花嶼頭，或涍流，着倚狀元澳尾敲，西勢淺。北邊有一八尺門，可過。

去是馬起齒，外門可過。東有四嶼仔。北是鹿栖。西北是大王澳。

大王澳勢是龍冤山，橫只不可抛椗，開深流急。

上去是牛角澳，好抛船。內是橫只不可抛船，外是擺澳好抛船。開有鱟嶼仔，上下可過。擺澳小門暗時對開，嶼仔北是楚門，中有港心礁。暗時可看竹嶼邊過，坎門好抛船，內外可過。

上去竹篙嶼，對內敲船，內外可過。外門有鹿屎礁，倚一邊行船，可倚小鹿邊行，妙。外東是波[披]山，可抛船。內是昌店澳，好抛船。昌店內北邊有八尺門，好抛台。

茹節澳有沙澳，沙澳有大礁，內外過，鼻外開有沉礁，可看鱟嶼仔出坎門外鼻，無防。

上去是水桶澳，好抛船。外二嶼仔東北邊不可倚。

上去是內玉。內玉西勢淺，有二嶼，有流，不可倚。內門亦可過，石塘好抛船。下門可過，中門出入倚西勢，北勢一門若靜可過。開是三羡。

上去吊邦門，好抛船。內門可過，東勢一垵可抛。外是天津澳。

上去是內門。去有力肚礁，可看鱟壳澳出郎健頭。

東是積谷門，有大礁，內外可過。西有拖尾，內是鱟壳澳，好抛船。涍流尾出船，外有港心礁，可防。倚西勢尖山腳下有屎礁，可防。內是馬蹄垵，好抛船。

上去有八尺門，對外是網仔垵。抛船西勢，匏底有沉礁，可防流水般，可防網仔垵。北勢有沉礁，可防。

上去西北勢是海門。出去是川蕉，山邊淺。東勢是半明嶼。北有龍船礁，可防。直辨看積谷出半明嶼西，船在內過。

上去是白帶門。又去是牛頭門，好泊船。外是南谷。上去是殺嶼，垵底有沉礁，可防。外四嶼邊有礁，可防，流水甚急。內是茶盤，內外可過。又內是厶掘。

上去是深門，外是佛頭。開，一蚊仔嶼，內外可過。北有鳥礁嶼，北勢可過。南有礁，暗時可防礁南淺。

去是三門，入石浦，出沒水門。涍流大，不可出。

出去四面流。去是金碑門。去半屏山，山邊有碎礁甚多，須記得。

上去是土地嶼。去是吳蜞澳，好抛船。西勢線外門有沉礁，至朴弼蔽嶼，行船可倚外勢鼻頭行，妙。

上去是大麥門嶼，可過。大麥上西勢沙垵口尖礁，可防。

上去是足溪。又去是蛤姿[婆]嶼，好抛船。西勢有礁，可防。

上去是牛鼻龍。去是虎加嶼，内外門可過。内倚是青龍港，好抛台。

上去是旂頭。旂頭 荔枝嶼仔，好抛船。旗纛尾有沉水礁，可防。流水急，可防。

入洲[舟]山，好泊船。去是竹沙門，尾淺可防。西邊有沉礁，可倚。

去是鈴仔礁，内外可過。

又去是蟳廣澳，好抛船。對面是金塘門，可過。流水急，可防。蟳廣澳門東勢鼻北有沉礁，可防。又對耳人龍，流甚急。

去是小港 虎仔嶼，西有沉礁，可防。收入鎮海關，燈厝澳好抛船。

燈厝澳放乍浦洋，用乾巽針，可見四嶼。

燈厝澳放猴山，子午針。

猴山見大 小蝟，放上海洋，用子午針半更久，可轉壬丙半更，可轉乾巽半更，可轉辰戌直入。





## 廈門往錦洲[州]及山東、遼島並天津針路

金門 烏嘴尾開駕，用乙卯駛離北椗外過。

[北椗]用甲寅及單寅七更，取烏龜外過。

[烏龜]用單艮四更，取牛嶼外過。

[牛嶼]用丑艮及單丑三更，取東湧外過。

[東湧]用單癸三更，取臺[山]外過。

[臺山]用丑艮及單丑七更，取鳳尾山外過。

[鳳尾]兜過，用子癸三更，取魚山外過。

[魚山]用單癸及子癸三更，取九山外過。

[九山]原用子癸七更，取兩廣外過。

### 順風放洋

船在兩廣兜，用單癸四更，用單子十四更，用壬子四更，又用單壬六更，見馬頭嘴。

船在洋山，放南風，正用丑艮五更，又用丑癸五更，又用單子十更，又用壬子五更，又用壬亥三更，見馬頭嘴。

船在馬頭嘴外，用單癸四更，見青山頭。

在青山頭近兜，用乾亥十更，見鐵山 皇城外過。

青山頭往遼東，用乾戌十更，見鐵山 皇城當頭。如是墓[漠]白及夜間，須子細觀為妙。

青山頭取白嶼，用辛酉九更，取廟島。

廟島東鼻頭有石線，可防。可近西畔入澳為妙。

## 廈門往北山嶼對坐針路

大担門與東椗對坐丙巳，至東椗二更。

大担與烏嘴尾卯酉對坐，至烏嘴尾一更。

東椗與烏嘴尾子午貪壬丙對坐，至東椗一更。

太武與氣 東椗頭子午對坐，至氣 東頭二更。

太武與氣 西頭丁壬對坐，至氣 西頭十七更。

烏嘴尾與東赤嶼甲寅、卯酉對坐，至赤嶼一更。

金門與東椗丙巳對坐，至東椗二更。

北椗與烏嘴尾寅甲對坐。

## 廈門往北山嶼對坐針路[原書增訂]

大担與東椗丙巳、壬亥對坐，至東椗二更。

大担與烏嘴尾甲庚、卯酉對坐，至烏嘴尾一更。

東椗與烏嘴尾子午貪壬丙對坐，至東椗腳一更。

太武與氣 東頭子午對坐，至氣 東頭二十更。

太武與氣 西頭丁壬對坐，至氣 西頭十七更。

烏嘴尾與赤嶼甲寅、卯酉對坐，至氣 西頭[赤嶼]十七[一]更。

金門與東椗丙巳對坐，至東椗二更。

北椗與烏嘴尾庚甲對坐，至烏嘴尾一更。

北椗與福全所 假磁艮坤對坐，至福全一更。

北椗與烏嘴、烏龜寅申對坐，至烏龜五更。

烏坵與北太武甲庚對坐，至北太武五更。

烏坵與大岞寅申對坐，至大岞三更。

烏坵與小岞甲庚貪卯酉對坐，至小岞三更。

烏龜嶼[與]、湄洲砣[圪]卯酉對坐，至湄洲砣[圪]三更。

烏龜與鷺鷥巳亥對坐，至鷺鷥二更。

烏龜與牛嶼子午對坐，至牛嶼三更。

牛嶼與海壇大山尖巳亥對坐，至海壇一更。

烏龜與東湧丁未、癸丑對坐，至東湧七更。

東湧與黃嶼甲卯、庚酉對坐，至[東湧]黃嶼四更。

黃嶼與大金巽乾對坐，至大金四更。

東湧與北膠頭卯酉對坐，至北膠三更。

東湧與大西洋乙卯、辛酉對坐，至大西洋四更。

東湧與大金辛卯戌、乙辰對坐，至大金三更。

東湧、台山癸丁、子午對坐，至台山三更。

東湧與牛嶼丑未對坐，至牛嶼三更。

臺山與窯山丑未對坐，至窯山二更。

東湧與相山壬丙對坐，至相山一更半。

臺山與南勢嶼丁未、丑癸對坐，至勢嶼二更。

臺山與南杞癸丁、子午對坐，至南杞三更。

南杞與鳳尾癸丁對坐，至鳳尾四更。

鳳尾與魚山癸丁對坐，至魚山四更。

鳳尾與積谷甲庚對坐，至積谷一更。

積谷與吊邦丙午、壬子對坐，至吊邦一更。

東箕與魚山甲庚對坐，至魚山二更。

東箕與佛頭山壬丙對坐，至佛頭山一更。

佛頭山與魚山辰巽、乾戌對坐，至魚山四更。

魚山與龍門乾巽對坐，至龍門三更。

魚山與西箕甲庚、卯酉對坐，至西箕二更。

魚山與東箕甲卯對坐，至東 西箕二更。

魚山與九山癸丁對坐，至九山三更。

九山與普陀癸丁對坐，至普陀三更。

普陀與北烏龜乙辰、辛戌對坐，至北烏龜一更。

北烏龜與盡山子午對坐，至盡山三更。

烏龜與海照寅申對坐，至海照四更。

烏龜與兩廣坤未、丑艮對坐，至兩廣二更半。

兩廣與大海照癸丁、丑未對坐，至大海照二更。

兩廣與盡山 西勢澳巳亥對坐，至盡山一更半。

兩廣與大礁盤丙巳、壬亥對坐，至大礁盤一更。

盡山與海照乙辛對坐，至海照三更。

盡山與兩廣邊大盤礁丙巳、壬亥對坐，至大礁盤多[更]半。

盡山與雞髻礁辰戌對坐，至雞髻礁四更。

雞髻礁與洋山丑未對坐，至洋山三更。

洋山與小揖癸丁對坐，至小揖半更。

小揖與大揖癸丁對坐，至大揖半更。

大揖與花鳥卯酉對坐，至花鳥二更。

茶山與盡山乾戌對坐，至盡山三更。

馬頭嘴與老山寅申對坐，至老山七更。

馬頭嘴與千里島甲庚對坐，至千里島四更。

馬頭嘴與鬪刀島丑未對坐，至鬪刀島一更半。

馬頭嘴與青山頭子午對坐，至青山頭四更。

小鬪刀島與青山頭子午對坐，至青山頭三更。

皇城與鐵山丑未對坐，至鐵山二更。

皇城與虎嶼子癸對坐，至虎嶼三更。

皇城與東竹壬丙對坐，至東竹一更。

皇城與子午島丙午對坐，至子午島三更半。

皇城與威海單巳對坐，至威海三更。

皇城與廟島丁未對坐，至廟島三更半

廟島與登州府辰戌對坐，至登州府半更。

## 蟳廣澳往乍浦

鮘仔港鼻頭，用乾巽，取東鶴。用辰戌，取四嶼。看點燈山明，不用針路，入岠浦。

## 岠浦回針

岠浦山腳，洘流尾，開船，西南風，用乾亥，取石螺。鼻頭內可寄椗，打水四托。螺山鼻，用壬丙，取弄山。開，是七娘[姊]妹內過。開，有東鶴。

岠浦開船，正北風，用單辰，取東鶴北過。用單巽，取岑港澳。

## 大羊山往上海針路

五月十八日夜，水漲八、九分，東南風，用壬子出羊山。水退到大楫北勢。更餘開，打水六托，泥地。南風正，轉用壬亥駛，半更遼根風，打水六托，半轉辛戌酉，見柳樹，打水五托。轉乾戌，取五湘[吳淞]。

五湘港口東畔，生草泥地，淺，連岸流東水，流過西畔，岸盡是杉仔柱。開，亦是泥之淺。入五湘，流東水，可倚東入，須防淺，不致有悮。入港內，西垺是掛號文武，水深五、六托，中沙，防淺。

[五]湘開駕，入上海，駛倚南岸，兜深港中淺。直去要過澳，有泥防線，水返半足，亦有丈二水。此處流水急，船重有水，即過為妙。

## 燈厝澳往上海針路

出外門，用壬亥，取小橫魚山。用壬子，取大魚山。用單子，取喜山。用單丑，取候山，嶼仔頭邊過。用丑癸，取大楫，打水六、七托。用壬子，駛半更船，打水四托半。用單壬一更半，打水四托。轉壬亥一更，打水四托，是頭墩，內打水十一托。用乾亥戌三字，取五相，或在魚仔山外鼻頭兜過。用單子，取洋山中門過。



## 盡山往上海針路

盡山，東南風，水退用庚酉，或水漲用辛酉，駛見岸。或東北風，用單辛，或水返平用單戌。或東風，用辛酉，或水退用單辛，見岸。

## 柴門往上海針路

東風，用坤申駛，見岸後轉用乾戌取五湘。或北風，用庚申及酉取岸。

## 雞過嶼往上海針路

南風，水漲用庚酉，水退用庚申。或東北風，水漲用辛酉，水退用庚酉，駛見岸。見岸，或南風用乾戌，或北風用乾亥，取五湘港。

## 花鳥往上海針路

花鳥，南風，水漲用庚酉，或水退用單寅，駛至大楫齊身，離三分。船開，用乾戌，水漲用壬亥，或遇流水急及洘，寄椗，候水略平可駛。水漲，用單子取岸。洋中水漲三分，盡是東流。初退之時，是單酉流。

## 大蝖往上海針路

南風，用壬亥，打水六、七托。駛，見岸後轉用乾戌，取五湘。

在大蝖[楫]，東北風，用壬子駛，見老岸轉乾亥，取入五湘。

## 上海回丁厝澳針路

五湘出港，用辰巽駛出頭墩外，打水四托半。用單巳二更，用單丙一更，取大楫。

五湘出港，或北風用乙卯，或南風用乙辰，取大楫。或西風用乙辰三更，返東南風用甲卯，二更半見盡山邊兜。

五湘出港外，西北風用乙辰二更，至老墩。原用乙駛一更，用乙卯駛二更，過雞髻嶼北勢過。

或在柴山兜北勢過，看風面，用庚坤申三字轉變，駛三更，一路打水三托，過崇明汕尾，打水六托，泥地。可用辛戌，取老墩進五湘。

船在海照兜過，東南風用庚辛二更，取花鳥。用庚酉三更，取大楫。船尾坐大楫，用乾戌三更，用單戌一更，進五湘。

船在崇明山腰，看山頂平平，有大株柳樹，一個做辦，用坤字過淺，後轉用甲卯，見南岸三柳樹為妙。

往崇明，看南邊三株柳樹頭東北而來，北看崇明山腰大柳樹一株在艮字，候水滿即過淺。此處東西沙線甚高，中深，小船過的[得]，大船必候有水即過，不致有誤。返滿二十一日，打丈六水。其崇明山東西生長一百三十里，倚山兜處處好拋，打水五、六托，泥地，下格塗硬，泊船須着來去椗，不致悮椗並齒。

## 廟島往天津針路

船出廟島門外過，用辛戌十三更，打水五、六托，見討魚船，駛至天津港口。如無討魚船，但是泥地，不防。如船行對港路，泥地，亦有引港路，立起蜈蚣期[旗]為號。用庚酉針直進，可防南勢有淺，又防王巴界，一瓜[派]俱是鐵坂沙淺。行船可貪北勢，雖是有淺，但是泥地，不方[妨]。如行船，對港路，有泥地，亦有鐵坂沙，正是正港，路多，深有二尺水。但船出入，須看風面流水，直駛至廟島。但放天津洋仔，打水十四托為辦，打十五[托]北勢，打十二、三[托]南勢。

## 天津淺口往廟島

但船出淺，有四、五托水，用乙辰十三更，取廟島。又用單辰，駛入廟島，登洲[州]門中，打水二十托。廟島有聖母廟。聖母廟前淺，大船不可拋。

猴山北打水十五托。

廟島開駕出門，西北風，用單乙，取子午島。又用單卯，取威海。威海，澳在西畔。東是劉公島。用乙辰三更，取青山頭。

膠洲[州] 老山開船，用甲卯三更，見小關島。又三更，見大興所略近。原用甲卯三更，見清海衙及馬頭嘴相連，內外俱有礁，行船可防。用子癸四更，取青山頭。

四年[道光甲申（1824）]十月廿一日，天津淺口，西北風，用乙辰，打水十四托，泥地，後打水十五托，見猴山。

山東 大關湧放洋，倚杆，正北風，用子午駛到晚四更過。四更過開杆，用子午到光七更（十一月初四日）。

原是開杆用子午，午後打水二十二托，沙地。到晚五更，打水廿一托，赤沙地。夜半後，打水十七托，烏沙泥。天明作五更，打水十四、五托，原帆針（初五日）。



初六日午，打水十五托。至晚作五更，東北風，開杆，用壬丙一更。後打水八、九托，硬皮沙泥，有係是柴山北勢。一更餘開，見柴山，妙也。



## 北垵邊針路

出磁頭，用丑癸取崇武。

出磁頭，用丑艮取大岞。

大岞用單艮，取湄洲圪[圪]。

湄洲圪[圪]用艮坤並丑未取平海圪[圪]。

平海圪[圪]用寅申取南日。

南日用單艮取小南日。

小南日南流用單艮、洘流用單癸取白珍。

白珍南流入用單寅、洘流出用丑未，取紅嶼仔。

紅嶼仔用艮坤並丑未取吉兆。

吉兆用單子取宮仔前。

宮仔前用壬子取烏礁。

烏礁用子午取三碗羊[芋]。

三碗羊用壬丙取貓嶼仔。

貓嶼仔用癸丁取許嶼門。

出許嶼門用丑未取白犬。

白犬用子午取官塘。

官塘用子午取陳姑嶼。

陳姑嶼用子午取西洋。

西洋用子癸取驢山頭。

驢山頭用子午取龍目。

龍目用壬丙並巳亥取稯篢澳。

## 稯篢澳回針

稯篢澳用丙壬並巳亥取龍目。

龍目用午子取驢山頭。

驢山頭用丁午取西洋。

西洋用午子取陳姑嶼。

陳姑嶼用午子取觀塘。

觀塘用午子取白犬。

白犬用未丑取許嶼門。

許嶼門用丁癸取貓嶼。

貓嶼用丙午壬取三碗羊。

三碗羊用午子取烏礁。

烏礁用丙午取宮仔前。

宮仔前用丁午取吉兆。

吉兆用丑未並坤艮取紅嶼仔。

紅嶼仔洘流用庚甲取白珍。

紅嶼仔南流用坤艮取白珍。

白珍洘流用單坤取小南日。

白珍南流用單丁取小南日。

小南日用單坤取大南日。

大南日用申寅取平海杚[圪]。

平海杚[圪]用未丑取並坤艮取湄洲杚[圪]。

湄洲杚[圪]用單坤取大岞。

大岞用坤未取磁頭。

崇武用丁未取磁頭。

## 上北垵邊逃颱垵澳

日湖內可逃風颱。

蚶江內可逃風颱。

泉州港內可逃颱。

白鶴港內可逃颱。

獭掘[窟]後垵內可逃風颱。

崇武後沙仫內可逃風颱。

吉鳥後垵內可逃風颱。

魏港內可逃颱。

興化港內可逃颱。

三江口內可逃颱。

光[觀]音內可逃風颱。

小長紗[沙]內可逃颱。

門扇後後垵內可逃風颱。

小萬安內可逃颱。

大坵內好逃風颱。

東縣內可逃風颱。

大諄內可逃風颱。

龍尾內好逃風颱。

下橋內可逃風颱。

火燒港內可逃颱。

望嶼內可逃風颱。

海山內可逃風颱。

蘇澳內可逃風颱。

瀾[爛]泥澳內可逃颱。

上 下路 竹港內可逃風颱。

福州港內可逃颱。

布袋港內可逃颱。

小埕後垵內好逃風颱。

羅邊港內北坪林澳可逃颱。

羅邊港內西南坪下宮可逃[颱]。

監公內可逃風颱。

老湖後內可逃風颱。

大金鴨池內可逃颱。

福寧府港內可逃颱。

者頭山可逃颱。

龜鎮仔內可逃風颱。

小窯澳內可逃颱。

七都內可逃風颱。

八都內可逃風颱。

風火內可逃風颱。

南閭 三生內好逃颱。

## [上北垵邊風信水流]

新前敲東北[風]水考[洘]四分流可行。

赤澳敲北風水考可半可行。

靖海敲北風水考半可行。

海門敲北風水坪[平]流可行。

錢澳敲北風水考半可行。

表頭敲北風水考半可行。

鳳泉敲北風水考半可行。

南澳敲北風水考二分流可行。

山頭敲北風水坪流可行。

雲界寺敲北風水考半可行。

樜籃敲北風水坪流可行。

雞母澳敲北[風]水考半可行。

詔安港敲北風水坪流可行。

懸鐘港口敲北風水考七分流可行。

石丁澳敲[北]北風水考四分流可行。

宮仔前敲北風水考半可行。

鱟壳澳敲北風水考七分流可行。

田仔墘敲北風水考七分流可行。

虎空仔敲北風水考七分流可行。

南門敲北風水考平可行。

銅山港內敲北風水坪流可行。

洲門敲北風水考六分流可行。

虎頭山敲北風水考半可行。

綠鰲港內敲北風水坪流可行。

將軍澳敲北風水考半可行。

丁火澳敲北風水考半可行。

井尾港內敲北風水坪流可行。

三霄礁脚敲北風水考半可行。

林進嶼脚敲北風水考半可行。

小鎮海敲北風水考半可行。

鎮海敲北風水考半可行。

浯嶼敲北風水考半可行。

大担敲北風水考半可行。

虎仔嶼脚敲北風水考可行。

城仔角敲北風水正漲可行。

烏沙頭敲北風水漲三分流可行。

大嶝敲北風水正考可行。

潭口敲北風水正考可行。

角嶼脚敲北風正考流可行。

磁頭敲北風水考半可行。

浚裡敲北風水考八分流可行。

深滬敲北風水正考可行。

永寧敲北風水考半可行。

祥芝敲北風水正考可行。

日湖敲北風水正考可行。

獺堀敲北風水正考可行。

崇武敲北風水考半可行。

牛垵敲北風水考七分流可行。

雙頭弄敲北風水漲三分流可行。

賊仔澳敲北風水考尾可行。

吉鳥敲北風水正考可行。

湄洲敲北風水正考可行。

魏港敲北風水正考可行。

平海敲北風水考半可行。

象城敲北風水□□可行。

興化港內敲北風水正考可行。

壁頭敲北風水坪流可行。

三江口敲北風水坪流可行。

光[觀]音敲北風水□□可行。

大南日敲北風水正漲可行。

野馬門敲北風水正考可行。

南盤敲北風水正考可行。

小頭沙敲北風水正考可行。

高山布敲北風水正考可行。

門扇後垵敲北風水正考可行。

門扇後敲北風水正考可行。

五宮厝敲北風水正考可行。

小萬安敲北風水正考可行。

墓口敲北風水考四分流可行。

雙頭弄敲北風水考半可行。

餉尾敲北風水正漲可行。

吉柱敲北風水考尾可行。

大坵敲北風水坪流可行。

東縣敲北風水正考可行。

大諄敲北風水正考可行。

龍尾敲北風水正考可行。

下橋敲北風水正考可行。

宮仔前敲北風水正漲可行。

竹嶼敲北風水漲八分流可行。

蘇澳敲北風水正考可行。

大練敲北風水正考可行。

許嶼敲北風水正考可行。

上 下[路]敲北風水正考可行。

牛角山完敲北風水正考可行。

自澳敲北風水正考可行。

五虎門敲北風水正考可行。

目嶼仔敲北風水正考可行。

布袋澳敲北風水考可行。

小埕敲北風水正考可行。

定海敲北風水正考可行。

小埕後垵敲北風水正考可行。

赤崎敲北風水正考可行。

白犬敲北風水考半可行。

觀塘敲北風水考半可行。

王崎敲北風水考正可行。

北茭頭敲北風水正漲可行。

西洋敲北風水正考可行。

身婦娘澳敲北風水正考可行。

下府敲北風水正考可行。

田英澳敲北風水正考可行。

暹田敲北風水正考可行。

驢山 田頭澳敲北風水漲七分流可行。

驢山 五帝廟敲北風水正考可行。

老湖敲北風水正考可行。

大金敲北風水正考可行。

福建[頭]敲北風水正漲可行。

三沙敲北風水正考可行。

大窯敲北風水正考可行。

七都敲北風水正考可行。

八都敲北風水正考可行。

埥嶼敲北風水正考可行。

椶簑澳北風敲船水正考可行。

小王崎敲北風水正考可行。

南鎮敲北風水正考可行。

沙埕敲北風水正考可行。

南關敲北風水正考可行。

北關敲北風水正考可行。

* * *

北關敲南風水正漲可行。

鎮下內敲南風水正考可行。

南關敲南風水正漲可行。

沙埕敲南風水正考可行。

南鎮敲南風水正考可行。

小王崎敲南風考流尾可行。

埥嶼外敲南風水考半可行。

八都外敲南風水正漲可行。

七都敲南風水正漲可行。

龜鎮仔敲南風水正漲可行。

大窯敲南風水正漲可行。

三沙敲南風水漲正可行。

福寧府外敲南風水正考可行。

福建頭敲南風水漲八分可行。

鴨池敲南風水考尾可行。

螺凹敲南風水正漲可行。

老湖敲南風水正漲可行。

暹田敲南風水漲半可行。

田英澳敲南風水漲可行。

下府敲南風水正考可行。

身婦娘澳敲南風漲流尾可行。

東青敲南風水正考可行。

東 西鶴敲南風水正考可行。

驢山 五帝廟敲南風漲流頭可行。

驢山後狀元澳敲南風□□可行。

西洋 白馬澳敲南風水正漲可行。

西洋敲南風水漲七分流可行。

北茭頭澳內敲南風水考半可行。

北茭頭澳外內敲南風考流尾可行。

陳姑嶼敲南風水考尾可行。

王崎後體棋垵敲南風考流尾可行。

王崎敲南風水考尾可行。

赤崎敲南風水考半可行。

小埕後垵敲南風水正漲可行。

定海敲南風水考尾可行。

布袋澳敲南風水考半可行。

目嶼仔敲南風考流尾可行。

豹招敲南風水正考可行。

觀塘後垵敲南風水漲七分流可行。

觀塘 媽祖澳敲南風漲流尾可行。

白犬敲南風水正考可行。

自澳後垵敲南風水正漲可行。

牛角山完敲南風水正漲可行。

上 下[路]敲南風水考半可行。

小練後體棋垵嶼敲南風水正漲可行。

許嶼敲南風水正漲可行。

蘇澳內敲南風水正漲可行。

竹嶼敲南風水正考可行。

猴探水敲南風水正考可行。

宮仔前敲南風水考三分流可行。

吉柱敲南風水考半可行。

洵尾敲南風水考尾可行。

糖嶼敲南風水正漲可行。

雙頭弄敲南風水正漲可行。

墓仔口敲南風水正漲可行。

小萬安敲南風水正漲可行。

五宮厝敲南風水正漲可行。

野馬門敲南風水正考可行。

壁頭敲南風水漲八分流可行。

小南日敲南風□□可行。

南日 獅寨敲南風水正考可行。

象城敲南風□□可行。

平海敲南風水考七分流可行。

魏港口敲南風水考六分流可行。

湄洲敲南風水考漲六分流可行。

吉鳥外敲南風水坪流可行。

小岝後敲南風水漲七分流可行。

後沙沁敲南風水漲七分流可行。

崇武敲南風水漲九分流可行。

獺堀[窟]後垵敲南風水漲半可行。

獺堀敲南風水漲半可行。

大墜敲南風水漲八分流可行。

日湖敲南風水漲七分流可行。

祥芝頭敲南風水漲七分流可行。

永寧敲南風水漲七分流可行。

深滬敲南風水漲七分流可行。

浚裡敲南風水漲七分流可行。

磁頭敲南風水正考可行。

後嶼仔敲南風水正漲可行。

潭口敲南風水漲半可行。

大嶝敲南風水漲七分流可行。

烏沙頭敲南風水正考可行。

金門 中港敲南風水正考可行。

前休敲南風水漲八分流可行。

烈嶼 城仔角敲南風水正考可行。

浯嶼敲南風水正考可行。

麥坑敲南風水漲八分流可行。

鎮海敲南風水漲八分流可行。

林進嶼敲南風水漲八分流可行。

井尾港口敲南風水漲八分流可行。

丁火澳敲南風水漲八分流可行。

將軍嶼敲南風水漲八分流可行。

虎頭山 鳥嘴尾敲南風水漲八分流可行。

虎頭山敲南風水漲八分流可行。

綠[陸]鰲港內敲南風水漲八分流可行。

杏仔敲南風水漲八分流可行。

銅山港內敲南風水漲八分流可行。

虎空仔敲南風水漲八分流可行。

田仔墘敲南風水漲八分流可行。

澳角敲南風水漲八分流可行。

宮仔前敲南風水漲八分流可行。

石丁澳敲南風水漲八分流可行。

布袋澳敲南風水漲八分流可行。

懸鐘港口敲南風水漲八分流可行。

樜籃港內敲南風水漲八分流可行。

雞母澳內敲南風水漲八分流可行。

南澳內敲南風水漲八分流可行。





## 下勢山嶼對坐

銅山 柑桔與澎湖 大南嶼為甲庚、寅申對座。

澎湖 東桔、西桔與打狗山為乾巽對坐。

嶼平與大嶼為艮坤對坐。

八罩與大嶼為丑未對坐。

大嶼與貓嶼為乾巽對坐。

貓嶼與花嶼為子午對坐。

柑桔與勝朓為子午對坐。

貓嶼與西嶼頭癸丁對坐。

花嶼與西嶼頭丑未對坐。

查[母]嶼與豬母落水甲寅對坐。

花嶼與嶼坪並鐵釘嶼乾巽對坐。

西嶼頭與墨嶼癸丁對坐。

西嶼頭與繚羅乾巽對坐。

## 各處深淺水辨

廈門港內打水十八托。

南太武坐打水三十托。

青嶼門內打水十九托。

東椗坐打水十三托。

東椗內打水十二托。

塔仔腳打水四、五托。

寮羅打水四、五托。

北椗開打水三十三托。

烏坵山打水二十六托（用坤未及申七更，取廈門）。

湄洲山打水十五托，外打水二十五托。

牛嶼山打水二十四托（洋中有礁，用丁未取烏坵）。

東沙山打水八、九托。

五虎門打水四、五托，過淺。

定海門打水四、五托。

官塘山內打水十二、三托。

呼應山開打水八、九托。

北膠頭門打水十三托。

芙蓉山外打水八、九托。

臺山打水二十四托（內外俱可過，內是北關等處，用丁午取東湧）。

金郎山打水八、九托，洋中有礁。

南杞山打水二十二托，外過。

東洛山打水七、八托，外過，用丁未取南杞。

黃裙山打水十七托，用單丁取東湧洛。

披山打水十二托，用坤取大鹿山。

石塘打水十二托，用丁未取披山、黃裙山。

吊邦門打水十三托。

積谷打水十二托（是大陳山，用丁未取吊邦、石塘）。

大陳山打水十二托。

鳳尾山打水十二托。

東 西箕打水十二托。

佛頭山打水十三托，用丁未見陳山。

探頭嶼內打水八、九托。

九山（南邊嶼打水十七托，西邊有嶼打湧，行船只用丙午取探頭山）。

亂礁洋打水十二托。

孝順洋打水十二托。

雙嶼港水深，流甚急，用單午取孝順洋。

升羅嶼用丁未取雙嶼港口。

波頭司港打水十托。

廟洲門（水深流急，夜間無風不可過，轉過岐頭）。

第山用乙辰取雙廟洲門。

碗山打水廿五托，澳內好泊船，打水十二托。

西俊山流水急，打水九托。

趁山打水八、九托。

藿山打水八、九托。

五嶼打水八、九托。

三姑山打水廿四托，八、九托，六、七托。

羊山打水五、六托。

大 小膝打水八、九托。

茶山打水五、六托。

南湖港打水三托，淺水。

寶山打水六、七托。

吳湘港打水十二、三托。

太倉 對[劉]家澳打水六、七托。

圭髻嶼打水八、九托。

花鳥打水十二托。

盡山打水廿二、三托。

北烏坵打水十八、九托，門中打水廿五托。

海照打水廿七、八托。

兩廣打水廿一托。

青山頭倚打水四十餘托，一更開，打水廿四、五托。

烏驢島打水四十五托。

雞鳴島門中打水十七托。

劉公島半更開，打水十七托。

子午島半更開，打水十七托。

寧海洲澳打水十二托。

北家口打水十九托。

長島打水四、五托。

登州府坪打水十四托。

廟島澳打水四、五托。

桃枝門打水三十托。

皇城門打水十八托。

鐵山門打水四十二托。

蛇嶼外打水三十八托（內瀧大山有三分開沉礁一塊）。

虎仔嶼打水四十托。

平兔島打水十四托。

兔兒島打水十一托。

蓋洲口打水八、九托。

牛莊澳打水四、五托。

頭炮台打水八、九托。

三炮台打水八、九托。

錦州港打水十二、三托。

登河洋打水八、九托。

海神廟打水三、四托。

三[山]海關打水三、四托。

草埔填打水十五、六托。

天津 龜淺上大水時，淺口有一丈二尺（初一、十五水汲）。

## 上海往南垵邊各澳深淺目錄

上海港內打水四、五托，烏沙泥地。

港口打水五、六托，沙泥。

淏商[吳淞]港口打水十二托，泥地。

洋山澳內打水四、五托，沙仔地。

猴山澳內打水四托，泥地。

魚山澳內打水八、九托，泥地。

乍浦澳二托半水，滿打水五托，鐵坂泥地。

登[丁]厝澳打水□□□。

岑港澳內打水十一托，瀾[爛]泥地。

外澳打水十七、八托，瀾泥地。

大普陀澳內打水七、八托，烏沙泥地。

小門打水四、五托，烏沙泥地。

沈家門打水三托，泥地。

定海關內打水四、五托，沙泥地。

寧波澳內打水五、六托，泥地。

雙港口打水六、七托，泥地。

旗頭正澳打水七、八托。

可澳船外打水五、四十托，烏泥地。

舟山大澳內打水五托，爛泥地。

中窯門北面嶼仔邊打水八、九托，泥地。

蓮蕉洋澳內打水二十托半。

節析所澳內打水三托，泥地。

覆鼎澳內打水二托，爛泥地。

半坪山澳內打水三托，泥地。

四面流澳內打水四托，烏泥地。

泥龍澳內打水三托，爛泥地。

北汲水小澳門北面打水四、五托，爛泥地。

中汲水門澳在北邊打水五、六托，泥地。

外汲水澳內打水三、四托，泥地。

石浦所澳打水七、八托，壳仔泥地。

大佛頭澳（別字龍門港，打水四、五托，泥地。港口打水二、三托，泥地）。

西汲澳在北邊打水十三、四托，泥地。

港內南風澳打水六、七托，泥地。

龍潭澳在小佛頭下打水四托，爛泥地。

楊柳坊澳內打水二托，平爛泥地。

牛頭門內打水四、五托，爛泥地。

小魚山澳（在山中赤沙圓下打水三、四托，沙泥地）。

白帶圓內打水二托半，爛泥地。

川蕉澳內打水三托，泥地。

黄岩澳內打水三、四托，泥地。

台州港內澳港外一片甚淺，打水二、三托，泥地。

嶼仔北過，打水三、四托。

網仔垵內打水二、三托，爛泥地。

金鐘港 新門港口打水六、七托，泥地。

港內打水二、三托半，泥地。

鬣壳澳內打水三、四托，泥地。

雙門所澳在港內大澳打水三、四托，爛泥地。

吊邦門澳在吊邦門打水三、四托，沙泥地。

石唐澳內打水四托，泥地。

小鹿澳在山邊打水四、五托，沙泥地。

竹篾嶼澳在北邊大山下打水三、四托，瀾地。

南風澳打水四、五托，沙泥地。

珠瑯澳內打水三、四托，瀾泥地。

烏洋港山邊是澳打水四、五托，瀾泥地。

開勢打水十七、八托，瀾泥地。

玉盤澳內打水三托半，瀾泥地。

三盤澳內打水八、九托，瀾泥地。

溫州港打水三托。

鳳凰內打水四、五托，泥地。

平陽港內打水三、四托，瀾泥地。

琵琶港在門內水考二托半，瀾泥地。

鹽田澳內打水三、四托，赤沙泥地。

金鄉內好打水四、五托，泥地。

草嶼內好打水三托，泥地。

北關正澳打水四、五托，沙泥地。

鎮廈門內打水四、五，烏泥地。

南關澳內打水七、八托，泥地。

沙埕港澳在港內打水五、六托，瀾泥地。

南鎮澳打水五、六托，泥地。

小王崎打水□□□。

棕簑澳內打水二、三托，泥地。

大窯山澳打水四托，瀾泥地。

烏龜鎮外風火門內打水四托，壳仔泥地。

烏龜鎮內風火門內打水四、五托，壳仔泥地。

靖嶼內打水□□□。

八都港外澳打水四托，泥地。

七都港澳在虎仔嶼內打水三、四托，沙泥地。

龜鎮仔內打水□□□。

三沙澳西內打水□□□。

三沙 五澳內打水三托，泥地。

福寧港內大山邊打水三托，沙泥地。

福建頭打水□□□。

福寧港口打水二托，沙泥地。

大金鴨池打水三托，壳仔泥地。

大金外澳打水二、三托，壳仔泥地。

老湖後南風垵打水三、四托，沙泥地。

老湖澳內打水三、四托，泥地。

東湧後南風垵打水□□□。

東湧山打水□□□。

驢山後南風垵是狀元澳打水□□□。

呂山頭打水□□□。

大西洋後南風垵打水□□□。

大西洋內打水四、五托，沙泥地。

小西洋內打水三托，沙泥地。

螺凹南風垵打水□□□。

寧德港澳在鼻頭內馬鉉澳打水十三托，泥地。

網仔垵澳在過邊的可澳，打水四、五托，瀾泥地。

開勢打水三十餘托。

水澳打水□□□。

田英澳打水□□□。

身婦娘澳打水□□□。

監公打水□□□。

羅還港內西南枰下宫打水□□□。

羅還港內北梓林澳打水□□□。

西鶴打水□□□。

東鶴打水□□□。

北家頭內打水三、四托，烏沙泥地。

洋嶼西北打水八、九托。

洋嶼東頭打水十七、八托，泥地。

陳姑嶼南風垵倚山腳打水十八托，瀾泥地。

王倚[崎]後體棋垵、南風安[垵]打水□□□。

王崎內打水三、四托，沙地。

赤崎澳內打水□□□。

小埕後南風垵打水□□□。

定海澳內打水四、五托，亦泥地。

小埕澳內打水□□□。

布袋澳內[打水]□□□。

目嶼仔內南風垵打水□□□。

上觀塘內打水五、六托，泥地。

下觀塘後南風垵內打水□□□。

媽祖澳內打水三、四托，瀾泥地。

白犬澳內打水四、五托，沙泥地。

福州港口五虎打水三、四托，赤沙泥地（澳口有門，瀾石礁，打水二托）。

福州港內萬垵打水□□□。

福州港內藤頭打水□□□。

福州港內管頭打水□□□。

福州港內金牌門打水□□□。

福州港內爵斗打水五托，烏沙泥地。

福州港口豹招打水□□□。

自澳後南風垵內打水□□□。

自澳當北風打水□□□。

牛角山完南風垵打水□□□。

上下[路]澳內打水□□□。

上下路竹港內打水□□□。

小線[練]後南風垵內打水□□□。

許嶼內打水四、五托，沙泥地。

大練澳內打水□□□。

瀾[爛]泥澳內打水四托。

蘇澳內打水□□□。

蓮花嶼打水□□□。

竹嶼內打水□□□。海山港內打水□□□。

望嶼南風垵內打水□□□。

猴探水內南風垵打水□□□。

宮仔前內打水五、六托，赤沙泥地。

火燒港內打水□□□。

下橋內打水□□□。

龍尾內打水□□□。

大諍內打水□□□。

東縣內打水□□□。

大垢內打水□□□。

吉柱內打水三托，烏泥地。

鉤尾內打水□□□。

雙頭弄內打水□□□。

墓仔口內打水三托，赤沙泥地。

小萬垵內打水三托，瀾泥地。

草嶼內打水□□□。

五宮厝內打水□□□。

門扇後內打水四托，泥地。

門扇後垵內打水□□□。

高山布內打水□□□。

小頭沙內打水□□□。

南盤澳內打水□□□。

野馬門南風垵打水□□□。

野馬山南鼻頭北風垵打水□□□。

小南日內打水四、五托，瀾泥地。

南日 獅察內打水□□□。

大南日內打水四托，赤沙泥地。

光[觀]音澳內打水□□□。

壁頭嶼仔南枓打水□□□。

壁頭 浮其城內打水□□□。

三江口內打水□□□。

興化港內打水三托，瀾泥地。

興化港口打水□□□。

象城 竹高嶼內打水□□□。

象城澳內打水□□□。

平海澳內打水四托，赤沙泥地。

魏港 下里內打水□□□。

魏港內打水□□□。

湄洲 媽祖澳前打水二托，赤沙地。

各[冬]瓜嶼內打水□□□。

獅山內打水□□□。

湄洲 新宮前內打水二、三托，沙泥地。

湄洲 賊仔澳內打水四、五托，沙泥地。

吉鳥澳內打水□□□。

吉鳥後垵內打水□□□。

雙頭弄內打水□□□。

小岞南風垵內打水□□□。

牛垵澳內打水□□□。

後沙伈澳內打水□□□。

崇武澳內打水四、五托，沙泥地。

崇武西澳內打水□□□。

獺堀[窟]後垵內打水。

獺堀澳內打水三、四托，沙泥地。

大墜北柈內打水□□□。

大墜澳內打水四托，沙泥地。

白鵝[崎]港內打水□□□。

泉州港內打水□□□。

泉州港口打水□□□。

蚶江澳內打水□□□。

日湖澳內打水二托，泥地。

日湖後垵打水□□□。

祥芝澳內打水二、三托，沙泥地。

吳竇澳內打水□□□。

高厝澳內打水□□□。

佛堂澳內打水□□□。

姑嫂塔下菜嶼礁內打三水[水三]托，沙泥地。

永凝[寧]澳內打水二托，沙泥地。

深滬澳內打水在嶼邊三托，赤沙泥地。

後裡澳內打水二、三托，沙泥地。

磁頭澳內打水三、四，沙泥地。

園[圍]頭澳內打水，大水時三托，平沙泥地。

垵[安]海港內打水□□□。

垵海 水頭內打水□□□。

東石澳內打水□□□。

石井澳內打水□□□。

內河澳內打水□□□。

小嶝澳內打水□□□。

洋頭澳內打水□□□。

大嶝澳內打水□□□。

蔡厝港內打水□□□。

澳頭澳內打水，在大礁南坪倚礁邊二托半。

青崎澳內打水三、四托，沙泥地。

墓仔口澳內打水三、四托，泥地。

金門 後嶼仔南風垵內打水□□□。

觀[音]澳內打水□□□。

角嶼澳內打水□□□。

金山港 潭口內打水□□□。

雞過澳內打水□□□。

加爾頭後南風垵內打水□□□。

烏沙頭內打水四、五托，殼仔沙泥地。

湖下澳內打水四、五托，沙泥地。

金門 中港打水□□□。

前體澳內打水□□□。

塔仔腳澳內打水□□□。

西湖下澳口打水□□□。

城仔角澳內打水□□□。

搏淺腳 煙同[筒]尾澳內打水□□□。

虎仔腳內打水□□□。

大担後南風垵內打水□□□。

浯嶼後內打水□□□。

麥穩澳內打水六、七托，沙泥地。

鎮海澳內打水四、五托，紅沙泥地。

林進嶼內打水□□□。

井尾港內打水二、三托，沙泥地。

丁火澳內打水□□□。

將軍澳內打水三、四托，沙泥地。

虎頭山 烏嘴尾南風垵內打水□□□。

虎頭山澳內打水□□□。

綠[陸]鰲港口沙線南栟內打水□□□。

綠鰲港內打水□□□。

洲門後南風垵內打水□□□。

菜嶼澳內打水□□□。

洲門澳內打水四、五托，沙泥地。

荇仔南風垵內打水□□□。

高螺頭內垵仔打水□□□。

九車孫內打水□□□。

溫燒港內打水□□□。

石蛇尾內打水□□□。

鰲嶼內打水□□□。

礁尾港內打水□□□。

許港內打水□□□。

銅山大澳內打水□□□。

銅山南門內打水□□□。

虎空仔澳內打水□□□。

蘇占後南風垵內打水□□□。

田仔墘澳內打水□□□。

澳角南風垵內打水□□□。

鱟売澳內打水三托，赤沙泥地。

宮仔前澳內打水四托，沙泥地。

九下澳內打水三托，沙泥地。

石丁澳內打水□□□。

布袋澳內打水□□□。

沙洲澳內打水□□□。

詔安港內打水□□□。

懸鐘港內打水三、四托，沙泥地。

懸鐘港內打水□□□。

雞母澳內打水四、五托，沙泥地。

者籃港內打水□□□。

黃龐港內打水□□□。



南澳內打水□□□。

洋仔好逃颱，內打水□□□。

後宅 鹽白牛內打水三托，瀾泥地。

娘宮澳內打水□□□。

東龍港內打水□□□。

牛澳內好打水□□□。

甕埔山打水□□□。

鳳嶼山打水□□□。

山頭仔港內打水□□□。

黃枝石港內打水□□□。

澄海港打水□□□。

菜嶼澳內打水三、四托，沙泥地。

表頭澳內打水□□□。

海門港 廣澳內打水三、四托。

蓮花山打水□□□。

青龍山 錢澳 觀音礁澳內打水三托，沙泥地。

靖海港 排角打水□□□。

石牌澳（上勢有珠礁出水，好寄椗，打水三托，沙泥地）。

赤澳正澳打水三托，沙泥地。

赤澳好泊船，山頂有城仔，澳內打水。

泉神[神泉]東港（山上有城仔，城仔下有廟，打水三托，沙泥地）。

香員澳內打水三托，沙泥地。

棋[柑]澳打水□□□。

鹿耳門打水□□□。

甲子 耳澳山有城，打水三托，沙泥地。

海甲山頭打水□□□。

烏東港山打水三托，沙泥地。

三洲澳打水□□□。

碣石港打水□□□。

田尾山打水三托，沙泥地。

觀音山打水□□□。

烏墩東勢小嶼打水四托，沙泥地。

大德山港打水□□□。

眼金湖打水□□□。

石獅頭打水□□□。

白沙湖打水□□□。

表頭 金嶼小澳邊打水五、六托，沙泥地。

槺郎澳 宮前打水三托，沙泥地。

竹仔澳內打水三托，沙泥地。

烏屎石打水三托，沙泥地。

龜龍山打水三、四托，沙地。

牛腳艙山打水五、六托，沙泥地。

汕尾港打水□□□。

貓仔港澳打水□□□。

沙尾港打水□□□。

雞罩山山後好逃颱，內打水□□□。

潮沙港 媽祖宮前打水三、四托，沙泥地。

小墓港後門打水三、四托，沙泥地。

網仔嶼打水三、四托，沙泥地。

鹽洲山打水□□□。

大星 表頭打水□□□。

大星 尖山大澳內打水三托，沙泥地。

柴山內是台山小港打水□□□。

三角洲內打水四托，沙泥地。

三角洲 舜寮好逃颱，內打水二、三托，沙泥地。

冬瓜嶼仔打水三、四托。

大鵬所內打水四、五托，沙泥地，好逃颱。

登娘山澳內打水六、七托。

員澳小船好泊船。

吳江山內有一澳，名叫舊南澳，打水三、四托，沙泥地。

龍船澳打水□□□。

福建頭打水□□□。

牛角山打水□□□。

雞罩山打水□□□。

荔枝嶼打水□□□。

花圍山打水□□□。

目門 媽祖宮前打水三、四托，沙泥地。

雞母嶼打水□□□。

小急水打水□□□。

九龍停打水□□□。

紅香爐 媽祖宮前打水三、四托，沙泥地。

九龍潭內好逃風，打水三、四托。

員澳山打水三托，沙泥地。

新安港打水□□□。

大甘山內是急水門，打水□□□。

金校椅打水□□□。

成杯嶼打水□□□。

糞浮蹄澳打水七、八托，泥地。

大甘山山外弓鞋嶼洲 墻珠地好泊船打水□□□。

汕尾好泊船打水四托，泥地。

九洲山 旗毒澳打水□□□。

魯萬打水□□□。

十二門打水四、五托，泥地。

番仔城打水三、四托。

媽祖宮前打水三托，沙泥地。

刣牛房內打水三托，泥地。

香山縣打水□□□。

琵琶嶼外是大井門，打水□□□。

內海銅古山（黃旗內透三灶門，澳內打水三、四托，泥地）。

澳內有礁，礁尾有一港仔，好逃颱打水

大金山打水十餘托。

外是交鱗山下，外見觀音嶼礁打水。

廣海港港外是東鼓角，打水四、五托，泥地。

番仔墓澳打水三、四托，泥地。番仔墓南好逃颱，打水□□□。

阿公山打水□□□。

下村尾 太平澳打水五、六托，爛泥地。

下村尾南外是洋江矻，內是大澳，鼻頭是斗門。

洋江 大澳打水三、四托。

海寧澳內打水三、四托。

銅錢澳中有一位嶼仔，內好逃颱，打水二托，沙泥地。

赤墩山澳內打水三四托，沙泥地。

青嶼仔打水四托。

黃枝嶼打水□□□。

放雞山打水三、四托，沙泥地。

龍頭澳打水□□□。

電白港打水□□□。

半停山好寄椗，打水三、四托，沙泥地。

內是赤水港打水□□□。

五鬼山內是浯州，打水□□□。

限門港內有東、西炮臺，媽祖宮前打水□□□。

廣州澳內打水六托，沙泥地。

西是赤澳，打水□□□。

東海山有一港甚深，打水十六托。

村山澳內打水三、四托，沙泥地。

煙台城仔下打水三、四托，沙泥地。

錦囊港水漲，打水三托。

錢山頭出水，好泊船，打水三、四托，沙泥地。

海北山打水□□□。

蕉山內打水四、五托。

七洲山打水□□□。

硇洲內打水□□□。

急水門打水□□□。

目連頭澳內打水三、四托，沙泥地。

舖前山上有塔，澳內打水三、四托，沙泥地。

瓊洲海口打水□□□。

## 澎湖各處深淺水辨[辦]

澎湖東北坪打水十六托。

澎湖西北開，打水廿二托。

花嶼腳打水十八托。

大嶼南坪打水三十托。

金瓜仔內打水□□□。

洋條仔澳內打水（洋條仔西畔有沙線，生對西南）。

虎井澳內打水□□□。

西嶼頭內打水（西嶼頭後若是無風，倚山邊可泊）。

內澳內打水（西嶼頭後若是敲南風，水漲可半行）。

媽宮內打水□□□。

時尔澳內打水□□□。

豬母落水澳內打水□□□。

東 西吉西北開，有半洋礁一大片。

澎湖水考半是東北流。

臺灣 四草內打水三托半。

臺灣子午流。

## [吳興 姚衡 雪逸後識]

怡悅亭尚書於道光二十二年[1842]十二月初□日，奉命至臺灣，密訪總兵達洪阿、[兵備]道姚瑩戮夷冒功一案，於次年正月十九日放洋金門鎮，弁兵護至崇武海口而還。水師軍門竇振彪派千總藍雄威帶繚手與舵兵二名護行，攜書二冊，言沿山海諸山之狀及沙線風暴，南起瓊州、北盡金州，無不備載。歸，乞竇將軍錄其副本，因乞武陵 周敬五兄照錄，而自繪圖焉。校正既竟，為識其後。

癸卯[道光二十三年（1843）]六月二十四日 吳興 姚衡 雪逸

——[清]竇振彪《廈門港紀事》

# 附：《從上海到廈門針路》

上海碼頭，逢西南或西北風開船，半時爲陸家嘴。再二時吳淞出口，走單乾字，二十多分鐘駛北，落水，換走坤字針。約十多分鐘後，酌風勢行偏申針一時。東南漲水，轉偏南一字半，走坤未針，風定行丁未字。好天見裏銅沙山影，半時走單丁針，二時趕外銅沙。西南落水，近大戢山，順邊防急流大浪，換行巽巳針，過大戢內洋，走單巽字。二時近小戢，偏西半字，趕西落水。一時到烏龜頭，仍旋回單巽。一時近山塘，重偏西半字。三時多（近）魚星腦，東北漲水，丁未點半（近）五嶼，偏南半字。一時近漓標嘴，轉走單巽。到漓港改駛坤字，順風點半抵黃牛礁。白日看流，夜間候燈。走單申或單庚，過此定行申、庚針，（近）大錨嘴回單坤針。走西北落水，行巳丙針。近東 西崎，逢東風西水，走單坤字。順西北西水偏南半字，走坤未針。順風點半到三礁頭，西旋定向單巽針。三時近大目，東南漲水，行丁未。二時到旦向嘴，走單坤字。二時半近壇頭山，重走單巽針。再三時到魚山，對橫地方偏西一字半，行乙辰針，東北或西北順風，四時到大陳山，重駛單巽針。過二時多老北順風，走定南單午針，四時至三算地方，再重行單巽或巽巳針，二時可到披山。轉南一字半，走丙巳針或單丙針，三時近大鹿洋面，行乙辰針。二時到雙牌，候東北漲水，走單辰字針。再三時到黃頭澳，駛甲寅針，至甌江口，候漲潮進江。溫州起錨，落潮出甌江口，到崎頭南行單坤針，二時近霓嶼。順北風走辰巽針，遇東南風行丙巳針，順風二時可到茘枝山。走單巳字，三多時，近琵琶山。東南漲水，行丙字或再偏南半字行丙午針，四時近交杯礁，再走單巽針，過二三時，即到浙江、福建交界鎮下關口。轉走單辰針，三時多近香廊花瓶。回行丙巳針，到東引島。再便西半字，逢東北或老北順風，七時可到白犬島。仍再回行丙巳針，半日到牛山島。轉換走乙辰針，過牛山島直行丙巳針，可

**[按語]**

據王朝網路（wangchao.net.cn）所刊《關於道光手抄本〈從上海到廈門針路〉》一文［載http：//tc.wangchao.net.cn/junshi/detail_20205.html（2006年12月6日第8版）］，有一《從上海到廈門針路》，長20.5釐米，寬13.5釐米，共7頁，黃開花紙，兩面書寫，由紙繩裝訂而成。抄本每頁5行，每行約14字，約計770字。此本原無書名，該名是由發現者命名的。唯文中多有“一一分鐘”字樣，按中國近代機械製鐘工業始於民國之初，故該書之完成應在清亡之後。現將其留存的內容轉載如下，以供比較研究。

直抵大金門口。再行單辰至廈門港口，換走甲寅入港。

回程換對針，逢南順風……[以下原缺]。

# 《海疆要署必究》有關廈門等沿海諸港的針路



**【引書舉要】**

《海疆要署必究》由[清]同安人李廷鈺（1791—1861）自署“温陵李廷鈺校刊”，“黄挺秀、顔青雲、吴青華、趙鴻慶仝校訂”。其自序末署“咸豐丙辰[六年（1856）]秋仲，潤堂李廷鈺序”，爲其提督福建水師時於鷺島[廈門別稱]所輯錄編校。該書的咸豐六年編校者自刊印本今已罕見，唯廈門大學圖書館善本書庫、泉州市圖書館保存有此“梅鹿仙舫藏板”（封面作《海畺要錄》，李氏自序作《海疆要署序》，正文方爲《海疆要署必究》）；兩處藏本分別由連心豪、陳佳榮及王連茂、朱鑒秋蒐索而獲，並由連心豪據以點校而載於本書。

此外，李廷鈺之孫李維實於光緒己亥[二十五年（1899）]也重刊該書並作跋。陳峰《廈門海疆文獻輯注》（廈門大學出版社2013年簡體本）所載，即據廈門市同安區圖書館所藏的光緒二十五年重刊本而加校注。上書兩種點校或輯注資料，均可供相互對照和作比較研究。

## 海疆要署序

……咸豐丙辰[六年（1856）]秋仲，潤堂 李廷鈺序。

## 目錄[內文未依此敘述]



## 抛船行船各垵礁辦水辦

瓊州 海口：自瓊州 海口起，至沿垵北上盡山止。開船，流東水至白沙港，上可觀府城塔，齊身，可從犁頭汕，汕內亦可行。

舖前山：山上有塔，澳內可抛船，打水四、五托，沙泥地。南面有汕壇，內有一條港，名舖前港。鼻頭有礁，不可太近。

目蓮頭：澳內可抛船，打水四、五托，沙泥地。恐水急，不可太近鼻頭。上勢是汲水門。倘要行外洋，南邊是抱虎山，目蓮頭沙汕一列，生至汲水。西是硇洲、錢汕，其門可防。東是七洲山。

海北山：船在舖前，要從硇洲內行，可候流東水，用壬亥針及子午針，見東蕉汕。汕內托[打]水四、五托。內是海北山 召离角，入內石牌礁。東是錢汕頭，出水，好拋船，托[打]水四、五托，沙泥地。船行正路，打水六托，可從中汕打湧下而行。內是錦囊 葷山，山港內是錦囊港，水漲，托[打]水三托。港口有汕，生與中沙相對。其路甚狹，用心探水，仔細而行，恐防拜舵。其水托半，過北淺狹，就深正路，托[打]水六托。東看有山，是硇洲 觀材尾，外是錢汕，出水打湧。西是猪母汕一列，可從打湧上而行，方妙。

硇州：觀材尾山上有煙臺，可從猪母汕上身而行，可也。

煙臺：城子下好拋船，打水三、四托，沙泥地。在此開船，可從宮前而行。至宮上，上勢可防三礅礁。對中詹桃汕，可從硇州畔行。

北村灣：上山有煙臺，灣內好拋船，打水三、四托，沙泥地。上鼻頭櫓古石生開，可防。開船西下，有鹿尾汕，打湧，甚可防。上有東海山，其形員。鹿尾汕上，內有一港甚深，托水十六、七托，名為廣州灣港。

廣州灣：內好拋船，打水五、六托，沙泥地。此處開船出港，西是赤汕灣、白鴿寨澳。

限門：港下有一白墩石，名日[曰][白]象。遠內有一山，名日[曰]蟲嘴山。如入此港，即將三山觀看為準。內有西炮臺，媽祖宮前好拋船，候水漲，入芷寮。

五鬼山：山內是吳川縣東門外。東門不敢開。

半畔山：好寄椗，打水四托，沙泥地。上是赤水港。港口有一礁，戠船不可太近。入內有沙汕，係是電白港，下山可近放雞山。

放雞山：好拋船，打水三托，沙泥地。北內是電白港，上下俱是有沙汕。港上是龍頭山，山水外有大礁，打湧，可防。船從礁內戠，外是黃岐嶼，從內戠可也。

青山子：好拋船，打水四、五托，沙泥地。內是如動港，東是東墩山，海內好拋船，沙泥地。此處開船，可防鼻頭尾有礁，打湧，不可太近。內面有一餘動港，甚闊，好避颶風。四面俱好，不防。

雙魚：此山有煙臺，灣內中有一嶼仔，好拋船。打水三、四托，沙泥地。

錢嶼：內有一織濃港，甚淺水。外有沙汕，可防。

海龍澳：澳內好拋船，打水五、六托，泥地。澳中開，有礁，戠船可防。

陽江 大澳：好拋船，打水四、五托，泥地。山上有王爺廟，澳中有大礁三墩，名日[曰]“王爺印”。南開去，下勢是南北津陽江港。

蚊嶼：外是村尾山，下外是陽江矻[圪]，內是大澳鼻，上內是斗門港。

下村山：太平澳，托[打]水五、六托，爛泥。此澳是[上] 下村尾隔界之處，內是亞公山。山邊甚淺，爛泥地。戠船不可近山邊，防。

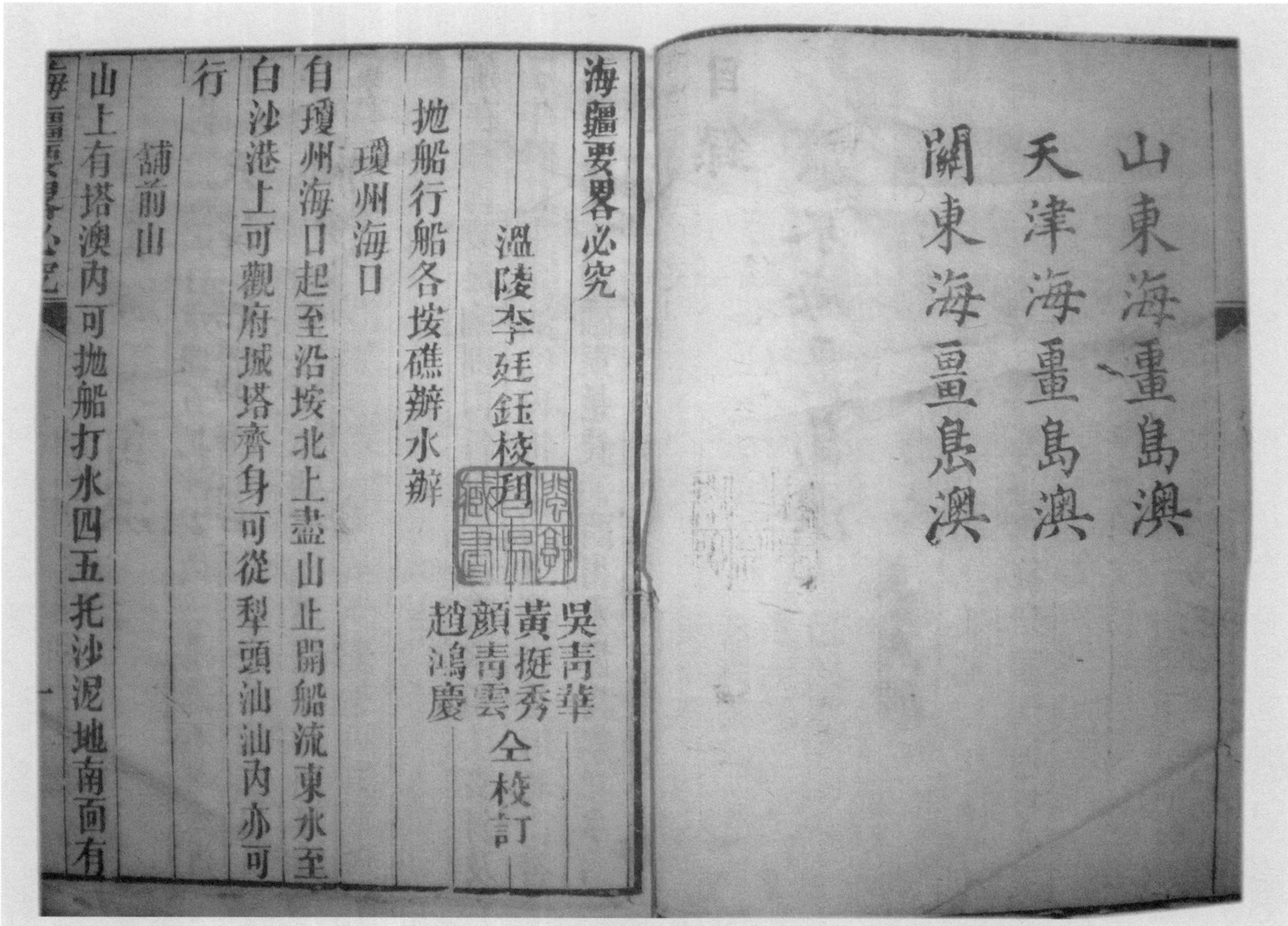
山東海壘島澳
天津海壘島澳
關東海壘島澳

海疆要畧必究
溫陵李廷鈺校
吳青華
黃挺秀
顏青雲
趙鴻慶
仝校訂
拋船行船各垵礁辨水辨
瓊州海口
自瓊州海口起至沿垵北上盡山止關船流東水至
白沙港上可觀府城塔齊身可從犁頭汕汕內亦可
行
舖前山
山上有塔澳內可拋船打水四五托沙泥地南面有

［清］李廷鈺《海疆要畧必究》書影一

上村山：番仔墓，好避颶風及南風湧，打水四、五托，沙泥地。內是廣海汛，汛外是銅鼓角，好拋船，打水四托，沙泥地。上村鼻頭有礁，打湧，可防。

大欽山：好拋船，打水十餘托，泥地。此處風落山甚大，時常欲走椗。外是交鱗山。

交鱗山：山下外有觀音嶼礁，入此大欽門，內是內海，下是銅鼓山。

黃岑山：此山內可通三竈澳，但內面有石產，非慣熟，切不可行。

三竈山：澳內好拋船，打水五托，泥地。澳內上有礁，下有港仔，好避颶風。水退，船到墨港口上，有一門，外往蝦公嶼。外過是深水澳門，路可行。此內是江門，甚闊[闊]。

蝦公嶼：內路甚淺，爛泥地。恐防拜舵，候水漲，方可過。嶼尾有沙汕一條，名日[曰]"蝦鬚"，可防。

琵琶嶼：外是大井門，內是香山門，門內中有一竹掃礁。入此門，是香山縣，能透廣州河下。

刣牛房：此處好避颶風，打水四托，泥地。此澳上身有石礁，可防。外是十二[字]門，山北門內是番子[仔]城墩臺門，好拋船，打水四、五托。

番子[仔]城：墩臺內，媽祖宮前，好拋船，打水三、四托，泥地。炮臺鼻頭上，外大門中，有一礁，名日[曰]草鞋礁，兩畔盡好行。

十二[字]門：打水山好拋船，打水三、四托。此山與番子[仔]城相對，其門中草鞋礁，可防。此處開船上，內外是老萬山、諾雅尾，北內是九州山，直至旗纛澳內。

大魚山：山外是弓鞋洲，墻珠池好避颶風。泥地，可防舡賊。此山內好拋船，打水四、五托，泥地。有墩臺，好往外[洋]。

廣東往高州：赤安廟前，羅漢嶼外，俱可行過，謹防，直出龍燈洋，在此往高州。

虎跳門：門外有一小礁，出入在嶼東過。入虎跳門，船馳搭南面，山邊深，北邊淺。入去北面，有橫嶼一個，船駛在嶼子闌，直至草尾洋，鱷魚搶寶，船入盡搭北邊過。過子[了]船，搭南面東井山邊外轉灣，就東井搭脚雙港口，在南邊入去，新市 下島洋在港中。船在門邊過，至寶珠寺前，可從南，亦妙。

赤安廟：北額頭有大產，船拋椗在嶼頭。赤安前大嶼二個，船出入在嶼外過，有小石[礁]，無礙。

撲頭門：即墨斗門，入門是媽祖宮，拋船。入去，內是小汲水門、九龍澳，沙澳後好拋船。入去是大汲水，流甚急，無礁。北邊是大山，是傳澳，好拋船。

登梁大山：有半洋礁一個，在後登梁。船拋嶼門，過，抱在嶼內，東畔是登梁大

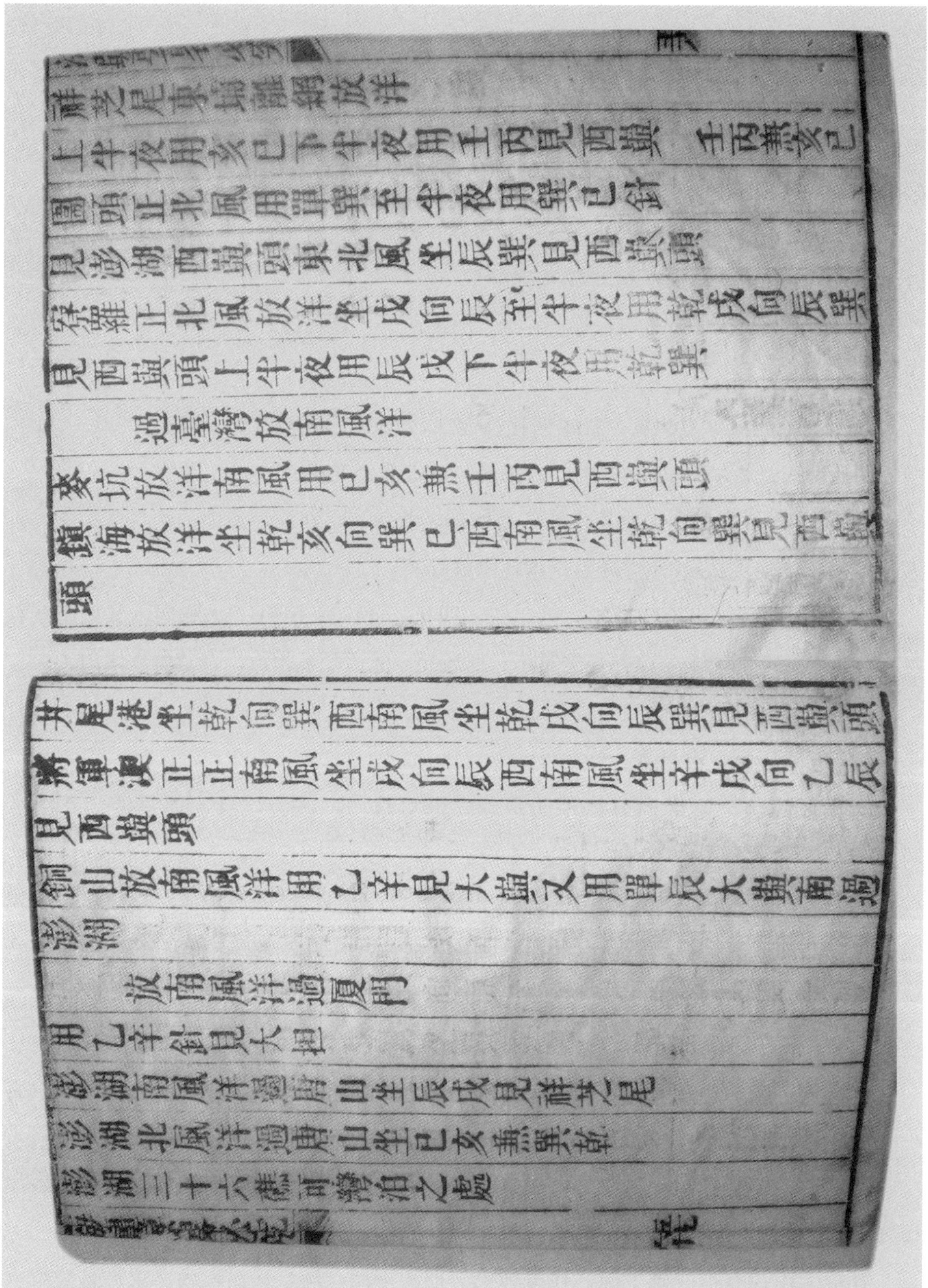


[清]李廷鈺《海疆要略必究》書影二

山。開是竹篙嶼，內有門過船。嶼內好拋船，抱在嶼內，搭登梁山。

大星澳：戧船，不可太倚小物港口，外有鵝子礁，出入或礁內外通行。入大星澳，搭東額，有大礁一塊，出入或澳內。有石嶼子，收入在嶼子內，過至港口拋船，在嶼子頭內過。有大座[產]，出入小星門，俱可過。北邊是椿澳，好拋船在嶼澳底。欲入澳口，從產下過。

潮沙港：是燕州港口。船欲收入，拋在媽祖宮前。潮沙港口下有嶼子一個，東風好拋船。出入在外過。

東龍 菜嶼：東龍卽龜龍。船過菜嶼頭，有嶼仔一個，在東額。開般[船]，在內龜龍尾邊有沉水礁，不可貪北。龜龍下大產，有貓嶼，抱在澳邊，若欲收入，量[讓]開。

寨浪澳：船出入不可太近東額。謝郎邊有大礁，不可太近，北邊過，可防。

田尾澳：東額頭有礁，田尾有大礁一個，船出入，在礁內過。若收澳，內額頭有沉礁水邊，時出打湧，量[讓]開，不可太倚。田尾北邊有大礁一座，船出入，不可近北面，謹防。

龍海大澳：船出入，不可太倚龍海，有龍石嶼子[仔]一個。船欲拋其龍海澳，船在嶼外下邊收入，妙。

甲子澳：嶼仔外有甲子欄礁一座，生甚開，對欄外，過甲子澳口，有礁在額頭，出入量[讓]開。入甲子澳口，有三點金礁在港中。

神泉[前]澳：澳口有礁一個，船出入在東額頭。澳內出水礁仔一個，船拋在礁子外。澳北淺。

赤澳：澳口有大礁一個，又門內礁一個。船入，搭東邊過。底有沉礁在北，礁在外面。赤澳下有嶼，船出入，在嶼外過。其嶼內不可過，須當記。

靖海澳：卽烏塗澳。有礁一個，駛船着對礁外。如收入拋椗，船尾坐小嶼。

錢澳：澳內有觀音礁，在澳鎮中正。船欲收入，須行東額頭，炮臺邊入。南出去，有南礁，須防之。如欲入海門港內，澳對齊有一紅蘿礁，船駛至東邊炮臺齊身，須擗開，不可近澳畔。

琭[埭，表]頭：卽廣澳。額頭有蝦尾礁，船出入，不可太攏，謹防之。

馬絃大山：船出入，搭大山邊。外面有大汕一條，至小籃蒲。馬絃港口有網桁，入去北面是坭埔港口，不可太倚。南面是老鼠石，澳外有礁一個。入去揭揚[陽]，出入在嶼外，對桁直入正港。

大籃蒲：船出入，在嶼外。收入澳，外有大礁一個，在網頭下拋船，可泊在礁內。

雞母澳：澳口有嶼仔一個，出入在嶼中過，倚沙沄。內澳是樜林，開是南澳總兵府，好拋船。下澳是後宅，亦好拋船。倚過草埔頭，有網桁，出入可防。此是黃芒山，好拋船。侍郎嶼一個，即鳳嶼。

南澳：上勢有臈[臘]嶼，南澳鼻有四個嶼、田紫菜嶼。門中有七星礁。過東洋，有嶼曰彭山。下勢嶼仔尾可行，水急流漲，過西退流，過東俱橫流，而嶼仔門不可行。

懸澳：澳下有大礁一個，駛船時，內搭沙沄過，外量[讓]開之。過號名懸鍾城，在礁下過。邊有虎仔嶼一個，並屎雞冠礁甚多。至炮臺角，行船虎仔嶼外，方妙。戠船，過膠棉嶼，九下山宮前額有砵礁。

宮仔前：外鼻頭有沉礁，砵礁一朵，有嶼。此嶼可行，中央行之。



蘇尖：澳內有礁一個。船在礁外東畔，不可太倚。外是鱟殼澳，後面沉澳角，好拋南風，前好拋東風。澳口有虎仔嶼。

銅鉢：東風好拋船，不可太倚，甚淺。銅鉢對門，大 小柑桔二個。

銅山：入澳，東門上下可過。東山有石嶼仔一個，駛船對嶼內，過姑螺澳，即古雷。

姑螺澳：名古雷，有牌證。外上額有朱鈍礁一個，水退出水。船行，北面大山，不可過，不可開。

洲門 菜嶼：內有沉水礁一個，行船不可太近。菜嶼對洲門，直落杏裡澳，好拋南風。金嶼一個，船在嶼內過。或開，量[讓]外駛。對金嶼下，有大礁一列，在金嶼內過，不可貪金嶼。

陸鰲：後狼犽屎內有礁，外上面嶼仔內過。入陸鵝[鰲]，在沙紘外網門入，出來墓紘，即召紘外。

大境：即將軍澳。鼻頭上，破膠瓚，船出入，可防。開船，駛對將軍仔過，到鎮中，拋在礁齊身。打水四托，沙仔地。

鎮海：下是井尾港口，港口上是火燒嶼，內好行。嶼上是鎮海仔鼻頭，不可太倚。外是南椗，椗齊身，有椗縩，外好行。鎮海對澳出船，至旗頭上，內身有麥穗礁一座。至浯嶼，內犬骨礁二個。至厦門港口，外有沉枝。有東椗，內有沉枝。

浯嶼：上勢青嶼，不可太倚。浯嶼後有九節礁，兩邊門俱可行。浯嶼尾下門上落，宜倚東勢過。下有麥穗礁，宜倚東行之。

厦門港：港內[打]水四、五托，是沙泥地。

大担門：澳在門內宮前，打水三、四托。北門中，打水八托。

烈嶼：亦有垵，曰城仔角，好拋船。打水五、六托，泥地。對面有沙汕，名日[曰]海翁汕。駛船須諒[量]南開，見料羅大垵，起頭沙汕，不防。

塔仔脚：若東北風，可倚邊，金龜尾過來，拋塔仔脚。打水五托，半沙泥地，不防。若開，諒[讓]倚邊，有沉水礁，名日[曰]朴傒，須防之。

料羅：抛船正澳，打水六托，是泥地。八月尾起至三月尾，在此放臺灣洋。若開船，至鼻頭，諒[讓]開。東北勢有一嶼，名曰北椗，駛船須記之。

湖下澳：內打水四、五托，是沙泥地。外是烈嶼，山門中有沉水礁，出入倚西南過。門外東勢有沉角帶澳。

金沙澳：係是金門山西勢澳，打水四托，是沙泥石盤。內可泊，即潭口大礁內。

圍頭：打水五托，沙地。垵開，有紙虎礁，須防之。開船，垵開有網尾礁，出鼻有沉水礁，名曰小米盾，須防之。鼻開有大米盾，諒[讓]開駛，不防。

石峻[圳]：好抛船，打水四、五托，沙泥地。澳內有礁一座，水退欲收入，看澳內二沙壩出現，正好收入。

深滬：好抛船，又好南風。金嶼門內有半洋礁沉水，又有白膳礁，可防。

永甯：宮前有沙汕，甚淺。又有馬礁，可防。或戧堤沉水[礁]二處，內不可過，淺。上有沉水礁，北去祥芝，尾有礁一，則須防沉水之。

佛堂冬[東]：冬天寄泊，打水四托半，須防水退，淺。

祥芝：南風可抛船，打水六、七托，泥地。中垵鼻頭諒[讓]開，不防。

大墜：上有天后宮廟，東北風，抛船對廟口。打水六托半，沙泥。潮水不好，諒[量]早開船。

獭窟：內打水五托半，泥地，須防水泊淺。有嶼門可過，中有虎礁，須防之。

崇武：澳內好抛船。龜嶼外有沉水礁，內去亦有沉水礁，名為耙齒礁。出入須防，仔細。

大岞：內是牛頭，水淺。內有沉水礁，船入上澳去，須防岞間有沉水礁。內好抛南風，謹記之。

牛裹澳：在黃天山邊，東勢過，南一小籠，而入澳內。打水二托，是沙泥地。候漲水七、八分，方可入。

小岞：過船，對倚而過，不必諒[讓]開。倚有流超。

賊仔澳：東北風，可抛船。打水四托半，泥地。倚邊上勢有垵，名日[曰]蚵壳港，可避颶風，甚好。

湄洲：蚵壳埕、香爐嶼外，是蛇礁，好抛南風。水退時，恐畏擱淺。過去是吉廖[蓼]，峯上是媽祖廟，往來禮儀奉獻。

吉蓼：有城，泊於城下港中。打水三、四托，是沙泥地。門口對南有嶼，日[曰]竹嶼，而行邊，中勢上下各礁，不可太倚竹嶼，甚淺，日[曰]黃峻南北門。

湄洲大門：有門盞礁，出入宜防之。莆禧西勢黃螺港，水八分，可入。東鼻尾日

[曰]“霸鼻”，東甚深。鼻南另有孤島，曰鐵釘嶼。外有賊仔澳，東北勢有烏龜。

莆禧所：是媽祖故里，好抛北風。水退，不可行船。湄洲，中門過。中門沉水礁一所，行可南面。

平海所：澳內好抛船，打水二、三托。南有一嶼，名日[曰]平海矻[圪]。外有沉水礁，行船，南面而行。

青山 泥滬：好抛船。

南日：共有三澳。東滬澳，好抛北風。西寨，好抛南風。北去是山外，多有魚。小嶼寒碎，小碎礁甚多，名日[曰]十八門。小南日，好抛船。門外有沉水礁，曰碗礁。行船欲入，宜小心。



興化港口：水漲平正，入港。

野馬門：門中有沉水礁，外是白嶼洋。洋中有沉水礁，非慣熟，不能認得。內是興化府 墜頭 野馬門，去是北壁頭、江口、光陰口等處。

東門嶼：門扇後流水甚急，出門有沉水礁，須防。名為南盤。

萬安所：入門有沉水礁，水淺打湧，水退出現。出入宜搭塔仔邊行方妙。外是打石澳、草嶼，東北是宮仔前、沙鳩、墓仔口、後宮等處。



海壇：觀音澳 葫蘆好抛北風，[蘇]澳灣、安港好避颶風。魯題頭有沉水礁，可防。行船東去邦田，上是蘇澳灣、安港，好寄南風。西面不便去。潮水退時，無水，淺。石牌洋有礁，有舍[金]錢礁，龍鳳宮前有金盞、銀臺等礁。非慣熟，不能認得，夜間不可行船。北是大練門，淺，不便行船。切切，謹記。

宮仔前：亦好抛船，打水五、六托，沙泥地。流水不好，諒[讓]開。抛船須記之，愛常駛椗。

海壇 平潭澳：從南勢大山邊而入，至竹嶼寄泊。打水三托，連是泥沙地。候水八分，倚南由白礁，身係大港，俱循南勢山邊而行。又倚東勢尋港，至羅頭，船頭向西北，有半頭嶼北鼻，駛避東南勢。港中邊有蛙仔礁，過此礁至港仔口炮臺齊身，俱是爛泥埕，好抛船。

石牌洋：打水三托零[零]，烏沙地。石牌洋西勢另有沉水礁，水退六、七分出現。石牌嶼洋對南手洋、石牌仔礁，水退三、四分出現，即是手洋礁。

嶼頭爛泥澳：由石嶼起船，至水漲七分，方往之。澳前港心打水四托零[零]，沙泥地。澳正泥埕頂，好泊船。中有嶼仔，有沉礁生横，出入稍近此邊，倚嶼邊行之，必須仔細。入海口港，由此經過，俱有沙線，惟量[讓]，防之。

古嶼門：門內有弓鞋礁、船路礁，北去中有惡礁，名為雞屎礁，行船可防。可近福嶼而行。古嶼門外，名是横蒜杞，有蒜仔礁，可防。流水東去，是烏猪洋，有惡礁，可防。古嶼一垵到朱澳，烏坵、東甲、牛嶼三處，俱係海壇外洋島嶼。

烏坵：係澳內，打水二十五托。山上有淡水可取。洋中有惡礁，生在東南尾開勢，[打]水有三十餘托。用艮寅針，取牛嶼。烏坵係南日外洋，離南日約有一更洋。

東甲：在萬安之東，三鳥[島]大小相錯，所續海中山上有大王廟。澳中好拋船北風，係賊之所，可熚洗船隻。澳口多礁門，去有牛屎雞卵礁沉水。行船須用小心，謹記之。

東甲一名東滬，係南日外垵。

牛嶼：取烏龜，用單癸針五更。取管塘，用艮寅針七更。取東湧，單癸內過，艮寅東湧外過。說牛嶼洋有沉水礁，無人識見，或牛嶼內。不可貪攏，恐牛屎雞卵礁沉水，行船須防，慎之。

牛嶼係海壇外垵。

朱澳：門內有礁，北有沙崙澳，潮水退時淺。若欲入福州，[中]茭面有鐵板沙崙，非水漲八、九分，不可入，可暫寄椗。

白犬：犬目處好拋船，閃東北風。甚深底，欲打入椗索，不可久住。謹記之。

東沙：白犬相對面，上管塘澳，打水九托，好拋南風。半洋有嶼，名日[曰]三白牙。夜間行船，可防。

南管塘即竿塘，內三垵：福州港、梅花頭、中茭。

管塘：二山相連，上塘、下塘界。內澳好拋南風，打水十五托。滬澳拋南風，長箕澳拋□風，甚好。巽上一更船，取東沙。

定海所：拋北風，夏天甚難。西去有目嶼仔、布袋澳，內好避颶風。南去四嶼，中定海門所，須防北邊嶼仔外中門有沉水礁，船行東畔方妙。

黃岐：即大爺澳，好拋船。澳口有沉水礁，可防。南去是銅鼓洋，洋中有龍船礁，近東鼓，出入不防。開門有沉水礁，可防。

北茭頭：有一嶼，名曰洋嶼，船若過門，打水無底，直至西洋拋船。內有一垵，南風好拋船。

大西洋：門中有西洋，可防。澳內可拋船北風。有澳曰景橋，是水淺。

小西洋：有澳，好拋船。東北門勢有沉水礁，船出入，可防。

東湧[沖]：東洋海外，東山、西山相倚，中有一門，離一箭之地。三其澳四面倚壁，打水五十托。上有大王廟，澳前多拳頭石。西山澳好拋南風，乃是懸海山外。若遇颶風，無處可避。用單子七更，取牛山。

東湧[沖]係[管]塘之外嶼。

盔山：橫山在西山、馬砌，西洋東北，上至大金羅胡塔，半水可寄南風。係是賊仔澳。

盔山，五虎外嶼。

芙蓉山：有閭岐，南馬砌，北為羅屏翰，可寄南風。是賊仔澳。

甯德澳：澳大，在鼻內，曰馬訖。澳內托[打]水十三托，是泥地。先到甯德，後到大西洋。

老湖：澳內好拋北風。水退，門外去是閭岐山，好拋南風。東面校椗欏嶼，門中有沉水礁，可防。

大金：拋船，打水三、四托，無流水，不防。行船鼻外，有二嶼，名曰杯扣嶼。嶼有一沉水礁，過門不防。外東勢一更洋，有浮嶼，達[遠]功[共]望三嶼，近看大小九個。東一嶼，名日[曰]東角，外有浮嶼，卽霜山。

福建頭流水挨開，可兜而過，不防。

筠佷嶼上有九使廟，流水亦是挨開。

三沙 五澳：澳內好拋船，東北風，南去是金洋，有惡礁儉[險]嶼，出入宜防。空山烽火門內，門甚狹，流水急猛。烽火門有礁，出入須防，小心。外是佛山，竹滬甚多。夜間行船，宜仔細。

烽火門：門內有龍目礁，可防之。浪大，船身搖動。

窰山垵：卽大嵛山。內好拋船，打水六、七托，泥地，不防。上有媽祖宮。

棕簑澳：內可寄椗，打水四托半。並開船，從小邊過。不可開過，流水不好。切記。

屏方嶼：亦從山邊而過。開，不好流水。下有小黃崎澳，亦可拋船。東外有七星嶼，北又有一嶼，日[曰]田臺，亦可寄泊，離屏約有一更洋。

南闆：拋船，打水六托半，泥地。若開船，須防鼻頭有一沉礁，記之。開船由出口中，水退，水勢甚兇。由南而過，宜至流開船，甚妙。港中嶼，北關，閩、浙交界，係浮嶼。內是南鎮，港內卽沙埕澳，可取船入內面□□□營，好避颶風。爛泥地，淺，船好放，最妙。

北闆：西南澳淺，兜有沉水礁，水退時卽出。東畔澳，好拋船。上有媽祖廟，船隻都奉獻。有二門挾，好行。北去是黃叠門，好寄椗。

草嶼：東北風亦可寄椗，打水六、七托，泥地。若開船，不可太倚，須記之。

金鄉：下有包袱嶼，上下俱好行。又有聖筶嶼，內行，外亦可行。金鄉內澳好避颶風，泥爛地，可淤淺。又有魚嶼，可寄流。鼻頭有礁三個，礁內外可行，候流而行。

鹽田：澳內有嶼子，下好拋船。澳對問[門]有半洋礁，名日[曰]百畝，打湧，水退出現，近大山邊而行可也。

琵琶：鼻頭入去好拋船。水退時，恐畏淺，爛泥，無防。此處內身好避颶風。內去平橋等處地方。

鳳凰：南勢鼻頭開，有一沉礁，名日[曰]鳳凰蛋，須防之。拋船，打水六托，泥地。北有一門，可從北而過，不防。西勢鼻頭開，有沉礁，駛船須防之。出門東勢有虎嶼，門可過船，不防。

南杞：大山有澳，好拋船。係賊仔澳之所。西北去是凰尾，有礁仔，可防沉水[礁]。凰尾外有馬鞍，連四嶼，好寄椗。外嶼，在鹽之[田]開。

北杞：澳前有礁，此去流水礁甚多，不可行船外嶼。

乖嶼：下好拋船。門中須防沉水礁，無佀不畏。草嶼亦可拋船，內面有竹滬，小心亦可行。

三盤：水退時淺，內是三盤大門，小門是黃花，溫州地方。外是龍山澳，好避颶風。澳中有泥堆，可防。中門出去，外是馬齒嶼。嶼有礁，礁止可過，到娘澳，可近邊行。外去畏深，到合龍門，門甚狹，流水急，宜仔細。澳中魚[漁]船甚多，中央外勢有礁，出入從山邊可也。山上有媽祖廟。上去東北，崇担、蓀郎，俱可拋東北風。對面竹篙嶼，好拋南風。石塘前面有龍目礁二個，夜間行船，可防。

龍澳：拋船在六使廟，倚邊。若開，拋就無底，流水又急。須記之。

坎門：拋船，打水五托半，泥地。出門，可防。流水急，須記之。

昌垣嶼：拋船，打水七、八托，泥地。

桑門：門口有一嶼，內有沉礁。駛船從嶼邊，候水退三、四分，可過。至鱟殼門口，可從大礁邊過，不防。

石塘：拋船，[打水]四、五托，是泥地，不防。

吊邦門：有三門，門中有沉水礁，生開北邊，可防。

鱟殼澳：好拋四面風。內是雙門衛，入禁門，金盤上西北，去是海門，台州地方，南面外勢是積谷。南有沉礁，可防。

鳳尾山：有澳，好拋船，又好避颶風，在東西南面。內淺狹，外好拋北風。

網仔垵：澳中有礁，拋船仔細。

川焦：下有土嶼，嶼內好過，水退，可防。外有一嶼，日[曰]東西杞。上是白帶，門後駛船經過，外有鐵釘嶼三，有山鼻頭，好過內去的。

牛頭山：上門、下門俱好拋船。 上有媽祖廟，上去是古盤（卽茶盤）礁。上下好過，須防沉水。

三門：卽花澳，有嶼仔一個，上下好過。澳上有媽祖廟，廟前好拋船，恐畏淺。入石浦所，可候流水，從中門而行。夜間不可過，流水急猛，須防。

石浦所：上下門俱好行，須防流水。出入下門，有竹滬，可從闊中而行，可從上鼻頭行，方[不]妨。

海洋：入去是沉水礁，礁內是王嶼。門內是池盤山，山內有港，是海洋港。內有礁。北去是小佛山頭、長漢、黃江渡，南是普陀、西杞等處地方。

佛頭山：入海洋，潮水漲，可入。南是牛欄杞，來閣[擱]大魚山，山上有淡水可取。小魚山北有沉水礁，在邊駛船，可開，不可倚。

洛[淡]水 塗龍澳：船若在內，不必言。若在淡水，須防流水。

虎仔嶼：淡水門有一礁，出入，上金婆嶼，內過；掞鼎嶼，外過。



南田：好抛東北風。內是汲水門，門內東去是嶼仔，下去有沉水礁，可防。北邊大山鼻尾，有沉水礁，行船須防。



林嶺頭：南有二澳，好抛北風，泥淺。開有半礁，可行船，可防。內是昌國衛等處，戠船，上是九山，可防洋礁。

九山 假積谷：好抛東北風，西南不便去。山尾去，有沉水礁，西是亂礁洋、州[舟]山等處。南有半洋礁，夜間不便行。

南窑：中門北去俱可過，須防流水急。水退時，東南流上亦可進船。

中窑：入港內，南風嶼子邊鼻頭過。下畔有沉水礁，可防。門外洋中有一更船，開之間有沉水礁，可防。用癸丁、丑未針，取鳳尾。

州[舟]山：入普陀加[山]門，水淺。中門有沉水礁，可防。過去鼻頭是港仔，入去是泥。北面有北風湧，卽是州[舟]山西南。入去是甯波等處。

普陀山：水急，外湧，好抛。內是十二[字]門，開去好抛船，泥地。常時欲走椗。

北烏：內有清光廟大澳，流水急並深。莯郎澳、州[舟]山等處門，[用]丁未十更，取凰尾山。

螂蜆：盡山，俗呼兩廣魚澳，打水二十餘托。山上有淡水可取。用子午針，取洋山。

洋山：有花鳥嶼，用乙卯針七更，取盡山。流水甚急，山兜是泥，又淺。澳內好抛船，打水七、八托。出去，洋中有嶼，名曰梅招嶼。嶼邊有礁，生開，可防。

盡山：行船，可防南螂蜆。盡山門內去，須防北面有沉水礁。內去是花鳥。盡山澳內不可抛船，水底有石，欲割斷椗縩，可謹記之。

## 各垵礁辦

### [澳頭]

澳頭開船，如做霧，用辰巽針，對大港。要南線頭，可看西山，不可貪入劉五店。大松，横可看普陀巖獅尾松。出樓山北勢，如做霧，可看金門，隙畧開，隙到加哖線西頭。頭出五營巡至三山入，赤坪一個，烏鼻頭南一個，過身離魴仔線，水退七、八分超起，可駛船。可看嶼坪，在柸椰嶼南，離隙，中有小礁對港，可用單丑過板礁。看金門山頂，有尖對坪墘，過身要閃橫去。直看南門港心礁，橫看煙墩塔鼻頭，第三個鼻頭過身，正港鴻漸山，出大嶝東頭虎頭寨，離身北閃十八線，直看金門山塔上三山半，橫看鶴山。出尾鄉北勢過，直看小嶝鄉里，出白鴨嶼，東是潭口大石，不可拋船。

**潭口**

開船，白鴨東過身，尋覓嶼，好寄椗。不可倚，倚兜，淺水退流。挨小嶝門，覓嶼東頭有沉礁，不可倚。單嶼頭開，有港心礁一塊，直看白鴨，不可出官澳頭港。大嶝城不可出。是港過草嶼，南避礁，北閃蝟仔線，直看草嶼頭，出官澳頭半個。戠船，要倚蝟仔線線兜，可看大嶝山頂寨仔，不可離草嶼。若離，恐礙蝟仔線。橫看田普寨，入仙山脚頭，出是磁頭垵。

**磁頭垵**

有媽祖宮，前對有紙虎礁一塊，對北有覆鼎塔，上白嶼歸中，北看磁頭山，有煙墩塔。鼻頭有嫦娥，生在網頭。船網頭北嫦娥離身。紙虎北有一嶼，要離石尾后[後]北山，可知船在東，行至媽祖宮北，好拋船椗。如出草嶼，逢南風，對單乙，離米碩礁，對東，不可太倚，有拖尾。上去是石峻[圳]，有雙勝礁，頂上頭尖出現直辦。如用針，單丑，尋鰻尾開，有礁，須防。夜間姑嫂塔有大坑[坑]見底，齊鰻尾至坑[坑]密，各山上相連。對永甯垵開，有礁一片，拋船在此，直看煙墩塔廟角姑嫂塔。出福全西正垵，水退開船，離鰻尾，要閃却金，直看青山。出崇武 塔堀[獺窟]山東，船外身過。橫看佛堂下，二石相叠齊身。此處若逢好風，用丑癸，尋崇武 塔垵[獺窟]。佛堂后[後]是五寶[堡]澳，戠船不可太倚。五寶[堡]后[後]尚[祥]芝頭，倚，有水雞腿礁，可防。祥芝對港口，有大礁一片，出水豆[頭]大礁，是大墜。

**大墜**

入垵，直看赤嶼，出大墜山尾南，橫看大墜。開東北隙，并鐵中有一小石嶼見現，可頭起對大墜山駛。倚此垵口北線，南有香爐礁，塔堀[獺窟]甚多。若要赤嶼內過，有港心礁一塊，直看日湖塔、大墜腰，不可貪坑。橫辦看城角合石坑出，離身不入澳，調行船對赤嶼外過，過身不可貪倚。

## 崇武

垵口，西有鈀齒礁拖尾，東有假龜，有龜屎便，可防，行船不可太倚。過大岞，要入牛嶼，大岞開牛角塔。牛嶼有海翁礁，横直辦牛[角塔]，出在東，不妨 [防]。有中礁一塊，倚南，可防。大岞后[後]有一垵，名曰后[後]沙，倚，可避颱風。小岞頭內有礁一塊，若過南，可防。過身西有一嶼，不可太倚。過嶼仔是雙頭弄，抛椗。出雙頭弄，北勢山有礁一塊，要吉鳥，敲。出[雙]頭弄山腰，有一鼻頭，見底，去是吉鳥垵。吉鳥門有港心礁一塊，直看門，假山出丹嶼，横看吉鳥鼻頭宫出現，好抛船。出北勢，淺，點水過鐵占嶼。下過脚白線脚頂過，倚北邊行船，南有網。過港心礁，直看鐵占嶼合吉鳥門，對外過。横看旺梨山，向澎海行到。如好風，用丑癸，對杚[圪]仔外邊。澎海垵口有一礁，横看乳母山尖，出澎城西角媽祖宫；直看猪母洛[落]水，出杚[圪]仔東。可過，閃出礁。離杚[圪]仔，可尋南日，用艮寅，對垵。野馬要大港，北有草鞋礁一塊，可防。上有菜瓜坪三片，直看南日頭抱出現，横看東后[後]尖合南日，尾腰內有小嶼，不可倚兜。行船過馬肚礁，直看鉆嶼貪入北勢山尾腰，横看北邊山，北有小野風，對北邊大山，有四角炮臺。此迅[汛]水正退，甚多，退三、四分。挨倚野馬門，倚北坪行船，東有二嶼，行尋門扇后[後]垵，抛。開船，過鼠尾礁，直看揀嶼貪入草嶼山尾內，横看門扇后[後]白沙密密，可頭起，取五間厝，巡山紡車礁至桔柱。過老鼠礁，可看老鼠嶼西北邊，有破隙，卽過身，可閃金盞、銀臺。直看桔柱外，有一嶼。出桔柱垵口，嶼仔隙，横金盞、銀台，嶼仔搭東勢山，有一洪屈，出卽上離，出南卽下離，要收入宫仔前。宫仔前垵看鹿仔澳，密上垵，要去古嶼，對嶼內鹿仔澳，有淺，不可倚，直看古嶼 壇山尖合大成魚、海壇魚。此處近，過中港，直看老鼠嶼頭出揀嶼東，横看海壇澳口有小嶼如龜形，貪成魚嶼南頭，密卽過身。如霧，可用針單子，取五礁，名曰三碗竿[芋]。東有一港心礁。直看牛角[山]尖合古嶼山尖，横看大練門凜隙，西閃泊片片礁。可看牛角山尖，貪古嶼山尖，西有路對港。如遇霧，可看五礁，名曰三碗竿[芋]，打水三托。可用單壬，取古嶼垵。媽祖宫鼻頭有淺，出垵，可防。古嶼後有算盤子礁，直看赤嶼出，看冬瓜嶼南頭。如做霧，行船可用單丑，倚北勢山尾，有一塊礁，敲南，可防。赤嶼北有礁一塊，直看古嶼西北勢小山，有小山尖，不可看离算盤嶼。横看赤嶼仔中，一隙見底，如密過身，大姐、二妀[姊]，不必太倚。東洛南勢，有片拖尾礁。磁澳出垵，東有礁一塊離水，北有貓仔嶼兜點水。行船過貓仔嶼，後有一礁，直看牛角山尖合磁澳山腰。如逢好風，可收入白犬。犬出垵，有七星礁，直看上塘尖出下塘，横看犬目出現齊身。用單子兼壬，取下塘頭，頭過是塘尾，用單丑，取下塘。

[定海]

如要定海，用乾戌，對四嶼下過。定海內有雷公礁，水退三分卽現。定海西有一塊橫避嶼，凜開，隙對辨開，垵對四嶼頂過。定海東勢有小嶼仔四個，頭有拖尾，不可倚。赤岐東外鼻有礁，不可太倚。

**黃岐**

對垵口開，是四嶼。離黃岐垵苞靴，貪巡東勢。鼻外有一坑[坑]，坑[坑]內田密，卽船內過，直對媽祖宮，貪入東勢鼻。如西過，可倚西勢山而行。出黃岐垵外鼻頭，銅鼓嶼北有礁，曰圭母烝，直看羊乍建嶼見現，橫看倚兜有一坑，坑東一隙如密，卽過。上去是羊乍建，内可過。恐流短，要入北茭頭。此處礁甚多，俱在過船行，可倚大山，遇門而過。北茭頭亦可寄椗。對東北一橫嶼仔，中有垵，亦可寄椗。流退，可對嶼北過，可倚青門，媳婦澳可倚。大山邊有娘澳，山底有一礁，水退盡，無流打湧。過媳婦娘澳，可倚，循山而行，直至老湖入垵。要拋船，須看東勢，有一橫嶼，貪老湖本身。山有一坑見底，或貪北勢，坑半現，好拋椗。出垵是橫嶼頭，西南頭有拖尾，名曰三個礁，可防，不可太倚。駛到嶼，有一要[坑]見底，可駛倚。若要內門過，對礁，名曰港心礁。南過，北亦可過。至嶼尾，開，汗流心，可記。過礁后[後]，可倚山邊而行，上去是[大金]。

**大金**

未入垵，西勢一鼻頭，有礁日[曰]螺砒，不必倚。冷山尾有一嶼，好拋船。東北角有一垵，是鴨池，暗時可看。對東北有隙，見底落椗。杯扣嶼可過船。鴨池山后[後]，對坑口一田，船不必太倚。正垵是杯扣嶼，凜開。門有一礁，倚杯扣嶼，行船在此過，直看老湖有一片清淨，可倚行。竹根嶼中門，順風可過船。西來中凹，不必太倚鼻。

**三沙澳**

三沙見底現，九使宮出現，落椗。正要出垵，巡頭澳鼻頭兜駛出鼎敢嶼西，倚邊。暗時出垵，須防竹根嶼東有礁出水。鼎敢嶼有鼎敢礁，在東北一塊。出烽火門，中有龍目礁二塊。倚山一門，亦可過。未至門，暗，北勢山尾不必太倚門中，倚出或礁，俱可過。對龍目中門，須倚東龍目過。倚西一門，不可過。倚大窑垵，暗時可見船身。出東勢，開門有小嶼，避門直看烽火門，密在在媽祖宮嶼正垵。七都內，可避颱風。暗時，可認八都 屏風嶼。吞入八都頭嶼仔，直看大窑山尾，貪着嶼仔。嶼仔兜有礁，可看嶼仔門，卽過。要入垵，小心點水。拋船北鼻頭，可倚東鼻頭，不可出垵，對鼻嶼仔東過，循山而行，至山尾盡，屏風嶼西南，不必倚屏風嶼。東兜亦清淨，屏風嶼后[後]沙埕，敲南，亦可寄椗。南關亦可抛椗。南關頭開有礁盤一塊，要過，倚南關頭，駛北關中門，不必密。要外過，直看北關外鼻。外有一冬瓜嶼，出卽外過。橫看鎮下門，內有一大山尖對門中，或看北關小門密，可收入。

**北關垵**

對宮口，有媽祖礁一塊，可防。北關門北鼻頭合二鼻頭嶼，看宮仔合大松，記之，落椗正垵。如大窑開垵，逢好風，用單丑，取北關尾。北關出，倚草嶼口，抛船草嶼，不必倚西。過草嶼內門，椗地不好。上去是金香垵，包服[袱]嶼頭有淺爛泥，要過，小心點水。門下要西邊，有一嶼，頭拖尾，不必太倚。包服[袱]嶼北過，暗時認金香垵。對北一坑[坑]見底，又密東勢鼻頭，外山不見，落掟[椗]正垵，小心點水。金香外鼻有礁出水，船在南勢過。行開一嶼，曰杯扣嶼，南北俱可過。離礁後一二回，船俱可倚山，直循至[鹽田垵]。



**鹽田垵**

八母礁直看包服[袱]嶼，出金香鼻半個，橫看琵琶嶼出鹽田尾半個。如要內過，包服[袱]嶼貪入金香山，密鹽田垵，白沙現，內過琵琶垵，可避風。琵琶有二嶼相連，嶼西邊有白艄好臺，可寄椗。嶼北對頭門、二門，俱可過，三門不必過。開去有凰鳳蛋礁一片，好要礁內過。

**凰鳳垵**

若要礁外過，看男兒頭，離凰鳳出。西一圓嶼出現北關，逢好風，用子癸，入八母礁，內過。用單艮，对凰蛋南邊虎仔嶼兜，清淨可倚。駛船出虎仔嶼東，是男兒后[後]，暗時可防。一嶼出虎仔，好風，用單艮，對廊上去是[狀元澳]。

**狀元澳**

西有半洋礁，直看三盤門。嶼仔北有一小門現，南勢過。橫看無辨。廊頭有礁，在網仔南，倚兜。三盤內過狀元澳鼻，倚北邊淺，爛泥。三盤門內，北邊有礁一片，直看門口內大嶼仔，東南角另崩一塊三角尖小石嶼，開隙。橫看大嶼北，小門開對礁邊出。三盤門、馬齒東西可過。龍澳頭有網仔垵，可寄椗。龍灣北，坎門下有垵，名曰楚門，開，落椗正垵。

## 三盤

如逢好風，用丑艮，離四嶼仔。用單丑，尋大鹿門。又出三盤，如逢返流，四嶼北亦可過。龍澳東頭網仔垵口有一石坪，兜有一塊礁。東蛤鬣嶼仔，西龍澳尾，此門可過。坎門口東門北勢有拖尾，不可太倚。竹篙嶼頭有礁出水，暗時可防。又，竹篙垵清淨，點水拋船。茹葪澳內有一垵，日[曰]八尺門，可避風。茹葪澳出垵，過鼻頭，澳中有礁一片，直看水桶澳垵出現一鼻外，橫看本澳東西二澳俱現。對礁辦，再過一鼻頭，亦有礁一塊，直看水桶澳垵現，橫看本身鼻頭上一條路塔[搭]本鼻頭。坎門 竹篙嶼東北勢有一嶼，嶼下有礁。出，看坎門合竹篙嶼頭，莫貪密，离隙，北勢過。水桶澳有礁出，暗時尋垵，看本身山勢，門見底落椗，小心點水。出垵如遇西北風，用甲卯，對龍目二塊，東西生。四[西]一塊清淨。東一塊對東南，有拖尾，外過。須看積谷山尖硯[現]，網仔垵內有礁出水，暗時可防。石塘垵內清淨，好拋船。

## 石塘門口

東勢鼻尾有拖尾，不可太倚，直至看吊邦，外可過，可倚南邊山行。吊邦東勢盡，有一小嶼仔兜，兜有拖尾，名曰雞母黍。吊邦門往鬣壳，离吊邦內山倚汗，倚直看鬣壳頭，其貪入大山，礁外過。此礁名曰彌勒獻[現]肚。礁生在澳底，對鬣壳頭，倚西勢，爛泥淺。而行暗時，尋鬣壳垵之迅[汛]，須看有小石嶼在此。鬣壳山內駛到去山離隙撻[搭]東勢。對北看去，亦有隙，不能見底。尋垵對西勢大山，亦無防，只要小心點水，出垵上去是[馬蹄垵]。

## 馬蹄垵

鬣壳後有半洋，名曰王名礁，一片。直看小積谷，橫看鬣壳隙，開隙，收入馬蹄垵。對北一港見底，西北一山尖，東勢鼻頭密正垵，上去是[金鐘港]。

## 金鐘

港內亦可避風颱。門口兩畔大山，對中一橫小嶼。要入，巡倚馬蹄大山。山邊橫嶼一，對馬蹄大山。入嶼仔內，點水拋船。網仔垵有半洋礁一塊出水，暗時可防。網仔垵內，北有一嶼仔，行船嶼南過。網仔垵東勢門未[尾]，上去是[川招洋]。

## 川招洋

東勢有一嶼，名日[曰]半月嶼。離子山尾，倚大山可行，上去是[泥朱澳]。

## 泥朱澳

此迅[汛]小心點水。泥朱澳有一垵，名曰楊柳坑[坑]。要入，倚南勢過。至門，北勢鼻錐。錐南勢一圓嶼，嶼過，對此門，有一大礁當中，船倚南嶼邊。入去二條港，又有兩嶼，行船要南港，在兩嶼南，打水五、六托，好拋船。上去是[白帶門澳]。

## 白帶門澳

外澳好拋船，駛到烏礁，打水四托，可避風。內有一條港，至牛頭後，船拋不便。行過，出垵外，正是[牛頭門]。



## 牛頭門

澳內好拋船，亦可避風。媽祖宮前有沉礁，不可貪隴[攏]。門外是媽祖礁，小嶼仔有沉水礁，可防。又，門外勢有三嶼仔，候流水尾，可出船，上去是[茶盤]。



## 茶盤

內外可過。東勢有一橫嶼仔，倚西有礁，可防。對勢是赤礁仔，可對平水。潮退，入去是肩桃，正好避風。碍門中有沉礁，可防。港中有一小嶼，嶼邊可過，打水十餘托。又，南勢有大礁盤，南北二門不可過。出來是佛頭山，山邊有礁，可防。雙頭弄後有礁，沉水甚多，記之。花澳好拋船，流早水，返七分，挨入。三門嶼仔內是烏礁，礁北是大港礁。南是小港，可對烏礁邊行，不可倚山邊，是泥坪，淺。內東去有三門，出入可過中行船，可防。北邊是泥坪，上去是[石浦]。

## 石浦

水返七、八分，出船。其北勢，嶼仔門有礁。若對大門汲水過，門中有港心[礁]。直看金牌門開，橫看上汲水門開，倚北勢山邊行。外是牛乍机[欄杞]，東勢淺，不必太倚。南勢是泥[龍]。

## 泥龍澳

澳中有一小嶼仔，東南勢又有礁，須倚西北行。若西南頭可近，倶頭山邊行。山南勢鼻頭，頭東勢有半洋礁。直看潭頭，東南鼻外有一小嶼仔，不可密。橫看佛頭，出金赤門，水退，可防。

#### 半崩山咬[腳]

水退，出船。上是土地公嶼，東過，上蜈蜞澳，可拋。水返，出船。又，西鼻頭上有拖尾，可防。東去是覆鼎，上下俱可過。又，嶼下下邊有礁，上是雞叫嶼，東去是小普陀。東北有半洋礁，直看牛鼻廊第三山上關帝嶼，橫看北積谷。不可出南静，西北是足溪 媽祖宮，好拋。又，大沙澳內有礁，可防。上去是[連招洋]。

#### 連招洋

上落可倚西勢嶼邊行，東有羅漢礁，下有沉水礁。出門是孝順洋，北有是中窑門，西勢嶼仔是青龍港。如避風颱，出入可防。港內南勢，泥，邊有礁。外即荔枝嶼，出去漠頭門隙，青嶼內外可過。過北勢，是火燒嶼，西是陀嶼頭。又，過去金塘，開是赤礁。切切，防西南四嶼。西北是龍潭門，俱可過。入去小港，北勢鼻外有礁。若是南海過，切不可北邊頭入。門南勢淺，須倚虎仔嶼邊行。北勢有虎仔屎礁，可防。順風入鎮海。

### 順風得利

#### 放上海洋水路正港水辦

用水[子]半更，打水四托半。又用壬亥一更，打水四托。又用乾亥一更半，打水四托。又用單乾一更，打水六、七托。北見頭墩網，西見岸樹，入梧桐，駛入上海。平安，吉。

#### 楊山往上海針路

楊山外中門，東南風，倚汗帆，用艮寅兼丑未，對蝤外。用癸丁、丑未，見大蝤外。用子午半更久。水退，正南風，倚汗帆，打水四、五托，一更久。又用壬丙半更久。又用巳亥二更久。又用乾巽，東見茶山，西見岸樹，一更久，打水四、五托。又用辰戌，見頭墩正路，打水五托，探見。

#### 上海往楊山針路

吳淞港口，用辰戌一更半，見頭墩，外過，打水四托。轉乾巽，見大蝤。又用子午一更，見小蝤，北邊過。又用癸丁、丑未，見楊山。

## 吳淞回厦[門]針路

用單辰半更，又用辰巽半更，又用單巽一更，取大蝗。轉癸丁，取楊山。又用丑未，取魚山頭。又用子午，取板桃嶼。又用壬丙，取丁厝澳 旗頭。用艮坤、丑未，取金椗門頭。又[用]子午，取牛頭鼻。又用子午、壬丙，取普陀。又用巳亥、壬丙，取朴[撲]鼎。又用巳亥、壬丙，[取]半憑[屏]山。又用癸丁、丑未，取汲水門，入石浦、花澳。用子午，取牛頭門。又用子午，取白帶門鼻頭外。又用癸丁、丑未，取川招。又用子午、癸丁，取鱟壳、川招。又用子午，取砵流礁。又用丑未，取吊邦門。又用丑未，取石塘。又用艮坤，取大鹿門。又用寅申，取竹篙嶼。又用寅申、艮坤，取坎門、大鹿。[用]艮坤，取三盤。又用坤艮，取虎仔嶼門。又用艮坤、丑未，取琵琶額頭。又用癸丁、丑未，取金香。又用癸丁，取北關。又用艮坤、丑未，取烽火門、大窑、龍目。用癸丁、丑未，取老湖，又用丑癸，取陳姑嶼。又用癸丁，取關塘。又用子午，取白犬。又用艮坤、丑未，取冬瓜嶼。又用子午、癸丁，取古嶼。又用子午、壬丙，取三碗芋。又用壬丙、巳亥，取揀嶼，見宮仔前。又用壬丙，取吉兆。又用癸丁，取墓仔口。又用艮坤，取舫[紡]車礁。又用艮坤，取白珍。又用寅申，取小南日 西寨。又用艮寅，取澎海杙[圪]。又用癸丁、丑未，取湄洲杙[圪]。又用艮坤，取大岞。又用卯酉，取崇武。又用申寅，取大墜，收入泉州港 大岞。用艮坤、丑未，取石峻[圳]。又用艮坤、寅申，取磁頭。又用乙辛，取草嶼，石峻[圳]，又用艮坤，取北椗。

## 厦門往蓋州針路

大担開駕，用單卯一更，離海翁線[汕]。用甲寅一更，離北椗，半更。開，用艮寅五更，取烏龜外過。離，半更。又用單丑六更，取東湧[[沖]山。[離]，一更。開，用丑癸取臺山。又用丑癸三更，取南 北杞山。離，一更。開，又用單癸四更，取鳳尾山。又用單丑三更，取九山、小魚山。用癸丑，六更，取普陀。轉單丑，一更，取北烏龜，東勢過烏龜屎，并北金錢嶼，内外俱可過。用單子二更半，取兩廣嶼内。又用壬子，取盡山。或要放大洋，可用單子十六更，打水十五、六托。又用單子六更，打水十八托。用原針十更，打水二十七托，沙泥地。又[用]原針三更，打水四十托。又[用]原針四更，打水二十八托，沙泥地。用壬子五更，打水二十六托，取馬頭嘴山外。用過[過，用]單丑，見關刀島。轉單子三更，取青山頭。離，半更。開，用乾戌十更，取鉄山。用單子二更，取虎仔嶼。用子癸三更，取長興島，過磨盤山。用單丑二更半，取平兒島。轉艮一更半，[取]兔兒，齊炮臺。用艮寅一更，取二炮臺。用寅半更，取三炮臺，是大候[侯]廟，打水四、五托，爛泥地，可抛椗。候水返七、八分，尋招入蓋州港内。妙哉。

## 蓋州回厦門針路

蓋州出淺[口]，用酉半更，又用坤未五更，取長島。用單未三更，轉單午二更，齊鉄山。或放洋，用巽八更，取威海。轉乙辰，過青山頭。用單午三更，取魚島。或放大洋，用單丙過五更，又用單午十更，打水二十七托，沙泥地。用單午六更，打水十八托，沙泥地，帶壳仔。又用單午四更，打水十六托，沙壳仔地。又用丙午三更，打水十六托，泥地，取盡山鼻，東勢過。用單午三更，離大礁對兩廣山内過，取北烏龜外過。用單午一更，取普陀山。用單丁六更，取小魚山。離，半更。開，又用丁午，取南杞山近。用單丁六更，取東湧[沖]。離寮羅，尋北椗，取烏嘴尾，須防海翁線。用單酉一更入大担，進厦門。妙哉。



## 青山頭放洋往天津針路

（放洋東北風，用乾巽針）

船在青山頭，出澳鼻，離烏驢島，用辛，取威海鼻外過。又用單辛四更，取澄海府中門過。須防長島鼻外有石線[汕]，生開。開，倚蓬之[萊]閣。行船過身，轉辛戌針，收入廟島按[垵]中抛椗。放洋天津，細心對媽祖宫中門，過螺斗嶼，離里島。又用辛三更，打水十二托，爛泥地，又淺。用單辛三更，托[打]水十三托，泥地。用辛戌一更，打水七、八托，泥地，取崑身沙澳。對岸，對港口沙坡，打水五、六托，泥地，見紅水，抛椗。或好天時，就有網魚船甚多。若不慣，就可倩一小隻， 引入港内，候潮水五、六分起椗。巡南北炮臺，用辛戍[戌]，尋招過淺，打水有一丈一、二尺，硬泥地，正港落深，見網北炮臺，收入港。

## 天津回青山頭針路

船在天津港内出淺[口]，西北風，用乙辛十二更，取高山。轉巽巳，收入廟島。巡澄海府山，用乙辛四更，取子午島。用甲卯三更，收劉公島。出門，用甲寅二更，取雞島。轉乙卯一更，取驢島内過。駛船倚大山行，須防門中有一礁沉水礁，流水甚急，須即小心。巡山，青山頭入澳中。或好風，即放大洋。

## 青山頭往錦州針路

青山開船，用乾戌十更，取鉄山。用壬子二更，取虎仔嶼。用子癸二更，取孔嶼溝。開，打水無底。用子午七更，見葫蘆透 小筆架山，即垵内，好抛船下椗。妙哉。

### 天津 淺口往蓋州

在淺[口]開船，西北風，用乙辰六更，打水十五托。用□□六更，打水十六托。用甲寅四更，取孔嶼港。開，打水十八托。用癸一更，取長生島。[用]丑癸一更，取磨盤山。用艮寅二更，取平兒島，打水十四托。用艮寅二更，取頭、二砲臺。用單寅半更，取三砲臺，打水八、九托。見侯廟，打水四托，好拋椗。水漲八分進港。

### 菊花島往錦州

東北勢有大片礁盤，橫辦看塔山和甯州。西勢，大山相㙮[塔]身齊就是。直辦菊花島，嘴尾可防，海門切不可入。菊花島澳清，南風，倚汗帆。用單丑，駛六、七分開，礁齊身，可也。或是葫茹[蘆][島]入，拋椗。防大礁盤，可觀塔仔山，有一個半形尖相香㙮[塔]仔邊。北風，硬繚帆，可兩山邊拋椗，打水四托。水漲，半礁盤尚見。妙哉。

### 天津港口往甯波針路

船駛離天津 淺[口]，用乙辛十二更，取見桃枝。轉針，用巽巳，收入廟島澳。巡登州府，行船，用乙辰四更，取子午島。用甲卯三更，取劉公島。內中門有個沉[礁]，巡㙮[塔]，大山邊過，可防。過青山頭，好天時清，北用丙午七更。用子午十五更，打水二十一托，沙泥地。用單午十更，打水十五托，泥地，見盡山。可防大礁盤，水淺打湧。用壬丙，取兩廣，過赤石嶼門。過，收入普陀澳，拋椗，候好天時。沈家門，可防。半門有蓮花礁，收旗頭，收入甯波港，可也。

### 膠州出港離梹榔往甯波

船行，可用辰巽十更，用子午八更，打水二十二托，壳仔沙。用子午四更，打水十三托，沙仔。見花島山、馬蹄、猴仔山，收入鎮海關。妙哉。

凰尾，用丑二更，取小魚山外過（取海照，丙子貳[更]，癸壹[更]）。小魚山，用癸四更，取北烏龜，外過（內用壬，收盡山）。

海照，外放洋，用子七更，打水十八托，烏沙仔。單子午，[打水]卄[廿托]，〢〧[廿七托]，〢〨[廿八托]，〢〥[廿五托]，卄[廿托]，見石島。

用子四更，打水二十二托，烏沙泥。

用壬子五更，打水四十托，泥，見蘆竹仔根。用壬四更，打水四十托。用壬五更，打水四十托，泥。用壬亥三更，打水十六托，泥，藍色，見馬頭嘴齒一。

**春天大担開船放洋**

西北風，用乙辰，至大夜又用單辰兼巽，可以。此是順風之去。

**澎湖往臺[灣]**

虎井出門，用辰巽四更，取鹿耳門，透洋法。又，夜間放洋，出虎井頭，用辰巽二更，取鹿耳門。

**近吉放洋**

若是南風并南流尾，可用單辰，取鹿耳門。

**南風放洋針**

鎮海 東椗，坤未風，用巽巳、單巽。若是巳丙針六更，轉單巳，取大嶼。或是用單巽，及[□□]必見花嶼，平井尾港口。南椗外放洋，西南風，用巽兼辰。[□□]所放洋，西南風，辰及乙，取大嶼。

**臺[灣]回澎湖**

鹿耳門出，早流，南風，單戌或乾戌，取吉山。若見近，用乾亥，出虎井。鹿耳門直取虎井，南風用單酉，南風用辰戌，見嶼。若是南風用乾亥，必見乍拋嶼。

**澎湖回長[唐]山**

八罩上下，東南風，用單乾，三更。轉乾戌，收，見太武山，入大担。

花嶼，近東南風，用乾戌，取大担。若是北流多，必至東椗。若用辛酉，必定南風。夜間，恐犯椗縩。單戌針，又用辛，取椗西嶼頭。南風放洋，用單亥，取天馬山。用乾亥，取峻[圳]頭。用乾戌，取北太武及大担。

西嶼頭，南風放洋，用單亥，取天馬山。用乾亥，取峻[圳]頭。用乾戌，取北太武及大担。西嶼頭，東南風放洋，用辛，取東椗南過。若用辛酉，必見南椗，須防椗索。

鹿耳門，南風放洋，水漲八分出港，用辛戌，見吉。轉單戌及乾，取虎井，南邊花嶼邊透洋。南風正，用辛戌，取東椗。後轉單戌，收大担門，妙也。此乃順風之片。

**天津港口水漲退時候**

（在六、七月）

初一、二：巳漲，寅時退。

初三、四：子午漲，卯酉退。

初五、六：丑未漲，辰戌退。

初八、九：寅申漲，巳亥退。

初十、十二、十三：卯酉漲，子午退。

十五、六：巳亥漲，寅申退。

十七、八：子午漲，寅申退。

十九、二十、廿一：丑未漲，辰戌退。

廿二、三：寅申漲，巳亥退。

廿四、五：卯酉漲，子午退。

廿六、七：辰戌漲，丑未退。

廿八、九：巳亥漲，寅申退。





## 觀雲法

春夏二季，若天氣溫熱，或雷聲霹靂，必有狂風，急避。

三寶大人開傳，甲子、癸丑、戊戌、癸未、乙卯，此五日不行船。

## [泉州、興化一帶諸垵打水]

磁頭垵內，三、四托，沙泥地。石峻[圳]垵，二、三托，沙泥地。

深后[滬]垵內，三托，赤泥地。永甯垵內，二托，沙泥地。

高厝垵內，三、四托，沙泥地。上[祥]芝垵內，二、三托，是沙地。

大墜垵內，三、四托，沙泥地。臭泥[秀塗]垵內，二、三托，沙泥地。

日湖垵內，二、三托，沙泥地。塔屈[獺窟]垵內，三、四托，沙泥地。

崇武垵內，四、五托，沙泥地。湄洲 蚵殼垵內，三、四托，赤泥地。

賊仔垵內，五托，沙泥地。湄洲 浮盧垵內（即莆禧澳），四托，沙泥地。

澎海垵內，四托，沙泥地。南日垵內，四托，沙泥地。

象城垵內，三托，沙泥地。興化港內，托水一托，外爛泥地。

小萬安垵，二、三托，爛泥地。門扇後，二、三托，爛泥地。

墓仔口，三托，赤泥地。桔柱垵，三托，外是烏沙地。

## 丁厝澳進乍浦

用辛戌二更半，見四嶼頭。轉辛酉二更，取乍浦。乍浦放洋，用甲卯，見四嶼。二更半，見四嶼頭，打水四、五托。轉針用巽巳二更半，取魚山。

## 金門 料羅南風往上海

寮[料]羅鼻開船，用寅，見北椗。水退，用單艮，對磁頭，外過。用單艮，在峻[石圳]外，半更。開，用單艮，見大峠，半更。開，用單艮，[取]湄洲矻[圪]。用艮坤，見鷺鶿屎，內過。澎海矻[圪]外，用單寅，過。南日澳口，用單癸丁，見南日鼻外。水返用癸丁，水退用子午，對白珍，外過。水返用單寅，水退用單艮，對紡車礁，外過。用單癸，對墓仔口，過。用單艮對火燒港口眠床礁外，用單壬在金盞、銀台[臺]兩邊，舍杉嶼，離嶼。嶼西，用單癸，對赤礁內過。用子午，對古嶼門中過。用單癸，對冬瓜嶼邊過，見赤礁。赤礁離身，用單寅，[取]白犬。用單子，在關塘。[用]丑未，見上塘。用子午，見芙蓉山，小西洋中門過。水退，用單癸，出呂山門外。水返，用單癸，出烽火門，過。用丑未，見冬瓜嶼。水返，用艮坤，見北關內。關內出，用單艮，見[觀]音礁，可防草嶼，外過。用丑未，對金香鼻外過。用單丑，見鹽田，外過。半洋礁內，用丑未，見鳳凰。水退，用單艮，外抛山門虎仔嶼邊。水退用單丑，水返用艮，對三盤內過。用單艮，對大鹿門過。水退，用丑艮，見石塘外。用丑癸，對吊邦門過。用單癸，見積谷。用子午，見西機內阿媽礁，西過。用丑癸，見白帶澳外丹嶼。[用]丑癸，見草鞋。水退，用丑，在半洋礁內過。用單子，對泥龍澳內。用單壬，對牛乍机[欄杞]外過。占嶼仔過，又用單丑，見茶盤。用癸丑，入三門、汲水門。出金牌門，用壬丙、巳亥，對半坪山中門過。用子癸，對朴鼎門過。小普陀山，用癸丁，對青山鼻外過。用子午，見牛鼻廊門，過。用子午，見孝順洋中門，過。用丑未，見旗頭 蟳廣澳，正南風開汗，對四嶼邊過。小魚山外，用子午，對洋山大門過。用癸丁、丑未，先見蝔仔，後見大蝔。蝔齊，用子午一更久，正南風開，汗帆，打水四、五托。用巳亥半更，用乾巽，東見柴山，西見柳樹，一更。用辰戌，見頭墩正港，打水四、五托，尋入港。

## 南澳往乍浦針路

南澳開船，用甲庚并寅申，取砵仔礁外過。砵仔礁，用寅申，取虎仔內。過虎仔，用艮坤并丑未，取象嶼。象嶼，用艮坤并寅申，取古雷頭。過古雷尖，用丑未，[取]聖筶嶼中門。過洲門，用艮坤并寅申，取虎頭山。過虎頭山，用艮坤取將軍澳外，用丑未并艮坤，取林進嶼中[門]。過林進嶼中門，用寅申并艮坤，取鎮海鼻頭外。過鎮海鼻外，用甲庚、寅申，取塔[塔]仔外。過塔[塔]仔外，用甲庚并卯酉，取寮[料]羅外。過寮羅外，用甲庚、寅申，取磁頭。用艮坤，取峻[圳]頭。用艮并寅申三更，取湄洲外。過湄洲外，用艮坤，取平海屹[圪]外過。外有鷺鶿屎，內有猪母礁，可防。平海屹[圪]，用寅申，取南日尖。南日頭，用甲庚、寅申，取紡車礁、猴探水中門。過猴探水中門，用壬丙并子午，取古嶼門。過古嶼門，用癸丁，取牛角山中門。過牛角山，用癸丁并丑未，取珠澳外。過珠澳外，用艮坤并丑未，取白犬内。白犬，用子午，取金童内。過金童，用癸丁，取上童内。過上童，用癸丁，取小西洋及芙蓉。芙蓉，用癸丁、丑未，取烽火門。過烽火門，用丑未，取北關内。過北關，用艮坤，取草嶼外。過草嶼，用艮坤，取金鄉鼻外。過金鄉鼻，用丑未，取鹽田外。過鹽田外，用丑未，取鳳凰外。過鳳凰，用艮坤，取抛山中門。過抛山中門，用艮坤并丑未，取廊裡澳。水漲用艮坤，水返用丑未。三盤門廊裡澳，水退、漲，[用]丑未、艮坤，收大鹿。大鹿，水漲用艮坤、寅申，取石塘。石塘，用丑未，取吊邦。吊邦，用子午，取積谷。積谷，用子午，取網仔垵外。網仔垵，用子午，取川蕉。川蕉，用壬丙，取白帶港口。白帶，用艮坤并丑未，取鉄丁嶼邊。過鉄丁嶼，用子午并癸丁，取急水鼻頭外。過急水鼻頭，用子午，取塗龍澳内。過塗龍澳，用壬丙并巳亥，取半畔山中門。過半畔山，用子午并癸丁，取覆鼎外。覆鼎外，用子午，取小普陀山。小普陀山，用癸丁，取清門鼻頭外。過清門鼻頭，用子午，取金定門。過金定門，用子午，取孝順洋。過孝順洋中門，用單丑，[取]旗頭。過蛇嶼，用乾戌，取東 西鶴東。過西鶴，用乾巽，取四嶼北。過四嶼北，用單乾，見點燈山。妙哉。





## 乍浦回針路

乍浦開船，用單辰，取東 西鶴。過西鶴，用乾巽，取琴[岑]港澳小清門鼻邊。過小清門鼻邊，用癸丁并子午，取小普陀山内。過小普陀，用子午，取覆鼎外。過覆鼎，用壬丙并子午，取半畔山中門。過半畔山中門，用丑未，[取]淡水門 石浦外鼻頭。過石浦外鼻頭，用丙，取小嶼。小嶼，用子午，取急水鼻頭。急水鼻頭，用子午，取鉄丁嶼。佛頭山内，用癸丁并子午，取茶盤山礁東。過茶盤山東，過牛頭山，齊身，用子，取川蕉東畔山邊過。有沉水礁，可防。川蕉，用壬丙并子午，取積谷。用子午并癸丁，取吊邦。吊邦，用艮坤，取石塘。石塘，水漲退，用單坤申，取大鹿。大鹿，水漲退，用單未坤，取三盤門。三盤門，用艮坤、丑未，取抛山中門。抛山中門，水漲退，用未坤，取鹽田外。過鹽田外，用艮坤并丑未，取金鄉鼻并草嶼外。過草嶼外，用艮坤并丑未，取北關。冬瓜嶼，水漲退，用單丁未，取烽火門。烽火門，用癸丁，取大金。大金，用丑未，取螺壳頭。螺壳鼻，用艮坤，取小西洋。芙蓉山，用癸丁，取上 下塘内。過下塘，用癸丁并子午，取鼻中門，有小嶼門沉水礁一片，可防。用艮坤，取東 西鶴。牛角山中門，用癸丁，過古嶼門内。大練開，港中有一個小礁，用癸丁，取猴探水中門外。過[紡]車礁，用甲庚并寅申，取南日。南日，用艮坤并寅申，取平海屹[圪]外。過平海屹[圪]，用寅申，取湄洲屹[圪]外。用艮坤并丑未，取大岞外。過大蚱[岞]，用艮坤，取石峻[圳]鼻外。過石峻[圳]鼻，用寅申，取磁頭外。過磁頭，用艮坤，取寮羅。用寅申并艮坤，取鎮海外。過鎮海，用丑未，取將軍澳外。過將軍澳，用艮坤、丑未，取虎頭山。虎頭山外，用艮坤并寅申，取鴨母礁外。過鴨母礁，用癸丁、子午，取聖箬嶼中門。過聖箬嶼中門，用丑未，取古螺[雷]。古螺[雷]，用艮坤、寅申，取蘇尖屹[圪]外。過蘇尖屹[圪]，用艮坤、丑未，取象嶼外。過象嶼，用甲庚、卯酉，取虎仔尾。過虎仔尾，用艮坤、寅申，取砞仔礁外。過砞仔礁，用甲庚，見南澳，入江門內，看占嶼。船尾坐占嶼，用壬丙、巳亥，收南澳。妙哉。

### [浙江、江南交界洋面]

普陀東勢有小嶼三個，一直相排。西勢一個小些，日[曰]蓮花礁，中[名]南金錢，東名北金錢。錢東北，即北烏龜。烏龜時常罩雲。過北烏龜，往西勢，可拋南風，西南風便好拋。北烏龜要取馬積門，正南風，用壬子，可觀東勢，有大山。山西有山，四個連路相排。正北即船頭對門一大山，山下有一底山，似苞鞋嶼。嶼西一山，似鋸烈山。從鋸烈山陂頭過好，乃馬積門。馬積門，正南風，倚汗帆，用壬亥，取大蝟東。過北烏龜，夜間正南風，倚汗帆，東勢山，看不見西勢山，而行至盡山，有一門，中有小嶼，嶼有大山過水。過水，又有一山。山東勢有尖嶼，兩相接，船從尖嶼西過。此乃馬積門也（此浙江、江南交界洋面）。

### 中是鳳

萊蕪澳開船，用子午針，取表[埭，瑅]頭外。過表頭外，用坤申針八更，又用單坤四更，取大鼻尖。大鼻尖，用坤針七更，[取]東姜及弓鞋外。過弓鞋外，用庚酉，可取大欽門并銅盒門。若在弓鞋外，用庚申，取烏猪外。經過烏猪，用單庚取海龍頭，庚申針取放圭。放圭，用單庚，取限門。放圭，用庚針，取庚[廣]州澳港口。若往硇州，用單申，取硇州經過。

### 海南澳上洋針

在七星嶺開船，用艮寅一更，用單申一更，取七州。用單寅七更，取弓鞋。用甲寅五更，取大星尖。用單寅十五更，取南澳 坪。用丑艮七更，取東椗。用單寅七更，取烏龜。用丑艮三更，取牛嶼。用單丑艮三更，取東湧。用單艮四更，取台山。用單丑四更，取南杞。用癸丑四更，取鳳尾。用單癸三更，取魚山。用癸子三更，取小九山。用單子三更，取海嶼門。

### 又并桃花

上落洋桃花門，并梅嶼山，用丙午三更，取九山。九山内有半洋礁，可小心。用單午二更，取魚山。用丁未三更，取鳳尾山。用單未四更，取南杞。用坤未四更，取大台[臺]山。用單坤四更，取東湧[沖]。用坤申三更，取牛嶼。用單申四更，取烏龜。用庚申七更，取東椗。用坤申七更，取南澳外，打水二十四托。用坤申十五更，取大鼻尖，尖內打水二十四托。單申五更，取東姜。庚申一更，取弓鞋。開洋，坤申四更，單申四更，單庚五庚[更]，取七州。內是抱龍，外是七州。見山之時，不管是抱龍，是七州，可用乾巽針一更，目連入。目連頭，單酉二更，至海口。大吉。



### 限門回萊蕪針路

單甲一更，取放圭。單甲二更，取弓鞋及東姜。艮寅七更，取大鼻尖。單寅四更，取田扈。單寅四更半，單寅五更，取表頭。子午，取萊蕪門。

### 在萊蕪開船

用子午，取表頭。風北單申，風東坤申，取東姜。坤申，取弓鞋。風北庚申，風東單申，取烏猪。庚申，取海尾頭。單庚及庚酉，取放圭。庚酉，取限門港口。庚申，取洲澳。單申，取硇州港。

### 一緣上海流水正月遇仝看

初一日：亥時初流東，寅時退西。

初二日：亥時中流東，寅時中退西。

初三日：亥時尾流東，寅時未退西。

### 過臺灣放北風洋

祥芝尾東埔離網放洋，上半夜用亥巳，下半夜用壬丙，見西嶼。

壬丙兼亥巳，圍頭，正北風，用單巽。至半夜用巽巳針，見澎湖 西嶼頭。東北風，坐辰巽，見西嶼頭。

寮[料]羅正北風放洋，坐戌向辰。至半夜用乾戌向辰巽，見西嶼頭。上半夜用辰戌，下半夜用乾巽。

### 過臺灣放南風洋

麥坑放洋，南風，用巳亥兼壬丙，見西嶼頭。

鎮海放洋，坐乾亥向巽巳。西南風，坐乾向巽，見西嶼頭。

井尾港，坐乾向巽。西南風，坐乾戌向辰巽，見西嶼頭。

將軍澳，正正南風，坐戌向辰。西南風，坐辛戌向乙辰，見西嶼頭。

銅山放南風洋，用乙辛，見大嶼。又用單辰，大嶼南過澎湖。

**放南風洋過厦門**

用乙辛針，見大担。

澎湖，南風洋過唐山，坐辰戌，見祥芝尾。

澎湖，北風洋過唐山，坐巳亥兼巽乾。

**澎湖三十六礁可灣泊之處**

嵵裡前，風櫃尾。

南澳可灣泊，是幼[細]沙，有五六尺水。

八罩、將軍澳後北山 金圭嶼中，南北風，共可灣泊。是尾溝，有水深七、八托。

八罩北，金圭嶼對面，馬鞍嶼南，南北風，可灣泊。是泥港，水深十餘托。

網垵東稅面，南北風，可灣泊。是沙地，有二、三托水。

八罩東，將軍澳前，北風可灣泊。是幼[細]沙，淺，有五托就可抛，上下不防。

八罩東網垵口，北風可灣泊，南風卽不可。

八罩西北水垵中，南風可寄椗。是幼[細]流沙，水有四、五托。

天台山後埔船垵，南北風緩遲，可寄椗。是泥地，有 四、五托水。

擇甚之至東嶼，平東頭，南風流，可寄椗。是泥地，有二十餘托水。

——[清]李廷鈺《海疆要畧必究》

# 海南蘇德柳抄本《更路簿》

## 立東海更路

自大潭過東海，用乾巽使（駛）到十式時（更），使半轉回乾巽巳亥，約有十五頁[更]。

自三峙下干豆，南風甲庚、北風乙辛，三庚（更）收。對西使（駛）。

**【引書舉要】**

以下蘇德柳抄本《更路簿》、許洪福抄本《更路簿》、郁玉清抄本《定羅經針位》、陳永芹抄本《西南沙更簿》四種，爲韓振華等廈門大學南洋研究所研究員搜集，原載該所1977年12月所編印的《我國南海諸島史料彙編（續編）》第三冊。另可參見：廣東省地名委員會《南海諸島地名資料彙編》，廣東省地圖出版社1987年版；韓振華主編《我國南海諸島史料彙編》，東方出版社1988年版（內部發行）。

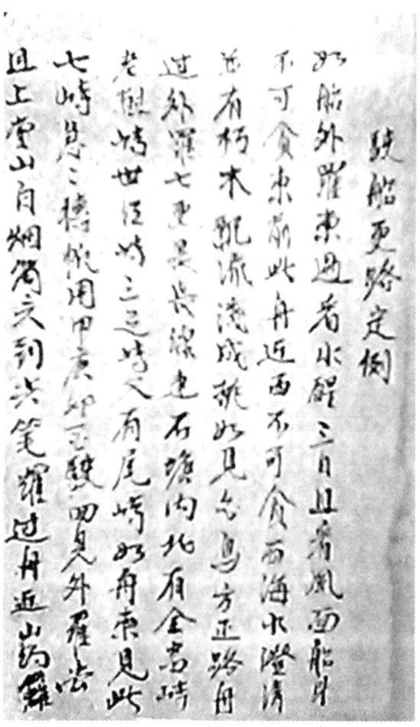
駛船更路定例

[清]海南蘇德柳抄本《更路簿》書影

自三峙下石塘，用艮坤寅申，三庚（更）收。對西南。

自三峙下二圈，用癸丁丑未平，二更半收。……

自三峙上三圈，用壬丙巳亥平，四更收。……

自貓注去干豆，乙辛兼辰戌，四更半收。對西北、北風。

自貓注去下峙曲手，用坤申，四更收。對西南。

自貓注去二圈，用丁未，三更半收。對南。

自二圈下下峙，用辰戌，一更收。對西北。

自石塘上二圈，用乙辛辰戌，二更。對東南。

自石塘 世江門出，上貓注，用甲庚，六更收。對東。

自四江去大圈，用乾巽過頭，約更半。對東南。

自銀峙去干豆，用壬丙，三更半收。對北。

自貓興上三圈，用癸丁丁未平，三更半收。對南。

自貓注上三圈，用壬丙平，四更。對南。

自大圈下去半路，用艮坤加二線丑未，三更。對南。

自二圈去干豆，用乾巽，四更半收。對西北。

自尾峙去半路，用癸丁，三更半收。對西南。

自三圈去半路，用甲庚，六更半收。對西南。

自二壙去白峙仔，用丑未，更半收。對南。

自大圈頭下白峙仔，用子午，一更收。對南。

自紅草門上雙帆，用乾巽，二更收。對東南。

自紅草門上貓興，用乙辛，二更收。對東南。

自白峙仔去半路，用寅申，三更收。對西南。

自半路去外羅，用甲庚寅申，十五更收。對西南。

自二圈下大圈，用寅申，一更收。對西。

自三圈下白峙仔，用甲庚卯酉，五更。對西。

自白峙仔上三圈，用卯酉，五更收。對東。

自船岩尾往干豆，用乙卯，四更收。

## 立北海各線更路相對

自三壙往北海 雙峙，用乾巽至半洋潮回巳亥，二十六（更）收。

自白峙仔往雙峙，用乾巽，三十八（更）收。（注：

雙峙即奈羅）

自雙峙去紅草線排，用乙辛，二更收。對東。

自雙峙去鐵峙，用巳亥，三更收。對南。

自紅草下線排，用辰戌，二更收。對西北。

自紅草下第三峙，用艮坤，三更收。對西南。

自紅草上鑼孔，用卯酉，五更收。對東。

自紅草去火襄，用癸丁，二更收。對西南。

自紅草線排下鐵峙，用甲庚，二更收。對西南。

自紅草線排去火襄，用乾巽辰戌，二更收。對東南。

自火襄去褲歸，用乙卯，二更收。對西。

自火襄去三角，用乾巽，三更收。對東南。

自三角去雙門，用辰戌，二更收。對東南。

自紅草去五風，用辰戌，四更收。對東南。

自雙門去斷節，用乙辛卯酉，二更收。對東。

自雙門去烏串，用壬丙，二更收。對南。

自雙門去雙挑，用乾巽，四更收。對東南。

自斷節去雙挑，用壬丙巳亥，二更收。對東南。

自斷節去牛車英，用乙辛辰戌，二更收。對東南。

自斷節去五風，用癸丁，五更收。對東北。

自牛車英去腳坡，用乾巽，三更。對東南。

自牛車英下斷節，用乾巽，二更。對西北。

自腳坡去石龍，用卯酉，二更收。對東。

自石龍去魚鱗，用子午，四更收。對北。

自腳坡下牛車英，用壬丙巳亥，三更收。對西北。

自石龍下腳坡，用乙辛辰戌，二更。對西北。

自魚鱗去乙辛（此為東頭乙辛，即蓬勃暗沙），用乙辛加三線卯酉，三更。對東。

自魚鱗去號藤，用子午壬丙，五更。對北。

自魚鱗下斷節，用卯酉，二更。對西。

自雙挑去海公，用乾巽加三線辰戌，三更。對東南。

自雙挑去烏串，用乙辛加二線卯酉，二更。對西。

自烏串下銀餅，用壬丙，五更收。對西北。

自鑼孔去號藤，用卯酉，二更。對東。

自鑼孔去五風，用壬丙子午，更半收。對南。

自五風去斷節，用壬丙，四更收。對南。

自五風去魚鱗，用辰戌，四更收。對東南。半路有線一隻，名曰半路線。

自五風頭去半路線，用乾巽，二更收。對東南。

自鐵峙去褲歸，用辰戌，二更收。對東南。

自鐵峙去銅金，用乾巽，二更。對東南。

自鐵峙去丑未，用艮坤，二更收。對西南。

自鐵峙線仔去丑未，用丑未，二更收。對西南。



自鐵峙去雙王，用壬丙，二更收。對東南。

自鐵線去褲歸，用乾巽，二更半收。對東南。

自丑未去雙王，用辰戌，二更收。對東南。

自丑未去黄山馬，用乾巽，三更。對東南。

自鐵峙去第三，用巳亥，二更收。對東南。

自第三去黄山馬，用午丙，二更。對南。

自第三去銀餅，用乾巽，三更收。對東南。

自褲歸上三角，用辰戌，五更收。對東南。

自銅金去銀餅，用巳亥，二更收。對東南。

自銅金去第三，用甲庚，二更收。對西南。

自銀餅去烏串，用辰戌，五更收。對東南。

自銀餅下黄山馬，用卯酉，二更收。對正西。

白銀餅去牛厄，用癸丁，二更收。對西南。

自黄山馬去丑未，用壬丙巳亥，三更收。對西北。

自黄山馬去牛厄，用乾巽，三更。對東南。

自黄山馬去劉牛劉，用寅申，三更。對西南。

自黄山馬去南乙峙，用壬丙，一更。對東南。

自南乙峙去秤鉤，用子午，二更收。對南。

自南乙峙去秤鉤峙仔，用壬丙，二更。對東南。

自牛厄去目鏡，用巳亥添四線丙，九更收。對東南。

自目鏡去深壙，用寅申，二更收。對西南。

自目鏡去不乜線，用乾巽，三更收。對西北。

自女青石去不乜線，用午丙，五更收。對東南。

自不乜線去深圈，用壬丙，二更收。對東南。

自深圈去坡簊，用甲庚寅申，二更收。對西南。

自坡簊下銅章，用寅申，一更收。對西南。

自銅章下海口線，用乾巽添辰戌，三更。對西北。

自銅章去光星仔，用壬丙巳亥，二更半。對東南。

自光星仔去大光星，用卯酉，一更收。對正西。

自光星仔去海口線，用壬丙子午，四更。對西北。

自光星仔去石公里，用乾巽，二更。對東南。

自石公里去五百弌，用丁未，二更半收。對西南。

自五百弌去丹節線，用未添丁，三更。對西南。

自丹節去墨瓜線，用坤未，六更收。對西南。

自秤溝去荷扐門，用午添二線丁，五更。對西南。

自秤溝去六門，用單丁，五更收。對西南。

自荷扐門去坡簊，用壬丙，四更。對東南。

自六門去坡簊，用巳亥，四更收。對東南。

自荷扐門去銅章，用子午，四更。對正南。

自荷扐門去深圈，用辰戌，四更收。對東南。

自六門去銅章，用壬丙，四更收。數[對]東南。

自六門去石盤，用辰戌，二更收。對西北。

自劉牛劉去六門，用壬丙，五更收。對東南。

自劉牛劉去荷扐門，用巳亥，五更收。對東南。

自劉牛劉去石盤，用癸丁，五更收。對西南。

自劉牛劉去秤鉤，用辰戌，三更收。對東南。

自荷扐門去六門，用辰戌，一更。對西北。

自劉牛劉去上城，用寅申，四更。對西南。

自海口線去銅銃，用巳亥，五更。對西北。

自銅銃去龍鼻，用乙辛，二更收。對西北。

自龍鼻去烏仔峙，用寅申，二更。對西南。

自烏仔峙去乙辛（此為西頭乙辛，即日積礁），用乙辛，二更收。對西北。

自乙辛回安南山，用巳亥，廿餘更。對西北。

乙辛與鑼漢灣頭乾巽相對，二十二更。對西北。

自南乙去南乙線仔，用乙辛，一更。對西北。

自南乙線仔去劉牛劉，用甲卯，二更半。對正西。

自銅金至黃山馬，用丑未，二更。對西南。

自銅金去三角，用乙卯，五更收。對東。

自斷節下雙門，用乾巽巳亥，二更收。對西北。

自雙門下三角，用壬丙乙亥，二更收。對西北。

自海口線上六門，用乙未，三更收。對東北。

自雙門去一線，用午丙，二更收。對西北。

自三角下銀鍋，用乙辛加三線辰戌，三更半。對西南。

自丹節去海口線，北風用癸丁，拾更收。

自墨瓜線去浮羅丑未，用寅申加二線坤，二十五更。

自墨瓜線去宏武鑾，用甲庚，二十五更。西南。

往浮羅唎郁，用甲卯，二十五更。

自紅草線排下褲歸，用丁未，二更。

自丹節去浮羅唎郁，用甲庚加一線寅申，三十二更。

自光星仔去石公里，用子午加三線丙，更半。

自石盤去上域，用乾巽巳亥，四更收。對西北。

自六門去海口線，用艮坤，三更收。三更半。

自五百弍去海口線，北風用午丁，七更。

自黃山馬東去九章，用巳亥，二更收。對東南。

自銅銃仔下大銅銃，用甲卯，二更收。對西。

## 駛船更路定例

如船外羅東過，看水醒三日，且看風面，船身不可貪東。前此舟近西，不可貪西。海水澄清，並有朽木飄流，淺成挑，如見飛鳥方正路。舟過外羅七更是長線，連石塘內，北有全富峙、老粗峙、世江峙、三足峙，又有尾峙。如舟東見此七峙，急急轉帆，用甲庚卯酉駛回。見外羅嘗且上坐山，白（自）煙筒頭到尖筆羅過，舟近山約離一更開妙。到此外，舟身可以倚甲庚駛開為妙。或到七洲洋中，見有流界幾分，即是南亭門。若干洋如見尖筆羅，過之可乾巽辰戌針。三更取外羅外過舟，用丙午取煙頭大佛，又用丁午八更取羅安頭。

## （大潭往廣東沿岸、海南島沿岸、西沙群島、中南半島、南洋群島更路）

大玹（潭）對北（北，應指廣東沿岸大陸），丑未相對，浮馬十五更。大玹（潭）與單人峙相對，浮馬一更。銅錢與大玹（潭）相對，甲庚卯酉，四更。上皆與

（？）峙丑未相對，浮馬十六更。銅錢與南行了甲庚卯酉對，三更。銅錢與北峙子午對，浮馬十更。或舟在北峙對外一更開，用針三更取銅鼓內過，用丙午取銅鼓是帶坡馬，北邊灣名叫做大澳門。北峙對銅鼓坤未三更。北峙與銅錢子午對，十三更。北峙與干豆乾巽巳亥對，十四更。北峙與大垓（潭）癸丁丑未對，十六更。或舟在銅鼓外約一更零開，用單丁加乙線未，五更取大洲，大洲外過用丁未平取赤好，內過是浮馬，南邊灣可泊舟。鑽鼓與干豆 長沙用乾巽辰戌對，十更。銅鼓與大垓（潭）癸丁丑未對，十六更。羅萬與銅鼓艮坤丑未對，二十五更。大洲與干豆乙辛辰戌對，十二更。大洲與石塘壬丙巳亥對，十五更。大洲與尖筆羅艮坤丑未對，十八更收。大洲與單峙丑未對，十八更。大洲與外羅丑未加乙線丁，弍拾更。大洲與新竹子午癸丁對，弍十八更。大洲與大佛子午對，三十六更。陵水與尖筆羅丑未對，十六更。陵水與外羅子午癸丁對，十七更收。宇林與外羅子午對，十四更。榆林與尖筆羅子午癸丁對，十四更。

外羅與大佛子午對，十二更。外羅與萬里長（沙）卯酉甲庚對，十四更。外羅與草峙乾巽對，十二更。外羅與沙圮角艮坤寅申對，更餘。帶坡、外羅與枚極丁未對，十更。外羅與窩頭卯酉對，更餘。外羅與硬里甲庚對，壹更。注明硬里名叫長沙。外羅與紙穢港 竹竿峙子午癸丁對。外羅與[玳瑁]洲、鴨子午壬丙對。外羅與尖筆羅乾巽辰戌對，三更。外羅與珠窩頭卯酉，離更零，此門可近，用單午針。外羅與干豆寅申對，六更。外羅與竹竿峙子午癸丁對。外羅與長沙乙辛卯酉對，七更。

馬路清與大佛子午壬丙對，四更。帶坡馬 羊角峙與新竹港子午壬丙對，一更。羊角峙與白豆清午丙對，二更。羊角離枚松極零倚即是新竹港，峙內打水十八托，外打水三十托，下邊即釣壹。羊角峙與新竹子午壬丙對，乙更。

新洲往大佛，如舟在新洲有一更開，用單丙去大佛四更。羊角峙去白豆清內外過用午丙針，白豆清南邊灣東北風可泊舟，內邊坡圮有澳灣，東北西南風亦可泊舟。大佛與雲逑癸丁對，三更。大佛與雲朮上門浮馬艮坤寅申有牌，內一更。大佛與洲、押[鴨]午丙對。煙筒頭與洲、鴨子午癸丁對，十二更。煙筒頭與長沙尾甲寅卯酉對。大佛打水六十托，用午丁針，三更取伽倆藐。大佛山上有煙筒頭，浮馬內邊東北風可泊船。雲朮對門外邊馬頭，子午癸丁針取羅漢灣頭，五更帶坡馬。雲逑外馬頭子午壬丙對洲、鴨，浮馬八更，南邊有淺海，南北生甚長，約有二更遠。羅灣頭與崑崙坤未對，十七更。羅灣頭與赤埃[坎]頭甲庚加寅申對，三更。羅灣頭與西[？]甲庚寅申對，一更半。帶坡馬赤坎與洲、鴨乾巽對。

羅灣頭往崑崙更路。如船在羅灣頭離半更開，用坤未平，十七更取崑崙。羅灣頭下洋打水有十七八托，正路如崑崙外過，約扣算更鼓，係是看針高底（低），頂頭坤未平可見崑崙。或深或淺，打水為定，或有二十餘托，又有三四十托，辛酉戌三字。崑崙是浮馬，四邊不泊舟。覆鍋與鶴頂甲庚對，更零遠。鶴頂與外任甲庚卯酉對，更餘收。崑崙對門有崑崙仔，卯酉對，二更。崑崙甲卯三更見崑崙仔。

崑崙與丁加宜艮坤寅申對，三十更。崑崙與吉連州甲庚寅申對，三十更。崑崙與斗磁丑未對，二十九更。崑崙與草磁艮坤寅申對，三十更。崑崙與前陳子午對壬丙，三十八更。崑崙與東竹子午癸丁對，三十八更。船在崑崙南邊約一更開，以單酉取真磁。船在北邊約一更開，用卯酉加三線甲取真磁。崑崙外過約一更開，以艮坤八更取玳瑁。用丑未五更見鶴頂山。用寅申十五更取東 西洞，外邊過有石如瑁。崑崙一更船開，以癸丁丑未十四更取呂宋，防線。崑崙一更開，以丑未十七更真磁 林卿[郎]淺。崑崙內過，以坤申拾弍（更），有淺不識某名。用單坤十四更，見宋呂（呂宋）當頭。崑崙內過，以艮放近寅十六更（是）玳瑁。洲、押[鴨]上崑崙外過，用丑艮癸三字，無不差矣，單寅針有山不識其名。崑崙去地盤駛到路中，打水二十餘托，或有四十托，是正路坭地。用單未四十更取地盤仔，用丁未三十八更取三十八更取（後五字重複）地盤仔。崑崙西去，打水肆拾托，不遠，有赤礁出水。用庚針八更取真磁，論小峙 分金字對坐向。大崑崙與小崑崙卯酉對，主大崑崙東頭。如真磁甲庚對，八更。如船在東北頭，以丁未三十八更取地盤。或在崑崙東北一更開，用丑癸十五更取赤坎，真磁對向。

真磁與吉連洲丑未對，弍十更。真磁與粗背卯酉對，十八更。真磁與坎後角壬丙巳亥對，一更。真磁與大横乾巽對，八更。真磁與筆架乾巽巳亥對。大横與小横辰戌對，五更。假磁與大横乾巽辰戌對。小横與筆架乾巽辰戌貪對，至弍十三更。若是下洋江用乾巽針。筆架頭與勢厂門卯酉對。陳公峙與竹峙癸丁子午對。眷佛蘇與痞甲庚對。陳公峙與東勢厂門卯酉對。竹峙（與）烏頭厂淺癸丁對坐。或在真磁內邊身以丙巳針弍十六更取茶盤。

真磁去新州埠頭更路。真磁西勢開船，以丙午三十八更取地盤東邊過，東南頭有不尖三枝似龍角樣。丙午三更半取東 西竹，自中門過。以單丙針三更取將軍帽，東西帽帶甚長。舟過帽帶，以單丁取羅漢峙外，東南頭去有白石壹個，有嶺，嶺上有燈為證。自中入船，以甲卯針一更半取赤（疑缺字），又用單酉針弍更半取埠泊船。

真磁往丁加宜更路。自真磁外過離一更開，以單丁針二十更取草峙，或見綿花峙，約赤坎在。草峙是浮馬，東北風可泊舟。真磁遠看三四只小時，門中打水十四五托，坭地，外過以乙辛辰戌，八更取大横。真磁與假磁巳亥對，離有三更遠，打水十八托。大横內打水十六托，外過打水二十五，是泥地。以乙辛辰戌三更取小横。小横南畔打水二十四托，遠看作斷三四隻，西高東底（低），門中流抛開，倚甚急。以單乾針十更，又乾巽辰戌十五更取筆架，筆架頭多尖峰，生甚長，似筆架樣，打水弍十托。以壬丙針取陳公峙，並見內面犁頭山。陳公峙以壬子更取烏頭淺，五更東邊過，打水弍十托。用單癸丁三更取竹峙，以壬子三更[收港]。

暹羅港正路，可防錯入彭享（亨）港。知欲（欲知）正路，可以子癸針，或單丁亦可。大橫與赤仔是乙辛對，三拾更。大橫與蘇梅乙辛卯酉對，三十五更。大橫南離半更開，以庚申對貓鼠，三十一更遠。大橫與無來有澳艮坤對坐。大橫與赤仔港口乙辛卯酉對，弍十五更。小橫與蘇梅是卯酉對，二十更。小橫與無來由澳丑未對。真薯與東竹壬丙巳亥對，十更。真峙與粟峙壬丙巳亥對，三拾更。真薯與南離半更開，與大橫是乾巽對，七更。真薯 月坑仔長壬丙對，拾七更。真薯 三角癸丁丑未對，弍更。真薯西，離更半開，與斗嶼癸丁對，弍十五更。假薯與大橫乙辛辰戌對，肆更。假薯與真薯子午壬丙對。梨海山與寶峙乾巽巳亥對。梨海山與外羅壬丙對。上洋有地盤大山，放洋以癸丁丑未十八更，又轉單丁二十更見崑崙。

舟在東竹，以丙巳八更取長腰外過，石礁甚多，不得依近。舟在長腰離半更開，以丙午針取豬姆頭八更，不可依近，內灣豬母 豬仔礁甚多，宜須防忌，加[如]舟在豬姆頭更零開，以單丁三更取漫[饅]頭峙。漫頭峙用丙巳針七更取南夢，又轉單午針三更取菸燈。逼燈東灣入即是文肚灣，亦可泊舟。如舟在豬母頭，以單丙針四更取七星，又轉丙午針四更取南夢，轉以單午針三更取燈。燈西有石礁一隻，壹隻出水名鳴禽阻。離坡半更開，流水甚急。

豬母頭落舊港針路。如舟在豬姆頭，以單丁三更取夢頭峙。取小橫南畔打水弍十四托，遠看斷做三隻（按：此句原文似用筆劃去）。此行不是外過，以癸丁加弍線午丙，山離（離山）一更開，十一更取舊港。舊港與文肚甲庚寅申坐。以舟在豬母頭一更開，以癸丁針八更取長腰。加[如]舟在長腰一更開，以壬子七更取東竹。如舟在新洲港出，以卯酉五更至羅漢（峙），東南邊有白石十一隻，自中出舟不得下洋。東竹與長腰子午對，九更。

## [自崑崙至雲冒、谷遠]

自崑崙去真仕，用甲卯，九（更）。

自真仕去大橫。用乾巽，六更。

自大橫去小橫用辰戌。

自大橫去雲冒，用乾巽兼巳亥，六（更）。

目小橫去雲冒，用乙未，二更。

自雲冒去谷遠，用卯酉，十八更。離三更有雲冒仔。

## 自新州去西寺更數[新州為新加坡（原注）]

自新州港出，用卯酉更取白石盤盍燈。

自白石盍燈用壬丙兼二線巳亥取長腰，七更。

自長腰馬去豬姆頭馬，用壬丙，□更（疑“□更”其中漏字）。

自豬姆頭去地盤仔，用壬丙，二更收。

自地盤仔去鐵鐮峙，用壬丙巳亥，三更收。

自鐵砧峙內邊去斗峙，用子午兼二線壬丙，八更。

斗峙與佃傌仕艮坤相對，斗峙離仕埠約更半遠。





## 自星洲去吧里更路

自廖門燈去青峙仔，用乾巽，四更收。

自青峙仔去豬姆頭，用壬丙，乙更收。

自豬姆頭去傌倒峙，用單丁，三更收。東過。

自傌倒峙去秤星，用單乾巽，三更收。西過。

自秤星去佛肚燈，用單丁，三更收。西過，亦見禽膽燈。

自禽膽燈去乙辛燈，用乙辛，二更收。

自乙辛燈去門上燈，用巳亥，七更收。

自門上燈去三立，用壬丙，二更收。

自三立去吉里文，用乾巽辰戌，二十九（更）收。

自吉里汶去蚯蚓上[土]，用乙辛辰戌，十九更收。中斷依蚯蚓土向東駛，蚯蚓土了即見角辦峙。

自角辦峙東過亦見三門燈。

自三門燈去烏舊排燈，用壬丙，三更半收。

自烏舊排燈東過去知心線燈，用單午，二更半收。

自知心線去外南行門，二邊角總有燈看入門，用丁未駛即見笳籠馬。

自加籠馬去青魚頭，用乾巽辰戌，約五更收。

## [自大洲至白石盍燈]

大洲與尖筆羅坤未對，十八更。

大洲與外羅丁未對，弍十一更。

外羅與白豆清午丙對，十一更。

白豆清與大佛午丙對，四更。

大佛與雲逑午丁對，四更。

大佛與洲、押[鴨]午丙對。

雲逑與祿安午丁對，五更。

祿安與崑崙坤未對，十九更。

祿安與洲、押，子午對，三更。

崑崙與地盤，三十六更，單丁對。

崑崙與浮羅唎郁，乾巽巳亥對，二十四更。

浮羅唎郁與宏午鑾水船頭，乾巽巳亥對。

大地盤與東竹壬丙對，三更。

東竹與白石盍燈，午丁對，六更。○鶴。

——引自廈門大學南洋研究所韓振華等編《我國南海諸島史料彙編[續編]》第三冊，1977年12月。





# 海南許洪福抄本《更路簿》

## 看天作惡風

無雷海響而有惡風。

太白清現亦有惡風。

海棠多灣而有惡風。

鳥離嶺飛高有惡風。

無風浪湧而有惡風。

日落天江□有惡風。

內山現釘近有惡風。

雲飛如箭而有惡風。

日落□……

□□□

□□□

□□□□

## 北海更路注明

自三壙過奈羅用巳亥二十八更。

自白峙仔過奈羅用乾巽□三十更。

自奈羅至鐵峙用子丁平三更。

自奈羅沙仔至鐵峙線排使壬丙，加二線巳□……

自鐵峙去褲歸使乙辛辰戌二更收。

自褲歸至三角用使乙辛辰戌五更收。

自三角至雙門用乾巽二更收，回用壬丙。

自雙門至地節使乙辛卯酉二更收。

自斷節至牛車英使乙辛二更收。

自牛車英至腳坡使乾巽二更收。

自腳坡至石龍使乙辛卯酉乙更收。

自石龍去魚鱗癸丁四更收。

自魚鱗至五風使巳□四更。

自貢士沙至紅草沙使辰戌三更收。

自貢士沙至紅草使乙辛辰戌四更收。

自沙排至火哀使乾巽二更收。

自火哀至三角用乾巽四更收。

自紅草沙排去紅草用乙辛二更收。

自紅草至羅孔使乙卯五更收。

自羅孔至歐藤使乙卯二更收。

自紅草至五風使乙辛辰戌四更收。

自五風至斷節使丙壬四更收，回用癸丁。

自斷節去雙擔使巳亥二更收。

自雙擔去海公使乾巽兼辰戌三更收。

自海公回雙擔使壬丙三更收。

自雙擔去烏串使乙辛二更收。

自烏串去銀鍋使壬丙兼二線巳亥五更收。

自鐵峙去銅金使乾巽辰戌二更收，回用壬丙。

自銅金去銀鍋使乾巽二更收，回用壬丙。

自銀鍋去黄山馬使卯酉二更收寅方坐角。

自黄山馬至五厄使乾巽二更收。

自五厄至目鏡使巳亥兼四線壬丙九更收。

自目鏡至無乜沙使乾巽兼辰戌三更收。

自無乜沙至深圈使壬丙三更收。

自深圈使北箕使甲庚兼四線寅申二更收。

自北箕下銅杯使寅申兼甲庚一更收。

自銅盂至光星仔使壬丙二更收。

自光星仔至石公離使子午更半收，乾巽巳亥北風使，回用子午。

自石公離去五百貳使癸丁二更收。

自五百二至丹節使丁未平三更收。

自銅盂至海口沙使辰戌兼一線乾巽三更收。

自海口沙北邊烏魚錠圮去大銅銃使巳亥兼三線壬丙五更收。

自銅銃仔下大銅銃使甲庚酉一更收。

自大銅銃下弄鼻使乙辛三更收，下銅銃仔戌二更收。

自弄鼻下鳥仔峙使寅申兼二線艮坤二更收，弄鼻仔下大弄鼻酉乙更。

自鳥仔峙下乙辛使乙辛更半收。

自黃山馬至南蜜使壬丙乙更收。

自南蜜去稱鉤使癸丁二更收。

自稱鉤去惡落門使子午兼丁五更收。

自惡落門至六門使乾巽兼辰戌一更收。

自六門至銅盂使子午四更收。

自六門至石盤使乾巽辰戌二更收。

自石盤去上武使乾巽巳亥四更收。

自上武至大銅銃使癸丁兼三線子午四更收，去銅銃仔子午。

自石盤下大銅銃使甲庚兼三線卯酉四更收。

自黃山馬至老牛老使寅申三更收東南角乙更，西北角二更。

自勞牛勞去惡落門使壬丙巳亥平五更收。

自勞牛勞去上武使寅申兼一線甲庚四更收。

自稱鉤至石盤使□未兼一線坤四更收。

自女青峙至不乜沙使子午壬丙平四更收。

自鐵峙下鐵沙使丑未乙更收。

自鐵沙下丑未使艮坤二更收。

自丑未去黃山馬使乾巽四更收。

自魚鱗去乙辛用乙辛三更收，回用乾巽。

自目鏡下深圈使寅申兼二線甲平二更收。

自五厄去女青峙使寅申。

自不乜沙上目鏡使乾巽辰戌平四更收，回用乾巽。

自稱鈎至不乜沙使乾巽兼一線巳亥五更收。

自奈羅角下貢士沙使甲庚乙更收。

自南角使乙辛□□□□□□。

自雙峙 下沙仔至鐵峙沙排使壬丙兼二線巳亥二更收。

自鐵峙至褲歸使乙辛辰戌二更收，回用巳亥。

自褲歸上三角使乙辛辰戌五更收，使回乾巽巳亥。

自歐藤至魚鱗使乙亥四更收，回用子午。

自魚鱗至那孔使壬丙子午四更，回用巽巳。

自魚鱗回斷節使卯酉二更收。

自魚鱗至石龍使壬丙四更收。

自銀鍋下黄山馬使乙辛辰戌乙更收。

自鐵峙至第三使壬丙二更收，回用午丁。

自老牛老去稱鈎巽辰戌三更收。

自第三去黄山馬使子午更半收。

自南蜜去稱鈎峙使午兼乙線丙更半收。

自鐵線去雙王線仔使辰戌三更收。

自黄山馬去牛厄使乾巽一更收，回用壬丙。

自不乜沙去深圈使壬丙三更收，回用癸丁。

自光星仔下大光星使卯酉乙更收。

自丹節去墨瓜沙使未六更收。

自稱鈎線去六門使癸丁兼丑未五更收。

惡落門使子午。

石盤使未。

自惡落門去北箕使丙四更收，回使丁。

自六門去北箕使巳四更收，回用午。

自六門去石盤使乾巽辰戌更半收。

自六門去銅盂使午丙四更收。

自六門去海口沙使申三更收。

自惡落門去銅盃使丁四更收。
自海口沙下鍋蓋峙使申四更收。
自銅銃仔回稱鉤使寅申九更收。
自老牛老去稱鉤使巽辰三更收。
自南蜜沙仔去老牛老使甲二更收。
自銅盃至大光星使午二更收，回用丑。
自惡落門去深圈使乾巽辰戌三更收，回用子壬，南風使巳丙。
自第三去銀鍋使乾巽三更收，回用壬子。
自紅草沙排回鐵峙使酉五更收。
自銀鍋去高不使戌一更收。
自三角去斷節使戌四更收。
自老牛老去六門使子丙六更收。
自老牛老去石盤使癸丁丑未五更半收。
自惡落門去六門使戌辛二更收。
自雙門去烏串使午兼二線丁二更收。
自褲歸下銅金使午丙一更收艮坤對半更收。
自稱鉤峙去稱鉤沙使丁兼二線午。
自南蜜去女青峙使巽二更收。
自不乜沙去惡落門使申二更收。
自黃山馬去南蜜沙仔使未二更收。
自稱鉤峙去南蜜沙仔使子午更半收。
自紅草沙排下貢士沙使乾巽兼戌三更收。
自南蜜去沙仔使辛戌半更。
自火哀下褲歸使甲庚二更半。
自稱鉤沙上不乜沙使巽兼二線巳四更收。
勞牛勞同六門子午對。
銅鐘同光星仔子午對。
雙王同黃山馬子午對。
五風同斷節午丙對。
羅孔同五風午丙對。
魚鱗同斷節卯酉對。
三角同銀鍋卯酉對。

女青峙同不乜沙子午對。

惡落門與簸箕子午對。

不乜線與深圈子午對。

黄山馬與南蜜子午對。

魚鱗與石龍子午對。

雙擔與烏串卯酉對。

銀鍋與黄山馬卯酉對。

稱鉤沙與不乜沙壬丙二線巳亥。

鐵峙與雙王子午對。

奈羅角乾巽對二更七。

貢士沙與紅草辰戌對四更半。

貢士沙與鐵峙丁對二更半。

自紅草峙去五風用乙辛辰戌五更收。

自紅草沙排去紅草峙用乙卯乙更收。

自石龍去魚鱗用癸丁四更收，回壬丙。

自腳坡去石龍用乙卯二更收。

自牛車英去腳坡用巽三更收，回壬丙。

自地節去牛車英用乙卯二更收。

自雙門去地節用乙卯二更收，回辰戌。

自火哀去銀并用艮坤三更收。

自火哀去褲歸用寅申二更收。

自三角去雙門用乾巽加二線辰戌二更收。

自火哀去三角用乾巽四更收，回壬丙。

自紅草沙排去火哀用乾巽二更收。

自紅草下銀并用丑未三更收，或下鐵峙卯酉三更收。

自褲歸去三角用乙辛辰戌五更收。

自鐵峙去褲歸沙用乙辛辰戌二更半收。

自貢士沙上紅草沙排用乙辛辰戌三更收，回乾巽辰戌。

自奈羅角去紅草峙用乾巽辰戌三更收，回壬丙巳亥。

## 上東沙頭更路注明

自鐵峙沙排去第三峙用子午壬丙二更收，回癸丁。

自鐵峙沙排去褲歸沙仔用辰戌乙線乾巽更半收。

自鐵峙沙排去石盤用子丁，荷落門用巳亥。

自勞牛勞去六門用壬丙巳亥六更收，回癸丁。

自銀并去高杯沙仔用辰戌上乙辛卯酉。

自第三峙去銀并用乾巽辰戌二更半收，回壬丙巳亥。

自海口沙回荷落門用巳寅加二線乾巽。

自荷落門去深圈用巽戌三更收。

自南乙沙仔去勞牛勞用甲寅二更收。

自勞牛勞去上埱用寅申加三線庚。

自勞牛勞去秤鉤沙用乙辛戌三更收。

自上埱去銅銃仔用子午壬丙四更收，或去大銅銃用午丁。

自石盤去上埱用乾巽巳亥四更收，回用辰戌。

自鳥仔峙下乙辛用乙辛加二線卯酉二更收。

自大弄鼻下鳥仔峙用庚申二更收。

自弄鼻仔下大弄鼻用卯酉平更收。

自大銅銃去弄鼻仔用乙辛辰戌更半收。

自銅銃仔下大銅銃用甲卯乙更收。

自石盤去銅銃仔用申庚二線巳亥四更收。

自海口沙去銅銃仔用巳亥三更半收，或去大銅銃用乾巽。

自海口沙去鍋蓋峙用寅申四更收。

自銅鏟去海口沙用辰戌加三線乾巽過頭三更收。

自荷落門去銅鏟用癸丁四更收。

自荷落門下六門用乾巽辰戌一更收。

自石盤去銅鏟用乾巽加二線巳亥四更收。

自六門去石盤用乾巽辰戌更半收，回用乙辛。

自六門去海口沙用艮坤三更收。

自六門去銅鏟用子午四更收。

自荷落門去簸箕用壬丙四更收，回用癸丁。

自□門去簸箕用巳亥四更平收，回用子午。

自秤鉤沙去荷落門用壬丙四更收，回用癸丁。

自不乜沙去荷落門用庚申加二線庚三更收。

自秤鉤沙去不乜沙用乾亥四更收。

自秤鉤沙去六門用癸丁加子午五更收。

自大光星去海口沙用壬丙四更收向北[更]。

自丹積去墨瓜沙用壬丙四更。

自五百貳去丹積用癸丁丑未三更收。

自石公禮去五百貳用午丁更半收。

自光星仔去石公禮用午丙二更收。

自大光星去石公禮用巳亥二更收。

自光星仔下大光星用卯酉乙更收。

自銅鏟去光星仔用壬丙一線巳亥二更收，大光星用子午。

自簸箕去銅銃用寅申兼甲庚更半收。

自深圈去簸箕用甲庚坤卯酉二更收。

自不乜沙去深圈用壬丙巳亥四更收，沙角使下庚酉。

自目鏡下深圈用甲寅二更收。

自不乜沙去目鏡用辰戌二線乾巽四更收，回用乾巽。

自女青峙去不乜沙用壬丙五更收。

自牛軛去目鏡巳亥四線壬丙九更半收。

自黃山馬去牛軛用乾巽二更，回用巳亥。

自南蜜去女青峙用乾巽辰戌二更收。

自鐵峙去雙王用壬丙更半收。

自雙王去黃山馬用壬丙二更收，或去黃山馬東用巳亥。

自丑未去黃山馬用乾巽三更收，回用壬亥。

自丑未去第三用乾巽辰戌二更半收。

自丑未去雙王沙仔用乙辛二更收，回用乾巽。

自鐵沙去丑未用丑未乙更收。

自秤鉤去秤鉤沙用午丁乙更收。

自南乙去秤鉤峙用壬丙二更收。

自黃山馬去南乙用丙乙更收。

自第三去黃山馬用午更半收。

自鐵峙去第三峙用巳亥二更收，回用子午。

自奈羅沙子去鐵峙沙排用巳亥更半收。

自奈羅下鐵峙向午二更收。

自三圈去奈羅用巳亥二十八更收。

自白峙仔去奈羅用乾巽巳亥三十更收。

自半路去奈羅用乾巽三十二更收（缺頁……）

——引自廈門大學南洋研究所韓振華等編《我國南海諸島史料彙編[續編]》第三冊，1977年12月。

# 海南郁玉清抄藏本《定羅經針位》



## 東海更路俱例

自大潭使過東海用乾巽加乙線辰戌使到一日一夜，轉回巳亥有五更取七連峙。

自三峙過干豆用南風甲庚、北風乙辛，卯酉三更遠向西駛。

自三峙下石塘用艮坤寅申三更遠向西南駛。

自三峙下二圈用癸丁丑未二更半遠向西南駛。

自三峙上三圈用子午壬丙巳亥四更遠向南駛。

自三圈下石塘用乾巽辰戌五更遠向西北駛。

自三圈下白峙仔用南風甲庚、北風乙辛，卯酉三更遠向西駛。

自三圈下二圈用乾巽辰戌二更半遠向西北駛。

自二圈下三圈用辰戌二更半遠向南駛。

自石塘上貓興用甲庚卯酉四更遠向東駛。

自四江門使去大圈用子午乾巽巳亥使過首一更遠。

自四江門使去大圈用子午乾巽巳亥使過首一更遠向南駛。

自石塘去干豆用子午壬丙巳亥三更半遠向北駛。

自石塘去貓注用寅申三更遠向東北駛。

自貓注上貓興用南風乾巽、北風巳辛，辰戌一更遠向東南駛。

自貓興上三圈用癸丁三更遠向西南駛。

自貓注上三圈用子午壬丙巳亥四更遠向南駛。

自二圈去干豆用乾巽四更遠向西北駛。

自二圈下白峙仔用艮坤丑未一更遠向西南駛。

自大圈下白峙仔首上用子午，門上用壬丙一更遠向南駛。

自白峙仔上三圈南風用卯酉加一線乙辛三更遠向東駛。

自二圈上七連峙用丑未加二線艮坤二更半遠向東北駛。

自三腳峙下圈仔用卯酉南風甲庚、北風乙辛二邊相見向西駛。

自三腳大峙在西四江東，甲庚卯酉相對。

自白峙仔下半路寅申三更遠向西南駛。

自大圈下半路南邊門上使用艮坤丑未三更遠向西南駛。

自尾峙下半路用癸丁加一線子午二更遠向南駛。

自三圈下半路用甲庚寅申六更遠向西南駛。

自半路去干豆用癸丁五更半遠向東北駛。

自大圈首上去三圈南風用辰戌三更遠向東南駛。

自老粗大門駛出四江門用乾巽辰戌二邊相見二更遠向東南駛。

自三腳門上駛去銀峙用丙午平向北駛二邊相見。

自貓注去干豆用辰戌加一線乙辛三更遠向西北駛。

自三峙去貓注子午相對向南駛。

自紅草門上貓興用乙辛一更半遠向東南駛。

## 北海更路俱例

自白峙仔至雙峙使乾巽巳亥平二十八更。

自雙峙往鐵峙使子午癸丁平二更收。

自下峙沙仔至鐵峙沙排使壬丙二線巳亥二更收。

自鐵峙至庫歸使乙辛辰戌二更收。

自庫歸至三角使乙辛辰戌五更收。

自三角至雙門使乾巽二更收。

自雙門至斷節使乙辛卯酉二更收。

自斷節至牛車英使乙辛二更收。

自牛車英至腳坡使乾巽二更收。

自腳坡使至石龍使乙辛卯酉平一更收。

自石龍至魚鱗使癸丁四更收。

自魚鱗至五風使巳亥四更收。

自貢士沙至紅草沙排使乙辛辰戌三更收。

自沙排至火哀使乾巽二更收。

自目鏡下深圈使寅申二更兼二線申。

自火哀至三角使乾巽四更收。

自紅草沙排至紅草乙辛二更收。

自紅草至羅孔使乙辛卯酉平五更收。

自羅孔至鬣藤使乙辛卯酉二更收。

自紅草至五風使乙辛辰戌四更收。

自鐵峙至銅金□□□□□□□□。

自五風尾至斷節使壬丙四更收。

自斷節至雙擔使巳亥二更收。

自雙擔至海公使乾巽兼辰戌平三更收。

自海公回雙擔使壬丙三更直收。

自雙擔下烏串使乙辛二更收。

自烏串回銀餅使壬丙兼二線巳亥五更收。

自鐵峙至銅金使辰戌二更收。

自銅金至銀餅使乾巽二更收。

自銀餅回黃山馬使卯酉二更收。

自黃山馬至牛梔使乾巽二更收。

自牛梔至目鏡使巳亥壬丙九更收。

自目鏡至無乜線使乾巽兼辰戌三更。

自無乜線至深圈使壬丙三更。

自深圈下半箕使甲庚兼四線寅申二更。

自半箕下銅章使寅申兼二線甲庚一更。

自銅章至光星仔使壬丙二更。

自光星仔至石公厘使子午一更半。

自石公厘至五百弍使癸丁丑未平二更。

自五百弍至單節使癸丁丑未平三更。

自銅章至海口線使辰戌兼一線乾巽三更。

自海口線下大銅銃使乾巽五更。

自銅銃仔下大銅銃使甲庚一更。

自銅銃下弄鼻 深圈使乙辛二更。

自弄鼻下鳥仔峙使寅申二更。

自黃山馬至南乙峙使壬丙一更。

自南乙峙至稱鉤使癸丁二更。

自稱鉤至荷樂門使子午四更。

自荷樂門至六門使乾巽兼辰戌一更。

自六門至銅章使子午四更。

自六門至石盤使乾巽兼辰戌平二更收。

自石盤至上堿使乾巽巳亥平四更。

自上堿至大銅銃使甲庚兼四線卯酉四更。

自黄山馬至勞牛勞使寅申三更。

自勞牛勞至惡浪門使壬丙五更。

自稱鉤至石盤使丑未兼線艮坤四更。

自勞牛勞下上堿使寅申四更。

自染青石至無乜線使子午壬丙平四更。

自鐵峙下鐵線使丑未一更。

自鐵峙下丑未使艮坤二更。

自丑未下黄山馬使乾巽四更。

自魚鱗至（東頭）乙辛使乙辛三更。

自鳥仔峙[至]（西頭）乙辛使乙辛二更。

自鐵峙往第三用巳亥二更。

自第三往黄山馬子午二更。

——引自廈門大學南洋研究所韓振華等編《我國南海諸島史料彙編[續編]》第三册，1977年12月。



# 海南陳永芹抄本《西、南沙更簿》

## 去西沙群島[更路]

自清瀾去七連用乾巽兼巳亥兩線十六更。

自七連去銀峙用寅申四更。

自紅草角去貓興用乙辛二更（近西邊有雙沙仔一個）。

自貓興去三囦癸丁五更。

自貓住去銀峙用艮坤三更半。

自白峙仔去三囦卯酉四更。

自大囫去半路峙用艮坤三更。

自船坎尾去剛豆用乙辛五更。

自四江去大囫乾巽一更（大囫門在南方內可以泊船）。

自大囫下白峙仔用乙亥一更。

自銀峙去剛豆用壬丙三更。

自四江去二囫乙辛辰戌二更。

自大囫去二囫用乾巽辰戌二更。

自貓住去三囫壬丙四更。

自半路峙回尾峙用子午四更。

自二囫去石塘用乾巽辰戌更半。

## 往南沙群島更[路]

自西沙 白峙仔往雙峙用巳亥二十六更。

自雙峙往鐵峙用午丁二更。

自雙峙沙仔去鐵峙沙排用丙字二更。

自鐵峙往庫歸用辰字三更半。

自庫歸去三角用乙辰五更。

自三角去雙門用癸字二更。

自雙門去斷節用乙卯二更。

自斷節去牛車英用乙字二更。

自牛車英去腳坡用癸字二更。

自腳坡去石龍用乙字二更。

自石龍去魚鱗用癸字四更。

自魚鱗下五風用亥字五更。

自魚鱗去鬣藤用癸字五更。

自三角去斷節用辰字四更。

自斷節去五風用癸字四更半。

自三角去雙擔用巽字三更。

自魚鱗去斷節用酉字二更。

自五風去魚鱗用辰字五更。

自魚鱗頭去乙辛用乙辛二更半。

自羅孔去五風用丙字一更。

自五風去斷節用丙巳字四更半。

自五風去紅草用乾巽亥四更半。

自羅孔去紅草用辛戌四更半。

自紅草去五風用乙辰四更半。

自第三去黃山馬用午字二更。

自黃山馬去牛桅用巽字三更。

自牛桅去目鏡用巳兼丙九更。

自銀餅去牛桅用午丙字二更。

自南筆去秤鉤峙用午字二更。

自稱鉤峙去秤鉤沙用午丁一更。

自稱鉤沙去荷錄門用午字五更。

自稱鉤沙去六門用丁字五更。

自斷節去雙擔用巳字二更。

自斷節去鬣藤用丑未五更。

自斷節南邊門去雙擔用丙字二更。

自雙擔去海公用巽辰字二更。

自雙擔去烏串用申字二更。

自雙擔去銀餅用壬亥五更。

自鐵峙去銅金用巽字二更。

自銅金去銀餅用巽字二更。

自弄鼻下烏仔峙用申字三更。

自烏仔峙下乙辛用辛酉字二更。

自六門去石盤用乾戌字一更。

自石盤去上戊[戌]用亥兼乾四更。

自上戊去銅銃用丁字四更。

自海口沙去六門用艮字三更。

自撈牛撈去上戊用申字四更半。

自撈牛撈去秤鉤峙用乙字二更。

自荷錄門去簸箕用午字四更。

自六門去銅鐘用午字四更。

自五百二去單節沙用丁未午三更半。

自大公星去石公厘用巳字二更。

自銅鐘去海口沙用乾戌三更。

自海口沙去銅銃仔用乾戌五更。

自銅銃仔去大銅銃用庚酉字一更。

自大銅銃下弄鼻用辛酉二更。

自弄鼻下鳥仔峙用申字三更。

自鳥仔峙下乙辛用酉字二更。

自六門去石盤用乾戌字一更。

自石盤去上戊用亥兼乾四更。

自上戊去大銅銃用丁字四更。

自海口沙去六門用艮字三更。

自撈牛撈去上戊用申字四更半。

自撈牛撈去秤鉤峙用乙字二更。

自撈牛撈去六門用丙巳字五更。

自鍋蓋峙去大銅銃用丑癸字六更。

用荷錄門去銅鐘用丁字四更。

自鬣藤去魚鱗用巳兼丙字三線五更。

自羅孔去鬣藤用甲卯二更。

自鐵沙去丑未用未字一更。

自丑未去黃山馬用巽字四更。

自丑未去第三峙仔特乙辰二更。

自雙門上紅草用寅字四更。

自撈牛撈去西北角用乾戌二更。

自南筆去銀餅用寅字二更。

自南筆沙去撈牛撈用庚字三更。

自紅草下鐵峙用庚字三更半。

自不乜沙去目鏡用巽字三更。

自深九回不乜沙用巽丁字三更。

自染青石去不乜沙用丙午五更。

自銅鐘去光星仔用丙字二更。

自光星仔下大光星用丁字一更。

自光星仔去石公厘用午字二更。

——引自廈門大學南洋研究所韓振華等編《我國南海諸島史料彙編（續編）・第三冊》，1977年12月。

# 海南林鴻錦抄本《更路簿》

**【引書舉要】**

以下林鴻錦抄本《更路簿》、王國昌抄本《順風得利》、麥興銑存《注明東、北海更路簿》、李根深執《東海、北海東流部[簿]》四種，爲劉南威等華南師範學院（現改稱大學）地理系老師搜集，原載該系1981年12月《更路簿》油印本。另可參見：廣東省地名委員會《南海諸島地名資料彙編》，廣東省地圖出版社1987年版；曾昭璿、曾憲珊《清〈順風得利〉王國昌抄本）更路簿研究》一文也略載《順風得利》之內容，見《中國邊疆史地研究》1996年第一期。

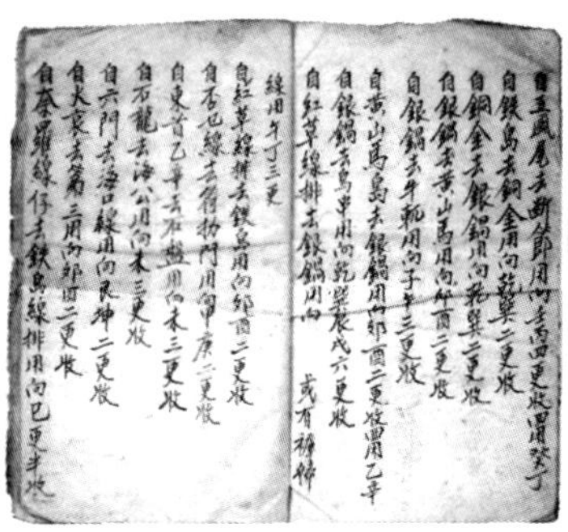

**[清]海南林鴻錦抄本《更路簿》書影**

## 正月流水

初一卯時流東，未時退。

初二三卯時尾流東，申時退。

初四辰時流東，申時退。

初五辰時流東，酉時返。

初六巳時流東，酉時尾退。

初七八俱伏流。

初九戌時東流東，寅時退。

初十亥時流東，卯時退。

十一二亥時流東，辰時退。

十三子時流東，辰時尾退。

十四五子時尾流東，巳時退。

十六丑時流東，巳時退。

十七八丑時尾流東，午時退。

十九廿寅時流東，未時退。

廿一俱伏流。

廿二三酉時流東通門，丑時退。

廿四酉時尾流東，寅時退。

廿五六戌時流東，卯時退。

廿七八亥時流東，辰時退。

廿九卅子時流東，巳時退。

## 二月流水

初一子時尾流東，巳時尾退。

初二三丑時流東，午時退。

初四寅時流東，午時尾退。

初五六俱伏流。

初七酉時流通門，丑時退。

初八九酉時尾流東，寅時退。

初十戌時流東，卯時退。

十三亥時流東，辰時退。

十四子時流東，巳時退。

十五六丑時流東，午時退。

十七八丑時尾流東，午時尾退。

十九廿俱伏流。

廿一申時流東通門，子時退。

廿二三申時尾流東，丑時退。

廿四五酉時流東，寅時退。

廿六七戌時流東，卯時退。

廿八九亥時流東，辰時退。

卅子時流東，巳時退。

## 三月流水

初一丑時流東，午時退。

初二二俱伏流。

初四五申時流東通東門，子時退。

初六七申時尾流東，丑時退。

初八九酉時流東，寅時退。

初十戌時流東，寅時退。

十一戌時尾東流，卯時退。

十二三亥時流東，辰時退。

十四子時流東，巳時退。

十五六俱伏流。

十七八未時流東通門，亥時退。

十九廿未時尾流東，子時退。

廿一二申時流東，丑時退。

廿三四酉時流東，寅時退。

廿五六戌時流東，卯時退。

廿七八亥時流東，亥時退。

廿九州[卅]俱伏流。

## 四月流水

初一未時流東通門，亥時退。

初三四未時尾流東，子時退。

初五六申時流東，丑時退。

初七八酉時流東，寅時退。

初九十戌時流東，卯時退。

十一二亥時流東，辰時退。

十三四俱伏流。

十五六午時流東通門，亥時退。

十七八未時流東，子時退。

十九廿申時流東，丑時退。

廿一二酉時流東，寅時退。

廿三四戌時流東，卯時退。

廿五六亥時流東，辰時退。

廿七八俱伏流。

廿九午時流東通門，戌時退。

三十午時尾流東，亥時退。

## 五月流水

初一二未時流東，子時退。

初三四申時流東，丑時退。

初五六酉時流東，寅時退。

初七八戌時流東，卯時退。

初九十亥時流東，辰時退。

十一二俱伏流。

十三四巳時流東通門，酉時退。

十五六午時流東，戌時退。

十七八未時流東，亥時退。

十九廿申時流東，子時退。

廿一二酉時流東，丑時退。

廿三四戌時流東，寅時退。

廿五六俱伏流。

廿七八巳時流東通門，酉時退。

廿九卅午時流東，亥時退。

## 六月流水

初一二未時流東，子時退。

初三四申時流東，丑時退。

初五六酉時流東，寅時退。

初七八戌時流東，寅時退。

初九十俱伏流。

十一二辰時流東通門，申時退。

十三四巳時流東，戌時退。

十五六午時流東，亥時退。

十七八未時流東，子時退。

十九廿申時流東，丑時退。

廿一二酉時流東，寅時退。

廿三四俱伏流。

廿五六辰時流東，申時退。

廿七八巳時流東，戌時退。

廿九午時流東，亥時退。

三十未時流東，子時退。

## 七月流水

初一二申時流東，丑時退。

初三四酉時流東，寅時退。

初五六戌時流東，卯時退。

初七八俱伏流。

初九十卯時流東通門，未時退。

十一二辰時流東，申時退。

十三四巳時流東，酉時退。

十五六午時流東，戌時退。

十七八未時流東，亥時退。

十九廿申時流東，子時退。

廿一二俱伏流。

廿三四卯時通門，未時退。

廿五六辰時流東，申時退。

廿七八巳時流東，酉時退。

廿九午時流東，戌時退。

三十未時流東，亥時退。

## 八月流水



初一二未時流東，子時退。

初三四申時流東，丑時退。

初五六酉時流東，寅時退。

初七八寅時流東，午時退。

初九十卯時流東，申時退。

十一二辰時流東，酉時退。

十三四巳時流東，戌時退。

十五六午時流東，亥時退。

十七八未時流東，子時退。

十九俱伏流。

二十廿一寅時流東通門，午時退。

廿二三寅時尾流東，午時退。

廿四五卯時流東，申時退。

廿六九[七]辰時流東，酉時退。

廿八九巳時流東，戌時退。

三十午時流東，亥時退。

## 九月流水

初一二俱伏流。

初三四丑時流東通門，巳時退。

[初五六？]時流東，午時退。

初七八卯時流東，未時退。

初九十辰時流東，酉時退。

十一二巳時流東，戌時退。

十三四午時流東，亥時退。

十五六俱伏流。

十九[七]八丑時流東，巳時退。

十九廿寅時流東，午時退。

廿一二卯時流東，未時退。

廿三四辰時流東，酉時退。

廿五六巳時流東，戌時退。

廿七八午時流東，亥時返。

廿九三十俱伏流。

## 十月流水

初一二丑時流東，巳時退。

初三四寅時流東，未時退。

初五六卯時流東，申時退。

初七八辰時流東，未時退。

初九十巳時流東，戌時退。

十一二午時流東，亥時退。

十三四俱伏流。

十五六子時流東，辰時退。

十七丑時流東，巳時退。

十八九寅時流東，未時退。

二十廿一卯時流東，申時退。

廿二三辰時流東，酉時退。

廿四五巳時流東，戌時退。

廿六午時流東，亥時退。

廿七日俱伏流。

廿八九子時流東通門，辰時退。

三十丑時流東，巳時退。

## 十一月流水

初一二寅時流東，未時退。

初三四卯時流東，申時退。

初五六辰時流東，酉時退。

初七八巳時流東，戌時退。

初九十午時流東，亥時退。

十一二俱伏流。

十三四子時流東通門，辰時退。

十五六丑時流東，午時退。

十七八寅時流東。

十九二十卯時流東，申時退。

廿一二辰時流東，酉時退。

廿三四巳時流東，戌時退。

廿五六俱伏流。

廿七八亥身流東通門，卯時退。

廿九于[子]時流東，辰時退。

三十丑時流東，卯時退。

## 十二月流水

初一二寅時流東，未時退。

初三四卯時流東，申時退，申时退[此句重複]。

初五六辰時流東，酉時退。

初七八巳時流東，戌時退。

初九十俱伏流。

十一二亥時流東通門，卯時退。

十三子時流東，巳時退。

十四五丑時流東，午時退。

十六七寅時流東，未時退。

十八九卯時流東，申時退。

二十廿一辰時流東，酉時退。

廿二巳時流東，戌時退。

廿三俱伏流。

廿四戌時流東通門，寅時退。

廿五六亥時流東，卯時退。

廿七[八]子時流東，辰時退。[八字重出]

廿八日丑時流東，巳時退。

廿九寅時流東，午時退。

三十卯時流東，未時退。

## 往東海庚[更]度

自大潭門出，用乾巽十五更到，約中駛十二更潮四更巳亥得見鳥即收船。

北風上東自紅草上把興用乙辛二更收。

北風自把興下三圈用丁去庚三更收。

東風自三圈上把興用丑未三更收。

北風過南自把島過三圈用壬丙庚。

自把島過三圈用子午得尾四庚。

東風北自三圈回把島用壬丙四庚。

自船島尾下石棠用寅申添二線艮坤三更半。

東北風船島尾下干豆乙辛四庚。

自船島尾下二圈用癸丁三庚收。

北風自把島下二圈用丑未二更半收。

北風自把島下石塘用寅申三更半收。

自大郎尾下二圈用卯酉一更收。

北風自三圈放下二圈用辰戌二更半。

自三圈放回干豆用乾巽六更收。

東南放下白島仔用甲庚三更收。

北風自三圈放下大圈用乙辛三更收。

東風白島仔放半路用寅申添二線艮坤三更半收。

南風自半路上大圈用坤未二更半。

四江門駛回老粗用乾巽相對兼辰戌，三腳 銀島仔午庚。

南風自銀島 白土駛出門用辰戌。

南風自銀島放去干豆用壬丙三更半。

東北風自干豆 石塘用巳亥兼乾巽三更半。

南風自干豆放上七連用辰戌四更。

東風自把島放下干豆辰戌添四線乙辛四更。

東風自七連回室用巳亥十五更。

南風自七連回室用乾巽十五更。

北風自四江門上二圈用乙辛卯酉一更。

北風自四江門去大圈過首用乾巽巳亥。

東風自大圈北邊門出用子午回三腳用癸丁二更。

北風自二圈上三圈用辰戌二更半。

南自二圈上三圈用乾巽二更半。

南風自二圈上把興用寅申四更。

南風自二圈上把島用坤未二更半。

南風自白島仔上三圈用卯酉三更收。

南風自四江門上把興用甲庚兼卯酉六更。

南風自干豆上七連用辰戌四更。

南風自把興下雙帆用甲庚放下石塘六庚。

南風自大圈首用子午放下白島仔一更半。

南風自白島仔回大圈南邊門用壬丙庚。

南風自大圈上七連用丑未兼艮坤。

北風自七連下大圈用坤。

南風自口郎門出船用辰戌兼乾巽收七連十五更。

大洲去干豆相對用壬丙巳亥平[?]更。

自三十仔開船用巳亥十二更到下島 赤嶺腹，南風開船用乾巽十五更收七連。

自干豆上把島南風用乾巽辰戌四更。

自把興放下把島用乙辛卯酉。

自三圈放回把島用子午四更。

北風二圈南邊放下島用乾巽一更。

自二圈北風邊駛下用卯酉四更回下島。

自二圈放上三圈用辰戌兼乾巽二更半。

自二圈放去大圈用寅申一更半。

自二圈放去白島仔用丑未二更半。

自二圈放去干豆用巳亥駛得二更換回乾巽四更半。

自把興放回室[用]乾巽二線巳亥過七連，約中換回乾巽兼二線辰戌。

南風自三腳放去尾島過圈仔首用艮坤寅申二更。

自大圈南邊門放去半路島用艮坤三更半。

北風自白島仔放去半路用寅申三更半。

三腳放去老粗門與圈島用乙辛。

## 由東海去北海更路

由半路島去北海用向巽辰三十二更收奈羅角。

由白島仔去北海用向巽巳三十更收奈羅 貢士線。

自二圈往奈羅用向巽亥三十一更收。

由三圈往北海用向巳亥二十八更收奈羅角，駛對卯酉收貢士線。

由奈羅 下島往鐵島用向午丁二更收，或往線排向巳過首二更。

由鐵島往第三島用向壬丙巳亥二更收回向子午。

由第三島往黃山馬島用向午更半收。

由黃山馬島往南秘島用向丙一更收。

由南秘島往秤鉤島用向午丙二更收。

由秤鉤島往秤鉤線用向午丁一更收。

由鐵島往丑未線用向坤二更半收。

由鐵線往丑未線用向未一更收。

由丑未線往雙王線仔用乙辰二更收，回向乾。

由丑未線往黃山馬島用向巽三更收，回向亥壬。

由雙王去黃山馬島用向丙二更收黃山馬，用[回]向巳。

自鐵島去雙王線仔用向丙二更半收。

自南秘去汝清石島仔用向巽辰二更收，回用壬亥。

自黃山馬去牛軛線用向巽二更收。

自黃山馬去勞牛勞線用向寅申三更收，是東西南北生角。

自牛軛去目鏡線兼四線壬丙兼六線巳亥九更半收。

自汝清 石島仔去否乜線用向壬丙五更半收。

自否乜線去目鏡用向辰戌兼二線乾巽四更收，回用乾巽巳亥。

自目鏡去深圈用向甲庚寅申二更收。

自否乜線去深圈用向壬丙巳亥四更收線排首沙角下庚酉方。

自深圈去簸箕線用向甲庚寅申二更收。

自簸箕去銅鐘用向寅申更半收。

自銅鐘去光星仔用向壬丙二更收，或有去大光星用子午。

自大光星去石公里用向巳亥二更收，或回光星用向子午。

自光星仔去石公里用向午丙二更收。

自石公里去五百二線用向子午癸丁二更收。

自五百二線去釘積線用向丁未三更半收。

自釘積線去墨瓜線用向丑未六更收。

自大光星去海口線向壬丙四更收。

自秤鉤線去六門線用向子午五更收。

自秤鉤線去符扐門向午丙五更收。

自六門去簸箕用向巳亥四更半收，回用向子午。

自符扐門去簸箕用向壬丙四更收，回用向癸丁。

自六門去銅鐘用向午丙四更收。

自六門去石盤用向乾巽辰戌二更收，回用乙辛。

自符扐門去六門用向乾巽辰戌一更收。

自符扐門去銅鐘用向癸丁四更收。

自銅鐘去海口線用向辰戌兼三線乾巽過首三更收。

自海口線去鍋蓋島用向更[庚]申四更收。

自海口線去銅銃仔用向巳亥五更收，或大銅銃用乾巽。

自石盤去銅銃仔用向甲庚兼二線卯酉四更收。

自銅銃仔去大銅銃用向甲庚卯酉一更收。

自大銅銃去弄鼻仔用向乙庚辰戌更半收。

自弄鼻仔去大弄鼻用向卯酉庚[更]半相見。

自大弄鼻去鳥仔島用向寅申二更收。

自鳥仔島去乙辛線用向乙辛兼二線卯酉二更收。

自石盤仔去上堿用向乾巽巳亥四更收，回向辰戌。

自上堿去銅銃仔用向子午壬丙四更收，或去大銅銃午丁。

自勞牛勞去秤鉤線用向乙辛辰戌三更收。

自南秘線仔往勞牛勞用向甲庚二更收。

自荷扐門去深圈用向乾巽辰戌三更收，回壬丙巳亥。

自第三島去銀并用向乾巽辰戌二更收。

自銀并去高杯線用向辰戌一更收，上用乙辛卯酉。

自勞牛勞去六門用向丙六更半收，回用癸丁，或去石盤午丁，符扐門巳亥。

自鐵島線排去褲婦線仔用向辰戌兼一線乾巽二更半收。

自鐵島線排去第三島用向子午壬丙二更收，回用癸丁。

自奈羅國[角]去紅草島用向乾巽辰戌三更收，回用壬丙巳亥。

自貢士線去紅草線排用向乙辛辰戌三更收，回用乾巽巳亥。

自鐵島去褲婦線仔用向乙辛辰戌二更半收。

自褲婦去三角線用向乙辛辰戌五更收。

自紅草線排去火哀用向乾巽二更收。

自火哀去三角用向乾巽四更收，回用壬丙。

自三角去雙門用向乾巽二更收。

自雙門去斷節用向乙辛卯酉二更收，回用辰戌。

自斷節去牛車輪用向乙辛卯酉二更收。

自牛車輪去腳拔用向乾巽三更收，回用壬丙。

自紅草島去五風用向乙辛辰戌五更收。

自紅草島去羅孔用向乙辛卯酉五更收。

自五風去魚鱗用向辰戌兼二線乾巽五更收，回用壬丙巳亥。

自羅孔去五風用向壬丙更半收，回用癸丁。

自紅草島去火哀用向午丁一更收。

自斷節去雙擔用向壬丙巳亥二更收。

自雙擔去烏串用向乙卯二更收。

自雙門去烏串用向子午二更收。

自三角去斷節用向乙辛三更收。

自雙門去銀并用向辰戌三更收。

自斷節去烏串用向艮坤兼二線丑未二更半收。

自羅孔島去魚鱗用向乾巽兼二線巳亥五更收。

自羅孔去號藤用向乙辛卯酉二更收。

自號藤去魚鱗用向壬丙巳亥四更收，回用午丁。

自魚鱗去東首乙辛用向乙辛三更收，回用乾巽巳亥。

自魚鱗去斷節用向卯酉四更收。

自五風尾去斷節用向壬丙四更收，回用癸丁。

自鐵島去銅金用向乾巽二更收。

自銅金去銀鍋用向乾巽二更收。

自銀鍋去黄山馬用向卯酉二更收。

自銀鍋去牛軛用向子午三更收。

自黄山馬島去銀鍋用向卯酉二更收，回用乙辛。

自銀鍋去烏串用向乾巽辰戌六更收。

自紅草線排去銀鍋用向□□□或有褲婦線用午丁三更。

自紅草線排去鐵島用向卯酉二更收。

自否乜線去荷扐門用向甲庚二更收。

自東首乙辛去石龍用用向未三更收。

自石龍去海公用向未三更收。

自六門去海口線用向辰坤二更收。

自火哀去第三用向卯酉二更收。

自奈羅線仔去鐵島線排用向巳更半收。

自奈羅島回東海用向壬丙三十更白島仔。

自西首乙辛回東海用向癸丁四十二更，收三圈或收白島仔。

自西首乙辛落洋用向艮坤六十五更到地盤 東竹，馬外打水三四十托，內打水二十三四托到馬，東竹 西竹大門過，用向癸丁六更收白鶴燈，用庚酉三更收。

——引自華南師範學院（現稱大學）地理系劉南威等編《更路簿》油印本，1981年12月。



# 海南王國昌抄本《順風得利》

## 東海更路

自大潭駛往東海用乾巽一線辰戌駛到一日一夜轉回巳亥有十五更收七連峙。

自三峙過干豆南風用甲庚卯酉、北風用乙辛卯酉皆三更遠向西駛收。

自三峙下石塘用艮坤寅申平三更向西南駛收。

自三峙下二圈用癸丁丑未二更半向西南駛收。

自三峙上三圈用子午壬丙巳亥四更向南駛收。

自三圈下石塘用乾巽辰戌五更向西北駛收。

自三圈下白峙仔南風用甲庚卯酉、北風用乙辛卯酉，三更向西駛收。

自三圈下二圈乾巽辰戌二更半向西北駛收。

自二圈上三圈用辰戌二更半向東南駛收。

自石塘上貓興用甲庚卯酉四更向東駛收。

自四江門駛往大圈用子午乾巽巳亥駛過頭更向南駛收。

自石塘往干豆用子午壬丙巳亥三更半向北駛收。

自石塘往貓注用寅申三更半向東北駛收。

自貓注上貓興南風用乾巽辰戌、北風用乙辛辰戌，一更向東南駛收。

自貓興上三圈用癸丁三更向西南駛收。

自貓注上三圈用子午壬丙巳亥四更向南駛收。

自二圈往干豆用乾巽四更向西北駛收。

自二圈下白峙仔用艮坤丑未一更向西南駛收。

自大圈下白峙仔頭上用子午、門上用壬丙，一更向南駛收。

自白峙仔上三圈南用卯酉加乙辛三更向東駛收。

自二圈上七連用丑未加二線艮坤二更半向東北駛收。

自三腳峙 圈仔用卯酉，南風用甲庚，北風用乙辛，二邊相見向西駛收。

自三腳大峙在西，四江在東，甲庚卯酉相對。

自白峙仔下半路用寅申三更向西南駛收。

自大圈下半路南邊門上駛用艮坤丑未三更向西南駛收。

自尾峙下半路用癸丁加一線子午二更向南駛收。

自三圈下半路用甲庚寅申六更向西南駛收。

自半路往干豆用癸丁五更半向東北駛收。

自大圈頭上往三圈南風用辰戌三更向東南駛收。

自老粗大門駛出四江門用乾巽辰戌二更向東南駛二邊相對。

自三腳門上駛往銀峙用子午壬丙平向北駛二邊相見。

自貓注往干豆用辰戌加一線乙辛三更向西北駛收。

自三峙往貓注子午相向南駛收。

自紅草門上貓興用乙辛一更半向東南駛收。

自四江去貓興用甲庚四更半收。

自石塘去大圈用乾巽一更收。

自干豆去石塘用巳亥二更收。

自貓注去二圈用丁未二更半收。

自船坎尾去干豆用乙辛加卯酉三更收。

自紅草去石塘用寅申三更收。

自二圈去石塘用乾巽一更收。

自二圈去大圈用寅申一更收。

## 北海更路

自三圈到奈羅駛巳亥到廿貳更轉回壬丙貳拾八更收。

此條準：自白峙仔到雙峙駛乾巽巳亥平貳拾八更收。

自三圈去羅孔用乾巽駛二拾八平收。

自雙峙去鐵峙駛子午癸丁平二更收。

自下峙沙仔到鐵峙沙駛壬丙二線巳亥二更收。

自鐵峙到庫歸駛乙辛辰戌二更收。

自庫歸到三角駛乙辛辰戌五更收。奈羅東西開五六更有輪船。

自三角到雙門駛乾巽二更收，回駛壬丙。

自雙門到斷節駛乙辛卯酉二更收，回乾戌收。

自斷節到牛車英駛乙辛二更收，回同上條。

自牛車英到腳拔駛乾巽三更收，回用壬丙。

自腳拔到石龍駛乙辛卯酉平二更收。

自石龍到魚鱗駛癸丁四更收。

自魚鱗到五風駛巳亥四更收。

自貢士沙到紅草沙排駛乙辛辰戌三更收。

自沙排到火哀駛乾巽二更收。

自火哀到三角駛乾巽四更收。

自紅草線排到紅草駛乙辛二更收。

自紅草到羅孔駛乙辛卯酉平五更收，回用癸丁，光星仔門過頭即到在東南。

自羅孔到鱟藤駛乙辛卯酉二更收。

自紅草到五風駛乙辛辰戌四更收。

自五風至斷節駛壬丙四更收。

自斷節至雙擔駛巳亥二更收。

自雙擔至海公駛乾巽兼辰戌平三更收。

自海公回雙擔駛壬丙三更直收。

自雙擔下鳥串駛乙辛二更收。

自鳥串回銀餠駛壬丙兼二線巳亥五更收。

自鐵峙至銅金駛辰戌二更收。

自銅金至銀餠駛乾巽二更收。

自銀餠回黃山馬駛卯酉三更收。

自黃山馬至午桅駛乾巽二更收。

自黃山馬落南蜜駛壬丙一更收。

自午桅至目鏡駛壬丙巳亥平九更收。

自目鏡至無乜線駛乾巽兼辰戌三更收。

自無乜沙至深圈駛壬丙三更收。

自無乜沙至惡落門駛寅申三更收。

自深圈下半箕駛甲庚兼四線寅申二更收。

自簸箕下銅章駛寅申兼二線甲庚一更收。

自銅章至光星仔駛壬丙二更收。

自光星仔至石公厘駛子午一更收。

自石公厘至五百式[弍]駛癸丁午三更收。

自五百式[弍]至單節駛癸丁丑未平三更收。

自銅章至海口線駛辰戌兼一線乾巽三更收。

自海口線落大銅銃駛乾巽五更收。

此條準：海口線東南風回六門寅申兼甲庚。

自銅銃下弄鼻駛乙辛二更收。

自弄鼻下鳥仔峙駛艮坤寅申二更收。

自黃山馬至南乙峙駛壬丙一更收。

自南乙到稱鉤駛癸丁三更收。

自稱鉤到荷落門駛子午四更收。

自荷樂門到六門駛乾巽兼辰戌一更收。

自六門到銅章駛子午四更收。

自六門到石盤駛乾巽兼辰戌平二更收。

自石盤至上戊駛乾巽巳亥平四更收。

自上戊至大銅銃駛癸丁四更收。

自石盤至大銅銃駛甲庚兼四線卯酉四更收。

自黃山馬至勞牛勞駛寅申三更收。

此條準：黃山馬離半更開東北有淺海硬浪。

自勞牛勞至惡浪門駛壬丙五更收。

自稱鉤至石盤駛丑未兼一線艮坤四更收。

自勞牛勞下上戊駛寅申四更收。

自染青石至無乜線坐子午壬丙平四更收。

自鐵峙下鐵線駛丑未一更收。

自鐵峙下丑未駛艮坤二更收。

自丑未下黃山馬駛乾巽四更收。

自魚鱗至乙辛是駛乙辛三更收。

自烏仔峙至乙辛亦是駛乙辛二更收。

自鐵峙往第三用巳亥二更收。

自第三徑[往]黃山馬用子午二更收。

自紅草下沙排駛辰戌一更收。

自魚鱗下斷節駛卯酉二更收。

自銀餅往烏插駛乾巽二線辰戌五更收。

自紅草往第三峙駛艮坤三更收。

自丑未往雙王駛辰戌二更收。

自鐵峙往雙王駛壬丙二更收。

自雙王往黃山馬駛壬丙二更收。

自第三峙往銀餅駛辰戌三更收。

自銅金往銀餅駛巳亥二更收。

自銀餅往牛桅駛癸丁二更收。

自目鏡往深圈駛寅申二更收。

自南蜜峙往淺溝峙駛壬丙二更收。

自淺溝往六門駛癸丁五更收。

自惡浪門往簸箕駛壬丙四更收。

自光星仔往大光星駛卯酉一更收。

自大光星往海口沙駛子午四更收。

自大光星往石公厘駛乾巽二更收。

自紅草下鐵峙駛卯酉四更收。

自烏仔峙回老沙 白峙仔駛癸丁丑未口更收。

自女青石回無乜沙用丙兼巳五更收對東南。

自丹節往海口沙北風用癸丁十更收。

自五百弍往海口沙北風用午丁七更收。

自紅草沙排下褲歸用丁末[未]二更收。

自半路去北海用乾巽二十八更收貢士沙。

自三圈去北海向巳亥壬丙二十八更收奈羅。

自奈羅北邊角下貢士沙用甲庚一更收。

自南邊奈羅角用乙辛駛下收貢士沙。

自雙峙沙仔下鐵峙沙排壬丙二線巳亥二更，又有犬殿沙一個。

自魚鱗往鬛藤向子午四更收，回向亥壬。

自那孔往五風向壬丙一更收，回向癸丁收。

自紅草往火哀向子午一更收。

自火哀往三角用乾巽四更，回用壬丙收。

自斷節往雙擔向丙亥二更收，回向子癸收。

自雙擔往鳥串向辛酉二更半收。

自斷節往鳥串向癸丁末[未]二更收。

自斷節往五風向癸丁四更收，回壬丙。

自紅草沙排上紅草峙向乙卯一更，回用戌字。

自那孔往鬣藤向乙卯一更半收，回乾巽。

自鬣藤往魚鱗向巳亥四更收，回用子午。

自魚鱗往東頭乙辛沙向乙辛三更收，回乾巽。

自魚鱗往那孔向壬丙子午四更收，回乾巽巳亥。

自魚鱗往石龍向壬丙四更收，回用子午癸。

北門在零仁石不遠。

自魚鱗往斷節向卯酉一更半收，回用癸丁。

自五風往斷節向壬丙四更收，回用癸丁。

自鐵峙往銅金峙仔向乾巽二更收。

自銅金去銀鍋向乾巽二更收，回向壬丙。

自銀鍋去鳥串向乾巽巳亥六更收，回壬丙。

自鐵峙沙駛去丑末[未]沙向丑末[未]使半更收。

自丑末[未]駛去第三向辰巽駛二更收。

自鐵峙駛去雙王沙仔向壬丙駛二更收。

自雙王沙仔駛去黃山馬向壬丙一更收，回用癸丁收。

自女青石駛去無乜沙向子午駛四更收。

自無乜沙駛去目鏡用巽辰三更收，回用癸丁。

自目鏡駛去深圈用庚申駛二更收。

自光星仔駛往大光星向卯酉一更收。

自大光星駛去石公厘向巳巽二更收，回用子午。

自釘積駛往墨瓜線向丑末[未]六更收。

自稱鉤沙駛去六門用癸丁五更收。

自荷浪門駛去拔箕向壬丙巳亥四更收，回用癸丁。

自六門駛去拔箕向壬丙巳亥四更收。

自六門駛往石盤向辰戌二更收，回乾巽。

自六門駛往石盤向辰戌二更收，回乾巽。

自六門駛去海口沙向甲庚寅申三更收。

自荷浪門駛去銅鐘向癸丁四更收。

自銅鐘駛往海口沙辰戌貳線乾巽過頭二更。

自海口沙駛往鍋蓋峙向寅申四更收。

自海口沙駛去銅銃仔向巳亥五更收。

自銅銃仔駛去大銅銃向庚酉一更收。

自大銅銃下弄鼻仔向辰戌使二更收。

自弄鼻仔下大弄鼻向卯酉一更收。

自鳥仔峙駛去西頭乙辛沙向辛二線酉二更收。

自石盤駛往上戊向乾亥平四更收。

自上戊駛往銅銃仔向子午四更收。

自上戊駛往大銅銃向丁午四更半收。

自銅銃仔回大稱鉤向寅申九更半收。

自勞牛勞駛往大稱鉤向巽辰三更收，回壬子。

自南蜜沙仔下勞牛勞向甲庚二更收。

自銅鐘駛往大光星向子午二更收，回丑末[未]。

自荷樂門駛往深圈向巽辰三更收，回壬子。

自第三峙駛往銀鍋向巽戌三更收，回壬子。

自三角回銀鍋向乙辛駛三更收。

自雙門回銀鍋向戌駛四更收。

自紅草沙排往鐵峙向辛酉駛三更收。

自銀鍋往高不向辰戌駛一更收。

自三角往斷節向辰戌駛四更收。

此條準：自六門往勞牛勞丙午六更收。

自勞牛勞往六門向丙午兼二線駛六更收（有風駛1 X鐘，十[九]點）

自勞牛勞往石盤向丁未駛五更半收。

自勞牛勞下上戊向申駛四更收。

自荷樂門下六門向戌辛駛二更收。

自雙門往鳥串向午二線丁駛二更收。

自庫歸往銅金峙仔向午駛一更。

自南蜜往女星石峙仔向巽駛二更收。

自南蜜峙下沙仔向辛戌駛半更，有二個沙仔。

自南蜜峙至南蜜沙仔駛卯酉兼一線乙辛一更收。

自南蜜有二隻沙仔壬丙對溝內亦過船。

自稱鉤峙下大稱鉤向丁午駛一更收。

自稱鉤峙往南蜜沙仔向子壬駛一更半收。

自無乜沙下荷樂門向申駛三更收。

自黃山馬下南蜜沙仔向丁未駛一更收。

自紅草沙排下貢士沙向戌乾駛三更收。

自雙門往一沙駛巳亥兼一線壬丙二更收向西北。

自一沙往火哀駛巳亥兼一線壬丙四更收向西北。

自火哀回鐵峙駛乙辛辰戌三更收向西北。

自光星往石公厘向午駛二更收，回向癸丁。

自銅銃下鳥仔峙駛甲庚兼二線卯酉四更收。

自丑末[未]下第三峙駛辰戌兼二線乙辛二更收對東南。

自第三峙往銀鍋駛辰戌兼二線乾巽二更半收對東南。

自勞牛勞往六門駛壬丙兼二線巳亥五更收對東南。

自雙門往鳥串駛子午癸丁平二更半收對西南。

自勞牛勞往石盤駛子午兼一線癸丁四更收對南。

自六門 中央欄至銅鐘駛壬丙兼一線子午四更半對南。

自火哀下庫歸駛乙卯二更收對西使收。

自紅草沙排下鐵峙用甲庚二更收對西南駛。

自紅草至五風用辰戌駛四更收對東南。

自雙門往雙擔用乾巽駛四更收對東南。

自斷節往五風用癸丁駛四更半收對東北。

自羅孔往五風用午丙駛一更半收對南駛。

自五風往斷節用壬丙駛四更半收對東南。

自五風頭上往半路沙駛乾巽二更收對東南。

自五風往魚鱗駛辰戌四更收對東南。

自荷樂門往深圈駛辰戌四更收對東南。

自銅金下第三駛甲庚一更收對西南。

自火哀下第三駛甲庚二更半收，對西南收。

自若沙至火哀駛巳亥兼三線壬丙四更收。

自雙門頭上往若沙駛壬丙巳亥平二更對西北。

自雙王下沙仔至黃山馬東駛乾巽巳亥二更收，對東南駛收。

自丹節往墨瓜沙用坤未六更半收對西南。

自五百貳往丹節沙用未加丁二更收對西南。

自西頭乙辛往六安駛乾巽相對二十二更收，對西北駛收。

自真士與大橫辰戌兼二線乾巽駛九更半收，對西北駛收。

自大橫與小橫乾巽對駛四更半到，向西北駛。

自小橫與雲湯駛癸丁加丑未對三更到收。

自真士往告造乙辛相對駛四十更到收。

自小橫往告造駛卯酉十八更到收。

自大橫往告造乙辛卯酉二十三更到收。

自雲湯往告造駛甲庚卯酉十九更到收。

自崑崙往地盤駛癸丁三十七更收。

自東竹往白石鶴燈駛癸丁相對六更收。

自桶盤峙往東帽洲駛乾巽相對八更收。

自墨瓜沙往浮羅丑末[未]用寅申加二線坤二十五更。

自墨瓜沙往宏武鑾用甲庚二十五更。

自浮羅利郁用甲卯二十五更。

自丹節往浮羅利郁用甲庚加一線寅申三十二更。

自鳥仔峙往地盤用坤兼二線甲。

自乙辛往地盤用坤兼申一線三十四更收。

自地盤往崑崙用丑末[未]。

自東竹往崑崙用丁收。

自大洲開乙更用艮坤兼丑末[未]乙線二十更收尖筆羅。

自大洲用丁更收外二十更收外羅。

自外羅用丙七更收所雅。

自所雅用□收大佛四更。

自大佛用午丁收雲求三更。

自雲求用丁收黎灣頭下是牛路峙約五更。牛路峙用末[未]收崑崙約十八更或風東用丁。

## 瓊州鋪前急水門（木欄頭）流水日期

正月

初一、二日寅時流東，午時退西。

初三、四日同卯上未時，同上通門戌時，同上巳時，同以下如此同。

初五、六日辰申時。

初七、八日平伏。

初九、十日通門戌。

初十、十一日亥時。

十二、三日子時 辰時。

十四、五日丑時 巳時。

十六、七日寅時 午時。

十八、九日卯時 未時。

廿一、二時辰時流東俱伏，申時退。

廿三、四日戌時流東，巳時退。

廿五、六日亥時 辰·午時。

廿七、八日子時 卯·末[未]時。

廿九、三十日丑時 巳·申時。

二月

初一、二日寅時 午時。

初三、四日卯·未時 未·卯時。

初五、六日酉時平伏丑。

初七、八酉時 丑時。

初九、十日戌時 寅時。

十一、二日亥時 卯時。

十三、四日子時 辰時。

十五、六日丑時 巳時。

十七、八日寅時 午時。

廿一、二日通門酉時丑時。

廿三、四日戌時 寅時。

廿五、六日亥時 卯時。

廿七、八日子時　辰時。

廿九、三十日丑時　巳時。

三月

初一、二日平伏　通門。

初三、四日申時　子時。

初五、六日酉時　丑時。

初七、八日戌時　寅時。

初九、十日亥時　卯時。

十一、二日子時　辰時。

十三、四日丑時　巳時。

十五、六、七日平伏。

十八、九日通門申時子時。

二十、廿一日酉時　丑時。

廿二、廿三日戌時　寅時。

廿四、五日亥時　卯時。

廿六、七日子時　辰時。

廿八、九日，三十日平伏。

四月

通門初一、二日　申時　子時。

初三、四日酉時　丑時。

初五、六日戌時　寅時。

初七、八日亥時　卯時。

初九、十日子時　辰時。

十一、二日丑時　巳時。

十三、四日平伏。

十五、六日通門十五未時 亥時。

十六、七日申時　子時。

十八、九日酉時　丑時。

二十、廿一日戌時　寅時。

廿二、三日亥時　卯時。

廿四、五日子時 辰時。

廿六、七、八日平伏。

通門廿九、三十日未時 亥時。

## 五月

初一、二日申時 子時。

初三、四日酉時 丑時。

初五、六日戌時 寅時。

初七、八日亥時 卯時。

初九、十日子時 辰時。

十一、二日平伏。

通門十三、四日午時 戌時。

十四、五日未時 亥時。

十六、七日申時 子時。

十八、九日酉時 丑時。

二十、廿一日戌時 寅時。

廿二、三日亥時 卯時。

廿四、五日子時 辰時。

廿六、七日丑時 平伏。

廿八、九日巳時 酉時。

## 六月

初一、二日午時 戌時。

初三、四日未時 亥時。

初五、六日申時 子時。

初七、八日酉時 丑時。

初九、十日平伏。

通門十二日巳時 酉時。

十三、四日午時 戌時。

十五、六日未時 亥時。

十七、八日申時 子時。

十九、二十日酉時 丑時。

廿一、．二日戌時 寅時。

廿三、四日平伏。

通門廿五、六日巳時 酉時。

廿七、八日午時 戌時。

廿九、三十日未時 亥時。

七月

初一、二日申時 子時。

初三、四日酉時 丑時。

初五、六日戌時 寅時。

初七、八平伏。

通門初九、十日辰時 申時。

十一、二日巳時 酉時。

十三、四日午時 戌時。

十五、六日未時 亥時。

十七、八日申時 子時。

十九、二十日酉時 丑時。

廿一、二日平伏。

通門廿三、四日辰時 申時。

廿五、六日巳時 酉時。

廿七、八日午時 戌時。

廿九、三十日未時 亥時。

八月

初一、二日申時 子時。

初三、四日酉時 丑時。

初五、六日戌時、寅時。

初七、八日平伏。

通門初九日卯時 未時。

初十、十一日辰時 申時。

十二、三日巳時 酉時。

十四、五日午時 戌時。

十六、七日未時 亥時。

十八、九、二十日平伏。

通門廿一、二日卯時 未時。

廿三、四日辰時 申時。

廿五、六日巳時 酉時。

廿七、八日午時 戌時。

廿九、三十日未時 亥時。





九月

初一、二日甲時 子時。

初三、四日酉時 平伏。

通門初五、六日卯時 未時。

初七、八日辰戌 申時。

初九、十日巳時 酉時。

十一、二日午時 戌時。

十三、四日未時 亥時。

十五、六七日平伏。

通門十八，寅時 午時。

十九、二十日卯時 未時。

廿一、二日辰時 申時。

廿三、四日巳時 酉時。

廿五、六日午時 戌時。

廿七、八日未時 亥時。

廿九、三十日平伏。

十月

通門初一日丑時 巳時。

初二、三日寅時 午時。

初四、五日卯時 未時。

初六、七日辰時 申時。

初八、九日巳時 酉時。

初十、十一日午時。

十二、三、四日未時 平伏。

通門十五日丑時 巳時。

十六、七日寅時 午時。

十八、九日卯時 未時。

二十、廿一日辰時 申時。

廿二、三日巳時 酉時。

廿四、五日午時 戌時。

廿六、七日未時 亥時。

廿八、九日平伏。

通門三十日寅時 午時。



**十一月**

初一、二日卯時 未時。

初三、四日辰時 申時。

初五、六日巳時 酉時。

初七、八日午時 戌時。

初九、十、十一日平伏。

通門十二日亥時 辰時。

十三、四日子時 巳時。

十五、六、七日平伏。

通門十八日寅時. 午時。

十九、二十日卯時 申時。

廿一、二日辰時 酉時。

廿三、四日伏流。

廿五、六日亥時 卯時。

廿七、八日子時 辰時。

廿九、三十日丑時 巳時。

十二月

初一、二日寅時 午時。

初三、四日卯時 未時。

初五、六日辰時 申時。

初七、八日巳時 酉時。

初九、十日平伏。

通門十一日亥時 辰時。

十二、三日子時 巳時。

十四、五日丑時 午時。

十六、七日寅時 未時。

十八、九日卯時 申時。

二十、廿一日辰時 酉時。

廿二、三日巳時 戌時。

廿五日亥時 卯時。

廿六、七日子時 晨[辰]時。

廿八、九、三十丑時 巳時。

——引自華南師範學院（現稱大學）地理系劉南威等編《更路簿》油印本，1981年12月。

# 附：《順風東西沙島更路簿》簡目



**[按語]**

2011年10月，海南省博物館在瓊海徵集到一本更路簿，封面書《順風東西沙島更路簿》，用毛筆小楷工整地記錄了東海更路42條、北海更路169條，及補充東海更路49條，並配有硬紙製作手繪羅盤圖示。該書應作於清末或民國時期。經專家比對，其針路和王國昌抄本《順風得利》大同，故作爲附加資料列載於此，以供比較研究。此針路文字據朱磊《海南民間“針路簿”再考》，載於2012年6月26日在廈門大學舉行的“海洋文化遺產調查研究新進展”學術研究會《論文匯編》。

《順風東西沙島更路簿》有“東海更路”“北海更路”“又東海更路”等8部分。茲錄其中3部分的條目於此。

## （一）東海更路[共42條]

第1條，自大潭駛往東海用乾巽一線條辰戌，駛到一日一夜轉回巳亥有十五更收七連峙。

第2條，自三峙過干豆南風用甲庚卯酉，北風用□□□□□□更遠向西駛收。

第3條，自三峙下石塘用艮坤寅申平三更向西南□□。

第4條，自三峙下二圈用癸丁丑未二更半向西南駛收。

第5條，自三峙下三圈用子午壬丙巳亥四更向南駛收。

第6條，自三圈下石塘用乾巽辰戌向西北五更駛收。

第7條，自三圈下白峙仔南風用甲庚卯酉，北風用乙辛卯酉三更向西駛收。

第8條，自三圈下二圈用乾巽辰戌二更半向西北駛收。

第9條，自二圈上三圈用辰戌二更半向東南駛收。

第10條，自石塘上貓興用甲庚卯酉四更向東駛收。

第11條，自四江門駛往大壙用壬丙巳亥乾巽駛過，頭一更□□駛收。

第12條，自石塘往干豆用子午壬丙巳亥三更半向北□□。

第13條，自石塘往貓注用寅申三更半向東北駛收。

第14條，自貓注上貓興南風用乾巽辰戌，北風用乙辛辰戌一更向東南駛收。

第15條，自貓興往三圈用癸丁三更向西南駛收。

第16條，自貓注往三圈用子午壬丙巳亥四更向西南駛收。

第17條，自二圈往干豆用乾巽四更向西北駛收。

第18條，自二圈下白峙仔用艮坤丑未一更向西南駛收。

第19條，自大圈下白峙仔頭上用子午，門上用壬丙一更向南□□。

第20條，自白峙仔上三圈南風用卯酉加一線乙辛三更向東駛□。

第21條，自二圈上七連用丑未加二線艮坤二更半向東北駛收。

第22條，自三腳峙仔下圈仔用卯酉，南風用甲庚，北風用乙辛二邊相見向西駛收。

第23條，自三腳大峙在西，四江在東甲庚卯酉相對。

第24條，自白峙仔下半路用寅申三更向西南駛收。

第25條，自大圈下半路南邊門上駛艮坤丑未三更向西南駛收。

第26條，自尾峙下半路用癸丁加一線子午二更向南駛收。

第27條，自三圈下半路用甲庚寅申六更向西南駛收。

第28條，自半路往干豆用癸丁五更半向東北駛收。

第29條，自大圈頭上往三圈南風用辰戌三更向東南駛□。

第30條，自老粗大門駛出四江門用乾巽辰戌二更向□□□□□相對。

第31條，自三腳門上駛往銀峙用子午壬丙平向北駛二邊相見。

第32條，自貓注往干豆用辰戌一線乙辛三更向西北駛收。

第33條，自三峙往貓注子午相對向南駛收。

第34條，自紅草門上貓興用乙辛一更半向東南駛收。

第35條，自四江門往貓興用甲庚四更半收。

第36條，自石塘往大圈用乾巽一更收。

第37條，自干豆往石塘用巳亥二更收。

第38條，自貓注往二圈用丁未二更半收。

第39條，自船坎尾往干豆用乙辛加卯酉三更收。

第40條，自紅草往石塘用寅申三更收。

第41條，自二圈往石塘用乾巽一更收。

第42條，自二圈往大圈用寅申一更收。

## （二）北海更路[共169條]

第1條，自白峙仔到雙峙駛乾巽巳亥平二十八更收。

第2條，自三圈往羅孔用乾巽駛二十八更收。

第3條，自雙峙往鐵峙駛子午癸丁平二更收。

第4條，自下峙沙仔到鐵峙沙排駛壬丙二線巳亥二更收。

第5條，自鐵峙[到]庫歸駛乙辛辰戌二更收。

第6條，自庫歸到三角駛乙辛辰戌五更收。

第7條，自三角到雙門駛乾巽二更收，回駛壬丙。

第8條，自雙門到斷節駛乙辛卯酉二更收，回乾戌收。

第9條，自斷節到牛車英駛乙辛二更收，回乾戌收。

第10條，自牛車英到腳拔駛乾巽三更收，回用壬丙。

第11條，自腳拔到石龍駛乙辛卯酉平二更收。

第12條，自石龍到魚鱗駛癸丁四更收。

第13條，自魚鱗到五風駛巳亥四更收。

第14條，自貢士沙到紅草沙排駛乙辛辰戌三更收。

第15條，自沙排到火哀駛乾巽二更收。

第16條，自火哀到三角駛乾巽四更收。

第17條，自紅草線排到紅草駛乙辛二更收。

第18條，自紅草到羅孔駛乙辛卯酉平五更收。

第19條，自羅孔到鱟藤駛乙辛卯酉二更收。

第20條，□紅草到五風駛乙辛辰戌□□□。

第21條，□□風到斷節駛壬丙四更收。

第22條，□□□□□□駛巳亥二更收。

[頁面缺損]

第39條，□□□□□石公厘駛子午□□□。

[頁面缺損]

第53條，自上戊至大銅□□□□□□□□。

第54條，自石盤至大銅銃駛甲庚□□□□□□□□□。

第55條，自黃山馬至勞牛勞□□□□□□□。

第56條，自勞牛勞到□□□□□□□□□□。

第57條，自稱鉤至石盤駛丑未□□□□□□□□□。

[頁面缺損]

第80條，自光星仔往大光星駛□□□□□□。

第81條，自大光星往石公厘駛乾巽□□□。

第82條，自大光星往海口沙駛子午四更收。

第83條，自紅草下鐵峙駛卯酉四更收。

第84條，自鳥仔峙回老沙 白峙仔駛癸丁丑未更收。

第85條，自女青石往無乜沙用丙兼巳五更收對東南。

第86條，自丹節往海口沙北風用癸丁十更。

第87條，自五百式往海口沙北風用午丁七更。

第88條，自紅草沙排下庫歸用丁未二更。

第89條，自半路往北海用乾巽二十八更，收貢士沙。

第90條，自三圈往北海向巳亥壬丙二十八更，收奈羅。

第91條，自奈羅北邊角下貢士沙用甲庚一更收。

第92條，自南邊奈羅角用乙辛駛下收貢士沙。

第93條，自雙峙沙仔下鐵峙沙排壬丙二線巳亥二更，又有犬殿沙一隻。

第94條，自魚鱗往鬣藤向子午四更收，回巳亥。

第95條，自那孔往五風向壬丙一更收，回向癸丁。

第96條，自紅草往火哀向子午一更收。

第97條，自火哀往三角用乾巽四更，回用□□□。

第98條，自斷節往雙擔向丙巳二更□□□□□。

第99條，自雙擔往鳥串向辛酉二更□□。

第100條，自斷節往鳥串向癸丁丑未二更收。

第101條，自斷節往五風向癸壬四更，回向壬丙。

第102條，自紅草沙排上紅線峙向乙卯一更□□戌字。

第103條，那孔往鬣藤向乙卯一更半收，回乾□。

第104條，鬣藤往魚鱗向巳亥四更收，回用子午。

第105條，魚鱗往東頭乙辛沙向乙辛三更收，回乾巽。

第106條，魚鱗往那孔向壬丙子午四更收，回乾巽巳亥。

第107條，魚鱗往石龍向壬丙四更收，回子午癸丁。

第108條，魚鱗往斷節向卯酉一更半收。

第109條，五風往斷節向壬丙四更收，回癸丁。

第110條，鐵峙往銅金峙仔向乾巽二更收。

第111條，銅金去銀鍋向乾巽二更收。

第112條，銀鍋往鳥串向乾巽巳亥六更收。

第113條，鐵峙沙往丑未沙向丑未半更收。

第114條，丑未往第三峙向辰巽二更收。

第115條，鐵峙往雙王沙仔向壬丙二更收。

第116條，雙王沙仔往黃山馬向壬丙一更，回用癸丁。

第117條，女青石往無乜沙向丙子午四更收。

第118條，無乜沙往目鏡用巽辰三更收，回用癸丁駛。

第119條，目鏡往深圈用庚申二更收。

第120條，光星仔往大光星向卯酉一更收。

第121條，大光星往石公厘向巳巽二更收，回用子午。

第122條，釘積往墨瓜線向丑未六更收。

第123條，秤鉤沙往六門用癸丁五更收。

第124條，荷那門往拔箕用壬丙四更收，回用癸丁。

第125條，六門往拔箕向壬丙巳亥四更收。



第126條，六門往石盤向辰戌二更收，回用乾巽。

第127條，荷那門往銅鐘向癸丁四更收。

第128條，銅鐘往海口沙向辰戌二線乾巽過頭三更。

第129條，海口沙往鍋蓋峙向寅申四更收。

第130條，海口沙頭上往銅銃仔向巳亥五更收。

第131條，銅銃仔往大銅銃向庚酉一更收。

第132條，大銅銃下弄鼻仔向辰戌駛二更收。

第133條，弄鼻仔下大弄鼻向卯酉一更收。

第134條，鳥峙仔往西頭乙辛沙向辛二線酉二更收。

第135條，石盤往上戌向乾亥平四更收。

第136條，上戌往銅銃仔向午四更收。

第137條，上戌往大銅銃向丁午四更半收。

第138條，銅銃仔回大秤鉤向寅申九更半收。

第139條，南蜜沙仔下勞牛勞向甲庚二更收。

第140條，勞牛勞往大秤鉤向巽辰三更收，回壬子。

第141條，銅鐘往大光星向子午二更收，回丑未。

第142條，荷樂門往深圈向巽辰三更收，回壬子。

第143條，第三往銀鍋向巽戌三更收，回壬子。

第144條，三角回銀鍋向乙辛駛三更收。

第145條，雙門回銀鍋向戌駛四更收。

第146條，紅草沙排往鐵峙向辛酉駛三更收。

第147條，銀鍋往高不向辰戌駛一更收。

第148條，三角往斷節向辰戌駛四更收。

第149條，勞牛勞往六門向丙午兼二線駛六更收（有風駛十×點鐘）

第150條，勞牛勞往石盤向丁未駛五更半收。

第151條，勞牛勞下上戊向申駛四更收。

第152條，荷樂門下六門向戌辛駛二更收。

第153條，雙門往鳥串向午二線丁駛二更收。

第154條，庫歸往銅金峙仔向午駛一更收。

第155條，南蜜往女青石峙仔向巽駛二更收。

第156條，南蜜峙下沙仔向辛戌駛半更，有二個沙仔。

第157條，南蜜峙到南蜜沙仔駛卯酉兼一線乙辛一更收。

第158條，南蜜有二個沙仔，壬丙對溝內亦過船。

第159條，秤鉤峙下大秤鉤向丁午駛一更收。

第160條，秤鉤峙往南蜜沙仔向子壬駛一更半收。

第16l條，無乜沙下荷樂門向申駛三更收。

第162條，黃山馬下南蜜沙仔向丁未駛一更收。

第163條，紅草沙排下貢士沙向戌乾駛三更收。

第164條，雙門往一沙駛巳亥兼一線壬丙二更向西北。

第165條，火哀回鐵峙駛乙辛辰戌三更收向西北。

第166條，一沙往火哀駛巳亥兼一線壬丙四更收向西北。

第167條，光星往石公釐向午駛二更收，回向癸丁。

第168條，銅銃下鳥仔峙駛甲庚兼二線卯酉四更收。

第169條，丑未下第三峙駛辰戌兼二線乙辛二更收對西南。

## （三）又東海更路[共49條]

第1條，自豐路峙仔去外羅用寅申十五更遠向西南。

第2條，自紅草門去雙帆用乾巽二更向東南。

第3條，自紅草門上去貓興用乙辛二更遠向東南。

第4條，自白峙仔[去]三圈用乙辛更。

第5條，自二圈上貓興用甲庚三更遠向東北。

第6條，自三峙下干豆用寅申過尾轉回乙辛三更。

第7條，自干豆頭去大潭門壬丙七更轉回巳亥五更收。

第8條，自干豆尾去大潭門子午八更轉回壬丙四更收。

第9條，自貓興去大潭門乾巽庚十六更半收。

第10條，自三峙去大潭門乾巽巳亥平十五更收。

第11條，自大圈北門出三腳子午庚。

第12條，自四江門去大圈駛乾巽過頭更收北風駛。

第13條，自二圈下大圈用寅申一更到頭北風駛。

第14條，自白峙仔過大圈頭用丁未平一更半南風。

第15條，大潭與七連乾巽巳亥對。

第16條，大潭與干豆壬丙巳亥對。

第17條，干豆與石塘壬丙巳亥對。

第18條，七連與干豆乙辛卯酉甲庚對。

第19條，七連與石塘艮坤對。

第20條，貓注與二圈丑未對。

第21條，貓注與三圈午丙巳對。

第22條，貓注與四江寅申對。

第23條，貓注與貓興辰戌乙辛對。

第24條，紅草與貓興乾巽辰戌對。

第25條，貓注與船岸尾乾巽辰戌對。

第26條，貓注與□□□□卯酉對。

第27條，貓興與□□□□卯酉對。

第28條，貓興與二圈寅申對。

第29條，貓興與三圈癸丁對。

第30條，三圈與二圈乾巽辰戌對。

第31條，三圈與大圈乙辛對。

第32條，三圈與自[白]峙仔卯酉對。

第33條，三圈與半路甲庚對。

第34條，二圈與四江乙辛對。

第35條，三腳與大圈北門午丁對。

第36條，白峙仔與大圈南邊門壬丙對。

第37條，白峙仔與二圈丁未對。

第38條，白峙仔與半路甲庚加寅對。

第39條，半路與大圈南邊門艮坤對。

第40條，貓興與白峙仔艮坤對。

第41條，半路與尾峙癸丁丑未對。

第42條，干豆與尾峙子午對。

第43條，船岸尾與二圈癸丁對。

第44條，三腳與老粗門乾巽辰戌對。

第45條，三腳與田富門乾巽巳亥對。

第46條，三腳與圈仔卯酉對。

第47條，艮峙門出入乾巽。

第48條，大州與干豆巳亥對。

第49條，自鳥峙去地盤用坤加二線申字十五更，轉回坤三十四更。





# 海南麥興銑存《注明東、北海更路簿》

## [去北海更路注明]

自半路峙過北海，用向巽辰三十二更收奈羅角。

自白峙仔過北海，用向巽辰巳三十更收奈羅 貢士沙。

自三圈過北海，用向巳二十八更收奈羅角，駛酉收貢士沙。

自奈羅 下峙去鐵峙，向午二更收或去沙排向丙亥過頭二更收。

自奈羅沙仔去鐵峙沙排向巳更半收。

自鐵峙去第三峙，向巳更收，回向子。

自第三峙去黃山馬，向午更半收。

自黃山馬去南乙峙，向丙一更收。

自南乙峙去稱鉤峙，向午丙二更收。

自稱鉤峙去稱鉤沙，向午丁一更收。

自鐵峙去丑未沙向坤二更半收。

自鐵沙去丑未，向未乙更收。

自丑未沙去雙王沙仔，向乙辰二更收，回向乾。

自丑未沙去第三峙，向辰巽二更收。

自丑丑未沙去黃山馬峙，向巽三更收，回亥壬。

自雙王去黃山馬峙，向丙二更收，或去黃山馬 東峙向巳。

自鐵峙去雙王沙仔，向丙更半收。

自南乙去女青石峙仔，向巽辰二更收。

自黄山馬去牛軛沙，向巽辰二更收，回向壬亥。

自黄山馬去勞牛勞沙，向寅申三更收。東西北生角。

自牛軛去目鏡沙四線壬丙文線巳亥九更半收。

自女青石峙仔去無乜沙，用壬丙五更收。

無乜沙去目鏡，用辰戌二線乾巽四更收，回乾巽巳亥。

自目鏡下去深匡，甲庚寅申二更收。

自無乜沙去深匡 用壬丙巳亥四更收。沙角駛下庚酉方。

自深匡去簸箕沙，用甲庚酉二更收。



自銅鐘去光星仔，用壬丙線巳亥二更，或大光星用子午。

自光星仔下大光星沙，用卯酉一更。

自大光星去石公厘沙，用巳亥二更收。

自光星仔去石公厘沙，用子午壬丙二更。

自石公厘去五百二沙，用子午癸丁更半收。

自五百二沙去丹積沙，用癸丁丑未三更半。

自丹積沙去墨瓜沙，用壬丙四更收。

自大光星去海口沙，用壬丙四更收。

自稱鉤沙去六門沙，用癸丁加子午五更收。

自稱鉤沙去無乜沙，用巽巳四更，或風東用巽巳收定。

自無乜沙下六門，用申兼式[弍]線庚三更。

自稱鉤沙去荷落門，用子午五更半。

自荷落門去簸箕，用壬丙四更收，回用癸丁。

自六門去簸箕，用巳亥四更半收，回用子午。

自六門去銅鐘，用子午壬丙四更。

自六門去海口沙，用單坤三更。

自六門去石盤，用乾巽辰戌一更半，回用乙辛。

自石盤去銅鐘，用乾巽兼貳線巳四更。

自荷落門下去六門，用乾巽辰戌一更收。

自荷落門去銅鐘，用癸丁四更收。

自銅鐘去海口沙，用辰戌三線乾巽過亥三更收。

自海口沙去鍋蓋峙，用寅申四更收。

自海口沙去銅銃仔，用巳亥三更半，或去大銅銃用乾巽。

自石盤去銅銃仔用申庚二線卯酉四更收。

自銅仔銃下大銅銃，用甲庚卯酉一更。

自大銅銃去弄鼻，用乙辛晨[辰]戌更半收。

自弄鼻仔下大弄鼻，用卯酉半更相見。

自大弄鼻下鳥仔峙用寅申二更。

自鳥仔峙下乙辛沙，用乙辛二線卯酉二更。

自石盤去上戊，用乾巽巳亥四更，回用辰戌。

自上戊去銅銃仔，用子午壬丙四更，或去銅銃用子午二線癸丁。

自勞牛勞去稱鉤沙，用乙辛辰戌三更收。

自勞牛勞去上戊，用寅申加三線甲庚。

自南乙沙仔[去]勞牛勞沙，用甲庚二更。

自荷落門去深圈，用乾巽辰戌三更。

自浪口回荷落門，用巳兼二線巽定。

自第三峙去銀餅沙，用乾巽辰戌二用[更]半，回用巳亥壬丙。

自銀餅下高環沙仔，用辰戌，上用乙辛卯酉。

自勞牛勞去六門，用壬丙巳亥六更半收，回用癸丁。或去石盤，用子午癸丁，荷落門用巳亥。

自鐵峙沙排去褲歸沙仔，用辰戌乙線乾巽二更半收。

自鐵峙沙排去第三峙，用子午壬丙二更，回向癸丁。

## 上東沙更路注明

自火哀下鐵峙，用辰戌三更收。

自奈羅角去紅草峙，用乾巽辰戌三更，回用壬丙巳亥。

自貢沙上去紅草沙排，用乙辛辰戌三更，回乾巽辰戌。

自鐵峙去褲歸沙仔，用乙辛辰戌二更半。

自褲歸去三角沙，用乙辛辰戌五更。

自紅草下去銀餅，用未三更收。

自紅草峙去鐵峙，用酉字三更。

自紅草沙排去鐵峙，用庚字二更。

自紅草沙排去火哀沙，用乾巽二更。

自火哀沙去三角沙，用乾巽四更，回用壬丙。

自三角沙去雙門沙，用乾巽二更。

自火哀去褲歸，用寅申二更收。

自火哀去銀餅，用艮三更收。

自雙門去斷節，用乙辛卯酉二更，回用辰戌。

自斷節去牛車英，用乙辛卯酉二更。

自牛車英去腳坡，用乾巽三更收，回用壬丙。

自腳坡去石龍，用乙辛卯酉二更。

自石龍去魚鱗，用癸丁四更，回壬丙。

自紅草沙排去紅草峙，用乙辛卯酉一更。

自紅草峙去五風沙，用乙辛辰戌五更收。

自紅草峙去羅孔峙，用乙辛卯酉五更，回用辰戌。

自五風沙去魚鱗沙用辰戌二線乾巽五更，回用丙巳亥。

自羅孔峙去五風，用壬丙一更，回用癸丁。

自紅草峙去火哀沙，用子午癸丁一更。

自斷節沙去雙擔，用壬丙巳亥二更收。

自雙擔去海公沙，用乾巽辰戌三更收。

自雙擔去鳥串沙，用乙辛卯酉二更收。

自雙門去鳥串沙，用子午二更。

自三角沙去銀餅，用辰戌四更收。

自三角沙去斷節，用辰戌四更。

自三角下銀餅沙，用乙辛三更。

自斷節去鳥串，用艮坤二線丑未二更半。

自羅孔峙去鬣藤，用乙辛卯酉二更。

自羅孔峙去魚鱗，用乾巽巳亥四更。

自鬣藤去魚鱗，用巳亥四更，回用子午。

自魚鱗去東頭乙辛，用乙辛三更，回用辰戌乾巽。

自魚鱗去斷節，用卯酉四更。

自五風去斷節，用壬丙巳亥四更，回用癸丁。

自鐵峙去銅金峙仔，用乾巽巳亥二更。

自銅金去銀餅，用乾巽巳亥二更。

自黃山馬峙去銀餅，用卯酉，回用乙辛。

自銀餅去鳥串，用乾巽辰戌六更收。

自銀餅去牛軛，用癸丁收。

自銀餅去南乙峙，用寅申收。

自丑未沙去勞牛勞用癸丁對。

自一線去三角，用艮坤一更。

自奈羅峙回東海，癸丁壬丙巳亥三十更收白峙仔。

自西頭乙辛沙回東海，用巳亥四十二更收三圈，或收白峙仔。

自西頭乙辛下洋，用艮坤六十五更，地盤 東竹馬，外打水三十四托，內打水二十三、四托，到馬東竹西中門過，用癸丁六更收。白石口燈用庚酉三更。

## 自大潭門去大州更路

自大潭門去大州，用午丁三更。

自大州去外羅，用癸丁二十四更。

自外羅去馬豆青，用壬丙九更。

自馬豆青去落安頭，用巳亥十二更。

自落安頭去崑崙，用未來[？]十八更。

自崑崙去東竹，用癸丁四十更。

自東竹去白石鶴，用癸丁六更。

自白石鶴去星加坡，用甲庚卯酉三更收。

自崑崙去珍事，用甲庚九更收。

自珍事去大橫，用乾巽九更半收。

自珍事去過造，用乙卯三十更收。

自大橫去雲湯，用子午五更收。

自大橫去過造，用乙辛卯酉二十三更收。

自小橫去雲湯，用艮坤三吏收。

自珍事去芭蕉峙，用壬丙六更收。

自大橫去過造，用甲庚卯酉十八更收。

自珍事去初背，用卯酉三十更收。

## 自大潭門去東海更路

自大潭門去東海，用乾巽十五更取船岩。

自七運 三峙去三圈，用壬丙巳亥四更半收，回用癸丁。

自三峙去二圈，用丑未二更半。

自三峙去干豆，用乙辛卯酉三更半收。

自三峙下石塘，用寅申三更半收。

自四江門去二圈，用乙辛二更。

自四江門去大圈，用乾巽過頭一更。

自二圈下大圈，用寅申更半收。

自大圈門去白峙仔，用壬丙二線巳亥一更。

自大圈門去半路峙，用艮坤三更。

自白峙仔去半路，用寅申三更，南風用艮坤。

自大圈尾去半路，用丑未三更收。

自三圈 壬丙郎下二圈，用更庚三更。

自尾峙去半路，用癸丁三更。

自銀峙去干豆，用壬丙三更。

自四江門去貓頭峙，用甲庚四更。

自貓興去三圈，用癸丁三更。

自銀峙出土了，用乾巽出門。

## 海口流水薄[簿]

正月

初一日寅時流東，午時退西。

初二、三日卯時流東，未時退西。

初三日卯時尾流東、初四日晨[辰]時頭流東。申時退西。

初六、七、八日伏流。

初九日戌時流東，寅時尾退西。

初十日亥時流東，卯時頭退西。

十一日亥時流東，卯時尾退西。

十二、三日子時頭、尾流東。辰時十二日頭退西，十三日尾退西。

十四日丑時頭流東，巳時頭退西。

十五日丑時尾流東，巳時尾退西。

十六日寅時頭流東，午時頭退西。

十七日寅時尾流東，午時尾退西。

十八日卯時流東，未時退西。

十九日晨[辰]時流東，申時退西。

二十一日伏流。

二十二、三日戌時尾流東，寅時退西。

二十四日亥時尾流東，卯時頭退西。

二十五日亥時尾流東，卯時尾退西。

二十六日子時頭流東，晨[辰]時頭退西。

二十七日子時尾流東，晨時尾退西。

二十八日丑時頭流東，巳時頭退西。

二十九日丑時尾流東，巳時尾退西。

三十日寅時頭流東，午時頭退西。



二月

初一日寅時尾流東，午時尾退西。

初二日卯時頭流東，未時頭退西。

初三、四、五日俱伏。

初六、七日酉時頭、尾流東，丑時頭、尾退西。

初八、九戌時頭、尾流東，寅時頭、尾退西。

初十、一日亥時頭、尾流東，卯時頭、尾退西。

十二、三日子時頭、尾流東，辰時頭、尾退西。

十四日子時尾流東，辰時尾退西。

十五、六日丑時頭、尾流東，巳時頭、尾退西。

十七日寅時頭流東。

十八日至二十日俱伏流。

二十一日酉時流東，丑時退西。

二十二、三日戌時流東，寅時退西。

二十四、五日亥時流東，卯時退西。

二十六、七日子時流東，辰時退西。

二十八、九日丑時流東，巳時退西。

三十日寅時流東，午時退西。

三月

初一、二日俱伏流。

初三日申時流東，子時退西。

初四、五日酉時流東，丑時退西。

初六、七日戌時流東，寅時退西。

初八、九日亥時流東，卯時退西。

初十、[十]一日子時流東，辰時退西。

十二、三日丑時流東，亥時退西。

十四、五日寅時流東，子時退西。

十六、七日俱伏流。

十八日申時流東，子時退西。

十九日酉時流東，丑時退西。

二十一、二日戌時流東，寅時退西。

二十三、四日亥時[流東]，卯時退西。

二十五日亥時流東，卯時退西。

二十六、七日子時流東，辰時退西。

二十八日丑時流東，巳時退西。

二十九日俱伏流。

四月

初一日申時流東，子時退西。

初二、三日酉時流東，丑時退西。

初四、五日戊時流東，寅時退西。

初六、七日亥時流東，卯時退西。

初八、九日子時流東，辰時退西。

初十、[十]一日丑時流東，巳時退西。

十二、三、四日俱伏流。

十五日未時流東，亥時退西。

十六、七日申時流東，子時退西。

十八、九日酉時流東，丑時退西。

二十、l[二十一]戊時流東，寅時退西。

二十二、三日亥時流東，卯時退西。

二十四、五日子時流東，辰時退西。

二十六、七日丑時流東，巳時退西。

二十八、九日俱伏流。

三十日未時流東，亥時退西。

五月

初一、二日申時流東，子時退西。

初三、四日酉時流東，丑時退西。

初五、六日戌時流東，寅時退西。

初七、八日戌時流東，卯時退西。

初九、十日俱伏流。

十一、二日午時流東，戌時退西。

十三、四日未時流東，亥時退西。

十五、六日申時流東，子時退西。

十七、八日酉時流東，丑時退西。

十九、二十日戌、亥時流東，寅、卯時退西。

二十一、二日亥時流東，卯時退西。

二十三、四日伏流。

二十五、六日卯時流東，戌時退西。

二十七、八日午時流東，亥時退西。

二十九、三十日未時流東，子時退西。

六月

初一、二日申時流東，丑時退西。

初三、四日酉時流東，寅時退西。

初五、六日戌時流東，卯時退西。

初七、八日亥時流東，辰時退西。

初九、十日伏流。

十一、二日午時流東，戌時退西。

十三、四日未時流東，亥時退西。

十五、六日申時流東，子時退西。

十七、八日酉時流東，丑時退西。

十九、二十日戌時流東，寅時退西。

二十一、二日亥時流東，卯時退西。

二十三、四日伏流。

二十五、六日午時流東，戌時退西。

二十七、八日未時流東，亥時退西。

二十九、三十日申時流東，子時退西。

七月

初一、二日酉時流東，丑時退西。

初三、四日戌時流東，寅時退西。

初五、六日亥時流東，卯時退西。

初七、八日伏流。

初九、十日巳時流東，酉時退西。

十一、二日午時流東，戌時退西。

十三、四未時流東，亥時退西。

十五、六日申時流東，子時退西。

十七、八日酉時流東，丑時退西。

十九、二十日戌時流東，寅時退西。

二十一、二日伏流。

二十三、四日辰時流東，申時退西。

二十五、六日巳時流東，酉時退西。

二十七、八日午時流東，戌時退西。

二十九、三十日未時流東，亥時退西。

八月

初一、二日申時流東，子時退西。

初三、四日酉時流東，丑時退西。

初五、六日俱伏流。

初七、八日卯時流東，未時退西。

初九、十日辰時流東，申時退西。

十一、二日巳時流東，酉時退西。

十三、四日午時流東，戌時退西。

十五、六日未時流東，亥時退西。

十七、八日申時流東，子時退西。

十九、二十日伏流

二十一、二十二日卯時流東，未時退西。

二十三、四日辰時流東，申時退西。

二十五、六日巳時流東，酉時退西。

二十七、八日午時流東，戌時退西。

二十九、三十日未時流東，亥時退西。

## 九月

初一、二日俱伏流。

初三、四日卯時流東，未時退西。

初五、六日辰時流東，申時退西。

初七、八日巳時流東，酉時退西。

初九、十日午時流東，亥時退西。

十一、二日未時流東，亥時退西。

十三、四日申時流東，子時退西。

十五、六日俱伏流。

十七、八日戌時流東，寅時退西。

十九、二十日寅時流東，午時退西。

二十一日卯時流東，未時退西。

二十二、三日辰時流東，申時退西。

二十四、五日巳時流東，酉時退西。

二十六、七日午時流東，戌時退西。

二十八、九，三十日俱伏流。

## 十月

初一日丑時流東，巳時退西。

初二、三日寅時頭、尾流東，午時頭、尾退西。

初四、五日卯時頭、尾流東，未時頭、尾退西。

初六、七日辰時頭、尾流東，申時頭、尾退西

初八、九日巳時頭、尾流東，酉時頭、尾退西。

初十、十一日午時頭、尾流東，戌時頭、尾退西。

十二、三、四日俱伏流。

十五、六日丑時頭、尾流東，巳時頭、尾退西。

十七、八日寅時頭、尾流東，午時頭、尾退西。

十九、二十日卯時頭、尾流東，未時頭、尾退西。

二十一、二日辰時頭、尾流東，申時頭、尾退西。

二十三、四日巳時頭、尾流東，酉時頭、尾退西。

二十五日午時頭、尾流東，戌時頭、尾退西。

二十六、七日伏流。

二十九、三十日丑時頭、尾流東，戌時頭、尾退西。

十一月

初一、二日寅時頭、尾流東，巳時頭、尾退西。

初三、四日卯時頭、尾流東，午時頭、尾退西。

初五、六日辰時頭、尾流東，未時頭、尾退西。

初七、八日巳時頭、尾流東，申時頭、尾退西。

初九日子時頭、尾流東，戌時頭、尾退西。

初十、十一、十二日俱伏流。

十三日子時頭、尾流東，辰時頭、尾退西。

十四、十五[日]丑時頭、尾流東，巳時頭、尾退西。

十六、十七日寅時頭、尾流東，午時頭、尾退西。

十八、十九日卯時頭、尾流東，未時頭、尾退西。

二十、二十一日辰時頭、尾流東，申時頭、尾退西。

二十二、二[十]三日巳時頭、尾流東，酉時頭、尾退西。

二十四、二十五、二十六日俱伏流。

二十七、二十八日子時頭、尾流東，辰時頭、尾退西。

十二月

初一、二日寅時頭、尾流東，午時頭、尾退西。

初三、四日卯時頭、尾流東，未時頭、尾退西。

初五、六日辰時頭、尾流東，申時頭、尾退西。

初七日巳時頭、尾流東，酉時頭、尾退西。

初八、九、十日俱伏流。

十一日寅時頭、尾流東，卯時頭、尾退西。

十二、三日子時頭、尾流東，辰時頭、尾退西。

十四、五日丑時頭、尾流東，巳時頭、尾退西。

十六、七日寅時頭、尾流東，午時頭、尾退西。

十八、九日卯時頭、尾流東，申時頭、尾退西。

二十、二十一日辰時頭、尾流東，申時頭、尾退西。

二十二、三、四日俱伏流。

二十五、六日亥時頭、尾流東，卯時頭、尾退西。

[二十六、七日子時頭、尾流東，寅時頭、尾退西]

二十七、八日子時頭、尾流東，寅時頭、尾退西。

二十九、三十日丑時頭、尾流東，辰時頭、尾退西。

——引自華南師範學院地理系劉南威等編《更路簿》油印本，1981年12月。



# 海南李根深執《東海、北海更流部［簿］》

## 自東海過北海更路

自半路峙過北海用向巽辰三十二更收奈羅角。

自白峙仔過北海用向巽巳三十更奈羅 貢士沙。

自三圈過北海用向巳二十八更收奈羅角，駛西收貢士沙。

自奈羅 下峙去鐵峙向午二更收，或去沙排向丙亥過頭二更。

自奈羅沙仔去鐵峙沙排巳亥更半。

自鐵峙去第三峙向巳二更收，回子午。

自第三峙去黃山馬峙向午更半收。

自黃山馬去南乙峙向丙一更收。

自南乙峙去稱鉤峙向午丙二更。

自稱鉤峙去稱鉤沙向午子丁一更。

自鐵峙去丑未沙向坤二更半收。

自鐵沙去丑未向未乙更收。

自丑未沙去雙班沙仔向乙辰二更收，回向乾。

自丑未沙去第三峙向辰巽二更收。

自丑未沙去黃山馬峙向巽三更收，回亥壬。

自丑未去黃山馬峙向丙二更收，或黃山馬 東峙向巳。

自鐵峙向雙班沙仔向丙更半收。

自南乙去女青石峙向巽二更收。

自黃山馬去牛軛沙向巽辰二更，回向壬丙亥。

自黃山馬去勞牛勞沙向寅申三更收，東西北生角。

自牛軛去目鏡沙回線壬丙六線巳亥九更半收。

自女青石峙仔去無乜沙用壬丙五更。

自無乜沙去目鏡用辰戌二線乾巽四更收，[回]乾巽巳亥。

自目鏡去深圈甲庚寅申二更收。

自無乜沙去深匡用壬丙巳亥四更收，沙角駛下庚酉方。

自深圈去簸箕沙用庚寅申二更收。

自簸箕去銅銃用寅申更半收。

自銅銃去光星仔用壬丙一線巳亥二更，或去大光星用午子。

自光星仔下大光星沙用卯酉一更。

自大光星去石公厘沙用巳亥二更收。

自光星仔去石公厘沙角用子午壬丙二更。

自石公厘去五百二沙用子午癸丁更半收。

自五百二沙去丹積沙用癸丁丑未三更收。

自丹積沙去墨瓜沙用壬丙四更收。

自大光星去海口沙用壬丙四更收。

自稱鉤沙去六門沙用癸丁加子午[？]更收。

自稱鉤沙去無乜沙用巽巳四更，或東風用巽兼巳定收。

自無乜沙下[荷]落門用申兼弍線庚三更。

自稱鉤沙去荷落門用子午五更半。

自荷落門去簸箕用壬丙四更收，回用癸丁。

六門去簸箕用巳亥四更半收，回用子午。

自六門去銅銃用子午壬丙四更。

自六門去海口沙用坤兼二線未三更。

自六門去石盤用乾巽辰戌一更半，回用乙辛。

自石盤去銅銃用乾巽兼二線巳四更。

自荷落門去六門用乾巽辰戌一更收。

自荷落門去銅鐘用癸丁四更收。

自銅鐘去海口沙用辰戌線三乾巽頭過三更收。

自海口沙去鍋蓋峙用寅申四更收。

自海口沙去銅鐘仔用巳亥三更半，或去大銅鐘乾巽。

自石盤去銅鐘仔用申庚二線卯酉四更收。

自銅銃仔下大銅銃用甲庚卯酉一更。

自大銅銃去弄鼻用乙辛辰戌更半收。

自弄鼻仔下大弄鼻用卯酉半更相見。

自大弄鼻下鳥仔峙用寅申二更。

自鳥仔峙下乙辛沙用乙辛二線卯酉二更。

自石盤去上戊用乾巽巳亥四更，回用辰戌。

自上戊去銅鐘仔用子午壬丙四更，或去銅銃仔用二線丁癸。

自勞牛勞去稱鉤用乙辛辰戌三更收。

自勞牛勞去上戊用寅申加三線四更半甲庚寅申相對。

自南乙沙仔去勞牛勞沙用甲庚二更。

自荷落門去深圈用乾巽辰戌三更，用巳兼二線巽自浪口回荷落門。

自第三峙去銀并沙用乾巽辰戌二更半，回用巳亥壬丙。

自銀并下高杯沙仔用辰戌，上用辛卯酉。

自勞牛勞去六門用壬丙六更半收，回癸丁，或去荷落門用巳亥，石盤癸丁。

自鐵峙沙排去庫歸仔用辰戌乙線乾巽二更半收。

自鐵峙沙排去第三峙用子午壬丙二更，回向癸丁。

## 上東頭沙更路注明

自火哀下鐵峙用辰戌三更收。

自奈羅角去紅草峙用乾巽辰戌三更，回用壬丙巳亥。

自貢士沙去紅草沙排用乙辛辰戌三更，回乾巽辰戌。

自鐵峙去庫歸沙仔用乙辛辰戌二更半。

自庫歸去三角沙用乙辛辰戌五更。

自紅草去銀鍋用未三更收。

自紅草峙去鐵峙用酉字三更。

自紅草沙排去鐵峙用庚二更。

自紅草沙排去火哀沙用乾巽二更。

自火哀沙去三角沙用乾巽四更，回用壬丙。

自三角沙去雙門沙用乾巽二更。

自火哀去庫歸用寅申二更收。

自火哀去銀鍋用艮坤三更收。

自雙門去斷節用乙辛卯酉二更，回用辰戌

自斷節去牛車英用乙辛卯酉二更。

自牛車英去腳坡用乾巽三更收，回用壬丙。

自腳坡去石龍用乙辛卯酉二更。

自石龍去魚鱗用癸丁四更，[回用]壬丙。

自紅草沙排去紅草峙用乙辛卯酉一更。

自紅草峙去五風沙用乙辛辰戌五更收。



自紅草峙去那孔峙用乙辛卯酉五更，回用辰戌。

自五風沙去魚鱗沙用辰戌二線乾巽五更，回用壬丙巳亥。

自那孔峙去五風用壬丙一更，回癸丁。

自紅草峙去火哀沙用子午癸丁一更。

自斷節沙去雙擔用壬丙巳亥二更收。

自雙擔去海公沙用乾巽辰戌三更收。

自雙擔去鳥串沙用乙辛卯酉二更收。

自雙門去鳥串沙用子午二更。

自雙門去銀鍋用辰戌四更收。

自三角沙去斷節用辰戌四更。

自三角下銀并沙用乙辛三更。

自斷節去鳥串用艮坤二線丑未二更半。

自那孔峙去歐典用乙辛卯酉二更。

自那孔峙去魚鱗用乾巽巳亥四更。

自歐典去魚鱗用巳亥四更回。

自魚鱗去東頭乙辛用乙辛三更，回用乾巽辰戌。

自魚鱗去斷節用卯酉四更。

自五風去斷節用壬丙巳亥四更回。

自鐵峙去銅金峙仔用乾巽巳亥二更。

自銅金去銀并用乾巽巳亥二更。

[自銅金去銀并用乾巽巳亥二更]

自黄山馬峙去銀并用卯酉，回用乙辛。

自銀并去鳥串用乾巽辰戌六更收。

自奈羅峙回東海用癸丁壬丙三十更收白峙仔。

自西頭乙辛沙回東海用癸丁四十二更，收二匡或收白峙仔。

自西頭乙辛沙下洋，用艮坤六十五更地盤 東竹，馬外打水三十四托，內打二十三或二十四托，到馬東 西竹中門過，用癸丁六更收，自石口燈用庚酉三更。

## 自潭門去東海更路

自去七連峙用乾巽駛至十二更潮回巳亥十五更更收。

自七連 三峙去三匡用壬丙巳亥三更半收，回用癸丁。

自三峙去二匡用丑未二更半收。

自三峙去干豆用乙辛三更半，回用甲庚。

自三峙去石塘，銀峙門入，用寅申三更半收。

自四江門去二圈用乙辛加戊二更，或大圈用乾巽過頭一更。

自大匡門去白峙仔用壬丙二線巳亥一更。

自大匡門去半路峙用艮坤三更。

自白峙仔去半路峙用寅申三更，南風用坤未。

自尾峙去半路用癸丁三更。

銀峙去干豆用壬丙子午三更。

自四江門去貓興峙甲庚四更。

貓興去三圈用癸丁三更。

## 自安南去遇[過]造更路法程

自真仕去大橫駛辰戌加二線乾巽對西北向九更半收。

自大橫去小橫駛乾巽對西北向四更收。

自小橫去雲湯駛癸丁加丑未對三更好。

自真仕去過造駛乙辛向四十更加收。

自大橫去告造駛乙辛卯酉向二十三更收。

自小橫去告造駛甲卯酉向十八更收。

自雲湯去告造駛甲庚卯酉向十九更收。

自崑崙去地盤駛癸丁向三十七更收。

自東竹去白石鶴燈駛癸丁向六更收。

自桶盤峙去東帽洲駛乾巽向八更收。

自銀鍋去五軛沙用癸丁收。

自銀鍋去南乙峙用寅申收。

自丑未沙去勞牛勞癸丁對。

### 廣洲[州]更路

自干豆去龍古子午壬丙相對十五更。

自龍古去七洲丑未相對二更。

自七洲去三將手馬丑未二線癸丁相對十一更

自三將手去一隻馬仔用寅申二線甲庚有更半遠。

自馬仔去倒洲馬寅申二線甲庚三更自馬溝內過即是三洲塘馬。

自倒州去廣州門子午相對更半遠。

自門上報關室辦更半遠。

——引自華南師範學院地理系劉南威等編《更路簿》油印本，1981年12月。



## 海南蒙全洲口述《去西、南沙的水路簿》

【引書舉要】

以下蒙全洲口述《去西、南沙的水路簿》，及蘇德柳、盧洪蘭、李魁茂、彭正楷等《水路簿》綜述，爲廣東省博物館何紀生、海南文化局麥穗等根據其1974年搜集的海南《更路簿》數種整理而成；載於廣東省地名委員會《南海諸島地名資料彙編》，廣東省地圖出版社1987年版。廣東省博物館另藏有蘇德柳等《更路簿》的油印本。

### 東北風

自清瀾去七連用乾巽兼巳亥西線十六更。

自貓注去貓興用乙辛二更。

自貓興去三圈用癸丁三更。

自貓注去三圈用壬丙四更。

自貓注去大圈用乾巽四更。

自貓注去二圈用丑未三更。

自大圈去白峙仔用壬丙一更。

自白峙仔去半路用寅申三更。

自大圈去半路用寅申二更半。

自白峙去三圈用卯酉四更。

自貓注去石塘用寅申10[十]更。

自貓注去干豆用乙辛四更。

自干豆去銀峙用巳亥三更。

自三圈去奈羅（雙峙）用乾巽兼巳亥二十八更。

自白峙仔往雙峙用巳亥二十六更。

自雙峙往鐵峙用午丁二更。

自鐵峙往第三峙用巳亥二更。

自第三峙去黃山馬用子午二更。

自黃山馬去南乙用壬丙一更。

自南乙去秤鉤峙用子午二更。

自稱鉤峙去大秤鉤沙用癸丁一更。

自大秤鉤沙去惡落門用子午四更。

自惡落門去銅鐘用癸丁四更。

自銅鐘去光星仔用壬丙一更。

自光星仔去石公厘用子午二更。

自光星仔去大光星用乙辛兼卯酉一更。

自石公厘去海口沙用子午兼壬丙四更。

自海口沙去銅銃仔用巳亥三更。

自銅銃仔去大銅銃用甲庚一更。

自大銅銃去弄鼻仔用辰戌二更。

自大銅銃去大弄鼻用乙辛二更。

自大弄鼻去鳥仔峙用寅申二更。

自鳥仔峙去乙辛沙用乙辛兼卯酉二更。

自黃山馬去撈牛撈用寅申兼甲庚三更。

自撈牛撈去六門用壬丙兼巳亥五更。

自六門去銅鐘用子午四更。

自銅鐘去海口沙用乾巽兼辰戌四更。

自撈牛撈去七星峙用乙未四更半。（峙名、更向不確，疑筆記錯誤）

自黃山馬去牛軛用乾巽三更。

自牛軛去女星石用艮坤一更。

自牛軛去目鏡用壬丙兼巳亥九更。

自女星石去無乜沙用壬丙兼子午四更。

自無乜沙去深圈用壬丙兼巳亥四更。

自無乜沙去目鏡用辰戌三更。

自目鏡去深圈用寅申二更。

自六門去石盤用乾巽二更。

自石盤[去]上域用乾巽兼巳亥四更。

自上域去銅銃仔用子午四更。

自上域去銅銃用癸丁四更。

自雙峙去紅草沙排用辰戌三更。

自沙排去紅草用乙辛一更半。

自沙排去火哀用乾巽二更。

自火哀去三角用乾巽三更。

自三角去雙門用乾巽二更。

自雙門去斷節用乙辛兼卯酉二更。

自斷節去隻[雙]擔用巳亥二更。

自雙擔去海公用乾巽兼辰戌三更。

自雙擔去鳥串用乙辛二更。

自鳥串去銀餅用巳亥四更。

自銀餅去高佛用辰戌二更。

自銀餅去黄山馬用乙辛二更。

自銀餅去牛軛用壬丙二更。

自紅草去五風用辰戌四更。

自五風去斷節用壬丙兼巳亥四更半。

自斷節去牛車英用乙辛二更。

自牛車英去腳拔用乾巽三更。

自腳拔去石龍用乙辛二更。

自石龍去魚鱗用□□□□□□□□癸丁四更。

自五風頭去魚鱗用壬丙兼巳亥五更。

自紅草去羅孔用卯酉五更。

自羅孔去鬣藤用甲庚兼卯酉二更。

自魚鱗去鬣藤（淺海）用壬丙兼巳亥四更。

自魚鱗去羅孔用壬丙五更。

自魚鱗去斷節用卯酉二更。

自魚鱗去五風用乙辛兼辰戌四更半。

自魚鱗頭去乙辛用乙辛三更。

自羅孔去五風用丙字一更。

自羅孔去紅草用乙辛四更半。

自鍋蓋峙去大銅銃用丑未兼癸丁六更。

自鐵峙去丑未用癸丁一更。

自丑未去黃山馬用乾巽四更。

自丑未去第三峙仔用乙辛兼辰戌二更。

自雙峙去紅草用寅申四更。

自撈牛撈去西北角用乾巽兼辰戌二更。

自南乙去銀餅用甲庚二更半。

自南乙沙去撈牛撈用甲庚三更。

自紅草去鐵峙用甲庚三更半至四更。

（日夜駛八至九更船）

——麥穗整理。引自廣東省地名委員會

《南海諸島地名資料彙編》，第122~123頁。





# 蘇德柳、盧洪蘭、李魁茂、彭正楷等《水路簿》綜述

## 第一部分：西沙群島

（1）（二・32）　自二壙去三壙用乾巽辰戌，二更半收。

（三・23）　二圈與三圈辰戌二更半對。

（2）（一・17）　自二圈去干豆用乾巽，四更半收。對西北。

（二・30）　自二壙去干豆用乾巽兼巳亥，四更收

（3）（一・9）　自二圈下下峙用辰戌，一更收。對西北。

（4）（一・26）　自二圈下大圈用寅申，一更收。對西。

（二・27）　自二壙去大壙用甲庚寅申，一更收。

（三・21）　二圈與大圈艮坤半更對。

（四・17）　自二圈往大圈用寅申，一更收。

（5）（三・24）　二圈與太籠（太籠即大椰）卯酉更半對。

（6）（三・20）　二圈與世江辰戌更半對。

（7）（二・23）　自二壙去石塘（用）乾巽，一更半收。

| | |
|---|---|
| （二・29） | 自二壙去石塘用乾巽，一更半收。 |
| （四・16） | 自二圈往石塘用乾巽，一更半收。 |
| （8）（一・20） | 自二壙去白峙仔用丑未，更半收。對南。 |
| （二・28） | 自二壙去白峙仔用丑未，二更半收。 |
| （三・22） | 二圈與白峙仔癸丁更半對。 |
| （9）（二・33） | 自二壙去貓興用甲庚寅申，三更半收。 |
| （10）（二・2） | 自七連峙去三圈用壬丙巳亥，三更半收。回用癸丁。 |
| （11）（一・4） | 自三峙下二圈用癸丁丑未，平二更半收。 |
| （二・3） | 自三峙去二圈用向丑未，二更收。 |
| （12）（一・5） | 自三峙上三圈用壬丙巳亥，平四更收 |
| （13）（一・2） | 自三峙下干豆南風甲庚，北風乙辛，三更收。對西駛。 |
| （二・4） | 自三峙去干豆用向乙辛，三更半收。回用北風甲庚，南風乾巽。 |
| （14）（二・15） | 自三峙去大壙用艮坤，四更收。 |
| （15）（二・62） | 三峙回大潭用乾巽，十五更收。 |
| （16）（一・3） | 自三峙下石塘用艮坤寅申，三更半收，對西南。 |
| （二・5） | 自三峙去石塘用向寅申，三更半收。 |
| （17）（二・14） | 自三峙去船嵌尾，乙辛相對。 |
| （18）（二・13） | 自三峙去貓興用乙辛，二更收。 |

**【何紀生按】**

1974年和1975年春，廣東省博物館和海南行政區文化局的考古人員先後兩次到西沙群島進行文物調查。訪問了許多海南島漁民。1974年冬又到海南島瓊海縣潭門公社和文昌縣鋪前、龍樓等地，調查有關“水路簿”和海南島漁民在西、南沙群島航海、生產、居住等方面的歷史情況。其間我們徵集到一批《水路簿》手抄本、一幅《航海圖》和一些早年使用的航海羅盤。各手抄本的內容大體相同，現挑選4本全文介紹。此外我們依據老漁民的口述資料，並參閱海南行政區水產局、國營南海水產公司、海南水產研究所、廈門大學南洋研究所、瓊海縣革命委員會調查組等單位的調查記錄和其他調查資料，將海南島漁民在西、南沙群島近百年來的活動情況作一概略介紹，供研究《水路簿》時參考。

（19）（二・16）　自三峙去貓興用子午相對。

（三・5）　三峙與貓注午丙一更相對。

（四・8）　自三峙往貓注子午相對，向南駛收。

（20）（二・26）　自三壙去干豆用乾巽巳亥，六更收。

（21）（二・24）　自三壙去大壙用乙辛，三更收。

（三・28）　三圈與大圈乙辛三更對。

（22）（三・51）　三圈與北海壬丙巳亥，二十八更。

（23）（一・27）　自三圈下白峙仔用甲庚卯酉，五更。對西。

（二・22）　自三壙去白峙仔（用）卯酉，二更半收。

（24）（一・19）　自三圈去半路用甲庚，六更半。對西南。

（二・44）　自三壙去半路用甲庚寅，六更收。

（四・2）　自三圈下半路用甲庚寅申，六更。向西南駛收。

（25）（二・25）　自三壙去貓興用丑未，三更收。

（26）（三・33）　三腳與大圈尾癸丁丑未，更半。

（27）（二・36）　自三腳去老粗用辰戌一更收。

（三・35）　三腳與老粗乾巽辰戌，半更。

（28）（二・37）　自三腳去全富用巳亥，一更收。

（29）（三・34）　三腳與圈仔頭甲庚卯酉，半更。

（30）（二・38）　自三腳去銀峙用子午，一更收。

（四・6）　自三腳門上駛往銀峙用子午壬丙平，向北駛，二邊相見。

（31）（三・18）　干豆與二圈乾巽巳亥，四更半對。

（32）（二・63）　自干豆尾回大潭門用子午，七更

四個手抄本和一幅航海圖的簡要情況是：

①蘇德柳抄本（簡稱《蘇本》）。蘇德柳是瓊海縣 潭門公社 草塘大隊 上教村人，生於1919年。他家世代相傳到西、南沙群島做海爲生，蘇德柳本人12歲就跟父親出海，50多年來，航遍西、南沙海域。在瓊海、文昌漁民中有很高聲望。《蘇本》是蘇德柳1921年13歲時手抄。底本由其父向文昌縣清瀾港某漁民借得。手抄本無總的書名，由8篇文章組成。全文8 000餘字。第四、五、八篇無標題，其他五篇是：第一篇《立東海更路》，29條；第二篇《立北海各線更路相對》，116條；第三篇《駛船更路定例》；第六篇《自新洲去西寺更度》，7條；第七篇，《自星洲去吧里更路》，14條。

②盧洪蘭抄本（簡稱《盧本》）。盧洪蘭和蘇德柳同村人，生於1900年，盧自小做海，當過多年船長，到過東南亞許多港口，對西、南沙群島歷史掌故頗熟悉，惜耳聾難於深淡[談]。《盧本》也是50年前手抄，共2篇：第一篇《自大潭門去東海更路》，66條；第二篇《自東海過北海更路》，120條。

③李魁茂抄本（簡稱《李本》）。李魁茂是瓊海縣 潭門公社 草塘大隊 草塘村人。《李本》僅有《東海更路》一篇，53條，由其父早年留下。

④彭正楷抄本（簡稱《彭本》）。彭正楷是潭門公社 潭門大隊人，1901年生。他家也是世代做海爲生，彭正楷本人14歲開始做海，20多歲時到過南沙。曾經住島多年，並長期擔任船長。《彭本》只2篇，第一篇《東海更路》，殘留17條；第二篇《北海更路》，有200條，爲50年前手抄。

轉回壬丙，九更收。

(33)（四·12） 自干豆往石塘用巳亥，二更收。

(34)（三·40） 干豆與外羅艮坤寅申，十七更半。

(35)（三·41） 干豆與半路午丁，七更半對。

(36)（三·16） 干豆與老粗子午兼丙，二更半對。

(37)（三·47） 干豆與行籠頭（即牙礱頭）乾巽辰戌對，十二更。

(38)（三·17） 干豆與尾峙子午三更相對。

(39)（二·61） 自干豆頭下銀峙用午丙，三更收。

（三·15） 干豆與銀峙壬丙二更半相對。

(40)（二·66） 自干豆頭南風駛上貓注用乾巽辰戌，三更半收。

（三·19） 干豆與貓注乙辛四更對。

(41)（三·39） 下峙與外羅甲庚寅申，十六更。

(42)（三·48） 大州與七連乾巽兼一線巳亥，十四更。

(43)（二·55） 自大州去干豆用巳亥相對，十一更收。

（三·49） 大州與干豆巳亥十一更半對。

(44)（三·50） 大州與半路壬丙十八更對。

(45)（四·4） 自大圈頭上往三圈南風用辰戌，三更，向東南駛收。

(46)（二·59） 自大壙北邊門駛回三腳用午丁，更半收。

(47)（三·38） 大圈與外羅甲庚，十五更對。

(48)（一·21） 自大圈頭下白峙仔用子午一更收。對南。

（二·57） 自大壙門上駛壬丙巳亥頭上。去白峙仔駛子午，二更收。

（三・26）　大圈與白峙仔壬丙一更對。

（49）（一・16）　自大圈下去半路用艮坤加二線丑未，三更。對西南。

（二・7）　自大圈門去半路峙用向艮坤，三更。

（三・25）　大圈與半路坤兼一線申，三更半。

（50）（三・1）　大潭與七連乾巽巳亥，十七更對。

（二・1）　（大潭）往七連峙用向乾巽，駛到十二更潮回巳亥，十五更收。

（51）（三・2）　大潭與干豆壬丙巳亥十四更對。

（52）（一・1）　自大潭過東海用乾巽駛到十二（更）時，駛半轉回乾巽巳亥，約有十二更。

（53）（三・43）　大潭門與半路午丙相對。

（54）（三・44）　大潭門與貓興乾巽巳亥對，十九（更）。

（55）（二・43）　自大椰去二擴用甲庚卯酉，平更半收。

（56）（三・4）　上峙與干豆南、北風甲卯乙，三更相對。

（57）（二・3）　上峙與下峙艮坤，三更半對。

（58）（二・53）　自牙礱頭去干豆用乾巽，十一更收。

（59）（二・51）　自長峙回大洲用乾巽相對，十五更收。

（60）（三・42）　鳥頭與七連辰戌十五更對。

（61）（二・6）　自四江門去次圈用向乙辛辰戌，二更收。或去大圈用乾巽，過頭一更。

⑤符宏光《航海圖》。原由中國人民解放軍“八一”電影製片廠《南海諸島》紀錄片編輯張嘉義同志徵集，現存廣東省博物館。符宏光是文昌縣龍樓公社全健大隊保陵村人，1913年生。他從16歲起連續8年住在南威島（鳥仔峙）。這幅《航海圖》原長107釐米，寬97釐米，繪於1935年。有地名81個。《航海圖》指明了漁民地名的具體位置，可和現代海圖對照，對閱讀《水路簿》有很大的幫助。

抄錄《水路簿》時我們作了一些整理，包括：①對全部文字加了標點符號；改正了一些明顯的錯別字，把握不大的改在[]裏，明顯的脫字在〈〉裏擬補上，或用□空出位置。②四個手抄本都分西沙群島更路和南沙群島更路兩大部分（《李本》缺南沙群島更路），分兩部分抄錄。③原文都是分條抄寫，且對全部條文作了編號，用一、二、三、四分別代表《蘇本》《盧本》《李本》《彭本》，用阿拉伯數字表示條文順序，並將這種編號寫在條文前面。如第一部分（西沙群島）的（一・18）表示《蘇本》第18條，（二・36）則表示《盧本》第36條等。④抄錄時，將四個手抄本中起點和終點相同的條文集中在一起，並先按起點後按終點的筆劃數目重新排列。第一部分有107號，第二部分有182號，每號中1～5條不等。⑤《水路簿》和《航海圖》的地名不統一，同一地點有幾個地名，如西沙群島的永樂群島有下峙、石塘兩個地名，抄錄時分列兩處。同一地名往往有幾種寫法，如南沙群島的信義礁成雙擔或雙挑，抄錄時合在一起。有些地名雖只有一個，但有幾種別字寫法，抄錄時保留原樣，也合在一起，如南沙群島的馬歡島稱鑼孔、羅孔、那孔等等。

（62）（一・12）　自四江去大圈用乾巽過頭，約更半。對東南。

（三・31）　世江與大圈頭巳亥更半對。

（63）（三・36）　世江與圓峙乙辛，一更。

（64）（一・11）　自石塘 世江門出，上貓興用甲庚，六更收。對東。

（二・11）　自四江門去貓興用向甲庚，四更收。

（二・34）　自四江去貓興用甲庚卯酉，四更收。

（四・10）　自四江往貓興用甲庚，四更半收。

（65）（一・10）　自石塘上二圈用乙辛辰戌，二更。對東南。

（二・39）　自石塘去二壙用乙辛，一更收。

（66）（二・35）　自石塘去大壙用乾巽過頭，一更收。

（四・11）　自石塘往大圈用乾巽，一更收。

（67）（一・28）　自白峙仔上三圈用卯酉，五更收。對東。

（三・27）　白峙仔與三圈卯酉二更半對。

（68）（一・24）　自白峙仔去半路用寅申，三更收。對西南。

（二・8）　自白峙仔去半路峙用寅申，三更收，南風用坤未。

（二・60）　自白峙仔駛去半路，南風駛甲庚兼三線寅申，四更收。

（三・29）　白峙仔與半路用甲寅，三更半。

（69）（四・3）　自半路往干豆用癸丁，五更半。向東北駛收。

（70）（二・65）　半路回港（即大潭港），駛子午壬丙更，十七更收。

(71)（三・45） 半路與大佛艮坤丑未對，二十更。

(72)（三・46） 半路與六安頭丑未對，二十八更。

(73)（一・25） 自半路去外羅用甲庚寅申，十五更收。對西南。

（三・37） 半路與外羅甲庚卯酉，十三更。

(74)（三・30） 半路與尾峙癸丁兼一線未，四更。

(75)（四・五） 自老粗大門駛出四江門用乾巽辰戌，二更，向東南駛，二邊相對。

(76)（一・22） 自紅草門上雙帆用乾巽，二更收。對東南。

(77)（四・15） 自紅草往石塘用寅申，三更收。

(78)（一・23） 自紅草門上貓興用乙辛，二更收。對東南。

（三・11） 紅草與貓興乾巽辰戌對。

（四・9） 自紅草門上貓興用乙辛，一更半，向東南駛收。

(79)（二・41） 自尾峙去干豆用癸丁，三更收。

(80)（二・54） 自尾峙回大州，巳亥相對，十五更收。

(81)（二・40） 自尾峙去大塘用乾巽，一更收。

（三・32） 尾峙與大圈尾壬丙巳亥，更半。

(82)（一・18） 自尾峙去半路用向癸丁，三更半收。對西南。

（二・9） 自尾峙去半路用向癸丁，三更收。

（二・45） 自尾峙去半路用癸丁兼子午，三更收。

（四・1） 自尾峙下半路用癸丁加一線子午，二更，向南駛收。

(83)（二・56） 銅爐港駛去干豆，南風用乾巽，十二更收。

(84)（三・52） 銅鼓與七連壬丙巳亥，十八更對。

(85)（三・53） 鋼鼓與干豆子午壬丙，十五更對。

(86)（一・13） 自銀峙去干豆用壬丙，三更半收。對北。

（二・10） 自銀峙去干豆用向午丙，三更收。

（二・31） 自銀峙去干豆用壬丙巳亥對中，四更收。

(87)（二・52） 自銀峙回大州用巳亥相對，十一更收。

(88)（一・29） 自船岩尾往干豆用乙卯，四更收。

（四・14） 自船坎尾往干豆用乙辛加卯酉，三更收。

(89)（二・42） 自船嵌尾去石壙用艮坤，三更收。

(90)（二・58） 自船嵌尾駛去貓注用卯酉相對，一更收。

(91)（二・46） 自貓興去二塘用寅申兼甲庚，四更收。

（三・13）　貓興與二圈寅申四更半相對。

（92）（一・14）　自貓興上三圈用癸丁丁未，平三更半收。對南。

（二・12）　自貓興去三圈用向癸丁，三更收。

（二・17）　自貓興去三壙用癸丁，三更收。

（三・12）　貓興與三圈癸丁三更半相對。

（93）（二・21）　自貓興去干豆用乙辛，三更收。

（94）（三・14）　貓興與下峙甲庚兼一線卯，五更。

（95）（二・49）　自貓興回大州用乾巽相對，十八更收。

（96）（二・64）　自貓興回大潭用便乾，十七更收。

（97）（二・19）　自貓興去雙帆石用癸丁兼子午。

（98）（二・20）　自貓興去石塘用甲庚，四更收。

（99）（二・47）　自貓興去白峙仔用艮坤，六更收。

（100）（一・8）　自貓注去二圈用丁未，三更半收。對南。

（三・9）　貓注與二圈丑未三更對。

（四・13）　自貓注往二圈用丁未，二更半收。

（101）（一・15）　自貓注上三圈用壬丙，平四更。對南。

（三・6）　貓注與三圈午丙巳四更半相對。

（102）（一・6）　自貓注去干豆乙辛兼辰戌，四更半收。對西北，北風

（二・18）　自貓注去干豆，南風用卯酉，三更收。

（四・7）　自貓注往干豆用辰戌加一線乙辛，三更，向西北駛收。

（103）（三・7）　貓注與下峙寅申三更相對。

（104）（二・50）　自貓注回大州用乾巽相對，十六更收。

（105）（三・8）　貓注與大圈坤未四更相對。

（106）（一・7）　自貓注與下峙 曲手用坤未，四更收。對西南。

（107）（二・48）　自貓注去貓興用辰戌，二更收。

（三・10）　貓注與貓興乙辛二更相對。

## 第二部分：南沙群島

（1）（四・167）　自一沙往火哀駛巳亥兼一線壬丙，四更收。向西北。

（四・190）　自若沙{若沙即一線（沙）}到火哀駛巳亥兼二線壬丙，四更收。

（2）（二・109）　自東頭乙辛去石龍用向未，三更收。

（3）（二・103）　自西頭乙辛回東海用向癸丁，四十二更收三圈，或收白峙仔。

(4)(二·104)　自西頭乙辛落洋用向艮坤，六十五更收地盤，東竹馬外打水四十托，內打水二十三四托，到馬是東竹，西竹大門過，用癸丁六更收，自石鶴燈用庚酉三更收。

(四·200)　自乙辛往地盤用坤兼申一線，三十四更收。

(5)(一·94)　自乙辛回安南山用巳亥，二十餘更。對西北。

(6)(一·95)　乙辛與鑼漢灣頭（即六安或六安頭）乾巽相對，二十二更。對西北。

(四·188)　自西頭乙辛往六安駛乾巽相對，二十二更收。對西北駛收。

(7)(二·3)　自二圈往奈羅向巽亥，三十一更收。

(8)(一·13)　自三角去雙門用辰戌，二更收。對東南。

(二·70)　自三角去雙門用向乾巽，二更收。

(四·7)　自三角到雙門駛乾巽，二更收。回駛壬丙。

(9)(一·104)　自三角下銀鍋用乙辛加三線辰戌，三更半。對西南。

(二·87)　自三角去銀餅用向乙辛，三更收。

(四·147)　自三角回銀鍋向乙辛駛，三更收。

(10)(二·86)　自三角去斷節用向辰戌，三更收。

(四·151)　自三角往斷節向辰戌駛，四更收。

(11)(一·1)　自三壙往北海 雙峙用乾巽，至半洋潮回巳亥三十六（更）收。

(二·4)　自三圈往北海用向巳亥，二十八更收奈羅角，駛對卯酉收貢士線。

(四·92)　自三圈往北海向巳亥壬丙，二十八更收奈羅。

(12)(四·2)　自三圈往羅孔用乾巽駛，二十八更收。

(13)(四·54)　自上戊到大銅銃駛癸丁，四更收。

(四·140)　自上戊駛往大銅銃向丁午，四更半收。

(14)(二·55)　自上戊往[戊]銅銃仔用向子午壬丙，四更收。或往大銅銃，（用）午丁。

(四139)　自上戊駛往銅銃仔向午，四更收。

(15)(二·24)　自否乜線往目鏡用向辰戌兼二線乾巽，四更收。回用乾巽巳亥。

(四·120)　自無乜沙駛往目鏡用巽辰，三更收。回用癸丁駛。

(16)(二·108)　自否乜線去荷刀門用向甲庚，二更收。

(四·35)　自無乜沙落惡落門駛寅申，三更收。

(四·163)　自無乜沙下荷樂門向申駛，三更收。

(17)(一·65)　自不乜沙去深圈用壬丙，二更收。對東南。

（二・26） 自否乜線往深圈用向壬丙巳亥，四更收。線排頭{深圈（壙）的礁框分為四段：東北端稱線排頭，北端稱二谷，西端稱浪口，西南端你屁股}沙角駛落庚酉方。

（四・34） 自無乜沙至深圈駛壬丙，三更收。

（18）（一・37） 自五風頭去半路線用乾巽，二更收。對東南。

（四・184） 自五風頭上往半路沙駛乾巽，二更收。對東南。

（19）（一・36） 自五風去魚鱗用辰戍，四更收，對東南。半路有線一隻，名曰半路線。





（二・79） 自五風去魚鱗用向辰戍兼二線乾巽，五更。回用壬丙巳亥。

（四・185） 自五風往魚鱗駛辰戍，四更收。對東南。

（20）（一・35） 自五風去斷節用壬丙，四更收。對南。

（二・95） 自五風尾去斷節用向壬丙巳亥，四更收。回用癸丁。

（四・21） 自五風至斷節駛壬丙，四更收。

（四・111） 自五風往斷節向壬丙，四（更）收。回向癸丁。

（四・183） 自五風往斷節用壬丙駛，四更半收。對東南。

（21）（一・74） 自五百二去丹節線用未添丁，三更。對西南。

（二・34） 自五百二往釘積線用向丁未，三更半收。

（四・41） 自五百二到單節駛癸丁丑未，平三更收。

（四・194） 自五百二往丹節沙用未加丁，三更收。對西南。

（22）（一・114） 自五百二去海口線，北風用午丁，七更。

（四・89） 自五百二往海口沙，北風用午丁。七更。

（23）（一・61） 自牛厄去目鏡用巳亥添四線丙。九更收。對東南。

（二・22） 自牛軛往目鏡線兼四線壬丙，兼六線巳亥，九更半收。

（四・32） 自牛軛至目鏡駛壬丙巳亥，平九更收。

（24）（一・21） 自牛車英去腳坡用乾巽，三更，對東南。

（二・73） 自牛車英去腳坡用向乾巽，三更收。回用壬丙。

（四・10） 自牛車英到腳坡駛乾巽，三更收。回用壬丙。

（25）（一・22） 自牛車英下斷節用乾巽，二更。對西北。

（26）（一・83） 自六門去石盤用辰戍，二更收。對西北。

（二・42） 自六門往石盤用向乾巽辰戍，二更收。回用乙辛。

（四・52） 自六門到石盤駛乾巽兼辰戍，平二更收。

（四・128） 自六門駛往石盤向辰戍，二更收。回乾巽。

（27）（一・113）　自六門去海口線用艮坤，三更收，三更半。

（二・111）　自六門往海口線用向艮坤兼三線未，三更收。

（四・129）　自六門駛往海口沙向甲庚寅申，三更收。

（28）（一・82）　自六門去銅章用壬丙，四更收。對東南。

（二・41）　自六門往銅章用向午丙，四更收。

（四・51）　自六門到銅章駛丙午，四更收。

（四・176）　自六門 中央欄到銅鐘駛壬丙兼一線子午，四更半。對南。

（29）（一・79）　自六門去坡箕用巳亥，四更收。對東南。

（二・40）　自六門往簸箕用向巳亥，四更半收。回用子午。

（四・127）　自六門駛往坡箕用壬丙巳亥，四更收。

（30）（一・12）　自火襄去三角用乾巽，三更收。對東南。

（二・69）　自火哀去三角用向乾巽，四更收。回用壬丙。

（四・16）　自火哀到三角駛乾巽，四更收。

（四・99）　自火哀到三角用乾巽，四更。回用壬丙收。

（31）（四・168）　自火哀回鐵峙駛乙辛辰戌，三更收。向西北。

（32）（二・114）　自火哀下銀餅用艮坤，三更收。

（33）（二・113）　自火哀下第三用向卯酉，二更收。

（四・189）　自火哀下第三駛甲庚，二更半收。對西南駛收。

（34）（一・11）　自火襄去褲襠用乙卯，二更收。對西。

（二・116）　自火哀下褲襠用寅申，二更收。

（四・177）　自火哀下褲襠駛乙卯，二更收。對西駛收。

（35）（一・103）　自雙門去一線用午丙，二更收。對西北。

（四・166）　自雙門往一沙駛巳亥兼一線壬丙，二更收。向西北。

（36）（一・101）　自雙門下三角用壬丙巳亥，二更收。對西北。

（37）（一・17）　自雙門去雙挑用乾巽，四更收。對東南。

（四・180）　自雙門往雙擔用乾巽駛，四更收。對東南。

（38）（一・16）　自雙門去鳥串用壬丙，二更收。對南。

（二・85）　自雙門去鳥串用向子午，二更收。

（二・118）　自雙門去鳥串用向南子午，二更。

（四・156）　自雙門往鳥串向午二線丁駛，二更收。

（四・174）　自雙門往鳥串駛子午癸丁，平二更半收。對西南收。

（39）（四・191）　自雙門頭上往若沙{若沙即一線（沙）}駛壬丙巳亥，平二更收。對西北。

(40)(二·88) 自雙門去銀餅用向辰戌，四更收。

(四·148) 自雙門回銀鍋向戌駛，四更收。

(41)(一·15) 自雙門去斷節用乙辛卯酉，二更收。對東。

(二·71) 自雙門去斷節用向乙辛卯酉，二更收。回用辰戌。

(四·8) 自雙門到斷節駛乙辛卯酉，二更收。回乾戌收。

(42)(二·17) 自雙王往黃山馬峙用向丙，二更收。或向往黃山馬東，向巳。

(四·74) 自雙王往黃山馬駛壬丙，二更收。

(四·118) 自雙王沙仔駛去黃山馬向壬丙，一更。回用癸丁收。

(43)(四·192) 自雙王去下沙仔（雙王 下沙仔即雙王沙仔南部一礁）到黃山馬東，駛乾巽巳亥，二更收。對東南駛收。

(44)(一·31) 自雙挑去鳥串用乙辛加二線卯酉，二更。對西。

(二·84) 自雙擔去鳥串用向乙卯，二更。

(四·25) 自雙擔下鳥串駛乙辛，二更收。

(四·101) 自雙擔往鳥串向辛酉，二更半收。

(45)(一·30) 自雙挑去海公用乾巽加三線辰戌，三更。對東南。

(二·83) 自雙擔往海公用向辰戌，三更收。回用巳亥。

(四·23) 自雙擔至海公駛乾巽兼辰戌，平三更收。

(46)(一·3) 自雙峙去紅草線排用乙辛，二更收。對東。

(47)(一·4) 自雙峙去鐵峙用巳亥，三更收。對南。

(四·3) 自雙峙往鐵峙駛子午癸丁，平三更收。

(48)(四·95) 自雙峙沙仔下鐵峙沙排壬丙二線巳亥，又有犬殿沙一個。

(49)(一·44) 自丑未去雙王用辰戌，二更收。對東南。

(二·14) 自丑未線往雙王線仔用向乙辰，二更收。回向乾。

(四·72) 自丑未往雙王駛壬丙，二更收。

(50)(一·45) 自丑未去黃山馬用乾巽，三更。對東南。

(二·16) 自丑未線往黃山馬峙用向巽，三更收。回向亥壬。

(四·63) 自丑未下黃山馬駛乾巽，四更收。

(51)(二·15) 自丑未線往第三峙用向辰巽，二更收。

(四·116) 自丑未駛去第三向辰巽，駛二更收。

(四·171) 自丑未下第三峙駛辰戌兼二線乙辛，二更收。對西南。

(52)(一·73) 自石公厘去五百二用丁未，二更半收。對西南。

（二·33）　自石公里往五百二線用向子午癸丁，二更收。

（四·40）　自石公厘到五百二駛癸丁，平三更收。

（53）（一·24）　自石龍去魚鱗用子午，四更收。對北。

（二·75）　自石龍去魚鱗用向癸丁，四更收。回用壬丙。

（四·12）　自石龍到魚鱗駛癸丁，四更收。

（54）（二·110）　自石龍去海公用向未，三更收。

（55）（一·26）　自石龍下腳坡用乙辛辰戌，三更。對西北。

（56）（一·112）　自石盤去上戊用乾巽巳亥，四更收。對西北。

（二·54）　自石盤往上戊用向乾巽巳亥，四更收。回用辰戌。

（四·53）　自石盤到上戊駛乾巽巳亥，平四更收。

（四·138）　自石盤駛往上戊向乾亥，平四更收。

（57）（四·55）　自石盤到大銅銃駛甲庚兼四線卯酉，四更收。

（58）（二·48）　自石盤往銅銃仔用向甲庚兼二線卯酉，四更收。

（59）（二·92）　自號藤去魚鱗用向壬丙巳亥，四更半收。回用午丁。

（四·106）　自鬣藤往魚鱗向巳亥，四更收。回用子午。

（60）（一·63）　自目鏡去不乜線駛乾巽，三更收。對西北。

（四·33）　自目鏡至無乜線駛乾巽兼辰戌，三更收。

（61）（一·62）　自目鏡去深壙用寅申，二更收。對西南。

（二·25）　自目鏡往深圈用向甲庚寅二更收。

（四·38）　自目鏡往深圈駛寅申，二更收。

（四·121）　自目鏡駛往深圈用庚申，駛二更收。

（62）（一·2）　自白峙仔往雙峙用乾巽，三十八（三十八更應為二十八更之誤）（更）收。注：雙峙即奈羅。

（四·1）　自白峙仔到雙峙駛乾巽巳亥，平二十八更收。

（63）（二·2）　自白峙仔過北海用向巽巳，三十更收奈羅 貢士線。

（64）（一·93）　自鳥仔峙去乙辛用乙辛，二更收，對西北。

（二·53）　自鳥仔峙往乙辛線用向乙辛兼二線卯酉，二更收。

（四·65）　自鳥仔峙到乙辛亦是駛乙辛，二更收。

（四·137）　自鳥仔峙駛去西頭乙辛沙向辛二線酉，二更。

（65）（四·86）　自鳥仔峙回老沙 白峙仔駛癸丁丑，（?）更收。

（66）（四·199）　自鳥仔峙往地盤用坤兼二線申。

（67）（一·32）　自鳥串下銀餅用壬丙，五更收。對西北

（四·26）　自烏串回銀餅駛壬丙兼二線巳亥，五更收。

（68）（二·1）　自半路峙過北海向巽辰，三十二更收奈羅角。

（四·91）　自半路往北海用乾巽，二十八更收貢士沙。

（69）（一·72）　自光星去石公厘用乾巽，二更。對東南。

（二·31）　自大光星往石公里用向巳亥，二更收。或回光星用子午。

（四·83）　自大光星往石公厘駛乾巽，二更收。

（四·123）　自大光星駛往石（公）厘向巳巽，二更收。回用子午。

（四·169）　自光星往石公里向午駛，二更收。回向癸丁。



（70）（一·71）　自光星去海口線用壬丙子午，四更。對西北。

（二·36）　自大光星往海口線用向壬丙，四更收。

（四·84）　自大光星往海口沙駛子午，四更收。

（71）（一·111）　自光星仔去石公厘用子午加三線丙，更半。

（二·32）　自光星仔往石公里用向午丙，二更收。

（四·39）　自光星仔到石公厘駛子午，一更半收。

（72）（一·70）　自光星仔去大光星用卯酉，一更收。對正西。

（二·30）　自光星仔往大光星線用向卯酉，一更收。

（四·82）　自光星仔往大光星駛卯酉，一更收。

（四·122）　自光星仔駛往大光星向卯酉，一更收。

（73）（一·89）　自劉牛劉去上戊用寅申，四更。對西南。

（二·107）　自勞牛勞去上戊用向艮坤，三更收。

（二·120）　自勞牛勞上上戊用寅申加三線甲庚，四更平。

（四·59）　自勞牛勞下上戊駛寅申，四更收。

（四·154）　自勞牛勞下上戊向申駛，四更收。

（74）（一·84）　自劉牛劉去六門用壬丙，五更收。對東南。

（二·61）　自勞牛勞往六門用向丙，六更半收，回用癸丁。或往石盤用午丁，荷刀門用巳亥。

（四·152）　自勞牛勞往六門向丙午駛，六更收。

（四·173）　自勞牛勞往六門駛壬丙，五更收。對東南。

（75）（一·86）　自劉牛劉去石盤用癸丁，五更收。對西南。

（四·153）　自勞牛勞往石盤向丁未駛，五更半收。

（四·175）　勞牛勞往石盤駛子午兼一線癸丁，四更收。對南。

（76）（一·85）　自劉牛劉去荷刀門用巳亥，五更收。對東南。

（四・57） 自勞牛勞到惡浪門駛壬丙，五更收。

（77）（一・87） 自劉牛劉去平溝（平溝即秤鉤）用辰戌，三更收。對東南。

（78）（二・56） 自勞牛勞往秤鉤線用向乙辛辰戌，三更收。

（四・142） 自勞牛勞駛往大秤鉤向巽辰，三更收。回壬子。

（79）（一・14） 自紅草去五風用辰戌，四更收。對東南。

（二・77） 自紅草峙去五風用向乙辛辰戌，五更收。

（四・20） 自紅草至五風駛乙辛辰戌，四更收。

（四・179） 自紅草到五風用辰戌駛，四更收。對東南。

（80）（一・8） 自紅草到火襄用癸丁，二更收。對西南。

（二・81） 自紅草峙去火哀用向午丁，一更收。

（四・98） 自紅草往火哀向子午，一更收。

（81）（一・5） 自紅草下線排{即紅草線（沙）排}用辰戌，二更收。對西北

（四・68） 自紅草下線排{即紅草線（沙）排}駛辰戌，一更收。

（82）（二・117） 自紅草峙下鐵峙用酉，三更收。

（四・85） 自紅草下鐵峙駛卯酉，四更收。

（83）（二・115） 自紅草下銀鍋用未，三更收。

（84）（一・6） 自紅草下第三峙用艮坤，三更收。對西南。

（二・112） 自紅草下第三用向寅申，三更收。

（四・71） 自紅草往第三峙駛艮坤，三更收。

（85）（一・7） 自紅草上鑼孔用卯酉，五更收。對東。

（二・78） 自紅草峙去鑼孔峙用向乙辛卯酉，[？]更收。

（四・18） 自紅草到羅孔駛乙辛卯酉，平五更收。

（86）（一・10） 自紅草線排去火襄用乾巽辰戌，二更收。對東南。

（二・68） 自紅草線排去火哀用向乾巽，二更收。

（四・15） 自沙排{即紅草線（沙）排}到火哀駛乾巽，二更收。

（87）（二・76） 自紅草線排去紅草峙用向乙辛卯酉，一更收。回乙辛辰戌。

（四・17） 自紅草線排到紅草駛乙辛，二更收。

（四・104） 自紅草沙排上紅草峙向乙卯，一更收。回用戌字。

（88）（四・165） 自紅草沙排下貢士沙向戌乾駛，三更收。

（89）（一・9） 自紅草線排下鐵峙用甲庚，二更收。對西南。

（二・106） 自紅草線排去鐵峙用向卯酉，二更收。

（二・119） 自紅草沙排下鐵峙用甲庚，二更。

（四・149） 自紅草沙排往鐵峙向辛酉駛，三更收。

（四・178） 自紅草沙排下鐵峙用甲庚，二更收。對西南駛。

（90）（一・109） 自紅草線排下褲襠用丁未，二更。

（二・105） 自紅草排去銀鍋，或有褲襠線，用向午丁，三更收。

（四・90） 自紅草沙排下褲襠用丁未，二更。

（91）（一・92） 自弄鼻去鳥仔峙用寅申，二更。對西南。

（二・52） 自大弄鼻往鳥仔峙用向寅申，二更收。

（四・46） 自弄鼻下鳥仔峙駛艮坤寅申，二更收。



（92）（二・51） 自弄鼻仔往大弄鼻用向卯酉，更半相見。

（四・136） 自弄鼻仔下大（弄）鼻向卯酉，一更收。

（93）（二・65） 自貢士線去紅草線排用向乙辛辰戌，三更收。回用乾巽辰戌。

（四・14） 自貢士沙到紅草沙排駛乙辛辰戌，三更收。

（94）（二・102） 自奈羅峙回東海用向壬丙，三十更收白峙仔。

（95）（二・5） 自奈羅下峙往鐵峙用午丁，二更收。或往線排{即鐵峙線（沙）排}向巳過頭，二更。

（96）（二・6） 自奈羅線仔往鐵峙線排用向巳，更半收。

（四・4） 自下峙沙仔到鐵峙線排駛壬丙二線巳亥，二更收。

（97）（二・64） 自奈羅角去紅草峙用向乾巽辰戌，三更收。回用壬丙巳亥。

（98）（四・93） 自奈羅北邊角下貢士沙用甲庚，一更收。

（四・94） 自南邊奈羅角用乙辛駛下，收貢士沙。

（99）（一・27） 自魚鱗去乙辛用乙辛加三線卯酉，三更。對東。

（二・93） 自魚鱗去東頭乙辛用向乙辛，三更收。回用乾巽辰戌。

（四・64） 自魚鱗到乙辛是駛單辛，三更收。

（四・107） 自魚鱗往東頭乙辛沙向乙辛，三更收。回乾巽。

（100）（四・13） 自魚鱗到五風駛巳亥，四更收。

（101）（四・109） 自魚鱗往石龍向壬丙，四更收。回用子午癸。

（102）（一・28） 自魚鱗去號藤用子午壬丙，五更。對北。

（四・96） 自魚鱗往鬚藤用子午，四更收。回用亥壬。

（103）（一・29） 自魚鱗下斷節用卯酉，二更。對西。

（二・94） 自魚鱗去斷節用向卯酉，四更收。

（四・69） 自魚鱗下斷節駛卯酉，二更收。

（四・110） 自魚鱗往斷節向卯酉，一更半收。回用癸丁。

(104)(四·108) 自魚鱗往那孔向壬丙子午，四更收。回乾巽巳亥。

(105)(一·105) 自丹節去海口線，北風用癸丁，十更收。

(四·88) 自丹節往海口沙，北風用癸丁，十更。

(106)(一·110) 自丹節去浮羅利郁用甲庚加一線寅申，三十二更。

(四·198) 自丹節往浮羅利郁用甲庚加一線寅申，三十二更。

(107)(一·75) 自丹節去墨瓜線用坤未，六更收。對西南。

(二·35) 自釘積往墨瓜線用向丑未，六更收。

(四·124) 自釘積駛往墨瓜線向丑未，六更收。

(四·193) 自丹節往墨瓜沙用坤未，六更收。對西南。

(108)(一·96) 自南乙去南乙線仔用乙辛，一更。對西北。

(四·159) 自南密峙下沙仔{即南密線仔（沙仔）}向辛戌駛，半更有二個沙仔。

(四·160) 自南密峙到南密沙仔駛卯酉兼一線乙辛，一更收。自南密有二隻沙仔，壬丙對，溝内亦過船。

(109)(二·19) 自南秘峙往汝青石峙仔用向巽辰，二更收。

(四·158) 自南密往女星石峙仔向巽駛，二更收。

(110)(一·59) 自南乙峙去平溝用子午，二更。對南。

(二·10) 自南秘峙往秤鉤峙用向午丙，二更收。

(四·48) 自南乙到秤鉤駛癸丁，二更收。

(四·79) 自南密峙往淺溝峙駛壬丙，二更收。

(111)(一·60) 自南乙峙去平溝峙仔用壬丙，二更。對東南。

(112)(一·97) 自南乙線仔去劉牛劉用甲卯，二更半。對正西。

(二·57) 自南秘線仔往勞牛勞用向甲庚，二更收。

(四·143) 自南密沙仔下勞牛勞向甲庚，二更收。

(113)(一·64) 自女青石去不乜線用午丙，五更收。對東南。

(二·23) 自汝青石峙仔往否乜線用向壬丙，五更半收。

(四·60) 自染青石到無乜線坐子午壬丙，平四更收。

(四·87) 自女青石往無乜沙用丙兼巳，五更收。對東南。

(四·119) 自女青石駛去無乜沙向子午，駛四更收。

(114)(一·88) 自荷刀門去六門用辰戌，一更。對西北。

(二·43) 自荷刀門往六門用向乾巽辰戌，一更收。

(四·50) 自荷欒門到六門駛乾巽兼辰戌，一更收。

（四·155）自荷樂門下六門向戌辛駛，一更收。

（115）（一·80） 自荷刀門去銅章用子午，四更。對正南。

（二·44） 自荷刀門往銅章用向癸丁，四更收。

（四·130）自荷那門駛往銅鐘向癸丁，四更收。

（116）（一·81） 自荷刀門去深圈用辰戌，四更收。對東南。

（二·58） 自荷刀門往深圈用向乾巽辰戌，三更收。回壬丙巳亥。

（四·145）自荷樂門駛往深圈向巽，三更收。回壬子。

（四·186）自荷樂門往深圈駛辰戌，四更收。對東南。



（117）（一·78） 自荷刀門去坡箕用向壬丙，四更。對東南。

（二·39） 自荷刀門往簸箕用向壬丙，四更收。回用癸丁。

（四·81） 自惡浪門往半箕駛壬丙。四更收。

（四·126）自荷那門駛往坡箕用壬丙，四更收。回用癸丁。

（118）（一·42） 自鐵峙去雙王用壬丙，二更收。對東南。

（二·18） 自鐵峙往雙王線仔用向丙，更半收。

（四·73） 自鐵峙往雙王駛壬丙，二更收。

（四·177）自鐵峙駛去雙王沙仔，向壬丙駛，二更收。

（119）（一·40） 自鐵峙去丑未用艮坤，二更收。對西南。

（二·12） 自鐵峙往丑未線用向坤，二更半收。

（四·62） 自鐵峙下丑未駛艮坤，二更收。

（120）（四，61） 自鐵峙下鐵線駛丑未，一更收。

（121）（一·39） 自鐵峙去銅金用乾巽，二更。對東南。

（二·96） 自鐵峙去銅金峙用向乾巽巳亥，二更收。

（四·27） 自鐵峙至銅金駛辰戌，二更收。

（四·112）自鐵峙（去）銅金峙仔向乾巽，二更收。

（122）（一·46） 自鐵峙去第三用巳亥，二更收。對東南。

（二·7） 自鐵峙往第三峙用向丙巳，二更收。回向子。

（四·66） 自鐵峙往下三用巳亥，二更收。

（123）（一·38） 自鐵峙去褲襠用辰戌，二更收。對東南。

（二·66） 自鐵峙去褲襠線仔用向乙辛辰戌，二更半收。

（四·5） 自鐵峙到褲襠駛乙辛辰戌，二更收。

（124）（一·41） 自鐵峙線仔去丑未用丑未，三更收。對西南。

（125）（二·63） 自鐵峙線排往第三峙用向子午壬丙，二更收。回向癸丁。

(126)(二・62)　自鐵峙線排往褲襠線仔用向辰戌兼一線乾巽，二更半收。

(127)(二・13)　自鐵線往丑未線用向未，一更收。

(四・115)　自鐵峙沙駛去丑未沙向丑未，駛半更收。

(128)(一・43)　自鐵線去褲襠用乾巽，二更半收。對東南。

(129)(一・77)　自平溝去六門用單丁，五更收。對西南。

(四・80)　自淺溝往六門駛癸丁，五更收。

(130)(四・58)　自秤鉤到石盤駛丑未兼一線艮坤，四更收。

(131)(四・162)　自秤鉤峙往南密沙仔用子壬駛，一更半收。

(132)(一・76)　自平溝去荷刀門用午添二線丁，五更。對西南。

(四・49)　自秤鉤到荷落門駛子午，四更收。

(133)(二・11)　自秤鉤峙往秤鉤線用向午丁，一更收。

(四・161)　自秤鉤峙下大秤鉤用午丁駛，一更收。

(134)(二・37)　自秤鉤線往六門線用向子午，五更收。

(四・125)　自秤鉤沙駛往六門用癸丁，五更收。

(135)(二・38)　自秤鉤線往荷刀門用向午丙，五更收。

(136)(一・102)　自海口線上六門用丁未，三更收。對東北。

(137)(一・90)　自海口線去銅銃用巳亥，五更。對西北。

(四・43)　自海口線落大銅銃駛乾巽，五更收。

(138)(二・47)　自海口線往銅銃仔用向巳亥，三更半收。或往大銅銃，用乾巽。

(四・133)　自海口沙駛往銅銃仔用向巳亥，五更收。

(139)(二・46)　自海口線往鍋蓋峙用向寅申，四更收。

(四・132)　自海口沙駛往鍋蓋峙向寅申，四更收。

(140)(四・24)　自海公回雙擔駛壬丙，三更直收。

(141)(一・115)　自黃山馬東去九章用巳亥，二更收。對東南。

(142)(一・56)　自黃山馬去牛厄用乾巽，三更。對東南。

(二・20)　自黃山馬峙往牛軛線用向巽，二更收。回向壬亥。

(四・30)　自黃山馬至牛軛駛乾巽，二更收。

(143)(一・55)　自黃山馬去丑未用壬丙巳亥，三更收。對西北。

(144)(一・57)　自黃山馬去劉牛劉用寅申，三更。對西南。

(二・21)　自黃山馬往勞牛勞線用向申，三更，東南西北生角。

(四・56)　自黃山馬到勞牛勞駛寅申，三更收。

（145）（一・58）　自黃山馬去南乙峙用壬丙，一更。對東南。
（二・9）　自黃山馬往南秘峙用向丙，一更收。
（四・31）　自黃山馬落南密駛壬丙，一更收。
（四・47）　自黃山馬到南乙峙駛壬丙，一更收。
（146）（四・164）　自黃山馬下南密沙仔向丁未駛，一更收。
（147）（二・100）　自黃山馬峙去銀鍋用向卯酉，二更收。回用乙辛。
（148）（一・99）　自銅金去三角用乙卯，五更收。對東。
（149）（一・98）　自銅金至黃山馬用丑未，二更。對西南。
（150）（一・50）　自銅金去銀餅用巳亥，二更收。對東南。
（二・97）　自銅金去銀鍋用向乾巽巳亥，二更收。
（四・28）　自銅金至銀餅駛乾巽，二更收。
（四・76）　自銅金往銀餅駛巳亥，二更收。
（四・113）　自銅金去銀鍋向乾巽，二更收。回向壬丙
（151）（一・51）　自銅金下第三用甲庚，二更收。對西南。
（四・187）　自銅金下第三駛甲庚，一更收。對西南。
（152）（四・144）　自銅鐘駛往大光星用子午，二更收。回丑未。
（153）（一・69）　自銅章去光星仔用壬丙巳亥，二更半。對東南。
（二・29）　自銅章往光星仔用向壬丙，二更收。或往大光星用子午。
（四・38）　自銅章到光星仔駛壬丙，二更收。
（154）（一・68）　自銅章下海口線用乾巽添甲戌，三更。對西北。
（二・45）　自銅章往海口線用向辰戌兼三線乾巽過頭，三更收。
（四・42）　自銅章到海口線駛辰戌兼一線乾巽，三更收。
（四・131）　自銅鐘駛往海口線沙向辰戌二線乾巽過頭，二更。
（155）（四・170）　自銅銃下鳥仔峙駛甲庚兼三線卯酉，四更收。
（156）（一・91）　自銅銃去龍鼻用乙辛，二更收。對西北。
（四・45）　自銅銃下弄鼻駛乙辛，二更收。
（157）（二・50）　自大銅銃往弄鼻仔用向乙辛辰戌，更半收。
（四・135）　自大銅銃下弄鼻仔向辰戌駛，二更收。
（158）（四・141）　自銅銃仔回大秤鉤向寅申，九更半收。
（159）（一・116）　自銅銃仔下大銅銃用甲卯，一更收。對西。
（二・49）　自銅銃仔落大銅銃用向甲庚卯酉，一更收。
（四・44）　自銅銃仔下大銅銃駛甲庚，一更收。

（四・134） 自銅銃仔駛往大銅銃向庚酉，一更收。

（160）（一・54） 自銀餅去牛厄用癸丁，二更收。對西南。

（二・99） 自銀鍋去牛軛用向子午，三更收。

（四・77） 自銀餅往牛軛駛癸丁，二更收。

（161）（一・52） 自銀餅去鳥串用辰戌，五更收。對東南。

（二・101） 自銀鍋去鳥串用向乾巽辰戌，六更收。

（四・70） 自銀餅往鳥插駛乾巽二線辰戌，五更收。

（四・114） 自銀鍋去鳥串向乾巽巳亥，六更收。回上。

（162）（二・60） 自銀餅往高不線用向辰戌，一更收。上用乙辛卯酉。

（四・150） 自銀鍋往高不向辰戌駛，一更收。

（163）（一・53） 自銀餅下黃山馬用卯酉，二更收。對正西。

（二・98） 自銀鍋去黃山馬用向卯酉，二更收。

（四・29） 自銀餅回黃山馬駛卯酉，二更收。

（164）（一・47） 自第三去黃山馬用午丙，二更。對南。

（二・8） 自第三峙往黃山馬峙用向午，更半收。

（四．67） 自下三住[往]黃山馬用子午，二更收。

（165）（一・48） 自第三去銀餅用乾巽，三更收。對東南。

（二・59） 自第三峙往銀餅用向乾巽辰戌，二更收。

（四・75） 自第三往銀餅駛辰戌，三更收。

（四・146） 自第三峙駛往銀鍋向巽戌，三更收。回壬子。

（四・172） 自第三峙往銀鍋駛辰戌兼二線乾巽，二更半收。對東南。

（166）（一・25） 自腳坡下牛車英用壬丙巳亥，三更收。對西北。

（167）（一・23） 自腳坡去石龍用卯酉，三更收。對東。

（二・74） 自腳坡去石龍用向乙辛卯酉，二更收。

（四・11） 自腳坡去石龍駛乙辛卯酉，平二更收。

（168）（一・66） 自深圈去卜箕用甲庚寅申，二更收。對西南。

（二・27） 自深圈往簸箕線用向甲庚兼二線酉，二更收。

（四・36） 自深圈下半箕駛甲庚兼四線寅申，二更收。

（169）（一・20） 自斷節去五風用癸丁，五更收。對東北。

（四・103） 自斷節往五風向癸丁，四更收。回向壬丙。

（四・181） 自斷節往五風用癸丁駛，四更半收。對東北。

（170）（一・19） 自斷節去牛車英用乙辛辰戌，二更收。對東南。

（二・72）　自斷節去牛車英用向乙辛卯酉，二更收。

（四・9）　自斷節到牛車英駛乙辛，二更收。回同上條（乾戌）收。

（171）（一・100）　自斷節下雙門用乾巽巳亥，二更收。對西北。

（172）（一・18）　自斷節去雙挑用壬丙巳亥，二更收。對東南。

（二・82）　自斷節去雙擔用向壬丙巳亥，二更收。

（四・22）　自斷節至雙擔駛巳亥，二更收。

（四・100）　自斷節往雙擔向丙巳，二更。回向子癸收。

（173）（二・89）　自斷節去鳥串用向艮坤兼二線丑未，二更半收。

（四・102）　自斷節往鳥串向癸丁未，二更收。

（174）（一・49）　自褲襠上三角用辰戌，五更收。對東南。

（二・67）　自褲襠去三角線用向乙辛辰戌，五更收。

（四・6）　自褲襠到三角駛乙辛辰戌，五更收。

（175）（四・157）　自褲襠往銅金峙仔向午駛，[？]更收。

（176）（一・34）　自鑼孔去五風用壬丙子午，更半收。對南。

（二・80）　自羅孔峙去五風用向壬丙，更半收。回用癸丁。

（四・97）　自那孔往五風向壬丙，一更收。回向癸丁收。

（四・182）　自羅孔往五風用午丙，一更半收。對南駛。

（177）（一・33）　自羅孔去號藤用卯酉，二更。對東。

（二・90）　自羅孔峙去號藤用向乙辛卯酉，二更收。

（四・19）　自羅孔至黨藤駛乙辛卯酉，二更收。

（四・105）　自那孔往黨藤向乙卯，一更半收。回乾巽。

（178）（二・91）　自羅孔峙去魚鱗用向乾巽兼二線巳亥，五更收。

（179）（一・107）　自墨瓜線去宏武鑾用甲庚，二十五更。西南。

（四・196）　自墨瓜沙往宏武鑾用甲庚，二十五更。

（180）（一・106）　自墨瓜線去浮羅丑未用寅申加二線坤，二十五更。

（四・195）　自墨瓜沙往浮羅丑未用寅申加二線坤，二十五更。

（181）（一・108）　（墨瓜線）往浮羅利郁用甲卯，二十五更。

（四・197）　（墨瓜沙）往浮羅利郁用甲卯，二十五更。

（182）（一・67）　自簸箕下銅章用寅申，一更收。對西南。

（二・28）　自簸箕往銅章用向寅申，更半收。

（四・37）　自半箕下銅章駛寅申兼二線甲庚，一更收。

——何紀生整理。引自廣東省地名委員會

《南海諸島地名資料彙編》，第124~139頁。

# [附：清雍正間黃中所編《黃中海程》]

海洋道里與內地不同，乘潮駛風遠近所經詎可拘泥？舟行者不曰幾里，而曰幾更。更者，每一晝夜分為十更，以焚香枝數為度，以木片投海中，人從船面行船風迅緩定為多寡，可知船至某山洋界，以六十里為一更。

按自直隸 祈河口以東入東省界，至丁河口一更。船至虎頭崖四更（可泊船取薪水）。船至小石島四更。船至峪屺島二更（以上三處皆可泊船取薪水）。船至黃河營一更（不可泊船）。船至天橋口一更（可屯戰船）。船至八角口三更。船至之罘島一更（以上二處皆泊船要道，可取薪水）。船至養馬島一更（所經祭祀台、丁字嘴皆可泊船寄錨）。船至劉公島四更（可泊戰船取薪水）。船至成山頭三更（不可泊船）。船折而西南至龍鬚島一更（有薪水可泊船）。船至養魚池一更（可泊戰船）。船至青魚灘一更。船至峪屺島一更。船至裡島口一更。船至馬頭嘴一更（以上四處皆可泊船）。船至靖海衛一更。船至海陽所口二更。船至棉花島一更。船至乳山口一更。船至海陽縣一更。船至行村口一更。船至田橫島一更（以上諸口皆可泊船取薪水）。船至勞山 下清宮一更（不可泊船）。船至登窯口一更（可泊戰船）。船至浮山所一更。船至青島口一更。船至膠州 頭營子二更。船至唐島口二更（以上諸口皆可泊船寄錨取薪水）。船至柴葫蕩一更（不可泊船）。船至古鎮口一更。船至曹家口一更。船至琅邪臺一更（不可泊船）。船至董家口一更（此下諸口水淺，戰船皆不能泊），船至宋家口一更。船至夾倉口一更。船至安東衛 嵐山頭一更。又西南入江南 鶯遊山界。蓋沿海水程凡五十六更，計三千三百六十里。

其至關東 旅順，則取道廟島。自天橋口東北至廟島一更。船至鼉磯島一更。船至大 小欽島一更。船至南 北隍城一更。船至旅順洋 交界所一更半。船九五更半，計

**【引書舉要】**

在明、清時的諸多海道針經中，目前所見絕大部分出自閩、粵及海南舟子船工所記，主要航線也多在長江以南，江北至渤海的詳細針經較少。近蒙學友劉義杰提示，錄得清人所撰《山東海疆圖記·卷三·地利部·道里志》所保存的一種《黃中海程》，專載江北至華北、東北的航海針路，彌足珍貴，特致謝忱。

所謂“黃中海程”，係在山東爲官者黃中編撰的航海記錄。《山東海疆圖記》及《山東通志》引用其文時，均指其爲“閩人”；但據道光版《文登縣志·卷三·職官·國朝·知縣》，則謂“黃中：浙江錢塘人，監生，雍正五年[1727]任”。不論其籍貫如何，此《黃中海程》應約完成於雍正年間（1723-1735）。而刊載該書的《山東海疆圖記》爲徐績（？-1811）所作，他於乾隆三十六年[1771]授山東巡撫，三十九年後任河南巡撫，書中記及三十七年其閱兵於蓬萊閣、三十九年夏閱兵至即墨營之事，應作於此時或稍後。本書所引《山東海疆圖記》內文，係據《北京圖書館古籍珍本叢刊·第22冊·史部地理》，刊於北京：書目文獻出版社1987年版。

三百三十里。

昔閩人黄中宫[官]文登令，于長年三老詢悉海道，按程筆記，頗為詳密。而《萊志》復有自南而北海程，皆可參考，因並錄之，而附以元時運遼開洋捷徑，用資司疆者之互證云。

## 《黄中海程》

"自大沽河口開船，向東南巳字行二十餘里至大溝河，又行二十里向正東乙辰，約行十餘里，向南方未丁過淺沙至套兒河（屬霑化縣）灣泊，計程五十五里。

自套兒河開船，向北方丑癸出套兒河攔港沙，轉甲卯又巳[乙]辰，又巽巳共約十里，過淺沙，向東南巳字約行一百里，轉東南辰巽，約行三十里，至大清河灣泊，計程一百四十里。

自大清河口開船，向正東甲卯，約行四里；若值正南風，可折戧向南巳丙約行三十里；值西南風，向東南巳字約行六十里；值正北風，向東南巽巳約行六十里；若西北風大發，不得收入港口，姑就唐渡河海岸淺沙處亦可寄泊，計程一百五十里（唐渡河即瀰河口，屬壽光縣）。

自唐渡河開船，若值西北風，向東南辰巽約行三十里；值正北風，向東方乙辰約行三十里，又向東南巽巳約行六十里；值東北風，向東甲字約行三十里。可泊淮河口欄港沙外，計程一百五十里（淮河屬昌邑縣）。

自淮河口開船，若值正南風，向正東乙卯，約行五十里，遠望隱見虎頭崖及芙蓉島；又向東北艮寅約行七十里至芙蓉島灣泊，計程一百二十里。

自芙蓉島開船，若值西南風，向西北乾亥，過小石島，出雕翎嘴，約行五十里，向東方甲寅約行十里，向正東乙卯約行五十里，過三山島；值正南風，向正東甲卯，約行六十里，向東北艮寅約行一百里，向西北乾亥約行四十里，過㟂屺島，向正東甲卯約行六十里，到桑島灣泊，計程三百四十里。

除了《山東海疆圖記》外，乾隆元年修成的《山東通志》（四庫全書本）卷二十 · 海疆志（海運），也載有"南道（自南而北者爲南海道）"、"北道（自北而南者爲北海道）"。"南道"包含第一至第十程，注明引自《萊州府志》。引文後另有一段話，然後接敘"北道"，這段話是："以上十程乃山東省沿海由南而北之津程也，巡船、商船大約由此。然海洋不同內地，乘潮駛風遠近所經詎可拘泥？近得閩人黄中官文登令時，於邑中長年三老詢悉自北而南海道，按程筆記其洋面里數並迴避險處，互有異同，較《萊志》更爲詳密，因並志之，以俟司疆者之參考折衷云。"其下之北道內文，因未標明何爲黄中所記、何爲《萊州府志》所載，且與《山東海疆圖記》所述大同，故未再另行錄取。

自桑島開船，若值西北風，向東北艮字行使至廟島灣泊，約計程一百里。

自廟島開船，乘正北向南巳丙，約行三十里，將過長山島淺沙；若值風急浪湧，難以前進，再行二十里，可泊於登州天橋外，計程五十里。

自天橋口開船，若值西南風，向東北艮寅約行十里，又向正東甲卯約行三十里，到灣子口，水深四丈。又向正東甲卯約行十里，到西鳳山；如值東北風，向正東甲卯約行三里，又向東南辰巽約行五里，又向正南丙午，約行三里，向西北乾亥至劉家汪口灣泊，計程六十餘里。

自劉家汪口開船，若值正東風，向東方乙辰約行六十里到龍門港，其山峻削，玲瓏巨石，底水深數丈。向南巳丙約行三十里，左望之罘島，右循海岸，進八角海口，水深四丈餘，細沙底。復向西北近岸灣泊，計程九十里。

自之罘島開船，若值西南風，向正南午字約行四十里，向東方乙辰約行六十里，至養馬島灣泊，計程一百里。

自養馬島開船，若值西南風，向西北乾戌出口轉東北艮寅，約行二十里，向正東卯字約行一百十里，過咬牙嘴。此處眾流迸集，水勢湍急，岸旁有杵島，水道稍險。又向東南巽巳約行二十里，水深六丈，黑泥底，將進劉公島，北口有二巨石當流，行舟宜避之。向正南丙午約行十里，至島下，往南灣泊，計程一百六十里。

自劉公島開船，若值西南風，向東南巽巳約行二十里，又向東方乙辰約行八十里，又向正東乙卯約行五十里，過青磯島。復向正東乙卯約行五十里，至成山頭，為水師南北分汛之地，有駱駝圈海口，可容七八十艘避颶風。如遇緊急，可以宿泊對面。正北有海驢島，島北有淺沙，宜避。成山頭里許有大臥虎石，有小臥虎石暗礁，沉在水中，時起白浪，最為險惡，宜避過。海驢島緊近成山頭，沿邊而行，向東南巽巳歷丙午、丁未以至于癸，依山麓行約四十里，至龍口崖灣泊，計程二百四十里。

自龍口崖開船，若值西北風，向西南坤字行三十里，過養魚池口，可容二百餘艘。向正南午字約行八十里，過倭島。向南方丁未約行三十里，向正南丙午約行四十里，向正西庚酉約行六十里，向西北乾戌收入，泊在馬頭嘴，計程二百四十里。

自馬頭嘴開船，若值正北風，用坤申出口，向西方辛字行，過蘇門島，至靖海衛灣泊，計程六十里。

自靖海衛開船，若值東北風，向正西庚酉約行一百五十里，過宮家島、黃島，至葫蘆嘴，水深三丈五尺，石底。又過小竹島，轉正西辛酉，約行三十里，過小青島。又轉正西庚酉，約行六十里，至大嵩衛。其西南有礁石，出水長十餘里，行舟宜避之。正南海中百餘里外，有千里島，向西南坤未約行一百里，轉向南坤申約行二十里，至田橫島下灣泊，計程三百六十里。

自田横島開船，若值東北風，向西南坤未約行九十里，過管島、車門島、車公島，過勞山頭，巍峨聳翠，巨浪險惡。轉正西庚酉約行三十里，過勞公島，從西南逶迤進福島灣泊，計程一百二十里。

自福島開船，若無風乘潮順流而行，向正西庚酉約行七十里，到淮子口轉西北乾亥，至黄島灣泊，計程七十里。

自黄島開船，值西北風，向東南巽巳行，出淮子口轉南方巳丙，約行三十里，過小珠山 田島，轉西南坤未約行三十里，過薛家島。復行十里，向東北方進唐島西口灣泊，計程七十里。

自唐島開船，若值正北風，向西南坤未約行七十里，過大珠山 古鎮口，又約行三十里至齋堂島灣泊，計程一百里。

自齋堂島南行三百四十里至鶯遊山，江南 海州界矣。”

## 《萊州府志》

自南而北海程：

第一程自鶯遊門起，東北遠望琅琊山前，投齋堂島灣泊,約四百里，為一大程。西面有泥灘三里，可容船百餘隻。如船多，島東北三十里有龍灣口，可泊船二百餘隻，中間所過水面，東北一百九十里至濤雒口。又二十里至夾倉口，迴避望海石。又東三十里，至石臼所海口，迴避石臼攔、胡家攔、曲福 桃花攔。又東四十餘里，至龍汪口，迴避黄家石攔。又東二十里，至龍潭，可容船百餘隻。又東二十餘里至沐官島，迴避胡家山。以上可泊五處，應迴避七處，俱用西南風，迴避西北風。

第二程自齋堂島等處開船，正東由膠州 靈山島，東北遠望勞山，前投福島灣泊，共約二百餘里。西南有泥灘二里半，可容船六十隻。如船多，島西五十里有董家灣潤大，可容船三百餘隻，中間所過水面，東四十里至古鎮口，迴避海子嘴。又東五十里至靈山島，島西南嘴可容船二十隻，迴避東北、正東風；島東北鼓樓圈可容船十餘隻，迴避正北、西北風。此處雖可容船，不宜久住。東北六十里至唐島，可容船二百餘隻，避東風、東北、正北風，迴避淮子口 露明石。又東五十里至小青島，避正北、東北風。又東六十里至董家灣，迴避捉馬嘴。以上可泊五處，應迴避三處,俱用西南風，迴避西北、正北、東北風。

第三程自福島開船，東二十里迴避老君石，遠望田横島灣泊，約一百五十餘里。此島周圍三十里，可容船二百餘隻。如船多，島東七十里有潤落灣，可容船二百餘隻，中間所過水面，東北六十里至小管島。又東十里至大管島。又東七十里至田横島。以上可泊二處，應迴避一處。

第四程自田横島開船，遠望程山前，投延真島灣泊，共約四百餘里。此島東西長五十里，遇北風泊南面，遇東風泊北面，可容船百餘隻。東北岸下有三孤石，又旁多隱石，皆宜迴避。中間所過水面，東[西]四十二里至楊家灣。又東三十里至草島嘴。又東三十里至青島。又東三十里至黄島。又東北三十里至宫家島。又東一百五十里，由蘇門島至延真島。以上可泊六處，應迴避三處。

第五程自延真島開船，稍放洋行東轉杵島嘴，北過成山頭，西北望威海衛山前，投劉公島灣泊，約一百四十里。此島可容船六七十隻，中間所過水面，東三十里至鏌邪島西頭季家圈。又東三里至塵鹿島。又東十五里、西北四十餘里至養魚池。又東北二十餘里至黄埠嘴。又東南一里，迴避成山頭。又東七八里，迴避殿東頭。此二處極險，須放洋遠避。過此轉西三十餘里至駱駝圈裡，東岸下可容船七八十隻。又西三里李叢嘴可容船二三十隻。又西十五里至柳夼口，避西北、東北風。又西一百里至劉公島，迴避島東南礁石嘴。又西四十里至威海衛 東門口 教場塢，可泊船四百餘隻，避西北風。以上可泊四處，應迴避三處。

第六程自劉公島開船，至之罘島灣泊，約二百餘里。此島東南長二十里，可容船一百餘隻。島迤東三十餘里有崆峒島前，可容船二三十隻，中間所過水面,迤西一百四十里至養馬島，迴避西北風。又島西迴避煉石嘴，西北五十里係崆峒島。又西三十里，係之罘島。以上可泊二處，應迴避一處。

第七程自之罘島開船，至沙門島灣泊，約一百八十里。島東南汪周圍二三里，可容船一百餘隻，避西北、東北、正北風，中間所過水面，西六十里經八角嘴。又西五里，迴避龍洞嘴。又西五十里，迴避四石。又一二里入劉家汪口，避四面風。又西二十里，迴避灣子口東北沙港。又西二十里，迴避抹直口、金嘴礁石。又西三里入新河海口，即登州府水城，迴避觀音嘴石。西北四十里，迴避長山島東南嘴沙港。又西十里至沙門島。以上可泊三處，迴避六處。

第八程自沙門島開船，至三山島灣泊，約二百餘里，中間所過水面，南三十里迴避大石欄。又西六十里至桑島，避西北、東北、正北風，迴避島東北二處礁石。又西迴避羊欄口礁石。又西十五里，即三山島。以上可泊二處，迴避四處。

第九程自三山島開船，西投大清河口灣泊，共約四百餘里。此口可容船五十餘隻，中間所過水面，西三十餘里至芙蓉島，西南面可容船四五十隻。又西五十餘里，迴避虎頭崖並東北碎石。又西五十里至海倉口，迴避海口樁木閘石。又西一百十里至瀰河口。又西四十餘里，至小清河口，俱外有沙港不可入。以上可泊二處，應迴避四處。

第十程自大清河開船，投大沽河口，約一百八十里。此口可容船二百餘隻，中間所過水面，西三十里至大沙河口，可容船一百五十隻，迴避沙港一處。又西一百二十餘里，至大溝河口，可容船一百餘隻。又西北二十餘里，至大沽河口。以上可泊二處，應迴避一處，又西北交直隸 滄州界。

——[清]徐績《山東海疆圖記・卷三・地利部・道里》





# 泉州白崎郭氏藏針經抄本《乘舟必覽》

【引書舉要】

《乘舟必覽》引自陳支平主編《臺海文獻匯刊》（廈門大學出版社2014年9月版）第36冊收的抄本影印版；由廈門大學歷史學系周運中提供線索，廈門大學歷史學系連心豪蒐集，連心豪、陳佳榮編錄，連心豪校點。《乘舟必覽》抄本原件現藏於廈門大學人類博物館，係於二十世紀六十年代，廈門大學歷史學系莊爲璣教授（1909–1991）等師生至福建省惠安縣白崎鄉訪問調查時，從郭氏等漁民處徵集。

## [弁言]

大哉萬物壹理，研究而察端。周公制作指南針，魯班公創造舟楫，全頼方向於羅，相從於更。經者，配合於地，針懸子午，分毫不差。弍十四部字，差之千里。“經”云，針頭隨牽，舵圍針起。囬航流水者，有南北緩急，須早預算。日有春夏秋冬，剋候長短差遲，深淺砱[礁]石者，東隔海隅，亦不能尽識。但正往来之處，不可不知省者，或半省，全仗后[後]學君子，以専心為主，轉变机巧，焉有不成之理哉。討福前定，不可不孝[學]，求則得之，舍則失之。

罗者，配合於天地，有君臣分別，何處用何位？但凡放洋者，南北東西，及山東、關東等洋，以罗更為君，水砣為臣，風訊[汛]流水，机巧轉变。北至上海、乍浦洋，流水大不相同。可将水砣為君，罗更為臣。须观駛船開倚，桿可察流水之順逆。用針時，看船頭之起落。差之毫厘，失之千里。倘不知悟，难免弊端，須注意於罗更之中。設若遇淺不慎，悔之莫及。但行船須定風訊[汛]之緩急，船之遲速，可將柴片壹塊擲下船頭水上，与人同至船尾，可準原数之遲急。以壹更是三點，或是弍點，每更是何数，如过流走潮水，其流之順逆，就此推测，看航訊[汛]之強弱，亦不可不知其法也。看吹航何位，看風訊[汛]入航在何處，或航尾，或是飽風，須知風之八面，切當謹記。免使開官中弊，或須等頭捕壹分，恐息風航，致船多牽。督船者需着[要]預算，方不致有誤。

永楽元年奉旨，差官鄭和、季[李愷、楊]敏等出使異域，川往東、西弍洋等處開輸係政，牽星圖様，山屿海島，及水势深淺，日夜研究，以為往来之徑，不致有誤也。

天后聖母灵庇安泰，清封護國庇民明著天后。茲奉旨勅教[校]正針路,指、莭、更，以好遊者。貞观云，再来通海道，渺渺之中，海浪如天，四方礁石，誰負其所之？専頼聖人，更明認弍十四部位。但憑主明，須當神針，四方正習聖教之法，上不离坤，南烏里洋為难。倘若往来，或高或低，認順逆之風航，知深淺之制宜。或安何壹位，仔细推詳，神其前訢，其正路方无差錯。

## 放洋下針請神儀式

三上香献酒式，牲帛。次讀：

某某國某省某府某縣，某姓弟子駕某船號往某處生理，因開針放[洋]，謹偹禮儀，拜請祖師軒轅皇帝，文王周公，定陰陽先生，暨古聖賢精通玄奥先師，魯班部下知處、知深、知淺、通山識海各位先師，罗更弍十四位神像，上針大将軍，下針諸大神，定針童子，轉針郎，招才[財]童，利市官，本船大上聖母、千里眼、順風耳，各人隨带香大神[下缺]

## 南太武往海南

東椗外用丑未[針]七更，取南忝[澳]彭外过。又用艮坤[針]十五更，取大星尖外过。又[用]艮坤[針]七更，取東姜山。又用艮坤[針]五更，取小猪。又用坤未[針]，又用艮坤[針]七更，取七洲上过。又用单甲[針]三更，取補尾前七星塔，收入海南口。

**[按語]**

《乘舟必覽》係墨寫豎書線裝，抄寫於舊式賬本上，稍有殘缺，大體完整可讀。前有書名，但沒有抄寫時間和抄寫者姓名，無從稽考。其書寫文字還算工整，然大量使用俗字（即現在所謂“簡化字”）、生僻的異體字，及閩南方言俚俗土語代用字、錯字、生造字，乃至同一地名有不同的寫法，誠爲船工漁民親身經歷生產實踐積累的第一手產物，良可珍貴。

《乘舟必覽》針路中可見“福寧府”，係清代的稱呼；另有“雲霄縣”，則始設於民國二年（1913）。而弁言提及“清封”媽祖爲“天后”事，清代人不會自稱“清”。因此，《乘舟必覽》當爲民國以來對清代針路簿的抄寫本。

點校時，對錯頁亂碼，徑改之。殘字及殘缺部分以方括弧[ ]或[上缺]、[下缺]標示。爲方便閱讀，容易引起歧異的錯别字及脫字、衍字，均以[ ]注明。其餘不予改動，忠實於原樣。敬請使用者自行斟酌，並可參照廈門大學出版社影印本。

## 海南回厦門

浦前用甲卯[針]三更，用甲寅[針]十八更，取東姜。又用甲寅[針]七更，取大星尖。又用甲寅[針]十五更，取南岙 彭外过。又用艮丑[針]七更，取南太武山，内是厦门。

## 南太武往廣東

東椗用坤未[針]四更，取銅山 柑桔屿外过。又用坤申[針]三更，取南岙。又用丁未弍更，取表尾 傸岙平身。又用单申[針]五更，取甲子欄。又用单申[針]，取大星 開棧齐身。又用坤申[針]弍更，取丁娘 奂翁齐身。又用坤未[針]壹更，取廣東港口。荔枝相配南势乙片大小，是東姜山。入墨斗门，北邊乙紗帽石巡[潯]，入大急水，見龍山，南邊是大夷山。北尽势有大小屿弍個，名金校[交]椅。行船至北邊，是正港。北邊大山是红香炉，过赤庙，又見南邊小屿，是花杆屿，屿尾有信杯石。又看虎跳门口，又有双個信杯砛[礁]出水，入门到塔，諒[讓]有三個船身位，轉岙北，見弍塔，南邊有嫦娥砛[礁]，可防。入北邊，有鯉魚石，船對南势过，到七星，有個山仔頭，下港有沉汕，淺。行船倚南势，見三塔，是廣東。



## 廣東回厦門

港内：廣東出船，至双差[叉]港口，倚北邊行船，到七星砛[礁]办。有七個山仔頭，下对港中七星砛[礁]，可防。过砛[礁]，船行对中可也。至弍塔，並身行到北邊茀乙個山仔頭下，有嫦娥砛[礁]。过身可到黄部舘口，过東抛椗在上帝庙前。庙前港仔下有砛[礁]，可防。船过北势婆罗庙前茀壹個洲仔门，経过是大港。見屿，就是花园屿北。可过北大山，是赤安庙 媽祖，可燒金。对金校[交]椅山仔过，北是红香炉。入大夷山内，出急水门。見南面山尾有石鶯石為據，就是墨斗门。门口北邊有纱帽石，门外有三個屿相[向]岙，是荔枝屿。南是大姜山，南風正，可用甲寅[針]半更，取丁娘外过。又用单寅[針]七更，取大星棧。入去是竹篙屿，可抛船。可用单寅[針]弍更，取亀寧、菜屿齐身，見白沙湖，見田尾。又用单寅[針]更半，開即轉甲子欄。离半更，開即轉单艮[針]三更，見表尾半更。開即轉单丑[針]弍更，取过郎州，見南岙。可用艮寅[針]三更，取銅山柑桔屿外过。用艮丑[針]四更，取語[浯]屿，内是厦门。

## 大担放彭[澎]湖

大担西南風，用巽巳[針]七更，取花屿。銅山用乙辰[針]，取花屿、猶[獅]屿。洲门西南風，用辰巽[針]七更，取花屿。虎頭山用辰巽[針]，取花屿、西[獅]屿。南岙彭外用甲卯[針]七更，取花屿。将軍岙用巽乾[針]，取花屿、西[獅]屿。

## 西山放澎湖

南唐[塘]用单午[針]十五更，取六[鹿]耳门。平海用单午[針]九更，取西[獅]屿。崇武用单丙[針]七更，取西[獅]屿。祥芝尾用巳丙[針]七更，取西[獅]屿頭。石峻[圳]用巽巳[針]七更，取西[獅]屿。寮罗用辰巽[針]七更，取西[獅]屿頭。東椗用巽巳[針]七更，取花屿；用单巽[針]七更，取花貓；用单巳[針]七更，取猪屿。鳥嘴尾用单辰[針]七更，取西[獅]屿。

澎湖山西内是花貓屿，屿東外是西[獅]屿頭。屿頭東邊倚有砱[礁]，行船可防。看出火塔，不可食密，是下过。如食密，犯之。直看出火塔搭宮仔，正办。西南是桶盔屿，屿東是内[胆]、外胆，東南外是媽祖岙。西傍内東南外有屿仔，名查某屿，屿西南有砱[礁]打浪。東南去是東[桔]、西桔。澎湖東北有壹加簸屿，屿北子午直上有汕生長，名嶢生，有壹更之遠。如到此處，切防之。

## 澎湖放[台南]府

[湖]澎湖用单巽，取打九山。要入台南府，先用乙卯[針]，轉辰[針]，取象瀨汕，打水為準。

六[鹿]耳门回澎湖，如是東北風，[用]乾戌[針]，取東[桔]、西桔、虎井门。

## 澎湖回西山

花屿后[後]用乾戌[針]，取南太武。澎湖后[後]用乾戌[針]，取磁頭山。虎井门 西[獅]屿頭用辛戌[針]，取東椗。西[獅]屿頭用乾戌[針]，取高山 双髻。西[獅]屿頭用乾亥[針]，取祥芝尾、大對[墜]。西[獅]屿頭用乾亥[針]，取鳥屿。

## 崇武 鳥屿放下港

鳥屿用乙卯[針]十乙更，取五差[叉]港口，其山是洪[紅]色。

鳥屿脚用乙卯[針]十二更，取鹿港。鳥屿脚用乙卯[針]十一更，取大安朕。

鳥屿脚用辰巽[針]十三更，取麥寮。鳥屿脚用单辰[針]十三更，取番叱港口。

大安朕内有屿仔，又有烏山大牛頭中西尾小后[後]弄，後弄鼻生横向，西北而出。

観音岙：用乙辰[針]十一更，取鳳鼻山。看番山鳳下就是竹堑港。欲入者，須候水返七、八分，可進。港口南北都有招為記，船倚倚進入，妙哉。

観音岙用辰巽[針]十一更，取竹塹港口，打水七、八托。是香山岙，好抛北風。若西風，不宜至香山畔。甚妙。

## 臺湾内駕

草屿用子午[針]式更，取基隆。草屿用丁未[針]三更，取大燉山。打尖鼻用坤未[針]，取石胡[湖]角[針]，候水入港内岙。淡水港口用庚申轉单申[針]，取鳳鼻。竹堑用丁未[針]，取香山，其是倚兜淺地。落去是中港，有白沙堵。正港外有沙湾，山邊落去是后[後]弄鼻。竹堑用未[針]，取大安、三垵。船入去式更，是五差[叉]港口。又去式更，是鹿港。又去，是五官番叱。又去三更，是麥寮港口。港口有汕生長，名猪哥汕。汕脚可寄流，汕尾与港辰巽針对坐。又落去是象瀨汕，汕頂有烏魚寮，汕尾[下缺]



## [積國往南至崇武、横屿針路對坐]

[上缺]

積國仔用单丁[針]，取龍船屿；用丁午[針]，取龍船屿外过。積国外用艮坤[針]，取中吊邦；用单未[針]，取六兒门。

龍船屿用丁未[針]，取吊邦门。和尚頭用单丁[針]，取吊邦门。

吊邦门用坤未[針]，取横屿；用丁未[針]，取三算。三算用丁午[針]，取丕山；用坤未[針]，取大鹿。

石唐[塘]用单未[針]，取大鹿；用艮寅[針]，取兹榔岙。

后[後]岩用丁未[針]，取鹿门；用单午[針]，取丕山；用庚酉[針]，取横屿。

横屿用丁未[針]，取兹榔岙。兹榔岙用单未[針]，取横屿。

横屿用单丁[針]，取哭杯屿。哭杯屿用单未[針]，取四屿。

四屿内用单丁[針]，外用坤未[針]，取弄门。大鹿用未兼坤[針]，取弄门。此處横流甚急，须着[要]補針。

弄门用未轉坤[針]，取硬岙尾。硬岙尾用未[針]，取虎仔屿。

大漁用坤未[針]，取虎仔屿。虎仔屿用坤申[針]，取奎告[髻]鳳；用坤未[針]，取塩田鼻。

定盤鳳用丁[針]，取奎髻鳳。奎髻鳳用坤未[針]，取琵琶頭。

塩田用单未[針]，取金香鼻；用丁未[針]，取北官[關]頭。金香用未[針]，取草屿；用丁[針]，取北官[關]。

草屿用单午[針]，取拜屿頭；用丁未[針]，取北關门。拜屿用未[針]，取洋山外过；用坤[針]，取風火门。

北官[關]门用坤未[針]，取風火门；用坤申[針]，取冬瓜屿。冬瓜屿用单未[針]，取風火门。

風火门用单未[針]，取根竹屿；用丁午[針]，取哭杯屿。根竹屿用单午[針]，取哭杯屿。

哭杯屿用单未[針]，取小西洋外；用坤未[針]，取小西洋内。鲁湖用丁午[針]，取小西洋外。

小西洋用丁午[針]，取北唐[塘]内；用单未[針]，取甕屿头。甕屿用单丙[針]，取北唐[塘]；用单丁[針]，取南唐[塘]；用坤未[針]，取黄岐。

黄岐用丙午[針]，取南唐[塘]。北唐[塘]用丁未[針]，取南唐[塘]。

南唐[塘]用单午[針]，取白犬。定海頭用坤申，取五虎门；用辰巽[針]，取南唐[塘]。

白犬用坤申[針]，取兹岙外；用坤未[針]，取東洛头。兹岙用单午[針]，取赤屿 牛鼻弄。

牛鼻弄用丁午[針]，取苦屿门；用坤未[針]，取横屿内。苦屿用丁未[針]，取猫屿。

猫屿用单午[針]，取四屿。四屿用单午[針]，取烏砱[礁]；用巳丙[針]，取竹屿。

烏礁用丙午[針]，取分流屿。分流屿用单午[針]，取吉吊。

吉吊用坤未[針]，取墓仔口；即轉单未[針]，取萬安城。小萬安用单未[針]，取纺車頭；即轉单坤[針]，取南弁。

南盔用丁未[針]，取离鼠尾。鼠尾下用庚酉[針]，取白屿。

白屿用坤未[針]，取小日頭；用单酉[針]，取興化屿。小日頭用单申[針]，取南日鼻。

南日用坤申[針]，取猪母頭；用单坤[針]，取南鎮屿。南鎮屿用单未[針]，取北椗屿；用庚酉[針]，取羊郭门。

平海用丁未[針]，取北椗屿；用坤未[針]，取羊郭门。北椗屿用单未[針]，取大岞；用坤申[針]，取小岞。

大岞用甲卯，取崇武岙；用单未[針]，取祥芝尾。崇武用单申[針]，取塔[獭]窟；用坤申，取烏屿。

塔[獭]窟用庚酉[針]，取横屿。横屿用申酉[針]，取垵頭潭。

## 汕頭往厦[门]従内駕

汕頭港：汕頭出港，外有屿仔弍個。壹個是馬屿，馬屿岙好抛船，岙北鼻下有沉水砱[礁]，不可太倚。鼻頭内有綱桁，綱桁下好过北，上去淺。馬屿南壹個是竹屿，竹屿北邊有沉水砱[礁]，又去有出水砱[礁]，行船不可太倚。馬屿与竹屿東北外有沙汕壹条，向東直出此汕办。可看馬屿觥竹屿，是正港，不防。北看鳳屿出林浦開门，不犯。竹屿東有石屿仔壹個，名白屿仔。正港生在白屿仔北，如出此處，東南駛上去是林浦。

林浦岙：打水三、四托，好抛船。岙西鼻頭下有綱桁，亦淺。不可貪西為要。岙東鼻頭下拖尾生長，不可太倚，上去是鳳屿。

鳳屿：好抛船，倚淺。屿東是南尾，又名長山尾。山尾下有綱桁，長山尾是彭屿。彭屿内有砃[礁]城甚多，又有沉水砃[礁]，外開有七星砃[礁]。再者，鳳屿西北内去有屿仔，名吾屿，上下可过。吾屿頂有屿仔，屿仔東有沙汕，向東势南直出，切記。吾屿仔有綱桁，上下可过。若要入俀東岙，従吾屿頂入是正港，港生在吾屿北頂直入。再者，鳳屿北有鳳蛋砃[礁]壹塊，直山步看，鳳髻搭林浦塔正办。横看海山尖搭山改正办。上去是桥盾。



橋盾：鼻頭不可太倚，鼻内有綱桁。桥盾東去是南岙山，桥盾北上有壹屿，名奎[雞]母屿。奎[雞]母屿四邊可过。屿東邊有砃[礁]沉水，名奎[雞]母屎，不可太倚。奎[雞]母屿北去是奎[雞]母岙，又名樜林岙。



樜林岙：好抛船。岙口西内下大山邊入去，是黄崗、米石等處。樜林岙口東鼻有屿仔壹個，生連沙猪屿仔。下有沙汕，生向南。若要抛樜林岙，可看内面塔仔出現，方可頭起。若無見塔仔，須着[要]牽落為要，切記。樜林山[岙]尽東鼻，名銅棋頭。銅棋頭有出水砃[礁]，名纺車砃[礁]，不可太倚。

銅棋頭：東南去是南岙山，南岙有屿仔壹個，名甕屿，又名红奎屿。此屿仔可寄流，屿内是玄有岙，玄有岙可抛船。此岙名南岙，又名總兵府。岙上北去是南岙，山邊去是鎮臺岙。鎮臺岙口有屿仔弍個，壹個有塔仔。若要入鎮臺岙，可從屿仔脚入為要。此岙亦可逃台[颱]，甚好。鎮臺岙口对西，就是銅棋頭，銅棋頭北就是虎仔屿。

虎仔屿：有虎屎砃[礁]生在屿東北势。東外又有寮牛砃[礁]，寮牛砃[礁]外又有七星砃[礁]。虎屎砃[礁]看直山步，奎[雞]母屿出銅棋頭不犯。横看山内有弍個山改，山尖下山改有坪石弍塊合做壹塊，正办。此石生在山改中间，成為此形，名八仙棹。虎仔屿西北内去亦有砃[礁]，名南琼北極傢俬砃[礁]。直山步看，長山尾与虎仔屿開门不犯。

寮牛砃[礁]：看直山步，宫仔前后[後]山尖搭九厦鼻正办。南看南岙山南北两個大山尖開大改。或看走馬埔山尖大出現不犯。此砃[礁]又叫半洋砃[礁]，有水鼓為據。北去是大宫口。

大宫口：好抛船。岙南下有汕，亦淺，又有砃[礁]壹塊。岙東有屿仔壹個，屿下砃[礁]下过。砵仔砃[礁]東去是龍屿，龍屿鼻不可太倚，龍屿内外具[俱]可过。屿北是虎屿，虎屿西北鼻尾有拖尾生長，向西北直上，行船諒[讓]開為要。虎屿北去就是鲎壳屿。

鲎壳屿：好抛船。岙西大山邊下有砱[礁]，不可太倚。岙東鼻下亦有沉水砱[礁]，不可太倚。鲎屿鼻外有沉水砱[礁]，直山步看，虎屿躭龍屿正办，横看宫仔前山尖搭鲎屿鼻正办。此砱[礁]名猪尾砱[礁]。鲎壳屿東鼻外有屿壹個，名狮[獅]屿。獅屿西鼻頂有砱[礁]壹塊，水退半，打浪，不可太倚。狮[獅]屿北有壹屿，名象屿，屿亦不可太倚鼻。象屿内外可过，西畔是岙角。岙角東鼻頭有拖尾生長，若要抛岙角東鼻頭，諒[讓]開為要。

苏尖岙：好抛船。要入岙者，東鼻頭有拖尾，須諒[讓]開，即可頭起。岙西員[圓]沙堵有砱[礁]甚多，不可太倚。蘇尖大山東外有屿仔，名奎[雞]心屿，四邊不可倚。屿北内有出水砱[礁]，砱[礁]下是刘岙。

刘岙：可抛南風。入岙須倚大山邊開，北面有沉砱[礁]。上去是銅砵岙，好抛船，是塗泥岙，甚宜。再上去是銅山。

銅山：塔仔山门内有砱[礁]，若要入銅山，近内並塔仔山，俱不可入。又有東、西屿仔，上去可过。门口有石屿仔壹個，當在屿内过。石屿下有沉砱[礁]，水退汶[没]浪。若要入銅山岙北畔沙汕，可看西屿红山仔出東屿頭，直入是正港。又看水仙宫大樹不可搭港口白石着，開门是正港。銅山北是垵仔岙。

垵仔岙：好抛船。岙西北頂有屿壹個，名狗燒塊。上去又有屿，名上下虎，上下可过。西北去是雲霄縣。垵仔尽鼻尾有沉水砱[礁]，不可太倚。逢流水不順，須諒[讓]開為要。过鼻上去两大山尖，名古雷山，又名高麗頭山。高麗頭山東外開，有沉水砱[礁]，水退半，出水，此砱[礁]名捧[礁]砱。直山步看，哭杯（屿）躭杏仔鼻正办。横看两個大山尖合做壹個。高麗[頭]山邊上去，東北外有屿壹個，名哭杯屿。哭杯屿下有沉水砱[礁]壹塊，名劍砱[礁]，水退乾出水。直山步看，哭杯屿不可躭杏仔鼻，不犯。但来往，可從哭杯屿西北过，不可從東南过為要，切記之。哭杯[屿]上去是杏仔鼻，西内有壹個屿仔，屿仔水退乾，生連沙堵，屿下不可太倚。杏仔鼻下有砱[礁]，名老鼠砱[礁]，水满打浪，不可倚為要。杏仔鼻外是沙洲。

沙洲：可寄流。要抛者，对白沙堵可也。岙南有屿仔，亦不可倚，亦淺。沙洲北鼻外有屿壹個，名金屿仔，不可倚。沙洲过東外去是菜屿，東北去是東祥。

東祥屿：西内有沉水砱[礁]三塊，水退乾出水，亦汶[没]浪。此砱[礁]名来外香。直山步看，哭杯[屿]不可躭金屿。須着[要]哭杯[屿]撻[搭]洲门不犯，其是杏仔与沙洲。此门名叫洲门，出门西内杏仔鼻沙堵，可抛西南風。杏仔后[後]岙沙堵上去有屿仔壹個，名烏鴨。烏鴨内淺，北是陸鰲岙，東北是虎頭山。

陸鰲岙：好抛船。内可逃台[颱]。若要入此岙者，港口有綱桁，可看舊鎮山仔脱落陸鰲岙沙汕尾，直入到内面苐式個鼻平身，即可頭起，抛在汕内。或是汕内亦可以寄流。

虎頭山：可寄流，抛倚鼻兜，水退防淺，切記。上去鼻頭烏嘴尾，烏嘴尾有虎尾生長，不可太倚。烏嘴尾東外有屿仔壹個，名白鴨，内外可过。烏嘴尾上去是来頁屿，又名草屿。

来頁屿：東南有沉水砎[礁]，名三点金，又名米砎[礁]。直山步看，来頁屿頂平石搭来頁尖，正办。来頁屿亦有砎[礁]，屿北西畔壹個大山，名大来頁。大来頁山邊外有屿壹個，名花篓屿，四邊不可倚，諒[讓]開為要。花篓屿西北有砎[礁]，名花篓砎[礁]。花篓屿上去有砎[礁]生長，名花篓葉。此砎[礁]生在大来頁北頂。直山步看，将軍仔屿与将軍鼻不可開门。横看大来頁屿北有壹個沙塗山仔尖搭水墘石屿仔，正办。大来頁北沙堵倚淺。再上去，是大景山。



大景山：将軍岙 燕子巢岙。将軍岙有屿仔，名将軍屿。屿西有砎[礁]，名秀才砎[礁]。秀才砎[礁]下可寄流，甚擺，无甚好處。若要抛燕子巢岙，可從将軍仔[屿]外駛上，入燕子巢岙。岙内東鼻頭下有拖尾，不可太倚。岙内倚淺，要抛者，看土地公宫仔出頭，方可頭起，隨小船邊，对沙堵抛可也。打水三、四托為宜。抛船無多。将軍岙東鼻尾有砎[礁]，名破布砎[礁]。直山步看，秀才坐大轎正办，諒[讓]開為要。上去是灯火垵。



灯火垵：有灯火才砎[礁]，生在岙中。若是抛船，船尾对灯火才砎[礁]。灯火垵上去是浮南桥、井尾，灯火垵東北是棺柴[材]屿頭。棺材屿頭有三砎[礁]，水退出水，内外可过。棺柴[材]屿鼻不可太倚，東外有壹個南椗屿，四邊可过。倚屿西，有石汕壹条，向西直入棺柴[材]屿。上去是空口鼻。

空口鼻：内可寄流。再入去，倚山邊屿仔入去有沙堵岙，好抛船。南有沙汕，内有綱桁。綱桁入去可逃台[颱]，沙堵倚淺。若要入此岙，可看南椗屿与南鎮屿小開门。若是大開门，恐犯南面汕。此岙流水甚急，須抛来去椗為要。空口鼻下不可太倚。外是南鎮屿。

南鎮屿：四邊不可倚。门中有港心砎[礁]，生与南鎮屿壹份開，生与空口鼻式份開。倚南鎮屿北有平坂砎[礁]。若從南鎮屿过，須看南鎮屿与空口鼻開门，方可駛倚内面。南鎮屿東北外有沉水砎[礁]，名洋船料。空口鼻上去是小鎮海。

小鎮海：鼻頭不可太倚，鼻下可寄流。東外有洋船料砎[礁]，水退六、七分出水。直山步看，棋尾内赤塗跡搭象鼻正办。横看小鎮海北面沙塗尖山仔搭鎮海后[後]沙堵出水屿第式個，正办。小鎮海上去是鎮海岙。

鎮海岙：好抛船。岙内清気[“清気”，閩南話，乾净。]。岙東鼻頭名象鼻。象鼻有拖尾生長，不可太倚。象鼻頂内沙堵岙，可抛南風。岙底有砎[礁]数塊，知者可入，不知不可入。上去是棋尾。

棋尾：鼻頭有砂[礁]，駛船誏[讓]開為要。東北势有砂[礁]壹連，甚多，名麥穗砂[礁]。直山步看，南鎮屿躭棋鼻正办。横看棋尾内沙堵出全個。麥穗[礁]内又有大砂[礁]壹塊，看赤屿仔与塗屿開门，不防。棋尾東外開去是東椗屿，西北去就是吾[浯]屿。

吾[浯]屿：好抛船。岙口对面是吾[浯]岸，浯岸北有鼠尾砂[礁]。吾[浯]屿北有壹個屿，名土地公屿。吾[浯]屿门出入各鼻頭，不可太倚。吾[浯]屿西北去是青屿，青屿西北去是大担。弍担、三担倚青屿，壹门名三担门。青屿南下有沉水砂[礁]，名佛手砂[礁]。直山步看，西北内大山尖搭鼓浪屿山尖，正办。横看弍担搭青屿正办。青屿用子午針直起，取厦门港。

厦门港：沙坡尾出船，用巽乾，至小担门。看西内势观音尖搭鼓浪屿尖，直出无碍。与防曾厝垵沙汕生向大担。大担内好抛船，内面西北内有沙汕，又有白馬砂[礁]。看山步，弍担貊[獅]球与大担鼻相躭，正办。出大担门外，北畔有砂[礁]，不可太倚。外有海翁汕，海翁汕横看厦门山尖落列[烈]屿山尾無碍。又看白石頭不可过虎仔屿北。直出，看仙王出烏嘴尾就离。或看欺告出頭，亦无碍。頂是烏嘴尾，外是金门，再外是寮羅。

## 外駕[東椗往北至黃龍]

東椗用寅轉艮，取烏亀屿。烏亀屿打水卅餘托，内打水廿五、六托。東邊是亀仔，可抛船。有门，小船可过。内是湄州[洲]，可用辛酉針取之。再内是蚵売庭[埕]，可逃台[颱]，淺地。大船逃台[颱]入青屿，可用甲卯[針]取之。内是深水地，打水八、九托。

烏亀外用单丑[針]三更，取牛屿。

牛屿：打水廿五、六托。牛尾遠看一點，夜间可防。南有牛新门，门中可过。内是观音岙，可用单酉[針]取之。要入观音岙，屿仔下有砂[礁]，生离屿仔有壹箭之遠，水退五、六分出水。如入船者，可牵落。見白沙堵，

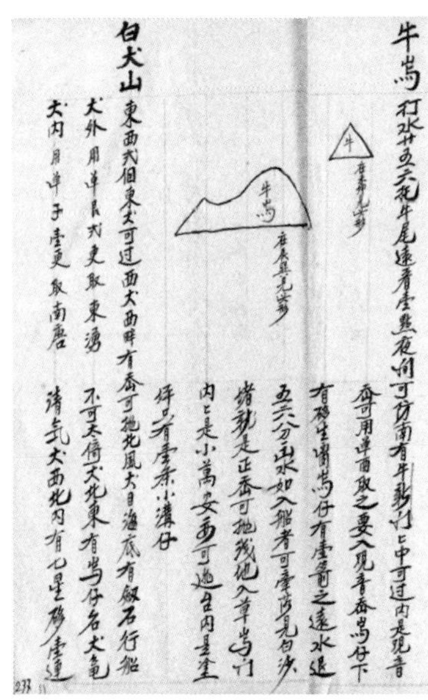

[清]佚名《乘舟必覽》書影一

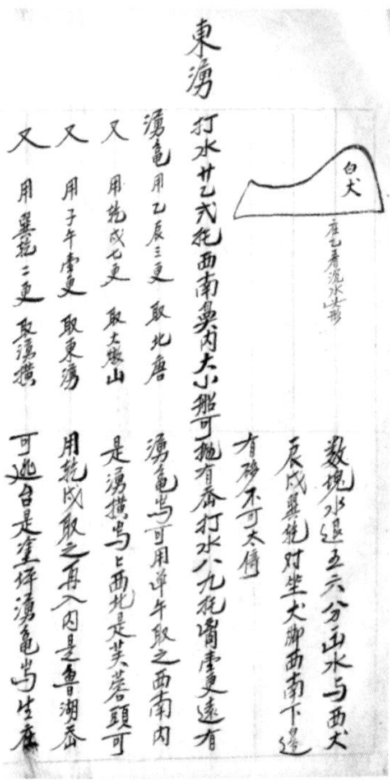

[清]佚名《乘舟必覽》書影二

就是正岙，可抛淺地。入草屿门内，内是小萬安，亦可逃台[颱]。内是塗坪，只有壹条小溝仔。

[牛屿]在未坤見此形[附圖]。

[牛屿]在辰巽見此形[附圖]。

白犬山：東、西弍個。東犬可过，西犬西畔有岙，可抛北風。犬目海底有劒石，行船不可太倚。犬北東有屿仔，名犬亀，清気。犬西北内有七星砃[礁]壹連数塊，水退五、六分出水，与西犬辰戌、巽乾[針]对坐。犬脚西南下邊有砃[礁]，不可太倚。

犬外用单艮[針]弍更，取東湧。

犬内用单子[針]壹更，取南唐[塘]。

[白犬]在乙看沉水此形[附圖]。

東湧：打水廿乙托。西南鼻内，大小船可抛。有岙，打水八、九托。离壹更遠，有湧亀屿，可用单午[針]取之。西南内是湧横屿，屿西北是芙蓉頭，可用乾戌[針]取之。再入内是魯湖岙，可逃台[颱]，是塗坪。湧亀屿生在東湧南，四邊清気。用辛酉[針]，取北唐[塘]。如夜间入船，可防光笨砃[礁]。

湧亀用乙辰[針]三更，取北唐[塘]。

又，用乾戌[針]七更，取大墩山。

又，用子午[針]壹更，取東湧。

又，用巽乾[針]二更，取湧横。

臺山：打水十五、六托，有岙，可抛東北風。臺[山]北面有三星子屿仔，上下可过。臺[山]西南是臺南存[仔]，清気。内有半洋砃[礁]壹塊，水退半，打浪。直山步看，臺生出頭。又看星子出臺鼻小開门，正办。横看洋山尾搭内面星[子]门壹畔，或看香炉屿搭臺中尖。如船到此，臺山能结五尖，俱正办。洋山尾落星[子]门，是下过。如出星[子]北，是北过。如船従臺北入，乾戌針須防之。如船従臺脚入，巳亥針亦须防之。若従臺南存[仔]脚入，子午針恐犯之，壬亥針不防。

臺山用单丑[針]三更，取南（杞）、北杞。

又，用单子[針]三更，[取]奎告[髻]屿。

又，用单戌[針]三更，取北官[關]。

南杞山：打水十七、八托，内打水十一、弍托。南杞弟壹個烟墩山脚下開洋，壹個屿仔看不見。其南山尾尖，四方平向山，看断其山底于南势。行船出入，内面有白沙湾，山尾有烟墩，南面山下有岙，可抛船。西南下有石屿仔，名頭巾砂[礁]，清気。南杞東有屿仔，屿北亦可过。内面亦有屿仔，名烏篓屿，行船不可太倚。再内是金香。

船在甲卯[針]半更開，此形[附圖]。

南杞[用]单丑[針]五更，取鳳尾。

又，[用]癸丑[針]壹更，取北杞。

又，[用]壬寅[針]三更，取奎告[髻]鳳。

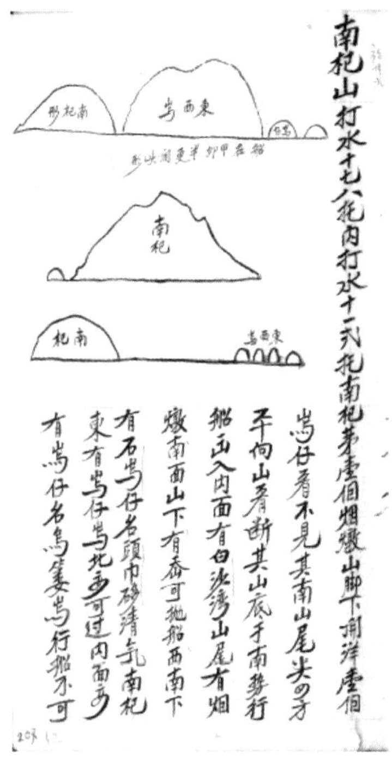

[清]佚名《乘舟必覽》書影三

北杞山：外打水十五、六托，内打水十壹、弍托。北杞岙好抛北風，打水十几托，爛塗泥地。要抛者，可從外面屿仔脚入。内有小鼻頭，不可太倚，壹概清気，抛東邊可也。惟有媽祖印砂[礁]生在西北鼻頭内，此砂[礁]不犯船，能損椗索。但不可对鼻頭抛為要。

北杞用单丑[針]四更，取鳳尾。

又，用壬癸[針]二更，取丕山。

丕山：好抛北風。岙東鼻頭下有媽祖印砂[礁]，水退乾出水。但船往大山邊為要。丕山東南有浪党屿，有门可过。丕山内就是小鹿、大鹿，再入内是坎门，西内是教[較]場。

丕山用单未[針]弍更，取鳳尾。

又，用单子[針]乙更，取石唐[塘]。

又，用癸子[針]乙更，取三算。

鳳尾山：打水十五、六托，内打水十弍、三托。南下是楊棋，楊棋内有屿仔壹個，名壹梭屿。屿南有大爐砂[礁]，出水砂[礁]。北亦有沉水砂[礁]弍塊。但船從壹梭屿倚过，或從大炉砂[礁]南过亦可。南鳳大山好抛船，有岙。竹梳内门可过小船，屿邊有砂[礁]。大人岙倚東鼻尾内有砂[礁]三、四塊，不可太倚。皇帝生门亦可过，入门有屿仔，屿内有岙，名關帝岙，可抛。屿北有碜[礁]，可防。山北亦有岙，名風台[颱]岙。岙西北山邊有沉碜[礁]，行船不可太倚。東北有屿仔，名红奎屿，屿门可过。風台[颱]岙亦淺。

楊棋脚用单酉[針]壹更，取積國。

又，外用单未[針]三更，取漁山外。

又，用癸丑[針]三更，取漁山内。

又，用单子[針]式更，取東箕。

漁山：外打水廿壹、式托，内打水十六、七托。漁山门可过。東北鼻尾有拖尾，可防。漁山東北有釣砧屿，東北頭有半洋碜[礁]壹塊，离屿有壹桁滚遠，水退六、七分出水。看直山步，漁山頂西[師]公髻搭厚底碜[礁]，正办。漁山外亦有虎仔屿，船従屿外过。

船在丁未[針]見此形[附圖]。

船在午[針]乙更開，[見]此形[附圖]。

漁山用子癸[針]三更，取九山。

又，用巳亥[針]二更，取潭頭。

又，用单戌[針]二更，取西箕。

又，用单酉[針]乙更，取東箕。

九山：外打水十壹、式托，内打水六、七托。西南内丑未[針]直落，有半洋碜[礁]壹塊，水退五、六分出水。看直山步，尾蝶頭搭積國仔，或看鲎屿搭龍目门，俱正办。如是鲎屿出龍目外，是南过。横山步看，昌国興[屿]搭公婆屿，或猪脚屿開门壹航阔，俱正办。如若従北过者，猪脚屿不可開门。昌国興[屿]尖出公婆屿開门，是北过，不防。此半洋碜[礁]与潭頭艮寅針对坐。九山下是積國，山外是尾蝶頭，内是甕屿。甕屿脚有石汕生長，駛船牵落，即可頭起。九山岙好抛船。外是尾蝶頭。

九山用单丑[針]四更，取北烏亀。

又，用单子[針]更半，取番船门。

又，用单癸[針]式更，取傍屿外。

又，用单亥[針]式更，取牛鼻弄。

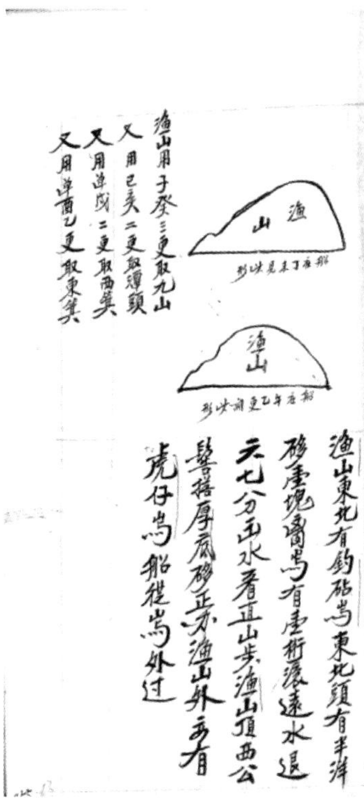
漁山東北有釣砧嶼東北頭有半洋
砂壹塊离嶼有壹桁滚遠水退
六七分出水看直山步漁山頂西公
髻搭厚底砂正办漁山外亦有
虎仔嶼船從嶼外过

漁山用子癸三更取九山
又用巳亥二更取潭頭
又用单戌二更取西箕
又用单酉乙更取東箕

[清]佚名《乘舟必覽》書影四

尾蝶頭：乃是九山外第壹個屿仔。北内倚屿仔有门，可过，不可貪西畔。山邊有拖尾砱[礁]，要过，從中可也。若落屿仔内，屿仔内亦有砱[礁]，須牽落，即可頭起為要。西北中间有磨屯屿，屿開有砱[礁]，可防。

東窑：岙内打水三、四托，可抛北風。岙東鼻頭下有石屿仔壹個，屿下清気。東窑西南是横屿，横屿西南有屿仔。屿仔東邊有砱[礁]敲船，不可太倚。東窑東北鼻外亦有屿仔三個，屿脚有砱[礁]，不可太倚。船從屿外过可也。上去是南棋，桃花山脚就是番船门。门中大小船可过，可用乾戌針取奇頭山。外是棺柴[材]屿及烏山。

烏山：脚可抛船，打水十餘托。烏山西就是棺柴[材]屿，屿北有光笨砱[礁]壹塊，水退五、六分出水。看横山步，三傒与烏山鼻開门壹航闊正办。如密门，是北过。直山步看，東窑外屿仔躭桃花鼻正办，開门正办。如是敲沈家门，烏山脚有沉砱[礁]，可看烏山開门就离。如密门，犯之。烏山西北中间有龍目砱[礁]弍塊，東壹塊倚東有石汕。但船欲從東过，須着[要]好風方可，亦須倚烏山仔為要。西壹塊砱[礁]脚亦有沉水砱[礁]，水退犯船。但船来往，可從西畔倚大山过，山邊过。如离，龍目駛过東，至考茶岙、烏山门，順風亦可过。

考茶岙：打水三、四托，好抛船。岙西就是大港，東畔壹派俱淺。如到香党，鼻東北中间有平坂砱[礁]壹塊，水退乾，討魚船能着舵。其船至老鼠屿，外流底水，南北俱淺。可看山步，水牛岙山不可入炮臺鼻，是正港。至炮臺脚，可抛船。

沈家门：要往水牛岙及普陀山，可駛西南流。炮臺脚有砱[礁]壹塊，不可太倚。大门口有守寡砱[礁]，現造石鐘為記。行船須倚大山邊，是正港。南面塗坪生至金砵盂北，俱淺，清気，惟淺而已。如至水牛岙，要抛[船]者，可看半港屿，不可入水牛岙鼻，入則甚淺。如到關帝庙口，要抛[船]者，可看鹿仔頭与亭高桥鼻小開门，落椗密门，是内淺地。

烏山：外有傒屿三個，有门，亦三個。大傒门可过，大傒南畔不可太倚。弍傒门西北中间有半洋砱[礁]壹塊，与傒屿乙辛針对坐。横山步看，大山邊屿仔搭桂屿，或看大傒搭弍傒，俱正办。如桂屿落内面屿仔，是北过。直山步看，普陀白沙堵出虎爪岙鼻，或看虎爪岙北面山躭金屿壹畔，正办。如開门，是内过三傒屿。屿西北，東有石汕壹条生長，与屿丑未[針]直上三傒屿，倚大山邊亦可过。如要过者，看棺柴[材]屿出烏山鼻壹畔可也。如食密，恐犯之。大山邊屿仔尾亦有拖尾。

虎爪岙：白沙堵可抛船，不可貪西畔，海底有石礅。虎爪岙外有金屿，南有砱[礁]，可防。屿仔倚大山邊有壹门，順風可过。虎爪岙西南鼻頭内有虎屎砱[礁]，可防，门中可过。虎爪岙山東西清気。上去是鹿仔頭。鹿仔頭门好風好流好过。鹿仔頭東外有来頁砱[礁]壹塊出水，此砱[礁]与鹿仔頭乙卯針对坐。夜间至此，可防。

普陀山：白沙堵下可抛西北風，東風不宜，打水三、四托。岙西南下有砱[礁]壹塊，名龍女砱[礁]，出水砱[礁]。西去是龍頭寺、竹仔寺。普陀岙東南有善才[財]砱[礁]，砱[礁]東南下尚有沉水砱[礁]，名面佃，初三、十八大退乾，打浪。此砱[礁]看直山步，鹿加[珞珈]山搭虎爪岙山第弍缺，正办。横看金砵盂落竹仔寺，是砱[礁]下过，不防。外是罗漢屿，北是户爐山。

户爐山：内有壹门，知者可过。户炉山南鼻下有壹大砱[礁]盤出水，外是花矸屿。屿有门，可过。门下就是罗漢门，壹連数個，上下可过。此门名罗漢门，又名花矸屿门。



北烏亀：外打水廿弍、三托，内打水十五、六托。洋中甲寅[針]对坐，壹更開，有屿弍個，名内[善]、外善，有门，清気，可过。東北弍更遠，直上有两廣屿，与善子午[針]对坐。烏亀门大小船可过，北是尽山，内是亀山。壹連有门，亦数個。

烏亀用丑未[針]弍更，取两廣屿。

又，用甲寅[針]乙更，取内[善]、外善。

又，用辛酉[針]三更，取普陀山。

两廣屿：外打水廿五、六托，内打水廿壹、而托。可抛西北風，甚擺。此山南北見之，能開三门。究竟无壹门可通，只有東西弍個分别。两廣内山邊有出水砱[礁]，生倚四邊，清気。西北是尽山，西内去是三千頭。

两廣用单辛[針]弍更，取綱仔岙。

又，用壬亥[針]弍更，取西岙。

又，用壬子[針]弍更，取東岙。

又，用单子[針]壹更，取海照。

尽山：有東西弍岙，可抛船東岙。单午[針]直落半更遠，有半洋砱[礁]弍塊，水退六、七分出水。此砱[礁]直山步看，頂中山撻[搭]尽山门正办。横看馬鞍屿出頭，是北过。如馬鞍屿屿西岙鼻開门壹枝扁挑闊，是横正砱[礁]办。若是夜间討船至此，看不見山步，可看子午星。不可入東岙鼻，入則犯之。尽山门亦可过，门中倚東畔屿仔邊有三砱[礁]壹連。但船出入，従北邊过為要。可看月屿躭奎告[髻]屿小開门，至密门，就是砱[礁]北过。若是月屿与奎告[髻]屿大開门，恐犯之。奎告[髻]屿西亦不可太倚，但抛西岙。奎告[髻]屿内海底有石礉，能損椗索。下是月屿，北邊有砱[礁]，可防。月屿北，倚大山邊亦有屿仔，屿仔脚有砱[礁]，不可太倚。内是鳥砱[礁]出水，四邊俱可过。裡岙深，亦可抛船。尽山東北是中山，再北是花鳥山，内是黄籠、四焦。中山南鼻尾有砱[礁]生長，行船可防。花鳥山出去是放大洋，東外是海照。子午[針]直上是坐山，現時有火墓。東洋来上海顶，見坐山下，見花鳥火。

尽山用子癸[針]壹更，取中山。

又，外用单子[針]壹更，取中山。

又，用甲卯[針]三更，取海照。

又，用辛戌[針]三更，取奎告[髻]屿。

又，用单酉[針]弍更，取黄籠。

又，用单坤[針]弍更，取網仔岙。

弍亀：门口有大砃[礁]壹塊，水退三、四分出水，上下可过。若是入船，須倚北面山邊落為要。出船可由砃[礁]脚出，看大亀出弍亀鼻尾，方可頭起。内是亀仔尾，可以抛船，打水十弍、三托。亀仔尾倚山邊有砃[礁]壹塊，可防。



叁亀门：与火廣门仝。入内見壹屿仔，屿脚有砃[礁]，可防。屿外號三亀门，屿北倚大山邊，號火廣门。此弍门順風俱可过。如落屿脚，可抛椗，就是亀仔尾。但船入此门，不可貪倚亀仔山。倚兜有砃[礁]，切記之。内是柴山门。



柴山门：有屿仔壹個，名輦屿。屿東北有砃[礁]，可防，水退出水。看直山步，奎告[髻]屿搭輦屿正办。横山步看，崎壁山改出柴山頭正办。不防。輦屿内亦有壹门，順風可过。輦屿内就是柴山门。但船出入，須従此门為要。如落门，倚東畔就是亀仔岙，倚西畔就是柴山，尾有菓盒屿。屿下有出水砃[礁]，砃[礁]邊清気。外是奎告[髻]屿，四邊可过。

亀仔岙：打水十几托。西有鳥砃[礁]弍塊出水，下壹塊水退有门，水满討魚船可过，水退切不可过。砃[礁]门中有低砃[礁]，其船不犯，亦着舵，亦是难过。出水砃[礁]西畔有平坂砃[礁]，生在媽祖宫口山邊。

崎壁门：中清気，大小船可过。東北外洋中有屿仔壹個，名磨盾屿，可用单丑針取之。屿南邊有砃[礁]壹塊，水退出水，可防。崎壁内是烏亀山。

烏亀山：乃是崎壁内苐壹個屿仔。屿北内壹门，但船従外[过]可也。内面相連，謂之劒屿。屿北门中有大砃[礁]，水满打浪，夜间可防。此砃[礁]分做弍门，砃[礁]北倚屿邊，号餅亀屿门，順風亦可过。砃[礁]南号劒屿门，如入此门，北流水轻風，須防其流冲南面鼻。夜间入船，看韮菜岙出餅亀屿就离。内是韮菜岙。

韮菜岙：打水十弍托，内打水四、五托，好抛船。岙口外有屿仔，内外可过。韮菜岙门中倚北邊有屿，名独屿，屿邊清気。東是餅亀屿，屿内有出水砃[礁]。但船欲入此门，須倚北邊可也。北面大山邊有壹鼻尾生，出亦有拖尾，可防，不可太倚。

毡帽屿：门可过。如落门，東面南畔有砃[礁]，切記之。外面就是尖山门，亦可过。要落尖山门，若是北流水，須着[要]従尖山兜倚倚為要。若是開者，其流直冲出水砃[礁]，切防之。内是目[墨]賊岙。

目[墨]賊岙：好抛船。岙南第壹個鼻外有沉水硶[礁]，水退七、八分出水，名目[墨]賊屎。横看韮菜岙山尖搭内面屿仔頭，正办。行船可倚屿仔，無防。此屿弍個，内外可过。目[墨]賊岙门中有目[墨]賊肚生長，出水屿。出水屿仔下亦有沉水硶[礁]壹塊，水退乾出水。看韮菜岙山尖搭山南鼻尾，正办。出水屿仔北亦有沉水硶[礁]生長，但船須倚屿仔可也。東有壹门可过，内是岱山。

岱山门：门内東南下有屿弍個，名哭杯屿，两邊可过。外厰都西南連鼻有屿仔，屿仔脚有硶[礁]，可防。门中有鳥屎屿壹塊出水，西邊可过。但船敲吊，不可貪西畔山邊。山邊有汕，内是交定门。岱山门口第壹屿仔，屿仔内可抛船。出门外，[用]单寅針，取綱仔岙媽祖岙。北去就是中沙國，綱仔岙外是三千頭山。





綱仔岙：打水四、五托，可抛船。不可太倚，倚淺。西北门中可过。门中倚西畔有硶[礁]弍塊，船從硶[礁]東过。硶[礁]内有壹门邊可以逃台[颱]。綱仔岙西北鼻内亦有硶[礁]，水退乾，出水打浪，不可太倚。门中有屿壹個，有门弍個。外壹门，順風可过。内壹门，大小船俱從此门过。外是[三山頭]。

三山頭：屿北有拖尾生長，门可过。若是北流水，可從北面山兜落。北面山湾内有沉硶[礁]，可防。三山頭用单丑針取黄籠，用巳亥針取空山，用寅申針取乘山。

空山：現有出火。空山東有沉硶[礁]，大退乾，能赶浪。但船欲從破屿[入]内，或倚空山过亦可。上去有龍目硶[礁]弍塊出水。如到北面，山尾鼻尾下有屿仔，入内是碗月岙，可以逃台[颱]，甚好。屿仔出去是貶招，可抛北風。其鼻不可太倚。出门東去是乘山。

黄籠：西南内有屿仔，名魡屿仔。魡屿仔南有半洋硶[礁]壹塊，大退乾，打浪。看貶招鼻搭破屿，正办。如貶招出破屿，是外过。出内，是内过，对屿脚亦可过。黄籠山東鼻外邊有硶[礁]，駛船可防。岙口有屿仔，内外可过。岙是綱岙，外是乘山，可用甲庚針取之。

## 厦门至北[往尽山針路更数]

東椗共大担，壬丙[針]，弍更。大担共鳥嘴尾，甲卯[針]，壹更。

鳥嘴尾共東椗，壬子[針]，弍更。鳥嘴尾共赤屿，甲卯[針]，壹更。

金门共東椗，壬亥[針]，弍更。北椗共鳥嘴尾，艮坤[針]，壹更。

北椗共福全鼻，艮坤[針]，壹更。烏亀共大岞，甲庚[針]，三更。

烏亀共牛屿，丑未[針]，三更。牛屿共東湧，丑未[針]，六更。

東湧共芙蓉頭，巽乾[針]，弍更。東湧共湧横，甲卯[針]，弍更。

東湧共硐屿，卯酉[針]，三更。東湧共官唐[塘]，寅申[針]，三更。

東湧共小西洋，乙辛[針]，弍更半。東湧共臺山，癸丁[針]，三更。

東湧共破霜，壬子[針]，弍更。東湧共湧亀，癸丁[針]，壹更。

湧亀共北唐[塘]，乙辛[針]，弍更半。臺山共破霜，艮坤[針]，弍更。

臺山共南杞，癸丑[針]，三更。臺山共洋山，甲庚[針]，弍更。

臺山共北官[關]，乙辰[針]，弍更。南杞共金香，乙辛[針]，弍更。

南杞共鳳凰，巳亥[針]，更半。楊棋共漁山，丑艮[針]，三更。

南杞共楊棋，癸丑[針]，六更。楊棋共積國，卯酉[針]，乙更。

漁山共東箕，甲卯[針]，弍更。漁山共西箕，乙卯[針]，弍更。

漁山共佛頭山，乾戌[針]，弍更。漁山共潭頭，壬丙[針]，弍更。

漁山共九山，癸丁[針]，三更。漁山共北窑，丑癸[針]，四更。

漁山共烏亀，艮坤[針]，六更。烏亀共两廣，丑未[針]，弍更。

烏亀共普陀，卯酉[針]，三更。烏亀共尽山，子午[針]，三更。

烏亀共海照，丑艮[針]，三更。两廣共半洋砂[礁]，壬亥[針]，弍更。

两廣共尽山，壬子[針]，弍更。两廣共三山頭，乙亥[針]，弍更。

两廣共鯧窟，巽乾[針]，弍更。尽山共鯧窟，甲卯[針]，壹更。

尽山共三山頭，艮寅[針]，弍更。尽山共海照，卯酉[針]，更半。

奎告[髻]屿共洋山，丑未[針]，三更。小碍共大碍，癸丁[針]，更半。

大碍共花鳥，卯酉[針]，弍更。馬頭嘴共老山，甲寅[針]，七更。

尽山共茶山，乾戌[針]，弍更。其於更数有長短，駕船预算。





## 蓮河［至汕頭針路］

蓮河：放港至角屿，屿頭外有砱[礁]壹塊，名老鼠砱[礁]，又名红砱[礁]。看茶山搭角屿頭，正办。看内面双告[髻]山弍個出頭，是内面过。如食密官岙頭，是外面过。東有砵仔砱[礁]壹塊，出水砱[礁]。北尚有沉水砱[礁]看屿，祖厝出頭，不防。看半頭樹搭烏屎砱[礁]，正办。従外開，北过。南过至草屿，北看茶山不可上砵仔砱[礁]，出南不犯。至南，看大珍[磴]山不可密门，不犯其綱桁尾砱[礁]。看仙山仔尾尖搭埔田寨，可离汕尾。又看内山尖峰搭小百屿，是中汕办。如茶山搭烏屎砱[礁]，是大汕办。綱尾砱[礁]看茶山搭角屿頭，正办。開门不犯。如至草屿北，看总办。可看草屿尖相躭小開改直上綱尾砱[礁]並汕頭，全不防[妨]碍。

## ［磁頭往北至鎮海闗港屿針路］

磁頭：岙下有媽祖印砱[礁]壹塊，大退乾，打浪。看直山步，姑嫂塔搭六耳石。横山步看，茶山尖搭百屿，看龍屿落百屿大開门，或看白屿搭倲山苐壹缺，俱正办。如是轻風出船，須着[要]掛櫓可也。看廣山与媽祖宮開门，不防。綗尾砃[礁]看磁頭鼻白沙垵，白沙出頭亦离。如到米盾，砃[礁]仔看赤塗坎密门，正办。看白屿出綗桁無碍。大米盾東南有沉水砃[礁]壹塊，看岐鼻出加老東，即可頭起。米盾北面大山邊有砃[礁]壹塊，敲船不可太倚。上去是龍王宮，前有砃[礁]壹塊，看廣山搭龍王宮正办。如出，过北就离，即倚桿駛倚。看仙山出磁頭亦离，不防。上去是白沙光。

白沙光：下有出水大砃[礁]壹塊。洋下各鼻岙不可入。地流岙鼻下是洋下 福全所鼻，不可太倚。有沉水砃[礁]壹塊，水退半，出水。看烏壬山出峻中山外不犯，看福全城角搭峻岙，正办。上去是峻岙。





峻岙：有双膳砃[礁]壹塊，水退出水。横看西内大員[圓]山搭王爺宮，又看王爺宮搭毒砃[礁]，正办。開落南可也。入北看烏壬鄉出頭，即可頭起，好抛[船]。如要出船，水退半，可以行船。峻鼻清気，鼻北小船可抛南風。到峻鼻，是石壬。门口有出水砃[礁]壹塊，打浪。西内有砃[礁]，不可太倚。如到石壬，门口鼻外海底有硬礅。烏壬清気。

深滬：清気。如到塗屿，不可太倚。北面是金屿仔，屿頂有沉水砃[礁]壹塊，水退乾打浪，名鳞砃[礁]。看山步，長東不可出頭，又看塗屿搭金屿正办。如出東，是東过；出西，是西过。或看内尖山仔尖搭苐三，或是搭苐弍赤塗坎就离。水满不犯，水退犯之。金屿内是永寧。

永寧：有半洋砃[礁]三片。直山步看，施厝下尖山仔搭苐三或苐弍赤塗坎出北面就离。横看深户[滬]内寨仔搭户[滬]尾盤石，正办。北畔有馬鞍砃[礁]壹塊，看媽祖宮出石坪就离。看北面五鼻出頭，即可頭起。入内是宮前海窟，窟下有角带汕，水退乾，打浪。轻船、小船可抛，大船抛汕下。有三托外水，壳仔地。要入此處，离汕即可頭起。西面施厝口有砃[礁]，打浪。

永寧有平坂砃[礁]。看直山步，姑嫂塔搭大石墓。横山步看，烟墩搭関帝庙厝積[脊]。出入可防。如姜砃[礁]看姑疏山搭六使庙鼻，可防。坵[邱]厝垵壹名梅林岙，海底壹派是硬礅，損椗索，难抛。岙内海底有沉砃[礁]什碎，若要抛者，須依小船邊抛為要。岙東鼻下有砃[礁]生開，水退打浪。看施厝出頭，方可頭起，不防。清[気]，鼻外有馬鞍砃[礁]，看姑嫂宮躭施厝正办。落樹，不防。上去是霜邊鼻頭，外是佛堂。

佛堂：前有刧金砃[礁]壹塊，水退打浪。直山步看，烟墩搭墓仔山。又看東埔出現，又看姑嫂塔不可密，俱是外过。如密，是正办。横山步看，官仔出鼻頭。又看姑嫂塔搭五鼻正办。出北是北过，出南是南过。刧金外至坵[邱]厝垵口海底尽是硬礅，难抛。要抛者，須着[要]駛開可也。佛堂外有半洋砃[礁]，砃[礁]内亦有出水砃[礁]並流砃

[礁]，水退乾出水，行船諒[讓]開可也。佛堂東鼻下有砂[礁]壹塊。上去是斧頭岙。

斧頭岙：岙口有出水砂[礁]，西亦有出水砂[礁]。但船要抛斧頭岙，須從出水砂[礁]倚兜过。离，可頭起，对岙口落椗為要。沉水砂[礁]生在岙口南畔，須防，切記。南鼻尾亦有大麥穗砂[礁]沉水，可看青山出祥芝尾，或祥芝尾三個山第中個山出斧頭岙鼻就离。如食密，犯之。横看姑嫂塔搭外面山頂烟墩，或看姑山搭斧頭岙外面山邊石屿，並出水砂[礁]。夜间可防。上去是東埔。

東埔岙：有沉砂[礁]三塊，生在岙口，名亀砂[礁]。看双乳山搭東埔，青山搭祥芝尾就离。東埔頂清気。上去是祥芝尾后[後]斗美。

祥芝尾：后[後]斗美岙東畔有石屿仔生連鼻尾。此屿諒[量]有弍箭之遠，有水奎[雞]腿砂[礁]。看山步，加坑尖搭小墜尾，或看烟墩搭南城角，又看石湖塔出頭就离。如到祥芝尾，此水奎[雞]腿砂[礁]又看深户[滬]出現，古浮員[圓]山仔出祥芝尾，不防。后[後]斗美有王爺砂[礁]，看宫后赤塗坎搭王爺宫，正办。看白屿食密，亦正办。出頭就离。如到祥芝尾，有毒砂[礁]出水，西内不可过。東畔清気，大船亦可过。岙西有门仔，小小看，内面宫搭開门可落。又看巷子開门，就离门佃砂[礁]，抛船。水退有丈五、六水。

小墜：外有沉水砂[礁]，名烏石盤，又名東湖。出此砂[礁]，看直山步，姑嫂塔搭古浮海桶石，正办。出東是東过，出西是西过。横看对山仔搭白屿正办。出南是南过，出北是北过。此弍處山步極准。或看東湖鄉出大對[墜]南面，正办。或看烏石盤出对[墜]后，或看石湖塔搭六耳北尖，都是正办。如白鶴出大对[墜]，是外面就离桂屿。出小对[墜]，亦离。船在對[墜]外，要入小對[墜]门，可看石湖塔出六耳仔北開门，直至小對[墜]山邊，不可貪倚。小對[墜]兜有砂[礁]，可防。小對[墜]门中有港心砂[礁]沉水，港心又有沉水砂[礁]壹塊。横山步看，對山仔搭白屿正办。出南是南过，出北是北过。内塊直办。看大對[墜]搭狮[獅]球，正办。如大對[墜]出狮[獅]球，[（眉批：）此狮[獅]球是船駛至小對[墜]门，就北邊结此形。]若流東水，船頭可対六耳仔臿[插]落，可看對山[（眉批：）此对山仔是对山尾，仍结。]尖躭白屿北頭，就离屏風汕，即可頭起，对白屿北頭直比可也。其大對[墜]外有砂[礁]壹片，看对山出馬頭就离，双乳山搭大對[墜]尾，正办。

秀塗岙：若是從大港出，看白屿搭蜂山，直出。此蜂山生在石湖内員[圓]山仔。再看神山仔与狮[獅]球山相躭至烏砂[礁]办，可防。如開门，就离。烏砂[礁]看大乳[山]搭后[後]紫寨，正办。如离烏砂[礁]，看奎[雞]籠山搭内壹個員[圓]山仔，直出。至汕頭，看祥芝尾躭屿仔南，即离汕頭。至白屿。

白屿：東畔有南烏砂[礁]壹塊，看白屿搭蜂山，直出。此蜂山生在石湖内員[圓]山仔。此蜂山是再提詳细。其是白屿東南烏砂[礁]壹塊，水退半，出水。看山步，祥芝尾食入石湖東鼻，正办。横看金屿搭南面尖山，正办。至石湖后[後]，有七星砂[礁]。看直山步，對山尖搭白屿腰，正办，横看姑嫂塔搭進烏屿，正办。七星砂[礁]又有沙汕，冲東直出。但船来往，俱從南烏砂[礁]東中间東过。若是無風，流西水不順，須防石湖后[後]七星砂[礁]。其流西發，流水直冲砂[礁]並汕頭，須着[要]抛椗為本。出去是小對[墜]。

出小對[墜]门者，北邊有屏風汕。小对[墜]门中有砂[礁]，初三、十八退乾出水。直山步看，尖峰搭赤鼎正办。横山步看，大對[墜]搭小對[墜]西粒，是下塊办。搭頂塊，是頂塊办。其船至此，小對[墜]山能结双粒。



出大對[墜]门，其流冲小对[墜]邊，及门中砂[礁]並大汕。看横山步，加坑尖搭大壛鄉门中砂[礁]北。媽祖宫口有印砂[礁]。看山步，垵頭密门就离，即可頭起，是東畔过。横山步看，大壛頭乞食宫並下垵鄉大出頭，是南过。如出大對[墜]门，遇有風浪之時，轉船不来。危急之時，可從大门或门中砂[礁]过。此砂[礁]初三、十八大[退]乾出水。看山步，尖峰搭赤鼎。横山步看，加坑尖躭垵頭正办。水满不防。再入内，是秀塗。

秀塗岙：出船至沙唐[塘]尾尖，有鲎户砂[礁]壹塊。横山步看，公宫樹搭西尾廳门口，正办。大乳[山]搭后[後]紫寨，不可開门，開门犯之。三星砂[礁]、鲎户砂[礁]再看山步，對山尖搭奎崎山西畔烏砂[礁]点灯，正办。横看乞浦山尖搭三落厝，正办。至墓下尾有大砂[礁]，南又有横汕。若取正港，看桂屿搭宫仔尾石開门，可出。如密门，犯之。大砂[礁]看對山出奎崎山，南面是正港。如相搭，汕办。外看三寶爺宫搭白鹤后[後]外烏石盤鼻尾，亦正港。小三開门，是砂[礁]邊过，倚倚。如頂宫大石出下宫尾官仔，是砂[礁] 过。外面沙汕，至垵頭、[垵]尾。

垵頭：内港口有砂[礁]。直山步看，白鹤后[後]烏石盤搭三寶爺宫口大出頭，是外过。横山步看，東湖后[後]石搭書舘厝，或相搭石印鳳啄山窓北開改，是砂[礁]内过。相搭石搭加坑尖西畔，是轉頭頂砂[礁]外过。南外有砂[礁]壹塊，名崇武。直山步看，獺窟員[圓]山出大横屿西頭。又看烏石盤内有尖山仔壹個，壹個又壹個尖山在下垵鄉東面，三宝爺宫搭内小山尖正砂[礁]办。或看東湖后[後]相搭石窓搭北畔山沉砂[礁]，亦正办。又看内面对山搭墓下尾樹，亦正办。相搭石出書舘頭，亦正办。

垵頭潭：出船至綱桁外过。看加坑尖躭垵頭尾石盤正办。直山步看，東岞躭弄尾頭小開门，可过。若内过，观音砂[礁]外有井地砂[礁]壹塊沉水。直山步看，姑嫂塔搭入石湖塔小開门，正办。相搭，亦是南过。又看对山落小壛鼻大開门，观音砂[礁]着出将軍山，俱是外过。上去是寮牛砂[礁]。

寮牛砂[礁]：生在垵頭后[後]，有数塊。看横山步，獺窟東鼻尾出大横屿。或看小塘大石出現，俱是外过。直看加坑尖搭外坑溝，是外过。或看半山宫有壹員[圓]山頭躭后[後]红山西畔，正办。寮牛東外有沉砂[礁]，内有狗目砂[礁]弍塊。又有沉水砂[礁]数塊，知者可駛倚，不知不可駛倚。出去下沙外有扑砂[礁]。

小扑砂[礁]：生在下沙宫外，壹連数塊。行船從南过。此砂[礁]看塔[獺]窟員[圓]山仔躭横屿西鼻頭，亦是下过。直看大对[墜]西垵尾躭小对[墜]密门，又看加坑尖出坑西頭歪大门，俱正办。若要入下垵岙，可看西垵尾与小对[墜]小開门，坑西宫搭寨仔墓樹。如流東水，可对岙直入。外是大扑砂[礁]。

大扑砂[礁]：壹塊，水退六、七分打浪。砂[礁]脚尚有沉水砂[礁]生長，大退乾打浪。直山步看，蓼花山搭烏石盤，又看小塘后[後]樹搭垵頭后[後]大石，俱正办。横山步看，加垵后[後]纱帽石搭加坑郷里頭大扑砂[礁]，正办。或纱帽石搭石盤庭[埕]墓，就是沉水砂[礁]脚下过。扑内可抛船，打水三、四托。但船在白鹤外，要对扑内过，可看小塘樹与垵頭大石開门，直入。至加垵厝搭石庭[埕]墓，可落椗白鹤内。汕脚有砂[礁]数塊，可防，不可貪北过。但船在下垵口垵頭潭，看总办，塔[獺]窟山東鼻不可入大横屿。一概砂[礁]外过。

大横屿：烏石盤脚可抛船，大船不可倚西畔。淺，打水三、四托。大横屿有沉水砂[礁]三塊，名東椗。駛船不可太倚。横屿后有風炉砂[礁]沉水，横看大乳山小出下洋，直看大对[墜]躭横屿，正办。開门不犯。南外是鳥屿。

鳥屿：南有沉水砂[礁]壹塊，名龍船底。水退，不可太倚。鳥屿北亦有砂[礁]，水退乾出水。如是北流水，可防。鳥屿脚有塗坛壹条，生連大對[墜]。水退，大船恐犯舵。鳥屿内，水退亦淺。大退乾，只有丈弍、三水。北是赤屿。

赤砂[礁]：内西邊有沉水砂[礁]。北鼻頂亦有低砂[礁]，水退乾，打浪。其於轻風兼流北水，其流沖砂[礁]，恐不离，須防之。赤砂[礁]東外又有廣林砂[礁]数塊，看大對[墜]搭赤砂[礁]，正办。大對[墜]出鳥屿，离。或看前山頭与塔[獺]窟山開门，亦离。北是塔[獺]窟山。

塔[獺]窟山：下有員[圓]砂[礁]壹塊。西畔又有西砂[礁]壹塊。此砂[礁]看横山步，大乳山搭埕邊樹，正办。直看前山頭搭西厝樹与纱帽石相躭，或看城楼搭東垵内墓，俱正办。員[圓]砂[礁]東南又有沉水砂[礁]壹塊，初三、十八退乾打浪，名雨傘砂[礁]。看西厝頭祖厝搭盆石，正办。如是青山出網山就离。如要抛員[圓]石内，水退乾，淺。但船出入，須看大乳山搭埕邊樹。其砂[礁]都离。外面是弄尾岙，此岙乃是塔[獺]窟尽南岙。岙口有鮀鮀砂[礁]壹塊，初三、十八大退乾出水。看横山步，内面蘇坑大山有三個山仔了搭盆石，正办。看直山步，東畔無尾塔搭塔[獺]窟后[後]鼻羊角石，正办。可看前山頭山前鳥屿仔出頭，是外过。出门，中有網桁砂[礁]。

綱桁砂[礁]：生在塔[獭]窟東面大门中，正船路，船对砂[礁]，南倚赤砂[礁]。过此砂[礁]，看直山步，頂峠山尖躭崇武東城角，正办。開门，是外过。又看石湖塔搭大對[墜]后[後]猪仔石，亦正办。開门，是下过。横山步看，前頭山搭虎狮[獅]嘴第弍個屿仔頭，又看山兜山搭弄尾頭，俱正办。可看埕邊出頭，是下过，不防。綱桁砂[礁]北又有三星砂[礁]壹塊，水退六、七分，出水打浪。南外是廣林砂[礁]，可防。北是后[後]墓垵。

后[後]墓垵：有西亀砂[礁]壹塊，外又有莎砂[礁]壹塊。看大丁山落鳳告[髻]尾，正办。又看虎狮[獅]口頭搭烟墩下員[圓]石，正办。可看前頭山搭弍硎北势，可过，不防。或看大對[墜]不可密门，亦是砂[礁]外过。可看青山開门就离。若要入后[後]墓垵，可倚北畔入可也。又看東畔宫出頭，亦离。可以牽入𡨴抛。若要入者，看青山出内石鼻,直入。





洋屿：西北面有大砂[礁]，直看正亀躭洋屿，開门就离。横看青山宫搭狗頭巷，正办。洋屿西南又有砂[礁]三塊，大退乾出水。横山步看，加坑尖搭后[後]墓垵内鼻開门，正办。如加坑尖搭后[後]墓垵密门，是砂[礁]南过，倚倚。直看前垵𡨴搭洋屿，亦正办。洋屿搭入前垵𡨴西畔，就是外过。如尖峰出正亀，亦是外过，不防。

前垵𡨴：有砂[礁]弍塊，敲船不可太倚。𡨴西亦有砂[礁]，知者可入，不知者不可入。東是崇武。

崇武𡨴：西畔有耙凿砂[礁]，壹連数塊，水退三、四分出水。看前山頭搭洋屿，又看東峠山頭搭東城角，俱正办。耙凿西南下又有沉水砂[礁]壹塊，名小唛。初三、十八大退乾，打浪。直山步看，对山尖搭后[後]見山，正办。耙凿北沙坛邊又有沉水砂[礁]壹塊，大退乾，能犯船打舵。南外有蕉砂[礁]壹塊沉水。看南城角搭正亀，正办。直看双乳山搭前頭山第弍缺，正办。

崇武𡨴出船，亀嘴口有亀舌砂[礁]，不可太倚。外又有丈七砂[礁]。直山步看，尖峰搭假亀，正办。横看南城角门搭石墓，又看南城角搭三個破墓捲，正办。又看青山頭躭亀嘴，俱正办。若是北流水，落船可看前垵后[後]尽東山尾落正亀嘴，乃是丈七[礁]下过，可頭起無碍。東城角脱落，又有双善砂[礁]，夜间出船，看内峠大山与東城開门，不防。丈七[礁]至假亀。

假亀屿：下有假亀屎，亦有假亀舌砂[礁]。直山步看，内面前頭山搭正亀，正办。横山步看，青屿搭假亀正办。夜间至此，常認假亀作正亀，頭起就犯船。可算山頭五個，即到𡨴口。如是落，頭船在赤砂[礁]内,可看前頭山落正亀直入，即至東城角。再看尖峰落假亀，直入至青亀𡨴口。此是顺風山步。

大峠：外是赤砂[礁]。南面亦有砂[礁]打浪，夜间可防。内门小船可过，港仔𡨴有想帰砂[礁]。直看塗寨搭宝珠員[圓]石，正办。横山步看，虎尾脱落西南面，正办。赤硓[礁]上去有鳥屎硓[礁]，可看假亀出尖峰就离。如食密，犯之。直看偻山搭鳥硓[礁]頭，正办。如出頭，亦离。又看大山出鳥屿，亦离。上去是海翁硓[礁]。

海翁硓[礁]：如是西南要过此门，可倚三屿北势兜，倚倚為要。可看牛山与偻山，須着[要]偻山搭牛[山]北势，可是従硓[礁]门中过。上去是青屿。

青屿岙：可逃台[颱]。但要入者，岝内倚大山鼻内有屿仔，屿仔内有拖尾硓[礁]，可防。入内有釣砧硓[礁]壹塊，水退三分出水。此硓[礁]看直山步，東城角搭東畔山頭，正办。須看東城角与山頭小開门，就是従西畔入。横看白沙堵岙邊見官仔离即駛，倚東邊抛可也。打水七、八托。如船出入，従中可也。

牛内岙：打水三、四托，爛塗泥地。牛屿鼻尾倚，有硓[礁]，可防。入内尽是爛塗泥地，気是清気，抛倚牛[屿]邊。水退，淺。外是小岝，可駛流西半，会東南流。上去是小岝。

小岝劍屿：屿尾有虎屎硓[礁]弍、三塊。春埔冬早，初三、十八大退乾。壹塊汶[没]浪，壹塊打浪。直山步看，大岝尽西南山尾不可入劍屿，是外过。如相躭，是正硓[礁]办。横看鲎屿内白沙堵出頭，正办。劍屿北内好抛南風。北中又有鲎屿仔壹個，屿東畔有硓[礁]，可防。上去有大杉科網，甚然利[厉]害，可防。

香爐屿：西南下有半洋硓[礁]壹塊出水。半洋下又有沉水硓[礁]，水退六、七分，打浪。看直山步，鉄丁[釘]屿搭香炉屿，正办。横看椗山出崎山大開门，正办。半洋（硓[礁]）北倚香爐屿脚，有门可过。香炉屿東至北俱有硓[礁]，知者可近。内是表尾，外是崎山。

崎岙：就是賊岙。打水四、五托，可抛東北風。東外有屿壹個，名椗。椗南邊石汕生開，駛船不可太倚，須諒[讓]開可也。如北風，要对外敲。水退三、四分，可行船，对倚山邊為要。内是红奎屿，小船可寄流。屿后[後]北邊有硓[礁]壹塊，不可太倚。看直山步，吉鳥鼻白沙堵出頭，正办。横看红奎屿開门，正办。或出頭，亦是正办。

大竹屿：東南邊有硓[礁]弍、三塊，名双善硓[礁]，水退出水。直山步看，黄累岙外東鼻尾大樹出鉄丁[釘]屿，正办。又看吉鳥后[後]山尖搭桶盤屿東畔白沙，俱正办。如是出頭，不犯。横看内山尖出現，又看竹屿门開大门，不犯。密门犯之。双善北面亦有低硓[礁]，壹連弍、三塊，不防。竹屿门中口有石汕，水退乾，只有丈餘水，須倚東畔，不防。要入南網者，可用辛酉針取之，可防将軍硓[礁]。将軍硓[礁]可用单辛[針]取官屿，北可抛椗。

竹排硓[礁]：水满，亦出水。四邊清気，夜间可防。硓[礁]内打水十餘托，可寄流。硓[礁]東北是正港。但到汕，可看脚帛汕北畔尖山仔不可出胡宅鄉，出則犯之。又看羊厨山尾躭汕頂有壹石頭，可防。可看羊厨山与脚帛汕開大门，即是正港。如是羊厨山躭鉄丁[釘]屿，就到北邊汕墘。

吉鳥：要入者，北鼻尾有砱[礁]，南面鼻頭亦有砱[礁]，駛船從中可也。可看湄州[洲]北鼻尾与鉄丁[釘]屿小開门，直入。到门内下有港心砱[礁]壹塊，看鉄丁[釘]屿搭媽祖宮鼻，正办。又看南綱小屿仔搭半畔，正办。須着[要]小開门就离。吉鳥西亭可逃台[颱]，無甚好處。再入去，西亭后忤下亦可逃台[颱]。鼻尾有砱[礁]並沙汕，要入者，須着[要]候水返八、九分，可進。再入去是萧厝、双溪、楓亭等處。要入，可看萧厝大樹落鼻頭南，直入正港。蚵壳屿庭[埕]，小船、轻船可逃台[颱]，無甚好[處]。外面有沙汕，亦淺。



鉄丁[釘]屿：西邊有鉄丁[釘]砱[礁]，駛船牽開，看磨石山出頭就离。東南又有沉水砱[礁]，名大保砱[礁]。直看北面尖山搭鉄丁[釘]屿，[搭]看双乳山搭吉鳥鼻，正办。如浮希鄉出頭就离。鉄丁[釘]屿内门水满，好風可过，水退不可过。如到鉄丁[釘]屿后[後]大山兜，亦有沉汕，水退可防。外是脚帛汕，离水出去，倚北邊就是磨石山。如到磨石山，脚帛汕兜亦有砱[礁]壹塊，看西南屿仔，不可開。道厝尾開，則犯之。鉄丁[釘]屿内门水退，從南过可也。

磨石山：门中有媽祖印砱[礁]壹塊。看横山步，鉄丁[釘]屿搭桶盤屿北頭，正办。直看厨内北面大山内鼻尾与羊厨鼻相搭，正办。若要出羊郭门，可看内鼻出下鼻，牽舵落，即看鉄丁[釘]屿出桶盤屿北势，開门就离。又看滬角尖出頭，可以頭起。印外鼻頭脚又有弓鞋砱[礁]壹塊，弓鞋外面又有屿仔，屿邊亦有砱[礁]壹塊，行船不可太倚。印頂亦可过。如出门外，東北有屿仔，名香炉屿，壹連三、四個。尽外壹個北鼻頭有砱[礁]，名纺車砱[礁]，不可太倚。上去西北頂是流西港，東北是平海。

流西港口黄岐山脚有綱桁，綱桁頭好抛北風。上去是坎頭，山邊沙岙口有砱[礁]壹塊，敲船不可太倚。如到此處，流東水，山邊无流，好敲。要入流西港，可用单戍針取之。内面大山兜是正港，到红山抛椗。外面沙汕生落，倚屿仔兜。屿仔西内亦可逃台[颱]。如在港口，可用单戍針取屿仔北过也。

平海岙：打水三、四托，好抛北風。岙東鼻下有妈祖印砱[礁]壹塊，直看大媽宮食密鼻，正办。如是大媽宮出頭，是内过。横看外面員[圓]山仔食密，正办。如是員[圓]山仔出鼻頭就离。平海出船，看虎角山搭媽祖宮角直落，看鼻頭出頭，即可頭起。南外是南鎮屿。

南鎮屿：下有平坂砱[礁]壹塊，水退乾，出水。直看孔子孝[学]搭城角白沙堵，正办。若是落船，可看孔子孝[学]搭城角后[後]，可过，不防。横看南日鼻搭南鎮屿，正办。如是開门，是下过。南鎮屿西北鼻有沉砱[礁]壹塊，不可太倚。東邊亦有拖尾，亦不可太倚。南鎮屿门中亦有沉水沙汕，看内外鼻躭岙。若是内外鼻躭密，至汕可看门砱

[礁]出水，尚有三托水。若是门砂[礁]未出水，尚有三托半水。出门口，有砂[礁]数块冲東南而出。若至猪母砂[礁]仔，可看羊郭门顶双髻山躭南鎮屿，就着[要]轉船，即無犯。或看北面西寨不可躭猪母砂[礁]，亦无防[妨]。猪母砂[礁]北面亦有沉水砂[礁]壹塊，看馬山搭四将，出東是東过，出西是西过。又看内面尖山仔出鼻頭，正办。此砂[礁]古云，有利運不犯，無運犯之。至此着[要]烧金傍[銭]，谅不致犯。猪母砂[礁]東亦有沉水砂[礁]壹塊，看双髻山躭砣仔正办。看红山松樹出現，离此砂[礁]，小船不防。猪母砂[礁]北面有沉水砂[礁]，水退乾，出水。猪母砂[礁]北去是塗屿，外是[鷺鷀]。

鷺鷀：北頭有鐘砂[礁]壹塊出水，门中壹派尽是大砂[礁]。屿中间西北邊有砂[礁]，名鷺鷀屎砂[礁]，三、四塊。但船至此，须防。直看后[後]营尖出西寨開门，是内过。如搭南日鼻，正办。如開门，亦是内过，不防。横看流西港大山尖搭平海鼻，或看西面山顶炮臺搭海墘沙垵口出水砂[礁]，俱是北塊正办。又看大山尖搭南鎮屿，或看虎角岙山顶烟墩搭平海鼻，俱是下塊正办。若是大山尖落南鎮屿開大门，是砂[礁]南过，不防。

塗屿：小船可寄流。内面淺，打水三、四托，可抛[船]。白沙堵東北面有石石散，能打舵。塗屿内淺，有沙汕，大船不可对内过。塗屿外有沙汕壹条，名四将汕。此汕生在四将西南。下此汕，看横山步，内面双告[髻]山食密，就到汕办。但船欲従汕脚过，可看双告[髻]山出頭，就不防。或看象城搭外面屿仔，亦到办。直看野馬山躭虎屿小開门，又看小日頭搭西寨密鼻，俱正办。或看野馬山出四将屿半個，是外过，不防。汕内亦有壹溝，四、五托水。可看小日頭鼻搭入西寨鼻壹枝清[扁]挑遠，直上至四将脚。此汕大退乾，有五尺餘水。外是虎豹屿。

虎豹狮[獅]象：鼻有拖尾，注意，生门東，是野馬、小野馬山屿。屿南有大砂[礁]，初三、十八，出水打浪。屿北有汕，生連赤屿，水退难过。四将北亦有屿仔，名蜈公[蚣]屿。屿脚有沉砂[礁]，不可太倚，可防。

東滬：内有沙汕生長。但船抛東滬，可従内过。船頭可对鷺鷥頭直落，可看羊郭门頂双尖山仔搭平海鼻直落，不防。至四将屿相搭，搭東北屿，直入。南日西南内沙汕尾有大砂[礁]弍塊出水。南日内亦有壹塊，水退打浪，敲船可防。

南日岙：打水四、五托。岙下南鼻尾内有砂[礁]弍塊。直看北面西寨尖出南日尖東势，正办。横看東面南日鄉有山仔躭南日鼻，正办。如不犯，亦不犯。南日岙好抛北風。岙底南面有沉砂[礁]壹塊，水退亦淺，不可太倚。南日岙北鼻内亦有观音砂[礁]，看虎仔屿躭入北鼻，正办。可看虎仔屿与北鼻開门，是砂[礁]内过，不防。上去是西寨后[後]岙，可抛東南風。岙口有虎仔屿，屿门南可过，不可倚南面。鼻頂有砂[礁]，上去亦有屿，名燕屿，上下好过。再上去，又有虎仔屿。屿南有虎屎砂[礁]，屿東北亦有砂[礁]打浪。東畔就是官岙口，有竹排砂[礁]壹塊出水。但船至此，须防無風，流水冲砂[礁]，可防。東北去是小日頭。

小日頭：西面中间有草鞋砱[礁]，砱[礁]東北尚有沉水砱[礁]，名草鞋仔。直山步看，四将屿搭虎仔屿開门壹枝扁挑阔，正办。又看南日邊虎仔屿躭南日鼻小開门，亦正办。横看小日頭西鼻頭落搭赤塗坎直出，亦正办。可看東滬頭高山落小日頭南鼻大出頭，是南过。但船至此，若逢轻風並流東水，草鞋挨不离者，危急之時，可従砱[礁]北入。看象城山尖搭蜈公[蚣]屿，直入可也。小日頭東北直上，寅申針直上，中间有鼎邳砱[礁]数塊，水退乾出水。直山步看，南日鼻搭小日頭尽東鼻尾，正办。又看南日鼻食入小日頭鼻，亦正办。若是往返，須看南日鼻大出頭，或看南日尖搭小日頭朕，就是砱[礁]内过，不防。但船欲従此處过，如是在小日頭兜，若是在鼠尾下，若逢流西水，須尋倚白屿為宜。

興化屿：上下有门式個，可过门中。倚北邊有出水砱[礁]壹塊，船従砱[礁]下过。興化屿南壹個，西邊鼻頭内有拖尾砱[礁]生長，水满满，密，水退出水。看山步，東面白屿食密，正办。即看白屿出頭就离，亦可出。若出门，外面東北去是公孫屿。屿脚有砱[礁]，可防。再出去，是白屿，内北是興化屿。頂即是野馬山。

江口壁頭：船在野馬，要入者，可用辛酉針取之，直入壁頭。或是南風，倚停北势。身外頭有屿仔壹個。屿仔西南势有砱[礁]壹塊，水退三、四分出水，不可太倚，諒[讓]開為要。再入去，或水满鼻頭，外開有出水砱[礁]三塊。西南面亦有碎砱[礁]数塊，大退乾，都清気。壁頭鼻亦有砱[礁]式、三塊，不可太倚。如入鼻内，北畔是塗坪，淺。若要抛者，点水為准。

野馬山：西畔有屿仔，名分流屿。屿外倚野馬山有门，清気，可过。分流屿東北有石屿仔壹個，名馬鞍屿，内有砱[礁]，名牛皮砱[礁]。直山步看，南日尖搭野馬西鼻頭小開门至密门，正办。可看南日尖食入野馬鼻大密，就是砱[礁]東过。横山步看，野馬屿出野馬東鼻頭小開门，屿外屿仔撻[搭]门，正办。可看野馬東鼻頭出馬鞍北畔，就是砱[礁]北过，不防。上去是塔仔屿。

塔仔屿：内有沙汕。看馬山上高開馬耳，能犯。小開门出，不犯。塔仔屿南面鼻尾下有砱[礁]壹連。横看鴬屿搭门中出水砱[礁]，正办。可看出水屿搭门扇后[後]门中，或是门扇后[後]尖山仔落出水砱[礁]、屿，倶是南过。直看北面牛角山搭塔仔塗寨出畔乙枝扁挑遠，正办。牛角山出塗寨就离。若要出野馬，須着[要]牽落，即看门扇后[後]尖山落出水砱[礁]南，即可頭起。至野馬门中南。

若要出野馬门者，倚東鼻頭脚茀壹门有砱[礁]，不可过，其流水亦冲此门。落可看分流屿，不可食密，食密犯之，須駛过北為要。外有公孫屿，有门三個。茀壹门不可过，茀式门屿仔北可过，茀三门亦可过。屿仔東有拖尾砱[礁]三塊，水退半，出水。可看塔仔屿食入北鼻尾，不犯。上去倚大山邊鼻下亦有屿仔，屿仔下亦有矽[礁]壹塊，水退三、四分出水。直山步看，分流屿搭馬耳壹畔壹枝扁挑闊，到办。橫看白屿搭鲎屿，正办。如白屿出鲎屿東，是東过；出西，是西过。鲎屿南有大矽[礁]壹塊，如[従]鲎屿过出水矽[礁]，就清気。此處水退乾，只有弍托弍水。水返半，有三托水。北是登门屿，岙内小船可逃台[颱]。候水返七、八分，可進。外是门扇后[後]。

门扇后[後]：打水三、四托，沙泥地。白沙堵可寄流水，门中可过。南北生相向水，小，可防。如出门，鼻頭有矽[礁]，可防，不可太倚。看第弍鼻山仔出鼻頭，可过，不犯。但船従鼠尾下过，可牵落，看门扇后[後]白沙堵出現，直落。看南内興化屿出白屿南就离。又看大草屿尖躭分流屿尾，或看萬安寨出頭小開门，可頭起。従鼠尾外駛至五间厝，若是落頭船，好風好流，諒[讓]開，無防[妨]。但恐西北風並流西北，諒[讓]開，难以駛倚。須看大草屿躭分流屿内鼻頭，又看萬安寨出頭，直落。俱是鼠尾外过，不防。橫看门扇后[後]抛船岙出現，或看興化屿落白屿，即可頭起。须尋白屿邊，其船在鼎邳制，若流東水，可看南日鼻大出小日頭，就是鼎邳内过。此處流東水，直冲草鞋矽[礁]。若看大虎屿与四将屿開门壹枝扁挑闊，就是草鞋矽[礁]，正办。橫看小日頭破缺与小日頭鼻相搭，正办。

分流屿：南外開有矽[礁]壹塊沉水，初三、十八大退乾，打浪。此矽[礁]看直山步，纺車頭搭分流屿，正办。若開门，不防。橫看门扇后[後]開门，正办。分流屿東鼻外有矽[礁]壹連，如石桥相似，水退乾打浪。但船往来，皆従屿内过。内是五间厝。

五间厝：沙堵下打水十餘托，可抛北風。岙下有屿仔壹個，南有矽[礁]壹塊，水退半出水，駛船不可太倚。第弍個沙岙口有沉水矽[礁]壹塊，看土地公宫出現就离。又看草屿搭大山開门，不犯。東势鼻頭下亦有沉水矽[礁]壹塊，但抛船，看草屿出鼻頭開离。

纺車頭：東畔海底有石磩，寄流損椗索。駛船須従屿内过。如到赤鼻頭，有沉矽[礁]壹塊，可看五间厝屿仔弍個，不可食密，食密犯之。大山尾亦有沉水矽[礁]壹塊，大船能犯，小船不犯。此處若是無風，流西水，其流直冲纺車頭。上去是萬安。

萬安岙口有丁门矽[礁]壹塊，水退八、九分出水。看直山步，南面山顶砲臺搭萬安塔，正办。橫看内面山頂頭搭外面弍個小山頭，正办。如内面山頂頭脱落外面小山仔頭半畔，就是矽[礁]南过，切切。頭起矽[礁]北，水满，従屿兜亦可落。内壹派尽是塗坪，可逃台[颱]。惟倚南有溝壹条，深。外是草屿，上去是墓仔口。

大草屿：南面是蟲屿，屿外是吾屿，大草屿南壹门可过。门口有石屿，従南过可也。北壹门是大门，亦可过，従南中可也。倚北屿仔尾下外有矽[礁]，若是入船，可看观音岙東鼻出姜屿，直落。即看分流屿搭散屿北面屿仔頂，就是訪尾门。若出大草屿门，可用单乙針取三硶[礁]南过。若是乙卯針，须防之。

姜屿：三星硶[礁]生在姜屿東南外開，水退二、三分，出水打浪。直山步看，南日山尖搭吾屿内身邊，正办。横看萬安寨出草屿，正办。

五屿：東南外有水螺硶[礁]弍、三塊，水退六、七分，出水打浪。直山步看，姜屿出草屿大開门，是外过。食密，是内过。出頭，是正办。又看五屿躭草屿，正办。又看后[後]营大山尖搭屿中個，上下算是第三個，謂之中個硶[礁]兜，打水廿壹、弍[托]水。

訪尾门：好抛北風。西面有屿仔，屿仔内有沉水硶[礁]壹塊，水退乾出水。看分流屿不可躭吉吊鼻開门，是内过。訪尾大山邊亦有屿仔壹個，従屿外过。屿邊亦有綱桁，打水五、六托，可抛船。東面有屿仔弍、三個，屿頂、屿頭有硶[礁]打浪。屿下有拖尾，水退乾，打浪。若要出訪尾门，屿仔门好風好出。外面頂势就是姜屿，壹連大小三個生横，出入船倚大山邊，清気。姜屿東南外開，有三牲硶[礁]壹連，水退弍、三分出水。观音岙好抛船。大山下白沙堵是正岙，岙東鼻尾有硶[礁]，水退半，出水。外面東南入船，東鼻頭有硶[礁]生開，有壹箭之遠，入船諒[讓]開可也。过西畔，看观音岙出頭就离。

墓仔口：有沙塗坛。看南面砲臺搭墓仔口南鼻砲臺開门，不犯。岙内可抛北風，塗泥地，甚爛，淺，可防走椗。西南有沉水硶[礁]壹塊，水退乾出水，敲船不可太倚。墓仔口東鼻下亦有沉硶[礁]壹列三、四塊，倚大山邊，可進。入岙有双頭透，水退乾，淺，可防。水乾，双邊尽是塗坪，离水。水乾只有丈三、四水，就对中抛船可也。大山邊亦淺，至土地公屿脚有塗坛。看内面有山凹，第壹凹躭屿相連，犯之。看山尾開鲎屿，不犯墓仔口。出去北面有石蛋岙，岙口有沉水硶[礁]，水退犯船。西去赤鼻内，可逃台[颱]。塗坪有双名，壹名大坵，壹名蝦高籠。南面兜可抛北風。若抛船，従北屿抛，有丈五、六水。

吉吊：東有塗坛，敲船不可太倚。吉吊南北俱好抛，打水四、五托。如到吉吊，頂有塗坛，可看草屿尾不可与吉吊密门，密门則犯之。欲入烟海港，可従吉吊屿脚兜过，可不倚散屿。散屿西北去是草鞋山。若要入烟海港，須着[要]候水返五、六分，可進。

草鞋山：南鼻直落有沙汕生長，水退乾出水。汕邊亦有沉硶[礁]壹塊。敲船至此，可看分流屿不可入草鞋山，是外过。如食入草鞋山，犯之。若不犯汕，亦犯硶[礁]。如到草鞋山，東畔门中有草鞋硶[礁]壹塊。横看后[後]营大山尖搭草鞋山，正办。直看冬瓜屿出吉吊屿北，不防。或看草鞋山東面白沙堵出現，亦离。東畔是散屿，有沉水硶[礁]，名金盏銀盤，水退六、七分犯船。直山步看，草屿東鼻躭吉吊鼻尾，正办。如開门，是内过。又看新宫前山尾有壹個猴屿仔出現，亦离。看后[後]营山尖搭沙岙白沙堵，正办。金盏銀盤内亦有沉水砱[礁]壹塊，水小不可倚。过，但船上落。看大草屿尾与吉吊屿尾開门可也。草鞋山北面入内是后[後]营，内可逃台[颱]，甚好。須候水返七、八分，可進。入内是塗坪。

新宫前：欲对分流屿脚，從大港駛。分流屿脚有塗坛，北亦有沙汕生開。如是落頭船，可看猴昆水出頭，即可頭起。但船到分流屿北，可看分流屿与草鞋山小開门，是正溝。若是相躭密门，是北汕頭倚倚。西南亦是汕，淺。切須着[要]小開门至，上至烏砱[礁]兜，看墓仔口烟墩出頭，正溝。如至烏砱[礁]，再看四屿内壹個搭小練内鼻直上，亦是正港。又看后[後]营尖搭烏砱[礁]小開门，亦是正港。烏砱[礁]頂沙坛看海壇山南面山搭下面屿仔，正办。此是上北山步。

南下：但船在四屿内，可用单午針直落。可看牛角山搭苦屿朕，或看四屿搭小練鼻，后[後]营尖出烏砱[礁]小開门，俱是正溝。至烏砱[礁]，即用壬丙針直落，可看草鞋山与分流屿小開门，即是正溝，直落可也。或從分流屿后[後]过船，至烏砱[礁]脚，可看猴昆水脚出頭船，頭对分流屿北頂直落，或看烟海港烟墩出新宫前鼻内開大门可也。如是相躭，可防成魚鰓。

新宫前：打水五、六托，好抛北風。可看猴鼻屿食密鼻，就可抛。新宫前倚東面大山邊有沙坛，可看東北双乳山出鼻頭就离。此處水退七分，会西南流，可行船。内是分流屿，屿東鼻尾有拖尾砱[礁]，水退出水。分流屿東畔就是猴昆水屿，屿内有壹石屿仔，名大成魚。成魚西北中间有砱[礁]，名成魚翼。直山步看，大草屿上高山尖搭散屿，正办。此山步極对無差。又看烟海港山頂烟墩搭新宫前北畔赤塗坎鼻，正办。横看海山白沙堵出竹屿大出頭，正办。如是轻風流東水，須防之，其流冲砱[礁]。猴昆水鼻北后[後]有砱[礁]，不可太倚。北是五营屿，屿西南邊有沙坛，淺。敲船至此，須着[要]点水為準。出去是竹屿。

竹屿：打水三、四托，沙地。好抛船，須倚汕兜可也。南面岙口有沙汕，可防。但船欲敲过汕，候水返八分，可以过汕。看山步，牛角山落汕頂東面屿仔大開门，即可頭起。水满，有弍托七、八水至三托。如大船，可牵南面，看白沙堵出現，即可頭起。横看西内有三個山尖，苐壹尖躭鳥屎頂屿仔到汕墘，中尖躭屿仔到汕中办。苐三尖躭屿仔就离。如到淺處，須点水為要。如是过汕到東面屿仔，屿仔西面鼻尾内有拖尾砱[礁]，可防。再上去東北又有屿仔壹個，西畔亦有砱[礁]，水满满，密。水退三分出水。过去亦淺，须点水可也。再上去西北中间有和網砱[礁]壹塊，砱[礁]脚又有員[圓]砱[礁]壹塊，水退半，出水。此砱[礁]看直山步，猴昆水屿与新宫前相躭密门，正办。如是開门，是砱[礁]東过。如新宫前鼻出猴昆水内，是内过。横看鐘门未開，北势是大山。南势有苐三小山尖，看石排洋搭苐三個尖山仔壹畔開门，正办。又看竹屿搭苐弍個屿，其餘不足观也。此砂[礁]若是竹屿風，面東駛过就是。此砂[礁]办，须着[要]防之。

石排洋：西南有拖尾，托尾下有沙坛，甚淺。门中小船可过。南势大山鼻頂内有沉水砂[礁]三塊，水退半，出水。上去是棋[旗]杆尾，鼻頭内有沉砂[礁]壹塊，敲船不可太倚。東是鐘门，鐘门内是蘇岙。岙中有砂[礁]，駛船従北邊可也。鐘门中有大砂[礁]数塊，打浪。再者，石排洋有金傍[銭]砂[礁]沉水，水退乾，有壹丈三尺水。

大練岙：打水三、四托，好抛北風。西南有屿仔，屿仔脚有沉砂[礁]壹塊，水退三、四分出水。大練北鼻有宫仔，宫仔前鼻下直落，有砂[礁]壹塊，水退三、四分出水，不可太倚。小練门中亦有砂[礁]壹塊沉水敲船，不可太倚。東势是小練，过去是草屿。屿门中有綱桁，綱桁下有沉水砂[礁]，水退犯船。若是風面東，不可太倚。綱桁西畔就是七娖[姊]妹。

四屿：尾内有沉水砂[礁]壹塊，水退乾，大船能犯，小船不犯。看牛角山尖搭苦屿尖，正办。西北畔是魚户，亦有沙汕。可看牛角山不可入猫屿，入則犯之。魚户邊有猫槽，猫槽邊有沉砂[礁]数塊，可[看]牛鼻弄不可躭苦屿鼻。若躭，亦犯之。東畔是七娖[姊]妹。

七娖[姊]妹：砂[礁]壹連数塊，水退乾，出水。看横山步，大練与小練開门，正办。直看牛角山尖搭苦屿東鼻頭，正办。又看東鹤食密小練鼻，正办。七娖[姊]妹脚東南下亦有砂[礁]壹塊。看横山步，大練门第二個屿仔出頭就离。直看牛鼻弄搭躭小練鼻大開门，亦离。七娖[姊]妹北亦有沉水砂[礁]壹塊，但船往来，至此可看牛角山尖搭苦屿朕東鹤出大頭，此乃従中溝过。如至猫屿兜，亦有沙汕，可看牛角山尾不可入苦屿，入則犯之。此處轻風，不可駛入，流过内為要。

苦屿岙：打水五、六托，可抛北風。如若入岙者，看東鹤入苦屿鼻頭。水退乾，只有丈弍、三水。可看内门屿仔出鼻頭，就离此汕坛。又看媽祖宫出頭，即可頭起。如至岙内，南面岙下有石汕，看祥下大山脱落到鼻尾，犯之。西南又有媽祖印砂[礁]壹塊。直看東北面烏猪屿躭苦屿，正办。看内门開门，亦正办。如是轻風，水退八分，可駛船。

若要出苦屿门，门内倚東畔有沉汕，亦有沉砂[礁]数塊。水满，大小船不犯。水退六、七分，大船須防之。可看新宫前大山尾出四屿西面，就不犯。上去又有出水砂[礁]，砂[礁]頂亦有沉砂[礁]壹塊，駛船不可貪入。如倚苦屿后[後]，亦有塗坛。可看猫屿搭苦屿茀改。若要入祥下，遇有風浪之時，駛不过内面鼻尾，従速轉船開，桿对南面门中落。至内有岙，可抛。倚東畔有砂[礁]，従中[过]可也。清気。入内可以逃台[颱]。

祥下岙：東门口外有出水大砂[礁]壹塊，名老鼠砂[礁]。砂[礁]南亦有砂[礁]壹塊，水退三、四分出水，内外可过。要入祥下岙，倚北畔壹派是沙汕，水退离水，水满可防。

入西南面，有横屿。屿東鼻尾頂有魚户並砱[礁]生長。若流東水，入船可看外面横屿与老鼠屿開大门，直入。看祥下山開改牛角山尖搭此山改，就此抛椗為要。如是横屿与老鼠屿相躭，就冲坪，切記之。其是魚户並砱[礁]，其流冲砱[礁]，可防。

祥下出船至老鼠屿砱[礁]，砱[礁]南亦有砱[礁]，不可太倚。砱[礁]北亦有拖尾，内外可过。砱[礁]内山尾屿，名老鼠屿。上去倚大山邊有白沙堵，名賊忝。外是横屿。

横屿：東南邊有沉水砱[礁]，可防。横屿内中门有砱[礁]壹塊，砱[礁]北亦有沉水砱[礁]，不可太倚。中门砱[礁]東亦有沉砱[礁]壹塊，水退亦离水，离中门有壹箭之遠。中门砱[礁]又有港心砱[礁]壹塊，水退六、七分打浪。中门砱[礁]内就是賊忝，忝口亦有沉水砱[礁]壹塊，駛船不可太倚。賊忝山仔生連東北面，出鼻尾外就是港心砱[礁]。但船出流頭，可倚賊忝口，従中门砱[礁]北对港心砱[礁]脚过，駛过東為要。或従中门砱[礁]南倚横屿，清気。横屿東北有算子砱[礁]。

算子砱[礁]：壹連数塊。直山步看，赤屿出牛鼻弄東，是東过，出西是西过。横看牛角山南畔山頂尾有壹寨仔搭内面大山頂尖山仔，正办。算子砱[礁]北又有三脚香爐砱[礁]，看大山相連，不防。

牛鼻弄：身西南有平坂砱[礁]壹塊。看牛角山搭外牛角山北势尽拖尾矻内，正办。直看赤屿小出牛鼻弄西畔，正办。外面门中有观音砱[礁]弍塊，出水打浪，内外可过。砱[礁]门中亦可过，取中过可也。外是東西鶴，北是赤屿仔。

東鶴：北鼻頂有沉水砱[礁]壹塊，不可太倚。東南邊亦有砱[礁]数塊，但船従外过，諒[讓]開可也。西鶴西忝沙忝口亦有拖尾砱[礁]三塊，不可太倚。

赤屿：西邊有平坂砱[礁]，名算盤砱[礁]，大退乾，打浪。横山步看，赤屿中壹烈[列]离水，正办。直看横屿東鼻躭苦屿西鼻開门壹枝扁桃阔，正办。内是南萝。

南萝：東南外有砱[礁]壹塊，名南萝屎，水退四、五分出水。横山步看，赤屿搭東鶴第弍缺，正办。直看小練鼻与牛角相躭，正办。但敲船，可看苦屿出牛角山尾，是外过，食密犯之。

北萝：南有硬塗坛，北有沙汕生長，敲船不可太倚，諒[讓]開即可。頭起駛倚，流東水，可敲至茲忝。

茲忝：打水三、四托，可寄流，淺。看虎仔屿与茲忝小開门，俱淺。若流平水，可敲船。若是出船，南鼻尾有拖尾，不可太倚。東鼻亦有大砱[礁]打浪，向外艮坤[針]生。直出，開有半洋砱[礁]，壹連三、四塊，名茲忝屎，水退六、七分打浪。此砱[礁]看直山步，赤屿搭牛鼻弄北鼻，正办。如赤屿与牛鼻内開门，是外过。又看毒花頭搭虎仔屿，正办。如虎仔屿出毒花頭開门，是砱[礁]内过。如毒花頭出虎仔屿，是外过。横看茲忝頭有屿仔弍個搭做壹個，正办。此屿仔生能開上下门，開上门是上过，開下门是下过。上去是虎仔屿。

虎仔屿：南外邊有石劍，不可太倚。虎仔屿外面尽是塗坛，水退乾，甚淺，大船須防之。北是毒花頭，東外是白犬山。

白犬岙：打水八、九托，好抛北風。犬目下有劍石，不可太倚。東犬门可过西北。辰巽針入，有七星砛[礁]壹連数塊。直山步看，北唐[塘]尖搭南唐[塘]改，正办。横看東犬脚屿仔出犬鼻，又看西犬東鼻搭東犬尖中朕，正办。可看東犬白沙堵出西犬鼻大出頭，是七星北过。入内是番仔溝，溝口現有水鼓為記，船至水鼓是正溝。内亦有水鼓，鼓尋鼓為憑。至芭蕉頭，此是對北汕脚、南汕頂航路也。



福州：中溝口有沙汕弍条，冲東直出。水退半，打浪。北汕生在芭蕉尾，亦是冲東而出。此条汕尾看北唐[塘]尖搭南唐[塘]鼻就到，淺。如南汕生在滬江尾，向東南直出。此条汕尾看山步，牛角山出菸岙山尾開大门，尽淺。尾过，入中溝。

欲入中溝，可看畢罗门内壹個山尖搭芭蕉山尖，直入。即看東面犬仔尾有壹门仔，開门壹枝扁桃阔，直入，至雨傘砛[礁]平身。北又有壹条汕，生横港，看潭頭山尖搭流岐口頭第□屿，正办。如雨傘砛[礁]平身，再看畢罗门内山尖搭芭蕉出鬱斗鼻，正办。横看三山仔尖搭媽祖宫樹，正办。鬱斗鼻下有沉水砛[礁]，不可太倚。

五虎门：出门北面鼻頭下有沉水砛[礁]壹塊，大退乾出水，不可太倚。如倚芭蕉頭，亦有沙汕，水退乾，淺。五虎屿西南尾又有虎屎砛[礁]壹塊，不可太倚。门中有綱桁，綱桁頭有沉水砛[礁]，水満不防，水退犯船。但船出入，須倚頂虎邊為要，不可從綱桁頭，切記之。出门外倶有南北汕，有招為記。欲尋正溝，看山步，白观音出虎尾，是正溝。又看虎门中奎[雞]心屿躭芭蕉，直出可也。北面亦有沙汕，亦淺，不可太倚，須着[要]点水為要。直出至和綱下，即离北汕頭。和綱下又有汕頭砛[礁]壹塊，看山步，目屿搭布袋岙壹畔出相搭，是正办。又看虎门中屿仔躭芭蕉，正办。如開门，是内过。若是躭半個，是外过。又看荔枝屿出鼻頭，亦正办。如南汕尾看毒花頭岙大山出芭蕉，就离。

南唐[塘]岙：打水四、五托，好抛北風。岙鼻下亦有壹岙，岙内打水十几托，可以寄流。此岙内鼻下亦有沉水砛[礁]壹塊，不犯船，能[損]椗索。要抛，須倚南可也。南唐[塘]西南中間亦有沉水砛[礁]壹塊，名三脚虎屎砛[礁]。水退乾，砛[礁]頂有壹丈弍尺水，大船能犯，小船不防。此砛[礁]無山步可看，惟有所諒[讓]。南唐[塘]、四屿、芭蕉頭各現如形，名謂三脚虎。南唐[塘]后好抛南風。

南唐[塘]：東南外有屿仔，名唐[塘]針。南邊清気，西邊有砛[礁]，不可太倚。唐[塘]針東北外艮坤[針]直上，有沉水砛[礁]，水退乾犯船，名洋砛[礁]。直山步看，魁山搭北唐[塘]外第弍個屿仔，正办。横看唐[塘]门内茄荖屿离南唐[塘]鼻開门壹份，亦离北唐[塘]鼻開门弍份，正办。又看南唐[塘]外屿仔弍個，外壹個南畔係是北壹個搭南唐[塘]尖，正办。南唐[塘]外有屿仔弍個，外壹個南畔有砱[礁]打浪，但船従屿外与屿脚过。南唐[塘]東鼻尾外屿内倚大山邊。若要过此门，知者可过，不知不可过。南唐[塘]東鼻尾内亦有砱[礁]壹塊，水退四、五分出水。直看北唐[塘]后弍個屿仔搭壹個，正办。横看茄荖屿与南唐[塘]開门壹航阔，正办。上去是北唐[塘]。

北唐[塘]岙：打水七、八托，好抛北風。岙東屿仔清気。北唐[塘]外亦有屿仔，屿仔内外可过。唐[塘]门外有石屿仔壹個，屿東南邊有砱[礁]壹塊沉水，大船能犯，小船不犯，亦不防。上去，门俱可过。入门内，就是茄荖屿，屿内外亦可过。茄荖屿東畔大山邊有岙仔，可抛船。此岙名桥仔頭，要抛者，着[要]南唐[塘]東鼻与桥仔頭南鼻相躭，就可落椗，打水十弍托，甚妙。上去是北唐[塘]頭，倚東有壹门，中可过。北唐[塘]頭西南鼻尾有砱[礁]壹塊，水退五、六分出水。直看唐[塘]门小開门，正办。如是大開门，是内过，不防。横看唐[塘]外屿仔搭内面鼻朕，正办。内是[定海頭]。

定海頭：内是小埕岙，打水三、四托，沙泥地。岙西去是布袋岙，内可逃台[颱]，塗坪淺地。定海岙好抛北風。岙東鼻尾有沉水砱[礁]，不可太倚。外面是四屿，有门三個。内壹门，门中倚北畔有砱[礁]壹塊，打浪。砱[礁]北上去，大山邊亦有沉水砱[礁]壹塊並沙汕。但船往返，可従砱[礁]南过，倚内面。四屿北邊亦有沉水砱[礁]壹塊，看四屿開门到办，水満不防。如是水退乾，不可倚屿仔邊过，須倚大砱[礁]南过可也。内面四屿西南鼻尾脚亦有沉砱[礁]，水退出水，不可太倚。東北亦有出水砱[礁]壹塊。此屿外又有壹门，順風可过。出去第弍個屿是四屿。屿西北鼻尾頂亦有拖尾砱[礁]，屿南邊亦有砱[礁]，不可太倚。又有壹门可过。下又有屿，算出是第三個，屿下清気。北有出水砱[礁]，砱[礁]北邊亦有沉水砱[礁]，水退乾打浪。

再論者，南面第壹個四屿，屿北壹门，门中可过。第弍個四屿，内有壹门，順風可过。第三個四屿，屿内倚大山邊壹门，大小船俱従此门出入。如是出门，東北是横屿。

横屿：東南下有拖尾砱[礁]生長，谅[量]有弍箭之遠，行船須防之。横屿東北外亦有砱[礁]壹塊，水退三、四分打浪，駛船可防。横屿内有壹门，討魚船可过。北面是大岙，大山脚下有出水砱[礁]，砱[礁]南邊亦有沉水砱[礁]，敲船不可太倚。外是奎[雞]母岙。

雞母岙：打水弍、三托。岙西南有沉水砱[礁]壹塊，大退乾出水。岙東鼻尾下有砱[礁]，水退出水。岙口有屿仔壹個，屿仔邊有出水砱[礁]，夜間行船可防。屿仔頂有壹小门，討魚船従中可过。倚北畔大山鼻尾有沉水砱[礁]，如是出船，出门可看黄岐媽祖宮出頭，即可頭起。外是鐘鼓屿，内去是黄岐。

鐘鼓屿：西南下有半洋砂[礁]壹塊，水退半，打浪。直山步看，甕屿搭鐘鼓屿正办。如硼屿出鐘鼓屿外，是外过，出内是内过。横看奎[雞]母岙后[後]大山尖搭奎[雞]母岙口屿仔，正办。可看大山尖搭落屿南，是砂[礁]脚过。内是黄岐。

黄岐岙：打水三、四托。岙口有媽祖印砂[礁]壹塊。東邊亦有沉水砂[礁]，名印帶，离印砂[礁]有三隻船位，初三、十八大退乾，打浪。直山步看，定海山尖搭奎[雞]母岙口南畔，正办。若定海山尖入屿仔内，是印内过。若定海山尖出屿仔外大開门，是外过。横看鐘鼓屿搭鮘南唐[塘]，亦正办。敲船或從印内过大山邊，不可太倚印砂[礁]。又看媽祖宫角搭樹，或外面白沙堵出頭，俱正办。



黄岐：出船至四屿，屿内有登门砂[礁]壹大列，水退六、七分出水。直山步看，硼屿搭魁山，或看硼屿缺搭竹排砂[礁]，俱正办。横看大山下烏石鼻搭尖石，或看外面出水屿仔搭北唐[塘]尾三山堆，俱正办。可看頂四屿落北唐[塘]尾開门，乃是砂[礁]北过，不防。四屿邊亦有沉水砂[礁]，敲船不可太倚。上去是竹排砂[礁]。



竹排砂[礁]：又名蓮屿。屿南鼻尾有拖尾砂[礁]弍塊，砂[礁]内有壹小门，小船可过。蓮屿西南大山鼻尾[有]砂[礁]生長，夜間駛船可防。上去是甕屿。

甕屿：打水十壹、弍托，好抛西南風，门可过。此處流西，尾接東南流。駛过观音砂[礁]，又遇短流，又兼風浪。駛不过观音砂[礁]，可牽对观音砂[礁]脚，從南面山邊倚入，不可倚北畔，屿仔邊有砂[礁]，切記之。入内就是北膠頭岙，岙西北屿仔兜入，就可抛椗，打水十餘托。如至流平水，就可敲。

北膠頭：岙内可抛南風。岙口有屿仔，屿仔西邊清気。岙西北鼻頭有砂[礁]弍、三塊，水退四、五分出水。如是吊南，不可貪倚鼻頭过，可防為要。西北内是東西鶴。

東西鶴：東鶴外清気。西鶴后[後]北面有大砂[礁]壹塊，水退三、四分出水。看山步，北膠頭東鼻尾小出東鶴東鼻尾，正办。西鶴頭亦有砂[礁]壹塊沉水，直看東鶴搭硼屿，正办。横看芙蓉頭山搭小西洋内屿仔，正办。鶴门可过，鶴内可寄流，打水十五、六托，如開难抛。西鶴南大山邊有綱桁，可防。南面大山邊有壹岙，名池達，内可逃台[颱]。西南入去是[羅源港]。

罗源港：要入，门内第弍個屿仔大山脚有沉水砂[礁]，水退乾出水，不可太倚。如入者，須着[要]從南中直入。内有屿仔，屿仔北有小门，船從屿南过。如入屿内，倚北邊有岙，有抛梢船。此岙可抛。如要逃台[颱]，甚好。鲎屿尾開有沉砂[礁]壹塊。西南面大山邊有屿仔壹個，名鲎屿。屿内亦可逃台[颱]，甚好。鲎屿尾開有沉水砂[礁]壹塊，水退五、六分出水，可防。出门外，頂就是東称港口媳婦娘岙。

媳婦娘岙：有弓鞋砂[礁]弍塊，生在江中，水退半，出水。要抛媳婦娘岙者，倚東畔有砂[礁]壹塊，水退五、六分出水。要抛者，須倚西畔為要。外鼻内亦有白沙堵岙仔，可寄流。入内是東称，再入内是碗窑、寧德、八都、福安等處。如要入東称，須倚北面山邊入為要。如開者，此處流水直冲弓鞋砱[礁]。此處深抛椗，不能出。门外大山邊清気，至四屿。

小西洋：南面鼻尾外邊有沉砱[礁]壹塊，水退六、七分出水，駛船可防。小西洋内有屿仔壹連三個，有门四個。内面倚大山邊壹门清気，但船敲吊，俱従此门过。出去苐弍门，门中有砱[礁]如石橋，此门不可过。又出苐三门，清気，可过。苐四门是倚小西洋，门中有砱[礁]弍塊。看山步，小西洋内沙岙出壹畔，正办。但船出入，須倚小西洋可也。或倚内面屿仔頭亦可。小西洋西邊亦有小屿仔，但入船，可對屿南过。小西洋外是魁山，魁山内是芙蓉頭山。芙蓉頭山脚下好抛船。西北门中有六耳仔屿壹個，屿西邊不可太倚，西邊開可过。

魁山：门中可过。魁山西南邊有沉水砱[礁]，水退犯船，不可太倚。東南外又有魁山虎屎砱[礁]壹列，水退半，出水。直山步看，蝦目屿搭北唐[塘]尖小開改，正办。横看魁山西鼻尾躭小西洋東鼻頭，正办。如開门，是下过。如是魁山搭落小西洋朕好流水，或可従北过。南外是湧横。

湧横屿：屿脚清気。湧横南下開有石屿，名光笨砱[礁]。砱[礁]西北亦有沉水砱[礁]，水退三、四分出水。光笨砱[礁]南清気，夜間至此，須當防之。湧横北面中間有半洋砱[礁]壹塊，大退乾，打浪。直山步看，哭杯屿出芙蓉頭外，正办。如是密门，是下过。如是大開门，是砱[礁]北过。或看登门砱[礁]北大山鼻搭蝦目屿，亦正办。此半洋砱[礁]生离湧横弍份，离媽剌壹份。湧横北亦好过。

四屿：敲至下府岙口，有砱[礁]弍塊相連。夜間敲船，可看内湖南畔山頭不可食密西畔大山頭，須着[要]開改，是下过。壹派清気，至老湖。

老湖大岙内，倚東畔是内湖，壹概全是塗坪，淺，可逃台[颱]。候水返五、六分，可進入[老湖岙]。

老湖岙：打水五、六托，可抛北風。岙東是横屿。横屿西南鼻内有沉砱[礁]弍、三塊，敲船諒[讓]開為要。横屿北亦有壹门，门中有牛屎砱[礁]壹塊出水，上下有门，小船可过。砱[礁]南壹门，敲船可过。如离砱[礁]，清気。至螺尾，牛屎砱[礁]北有壹门，小船好風亦可过。

螺尾：頂有出水砱[礁]，砱[礁]邊開亦有沉水砱[礁]壹塊，不可太倚。入鼻内，西北岙底屿仔内是螺蛤岙，大船勿至，小船可進。岙口可抛南風。上去有屿仔壹個，屿内有门，小船可过。屿仔東北倚有沉水砱[礁]壹塊，敲船不可太倚。上去是大金所。

大金所：大屿脚有雙頭透。入内倚東畔大屿邊，小船可逃台[颱]，無甚好[處]。如敲船至此，犯流東駛，不过鼻者。八、九百擔船可従双頭透駛至鴨池。

鴨池：外岙好抛北風。岙東鼻頭内有出水砱[礁]，砱[礁]邊清気。内亦有壹岙，好抛北風。要抛内岙東畔鼻頭下，有石礅，損椗索，切記之。鴨池外就是哭杯屿，屿门中有沉水砱[礁]壹塊，水退犯船。直山步看，芙蓉頭躭哭杯，就可轉船，是砱[礁]内过，不犯。横看哭杯開门壹枝扁桃阔，正办。如敲出门，对外敲至福建。鼻東外是破霜，壹連数個。破霜西南下有石屿仔壹個，名鉄丁[釘]屿，屿门中可过。破霜北個[面]西北内邊有霜屎砱[礁]，可防。

福寧府：要入者，北鼻下有砱[礁]壹塊生倚，水退乾出水。砱[礁]下又有出水砱[礁]，但船出入，上下可过。有屿仔壹連三個，如大船出入，從屿頂过。屿邊有綱桁甚多，可防。内是常山，西南面可逃台[颱]。要入者，候水返七、八分，可進。至鼻，着[要]倣[倒]舵為要。去是目屿，屿下亦有屿仔壹個，有沉砱[礁]，不可太倚。

根竹：東北鼻外有沉水砱[礁]，水退五、六分打浪。根竹屿脚水退乾，淺，駛船不可太倚。北是三沙岙。

三沙岙：好抛北風。岙東有屿仔，屿仔西鼻内有拖尾。若是出船，牽開為要。南中有牛屎砱[礁]弍塊出水，船從砱[礁]東过。外面有山仔，山仔下清気，至龍目兜。小船若要從牛屎湾门[入]者，门中東面有屿仔，屿仔尾有米厝砱[礁]数塊，水退出水。米厝内大山鼻尾亦有沉砱[礁]壹塊，水退乾出水，不可太倚。上去是亀鎮岙，岙口有媽祖印砱[礁]壹塊，水退乾出水。再上去有门三個，是内外。内壹门敲船可过，中壹门水滿可过。外壹门名柴虎门，亦可过。如是内门倚大山，去是七都港口。

風火门：有石屿三個，有门亦三個。外壹门名竹排砱[礁]门，内弍门，名龍目门。内壹门倚大山邊，順風可过。中壹门，大小船俱可过。外壹门，倚楊山邊亦可过。此门清気。如出门外，西鼻頭有砱[礁]，不可太倚。出去是楊山。

楊山：是媽祖岙，打水七、八托，好抛東南風。岙下有屿仔壹個，西邊有沉砱[礁]，水退乾出水。屿仔南下就是爐竹门，船可过门中。内壹岙，可逃台[颱]，可抛七、八隻船。楊山外，乙辛針直出，洋中有三迷王砱[礁]壹塊，水滿打浪。夜間至此，靜聽能鳴，諒[量]有壹箭之遠。楊山東外是三星，内外可过。楊山西内是七都。

七都：港口南鼻外有沉砱[礁]弍塊，水退半，出水，不可太倚。港口又有大砱[礁]壹塊，水退半，出水。直山步看，南面屿仔搭南鼻尾，正办。横看八都鼻出七都東鼻，正办。但船出入，須倚北面大山邊入。入内可逃台[颱]，候水返可進。

八都：鼻内可寄流，淺。鼻内亦有沉砱[礁]，水退出水。如要入者，須着[要]牽開。看東畔小门小開，即可頭起，好抛船。身内山尖仔下亦有沉砱[礁]，水退乾出水。又，白石下亦有沉砱[礁]壹塊，不可太倚。如出鼻外東，就是員[篔]當[簹]。

員[篔]當[簹]：好抛北風。岙口有屿仔，名保武屿，内外可过。若敲北，欲從保武屿内外过，可也。於大山邊有沉砱[礁]，不可太倚。西北鼻内是象屿，屿内小船可逃台[颱]。東去是棕簑岙。

棕簑岙：下鼻頭内有沉砱[礁]壹塊，名媽祖印，水退半，出水。岙可寄流，甚擺。西北去，壹概清気，至冬瓜屿。

冬瓜屿：外是南閼，北是南鎮、沙埕。南鎮山尽南势大山鼻頭外有沉水砱[礁]壹塊，大退乾打浪。但敲船，可看南鎮改樹不可密，密則犯之，開現不犯。若离此砱[礁]，上去清気，至頂鼻。

沙埕：要入者，门口倚北畔有猪母砱[礁]弍塊出水。若至门内，須防。西北鼻頭内有沉砱[礁]弍塊，名龍目，水退七、八分出水。可看南鎮鼻不可密门，密則犯之。須看開门為要，直入。再者，龍目砱[礁]可看南鎮鼻与沙埕鼻不可密门，密就犯之。直入，看九使爺宮出頭，即頭起。東北去是鎮下閼。

鎮下閼：好抛南北風。岙西畔水退乾，淺。西内入去是三星坪，可逃台[颱]，爛塗泥地。鎮下閼東有壹小门可过。若是出门，北鼻下有拖尾，不可太倚。上去是北閼。

南閼：西北内可寄流。老鼠屿脚有岙，可抛北風。南閼鼻有拖尾砱[礁]生長，夜間可防。拖尾南尚有沉水砱[礁]壹塊，初三、十八退乾，犯船。直山步看，北閼后鳥屿仔出北閼鼻，又看北閼小開门，俱正办。可看棕簑岙出冬瓜屿，就是下过，不防。外是北閼。

北官[閼]：南面岙口号杞岙。杞岙西南下有沉水砱[礁]壹塊，名八畝蕉，水退乾，犯船。直山步看，北官[閼]木耳屿食密北閼南鼻，正办。若従内过，須看北官[閼]開门，是砱[礁]内过。或大出頭，亦是内过。若従砱[礁]外过，可看拜屿頭出北官[閼]外，是外过，不防。此砱[礁]生在正船路。横山步看，南閼后[後]樹並赤[塗]跡搭南関拖尾砱[礁]，正办。若对砱[礁]南过，可看南鎮樹脫落南閼拖尾下，是南过，不防。若对砱[礁]北过，可看南鎮樹食入南関，或看鎮下閼厝出门中屿仔北，是北过，不防。出外去，是王招屿，内外可过。此處流西，發轻風，須着[要]留意。其流直冲王招，切記之。上去是拜屿頭。拜屿頭東邊有出水砱[礁]，砱[礁]北亦有低砱[礁]，駛船不可太倚。拜屿北内亦有沉水砱[礁]，不可近之。北去是草屿。

草屿：内可寄流。岙西有小门，门中有沉水砱[礁]，水滿小船可过，大船従屿外过。此處水退二、三分，可对草屿兜敲过。草屿上去，壹概清気。北是老君鼻。

老君鼻：有拖尾。外面亦有出水砱[礁]，大退乾，不可倚。如到此處，可敲東南流，従閼山内过。水退乾，亦淺，只有八、九尺水。関山西南是中厝碓溪，南鼻内可逃台[颱]。西北是山埔，亦可逃台[颱]。候水返半，可進入。外是金香。

金香：大渔岙好抛北風。水退乾，淺。岙口南下有哭杯屿，屿西邊倚有砱[礁]，沉水。金香出船，外面鼻頭下有柴[木]屐砂[礁]弍塊。內壹塊出水，外壹塊水退出水。如是好風，小船可对砂[礁]北，倚大山邊过。如是夜間行船，可看大渔岙大山壹列搭外鼻食密，就到砂[礁]办，可防。或看砂[礁]內山尾開改，至办。或看弍改，是砂[礁]北过，外过。或看塩田大出頭，是外过，不防。上去是石邦岙，可抛西南風。再上去是暹田岙。

暹田岙：打水三、四托，可抛北風，倚淺。岙口西南屿仔北邊有砂[礁]，不可太倚。塩田東外洋中有砂[礁]壹塊，名八畝砂[礁]，水退半，出水。横山步看，塩田白沙堵出頭，正办。直看琵琶頭小出塩田鼻，關山小出金香鼻，正办。但船欲從外过，可看琵琶頭与関山大出頭，是外过。欲從內过者，可看関山与琵琶頭不可出頭，是內过。塩田后岙好抛南風，水退乾，淺。上去是琵琶頭。



琵琶頭：內壹门，小船对中可过。入门內，大山邊入去是白皂港，可逃台[颱]。琵琶頭東鼻尾有沉水砂[礁]，可防。外是雷公屿，屿后[後]有坪[平]坂砂[礁]，不可近之。雷公屿北是品簫屿，品簫屿內可抛船，是爛塗泥。水退乾，只有壹托七、八水，上下可过。上去是[四屿]。



四屿：壹連四個，是丁未生，有门三個，小船对中可过。尽北壹個連東邊有砂[礁]，不可太倚。四屿內入去是和槽頭，內可逃台[颱]。水退乾，壹派俱淺，無沙無石無尾溝。要入，候水返半，可進，須点水為要。尽北势大山脚有屿仔壹個，名羊屿。屿脚与大山邊壹派俱淺，水滿有弍托餘水。要入者，双邊是塗坪，点水為準。羊屿外亦是塗坪，如至頂四屿，要入瑞安港，可用乾戌針取之。亦是塗坪，淺。內即有港，港是乾戌[針]生。外是[內外]鳳。

內鳳：淺，小船可從此经过，大船对外过可也。內鳳西南面有屿弍個，屿南有砂[礁]三塊，西有屿仔壹個。西南亦有沉水砂[礁]，水退乾出水，生開壹箭之遠。內鳳门有砂[礁]三、四塊，名鳳蛋，水退五、六分出水。外鳳门好过。

奎告[髻]鳳：南面鼻尾下有砂[礁]，名鳳蛋，生開。直山步看，参將屿与鳳凰鼻開门，正办。横看鳳內有弍個小屿相合齐身，又看銅盤鳳出壹畔，俱正办。若從內过，可看銅盤鳳出頭。若從外过，可看銅盤鳳出全個，是外过，不防。外是虎仔屿。

虎仔屿：门中清氣，大小船可过。南面是南寧大山。南寧內有屿仔，屿仔邊清氣。虎仔屿身北就是銅盤鳳，內有壹门可过。銅盤鳳脚好抛北風，打水三、四托。

硬岙尾：西鼻內有屿仔。屿仔西邊有砂[礁]三塊，水退三、四分出水。硬岙尾寅申針直落，有弓鞋砂[礁]，水退三、四分出水。直山步看，花矸屿出硬岙尾，又看狀元岙门山尖食密，俱正办。可看双山尖開大门，是外过。横看永嘉堂山尖搭內面壹個大山尖，正办。弓鞋北尚有沉水砂[礁]壹塊，水退乾出水。

但船在弓鞋邊，要入溫州港，港口至港內沙汕甚多。若是在弓鞋邊要入者，可看大渔岙不可食入硬岙尾。如是食密，恐犯北汕。須躭壹畔，直入。至綱桁倚北，是双善砖[礁]。

硬岙尾：東面鼻頭兜有出水砖[礁]，夜間可防。外面大渔屿，清気。至鳥砖[礁]西北内，是塗坪。東北山邊亦是塗坪，水退乾，双邊俱淺，船不能过。如是流西尾，欲尋正溝，可看弄门口四屿壹個。如出花矸屿鼻，是正溝。或食密，或開门，就着[要]轉船，亦須点水為準。可看大渔屿躭南面轉壹畔，可防東硎尾。

三弁：小。各鼻内打水三、四托，可抛南北風。屿仔邊不可太倚。屿東面尽是塗硎，可逃台[颱]。爛塗泥，防走椗。西北是沙角岙，岙口有荔枝屿。屿南有大砖[礁]，水退六、七分出水，駛船不可太倚，可防。

弄门：门中大小船可过。弄门南中，花矸屿对坐，有沉水砖[礁]壹塊。大退乾，大船着舵，不見，犯船。花矸屿北鼻頂有砖[礁]壹塊，不可太倚。如出弄门，倚北畔無流。

斧頭屿：门中有大砖[礁]打浪，夜間可防。斧頭屿亦有斧頭仔，小船可过。有砖[礁]，可防。

奎告[髻]屿：屿下有壹门可过。屿内又有屿仔壹個，屿仔下壹门。但敲船至此，欲入奎告[髻]屿门，駛不离屿仔者，可從屿仔兜入。入内面，打水十餘托，或七、八托，就可抛椗。此處流水，卯酉[針]出入。上去是鹿西，外是四屿。

四屿：外打水十弍、三托，内外俱可过。流水横冲四屿，其流太急，可防。若是失防，挨不离。危急之時，可從四屿倚南畔，可过壹门。北是鹿西。

鹿西：山外山邊有砖[礁]，不可太倚。上去是哭杯屿，屿西南邊有拖尾，不可太倚。鹿西山東南鼻外有石屿仔。屿内壹小门，小船可过。入内大山邊有出水砖[礁]壹塊，夜間可防出水砖[礁]。亦清気。如是流東水，可倚鹿西大山邊，敲至山北流西出會起。此處亦可寄流。此處名西高缺，又名鹿西。内是横屿。

横屿：東鼻頭有拖尾砖[礁]沉水，水退乾，打浪。横屿西北鼻尾亦有沉砖[礁]，可防。入内是大门、小门，可逃台[颱]。但船欲入溫州，要從北溝入。西南大山邊屿仔，名烏清屿。屿西南有沙汕，生連半洋砖[礁]下。屿西北是塗坪，水退乾，淺。惟有壹条小溝仔，生倚屿仔邊。可看烏清仔東北小屿搭横屿尖中朕，是正溝，直入。离北坪尾，入内是奇頭。

小叠：可抛船。不可開，開深难抛。小叠岙東鼻尾脚有砖[礁]，不可太倚。上去是鴻门，内有岙，好抛船。鴻门门中近聞有沉水砖[礁]，我未見过。出门北鼻内有拖尾砖[礁]，不可太倚。西内是鲎尾屿，屿北是教[校]場岙。東是坎门。

坎门岙：好抛船。岙口是横屿。横屿南下有媽祖印砖[礁]，水退乾出水。直山步看，坎门東山尖有隻尖搭関帝屿，又看龍湾尖搭鴻门出水砱[礁]，俱正办。横看教[校]場內山尖搭岙口東鼻頭，正办。但船對外面敲，可看火差屿，不可入横屿，是外过。若对内过者，坎门不可密门，須看開门，是内过。坎门岙西鼻頭有算盤砱[礁]壹塊，不可太倚。又，入内有西[師]公砱[礁]壹塊，水退半，出水。直山步看，教[校]場后[後]壹条白路食密，正办。路出東，是内过，不防，須看開门。横山步看，横屿山腰有壹烏空搭算盤砱[礁]頂鼻小開门，正办。如烏空脱落鼻頭南大開门，是下过坎门。坎门口東鼻頭外有沉水砱[礁]，可看叫人屿出鼻頭，是外过。上去是后[後]沙岙。再者，教[校]場西内有壹鲎尾屿，屿内可逃台[颱]，水返六、七分可入。再入鼻内，是里岙。



横屿：脚東南邊有沉水砱[礁]壹塊，大退乾，赶浪。直山步看，火差内虎仔屿搭金屿，正办。虎仔屿出金屿，是外过。横看趙三王第壹個躭横屿西頭，再看第弍個山頭出頭，即可頭起，倚横屿兜过。上去是金屿仔，金屿仔外有沉砱[礁]壹塊，大退乾汶[没]浪。横看竹梳破缺躭搭横屿頭，正办。直看目[墨]賊屿出金屿，不防。横屿北是目[墨]賊屿，北是蚱寮岙。是塗坪，可以逃台[颱]，候水可進。



大鹿门：大小船可过。大鹿西南邊有砱[礁]，名鹿屎，駛船可防。南是小鹿山，山邊清気，外是丕山。大鹿東北亦有屿仔，名荔枝屿，内外可过。大鹿西南是長屿。

長屿：与火差尾相連。山南畔号火差尾，火差尾内邊有壹虎仔屿。屿内至屿邊，水退乾，俱淺，只有壹托餘水。東北頂是洋屿，洋屿内是草屿。草屿西邊倚有砱[礁]，不可太倚。長屿门中有砱[礁]，又有拖尾。此门不可过。内是清挑屿。

清挑屿：南鼻下有拖尾生長，不可太倚。西北内入去，就是花蓮浦，内是楚门，可逃台[颱]。清挑屿西北是茲榔岙。再者，楚门出入，須着[要]候流平，或是流底方可，其流太急。

茲榔岙：打水三、四托，好拋北風。山邊清気。门東畔是無草屿，屿西邊有砱[礁]壹塊，不可太倚。東是洋屿，洋屿西内有沉水砱[礁]三、四塊，水退五、六分出水。但船来往，是從北过。可看火差内虎仔屿出無草屿内開门，是北过，不防。如是相搭或出東，俱是正办。如是敲船，对大山邊流，直至白馬岙。

白馬岙：岙口有馬屎砱[礁]壹大塊，水退三、四分出水。看直山步，横屿食密鼻頭，正办。如貓屿出鼻外，不防。横看大鹿躭洋屿南畔，正办。上去是烏鼻，下開有沉水砱[礁]壹塊，大退乾出水，名大鹿出。直山步看，貓屿内屿仔躭单弓頭鼻，正办。横看大鹿出洋屿北鼻壹枝扁桃闷，正办。如离大鹿出砱[礁]，上去大山東鼻尾頂有沉水砱[礁]，不可太倚。再上去是单弓、貓屿。如离大鹿出，外至貓屿外，壹派春埔冬早，初弍、十六大退乾，只有壹托餘水。釣槽[船]亦不能过。

貓屿：内小。流水退乾，弍托多水，可以寄流。内门中，海底有硬礤。入内去是单弓、寔羽、水桶岙等處。貓屿后[後]去是光遠后[後]岩所。水退乾，淺，尽是塗坪。此處是出產五谷之區。

鹿生屿：西北鼻亦叫鳩鳥頭。鹿生南下有龍目屿式個，有门可过。北壹個，西北邊有塗坛，水退乾，可防着舵。南壹個，東南下有沉水砱[礁]，生离龍目有壹箭之遠，駛船可防。鹿生西北是片屿，屿门中有砱[礁]，不可过。

外箸后[後]岩岙：好抛船。西内倚鹿生大份，有狗屎砱[礁]壹塊出水。箸仔山邊鼻尾内有沉水砱[礁]数塊，不可太倚。箸仔西北面又有大砱[礁]壹塊，大流水满密，小流水出水。直山步看，鳩鳥頭密门，正办。開门，是内过。横看麒麟山尖躭箸仔北鼻，正办。如是大出頭，是北过，不防。東畔是董班岙，北是牛阑[欄]坑，又名牛柳坑。有出水砱[礁]，出水砱[礁]内是塗坪，可逃台[颱]。

后[後]岩：出船至鹿頭屿外面，鼻下有草鞋砱[礁]壹塊，水退乾出水。但船出入，可看三算出棺柴[材]屿，或看片屿出鼻頭，俱不防。至棺柴[材]屿，棺柴[材]屿西邊有砱[礁]，鼻下又有石汕生開，水退防之，水滿不防。棺柴[材]屿邊清気。至石唐[塘]。

石唐[塘]岙：好抛北風。岙口有蓮花屿壹個，两邊俱可过。岙東有壹小门，討魚船順風可过。石唐[塘]岙下是横屿，西鼻尾有雨傘砱[礁]出水。横屿東有壹门，门中有面佃砱[礁]，砱[礁]下有沉水砱[礁]，水退乾打浪。横山步看，蓮花屿搭岙仔鼻，正办。直看中吊邦山食密蚊東屿，正办。但順風欲出此门，須倚横屿兜过。可看吊邦出頭，方可頭起。出去大门外是蚊屿，又曰鲎屿。南是三算、石唐[塘]。出船敲至门仔口，有草鞋砱[礁]出水，砱[礁]邊清気，夜間可防。上去是浮屿。

三算：内外三個。三算西鼻内有砱[礁]壹塊，夜間可防，水滿打浪。出去是式算，式算北面有沉石多壹塊，水退半，出水。但船出入，可看碃燒屿与風爐屿相躭，正办，可防。外壹個，名壹算，南好过。北是碃燒屿。

碃鄒屿：与風爐屿生相對，有门，门中有砱[礁]，不可过。碃邹屿東邊有砱[礁]壹塊，駛船不可太倚。碃邹屿与風爐屿北俱可过，惟有中门不可过。東外是鳥屿。

鳥屿：鼻下有砱[礁]，不可太倚。鳥屿好过，内是龍鼻頭。龍鼻頭内是六兒岙。

六兒岙：好抛北風。岙下有出水砱[礁]壹塊。砱[礁]南邊尚有沉水砱[礁]，水退乾，討魚[船]打舵，不可駛倚。六兒门可过，出门口北邊有蓼花屿。屿東邊開有沉水砱[礁]数塊，水退乾出水。此砱[礁]能出怪火，引船犯之。切須注意，慎之。

浮屿岙：好抛南風。岙口有屿仔，名蛤仔屿。屿邊有砱[礁]，不可太倚。外面是鲎屿，屿東南有拖尾，不可太倚。鲎屿東北邊亦有沉水砱[礁]壹塊。直山步看，積國搭蓼花屿，正办。横看粗関后[後]白沙堵出蛤仔屿，正办。上去是红山鼻，红山鼻南邊有沉水砱[礁]，水退乾打浪。看積國出中吊邦，是外过。

吊邦岙：打水四托，好抛北風。内面倚大山邊壹门，順風可过。外门大小船俱可过。如出门，東北鼻頂是蓼花屿，屿東邊開有沉水硶[礁]，屿门中亦有硶[礁]，可防。蓼花屿外是六兒门。如至烏空口，倚大山邊有出水硶[礁]，硶[礁]外尚有沉水硶[礁]，名為烏空屎，大退乾打浪。直山步看，積國仔搭沙服脚屿仔，正办。如開门，是外过。横看六兒頂屿仔躭蓼花屿小開门，正办。如离烏空屎硶，上去清気。至和尚頭。

沙服岙：好抛北風，岙底倚東畔有硶[礁]，抛船可防。沙服内水退乾，淺。入内是龍王堂，可逃台[颱]。沙服外是龍船屿，屿内倚沙服山有出水硶[礁]，硶[礁]邊亦有沉水硶[礁]，可防。但船来往，可倚龍船屿兜过，均可。龍船屿東南亦有沉水硶[礁]盤壹塊，大退乾，硶[礁]頂尚有弍托水，大船防之，小船不防。看楊棋出積國，到办。北服外亦有沉水硶[礁]壹塊，水退乾，犯船。看相门大山尖搭北服，正办。出北是北过，不可太倚。外是積國。

積國：门可过，東南面有沉水硶[礁]壹塊，大退乾，犯船。北是積國仔，積國仔西南鼻不可太倚，内邊清気。積國頂有出水硶[礁]壹塊，積國頂又有沉水硶[礁]壹塊，水退乾，打舵。直山步看，大積國東鼻尾出積國仔，正办。横看相门大山尖搭鲎屿岙口屿仔，正办。

龍王堂：门口有屿仔弍個。外壹個北邊有沉水硶[礁]，名羊廣[公]生佛。看片屿搭内面屿仔，正办。出北是北过，但要入者，須倚北面大山兜，清気。大山邊亦有屿仔壹個，船從屿南过，入内即可頭起。内面双邊尽是塗坪，船須抛溝可也。龍王堂西南風出船，可從屿脚倚南畔山兜可出。若出北面，大山東北有半畔山。半畔山脚有硶[礁]，駛船不可太倚。出去屿仔外，就是鲎壳。

鲎壳岙：水退乾，淺，好抛北風。要抛内岙，岙底西邊有沉硶[礁]弍、三塊，水退五、六分出水，行船可防。鲎壳岙口有屿仔，船從屿下过。屿仔東北邊有硶[礁]，駛船不可太倚鲎壳后[後]。敲船路有沉水硶[礁]壹塊，名曰烏屿，出水退乾，犯船。直山步看，烏屿出龍船屿外小開门，正办。横看相门山尖搭九重门门仔，或看馬蹄外鼻搭内鼻齐身，正办。如馬蹄内鼻大出外鼻，是北过，不防。内面是馬屎硶[礁]，馬屎硶[礁]与烏屿出硶[礁]東西相對。夜間到此，可看沙服頭不可躭鲎壳鼻，是外过，不防。

馬蹄：尽東鼻外有馬屎硶[礁]壹塊，水退乾出水。看直山步，龍船屿躭鲎屿鼻，正办。横看馬蹄尖搭東鼻頭小尖仔，正办。若從内过者，龍船屿不可出頭，就是内过。若從北过者，可看馬蹄内鼻出外鼻，就是北过，不防。馬蹄后[後]北鼻外又有沉水硶[礁]壹塊，水退乾打浪，可防。

北港：北鼻后[後]内邊有沉水硶[礁]壹塊，水退乾打浪，不可太倚。北港岙内可抛北風，打水三、四托。内面山邊可逃台[颱]，無甚好處。東面鼻外是深门，亦可逃台

[颱]。是塗坪，轻船、小船可進。水滿，弍托外水。北港東北外有半洋砱[礁]，又名綱仔岙。半洋水滿，打浪。直山步看，大積國搭積國仔，正办。横看新门、弍门並開，正办，夜間須防之。内是新门，新门入去是金鐘港。外是綱仔岙。

綱仔岙：西面鼻尾下有沉水砱[礁]弍、三塊，水退乾出水，諒[量]离鼻尾有弍箭之遠，可防。綱仔岙外有砱[礁]，行船諒[讓]開可也。綱仔岙内好抛船，打水三、四托。内面大山邊沙岙口有沉水砱[礁]壹塊，水退乾出水。駛船可看三山不可食入北鼻，是外过，不防。綱仔岙北鼻頂開亦有沉水砱[礁]，大退乾出水。直山步看，北港外屿仔躭綱仔岙南鼻密门，正办。可看大開门，是内过，不防。横看鳳尾大山頭搭綱仔岙后[後]砱[礁]仔门，正办。此砱[礁]生在正船路，切防之。北内是海门、黄巖、台州，可逃台[颱]。海门外就是村蕉洋。

楊棋山：打水十五、六托。内有屿仔弍個，下壹個名壹梭屿，屿東倚楊棋有壹门，順風可过。須従南中，不可倚壹梭屿頭过，切記。壹梭屿西南下亦有出水砱[礁]壹塊，名大爐砱[礁]。砱[礁]北又有爐砱[礁]仔弍塊，如入船，可従大炉砱[礁]處过，甚好。頂就是中棋，中棋頂亦有壹门，須倚南鳳大山南面好过。若従外过，上去是定光山五兒门，討魚船可过。再过壹山頭，就是皇帝生门，亦好过，门中清気。再上去尽北頭有壹屿仔，名紅奎屿，屿下有门可过。楊棋山与紅奎屿子午針对坐。

鳳尾山：船若对南鳳内过，内有屿仔壹個，名竹梳屿。屿门中，小船可过。屿邊有拖尾，不可太倚。如出门，東畔岙是鳳尾岙。岙東鼻内有砱[礁]，抛船不可太倚。鳳尾岙西畔大山北鼻内亦有沉水砱[礁]壹塊，水退乾出水，駛船可防。岙東北是皇帝生门，北面大山邊有屿仔，是關帝屿。北是關帝岙。

關帝岙：岙口[有]屿仔，屿仔北邊有砱[礁]盤壹塊，行船可防。屿東畔倚大山邊有壹小门，小船従中可过。岙西畔亦有屿仔，名惟朕屿，屿内外可过。屿東頭又有壹小门，討魚船亦可过。而船欲过惟朕屿门，可駛東南流，倚東畔。上去是風台[颱]岙。

尾山内風台[颱]岙，好抛船，甚淺。西北山邊有沉水砱[礁]三、四塊，水退六、七分出水，生离壹箭之遠，行船不可太倚。内是綱仔岙，北是壹江仔。壹江仔内是村蕉洋。

壹江山：西北鼻頭下好抛北風。外面是壹江仔屿，屿東鼻有出水砱[礁]壹塊，夜間入船可防。壹江仔内有壹门，船可过。大壹江山邊東南有出水砱[礁]壹塊，夜間防之。壹江内去是竹排砱[礁]屿。壹江门用丑未針，取東箕门。壹江上下清気，亦好过。

東箕：好抛北風。岙西南内有屿仔，名目[墨]賊屿，屿北頭有出水砱[礁]。砱[礁]北邊尚有低砱[礁]，大退乾打浪，駛船不可太倚。屿仔上下俱可过。東箕门亦可过。西北去是中箕。

中箕：好抛北風。㕣底大山鼻頭内有沉水砱[礁]壹塊，水退乾出水，可防。㕣口西南有石屿仔，屿仔邊清気。屿仔南下亦有屿仔，頂壹個名半畔山。半畔山南面有山仔頭三個，名三山。三山南鼻尾有砱[礁]，不可太倚。中箕㕣西北有壹门，门中並门外有砱[礁]。此门知者可过，不知不可过。内是水仙。另者，其船在東箕，若要出東箕门，清気，可过。上去又有壹门，就是中箕门。门中並门口有砱[礁]，知者可过。上去是西箕。

西箕山：上去又有山仔壹個，名西箕頭。西箕頭下壹门就是西箕门，船可过。入门内北面鼻頭下有出水砱[礁]，砱[礁]西北尚有沉水砱[礁]，水退犯船。直看水仙尖搭横屿頭，正办。横看出水砱[礁]平身，离有弍箭之遠，亦正办。

水仙㕣：好抛北風。㕣東大山邊有沉水砱[礁]壹塊，水退乾打浪，可防。㕣口有屿仔壹個，屿東邊有砱[礁]，水退出水，内外可过。水仙東南有屿仔，其餘屿仔上下清気，俱可过。水仙内西北鼻頭内有沉水砱[礁]壹連数塊，但船往来，従半月邊可也。但船在中箕㕣，对内駕过。倚水仙内壹门好过，不可倚西箕内横屿兜过。横屿西南下有砱[礁]弍塊，水退五、六分出水，可防。入内五官屿，下是半月、水仙。西南下亦有屿仔，名竹排砱[礁]，砱[礁]内清気。轻風，可防流西，水冲屿流。

村蕉頭：亦可寄流，水退乾，淺。村蕉脚入去是海门、黄巖、台州府，港口外是半月。

半月屿：下可寄流，水退乾，淺。大退乾，上下只有壹托五、六水。半月北中間有半洋砱[礁]，水退五、六分出水。西面尚有沉水砱[礁]壹塊，水退犯船，名叫渴肉仔，离半洋有壹箭之遠。直山步看，積國出半月内開门壹枝扁桃闊，正办。横看豆生港山尖搭亞嗳鼻内山尖小開门，或看東箕尖搭中箕脚屿仔门，又看村蕉内屿仔南鼻頭与村蕉東鼻相扯，俱正办。半洋砱[礁]北又有沉水砱[礁]壹塊，名科心砱[礁]，水退乾犯船。直山步看，南蚊屿食密北什頭，正办。出頭，是外过，不防。横看中箕门開门壹航闊，正办。如小密门，是北过，不防。此弍塊砱[礁]，若是半洋砱[礁]出水，須防之。半洋满，密，不防，須着[要]防半洋砱[礁]。半洋砱[礁]看直山步，水仙尖搭蛤仔屿，正办。如出北，是北过；出西南，是南过。横看村蕉内屿仔南頭与村蕉東鼻頭相扯，正办。如屿仔与村蕉開门，是北过，不防。半月门门口亦有塗坛，水退乾，淺。上去是蛤仔屿，屿南邊有出水砱[礁]，名龍船底，夜間可防。再上去是五官屿壹連，内外可过。内是亞嗳鼻。

亞嗳鼻：下可寄流，不可倚。倚，淺。鼻頂内是荳生港，内可逃台[颱]，亦淺，候水返可進。上去北鼻内有出水砱[礁]壹塊，南尚有沉水砱[礁]壹塊，水退乾出水。再去鼻尾又有出水砱[礁]弍塊，砱[礁]门小船可过。上去鼻后有壹㕣，㕣内有砱[礁]，行船不可太倚。上去是白帶门。

白帶门：门中可过，南内可逃台[颱]，门外可抛北風。出来门外，门中可过，屿仔门亦可过。東南面外有屿仔壹個，外面有沉水砱[礁]壹塊，不可太倚。外面是北什，内外可过。北什南邊不可太倚。北什南外有斗笠屿，屿邊有沉水砱[礁]壹塊，不可太倚。上去是牛頭门。

牛頭门：内有壹洋屿，屿頂可以逃台[颱]。須抛坪頂，对门深，难抛。若要入者，可對大山邊，有港仔好入。如到媽祖宫前，就可抛。岙口屿仔俱可过。外屿仔下有沉水砱[礁]，水退犯船，不可太倚。出中北面，屿仔内可寄流。内面有壹塊出水砱[礁]，屿仔门中可过。

蚊屿：又名草屿。屿西邊有沉水砱[礁]三塊，水退乾出水，不可太倚。南鼻亦有砱[礁]，打浪。内是茶盤屿，屿南有沉水砱[礁]壹塊。看劳伤屿搭茶盤，正办。如船至此，犯流西，要抛者可防犯椗。若大退乾，大船犯之，小船不犯，内外可过。内是松柏岙，蚊屿東去是鯉魚尾。

松柏岙：打水弍、三托，可抛北風。岙東鼻尾外有拖尾砱[礁]生開，駛船可防。上去西北内有屿仔弍個，上下可过。内是千棰港，可以逃台[颱]，甚妙。祖庙東山畔有出水砱[礁]，亦有沉水砱[礁]。

劳伤屿：内外可过。屿北内，水退乾，俱淺。屿内倚藍田，内壹派俱淺。如是水退乾，可從劳伤屿東畔兜过可也。北就是分流屿、花岙口。

花岙口：有分流屿。屿東门口有出水鳥砱[礁]，南畔尽是塗坪，淺。但船欲從鳥砱[礁][过]，須倚鳥砱[礁]兜可也。可看雷峰尖出三门内鼻頂，即离塗坛，不防。分流屿北面门中即是敲船路，出去北面亦有塗坪砱[礁]，現時造石鐘為據，夜間可防。如到此處，打水七、八托，可以寄流。出去是三门。

三门：中有屿弍個，有门三個。北壹门不可过，南壹门乃是危急之時，從中可过。中壹门，但船来往，須对中门过。若出三门，須防轻風流水不順。若倚北邊，其流直冲北门。若倚南邊，其流直冲南门。若出中门，可看三门開门，雪峰尖搭南畔屿仔北頂，其流直归中门出。切記為要。如门内，其流直出此门。此门[用]乙卯針，取猴屿。

猴屿：门可过。北内有双頭透港，可逃台[颱]。如出猴屿门，壹派清気。至下急水，下急水内塗坪生長，冲西南面入。但船欲往大石浦，须倚北邊為要。此是石浦江。

下急水：门中有面佃砱[礁]壹塊，大退乾出水。但船对此门出入，須倚北邊兜為要。出门外，就是秤錘屿。外是潭頭山。

秤錘屿：東北面有砱[礁]壹塊，水退半，出砱[礁]東。砱[礁]西尚有低砱[礁]。直看秤錘屿直起，横看中屿躭潭頭尾開门壹枝扁桃阔，正办。如中屿食入潭頭尾，是北过，不防。

石浦江：打水十弍、三托，好抛船，倚山邊。媽祖宮前有媽祖印砱[礁]壹塊，駛船不可太倚。对南是南花，亦可抛船。上去是塩倉前，亦可抛船興化屿。屿南邊有砱[礁]壹塊，亦名媽祖印。興化屿门可过。如入急水门，流水直冲興化[屿]並媽祖印砱[礁]。此是流東水，对流水須着[要]观[關]心為要。欲出此门，須候流頭或流尾。

牛阑[欄]坑：打水三、四托。倚山邊，有砱[礁]壹塊，水退乾出水，駛船不可太倚。出去鼻尾外亦有沉水砱[礁]壹塊，大退乾出水。可看半畔山下南鼻尾与金牌西鼻尾相躭密门，是外过。若開门，正办。切記之。上去是金牌门。



金牌门：打水四、五托，好抛船。门中可过，内门淺，小船亦可过。出门去，半畔山脚金牌西南邊有塗坛，水退乾，淺，不可太倚。出去有牛屎砱[礁]壹塊，大流水滿密，小流水出水。夜間到此，可防。如过牛屎砱[礁]，就清気。至金牌尾。

鯉魚尾：西邊有出水砱[礁]，西南下有屿仔，名目[墨]斗屿。屿東南有拖尾，不可太倚。鯉魚尾外邊清気，外是菜子屿。上去是虎仔屿。

菜子屿：外邊清気。西南下有半洋砱[礁]，水退出水。直山步看，鲎屿出潭頭尾開门壹枝竹篙開，或看中屿搭潭頭山尾，外算入第弍改，正办。横看佛頭山尖搭鯉魚尾山頂壹小尖，正办。如佛頭山尖落鯉魚尾，是南过。若從北过，看佛頭山尖搭出鯉魚尾東北頭，不防。如到此處，轻風兼流西水，須防之。菜子屿北頭亦有壹屿仔，名土地公屿，有门可过。上去是中屿，上下俱可过。内是虎仔屿。

虎仔屿：生在金七门下，大山鼻尾相連。虎仔屿鼻尾有出水砱[礁]，出水砱[礁]南尚有沉水砱[礁]壹列，名虎尾。大退乾出水，駛船可防。离虎[仔屿]有壹箭之逺。再上去是潭頭山。

潭頭岙：好抛北風。岙下有鲎屿，上下可过。鲎屿外有沉水砱[礁]坂壹塊，离鲎屿有壹桁滚之逺。此砱[礁]大退乾，汶[没]浪。若兼天気不良，亦汶[没]浪，不能犯船。潭頭外鼻外有龍目屿弍個，船從外过。潭頭外邊清気。至加老屿，加老屿门小船可过。上去是四屿。如船至潭頭脚，可用单丑針，是半洋砱[礁]办。

若從潭頭内过，内邊是塗坪，水退乾，只有壹托外水。如流底，要过者，对東畔直上，船頭对屿仔為要。屿仔内不可过。屿仔内是秤錘屿，因西畔可敲，吊倚。西畔大山外有亀屿仔，亀屿仔邊有出水砱[礁]，不可太倚，夜間須防之。

半畔山：脚南面鼻尾有砱[礁]。又者，半畔山外亦有沉水砱[礁]，不可太倚，夜間須防之。上去是公婆屿，外是四屿。

四屿：北、東北中間有沉水砱[礁]壹連数塊，水退八、九分出水。直山步看，四屿结做壹連，又看猪脚屿外屿搭大屿朕，正办。若屿仔搭入大屿東鼻外，就是砱[礁]内过，不防。若屿仔搭入大屿西鼻内，就是砱[礁]外过，不防。横看土地公屿搭公婆屿，正办。或看土地公屿出公婆屿北，是砱[礁]北过，不防。若從砱[礁]脚过者，可倚四屿兜亦可。此砱[礁]名九[狗]脚跡砱[礁]，北是猪脚屿。

猪脚屿下打水三、四托，可抛北風，门可过。西畔邊下有砱[礁]，水退出水。砱[礁]南尚有沉水砱[礁]，水退犯船。面[麵]頭屿北鼻頂又有沉水砱[礁]仔壹塊，此砱[礁]办看面[麵]頭相搭，正办。如出此门，可看面[麵]頭屿不可相搭，就不防。如出门，猪脚屿大山北邊有沉水砱[礁]，水退乾出水，不可太倚。内是蜈蜞岙。

蜈蜞岙：係是内旦。打水弍、三托，可抛船，门中可过。外面大山南鼻下有出水砱[礁]，岙内南邊開亦有出水砱[礁]壹連，砱[礁]東南尚有沉水砱[礁]，可防。如出门去，门外東北去是面[麵]頭屿。面[麵]頭屿内有沉水砱[礁]，水退犯船。面[麵]頭屿内壹派俱淺，尽是爛塗泥，水退乾，不上三尺水。

大屿：打水弍、三托，可抛船。门中有奎[雞]心屿，屿内外俱可过。大屿東南邊有沉水砱[礁]壹塊，水退犯船。直山步看，馬鞍屿搭大屿鼻外屿仔，正办。如馬鞍屿大出屿仔，不防。横看奎[雞]心屿食密大屿，正办。如奎[雞]心屿小出頭，亦正办，是下过，不防。大屿大退乾，亦淺，只有壹托外水。大屿西畔第壹個沙岙口有砱[礁]，不可駛倚。上去[是]祝闐所。大屿東北有半洋砱[礁]。

大屿：半洋[礁]与大屿艮坤針对坐，水退乾出水。直山步看，牛鼻弄对内面算出第弍個山尖搭闗帝屿，正办。如牛鼻弄出関帝屿西面，是砱[礁]内过；出東畔，是砱[礁]外过。不防。横看積国搭入硎屿兩尖小開改，或看祝闐白沙堵出頭，俱正办。再者，半洋砱[礁]直办看闗帝屿出牛鼻弄東面，是砱[礁]内过；出西畔，是砱[礁]外过。不防。

祝闐所：南鼻外有出水砱[礁]，不可太倚。门口有石屿仔，屿仔邊有砱[礁]，船從屿南内入。要抛者，对南中可也，不可太倚。牛屿邊有砱[礁]，切記之。牛屿西南有石蛋汕生長，名牛尾汕，可防。大门中亦可过。上去是馬鞍屿。

馬鞍屿：打水弍、三托。岙下有屿仔，内外好过。馬鞍屿鼻下有石多弍塊，駛船不可太倚。内面是深门，水退乾，淺。上去是連砱[礁]洋。馬鞍屿后[後]北面大山脚有出水砱[礁]，夜間可防。

関帝屿：屿南有拖尾。外面是四屿，尽南壹個，南内有沉水砱[礁]壹塊。直山步看，東西弄相躭密门，正办。横看四屿直入闗帝屿，亦正办。北是三脚姑。

三脚姑：内外三塊。外弍塊出水，内壹塊水退五、六分出水。直山步看，馬鞍屿与大屿小開门，正办。如大屿躭馬鞍屿密门，是内过。横看内面大山尖出外面大山改北畔，正办。砱[礁]北就是破屿仔，破屿仔皆是石汕，与屿仔相連。若要对砱[礁]内过者，若風東流東，其流直冲石屿，切須防之。若是夜間從[三脚]姑外过，可看東西弄開门壹航阔，就是外过。外面是頂四屿，屿邊清気，至弄门石汕。上去是尖山，尖山邊有砱[礁]，不可太倚。尖山上去又有壹屿仔，名草屿。屿東南有拖尾生長，可防。屿北亦不可太倚。至弄门。

牛鼻弄：打水十外托，可寄流，门中可过。東弄外亦可过。西弄门有塗坛生開，又有拖尾砱[礁]。出门北去是中窑、加老屿、内窑。外是東窑尾。

中窑门：门口南邊有屿仔，船对屿内过。屿仔内下有砱[礁]生開，可防。至门内，有屿仔。屿仔西畔有砱[礁]並石汕，切記，不可过。若是危急之時，可对屿兜邊落，可無事。屿下倚東畔是正门，门中水深流急，难抛。上去倚東畔鼻頭内有守寡砱[礁]壹塊，現造石鐘為據，夜間可防。北畔是横屿，屿邊白沗仔可抛，開深难抛。

内窑：鼻尾下有茄老屿。茄老屿门中可过。倚北畔入内窑，内有屿仔壹連，屿仔下可寄流。屿仔東鼻外有沉水砱[礁]弍塊，水退乾出水。可看屿仔破缺不可密，若密犯之。開门，是下过，不防。如出内窑门，倚中窑门内尽北屿仔。屿仔北邊有沉水砱[礁]壹塊，水退犯船，不可太倚。上去是三山脚，可寄流，打水為要。

青龍港：可逃台[颱]。出入可看荔枝屿出頭，是正港。東势屿仔尾外有沉水砱[礁]弍、三塊，可防。入门内兜去，東坪尾墘有砱[礁]生在门内，[東]坪墘看荔枝屿对门，离也。上去是奇頭。

奇頭：打水八、九托。下面山邊有荔枝屿。如到此處，逢無風，東南流起，須防流水冲荔枝屿，屿兜不可太倚。奇頭下可抛船。要抛者，可看搖鼓屿不可出頭。若出頭，深，难抛。若到此處，可献金。外是普陀山佛界之所。奇頭外是搖鼓屿。

搖鼓屿：西南鼻下有出水砱[礁]，内外可过。外是沈家门，北是舟山沗。

舟山：门口有屿仔，名五桂屿，屿内是老虎山。欲入舟山，可对五桂屿内兜过。入内又壹個屿，船従屿外倚南畔山邊过。再入去，又壹屿仔。屿仔西邊有砱[礁]壹塊沉水，水退乾，大船能犯，小船不防。看五桂屿躭奇鼻密门，正办。如是開门，是内过。横办看，与鳥砱[礁]相對。如流尾水，須對鳥砱[礁]兜过可也。若离鳥砱[礁]，上去是番仔屿，屿頂湾堵内有沉水砱[礁]壹塊，不可太倚。番仔屿内舟山沗口有塗坪生对中，但船来往，従東山邊可也，不可对中，塗坪难过。西畔亦有溝，須倚北畔竹沙屿兜亦可。

竹沙屿：屿邊清気，门好过。入门内，倚北畔塗坪邊涵口对面有沉水砱[礁]壹塊，水退犯船。直看北面山尖搭南面大山尾，到办。横看城王[隍]庙搭竹沙屿小门頂鼻，正办。如城王[隍]庙搭竹沙屿北畔，是南过，不防。入内去是打石坑，上去弍门。

打石坑：南面门好过，頂壹门门口有鳥砱[礁]壹塊，現造石鐘為據。鳥砱[礁]西南邊尚有沉水砱[礁]，水退犯船，可防。鳥砱[礁]上下有门可过，惟是流水不順，相通三门入。但船欲入鳥砱[礁]北，須倚北兜过。可看茄老屿不可出頭，其流直归北入。若是茄老屿出全個，其流直冲鳥砂[礁]並打石坑，倚倚即会入门。此是歛[險]處，可防。若是茄老屿躭打石坑半個，其流直归南入打石坑脚，亦好抛。内是茄老屿，茄老屿東南邊有沉水砂[礁]，不可太倚，上下门可过。入内北邊去，是螭廣岙。

老虎山：東畔鼻内倚，可寄流，打水十五、六托。南下是奇頭山。奇頭山西北第壹鼻，名獨鼻。鼻内有出水砂[礁]，砂[礁]南邊有湾堵。内可寄流，打水十七、八托，可抛[船]。老虎山内就是頭茅山。

頭茅山：外邊山脚有沉水砂[礁]，不可太倚。頭茅山内面有湾堵，倚可寄流。南下大山邊有屿仔，内就是村帛港，可寄流，打水廿餘托。就此入内，有港仔壹条。壹条中有砂[礁]，水退半，出水。此港仔直冲内面柴桥港。村帛北面頂山邊亦可寄流。尽北鼻尾頂，就是火燒鼻。

火燒鼻：外邊有沉砂[礁]，不可太倚。入内倚南畔山邊落去壹派，十八、九[托]水，可以寄流。落去柴桥港口，至頂三山、下三山，俱可寄流，亦是十五、六[托]水。北面大山是金唐[塘]。

金唐[塘]：見有灣堵，駛倚就可寄流，打水為要。金唐[塘]西北面算出苐弍鼻，鼻下有砂[礁]壹列，水退半，出水。現造石鐘為據，可防。金唐[塘]南下有金狗仔壹個。屿南邊有砂[礁]壹連，生离有壹箭之遠，駛船可防。金狗仔亦可寄流，打水廿餘托。金唐[塘]北内是烈港，可以逃台[颱]。西北去是龍山。

大龍山：北面有砂[礁]壹塊，現有鐵章為據。大龍外面可寄流。看直山步，金唐[塘]西北势有壹山尖搭邊屿仔门，横龍仔食入大龍，打水廿餘托，亦可以。或是龍仔躭半個，托[打]水廿七、八托，亦可以。如是小開门，卅四、五[托]水，椗地亦好。不可貪倚，龍兜淺，切記。龍仔南面门中有砂[礁]，不可过，惟小船可过。大船從中门过可也。

龍门：流東水可入。如入门内，可看虎仔屿出頭，可牽对虎仔屿直插。如到小港后[後]，有鳥屎砂[礁]。流東水，倚鳥屎砂[礁]可也。若是轻風，須防内面老婆砂[礁]挨，不离，可防，切記。如船出龍门，流西水兼老北風，船至小港鼻，須防流西北，其流直冲鳥屎砂[礁]。若老婆砂[礁]，不防，須駛过北。看三山出龍仔北，其流直归中门出。如是三山脱落龍仔下，其流直归南门出，须謹記之。

老鼠屿：東面有老婆砂[礁]壹塊，可看虎仔屿不可食入老鼠屿，密則犯之。開门是南过，不防。南至小港，西畔鼻内有塗坪，亦淺。但船出入，对虎仔屿兜过。看内面尖山落奎[雞]心屿，就离。塗坪並淺，虎仔屿西北有虎屎砂[礁]，現有鉄章為據。虎屿下乍浦山内，就是鎮海。

螭廣岙：好逃台[颱]。门口邊有砂[礁]，内门可过，甚夹[狭]。过東壹门，门口有出水大砱[礁]，東面岙邊亦有出水大砱[礁]。丁厝岙好抛東北風，西風不宜。石笋门鼻尾有沉砱[礁]，可防。西邊亦是蛇屿，蛇屿有屿仔，急時可过。中南是東鶴，東鶴北有出水砱[礁]。内是西鶴，西鶴南邊可寄流，鶴门可过。西鶴北就是七娖姊妹屿仔，壹連数個。

丁厝岙：出金唐[塘]放上洋。先用子午三更，取大洋山。北面壹派，尽是漁山。東壹门淺，不可过。西畔门，俱可过，有出水砱[礁]。三山岙好抛南風，庙门口可抛北風，西風不宜。猴仔山可抛北風。西面有屿仔壹連，屿仔内门有出水砱[礁]。砱[礁]尾有壹门，门中可过。南中有沉水砱[礁]，水退半，打浪。庙门口東南有屿仔，屿仔頭有砱[礁]，门中可过。東南亦可过。東有屿仔五、六個，门中尽可过，大船不宜。東面屿仔尾有砱[礁]弍、三塊。如是上顶，是洋山。

洋山：水退，用子午[針]取过小碃。西邊有砱[礁]，可防，亦有打浪。或在東南大砱[礁]邊用子午[針]直起，观看大碃沉水，即轉乾戌針，打水四托或四托半，是正溝口，直入。見頭礅壹派，尽是柳樹，再打水四托。入内見弍墩[礅]，入去川沙营，亦有砲臺，海塘岸、白烟墩。过去不遠，就到吳淞港口。如是夜間，須防。駛过面，就着[要]抛椗。

大碃：用癸丑[針]三更，見茶山。放入東北港，船尾坐茶山，用乾戌[針]入，打水四托或三托七、八。如見沙船抛處，用辛酉[針]，見崇明。候水滿，过。淺，打水弍托七、八水。用坤申[針]，取寶山，即是吳淞。

鎮海關：流西尾，放乍浦洋。從虎仔屿北过乍浦山后[後]，水退乾，淺，只有八尺多水，对虎仔屿兜可也。如离虎屎砱[礁]，用丁未[針]，取茄老屿。茄老屿北有沙汕，名列港汕，可防。如至茄老屿，用巳亥[針]，取七娖[姊]妹内过，打水五、六托。内面是硬罗屿。硬罗屿外有沙汕，亦淺。可看龍山頭不可躭入硬罗屿，外过。七娖姊妹北有沙汕生長，可防。北面是龍山仔，龍山仔北是棧頭山。棧頭山北有沙汕生長，至四屿。屿内七娖姊妹门，用巳亥[針]，取四屿。四屿用乾戌[針]，取菜子屿。菜子屿内就是乍浦山。

## 廈门至北針路對坐

大担共東椗，壬丙[針]，弍更。大担共烏嘴尾，甲卯[針]，壹更。

烏嘴尾共東椗，壬子[針]，弍更。烏嘴尾共赤屿，甲卯[針]，壹更。

金门共東椗，壬亥[針]，弍更。北椗共烏嘴尾，甲寅[針]，壹更。

北椗共福全鼻，艮坤[針]，壹更。烏亀共大岞，甲庚[針]，三更。

烏亀共牛屿，丑未[針]，三更。牛屿共東湧，丑未[針]，六更。

東湧共芙蓉頭，巽乾[針]，弍更。東湧共湧横，甲卯[針]，弍更。

東湧共甕屿，卯酉[針]，三更。東湧共官唐[塘]，寅申，三更。

東湧共□□，乙辛[針]，弍更半。東湧共𡏖山，癸丁[針]，三更。

東湧共□□，壬子[針]，弍更。東湧共湧亀，癸丁[針]，壹更。

湧亀共湧横，巽乾[針]，壹更。湧亀共光笨砱[礁]，辰戌[針]，壹更。

湧亀共北唐[塘]，乙辛[針]，弍更半。𡏖山共破霜，艮坤[針]，弍更。

𡏖山共南杞，癸丑[針]，三更。𡏖山共洋山，甲庚[針]，更半。

𡏖山共北官[關]，乙辰[針]，弍更。南杞共金香，乙辛[針]，弍更。

南杞共凰鳳，巳亥[針]，更半。楊棋共漁山，丑艮[針]，三更。

南杞共楊棋，癸丑[針]，六更。楊棋共積國，卯酉[針]，壹更。

漁山共東箕，甲卯[針]，弍更。漁山共西箕，乙卯[針]，弍更。

漁山共佛頭山，乾戌[針]，弍更。漁山共潭頭，壬丙[針]，弍更。

漁山共九山，癸丁[針]，三更。漁山共北窑，丑癸[針]，四更。

漁山共烏亀，艮坤[針]，六更。烏亀共两廣，丑未[針]，六更。

□□共□□，卯酉[針]，弍更半。烏亀共尽山，子午[針]，三更。

烏亀共海照，丑艮[針]，三更。两廣共半洋砱[礁]，壬亥[針]，壹更。

两廣共尽山，壬子[針]，更半。两廣共三山頭，乙辰[針]，弍更。

两廣共鯧窟，巽乾[針]，弍更。尽山共鯧窟，甲卯[針]，壹更。

尽山共三山頭，艮寅[針]，弍更。尽山共海照，卯酉[針] [針]，更半。

奎告[髻]屿共楊山，丑未[針]，三更。小碿共大碿，癸丁[針]，更半。

大碿共花鳥，卯酉[針]，弍更。馬頭嘴共老山，甲寅[針]，七更。

尽山共茶山，乾戌[針]，三更。

——[清]佚名《乘舟必覽》抄本

# 《李準巡海記》

**【引書舉要】**

李準（1871-1936），清朝末任廣東水師提督。他於光緒卅一年（1905）署理廣東水師提督（1909年補授），光緒卅四年（1908）、宣統元年（1909）屢率兵艦巡視南海諸島，至東沙、西沙，勒石記事，旋著《李準巡海記》[後刊於1933年的《國聞週報》第十卷第三十三期，上海《申報》1933年8月15日（12版）和16日（13版）亦連續刊載《李準巡海記》，文中出海時間應以1908、1909年爲正（參《任庵自編年譜》，見包述安2007年錄入稿：http://blog.sina.com.cn/s/blog_4fda9feb01000cy9.html）]，是爲清末管理南海諸島的明證。

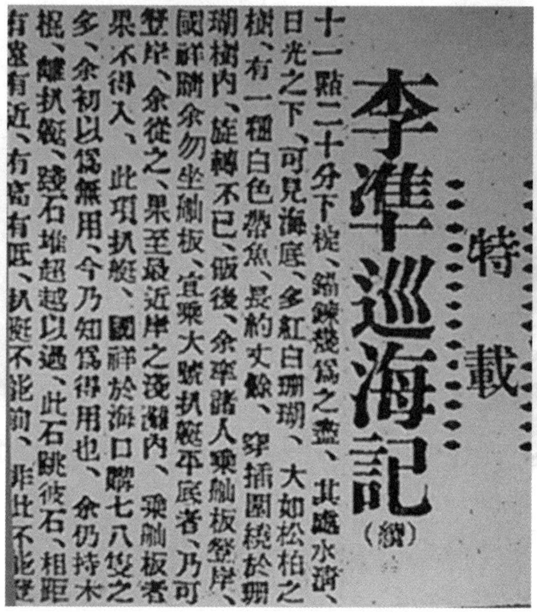

特載

李準巡海記（續）

十一點二十分下碇、錨鍊幾爲之盡、其處水清、日光之下、可見海底、多紅白珊瑚、大如松柏之樹、有一種白色帶魚、長約丈餘、穿插圍繞於珊瑚樹內、旋轉不已、飯後、余率諸人乘舢板登岸、國祥謂余勿坐舢板、宜乘大號扒艇平底者、乃可登岸、余從之、果至最近岸之淺灘內、乘舢板者果不得入、此項扒艇、國祥於海口購七八隻之多、余初以爲無用、今乃知爲得用也、余仍持木棍、離扒艇、踐石堆超越以過、此石跳彼石、相距有遠有近、有高有低、扒艇不能前、非此不能逕

**1933年8月16日上海《申報》續載的《李準巡海記》片斷**

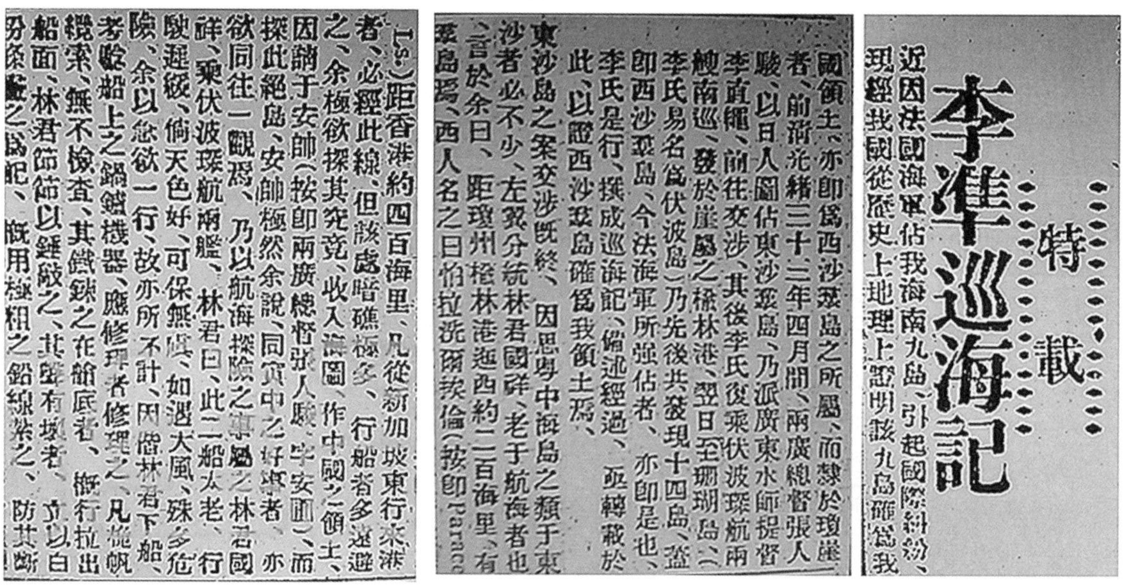

特載

李準巡海記

近因法國海軍佔我海南九島、引起國際糾紛、現經我國從歷史上地理上証明該九島確爲我國領土、亦卽爲西沙羣島之所屬、而隸於瓊崖者、前清光緒三十三年四月間、兩廣總督張人駿、以日人圖佔東沙羣島、乃派廣東水師提督李直繩、前往交涉、其後李氏復乘伏波琛航兩艦南巡、發於崖縣之楡林港、翌日至珊瑚島、（李氏易名爲伏波島）乃先後共發現十四島、卽西沙羣島、今法海軍所強佔者、亦卽是也、李氏是行、撰成巡海記、備述經過、亟轉載於此、以證西沙羣島確爲我領土焉、

東沙島之案交涉既終、因思粵中海島之類于東沙者必不少、左翼分統林君國祥、老于航海者也、言於余曰、距瓊州楡林港迤西約二百海里、有羣島焉、西人名之曰怕拉洗爾挨倫（按卽Paracel Is.）距香港約四百海里、凡從新加坡東行來港者、必經此線、但該處暗礁極多、行船者多遠避之、余極欲探其究竟、收入海圖、作中國之領土、因謁于安帥（按卽兩廣總督張人駿、字安圃）、而探此絕島、安帥極然余說、同寅中之好事者、亦欲同往一觀焉、乃以航海探險之事屬之林君國祥、乘伏波琛航兩艦、林君曰、此二船太老、行駛遲緩、倘天色好、可保無虞、如遇大風、殊多危險、余以急欲一行、故亦所不計、因偕林君下船、考驗船上之鍋鑪機器、應修理者修理之、凡桅帆纜索、無不檢查、其鐵錸之在艙底者、概行拉出船面、林君命以鏈敲之、其銹有壞者、立以白粉涂識之、[illegible]記、概用極粗之鉛線紮之、防其斷

**上海華東師範大學圖書館藏《申報》刊載的《李準巡海記》片斷**

# 李準《廣東水師國防要塞圖說》

2015年廣州出版社出版的《廣州大典》書影

【引書舉要】

宣統二年（1910），李準又署名出版《廣東水師國防要塞圖說》，內記其1909年巡視的東沙、西沙等島及海域，是爲清末管理南海諸島的明證。

本書所引據2015年廣州出版社出版的《廣州大典》，其書中《廣東水師國防要塞圖說》影印自廣東省立中山圖書館藏本。



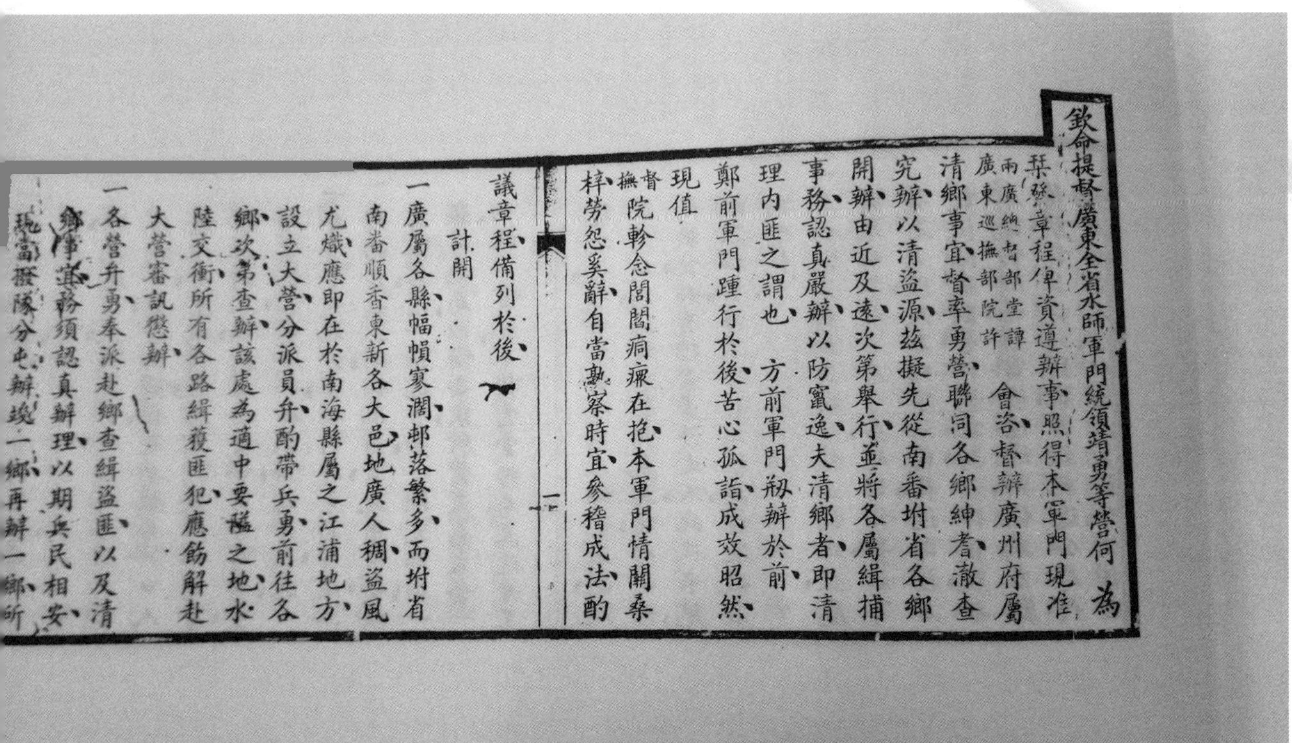

欽命提督廣東全省水師軍門統領靖勇等營何 為
札發章程俾資遵辦事照得本軍門現准
兩廣總督部堂譚 廣東巡撫部院許 會咨督辦廣州府屬
清鄉事宜督率勇營聯同各鄉紳耆澈查
究辦以清盜源茲擬先從南番圳省各鄉
開辦由近及遠次第舉行並將各屬緝捕
事務認真嚴辦以防竄逸夫清鄉者即清
理内匪之謂也 方前軍門剏辦於前
鄭前軍門踵行於後苦心孤詣成效昭然
現值
督撫院軫念閭閻痌瘝在抱本軍門情關桑
梓勞怨奚辭自當斟察時宜參稽成法酌
議章程備列於後
計開
一廣屬各縣幅幀寥濶郵落繁多而圳省
南番順香東新各大邑地廣人稠盜風
尤熾應即在於南海縣屬之江浦地方
設立大營分派員弁酌帶兵勇前往各
鄉挨第查辦該處為適中要隘之地水
陸交衝所有各路緝獲匪犯應飭解赴
大營審訊懲辦
一各營弁勇奉派赴鄉查緝盜匪以及清
鄉事宜務須認真辦理以期兵民相安
現當歷隊分屯辦竣一鄉再辦一鄉所

《廣州大典·第三十七輯·史部政書類·第二十六册·廣東水師國防要塞圖說》書影一

# 廣東水師國防要塞圖說

鄴水李準署

宣統二年季冬編印

## 序

中原大勢盡於嶺南歷代戰爭被兵獨後粵雖海國言形勢猶重於陸矣東晉之末劉裕命孫處沈田子自海道襲番禺此爲粵海用兵之始有明中葉倭患孔棘緣海驛騷然重在浙閩而粵防猶緩我
朝道光季年以烟禁與英齟齬適西人火輪有成兵事不競割畀香港而葡人亦以前明租濠鏡之後竊穴澳門粵防之險遂與西人共之其形勢乃重在海古今變遷之故雖聖哲有不能前知者歟余菲材弱植忝綰軍符素昧宋人洴澼之方謬膺横海伏波之選春冰虎尾夙用兢兢去年
軍諮處檄行來粵調查海防要塞余乃命材武之士分道探測幕下之賓分門編纂踰時累月始底於成復取粵省舊圖與西人新圖互相參校經今實測詳備爲多爲圖二十有七用以上鬪藉資攷鏡凡險隘之遠近港灣之大小沙綫之淺深營壘之廢置陰陽潮汐之變江海内外之別胪分鱗列爛然異觀術以用新而益精事以後起而易勝抑亦其勢然也今者天吴肆虐洞我門庭雲變飆馳衡顛難測
朝庭建設海軍專署習流尤亟余既以詳圖貢部芟繁汰瑣別爲是書籌海圖編敢追昔作朝夕循省如履波濤豈曰老馬識途之能庶免井鼃語海之誚云爾　宣統二年季冬月廣東水師

廣東水師國防要塞（圖說）



《廣州大典·第三十七輯·史部政書類·第二十六册·廣東水師國防要塞圖說》書影二

# 附录一

## 民國以來的針經－更路簿提要

### 惠安《航海指南》

1965年油印本，泉州海外交通史博物館藏。其“前言”稱，“本針簿是根據歷代數本針簿翻譯匯成的”。首頁“本針路簿的起訖點”，分別列有泉州港至上海吳淞口、嵊山海照放往山東、廈門至泉州港、由汕頭至廈門、由廣東至汕頭（以至海南島）。該簿小標題有“泉州往北由此起點”“續北烏龜附近各島嶼及礁路”“往北對外針路和島嶼”“舟山至大墜內落針路”“沿海各島嶼對坐針路和更數”“沿海半洋礁捴集”“沿海水辦總集”“海照嵊山放洋往山東航線”“廈門至泉州航線”“汕頭至廈門航線”“廣東至汕頭航線”“廈門往海南島針路”“海南島回廈門針路”。末後附有泉州至舟山群島航路各處流水表。

### 泉州《蚶江林氏謙記船號航海針路簿》

分釘兩冊，藏泉州海外交通史博物館。所見印章有“石碼謙記”“順美”“謙順”“新謙記貨兌”“林為實印”“謙受棧”“協源貨兌”“新謙記貨兌”“林食”等。第一冊有“橫山在丑……（往寧波？）”“高州往北針路”“汕頭內駕至上海航線”“潮流漲宿（縮）”[所記有崇武港、寧波鎮海關、福州港口、蘇澳港、官山及草嶼、東沖港口、坎門港、三盤門、溫州港、石浦港內、積谷山、中寮門東南澳、大嶼內及馬鞍東南流、大洋山下及岱山、沈家門港內、上海港、吳淞港內、大揖洋]；“往北對南針路”“落頭針路正蒲起”[浙江正蒲山起至廣東汕尾澳]。第二冊開頭是山嶼海圖，所繪有馬垵山島、溪明島、烏雷島、衛海、劉公島、六堂島、枝梧島、寧海州、福山灣、茄島、汀（登）州府、長島、國公島、圭母島、廟島、四公島、威海城、關島等，應即山東半島海域。圖之後的小標題有“青山長回寧波針法”“膠州回寧波針法”“兩廣放洋取馬長嘴取青山長針法”“金門烏嘴尾開船往北針法”“北風往台澎針法”“南風臺澎由唐山各處針法”“北風往鹿（港）針法”“正南風往鹿針法”“北風往淡水針法”“南風往澎臺針法”“洋山長要往乍浦針法”“淡水往承天府針法”“三月初三日早在楊山放洋往上海”“上海回泉州敲船登記”“西樂華往上海針法（風帆無固定、橫流須補針）”“北落對開針路”“關東繚（遼）東針法”“高州往北針路”[與第一冊“高州往北針路”同]“放洋往上海針路”“垵邊澳數”“自北而南山嶼相對針位更”“兵消瓦解”“太陽出入沒方向歌”“太陰出入方向歌”。



### 泉州海外交通史博物館藏《無名針簿》之一

無書名、抄者姓名和時間。所記為自晉江縣磁頭澳口（即圍頭澳）起至吳淞港沿途山嶼、礁石、水深及泊船情況。

### 泉州海外交通史博物館藏《無名針簿》之二

不署名，但有抄者序文一篇，注明錄於1956年3月。內容有“廈門至北、南太武往海南”“海南回廈門”“南太武往廣東”“廣東回廈門”“大擔放澎湖”“臺灣內駕”“往北從開針路及山之形勢”“汕頭來廈門從內駕（北至上海）”“落頭從內駕山嶼對坐橫流須補”。

### 泉州海外交通史博物館藏《無名針簿》之三

無抄者姓名與時間，僅37頁。內容有“自湄洲往北針路”“落頭對內駕針路”“按鹿港放洋針路”“按大墜祥施（芝）放洋往澎湖西嶼頭針路”“對尋山針路”“廈門出港往北”，與源永興號本針簿同，而簡略許多。

### 泉州海外交通史博物館藏《無名針簿》之四

無抄者姓名與時間，計67頁。內容為廈門往北至福建東北部的三都澳航路情況的記錄。無分小標題。

## 泉州海外交通史博物館藏《無名針簿》之五

無抄者姓名與時間，僅20頁。小標題有“落頭對倚兜針路便覽”“西山放臺灣洋針路”“崇武烏嶼腳放下港針路”“臺灣對內駕針路便覽”“大擔往澎湖針路”“澎湖回寮羅針路”“太武往海南針路”“海南回廈門針路”“太武往廣東針路”“廣東回廈門針路”“石島落頭針路”“附注石島口至花鳥山見海照廿八更”“青島落頭便覽”“附注更數”“船若南風放洋”。

## 海南符宏光填繪《西沙、南沙群島地理位置圖》

1935年由原海南文昌縣漁民符宏光填繪。圖藏廣東省博物館。刊於廣東省地名委員會編《南海諸島地名資料匯編》，廣東省地圖出版社1987年版第84頁。《我國南海諸島史料匯編》399頁有提要。

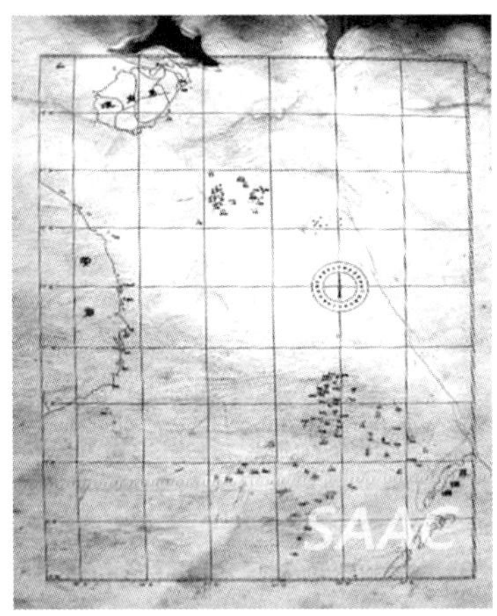

[1935]《西沙、南沙群島地理位置圖》

## 海南陳貽愛藏本《更路薄[簿]》

民國抄本，包括“東海更路（共42條）”等。記有通往東北亞、東南亞、西亞等航路，並有12個月海上流水特徵即錄。原為向海南瓊海潭門漁民搜集，後由瓊海市博物館館長陳貽愛藏。

## 海南蘇承芬抄藏本《南海更路簿》

原海南瓊海潭門漁民蘇承芬藏本，約抄於20世紀80代。其內容有“立東海更路”“立北海各線更路相對”（“以上共116條”）。另有“駛船更路定例”“自新州去西寺更度”“自星洲去吧里更度”等目。

**海南鄭慶能抄本《更路志錄》**

海南文昌市文化局2006年收集。

**海南鄭慶能抄本《瓊島港口出入須知》《廣東下瓊更路法錄》**

海南文昌東郊鎮漁民鄭慶能抄藏本。

**海南《南海更路簿》《南海更路經》**

手抄本。海南文昌市文化局2006年收集。

**海南韓健元、齊見德口述《更路經》**

海南文昌漁民韓健元、齊見德口述。海南文昌市文化局2006年收集。

**海南韓健元、齊見德口述《我的行船經驗》《航海和捕撈經驗》**

海南文昌漁民韓健元、齊見德等口述本。

**海南《順風東西沙島更路簿》**

2011年10月向海南瓊海潭門漁民搜集。內容包括“東海更路（共49條）”等。現藏海南省博物館。

**海南吳淑茂藏《更路簿》抄本**

該更路簿由海南省博物館從瓊海市潭門鎮文教村吳淑茂處徵集。吳淑茂祖上來文教村已逾9代，全都捕魚為生。此簿是民國時期吳淑茂父親吳清泉用從新加坡帶回來的紙張抄寫的，後來傳給吳淑茂，保存至今。內文共12頁，其中來回西沙更路2頁32條，來回南沙更路8頁96條，赴新加坡線2頁32條。專家據紙張等，初步鑒定為20世紀30年代的手抄本。

## 附：《南海天書》第二編目錄

《南海天書——海南漁民“更路簿”文化詮釋》[周偉民、唐玲玲編撰，崑崙出版社2015年8月出版。]

第二編　《更路簿》匯編及今注今釋

目錄

一、蘇德柳抄本《更路簿》

二、蘇承芬祖輩傳承抄本《更路簿》

三、蘇承芬據航海經驗修正本《更路簿》

四、蘇承芬獨創到中沙群島的《中沙水路簿》（附《東沙水路簿》）

五、王詩桃抄本《更路簿》

六、鄭慶能藏本《廣東下瓊州更路志録》

七、鄭慶能藏本《瓊島港口出入須知》

八、鄭慶能藏本《瓊州行船更路志録》

九、 許洪福抄本《更路簿》

十、郁玉清抄藏本《定羅經針位》

十一、陳永芹抄本《西、南沙更路簿》

十二、林鴻錦抄本《更路簿》

十三、王國昌抄本《順風得利》

十四、麥興銑存《注明東、北海更路簿》

十五、李根深執《東海、北海更路簿》

十六、蒙全洲口述《去西、南沙水路簿》

十七、彭正楷抄本《更路簿》

十八、盧鴻蘭抄本《更路簿》

十九、李魁茂抄本《更路簿》

二十、馮澤明藏本《更路經》

二十一、黃家禮祖傳本《駛船更流簿》

二十二、盧家炳藏本《更路簿》

# 附錄二

## 古代針路往來港口地名表

### A

| | |
|---|---|
| 阿撥把丹 | 在今印度半島南端，或謂即 Pattanapur之訛譯。 |
| 阿丹 | 今也門的亞丁（Aden）。 |
| 阿兒奈波島 | 原琉球本島舊名Akonaha的譯稱。 |
| 阿黎米也 | 阿拉伯（Arabes）一名的異稱。 |
| 阿魯 | 又作亞路、啞魯等。古國名。故地在今蘇門答臘島日里（Deli）河流域。其港口即今勿拉灣（Belawan）一帶。 |
| 阿巒 | 在西亞地區，有亞美尼亞（Armenia）或伊朗哈馬丹（Hamadan）諸說。 |
| 阿齊 | 即今蘇門答臘島北部的亞齊（Aceh）。 |
| 阿瓦 | 又作盎畫，即今緬甸中部的阿瓦（Ava）。 |
| 阿者刁 | 今印度西海岸外的安吉迪烏（Anjidiv）島。 |
| 安德蠻 | 又作桉篤蠻山，即今印度洋的安達曼（Andaman）群島。 |
| 安都里溜 | 今印度拉克代夫群島中的安德羅特（Androth）島名。 |
| 安民鎮 | 在閩江下游五虎門附近，應為閩安鎮或民安鎮的別稱。 |
| 安南 | 古國名，一度稱交趾或交阯。即今越南北部。 |
| 安平 | 在臺灣臺南市，有舊港口及古堡。 |
| 安汶 | 又作唵悶，印度尼西亞馬魯古（Maluku）群島中的安汶（Amboina）島。 |
| 安息 | 又稱帕提亞（Parthia），為公元3世紀中葉後阿薩息斯（Arsaces）王朝的簡稱。其後發展為西亞大國，包括今伊朗和兩河流域一帶。 |

| | |
|---|---|
| 安陽海口 | 今越南京泰（Kinh Thay）河口。 |
| 岸塘 | 又作雁塘、岸童山，即今菲律賓呂宋島西北岸的坎當（Condon）。 |
| 鰲魚嶼 | 又作鱷魚嶼。今林加群島西北側的鱷魚島（Pulau Buaja）。 |
| 澳門 | 在珠江三角洲，今澳門特別行政區。 |

## B

| | |
|---|---|
| 八吉打 | 又作報達、白達、白葛達，今伊拉克巴格達（Bagdad， Baghdad）。 |
| 八節澗 | 在印度尼西亞爪哇島東北部泗水（Surabaya）附近，或即近海處Pachekan的譯音。 |
| 巴達維亞 | 今印度尼西亞首都雅加達（Jakarta），荷蘭時代稱巴達維亞（Batavia）。 |
| 巴東 | 又作把東、叭當。今印度尼西亞蘇門答臘島西岸的巴東（Padang）。 |
| 巴吉弄 | 或指菲律賓的布桑加（Busuanga）島；一說在呂宋島西南岸，又作巴弄吉，為巴丹半島東岸巴朗牙（Balanga）的譯音。 |
| 巴荖園 | 應即今菲律賓巴拉望（Palawan）島。 |
| 巴里野蠻 | 今印度尼西亞蘇門答臘島西岸Pariaman的音譯。 |
| 巴林馮 | 又作寶林邦，即今印度尼西亞蘇門答臘島東南岸的巨港（Palembang）。 |
| 巴祿頭 | 又作巴碌頭、巴鹿頭、巴剌嶼等。今蘇門答臘島北部東岸的詹布亞（Jambuair）角。 |
| 吧城 | 又作吧地、吧國，噶喇吧（Kalapa，馬來語椰子）的略稱，指今印度尼西亞爪哇島的雅加達（Jakarta）一帶，或為全島的代稱。 |
| 吧哩馬閣 | 今加里曼丹島西南岸外的Balimankap島。 |
| 白表仔 | 今菲律賓有多處以此為名，一指班塔延（Bantayan）島。 |

| | |
|---|---|
| 白古 | 今緬甸南部的勃固（Pegu）。 |
| 白礁 | （一）今新加坡海峽東口的白礁（Pedra Branca）。<br>（二）今印度西南海岸附近的薩克里法斯礁（Sacrifice Rock）。 |
| 白犬山 | 閩江口外東南側的白犬列島，含東白犬、西白犬等。 |
| 白土山 | 今呂宋島北岸的巴達（Badoc）。 |
| 百濟 | 朝鮮半島西南部的古國名。 |
| 班隘 | 或今菲律賓棉蘭老西南端三寶顏（Zamboanga）附近的卡維特（Kawit）。 |
| 班卒 | （一）馬來文Panchor的譯音，在馬來半島南部。<br>（二）古行紀中Fansur的對音，故地在蘇門答臘島巴魯斯（Barus）一帶。 |
| 邦仔系蘭 | 又作傍佳施欄、彭家施闌、房仔系蘭、馮嘉施蘭，指今菲律賓班絲蘭（Pangasinan）省的仁牙因（Lingayen）。 |
| 榜葛剌 | 又作邦哈剌、傍葛剌、傍伽喇、朋呀喇，即今孟加拉（Bengal）國及印度西孟加邦地區。 |
| 包社大白頭 | 包社即波斯（Persia）譯音，白頭為當地服飾，指今伊朗沿海一帶。 |
| 保老岸山 | 今爪哇島西面的木里奧（Muria）山。 |
| 寶山 | 明永樂十年（1412）人工堆砌的土石山，於明萬曆十年（1582）被海潮沖沒。舊址在今上海市高橋鎮。 |
| 北港 | 舊址在臺灣島西岸中部略北，或又作笨港，應今雲林縣南部北港鎮一帶。 |
| 北膠浪 | 又作莆家龍、蒲家龍，即今印度尼西亞爪哇島的北加浪岸（Pekalongan）。 |
| 北溜 | 今印度洋中的拉克代夫（Laccadive）群島和馬爾代夫（Maldive）群島。 |

| | |
|---|---|
| 北杞山 | 今浙江的北麂山。 |
| 北太武 | 指金門島的太武山，與漳州的南太武相對而言。 |
| 北直 | 北直隸的略稱，明代轄區包括今北京、天津、河北大部及河南、山東一部分。 |
| 本底 | 即柬埔寨（Cambodia）一名的訛略。 |
| 本子女干山 | 今爪哇島東北岸的巴那魯干（Panarukan）山。 |
| 鼻頭山 | 在今泰國東南海岸羅勇（Rayong）附近。 |
| 筆架山 | （一）今菲律賓巴布延群島中之加拉鄢（Calayan）島。<br>（二）今菲律賓班乃島西部的布加桑（Bugason）。<br>（三）今泰國灣西岸的訕瑞約山（Khao Roi Yot）。 |
| 弁韓 | 朝鮮半島南部的古國名，與馬韓、辰韓合稱“三韓”。 |
| 表山 | 又作麻里荖表山、麻里荖、麻里荖表等，今呂宋島西岸之博利瑙（Balinao）角；一在粵東。 |
| 別羅里 | 今斯里蘭卡的貝魯沃勒（Beruwala）. |
| 賓童龍 | 又有賓瞳朧、賓陁陵、賓頭狼山、奔陀浪、板達郎、邦都郎等稱，應即占城碑銘中Panduranga的譯音，今越南藩朗（Phan Rang）一帶。 |
| 檳榔嶼 | 指今馬來西亞的檳榔嶼（Penang）州，或專指其西岸外同名之島（Pulau Penang）。 |
| 兵庫港 | 又作兵褲港、兵褲山港。今日本神戶（Kobe）。 |
| 波斯 | 波斯語Pārsa音譯，又作波剌斯，即今伊朗。 |
| 波斯蘭 | 應指今柬埔寨磌吥省的班塞拉（Bansala）。 |
| 勃泥 | 又有渤泥、浡泥等稱，在今加里曼丹（Kalimantan）島：或為Brunei的譯音，另稱佛泥，指北部文萊國一帶；或是Bornei的譯音，即加里曼丹島舊稱婆羅洲的對音，泛指全島。 |
| 勃泥港 | 今文萊的斯里巴加灣（Seri Begawan）市。 |

渤海（王城）　渤海國為東北地區古國名，其王城屢遷，在吉林乃至黑龍江一帶。

浡大泥　又作孛大泥、佛打泥，即今泰國的北大年（Patani）一帶。

不勞山　即越南東岸外的占婆（Champa）島，馬來語作Palau（島）Cham。不勞即Palau的對音。

不理東　即今印尼勿里洞（Billiton）島。

卜剌哇　即今索馬里東南岸布臘瓦（Brava）。



# C

草鞋石　在越南東南岸外，指卡特威克（Catuick）群島中的薩巴特（Sapata）島。

草嶼　（一）在今新加坡至印度尼西亞的廖內（Riau）群島一帶。

（二）在今越南占婆（Champa）島至廣東（Quang Dong）群島之間，或又作通草嶼，指圃拜（Bo Bai）島。

（三）在今印度尼西亞雅加達（Jakarta）灣外。

茶盤　又作苧麻山，即今馬來半島東岸外的潮滿（Tioman）島。

茶山　今長江口以東的佘山。

查南　在今柬埔寨的洞里薩湖（Tonle Sap）以南，指磅清揚（Kompong Chhnang）。柬語Kompong意為村或碼頭，查南即Chhnang的譯音。

察地港　又作浙地港、徹第缸。即今孟加拉國的吉大港（Chittagong）。

柴歷亭　在馬來半島東岸的Cherating河流域。

撣國　又作禪國、樿國。今緬甸東北部古國名，包括今撣（Shan）邦一帶。

纏打兀兒　今印度西海岸的果阿（Goa），為其古名Sindapur音譯。

長樂　今福建閩江口一帶的長樂市。

長岐　又稱籠仔沙機。今日本長崎（Nagasaki）。

長腰嶼　（一）今文萊灣外的納閩（Labuan）島。
（二）今新加坡航道北側的沙都木島（Pulau Setulu）。
（三）今印度尼西亞的賓坦島或島上的丹戎檳榔（Tandjung Pinang）。
（四）今印度尼西亞蘇門答臘島東岸宋蓋貢通（Sungaiguntung）附近。
（五）今泰國暹羅灣的強（Chang）島附近。

唱雞門　又作雞唱門。在越南東北岸外，指吉婆（Cat Ba）島附近的海口或海道。

朝鮮　今朝鮮半島古國名，指整個半島，或專指其北部。

層拔　或謂另作層搖羅，Zanzibar 的簡譯，在今非洲東岸索馬里以南一帶

車離　印度古國，或即Cala音譯，在今印度半島南部科羅曼德爾（Coromandel）沿岸一帶。

陳公嶼　（一）今泰國曼谷灣內的派島（Ko Pai）。
（二）今馬來半島西岸海邊的賈拉克島（Pulau Jarak）。

陳錢山　今舟山群島北端的嵊山。

辰韓　朝鮮半島南部的古國名，與馬韓、弁韓合稱“三韓”。

成山（頭）　又稱成山角、“天盡頭”，在山東省榮成市，地處成山山脈最東端。

赤坎　（一）今越南東南岸的格嘎角（Mui Ke Ga）。
（二）今泰國的巴蜀（Prachuab）府岸外。

赤嵌　今臺灣臺南市一帶。荷蘭人曾於此築普羅文查（Provintia）城，華人稱為赤嵌城或紅毛城。1661年鄭成功攻克臺南後改置承天府。

赤面港　今越南湄公河口的芹苴（Can Tho）。

| | |
|---|---|
| 赤卵塢 | 又作出卵塢。今孟加拉灣東南部安達曼（Andaman）群島。 |
| 赤土 | （一）馬來半島北部古國名。<br>（二）又稱第一赤泥。在印度西南岸特里凡得琅（Trivandrum）一帶。 |
| 赤土白面山 | 在今加里曼丹島北岸賓土盧（Bintulu）一帶。 |
| 赤嶼 | 又名赤坎嶼、赤尾嶼。指今釣魚島以東的赤尾嶼。 |
| 池汶 | 又稱池悶、池悶。今帝汶（Timor）島。 |
| 遲散 | 又作烏遲散。應即今埃及的亞歷山大（Alexandria）。 |
| 崇明 | 長江口外的崇明島。 |
| 崇武 | 崇武古城在福建省泉州惠安的崇武半島南端。 |
| 磁頭 | 在福建省泉州石獅金井的圍頭灣一帶。 |
| 翠藍山（嶼） | 又作翠藍島、翠蘭嶼山。即今印度洋東北部尼科巴群島中之大尼科巴（Great Nicobar）島。 |

# D

| | |
|---|---|
| 答那思里 | 今緬甸東南岸的丹那沙林（Tenasserim）一帶。 |
| 達羅漢嶼 | 又作羅漢嶼、達羅漢礁。今馬來半島東南岸外的利馬（Lima）島。 |
| 打綱 | 又作打工，或誤為打網。按閩南語“打”讀若“帕”，打綱應為爪哇東北部帕康（Pakong）一名的譯音。 |
| 打狗嶼 | 指臺灣南部的高雄。 |
| 打回 | 又作打歪、打回回、杜懷、佗歪。即今緬甸東南部的土瓦（Tovoy）。 |
| 大擔（担） | 位於廈門和金門附近的島嶼。 |
| 大東洋 | 元代大東洋指今印度尼西亞加里曼丹島南部、蘇拉威西島至馬魯古群島一帶的海域。後其名用來指日本一帶。 |

| | |
|---|---|
| 大佛 | 大佛靈山的簡稱。在越南的華列拉角（Cap Varella）一帶。 |
| 大甘、小甘 | 又稱大、小柑橘山。今福建漳州東山附近的兄弟嶼。 |
| 大港 | 今菲律賓呂宋島北部的阿帕里（Aparri）港。 |
| 大葛蘭 | 又作大故藍、大唄喃。在今印度南部西岸的奎隆（Quilon）一帶。 |
| 大龜山 | 在今加里曼丹島西北端的達土（Datu）角。 |
| 大橫山 | 今柬埔寨的土珠島（Dao Tho Chu）。 |
| 大崑崙 | （一）今越南南岸外的崑崙島（Poulo Condore）。<br>（二）在今緬甸的伊洛瓦底江下游一帶。 |
| 大琅瑚山 | 在今越南峴港（Da Nang）東側的峴港角（Mui Da Nang）。 |
| 大琉球 | 指今琉球群島之沖繩島（Okinawa）。 |
| 大羅山 | 今日本吐噶喇列島南部的橫當島（Yokoate Shime）。 |
| 大呂宋 | 指原呂宋島（Luzon，稱小呂宋）的宗主國西班牙。 |
| 大泥 | 今馬來半島東岸的北大年（Patani）。 |
| 大菩南途灣 | 今泰國東南岸羅勇（Rayong）南面的海灣。 |
| 大、小七山 | 今杭州灣以東的大、小戢山。 |
| 大秦 | 又稱海西、黎軒、犂鞬、犂靬、犂軒。泛指古代羅馬帝國，或專指東羅馬帝國及其某些地區。 |
| 大食 | 又作大石，或即波斯語Tazi的對音，後以此稱中世紀的阿拉伯國家和地區。 |
| 大西洋 | 元明之際原指印度洋一帶，明末以後指歐美間的大西洋或專指葡萄牙。 |
| 大相逸 | 又稱千仔致大山。今印度尼西亞馬魯古群島的德那第（Ternate）火山。 |
| 大星尖 | 今廣東針岩頭。 |

| | |
|---|---|
| 大隅 | 日本九州南面的島、峡。 |
| 大員 | 原指臺南一帶，後用以泛指臺灣全島。 |
| 大越 | 越南古代自稱的王國名。 |
| 大州 | 指古代占城國都佛逝（Vijaya），在越南的闍盤（Cha Ban）遺址。 |
| 大真樹港 | 又作真嶼、真王嶼、大真嶼、真糍、真薯。指越南南岸外的奧比（Obi）島。 |
| 大周山 | 又作獨豬山，海南萬寧東南面的大洲島。 |
| 玳瑁額 | 又作玳瑁鴨。在今泰國洛坤港外的克拉（Krah）島附近。 |
| 玳瑁港 | 今呂宋西岸的仁牙因（Lingayen）。 |
| 頭巾礁 | 今呂宋巴丹（Bataan）省西岸外的卡彭斯島（Capones I.）。 |
| 玳瑁洲 | 又作玳瑁嶼。今泰國洛坤港外的克拉（Krah）島附近。 |
| 單馬令 | 在馬來半島。一說為洛坤（Nakhon Srithamarat）梵文名Tambralinga的譯音；另或主張在淡貝嶺（Tembeling）河流域。 |
| 單馬錫 | 又作淡馬錫。或即新加坡（Singapore）古名，當地13世紀碑銘作Tamasak。 |
| 單戎獨山 | 在今加里曼丹島西北端的達土（Datu）角一帶。 |
| 單戎世力山 | 今加里曼丹島南部Malatayur角一帶。 |
| 單戎絲立山 | 又稱單戎嘮梅山。今馬來西亞沙撈越州的錫里（Sirik）角。 |
| 單鷹國 | 清代對普魯士國的俗稱。 |
| 單嶼 | 今馬六甲海峽中的貝哈拉島（Pulau Berhala）。 |
| 單重布囉 | 又作丹重布囉、丹戎武羅，或省稱丹重。應即加里曼丹島名Tanjongpura的譯音，指該島中部和南部一帶。 |
| 耽摩立底 | 印度古國，梵文Tamralipti音譯，在今印度西孟加拉邦南部塔姆盧克（Tamluk）一帶。 |
| 躭羅 | 朝鮮半島南部濟州島的古稱。 |

| | |
|---|---|
| 淡目 | 今爪哇島三寶壟東面的淡目（Demak）。 |
| 淡水 | 古港名，在今臺灣北部的新北市。 |
| 亶州（澶洲） | 古東海中島國名，有日本、濟州島數說。 |
| 倒腦細 | 應即今緬甸東南岸的墨吉（Mergui）地區，為該地泰文名丹老（Tanaos）譯音。 |
| 道明 | 中南半島古國名，或謂又作堂明，在今老撾的東北部。 |
| 登流眉 | 或又作丹流眉，位今泰國的洛坤（Nakhon Srithamarat）府一帶。 |
| 登州 | 山東半島古行政區劃，包括蓬萊、威海等處一帶。 |
| 底門 | 即今馬來半島東岸外的潮滿（Tioman）島。 |
| 底勿 | 又作古里地悶、吉里地問、知悶、地問、地漫、遲悶、池汶。即今帝汶（Timor）島。 |
| 典遜 | 又作頓遜、典孫。故地在馬來半島，應為緬甸東南岸的丹那沙林（Tenasserim）一帶。 |
| 釣魚嶼 | 又名釣魚臺、釣魚山 。今臺灣北面的釣魚島。 |
| 丁得把昔 | 今印度西海岸馬爾范（Malvan）港口附近的丹迪錨地（Dandi Bandar）。 |
| 丁機宜 | （一）在今蘇門答臘島英得臘其利（Indragiri）河口。<br>（二）在今印尼的馬魯古（Maluku）群島一帶。 |
| 丁家廬 | 又作登牙儂、丁呵兒、丁加下路、丁機奴、丁噶奴。即馬來西亞丁加奴州一帶，其港口為丁加奴河口的瓜拉丁加奴（Kuala Trengganu）。 |
| 定海 | （一）在今浙江省舟山。<br>（二）在福建連江，元、明千戶所名。 |
| 東筦（莞） | 在廣東省東南部，珠江口東岸。 |
| 東加蠟 | 在蘇祿群島的和樂（Jolo）港口。 |
| 東姜山 | 今廣東担杆列島。 |
| 東京 | （一）今日本國都。<br>（二）又作東都，指今越南河內（Ho Noi）； |

但清代其名又泛指越南北部。

| | |
|---|---|
| 東牛 | 又作東鑾牛。即今緬甸中部的東吁（Taungu，Toungoo）。 |
| 東墻 | 又名東牆山。今福建海壇島。 |
| 東沙 | 又作東沙山、東沙嶼。今馬祖列島以東的龜嶼。 |
| 東沙山 | 又稱東沙、東沙嶼。今閩江口以東白犬列島的西犬島。 |
| 東西蛇龍山 | 在今加里曼丹島西北端。東蛇龍指達土（Datu）角一帶；西蛇龍指指其西面的Api角。 |
| 東西董 | 在越南的東南岸外。東董當指薩巴特（Sapate）島；西董或指大卡特威克（Catwick）島。 |
| 東西洋 | 元、明時對南方海域的分野，大致以廣州-加里曼丹西岸-帝汶為線而劃。明以後東洋指日本一帶，西洋指歐美一帶。 |
| 東西竺 | 又有上下竺、竺嶼、東西竹等稱。指馬來半島東岸外的奧爾（Aur）島。或謂馬來語aur義為竹，該島有東西雙峰對峙，故名。 |
| 東洋 | 元、明以日本、臺灣、菲律賓至加里曼丹北岸及馬魯古群島的海域為東洋，明以後以東洋稱日本一帶。 |
| 東湧山 | 又名東湧、東涌。今福建三沙灣以東的東引島。 |
| 都里馬新富 | 今伊朗的霍拉姆沙赫爾（Khorramshahr）。 |
| 都麻橫港口 | 在今蘇門答臘島東南岸都蘭把旺（Tulangbawang）河口。 |
| 斗嶼 | （一）又稱斗峙。今馬來半島東南海岸外的呑果島（Pulou Tenggul）。<br>（二）在今越南崑崙（Condore）島東南附近。 |
| 獨石門 | 在今印度尼西亞的廖內（Riau）群島一帶。 |
| 獨猪山 | 又作豬山、大周山。今海南大洲島。 |
| 杜板 | 又作杜鑾。今爪哇島東北岸的厨閩（Tuban）。 |
| 對馬 | 今朝鮮、日本間的對馬（Tsushima）及海峽。 |
| 多爾其 | 即土耳其（Turkey）。 |

| | |
|---|---|
| 多禰島 | 即日本的種子島（Tanegashima）。 |
| 多摩梨帝 | 即今印度西孟加拉邦南部的塔姆盧克（Tamluk）。 |
| 墮和羅 | 異稱有頭和、投和、投和羅、墮羅、獨和羅、墮和羅鉢底等。梵文Dvaravati音譯，故地一般認為在泰國的湄南（Me Nam）河下游，指大城（Ayuthaya）或佛統（Nakhon Pathom）一帶。 |



## E

| | |
|---|---|
| 惡黨 | 又作屋黨、屋同、屋當或啞陳。即今菲律賓班乃（Panay）島西南部的奧頓（Oton）。 |
| 二鯤身 | 鯤鯓或鯤身，指近海的沙洲。今臺南以此名地者甚多，有一至七鯤身。二鯤鯓為今安平國中到億載金城一帶。 |

## F

| | |
|---|---|
| 番答里納 | 又作梵答剌亦納。即今印度西岸卡利卡特（Calicut）稍北之潘達萊英尼（Pandlayini）。 |
| 分山 | 又作裂山。應即越南中部的橫山（Hoanh Son）。西漢時為九真郡和日南郡的界山，後長期成為交州和林邑國的分界。 |
| 馮嘉施蘭 | 又作傍佳施欄、彭家施闌、房仔系闌等。在今菲律賓的班絲蘭（Pangasinan）省，尤指其仁牙因（Lingayen）一帶。 |
| 鳳山 | 臺灣高雄市的行政區之一，清代於此置縣。 |
| 鳳尾山 | 今浙江省韭山列島南端之蚊蟲山。 |
| 佛家昔 | 在今泰國東南岸羅勇（Rayong）東面。 |
| 佛囒西 | 法蘭西（France）異譯，今法國。 |
| 佛郎機 | 或謂即拂菻、富浪、弗林、化人、化郎等的異譯，為西亞人對歐洲人的泛稱，來自波斯語的 |

| | |
|---|---|
| | Farang或Firangi。也有的主張爲法蘭克（Frank）的轉讀，或羅馬帝國（From，即Rum之訛）譯音。明代以佛郎機指稱葡萄牙人（後兼及西班牙人），其炮艦裝備也連帶呼為佛郎機或佛郎機炮、佛朗機銃。 |
| 佛羅安 | 又作佛囉安、佛來安。在馬來半島，故地有馬來西亞的瓜拉勿蘭（Kuala Brang）或瓜拉龍運（Kuala Dungun），及泰國的高頭廊（Phatalung）諸說。 |
| 佛坭 | 又作佛尼、佛泥、渤泥，即文萊（Brunei），另或泛指其所在的加里曼丹島。 |
| 佛逝（誓） | （一）室利佛逝的略稱，在今印度尼西亞蘇門答臘島的巨港（Palembang）、占碑（Jambi）一帶。<br>（二）Vijaya 的譯音，在越南的闍盤（Cha Ban）遺址。 |
| 佛堂山 | 又稱千佛堂。今斯里蘭卡南端的棟德臘（Dondra）角。 |
| 扶南 | 又作夫南、跋南。中國古籍所載公元1至7世紀中南半島的古國，包括今柬埔寨以及老撾南部、越南南部、泰國東南部一帶。其名或即高棉族占語 bnam譯音，義為山岳。 |
| 扶桑 | 原為植物，後成東方古國名，故地有日本乃至美洲墨西哥等說。 |
| 浮甲山 | 又名東浮甲。今呂宋島北部的富加（Fuga）島。 |
| 幞頭門 | 又作殺牛坑、刣牛坑、宰牛坑等。今呂宋西岸的維甘（Vigan）。 |
| 縛達城 | 又作報達，今伊拉克巴格達（Baghdad）。 |
| 釜山 | 在韓國，位朝鮮半島南端。 |
| 福堂 | 又作惡黨、屋同，即菲律賓班乃（Panay）島西南部的奧頓（Oton）。 |
| 福州 | 福建省省會，位閩江下游。 |

富國　（一）在暹羅灣的島名。

（二）臺灣高雄澄清湖的島名。

富良江　又作滴定江、瀘江，今越南河內附近的紅河主流。

覆鼎山　（一）在今越南頭頓角（Cap St. Jacques）和格嘎（Ke Ga）角一帶諸山，其中之一即鶴頂山（Nui Hu Linh）。

（二）在今印度尼西亞的爪哇島。

（三）又作覆釜山、覆鼎安山、覆鼎安大山。即今菲律賓馬尼拉灣附近的巴丹（Bataan）山。





# G

噶喇吧　又作茭綠巴、咖嚁吧、咬嚁吧、加拉巴、噶羅巴，另省稱為吧城、吧國、吧地。為馬來語椰子（kalapa）的音譯，指今印度尼西亞爪哇島的雅加達（Jakarta），或全島的代稱。

干傍　為柬埔寨語kompong譯音，義為碼頭，或專指洞里薩湖北岸的暹粒河入湖口處。

干絲臘　指西班牙，為其古代卡斯提拉（Castilla）王國名的譯音。

干陀利　又作斤陀利、乾陀利。故地有蘇門答臘島巨港的梵名Kandari，或馬來半島吉打的泰米爾文名Kadaram等對譯諸說。

甘巴里　又作甘把里。即今印度西南部的科因巴托爾（Coimbatore）。

甘巴里頭　即今印度南端的科摩林角（Cape Comorin）。

甘杯港　甘杯又作甘盃、甘畢、監毗，為蘇門答臘島古國Kampei譯音，位今蘭沙（Langsa）一帶。甘杯港指蘭沙東面沿海的瓜拉蘭沙（Kuala Langsa）。

甘孛智　今柬埔寨（Cambodia）的異譯。

| | |
|---|---|
| 橄欖嶼 | 在今印度尼西亞的納土納（Natuna）群島。 |
| 港口 | 又有昆大嗎、尹代瑪等稱。在今越南西南部越、柬交界的河仙（Ha Tien）一帶。 |
| 高兜令銀 | 今加里曼丹島南部的哥打瓦林因（Kotawaringin）。 |
| 高郎務 | 又作高浪阜、高郎步、高頭埠。今斯里蘭卡的科倫坡（Colombo）。 |
| 高麗 | 又稱高句麗，朝鮮半島的古國名。 |
| 高藥 | 今菲律賓的庫約（Cuyo）島。 |
| 高州 | 在今廣東省西南部。 |
| 戈什塔 | 又作哥什嗒。指今印度半島東西沿岸，為海岸（coast）的音譯。 |
| 歌營 | 一作加營，古國名。故地有馬來半島南部、印度南部或印度尼西亞爪哇島諸說。 |
| 閣蔑 | 又作吉蔑、勘明、高蠻、喀木。柬埔寨主體民族Khmer名稱的譯音，今通稱為高棉。 |
| 葛兒得風 | 今索馬里東北角的瓜達富伊（Guardafui）角。 |
| 箇羅 | 又作古羅、哥羅、歌羅富沙羅，或即阿拉伯人行紀中的Kalah，故地在馬來半島的克拉（Kra）地峽一帶。 |
| 弓鞋山 | （一）珠江口外的鞋洲。<br>（二）又作弓鞋嶼、弓鞋石、草鞋石，應指越南崑崙島西北面的薩巴特（Sapate）島。 |
| 公婆山 | 在馬來半島，今泰國洛坤府（全稱那空是塔玛叻府，Nakhon Si Thammarat）一帶。 |
| 勾欄山 | 又作交蘭山。今加里曼丹島西南的格蘭（Gelam）島。 |
| 姑馬山 | 又稱沙姑馬山。今阿曼東北部的海米斯山（Jabal Khamis）。 |
| 姑米山 | 又作姑米島、枯美山、古米山、枯米山等。今沖繩島以西的久米島（Kumejima）。 |
| 古樸山 | 在今菲律賓巴拉巴克（Balabac）島和馬來西亞 |

沙巴（Sabah）之間

古剌　又作古喇、大古剌。在緬甸的勃固（Pegu），明代曾於其地設軍民宣慰使司。

古里　古國名。今印度西南部喀拉拉邦北岸的卡利卡特（Calicut）。

古里班卒　或謂即班卒的異名，在馬六甲海峽一帶。也有的認為係誤合古里、班卒兩地為一。

古里地悶　即今東南亞的帝汶（Timor）島。

古麻剌朗　又作麻剌、古麻里。故地在菲律賓，有棉蘭老（Mindanao）島，或呂宋島博利瑙（Bolinao）角附近Cabarruyan島諸說。

骨論　又有骨唐、骨堂等稱，為南海崑崙的異譯，泛指中南半島南部和馬來群島一帶國家和居民。

故臨　阿拉伯語Kulam譯音，在今印度西南岸奎隆（Quilong）。

故論　或又作牛論、牛侖、故鸞、巫侖。在今印度尼西亞，或謂即Gurun的譯音，故地有爪哇島東部或馬魯古（Maluku）群島一帶等說。

官塘　或稱竿塘、管堂、官塘山。今馬祖列島。

官嶼　又作官嶼溜，今馬爾代夫的馬累島（Male Atoll）。

廣南　又稱乂安府。故地在今越南中部。

廣州　廣東省省會，古稱番禺，有中國古今重要海港。

圭籠頭　（一）又作圭籠頭大山、圭籠長。今臺灣島北端。

（二）又作圭龍嶼，在越南東南岸外。

龜山　（一）在今泰國灣北部，或即三禮育山（Sam Roi Yot）。

（二）又作龜嶼，在今阿曼的馬斯喀特（Muscat）附近，或謂即 Fahl 島。

龜嶼　（一）在今印度尼西亞的邦加（Bangka）海峽南面。

（二）在今阿曼的馬斯喀特（Muscat）附近。

|  | （三）在今印度尼西亞加里曼丹島南的散皮（Sampit）灣一帶。 |
|---|---|
| 鬼嶼 | （一）在今馬六甲海峽，或謂即西南側的拉朗島（Pulau Lalang）。<br>（二）即印度尼西亞的蘭散（Rangsang）島。<br>（三）或又作鬼仔嶼、烏鬼嶼。在今印度尼西亞雅加達（Jakarta）灣外。 |



## H

| | |
|---|---|
| 哈甫兒 | 今非洲東北海岸的哈豐角（Raas Xaafuun）。 |
| 海寶山 | 又稱海堂山。今越南的白龍尾島（Bach Long Vi）。 |
| 海澄 | 在福建龍海市，古代漳州月港所在地。 |
| 海東府 | 越南東北部廣寧省，府治在橫蒲（Hoanh Bo）一帶。 |
| 海南黎母山 | 今海南島五指山。 |
| 海壇山 | （一）在閩江口，又稱平潭島。<br>（二）在浙江省溫州市。 |
| 海西國 | 即大秦，指古羅馬帝國，或專指東羅馬。 |
| 海鹽 | 在浙江省北部的杭嘉湖平原。 |
| 海照嶼 | 在江、浙間嵊泗列島一帶。 |
| 海州 | 在江蘇省連雲港市。 |
| 蚶江 | 在福建省石獅市東北沿岸，扼泉州灣的門戶。 |
| 訶陵 | 或謂其名源自梵文名 Kalinga，後移用於東南亞。故地應在今印度尼西亞的爪哇島中部。 |
| 訶羅單 | 或謂即Karitan 一名的譯音，故地有爪哇島、蘇門答臘島或兼指此二島諸說。 |
| 合板嶼 | 又作甲板嶼。在今印度尼西亞爪哇島的雅加達港口外。 |
| 合貓里 | 又作金貓里，故地或在今爪哇島的淡目（Demak）一帶。 |

合浦　在今廣西北海市，為漢代赴印度洋航線出海口之一。

合萬門　今菲律賓呂宋島西南岸外的馬里卡板（Maricaban）島。

河內　有東都、東京等稱，今越南首都河內（Ho Noi）。

河僊　即越南西南部的河仙（Ha Tien）一帶。

鶴頂山　越南頭頓角（Cap St. Jacques）和格嘎（Ke Ga）角一帶覆鼎諸山之一，應即胡玲山（Nui Hu Linh）。

黑齒國　（一）在今菲律賓群島，或泛指東南亞各國之原始居民。

（二）又稱西屠夷，在今中南半島，或指越南中部一帶的古部落。

橫山　（一）又作分山，在越南中部，西漢時九真郡和日南郡的界山，後長期成為 交州和林邑國的分界，今尚名橫山（Hoanh Son）。

（二）在今印度尼西亞蘇門答臘島的西岸，指葛林芝（Kerinci）火山或登波（Dempo）山名。

紅豆嶼　又作紅荳嶼、紅頭嶼。今臺灣島南端東面的蘭嶼。

紅毛　（一）泛指西洋人，或專指荷蘭人（另亦轉指英國人）。

（二）在臺灣新北市淡水的紅毛城遺址，西班牙人初建，後由荷蘭人重建。

紅毛淺　（一）指南中國海的中沙群島。

（二）指今馬六甲海峽中的南沙（South Sands）一帶。

呼蘆漫頭　在今印度尼西亞加里曼丹島南岸，指門達韋（Mendawei）河下游的門達韋一帶。一說為卡里馬塔（Karimata）島。

胡茶辣　在今印度西北部的古吉拉特（Guzerat）一帶。

葫蘆島　（一）在遼寧省西南岸外。

（二）在浙江省舟山列島。

葫蘆山　今泰國薩木伊島（Samui）島西南面的卡藤（Katen）島。

虎仔山　又作虎頭山、打狗仔。今臺灣高雄。

忽魯謨斯　又作忽里模子、忽魯沒思，西亞古國名。在今霍爾木茲海峽中的格姆（Qeshm）島。舊稱原址在北岸大陸上，13世紀末遷至島上。

護屋　又稱隴居仔、隴車仔。今日本平户（Hirado）東北的呼户。

花肚　又稱烏肚、烏土、烏圖。泛指今緬甸。

花面　又作大小花面、那孤兒。指印度尼西亞蘇門答臘島北部的巴達克（Batak）人及其居住地。

花瓶嶼　又作梅花瓶、花矸嶼。今臺灣花瓶嶼。

華封　又稱支封、被封，指今越南海防市東面的吉海（Cat Hai）一帶。

化人　又作化郎，為明代佛郎機一名的異譯，指葡萄牙人或西班牙人。

環王國　古代林邑國、占城國的另一名稱。其轄地在越南的中南部，約自橫山至藩朗一帶。

黃麻山　又名黃毛嶼、黃麻嶼。今釣魚島附近之黃尾嶼。

黃麻駐　在今印度尼西亞爪哇島以東，或謂即布魯（Buru）島上的瓦曼古（Wamangi）。一說為Oemang島。

黃支　西漢遠航路線的終點，應在今印度南部的康契普臘姆（Conjevaram）。

會安　又稱廣南港口，指越南廣南一峴港一帶的會安。

混沌大洋　或又作崑崙洋、崑崙海。指今越南南部崑崙（Condore）島一帶的海域。

火山　（一）東南亞地區火山的泛稱。

（二）在印度尼西亞爪哇島以東。

（三）在印度尼西亞小巽他（Lesser Sunda）群島，或指班達（Banda）海中的阿皮火山Gunung Api）。

（四）在印度尼西亞松巴哇（Sumbawa）島東北面的桑格安（Sangeang）島。

（五）在今印度尼西亞的蘇門答臘島西部，指葛林芝（Kerinci）火山。

（六）指菲律賓棉蘭老（Mindanao）島東南部阿波（Apo）火山。





火燒山　在今馬來半島東南岸外的錫里布阿（Siribuat）群島。

火洲　（一）又作自然火洲、燃火洲、大火洲。在今印度尼西亞小巽他（Lesser Sunda）群島一帶。

（二）在印度尼西亞的爪哇島、蘇門答臘島一帶。

（三）在菲律賓群島。

霍山　今舟山群岛西北之東福山。

## J

雞唱門　又稱唱雞門。今越南海防（Hai Phon）附近的海口。

雞骨嶼　今馬六甲海峽中的阿魯阿（Aruah ）群島。

雞籠山　又名雞籠嶼、雞籠頭、雞籠山頭。今臺灣基隆。

雞嶼　又名圭嶼。今菲律賓馬尼拉灣口之哥黎希律（Corregidor）島。

機易山　又作加溢、交逸、佳逸等。即今菲律賓馬尼拉西南的甲米地（Cavite）。

吉貝嶼　又稱綿花嶼。

（一）今馬來半島東岸外的及布島（Pulau

Chipu）。

（二）在今馬來半島西岸巴生島（Pulau Klang）的附近。

吉蘭丹港　又作急闌亦帶、急蘭丹、吉連丹。今馬來半島東岸吉蘭丹（Kelantan）州的哥打巴魯（Kota Baharu）。

吉力石　又作革兒昔、竭力石、碣烈石，另稱新村、錦石。即今印度尼西亞爪哇島的格雷西（Gresik）。

吉里地悶　又作古里地悶、底勿、知悶、地漫、地問、地木島、遲悶、池悶、池汶大山。或即Giri Timor的音譯，馬來語giri意為“山”，timor意為“東”。即今東南亞的帝汶（Ti mor）島。

吉利問　（一）又作吉里門、吉利文、吉里汶、吉里問山、吉里悶山。指今印度尼西亞蘇門答臘島東岸外的卡里摩（Karimun）群島，或專指大卡里摩島。

（二）又作吉里門、吉利悶、吉里門山、蔣哩悶。指印度尼西亞爪哇島北面的卡里摩爪哇（Karimunjawa）群島。

吉蔑　又作閣蔑、勘明、高蠻、喀木。柬埔寨主體民族Khmer名稱的譯音，今通稱為高棉。

吉寧馬那山　又作吉寧馬踏。今印度尼西亞的卡里馬塔（Karimata）群島。

吉陀　又作吉達、吉礁、吉德、計噠、開泰州或羯荼。應指今馬來西亞的吉打（Kedah）州一帶。

急水門　（一）又作急水灣、急水灣頭、急水灣所。在指今印度尼西亞蘇門答臘島東北端的金剛石角（Diamond Pt.）附近。

（二）又作雙排、雙牌、大急水。指今印度尼西亞松巴哇（Sumbawa）島和 科莫多（Komodo）島之間的薩彼（Sape）海峽。

忌吉　在今泰國東南岸羅勇（Rayong）岸外。

髻嶼　今印度尼西亞佛羅勒斯島西南岸外的臨賈（Rindja）島。

濟州　朝鮮半島南端的島嶼。

加八山　或謂又作吉貝嶼、綿花嶼，位馬來半島西岸外，指馬來西亞巴生（Klang）港外的巴生島。加八、吉貝均馬來語kapok（木棉）或kapas（棉花）的譯音。

加加溜　今印度洋中拉克代夫群島昂德羅特（Androth）島東部的岩礁。

加喇哈　今阿曼的蓋勒哈特（Qalhat）。

加老灣　在臺灣西岸，位鹿耳門附近。

加里仔蠻　在今印度尼西亞蘇門答臘島北部亞齊至爪哇島西岸萬丹途中。

加哩林　又有加哩、交里林、佳里興等異稱。在臺灣西部，多被指為台南佳里。

加南貌　（一）又作伽喃模嶼、伽倆貌、伽藍皃、伽藍貌山。在越南東岸的檳繪（Ben Hoi）灣一帶。

（二）又作帽山、小帽山、南帽山、那沒黎山、貌山、伽倆貌。指今印度尼西亞蘇門答臘島北岸外的韋島。

加平年溜　今印度拉克代夫群島東南的格爾貝尼（Kalpeni）島。

加異城　又作加異勒、加一、加益，即今印度南部東岸的卡異爾（Cail）鎮。

迦摩浪迦　或謂即梵文Kāmalanga音譯。故址有緬甸南部勃固（Pagu）、馬來半島北部狼牙修舊國、泰國的叻丕（Ratburi）數說。

嘉興　在浙江省北部。

嘉義　在臺灣西南部。

夾門大山　今印度尼西亞的邦加（Bangka）島。

| | |
|---|---|
| 佳逸 | 又作加溢城、交逸、機易山、龜豆城。今菲律賓馬尼拉西南的甲米地（Cavite）。 |
| 假里馬答 | 又作假里馬打、假里馬達、吉寧馬礁、吉寧馬踏。即今印度尼西亞的卡里馬塔（Karimata）群島，或專指卡里馬塔島。 |
| 假任 | 又作柯任山。在今越南的東南岸，位鵝貢（Go Cong）東面一帶。 |
| 假嶼 | 又作假薯、假糍、假真糍山、小真嶼。柬埔寨岸外的福塞奥比（Fausse Obi）島。 |
| 甲板嶼 | 又作合板嶼。在今印度尼西亞爪哇島的雅加達（Jakarta）港口外。 |
| 甲子門 | 廣東省陸豐縣東南的石帆港海口。 |
| 尖筆羅 | 又作占不勞，即今越南的占婆（Champa）島。 |
| 尖筆闌 | （一）又作九峰。指印度尼西亞的淡美蘭（Tambelan）群島。<br>（二）或指菲律賓巴拉望（Palawan）島南的Tamparan。 |
| 監篦 | 又作監毗、甘杯。或謂即蘇門答臘島古國名Kampei的譯音，位今蘭沙（Langsa）一帶。 |
| 柬埔寨 | 又作甘孛智、澉浦只、干不昔、甘不察、甘坡寨、甘破蔗、干波底阿。即今柬埔寨（Cambodia）。 |
| 澗仔低 | 另有千子智港、千仔致大山、腳桶嶼、澗仔礁等稱。指今印度尼西亞馬魯古（Maluku）群島的德那第（Ternate）島。 |
| 將軍帽 | 馬來半島東面的丁宜島（Pulau Tinggi）。 |
| 交杯嶼 | 又作筊杯山、校桮嶼、校杯墅。在越南東南岸歸仁（Qui Nhon）港東面芳梅（Phuong Mai）一帶。 |
| 交欄山 | 又作勾欄山。即今印度尼西亞加里曼丹島西南岸外的格蘭（Gelam）島。 |
| 交趾 | 古國名。又作交阯、安南。即今越南北部。 |

| | |
|---|---|
| 茭禄巴山 | 又作噶喇叭山。在今印度尼西亞雅加達（Jakarta）附近。 |
| 膠州 | 在山東半島東南部。 |
| 角⿰山覽⿰山覽山 | 在今柬埔寨磅遜（Kompong Som）港外。 |
| 角沖 | 今柬埔寨磅遜灣外的隆島（Koh Rong）。 |
| 角革使嶼 | 今柬埔寨南岸外的富國（Phu Quoc）。 |
| 角骨嶼 | 今泰國的庫特島（Koh Kut）。 |
| 角奴貓山 | 係角奴、角貓的合稱。今馬來半島宋卡港外的Koh Mu和Koh Cnu二島。 |
| 角思厰 | 今泰國曼谷灣的錫昌島（Koh Sichang） |
| 角象坎 | 今泰國灣東北部的强島（Koh Chang）。 |
| 角員山 | 今馬來半島東南岸外的比東島（Pulau Bidong）。 |
| 角自氣 | 今泰國的薩梅散（Same Sarn ）島。 |
| 腳桶嶼 | （一）今菲律賓馬斯巴特（Masbate）島西南角Jintotolo一帶。<br>（二）即大相逸。今印度尼西亞馬魯古群島的德那第（Ternate）火山。 |
| 斤陀利 | 又作干陀利。故地有今蘇門答臘島或今馬來半島等說。 |
| 金地 | 又有金洲等稱。梵文經典曾把東南亞一些地區稱為金島（Suvarnadvipa）或金地（Suvarnabhumi），但所指為蘇門答臘島、爪哇島、馬來半島或緬甸南部一帶，諸說不一。 |
| 金利毗逝 | 又作金利毘誓。或謂“金”為“舍”之誤，即室利佛逝的異譯，在今印度尼西亞的蘇門答臘島。 |
| 金鄰 | 又作金陳、金陣、金潾。應在今泰國，位佛統（Nakhon Pathom）或叻丕（Ratburi）一帶。 |
| 金門 | 在廈門東岸外，其上的北太武山為古代航行的重要標誌。 |
| 金山 | （一）在越南的廣南－峴港（Quang Nam-Da Nang）一帶。 |

（二）在今馬來西亞的彭亨（Pahang）州，或指勞匆（Raub）一帶。

（三）在今印度尼西亞加里曼丹島南部，又作烏籠里彈。

| | |
|---|---|
| 盡山 | 又有嵊山、陳錢山等稱，在浙江嵊泗列島一帶。 |
| 進峽門 | 又作峽門，指今印度尼西亞的邦加海峽或其峽口。“進”或應作“進入”解。 |
| 井里汶 | 又作井里問、砥利文。即今印度尼西亞爪哇島北岸的井里汶（Cheribon）。 |
| 九乳螺洲 | 在南中國海的西沙群島一帶。 |
| 九山 | 又有韭山之稱。今舟山群島南端的韭山列島，主島為南韭山。 |
| 九真 | 兩漢郡名，轄境約包括越南的清化、義靜等地，後範圍時有所變。 |
| 九州山 | 又作九洲山。九州為馬來語Sembilan的意譯，應指馬來半島西岸霹靂（Perak）河口外的Sembilan群島。 |
| 舊港 | 即今印度尼西亞蘇門答臘島東南部的巨港（Palembang）。 |
| 舊柔佛 | 位馬來半島南部柔佛（Johore）河上游附近，當包括哥打丁宜和新山（Johore Bahru）乃至新加坡一帶。 |
| 舊州 | 又有舊所、舊縣、舊都等稱。位占城古國北部地區，約當越南的廣南－峴港一帶。作為都城的專名，指維川縣南的茶蕎（Tra Kieu）一帶，原為西漢日南郡象林縣的治所，也是林邑國即占城國早期首都典沖的所在地。 |
| 拘利 | 或又作句稚、九稚、九離、九雉。故地一般多考在今馬來半島西岸，和哥羅、古羅均為克拉（Kra）地峽名的譯音，其港口位帕克強（Pak Chan）河口。但另有泰國的董里（Trang）、塔庫巴（Takuapa），或馬來西亞的吉打 |

（Kedah）、巴生（Klang）諸說。

| | |
|---|---|
| 巨濟島 | 位於韓國東南岸外。 |
| 俱藍 | 又作故臨。即阿拉伯語Kulam譯音，為今印度西南岸的奎隆（Quilong）。 |
| 鬈毛烏鬼國 | 指撒哈拉沙漠以南的非洲諸部族。 |
| 掘倫 | 在印度尼西亞的馬魯古（Maluku）群島。一說泛指馬來群島的地區或部族。 |
| 軍屯山 | 或又作軍突弄山、軍徒弄山。在今越南的南岸外，指崑崙島（Poulo Condore）。 |





## K

| | |
|---|---|
| 咖嚕吧 | 又作咬嚠吧、噶留吧、噶喇吧等。今印度尼西亞雅加達（Jakarta）。 |
| 開於 | 或謂即千島群島Kuril Islands島名的譯稱。一說指庫頁島。 |
| 坎八葉 | 即今印度西岸坎貝灣（Cambay Bay）內的坎貝（Cambay）。 |
| 柯任山 | 或又作假任山、假任。在今越南的東南岸，位鵝貢（Go Cong）東面。 |
| 柯枝 | 今印度西南海岸的科欽（Cochin）。 |
| 口蘭丹 | 指馬來西亞彭亨州的關丹（Kuantan）。 |
| 款細灣 | 或即今泰國的那空素旺（Nakhon Sawan）府，一說指猜也蓬（Chaiyaphum）府的空素旺（Khon Sawan）。 |
| 昆下池 | 或為六昆下池之略，在泰國的那空是貪瑪叻（Nakhon Srithamarat）府，或北大年（Patani）角一帶。 |
| 崑崙層期 | 或謂崑崙指非洲馬達加斯加（土名Komr），層期即Zangi譯音，其地指東非沿岸及馬達加斯加島一帶。 |
| 崑崙國 | 此為南海崑崙，應泛指中南半島南部和馬來群 |

島的部族。另或專指緬甸等地的某些古國。

| | |
|---|---|
| 崑崙山 | （一）又作崑屯山。今越南崑崙島（Dao Con Lon）。<br>（二）今加里曼丹島東北岸外的泰格（Tiga）島別稱。 |
| 崑宋嶼 | 或即昆宋嶼之誤，由“昆”誤為“昆（崑）”，指今馬來半島西南岸外的皮散（Pisang）島。 |





## L

| | |
|---|---|
| 萊州大洋 | 今山東半島以北的萊州灣，渤海三大海灣之一。 |
| 萊嶼 | 位於福建省漳州市漳浦縣古雷半島東面的海域。 |
| 藍無里 | 又作藍里、南無里、南巫里、南浡里、那沒黎、喃勃利。馬來語Lamuri或Lambri的對音，故地在蘇門答臘島北部班達亞齊（Banda- Aceh）一帶。 |
| 蘭場 | 又作南掌、攬章、蘭章。或為Lan Chang的譯音，意為百萬象之國。即今老撾（Laos），有時也專指萬象（Vien-tiane）或琅勃拉邦（Luang-prabang）。 |
| 覽邦 | 又作欖邦、覽旁、哪彭、覽房，另有覽邦港口、覽傍大山等稱。在蘇門答臘島東南端的丹戎加蘭—直落勿洞（Tanjungkarang-Telukberung）一帶。 |
| 覽內 | 即目兜覽內的略稱。應即爪哇古國馬打藍（Mataram），尤指其統治中心梭羅（Surakarta）、日惹（Jogjakarta）一帶。 |
| 郎木山 | 今印度尼西亞的龍目（Lombok）島。 |
| 狼牙修 | 又作狼牙須、郎迦戍、楞伽修、凌牙斯、凌牙斯加、龍牙犀角等。在今馬來半島北部。但故地有泰國的洛坤（Nakhon Srithamarat）、北大 |

年（Patani）、宋卡（Songkhla），馬來亞的吉打（Kedah），及即馬來半島東西兩岸諸說。

嘮東山　今菲律賓班乃（Panay）島西部的劳詹（Lauajan）。

老撾　又作潦查、老抓、老告、老丫。即今老撾（Laos）。

荖山　又有老山、勞山等稱，今山東省西南部的嶗山。

荖維港口　在今加里曼丹島西岸坤甸（Pontianak）附近。

楞伽山　又作駿迦山、稜迦山。楞伽為梵文 Lankā 音譯，指斯里蘭卡（Sri Lanka）島上之主峰，或泛指今斯里蘭卡。

黎代　又誤為黎伐。或謂為Lide的譯音，故地在今蘇門答臘島北岸的洛克肖馬韋（Lhokseumawe）和班達亞齊（Banda Aceh）間。

黎母山　在海南島。

犁鞬　又作犁靬、犁軒、黎軒、大秦、海西，指古羅馬帝國，或專指東羅馬。

犂頭山　又作黎頭山。或即今泰國芭提雅附近的Bang La Mung。

里沙大山　今菲律賓班乃（Panay）島西面的馬拉利珊（Maralisan）島。

里順口　今遼東半島的旅順口。

里銀大山　又作里銀中邦、里仁大山。在呂宋島西部仁牙因（Lingayan）附近。

鯉魚塘　又作鯉魚嶼。在今文萊穆阿拉（Muara）岸外。

利仔友　應即今菲律賓呂宋島東南的黎牙實比（Legaspi）。

邐迤嶼　或作椅山，今沖繩島北之伊江（Ie）島。

廉州　在今廣西的北海、欽州一帶。

涼傘嶼　今印度尼西亞邦加島以南的達普爾島（Pulau Dapur）。

兩廣　（一）在浙江的嵊泗列島。

（二）泛指廣東、廣西兩個省區。

| | |
|---|---|
| 料羅 | 又作繚羅。金門島東南部的海灣。 |
| 裂山 | 又作分山。指越南中部的横山（Hoanh Son）。 |
| 林哪喏山 | 又作林嘮喏山。在今印度尼西亞的亞南巴斯（Anambas）群島南面。 |
| 林陽 | 又作林楊。故地有今泰國西部或緬甸東南部諸說。 |
| 林邑 | 又作臨邑。一般認為林邑國即後來史籍所載的環王國、占婆國或占城國，東漢末期立國於西漢日南郡的象林縣，後逐漸向北擴展至横山（Hoanh Son）附近。其早期都城典沖即維川（Duy Xuyen）南的茶蕎（Tra Kieu）。 |
| 寧登洋 | 即廣州南面珠江出海處的伶仃洋。 |
| 靈山 | 又稱靈山大佛。今越南的華列拉岬（Capa Varela）。 |
| 陵伽鉢拔多洲 | 在今越南中部沿海一帶，或謂即梵文名Lingaparvata之譯音。故地應指占婆（Champa）島一帶。 |
| 陵山 | 故地在越南東南岸的歸仁（Qui Nhon）一帶。 |
| 嶺海 | 指五嶺以南的廣東、廣西、海南等地，又稱嶺南。 |
| 流求 | 又作琉球，指琉球群島（大琉球）或臺灣島（小琉球），視時代或載籍的不同而異。 |
| 琉球 | 古國名，曾是山南、中山、山北三个國家的对外統稱，後來指统一的琉球國（1429—1879）。其都城为首里，故地在今沖繩那霸（Naha）市東郊。 |
| 硫黄山 | 今奄美群島中之沖永良部島（Okino-erabu Shima）。 |
| 溜山 | 又作溜洋。指今印度洋中的馬爾代夫（Maldive）群島和拉克代夫（Laccadive）群島。 |
| 劉家港 | 今江蘇省蘇州太倉市東瀏河鎮。明代鄭和下西 |

洋多由此始發。

| | |
|---|---|
| 劉公島 | 在山東的威海灣口。 |
| 六坤下池 | 又作陸坤、六昆下池、昆下池等。在泰國那空是貪瑪叻（Nakhon Srithamarat）府，位北大年（Patani）角一帶。 |
| 六石 | 又作广石，今閩江口長樂的文石。 |
| 龍江關 | 在江蘇省南京的下關。 |
| 龍奈 | 又作陸奈、祿賴，今越南南部的堤岸（Cholon）及西貢（Saigon）一帶。 |
| 龍蛇嶼 | 在今加里曼丹島西北端的達土（Datu）角一帶。 |
| 龍涎嶼 | 今蘇門答臘島西北端海中的布臘斯（Bras）島。 |
| 龍牙門 | 又作凌牙門、龍牙山門。或指島嶼，或指海峽。作為島嶼名，有印度尼西亞的林加（Lingga）島、新加坡等說。至於作為海峽名，也視時代或載籍的不同而異，分指林加海峽等。 |
| 龍隱大山 | 今菲律賓民都洛島的阿爾孔（Halcon）山。 |
| 隆勃剌邦 | 又作隆拍拉朋。即今老撾的琅勃拉邦（Luangprabang）。 |
| 盧容 | 越南中部的順化（Hue）及廣治一帶。 |
| 蘆眉 | 為 Rūm 譯音，即羅馬。 |
| 魯萬山 | 珠江口伶仃洋外的老萬山。 |
| 陸真臘 | 在柬埔寨北面，其地約當今老撾以及泰國一部分。 |
| 鹿耳門 | 位於臺灣臺南市安南區，其水道南北兩邊為濱外沙洲。 |
| 論杜 | 在今加里曼丹島，或指該島西北部馬來西亞沙撈越的隆杜（Lundu）。 |
| 羅葡山 | 今巴拉望島南面的巴拉巴克（Balabac）島。 |
| 羅漢嶼 | （一）在越南東南岸一帶，或指芽莊（Nha Trang）港外的竹（Tre）島。<br>（二）又作達羅漢嶼、達羅漢礁。馬來半島東南岸外的利馬（Lima）島。 |

| | |
|---|---|
| 羅斛 | 或謂即Lvo或Lavo的對音，故地在今泰國的華富里（Lopbury）一帶。一說其稱與老撾（Lao）立名有關。 |
| 羅瑪 | 即羅馬（Roma）。 |
| 羅灣頭 | 今越南藩朗以南的嘎那角（Mui Ca Na）。 |
| 羅越國 | 故地在馬來半島南岸，有馬來西亞的柔佛（Johore）州或新加坡海峽一帶諸說。 |
| 裸國 | （一）又作裸人國。在臺灣島或菲律賓群島北部。<br>（二）在今越南中部一帶。<br>（三）又作裸形國。在今柬埔寨和越南的南部一帶。<br>（四）又作裸人國、裸形國。指今印度的尼科巴（Nicobar）群島，或泛指尼科巴群島和安達曼（Andaman）群島。 |
| 吕宋 | 泛指今菲律賓或吕宋（Luzon）島，或專指島上的馬尼拉（Manila）。 |
| 吕蓬 | 又作吕蓬山、吕帆。今菲律賓盧邦（Lubang）島名。 |

## M

| | |
|---|---|
| 麻干洋 | 又作磨葉洋、麻茶洋。指今菲律賓民都洛（Mindoro）島和巴拉望（Palawan）島之間的海域。 |
| 麻嘉 | 即今沙特阿拉伯的麥加（Makkah）。 |
| 麻離拔 | 故地在今印度馬拉巴爾（Malabar）海岸一帶。 |
| 麻離大山 | 又稱麻黎、磨里、貓離。今印度尼西亞的巴厘（Bali）島。 |
| 麻里奔山 | 今菲律賓巴西蘭（Basilan）島東北角的莫拉瑪莫爾（Molamaul）島。 |
| 麻里東 | 又作不理東、勿里洞、萬里洞，或稱麻逸凍、麻葉甕、麻葉凍。即今印度尼西亞的勿里洞 |

（Billiton）島。

| | |
|---|---|
| 麻里荖 | 又名表山、麻里荖表山、麻里荖嶼等。今呂宋島西岸之博利瑙（Balinao）。 |
| 麻里呂 | 今呂宋島西北的馬里拉奧（Marilao）。 |
| 麻里溪溜 | 今印度的米尼科伊（Minicoy）島。 |
| 麻里予兒 | 或謂即馬來人自稱Malayu的譯音。故地有馬來半島南部一帶，或馬六甲（Malacca）、柔佛（Johore）、新加坡諸說。 |
| 麻林地 | 或謂即麻林，指即今肯尼亞東岸的馬林迪（Malindi）。另有在今莫三鼻給（Mozambique）或今坦桑尼亞的基爾西瓦尼（Kilwa Kisiwani）諸說。 |
| 麻喏巴歇 | 又作門遮把逸、麻喏八歇、滿者伯夷。指13世紀末至16世紀初印度尼西亞爪哇島上的 Madjapahit王國，其首都故址在泗水（Surabaya）西南的惹班（Modjokerto）一帶。 |
| 麻逸 | 又作摩逸、麻葉、磨葉。或謂為Mait之譯音（義為黑人國），即今菲律賓的民都洛（Mindoro）島名。 |
| 馬鞍山 | （一）在今泰國灣，或謂指陶（Tao）島。<br>（二）在今印度尼西亞的巽他（Sunda）海峽，或指帕奈坦（Panaitan）島。<br>（三）又作馬鞍嶼、南鞍。在今新加坡海峽，有賓坦（Bintan）島上的大、小賓坦山或巴塔姆（Batam）島東北端的鳥岬（Tanjong Burong）等說。<br>（四）又作馬鞍嶼，在今印度尼西亞的納土納（Natuna）群島。<br>（五）在越南南岸外的奧比（Obi）島一帶。<br>（六）在今菲律賓棉蘭老（Mindanao）島的西北岸，位錫歐孔（Siocon）一帶。 |
| 馬八兒 | 今印度半島西南馬拉巴爾（Malabar）海岸一帶。 |

| | |
|---|---|
| 馬齒山 | 今沖繩島以西的慶良間列島（Kerama-retto）。 |
| 馬哈音 | 在今印度西海岸的孟買（Bombay）。 |
| 馬韓 | 朝鮮半島南部的古國名，與辰韓、弁韓合稱“三韓”。 |
| 馬跡山 | 在江、浙附近的嵊泗海域。 |
| 馬軍 | （一）在今馬來半島的克拉（Kra）地峽北面，或即泰國的派克強（Pakchan）。<br>（二）又作馬軍山、美昆。在今菲律賓棉蘭老島西北岸的第波羅（Dipolog）西面，即曼納干（Manukan）。 |
| 馬軍礁老 | 又作網巾礁老、蚊巾礁老、莽均達老。指菲律賓的棉蘭老（Mindanao）島，或專指其南部的哥達巴都（Catobato）。 |
| 馬陵橋 | 在越南提夷海口外，或謂指龜（Jurtle）島，一說即Nouc島。 |
| 馬尼喇 | 又作鑾里刺。即今菲律賓的馬尼拉（Manila），或泛指呂宋島或菲律賓。 |
| 馬神 | 又作文郎馬神、馬辰、馬承、馬臣。即今印度尼西亞加里曼丹島南岸的馬辰（班賈爾馬辛，Bandjarmasin）。 |
| 馬祖 | 位於臺灣海峽北部的列島。 |
| 饅頭嶼 | 即今印度尼西亞蘇門答臘島東岸外的新格（Singkei）島。 |
| 滿剌加 | 又作瞞喇咖、麻六甲、磨六甲，或另稱文魯古。即今馬來西亞的馬六甲（Malacca，Melaka）州一帶。 |
| 鑾得列 | 即今緬甸中部的曼德勒（Mandalay）。 |
| 曼谷 | 又作盤谷。即今泰國的首都曼谷（Bangkok）。 |
| 慢八撒 | 即今東非肯尼亞南岸的蒙巴薩（Mombasa）。 |
| 芒佳虱 | 即今印度尼西亞蘇拉威西島西南端的望加錫（Macasar）。 |
| 芒芒港口 | 今加里曼丹島南岸的瓜拉彭布安 |

（Kualapembuang）。

芒煙山　又作望煙山、芒煙大山等。今菲律賓民都洛島南部的曼加林（Mangarin）。

忙甲山　指印度尼西亞的邦加（Bangka）島，或專指該島西北岸文島（Muntok）附近的Menumbing山。

莽角奴兒　又作莽葛兀兒。今印度西海岸的芒格洛爾（Mangalore）。

莽均達老　又作網巾礁老、蚊巾礁荖、網巾礁腦。指今菲律賓的棉蘭老（Mindanao）島一帶。

貓荖英　又稱磨老央、麻老央。在今菲律賓呂宋島西南岸，當即八打雁（Batangas）省的巴拉央（Balayan）。

貓里務　又作貓里呂、麻里呂、磨里呂、麻里驢，指菲律賓的民都洛（Mindoro）島。

貓離　又作貓釐。即今印度尼西亞的巴厘（Bali）島。

貓務煙　又作貓武煙、貓毋煙、貓務。或指菲律賓棉蘭老島西部的南、北三寶顏（Zamboanga）。也有的認為指保和 （Bohol）島。

貓着萬里淺　在今加里曼丹島南部的散皮（Sampit）灣外。或指Malatayur 淺灘。

毛花蠟　今文萊斯里巴加灣市東面的穆阿拉（Muara）。

毛夕里　即今伊拉克北部的摩蘇爾（Mosul）。

毛蟹州　又作毛蟹洲。在今越南湄公河三角洲，位美萩港口外一帶。

茅山　又作大帽山。今舟山群島的大貓島。

冒山　在今印度尼西亞的南納土納（Natuna Selatan）群島。

帽山　又作小帽山、南帽山、那沒黎山、貌山、伽倆貌山。指今印度尼西亞蘇門答臘島西北海上的韋（We）島。

咩哩干國　即America，指美國。

梅花所　今閩江口南岸的梅花鎮。

湄洲　福建省莆田市東南的海島，據載為海神媽祖的故鄉。

美羅港　又作美誉港，在今帝汶（Timor）島，故地有歐庫西（Ocussi）、帝力（Dili）數說。

美洛居　即今印度尼西亞的馬魯古（Maluku）群島。

美慎馬　又作米慎馬、里甚馬、里慎馬等。今長崎港外的女島。

美啞柔　美啞柔港口在今加里曼丹島南部的馬辰（Bandjarmasin）一帶。或兼為民族名，又作買哇柔，即 Bajau 人的譯名。

門肥赤　即今非洲坦桑尼亞東岸的馬非亞（Mafia）島。

門遮把逸山　又作麻喏巴歇、滿者伯夷，印度尼西亞爪哇島上古國名。

孟買　即今印度西岸的孟買（Bombay）。

夢家剌　又稱夢家利、度加剌山。今日本的奄美大島（Amami-o-shima）。

米糠洋　在臺灣以北的海域。

米洛居　又作美洛居、米六合。今印度尼西亞的馬魯古（Maluku）群島。

米囊葛卜　蘇門答臘古國Menankabwa，故地在今該島中部至西海岸一帶，中心為巴東（Padang）附近。

密岸　又作密雁。今呂宋港西北岸的維甘（Vigan）。

綿花嶼　（一）馬來半島西岸巴生港以南的朱格拉山（Bukic Jugra）。

（二）又作吉貝嶼，今馬來半島東岸外的及布島（Pulau Chipu）。

緬　緬或緬人為我國史籍對今緬甸主體民族的稱呼，後來成為緬甸（Burma，Myanmar）的簡稱。

民呀　又作明呀喇。即孟加拉（Bengal），包括今孟加拉國及印度西孟加拉邦。

閩安鎮　又寫作民安鎮。位於閩江下游，在今福州市馬尾區。

明州　浙江寧波古稱，與廣州、泉州均為中國古代重要對外交通、貿易港口。

摩訶新　又作莫訶信洲。或謂即古爪哇碑銘中Mahasin一名的對音，在爪哇西部。

摩逸　或又作麻逸、麻葉、磨葉。故地指今菲律賓的民都洛（Mindoro）島。

驀底納　又作默德那。即今沙特阿拉伯的麥地那（Madinah）。

末羅瑜　又作末羅遊洲、摩羅遊。故地在印度尼西亞蘇門答臘島的占碑（Jambi）一帶。

默伽　即今沙特阿拉伯的麥加（Makkah）。

木骨都束　今索馬里的摩加迪沙（Muqdisho）。

木克郎　又作木俱蘭。即今巴基斯坦和伊朗間沿海的莫克蘭（Makran）地區。

木來由　又作沒剌由、 沒剌予、馬來忽、麻里予兒、無來由、巫來由等稱。為馬來人自稱Malayu的對音，泛指馬來人及其國家，但作為地名應據不同載籍而分別區處。

木蘭皮　為Murabit對音，故地指今非洲西北部及歐洲西班牙南部一帶。

目兜覽內　又作目投夷，或簡作覽內。即印度尼西亞爪哇島上馬打藍（Mataram）古王國譯音，中心原在日惹（Jogjakarta），後遷至梭羅（Surakarta）一帶。

# N

那參　又作那罧、剌噿、誉森、囉心等。今印度尼西亞爪哇島北岸的拉森（Lasen）。

那孤兒　又作花面、那姑兒。或即蘇門答臘島古國 Nagur的譯音。故地在今實格里（Sigli）附近，或其東面的洛克肖馬韋（Lhokseumawe）一帶。

| | |
|---|---|
| 那里寅上 | 今也門的里揚（Riyan）。 |
| 那羅稽羅洲 | 或即梵文 Nārikela（椰子）音譯，在今印度洋中之馬爾代夫（Maldive）群島。另一說指今尼科巴群島（Nicoba Is.）。 |
| 那沒黎洋 | 又作喃哑哩洋、那沒嚟洋、南巫里洋、巫里洋。指今印度尼西亞蘇門答臘島西北端至印度尼科巴（Nicobar）群島一帶的海域。 |
| 哪哦山 | 或又作荖沃。指菲律賓呂宋島西北岸的拉奥（Laoag）。一說為呂宋北岸的布爾戈（Burgos）。 |
| 吶嗶嘽 | 在今菲律賓棉蘭老島西北的達比丹（Dapitan）一帶。一說為宿務島的 Dapdap。 |
| 南澳氣 | 指南海的東沙群島及其附近島礁、海域。 |
| 南澳山 | 廣東省汕頭市的南澳島。 |
| 南澳外坪山 | 今南澳島東南的南澎島。 |
| 南海黎母大山 | 今海南島五指山。 |
| 南交 | 原泛指中國的嶺南一帶，後漸用以稱今越南的北部、中部等地區。 |
| 南京 | 今江蘇省省會，明初鄭和下西洋的始發地。 |
| 南溜 | 此與北溜相對而言，或謂指今馬爾代夫群島南部蘇瓦代瓦（Suvadiva）環礁及阿杜（Addu）環礁。 |
| 南帽山 | 今蘇門答臘島西北海中的韋（We）島。 |
| 南毗國 | 或謂即婆羅門種姓Namburi的通稱，指今印度馬拉巴爾（Marabar）海岸一帶。 |
| 南杞山 | 又作南紀山。今浙江南麂山。 |
| 南日 | 福建省莆田市南日島。 |
| 南太武 | 在福建省漳州龍海市港尾鎮東南。原稱太武山，因金門的北太武而改名為南太武。 |
| 南亭門 | 又作南停門。今廣東大萬山島。 |
| 南旺 | （一）呂宋島西北岸的拉奥（Laoag）。<br>（二）又作南望，在爪哇北部。 |

| | |
|---|---|
| 南望 | 即今印度尼西亞爪哇島北部的南望（Rembang）。 |
| 南巫里 | 又作南浡里。今蘇門答臘島西北端的班達亞齊（Banda Aceh）。 |
| 南洋 | 宋元時指泉、廣以南的洋域，即南中國海及周圍一帶。後等同東南亞地區，包括中南半島、馬來半島、馬來群島等。 |
| 南掌 | 又作蘭場、蘭掌、纜掌、攬章、蘭章。或為Lan Chang的譯音，意為百萬象之國。即今老撾（Laos）。 |
| 南直 | 南直隸簡稱，指今江蘇省南京地區。 |
| 難波 | 難波（Namba）在今日本大阪。 |
| 寧波 | 又稱明州，為古今重要對外交通、貿易海港。 |
| 牛屎礁 | 又稱牛尾礁。今新加坡航道南側的布法羅岩（Buffalo Rock）。 |
| 牛頭馬面山 | 指今印度洋東北部安達曼群島（Andaman Is.）。 |
| 牛腿琴山 | 又作牛腿琴，或簡稱琴山、琴。在今印度尼西亞的邦加（Bangka）島，或指西北岸文島（Muntok）附近的Menumbing山。 |
| 牛嶼 | 在今印度尼西亞的蘇門答臘島附近。 |
| 女王國 | （一）日本古國。<br>（二）又作女人國。在今印度尼西亞爪哇島以東，或指蘇拉威西（Sulawesi）島布吉斯（Bugis）人的居住地。<br>（三）在中南半島北部，一說即八百媳婦國，在今泰國西北部清邁（Chiang Mai）至清萊（Chiang Rai）、昌盛（Chiang Sen）一帶。<br>（四）在老撾北部及越南交界一帶。 |

# P

| | |
|---|---|
| 琶離 | 又作麻籬。即印度尼西亞的巴厘（Bali）島。 |
| 盤谷 | 即今暹羅首都曼谷（Bangkok）。 |
| 盤盤 | 又作槃槃。在今馬來半島北部，故地有泰國的萬倫（Ban Don）灣、克拉（Kra）地峽、攀武里（Pranburi），或由佛統（Nakhon Pathom）至洛坤（Nakhon Srithamarat），跨有東西兩岸諸說。 |
| 朋加剌 | 又作鵬茄囉。即孟加拉（Bengal），包括孟加拉國及印度的西孟加拉邦。 |
| 彭坊西 | 又作望高山、望高西、彭亨西。在泰國南岸，或謂為Bang Plasoi，一說指龍仔厝即Samut Sakhon。 |
| 彭亨 | 又作彭坑、彭坊、朋豐等。今馬來西亞彭亨（Pahang）州一帶。 |
| 彭亨港 | 又作彭杭港。今馬來半島彭亨河口（Kuala Pahang）的北干（Pekan）。 |
| 彭佳山 | 又作彭家山、平嘉山。今臺灣彭佳嶼。 |
| 彭家山 | 又作彭加山。今印度尼西亞的邦加（Bangka）島名。 |
| 彭家施闌 | 又作傍佳施欄、邦仔系蘭、房仔系蘭、馮嘉施蘭。在今菲律賓班絲蘭省的仁牙因（Lingayen）一帶。 |
| 彭湖 | 又作平湖、澎湖。臺灣海峽的列島名。 |
| 毗騫 | 故地或謂在今印度尼西亞的蘇門答臘島，指北部巴達克（Batak）人的住地。另有馬來半島、緬甸南岸諸說。 |
| 毗舍耶 | 又作毗舍邪、毗舍那。或謂在臺灣。另以為即菲律賓的米沙鄢（Visayans）族的譯音，或指米沙鄢群島一帶。 |
| 毗宋嶼 | 又作披宋嶼。即今馬來半島西南岸外的皮散島 |

（Pulau Pisang）。

| | |
|---|---|
| 驃國 | 驃（Pyu）係緬甸一帶古民族的名稱。驃國即驃人所建的國家，其疆域曾包括伊洛瓦底（Irrawaddy）江流域，都於卑謬（Prome）。 |
| 頻底賢 | 在今印度尼西亞，或即蘇拉威西（Sulawesi）島西南端的溫甸（Bonthain）。一說指加里曼丹島西岸的坤甸（Pontianak）。 |
| 平海 | （一）廣東省惠州市惠東縣平海鎮。<br>（二）福建省莆田市秀嶼區平海鎮。 |
| 平戶島 | 在日本長崎縣北松浦半島西面。 |
| 平牙夷 | 或謂即今印度尼西亞蘇拉威西島東面的曼涯（Banggai）島。另有蘇門答臘島東岸外的望加麗（Bengkalis）島、邦加島（Bangka）諸說。 |
| 婆達 | 又作娑達。故地在東南亞，一說指印度尼西亞蘇門答臘島北部的巴達（Batak）人國家。一說又作闍婆婆達，在越南的中南部。 |
| 婆國伽藍洲 | 印度科羅曼德爾（Coromandel）沿岸至斯里蘭卡（Sri Lanka）一帶。 |
| 婆皇 | 又作娑皇。或謂指今馬來西亞的彭亨（Pahang）一帶。 |
| 婆利 | 又作婆黎、婆里洲。其故地眾說不一，有今印度尼西亞的巴厘（Bali）島、加里曼丹島乃至蘇門答臘島數說。 |
| 婆魯師洲 | 又作婆羅娑、婆律、郎婆露斯。在今印度尼西亞蘇門答臘島，指西岸的巴魯斯（ Barus），或泛指該島西部一帶。 |
| 婆羅 | （一）又作婆婁、婆魯師。唐代古國名，在印度尼西亞蘇門答臘島西北部。<br>（二）又作娑羅、婆羅州、婆羅洲。明代之婆羅即Borneo的譯音，指加里曼丹島（舊稱婆羅洲），或專指該島北部的文萊（Brunei）。 |

婆羅門　作為地名，指今印度，或兼指斯里蘭卡。

普陀　浙江舟山群島的島名。

莆家龍　又作蒲家龍、北膠浪。即今印度尼西亞爪哇島的北加浪岸（Pekalongan）。

蒲奔大海　蒲奔又作蒲盤、莆奔，在今印度尼西亞爪哇島東部及附近，其海域則稱莆奔大海或蒲奔大海。

蒲端　東南亞古國名，故地有菲律賓棉蘭老（Mindanao）島北岸的武端（Butuan）、緬甸之蒲甘（Pagan）諸說。

蒲甘　又作普幹、補幹、蒲干。應指緬甸古代的蒲甘（Pagan）王朝，。

蒲哩嚕　又作蒲里咾。應即菲律賓呂宋島東面的波利略（Polillo）島。

埔魯寫國　即普魯士（Prussia），舊地在德國東部。

# Q

七島　又稱萬者通七島山、萬者通七坵山。今日本吐噶喇列島（Tokara-retto）。

七峰山　在今菲律賓巴拉望（Palawan）島東北岸一帶，或與三牙山合稱三牙七峰山、七峰三牙山。

七嶼　今蘇門答臘島東岸賈崩（Jabung）角附近的島嶼。

七洲　又作七州。今海南島東北方的七洲列島，其周圍海域稱七洲洋。

崎頭山　今浙江峙頭山。

起來溜　今馬爾代夫北部的凱拉伊（Kelai）島。

千佛堂　又作佛堂、大佛堂、佛堂山。或謂有南北兩處：北面佛堂指今斯里蘭卡東北岸的亭可馬里（Trincomalee）；南面佛堂指斯里蘭卡南端的棟德臘角（Dondra Head）。

千里長沙　在南中國海的西沙群島。

| | |
|---|---|
| 千子智港 | 在今印度尼西亞馬魯古群島，指德那第（Ternate）港。 |
| 虔那 | 或謂在阿拉伯半島，為Kana對音。 |
| 伽倆貌 | 又作伽喃模、伽藍皃、加南貌等。在今越南藩朗（Phan Rang）附近。一在蘇門答剌北面。 |
| 欽州 | 在廣西南部，北部灣沿岸。 |
| 琴山 | 牛腿琴山簡稱。在今印度尼西亞的邦加（Bangka）島，或指西北岸文島（Muntok）附近的Menumbing山。 |
| 慶元 | （一）寧波的古代府、路名。<br>（二）在浙江西南的麗水。 |
| 瓊州 | 古州郡名，今海南島的別稱。 |
| 區粟 | 又作區栗。原為漢日南郡西捲縣的治所，故址在今越南中部。 |
| 屈都昆 | 或又作都昆、都軍、都君。故地在馬來半島，但有馬來西亞的吉打（Kadah）、瓜拉龍運（Kuala Dungun）、柔佛（Johore），或泰國的洛坤（Nakhon Srithamarat）等說。 |
| 泉州 | 在福建省中南部，與廣州、明州同為古代重要對外交通、貿易港口。 |

## R

| | |
|---|---|
| 饒潼 | 又作饒洞。故地在今印度尼西亞爪哇島梭羅（Solo）河下游地區，位錦石（Gresik）北面的南望安（Lamangan）一帶。 |
| 熱壁山 | 今日本伊平屋（Iheya）島。 |
| 仁義礁 | 今蘇門答臘島甘巴河口昆杜（Kundur）島附近的詹吉岩（Batu Janggi）。 |
| 任不知溜 | 又作壬不知溜、人不知溜。今馬爾代夫的法迪波盧環礁（Fadippolu Atoll）。 |
| 日本 | 今東北亞國名。古稱倭國。 |

日里　又作日裏。即今印度尼西亞蘇門答臘島東北岸日里（Deli）河下游的日里。

日麗　（一）越南的日麗（Nhat Le）河流域。

（二）在今加里曼丹島，或謂即傑來（Djelai）河的譯音。

（三）在今印度尼西亞蘇門臘島東北岸，即日里（Deli）。

日羅亭　或謂即柴歷亭、沙里亭的異譯，故地在今馬來半島北部的泰國拉廊府（Ranong）一帶。另有馬來西亞的Cherating河流域等說。

日南　在今越南的中部，但不同時期所指大不一樣。西漢初設日南郡，北界在橫山一帶，其港口為赴印度洋航路的始發點。後因林邑逐漸北進，其歸屬無定。

戎牙路　在今印度尼西亞爪哇島東部的泗水（Surabaya）一帶，為爪哇島Janggala古國的譯音。

榕城　福建省省會福州的別稱。

柔佛　古國名。今馬來西亞的柔佛（Johore）地區。其港口為哥打丁宜（Kota Tinggi）。

## S

薩摩　薩摩（Satsuma）為日本古國名，在今鹿兒島縣西部。

撒地港　即今孟加拉國的吉大港（Chittagong）。

三巴哇大山　今印度尼西亞的松巴哇（Sumbawa）島。

三寶壠　又作三把籠、三巴郎、鈒馬廊、三寶隴。即今印度尼西亞爪哇島的三寶壟（Semarang）。

三打板　在今印度尼西亞爪哇島北岸。一說“三”為衍字，即打板（Tuban）；一說應作己打板，為井里汶（Cheribon）古名Chetapan之譯音。

三泊　又作三濼。應在今柬埔寨的桔井省，指湄公河東岸的三坡（Sambor）。

| | |
|---|---|
| 三佛齊 | 又作三佚齊、三弗齊、佛齊、三佛國。繼室利佛逝而興的Samboja大國，其中心在今印度尼西亞蘇門答臘島的巨港（Palembang）—占卑（Jambi）一帶。 |
| 三韓 | 朝鮮半島南部古國弁韓、馬韓、辰韓的合稱。 |
| 三划 | 又作三啞思、三嗪氏州府、打喇鹿。為Sambas的譯音，今印度尼西亞加里曼丹島西北部的三發。 |
| 三蘭國 | 在非州東岸或印度洋區域。故地有今坦桑尼亞的達累斯薩拉姆（Dares Salaam），乃至索馬里（Somali）異譯等說。 |
| 三立洋 | 或又作三洲洋。指今印度尼西亞爪哇島西部和蘇門答臘島、邦加島之間的海域。 |
| 三麥嶼 | 又作三麥山、三拔嶼，或略稱三麥、麥嶼。今印度尼西亞邦加（Bangka）海峽東口外的Maspari島。 |
| 三密港 | 今加里曼丹島南部的塞木達（Semuda）。 |
| 三牙七峰 | 又名三牙七峰山，三牙、七峰相鄰兩山的合稱。在今菲律賓巴拉望（Palawan）島東北岸一帶。 |
| 三岳貌山 | 在今菲律賓呂宋島西岸。 |
| 三嶼 | （一）又作三島。在今菲律賓群島，包括加麻延、巴姥酉、巴吉弄三處，一說指今卡拉棉（Calamian）、巴拉望（Palawan）、布桑加（Busuanga）等島；一說在呂宋（Luzon）島西南沿岸。<br>（二）指呂宋島西北岸的維甘（Vigan）一帶。 |
| 桑骨八 | 在今非洲東岸一帶，或謂又作層拔，為Zangibar之譯音，意即黑人之地。 |
| 色力礁牌港 | 今印度尼西亞松巴哇島東南岸的薩彼（Sape）。 |
| 僧伽羅 | 又作僧加剌、僧加那、僧伽、僧家。梵文 |

Sinhala 譯音，意即執獅子，指今之斯里蘭卡（Sri Lanka）。

沙華公　又作蘇華公、須華公。應在今印度尼西亞的蘇拉威西（Sulawesi）島、馬魯古（Maluku）群島一帶。

沙里八丹　為 Solipatam 對音。或謂沙里（Sali）即注輦（Chola）之訛寫，指今印度泰米爾納德邦東岸的訥加帕塔姆（Nagapatam）；一說為今印度東岸的默吉利伯德訥姆（Machilipatnam）。

沙里灣泥　或謂即沙里八丹的訛音。一說在今也門東北沿海之沙爾偉恩角（Ras harwayn）。

沙馬歧頭　又作沙馬崎、沙馬枝頭、沙馬頭澳、沙馬歧頭門等。今臺灣南端之貓鼻頭。

沙塘淺　（一）又作沙糖淺。在今新加坡海峽，或廖內（Riau）群島一帶。

（二）又作沙塘石。在菲律賓呂宋島西南岸外，應指 Fortune 島西偏北面的淺灘群（Simobanks）。

（三）在今菲律賓蘇祿（Sulu）海，或指土巴塔哈（Tubbataha）群礁。

沙瑤　在今菲律賓棉蘭老島的達比丹（Dapitan）以南，一說為宿務的 Sayao。

殺牛坑　又作幞頭門、刣牛坑、宰牛坑諸名，在今菲律賓呂宋島西北岸維甘（Vigan）港附近。

殺蛇龍　在今加里曼丹島西北端達土（Datu）角一帶。

山城　山城國（Yamashiro no Kuni）為日本古地名，約當京都府南部。

山狗王　在今加里曼丹島西岸，即印度尼西亞的山口洋（Singkawang）。

杉板嶼　在今印度尼西亞勿里洞（Billiton）島附近。

杉木　今菲律賓蘇祿群島的和樂（Jolo）。

上岸　或以馬六甲海峽東口而分上、下岸，上岸指今中南半島南部及馬來半島。

| | |
|---|---|
| 上海 | 在長江出口處，為近代以來中國對外交通、貿易大港。 |
| 上水 | 或上水速孤底的省稱，指今泰國的素可泰（Sukhothai）。一說指泰國華富里（Lopbury）。 |
| 上下竺 | 又有竺嶼、東西竺、東西竹等稱。指馬來半島東岸外的奧爾（Aur）島。或謂馬來語aur義為竹，該島有東西雙峰對峙，故名。 |
| 紹山 | 今地有菲律賓棉蘭老（Mindanao）島南面的薩蘭加尼（Sarangani）島、印度尼西亞的馬魯古（Maluku）群島諸說。 |
| 紹舞 | 又作紹武淡水港。在今印度尼西亞的馬魯古（Maluku）群島，應指提多雷（Tidore）島上的提多雷港。 |
| 闍婆 | 又作闍婆洲、社婆、蛇婆。或謂宋以前的闍婆與諸薄、社薄、葉調、耶婆提等均為梵文名Yava或Yava-dvipa的譯音，指今印度尼西亞的爪哇島或蘇門答臘島，或兼指此二島。宋代及宋以後的闍婆則為爪哇島的專稱。 |
| 蛇龍山 | 在今加里曼丹島西北端的達土（Datu）角一帶。 |
| 社和鉢底 | 應為杜和鉢底之訛，又作頭和、投和、杜和羅鉢底、墮和羅、墮和羅鉢底，故地在泰國的湄南（Me Nam）河下游地區。 |
| 射箭山 | 又有射箭嶼、箭嶼、大小射箭山等稱。在今馬來半島西南岸，位皮散（Pisang）島至馬六甲（Malacca）的航道間，或謂指Banang山。 |
| 射昆美 | 又作謝昆米。今呂宋島北部阿帕里（Aparri）港西面的桑切斯米拉（Sanchez Mira）。 |
| 身毒 | 即 Sindhu 音譯，原為印度河（Indus）古名，包括今印度、巴基斯坦、孟加拉等國。 |
| 深滬 | 福建省泉州市晉江東南部的鎮、灣。 |
| 沈家門 | 浙江省舟山島東南的港灣。 |

升羅嶼　又名新樓山。今浙江穿山半島以東的島嶼圓山。

聖山　今馬來西亞沙巴（Sabah）州的基納巴盧（Kinabalu）山。

師公大山　在今印度尼西亞的巽他（Sunda）海峽。

師子城　又作僧祇城。師（獅）子為梵文Sinha的意譯。故地應指泰國的宋卡（Songkhla）。另有馬來西亞的吉打（Kedah）州及新加坡等說。

師子國　又稱執師子，為梵文Sinhala意譯，音譯僧伽羅、僧伽剌。指今斯里蘭卡（Sri Lanka）。

師子石　又作獅子石。故地有越南南岸外的薩巴特（Sapata）島、平順（Binh Thuan）島、兩兄弟（Two Brothers）群島，泰國曼谷（Bangkok）灣中的錫昌（Sichang）島，馬來西亞的珀亨提安（Perhentian）群島，乃至新加坡諸說。

尸耐海口　越南歸仁港東北的歸仁灣。

石旦港口　在今印度尼西亞巽他海峽，位萬丹港西北。

石牌礁　（一）在今泰國北大年東北面，或指洛津（Lozin）島。

（二）又作石山。在今馬來半島東岸外大雷丹（Great Redang）島附近。

室利佛逝　又作室利佛誓、尸利佛逝、佛逝、佛誓，或誤為金利毗迦。即梵文名Sri Vijaya的譯音，古代南海大國，中心在蘇門答臘島的巨港（Palembang）—占碑（Jambi）一帶。

士員嶼　即吉貝嶼之誤，今馬來半島東岸外的及布島（Pulau Chipu）。

是班牙　即西班牙（Spain）。

市武祿　在今菲律賓宿務（Cebu）島北部博果（Bogo）一帶。

市武煙大山　應即今菲律賓的錫布延（Sibuyan）島。

舒眉蓮港　指越南的歸仁港，舒眉蓮或即該地占文名Sri Vinaya或Sri Banoy譯音。

| | |
|---|---|
| 柬骨胎 | 指今泰國的素可泰（Sukhothai）府。 |
| 霜山 | 今福建四礵列島。 |
| 雙口港 | 即菲律賓馬尼拉（Manila）港。因港口有南北對峙二小島，故名雙口。 |
| 雙銀塔 | 今印度尼西亞爪哇島東北岸泗水（Surabaya）附近。 |
| 雙鷹國 | 指奥地利（Austria）。 |
| 雙嶼 | （一）在今印度尼西亞蘇門答臘島西岸外，或指塔納馬薩（Tanahmasa）和塔納巴拉（Tanahbala）二島。<br>（二）指今印度尼西亞蘇門答臘島丹戎巴來東面的兄弟島（The Brothers）。<br>（三）在今加里曼丹島西岸外，位山口洋（Singkawang）西面的勒木庫坦（Lemukutan）島一帶。 |
| 水靈山 | 山東膠南市東南靈山灣中。 |
| 水慎馬 | 日本的對馬島（Tsushima）。 |
| 水真臘 | 故地當今柬埔寨和越南南部地區以及泰國一部分。 |
| 順化 | 在今越南中部，曾為阮朝的首府。 |
| 順塔 | 又作新拖、新條，為Sunda的譯音（今作巽他）。或為印度尼西亞爪哇島西部海峽名，或專指爪哇島西北岸的萬丹（Banten）。 |
| 朔霧 | 又作速巫、淑務、宿霧等。今菲律賓的宿務（Cebu）。 |
| 思吉港 | 在今印度尼西亞爪哇島東部梭羅（Solo）河下游地區。 |
| 斯賓 | 即古代安息都城克泰斯封（Ktesiphon），在今伊拉克底格里斯河東岸。 |
| 斯羅 | 即賽琉西亞（Seleucia），遺址在今伊拉克巴格達南部，底格里斯河西岸。 |
| 私訶調 | 又作私訶條、斯訶調、斯調。為巴利文 Sihādipa |

的音譯，意為獅子國，即今斯里蘭卡。

| | |
|---|---|
| 四草 | 在臺灣臺南市安南區，瀕臨臺灣海峽。 |
| 四明 | 浙江省寧波的別稱。作為山名，在寧波市西南。 |
| 泗水 | 又作蘇兒把牙、蘇魯馬益、斯魯馬益、思魯瓦、四里貓、泗里貓仔、泗里歪、泗里末、蘇拉圭呀。即今印度尼西亞爪哇島東北岸的蘇臘巴亞（Surabaya），華僑名曰泗水。 |
| 松江 | 古稱華亭，今上海市松江區。 |
| 松浦 | 在日本長崎縣北部松浦（ Matsuura）半島。 |
| 宋卡 | 又作崧古羅、沖古剌、孫姑那、宋居嘮、宋腳、新格拉。在馬來半島東北部，即今泰國的宋卡（Songkhla）府一帶，其港口同名。 |
| 蘇澳 | 在臺灣東岸，位宜蘭縣東南，瀕臨太平洋。 |
| 蘇安山 | 今呂宋西岸仁牙因（Lingayen）附近的蘇阿爾（Sual）。 |
| 蘇兒把牙 | 又作蘇魯馬益、斯魯馬益、蘇魯馬、思魯瓦、四里貓、泗里貓仔、泗里歪、泗里末、泗水、蘇拉圭呀。今印度尼西亞爪哇島東北岸的蘇臘巴亞（Surabaya）。 |
| 蘇吉丹 | 又作斯吉丹。應在今印度尼西亞爪哇島中部，位布格（Bugel）角南面。 |
| 蘇祿 | 又作蘇魯、蘇洛等。今菲律賓的蘇祿（Sulu）群島。 |
| 蘇律山 | 今印度尼西亞小巽他群島中的索洛爾（Solor）島名。 |
| 蘇梅山 | 有大、小蘇梅山。大蘇梅山即今泰國的薩木伊（Samui）島。小蘇梅山為其北面的潘甘（Phangan）島。 |
| 蘇門答剌 | 又有金洲、金島、深沒陀羅、速木都剌、蘇木都剌、須文達那、蘇文達那、西文達那、須達那等稱。古國名。初指今蘇門答臘島西北端的薩馬朗加（Samalanga）一帶，後成為全島名。 |

| | |
|---|---|
| 蘇山 | 蘇山島位於山東半島東端，位於威海東部、榮成最南端黃海北岸。 |
| 宿務 | 又作宿霧、朔霧、淑務、速巫。即今菲律賓的宿務（Cebu）島。 |
| 速古台 | 又作速孤底、束骨胎。指素可泰王國，都城位於今泰國的素可泰（Sukhothai）一帶。 |
| 綏亦咕國 | 指瑞典（Sweden）。 |
| 瑣里 | 又作西洋瑣里、注輦，即Cola譯音，印度古國，在科羅曼德爾（Coromandel）海岸，其首府或謂在訥加帕塔姆（Nagapattam）。 |
| 孫陀 | 又作孫陀羅、孫他。在蘇吉丹、重迦羅之東，當位於東爪哇或指爪哇以東的島嶼，一說由英德（Ende）島北岸的 Sindeh 灣而得名。 |
| 娑里西蘭山 | 娑里即梵文Cōla，或譯為珠利耶、注輦、瑣里，在今印度科羅曼德爾（Coromandel）沿岸。西蘭山即今斯里蘭卡（Sri Lanka）。或謂當時斯里蘭卡屢被瑣里人所侵，故合稱之為娑里西蘭山。另又誤作婆里西蘭山，或稱婆國伽藍洲。 |



## T

| | |
|---|---|
| 塔林嶼 | 又作搭林嶼。在今印度尼西亞的納土納（Natuna）群島，指米代（Midai）島或塞拉亞（Seraja）島。 |
| 台州 | 浙江省東部的台州市。 |
| 臺山 | 在閩、浙交界一帶。 |
| 臺灣 | 又有大員、小流求等稱。臺灣海峽東部大島。 |
| 太倉 | 在江蘇省蘇州市南部。 |
| 太武山 | （一）今廈門灣南鎮海角的太武山，又稱南太武山，與漳州浯嶼同為明代重要出海口。<br>（二）今金門島中部的太武山，又稱北太武山。 |

| | |
|---|---|
| 灘山 | 與許山同在今杭州灣內的灘滸山。 |
| 堂明 | 或謂又作道明，在今老撾的中部或北部一帶。 |
| 唐山 | （一）海外華僑對祖國的代稱。<br>（二）河北省城市名。 |
| 討來思 | 又作倒腦細。即今緬甸東南岸的墨吉（Mergui）地區，為該地泰文名Tanaos譯音。 |
| 討歪 | 即今緬甸東南部的土瓦（Tavoy）。 |
| 藤綁大山 | 又作大藤綁山，或又稱大藤網、大藤捧。在今菲律賓馬尼拉灣口的巴丹（Bataan）半島。 |
| 提颾 | 即今印度西北岸卡提阿瓦（Kathiawar）半島南部的第烏（Diu）。 |
| 天方 | 又作天房、天堂、默伽。本指今沙特阿拉伯的麥加（Makkah），後泛指阿拉伯國家或地區。 |
| 天津 | 在今渤海灣，為中國的直轄市。 |
| 天堂 | （一）今日本天草島（Amakusa）。<br>（二）又作天房，指今沙特阿拉伯的麥加（Makkah）。 |
| 天竺 | 又作身毒、賢豆、天毒、印度。為Hindu譯音，指今印度、巴基斯坦、孟加拉、尼泊爾等國的地方。 |
| 天竺山 | 在今馬來半島東岸外，指馬來西亞的奧爾（Aur）島，又稱東西竺、竺嶼。一說指越南南面海上的崑崙（Condore）島。 |
| 田嘉山 | 今日本奄美群島中的德之島（Toku Jima）。 |
| 條支 | 在安息之西，屬古波斯國，即今伊拉克（Irak）一帶。 |
| 鐵鑽嶼 | 今馬來半島東北岸關丹（Kuantan）附近島嶼。 |
| 同安 | 在今福建省厦门市北部。 |
| 銅鼓山 | （一）又作銅鼓嶼。在今菲律賓呂宋島西北岸拉奥（Laoag）附近。<br>（二）加里曼丹島的貝勞通加爾（Belau Tunggal）山。 |

| | |
|---|---|
| 銅山 | 在福建省漳州市東山島東北隅。 |
| 土雅 | 又作土啞。應指當時泰國的大城（Ayuthaya）王朝，或為thaya之譯音。 |
| 土硃 | 越南西南岸外達馬（Dama）群島中的土硃島（Hon Nam Du）。 |
| 頭和 | 又作投和。墮羅鉢底（Dvaravati）省譯。在泰國的湄南（Me Nam）河下游地區。 |
| 頭巾礁 | 應在菲律賓三描禮士（Zambales）省南端的航道轉航角，即Cochinos角。 |
| 屯門山 | 又有青山、杯渡山、聖山等稱，在香港屯門西南部。 |
| 屯山 | 又作雲屯山、團山、斷山。在越南的東北岸外，一說位雲海（Van Hai）島，一說在吉婆（Cat Ba）島。 |



## W

| | |
|---|---|
| 外羅山 | 今越南的李山島（Dao Ly Son）。 |
| 外南旺 | 今印度尼西亞爪哇島東岸的外南夢（Banyuwangi）。 |
| 外任 | 又作正任。在今越南的東南岸，當位鵝貢（Go Cong）的東南面。 |
| 萬安旦港口 | 今菲律賓呂宋島西北的班加爾（Bangar）。 |
| 萬安所 | 在福建省福清市東瀚鎮的東南端。 |
| 萬丹 | 今印度尼西亞爪哇島西北岸的萬丹（Banten）。 |
| 萬島 | 今印度洋中拉克代夫（Laccadive）群島和馬爾代夫（Maldive）群島。 |
| 萬佛稅 | 在泰國南岸。或謂為華僑對望高西（Bang Plasoi）別稱。一說為Bang Bo之對。 |
| 萬古屢 | 又作萬古累，即今印度尼西亞蘇門答臘島西岸的明古魯（Bengklu），或泛指巴里散（Barisen）山脈。 |

| | |
|---|---|
| 萬老高 | 今印度尼西亞的馬魯古（Maluku）群島。 |
| 萬瀾 | 又作萬蘭、盤檀、文誕、板大島。即今印度尼西亞的班達（Banda）群島。 |
| 萬里石塘 | 在南中國海的南沙群島。 |
| 萬年嶼 | 在今加里曼丹島西岸，位印度尼西亞的坤甸（Pontianak）一帶。 |
| 萬水朝東大海 | 又作東大海、東大洋海、太平海。指今太平洋。 |
| 萬象 | 指老撾，或專指其首都萬象（Vientiane）。 |
| 王琶華 | 在今加里曼丹島的西北部，或指印度尼西亞的曼帕瓦（Mempawah）。 |
| 網甲 | 即今印度尼西亞的邦加（Bangka）島。 |
| 網巾礁老 | 又作馬軍礁老、魍根礁老、蚊巾礁老等。今菲律賓的棉蘭老（Mindanao）島，或指島上的哥達巴都（Cotabato）。 |
| 網買 | 即今印度孟買（Bombay）。 |
| 魍港 | 又有蚊港、笨港等稱。在今臺灣的嘉義縣。 |
| 望高山 | 又有望高西、彭坊西、彭亨西等稱。在泰國南岸，或謂為Bang Plasoi，又作萬佛稅。一說指龍仔厝，即Samut Sakhon。 |
| 望加錫 | 又作孟嘉失、瑪加撒、芒佳虱、夢茭虱、曼加薩、茫咖薩、芒佳瑟。即今印度尼西亞蘇拉威西島西南端的望加錫（Macassar），今又稱烏戎潘丹 （Udjung Pandang）。 |
| 溫州 | 浙江南部港口，古代也曾設立過市舶司。 |
| 文單 | 指今老撾的萬象（Vientiane），原為陸真臘的都城，有時亦用以名國。 |
| 文萊 | 又稱汶萊、勃泥、佛泥、婆羅國等。今東南亞國家文萊（Brunei）。 |
| 文萊港口 | 又稱勃泥港。今文萊的斯里巴加灣（Seri Begawan）市。 |
| 文郎馬神 | 又作馬神、馬辰、馬承、馬臣、嗎哌。即Bandjarmasin的譯音，今印度尼西亞加里曼丹島 |

南岸的馬辰。

| | |
|---|---|
| 文武樓 | 今菲律賓的民都洛（Mindolo）島，或專指該島西北部的曼布勞（Mamburao）。 |
| 广石 | 又作六石，今閩江口長樂的文石。 |
| 甕蠻 | 即今阿拉伯半島東南的阿曼（Oman）。 |
| 倭 | 又作倭奴。日本國古名。 |
| 臥亞 | 即今印度西岸果阿（Goa）。 |
| 屋黨 | 又作屋同、惡黨。今菲律賓班乃（Panay）島西南部的奧頓（Oton）。 |
| 烏丁礁林 | 今馬來半島南部的哥打丁宜（Kota Tinggi）。 |
| 烏龜 | （一）在浙江普陀及舟山一帶。<br>（二）在浙江溫嶺市。 |
| 烏龜洋 | 或指印度洋的安達曼海（Andaman Sea）。 |
| 烏鬼國 | 泛指撒哈拉沙漠以南的非洲國家或部族。 |
| 烏雷山 | 在廣西欽州東南海中。 |
| 烏籠里憚 | 在印度尼西亞加里曼丹島南部馬辰的東北面，或即貝薩（Besar）山一帶。 |
| 烏邱山 | 又作烏蚯山。今福建莆田湄洲附近的烏丘嶼。 |
| 烏沙門 | 在今舟山島東南朱家尖附近。 |
| 烏土 | 指今緬甸（Burma，Myanmar）。 |
| 烏猪洋 | 今廣東烏猪洲附近海域。 |
| 巫來由 | 又作無來由、末羅瑜、木剌由。即馬來人自稱Malayu 的譯音，泛指東南亞各地的馬來人居住地及國家。 |
| 巫崙 | 或又作牛論、牛侖、故鸞、故論。在今印度尼西亞爪哇島東部。 |
| 吳實記落 | 今印度西北海岸皮蒂亞羅河口（Bhitiaro Creek）。 |
| 蜈蜞嶼 | 又有嗅哄嶼、東蜈蜞山、西蜈蜞等稱，或訛作吳哥（奇）。應在印度尼西亞的南納土納（Natuna Selatan）群島，其中大蘇比（Subi Besar）島稱東蜈蜞，塞拉亞（Seraja）島稱西蜈蜞。 |

| | |
|---|---|
| 無離拔 | 即Malabar的譯音，今印度半島西南岸馬拉巴爾海岸一帶。 |
| 無論 | 在中南半島西部，故地有緬甸卑謬（Prome）一帶、泰國武里南府或烏隆府一帶等說。 |
| 浯嶼 | 在福建漳州龍海岸外，於小擔島與鎮海角之間。 |
| 五島 | 今日本長崎港外的五島列島（Goto-retto）。 |
| 五虎門 | 位於福建省福州市連江縣閩江入海處，明初鄭和下西洋重要起航點。 |
| 五溪港 | 在臺灣彰化。 |
| 五羊 | 又作羊城，廣州的別稱。 |
| 五嶼 | （一）今菲律賓的巴布延（Babuyan）群島。<br>（二）又作真五嶼。在今馬來西亞的馬六甲（Malacca）港外，或謂指瓦特（Water）郡島，尤指其中較大的Besar、Dodol、Hanyat、Nangka、Undan等五島。<br>（三）在今加里曼丹島東北面，位馬來西亞沙巴（Sabah）州的哥打貝盧（Kota Belud）岸外。<br>（四）在今印度尼西亞爪哇島東北岸外。 |
| 勿里洞 | 又作不理東、勿里洞山、萬里洞，或稱麻逸凍、麻葉瓮、麻葉凍。即今印度尼西亞的勿里洞（Billiton）島。 |
| 勿流那山 | 今印度尼西亞的馬都拉（Madura）島。 |
| 勿斯里 | 又作蜜徐籬。為阿拉伯人稱埃及Misr譯音，指今埃及。 |
| 勿斯離 | 又作麻呵斯離。即今伊拉克北部的摩蘇爾（Mosul）。 |

## X

| | |
|---|---|
| 西董 | 指越南東南岸外的大卡特威克（Catwick）島。 |
| 西都 | 又作西京。在越南的清化省。 |

| | |
|---|---|
| 西貢 | 又作雉棍。西貢（Saigon），即今越南胡志明（Ho Chi Minh）市。 |
| 西後門 | 今浙江舟山島西方的西候門。 |
| 西里伯 | 又作食力百私、則勒伯、則肋伯島、細利窪。指今印度尼西亞的蘇拉威西（Sulawesi）島，即該島舊稱西里伯斯（Celebes）的譯音。 |
| 西龍蛇 | 另有西蛇龍、殺蛇龍、龍蛇山、龍蛇嶼或東西蛇龍山等稱。位於加里曼丹島西北端一帶，東龍蛇即達士角，西龍蛇指其西面的Api角。 |
| 西崙 | 又作西難。為錫蘭（Silan）的異譯，即今斯里蘭卡（Sri Lanka）。 |
| 西寧 | 應即今印度尼西亞爪哇島西北岸的西冷（Serang）。 |
| 西洋 | 古代西洋範圍所指不一，元代及明代前期相當於今南海西部和印度洋，部分載籍的西洋國指今印度南部。明末以後多指今大西洋及歐美各國，或專指葡萄牙等。 |
| 西洋古里 | 即古里，指今印度喀拉拉邦北岸的卡利卡特（Calicut）。 |
| 西洋瑣里 | 即瑣里。在今印度科羅曼德爾（Coromandel）海岸，其首府或在訥加帕塔姆（Nagapattam）。 |
| 西竺 | （一）即西天竺之略，指西印度。<br>（二）在今馬來半島東南岸外的奧爾（Aur）島，又有東西竺合稱。 |
| 熙寧 | 在今印度尼西亞爪哇島北部，即西冷（Serang）。 |
| 犀角嶼 | 或指今菲律賓巴西蘭（Basilan）島西面的桑博伊（Sangboy）島。 |
| 息里尖 | 在今印度尼西亞帝汶島西岸的古邦（Kupang）附近。 |
| 細蘭 | 阿拉伯語Silan譯音，明代又譯為錫蘭、錫蘭山，今斯里蘭卡（Sri Lanka）。 |

| | |
|---|---|
| 錫山 | 今馬來半島東北岸泰國的西春（Ban Sichon）。 |
| 峽門 | 又稱狹門、夾門、狹水、狹內，或另作進峽門。指今印度尼西亞的邦加（Bangka）海峽，尤指其峽口。 |
| 下岸 | 或以馬六甲海峽口而分上、下岸，下岸當指今印度尼西亞爪哇島、蘇門答臘島等處。 |
| 下港 | 即今爪哇島西北岸萬丹（Banten），或泛指全島西北岸一帶。 |
| 下里 | 或即今印度西岸卡利卡特北部的Maunt Delly。 |
| 仙丹山 | 在今印度尼西亞的淡美蘭（Tambelen）群島一帶。 |
| 仙髻山 | 在今泰國的庫特島（Koh Kut）一帶。 |
| 賢豆 | 即身毒、天竺、印度的異譯。 |
| 暹羅 | 又有暹國、暹羅斛等稱。古國名。均指今泰國。 |
| 香蕈洋 | 在臺灣島以北海域。 |
| 祥芝 | 又名祥之、祥芝角。在今福建泉州港口之南。 |
| 象郡 | 秦代所設，北境在廣西西部，南境抵越南中部。 |
| 象坎 | 在今暹羅灣的東北部，指泰國的強島（Koh Chang）。 |
| 象林 | 象林縣為西漢所設日南郡的最南一縣，南抵華列拉角（Cap Varella）一帶。漢時林邑立國於此，早期的都城典沖位於茶蕎（Tra Kieu）。 |
| 象浦 | 或又作大浦、林邑浦，在越南的廣南—峴港一帶，應指大占（Dai Chiem）海口。 |
| 小白頭 | 應指今阿富汗、巴基斯坦、孟加拉一帶信仰伊斯蘭教的地區。 |
| 小淡水 | 在臺灣新北市淡水。 |
| 小東洋 | 元代及明初指今菲律賓群島和加里曼丹島北岸一帶，後包括臺灣島及琉球群島一帶。 |
| 小葛蘭 | 又作小唄南、故臨。即今印度南部西岸的奎隆（Quilon）。 |
| 小橫山 | 今柬埔寨的威島（Poulo Wai）。 |

小崑崙　（一）在今緬甸薩爾溫江下游的達通（Thaton）一帶，一說在勃固（Pegu）或勃生（Bassein）附近。

（二）又作小崑崙山、崑崙仔。在今越南東南岸外的兩兄弟（Two Brothers）群島，一說專指Hon Ba。

小琉球　（一）又名小琉球頭、小琉球山。在臺灣島北部。

（二）泛指臺灣全島。

小呂宋　清代部分載籍稱菲律賓呂宋島為小呂宋，其宗主國西班牙為大呂宋。

小婆羅門　或在今印度東北部曼尼普爾（Manipur）一帶。

小蘇梅山　在今馬來半島東北岸外，或指泰國的潘甘（Phangan）島。

小西洋　（一）元代及明代初期以馬六甲海峽為準而劃分大、小西洋。小西洋指今南海西部。

（二）明末以後一般指今印度洋，又作小西洋海。

（三）指印度半島。

（四）專指今印度西岸的果阿（Goa）。

小煙山　又作小煙可窖山。在菲律賓的卡拉棉（Calamian）群島，或即布桑加（Busuanga）島名。

小雲螺　今印度尼西亞佛羅勒斯（Flores）島南部。

校枤　又稱校杯、筊杯山、筊杯嶼。今越南歸仁港口的梅燕角（Mui yen）和枯島（HonKho）。

邪馬臺　日本古國名（Yamataikoku）

斜仔　指今泰國萬倫灣西岸的柴也（Chaiya）。

謝崑米嶼　又作射昆美、謝崑美大山、謝昆尾山。在今菲律賓呂宋島北，當即阿帕里（Aparri）西面的桑切斯米拉（Sanchez Mira）。

新村　今印度尼西亞爪哇島東北部的格雷西

（Gresik）。

新羅　朝鮮半島南部古國名，一度統一全半島。

新拖　或又作新條、孫條。即 Sunda（今譯巽他）的譯音，泛指今印度尼西亞爪哇島的西部，或專指萬丹（Banten）。

新州　又作新洲。今越南歸仁（Qui Nhon）。

信合納帖音　梵文Sinhaladvipa音譯，指今斯里蘭卡，古代又名執師子國。Sinhala即僧伽剌，義為執師子，dvipa義為洲、島。

星洲　又作星加坡。新加坡（Singapore）的別稱。

徐聞　在雷州半島，西漢時曾為赴印度洋航線的起點之一。

軒內　在越南的東北部，或指海防（Hai Phong）市一帶。

## Y

牙里　亦作迓里、牙里嶼、牙里坎，即今斯里蘭卡西南岸加勒（Galle）。

亞慈理美妙　又作啞慈子里美山、亞慈理、亞慈子里等。今日本四國島東南之足摺岬（Ashizurimisaki）。

亞甫山　乂作野顧山。今日本屋久島（Yaku-jima）。

亞咩哩隔國　為America對音，指南美洲，尤專指巴西（Brazil）。

亞齊　又作啞齊、阿齊、亞齊大山、大亞齊等。在今印度尼西亞蘇門答臘島北部的亞齊（Aceh）特區一帶，或專指其首府班達亞齊（Banda-Aceh）。

啞陳　今菲律賓南部島嶼班乃島西南部的奧頓（Oton）。

啞魯　又作阿魯、亞路、亞魯、啞路，另尚有阿魯國港、亞路港口、亞嶼港口等稱。即印度尼西亞蘇門答臘島古國名Aru的譯音，故地在今日里（Deli）河流域。

| | |
|---|---|
| 崖州大山 | 在海南島南岸。 |
| 煙筒山 | 又有烽墩、煙筒、煙箭山、煙箭等稱。在今越南的中部海岸，位靈山即石碑山和華列拉角北面。 |
| 炎洲 | 又作炎火山。指印度尼西亞的火山。 |
| 閻摩那洲 | 又作閻摩羅洲。或謂為梵文名Yavana的譯音，故地在中南半島。 |
| 沿灣俶烏佳眉 | 今日本四國島東南八阪八濱以東之大島（O-shima）。 |
| 晏頭 | 在今馬來半島東岸，即馬來西亞柔佛州的興樓（Endau）。 |
| 晏頭蠻國 | 或作晏頭。即今印度洋的安達曼（Andaman）群島。 |
| 宴公 | 即今緬甸的仰光（Rangoon）。 |
| 雁塘 | 又作岸塘、岸詹、岸童山。即今菲律賓呂宋島西北岸的坎當（Candon）。 |
| 羊山 | （一）今杭州灣以東的大、小洋山。<br>（二）又作羊嶼、洋嶼、羊角嶼等。在今越南中部歸仁港外東南面，即指 Gambir 島。 |
| 羊嶼 | （一）在今越南中部歸仁港外東南面，即指 Gambir 島。<br>（二）在今馬來半島東岸外，或指馬來西亞的大雷丹（Great Redang）島。 |
| 揚子江 | 又作洋子江，即長江，或專指其下游的一段。 |
| 揚州 | 在江蘇省長江下游北面。唐代以來重要的商業和對外交通中心。 |
| 仰光 | 又作宴公、漾共、營工、郎昆、仰江。即今緬甸的仰光（Rangoon）。 |
| 堯港 | 在臺灣島西南岸。 |
| 咬𠺘吧 | 即噶喇吧異譯，即馬來語椰子（kalapa） |

的音譯，指今印度尼西亞爪哇島的雅加達（Jakarta）。

耶婆提　或謂與葉調均梵文名Yava-dvipa的譯音略稱，故地在今印度尼西亞爪哇島；一說為蘇門答臘島或兼指此二島。

椰子塘　（一）在今印度尼西亞蘇門答臘島西南岸外，或指恩加諾（Enggano）島，一說為Betua島。
（二）或謂又作通草嶼。即越南的圃拜（Bo Bai）島。

野故　又稱野顧山。今日本屋久島（Yaku-jima）。

一歧島　即日本九州西岸外的壹岐（Iki）島。

伊奢那　又作伊賞那補羅。或還原為Iśanapura，謂即柬埔寨古國王伊奢那跋摩（Isanavarman）建立的都城毗耶陀補羅（Vyadhapura），故地在今柬埔寨波蘿勉省的巴南（Ba Nam）附近。一說在吳哥（Angkor）一帶。

夷洲　又作夷州。或謂即臺灣古稱，然非確論。

依大利亞　指意大利（Italy）。

宜蘭　在臺灣島東北部。

以寧山　又作以寧港、以能嶼。菲律賓民都洛（Mindolo）島南面的伊林（Ilin）島。

已程不　或謂在今斯里蘭卡，為斯里蘭卡古巴利文名Sihadipa（師子洲）譯名。

已龍溜　或作巳龍溜。在今馬爾代夫群島，指哈杜馬蒂（Haddummati）環礁中的岡（Gang）島。

益救島　又作有救島。今日本屋久島（Yaku-jima）。

意細班啱呢　西班牙別名Hispania的對稱。

印度　古代印度包含較廣，含今印度、巴基斯坦、孟加拉等。

印嶼　今印度尼西亞帝汶島北岸外的巴塔克（Batak）島。尹代瑪指今越南西南部的河仙（Ha Tien）

| | |
|---|---|
| | 一帶。其地原屬柬埔寨，名Pontameas，後屬越南。 |
| 英機黎 | 又作英圭黎、英吉利，指今英國。 |
| 鸚鵡嘴 | 今斯里蘭卡東部納姆納庫里（Namunakula）山名。 |
| 鸚鵡山 | 在今印度尼西亞的爪哇島。 |
| 永寧 | 在福建泉州晉江東南。 |
| 于羅 | 即今伊拉克巴比倫城遺址南面納傑夫（Najaf）東南的希拉（Hira）城遺址。 |
| 援丹 | 又作文誕、盤檀、萬蘭、萬瀾、板大島，指印度尼西亞的班達（Banda）群島。 |
| 月港 | 在福建漳州，為明代重要對外貿易港口。 |
| 月投門 | 今菲律賓的聖費爾南多（San Fernando）港。 |
| 越里 | 又作越裏。在越南中部的廣溪（Quang khe）、廣澤（Quang Trach）一帶。 |
| 越南 | 中南半島Vietnam國名，古稱交趾、安南、占城等。 |
| 越裳 | 中南半島古國名，約在今越南中部一帶。 |
| 雲台山 | 在江蘇省連雲港市。 |
| 雲屯州 | 或又作團山、斷山、屯山。在越南東北岸外的雲海（Van Hai）島附近。 |

## Z

| | |
|---|---|
| 宰牛坑 | 又作刣牛坑、殺牛坑。在今菲律賓呂宋島北部阿帕里（Aparri）港附近。 |
| 乍浦 | 在浙江嘉興，南臨杭州灣。 |
| 寨里大山 | 在馬來半島東岸，或指泰國的賽武里（Saiburi）一帶。 |
| 占不勞 | 又作占筆羅、呫嗶囉、尖筆羅等。今越南占婆（Champa）島。 |
| 占城 | 古國名，又稱占婆、占波、占八。占婆係占城 |

國碑銘中Champa的譯音，中國史書又稱為林邑、環王、占城，故地在今越南中南部。

占臘　應即真臘的同名異譯，指今柬埔寨及越南南部一帶。史籍中所謂真臘滅占城而改名占臘乃出於後人的附會。

占婆　即占城，該國碑銘中Champa的譯音。

詹卑　在今印度尼西亞蘇門答臘島的占碑（Jambi）一帶。

章姑　又作章孤、漳沽、漳估山。即Chang Kir的譯音，在今印度尼西亞爪哇島東部布蘭塔斯（Brantas）河下游，位泗水（Surabaya）和惹斑（Modjo Kerto）之間。

彰化　在臺灣島西岸中部地區。

爪哇　在印度尼西亞的爪哇（Java）島。

詔安　屬福建省漳州市，地處福建南端的閩粵交界處。

遮里問　又作遮里問大山、井里問、井里汶、井裏汶、砥利文。即今印度尼西亞爪哇島北岸的井里汶（Cheribon）。

則浪　又作西蘭。即今印度尼西亞馬魯古群島的斯蘭（Ceram）島。

則勒伯　即Ceylon音譯，又作錫蘭、則蘭，今斯里蘭卡（Sri Lanka）。

浙地港　又作察地港。即今孟加拉國的吉大港（Chittagong）。

真臘　又作真蠟、真獵、占臘、占獵、占蠟。高棉（Khmer）族所建王國，其領土包括今柬埔寨、老撾及越南南部，最盛時西與緬甸接壤。

真里富　指今泰國東南岸的尖竹汶（Chantaburi）一帶。

真蒲　在今越南的東南岸，一般認為位頭頓角北面的巴地（Ba Ria）附近。

真嶼　又作真仕、真糍、真王嶼等。今越南南岸外的快島（Hon Khoai）。

鎮海　（一）福建漳州南面的鎮海角。

（二）在浙江寧波一帶。

正任　在今越南的東南岸，位鵝貢（Go Cong）的東南面。

知汶　又作知悶。即今帝汶（Timor）島。

芝罘　在山東煙臺市，地處山東半島北端，黃海之濱。

雉棍　即西貢（Saigon），今越南胡志明市。

直沽海口　今天津市海河入海處。

直羅里　或又作地羅。在今印度尼西亞的馬魯古（Maluku）群島，即提多雷（Tidore）島的譯音。

質　即馬來語Selat的譯音，意為海峽。其地有新加坡海峽、馬六甲海峽等說。

執師子　為僧伽剌（Sinhala）意譯，師為獅古字。即今斯里蘭卡古名師子國別稱。

志賀島　日本福岡市東區的志賀島（Shikanoshima）。

中邦里銀　又作里銀中邦、里銀、里銀大山、里仁大山、中邦。在今菲律賓呂宋島的三描禮士（Zambales）省沿海一帶，位馬辛洛克（Masinloc）或其附近。

中都　又作東都。指今越南的河內（Ho Noi）。

中山國　琉球群島的古國名。

重迦羅　又作大闍婆、戎牙路、重迦盧、重伽蘆、重迦邏。在今印度尼西亞爪哇島東部的泗水（Surabaya）地區，為12至15世紀爪哇島上Janggala王國的譯音。

種島　又作旦爾山、但午島等。今日本種子島（Tanegashima）。

舟山　浙江的群島名。

朱葛礁喇　又作諸葛擔籃。今加里曼丹島西岸的蘇卡達納（Sukadana）。

| | |
|---|---|
| 朱江 | 或謂又作朱波。或即驃國的別稱，在緬甸。另有泰國湄南（Me Nam）河下游、湄公（Mekong）河上游地區等說。 |
| 朱儒國 | 在日本以南至菲律賓以北的海域中。 |
| 諸薄 | 或謂諸薄與社薄、杜薄、闍婆均梵文名Yava的譯音，指今印度尼西亞的爪哇島或蘇門答臘島，或兼指此二島。 |
| 豬蠻 | 又作杜瓶、杜並（足）、杜板、賭斑、杜蠻。即今印度尼西亞爪哇島西北岸的廚閩（Tuban）。 |
| 豬母山 | 又作豬母嶼、豬母頭等。在今馬來半島東南岸外的錫里布阿（Siribuat）群島。 |
| 豬未山 | 又作豬來未[尾]。今菲律賓甲米地（Cavite）港名。 |
| 竹步 | 即今索馬里南部朱巴河口的准博（Giumbo）。 |
| 竹里木 | 在今柬埔寨，指金邊一帶，為該城別稱Chidor-muc的譯音。 |
| 竹牌礁 | （一）今緬甸的莫斯科斯（Moscos）群島中之一島。一說指莫塔馬（Moktama）灣的Green島。<br>（二）又作竹牌、竹排礁。在今斯里蘭卡島東南岸外。 |
| 竹嶼 | （一）位今越南南岸外崑崙（Condore）島的附近，或謂指小崑崙島。<br>（二）又作竹篙嶼。在今泰國的曼谷灣，或指錫昌（Sichang）島。<br>（三）在今印度尼西亞蘇門答臘島東南岸外，或謂指Mundu島。<br>（四）在今加里曼丹島西岸的蘇加丹那（Sukadana）港外，或為馬雅（Maja）島名。<br>（五）在今菲律賓的錫布延（Sibuyan）島至民 |

都洛（Mindoro）島的航道間。

| | |
|---|---|
| 竺嶼 | 又有上下竺、東西竺等稱，指今馬來半島東南岸外的奧爾（Aur）島。 |
| 筑紫 | 在日本福岡縣的筑紫（Chikushi）。另亦為九州的別稱。 |
| 注輦 | 梵名Cōla的譯音。故地在今印度科羅曼德爾海岸一帶。唐代作珠利耶，明代又稱瑣里（Soli）。 |
| 苧盤山 | 又作苧麻山、地盤山。馬來半島東南的潮滿島（Pulau Tioman）。 |
| 自然火洲 | 又作自然大洲。或為今印度尼西亞小巽地（Lesser Sunda）群島一帶之火山區。 |
| 祖法兒 | 又作佐法兒。今阿曼南部的佐法爾（Zufar）地區。 |

# 附錄三

## 南海諸島中、外及民間名稱對照表

| 序號 | 1983年公佈名稱 | 1947年公佈名稱 | 1935年公佈名稱 | 外文名稱 | 古稱或漁民名稱 |
|---|---|---|---|---|---|
| 1 | 南海諸島 | 南海諸島 | 南海各島嶼 | South China Sea Islands | 千里長沙<br>萬里石塘 |
| 2 | 東沙群島 | 東沙群島 | 東沙島 | Pratas Is. | 南澳氣 |
| 3 | 東沙礁 | | | Pratas Reef | |
| 4 | 東沙島 | 東沙島 | 東沙島 | Pratas I. | 月牙島 |
| 5 | 北衛灘 | 北衛灘 | | North Vereker Bank | |
| 6 | 南衛灘 | 南衛灘 | | South Vereker Bank | |
| 7 | 北水道 | | | North Pass | |
| 8 | 南水道 | | | South Pass | |
| 9 | 西沙群島 | 西沙群島 | 西沙群島 | Paracel Islands and Reefs | |
| 10 | 永樂群島 | 永樂群島 | 庫勒生特列島 | Crescent Group | 西八島 下八島 下峙 |
| 11 | 北礁 | 北礁 | 北礁 | North Reef | 干豆 |
| 12 | 金銀島 | 金銀島 | 錢財島 | Money I. | 尾峙 尾島 |
| 13 | 羚羊礁 | 羚羊礁 | 羚羊礁 | Antelope Reef | 筐仔 筐仔峙 |
| 14 | 筐仔沙洲 | | | | 筐仔嶼 |
| 15 | 甘泉島 | 甘泉島 | 羅伯特島 | Robert I. | 圓峙 圓島 |
| 16 | 珊瑚島 | 珊瑚島 | 偪陶爾島 | Pattle I. | 老粗島 老粗峙 |
| 17 | 全富島 | | | | 全富峙 全富 曲手 |
| 18 | 鴨公島 | | | | 鴨公嶼 鴨公島 |
| 19 | 銀嶼 | | | | 銀峙 |
| 20 | 銀嶼仔 | | | | 銀峙仔 |
| 21 | 咸舍嶼 | | | | 咸舍 咸且島 |
| 22 | 石嶼 | | | | 石嶼 |
| 23 | 晉卿島 | 晉卿島 | 都蘭莽島 | Drummond I. | 四江門 四江島<br>世江峙 |
| 24 | 琛航島 | 琛航島 | 壇堅島 | Dancan I. | 三腳 大三腳島<br>三腳島 |
| 25 | 廣金島 | 廣金島 | | Palm I. | 三腳嶼 小三腳嶼 |
| 26 | 玉琢礁 | 玉琢礁 | 符勒多兒礁 | Vuladdorc Reef | 二筐 二塘 二圈 |
| 27 | 華光礁 | 華光礁 | 覓出礁 | Discovery Reef | 大筐 大塘 大圈 |
| 28 | 盤石嶼 | 盤石嶼 | 巴徐崎 | Passu Keak | 白樹仔 白峙仔 白礁 |
| 29 | 中建島 | 中建島 | 土萊塘島 | Triton I. | 半路 半路峙 螺島 |
| 30 | 宣德群島 | 宣德群島 | 鶯非土萊特列島 | Amphitrite Goup | 上七島 東七島 上峙 |
| 31 | 永興島 | 永興島 | 茂林島 | Woody I. | 貓注 吧注 貓島 |
| 32 | 石島 | 石島 | 石島 | Rocky I. | 小巴島 |
| 33 | 七連嶼 | | | | |

| 序號 | 1983年<br>公佈名稱 | 1947年<br>公佈名稱 | 1935年<br>公佈名稱 | 外文名稱 | 古稱或漁民名稱 |
|---|---|---|---|---|---|
| 34 | 東新沙洲 | | | | |
| 35 | 西新沙洲 | | | | |
| 36 | 南沙洲 | 南沙洲 | 南灘 | South Sand | 紅草一 紅草島 |
| 37 | 中沙洲 | 中沙洲 | | Middle Sand | 紅草二 |
| 38 | 北沙洲 | 北沙洲 | | North Sand | 紅草三 |
| 39 | 南島 | 南島 | 南島 | South Island | 三峙 三島 |
| 40 | 中島 | 中島 | 中島 | Middle Island | 石峙 石島 |
| 41 | 北島 | 北島 | 北島 | North Island | 長峙 長島 |
| 42 | 趙述島 | 趙述島 | 樹島 | Tree Island | 船暗島 船晚島 |
| 43 | 西沙洲 | 西沙洲 | 西灘 | West Sand | 船暗尾 船晚尾 |
| 44 | 銀礫灘 | 銀鑠灘 | 伊爾迪斯灘 | Iltis Bank | |
| 45 | 東島 | 和五島 | 林康島 | Lincoln I. | 貓興島 巴興 吧興島 |
| 46 | 西渡灘 | 西渡灘 | 帶渡灘 | Dido Bank | |
| 47 | 高尖石 | 高尖石 | 高尖石 | Pyramid Rocks | 尖石 雙帆 |
| 48 | 北邊廊 | | | | 北邊廊 北邊郎 |
| 49 | 濱湄灘 | 濱湄灘 | 蒲利孟灘 | Bremen Bank | 三筐大椰 三匡大郎 |
| 50 | 湛涵灘 | 湛涵灘 | 則衡志兒灘 | Jehangire Bank | 仙桌 八辛郎 |
| 51 | 浪花礁 | 蓬勃礁 | 傍俾礁 | Bombay Reef | 三匡 三筐 |
| 52 | 嵩燾灘 | | | Herald Bank | |
| 53 | 老粗門 | | | | 老粗門 |
| 54 | 全富門 | | | | |
| 55 | 銀嶼門 | | | | |
| 56 | 石嶼門 | | | | |
| 57 | 晉卿門 | | | | 四江門 四江水道 |
| 58 | 紅草門 | | | | 紅草門 |
| 59 | 趙述門 | | | Zappe Pass | |
| 60 | 甘泉門 | | | | |
| | | | 核子牌灘 | Hotspur shoal | |
| | | 森屏灘 | 觀察灘 | Observation bank | |
| | | 道乾群島 | | Duncan Is. | |
| 61 | 中沙群島 | 中沙群島 | 南沙群島 | Macclesfield Bank | |
| 62 | 西門暗沙 | 西門暗沙 | | Siamese Shoal | |
| 63 | 本固暗沙 | 本固暗沙 | | Bankok Shoal | |
| 64 | 美濱暗沙 | 美濱暗沙 | | Magpie Shoal | |
| 65 | 魯班暗沙 | 魯班暗沙 | | Carpenter Shoal | |
| 66 | 中北暗沙 | 立夫暗沙 | | Oliver Shoal | |
| 67 | 比微暗沙 | 比微暗沙 | | Pigmy Shoal | |
| 68 | 隱磯灘 | 隱磯灘 | 伊機立亞灘 | Egeria Bank | |
| 69 | 武勇暗沙 | 武勇暗沙 | | Howard Shoal | |
| 70 | 濟猛暗沙 | 濟猛暗沙 | 利錨司灘 | Learmouth Shoal | |
| 71 | 海鳩暗沙 | 海鳩暗沙 | | Plover Shoal | |
| 72 | 安定連礁 | 安定連礁 | | Addington Patch | |
| 73 | 美溪暗沙 | 美溪暗沙 | | Smith Shoal | |
| 74 | 布德暗沙 | 布德暗沙 | | Basselt Shoal | |
| 75 | 波洑暗沙 | 波洑暗沙 | | Balfour Shoal | |

| 序號 | 1983年公佈名稱 | 1947年公佈名稱 | 1935年公佈名稱 | 外文名稱 | 古稱或漁民名稱 |
|---|---|---|---|---|---|
| 76 | 排波暗沙 | 排波暗沙 | | Parry Shoal | |
| 77 | 果濺暗沙 | 果濺暗沙 | | Cawston Shoal | |
| 78 | 排洪灘 | 排洪灘 | | Penguin Bank | |
| 79 | 濤靜暗沙 | 濤靜暗沙 | | Tancred Shoal | |
| 80 | 控湃暗沙 | 控湃暗沙 | | Combe Shoal | |
| 81 | 華夏暗沙 | 華夏暗沙 | | Cathy Shoal | |
| 82 | 石塘連礁 | 石塘連礁 | | Hardy Patches | |
| 83 | 指掌暗沙 | 指掌暗沙 | | Hand Shoal | |
| 84 | 南扉暗沙 | 南扉暗沙 | | Margesson Shoal | |
| 85 | 漫步暗沙 | 漫步暗沙 | 散步灘 | Walker Shoal | |
| 86 | 樂西暗沙 | 樂西暗沙 | | Phillip's Shoal | |
| 87 | 屏南暗沙 | 屏南暗沙 | | Payne Shoal | |
| 88 | 黃岩島（民主礁） | 民主礁 | 斯卡巴洛礁 | Scarborough Reef | |
| 89 | 南岩 | | 南石 | South Rock | |
| 90 | 北岩 | | | | |
| 91 | 憲法暗沙 | 憲法暗沙 | 特魯路灘 | Truro Shoal | |
| 92 | 一統暗沙 | 一統暗沙 | | Helen Shoal | |
| 93 | 神狐暗沙 | | | St.Esprit Shoal | |
| 94 | 中南暗沙 | | | Dreyer Shoal | |
| | | | 管事灘 | Stewart Bank | |
| 95 | 南沙群島 | 南沙群島 | 團沙群島 | Spratly Islands | |
| 96 | 雙子群礁 | 雙子礁 | 北險礁(雙子島) | North Danger [North Danger reef (Two Islands)] | 雙峙 |
| 97 | 貢士礁 | | | North Reef | 貢士沙 貢士線 |
| 98 | 北子島 | 北子礁 | | North East Cay | 奈羅上峙 奈羅線仔 |
| 99 | 北外沙洲 | | | Shira Islet | |
| 100 | 南子島 | 南子礁 | | South West Cay | 奈羅下峙 奈羅峙仔 |
| 101 | 奈羅礁 | | | South Reef | 奈羅線仔 |
| 102 | 東南暗沙 | | | Sabine Patches | |
| 103 | 東北暗沙 | | | Day Shoal | |
| 104 | 北子暗沙 | | | Iroquois Ridge | |
| 105 | 永登暗沙 | 永登暗沙 | 獨立登灘 | Trident Shoal | 奈羅角 奈羅谷 |
| 106 | 樂斯暗沙 | 樂斯暗沙 | 來蘇灘 | Lys Shoal | 紅草線 南奈羅角 |
| 107 | 中業群礁 | 中業群礁 | 帝都島與群礁 | Thi-Tu Islands(Thitu Island and Reef) | 鐵峙群礁 |
| 108 | 鐵峙礁 | | | | 鐵峙線排 鐵峙鏟排 |
| 109 | 鐵峙水道 | | | | |
| 110 | 梅九礁 | | | | 梅九 |
| 111 | 中業島 | 中業島 | | Thi-Tu I. | 鐵峙 |
| 112 | 鐵線礁 | | | | 鐵線 |
| 113 | 渚碧礁 | 渚碧礁 | 沙比礁 | Subi Reef | 丑未 |
| 114 | 道明群礁 | 道明群礁 | 羅灣島 | Loai-ta Bank and Reefs | |
| 115 | 雙黃沙洲 | | | | 雙黃 |

| 序號 | 1983年公佈名稱 | 1947年公佈名稱 | 1935年公佈名稱 | 外文名稱 | 古稱或漁民名稱 |
|---|---|---|---|---|---|
| 116 | 南鑰島 | 南鑰島 | 羅灣島 | Loaita or South I. of Horsbung(Loai-ta Island) | 第三峙 |
| 117 | 楊信沙洲 | 楊信沙洲 | 蘭家暗礁 | Lankiam Cay | 銅鍋 銅金 |
| 118 | 庫歸礁 | | | | 褲歸 |
| 119 | 長灘 | | | | |
| 120 | 蒙自礁 | | | Menzies Reef | |
| 121 | 鄭和群礁 | 鄭和群礁 | 鐵沙礁 | Tizard Bank and Reefs | |
| 122 | 太平島 | 太平島 | 伊都阿巴島 | Itu-Aba I. | 黄山馬 黄山馬峙 |
| 123 | 敦謙沙洲 | 敦謙沙洲 | 沙島 | Sandy Cay | 馬東 黄山馬東 |
| 124 | 舶蘭礁 | 舶蘭礁 | 彼得來礁 | Petley I. | 高佛 |
| 125 | 安達礁 | 安達礁 | 依魯德礁 | Eldad Reef | 銀餅 銀鍋 |
| 126 | 鴻庥島 | 鴻庥島 | 南伊島 | Namyit I. | 南乙 南密 |
| 127 | 南薰礁 | 南薰礁 | 給予礁 | Caven Reefs | 南乙峙仔 沙仔 |
| 128 | 小現礁 | 小現礁 | 小覓出礁 | Discovery Small Reef | 東南角 |
| 129 | 大現礁 | 大現礁 | 大覓出礁 | Discovery Great Reef | 勞牛勞 |
| 130 | 福祿寺礁 | 福祿寺礁 | 西石或女神廟石 | Western or Flora Temple Reef | 西北角 |
| 131 | 康樂礁 | | 康華里礁 | Cornwalleis Reef | |
| 132 | 九章群礁 | | | Union Table Mount or Union Bank and Reef | 九章 |
| 133 | 景宏島 | 景宏島 | 辛科威島 | Sin Cowe I. | 秤鉤 |
| 134 | 南門礁 | | | Edmund Reef | 南門 |
| 135 | 西門礁 | | | Mc-Kennan Reef | 西門 |
| 136 | 東門礁 | | | Hugh Reef | 東門 |
| 137 | 安樂礁 | | | Hallet Reef | |
| 138 | 長線礁 | | | Holiday Reef | 長線 |
| 139 | 主權礁 | | | Empire Reef | |
| 140 | 牛軛礁 | | | Whitsum Reef | 牛軛 |
| 141 | 染青東礁 | | | Ross Reef | |
| 142 | 染青沙洲 | | | Grierson Reef | 染青峙 |
| 143 | 龍蝦礁 | | | Bamford Reef | |
| 144 | 扁參礁 | | | Tetley Reef | |
| 145 | 漳溪礁 | | | Jones Reef | |
| 146 | 屈原礁 | | | Higgen Reef | |
| 147 | 瓊礁 | | | Lanstown Reef | |
| 148 | 赤瓜礁 | | | Johson Reef | 赤瓜線 |
| 149 | 鬼喊礁 | | | Collin Reef | 鬼喊線 |
| 150 | 華礁 | | | Loveless Reef | 秤鉤線 |
| 151 | 吉陽礁 | | | Gent Reef | |
| 152 | 泛愛暗沙 | 泛愛暗沙 | 破扇灘 | Fancy Wreck Shoal | |
| 153 | 伏波礁 | 伏波礁 | 干機斯礁 | Ganges South Reef | |
| 154 | 永暑礁 | 永暑礁 | 十字火礁或西北調查礁 | Fiery Cross or N.W.Investigator Reef | 上戊 |

| 序號 | 1983年公佈名稱 | 1947年公佈名稱 | 1935年公佈名稱 | 外文名稱 | 古稱或漁民名稱 |
|---|---|---|---|---|---|
| 155 | 逍遙暗沙 | 逍遙暗沙 | | Dhaull Shoal | |
| 156 | 火艾礁 | | | Irving Reef | 火哀 |
| 157 | 西月島 | 西月島 | 西樂島 | West York I. | 紅草峙 |
| 158 | 馬歡島 | 馬歡島 | 南山灣 | Nanshan I. | 大羅孔 羅孔 |
| 159 | 費信島 | 費信島 | 扁島 | Flat I. | 羅孔仔 |
| 160 | 和平暗沙 | 和平暗沙 | 湯姆斯第三灘 | Third Thomas Shoal | |
| 161 | 火星礁 | | | Hopkins Reef | |
| 162 | 大淵灘 | | | Nares Bank | |
| 163 | 五方礁 | | 北惡灘 | Jackson Reef (Mischief N.Reef) | 五孔 五風 |
| 164 | 五方尾 | | | Hamson Reef | |
| 165 | 五方南 | | | Petch Reef | |
| 166 | 五方西 | | | Deane Reef | |
| 167 | 五方北 | | | Hoare Reef | |
| 168 | 五方頭 | | | Dickinson Reef | |
| 169 | 潯江暗沙 | | | Shinko Shoal | |
| 170 | 半路礁 | | | Hardy Reef | 半路 半路線 |
| 171 | 南方淺灘 | | | Southern Bank | |
| 172 | 東坡礁 | 東坡礁 | 南拚素崩那礁 | Pennsylvania S.Reef | |
| 173 | 棕灘 | 棕灘 | 粽色灘 | Brown Bank | |
| 174 | 寶灘 | | | | |
| 175 | 東華礁 | | | Foulerton Reef | |
| 176 | 彬礁 | | | | |
| 177 | 安塘灘 | 安塘島 | 啞唦篤古拉礁 | Amy Douglas | |
| 178 | 安塘礁 | | | Amy Douglas Reef | |
| 179 | 鬚藤礁 | | | Iroquois Reef | 鬚藤 |
| 180 | 鞏珍礁 | | | Baker Reef | |
| 181 | 禮樂灘 | 禮樂灘 | 蘆灘 | Reed Bank | |
| 182 | 雄南灘 | | 報告礁 | Marie Louisa Bank (Reported Reef) | |
| 183 | 陽明礁 | 陽明礁 | 北拚素崩那礁 | Pennsylvania N.Reef | |
| 184 | 禮樂南礁 | | | North Reef | |
| 185 | 紫灘 | | | Wood Bank | |
| 186 | 莪蘭暗沙 | 莪蘭暗沙 | 勒奧古林灘 | Lord Auckland Shoal | |
| 187 | 紅石暗沙 | 紅石暗沙 | 加那的灘 | Carnatic Shoal | |
| 188 | 仙后灘 | 仙后灘 | 非利拚灘 | Fairie Queen | |
| 189 | 忠孝灘 | 忠孝灘 | 廟灘 | Templier Bank (Templer bank) | |
| 190 | 勇士灘 | | | Leslie Band | |
| 191 | 神仙暗沙 | 神仙暗沙 | 沙灘 | Sandy Shoal | |
| 192 | 海馬灘 | 海馬灘 | 海馬灘 | Seahorse or Routh Bank | |
| 193 | 北恒礁 | 北恒礁 | 北干機斯灘 | Ganges N.Reef | |

| 序號 | 1983年公佈名稱 | 1947年公佈名稱 | 1935年公佈名稱 | 外文名稱 | 古稱或漁民名稱 |
|---|---|---|---|---|---|
| 194 | 恒礁 | 恒礁 | 南干機斯灘 | Ganges Reef | |
| 195 | 孔明礁 | 孔明礁 | | Pennsylvania Reef | |
| 196 | 三角礁 | | | Livock Reef | 三角 三角礁 |
| 197 | 祿沙礁 | | | Hopp Reef | 祿沙 一線 |
| 198 | 美濟礁 | 美濟礁 | 南惡礁 | Mischief Reef (S.Mischief) | 雙門 雙沙 |
| 199 | 仙娥礁 | 仙娥灘 | 亞利斯亞安尼礁 | Alicia Annie Reef | |
| 200 | 信義礁 | 信義暗沙 | 湯姆斯第一灘 | First Thomas Shoal | 雙挑 雙擔 |
| 201 | 海口礁 | 海口暗沙 | 東北調查礁 | Investigator N.E.Shoal | 腳跛 |
| 202 | 半月礁 | 半月暗沙 | 半月灘 | Half Moon Shoal | 海公 |
| 203 | 艦長礁 | 艦長暗沙 | 無勞加比丹礁 | Royal Captain Shoal | 石龍 |
| 204 | 仁愛礁 | 仁愛暗沙 | 湯姆斯第二灘 | Second Thomas Shoal | 斷節 |
| 205 | 仙賓礁 | 仙賓暗沙 | 西賓那灘 | Sabina Shoal | 魚鱗 |
| 206 | 鍾山礁 | | | | |
| 207 | 立新礁 | | | | |
| 208 | 牛車輪礁 | | | Boxail Reef | 牛車英 |
| 209 | 片礁 | | | | |
| 210 | 蓬勃暗沙 | 蓬勃暗沙 | 傍俾灘 | Bombay Shoal | 東頭乙辛 |
| 211 | 指向礁 | 指向礁 | 方向礁 | Director | |
| 212 | 南樂暗沙 | 南樂暗沙 | 格拉斯哥礁 | Glasgow | |
| 213 | 校尉暗沙 | 校尉暗沙 | 東北社礁 | N.E.Shoal(N.E.Shea) | |
| 214 | 都護暗沙 | 都護暗沙 | 北毒蛇灘 | N.Viper Shoal or Seahorse | |
| 215 | 保衛暗沙 | 保衛暗沙 | 南毒蛇灘 | S. Viper Shoal | |
| 216 | 司令礁 | 司令礁 | 司令礁 | Commodore Reef | 眼鏡 |
| 217 | 雙礁 | | | Glasgow Bank | |
| 218 | 石龍岩 | | | Observation Rock | |
| 219 | 乙辛石 | | | Madagascar Rock | |
| 220 | 無乜礁 | | | Tennent Reef or Pigeon Reef | 無乜線 |
| 221 | 玉諾礁 | 玉諾島 | 馬林諾暗礁 | Cay Marino | |
| 222 | 南華礁 | 南華礁 | 南康華里礁 | Cornwallis South Reef | 惡落門 |
| 223 | 六門礁 | | | Alison Reef | 六門 六門沙 |
| 224 | 石盤仔 | | | Maralie Reef or Bittern Shoal | |
| 225 | 畢生礁 | 畢生島 | 披爾遜礁 | Pearson Reef | 石盤 |
| 226 | 榆亞暗沙 | 榆亞暗沙 | 調查礁 | Investigation Shoal | 深匡 |
| 227 | 二角礁 | | | | 二角 |
| 228 | 浪口礁 | | | | 浪口 |
| 229 | 線頭礁 | | | | 線排頭 |
| 230 | 金吾暗沙 | 金吾暗沙 | 西南社 | S.W.Shoal | |
| 231 | 普寧暗沙 | | | U.S.S.Plymouth | |
| 232 | 簸箕礁 | | | Erica Reef | 簸箕 |

| 序號 | 1983年<br>公佈名稱 | 1947年<br>公佈名稱 | 1935年<br>公佈名稱 | 外文名稱 | 古稱或漁民名稱 |
|---|---|---|---|---|---|
| 233 | 安渡灘 | 安渡灘 | 阿打西亞灘 | Ardasier Bank | |
| 234 | 破浪礁 | 破浪礁 | 格老色斯德破礁 | Gloucester Breakers | |
| 235 | 光星礁 | | | Dallas Reef | 大光星 |
| 236 | 光星仔礁 | | | Ardasier Reef | 光星仔 |
| 237 | 息波礁 | 息波礁 | 安達息破礁 | Ardasier Breakers | |
| 238 | 南海礁 | 南海礁 | 馬立夫礁 | Marivels Reef | 銅鐘 |
| 239 | 柏礁 | | 霸加那大礁 | Barque Canada | 海口線 |
| 240 | 單柱石 | 立威島 | 立沙礁 | Lizzie Weber | 單柱 |
| 241 | 烏魚錠石 | | | | 烏魚錠 |
| 242 | 安波沙洲 | 安波沙洲 | 安波那暗礁 | Amboyna Cay | 鍋蓋峙 |
| 243 | 隱遁暗沙 | 隱遁暗沙 | 斯塔格司灘 | Stag Shoal | |
| 244 | 尹慶群礁 | 尹慶群礁 | | London Reefs | |
| 245 | 華陽礁 | 華陽礁 | 克德郎礁 | Cuarteron Reef | 銅銃仔 |
| 246 | 東礁 | 東礁 | 東零丁礁 | East Reef (East London Reef) | 大銅銃 |
| 247 | 中礁 | 中礁 | 中央礁 | Central Reef | 弄鼻仔 |
| 248 | 西礁 | 西礁 | 西零丁礁 | West Reef (West London Reef) | 大弄鼻 |
| 249 | 南威島 | 南威島 | 斯巴拉脫島或暴風雨島 | Spratly or Storm Island | 鳥仔峙 |
| 250 | 日積礁 | 日積礁 | 拉德礁 | Ladd Reef | 西頭乙辛 |
| 251 | 康泰灘 | | | Coranation Bank | |
| 252 | 朱應灘 | | | Jubilee Bank | |
| 253 | 奧援暗沙 | 奧援暗沙 | 灣灘 | Owen Shoal | |
| 254 | 碎浪暗沙 | | | | |
| 255 | 南薇灘 | 南薇灘 | 來福門灘 | Riflemen Bank | |
| 256 | 蓬勃堡 | 蓬勃堡 | 傍俾炮臺灘 | Bombay Castle | |
| 257 | 常駿暗沙 | | 莊臣怕余 | Johnson Patch | |
| 258 | 金盾暗沙 | 金盾暗沙 | 頃士登灘 | Kingston Shoal | |
| 259 | 奧南暗沙 | 奧南暗沙 | 阿利那灘 | Orleana Shoal | |
| 260 | 廣雅灘 | 廣雅灘 | 比鄰教畏灘 | Prince of Wales Bank | |
| 261 | 人駿灘 | 人駿灘 | 埃勒生達灘 | Alexandra Bank | |
| 262 | 李準灘 | 李準灘 | 格稷澤灘 | Grainger Bank | |
| 263 | 西衛灘 | 西衛灘 | 比鄰康索灘 | Prince Consort Bank | |
| 264 | 萬安灘 | 萬安灘 | 前衛灘 | Vanguard Bank | |
| 265 | 彈丸礁 | 彈丸礁 | 燕子窩 | Swallow Reef | 石公釐 |
| 266 | 皇路礁 | 皇路礁 | 無勞柴樂礁 | Royal Charotte Reef | 五百二 |
| 267 | 南通礁 | 南通礁 | 路易薩礁 | Louisa Reef | 丹積 丹節 |
| 268 | 北康暗沙 | 北康暗沙 | 北盧康尼亞灘 | North Luconia Shoals | |
| 269 | 盟誼暗沙 | 盟誼暗沙 | 友誼灘 | Friendship Shoal | |
| 270 | 義淨礁 | | | Aitken Reef | |
| 271 | 海康暗沙 | | | Hardie Reef | |

| 序號 | 1983年公佈名稱 | 1947年公佈名稱 | 1935年公佈名稱 | 外文名稱 | 古稱或漁民名稱 |
|---|---|---|---|---|---|
| 272 | 法顯暗沙 | | | Buck Reef | |
| 273 | 康西暗沙 | | | Moody Reef | |
| 274 | 北安礁 | | | | |
| 275 | 南安礁 | 南安礁 | 破海馬灘 | Seahorse Breakers | |
| 276 | 南屏礁 | 南屏礁 | | Hayes Reef | 墨瓜線 |
| 277 | 南康暗沙 | 南康暗沙 | 南盧康尼亞灘 | South Luconia Shoals | |
| 278 | 隱波暗沙 | | | Connell Reef | |
| 279 | 海安礁 | 海安礁 | | Stigant Reef | |
| 280 | 瓊台礁 | | | Luconia Breakers | |
| 281 | 潭門礁 | | | Richmond Reef | |
| 282 | 海寧礁 | 海寧礁 | | Herald Reef | |
| 283 | 澄平礁 | 澄平礁 | | Sterra Blanca | |
| 284 | 歡樂暗沙 | | | Comus Shoal | |
| 285 | 曾母暗沙 | 曾母暗沙 | 曾姆灘 | James Shoal | 沙排 |
| 286 | 中水道 | | | Middle Pass | |
| 287 | 南華水道 | | | Pigeon Passage (ARGO Passage) | |
| | | | 破浪礁 | Breakers | |
| | | 八仙暗沙 | | Parsons Shoal | |
| | | 立地暗沙 | | Lydis Shoal | |

按：本表係根據中華民國24年(1935)、36年(1947)，以及中華人民共和國1983年公佈的名稱及地方針經等其他資料重排。編輯時，參考了：《人民日報》1983年4月25日第四版的報導——《中國地名委員會受權公佈我國南海諸島部分標準地名》；廣東省地名委員會編《南海諸島地名資料匯編》（廣東地圖出版社1987年版）第52—61、235—242頁。

# 附錄四

## 中國古代海路交通大事表（前6000—公元1912）

### 公元前

| | |
|---|---|
| 前6000年 | 距今約8000年前，浙江蕭山跨湖橋一帶已有新石器時代的獨木舟；傳周文王《易·繫辭下》載伏羲至黃帝時已"刳木爲舟，剡木爲楫，舟楫之利，以濟不通，致遠以利天下"，另明代羅頎《物原·器原》云"燧人以匏濟水，伏羲始乘桴，軒轅作舟楫"。 |
| 前5000年 | 距今約7000年前，浙江餘姚河姆渡一帶已製有雕花木槳；稍後在浙江半山水田畈、湖州吳興錢山漾都發現有船槳遺物；《墨子》《呂氏春秋》及西晉束皙《發蒙記》分別有巧倕、蕘、虞姁、伯益等"作舟"之說。 |
| 前2300年 | 傳唐堯約於此時命羲叔南撫交趾。 |
| 前2070年 | 《竹書紀年》云夏代人已乘舟"東狩於海，獲大魚"。 |
| 前1600年 | 商代甲骨文已含"帆"（凡）、"舟"等字；另有殷人東渡航海傳說。 |
| 前1046年 | 約周武王元年，殷後箕子建箕氏朝鮮（約前1046—前194）。 |
| 前1037年 | 約周公居攝六年，越裳遣使貢獻；《論衡》等有周成王時越裳獻雉、倭人貢暢、于越獻舟諸說。 |
| 前770年 | 此後的春秋時期，據《左傳》載楚國已屢派舟師伐吳，"獲其乘舟餘艎"。 |
| 前403年 | 約此年至前221年的戰國時期，鄒衍提出"大瀛海"及海外"大九州"說；同時，東、西、 |

南、北“四海”等名也陸續出現；《山海經》成書，記及海內外數百國，及四海海神名，即東海禺虢、北海禺強（即禺京）、西海弇茲、南海不廷胡餘[後《太公金匱》載為東海勾芒、北海玄冥、西海蓐收、南海祝融(據《北堂書鈔〉一四四)]；同時期，河北平山發現戰國木船。

| | |
|---|---|
| 前233年 | 韓非入秦，其《韓非子》已記有“司南”；戰國時的《鬼谷子》載“磁石之取針”，《呂氏春秋》載“慈石召鐵”。 |
| 前221年 | 自本年秦統一至前210年，始皇曾四次沿海巡行。 |
| 前219年 | 秦始皇廿八年，徐福首次入海求仙藥。 |
| 前214年 | 秦始皇卅三年，秦令屠睢等經略嶺南，置南海、桂林、象等郡。 |
| 前210年 | 秦始皇卅七年，徐福再次揚帆東渡，止王不來。 |
| 前196年 | 漢高祖十一年五月，遣陸賈使南越，封趙佗為南越王。 |
| 前194年 | 漢惠帝二年，約此年燕人衛滿建衛氏朝鮮（前194—前108）。 |
| 前139年 | 漢武帝建元二年，張騫應募首使西域（次年起行），旋開闢絲綢之路；武帝時，漢船亦已由南海的日南、徐聞、合浦等港向西遠航至黃支（在今印度）、已程不（今斯里蘭卡），後海外交通航線亦稱“海上絲綢之路”或“絲瓷之路”。 |
| 前130年 | 漢武帝元光五年正月，始遣使至西南夷。 |
| 前122年 | 漢武帝元狩元年五月，張騫獻策云蜀地可通大夏與身毒，武帝乃遣使通滇越等西南夷，以闢通道。 |
| 前119年 | 漢武帝元狩四年，張騫再使西域。 |
| 前112年 | 漢武帝元鼎五年，派路博德、楊僕等率兵平南越，次年置南海、蒼梧、鬱林、合浦、儋耳、朱崖、交趾、九真、日南等九郡。 |

| | |
|---|---|
| 前110年 | 自本年（元封元年）至前89年[征（延）和四年]，武帝曾七次巡海。 |
| 前109年 | 漢武帝元封二年，楊僕、荀彘率兵征朝鮮地，次年置真番、臨屯、樂浪、玄菟等四郡；時其南方為馬韓、弁韓、辰韓三部。 |
| 前2年 | 漢哀帝元壽元年，博士弟子景盧（一作秦景憲）從大月氏使者伊存口授浮屠經，佛教始傳中國；另或據孔望山摩崖石刻，謂佛教亦可能於漢代由海道傳入中國。 |

**公元**

| | |
|---|---|
| 17年 | 新朝天鳳四年，此前揚雄《方言》第九已載舟、船、舸、艇、筏、浮梁、舳等等釋文。 |
| 40年 | 東漢光武帝建武十六年，交趾徵側、徵貳起事。 |
| 42年 | 東漢光武帝建武十八年三月，馬援率軍破交趾徵側、徵貳，旋立銅柱為界標。 |
| 44年 | 東漢光武帝建武二十年，樂浪復為東漢所取。 |
| 57年 | 東漢光武帝建武中元二年正月，倭奴國遣使東漢，旋賜其“漢委奴國王印”（1784年出土於日本九州北部）。時已記及交通朝韓、倭奴和南下裸國、黑齒的東海航線。 |
| 65年 | 東漢明帝永平八年冬十月，楚王劉英奉命助伊蒲塞、桑門，是為中國人信佛的早期記載。 |
| 73年 | 東漢明帝永平十六年，班超出使西域，重開絲綢之路。 |
| 94年 | 東漢和帝永元六年，敦忍乙王慕延遣使朝貢。 |
| 97年 | 東漢和帝永元九年正月，撣國王雍由調遣使者來朝；十二月，東漢班超派甘英出使大秦、條支，至安息西界，臨大海而還。 |
| 120年 | 東漢安帝永寧元年，撣國王雍由調再遣使者來朝。 |
| 131年 | 東漢順帝永建六年十二月，葉調國、撣國遣使 |

者來朝。

166年　東漢桓帝延熹九年，大秦王安敦遣使者來華。時已記有與大秦通交的路程。

192年　東漢獻帝初平三年，日南郡象林蠻區連[憐]等攻城殺官，稱林邑王。

200年　東漢獻帝建安五年，約此前後劉熙《釋名》錄有《釋船》專篇；同時期，廣州發現有東漢陶船模型；東漢應劭《風俗通義》載“五月有落梅風，江淮以為信風”，另班固《漢書藝文志》錄有《海中星占驗》十二卷、《海中五星經雜事》二十二卷、《海中五星順逆》二十八卷、《海中二十八宿國分》二十八卷。

226年　三國吳孫權黃武五年，呂岱平定交州，徼外扶南、林邑、堂明入貢；同年，大秦商人秦論先抵交趾，旋赴吳都為孫權接見。

230年　三國吳孫權黃龍二年，遣衛溫、諸葛直求夷洲及亶洲。次年二月得夷洲數千人還。時沈瑩《臨海水土志》亦載及夷洲，論者或以為同地。

244年　三國吳孫權赤烏六年十二月，扶南王范旃遣使於吳；旋派專使康泰、朱應出訪扶南，歸著《外國傳》《扶南異物志》等；大致與此同時，吳萬震著有《南州異物志》，記及大秦西之“漲海”。

246年　三國魏齊王芳正始七年二月，魏軍攻高句麗，破丸都；五月，魏軍追擊高句麗王室至肅慎氏南界，勒石紀功而還。次年，高句麗以丸都殘破，移都平壤。

247年　三國吳孫權赤烏十年，天竺康僧會來建業傳教，孫權築建初寺以處之。

343年　東晉康帝建元元年，葛洪約於此前著《抱朴子》，其《外篇·嘉遯》謂“夫群迷乎雲夢者，必須指南以知道；並乎滄海者，必仰辰極以得反”。另傳葛洪後來有《太清金液神丹經》，廣記南海至天竺、大秦交通。

347年 東晉穆帝永和三年七月，林邑王范文陷日南。次年四月攻九真。

384年 東晉太武帝太元九年，東晉沙門摩羅難陀揚帆百濟，傳播造紙法。

385年 後秦姚萇白雀二年六月，高句麗攻陷遼東、玄菟。

399年 後秦姚興弘始元年，法顯離開長安，陸行往天竺求經。

412年 東晉安帝義熙八年，高僧法顯航海歸，經師子國、耶婆提，飄至青州牢山。次年至建康。

416年 東晉安帝義熙十二年，法顯著《佛國記》成，內載利用信風及日月星辰導航。

446年 南朝宋文帝元嘉廿三年，竺芝《扶南記》作於是年後。

447年 北魏太武帝太平真君七年二月初二，太武帝聽崔浩言，下令禁絕佛教（至452年）。

499年 南朝齊東昏侯永元元年，扶桑僧人慧深來華，抵荊州；南齊時，祖沖之造千里船，日行百餘里。

509年 北魏宣武帝永平二年十一月，魏帝親講佛經，沙門三千餘人集洛陽，佛教一時大盛，全國有寺一萬三千餘所。

519年 南朝梁武帝天監十八年，釋慧皎約於是年撰《高僧傳》。

520年 南朝梁武帝普通元年，印度高僧菩提達摩抵華，先到廣州，旋赴建康及嵩山少林寺；自公元312—520年間，祆教已傳入中國。

521年 北魏孝明帝正光二年，酈道元《水經注》成。

540年 南朝梁武帝大同六年，《職貢圖》約成於此年前後。

546年　南朝梁武帝中大同元年，高僧拘那羅陀（真諦）抵華，旋至晉安、梁安、廣州各處。

573年　北周武帝建德二年，帝集群臣與沙門、道士辯三教先後，以儒為先、道次之、佛為後。次年五月起，周武帝下令禁佛、道兩教（至580年），毀經像，命僧道還俗。

594年　隋文帝開皇十四年，詔建南海神祠。

598年　隋文帝開皇十八年二月，高麗侵遼西，隋出兵攻打高麗。

600年　隋文帝開皇二十年十二月，倭國首次派遣隋使來華。

605年　隋煬帝大業元年四月，劉方率隋軍攻陷林邑國都。

607年　隋煬帝大業三年三月初四，隋遣朱寬帶兵，偕海師何蠻往流求；八月，倭國再派遣隋使小野妹子來華，次年抵隋都，帝遣裴清隨往其國回訪（由山東登州起航）。

608年　隋煬帝大業四年十月，隋遣常駿、王君政出使南海，至於赤土。

610年　隋煬帝大業六年二月，張鎮周、陳稜奉使至流求；朝鮮和尚曇征傳造紙法於日本。

612年　隋煬帝大業八年正月初二，下詔始征高麗，凡三次（612、613、614年）。

622年　唐高祖武德五年，在越南北部設交州總管府、南德州（後分設德州、驩州）總管府。

624年　唐高祖武德七年，改交州總管府為交州都督府、驩州總管府為驩州都護府。

629年　唐太宗貞觀三年八月，玄奘首途赴印度取經（629—645）。

630年　唐太宗貞觀四年，日本首派遣唐使赴華，次年抵達。

| | |
|---|---|
| 635年 | 唐太宗貞觀九年，大秦景教僧阿羅本入長安，基督教傳入中國。 |
| 645年 | 唐太宗貞觀十九年正月廿四日，玄奘取經還抵長安；二月，唐太宗開始親征高麗，取回遼東等地；6月14日，日本孝德天皇登基，建號大化，次年始行唐化，史稱大化革新；是年後，釋道宣撰《續高僧傳》。 |
| 646年 | 唐太宗貞觀二十年七月，玄奘譯授、辯機編撰的《大唐西域記》殺青。 |
| 647年 | 唐太宗貞觀廿一年三月，唐軍再攻高麗（647—648）。 |
| 651年 | 唐高宗永徽二年八月，大食始遣使抵華，此前伊斯蘭教已傳入中國。 |
| 660年 | 唐高宗顯慶五年三月，唐援新羅，派兵攻百濟。 |
| 661年 | 唐高宗顯慶六年正月，唐出兵再征高麗；龍朔元年七月，唐兵圍平壤。 |
| 663年 | 唐高宗龍朔三年九月，唐破百濟和日本援軍。 |
| 667年 | 唐高宗乾封二年九月，李勣、薛仁貴在高句麗連下多城。 |
| 668年 | 唐高宗總章元年，唐軍拔平壤，征服高麗，旋於平壤設安東都護府。 |
| 671年 | 唐高宗咸亨二年，義淨由海路赴印度求法（671—695）。 |
| 674年 | 唐高宗上元中（674—676），達奚弘通奉使西海，自赤土至虔那凡經三十六國，歸著《西南諸蕃行記》。 |
| 679年 | 唐高宗調露元年八月七日，改交州都督府為交州都護府，統領今越南北部。 |
| 691年 | 武則天天授二年，義淨撰《大唐西域求法高僧傳》《南海寄歸內法傳》。 |
| 694年 | 武則天延載元年，摩尼教由波斯拂多誕傳入中國。 |

| | |
|---|---|
| 695年 | 武則天證聖元年，義淨回洛陽，帶回經書四百部。 |
| 712年 | 唐睿宗太極元年，日本《古事記》猶自稱其國為“倭國”。 |
| 714年 | 唐玄宗開元二年，廣州已設市舶使。 |
| 717年 | 唐玄宗開元五年，日本吉備真備、阿倍仲麻呂等抵華留學。 |
| 719年 | 唐玄宗開元七年，印度僧金剛智由海路抵廣府。 |
| 720年 | 唐玄宗開元八年，《日本書紀》始用日本之名。後《舊唐書》倭國、日本兩傳並列（703年後史事繫於日本傳）。 |
| 724年 | 唐玄宗開元十二年，僧一行展開子午線長度測量，南起林邑，北至鐵勒。 |
| 727年 | 唐玄宗開元十五年十一月上旬，新羅僧釋慧超由天竺返回安西都護府治所龜茲，旋著《往五天竺國傳》。 |
| 735年 | 唐玄宗開元廿三年，唐朝與新羅以浿水劃界。 |
| 741年 | 唐玄宗開元廿九年，印度僧不空離南海至訶陵、師子，天寶五載（746）返唐。 |
| 743年 | 唐玄宗天寶二年，鑒真同日僧榮叡、普照展開東渡，前五次均告失敗。 |
| 751年 | 唐玄宗天寶十載，詔封南海神爲廣利王、東海神爲廣德王、西海神爲廣順王、北海神爲廣澤王。 |
| 754年 | 唐玄宗天寶十二載十二月廿六日，鑒真第六次東渡日本成功（753—754），旋在奈良建唐招提寺。 |
| 757年 | 唐肅宗至德二年，改交州都護府為鎮南都護府。 |
| 762年 | 唐肅宗寶應初年，於天寶十載怛邏斯一役被俘至西海的杜環自廣州回國，歸著《經行記》。 |
| 768年 | 唐代宗大曆三年，鎮南都護府復改為交州都護府。 |
| 770年 | 唐代宗大曆五年，竇叔蒙記載潮汐的專著《海 |

濤志》（或作《海嶠志》）約此時完成。

779年　唐代宗大曆十四年，日本真人元開寫成《唐大和上東征傳》。

781年　唐德宗建中二年，《大秦景教流行中國碑》立（1625年出土）。

793年　唐德宗貞元九年，以中國方式造紙的作坊始設於西亞巴格達。

795年　唐德宗貞元十一年，西亞大馬士革出現造紙作坊。

801年　唐德宗貞元十七年十月，唐賈耽修成《海內華夷圖》四十卷，耽另有《古今郡國道縣四夷述》（內含《廣州通海夷道》等）；十月廿二日，唐杜佑撰成並進呈第一部政書《通典》二百卷，內收《經行記》等；由唐李淳風以"海島算經"可求海島高度及與船隻距離。

802年　唐德宗貞元十八年正月，驃國王弟舒難陀因南詔入唐，到長安獻國樂。

804年　唐德宗貞元二十年七月初二，日僧空海到達福州，旋抵長安。

807年　唐憲宗元和二年，釋慧琳撰成《一切經音義》。

818年　唐憲宗元和十三年，日本定朝會禮常服制一準唐儀。

829年　唐文宗大和三年，龍骨水車傳入日本。

832年　唐文宗大和六年，緬甸古驃國為南詔所滅。

838年　唐文宗開成三年，日僧圓仁隨遣唐使到達中國，兩年後抵長安。

845年　唐武宗會昌五年七月，武宗禁滅佛教及景教、拜火教、摩尼教等三夷教（845—847）。

847年　唐宣宗大中元年，日本僧人圓仁攜經書回國，歸著《入唐求法巡禮行記》。

851年　唐宣宗大中五年，伊斯蘭教曆二三七年，阿拉伯人出版《(公元851年刊定之)中國印度見聞錄》（舊譯《蘇萊曼東遊記》）。

860年　唐懿宗咸通元年十二月，南詔攻陷唐交趾（860—861）。

863年　唐懿宗咸通四年正月，南詔再陷唐交趾（863—866）；樊綽撰《蠻書》。

866年　唐懿宗咸通七年十月，高駢克交趾，旋置靜海軍於安南。

869年　唐懿宗咸通十年，阿拉伯人伊本·哈巴爾遊歷中國。

894年　唐昭宗乾寧元年，日本停派遣唐使。

900年　唐昭宗光化三年，北非亞歷山大里亞已有造紙工場。

904年　唐昭宗天復四年，楊行密部將在戰爭中首用火炮類武器——飛火。

912年　後梁太祖乾化二年，阿拉伯人伊本·庫達特拔去世，其前著有《道里邦國志》。

917年　後梁末帝貞明三年，曲承美繼父為節度使，越南北部於此後漸趨獨立。

918年　後梁末帝貞明四年六月，王建推翻泰封國，創王氏高麗（918—1392）。

941年　後晉高祖天福六年，阿拉伯人伊本·麥哈黑爾隨中國使者來華遊歷。

956年　後周世宗顯德三年，阿拉伯人馬蘇第去世，留下中阿交通重要著作《黃金草原》。

968年　宋太祖乾德六年，越南丁部領建大瞿越國。

969年　宋太祖開寶二年，馮繼昇進火箭法。

971年　宋太祖開寶四年六月，首於廣州設市舶司。

975年　宋太祖開寶八年，宋軍攻南唐首用火箭、火炮。

980年　宋太宗太平興國五年秋，孫全興、劉澄等分率陸、海軍征伐安南，次年退兵。

982年　宋太宗太平興國七年，益州僧光遠至自天竺，所攜天竺王書由此前抵華的僧施護翻譯。施護並自述由天竺來華行程。

984年　宋太宗雍熙元年，日僧奝然西渡抵華，次年歸國。

988年　宋太宗端拱元年，贊寧、智輪等撰成《宋高僧傳》。

989年　宋太宗端拱二年，設杭州市舶司。

990年　宋太宗淳化元年夏，遣宋鎬、王世則出使安南，次年六月歸，留有《宋鎬行錄》。

999年　宋真宗咸平二年，設明州市舶司。

1009年　宋真宗大中祥符二年，泉州伊斯蘭教聖友寺建立（1310年重修）。

1015年　宋真宗大中祥符八年九月，注輦國使娑里三文等奉表來貢，並述其東航行程，次年回。

1041年　宋仁宗慶曆元年，本年至八年的慶曆間畢昇發明活字印刷法；楊惟德上《塋原總錄》，在前人基礎上提出指南針存在“地磁偏角”。

1044年　宋仁宗慶曆四年，曾公亮、丁亮、楊惟德等上《武經總要》，內詳列製造火藥方子及指南魚法，並記赴交趾途程。

1074年　宋神宗熙寧七年六月，沈括提舉司天監，製渾儀、浮漏成；其後（約1086—1093）所著《夢溪筆談》詳載“指南魚”四種指南針的各種不同製造方法，並重申“地磁偏角”問題。

1076年　宋神宗熙寧九年，郭逵等率兵征安南，師次富良江，受其降表而還。

1085年　宋神宗元豐八年，龐元英約於是年撰《文昌雜錄》；泉州西郊九日山已有祈風等摩崖石刻[宋代凡四十八石，至寶祐六年（1258）年止]。

1087年　宋哲宗元祐二年十月，於泉州置市舶司；此後泉州發現有宋代的古船，而陽江、蓬萊、南澳及韓國新安等處也有宋、元、明的沉船紛紛出水。

| | |
|---|---|
| 1088年 | 宋哲宗元祐三年，於密州設市舶司。 |
| 1096年 | 宋哲宗紹聖三年，歐洲國家首派十字軍出發東征，前後八次，幾近兩世紀（1096—1291）。 |
| 1099年 | 宋哲宗元符二年，稅安禮之《歷代地理指掌圖》成。 |
| 1100年 | 宋哲宗元符三年，北非摩洛哥已建造紙工場。 |
| 1103年 | 宋徽宗崇寧二年，據朱彧《萍洲可談》，中國於此前已用羅盤導航。 |
| 1113年 | 宋徽宗政和三年，於秀州華亭縣設市舶務。 |
| 1119年 | 宋徽宗重和二年，朱彧《萍洲可談》約於是年（宣和元年）成書。 |
| 1123年 | 宋徽宗宣和五年，路允迪、傅墨卿、徐兢等由明州出使高麗，徐兢《宣和奉使高麗圖經》載本年用指南針航海；同年，賜海神媽祖“順濟”廟額。 |
| 1131年 | 南宋高宗紹興元年，納只卜·穆茲喜魯丁自撒那威附舶來泉州，旋創清淨寺於南城（1350年重立）。 |
| 1132年 | 南宋高宗紹興二年，此前於溫州設市舶務。 |
| 1136年 | 劉豫阜昌七年、南宋高宗紹興六年，《華夷圖》（約1038—1048年北宋時佚名編撰）《禹跡圖》刻石，為世界最早地圖印版 |
| 1145年 | 南宋高宗紹興十五年，於江陰設市舶務。 |
| 1150年 | 南宋高宗紹興二十年，西班牙首建歐洲的造紙工場。 |
| 1163年 | 南宋孝宗隆興元年、金世宗大定三年，開封始建猶太教清真寺（元至元十六年、明正德七年先後重修）。 |
| 1178年 | 南宋孝宗淳熙五年，周去非撰《嶺外代答》；宋代已出現大量近海的“洋”名及“深洋”“大洋海”等概念。 |
| 1185年 | 南宋孝宗淳熙十二年，趙亮夫完成《歷代地理 |

指掌圖》（傳北宋稅安禮原撰）的增補。

1189年　南宋孝宗淳熙十六年，法國南部始以中國方式設場造紙。

1192年　南宋紹熙三年，封海神媽祖為靈惠妃。

1206年　南宋寧宗開禧二年，趙彥衛撰《雲麓漫鈔》。

1217年　南宋寧宗嘉定十年，真德秀初知泉州（1217—1219），後紹定五至六年復知泉州（1232—1233），其文集已以泉州為本位提出“北洋”“南洋”“東洋”等詞。

1225年　南宋理宗寶慶元年，趙汝适撰《諸蕃志》。

1231年　蒙古太宗三年，蒙古軍入侵高麗，旋回。

1232年　蒙古太宗四年，高麗一度遷都至江華島，以避蒙古。

1241年　蒙古太宗十三年，蒙古軍在利格尼茲一役使用煙幕，破日耳曼、波蘭聯軍，在莫希破匈牙利軍，前鋒進至威尼斯附近；約此年前後，朱繼芳寫作《航海》一詩，提及以水浮針辨船向。

1245年　南宋理宗淳祐五年，意大利方濟各會會士柏朗嘉賓奉教皇令離法國東來；次年11月24日返回法國，旋著《蒙古行紀》。

1246年　南宋理宗淳祐六年，於澉浦設市舶官，十年增置市舶務。

1247年　南宋理宗淳祐七年，黃裳《墜理圖》刻石。

1248年　蒙古定宗三年，法國人隆如美奉法王遣至蒙古汗庭，1251年回。

1251年　蒙古憲宗元年，波斯人志費尼隨父至和林，賀蒙哥汗登基，旋從旭烈兀西征，後著《世界征服者史》。

1253年　蒙古憲宗三年，法國方濟各會會士魯布魯克奉派東來，次年返回，歸著《東行記》。

1254年　蒙古憲宗四年，小亞美尼亞王海屯謁見蒙哥汗，次年返抵本國，留有《海屯行紀》。

1255年　蒙古憲宗五年，意大利尼科羅·波羅兄弟出發赴中亞及中國（1255—1269）。

1256年　蒙古憲宗六年九月，蒙古軍由高麗北還；蒙古軍征服波斯，滅木剌夷。

1257年　蒙古憲宗七年十月，蒙古軍由雲南進攻安南。

1258年　蒙古憲宗八年，蒙古軍攻佔巴格達，阿拉伯帝國阿拔斯王朝滅亡。

1259年　蒙古憲宗九年正月，常德奉派由和林往波斯，西覲旭烈兀，次年東歸。

1263年　蒙古世祖中統四年三月，劉郁據常德行程撰成《西使記》。

1269年　南宋度宗咸淳四年，由海路抵印度的華人在尼伽八丹建立“中國塔”。

1271年　元世祖至元八年，威尼斯人尼科羅·波羅攜子馬可及弟前來東方；張立道首使安南。

1272年　元世祖至元九年，亦黑迷失出使八羅孛國，十一年回，十二年再使。

1273年　南宋度宗咸淳九年，頒“回回炮”製造法給沿邊州郡。

1274年　南宋度宗咸淳十年，元世祖至元十一年三月，元軍征日本，旋撤退；吴自牧撰《夢粱錄》。

1275年　南宋恭帝德祐元年，元世祖至元十二年，郭守敬首提“海拔”概念；威尼斯人馬可·波羅隨父、叔抵達元上都。

1276年　元世祖至元十三年，南宋端宗景炎元年十一月，蒲壽庚以宋泉州降元。

1277年　元世祖至元十四年，元軍攻緬甸；元於泉州設市舶司，慶元、上海、澉浦亦同年設司。

1278年　元世祖至元十五年八月，“制封泉州神女號護國明著靈惠協正善慶顯濟天妃”。

1279年　元世祖至元十六年十二月，遣楊庭璧使俱藍國，次年三月抵達，十八、十九、二十年又多次往還俱藍、馬八兒諸國；是年，郭守敬展開四海測驗：東至高麗，西極滇池，北盡鐵勒，南逾珠崖（其地有廣州、林邑、西沙、黃岩諸說）。

1281年　元世祖至元十八年正月，元軍再征日本，至八月敗（時王惲《秋澗集》中的〈汎海小錄〉刊有元征日事）；元朝以占城為行省，令亦黑迷失召諭占城；白拉克・基勃杰基《通商寶鑒》提及埃及至印度洋的水手已用航海羅盤。

1282年　元世祖至元十九年二月，元遣兵攻緬甸；三月，元發兵攻占城；同年，朱清、張瑄倡議由海運令南糧北調，其路線由劉家港沿海岸而抵渤海。後元佚名《大元海運記》詳載漕運水程；明佚名《海道經》繼之。

1283年　元世祖至元二十年，元軍攻入占城；元軍再征緬甸；同年，於廣州設廣東市舶司。

1284年　元世祖至元廿一年，元軍攻陷緬甸太公城；七月，元軍再入占城、大越；召還亦黑迷失，令使僧迦剌國；同年，杭州設市舶司。

1285年　元世祖至元廿二年，元軍攻安南、占城失敗；元立征東行省，準備再攻日本。

1286年　元世祖至元廿三年正月，元罷攻日本；元命脫歡等再攻安南，五月入侵、六月敗退。

1287年　元世祖至元廿四年，元軍至緬甸蒲甘，約和而退；十二月，元軍攻入安南都城；同年，以亦黑迷失使馬八兒國。

1288年　元世祖至元廿五年三月，元軍撤出安南，損失慘重；十一月，徐明善隨劉廷直、李思衍等出使安南，次年二月抵達，歸著《天南行記》，記有“西洋”等詞。

1289年　元世祖至元廿六年，元罷占城行省。

1291年　元世祖至元廿八年十二月，張立道再奉使赴安南，明年三月抵達，後留《張立道行錄》；馬可·波羅與父、叔啟程離泉州回國。

1292年　元世祖至元廿九年二月，元軍從泉州出發，由史弼、高興及亦黑迷失等率領遠征爪哇（1292—1293）；八月，元遣兵攻八百媳婦國。

1293年　元世祖至元三十年，在雷州設海北海南市舶司，次年罷；殷明略開闢由劉家港經深海運糧北上的海運新路線。

1294年　元世祖至元卅一年，意大利方濟各會會士約翰·孟德高維諾於7月抵汗八里（大都），後常居中國不回。

1296年　元成宗元貞二年六月，周達觀隨使臣由明州赴真臘；次年六月回，歸著《真臘風土記》，是為現存首載用羅盤干支法標示的導航針路記錄。

1299年　元成宗大德三年，普陀高僧一山一寧奉派出使日本；《馬可波羅行紀》約於是時成書。

1302年　元成宗大德六年正月，元軍攻八百媳婦失敗。

1304年　元成宗大德八年，楊樞奉使赴忽魯模思，十一年抵達；是年，陳大震、呂桂孫的《南海志》成書，記有“東洋”“大東洋”“小東洋”“西洋”“小西洋”“大西洋”等詞。

1307年　元成宗大德十一年，羅馬教皇派遣方濟各會會眾赴華，其中安德烈等被稱為“泉州三主教”。

1318年　元仁宗延祐五年，意大利方濟各會會士鄂多立克東遊來華，1330年返國，旋著《東遊錄》。

1320年　元仁宗延祐七年，元罷市舶司，禁賈人下番；元朱思本《輿地圖》二卷約成於是年。

1325年　元泰定帝泰定二年，意大利佛羅倫薩首製鐵炮、鐵彈。

1330年　元文宗至順元年，汪大淵首次由泉州浮海，數年後回，元順帝三年（1337）再次航海，遍游東西洋；一說約於是年，李澤民完成《聲教廣被圖》。

1333年　元順帝元統初元，越南黎崱撰《安南志略》。

1339年　元順帝至元五年，泉州華表山麓的草庵寺摩尼光佛已刻。

1342年　元順帝至正二年七月，羅馬教皇使節馬里諾利等方濟各會會士抵汗八里。1353年返回阿維利翁覆命，次年撰著《馬里諾利遊記》。

1343年　元順帝至正三年，廣州伊斯蘭教懷勝寺毀（1350年重建）。

1346年　元順帝至正六年，摩洛哥伊本・巴圖塔抵華，後著《伊本・巴圖塔遊記》。

1349年　元順帝至正九年冬十月，汪大淵完成《島夷誌略》。

1360年　元順帝至正二十年，天台僧清濬作《廣輪疆里圖》，內標由泉州至爪哇、馬八兒、忽魯沒思日程。

1367年　元順帝至正廿七年，周致中《異域志》約作於此前。

1369年　明太祖洪武二年正月，倭寇攻掠中國山東沿海地區。

1371年　明太祖洪武四年十二月，明朝下令禁海，沿海居民不得私自出海。

1372年　明太祖洪武五年，封海神天妃為“昭孝純正孚濟感應聖妃”；命楊載出使琉球。

1374年　明太祖洪武七年正月，明罷市舶司，嚴海防以禦倭。

1389年　明太祖洪武廿二年，佚名《大明混一圖》完成，已繪出非洲南端地形；朝鮮使者權近來華，撰《奉使錄》。

1392年　明太祖洪武廿五年，賜閩人三十六姓善操舟者予琉球，令往來朝貢。據程順則《指南廣義》，《三十六姓所傳針本》已率先記及由釣魚台等往琉球的針路。

1394年　明太祖洪武廿七年，嚴禁沿海人私往海外貿易。

1396年　明太祖洪武廿九年，遣李思聰、錢古訓諭緬及百夷，歸各著行紀，均名《百夷傳》。

1402年　明惠帝建文四年，朝鮮金士衡、李茂、李薈、權近等據李澤民《聲教廣被圖》、清濬《混一疆理圖》繪成《混一疆理歷代國都之圖》。

1403年　明成祖永樂元年，西班牙克拉維約奉卡斯提爾國王之令，出使帖木兒帝國，抵撒馬爾罕，永樂三年歸，撰《克拉維約東使記》。

1404年　明成祖永樂二年，遣中官鄭和往諭日本王。

1405年　明成祖永樂三年六月十五日（7月11日），鄭和首次下西洋（1405—1407）開始；明命宦官領福建、浙江、廣東市舶司，另設交趾、雲南市舶司。

1406年　明成祖永樂四年十一月，張輔所率征安南大軍入其都城；隨軍赴安南的黃福旋著《奉使安南水程日記》；同年，遣張洪使緬，歸著《使緬錄》《南夷書》。

1407年　明成祖永樂五年六月，明滅安南，置交趾布政使司（1407—1427）；鄭和第二次下西洋（1407—1409）開始。

1409年　明成祖永樂七年，鄭和第三次下西洋（1409—1411）開始；同年，於錫蘭（今斯里蘭卡）立碑。

1413年　明成祖永樂十一年，鄭和第四次下西洋（1413—1415）開始。

1416年　明成祖永樂十四年，隨鄭和下西洋的馬歡始作《瀛涯勝覽》序。

1417年　明成祖永樂十五年，鄭和第五次下西洋（1417—1419）開始。

1419年　明成祖永樂十七年六月，明軍在遼東望海堝大破倭寇；意大利人尼科羅·康蒂出發東遊，1444年返回威尼斯，旋口述其經歷成東方遊記。

1421年　明成祖永樂十九年，鄭和第六次下西洋（1421—1422）開始。

1423年　明成祖永樂廿一年，中山王統一琉球，派使臣到明朝請封。

1426年　明宣宗宣德元年，威尼斯始用活版印書。

1427年　明宣宗宣德二年十月，明軍撤出交趾。

1431年　明宣宗宣德六年，第七次下西洋（1431—1433）開始；同年，立有《天妃宮石刻通番事蹟碑》《天妃之神靈應記碑》等。

1433年　明宣宗宣德八年，七次下西洋結束，鄭和在歸途中卒於印度古里。

1434年　明宣宗宣德九年，隨鄭和下西洋的鞏珍作《西洋番國志》序。

1436年　明英宗正統元年，隨鄭和下西洋的費信作《星槎勝覽》序。

1441年　明英宗正統六年十二月廿三日，舒瞳、吳惠離東莞海行出使占城，廿八日抵達。次年五月十五日歸至東莞，吳惠留有行程日記。

1451年　明景帝景泰二年，隨鄭和下西洋的馬歡完成《瀛涯勝覽》定稿。

1456年　明景帝景泰七年，傳日耳曼人古騰堡以金屬活字版於是年印製《聖經》。

1465年　明憲宗成化元年，印刷術約於此時傳入意大利。

1470年　明憲宗成化六年，印刷術傳入法國。

1488年　明孝宗弘治元年閏正月初三，朝鮮官員崔溥漂流海中，十七日在中國台州臨海登陸，旋被送至北京，同年六月初四渡鴨綠江歸國，著《漂海錄》；葡萄牙人狄亞士率艦隊抵達南非好望角。

1490年　明孝宗弘治三年，歐洲最早印刷的水路簿

[Alvise da Ca' da Mosfo記錄的意大利口岸簿（Portolano）]在威尼斯出版

1492年　明孝宗弘治五年，意大利人哥倫布率西班牙艦隊抵達美洲的西印度群島。

1498年　明孝宗弘治十一年，葡萄牙人達伽馬率艦隊由歐洲直航而抵達印度西南岸。

1511年　明武宗正德六年，巴喇西國使臣沙地白入貢，述其來華歷程（祝允明《野記》有載）。

1517年　明武宗正德十二年七月廿八（8月15日），佛郎機（葡萄牙）使者安德拉德率艦隊抵達澳門西南的屯門澳（另有上川島等說），旋至廣州等地，是為近代西歐國家與中國直接交往之始。

1519年　明武宗正德十四年，葡萄牙人麥哲倫率西班牙艦隊出發環航地球；艦隊於1522年返回西班牙。

1520年　明武宗正德十五年六月廿九，黃省曾作《西洋朝貢典錄》自序。

1530年　明世宗嘉靖九年九月，明朝開始製造佛郎機大炮。

1534年　明世宗嘉靖十三年五月，明陳侃、高澄出使琉球，途經釣魚臺等島嶼，同年歸，次年陳侃進《使琉球錄》，高澄另有《操舟記》。

1537年　明世宗嘉靖十六年，吳朴著《渡海方程》，成為中國首部刻印的航海針路簿。約明代中期，也有佚名《海道經》記元代以來的漕運水程。

1541年　明世宗嘉靖二十年，羅洪先增纂元朱思本《輿地圖》而成《廣輿圖》（嘉靖卅四年，1555年印行）。

1542年　明世宗嘉靖廿一年，吳朴在獄中完成《龍飛紀略》，內有大量中外陸海交通資料；該書於1544年（嘉靖廿三年）刊行。

1547年　明世宗嘉靖廿六年十一月，葡萄牙人入侵漳州月港寇掠。

1549年　明世宗嘉靖廿八年七月，海盜王直、徐海、陳東等勾結倭寇，始掠浙東。

1551年　明世宗嘉靖三十年，西班牙耶穌會會士方濟各於是年及次年航抵廣東省之上川島。

1552年　明世宗嘉靖卅一年三月起，倭寇大掠江浙沿海。

1553年　明世宗嘉靖卅二年，董穀於《碧里雜存》推介《渡海方程》（1537）；是年前黄衷（1474—1553）撰成《海語》。

1554年　明世宗嘉靖卅三年十一月，明軍在嘉興王江涇大破倭寇。

1555年　明世宗嘉靖卅四年五月，倭寇流劫蘇州一帶，旋被俞大猷等所敗。

1556年　明世宗嘉靖卅五年四月，倭寇圍上海十七日，胡宗憲旋捕殺其頭目陳東、徐海等；十二月，戚繼光在浙江編組禦倭之戚家軍。

1557年　明世宗嘉靖卅六年十一月，胡宗憲誘擒倭寇頭目王直；葡萄牙人開始入居澳門，旋設置官吏。

1558年　明世宗嘉靖卅七年，倭寇攻掠溫、台、福、泉、漳諸州。

1561年　明世宗嘉靖四十年五月初二，戚繼光在台州大破倭寇；是年五月，郭汝霖、李際春出使琉球，同年十月歸，旋著《使琉球錄》；同年十二月，鄭若曾作《刻〈籌海圖編〉引》（其相關著作另編為《鄭開陽雜著》）。

1562年　明世宗嘉靖四十一年十一月，明以俞大猷、戚繼光為正、副總兵官禦倭。

1564年　明世宗嘉靖四十三年，戚繼光、俞大猷在閩、粵連破倭寇。

1565年　明世宗嘉靖四十四年四月，倭寇攻福建福寧，被戚繼光所平；八月，倭寇吳平又起，為戚繼光所敗，退保南澳，旋再敗於次年四月出海亡。

| | |
|---|---|
| 1566年 | 明世宗嘉靖四十五年，約是年鄭舜功完成《日本一鑑》。 |
| 1569年 | 明穆宗隆慶三年八月，俞大猷在廣東海上擒獲倭寇吳平部將曾一本。 |
| 1573年 | 明神宗萬曆元年，海上武裝首領林鳳被明軍所敗；萬曆初，葡萄牙船航經臺灣北岸，稱之為“福爾摩薩”（美麗島）。 |
| 1574年 | 明神宗萬曆二年，林鳳航海至菲律賓，助菲人及華僑反西班牙殖民者，旋敗，於次年突圍出海；嚴從簡《殊域周咨錄》約作於是年。 |
| 1578年 | 明神宗萬曆六年，李時珍《本草綱目》成書。 |
| 1579年 | 明神宗萬曆七年，蕭崇業、謝傑出使至琉球，歸著《使琉球錄》。 |
| 1580年 | 明神宗萬曆八年，王宗載作《四夷館考》；意大利耶穌會會士羅明堅抵華，先後在肇慶、廣州、紹興、桂林等處傳教。 |
| 1582年 | 明神宗萬曆十年，意大利耶穌會士利瑪竇抵華。 |
| 1584年 | 明神宗萬曆十二年，利瑪竇編纂《山海輿地全圖》。 |
| 1592年 | 明神宗萬曆二十年四月，日本豐臣秀吉犯朝，朝鮮壬辰衛國戰爭（1592—1598）發生；七月，明朝開始出兵援朝抗日；是年，鄧鍾《籌海重編》《安南圖志》等刊刻。 |
| 1593年 | 明神宗萬曆廿一年正月十九日，明軍收復平壤；五月，日軍退屯釜山；是年或其前，李言恭、郝傑撰《日本考》；佚名《順風相送》著於此年之前不久。 |
| 1595年 | 明神宗萬曆廿三年，謝傑《虔臺倭纂》刊刻。 |
| 1597年 | 明神宗萬曆廿五年二月，明軍再派兵援朝抗日；意大利耶穌會會士龍華民來華。 |
| 1598年 | 明神宗萬曆廿六年八月，日本豐臣秀吉死，日 |

軍旋自朝鮮半島撤退；十月廿一日，朝、中軍隊與日軍展開露梁海戰；葡萄牙耶穌會會士羅如望來華；慎懋賞《四夷廣記》約作於此後，內載大量航海針路。

1599年　明神宗萬曆廿七年，西班牙耶穌會會士龐迪我來華，1601年隨利瑪竇入京。

1601年　明神宗萬曆廿九年二月，耶穌會士利瑪竇至北京後，明神宗召見，旋准其在京設堂播教。

1602年　明神宗萬曆三十年，利瑪竇在北京刊行《坤輿萬國全圖》。

1603年　明神宗萬曆三十年十二月，陳第隨沈有容平倭軍至大員（臺灣），歸撰《東番記》。

1605年　明神宗萬曆卅三年十一月初六（12月15日），荷蘭人首次入侵澎湖，居三個多月旋退。

1606年　明神宗萬曆卅四年，徐光啟與利瑪竇譯出《幾何原本》前六卷；約本年至次年，沈德符撰著《萬曆野獲編》；是年，夏子陽、王士楨出使至琉球，歸著《使琉球錄》。

1607年　明神宗萬曆卅五年，葡萄牙耶穌會會士鄂本篤在肅州與利瑪竇使者鍾鳴禮會面，證實外國所謂“契丹”與“中國”為同一地。

1610年　明神宗萬曆卅八年四月，利瑪竇卒，旋由龍華民繼任在華耶穌會會長；十一月，明李之藻等據利瑪竇等所傳西法修曆。

1613年　明神宗萬曆四十一年，意大利傳教士艾儒略抵華，旋著《職方外紀》；王在晉《海防纂要》刊刻。

1618年　明神宗萬曆四十五年，張燮《東西洋考》成書。

1621年　明熹宗天啟元年，茅元儀《武備志》成書（1628年進呈），內收《自寶船廠從龍江關出水直抵外國諸番國》，即所謂《鄭和航海圖》，保存了針路航行及過洋牽星資料，另所載“火龍出水”為現代火箭前身。

| | |
|---|---|
| 1622年 | 明熹宗天啟二年十月，荷蘭入據澎湖；德國耶穌會會士湯若望來華。 |
| 1624年 | 明熹宗天啟四年八月，明軍驅趕荷蘭人、收復澎湖；荷蘭人轉而入據台灣南部；《明代東西洋航海圖》（*The Selden Map of China*，牛津大學藏）約作於此時。 |
| 1625年 | 明熹宗天啟五年，《大秦景教流行中國碑》出土。 |
| 1631年 | 明思宗崇禎四年，何喬遠在逝前完成對《閩書》的修訂。 |
| 1637年 | 明思宗崇禎十年，英國商船抵達廣州。 |
| 1652年 | 清世祖順治九年，臺灣郭懷一起義反對荷蘭殖民者，戰敗殉難。 |
| 1655年 | 清世祖順治十二年，清令不准片帆下海。 |
| 1658年 | 清世祖順治十五年，比利時耶穌會會士南懷仁與衛匡國來華。 |
| 1659年 | 清世祖順治十六年正月，明降將吳三桂率清兵破雲南昆明，桂王旋奔永昌、走緬甸。 |
| 1661年 | 清世祖順治十八年三月，鄭成功渡海進攻臺灣，驅逐荷蘭殖民者；十月，清廷殺鄭成功父芝龍，嚴申禁海遷界令；十二月，清吳三桂迫緬甸交出南明桂王。 |
| 1662年 | 清世祖順治十八年十二月初六，荷蘭殖民者揆一向鄭成功繳械投降，率部離開臺灣；顧炎武自1639年至本年撰寫《天下郡國利病書》。 |
| 1663年 | 清聖祖康熙二年，張學禮、王垓出使琉球，歸著《使琉球記》。 |
| 1664年 | 清聖祖康熙三年，西洋傳教士湯若望、南懷仁以“邪教”被清廷下獄，次年得釋。 |
| 1683年 | 清聖祖康熙廿二年六月，汪楫、林麟焻等出使琉球，汪楫歸著《使琉球雜錄》。 |

1684年 清聖祖康熙廿三年，封海神天妃為“護國庇民昭靈顯應仁慈天后”。

1685年 清聖祖康熙廿四年，清開海禁，設江、浙、閩、粵四海關；佚名《指南正法》約作於此後，另清代前期閩、浙、粵等處尚有《海底簿》《浙江溫州平陽石礦[塘]流水表》《航海針法》《針位編》殘本等針路簿存在。

1686年 清聖祖康熙廿五年四月，清於廣州設十三行，洋行制度始於此。同年，《大清一統志》始修。

1692年 清聖祖康熙卅一年，顧祖禹於本年前完成《讀史方輿紀要》。

1695年 清聖祖康熙卅四年正月，釋大汕由廣州渡海赴越南順化、會安，次年歸，旋著《海外紀事》（1699年刊）。

1697年 清聖祖康熙卅六年，郁永河奉命由福建前往臺灣北部採硫，歸撰《裨海紀遊》《海上紀略》及《宇內形勢》等。

1698年 清聖祖康熙卅七年，法國商船首次來華。

1699年 清聖祖康熙卅八年，潘鼎珪於本年後撰寫《安南紀遊》。

1707年 清康熙四十六年，樊守義隨法國傳教士艾若瑟奉命自澳門赴羅馬。

1708年 清康熙四十七年，琉球程順則據福建船工所贈《航海針法》撰成《指南廣義》，內收洪武三十六姓漁民所傳經釣魚嶼等處往琉球、日本的針路十數條。

1715年 清聖祖康熙五十四年，意大利傳教士、畫家郎世寧來華，入值內廷；清廷再禁西教傳播。

1717年 清聖祖康熙五十六年正月，清廷禁止民眾到南洋貿易，限制海外貿易。

1719年 清聖祖康熙五十八年二月，清頒發《皇輿全覽圖》，開中國近代地圖之先河；六月，海寶、徐葆光出使抵琉球，徐葆光歸著《中山傳信錄》。

1720年 清聖祖康熙五十九年，清撤廣東商館，以公行代之；艾若瑟等東返，艾中途病故，樊守義獨回，次年撰《身見錄》。

1722年 清聖祖康熙六十一年，黄叔璥任巡臺御史，旋著《臺海使槎錄》。

1726年 清世宗雍正三年十二月廿七，巨型類書《古今圖書集成》編成，旋用銅活字排印。

1730年 清世宗雍正八年，陳倫炯作《海國聞見錄》序，該書載及東洋、南洋、西洋各國及往返航程。

1734年 清世宗雍正十二年，此前有舊抄本《古航海圖》存世。

1744年 清高宗乾隆九年，程遜我約於是年作《噶喇吧紀略》，記及爪哇島的風土民情。

1746年 清高宗乾隆十一年，董天工任彰化教諭，四年後歸里著《臺海見聞錄》。

1748年 清高宗乾隆十三年，程遜我約本年前撰著《噶喇吧紀略拾遺》。

1754年 清高宗乾隆十九年，《福州府志》序作，其中刊有東洋針經。

1756年 清高宗乾隆廿一年七月，全魁、周煌出使抵琉球，返國後周煌著《琉球國志略》。

1757年 清高宗乾隆廿二年，清規定粵海關單口對外始行。

1763年 清高宗乾隆廿八年，陳洪照《吧游紀略》作於是年前，記述爪哇島的風土民情。

1766年 清高宗乾隆三十年十二月，清發起征緬戰爭（1766—1769）。

1776年 清高宗乾隆四十一年，越南黎貴惇出任順化協鎮撫，旋撰《撫邊雜錄》。

| | |
|---|---|
| 1777年 | 清高宗乾隆四十二年，華僑羅芳伯在婆羅洲坤甸建立“蘭芳大總制”公司（或稱蘭芳共和國，1777—1886）。 |
| 1782年 | 清高宗乾隆四十七年正月廿九，巨型叢書《四庫全書》首部抄編成（後經刪訂抄成七部，至1793年全部完成）。 |
| 1784年 | 清高宗乾隆四十九年七月初九（8月24日），第一艘來華美國商船中國皇后號抵達廣州。 |
| 1788年 | 清高宗乾隆五十三年十月，清派兵入安南，支持黎朝。 |
| 1789年 | 清高宗乾隆五十四年正月，清軍為阮文惠所敗，退入國境；五月，安南與清雙方議和，十月清封其主阮氏為安南王。 |
| 1791年 | 清高宗乾隆五十六年十一月，王大海作《海島逸志》序。呂調陽《東南洋鍼路》約作於此時。 |
| 1792年 | 清高宗乾隆五十七年十月，清撰《十全記》，誇乾隆帝“十全武功”。 |
| 1796年 | 清仁宗嘉慶元年，清廷禁止輸入鴉片及種植罌粟。 |
| 1800年 | 清仁宗嘉慶五年，《開吧歷代史記》約完成於此後，記載荷蘭人入佔爪哇等事；趙文楷、李鼎元出使抵琉球，李鼎元歸著《使琉球記》。 |
| 1803年 | 清仁宗嘉慶八年四月，阮福映請求清朝加封，命改國號為越南。 |
| 1807年 | 清仁宗嘉慶十二年，英國基督新教教士馬禮遜抵廣州，是為基督新教傳華之始。 |
| 1808年 | 清仁宗嘉慶十三年七月，英兵艦入香山，旋去。齊鯤、費錫章出使琉球，歸著《續琉球國志略》。 |
| 1810年 | 清仁宗嘉慶十五年，宋福玩、楊文珠《暹羅國路程集錄》成書。 |
| 1811年 | 清仁宗嘉慶十六年七月，清廷命各省查禁西洋 |

人傳教等活動。

1815年　清仁宗嘉慶二十年，英教士馬禮遜在華創辦《察世俗每月統紀傳》。

1819年　清仁宗嘉慶廿四年，越僑鄭懷德《嘉定通志》約作於是年。

1820年　清仁宗嘉慶廿五年，謝清高在澳門逢楊炳南，向其口述海外經歷，旋由楊寫成《海錄》。

1828年　清宣宗道光八年，約是年李增階作《外海紀要》，內載有關廈門等港針路。

1834年　清宣宗道光十四年，7月25日，英使律勞卑至廣州；9月7日，英使律勞卑派艦突入虎門開炮示警。

1837年　清宣宗道光十七年，4月12日，英國商務監督查理・義律抵達廣州；是年前周凱《廈門志》載相關針路。

1838年　清宣宗道光十八年閏四月初十，黃爵滋上疏陳述煙害；五月初七日，林則徐奏請禁煙；十一月十五日（12月31日），清帝派林則徐為欽差大臣前往廣東禁煙；同年，嚴如熤《洋防輯要》刊刻。

1839年　清宣宗道光十九年正月廿五（3月10日），林則徐抵廣州，旋責令外商繳煙；四月廿二日（6月3日），林則徐自是日起二十多天內於虎門銷毀收繳的兩萬餘箱鴉片煙；五月廿七（7月7日），英國水手在中國廣東九龍尖沙咀毆打村民林維喜（次日致死）；九月廿八（11月3日），英艦與中國廣東水師在虎門口外的穿鼻洋、官涌山交火，是為鴉片戰爭前哨戰。

1840年　清宣宗道光二十年五月廿九日（6月28日），英國艦隊封鎖珠江口，中英鴉片戰爭正式開始。此前有佚名《清代東南洋航海圖》（耶魯大學藏）存世。

| | |
|---|---|
| 1841年 | 清宣宗道光廿一年，英軍佔領香港島。同年，林則徐主持編修的《四州志》成書刊行。 |
| 1842年 | 清宣宗道光廿二年，中英簽訂《南京條約》，清廷開放廣州、廈門、福州、寧波、上海等五口通商，香港島被割讓予英。同年，魏源《海國圖志》五十卷本成書刊行（1847年刊行六十卷本，1852年刊行一百卷本） |
| 1843年 | 清宣宗道光廿三年，《重修大清一統志》（又稱《嘉慶重修一統志》）成書；約是年前竇振彪作《廈門港紀事》，內有相關針路。 |
| 1844年 | 清宣宗道光廿四年，中美《望廈條約》、中法《黃埔條約》先後簽訂。同年，清道光帝批准弛禁天主教。 |
| 1845年 | 清宣宗道光廿五年，中、英《上海租地章程》簽訂，中國始有外國租界。 |
| 1847年 | 清宣宗道光廿七年，容閎首次赴美留學。 |
| 1849年 | 清宣宗道光廿九年，徐繼畬《瀛寰志略》成書刊行。 |
| 1851年 | 清文宗咸豐元年，太平天國在廣西起事。 |
| 1853年 | 清文宗咸豐三年，太平天國定都南京。 |
| 1855年 | 清文宗咸豐五年，黃河奪大清河入海，至1875年形成今道。 |
| 1856年 | 清文宗咸豐六年，英法聯軍之役（1856—1860）開始；是年李廷鈺刊刻《海疆要略必究》[光緒二十五年（1899）其孫李維實重刊]，內載關於廈門等港的針路。 |
| 1858年 | 清文宗咸豐八年，中俄《璦琿條約》、中俄《天津條約》、中美《天津條約》、中英《天津條約》、中法《天津條約》簽訂。中國增開牛莊、登州、臺灣（臺南）、淡水、潮州（汕頭）、瓊州、南京、鎮江、漢口、九江為通商口岸。 |

| | |
|---|---|
| 1860年 | 清文宗咸豐十年，中英《北京條約》簽訂，清將南九龍割讓給英國。同年，中法《北京條約》、中俄《北京條約》相繼簽訂。中國增開天津為商埠。 |
| 1861年 | 清文宗咸豐十一年，清始設總理各國事務衙門；於上海、天津分設五口（1866年改南洋）、三口（1870年改北洋）通商大臣。洋務運動（1861—1894）開始。 |
| 1864年 | 清穆宗同治三年，太平天國敗亡。 |
| 1866年 | 清穆宗同治五年，福州馬尾船政局籌建。中國首次派員出洋赴西歐考察。同年，趙新、于光甲出使琉球，歸著《續琉球國志略》（有光緒八年序，應刊刻於1882年後）。 |
| 1872年 | 清穆宗同治十一年，容閎率詹天佑等首批留學生30人赴美。 |
| 1873年 | 清穆宗同治十二年，上海輪船招商局正式成立。 |
| 1874年 | 清穆宗同治十三年，日本借臺灣土民殺琉球漂民事，派兵入侵臺灣。 |
| 1876年 | 清德宗光緒二年，中、英簽訂《煙台條約》（《中英會議條款》）。 |
| 1877年 | 清德宗光緒三年，清派出近代首位駐外使節郭嵩燾，由上海出洋赴英國。 |
| 1878年 | 清德宗光緒四年，清開始由海關兼辦郵政，首次發行郵票。 |
| 1879年 | 清德宗光緒五年，日本侵佔琉球，廢其國王，改為沖繩縣。 |
| 1883年 | 清德宗光緒九年，中法戰爭（1883—1885）發生。 |
| 1884年 | 清德宗光緒十年，法國佔領越南、柬埔寨。法艦炮轟臺灣基隆並強行登陸，被擊退；法艦轟擊馬尾的中國軍艦及造船廠，馬尾海戰爆發。 |
| 1885年 | 清德宗光緒十一年，《中法會訂越南條約》（《中法新約》）簽訂。 |

1886年 清德宗光緒十二年，《中英緬甸條款》簽訂。

1887年 清德宗光緒十三年，中、葡簽訂《北京條約》（《中葡和好通商條約》），葡萄牙從清廷取得澳門租借權。

1888年 清德宗光緒十四年，清北洋艦隊創建。

1891年 清德宗光緒十七年，王錫祺《小方壺齋輿地叢鈔》刊印（光緒二十、廿三年，又出該書《續編》《再補編》）。同年，唐贊衮完成《臺陽見聞錄》。

1893年 清德宗光緒十九年，老撾被併入法屬印度支那聯邦。

1894年 清德宗光緒二十年，中、日甲午戰爭（1894—1895）發生，清海軍在黃海海戰中落敗。孫中山創立興中會。

1895年 清德宗光緒廿一年，清海軍北洋艦隊覆滅。中、日訂《馬關條約》，臺灣、澎湖及遼東半島割與日本，中國再開放沙市、重慶、蘇州、杭州等通商口岸。遼東半島部分後因俄、德、法等國干涉而贖回。

1896年 清德宗光緒廿二年，《禦敵互相援助條約》（《中俄密約》）在莫斯科簽訂。《中日通商行船條約》在北京簽訂。清開始向日本派遣留學生。

1898年 清德宗光緒廿四年，德租膠澳，俄租旅大，法租廣州灣，英租威海衛並控長江流域，日控福建。中英簽訂《展拓香港界址專條》，新界（九龍半島北部及離島），以99年為限租與英國。同年，戊戌變法展開，旋敗。

1899年 清德宗光緒廿五年，美國開始宣佈中國門戶開放政策。義和團運動興起。

1900年 清德宗光緒廿六年，英、法、俄、德、奧、意、日、美八國聯軍之役（1900—1901）發生。

美國重申中國門戶開放政策。同年，陳運溶《麓山精舍叢書》始編（宣統三年刊印），該書第二集有《古海國遺書鈔》等。同一時期，丁謙亦致力於《蓬萊軒輿地叢書》（《浙江圖書館叢書》）的編纂（民國四年刊印）。

1901年　清德宗光緒廿七年，晚清新政始行。清廷改總理各國事務衙門為外務部，班列六部之首。清與出兵八國及西、比、荷等共十一國簽訂《辛丑條約》。

1904年　清德宗光緒三十年，日本突襲中國旅順口的俄艦，日俄戰爭（1904—1905）發生。

1905年　清德宗光緒卅一年，美國政府再次重申對華門戶開放政策。孫中山領導的中國同盟會在日本東京創立。日、俄《樸次茅斯條約》簽訂。清廷派載澤等五大臣出洋考察憲政。

1908年　清德宗光緒卅四年，清廷宣佈立憲以九年為期，頒佈《欽定憲法大綱》。廣東水師提督李準率兵艦巡視南海諸島。

1909年　清末帝宣統元年，廣東水師提督李準率兵艦巡視南海諸島，勒石記事，旋著《李準巡海記》。

1910年　宣統二年，李準又署名出版《廣東水師國防要塞圖說》，內記其1909年巡視的東沙、西沙等島及海域。

1911年　清末帝宣統三年，辛亥革命爆發。

1912年　中華民國元年，孫中山在南京宣佈中華民國成立。清末帝旋於北京退位。

# 参考文献

## 中文圖書


2000. 國家圖書館藏琉球資料彙編（全三冊）[G]. 北京：北京圖書館出版社.

2002. 國家圖書館藏琉球資料續編（全二冊）[G]. 北京：北京圖書館出版社.

2006. 國家圖書館藏琉球資料三編（全二冊）[G]. 北京：北京圖書館出版社.

蔡鴻生. 1997. 廣州與海洋文明[M]. 廣州：中山大學出版社.

晁中辰. 2005. 明代海禁與海外貿易[M]. 北京：人民出版社.

陳峰，廈門市圖書館. 2013. 廈門海疆文獻輯注[G]. 廈門：廈門大學出版社.

陳高華，陳尚勝. 1997. 中國海外交通史[M]. 北京：文津出版社.

陳高華，吳泰，郭松義. 1991. 海上絲綢之路[M]. 北京：海洋出版社.

陳高華，吳泰. 1981. 宋元時期的海外貿易[M]. 天津：天津人民出版社.

陳佳榮，錢江，張廣達. 2008. 歷代中外行紀[M]. 上海：上海辭書出版社.

陳佳榮，謝方，陸峻嶺. 1986. 古代南海地名匯釋[M]. 北京：中華書局.

陳佳榮，朱鑒秋. 2013. 渡海方程輯注[M]. 上海：中西書局.

陳尚勝. 1997. "懷夷"與"抑商"：明代海洋力量興衰研究[M]. 濟南：山東人民出版社.

陳詩啟. 2002. 中國海關史[M]. 北京：人民出版社.

陳希育. 1991. 中國帆船與海外貿易[M]. 廈門：廈門大學出版社.

陳炎. 1996. 海上絲綢之路與中外文化交流[M]. 北京：北京大學出版社.

范文濤. 1943. 鄭和航海圖考[M]. 上海：商務印書館.

馮承鈞. 1937. 中國南洋交通史[M]. 上海：商務印書館.

馮承鈞. 1957. 西域南海史地考證論著匯輯[G]. 北京：中華書局.

馮承鈞. 陸峻嶺，增訂. 1980. 西域地名[M]. 北京：中華書局.

耿引曾. 1994. 中國載籍中南亞史料彙編[G]. 上海：上海古籍出版社.

廣東省地名委員會編. 1987. 南海諸島地名資料彙編[G]. 廣州：廣東地圖出版社.

韓振華. 1988. 我國南海諸島史料彙編[G]. 北京：東方出版社.

賀昌群. 1956. 古代西域交通與法顯印度巡禮[M]. 武漢：湖北人民出版社.

黃啟臣. 2003. 廣東海上絲綢之路史[M]. 廣州：廣東經濟出版社.

黃啟臣. 2006. 海上絲路與廣東古港[M]. 香港：中國評論學術出版社.

楊式挺. 1998. 嶺南文物考古論集[M]. 廣州：廣東省地圖出版社.

黃時鑒，龔纓晏. 2004. 利瑪竇世界地圖研究[M]. 上海：上海古籍出版社.

黃時鑒. 1994. 中西關係史年表[M]. 杭州：浙江人民出版社.

黃重言. 1979. 中國古籍中有關菲律賓資料彙編[G]. 北京：中華書局.

景振國. 1985. 中國古籍中有關老撾資料彙編[G]. 鄭州：中州古籍出版社.

黎正甫. 1945. 郡縣時代之安南[M]. 上海：商務印書館.

李金明. 1990. 明代海外貿易史[M]. 北京：中國社會科學出版社.

李慶新. 2007. 明代海外貿易制度[M]. 北京：社會科學文獻出版社.

林仁川. 1987. 明末清初私人海外貿易[M]. 上海：華東師範大學出版社.

林士民. 2005. 再現昔日的文明——東方大港寧波考古研究[M]. 上海：上海三聯書店.

劉迎勝，楊曉春. 2010. 《大明混一圖》與《混一疆理圖》研究——中古時代後期東亞的寰宇圖與世界地理知識[M]. 南京：鳳凰出版社.

劉迎勝. 1995. 絲路文化（海上卷）[M]. 杭州：浙江人民出版社.

劉迎勝. 2011. 海路與陸路——中古時代東西交流研究[M]. 北京：北京大學出版社.

盧嘉錫. 1998—2007. 中國科學技術史（多卷本）[M]. 北京：科學出版社.

盧葦. 1996. 中外關係史[M]. 蘭州：蘭州大學出版社.

陸峻嶺，周紹泉. 1986. 中國古籍中有關柬埔寨資料彙編[G]. 北京：中華書局.

泉州海外交通史博物館，陳達生. 1984. 泉州伊斯蘭教石刻[M]. 銀川：寧夏人民出版社.

沈光耀. 1985. 中國古代對外貿易史[M]. 廣州：廣東人民出版社.

孫淡寧. 1979. 《明報月刊》所載釣魚臺群島資料[M]. 香港：明報有限公司.

孫光圻. 1989. 中國古代航海史[M]. 北京：海洋出版社.

孫光圻. 1993. 海洋交通與文明[M]. 北京：海洋出版社.

田汝康. 1957. 17—19世紀中葉中國帆船在東南亞[M]. 上海：上海人民出版社.

田汝康. 1987. 中國帆船貿易和對外關係史論集[M]. 杭州：浙江人民出版社.
萬明. 2011. 明代中外關係史論稿[M]. 北京：中國社會科學出版社.
王頲. 2005. 西域南海史地研究[M]. 上海：上海古籍出版社.
衛挺生. 1971. 徐福與日本[M]. 臺灣：商務印書館.
吳天穎. 1994. 甲午戰爭前釣魚列嶼歸屬考[M]. 北京：社會科學文獻出版社.
吳文良. 吳幼雄，增訂. 2005. 泉州宗教石刻[M]. 北京：科學出版社.
席龍飛. 2013. 中國造船通史[M]. 北京：海洋出版社.
向達. 1934. 中外交通史[M]. 北京：中華書局.
蕭德浩，黃錚. 1993. 中越邊界歷史資料選編[G]. 北京：社會科學文獻出版社.
徐恒彬. 1991. 南海絲綢之路文物圖集[M]. 廣州：廣東科技出版社.
閻宗臨. 2007. 中西交通史[M]. 桂林：廣西師範大學出版社.
楊熺. 1988. 中國航海史（古代航海史）[M]. 北京：人民交通出版社.
姚楠，張禮千. 1946. 檳榔嶼志略[M]. 北京：商務印書館.
葉文程. 1988. 中國古外銷瓷研究論文集[C]. 北京：紫禁城出版社.
余定邦，黃重言. 2002. 中國古籍中有關緬甸資料彙編[G]. 北京：中華書局.
余定邦，黃重言. 2002. 中國古籍中有關新加坡、馬來西亞資料彙編[G]. 北京：中華書局.
張維華. 1993. 中國古代對外關係史[M]. 北京：高等教育出版社.
張星烺. 1976—1979. 中西交通史料彙編[G]. 校刊本. 北京：中華書局.
章巽. 1956. 我國古代的海上交通[M]. 上海：新知識出版社.
章巽. 1991. 中國航海科技史[M]. 北京：海洋出版社.
漳平王景弘研究會. 2004. 王景弘與鄭和下西洋[M]. 香港：香港天馬圖書有限公司.
趙令揚，陳學霖等. 1968. 明實錄中之東南亞史料[M]. 香港：香港學津出版社.
鄭海麟. 1998. 釣魚臺列嶼之歷史與法理研究[M]. 香港：明報出版社.
鄭鶴聲，鄭一鈞. 2005. 鄭和下西洋資料彙編 [G]. 增訂合刊. 北京：海洋出版社.
中國航海學會，泉州港口協會. 2002—2005. 泉州港與海上絲綢之路（一至三）[M]. 北京：中國社會科學出版社.
中國社會科學院歷史研究所. 1982. 古代中越關係史料選編[G]. 北京：中國社會科學出版社.
周鈺森. 1959. 鄭和航路考[M]. 臺北：臺北海運出版社.
朱鑒秋，李萬權. 1988. 新編鄭和航海圖集[M]. 北京：人民交通出版社.
朱鑒秋. 2005. 百年鄭和研究資料索引（1904—2003）[M]. 上海：上海書店出版社.
朱傑勤，黃邦和. 1992. 中外關係史辭典[M]. 武漢：湖北人民出版社.

朱培初. 1984. 明清陶瓷和世界文化的交流[M]. 北京：輕工業出版社.

朱亞非. 2007. 古代山東與海外交往史[M]. 青島：中國海洋大學出版社.

## 中文譯著

（法）伯希和. 馮承鈞，譯. 1955. 鄭和下西洋考[M]. 北京：中華書局.

（法）費琅. 馮承鈞，譯. 1957. 崑崙及南海古代航行考[M]. 北京：中華書局.

（日）桑原騭藏. 楊煉，譯. 1935. 唐宋貿易港研究[M]. 上海：商務印書館.

（日）藤田豐八. 何健民，譯. 1936. 中國南海古代交通叢考[M]. 上海：商務印書館.

（日）足立喜六. 何建民，譯. 1937. 法顯傳考證[M]. 上海：商務印書館.

（越南）陶維英. 戴可來，譯. 1973. 越南歷代疆域[M]. 北京：商務印書館.